FONDSENBOEK 2021

FONDS EN BOEK 2021

Inhoud

INLEIDING

Over het FondsenBoek 2021

Op dit moment heeft u de vijfentwintigste editie van het *FondsenBoek* in handen.

Begin 1986 nam de Stichting '*Het Nederlands Informatiecentrum voor Fondsen*' (afgekort NIF) onder leiding van Rob Ravelli het initiatief tot een uitgave waarin een aanzienlijk aantal in Nederland werkzame fondsen met naam, adres en toelichting zou worden vermeld. Doelstelling van het in 1983 opgerichte NIF was 'het zonder winstoogmerk bevorderen van het eigentijds en optimaal functioneren van particuliere stichtingen met een maatschappelijk, cultureel en liefdadig doel, alsmede van particuliere instellingen welke een gelijk of gelijksoortig doel nastreven'. Het NIF rekende daartoe ook het verbeteren van de toegankelijkheid van de informatie over Nederlandse (vermogens)fondsen. In het voorwoord van de eerste editie van het *FondsenBoek* dat in 1987 verschijnt, schrijft voorzitter Welling van het NIF: 'Daaraan bestaat onder de huidige economische omstandigheden en de opbloei van het particulier initiatief meer dan ooit behoefte'. Alsof de tijd heeft stilgestaan.
Het *FondsenBoek* is daarna uitgegroeid tot een jaarlijkse uitgave en een onmisbaar hulpmiddel voor wie op zoek is naar financiële steun.

Fondsen doen hun werk belangeloos en de populariteit van fondsen groeit. Daarmee is in de afgelopen jaren ook het aantal opgenomen fondsen gegroeid. Het *FondsenBoek* was de eerste uitgave op dit gebied en is nog steeds het bekendste naslagwerk.

De door de overheid beoogde transparantie in de filantropische sector, verplicht Nederlandse vermogensfondsen vanaf januari 2014 meer gegevens, waaronder beleidsplannen en financiële informatie, openbaar te maken.

Deze transparantiedoelstelling beoogt fondsen te stimuleren hun gegevens adequater in te vullen. Het heeft er bovendien voor gezorgd dat een aantal gegevensvelden zijn toegevoegd die eerder geen deel uitmaakten van het *FondsenBoek*. In deze editie is de informatie verder uitgebreid. Naast vertrouwde gegevensvelden als adresgegevens, doelstelling en aanvraagprocedure zijn inmiddels ook gegevens over de aanwezigheid van en beschikbaarheid van een jaarverslag en/of beleidsplan terug te vinden. Over het gevolgde bestedingsbeleid en de eigen financiële positie zijn eveneens meer gegevens dan voorheen terug te vinden. Dit proces zal naar verwachting de komende jaren steeds verder worden doorgezet.

De nieuwe editie van *FondsenBoek* blijft inspelen op deze ontwikkeling. De gebruiker is op deze manier verzekerd van betrouwbare en zo actueel mogelijke informatie. De teksten zoals u ze in deze uitgave aantreft zijn opgenomen op basis van de gegevens zoals deze door de betreffende fondsen openbaar zijn gemaakt. De uitgever heeft deze gegevens waar mogelijk gecheckt en aangevuld, alsmede geüniformeerd, bewerkt en geredigeerd waar dat gewenst leek ter bevordering van het gebruikersgemak, consistentie en taalgebruik.

De voor de gebruiker soms verwarrende typering 'fonds op naam' is op andere wijze dan voorheen in deze uitgave verwerkt. Eerder vonden we de fondsen op naam terug op de plaats waar het Prins Bernhard Cultuurfonds was terug te vinden. De fondsen op naam vallen immers onder het beheer van dit fonds. In de praktijk bleek dat deze fondsen door niemand werden opgemerkt en dat het begrip 'fonds op naam' jaar in jaar uit uitgelegd moest worden. Sinds de vorige editie zijn de fondsen op naam tussen de overige fondsen terug te vinden. Bij het betreffende fonds leest u dat de weg voor een aanvraag via het Prins Bernhard Cultuurfonds loopt. De gegevens van deze Fondsen op Naam zijn voor deze editie in samenwerking met het Prins Bernhard Cultuurfonds aangevuld.

De rol van fondsen wordt in onze maatschappij steeds groter. Steeds meer mensen ontdekken dat het mogelijk is om, naast subsidie van de overheid, financiering te krijgen vanuit het particulier initiatief in Nederland. Bijvoorbeeld van vermogensfondsen. Vermogensfondsen zijn fondsen die geld geven uit de opbrengst van hun eigen vermogen. Dit in tegenstelling tot fondsenwervende instellingen, die hun gelden werven bij het grote publiek.

In *FondsenBoek 2021* vindt u meer dan 1.400 Nederlandse, particuliere vermogensfondsen die mensen en organisaties willen steunen bij hun activiteiten.

U kunt dit boek gebruiken wanneer u op zoek bent naar financiële ondersteuning voor een activiteit of project. Het *FondsenBoek 2021* mag dan ook worden opgevat als een uitnodiging aan financiële steunzoekers om deze fondsen te benaderen. Of het nu een maatschappelijk project betreft of een culturele manifestatie, een studiebeurs of de oplossing voor een achterstandsituatie. Wanneer u of uw organisatie een plan heeft dat kan bijdragen aan de ontwikkeling van de samenleving dan komen de fondsenverstrekkers graag in contact met u.

De afgelopen jaren zijn dankzij het *FondsenBoek* vele inspirerende relaties ontstaan tussen aanvragers en fondsenverstrekkers. Dat ook deze vijfentwintigste editie weer mag leiden tot creatieve ideeën, vruchtbare initiatieven en een verbeterde samenleving.

De uitgever
oktober 2020

Een fonds zoeken

Wanneer u al weet bij welk fonds u een aanvraag wilt doen dan kunt u zoeken op alfabet in het *alfabetisch register*. Wanneer u nog niet weet bij welk fonds u terecht zou kunnen, kunt u zoeken in nog drie andere registers die in deze uitgave zijn opgenomen: een *rubrieksindeling*, een *trefwoordenregister* en een *geografisch register*.

Zoeken op rubriek *(pagina 770)*

In het register op rubriek vindt u per rubriek de fondsen die relevant zijn. In totaal zijn er twaalf rubrieken:

- economische ontwikkeling en microkrediet
- gezondheidszorg
- kerk en levensbeschouwing
- kunst en cultuur
- maatschappij, welzijn en samenleving
- mensenrechten, vrede en veiligheid
- natuur, milieu en dierenbelangen
- noodhulp
- onderwijs en onderzoek
- sport en recreatie
- vluchtelingenhulp
- voedsel en voedselveiligheid

Zoeken op alfabet *(pagina 791)*

De fondsen zijn op alfabetische volgorde in dit boek opgenomen. Sommige fondsen hebben echter een naam waarin meerdere relevante begrippen voorkomen. Daarom is in het boek ook een alfabetisch register opgenomen. Daarin kunt u fondsen met samengestelde namen op verschillende plaatsen vinden. Zo is de Louisa Stichting zowel opgenomen onder 'Louisa Stichting' als onder 'Stichting, Louisa'.

Zoeken op trefwoord *(pagina 809)*

Stel, u wilt een project opstarten voor jongeren in achterstandssituaties in Amsterdam. U wilt subsidie aanvragen, maar u weet niet bij wie. U kunt dan het makkelijkst zoeken via trefwoord. In het trefwoordenregister zoekt u op de voor dit geval meest voor de hand liggende trefwoorden zoals 'jongeren' of 'kansarmen'.

Zoeken op plaats, regio of land *(pagina 827)*

In het geografisch register zijn de werkgebieden van de fondsen opgenomen. In dit register treft u zowel landen, regio's als plaatsnamen aan. Als uw project plaats-, regio of landgebonden is kunt hier vinden welke fondsen op het door u gezochte werkgebied actief zijn. Wanneer u in het eerder genoemde voorbeeld een project wilt opstarten voor jongeren in achterstandssituaties beperkt tot *Amsterdam* dan kunt u ook in het geografisch register vinden welke fondsen Amsterdam als werkgebied hebben.

Handboek nalatenschappen

Een goed doel in het testament: doelgroepen, strategie, werving, afwikkeling

door Arjen van Ketel

Handboek nalatenschappen

Dit boek ontvouwt stap voor stap hoe een organisatie nalatenschappen kan werven en afwikkelen. Welke doelgroepen men kan benaderen en wat de beste boodschap is. Het legt de juridische en fiscale kaders uit en geeft inzicht in de beweegredenen van de oudere doelgroep rond het begunstigen via het testament. Met praktische, inspirerende voorbeelden uit. Dit boek is onmisbaar voor non-profitinstellingen die meer inkomsten uit nalatenschappen zoeken.

Over de auteur

Arjen van Ketel (1957) heeft ruim 20 jaar ervaring met fondsenwerving. Vanaf 2001 specialiseert hij zich in de werving van nalatenschappen. Tevens is hij initiatiefnemer en hoofddocent van de jaarlijkse leergang werving nalatenschappen.

144 pagina's
formaat 16,3 x 24,6 cm
gebonden
ISBN 9789057309281

€ 34,95

WalburgPers

www.walburgpers.nl

FONDSENGEGEVENS

001
Stichting 10 september 1960

Rubriek ■ ☑ gezondheidszorg ☑ noodhulp ☑ maatschappij, welzijn en samenleving

Algemeen ■ WEBSITE ▶ www.kennisbankfilantropie.nl/anbi/stichting-10-september-1960 TYPERING ▶ vermogensfonds RECHTSVORM ▶ stichting KVK ▶ 41001485 ANBI STATUS ▶ ja DIRECTIE ▶ geen directiegegevens bekend BESTUUR ▶ F.U. de Boer, voorzitter; R. Brinkerink, penningmeester; A.R. Smet; mw. M. van Mulder; S. Bakker.

Missie ■ DOELSTELLING ▶ De Stichting heeft ten doel de (financiële) ondersteuning van instellingen die een algemeen maatschappelijk nut als doelstelling nastreven en ook als zodanig zijn erkend door de belastingdienst als in artikel 24 van de successiewet 1956.

Doelgroep ■ ALGEMEEN ▶ inheemse volken SPECIFIEK ▶ Inheemse volken. ACTIVITEITEN ▶ De doelstelling probeert de stichting te bereiken via een organisatie (Terre des Hommes) in koffie en thee producerende landen. INTERVENTIENIVEAU ▶ Steun aan lokale/provinciale maatschappelijke organisaties en structuren (incl. gemeenten etc.) die diensten verlenen aan individuen.

Werkgebied ■ ACTIERADIUS ▶ Internationaal LAND ▶ Brazilië, Kenia.

Bestedingen ■ BUDGET ▶ niet openbaar TOELICHTING ▶ Bestedingsbudget is afhankelijk van rendement op vermogen. SOORT BIJDRAGE ▶ giften BOVENGRENS ▶ geen ONDERGRENS ▶ geen.

Projecten ■ CRITERIA ▶ geen projectcriteria bekend DOORLOOPTIJD ▶ ☑ 1 - 2 jaar STATUS AANVRAGER ▶ ☑ geen beperkingen bekend VOORKEUR/UITSLUITING ▶ Het heeft de voorkeur van de stichting, gezien de achtergrond van de stichting, projecten te financieren in koffie en thee-producerende landen.

Procedure ■ OP AANVRAAG ▶ onbekend AANVRAAGPROCEDURE ▶ geen aanvraagprocedure bekend.

Financieel ■ EIGEN VERMOGEN ▶ € 2.590.144 INKOMSTEN EV ▶ € 335.222 HERKOMST MIDDELEN ▶ vermogen, inkomsten uit vermogen BOEKJAAR ▶ 2019 JAARVERSLAG OP WEBSITE ▶ ja.

Contact ■ BEREIKBAAR PER ▶ ☑ post ☑ e-mail ☑ telefoon CONTACTPERSOON ▶ geen contactpersoon bekend POSTADRES ▶ Leeuwarderweg 1, 8501 ZD Joure EMAIL (ALGEMEEN) ▶ fudeboer@hotmail.com TELEFOON (ALGEMEEN) ▶ 0646713496.

002
3 augustus 2004 Fonds

Rubriek ■ ☑ kunst en cultuur

Algemeen ■ WEBSITE ▶ www.cultuurfonds.nl TYPERING ▶ fonds op naam BEHEERD DOOR ▶ Prins Bernhard Cultuurfonds DIRECTIE ▶ zie > Prins Bernhard Cultuurfonds BESTUUR ▶ zie > Prins Bernhard Cultuurfonds

Missie ■ DOELSTELLING ▶ Het financieel ondersteunen van individuele musici voor een toelage of bijdrage aan een passend instrument.

Werkgebied ■ ACTIERADIUS ▶ Nationaal LAND ▶ Nederland.

Projecten ■ CRITERIA ▶ geen projectcriteria bekend DOORLOOPTIJD ▶ ☑ korter dan 1 jaar STATUS AANVRAGER ▶ ☑ geen beperkingen bekend VOORKEUR/UITSLUITING ▶ geen voorkeur of uitsluiting bekend.

Procedure ■ OP AANVRAAG ▶ ja AANVRAAGPROCEDURE ▶ Dit 'fonds op naam' ressorteert onder het Prins Bernhard Cultuurfonds. Verzoeken aan fondsen op naam komen op één centraal punt binnen. Dit houdt in dat een subsidieaanvraag slechts eenmaal aan het Prins Bernhard Cultuurfonds hoeft te worden gezonden. Voor de verdere aanvraagprocedure: zie Prins Bernhard Cultuurfonds. URL ▶ www.cultuurfonds.nl/aanvragen

Contact ■ BEREIKBAAR PER ▶ ☑ post ☑ e-mail ☑ telefoon CONTACTPERSOON ▶ geen contactpersoon bekend POSTADRES ▶ Postbus 19750, 1000 GT Amsterdam EMAIL (ALGEMEEN) ▶ info@cultuurfonds.nl TELEFOON (ALGEMEEN) ▶ 020-5206130.

003
Stichting 3M Fonds

Rubriek ■ ☑ maatschappij, welzijn en samenleving ☑ natuur, milieu en dieren ☑ onderwijs en onderzoek ☑ gezondheidszorg

Algemeen ■ WEBSITE ▶ www.3mfonds.nl TYPERING ▶ vermogensfonds RECHTSVORM ▶ stichting KVK ▶ 53665058 ANBI STATUS ▶ ja DIRECTIE ▶ geen directiegegevens bekend BESTUUR ▶ geen bestuursgegevens bekend.

Missie ■ DOELSTELLING ▶ Wereldwijd vormt 3M partnerschappen met gemeenschappen en verzorgt mogelijkheden om deze te laten groeien en slagen. Hiermee wil 3M een interconnectieve en excellerende wereld na streven. Doelen daarbij zijn: ☑ verbeteren van kwaliteit van leven van achtergestelde families; ☑ toegang tot onderwijsprogramma's verbeteren voor achtergestelde jeugd; ☑ het vergroten van kunstkansen. HISTORIE ▶ 3M is structurele partner van CAP48. CAP48 werft fondsen om projecten voor gehandicapten en prematuren te financieren. Deze projecten zijn erop gericht om het dagelijkse leven van gehandicapten te verbeteren en hun integratie in onze maatschappij te vergemakkelijken en te verbeteren. CAP48 bekommert zich eveneens om jongeren die het moeilijk hebben in onze samenleving. BELEIDSPLAN OP WEBSITE ▶ ja.

Doelgroep ■ ALGEMEEN ▶ jongeren, kinderen, studenten, gehandicapten, zieken SPECIFIEK ▶ Geen specifieke doelgroep ACTIVITEITEN ▶ Naast het ondersteunen van Goede Doelen en Community Giving zet 3M zich in het bijzonder in voor educatie en vorming van jongeren. Projecten op sociaal, educatief en milieugebied worden ondersteund. Iedere dochtermaatschappij heeft een eigen MVO-programma dat aansluit op de lokale cultuur, gemeenschap en omgeving. In de Benelux ondersteunt 3M Goede Doelen en niet-commerciële organisaties met het 3M Fonds. INTERVENTIENIVEAU ▶ Steun aan individuen (directe steun).; Steun aan lokale/provinciale maatschappelijke organisaties en structuren (incl. gemeenten etc.) die diensten verlenen aan individuen.

Werkgebied ■ ACTIERADIUS ▶ Internationaal LAND ▶ Wereldwijd.
Bestedingen ■ BUDGET ▶ niet openbaar SOORT BIJDRAGE ▶ onbekend BOVENGRENS ▶ geen ONDERGRENS ▶ geen.
Projecten ■ CRITERIA ▶ geen projectcriteria bekend DOORLOOPTIJD ▶ ☑ onbekend STATUS AANVRAGER ▶ ☑ geen beperkingen bekend VOORKEUR/UITSLUITING ▶ geen voorkeur of uitsluiting bekend.
Procedure ■ OP AANVRAAG ▶ onbekend AANVRAAGPROCEDURE ▶ geen aanvraagprocedure bekend.
Financieel ■ HERKOMST MIDDELEN ▶ onbekend BOEKJAAR ▶ boekjaar onbekend.
Contact ■ BEREIKBAAR PER ▶ ☑ post ☑ e-mail ☒ telefoon CONTACTPERSOON ▶ geen contactpersoon bekend POSTADRES ▶ Molengraaffsingel 29, 2629 JD Delft EMAIL (ALGEMEEN) ▶ 3mfonds.nl@mmm.com.

004
Stichting 75 Jaar NBB

Rubriek ■ ☑ onderwijs en onderzoek ☑ natuur, milieu en dieren ☑ maatschappij, welzijn en samenleving ☑ economische ontwikkeling en microkrediet
Algemeen ■ WEBSITE ▶ https://fondseninnederland.nl/fonds/stichting-75-jaar-nbb TYPERING ▶ vermogensfonds RECHTSVORM ▶ stichting KVK ▶ 24370090 ANBI STATUS ▶ ja DIRECTIE ▶ geen directiegegevens bekend BESTUUR ▶ P.J. Tuk, voorzitter; H.O.W. Verwer, penningmeester; H.O.W. Verwer, secretaris; C.H. Beers; W. van Baalen.
Missie ■ DOELSTELLING ▶ De stichting 75 jaar NBB gevestigd in Rotterdam stelt zich ten doel projecten te ondersteunen in binnen en buitenland die bij voorkeur betrekking hebben op scheepvaart, visserij, waterwinning en waterbestrijding. BELEIDSPLAN OP WEBSITE ▶ ja.
Doelgroep ■ SPECIFIEK ▶ Geen specifieke doelgroep ACTIVITEITEN ▶ De stichting tracht haar doelen te verwezenlijken door projecten te ondersteunen die door particulieren, instellingen en fondsen worden voorgesteld. INTERVENTIENIVEAU ▶ Steun aan lokale/provinciale maatschappelijke organisaties en structuren (incl. gemeenten etc.) die diensten verlenen aan individuen.
Werkgebied ■ ACTIERADIUS ▶ Nationaal, Internationaal LAND ▶ Wereldwijd.
Bestedingen ■ BUDGET ▶ niet openbaar ONDERSTEUNDE PROJECTEN P/J ▶ 18 SOORT BIJDRAGE ▶ onbekend BOVENGRENS ▶ geen ONDERGRENS ▶ geen.
Projecten ■ CRITERIA ▶ Projecten: ☑ Verbetering infrastructuur,; ☑ bestrijding ziekten en kwalen, of; ☑ onderzoek op die gebieden,; ☑ zoveel mogelijk gelieerd aan scheepvaart / visserij / of anderszins met water te maken hebbende projecten. DOORLOOPTIJD ▶ ☑ onbekend STATUS AANVRAGER ▶ ☑ geen beperkingen bekend VOORKEUR/UITSLUITING ▶ geen voorkeur of uitsluiting bekend.
Procedure ■ OP AANVRAAG ▶ ja AANVRAAGPROCEDURE ▶ De aanvragen worden ingebracht in een bestuursvergadering en beoordeelt of ze voldoen aan een van de doelstellingen, of de verwervingskosten binnen de perken blijven en of er een Anbi status is.Vervolgens wordt er een besluit genomen al of niet aan het doel bij te dragen en hoeveel.
Financieel ■ EIGEN VERMOGEN ▶ € 3.368.443 HERKOMST MIDDELEN ▶ giften & schenkingen, vermogen BOEKJAAR ▶ 2019 JAARVERSLAG OP WEBSITE ▶ ja.
Contact ■ BEREIKBAAR PER ▶ ☑ post ☒ e-mail ☒ telefoon CONTACTPERSOON ▶ geen contactpersoon bekend POSTADRES ▶ Vasteland 78, 3011 BN Rotterdam.

005
A. en M. Verhoeven Fonds

Rubriek ■ ☑ kunst en cultuur ☑ natuur, milieu en dieren
Algemeen ■ WEBSITE ▶ www.cultuurfonds.nl TYPERING ▶ fonds op naam BEHEERD DOOR ▶ Prins Bernhard Cultuurfonds DIRECTIE ▶ zie > Prins Bernhard Cultuurfonds BESTUUR ▶ zie > Prins Bernhard Cultuurfonds
Missie ■ DOELSTELLING ▶ Het financieel ondersteunen van projecten op het gebied van cultureel erfgoed, cultuureducatie en natuur in de Hoeksche Waard. Daarnaast projecten op het gebied van natuur in de Veluwe tot aan Arnhem, Rhenen en Wageningen. Aanvragen worden behandeld door het Prins Bernhard Cultuurfonds Zuid-Holland, Drenthe of Overijssel.
Werkgebied ■ ACTIERADIUS ▶ Regionaal LAND ▶ Nederland REGIO ▶ Hoeksche Waard, Veluwe.
Projecten ■ CRITERIA ▶ geen projectcriteria bekend DOORLOOPTIJD ▶ ☑ korter dan 1 jaar STATUS AANVRAGER ▶ ☑ geen beperkingen bekend VOORKEUR/UITSLUITING ▶ geen voorkeur of uitsluiting bekend.
Procedure ■ OP AANVRAAG ▶ ja AANVRAAGPROCEDURE ▶ Dit 'fonds op naam' ressorteert onder het Prins Bernhard Cultuurfonds. Verzoeken aan fondsen op naam komen op één centraal punt binnen. Dit houdt in dat een subsidieaanvraag slechts eenmaal aan het Prins Bernhard Cultuurfonds hoeft te worden gezonden. Voor de verdere aanvraagprocedure: zie Prins Bernhard Cultuurfonds. URL ▶ www.cultuurfonds.nl/aanvragen
Contact ■ BEREIKBAAR PER ▶ ☑ post ☑ e-mail ☑ telefoon CONTACTPERSOON ▶ geen contactpersoon bekend POSTADRES ▶ Postbus 19750, 1000 GT Amsterdam EMAIL (ALGEMEEN) ▶ info@cultuurfonds.nl TELEFOON (ALGEMEEN) ▶ 020-5206130.

006
Stichting A.A. van Beek-Fonds

Rubriek ■ ☑ onderwijs en onderzoek
Algemeen ■ WEBSITE ▶ www.aavanbeekfonds.nl TYPERING ▶ vermogensfonds OPGERICHT ▶ 02-08-1923 RECHTSVORM ▶ stichting KVK ▶ 41126101 ANBI STATUS ▶ ja DIRECTIE ▶ geen directiegegevens bekend

BESTUUR ▶ Mr. H. Rek, voorzitter; mr. M.J. van Eesteren-van de Erve, penningmeester; prof.dr. R.A.H. van der Meer, secretaris; prof.dr. J.M. Dagevos; M.A. van Beek; dr. L.H.J. Noordegraaf-Eelens.

Missie ■ **DOELSTELLING** ▶ De Stichting A.A. van Beek-Fonds heeft tot doel de bevordering van het wetenschappelijk onderwijs aan de Erasmus Universiteit Rotterdam, in het bijzonder door studenten – en eventueel andere personen, aan genoemde universiteit verbonden of op enigerlei wijze daarbij betrokken – in de gelegenheid te stellen door een verblijf in het buitenland zich nader te bekwamen of hun studie aan te vullen of voort te zetten. **HISTORIE** ▶ De Stichting A.A. van Beek Fonds werd in 1923 opgericht, door de erfgenamen van Antonius Albertus van Beek. Ter nagedachtenis aan de heer A.A. van Beek schonken zij gezamenlijk 250.000 gulden aan de stichting, met als doel aanstaande kooplieden in staat te stellen in het buitenland ervaring op te doen. Met deze internationale ervaring wilden zij studenten aan de Nederlandsche Handels-Hogeschool in de gelegenheid stellen hun theoretisch onderwijs aan te vullen met een praktische opleiding. Zo kregen de aanstaande kooplieden een gedegen voorbereiding op hun toekomstige loopbaan. Per 1 januari 2018 is het vermogen van de Stichting A.A. van Beek Fonds ondergebracht in een Fonds op Naam bij het Erasmus Trustfonds. Het Fonds op Naam is het 'A.A. van Beek Fonds' genoemd waardoor de naam en de historie van dit in 1923 opgerichte fonds gewaarborgd blijft. **BELEIDSPLAN OP WEBSITE** ▶ ja.

Doelgroep ■ **ALGEMEEN** ▶ jongeren, studenten **SPECIFIEK** ▶ Het A.A. van Beek Fonds zal zich in de periode 2019-2023 specifiek richten op die studenten die A) nog geen of nauwelijks ervaring hebben opgedaan in het buitenland en B) voor wie de steun van het A.A. van Beek Fonds een wezenlijk verschil kan maken in C) het opdoen van relevante buitenlandervaring.; Het ondersteunen van bijzondere projecten, geïnitieerd door de Erasmus Universiteit Rotterdam (EUR), die bijdragen aan de doelstelling van het fonds. **ACTIVITEITEN** ▶ Geen activiteiten bekend. **INTERVENTIENIVEAU** ▶ Steun aan individuen (directe steun).; Steun aan individuen via maatschappelijk werk organisaties of directe steun (studiebeurzen).

Werkgebied ■ **ACTIERADIUS** ▶ Internationaal **LAND** ▶ Wereldwijd.

Bestedingen ■ **BUDGET** ▶ niet openbaar **ONDERSTEUNDE PROJECTEN P/J** ▶ onbekend **SOORT BIJDRAGE** ▶ subsidies beurzen **BOVENGRENS** ▶ € 1.500 **ONDERGRENS** ▶ € 600.

Projecten ■ **CRITERIA** ▶ Het Van Beek Fonds, ingesteld door de heer A.A. van Beek heeft als doel het wetenschappelijk onderwijs aan de Erasmus Universiteit Rotterdam te bevorderen. Het verleent bijdragen aan studenten en eventueel aan andere personen die aan de universiteit zijn verbonden, die zich, door een aaneengesloten verblijf binnen Europa van minimaal vier weken, en buiten Europa van minimaal acht weken - in een land waar het Nederlands of een aanverwante taal niet de voertaal is - binnen het curriculum nader willen bekwamen en hun studie aanvullen. **DOORLOOPTIJD** ▶ ☑ onbekend **STATUS AANVRAGER** ▶ ☑ individuen/gezinnen **VOORKEUR/UITSLUITING** ▶ Voltijds studenten aan de Erasmus Universiteit Rotterdam die: in het kader van het curriculum van hun studie naar het buitenland gaan en hiervoor minimaal 15 ECTS krijgen; niet eerder ondersteuning hebben gekregen van het A.A. van Beek Fonds; in aanmerking komen voor een aanvullende beurs bij DUO; bij voorkeur voor het eerst op exchange gaan/danwel stage gaan lopen in het buitenland; bij voorkeur naar een bestemming buiten Europa wensen te gaan.

Procedure ■ **OP AANVRAAG** ▶ onbekend **DOORLOOPTIJD** ▶ geen doorlooptijd bekend; 1-3 maanden; 1-3 maanden **AANVRAAGPROCEDURE** ▶ Ten gevolge van de hernieuwde samenwerking tussen VBF en het Erasmus Trustfonds lopen binnenkort de aanvragen, verwerkingen en betalingen van grants uit het Van Beek Fonds via het Erasmus Trustfonds. Op dit moment kunt u de formulieren gebruiken op de website. De formulieren kunt u downloaden en ingevuld mailen naar secretariaat@aavanbeekfonds.nl. Wij streven er naar aanvragers binnen zes weken te informeren over de uitkomst van hun aanvraag. De vertrekdatum moet dan ook minimaal zes weken na de indien–deadline liggen. **URL** ▶ www.aavanbeekfonds.nl/aanvragen/

Financieel ■ **EIGEN VERMOGEN** ▶ € 4.020.591 **HERKOMST MIDDELEN** ▶ vermogen, inkomsten uit vermogen **BOEKJAAR** ▶ 2017 **JAARVERSLAG OP WEBSITE** ▶ ja.

Contact ■ **BEREIKBAAR PER** ▶ ☑ post ☑ e-mail ☑ telefoon **CONTACTPERSOON** ▶ M. van Eesteren-van de Erve **POSTADRES** ▶ Oudehoofdplein 4, 3011 TM Rotterdam **EMAIL (ALGEMEEN)** ▶ secretariaat@aavanbeekfonds.nl **TELEFOON (ALGEMEEN)** ▶ 0104110596.

007

Stichting R.K. Weldadig fonds A.A.C. Lehman Fonds

Rubriek ■ ☑ maatschappij, welzijn en samenleving

Algemeen ■ **WEBSITE** ▶ www.kennisbankfilantropie.nl/anbi/rk-weldadig-fonds-aac-lehmann-fonds **TYPERING** ▶ vermogensfonds **OPGERICHT** ▶ 27-11-1934 **RECHTSVORM** ▶ stichting **KVK** ▶ 41222302 **ANBI STATUS** ▶ ja **DIRECTIE** ▶ geen directiegegevens bekend **BESTUUR** ▶ Mr. W.T.F. van den Berg, voorzitter; mw. I.V. van Lent-Deurvorst, penningmeester; mw. C.E. Bussink-van Amerongen, secretaris.

Missie ■ **DOELSTELLING** ▶ Het financieel ondersteunen van 'Mensen in de knel' buiten hun eigen schuld en z.g. 'stille armen', met name daar waar andere voorzieningen niet mogelijk zijn. Het werkgebied van het fonds is vooral Kennemerland, Noord-Holland. Incidenteel werden ook aanvragen van elders in Nederland in behandeling genomen. **STICHTER(S)** ▶ Anton Lehmann **HISTORIE** ▶ Particulier vermogen van A.A.C. Lehmann. Stichting opgericht in 1934.

Doelgroep ■ **ALGEMEEN** ▶ dak- en thuislozen, armen **SPECIFIEK** ▶ 'Mensen in de knel' en 'stille armen'. **ACTIVITEITEN** ▶ Het verstrekken van steun aan individuele noden en activiteiten/projecten voor personen of instellingen, die daaraan uit liefdadigheidsoogpunt behoefte hebben. **INTERVENTIENIVEAU** ▶ Steun aan individuen (directe steun).

Werkgebied ■ **ACTIERADIUS** ▶ Regionaal, Nationaal **LAND** ▶ Nederland **REGIO** ▶ Noord-Holland, Kennemerland.

Bestedingen ■ **BUDGET** ▶ niet openbaar **ONDERSTEUNDE PROJECTEN P/J**

▶ 51 **SOORT BIJDRAGE** ▶ giften **BOVENGRENS** ▶ geen **ONDERGRENS** ▶ geen.

Projecten ■ **CRITERIA** ▶ ☑ Alleen aanvragen voor individuele steun waarvoor geen andere voorziening is worden in behandeling genomen; ☑ Projecten voor (of die ten goede komen aan) mensen (-van jong tot oud-) in achterstand situaties en uit kwetsbare groepen, en waarvoor aan de deelnemers geen (of slechts een bescheiden) bijdrage kan worden gevraagd. **DOORLOOPTIJD** ▶ ☑ korter dan 1 jaar **STATUS AANVRAGER** ▶ ☑ stichting of vereniging (non-profit) ☑ kerkelijke instelling ☑ hulpverleners **VOORKEUR/UITSLUITING** ▶ Alleen aanvragen van rechtspersonen worden in behandeling genomen, particuliere aanvragen worden niet in behandeling genomen. Aanvragen van natuurlijke personen kunnen uitsluitend door bemiddeling van een instelling van maatschappelijke zorg in worden gediend. Bijdragen in het kader van schuldsanering worden niet verstrekt. Bij projecten gaat de voorkeur uit naar projecten / activiteiten waarbij; de uitvoering wordt verzorgd door vrijwilliger. Bij projecten gaat de voorkeur uit naar een eigen bijdrage en/of cofinanciering door andere partijen.

Procedure ■ **OP AANVRAAG** ▶ ja **DOORLOOPTIJD** ▶ 1-3 maanden **AANVRAAGPROCEDURE** ▶ De hulpverlener is de verantwoordelijke aanvrager. Hij/zij verzorgt de aanvraagbrief en verschaft de benodigde gegevens,; De aanvraag dient op officieel briefpapier geleverd te worden met de volgende gegevens: ☑ Naam aanvragende organisatie, Adres, Postcode en; Woonplaats,; ☑ Telefoonnummer, E-mail,; ☑ IBAN-Bankrekeningnummer, en te-naamstelling,; = Naam verantwoordelijke voor de aanvraag; c.q. het project.;. Zowel de hulpverlener als haar leidinggevende tekenen. Gevraagde bewijsstukken worden door de hulpverlener beoordeeld en bewaard en eventueel op verzoek van het Fonds meegestuurd. De aanvrager wordt geacht de bewijzen/bonnen te bewaren. Een ontvangstbevestiging van de gift/donatie met vermelding van de besteding is vereist. Een gift wordt uitsluitend overgemaakt naar de rekening van de organisatie/instelling, niet naar de cliënt. Indien het een project betreft dan worden ook de volgende gegevens verlangd: ☑ Projectomschrijving met doelstelling, doelgroep. ☑ Een begroting (incl. Specificatie van de projectkosten) incl. een financieringsplan; Wijze van financiering en vermelding in hoeverre andere; fondsen en/of instanties hierbij zijn betrokken. ☑ het IBAN-nummer van de aanvragende; organisatie.

Financieel ■ **EIGEN VERMOGEN** ▶ € 1.988.640 **HERKOMST MIDDELEN** ▶ vermogen **BOEKJAAR** ▶ 2018 **JAARVERSLAG OP WEBSITE** ▶ ja.

Contact ■ **BEREIKBAAR PER** ▶ ☑ post ☑ e-mail ☒ telefoon **CONTACTPERSOON** ▶ geen contactpersoon bekend **POSTADRES** ▶ Postbus 37, 2110 AA Aerdenhout **EMAIL (ALGEMEEN)** ▶ aac.lehmannfonds@gmail.com.

008

Stichting A.C. van Deventer

Rubriek ■ ☑ maatschappij, welzijn en samenleving ☑ onderwijs en onderzoek ☑ kunst en cultuur

Algemeen ■ **WEBSITE** ▶ www.sites.google.com/site/stichtingacvandeventer/home **TYPERING** ▶ vermogensfonds **OPGERICHT** ▶ 11-12-2001 **RECHTSVORM** ▶ stichting **KVK** ▶ 09124977 **ANBI STATUS** ▶ ja **DIRECTIE** ▶ geen directiegegevens bekend **BESTUUR** ▶ Mr. Y.A.J.M. van Kuijck, voorzitter; mr. R.W. Wijnands, penningmeester; ing. J.K. Zeeman, secretaris; mw.drs. I. Pel-van Kleef; mw.drs. A. van Spaendonck-Van der Veen.

Missie ■ **DOELSTELLING** ▶ De stichting heeft tot doel het ondersteunen van projecten op het gebied van welzijn, onderwijs, cultuur en gezondheidszorg in de Gemeente Renkum voor zover de overheid hierin tekort schiet. Het verrichten van alle verdere werkzaamheden, die met het vorenstaande in de ruimste zin verband houden of daartoe bevorderlijk kunnen zijn. **HISTORIE** ▶ De Stichting A.C. van Deventer is opgericht op 11 december 2001 en is de voortzetting van de Stichting Bouwmaatschappij A.C. van Deventer. De Stichting Bouw Maatschappij A.C. van Deventer is van oorsprong een woningbouw stichting ten behoeve van het huisvesten van arbeiders in Oosterbeek en is opgericht in 1910. Met de verkoop van de woningen in de loop van de tijd is doelstelling van de stichting steeds meer opgeschoven van het beheer van woningen naar de ondersteuning van sociaal-culturele projecten. Met als omslagpunt de oprichting van de Stichting A.C. van Deventer en de overdracht van het vermogen van de Stichting Bouw Maatschappij in 2001.

Doelgroep ■ **SPECIFIEK** ▶ Geen specifieke doelgroep **ACTIVITEITEN** ▶ Geen specifieke activiteiten bekend **INTERVENTIENIVEAU** ▶ Steun aan lokale/provinciale maatschappelijke organisaties en structuren (incl. gemeenten etc.) die diensten verlenen aan individuen.

Werkgebied ■ **ACTIERADIUS** ▶ Lokaal **LAND** ▶ Nederland **PLAATS** ▶ Renkum.

Bestedingen ■ **BUDGET** ▶ niet openbaar **SOORT BIJDRAGE** ▶ giften **BOVENGRENS** ▶ geen **ONDERGRENS** ▶ geen.

Projecten ■ **CRITERIA** ▶ geen projectcriteria bekend **DOORLOOPTIJD** ▶ ☑ onbekend **STATUS AANVRAGER** ▶ ☑ geen beperkingen bekend **VOORKEUR/UITSLUITING** ▶ geen voorkeur of uitsluiting bekend.

Procedure ■ **OP AANVRAAG** ▶ nee **AANVRAAGPROCEDURE** ▶ Subsidieaanvragen worden beoordeeld op de vergadering. In 2018 vergaderde het bestuur viermaal.

Financieel ■ **INKOMSTEN EV** ▶ € 29.203 **HERKOMST MIDDELEN** ▶ vermogen **BOEKJAAR** ▶ 2018 **JAARVERSLAG OP WEBSITE** ▶ ja.

Contact ■ **BEREIKBAAR PER** ▶ ☑ post ☒ e-mail ☒ telefoon **CONTACTPERSOON** ▶ geen contactpersoon bekend **POSTADRES** ▶ Jagerslaan 5, 6865 DB Doorwerth.

009

A.G. Schoorlemmerstichting

Rubriek ■ ☑ maatschappij, welzijn en samenleving ☑ kunst en cultuur ☑ kerk en levensbeschouwing ☑ sport en recreatie ☑ onderwijs en onderzoek

Algemeen ■ **WEBSITE** ▶ www.agschoorlemmerstichting.nl **TYPERING**

▶ vermogensfonds **RECHTSVORM** ▶ stichting **KVK** ▶ 05063468 **ANBI STATUS** ▶ ja **DIRECTIE** ▶ geen directiegegevens bekend **BESTUUR** ▶ G.A.G. Stolwijk, voorzitter; M.P.J. Schoorlemmer, penningmeester; mw. C. Joldersma, secretaris; mw. W.A.M. Schoorlemmer; G.F.M. Lorkeers.

Missie ■ **DOELSTELLING** ▶ De A.G. Schoorlemmerstichting beoogt het levenswerk van Antonius Johannes (Antoon) Schoorlemmer, overleden in 2013, in stand te houden. De stichting heeft ten doel het bevorderen, ondersteunen en initiëren van activiteiten op kerkelijk-, sociaal-, levensbeschouwelijk-, charitatief-, cultureel-, sportief- en wetenschappelijk gebied alsmede algemeen nut dienende activiteiten en voorts al hetgeen daarmee rechtstreeks of zijdelings verband houdt of daartoe bevorderlijk kan zijn (ad1). De stichting realiseert haar doel door het doen van bijdragen en schenkingen. De stichting richt zich bij het realiseren van haar doelstellingen primair op Heeten en de omgeving van Heeten. Activiteiten buiten Heeten en eventueel buiten Nederland komen in aanmerking indien deze aan de voorwaarden gesteld onder ad 1 voldoen. **STICHTER(S)** ▶ Antonius Johannes (Antoon) Schoorlemmer.

Doelgroep ■ **SPECIFIEK** ▶ Activiteiten in Heeten en de omgeving van Heeten, op kerkelijk-, sociaal-, levensbeschouwelijk-, charitatief-, cultureel-, sportief- en wetenschappelijk gebied. **ACTIVITEITEN** ▶ Geen specifieke activiteiten bekend **INTERVENTIENIVEAU** ▶ Steun aan lokale/provinciale maatschappelijke organisaties en structuren (incl. gemeenten etc.) die diensten verlenen aan individuen.

Werkgebied ■ **ACTIERADIUS** ▶ Lokaal **LAND** ▶ Nederland **REGIO** ▶ Overijssel **PLAATS** ▶ Heeten e.o.

Bestedingen ■ **BUDGET** ▶ niet openbaar **SOORT BIJDRAGE** ▶ giften overig **BOVENGRENS** ▶ geen **ONDERGRENS** ▶ geen.

Projecten ■ **CRITERIA** ▶ geen projectcriteria bekend **DOORLOOPTIJD** ▶ ☑ onbekend **STATUS AANVRAGER** ▶ ☑ geen beperkingen bekend **VOORKEUR/UITSLUITING** ▶ Schenkingen en bijdragen die terug te voeren zijn naar een persoon komen niet in aanmerking. Het mag niet gaan om bijdrage in (structurele) exploitatietekorten. Het betreffen in principe eenmalige bijdragen / schenkingen om iets te bereiken. Er worden geen bijdragen / schenkingen gedaan indien er andere mogelijkheden onbenut blijven.

Procedure ■ **OP AANVRAAG** ▶ ja **AANVRAAGPROCEDURE** ▶ Aanvragen kunnen via het formulier op de website ingediend worden. De aanvraag moet aan de volgende voorwaarden voldoen:• Wie is de aanvrager (officiële naam, adres etc. met indien van toepassing uittreksel handelsregister); • Naam en gegevens contactpersoon; • Omschrijving van het doel waarvoor een bijdrage wordt gevraagd; • Hoogte van de bijdrage; • Financiële onderbouwing (bij een rechtspersoon wordt ook de laatste jaarrekening bijgevoegd, anders balans met staat van baten en lasten); • Uitgewerkt projectplan waarin de wijze van uitvoering nader wordt toegelicht; • Aanvragen bij voorkeur via de website. Mocht het bestuur van de A.G. Schoorlemmerstichting meer gegevens nodig hebben, dan wordt persoonlijk contact opgenomen. Het bestuur van de A.G. Schoorlemmerstichting kan aanvullende voorwaarden stellen. Aanvragen worden behandeld in de eerst volgende bestuursvergadering na binnenkomst van de aanvraag, waarbij de volgorde wordt bepaald door de datum van binnenkomst. Het bestuur vergadert viermaal per jaar.Indien er nadere informatie is gewenst, kan het bestuur besluiten de aanvraag aan te houden tot de; volgende vergadering. Het bestuur deelt schriftelijk dan wel per mail mede of de aanvraag al dan niet wordt gehonoreerd en tot welk bedrag. Tegen het besluit van het bestuur kan geen bezwaar worden aangetekend. **URL** ▶ www.agschoorlemmerstichting.nl/aanvragen

Financieel ■ **HERKOMST MIDDELEN** ▶ onbekend **BOEKJAAR** ▶ 2017 **JAARVERSLAG OP WEBSITE** ▶ ja.

Contact ■ **BEREIKBAAR PER** ▶ ☑ post ☑ e-mail ☑ telefoon **CONTACTPERSOON** ▶ P/a het Trefpunt **POSTADRES** ▶ Dorpsstraat 16, 8111 AD Heeten **EMAIL (ALGEMEEN)** ▶ secretariaat@agschoorlemmerstichting.nl **TELEFOON (ALGEMEEN)** ▶ 0572-381337.

010

Stichting Fonds A.H. Martens van Sevenhoven

Rubriek ■ ☑ kunst en cultuur ☑ natuur, milieu en dieren

Algemeen ■ **WEBSITE** ▶ www.kennisbankfilantropie.nl/anbi/ahmartens-van-sevenhoven **TYPERING** ▶ vermogensfonds **OPGERICHT** ▶ 08-08-1952 **RECHTSVORM** ▶ stichting **KVK** ▶ 41047508 **ANBI STATUS** ▶ ja **DIRECTIE** ▶ geen directiegegevens bekend **BESTUUR** ▶ C.O.A. Baron Schimmelpenninck van der Oye, voorzitter; M. Gras, penningmeester; mw. C.C. Barones van Verschuer, secretaris.

Missie ■ **DOELSTELLING** ▶ De stichting heeft ten doel giften ineens of gedurende meerdere jaren te schenken aan verenigingen of instellingen waarvoor de oprichter belangstelling heeft getoond, te weten instellingen werkzaam op het gebied van monumentenzorg en natuurbescherming in Gelderland, wetenschappelijke (ook niet-Gelderse) verenigingen, waarvan hij lid is geweest, instellingen, die op Nederlands Hervormd kerkelijk gebied werkzaam zijn of ook buitenkerkelijk christelijke belangen dienen. **STICHTER(S)** ▶ De heer Jonkheer Mr. A.H. Martens van Sevenhoven. **HISTORIE** ▶ De heer Jonkheer Mr A.H. Martens van Sevenhoven, laatstelijk gewoond hebbende te Arnhem en overleden te Laren (Gelderland) op 8 augustus 1952, heeft bij zijn door de dood bekrachtigd openbaar testament van 17 februari 1949, de stichting in het leven geroepen en zijn nalatenschap, onder de last van enkele legaten, bestemd tot het vermogen van zijn stichting. De stichting beheert tevens een fonds genaamd 'Fundatie Stichting Genootschap Cornelis Ploos van Amstel Knoef'. De heer C.J. baron Schimmelpenninck van der Oije en zijn echtgenote Mevrouw J.P.A. gravin van Limburg Stirum hebben op 1 september 1950 de stichting 'Genootschap Cornelis Ploos van Amstel opgericht. Op dezelfde datum werd aan de stichting de nalatenschap van de heer Knoef verkocht **BELEIDSPLAN OP WEBSITE** ▶ ja.

Doelgroep ■ **SPECIFIEK** ▶ Instellingen werkzaam op het gebied van monumentenzorg en natuurbescherming in Gelderland. Wetenschappelijke (ook niet Gelderse) verenigingen, in het bijzonder de Vereniging Gelre tot beoefening van de Gelderse geschiedenis, oudheidkunde en recht en de Vereniging tot uitgaaf der bronnen van het oud vaderlands recht. Instellingen, die op Nederlands Hervormd kerkelijk gebied werkzaam zijn of ook buitenkerkelijk christelijke belangen dienen. **ACTIVITEITEN** ▶ Periodiek zal, op initiatief van het bestuur, de Martens van Sevenhoven penning en -prijs worden uitgereikt. De stichting beheert tevens een fonds genaamd 'Fundatie Stichting Genootschap Cornelis Ploos van Amstel Knoef'. Vanuit het oorspronkelijke Fonds Ploos van Amstel Knoef kunnen, beperkt, bijdragen aan (kunst)historisch onderzoek worden toegekend. **INTERVENTIENIVEAU** ▶ Steun aan lokale/provinciale maatschappelijke organisaties en structuren (incl. gemeenten etc.) die diensten verlenen aan individuen.

Werkgebied ■ **ACTIERADIUS** ▶ Nationaal, Regionaal **LAND** ▶ Nederland **REGIO** ▶ Gelderland.

Bestedingen ■ **BUDGET** ▶ niet openbaar **ONDERSTEUNDE PROJECTEN P/J** ▶ 40 **SOORT BIJDRAGE** ▶ giften **BOVENGRENS** ▶ geen **ONDERGRENS** ▶ geen.

Projecten ■ **CRITERIA** ▶ geen projectcriteria bekend **DOORLOOPTIJD** ▶ ☑ onbekend **STATUS AANVRAGER** ▶ ☑ geen beperkingen bekend **VOORKEUR/UITSLUITING** ▶ Voorkeur gaat uit naar Gelderland. Uitsluitend aanvragen die volledig zijn gefinancierd zullen worden gehonoreerd. Personen en instellingen zullen uitsluitend worden gesteund door giften of donaties uit het inkomen van de stichting.

Procedure ■ **OP AANVRAAG** ▶ ja **AANVRAAGPROCEDURE** ▶ Aanvragen die vallen binnen de doelgroepen dienen schriftelijk te worden gericht aan het secretariaat van het bestuur via het postadres. Aanvragen dienen uitvoerig worden beschreven en van een financiële onderbouwing worden begeleid.

Financieel ■ **EIGEN VERMOGEN** ▶ € 5.002.169 **INKOMSTEN EV** ▶ € 78.286 **HERKOMST MIDDELEN** ▶ vermogen, legaten, giften & schenkingen, overige inkomsten **BOEKJAAR** ▶ 2019 **JAARVERSLAG OP WEBSITE** ▶ ja.

Contact ■ **BEREIKBAAR PER** ▶ ☑ post ☑ e-mail ☑ telefoon **CONTACTPERSOON** ▶ geen contactpersoon bekend **POSTADRES** ▶ 't Klooster 5, 4153 RR Beesd **EMAIL (ALGEMEEN)** ▶ info@marienwaerdt.nl **TELEFOON (ALGEMEEN)** ▶ 0345-687010.

011
Stichting A.J. Blok Fonds

Rubriek ■ ☑ kunst en cultuur ☑ kerk en levensbeschouwing

Algemeen ■ **WEBSITE** ▶ www.transparante-anbi.nl/product/embed/2377 **TYPERING** ▶ vermogensfonds **RECHTSVORM** ▶ stichting **KVK** ▶ 22063489 **ANBI STATUS** ▶ ja **DIRECTIE** ▶ geen directiegegevens bekend **BESTUUR** ▶ K.G. Verstijnen, penningmeester; J. van den Berg.

Missie ■ **DOELSTELLING** ▶ De stichting heeft ten doel uitkeringen te doen aan de Hervormde Gemeente te Kloetinge, of haar rechtsopvolgster, uit de revenuen van haar bezittingen. De uitkeringen dienen, ten genoegen van na te noemen bestuur te worden aangewend voor het onderhoud van het kerkgebouw aan het Geertesplein te Kloetinge.

Doelgroep ■ **SPECIFIEK** ▶ Hervormde Gemeente te Kloetinge. **ACTIVITEITEN** ▶ Geen specifieke activiteiten bekend **INTERVENTIENIVEAU** ▶ Steun aan lokale/provinciale organisaties en structuren.

Werkgebied ■ **ACTIERADIUS** ▶ Lokaal **LAND** ▶ Nederland **PLAATS** ▶ Kloetinge.

Bestedingen ■ **BUDGET** ▶ niet openbaar **SOORT BIJDRAGE** ▶ giften **BOVENGRENS** ▶ geen **ONDERGRENS** ▶ geen.

Projecten ■ **CRITERIA** ▶ geen projectcriteria bekend **DOORLOOPTIJD** ▶ ☑ onbekend **STATUS AANVRAGER** ▶ ☑ kerkelijke instelling **VOORKEUR/UITSLUITING** ▶ geen voorkeur of uitsluiting bekend.

Procedure ■ **OP AANVRAAG** ▶ onbekend **AANVRAAGPROCEDURE** ▶ Geen aanvraagprocedure bekend.

Financieel ■ **INKOMSTEN EV** ▶ € 3.398 **HERKOMST MIDDELEN** ▶ onbekend **BOEKJAAR** ▶ 2017.

Contact ■ **BEREIKBAAR PER** ▶ ☑ post ☑ e-mail ☑ telefoon **CONTACTPERSOON** ▶ geen contactpersoon bekend **POSTADRES** ▶ Sleutelbloemstraat 69, 4451 TD Heinkenszand **EMAIL (ALGEMEEN)** ▶ kg.verstijnen@hetnet.nl **TELEFOON (ALGEMEEN)** ▶ 0113-562176.

012
Stichting A.M.V.J.- Fonds

Rubriek ■ ☑ kunst en cultuur ☑ maatschappij, welzijn en samenleving

Algemeen ■ **WEBSITE** ▶ www.amvjfonds.nl **TYPERING** ▶ vermogensfonds **OPGERICHT** ▶ 13-11-1981 **RECHTSVORM** ▶ stichting **KVK** ▶ 41201819 **ANBI STATUS** ▶ ja **DIRECTIE** ▶ geen directiegegevens bekend **BESTUUR** ▶ E. Rammeloo, voorzitter; mw. M. Knaap-de Meijer, penningmeester; mw. K. Boumedyan; mw. M. de Ruiter; G. Schunselaar; T. Nijhuis; mw. L Schwarz.

Missie ■ **DOELSTELLING** ▶ De stichting stelt zich ten doel de participatie van Amsterdamse jongeren voor wie de toegang tot sociaal-culturele activiteiten niet gemakkelijk of vanzelfsprekend is te bevorderen. **STICHTER(S)** ▶ A.M.V.J. Beheer **HISTORIE** ▶ De Amsterdamse Maatschappij voor Jongemannen, na 1945 omgedoopt tot Algemene Maatschappij voor Jongeren, was en is een begrip in Amsterdam. Tot ver in de jaren '70 speelden alle activiteiten zich af in het enorme, ultramoderne AMVJ-gebouw aan het Leidsebosje, tegenwoordig het luxe NH Amsterdam Centre Hotel. Voorts werden op deze locatie allerlei sociaal-culturele activiteiten voor de leden georganiseerd, waaronder muziek- en theateruitvoeringen en diverse feestelijke activiteiten. In het jazzcafé traden internationaal bekende muzikanten op.

Doelgroep ■ **ALGEMEEN** ▶ jongeren **SPECIFIEK** ▶ Jongeren (van 2 tot 18 jaar) voor wie de toegang tot sociaal-culturele activiteiten moeilijk of niet vanzelfsprekend is. **ACTIVITEITEN** ▶ De stichting tracht de doelstelling te bereiken onder meer door het doen van uitkeringen aan organisaties die hiervoor in aanmerking komen. Naast financiële ondersteuning, stellen individuele bestuursleden ook hun kennis en kunde ter beschikking aan deze instellingen. De stichting mee over nieuwe manieren van geld binnenbrengen, betere interne organisatie en professionalisering ten behoeve van een uitbreiding van de initiatieven. **INTERVENTIENIVEAU** ► Steun aan lokale/provinciale maatschappelijke organisaties en structuren (incl. gemeenten etc.) die diensten verlenen aan individuen.

Werkgebied ■ **ACTIERADIUS** ► Lokaal **LAND** ► Nederland **REGIO** ► Noord-Holland **PLAATS** ► Amsterdam.

Bestedingen ■ **BUDGET** ► niet openbaar **ONDERSTEUNDE PROJECTEN P/J** ► 19 **SOORT BIJDRAGE** ► giften **BOVENGRENS** ► geen **ONDERGRENS** ► geen.

Projecten ■ **CRITERIA** ► Projecten die: ☑ gericht zijn op het versterken van organisaties die sociaal-culturele projecten voor jongeren in Amsterdam ontplooien; ☑ gericht te zijn op sociaal-cultureel georiënteerde participatie van de genoemde jongeren binnen het werkgebied Amsterdam; ☑ alleen rechtspersonen, werkgroepen en comités in aanmerking voor ondersteuning; ☑ Het AMVJ Fonds zal zich voor maximaal drie jaar verbinden aan een project of organisatie. **DOORLOOPTIJD** ► ☑ maximaal 3 jaar **STATUS AANVRAGER** ► ☑ stichting of vereniging (non-profit) ☑ overig **VOORKEUR/UITSLUITING** ► ; ☑ Ingediende aanvragen voor de leeftijdscategorie 2-7 jaar zullen met bijzondere belangstelling bekeken worden. ☑ geen aanvraag mogelijk voor projecten die reeds begonnen zijn.

Procedure ■ **OP AANVRAAG** ► ja **DOORLOOPTIJD** ► 1-3 maanden **AANVRAAGPROCEDURE** ► De stichting werkt met aanvraagrondes. Op de website staan de data van deze ronde. Organisaties die in aanmerking willen komen voor ondersteuning of een projectaanvraag willen indienen, kunnen het online aanvraagformulier invullen en versturen. Het aanvraagformulier is tevens te downloaden, welke u vervolgens ingevuld als pdf kunt versturen per e-mail naar secretariaat@amvjfonds.nl. Bij het aanvraagformulier hoort ook een projectplan, alsmede een kostenbegroting en een dekkingsplan; Het bestuur van het AMVJ Fonds bekijkt het ingediende voorstel en beoordeelt (eventueel op basis van aanvullende stukken en/of een gesprek) of er mogelijkheden zijn voor financiering. De besluitvorming geschiedt collectief. Na de sluitingsdatum van de aanvragen kunt u ongeveer na acht weken een besluit verwachten. **URL** ► www.amvjfonds.nl/aanvraag/

Financieel ■ **INKOMSTEN EV** ► € 369.825 **INKOMSTEN OV** ► € 115.611 **HERKOMST MIDDELEN** ► vermogen, moederorganisatie (bijdragen) **BOEKJAAR** ► 2019 **JAARVERSLAG OP WEBSITE** ► ja.

Contact ■ **BEREIKBAAR PER** ► ☑ post ☑ e-mail ☒ telefoon **CONTACTPERSOON** ► geen contactpersoon bekend **POSTADRES** ► Charlie Parkerstraat 9, 1066 GV Amsterdam **EMAIL (ALGEMEEN)** ► secretariaat@amvjfonds.nl.

013
Stichting A.M.V.J.- Gebouw Rotterdam

Rubriek ■ ☑ maatschappij, welzijn en samenleving ☑ onderwijs en onderzoek

Algemeen ■ **WEBSITE** ► www.rotterdamsefondsen.nl/fonds/40/stichting-a-m-v-j-gebouw-rotterdam **TYPERING** ► vermogensfonds **BEHEERD DOOR** ► Vereniging Rotterdamse Fondsen **OPGERICHT** ► 19-02-1952 **RECHTSVORM** ► stichting **KVK** ► 41130244 **ANBI STATUS** ► ja **DIRECTIE** ► geen directiegegevens bekend **BESTUUR** ► Mr. D.F. Richters, voorzitter; E. Hoogewerff; mw. W. Paymans-Schippers.

Missie ■ **DOELSTELLING** ► De stichting heeft ten doel jongeren tot 30 jaar in Rotterdam door middel van het financieren van opleidingen te helpen zich te ontwikkelen waardoor de kans op werk toeneemt.

Doelgroep ■ **ALGEMEEN** ► jongeren **SPECIFIEK** ► Jongeren tot 30 jaar in Rotterdam. **ACTIVITEITEN** ► Geen specifieke activiteiten bekend **INTERVENTIENIVEAU** ► Steun aan individuen (directe steun).

Werkgebied ■ **ACTIERADIUS** ► Lokaal, Regionaal, Nationaal **LAND** ► Nederland **REGIO** ► Zuid-Holland **PLAATS** ► Rotterdam.

Bestedingen ■ **BUDGET** ► € 112.000 **TOELICHTING** ► De Stichting streeft er naar om, met instandhouding van het oorspronkelijke vermogen, de jaarlijks uit het vermogen ter beschikking komende middelen voor 90% aan te wenden voor het doel als hiervoor vermeld. Er worden geen fondsenwervende activiteiten ondernomen. **ONDERSTEUNDE PROJECTEN P/J** ► 71 **SOORT BIJDRAGE** ► giften **BOVENGRENS** ► € 2.500 **ONDERGRENS** ► geen.

Projecten ■ **CRITERIA** ► Jongeren en jongvolwassenen in Rotterdam, die zonder werk zijn en middels een opleiding hun kans op werk kunnen vergroten, kunnen een aanvraag tot bijdrage indienen. **DOORLOOPTIJD** ► ☑ korter dan 1 jaar **STATUS AANVRAGER** ► ☑ individuen/gezinnen **VOORKEUR/UITSLUITING** ► De leeftijdsgrens is tot 30 jaar. Geen bijdrage voor universitaire studies.

Procedure ■ **OP AANVRAAG** ► ja **DOORLOOPTIJD** ► 3-6 maanden; korter dan een maand; korter dan een maand **AANVRAAGPROCEDURE** ► Het bestuur vergadert 2 maal per jaar, de aanvragen worden per e-mail behandeld. De aanvragers worden persoonlijk geïnterviewd, vervolgens wordt een aanbeveling voor het bestuur geformuleerd waarna het bestuur een beslissing neemt.

Financieel ■ **EIGEN VERMOGEN** ► € 3.538.613 **INKOMSTEN EV** ► € 155.000 **HERKOMST MIDDELEN** ► vermogen, inkomsten uit vermogen **BOEKJAAR** ► 2018.

Contact ■ **BEREIKBAAR PER** ► ☑ post ☑ e-mail ☑ telefoon **CONTACTPERSOON** ► Mw. L.J. van der Sluijs **POSTADRES** ► Schiekade 77, 3033 BE Rotterdam **EMAIL (ALGEMEEN)** ► secretariaat@amvjrotterdam.nl **TELEFOON (ALGEMEEN)** ► 010-7271290.

014
A.S. Talma Stichting

Rubriek ■ ☑ gezondheidszorg

Algemeen ■ **WEBSITE** ► www.astalmastichting.nl **TYPERING** ► vermogensfonds **RECHTSVORM** ► stichting **KVK** ► 01090809 **ANBI STATUS** ► ja **DIRECTIE** ► geen directiegegevens bekend **BESTUUR** ► J. Lemstra, voorzitter; L. Folkertsma, penningmeester; S.F.M. Haarsma, secretaris; W. Beumer; mw. E. Wind-Wartena.

Missie ■ DOELSTELLING ▶ Het financieel ondersteunen van de Stichting Talma Zorginstellingen en de daarbij aangesloten stichtingen en instellingen, en de in bedoelde instellingen wonende en verzorgde personen alsmede het in de bedoelde stichtingen en instellingen werkzame medewerkers en vrijwilligers. Het bevorderen van het onderwijs en onderzoek gericht op zorgvragende ouderen. Het in stand houden en bevorderen van de geestelijke verzorging in de voornoemde stichtingen en instellingen. De stichting is bevoegd al datgene te verrichten dat rechtstreeks of zijdelings verband houdt met of bevorderlijk kan zijn tot haar voormelde doel, zulks alles in de ruimste zin van het woord. STICHTER(S) ▶ Aritius Sybrandus Talma HISTORIE ▶ De in 1928 in Veenwouden opgerichte 'Christelijke Vereeniging tot verzorging van Ouden van Dagen, Talmarustoorden' kan gezien worden als de oorsprong van de huidige stichting. Deze vereniging had als doelstelling 'mensen op leeftijd' in hun eigen levenssfeer een onbezorgde oude dag te bieden. Omdat het bestuur van de Vereeniging van mening was dat financieel onvermogen nooit een reden mocht zijn om huisvesting in één van de Talmarustoorden te ontzeggen werd, eveneens in 1928, besloten een suppletiefonds op te richten. Dit fonds had als doelstelling om personen, die graag in de rustoorden wilden wonen maar dat niet konden betalen, financieel te ondersteunen. In 1933 werd besloten het suppletiefonds onder te brengen in een aparte stichting, de A.S. Talma Stichting. BELEIDSPLAN OP WEBSITE ▶ ja.

Doelgroep ■ ALGEMEEN ▶ ouderen SPECIFIEK ▶ Geen specifieke doelgroep ACTIVITEITEN ▶ Geen specifieke activiteiten bekend INTERVENTIENIVEAU ▶ Steun aan lokale/provinciale maatschappelijke organisaties en structuren (incl. gemeenten etc.) die diensten verlenen aan individuen.; Steun aan individuen (directe steun).

Werkgebied ■ ACTIERADIUS ▶ Nationaal LAND ▶ Nederland.

Bestedingen ■ BUDGET ▶ € 79.500 SOORT BIJDRAGE ▶ studiebeurzen subsidies BOVENGRENS ▶ geen ONDERGRENS ▶ geen.

Projecten ■ CRITERIA ▶ De gevraagde subsidie moet worden aangewend voor projecten/activiteiten, die worden uitgevoerd; c.q. verricht ten behoeve van de in de (zorg)instellingen wonende- en verzorgde personen met het doel; het verblijf in de (zorg)instelling en daarbuiten te veraangenamen c.q. resulteren in kwaliteitsverbetering; in de zorg. DOORLOOPTIJD ▶ ☑ onbekend STATUS AANVRAGER ▶ ☑ geen beperkingen bekend VOORKEUR/UITSLUITING ▶ Het verzoek moet afkomstig zijn van een aan de Stichting Talma Zorginstellingen gelieerde instelling of organisatie, inclusief woonzorgcentrum Talma State te Heeg.

Procedure ■ OP AANVRAAG ▶ nee AANVRAAGPROCEDURE ▶ Zie website voor meer informatie. URL ▶ www.astalmastichting.nl/contact/

Financieel ■ INKOMSTEN EV ▶ € 234.646 HERKOMST MIDDELEN ▶ giften & schenkingen, legaten, vermogen, inkomsten uit vermogen BOEKJAAR ▶ 2019 JAARVERSLAG OP WEBSITE ▶ ja.

Contact ■ BEREIKBAAR PER ▶ ☑ post ☑ e-mail ☑ telefoon CONTACTPERSOON ▶ geen contactpersoon bekend POSTADRES ▶ Nieuweweg 1, 8911 LK Leeuwarden EMAIL (ALGEMEEN) ▶ info@astalmastichting.nl TELEFOON (ALGEMEEN) ▶ 058-8431286.

015

Stichting A.S.C. Academy

Rubriek ■ ☑ onderwijs en onderzoek

Algemeen ■ WEBSITE ▶ www.ascacademy.nl TYPERING ▶ vermogensfonds OPGERICHT ▶ 2013 RECHTSVORM ▶ stichting KVK ▶ 57620342 ANBI STATUS ▶ ja DIRECTIE ▶ geen directiegegevens bekend BESTUUR ▶ Mw. S.L. Jongeling, voorzitter; mr. J.W. Lubbers, penningmeester; mw. J.S. Braaksma, secretaris.

Missie ■ DOELSTELLING ▶ Het Amsterdamsch Studenten Corps en de Amsterdamsche Vrouwelijke Studenten Vereeniging (A.S.C./A.V.S.V.) wil met de oprichting van de Stichting A.S.C. Academy Amsterdamse studenten helpen om zichzelf te ontplooien door bij te dragen aan een bijzonder of prestigieus studie- of onderzoeksproject in binnen- of buitenland. STICHTER(S) ▶ Amsterdamsch Studenten Corps en Amsterdamsche Vrouwelijke Studenten Vereeniging (A.S.C./A.V.S.V.) HISTORIE ▶ De Stichting A.S.C. Academy is opgericht in juni 2013.

Doelgroep ■ ALGEMEEN ▶ studenten SPECIFIEK ▶ Studenten UvA en VU. ACTIVITEITEN ▶ Geen specifieke activiteiten bekend INTERVENTIENIVEAU ▶ Steun aan individuen (directe steun).

Werkgebied ■ ACTIERADIUS ▶ Lokaal LAND ▶ Nederland PLAATS ▶ Amsterdam.

Bestedingen ■ BUDGET ▶ niet openbaar TOELICHTING ▶ De uit te delen beurzen vanuit de A.S.C. Academy zijn volledig afhankelijk van donaties. Jaarlijks wordt er een diner georganiseerd vanuit het A.S.C./A.V.S.V. om kennis te maken met de Stichting. SOORT BIJDRAGE ▶ studiebeurzen BOVENGRENS ▶ geen ONDERGRENS ▶ geen.

Projecten ■ CRITERIA ▶ Twee keer per jaar is er de mogelijkheid voor alle Amsterdamse studenten van de UvA en de VU, een aanvraag te doen voor een bijdrage aan een studie- of onderzoeksproject. De aanvraagdeadlines zijn zo gesteld dat begonnen kan worden aan het project per 1 februari of 1 september. De aanvraag is voor een bijzonder, dan wel prestigieus, studie- of onderzoeksproject in binnen- of buitenland. Het project valt onder een van de categorieën stage, studie, promotie of onderzoek. DOORLOOPTIJD ▶ ☑ korter dan 1 jaar STATUS AANVRAGER ▶ ☑ geen beperkingen bekend VOORKEUR/UITSLUITING ▶ De student dient 100 ECTS te hebben behaald voordat de reis/het project aanvangt. De aanvraag is voor een bijzonder, dan wel prestigieus, studie- of onderzoeksproject in binnen- of buitenland. Het project valt onder een van de categorieën stage, studie, promotie of onderzoek. De aanvrager levert een eigen bijdrage. Bij het aanvraagformulier wordt een gespecificeerde begroting van het project gevoegd. De student heeft geen substantieel eigen inkomen of vermogen. Indien de aanvraag wordt gehonoreerd, dient de kandidaat een verslag te schrijven over het project binnen twee maanden na afloop. Na de reis dient de kandidaat ook bereid te zijn tot promotie.

Procedure ■ OP AANVRAAG ▶ nee AANVRAAGPROCEDURE ▶ Er kan via de website een aanvraagformulier worden gedownload. Samen met alle andere gevraagde documenten dienen deze in PDF formaat via de site geüpload worden. De Raad van Toewijzing neemt de aanvraag in behandeling en brengt een advies uit aan het Bestuur over het toekennen van de beurzen. Er zijn twee aanvraagperiodes. **URL** ► http://ascacademy.nl/aanvraag-indienen/

Financieel ■ **HERKOMST MIDDELEN** ► giften & schenkingen.

Contact ■ **BEREIKBAAR PER** ► ☑ post ☑ e-mail ☑ telefoon **CONTACTPERSOON** ► geen contactpersoon bekend **POSTADRES** ► Warmoesstraat 153, 1012 JC Amsterdam **EMAIL (ALGEMEEN)** ► info@ascacademy.nl **TELEFOON (ALGEMEEN)** ► 020-5238010.

016
Aafje Heynis Fonds

Rubriek ■ ☑ kunst en cultuur

Algemeen ■ **WEBSITE** ► www.cultuurfonds.nl **TYPERING** ► fonds op naam **BEHEERD DOOR** ► Prins Bernhard Cultuurfonds **DIRECTIE** ► zie > Prins Bernhard Cultuurfonds **BESTUUR** ► zie > Prins Bernhard Cultuurfonds

Missie ■ **DOELSTELLING** ► Het financieel ondersteunen van jonge klassiek geschoolde musici, met een voorkeur voor zangers.

Werkgebied ■ **ACTIERADIUS** ► Nationaal **LAND** ► Nederland.

Projecten ■ **CRITERIA** ► geen projectcriteria bekend **DOORLOOPTIJD** ► ☑ korter dan 1 jaar **STATUS AANVRAGER** ► ☑ geen beperkingen bekend **VOORKEUR/UITSLUITING** ► geen voorkeur of uitsluiting bekend.

Procedure ■ **OP AANVRAAG** ► ja **AANVRAAGPROCEDURE** ► Dit 'fonds op naam' ressorteert onder het Prins Bernhard Cultuurfonds. Verzoeken aan fondsen op naam komen op één centraal punt binnen. Dit houdt in dat een subsidieaanvraag slechts eenmaal aan het Prins Bernhard Cultuurfonds hoeft te worden gezonden. Voor de verdere aanvraagprocedure: zie Prins Bernhard Cultuurfonds. **URL** ► www.cultuurfonds.nl/aanvragen

Contact ■ **BEREIKBAAR PER** ► ☑ post ☑ e-mail ☑ telefoon **CONTACTPERSOON** ► geen contactpersoon bekend **POSTADRES** ► Postbus 19750, 1000 GT Amsterdam **EMAIL (ALGEMEEN)** ► info@cultuurfonds.nl **TELEFOON (ALGEMEEN)** ► 020-5206130.

017
Stichting Aanpakken

Rubriek ■ ☑ kerk en levensbeschouwing ☑ onderwijs en onderzoek

Algemeen ■ **WEBSITE** ► www.stichtingaanpakken.nl **TYPERING** ► vermogensfonds **BEHEERD DOOR** ► Bond van Nederlandse Predikanten **OPGERICHT** ► 05-12-1961 **RECHTSVORM** ► stichting **KVK** ► 41198120 **ANBI STATUS** ► ja **DIRECTIE** ► geen directiegegevens bekend **BESTUUR** ► Mw.prof.dr. T.H. Zock, voorzitter; ir. E. van de Sande, penningmeester; drs. J.S. van Poppel, secretaris; mw.dr. C. van der Leest; ds. G van Meijeren; drs. A. A. Nagtegaal; W. de Frel.

Missie ■ **DOELSTELLING** ► De stichting stelt zich ten doel het beheren van een kapitaal, teneinde de rente daarvan te gebruiken om, in de meest algemene zin, een tegemoetkoming te verlenen aan dienstdoende predikanten, kerkelijk werkers en proponenten in de Protestantse Kerk in Nederland ter bestrijding van bijzondere persoonlijke lasten ten behoeve van hun dienstwerk of veroorzaakt door bijzondere (gezins)omstandigheden. **STICHTER(S)** ► Vereeniging 'Aanpakken' **HISTORIE** ► In 1917 werd de Vereeniging 'Aanpakken' te Amsterdam door een aantal vermogende leden van de Nederlandse hervormde kerk opgericht, met als doel de toen zeer lage traktementen wat te verbeteren. Rond 1950 besloot het bestuur het vermogen te gebruiken voor voortgezette vorming en toerusting met het oog op het ambtswerk van predikanten in de Nederlandse Hervormde Kerk. **BELEIDSPLAN OP WEBSITE** ► ja.

Doelgroep ■ **ALGEMEEN** ► gelovigen **SPECIFIEK** ► Dienstdoende predikanten, proponenten en in de bediening gestelde kerkelijk werkers. **ACTIVITEITEN** ► Geen specifieke activiteiten bekend **INTERVENTIENIVEAU** ► Steun aan individuen (directe steun).

Werkgebied ■ **ACTIERADIUS** ► Nationaal **LAND** ► Nederland.

Bestedingen ■ **BUDGET** ► € 100.000 **ONDERSTEUNDE PROJECTEN P/J** ► **SOORT BIJDRAGE** ► giften garanties **BOVENGRENS** ► €.

Projecten ■ **CRITERIA** ► Subsidies worden gegeven voor: het volgen van cursussen en trainingen (zoals de KPV en de missionaire specialisatie); een traject coaching, supervisie, geestelijke begeleiding e.d. studiekosten (zoals het aanschaffen van literatuur voor studie of promotie onderzoek); het uitgeven van proefschriften.Daarnaast worden er garantiesubsidies verstrekt voor het uitgeven van wetenschappelijke uitgaven. Bovendien worden activiteiten ten behoeve van de doelgroep, georganiseerd door predikanten of kerkelijk werkers, ondersteund. Wanneer er bijzondere noden zijn, kan ook daarvoor een aanvraag worden ingediend. **DOORLOOPTIJD** ► ☑ korter dan 1 jaar **STATUS AANVRAGER** ► ☑ individuen/gezinnen **VOORKEUR/UITSLUITING** ► geen voorkeur of uitsluiting bekend.

Procedure ■ **OP AANVRAAG** ► ja **DOORLOOPTIJD** ► 1-3 maanden **AANVRAAGPROCEDURE** ► Subsidie is aan te vragen via het aanvraagformulier op de website, met daarin alle gegevens die wij van u nodig hebben. **URL** ► https://www.stichtingaanpakken.nl/steun-aanvragen

Financieel ■ **EIGEN VERMOGEN** ► € 5.924.608 **INKOMSTEN EV** ► € 897.879 **HERKOMST MIDDELEN** ► vermogen, inkomsten uit vermogen **BOEKJAAR** ► 2016 **JAARVERSLAG OP WEBSITE** ► ja.

Contact ■ **BEREIKBAAR PER** ► ☑ post ☑ e-mail ☒ telefoon **CONTACTPERSOON** ► geen contactpersoon bekend **POSTADRES** ► Voorstraat 81, 4153 AJ Beesd **EMAIL (ALGEMEEN)** ► https://www.stichtingaanpakken.nl/contact#form_contactformulier.

018
Aart Huisman Stichting

Rubriek ■ ☑ gezondheidszorg ☑ onderwijs en onderzoek

Algemeen ■ **WEBSITE** ► www.aarthuismanstichting.nl **TYPERING** ► vermogensfonds **OPGERICHT** ► 26-01-1968 **RECHTSVORM** ► stichting **KVK** ► 41183076 **ANBI STATUS** ► nee **DIRECTIE** ► geen directiegegevens bekend **BESTUUR** ► Dr. W.S.I.M. van den Wijngaart, voorzitter; dr. P.

Lindeboom, penningmeester; dr. M. van Haaften, secretaris; prof.dr. J.W.R. Nortier.

Missie ■ **DOELSTELLING** ▶ De stichting heeft ten doel de bevordering van het kankeronderzoek en/of de kankerbestrijding in het Diaconessenhuis Utrecht, en voorts al hetgeen met één en ander rechtstreeks of zijdelings verband houdt of daartoe bevorderlijk kan zijn, alles in de ruimste zin des woords. **STICHTER(S)** ▶ Mejuffrouw Aart Huisman.

Doelgroep ■ **SPECIFIEK** ▶ Wetenschappers ter bevordering van kankeronderzoek en/of kankerbestrijding in het Diakonessenziekenhuis Utrecht. **ACTIVITEITEN** ▶ Geen specifieke activiteiten bekend **INTERVENTIENIVEAU** ▶ Onbekend.

Werkgebied ■ **ACTIERADIUS** ▶ Lokaal **LAND** ▶ Nederland **PLAATS** ▶ Utrecht.

Bestedingen ■ **BUDGET** ▶ niet openbaar **SOORT BIJDRAGE** ▶ giften **BOVENGRENS** ▶ geen **ONDERGRENS** ▶ geen.

Projecten ■ **CRITERIA** ▶ geen projectcriteria bekend **DOORLOOPTIJD** ▶ ☑ korter dan 1 jaar **STATUS AANVRAGER** ▶ ☑ hulpverleners **VOORKEUR/UITSLUITING** ▶ geen voorkeur of uitsluiting bekend.

Procedure ■ **OP AANVRAAG** ▶ ja **DOORLOOPTIJD** ▶ 1-3 maanden **AANVRAAGPROCEDURE** ▶ geen aanvraagprocedure bekend.

Financieel ■ **EIGEN VERMOGEN** ▶ € 1.457.278 **HERKOMST MIDDELEN** ▶ vermogen, inkomsten uit vermogen, giften & schenkingen **BOEKJAAR** ▶ 2018 **JAARVERSLAG OP WEBSITE** ▶ ja.

Contact ■ **BEREIKBAAR PER** ▶ ☑ post ☑ e-mail ☒ telefoon **CONTACTPERSOON** ▶ geen contactpersoon bekend **POSTADRES** ▶ Bachlaan 1, 3723 JS Bilthoven **EMAIL (ALGEMEEN)** ▶ mvhaafte@diakhuis.nl.

019
Stichting Ab Laane

Rubriek ■ ☑ gezondheidszorg ☑ maatschappij, welzijn en samenleving

Algemeen ■ **WEBSITE** ▶ www.ouderenfonds.nl/wat-doen/subsidieaanvraag **TYPERING** ▶ fonds op naam **BEHEERD DOOR** ▶ Nationaal Ouderen Fonds **DIRECTIE** ▶ zie > Nationaal Ouderen Fonds **DIRECTIE** ▶ mw. C. Gielbert **BESTUUR** ▶ zie > Nationaal Ouderen Fonds **BESTUUR** ▶ W. Kolff, voorzitter; F. Erkens; R. Rempe; mw. M. Slikken; T. Kardol.

Missie ■ **DOELSTELLING** ▶ De stichting stelt zich ten doel de bevordering van de algemene identiteit in de sector ouderenzorg, in het bijzonder voor die van de intra-murale ouderenzorg (inclusief de met deze instellingen verbonden aanleunwoningen). **STICHTER(S)** ▶ AVIB (Algemene Vereniging van Instellingen voor Bejaarden) **HISTORIE** ▶ Na de fusie van de vier tehuizenorganisaties en de LSB in de toenmalige VNB, die uiteindelijk weer opging in Arcares, een brancheorganisatie gevestigd te Utrecht, werd afgesproken dat de vermogens zouden blijven toebehoren aan de vier oorspronkelijke tehuizenorganisaties, die in sterk afgeslankte vorm bleven bestaan en zich voornamelijk richtten op bevordering van het identiteitsgebeuren in brede zin. De AVIB heeft toen een steunstichting opgericht, genoemd naar een van zijn voorzitters: Ab Laane. Hierin werd het vermogen van de AVIB gestort. Sinds 2004 werkt Stichting Ab Laane samen met het Nationaal Ouderenfonds. Met ingang van 2013 zijn de gelden ondergebracht bij het Nationaal Ouderenfonds als fonds op naam.

Werkgebied ■ **ACTIERADIUS** ▶ Nationaal **LAND** ▶ Nederland.

Projecten ■ **CRITERIA** ▶ Voorbeelden van projecten door zorginstellingen of verpleeghuizen, die gesteund worden: ☑ Spel- en activiteitenmateriaal; ☑ Speciale tuininrichting, zoals verhoogde plantenbakken of goed tuinmeubilair voor oudere bewoners; ☑ Projecten die beweging en actief bezig zijn bevorderen; ☑ (rolstoel)Bussen. Let wel: in uw aanvraag kijken we ook naar de financieringsmogelijkheden vanuit de gemeente via de Wmo. **DOORLOOPTIJD** ▶ ☑ korter dan 1 jaar **STATUS AANVRAGER** ▶ ☑ stichting of vereniging (non-profit) ☑ hulpverleners **VOORKEUR/UITSLUITING** ▶ Uitgesloten zijn; exploitatiekosten, kosten die gerekend mogen worden tot gebruikelijke zorgverlening, bouw- en verbouwingskosten, inventaris die geacht wordt uit het reguliere budget bekostigd te worden, wetenschappelijke publicaties en promotieonderzoeken, aanvragen van een commercieel karakter, vakanties en uitstapjes.

Procedure ■ **OP AANVRAAG** ▶ ja **AANVRAAGPROCEDURE** ▶ Zorginstellingen en verpleeghuizen kunnen bij het Ouderenfonds aankloppen voor een bijdrage voor projecten voor hun bewoners. Dit wordt gefinancierd met het vermogen van Stichting Ab Laane. Het budget is beperkt. Er wordt daarom een keuze gemaakt uit de binnenkomende aanvragen. Benodigdheden voor aanvraag zijn: ☑ omschrijving van het project: ☑ projectplan,; ☑ begroting; ☑ dekkingsplan; ☑ begeleidende brief. ☑ ondertekening aanvraag door de directie van uw zorginstelling; Stuur uw subsidieaanvraag naar Shirley van Voorst via mail s.vanvoorst@ouderenfonds.nl of post naar Nationaal Ouderenfonds. De Stichting streeft ernaar om u binnen 3 weken te laten weten of uw aanvraag in behandeling wordt genomen. Als dit gedaan wordt, wordt er om extra informatie gevraagd (zoals kopie statuten en inschrijving bij de Kamer van Koophandel). Hierna hoort u binnen 4 tot 6 weken of uw aanvraag wordt gehonoreerd en welke bijdrage u ontvangt. **URL** ▶ https://www.ouderenfonds.nl/help-mee/subsidie-aanvraag

Contact ■ **BEREIKBAAR PER** ▶ ☑ post ☑ e-mail ☑ telefoon **CONTACTPERSOON** ▶ geen contactpersoon bekend **POSTADRES** ▶ p/a Postbus 11, 3980 CA Bunnik **EMAIL (ALGEMEEN)** ▶ s.vanvoorst@ouderenfonds.nl **TELEFOON (ALGEMEEN)** ▶ 030-6567774.

020
Stichting Abeco

Rubriek ■ ☑ kerk en levensbeschouwing ☑ gezondheidszorg

Algemeen ■ **WEBSITE** ▶ www.kennisbankfilantropie.nl/anbi/abeco **TYPERING** ▶ vermogensfonds **OPGERICHT** ▶ 19-12-1997 **RECHTSVORM** ▶ stichting **KVK** ▶ 21019734 **ANBI STATUS** ▶ ja **DIRECTIE** ▶ geen directiegegevens bekend **BESTUUR** ▶ Mw. J.C. Cok-de Vin, voorzitter; M.J. de Goffau, penningmeester; M. Gaudesaboos, secretaris.

Missie ■ **DOELSTELLING** ▶ De stichting heeft tot doel de christelijke (levens)waarden en de toepassing daarvan te bevorderen, het ondersteunen van wetenschappelijk onderzoek op het gebied van gezondheid en gezondheidszorg, de behandeling en bestrijding van ziekten en ontwikkelingssamenwerking en ontwikkelingshulp en het verrichten van al wat hiermee verband houdt of daartoe bevorderlijk kan zijn. **BELEIDSPLAN OP WEBSITE** ▶ ja.

Doelgroep ■ **SPECIFIEK** ▶ Algemeen nut beogende instellingen. **ACTIVITEITEN** ▶ De stichting tracht de doelstelling onder meer te bereiken door het financieel of op andere wijze ondersteunen van algemeen nut beogende instellingen die in lijn zijn met de doelstelling/terreinen genoemd in de doelstelling. **INTERVENTIENIVEAU** ▶ Steun aan lokale/provinciale maatschappelijke organisaties en structuren (incl. gemeenten etc.) die diensten verlenen aan individuen.

Werkgebied ■ **ACTIERADIUS** ▶ Nationaal **LAND** ▶ Nederland.

Bestedingen ■ **BUDGET** ▶ € 26.700 **SOORT BIJDRAGE** ▶ giften **BOVENGRENS** ▶ geen **ONDERGRENS** ▶ geen.

Projecten ■ **CRITERIA** ▶ geen projectcriteria bekend **DOORLOOPTIJD** ▶ ☑ onbekend **STATUS AANVRAGER** ▶ ☑ geen beperkingen bekend **VOORKEUR/UITSLUITING** ▶ geen voorkeur of uitsluiting bekend.

Procedure ■ **OP AANVRAAG** ▶ ja **AANVRAAGPROCEDURE** ▶ geen aanvraagprocedure bekend.

Financieel ■ **EIGEN VERMOGEN** ▶ € 27.407 **INKOMSTEN EV** ▶ € 596 **INKOMSTEN OV** ▶ € 30.010 **HERKOMST MIDDELEN** ▶ giften & schenkingen **BOEKJAAR** ▶ 2018 **JAARVERSLAG OP WEBSITE** ▶ ja.

Contact ■ **BEREIKBAAR PER** ▶ ☑ post ☑ e-mail ☑ telefoon **CONTACTPERSOON** ▶ geen contactpersoon bekend **POSTADRES** ▶ Churchilllaan 300, 4532 ME Terneuzen **EMAIL (ALGEMEEN)** ▶ info@degoffauconsultancy.nl **TELEFOON (ALGEMEEN)** ▶ 06-25185349.

021
Stichting ABN AMRO Foundation

Rubriek ■ ☑ maatschappij, welzijn en samenleving ☑ kunst en cultuur

Algemeen ■ **WEBSITE** ▶ https://www.abnamro.com/nl/over-abnamro/in-de-maatschappij/foundation/index.html **TYPERING** ▶ vermogensfonds **BEHEERD DOOR** ▶ ABN AMRO Bank N.V. **RECHTSVORM** ▶ stichting **KVK** ▶ 30174092 **ANBI STATUS** ▶ ja **DIRECTIE** ▶ geen directiegegevens bekend **BESTUUR** ▶ K. van Dijkhuizen, voorzitter; J.C.M. van Rutte, penningmeester; mw. C Thate; K. Ariaans; E. Boekhorst.

Missie ■ **DOELSTELLING** ▶ De stichting heeft als doel het realiseren van maatschappelijke impact. Deze impact wordt gerealiseerd door de inzet van medewerkers van ABN AMRO Bank N.V. Daarvoor spreekt de stichting medewerkers aan op hun maatschappelijke betrokkenheid en stimuleert hen een actieve bijdrage te leveren aan de samenleving. ABN AMRO Foundation zet zich in voor kinderen die opgroeien in een minder kansrijke omgeving dan leeftijdsgenoten. Tijdens onze activiteiten komen we in actie om kinderen hun talenten en interesses te laten ontdekken, kennis en skills bij te brengen, en doelen te helpen bereiken. Zo maken we hun horizon een stukje breder. **STICHTER(S)** ▶ ABN AMRO Bank N.V.

Doelgroep ■ **ALGEMEEN** ▶ kinderen, armen **SPECIFIEK** ▶ Maatschappelijke projecten en initiatieven. **ACTIVITEITEN** ▶ Aan de 218 projecten die in 2018 zijn georganiseerd hebben 5.432 ABN AMRO-medewerkers deelgenomen. In totaal zijn in 2018 ruim 15.000 kinderen en jongeren in een achterstandssituatie bereikt. Alle activiteiten van de Foundation zijn geclusterd in hulprichtingen. Een hulprichting geeft in hoofdlijnen aan wat met onderliggende activiteiten wordt beoogd te realiseren. Er worden zes hulprichtingen onderscheiden: ☑ Talent en interesses laten ontdekken; ☑ Bijbrengen kennis en vaardigheden; ☑ Helpen bij het bereiken van doelen; ☑ Doorbreken van sociaal isolement; ☑ Creëren bewustwording; ☑ Materiële / financiële ondersteuning. **INTERVENTIENIVEAU** ▶ Onbekend.

Werkgebied ■ **ACTIERADIUS** ▶ Nationaal **LAND** ▶ Nederland.

Bestedingen ■ **BUDGET** ▶ niet openbaar **ONDERSTEUNDE PROJECTEN P/J** ▶ 218 **SOORT BIJDRAGE** ▶ overig **BOVENGRENS** ▶ geen **ONDERGRENS** ▶ geen.

Projecten ■ **CRITERIA** ▶ Maatschappelijke initiatieven, die het toekomstperspectief van kinderen uit achterstandssituaties vergroten. **DOORLOOPTIJD** ▶ ☑ onbekend **STATUS AANVRAGER** ▶ ☑ geen beperkingen bekend **VOORKEUR/UITSLUITING** ▶ Scholen die initiatieven willen opzetten, dienen gecertificeerd te zijn door het Jeugdeducatiefonds.

Procedure ■ **OP AANVRAAG** ▶ nee **AANVRAAGPROCEDURE** ▶ geen aanvraagprocedure bekend. **URL** ▶ https://www.abnamro.com/nl/over-abnamro/in-de-maatschappij/foundation/bestuur-en-contact/index.html

Financieel ■ **EIGEN VERMOGEN** ▶ € 2.478.291 **INKOMSTEN EV** ▶ € 1.146 **INKOMSTEN OV** ▶ € 938.220 **HERKOMST MIDDELEN** ▶ moederorganisatie (bijdragen), giften & schenkingen, inkomsten uit vermogen **BOEKJAAR** ▶ 2018 **JAARVERSLAG OP WEBSITE** ▶ ja.

Contact ■ **BEREIKBAAR PER** ▶ ☑ post ☑ e-mail ☒ telefoon **CONTACTPERSOON** ▶ PAC HQ 9146 **POSTADRES** ▶ Postbus 283, 1000 EA Amsterdam **EMAIL (ALGEMEEN)** ▶ foundation@nl.abnamro.com.

022
Stichting Achmea Foundation

Rubriek ■ ☑ gezondheidszorg ☑ economische ontwikkeling en microkrediet ☑ maatschappij, welzijn en samenleving

Algemeen ■ **WEBSITE** ▶ www.achmea.nl/foundation **TYPERING** ▶ vermogensfonds **BEHEERD DOOR** ▶ Achmea **OPGERICHT** ▶ 21-11-2006 **RECHTSVORM** ▶ stichting **KVK** ▶ 24394796 **ANBI STATUS** ▶ ja **DIRECTIE** ▶ mw. M. Verstappen **BESTUUR** ▶ E. Hirsch Ballin, voorzitter; mw. S. Blankhart, penningmeester; mw. M Oomen; W. van Duin; A. Gupta; K. Zevenbergen; R. Ball.

Missie ■ **DOELSTELLING** ▶ De Foundation werkt aan een samenleving waar iedereen aan mee kan doen en richt zich grotendeels op het versterken van de sociaal-economische omstandigheden van de rurale bevolking in ontwikkelingslanden. Wij zijn daarom betrokken bij initiatieven die tot doel hebben: de landbouwproductiviteit te versterken, de gezondheidszorg te verbeteren en de financiële risico's voor mensen meer beheersbaar te maken. Ook in Nederland bevinden zich mensen in een sociaal-economische achterstandspositie. Dit uit zich vaak in beperkte deelname aan de maatschappij, eenzaamheid en beperkte vitaliteit. De Foundation levert een bijdrage aan het verminderen van deze problematiek. **STICHTER(S)** ▶ Achmea B.V. **HISTORIE** ▶ De Achmea Foundation is een onafhankelijke stichting, die in 2006 is opgericht door Achmea om vanuit haar maatschappelijke betrokkenheid een bijdrage te leveren aan het verbeteren van de sociaal-economische positie van kwetsbare mensen. Het karakter van de Foundation is nauw verbonden met dat van Achmea. Achmea is 200 jaar geleden gestart als een coöperatie van een aantal boeren die elkaar onderling verzekerden tegen brand. Een coöperatie is gebaseerd op solidariteit en het delen van risico's. Bovendien dragen alle leden bij aan het succes van de coöperatie. Vanuit het bundelen van kracht binnen een coöperatie kan sociaal- economische vooruitgang worden bereikt voor alle leden. Deze filosofie vormt ook het fundament van de Achmea Foundation.

Doelgroep ■ **ALGEMEEN** ▶ armen **SPECIFIEK** ▶ Mensen met een sociaal-economische achterstand. Hierbij ligt de focus van de themas's op landbouw, gezondheidszorg en finance. De focus van methode is innovatie. Het focusgebied is Afrika. **ACTIVITEITEN** ▶ Door middel van het beschikbaar stellen van financiële middelen daadwerkelijk bij te dragen aan duurzame verbetering van de economische en/of de sociale omgeving van groepen hulpbehoevenden in de samenleving, zowel in als buiten Nederland. **INTERVENTIENIVEAU** ▶ Steun aan lokale/provinciale maatschappelijke organisaties en structuren (incl. gemeenten etc.) die diensten verlenen aan individuen.

Werkgebied ■ **ACTIERADIUS** ▶ Internationaal, Nationaal **LAND** ▶ Wereldwijd.

Bestedingen ■ **BUDGET** ▶ € 3.000.000 **TOELICHTING** ▶ Afhankelijk van de winst van Achmea B.V. Ieder jaar stelt Achmea 0, 5 procent van haar nettowinst beschikbaar aan Achmea Foundation. Alle inkomsten worden besteed aan de doelstelling. **ONDERSTEUNDE PROJECTEN P/J** ▶ 29 **SOORT BIJDRAGE** ▶ giften leningen **BOVENGRENS** ▶ € 1.000.000 **ONDERGRENS** ▶ € 100.000.

Projecten ■ **CRITERIA** ▶ Projecten dienen innovaties te brengen om het gezondheidszorgsysteem te verstevigen, om toegang financiële instanties te verbeteren en de veerkracht van landbouw te verhogen. **DOORLOOPTIJD** ▶ ☑ 1 - 2 jaar ☑ langer dan 2 jaar **STATUS AANVRAGER** ▶ ☑ stichting of vereniging (non-profit) **VOORKEUR/UITSLUITING** ▶ Er volgt ultsluiting wanneer de aanvragende organisatie geen rechtspersoon in Europa heeft.

Procedure ■ **OP AANVRAAG** ▶ ja **DOORLOOPTIJD** ▶ geen doorlooptijd bekend; 6-12 maanden; 6-12 maanden; 3-6 maanden; 3-6 maanden **AANVRAAGPROCEDURE** ▶ De stichting doet een call for proposals met een deadline in het voorjaar. De voorwaarden van een voorstel en het aanvraagformulier zijn terug te vinden op de website. Na positieve beoordeling doet de stichting een verzoek tot verdere uitwerking van het voorstel. Een selectiecommissie beoordeelt dit voorstel en vraagt eventueel om verduidelijkingen. Het bestuur van de stichting neemt in juli een besluit op basis van het voorstel en de aanbevelingen van de selectiecommissie. **URL** ▶ https://www.achmea.nl/foundation/impact-fund/call-of-proposals

Financieel ■ **EIGEN VERMOGEN** ▶ € 9.550.000 **INKOMSTEN EV** ▶ € -.130.000 **INKOMSTEN OV** ▶ € 1.575.000 **HERKOMST MIDDELEN** ▶ moederorganisatie (bijdragen), inkomsten uit vermogen **BOEKJAAR** ▶ 2018 **JAARVERSLAG OP WEBSITE** ▶ ja.

Contact ■ **BEREIKBAAR PER** ▶ ☑ post ☑ e-mail ☑ telefoon **CONTACTPERSOON** ▶ geen contactpersoon bekend **POSTADRES** ▶ Handelsweg 2, 3707 NH Zeist **EMAIL (ALGEMEEN)** ▶ info@achmeafoundation.nl **TELEFOON (ALGEMEEN)** ▶ 030-6937000 **TELEFOON (AANVRAGEN)** ▶ 030-6937000.

023

Stichting Ad Futurum

Rubriek ■ ☑ economische ontwikkeling en microkrediet ☑ maatschappij, welzijn en samenleving

Algemeen ■ **WEBSITE** ▶ www.kennisbankfilantropie.nl/anbi/ad-futurum **TYPERING** ▶ vermogensfonds **OPGERICHT** ▶ 17-10-2014 **RECHTSVORM** ▶ stichting **KVK** ▶ 61702242 **ANBI STATUS** ▶ ja **DIRECTIE** ▶ geen directiegegevens bekend **BESTUUR** ▶ A.N. Rietveld, voorzitter; V.K. Kuijvenhoven, penningmeester; mw. T.A. de Jong, secretaris.

Missie ■ **DOELSTELLING** ▶ De stichting heeft ten doel het financieel ondersteunen van algemeen nut beogende instellingen als bedoeld in artikel 5b Algemene wet inzake rijksbelastingen. De stichting stelt zich ten doel het financieel ondersteunen van projecten en andere initiatieven op het gebied van: ☑ kwetsbare kinderen en gezinnen; ☑ kunst en cultuur; ☑ onderwijs; ☑ gezondheidszorg; ☑ jeugdzorg; ☑ ontwikkelingssamenwerking; ☑ noodhulp; ☑ micro-financiering; ☑ een combinatie van boven genoemde doelen. **BELEIDSPLAN OP WEBSITE** ▶ ja.

Doelgroep ■ **ALGEMEEN** ▶ armen, jongeren, kinderen **SPECIFIEK** ▶ Kinderen, jongeren en volwassen die zich in een kwetsbare positie in de samenleving bevinden. **ACTIVITEITEN** ▶ Geen specifieke activiteiten bekend **INTERVENTIENIVEAU** ▶ Steun aan lokale/provinciale maatschappelijke organisaties en structuren (incl. gemeenten etc.) die diensten verlenen aan individuen.

Werkgebied ■ **ACTIERADIUS** ▶ Nationaal, Internationaal **LAND** ▶ Wereldwijd.

Bestedingen ■ **BUDGET** ▶ niet openbaar **SOORT BIJDRAGE** ▶ giften leningen **BOVENGRENS** ▶ geen **ONDERGRENS** ▶ geen.

Projecten ■ **CRITERIA** ▶ geen projectcriteria bekend **DOORLOOPTIJD** ▶ ☑ onbekend **STATUS AANVRAGER** ▶ ☑ stichting of vereniging (non-profit) **VOORKEUR/UITSLUITING** ▶ Instellingen, die voorheen ook al een gift hebben gehad, krijgen de voorkeur.

Procedure ■ **OP AANVRAAG** ▶ nee **AANVRAAGPROCEDURE** ▶ De stichtingen worden door het bestuur van Ad Futurum benaderd. Aanvragen voor ondersteuning vanuit dit fonds worden derhalve niet in behandeling genomen.

Financieel ■ **EIGEN VERMOGEN** ▶ € 242 **INKOMSTEN OV** ▶ € 30.000 **HERKOMST MIDDELEN** ▶ giften & schenkingen **BOEKJAAR** ▶ 2018 **JAARVERSLAG OP WEBSITE** ▶ ja.

Contact ■ **BEREIKBAAR PER** ▶ ☑ post ☒ e-mail ☒ telefoon **CONTACTPERSOON** ▶ geen contactpersoon bekend **POSTADRES** ▶ De Lairessestraat 9-1, 1071 NR Amsterdam.

024
Stichting Adelbertus Ahuys Fonds

Rubriek ■ ☑ kerk en levensbeschouwing

Algemeen ■ **WEBSITE** ▶ www.okfondsen-aaf-hbk.nl/index.php **TYPERING** ▶ vermogensfonds **OPGERICHT** ▶ 22-11-1990 **RECHTSVORM** ▶ stichting **KVK** ▶ 41209989 **ANBI STATUS** ▶ ja **DIRECTIE** ▶ geen directiegegevens bekend **BESTUUR** ▶ Dr.ir. J.J. Wijker, penningmeester; dr.ir. J.J. Wijker, secretaris; ir. H. Toorman.

Missie ■ **DOELSTELLING** ▶ ☑ Ondersteuning van de landelijke Oud-Katholieke Kerk van Nederland (OKKN); ☑ Ondersteuning van de Oud-Katholieke parochies in Nederland met focus op de parochies gevestigd in het Bisdom Haarlem van de OKKN; ☑ Ondersteuning van Oud-Katholieke instellingen, verenigingen en activiteiten. **STICHTER(S)** ▶ Adelbertus Ahuys (1729-1797) **HISTORIE** ▶ Het fonds werd gesticht uit de nalatenschap van de Amsterdamse priester Adelbertus Ahuys (1729-1797). Mogelijk geïnspireerd door het voorbeeld van zijn oudoom Lukas koos de jonge Adelbertus voor een opleiding tot Oud-Katholiek priester. Men vond deze volgelingen van de Cleresie, zoals ze toen heetten, vooral onder het meer welgestelde deel der Nederlandse Katholieken. In 1752 werd hij gewijd en twee jaar later benoemd tot pastoor van de statie van de H. Maria in de Vinkenstraat in Amsterdam. Hij bekleedde dit ambt vermoedelijk tot april 1772, waarna hij rustend werd en zijn gemeente verenigd met die van de Brouwersgracht. De kerk in de Vinkenstraat werd gesloten en de liturgische inventaris waarschijnlijk toevertrouwd aan Ahuys, in wiens nalatenschap in 1797 dan ook nog een zeer groot aantal kerkgoederen berustte. Ze werden in 1799 door de executeurs overgedragen aan de Bisschop van Haarlem. De Stichting Adelbertus Ahuys Fonds (AAF) ontstond na het verleden van de akte ten kantore van notaris E.J. Smith, te Amstelveen, 22 november, 1990.

Doelgroep ■ **ALGEMEEN** ▶ gelovigen **SPECIFIEK** ▶ Oud-Katholieke Kerk van Nederland (OKKN) en Oud-Katholieke instellingen, verenigingen en activiteiten. **ACTIVITEITEN** ▶ Er is bijgedragen aan de OKKN, OCAAM in de vorm van subsidie, de parochie Den helder in de vorm van subsidie naast enkele overige bijdragen en uitkeringen. **INTERVENTIENIVEAU** ▶ N.v.t.

Werkgebied ■ **ACTIERADIUS** ▶ Nationaal **LAND** ▶ Nederland **REGIO** ▶ Haarlem, bisdom.

Bestedingen ■ **BUDGET** ▶ niet openbaar **SOORT BIJDRAGE** ▶ giften subsidies **BOVENGRENS** ▶ geen **ONDERGRENS** ▶ geen.

Projecten ■ **CRITERIA** ▶ geen projectcriteria bekend **DOORLOOPTIJD** ▶ ☑ onbekend **STATUS AANVRAGER** ▶ ☑ kerkelijke instelling **VOORKEUR/UITSLUITING** ▶ De focus ligt op de parochies gevestigd in het Bisdom Haarlem van de OKKN.

Procedure ■ **OP AANVRAAG** ▶ onbekend **AANVRAAGPROCEDURE** ▶ Geen aanvraagprocedure bekend.

Financieel ■ **EIGEN VERMOGEN** ▶ € 9.361.786 **INKOMSTEN EV** ▶ € 348.982 **HERKOMST MIDDELEN** ▶ legaten, inkomsten uit vermogen **BOEKJAAR** ▶ 2019.

Contact ■ **BEREIKBAAR PER** ▶ ☑ post ☑ e-mail ☑ telefoon **CONTACTPERSOON** ▶ geen contactpersoon bekend **POSTADRES** ▶ Ronde Zonnedauw 17, 1991 HT Velserbroek **EMAIL (ALGEMEEN)** ▶ j.j.wijker@hetnet.nl **TELEFOON (ALGEMEEN)** ▶ 023-5387658.

025
Adèle Wickert Fonds

Rubriek ■ ☑ kunst en cultuur ☑ onderwijs en onderzoek

Algemeen ■ **WEBSITE** ▶ www.cultuurfonds.nl **TYPERING** ▶ fonds op naam **BEHEERD DOOR** ▶ Prins Bernhard Cultuurfonds **DIRECTIE** ▶ zie > Prins Bernhard Cultuurfonds **BESTUUR** ▶ zie > Prins Bernhard Cultuurfonds

Missie ■ **DOELSTELLING** ▶ Het financieel ondersteunen van bijzondere projecten op het gebied van de 20e en 21e -eeuwse muziek. Daarnaast het financieel bijdragen aan projecten en publicaties die in het teken staan van het erfgoed van de Nederlandse klassieke muziek; de ontsluiting en uitvoering van bestaande muziek van Nederlandse componisten staan hierbij voorop.

Werkgebied ■ **ACTIERADIUS** ▶ Nationaal, Internationaal **LAND** ▶ Nederland.

Projecten ■ **CRITERIA** ▶ Projecten op het gebied van de 20e en 21e-eeuwse muziek en projecten die in teken staan van het erfgoed van de Nederlandse klassieke muziek. **DOORLOOPTIJD** ▶ ☑ korter dan 1 jaar **STATUS AANVRAGER** ▶ ☑ geen beperkingen bekend **VOORKEUR/UITSLUITING** ▶ geen voorkeur of uitsluiting bekend.

Procedure ■ **OP AANVRAAG** ▶ ja **AANVRAAGPROCEDURE** ▶ Dit 'fonds op naam' ressorteert onder het Prins Bernhard Cultuurfonds. Verzoeken aan fondsen op naam komen op één centraal punt binnen. Dit houdt in dat een subsidieaanvraag slechts eenmaal aan het Prins Bernhard Cultuurfonds hoeft te worden gezonden. Voor de verdere aanvraagprocedure: zie Prins Bernhard Cultuurfonds. **URL** ▶ www.cultuurfonds.nl/aanvragen

Contact ■ **BEREIKBAAR PER** ▶ ☑ post ☑ e-mail ☑ telefoon **CONTACTPERSOON** ▶ geen contactpersoon bekend **POSTADRES** ▶ Postbus 19750, 1000 GT Amsterdam **EMAIL (ALGEMEEN)** ▶ info@cultuurfonds.nl **TELEFOON (ALGEMEEN)** ▶ 020-5206130.

026
Stichting Adessium

Rubriek ■ ☑ maatschappij, welzijn en samenleving ☑ natuur, milieu en dieren

Algemeen ■ WEBSITE ▶ www.adessium.org TYPERING ▶ vermogensfonds OPGERICHT ▶ 30-06-2005 RECHTSVORM ▶ stichting KVK ▶ 24380261 ANBI STATUS ▶ ja DIRECTIE ▶ R. van der Weerd BESTUUR ▶ R. van Vliet, voorzitter; J. Meijerman; H.J Laseur.

Missie ■ DOELSTELLING ▶ Adessium Foundation streeft naar een blijvend positieve verandering in de samenleving. Dit doen we door organisaties te ondersteunen die zich richten op onderwerpen van maatschappelijk belang. We steunen organisaties in Nederland, en initiatieven gericht op de Europese samenleving. Naast financiële bijdragen verleent Adessium Foundation ondersteuning gericht op capaciteitsversterking van deze organisaties. STICHTER(S) ▶ Familie Van Vliet HISTORIE ▶ Adessium Foundation is in 2005 opgericht door de familie van Vliet. Zij wilde middelen ter beschikking stellen aan het goede doel. Vanaf de oprichting heeft Adessium Foundation zich ontwikkeld tot een professionele organisatie met als missie goed te doen voor de samenleving. BELEIDSPLAN OP WEBSITE ▶ ja.

Doelgroep ■ SPECIFIEK ▶ Organisaties die zich richten op onderwerpen van maatschappelijk belang. ACTIVITEITEN ▶ Op grond van het meerjarenbeleidsplan 2018-2020 ondersteunt Adessium Foundation initiatieven die bijdragen aan de doelstellingen van de volgende drie programma's: ☑ Publiek Belang; ☑ Mens & Natuur; ☑ Sociale Initiatieven. INTERVENTIENIVEAU ▶ Steun aan lokale/provinciale maatschappelijke organisaties en structuren (incl. gemeenten etc.) die diensten verlenen aan individuen.

Werkgebied ■ ACTIERADIUS ▶ Internationaal LAND ▶ Europa.

Bestedingen ■ BUDGET ▶ € 15.000.000 SOORT BIJDRAGE ▶ giften BOVENGRENS ▶ geen ONDERGRENS ▶ geen.

Projecten ■ CRITERIA ▶ geen projectcriteria bekend DOORLOOPTIJD ▶ ☑ onbekend STATUS AANVRAGER ▶ ☑ stichting of vereniging (non-profit) VOORKEUR/UITSLUITING ▶ geen voorkeur of uitsluiting bekend.

Procedure ■ OP AANVRAAG ▶ nee AANVRAAGPROCEDURE ▶ Adessium Foundation selecteert zelf potentiële partners en nodigt hen uit een aanvraag in te dienen. Adessium Foundation neemt geen ongevraagde projectvoorstellen in behandeling. Zij verkennen zelf proactief de goede doelensector en maken keuzes op basis van ons strategisch kader. Uit ervaring is gebleken dat ongevraagde projectvoorstellen in de regel niet leiden tot nieuwe partnerschappen. Door ongevraagde projectvoorstellen niet in behandeling te nemen, kan de tijd van de stichting en ook uw tijd zo effectief mogelijk worden besteed.

Financieel ■ HERKOMST MIDDELEN ▶ vermogen, giften & schenkingen BOEKJAAR ▶ 2019 JAARVERSLAG OP WEBSITE ▶ ja.

Contact ■ BEREIKBAAR PER ▶ ☑ post ☑ e-mail ☑ telefoon CONTACTPERSOON ▶ geen contactpersoon bekend POSTADRES ▶ Postbus 76, 2810 AB Reeuwijk EMAIL (ALGEMEEN) ▶ info@adessium.org TELEFOON (ALGEMEEN) ▶ 0182646100.

027
Stichting Admiraal van Kinsbergenfonds

Rubriek ■ ☑ sport en recreatie ☑ kunst en cultuur ☑ onderwijs en onderzoek

Algemeen ■ WEBSITE ▶ www.kinsbergenfonds.nl TYPERING ▶ vermogensfonds OPGERICHT ▶ 12-07-1979 RECHTSVORM ▶ stichting KVK ▶ 41150963 ANBI STATUS ▶ ja DIRECTIE ▶ geen directiegegevens bekend BESTUUR ▶ Mr. Ph.J. van Beeck Calkoen, voorzitter; drs. J. van Hall, penningmeester; mw.drs. A.N. Schneemann, secretaris; dr. A.M. Arnbak; jhr.mr. Th.S. Röell; P.S. Bedet VADM bd.

Missie ■ DOELSTELLING ▶ De stichting heeft als doel het gedachtegoed van de erflater en naamgever levend te houden. De stichting doet dit onder meer door: ☑ het bevorderen van het aanzien van de zeevaart en al hetgeen met de zeevaart samenhangt; ☑ het bevorderen van de opleiding van jongeren; ☑ het bevorderen van onderwijs in het algemeen; ☑ het bevorderen en in stand houden van kunst en cultuur alles in de ruimste zin. STICHTER(S) ▶ Z.E. Luitenant-admiraal Jhr Jan Hendrik van Kinsbergen, Graaf van Doggersbank HISTORIE ▶ Stichting Admiraal Van Kinsbergenfonds is de rechtsopvolger van een afgezonderd deel van de nalatenschap van wijlen Z.E. Luitenant-admiraal Jhr Jan Hendrik van Kinsbergen, Graaf van Doggersbank. Dit afgezonderde deel van zijn nalatenschap droeg hij bij testament de d.d. 8 december 1811, aangevuld en gewijzigd bij testamenten van 30 december 1811 en 25 februari 1813, op aan de zorg van vijf van zijn vrienden met de opdracht het fonds 'te administreren met de meeste economie' en de revenuen te besteden 'in zijn geest'. In het testament is de mogelijkheid voorzien de bestemming van de gelden te wijzigen en is aan de administrateuren de uitsluitende bevoegdheid toegekend over alle onzekerheden en geschillen een beslissing te nemen. Door zijn overlijden op 22 mei 1819 werd dit testament geëffectueerd. Het aldus ontstane fonds, onder bestuur van de Heeren Administrateuren van een gedeelte der nalatenschap van wijlen Z.E. Luitenant-admiraal Jhr. Jan Hendrik van Kinsbergen, Graaf van Doggersbank, werd ter uitvoering van wettelijke voorschriften op 12 juli 1979 omgezet in Stichting Admiraal Van Kinsbergenfonds.

Doelgroep ■ ALGEMEEN ▶ studenten, jongeren SPECIFIEK ▶ Projecten of activiteiten op maritiem/nautisch gebied en onderwijs (voor jongeren). ACTIVITEITEN ▶ Binnen de doelstellingen kan aandacht worden besteed aan het bevorderen van onder meer: ☑ de belangstelling voor de maritieme historie; ☑ het behoud van maritiem erfgoed; ☑ de keuze voor maritieme beroepen; ☑ innovatie in nautisch onderwijs en nautische techniek; ☑ onderzoek op deze gebieden. INTERVENTIENIVEAU ▶ Steun aan lokale/provinciale maatschappelijke organisaties en structuren (incl. gemeenten etc.) die diensten verlenen aan individuen.; Steun aan individuen (directe steun).

Werkgebied ■ ACTIERADIUS ▶ Nationaal LAND ▶ Nederland.

Bestedingen ■ BUDGET ▶ € 19.000 BOVENGRENS ▶ geen ONDERGRENS ▶ geen.

Projecten ■ CRITERIA ▶ ☑ Aanvragen met betrekking tot kunst en cultuur; Het betreft hier kleine grensverleggende (maritiem-) culturele en kunst projecten met grote impact of potentie voor de toekomst, waarbij de steun van het Admiraal van Kinsbergenfonds onontbeerlijk is voor de totstandkoming. ☑ Individuele ondersteuning op het gebied van onderwijs en wetenschap; In een enkel geval wordt een kleine bijdrage verleend aan een wetenschappelijke studie of opleiding waarbij er altijd sprake moet zijn van een breder maatschappelijk belang dan dat van de aanvrager en waarbij er sprake is van bijdragen door derden. ☑ Aanvragen met betrekking tot publicaties; Bij aanvragen voor het uitgeven van een publicatie dient altijd een calculatieformulier voor uitgevers te worden bijgevoegd; ☑ Aanvragen scouting verenigingen Deze kunnen via de Samenwerkende Maritieme Fondsen worden gedaan; ☑ Er is een einddatum bekend wanneer het project is afgerond. **DOORLOOPTIJD** ▶ ☑ korter dan 1 jaar **STATUS AANVRAGER** ▶ ☑ geen beperkingen bekend **VOORKEUR/UITSLUITING** ▶ Het verdient de voorkeur publicaties digitaal uit te geven.

Procedure ■ **OP AANVRAAG** ▶ ja **DOORLOOPTIJD** ▶ 1-3 maanden; 3-6 maanden; 3-6 maanden **AANVRAAGPROCEDURE** ▶ Indien u op basis van de doelstellingen van het fonds denkt in aanmerking komen voor een subsidie van de Stichting Admiraal van Kinsbergenfonds, vul dan zo compleet mogelijk het digitale aanvraagformulier in via de website. Eventuele bijlagen kunt u uitsluitend als PDF-bestand bijvoegen. Uw aanvraag wordt door het secretariaat beoordeeld op volledigheid en relevantie. Betreft de aanvraag een subsidie voor een publicatie dan gelieve het calculatieformulier voor uitgevers downloaden en ingevuld, als bijlage via het aanvraagformulier mee te sturen. Aanvragen die in behandeling worden genomen worden voorgelegd aan het bestuur. Het bestuur vergadert tweemaal per jaar **URL** ▶ www.kinsbergenfonds.nl/subsidie_aanvraag

Financieel ■ **INKOMSTEN EV** ▶ € 30.199 **HERKOMST MIDDELEN** ▶ legaten, overige inkomsten **BOEKJAAR** ▶ 2019 **JAARVERSLAG OP WEBSITE** ▶ ja.

Contact ■ **BEREIKBAAR PER** ▶ ☑ post ☑ e-mail ☑ telefoon **CONTACTPERSOON** ▶ Mw. drs. A.N. Schneemann-de Haas **POSTADRES** ▶ Schippersgracht 9, 1011 TS Amsterdam **EMAIL (ALGEMEEN)** ▶ secretariaat@kinsbergenfonds.nl **TELEFOON (ALGEMEEN)** ▶ 0622609502.

028
Adolphina Swijter Stichting

Rubriek ■ ☑ natuur, milieu en dieren

Algemeen ■ **WEBSITE** ▶ www.adolphinaswijterstichting.nl **TYPERING** ▶ vermogensfonds **OPGERICHT** ▶ 24-11-1999 **RECHTSVORM** ▶ stichting **KVK** ▶ 27184349 **ANBI STATUS** ▶ ja **DIRECTIE** ▶ geen directiegegevens bekend **BESTUUR** ▶ J.Th.L. Papeveld, voorzitter; R. Klooster, penningmeester; K. Procee, secretaris.

Missie ■ **DOELSTELLING** ▶ De stichting heeft tot doel hulpverlening aan het dier in nood, in de meest uitgebreide zin van het woord. **STICHTER(S)** ▶ Mevrouw Swijter **HISTORIE** ▶ De Adolphina Swijter Stichting werd opgericht op 24 november 1999 en is vernoemd naar de stichtster mevrouw Diena Adolphina Anna Cornelia Hoogenstraaten – Swijter. In haar testament heeft zij bepaald dat na haar overlijden een stichting met haar naam de verzorging en hulpverlening aan het noodlijdende dier, in de meest ruime zin van het woord tot doel diende te hebben. **BELEIDSPLAN OP WEBSITE** ▶ ja.

Doelgroep ■ **ALGEMEEN** ▶ dieren **SPECIFIEK** ▶ Geen specifieke doelgroep **ACTIVITEITEN** ▶ Geen specifieke activiteiten bekend **INTERVENTIENIVEAU** ▶ Steun aan lokale/provinciale organisaties en structuren.

Werkgebied ■ **ACTIERADIUS** ▶ Nationaal **LAND** ▶ Nederland.

Bestedingen ■ **BUDGET** ▶ niet openbaar **ONDERSTEUNDE PROJECTEN P/J** ▶ 6 **SOORT BIJDRAGE** ▶ giften.

Projecten ■ **CRITERIA** ▶ geen projectcriteria bekend **DOORLOOPTIJD** ▶ ☑ onbekend **STATUS AANVRAGER** ▶ ☑ geen beperkingen bekend **VOORKEUR/UITSLUITING** ▶ geen voorkeur of uitsluiting bekend.

Procedure ■ **OP AANVRAAG** ▶ ja **AANVRAAGPROCEDURE** ▶ Aanvragen voor steun dienen te worden gericht aan de secretaris, waarna in het bestuur een besluit wordt genomen over het wel of niet honoreren van de aanvraag.

Financieel ■ **EIGEN VERMOGEN** ▶ € 441.836 **INKOMSTEN EV** ▶ € -16.296 **HERKOMST MIDDELEN** ▶ vermogen **BOEKJAAR** ▶ 2018 **JAARVERSLAG OP WEBSITE** ▶ ja.

Contact ■ **BEREIKBAAR PER** ▶ ☑ post ☒ e-mail ☑ telefoon **CONTACTPERSOON** ▶ geen contactpersoon bekend **POSTADRES** ▶ Sparrenlaan 26, 1091 HR Wierden **TELEFOON (ALGEMEEN)** ▶ 0546–576290.

029
Stichting ADP

Rubriek ■ ☑ gezondheidszorg ☑ onderwijs en onderzoek

Algemeen ■ **WEBSITE** ▶ www.anbi.nl/publicatieverplichting/stichting-adp **TYPERING** ▶ vermogensfonds **OPGERICHT** ▶ 12-07-2012 **RECHTSVORM** ▶ stichting **KVK** ▶ 55695817 **ANBI STATUS** ▶ ja **DIRECTIE** ▶ geen directiegegevens bekend **BESTUUR** ▶ M.L.B. van der Lande, voorzitter; M.A.J. Eijkman; R.L. de Bakker.

Missie ■ **DOELSTELLING** ▶ Het zonder winstoogmerk financieel ondersteunen van algemeen nut beogende instellingen wier doelstellingen is het doen van onderzoek naar de oorzaak van zeldzame vormen van kanker. **BELEIDSPLAN OP WEBSITE** ▶ ja.

Doelgroep ■ **ALGEMEEN** ▶ zieken **SPECIFIEK** ▶ Wetenschappers die onderzoek doen naar kanker en algemeen nut beogende instellingen wier doelstellingen is het doen van onderzoek naar de oorzaak van zeldzame vormen van kanker. **ACTIVITEITEN** ▶ Geen specifieke activiteiten bekend **INTERVENTIENIVEAU** ▶ Steun aan lokale/provinciale maatschappelijke organisaties en structuren (incl. gemeenten etc.) die diensten verlenen aan individuen.

Werkgebied ■ **ACTIERADIUS** ▶ Nationaal **LAND** ▶ Nederland.

Bestedingen ■ **BUDGET** ▶ niet openbaar **SOORT BIJDRAGE** ▶ giften subsidies **BOVENGRENS** ▶ geen **ONDERGRENS** ▶ geen.

Projecten ■ **CRITERIA** ▶ geen projectcriteria bekend **DOORLOOPTIJD** ▶ ☑ onbekend **STATUS AANVRAGER** ▶ ☑ stichting of vereniging (non-profit) **VOORKEUR/UITSLUITING** ▶ geen voorkeur of uitsluiting bekend.

Procedure ■ OP AANVRAAG ▶ ja AANVRAAGPROCEDURE ▶ Geen aanvraagprocedure bekend.
Financieel ■ EIGEN VERMOGEN ▶ € 27.641.948 HERKOMST MIDDELEN ▶ legaten, vermogen BOEKJAAR ▶ 2018 JAARVERSLAG OP WEBSITE ▶ ja.
Contact ■ BEREIKBAAR PER ▶ ☑ post ☒ e-mail ☑ telefoon CONTACTPERSOON ▶ geen contactpersoon bekend POSTADRES ▶ Prins Hendriklaan 28, 1075 BD Amsterdam TELEFOON (ALGEMEEN) ▶ 0204712707.

030
Adri en Greet Bos-de Jong Fonds

Rubriek ■ ☑ kunst en cultuur
Algemeen ■ WEBSITE ▶ www.cultuurfonds.nl TYPERING ▶ fonds op naam BEHEERD DOOR ▶ Prins Bernhard Cultuurfonds DIRECTIE ▶ zie Prins Bernhard Cultuurfonds BESTUUR ▶ zie Prins Bernhard Cultuurfonds
Missie ■ DOELSTELLING ▶ Het financieel ondersteunen van projecten die de culturele ontwikkeling van mensen in een achterstandspositie stimuleren.
Werkgebied ■ ACTIERADIUS ▶ Nationaal LAND ▶ Nederland.
Projecten ■ CRITERIA ▶ Projecten op het gebied van culturele ontwikkeling. DOORLOOPTIJD ▶ ☑ korter dan 1 jaar STATUS AANVRAGER ▶ ☑ geen beperkingen bekend VOORKEUR/UITSLUITING ▶ geen voorkeur of uitsluiting bekend.
Procedure ■ OP AANVRAAG ▶ ja AANVRAAGPROCEDURE ▶ Dit 'fonds op naam' ressorteert onder het Prins Bernhard Cultuurfonds. Verzoeken aan fondsen op naam komen op één centraal punt binnen. Dit houdt in dat een subsidieaanvraag slechts eenmaal aan het Prins Bernhard Cultuurfonds hoeft te worden gezonden. Voor de verdere aanvraagprocedure: zie Prins Bernhard Cultuurfonds. URL ▶ www.cultuurfonds.nl/aanvragen
Contact ■ BEREIKBAAR PER ▶ ☑ post ☑ e-mail ☑ telefoon CONTACTPERSOON ▶ geen contactpersoon bekend POSTADRES ▶ Postbus 19750, 1000 GT Amsterdam EMAIL (ALGEMEEN) ▶ info@cultuurfonds.nl TELEFOON (ALGEMEEN) ▶ 020-5206130.

031
Adriaan Stichting

Rubriek ■ ☑ kunst en cultuur
Algemeen ■ WEBSITE ▶ www.adriaanstichting.nl TYPERING ▶ vermogensfonds OPGERICHT ▶ 20-01-2009 RECHTSVORM ▶ stichting KVK ▶ 30254757 ANBI STATUS ▶ ja DIRECTIE ▶ geen directiegegevens bekend BESTUUR ▶ A.J.A.M. Lisman, voorzitter; ir. A.J.M. Lisman, penningmeester; ir. A.J.M. Lisman, secretaris; mr. A.J.A. van Orsouw; ir. L.B. Wevers; A.J.A.H. Lisman.
Missie ■ DOELSTELLING ▶ Het doen van uitkeringen aan algemeen nut beogende instellingen, waaronder meer in het bijzonder instellingen op het gebied van monumentenzorg en het instant houden van cultuurhistorische monumenten, waaronder in het bijzonder Nederlandse buitenplaatsen en andere registergoederen die voor een status als een cultuurhistorisch monument in aanmerking komen, en het verrichten van al hetgeen met voorstaande verband houdt of daartoe bevorderlijk kan zijn. HISTORIE ▶ De Adriaan Stichting is op 20 januari 2009 opgericht. De stichting is per 20 januari 2009 aangemerkt als een Algemeen Nut Beogende Instelling (ANBI), en per 1 januari 2012 als culturele ANBI. BELEIDSPLAN OP WEBSITE ▶ ja.
Doelgroep ■ SPECIFIEK ▶ Geen specifieke doelgroep ACTIVITEITEN ▶ De stichting tracht haar doe onder meer te verwezenlijken door het wekken van belangstelling voor het bevorderen van kennis omtrent cultuurhistorische monumenten in het algemeen en specifieke monument, door bijvoorbeeld het uitgeven of doen uitgeven van publicaties. INTERVENTIENIVEAU ▶ Onbekend.
Werkgebied ■ ACTIERADIUS ▶ Nationaal LAND ▶ Nederland.
Bestedingen ■ BUDGET ▶ niet openbaar SOORT BIJDRAGE ▶ giften subsidies BOVENGRENS ▶ geen ONDERGRENS ▶ geen.
Projecten ■ CRITERIA ▶ geen projectcriteria bekend DOORLOOPTIJD ▶ ☑ onbekend STATUS AANVRAGER ▶ ☑ geen beperkingen bekend VOORKEUR/UITSLUITING ▶ geen voorkeur of uitsluiting bekend.
Procedure ■ OP AANVRAAG ▶ onbekend AANVRAAGPROCEDURE ▶ geen aanvraagprocedure bekend.
Financieel ■ EIGEN VERMOGEN ▶ € 29.789 HERKOMST MIDDELEN ▶ giften & schenkingen, legaten, overige inkomsten BOEKJAAR ▶ 2017 JAARVERSLAG OP WEBSITE ▶ ja.
Contact ■ BEREIKBAAR PER ▶ ☑ post ☒ e-mail ☒ telefoon CONTACTPERSOON ▶ geen contactpersoon bekend POSTADRES ▶ Rijksstraatweg 53, 3631 AB Nieuwersluis.

032
Adriana Hoogenboom Fonds

Rubriek ■ ☑ kunst en cultuur
Algemeen ■ WEBSITE ▶ www.cultuurfonds.nl TYPERING ▶ fonds op naam BEHEERD DOOR ▶ Prins Bernhard Cultuurfonds DIRECTIE ▶ zie > Prins Bernhard Cultuurfonds BESTUUR ▶ zie > Prins Bernhard Cultuurfonds
Missie ■ DOELSTELLING ▶ Het financieel ondersteunen van de restauratie van molens in Heerde en Wapenveld.
Werkgebied ■ ACTIERADIUS ▶ Lokaal, Regionaal LAND ▶ Nederland REGIO ▶ Overijssel PLAATS ▶ Hattem, Heerde, Epe.
Projecten ■ CRITERIA ▶ Projecten op het gebied van monumentenzorg in de gemeenten Hattem, Heerde en Epe. DOORLOOPTIJD ▶ ☑ korter dan 1 jaar STATUS AANVRAGER ▶ ☑ geen beperkingen bekend VOORKEUR/UITSLUITING ▶ geen voorkeur of uitsluiting bekend.
Procedure ■ OP AANVRAAG ▶ ja AANVRAAGPROCEDURE ▶ Dit 'fonds op naam' ressorteert onder het Prins Bernhard Cultuurfonds. Verzoeken aan fondsen op naam komen op één centraal punt binnen. Dit houdt in dat een subsidieaanvraag slechts eenmaal aan het Prins Bernhard

Cultuurfonds hoeft te worden gezonden. Voor de verdere aanvraagprocedure: zie Prins Bernhard Cultuurfonds. **URL** ▶ www.cultuurfonds.nl/aanvragen

Contact ■ **BEREIKBAAR PER** ▶ ☑ post ☑ e-mail ☑ telefoon **CONTACTPERSOON** ▶ geen contactpersoon bekend **POSTADRES** ▶ Postbus 19750, 1000 GT Amsterdam **EMAIL (ALGEMEEN)** ▶ info@cultuurfonds.nl **TELEFOON (ALGEMEEN)** ▶ 020-5206130.

033
Adriana Hoogenboom Stichting

Rubriek ■ ☑ kunst en cultuur

Algemeen ■ **WEBSITE** ▶ www.adrianahoogenboomstichting.nl **TYPERING** ▶ vermogensfonds **OPGERICHT** ▶ 07-09-2011 **RECHTSVORM** ▶ stichting **KVK** ▶ 53507711 **ANBI STATUS** ▶ ja **DIRECTIE** ▶ geen directiegegevens bekend **BESTUUR** ▶ Prof.dr.ir. J. de Smit, voorzitter; J.H.M. ten Have, penningmeester; mw.mr. E. van Dijk, secretaris; C.W.P Wittekoek.

Missie ■ **DOELSTELLING** ▶ Het financieel ondersteunen van projecten op het gebied van cultuur op de Noord Veluwe en Zwolle. Daarbij dient de voorkeur gegeven te worden aan projecten op het gebied van cultuur, monumentenzorg, cultuurhistorie, klassieke muziek en beeldende kunst. Het publiek te laten kennis nemen van de hedendaagse kunst in al haar verschijningsvormen, zulks in de meest uitgebreide zin, met name die kunstuitingen die in het werkgebied niet voldoende aan bod komen. **STICHTER(S)** ▶ Adriana Hoogenboom (1931-2009) **HISTORIE** ▶ Adriana Hoogenboom was gehuwd met Arie van Dijk, het echtpaar had geen kinderen. De Adriana Hoogenboom Stichting is opgericht op 7 september 2011.

Doelgroep ■ **SPECIFIEK** ▶ Geen specifieke doelgroep **ACTIVITEITEN** ▶ Geen specifieke activiteiten bekend **INTERVENTIENIVEAU** ▶ Steun aan lokale/provinciale maatschappelijke organisaties en structuren (incl. gemeenten etc.) die diensten verlenen aan individuen.

Werkgebied ■ **ACTIERADIUS** ▶ Lokaal **LAND** ▶ Nederland **PLAATS** ▶ Epe, Hattem, Heerde, Zwolle.

Bestedingen ■ **BUDGET** ▶ niet openbaar **SOORT BIJDRAGE** ▶ giften **BOVENGRENS** ▶ geen **ONDERGRENS** ▶ geen.

Projecten ■ **CRITERIA** ▶ geen projectcriteria bekend **DOORLOOPTIJD** ▶ ☑ onbekend **STATUS AANVRAGER** ▶ ☑ geen beperkingen bekend **VOORKEUR/UITSLUITING** ▶ Voorkeur voor projecten op het gebied van monumentenzorg, klassieke muziek en beeldende kunst.

Procedure ■ **OP AANVRAAG** ▶ onbekend **AANVRAAGPROCEDURE** ▶ geen aanvraagprocedure bekend.

Financieel ■ **INKOMSTEN EV** ▶ € 11.438 **HERKOMST MIDDELEN** ▶ vermogen **BOEKJAAR** ▶ 2018 **JAARVERSLAG OP WEBSITE** ▶ ja.

Contact ■ **BEREIKBAAR PER** ▶ ☑ post ☑ e-mail ☑ telefoon **CONTACTPERSOON** ▶ Cees Wittekoek **POSTADRES** ▶ Gortelseweg 31, 8171 RB Vaassen **EMAIL (ALGEMEEN)** ▶ c.witteveen@gmail.com **TELEFOON (ALGEMEEN)** ▶ 0578-573505; 06-53737365.

034
Stichting Adriana Jacoba Fonds

Rubriek ■ ☑ kunst en cultuur ☑ onderwijs en onderzoek

Algemeen ■ **WEBSITE** ▶ www.adrianajacobafonds.nl **TYPERING** ▶ vermogensfonds **OPGERICHT** ▶ 28-05-2001 **RECHTSVORM** ▶ stichting **KVK** ▶ 17136016 **ANBI STATUS** ▶ ja **DIRECTIE** ▶ geen directiegegevens bekend **BESTUUR** ▶ H.W.J. van Dael, voorzitter; M.J. Kuiper, penningmeester; M.J. Kuiper, secretaris; J.H.M. Grijmans.

Missie ■ **DOELSTELLING** ▶ De doelstelling van de stichting is de historische uitvoeringspraktijk van Oude Muziek financieel te ondersteunen. **BELEIDSPLAN OP WEBSITE** ▶ ja.

Doelgroep ■ **ALGEMEEN** ▶ jongeren **SPECIFIEK** ▶ Talentvolle jonge musici die zich toeleggen op historische uitvoering van Oude Muziek. **ACTIVITEITEN** ▶ De stichting tracht de doelstelling te bewerkstelligen door het financieel ondersteunen van de opleiding van jonge talentvolle musici in de historische uitvoeringspraktijk, in het bijzonder die aan de afdeling Oude Muziek van het Koninklijk Conservatorium. Ondersteuning van de Oude Muziek praktijk kan onder meer bestaan uit stimulering van bijzondere initiatieven van jonge, recent afgestudeerde musici en bevordering van de continuïteit van bestaande, internationaal erkende Nederlandse ensembles. De opleiding kan in het bijzonder worden ondersteund door bijdragen aan de infrastructuur van de afdeling Oude Muziek van het Koninklijk Conservatorium, door schenking van instrumenten ten behoeve van de opleiding en door ondersteuning van projecten die dienstbaar zijn aan de opleiding. Beursverlening is beperkt tot studenten fortepiano. Andere vormen van financiële ondersteuning zijn onder meer: ☑ bijdrage in de kosten van deelname aan een master class; ☑ toelage voor cursus of studiereis in binnen- en buitenland; ☑ bijdragen aan kleine, binnenlandse projecten van studenten, die van wezenlijke betekenis zijn voor hun opleiding en/of hun toetreding tot de professionele muziekwereld; ☑ bijdragen aan grote projecten die dienstbaar zijn aan de opleiding van conservatoriumstudenten. **INTERVENTIENIVEAU** ▶ Steun aan individuen (directe steun).

Werkgebied ■ **ACTIERADIUS** ▶ Nationaal **LAND** ▶ Nederland.

Bestedingen ■ **BUDGET** ▶ niet openbaar **TOELICHTING** ▶ Een prognose van de uitgaven waartoe het beleidsplan zou kunnen leiden, resulteert in de volgende geschatte verdeling van de beschikbare middelen: 30% aan beurzen voor studenten fortepiano. Een beurs strekt tot tegemoetkoming in het verschuldigde collegegeld. 40% aan grote projecten als bedoeld in het beleidsplan; 10% voor deelname aan masterclasses, cursussen en voor studiereizen; 10% voor kleine, binnenlandse projecten van studenten, en; 10% voor schenking van muziekinstrumenten ten behoeve van de opleiding. **ONDERSTEUNDE PROJECTEN P/J** ▶ 15 **SOORT BIJDRAGE** ▶ giften studiebeurzen **BOVENGRENS** ▶ geen **ONDERGRENS** ▶ geen.

Projecten ■ **CRITERIA** ▶ Projectcriteria studiebeurzen: ☑ in voorafgaande studiejaren dient er blijk te zijn geweest van bijzonder talent, ambitie en ijver; ☑ Verlening van een beurs is beperkt tot één studiejaar; ☑ Verdere aanvragen voor een daarop volgend studiejaar dienen eveneens aan voorgaande voorschriften te voldoen en zullen worden beoordeeld in het licht van de omstandigheden en financiële mogelijkheden die dan zullen blijken. **DOORLOOPTIJD** ▶ ☑ korter dan 1 jaar **STATUS AANVRAGER** ▶ ☑ geen beperkingen bekend **VOORKEUR/UITSLUITING** ▶ Studiebeurzen zijn beperkt tot studenten fortepiano. Andere activiteiten van de stichting beperkingen zich niet tot enkel studenten fortepiano.

Procedure ■ **OP AANVRAAG** ▶ ja **AANVRAAGPROCEDURE** ▶ Aanvragen kunnen schriftelijk worden ingediend bij het secretariaat. Verzocht wordt aanvragen te voorzien van een doelomschrijving, een motivering, een raming van kosten en inkomsten, alsmede een demo indien beschikbaar. Beursaanvragen dienen vóór 1 juli voorafgaand aan het betreffende studiejaar te worden ingediend en door de secretaris te zijn ontvangen om behandeld te kunnen worden in een speciale, in juli te houden bestuursvergadering **URL** ▶ www.adrianajacobafonds.nl/aanvragen/

Financieel ■ **EIGEN VERMOGEN** ▶ € 114.119 **INKOMSTEN EV** ▶ € 15 **INKOMSTEN OV** ▶ € 100.000 **HERKOMST MIDDELEN** ▶ giften & schenkingen, vermogen, legaten **BOEKJAAR** ▶ 2019 **JAARVERSLAG OP WEBSITE** ▶ ja.

Contact ■ **BEREIKBAAR PER** ▶ ☑ post ☑ e-mail ☑ telefoon **CONTACTPERSOON** ▶ M.J. Kuiper **POSTADRES** ▶ Pieter Twentlaan 3, 2242 CS Wassenaar **EMAIL (ALGEMEEN)** ▶ joost@adrianajacobafonds.nl **TELEFOON (ALGEMEEN)** ▶ 070-5116518; +310-619914986.

035
Stichting Aelwijn Florisz

Rubriek ■ ☑ gezondheidszorg ☑ noodhulp ☑ maatschappij, welzijn en samenleving ☑ kerk en levensbeschouwing ☑ onderwijs en onderzoek

Algemeen ■ **WEBSITE** ▶ www.rotterdamsefondsen.nl/fonds/41/stichtingaelwijn-florisz **TYPERING** ▶ vermogensfonds **BEHEERD DOOR** ▶ Vereniging Rotterdamse Fondsen **OPGERICHT** ▶ 23-12-1991 **RECHTSVORM** ▶ stichting **KVK** ▶ 41132721 **ANBI STATUS** ▶ ja **DIRECTIE** ▶ geen directiegegevens bekend **BESTUUR** ▶ A.Q. van Eeghen, voorzitter; M. Glazener, penningmeester; mr. F. Bronsing, secretaris; mw. M. Ijzermans-Duister; mw. E.A.E. van der Does de Willebois; mw. M. Boons-Prinsen.

Missie ■ **DOELSTELLING** ▶ Het doel van de stichting is het bevorderen van sociaal, medisch en maatschappelijk werk, kerkelijk werk daaronder begrepen, en voorts al hetgeen in de ruimste zin met één en ander verband houdt, daartoe behoort en/of daartoe bevorderlijk kan zijn. De stichting tracht haar doel onder meer te bereiken door het geven van financiële steun aan daarvoor in aanmerking komende instellingen, in het bijzonder daar waar volgens de geldende regels geen hulp van de overheid kan worden verkregen, en verder alle andere wettige middelen. **STICHTER(S)** ▶ Stichting voor Wijkverpleging te Rotterdam, Nederlandse Stichting tot bestrijding van Lupus en andere de volksgezondheid bedreigende ziekten, Stichting Hulpfonds voor de Nederlandse Stichting tot bestrijding van Lupus en andere de volksgezondheid bedreigende ziekten en Stichting Verculin **BELEIDSPLAN OP WEBSITE** ▶ ja.

Doelgroep ■ **ALGEMEEN** ▶ gehandicapten, armen, ouderen **SPECIFIEK** ▶ Geen specifieke doelgroep **ACTIVITEITEN** ▶ Activiteiten moeten worden uitgevoerd ten aanzien van sociaal en maatschappelijke aanvragen in de regio Rotterdam alsmede ten aanzien van medische aanvragen in Nederland. **INTERVENTIENIVEAU** ▶ Steun aan lokale/provinciale maatschappelijke organisaties en structuren (incl. gemeenten etc.) die diensten verlenen aan individuen.

Werkgebied ■ **ACTIERADIUS** ▶ Regionaal **LAND** ▶ Nederland **REGIO** ▶ Zuid-Holland **PLAATS** ▶ Rotterdam.

Bestedingen ■ **BUDGET** ▶ niet openbaar **TOELICHTING** ▶ Bijdrage: de hoogte van de bijdrage wordt per project bepaald. **ONDERSTEUNDE PROJECTEN P/J** ▶ 37 **SOORT BIJDRAGE** ▶ giften subsidies **BOVENGRENS** ▶ € 15.000 **ONDERGRENS** ▶ € 500.

Projecten ■ **CRITERIA** ▶ geen projectcriteria bekend **DOORLOOPTIJD** ▶ ☑ korter dan 1 jaar **STATUS AANVRAGER** ▶ ☑ stichting of vereniging (non-profit) ☑ kerkelijke instelling ☑ onderwijsinstelling **VOORKEUR/UITSLUITING** ▶ Er is geen bijdrage mogelijk voor: ☑ individuen; ☑ studie- of promotieonderzoek; ☑ (jaarlijks terugkerende) begrotingstekorten; ☑ feesten; ☑ seminars of (in hoofdzaak) culturele manifestaties; ☑ voorlichtings- en/of informatieve bijeenkomsten.

Procedure ■ **OP AANVRAAG** ▶ ja **DOORLOOPTIJD** ▶ 3-6 maanden **AANVRAAGPROCEDURE** ▶ De aanvraag moet schriftelijk worden ingediend en gericht worden aan de secretaris van de stichting, mr. F. Bronsing. Een aanvraagformulier is verkrijgbaar via het aanvraagadres. Aangezien het bestuur slechts enige malen per jaar bijeenkomt kan een beslissing op een aanvraag enige maanden duren.

Financieel ■ **INKOMSTEN EV** ▶ € 119.490 **HERKOMST MIDDELEN** ▶ vermogen **BOEKJAAR** ▶ 2018 **JAARVERSLAG OP WEBSITE** ▶ ja.

Contact ■ **BEREIKBAAR PER** ▶ ☑ post ☑ e-mail ☒ telefoon **CONTACTPERSOON** ▶ Mr. F. Bronsing **POSTADRES** ▶ Postbus 4107, 3006 AC Rotterdam **EMAIL (ALGEMEEN)** ▶ frans@bronbergh.nl.

036
Afman/Peeters Fonds

Rubriek ■ ☑ kunst en cultuur

Algemeen ■ **WEBSITE** ▶ www.cultuurfonds.nl **TYPERING** ▶ fonds op naam **BEHEERD DOOR** ▶ Prins Bernhard Cultuurfonds **DIRECTIE** ▶ zie > Prins Bernhard Cultuurfonds **BESTUUR** ▶ zie > Prins Bernhard Cultuurfonds

Missie ■ **DOELSTELLING** ▶ Het financieel ondersteunen van talentvolle jonge musici en beeldend kunstenaars voor een vervolgopleiding in het buitenland of de aankoop van een passend instrument. Daarnaast kunnen projecten ten behoeve van deze talenten worden ondersteund.

Werkgebied ■ **ACTIERADIUS** ▶ Nationaal, Internationaal **LAND** ▶ Nederland.

Projecten ■ CRITERIA ► Projecten ten behoeve van talentvolle jonge musici en beeldend kunstenaars. DOORLOOPTIJD ► ☑ korter dan 1 jaar STATUS AANVRAGER ► ☑ geen beperkingen bekend VOORKEUR/UITSLUITING ► geen voorkeur of uitsluiting bekend.

Procedure ■ OP AANVRAAG ► ja AANVRAAGPROCEDURE ► Dit 'fonds op naam' ressorteert onder het Prins Bernhard Cultuurfonds. Verzoeken aan fondsen op naam komen op één centraal punt binnen. Dit houdt in dat een subsidieaanvraag slechts eenmaal aan het Prins Bernhard Cultuurfonds hoeft te worden gezonden. Voor de verdere aanvraagprocedure: zie Prins Bernhard Cultuurfonds. URL ► www.cultuurfonds.nl/aanvragen

Contact ■ BEREIKBAAR PER ► ☑ post ☑ e-mail ☑ telefoon CONTACTPERSOON ► geen contactpersoon bekend POSTADRES ► Postbus 19750, 1000 GT Amsterdam EMAIL (ALGEMEEN) ► info@cultuurfonds.nl TELEFOON (ALGEMEEN) ► 020-5206130.

037

Stichting Agis Zorginnovatiefonds

Rubriek ■ ☑ gezondheidszorg ☑ maatschappij, welzijn en samenleving

Algemeen ■ WEBSITE ► www.stichtingagis.nl TYPERING ► goededoelen organisatie OPGERICHT ► 31-12-2007 RECHTSVORM ► stichting KVK ► 41186649 ANBI STATUS ► ja DIRECTIE ► geen directiegegevens bekend BESTUUR ► Mw. E. van der Veen, voorzitter; mw. H. Linden; J. Habicht; D. Herfst.

Missie ■ DOELSTELLING ► Agis Innovatiefonds ondersteunt de komende periode vooral die voorstellen die gericht zijn op mensen met (potentieel) chronische aandoeningen, zodat zij zichzelf beter kunnen redden, hun lijden wordt verzacht, leefkwaliteit wordt verhoogd, hun afhankelijkheid van zorgsystemen wordt verlaagd. HISTORIE ► De stichting is ontstaan op 31 december 2007. Het vermogen van het Agis Innovatiefonds is in het verleden opgebouwd uit niet-zorg gerelateerde activiteiten van de onderlinge waarborgmaatschappij (OWM) van Agis Zorgverzekeringen. Tijdens de fusie op 1 januari 2008 van OWM Agis Zorgverzekeringen en Stichting Agis enerzijds en de vereniging Achmea anderzijds is de huidige vorm van de stichting ontstaan. In 2008 zijn vervolgens alle verzekering-gebonden activiteiten en het daarmee samenhangende vermogen overgeheveld van Stichting Agis naar Agis Zorgverzekeringen NV. Het overgebleven vermogen in de stichting wordt ingezet voor het ontwikkelen van innovatieve en praktische projecten die waarde toevoegen aan het leven van mensen met (grote kans op) chronische aandoeningen. In 2008 zijn de statuten van de Stichting Agis aangepast aan de nieuwe doelstellingen. Op 1 januari 2009 is Stichting Agis met haar nieuwe doelstellingen van start gegaan. In oktober 2014 is de naam van de stichting gewijzigd in Stichting Agis Zorginnovatiefonds, waarna in 2017 de werknaam Agis Innovatiefonds is geworden. BELEIDSPLAN OP WEBSITE ► ja.

Doelgroep ■ ALGEMEEN ► zieken SPECIFIEK ► Initiatieven die bijdragen en gericht zijn op mensen met (potentieel) chronische aandoeningen. ACTIVITEITEN ► Specifieke thema's die uit de doelstelling voortvloeien zijn: ☑ empowerment: initiatieven gericht op het vermogen van patiënten hun gezondheid en gezondheidsgedrag positief te beïnvloeden; ☑ zelfmanagement: initiatieven die gericht zijn op de interactie tussen hulpverlener en patiënt, zodat de patiënt directe controle behoudt op zijn zorgproces; ☑ veerkracht: interventies gericht op het vermogen om mentaal gezond te blijven onder fysiek zware omstandigheden; ☑ sociale steun: interventies die het leven met een chronische ziekte meer acceptabel maken; ☑ relatie met de zorgverlener: initiatieven gericht op het verbeteren van de vaardigheden van de; hulpverlener t.a.v. chronisch zieken en mensen met een stapeling van problemen. INTERVENTIENIVEAU ► Steun aan lokale/provinciale maatschappelijke organisaties en structuren (incl. gemeenten etc.) die diensten verlenen aan individuen.

Werkgebied ■ ACTIERADIUS ► Nationaal LAND ► Nederland.

Bestedingen ■ BUDGET ► € 1.000.000 ONDERSTEUNDE PROJECTEN P/J ► 4 SOORT BIJDRAGE ► giften BOVENGRENS ► geen ONDERGRENS ► geen.

Projecten ■ CRITERIA ► Initiatieven dienen bij te dragen aan de kwaliteit van leven van mensen met een chronische aandoening door meer eigen regie. Initiatieven dienen zoveel mogelijke gebaseerd te zijn op de behoefte vanuit de doelgroep en/of door hen geïnitieerd te worden. Uw initiatief heeft een innovatief karakter en zorgt voor continuïteit na afloop van het initiatief. Noodzakelijke criteria: - Het initiatief heeft een duidelijke maatschappelijke impact door het versterken van de eigen regie van mensen met (nog g)een chronische aandoening. - Er is sprake van co-creatie tussen hulpverlener en hulpvrager. - Ervaringsdeskundigen (zowel mensen die ondersteuning ontvangen als de ondersteuners zelf) zijn direct betrokken bij het initiatief. - Er is sprake van een positieve sociale innovatie met een onderscheidend karakter; ☑ Het initiatief is niet financierbaar via de zorgverzekering of (lokale) overheid en behoort niet tot het gangbare takenpakket van een instelling; ☑ Het initiatief dient in eerste plaats het maatschappelijk belang en geen commercieel belang. Meewegende criteria:- Mate waarin het initiatief bijdraagt aan de kwaliteit van leven en meer eigen regie voor betrokkenen. - Mate waarin rekening is gehouden met hulpvrager en hulpverlenersperspectief. - Mate waarin het initiatief over sectorgrenzen heen gaat en integraliteit nastreeft; ☑ Invulling van de implementatiestrategie. - Mate waarin het project generaliseerbaar is naar een andere context of andere aandoening/ziekte. - Mate waarin continuïteit gegarandeerd is na de periode van financiële ondersteuning door Agis Innovatiefonds. - Mate van samenwerking met en cofinanciering door direct betrokkenen bij het initiatief. DOORLOOPTIJD ► ☑ onbekend STATUS AANVRAGER ► ☑ geen beperkingen bekend VOORKEUR/UITSLUITING ► Uitsluitingscriteria- Richtlijnontwikkeling voor beroepsgroepen; ☑ Bijdrage aan louter een investering van inventaris, apparatuur of verbouwing; ☑ Initiatieven die tot het normale takenpakket behoren van bepaalde beroepsgroepen of een reguliere financiering kennen; ☑ Initiatieven met een sterk commercieel oogmerk of een politieke of religieuze boodschap; ☑ Initiatieven die uitsluitend betrekking hebben op wetenschappelijk onderzoek.

Procedure ■ **OP AANVRAAG** ▶ ja **DOORLOOPTIJD** ▶ 1-3 maanden **AANVRAAGPROCEDURE** ▶ Als u een idee heeft maar nog geen concreet uitvoeringsplan, en u wilt weten of uw plan mogelijk in aanmerking kan komen voor (deel)financiering door Agis, dan kunt u eerst het idee voorleggen. Ook kunt u deze route gebruiken om bij advies in te winnen over de haalbaarheid van uw aanvraag. Heeft u al een concreet uitgewerkt plan van uw initiatief of een werkend initiatief dat verspreid kan worden, dan kunt u direct een aanvraag tot financiering indienen. Via de website kunt u het aanvraagformulier downloaden. Deze vult u volledig in en voegt eventueel projectplan en uitgebreide begroting apart toe. De aanvraag en bijlagen kunt u digitaal (bij voorkeur als pdf-bestand) per e-mail sturen. Uw initiatief dient in lijn te zijn met de algemene subsidievoorwaarden (welke terug te vinden zijn op de website). Voor alle correspondentie geldt dat de Stichting graag zoveel mogelijk digitaal ontvangt, aangezien de stichting papierarm werkt. Er vindt twee keer per jaar een beoordelingsronde plaats. Zodra uw aanvraag is ontvangen, sturen ze u een bevestiging van ontvangst. Na de indieningsdata duurt het normaal gesproken zes tot acht weken voordat u hoort of uw aanvraag gehonoreerd kan worden. **URL** ▶ www.agisinnovatiefonds.nl/ondersteuning/aanvraag-indienen.html

Financieel ■ **EIGEN VERMOGEN** ▶ € 36.354.633 **INKOMSTEN EV** ▶ € 1.201.744 **HERKOMST MIDDELEN** ▶ moederorganisatie (bijdragen), vermogen **BOEKJAAR** ▶ 2019 **JAARVERSLAG OP WEBSITE** ▶ ja.

Contact ■ **BEREIKBAAR PER** ▶ ☑ post ☑ e-mail ☑ telefoon **CONTACTPERSOON** ▶ geen contactpersoon bekend **POSTADRES** ▶ Postbus 339, 3800 AH Amersfoort **EMAIL (ALGEMEEN)** ▶ info@agisinnovatiefonds.nl **TELEFOON (ALGEMEEN)** ▶ 085-0608669.

038

Agnes van den Brandeler-Stichting

Rubriek ■ ☑ kunst en cultuur

Algemeen ■ **WEBSITE** ▶ www.agnesvandenbrandelerstichting.nl **TYPERING** ▶ vermogensfonds **OPGERICHT** ▶ 1991 **RECHTSVORM** ▶ stichting **KVK** ▶ 41041052 **ANBI STATUS** ▶ ja **DIRECTIE** ▶ geen directiegegevens bekend **BESTUUR** ▶ K.W. Sluyterman van Loo, voorzitter; R.R. De Haas, penningmeester; F.W.H. Bergevoet, secretaris.

Missie ■ **DOELSTELLING** ▶ De stichting heeft de volgende doelen: ☑ Het behouden en toegankelijk maken van de artistiek nalatenschap van de kunstenares Agnes van den Brandeler; ☑ Het conserveren van en zorgdragen voor een passende onderbrenging van de kunstwerken die eigendom zijn van de stichting; ☑ Het stimuleren van publicaties, tentoonstellingen en onderzoek over, onder meer, de collectie Van den Brandeler. De stichting beheert enkele honderden kunstwerken die door Agnes van den Brandeler zijn gemaakt. **STICHTER(S)** ▶ Agnes van den Brandeler (1918-2002) **HISTORIE** ▶ De Agnes van den Brandeler Stichting werd door Agnes zelf opgericht in 1991.

Doelgroep ■ **SPECIFIEK** ▶ Publicaties, tentoonstellingen en onderzoek op het gebied van kunst. **ACTIVITEITEN** ▶ De stichting beheert enkele honderden kunstwerken die door Agnes van den Brandeler zijn gemaakt. Hieronder vallen: ☑ Schilderijen; ☑ Tekeningen; ☑ Prenten; ☑ Schetsboeken; ☑ Iconen. **INTERVENTIENIVEAU** ▶ Onbekend.

Werkgebied ■ **ACTIERADIUS** ▶ Nationaal **LAND** ▶ Nederland.

Bestedingen ■ **BUDGET** ▶ niet openbaar **ONDERSTEUNDE PROJECTEN P/J** ▶ 5 **SOORT BIJDRAGE** ▶ giften overig **BOVENGRENS** ▶ geen **ONDERGRENS** ▶ geen.

Projecten ■ **CRITERIA** ▶ geen projectcriteria bekend **DOORLOOPTIJD** ▶ ☑ onbekend **STATUS AANVRAGER** ▶ ☑ geen beperkingen bekend **VOORKEUR/UITSLUITING** ▶ geen voorkeur of uitsluiting bekend.

Procedure ■ **OP AANVRAAG** ▶ onbekend **AANVRAAGPROCEDURE** ▶ Geen aanvraagprocedure bekend.

Financieel ■ **HERKOMST MIDDELEN** ▶ legaten **BOEKJAAR** ▶ boekjaar onbekend **JAARVERSLAG OP WEBSITE** ▶ ja.

Contact ■ **BEREIKBAAR PER** ▶ ☑ post ☑ e-mail ☑ telefoon **CONTACTPERSOON** ▶ geen contactpersoon bekend **POSTADRES** ▶ Van Speijkstraat 170, 2518 GH Den Haag **EMAIL (ALGEMEEN)** ▶ info@agnesvandenbrandelerstichting.nl **TELEFOON (ALGEMEEN)** ▶ 06-11042783.

039

Ahrend Fonds

Rubriek ■ ☑ kunst en cultuur

Algemeen ■ **WEBSITE** ▶ www.cultuurfonds.nl **TYPERING** ▶ fonds op naam **BEHEERD DOOR** ▶ Prins Bernhard Cultuurfonds **DIRECTIE** ▶ zie > Prins Bernhard Cultuurfonds **BESTUUR** ▶ zie > Prins Bernhard Cultuurfonds

Missie ■ **DOELSTELLING** ▶ Het financieel ondersteunen van bijzondere projecten op het gebied van industriële vormgeving en interieurontwerp. **HISTORIE** ▶ Het Ahrend Fonds werd in 1997 ingesteld door Ahrend, van oudsher een handels- en productiebedrijf op het gebied van flexibele kantooroplossingen en meubilair. Het was het eerste CultuurFonds op Naam van een bedrijf. Directe aanleiding was het 100-jarig bestaan van de Koninklijke Ahrend N.V.

Werkgebied ■ **ACTIERADIUS** ▶ Nationaal **LAND** ▶ Nederland.

Projecten ■ **CRITERIA** ▶ Projecten op het gebied van industriële vormgeving en architectuur. **DOORLOOPTIJD** ▶ ☑ korter dan 1 jaar **STATUS AANVRAGER** ▶ ☑ geen beperkingen bekend **VOORKEUR/UITSLUITING** ▶ geen voorkeur of uitsluiting bekend.

Procedure ■ **OP AANVRAAG** ▶ ja **AANVRAAGPROCEDURE** ▶ Dit 'fonds op naam' ressorteert onder het Prins Bernhard Cultuurfonds. Verzoeken aan fondsen op naam komen op één centraal punt binnen. Dit houdt in dat een subsidieaanvraag slechts eenmaal aan het Prins Bernhard Cultuurfonds hoeft te worden gezonden. Voor de verdere aanvraagprocedure: zie Prins Bernhard Cultuurfonds. **URL** ▶ www.cultuurfonds.nl/aanvragen

Contact ■ **BEREIKBAAR PER** ▶ ☑ post ☑ e-mail ☑ telefoon **CONTACTPERSOON** ▶ geen contactpersoon bekend **POSTADRES** ▶ Postbus 19750,

1000 GT Amsterdam **EMAIL (ALGEMEEN)** ▶ info@cultuurfonds.nl **TELEFOON (ALGEMEEN)** ▶ 020-5206130.

040
AIF Fonds

Rubriek ■ ☑ onderwijs en onderzoek

Algemeen ■ **WEBSITE** ▶ www.cultuurfonds.nl **TYPERING** ▶ fonds op naam **BEHEERD DOOR** ▶ Prins Bernhard Cultuurfonds **DIRECTIE** ▶ zie > Prins Bernhard Cultuurfonds **BESTUUR** ▶ zie > Prins Bernhard Cultuurfonds

Missie ■ **DOELSTELLING** ▶ Voor vervolgopleiding en -onderzoek (in het buitenland, maar ook in Nederland/Amsterdam) op het gebied van de financiën en economie.

Werkgebied ■ **ACTIERADIUS** ▶ Nationaal **LAND** ▶ Nederland.

Projecten ■ **CRITERIA** ▶ geen projectcriteria bekend **DOORLOOPTIJD** ▶ ☑ korter dan 1 jaar **STATUS AANVRAGER** ▶ ☑ geen beperkingen bekend **VOORKEUR/UITSLUITING** ▶ geen voorkeur of uitsluiting bekend.

Procedure ■ **OP AANVRAAG** ▶ ja **AANVRAAGPROCEDURE** ▶ Dit 'fonds op naam' ressorteert onder het Prins Bernhard Cultuurfonds. Verzoeken aan fondsen op naam komen op één centraal punt binnen. Dit houdt in dat een subsidieaanvraag slechts eenmaal aan het Prins Bernhard Cultuurfonds hoeft te worden gezonden. Voor de verdere aanvraagprocedure: zie Prins Bernhard Cultuurfonds. **URL** ▶ www.cultuurfonds.nl/aanvragen

Contact ■ **BEREIKBAAR PER** ▶ ☑ post ☑ e-mail ☑ telefoon **CONTACTPERSOON** ▶ geen contactpersoon bekend **POSTADRES** ▶ Postbus 19750, 1000 GT Amsterdam **EMAIL (ALGEMEEN)** ▶ info@cultuurfonds.nl **TELEFOON (ALGEMEEN)** ▶ 020-5206130.

041
Stichting Albert Heijn Foundation

Rubriek ■ ☑ maatschappij, welzijn en samenleving ☑ onderwijs en onderzoek ☑ gezondheidszorg

Algemeen ■ **WEBSITE** ▶ www.ah.nl/ahfoundation **TYPERING** ▶ vermogensfonds **OPGERICHT** ▶ 2007 **RECHTSVORM** ▶ stichting **KVK** ▶ 34284326 **ANBI STATUS** ▶ nee **DIRECTIE** ▶ geen directiegegevens bekend **BESTUUR** ▶ geen bestuursgegevens bekend.

Missie ■ **DOELSTELLING** ▶ Het verbeteren van de leefomstandigheden en vooruitzichten van Afrikaanse en Zuid-Amerikaanse leveranciers van verse groenten, vers fruit en bloemen en hun werknemers, leveranciers, families en gemeenschappen. Dit is onder de aanname dat betere leefomstandigheden hand in hand gaan met de best mogelijke producten gedurende het hele jaar. Het optimaliseren van het welzijn van werknemers in de gehele supply chain is een sleutelonderdeel van klanttevredenheid. Door lokaal waarde toe te voegen worden werkgelegenheid en de ontwikkeling van de gemeenschap bevorderd. Om dit te bewerkstelligen werkt de stichting met de versleveranciers samen. **STICHTER(S)** ▶ Albert Heijn samen met zijn versleveranciers **HISTORIE** ▶ In 2007 heeft Albert Heijn samen met zijn versleveranciers de AH Foundation opgericht. Deze investeert vooral in lokale projecten op het gebied van wonen, scholing en gezondheid. De AH Foundation werkt nauw samen met ICCO en FairMatch Support. Zij helpen de AH Foundation om de juiste projecten te selecteren en mede tot stand te brengen, zoals watervoorzieningen en onderwijs. Sinds 2019 zijn ze ook van start gegaan in Zuid-Amerika **BELEIDSPLAN OP WEBSITE** ▶ ja.

Doelgroep ■ **SPECIFIEK** ▶ Projecten die zich inzetten voor betere leefomstandigheden in Afrika en Zuid-Amerika; - Werknemers (en hun families) van pakhuizen, bewerking, plantages en out-growers. - Kleine producenten/boeren die verbonden zijn met huidige AH leveranciers of die onafhankelijk direct aan AH leveren. - Families in gemeenschappen die rondom de pakhuizen, plantages en out-growers wonen of de gemeenschappen waar de werknemers leven. Er is een speciale focus op jongeren en vrouwen. **ACTIVITEITEN** ▶ Er zijn vier thema's waar de focus op ligt: ☑ Huisvesting en gemeenschap; ☑ Gezondheidszorg; ☑ Onderwijs; ☑ bevordering van zelfbeschikking (empowerment). **INTERVENTIENIVEAU** ▶ Steun aan lokale/provinciale maatschappelijke organisaties en structuren (incl. gemeenten etc.) die diensten verlenen aan individuen.

Werkgebied ■ **ACTIERADIUS** ▶ Internationaal **LAND** ▶ Zuid-Amerika.

Bestedingen ■ **BUDGET** ▶ niet openbaar **TOELICHTING** ▶ AH en de leveranciers uit Afrika en Zuid-Amerika dragen bij aan de Albert Heijn Foundation, zonder dat daarbij de prijs voor consumenten wordt verhoogd. Opzet van financiëring per 2019: • The maximum budget per leverancier is 5% van de aankoopwaarde ex-works. – In de eerste drie jaar van samenwerking is de bijdrage aan de AH Foundation 80/20% (AH/leverancier). – In het vierde jaar daalt het aandeel van AH naar 65%. -Sommige leverancier leveren 50%. – Een maximum van € 300K per jaar per leverancier is vastgesteld. – Het maximum projectbudget wordt jaarlijks geïndexeerd met de groei van de totale aankoopwaarde (ex-works) vanuit Afrika en Zuid-Amerika. – Het maximum budgetbijdrage van AH (geïndexeerd naar groei versproducten in Afrika en Zuid-Amerika bij 5%) is in fases groeiend naar €2.5 miljoen in 2022. – Zuid-Amerikaanse leveranciers zijn toegevoegd binnen het maximum budget van € 2.5 miljoen (€ 400K in 2022). **SOORT BIJDRAGE** ▶ leningen giften **BOVENGRENS** ▶ geen **ONDERGRENS** ▶ geen.

Projecten ■ **CRITERIA** ▶ De projecten dienen in één of meerdere thema's te voorzien:☑ Huisvesting en gemeenschap; ☑ Gezondheidszorg; ☑ Onderwijs; ☑ bevordering van zelfbeschikking (empowerment). **DOORLOOPTIJD** ▶ ☑ onbekend **STATUS AANVRAGER** ▶ ☑ geen beperkingen bekend **VOORKEUR/UITSLUITING** ▶ Algemene criteria voor een project zijn:.- Invloed en bijkomend voordeel; het project dient een positieve invloed te hebben op en voordelig te zijn voor de gemeenschap. Het project dient relevant te zijn voor de benodigheden van de gemeenschap. Voorzieningen dienen niet gebruikt te worden voor zaken waar de werkgever verantwoordelijk voor is. Samenwerkingsverbanden (tussen publieke en private organisaties. Samenwerkingen zoals publieke-private samenwerkingen zijn mogelijk en worden toegejuicht om de invloed te vergroten en te verduurzamen. ☑ Democratisch. Voorstellen dienen transparant en democratisch te zijn. De doelgroep moet actief betrokken worden in de projectontwikkeling, implementatie en dient verantwoordelijkheid te dragen en betrokken eigenaren van het project te worden. ☑ Blijvend voordeel van het project. -Prioriteit voor urgente benodigheden van de doelgroep, waarbij het duidelijk is wie heeft de prioriteit heeft vast gesteld en hoe.

Procedure ■ OP AANVRAAG ▶ nee AANVRAAGPROCEDURE ▶ Geen aanvraagprocedure bekend.

Financieel ■ HERKOMST MIDDELEN ▶ moederorganisatie (bijdragen), bedrijven.

Contact ■ BEREIKBAAR PER ▶ ☑ post ☒ e-mail ☒ telefoon CONTACTPERSOON ▶ G. Happe POSTADRES ▶ Provincialeweg 11, 1506 MA Zaandam.

042

Stichting Alert Fonds voor Jongeren

Rubriek ■ ☑ kunst en cultuur ☑ maatschappij, welzijn en samenleving ☑ mensenrechten, vrede en veiligheid ☑ natuur, milieu en dieren

Algemeen ■ WEBSITE ▶ www.alertfonds.nl TYPERING ▶ vermogensfonds OPGERICHT ▶ 19-02-1991 RECHTSVORM ▶ stichting KVK ▶ 41210342 ANBI STATUS ▶ ja DIRECTIE ▶ geen directiegegevens bekend BESTUUR ▶ Mw. L. den Hertog, voorzitter.

Missie ■ DOELSTELLING ▶ De stichting stelt zich ten doel de positie van jongeren in en buiten Nederland te verbeteren. Met haar subsidies streeft ze naar bevordering van een fundamentele maatschappijverandering. Deze moet gericht zijn op een rechtvaardige verdeling van kapitaal, kennis en macht en een milieuvriendelijke manier van produceren. Deze doelstelling heeft tot gevolg dat overwegend progressieve activiteiten gesteund worden, gericht op de maatschappelijke actualiteit. STICHTER(S) ▶ De Jongerenbeweging, verbonden aan de FNV. HISTORIE ▶ Sinds 1991 neemt Alert een unieke en onafhankelijke positie in binnen de Nederlandse en internationale fondsen wereld. Alert wordt draaiende gehouden door een groep enthousiaste bestuursleden, allemaal vrijwilligers en tussen de 18 en 32 jaar. Het feit dat Alert al zo'n twintig jaar succesvol bestuurd wordt door enthousiaste jongeren is het beste voorbeeld van waar ze voor staan en in geloven: jongeren willen en kunnen een serieuze, positieve bijdrage leveren aan het verbeteren van de positie van andere jongeren, door het tonen van solidariteit en betrokkenheid.

Doelgroep ■ ALGEMEEN ▶ jongeren SPECIFIEK ▶ Jongeren tussen de 15 en 32 Jaar, die zich willen inzetten voor andere jongeren. ACTIVITEITEN ▶ Alert is op zoek naar jongeren met originele ideeën en inspirerende projecten. Alert wil duidelijk omschreven projecten en activiteiten voor en door jongeren ondersteunen die inspelen op de maatschappelijke actualiteit. Deze kunnen een manifestatie, een demonstratie, een publicatie of andere actievormen zijn. Alert heeft vooral belangstelling voor groepen of personen die zich met de volgende onderwerpen bezighouden: milieu, de positieverbetering van jongeren, politieke bewustwording, internationale solidariteit, meisjes en migranten. INTERVENTIENIVEAU ▶ Steun aan individuen (directe steun).

Werkgebied ■ ACTIERADIUS ▶ Nationaal, Internationaal LAND ▶ Wereldwijd.

Bestedingen ■ BUDGET ▶ niet openbaar TOELICHTING ▶ Voor snelverzoeken geldt een maximum van € 250,-. Voor reguliere aanvragen € 1.500,-. SOORT BIJDRAGE ▶ giften subsidies BOVENGRENS ▶ € 1.500 ONDERGRENS ▶ geen.

Projecten ■ CRITERIA ▶ ☑ eenmalige en kleinschalige (inter)nationale projecten voor en door jongeren, bijvoorbeeld demonstraties, workshops, publicaties, manifestaties, etc. als initiatieven; ☑ Projecten hebben één van de volgende thema's: milieu, emancipatie, politieke bewustwording, internationale solidariteit en de interculturele samenleving. Bij deze thema's horen verschillende specifieke criteria. De criteria per thema zijn terug te vinden op de website. DOORLOOPTIJD ▶ ☑ korter dan 1 jaar STATUS AANVRAGER ▶ ☑ individuen/gezinnen VOORKEUR/UITSLUITING ▶ Alert subsidieert geen: ☑ Groepen of organisaties die zich intolerant opstellen naar andere groepen in de maatschappij. ☑ Nationalisme in welke vorm dan ook; ☑ Projecten met een religieuze inhoud. ☑ Projecten die (groepen) mensen van een bepaalde religie of levensovertuiging buitensluiten. ☑ Projecten bedacht en / of uitgevoerd door of voor volwassenen van 33 jaar of ouder; ☑ Studiereizen en buitenlandse stages; ☑ Projecten met hoge overheidssubsidie; ☑ Reis- en personeelskosten; ☑ Structurele organisatiekosten. ☑ Initiatieven die een totaal budget hoger dan € 15.000,- hebben.

Procedure ■ OP AANVRAAG ▶ ja DOORLOOPTIJD ▶ 1-3 maanden AANVRAAGPROCEDURE ▶ Op de website is een aanvraagformulier te vinden. Deze dient ingevuld opgestuurd te worden naar de stichting samen met de volgende documenten. ☑ Een complete begroting; ☑ Een compleet projectplan; ☑ De statuten en/of registratie van de organisatie; ☑ Een recent (financieel) jaarverslag; ☑ Referenties, krantenartikelen e.d. over de organisatie; Binnen drie weken nadat wij het formulier hebben ontvangen wordt je bericht over de verdere procedure. Het is mogelijk dat een bestuurslid schriftelijk of telefonisch contact zoekt om mogelijke onduidelijkheden in de aanvraag op te lossen. Doorgaans ontvang je binnen acht weken schriftelijk bericht over de genomen beslissing. Bij een snelverzoek wordt de aanvraag sneller afgewerkt. Echter is de maximale bijdrage van de stichting lager. URL ▶ www.alertfonds.nl/aanvraag-indienen/aanvraagformulier/

Financieel ■ EIGEN VERMOGEN ▶ € 2.050.597 INKOMSTEN EV ▶ € 31.378 INKOMSTEN OV ▶ € 515.415 HERKOMST MIDDELEN ▶ vermogen BOEKJAAR ▶ 2018 JAARVERSLAG OP WEBSITE ▶ ja.

Contact ■ BEREIKBAAR PER ▶ ☑ post ☑ e-mail ☒ telefoon CONTACTPERSOON ▶ geen contactpersoon bekend POSTADRES ▶ Pelikaanstraat 18, 3582 SB Utrecht EMAIL (ALGEMEEN) ▶ alert@alertfonds.nl.

043

Stichting Alfred Heineken Fondsen

Rubriek ■ ☑ onderwijs en onderzoek ☑ kunst en cultuur

Algemeen ■ WEBSITE ▶ https://www.heinekenprizes.org/anbis-foundations TYPERING ▶ hybride fonds OPGERICHT ▶ 2006 RECHTSVORM ▶ stichting KVK ▶ 57933596 ANBI STATUS ▶ ja DIRECTIE ▶ geen directiegegevens bekend BESTUUR ▶ Mw. C.L. de Carvalho-Heineken, voorzitter; H.A. Oosters, penningmeester; R.H. Meppelink, secretaris.

Missie ■ DOELSTELLING ▶ De stichting heeft ten doel de bevordering van de wetenschap, kunst, en cultuur en de bescherming van het milieu, en voorts al hetgeen met een en ander rechtstreeks of zijdelings verband houdt, alles in de ruimste zin van het woord. Niet uitgesloten van de doelstelling is ook de bevordering en ondersteuning van andere maatschappelijke of culturele instellingen die het algemeen nut beogen. STICHTER(S) ▶ C.L. de Carvalho-Heineken HISTORIE ▶ Ten gevolge van een juridische fusie op 28 december 2018 met de: ☑ Dr. H.P. Heineken Stichting; ☑ Dr. A.H. Heineken Stichting voor de Geneeskunde; ☑ Dr. A.H. Heineken Stichting voor de Historische Wetenschap; ☑ Dr. A.H. Heineken Stichting voor de Milieuwetenschappen; ☑ C.L. de Carvalho-Heineken Stichting voor de Cognitieve Wetenschappen; heeft Stichting Alfred Heineken Fondsen het vermogen van genoemde stichtingen onder algemene titel verkregen. BELEIDSPLAN OP WEBSITE ▶ ja.

Doelgroep ■ SPECIFIEK ▶ (Jonge) wetenschappers en kunstenaars. ACTIVITEITEN ▶ De stichtingen stellen eenmaal in de twee jaar (in de even jaren) prijzen ter beschikking. De KNAW helpt de stichtingen bij het kiezen van de prijswinnaars. De werkzaamheden van de stichtingsbesturen beperken zich daarom tot: ☑ het beheren van de stichtingen en de fondsen in de Stichting Alfred Heineken Fondsen; ☑ het beoordelen of de taken, zoals overgedragen aan de KNAW, goed worden uitgevoerd; ☑ het organiseren van het diner na de prijsuitreiking. De prijzen bedragen op dit moment USD 200.000 voor alle winnaars van de wetenschappelijke prijzen en voor de kunst EUR 50.000 en EUR 50.000 voor de bekostiging van de publicatie van een boek en/of de organisatie van een tentoonstelling in de breedste zin van het woord. De Stichting Alfred Heineken Fondsen reikt daarnaast ook nog een prijs van EUR 10.000 uit aan een excellente jonge wetenschapper, de Heineken Young Scientist Award. INTERVENTIENIVEAU ▶ Steun aan individuen (directe steun).

Werkgebied ■ ACTIERADIUS ▶ Nationaal LAND ▶ Nederland.

Bestedingen ■ BUDGET ▶ niet openbaar SOORT BIJDRAGE ▶ overig BOVENGRENS ▶ geen ONDERGRENS ▶ geen.

Projecten ■ CRITERIA ▶ geen projectcriteria bekend DOORLOOPTIJD ▶ ☑ onbekend STATUS AANVRAGER ▶ ☑ geen beperkingen bekend VOORKEUR/UITSLUITING ▶ geen voorkeur of uitsluiting bekend.

Procedure ■ OP AANVRAAG ▶ nee AANVRAAGPROCEDURE ▶ geen aanvraagprocedure bekend.

Financieel ■ EIGEN VERMOGEN ▶ € 1.229.703 HERKOMST MIDDELEN ▶ vermogen, inkomsten uit vermogen BOEKJAAR ▶ 2018 JAARVERSLAG OP WEBSITE ▶ ja.

Contact ■ BEREIKBAAR PER ▶ ☑ post ☑ e-mail ☑ telefoon CONTACTPERSOON ▶ geen contactpersoon bekend POSTADRES ▶ Tweede Weteringplantsoen 5, 1017 ZD Amsterdam EMAIL (ALGEMEEN) ▶ heinekenprizes@pentagonbv.nl TELEFOON (ALGEMEEN) ▶ 020-6263349.

044

Stichting Algemeen Fonds voor Onbemiddelden Muziek Studerenden

Rubriek ■ ☑ kunst en cultuur

Algemeen ■ WEBSITE ▶ www.afvoms.nl TYPERING ▶ vermogensfonds OPGERICHT ▶ 13-01-1940 RECHTSVORM ▶ stichting KVK ▶ 41222276 ANBI STATUS ▶ ja DIRECTIE ▶ geen directiegegevens bekend BESTUUR ▶ E.A. Millaard, voorzitter; mw. M. Cimen, penningmeester; L.J. van Apeldoorn, secretaris; R.H. de Reede; mw. C.A.M. Velderman; M. Mostert.

Missie ■ DOELSTELLING ▶ De stichting stelt zich ten doel aan diegenen, die naar het oordeel van het bestuur van begaafdheid op enig gebied van de toonkunst blijk geven en die niet of niet in voldoende mate over geldelijke of andere middelen beschikken om zich op dat gebied te bekwamen, verder te ontwikkelen en/of het bereikte niveau te handhaven, die middelen te verschaffen. HISTORIE ▶ De Stichting A.F.V.O.M.S. is opgericht 13 januari 1940. BELEIDSPLAN OP WEBSITE ▶ ja.

Doelgroep ■ ALGEMEEN ▶ studenten SPECIFIEK ▶ Muziekstudenten die ongeveer tussen 16 en 25 jaar oud zijn. ACTIVITEITEN ▶ De doelstelling wordt gerealiseerd, overeenkomstig de statuten, door het doen van giften aan muziekstudenten die in Nederland studeren. De Stichting A.F.V.O.M.S. werkt vaak samen met de Stichting Eigen Muziekinstrument www.stichtingeigenmuziekinstrument.nl. INTERVENTIENIVEAU ▶ Steun aan individuen (directe steun).

Werkgebied ■ ACTIERADIUS ▶ Nationaal LAND ▶ Nederland.

Bestedingen ■ BUDGET ▶ niet openbaar TOELICHTING ▶ Deze stichting coördineert aanvragen voor muziekstudenten bij meerdere fondsen. Met name als een aanvraag voor subsidie te groot is voor één fonds zorgt deze stichting er voor dat de aanvraag wordt verdeeld over meerdere fondsen. ONDERSTEUNDE PROJECTEN P/J ▶ 16 SOORT BIJDRAGE ▶ giften BOVENGRENS ▶ geen ONDERGRENS ▶ geen.

Projecten ■ CRITERIA ▶ Steun wordt verleend aan muziekstudenten die ongeveer tussen 16 en 25 jaar oud zijn voor de aanschaf van muziekinstrumenten of andere zaken die nodig zijn voor de muziekstudie. DOORLOOPTIJD ▶ ☑ korter dan 1 jaar STATUS AANVRAGER ▶ ☑ individuen/gezinnen VOORKEUR/UITSLUITING ▶ De Stichting steunt geen; ☑ musici die met het maken van muziek in hun levensonderhoud kunnen voorzien. ☑ musici die in het buitenland studeren, behalve op zeer beperkte schaal voor tijdelijke studie zoals masterclasses. De stichting geeft geen leningen of studiebeurzen.

Procedure ■ OP AANVRAAG ▶ ja DOORLOOPTIJD ▶ 1-3 maanden AANVRAAGPROCEDURE ▶ Het aanvraagformulier kan - wanneer ingevuld -

per mail of per post opgestuurd worden. Het bestuur vergadert 4 keer per jaar, meestal in de maanden maart, juni, september en december. **URL** ► www.afvoms.nl/nl/contact/

Financieel ■ **EIGEN VERMOGEN** ► € 941.038 **INKOMSTEN EV** ► € 16.660 **HERKOMST MIDDELEN** ► vermogen, overige inkomsten, giften & schenkingen **BOEKJAAR** ► 2018 **JAARVERSLAG OP WEBSITE** ► ja.

Contact ■ **BEREIKBAAR PER** ► ☑ post ☑ e-mail ☒ telefoon **CONTACTPERSOON** ► Mr. L.J. van Apeldoorn **POSTADRES** ► Jacob van Ruisdaellaan 25, 2102 AM Heemstede **EMAIL (ALGEMEEN)** ► bapeldoorn@swdv.nl.

045
Stichting Algemeen Steunfonds Rotary

Rubriek ■ ☑ maatschappij, welzijn en samenleving

Algemeen ■ **WEBSITE** ► https://www.rotary.nl/doorn/steunfonds%20rotary **TYPERING** ► vermogensfonds **RECHTSVORM** ► stichting **KVK** ► 41179187 **ANBI STATUS** ► ja **DIRECTIE** ► geen directiegegevens bekend **BESTUUR** ► J.G. Griffioen, voorzitter; A. Risseeuw, penningmeester; mw. S.N. Khoeblal, secretaris.

Missie ■ **DOELSTELLING** ► Het doen van uitkeringen voor ideële en sociale doeleinden ter vrije keuze van het bestuur. Het gaat hierbij om sociale projecten, die een maatschappelijke nood lenigen, structureel en/of individueel binnen de regio Utrechtse Heuvelrug. Alle projecten die Rotaryclub Doorn accepteert, dus ook eventueel buiten de regio, komen in aanmerking voor steunaanvragen. **STICHTER(S)** ► Rotaryclub Doorn.

Doelgroep ■ **SPECIFIEK** ► Geen specifieke doelgroep **ACTIVITEITEN** ► Geen specifieke activiteiten bekend **INTERVENTIENIVEAU** ► Steun aan lokale/provinciale maatschappelijke organisaties en structuren (incl. gemeenten etc.) die diensten verlenen aan individuen.

Werkgebied ■ **ACTIERADIUS** ► Nationaal, Regionaal **LAND** ► Nederland **REGIO** ► Utrecht.

Bestedingen ■ **BUDGET** ► niet openbaar **TOELICHTING** ► Jaarlijks wordt aan de Rotaryleden (en past Rotarians) een oproep gedaan tot het doen van een jaarlijkse donatie (of een toezegging via een formulier of mail) aan het Steunfonds. **SOORT BIJDRAGE** ► giften **BOVENGRENS** ► geen **ONDERGRENS** ► geen.

Projecten ■ **CRITERIA** ► Sociale projecten, die een maatschappelijke nood lenigen, structureel en/of individueel. **DOORLOOPTIJD** ► ☑ onbekend **STATUS AANVRAGER** ► ☑ geen beperkingen bekend **VOORKEUR/UITSLUITING** ► Wanneer er specifieke voorzieningen zijn voor een bepaalde (individuele) maatschappelijke nood, dan wordt de hulpvraag niet gehonoreerd.

Procedure ■ **OP AANVRAAG** ► ja **AANVRAAGPROCEDURE** ► Aanvragen dienen per e-mail gestuurd te worden naar de secretaris, Shirley Khoeblal, via info@shikho.nl.

Financieel ■ **HERKOMST MIDDELEN** ► giften & schenkingen **BOEKJAAR** ► 2018 **JAARVERSLAG OP WEBSITE** ► ja.

Contact ■ **BEREIKBAAR PER** ► ☑ post ☑ e-mail ☒ telefoon **CONTACTPERSOON** ► Mw. S.N. Khoeblal **POSTADRES** ► Koninginneweg 2, 3941 DP Doorn **EMAIL (ALGEMEEN)** ► info@shikho.nl.

046
Stichting Algemeen Studiefonds

Rubriek ■ ☑ onderwijs en onderzoek

Algemeen ■ **WEBSITE** ► https://algemeenstudiefonds.nl **TYPERING** ► vermogensfonds **OPGERICHT** ► 29-04-1918 **RECHTSVORM** ► stichting **KVK** ► 41157484 **ANBI STATUS** ► nee **DIRECTIE** ► geen directiegegevens bekend **BESTUUR** ► geen bestuursgegevens bekend.

Missie ■ **DOELSTELLING** ► De doelstelling van de Stichting Algemeen Studiefonds is het verlenen van een renteloze lening aan studenten van Nederlandse Universiteiten die daarvoor naar het oordeel van het bestuur van de stichting in aanmerking komen. **HISTORIE** ► De Stichting Algemeen Studiefonds is op 29 april 1918 opgericht door vermogende Rotterdamse kooplieden om het veelbelovende studenten in het bezit van de Nederlandse nationaliteit met een renteloze lening mogelijk te maken hun studie aan een Nederlandse universiteit of hogeschool voort te zetten. Het beschikbaar gestelde kapitaal was bescheiden en moest op peil worden gehouden. Daarom is destijds gekozen voor een 'revolving fund'; renteloze leningen moeten na afronding of tussentijdse beëindiging van de studie of het project worden terugbetaald. In de loop der jaren is die doelstelling verruimd.

Doelgroep ■ **ALGEMEEN** ► studenten **SPECIFIEK** ► Vooral studenten HBO en Universiteit in de laatste fase van hun studie. **ACTIVITEITEN** ► Geen specifieke activiteiten bekend **INTERVENTIENIVEAU** ► Steun aan individuen (directe steun).

Werkgebied ■ **ACTIERADIUS** ► Nationaal **LAND** ► Nederland.

Bestedingen ■ **BUDGET** ► niet openbaar **SOORT BIJDRAGE** ► leningen giften **BOVENGRENS** ► € 3.000 **ONDERGRENS** ► geen.

Projecten ■ **CRITERIA** ► Studie. **DOORLOOPTIJD** ► ☑ korter dan 1 jaar **STATUS AANVRAGER** ► ☑ individuen/gezinnen **VOORKEUR/UITSLUITING** ► Criteria: ☑ natuurlijk persoon het bezit bent van de Nederlandse nationaliteit; ☑ een studie HBO of WO volgt of (opnieuw) wilt gaan volgen; ☑ het doel hebt om na het afronden van je studie met je HBO- of WO-diploma te gaan werken of je positie op de arbeidsmarkt te verbeteren; ☑ persoonlijke tegenslagen of belemmeringen hebt ondervonden, buiten jouw schuld, waardoor je studieloopbaan is vertraagd; ☑ alle mogelijkheden van de DUO reeds hebt gebruikt.

Procedure ■ **OP AANVRAAG** ► ja **DOORLOOPTIJD** ► 1-3 maanden **AANVRAAGPROCEDURE** ► Aanvraagformulier kan opgevraagd worden door een email te sturen aan het fonds. Het formulier moet volledig worden ingevuld. Er horen de volgende bijlagen bij: ☑ een brief van de studentendecaan van de desbetreffende onderwijsinstelling. In deze brief moet een gericht positief advies of verwijzing naar het algemeen studiefonds staan. ☑ een motivatiebrief waarin je toelicht wat je verzoek is en waarom je dit aanvraagt; ☑ een goed leesbare kopie van een geldig Nederlands paspoort of identiteitsbewijs. In dat paspoort moet zijn vermeld dat de houder de Nederlandse nationaliteit bezit; een Nederlands vluchtelingen- of vreemdelingenpaspoort is dus niet voldoende.

Financieel ■ **HERKOMST MIDDELEN** ▶ vermogen.

Contact ■ **BEREIKBAAR PER** ▶ ☒ post ☑ e-mail ☒ telefoon **CONTACTPERSOON** ▶ geen contactpersoon bekend **POSTADRES** ▶ Geen postadres bekend **EMAIL (ALGEMEEN)** ▶ info@algemeenstudiefonds.nl.

047
Alida Augusta Fonds

Rubriek ■ ☑ kunst en cultuur

Algemeen ■ **WEBSITE** ▶ www.cultuurfonds.nl **TYPERING** ▶ fonds op naam **BEHEERD DOOR** ▶ Prins Bernhard Cultuurfonds **DIRECTIE** ▶ zie > Prins Bernhard Cultuurfonds **BESTUUR** ▶ zie > Prins Bernhard Cultuurfonds

Missie ■ **DOELSTELLING** ▶ Het financieel ondersteunen van projecten op het gebied van de Nederlandse boekgeschiedenis en typografie en van projecten op het gebied van de Friese cultuur.

Werkgebied ■ **ACTIERADIUS** ▶ Regionaal **LAND** ▶ Nederland **REGIO** ▶ Friesland.

Projecten ■ **CRITERIA** ▶ Projecten op het gebied van de Nederlandse boekgeschiedenis en typografie en projecten op het gebied van de Friese cultuur. **DOORLOOPTIJD** ▶ ☑ korter dan 1 jaar **STATUS AANVRAGER** ▶ ☑ geen beperkingen bekend **VOORKEUR/UITSLUITING** ▶ geen voorkeur of uitsluiting bekend.

Procedure ■ **OP AANVRAAG** ▶ ja **AANVRAAGPROCEDURE** ▶ Dit 'fonds op naam' ressorteert onder het Prins Bernhard Cultuurfonds. Verzoeken aan fondsen op naam komen op één centraal punt binnen. Dit houdt in dat een subsidieaanvraag slechts eenmaal aan het Prins Bernhard Cultuurfonds hoeft te worden gezonden. Voor de verdere aanvraagprocedure: zie Prins Bernhard Cultuurfonds. **URL** ▶ www.cultuurfonds.nl/aanvragen

Contact ■ **BEREIKBAAR PER** ▶ ☑ post ☑ e-mail ☑ telefoon **CONTACTPERSOON** ▶ geen contactpersoon bekend **POSTADRES** ▶ Postbus 19750, 1000 GT Amsterdam **EMAIL (ALGEMEEN)** ▶ info@cultuurfonds.nl **TELEFOON (ALGEMEEN)** ▶ 020-5206130.

048
Alida Beekhuis Fonds

Rubriek ■ ☑ kunst en cultuur ☑ onderwijs en onderzoek

Algemeen ■ **WEBSITE** ▶ www.cultuurfonds.nl **TYPERING** ▶ fonds op naam **BEHEERD DOOR** ▶ Prins Bernhard Cultuurfonds **DIRECTIE** ▶ zie > Prins Bernhard Cultuurfonds **BESTUUR** ▶ zie > Prins Bernhard Cultuurfonds

Missie ■ **DOELSTELLING** ▶ Het financieel ondersteunen van onderzoek naar en schrijven van een biografie van Nederlandse personen die actief zijn (geweest) binnen de terreinen van wetenschap (archeologie, rechten, letterkunde) en kunst, alsmede het ondersteunen van publicaties hierover.

Werkgebied ■ **ACTIERADIUS** ▶ Nationaal **LAND** ▶ Nederland.

Projecten ■ **CRITERIA** ▶ geen projectcriteria bekend **DOORLOOPTIJD** ▶ ☑ korter dan 1 jaar **STATUS AANVRAGER** ▶ ☑ geen beperkingen bekend **VOORKEUR/UITSLUITING** ▶ geen voorkeur of uitsluiting bekend.

Procedure ■ **OP AANVRAAG** ▶ ja **AANVRAAGPROCEDURE** ▶ Dit 'fonds op naam' ressorteert onder het Prins Bernhard Cultuurfonds. Verzoeken aan fondsen op naam komen op één centraal punt binnen. Dit houdt in dat een subsidieaanvraag slechts eenmaal aan het Prins Bernhard Cultuurfonds hoeft te worden gezonden. Voor de verdere aanvraagprocedure: zie Prins Bernhard Cultuurfonds. **URL** ▶ www.cultuurfonds.nl/aanvragen

Contact ■ **BEREIKBAAR PER** ▶ ☑ post ☑ e-mail ☑ telefoon **CONTACTPERSOON** ▶ geen contactpersoon bekend **POSTADRES** ▶ Postbus 19750, 1000 GT Amsterdam **EMAIL (ALGEMEEN)** ▶ info@cultuurfonds.nl **TELEFOON (ALGEMEEN)** ▶ 020-5206130.

049
Alida Wilhelmina Fonds

Rubriek ■ ☑ kunst en cultuur

Algemeen ■ **WEBSITE** ▶ www.cultuurfonds.nl **TYPERING** ▶ fonds op naam **BEHEERD DOOR** ▶ Prins Bernhard Cultuurfonds **DIRECTIE** ▶ zie > Prins Bernhard Cultuurfonds **BESTUUR** ▶ zie > Prins Bernhard Cultuurfonds

Missie ■ **DOELSTELLING** ▶ Het financieel ondersteunen van projecten op het gebied van cultuur, monumentenzorg en letteren.

Werkgebied ■ **ACTIERADIUS** ▶ Nationaal **LAND** ▶ Nederland.

Projecten ■ **CRITERIA** ▶ geen projectcriteria bekend **DOORLOOPTIJD** ▶ ☑ korter dan 1 jaar **STATUS AANVRAGER** ▶ ☑ geen beperkingen bekend **VOORKEUR/UITSLUITING** ▶ geen voorkeur of uitsluiting bekend.

Procedure ■ **OP AANVRAAG** ▶ onbekend **AANVRAAGPROCEDURE** ▶ Dit 'fonds op naam' ressorteert onder het Prins Bernhard Cultuurfonds. Verzoeken aan fondsen op naam komen op één centraal punt binnen. Dit houdt in dat een subsidieaanvraag slechts eenmaal aan het Prins Bernhard Cultuurfonds hoeft te worden gezonden. Voor de verdere aanvraagprocedure: zie Prins Bernhard Cultuurfonds. **URL** ▶ www.cultuurfonds.nl/aanvragen

Contact ■ **BEREIKBAAR PER** ▶ ☑ post ☑ e-mail ☑ telefoon **CONTACTPERSOON** ▶ geen contactpersoon bekend **POSTADRES** ▶ Postbus 19750, 1000 GT Amsterdam **EMAIL (ALGEMEEN)** ▶ info@cultuurfonds.nl **TELEFOON (ALGEMEEN)** ▶ 020-5206130.

050
Allardina Tack Fonds

Rubriek ■ ☑ kunst en cultuur

Algemeen ■ **WEBSITE** ▶ www.cultuurfonds.nl **TYPERING** ▶ fonds op

naam **BEHEERD DOOR** ▶ Prins Bernhard Cultuurfonds **DIRECTIE** ▶ zie > Prins Bernhard Cultuurfonds **BESTUUR** ▶ zie > Prins Bernhard Cultuurfonds

Missie ■ **DOELSTELLING** ▶ Het financieel ondersteunen van jonge, talentvolle balletdansers of -danseressen via een beurs of project.

Werkgebied ■ **ACTIERADIUS** ▶ Nationaal **LAND** ▶ Nederland.

Projecten ■ **CRITERIA** ▶ geen projectcriteria bekend **DOORLOOPTIJD** ▶ ☑ korter dan 1 jaar **STATUS AANVRAGER** ▶ ☑ geen beperkingen bekend **VOORKEUR/UITSLUITING** ▶ geen voorkeur of uitsluiting bekend.

Procedure ■ **OP AANVRAAG** ▶ ja **AANVRAAGPROCEDURE** ▶ Dit 'fonds op naam' ressorteert onder het Prins Bernhard Cultuurfonds. Verzoeken aan fondsen op naam komen op één centraal punt binnen. Dit houdt in dat een subsidieaanvraag slechts eenmaal aan het Prins Bernhard Cultuurfonds hoeft te worden gezonden. Voor de verdere aanvraagprocedure: zie Prins Bernhard Cultuurfonds. **URL** ▶ www.cultuurfonds.nl/aanvragen

Contact ■ **BEREIKBAAR PER** ▶ ☑ post ☑ e-mail ☑ telefoon **CONTACTPERSOON** ▶ geen contactpersoon bekend **POSTADRES** ▶ Postbus 19750, 1000 GT Amsterdam **EMAIL (ALGEMEEN)** ▶ info@cultuurfonds.nl **TELEFOON (ALGEMEEN)** ▶ 020-5206130.

051
Stichting Alliander Foundation

Rubriek ■ ☑ maatschappij, welzijn en samenleving

Algemeen ■ **WEBSITE** ▶ www.allianderfoundation.nl **TYPERING** ▶ vermogensfonds **OPGERICHT** ▶ 22-12-2005 **RECHTSVORM** ▶ stichting **KVK** ▶ 34238725 **ANBI STATUS** ▶ ja **DIRECTIE** ▶ geen directiegegevens bekend **BESTUUR** ▶ Mw. K. Schadee, voorzitter; mw. C.N. de Haan; mw. E. Terveer; J. Egging.

Missie ■ **DOELSTELLING** ▶ Het doel van de Stichting Alliander Foundation is om medewerkers te stimuleren zich in hun eigen tijd belangeloos in te zetten voor de maatschappij en hen daarbij te ondersteunen. **STICHTER(S)** ▶ Raad van Bestuur van N.V. Nuon **HISTORIE** ▶ De stichting Alliander Foundation is begonnen als de Stichting Nuon Foundation. Dit was een initiatief van de Raad van Bestuur van N.V. Nuon, die de Stichting in december 2005 in het leven riep. Met het instellen van deze Stichting werd beoogd invulling te geven aan één van de pijlers van het MVO-beleid van Nuon, het vergroten van de maatschappelijke betrokkenheid van de medewerkers van Nuon. De Stichting is operationeel geworden in april 2006, en op 10 februari 2009 is de stichting verder gegaan onder de naam 'Stichting Alliander Foundation'. Dit was het gevolg van de splitsing van Nuon in een netwerkbedrijf (Alliander) en een handelsbedrijf (Nuon). **BELEIDSPLAN OP WEBSITE** ▶ ja.

Doelgroep ■ **SPECIFIEK** ▶ Medewerkers in dienst bij een vennootschap behorende tot de Alliander-groep. **ACTIVITEITEN** ▶ De belangrijkste activiteiten van Alliander Foundation omvatten het bevorderen van de maatschappelijke betrokkenheid van medewerkers in dienst bij een vennootschap behorende tot de Alliander-groep, door deze medewerkers te stimuleren en te ondersteunen om zich belangeloos in te zetten voor de samenleving in brede zin. De strategie voor stimulatie is gestoeld op vier pijlers:; ☑ het faciliteren van de markt (matchen van vraag en aanbod van vrijwilligerswerk); ☑ het stimuleren van de projectvraagzijde (medewerkers stimuleren projecten op te zetten voor goede doelen waarbij vrijwilligers aan de slag kunnen); ☑ het stimuleren van de medewerkeraanbodzijde (medewerkers stimuleren vrijwilligerswerk te gaan doen) - en het ondersteunen van projecten die via het platform van de Alliander Foundation tot stand gekomen zijn. **INTERVENTIENIVEAU** ▶ Onbekend.

Werkgebied ■ **ACTIERADIUS** ▶ Nationaal **LAND** ▶ Nederland.

Bestedingen ■ **BUDGET** ▶ € 315.000 **TOELICHTING** ▶ Jaarlijkse bijdrage van Alliander behelst 315.000 per jaar voor de periode 2019 tot en met 2023. Het jaarbedrag hoeft niet opgemaakt te worden, een eventueel overschot van een jaar blijft op de rekening van de Stichting Alliander Foundation staan voor volgende jaren. **ONDERSTEUNDE PROJECTEN P/J** ▶ 82 **SOORT BIJDRAGE** ▶ giften **BOVENGRENS** ▶ geen ondergrens ▶ geen.

Projecten ■ **CRITERIA** ▶ geen projectcriteria bekend **DOORLOOPTIJD** ▶ ☑ onbekend **STATUS AANVRAGER** ▶ ☑ geen beperkingen bekend **VOORKEUR/UITSLUITING** ▶ De Alliander Foundation is alleen en uitsluitend te benaderen door medewerkers van Alliander, Liander, en Liandon.

Procedure ■ **OP AANVRAAG** ▶ ja **AANVRAAGPROCEDURE** ▶ Aanvragen moeten ingediend worden via het formulier op de website. **URL** ▶ www.allianderfoundation.nl/aanvragen

Financieel ■ **INKOMSTEN OV** ▶ € 315.000 **HERKOMST MIDDELEN** ▶ moederorganisatie (bijdragen) **BOEKJAAR** ▶ 2019 **JAARVERSLAG OP WEBSITE** ▶ ja.

Contact ■ **BEREIKBAAR PER** ▶ ☑ post ☑ e-mail ☑ telefoon **CONTACTPERSOON** ▶ Mw. M. van Leeuwen **POSTADRES** ▶ Postbus 50, 6920 AB Duiven **EMAIL (ALGEMEEN)** ▶ marjolein.van.leeuwen@alliander.com **TELEFOON (ALGEMEEN)** ▶ 088-1912080.

052
Alon Fonds

Rubriek ■ ☑ kunst en cultuur ☑ onderwijs en onderzoek ☑ maatschappij, welzijn en samenleving

Algemeen ■ **WEBSITE** ▶ www.cultuurfonds.nl **TYPERING** ▶ fonds op naam **BEHEERD DOOR** ▶ Prins Bernhard Cultuurfonds **DIRECTIE** ▶ zie > Prins Bernhard Cultuurfonds **BESTUUR** ▶ zie > Prins Bernhard Cultuurfonds

Missie ■ **DOELSTELLING** ▶ Het financieel ondersteunen van de bescherming van erfgoed en geschiedschrijving op het gebied van entertainment en het ondersteunen van talent voor een vervolgopleiding of -onderzoek op het gebied van openbaar bestuur.

Werkgebied ■ **ACTIERADIUS** ▶ Nationaal **LAND** ▶ Nederland.

Projecten ■ **CRITERIA** ▶ geen projectcriteria bekend **DOORLOOPTIJD** ▶ ☑ korter dan 1 jaar **STATUS AANVRAGER** ▶ ☑ geen beperkingen bekend

VOORKEUR/UITSLUITING ▶ geen voorkeur of uitsluiting bekend.

Procedure ■ **OP AANVRAAG** ▶ ja **AANVRAAGPROCEDURE** ▶ Dit 'fonds op naam' ressorteert onder het Prins Bernhard Cultuurfonds. Verzoeken aan fondsen op naam komen op één centraal punt binnen. Dit houdt in dat een subsidieaanvraag slechts eenmaal aan het Prins Bernhard Cultuurfonds hoeft te worden gezonden. Voor de verdere aanvraagprocedure: zie Prins Bernhard Cultuurfonds. **URL** ▶ www.cultuurfonds.nl/aanvragen

Contact ■ **BEREIKBAAR PER** ▶ ☑ post ☑ e-mail ☑ telefoon **CONTACTPERSOON** ▶ geen contactpersoon bekend **POSTADRES** ▶ Postbus 19750, 1000 GT Amsterdam **EMAIL (ALGEMEEN)** ▶ info@cultuurfonds.nl **TELEFOON (ALGEMEEN)** ▶ 020-5206130.

053

Stichting Alzheimer Nederland

Rubriek ■ ☑ gezondheidszorg ☑ maatschappij, welzijn en samenleving ☑ onderwijs en onderzoek

Algemeen ■ **WEBSITE** ▶ www.alzheimer-nederland.nl **TYPERING** ▶ hybride fonds **OPGERICHT** ▶ 28-12-1984 **RECHTSVORM** ▶ stichting **KVK** ▶ 41181369 **ANBI STATUS** ▶ ja **DIRECTIE** ▶ mw. Gea Broekema-Procházka **BESTUUR** ▶ G. Wllmink, voorzitter; M Blom.

Missie ■ **DOELSTELLING** ▶ Het steunen en verbeteren van de levenskwaliteit van mensen met dementie en hun omgeving. Daarnaast zo veel mogelijk mensen inspireren en middelen te mobiliseren om dementie overwinnen. Dit tracht de stichting te doen door o.a. het mogelijk maken van wetenschappelijk onderzoek om de toekomst, waarin dementie voorkomen of genezen kan worden, dichterbij te brengen met behulp van financiële ondersteuning. De stichting zet zich daarom als spil in de samenwerking rond dementie neer. **STICHTER(S)** ▶ Hendrik Willem ter Haar **HISTORIE** ▶ Stichting Alzheimer Nederland zet zich sinds 1984 in voor mensen met dementie en hun dierbaren. Dit doen zij met ongeveer 70 bevlogen medewerkers vanuit het hoofdkantoor in Amersfoort, en met 5.500 fantastische vrijwilligers in het land. Samen werken zij aan een toekomst zonder dementie en aan de kwaliteit van leven van patiënten nu. Zij geven voorlichting over de ziekte van Alzheimer en andere vormen van dementie, bieden ondersteuning en komen op voor betere zorg voor mensen met dementie. We werken nauw samen met regionale en landelijke zorginstellingen en zamelen geld in voor onder andere wetenschappelijk onderzoek naar dementie. **BELEIDSPLAN OP WEBSITE** ▶ ja.

Doelgroep ■ **ALGEMEEN** ▶ ouderen, zieken **SPECIFIEK** ▶ Mensen met dementie en hun naaste omgeving. **ACTIVITEITEN** ▶ Alzheimer Nederland is de grootste charitatieve financier van dementieonderzoek in Nederland. Vanaf 1994 steunt ze meer dan 230 projecten met in totaal meer dan 23 miljoen euro. Daarnaast versnellen ze het onderzoek naar dementie door de urgentie van dementie(onderzoek) te agenderen op de publieke en politieke agenda. Daarnaast richten ze zich op de thema's: ☑ preventie van dementie bij risicogroepen; ☑ ondersteuning en zorg voor meer mensen met dementie - Een samenleving die is voorbereid op het stijgend aantal mensen met dementie. Ze werken mee aan tientallen artikelen in kranten en magazines, geven interviews in tv- en radioprogramma's en hebben een grote achterban op sociale media als LinkedIn, Twitter en Facebook. Daarnaast zijn ze mede-initiatiefnemer van het Deltaplan Dementie. **INTERVENTIENIVEAU** ▶ Onbekend.

Werkgebied ■ **ACTIERADIUS** ▶ Nationaal **LAND** ▶ Nederland.

Bestedingen ■ **BUDGET** ▶ niet openbaar **SOORT BIJDRAGE** ▶ subsidies **BOVENGRENS** ▶ geen **ONDERGRENS** ▶ geen.

Projecten ■ **CRITERIA** ▶ Subsidies voor onderzoekers zijn gericht om nieuwe inzichten en onverwachte doorbraken op het gebied van dementie te bewerkstellingen waarbij kennis wordt gegenereerd over: - De pathofysiologie en onderliggende mechanismen van de ziekte van Alzheimer of andere vormen van dementie; · Vanuit deze mechanismen; mogelijkheden voor therapie of preventie van dementie. **DOORLOOPTIJD** ▶ ☑ 1 - 2 jaar ☑ langer dan 2 jaar **STATUS AANVRAGER** ▶ ☑ individuen/gezinnen ☑ overig ☑ stichting of vereniging (non-profit) ☑ onderwijsinstelling **VOORKEUR/UITSLUITING** ▶ Uitsluiting volgt wanneer de donatie gericht is om: ☑ salaris van p.i. te bekostigen (enkele uitzonderingen daargelaten); ☑ institutionele overhead te bekostigen; ☑ constructie van gebouwen te bekostigen; ☑ apparatuur aan te schaffen; ☑ VAT.

Procedure ■ **OP AANVRAAG** ▶ ja **AANVRAAGPROCEDURE** ▶ Elk jaar in januari doet de stichting Alzheimer Nederland een oproep om voorstellen voor wetenschappelijk onderzoek in te dienen. Er worden vier verschillende soorten toezeggingen vergeven. Het aanvraagproces verloopt digitaal via het Alzheimer Research Management Systeem (ARMS) en is opgesplitst in 2 fasen. Fase 1 betreft het aanvragen door middel van een Letter of Intent (LoI); dit omvat een compacte vooraanvraag van 4 pagina's. Bij een positieve beoordeling van de LoI mag de wetenschapper een uitgebreide Grant-aanvraag (25 pagina's) indienen (fase 2). **URL** ▶ https://www.alzheimer-research.eu/

Financieel ■ **INKOMSTEN EV** ▶ € 106.705 **INKOMSTEN OV** ▶ € 22.810.965 **HERKOMST MIDDELEN** ▶ legaten, inkomsten uit loterijen, overige inkomsten, giften & schenkingen, inkomsten uit vermogen **BOEKJAAR** ▶ 2019 **JAARVERSLAG OP WEBSITE** ▶ ja.

Contact ■ **BEREIKBAAR PER** ▶ ☑ post ☑ e-mail ☑ telefoon **CONTACTPERSOON** ▶ geen contactpersoon bekend **POSTADRES** ▶ Postbus 2077, 3800 CB Amersfoort **EMAIL (ALGEMEEN)** ▶ info@alzheimer-nederland.nl **TELEFOON (ALGEMEEN)** ▶ 033-3032502.

054

Amantia Stichting

Rubriek ■ ☑ maatschappij, welzijn en samenleving ☑ gezondheidszorg

Algemeen ■ **WEBSITE** ▶ www.amantia.nl **TYPERING** ▶ vermogensfonds **OPGERICHT** ▶ 1980 **RECHTSVORM** ▶ stichting **KVK** ▶ 41166216 **ANBI**

STATUS ▶ ja **DIRECTIE** ▶ geen directiegegevens bekend **BESTUUR** ▶ Th.J.W. Verhoeven, voorzitter; mr. I.L.M. Komor, penningmeester; E. de Bruin, secretaris; mw. M.J.H. Tiemstra-van Berckel.

Missie ■ **DOELSTELLING** ▶ De stichting heeft ten doel het ondersteunen van instellingen en organisaties die werkzaam zijn of zich inzetten voor de zorg ten behoeve van mensen met een verstandelijke beperking. De stichting richt zich vanouds op instellingen en organisaties, opgericht vanuit de katholieke levensbeschouwing en tegenwoordig voorts op instellingen en organisaties met een interlevensbeschouwelijk karakter. **HISTORIE** ▶ De Amantia Stichting (1980) is de rechtsopvolger van de Stichting Vrienden van de Angela Stichting, die gezien kon worden als een soort steunstichting van het toen katholieke Huize Ursula in Nieuwveen. Hier waren in het huis 'Sassenoord' de zusters Ursulinen van Bergen in 1935 gekomen om er een schoolinternaat voor licht zwakzinnige kinderen te beginnen. Huize Ursula en de professionele zorg die daar beschikbaar was voor mensen met een beperking werd een begrip en is in de loop van vele jaren uitgegroeid tot een bijzondere zorginstelling die thans deel uitmaakt van Stichting Ipse de Bruggen. **BELEIDSPLAN OP WEBSITE** ▶ ja.

Doelgroep ■ **ALGEMEEN** ▶ gehandicapten, gelovigen **SPECIFIEK** ▶ Mensen met een verstandelijke beperking. **ACTIVITEITEN** ▶ Geen specifieke activiteiten bekend **INTERVENTIENIVEAU** ▶ Steun aan lokale/provinciale maatschappelijke organisaties en structuren (incl. gemeenten etc.) die diensten verlenen aan individuen.

Werkgebied ■ **ACTIERADIUS** ▶ Nationaal **LAND** ▶ Nederland.

Bestedingen ■ **BUDGET** ▶ € 100.000 **ONDERSTEUNDE PROJECTEN P/J** ▶ 28 **SOORT BIJDRAGE** ▶ giften **BOVENGRENS** ▶ geen **ONDERGRENS** ▶ geen.

Projecten ■ **CRITERIA** ▶ geen projectcriteria bekend **DOORLOOPTIJD** ▶ ☑ korter dan 1 jaar **STATUS AANVRAGER** ▶ ☑ kerkelijke instelling ☑ stichting of vereniging (non-profit) **VOORKEUR/UITSLUITING** ▶ De voorker gaat uit naar vernieuwende initiatieven. Donaties worden uitsluitend gedaan aan rechtspersonen en niet aan individuen. Het beleid is dat in beginsel aanvragen om inrichtingskosten van kleinschalige wooninitiatieven niet worden gehonoreerd.

Procedure ■ **OP AANVRAAG** ▶ ja **AANVRAAGPROCEDURE** ▶ Het bestuur vergadert enige malen per jaar. Aanvragen kunnen ook buiten de vergadering minimaal vier maanden vóór aanvang van het project (evt. digitaal) binnen het bestuur aan de orde komen en worden afgehandeld. De volgende informatie dient te worden aangeleverd in de aanvraag: ☑ een beknopte projectomschrijving; ☑ een project financieringsplan en een projectbegroting; ☑ afschrift van de statuten; een recent uittreksel van de inschrijving bij de Kamer van Koophandel; ☑ een balans en staat van baten en lasten van vorig boekjaar; ☑ de exploitatiebegroting van het lopende jaar **URL** ▶ www.amantia.nl/aanvraag/

Financieel ■ **INKOMSTEN EV** ▶ € 77.587 **HERKOMST MIDDELEN** ▶ vermogen, overige inkomsten, inkomsten uit vermogen **BOEKJAAR** ▶ 2018 **JAARVERSLAG OP WEBSITE** ▶ ja.

Contact ■ **BEREIKBAAR PER** ▶ ☑ post ☑ e-mail ☒ telefoon **CONTACTPERSOON** ▶ E. de Bruin **POSTADRES** ▶ Herman Heijermanslaan 15, 2106 ER Heemstede **EMAIL (ALGEMEEN)** ▶ info@amantia.nl.

055
Stichting Amelanderhof

Rubriek ■ ☑ maatschappij, welzijn en samenleving ☑ kerk en levensbeschouwing

Algemeen ■ **WEBSITE** ▶ www.amelanderhof.nl **TYPERING** ▶ vermogensfonds **OPGERICHT** ▶ 22-10-1976 **RECHTSVORM** ▶ stichting **KVK** ▶ 41000037 **ANBI STATUS** ▶ ja **DIRECTIE** ▶ geen directiegegevens bekend **BESTUUR** ▶ Drs. E.J. Galama, voorzitter; drs. J.F.A.M. Folkers, penningmeester; mw. K. Pot, secretaris; A.A. Peek.

Missie ■ **DOELSTELLING** ▶ De stichting stelt zich ten doel het bevorderen van welzijn van senioren in de ruimste zin van het woord. Zij tracht dit te bereiken door het financieel steunen van de aanleg of verbetering van infrastructurele voorzieningen voor senioren en het financieel steunen en bevorderen van de bejaardenzorg in het algemeen, alsmede gezondheids- en geestelijke zorg. Verder het financieel steunen van de zorg voor gehandicapte senioren, de sportfaciliteiten en sportactiviteiten van en voor senioren en kunst- en cultuuruitingen voor senioren. **HISTORIE** ▶ Stichting Amelanderhof is een van oorsprong katholieke Stichting. Een 'vermogensfonds', zonder onroerend goed en zonder personeel. In zijn huidige opzet bestaat Stichting Amelanderhof sinds 22 oktober 1976. De Stichting is een stille voortzetting van de oude Stichting Huize Sint Jozef, die aan de Voorstreek te Leeuwarden tot in 1980 het verzorgingshuis Sint Jozef exploiteerde.

Doelgroep ■ **ALGEMEEN** ▶ ouderen **SPECIFIEK** ▶ Senioren in Friesland of ontwikkelingslanden. **ACTIVITEITEN** ▶ Uitgangspunten bij de verstrekking van bijdragen zijn bevordering van welzijn en gezondheid van senioren, speciale aandacht voor zorg aan gehandicapte senioren, verbetering van infrastructurele voorzieningen en prioriteit voor projecten in Friesland of ontwikkelingslanden. **INTERVENTIENIVEAU** ▶ Steun aan lokale/provinciale maatschappelijke organisaties en structuren (incl. gemeenten etc.) die diensten verlenen aan individuen.

Werkgebied ■ **ACTIERADIUS** ▶ Nationaal, Regionaal, Internationaal **LAND** ▶ Nederland, Ontwikkelingslanden **REGIO** ▶ Friesland.

Bestedingen ■ **BUDGET** ▶ niet openbaar **TOELICHTING** ▶ Het budget is variabel. Al naar gelang er passende projecten zijn wordt in een jaar minder of meer besteed dan hetgeen is begroot. **SOORT BIJDRAGE** ▶ giften **BOVENGRENS** ▶ geen **ONDERGRENS** ▶ geen.

Projecten ■ **CRITERIA** ▶ Stichting Amelanderhof verstrekt bijdragen voor algemeen maatschappelijke doelen die passen binnen de doelstelling: 'Het bevorderen van het welzijn van senioren.' Het accent bij de verstrekking van bijdragen ligt op projecten in Friesland of ontwikkelingslanden. Bij projecten in ontwikkelingslanden is het noodzakelijk dat er personen of organisaties bij betrokken zijn, die zowel in Nederland als ter plaatse een ordelijk verloop en continuïteit kunnen waarborgen. In het algemeen geldt dat de continuïteit van nieuwe initiatieven, vooral voor wat betreft de exploitatie, wordt gewaarborgd. Een verantwoording van de bestedingen is een voorwaarde voor het beschikbaar stellen van de gelden. **DOORLOOPTIJD** ▶ ☑ onbekend **STATUS AANVRAGER** ▶ ☑ stichting of vereniging (non-profit) ☑ kerkelijke instelling ☑ overig **VOORKEUR/UITSLUITING** ▶ ☑ Dona-

ties worden uitsluitend éénmalig gegeven of gedurende een kortlopende periode. Structurele of periodieke bijdragen en aanvullingen van exploitatie-tekorten worden niet verstrekt. ☑ Aanvragen ten behoeve natuurlijke personen worden in beginsel niet gehonoreerd. ☑ Aanvragen voor projecten die reeds zijn aangevangen of voltooid komen niet voor een bijdrage in aanmerking. ☑
Fondsenwervende organisaties zoals bijvoorbeeld het Rode Kruis, Unicef en serviceclubs, komen niet in aanmerking voor een donatie.
Procedure ■ OP AANVRAAG ▶ ja DOORLOOPTIJD ▶ 1-3 maanden AANVRAAGPROCEDURE ▶ Een aanvraag kan uitsluitend per e-mail ingediend worden bij de secretaris. In elk geval is in de aanvraag kort omschreven om welk project het gaat. Als project wordt beschouwd: een tijdelijke en eenmalige gebeurtenis. Aanvragen dienen zo mogelijk te worden vergezeld van: ☑ het projectplan met beschrijving van de organisatie en achtergrond van het project, doel en geplande activiteiten. ☑ de projectbegroting zijnde een overzicht van inkomsten en uitgaven waaruit een zeker tekort blijkt; ☑ een dekkingsplan, waarin een opgave van de dekking uit eigen middelen; ☑ een lijst van andere aangeschreven of nog aan te schrijven fondsen. ☑ het RSIN nummer als het een stichting met een ANBI-status betreft; ☑ vermelding van eerdere aanvragen aan Stichting Amelanderhof en het resultaat daarvan. ☑ vermelding van contactpersoon, postadres, e-mailadres en een telefoonnummer; Na behandeling van een aanvraag ter vergadering, krijgt de aanvrager na enige tijd een brief waarin staat dat de aanvraag in beginsel is afgewezen of toegewezen. URL ▶ www.amelanderhof.nl/aanvraag-donatiebeleid/
Financieel ■ HERKOMST MIDDELEN ▶ onbekend BOEKJAAR ▶ boekjaar onbekend.
Contact ■ BEREIKBAAR PER ▶ ☒ post ☑ e-mail ☒ telefoon CONTACTPERSOON ▶ Mw. K. Pot POSTADRES ▶ Geen postadres bekend EMAIL (ALGEMEEN) ▶ amelanderhof@gmail.com.

056
Ammerlaan-Beuken Fonds

Rubriek ■ ☑ onderwijs en onderzoek
Algemeen ■ WEBSITE ▶ www.cultuurfonds.nl TYPERING ▶ fonds op naam BEHEERD DOOR ▶ Prins Bernhard Cultuurfonds DIRECTIE ▶ zie > Prins Bernhard Cultuurfonds BESTUUR ▶ zie > Prins Bernhard Cultuurfonds
Missie ■ DOELSTELLING ▶ Het financieel ondersteunen van getalenteerde, pas afgestudeerden op het terrein van de natuurkunde voor vervolgstudie of -onderzoek in het buitenland.
Werkgebied ■ ACTIERADIUS ▶ Nationaal, Internationaal LAND ▶ Nederland.
Projecten ■ CRITERIA ▶ geen projectcriteria bekend DOORLOOPTIJD ▶ ☑ korter dan 1 jaar STATUS AANVRAGER ▶ ☑ individuen/gezinnen VOORKEUR/UITSLUITING ▶ geen voorkeur of uitsluiting bekend.
Procedure ■ OP AANVRAAG ▶ ja AANVRAAGPROCEDURE ▶ Dit 'fonds op naam' ressorteert onder het Prins Bernhard Cultuurfonds. Verzoeken aan fondsen op naam komen op één centraal punt binnen. Dit houdt in dat een subsidieaanvraag slechts eenmaal aan het Prins Bernhard Cultuurfonds hoeft te worden gezonden. Voor de verdere aanvraagprocedure: zie Prins Bernhard Cultuurfonds. URL ▶ www.cultuurfonds.nl/aanvragen
Contact ■ BEREIKBAAR PER ▶ ☑ post ☑ e-mail ☑ telefoon CONTACTPERSOON ▶ geen contactpersoon bekend POSTADRES ▶ Postbus 19750, 1000 GT Amsterdam EMAIL (ALGEMEEN) ▶ info@cultuurfonds.nl TELEFOON (ALGEMEEN) ▶ 020-5206130.

057
Stichting Ammodo

Rubriek ■ ☑ kunst en cultuur ☑ onderwijs en onderzoek
Algemeen ■ WEBSITE ▶ www.ammodo.org TYPERING ▶ goededoelen organisatie OPGERICHT ▶ 03-09-2010 RECHTSVORM ▶ stichting KVK ▶ 50828282 ANBI STATUS ▶ ja DIRECTIE ▶ mw. J. de Wijkerslooth BESTUUR ▶ Prof.dr. S. Perrick, voorzitter; mr. J.P.F.M. Rietbergen, secretaris; mr. R. ter Haar; mw.prof.dr. R. Loll; prof.dr. J.N.H. Reek.
Missie ■ DOELSTELLING ▶ De statutaire doelstelling van Ammodo is het, zonder winstoogmerk, verlenen van (financiële) steun aan of het zelf realiseren van projecten van algemeen maatschappelijk belang met een culturele, ideële of sociale strekking. HISTORIE ▶ Stichting Ammodo is een goededoelenorganisatie die op 3 september 2010 is opgericht.
Doelgroep ■ SPECIFIEK ▶ Kunst- en wetenschapsprojecten met focus op beeldende kunst en podiumkunst (kunst) en fundamenteel onderzoek (wetenschap). ACTIVITEITEN ▶ Ammodo bevordert kunst en wetenschap en richt zich daarbij op projecten die naar internationale maatstaven een bijzondere plaats innemen; ☑ kunst: projecten die een bijdrage leveren aan de ontwikkeling van beeldende kunst en podiumkunst; ☑ Wetenschap: ongebonden fundamenteel wetenschappelijk onderzoek in Nederland middels de Ammodo KNAW Award; ☑ Overige projecten buiten de focus en binnen het algemene beleid. Ammodo zoekt zelf actief naar potentiële partners binnen de beeldende kunst, podiumkunsten en wetenschap en verkent met hen de mogelijkheden voor samenwerking; ☑ Projecten in 2018: Foam – Next Level 2.0; Stedelijk Museum Amsterdam – RaQuel van Haver-Spirits of the Soil; Stichting International Conducting Competition Rotterdam – International Conducting Competition Rotterdam; Third Space / Lotte van den Berg – Dying Together / Orgy Alone; Stichting Stuim / Boukje Schweigman – Val; SPRING Performing Arts Festival – Internationale coproducties 2019-2021; Julidans – Canine Jaunâtre / Marlene Monteiro Freitas; Witte de With, Center for Contemporary Art – Solo Duets 2018-2020; NBprojects – 8: METAMORPHOSIS; International Theater Amsterdam – DeLillo / Julien Gosselin; Van Abbemuseum – The Otolith Group: Xenogenesis; Internationaal Theater Amsterdam – Een klein leven / Ivo van Hove; Nederlands Dans Theater – Saisonnier; Stichting doubleA / Michel van der Aa – Drie nieuwe projecten (2019-2021); RCO Foundation – Verwerving nieuwe instru-

menten; Rijksmuseum Amsterdam – Tentoonstellingsprogramma 2019-2024; Ammodo Science Award; Stichting Docmakers en Stichting Basaltfilm – Mysterie en Displaced Pieces. **INTERVENTIENIVEAU** ► Steun op niveau van maatschappij zelf (beleidsbeïnvloeding, etc.).; Steun aan lokale/provinciale maatschappelijke organisaties en structuren (incl. gemeenten etc.) die diensten verlenen aan individuen.

Werkgebied ■ **ACTIERADIUS** ► Nationaal **LAND** ► Nederland.

Bestedingen ■ **BUDGET** ► niet openbaar **SOORT BIJDRAGE** ► giften **BOVENGRENS** ► geen **ONDERGRENS** ► geen.

Projecten ■ **CRITERIA** ► geen projectcriteria bekend **DOORLOOPTIJD** ► ☑ onbekend **STATUS AANVRAGER** ► ☑ geen beperkingen bekend **VOORKEUR/UITSLUITING** ► geen voorkeur of uitsluiting bekend.

Procedure ■ **OP AANVRAAG** ► nee **AANVRAAGPROCEDURE** ► Ammodo zoekt zelf actief naar potentiële partners binnen de beeldende kunst, podiumkunsten en wetenschap en verkent met hen de mogelijkheden voor samenwerking. Ammodo neemt geen ongevraagde projectvoorstellen in behandeling.

Financieel ■ **INKOMSTEN EV** ► € 11.601 **INKOMSTEN OV** ► € 918.910 **HERKOMST MIDDELEN** ► vermogen, giften & schenkingen **BOEKJAAR** ► 2018 **JAARVERSLAG OP WEBSITE** ► ja.

Contact ■ **BEREIKBAAR PER** ► ☑ post ☑ e-mail ☒ telefoon **CONTACTPERSOON** ► geen contactpersoon bekend **POSTADRES** ► Herengracht 598-600, 1017 CJ Amsterdam **EMAIL (ALGEMEEN)** ► info@ammodo.org.

058
Stichting AMPHoraest

Rubriek ■ ☑ kerk en levensbeschouwing ☑ maatschappij, welzijn en samenleving ☑ kunst en cultuur ☑ onderwijs en onderzoek

Algemeen ■ **WEBSITE** ► www.anbiportal.nl/web/amphoraest **TYPERING** ► vermogensfonds **OPGERICHT** ► 28-06-1968 **RECHTSVORM** ► stichting **KVK** ► 41188262 **ANBI STATUS** ► ja **DIRECTIE** ► geen directiegegevens bekend **BESTUUR** ► Mw. K.A. Slagt, voorzitter; G.L.M. van Hengstum, penningmeester; G.H. Beens, secretaris.

Missie ■ **DOELSTELLING** ► Het verstrekken van giften aan levensbeschouwelijke, charitatieve, culturele, wetenschappelijke of het algemeen nut beogende instellingen zowel in binnen- als buitenland, alsmede het dienen van de belangen van onderontwikkelde gebieden,, en voorts al hetgeen met een en ander rechtstreeks of zijdelings verband houdt of daartoe bevorderlijk kan zijn, alles in de ruimste zin des woords.

Doelgroep ■ **SPECIFIEK** ► Geen specifieke doelgroep **ACTIVITEITEN** ► Geen specifieke activiteiten bekend **INTERVENTIENIVEAU** ► Steun op niveau van maatschappij zelf (beleidsbeïnvloeding, etc.).

Werkgebied ■ **ACTIERADIUS** ► Internationaal **LAND** ► Wereldwijd.

Bestedingen ■ **BUDGET** ► niet openbaar **ONDERSTEUNDE PROJECTEN P/J** ► 3 **SOORT BIJDRAGE** ► giften **BOVENGRENS** ► geen **ONDERGRENS** ► geen.

Projecten ■ **CRITERIA** ► geen projectcriteria bekend **DOORLOOPTIJD** ► ☑ onbekend **STATUS AANVRAGER** ► ☑ stichting of vereniging (non-profit) **VOORKEUR/UITSLUITING** ► geen voorkeur of uitsluiting bekend.

Procedure ■ **OP AANVRAAG** ► onbekend **AANVRAAGPROCEDURE** ► Geen aanvraagprocedure bekend.

Financieel ■ **EIGEN VERMOGEN** ► € 224.989 **INKOMSTEN EV** ► € 40 **INKOMSTEN OV** ► € 115.341 **HERKOMST MIDDELEN** ► giften & schenkingen, vermogen **BOEKJAAR** ► 2019 **JAARVERSLAG OP WEBSITE** ► ja.

Contact ■ **BEREIKBAAR PER** ► ☑ post ☑ e-mail ☒ telefoon **CONTACTPERSOON** ► geen contactpersoon bekend **POSTADRES** ► Postbus 72, 3800 HD Amersfoort **EMAIL (ALGEMEEN)** ► info@amphoraeststichting.nl.

059
Amsterdams klein-erfgoed Fonds

Rubriek ■ ☑ kunst en cultuur

Algemeen ■ **WEBSITE** ► www.cultuurfonds.nl **TYPERING** ► fonds op naam **BEHEERD DOOR** ► Prins Bernhard Cultuurfonds **DIRECTIE** ► zie > Prins Bernhard Cultuurfonds **BESTUUR** ► zie > Prins Bernhard Cultuurfonds

Missie ■ **DOELSTELLING** ► Het financieel ondersteunen van het behoud van kleine erfgoedobjecten in Amsterdam.

Werkgebied ■ **ACTIERADIUS** ► Lokaal **LAND** ► Nederland **REGIO** ► Noord-Holland **PLAATS** ► Amsterdam.

Projecten ■ **CRITERIA** ► geen projectcriteria bekend **DOORLOOPTIJD** ► ☑ korter dan 1 jaar **STATUS AANVRAGER** ► ☑ geen beperkingen bekend **VOORKEUR/UITSLUITING** ► geen voorkeur of uitsluiting bekend.

Procedure ■ **OP AANVRAAG** ► ja **AANVRAAGPROCEDURE** ► Dit 'fonds op naam' ressorteert onder het Prins Bernhard Cultuurfonds. Verzoeken aan fondsen op naam komen op één centraal punt binnen. Dit houdt in dat een subsidieaanvraag slechts eenmaal aan het Prins Bernhard Cultuurfonds hoeft te worden gezonden. Voor de verdere aanvraagprocedure: zie Prins Bernhard Cultuurfonds. **URL** ► www.cultuurfonds.nl/aanvragen

Contact ■ **BEREIKBAAR PER** ► ☑ post ☑ e-mail ☑ telefoon **CONTACTPERSOON** ► geen contactpersoon bekend **POSTADRES** ► Postbus 19750, 1000 GT Amsterdam **EMAIL (ALGEMEEN)** ► info@cultuurfonds.nl **TELEFOON (ALGEMEEN)** ► 020-5206130.

060
Stichting het AnDré van der Goes fonds

Rubriek ■ ☑ maatschappij, welzijn en samenleving ☑ natuur, milieu en dieren ☑ natuur, milieu en dieren ☑ onderwijs en onderzoek ☑ kerk en levensbeschouwing ☑ gezondheidszorg ☑ mensenrechten, vrede en veiligheid ☑ kunst en cultuur

Algemeen ■ **WEBSITE** ► www.kennisbankfilantropie.nl/anbi/andre-van-der-goes-fonds **TYPERING** ► vermogensfonds **OPGERICHT** ► 28-03-2012 **RECHTSVORM** ► stichting **KVK** ► 55112897 **ANBI STATUS** ► ja **DIRECTIE** ► geen directiegegevens bekend **BESTUUR** ► P.A.C. van Kester, voorzitter; T.J.E. Janszen, penningmeester; T.J.E. Janszen, secretaris; K.W. van Vliet; S.T. Breumelhof; A.S.P.M. van der Goes.

Missie ■ DOELSTELLING ► Het financieel of op andere wijze ondersteunen van instellingen en (groeperingen van) personen die zich richten op welzijn, cultuur, onderwijs, wetenschap en onderzoek, bescherming van natuur en milieu, daaronder begrepen bevordering van duurzaamheid, gezondheidszorg, jeugd- en ouderenzorg, ontwikkelingssamenwerking, dierenwelzijn, religie, levensbeschouwing en spiritualiteit, de bevordering van de democratische rechtsorde, een combinatie van de hiervoor genoemde doelen daaronder, begrepen, alsmede het financieel of op andere wijze ondersteunen van algemeen nut beogende instellingen. BELEIDSPLAN OP WEBSITE ► ja.

Doelgroep ■ ALGEMEEN ► zieken, jongeren, kinderen, gehandicapten SPECIFIEK ► Geen specifieke doelgroep ACTIVITEITEN ► Ter verwezenlijking van deze doelstelling heeft de Stichting de afgelopen jaren voornamelijk instellingen of (groeperingen van) mensen ondersteund die zich richten op het welzijn van (jong-)gehandicapten. Daarnaast zijn lokale initiatieven ondersteund, zoals de sponsoring van het Westlandse team voor de Alpe d'Huzes. Ook zijn jaarlijks donaties gedaan aan verschillende goede doelen als onder andere Asbestslachtoffer Vereniging Nederland, Stichting Opkikker, Stichting Ambulancewens, Cordaid BZN, Stichting Make-AWish Nederland. INTERVENTIENIVEAU ► Steun aan lokale/provinciale maatschappelijke organisaties en structuren (incl. gemeenten etc.) die diensten verlenen aan individuen.; Steun aan individuen (directe steun).

Werkgebied ■ ACTIERADIUS ► Nationaal LAND ► Nederland.

Bestedingen ■ BUDGET ► niet openbaar ONDERSTEUNDE PROJECTEN P/J ► 12 SOORT BIJDRAGE ► giften overig BOVENGRENS ► geen ONDERGRENS ► geen.

Projecten ■ CRITERIA ► geen projectcriteria bekend DOORLOOPTIJD ► ☑ onbekend STATUS AANVRAGER ► ☑ geen beperkingen bekend VOORKEUR/UITSLUITING ► geen voorkeur of uitsluiting bekend.

Procedure ■ OP AANVRAAG ► ja AANVRAAGPROCEDURE ► Alleen aanvragen per e-mail worden in behandelingen genomen.

Financieel ■ EIGEN VERMOGEN ► € 1.612.008 INKOMSTEN OV ► € 817.740 HERKOMST MIDDELEN ► vermogen, giften & schenkingen BOEKJAAR ► 2019 JAARVERSLAG OP WEBSITE ► ja.

Contact ■ BEREIKBAAR PER ► ☑ post ☑ e-mail ☑ telefoon CONTACTPERSOON ► geen contactpersoon bekend POSTADRES ► Postbus 64, 2290 AB Wateringen EMAIL (ALGEMEEN) ► hetagdfonds@gmail.com TELEFOON (ALGEMEEN) ► 010-5913022.

061

Stichting Andries de la Fontaine Verwey Fonds

Rubriek ■ ☑ noodhulp ☑ maatschappij, welzijn en samenleving

Algemeen ■ WEBSITE ► www.kennisbankfilantropie.nl/anbl/andries-de-la-fontaine-verwey-fonds TYPERING ► vermogensfonds OPGERICHT ► 19-03-1927 RECHTSVORM ► stichting KVK ► 41244153 ANBI STATUS ► nee DIRECTIE ► geen directiegegevens bekend BESTUUR ► J. Mulder, voorzitter; R.E. Posthumus-Meyjes, penningmeester; G.J. van Drimmelen, secretaris; mw. R.F.M. van Kempen-Smits; mw. A.L. Aarts-van de Leij.

Missie ■ DOELSTELLING ► Het verlenen van financiële hulp aan personen of gezinnen, die door welke omstandigheden dan ook in een financiële noodsituatie verkeren. STICHTER(S) ► A. de la Fontaine Verwey HISTORIE ► Stichter van het fonds: Andries de la Fontaine Verwey (1859/1942). Hij was bankier in Den Haag en later in Deventer. Stichter en eerste bestuursvoorzitter vanaf 1927. Hij wilde zijn vermogen op eigen wijze besteden aan goede doelen.

Doelgroep ■ ALGEMEEN ► armen, dak- en thuislozen, vluchtelingen, zieken SPECIFIEK ► Geen specifieke doelgroep ACTIVITEITEN ► Geen specifieke activiteiten bekend INTERVENTIENIVEAU ► Steun aan individuen (directe steun).

Werkgebied ■ ACTIERADIUS ► Nationaal LAND ► Nederland.

Bestedingen ■ BUDGET ► niet openbaar BOVENGRENS ► geen ONDERGRENS ► geen.

Projecten ■ CRITERIA ► Voor hulp komen uitsluitend personen die: ☑ Nederlandse ingezetenen zijn; ☑ de Nederlandse nationaliteit hebben; ☑ minstens over een langdurige verblijfsvergunning beschikken. DOORLOOPTIJD ► ☑ onbekend STATUS AANVRAGER ► ☑ stichting of vereniging (non-profit) ☑ hulpverleners VOORKEUR/UITSLUITING ► Geen voorkeur/uitsluiting bekend.

Procedure ■ OP AANVRAAG ► onbekend DOORLOOPTIJD ► 1-3 maanden; geen doorlooptijd bekend; geen doorlooptijd bekend AANVRAAGPROCEDURE ► Geen aanvraagprocedure bekend.

Financieel ■.

Contact ■ BEREIKBAAR PER ► ☑ post ☑ e-mail ☒ telefoon CONTACTPERSOON ► G.J. van Drimmelen POSTADRES ► Veldhuizerdijk 5, 7431 PG Diepenveen EMAIL (ALGEMEEN) ► drim.diep@hetnet.nl.

062

Anita Porcelijn Fonds

Rubriek ■ ☑ kunst en cultuur

Algemeen ■ WEBSITE ► www.cultuurfonds.nl TYPERING ► fonds op naam BEHEERD DOOR ► Prins Bernhard Cultuurfonds DIRECTIE ► zie > Prins Bernhard Cultuurfonds BESTUUR ► zie > Prins Bernhard Cultuurfonds

Missie ■ DOELSTELLING ► Het financieel ondersteunen van muziekprojecten voor jongeren, waarbij de voorkeur uitgaat naar jazz en projecten die in de Bijlmermeer plaatsvinden.

Werkgebied ■ ACTIERADIUS ► Nationaal, Lokaal LAND ► Nederland PLAATS ► Bijlmermeer.

Projecten ■ CRITERIA ► geen projectcriteria bekend DOORLOOPTIJD ► ☑ korter dan 1 jaar STATUS AANVRAGER ► ☑ stichting of vereniging (non-profit) VOORKEUR/UITSLUITING ► Voorkeur gaat uit naar jazz en projecten die in de Bijlmermeer plaatsvinden.

Procedure ■ OP AANVRAAG ► ja AANVRAAGPROCEDURE ► Dit 'fonds op naam' ressorteert onder het Prins Bernhard Cultuurfonds. Verzoeken aan fondsen op naam komen op één centraal punt binnen. Dit houdt in dat een subsidieaanvraag slechts eenmaal aan het Prins Bernhard Cultuurfonds hoeft te worden gezonden. Voor de verdere aanvraagprocedure: zie Prins Bernhard Cultuurfonds. **URL** ► www.cultuurfonds.nl/aanvragen

Contact ■ **BEREIKBAAR PER** ► ☑ post ☑ e-mail ☑ telefoon **CONTACTPERSOON** ► geen contactpersoon bekend **POSTADRES** ► Postbus 19750, 1000 GT Amsterdam **EMAIL (ALGEMEEN)** ► info@cultuurfonds.nl **TELEFOON (ALGEMEEN)** ► 020-5206130.

063

Stichting Anitya Foundation

Rubriek ■ ☑ natuur, milieu en dieren

Algemeen ■ **WEBSITE** ► www.anityafoundation.nl **TYPERING** ► vermogensfonds **OPGERICHT** ► 19-11-2001 **RECHTSVORM** ► stichting **KVK** ► 24328221 **ANBI STATUS** ► ja **DIRECTIE** ► geen directiegegevens bekend **BESTUUR** ► geen bestuursgegevens bekend.

Missie ■ **DOELSTELLING** ► ☑ Het duurzaam behoud en de bescherming van waardevolle natuur, bos en landschap alsmede het initiëren en stimuleren van agrarisch natuurbeheer, in het bijzonder door middel van het in eigendom verwerven van en/of het vestigen van beperkte rechten op registergoederen; ☑ Het direct en indirect realiseren van gemelde natuurwaarden alsmede het duurzaam laten voortbestaan van deze waarden. En voorts al hetgeen daartoe behoort, daarmede verband houdt of daaraan bevorderlijk kan zijn, alles in de ruimste zin. In het kader van deze doelstelling tracht de Stichting zowel de gemelde natuurwaarden zelve als het geestelijk en lichamelijk welzijn van de mens te bevorderen en bij te dragen aan een vitaal en sociaal platteland. **BELEIDSPLAN OP WEBSITE** ► ja.

Doelgroep ■ **SPECIFIEK** ► Mensen die het behoud en beschermen van waardevolle natuur en bos aanspreekt. **ACTIVITEITEN** ► De activiteiten kunnen onderverdeeld worden in drie groepen: ☑ De eigen natuurgebieden; ☑ Het faciliteren van natuurprojekten van derden: Dit punt staat nu niet centraal vanwege de veelheid aan eigen projecten; ☑ Onze Stichting als bron van inspiratie voor de medemens: Dit punt zal geleidelijk vorm en inhoud krijgen en de website is hiertoe een communicatiekanaal. **INTERVENTIENIVEAU** ► Steun aan individuen (directe steun).; Steun aan lokale/provinciale maatschappelijke organisaties en structuren (incl. gemeenten etc.) die diensten verlenen aan individuen.

Werkgebied ■ **ACTIERADIUS** ► Nationaal **LAND** ► Nederland.

Bestedingen ■ **BUDGET** ► € 40.000 **SOORT BIJDRAGE** ► giften subsidies **BOVENGRENS** ► geen **ONDERGRENS** ► geen.

Projecten ■ **CRITERIA** ► Uitgangspunt is een concreet, éénmalig project met een tijdhorizon van maximaal een jaar. Projecten maken kans op directe steun indien zij voortkomen uit de dorpen rondom het eigen natuurbezit c.q. bij dragen aan de duurzame, evenwichtige instandhouding van onze eigendommen. Wij streven naar inbedding in de lokale samenleving, naar begrip en respect voor onze natuur en naar lokale betrokkenheid. **DOORLOOPTIJD** ► ☑ korter dan 1 jaar **STATUS AANVRAGER** ► ☑ bedrijf ☑ individuen/gezinnen ☑ stichting of vereniging (non-profit) **VOORKEUR/UITSLUITING** ► Landelijke betekenis van een project kan, maar regionale c.q. lokale verankering heeft onze voorkeur.

Procedure ■ **OP AANVRAAG** ► ja **AANVRAAGPROCEDURE** ► Ons bureau is vooralsnog organisatorisch onvoldoende ingericht op het zelfstandig c.q. adequaat behandelen van aanvragen ter ondersteuning van particuliere natuur-initiatieven, -projekten of -aktiviteiten van derden. Wij zullen zo veel mogelijk doorverwijzen naar collega-fondsen die organisatorisch daartoe wel zijn uitgerust. Wij onderhouden goede betrekkingen met het Prins Bernhard Cultuurfonds: www.cultuurfonds.nl. Eén van de zes werkterreinen van dit grote Fonds heeft betrekking op Natuurbehoud. Wij onderschrijven hun richtlijnen voor aanvragen; Onze Stichting hanteert eigen Richtlijnen ter beoordeling van aanvragen ter ondersteuning van (particuliere) natuurprojekten. Deze richtlijnen komen in hoge mate overeen met die van het Prins Bernhard Cultuurfonds **URL** ► www.anityafoundation.nl/natuurprojecten-derden

Financieel ■ **INKOMSTEN EV** ► € 102.000 **HERKOMST MIDDELEN** ► inkomsten uit vermogen, vermogen **BOEKJAAR** ► 2019 **JAARVERSLAG OP WEBSITE** ► ja.

Contact ■ **BEREIKBAAR PER** ► ☑ post ☑ e-mail ☑ telefoon **CONTACTPERSOON** ► geen contactpersoon bekend **POSTADRES** ► Antony van Dijckstraat 35, 5143 JB Waalwijk **EMAIL (ALGEMEEN)** ► info@anityafoundation.nl **TELEFOON (ALGEMEEN)** ► 0416–651837.

064

Ankie Wiegant-Brinkgreve Fonds

Rubriek ■ ☑ kunst en cultuur ☑ onderwijs en onderzoek

Algemeen ■ **WEBSITE** ► www.cultuurfonds.nl **TYPERING** ► fonds op naam **BEHEERD DOOR** ► Prins Bernhard Cultuurfonds **DIRECTIE** ► zie > Prins Bernhard Cultuurfonds **BESTUUR** ► zie > Prins Bernhard Cultuurfonds

Missie ■ **DOELSTELLING** ► Het financieel ondersteunen van jonge professionele pianodocenten teneinde hun didactische vaardigheden te verbreden. Daarnaast het financieel ondersteunen van projecten gericht op de ontwikkeling van pianodocenten, en van educatieve muziekprojecten.

Werkgebied ■ **ACTIERADIUS** ► Nationaal **LAND** ► Nederland.

Projecten ■ **CRITERIA** ► geen projectcriteria bekend **DOORLOOPTIJD** ► ☑ korter dan 1 jaar **STATUS AANVRAGER** ► ☑ geen beperkingen bekend **VOORKEUR/UITSLUITING** ► geen voorkeur of uitsluiting bekend.

Procedure ■ **OP AANVRAAG** ► ja **AANVRAAGPROCEDURE** ► Dit 'fonds op naam' ressorteert onder het Prins Bernhard Cultuurfonds. Verzoeken aan fondsen op naam komen op één centraal punt binnen. Dit houdt in dat een subsidieaanvraag slechts eenmaal aan het Prins Bernhard

Cultuurfonds hoeft te worden gezonden. Voor de verdere aanvraagprocedure: zie Prins Bernhard Cultuurfonds. **URL** ▶ www.cultuurfonds.nl/aanvragen

Contact ■ **BEREIKBAAR PER** ▶ ☑ post ☑ e-mail ☑ telefoon **CONTACTPERSOON** ▶ geen contactpersoon bekend **POSTADRES** ▶ Postbus 19750, 1000 GT Amsterdam **EMAIL (ALGEMEEN)** ▶ info@cultuurfonds.nl **TELEFOON (ALGEMEEN)** ▶ 020-5206130.

065
Stichting Anna Catharina Thomsenfonds

Rubriek ■ ☑ gezondheidszorg

Algemeen ■ **WEBSITE** ▶ https://www.kennisbankfilantropie.nl/anbi/anna-catharina-thomsenfonds **TYPERING** ▶ vermogensfonds **OPGERICHT** ▶ 17-06-1932 **RECHTSVORM** ▶ stichting **KVK** ▶ 41151755 **ANBI STATUS** ▶ nee **DIRECTIE** ▶ geen directiegegevens bekend **BESTUUR** ▶ Mw. E.S. Backx, voorzitter; R.R. Mante, penningmeester; mw. B. Hermans-Groen, secretaris; mw. W.J.M. Plieger-van Solkema; mw. I. Guffens-Faber.

Missie ■ **DOELSTELLING** ▶ De stichting heeft ten doel het doen van uitkeringen die een ideële of sociale strekking hebben. De stichting geeft bij voorkeur ondersteuning aan instellingen die werkzaam zijn in het belang van mensen met vallende ziekte (epilepsie), of ondersteunt deze mensen rechtstreeks. **STICHTER(S)** ▶ Mr. W.H.B. Overbosch.

Doelgroep ■ **ALGEMEEN** ▶ zieken **SPECIFIEK** ▶ Epilepsie. **ACTIVITEITEN** ▶ Beheer van vermogen, welzijnszorg, verstrekken van financiële hulp door het geven van donaties. **INTERVENTIENIVEAU** ▶ Steun aan individuen (directe steun).; Steun aan lokale/provinciale maatschappelijke organisaties en structuren (incl. gemeenten etc.) die diensten verlenen aan individuen.

Werkgebied ■ **ACTIERADIUS** ▶ Nationaal **LAND** ▶ Nederland.

Bestedingen ■ **BUDGET** ▶ niet openbaar **SOORT BIJDRAGE** ▶ giften leningen **BOVENGRENS** ▶ geen **ONDERGRENS** ▶ geen.

Projecten ■ **CRITERIA** ▶ geen projectcriteria bekend **DOORLOOPTIJD** ▶ ☑ onbekend **STATUS AANVRAGER** ▶ ☑ stichting of vereniging (non-profit) ☑ kerkelijke instelling ☑ hulpverleners ☑ individuen/gezinnen **VOORKEUR/UITSLUITING** ▶ geen voorkeur of uitsluiting bekend.

Procedure ■ **OP AANVRAAG** ▶ onbekend **DOORLOOPTIJD** ▶ 6-12 maanden; geen doorlooptijd bekend; geen doorlooptijd bekend **AANVRAAGPROCEDURE** ▶ Geen aanvraagprocedure bekend.

Financieel ■ **HERKOMST MIDDELEN** ▶ vermogen **BOEKJAAR** ▶ boekjaar onbekend.

Contact ■ **BEREIKBAAR PER** ▶ ☑ post ☑ e-mail ☑ telefoon **CONTACTPERSOON** ▶ geen contactpersoon bekend **POSTADRES** ▶ Hazenboslaan 29, 2341 SE Oegstgeest **EMAIL (ALGEMEEN)** ▶ thomsenfonds@gmail.com **TELEFOON (ALGEMEEN)** ▶ 06-23711585.

066
Stichting Fonds Anna Cornelis

Rubriek ■ ☑ maatschappij, welzijn en samenleving ☑ kunst en cultuur ☑ onderwijs en onderzoek

Algemeen ■ **WEBSITE** ▶ www.fondsannacornelis.nl **TYPERING** ▶ vermogensfonds **OPGERICHT** ▶ 11-11-1991 **RECHTSVORM** ▶ stichting **KVK** ▶ 41185149 **ANBI STATUS** ▶ ja **DIRECTIE** ▶ geen directiegegevens bekend **BESTUUR** ▶ N. Koppen, penningmeester; mw. A. van Veen; B. Sorgedrager; F. Gierstberg.

Missie ■ **DOELSTELLING** ▶ De Stichting stelt zich ten doel om met behulp van een daartoe te verwerven vermogen financiële steun te verlenen aan fotografische projecten van culturele aard en met een sociale en documentaire inhoud, die zodanig tijdrovend van aard zijn en/of anderszins zodanige inspanningen vragen, dat zij naar verwachting zonder steun niet tot stand zullen komen. **STICHTER(S)** ▶ Ursula Den Tex **HISTORIE** ▶ Het Fonds Anna Cornelis is in 1991 opgericht om de documentaire fotografie te steunen. Fotografie die fungeert als het geheugen van onze tijd. Die noteert wat er in de wereld om ons heen verandert en die daarover een verhaal vertelt dat waard is bewaard te blijven. Het vakmanschap van de fotograaf en de intelligentie van zijn of haar aanpak, de kwaliteit van de vormgeving en de aandacht die aan de inhoud is gegeven, zijn daarbij van groot belang. **BELEIDSPLAN OP WEBSITE** ▶ ja.

Doelgroep ■ **SPECIFIEK** ▶ Nederlandse fotografen. **ACTIVITEITEN** ▶ Het Fonds helpt fotografen de ruimte te nemen voor zelfstandig onderzoek en gunt hen de tijd om naar bevind van zaken hun project uit te voeren en te voltooien. Het Fonds stelt natuurlijk op zijn beurt eisen aan opzet en uitvoering. Sommige fotografen kunnen zo met steun van Anna Cornelis naar andere werelddelen reizen en anderen een kleinschalig project op eigen bodem voltooien. De ene keer krijgt een fotograaf met een al lang gevestigde reputatie subsidie, een andere keer gaat het om nieuw talent. Na de eerste subsidie, die in 1992 verstrekt werd aan Koen Wessing voor het project Momentopnamen van Zuid-Afrika, zijn in de daaropvolgende jaren (tot en met 2019) zesenzestig fotografen met in totaal éénentachtig projecten ondersteund. **INTERVENTIENIVEAU** ▶ Steun aan individuen (directe steun).

Werkgebied ■ **ACTIERADIUS** ▶ Nationaal **LAND** ▶ Nederland.

Bestedingen ■ **BUDGET** ▶ niet openbaar **ONDERSTEUNDE PROJECTEN P/J** ▶ 70 **SOORT BIJDRAGE** ▶ subsidies **BOVENGRENS** ▶ geen **ONDERGRENS** ▶ geen.

Projecten ■ **CRITERIA** ▶ Nederlandse fotografen kunnen eens per jaar een aanvraag indienen, nadat er in het voorjaar op de website een oproep heeft gestaan en er een advertentie is geplaatst in de vakbladen. Een projectvoorstel, ingediend bij het Fonds Anna Cornelis voor een subsidieaanvraag, moet inhoudelijk voldoen aan de volgende criteria: ☑ Een professioneel opgezet fotografisch project; ☑ Met een sociale en documentaire inhoud; ☑ Dat tijdrovend van aard is en/of anderszins inspanningen vraagt. **DOORLOOPTIJD** ▶ ☑ onbekend **STATUS AANVRAGER** ▶ ☑ individuen/gezinnen **VOORKEUR/UITSLUITING** ▶ Fotoboeken c.q. exposities komen niet voor subsidie in aanmerking.

Procedure ■ **OP AANVRAAG** ▶ ja **DOORLOOPTIJD** ▶ 6-12 maanden **AANVRAAGPROCEDURE** ▶ Nederlandse fotografen kunnen eens per jaar een aanvraag indienen. De onderdelen van het projectvoorstel zijn: ☑ Aanvraagformulier (downloaden via website); ☑ Plan van Aanpak; ☑ CV van de fotograaf; ☑ Begroting met daarin opgenomen: eigen investering, bijdrage Fonds Anna Cornelis, andere subsidies. Let op! Alles dient in 6-voud te worden opgestuurd. Gelieve geen foto's mee te sturen. Bij een positieve reactie wordt de aanvrager uitgenodigd voor de tweede ronde. Dit besluit valt binnen één maand na sluiting van de aanvraagronde. 2E RONDE: selectie op basis van ingestuurd portfolio door fotografen geselecteerd in de 1e ronde. Besluit valt binnen 2 weken na inleverdatum van het portfolio (ook afhankelijk van de vakantieperiode). 3E RONDE; fotografen van geselecteerde portfolio's uit 2e ronde worden uitgenodigd voor een inhoudelijke bespreking van hun projectvoorstel. Daarna volgt besluit over toekenning van subsidie uiterlijk voor 1 oktober van hetzelfde jaar. **URL** ▶ www.fondsannacornelis.nl/aanvragen/een-aanvraag-indienen/

Financieel ■ **EIGEN VERMOGEN** ▶ € 227.850 **HERKOMST MIDDELEN** ▶ vermogen, giften & schenkingen, legaten **BOEKJAAR** ▶ 2016 **JAARVERSLAG OP WEBSITE** ▶ ja.

Contact ■ **BEREIKBAAR PER** ▶ ☑ post ☑ e-mail ☒ telefoon **CONTACTPERSOON** ▶ Mw. A. Mobach **POSTADRES** ▶ Proostdijstraat 11, 3641 AT Mijdrecht **EMAIL (ALGEMEEN)** ▶ info@fondsannacornelis.nl.

067
Stichting Anna Fonds | NOREF

Rubriek ■ ☑ gezondheidszorg ☑ maatschappij, welzijn en samenleving ☑ onderwijs en onderzoek

Algemeen ■ **WEBSITE** ▶ www.annafonds.nl **TYPERING** ▶ vermogensfonds **OPGERICHT** ▶ 01-12-1989 **RECHTSVORM** ▶ stichting **KVK** ▶ 41168400 **ANBI STATUS** ▶ ja **DIRECTIE** ▶ geen directiegegevens bekend **BESTUUR** ▶ Drs. H.H. Friederich, voorzitter; drs. D.A. Dartée, secretaris; mw.dr. M.M.E.H. Witbreuk; dr. B. Burger; mw.dr. E.M. Bloemheuvel.

Missie ■ **DOELSTELLING** ▶ De missie van het Anna Fonds-NOREF is het ondersteunen van orthopedisch wetenschappelijk onderzoek om zo een bijdrage te leveren aan het helpen van burgers om hun gewrichten en botten in goede staat te houden zodat zij in vrijheid kunnen bewegen en zelfredzaam kunnen blijven. **HISTORIE** ▶ De stichting is ontstaan uit de Vereeniging voor Misvormden, die in 1919 werd opgericht door Anna Groll (accountant) en Murk Jansen (orthopeed). In 1929 werd hierdoor de Anna Kliniek opgericht. De opbrengsten na de verkoop van de kliniek, inclusief grond, werden ingezet als subsidies voor wetenschappelijk onderzoek, buitenlandse stages en proefschriften. De Stichting Anna Fonds | NOREF is het enige particuliere fonds op het gebied van orthopedische research in Nederland.

Doelgroep ■ **ALGEMEEN** ▶ studenten, vrouwen, mannen **SPECIFIEK** ▶ Onderzoekers/studenten op orthopedisch gebied. In de komende jaren ligt de focus op kinderorthopedie. **ACTIVITEITEN** ▶ De nadruk ligt op het bevorderen van research door visionaire academische en ook jonge veelbelovende onderzoekers. Daartoe subsidieert het Anna Fonds | NOREF proefschriften en buitenlandse researchprojecten (stages) van studenten met een sterke belangstelling voor het orthopedische vak. Ook worden subsidies uitgekeerd voor fellowships (basale reis- en verblijfkosten, noodzakelijk voor het fellowship) en proefschriften (Voor druk- en verspreidingskosten). Sinds 1993 kent het Anna Fonds | NOREF de tweejaarlijkse Anna Prijs toe aan een prominente, 'mid-career', al of niet klinische, wetenschapper in of rond de orthopedie, die een bijzondere onderzoekslijn ontwikkelde. **INTERVENTIENIVEAU** ▶ Steun aan individuen (directe steun).

Werkgebied ■ **ACTIERADIUS** ▶ Nationaal **LAND** ▶ Nederland.

Bestedingen ■ **BUDGET** ▶ niet openbaar **SOORT BIJDRAGE** ▶ giften subsidies **BOVENGRENS** ▶ € 10.000 **ONDERGRENS** ▶ geen.

Projecten ■ **CRITERIA** ▶ ☑ onderzoek van het ontstaan, diagnostiek en (na)behandeling en follow-up van; aangeboren en anderszins ontstane afwijkingen, ziektes en trauma's van het steun- en; bewegingsstelsel bij kinderen en adolescenten tot hun skelet is volgroeid (21 jaar); ☑ fellowships (basale reis- en verblijfkosten, noodzakelijk voor het fellowship); ☑ proefschriften (Voor druk- en verspreidingskosten). **DOORLOOPTIJD** ▶ ☑ korter dan 1 jaar **STATUS AANVRAGER** ▶ ☑ hulpverleners ☑ onderwijsinstelling ☑ individuen/gezinnen **VOORKEUR/UITSLUITING** ▶ Voor de criteria rondom de verschillende projecten zie website.

Procedure ■ **OP AANVRAAG** ▶ ja **DOORLOOPTIJD** ▶ 6-12 maanden **AANVRAAGPROCEDURE** ▶ Subsidieaanvragen kunnen uitsluitend worden ingediend via de website www.annafonds.nl. **URL** ▶ https://www.annafonds.nl/subsidie-aanvragen/

Financieel ■ **EIGEN VERMOGEN** ▶ € 174.171 **INKOMSTEN EV** ▶ € 68.003 **INKOMSTEN OV** ▶ € 46.640 **HERKOMST MIDDELEN** ▶ overige inkomsten, giften & schenkingen, vermogen **BOEKJAAR** ▶ 2018 **JAARVERSLAG OP WEBSITE** ▶ ja.

Contact ■ **BEREIKBAAR PER** ▶ ☑ post ☑ e-mail ☒ telefoon **CONTACTPERSOON** ▶ Mw. J.M. Snoek-de Best **POSTADRES** ▶ Vermogenweg 67, 3641 SR Mijdrecht **EMAIL (ALGEMEEN)** ▶ info@annafonds.nl.

068
Anna H. Toonen Fonds

Rubriek ■ ☑ kunst en cultuur

Algemeen ■ **WEBSITE** ▶ www.cultuurfonds.nl **TYPERING** ▶ fonds op naam **BEHEERD DOOR** ▶ Prins Bernhard Cultuurfonds **DIRECTIE** ▶ zie > Prins Bernhard Cultuurfonds **BESTUUR** ▶ zie > Prins Bernhard Cultuurfonds

Missie ■ **DOELSTELLING** ▶ Het financieel ondersteunen van projecten op het gebied van klassieke muziek.

Werkgebied ■ **ACTIERADIUS** ▶ Nationaal **LAND** ▶ Nederland.

Projecten ■ **CRITERIA** ▶ geen projectcriteria bekend **DOORLOOPTIJD** ▶ ☑ korter dan 1 jaar **STATUS AANVRAGER** ▶ ☑ geen beperkingen bekend **VOORKEUR/UITSLUITING** ▶ geen voorkeur of uitsluiting bekend.

Procedure ■ **OP AANVRAAG** ► ja **AANVRAAGPROCEDURE** ► Dit 'fonds op naam' ressorteert onder het Prins Bernhard Cultuurfonds. Verzoeken aan fondsen op naam komen op één centraal punt binnen. Dit houdt in dat een subsidieaanvraag slechts eenmaal aan het Prins Bernhard Cultuurfonds hoeft te worden gezonden. Voor de verdere aanvraagprocedure: zie Prins Bernhard Cultuurfonds. **URL** ► www.cultuurfonds.nl/aanvragen

Contact ■ **BEREIKBAAR PER** ► ☑ post ☑ e-mail ☑ telefoon **CONTACTPERSOON** ► geen contactpersoon bekend **POSTADRES** ► Postbus 19750, 1000 GT Amsterdam **EMAIL (ALGEMEEN)** ► info@cultuurfonds.nl **TELEFOON (ALGEMEEN)** ► 020-5206130.

069
Anna Isabella Fonds

Rubriek ■ ☑ kunst en cultuur

Algemeen ■ **WEBSITE** ► www.cultuurfonds.nl **TYPERING** ► fonds op naam **BEHEERD DOOR** ► Prins Bernhard Cultuurfonds **DIRECTIE** ► zie > Prins Bernhard Cultuurfonds **BESTUUR** ► zie > Prins Bernhard Cultuurfonds

Missie ■ **DOELSTELLING** ► Het financieel ondersteunen van kinderen ten behoeve van de bevordering van de beoefening van en het plezier in oude en moderne klassieke muziek, in de vorm van bv. stipendia voor een muziekstudie en/of de aanschaf van een muziekinstrument.

Werkgebied ■ **ACTIERADIUS** ► Nationaal **LAND** ► Nederland.

Projecten ■ **CRITERIA** ► geen projectcriteria bekend **DOORLOOPTIJD** ► ☑ korter dan 1 jaar **STATUS AANVRAGER** ► ☑ stichting of vereniging (non-profit) **VOORKEUR/UITSLUITING** ► geen voorkeur of uitsluiting bekend.

Procedure ■ **OP AANVRAAG** ► ja **AANVRAAGPROCEDURE** ► Dit 'fonds op naam' ressorteert onder het Prins Bernhard Cultuurfonds. Verzoeken aan fondsen op naam komen op één centraal punt binnen. Dit houdt in dat een subsidieaanvraag slechts eenmaal aan het Prins Bernhard Cultuurfonds hoeft te worden gezonden. Voor de verdere aanvraagprocedure: zie Prins Bernhard Cultuurfonds. **URL** ► www.cultuurfonds.nl/aanvragen

Contact ■ **BEREIKBAAR PER** ► ☑ post ☑ e-mail ☑ telefoon **CONTACTPERSOON** ► geen contactpersoon bekend **POSTADRES** ► Postbus 19750, 1000 GT Amsterdam **EMAIL (ALGEMEEN)** ► info@cultuurfonds.nl **TELEFOON (ALGEMEEN)** ► 020-5206130.

070
Anne Marie van Verschuer Stichting

Rubriek ■ ☑ maatschappij, welzijn en samenleving ☑ kunst en cultuur ☑ natuur, milieu en dieren ☑ onderwijs en onderzoek

Algemeen ■ **WEBSITE** ► www.kennisbankfilantropie.nl/anbi/anne-marie-van-verschuer-stichting **TYPERING** ► vermogensfonds **OPGERICHT** ► 16-10-1999 **RECHTSVORM** ► stichting **KVK** ► 11046879 **ANBI STATUS** ► ja **DIRECTIE** ► geen directiegegevens bekend **BESTUUR** ► Ds. B.F. baron van Verschuer, voorzitter; M. Gras, penningmeester; mr. M. Schellingerhout, secretaris; mr. A.A. van Schelven; O.W.A.baron van Verschuer.

Missie ■ **DOELSTELLING** ► ☑ Het behoud van natuurschoon en in het bijzonder de instandhouding van het Landgoed Heerlijkheid Marienwaerdt te Beesd; ☑ Het behoud van monumentenarchitectonisch of historisch belangrijke gebouwen en hun interieurs als deel van het Nederlands erfgoed en het verrichten van al hetgeen met het voorenstaande in de ruimste zin verband houdt of daartoe bevorderlijk kan zijn; ☑ De financiële ondersteuning van: a. instellingen die natuurbescherming en monumentenzorg ten doel hebben, bij voorkeur ten bate van projecten in het Gelders Rivierengebied; b. instellingen op het gebied van wetenschap en kunst; c. de Hervormde Gemeente te Beesd, alsmede instellingen op het gebied van maatschappelijke dienstverlening, gelieerd aan de Protestantse Kerken in Nederland of buitenkerkelijke organisaties, bij voorkeur ten bate van werkzaamheden in Gelderland. **STICHTER(S)** ► Anne Marie Baronnesse van Verschuer **HISTORIE** ► De Anne Marie van Verschuer Stichting is voortgekomen uit de nalatenschap van de oprichtster Anne Marie Baronnesse van Verschuer, laatstelijk gewoond te hebbend te Beesd en overleden op 16 oktober 1999. Per 1 januari 2008 is de stichting gefuseerd met de Stichting Heerlijkheid Mariënwaerdt, voortgekomen uit een legaat van Jeanne Buruma Oosting, waarbij het vermogen is overgedragen aan de Anne Marie van Verschuer Stichting waarin de doelstelling van beide fusiepartners worden voortgezet. **BELEIDSPLAN OP WEBSITE** ► ja.

Doelgroep ■ **SPECIFIEK** ► Instellingen die natuurbescherming en monumentenzorg ten doel hebben of op het gebied van wetenschap en kunst of maatschappelijke dienstverlening. **ACTIVITEITEN** ► Geen specifieke activiteiten bekend **INTERVENTIENIVEAU** ► Steun aan lokale/provinciale maatschappelijke organisaties en structuren (incl. gemeenten etc.) die diensten verlenen aan individuen.; Steun op niveau van maatschappij zelf (beleidsbeïnvloeding, etc.).

Werkgebied ■ **ACTIERADIUS** ► Regionaal **LAND** ► Nederland **REGIO** ► Gelderland **PLAATS** ► Beesd.

Bestedingen ■ **BUDGET** ► niet openbaar **ONDERSTEUNDE PROJECTEN P/J** ► 3 **SOORT BIJDRAGE** ► giften **BOVENGRENS** ► geen **ONDERGRENS** ► geen.

Projecten ■ **CRITERIA** ► geen projectcriteria bekend **DOORLOOPTIJD** ► ☑ onbekend **STATUS AANVRAGER** ► ☑ stichting of vereniging (non-profit) **VOORKEUR/UITSLUITING** ► geen voorkeur of uitsluiting bekend.

Procedure ■ **OP AANVRAAG** ► onbekend **AANVRAAGPROCEDURE** ► Geen aanvraagprocedure bekend.

Financieel ■ **INKOMSTEN EV** ► € 52.073 **HERKOMST MIDDELEN** ► legaten, giften & schenkingen, overige inkomsten, vermogen **BOEKJAAR** ► 2019 **JAARVERSLAG OP WEBSITE** ► ja.

Contact ■ **BEREIKBAAR PER** ► ☑ post ☑ e-mail ☑ telefoon **CONTACTPERSOON** ► geen contactpersoon bekend **POSTADRES** ► 't Klooster 5, 4153 RR Beesd **EMAIL (ALGEMEEN)** ► info@marienwaerdt.nl **TELEFOON (ALGEMEEN)** ► 0345-687010.

071
Stichting Anne Vondeling Prijs

Rubriek ■ ☑ kunst en cultuur ☑ maatschappij, welzijn en samenleving

Algemeen ■ WEBSITE ▶ www.annevondelingprijs.nl TYPERING ▶ vermogensfonds OPGERICHT ▶ 09-01-1981 RECHTSVORM ▶ stichting KVK ▶ 41152085 ANBI STATUS ▶ ja DIRECTIE ▶ geen directiegegevens bekend BESTUUR ▶ J. Schinkelshoek, voorzitter; J. Vondeling, penningmeester; H. Bakker, secretaris; S. van Driel; mw. R. den Uyl; mw. Y. Zonderop.

Missie ■ DOELSTELLING ▶ De Stichting Anne Vondelingprijs heeft tot doel de bevordering van kritische en helder geschreven en gesproken politieke journalistiek. Daartoe reikt zij jaarlijks een tweetal prijzen uit aan journalisten die helder en begrijpelijk over politiek verslag gedaan heeft. STICHTER(S) ▶ Anne Vondeling (1916-1979) HISTORIE ▶ De prijs wordt sinds 1981 elk jaar kort voor de zomervakantie uitgereikt aan een journalist die helder en begrijpelijk over politiek geschreven heeft. Dat kan de nationale of internationale politiek zijn. Maar het kan ook om regionale of plaatselijke politiek gaan. De prijs is genoemd naar oud-minister Anne Vondeling (1916 – 1979). Vondeling is onder meer bekend door zijn strijd tegen de verloedering van de Nederlandse taal. Van 1972 tot kort voor zijn dood was hij voorzitter van de Tweede Kamer. Ook in die functie wees hij voortdurend op een correct taalgebruik.

Doelgroep ■ SPECIFIEK ▶ Journalisten. ACTIVITEITEN ▶ ☑ De Anne Vondelingprijs wordt uitgereikt door de Stichting Anne Vondelingprijs. Iedereen kan nominaties indienen bij het bestuur van de stichting Anne Vondeling Prijs. Een onafhankelijke jury buigt zich over de inzendingen. De jury bestaat uit tenminste 3 vakbekwame personen en wordt benoemd door het bestuur van de stichting. ☑ Saskia J Stuivelingprijs. Deze aanmoedigingsprijs is bedoeld voor de stimulering van innovatieve, jonge of regionale journalisten die veelal buiten het blikveld van de landelijke media blijven. INTERVENTIENIVEAU ▶ Steun aan individuen (directe steun).

Werkgebied ■ ACTIERADIUS ▶ Nationaal LAND ▶ Nederland.

Bestedingen ■ BUDGET ▶ niet openbaar SOORT BIJDRAGE ▶ giften overig BOVENGRENS ▶ geen ONDERGRENS ▶ geen.

Projecten ■ CRITERIA ▶ Het journalistieke product van de te nomineren journalist. DOORLOOPTIJD ▶ ☑ korter dan 1 jaar STATUS AANVRAGER ▶ ☑ individuen/gezinnen VOORKEUR/UITSLUITING ▶ De jury beoordeelt inzendingen aan de hand van de volgende criteria: ☑ helder en begrijpelijk gebruik van de Nederlandse taal; ☑ Inzicht in de politieke gang van zaken; ☑ Reflectie op het politieke bedrijf; ☑ Stilistische kwaliteit; ☑ Vernieuwend genre; ☑ Agenderend, 'ander' licht werpen op de politieke actualiteit; ☑ Kritisch observatievermogen nu het politieke systeem van alle kanten onder druk staat; ☑ Onafhankelijkheid.

Procedure ■ OP AANVRAAG ▶ nee AANVRAAGPROCEDURE ▶ Verzoeken (journalistieke product) kunnen per email ingediend worden via avprijs@ziggo.nl.

Financieel ■ HERKOMST MIDDELEN ▶ onbekend BOEKJAAR ▶ boekjaar onbekend.

Contact ■ BEREIKBAAR PER ▶ ☑ post ☑ e-mail ☒ telefoon CONTACTPERSOON ▶ geen contactpersoon bekend POSTADRES ▶ Anna Paulownastraat 26B, 2618 BE Den Haag EMAIL (ALGEMEEN) ▶ bestuur@annevondelingprijs.nl.

072
Annetje van Puijenbroek Stichting

Rubriek ■ ☑ kunst en cultuur ☑ natuur, milieu en dieren ☑ maatschappij, welzijn en samenleving ☑ gezondheidszorg

Algemeen ■ WEBSITE ▶ https://stichtingannetje.nl TYPERING ▶ vermogensfonds RECHTSVORM ▶ stichting KVK ▶ 63425157 ANBI STATUS ▶ ja DIRECTIE ▶ geen directiegegevens bekend BESTUUR ▶ Mw. A.M.L. van Puijenbroek-Schefffers, voorzitter; G. van Puijenbroek, penningmeester; H. van Puijenbroek, secretaris; P.J. van Zunderd; mw. B.L. Moonen.

Missie ■ DOELSTELLING ▶ De stichting heeft als doel het ondersteunen van algemeen nut beogende organisaties, individuen, bedrijven of andere instellingen binnen de regio Goirle en Hilvarenbeek, met doelstellingen op sociaal, natuur en cultureel gebied en het verrichten van al wat hiermee verband houdt of daartoe bevorderlijk kan zijn. HISTORIE ▶ Annetje van Puijenbroek werd geboren in de lente van 1945 op het Landgoed Gorp & Roovert in Hilvarenbeek. Toen zij net één jaar was, overleed Annetje aan de gevolgen van een ongeneeslijke huidziekte. Haar familieleden zetten zich vandaag de dag in voor de gemeenten Goirle en Hilvarenbeek.

Doelgroep ■ ALGEMEEN ▶ jongeren, ouderen, armen, gehandicapten SPECIFIEK ▶ Geen specifieke doelgroep ACTIVITEITEN ▶ ☑ Helpen van kwetsbaren in de samenleving en hen als individu of als groep de ondersteuning geven die nodig is om sociale uitsluiting te voorkomen; ☑ Mensen de mogelijkheid bieden om meer te genieten van de natuur en het inzetten voor het behoud en de verbetering van het landschap. ☑ Het stimuleren van cultuuroverdracht en het behoud van cultuurhistorie in de gemeenschap. INTERVENTIENIVEAU ▶ Steun aan lokale/provinciale maatschappelijke organisaties en structuren (incl. gemeenten etc.) die diensten verlenen aan individuen.; Steun aan individuen (directe steun).

Werkgebied ■ ACTIERADIUS ▶ Lokaal LAND ▶ Nederland REGIO ▶ Noord-Brabant PLAATS ▶ Goirle, Hilvarenbeek.

Bestedingen ■ BUDGET ▶ niet openbaar ONDERSTEUNDE PROJECTEN P/J ▶ 63 SOORT BIJDRAGE ▶ giften BOVENGRENS ▶ geen ONDERGRENS ▶ geen.

Projecten ■ CRITERIA ▶ Projecten vallen in de volgende categorieën; ☑ Sociale cohesie; ☑ Cultuur en cultuurhistorie; ☑ Natuur en toegang tot de natuur. DOORLOOPTIJD ▶ ☑ onbekend STATUS AANVRAGER ▶ ☑ geen beperkingen bekend VOORKEUR/UITSLUITING ▶ geen voorkeur of uitsluiting bekend.

Procedure ■ OP AANVRAAG ▶ ja AANVRAAGPROCEDURE ▶ Aanvragen kunnen digitaal worden ingediend met behulp van aanvraagformulier. Voor aanvragen tot 250 euro is een kort aanvraagformulier beschikbaar. Uw aanvraag wordt automatisch doorgestuurd. URL ▶ www.stichtingannetje.nl/Apply.html

Financieel ■ EIGEN VERMOGEN ▶ € 64.660 INKOMSTEN OV ▶ € 107.750 HERKOMST MIDDELEN ▶ vermogen, giften & schenkingen, overige inkomsten BOEKJAAR ▶ 2019 JAARVERSLAG OP WEBSITE ▶ ja.

Contact ■ BEREIKBAAR PER ▶ ☑ post ☑ e-mail ☑ telefoon CONTACTPERSOON ▶ geen contactpersoon bekend POSTADRES ▶ Bergstraat 28, 5051 HC Goirle EMAIL (ALGEMEEN) ▶ info@stichtingannetje.nl TELEFOON (ALGEMEEN) ▶ 013-5308120.

073
Annie Langelaar Fonds

Rubriek ■ ☑ kunst en cultuur

Algemeen ■ WEBSITE ▶ www.cultuurfonds.nl TYPERING ▶ fonds op naam BEHEERD DOOR ▶ Prins Bernhard Cultuurfonds DIRECTIE ▶ zie Prins Bernhard Cultuurfonds BESTUUR ▶ zie Prins Bernhard Cultuurfonds

Missie ■ DOELSTELLING ▶ Het financieel ondersteunen van projecten op het gebied van de muziek, ter stimulering van de muzikale ontwikkeling van het jonge kind vanaf de prenatale fase tot en met einde basisschool.

Werkgebied ■ ACTIERADIUS ▶ Nationaal LAND ▶ Nederland.

Projecten ■ CRITERIA ▶ Projecten die zich richten op de muzikale ontwikkeling van het jonge kind. DOORLOOPTIJD ▶ ☑ korter dan 1 jaar STATUS AANVRAGER ▶ ☑ geen beperkingen bekend VOORKEUR/UITSLUITING ▶ geen voorkeur of uitsluiting bekend.

Procedure ■ OP AANVRAAG ▶ ja AANVRAAGPROCEDURE ▶ Dit 'fonds op naam' ressorteert onder het Prins Bernhard Cultuurfonds. Verzoeken aan fondsen op naam komen op één centraal punt binnen. Dit houdt in dat een subsidieaanvraag slechts eenmaal aan het Prins Bernhard Cultuurfonds hoeft te worden gezonden. Voor de verdere aanvraagprocedure: zie Prins Bernhard Cultuurfonds. URL ▶ www.cultuurfonds.nl/aanvragen

Contact ■ BEREIKBAAR PER ▶ ☑ post ☑ e-mail ☑ telefoon CONTACTPERSOON ▶ geen contactpersoon bekend POSTADRES ▶ Postbus 19750, 1000 GT Amsterdam EMAIL (ALGEMEEN) ▶ info@cultuurfonds.nl TELEFOON (ALGEMEEN) ▶ 020-5206130.

074
Ans Otten-Nypels Fonds

Rubriek ■ ☑ kunst en cultuur

Algemeen ■ WEBSITE ▶ www.cultuurfonds.nl TYPERING ▶ fonds op naam BEHEERD DOOR ▶ Prins Bernhard Cultuurfonds DIRECTIE ▶ zie > Prins Bernhard Cultuurfonds BESTUUR ▶ zie > Prins Bernhard Cultuurfonds

Missie ■ DOELSTELLING ▶ Het financieel ondersteunen van projecten op het gebied van klassieke muziek, waarbij de voorkeur uitgaat naar kamermuziek.

Werkgebied ■ ACTIERADIUS ▶ Nationaal LAND ▶ Nederland.

Projecten ■ CRITERIA ▶ geen projectcriteria bekend DOORLOOPTIJD ▶ ☑ korter dan 1 jaar STATUS AANVRAGER ▶ ☑ geen beperkingen bekend VOORKEUR/UITSLUITING ▶ Voorkeur gaat uit naar kamermuziek.

Procedure ■ OP AANVRAAG ▶ ja AANVRAAGPROCEDURE ▶ Dit 'fonds op naam' ressorteert onder het Prins Bernhard Cultuurfonds. Verzoeken aan fondsen op naam komen op één centraal punt binnen. Dit houdt in dat een subsidieaanvraag slechts eenmaal aan het Prins Bernhard Cultuurfonds hoeft te worden gezonden. Voor de verdere aanvraagprocedure: zie Prins Bernhard Cultuurfonds. URL ▶ www.cultuurfonds.nl/aanvragen

Contact ■ BEREIKBAAR PER ▶ ☑ post ☑ e-mail ☑ telefoon CONTACTPERSOON ▶ geen contactpersoon bekend POSTADRES ▶ Postbus 19750, 1000 GT Amsterdam EMAIL (ALGEMEEN) ▶ info@cultuurfonds.nl TELEFOON (ALGEMEEN) ▶ 020-5206130.

075
Anthonia Bloembergen Fonds

Rubriek ■ ☑ kunst en cultuur ☑ onderwijs en onderzoek

Algemeen ■ WEBSITE ▶ www.cultuurfonds.nl TYPERING ▶ fonds op naam BEHEERD DOOR ▶ Prins Bernhard Cultuurfonds DIRECTIE ▶ zie Prins Bernhard Cultuurfonds BESTUUR ▶ zie Prins Bernhard Cultuurfonds

Missie ■ DOELSTELLING ▶ Het financieel ondersteunen van projecten en talenten die de Franse taal en letterkunde, Franse geschiedenis en cultuur in Nederland bevorderen. Indien er niet voldoende Franse projecten zijn, kunnen hieronder ook projecten die neo-Latijn tot onderwerp hebben, begrepen worden.

Werkgebied ■ ACTIERADIUS ▶ Nationaal, Internationaal LAND ▶ Nederland, Frankrijk.

Projecten ■ CRITERIA ▶ Projecten en talenten die de Franse taal en letterkunde, Franse geschiedenis en cultuur in Nederland bevorderen. DOORLOOPTIJD ▶ ☑ korter dan 1 jaar STATUS AANVRAGER ▶ ☑ geen beperkingen bekend VOORKEUR/UITSLUITING ▶ geen voorkeur of uitsluiting bekend.

Procedure ■ OP AANVRAAG ▶ ja AANVRAAGPROCEDURE ▶ Dit 'fonds op naam' ressorteert onder het Prins Bernhard Cultuurfonds. Verzoeken aan fondsen op naam komen op één centraal punt binnen. Dit houdt in dat een subsidieaanvraag slechts eenmaal aan het Prins Bernhard Cultuurfonds hoeft te worden gezonden. Voor de verdere aanvraagprocedure: zie Prins Bernhard Cultuurfonds. URL ▶ www.cultuurfonds.nl/aanvragen

Contact ■ BEREIKBAAR PER ▶ ☑ post ☑ e-mail ☑ telefoon CONTACTPERSOON ▶ geen contactpersoon bekend POSTADRES ▶ Postbus 19750, 1000 GT Amsterdam EMAIL (ALGEMEEN) ▶ info@cultuurfonds.nl TELEFOON (ALGEMEEN) ▶ 020-5206130.

076

Stichting het Sint Anthonie Gilde

Rubriek ■ ☑ kerk en levensbeschouwing ☑ gezondheidszorg ☑ maatschappij, welzijn en samenleving ☑ sport en recreatie ☑ onderwijs en onderzoek

Algemeen ■ **WEBSITE** ▶ www.sintanthoniegilde.nl **TYPERING** ▶ vermogensfonds **OPGERICHT** ▶ 05-11-1959 **RECHTSVORM** ▶ stichting **KVK** ▶ 41038937 **ANBI STATUS** ▶ ja **DIRECTIE** ▶ geen directiegegevens bekend **BESTUUR** ▶ A. van Vemde, voorzitter; H.G. Nijkamp, penningmeester; W. van Putten, secretaris; mr. O.A.P. van der Roest; ds. S. Zitman.

Missie ■ **DOELSTELLING** ▶ Het bevorderen van de belangen van de bewoners van de Gemeente Epe met uitsluiting nochtans van de dorpen Vaassen en Oene. De stichting is gevestigd op vrijzinnige protestantse grondslag. **HISTORIE** ▶ Het Sint Anthonie Gilde is een eeuwenoud gilde. Het oudste document dateert uit 1504, maar historici zijn het er over eens dat het gilde toen al lang bestond. De lijst van Oldermannen gaat terug tot 1592. Genoemd is het gilde naar Antonius van Egypte (231-356). Zijn naamdag is 17 januari. De dag dat de Oldermannen (het bestuur) van het Sint Anthonie Gilde nog steeds bij elkaar komen. Vroeger om te feesten, nu om te vergaderen en om de pacht van verpachte grond te ontvangen. Een traditie die ondanks het tegenwoordige telebankieren in stand wordt gehouden. Na afloop genieten de Oldermannen een 'eenvoudige doch voedzame maaltijd'. De naam van het Sint Anthonie Gilde is in de loop der eeuwen op verschillende wijzen geschreven (niet chronologisch): Sint Anthonis Gilde, Sunte Antonys gylde, Sint Antoni Gilde, Sint Anthonius Gilde, en tegenwoordig dus als Sint Anthonie Gilde. Opmerkelijk is dat het gilde na de Reformatie zijn van oorsprong katholieke naam heeft behouden. Nog steeds is het gilde alleen actief in Epe en Emst. De historici zijn het er niet over eens of het gilde oorspronkelijk een schuttersgilde of een kerkelijke broederschap was. Van de Vlasakker (1911-2000) stelt dat het gilde vanaf het begin een weldadigheids- of armengilde is geweest. **BELEIDSPLAN OP WEBSITE** ▶ ja.

Doelgroep ■ **ALGEMEEN** ▶ ouderen, zieken, gehandicapten **SPECIFIEK** ▶ Inwoners van de gemeente Epe. **ACTIVITEITEN** ▶ Onder het bevorderen der bedoelde belangen van de bewoners van Epe rekent de stichting onder meer te behoren de navolgende werkzaamheden: ☑ Het bevorderen van maatschappelijke belangen hetzij door zelf het initiatief te nemen hetzij doordat van andere te steunen; ☑ Het ondersteunen en ontwikkelen van landbouw en veeteelt, zowel door verspreiding van kennis onder de boerenstand als door mede te werken aan maatregelen die de praktijk van landbouw en veeteelt betreffen; ☑ De zorg voor het uiterlijk aanzien van het dorp Epe en de naaste omgeving door de aanleg of het onderhoud of de medewerking daartoe, van wandelingen en wandelpaden, beplantingen en waterleidingen en soortgelijke maatregelen, die strekken om Epe tot een aangenaam verblijf te maken; ☑ Het ondersteunen van Godsdienst- en ander onderwijs in Epe en Emst; ☑ Het bevorderen van wat kan bijdragen tot plaatselijk nut en genoegen; ☑ Het ondersteunen van behoeftige personen door handreiking in geld of in natura, gelijk thans geschiedt. De stichting sluit evenwel van haar doel uitdrukkelijk een voortdurende armenverzorging uit; ☑ Het bevorderen van de lichamelijke en geestelijke welzijnszorg in de ruimste zin van het woord van zieken, gehandicapten en ouden van dagen van alle gezindten binnen de gemeente Epe door het verlenen van financiële steun; ☑ Het bevorderen van de sport met name de zwemsport. **INTERVENTIENIVEAU** ▶ Steun aan individuen (directe steun).; Steun aan lokale/provinciale maatschappelijke organisaties en structuren (incl. gemeenten etc.) die diensten verlenen aan individuen.

Werkgebied ■ **ACTIERADIUS** ▶ Lokaal **LAND** ▶ Nederland **REGIO** ▶ Gelderland **PLAATS** ▶ Epe.

Bestedingen ■ **BUDGET** ▶ niet openbaar **ONDERSTEUNDE PROJECTEN P/J** ▶ 5 **SOORT BIJDRAGE** ▶ giften subsidies **BOVENGRENS** ▶ geen **ONDERGRENS** ▶ geen.

Projecten ■ **CRITERIA** ▶ geen projectcriteria bekend **DOORLOOPTIJD** ▶ ☑ onbekend **STATUS AANVRAGER** ▶ ☑ bedrijf ☑ individuen/gezinnen ☑ stichting of vereniging (non-profit) **VOORKEUR/UITSLUITING** ▶ Met uitsluiting nochtans van de dorpen Vaassen en Oene.

Procedure ■ **OP AANVRAAG** ▶ ja **AANVRAAGPROCEDURE** ▶ Geen aanvraagprocedure bekend.

Financieel ■ **EIGEN VERMOGEN** ▶ € 846.623 **HERKOMST MIDDELEN** ▶ vermogen, legaten, giften & schenkingen **BOEKJAAR** ▶ 2018 **JAARVERSLAG OP WEBSITE** ▶ ja.

Contact ■ **BEREIKBAAR PER** ▶ ☑ post ☒ e-mail ☒ telefoon **CONTACTPERSOON** ▶ geen contactpersoon bekend **POSTADRES** ▶ Postbus 21, 8160 AA Epe.

077

Antistof Fonds

Rubriek ■ ☑ kunst en cultuur

Algemeen ■ **WEBSITE** ▶ www.cultuurfonds.nl **TYPERING** ▶ fonds op naam **BEHEERD DOOR** ▶ Prins Bernhard Cultuurfonds **DIRECTIE** ▶ zie > Prins Bernhard Cultuurfonds **BESTUUR** ▶ zie > Prins Bernhard Cultuurfonds

Missie ■ **DOELSTELLING** ▶ Het ondersteunen van talent en eigenzinnige theatermakers in de mime bij het realiseren van projecten/voorstellingen in Nederland.

Werkgebied ■ **ACTIERADIUS** ▶ Nationaal **LAND** ▶ Nederland.

Projecten ■ **CRITERIA** ▶ geen projectcriteria bekend **DOORLOOPTIJD** ▶ ☑ korter dan 1 jaar **STATUS AANVRAGER** ▶ ☑ geen beperkingen bekend **VOORKEUR/UITSLUITING** ▶ geen voorkeur of uitsluiting bekend.

Procedure ■ **OP AANVRAAG** ▶ ja **AANVRAAGPROCEDURE** ▶ Dit 'fonds op naam' ressorteert onder het Prins Bernhard Cultuurfonds. Verzoeken aan fondsen op naam komen op één centraal punt binnen. Dit houdt in dat een subsidieaanvraag slechts eenmaal aan het Prins Bernhard Cultuurfonds hoeft te worden gezonden. Voor de verdere aanvraag-

procedure: zie Prins Bernhard Cultuurfonds. **URL** ▶ www.cultuurfonds.nl/aanvragen

Contact ■ **BEREIKBAAR PER** ▶ ☑ post ☑ e-mail ☑ telefoon **CONTACTPERSOON** ▶ geen contactpersoon bekend **POSTADRES** ▶ Postbus 19750, 1000 GT Amsterdam **EMAIL (ALGEMEEN)** ▶ info@cultuurfonds.nl **TELEFOON (ALGEMEEN)** ▶ 020-5206130.

078

Stichting Anton Jurgens Fonds

Rubriek ■ ☑ economische ontwikkeling en microkrediet ☑ voedsel en voedselveiligheid ☑ maatschappij, welzijn en samenleving

Algemeen ■ **WEBSITE** ▶ www.antonjurgensfonds.nl **TYPERING** ▶ vermogensfonds **OPGERICHT** ▶ 19-11-1925 **RECHTSVORM** ▶ stichting **KVK** ▶ 41150174 **ANBI STATUS** ▶ ja **DIRECTIE** ▶ geen directiegegevens bekend **BESTUUR** ▶ P.R. Beek, voorzitter; F.Ch.M. Tilman, penningmeester; F.A.W. Jurgens; H.A.B. Veraart.

Missie ■ **DOELSTELLING** ▶ De Stichting heeft ten doel het financieel ondersteunen van organisaties en instellingen die een algemeen maatschappelijk nut beogen, dan wel van personen die een algemeen maatschappelijk nut nastreven en die de ondersteuning door de Stichting uitsluitend ten behoeve van dat nut aanwenden, alsmede van natuurlijke personen die in een uitgesproken behoeftige situatie verkeren. **STICHTER(S)** ▶ Anton J. Jurgens Hzn **HISTORIE** ▶ De ondernemende geschiedenis van de familie Jurgens gaat terug tot de 17e eeuw. Familieleden zijn dan als marskramers al actief in de handel van zuivelproducten. Antoon Jurgens, de grootvader van de grondlegger van het Anton Jurgens Fonds, kiest in 1854 volledig voor de boterhandel. Antoon gaat in Oss wonen en krijgt 10 kinderen waaronder Jan, Henry en Arnold. Deze drie broers richten in 1867 samen met hun vader de firma Antoon Jurgens op. In 1871 koopt de firma een Frans patent op margarine en produceert deze vervolgens als eerste ter wereld op industriële schaal. Antoons zoon, Henry, overlijdt op 43 jarige leeftijd. Henry's zoon Anton neemt zijn plaats in het bedrijf over als hij 21 jaar is. Antons vindingrijkheid en zijn talent voor commercie en financiën maakt dat zijn ooms al snel zijn leiding accepteren. Anton bouwt de firma uit tot een multinationale onderneming. Deze onderneming, gevestigd te Oss, wordt in 1906 de NV Anton Jurgens Vereenigde Fabrieken. De twee grootste margarinefabrikanten ter wereld van dat moment, Jurgens en Van den Bergh, fuseren middels de 'Vrede van Oss' in 1927 tot de nieuw gecreëerde NV Margarine Unie. De productie in Oss wordt overgebracht naar Rotterdam. Twee jaar later realiseert Anton zijn plan om met het Engelse Lever Brothers te fuseren, waaruit het ons bekende Unilever ontstaat. In 1925 richt Anton 'Stichting Anton Jurgens Fonds' op. Antons enige zoon sterft op jonge leeftijd waardoor Anton bij zijn overlijden in 1945 geen nakomelingen nalaat. In 1969 worden de sociale doelstellingen toevertrouwd aan 'Stichting Anton Jurgens Fonds 1969'. In 2005 herschrijft men de statuten naar een meer eigentijdse versie. De naam wordt vereenvoudigd tot 'Stichting Anton Jurgens Fonds'. **BELEIDSPLAN OP WEBSITE** ▶ ja.

Doelgroep ■ **ALGEMEEN** ▶ armen, dak- en thuislozen, jongeren, ouderen, zieken **SPECIFIEK** ▶ Geen specifieke doelgroep **ACTIVITEITEN** ▶ Geen specifieke activiteiten bekend **INTERVENTIENIVEAU** ▶ Steun aan lokale/provinciale maatschappelijke organisaties en structuren (incl. gemeenten etc.) die diensten verlenen aan individuen.

Werkgebied ■ **ACTIERADIUS** ▶ Nationaal, Internationaal **LAND** ▶ Nederland, West-Afrika, Indonesië, Mali, Burkina Faso, Benin.

Bestedingen ■ **BUDGET** ▶ niet openbaar **ONDERSTEUNDE PROJECTEN P/J** ▶ 28 **SOORT BIJDRAGE** ▶ giften **BOVENGRENS** ▶ geen **ONDERGRENS** ▶ geen.

Projecten ■ **CRITERIA** ▶ Voor Nederland is dat Arbeidsparticipatie en voor West-Afrika/Indonesië is dat Voedselzekerheid. bij de projecten dient er sprake te zijn van; ☑ Sociaal ondernemerschap - de combinatie van financiële én sociale meerwaarde; ☑ (Financiële) duurzaamheid - het streven naar blijvende positieve impact; ☑ Persoonlijk initiatief en persoonlijke inzet - ten behoeve van zelfredzaamheid en autonomie; ☑ Preventie - een structurele en vroegtijdige aanpak van maatschappelijke problemen; ☑ Maatschappelijke betrokkenheid - het scheppen van inspirerende voorbeelden; ☑ Nastreven van zingeving - creëren van bewustzijn over het 'waarom' van ons menselijk handelen en bestaan. **DOORLOOPTIJD** ▶ ☑ korter dan 1 jaar **STATUS AANVRAGER** ▶ ☑ stichting of vereniging (non-profit) ☑ bedrijf ☑ overig **VOORKEUR/UITSLUITING** ▶ Aanvraag namens een rechtspersoon (BV, NV, coöperatie, onderlinge waarborgmaatschappij, vereniging of stichting). Aanvragen namens rechtsvormen zonder rechtspersoonlijkheid (eenmanszaak, Vof, commanditaire vennootschap of maatschap) kunnen wij niet in behandeling nemen.

Procedure ■ **OP AANVRAAG** ▶ ja **DOORLOOPTIJD** ▶ 3-6 maanden **AANVRAAGPROCEDURE** ▶ Aanvraagprocedure kent drie fases; ☑ Van aanvraag naar selectie; ☑ Van selectie naar analyse; ☑ Van analyse naar toekenning. In de eerste fase worden de voorwaarden nagelopen. In de tweede fase volgt analyse van mogelijke impact van de aanvraag. Toelichting op de werkwijze volgt ter zijne tijd. Bij afwijzing in deze fase volgt bericht binnen twee maanden. In fase drie wordt het positief beoordeelde voorstel voorgelegd aan het bestuur in een bestuursvergadering. Bij goedkeuring wordt contact opgenomen over de verdere samenwerking en de implementatie van het project. Aanvraag kan ingediend worden via de website na het aanmaken van een account. Aanvragen per post worden niet in behandeling genomen. **URL** ▶ https://www.antonjurgensfonds.nl/aanvragen/start-uw-aanvraag/

Financieel ■ **INKOMSTEN EV** ▶ € 2.529.000 **HERKOMST MIDDELEN** ▶ vermogen **BOEKJAAR** ▶ 2018 **JAARVERSLAG OP WEBSITE** ▶ ja.

Contact ■ **BEREIKBAAR PER** ▶ ☑ post ☑ e-mail ☑ telefoon **CONTACTPERSOON** ▶ geen contactpersoon bekend **POSTADRES** ▶ Kwakkenbergweg 62-1, 6523 MN Nijmegen **EMAIL (ALGEMEEN)** ▶ info@antonjurgensfonds.nl **TELEFOON (ALGEMEEN)** ▶ 024-3609910.

079
Antonia Wilhelmina Fonds

Rubriek ■ ☑ gezondheidszorg
Algemeen ■ WEBSITE ► https://wijzijnmind.nl/over-mind/fondsen-op-naam/antonia-wilhelmina-fonds TYPERING ► fonds op naam BEHEERD DOOR ► Stichting MIND DIRECTIE ► zie > Stichting MIND BESTUUR ► zie > Stichting MIND
Missie ■ DOELSTELLING ► Het bevorderen van de maatschappelijke integratie van mensen met een psychische stoornis en mensen met een verstandelijke beperking. STICHTER(S) ► Jacob van Deventer HISTORIE ► Het Antonia Wilhelmina Fonds is opgericht in 1913 door Jacob van Deventer, Inspecteur van wat toen nog het 'Krankzinnigenwezen' werd genoemd. Jacob van Deventer en zijn echtgenote Antonia Wilhelmina Stelling wilden hun vermogen beschikbaar stellen om gezinsverpleging van psychiatrische patiënten te bevorderen. Later is dat verruimd naar het bevorderen van de maatschappelijke integratie van mensen met een psychische stoornis en mensen met een verstandelijke beperking. In 1992 is het fonds gefuseerd met de Stichting Steunfonds t.b.v. Geestelijke Gehandicaptenzorg. In 2007 werd het een Fonds op naam bij Fonds Psychische Gezondheid (nu MIND). BELEIDSPLAN OP WEBSITE ► ja.
Werkgebied ■ ACTIERADIUS ► Nationaal LAND ► Nederland.
Projecten ■ CRITERIA ► geen projectcriteria bekend DOORLOOPTIJD ► ☑ onbekend STATUS AANVRAGER ► ☑ stichting of vereniging (non-profit) ☑ onderwijsinstelling VOORKEUR/UITSLUITING ► De voorkeur gaat uit naar projecten die aandacht besteden aan het cliënten- en familieperspectief en projecten die de vermaatschappelijking van zorg nastreven.
Procedure ■ OP AANVRAAG ► ja AANVRAAGPROCEDURE ► U kunt voor het Antonia Wilhelmina Fonds geen aparte aanvraag indienen. Een subsidieaanvraag moet binnen het beleid en de programma's van MIND passen. Meer informatie hierover vindt u op de webpagina Subsidieaanvragen. URL ► www.psychischegezondheid.nl/subsidieaanvragen
Contact ■ BEREIKBAAR PER ► ☑ post ☑ e-mail ☑ telefoon CONTACTPERSOON ► geen contactpersoon bekend POSTADRES ► Stationsplein 125, 3818 LE Amersfoort EMAIL (ALGEMEEN) ► info@wijzijnmind.nl TELEFOON (ALGEMEEN) ► 033-3032333.

080
Stichting Antonianum

Rubriek ■ ☑ kerk en levensbeschouwing ☑ onderwijs en onderzoek
Algemeen ■ WEBSITE ► https://www.kennisbankfilantropie.nl/anbi/antonianum TYPERING ► vermogensfonds OPGERICHT ► 30-05-1959 RECHTSVORM ► stichting KVK ► 41177382 ANBI STATUS ► nee DIRECTIE ► geen directiegegevens bekend BESTUUR ► Mw.mr. S.J.E. Horstink-von Meyenfeldt, voorzitter; ir. B.W.M. Koeckhoven, penningmeester; ir. B.W.M. Koeckhoven, secretaris.
Missie ■ DOELSTELLING ► Het financieel ondersteunen van katholieke studenten die onderwijs willen volgen aan Fontys Hogeschool Theologie Levensbeschouwing (FHTL) of aan de Tilburg School of Catholic Theology (TST) ter voorbereiding op functies waaraan een kerkelijke zending of kerkelijke akkoordverklaring is verbonden. STICHTER(S) ► De Nederlandse Provincie van de Orde der Minderbroeders Franciscanen.
Doelgroep ■ ALGEMEEN ► gelovigen, studenten SPECIFIEK ► Katholieke studenten. ACTIVITEITEN ► Geen specifieke activiteiten bekend INTERVENTIENIVEAU ► Steun aan individuen (directe steun).
Werkgebied ■ ACTIERADIUS ► Nationaal LAND ► Nederland.
Bestedingen ■ BUDGET ► niet openbaar SOORT BIJDRAGE ► giften studiebeurzen leningen BOVENGRENS ► geen ONDERGRENS ► geen.
Projecten ■ CRITERIA ► Verlening van financiële steun aan katholieke studenten die onderwijs willen volgen ter voorbereiding op pastorale functies. ☑ Subsidie voor boeken en ander studiemateriaal geschiedt tot een maximum van € 300,-. ☑ Subsidie voor collegegeld (in beginsel 50%). ☑ Subsidie voor reiskosten. DOORLOOPTIJD ► ☑ korter dan 1 jaar STATUS AANVRAGER ► ☑ individuen/gezinnen VOORKEUR/UITSLUITING ► De subsidie is bedoeld om studenten gericht tegemoet te komen in de kosten van hun studie, maar is niet bedoeld om te voorzien in de kosten van hun levensonderhoud.
Procedure ■ OP AANVRAAG ► ja DOORLOOPTIJD ► 3-6 maanden; geen doorlooptijd bekend; geen doorlooptijd bekend AANVRAAGPROCEDURE ► geen aanvraagprocedure bekend.
Financieel ■ HERKOMST MIDDELEN ► vermogen.
Contact ■ BEREIKBAAR PER ► ☑ post ☑ e-mail ☑ telefoon CONTACTPERSOON ► Mw. A.C.W. Berns POSTADRES ► Postbus 80101, 3508 TC Utrecht EMAIL (ALGEMEEN) ► a.c.w.berns@uvt.nl TELEFOON (ALGEMEEN) ► 030-2533214.

081
ANWB Fonds

Rubriek ■ ☑ maatschappij, welzijn en samenleving ☑ sport en recreatie
Algemeen ■ WEBSITE ► www.anwb.nl/lidmaatschap/maatschappelijk/anwb-fonds TYPERING ► vermogensfonds RECHTSVORM ► vereniging KVK ► n.v.t. ANBI STATUS ► nee DIRECTIE ► geen directiegegevens bekend BESTUUR ► geen bestuursgegevens bekend.
Missie ■ DOELSTELLING ► Het ANWB Fonds helpt het gehele jaar door lokale initiatieven of projecten in het hele land met een financiële bijdrage. De ANWB draagt bij aan projecten of initiatieven die liggen op het terrein van vrije tijd, (toegankelijkheid) verkeersveiligheid of (duurzame) mobiliteit. Daarnaast blijft de ANWB de bekende bruine informatieborden schenken, die in heel Nederland prijken op monumentale gebouwen en ander waardevol erfgoed. STICHTER(S) ► ANWB HISTORIE ► Sinds 1964 kon een donatie worden aangevraagd bij het ANWB Zimmermanfonds, vanaf 2003 tot 2014 bij het ANWB Fonds. Sinds 2014 is onder de vlag 'Maatschappelijk Rendement' een budget

vrij gemaakt waarop een beroep gedaan kan worden voor de uitvoering van kleine, lokale initiatieven.

Doelgroep ■ SPECIFIEK ► Projecten of initiatieven die liggen op het terrein van vrije tijd, verkeersveiligheid of mobiliteit. ACTIVITEITEN ► Het ANWB Fonds helpt lokale initiatieven of projecten in het hele land met een financiële bijdrage. Deze initiatieven en projecten moeten te maken hebben met één van de themagebieden van de ANWB. Voorbeelden van projecten: ☑ een veilige oversteekplaats bij school; ☑ recreatieve locaties toegankelijk voor mensen met een audiovisuele beperking (braille etc); ☑ een natuurpad rolstoeltoegankelijk; ☑ tillift voor zeilliefhebbers met een beperking; ☑ toevoegen van toeristische informatie die de beleving van de omgeving verdiepen; ☑ speciale tafels in een recreatieve ruimte voor mensen in een rolstoel; ☑ elektrisch voertuig voor minder mobiele mensen; ☑ aanleg van een natuurbelevenispad voor jong en oud; ☑ (innovatieve) oplaadpunten voor elektrische fietsen of auto's. INTERVENTIENIVEAU ► Onbekend.

Werkgebied ■ ACTIERADIUS ► Nationaal LAND ► Nederland.

Bestedingen ■ BUDGET ► niet openbaar SOORT BIJDRAGE ► giften BOVENGRENS ► € 10.000 ONDERGRENS ► € 1.000.

Projecten ■ CRITERIA ► Naast de algemene criteria voor het project (terug te vinden op de website), moet aan één van de volgende drie criteria voldaan worden; ☑ Verkeersveiligheid; Initiatieven om de verkeersveiligheid voor kwetsbare verkeersdeelnemers te verbeteren; ☑ Mobiliteit; Initiatieven die het mogelijk maken dat mensen die noodgedwongen minder mobiel zijn, er toch op uit kunnen. - Iedereen eropuit; We streven ernaar dat er geen obstakels zijn voor vrijetijdsbesteding. DOORLOOPTIJD ► ☑ onbekend STATUS AANVRAGER ► ☑ geen beperkingen bekend VOORKEUR/UITSLUITING ► Aanvragen die niet in aanmerking komen voor een bijdrage uit het ANWB-Fonds; ☑ Projecten in de sfeer van aankoop, nieuwbouw en restauraties (uitgezonderd verbeteringen in de sfeer van toegankelijkheid). ☑ Collectievorming en inrichting van musea. ☑ Projecten in de sfeer van het vergroenen en/of vernieuwen van school- en speelpleinen. ☑ Projecten in de sfeer van media, zoals productie van boeken, websites, CD's, DVD, apps etc. ☑ Evenementen al dan niet jaarlijks terugkerend, (kortlopende) tentoonstellingen, voorstellingen, festivals, congressen, wedstrijden en prestatietochten e.d. ☑ Cursussen en opleidingen. ☑ Individuele (sponsor)acties zoals de Roparun of de Alpe d'HuZes. ☑ Kunstprojecten en (restauratie van) monumenten.

Procedure ■ OP AANVRAAG ► ja AANVRAAGPROCEDURE ► Online door middel van het aanvraagformulier op de website van de ANWB. In de aanvraag moet in ieder geval de volgende zaken vermeld worden: ☑ Omschrijving van het project; ☑ begroting; ☑ de doelgroep; ☑ de locatie; ☑ de planning; ☑ indien van toepassing een ontwerp en/of situatieschets (of omschrijving van de omgeving); ☑ indien van toepassing je samenwerkingspartners. De aanvraag wordt getoetst aan de voorwaarden en later beoordeeld door een selectiecommissie. Eens in de 6/7 weken komen de commissieleden bij elkaar. Na elke vergadering worden de aanvragers op de hoogte gesteld of een aanvraag gehonoreerd is (en voor welk bedrag) of afgewezen. URL ► https://anwb-b2c.force.com/mr/AanvragenDonatie

Financieel ■ HERKOMST MIDDELEN ► onbekend.

Contact ■ BEREIKBAAR PER ► ☑ post ☑ e-mail ☒ telefoon CONTACTPERSOON ► geen contactpersoon bekend POSTADRES ► Postbus 93200, 2509 BA Den Haag EMAIL (ALGEMEEN) ► donaties@anwb.nl.

082
Appie Baantjer Fonds

Rubriek ■ ☑ kunst en cultuur

Algemeen ■ WEBSITE ► www.cultuurfonds.nl TYPERING ► fonds op naam BEHEERD DOOR ► Prins Bernhard Cultuurfonds DIRECTIE ► zie > Prins Bernhard Cultuurfonds BESTUUR ► zie > Prins Bernhard Cultuurfonds

Missie ■ DOELSTELLING ► Het financieel ondersteunen van mobiel erfgoed met een voorkeur voor rollend materieel, in het bijzonder door stoom aangedreven railvoertuigen. Ook de restauratie van historische objecten die verbonden zijn met de historie van het railverkeer in Nederland, zoals stations en locomotiefloodsen kunnen worden ondersteund.

Werkgebied ■ ACTIERADIUS ► Nationaal LAND ► Nederland.

Projecten ■ CRITERIA ► geen projectcriteria bekend DOORLOOPTIJD ► ☑ korter dan 1 jaar STATUS AANVRAGER ► ☑ geen beperkingen bekend VOORKEUR/UITSLUITING ► Voorkeur voor rollend materieel, in het bijzonder door stoom aangedreven railvoertuigen.

Procedure ■ OP AANVRAAG ► ja AANVRAAGPROCEDURE ► Dit 'fonds op naam' ressorteert onder het Prins Bernhard Cultuurfonds. Verzoeken aan fondsen op naam komen op één centraal punt binnen. Dit houdt in dat een subsidieaanvraag slechts eenmaal aan het Prins Bernhard Cultuurfonds hoeft te worden gezonden. Voor de verdere aanvraagprocedure: zie Prins Bernhard Cultuurfonds. URL ► www.cultuurfonds.nl/aanvragen

Contact ■ BEREIKBAAR PER ► ☑ post ☑ e-mail ☑ telefoon CONTACTPERSOON ► geen contactpersoon bekend POSTADRES ► Postbus 19750, 1000 GT Amsterdam EMAIL (ALGEMEEN) ► info@cultuurfonds.nl TELEFOON (ALGEMEEN) ► 020-5206130.

083
Stichting Aqua for All

Rubriek ■ ☑ economische ontwikkeling en microkrediet ☑ voedsel en voedselveiligheid ☑ maatschappij, welzijn en samenleving

Algemeen ■ WEBSITE ► www.aquaforall.org TYPERING ► vermogensfonds OPGERICHT ► 13-02-2002 RECHTSVORM ► stichting KVK ► 27248417 ANBI STATUS ► ja DIRECTIE ► mw. J. Sluijs BESTUUR ► F. Koemans; M. den Blanken; S. Schaap; mw. B. Blom; H. van Houwelingen.

Missie ■ DOELSTELLING ► Het bundelen van krachten binnen de Nederlandse watersector om een duurzame ontwikkeling van drinkwatervoorziening, sanitair en waterbeheer in derde wereldlanden te bevorderen en waar mogelijk te bewerkstelligen, in samenwerking met hulporganisaties die op dit gebied actief zijn. De stichting streeft Sustainable development goal 6 na: Verzeker toegang tot duurzaam beheer van water en sanitatie voor iedereen. **HISTORIE** ▶ Aqua for All is een non-profit organisatie opgericht in 2002 door de Nederlandse watersector. **BELEIDSPLAN OP WEBSITE** ▶ ja.

Doelgroep ■ **ALGEMEEN** ▶ armen **SPECIFIEK** ▶ Mensen in derde wereldlanden, de zogenaamde 'Base of the Pyramid'. **ACTIVITEITEN** ▶ Geen specifieke activiteiten bekend **INTERVENTIENIVEAU** ▶ Steun aan lokale/provinciale maatschappelijke organisaties en structuren (incl. gemeenten etc.) die diensten verlenen aan individuen.

Werkgebied ■ **ACTIERADIUS** ▶ Internationaal **LAND** ▶ Ontwikkelingslanden, Senegal, Mali, Niger, Burkina Faso, Ghana, Ethiopië, Kenia, Mozambique, India, Bangladesh.

Bestedingen ■ **BUDGET** ▶ niet openbaar **SOORT BIJDRAGE** ▶ giften **BOVENGRENS** ▶ geen **ONDERGRENS** ▶ geen.

Projecten ■ **CRITERIA** ▶ Projecten met de thema's; ☑ drinkwater; ☑ sanitair; ☑ waterbeheer. Projecten in de focusgebieden met eigen financiële inbreng (naast de aanvraag voor bijdrage) en inclusief wat betreft kwetbare groepen (focus hierbij op lage inkomens en gender). **DOORLOOPTIJD** ▶ ☑ 1 - 2 jaar ☑ korter dan 1 jaar **STATUS AANVRAGER** ▶ ☑ geen beperkingen bekend **VOORKEUR/UITSLUITING** ▶ geen voorkeur of uitsluiting bekend.

Procedure ■ **OP AANVRAAG** ▶ ja **AANVRAAGPROCEDURE** ▶ Aanvragen kunnen het gehele jaar ingediend worden via de website. Aanvragen via de e-mail worden niet in behandeling genomen. Bij een positieve initiële beoordeling op basis van de criteria wordt de aanvrager verzocht een volledige aanvraag aan te leveren. **URL** ▶ http://aquaforall.org/get-support/apply/

Financieel ■ **EIGEN VERMOGEN** ▶ € 477.303 **INKOMSTEN EV** ▶ € 2.317 **INKOMSTEN OV** ▶ € 6.123.462 **HERKOMST MIDDELEN** ▶ onbekend **BOEKJAAR** ▶ 2018 **JAARVERSLAG OP WEBSITE** ▶ ja.

Contact ■ **BEREIKBAAR PER** ▶ ☑ post ☑ e-mail ☑ telefoon **CONTACTPERSOON** ▶ geen contactpersoon bekend **POSTADRES** ▶ Spaarneplein 2, 2515 VK 's-Gravenhage **EMAIL (ALGEMEEN)** ▶ info@aquaforall.org **TELEFOON (ALGEMEEN)** ▶ 070-7200870.

084
Arcadië Fonds

Rubriek ■ ☑ kunst en cultuur

Algemeen ■ **WEBSITE** ▶ www.cultuurfonds.nl **TYPERING** ▶ fonds op naam **BEHEERD DOOR** ▶ Prins Bernhard Cultuurfonds **DIRECTIE** ▶ zie Prins Bernhard Cultuurfonds **BESTUUR** ▶ zie Prins Bernhard Cultuurfonds

Missie ■ **DOELSTELLING** ▶ Herstelprojecten van kastelen en buitenplaatsen in de vier provincies Gelderland, Limburg, Utrecht en Overijssel; met een speciale aandacht voor de collecties in deze kastelen en buitenplaatsen, het herstel van de omringende historische tuin- en parkaanleg en bijhorende lanenstelsels.

Werkgebied ■ **ACTIERADIUS** ▶ Nationaal **LAND** ▶ Nederland **REGIO** ▶ Utrecht, Gelderland, Overijssel, Limburg.

Projecten ■ **CRITERIA** ▶ geen projectcriteria bekend **DOORLOOPTIJD** ▶ ☑ korter dan 1 jaar **STATUS AANVRAGER** ▶ ☑ geen beperkingen bekend **VOORKEUR/UITSLUITING** ▶ geen voorkeur of uitsluiting bekend.

Procedure ■ **OP AANVRAAG** ▶ ja **AANVRAAGPROCEDURE** ▶ Dit 'fonds op naam' ressorteert onder het Prins Bernhard Cultuurfonds. Verzoeken aan fondsen op naam komen op één centraal punt binnen. Dit houdt in dat een subsidieaanvraag slechts eenmaal aan het Prins Bernhard Cultuurfonds hoeft te worden gezonden. Voor de verdere aanvraagprocedure: zie Prins Bernhard Cultuurfonds. **URL** ▶ www.cultuurfonds.nl/aanvragen

Contact ■ **BEREIKBAAR PER** ▶ ☑ post ☑ e-mail ☑ telefoon **CONTACTPERSOON** ▶ geen contactpersoon bekend **POSTADRES** ▶ Postbus 19750, 1000 GT Amsterdam **EMAIL (ALGEMEEN)** ▶ info@cultuurfonds.nl **TELEFOON (ALGEMEEN)** ▶ 020-5206130.

085
Arnaud Joannes Stichting

Rubriek ■ ☑ kerk en levensbeschouwing

Algemeen ■ **WEBSITE** ▶ www.ajstichting.nl **TYPERING** ▶ vermogensfonds **OPGERICHT** ▶ 01-01-1972 **RECHTSVORM** ▶ stichting **KVK** ▶ 41238025 **ANBI STATUS** ▶ ja **DIRECTIE** ▶ geen directiegegevens bekend **BESTUUR** ▶ J.F.D. Hogervorst, voorzitter; P.M. Boon, penningmeester; P.M. Boon, secretaris; B.M.M. Gevonden.

Missie ■ **DOELSTELLING** ▶ Het bevorderen van wetenschappelijke, sociale, geestelijke, culturele en andere werkzaamheden ten algemene nutte, uitgaande van geesteswetenschappelijke beginselen zoals aangegeven door dr. Rudolf Steiner. In overeenstemming met de rode draad die vanaf de oprichting in het werk van de stichting centraal stond, richt de Arnaud Joannes Stichting zich in het bijzonder op de 'sociale impuls van de antroposofie'. **HISTORIE** ▶ De Arnaud Joannes Stichting werd opgericht in 1977. De noodzaak tot het oprichten van de Stichting vloeide voort uit de wil om een vermogen, dat ontstond na de verkoop van een groot familiebedrijf, niet als privé-eigendom te beschouwen maar om dit vermogen in te zetten ten behoeve van een groter sociaal geheel. **BELEIDSPLAN OP WEBSITE** ▶ ja.

Doelgroep ■ **SPECIFIEK** ▶ Mensen, initiatieven, projecten e.d. die werkzaam zijn c.q. zich inzetten ten behoeve van (de verbreiding van) de 'sociale impuls van de antroposofie'. **ACTIVITEITEN** ▶ De Arnaud Joannes Stichting hanteert een boekjaar dat begint op 1 augustus en eindigt op 31 juli. Activiteiten; In dit jaar ondersteunde de Stichting verschillende activiteiten: ☑ Financiële ondersteuning van de beweging 'Meer Democratie'; ☑ Financiële ondersteuning van enkele uitgaven over sociale driegeleding,; waaronder het eerste deel van de 'Verzamelde Geschriften' van Dieter Brüll en; een tweetal uitgaven van Rudolf Steiner. Verder ondernam de stichting verschillende, deels doorlopende projecten, samenhangend met sociale driegeleding en onderzoek naar goed bestuur in een organisatie. **INTERVENTIENIVEAU** ▶ Steun aan lokale/provinciale maatschappelijke organisaties en structuren (incl. gemeenten etc.) die diensten verlenen aan individuen.

Werkgebied ■ ACTIERADIUS ▶ Nationaal LAND ▶ Nederland.
Bestedingen ■ BUDGET ▶ niet openbaar ONDERSTEUNDE PROJECTEN P/J ▶ 2 SOORT BIJDRAGE ▶ giften garanties BOVENGRENS ▶ geen ONDERGRENS ▶ geen.
Projecten ■ CRITERIA ▶ De stichting wil activiteiten en/of initiatieven stimuleren die een onderlinge samenwerking hebben of nastreven waarin wordt gebouwd op de vrijheid en de verantwoordelijkheid van de betrokken individuen onderling en zo mogelijk naar buiten toe zodanig willen werken dat inkomen en arbeid niet aan elkaar gekoppeld zijn. Daarnaast onderling een samenwerking realiseren die gericht is op, dan wel voortkomt uit een gemeenschappelijk spiritueel streven. Zodanig zijn ingericht en functioneren dat; ☑ betrokken individuen zich vrij kunnen ontwikkelen; ☑ afspraken en regelingen transparant en in gelijkwaardigheid tot stand komen en bewaakt worden; ☑ geen privébezit wordt opgebouwd dat kapitaal, grond of productiemiddelen omvat; ☑ evt. diensten of producten een billijke prijs dragen. DOORLOOPTIJD ▶ ☑ korter dan 1 jaar STATUS AANVRAGER ▶ ☑ individuen/gezinnen VOORKEUR/UITSLUITING ▶ Uitsluiting; ☑ het streven naar winst.
Procedure ■ OP AANVRAAG ▶ ja AANVRAAGPROCEDURE ▶ Schriftelijk. Aanvragen dienen minimaal twee weken voor een bestuursvergadering ingediend te worden.
Financieel ■ EIGEN VERMOGEN ▶ € 298.227 INKOMSTEN EV ▶ € 2.457 HERKOMST MIDDELEN ▶ vermogen BOEKJAAR ▶ 2018 JAARVERSLAG OP WEBSITE ▶ ja.
Contact ■ BEREIKBAAR PER ▶ ☑ post ☑ e-mail ☒ telefoon CONTACTPERSOON ▶ geen contactpersoon bekend POSTADRES ▶ Postbus 302, 3500 AH Utrecht EMAIL (ALGEMEEN) ▶ info@ajstichting.nl.

086

Arnhemse Stichting Bijzondere Noden

Rubriek ■ ☑ kunst en cultuur ☑ maatschappij, welzijn en samenleving ☑ kerk en levensbeschouwing ☑ noodhulp
Algemeen ■ WEBSITE ▶ www.asbnarnhem.nl TYPERING ▶ vermogensfonds OPGERICHT ▶ 22-05-1968 RECHTSVORM ▶ stichting KVK ▶ 41047580 ANBI STATUS ▶ ja DIRECTIE ▶ geen directiegegevens bekend BESTUUR ▶ Mr. E.A.M. Schwirtz, voorzitter; mr. H.P.G.M. Corbeek, penningmeester; mw. A.C.M. Plattel-van Wiggen, secretaris; mw. M. Donders; drs. P. Kohlman; mw.mr. N. Simons; R. van Hövell.
Missie ■ DOELSTELLING ▶ De Arnhemse Stichting Bijzondere Noden verleent steun aan sociaal maatschappelijke activiteiten in de regio Arnhem. In de officiële doelstelling is vastgelegd: het beoefenen van caritas in de meest ruime zin. STICHTER(S) ▶ Gelderse Spaarbank van 1899 HISTORIE ▶ Voortgekomen uit een katholieke Spaarbank geheten: Gelderse Spaarbank van 1899, waarvan de winst bedoeld was armoede te lenigen en aan onvermogende kinderen onderricht te verschaffen. Op de ledenvergadering van 21 maart 1968 werd besloten het Spaarbankbedrijf over te dragen aan de Coöperatieve Boerenleenbank te Eindhoven, inclusief de garantie ten behoeve van de spaarders. Tevens werd besloten om het oorspronkelijke uitgangspunt – de beoefening van de caritas in het algemeen – weer centraal te stellen, door het uit de verkoop van het bankbedrijf verkregen vermogen in te brengen in een nieuw op te richten stichting. BELEIDSPLAN OP WEBSITE ▶ ja.
Doelgroep ■ ALGEMEEN ▶ armen, jongeren, ouderen SPECIFIEK ▶ Noden van geloofsgemeenschappen en van sociale en/of culturele instellingen, noden van onderwijsinstellingen/activiteiten, alsook noden van activiteiten in de 2e en 3e wereld, voor zover er een reële band met personen in Arnhem bestaat. ACTIVITEITEN ▶ Voortkomend uit een initiatief van de Rooms Katholieke Kerk in Arnhem, door de oprichting van de Gelderse Spaarbank van 1899, heeft de geloofsgemeenschap van deze kerk prioriteit bij schenkingen (sector 1). Daarnaast komen in aanmerking voor schenkingen: noden van andere geloofsgemeenschappen en van sociale en/of culturele instellingen (sector 2), van onderwijsinstellingen/activiteiten (sector 3), alles voor zover in Arnhem of directe omgeving, alsook noden van activiteiten in de 2e en 3e wereld (sector 4), voor zover er een reële band met personen in Arnhem bestaat. In principe wordt daarbij een verdeelsleutel van 25% per sector gehanteerd, waarbij afwijking mogelijk is. INTERVENTIENIVEAU ▶ Steun op niveau van maatschappij zelf (beleidsbeïnvloeding, etc.).
Werkgebied ■ ACTIERADIUS ▶ Regionaal LAND ▶ Nederland REGIO ▶ Gelderland PLAATS ▶ Arnhem.
Bestedingen ■ BUDGET ▶ € 120.000 SOORT BIJDRAGE ▶ giften BOVENGRENS ▶ geen ONDERGRENS ▶ geen.
Projecten ■ CRITERIA ▶ ☑ Er moet een relatie zijn met Arnhem en omgeving, ook wat betreft Derde Wereld-aanvragen. DOORLOOPTIJD ▶ ☑ korter dan 1 jaar STATUS AANVRAGER ▶ ☑ geen beperkingen bekend VOORKEUR/UITSLUITING ▶ ☑ de geloofsgemeenschap van Rooms Katholieke Kerk in Arnhem heeft prioriteit bij schenkingen. ☑ Geen particuliere aanvragers.
Procedure ■ OP AANVRAAG ▶ onbekend AANVRAAGPROCEDURE ▶ Geen aanvraagprocedure bekend.
Financieel ■ INKOMSTEN EV ▶ € 153.000 HERKOMST MIDDELEN ▶ inkomsten uit vermogen, vermogen BOEKJAAR ▶ 2017 JAARVERSLAG OP WEBSITE ▶ ja.
Contact ■ BEREIKBAAR PER ▶ ☑ post ☑ e-mail ☑ telefoon CONTACTPERSOON ▶ Mw. A.C.M. Plattel-van Wiggen POSTADRES ▶ Van Lennepweg 14, 6862 BL Oosterbeek EMAIL (ALGEMEEN) ▶ info@asbnarnhem.nl TELEFOON (ALGEMEEN) ▶ 026-3644143.

087

Ars Donandi Stichting voor Welzijn en Cultuur

Rubriek ■ ☑ noodhulp ☑ kunst en cultuur ☑ maatschappij, welzijn en samenleving ☑ natuur, milieu en dieren ☑ onderwijs en onderzoek ☑ gezondheidszorg ☑ kerk en levensbeschouwing ☑ economische ontwikkeling en microkrediet

Algemeen ■ WEBSITE ▶ www.arsdonandi.nl TYPERING ▶ vermogensfonds OPGERICHT ▶ 02-01-1995 RECHTSVORM ▶ stichting KVK ▶ 41214535 ANBI STATUS ▶ ja DIRECTIE ▶ mr. J.R. Everwijn BESTUUR ▶ Mr. W.M. Schonewille LL.M. MIF, voorzitter; C.J. Bijloos, penningmeester; mw.drs. M.W. van Sturm, secretaris; dr. G.L.A. Reijnierse; mw. A.A. Klarenbeek.

Missie ■ DOELSTELLING ▶ Ars Donandi is een koepelstichting voor fondsen op naam met charitatieve doelstellingen. De stichting verleent financiële steun aan in Nederland gevestigde instellingen en personen bij het realiseren van een grote verscheidenheid aan projecten. STICHTER(S) ▶ Kas-Associatie (nu KAS BANK) HISTORIE ▶ Ars Donandi is ontstaan uit een behoefte: klanten van Kas-Associatie (nu KAS BANK) wilden graag blijvend charitatieve doelen steunen, maar de meesten zagen op tegen de beslommeringen die het bestieren van een eigen stichting met zich meebrengt. De initiatiefnemers gingen op zoek naar een constructie waarin oprichters naar eigen vermogen en persoonlijke bedoelingen blijvend kunnen schenken, zonder administratieve rompslomp. De zoektocht leidde in 1995 tot de oprichting van een overkoepelende stichting met een ruime doelstelling, waarbinnen elk afzonderlijk fonds zijn eigen identiteit, giftenbudget en doelstelling heeft. De eerste bestuurders kozen voor de Latijnse benaming Ars Donandi: de kunst van het geven, letterlijk zelfs: de kunst van het blijvend geven. BELEIDSPLAN OP WEBSITE ▶ ja.

Doelgroep ■ SPECIFIEK ▶ Geen specifieke doelgroep ACTIVITEITEN ▶ Stichting Ars Donandi ondersteunt projecten op het gebied van de brede thema's sociale cohesie en cultuur op het snijvlak van maatschappelijke integratie. Projecten en organisaties kunnen worden gesteund, alsook personen. Ars Donandi richt zich vooral op Nederland en bij het Koninkrijk der Nederlanden aangesloten gebieden. De stichting heeft geen winstoogmerk. INTERVENTIENIVEAU ▶ Steun aan lokale/provinciale maatschappelijke organisaties en structuren (incl. gemeenten etc.) die diensten verlenen aan individuen.; Steun aan individuen (directe steun).

Werkgebied ■ ACTIERADIUS ▶ Nationaal LAND ▶ Nederland.

Bestedingen ■ BUDGET ▶ niet openbaar TOELICHTING ▶ Jaarlijks wordt het giftenbudget – gebaseerd op de netto revenuen op het vermogen – aan projecten geschonken ONDERSTEUNDE PROJECTEN P/J ▶ 200 SOORT BIJDRAGE ▶ giften BOVENGRENS ▶ € 10.000 ONDERGRENS ▶ € 1.000.

Projecten ■ CRITERIA ▶ geen projectcriteria bekend DOORLOOPTIJD ▶ ☑ onbekend STATUS AANVRAGER ▶ ☑ stichting of vereniging (non-profit) VOORKEUR/UITSLUITING ▶ Er worden geen donaties verstrekt aan (ver-)bouwprojecten en restauratieprojecten, inrichtingsprojecten, aankoop van huisvesting, exploitatie, buitenlandse organisaties en buitenlandse projecten en politieke organisaties- en doelen.

Procedure ■ OP AANVRAAG ▶ ja DOORLOOPTIJD ▶ 1-4 maanden AANVRAAGPROCEDURE ▶ Om snel erachter te komen of u in aanmerking komt, kunt u een quickscan doen. Een aanvraag dient u in via het digitale aanvraagformulier op de site. Aanvragers mogen eens in de twee jaar een aanvraag indienen. Als u de aanvraag volledig heeft ingevuld en verzonden ontvangt u een ontvangstbevestiging. Het is belangrijk dat aanvragen tenminste zes maanden voor aanvang van het project worden ingediend. Het bestuur van Ars Donandi vergadert vier keer per jaar, in maart, juni, september en december.Uiterlijk 3 weken na de bestuursvergadering ontvangt u een schriftelijke toekenning of afwijzing. URL ▶ www.arsdonandi.nl/donatie-aanvragen/

Financieel ■ EIGEN VERMOGEN ▶ € 53.697.000 INKOMSTEN EV ▶ € 7.581.988 HERKOMST MIDDELEN ▶ vermogen BOEKJAAR ▶ 2018 JAARVERSLAG OP WEBSITE ▶ ja.

Contact ■ BEREIKBAAR PER ▶ ☑ post ☑ e-mail ☑ telefoon CONTACTPERSOON ▶ Mw. J.M.H. Jurgens POSTADRES ▶ Postbus 3727, 1001 AM Amsterdam EMAIL (ALGEMEEN) ▶ info@arsdonandi.nl TELEFOON (ALGEMEEN) ▶ 0205276416.

088

Stichting ASML Foundation

Rubriek ■ ☑ maatschappij, welzijn en samenleving ☑ onderwijs en onderzoek ☑ economische ontwikkeling en microkrediet

Algemeen ■ WEBSITE ▶ www.asmlfoundation.org TYPERING ▶ vermogensfonds OPGERICHT ▶ 01-12-2001 RECHTSVORM ▶ stichting KVK ▶ 41093353 ANBI STATUS ▶ ja DIRECTIE ▶ mw. G.C.M. Keizer BESTUUR ▶ P. Wenning, voorzitter; L. van Grinsven; mw. C. Smits-Nusteling.

Missie ■ DOELSTELLING ▶ Het verbeteren van het leven door inclusieve en kwalitatieve educatie en training.Het financieel ondersteunen van initiatieven die kansarme kinderen ondersteunen en hen in staat stellen hun volle potentieel te ontwikkelen. Dit zijn voornamelijk educatieve projecten die kinderen voor een betere toekomst zullen geven en hun sociale en economische omstandigheden zullen verbeteren. HISTORIE ▶ ASML is 's werelds grootste producent van lithografieapparatuur voor de halfgeleiderindustrie. De wortels van de ASML Foundation zijn sterk verweven met ASML. De ASML Foundation is begonnen als een entiteit die een incentive-aandelenregeling voor zijn management heeft georganiseerd. Eind jaren negentig had de entiteit een overschot aan ASML-aandelen die het niet kon overschrijven aan de deelnemers van de regeling wegens bepaalde bepalingen van de statuten. ASML besloot het doel van de entiteit te veranderen en om te zetten in een liefdadigheidsinstelling die de opbrengsten van zijn activa kan gebruiken om projecten en liefdadigheid financieel te ondersteunen.

Doelgroep ■ ALGEMEEN ▶ armen, dak- en thuislozen SPECIFIEK ▶ Achtergestelde jongeren/kinderen (4-18) in regio's waar ASML actief is. ACTIVITEITEN ▶ Geen specifieke activiteiten bekend INTERVENTIENIVEAU ▶ Steun aan lokale/provinciale maatschappelijke organisaties en structuren (incl. gemeenten etc.) die diensten verlenen aan individuen.

Werkgebied ■ ACTIERADIUS ▶ Internationaal, Nationaal LAND ▶ Nederland, België, Frankrijk, Duitsland, Verenigd Koninkrijk, China, Taiwan, Japan, Korea, Maleisië, Singapore, Verenigde Staten.

Bestedingen ■ BUDGET ▶ niet openbaar ONDERSTEUNDE PROJECTEN P/J ▶ 6 SOORT BIJDRAGE ▶ giften BOVENGRENS ▶ geen ONDERGRENS ▶ geen.

Projecten ■ CRITERIA ▶ Projecten dienen: ☑ zelfstandigheid van achtergestelde groepen te verbeteren door het talent te ontwikkelen; ☑ het leveren van gerichte educatie programma's of het verbeteren van de algehele kwaliteit van het onderwijs; ☑ meetbaar te zijn. De deelnemers en hun gemeenschappen dienen een verbetering van hun mogelijkheden te merken. Het onderwijs kan op zowel academische vaardigheden, danwel praktische vaardigheden gericht zijn. **DOORLOOPTIJD** ▶ ☑ onbekend **STATUS AANVRAGER** ▶ ☑ stichting of vereniging (non-profit) ☑ overig **VOORKEUR/UITSLUITING** ▶ Geeft uitsluitend aan niet-gouvernementele organisaties in de regio waarin ASML actief is of waarmee een relatie (bijvoorbeeld betrokkenheid werknemer ASML) kan worden aangetoond. Voorkeur gaat uit naar Nederlandse NGO's met partners in de regio of lokale NGO's in landen waar ASML werkzaam is.

Procedure ■ **OP AANVRAAG** ▶ ja **AANVRAAGPROCEDURE** ▶ Invullen van het aanvraagformulier (in het Engels) op de website en versturen met de bij behorende bijlagen per e-mail naar info@asmlfoundation.org. **URL** ▶ https://www.asml.com/en/company/asml-foundation/apply-for-support

Financieel ■ **INKOMSTEN EV** ▶ € 1.076.232 **INKOMSTEN OV** ▶ € 696.120 **HERKOMST MIDDELEN** ▶ inkomsten uit vermogen, giften & schenkingen, vermogen, moederorganisatie (bijdragen) **BOEKJAAR** ▶ 2019 **JAARVERSLAG OP WEBSITE** ▶ ja.

Contact ■ **BEREIKBAAR PER** ▶ ☑ post ☑ e-mail ☑ telefoon **CONTACTPERSOON** ▶ geen contactpersoon bekend **POSTADRES** ▶ Postbus 324, 5500 AH Veldhoven **EMAIL (ALGEMEEN)** ▶ info@asmlfoundation.org **TELEFOON (ALGEMEEN)** ▶ 040-2683454.

089

Stichting Astma Bestrijding

Rubriek ■ ☑ gezondheidszorg ☑ onderwijs en onderzoek

Algemeen ■ **WEBSITE** ▶ www.astmabestrijding.nl **TYPERING** ▶ vermogensfonds **OPGERICHT** ▶ 12-03-1958 **RECHTSVORM** ▶ stichting **KVK** ▶ 41150447 **ANBI STATUS** ▶ ja **DIRECTIE** ▶ geen directiegegevens bekend **BESTUUR** ▶ Prof.dr.Ir. H.F.J. Savelkoul, voorzitter; F.H. van Beek, penningmeester; mr. F. Oldenburg, secretaris; A. de Graaf; mw.dr. E.J.M. Weersink; mw. M.W.H. Pijnenborg; prof.dr. G.H. Koppelman; prof.dr. J.A.M. van der Palen; dr. F. Franssen.

Missie ■ **DOELSTELLING** ▶ De Stichting Astma Bestrijding heeft ten doel het behartigen van de belangen van hen die geconfronteerd worden met astma, chronische obstructieve longaandoeningen of met de gevolgen daarvan, en voorts met al hetgeen daaraan rechtstreeks of zijdelings verband houdt, alles in de ruimste zin des woords. **BELEIDSPLAN OP WEBSITE** ▶ ja.

Doelgroep ■ **ALGEMEEN** ▶ zieken **SPECIFIEK** ▶ Mensen met een long- en/of luchtwegenaandoening. **ACTIVITEITEN** ▶ De Stichting tracht haar doel onder meer te verwezenlijken door vergroting van de kennis over astma en chronische obstructieve longaandoeningen en de bevordering van wetenschappelijk onderzoek, scholing en voorlichting daarover. **INTERVENTIENIVEAU** ▶ Onbekend.

Werkgebied ■ **ACTIERADIUS** ▶ Nationaal **LAND** ▶ Nederland.

Bestedingen ■ **BUDGET** ▶ € 200.000 **ONDERSTEUNDE PROJECTEN P/J** ▶ 26 **SOORT BIJDRAGE** ▶ giften **BOVENGRENS** ▶ € 200.000 **ONDERGRENS** ▶ geen.

Projecten ■ **CRITERIA** ▶ Overeenkomstig de doelstellingen van de SAB wordt uitsluitend steun verleend aan projecten die direct of indirect ten goede komen aan patiënten met astma, chronisch obstructieve longaandoeningen en andere luchtwegaandoeningen, alsmede de gevolgen daarvan. Binnen dit kader kunnen projecten gericht zijn op behandeling, wetenschappelijk onderzoek; medisch onderwijs en/of nascholing of andere onderwerpen passend binnen de doelstelling.congressen/cursussen/onderzoeksstages/Proefschriftsubsidie vallen ook onder de projecten. **DOORLOOPTIJD** ▶ ☑ korter dan 1 jaar **STATUS AANVRAGER** ▶ ☑ stichting of vereniging (non-profit) ☑ bedrijf ☑ hulpverleners ☑ onderwijsinstelling **VOORKEUR/UITSLUITING** ▶ geen voorkeur of uitsluiting bekend.

Procedure ■ **OP AANVRAAG** ▶ ja **DOORLOOPTIJD** ▶ 3-6 maanden **AANVRAAGPROCEDURE** ▶ Aanvragen voor subsidies worden zowel schriftelijk als per e-mail ingediend bij de administratie (Dhr. A de Graaf) volgens een vaste aanvraagprocedure (zie kopje 'Subsidie' op de website). De formulieren voor de verschillende aanvragen alsmede de bijbehorende instructies zijn daar ook te vinden. Het bestuur komt 2x (voor- en najaar) bijeen, onder meer ter beslissing op de ingediende aanvragen. De uiterste data om projectsubsidies in te dienen zijn 15 februari (subsidieronde voorjaar) en 15 september (subsidieronde najaar). **URL** ▶ www.astmabestrijding.nl/

Financieel ■ **EIGEN VERMOGEN** ▶ € 5.104.977 **HERKOMST MIDDELEN** ▶ vermogen, legaten, giften & schenkingen **BOEKJAAR** ▶ 2018 **JAARVERSLAG OP WEBSITE** ▶ ja.

Contact ■ **BEREIKBAAR PER** ▶ ☑ post ☑ e-mail ☑ telefoon **CONTACTPERSOON** ▶ A. de Graaf **POSTADRES** ▶ Meibergdreef 15 K2-117, 1105 AZ Amsterdam **EMAIL (ALGEMEEN)** ▶ a.degraaf@amc.uva.nl **TELEFOON (ALGEMEEN)** ▶ 020-5665404.

090

Atelierpraktijken Fonds

Rubriek ■ ☑ kunst en cultuur ☑ onderwijs en onderzoek

Algemeen ■ **WEBSITE** ▶ www.cultuurfonds.nl **TYPERING** ▶ fonds op naam **BEHEERD DOOR** ▶ Prins Bernhard Cultuurfonds **DIRECTIE** ▶ zie > Prins Bernhard Cultuurfonds **BESTUUR** ▶ zie > Prins Bernhard Cultuurfonds

Missie ■ **DOELSTELLING** ▶ Het stimuleren van onderzoek naar en publicaties over in het bijzonder de geschiedenis van de restauratie van kunstvoorwerpen, de daarmee samenhangende, historische atelierpraktijken en museale geschiedenis.

Werkgebied ■ **ACTIERADIUS** ▶ Nationaal **LAND** ▶ Nederland.

Projecten ■ **CRITERIA** ▶ geen projectcriteria bekend **DOORLOOPTIJD** ▶ ☑ korter dan 1 jaar **STATUS AANVRAGER** ▶ ☑ geen beperkingen bekend **VOORKEUR/UITSLUITING** ▶ geen voorkeur of uitsluiting bekend.

Procedure ■ OP AANVRAAG ▶ ja AANVRAAGPROCEDURE ▶ Dit 'fonds op naam' ressorteert onder het Prins Bernhard Cultuurfonds. Verzoeken aan fondsen op naam komen op één centraal punt binnen. Dit houdt in dat een subsidieaanvraag slechts eenmaal aan het Prins Bernhard Cultuurfonds hoeft te worden gezonden. Voor de verdere aanvraagprocedure: zie Prins Bernhard Cultuurfonds. URL ▶ www.cultuurfonds.nl/aanvragen

Contact ■ BEREIKBAAR PER ▶ ☑ post ☑ e-mail ☑ telefoon CONTACTPERSOON ▶ geen contactpersoon bekend POSTADRES ▶ Postbus 19750, 1000 GT Amsterdam EMAIL (ALGEMEEN) ▶ info@cultuurfonds.nl TELEFOON (ALGEMEEN) ▶ 020-5206130.

091
Stichting Atos Foundation

Rubriek ■ ☑ gezondheidszorg ☑ onderwijs en onderzoek

Algemeen ■ WEBSITE ▶ www.atosfoundation.nl TYPERING ▶ goededoelenorganisatie OPGERICHT ▶ 01-01-1981 RECHTSVORM ▶ stichting KVK ▶ 30161537 ANBI STATUS ▶ ja DIRECTIE ▶ geen directiegegevens bekend BESTUUR ▶ W. Hoekstra, voorzitter; mw. A. Mannaerts, secretaris.

Missie ■ DOELSTELLING ▶ Het (financieel) ondersteunen van projecten in ontwikkelingslanden. Deze projecten zijn voornamelijk gericht op het onderwijs en de gezondheid van kinderen. STICHTER(S) ▶ BSO (Buro System Development) HISTORIE ▶ Atos Foundation werd in 1982 opgericht als een Derde Wereld Fonds door een aantal medewerkers van BSO (Buro System Development). In het begin werden kinderen gesponsord door het plan Foster Parents (later PLAN). Na een paar jaar werden alle BSO collega's gevraagd om te doneren via een maandelijkse donatie. Dankzij de samenwerking met de directeur van BSO, Eckart Wintzen, werden de gedeponeerde fondsen al meerdere jaren verdubbeld. Na de overname van BSO door Origin werd de naam in Derde Wereld Fonds Origin veranderd. In 1999 werden de activiteiten overgebracht naar een onafhankelijke stichting, met alleen medewerkers van Atos Origin in de administratie. Door de overgang van Atos Origin naar Atos is de naam in 2012 veranderd in de Atos Foundation. BELEIDSPLAN OP WEBSITE ▶ ja.

Doelgroep ■ ALGEMEEN ▶ armen, kinderen, jongeren SPECIFIEK ▶ Kinderen/jongeren in ontwikkelingslanden. ACTIVITEITEN ▶ Het financieel ondersteunen van projecten van NGO's die deze doelstelling eveneens hoog in het vaandel dragen. Medewerkers van de stichting gaan samen op reis om in teamverband bij te dragen aan de bouw van een schooltje of deel van een ziekenhuis. Naast de fysieke ondersteuning die de college's ter plekke leveren dragen zij door middel van sponsorgelden ook financieel bij aan de doorontwikkeling van het gebouw. De derde manier waarop de Atos Foundation bijdraagt aan een betere wereld is; het Invest2Develop-programma waarbij met eigen kennis en kunde van Atosmedewerkers kleinere IT-bedrijven in ontwikkelingslanden een duwtje in de rug; wordt gegeven. Door middel van kennisoverdracht, werkervaring en inkomsten wordt een bijdrage geleverd aan de groei van de middenklasse in ontwikkelingslanden. INTERVENTIENIVEAU ▶ Steun aan lokale/provinciale maatschappelijke organisaties en structuren (incl. gemeenten etc.) die diensten verlenen aan individuen.

Werkgebied ■ ACTIERADIUS ▶ Internationaal LAND ▶ Wereldwijd.

Bestedingen ■ BUDGET ▶ € 28.000 TOELICHTING ▶ De inkomsten komen voort uit donaties van werknemers van Atos via hun salaris en mensen die de stichting ondersteunen via een automatische incasso of een eenmalig cadeau. ONDERSTEUNDE PROJECTEN P/J ▶ 5 SOORT BIJDRAGE ▶ giften BOVENGRENS ▶ geen ONDERGRENS ▶ geen.

Projecten ■ CRITERIA ▶ geen projectcriteria bekend DOORLOOPTIJD ▶ ☑ onbekend STATUS AANVRAGER ▶ ☑ geen beperkingen bekend VOORKEUR/UITSLUITING ▶ geen voorkeur of uitsluiting bekend.

Procedure ■ OP AANVRAAG ▶ nee AANVRAAGPROCEDURE ▶ Op dit moment zijn aanvragen in de wacht gezet. De stichting heeft besloten te investeren in relaties op de lange termijn met een beperkt aantal organisaties. Als gevolg daarvan ondersteunen zij momenteel geen andere organisaties. URL ▶ www.atosfoundation.nl/financial-support/

Financieel ■ INKOMSTEN EV ▶ € 37 INKOMSTEN OV ▶ € 85.439 HERKOMST MIDDELEN ▶ overige inkomsten, giften & schenkingen BOEKJAAR ▶ 2018 JAARVERSLAG OP WEBSITE ▶ ja.

Contact ■ BEREIKBAAR PER ▶ ☑ post ☑ e-mail ☒ telefoon CONTACTPERSOON ▶ geen contactpersoon bekend POSTADRES ▶ Burgemeester Rijnderslaan 30
, 1185 MC Amstelveen EMAIL (ALGEMEEN) ▶ atos.foundation@atos.net.

092
Attje Jacoba Vixseboxse Fonds

Rubriek ■ ☑ kunst en cultuur

Algemeen ■ WEBSITE ▶ www.cultuurfonds.nl TYPERING ▶ fonds op naam BEHEERD DOOR ▶ Prins Bernhard Cultuurfonds DIRECTIE ▶ zie > Prins Bernhard Cultuurfonds BESTUUR ▶ zie > Prins Bernhard Cultuurfonds

Missie ■ DOELSTELLING ▶ Het financieel ondersteunen van jong talent op het gebied van kunst en cultuur in ruime zin.

Werkgebied ■ ACTIERADIUS ▶ Nationaal LAND ▶ Nederland.

Projecten ■ CRITERIA ▶ geen projectcriteria bekend DOORLOOPTIJD ▶ ☑ korter dan 1 jaar STATUS AANVRAGER ▶ ☑ geen beperkingen bekend VOORKEUR/UITSLUITING ▶ geen voorkeur of uitsluiting bekend.

Procedure ■ OP AANVRAAG ▶ ja AANVRAAGPROCEDURE ▶ Dit 'fonds op naam' ressorteert onder het Prins Bernhard Cultuurfonds. Verzoeken aan fondsen op naam komen op één centraal punt binnen. Dit houdt in dat een subsidieaanvraag slechts eenmaal aan het Prins Bernhard Cultuurfonds hoeft te worden gezonden. Voor de verdere aanvraagprocedure: zie Prins Bernhard Cultuurfonds. URL ▶ www.cultuurfonds.nl/aanvragen

Contact ■ **BEREIKBAAR PER** ▶ ☑ post ☑ e-mail ☑ telefoon **CONTACTPERSOON** ▶ geen contactpersoon bekend **POSTADRES** ▶ Postbus 19750, 1000 GT Amsterdam **EMAIL (ALGEMEEN)** ▶ info@cultuurfonds.nl **TELEFOON (ALGEMEEN)** ▶ 020-5206130.

093
Stichting Augeo

Rubriek ■ ☑ maatschappij, welzijn en samenleving ☑ mensenrechten, vrede en veiligheid

Algemeen ■ **WEBSITE** ▶ www.augeo.nl **TYPERING** ▶ vermogensfonds **OPGERICHT** ▶ 2006 **RECHTSVORM** ▶ stichting **KVK** ▶ 32122524 **ANBI STATUS** ▶ ja **DIRECTIE** ▶ mw. drs. M. Dekker **BESTUUR** ▶ Mw.drs. G. Kobessen, voorzitter.

Missie ■ **DOELSTELLING** ▶ De veiligheid en het welzijn van gezinnen effectief en duurzaam bevorderen. Augeo Foundation richt zich vooral op een betere aanpak van kindermishandeling, met name als kinderen dit thuis overkomt. **STICHTER(S)** ▶ Zoon en dochter van de voormalige eigenaar van een grote drogisterijketen **HISTORIE** ▶ In 2002 verkocht de familie Kobessen een groot concern. Dat gaf Gemma Kobessen de financiële armslag om in 2006 de Augeo Foundation op te richten.

Doelgroep ■ **ALGEMEEN** ▶ kinderen, jongeren **SPECIFIEK** ▶ Preventie en aanpak van kindermishandeling. **ACTIVITEITEN** ▶ Augeo Foundation investeert op een bedrijfsmatige manier geld, expertise en energie in de aanpak van kindermishandeling en verwacht daarvan een rendement in sociaal maatschappelijk opzicht. Augeo Foundation besteedt het geld aan vier programma's: ☑ Augeo traint professionals (oa de online-cursussen); ☑ Augeo laat de stem van kinderen horen (oa de Jongerentaskforce); ☑ Augeo versterkt veerkracht (oa Handle With Care); ☑ Augeo stimuleert beleidsmakers (oa onderzoek aanpak kindermishandeling). **INTERVENTIENIVEAU** ▶ Steun aan lokale/provinciale maatschappelijke organisaties en structuren (incl. gemeenten etc.) die diensten verlenen aan individuen.; Steun aan individuen (directe steun).

Werkgebied ■ **ACTIERADIUS** ▶ Nationaal **LAND** ▶ Nederland.

Bestedingen ■ **BUDGET** ▶ niet openbaar **BOVENGRENS** ▶ geen **ONDERGRENS** ▶ geen.

Projecten ■ **CRITERIA** ▶ Het Handle with Care-project is een initiatief van Augeo Foundation en een aantal gemeenten. Dit is een concept dat enkele jaren geleden succesvol in Engeland is geïntroduceerd en door Augeo naar Nederland is overgebracht. Dit is een voorbeeld waarin politie en scholen elkaar actief helpen om kinderen te steunen. Hierbij wordt in een aantal gemeenten een melding gestuurd door de politie naar scholen wanneer een kind de avond ervoor huiselijk geweld heeft meegemaakt. De leerkrachten kunnen daarop inspelen.Leerkrachten spelen een cruciale rol in de aanpak van kindermishandeling. Niet alleen omdat zij kinderen dag in dag uit zien en kunnen herkennen wanneer er iets niet in orde is. Maar ook omdat zij daadwerkelijk steun kunnen bieden. **DOORLOOPTIJD** ▶ ☑ onbekend **STATUS AANVRAGER** ▶ ☑ geen beperkingen bekend **VOORKEUR/UITSLUITING** ▶ geen voorkeur of uitsluiting bekend.

Procedure ■ **OP AANVRAAG** ▶ onbekend **AANVRAAGPROCEDURE** ▶ Geen aanvraagprocedure bekend.

Financieel ■ **INKOMSTEN OV** ▶ € 2.623.546 **HERKOMST MIDDELEN** ▶ giften & schenkingen, overige inkomsten, inkomsten uit bedrijven **BOEKJAAR** ▶ 2018 **JAARVERSLAG OP WEBSITE** ▶ ja.

Contact ■ **BEREIKBAAR PER** ▶ ☑ post ☑ e-mail ☑ telefoon **CONTACTPERSOON** ▶ geen contactpersoon bekend **POSTADRES** ▶ Postbus 592, 3700 AN Zeist **EMAIL (ALGEMEEN)** ▶ info@augeo.nl **TELEFOON (ALGEMEEN)** ▶ 0343-536040.

094
Stichting Aurelius Sieperdaleen

Rubriek ■ ☑ onderwijs en onderzoek

Algemeen ■ **WEBSITE** ▶ www.kennisbankfilantropie.nl/anbi/aurelius-sieperda-leen **TYPERING** ▶ vermogensfonds **OPGERICHT** ▶ 26-12-1939 **RECHTSVORM** ▶ stichting **KVK** ▶ 41004069 **ANBI STATUS** ▶ nee **DIRECTIE** ▶ geen directiegegevens bekend **BESTUUR** ▶ geen bestuursgegevens bekend.

Missie ■ **DOELSTELLING** ▶ Eén of meer jonge mensen, zijnde afstammelingen van Aurelius Sieperda, vader van de stichtster van het leen, in staat te stellen hoger onderwijs te genieten aan een hogeschool of universiteit in Nederland. **STICHTER(S)** ▶ Marie Sieperda.

Doelgroep ■ **ALGEMEEN** ▶ studenten **SPECIFIEK** ▶ Studerende afstammelingen van Aurelius Sieperda. **ACTIVITEITEN** ▶ Geen specifieke activiteiten bekend **INTERVENTIENIVEAU** ▶ Steun aan individuen (directe steun).

Werkgebied ■ **ACTIERADIUS** ▶ Nationaal **LAND** ▶ Nederland.

Bestedingen ■ **BUDGET** ▶ niet openbaar **SOORT BIJDRAGE** ▶ giften studiebeurzen **BOVENGRENS** ▶ geen **ONDERGRENS** ▶ geen.

Projecten ■ **CRITERIA** ▶ geen projectcriteria bekend **DOORLOOPTIJD** ▶ ☑ onbekend **STATUS AANVRAGER** ▶ ☑ individuen/gezinnen **VOORKEUR/UITSLUITING** ▶ Geen voorkeur/uitsluiting bekend.

Procedure ■ **OP AANVRAAG** ▶ onbekend **AANVRAAGPROCEDURE** ▶ Geen aanvraagprocedure bekend.

Financieel ■ **HERKOMST MIDDELEN** ▶ vermogen.

Contact ■ **BEREIKBAAR PER** ▶ ☑ post ☒ e-mail ☑ telefoon **CONTACTPERSOON** ▶ geen contactpersoon bekend **POSTADRES** ▶ Postbus 49, 8700 AA Bolsward **TELEFOON (ALGEMEEN)** ▶ 0515-572455.

095
Aurora Fonds

Rubriek ■ ☑ kunst en cultuur

Algemeen ■ **WEBSITE** ▶ www.cultuurfonds.nl **TYPERING** ▶ fonds op naam **BEHEERD DOOR** ▶ Prins Bernhard Cultuurfonds **DIRECTIE** ▶ zie >

Prins Bernhard Cultuurfonds **BESTUUR** ▶ zie > Prins Bernhard Cultuurfonds

Missie ■ **DOELSTELLING** ▶ Het financieel ondersteunen van projecten waarin moderne beeldende kunst en moderne dans worden gecombineerd.

Werkgebied ■ **ACTIERADIUS** ▶ Nationaal **LAND** ▶ Nederland.

Projecten ■ **CRITERIA** ▶ geen projectcriteria bekend **DOORLOOPTIJD** ▶ ☑ korter dan 1 jaar **STATUS AANVRAGER** ▶ ☑ geen beperkingen bekend **VOORKEUR/UITSLUITING** ▶ geen voorkeur of uitsluiting bekend.

Procedure ■ **OP AANVRAAG** ▶ ja **AANVRAAGPROCEDURE** ▶ Dit 'fonds op naam' ressorteert onder het Prins Bernhard Cultuurfonds. Verzoeken aan fondsen op naam komen op één centraal punt binnen. Dit houdt in dat een subsidieaanvraag slechts eenmaal aan het Prins Bernhard Cultuurfonds hoeft te worden gezonden. Voor de verdere aanvraagprocedure: zie Prins Bernhard Cultuurfonds. **URL** ▶ www.cultuurfonds.nl/aanvragen

Contact ■ **BEREIKBAAR PER** ▶ ☑ post ☑ e-mail ☑ telefoon **CONTACTPERSOON** ▶ geen contactpersoon bekend **POSTADRES** ▶ Postbus 19750, 1000 GT Amsterdam **EMAIL (ALGEMEEN)** ▶ info@cultuurfonds.nl **TELEFOON (ALGEMEEN)** ▶ 020-5206130.

096
Stichting Avento

Rubriek ■ ☑ gezondheidszorg ☑ noodhulp ☑ mensenrechten, vrede en veiligheid

Algemeen ■ **WEBSITE** ▶ www.kennisbankfilantropie.nl/anbi/avento **TYPERING** ▶ vermogensfonds **OPGERICHT** ▶ 14-07-2016 **RECHTSVORM** ▶ stichting **KVK** ▶ 66532353 **ANBI STATUS** ▶ ja **DIRECTIE** ▶ geen directiegegevens bekend **BESTUUR** ▶ Mw. J. Emck-Collée, voorzitter; W.F. den Hartog, penningmeester; mw. E.H. Cazander-Kleijn, secretaris.

Missie ■ **DOELSTELLING** ▶ ☑ Het verbeteren van de (medische)gezondheidszorg en het stimuleren van medisch onderzoek en innovatie in behandelmethoden; ☑ het wereldwijd bieden van humanitaire en ontwikkelingshulp en het opkomen voor mensenrechten. - Het verrichten van alle verdere handelingen, die met het vorenstaande in de ruimste zin verband houden of daartoe bevorderlijk kunnen zijn. **BELEIDSPLAN OP WEBSITE** ▶ ja.

Doelgroep ■ **ALGEMEEN** ▶ armen, vluchtelingen, gehandicapten, zieken **SPECIFIEK** ▶ Het ondersteunen van initiatieven welke het algemene belang dienen met betrekking tot de gezondheidszorg en ontwikkelingshulp. **ACTIVITEITEN** ▶ Stichting Avento doet niet actief aan het werven van fondsen in de markt, mede als gevolg van de wens dat de stichting geen naamsbekendheid wenst. Projecten die de kwaliteit van leven verbeteren, innovaties m.b.t. gezondheidszorg, strijd tegen epidemieën, ziektes en aan mensen in nood hetgeen humanitair van aard kan zijn of ontwikkelingshulp of eventuele mensenrechten ondersteuning. In 2019 werden de volgende doelen ondersteund: ☑ Targeting bone marrow retention to provoke homelessness of the tumor cells as a strategy; to cure Multiple Myeloma – KWF 10275/2016- Dit is een project van meerdere jaren, dat sinds 2017 gesteund wordt. Dit project loopt nog tot 2020; ☑ Stichting vrienden van Sophia, S19-09 (hypoxic challenge test). Er is een contract afgesloten voor eenmalige gift van 20k eur; ☑ UMCU Hematon FS2018-2 (via Fonds stimulans). Er is een totale gift van 30k, waarvan 15k in; 2019 en 15k in 2020; ☑ Van Leeuwenhoek, TIL studie. Contract afgesloten met een totale eenmalige gift van 35k. **INTERVENTIENIVEAU** ▶ Steun aan lokale/provinciale maatschappelijke organisaties en structuren (incl. gemeenten etc.) die diensten verlenen aan individuen.

Werkgebied ■ **ACTIERADIUS** ▶ Nationaal, Internationaal **LAND** ▶ Wereldwijd.

Bestedingen ■ **BUDGET** ▶ niet openbaar **ONDERSTEUNDE PROJECTEN P/J** ▶ 4 **SOORT BIJDRAGE** ▶ giften **BOVENGRENS** ▶ geen **ONDERGRENS** ▶ geen.

Projecten ■ **CRITERIA** ▶ Projecten die de kwaliteit van leven verbeteren, innovaties m.b.t. gezondheidszorg, strijd tegen epidemieën, ziektes en aan mensen in nood hetgeen humanitair van aard kan zijn of ontwikkelingshulp of eventuele mensenrechten ondersteuning. **DOORLOOPTIJD** ▶ ☑ onbekend **STATUS AANVRAGER** ▶ ☑ stichting of vereniging (non-profit) ☑ bedrijf ☑ hulpverleners ☑ onderwijsinstelling **VOORKEUR/UITSLUITING** ▶ Voorkeur voor projecten die; ☑ de kwaliteit van leven verbeteren, innovaties en onderzoek m.b.t. de gezondheidszorg; ☑ in Nederland plaatsvinden dan wel hun origine hebben.

Procedure ■ **OP AANVRAAG** ▶ ja **DOORLOOPTIJD** ▶ 1-3 maanden; 3-6 maanden; 3-6 maanden **AANVRAAGPROCEDURE** ▶ De aanvragen dienen via een speciaal aanvraagformulier gedaan te worden. Dit ingevulde aanvraagformulier met bijbehorende bijlagen (uittreksel van Kamer van Koophandel, statuten van de organisatie, meest recente jaarrekening etc.) wordt, indien de aanvraag binnen de doelstelling past, doorgestuurd naar het gehele bestuur. Het project wordt zorgvuldig getoetst en tijdens de bestuursvergadering wordt er besloten tot goedkeuring of afkeuring van het betreffende project. Indien noodzakelijk wordt er een bezoek gebracht (of een uitnodiging gestuurd) om van de aanvragende organisatie een beter beeld te krijgen dan wel aanvullende informatie te krijgen. Bij afwijzing wordt een afwijzingsbrief opgemaakt en verstuurd. Er wordt minimaal tweemaal per jaar vergaderd.

Financieel ■ **INKOMSTEN EV** ▶ € 2.111 **HERKOMST MIDDELEN** ▶ vermogen **BOEKJAAR** ▶ 2019 **JAARVERSLAG OP WEBSITE** ▶ ja.

Contact ■ **BEREIKBAAR PER** ▶ ☑ post ☑ e-mail ☑ telefoon **CONTACTPERSOON** ▶ geen contactpersoon bekend **POSTADRES** ▶ Frankrijkstraat 154, 3402 BJ IJsselstein **EMAIL (ALGEMEEN)** ▶ stichtingavento@gmail.com **TELEFOON (ALGEMEEN)** ▶ 06-28404149.

097
Stichting Aviom

Rubriek ■ ☑ maatschappij, welzijn en samenleving ☑ noodhulp

Algemeen ■ **WEBSITE** ▶ www.stichtingaviom.nl **TYPERING** ▶ vermogensfonds **OPGERICHT** ▶ 1993 **RECHTSVORM** ▶ stichting **KVK** ▶ 41226360

ANBI STATUS ► ja **DIRECTIE** ► geen directiegegevens bekend **BESTUUR** ► A.Q. Kolff, voorzitter; mw. C.D, Gevers Deynoot-Broekers, penningmeester; mw. H.S.V. Bogaars-Reijnen, secretaris; J. ter Braak.

Missie ■ **DOELSTELLING** ► Stichting Aviom ondersteunt urgente financiële noden die niet of slechts gedeeltelijk gedekt worden door (gemeentelijke) subsidies met als uiteindelijk doel het verbeteren en/of veraangenamen van de kwaliteit van het leven van de ontvanger. Stichting Aviom biedt deze financiële ondersteuning aan instanties en in uitzonderlijke gevallen aan particulieren. De stichting opereert voornamelijk in de omgeving van Haarlem, maar kent ook uitzonderingen elders in het land. **STICHTER(S)** ► Zeven vrienden **HISTORIE** ► Stichting AVIOM(Amor Vincit Omnia) is in 1993 opgericht door zeven vrienden met als doel financiële hulp te bieden in gevallen waar die niet, of nauwelijks te verkrijgen is. De stichting opereert voornamelijk in de omgeving van Haarlem, maar kent ook uitzonderingen elders in het land. Uit de opbrengsten van de met zorg beheerde beleggingen worden de giften en in enkele gevallen leningen bekostigd. Kort gezegd: Stichting Aviom biedt financiële hulp bij 'nood-om-de-hoek' in de regio Kennemerland.

Doelgroep ■ **ALGEMEEN** ► armen **SPECIFIEK** ► Instanties in financiële noden met als doel het verbeteren van de kwaliteit van het leven. **ACTIVITEITEN** ► Voorbeeld projecten: ☑ Stem in de stad; ☑ Weekend Academie; ☑ Nieuw Unicum; ☑ Spaarnezicht; . **INTERVENTIENIVEAU** ► Onbekend.

Werkgebied ■ **ACTIERADIUS** ► Lokaal **LAND** ► Nederland **PLAATS** ► Haarlem.

Bestedingen ■ **BUDGET** ► niet openbaar **ONDERSTEUNDE PROJECTEN P/J** ► 15 **SOORT BIJDRAGE** ► giften **BOVENGRENS** ► € 7.000 **ONDERGRENS** ► € 500.

Projecten ■ **CRITERIA** ► Criteria; ☑ Urgente financiële nood: subsidie via andere kanalen is niet of slechts gedeeltelijk te verkrijgen; ☑ Gespecificeerde aanvraag dient schriftelijk ingediend te worden; ☑ Bij iedere aanvraag dient volledige openheid van financiën te worden gegeven; ☑ Verantwoording van besteding van gelden achteraf (overlegging van facturen e.d.). **DOORLOOPTIJD** ► ☑ onbekend **STATUS AANVRAGER** ► ☑ geen beperkingen bekend **VOORKEUR/UITSLUITING** ► Bij voorkeur in Haarlem en omgeving.

Procedure ■ **OP AANVRAAG** ► ja **AANVRAAGPROCEDURE** ► De schriftelijke aanvraag kan worden verstuurd per e-mail of per post ter attentie van mevrouw Helene Bogaars (secretaris): Om in aanmerking te komen dient de aanvraag uiterlijk vóór 1 november te worden ingediend. Goedgekeurde aanvragen worden na de voorjaarsvergadering in maart/april uitgekeerd. **URL** ► www.stichtingaviom.nl/kopie-van-doelstelling-en-doelgroep

Financieel ■ **HERKOMST MIDDELEN** ► onbekend **BOEKJAAR** ► 2017 **JAARVERSLAG OP WEBSITE** ► ja.

Contact ■ **BEREIKBAAR PER** ► ☑ post ☑ e-mail ☒ telefoon **CONTACTPERSOON** ► Mw. H.S.V. Bogaars-Reijnen **POSTADRES** ► Hartenlustlaan 7, 2061 HA Bloemendaal **EMAIL (ALGEMEEN)** ► info@stichtingaviom.nl.

098
Van Baaren Stichting

Rubriek ■ ☑ kerk en levensbeschouwing ☑ maatschappij, welzijn en samenleving ☑ onderwijs en onderzoek ☑ gezondheidszorg

Algemeen ■ **WEBSITE** ► https://vanbaarenstichting.nl **TYPERING** ► vermogensfonds **RECHTSVORM** ► stichting **KVK** ► 41179289 **ANBI STATUS** ► ja **DIRECTIE** ► geen directiegegevens bekend **BESTUUR** ► R.J.G.J. van Warmerdam, voorzitter; P.H.B. Pennekamp, penningmeester; R.A.B. Trum, secretaris; prof.dr. R.M.A. Bedaux; drs. W.A.G. van Grimbergen; ir. L.B. Wevers; mr.drs. M. Jonkman.

Missie ■ **DOELSTELLING** ► De stichting heeft ten doel, met de haar ter beschikking staande middelen, ten behoeve van de samenleving noden te lenigen, respectievelijk initiatieven te ontwikkelen en te ondersteunen, met name op het gebied van de ouderenzorg, kinderopvang, gezondheidszorg, onderwijs, pastoraat en cultuur. **BELEIDSPLAN OP WEBSITE** ► ja.

Doelgroep ■ **SPECIFIEK** ► De doelgroep moet zijn gelegen in de stad Utrecht of haar directe omgeving en dient bij voorkeur een raakvlak te hebben met de Rooms Katholieke Kerkgemeenschap. **ACTIVITEITEN** ► Geen specifieke activiteiten bekend **INTERVENTIENIVEAU** ► Steun aan individuen (directe steun).

Werkgebied ■ **ACTIERADIUS** ► Lokaal, Regionaal **LAND** ► Nederland **REGIO** ► Utrecht **PLAATS** ► Utrecht.

Bestedingen ■ **BUDGET** ► € 1.300.000 **TOELICHTING** ► Voor het realiseren van de doelstelling beschikt de stichting over twee fondsen: de "giftenpot" (toewijzing maximaal € 5.000 p.g.) en het "stimuleringsfonds" (toewijzing boven € 5.000). **ONDERSTEUNDE PROJECTEN P/J** ► 66 **SOORT BIJDRAGE** ► giften **BOVENGRENS** ► geen **ONDERGRENS** ► geen.

Projecten ■ **CRITERIA** ► Wanneer aan de doelstelling wordt voldaan, worden de volgende initiatieven ondersteund: ☑ Langdurige projecten; ☑ eenmalige projecten; ☑ eenmalige activiteiten. Alleen een stichting, kerkgenootschap, vereniging, vennootschap of een bedrijf kan een aanvraag indienen. **DOORLOOPTIJD** ► ☑ korter dan 1 jaar ☑ 1 - 2 jaar ☑ langer dan 2 jaar **STATUS AANVRAGER** ► ☑ stichting of vereniging (non-profit) ☑ onderwijsinstelling ☑ kerkelijke instelling ☑ bedrijf **VOORKEUR/UITSLUITING** ► De doelgroep moet zijn gelegen in de stad Utrecht of haar directe omgeving en dient bij voorkeur een raakvlak te hebben met de Rooms Katholieke Kerkgemeenschap. In bijzondere gevallen kunnen projecten in ontwikkelingslanden ondersteund worden mits deze direct gerelateerd zijn aan de doelstelling. Uitgesloten worden projecten/activiteiten die reeds gestart zijn.

Procedure ■ **OP AANVRAAG** ► ja **AANVRAAGPROCEDURE** ► Aanvragen worden vier keer per jaar behandeld tijdens de bestuursvergaderingen. Aanvragen dienen zes weken voorafgaand aan een vergadering ingezonden te zijn middels het aanvraagformulier welke op deze site te vinden is. De quickscan dient succesvol doorlopen te worden om het aanvraagformulier te kunnen downloaden. **URL** ► https://vanbaarenstichting.nl/quickscan/

Financieel ■ EIGEN VERMOGEN ► € 25.000.000 INKOMSTEN EV ► € 444.469 HERKOMST MIDDELEN ► onbekend BOEKJAAR ► 2019 JAARVERSLAG OP WEBSITE ► ja.

Contact ■ BEREIKBAAR PER ► ☒ post ☑ e-mail ☑ telefoon CONTACTPERSOON ► geen contactpersoon bekend POSTADRES ► Geen postadres bekend EMAIL (ALGEMEEN) ► secretaris@vanbaarenstichting.nl TELEFOON (ALGEMEEN) ► 06-18504925.

099
Banning de Jong Fonds

Rubriek ■ ☑ kunst en cultuur ☑ onderwijs en onderzoek

Algemeen ■ WEBSITE ► www.cultuurfonds.nl TYPERING ► fonds op naam BEHEERD DOOR ► Prins Bernhard Cultuurfonds DIRECTIE ► zie > Prins Bernhard Cultuurfonds BESTUUR ► zie > Prins Bernhard Cultuurfonds

Missie ■ DOELSTELLING ► Het financieel ondersteunen van projecten op het gebied van de relatie tussen geneeskunst en cultuur in brede zin en het verlenen van beurzen en stipendia aan getalenteerde afgestudeerden ten behoeve van wetenschappelijk onderzoek op het gebied van geneeskunde in het algemeen.

Werkgebied ■ ACTIERADIUS ► Nationaal LAND ► Nederland.

Projecten ■ CRITERIA ► Projecten op het gebied van de relatie tussen geneeskunst en cultuur in brede zin. DOORLOOPTIJD ► ☑ korter dan 1 jaar STATUS AANVRAGER ► ☑ geen beperkingen bekend VOORKEUR/UITSLUITING ► geen voorkeur of uitsluiting bekend.

Procedure ■ OP AANVRAAG ► ja AANVRAAGPROCEDURE ► Dit 'fonds op naam' ressorteert onder het Prins Bernhard Cultuurfonds. Verzoeken aan fondsen op naam komen op één centraal punt binnen. Dit houdt in dat een subsidieaanvraag slechts eenmaal aan het Prins Bernhard Cultuurfonds hoeft te worden gezonden. Voor de verdere aanvraagprocedure: zie Prins Bernhard Cultuurfonds. URL ► www.cultuurfonds.nl/aanvragen

Contact ■ BEREIKBAAR PER ► ☑ post ☑ e-mail ☑ telefoon CONTACTPERSOON ► geen contactpersoon bekend POSTADRES ► Postbus 19750, 1000 GT Amsterdam EMAIL (ALGEMEEN) ► info@cultuurfonds.nl TELEFOON (ALGEMEEN) ► 020-5206130.

100
Barbara Eveline Keuning Fonds

Rubriek ■ ☑ natuur, milieu en dieren

Algemeen ■ WEBSITE ► www.cultuurfonds.nl TYPERING ► fonds op naam BEHEERD DOOR ► Prins Bernhard Cultuurfonds DIRECTIE ► zie > Prins Bernhard Cultuurfonds BESTUUR ► zie > Prins Bernhard Cultuurfonds

Missie ■ DOELSTELLING ► Het financieel ondersteunen van projecten op het gebied van natuurbehoud in Nederland waarbij voorrang wordt verleend aan initiatieven gericht op de instandhouding van natuurlijke flora en fauna.

Werkgebied ■ ACTIERADIUS ► Nationaal LAND ► Nederland.

Projecten ■ CRITERIA ► geen projectcriteria bekend DOORLOOPTIJD ► ☑ korter dan 1 jaar STATUS AANVRAGER ► ☑ geen beperkingen bekend VOORKEUR/UITSLUITING ► geen voorkeur of uitsluiting bekend.

Procedure ■ OP AANVRAAG ► ja AANVRAAGPROCEDURE ► Dit 'fonds op naam' ressorteert onder het Prins Bernhard Cultuurfonds. Verzoeken aan fondsen op naam komen op één centraal punt binnen. Dit houdt in dat een subsidieaanvraag slechts eenmaal aan het Prins Bernhard Cultuurfonds hoeft te worden gezonden. Voor de verdere aanvraagprocedure: zie Prins Bernhard Cultuurfonds. URL ► www.cultuurfonds.nl/aanvragen

Contact ■ BEREIKBAAR PER ► ☑ post ☑ e-mail ☑ telefoon CONTACTPERSOON ► geen contactpersoon bekend POSTADRES ► Postbus 19750, 1000 GT Amsterdam EMAIL (ALGEMEEN) ► info@cultuurfonds.nl TELEFOON (ALGEMEEN) ► 020-5206130.

101
Barbas-van der Klaauw Fonds

Rubriek ■ ☑ kunst en cultuur

Algemeen ■ WEBSITE ► www.cultuurfonds.nl TYPERING ► fonds op naam BEHEERD DOOR ► Prins Bernhard Cultuurfonds DIRECTIE ► zie > Prins Bernhard Cultuurfonds BESTUUR ► zie > Prins Bernhard Cultuurfonds

Missie ■ DOELSTELLING ► Het financieel ondersteunen van projecten op het gebied van conservering, restauratie, bestudering en het tentoonstellen van antiek textiel.

Werkgebied ■ ACTIERADIUS ► Nationaal LAND ► Nederland.

Projecten ■ CRITERIA ► Projecten op het gebied van antiek textiel. DOORLOOPTIJD ► ☑ korter dan 1 jaar STATUS AANVRAGER ► ☑ geen beperkingen bekend VOORKEUR/UITSLUITING ► geen voorkeur of uitsluiting bekend.

Procedure ■ OP AANVRAAG ► ja AANVRAAGPROCEDURE ► Dit 'fonds op naam' ressorteert onder het Prins Bernhard Cultuurfonds. Verzoeken aan fondsen op naam komen op één centraal punt binnen. Dit houdt in dat een subsidieaanvraag slechts eenmaal aan het Prins Bernhard Cultuurfonds hoeft te worden gezonden. Voor de verdere aanvraagprocedure: zie Prins Bernhard Cultuurfonds. URL ► www.cultuurfonds.nl/aanvragen

Contact ■ BEREIKBAAR PER ► ☑ post ☑ e-mail ☑ telefoon CONTACTPERSOON ► geen contactpersoon bekend POSTADRES ► Postbus 19750, 1000 GT Amsterdam EMAIL (ALGEMEEN) ► info@cultuurfonds.nl TELEFOON (ALGEMEEN) ► 020-5206130.

102

Baron en Baronesse van Hemert tot Dingshof-Coldeweij Fonds

Rubriek ■ ☑ natuur, milieu en dieren

Algemeen ■ WEBSITE ▶ www.sbnlnatuurfonds.nl/van-hemert-tot-dingshof-coldeweij-fonds TYPERING ▶ fonds op naam BEHEERD DOOR ▶ Stichting SBNL Natuurfonds DIRECTIE ▶ zie > Stichting SBNL Natuurfonds BESTUUR ▶ zie > Stichting SBNL Natuurfonds

Missie ■ DOELSTELLING ▶ ☑ Ondersteuning van projecten op het gebied van behoud en beheer van onroerende zaken in Nederland, in het bijzonder welke voor natuur en landschap belangrijk zijn waarbij het behoud en beheer geschiedt, zowel ten behoeve van de natuur als ten behoeve van het geestelijk en lichamelijk welzijn van de mens. Het streven is mede gericht op het bevorderen van zodanige voorwaarden en omstandigheden dat verscheidenheid en samenhang van natuur en landschap worden gewaarborgd en natuurwaarden, cultuurwaarden en waarden in de sfeer van menselijke beleving optimaal op peil worden gehandhaafd, respectievelijk ontwikkeld; ☑ Doen verrichten van onderzoek en verzamelen van gegevens; ☑ Geven van voorlichting en uitgeven van publiciaties. STICHTER(S) ▶ Mevrouw mr. D.T. baronesse van Hemert tot Dingshof-Coldeweij HISTORIE ▶ Bij testament van mevrouw mr. D.T. barones van Hemert tot Dingshof-Coldeweij, overleden in Lochem op 4 oktober 2010, is het 'Baron en barones Van Hemert tot Dingshof-Coldeweij Fonds' ingesteld.

Werkgebied ■ ACTIERADIUS ▶ Regionaal, Nationaal LAND ▶ Nederland REGIO ▶ Overijssel, Achterhoek, Liemers.

Projecten ■ CRITERIA ▶ Projecten op het gebied van agrarisch en particulier beheer van natuur, landschap en cultuurhistorische landschapselementen in Overijssel, de Achterhoek en Liemers. Projecten dienen aan te sluiten bij de doelstellingen van SBNL Natuurfonds. Zie website voor alle projectcriteria. DOORLOOPTIJD ▶ ☑ onbekend STATUS AANVRAGER ▶ ☑ geen beperkingen bekend VOORKEUR/UITSLUITING ▶ De aanvrager moet donateur zijn van het SBNL Natuurfonds (voor nog tenminste 5 jaar na toekenning). Uitsluitingen: ☑ financiering van exploitatietekort; ☑ initiatieven met louter commerciële doelstelling; ☑ op zichzelf staande seminars, symposia en conferenties; ☑ regulier onderwijs; ☑ excursies; ☑ initiatieven van overheden, overheidsinstellingen en TBO's; ☑ projecten en werkzaamheden die volledig gerealiseerd kunnen worden met bestaande subsidieregelingen.

Procedure ■ OP AANVRAAG ▶ ja AANVRAAGPROCEDURE ▶ Alleen aanvragen via het formulier van de website worden in behandeling genomen. Op de website of via de nieuwsbrief wordt aangegeven wanneer de aanvraagperiode geopend is. URL ▶ https://www.sbnlnatuurfonds.nl/baron-en-barones-van-hemert-tot-dingshof-coldeweij-fonds

Contact ■ BEREIKBAAR PER ▶ ☑ post ☑ e-mail ☑ telefoon CONTACTPERSOON ▶ geen contactpersoon bekend POSTADRES ▶ Maarsbergseweg 53a, 3956 KV Leersum EMAIL (ALGEMEEN) ▶ sbnl@sbnlnatuurfonds.nl TELEFOON (ALGEMEEN) ▶ 0318-578357 TELEFOON (AANVRAGEN) ▶ 0318-578357.

103

Stichting Baron van Hugenpoth tot Aerdt

Rubriek ■ ☑ natuur, milieu en dieren ☑ vluchtelingenhulp ☑ noodhulp ☑ kunst en cultuur

Algemeen ■ WEBSITE ▶ www.stichtingbaronvanhugenpothtotaerdt.nl TYPERING ▶ vermogensfonds RECHTSVORM ▶ stichting KVK ▶ 41081392 ANBI STATUS ▶ ja DIRECTIE ▶ geen directiegegevens bekend BESTUUR ▶ Jhr.mr. A.A. van der Does de Willebois, voorzitter; ir. L.R.M. Heerkens Thijssen, penningmeester; drs. P.E.A.B. Baron van Lamsweerde, secretaris; S.E. Baron van Voorst tot Voorst.

Missie ■ DOELSTELLING ▶ ☑ Het verlenen van charitatieve en culturele hulp aan personen en instellingen, eventueel op verzoek van het Kapittel van de Soevereine Orde van Malta, afdeling Nederland; ☑ het bevorderen van de instandhouding van de landgoederen met bijbehorende boerderijen en landerijen van de oprichters van de stichting; ☑ Het in standhouden van de tradities van de familie van Hugenpoth tot Aerdt, waarbij het verlenen van charitatieve hulp prevaleert. BELEIDSPLAN OP WEBSITE ▶ ja.

Doelgroep ■ SPECIFIEK ▶ Geen specifieke doelgroep ACTIVITEITEN ▶ Naast het onderhoud van het onroerend goed is de bouw gerealiseerd van een woning bestemd voor vakantie van mensen met een beperking en hun familie. Deze woning is in gebruik genomen door De Zonnebloem. Bijdrages werden verstrekt aan onder meer de Soevereine Orde van Malta (onder meer voor de instandhouding van het Maltezerhuis), de Stichting voor Vergeten groepen, de Stichting Maltezer Projecten, de Stichting Onderhoudsfonds Oudezijds 100, de Stichting KIT Fonds en de Stichting De Zonnebloem. De activiteiten in 2019 liggen in het verlengde van 2018. INTERVENTIENIVEAU ▶ Steun aan individuen (directe steun).; Steun aan lokale/provinciale maatschappelijke organisaties en structuren (incl. gemeenten etc.) die diensten verlenen aan individuen.; Steun aan familie en omgeving van individuen.

Werkgebied ■ ACTIERADIUS ▶ Nationaal, Lokaal LAND ▶ Nederland.

Bestedingen ■ BUDGET ▶ niet openbaar ONDERSTEUNDE PROJECTEN P/J ▶ 7 SOORT BIJDRAGE ▶ giften BOVENGRENS ▶ geen ONDERGRENS ▶ geen.

Projecten ■ CRITERIA ▶ geen projectcriteria bekend DOORLOOPTIJD ▶ ☑ onbekend STATUS AANVRAGER ▶ ☑ geen beperkingen bekend VOORKEUR/UITSLUITING ▶ geen voorkeur of uitsluiting bekend.

Procedure ■ OP AANVRAAG ▶ nee AANVRAAGPROCEDURE ▶ geen aanvraagprocedure bekend.

Financieel ■ INKOMSTEN EV ▶ € 334.914 HERKOMST MIDDELEN ▶ vermogen, overige inkomsten BOEKJAAR ▶ 2019.

Contact ■ BEREIKBAAR PER ▶ ☑ post ☒ e-mail ☒ telefoon CONTACTPERSOON ▶ geen contactpersoon bekend POSTADRES ▶ Postbus 300, 6600 AH Wijchen.

104
Bas Hak en Joke Strikwerda Fonds

Rubriek ■ ☑ kunst en cultuur

Algemeen ■ WEBSITE ▶ www.cultuurfonds.nl TYPERING ▶ fonds op naam BEHEERD DOOR ▶ Prins Bernhard Cultuurfonds DIRECTIE ▶ zie > Prins Bernhard Cultuurfonds BESTUUR ▶ zie > Prins Bernhard Cultuurfonds

Missie ■ DOELSTELLING ▶ Het bevorderen van harmonie-, fanfare- en brassbandmuziek alsmede koormuziek in Drenthe. Aanvragen worden behandeld door het Prins Bernhard Cultuurfonds Drenthe.

Werkgebied ■ ACTIERADIUS ▶ Regionaal LAND ▶ Nederland REGIO ▶ Drenthe.

Projecten ■ CRITERIA ▶ geen projectcriteria bekend DOORLOOPTIJD ▶ ☑ korter dan 1 jaar STATUS AANVRAGER ▶ ☑ geen beperkingen bekend VOORKEUR/UITSLUITING ▶ geen voorkeur of uitsluiting bekend.

Procedure ■ OP AANVRAAG ▶ ja AANVRAAGPROCEDURE ▶ Dit 'fonds op naam' ressorteert onder het Prins Bernhard Cultuurfonds. Verzoeken aan fondsen op naam komen op één centraal punt binnen. Dit houdt in dat een subsidieaanvraag slechts eenmaal aan het Prins Bernhard Cultuurfonds hoeft te worden gezonden. Voor de verdere aanvraagprocedure: zie Prins Bernhard Cultuurfonds. URL ▶ www.cultuurfonds.nl/aanvragen

Contact ■ BEREIKBAAR PER ▶ ☑ post ☑ e-mail ☑ telefoon CONTACTPERSOON ▶ geen contactpersoon bekend POSTADRES ▶ Postbus 19750, 1000 GT Amsterdam EMAIL (ALGEMEEN) ▶ info@cultuurfonds.nl TELEFOON (ALGEMEEN) ▶ 020-5206130.

105
Bavo Stichting

Rubriek ■ ☑ gezondheidszorg ☑ kunst en cultuur ☑ maatschappij, welzijn en samenleving ☑ onderwijs en onderzoek

Algemeen ■ WEBSITE ▶ www.bavostichting.nl TYPERING ▶ vermogensfonds OPGERICHT ▶ 29-10-1971 RECHTSVORM ▶ stichting KVK ▶ 41222265 ANBI STATUS ▶ ja DIRECTIE ▶ geen directiegegevens bekend BESTUUR ▶ Mw. M.S.C. Mous, voorzitter; drs. A.J.W. Hardick, penningmeester; mr. J.C. Binnerts, secretaris; drs. J.A. Vonk; drs. A.R. van Voorden; mw.dr. A. Bootsma-van der Wiel.

Missie ■ DOELSTELLING ▶ ☑ Het bevorderen van woon- en zorgvoorzieningen in de meest ruime zin voor ouderen, welke noodzakelijk zijn voor het beleven van een met de leeftijd van ouderen overeenkomende zinvolle levensperiode en welke niet op andere wijze gefinancierd kunnen worden, zulks met name, doch niet uitsluitend in Kennemerland; ☑ het financieel bijdragen aan wetenschappelijk onderzoek op het gebied van gerontologie; ☑ handelen vanuit Christelijke humane beginselen. HISTORIE ▶ De Bavo stichting ontleent haar naam aan het bejaardenhuis 'Sint Bavo' dat aan de Kerklaan te Heemstede heeft gestaan. Dit huis is in 1968 verkocht aan de gemeente Heemstede en daarna gesloopt om plaats te maken voor woningen. De opbrengsten van de verkoop zijn in 1970 in de Bavo stichting ondergebracht. Sindsdien worden de revenuen van het vermogen dat de stichting beheerd, aangewend voor het subsidiëren van projecten op het terrein van ouderen en welzijn. BELEIDSPLAN OP WEBSITE ▶ ja.

Doelgroep ■ ALGEMEEN ▶ ouderen SPECIFIEK ▶ Geen specifieke doelgroep ACTIVITEITEN ▶ Het subsidiëren van innovatieve en niet regulier gesubsidieerde projecten is de kerntaak, naast het stimuleren van wetenschappelijk onderzoek op het terrein van de ouderengeneeskunde en het ouderenwelzijn. Bijzondere aandacht wordt besteed aan: ☑ ouderen en armoede; ☑ ouderen en diversiteitsbeleid; ☑ ouderen en jongeren; ☑ ouderen en palliatieve zorg; ☑ ouderen en kwaliteit van leven; ☑ ouderen en huisvesting; ☑ en andere met derden te kiezen onderwerpen. De focus van het wetenschappelijk onderzoek ligt op het terrein van de ouderengeneeskunde in de vorm van een bijzondere leerstoel aan het LUMC in Leiden. Aandachtspunt blijft de toepasbaarheid en de maatschappelijke relevantie van het onderzoek. De Bavo stichting heeft een steunfonds waaruit aansprekende projecten worden gefinancierd die niet direct binnen de doelstelling van de Bavo stichting vallen. De werkwijze met een jaarlijks steunfonds zal gecontinueerd worden. INTERVENTIENIVEAU ▶ Steun aan lokale/provinciale maatschappelijke organisaties en structuren (incl. gemeenten etc.) die diensten verlenen aan individuen.

Werkgebied ■ ACTIERADIUS ▶ Nationaal, Regionaal LAND ▶ Nederland REGIO ▶ Kennemerland.

Bestedingen ■ BUDGET ▶ niet openbaar ONDERSTEUNDE PROJECTEN P/J ▶ 36 SOORT BIJDRAGE ▶ giften BOVENGRENS ▶ geen ONDERGRENS ▶ geen.

Projecten ■ CRITERIA ▶ Criteria: ☑ het project moet passen in de doelstelling van de Bavo stichting; ☑ er moet een goede balans zijn tussen de kosten van het project en het verwachte resultaat; ☑ de besteding van de gelden moet doelmatig zijn; ☑ Een bijdrage wordt per project toegekend en is in principe eenmalig. DOORLOOPTIJD ▶ ☑ korter dan 1 jaar STATUS AANVRAGER ▶ ☑ stichting of vereniging (non-profit) VOORKEUR/UITSLUITING ▶ Exploitatiesubsidies vallen buiten de doelstelling van de stichting. Aanvragen voor heel Nederland worden in behandeling genomen maar deze worden alleen gehonoreerd als het een innoverend project betreft. De Bavo stichting richt zich bij voorkeur op het Kennemerland gebied.

Procedure ■ OP AANVRAAG ▶ ja DOORLOOPTIJD ▶ 1-3 maanden AANVRAAGPROCEDURE ▶ Er zijn twee manieren om een aanvraag in te dienen. Digitaal, door het formulier op de website in te vullen en te sturen naar info@bavostichting.nl. Of, via de website: www.fondsenvoorouderen.nl. Het bestuur vergadert vijf keer per jaar. Als een project wordt afgewezen ontvangt de aanvrager daarvan bericht met een toelichting. Over een negatief besluit van het bestuur van de Bavo stichting wordt naderhand niet gecorrespondeerd. URL ▶ www.bavostichting.nl/aanvraag/

Financieel ■ EIGEN VERMOGEN ▶ € 110.33,.365 INKOMSTEN EV ▶ € 408.765 HERKOMST MIDDELEN ▶ vermogen, overige inkomsten BOEKJAAR ▶ 2019 JAARVERSLAG OP WEBSITE ▶ ja.

Contact ■ BEREIKBAAR PER ▶ ☑ post ☑ e-mail ☑ telefoon CONTACTPERSOON ▶ Mw. E.J. Bogaerds-Hauer POSTADRES ▶ Emauslaan 6, 2012 PH Haarlem EMAIL (ALGEMEEN) ▶ info@bavostichting.nl TELEFOON (ALGEMEEN) ▶ 06-12135585.

106

Stichting Bee4Life

Rubriek ■ ☑ gezondheidszorg ☑ onderwijs en onderzoek ☑ economische ontwikkeling en microkrediet ☑ maatschappij, welzijn en samenleving

Algemeen ■ WEBSITE ▶ www.stichtingbee4life.nl TYPERING ▶ vermogensfonds OPGERICHT ▶ 28-02-2000 RECHTSVORM ▶ stichting KVK ▶ 09111294 ANBI STATUS ▶ ja DIRECTIE ▶ geen directiegegevens bekend BESTUUR ▶ J.V. Oosterhoff, voorzitter; mw. A.M. van Wagenberg, penningmeester; mw. A.I. Holtslag, secretaris; B. Luteijn.

Missie ■ DOELSTELLING ▶ Stichting Bee 4 Life is een kleine stichting, dat als doel heeft kleine projecten te ondersteunen die te maken hebben met onderwijs, gezondheidszorg en microkrediet, meestal in de derde wereld.

Doelgroep ■ ALGEMEEN ▶ jongeren, armen, inheemse volken SPECIFIEK ▶ Geen specifieke doelgroep ACTIVITEITEN ▶ Projectendie in 2018 gesteund zijn: ☑ Burkina Faso, Stichting ASAP, herbruikbaar maandverband; ☑ Malawi, Stichting Honour2Life, afbouwen ambachtsschool; ☑ Ethiopie, Stichting TTAF, microkredieten; ☑ Kenia,Stichting Mtangani, Tuko Pamojo, bouw voortgezet onderwijs school; ☑ Stichting Shade Children foundation, Kenia; ☑ Stichting Dusabikane, Burundi; ☑ Kasaba Hospital, Zambia. INTERVENTIENIVEAU ▶ Steun aan lokale/provinciale maatschappelijke organisaties en structuren (incl. gemeenten etc.) die diensten verlenen aan individuen.

Werkgebied ■ ACTIERADIUS ▶ Internationaal LAND ▶ Wereldwijd.

Bestedingen ■ BUDGET ▶ niet openbaar ONDERSTEUNDE PROJECTEN P/J ▶ 4 SOORT BIJDRAGE ▶ giften investeringen BOVENGRENS ▶ geen ONDERGRENS ▶ geen.

Projecten ■ CRITERIA ▶ geen projectcriteria bekend DOORLOOPTIJD ▶ ☑ onbekend STATUS AANVRAGER ▶ ☑ geen beperkingen bekend VOORKEUR/UITSLUITING ▶ geen voorkeur of uitsluiting bekend.

Procedure ■ OP AANVRAAG ▶ onbekend AANVRAAGPROCEDURE ▶ Door de vele aanvragen en onze langere termijn visie voor projecten, zijn aanvragen op dit moment niet mogelijk. Ter zijne tijd worden aanvragen weer in behandeling genomen. URL ▶ https://stichtingbee4life.nl/?page_id=239

Financieel ■ EIGEN VERMOGEN ▶ € 818.302 HERKOMST MIDDELEN ▶ vermogen BOEKJAAR ▶ 2018 JAARVERSLAG OP WEBSITE ▶ ja.

Contact ■ BEREIKBAAR PER ▶ ☑ post ☑ e-mail ☑ telefoon CONTACTPERSOON ▶ geen contactpersoon bekend POSTADRES ▶ Rolderstraat 14, 7849 PC De Kiel EMAIL (ALGEMEEN) ▶ bee4lifestichting@gmail.com TELEFOON (ALGEMEEN) ▶ 059-381389; 0620635272.

107

Stichting Beeldende Kunst/Harmen Abma

Rubriek ■ ☑ kunst en cultuur

Algemeen ■ WEBSITE ▶ www.kennisbankfilantropie.nl/anbi/beeldende-kunstharmen-abma TYPERING ▶ vermogensfonds RECHTSVORM ▶ stichting KVK ▶ 01122312 ANBI STATUS ▶ ja DIRECTIE ▶ geen directiegegevens bekend BESTUUR ▶ H.J. Wierda, voorzitter; H.S. Deinum, penningmeester; H.S. Deinum, secretaris; G.P. Karstkarel; H.J. Mous; mw. I. Abma.

Missie ■ DOELSTELLING ▶ Het ondersteunen van beeldende kunstenaars door middel van het beheer, het archiveren en het promoten van het gezamenlijke werk, het samenstellen van een oeuvre-catalogus; het optreden als beheerder van kunstenaarsnalatenschappen en verder alles wat hiermee verband houdt. BELEIDSPLAN OP WEBSITE ▶ ja.

Doelgroep ■ SPECIFIEK ▶ Beeldende kunstenaars. ACTIVITEITEN ▶ Kunstbevordering door het ondersteunen van kunstenaars in het bijzonder in Friesland. Het initiëren van publicaties en tentoonstellingen. INTERVENTIENIVEAU ▶ Steun aan individuen (directe steun).; Steun aan lokale/provinciale maatschappelijke organisaties en structuren (incl. gemeenten etc.) die diensten verlenen aan individuen.

Werkgebied ■ ACTIERADIUS ▶ Nationaal, Regionaal LAND ▶ Nederland REGIO ▶ Friesland.

Bestedingen ■ BUDGET ▶ niet openbaar SOORT BIJDRAGE ▶ overig BOVENGRENS ▶ geen ONDERGRENS ▶ geen.

Projecten ■ CRITERIA ▶ geen projectcriteria bekend DOORLOOPTIJD ▶ ☑ onbekend STATUS AANVRAGER ▶ ☑ geen beperkingen bekend VOORKEUR/UITSLUITING ▶ Voorkeur voor Friese kunstenaars.

Procedure ■ OP AANVRAAG ▶ nee AANVRAAGPROCEDURE ▶ geen aanvraagprocedure bekend.

Financieel ■ EIGEN VERMOGEN ▶ € 10.214 HERKOMST MIDDELEN ▶ onbekend BOEKJAAR ▶ 2018 JAARVERSLAG OP WEBSITE ▶ ja.

Contact ■ BEREIKBAAR PER ▶ ☑ post ☑ e-mail ☑ telefoon CONTACTPERSOON ▶ geen contactpersoon bekend POSTADRES ▶ Emmakade 5, 8921 AD Leeuwarden EMAIL (ALGEMEEN) ▶ wierda37@xs4all.nl TELEFOON (ALGEMEEN) ▶ 058-2120994.

108

Stichting ter Behartiging van de Belangen van de Vereniging Voormalig Diaconessenhuis Breda

Rubriek ■ ☑ kerk en levensbeschouwing ☑ gezondheidszorg

Algemeen ■ WEBSITE ▶ www.kennisbankfilantropie.nl/anbi/behartiging-belangen-vereniging-spci TYPERING ▶ vermogensfonds OPGERICHT ▶ 20-12-1965 RECHTSVORM ▶ stichting KVK ▶ 41103515 ANBI

STATUS ▶ ja **DIRECTIE** ▶ geen directiegegevens bekend **BESTUUR** ▶ J.G. Kuijpers, voorzitter; P.A. Flach, penningmeester; mw.mr.dr. J.J.A. Pelle, secretaris; mw. F. Verburg-Bakker.

Missie ■ **DOELSTELLING** ▶ Het beheren en verwerven van (financiële) middelen en het verrichten van alle (rechts)handelingen teneinde de te Breda gevestigde vereniging 'Vereniging Voormalig Diaconessenhuis Breda' (voorheen Vereniging tot Steun aan Protestants Christelijke Instellingen) zo optimaal mogelijk te laten functioneren. **BELEIDSPLAN OP WEBSITE** ▶ ja.

Doelgroep ■ **ALGEMEEN** ▶ gelovigen **SPECIFIEK** ▶ Geen specifieke doelgroep **ACTIVITEITEN** ▶ De doelstelling van de Stichting wordt in de praktijk ingevuld door de uitoefening van alle bestuurlijke taken en werkzaamheden ten dienste van de Vereniging Voormalig Diaconessenhuis Breda. **INTERVENTIENIVEAU** ▶ Steun aan individuen (directe steun).; Steun aan lokale/provinciale maatschappelijke organisaties en structuren (incl. gemeenten etc.) die diensten verlenen aan individuen.

Werkgebied ■ **ACTIERADIUS** ▶ Regionaal **LAND** ▶ Nederland **REGIO** ▶ Noord-Brabant **PLAATS** ▶ Breda.

Bestedingen ■ **BUDGET** ▶ niet openbaar **SOORT BIJDRAGE** ▶ onbekend **BOVENGRENS** ▶ geen **ONDERGRENS** ▶ geen.

Projecten ■ **CRITERIA** ▶ ; ☑ initiatieven en activiteiten die dienstbaar zijn aan mens en samenleving, voornamelijk op het gebied van zorg, welzijn en maatschappelijke dienstverlening, in het verzorgingsgebied van het voormalige Diaconessenhuis te Breda; ☑ de Diaconessen die hebben gewerkt in het voormalige Diaconessenhuis Breda en verpleeghuis Aeneas Breda. **DOORLOOPTIJD** ▶ ☑ onbekend **STATUS AANVRAGER** ▶ ☑ stichting of vereniging (non-profit) **VOORKEUR/UITSLUITING** ▶ geen voorkeur of uitsluiting bekend.

Procedure ■ **OP AANVRAAG** ▶ onbekend **AANVRAAGPROCEDURE** ▶ Geen aanvraagprocedure bekend.

Financieel ■ **EIGEN VERMOGEN** ▶ € 71.575 **HERKOMST MIDDELEN** ▶ onbekend **BOEKJAAR** ▶ 2018 **JAARVERSLAG OP WEBSITE** ▶ ja.

Contact ■ **BEREIKBAAR PER** ▶ ☑ post ☑ e-mail ☒ telefoon **CONTACTPERSOON** ▶ geen contactpersoon bekend **POSTADRES** ▶ Postbus 4882, 4803 EW Breda **EMAIL (ALGEMEEN)** ▶ stichtingspci@gmail.com.

109
Stichting Beheer Het Schild

Rubriek ■ ☑ gezondheidszorg

Algemeen ■ **WEBSITE** ▶ www.stichtingbeheerhetschild.nl **TYPERING** ▶ vermogensfonds **OPGERICHT** ▶ 30-03-1904 **RECHTSVORM** ▶ stichting **KVK** ▶ 41047385 **ANBI STATUS** ▶ ja **DIRECTIE** ▶ geen directiegegevens bekend **BESTUUR** ▶ Mr. F.A.M. Knüppe, voorzitter; mr. P. Willemsen, penningmeester; mw. A.M. Bleeker-van Velzen, secretaris; drs. S. Sijbrandij; mr. D.J. van Dijk.

Missie ■ **DOELSTELLING** ▶ De stichting heeft ten doel het bevorderen in Nederland en elders van; ☑ de zorg voor visueel gehandicapten, in het bijzonder in het te Wolfheze geëxploiteerde zorgcentrum 'Het Schild'; ☑ de ontwikkeling en verbetering van de verzorging en rehabilitatie van visueel gehandicapten; ☑ de opleiding ten dienste van deze zorg; ☑ het onderzoek op het gebied van blindheid en slechtziendheid; ☑ het verstrekken van financiële ondersteuning voor zover deze kan strekken tot verwezenlijking van bovenstaande doeleinden,; ☑ het verrichten van al hetgeen ter bereiking van het vorenstaande overigens bevorderlijk kan zijn. **STICHTER(S)** ▶ Nicolaas Martinus Schild **HISTORIE** ▶ Stichting Beheer Het Schild is een voortzetting van de in 1904 opgerichte stichting met de naam 'Stichting Te Huis voor Alleenstaande Blinden', gevestigd in Wolfheze, Gelderland. Op 30 maart 1845 wordt in Den Haag Nicolaas Martinus Schild geboren, die na zijn onderwijzersopleiding in 1863 onderwijzer wordt. Eind 1870 heerst in Nederland een pokkenepidemie en in februari 1871 treft ook Nicolaas Schild deze ziekte. Als gevolg hiervan wordt hij op 26-jarige leeftijd blind. In 1890 besluit hij zijn verdere leven te wijden aan het verbeteren van het lot van blinden. Hij leert het brailleschrift lezen en vertaalt een aantal Duitse en Engelse werken voor blinde lotgenoten. In 1898 wordt hij gekozen tot voorzitter van de 'Nederlandschen Blindenbond'. In 1899 richt de heer Schild in Den Haag de 'Vereeniging voor Nationale Blindenzorg' op en wordt daarvan voorzitter. De vereniging wordt goedgekeurd en erkend bij Koninklijk besluit in 1905. n de statuten van deze vereniging wordt onder meer als doel gesteld de oprichting van een tehuis voor alleenstaande blinden. Daartoe wordt in 1904 de 'Stichting Te Huis voor Alleenstaande Blinden' opgericht. De heer Schild en talrijke helpers reizen door het land om belangstelling te wekken voor de oprichting van dit tehuis en geld hiervoor in te zamelen. In 1908 is voldoende kapitaal hiervoor. In 1912 is het tehuis klaar. De meer dan honderd jaar oude stichting is eigenaar van het zorgcentrum aan de Wolfhezerweg 101 en beheert een vermogen, waaruit zowel het zorgcentrum als instellingen in Nederland en in het buitenland, die op het gebied van de preventie en genezing van blindheid en slechtziendheid werken, financieel worden ondersteund. Naast deze stichting is uitsluitend voor de exploitatie van het zorgcentrum op 1 januari 1968 een andere stichting opgericht. Laatstgenoemde stichting, die thans de naam 'Stichting Het Schild, Centrum voor blinde en slechtziende ouderen' draagt, functioneert vanaf dat moment naast de Stichting Beheer Het Schild. **BELEIDSPLAN OP WEBSITE** ▶ ja.

Doelgroep ■ **ALGEMEEN** ▶ gehandicapten **SPECIFIEK** ▶ Visueel gehandicapten. **ACTIVITEITEN** ▶ In het bijzonder gaat het om de zorg voor blinden en slechtzienden in het te Wolfheze aan vermeld adres geëxploiteerde zorgcentrum voor blinden en slechtzienden 'Het Schild'. Voorts verleent Stichting Beheer financiële ondersteuning aan instellingen, die zich bezighouden met de opleiding, preventie, genezing, wetenschappelijk onderzoek en het opzetten van faciliteiten op het gebied van oogzorg in Nederland en daarbuiten. In 2019 werden de volgende toekenningen gedaan: ☑ Stichting het Schild; ☑ Voorleesdienst blinden en slechtzienden; ☑ Stichting Light for the World; ☑ Stichting Steunfonds Uitzicht; ☑ Stichting MuZIEum. **INTERVENTIENIVEAU** ▶ Steun aan individuen (directe steun).; Steun aan lokale/provinciale maatschappelijke organisaties en structuren (incl. gemeenten etc.) die diensten verlenen aan individuen.

Werkgebied ■ ACTIERADIUS ▶ Lokaal, Nationaal, Internationaal LAND ▶ Nederland, Ontwikkelingslanden PLAATS ▶ Wolfheze.

Bestedingen ■ BUDGET ▶ € 360.000 SOORT BIJDRAGE ▶ giften BOVENGRENS ▶ geen ONDERGRENS ▶ geen.

Projecten ■ CRITERIA ▶ geen projectcriteria bekend DOORLOOPTIJD ▶ ☑ onbekend STATUS AANVRAGER ▶ ☑ geen beperkingen bekend VOORKEUR/UITSLUITING ▶ geen voorkeur of uitsluiting bekend.

Procedure ■ OP AANVRAAG ▶ ja AANVRAAGPROCEDURE ▶ Het bestuur vergadert een aantal keren per jaar. In de vergaderingen worden besluiten tot financiële ondersteuning uitsluitend overeenkomstig de doelstelling genomen. Besluiten tot begiftiging van projecten voor oogzorg in Nederland en daar buiten (ontwikkelingslanden) worden voorbereid door een commissie bestaande uit drie bestuursleden, waaronder de oogarts in het bestuur. Daartoe vinden, indien nodig, gesprekken plaats met de aanvragers.

Financieel ■ INKOMSTEN EV ▶ € 1.040.000 INKOMSTEN OV ▶ € 38.193 HERKOMST MIDDELEN ▶ inkomsten uit vermogen, vermogen, legaten, giften & schenkingen BOEKJAAR ▶ 2019 JAARVERSLAG OP WEBSITE ▶ ja.

Contact ■ BEREIKBAAR PER ▶ ☑ post ☑ e-mail ☒ telefoon CONTACTPERSOON ▶ Mw. A.M. Bleeker-van Velzen POSTADRES ▶ Wolfhezerweg 101, 6874 AD Wolfheze EMAIL (ALGEMEEN) ▶ info@stichtingbeheerhetschild.nl.

110

Stichting tot Beheer van de Loswal 'De Bonnen'

Rubriek ■ ☑ gezondheidszorg ☑ maatschappij, welzijn en samenleving ☑ natuur, milieu en dieren ☑ onderwijs en onderzoek

Algemeen ■ WEBSITE ▶ www.loswaldebonnen.nl TYPERING ▶ vermogensfonds OPGERICHT ▶ 03-09-1976 RECHTSVORM ▶ stichting KVK ▶ 41145551 ANBI STATUS ▶ ja DIRECTIE ▶ geen directiegegevens bekend BESTUUR ▶ I.A.M. Duijvestijn, voorzitter; P.A.J. Steyn, penningmeester; P.A.J. Steyn, secretaris; drs. H.G.M. Keijzer; A.L.J. van der Knaap; mw.mr.drs. B.J.P.M. Zwinkels.

Missie ■ DOELSTELLING ▶ Het bevorderen van innovatie in – en ontwikkeling van de tuinbouw onder glas, in het algemeen en in de streek het Westland en het gebied van de deelgemeente Hoek van Holland in het bijzonder, zulks in de meest ruime zin des woords. Voorts heeft de stichting ten doel het verhogen van de kwaliteit van de samenleving en het dienen van algemeen maatschappelijke belangen, in het bijzonder in haar werkgebied. STICHTER(S) ▶ Stichting Verwerken Tuinafval Westland HISTORIE ▶ De stichting was aanvankelijk bekend als Stichting Verwerken Tuinafval Westland. Zij heeft het toenmalige composteringsbedrijf Zuid-Holland te Hoek van Holland opgericht. Dat bedrijf heeft zij vanaf Juli 1986 tot 1 oktober 2001 geëxploiteerd. Door verkoop van het composteringsbedrijf en voortzetting van de exploitatie door Transportbedrijf Van Vliet B.V. te Wateringen heeft zij haar oorspronkelijke doelstelling verwezenlijkt. Met ingang van 1 januari 2006 heeft zij haar naam gewijzigd in de huidige en heeft zij haar doelstelling aangepast.

Doelgroep ■ SPECIFIEK ▶ Geen specifieke doelgroep ACTIVITEITEN ▶ De stichting tracht gemelde doelen te bereiken door onder meer het verlenen van financiële en/of operationele steun aan projecten die bedoelde ontwikkeling en innovatie beogen zoals op het gebied van educatie, gezondheid, kunst, cultuur, natuur en milieu en het oprichten van – en deelnemen in rechtspersonen en hun activiteiten en verkrijgen, exploiteren en vervreemden van vermogensbestanddelen. INTERVENTIENIVEAU ▶ Steun aan lokale/provinciale maatschappelijke organisaties en structuren (incl. gemeenten etc.) die diensten verlenen aan individuen.

Werkgebied ■ ACTIERADIUS ▶ Regionaal LAND ▶ Nederland REGIO ▶ Zuid-Holland PLAATS ▶ Westland, Hoek van Holland, Midden-Delfland.

Bestedingen ■ BUDGET ▶ € 25.000 ONDERSTEUNDE PROJECTEN P/J ▶ 54 SOORT BIJDRAGE ▶ giften BOVENGRENS ▶ geen ONDERGRENS ▶ geen.

Projecten ■ CRITERIA ▶ ; ☑ Aanvrager moet kunnen aantonen dat het project redelijkerwijs niet geheel uit eigen middelen kan worden gefinancierd; ☑ Aanvrager moet zelf altijd een eigen bijdrage leveren, in de vorm van geld en/ of eigen werkzaamheid; ☑ het project moet een breed maatschappelijk belang dienen; ☑ De kosten moeten tegen het gestelde doel opwegen. DOORLOOPTIJD ▶ ☑ korter dan 1 jaar STATUS AANVRAGER ▶ ☑ stichting of vereniging (non-profit) ☑ onderwijsinstelling VOORKEUR/UITSLUITING ▶ Voorkeur voor project met een breed draagvlak, blijkend uit donatie aanvragen aan anderen. Uitsluiting bij; ☑ Aanvragen die betrekking hebben op sportactiviteiten of regulier onderwijs komen, in verband met het beperkte budget; ☑ reguliere exploitatie van de aanvrager; ☑ Aanvragen van natuurlijke personen; ☑ De overheid c.q. een reguliere overheidstaak ☑ uitgesproken politiek of religieus karakter van het project; ☑ projecten die reeds gestart of gerealiseerd zijn (uitzonderingen mogelijk); ☑ aanvraag voor een kerkgenootschap wordt niet gehonoreerd (tenzij voor rijksmonument met multicultureel gebruik).

Procedure ■ OP AANVRAAG ▶ ja DOORLOOPTIJD ▶ 1-3 maanden AANVRAAGPROCEDURE ▶ Aanvragen kunnen het hele jaar ingezonden worden. Het bestuur vergadert driemaal per jaar. Om meegenomen te worden bij de gewenste vergadering dienen aanvragen vier weken van te voren worden ingediend. Anders wordt de aanvraag pas bij de daaropvolgende vergadering in behandeling genomen. een aanvraag bestaat uit: ☑ volledig ingevuld aanvraagformulier; ☑ volledige projectomschrijving (kan ook via vraag 2 op het aanvraagformulier); ☑ gespecificeerde begroting en dekkingsplan; ☑ overzicht van de andere instellingen waar ook een aanvraag is ingediend voor het project; ☑ motivatie waarom het project niet (volledig) uit eigen middelen betaald kan worden; ☑ meest recente jaarrekening (balans en exploitatierekening); ☑ meest recent jaarverslag en algemeen informatie over de organisatie; kopie van statuten; ☑ de naam van de contactpersoon met het telefoonnummer waar deze overdag te bereiken is: ☑ alle documenten digitaal aanleveren, het aanvraagformulier ook met handtekening via de post of als scan. Na ontvangst van Uw aanvraag sturen wij U een ontvangstbevestiging. Indien aanvullende informatie nodig is, zullen wij u hierom verzoeken. Nadat alle informatie compleet is, nemen wij uw aanvraag in behandeling. Binnen 10 dagen nà de datum waarop de bestuursvergadering is gehouden krijgt u uitsluitsel. De beslissing van het bestuur van de beheerstichting Loswal 'De Bonnen' is bindend. Hiertegen is geen beroep mogelijk. **URL** ▶ www.loswaldebonnen.nl/aanvraag/

Financieel ■ **EIGEN VERMOGEN** ▶ € 1.631.255 **INKOMSTEN EV** ▶ € 100.730 **HERKOMST MIDDELEN** ▶ vermogen, inkomsten uit vermogen **BOEKJAAR** ▶ 2019 **JAARVERSLAG OP WEBSITE** ▶ ja.

Contact ■ **BEREIKBAAR PER** ▶ ☑ post ☑ e-mail ☑ telefoon **CONTACTPERSOON** ▶ geen contactpersoon bekend **POSTADRES** ▶ Postbus 9, 2290 AA Wateringen **EMAIL (ALGEMEEN)** ▶ info@loswaldebonnen.nl **TELEFOON (ALGEMEEN)** ▶ 06-57621054.

111

Stichting Behoud Cultureel Erfgoed Verkade

Rubriek ■ ☑ kunst en cultuur

Algemeen ■ **WEBSITE** ▶ www.cultureelerfgoedverkade.nl **TYPERING** ▶ vermogensfonds **RECHTSVORM** ▶ stichting **KVK** ▶ 41232373 **ANBI STATUS** ▶ ja **DIRECTIE** ▶ geen directiegegevens bekend **BESTUUR** ▶ J.A.E. Verkade, voorzitter; mw. A.K. Zegwaard, penningmeester; mw. A.K. Zegwaard, secretaris; P. Blikslager; W. van der Ster; mr. J. Zwitser.

Missie ■ **DOELSTELLING** ▶ SBCEV, Stichting Behoud Cultureel Erfgoed Verkade, heeft kortweg tot doel het wekken van belangstelling voor het cultureel erfgoed van de voormalige Verkade Fabrieken en haar rechtsopvolgers en alles wat daaraan bevorderlijk is.

Doelgroep ■ **SPECIFIEK** ▶ Geen specifieke doelgroep **ACTIVITEITEN** ▶ SBCEV is voornemens om de door haar opgebouwde grote collectie cultureel erfgoed van de voormalige Verkade Fabrieken en haar rechtsopvolgers, de 'Verkade Collectie', onder de aandacht te (doen) brengen van het publiek door die tentoon te (doen) stellen in een educatieve context en onder de juiste museale omstandigheden op de Zaanse Schans, een historisch en toeristisch bezien belangrijke plek in dit opzicht. SBCEV zal zich daarnaast inspannen, en haar middelen aanwenden, om de Verkade Collectie en het Verkade Paviljoen in goede staat te (doen) houden en waar nodig verder te (doen) verbeteren. **INTERVENTIENIVEAU** ▶ Onbekend.

Werkgebied ■ **ACTIERADIUS** ▶ Nationaal **LAND** ▶ Nederland.

Bestedingen ■ **BUDGET** ▶ niet openbaar **SOORT BIJDRAGE** ▶ onbekend **BOVENGRENS** ▶ geen **ONDERGRENS** ▶ geen.

Projecten ■ **CRITERIA** ▶ geen projectcriteria bekend **DOORLOOPTIJD** ▶ ☑ onbekend **STATUS AANVRAGER** ▶ ☑ geen beperkingen bekend **VOORKEUR/UITSLUITING** ▶ geen voorkeur of uitsluiting bekend.

Procedure ■ **OP AANVRAAG** ▶ onbekend **AANVRAAGPROCEDURE** ▶ geen aanvraagprocedure bekend.

Financieel ■ **HERKOMST MIDDELEN** ▶ onbekend **BOEKJAAR** ▶ boekjaar onbekend **JAARVERSLAG OP WEBSITE** ▶ ja.

Contact ■ **BEREIKBAAR PER** ▶ ☑ post ☒ e-mail ☒ telefoon **CONTACTPERSOON** ▶ Mw. A.K. Zegwaard **POSTADRES** ▶ Weverakker 18, 1541 VN Koog aan de Zaan.

112

Stichting Behoud van het Veluws Platteland

Rubriek ■ ☑ natuur, milieu en dieren

Algemeen ■ **WEBSITE** ▶ www.behoudveluwsplatteland.nl **TYPERING** ▶ vermogensfonds **RECHTSVORM** ▶ stichting **KVK** ▶ 09189853 **ANBI STATUS** ▶ ja **DIRECTIE** ▶ geen directiegegevens bekend **BESTUUR** ▶ G.H. Beens, voorzitter; J.D. Hassink, penningmeester; J.D. Hassink, secretaris; W. van Veldhuizen.

Missie ■ **DOELSTELLING** ▶ Het bevorderen van de leefbaarheid van het platteland op de Veluwe en het steunen van alle soorten van activiteiten en initiatieven die de samenleving op het platteland ten goede komen (zoals sociale en culturele activiteiten). Daarnaast het bestrijden van armoede op het platteland, en alles wat daarmee in de ruimste zin van het woord mee is verbonden is. **STICHTER(S)** ▶ De heer J. Hooijer **HISTORIE** ▶ De Stichting Behoud van het Veluws Platteland is opgericht bij testament van de heer J. Hooijer en in werking getreden op 11 november 2008. **BELEIDSPLAN OP WEBSITE** ▶ ja.

Doelgroep ■ **SPECIFIEK** ▶ Projecten op het gebied van de leefbaarheid van het platteland op de Veluwe. **ACTIVITEITEN** ▶ De Stichting tracht haar doel te verwezenlijken door onder meer het uitbreiden van een achterban en werven van nieuwe contacten, die het doel van de Stichting steunen en het onderhouden van een website en op andere wijze verstrekken van actuele informatie over de Stichting Behoud van het Veluws platteland. **INTERVENTIENIVEAU** ▶ Onbekend.

Werkgebied ■ **ACTIERADIUS** ▶ Regionaal **LAND** ▶ Nederland **REGIO** ▶ Veluwe.

Bestedingen ■ **BUDGET** ▶ niet openbaar **BOVENGRENS** ▶ geen **ONDERGRENS** ▶ geen.

Projecten ■ **CRITERIA** ▶ geen projectcriteria bekend **DOORLOOPTIJD** ▶ ☑ onbekend **STATUS AANVRAGER** ▶ ☑ geen beperkingen bekend **VOORKEUR/UITSLUITING** ▶ geen voorkeur of uitsluiting bekend.

Procedure ■ **OP AANVRAAG** ▶ ja **AANVRAAGPROCEDURE** ▶ ; ☑ De aanvraag dient schriftelijk te worden gericht aan de voorzitter van de Stichting. ☑ Deze schriftelijke aanvraag dient onderbouwd te zijn met financiële verantwoording voor het gevraagde bedrag en dient binnen de doelstelling van de Stichting te vallen en te passen bij het gedachtegoed van de stichter. ☑ De aanvraag wordt tijdens de eerstvolgende vergadering door het bestuur behandeld. Vervolgens zal de aanvrager schriftelijk bericht krijgen van de beslissing. Bij een positief besluit wordt het bedrag per ommegaande overgemaakt. De Stichting verwacht geen naamsvermelding van de Stichting door de aanvrager. De Stichting verwacht wel een verantwoording van de besteding van het geld. **URL** ▶ https://www.behoudveluwsplatteland.nl/beleidsplan/

Financieel ■ EIGEN VERMOGEN ▶ € 1.244.050 HERKOMST MIDDELEN ▶ legaten, overige inkomsten, giften & schenkingen BOEKJAAR ▶ 2018 JAARVERSLAG OP WEBSITE ▶ ja.

Contact ■ BEREIKBAAR PER ▶ ☑ post ☒ e-mail ☑ telefoon CONTACTPERSOON ▶ Mw. drs. M.H. Buijnink POSTADRES ▶ Dorpsstraat 1, 6741 AA Lunteren TELEFOON (ALGEMEEN) ▶ 0318-484882.

113

Stichting Bekker-la Bastide-Fonds

Rubriek ■ ☑ gezondheidszorg ☑ noodhulp ☑ voedsel en voedselveiligheid ☑ kunst en cultuur ☑ maatschappij, welzijn en samenleving ☑ sport en recreatie ☑ onderwijs en onderzoek

Algemeen ■ WEBSITE ▶ www.volkskracht.nl/stichtingen/stichting-bekker-la-bastide-fonds TYPERING ▶ vermogensfonds BEHEERD DOOR ▶ Stichting Bevordering van Volkskracht OPGERICHT ▶ 01-03-1961 RECHTSVORM ▶ stichting KVK ▶ 41125443 ANBI STATUS ▶ ja DIRECTIE ▶ geen directiegegevens bekend BESTUUR ▶ Ing. J. Lottman, voorzitter; A.H. Blommers, penningmeester; mw. H. Schmit Jongbloed, secretaris; mw. A. van Dijk, BBA/BFA; prof.dr. D.J.G.M. Duncker; mw.mr. I.J.A. Schellekens-Franssen; mw.drs. F.J. IJsinga-van Boxsel.

Missie ■ DOELSTELLING ▶ De Stichting Bekker-la Bastide-Fonds heeft ten doel; ☑ De bevordering van het geestelijk en lichamelijk welzijn van het minder draagkrachtig gedeelte van de bevolking, in het bijzonder van Rotterdam en Amsterdam, en voorts al hetgeen in de ruimste zin met één en ander verband houdt, daartoe behoort en/of daartoe bevorderlijk kan zijn. STICHTER(S) ▶ Mevrouw J.A. la Bastide en de heer H.L. Bekker HISTORIE ▶ Stichting Bekker-la Bastide werd in 1918 opgericht door Jeannette Abrahamine la Bastide en haar echtgenoot Hermanus Lambertus Bekker. Zij werd in 1878 in Rotterdam geboren als dochter van een cargadoor. Ook haar man was cargadoor. Door de sterke groei van de scheepvaart na de Tweede Wereldoorlog wist het echtpaar een aanzienlijk vermogen op te bouwen. Het huwelijk bleef kinderloos en het echtpaar bepaalde dat na hun overlijden, Stichting Bekker-la Bastide enig erfgenaam was. Bij het overlijden van Jeannette la Bastide in 1961 werd de stichting effectief. BELEIDSPLAN OP WEBSITE ▶ ja.

Doelgroep ■ ALGEMEEN ▶ studenten, vrouwen, mannen, armen SPECIFIEK ▶ Studenten en sociale aanvragen via maatschappelijke instellingen. ACTIVITEITEN ▶ De Stichting tracht het doel te bereiken door; ☑ verlening van financiele steun aan personen, daaronder mede begrepen het verstrekken van bijdragen ten behoeve van de opleiding van jongeren van goede aanleg, het helpen van personen die door bijzondere omstandigheden hun vermogen hebben verloren, in het bijzonder weduwen, en in het algemeen het verlenen van hulp in soortgelijke gevallen, vooral aan personen die niet of onvoldoende in aanmerking komen voor hulp door openbare instellingen van sociale zorg; ☑ Het bestuur werkt in voorkomende gevallen samen met diverse studiefondsen en fondsen voor sociale doeleinden en individuele noden in Rotterdam en Amsterdam en er vindt regelmatig overleg met deze fondsen plaats; ☑ Tevens is er een beperkt budget voor Rotterdamse kunstenaars. INTERVENTIENIVEAU ▶ Steun aan individuen (directe steun).

Werkgebied ■ ACTIERADIUS ▶ Lokaal LAND ▶ Nederland PLAATS ▶ Rotterdam, Amsterdam.

Bestedingen ■ BUDGET ▶ € 530.000 TOELICHTING ▶ Het bestuur zal ernaar streven het beschikbare budget, dat tussen de 3 en 4% van het vermogen van de stichting bedraagt zoveel mogelijk uit te geven ONDERSTEUNDE PROJECTEN P/J ▶ 388 SOORT BIJDRAGE ▶ giften studiebeurzen BOVENGRENS ▶ geen ONDERGRENS ▶ geen.

Projecten ■ CRITERIA ▶ De projectcriteria zijn afhankelijk van het type aanvraag (studie, sociaal, kunst), zie website. DOORLOOPTIJD ▶ ☑ korter dan 1 jaar STATUS AANVRAGER ▶ ☑ stichting of vereniging (non-profit) ☑ kerkelijke instelling ☑ hulpverleners ☑ onderwijsinstelling ☑ individuen/gezinnen VOORKEUR/UITSLUITING ▶ Uitsluitend individuele personen in de regio Amsterdam of Rotterdam. De voorkeur/uitsluiting zijn afhankelijk van het type aanvraag (studie, sociaal, kunst), zie website.

Procedure ■ OP AANVRAAG ▶ ja DOORLOOPTIJD ▶ 1-3 maanden; geen doorlooptijd bekend; geen doorlooptijd bekend; geen doorlooptijd bekend AANVRAAGPROCEDURE ▶ De overkoepelende organisatie (Stichting Bevordering van Volkskracht) heeft een quick-scan opgezet. Na het doorlopen komt of uit bij één van de aangesloten stichtingen/fondsen of de aanvrager krijgt te horen dat de aanvraag niet aansluit bij de organisaties. De aanvraagprocedures van de Stichting Bekker-la Bastide fonds zijn ook apart te vinden op de website. De procedures verschillen per thema (studie, sociaal, kunst) URL ▶ www.volkskracht.nl/Direct-subsidie-aanvragen

Financieel ■ INKOMSTEN EV ▶ € 959.585 INKOMSTEN OV ▶ € 17.500 HERKOMST MIDDELEN ▶ vermogen BOEKJAAR ▶ 2019 JAARVERSLAG OP WEBSITE ▶ ja.

Contact ■ BEREIKBAAR PER ▶ ☑ post ☑ e-mail ☑ telefoon CONTACTPERSOON ▶ Mw. D. Zoun-de Bode POSTADRES ▶ Postbus 1110, 3000 BC Rotterdam EMAIL (ALGEMEEN) ▶ bekker@volkskracht.nl TELEFOON (ALGEMEEN) ▶ 010-2240299.

114

Ben en Nel Van Bohemen Van der Zwart Fonds

Rubriek ■ ☑ kunst en cultuur ☑ onderwijs en onderzoek

Algemeen ■ WEBSITE ▶ www.cultuurfonds.nl TYPERING ▶ fonds op naam BEHEERD DOOR ▶ Prins Bernhard Cultuurfonds DIRECTIE ▶ zie > Prins Bernhard Cultuurfonds BESTUUR ▶ zie > Prins Bernhard Cultuurfonds

Missie ■ DOELSTELLING ▶ Het financieel ondersteunen van bijzondere projecten met het doel bij voorkeur bij jongeren de betekenis van de bevrijding in 1945/de beëindiging van WO II levend te houden.

Werkgebied ■ ACTIERADIUS ▶ Nationaal LAND ▶ Nederland.

Projecten ■ CRITERIA ▶ Projecten die de betekenis van de beëindiging van de WO II levend houden. DOORLOOPTIJD ▶ ☑ korter dan 1 jaar STATUS AANVRAGER ▶ ☑ geen beperkingen bekend VOORKEUR/UITSLUITING ▶ geen voorkeur of uitsluiting bekend.

Procedure ■ OP AANVRAAG ▶ ja AANVRAAGPROCEDURE ▶ Dit 'fonds op naam' ressorteert onder het Prins Bernhard Cultuurfonds. Verzoeken aan fondsen op naam komen op één centraal punt binnen. Dit houdt in dat een subsidieaanvraag slechts eenmaal aan het Prins Bernhard Cultuurfonds hoeft te worden gezonden. Voor de verdere aanvraagprocedure: zie Prins Bernhard Cultuurfonds. URL ▶ www.cultuurfonds.nl/aanvragen

Contact ■ BEREIKBAAR PER ▶ ☑ post ☑ e-mail ☑ telefoon CONTACTPERSOON ▶ geen contactpersoon bekend POSTADRES ▶ Postbus 19750, 1000 GT Amsterdam EMAIL (ALGEMEEN) ▶ info@cultuurfonds.nl TELEFOON (ALGEMEEN) ▶ 020-5206130.

115
Stichting Bergé-Slager

Rubriek ■ ☑ kunst en cultuur

Algemeen ■ WEBSITE ▶ www.berge-slager.nl TYPERING ▶ vermogensfonds OPGERICHT ▶ 10-10-2008 RECHTSVORM ▶ stichting KVK ▶ 17234616 ANBI STATUS ▶ ja DIRECTIE ▶ geen directiegegevens bekend BESTUUR ▶ Mr. E. Haaxma, voorzitter; P.J. Hendriks, penningmeester; mw. E. van Helmond-van Berkel, secretaris.

Missie ■ DOELSTELLING ▶ Het verwerven en ter beschikking stellen van middelen om de heruitgave van het boek 'Acht Bossche kunstenaars en een Museum' mogelijk te maken. En het bewaren en beschermen van het erfgoed van de kunstschildersfamilie Slager o.a. door bij te dragen aan restauratie en aankoop van kunstwerken voor Museum Slager te 's-Hertogenbosch. STICHTER(S) ▶ De heer H. Bergé en mevrouw S. Bergé-Slager BELEIDSPLAN OP WEBSITE ▶ ja.

Doelgroep ■ SPECIFIEK ▶ Mensen die graag het boek 'Acht Bossche Kunstenaars en een Museum' (terug) willen. ACTIVITEITEN ▶ In 2015 is de hoofddoelstelling van de stichting bereikt door de heruitgave van het in de statuten genoemde boek nl. 'Acht Bossche kunstenaars en een museum'. Op basis van de inventarisatie uit 2016 zijn in 2017 diverse schilderijen gerestaureerd. In 2018 is opnieuw een restauratiebijdrage verleend. In 2019 is subsidie gegeven aan het museum voor de aanschaf van klapstoelen te gebruiken bij lezingen enz. INTERVENTIENIVEAU ▶ Steun aan lokale/provinciale maatschappelijke organisaties en structuren (incl. gemeenten etc.) die diensten verlenen aan individuen.

Werkgebied ■ ACTIERADIUS ▶ Lokaal LAND ▶ Nederland PLAATS ▶ 's-Hertogenbosch.

Bestedingen ■ BUDGET ▶ niet openbaar SOORT BIJDRAGE ▶ giften BOVENGRENS ▶ geen ONDERGRENS ▶ geen.

Projecten ■ CRITERIA ▶ geen projectcriteria bekend DOORLOOPTIJD ▶ ☑ onbekend STATUS AANVRAGER ▶ ☑ geen beperkingen bekend VOORKEUR/UITSLUITING ▶ geen voorkeur of uitsluiting bekend.

Procedure ■ OP AANVRAAG ▶ onbekend AANVRAAGPROCEDURE ▶ geen aanvraagprocedure bekend.

Financieel ■ INKOMSTEN EV ▶ € 0 HERKOMST MIDDELEN ▶ onbekend BOEKJAAR ▶ 2018 JAARVERSLAG OP WEBSITE ▶ ja.

Contact ■ BEREIKBAAR PER ▶ ☑ post ☑ e-mail ☑ telefoon CONTACTPERSOON ▶ geen contactpersoon bekend POSTADRES ▶ Gemullehoekenweg 14c, 5062 CD Oisterwijk EMAIL (ALGEMEEN) ▶ vanhelmond1@home.nl TELEFOON (ALGEMEEN) ▶ 013-5216582.

116
Stichting P.F. Bergmansfonds

Rubriek ■ ☑ gezondheidszorg ☑ maatschappij, welzijn en samenleving

Algemeen ■ WEBSITE ▶ www.bergmansfonds.nl TYPERING ▶ vermogensfonds OPGERICHT ▶ 08-11-1900 RECHTSVORM ▶ stichting KVK ▶ 41096731 ANBI STATUS ▶ ja DIRECTIE ▶ geen directiegegevens bekend BESTUUR ▶ Drs. W.J.M. Corsten, voorzitter; drs. E.C. van Vliet, penningmeester; mw.mr. S. de Lange, secretaris; mw.drs. J.H.M. Keulemans-Geelen; mr. P.C.P.C. de Kerf.

Missie ■ DOELSTELLING ▶ De stichting heeft tot doel het beheer van het vermogen, alsmede het fungeren als steunfonds voor organisaties en instellingen op het gebied van de gezondheidszorg in Tilburg en omgeving die het lichamelijk, geestelijk en sociaal welbevinden bevorderen, en voorts het verwerven van fondsen daarvoor. Gezondheid in termen van veerkracht, functioneren en participatie in plaats van alleen in somatische of psychische zin. Hierbij ligt de focus op de kracht en eigen regie van mensen. STICHTER(S) ▶ Petrus Franciscus Bergmans (1846-1923) HISTORIE ▶ De Stichting Bergmansfonds te Tilburg vindt haar ideële en financiële oorsprong in de in 1900 opgerichte 'Vereeniging De Roomsch Katholieke Spaarbank'. Bij de liquidatie van deze spaarbank kreeg de Stichting het beheer over het vermogen. 'Zorg voor de behoeftige medemens in de nabije omgeving', was in 1900 en is nu nog de drijfveer van de Stichting. Petrus Franciscus Bergmans (1846-1923), wethouder, gemeenteraadslid en bestuurder van het R.K. Gasthuis is het grote voorbeeld. Net als de heer Bergmans wil de naar hem genoemde Stichting zich verdienstelijk maken voor de gezondheidszorg in Tilburg en omgeving. BELEIDSPLAN OP WEBSITE ▶ ja.

Doelgroep ■ ALGEMEEN ▶ dak- en thuislozen, gehandicapten, zieken SPECIFIEK ▶ Mensen met een gezondheidsprobleem (lichamelijk en/of geestelijk). ACTIVITEITEN ▶ Het Bergmansfonds biedt financiële en projectmatige ondersteuning in de regio Midden-Brabant. De belangstelling van het Bergmansfonds gaat specifiek uit naar vernieuwende projecten in de zorg, hetzij gericht op het verbeteren van kwaliteit, hetzij op het ontwikkelen van vergelijkbare zorg tegen lagere kosten ('slimmere zorg'). Het fonds wil voor (zorg)organisaties een stimulator zijn bij het realiseren van meer effectiviteit, efficiëntie, creativiteit en daarmee het slimmer inrichten van de zorg. Opgedane ervaringen met het gesubsidieerde project worden publiekelijk gemaakt zodat ook anderen hiermee hun voordeel kunnen doen; ☑ De Care-Award (tweejaarlijks) is ingesteld om extra aandacht te vestigen op (zorg)vernieuwende; projecten in de regio Midden-Brabant, die maatschappelijke impact hebben en waar; o.a. eigen kracht en participatie van kwetsbare groepen in de samenleving voorop; staat; ☑ Projecten die niet volledig aan de subsidievoorwaarden voldoen, maar als sympathiek worden gekenmerkt en ten goede komen aan de door het fonds beoogde doelgroep, kunnen met een sympathiesubsidie worden gehonoreerd. **INTERVENTIENIVEAU** ▶ Steun aan lokale/provinciale maatschappelijke organisaties en structuren (incl. gemeenten etc.) die diensten verlenen aan individuen.

Werkgebied ■ **ACTIERADIUS** ▶ Lokaal **LAND** ▶ Nederland **REGIO** ▶ Midden-Brabant **PLAATS** ▶ Tilburg.

Bestedingen ■ **BUDGET** ▶ € 70.000 **ONDERSTEUNDE PROJECTEN P/J** ▶ 14 **SOORT BIJDRAGE** ▶ giften garanties subsidies **BOVENGRENS** ▶ geen **ONDERGRENS** ▶ geen.

Projecten ■ **CRITERIA** ▶ ☑ Om voor subsidiering in aanmerking te komen moet er sprake zijn van een essentiële en unieke bijdrage aan een kwaliteitsverhogende en/of doelmatigheidsbevorderende verandering binnen de zorgsector; ☑ De regionale gebondenheid van de doelgroep is een vereiste. **DOORLOOPTIJD** ▶ ☑ langer dan 2 jaar **STATUS AANVRAGER** ▶ ☑ stichting of vereniging (non-profit) **VOORKEUR/UITSLUITING** ▶ ☑ Aanvragen, die afkomstig dienen te zijn van juridische rechtspersonen, kunnen nooit bestemd zijn voor wetenschappelijk onderzoek, privé doeleinden en medische technologie. ☑ Projecten mogen meerdere jaren beslaan, zolang er geen sprake is van een structurele activiteit. ☑ De belangstelling van het Bergmansfonds gaat vooral uit naar voor de regio en/of sector vernieuwende projecten waarbij eigen kracht en participatie van kwetsbare groepen in de samenleving voorop staat.

Procedure ■ **OP AANVRAAG** ▶ ja **DOORLOOPTIJD** ▶ 1-3 maanden; geen doorlooptijd bekend; geen doorlooptijd bekend; 1-3 maanden; 1-3 maanden **AANVRAAGPROCEDURE** ▶ Subsidieaanvragen moeten schriftelijk bij het bestuur worden ingediend met behulp van een standaard formulier via de website of per e-mail. De projectaanvragen dienen vergezeld te gaan met een aantal elementen die te vinden zijn op de website/aanvraagformulier. Het bestuur heeft vier vergaderingen per jaar. **URL** ▶ www.bergmansfonds.nl/subsidies/uw-aanvraag/

Financieel ■ **INKOMSTEN EV** ▶ € 226.712 **HERKOMST MIDDELEN** ▶ vermogen, overige inkomsten, giften & schenkingen **BOEKJAAR** ▶ 2019 **JAARVERSLAG OP WEBSITE** ▶ ja.

Contact ■ **BEREIKBAAR PER** ▶ ☒ post ☑ e-mail ☑ telefoon **CONTACTPERSOON** ▶ geen contactpersoon bekend **POSTADRES** ▶ Geen postadres bekend **EMAIL (ALGEMEEN)** ▶ info@bergmansfonds.nl **TELEFOON (ALGEMEEN)** ▶ 013-5920162.

117

Stichting Beringer-Hazewinkel

Rubriek ■ ☑ kunst en cultuur

Algemeen ■ **WEBSITE** ▶ www.beringerhazewinkel.nl **TYPERING** ▶ vermogensfonds **RECHTSVORM** ▶ stichting **KVK** ▶ 41018466 **ANBI STATUS** ▶ ja **DIRECTIE** ▶ geen directiegegevens bekend **BESTUUR** ▶ Drs. F.R.H. Smit, voorzitter; A. van der Veen, penningmeester; mw.drs. H. Bolt, secretaris; drs. S.Y. Leistra.

Missie ■ **DOELSTELLING** ▶ De doelstelling van de stichting is statutair bepaald. Die is het bevorderen van de schone kunsten door het verlenen van financiële steun aan het Groninger Museum, het Drents Museum en het Museum de Buitenplaats, en aan manifestaties van eigentijdse kunst in Groningen en Drenthe met een nationale of internationale uitstraling. **STICHTER(S)** ▶ Rien (Catherina Hendrika Johanna) Beringer en Ruurt Hazewinkel **HISTORIE** ▶ Oprichters en naamgevers van de stichting zijn Rien (Catherina Hendrika Johanna) Beringer (Den Haag, 19 juni 1927 - Curaçao, 5 januari 2005) en Ruurt Hazewinkel (Groningen, 30 maart 1929 - Paterswolde, 26 maart 2012). Hun belangrijkste motivatie was kunst te bevorderen. Zij waren beide bestuurslid vanaf de oprichting in 1998. Rien Beringer was beeldend kunstenares en haar werk (schilderijen, tekeningen, collages) was regelmatig te zien in exposities. In 2008 is in Museum de Buitenplaats in Eelde een overzichtstentoonstelling van haar werk gehouden onder de titel 'Leven in kleur'. Ruurt Hazewinkel was lange tijd directeur van Hazewinkel Pers te Groningen, uitgeverij van onder meer het Nieuwsblad van het Noorden. Dat de Stichting actief is in de provincies Groningen Drenthe is verklaarbaar uit het feit dit ook het gebied is waar deze krant (nu Dagblad van het Noorden) verschijnt. **BELEIDSPLAN OP WEBSITE** ▶ ja.

Doelgroep ■ **SPECIFIEK** ▶ Geen specifieke doelgroep **ACTIVITEITEN** ▶ Jaarlijks stelt het bestuur het bedrag vast dat in het komende jaar aan donaties kan worden besteed. Voor de periode 2017-2021 is een inschatting gemaakt van de jaarlijkse uitkeringen die de stichting zich voorneemt te doen waarbij een onderverdeling is gemaakt in een viertal categorieën: begunstigde musea, kleine projecten tot 10K EUR, grotere projecten tot 50K EUR en stuwende projecten >50K EUR. Voor iedere categorie is een aantal donaties vastgesteld. **INTERVENTIENIVEAU** ▶ Steun aan lokale/provinciale maatschappelijke organisaties en structuren (incl. gemeenten etc.) die diensten verlenen aan individuen.

Werkgebied ■ **ACTIERADIUS** ▶ Regionaal **LAND** ▶ Nederland **REGIO** ▶ Groningen, Drenthe.

Bestedingen ■ **BUDGET** ▶ niet openbaar **TOELICHTING** ▶ Het donatiebudget is gerelateerd aan de opbrengst van het stichtingsvermogen. **ONDERSTEUNDE PROJECTEN P/J** ▶ 43 **SOORT BIJDRAGE** ▶ giften investeringen **BOVENGRENS** ▶ geen **ONDERGRENS** ▶ geen.

Projecten ■ **CRITERIA** ▶ In deze beleidsperiode (2017-2021) richt de stichting zich in het bijzonder op projecten die talentontwikkeling in de eigentijdse kunst bevorderen en op projecten die bijdragen aan de versterking van de culturele infrastructuur in Groningen en Drenthe. Criteria: ☑ publieksbereik (bovenregionaal); ☑ artistieke vernieuwing; ☑ kwaliteit; ☑ talentontwikkeling; ☑ werkgebied; ☑ Termijn (4 maanden voor de start); ☑ Draagvlak (bijvoorbeeld meerdere steunende partijen); ☑ Financiële onderbouwing. **DOORLOOPTIJD** ▶ ☑ korter dan 1 jaar **STATUS AANVRAGER** ▶ ☑ geen beperkingen bekend **VOORKEUR/UITSLUITING** ▶ ☑ Alleen provincies Groningen en Drenthe, projecten die niet reeds gestart zijn. ☑ De overheid c.q. een reguliere overheidstaak komt niet in aanmerking voor donaties. ☑ Geen exploitatiekosten worden vergoed.

Procedure ■ **OP AANVRAAG** ▶ ja **DOORLOOPTIJD** ▶ 3-6 maanden **AANVRAAGPROCEDURE** ▶ U dient digitaal een volledig ingevuld aanvraagformulier te sturen met de gevraagde financiële, inhoudelijke informatie. Hiervoor dient u een account aan te maken. Bijlagen zijn: ☑ projectbeschrijving; ☑ begroting; ☑ dekkingsplan. U kunt uw aanvraag tussentijds opslaan; Na volledige invulling en ondertekening kunt de aanvraag indienen. Na het indienen ontvangt u per e-mail een bevestiging. Uw aanvraag wordt binnen vier maanden in behandeling genomen. U kunt de status van uw aanvraag volgen in uw account. **URL** ▶ www.beringerhazewinkel.nl/aanvraag/

Financieel ■ **INKOMSTEN EV** ▶ € 3.007.248 **HERKOMST MIDDELEN** ▶ vermogen, legaten, giften & schenkingen, overige inkomsten, inkomsten uit vermogen **BOEKJAAR** ▶ 2019.

Contact ■ **BEREIKBAAR PER** ▶ ☑ post ☑ e-mail ☒ telefoon **CONTACTPERSOON** ▶ Mw. J.G. Kok **POSTADRES** ▶ Watermolendijk 3, 9482 TD Tynaarlo **EMAIL (ALGEMEEN)** ▶ info@beringerhazewinkel.nl.

118
Bertien Fonds

Rubriek ■ ☑ kunst en cultuur

Algemeen ■ **WEBSITE** ▶ www.cultuurfonds.nl **TYPERING** ▶ fonds op naam **BEHEERD DOOR** ▶ Prins Bernhard Cultuurfonds **DIRECTIE** ▶ zie Prins Bernhard Cultuurfonds **BESTUUR** ▶ zie Prins Bernhard Cultuurfonds

Missie ■ **DOELSTELLING** ▶ Het financieel ondersteunen van producties voor jong talent zodat zij zich kunnen presenteren aan een publiek en de nodige praktijkervaring kunnen opdoen, met een voorkeur voor beeldende kunst, podiumkunsten en film.

Werkgebied ■ **ACTIERADIUS** ▶ Nationaal **LAND** ▶ Nederland.

Projecten ■ **CRITERIA** ▶ geen projectcriteria bekend **DOORLOOPTIJD** ▶ ☑ korter dan 1 jaar **STATUS AANVRAGER** ▶ ☑ geen beperkingen bekend **VOORKEUR/UITSLUITING** ▶ Voorkeur gaat uit naar jong talent op het gebied van de beeldende kunst, podiumkunsten en film.

Procedure ■ **OP AANVRAAG** ▶ ja **AANVRAAGPROCEDURE** ▶ Dit 'fonds op naam' ressorteert onder het Prins Bernhard Cultuurfonds. Verzoeken aan fondsen op naam komen op één centraal punt binnen. Dit houdt in dat een subsidieaanvraag slechts eenmaal aan het Prins Bernhard Cultuurfonds hoeft te worden gezonden. Voor de verdere aanvraagprocedure: zie Prins Bernhard Cultuurfonds. **URL** ▶ www.cultuurfonds.nl/aanvragen

Contact ■ **BEREIKBAAR PER** ▶ ☑ post ☑ e-mail ☑ telefoon **CONTACTPERSOON** ▶ geen contactpersoon bekend **POSTADRES** ▶ Postbus 19750, 1000 GT Amsterdam **EMAIL (ALGEMEEN)** ▶ info@cultuurfonds.nl **TELEFOON (ALGEMEEN)** ▶ 020-5206130.

119
Stichting BeSt

Rubriek ■ ☑ maatschappij, welzijn en samenleving ☑ gezondheidszorg

Algemeen ■ **WEBSITE** ▶ www.stichtingbest.nl **TYPERING** ▶ goededoelenorganisatie **OPGERICHT** ▶ 02-09-2004 **RECHTSVORM** ▶ stichting **KVK** ▶ 24366412 **ANBI STATUS** ▶ ja **DIRECTIE** ▶ geen directiegegevens bekend **BESTUUR** ▶ D. Peeters, voorzitter; J. van Kersbergen, penningmeester; A. Roodhuyzen de Vries, secretaris; mw. O. Korte; mw. W. Keijzer.

Missie ■ **DOELSTELLING** ▶ Het leveren van een maatschappelijke meerwaarde voor de stad Rotterdam. Deze meerwaarde beslaat enerzijds de ontwikkeling en uitvoering van eigen projecten door de Stichting en anderzijds het geven van bijstand, al dan niet financieel, aan projecten van andere personen en/of instellingen en voorts al hetgeen in de ruimste zin met één en ander verband houdt, daartoe behoort en/of daartoe bevorderlijk kan zijn. **STICHTER(S)** ▶ Rotterdamsch Studenten Corps & Rotterdamse Vrouwelijke Studenten Vereeniging **HISTORIE** ▶ Stichting Betrokken Student (BeSt) is in 2004 opgericht vanuit een initiatief van het Rotterdamsch Studenten Corps en de Rotterdamsche Vrouwelijke Studenten Vereeniging om een maatschappelijke meerwaarde te creëren voor de stad Rotterdam. Het initiatief van Stichting BeSt komt voort uit het idee als studenten iets te willen doen voor de mensen in de samenleving (voornamelijk Rotterdam), die minder bedeeld zijn. De naam BeSt komt voort uit de woorden 'Betrokken' en 'Student'. Daarnaast is het als studentenvereniging van belang een andere kant van de studentenwereld te laten zien en de maatschappelijke betrokkenheid van onze leden te tonen.

Doelgroep ■ **ALGEMEEN** ▶ jongeren, armen, dak- en thuislozen, kinderen, ouderen, zieken, gehandicapten **SPECIFIEK** ▶ Kinderen, gehandicapten, minder bedeelden, de buurt waarin de sociëteiten zich bevinden en de cultuur in de stad Rotterdam. **ACTIVITEITEN** ▶ De pijlers van de stichting zijn: jeugd, gehandicapten, cultuur en Rotterdam. Projecten, activiteiten en subsidieaanvragen worden gespiegeld aan deze pijlers en bepalen daarmee de uitstraling van Stichting BeSt. **INTERVENTIENIVEAU** ▶ Steun aan lokale/provinciale maatschappelijke organisaties en structuren (incl. gemeenten etc.) die diensten verlenen aan individuen.

Werkgebied ■ **ACTIERADIUS** ▶ Lokaal **LAND** ▶ Nederland **PLAATS** ▶ Rotterdam.

Bestedingen ■ **BUDGET** ▶ € 60.000 **SOORT BIJDRAGE** ▶ giften overig **BOVENGRENS** ▶ € 1.000 **ONDERGRENS** ▶ geen.

Projecten ■ **CRITERIA** ▶ ☑ De aanvrager is een rechtspersoon; ☑ Het project heeft een maximale looptijd van 24 maanden; ☑ De aanvrager dient over aantoonbare capaciteiten te beschikken om het project uit te voeren; ☑ Het project levert een zichtbare structurele bijdrage aan een van de vier pijlers van Stichting BeSt; jeugd, cultuur, hulpbehoevenden en Rotterdam, in de stad; Rotterdam; ☑ Projecten hebben een ontwikkelingsperspectief, ze zijn duurzaam en leiden tot structurele verbeteringen; ☑ In geval van deelfinanciering vindt toekenning plaats ander voorbehoud dat er een; dekkend financieringsplan is; ☑ Er worden geen kosten vergoed die al zijn gemaakt. **DOORLOOPTIJD** ▶ ☑ 1 - 2 jaar ☑ korter dan 1 jaar **STATUS AANVRAGER** ▶ ☑ stichting of vereniging (non-profit) **VOORKEUR/UITSLUITING** ▶ Projecten en kosten die niet in aanmerking komen voor financiering: ☑ Exploitatiekosten; ☑ Structurele personeelskosten; ☑ aanvragen voor individuele steun; ☑ Aanvragen voor particulieren; ☑ Projecten waar geen dekkende begroting voor staat; ☑ Promotieonderzoek.

Procedure ■ **OP AANVRAAG** ▶ ja **AANVRAAGPROCEDURE** ▶ De aanvrager dient minimaal twee maanden voor aanvang van het project een ondertekende aanvraag in via de website van Stichting BeSt of via de post. De aanvraag zal behandeld worden in de eerstvolgende vergadering van de Stichting BeSt commissie. Behandelde aanvragen worden door de Stichting BeSt commissie gedocumenteerd en doorgegeven aan het Bestuur van Stichting BeSt. Het Bestuur van Stichting BeSt vergaderd vier maal per jaar en maakt dan de eindbeslissing over het dan wel, dan niet toekennen van een subsidie. Als de aanvraag wordt goedgekeurd ontvangt de aanvrager een toekenningsbrief van Stichting BeSt. Indien de aanvraag wordt afgekeurd ontvangt de aanvrager een afwijzingsbrief met de reden van afwijzing. **URL** ▶ www.stichtingbest.nl/subsidie

Financieel ■ **EIGEN VERMOGEN** ▶ € 138.530 **INKOMSTEN OV** ▶ € 61.596 **HERKOMST MIDDELEN** ▶ vermogen **BOEKJAAR** ▶ 2018 **JAARVERSLAG OP WEBSITE** ▶ ja.

Contact ■ **BEREIKBAAR PER** ▶ ☑ post ☑ e-mail ☑ telefoon **CONTACTPERSOON** ▶ geen contactpersoon bekend **POSTADRES** ▶ Robert Baeldestraat 55, 3061 TH Rotterdam **EMAIL (ALGEMEEN)** ▶ stichtingbest@rsc-rvsv.nl **TELEFOON (ALGEMEEN)** ▶ 010-2708091.

120
Beter Bouw Fonds

Rubriek ■ ☑ kunst en cultuur

Algemeen ■ **WEBSITE** ▶ www.cultuurfonds.nl **TYPERING** ▶ fonds op naam **BEHEERD DOOR** ▶ Prins Bernhard Cultuurfonds **DIRECTIE** ▶ zie > Prins Bernhard Cultuurfonds **BESTUUR** ▶ zie > Prins Bernhard Cultuurfonds

Missie ■ **DOELSTELLING** ▶ Het financieel ondersteunen van projecten op het gebied van de vernieuwende architectuur, waarbij ecologische, milieubewuste en antroposofische aspecten centraal staan.

Werkgebied ■ **ACTIERADIUS** ▶ Nationaal **LAND** ▶ Nederland.

Projecten ■ **CRITERIA** ▶ geen projectcriteria bekend **DOORLOOPTIJD** ▶ ☑ korter dan 1 jaar **STATUS AANVRAGER** ▶ ☑ geen beperkingen bekend **VOORKEUR/UITSLUITING** ▶ geen voorkeur of uitsluiting bekend.

Procedure ■ **OP AANVRAAG** ▶ ja **AANVRAAGPROCEDURE** ▶ Dit 'fonds op naam' ressorteert onder het Prins Bernhard Cultuurfonds. Verzoeken aan fondsen op naam komen op één centraal punt binnen. Dit houdt in dat een subsidieaanvraag slechts eenmaal aan het Prins Bernhard Cultuurfonds hoeft te worden gezonden. Voor de verdere aanvraagprocedure: zie Prins Bernhard Cultuurfonds. **URL** ▶ www.cultuurfonds.nl/aanvragen

Contact ■ **BEREIKBAAR PER** ▶ ☑ post ☑ e-mail ☑ telefoon **CONTACTPERSOON** ▶ geen contactpersoon bekend **POSTADRES** ▶ Postbus 19750, 1000 GT Amsterdam **EMAIL (ALGEMEEN)** ▶ info@cultuurfonds.nl **TELEFOON (ALGEMEEN)** ▶ 020-5206130.

121
Betsy Perk-Opleidingsfonds (BPO)

Rubriek ■ ☑ onderwijs en onderzoek

Algemeen ■ **WEBSITE** ▶ www.tesselschade-arbeidadelt.nl/fondsen/betsy+perk-opleidingsfonds+bpo **TYPERING** ▶ fonds op naam **BEHEERD DOOR** ▶ Tesselschade-Arbeid Adelt **DIRECTIE** ▶ zie > Tesselschade-Arbeid Adelt **BESTUUR** ▶ zie > Tesselschade-Arbeid Adelt **BESTUUR** ▶ Mw. J.M. van Leeuwen-Brinkhoff, voorzitter; mw. W.L. Asjes-Tydedman, penningmeester; mw. K.I.E van Dam-Hopman, LLM, secretaris; mw. D.H. Jeene-Rothuizen.

Missie ■ **DOELSTELLING** ▶ Het doel van het Betsy Perk-Opleidingsfonds is vrouwen financieel te ondersteunen in de kosten van hun opleiding, mits deze studie na afronding de mogelijkheid biedt tot economische zelfstandigheid. Vele opleidingen op verschillende niveaus (mbo, hbo, universitair) en in diverse richtingen komen in aanmerking, zoals bijvoorbeeld geneeskunde, rechten, pabo, verpleegkunde, en ook technische opleidingen. **STICHTER(S)** ▶ Betsy Perk (1833–1906) en Jeltje de Bosch Kemper (1836–1916) **HISTORIE** ▶ Het fonds in zijn huidige vorm is ontstaan in 1953 uit het Betsy Perk Fonds en het Opleidingsfonds voor Vrouwen, naar aanleiding van de fusie van de Vereniging Arbeid Adelt en de Vereniging Tesselschade. Het fonds dankt zijn naam aan de oprichtster van de Algemeene Nederlandsche Vrouwenvereniging Arbeid Adelt, Betsy Perk (1833–1906). Zij was het die zich het lot van de onvermogende, ongehuwde, 'beschaafde' vrouw uit haar eigen stand aantrok. Betsy Perk en jonkvrouwe Jeltje de Bosch Kemper (1836–1916), één van de oprichtsters van de 'Vereniging Tesselschade', zetten zich al in de laatste jaren van de 19de eeuw in voor vrouwen die wel een opleiding wilden volgen, maar niet over voldoende geld beschikten. **BELEIDSPLAN OP WEBSITE** ▶ ja.

Werkgebied ■ **ACTIERADIUS** ▶ Nationaal **LAND** ▶ Nederland.

Projecten ■ **CRITERIA** ▶ ☑ Het Betsy Perk-Opleidingsfonds ondersteunt uitsluitend vrouwen; ☑ De opleiding wordt gevolgd bij een officieel door het Rijk erkende instelling (diverse niveaus en richtingen zijn mogelijk); ☑ Belangrijk bij de acceptatieprocedure is het arbeidsperspectief van de opleiding; ☑ Het Betsy Perk-Opleidingsfonds verstrekt jaarlijks maximaal het collegegeld zoals dat voor het betreffende studiejaar is vastgesteld. **DOORLOOPTIJD** ▶ ☑ korter dan 1 jaar **STATUS AANVRAGER** ▶ ☑ individuen/gezinnen **VOORKEUR/UITSLUITING** ▶ Niet in aanmerking komen: ☑ niet door het Rijk erkende dan wel gecertificeerde opleidingen; ☑ stage, studie, onderzoek, congresbezoek in het buitenland ook al ontvangt de kandidate hier extra ECTS-punten voor; ☑ promotie-onderzoek, drukkosten proefschrift; ☑ Post Bachelor HBO studie; ☑ (Post)Master opleiding na voltooide HBO-studie; ☑ Postmaster/postdoctorale studie; ☑ tweede studie of derde studie; ☑ buitenlandse kandidaten, die uitsluitend om studieredenen naar Nederland komen; ☑ kandidaten met een hoge tot zeer hoge schuld (met uitzondering van studieschuld DUO).

Procedure ■ **OP AANVRAAG** ▶ ja **AANVRAAGPROCEDURE** ▶ Men kan een aanvraag indienen door middel van het schrijven van een gemotiveerde brief en het invullen van het aanvraagformulier die te downloaden is via de website. De volgende bijlagen dienen te orden meegeleverd: ☑ CV; ☑ brief van de instellingsdecaan of van een maatschappelijk ondersteuner; ☑ begroting van inkomsten en uitgaven opgenomen in het BPO aanvraagformulier waarbij de inkomsten en uitgaven van een eventuele partner zijn opgenomen; ☑ begroting van de studiekosten; ☑ indien er sprake is van schulden een specificatie van de schulden; ☑ een bericht van de DUO/IB groep waaruit blijkt dat de kandidate wel (of geen) recht heeft op studiefinanciering; ☑ de namen van studiefondsen in Nederland waar eveneens een studiebijdrage is aangevraagd. Met daarbij de eventuele reacties op de aanvraag; ☑ indien van toepasing de verblijfsvergunning. Deze dienen tezamen verzonden te worden per email naar bpo@tesselschade-arbeidadelt.nl De commissie vergadert driemaal per jaar, in januari, mei en september. Onvolledige aanvragen worden niet in behandeling genomen. **URL** ▶ www.tesselschade-arbeidadelt.nl/voorwaarden+betsy+perk-opleidingsfonds+bpo

Contact ■ **BEREIKBAAR PER** ▶ ☑ post ☑ e-mail ☒ telefoon **CONTACTPERSOON** ▶ geen contactpersoon bekend **POSTADRES** ▶ Bussummerweg 19, 1261 BX Blaricum **EMAIL (ALGEMEEN)** ▶ bpo@tesselschade-arbeidadelt.nl.

122

Stichting Bettie Wiegman Fonds

Rubriek ■ ☑ natuur, milieu en dieren ☑ onderwijs en onderzoek

Algemeen ■ **WEBSITE** ▶ www.bettiewiegmanfonds.nl **TYPERING** ▶ vermogensfonds **OPGERICHT** ▶ 26-05-1999 **RECHTSVORM** ▶ stichting **KVK** ▶ 01085093 **ANBI STATUS** ▶ ja **DIRECTIE** ▶ geen directiegegevens bekend **BESTUUR** ▶ Mw. T. Ultee-van Wieringen, voorzitter; E. Struif, penningmeester; J.L. Kooijmans, secretaris; B.J. Prak.

Missie ■ **DOELSTELLING** ▶ De stichting heeft ten doel het stimuleren van onderzoek naar en bescherming van in Nederland en met name in Noord Nederland en het Waddengebied voorkomende vogels, alsmede het verrichten van alle verdere handelingen die met het vorenstaande in de ruimste zin verband houden of daartoe bevorderlijk kunnen zijn.

Doelgroep ■ **ALGEMEEN** ▶ dieren **SPECIFIEK** ▶ Geen specifieke doelgroep **ACTIVITEITEN** ▶ De stichting tracht haar doel onder meer te verwezenlijken door het instandhouden en beheren van de uit de nalatenschap van mevrouw Elisabeth Antje Wiegman ontvangen gelden. De activiteiten in 2019 waren het steunen van: ☑ Kenniscentrum Akkervogels - Wulpenkuikens in agrarische gebied; ☑ Vogelwacht Oldeholtpade eo - drijvend vogeleiland. **INTERVENTIENIVEAU** ▶ Steun aan individuen (directe steun).; Steun aan lokale/provinciale maatschappelijke organisaties en structuren (incl. gemeenten etc.) die diensten verlenen aan individuen.

Werkgebied ■ **ACTIERADIUS** ▶ Regionaal **LAND** ▶ Nederland **REGIO** ▶ Noord-Nederland.

Bestedingen ■ **BUDGET** ▶ niet openbaar **ONDERSTEUNDE PROJECTEN P/J** ▶ 2 **SOORT BIJDRAGE** ▶ subsidies **BOVENGRENS** ▶ € 10.000 **ONDERGRENS** ▶ geen.

Projecten ■ **CRITERIA** ▶ Het project: ☑ wordt uitgevoerd in één van de drie noordelijke provincies, het Waddengebied of de Noordoostpolder; ☑ richt zich op sleutelfactoren van het leefgebied of van doelsoorten; ☑ is gebaseerd op vrijwilligerswerk. **DOORLOOPTIJD** ▶ ☑ onbekend **STATUS AANVRAGER** ▶ ☑ geen beperkingen bekend **VOORKEUR/UITSLUITING** ▶ Voorkeur gaat uit naar de bescherming van roofvogels en uilen. Exploitatietekorten, salariskosten en dergelijke zijn van steun uitgesloten.

Procedure ■ **OP AANVRAAG** ▶ ja **DOORLOOPTIJD** ▶ 6-12 maanden **AANVRAAGPROCEDURE** ▶ Aanvragen kunnen uitsluitend worden ingediend door het invullen van het standaard aanvraagformulier t.a.v. de secretaris. Deze is te downloaden via de website en dient per post of per e-mail te worden verstuurd. Aanvragen kunnen slechts één keer per jaar worden ingediend: voor 15 februari. Inzenders krijgen een ontvangstbevestiging. Het bestuur beoordeelt de aanvragen tijdens de jaarvergadering. Alle inzenders krijgen binnen 8 weken te horen of de aanvraag al dan niet in aanmerking komt voor ondersteuning. **URL** ▶ www.bettiewiegmanfonds.nl/werkwijze/

Financieel ■ **EIGEN VERMOGEN** ▶ € 630.785 **INKOMSTEN EV** ▶ € 95.655 **HERKOMST MIDDELEN** ▶ inkomsten uit vermogen, vermogen **BOEKJAAR** ▶ 2019 **JAARVERSLAG OP WEBSITE** ▶ ja.

Contact ■ **BEREIKBAAR PER** ▶ ☑ post ☑ e-mail ☒ telefoon **CONTACTPERSOON** ▶ J.L. Kooijmans **POSTADRES** ▶ Postbus 925, 3700 AX Zeist **EMAIL (ALGEMEEN)** ▶ jip.louwekooijmans@vogelbescherming.nl.

123

Stichting Bevordering Maatschappelijke Dienstverlening Rotterdam

Rubriek ■ ☑ gezondheidszorg ☑ maatschappij, welzijn en samenleving

Algemeen ■ **WEBSITE** ▶ www.rotterdamsefondsen.nl/fonds/113/stichting-bevordering-maatschappelijke-dienstverlening-rotterdam

TYPERING ▶ vermogensfonds **BEHEERD DOOR** ▶ Vereniging Rotterdamse Fondsen **OPGERICHT** ▶ 31-12-1975 **RECHTSVORM** ▶ stichting **KVK** ▶ 41125620 **ANBI STATUS** ▶ nee **DIRECTIE** ▶ geen directiegegevens bekend **BESTUUR** ▶ Mr. H.E.M. Vrolijk, voorzitter; mr. F.Ch.M. Tilman, penningmeester; dr. A. Pool, secretaris; mw. W.A. Corbeth; drs. L. de Hoog; mw. T. van Wijngaarden-van Dieren; mw. G. Pols.

Missie ■ **DOELSTELLING** ▶ Bevordering van maatschappelijke dienstverlening in het bijzonder in Rotterdam en omgeving. De stichting heeft daarbij vooral de thuiszorg op het oog, maar wil zich tevens richten op andere activiteiten. **HISTORIE** ▶ Het fonds is ontstaan uit vrijwilligersbijdragen van leden van het Groene Kruis Rotterdam voor de ontwikkeling van de afdeling gezinsverzorging.

Doelgroep ■ **ALGEMEEN** ▶ ouderen, zieken, jongeren, gehandicapten, armen **SPECIFIEK** ▶ Geen specifieke doelgroep **ACTIVITEITEN** ▶ Geen specifieke activiteiten bekend **INTERVENTIENIVEAU** ▶ Steun aan lokale/provinciale maatschappelijke organisaties en structuren (incl. gemeenten etc.) die diensten verlenen aan individuen.

Werkgebied ■ **ACTIERADIUS** ▶ Regionaal, Nationaal **LAND** ▶ Nederland **REGIO** ▶ Rotterdam.

Bestedingen ■ **BUDGET** ▶ niet openbaar **ONDERSTEUNDE PROJECTEN P/J** ▶ 17 **SOORT BIJDRAGE** ▶ giften **BOVENGRENS** ▶ € 30.000 **ONDERGRENS** ▶ geen.

Projecten ■ **CRITERIA** ▶ Projecten van rechtspersonen en vrijwilligersorganisaties in de maatschappelijke dienstverlening, thuiszorg, eerstelijnszorg. **DOORLOOPTIJD** ▶ ☑ korter dan 1 jaar **STATUS AANVRAGER** ▶ ☑ stichting of vereniging (non-profit) ☑ overig **VOORKEUR/UITSLUITING** ▶ Uitzondering van kinderopvang, koepelorganisaties, voedselhulp en activiteiten van kerkelijke organisaties.

Procedure ■ **OP AANVRAAG** ▶ ja **DOORLOOPTIJD** ▶ 3-6 maanden **AANVRAAGPROCEDURE** ▶ Per telefoon of e-mail kan bij de secretaris een aanvraagformulier en de criteria worden opgevraagd. Het bestuur van de stichting vergadert tweemaal per jaar over de steunaanvragen van diverse instanties. De te steunen projecten zijn veelal kortlopend.

Financieel ■ **INKOMSTEN EV** ▶ € 666.023 **HERKOMST MIDDELEN** ▶ overige inkomsten **BOEKJAAR** ▶ 2019 **JAARVERSLAG OP WEBSITE** ▶ ja.

Contact ■ **BEREIKBAAR PER** ▶ ☑ post ☑ e-mail ☑ telefoon **CONTACTPERSOON** ▶ Mw. M. van der Sluijs **POSTADRES** ▶ Schiekade 77, 3033 BE Rotterdam **EMAIL (ALGEMEEN)** ▶ secretariaat@bmdr.nl **TELEFOON (ALGEMEEN)** ▶ 0180-553266.

124
Stichting Bevordering van Volkskracht

Rubriek ■ ☑ gezondheidszorg ☑ kunst en cultuur ☑ maatschappij, welzijn en samenleving ☑ mensenrechten, vrede en veiligheid ☑ natuur, milieu en dieren ☑ sport en recreatie ☑ onderwijs en onderzoek

Algemeen ■ **WEBSITE** ▶ www.volkskracht.nl **TYPERING** ▶ vermogensfonds **OPGERICHT** ▶ 07-11-1923 **RECHTSVORM** ▶ stichting **KVK** ▶ 41125823 **ANBI STATUS** ▶ ja **DIRECTIE** ▶ geen directiegegevens bekend **BESTUUR** ▶ Mw.mr.drs. J.C.A.T. de Frima, voorzitter; mw.mr. T.L. Cieremans, secretaris; mr. M.C. de Voogd; ir. A.A. Vos; mr. A.H. Geerling; mw. R.M. Braunstahl-Reijnhart; mw.mr. W.L. Gillis-Burleson; mw. C.H. Klinkhamer; drs. J.A. de Bruijn RA.

Missie ■ **DOELSTELLING** ▶ De bevordering van het geestelijke en lichamelijke welzijn van de bevolking van Rotterdam. **STICHTER(S)** ▶ W.S. Burger **HISTORIE** ▶ De Stichting Bevordering van Volkskracht werd op 7 november 1923 opgericht door de Rotterdamse cargadoor Willem Simon Burger. W.S. Burger werd in 1853 in Rotterdam geboren. Reeds op vijf en twintigjarige leeftijd werd hij opgenomen in de firma Boutmy & Co. in Rotterdam. Later zou hij zijn werkzaamheden voor deze firma ook in Antwerpen uitoefenen. Hij trouwde in 1896 met Hermina Helena van Gijen, welk huwelijk kinderloos bleef. Bij het overlijden van Burger in 1933 was de Stichting Bevordering van Volkskracht enig erfgenaam van zijn aanzienlijke vermogen. **BELEIDSPLAN OP WEBSITE** ▶ ja.

Doelgroep ■ **ALGEMEEN** ▶ armen, dak- en thuislozen, dieren, gehandicapten, jongeren, kinderen, ouderen, vluchtelingen, vrouwen, mannen, zieken **SPECIFIEK** ▶ Geen specifieke doelgroep **ACTIVITEITEN** ▶ De stichting verstrekt financiële steun aan Rotterdamse instellingen op het gebied van volksontwikkeling en vormingswerk, sport en recreatie, gezondheidszorg, maatschappelijke dienstverlening, wetenschap, kunst en cultuur, kinderbescherming en kinderzorg, bouwkunde alsmede natuur en milieu. De stichting betracht strikte onzijdigheid op godsdienstig en politiek gebied. Zij onthoudt zich van steun aan of oprichting van instellingen van bepaalde godsdienstige of politieke richting. Volkskracht bezit een ruime expertise op het gebied van het beheren van vermogens en het op verantwoorde wijze uitvoering geven aan de wensen van de oprichters van de stichtingen bij de wijze waarop deze vermogens ten goede komen aan de Rotterdamse samenleving. De stichting is onderdeel van een koepelorganisatie. **INTERVENTIENIVEAU** ▶ Steun aan familie en omgeving van individuen.; Steun aan individuen (directe steun).; Steun aan lokale/provinciale maatschappelijke organisaties en structuren (incl. gemeenten etc.) die diensten verlenen aan individuen.

Werkgebied ■ **ACTIERADIUS** ▶ Lokaal **LAND** ▶ Nederland **PLAATS** ▶ Rotterdam.

Bestedingen ■ **BUDGET** ▶ € 1.796.538 **TOELICHTING** ▶ het beschikbare budget, dat tussen de 3 en 4% van het vermogen **ONDERSTEUNDE PROJECTEN P/J** ▶ 345 **SOORT BIJDRAGE** ▶ giften garanties **BOVENGRENS** ▶ geen **ONDERGRENS** ▶ geen.

Projecten ■ **CRITERIA** ▶ Projecten voor instellingen die in Rotterdam werkzaam zijn op sociaal, cultureel, sport of ander maatschappelijk terrein. **DOORLOOPTIJD** ▶ ☑ korter dan 1 jaar **STATUS AANVRAGER** ▶ ☑ stichting of vereniging (non-profit) ☑ kerkelijke instelling ☑ bedrijf ☑ onderwijsinstelling **VOORKEUR/UITSLUITING** ▶ ☑ Strikt beperkt tot Rotterdam. ☑ Geen bijdragen worden verstrekt voor de financiering van exploitatietekorten; ☑ geen steun aan of oprichting van instellingen van bepaalde godsdienstige of politieke richting. ☑ Geen uitwisselingsprojecten.

Procedure ■ **OP AANVRAAG** ▶ ja **DOORLOOPTIJD** ▶ 1-3 maanden **AAN-**

VRAAGPROCEDURE ► U kunt het formulier online invullen en versturen of u kunt het aanvraagformulier (PDF) downloaden, uitprinten, invullen, ondertekenen en samen met de verplichte bijlagen per e-mail toezenden aan het secretariaat. De aanvraag dient minimaal drie maanden van tevoren ingediend te worden. U ontvangt u altijd een ontvangstbevestiging. De behandeling van een verzoek duurt meestal één tot drie maanden. Zodra het bestuur een besluit heeft genomen, ontvangt u hierover schriftelijk bericht. **URL** ► www.volkskracht.nl/Stichtingen/Stichting-Bevordering-van-Volkskracht/Aanvraagformulier

Financieel ■ **INKOMSTEN OV** ► € 45.446 **HERKOMST MIDDELEN** ► vermogen, legaten **BOEKJAAR** ► 2019 **JAARVERSLAG OP WEBSITE** ► ja.

Contact ■ **BEREIKBAAR PER** ► ☑ post ☑ e-mail ☑ telefoon **CONTACTPERSOON** ► geen contactpersoon bekend **POSTADRES** ► Postbus 1110, 3000 BC Rotterdam **EMAIL (ALGEMEEN)** ► secretariaat@volkskracht.nl **TELEFOON (ALGEMEEN)** ► 010-2240323.

125
Bianchi Herstelrecht Stichting

Rubriek ■ ☑ mensenrechten, vrede en veiligheid

Algemeen ■ **WEBSITE** ► www.bianchiherstelrechtstichting.nl **TYPERING** ► vermogensfonds **RECHTSVORM** ► stichting **KVK** ► 52052443 **ANBI STATUS** ► ja **DIRECTIE** ► geen directiegegevens bekend **BESTUUR** ► T.M. van der Klinkhamer, penningmeester; J.W. Zwart, secretaris; R. Pudge; M. van den Berg.

Missie ■ **DOELSTELLING** ► De doelstelling van de stichting is het bevorderen van de studie voor herstelrecht waarbij het begrip herstelrecht dient overeen te komen met de levenslange studie over dit onderwerp van Professor Dr. Thomas Hermanus Bianchi (1924). **HISTORIE** ► Prof. Dr. Bianchi studeerde aan de Vrije Universiteit te Amsterdam en promoveerde in 1956 op een studie over de theoretische grondslagen van de criminologie. Sedert 1958 is hij hoogleraar geweest aan de VU te Amsterdam in de criminologie. Het actuele beleid van de stichting richt zich op het leveren van een bijdrage in de bevordering van de studie over het Herstelrecht door middel van het ter beschikking stellen van een geldbedrag aan een persoon, vereniging of instelling die/welke zich verdienstelijk heeft gemaakt op het gebied van het herstelrecht. **BELEIDSPLAN OP WEBSITE** ► ja.

Doelgroep ■ **ALGEMEEN** ► mannen, vrouwen **SPECIFIEK** ► Persoon, vereniging of instelling die / welke zich verdienstelijk heeft gemaakt op het gebied van het herstelrecht. **ACTIVITEITEN** ► De werkzaamheden van de stichting richten zich op dit moment op de benoeming van de wetenschappelijke adviescommissie en het in kaart brengen van de gedachtevorming over het Herstelrecht. Op 14 mei 2012 is voor de eerste keer de Bianchi Herstelrechtprijs uitgereikt. Aan de stichting Restorative Justice Nederland en aan dr. Jacques Claessen voor zijn proefschrift 'Misdaad en straf'. **INTERVENTIENIVEAU** ► Onbekend.

Werkgebied ■ **ACTIERADIUS** ► Nationaal **LAND** ► Nederland.

Bestedingen ■ **BUDGET** ► niet openbaar **SOORT BIJDRAGE** ► giften subsidies **BOVENGRENS** ► geen **ONDERGRENS** ► geen.

Projecten ■ **CRITERIA** ► geen projectcriteria bekend **DOORLOOPTIJD** ► ☑ onbekend **STATUS AANVRAGER** ► ☑ geen beperkingen bekend **VOORKEUR/UITSLUITING** ► geen voorkeur of uitsluiting bekend.

Procedure ■ **OP AANVRAAG** ► onbekend **AANVRAAGPROCEDURE** ► Geen aanvraagprocedure bekend. Contact worden opgenomen met de stichting via het contactformulier op de website.

Financieel ■ **EIGEN VERMOGEN** ► € 575.889 **INKOMSTEN EV** ► € 354.416 **HERKOMST MIDDELEN** ► giften & schenkingen, legaten, overige inkomsten **BOEKJAAR** ► 2018 **JAARVERSLAG OP WEBSITE** ► ja.

Contact ■ **BEREIKBAAR PER** ► ☑ post ☒ e-mail ☒ telefoon **CONTACTPERSOON** ► geen contactpersoon bekend **POSTADRES** ► Obrechtstraat 18, 8916 EN Leeuwarden.

126
Bijbelvereniging voorheen de Nederlandse Gideons

Rubriek ■ ☑ gezondheidszorg ☑ maatschappij, welzijn en samenleving ☑ kerk en levensbeschouwing ☑ vluchtelingenhulp

Algemeen ■ **WEBSITE** ► www.bijbelvereniging.nl **TYPERING** ► hybride fonds **OPGERICHT** ► 28-01-1948 **RECHTSVORM** ► vereniging **KVK** ► 40407494 **ANBI STATUS** ► ja **DIRECTIE** ► geen directiegegevens bekend **BESTUUR** ► H.M. Jager, voorzitter; A.P. van Leeuwen, penningmeester; W. van Halem, secretaris; A.J. Hulzebosch; mw.ds. A. van der Meij.

Missie ■ **DOELSTELLING** ► De vereniging heeft als doel het verspreiden van het Evangelie zoals dit in de Bijbel – Gods Heilig Woord – is geopenbaard, opdat velen met dit Evangelie in aanraking komen en hun leven hiernaar richten. **HISTORIE** ► In 1946 waren enkele Nederlandse zakenmensen in de Verenigde Staten. Zij vonden in hun hotelkamer een Bijbel. Die Bijbel was daar geplaatst door The Gideons International. Deze organisatie is in 1899 opgericht door drie zakenmensen met als doel om in iedere hotelkamer een Bijbel te leggen. Het idee om op deze manier Bijbels te verspreiden, werd in meer landen opgepakt. Zo ontstonden er over de hele wereld afdelingen van The Gideons International. Inmiddels in bijna 200 landen! In januari 1948 werd in Nederland een afdeling opgericht onder de naam 'De Nederlandse Gideons'. Deze Nederlandse afdeling kreeg de steun van The Gideons International. De vereniging 'De Nederlandse Gideons' groeide en in 1951 werd een buitendienst-medewerker in dienst genomen om hotels te bezoeken en daar Bijbels te plaatsen. In 1976 wilden enkele leden van 'De Nederlandse Gideons' dat niet alleen de buitendienst-medewerker de Bijbels zou plaatsen, maar dat – net zoals dat gebeurt in al de landen van The Gideons International – de leden zelf Bijbels gaan verspreiden. Deze leden sluiten zich aan bij The Gideons International. De bestaande vereniging 'De Nederlandse Gideons' werd in 1985 officieel voortgezet onder de naam 'Bijbelvereniging, voorheen de Nederlandse Gideons'. **BELEIDSPLAN OP WEBSITE** ► ja.

Doelgroep ■ ALGEMEEN ▶ gelovigen, jongeren, vrouwen, mannen SPECIFIEK ▶ Overnachtingslocaties en kerkelijke organisaties. ACTIVITEITEN ▶ De Bijbelvereniging, voorheen de Nederlandse Gideons, legt Bijbels en Bijbelgedeelten neer op plaatsen waar mensen overnachten. Daarbij richt de Bijbelvereniging zich vooral op hotels, pensions, vakantieverblijven, ziekenhuizen, zorgcentra, hospices, gevangenissen en schepen. Daarnaast verstrekt de vereniging gratis Bijbeluitgaven aan diaconale instellingen, evangelisatiecommissies, missionaire werkgroepen, asiel- en vluchtelingenbezoekers, verplegenden, pastoraal werkers, ouderen- en mantelzorgers en andere warm- en barmhartigen. INTERVENTIENIVEAU ▶ Steun aan individuen (directe steun).

Werkgebied ■ ACTIERADIUS ▶ Nationaal LAND ▶ Nederland.

Bestedingen ■ BUDGET ▶ niet openbaar TOELICHTING ▶ De Bijbels worden betaald uit donaties, giften en collecten van onder meer leden, donateurs en kerken. De Bijbelvereniging ontvangt geen enkele subsidie. SOORT BIJDRAGE ▶ giften overig BOVENGRENS ▶ geen ONDERGRENS ▶ geen.

Projecten ■ CRITERIA ▶ geen projectcriteria bekend DOORLOOPTIJD ▶ ☑ 1 - 2 jaar ☑ korter dan 1 jaar STATUS AANVRAGER ▶ ☑ geen beperkingen bekend VOORKEUR/UITSLUITING ▶ geen voorkeur of uitsluiting bekend.

Procedure ■ OP AANVRAAG ▶ nee AANVRAAGPROCEDURE ▶ Bijbels kunnen gratis besteld worden via de website. Daarnaast kan er per e-mail en telefoon besteld worden. URL ▶ www.bijbelvereniging.nl/bijbels-bestellen/

Financieel ■ EIGEN VERMOGEN ▶ € 88.245 INKOMSTEN OV ▶ € 459.816 HERKOMST MIDDELEN ▶ leden (bijdragen), giften & schenkingen, overige inkomsten BOEKJAAR ▶ 2019 JAARVERSLAG OP WEBSITE ▶ ja.

Contact ■ BEREIKBAAR PER ▶ ☑ post ☑ e-mail ☑ telefoon CONTACTPERSOON ▶ J. van Middendorp POSTADRES ▶ Copernicusstraat 17, 3772 CV Barneveld EMAIL (ALGEMEEN) ▶ info@bijbelvereniging.nl TELEFOON (ALGEMEEN) ▶ 085–1041714.

127

A. Bijlenga Stichting

Rubriek ■ ☑ gezondheidszorg

Algemeen ■ WEBSITE ▶ www.bijlengastichting.nl TYPERING ▶ vermogensfonds OPGERICHT ▶ 09-08-1963 RECHTSVORM ▶ stichting KVK ▶ 41001633 ANBI STATUS ▶ ja DIRECTIE ▶ geen directiegegevens bekend BESTUUR ▶ G.J. Meelker, voorzitter; A.F. Keulen, penningmeester; P. de Haan, secretaris; T. van Gunst; J. Dijkstra.

Missie ■ DOELSTELLING ▶ Het verlenen van financiële steun aan hen, die door lichamelijk of geestelijk gebreken, of andere ongunstige omstandigheden tijdelijk of blijvend niet in staat zijn om in hun onderhoud te voorzien of de opvoeding of opleiding van hun kinderen te bekostigen, alles in de ruimste zin van het woord. De stichting kan het doel ook nastreven door financiële steun te verlenen aan instellingen die en doel beogen dat onder de hiervoor bestaande doelomschrijving van deze stichting geacht kan worden te zijn. STICHTER(S) ▶ Coöperatieve Condensfabriek Friesland HISTORIE ▶ De naam van de stichting is afkomstig van de al voor de Tweede Wereldoorlog te Leeuwarden gevestigde Machinefabriek Bijlenga. De heer Abraham Bijlenga kwam echter in 1954 te overlijden. Hoewel zijn echtgenote het bedrijf voortzette doemde het probleem op dat er verder geen opvolgers of erfgenamen waren. Het gevaar bestond dat bij het overlijden van mevrouw Bijlenga het bedrijf uiteen zou vallen. In overleg met mevrouw Bijlenga is toen besloten dat de Coöperatieve Condensfabriek Friesland het bedrijf zou overnemen. Aangezien er geen erfgenamen waren, heeft de Coöperatieve Condensfabriek Friesland de te betalen koopsom in een nieuw op te richten stichting gestort, de A. Bijlenga Stichting. De A. Bijlenga Stichting is opgericht op 9 augustus 1963. BELEIDSPLAN OP WEBSITE ▶ ja.

Doelgroep ■ ALGEMEEN ▶ gehandicapten SPECIFIEK ▶ Hulpbehoevenden, ouders of instanties in Friesland. Focus ligt op mensen met een beperking. ACTIVITEITEN ▶ De werkzaamheden van de A. Bijlenga Stichting bestaan uit het behandelen van aanvragen voor een financiële bijdrage in de kosten die de hulpbehoevende moet maken. In het verleden zijn bedragen uitgekeerd aan onder andere:; ☑ Stichting SUN Friesland voor een bijdrage in zwemleskosten; ☑ Stichting Sport Fryslân voor twee projecten in de gehandicaptensport; ☑ Diverse uitkeringen aan Stichting MEE voor onder andere twee rolstoelbussen; ☑ It Twaluk voor een schoolreis voor gehandicapte kinderen; ☑ Sailwise voor een zeilkamp voor gehandicapte kinderen; ☑ Stichting Leergeld Leeuwarden voor ondersteuning voor leermiddelen voor kinderen uit gezinnen die anders niet de basis opleiding zouden kunnen krijgen; ☑ Ergo Actief voor een bouwkundige aanpassing van een slaapkamer; ☑ It Lysket voor een bijdrage in de (ver-)bouw van een aangepaste voorziening voor gehandicapte kinderen; ☑ Diverse particulieren voor onder andere een rugdrager. INTERVENTIENIVEAU ▶ Steun aan lokale/provinciale maatschappelijke organisaties en structuren (incl. gemeenten etc.) die diensten verlenen aan individuen.; Steun aan individuen (directe steun).

Werkgebied ■ ACTIERADIUS ▶ Regionaal LAND ▶ Nederland REGIO ▶ Friesland.

Bestedingen ■ BUDGET ▶ € 24.965 TOELICHTING ▶ De A. Bijlenga Stichting voegt jaarlijks 1, 5% van het totale vermogen aan het begin van het boekjaar (eigen vermogen + beschikbaar voor uitkeringen) toe aan het eigen vermogen. Het restant van het voordelige saldo wordt toegevoegd aan de rekening 'beschikbaar voor uitkeringen'. SOORT BIJDRAGE ▶ giften BOVENGRENS ▶ geen ONDERGRENS ▶ geen.

Projecten ■ CRITERIA ▶ ; ☑ De hulpbehoevende moet in Friesland woonachtig zijn; ☑ De hulpbehoevende heeft een lichamelijke of geestelijke beperking of verkeert in andere; ongunstige omstandigheden; ☑ De hulpbehoevende is niet in staat om in haar of zijn onderhoud te voorzien of om de; opvoeding of opleiding van haar of zijn kind te bekostigen. DOORLOOPTIJD ▶ ☑ onbekend STATUS AANVRAGER ▶ ☑ geen beperkingen bekend VOORKEUR/UITSLUITING ▶ geen voorkeur of uitsluiting bekend.

Procedure ■ OP AANVRAAG ▶ ja AANVRAAGPROCEDURE ▶ Aanvragen kunnen via het online formulier ingediend worden. **URL** ▶ www.bijlengastichting.nl/contact

Financieel ■ **INKOMSTEN EV** ▶ € 44.523 **HERKOMST MIDDELEN** ▶ vermogen **BOEKJAAR** ▶ 2018 **JAARVERSLAG OP WEBSITE** ▶ ja.

Contact ■ **BEREIKBAAR PER** ▶ ☑ post ☑ e-mail ☒ telefoon **CONTACTPERSOON** ▶ geen contactpersoon bekend **POSTADRES** ▶ PG. Otterweg 21, 8457 EG Gersloot **EMAIL (ALGEMEEN)** ▶ info@bijlengastichting.nl.

128
Van Bijleveltstichting

Rubriek ■ ☑ kunst en cultuur

Algemeen ■ **WEBSITE** ▶ www.vanbijleveltstichting.nl **TYPERING** ▶ vermogensfonds **OPGERICHT** ▶ 28-02-1947 **RECHTSVORM** ▶ stichting **KVK** ▶ 41178723 **ANBI STATUS** ▶ ja **DIRECTIE** ▶ geen directiegegevens bekend **BESTUUR** ▶ Mr. A.J. Quant, voorzitter; mw.mr. E.M. Polak; mw.drs. M.W.A. van Odijk; mw.drs. W. Sandberg van Boelens; drs. A.J.M. Truijens.

Missie ■ **DOELSTELLING** ▶ Het steunen van professionals (toneel, beeldende kunst, muziek en letterkunde) tijdens het begin van hun loopbaan. **STICHTER(S)** ▶ Mw. P.P.J.O. van Bijlevelt **HISTORIE** ▶ De Van Bijlevelt Stichting is ontstaan op 28 februari 1947 toen mevrouw Pouwlina van Bijlevelt overleed. Haar vermogen — toen bestaande uit boerderijen en land in de buurt van Vleuten en Haarzuilens — is destijds ingebracht in de stichting. Een deel van het onroerend goed is in de loop der jaren verkocht. Uit het vermogen en de inkomsten daarvan, wordt de doelstelling van de Stichting verwezenlijkt. **BELEIDSPLAN OP WEBSITE** ▶ ja.

Doelgroep ■ **SPECIFIEK** ▶ Professionals op het gebied van toneel, beeldende kunst, muziek en letterkunde. **ACTIVITEITEN** ▶ Geen specifieke activiteiten bekend **INTERVENTIENIVEAU** ▶ Steun aan individuen (directe steun).

Werkgebied ■ **ACTIERADIUS** ▶ Nationaal **LAND** ▶ Nederland.

Bestedingen ■ **BUDGET** ▶ niet openbaar **SOORT BIJDRAGE** ▶ giften **BOVENGRENS** ▶ geen **ONDERGRENS** ▶ geen.

Projecten ■ **CRITERIA** ▶ De hoekstenen voor de Van Bijleveltstichting zijn instellingen die voldoen aan de volgende criteria: gericht op talentontwikkeling en professionalisering in het beginstadium van de loopbaan; met een goede reputatie – met daardoor grote aantrekkingskracht voor jonge professionals – en een scherpe artistieke selectie; met dynamisch management gericht op vergroting eigen inkomsten, vermindering afhankelijkheid van overheidsfinanciering en vergroting van maatschappelijk (publiek) draagvlak. Een leiding bovendien die coalities niet schuwt; die na de kaalslag op Research & Development in de kunst (productiehuizen, ontwikkellab's en postacademiale instellingen) als een 'smeulend vuur' ook andere instellingen genereus helpen bij de wederopbouw van het primaire aandachtsgebied van de Van Bijleveltstichting: continuïteit voor de eigen instelling en voor andere, en; waarbij de bijdrage van de Van Bijleveltstichting 'het verschil maakt' voor - een wezenlijk onderdeel van - de partnerorganisatie. **DOORLOOPTIJD** ▶ ☑ onbekend **STATUS AANVRAGER** ▶ ☑ geen beperkingen bekend **VOORKEUR/UITSLUITING** ▶ geen voorkeur of uitsluiting bekend.

Procedure ■ **OP AANVRAAG** ▶ nee **AANVRAAGPROCEDURE** ▶ Het is niet meer mogelijk om aanvragen bij de Van Bijleveltstichting te doen. Met ingang van 2013 steunt de stichting een aantal initiatieven voor een langere periode en zullen er geen ad hoc aanvragen meer in behandeling worden genomen. Er zijn meerjarige partnerships aangegaan met organisaties op het vlak van muziek, beeldende kunst, literatuur en theater. Het betreft organisaties die jonge professionals aan het begin van hun carrière steunen en die onder druk zijn komen te staan door recente cultuurpolitieke ontwikkelingen. **URL** ▶ www.vanbijleveltstichting.nl/aanvraag/

Financieel ■ **EIGEN VERMOGEN** ▶ € 4.935.000 **HERKOMST MIDDELEN** ▶ inkomsten uit vermogen **BOEKJAAR** ▶ 2017 **JAARVERSLAG OP WEBSITE** ▶ ja.

Contact ■ **BEREIKBAAR PER** ▶ ☑ post ☑ e-mail ☑ telefoon **CONTACTPERSOON** ▶ Mr. A.J. Quant **POSTADRES** ▶ Postbus 75553 , 1070 AN Amsterdam **EMAIL (ALGEMEEN)** ▶ info@vanbijleveltstichting.nl **TELEFOON (ALGEMEEN)** ▶ 020-8940700.

129
Stichting Fonds Bijzondere Journalistieke Projecten

Rubriek ■ ☑ kunst en cultuur ☑ onderwijs en onderzoek

Algemeen ■ **WEBSITE** ▶ www.fondsbjp.nl **TYPERING** ▶ vermogensfonds **OPGERICHT** ▶ 05-04-1990 **RECHTSVORM** ▶ stichting **KVK** ▶ 41209428 **ANBI STATUS** ▶ nee **DIRECTIE** ▶ mw. J. Swinkels **BESTUUR** ▶ R.C. Janssen, voorzitter; mw. J.A.B. Leppink, penningmeester; P.F.P.M. Brill; mw. A. Daravulla; mw. E. Drayer; M.J.P.H. Josten; mw. L.H. de Jong.

Missie ■ **DOELSTELLING** ▶ Het Fonds BJP stelt zich ten doel om financiële steun te verlenen aan journalistieke projecten, biografieën, en andere vormen van non-fictie, van bijzondere kwaliteit, die zodanig tijdrovend zijn en/of anderszins zodanige inspanning vergen dat zij – naar verwachting – zonder deze financiële steun niet tot stand zullen komen. **STICHTER(S)** ▶ Enkele bekende journalisten/schrijvers, onder wie Emile Fallaux, Geert Mak en Hans Maarten van den Brink **HISTORIE** ▶ De initiatiefnemers meenden dat bepaalde vormen van journalistiek (het diepgravende verhaal, tijdrovende onderzoeksjournalistiek, de breed opgezette reportage) te weinig werden bedreven. Het talent was er en de belangstelling ook, maar financiering van dit soort tijdrovende projecten bleek altijd weer het struikelblok te zijn. Een journalistiek subsidiefonds zou dat probleem kunnen opvangen. In 1996 is de doelstelling verruimd. Sindsdien steunt het Fonds BJP naast journalistieke projecten ook biografieën. **BELEIDSPLAN OP WEBSITE** ▶ ja.

Doelgroep ■ **ALGEMEEN** ▶ journalisten **SPECIFIEK** ▶ Journalistieke projecten van bijzondere aard en hoge kwaliteit. **ACTIVITEITEN** ▶ Het Fonds

Bijzondere Journalistieke Projecten verleent financiële steun aan artikelen, reportages, longreads, journalistieke boeken en biografieën, audiovisuele projecten, zoals podcasts, documentaires, radioreportages of webdocu's. Met kleinschalige subsidies beoogt het Fonds BJP journalisten in staat te stellen zich langdurig te verdiepen in een onderwerp of thema. Het gaat om projecten die zodanig tijdrovend van aard zijn dat zij naar verwachting zonder deze financiële steun niet tot stand zullen komen. De projecten moeten resulteren in artikelen, (web)docu's, uitzendingen, publicaties of boeken in Nederlandse media/uitgevers – gedrukt dan wel digitaal. Aanvragen worden beoordeeld door een zeskoppig bestuur, bestaande uit professionals uit de journalistieke- en uitgeverswereld; ☑ Sinds 2006 reikt het Fonds BJP de Brusseprijs uit voor het beste journalistieke boek; ☑ Sinds 2019 heeft het Fonds BJP een talentontwikkelingsprogramma opgezet. Beurzen voor zowel jong talent als expertiseontwikkeling; ☑ Samenwerkingsverbanden met Vereniging van Onderzoeksjournalisten (VVOJ); Nederlands Letterenfonds; Fonds Pascal Decroos / Journalismfund.eu; Stimuleringsfonds voor de Journalistiek (SvdJ). **INTERVENTIENIVEAU** ▶ Steun aan individuen (directe steun).

Werkgebied ■ **ACTIERADIUS** ▶ Nationaal **LAND** ▶ Nederland.

Bestedingen ■ **BUDGET** ▶ niet openbaar **ONDERSTEUNDE PROJECTEN P/J** ▶ 191 **SOORT BIJDRAGE** ▶ overig subsidies **BOVENGRENS** ▶ geen **ONDERGRENS** ▶ geen.

Projecten ■ **CRITERIA** ▶ Het Fonds BJP verleent verschillende soorten subsidies: ☑ De Regeling Bijzondere Journalistiek; ☑ De Regeling Onderzoeksjournalistiek; ☑ De Regeling Talentontwikkeling. Zie website voor de criteria per subsidie. **DOORLOOPTIJD** ▶ ☑ korter dan 1 jaar **STATUS AANVRAGER** ▶ ☑ individuen/gezinnen **VOORKEUR/UITSLUITING** ▶ Subsidies worden alleen verleend aan individuele personen, die beschikken over aantoonbare journalistieke of andere schrijfervaring. Alleen aanvragen die zijn voorzien van een intentieverklaring van een hoofdredacteur of uitgever komen voor financiering in aanmerking. Niet in aanmerking voor subsidie komen de volgende genres: fictie, autobiografische projecten en memoires, bloemlezingen of verzamelbundels, jubileumboeken, gelegenheids- of gedenkboeken, publicaties op gebied van voorlichting, educatie of hulpverlening.

Procedure ■ **OP AANVRAAG** ▶ ja **DOORLOOPTIJD** ▶ korter dan 1 maand **AANVRAAGPROCEDURE** ▶ Er kan doorlopend subsidie worden aangevraagd ten behoeve van journalistieke publicaties. Wanneer u een aanvraag wilt indienen, dient u het formulier 'subsidie aanvragen' van de betreffende regeling (Bijzondere Journalistiek of Onderzoeksjournalistiek) in te vullen. De bijlagen mailt u naar fonds@fondsbjp.nl. Het bestuur komt gemiddeld 12 keer per jaar bijeen om de binnengekomen verzoeken te beoordelen. De aanvrager ontvangt doorgaans binnen vijf weken na de deadline schriftelijk bericht over de uitkomst. In geval van afwijzing ontvangt de aanvrager een korte motivering van de beslissing van het bestuur. **URL** ▶ www.fondsbjp.nl/subsidies/

Financieel ■ **EIGEN VERMOGEN** ▶ € 145.375 **INKOMSTEN OV** ▶ € 514.500 **HERKOMST MIDDELEN** ▶ overige inkomsten, vermogen, giften & schenkingen, inkomsten uit bedrijven **BOEKJAAR** ▶ 2019 **JAARVERSLAG OP WEBSITE** ▶ ja.

Contact ■ **BEREIKBAAR PER** ▶ ☑ post ☑ e-mail ☑ telefoon **CONTACTPERSOON** ▶ geen contactpersoon bekend **POSTADRES** ▶ Nieuwe Prinsengracht 91, 1018 VR Amsterdam **EMAIL (ALGEMEEN)** ▶ fonds@fondsbjp.nl **TELEFOON (ALGEMEEN)** ▶ 020-6386295.

130

Stichting Bijzondere Leerstoelen VU (BLVU)

Rubriek ■ ☑ onderwijs en onderzoek

Algemeen ■ **WEBSITE** ▶ www.vu.nl/nl/over-de-vu/organisatie-en-bestuur/instituten-centra-stichtingen/stichting-bijzondere-leerstoelen/index.aspx **TYPERING** ▶ vermogensfonds **OPGERICHT** ▶ 08-03-1979 **RECHTSVORM** ▶ stichting **KVK** ▶ 41199161 **ANBI STATUS** ▶ ja **DIRECTIE** ▶ geen directiegegevens bekend **BESTUUR** ▶ Prof.dr. V. Subramaniam, voorzitter; prof.dr. R.R. Ganzevoort, penningmeester; prof.dr. C.H. Polman, secretaris.

Missie ■ **DOELSTELLING** ▶ De stichting stelt tot doel het bevorderen van het onderwijs en de wetenschapsbeoefening aan de VU, en al hetgeen met vorenstaande verband houdt of daartoe bevorderlijk kan zijn, alles in de ruimste zin van het woord. De stichting tracht dit doel onder meer te verwezenlijken door het vestigen van bijzondere leerstoelen aan de VU. **HISTORIE** ▶ Op 7 juli 1915 opgericht als Studenten Studiefonds en op 20 oktober 1926 omgezet in Vereniging Het Vrije Universiteitsfonds, waarna op 8 maart 1979 de omzetting volgde in Stichting Het Vrije Universiteitsfonds.

Doelgroep ■ **ALGEMEEN** ▶ studenten **SPECIFIEK** ▶ Studenten van de Vrije Universiteit Amsterdam. **ACTIVITEITEN** ▶ ☑ Het bieden van geldelijke of andere steun aan studenten, ingeschreven aan de Vrije Universiteit, die zulk een steun behoeven; ☑ Het beschikbaar stellen van gelden voor wetenschappelijke werkzaamheden van docenten, ander wetenschappelijk personeel, studenten en afgestudeerden van die universiteit voor zover die werkzaamheden niet uit andere bronnen worden bekostigd; ☑ Het verlenen van geldelijke steun aan organisaties van studenten aan die universiteit voor doeleinden, welke met hun studie of vorming verband houden en daarvoor bevorderlijk zijn, zoals het deelnemen aan excursies en congressen, voor zover zulks niet uit andere bronnen wordt bekostigd; ☑ Het vestigen van bijzondere leerstoelen aan die universiteit; ☑ Andere middelen, welke voor de verwezenlijking van het doel bevorderlijk zijn. De stichting richt zich naast de vestiging/benoeming van bijzonder(e) leerstoelen/hoogleraren met name op activiteiten in het kader van de bevordering van de internationale studentenmobiliteit en sport- en cultuurbeoefening door en voor studenten van de Vrije Universiteit. Met ingang van het collegejaar 2018-2019 is het uitkeren van vergoedingen aan bijzonder; hoogleraren overgedragen aan de faculteiten van de Vrije Universiteit. De activiteiten en kosten van de stichting zijn hierdoor sterk afgenomen. **INTERVENTIENIVEAU** ▶ Steun aan individuen (directe steun).

Werkgebied ■ **ACTIERADIUS** ▶ Nationaal **LAND** ▶ Nederland.

Bestedingen ■ BUDGET ▶ niet openbaar SOORT BIJDRAGE ▶ giften overig BOVENGRENS ▶ geen ONDERGRENS ▶ geen.

Projecten ■ CRITERIA ▶ geen projectcriteria bekend DOORLOOPTIJD ▶ ☑ korter dan 1 jaar STATUS AANVRAGER ▶ ☑ individuen/gezinnen VOORKEUR/UITSLUITING ▶ Aanvragen uit de Vrije Universiteit genieten prioriteit.

Procedure ■ OP AANVRAAG ▶ onbekend AANVRAAGPROCEDURE ▶ geen aanvraagprocedure bekend.

Financieel ■ EIGEN VERMOGEN ▶ € 21.060 INKOMSTEN OV ▶ € 38.434 HERKOMST MIDDELEN ▶ vermogen, legaten, overige inkomsten, giften & schenkingen BOEKJAAR ▶ 2019 JAARVERSLAG OP WEBSITE ▶ ja.

Contact ■ BEREIKBAAR PER ▶ ☑ post ☒ e-mail ☑ telefoon CONTACTPERSOON ▶ geen contactpersoon bekend POSTADRES ▶ De Boelelaan 1105 (kamer 2D.34), 1081 HV Amsterdam TELEFOON (ALGEMEEN) ▶ 020-5989898.

131
Stichting Fonds Bijzondere Noden Enschede

Rubriek ■ ☑ noodhulp ☑ maatschappij, welzijn en samenleving ☑ onderwijs en onderzoek ☑ gezondheidszorg

Algemeen ■ WEBSITE ▶ www.fbne.nl TYPERING ▶ vermogensfonds OPGERICHT ▶ 21-05-1997 RECHTSVORM ▶ stichting KVK ▶ 41032404 ANBI STATUS ▶ ja DIRECTIE ▶ geen directiegegevens bekend BESTUUR ▶ Mr. D.K. Kalma, voorzitter; mw. A. Slotboom, penningmeester; mw. M. Freriksen; mw. E.T. Stout-Speek; H.H.J. Vaneker.

Missie ■ DOELSTELLING ▶ De Stichting wil voorzien in materiële noden van personen die in schrijnende omstandigheden verkeren, indien en voor zover er geen beroep kan worden gedaan op de Participatie Wet, Bijzondere Bijstand of enige andere wettelijke regeling, één en ander ter beoordeling van het bestuur. Naar vermogen wordt in een éénmalige bijdrage voorzien aan gezinnen of individuele personen in Enschede. STICHTER(S) ▶ Mevrouw B.H. Kleisen-den Ouden, J.C. Waleczek en K.M. Soetman HISTORIE ▶ In 1997 vond in Enschede een reeks stadsgesprekken plaats over armoede in de stad, getiteld Rijk aan Armoede. Naar aanleiding daarvan kwam het tot de oprichting van een Stichting Fonds Bijzondere Noden Enschede. Dit gebeurde overigens op initiatief van de Gemeente Enschede: wethouder J. Goudt gaf het Fonds ook een bescheiden financiële bruidsschat mee en zegde voor acht uur per week ondersteuning toe vanuit de toenmalige Sociale Dienst.

Doelgroep ■ ALGEMEEN ▶ armen, dak- en thuislozen SPECIFIEK ▶ Personen in Enschede die in schrijnende omstandigheden verkeren en tussen wal en schip van de huidige regelingen vallen. ACTIVITEITEN ▶ Activiteiten zijn: ☑ het in behandeling nemen van aanvragen voor materiële hulp; ☑ de benodigde materiële hulp te organiseren en verlenen. INTERVENTIENIVEAU ▶ Steun aan individuen (directe steun).

Werkgebied ■ ACTIERADIUS ▶ Regionaal LAND ▶ Nederland PLAATS ▶ Enschede.

Bestedingen ■ BUDGET ▶ niet openbaar TOELICHTING ▶ Maximum bedrag van toekenning is € 1.750,– per gezin, per 3 jaar. ONDERSTEUNDE PROJECTEN P/J ▶ 349 SOORT BIJDRAGE ▶ giften BOVENGRENS ▶ € 1.750 ONDERGRENS ▶ € 15.

Projecten ■ CRITERIA ▶ ☑ Aanvragen worden in behandeling genomen die via een intermediaire organisatie, zoals maatschappelijk werk, sociale dienst of andere instantie waar een maatschappelijk werker aan verbonden is, voorbereid en van advies voorzien zijn; ☑ Mogelijkheden voor beroep op voorliggende middelen zijn uitgeput. Er zijn vijf categorieën aanvragen: ☑ welzijn; ☑ zorg; ☑ vervoer; ☑ onderwijs en educatie; ☑ vakantie. DOORLOOPTIJD ▶ ☑ korter dan 1 jaar STATUS AANVRAGER ▶ ☑ hulpverleners VOORKEUR/UITSLUITING ▶ ☑ Niet vergoed worden: schulden/ reeds gemaakte kosten; immateriële noden; bijdragen levensonderhoud of andere structurele kosten.

Procedure ■ OP AANVRAAG ▶ ja DOORLOOPTIJD ▶ korter dan 1 maand; korter dan een maand AANVRAAGPROCEDURE ▶ Schriftelijk via erkende hulpverleningsorganisaties. Het formulier mag niet door de belanghebbende worden ingevuld. Uitsluitend formulieren die door een erkend hulpverle(e)n(st)er zijn ingevuld en voorzien van een rapportage waarin de bijzondere noodsituatie van de cliënt(e) uitvoerig wordt omschreven kunnen in behandeling worden genomen. Het aanvraagformulier is te downloaden van de website. Het bureauhoofd is gemandateerd aanvragen tot een waarde van € 500,- direct toe te kennen. Daarnaast worden op grond van wekelijks overleg tussen voorzitter en bureauhoofd ook wel hogere bedragen toegekend of via email aan het bestuur voorgelegd. Besluitvorming over overige aanvragen vindt plaats in de maandelijkse bestuursvergadering. URL ▶ https://www.fbne.nl/aanvraagformulier/

Financieel ■ EIGEN VERMOGEN ▶ € 186.540 INKOMSTEN OV ▶ € 213.279 HERKOMST MIDDELEN ▶ overige inkomsten, giften & schenkingen BOEKJAAR ▶ 2019 JAARVERSLAG OP WEBSITE ▶ ja.

Contact ■ BEREIKBAAR PER ▶ ☑ post ☑ e-mail ☑ telefoon CONTACTPERSOON ▶ Mw. M.E.T. Blok POSTADRES ▶ Postbus 1002, 7500 BA Enschede EMAIL (ALGEMEEN) ▶ info@fbne.nl TELEFOON (ALGEMEEN) ▶ 053-4343993.

132
Stichting BLADT Charity

Rubriek ■ ☑ gezondheidszorg ☑ maatschappij, welzijn en samenleving ☑ sport en recreatie

Algemeen ■ WEBSITE ▶ www.bladt-charity.nl TYPERING ▶ vermogensfonds OPGERICHT ▶ 29-05-2009 RECHTSVORM ▶ stichting KVK ▶ 30264772 ANBI STATUS ▶ ja DIRECTIE ▶ mr. R. Michel BESTUUR ▶ C. Bladt, voorzitter; H. Kaiser, penningmeester; G. Wassink, secretaris; H. Jonker.

Missie ■ DOELSTELLING ▶ Het verbeteren van de positie van kwetsbare personen in de samenleving, zoals zieken, gehandicapten, kinderen, kansarme jongeren, ouderen en andere personen die in een hulpbehoevende situatie verkeren en voorts al hetgeen met een en ander rechtstreeks of zijdelings verband houdt of daartoe bevorderlijk kan zijn, alles in de ruimste zin des woords. **STICHTER(S)** ► Familie Bladt **HISTORIE** ► BLADT Charity is een stichting die goede doelen en projecten financieel ondersteunt. Het fonds is opgericht door de familie Bladt die – na de verkoop van een goedlopend bedrijf – iets terug wil doen voor de samenleving. De Stichting ondersteunt projecten die iets nieuws en extra's betekenen voor groepen mensen die bijzondere hulp of aandacht nodig hebben.

Doelgroep ■ **ALGEMEEN** ► armen, gehandicapten, jongeren, kinderen, ouderen, zieken **SPECIFIEK** ► Organisaties die werken met kwetsbare groepen. **ACTIVITEITEN** ► Stichting BLADT Charity (ook bekend als Stichting Bladt) ondersteunt projecten op het raakvlak van Gezondheid en Welzijn. Onze ondersteuning bestaat meestal uit geld (een deel van de kosten van een vastomlijnd project). Daarnaast geven wij vanuit ons netwerk advies, begeleiding, en soms een gift in natura. **INTERVENTIENIVEAU** ► Steun aan lokale/provinciale maatschappelijke organisaties en structuren (incl. gemeenten etc.) die diensten verlenen aan individuen.

Werkgebied ■ **ACTIERADIUS** ► Nationaal **LAND** ► Nederland.

Bestedingen ■ **BUDGET** ► niet openbaar **SOORT BIJDRAGE** ► giften overig investeringen **BOVENGRENS** ► geen **ONDERGRENS** ► geen.

Projecten ■ **CRITERIA** ► Projecten dienen gericht te zijn op een 'hulpbehoevende' groep (bijv. kinderen, zieken, gehandicapten, ouderen, eenzamen) en voor die doelgroep iets nieuws (iets extra's of iets beters) te betekenen. **DOORLOOPTIJD** ► ☑ korter dan 1 jaar **STATUS AANVRAGER** ► ☑ stichting of vereniging (non-profit) ☑ kerkelijke instelling ☑ hulpverleners **VOORKEUR/UITSLUITING** ► Een aanvraag is echter NIET mogelijk voor: ☑ projecten die al zijn uitgevoerd of met een commerciële insteek; ☑ vaste kern-activiteiten van organisaties (incl. personeelskosten); ☑ projecten gericht op natuur en milieu (incl. dierenwelzijn); ☑ projecten gericht op kunst en cultuur (incl. theaterproducties); ☑ activiteiten buiten Nederland (incl. ontwikkelingshulp); ☑ aanvragen van zorgboerderijen of van gemeenten; ☑ aanvragen gericht op 1 persoon (of op 1 gezin of familie); ☑ publicaties: boeken, brochures, films, websites etc.

Procedure ■ **OP AANVRAAG** ► ja **AANVRAAGPROCEDURE** ► Er dient eerst een korte email gestuurd te worden waarin het project of plan in een paar regels beschreven wordt. Vervolgens stuurt de stichting een aanvraagformulier die ingevuld en teruggestuurd dient te worden. Stichting BLADT heeft een sterke voorkeur voor communicatie per email. Aanvragen per reguliere post zullen wij (in principe) niet in behandeling nemen. **URL** ► www.bladt-charity.nl/aanvraag-indienen/

Financieel ■ **EIGEN VERMOGEN** ► € 84.594 **INKOMSTEN OV** ► € 608.658 **HERKOMST MIDDELEN** ► bedrijven **BOEKJAAR** ► 2018 **JAARVERSLAG OP WEBSITE** ► ja.

Contact ■ **BEREIKBAAR PER** ► ☑ post ☑ e-mail ☑ telefoon **CONTACTPERSOON** ► Mr. R. Michel **POSTADRES** ► Groenekanseweg 70, 3732 AG De Bilt **EMAIL (ALGEMEEN)** ► r.michel@bladt-charity.nl **TELEFOON (ALGEMEEN)** ► 088-8225200.

133
Blasius Fonds

Rubriek ■ ☑ kunst en cultuur

Algemeen ■ **WEBSITE** ► www.cultuurfonds.nl **TYPERING** ► fonds op naam **BEHEERD DOOR** ► Prins Bernhard Cultuurfonds **DIRECTIE** ► zie > Prins Bernhard Cultuurfonds **BESTUUR** ► zie > Prins Bernhard Cultuurfonds

Missie ■ **DOELSTELLING** ► Het financieel ondersteunen van; a. projecten die erop gericht zijn 4 tot 18-jarigen, bij voorkeur van uiteenlopende culturele achtergrond en die niet of nauwelijks met (licht) klassieke muziek in aanraking komen, interesse voor klassieke muziek bij te brengen. b. talentontwikkeling voor zangers in projecten of met beurzen voor een aanvullende opleiding in binnen- of buitenland, met een voorkeur voor recitals en liedkunst.

Werkgebied ■ **ACTIERADIUS** ► Nationaal **LAND** ► Nederland.

Projecten ■ **CRITERIA** ► geen projectcriteria bekend **DOORLOOPTIJD** ► ☑ korter dan 1 jaar **STATUS AANVRAGER** ► ☑ geen beperkingen bekend **VOORKEUR/UITSLUITING** ► Voorkeur gaat uit naar recitals en liedkunst met betrekking tot de projecten en studiebeurzen die de ontwikkeling van zangers stimuleren.

Procedure ■ **OP AANVRAAG** ► onbekend **AANVRAAGPROCEDURE** ► Dit 'fonds op naam' ressorteert onder het Prins Bernhard Cultuurfonds. Verzoeken aan fondsen op naam komen op één centraal punt binnen. Dit houdt in dat een subsidieaanvraag slechts eenmaal aan het Prins Bernhard Cultuurfonds hoeft te worden gezonden. Voor de verdere aanvraagprocedure: zie Prins Bernhard Cultuurfonds. **URL** ► www.cultuurfonds.nl/aanvragen

Contact ■ **BEREIKBAAR PER** ► ☑ post ☑ e-mail ☑ telefoon **CONTACTPERSOON** ► geen contactpersoon bekend **POSTADRES** ► Postbus 19750, 1000 GT Amsterdam **EMAIL (ALGEMEEN)** ► info@cultuurfonds.nl **TELEFOON (ALGEMEEN)** ► 020-5206130.

134
Blauwe Baan Fonds

Rubriek ■ ☑ kunst en cultuur ☑ onderwijs en onderzoek

Algemeen ■ **WEBSITE** ► www.cultuurfonds.nl **TYPERING** ► fonds op naam **BEHEERD DOOR** ► Prins Bernhard Cultuurfonds **DIRECTIE** ► zie > Prins Bernhard Cultuurfonds **BESTUUR** ► zie > Prins Bernhard Cultuurfonds

Missie ■ **DOELSTELLING** ► Het financieel ondersteunen van jonge, talentvolle cellisten op weg naar een professionele carrière door middel van beurzen of bijdragen voor de aankoop van een passend instrument, dan wel het financieel ondersteunen van projecten van kleine strijkensembles.

Werkgebied ■ **ACTIERADIUS** ► Nationaal **LAND** ► Nederland.

Projecten ■ **CRITERIA** ► geen projectcriteria bekend **DOORLOOPTIJD** ► ☑ korter dan 1 jaar **STATUS AANVRAGER** ► ☑ geen beperkingen bekend **VOORKEUR/UITSLUITING** ► geen voorkeur of uitsluiting bekend.

Procedure ■ OP AANVRAAG ► ja AANVRAAGPROCEDURE ► Dit 'fonds op naam' ressorteert onder het Prins Bernhard Cultuurfonds. Verzoeken aan fondsen op naam komen op één centraal punt binnen. Dit houdt in dat een subsidieaanvraag slechts eenmaal aan het Prins Bernhard Cultuurfonds hoeft te worden gezonden. Voor de verdere aanvraagprocedure: zie Prins Bernhard Cultuurfonds. URL ► www.cultuurfonds.nl/aanvragen

Contact ■ BEREIKBAAR PER ► ☑ post ☑ e-mail ☑ telefoon CONTACTPERSOON ► geen contactpersoon bekend POSTADRES ► Postbus 19750, 1000 GT Amsterdam EMAIL (ALGEMEEN) ► info@cultuurfonds.nl TELEFOON (ALGEMEEN) ► 020-5206130.

135
Stichting Blijdesteyn

Rubriek ■ ☑ maatschappij, welzijn en samenleving

Algemeen ■ WEBSITE ► www.stichtingblijdesteyn.nl TYPERING ► vermogensfonds OPGERICHT ► 01-01-1927 RECHTSVORM ► stichting KVK ► 41197316 ANBI STATUS ► nee DIRECTIE ► geen directiegegevens bekend BESTUUR ► geen bestuursgegevens bekend.

Missie ■ DOELSTELLING ► Het doel van Stichting Blijdestyn is om alleenstaande vrouwen, in principe niet ouder dan 40 jaar, die in financieel moeilijke omstandigheden verkeren en een zorgeloze tijd nodig hebben, daartoe in de gelegenheid te stellen door het verlenen van een vakantiebeurs. STICHTER(S) ► A. de Stoppelaar Blijdesteyn HISTORIE ► De heer A. de Stoppelaar Blijdesteyn was in het begin van de 20e eeuw eigenaar van tabaksplantages in Deli (Indonesië). Toen hij overleed was hij vrijgezel en had hij geen kinderen. Al voor zijn dood had hij bepaald dat uit de opbrengsten van zijn vermogen vakanties betaald moesten worden aan jonge, alleenstaande vrouwen, die weinig inkomsten hadden. In 1927 werd daarom Stichting Blijdesteyn opgericht. In eerste instantie gingen de vrouwen naar vakantiehuizen in Hilversum en Zwitserland. Omdat deze vorm van vakantie in de zestiger jaren van de 20e eeuw niet meer aansprak en bovendien de inkomens én de sociale wetgeving sterk waren verbeterd, besloot het bestuur van de Stichting het roer om te gooien met behoud van de oorspronkelijke doelstelling. De vakantiehuizen werden verkocht en sinds 1966 komen alleenstaande vrouwen met weinig inkomsten voor een vakantiebeurs in aanmerking en kan men zelf de vakantiebestemming kiezen.

Doelgroep ■ ALGEMEEN ► vrouwen, armen SPECIFIEK ► Alleenstaande vrouwen, niet jonger dan 18 en niet ouder dan 40 jaar, met een inkomen op bijstandsniveau. ACTIVITEITEN ► Vakantie. Het is vaak een goed moment om te ontspannen, tot rust te komen, energie op te doen en nieuwe plannen te maken. Voor veel alleenstaande vrouwen zit dat er helaas niet in. Er is geen geld voor. In zo'n geval kan Stichting Blijdesteyn uitkomst bieden. Vrouwen, die in een moeilijke financiële situatie verkeren, kunnen bij ons een beurs aanvragen. Daarmee kunnen ze een vakantie boeken. Aan het eind van ieder jaar verloot de stichting een aantal vakantiebeurzen onder de aanvragers. INTERVENTIENIVEAU ► Steun aan individuen (directe steun).

Werkgebied ■ ACTIERADIUS ► Nationaal LAND ► Nederland.

Bestedingen ■ BUDGET ► niet openbaar TOELICHTING ► De beurs bedraagt maximaal € 750. Is de vakantie duurder, dan betaalt u zelf bij (om financiële problemen te voorkomen mogen de totale reiskosten echter niet meer bedragen dan € 1500,-). Kost de vakantie minder, dan kunt u naast de reissom nog maximaal € 90 zakgeld krijgen, maar in totaal nooit meer dan € 750. SOORT BIJDRAGE ► overig giften BOVENGRENS ► € 750 ONDERGRENS ► geen.

Projecten ■ CRITERIA ► ; ☑ Een vrouw van minimaal 21 en maximaal 40 jaar oud bent; ☑ Een bijstandsuitkering hebt, of andere inkomsten die niet hoger liggen dan een bijstandsuitkering; ☑ Alleenstaand bent, dat wil zeggen officieel gescheiden, ongehuwd of weduwe, met of zonder kinderen; ☑ De Nederlandse nationaliteit bezit, of indien dit niet het geval is, u ten tijde van de aanvraag: of minimaal 5 jaar aaneensluitend woonachtig bent in Nederlands én in het bezit bent van een verblijfsvergunning (legale status). ☑ De beurs geldt alleen voor de begunstigde. De begunstigden kunnen zelf bepalen, hoe en waar zij hun vakantie willen doorbrengen. ☑ De reis moet worden verzorgd door een bonafide reisorganisatie, aangesloten bij de ANVR of bij de SGR. Tevens moet er een annuleringsverzekering worden afgesloten. DOORLOOPTIJD ► ☑ korter dan 1 jaar STATUS AANVRAGER ► ☑ individuen/gezinnen VOORKEUR/UITSLUITING ► NIet in aanmerkingen komen: ☑ vrouwen die al eerder een vakantiebeurs hebben ontvangen; ☑ studente; ☑ aanvragen voor een ander doel dan vakantie; ☑ aanvragen voor een groep/een ander,.

Procedure ■ OP AANVRAAG ► ja DOORLOOPTIJD ► 1-3 maanden AANVRAAGPROCEDURE ► Aanvragen verlopend het aanvraagformulier op onze website, per e-mail of per post. De deadline van de aanvragen is 1 oktober. De criteria dienen geldig te zijn op 1 oktober van het jaar van de aanvraag. Het aantal aanvragen is ieder jaar hoger dan het aantal te vergeven beurzen, waardoor er wordt er geloot. Als u bent ingeloot, krijgt u het verzoek een aantal bewijsstukken toe te zenden, waaruit blijkt dat u aan onze voorwaarden voldoet. URL ► https://stichtingblijdesteyn.nl/

Financieel ■ HERKOMST MIDDELEN ► vermogen.

Contact ■ BEREIKBAAR PER ► ☑ post ☑ e-mail ☑ telefoon CONTACTPERSOON ► Mw. H.G.P. Meursing-Kraak POSTADRES ► Postbus 62, 9460 AB Gieten EMAIL (ALGEMEEN) ► info@stichtingblijdesteyn.nl TELEFOON (ALGEMEEN) ► 06-15654682.

136
Stichting Blinden-Penning

Rubriek ■ ☑ gezondheidszorg ☑ maatschappij, welzijn en samenleving

Algemeen ■ WEBSITE ► www.blinden-penning.nl TYPERING ► vermogensfonds (moederorganisatie) OPGERICHT ► 1865 RECHTSVORM ► stichting KVK ► 41200676 ANBI STATUS ► ja DIRECTIE ► mw. drs. I.C. Schwalbach BESTUUR ► Ir. A. Meerstadt, voorzitter; prof.dr. P. van Gool, penningmeester; mw.mr. M. van der Goes-Doeksen, secretaris; mw.drs. M. Marinkovic; mr. S. Molenaar; drs. E. Schölvink.

Missie ■ DOELSTELLING ▶ Het doel der stichting is het bevorderen van de intergratie van blinden en slechtzienden in de samenleving, zodat zij zich op maatschappelijk, sociaal, cultureel en economisch gebied optimaal kunnen ontplooien. STICHTER(S) ▶ Stichting/Vereniging Blinden-Penning en stichting/vereniging tot werkverschaffing aan hulpbehoevende blinden HISTORIE ▶ De stichting werd opgericht als werkplaats t.b.v. blinden en slechtzienden en heeft als zodanig meer dan 100 jaar bestaan. Tegenwoordig heeft Stichting Blinden-Penning in Amsterdam een activiteitencentrum voor blinde en slechtziende volwassenen en biedt zij maatschappelijk werk ter ondersteuning van deze groep. Bovendien functioneert de stichting als fonds t.b.v. visueel gehandicapten. BELEIDSPLAN OP WEBSITE ▶ ja.

Doelgroep ■ ALGEMEEN ▶ gehandicapten SPECIFIEK ▶ Blinden en slechtzienden in de regio Amsterdam. ACTIVITEITEN ▶ De Stichting tracht de doelstelling onder meer te bereiken door; ☑ het verstrekken van periodieke uitkeringen; ☑ financiële hulp bij studie; ☑ het bevorderen en/of verzorgen van recreatiemogelijkheden en huisvesting,; ☑ sportbeoefening door blinden en slechtzienden en gezinshulp voor bejaarde blinden en slechtzienden te bevorderen/verzorgen; ☑ het stimuleren van en/of deelnemen aan research naar en vervaardigen van voor blinden en slechtzienden geëigende hulpmiddelen e; ☑ het stimuleren van alle overige activiteiten die de integratie van blinden en slechtzienden in de samenleving ten goede komen. INTERVENTIENIVEAU ▶ Steun aan lokale/provinciale maatschappelijke organisaties en structuren (incl. gemeenten etc.) die diensten verlenen aan individuen.; Steun aan individuen (directe steun).

Werkgebied ■ ACTIERADIUS ▶ Lokaal, Nationaal LAND ▶ Nederland PLAATS ▶ Amsterdam.

Bestedingen ■ BUDGET ▶ € 50.000 TOELICHTING ▶ De Stichting tot Werkverschaffing aan Hulpbehoevende Blinden subsidieert grotendeels de activiteiten van de Stichting Blinden-Penning. SOORT BIJDRAGE ▶ giften leningen subsidies BOVENGRENS ▶ geen ONDERGRENS ▶ geen.

Projecten ■ CRITERIA ▶ De Stichting geeft aan oogheelkundig wetenschappelijk onderzoek, medefinanciering van voorzieningen op het gebied van onderwijs en recreatie voor instellingen/organisaties voor of van blinden en slechtzienden, buitenlandse projecten in ontwikkelingslanden en particuliere visueel gehandicapten in de regio Amsterdam. DOORLOOPTIJD ▶ ☑ korter dan 1 jaar STATUS AANVRAGER ▶ ☑ stichting of vereniging (non-profit) ☑ hulpverleners ☑ onderwijsinstelling ☑ individuen/gezinnen VOORKEUR/UITSLUITING ▶ De projecten dienen bij voorkeur het doel te hebben de integratie en het welzijn - een zo zelfstandig mogelijk gelijkwaardig bestaan - van mensen met een visuele beperking te verbeteren.

Procedure ■ OP AANVRAAG ▶ ja DOORLOOPTIJD ▶ 6-12 maanden; korter dan een maand; 1-3 maanden; korter dan een maand AANVRAAGPROCEDURE ▶ Om een aanvraag in te dienen als particulier moet er een persoonlijke brief geschreven worden waarin de aanvraag gemotiveerd wordt. De bijlagen dienen te bevatten: ☑ uw oogheelkundige gegevens,; ☑ een overzicht van uw vrij besteedbaar inkomen,; ☑ één of liefst meerdere offertes; ☑ bij voorkeur een ondersteuningsbrief van uw regionale instelling; ☑ Indien van toepassing: een opgave van andere fondsen waarbij u de aanvraag heeft ingediend. Als organisatie dient het doel van en de aanleiding tot de aanvraag worden beschreven. De volgende documenten dienen in de bijlagen te worden toegevoegd. ☑ Het meest recente jaarverslag - met balans en winst- en verliesrekening; ☑ Een begroting met daarin ook de eventuele eigen bijdrage van deelnemers en de (gevraagde) bijdragen van andere fondsen; ☑ Indien van toepassing één of (liefst) meerdere offertes. Het streven is binnen 1 maand te antwoorden. dit kan echter uitlopen wanneer er meer informatie wordt verlangd en het om een hoog bedrag (5000+) gaat URL ▶ www.blinden-penning.nl/index.php?id=22

Financieel ■ EIGEN VERMOGEN ▶ € 1.004 INKOMSTEN OV ▶ € 352.870 HERKOMST MIDDELEN ▶ legaten, overige inkomsten, giften & schenkingen BOEKJAAR ▶ 2018 JAARVERSLAG OP WEBSITE ▶ ja.

Contact ■ BEREIKBAAR PER ▶ ☑ post ☑ e-mail ☑ telefoon CONTACTPERSOON ▶ Mw. drs. I.C. Schwalbach POSTADRES ▶ Baron G.A. Tindalplein 1, 1019TW Amsterdam EMAIL (ALGEMEEN) ▶ info@blinden-penning.nl TELEFOON (ALGEMEEN) ▶ 020-4703644 TELEFOON (AANVRAGEN) ▶ 020-4703641.

137
Stichting Blindenhulp

Rubriek ■ ☑ gezondheidszorg

Algemeen ■ WEBSITE ▶ www.blindenhulp.nl TYPERING ▶ vermogensfonds OPGERICHT ▶ 26-09-1899 RECHTSVORM ▶ stichting KVK ▶ 41149688 ANBI STATUS ▶ ja DIRECTIE ▶ geen directiegegevens bekend BESTUUR ▶ Mr. H.M. Krans, voorzitter; D. van Ruys, penningmeester; mw. H.M.H. Lemmens CIA, secretaris; prof.dr. J.E.E. Keunen; mw. J. van der Staay-Voogd.

Missie ■ DOELSTELLING ▶ A. Het verlenen van hulp aan visueel gehandicapten, ongeacht gezindte of leeftijd. b Verder het verlenen van steun aan; ☑ personen werkzaam in- of in opleiding voor onder meer de blindenzorg,; ☑ instellingen werkzaam op het gebied van de voorkoming, bestrijding en/of genezing van gehele of gedeeltelijke blindheid dan wel op het gebied van de revalidatie van visueel gehandicapten; ☑ personen en instellingen anderszins direct of indirect werkzaam t.b.v. visueel gehandicapten. c. het bevorderen van oogheelkunde en de blindenzorg, alles in de ruimste zin des woords. STICHTER(S) ▶ De heer G.J. Kolff en zijn zuster mevrouw H.J.C. Kolff HISTORIE ▶ De stichting is in 1899 opgericht door de heer G.J. Kolff en zijn zuster mevrouw H.J.C. Kolff, onder de naam Blindenstichting. Nadien hebben er verschillende statutenwijzigingen plaatsgevonden. Bij de statutenwijziging in 1978 is de naam gewijzigd in Stichting Blindenhulp. In 2007 is het vermogen van het Blindenfonds en stichting OOG bij deze stichting gekomen. BELEIDSPLAN OP WEBSITE ▶ ja.

Doelgroep ■ ALGEMEEN ▶ gehandicapten SPECIFIEK ▶ Mensen met een visuele handicap. ACTIVITEITEN ▶ De stichting geeft op de eerste plaats uitvoering aan haar doelstelling door het verlenen van bijdragen aan personen en instellingen die het maatschappelijk en financieel welzijn van blinden en/of slechtzienden bevorderen. Op dit terrein wordt onder meer hulp verleend in persoonlijke financiële tekorten bij het zo goed mogelijk functioneren in de maatschappij. Deze bijdragen worden veelal verleend in de vorm van een driemaandelijkse vergoeding van gemaakte kosten. In sommige gevallen wordt daarbij samengewerkt met andere organisaties die de belangenbehartiging van deze doelgroep bevorderen. Daarnaast worden op aanvraag in voorkomende gevallen bijdragen verleend aan organisaties op het gebied van sociale, culturele of sportieve manifestaties. Ook worden op aanvraag van organisaties op het gebied van wetenschap of behandeling van oogziekten subsidies verstrekt in de te maken kosten van onderzoeken ter genezing en of voorkoming van oogziekten. **INTERVENTIENIVEAU** ▶ Steun aan lokale/provinciale maatschappelijke organisaties en structuren (incl. gemeenten etc.) die diensten verlenen aan individuen.

Werkgebied ■ **ACTIERADIUS** ▶ Lokaal **LAND** ▶ Nederland.

Bestedingen ■ **BUDGET** ▶ niet openbaar **SOORT BIJDRAGE** ▶ giften **BOVENGRENS** ▶ geen **ONDERGRENS** ▶ geen.

Projecten ■ **CRITERIA** ▶ geen projectcriteria bekend **DOORLOOPTIJD** ▶ ☑ korter dan 1 jaar **STATUS AANVRAGER** ▶ ☑ stichting of vereniging (non-profit) ☑ individuen/gezinnen **VOORKEUR/UITSLUITING** ▶ geen voorkeur of uitsluiting bekend.

Procedure ■ **OP AANVRAAG** ▶ ja **DOORLOOPTIJD** ▶ 1-3 maanden **AANVRAAGPROCEDURE** ▶ Schriftelijk per post. Op de website van de Stichting staat waaruit de aanvraag moet bestaan. Aanvragen voor ondersteuning van wetenschappelijke onderzoeken dienen voldoende gedocumenteerd te zijn. Voor particuliere aanvragen worden de volgende documenten verwacht: ☑ nauwkeurige beschrijving van het doel van de aanvraag; ☑ financiële gegevens over inkomsten, uitgaven en vermogen met bewijsstukken; ☑ een of meerdere offertes; ☑ opgave van andere fondsen waarbij de aanvraag is ingediend; ☑ oogheelkundige gegevens, gezichtsscherpte en diagnose; ☑ ondersteuningsbrief van een van de regionale instellingen. **URL** ▶ www.blindenhulp.nl/?page_id=5

Financieel ■ **EIGEN VERMOGEN** ▶ € 18.813.097 **INKOMSTEN EV** ▶ € 3.110.104 **HERKOMST MIDDELEN** ▶ vermogen, giften & schenkingen **BOEKJAAR** ▶ 2018 **JAARVERSLAG OP WEBSITE** ▶ ja.

Contact ■ **BEREIKBAAR PER** ▶ ☑ post ☒ e-mail ☑ telefoon **CONTACTPERSOON** ▶ J.E. Smits **POSTADRES** ▶ Vliegenvangerlaan 16, 2566 RN 's-Gravenhage **TELEFOON (ALGEMEEN)** ▶ 070-3683966.

138
Stichting Blindenzorg Sint-Lucia

Rubriek ■ ☑ gezondheidszorg

Algemeen ■ **WEBSITE** ▶ www.kennisbankfilantropie.nl/anbi/blindenzorg-sint-lucia **TYPERING** ▶ vermogensfonds **OPGERICHT** ▶ 01-01-1946 **RECHTSVORM** ▶ stichting **KVK** ▶ 41038933 **ANBI STATUS** ▶ nee **DIRECTIE** ▶ geen directiegegevens bekend **BESTUUR** ▶ Mw. A.M. Burmeister-Heller, voorzitter; A.C.P. Perlot, penningmeester; J.T. Davids, secretaris; P. van Leeuwen.

Missie ■ **DOELSTELLING** ▶ De stichting kan in berperkte mate voorzien in noodzakelijke behoeften die niet zelf bekostigd kunnen worden en waarvoor geen beroep op reguliere instanties (bv. zorgverzekeraar of Algemene Bijstandswet) kan worden gedaan.

Doelgroep ■ **ALGEMEEN** ▶ gehandicapten **SPECIFIEK** ▶ Individuele visueel gehandicapten. **ACTIVITEITEN** ▶ Geen specifieke activiteiten bekend **INTERVENTIENIVEAU** ▶ Onbekend.

Werkgebied ■ **ACTIERADIUS** ▶ Nationaal **LAND** ▶ Nederland.

Bestedingen ■ **BUDGET** ▶ niet openbaar **SOORT BIJDRAGE** ▶ giften **BOVENGRENS** ▶ geen **ONDERGRENS** ▶ geen.

Projecten ■ **CRITERIA** ▶ geen projectcriteria bekend **DOORLOOPTIJD** ▶ ☑ korter dan 1 jaar **STATUS AANVRAGER** ▶ ☑ stichting of vereniging (non-profit) **VOORKEUR/UITSLUITING** ▶ De stichting richt zich voornamelijk op aanvragen door of namens individuele visueel gehandicapten.

Procedure ■ **OP AANVRAAG** ▶ ja

Financieel ■ **HERKOMST MIDDELEN** ▶ vermogen.

Contact ■ **BEREIKBAAR PER** ▶ ☑ post ☑ e-mail ☒ telefoon **CONTACTPERSOON** ▶ geen contactpersoon bekend **POSTADRES** ▶ Vlierstraat 14, 8171 BC Vaassen **EMAIL (ALGEMEEN)** ▶ sintlucia@planet.nl.

139
Blockbuster Fonds

Rubriek ■ ☑ kunst en cultuur

Algemeen ■ **WEBSITE** ▶ www.blockbusterfonds.nl **TYPERING** ▶ vermogensfonds **OPGERICHT** ▶ 2012 **RECHTSVORM** ▶ stichting **ANBI STATUS** ▶ ja **DIRECTIE** ▶ geen directiegegevens bekend **BESTUUR** ▶ geen bestuursgegevens bekend.

Missie ■ **DOELSTELLING** ▶ Het stimuleren en initieren van de totstandkoming van belangrijke en uitzonderlijke, zo mogelijk multidisciplinaire culturele evenementen in Nederland met een zo groot mogelijk (inter)nationaal publieksbereik. **STICHTER(S)** ▶ VandenEnde Foundation, het Prins Bernhard Cultuurfonds, VSBfonds en de BankGiro Loterij **HISTORIE** ▶ Het Blockbusterfonds is in 2012 opgericht door de VandenEnde Foundation, het Prins Bernhard Cultuurfonds, VSBfonds en de BankGiro Loterij. Zij werken samen in het Blockbusterfonds om uitzonderlijke culturele projecten mede mogelijk te maken. De kiem voor het fonds werd gelegd bij de Mandeville Lezing in 2011. Hierin hield Joop van den Ende een pleidooi om meer te investeren in cultuur en cultureel ondernemerschap.

Doelgroep ■ **SPECIFIEK** ▶ (Multidisciplinaire) culturele evenementen. **ACTIVITEITEN** ▶ Het Blockbusterfonds ondersteunt culturele projecten op twee verschillende manieren: ☑ Met een renteloze lening ter financiering van aanvullende marketingactiviteiten die leiden tot een groter en breder publieksbereik en daarmee extra inkomsten genereren. De lening dient achteraf te worden terugbetaald vanuit de (extra) bezoekersinkomsten. ☑ Indien de aanvrager zelf extra investeert in marketing, kan achteraf geheel of gedeeltelijk beroep gedaan worden op een garantiebijdrage indien de beoogde extra inkomsten van het project tegen de verwachting in zijn achtergebleven. **INTERVENTIENIVEAU** ► Steun aan lokale/provinciale maatschappelijke organisaties en structuren (incl. gemeenten etc.) die diensten verlenen aan individuen.

Werkgebied ■ **ACTIERADIUS** ► Nationaal **LAND** ► Nederland.

Bestedingen ■ **BUDGET** ► niet openbaar **SOORT BIJDRAGE** ► leningen garanties **BOVENGRENS** ► geen **ONDERGRENS** ► geen.

Projecten ■ **CRITERIA** ► ☑ Het project trekt een groot aantal bezoekers. De beoogde minimale bezoekersaantallen zijn afhankelijk van het soort project; project met looptijd tien weken +: 1.000 betalende bezoekers per dag. Project looptijd van 4 weken +: minstens 1.500 betalende bezoekers per dag looptijd 1-4 weken: minstens 2.000 betalende bezoekers per dag; looptijd van een week of korter: minstens 4.000 betalende bezoekers per dag; ☑ Het project trekt een brede groep bezoekers: organisaties die doorgaans een regionaal publiek bereiken, trekken met het project een landelijk publiek. organisaties die doorgaans een landelijk publiek bereiken, trekken met het project ook een internationaal publiek; ☑ Het project is een nieuw dan wel onderscheidend cultureel initiatief en heeft niet eerder in Nederland plaatsgevonden; ☑ Aanvragers moeten beschikken over de ANBI-status; ☑ De totale bijdrage bedraagt in het geval van een lening plus bijdrage BankGiro Loterij kaartafname nooit meer dan 50% van de begroting. **DOORLOOPTIJD** ► ☑ onbekend **STATUS AANVRAGER** ► ☑ stichting of vereniging (non-profit) **VOORKEUR/UITSLUITING** ► Projecten met een multidisciplinaire aanpak en/of samenwerkingsprojecten verdienen de voorkeur. Ook meerjarige projecten kunnen in aanmerking komen voor een bijdrage.

Procedure ■ **OP AANVRAAG** ► ja **DOORLOOPTIJD** ► 1-3 maanden **AANVRAAGPROCEDURE** ► U kunt uw aanvraag het hele jaar door per e-mail indienen via info@blockbusterfonds.nl. Bij voorkeur ontvangt het Fonds de aanvraag ongeveer één jaar voor aanvang van het project. De aanvraag dient te zijn voorzien van een basisbegroting met een sluitend dekkingsplan. De aanvraag geeft toelichting op het project, het te verwachten publiek, de financiën en de aanvragende organisatie. Binnen drie maanden nadat uw volledige aanvraag is ingediend, hoort u of het Blockbusterfonds uw project steunt. Het Blockbusterfonds kent geen bezwaarprocedure. ☑ Het is mogelijk om in een vroeg stadium het project met de stichting te overleggen. Een projectomschrijving vergezeld van een (concept) begroting en dekkingsplan kunnen dan worden opgestuurd. De stichting neemt dan per mail of telefonisch contact op over de mogelijke vervolgstappen. **URL** ► www.blockbusterfonds.nl/aanvragen/

Financieel ■ **HERKOMST MIDDELEN** ► vermogen.

Contact ■ **BEREIKBAAR PER** ► ☑ post ☑ e-mail ☑ telefoon **CONTACTPERSOON** ► Coördinator Willemijn de Vries **POSTADRES** ► Postbus 19750, 1000 GT Amsterdam **EMAIL (ALGEMEEN)** ► info@blockbusterfonds.nl **TELEFOON (ALGEMEEN)** ► 06-12419194.

140
Bluyssen Fonds

Rubriek ■ ☑ gezondheidszorg

Algemeen ■ **WEBSITE** ► www.bluyssenfonds.nl **TYPERING** ► hybride fonds **OPGERICHT** ► 22-12-1988 **RECHTSVORM** ► stichting **KVK** ► 41083701 **ANBI STATUS** ► ja **DIRECTIE** ► geen directiegegevens bekend **BESTUUR** ► Mw.drs. Y. Schram, voorzitter; A.F.M. van Bussel, penningmeester; mw. T. Ansems-Meurs; mw. M. Claessens-Arts; mw. T. van der Sanden-Stoelinga.

Missie ■ **DOELSTELLING** ► De Bluyssen Fonds heeft tot doel vanuit haar eigen christelijke identiteit: ☑ het aan individuele gehandicapten verstrekken van hulp in materiële zin, wanneer en voor zover voldoende aannemelijk is gemaakt; dat die hulp onontbeerlijk is voor een acceptabel persoonlijk of sociaal functioneren van betrokkene en; dat de daarvoor nodige financiële middelen niet kunnen worden opgebracht uit eigen middelen of andere bronnen en evenmin gedekt kunnen worden middels het geldende sociale voorzieningenstelsel, een en ander ter beoordeling van het bestuur; ☑ het verrichten van alle verdere handelingen, die met het vorenstaande in de ruimste zin verband houden of daartoe bevorderlijk kunnen zijn. **STICHTER(S)** ► A.C.J.M. Hermans en A.M. van Straaten **HISTORIE** ► Het Bluyssen Fonds werd in december 1988 opgericht als Bisschop Bluyssen Fonds, nadat in de Gehandicapten Organisatie Nederland (GON) de nood bij een groeiend aantal mensen met een beperking naar voren werd gebracht. Bezuinigingen door de overheid leidden ertoe dat lacunes gingen ontstaan in voorzieningen en mensen met een beperking in financiële problemen kwamen. Enkele particulieren uit Brabant namen het initiatief om dit particuliere fonds op te richten om mensen met een geestelijke of lichamelijke beperking in noodgevallen financieel te kunnen helpen. Het fonds is vernoemd naar oud-bisschop Jan Bluyssen van het bisdom 's- Hertogenbosch. Hij was altijd zeer begaan met het leven en welzijn van de gehandicapte medemens, vandaar dat hij graag en van harte zijn naam aan het Fonds heeft gegeven. Eind 2016 heeft het bestuur besloten tot wijziging van de naam Bisschop Bluyssen Fonds in Bluyssen Fonds. De ondertitel luidt: voor mensen met een beperking. **BELEIDSPLAN OP WEBSITE** ► ja.

Doelgroep ■ **ALGEMEEN** ► gehandicapten **SPECIFIEK** ► Mensen met een lichamelijke en/of geestelijke beperking.;. **ACTIVITEITEN** ► Het Bluyssen Fonds spant zich in om, binnen haar doelstelling en mogelijkheden, financiële hulp te bieden aan individuele gehandicapten, die onontbeerlijk zijn voor een harmonisch samenleven met de omgeving of de sociaal-maatschappelijke ontwikkeling van het individu; ☑ Het Bluyssen Fonds een effectieve samenwerking met Het Fonds 1815, het Kansfonds, FondsDBL en Porticus/T-fonds. De samenwerking met de Stichting Thomas van Villanova en het Betsy Perkfonds is minder frequent. Vanwege het samenwerkingsverband met Fonds 1815 is het belangrijk om bij de aanvraag te vermelden of hij/zij, of als de aanvraag voor een kind bestemd is, één van de beide ouders, ooit in militaire dienst is/zijn geweest met opgave van tijd, plaats en functie en de daarbij behorende gegevens. **INTERVENTIENIVEAU** ► Steun aan individuen (directe steun).

Werkgebied ■ **ACTIERADIUS** ► Nationaal **LAND** ► Nederland.

Bestedingen ■ **BUDGET** ► niet openbaar **ONDERSTEUNDE PROJECTEN P/J** ► 178 **SOORT BIJDRAGE** ► giften overig **BOVENGRENS** ► geen **ONDERGRENS** ► geen.

Projecten ■ **CRITERIA** ► ☑ De betrokkene (aanvrager) moet gehandicapt zijn en de beperking moet van blijvende aard zijn; ☑ Aanvragen moeten worden ingediend of moeten worden ondersteund door een; professionele hulpverlener. Dit kunnen bijvoorbeeld zijn: Maatschappelijk Werk, een MEE afdeling, een instelling, een arts of therapeut; ☑ Voor één en hetzelfde doel kan slechts éénmaal per twee jaar een aanvrage ingediend worden. **DOORLOOPTIJD** ► ☑ korter dan 1 jaar **STATUS AANVRAGER** ► ☑ individuen/gezinnen **VOORKEUR/UITSLUITING** ► Afgewezen worden in elk geval: ☑ aanvragen waarvan de besteding niet in Nederland plaats vindt; ☑ aanvragen voor vakanties; ☑ aanvragen voor een bijdrage voor het aflossen van schuld; ☑ aanvragen voor aanschaf auto's en rolstoelbussen m.u.v. aanpassingskosten tot max. € 5.000,00. Aanschaf van brommobiels, scootmobiels en fietsen worden wel in behandeling genomen; ☑ aanvragen waarbij geen of onvoldoende informatie is verstrekt; ☑ aanvragen welke niet individuele gehandicapten betreffen.

Procedure ■ **OP AANVRAAG** ► ja **DOORLOOPTIJD** ► korter dan 1 maand **AANVRAAGPROCEDURE** ► Aanvragen voor financiële ondersteuning kunnen digitaal of per post worden ingediend. Aanvragen voor ondersteuning dienen zoveel mogelijk gedaan te worden via het formulier 'Aanvraagformulier financiële hulpverlening' teneinde de doorlooptijd van de aanvrage zo kort mogelijk te houden. Het formulier kan aangevraagd worden bij de administrateur of worden gedownload van de webpagina van het Bluyssen Fonds. De aanvrage moet in elk geval bevatten: ☑ beargumentering van de aanvraag (achtergrond, oorzaak problemen, plan van aanpak); ☑ het aanvraagformulier, volledig ingevuld en ondertekend door de aanvrager; ☑ externe bewijsstukken (medische rapporten, salaris- en/of uitkeringsspecificaties, offertes, etc.); ☑ opgave van het bedrag dat van het Bluyssen Fonds verwacht wordt, alsmede opgave van fondsen waar eveneens een verzoek voor ondersteuning is ingediend; ☑ Ondersteuningsverklaring/indiening door professionele hulpverlener; Het bestuur besluit, al of niet, tot het verlenen van de gevraagde hulp en beslist over de hoogte van het bedrag. Daarvan wordt de aanvrager op de hoogte gesteld door de administrateur, al of niet met vermelding van de voorwaarden waaronder de hulpverlening plaats vindt, die door het bestuur zijn genoemd. Het bestuur streeft ernaar om aanvragen zo snel mogelijk af te handelen. **URL** ► www.bluyssenfonds.nl/aanvragen/aanvraagformulier/

Financieel ■ **EIGEN VERMOGEN** ► € 120.583 **INKOMSTEN EV** ► € 101 **INKOMSTEN OV** ► € 189.050 **HERKOMST MIDDELEN** ► vermogen, bedrijven, overige inkomsten, giften & schenkingen **BOEKJAAR** ► 2019 **JAARVERSLAG OP WEBSITE** ► ja.

Contact ■ **BEREIKBAAR PER** ► ☑ post ☑ e-mail ☒ telefoon **CONTACTPERSOON** ► A.F.M. van Bussel **POSTADRES** ► Postbus 149, 5830 AC Boxmeer **EMAIL (ALGEMEEN)** ► bbf@home.nl.

141
BNG Cultuurfonds

Rubriek ■ ☑ kunst en cultuur

Algemeen ■ **WEBSITE** ► www.bngbank.nl/cultuurfonds **TYPERING** ► vermogensfonds **OPGERICHT** ► 23-12-1964 **RECHTSVORM** ► stichting **KVK** ► 41152353 **ANBI STATUS** ► ja **DIRECTIE** ► geen directiegegevens bekend **BESTUUR** ► Mw. I. Adema, voorzitter; M. Meijs, secretaris; C. Wijn; mw. J. Kriens; H. Bergmann; mw. H. Hafkamp; W. Hillenaar; mw. J. de Vries.

Missie ■ **DOELSTELLING** ► Het BNG Cultuurfonds heeft tot doel activiteiten te stimuleren op het gebied van kunst en cultuur die van betekenis zijn voor gemeenten en het gemeentelijk beleid. **STICHTER(S)** ► N.V. Bank Nederlandse Gemeenten **HISTORIE** ► De NV Bank Nederlandse Gemeenten te Den Haag heeft in 1964, ter gelegenheid van haar 50-jarig bestaan, de Stichting Cultuurfonds van de Bank Nederlandse Gemeenten (BNG) in het leven geroepen. **BELEIDSPLAN OP WEBSITE** ► ja.

Doelgroep ■ **ALGEMEEN** ► jongeren, ouderen, vrouwen, mannen **SPECIFIEK** ► Kunst- of cultuurprojecten. **ACTIVITEITEN** ► De stichting verleent voornamelijk ondersteuning aan incidentele subsidieaanvragen van kunst- of cultuurprojecten. Daarnaast neemt het Cultuurfonds zelf initiatieven, vaak in samenwerking met andere partijen om te komen tot stimulering van jong talent. Dit gebeurt reeds op de gebieden theater, muziek en literatuur. Het BNG Cultuurfonds verleent in de eerste plaats subsidie voor reguliere projecten; ☑ Prijzen: Daarnaast stimuleert het BNG Cultuurfonds jong talent met prijzen op het vlak van theater, literatuur, jeugdcircus, beeldende kunst en dans. Ook zijn er jaarlijkse prijzen voor gemeenten: 'lang leve de kunst' en op het gebied van cultureel erfgoed; ☑ Tot slot maakt het BNG Cultuurfonds de 'Avonden Cultuur' mogelijk die BNG Bank elk jaar organiseert voor relaties. **INTERVENTIENIVEAU** ► Steun op niveau van maatschappij zelf (beleidsbeïnvloeding, etc.).; Steun aan lokale/provinciale maatschappelijke organisaties en structuren (incl. gemeenten etc.) die diensten verlenen aan individuen.

Werkgebied ■ **ACTIERADIUS** ► Nationaal **LAND** ► Nederland.

Bestedingen ■ **BUDGET** ► niet openbaar **SOORT BIJDRAGE** ► giften subsidies **BOVENGRENS** ► € 15.000 **ONDERGRENS** ► € 1.000.

Projecten ■ **CRITERIA** ► ☑ Het project richt zich aantoonbaar op een groot bereik in een bepaalde regio (veel voorstellingen of een tournee); ☑ Projecten moeten artistiek van hoge kwaliteit zijn; ☑ Bijdragen van het BNG Cultuurfonds zijn in beginsel eenmalig; ☑ Aanvragers (instellingen, organisaties of kunstenaars) mogen slechts één keer in de vier jaar een aanvraag doen. **DOORLOOPTIJD** ► ☑ korter dan 1 jaar **STATUS AANVRAGER** ► ☑ stichting of vereniging (non-profit) ☑ onderwijsinstelling **VOORKEUR/UITSLUITING** ► ☑ Een aanvraag is bij voorkeur nieuw, uniek, inhoudelijk bijzonder of experimenteel en kan voor andere partijen (instellingen of gemeenten) een voorbeeldstellend karakter hebben; ☑ Een project wordt bij voorkeur opgezet of uitgevoerd in samenwerking met lokale en regionale professionals, of in samenwerking met (externe) inhoudelijke professionals. ☑ Financiële betrokkenheid van één of meer gemeenten strekt tot aanbeveling. Dit geldt ook voor bijdragen vanuit stedelijke, regionale of provinciale instellingen of fondsen. ☑ Het BNG Cultuurfonds draagt nadrukkelijk niet bij in kosten van projecten die gericht zijn op investeringen in materiële en/of personele kosten. Het gaat om uitvoeringen/producties. Dus geen restauratiekosten, bouwsubsidies, kosten van inrichting en exploitatie, vaste personeelskosten, etc. Puur educatieve projecten steunt het BNG Cultuurfonds niet, maar eventueel wel uitvoeringen en producties waar ook een educatief element in zit.

Procedure ■ OP AANVRAAG ▶ ja DOORLOOPTIJD ▶ 3-6 maanden AANVRAAGPROCEDURE ▶ U kunt uw aanvragen alleen indienen via e-mail naar aanvraag.cultuurfonds@bngbank.nl. Dit kan alleen door middel van het aanvraagformulier, dat ondertekend moet zijn door bevoegde functionarissen (bestuursleden). Naast het invullen van het aanvraagformulier dienen er bijlagen te worden toegevoegd. ☑ een gespecificeerde begroting en/of offertes van het project,; ☑ een duidelijk projectplan van maximaal 5 pagina's,; ☑ de statuten; ☑ een recent uittreksel van de Kamer van Koophandel van uw stichting. Verzoeken die via een andere weg worden ingediend of die niet alle bijlagen bevatten, worden niet in behandeling genomen. Het bestuur komt vier keer per jaar bij elkaar om te beslissen over ingezonden verzoeken om financiële steun en het te voeren beleid. Binnen twee weken na de vergadering berichten wij u schriftelijk of uw aanvraag wel of niet wordt gehonoreerd. URL ▶ www.bngbank.nl/cultuurfonds/aanvraagprocedure

Financieel ■ EIGEN VERMOGEN ▶ € 109.127 INKOMSTEN OV ▶ € 900.000 HERKOMST MIDDELEN ▶ vermogen, moederorganisatie (bijdragen), giften & schenkingen BOEKJAAR ▶ 2018 JAARVERSLAG OP WEBSITE ▶ ja.

Contact ■ BEREIKBAAR PER ▶ ☑ post ☑ e-mail ☑ telefoon CONTACTPERSOON ▶ M. Meijs POSTADRES ▶ Postbus 30305, 2500 GH 's-Gravenhage EMAIL (ALGEMEEN) ▶ cultuurfonds@bngbank.nl TELEFOON (ALGEMEEN) ▶ 070-3750837; 06-53657747 TELEFOON (AANVRAGEN) ▶ 070-3750837.

142

Stichting Boedel Maria Harmens Courage

Rubriek ■ ☑ maatschappij, welzijn en samenleving

Algemeen ■ TYPERING ▶ vermogensfonds (moederorganisatie) OPGERICHT ▶ 1772 RECHTSVORM ▶ stichting KVK ▶ 41035098 ANBI STATUS ▶ nee DIRECTIE ▶ geen directiegegevens bekend BESTUUR ▶ F.A. de Lange, voorzitter; J. Veltkamp, penningmeester; H. Dijkhuizen, secretaris; H. Dijkhuizen.

Missie ■ DOELSTELLING ▶ De Stichting Boedel Maria Harmens Courage houdt zich bezig met het geven van financiële hulp aan mensen of instellingen die deze hulp nodig hebben in de gemeente Elburg. Daarnaast het in stand houden van monumenten in de binnenstad. STICHTER(S) ▶ Maria Harmens Courage (1683-1773) HISTORIE ▶ Maria Harmens Courage was een rijke vrouw in Elburg en ongehuwd. Vanwege de grote armoede onder de inwoners van Elburg, die hoofdzakelijk van de visserij moesten leven, kwam zij op de gedachte om haar vermogen voor de armen van Elburg te bestemmen. Daarom bepaalde zij in haar testament, dat de jaarlijkse revenuen uit de opbrengst van haar goederen bestemd zouden worden voor het onderhoud van enige behoeftige huisgezinnen, borgers en borgeressen der stad Elburg, professie doende aan de ware christelijke gereformeerde religie en niet van de diaconie genietende. Zij overleed 19 januari 1773.

Doelgroep ■ ALGEMEEN ▶ vrouwen, mannen, jongeren, kinderen, ouderen SPECIFIEK ▶ Inwoners van Elburg. ACTIVITEITEN ▶ Geen specifieke activiteiten bekend INTERVENTIENIVEAU ▶ Steun aan individuen (directe steun).

Werkgebied ■ ACTIERADIUS ▶ Lokaal LAND ▶ Nederland PLAATS ▶ Elburg.

Bestedingen ■ BUDGET ▶ niet openbaar SOORT BIJDRAGE ▶ giften BOVENGRENS ▶ geen ONDERGRENS ▶ geen.

Projecten ■ CRITERIA ▶ geen projectcriteria bekend DOORLOOPTIJD ▶ ☑ korter dan 1 jaar STATUS AANVRAGER ▶ ☑ individuen/gezinnen VOORKEUR/UITSLUITING ▶ geen voorkeur of uitsluiting bekend.

Procedure ■ OP AANVRAAG ▶ ja DOORLOOPTIJD ▶ 1-3 maanden AANVRAAGPROCEDURE ▶ Schriftelijk door middel van een motivatiebrief. Dit kan zowel per post als email. Na ontvangst van de aanvraag krijgt u een informatieformulier die weer, volledig ingevuld, terug moet worden verzonden.

Financieel ■ HERKOMST MIDDELEN ▶ vermogen.

Contact ■ BEREIKBAAR PER ▶ ☑ post ☑ e-mail ☑ telefoon CONTACTPERSOON ▶ H.A.B. Dickhof POSTADRES ▶ Klokbekerweg 50, 8081 LG Elburg EMAIL (ALGEMEEN) ▶ couragefonds@gmail.com TELEFOON (ALGEMEEN) ▶ 0525-683261.

143

Stichting Boekenfonds Elisabeth Grent / F.J.A.M. van der Helm

Rubriek ■ ☑ kunst en cultuur ☑ kerk en levensbeschouwing

Algemeen ■ WEBSITE ▶ www.boekenfondsegfh.nl TYPERING ▶ vermogensfonds OPGERICHT ▶ 15-07-1998 RECHTSVORM ▶ stichting KVK ▶ 27275560 ANBI STATUS ▶ nee DIRECTIE ▶ geen directiegegevens bekend BESTUUR ▶ F.J.A.M. van der Helm, voorzitter; mw. E. Grent, secretaris.

Missie ■ DOELSTELLING ▶ Het Boekenfonds houdt zich bezig met het subsidiëren van boeken op (cultuur-) historisch gebied. Het regiofonds beperkt zich tot men name West-Friesland en de streek Hoek van Holland, Leiden, Alphen, Rotterdam. STICHTER(S) ▶ Elisabeth Grent en F.J.A.M. van der Helm HISTORIE ▶ Het Boekenfonds is eind 20e eeuw opgericht om historische boeken op de markt te laten verschijnen, waarvan de begroting slechts door een beroep op derden rond is te krijgen.

Doelgroep ■ ALGEMEEN ▶ vrouwen, mannen SPECIFIEK ▶ Geen specifieke doelgroep ACTIVITEITEN ▶ Geen specifieke activiteiten bekend INTERVENTIENIVEAU ▶ Steun aan individuen (directe steun).

Werkgebied ■ ACTIERADIUS ▶ Lokaal, Regionaal LAND ▶ Nederland REGIO ▶ West-Friesland, Hoek van Holland PLAATS ▶ Leiden, Alphen, Rotterdam.

Bestedingen ■ BUDGET ▶ niet openbaar SOORT BIJDRAGE ▶ giften BOVENGRENS ▶ geen ONDERGRENS ▶ geen.

Projecten ■ CRITERIA ▶ ☑ onderwerp: (cultuur)historische aard; regio: ☑ West-Friesland ☑ gebied tussen Hoek van Holland – Leiden – Alphen – Rotterdam. DOORLOOPTIJD ▶ ☑ onbekend STATUS AANVRAGER ▶ ☑ stichting of vereniging (non-profit) ☑ kerkelijke instelling ☑ onderwijsinstelling ☑ overig VOORKEUR/UITSLUITING ▶ ☑ De aanvrager dient bij voorkeur een rechtspersoon te zijn (b.v. drukkerij, uitgeverij, historische vereniging e.d.). Geen subsidies voor; ☑ brochures; ☑ folders; ☑ jaarboeken en regelmatig verschijnende periodieken ☑ romanvorm; ☑ auteurs- en onderzoekskosten.

Procedure ■ OP AANVRAAG ▶ ja DOORLOOPTIJD ▶ korter dan 1 maand AANVRAAGPROCEDURE ▶ Het aanvraagformulier kan verkregen worden via boekenfondsEGFH@hotmail.com. Enkele benodigde gegevens ☑ offerte; ☑ begroting. Verdere informatie over de aanvraag is per e-mail op te vragen. URL ▶ www.boekenfondsegfh.nl/?page_id=18

Financieel ■ HERKOMST MIDDELEN ▶ vermogen.

Contact ■ BEREIKBAAR PER ▶ ☑ post ☑ e-mail ☒ telefoon CONTACTPERSOON ▶ geen contactpersoon bekend POSTADRES ▶ Jacob Mosselstraat 80, 2595 RJ Den Haag EMAIL (ALGEMEEN) ▶ boekenfondsegfh@hotmail.com.

144

Boelstra-Olivier Stichting

Rubriek ■ ☑ kunst en cultuur ☑ natuur, milieu en dieren ☑ onderwijs en onderzoek ☑ noodhulp

Algemeen ■ WEBSITE ▶ www.boelstraolivierstichting.nl TYPERING ▶ vermogensfonds OPGERICHT ▶ 27-08-1952 RECHTSVORM ▶ stichting KVK ▶ 41001686 ANBI STATUS ▶ ja DIRECTIE ▶ geen directiegegevens bekend BESTUUR ▶ Mr. S. Swart, voorzitter; drs. K. Faassen-Buma, penningmeester; L. Oldersma, secretaris; ing. J.A. Wassenaar; ing. E.H.I. Hettinga.

Missie ■ DOELSTELLING ▶ De stichting heeft als doel: ☑ het verlenen van steun aan kunstenaars op het gebied van de beeldende kunsten, de muziek of de letterkunde en beoefenaars van enige tak van wetenschap, daaronder begrepen wetenschappelijke studie, die in relatie staan tot de provincie Friesland; ☑ het verlenen van steun, meer speciaal het verstrekken van een of meer studiebeurzen aan veelbelovende Friese studenten aan de Landbouw Universiteit te Wageningen, aan de opleiding veeartsenij van de Rijksuniversiteit te Utrecht of aan leerlingen van een andere inrichting van hoger of middelbaar agrarisch onderwijs. ☑ het verlenen van steun aan activiteiten op het gebied van cultuur of landbouw in de meest ruime zin; ☑ het doen van uitkeringen ten behoeve van de stille armen van Stiens en het Stienser Oudland. STICHTER(S) ▶ De zusters Rigtje en Neeltje Boelstra samen met hun respectievelijke echtgenoten, Jan Nannes Wassenaar en Douwe Mattheus Hoogeveen HISTORIE ▶ De Boelstra-Olivierstichtig werd op 27 augustus 1952 opgericht door de zusters Rigtje en Neeltje Boelstra en hun respectievelijke echtgenoten, Jan Wassenaar en Douwe Hoogeveen ter nagedachtenis van hun (schoon)ouders Johannes Boelstra (1868-1947) en Grietje Boelstra-Olivier (1866-1932). Beide echtparen waren kinderloos en besloten de boerderijen die de zusters van hun ouders hadden geërfd te zijner tijd, na het overlijden van de oprichters, onder te brengen in de stichting. De Boelstra-Olivierstichting moest na het overlijden van de langst levende gaan functioneren als een stichting ter ondersteuning van cultuur en wetenschap overeenkomstig de doelstelling door de oprichters meegegeven. BELEIDSPLAN OP WEBSITE ▶ ja.

Doelgroep ■ SPECIFIEK ▶ Kunstenaars op het gebied van de beeldende kunsten, de muziek of de letterkunde en beoefenaars van enige tak van wetenschap die in relatie staan tot de provincie Friesland, en activiteiten op het gebied van cultuur of landbouw. ACTIVITEITEN ▶ Enkele voorbeelden van gehonoreerde aanvragen: ☑ Alde Fryske Tsjerken, groot onderhoud kerken Jelsum en Koarnjum; ☑ Restauratie kassencomplex Snakkerburen; ☑ stichting interieurs Fryslân; ☑ Publicatie Eendekooien in Fryslân; ☑ Noordelijk Film festival; ☑ Showband Takostu, project Vlag en Slag; ☑ Tentoonstelling Vikingen in het Fries Museum; ☑ Veekeuring Fryslân . INTERVENTIENIVEAU ▶ Steun aan lokale/provinciale maatschappelijke organisaties en structuren (incl. gemeenten etc.) die diensten verlenen aan individuen.; Steun aan individuen (directe steun).

Werkgebied ■ ACTIERADIUS ▶ Regionaal LAND ▶ Nederland REGIO ▶ Leeuwarderadeel PLAATS ▶ Stiens, Jelsum.

Bestedingen ■ BUDGET ▶ € 70.000 ONDERSTEUNDE PROJECTEN P/J ▶ 35 SOORT BIJDRAGE ▶ giften studiebeurzen BOVENGRENS ▶ geen ONDERGRENS ▶ geen.

Projecten ■ CRITERIA ▶ Het moeten eenmalige projecten zijn; exploitatiesubsidies worden niet gegeven tenzij het gaat om een startsubsidie of een tijdelijke incidentele overbruggingsbijdrage. DOORLOOPTIJD ▶ ☑ korter dan 1 jaar STATUS AANVRAGER ▶ ☑ geen beperkingen bekend VOORKEUR/UITSLUITING ▶ De voorkeur gaat uit naar projecten op het gebied van cultuur en landbouw in de gemeente Leeuwarderadeel, met daarbinnen weer een voorkeur voor Stiens en Jelsum.

Procedure ■ OP AANVRAAG ▶ ja DOORLOOPTIJD ▶ 1-3 maanden AANVRAAGPROCEDURE ▶ Via het aanvraagformulier dat te downloaden is via de website. Deze dient verzonden te worden per post. Bij de aanvraag dient altijd een begroting en informatie over de eigen financiële positie (b.v. een balans) te worden verstrekt en tevens een financieringsplan met aan anderen gevraagde subsidies. Een aanvraag wordt gehonoreerd als deze voldoet aan de criteria, maar ook de voorkeuren en prioriteiten van de Stichting spelen mee, waarbij een zekere subjectiviteit niet te vermijden is. Het bestuur beslist gemiddeld vier keer per jaar over binnengekomen aanvragen. **URL** ▶ www.boelstraolivierstichting.nl/index.php/procedure-en-subsidievoorwaarden

Financieel ■ **INKOMSTEN EV** ▶ € 91.687 **HERKOMST MIDDELEN** ▶ vermogen, overige inkomsten **BOEKJAAR** ▶ 2019 **JAARVERSLAG OP WEBSITE** ▶ ja.

Contact ■ **BEREIKBAAR PER** ▶ ☑ post ☑ e-mail ☒ telefoon **CONTACTPERSOON** ▶ geen contactpersoon bekend **POSTADRES** ▶ It Blauwe Slot 17, 9084 DL Goutum **EMAIL (ALGEMEEN)** ▶ info@boelstraolivierstichting.nl.

145

Stichting Mr. N. Bolkesteinfonds

Rubriek ■ ☑ kunst en cultuur

Algemeen ■ **WEBSITE** ▶ www.deventer.nl/bolkesteinfonds **TYPERING** ▶ hybride fonds **OPGERICHT** ▶ 17-10-1980 **RECHTSVORM** ▶ stichting **KVK** ▶ 41244401 **ANBI STATUS** ▶ ja **DIRECTIE** ▶ geen directiegegevens bekend **BESTUUR** ▶ J.J. de Kroes, voorzitter; J. Kroon, penningmeester; mw. M.C.P. de Vrijkotte, secretaris; C.M. Hogenstijn; mw. B.C.E. Bolkestein.

Missie ■ **DOELSTELLING** ▶ Het aanbrengen of doen aanbrengen van kleine verfraaiingen in de stad Deventer, als pompen, uithangborden, gevelstenen, kleine beeldjes en dergelijke. Het fonds verzorgt ook de realisatie van donaties. **STICHTER(S)** ▶ Mr. N. Bolkestein **HISTORIE** ▶ De Stichting Mr. N. Bolkesteinfonds is opgericht door Nicolaas Bolkestein. Bolkestein was burgemeester van Deventer van 1957 tot 1975. Bij zijn afscheid wilde hij geen geschenk, maar een startkapitaal voor het fonds. Het geld hiervoor is ingezameld onder de inwoners. In 1981 trad het Bolkesteinfonds in werking. **BELEIDSPLAN OP WEBSITE** ▶ ja.

Doelgroep ■ **SPECIFIEK** ▶ Projecten met als doel verfraaiing van gebouwen in Deventer. **ACTIVITEITEN** ▶ De werkzaamheden van de stichting zijn: het houden van twee bestuursvergaderingen per jaar, het kritisch beoordelen van verzoeken om een financiële bijdrage; het verlenen van opdrachten aan kunstenaars; het uitbetalen van aangegane verplichtingen; het inhoudelijk adviseren bij en begeleiden van de werkzaamheden. Er is geen personeel. Het bestuur bestaat uit vrijwilligers en krijgt geen beloning. Het Bolkesteinfonds heeft al veel projecten in Deventer helemaal of voor een deel gefinancierd dan wel gerealiseerd, waaronder: ☑ diverse gevelstenen in de Assenstraat en de Polstraat; ☑ gevelsteen Het Melkmeisje in de Melksterstraat; ☑ gevelsteen Cusanus in de Bursestraat; ☑ de pomp op de Brink; ☑ de gevelsteen aan het Deken Doyshuis; ☑ uithangbord De Drie Haringen; ☑ enkele struikelstenen in de Nieuwstraat; ☑ een aantal vloertegels in de Broederenkerk; ☑ de plaquette van Gisbert Cuper in het stadhuis. **INTERVENTIENIVEAU** ▶ N.v.t.

Werkgebied ■ **ACTIERADIUS** ▶ Lokaal **LAND** ▶ Nederland **REGIO** ▶ Gelderland **PLAATS** ▶ Deventer.

Bestedingen ■ **BUDGET** ▶ niet openbaar **TOELICHTING** ▶ Bij kleine projecten is het Bolkesteinfonds vaak de enige financier. Bij grote projecten draagt het fonds naar vermogen bij. Het Bolkesteinfonds is voor haar inkomsten geheel afhankelijk van schenkingen en erfenissen. **SOORT BIJDRAGE** ▶ giften **BOVENGRENS** ▶ geen **ONDERGRENS** ▶ geen.

Projecten ■ **CRITERIA** ▶ geen projectcriteria bekend **DOORLOOPTIJD** ▶ ☑ korter dan 1 jaar **STATUS AANVRAGER** ▶ ☑ geen beperkingen bekend **VOORKEUR/UITSLUITING** ▶ De activiteiten beperken zich uitsluitend tot de gemeente Deventer. Onder "kleine verfraaiingen" wordt niet begrepen restauratiewerkzaamheden aan gebouwen. Incidenteel wordt bijgedragen aan een groter project.

Procedure ■ **OP AANVRAAG** ▶ ja **DOORLOOPTIJD** ▶ 3-6 maanden **AANVRAAGPROCEDURE** ▶ Eerst telefonisch contact, daarna eventueel verzoek met plan en begroting.

Financieel ■ **EIGEN VERMOGEN** ▶ € 27.000 **HERKOMST MIDDELEN** ▶ vermogen, giften & schenkingen, legaten **BOEKJAAR** ▶ 2017 **JAARVERSLAG OP WEBSITE** ▶ ja.

Contact ■ **BEREIKBAAR PER** ▶ ☑ post ☑ e-mail ☑ telefoon **CONTACTPERSOON** ▶ Mw. M.C.P. Vrijkotte **POSTADRES** ▶ Midden Rij 1, 7413 XK Deventer **EMAIL (ALGEMEEN)** ▶ marijel50@yahoo.com **TELEFOON (ALGEMEEN)** ▶ 06-25776422.

146

Stichting Fonds Bolsward-Dronrijp 1993

Rubriek ■ ☑ maatschappij, welzijn en samenleving ☑ sport en recreatie ☑ kunst en cultuur ☑ gezondheidszorg

Algemeen ■ **WEBSITE** ▶ www.bolswarddronrijp.nl **TYPERING** ▶ vermogensfonds **OPGERICHT** ▶ 12-12-1986 **RECHTSVORM** ▶ stichting **KVK** ▶ 41002814 **ANBI STATUS** ▶ ja **DIRECTIE** ▶ geen directiegegevens bekend **BESTUUR** ▶ Drs. M.J. Wijnia, voorzitter; L. Pen, penningmeester; L. Pen, secretaris; P.J. Dijkstra; P.D. Schaafsma; mw. M. Grijmans.

Missie ■ **DOELSTELLING** ▶ De stichting heeft ten doel het zonder winstoogmerk verhogen van de kwaliteit van de samenleving onder meer door het al dan niet met financiële en/of operationele hulp van anderen (natuurlijke- of rechtspersonen) verlenen van (financiële) steun aan projecten of doelen van algemeen maatschappelijk belang met een ideële en/of sociale strekking. Onder algemeen maatschappelijk belang zoals hiervoor bedoeld wordt tenminste begrepen het belang op sociaal maatschappelijk gebied, alsmede op het gebied van educatie, gezondheid en welzijn, kunst en cultuur, natuur en milieu, sport en vrijetijdsbesteding. De stichting spant zich in om de opbrengst van het haar ter beschikking staande vermogen zo doelmatig mogelijk te besteden in de provincie Fryslân, waarbij de regio Bolsward-Dronrijp prioriteit heeft. Het bestuur kan in uitzonderingsgevallen anders beslissen. **HISTORIE** ▶ De maatschappelijke betrokkenheid van het Fonds Bolsward-Dronrijp past in een lange traditie die teruggaat tot het begin van de negentiende eeuw. Toen werden op initiatief van de Maatschappij tot Nut van 't Algemeen de eerste spaarbanken in Nederland opgericht. Deze betrokkenheid bij de samenleving kreeg in 1993 een nieuwe impuls toen de maatschappelijke activiteiten van de VSB Bank (opgegaan in de huidige Fortis Bank) werden voortgezet onder de naam Fonds Bolsward-Dronrijp 1993. In de lijn van het verleden koos het Fonds Bolsward-Dronrijp 1993 voor brede maatschappelijke doelstellingen, met de nadruk op aspecten die een duurzame samenleving bevorderen. Een samenleving waaraan zoveel mogelijk mensen een actieve bijdrage leveren en die mogelijkheden tot ontwikkeling en ontplooiing biedt. Daar was het begin negentiende eeuw allemaal om begonnen en daar draait het nu nog steeds om. **BELEIDSPLAN OP WEBSITE** ► ja.

Doelgroep ■ **ALGEMEEN** ► gehandicapten, jongeren, ouderen **SPECIFIEK** ► Groepen die in onvoldoende mate actief aan de maatschappij (kunnen) deelnemen genieten de voorkeur. Bijvoorbeeld: jongeren; ouderen; gehandicapten en allochtonen. **ACTIVITEITEN** ► In het bijzonder richt het Fonds zich op projecten uit de volgende sectoren: ☑ Mens en Maatschappij: Hierbij gaat het om alle vormen van welzijnswerk, (bijvoorbeeld: jeugdzorg, sociaal-cultureel werk, gehandicaptenzorg. vergroten van ontplooiingskansen van bepaalde groepen in de samenleving; het bevorderen van het welzijn van patiënten of hulpbehoevenden bevordering van deelname aan (amateur) sport en recreatieve activiteiten; ☑ Kunst en cultuur: Harmonieorkest, toneelvereniging, koor, kunstcollectief, expositie, beeldenroute, straattheater, musical. een breed cultureel spectrum komt voor een bijdrage van het Fonds Bolsward-Dronrijp 1993 in aanmerking. Speciale belangstelling gaat uit naar initiatieven die er op gericht zijn om kunst en cultuur voor brede groepen toegankelijk te maken. Met name heeft de bevordering van cultuurdeelname van jongeren alle aandacht. **INTERVENTIENIVEAU** ► Onbekend.

Werkgebied ■ **ACTIERADIUS** ► Lokaal, Regionaal **LAND** ► Nederland **REGIO** ► Friesland **PLAATS** ► Bolsward, Wûnseradiel, Littenseradiel, Menaldumadeel, Wymbritseradiel.

Bestedingen ■ **BUDGET** ► niet openbaar **ONDERSTEUNDE PROJECTEN P/J** ► 46 **SOORT BIJDRAGE** ► giften **BOVENGRENS** ► geen **ONDERGRENS** ► geen.

Projecten ■ **CRITERIA** ► ☑ een project dient binnen de eerder vermelde aandachtsgebieden liggen,; ☑ de aanvrager moet kunnen aantonen niet zelf te beschikken over (voldoende) middelen om het project te financieren; ☑ afgebakende projecten. **DOORLOOPTIJD** ► ☑ korter dan 1 jaar **STATUS AANVRAGER** ► ☑ stichting of vereniging (nonprofit) **VOORKEUR/UITSLUITING** ► ☑ Projecten die de groepen bij de samenleving betrekken die in onvoldoende mate actief aan de maatschappij (kunnen) deelnemen, genieten de voorkeur. Hierbij kan gedacht worden aan jongeren, ouderen, gehandicapten en allochtonen. ☑ er worden in principe geen projecten gesteund die tijdens de aanvraag of behandeling reeds geheel of gedeeltelijk gerealiseerd zijn.☑ voor de realisatie van de normale activiteiten van een organisatie verstrekt het Fonds geen bijdrage; ook worden geen structurele begrotingstekorten gedekt. ☑ organisaties met een uitgesproken religieuze of politieke doelstelling zijn van steun uitgesloten. ☑ aan overheden, overheidsinstellingen of structureel geheel of vrijwel geheel door een overheid gesubsidieerde instellingen wordt in principe geen steun verleend, evenmin als aan commerciële organisaties en particulieren.

Procedure ■ **OP AANVRAAG** ► ja **DOORLOOPTIJD** ► 1-3 maanden **AANVRAAGPROCEDURE** ► Aanvragen voor financiële steun kunnen uitsluitend digitaal worden ingediend gebruikmakend van het aanvraagformulier van de website. De aanvraag dient voorzien te zijn van: ☑ een volledige beschrijving van het project waarvoor steun wordt aangevraagd; ☑ relevante documentatie over het project; ☑ een begroting van de kosten van het project; ☑ een dekkingsplan,; ☑ een overzicht van de instellingen waar eveneens een aanvraag voor een bijdrage is of wordt ingediend; ☑ gegevens van de aanvragende organisatie; ☑ de naam van één of meer contactpersonen met telefoonnummer. Alleen complete aanvragen worden in behandeling genomen. De behandelingstermijn bedraagt in de regel circa drie maanden. Het al dan niet honoreren van een aanvraag is een bindend besluit van het bestuur van het Fonds, waartegen geen beroep mogelijk is. **URL** ► https://bolswarddronrijp.nl/aanmeldformulier/

Financieel ■ **INKOMSTEN EV** ► € 173.254 **HERKOMST MIDDELEN** ► vermogen **BOEKJAAR** ► 2018 **JAARVERSLAG OP WEBSITE** ► ja.

Contact ■ **BEREIKBAAR PER** ► ☑ post ☑ e-mail ☒ telefoon **CONTACTPERSOON** ► M. Wijnia **POSTADRES** ► De Klút 1, 8702 CM Bolsward **EMAIL (ALGEMEEN)** ► fonds@bolswarddronrijp.nl.

147
Bomenstichting

Rubriek ■ ☑ natuur, milieu en dieren

Algemeen ■ **WEBSITE** ► www.bomenstichting.nl **TYPERING** ► hybride fonds **OPGERICHT** ► 1970 **RECHTSVORM** ► stichting **KVK** ► 41197425 **ANBI STATUS** ► ja **DIRECTIE** ► geen directiegegevens bekend **BESTUUR** ► B. Witmond, penningmeester; F. Warendorf, secretaris; P. Lommerse; G.J. van Prooijen; E. Rood; mw. H. Hirsch; J. Borren.

Missie ■ **DOELSTELLING** ► Het bevorderen van de zorg en aandacht voor bomen, omdat deze een onmisbare schakel vormen in het leven op aarde en dus onmisbaar zijn voor de mens, en voorts al hetgeen met één en ander rechtstreeks of zijdelings verband houdt of daartoe bevorderlijk kan zijn, alles in de ruimste zin des woords.. **HISTORIE** ► De Bomenstichting is een landelijke stichting, opgericht in 1970. In januari 2012 is de stichting verhuisd naar Amsterdam en is een overgang gemaakt naar een vrijwilligersorganisatie. In 1991 is het Bomenfonds in het leven geroepen om eigenaren van monumentale bomen tegemoet te komen in de onderhoudskosten. **BELEIDSPLAN OP WEBSITE** ► ja.

Doelgroep ■ **SPECIFIEK** ► Bomen en natuurliefhebbers. **ACTIVITEITEN** ► De stichting de doelstelling tracht te bereiken door onder meer: ☑ vergaarde kennis in de vorm van voorlichting en adviezen aan verschillende doelgroepen over te dragen; ☑ het stimuleren van overheid, bedrijfsleven, particulieren en instellingen op het gebied van onderzoek, onderwijs en voorlichting om zich voor dit doel in te zetten en door coördinerend op te treden bij op dit doel gerichte initiatieven van anderen; ☑ het voeren van bezwaar- en beroepsprocedures bij bedreigingen van bomen in het algemeen en bij dreigende kap in het bijzonder; ☑ Verspreid over het land dragen contactpersonen de doelstellingen van de Bomenstichting uit en zetten zij zich in burgers en gemeenten te adviseren; ☑ Beheer van het Bomenfonds; ☑ Beheer van het Landelijk Register van Monumentale Bomen (www.monumentalebomen.nl/); ☑ De Bomenstichting geeft tweemaal per jaar het tijdschrift Bomennieuws uit en enkele malen per jaar een digitale nieuwsbrief; ☑ In Utrecht wordt elk jaar een lezing over bomen gegeven; ☑ Voor de donateurs (en andere belangstellenden) is er jaarlijks een excursie; ☑ Met de contactpersonen vindt onder meer via contactpersonendagen uitwisseling van informatie plaats, ook wordt hen scholing aangeboden over actuele ontwikkelingen. **INTERVENTIENIVEAU** ▶ Onbekend.

Werkgebied ■ **ACTIERADIUS** ▶ Nationaal **LAND** ▶ Nederland.

Bestedingen ■ **BUDGET** ▶ niet openbaar **SOORT BIJDRAGE** ▶ subsidies **BOVENGRENS** ▶ geen **ONDERGRENS** ▶ geen.

Projecten ■ **CRITERIA** ▶ De belangrijkste voorwaarden voor een bijdrage uit het Bomenfonds zijn: ☑ de boom is opgenomen in het Landelijk Register van Monumentale Bomen; ☑ de status van de boom is monumentaal (dus niet potentieel monumentaal); ☑ de boom is particulier eigendom; ☑ de levensverwachting van de boom bedraagt na het onderhoud nog minimaal tien jaar; ☑ de werkzaamheden mogen pas worden uitgevoerd na schriftelijke toezegging van de Bomenstichting. **DOORLOOPTIJD** ▶ ☑ onbekend **STATUS AANVRAGER** ▶ ☑ geen beperkingen bekend **VOORKEUR/UITSLUITING** ▶ geen voorkeur of uitsluiting bekend.

Procedure ■ **OP AANVRAAG** ▶ onbekend **AANVRAAGPROCEDURE** ▶ U kunt het formulier voor het aanvragen van een bijdrage uit het Bomenfonds downloaden op de website. U kunt vervolgens een print van het formulier maken en ingevuld per e-mail (of per post) opsturen. Vergeet niet foto's mee te sturen. **URL** ▶ www.bomenstichting.nl/monumentale-bomen/bomenfonds.html

Financieel ■ **EIGEN VERMOGEN** ▶ € 46.000 **INKOMSTEN OV** ▶ € 199.000 **HERKOMST MIDDELEN** ▶ giften & schenkingen, legaten, overige inkomsten **BOEKJAAR** ▶ 2019 **JAARVERSLAG OP WEBSITE** ▶ ja.

Contact ■ **BEREIKBAAR PER** ▶ ☑ post ☑ e-mail ☑ telefoon **CONTACTPERSOON** ▶ geen contactpersoon bekend **POSTADRES** ▶ Uiterwaardenstraat 308, 1079 DB Amsterdam **EMAIL (ALGEMEEN)** ▶ info@bomenstichting.nl **TELEFOON (ALGEMEEN)** ▶ 020-3306008.

148

Stichting Bonhomme Tielens

Rubriek ■ ☑ kunst en cultuur

Algemeen ■ **WEBSITE** ▶ www.bonhommetielens.nl **TYPERING** ▶ vermogensfonds **OPGERICHT** ▶ 07-11-1993 **RECHTSVORM** ▶ stichting **KVK** ▶ 41078624 **ANBI STATUS** ▶ ja **DIRECTIE** ▶ geen directiegegevens bekend **BESTUUR** ▶ Mr. M.P.P.F. Groutars, voorzitter; drs. F.J. Tielens, penningmeester; mr. A.G.M. Tielens, secretaris; A.L.H.M. Harmes; mr. C.A.C.G.P.M. Baron de Loë; mw.drs. A. Friedrichs.

Missie ■ **DOELSTELLING** ▶ ☑ Het beheren van de roerende goederen/kunstcollectie van de oprichtster mevrouw Arnoldine Eras-Bonhomme (1908-1995) te Maastricht; ☑ Het uitbreiden van de kunstcollectie met andere (Maastrichtse) families en meer specifiek Maastrichtse kunst(nijverheids)voorwerpen. Meer speciaal is de stichting alert op het verwerven van Maastrichts zilveren voorwerpen en objecten die aanvullend zijn aan de recent verworven collecties. ☑ Het voor het publiek tentoonstellen van bezittingen van de stichting in een daartoe passende omgeving; ☑ Het door middel van subsidie ondersteunen van restauratie van roerende kunstvoorwerpen en antiquiteiten in Nederland, in het bezit van instellingen / rechtspersonen en particulieren; ☑ Het onderhouden van de graven van de families Bonhomme, Tielens, van Beneden en aanverwante families. **STICHTER(S)** ▶ Mevrouw A.M.M.H.G. Eras-Bonhomme **HISTORIE** ▶ De stichting Bonhomme Tielens werd in 1993 opgericht door Arnoldine Eras-Bonhomme (1908 – 1995). Dit ter behoud van de kunst- en cultuurcollectie van haar familie. Het betreft de families Bonhomme en Tielens (van haar vaders kant) en Van Beneden (van haar moeders kant). Het beheer van deze collectie en het onderhoud van de graven van de familie Bonhomme en aanverwante families zijn vandaag de dag nog steeds doelen van de stichting. **BELEIDSPLAN OP WEBSITE** ▶ ja.

Doelgroep ■ **ALGEMEEN** ▶ vrouwen, mannen **SPECIFIEK** ▶ Kunstcollecties van (Maastrichtse) families en restauratie voor kunstvoorwerpen en antiquiteiten. **ACTIVITEITEN** ▶ Sinds de oprichting heeft de stichting al meer dan 270 aanvragen behandeld om het restaureren en behouden van roerende kunsthistorische voorwerpen mogelijk te maken. Het overzicht van de projecten van instellingen is op de website terug te vinden. Verder houdt de stichting zich actief bezig met de verwezenlijking van het op een passende wijze tentoonstellen van haar collectie. Deze collectie wordt actief beheerd in lijn met de doelstelling van de stichting. Vanaf medio september 2020 worden dee recent door de stichting verworven collecties Maastrichts zilver (voor een belangrijk deel) tentoongesteld in het Bonnefantenmuseum in Maastricht. **INTERVENTIENIVEAU** ▶ Onbekend.

Werkgebied ■ **ACTIERADIUS** ▶ Nationaal **LAND** ▶ Nederland **REGIO** ▶ Zuid-Limburg **PLAATS** ▶ Maastricht.

Bestedingen ■ **BUDGET** ▶ niet openbaar **TOELICHTING** ▶ Doorgaans zal jaarlijks minimaal circa 2% van het kernvermogen worden uitgekeerd conform de doelstellingen van de stichting, met de kanttekening dat zich specifieke situaties kunnen voordoen waarbij deze uitgaven hoger zijn. **ONDERSTEUNDE PROJECTEN P/J** ▶ 12 **SOORT BIJDRAGE** ▶ giften **BOVENGRENS** ▶ geen **ONDERGRENS** ▶ geen.

Projecten ■ **CRITERIA** ▶ ☑ Het project moet Nederlands zijn. ☑ Het te herstellen object moet een roerend goed zijn. **DOORLOOPTIJD** ▶ ☑ 1 - 2 jaar **STATUS AANVRAGER** ▶ ☑ stichting of vereniging (non-profit) ☑ kerkelijke instelling ☑ bedrijf ☑ individuen/gezinnen **VOORKEUR/UITSLUITING** ▶ Buitenlandse aanvragen zijn uitgesloten van deelname. De Rijksoverheid, provinciale of gemeentelijke overheden en instellingen komen niet in aanmerking voor subsidie.

Procedure ■ **OP AANVRAAG** ▶ ja **DOORLOOPTIJD** ▶ 3-6 maanden **AANVRAAGPROCEDURE** ▶ Middels het aanvraagformulier op de website kunt u een subsidie aanvraag indienen bij de stichting Bonhomme Tielens. Bij de aanvraag dient u te beschikken over: ☑ documentatiemateriaal, zoals foto's. ☑ Een recent taxatierapport van het te restaureren object, opgesteld door een erkende taxateur. ☑ Een restauratierapport en/of -begroting, opgesteld door een restaurator die bij voorkeur aangesloten is bij de Vereniging Restauratoren Nederland. Instellingen zijn verplicht de laatste jaarstukken in te dienen. Particuliere aanvragers moeten een subsidieovereenkomst ondertekenen. Nadat uw aanvraag is ontvangen neemt het bestuur deze in behandeling. Het is mogelijk dat het bestuur zich hierin laat bijstaan door deskundigen. Vervolgens wordt u schriftelijk geïnformeerd over het besluit van de stichting. **URL** ▶ www.bonhommetielens.nl/subsidie-aanvragen/aanvraag-indienen

Financieel ■ **EIGEN VERMOGEN** ▶ € 7.813.324 **INKOMSTEN EV** ▶ € 490.992 **HERKOMST MIDDELEN** ▶ vermogen, legaten **BOEKJAAR** ▶ 2018 **JAARVERSLAG OP WEBSITE** ▶ ja.

Contact ■ **BEREIKBAAR PER** ▶ ☑ post ☑ e-mail ☒ telefoon **CONTACTPERSOON** ▶ Mr. M.P.P.F. Groutars **POSTADRES** ▶ Henric van Veldekeplein 19, 6211 TG Maastricht **EMAIL (ALGEMEEN)** ▶ info@bonhommetielens.nl.

149
Stichting Borro

Rubriek ■ ☑ gezondheidszorg ☑ natuur, milieu en dieren ☑ onderwijs en onderzoek ☑ sport en recreatie ☑ maatschappij, welzijn en samenleving

Algemeen ■ **WEBSITE** ▶ www.stichtingborro.nl **TYPERING** ▶ vermogensfonds **OPGERICHT** ▶ 18-07-2005 **RECHTSVORM** ▶ stichting **KVK** ▶ 34230253 **ANBI STATUS** ▶ ja **DIRECTIE** ▶ geen directiegegevens bekend **BESTUUR** ▶ P. Deurloo, voorzitter; mw. M.A.J. Verhaeghe, penningmeester; B. Dingeman Boudeling, secretaris; Maprima Management B.V.

Missie ■ **DOELSTELLING** ▶ De stichting stelt zich ten doel financiële middelen te verstrekken aan projecten, die geestelijk en/of fysiek welzijn bevorderen, alsmede natuuronderhoud en wetenschappelijk (medisch) onderzoek. **BELEIDSPLAN OP WEBSITE** ▶ ja.

Doelgroep ■ **ALGEMEEN** ▶ armen, gehandicapten, zieken, dieren, jongeren **SPECIFIEK** ▶ Projecten m.b.t. cultuur, dieren, sport en welzijn voornamelijk in België en Nederland. **ACTIVITEITEN** ▶ Voorbeelden van projecten zijn: ☑ Bevordering sport door kansarme jeugd; ☑ Scholen voor minder valide kinderen; ☑ Palliatieve zorg; ☑ Ronald McDonald; ☑ Papegaaiencentrum; ☑ Inloophuizen; ☑ Ziekenzorg; ☑ Stichting Leergeld; ☑ Opkikker; ☑ Stichting Hulphond; ☑ Ruby & Rose; ☑ Moederzorg; ☑ Heppy Hotel; ☑ Instellingen voor minder validen; ☑ Heksenwaag museum; ☑ Huntington; ☑ Tienermoeders; ☑ Onderzoek naar ziekten. **INTERVENTIENIVEAU** ▶ Steun aan lokale/provinciale maatschappelijke organisaties en structuren (incl. gemeenten etc.) die diensten verlenen aan individuen.

Werkgebied ■ **ACTIERADIUS** ▶ Internationaal **LAND** ▶ Nederland, België.

Bestedingen ■ **BUDGET** ▶ niet openbaar **TOELICHTING** ▶ Er zal naar gestreefd worden 70 – 80 % van de jaarlijkse gelden te besteden aan meerjarige projecten. **SOORT BIJDRAGE** ▶ giften **BOVENGRENS** ▶ geen **ONDERGRENS** ▶ geen.

Projecten ■ **CRITERIA** ▶ ☑ het moet een 'erkend' goed doel betreffen (bijvoorbeeld indien het een Nederlands goed doel betreft: een algemeen nut beogende instelling zoals bedoeld in de Wet op de Inkomstenbelasting 2001); ☑ doelstellingen van het eventueel project moeten helder omschreven en meetbaar zijn; ☑ de stichting zal maximaal 50% van de financieringsbehoefte van een project dekken (d.w.z. er moeten mede-financiers zijn); ☑ de stichting zal geen 'algemene' fondsen (zoals Hartstichting, Liliane Fonds, e.d.) steunen omdat persoonlijke betrokkenheid bij de uitvoering niet gegarandeerd kan worden. Het is niet noodzakelijk dat op elk moment in tijd projecten ondersteund worden in alle vier doelgebieden. **DOORLOOPTIJD** ▶ ☑ langer dan 2 jaar **STATUS AANVRAGER** ▶ ☑ stichting of vereniging (non-profit) **VOORKEUR/UITSLUITING** ▶ geen voorkeur of uitsluiting bekend.

Procedure ■ **OP AANVRAAG** ▶ ja **DOORLOOPTIJD** ▶ geen doorlooptijd bekend; 1-3 maanden; 1-3 maanden **AANVRAAGPROCEDURE** ▶ Het bestuur komt elke twee maanden bij elkaar. Voor beoordeling worden door bestuur geëigende bronnen voor informatie geraadpleegd worden. Een positief besluit door het bestuur wordt door beide partijen een contract getekend.

Financieel ■ **EIGEN VERMOGEN** ▶ € 77.635 **HERKOMST MIDDELEN** ▶ onbekend **BOEKJAAR** ▶ 2018 **JAARVERSLAG OP WEBSITE** ▶ ja.

Contact ■ **BEREIKBAAR PER** ▶ ☑ post ☒ e-mail ☑ telefoon **CONTACTPERSOON** ▶ P. Hoogendoorn-Deurloo **POSTADRES** ▶ Lentedreef 20, 2360 Oud-Turnhout, België **TELEFOON (ALGEMEEN)** ▶ +3214452336.

150
Stichting Boschuysen

Rubriek ■ ☑ gezondheidszorg ☑ noodhulp ☑ kunst en cultuur ☑ maatschappij, welzijn en samenleving ☑ sport en recreatie ☑ onderwijs en onderzoek

Algemeen ■ **WEBSITE** ▶ www.boschuysen.nl **TYPERING** ▶ vermogensfonds **RECHTSVORM** ▶ stichting **KVK** ▶ 41150097 **ANBI STATUS** ▶ ja **DIRECTIE** ▶ B.E.M.M. ten Uyttendaele **BESTUUR** ▶ Drs. E. Smits; mr. R.W. van Ierschot; mw.mr. J. Spierdijk; M.H. Wetselaar-Cosijn; mw.dr. C.M.J. Vrijmoet-Wiersma; dr. J.J. Hazenberg,.

Missie ■ **DOELSTELLING** ▶ Het bevorderen van de opvang, verzorging, opvoeding, scholing en ontwikkeling van jeugdige personen, in beginsel niet ouder dan dertig jaar, die maatschappelijk gezien hulp van derden nodig hebben. **STICHTER(S)** ▶ Crispijn en Agnyese van Boschuysen **HISTORIE** ▶ Stichting Boschuysen beschikt over een vermogen dat is voortgekomen uit de erflating van Crispijn van Boschuysen en Agneyse Pietersdochter die in 1564 een som gelds nalieten waaruit het Hervormd Burgerweeshuis te Den Haag werd opgericht. Toen rond 1965 er geen maatschappelijke behoefte meer bleek te bestaan voor een Weeshuis kreeg Boschuysen haar huidige doel. **BELEIDSPLAN OP WEBSITE** ► ja.

Doelgroep ■ **ALGEMEEN** ► jongeren **SPECIFIEK** ► Jongeren tot 30 jaar die maatschappelijk gezien hulp van derden nodig hebben. **ACTIVITEITEN** ► Boschuysen stelt voor het bewerkstelligen van de doelstelling middelen beschikbaar aan instellingen, verenigingen of stichtingen die zich bezig houden met opvang, scholing of ontwikkeling van bovengenoemde jeugdige personen. Het is de bedoeling dat deze middelen aan individuele projecten verschaft worden. Het bestuur beheert ook het vermogen van de Fundatie van de Vrijvrouwe van Renswoude te 's Gravenhage. Voor een aantal categorieën werkt Stichting Boschuysen samen met andere organisaties die de aanvraag beoordelen: ☑ Aanvragen jeugdvakantie's Den Haag en omstreken. Stichting Boschuysen richtte met de Samenwerkende Haagse Fondsen het Jeugdvakantieloket op; ☑ Aanvragen voor jongeren met een beperking Sinds 2005 werken wij nauw samen met de stichting het Gehandicapte Kind (voorheen NSGK); ☑ Aanvragen voor speeltuinen. Speeltuinen worden enkel gesteund via de stichting het Gehandicapte Kind indien deze volgens hun oordeel steunwaardig zijn. **INTERVENTIENIVEAU** ► Steun aan lokale/provinciale maatschappelijke organisaties en structuren (incl. gemeenten etc.) die diensten verlenen aan individuen.

Werkgebied ■ **ACTIERADIUS** ► Nationaal **LAND** ► Nederland.

Bestedingen ■ **BUDGET** ► € 1.125.000 **TOELICHTING** ► Er is gekozen voor een percentage van 3% van het totale vermogen dat jaarlijks beschikbaar is voor de totale uitgaven van Boschuysen, inclusief kosten. **ONDERSTEUNDE PROJECTEN P/J** ► 260 **SOORT BIJDRAGE** ► giften **BOVENGRENS** ► € 10.000 **ONDERGRENS** ► € 1.000.

Projecten ■ **CRITERIA** ► ; ☑ Instellingen, verenigingen, of stichtingen zonder winstoogmerk; ☑ De doelgroep dient grotendeels jongeren te betreffen die maatschappelijk gezien hulp van derden nodig hebben en enigszins op achterstand staan; ☑ De verleende steun dient voor tenminste 75% aan jongeren (tot 30 jaar) ten goede te komen; ☑ Aanvragen binnen de categorie Kunst en Cultuur dienen vraaggericht te zijn en ten bate van jongeren met een lage SES (Sociaal Economische Status) te komen. Wij steunen enkel de specifieke kosten, die nodig zijn voor de uitvoer van projecten (dus geen door belasting van bestaande kosten). Voorkeur gaat uit naar projecten die gericht zijn op de individuele ontwikkeling van de jongere. **DOORLOOPTIJD** ► ☑ korter dan 1 jaar **STATUS AANVRAGER** ► ☑ stichting of vereniging (non-profit) ☑ kerkelijke instelling ☑ onderwijsinstelling **VOORKEUR/UITSLUITING** ► . ☑ Voorkeur gaat uit naar de Haagse regio en kleinschalige projecten (mede) opgezet door vrijwilligers. ☑ De stichting is terughoudend bij financiële ondersteuning van projecten die naar de mening van het bestuur tot de taak van de overheid of tot het domein van het bedrijfsleven gerekend kunnen worden. Geen steun aan: ☑ projecten in het buitenland; ☑ Geen steun voor exploitatiekosten of financiering van arbeidsplaatsen; ☑ individuele steun aan mensen die daar behoefte aan hebben ☑ reguliere voorzieningen voor jeugdzorg, zoals peuterspeelzalen en crèches; ☑ sportverenigingen; ☑ studentenorganisaties; ☑ jeugdhonken en jongerencentra; ☑ projecten gericht op algemene preventie of voorlichting.

Procedure ■ **OP AANVRAAG** ► ja **DOORLOOPTIJD** ► 1-3 maanden **AANVRAAGPROCEDURE** ► Via de website kunt u een aanvraagformulier opvragen. U ontvangt per e-mail een link naar het aanvraagformulier. De bijbehorende token werkt maximaal 1 uur. Het advies is om alle documenten paraat te hebben en daarna pas de link naar het aanvraagformulier te gebruiken. Vereiste bijlagen / Verplichte uploads: ☑ Statuten; ☑ Uittreksel kamer van koophandel; ☑ Meest recent financieel jaarverslag; ☑ Meest recent inhoudelijk jaarverslag; ☑ Uitgebreide Projectbeschrijving; ☑ Kostenbegroting; ☑ Dekkingsplan; ☑ Eventueel een extra bijlage; Uitsluitend aanvragen die digitaal worden ingediend worden in behandeling genomen. Het bestuur komt jaarlijks ca. 10 maal bijeen. De behandeling van een complete aanvraag kan 2 tot 3 maanden in beslag nemen **URL** ► https://boschuysen.nl/index.php/aanvragen/aanvraagformulier/

Financieel ■ **HERKOMST MIDDELEN** ► vermogen, giften & schenkingen, overige inkomsten **BOEKJAAR** ► 2018 **JAARVERSLAG OP WEBSITE** ► ja.

Contact ■ **BEREIKBAAR PER** ► ☑ post ☑ e-mail ☑ telefoon **CONTACTPERSOON** ► B.E.M.M. Uyttendaele **POSTADRES** ► Koninginnegracht 15, 2514 AB 's-Gravenhage **EMAIL (ALGEMEEN)** ► leonie@boschuysen.nl **TELEFOON (ALGEMEEN)** ► 070-3248988 **TELEFOON (AANVRAGEN)** ► 070-3248988.

151
Bosker-Dillingh Fonds

Rubriek ■ ☑ natuur, milieu en dieren ☑ kunst en cultuur

Algemeen ■ **WEBSITE** ► www.cultuurfonds.nl **TYPERING** ► fonds op naam **BEHEERD DOOR** ► Prins Bernhard Cultuurfonds **DIRECTIE** ► zie > Prins Bernhard Cultuurfonds **BESTUUR** ► zie > Prins Bernhard Cultuurfonds

Missie ■ **DOELSTELLING** ► Het financieel ondersteunen van projecten op het gebied van cultuur, natuur en wetenschap. De voorkeur gaat uit naar restauratie en ambachten, alsook natuur.

Werkgebied ■ **ACTIERADIUS** ► Nationaal **LAND** ► Nederland.

Projecten ■ **CRITERIA** ► geen projectcriteria bekend **DOORLOOPTIJD** ► ☑ korter dan 1 jaar **STATUS AANVRAGER** ► ☑ geen beperkingen bekend **VOORKEUR/UITSLUITING** ► Voorkeur gaat uit naar restauratie, ambachten en natuur.

Procedure ■ **OP AANVRAAG** ► onbekend **AANVRAAGPROCEDURE** ► Dit 'fonds op naam' ressorteert onder het Prins Bernhard Cultuurfonds. Verzoeken aan fondsen op naam komen op één centraal punt binnen. Dit houdt in dat een subsidieaanvraag slechts eenmaal aan het Prins Bernhard Cultuurfonds hoeft te worden gezonden. Voor de verdere aanvraagprocedure: zie Prins Bernhard Cultuurfonds. **URL** ► www.cultuurfonds.nl/aanvragen

Contact ■ **BEREIKBAAR PER** ► ☑ post ☑ e-mail ☑ telefoon **CONTACTPERSOON** ► geen contactpersoon bekend **POSTADRES** ► Postbus 19750, 1000 GT Amsterdam **EMAIL (ALGEMEEN)** ► info@cultuurfonds.nl **TELEFOON (ALGEMEEN)** ► 020-5206130.

152

Boudewijn van Gorp Stichting voor Goede Doelen

Rubriek ■ ☑ gezondheidszorg ☑ maatschappij, welzijn en samenleving ☑ kunst en cultuur ☑ onderwijs en onderzoek

Algemeen ■ WEBSITE ► www.boudewijnvangorp.nl TYPERING ► vermogensfonds OPGERICHT ► 08-11-1993 RECHTSVORM ► stichting KVK ► 41100479 ANBI STATUS ► ja DIRECTIE ► geen directiegegevens bekend BESTUUR ► B. van de Borne, voorzitter; F. de Weijer, penningmeester; J. Emmen, secretaris; mw. A. Huijbregts; F. Mutsaerts.

Missie ■ DOELSTELLING ► De bevordering van het algemeen nut zoals bedoeld in artikel 24 van de Successiewet 1956 alsmede behartiging van de sociale en maatschappelijke belangen van inwoners van Nederland (bij voorkeur inwoners van de provincie Noord-Brabant). STICHTER(S) ► Boudewijn van Gorp HISTORIE ► De Boudewijn van Gorp Stichting voor Goede Doelen is opgericht in 1993 door dhr. Boudewijn van Gorp. Hij wilde zijn vermogen nalaten aan een stichting, die het sociale en culturele leven in Midden-Brabant zou bevorderen. Na zijn overlijden in 1996 heeft de stichting inderdaad zijn vermogen geërfd en is ze begonnen met het ondersteunen van projecten in het kader van die doelstelling. BELEIDSPLAN OP WEBSITE ► ja.

Doelgroep ■ ALGEMEEN ► armen, jongeren, kinderen, ouderen, gehandicapten SPECIFIEK ► Geen specifieke doelgroep ACTIVITEITEN ► De stichting tracht haar doel te bereiken door het subsidiëren van het algemeen belang beogende verenigingen en instellingen. Geformuleerd in kerngebieden valt het beleid ten aanzien van de doelen als volgt samen te vatten: ☑ Midden-Brabant; Het belangrijkste werkgebied van de stichting is de regio Midden-Brabant; ☑ Formele organisaties (stichtingen, verenigingen); Schenkingen vinden plaats aan rechtspersonen, die geen winstoogmerk hebben; verenigingen en stichtingen, die ingeschreven staan bij de Kamer van Koophandel; ☑ (Noord-Brabantse) cultuur, het sociaal-culturele erfgoed en patrimonium; Het stimuleren van de kennis van de Brabantse historie het gebouwde erfgoed, zoals kerken en andere markante gebouwen, hedendaagse (amateur)kunst en kunst in de openbare ruimte; ☑ Welzijn en armoedebestrijding; De stichting tracht het welzijn te bevorderen en richt zich met name op de minder geprivilegieerde lagen van de bevolking; ☑ Jeugd en Onderwijs, Scouting en andere verenigingen die zich specifiek op kinderen richten; projecten van bibliotheken en scholen; ☑ Mensen met een beperking; Projecten die door de reguliere hulpverlening niet (meer) gerealiseerd kunnen worden; ☑ Ouderen, Het stimuleren van blijvende deelname aan het maatschappelijk leven. INTERVENTIENIVEAU ► Steun aan lokale/provinciale maatschappelijke organisaties en structuren (incl. gemeenten etc.) die diensten verlenen aan individuen.

Werkgebied ■ ACTIERADIUS ► Regionaal LAND ► Nederland REGIO ► Noord-Brabant.

Bestedingen ■ BUDGET ► niet openbaar ONDERSTEUNDE PROJECTEN P/J ► 31 SOORT BIJDRAGE ► giften BOVENGRENS ► € 2.500 ONDERGRENS ► € 500.

Projecten ■ CRITERIA ► geen projectcriteria bekend DOORLOOPTIJD ► ☑ onbekend STATUS AANVRAGER ► ☑ onderwijsinstelling ☑ kerkelijke instelling ☑ stichting of vereniging (non-profit) VOORKEUR/UITSLUITING ► ☑ Individuele personen komen in principe niet in aanmerking; ☑ niet (of zelden) volledig financieren, maar slechts een bijdrage leveren; ☑ niet structureel (regelmatig of jaarlijks) ondersteunen.

Procedure ■ OP AANVRAAG ► ja AANVRAAGPROCEDURE ► Er moet een schriftelijke aanvraag liggen, voor een concreet project, met duidelijke financiële onderbouwing. Er kan achteraf om gedetailleerde verantwoording gevraagd worden. Als een project niet door kan gaan om welke redenen dan ook, wordt geen subsidie verleend. Eventueel reeds uitbetaalde bedragen moeten terugbetaald worden. Het bestuur vergadert 4 x per jaar en zoveel vaker als het dit nodig acht. De reguliere vergaderingen zijn in de maanden maart, juni, september en december. Wanneer de aanvraag in de maand voor de vergadering binnen is, dan volgt het snelst een besluit.

Financieel ■ EIGEN VERMOGEN ► € 742.335 INKOMSTEN EV ► € 13.668 HERKOMST MIDDELEN ► vermogen BOEKJAAR ► 2018 JAARVERSLAG OP WEBSITE ► ja.

Contact ■ BEREIKBAAR PER ► ☑ post ☒ e-mail ☒ telefoon CONTACTPERSOON ► geen contactpersoon bekend POSTADRES ► Kreitenmolenstraat 83A, 5071 BB Udenhout.

153

Ir. H.G. Boumeester Stichting

Rubriek ■ ☑ onderwijs en onderzoek

Algemeen ■ WEBSITE ► https://www.boumeesterfoundation.org/index.php?t=2 TYPERING ► vermogensfonds OPGERICHT ► 2005 RECHTSVORM ► stichting KVK ► 34227245 ANBI STATUS ► ja DIRECTIE ► geen directiegegevens bekend BESTUUR ► Mw. P.G. Boumeester, voorzitter; D.C. van Wassenaar, penningmeester; H.J. van Mulder, secretaris; mw. M.A. Wesselman van Helmond-Boumeester; mw. M.Y.L. van Waesberghe; J.W.C. Gratama; mw. L. Boumeester; mw. A. Kodde.

Missie ■ DOELSTELLING ► Het ondersteunen van mensen in Afrika en Azië die evident talent hebben, maar niet over de middelen beschikken om een opleiding te bekostigen die hen in staat stelt stelt dit talent te ontwikkelen, in Nederland of het Verenigd Koninkrijk. STICHTER(S) ► Ir. H.G. Boumeester BELEIDSPLAN OP WEBSITE ► ja.

Doelgroep ■ ALGEMEEN ► studenten, jongeren SPECIFIEK ► Mensen uit Azië en Afrika met wensen voor middelbare, hogere, universitaire opleiding. ACTIVITEITEN ► Geen specifieke activiteiten bekend INTERVENTIENIVEAU ► Steun aan individuen (directe steun).

Werkgebied ■ ACTIERADIUS ► Internationaal LAND ► Afrika, Azië.

Bestedingen ■ BUDGET ► € 10.000 ONDERSTEUNDE PROJECTEN P/J ► 3 SOORT BIJDRAGE ► giften leningen garanties BOVENGRENS ► geen ONDERGRENS ► geen.

Projecten ■ CRITERIA ▶ Het project dient een van de volgende gebieden te dekken: landbouw; bosbouw; water beheersing; kunst; medicijnen (alleen in Nederland). Het project dient zelfstandigheid/zelfredzaamheid van deelnemers na te streven. Beroepsopleiding in één van de richtingen met zicht op het zelfstandig uitoefenen van het beroep in Afrika of Azië komt ook in aanmerking voor steun. DOORLOOPTIJD ▶ ☑ onbekend STATUS AANVRAGER ▶ ☑ geen beperkingen bekend VOORKEUR/UITSLUITING ▶ De stichting keurt expliciet de subsidieaanvragen van instellingen of organisaties af voor algemene educatieve activiteiten.

Procedure ■ OP AANVRAAG ▶ nee AANVRAAGPROCEDURE ▶ Het bestuur verzoekt u vriendelijk om zich te onthouden van het indienen van aanvragen tot nader order. URL ▶ www.boumeesterfoundation.org/index.php?m=3&t=2

Financieel ■ EIGEN VERMOGEN ▶ € 4.16,.651 INKOMSTEN EV ▶ € -2,.903 HERKOMST MIDDELEN ▶ giften & schenkingen, legaten, overige inkomsten, vermogen BOEKJAAR ▶ 2018 JAARVERSLAG OP WEBSITE ▶ ja.

Contact ■ BEREIKBAAR PER ▶ ☑ post ☑ e-mail ☒ telefoon CONTACTPERSOON ▶ Mw. H. Tammes P/o ir H.G. Boumeester stichting POSTADRES ▶ Kerkstraat 341A, 1017 HV Amsterdam EMAIL (ALGEMEEN) ▶ info@boumeesterfoundation.org.

154
Bouwman Boerema Fonds

Rubriek ■ ☑ kunst en cultuur ☑ kerk en levensbeschouwing

Algemeen ■ WEBSITE ▶ www.cultuurfonds.nl TYPERING ▶ fonds op naam BEHEERD DOOR ▶ Prins Bernhard Cultuurfonds DIRECTIE ▶ zie > Prins Bernhard Cultuurfonds BESTUUR ▶ zie > Prins Bernhard Cultuurfonds

Missie ■ DOELSTELLING ▶ Het financieel ondersteunen van projecten op het gebied van onderhoud en restauratie van de borg Verhildersum te Leens, de overige Groninger borgen en de restauratie van de oud-Groninger kerken, kerkorgels en begraafplaatsen.

Werkgebied ■ ACTIERADIUS ▶ Regionaal, Lokaal LAND ▶ Nederland REGIO ▶ Groningen PLAATS ▶ Leens.

Projecten ■ CRITERIA ▶ geen projectcriteria bekend DOORLOOPTIJD ▶ ☑ korter dan 1 jaar STATUS AANVRAGER ▶ ☑ overig VOORKEUR/UITSLUITING ▶ geen voorkeur of uitsluiting bekend.

Procedure ■ OP AANVRAAG ▶ ja AANVRAAGPROCEDURE ▶ Dit 'fonds op naam' ressorteert onder het Prins Bernhard Cultuurfonds. Verzoeken aan fondsen op naam komen op één centraal punt binnen. Dit houdt in dat een subsidieaanvraag slechts eenmaal aan het Prins Bernhard Cultuurfonds hoeft te worden gezonden. Voor de verdere aanvraagprocedure: zie Prins Bernhard Cultuurfonds. URL ▶ www.cultuurfonds.nl/aanvragen

Contact ■ BEREIKBAAR PER ▶ ☑ post ☑ e-mail ☑ telefoon CONTACTPERSOON ▶ geen contactpersoon bekend POSTADRES ▶ Postbus 19750, 1000 GT Amsterdam EMAIL (ALGEMEEN) ▶ info@cultuurfonds.nl TELEFOON (ALGEMEEN) ▶ 020-5206130.

155
Stichting BPD Cultuurfonds

Rubriek ■ ☑ kunst en cultuur

Algemeen ■ WEBSITE ▶ www.bpdcultuurfonds.nl TYPERING ▶ vermogensfonds OPGERICHT ▶ 22-10-1988 RECHTSVORM ▶ stichting KVK ▶ 41035736 ANBI STATUS ▶ nee DIRECTIE ▶ geen directiegegevens bekend BESTUUR ▶ Mw. M.M. van 't Veld, voorzitter; mw. S. Oldenkotte-Vrolijk, secretaris; J. Hamming; mw. M. Steenhuis; F.M. Weerwind.

Missie ■ DOELSTELLING ▶ Het BPD Cultuurfonds levert een bijdrage aan de kwaliteit en de beleving van de (semi-) openbare ruimte in Nederland. Het fonds ondersteunt kunst- en cultuurprojecten die raakvlakken hebben met architectuur, bouwen, de gebouwde omgeving, stedelijke ontwikkeling, gebiedsontwikkeling en kunst in de openbare ruimte. STICHTER(S) ▶ Bouwfonds HISTORIE ▶ BPD Cultuurfonds is in 1988 opgericht op initiatief van Bouwfonds en haar toenmalige aandeelhouders, de Nederlandse gemeenten. In bijna 30 jaar heeft BPD meer dan 1200 kunst- en cultuurprojecten ondersteund. Tegenwoordig wordt het BPD Cultuurfonds mogelijk gemaakt door BPD.

Doelgroep ■ SPECIFIEK ▶ Kunst- en cultuurprojecten door in Nederland gevestigde organisaties. ACTIVITEITEN ▶ BPD levert al ruim 70 jaar een bijdrage aan de kwaliteit van de leefomgeving van mensen. Ze stimuleren op verschillende manieren kunst en cultuur, zowel binnen de organisatie als daarbuiten. Zo maakt BPD al 30 jaar BPD Cultuurfonds mogelijk en bestaat de BPD Kunstcollectie inmiddels 40 jaar. Met BPD Lab zetten ze kunst en cultuur in bij visievorming op toekomstige opgaven van BPD. Daarnaast versterken ze met BPD Kunstprojecten kunst en cultuur in relatie tot de gebiedsontwikkelingen van BPD. INTERVENTIENIVEAU ▶ Steun aan lokale/provinciale maatschappelijke organisaties en structuren (incl. gemeenten etc.) die diensten verlenen aan individuen.

Werkgebied ■ ACTIERADIUS ▶ Nationaal LAND ▶ Nederland.

Bestedingen ■ BUDGET ▶ niet openbaar ONDERSTEUNDE PROJECTEN P/J ▶ nietopenbaar SOORT BIJDRAGE ▶ giften BOVENGRENS ▶ € 100.000 ONDERGRENS ▶ geen.

Projecten ■ CRITERIA ▶ ; ☑ kunst- en cultuurprojecten in Nederland die een bijdrage leveren aan de kwaliteit en beleving van de (semi-) openbare ruimte; ☑ De kernactiviteit van het project ligt op het gebied van kunst- en cultuur. De kunst- en cultuurprojecten zijn gerelateerd zijn aan één of meer van de volgende werkterreinen: ☑ bouwen (o.a. verbouw, herbestemming, renovatie, herinrichting); ☑ de gebouwde omgeving, stedenbouw; ☑ stedelijke ontwikkeling, gebiedsontwikkeling; ☑ kunst in de (semi-) openbare ruimte en; ☑ (landschaps)architectuur; ☑ Kunst-en cultuurprojecten zijn initiatieven op het gebied van beeldende kunst, vormgeving, architectuur, cultureel erfgoed. Kunst- en cultuurprojecten in relatie tot natuur en landschap behoren hier ook toe; ☑ De Aanvrager dient een instantie te zijn zonder winstoogmerk; ☑ door in Nederland gevestigde organisaties worden aangevraagd en in Nederland worden gerealiseerd; ☑ Artistieke kwaliteit,; ☑ Architectonische kwaliteit,; ☑ Cultuurhistorisch belang; ☑ Regionale of nationale betekenis,; ☑ Artistieke en/of culturele context: zoals de reputatie en betekenis van de plaats of plek waar het project plaatsvindt,; ☑ Onderscheidend vermogen van het (soort) project,; ☑ Professionaliteit (doel, opzet, uitvoering),; ☑ Samenwerking: de allianties die de Aanvrager aangaat met (andere) instellingen,; opdrachtgevers en/of kunstenaars om een betekenisrijk project tot stand te brengen en om zijn activiteiten uit te voeren,; ☑ Haalbaarheid (financieel, tijd, draagvlak),; ☑ Zichtbaarheid: een overtuigende presentatie waarmee een passend publiek wordt bereikt. **DOORLOOPTIJD** ▶ ☑ korter dan 1 jaar **STATUS AANVRAGER** ▶ ☑ stichting of vereniging (non-profit) ☑ onderwijsinstelling **VOORKEUR/UITSLUITING** ▶ Natuurlijke personen (individuen) zijn uitgesloten van het aanvragen van een sponsorbijdrage. Geen Sponsorbijdrage wordt verstrekt voor kunst- en cultuurprojecten in relatie tot: ☑ Aanschaf kunstobjecten of archeologische objecten voor musea, erfgoedinstellingen; archieven en/of de daarmee samenhangende activiteiten, gebruiken, gewoonten en verhalen; ☑ Amateurkunst; ☑ Buurthuizen, buurtcentra, wijkgebouwen, multifunctionele centra, verenigingsruimten; ☑ (Regulier) onderhoud van: ☑ (Regulier) onderhoud van bestaande objecten (o.a. bruggen, gebouwen, monumenten, architectonische objecten); ☑ (Regulier) onderhoud van kunstobjecten waar professionele organisaties in voorzien; ☑ (Regulier) onderhoud van monumenten waar professionele organisaties voor monumentenbehoud in voorzien; ☑ (Regulier) onderhoud van natuur, landschap en milieu gerelateerde projecten waar professionele organisaties voor natuurbehoud in voorzien; ☑ Projecten die bijdragen aan lopende en/of exploitatiekosten; ☑ Honoraria van de Aanvrager(s); ☑ Molens; ☑ Muziekkoepels; ☑ Podiumkunsten (voorstellingen); ☑ Varend erfgoed (boten, schepen met of zonder motor); ☑ Haalbaarheidsonderzoeken; ☑ Louter educatieve projecten; ☑ Onderwijsprogramma's en aanverwante activiteiten van onderwijsinstellingen; ☑ Projecten met een politiek karakter; ☑ Projecten met een sociaal-cultureel karakter; ☑ Projecten met een voornamelijk religieus karakter (waaronder kerken en huizen die gebruikt worden voor de eredienst en in oorsprong uitsluitend of voor een overwegend deel zijn vervaardigd voor het gezamenlijk belijden van de godsdienst of levensovertuiging), * voor kunst- en cultuurprojecten met een religieus karakter waarbij het culturele aspect leidend is, kan wel een aanvraag voor Sponsorbijdrage worden ingediend. ☑ Projecten die een duidelijke link hebben met sport, gezondheidszorg en onderwijs; ☑ Projecten die op het moment van beoordeling in een vergevorderd stadium verkeren.

Procedure ■ **OP AANVRAAG** ▶ ja **DOORLOOPTIJD** ▶ 1-3 maanden **AANVRAAGPROCEDURE** ▶ Drie keer per jaar kunt u een aanvraag voor sponsoring doen bij het BPD Cultuurfonds. U dient online een aanvraag in via een beveiligde omgeving, met een persoonlijk account. De digitale aanvraag dient vóór de uiterste sluitingsdatum volledig ingevuld en verstuurd te worden en met een (minimale) periode van vier weken tussen de vergadering van het bestuur en de startdatum (aanvang van de realisatie) van het project,. Een aanvraag wordt alleen in behandeling genomen als de aanvraag volledig is ingevuld en; vergezeld gaat van de volgende documentatie en informatie: ☑ Beeldmateriaal van het project (Geschikt voor drukwerk: minimaal 300 dpi, formaat:.jpg,.tiff; of.eps) ☑ Projectplan/projectbeschrijving (incl. publiciteits- en marketingplan indien van toepassing) ☑ een gespecificeerde totaalbegroting van het totaalproject, én -indien voor een onderdeel van een project een aanvraag wordt gedaan-,; een deelbegroting van het onderdeel van het project ☑ Financiering/dekkingsplan van het project en indien van toepassing, van het projectonderdeel (meerjarenbegroting indien uw project zich over meerdere jaren uitstrekt),; ☑ Actuele statuten (ondertekend door notaris) NB. Indien van toepassing,; ☑ Kopie actueel uittreksel Handelsregister Kamer van Koophandel (waaruit de huidige; samenstelling van bestuur/directie blijkt, niet ouder dan één jaar en geen 'bericht van; registratie'), NB. Indien van toepassing,; ☑ Meest recent beleids- en activiteitenplan en/of jaarverslag,; ☑ Meest recent financieel jaarverslag (resultatenrekening en balans) **URL** ▶ www.bpdcultuurfonds.nl/subsidie-aanvragen/aanvraag-indienen

Financieel ■ **HERKOMST MIDDELEN** ▶ moederorganisatie (bijdragen).

Contact ■ **BEREIKBAAR PER** ▶ ☑ post ☑ e-mail ☑ telefoon **CONTACTPERSOON** ▶ geen contactpersoon bekend **POSTADRES** ▶ Postbus 51262, 1007 EG Amsterdam **EMAIL (ALGEMEEN)** ▶ cultuurfonds@bpd.nl **TELEFOON (ALGEMEEN)** ▶ 020-3049707.

156

De Brauw-Van Lynden Fonds

Rubriek ■ ☑ maatschappij, welzijn en samenleving ☑ gezondheidszorg

Algemeen ■ **WEBSITE** ▶ www.fundatiesobbe.nl/fundaties/de-brauw-van-lynden-fonds **TYPERING** ▶ fonds op naam **BEHEERD DOOR** ▶ Fundatie Van den Santheuvel, Sobbe **DIRECTIE** ▶ zie > Fundatie Van den Santheuvel, Sobbe **BESTUUR** ▶ zie > Fundatie Van den Santheuvel, Sobbe

Missie ■ **DOELSTELLING** ▶ Uit dit fonds worden voornamelijk uitkeringen gedaan aan instellingen die werkzaam zijn ter ondersteuning van lichamelijk of geestelijk gehandicapte kinderen. **STICHTER(S)** ▶ Mw. M.C.W. de Brauw-Baronesse van Lynden **HISTORIE** ▶ Het De Brauw Van Lynden Fonds werd in 1977 opgericht door Mevouw M.C.W. de Brauw-Baronesse van Lynden en toegevoegd aan het vermogen van de Fundatie. **BELEIDSPLAN OP WEBSITE** ▶ ja.

Werkgebied ■ **ACTIERADIUS** ▶ Nationaal **LAND** ▶ Nederland.

Projecten ■ **CRITERIA** ▶ Geschonken wordt alleen aan rechtspersonen (stichtingen). **DOORLOOPTIJD** ▶ ☑ onbekend **STATUS AANVRAGER** ▶ ☑ stichting of vereniging (non-profit) ☑ overig **VOORKEUR/UITSLUITING** ▶ Er worden géén giften gedaan aan onder andere: ☑ Organisaties die hun bestuurders boven de balkenendenorm belonen; ☑ Aanbouw- en verbouwprojecten; ☑ Acties en korte campagnes; ☑ Congressen, symposia; ☑ Dorpshuizen, buurtcentra, multifunctionele centra; ☑ Evenementen en festivals (zoals op het gebied van kunst of sport, ook niet voor gehandicapten); ☑ Festiviteiten; ☑ Films, documentaires; ☑ Individuele noden; ☑ Kinderdagverblijven, peuterspeelzalen; ☑ Koepelorganisaties voor gehandicapten, tenzij t.b.v. activering en participatie; ☑ Milieubescherming, dieren(opvang); ☑ Omroepen; ☑ Orgelrestauratie; ☑ Politieke doelen; ☑ Projecten in het buitenland, buitenlandse organisaties; ☑ Reguliere kunst, voorstellingen, (amateur)muziekprojecten; ☑ Restauratie van (kerk)gebouwen; ☑ Scouting; ☑ Sport zonder sociaal en/of participatiedoel; ☑ Wetenschappelijk (dus ook medisch) onderzoek, studie of studiebeurzen.

Procedure ■ OP AANVRAAG ▶ ja AANVRAAGPROCEDURE ▶ Als uw project voldoet aan de algemene criteria en doelstellingen van de stichting, kunt u uitsluitend via de website (via computer) uw aanvraag voor een bijdrage volledig digitaal indienen. De aanvraagprocedure is opgebouwd uit de volgende onderdelen: ☑ Contactgegevens; ☑ Algemene informatie; ☑ Project waarvoor u een aanvraag doet; ☑ Financiële gegevens van het project; ☑ Bijlagen; ☑ Optioneel; tussentijds opslaan van de aanvraag is mogelijk. U krijgt dan via e-mail een inlogcode waarmee u op een later moment verder kunt gaan met de aanvraag. Nadat de aanvraag is ingediend, wordt over uw aanvraag meestal binnen twee maanden een besluit genomen door het curatorium. De vergaderdata zijn terug te vinden op de website. Over het besluit ontvangt u binnen twee weken na een curatorenvergadering bericht. Soms wordt een aanvraag in onderzoek gehouden. De afhandeling ervan kan dan enkele maanden langer duren. Besluiten van het curatorium worden niet in heroverweging genomen. URL ▶ https://www.fundatiesobbe.nl/4-aanvraagprocedure/

Contact ■ BEREIKBAAR PER ▶ ☑ post ☑ e-mail ☑ telefoon CONTACTPERSOON ▶ Mw. drs. E.M.L. den Braber POSTADRES ▶ Herengracht 524 A, 1017 CC Amsterdam EMAIL (ALGEMEEN) ▶ info@fundatiesobbe.nl TELEFOON (ALGEMEEN) ▶ 020-6233246.

157
Bredenhofstichting

Rubriek ■ ☑ kunst en cultuur ☑ natuur, milieu en dieren ☑ maatschappij, welzijn en samenleving

Algemeen ■ WEBSITE ▶ www.bredenhofstichting.nl TYPERING ▶ vermogensfonds OPGERICHT ▶ 20-02-2006 RECHTSVORM ▶ stichting KVK ▶ 34243973 ANBI STATUS ▶ ja DIRECTIE ▶ geen directiegegevens bekend BESTUUR ▶ R. Sman, voorzitter; J.G Poutsma, penningmeester; mw. M. van der Aar, secretaris.

Missie ■ DOELSTELLING ▶ Het fonds ondersteunt initiatieven en projecten die de versterking van de identiteit van de Zaanstreek beogen. Hiertoe worden in concreto initiatieven en projecten gerekend op het gebied van: ☑ Het Zaanse materiële erfgoed ☑ Zaanse geschiedschrijving ☑ Het Zaanse cultuurlandschap. HISTORIE ▶ Bredenhof Stichting is op 20 februari 2006 als 'Goede Doelenfonds' opgericht. BELEIDSPLAN OP WEBSITE ▶ ja.

Doelgroep ■ SPECIFIEK ▶ Initiatieven en projecten in de Zaanstreek. ACTIVITEITEN ▶ Geen specifieke activiteiten bekend INTERVENTIENIVEAU ▶ Steun aan lokale/provinciale maatschappelijke organisaties en structuren (incl. gemeenten etc.) die diensten verlenen aan individuen.

Werkgebied ■ ACTIERADIUS ▶ Regionaal LAND ▶ Nederland REGIO ▶ Zaanstreek.

Bestedingen ■ BUDGET ▶ niet openbaar ONDERSTEUNDE PROJECTEN P/J ▶ 11 SOORT BIJDRAGE ▶ giften overig BOVENGRENS ▶ geen ONDERGRENS ▶ geen.

Projecten ■ CRITERIA ▶ Projecten volgen één of meerdere thema's: ☑ Het Zaanse materiële erfgoed ☑ Zaanse geschiedschrijving ☑ Het Zaanse cultuurlandschap. DOORLOOPTIJD ▶ ☑ korter dan 1 jaar STATUS AANVRAGER ▶ ☑ stichting of vereniging (non-profit) VOORKEUR/UITSLUITING ▶ Er zal geen steun worden verleend aan het lenigen van exploitatietekorten. Alleen rechtspersonen.

Procedure ■ OP AANVRAAG ▶ ja DOORLOOPTIJD ▶ 1-3 maanden AANVRAAGPROCEDURE ▶ De aanvraag bij het fonds dient schriftelijk te worden ingediend bij het secretariaat. De aanvraag dient in ieder geval de volgende elementen te bevatten: ☑ Een duidelijke beschrijving van het project waaronder het belang. ☑ Een aanduiding van het maatschappelijk draagvlak van de aanvrager en zijn project. ☑ Een overzicht van de samenstelling van het bestuur. ☑ Een gespecificeerde begroting van de kosten van het project met eventueel offertes. ☑ De jaarrekeningen van de afgelopen 2 jaren. ☑ De eigen bijdrage in de financiering van het project. ☑ De vermelding van de aanvragen bij andere financiers/subsidiegevers. ☑ De vermelding van de bankrekening. Op de aanvraag zal schriftelijk door de Bredenhof Stichting worden gereageerd. Er wordt naar gestreefd deze reactie uiterlijk binnen anderhalve maand uit te brengen. URL ▶ www.bredenhofstichting.nl/aanvragen.html

Financieel ■ INKOMSTEN EV ▶ € 31.938 HERKOMST MIDDELEN ▶ vermogen BOEKJAAR ▶ 2019 JAARVERSLAG OP WEBSITE ▶ ja.

Contact ■ BEREIKBAAR PER ▶ ☑ post ☑ e-mail ☒ telefoon CONTACTPERSOON ▶ geen contactpersoon bekend POSTADRES ▶ Lagedijk 88, 1544 BJ Zaandijk EMAIL (ALGEMEEN) ▶ info@bredenhofstichting.nl.

158
Bredius Fonds

Rubriek ■ ☑ kunst en cultuur

Algemeen ■ WEBSITE ▶ www.cultuurfonds.nl TYPERING ▶ fonds op naam BEHEERD DOOR ▶ Prins Bernhard Cultuurfonds DIRECTIE ▶ zie > Prins Bernhard Cultuurfonds BESTUUR ▶ zie > Prins Bernhard Cultuurfonds

Missie ■ DOELSTELLING ▶ Het financieel ondersteunen van jonge balletdansers en jonge klassiek geschoolde musici voor een vervolgopleiding of voor de aankoop van een passend instrument. Daarnaast het financieel ondersteunen van projecten op het terrein van de klassieke muziek.

Werkgebied ■ ACTIERADIUS ▶ Nationaal LAND ▶ Nederland.

Projecten ■ CRITERIA ▶ geen projectcriteria bekend DOORLOOPTIJD ▶ ☑ korter dan 1 jaar STATUS AANVRAGER ▶ ☑ geen beperkingen bekend VOORKEUR/UITSLUITING ▶ geen voorkeur of uitsluiting bekend.

Procedure ■ OP AANVRAAG ▶ ja AANVRAAGPROCEDURE ▶ Dit 'fonds op naam' ressorteert onder het Prins Bernhard Cultuurfonds. Verzoeken aan fondsen op naam komen op één centraal punt binnen. Dit houdt in dat een subsidieaanvraag slechts eenmaal aan het Prins Bernhard Cultuurfonds hoeft te worden gezonden. Voor de verdere aanvraagprocedure: zie Prins Bernhard Cultuurfonds. URL ▶ www.cultuurfonds.nl/aanvragen

Contact ■ BEREIKBAAR PER ▶ ☑ post ☑ e-mail ☑ telefoon CONTACTPERSOON ▶ geen contactpersoon bekend POSTADRES ▶ Postbus 19750, 1000 GT Amsterdam EMAIL (ALGEMEEN) ▶ info@cultuurfonds.nl TELEFOON (ALGEMEEN) ▶ 020-5206130.

159
Breed & Hogenbirk Erfgoedfonds

Rubriek ■ ☑ kunst en cultuur ☑ natuur, milieu en dieren

Algemeen ■ WEBSITE ▶ www.cultuurfonds.nl TYPERING ▶ fonds op naam BEHEERD DOOR ▶ Prins Bernhard Cultuurfonds DIRECTIE ▶ zie > Prins Bernhard Cultuurfonds BESTUUR ▶ zie > Prins Bernhard Cultuurfonds

Missie ■ DOELSTELLING ▶ Het financieel ondersteunen van projecten op het gebied van natuur, cultuur en landschap, die leiden tot concreet zichtbare (kleine) natuur- en/of cultuurhistorische elementen die worden gerealiseerd met een grote inbreng van vrijwilligers/vrijwilligersorganisaties. De voorkeur gaat daarbij uit naar (educatieve of promotionele aspecten van) projecten op de Veluwe en in de omgeving van Apeldoorn in het bijzonder.

Werkgebied ■ ACTIERADIUS ▶ Nationaal, Regionaal, Lokaal LAND ▶ Nederland REGIO ▶ Veluwe PLAATS ▶ Apeldoorn.

Projecten ■ CRITERIA ▶ geen projectcriteria bekend DOORLOOPTIJD ▶ ☑ korter dan 1 jaar STATUS AANVRAGER ▶ ☑ geen beperkingen bekend VOORKEUR/UITSLUITING ▶ Voorkeur gaat uit naar (educatieve of promotionele aspecten van) projecten op de Veluwe en in de omgeving van Apeldoorn in het bijzonder.

Procedure ■ OP AANVRAAG ▶ ja AANVRAAGPROCEDURE ▶ Dit 'fonds op naam' ressorteert onder het Prins Bernhard Cultuurfonds. Verzoeken aan fondsen op naam komen op één centraal punt binnen. Dit houdt in dat een subsidieaanvraag slechts eenmaal aan het Prins Bernhard Cultuurfonds hoeft te worden gezonden. Voor de verdere aanvraagprocedure: zie Prins Bernhard Cultuurfonds. URL ▶ www.cultuurfonds.nl/aanvragen

Contact ■ BEREIKBAAR PER ▶ ☑ post ☑ e-mail ☑ telefoon CONTACTPERSOON ▶ geen contactpersoon bekend POSTADRES ▶ Postbus 19750, 1000 GT Amsterdam EMAIL (ALGEMEEN) ▶ info@cultuurfonds.nl TELEFOON (ALGEMEEN) ▶ 020-5206130.

160
Breeman Talle Fonds

Rubriek ■ ☑ kunst en cultuur

Algemeen ■ WEBSITE ▶ www.cultuurfonds.nl TYPERING ▶ fonds op naam BEHEERD DOOR ▶ Prins Bernhard Cultuurfonds DIRECTIE ▶ zie > Prins Bernhard Cultuurfonds BESTUUR ▶ zie > Prins Bernhard Cultuurfonds

Missie ■ DOELSTELLING ▶ Het financieel ondersteunen van projecten op het gebied van beeldende kunst in Rotterdam, met een voorkeur voor de periode tussen de beide wereldoorlogen.

Werkgebied ■ ACTIERADIUS ▶ Lokaal, Regionaal LAND ▶ Nederland REGIO ▶ Zuid-Holland PLAATS ▶ Rotterdam.

Projecten ■ CRITERIA ▶ Projecten op het gebied van beeldende kunst in Rotterdam. DOORLOOPTIJD ▶ ☑ korter dan 1 jaar STATUS AANVRAGER ▶ ☑ geen beperkingen bekend VOORKEUR/UITSLUITING ▶ Voorkeur gaat uit naar de periode tussen de beide wereldoorlogen.

Procedure ■ OP AANVRAAG ▶ ja AANVRAAGPROCEDURE ▶ Dit 'fonds op naam' ressorteert onder het Prins Bernhard Cultuurfonds. Verzoeken aan fondsen op naam komen op één centraal punt binnen. Dit houdt in dat een subsidieaanvraag slechts eenmaal aan het Prins Bernhard Cultuurfonds hoeft te worden gezonden. Voor de verdere aanvraagprocedure: zie Prins Bernhard Cultuurfonds. URL ▶ www.cultuurfonds.nl/aanvragen

Contact ■ BEREIKBAAR PER ▶ ☑ post ☑ e-mail ☑ telefoon CONTACTPERSOON ▶ geen contactpersoon bekend POSTADRES ▶ Postbus 19750, 1000 GT Amsterdam EMAIL (ALGEMEEN) ▶ info@cultuurfonds.nl TELEFOON (ALGEMEEN) ▶ 020-5206130.

161
Stichting Brentano's Steun des Ouderdoms

Rubriek ■ ☑ maatschappij, welzijn en samenleving

Algemeen ■ WEBSITE ▶ www.brentanosteun.nl TYPERING ▶ vermogensfonds OPGERICHT ▶ 01-10-1821 RECHTSVORM ▶ stichting KVK ▶ 41198169 ANBI STATUS ▶ ja DIRECTIE ▶ geen directiegegevens bekend BESTUUR ▶ Mw. A.A. Smit, voorzitter; mr. T.P. Wassink, penningmeester; mw.mr. S.Th.E. Plusquin, secretaris; A.B.M. Oomen.

Missie ■ DOELSTELLING ▶ Het bevorderen van het welzijn van ouderen en al wat daarmee verband houdt, in de breedste zin van het woord. STICHTER(S) ▶ Josephus Augustinus Brentano (1753-1821) HISTORIE ▶ De officiële naam van de stichting luidt: Stichting Roomsch Catholijk Burger Oude Mannenhuis 'Brentano's Steun des Ouderdoms. De stichting heeft haar zetel in de gemeente Amsterdam en werd opgericht in oktober 1821 na het overlijden van de heer Josephus Augustinus Brentano op 16 april 1821. Josephus Augustinus Brentano was een Nederlandse koopman van Italiaanse afkomst. Brentano was actief in de handel met de VOC en de WIC. Na zijn actieve loopbaan ging hij rentenieren en werd beschouwd als mecenas en filantroop. Hij legde in zijn leven een grote kunstcollectie aan, die na zijn dood de basis heeft gevormd voor het vermogen van onze stichting. **BELEIDSPLAN OP WEBSITE** ► ja.

Doelgroep ■ **ALGEMEEN** ► ouderen **SPECIFIEK** ► Ouderen. **ACTIVITEITEN** ► De stichting geeft invulling aan de doelstelling door het ondersteunen van sociaal-maatschappelijke projecten ten behoeve van ouderen met giften, het verstrekken van leningen of het geven van advies. Brentano doet dit ook in samenwerking met andere instanties. In de jaarlijkse beleidsvergadering van 2018 zijn de volgende speerpunten (opnieuw); bepaald, in beginsel voor de komende drie jaar: ☑ De ontmoeting – incidentele evenementen, zoals uitjes, concerten, kerstdiners; ☑ Doorbreken isolement – d.m.v. netwerkondersteuning, virtuele woongroepen,; maatschappelijke deelname; ☑ Steun aan kwetsbare ouderen – door stimulatie van zelfredzaamheid gestimuleerd; ☑ Hulp – onder andere bij administratie, regelingen en digitalisering; ☑ Dementerende ouderen; ☑ Muziek – muziek therapie, concerten, zingen in verzorgingshuizen e.d; ☑ Allochtone ouderen. Brentano werkt sinds 16 september 2002 samen met Stichting Het R.C. Maagdenhuis ('RCM') en wel op de volgende terreinen: ☑ giften met toekenning en administratie (verstrekking); ☑ beleggingen met beleid en beheer. **INTERVENTIENIVEAU** ► Steun aan individuen (directe steun).; Steun aan lokale/provinciale maatschappelijke organisaties en structuren (incl. gemeenten etc.) die diensten verlenen aan individuen.

Werkgebied ■ **ACTIERADIUS** ► Nationaal **LAND** ► Nederland.

Bestedingen ■ **BUDGET** ► niet openbaar **ONDERSTEUNDE PROJECTEN P/J** ► 69 **SOORT BIJDRAGE** ► giften **BOVENGRENS** ► geen **ONDERGRENS** ► geen.

Projecten ■ **CRITERIA** ► geen projectcriteria bekend **DOORLOOPTIJD** ► ☑ korter dan 1 jaar **STATUS AANVRAGER** ► ☑ stichting of vereniging (non-profit) **VOORKEUR/UITSLUITING** ► geen voorkeur of uitsluiting bekend.

Procedure ■ **OP AANVRAAG** ► ja **DOORLOOPTIJD** ► 1-3 maanden **AANVRAAGPROCEDURE** ► Een verzoek tot ondersteuning dient in een brief met bijlagen nader te worden toegelicht. Het verzoek moet in ieder geval de volgende gegevens bevatten: ☑ Projectomschrijving met bijbehorende projectbegroting; ☑ Wijze van financiering: welke andere fondsen zijn er benaderd en wat was hiervan het resultaat?; ☑ Een recent financieel en inhoudelijk jaarverslag van de aanvragende en (indien van toepassing) de daarmee verbonden of verwante instellingen (zoals 'Vrienden van' Stichtingen); ☑ Statuten en bestuurssamenstelling; ☑ Referenties van organisaties of personen die ons bekend zijn, indien u een aanvraag indient voor een project buiten Nederland; ☑ Voorgenomen wijze van rapportage; Middels de Quick Scan op de website kan ook een voorstel worden ingediend. Er wordt dan doorgeschakeld naar de website van het maagdenhuis (stichting het R.C. Maagdenhuis) **URL** ► www.brentanosteun.nl/aanvraag.html

Financieel ■ **INKOMSTEN EV** ► € 365.400 **HERKOMST MIDDELEN** ► vermogen, legaten **BOEKJAAR** ► 2018 **JAARVERSLAG OP WEBSITE** ► ja.

Contact ■ **BEREIKBAAR PER** ► ☑ post ☑ e-mail ☑ telefoon **CONTACTPERSOON** ► geen contactpersoon bekend **POSTADRES** ► Herengracht 220, 1016 BT Amsterdam **EMAIL (ALGEMEEN)** ► info@brentanosteun.nl **TELEFOON (ALGEMEEN)** ► 020-6243903.

162
Brolsma Polling Fonds

Rubriek ■ ☑ kunst en cultuur

Algemeen ■ **WEBSITE** ► www.cultuurfonds.nl **TYPERING** ► fonds op naam **BEHEERD DOOR** ► Prins Bernhard Cultuurfonds **DIRECTIE** ► zie > Prins Bernhard Cultuurfonds **BESTUUR** ► zie > Prins Bernhard Cultuurfonds

Missie ■ **DOELSTELLING** ► Het financieel ondersteunen van projecten op het gebied van de beeldende kunst.

Werkgebied ■ **ACTIERADIUS** ► Nationaal **LAND** ► Nederland.

Projecten ■ **CRITERIA** ► geen projectcriteria bekend **DOORLOOPTIJD** ► ☑ korter dan 1 jaar **STATUS AANVRAGER** ► ☑ geen beperkingen bekend **VOORKEUR/UITSLUITING** ► geen voorkeur of uitsluiting bekend.

Procedure ■ **OP AANVRAAG** ► ja **AANVRAAGPROCEDURE** ► Dit 'fonds op naam' ressorteert onder het Prins Bernhard Cultuurfonds. Verzoeken aan fondsen op naam komen op één centraal punt binnen. Dit houdt in dat een subsidieaanvraag slechts eenmaal aan het Prins Bernhard Cultuurfonds hoeft te worden gezonden. Voor de verdere aanvraagprocedure: zie Prins Bernhard Cultuurfonds. **URL** ► www.cultuurfonds.nl/aanvragen

Contact ■ **BEREIKBAAR PER** ► ☑ post ☑ e-mail ☑ telefoon **CONTACTPERSOON** ► geen contactpersoon bekend **POSTADRES** ► Postbus 19750, 1000 GT Amsterdam **EMAIL (ALGEMEEN)** ► info@cultuurfonds.nl **TELEFOON (ALGEMEEN)** ► 020-5206130.

163
Stichting The Brook Foundation

Rubriek ■ ☑ kunst en cultuur ☑ natuur, milieu en dieren ☑ onderwijs en onderzoek ☑ maatschappij, welzijn en samenleving ☑ mensenrechten, vrede en veiligheid

Algemeen ■ **WEBSITE** ► www.transparante-anbi.nl/product/embed/2273 **TYPERING** ► vermogensfonds **OPGERICHT** ► 29-06-2009 **RECHTSVORM** ► stichting **KVK** ► 34346757 **ANBI STATUS** ► ja **DIRECTIE** ► geen directiegegevens bekend **BESTUUR** ► Mw. F. van Rappard-Wanninkhof, voorzitter; S. Koltes, penningmeester; mw. N. van der Hoek, secretaris; F. van Rappard.

Missie ■ **DOELSTELLING** ► De doelstellingen van de Brook Foundation zijn het bevorderen van welzijn van kinderen, natuurbescherming, en het stimuleren van cultuur in de breedste zin van het woord. Nadruk ligt op die organisaties en projecten die een goed trackrecord hebben laten zien, vooruitstrevend zijn, en uitzonderlijke kwaliteit hebben bewezen. **BELEIDSPLAN OP WEBSITE** ► ja.

Doelgroep ■ **ALGEMEEN** ► kinderen, dieren **SPECIFIEK** ► Goede doelen organisaties die zich met de doelstelling bezig houden. **ACTIVITEITEN** ▶ Een nadere toelichting op de werkgebieden die steun krijgen van de stichting: ☑ Natuur en natuurbehoud:, het tegengaan van aantasting van het milieu, en het; bevorderen van het milieubewustzijn; ☑ Kinderen Het propageren van de kwaliteit van het onderwijs, ouders helpen bij de; opvoeding, garanderen van kinderrechten, bestrijden van kindermishandeling,; het verbeteren van het welzijn van kinderen door verbetering van woon- en leefomstandigheden. Leesbevordering, bevordering van de ontwikkeling en; integratie van kansarme jongeren, het voorkomen van jeugdcriminaliteit, kortom; de bevordering van het welzijn van kinderen in de ruinste zin van het word; ☑ Het ondersteunen van culturele projecten, het behouden van culureel erfgoed, en het motiveren van initiatieven voor het behoud van parken, de openbare ruimte en belangrijke cultuurmonumenten. **INTERVENTIENIVEAU** ▶ Steun aan individuen (directe steun).; Steun aan lokale/provinciale maatschappelijke organisaties en structuren (incl. gemeenten etc.) die diensten verlenen aan individuen.

Werkgebied ■ **ACTIERADIUS** ▶ Nationaal, Internationaal **LAND** ▶ Nederland, Wereldwijd.

Bestedingen ■ **BUDGET** ▶ niet openbaar **ONDERSTEUNDE PROJECTEN P/J** ▶ 14 **SOORT BIJDRAGE** ▶ giften **BOVENGRENS** ▶ geen **ONDERGRENS** ▶ geen.

Projecten ■ **CRITERIA** ▶ geen projectcriteria bekend **DOORLOOPTIJD** ▶ ☑ onbekend **STATUS AANVRAGER** ▶ ☑ geen beperkingen bekend **VOORKEUR/UITSLUITING** ▶ ; ☑ Voorkeur voor natuurprojecten met aandacht voor de gezondheid en het behoud van de Oceanen. ☑ voorkeur voor projecten (binnen aandachtsgebied kinderen) voor et waarborgen van kinderrechten; ☑ binnen het culturele aandachtsgebied hebbent Culturele producties van exceptionele kwaliteit de voorkeur; ☑ Voorkeur wordt gegeven aan projecten die meerdere aandachtspunten van de; Brook Foundation bestrijken, alsmede projecten die vanuit hun aard een; hefboomeffect genereren en zodoende een maximaal resultaat bereiken van de; te besteden donaties van de Brook Foundation.

Procedure ■ **OP AANVRAAG** ▶ nee **AANVRAAGPROCEDURE** ▶ De stichting zoekt zelf actief naar te ondersteunen initiatieven die aansluiten op de doelstelling. Aanvragen voor financiële ondersteuning kunnen in principe niet worden gehonoreerd.

Financieel ■ **INKOMSTEN EV** ▶ € 344.505 **HERKOMST MIDDELEN** ▶ onbekend **BOEKJAAR** ▶ 2019 **JAARVERSLAG OP WEBSITE** ▶ ja.

Contact ■ **BEREIKBAAR PER** ▶ ☑ post ☒ e-mail ☒ telefoon **CONTACTPERSOON** ▶ geen contactpersoon bekend **POSTADRES** ▶ Schiphol Tower B, 6th floor 285, 1118 BH Schiphol.

164
Bruinvis Meijer Fonds

Rubriek ■ ☑ natuur, milieu en dieren

Algemeen ■ **WEBSITE** ▶ www.cultuurfonds.nl **TYPERING** ▶ fonds op naam **BEHEERD DOOR** ▶ Prins Bernhard Cultuurfonds **DIRECTIE** ▶ zie > Prins Bernhard Cultuurfonds **BESTUUR** ▶ zie > Prins Bernhard Cultuurfonds

Missie ■ **DOELSTELLING** ▶ Het financieel ondersteunen van projecten over vogels en/of wilde flora.

Werkgebied ■ **ACTIERADIUS** ▶ Nationaal **LAND** ▶ Nederland.

Projecten ■ **CRITERIA** ▶ geen projectcriteria bekend **DOORLOOPTIJD** ▶ ☑ korter dan 1 jaar **STATUS AANVRAGER** ▶ ☑ geen beperkingen bekend **VOORKEUR/UITSLUITING** ▶ geen voorkeur of uitsluiting bekend.

Procedure ■ **OP AANVRAAG** ▶ ja **AANVRAAGPROCEDURE** ▶ Dit 'fonds op naam' ressorteert onder het Prins Bernhard Cultuurfonds. Verzoeken aan fondsen op naam komen op één centraal punt binnen. Dit houdt in dat een subsidieaanvraag slechts eenmaal aan het Prins Bernhard Cultuurfonds hoeft te worden gezonden. Voor de verdere aanvraagprocedure: zie Prins Bernhard Cultuurfonds. **URL** ▶ www.cultuurfonds.nl/aanvragen

Contact ■ **BEREIKBAAR PER** ▶ ☑ post ☑ e-mail ☑ telefoon **CONTACTPERSOON** ▶ geen contactpersoon bekend **POSTADRES** ▶ Postbus 19750, 1000 GT Amsterdam **EMAIL (ALGEMEEN)** ▶ info@cultuurfonds.nl **TELEFOON (ALGEMEEN)** ▶ 020-5206130.

165
Stichting Brunel Foundation

Rubriek ■ ☑ maatschappij, welzijn en samenleving ☑ onderwijs en onderzoek ☑ natuur, milieu en dieren

Algemeen ■ **WEBSITE** ▶ https://www.brunel.net/en/foundation **TYPERING** ▶ vermogensfonds **BEHEERD DOOR** ▶ Brunel Nederland B.V. **RECHTSVORM** ▶ stichting **KVK** ▶ 57745641 **ANBI STATUS** ▶ nee **DIRECTIE** ▶ geen directiegegevens bekend **BESTUUR** ▶ Mw. F. Dijkstra; mw. M. Aarts.

Missie ■ **DOELSTELLING** ▶ Het positief beïnvloeden van mensen en de planeet door het creëren van betere toekomst voor professionals en een betere planeet voor toekomstige professionals. Brunel ondersteunt hierbij de VN sustainable development goals (SDGs) door mensen met autisme hun baankans te vergroten. Brunel foundation wil ook de milieubewustzijn en duurzaamheid verhogen door aandacht te trekken voor schone oceanen en CO2 voetafdruk. **STICHTER(S)** ▶ Brunel Nederland B.V. werknemers: Femke Dijkstra en Maritska Aarts.

Doelgroep ■ **SPECIFIEK** ▶ Maatschappelijke initiatieven. **ACTIVITEITEN** ▶ Samenwerking met Specialisterne Foundation met betrekking tot autisme. Verschillende projecten in verschillende landen door medewerkers van Brunel. **INTERVENTIENIVEAU** ▶ Onbekend.

Werkgebied ■ **ACTIERADIUS** ▶ Internationaal **LAND** ▶ Wereldwijd.

Bestedingen ■ **BUDGET** ▶ niet openbaar **SOORT BIJDRAGE** ▶ giften **BOVENGRENS** ▶ geen **ONDERGRENS** ▶ geen.

Projecten ■ **CRITERIA** ▶ De Brunel foundation richt zich op drie thema's: educatie, innovatie en het leveren van een bijdrage aan een betere samenleving en een schoner milieu. **DOORLOOPTIJD** ▶ ☑ onbekend **STATUS AANVRAGER** ▶ ☑ stichting of vereniging (non-profit) **VOORKEUR/UITSLUITING** ▶ geen voorkeur of uitsluiting bekend.

Procedure ■ OP AANVRAAG ▶ onbekend AANVRAAGPROCEDURE ▶ Geen aanvraagprocedure bekend.
Financieel ■ HERKOMST MIDDELEN ▶ onbekend.
Contact ■ BEREIKBAAR PER ▶ ☒ post ☑ e-mail ☒ telefoon CONTACTPERSOON ▶ geen contactpersoon bekend POSTADRES ▶ Geen postadres bekend EMAIL (ALGEMEEN) ▶ foundation@brunel.net.

166
Buchter-De Vries Fonds

Rubriek ■ ☑ kunst en cultuur
Algemeen ■ WEBSITE ▶ www.cultuurfonds.nl TYPERING ▶ fonds op naam BEHEERD DOOR ▶ Prins Bernhard Cultuurfonds DIRECTIE ▶ zie > Prins Bernhard Cultuurfonds BESTUUR ▶ zie > Prins Bernhard Cultuurfonds
Missie ■ DOELSTELLING ▶ Het financieel ondersteunen van projecten op het terrein van keramiek met een voorkeur voor vloer-, dak- en wandtegels in Nederland.
Werkgebied ■ ACTIERADIUS ▶ Nationaal LAND ▶ Nederland.
Projecten ■ CRITERIA ▶ geen projectcriteria bekend DOORLOOPTIJD ▶ ☑ korter dan 1 jaar STATUS AANVRAGER ▶ ☑ geen beperkingen bekend VOORKEUR/UITSLUITING ▶ geen voorkeur of uitsluiting bekend.
Procedure ■ OP AANVRAAG ▶ ja AANVRAAGPROCEDURE ▶ Dit 'fonds op naam' ressorteert onder het Prins Bernhard Cultuurfonds. Verzoeken aan fondsen op naam komen op één centraal punt binnen. Dit houdt in dat een subsidieaanvraag slechts eenmaal aan het Prins Bernhard Cultuurfonds hoeft te worden gezonden. Voor de verdere aanvraagprocedure: zie Prins Bernhard Cultuurfonds. URL ▶ www.cultuurfonds.nl/aanvragen
Contact ■ BEREIKBAAR PER ▶ ☑ post ☑ e-mail ☑ telefoon CONTACTPERSOON ▶ geen contactpersoon bekend POSTADRES ▶ Postbus 19750, 1000 GT Amsterdam EMAIL (ALGEMEEN) ▶ info@cultuurfonds.nl TELEFOON (ALGEMEEN) ▶ 020-5206130.

167
Stichting Buitenfonds

Rubriek ■ ☑ natuur, milieu en dieren
Algemeen ■ WEBSITE ▶ www.buitenfonds.nl TYPERING ▶ vermogensfonds OPGERICHT ▶ 01-11-2015 RECHTSVORM ▶ stichting KVK ▶ 57806160 ANBI STATUS ▶ ja DIRECTIE ▶ mw. H.J.T. Leenen BESTUUR ▶ Mw. A.P.J.M. Verbeek, voorzitter; R.W. Brummelman; E.J. Hallers.
Missie ■ DOELSTELLING ▶ De stichting heeft ten doel zonder winstoogmerk projecten van Staatsbosbeheer financieel te ondersteunen die het mogelijk maken natuurterreinen te onderhouden, te beschermen, te verbeteren en beleefbaar te maken voor huidige en toekomstige generaties. Hiertoe verleent de stichting financiële ondersteuning en morele ondersteuning en stimuleert de stichting bezoek aan de natuur. BELEIDSPLAN OP WEBSITE ▶ ja.
Doelgroep ■ SPECIFIEK ▶ Projecten in de natuurgebieden van Staatsbosbeheer. ACTIVITEITEN ▶ Het Buitenfonds is een onafhankelijke stichting die geld werft voor projecten in de natuur van Staatsbosbeheer. Hiermee kan Staatsbosbeheer waardevolle projecten realiseren, zoals kinderen naar buiten brengen, het conserveren en toegankelijk maken van cultuurhistorische schatten, spannende manieren om natuur te beleven en het maatschappelijke werk van de boswachter mogelijk te maken. Projecten waarvoor geen financiering meer beschikbaar is. Het Buitenfonds wil met bedrijven en particulieren samenwerken om groene wensen voor huidige en toekomstige generaties te realiseren. De projecten worden geëtaleerd in; 6 werelden: Ecologische footprint, Nieuwe Wildernis, Culturele Schatten, Kinderen, Boswachter en Beleving. INTERVENTIENIVEAU ▶ Onbekend.
Werkgebied ■ ACTIERADIUS ▶ Nationaal, Lokaal LAND ▶ Nederland .
Bestedingen ■ BUDGET ▶ niet openbaar BOVENGRENS ▶ geen ONDERGRENS ▶ geen.
Projecten ■ CRITERIA ▶ geen projectcriteria bekend DOORLOOPTIJD ▶ ☑ onbekend STATUS AANVRAGER ▶ ☑ geen beperkingen bekend VOORKEUR/UITSLUITING ▶ geen voorkeur of uitsluiting bekend.
Procedure ■ OP AANVRAAG ▶ onbekend
Financieel ■ HERKOMST MIDDELEN ▶ giften & schenkingen, overige inkomsten, legaten BOEKJAAR ▶ boekjaar onbekend.
Contact ■ BEREIKBAAR PER ▶ ☑ post ☑ e-mail ☑ telefoon CONTACTPERSOON ▶ geen contactpersoon bekend POSTADRES ▶ Postbus 2155, 3800 CD Amersfoort EMAIL (ALGEMEEN) ▶ vraag@buitenfonds.nl TELEFOON (ALGEMEEN) ▶ 085-0091000.

168
Burger-Dominicus Fonds

Rubriek ■ ☑ kunst en cultuur ☑ onderwijs en onderzoek
Algemeen ■ WEBSITE ▶ www.cultuurfonds.nl TYPERING ▶ fonds op naam BEHEERD DOOR ▶ Prins Bernhard Cultuurfonds DIRECTIE ▶ zie > Prins Bernhard Cultuurfonds BESTUUR ▶ zie > Prins Bernhard Cultuurfonds
Missie ■ DOELSTELLING ▶ Het financieel ondersteunen van professionele dansers voor het volgen van een aanvullende studie in binnen- of buitenland als vervolg op een dansopleiding in Nederland, en aan projecten ter bevordering van de danskunst in Nederland in het algemeen.
Werkgebied ■ ACTIERADIUS ▶ Nationaal, Internationaal LAND ▶ Nederland.
Projecten ■ CRITERIA ▶ geen projectcriteria bekend DOORLOOPTIJD ▶ ☑ korter dan 1 jaar STATUS AANVRAGER ▶ ☑ geen beperkingen bekend VOORKEUR/UITSLUITING ▶ geen voorkeur of uitsluiting bekend.
Procedure ■ OP AANVRAAG ▶ ja AANVRAAGPROCEDURE ▶ Dit 'fonds op naam' ressorteert onder het Prins Bernhard Cultuurfonds. Verzoeken aan fondsen op naam komen op één centraal punt binnen. Dit houdt in dat een subsidieaanvraag slechts eenmaal aan het Prins Bernhard Cultuurfonds hoeft te worden gezonden. Voor de verdere aanvraag-

procedure: zie Prins Bernhard Cultuurfonds. URL ▶ www.cultuurfonds.nl/aanvragen

Contact ■ BEREIKBAAR PER ▶ ☑ post ☑ e-mail ☑ telefoon CONTACTPERSOON ▶ geen contactpersoon bekend POSTADRES ▶ Postbus 19750, 1000 GT Amsterdam EMAIL (ALGEMEEN) ▶ info@cultuurfonds.nl TELEFOON (ALGEMEEN) ▶ 020-5206130.

169
Stichting het Burgerweeshuis en Kinderhuis

Rubriek ■ ☑ maatschappij, welzijn en samenleving

Algemeen ■ WEBSITE ▶ www.bwkdeventer.nl TYPERING ▶ vermogensfonds RECHTSVORM ▶ stichting KVK ▶ 41244239 ANBI STATUS ▶ ja DIRECTIE ▶ geen directiegegevens bekend BESTUUR ▶ P. Geurtsen, voorzitter; R. Koops, penningmeester; S. Borst, secretaris; mw. S.G. Seegers; mw.mr. E. Smit.

Missie ■ DOELSTELLING ▶ Het doel van de Stichting is het verlenen van financiële onderstand aan wezen en half- wezen die woonachtig zijn in de Gemeente Deventer en de leeftijd van 18 jaar nog niet hebben bereikt. De ondersteuning kan maandelijks of per half jaar worden uitgekeerd. STICHTER(S) ▶ Het stadsbestuur van Deventer HISTORIE ▶ Het Burgerweeshuis is een stichting die is voortgekomen uit een burgerinitiatief uit 1560. In dat jaar nam een aantal vooraanstaande Burgers in Deventer op zich een weeshuis op te richten voor welgestelde wezen en te garanderen dat zij een goede opvoeding zouden krijgen. De bezittingen van deze wezen vervielen aan het Bestuur, een regentencollege. Veel oude steden in Nederland die in de Gouden Eeuw rijk waren geworden door de handel hebben dergelijke weeshuizen binnen hun muren. In 2010 vierde het huidige bestuur dat de Stichting inmiddels 450 jaar bestaat.

Doelgroep ■ ALGEMEEN ▶ jongeren, kinderen SPECIFIEK ▶ Wezen, halfwezen en kinderen uit éénoudergezinnen tot hun 18e jaar uit gemeente Deventer. ACTIVITEITEN ▶ Geen specifieke activiteiten bekend INTERVENTIENIVEAU ▶ Steun aan individuen (directe steun).

Werkgebied ■ ACTIERADIUS ▶ Lokaal LAND ▶ Nederland PLAATS ▶ Deventer.

Bestedingen ■ BUDGET ▶ niet openbaar SOORT BIJDRAGE ▶ giften BOVENGRENS ▶ geen ONDERGRENS ▶ geen.

Projecten ■ CRITERIA ▶ Criteria; ☑ Aanvrager moet wonen in de gemeente Deventer. Dat kan ook zijn in Diepenveen, Schalkaar of Bathmen; ☑ Aanvrager heeft de Nederlandse nationaliteit. Als je die niet hebt is een geldige verblijfsvergunning ook voldoende; ☑ Het inkomen van de alleenstaande ouder mag niet meer zijn dan 125% van het bijstandsinkomen; ☑ Bij wezen en halfwezen mag het inkomen niet meer zijn dan 150% van het bijstandsinkomen. DOORLOOPTIJD ▶ ☑ korter dan 1 jaar STATUS AANVRAGER ▶ ☑ individuen/gezinnen VOORKEUR/UITSLUITING ▶ geen voorkeur of uitsluiting bekend.

Procedure ■ OP AANVRAAG ▶ ja DOORLOOPTIJD ▶ korter dan 1 maand AANVRAAGPROCEDURE ▶ Tijdens telefonisch spreekuur kunt u een afspraak maken voor het indienen van de aanvraag. Tijdens een gesprek wordt uw situatie en die van uw kind(eren) besproken en wordt de benodigde informatie genoteerd. U dient een geldig identiteitspas en een overzicht van uw inkomen te kunnen tonen (salarisstrook/overzicht uitkering, etc). Uw aanvraag wordt in de eerstvolgende (maandelijkse) bestuursvergadering besproken. URL ▶ https://bwkdeventer.nl/u-zoek-hulpt/hoe-werkt-een-aanvraag/

Financieel ■ HERKOMST MIDDELEN ▶ vermogen, giften & schenkingen, legaten, overige inkomsten.

Contact ■ BEREIKBAAR PER ▶ ☑ post ☑ e-mail ☑ telefoon CONTACTPERSOON ▶ geen contactpersoon bekend POSTADRES ▶ Bagijnenstraat 5, 7411 PT Deventer EMAIL (ALGEMEEN) ▶ bwkdeventer@planet.nl TELEFOON (ALGEMEEN) ▶ 0570-612532.

170
Stichting Burgerweeshuis Tiel

Rubriek ■ ☑ maatschappij, welzijn en samenleving ☑ gezondheidszorg ☑ onderwijs en onderzoek

Algemeen ■ WEBSITE ▶ www.burgerweeshuistiel.com TYPERING ▶ vermogensfonds RECHTSVORM ▶ stichting KVK ▶ 41059328 ANBI STATUS ▶ ja DIRECTIE ▶ geen directiegegevens bekend BESTUUR ▶ F.A. van Oostveen, voorzitter; R. van Alfen, penningmeester; W.J.P. van Rhee, secretaris; mw. J.F. de Rooij-Leusink; mw. A. Tjaden-Van der Laan.

Missie ■ DOELSTELLING ▶ ☑ Het behartigen van de stoffelijke en geestelijke belangen van alle jongeren die in de gemeente Tiel woonachtig zijn en voorts al hetgeen dat met een en ander rechtstreeks of zijdelings verband houdt of daartoe bevorderlijk kan zijn, alles in de ruimste zin van het woord. ☑ Het scheppen van voorwaarden welke nodig zijn voor het beleven van een met de leeftijd van jongeren overeenkomende zinvolle levensperiode; en voorts al hetgeen daarmee rechtstreeks of zijdelings verband houdt of daartoe bevorderlijk kan zijn, alles in de ruimste zin van het woord. STICHTER(S) ▶ Mechteld Nyborger HISTORIE ▶ Het Tielse Burger-Weeshuis werd in het jaar 1563 gesticht. Eeuwenlang stond het weeshuis aan het Hoogeinde. Het huidige Burgerweeshuis in Tiel is in 1904 gebouwd aan de Achterweg in opdracht van de regenten van het weeshuis. Het diende ter vervanging van het oudere weeshuis op de hoek van de Ambtmanstraat en het Hoogeinde, dat niet meer voldeed aan de eisen van de tijd. De taak van het weeshuis was het verzorgen van wezen. Na de WOII werd het weeshuis ondergebracht in de stichting Burgerwees die als doel heeft het ondersteunen van jeugdactiviteiten in Tiel. BELEIDSPLAN OP WEBSITE ▶ ja.

Doelgroep ■ ALGEMEEN ▶ kinderen, jongeren, gehandicapten SPECIFIEK ▶ Activiteiten voor kinderen en jongeren tot en met 27 jaar, voor personen met een verstandelijke beperking geldt geen maximum leeftijd. ACTIVITEITEN ▶ De stichting tracht haar doel te bereiken door: ☑ het beschikbaar stellen van financiële middelen ten behoeve van het jongerenwerk in het algemeen; ☑ het financieel steunen van instellingen, organisaties en personen die zich geheel of gedeeltelijk direct en indirect met het jongerenwerk bezighouden; ☑ het bevorderen van een plaatselijk voorzieningenbeleid voor jongeren, al dan niet in samenwerking met andere instellingen en organisaties op het gebied van de jeugdzorg en aanverwante sectoren; en; ☑ alle andere wettige middelen, die het doel kunnen bevorderen. **INTERVENTIENIVEAU** ▶ Steun aan lokale/provinciale maatschappelijke organisaties en structuren (incl. gemeenten etc.) die diensten verlenen aan individuen.

Werkgebied ■ **ACTIERADIUS** ▶ Lokaal **LAND** ▶ Nederland **PLAATS** ▶ Tiel.

Bestedingen ■ **BUDGET** ▶ € 30.000 **ONDERSTEUNDE PROJECTEN P/J** ▶ 20 **SOORT BIJDRAGE** ▶ giften **BOVENGRENS** ▶ geen **ONDERGRENS** ▶ geen.

Projecten ■ **CRITERIA** ▶ Het Weeshuis werkt voor jongeren in de gemeente Tiel. Dus voor de kernen Tiel, Wadenoijen, Kapel-Avezaath en Zennewijnen en het buitengebied. Ook projecten voor jongeren in derde wereld-landen die een aantoonbare relatie hebben met Tiel en voor Tielse mensen met een verstandelijke beperking (zonder leeftijdstoets) kunnen voor financiering in aanmerking komen. Project dient binnen één jaar na toekenning subsidie uitgevoerd worden. **DOORLOOPTIJD** ▶ ☑ korter dan 1 jaar **STATUS AANVRAGER** ▶ ☑ stichting of vereniging (non-profit) ☑ individuen/gezinnen **VOORKEUR/UITSLUITING** ▶ Behoudens het speciaal onderwijs subsidieert het Burgerweeshuis geen scholen. In principe hebben de subsidies geen structureel karakter.

Procedure ■ **OP AANVRAAG** ▶ ja **DOORLOOPTIJD** ▶ 1-3 maanden **AANVRAAGPROCEDURE** ▶ Op de webpagina Toetsingskader Subsidiëring kunt u alvorens een aanvraag te doen, controleren of u wel in aanmerking komt voor subsidie. Vervolgens kunt u het aanvraagformulier downloaden. Uw schriftelijke aanvraag kunt u, bij voorkeur via e-mail, richten aan: Het College van Regenten van de Stichting Burgerweeshuis Tiel. Per post is ook mogelijk. Uw aanvraag wordt beoordeeld door het College van Regenten zo mogelijk in de eerstvolgende vergadering. De vergaderingen van het college vinden doorgaans plaats op de laatste dinsdag van de even maanden. Uw aanvraag moet uiterlijk 10 werkdagen tevoren zijn ontvangen en de relevante gegevens en bijlagen bevatten. **URL** ▶ www.burgerweeshuistiel.com/subsidie-aanvragen/

Financieel ■ **EIGEN VERMOGEN** ▶ € 2.056.017 **INKOMSTEN EV** ▶ € 143.170 **HERKOMST MIDDELEN** ▶ vermogen, inkomsten uit vermogen **BOEKJAAR** ▶ 2018 **JAARVERSLAG OP WEBSITE** ▶ ja.

Contact ■ **BEREIKBAAR PER** ▶ ☑ post ☑ e-mail ☑ telefoon **CONTACTPERSOON** ▶ geen contactpersoon bekend **POSTADRES** ▶ Postbus 6150, 4000 HD Tiel **EMAIL (ALGEMEEN)** ▶ burgerweeshuistiel@gmail.com **TELEFOON (ALGEMEEN)** ▶ 0344-618760.

171

Stichting Burgerzin Actie

Rubriek ■ ☑ maatschappij, welzijn en samenleving

Algemeen ■ **WEBSITE** ▶ www.kennisbankfilantropie.nl/anbi/burgerzin-actie **TYPERING** ▶ vermogensfonds **OPGERICHT** ▶ 04-11-1971 **RECHTSVORM** ▶ stichting **KVK** ▶ 41150600 **ANBI STATUS** ▶ nee **DIRECTIE** ▶ geen directiegegevens bekend **BESTUUR** ▶ Drs.ing. R.E.I.A. Wardenaar, voorzitter; mr. J.J. Benschop, penningmeester; mr. J.J. Benschop, secretaris; ir. L. Guijt; G. van Scheijndel.

Missie ■ **DOELSTELLING** ▶ De Stichting Burgerzin Actie heeft tot doel geldelijke steun te verstrekken aan projecten die betrekking hebben op de huisvesting van maatschappelijk kwetsbare doelgroepen, in het bijzonder van jongeren, in de regio Den Haag en Haaglanden. **HISTORIE** ▶ Stichting Burgerzin Actie is, op initiatief van burgers en instellingen, zo'n 25 jaar geleden ontstaan uit behoefte aan betaalbare huisvesting en heeft sinds die tijd goedkope huurwoningen aangeboden binnen de Haagse regio. Het aanbieden en beheren van goedkope huurwoningen wordt nu met name door woningcorporaties gedaan. Op grond van deze ontwikkeling is gekozen voor de overgang naar een onafhankelijke subsidieverstrekkende stichting. Zo ontstond een nieuwe stichting die opnieuw de naam Stichting Burgerzin Actie meekreeg.

Doelgroep ■ **ALGEMEEN** ▶ armen, jongeren, gehandicapten, ouderen, dak- en thuislozen, zieken **SPECIFIEK** ▶ Maatschappelijk kwetsbare doelgroepen; met in het bijzonder jongeren. **ACTIVITEITEN** ▶ Geen specifieke activiteiten bekend **INTERVENTIENIVEAU** ▶ Steun aan lokale/provinciale maatschappelijke organisaties en structuren (incl. gemeenten etc.) die diensten verlenen aan individuen.

Werkgebied ■ **ACTIERADIUS** ▶ Regionaal **LAND** ▶ Nederland **REGIO** ▶ Haaglanden.

Bestedingen ■ **BUDGET** ▶ niet openbaar **SOORT BIJDRAGE** ▶ giften **BOVENGRENS** ▶ geen **ONDERGRENS** ▶ geen.

Projecten ■ **CRITERIA** ▶ geen projectcriteria bekend **DOORLOOPTIJD** ▶ ☑ korter dan 1 jaar **STATUS AANVRAGER** ▶ ☑ stichting of vereniging (non-profit) ☑ bedrijf ☑ individuen/gezinnen **VOORKEUR/UITSLUITING** ▶ Geen voorkeur/uitsluiting bekend.

Procedure ■ **OP AANVRAAG** ▶ ja **DOORLOOPTIJD** ▶ 1-3 maanden **AANVRAAGPROCEDURE** ▶ geen aanvraagprocedure belen

Financieel ■ **HERKOMST MIDDELEN** ▶ overige inkomsten.

Contact ■ **BEREIKBAAR PER** ▶ ☑ post ☑ e-mail ☑ telefoon **CONTACTPERSOON** ▶ geen contactpersoon bekend **POSTADRES** ▶ Postbus 54, 2600 AB Delft **EMAIL (ALGEMEEN)** ▶ info@burgerzinactie.nl **TELEFOON (ALGEMEEN)** ▶ 015-2192200.

172

Burkens' - Stichting

Rubriek ■ ☑ maatschappij, welzijn en samenleving

Algemeen ■ **WEBSITE** ▶ https://fondseninnederland.nl/fonds/burkens-stichting **TYPERING** ▶ vermogensfonds **OPGERICHT** ▶ 03-12-1912 **RECHTSVORM** ▶ stichting **KVK** ▶ 41222093 **ANBI STATUS** ▶ ja **DIRECTIE** ▶ geen directiegegevens bekend **BESTUUR** ▶ Jhr.mr. Th. S. Röell, voorzitter; mw.da. L.C.M. Blomjous-Maillette de Buy Wenniger, penningmeester; mw. A.M.A. Kool-Meulemeester, secretaris; mr. Th.S. Röell.

Missie ■ **DOELSTELLING** ▶ Het verstrekken van financiële steun aan personen die in financieel moeilijke omstandigheden verkeren en waarvoor niet, dan wel alleen met groot bezwaar, een beroep kan worden gedaan op algemeen sociale voorzieningen of op instellingen werkzaam op sociaal charitatief terrein. **STICHTER(S)** ▶ Mr. J.C. Burkens.
Doelgroep ■ **ALGEMEEN** ▶ armen **SPECIFIEK** ▶ Mensen die in moeilijke financiële omstandigheden verkeren. **ACTIVITEITEN** ▶ De werkzaamheden van de stichting omvatten het verwerken van aanvragen voor financiële ondersteuning, gedaan voor personen, volwassenen en/of kinderen die door een maatschappelijke instantie geholpen worden om uit de problemen te komen. Er worden nooit giften direct aan personen gedaan. **INTERVENTIENIVEAU** ▶ Steun aan individuen (directe steun).
Werkgebied ■ **ACTIERADIUS** ▶ Nationaal **LAND** ▶ Nederland.
Bestedingen ■ **BUDGET** ▶ € 67.600 **ONDERSTEUNDE PROJECTEN P/J** ▶ 160 **SOORT BIJDRAGE** ▶ giften **BOVENGRENS** ▶ geen **ONDERGRENS** ▶ geen.
Projecten ■ **CRITERIA** ▶ geen projectcriteria bekend **DOORLOOPTIJD** ▶ ☑ korter dan 1 jaar **STATUS AANVRAGER** ▶ ☑ stichting of vereniging (non-profit) ☑ kerkelijke instelling ☑ hulpverleners **VOORKEUR/UITSLUITING** ▶ Geen voorkeur/uitsluiting bekend.
Procedure ■ **OP AANVRAAG** ▶ ja **AANVRAAGPROCEDURE** ▶ geen aanvraagprocedure bekend.
Financieel ■ **EIGEN VERMOGEN** ▶ € 973.152 **INKOMSTEN EV** ▶ € 10.382 **INKOMSTEN OV** ▶ € 50.000 **HERKOMST MIDDELEN** ▶ legaten, vermogen **BOEKJAAR** ▶ 2019 **JAARVERSLAG OP WEBSITE** ▶ ja.
Contact ■ **BEREIKBAAR PER** ▶ ☑ post ☑ e-mail ☒ telefoon **CONTACTPERSOON** ▶ Mw. A.M.A. Kool-Meulemeester **POSTADRES** ▶ Crayenestersingel 27, 2101 AN Heemstede **EMAIL (ALGEMEEN)** ▶ wh.kool@planet.nl.

173

Buurtcultuurfonds Provincie Noord-Brabant

Rubriek ■ ☑ kunst en cultuur ☑ maatschappij, welzijn en samenleving
Algemeen ■ **WEBSITE** ▶ www.cultuurfonds.nl **TYPERING** ▶ fonds op naam **BEHEERD DOOR** ▶ Prins Bernhard Cultuurfonds **DIRECTIE** ▶ zie > Prins Bernhard Cultuurfonds **BESTUUR** ▶ zie > Prins Bernhard Cultuurfonds
Missie ■ **DOELSTELLING** ▶ Het fonds is bedoeld om ideeën te realiseren die bijdragen aan ontmoeting, samenwerken en samenleven. Binnen wijken, tussen generaties, culturen en kunstvormen én tussen stad en platteland. Aanvragen worden behandeld door het Prins Bernhard Cultuurfonds Noord-Brabant.
Werkgebied ■ **ACTIERADIUS** ▶ Regionaal **LAND** ▶ Nederland **REGIO** ▶ Noord-Brabant.
Projecten ■ **CRITERIA** ▶ geen projectcriteria bekend **DOORLOOPTIJD** ▶ ☑ korter dan 1 jaar **STATUS AANVRAGER** ▶ ☑ geen beperkingen bekend **VOORKEUR/UITSLUITING** ▶ geen voorkeur of uitsluiting bekend.
Procedure ■ **OP AANVRAAG** ▶ ja **AANVRAAGPROCEDURE** ▶ Dit 'fonds op naam' ressorteert onder het Prins Bernhard Cultuurfonds. Verzoeken aan fondsen op naam komen op één centraal punt binnen. Dit houdt in dat een subsidieaanvraag slechts eenmaal aan het Prins Bernhard Cultuurfonds hoeft te worden gezonden. Voor de verdere aanvraagprocedure: zie Prins Bernhard Cultuurfonds. **URL** ▶ www.cultuurfonds.nl/aanvragen
Contact ■ **BEREIKBAAR PER** ▶ ☑ post ☑ e-mail ☑ telefoon **CONTACTPERSOON** ▶ geen contactpersoon bekend **POSTADRES** ▶ Postbus 19750, 1000 GT Amsterdam **EMAIL (ALGEMEEN)** ▶ info@cultuurfonds.nl **TELEFOON (ALGEMEEN)** ▶ 020-5206130.

174

Buurtcultuurfonds Stadlander

Rubriek ■ ☑ kunst en cultuur ☑ maatschappij, welzijn en samenleving
Algemeen ■ **WEBSITE** ▶ www.cultuurfonds.nl **TYPERING** ▶ fonds op naam **BEHEERD DOOR** ▶ Prins Bernhard Cultuurfonds **DIRECTIE** ▶ zie Prins Bernhard Cultuurfonds **BESTUUR** ▶ zie Prins Bernhard Cultuurfonds
Missie ■ **DOELSTELLING** ▶ Het financieel ondersteunen van culturele projecten en buurtnatuurprojecten in de gemeenten Bergen op Zoom, Steenbergen en Woensdrecht en het eiland Tholen waar Woningbouwvereniging Stadlander woningbezit heeft. Aanvragen worden behandeld door het Prins Bernhard Cultuurfonds Noord-Brabant.
Werkgebied ■ **ACTIERADIUS** ▶ Lokaal **LAND** ▶ Nederland **REGIO** ▶ Noord-Brabant **PLAATS** ▶ Bergen op Zoom.
Projecten ■ **CRITERIA** ▶ geen projectcriteria bekend **DOORLOOPTIJD** ▶ ☑ korter dan 1 jaar **STATUS AANVRAGER** ▶ ☑ geen beperkingen bekend **VOORKEUR/UITSLUITING** ▶ Voorstellen met betrekking tot sportactiviteiten en educatie worden niet gehonoreerd.
Procedure ■ **OP AANVRAAG** ▶ ja **AANVRAAGPROCEDURE** ▶ Dit 'fonds op naam' ressorteert onder het Prins Bernhard Cultuurfonds. Verzoeken aan fondsen op naam komen op één centraal punt binnen. Dit houdt in dat een subsidieaanvraag slechts eenmaal aan het Prins Bernhard Cultuurfonds hoeft te worden gezonden. Voor de verdere aanvraagprocedure: zie Prins Bernhard Cultuurfonds. **URL** ▶ www.cultuurfonds.nl/aanvragen
Contact ■ **BEREIKBAAR PER** ▶ ☑ post ☑ e-mail ☑ telefoon **CONTACTPERSOON** ▶ geen contactpersoon bekend **POSTADRES** ▶ Postbus 19750, 1000 GT Amsterdam **EMAIL (ALGEMEEN)** ▶ info@cultuurfonds.nl **TELEFOON (ALGEMEEN)** ▶ 020-5206130.

175

Buurtkerkenfonds Noord-Brabant

Rubriek ■ ☑ kunst en cultuur ☑ kerk en levensbeschouwing ☑ maatschappij, welzijn en samenleving

Algemeen ■ **WEBSITE** ► www.cultuurfonds.nl **TYPERING** ► fonds op naam **BEHEERD DOOR** ► Prins Bernhard Cultuurfonds **DIRECTIE** ► zie > Prins Bernhard Cultuurfonds **BESTUUR** ► zie > Prins Bernhard Cultuurfonds

Missie ■ **DOELSTELLING** ► Aansprekende herbestemmingen voor kerken koppelen aan buurtparticipatie: kansen benutten voor nieuwe culturele, welzijn- of zorgbestemmingen die de leefbaarheid van de buurt versterken bij her te bestemmen kerken in woongebieden. Aanvragen worden behandeld door het Prins Bernhard Cultuurfonds Noord-Brabant.

Werkgebied ■ **ACTIERADIUS** ► Regionaal **LAND** ► Nederland **REGIO** ► Noord-Brabant.

Projecten ■ **CRITERIA** ► geen projectcriteria bekend **DOORLOOPTIJD** ► ☑ korter dan 1 jaar **STATUS AANVRAGER** ► ☑ geen beperkingen bekend **VOORKEUR/UITSLUITING** ► geen voorkeur of uitsluiting bekend.

Procedure ■ **OP AANVRAAG** ► ja **AANVRAAGPROCEDURE** ► Dit 'fonds op naam' ressorteert onder het Prins Bernhard Cultuurfonds. Verzoeken aan fondsen op naam komen op één centraal punt binnen. Dit houdt in dat een subsidieaanvraag slechts eenmaal aan het Prins Bernhard Cultuurfonds hoeft te worden gezonden. Voor de verdere aanvraagprocedure: zie Prins Bernhard Cultuurfonds. **URL** ► www.cultuurfonds.nl/aanvragen

Contact ■ **BEREIKBAAR PER** ► ☑ post ☑ e-mail ☑ telefoon **CONTACTPERSOON** ► geen contactpersoon bekend **POSTADRES** ► Postbus 19750, 1000 GT Amsterdam **EMAIL (ALGEMEEN)** ► info@cultuurfonds.nl **TELEFOON (ALGEMEEN)** ► 020-5206130

176

Buurtnatuur- en Buurtwaterfonds Noord-Brabant

Rubriek ■ ☑ kunst en cultuur ☑ natuur, milieu en dieren

Algemeen ■ **WEBSITE** ► www.cultuurfonds.nl **TYPERING** ► fonds op naam **BEHEERD DOOR** ► Prins Bernhard Cultuurfonds **DIRECTIE** ► zie Prins Bernhard Cultuurfonds **BESTUUR** ► zie Prins Bernhard Cultuurfonds

Missie ■ **DOELSTELLING** ► Stimuleren van burgerinitiatief gericht op meer water-gerelateerd groen in wijken en buurten en het bijdragen aan waterbewustzijn. Bijdragen kunnen worden verstrekt voor projecten gericht op versterking van de waternatuur in buurten door het aanleggen, onderhouden op optimaliseren van meer watergerelateerd groen in buurten, of het stimuleren van waterberging en infiltratie in de bebouwde omgeving. Aanvragen worden behandeld door het Prins Bernhard Cultuurfonds Noord-Brabant.

Werkgebied ■ **ACTIERADIUS** ► Regionaal **LAND** ► Nederland **REGIO** ► Noord-Brabant.

Projecten ■ **CRITERIA** ► Het gaat om kleinschalige natuur- en waterprojecten die samen met bewoners worden gerealiseerd. Projecten die zorgen voor positieve effecten op het klimaat, het waterbewustzijn, educatie en een gezonde, duurzame leefomgeving. **DOORLOOPTIJD** ► ☑ onbekend **STATUS AANVRAGER** ► ☑ geen beperkingen bekend **VOORKEUR/UITSLUITING** ► geen voorkeur of uitsluiting bekend.

Procedure ■ **OP AANVRAAG** ► ja **AANVRAAGPROCEDURE** ► Dit 'fonds op naam' ressorteert onder het Prins Bernhard Cultuurfonds. Verzoeken aan fondsen op naam komen op één centraal punt binnen. Dit houdt in dat een subsidieaanvraag slechts eenmaal aan het Prins Bernhard Cultuurfonds hoeft te worden gezonden. Voor de verdere aanvraagprocedure: zie Prins Bernhard Cultuurfonds. **URL** ► www.cultuurfonds.nl/aanvragen

Contact ■ **BEREIKBAAR PER** ► ☑ post ☑ e-mail ☑ telefoon **CONTACTPERSOON** ► geen contactpersoon bekend **POSTADRES** ► Postbus 19750, 1000 GT Amsterdam **EMAIL (ALGEMEEN)** ► info@cultuurfonds.nl **TELEFOON (ALGEMEEN)** ► 020-5206130.

177

Buurtnatuur- en Buurtwaterfonds Noord-Brabant

Rubriek ■ ☑ natuur, milieu en dieren

Algemeen ■ **WEBSITE** ► www.cultuurfonds.nl **TYPERING** ► fonds op naam **BEHEERD DOOR** ► Prins Bernhard Cultuurfonds **DIRECTIE** ► zie Prins Bernhard Cultuurfonds **BESTUUR** ► zie Prins Bernhard Cultuurfonds

Missie ■ **DOELSTELLING** ► Stimuleren van burgerinitiatief gericht op meer water-gerelateerd groen in wijken en buurten en het bijdragen aan waterbewustzijn. Bijdragen kunnen worden verstrekt voor projecten gericht op versterking van de waternatuur in buurten door het aanleggen, onderhouden op optimaliseren van meer watergerelateerd groen in buurten, of het stimuleren van waterberging en infiltratie in de bebouwde omgeving. Aanvragen worden behandeld door het Prins Bernhard Cultuurfonds Noord-Brabant.

Werkgebied ■ **ACTIERADIUS** ► Nationaal **LAND** ► Nederland **REGIO** ► Noord-Brabant.

Projecten ■ **CRITERIA** ► geen projectcriteria bekend **DOORLOOPTIJD** ► ☑ korter dan 1 jaar **STATUS AANVRAGER** ► ☑ geen beperkingen bekend **VOORKEUR/UITSLUITING** ► geen voorkeur of uitsluiting bekend.

Procedure ■ **OP AANVRAAG** ► ja **AANVRAAGPROCEDURE** ► Dit 'fonds op naam' ressorteert onder het Prins Bernhard Cultuurfonds. Verzoeken aan fondsen op naam komen op één centraal punt binnen. Dit houdt in dat een subsidieaanvraag slechts eenmaal aan het Prins Bernhard Cultuurfonds hoeft te worden gezonden. Voor de verdere aanvraagprocedure: zie Prins Bernhard Cultuurfonds. **URL** ► www.cultuurfonds.nl/aanvragen

Contact ■ **BEREIKBAAR PER** ► ☑ post ☑ e-mail ☑ telefoon **CONTACTPERSOON** ► geen contactpersoon bekend **POSTADRES** ► Postbus 19750, 1000 GT Amsterdam **EMAIL (ALGEMEEN)** ► info@cultuurfonds.nl **TELEFOON (ALGEMEEN)** ► 020-5206130.

178
Buziau Geesink Fonds

Rubriek ■ ☑ kunst en cultuur
Algemeen ■ WEBSITE ▶ www.cultuurfonds.nl TYPERING ▶ fonds op naam BEHEERD DOOR ▶ Prins Bernhard Cultuurfonds DIRECTIE ▶ zie Prins Bernhard Cultuurfonds BESTUUR ▶ zie Prins Bernhard Cultuurfonds
Missie ■ DOELSTELLING ▶ Het financieel ondersteunen van projecten van kleine of particuliere musea met een landelijke uitstraling.
Werkgebied ■ ACTIERADIUS ▶ Nationaal LAND ▶ Nederland.
Projecten ■ CRITERIA ▶ geen projectcriteria bekend DOORLOOPTIJD ▶ ☑ korter dan 1 jaar STATUS AANVRAGER ▶ ☑ geen beperkingen bekend VOORKEUR/UITSLUITING ▶ geen voorkeur of uitsluiting bekend.
Procedure ■ OP AANVRAAG ▶ ja AANVRAAGPROCEDURE ▶ Dit 'fonds op naam' ressorteert onder het Prins Bernhard Cultuurfonds. Verzoeken aan fondsen op naam komen op één centraal punt binnen. Dit houdt in dat een subsidieaanvraag slechts eenmaal aan het Prins Bernhard Cultuurfonds hoeft te worden gezonden. Voor de verdere aanvraagprocedure: zie Prins Bernhard Cultuurfonds. URL ▶ www.cultuurfonds.nl/aanvragen
Contact ■ BEREIKBAAR PER ▶ ☑ post ☑ e-mail ☑ telefoon CONTACTPERSOON ▶ geen contactpersoon bekend POSTADRES ▶ Postbus 19750, 1000 GT Amsterdam EMAIL (ALGEMEEN) ▶ info@cultuurfonds.nl TELEFOON (ALGEMEEN) ▶ 020-5206130.

179
C & W de Boer Stichting

Rubriek ■ ☑ kunst en cultuur ☑ maatschappij, welzijn en samenleving ☑ kerk en levensbeschouwing ☑ gezondheidszorg ☑ economische ontwikkeling en microkrediet
Algemeen ■ WEBSITE ▶ www.cwdbs.nl TYPERING ▶ vermogensfonds OPGERICHT ▶ 14-03-1990 RECHTSVORM ▶ stichting KVK ▶ 41018849 ANBI STATUS ▶ ja DIRECTIE ▶ geen directiegegevens bekend BESTUUR ▶ H. de Willigen, voorzitter; E. de Boer, penningmeester; mw. M. Knoop-van der Steege, secretaris.
Missie ■ DOELSTELLING ▶ Het financieel ondersteunen van: ☑ Organisaties en instellingen, werkzaam op het gebied van zending en missie; ☑ Andere organisaties en instellingen, welke zich ten doel stellen armoede en ziekte in ontwikkelingslanden te bestrijden; ☑ Organisaties en instellingen, welke beogen de belangstelling voor kunst en cultuur te bevorderen; ☑ Organisaties, welke plaatselijke of regionale activiteiten organiseren en voorts het verlenen van maatschappelijke en financiële steun in het algemeen, met dien verstande dat afstammelingen tot en met de tweede graad van de oprichters van financiële steun zijn uitgesloten. BELEIDSPLAN OP WEBSITE ▶ ja.
Doelgroep ■ ALGEMEEN ▶ armen, dak- en thuislozen, vluchtelingen SPECIFIEK ▶ Geen specifieke doelgroep ACTIVITEITEN ▶ De stichting heeft binnen vorenvermelde doelstelling afgelopen jaren substantiële bedragen geschonken c.q. verplichtingen aangegaan voor onder andere de bouw van het Hospice te Hoogeveen, de bevordering van onderzoek ter bestrijding van kanker bij kinderen, Unicef Nederland, Artsen zonder Grenzen, Stichting vrienden Vanboeijen en de Beatrix kinderkliniek. INTERVENTIENIVEAU ▶ Onbekend.
Werkgebied ■ ACTIERADIUS ▶ Internationaal, Nationaal LAND ▶ Wereldwijd, Nederland.
Bestedingen ■ BUDGET ▶ niet openbaar ONDERSTEUNDE PROJECTEN P/J ▶ 49 BOVENGRENS ▶ geen ONDERGRENS ▶ geen.
Projecten ■ CRITERIA ▶ geen projectcriteria bekend DOORLOOPTIJD ▶ ☑ onbekend STATUS AANVRAGER ▶ ☑ geen beperkingen bekend VOORKEUR/UITSLUITING ▶ Uitgesloten zijn staten, waar een dictatoriaal of revolutionair regime heerst en voorts organisaties en instellingen en personen, die een zodanig regime direct of indirect steunen, dan wel op enigerlei wijze daarbij betrokken zijn.
Procedure ■ OP AANVRAAG ▶ onbekend AANVRAAGPROCEDURE ▶ Geen aanvraagprocedure bekend.
Financieel ■ HERKOMST MIDDELEN ▶ onbekend BOEKJAAR ▶ 2018 JAARVERSLAG OP WEBSITE ▶ ja.
Contact ■ BEREIKBAAR PER ▶ ☑ post ☒ e-mail ☒ telefoon CONTACTPERSOON ▶ geen contactpersoon bekend POSTADRES ▶ Oosterweg 96, 9751 PK Haren.

180
C.J. de Vogel Stichting

Rubriek ■ ☑ kunst en cultuur ☑ kerk en levensbeschouwing ☑ onderwijs en onderzoek
Algemeen ■ WEBSITE ▶ www.hdc.vu.nl/nl/over-het-hdc/stichtingen/devogel/index.asp TYPERING ▶ vermogensfonds OPGERICHT ▶ 07-05-1986 RECHTSVORM ▶ stichting KVK ▶ 41182379 ANBI STATUS ▶ ja DIRECTIE ▶ geen directiegegevens bekend BESTUUR ▶ Prof.dr. P.C. Beentjes, voorzitter; prof.dr. B.E.J.H. Becking, penningmeester; prof.dr. G. Harinck, secretaris; dr. H. van der Meer s.j.; prof.dr. J. de Bruijn.
Missie ■ DOELSTELLING ▶ De C.J. de Vogel Stichting heeft als doel 'de bestudering van de reformatorische en katholieke leer, geloofsleven en kerkgeschiedenis op het gebied van de oecumene'. HISTORIE ▶ De stichting is opgericht en vernoemd naar Cornelia Johanna de Vogel (1905-1986). Zij was van 1946 tot 1974 verbonden aan de Universiteit Utrecht als hoogleraar in de geschiedenis van de Antieke en Middeleeuwse Wijsbegeerte. De volledige naam van de stichting is: C.J. de Vogel Stichting ter Bevordering van de Studie van Oecumenica in de Theologische Faculteit der R.U. Utrecht BELEIDSPLAN OP WEBSITE ▶ ja.
Doelgroep ■ ALGEMEEN ▶ gelovigen, studenten SPECIFIEK ▶ Geen specifieke doelgroep ACTIVITEITEN ▶ ☑ Het verlenen van financiële bijdragen aan studenten en academici voor studie, bezinning en publicatie op het gebied van reformatorisch-katholieke oecumene; ☑ Het oprichten van een leerstoel voor de studie van deze oecumene te Utrecht. INTERVENTIENIVEAU ▶ Steun aan individuen (directe steun).
Werkgebied ■ ACTIERADIUS ▶ Nationaal, Internationaal LAND ▶ Nederland.

Bestedingen ■ BUDGET ▶ € 10.000 SOORT BIJDRAGE ▶ giften subsidies BOVENGRENS ▶ geen ONDERGRENS ▶ geen.

Projecten ■ CRITERIA ▶ Wetenschappelijke, culturele en levensbeschouwelijke activiteiten op het gebied van de oecumene die niet uit reguliere middelen kunnen worden bekostigd. DOORLOOPTIJD ▶ ☑ korter dan 1 jaar STATUS AANVRAGER ▶ ☑ geen beperkingen bekend VOORKEUR/UITSLUITING ▶ geen voorkeur of uitsluiting bekend.

Procedure ■ OP AANVRAAG ▶ ja DOORLOOPTIJD ▶ 6-12 maanden AANVRAAGPROCEDURE ▶ Aanvragen kunnen per e-mail naar de Stichting worden verstuurd: cjdevogelstichting@gmail.com. Er wordt in het voor- en najaar vergaderd. Deze stichting heeft geen aanvraagformulier voorhanden. URL ▶ www.hdc.vu.nl/nl/over-het-hdc/stichtingen/devogel/index.aspx

Financieel ■ HERKOMST MIDDELEN ▶ vermogen.

Contact ■ BEREIKBAAR PER ▶ ☑ post ☑ e-mail ☒ telefoon CONTACTPERSOON ▶ Prof. dr. B.E.J.H. Becking POSTADRES ▶ Gangboord 11, 3823 TL Amersfoort EMAIL (ALGEMEEN) ▶ cjdevogelstichting@gmail.com.

181

Stichting Camper Algemeen Steunfonds Kampen

Rubriek ■ ☑ maatschappij, welzijn en samenleving ☑ kunst en cultuur

Algemeen ■ WEBSITE ▶ www.caskampen.nl TYPERING ▶ vermogensfonds OPGERICHT ▶ 07-11-1973 RECHTSVORM ▶ stichting KVK ▶ 41023613 ANBI STATUS ▶ nee DIRECTIE ▶ geen directiegegevens bekend BESTUUR ▶ P.H. Kalt, voorzitter; B.J. Kuiper, penningmeester; P. Frans, secretaris; A.C. Goedegebure; J. de Groot; J.W. Schutte.

Missie ■ DOELSTELLING ▶ CAS heeft als belangrijkste doelstelling het verlenen van steun aan instellingen of personen die sociale of culturele activiteiten ontplooien in de gemeente Kampen. Deze verenigingen of rechtsgeldige organisaties mogen geen religieuze of politieke boodschappen uitdragen. HISTORIE ▶ De Stichting CAS is ontstaan na de verkoop van het Centraal Antenne Systeem in de stad Kampen. De gelden die vrijkwamen werden teruggeven aan de partners die daarin samenwerkten. Het geld van de particuliere deelnemers in de stichting CAS is toen door de toenmalige en huidige bestuurders goed belegd en met de revenuen kunnen nu dus nog steeds veel bijzondere projecten gerealiseerd worden.

Doelgroep ■ SPECIFIEK ▶ Instellingen of personen die sociale of culturele activiteiten ontplooien in de gemeente Kampen. ACTIVITEITEN ▶ Geen specifieke activiteiten bekend INTERVENTIENIVEAU ▶ Steun aan lokale/provinciale maatschappelijke organisaties en structuren (incl. gemeenten etc.) die diensten verlenen aan individuen.

Werkgebied ■ ACTIERADIUS ▶ Lokaal LAND ▶ Nederland REGIO ▶ Overijssel PLAATS ▶ Kampen.

Bestedingen ■ BUDGET ▶ niet openbaar SOORT BIJDRAGE ▶ giften subsidies BOVENGRENS ▶ geen ONDERGRENS ▶ geen.

Projecten ■ CRITERIA ▶ ☑ Iedere Kamper vereniging of erkende organisatie kan bij CAS een verzoek tot financiële ondersteuning aanvragen; ☑ De financiële ondersteuning is in principe éénmalig en niet structureel; ☑ Een ondersteuning is een bijdrage in de totale kosten en dient als stimulans om een project te realiseren. DOORLOOPTIJD ▶ ☑ onbekend STATUS AANVRAGER ▶ ☑ overig ☑ stichting of vereniging (non-profit) VOORKEUR/UITSLUITING ▶ ☑ De verenigingen of rechtsgeldige organisaties mogen geen religieuze of politieke boodschappen uitdragen. ☑ In het algemeen worden jubilea, feesten en partijtjes niet door de CAS gesubsidieerd.

Procedure ■ OP AANVRAAG ▶ ja AANVRAAGPROCEDURE ▶ De aanvraag kan schriftelijk of per e-mail worden ingediend bij de secretaris van de stichting. De aanvraag wordt tijdens de eerstvolgende bestuursvergadering behandeld. De aanvraag dient tijdig voor het te realiseren project te worden ingediend. Een begroting is een minimale eis voor een aanvraag. U kunt uw aanvraag per e-mail of per post versturen. URL ▶ www.caskampen.nl/aanvraag-indienen/

Financieel ■ HERKOMST MIDDELEN ▶ onbekend BOEKJAAR ▶ boekjaar onbekend.

Contact ■ BEREIKBAAR PER ▶ ☑ post ☑ e-mail ☑ telefoon CONTACTPERSOON ▶ geen contactpersoon bekend POSTADRES ▶ Stroomrug 4, 8266 JK Kampen EMAIL (ALGEMEEN) ▶ info@caskampen.nl TELEFOON (ALGEMEEN) ▶ 038-3311182.

182

Stichting Canon Foundation in Europe

Rubriek ■ ☑ economische ontwikkeling en microkrediet ☑ kunst en cultuur ☑ maatschappij, welzijn en samenleving ☑ sport en recreatie ☑ onderwijs en onderzoek

Algemeen ■ WEBSITE ▶ www.canonfoundation.org TYPERING ▶ vermogensfonds OPGERICHT ▶ 22-12-1987 RECHTSVORM ▶ stichting KVK ▶ 41207168 ANBI STATUS ▶ ja DIRECTIE ▶ geen directiegegevens bekend BESTUUR ▶ P. Kers, voorzitter; J.I.R. Fernandez, penningmeester; J.I.R. Fernandez, secretaris; K. Huster; W.R. van Gulik.

Missie ■ DOELSTELLING ▶ The Canon Foundation is een filantropische, subsidie verlenende instelling, actief in de bevordering van internationale culturele en wetenschappelijke relaties tussen Europa en Japan. STICHTER(S) ▶ Canon Europa N.V. HISTORIE ▶ The Canon Foundation in Europe is opgericht op 22 december 1987 onder de Nederlandse wet en is gevestigd in Amsterdam. De Stichting is opgericht door Canon Europa N.V., het Europese hoofdkantoor van Canon.

Doelgroep ■ ALGEMEEN ▶ studenten SPECIFIEK ▶ Houders van minimaal een masterdiploma. ACTIVITEITEN ▶ De doelstelling moet worden bereikt door jaarlijks maximaal 15 Canon Foundation Research Fellowships te verstrekken aan postdoctorale studenten en onderzoekers. Europeanen ontvangen de Fellowship voor langdurige onderzoeksperioden in Japan, Japanners om onderzoek in Europa te verrichten. Er is geen beperking wat betreft het onderwerp van onderzoek. Aanvragers zijn afkomstig uit de wetenschap of het bedrijfsleven. Normaliter worden beurzen toegekend voor een periode van één jaar, met een minimum van drie maanden. Er zijn onderzoeksfellowships, co-sponsor fellowships en sinds 2018 ook Japan-Afrika uitwisselingsfellowships. **INTERVENTIENIVEAU** ► Steun aan individuen (directe steun).

Werkgebied ■ **ACTIERADIUS** ► Internationaal **LAND** ► Europa, Japan.

Bestedingen ■ **BUDGET** ► niet openbaar **TOELICHTING** ► De financiële steun voor Research Fellows varieert van 22.500 euro tot 27.500 euro per jaar en pro-rata voor verschillende periodes. **SOORT BIJDRAGE** ► studiebeurzen **BOVENGRENS** ► geen **ONDERGRENS** ► geen.

Projecten ■ **CRITERIA** ► De Canon Foundation in Europa biedt Fellowships aan voor onderzoek dat moet worden uitgevoerd in Europa of Japan. De duur van een Fellowship is minimaal 3 maanden tot maximaal 1 jaar. ☑ Kandidaten moeten in het bezit zijn van een Ph.D. of tenminste een Master diploma. Zij doen hun aanvraag binnen tien jaar na de afronding van hun Ph.D. of MA diploma. Uitzonderingen op deze regel zijn in principe mogelijk. Deze uitzonderlijke omstandigheden moeten worden uitgelegd op het aanvraagformulier en gesteund door bijgevoegde bewijsstukken. ☑ Diegenen zonder EU - of Japans paspoort moeten in bezit zijn van een permanente verblijfsvergunning in Europa of Japan. **DOORLOOPTIJD** ► ☑ korter dan 1 jaar **STATUS AANVRAGER** ► ☑ individuen/gezinnen **VOORKEUR/UITSLUITING** ► De Canon Foundation geeft prioriteit aan diegenen die van plan zijn naar Europa of Japan te reizen in plaats van hun huidige verblijf te verlengen.

Procedure ■ **OP AANVRAAG** ► ja **DOORLOOPTIJD** ► 3-6 maanden **AANVRAAGPROCEDURE** ► Online via een digitaal aanvraagformulier. Hiervoor dient u een account aan te maken. Wanneer u problemen ondervind kunt u mailen voor een hardcopy van het aanvraagformulier. Deze kunt u dan naar het secretariaat sturen. Om mee te doen in de selectieprocedure van de beurzen voor het volgende kalenderjaar dient u voor 15 september van elk jaar uw aanvraag te hebben ingediend. De definitieve beslissingen van de selectiecommissie worden vóór eind december van dat jaar per e-mail aan de aanvragers gezonden. Daarom is de vroegst mogelijke datum om aan de Fellowship te beginnen 1 januari van het volgende jaar. **URL** ► https://forms.canonfoundation.org/how-to-apply.php

Financieel ■ **EIGEN VERMOGEN** ► € 11.613.923 **INKOMSTEN EV** ► € 229.164 **HERKOMST MIDDELEN** ► vermogen **BOEKJAAR** ► 2019 **JAARVERSLAG OP WEBSITE** ► ja.

Contact ■ **BEREIKBAAR PER** ► ☑ post ☑ e-mail ☑ telefoon **CONTACTPERSOON** ► Mw. S.N. Cohen **POSTADRES** ► Postbus 2262, 1180 EG Amstelveen **EMAIL (ALGEMEEN)** ► foundation@canon-europe.com **TELEFOON (ALGEMEEN)** ► 020-5458934.

183

Brantsen Stichting (Carel Marie Baron Brantsen en Jacqueline Sophie Gravin van Limburg Stirum-stichting)

Rubriek ■ ☑ kerk en levensbeschouwing ☑ maatschappij, welzijn en samenleving ☑ onderwijs en onderzoek

Algemeen ■ **WEBSITE** ► https://www.kennisbankfilantropie.nl/anbi/brantsen-stichting **TYPERING** ► vermogensfonds **RECHTSVORM** ► stichting **KVK** ► 41046584 **ANBI STATUS** ► nee **DIRECTIE** ► geen directiegegevens bekend **BESTUUR** ► geen bestuursgegevens bekend.

Missie ■ **DOELSTELLING** ► Geen doelstelling bekend.

Doelgroep ■ **ALGEMEEN** ► zieken, studenten, gelovigen, armen **SPECIFIEK** ► Geen specifieke doelgroep **ACTIVITEITEN** ► Studiebeurzen en subsidies voor liefdadigheid, kerk en zending. **INTERVENTIENIVEAU** ► Onbekend.

Werkgebied ■ **ACTIERADIUS** ► Lokaal, Nationaal **LAND** ► Nederland.

Bestedingen ■ **BUDGET** ► niet openbaar **SOORT BIJDRAGE** ► giften studiebeurzen **BOVENGRENS** ► geen **ONDERGRENS** ► geen.

Projecten ■ **CRITERIA** ► geen projectcriteria bekend **DOORLOOPTIJD** ► ☑ onbekend **STATUS AANVRAGER** ► ☑ geen beperkingen bekend **VOORKEUR/UITSLUITING** ► geen voorkeur of uitsluiting bekend.

Procedure ■ **OP AANVRAAG** ► onbekend **AANVRAAGPROCEDURE** ► Geen aanvraagprocedure bekend.

Financieel ■ **HERKOMST MIDDELEN** ► onbekend.

Contact ■ **BEREIKBAAR PER** ► ☑ post ☒ e-mail ☑ telefoon **CONTACTPERSOON** ► geen contactpersoon bekend **POSTADRES** ► Didamseweg 16A, 6986 AD Angerlo **TELEFOON (ALGEMEEN)** ► 0313-476341.

184

Stichting Carel Nengerman Fonds

Rubriek ■ ☑ kunst en cultuur ☑ natuur, milieu en dieren

Algemeen ■ **WEBSITE** ► www.carelnengermanfonds.nl **TYPERING** ► vermogensfonds **OPGERICHT** ► 30-12-1981 **RECHTSVORM** ► stichting **KVK** ► 41180144 **ANBI STATUS** ► ja **DIRECTIE** ► geen directiegegevens bekend **BESTUUR** ► J.L.M. Bartelds, voorzitter; drs. T. Pluijter, penningmeester; drs. T. Pluijter, secretaris; mw. A.M. van den Brink-Nengerman; mw.mr. M.J.P.L. Roeling.

Missie ■ **DOELSTELLING** ► De stichting heeft ten doel het bevorderen van natuur en cultuur door het verlenen van financiële steun aan (rechts)personen en/of instellingen, die op deze gebieden actief zijn. **STICHTER(S)** ► AMEV **HISTORIE** ► Het Carel Nengerman Fonds draagt de naam van mr. Carel Constantijn Nengerman, die 35 jaar bij het verzekeringsbedrijf AMEV heeft gewerkt. In mei 1981 ging hij met pensioen en trad hij af als voorzitter van de Raad van Bestuur. Daarna kwam hij in de Raad van Commissarissen van deze groep. In mei 1990 legde hij zijn functie als president commissaris neer. Met zijn vertrek verdween de laatste vertegenwoordiger van de directeur-families van de 'Utrecht' uit de hoogste bestuursorganen. Ter gelegenheid van zijn afscheid werd de Stichting Carel Nengerman Fonds in het leven geroepen. Deze stichting stelt zich de bevordering van cultuur en natuur ten doel. Door AMEV werd één miljoen gulden aan het fonds geschonken.

Doelgroep ■ SPECIFIEK ▶ Projecten op het gebied van natuur en cultuur die plaatsvinden in de stad of de provincie Utrecht. ACTIVITEITEN ▶ Geen specifieke activiteiten bekend INTERVENTIENIVEAU ▶ Steun aan lokale/provinciale maatschappelijke organisaties en structuren (incl. gemeenten etc.) die diensten verlenen aan individuen.

Werkgebied ■ ACTIERADIUS ▶ Regionaal, Lokaal LAND ▶ Nederland REGIO ▶ Utrecht PLAATS ▶ Utrecht.

Bestedingen ■ BUDGET ▶ € 120.000 ONDERSTEUNDE PROJECTEN P/J ▶ 121 SOORT BIJDRAGE ▶ giften BOVENGRENS ▶ € 1.500 ONDERGRENS ▶ € 500.

Projecten ■ CRITERIA ▶ ☑ Het project waarvoor een financiële bijdrage gevraagd wordt, moet betrekking hebben op de provincie Utrecht. Hetzij de aanvrager heeft zijn zetel in de provincie Utrecht, danwel het project wordt in de provincie Utrecht uitgevoerd of heeft een duidelijke relatie met de provincie; ☑ Voor een bijdrage komen alleen eenmalige projecten in aanmerking; ☑ het project mag ten tijde van de bestuursvergadering - waarin over de aanvraag wordt beslist - nog niet hebben plaatsgevonden. DOORLOOPTIJD ▶ ☑ korter dan 1 jaar STATUS AANVRAGER ▶ ☑ stichting of vereniging (non-profit) VOORKEUR/UITSLUITING ▶ ☑ De stichting steunt bij voorkeur kleinschalige of lokale initiatieven, waar veel vrijwilligers bij zijn betrokken. ☑ Er wordt geen bijdrage verleend voor jaarlijks terugkerende projecten, en ook niet voor exploitatiekosten, investeringen of studiebeurzen.

Procedure ■ OP AANVRAAG ▶ ja DOORLOOPTIJD ▶ 1-3 maanden AANVRAAGPROCEDURE ▶ Een aanvraag kan ingediend worden door het toesturen van een projectplan, voorzien van kostenbegroting en dekkingsplan. Bij voorkeur ontvangt de stichting uw aanvraag digitaal via carelnengermanfonds@asr.nl. Het bestuur van het Carel Nengerman Fonds vergadert vier keer per jaar. Aanvragen moeten minimaal twee weken voor de desbetreffende vergaderdatum ingediend te zijn. URL ▶ www.carelnengermanfonds.nl/AANVRAGEN.aspx

Financieel ■ INKOMSTEN EV ▶ € 180.384 HERKOMST MIDDELEN ▶ vermogen, overige inkomsten BOEKJAAR ▶ 2018 JAARVERSLAG OP WEBSITE ▶ ja.

Contact ■ BEREIKBAAR PER ▶ ☑ post ☑ e-mail ☑ telefoon CONTACTPERSOON ▶ Mw. M.A.M. van Schaaik POSTADRES ▶ Postbus 2072, 3500 HB Utrecht EMAIL (ALGEMEEN) ▶ carelnengermanfonds@asr.nl TELEFOON (ALGEMEEN) ▶ 06-23368599 TELEFOON (AANVRAGEN) ▶ 06-23368599.

185
Stichting Caritas Christi Urget NOS

Rubriek ■ ☑ onderwijs en onderzoek ☑ maatschappij, welzijn en samenleving ☑ economische ontwikkeling en microkrediet

Algemeen ■ WEBSITE ▶ www.kennisbankfilantropie.nl/anbi/caritas-christi-urget-nos TYPERING ▶ vermogensfonds OPGERICHT ▶ 22-02-1951 RECHTSVORM ▶ stichting KVK ▶ 41070456 ANBI STATUS ▶ ja DIRECTIE ▶ geen directiegegevens bekend BESTUUR ▶ Mw. L.G.T. Paulus, voorzitter; mw. G.J.M.C. Essing-Demandt, penningmeester; mw. J.J.J.M.C. van Dinteren-Palmen, secretaris; L. Kester; mw. J.L.H.M. Mulder.

Missie ■ DOELSTELLING ▶ De Stichting heeft ten doel het geven van subsidies, donaties en andere bijdragen ten behoeve van onderwijs casu quo onderwijsverbetering in onder meer derde wereldlanden en ontwikkelingsmogelijkheden van jeugdigen in Limburg, Nederland.

Doelgroep ■ ALGEMEEN ▶ jongeren, armen, inheemse volken SPECIFIEK ▶ Onderwijsverbetering in derdewereldlanden en ontwikkelingsmogelijkheden van jeugdigen in Limburg. ACTIVITEITEN ▶ Geen specifieke activiteiten. INTERVENTIENIVEAU ▶ Steun aan lokale/provinciale maatschappelijke organisaties en structuren (incl. gemeenten etc.) die diensten verlenen aan individuen.

Werkgebied ■ ACTIERADIUS ▶ Internationaal LAND ▶ Nederland, Derdewereldlanden REGIO ▶ Limburg.

Bestedingen ■ BUDGET ▶ niet openbaar SOORT BIJDRAGE ▶ giften subsidies BOVENGRENS ▶ geen ONDERGRENS ▶ geen.

Projecten ■ CRITERIA ▶ geen projectcriteria bekend DOORLOOPTIJD ▶ ☑ onbekend STATUS AANVRAGER ▶ ☑ stichting of vereniging (non-profit) VOORKEUR/UITSLUITING ▶ In principe worden uitsluitend verzoeken van rechtspersonen door het bestuur in behandeling genomen.

Procedure ■ OP AANVRAAG ▶ onbekend AANVRAAGPROCEDURE ▶ Geen aanvraagprocedure bekend.

Financieel ■ EIGEN VERMOGEN ▶ € 1.170.000 INKOMSTEN OV ▶ € 31.600 HERKOMST MIDDELEN ▶ giften & schenkingen, vermogen BOEKJAAR ▶ 2017 JAARVERSLAG OP WEBSITE ▶ ja.

Contact ■ BEREIKBAAR PER ▶ ☑ post ☑ e-mail ☑ telefoon CONTACTPERSOON ▶ geen contactpersoon bekend POSTADRES ▶ Mergelakker 26, 6181 JG Elsloo EMAIL (ALGEMEEN) ▶ jolanda.palmen@gmail.com TELEFOON (ALGEMEEN) ▶ 046-4373981.

186
Stichting Caritas Drachten

Rubriek ■ ☑ kerk en levensbeschouwing ☑ maatschappij, welzijn en samenleving ☑ economische ontwikkeling en microkrediet

Algemeen ■ WEBSITE ▶ www.transparante-anbi.nl/product/stichting-caritas-drachten/1942 TYPERING ▶ vermogensfonds OPGERICHT ▶ 13-05-1936 RECHTSVORM ▶ stichting KVK ▶ 41000662 ANBI STATUS

► ja **DIRECTIE** ► geen directiegegevens bekend **BESTUUR** ► S. Veltman, voorzitter; F. Ernens, penningmeester; mw. S. Kamsma-Sijtsma, secretaris; mw. E. van Campen-van Vuuren; M Keekstra.

Missie ■ **DOELSTELLING** ► Stichting Caritas Drachten heeft ten doel directe en indirecte financiële middelen en andere steun te verlenen aan steunbehoevende personen en sociaal charitatieve- godsdienstige-, en maatschappelijke instellingen. **HISTORIE** ► De stichting is opgericht met een vermogen dat is ontstaan uit de verkoop van gronden van de katholieke orde in Fryslân. **BELEIDSPLAN OP WEBSITE** ► ja.

Doelgroep ■ **ALGEMEEN** ► armen, zieken, dak- en thuislozen, gehandicapten, inheemse volken **SPECIFIEK** ► Steunbehoevende personen en sociaal charitatieve-, godsdienstige- en maatschappelijke instellingen. **ACTIVITEITEN** ► Geen specifieke activiteiten bekend **INTERVENTIENIVEAU** ► Steun aan lokale/provinciale maatschappelijke organisaties en structuren (incl. gemeenten etc.) die diensten verlenen aan individuen.

Werkgebied ■ **ACTIERADIUS** ► Internationaal **LAND** ► Wereldwijd.

Bestedingen ■ **BUDGET** ► € 50.000 **SOORT BIJDRAGE** ► giften overig **BOVENGRENS** ► geen **ONDERGRENS** ► geen.

Projecten ■ **CRITERIA** ► De ter beschikking staande middelen worden verdeeld over verschillende continenten en diverse; pci's. (parochiële charitatieve instellingen). Bij de verdeling wordt positief gewogen: ☑ educatie; ☑ emancipatie; ☑ gezondheid; ☑ economische zelfstandigheid; ☑ inclusiviteit. **DOORLOOPTIJD** ► ☑ onbekend **STATUS AANVRAGER** ► ☑ stichting of vereniging (non-profit) ☑ kerkelijke instelling ☑ onderwijsinstelling **VOORKEUR/UITSLUITING** ► De bijdrage wordt gewoonlijk alleen verstrekt als het een rechtspersoon betreft (uitzonderingen mogelijk).

Procedure ■ **OP AANVRAAG** ► ja **DOORLOOPTIJD** ► geen doorlooptijd bekend; 3-6 maanden; 3-6 maanden **AANVRAAGPROCEDURE** ► De giften kunnen alleen digitaal worden aangevraagd via het mailadres stichtingcaritasdrachten@gmail.com. De aanvraag bevat gegevens over het gevraagde bedrag, wat er mee wordt gedaan en hoe het bijdraagt aan de doelstelling van de stichting. Tevens wordt er bijgevoegd de gegevens van de rechtspersoon en het; rekeningnummer. Er is twee keer per jaar een vergadering (in februari en oktober) waarin de verzoeken worden besproken en vastgesteld. De betreffende organisatie krijgt maximaal 3 keer een bijdrage in de periode van 10 jaren

Financieel ■ **EIGEN VERMOGEN** ► € 1.803.000 **HERKOMST MIDDELEN** ► onbekend **BOEKJAAR** ► 2018 **JAARVERSLAG OP WEBSITE** ► ja.

Contact ■ **BEREIKBAAR PER** ► ☑ post ☑ e-mail ☒ telefoon **CONTACTPERSOON** ► geen contactpersoon bekend **POSTADRES** ► Folgerenlaan 2-1, 9207 AJ Drachten **EMAIL (ALGEMEEN)** ► stichtingcaritasdrachten@gmail.com.

187

Carla Dobbelman Fonds

Rubriek ■ ☑ kunst en cultuur ☑ onderwijs en onderzoek

Algemeen ■ **WEBSITE** ► www.cultuurfonds.nl **TYPERING** ► fonds op naam **BEHEERD DOOR** ► Prins Bernhard Cultuurfonds **DIRECTIE** ► zie > Prins Bernhard Cultuurfonds **BESTUUR** ► zie > Prins Bernhard Cultuurfonds

Missie ■ **DOELSTELLING** ► Het stimuleren van de vorming op het terrein van de beeldende kunst, bij voorkeur door het ondersteunen van projecten in Amsterdam gericht op kinderen en jongeren. Bij onvoldoende aanvragen kunnen beurzen worden verstrekt aan jonge talentvolle musici en beeldende kunstenaars voor een vervolgstudie of -onderzoek in het buitenland.

Werkgebied ■ **ACTIERADIUS** ► Lokaal **LAND** ► Nederland **PLAATS** ► Amsterdam.

Projecten ■ **CRITERIA** ► geen projectcriteria bekend **DOORLOOPTIJD** ► ☑ korter dan 1 jaar **STATUS AANVRAGER** ► ☑ geen beperkingen bekend **VOORKEUR/UITSLUITING** ► Voorkeur gaat uit naar projecten in Amsterdam gericht op kinderen en jongeren.

Procedure ■ **OP AANVRAAG** ► ja **AANVRAAGPROCEDURE** ► Dit 'fonds op naam' ressorteert onder het Prins Bernhard Cultuurfonds. Verzoeken aan fondsen op naam komen op één centraal punt binnen. Dit houdt in dat een subsidieaanvraag slechts eenmaal aan het Prins Bernhard Cultuurfonds hoeft te worden gezonden. Voor de verdere aanvraagprocedure: zie Prins Bernhard Cultuurfonds. **URL** ► www.cultuurfonds.nl/aanvragen

Contact ■ **BEREIKBAAR PER** ► ☑ post ☑ e-mail ☑ telefoon **CONTACTPERSOON** ► geen contactpersoon bekend **POSTADRES** ► Postbus 19750, 1000 GT Amsterdam **EMAIL (ALGEMEEN)** ► info@cultuurfonds.nl **TELEFOON (ALGEMEEN)** ► 020-5206130.

188

Carla Struycken Fonds

Rubriek ■ ☑ kunst en cultuur ☑ onderwijs en onderzoek

Algemeen ■ **WEBSITE** ► www.cultuurfonds.nl **TYPERING** ► fonds op naam **BEHEERD DOOR** ► Prins Bernhard Cultuurfonds **DIRECTIE** ► zie > Prins Bernhard Cultuurfonds **BESTUUR** ► zie > Prins Bernhard Cultuurfonds

Missie ■ **DOELSTELLING** ► Het financieel ondersteunen van vrouwelijke jonge musici voor een vervolgopleiding (bij voorkeur) in het buitenland dan wel het geven van (financiële) ondersteuning aan projecten door en voor jonge vrouwelijke musici.

Werkgebied ■ **ACTIERADIUS** ► Nationaal, Internationaal **LAND** ► Nederland.

Projecten ■ **CRITERIA** ► geen projectcriteria bekend **DOORLOOPTIJD** ► ☑ korter dan 1 jaar **STATUS AANVRAGER** ► ☑ geen beperkingen bekend **VOORKEUR/UITSLUITING** ► Enkel voor vrouwen. Voorkeur gaat uit naar vervolgopleidingen in het buitenland.

Procedure ■ **OP AANVRAAG** ► ja **AANVRAAGPROCEDURE** ► Dit 'fonds op naam' ressorteert onder het Prins Bernhard Cultuurfonds. Verzoeken aan fondsen op naam komen op één centraal punt binnen. Dit houdt in dat een subsidieaanvraag slechts eenmaal aan het Prins Bernhard Cultuurfonds hoeft te worden gezonden. Voor de verdere aanvraag-

procedure: zie Prins Bernhard Cultuurfonds. **URL** ▶ www.cultuurfonds.nl/aanvragen

Contact ■ **BEREIKBAAR PER** ▶ ☑ post ☑ e-mail ☑ telefoon **CONTACTPERSOON** ▶ geen contactpersoon bekend **POSTADRES** ▶ Postbus 19750, 1000 GT Amsterdam **EMAIL (ALGEMEEN)** ▶ info@cultuurfonds.nl **TELEFOON (ALGEMEEN)** ▶ 020-5206130.

189

Stichting Carnegie Heldenfonds

Rubriek ■ ☑ maatschappij, welzijn en samenleving

Algemeen ■ **WEBSITE** ▶ www.carnegiefonds.nl **TYPERING** ▶ vermogensfonds **OPGERICHT** ▶ 26-06-1911 **RECHTSVORM** ▶ stichting **KVK** ▶ 41152439 **ANBI STATUS** ▶ ja **DIRECTIE** ▶ geen directiegegevens bekend **BESTUUR** ▶ Drs. J. Smit, voorzitter; mr. J.C.G.M. Bakker, penningmeester; J.L. Sneep, secretaris; Igenmarns F.V. van Sprang; mw. E.E. Lieben; mw.mr.drs. J.W.E. Spies.

Missie ■ **DOELSTELLING** ▶ Het verlenen van onderscheidingen en beloningen aan mensen die met gevaar voor eigen leven het iemands leven hebben gered of dat hebben geprobeerd te doen. Ook kunnen personen die met gevaar voor eigen lijf en goed voor een ander in de bres zijn gesprongen onderscheiden worden. **STICHTER(S)** ▶ Andrew Carnegie **HISTORIE** ▶ De Stichting Carnegie Heldenfonds ontleent haar naam aan Andrew Carnegie, die op 25 november 1835 in Schotland werd geboren. Zijn ouders emigreerden later naar Amerika, Pittsburg. Hij trad in dienst als telegrafist bij een spoorwegmaatschappij, waar hij al spoedig een leidinggevende functie verwierf. Daarna verdiende hij in de spoorwegen en door grondspeculaties in verband met oliewinning een vermogen. In 1904 vond in de buurt van Pittsburg een mijnramp plaats die aan 178 mensen het leven kostte. Daarbij lieten ook twee mannen bij reddingspogingen het leven, hun vrouw en jonge kinderen achterlatend. Dat was voor Carnegie aanleiding om 'The Carnegie Hero Fund Commission' voor Noord-Amerika in het leven te roepen, met een door hem geschonken stichtingskapitaal van 5 miljoen dollar.

Doelgroep ■ **ALGEMEEN** ▶ mannen, vrouwen **SPECIFIEK** ▶ Personen, die met gevaar voor eigen leven anderen het leven hebben gered, of ernstige pogingen hebben aangewend om dit te doen. **ACTIVITEITEN** ▶ Het bestuur beloont reddingen met een toekenning van een onderscheiding, een herinneringsgeschenk of een andere beloning. **INTERVENTIENIVEAU** ▶ Steun aan individuen (directe steun).

Werkgebied ■ **ACTIERADIUS** ▶ Nationaal **LAND** ▶ Nederland.

Bestedingen ■ **BUDGET** ▶ niet openbaar **SOORT BIJDRAGE** ▶ giften **BOVENGRENS** ▶ geen **ONDERGRENS** ▶ geen.

Projecten ■ **CRITERIA** ▶ geen projectcriteria bekend **DOORLOOPTIJD** ▶ ☑ korter dan 1 jaar **STATUS AANVRAGER** ▶ ☑ individuen/gezinnen **VOORKEUR/UITSLUITING** ▶ ☑ Voor jeugdigen geldt niet dat ze zelf (levens)gevaar moeten hebben gelopen. Zij kunnen in dat geval beloond worden met een herinneringsgeschenk. ☑ Let op: aan professionele hulpverleners van bv. politie en brandweer die hulp boden tijden dienstuitoefening kan geen onderscheiding worden toegekend.

Procedure ■ **OP AANVRAAG** ▶ ja **DOORLOOPTIJD** ▶ 3-6 maanden **AANVRAAGPROCEDURE** ▶ Wie vindt dat iemand een redding met gevaar voor eigen leven heeft verricht òf met gevaar voor eigen lijf en goed voor een ander in de bres is gesprongen, kan diegene voordragen. Aan het kunnen doen van een voordracht is geen tijdslimiet verbonden. Iedereen kan een redder aanmelden bij het Fonds. Hij of zij stuurt een voorstel, samen met een politierapport en/of een krantenartikel over de redding. Verzoeken om het toekennen van een onderscheiding kunnen uitsluitend schriftelijk worden gedaan, bij voorkeur met gebruikmaking van het hiervoor beschikbare formulier op de website. Tussen het indienen van een aanvraag en een bestuursbesluit liggen in de regel ongeveer drie tot vier maanden. **URL** ▶ www.carnegiefonds.nl/meld-een-held/

Financieel ■ **EIGEN VERMOGEN** ▶ € 1.015.500 **HERKOMST MIDDELEN** ▶ vermogen **BOEKJAAR** ▶ 2015 **JAARVERSLAG OP WEBSITE** ▶ ja.

Contact ■ **BEREIKBAAR PER** ▶ ☑ post ☑ e-mail ☑ telefoon **CONTACTPERSOON** ▶ J.L. Sneep **POSTADRES** ▶ Postbus 90602, 2509 LP Den Haag **EMAIL (ALGEMEEN)** ▶ info@carnegiefonds.nl **TELEFOON (ALGEMEEN)** ▶ 070-4416430; 06–55449334.

190

Carolus Magnus Fonds

Rubriek ■ ☑ onderwijs en onderzoek

Algemeen ■ **WEBSITE** ▶ www.cultuurfonds.nl **TYPERING** ▶ fonds op naam **BEHEERD DOOR** ▶ Prins Bernhard Cultuurfonds **DIRECTIE** ▶ zie > Prins Bernhard Cultuurfonds **BESTUUR** ▶ zie > Prins Bernhard Cultuurfonds

Missie ■ **DOELSTELLING** ▶ Het financieel ondersteunen van getalenteerde afgestudeerden uit alle disciplines van HBO en WO voor vervolgstudie of -onderzoek in het buitenland.

Werkgebied ■ **ACTIERADIUS** ▶ Nationaal, Internationaal **LAND** ▶ Nederland.

Projecten ■ **CRITERIA** ▶ geen projectcriteria bekend **DOORLOOPTIJD** ▶ ☑ korter dan 1 jaar **STATUS AANVRAGER** ▶ ☑ geen beperkingen bekend **VOORKEUR/UITSLUITING** ▶ geen voorkeur of uitsluiting bekend.

Procedure ■ **OP AANVRAAG** ▶ ja **AANVRAAGPROCEDURE** ▶ Dit 'fonds op naam' ressorteert onder het Prins Bernhard Cultuurfonds. Verzoeken aan fondsen op naam komen op één centraal punt binnen. Dit houdt in dat een subsidieaanvraag slechts eenmaal aan het Prins Bernhard Cultuurfonds hoeft te worden gezonden. Voor de verdere aanvraagprocedure: zie Prins Bernhard Cultuurfonds. **URL** ▶ www.cultuurfonds.nl/aanvragen

Contact ■ **BEREIKBAAR PER** ▶ ☑ post ☑ e-mail ☑ telefoon **CONTACTPERSOON** ▶ geen contactpersoon bekend **POSTADRES** ▶ Postbus 19750, 1000 GT Amsterdam **EMAIL (ALGEMEEN)** ▶ info@cultuurfonds.nl **TELEFOON (ALGEMEEN)** ▶ 020-5206130.

191
Stichting Casterenshoeve

Rubriek ■ ☑ gezondheidszorg ☑ kunst en cultuur ☑ maatschappij, welzijn en samenleving ☑ onderwijs en onderzoek ☑ vluchtelingenhulp
Algemeen ■ WEBSITE ▶ www.casterenshoeve.nl TYPERING ▶ vermogensfonds OPGERICHT ▶ 21-12-2005 RECHTSVORM ▶ stichting KVK ▶ 09156029 ANBI STATUS ▶ ja DIRECTIE ▶ geen directiegegevens bekend BESTUUR ▶ Drs. G.F.S.M. Terwindt, voorzitter; F.G.A. Bosman, penningmeester; mw.mr. A.H.M. Kortmann-Huijsmans; mw. A.M. Wallenburg.
Missie ■ DOELSTELLING ▶ Stichting Casterenshoeve verstrekt financiële ondersteuning aan organisaties bij het uitvoeren van maatschappelijke projecten op het gebied van gezondheid, samenleving/cultuur en onderwijs. De stichting streeft er naar om een wezenlijke bijdrage aan een project te leveren, zodat projecten van een niet al te grote omvang de voorkeur genieten. HISTORIE ▶ Stichting Casterenshoeve is in 2005 opgericht als een goede doelen vermogensfonds. De van oorsprong Nijmeegse stichting dankt haar naam aan een gebied nabij de rivier de Maas in de gemeente Maasdriel. BELEIDSPLAN OP WEBSITE ▶ ja.
Doelgroep ■ ALGEMEEN ▶ vrouwen, mannen, jongeren, ouderen SPECIFIEK ▶ Geen specifieke doelgroep ACTIVITEITEN ▶ Geen specifieke activteiten bekend. INTERVENTIENIVEAU ▶ Steun aan lokale/provinciale maatschappelijke organisaties en structuren (incl. gemeenten etc.) die diensten verlenen aan individuen.
Werkgebied ■ ACTIERADIUS ▶ Nationaal, Internationaal LAND ▶ Nederland PLAATS ▶ Nijmegen e.o.
Bestedingen ■ BUDGET ▶ niet openbaar ONDERSTEUNDE PROJECTEN P/J ▶ 37 SOORT BIJDRAGE ▶ giften BOVENGRENS ▶ € 15.000 ONDERGRENS ▶ geen.
Projecten ■ CRITERIA ▶ Projecten en initiatieven op het gebied van gezondheidszorg, onderwijs en cultuur. In beginsel worden aanvragen beoordeeld op de volgende criteria: ☑ Maatschappelijke relevantie; ☑ Behoefte en draagvlak: ☑ Concrete resultaten en impact; ☑ Kwaliteit en haalbaarheid van de projectopzet; ☑ Mate van vrijwillige inzet; ☑ Continuïteit: voortzetting van het initiatief na de aanloopperiode. DOORLOOPTIJD ▶ ☑ korter dan 1 jaar STATUS AANVRAGER ▶ ☑ stichting of vereniging (non-profit) VOORKEUR/UITSLUITING ▶ De stichting werkt landelijk met een voorkeur voor Nijmegen en omstreken. Ondersteuning van projecten in het buitenland is niet uitgesloten als deze voldoende gevolgd kunnen worden.
Procedure ■ OP AANVRAAG ▶ ja DOORLOOPTIJD ▶ 1-3 maanden AANVRAAGPROCEDURE ▶ Alvorens de aanvraag in te dienen raadt de stichting aan om de 'quickscan' te doorlopen op de website. Als de quickscan positief wordt beoordeeld, worden de volgende stappen kenbaar gemaakt aan de aanvrager. Het bestuur vergadert 5 keer per jaar. Inzendingen van aanvragen tot uiterlijk 15 dagen vóór de vergaderring kunnen nog behandeld worden in de eerstvolgende vergadering. URL ▶ www.casterenshoeve.nl/aanvraag.php
Financieel ■ INKOMSTEN EV ▶ € 134.974 HERKOMST MIDDELEN ▶ vermogen, legaten BOEKJAAR ▶ 2018 JAARVERSLAG OP WEBSITE ▶ ja.
Contact ■ BEREIKBAAR PER ▶ ☑ post ☑ e-mail ☑ telefoon CONTACTPERSOON ▶ geen contactpersoon bekend POSTADRES ▶ Postbus 7846, 1008 AA Amsterdam EMAIL (ALGEMEEN) ▶ info@casterenshoeve.nl TELEFOON (ALGEMEEN) ▶ 024-7600600 TELEFOON (AANVRAGEN) ▶ 024-7600600.

192
Stichting Casud (Community Aid for Sustainable Development)

Rubriek ■ ☑ economische ontwikkeling en microkrediet
Algemeen ■ WEBSITE ▶ www.casud.nl TYPERING ▶ vermogensfonds OPGERICHT ▶ 2007 RECHTSVORM ▶ stichting KVK ▶ 34313767 ANBI STATUS ▶ ja DIRECTIE ▶ geen directiegegevens bekend BESTUUR ▶ G.C. Schneider, voorzitter; O. Bijl, penningmeester; J. Wiggelendam, secretaris.
Missie ■ DOELSTELLING ▶ Het financieel ondersteunen van kansarme Afrikaanse vrouwen voor een beter bestaan. HISTORIE ▶ De stichting is gestart als een microfinancieringsfonds in 2007, als een klein experiment. Inmiddels is deze uitgegroeid tot een revolving fund van 500.000 euro.
Doelgroep ■ ALGEMEEN ▶ vrouwen, inheemse volken, armen SPECIFIEK ▶ Kansarme Ghanese vrouwen. ACTIVITEITEN ▶ De stichting geeft arme vrouwen in Ghana toegang tot krediet en helpt hen hun eigen kleine bedrijven te bouwen. INTERVENTIENIVEAU ▶ Steun aan individuen (directe steun).
Werkgebied ■ ACTIERADIUS ▶ Internationaal LAND ▶ Ghana.
Bestedingen ■ BUDGET ▶ niet openbaar SOORT BIJDRAGE ▶ leningen BOVENGRENS ▶ geen ONDERGRENS ▶ geen.
Projecten ■ CRITERIA ▶ geen projectcriteria bekend DOORLOOPTIJD ▶ ☑ onbekend STATUS AANVRAGER ▶ ☑ individuen/gezinnen VOORKEUR/UITSLUITING ▶ geen voorkeur of uitsluiting bekend.
Procedure ■ OP AANVRAAG ▶ nee AANVRAAGPROCEDURE ▶ Geen aanvraag procedure bekend.
Financieel ■ EIGEN VERMOGEN ▶ € 95.504 INKOMSTEN EV ▶ € -82 INKOMSTEN OV ▶ € 1.100 HERKOMST MIDDELEN ▶ giften & schenkingen, vermogen BOEKJAAR ▶ 2018 JAARVERSLAG OP WEBSITE ▶ ja.
Contact ■ BEREIKBAAR PER ▶ ☑ post ☑ e-mail ☑ telefoon CONTACTPERSOON ▶ geen contactpersoon bekend POSTADRES ▶ Reijgerseiland 1, 1191 CV Ouderkerk aan de Amstel EMAIL (ALGEMEEN) ▶ reinier@greenhome.nl TELEFOON (ALGEMEEN) ▶ +31653862210.

193
Stichting Catharina Pijls

Rubriek ■ ☑ onderwijs en onderzoek ☑ gezondheidszorg
Algemeen ■ WEBSITE ▶ www.kennisbankfilantropie.nl/anbi/catha-

rina-pijls TYPERING ► vermogensfonds OPGERICHT ► 20-07-1984 RECHTSVORM ► stichting KVK ► 41071831 ANBI STATUS ► ja DIRECTIE ► geen directiegegevens bekend BESTUUR ► P.H.J. Meertens, voorzitter; G.Th.J. Bucker, penningmeester; G.Th.J. Bucker, secretaris; mw. V.G.H. Hamm-Rijsdijk; mw. I. Brorens-Ruhmneek; J.J. Otten; mw. M.J. Roede; R.A. de Bie.

Missie ■ DOELSTELLING ► Het doel van de Stichting Catharina Pijls is het bevorderen van de gezondheidswetenschappen. Zij tracht dit te bereiken door het jaarlijks toekennen van geldprijzen voor excellente afstudeerwerken en proefschriften op het terrein van de Gezondheidswetenschappen. HISTORIE ► De Stichting Catharina Pijls is vernoemd naar de Geleense farmaceute/apotheker Catharina Pijls (1901-1993). Als maatschappelijk zeer bewogen vrouw was zij ervan overtuigd dat voor het oplossen van gezondheidsproblemen meer nodig is dan alleen artsen en medicijnen. In 1984 is de Stichting opgericht met als doelstelling het bevorderen van de gezondheidswetenschappen in de meest ruime zin. BELEIDSPLAN OP WEBSITE ► ja.

Doelgroep ■ ALGEMEEN ► studenten SPECIFIEK ► Geen specifieke doelgroep ACTIVITEITEN ► De Catharina Pijls Proefschriftprijs (t.w.v. €10.000,-) wordt eenmaal per tweejaarlijkse periode uitgereikt en de Aanmoedigingsprijs van €2.000,- wordt jaarlijks toegekend. In de periode oktober/november van ieder jaar wordt door het bestuur in samenwerking met de Universiteit Maastricht de prijsuitreiking en lezing georganiseerd en bekostigd. De lezing en de prijsuitreiking worden gehouden op een van de lezing avonden georganiseerd door Studium Generale te Maastricht. INTERVENTIENIVEAU ► Steun aan individuen (directe steun).

Werkgebied ■ ACTIERADIUS ► Nationaal LAND ► Nederland.

Bestedingen ■ BUDGET ► niet openbaar TOELICHTING ► geen. SOORT BIJDRAGE ► overig BOVENGRENS ► geen ONDERGRENS ► geen.

Projecten ■ CRITERIA ► geen projectcriteria bekend DOORLOOPTIJD ► ☑ korter dan 1 jaar STATUS AANVRAGER ► ☑ individuen/gezinnen VOORKEUR/UITSLUITING ► geen voorkeur of uitsluiting bekend.

Procedure ■ OP AANVRAAG ► ja AANVRAAGPROCEDURE ► Proefschriften en scripties kunnen worden ingezonden om aanspraak te maken op één van de prijzen. Jaarlijks worden er twee vergaderingen belegd. Een door het bestuur ingestelde Commissie van Advies beoordeelt jaarlijks de ingezonden proefschriften en scripties en draagt de prijswinnaars voor.

Financieel ■ EIGEN VERMOGEN ► € 305.463 INKOMSTEN EV ► € 10.753 HERKOMST MIDDELEN ► vermogen, giften & schenkingen, legaten BOEKJAAR ► 2019 JAARVERSLAG OP WEBSITE ► ja.

Contact ■ BEREIKBAAR PER ► ☑ post ☑ e-mail ☑ telefoon CONTACTPERSOON ► G.Th.J. Bucker POSTADRES ► Bemelerweg 300, 6226 NE Maastricht EMAIL (ALGEMEEN) ► g.bucker@ziggo.nl TELEFOON (ALGEMEEN) ► 06-52162475.

194
Catrien Venverloo Fonds

Rubriek ■ ☑ kunst en cultuur

Algemeen ■ WEBSITE ► www.cultuurfonds.nl TYPERING ► fonds op naam BEHEERD DOOR ► Prins Bernhard Cultuurfonds DIRECTIE ► zie > Prins Bernhard Cultuurfonds BESTUUR ► zie > Prins Bernhard Cultuurfonds

Missie ■ DOELSTELLING ► Het financieel ondersteunen van projecten op het terrein van de klassieke muziek van amateurensembles en -symphonieorkesten in Zuid-Holland. Aanvragen worden behandeld door het Prins Bernhard Cultuurfonds Zuid-Holland.

Werkgebied ■ ACTIERADIUS ► Regionaal LAND ► Nederland REGIO ► Zuid-Holland.

Projecten ■ CRITERIA ► Projecten op het terrein van de klassieke muziek van amateurensembles en -symphonieorkesten in Zuid-Holland. DOORLOOPTIJD ► ☑ korter dan 1 jaar STATUS AANVRAGER ► ☑ geen beperkingen bekend VOORKEUR/UITSLUITING ► geen voorkeur of uitsluiting bekend.

Procedure ■ OP AANVRAAG ► ja AANVRAAGPROCEDURE ► Dit 'fonds op naam' ressorteert onder het Prins Bernhard Cultuurfonds. Verzoeken aan fondsen op naam komen op één centraal punt binnen. Dit houdt in dat een subsidieaanvraag slechts eenmaal aan het Prins Bernhard Cultuurfonds hoeft te worden gezonden. Voor de verdere aanvraagprocedure: zie Prins Bernhard Cultuurfonds. URL ► www.cultuurfonds.nl/aanvragen

Contact ■ BEREIKBAAR PER ► ☑ post ☑ e-mail ☑ telefoon CONTACTPERSOON ► geen contactpersoon bekend POSTADRES ► Postbus 19750, 1000 GT Amsterdam EMAIL (ALGEMEEN) ► info@cultuurfonds.nl TELEFOON (ALGEMEEN) ► 020-5206130.

195
Stichting Cefina

Rubriek ■ ☑ gezondheidszorg ☑ maatschappij, welzijn en samenleving ☑ mensenrechten, vrede en veiligheid

Algemeen ■ WEBSITE ► www.cefina.nl TYPERING ► hybride fonds OPGERICHT ► 08-10-1947 RECHTSVORM ► stichting KVK ► 41197770 ANBI STATUS ► ja DIRECTIE ► mw. S. Heijmerink BESTUUR ► D. Pappie, voorzitter; R. Slager, penningmeester; mw. J. Halberstadt; mw.mr. J. van Embden; J. Markuszower.

Missie ■ DOELSTELLING ► De stichting heeft ten doel het administreren en de bevordering van de inzameling van gelden ten behoeve van Joodse instellingen in Nederland met een sociaal, cultureel of religieus karakter en zodanige gelden als subsidies of al dan niet achtergestelde leningen aan de aangesloten instellingen ter beschikking te stellen. STICHTER(S) ► Joods Maatschappelijk Werk, Sinaï Centrum, Hachsjara & Alyah HISTORIE ► Cefina werd in 1946 opgericht uit een samenwerkings verband van Joodse instellingen in Nederland met als doel om gezamelijk geld in te zamelen. 1952 waren er nog 14 instellingen in Cefina verenigd, nu zijn dat er slechts nog enkele.

Doelgroep ■ ALGEMEEN ► gelovigen, gehandicapten, jongeren, kinderen, ouderen SPECIFIEK ► Joodse zorg en beveiliging. ACTIVITEITEN ► Cefina's aangesloten instellingen zijn de laatste Joodse instellingen in Nederland en staan daarmee voor de Nederlands Joods Identiteit. Cefina helpt haar instellingen om juist die Joodse identiteit te kunnen behouden. Cefina ondersteunt zorg met behoud van Joodse tradities en helpt in de financiering van beveiliging, niet alleen voor de aangesloten Joodse instellingen, maar bij alle Joodse evenementen. Cefina financiert beveiliging vanuit de hiervoor opgerichte stichting Financiering Beveiliging Joods Nederland. Op deze manier kunnen allerlei openbare Joodse activiteiten financieel gesteund worden, waar het gaat om de veiligheid van de bezoekers. Zo staat Cefina bijvoorbeeld al jaar en dag garant voor de beveiliging van Jom haVoetbal. Bij Cefina aangesloten instellingen zijn: ☑ Hachsjara en Alijah, koepelorganisatie voor de jeugdbewegingen Bne Akiwa en Haboniem; ☑ Joods Bijzonder Onderwijs; ☑ Joods Maatschappelijk Werk; ☑ Meschibath Nefesj; ☑ Stichting Financiering Beveiliging Joods Nederland. INTERVENTIENIVEAU ► Steun aan lokale/provinciale maatschappelijke organisaties en structuren (incl. gemeenten etc.) die diensten verlenen aan individuen.

Werkgebied ■ ACTIERADIUS ► Nationaal LAND ► Nederland.

Bestedingen ■ BUDGET ► € 435.445 TOELICHTING ► Cefina heeft een continuïteitsreserve om niet alleen op korte termijn, maar ook in de toekomst uitkeringen te knnen doen aan de aangesloten en begunstigde instellingen. De stichting probeert daarbij de uitkeringen die jaarlijks gedaan worden, minimaal 2 jaar te kunnen continueren onafhankelijk van onze beleggingsinkomsten, en 7-10 jaar inclusief onze beleggingsopbrengsten. Hierbij worden mogelijke legaten buiten beschouwing gelaten. SOORT BIJDRAGE ► giften leningen investeringen subsidies BOVENGRENS ► geen ONDERGRENS ► geen.

Projecten ■ CRITERIA ► Cefina draagt bij aan Joodse sociale zorg in Nederland, o.a. ten behoeve van jeugd, jongeren, ouderen, beveiliging, geestelijke gezondheid en maatschappelijk werk. Cefina richt zich op zorg & beveiliging. DOORLOOPTIJD ► ☑ onbekend STATUS AANVRAGER ► ☑ stichting of vereniging (non-profit) ☑ onderwijsinstelling VOORKEUR/UITSLUITING ► Cefina werft voor aangesloten instellingen. Het is dus een vrij gesloten circuit.

Procedure ■ OP AANVRAAG ► nee AANVRAAGPROCEDURE ► Geen aanvraagprocedure bekend.

Financieel ■ EIGEN VERMOGEN ► € 6.805.812 INKOMSTEN EV ► € 186.651 INKOMSTEN OV ► € 326.384 HERKOMST MIDDELEN ► vermogen, legaten, overige inkomsten, giften & schenkingen, inkomsten uit vermogen BOEKJAAR ► 2019 JAARVERSLAG OP WEBSITE ► ja.

Contact ■ BEREIKBAAR PER ► ☒ post ☑ e-mail ☑ telefoon CONTACTPERSOON ► geen contactpersoon bekend POSTADRES ► Geen postadres bekend EMAIL (ALGEMEEN) ► info@cefina.nl TELEFOON (ALGEMEEN) ► 020-4420782.

196
Chagall Fonds

Rubriek ■ ☑ kunst en cultuur ☑ onderwijs en onderzoek

Algemeen ■ WEBSITE ► www.cultuurfonds.nl TYPERING ► fonds op naam BEHEERD DOOR ► Prins Bernhard Cultuurfonds DIRECTIE ► zie Prins Bernhard Cultuurfonds BESTUUR ► zie Prins Bernhard Cultuurfonds

Missie ■ DOELSTELLING ► Het financieel ondersteunen van talentvolle jonge beeldend kunstenaars voor vervolgopleidingen in het buitenland.

Werkgebied ■ ACTIERADIUS ► Internationaal.

Projecten ■ CRITERIA ► geen projectcriteria bekend DOORLOOPTIJD ► ☑ korter dan 1 jaar STATUS AANVRAGER ► ☑ geen beperkingen bekend VOORKEUR/UITSLUITING ► geen voorkeur of uitsluiting bekend.

Procedure ■ OP AANVRAAG ► ja AANVRAAGPROCEDURE ► Dit 'fonds op naam' ressorteert onder het Prins Bernhard Cultuurfonds. Verzoeken aan fondsen op naam komen op één centraal punt binnen. Dit houdt in dat een subsidieaanvraag slechts eenmaal aan het Prins Bernhard Cultuurfonds hoeft te worden gezonden. Voor de verdere aanvraagprocedure: zie Prins Bernhard Cultuurfonds. URL ► www.cultuurfonds.nl/aanvragen

Contact ■ BEREIKBAAR PER ► ☑ post ☑ e-mail ☑ telefoon CONTACTPERSOON ► geen contactpersoon bekend POSTADRES ► Postbus 19750, 1000 GT Amsterdam EMAIL (ALGEMEEN) ► info@cultuurfonds.nl TELEFOON (ALGEMEEN) ► 020-5206130.

197
Charema Fonds voor geschiedenis en kunst

Rubriek ■ ☑ kunst en cultuur

Algemeen ■ WEBSITE ► www.cultuurfonds.nl TYPERING ► fonds op naam BEHEERD DOOR ► Prins Bernhard Cultuurfonds DIRECTIE ► zie > Prins Bernhard Cultuurfonds BESTUUR ► zie > Prins Bernhard Cultuurfonds

Missie ■ DOELSTELLING ► Het financieel ondersteunen van publicaties waarin beeldende kunst bron voor historisch onderzoek is of in een breder historisch kader wordt geplaatst, waaronder publicaties op het gebied van documentaire fotografie.

Werkgebied ■ ACTIERADIUS ► Nationaal LAND ► Nederland.

Projecten ■ CRITERIA ► geen projectcriteria bekend DOORLOOPTIJD ► ☑ korter dan 1 jaar STATUS AANVRAGER ► ☑ geen beperkingen bekend VOORKEUR/UITSLUITING ► geen voorkeur of uitsluiting bekend.

Procedure ■ OP AANVRAAG ► ja AANVRAAGPROCEDURE ► Dit 'fonds op naam' ressorteert onder het Prins Bernhard Cultuurfonds. Verzoeken aan fondsen op naam komen op één centraal punt binnen. Dit houdt in dat een subsidieaanvraag slechts eenmaal aan het Prins Bernhard Cultuurfonds hoeft te worden gezonden. Voor de verdere aanvraagprocedure: zie Prins Bernhard Cultuurfonds. URL ► www.cultuurfonds.nl/aanvragen

Contact ■ BEREIKBAAR PER ▶ ☑ post ☑ e-mail ☑ telefoon CONTACTPERSOON ▶ geen contactpersoon bekend POSTADRES ▶ Postbus 19750, 1000 GT Amsterdam EMAIL (ALGEMEEN) ▶ info@cultuurfonds.nl TELEFOON (ALGEMEEN) ▶ 020-5206130.

198

Stichting Charity Fund Rijsholt

Rubriek ■ ☑ kerk en levensbeschouwing ☑ maatschappij, welzijn en samenleving ☑ kunst en cultuur ☑ onderwijs en onderzoek ☑ economische ontwikkeling en microkrediet

Algemeen ■ WEBSITE ▶ www.charityfundrijsholt.com TYPERING ▶ vermogensfonds OPGERICHT ▶ 06-06-2011 RECHTSVORM ▶ stichting KVK ▶ 52888045 ANBI STATUS ▶ ja DIRECTIE ▶ geen directiegegevens bekend BESTUUR ▶ Mw. L. van der Wijk, voorzitter; G.H.P. Wijers, penningmeester; mr. E.B. Blankhart, secretaris.

Missie ■ DOELSTELLING ▶ De stichting heeft ten doel: ☑ het steunen van projecten op humanistische grondslag zowel in Nederland als in de rest van de wereld die één of meer van de hierna te melden doelstellingen hebben: kinderen in achterstandssituaties uitzicht geven op een zelfstandig bestaan boven de armoedegrens; bevorderen van zelfredzaamheid van vrouwen in ontwikkelingslanden waarbij de projecten bij voorkeur gericht dienen te zijn op onderwijs en waarbij nimmer onderscheid mag worden gemaakt op basis van ras en/of religie en/of geslacht; ☑ alsmede het doen van uitkeringen aan die instellingen met een ANBI-status; ☑ alsmede het steunen van culturele instelling of organisaties die het algemeen nut dienen op humanistische grondslag. HISTORIE ▶ Charity Fund Rijsholt is opgericht in 2011 om kinderen, jongeren en vrouwen in Nederland en de rest van de wereld een kans te geven: een kans op zelfontplooiing en ontwikkeling, een kans op een zelfstandig en waardig bestaan. BELEIDSPLAN OP WEBSITE ▶ ja.

Doelgroep ■ ALGEMEEN ▶ vrouwen, kinderen, jongeren, armen SPECIFIEK ▶ Projecten op humanistische grondslag zowel in Nederland als in de rest van de wereld. ACTIVITEITEN ▶ De stichting is opgericht om projecten te steunen – bij voorkeur op humanistische grondslag - die leiden tot meer zelfredzaamheid, zowel in Nederland als in de rest van de wereld. Dit zijn vooral projecten, met als voornaamste doel om kinderen in achterstandssituaties en vrouwen (in ontwikkelingslanden) uitzicht te bieden op een zelfstandig bestaan, boven de armoedegrens. Naast deze projecten steunt Stichting Charity Fund Rijsholt ook culturele instellingen of organisaties die het algemeen nut dienen. Sinds 2012 zijn projecten gesteund van onder andere de volgende organisaties; ☑ Stichting Fusion Study Foundation; ☑ Humanitas District Noord; ☑ Humanistisch Verbond; ☑ IMC Weekendschool; ☑ Liliane Fonds; ☑ RRDF; ☑ Partnership Foundation / Rainbow Homes Programma Rainbow; ☑ MV Foundation. INTERVENTIENIVEAU ▶ Steun aan lokale/provinciale maatschappelijke organisaties en structuren (incl. gemeenten etc.) die diensten verlenen aan individuen.

Werkgebied ■ ACTIERADIUS ▶ Internationaal LAND ▶ Wereldwijd.

Bestedingen ■ BUDGET ▶ € 575.000 ONDERSTEUNDE PROJECTEN P/J ▶ 8 SOORT BIJDRAGE ▶ giften BOVENGRENS ▶ geen ONDERGRENS ▶ geen.

Projecten ■ CRITERIA ▶ geen projectcriteria bekend DOORLOOPTIJD ▶ ☑ onbekend STATUS AANVRAGER ▶ ☑ stichting of vereniging (non-profit) VOORKEUR/UITSLUITING ▶ Er is een voorkeur voor projecten gebaseerd op humanistische grondslagen.

Procedure ■ OP AANVRAAG ▶ onbekend AANVRAAGPROCEDURE ▶ Geen aanvraagprocedure bekend.

Financieel ■ INKOMSTEN EV ▶ € 759 INKOMSTEN OV ▶ € 600.000 HERKOMST MIDDELEN ▶ vermogen, giften & schenkingen BOEKJAAR ▶ 2019 JAARVERSLAG OP WEBSITE ▶ ja.

Contact ■ BEREIKBAAR PER ▶ ☑ post ☑ e-mail ☒ telefoon CONTACTPERSOON ▶ geen contactpersoon bekend POSTADRES ▶ Postbus 41, 7990 AA Dwingeloo EMAIL (ALGEMEEN) ▶ info@charityfundrijsholt.com.

199

Charles Burney Fonds

Rubriek ■ ☑ kunst en cultuur ☑ onderwijs en onderzoek

Algemeen ■ WEBSITE ▶ www.cultuurfonds.nl TYPERING ▶ fonds op naam BEHEERD DOOR ▶ Prins Bernhard Cultuurfonds DIRECTIE ▶ zie Prins Bernhard Cultuurfonds BESTUUR ▶ zie Prins Bernhard Cultuurfonds

Missie ■ DOELSTELLING ▶ Het financieel ondersteunen van musici en/of musicologen bij archiefonderzoek in het buitenland op het terrein van de (historische) uitvoeringspraktijk ten behoeve van toekomstige (Nederlandse) muziekproducties.

Werkgebied ■ ACTIERADIUS ▶ Nationaal, Internationaal LAND ▶ Nederland.

Projecten ■ CRITERIA ▶ geen projectcriteria bekend DOORLOOPTIJD ▶ ☑ korter dan 1 jaar STATUS AANVRAGER ▶ ☑ geen beperkingen bekend VOORKEUR/UITSLUITING ▶ geen voorkeur of uitsluiting bekend.

Procedure ■ OP AANVRAAG ▶ ja AANVRAAGPROCEDURE ▶ Dit 'fonds op naam' ressorteert onder het Prins Bernhard Cultuurfonds. Verzoeken aan fondsen op naam komen op één centraal punt binnen. Dit houdt in dat een subsidieaanvraag slechts eenmaal aan het Prins Bernhard Cultuurfonds hoeft te worden gezonden. Voor de verdere aanvraagprocedure: zie Prins Bernhard Cultuurfonds. URL ▶ www.cultuurfonds.nl/aanvragen

Contact ■ BEREIKBAAR PER ▶ ☑ post ☑ e-mail ☑ telefoon CONTACTPERSOON ▶ geen contactpersoon bekend POSTADRES ▶ Postbus 19750, 1000 GT Amsterdam EMAIL (ALGEMEEN) ▶ info@cultuurfonds.nl TELEFOON (ALGEMEEN) ▶ 020-5206130.

200

Stichting Charlotte Fonds

Rubriek ■ ☑ gezondheidszorg ☑ maatschappij, welzijn en samenleving ☑ onderwijs en onderzoek

Algemeen ■ WEBSITE ▶ www.charlottefonds.nl TYPERING ▶ hybride fonds OPGERICHT ▶ 18-04-1989 RECHTSVORM ▶ stichting KVK ▶ 41097289 ANBI STATUS ▶ ja DIRECTIE ▶ geen directiegegevens bekend BESTUUR ▶ M.W.M. van de Laar, voorzitter; G. Schalk, penningmeester; mw. M. de Weijer, secretaris; G.J.M. Akkermans; mr. H.I.J.M. Verhoeven.

Missie ■ DOELSTELLING ▶ Het welzijn bevorderen van lichamelijk gehandicapte kinderen, jongeren en volwassenen, gericht op de terreinen van educatie, behandeling, zorg en onderzoek en voorts al hetgeen met een en ander – rechtstreeks of zijdelings – verband houdt of daartoe bevorderlijk kan zijn, alles in de ruimste zin des woords. HISTORIE ▶ De Stichting Charlotte Fonds is oorspronkelijk opgericht onder de naam 'Stichting Vrienden van Charlotte Oord' op 18 april 1989 te Tilburg. Het initiatief voor de oprichting van de 'Stichting Vrienden van Charlotte Oord' is genomen door 'Stichting Charlotte Oord' en de 'Stichting Mytylschool Tilburg'. Op 11 maart 1998 is de naam van de stichting gewijzigd in 'Stichting Charlotte Fonds'. Op 18 december 2000 zijn de statuten voor het laatst gewijzigd als gevolg van een aanpassing in de doelstelling van de stichting. De stichting is sinds 1 januari 2008 een algemeen nut beogende instellling (ANBI).

Doelgroep ■ ALGEMEEN ▶ gehandicapten SPECIFIEK ▶ Lichamelijk gehandicapte kinderen; jongeren en volwassenen verblijvend in een instelling. ACTIVITEITEN ▶ Stichting Charlotte Fonds ondersteunt initiatieven die kinderen, jongeren en volwassenen met een lichamelijke handicap in staat stellen een zo normaal mogelijk leven te leiden. Hierbij ondersteunen we; onderzoek en richten we ons daarnaast op de terreinen vrijetijdsbesteding, scholing, behandeling en zorg. Dit alles in de ruimste zin van het woord. Het Charlotte Fonds doet dit met behulp van particuliere donateurs en institutionele sponsoren, zoals bedrijven, organisaties en instellingen. De instelling zet zich hierbij voor minstens 90% in voor het algemeen belang en heeft vanuit die optiek geen winstoogmerk. In 2019 is het Charlotte Fonds er wederom in geslaagd aan diverse projecten subsidie te verlenen, zoals aan: ☑ Stichting Samen Thuis; ☑ SVG voetbaltoernooi. INTERVENTIENIVEAU ▶ Steun aan lokale/provinciale maatschappelijke organisaties en structuren (incl. gemeenten etc.) die diensten verlenen aan individuen.

Werkgebied ■ ACTIERADIUS ▶ Regionaal LAND ▶ Nederland REGIO ▶ Midden-Brabant.

Bestedingen ■ BUDGET ▶ niet openbaar TOELICHTING ▶ Het vermogen van de stichting zal worden gevormd door: – Donaties; – Subsidies; – Schenkingen; – erfstellingen en legaten; – Alle andere verkrijgingen en baten. De hoogte van een financiële bijdrage wordt steeds per projectaanvraag door het bestuur bepaald. ONDERSTEUNDE PROJECTEN P/J ▶ 10 SOORT BIJDRAGE ▶ giften BOVENGRENS ▶ geen ONDERGRENS ▶ geen.

Projecten ■ CRITERIA ▶ Het Charlotte Fonds tracht projecten te financieren die mensen met een lichamelijke en/of meervoudige handicap in staat stellen een zo normaal mogelijk leven te leiden. DOORLOOPTIJD ▶ ☑ korter dan 1 jaar STATUS AANVRAGER ▶ ☑ stichting of vereniging (non-profit) VOORKEUR/UITSLUITING ▶ ☑ Bijdragen zijn met name gericht op projecten op het gebied van educatie, behandeling, zorg en onderzoek. ☑ Alleen projectaanvragen van rechtspersonen worden ondersteund; ☑ Aanvragende rechtspersonen moeten gevestigd zijn in de regio Midden-Brabant. Het bestuur kan - in uitzonderingsgevallen - besluiten om hier vanaf te wijken. ☑ De voorkeur van de stichting gaat uit naar duurzame projecten voor een langere periode. ☑ Er wordt geen steun verleend aan individuele personen.

Procedure ■ OP AANVRAAG ▶ ja DOORLOOPTIJD ▶ geen doorlooptijd bekend; 1-3 maanden; 1-3 maanden AANVRAAGPROCEDURE ▶ Het aanvraagformulier (te vinden op de website), inclusief bijlagen dient bij voorkeur per e-mail gestuurd te worden naar info@charlottefonds.nl. Wanneer dit niet mogelijk is, naar het postadres. De aanvraag wordt bij de eerstvolgende bestuursvergadering behandeld. Het bestuur vergadert viermaal per jaar. URL ▶ https://uploads.strikinglycdn.com/files/d1d3f1f1-1600-47aa-8a56-a5cbfaf1a6a1/Aanvraagformulier%20Charlottefonds%20(1).pdf

Financieel ■ EIGEN VERMOGEN ▶ € 393.092 INKOMSTEN EV ▶ € 1.806 INKOMSTEN OV ▶ € 137.555 HERKOMST MIDDELEN ▶ vermogen, giften & schenkingen, bedrijven, overige inkomsten, inkomsten uit vermogen, legaten BOEKJAAR ▶ 2019 JAARVERSLAG OP WEBSITE ▶ ja.

Contact ■ BEREIKBAAR PER ▶ ☑ post ☑ e-mail ☒ telefoon CONTACTPERSOON ▶ geen contactpersoon bekend POSTADRES ▶ Lage Witsiebaan 61, 5042 DG Tilburg EMAIL (ALGEMEEN) ▶ info@charlottefonds.nl.

201
Stichting Het Charlotte Jacobs Studiefonds

Rubriek ■ ☑ onderwijs en onderzoek

Algemeen ■ WEBSITE ▶ www.hetcharlottejacobsstudiefonds.nl TYPERING ▶ vermogensfonds OPGERICHT ▶ 01-01-1916 RECHTSVORM ▶ stichting KVK ▶ 41151363 ANBI STATUS ▶ ja DIRECTIE ▶ geen directiegegevens bekend BESTUUR ▶ Mw.mr.dr. A.E. de Tombe-Grootenhuis, voorzitter; mw.mr. S.A.M. de Wijkerslooth-Lhoëst, penningmeester; mw.drs. M.C. Blok, secretaris; mw.mr. M.E.F. Bots; mw.drs. A.A.M. Groot.

Missie ■ DOELSTELLING ▶ De Stichting heeft tot doel het verlenen van bijdragen in de kosten van academische opleiding aan een Hoge School, aan meisjes van aanleg, die zelf, of welker ouders tot het dragen dier kosten niet in staat zijn. STICHTER(S) ▶ Charlotte Jacobs (1847-1916) HISTORIE ▶ De stichting 'Het Charlotte Jacobs Studiefonds' is ontstaan in 1916 toen Charlotte Jacobs stierf. Zij had bij testament bepaald dat een groot deel van haar nalatenschap bestemd was voor een op te richten fonds, het Charlotte Jacobs Studiefonds, om academische studies voor armlastige meisjes te bekostigen. Charlotte Jacobs was de oudere zuster van de beroemde Aletta Jacobs. Aletta was de eerste vrouw in Nederland die een universitaire studie (medicijnen) succesvol afrondde en zij was de bekendste vertegenwoordigster van de eerste feministische golf. Charlotte was na haar zus Aletta de tweede vrouwelijke student in Nederland. Met veel omwegen slaagde zij in 1881 voor haar apothekersexamen. Charlotte heeft van 1884 tot 1912 in Nederlands-Indië gewerkt. Eerst werkte zij bij een apotheker in dienst en in 1887 opende zij haar eigen apotheek in het toenmalige Batavia. Zij heeft zich in Nederlands-Indië ook ingezet voor het kiesrecht van Nederlandse vrouwen en bovendien heeft zij er zeer voor geijverd het onderwijs voor Inlandse meisjes te verbeteren. Eenmaal terug in Nederland is zij tot haar dood ook actief geweest in de Nederlandse Vrouwenbeweging. **BELEIDSPLAN OP WEBSITE** ▶ ja.

Doelgroep ■ **ALGEMEEN** ▶ studenten, vrouwen **SPECIFIEK** ▶ Vrouwelijke studenten die aan een Nederlandse Universiteit studeren en niet of nauwelijks in hun onderhoud kunnen voorzien. **ACTIVITEITEN** ▶ Per jaar wordt aan 30 tot 40 vrouwelijke studenten een toelage uitgekeerd. Elk jaar worden er ongeveer zeventien nieuwe aanvragen gehonoreerd. De gemiddelde toelage bedraagt circa € 1.250 per jaar. **INTERVENTIENIVEAU** ▶ Steun aan individuen (directe steun).

Werkgebied ■ **ACTIERADIUS** ▶ Nationaal **LAND** ▶ Nederland.

Bestedingen ■ **BUDGET** ▶ € 26.000 **TOELICHTING** ▶ De inkomsten (rente, dividenden, giften) worden aangewend voor de doelstelling. Daarnaast mag in beginsel ten hoogste 5% van het vermogen van de stichting per begin van het boekjaar worden aangewend ten behoeve van de doelstelling. Met algemene stemmen kan het bestuur besluiten om een hoger percentage te besteden. **ONDERSTEUNDE PROJECTEN P/J** ▶ 30 **SOORT BIJDRAGE** ▶ giften studiebeurzen **BOVENGRENS** ▶ geen **ONDERGRENS** ▶ geen.

Projecten ■ **CRITERIA** ▶ Studenten doen een beroep op de stichting om diverse redenen. Door ziekte kan studievertraging zijn ontstaan, of er zijn problemen in de familie. Ook komt het voor dat een buitenlandse studente niet in aanmerking komt voor studiefinanciering, omdat zij slechts een studievisum heeft. En soms vindt iemand pas op latere leeftijd de juiste studie. **DOORLOOPTIJD** ▶ ☑ onbekend **STATUS AANVRAGER** ▶ ☑ individuen/gezinnen **VOORKEUR/UITSLUITING** ▶ ☑ De aanvraagster moet studeren aan een Nederlandse Universiteit. ☑ Geen studies, stages of reizen in/naar het buitenland. ☑ Geen tweede studies. ☑ Geen congresbezoek of promotieonderzoek. ☑ Het eerste studiejaar moet succesvol zijn afgerond.

Procedure ■ **OP AANVRAAG** ▶ ja **DOORLOOPTIJD** ▶ 3-6 maanden **AANVRAAGPROCEDURE** ▶ Schriftelijk. De aanvraag moet de volgende documenten bevatten: motivatiebrief, C.V., studieresultaten, overzicht inkomsten/uitgaven, schriftelijke ondersteuning van een decaan, bewijs dat DUO geen optie (meer) is dus ook dat 'lenen' geen optie is, eventuele aanvragen bij andere fondsen en het resultaat daarvan, in het geval van 'samenwonen' een aangifte IB. Het bestuur vergadert twee maal per jaar, in juni en in november. De aanvraag moet uiterlijk 1 mei of 1 oktober ontvangen zijn per email. **URL** ▶ https://hetcharlottejacobsstudiefonds.nl/aanvraag/

Financieel ■ **EIGEN VERMOGEN** ▶ € 862.000 **INKOMSTEN EV** ▶ € -45.769 **HERKOMST MIDDELEN** ▶ legaten, giften & schenkingen, vermogen, inkomsten uit vermogen **BOEKJAAR** ▶ 2018 **JAARVERSLAG OP WEBSITE** ▶ ja.

Contact ■ **BEREIKBAAR PER** ▶ ☑ post ☑ e-mail ☒ telefoon **CONTACTPERSOON** ▶ Mw. drs. M.C. Blok **POSTADRES** ▶ Brouwersgracht 208 C, 1013 HD Amsterdam **EMAIL (ALGEMEEN)** ▶ contact@hetcharlottejacobsstudiefonds.nl.

202
Chris Devries Fund for the Arts

Rubriek ■ ☑ kunst en cultuur ☑ onderwijs en onderzoek

Algemeen ■ **WEBSITE** ▶ www.cultuurfonds.nl **TYPERING** ▶ fonds op naam **BEHEERD DOOR** ▶ Prins Bernhard Cultuurfonds **DIRECTIE** ▶ zie > Prins Bernhard Cultuurfonds **BESTUUR** ▶ zie > Prins Bernhard Cultuurfonds

Missie ■ **DOELSTELLING** ▶ Het financieel ondersteunen van jonge Nederlandse en Amerikaanse musici, met een voorkeur voor zangers (lichte en klassieke muziek).

Werkgebied ■ **ACTIERADIUS** ▶ Nationaal, Internationaal **LAND** ▶ Nederland.

Projecten ■ **CRITERIA** ▶ geen projectcriteria bekend **DOORLOOPTIJD** ▶ ☑ korter dan 1 jaar **STATUS AANVRAGER** ▶ ☑ geen beperkingen bekend **VOORKEUR/UITSLUITING** ▶ Voorkeur gaat uit naar zangers.

Procedure ■ **OP AANVRAAG** ▶ ja **AANVRAAGPROCEDURE** ▶ Dit 'fonds op naam' ressorteert onder het Prins Bernhard Cultuurfonds. Verzoeken aan fondsen op naam komen op één centraal punt binnen. Dit houdt in dat een subsidieaanvraag slechts eenmaal aan het Prins Bernhard Cultuurfonds hoeft te worden gezonden. Voor de verdere aanvraagprocedure: zie Prins Bernhard Cultuurfonds. **URL** ▶ www.cultuurfonds.nl/aanvragen

Contact ■ **BEREIKBAAR PER** ▶ ☑ post ☑ e-mail ☑ telefoon **CONTACTPERSOON** ▶ geen contactpersoon bekend **POSTADRES** ▶ Postbus 19750, 1000 GT Amsterdam **EMAIL (ALGEMEEN)** ▶ info@cultuurfonds.nl **TELEFOON (ALGEMEEN)** ▶ 020-5206130.

203
Christiaan G. van Anrooij Fonds

Rubriek ■ ☑ onderwijs en onderzoek

Algemeen ■ **WEBSITE** ▶ www.cultuurfonds.nl **TYPERING** ▶ fonds op naam **BEHEERD DOOR** ▶ Prins Bernhard Cultuurfonds **DIRECTIE** ▶ zie > Prins Bernhard Cultuurfonds **BESTUUR** ▶ zie > Prins Bernhard Cultuurfonds

Missie ■ **DOELSTELLING** ▶ Het financieel ondersteunen van (jonge) wetenschappers ten behoeve van onderzoek naar de geschiedenis van Indonesie (1600-1963), alsmede het financieel ondersteunen van projecten op dit terrein.

Werkgebied ■ **ACTIERADIUS** ▶ Nationaal **LAND** ▶ Nederland.

Projecten ■ **CRITERIA** ▶ geen projectcriteria bekend **DOORLOOPTIJD** ▶ ☑ korter dan 1 jaar **STATUS AANVRAGER** ▶ ☑ geen beperkingen bekend **VOORKEUR/UITSLUITING** ▶ geen voorkeur of uitsluiting bekend.

Procedure ■ OP AANVRAAG ► ja AANVRAAGPROCEDURE ► Dit 'fonds op naam' ressorteert onder het Prins Bernhard Cultuurfonds. Verzoeken aan fondsen op naam komen op één centraal punt binnen. Dit houdt in dat een subsidieaanvraag slechts eenmaal aan het Prins Bernhard Cultuurfonds hoeft te worden gezonden. Voor de verdere aanvraagprocedure: zie Prins Bernhard Cultuurfonds. URL ► www.cultuurfonds.nl/aanvragen

Contact ■ BEREIKBAAR PER ► ☑ post ☑ e-mail ☑ telefoon CONTACTPERSOON ► geen contactpersoon bekend POSTADRES ► Postbus 19750, 1000 GT Amsterdam EMAIL (ALGEMEEN) ► info@cultuurfonds.nl TELEFOON (ALGEMEEN) ► 020-5206130.

204
Stichting Christiaan Huygensprijs

Rubriek ■ ☑ onderwijs en onderzoek

Algemeen ■ WEBSITE ► www.christiaanhuygensprijs.nl TYPERING ► hybride fonds OPGERICHT ► 1995 RECHTSVORM ► stichting KVK ► 41158496 ANBI STATUS ► ja DIRECTIE ► geen directiegegevens bekend BESTUUR ► Mw.ir. J.M.W.E. van Loon, voorzitter; mr. J.N. de Blecourt, penningmeester; mw.mr. J. de Lint, secretaris; mw.drs. J. Moerman; drs. C.P. van Geest; drs. A. Verduijn.

Missie ■ DOELSTELLING ► De prijs beoogt om de contacten tussen de Nederlandse universiteiten en het bedrijfsleven te; bevorderen en de instroom van studenten in de bètawetenschappen positief te beïnvloeden. Hierbij staan de wetenschapsgebieden centraal waarin Christiaan Huygens uitblonk: wiskunde, natuurkunde en astronomie. HISTORIE ► Christiaan Huygens (1629-1695) is één van de invloedrijkste natuurwetenschappers van de zeventiende eeuw. Hij deed belangrijke ontdekkingen op het gebied van de wiskunde, natuurkunde en sterrenkunde en is vooral bekend vanwege zijn werk op het gebied van de mechanica. Naar aanleiding van de 400ste geboortedag van vader Constantijn in 1996 en de 300ste sterfdag van diens zoon Christiaan in 1995, is in 1995 een stichting in het leven geroepen om band tussen de Huygens' en Voorburg levend te houden, onder andere resulterend in het Nationaal Huygens monument in Voorburg. Ondersteund door sponsors en de gemeente Voorburg is hieruit de Christiaan Huygens prijs geboren. De Christiaan Huygens wetenschapsprijs wordt sinds 1998 jaarlijks toegekend aan een onderzoeker die een vernieuwende bijdrage aan de wetenschap heeft geleverd. De prijs wordt uitgereikt door de minister of staatssecretaris van OCW in de Oude Kerk te Voorburg en bestaat uit een belastingvrij geldbedrag van tienduizend euro, een bronzen beeld van Christiaan Huygens en een oorkonde. BELEIDSPLAN OP WEBSITE ► ja.

Doelgroep ■ ALGEMEEN ► studenten SPECIFIEK ► Onderzoekers die een vernieuwende bijdrage aan wetenschap leveren. ACTIVITEITEN ► De Koninklijke Nederlandse Akademie van Wetenschappen (KNAW) nodigt jaarlijks de faculteiten en onderzoeksscholen van Nederlandse universiteiten uit om promovendi te kandideren die in de afgelopen drie jaar een dissertatie hebben verdedigd op het vakgebied dat in het uitreikingsjaar centraal staat. Afwisselend zijn dit de vakgebieden wiskunde (econometrie en actuariaat), natuurkunde en sterrenkunde (ruimtewetenschappen). De prijs wordt toegekend aan de wetenschapper wiens onderzoek volgens de jury het beste is van de proefschriften in het betreffende wetenschapsgebied die in de drie kalenderjaren voor de toekenning aan Nederlandse universiteiten en/of onderzoekscholen genomineerde zijn verdedigd. INTERVENTIENIVEAU ► Steun aan individuen (directe steun).; Steun aan lokale/provinciale maatschappelijke organisaties en structuren (incl. gemeenten etc.) die diensten verlenen aan individuen.

Werkgebied ■ ACTIERADIUS ► Nationaal LAND ► Nederland.

Bestedingen ■ BUDGET ► niet openbaar TOELICHTING ► Het eigen vermogen dient als waarborg voor de continuïteit van de Christiaan Huygens Wetenschapsprijs voor de komende twee jaar. SOORT BIJDRAGE ► overig BOVENGRENS ► geen ONDERGRENS ► geen.

Projecten ■ CRITERIA ► De prijs beoogt om de contacten tussen de Nederlandse universiteiten en het bedrijfsleven te bevorderen en de instroom van studenten in de bètawetenschappen positief te beïnvloeden. Hierbij staan de wetenschapsgebieden centraal waarin Christiaan Huygens uitblonk: wiskunde, natuurkunde en astronomie. DOORLOOPTIJD ► ☑ onbekend STATUS AANVRAGER ► ☑ geen beperkingen bekend VOORKEUR/UITSLUITING ► geen voorkeur of uitsluiting bekend.

Procedure ■ OP AANVRAAG ► nee AANVRAAGPROCEDURE ► Geen aanvraagprocedure bekend. URL ► https://christiaanhuygensprijs.nl/contact/

Financieel ■ EIGEN VERMOGEN ► € 34.822 HERKOMST MIDDELEN ► giften & schenkingen, overige inkomsten, bedrijven BOEKJAAR ► 2019 JAARVERSLAG OP WEBSITE ► ja.

Contact ■ BEREIKBAAR PER ► ☑ post ☑ e-mail ☑ telefoon CONTACTPERSOON ► Mw. mr. J. de Lint POSTADRES ► p/a Hoekenburglaan 72, 2275 TG Voorburg EMAIL (ALGEMEEN) ► info@christiaanhuygensprijs.nl TELEFOON (ALGEMEEN) ► 06-10900013.

205
Stichting Christian Roma Support

Rubriek ■ ☑ gezondheidszorg ☑ noodhulp ☑ maatschappij, welzijn en samenleving ☑ kerk en levensbeschouwing ☑ mensenrechten, vrede en veiligheid ☑ economische ontwikkeling en microkrediet

Algemeen ■ WEBSITE ► www.christianromasupport.nl TYPERING ► vermogensfonds RECHTSVORM ► stichting KVK ► 53163095 ANBI STATUS ► ja DIRECTIE ► mw. A.E.W. Steinmann BESTUUR ► D. van Veelen, voorzitter; K. Hekkert, penningmeester; mw. J. Marx, secretaris; mw. A. Zimmerman; mw. M. Looije.

Missie ■ DOELSTELLING ► Christian Roma Support (CRS) wil Roma aansporen een leven te leiden in verbondenheid met God. De stichting wil arme Romagezinnen en -kinderen steun bieden, stimuleren om onderwijs te volgenen helpen om een beter leven op te bouwen. Tevens wil Christian Roma Support het eenzijdige beeld dat er over Roma bestaat doorbreken door positieve informatie te verstrekken over hun cultuur en leefwijze. **BELEIDSPLAN OP WEBSITE** ▶ ja.

Doelgroep ■ **ALGEMEEN** ▶ armen, jongeren, kinderen **SPECIFIEK** ▶ Zigeuners in Oost-Europa die in armoede verkeren. **ACTIVITEITEN** ▶ Het is het streven om zoveel mogelijk Romagezinnenen kinderen te helpen uit de spiraal van armoede en verpaupering te klimmen. Dat gebeurd door middel van verschillende Support Programs, zoals beschreven op de website. Hoofdactiviteit zijn de Roma Kids Projecten. Kinderen krijgen hier goed voedsel, leren basisvaardigheden, krijgen bijbelonderwijs en worden geholpen om naar school te gaan. Via de kinderen wordt contact gelegd met de families, die waar mogelijk tegemoet gekomen worden om in de eerste levensbehoeften te voorzien. In Nederland worden sponsors gezocht om kinderen te kunnen laten deelnemen aan een kidsproject. In de periode 2017-2020 is het streven jaarlijks tenminste 10 nieuwe sponsors te werven. **INTERVENTIENIVEAU** ▶ Steun aan familie en omgeving van individuen.; Steun aan individuen (directe steun).; Steun aan lokale/provinciale maatschappelijke organisaties en structuren (incl. gemeenten etc.) die diensten verlenen aan individuen.

Werkgebied ■ **ACTIERADIUS** ▶ Internationaal **LAND** ▶ Oekraïne, Bulgarije, Hongarije, Servië, Roemenië **REGIO** ▶ Oost-Europa.

Bestedingen ■ **BUDGET** ▶ niet openbaar **SOORT BIJDRAGE** ▶ overig giften **BOVENGRENS** ▶ geen **ONDERGRENS** ▶ geen.

Projecten ■ **CRITERIA** ▶ geen projectcriteria bekend **DOORLOOPTIJD** ▶ ☑ onbekend **STATUS AANVRAGER** ▶ ☑ geen beperkingen bekend **VOORKEUR/UITSLUITING** ▶ geen voorkeur of uitsluiting bekend.

Procedure ■ **OP AANVRAAG** ▶ onbekend **AANVRAAGPROCEDURE** ▶ Geen aanvraagprocedure bekend.

Financieel ■ **EIGEN VERMOGEN** ▶ € 51.929 **INKOMSTEN EV** ▶ € 10 **INKOMSTEN OV** ▶ € 216.302 **HERKOMST MIDDELEN** ▶ giften & schenkingen **BOEKJAAR** ▶ 2018 **JAARVERSLAG OP WEBSITE** ▶ ja.

Contact ■ **BEREIKBAAR PER** ▶ ☑ post ☑ e-mail ☑ telefoon **CONTACTPERSOON** ▶ geen contactpersoon bekend **POSTADRES** ▶ Vierambachtsstraat 20, 3023 AM Rotterdam **EMAIL (ALGEMEEN)** ▶ info@christianromasupport.nl **TELEFOON (ALGEMEEN)** ▶ 010-4774442.

206

Christine Bader Stichting Irene KinderZiekenhuis

Rubriek ■ ☑ gezondheidszorg ☑ maatschappij, welzijn en samenleving ☑ onderwijs en onderzoek

Algemeen ■ **WEBSITE** ▶ www.cbsikz.nl **TYPERING** ▶ vermogensfonds **OPGERICHT** ▶ 01-01-2009 **RECHTSVORM** ▶ stichting **KVK** ▶ 41050516 **ANBI STATUS** ▶ ja **DIRECTIE** ▶ geen directiegegevens bekend **BESTUUR** ▶ Dr. F Brus, voorzitter; drs. J.W. Brethouwer, penningmeester; mw.mr. A. Bisseling, secretaris; W.H.M. Hoksbergen; mw. dr, M. van der Laan-Coenen; mw.drs. M.C.W. Dirksen; dr. N. Geerdink.

Missie ■ **DOELSTELLING** ▶ De stichting kent een tweeledige doelstelling: ☑ Het ondersteunen van (preventieve) projecten gericht op kinderen van nul tot achttien jaar die in hun ontwikkeling zijn verstoord of bedreigd; ☑ Het stimuleren van wetenschappelijk onderzoek ten behoeve van het zieke of bedreigde kind van nul tot achttien jaar. **STICHTER(S)** ▶ Fusie van de Stichting Christine Bader en de stichting Het Irene KinderZiekenhuis **HISTORIE** ▶ De huidige stichting is per 1 januari 2009 door fusie van de Stichting Christine Bader en de stichting Het Irene KinderZiekenhuis ontstaan. Christine Bader (1878-1965) was van 1904 tot 1965 werkzaam als kinderarts in Arnhem en legde de basis voor de integrale zuigelingen- en kleuterzorg op wijkniveau, met consultatiebureaus. Zij nam in 1926 het initiatief tot oprichting van de Arnhemse Vereniging voor Kleuterzorg. Het eerste dagverblijf voor kleuters in Nederland werd door Christine Bader in Arnhem gesticht. De Stichting Christine Bader is feitelijk opgericht op 1 juni 1989 door omzetting van de Arnhemse Vereniging Kleuterzorg in de Stichting Christine Bader. Het KinderZiekenhuis Arnhem werd als één van de eerste kinderziekenhuizen in Nederland opgericht in 1881. Na de geboorte van prinses Irene in 1939 werd het KinderZiekenhuis Arnhem hernoemd tot Irene KinderZiekenhuis. Dit was in de traditie van de andere Nederlandse kinderziekenhuizen. In 1968 gaat het Irene KinderZiekenhuis op in het Gemeente Ziekenhuis Arnhem, maar blijft gevestigd in haar eigen gebouw. Op 21 maart 1969 wordt het vermogen van de opgeheven vereniging ondergebracht in de stichting Het Irene KinderZiekenhuis met als doel wetenschappelijk onderzoek ten bate van het zieke kind te bevorderen. **BELEIDSPLAN OP WEBSITE** ▶ ja.

Doelgroep ■ **ALGEMEEN** ▶ jongeren, kinderen, zieken **SPECIFIEK** ▶ Kinderen van 0- jaar die in hun ontwikkeling bedreigd of verstoord zijn en medisch-wetenschappelijk onderzoek ten behoeve van het zieke kind van 0 - 18 jaar. **ACTIVITEITEN** ▶ Bijdragen kunnen worden gegeven voor in de doelstelling bedoelde activiteiten, zoals: ☑ projecten die direct ten goede komen aan kinderen met ontwikkelingsproblemen, ☑ projecten binnen instellingen voor jeugdzorg, ☑ projecten gericht op voorlichting, ☑ advies en onderzoek inzake ontwikkelingsproblemen van het jonge kind, ☑ projecten met een vernieuwend karakter. **INTERVENTIENIVEAU** ▶ Steun op niveau van maatschappij zelf (beleidsbeïnvloeding, etc.).

Werkgebied ■ **ACTIERADIUS** ▶ Nationaal **LAND** ▶ Nederland.

Bestedingen ■ **BUDGET** ▶ niet openbaar **ONDERSTEUNDE PROJECTEN P/J** ▶ 6 **SOORT BIJDRAGE** ▶ giften **BOVENGRENS** ▶ geen **ONDERGRENS** ▶ geen.

Projecten ■ **CRITERIA** ▶ ☑ Projecten gericht op kinderen van 0-18 jaar die in hun ontwikkeling worden bedreigd of gestoord. ☑ Medisch-wetenschappelijk onderzoek, gericht op het zieke kind van 0-18 jaar. **DOORLOOPTIJD** ▶ ☑ korter dan 1 jaar **STATUS AANVRAGER** ▶ ☑ stichting of vereniging (non-profit) ☑ hulpverleners **VOORKEUR/UITSLUITING** ▶ ☑ De aanvrager dient een rechtspersoon te zijn die geen commercieel doel nastreeft en geen groot eigen vermogen heeft; ☑ Het aangevraagde project dient bij voorkeur innovatief te zijn. ☑ De aanvraag betreft onderzoek ten behoeve van het zieke kind van 0-18 jaar. ☑ Het onderzoek dient goedgekeurd te zijn door de METC (Medisch Ethische Toetsingscommissie); ☑ Er dient een jaarlijks voortgangsverslag ingediend te worden bij meerjarig onderzoek. In andere gevallen volstaat een eindverslag.

Procedure ■ OP AANVRAAG ▶ ja DOORLOOPTIJD ▶ 3-6 maanden AANVRAAGPROCEDURE ▶ Aanvragen voor subsidieverstrekking dienen digitaal via de website plaats te vinden. Aanvragen die tot 2 weken vóór de vergadering van de Stichting worden ingediend, worden op deze vergadering besproken. Aanvragen die later binnenkomen worden doorgeschoven naar de eerstvolgende vergadering. Afwikkeling van uw subsidieaanvraag vergt mogelijk enige maanden afhankelijk van geplande besluitvormende bestuursvergaderingen. URL ▶ https://www.christinebaderstichtingirenekinderziekenhuis.nl/subsidie

Financieel ■ INKOMSTEN EV ▶ € 255.000 INKOMSTEN OV ▶ € 22.164 HERKOMST MIDDELEN ▶ vermogen, legaten, overige inkomsten, giften & schenkingen BOEKJAAR ▶ 2018 JAARVERSLAG OP WEBSITE ▶ ja.

Contact ■ BEREIKBAAR PER ▶ ☑ post ☑ e-mail ☒ telefoon CONTACTPERSOON ▶ Mw. mr. A. Bisseling POSTADRES ▶ Postbus 111, 6800 AC Arnhem EMAIL (ALGEMEEN) ▶ info@cbsikz.nl.

207
Clara Haskil Fonds

Rubriek ■ ☑ kunst en cultuur

Algemeen ■ WEBSITE ▶ www.cultuurfonds.nl TYPERING ▶ fonds op naam BEHEERD DOOR ▶ Prins Bernhard Cultuurfonds DIRECTIE ▶ zie > Prins Bernhard Cultuurfonds BESTUUR ▶ zie > Prins Bernhard Cultuurfonds

Missie ■ DOELSTELLING ▶ Het financieel ondersteunen van (forte)pianisten in hun verdere ontwikkeling, zowel solistisch als in kamermuziekverband. Het financieel ondersteunen van projecten op het gebied van de kamermuziek in brede zin, evenals cellisten en violisten.

Werkgebied ■ ACTIERADIUS ▶ Nationaal LAND ▶ Nederland.

Projecten ■ CRITERIA ▶ geen projectcriteria bekend DOORLOOPTIJD ▶ ☑ korter dan 1 jaar STATUS AANVRAGER ▶ ☑ geen beperkingen bekend VOORKEUR/UITSLUITING ▶ geen voorkeur of uitsluiting bekend.

Procedure ■ OP AANVRAAG ▶ ja AANVRAAGPROCEDURE ▶ Dit 'fonds op naam' ressorteert onder het Prins Bernhard Cultuurfonds. Verzoeken aan fondsen op naam komen op één centraal punt binnen. Dit houdt in dat een subsidieaanvraag slechts eenmaal aan het Prins Bernhard Cultuurfonds hoeft te worden gezonden. Voor de verdere aanvraagprocedure: zie Prins Bernhard Cultuurfonds. URL ▶ www.cultuurfonds.nl/aanvragen

Contact ■ BEREIKBAAR PER ▶ ☑ post ☑ e-mail ☑ telefoon CONTACTPERSOON ▶ geen contactpersoon bekend POSTADRES ▶ Postbus 19750, 1000 GT Amsterdam EMAIL (ALGEMEEN) ▶ info@cultuurfonds.nl TELEFOON (ALGEMEEN) ▶ 020-5206130.

208
Clevering-Meijer Stichting

Rubriek ■ ☑ kunst en cultuur ☑ natuur, milieu en dieren

Algemeen ■ WEBSITE ▶ www.kennisbankfilantropie.nl/anbi/clevering-meijer TYPERING ▶ vermogensfonds OPGERICHT ▶ 13-01-1998 RECHTSVORM ▶ stichting KVK ▶ 02061891 ANBI STATUS ▶ ja DIRECTIE ▶ geen directiegegevens bekend BESTUUR ▶ R.P. Meijer, voorzitter; K.S. Sijpkens, penningmeester; mr. H. Kooi, secretaris; R. Clevering; F.H. Wiersma.

Missie ■ DOELSTELLING ▶ De Clevering-Meijer Stichting heeft ten doel het financieel en, waar mogelijk, anderszins ondersteunen van de vereniging: Vereniging Vrienden Borg Verhildersum, voorheen Vereniging Ommelander Museum voor Landbouw en Ambacht, danwel de rechtspersoon die daarvoor, na fusie of omzetting, in plaats treedt.

Doelgroep ■ SPECIFIEK ▶ Vereniging Vrienden Borg Verhildersum. ACTIVITEITEN ▶ De Stichting tracht haar doel te bereiken door de verwerving, instandhouding en exploitatie, middels (erf)pacht of anderzins, van de boerderij 'Huninga' (beschermd monument), bestaande uit een voorhuis met schuren, bedrijfswoning, erf, tuin en landerijen, zulks, mede vanwege de doelstelling van genoemde vereniging, met inachtneming van de cultuur-historische waarde op agrarische en landschappelijk gebied. INTERVENTIENIVEAU ▶ N.v.t.

Werkgebied ■ ACTIERADIUS ▶ Lokaal LAND ▶ Nederland REGIO ▶ Groningen PLAATS ▶ Leens.

Bestedingen ■ BUDGET ▶ niet openbaar SOORT BIJDRAGE ▶ giften BOVENGRENS ▶ € 30.000 ONDERGRENS ▶ geen.

Projecten ■ CRITERIA ▶ geen projectcriteria bekend DOORLOOPTIJD ▶ ☑ onbekend STATUS AANVRAGER ▶ ☑ geen beperkingen bekend VOORKEUR/UITSLUITING ▶ geen voorkeur of uitsluiting bekend.

Procedure ■ OP AANVRAAG ▶ nee

Financieel ■ EIGEN VERMOGEN ▶ € 5.425.000 HERKOMST MIDDELEN ▶ onbekend BOEKJAAR ▶ 2018 JAARVERSLAG OP WEBSITE ▶ ja.

Contact ■ BEREIKBAAR PER ▶ ☑ post ☑ e-mail ☑ telefoon CONTACTPERSOON ▶ geen contactpersoon bekend POSTADRES ▶ Leensterweg 56, 9977 PD Kloosterburen EMAIL (ALGEMEEN) ▶ rpmeijer@mail.com TELEFOON (ALGEMEEN) ▶ 059-5481321; 06-21582709.

209
Clio Fonds

Rubriek ■ ☑ onderwijs en onderzoek ☑ kunst en cultuur

Algemeen ■ WEBSITE ▶ www.cultuurfonds.nl TYPERING ▶ fonds op naam BEHEERD DOOR ▶ Prins Bernhard Cultuurfonds DIRECTIE ▶ zie > Prins Bernhard Cultuurfonds BESTUUR ▶ zie > Prins Bernhard Cultuurfonds

Missie ■ DOELSTELLING ▶ Het financieel ondersteunen van historisch onderzoek op het terrein van de Nederlandse geschiedenis in brede zin.

Werkgebied ■ ACTIERADIUS ▶ Nationaal LAND ▶ Nederland.

Projecten ■ CRITERIA ▶ geen projectcriteria bekend DOORLOOPTIJD ▶

☑ korter dan 1 jaar **STATUS AANVRAGER** ▶ ☑ geen beperkingen bekend **VOORKEUR/UITSLUITING** ▶ geen voorkeur of uitsluiting bekend.

Procedure ■ **OP AANVRAAG** ▶ ja **AANVRAAGPROCEDURE** ▶ Dit 'fonds op naam' ressorteert onder het Prins Bernhard Cultuurfonds. Verzoeken aan fondsen op naam komen op één centraal punt binnen. Dit houdt in dat een subsidieaanvraag slechts eenmaal aan het Prins Bernhard Cultuurfonds hoeft te worden gezonden. Voor de verdere aanvraagprocedure: zie Prins Bernhard Cultuurfonds. **URL** ▶ www.cultuurfonds.nl/aanvragen

Contact ■ **BEREIKBAAR PER** ▶ ☑ post ☑ e-mail ☑ telefoon **CONTACTPERSOON** ▶ geen contactpersoon bekend **POSTADRES** ▶ Postbus 19750, 1000 GT Amsterdam **EMAIL (ALGEMEEN)** ▶ info@cultuurfonds.nl **TELEFOON (ALGEMEEN)** ▶ 020-5206130.

210
Co Rosberger Fonds

Rubriek ■ ☑ gezondheidszorg ☑ onderwijs en onderzoek

Algemeen ■ **WEBSITE** ▶ www.cultuurfonds.nl **TYPERING** ▶ fonds op naam **BEHEERD DOOR** ▶ Prins Bernhard Cultuurfonds **DIRECTIE** ▶ zie > Prins Bernhard Cultuurfonds **BESTUUR** ▶ zie > Prins Bernhard Cultuurfonds

Missie ■ **DOELSTELLING** ▶ Het financieel ondersteunen van medisch talent voor het doen van onderzoek of een vervolgopleiding, bij voorkeur in het buitenland met een voorkeur voor revalidatie en kinderen.

Werkgebied ■ **ACTIERADIUS** ▶ Nationaal, Internationaal **LAND** ▶ Nederland.

Projecten ■ **CRITERIA** ▶ geen projectcriteria bekend **DOORLOOPTIJD** ▶ ☑ korter dan 1 jaar **STATUS AANVRAGER** ▶ ☑ geen beperkingen bekend **VOORKEUR/UITSLUITING** ▶ Voorkeur gaat uit naar onderzoek of een vervolgopleiding in het buitenland met een voorkeur voor revalidatie en kinderen.

Procedure ■ **OP AANVRAAG** ▶ ja **AANVRAAGPROCEDURE** ▶ Dit 'fonds op naam' ressorteert onder het Prins Bernhard Cultuurfonds. Verzoeken aan fondsen op naam komen op één centraal punt binnen. Dit houdt in dat een subsidieaanvraag slechts eenmaal aan het Prins Bernhard Cultuurfonds hoeft te worden gezonden. Voor de verdere aanvraagprocedure: zie Prins Bernhard Cultuurfonds. **URL** ▶ www.cultuurfonds.nl/aanvragen

Contact ■ **BEREIKBAAR PER** ▶ ☑ post ☑ e-mail ☑ telefoon **CONTACTPERSOON** ▶ geen contactpersoon bekend **POSTADRES** ▶ Postbus 19750, 1000 GT Amsterdam **EMAIL (ALGEMEEN)** ▶ info@cultuurfonds.nl **TELEFOON (ALGEMEEN)** ▶ 020-5206130.

211
Coen Teulings Stichting

Rubriek ■ ☑ onderwijs en onderzoek ☑ kunst en cultuur ☑ kerk en levensbeschouwing ☑ maatschappij, welzijn en samenleving

Algemeen ■ **WEBSITE** ▶ https://fondseninnederland.nl/fonds/coen-teulings-stichting **TYPERING** ▶ vermogensfonds **OPGERICHT** ▶ 27-03-2001 **RECHTSVORM** ▶ stichting **KVK** ▶ 24320021 **ANBI STATUS** ▶ ja **DIRECTIE** ▶ geen directiegegevens bekend **BESTUUR** ▶ C.N. Teulings, voorzitter; mw. P.G. Beelaerts van Blokland-Krayenhoff; A.G.C. Dony.

Missie ■ **DOELSTELLING** ▶ De Coen Teulings Stichting heeft ten doel het verlenen van financiële steun aan culturele, wetenschappelijke, levensbeschouwelijke, sociale en andere doelen op het gebied van opvoeding en opleiding, en voorts al hetgeen met een en ander rechtstreeks of zijdelings verband houdt of daartoe bevorderlijk kan zijn, alles in de ruimste zin van het woord. **BELEIDSPLAN OP WEBSITE** ▶ ja.

Doelgroep ■ **SPECIFIEK** ▶ Geen specifieke doelgroep **ACTIVITEITEN** ▶ Geen specifieke activiteiten bekend **INTERVENTIENIVEAU** ▶ Onbekend.

Werkgebied ■ **ACTIERADIUS** ▶ Nationaal, Internationaal **LAND** ▶ Wereldwijd.

Bestedingen ■ **BUDGET** ▶ niet openbaar **ONDERSTEUNDE PROJECTEN P/J** ▶ 15 **SOORT BIJDRAGE** ▶ giften **BOVENGRENS** ▶ geen **ONDERGRENS** ▶ geen.

Projecten ■ **CRITERIA** ▶ Culturele, wetenschappelijke, levensbeschouwelijke, sociale en andere doelen op het gebied van opvoeding en opleiding. **DOORLOOPTIJD** ▶ ☑ onbekend **STATUS AANVRAGER** ▶ ☑ geen beperkingen bekend **VOORKEUR/UITSLUITING** ▶ geen voorkeur of uitsluiting bekend.

Procedure ■ **OP AANVRAAG** ▶ ja **DOORLOOPTIJD** ▶ geen doorlooptijd bekend; 3-6 maanden; 3-6 maanden; 6-12 maanden **AANVRAAGPROCEDURE** ▶ Het Bestuur van de Stichting is zelf actief op zoek naar projecten die binnen de geformuleerde doelstelling kunnen worden ondersteund. Tevens staat het Bestuur open voor aanvragen voor ondersteuning van organisaties en instanties die binnen de doelgroep passen. Deze aanvragen zullen in eerste instantie door de individuele bestuursleden worden beoordeeld. Tijdens de eerstvolgende bestuursvergadering wordt de aanvraag door het voltallige bestuur besproken, en; wordt al dan niet goedgekeurd

Financieel ■ **EIGEN VERMOGEN** ▶ € 20.836 **INKOMSTEN OV** ▶ € 1.236 **HERKOMST MIDDELEN** ▶ vermogen, giften & schenkingen, legaten, overige inkomsten **BOEKJAAR** ▶ 2019 **JAARVERSLAG OP WEBSITE** ▶ ja.

Contact ■ **BEREIKBAAR PER** ▶ ☑ post ☒ e-mail ☒ telefoon **CONTACTPERSOON** ▶ geen contactpersoon bekend **POSTADRES** ▶ Postbus 23008, 3001 KA Rotterdam.

212
Stichting COFFR Foundation

Rubriek ■ ☑ maatschappij, welzijn en samenleving ☑ onderwijs en onderzoek ☑ gezondheidszorg ☑ economische ontwikkeling en microkrediet

Algemeen ■ **WEBSITE** ▶ https://coffrfoundation.com **TYPERING** ▶ vermogensfonds **OPGERICHT** ▶ 07-02-2011 **RECHTSVORM** ▶ stichting **KVK** ▶ 52450562 **ANBI STATUS** ▶ ja **DIRECTIE** ▶ geen directiegegevens bekend **BESTUUR** ▶ W.M.G.H. Boers MRE, voorzitter; mw. S.M.A. van Hooijdonk RA, penningmeester; mw.drs. A.R. Schuitema-Dijkstra; mw.drs. L.A.M. Aarts-Timmermans; W. Schellekens.

Missie ■ **DOELSTELLING** ▶ ☑ Armoedebestrijding in het algemeen en op het Afrikaanse continent in het bijzonder; ☑ Het verrichten van alle verdere handelingen, die met het vorenstaande in de ruimste zin verband houden of daartoe bevorderlijk kunnen zijn; ☑ Het al dan niet financieel ondersteunen van Nederlandse fondsen en instanties die zich inzetten voor culturele zaken en maatschappelijke zaken op het gebied van zorg, welzijn en onderwijs; ☑ Het (doen) stimuleren en het financieel ondersteunen (van het zoeken naar) oplossingen van maatschappelijke issues. **HISTORIE** ▶ In 2011 is de Stichting Kadans Foundation opgericht. In 2018 is de naam gewijzigd; in Stichting COFFR Foundation. **BELEIDSPLAN OP WEBSITE** ▶ ja.

Doelgroep ■ **ALGEMEEN** ▶ armen, dak- en thuislozen, ouderen, zieken, gehandicapten, jongeren, kinderen **SPECIFIEK** ▶ Geen specifieke doelgroep **ACTIVITEITEN** ▶ ☑ Het verwerven van gronden in ontwikkelingslanden ten behoeve van elementaire basisvoorzieningen (scholen, ziekenhuizen), het eventueel realiseren van deze elementaire basisvoorzieningen en het al dan niet kosteloos ter beschikking stellen daarvan. ☑ Het verwerven van agrarische gronden ten behoeve van landbouw en veeteelt voor boeren die leven onder het bestaans- c.q. welvaartsminimum. Pas nadat de agrarische exploitatie leidt tot een zodanige verhoging van de welvaart dat een menswaardig bestaan kan worden geleefd, zal een eerlijke pachtvergoeding dienen te worden betaald. Eventuele inkomsten uit pacht kunnen vervolgens weer worden 'teruggeploegd' in nieuwe gronden; ☑ Het creëren van fondsen die tot doel hebben het (doen) realiseren van de bovengenoemde grondverwerving en de daaraan gerelateerde doelstellingen. ☑ Het samenwerken met andere (lokale) organisaties om mensen een menswaardig bestaan te bieden. ☑ Het verstrekken van geldmiddelen aan maatschappelijk relevante partijen die goede doelen voorstaan op het gebied van gezondheidszorg, medisch onderzoek, ouderen- en mantelzorg, cultuur en jeugdontwikkeling middels sport, (bedrijfs)-economische ontwikkeling en onderwijs. De stichting COFFR Foundation heeft samenwerkingsverbanden met COFFR BV en de Universiteit van Wageningen. In 2018 zijn de volgende projecten ondersteund; ☑ Conservation Agriculture Project, Simalaha Community Conservancy, Zambia:. **INTERVENTIENIVEAU** ▶ Steun aan lokale/provinciale maatschappelijke organisaties en structuren (incl. gemeenten etc.) die diensten verlenen aan individuen.; Steun op niveau van maatschappij zelf (beleidsbeïnvloeding, etc.).

Werkgebied ■ **ACTIERADIUS** ▶ Internationaal, Nationaal **LAND** ▶ Afrika.

Bestedingen ■ **BUDGET** ▶ niet openbaar **SOORT BIJDRAGE** ▶ giften **BOVENGRENS** ▶ geen **ONDERGRENS** ▶ geen.

Projecten ■ **CRITERIA** ▶ :Projecten gaan uit van onderlinge betrokkenheid, economische levensvatbaarheid, realisme, transparantie en gemeenschappelijk belang. **DOORLOOPTIJD** ▶ ☑ onbekend **STATUS AANVRAGER** ▶ ☑ stichting of vereniging (non-profit) **VOORKEUR/UITSLUITING** ▶ De focus ligt op ontwikkelingslanden in Afrika.

Procedure ■ **OP AANVRAAG** ▶ onbekend **AANVRAAGPROCEDURE** ▶ Geen aanvraagprocedure bekend.

Financieel ■ **EIGEN VERMOGEN** ▶ € 23.756 **INKOMSTEN OV** ▶ € 200.000 **HERKOMST MIDDELEN** ▶ vermogen, giften & schenkingen **BOEKJAAR** ▶ 2018 **JAARVERSLAG OP WEBSITE** ▶ ja.

Contact ■ **BEREIKBAAR PER** ▶ ☑ post ☑ e-mail ☑ telefoon **CONTACTPERSOON** ▶ Mw. N. Verbakel **POSTADRES** ▶ Rijksweg 3, 5076 PB Haaren **EMAIL (ALGEMEEN)** ▶ info@coffr.nl **TELEFOON (ALGEMEEN)** ▶ +31881348900.

213
Cohen Fonds

Rubriek ■ ☑ kunst en cultuur

Algemeen ■ **WEBSITE** ▶ www.cultuurfonds.nl **TYPERING** ▶ fonds op naam **BEHEERD DOOR** ▶ Prins Bernhard Cultuurfonds **DIRECTIE** ▶ zie > Prins Bernhard Cultuurfonds **BESTUUR** ▶ zie > Prins Bernhard Cultuurfonds

Missie ■ **DOELSTELLING** ▶ Het financieel ondersteunen van projecten op het gebied van klassieke muziek, beeldende kunst en ballet.

Werkgebied ■ **ACTIERADIUS** ▶ Nationaal **LAND** ▶ Nederland.

Projecten ■ **CRITERIA** ▶ geen projectcriteria bekend **DOORLOOPTIJD** ▶ ☑ korter dan 1 jaar **STATUS AANVRAGER** ▶ ☑ geen beperkingen bekend **VOORKEUR/UITSLUITING** ▶ geen voorkeur of uitsluiting bekend.

Procedure ■ **OP AANVRAAG** ▶ ja **AANVRAAGPROCEDURE** ▶ Dit 'fonds op naam' ressorteert onder het Prins Bernhard Cultuurfonds. Verzoeken aan fondsen op naam komen op één centraal punt binnen. Dit houdt in dat een subsidieaanvraag slechts eenmaal aan het Prins Bernhard Cultuurfonds hoeft te worden gezonden. Voor de verdere aanvraagprocedure: zie Prins Bernhard Cultuurfonds. **URL** ▶ www.cultuurfonds.nl/aanvragen

Contact ■ **BEREIKBAAR PER** ▶ ☑ post ☑ e-mail ☑ telefoon **CONTACTPERSOON** ▶ geen contactpersoon bekend **POSTADRES** ▶ Postbus 19750, 1000 GT Amsterdam **EMAIL (ALGEMEEN)** ▶ info@cultuurfonds.nl **TELEFOON (ALGEMEEN)** ▶ 020-5206130.

214
Stichting Comité Bijzondere Hulp Zuid-Kennemerland

Rubriek ■ ☑ noodhulp ☑ maatschappij, welzijn en samenleving

Algemeen ■ **WEBSITE** ▶ www.bijzonderehulp.nl **TYPERING** ▶ hybride fonds **OPGERICHT** ▶ 01-01-1971 **RECHTSVORM** ▶ stichting **KVK** ▶ 41222745 **ANBI STATUS** ▶ ja **DIRECTIE** ▶ geen directiegegevens bekend **BESTUUR** ▶ E. de Bruin, voorzitter; E. van Leeuwen, penningmeester; W. Beekhuizen, secretaris; mw. C. van Polvliet; D. Wolswijk; D. Freling.

Missie ■ **DOELSTELLING** ▶ De Stichting Comité Bijzondere Hulp Zuid-Kennemerland biedt aan de inwoners van Zuid-Kennemerland in bijzondere omstandigheden financiële hulp. **STICHTER(S)** ▶ Haarlems

Dagblad en de Nieuwe Haarlemse Courant **HISTORIE** ► Het Haarlems Dagblad en de Nieuwe Haarlemse Courant begonnen in de 30-er jaren een geldinzameling, waardoor vele 'stille armen' met Kerstmis een enveloppe met inhoud konden ontvangen en zo iets extra's konden besteden. Er heerste toen een zeer ernstige economische crisis. In de daarop volgende oorlogsjaren en daarna werd deze kerstactie van de kranten voortgezet en georganiseerd in het Comité Stille Armen. Ondanks de invoering van de Algemene Bijstandswet (1965) bleef het bestaansrecht volledig behouden. De kerstenveloppen met inhoud werden afgeschaft, maar daarvoor in de plaats kwam er hulpverlening het gehele jaar door voor nood met een bijzonder karakter (bijzondere hulp). Deze hulpverlening werd op 10 maart 1971 ondergebracht in de nieuw opgerichte Stichting Comité Bijzondere Hulp Zuid-Kennemerland. **BELEIDSPLAN OP WEBSITE** ► ja.

Doelgroep ■ **ALGEMEEN** ► armen **SPECIFIEK** ► Mensen die langdurig op het bestaansminimum leven. **ACTIVITEITEN** ► In het algemeen is de hulpverlening bestemd voor mensen die op het bestaansminimum leven. De opzet is om eenmalig te helpen door middel van een gift om een urgent probleem op te lossen. Periodieke verstrekkingen zijn niet mogelijk. Het eenmalig verstrekken van geld kan zijn voor aanschaf van een koelkast, televisie, wasmachine, fiets, vloerbedekking etc. Ook kunnen gelden worden verstrekt voor uitgaven om problemen weer aan te kunnen. Te denken valt aan een bijdrage voor vakantie, het betalen van een onvoorziene rekening, het voldoen van een rekening om een schuldhulpverlening mogelijk te maken. Dus geen schuldhulpverlening, maar wel helpen om iemand weer op het spoor te zetten. **INTERVENTIENIVEAU** ► Steun aan individuen (directe steun).

Werkgebied ■ **ACTIERADIUS** ► Lokaal, Regionaal **LAND** ► Nederland **REGIO** ► Zuid-Kennemerland **PLAATS** ► Haarlem, Heemstede, Bennebroek, Bloemendaal, Haarlemmerliede, Spaarndam, Zandvoort.

Bestedingen ■ **BUDGET** ► niet openbaar **ONDERSTEUNDE PROJECTEN P/J** ► 48 **SOORT BIJDRAGE** ► giften **BOVENGRENS** ► geen **ONDERGRENS** ► geen.

Projecten ■ **CRITERIA** ► Alle andere mogelijkheden om financiële hulp te krijgen ontbreken. Dus als bijvoorbeeld de Bijstandswet of andere wettelijke regelingen geen hulp kunnen bieden. **DOORLOOPTIJD** ► ☑ korter dan 1 jaar **STATUS AANVRAGER** ► ☑ individuen/gezinnen **VOORKEUR/UITSLUITING** ► ☑ Alleen aanvragen van natuurlijke personen, geen geldleningen en geen geld om schulden af te lossen. ☑ De hulp beperkt zich tot de volgende gemeenten: Bloemendaal (waaronder ook Aerdenhout, Bennebroek, Overveen en Vogelenzang), Haarlem, Haarlemmerliede en Spaarndam (uitgezonderd Halfweg), Heemstede en Zandvoort (waaronder ook Bentveld).

Procedure ■ **OP AANVRAAG** ► ja **DOORLOOPTIJD** ► 1-3 maanden **AANVRAAGPROCEDURE** ► De vergaderfrequentie is eenmaal per maand. Aanvraagformulieren zijn per post of via de website op te vragen en dienen per post opgestuurd te worden naar de Stichting. Alleen volledig ingevulde formulieren leiden tot een zorgvuldige beoordeling. **URL** ► www.bijzonderehulp.nl/hulpvragen

Financieel ■ **EIGEN VERMOGEN** ► € 148.605 **INKOMSTEN EV** ► € 5.232 **INKOMSTEN OV** ► € 24.305 **HERKOMST MIDDELEN** ► overige inkomsten, giften & schenkingen, inkomsten uit vermogen, vermogen, legaten **BOEKJAAR** ► 2019 **JAARVERSLAG OP WEBSITE** ► ja.

Contact ■ **BEREIKBAAR PER** ► ☑ post ☑ e-mail ☒ telefoon **CONTACTPERSOON** ► geen contactpersoon bekend **POSTADRES** ► Postbus 59, 2100 AB Heemstede **EMAIL (ALGEMEEN)** ► info@bijzonderehulp.nl.

215

Commissie Projecten in Nederland (PIN)

Rubriek ■ ☑ noodhulp ☑ maatschappij, welzijn en samenleving ☑ kerk en levensbeschouwing ☑ vluchtelingenhulp

Algemeen ■ **WEBSITE** ► www.knr.nl/pin **TYPERING** ► hybride fonds **BEHEERD DOOR** ► Konferentie Nederlandse Religieuzen **OPGERICHT** ► 01-10-1976 **RECHTSVORM** ► kerkelijke instelling **KVK** ► - **ANBI STATUS** ► nee **DIRECTIE** ► geen directiegegevens bekend **BESTUUR** ► Prof.dr. A.Th.M. de Jong, voorzitter; drs. R.A.M.Chr. Moulen Janssen, secretaris; mw. H. Brand; mw. F. Ollivier; mw. A. Jansen; W. Blok.

Missie ■ **DOELSTELLING** ► De Commissie heeft als opdracht verzoeken om financiële ondersteuning van projecten met pastorale en/of welzijnsbevorderende doeleinden op hun inhoudelijke en structurele mérites te beoordelen en dienovereenkomstig religieuze instituten van advies te dienen. Hierbij houdt de commissie rekening met de wijze, waarop religieuzen vanuit een eigen identiteit bepaalde ontwikkelingen in kerk en maatschappij waarderen. Anderzijds brengt dienstverlening aan mensen in kerk en maatschappij met zich mee, dat de commissie PIN er rekening mee dient te houden dat er in de geschiedenis van de kerk en de maatschappij telkens verschijnselen en problematieken zich voordoen, die niet zonder meer in vertrouwde kaders te vatten zijn. **STICHTER(S)** ► De gezamenlijke Nederlandse religieuzen **HISTORIE** ► Religieuzen in Nederland hebben een grote bijdrage geleverd aan de kwaliteit van onze samenleving. In tijden van grote armoede richtte zusters, broeders (of fraters) en paters talloze scholen, ziekenhuizen, buurthuizen, welzijnsinstellingen en ook verenigingen in ons land op. Velen van hen wijdde er hun hele leven aan.

Doelgroep ■ **ALGEMEEN** ► armen, gehandicapten, gelovigen, vluchtelingen, dak- en thuislozen **SPECIFIEK** ► De meest kwetsbare groepen in de samenleving. In het bijzonder voor vluchtelingen, ongedocumenteerden, de dak- en thuislozen, verslaafden, (ex) gedetineerden en kansarme kinderen en ouderen. Kerkelijke projecten of maatschappelijke projecten. **ACTIVITEITEN** ► Er zijn vier aandachtsgebieden vastgesteld waar de commissie aandacht aanschenkt: ☑ noodleniging en armoedebestrijding; ☑ vorming en empowerment; ☑ kerk- en samenlevingsopbouw op het gebied van oecumene en interreligieuze dialoog, duurzaamheid en respect voor de schepping, buitengewoon pastoraat, vredeswerk en gerechtigheid, vernieuwende kerkgemeenschappen; ☑ onderzoeken gericht op praktijktoepassingen op het gebied van missiologie, katholieke spiritualiteit, geschiedenis van kerk en religieuzen. **INTERVENTIENIVEAU** ► Steun aan lokale/provinciale maatschappelijke organisaties en structuren (incl. gemeenten etc.) die diensten verlenen aan individuen.

Werkgebied ■ **ACTIERADIUS** ▶ Nationaal **LAND** ▶ Nederland.

Bestedingen ■ **BUDGET** ▶ niet openbaar **SOORT BIJDRAGE** ▶ giften **BOVENGRENS** ▶ geen **ONDERGRENS** ▶ geen.

Projecten ■ **CRITERIA** ▶ ☑ Kerkelijke projecten die op een vernieuwende manier de christelijke boodschap vormgeven, met name op lokaal niveau. ☑ Maatschappelijke projecten die meehelpen aan de bevrijding of emancipatie van kwetsbare of gemarginaliseerde mensen; ☑ Alleen rechtspersonen die geen winst oogmerk hebben zoals kerkelijke instellingen, stichtingen en verenigingen komen in aanmerking voor subsidie; ☑ Er dient sprake te zijn van enige mate van continuïteit van de organisatie of uitzicht hierop; ☑ Het project past in het verlengde van het apostolaatwerk/doelstellingen van de religieuzen en heeft te maken met de waarden die in het Evangelie een centrale rol spelen: vrede, gerechtigheid en verzoening; ☑ Het project moet gericht zijn op één van onze aandachtsgebieden,; ☑ Het project richt zich op de meest kwetsbare groepen in onze samenleving; ☑ Het project vindt brede draagvlak door financiële ondersteuning van meerdere fondsen en partijen; ☑ Het project moet voornamelijk gedragen worden door vrijwilligers. **DOORLOOPTIJD** ▶ ☑ langer dan 2 jaar **STATUS AANVRAGER** ▶ ☑ stichting of vereniging (non-profit) ☑ kerkelijke instelling **VOORKEUR/UITSLUITING** ▶ ; ☑ Samenwerking met andere organisaties is een pré, zodat geleerd kan worden van elkaars ervaring en expertise; In principe komen niet in aanmerking aanvragen die betrekking hebben op: ☑ Aanvragen door natuurlijke/privépersonen of die zich richten op ondersteuning van één individu; ☑ Uitgeven van films, documentaires, boeken, folders, brochures e.d. ☑ Festivals, optredens, conferenties, eendaagse bijeenkomsten, symposia en dergelijke; ☑ Exposities, tentoonstellingen, jubileumvieringen e.d. ☑ Muziek; ☑ of sportverenigingen; ☑ Projecten met enkel en alleen een commercieel karakter; ☑ Enkel exploitatiekosten of structurele steun; ☑ Reis- en verblijfkosten; ☑ Projecten in het buitenland of andere delen van het Nederlands Koninkrijk; ☑ Projecten die reeds gestart zijn of al zijn afgerond; ☑ Projecten waarbij financiering door de overheid of andere kerkgenootschappen eerder voor de hand liggen; ☑ Financiële ondersteuning t.b.v. bouw en/of verbouwkosten, renovatie en/of restauratiekosten dan wel aankoop van gebouwen; (voor inrichting van gemeenschappelijke ruimten of gemeenschapsruimten kan wel een aanvraag ingediend worden voor maximale financiële steun van €5.000,- op het moment dat financiële dekking voor de verbouwingskosten of aanschaf van een gebouw rond is).

Procedure ■ **OP AANVRAAG** ▶ ja **DOORLOOPTIJD** ▶ 3-6 maanden **AANVRAAGPROCEDURE** ▶ De aanvraagprocedure kent verschillende fases: ☑ Voorselectie: u kunt digitaal (of per post) een aanvraag indienen. Aan de hand van de voorselectie wordt door het secrtariaat bekeken of uw project aansluit op onze doelstelling en missie en of het binnen ons werkgebied valt. U krijgt vervolgens hierover binnen enkele weken bericht. ☑ Formele aanvraag: Indien uw project in behandeling wordt genomen, wordt het aanvraagdossier doorgestuurd naar een adviseur die een advies uitbrengt aan de KNR-PIN. ☑ Na ontvangst van het advies wordt in de eerstvolgende vergadering een besluit over uw aanvraag genomen. ☑ Nadat de KNR-PIn een besluit heeft genomen over uw aanvraag ontvangt u een toekenning of een afwijzing. Het streven is u binnen drie weken nadat de KNR-PIN uw aanvraag heeft besproken u over de uitkomst in kennis te stellen. De Werkgroep KNR-PIN heeft in principe vijf keer per jaar een projectvergadering. Om voldoende tijd te hebben om een aanvraag te behandelen zouden de aanvragen uiterlijk 6 weken voor de vergadering binnen moeten zijn. De volgende documenten dienen via het online portal of per post aangeleverd te worden; ☑ Projectplan, inclusief begroting en dekkingsplan van het project (verplicht)*; ☑ een kopie van de statuten (verplicht); ☑ een uittreksel van inschrijving in het Handelsregister de Kamer van Koophandel (verplicht); ☑ de meest recente jaarrekening; ☑ het meest recente jaarverslag; ☑ begroting van uw organisatie **URL** ▶ www.knr.nl/pin/subsidieaanvraag.asp?pagina_id=3

Financieel ■ **HERKOMST MIDDELEN** ▶ overige inkomsten.

Contact ■ **BEREIKBAAR PER** ▶ ☑ post ☑ e-mail ☑ telefoon **CONTACTPERSOON** ▶ geen contactpersoon bekend **POSTADRES** ▶ Postbus 111, 5201 AC Den Bosch **EMAIL (ALGEMEEN)** ▶ pin@knr.nl **TELEFOON (ALGEMEEN)** ▶ 073-6921321.

216

Stichting Commissie tot Uitdeling van Rumfordse Soep

Rubriek ■ ☑ maatschappij, welzijn en samenleving ☑ voedsel en voedselveiligheid

Algemeen ■ **WEBSITE** ▶ www.kennisbankfilantropie.nl/anbi/commissie-tot-uitdeling-van-rumfordse-soep **TYPERING** ▶ vermogensfonds **OPGERICHT** ▶ 1800 **RECHTSVORM** ▶ stichting **KVK** ▶ 41122085 **ANBI STATUS** ▶ ja **DIRECTIE** ▶ geen directiegegevens bekend **BESTUUR** ▶ M. Bloemendal, voorzitter; A. de Ruiter, penningmeester; A. de Ruiter, secretaris; H.E. Jonkheer Witsen Elias; C.A. Streefkerk; A.W. Tertoolen.

Missie ■ **DOELSTELLING** ▶ De stichting heeft ten doel te voorzien in de uitdeling van Rumfordse Soep en andere warme spijzen aan behoeftigen in Dordrecht en omstreken; en voorts al hetgeen met één en ander rechtstreeks of zijdelings verband houdt of daartoe bevorderlijk kan zijn. **HISTORIE** ▶ De Commissie tot Uitdeling van Rumfordse Soep in Dordrecht werd opgericht in januari 1800. Het doel van de commissie, geboren uit de toenmalige armenzorg, was primair om te komen tot uitdeling van Rumfordse Soep, maar ook van andere warme spijzen, aan behoeftigen. **BELEIDSPLAN OP WEBSITE** ▶ ja.

Doelgroep ■ **ALGEMEEN** ▶ armen **SPECIFIEK** ▶ Armen en instellingen met gelijkmatige doelstellingen als de stichting. **ACTIVITEITEN** ▶ De Commissie voorziet inmiddels niet meer zelf in de uitdeling van soep, maar biedt desgevraagd financiële ondersteuning aan instellingen (meestal zelf ANBI's) waarvan de doelstelling of feitelijke werkzaamheden verwant zijn aan de oorspronkelijke doelstelling van de stichting. Projecten van instellingen kunnen financieel worden ondersteund, voorzover het project een rechtstreekse band heeft met voedsel, hetzij voor de maag, hetzij voor de geest. **INTERVENTIENIVEAU** ► Steun aan individuen (directe steun).

Werkgebied ■ **ACTIERADIUS** ► Lokaal **LAND** ► Nederland **PLAATS** ► Dordrecht.

Bestedingen ■ **BUDGET** ► niet openbaar **SOORT BIJDRAGE** ► overig **BOVENGRENS** ► geen **ONDERGRENS** ► geen.

Projecten ■ **CRITERIA** ► Projecten met een rechtstreekse verband met voedsel, hetzij voor de maag, hetzij voor de geest. **DOORLOOPTIJD** ► ☑ onbekend **STATUS AANVRAGER** ► ☑ geen beperkingen bekend **VOORKEUR/UITSLUITING** ► geen voorkeur of uitsluiting bekend.

Procedure ■ **OP AANVRAAG** ► ja **AANVRAAGPROCEDURE** ► Instellingen die hiertoe door het bestuur worden uitgenodigd of die de stichting benaderen kunnen een verzoek indienen tot het doen van een gift. Op basis van een schriftelijk en goed gemotiveerd verzoek beslist het bestuur van de stichting. Een gift dient in overeenstemming te zijn met het doel van de stichting

Financieel ■ **INKOMSTEN EV** ► € 11.444 **HERKOMST MIDDELEN** ► vermogen **BOEKJAAR** ► 2015 **JAARVERSLAG OP WEBSITE** ► ja.

Contact ■ **BEREIKBAAR PER** ► ☑ post ☑ e-mail ☑ telefoon **CONTACTPERSOON** ► geen contactpersoon bekend **POSTADRES** ► Grimaldihof 10, 3329 BA Dordrecht **EMAIL (ALGEMEEN)** ► aderuiter@bhnot.nl **TELEFOON (ALGEMEEN)** ► 078-6112376.

217
Stichting Con Amor

Rubriek ■ ☑ economische ontwikkeling en microkrediet ☑ noodhulp ☑ maatschappij, welzijn en samenleving ☑ onderwijs en onderzoek ☑ vluchtelingenhulp ☑ gezondheidszorg

Algemeen ■ **WEBSITE** ► www.conamor.eu/nl **TYPERING** ► vermogensfonds **OPGERICHT** ► 2001 **RECHTSVORM** ► stichting **KVK** ► 30197665 **ANBI STATUS** ► ja **DIRECTIE** ► geen directiegegevens bekend **BESTUUR** ► J. van Dijke, voorzitter; A. Uijl, penningmeester; mw. M. Danao; J. Deen.

Missie ■ **DOELSTELLING** ► Stichting Con Amor steunt wereldwijd kansarme mensen met het doel hen te helpen een beter toekomstperspectief en/of betere leefomstandigheden te ontwikkelen. **BELEIDSPLAN OP WEBSITE** ► ja.

Doelgroep ■ **ALGEMEEN** ► jongeren, kinderen **SPECIFIEK** ► Kansarme mensen wereldwijd. **ACTIVITEITEN** ► Con Amor besteedt jaarlijks een maximum bedrag aan bij voorkeur educatieve projecten en projecten die de leefomstandigheden (o.a. medisch / huisvesting) van kansarmen verbeteren. Het gaat om initiatieven waar meerdere mensen tegelijk nieuwe kansen krijgen. Liefst kinderen of jongeren, omdat voor deze groep het ontwikkelpotentieel het grootst is. Con Amor ondersteunt projecten die inzetten op een langdurig bestaan. Zij doet dat met name tijdens de opbouwfase, wanneer haar steun werkelijk verschil maakt. Zodra er een stabiele organisatie en financiering is, trekt Con Amor zich terug. De duur dat Con Amor een project steunt is daarmee altijd beperkt. Con Amor wil concreet weten waaraan haar geld wordt besteed en schaft het bestedingsdoel indien mogelijk zelf aan. **INTERVENTIENIVEAU** ► Steun aan lokale/provinciale maatschappelijke organisaties en structuren (incl. gemeenten etc.) die diensten verlenen aan individuen.; Steun aan individuen (directe steun).; Steun op niveau van maatschappij zelf (beleidsbeïnvloeding, etc.).

Werkgebied ■ **ACTIERADIUS** ► Internationaal **LAND** ► Wereldwijd.

Bestedingen ■ **BUDGET** ► € 20.000 **SOORT BIJDRAGE** ► giften **BOVENGRENS** ► geen **ONDERGRENS** ► geen.

Projecten ■ **CRITERIA** ► geen projectcriteria bekend **DOORLOOPTIJD** ► ☑ onbekend **STATUS AANVRAGER** ► ☑ individuen/gezinnen **VOORKEUR/UITSLUITING** ► ☑ De stichting steunt bij voorkeur educatieve projecten en projecten die de leefomstandigheden (o.a. medisch/huisvesting) van kansarmen verbeteren. Het gaat om initiatieven waar meerdere mensen tegelijk nieuwe kansen krijgen. ☑ Voorkeur gaat uit naar kinderen of jongeren, omdat voor deze groep het ontwikkelpotentieel het grootst is. ☑ Con Amor steunt altijd rechtstreeks eindprojecten, nooit via charitatieve instellingen; Er is geen sprake van 'gaten vullen' of aansluiten bij een rij al bestaande financiers.

Procedure ■ **OP AANVRAAG** ► onbekend **AANVRAAGPROCEDURE** ► Uw aanvraag kunt u met al uw beschikbare financiële informatie mee opsturen, evenals referenties en andere bewijzen van uw goeder trouw. Hoe meer informatie u meestuurt, hoe eerder u antwoord kunt verwachten. Bij voorkeur ontvangt de stichting uw aanvraag per e-mail. **URL** ► www.conamor.eu/nl/criterianl/

Financieel ■ **EIGEN VERMOGEN** ► € 200.000 **HERKOMST MIDDELEN** ► vermogen, giften & schenkingen **BOEKJAAR** ► 2015 **JAARVERSLAG OP WEBSITE** ► ja.

Contact ■ **BEREIKBAAR PER** ► ☑ post ☑ e-mail ☒ telefoon **CONTACTPERSOON** ► geen contactpersoon bekend **POSTADRES** ► Hendrick Rietschoofplein 14, 1506 GV Zaandam **EMAIL (ALGEMEEN)** ► info@conamor.eu.

218
Constant van Gestel Fonds

Rubriek ■ ☑ kunst en cultuur

Algemeen ■ **WEBSITE** ► www.cultuurfonds.nl **TYPERING** ► fonds op naam **BEHEERD DOOR** ► Prins Bernhard Cultuurfonds **DIRECTIE** ► zie > Prins Bernhard Cultuurfonds **BESTUUR** ► zie > Prins Bernhard Cultuurfonds

Missie ■ **DOELSTELLING** ► Het financieel ondersteunen van jonge musici voor een vervolgopleiding of aanschaf van een passend instrument. Bij onvoldoende aanvragen kunnen projecten voor de ontwikkeling van jonge musici ondersteund worden.

Werkgebied ■ **ACTIERADIUS** ► Nationaal **LAND** ► Nederland.

Projecten ■ **CRITERIA** ► geen projectcriteria bekend **DOORLOOPTIJD** ► ☑ korter dan 1 jaar **STATUS AANVRAGER** ► ☑ geen beperkingen bekend **VOORKEUR/UITSLUITING** ► geen voorkeur of uitsluiting bekend.

Procedure ■ OP AANVRAAG ▶ ja AANVRAAGPROCEDURE ▶ Dit 'fonds op naam' ressorteert onder het Prins Bernhard Cultuurfonds. Verzoeken aan fondsen op naam komen op één centraal punt binnen. Dit houdt in dat een subsidieaanvraag slechts eenmaal aan het Prins Bernhard Cultuurfonds hoeft te worden gezonden. Voor de verdere aanvraagprocedure: zie Prins Bernhard Cultuurfonds. URL ▶ www.cultuurfonds.nl/aanvragen

Contact ■ BEREIKBAAR PER ▶ ☑ post ☑ e-mail ☑ telefoon CONTACTPERSOON ▶ geen contactpersoon bekend POSTADRES ▶ Postbus 19750, 1000 GT Amsterdam EMAIL (ALGEMEEN) ▶ info@cultuurfonds.nl TELEFOON (ALGEMEEN) ▶ 020-5206130.

219
Stichting Constant van Renessefonds

Rubriek ■ ☑ kunst en cultuur

Algemeen ■ WEBSITE ▶ www.kennisbankfilantropie.nl/anbi/constant-van-renesse-fonds TYPERING ▶ vermogensfonds OPGERICHT ▶ 24-02-1981 RECHTSVORM ▶ stichting KVK ▶ 41088899 ANBI STATUS ▶ nee DIRECTIE ▶ geen directiegegevens bekend BESTUUR ▶ Mr. G. Dierick, voorzitter; L. Nagelkerke, penningmeester; L. Nagelkerke, secretaris; N. van Heeswijk; drs. A. Hofstee; mr. B. Verheeke; mw. L. Schreuder.

Missie ■ DOELSTELLING ▶ ☑ Het bevorderen van activiteiten en zelfontplooiing van mensen die werkzaam zijn op cultureel of sociaal-cultureel terrein in de regio Eindhoven/Kempenland en die voor hun activiteiten niet of onvoldoende een geslaagd beroep kunnen doen op bestaande subsidieregelingen; ☑ Het besturen van andere stichtingen met een soortgelijk of aanverwant doel.

Doelgroep ■ ALGEMEEN ▶ armen SPECIFIEK ▶ Minder draagkrachtigen die werkzaam zijn op cultureel of sociaal-cultureel terrein. ACTIVITEITEN ▶ Geen specifieke activiteiten bekend INTERVENTIENIVEAU ▶ Steun aan individuen (directe steun).

Werkgebied ■ ACTIERADIUS ▶ Regionaal LAND ▶ Nederland REGIO ▶ Kempenland, Eindhoven.

Bestedingen ■ BUDGET ▶ € 10.000 SOORT BIJDRAGE ▶ giften leningen garanties BOVENGRENS ▶ € 2.500 ONDERGRENS ▶ geen.

Projecten ■ CRITERIA ▶ geen projectcriteria bekend DOORLOOPTIJD ▶ ☑ korter dan 1 jaar STATUS AANVRAGER ▶ ☑ geen beperkingen bekend VOORKEUR/UITSLUITING ▶ geen voorkeur of uitsluiting bekend.

Procedure ■ OP AANVRAAG ▶ onbekend DOORLOOPTIJD ▶ 1-3 maanden; geen doorlooptijd bekend; geen doorlooptijd bekend AANVRAAGPROCEDURE ▶ Geen aanvraagprocedure bekend.

Financieel ■ HERKOMST MIDDELEN ▶ vermogen.

Contact ■ BEREIKBAAR PER ▶ ☑ post ☒ e-mail ☑ telefoon CONTACTPERSOON ▶ B. Nagelkerke POSTADRES ▶ Mignot en de Blockplein 82, 5611 CG Eindhoven TELEFOON (ALGEMEEN) ▶ 040-2691011.

220
Stichting Context Without Walls

Rubriek ■ ☑ kunst en cultuur

Algemeen ■ WEBSITE ▶ www.facebook.com/foundation-context-without-walls-187392527953231 TYPERING ▶ vermogensfonds OPGERICHT ▶ 2011 RECHTSVORM ▶ stichting KVK ▶ 52259412 ANBI STATUS ▶ ja DIRECTIE ▶ mw. Daphne Pappers BESTUUR ▶ geen bestuursgegevens bekend.

Missie ■ DOELSTELLING ▶ Verruiming van de interpretatiekaders voor internationale kunst en verbinding van kunst met maatschappelijke vraagstukken. CWW zet erop in dat het opdoen van kennis over intercontinentale beeldende kunst bijdraagt aan een beter begrip van de mens in de globaliserende wereld.

Doelgroep ■ SPECIFIEK ▶ Geen specifieke doelgroep ACTIVITEITEN ▶ Intercontinentale artistieke talen in dialoog met filosofie, literatuur, antropologie en kunst geschiedenis. Publicatie van een boek, een openbaar programma met kunst en een lezingen programma. INTERVENTIENIVEAU ▶ Onbekend.

Werkgebied ■ ACTIERADIUS ▶ Nationaal LAND ▶ Nederland.

Bestedingen ■ BUDGET ▶ niet openbaar SOORT BIJDRAGE ▶ onbekend BOVENGRENS ▶ geen ONDERGRENS ▶ geen.

Projecten ■ CRITERIA ▶ geen projectcriteria bekend DOORLOOPTIJD ▶ ☑ onbekend STATUS AANVRAGER ▶ ☑ geen beperkingen bekend VOORKEUR/UITSLUITING ▶ geen voorkeur of uitsluiting bekend.

Procedure ■ OP AANVRAAG ▶ onbekend AANVRAAGPROCEDURE ▶ geen aanvraagprocedure bekend.

Financieel ■ HERKOMST MIDDELEN ▶ onbekend BOEKJAAR ▶ boekjaar onbekend.

Contact ■ BEREIKBAAR PER ▶ ☑ post ☑ e-mail ☑ telefoon CONTACTPERSOON ▶ Mw. D. Pappers POSTADRES ▶ Ruyschstraat 18HS, 1091 CB Amsterdam EMAIL (ALGEMEEN) ▶ daphnepappers@gmail.com TELEFOON (ALGEMEEN) ▶ 0621585610.

221
Coovels Smits Stichting

Rubriek ■ ☑ kerk en levensbeschouwing ☑ maatschappij, welzijn en samenleving ☑ kunst en cultuur ☑ onderwijs en onderzoek ☑ economische ontwikkeling en microkrediet

Algemeen ■ WEBSITE ▶ www.transparante-anbi.nl/product/embed/2281 TYPERING ▶ vermogensfonds OPGERICHT ▶ 10-12-1970 RECHTSVORM ▶ stichting KVK ▶ 41087937 ANBI STATUS ▶ ja DIRECTIE ▶ geen directiegegevens bekend BESTUUR ▶ Mw.mr. E.J.M. Schotanus a Steringa Idzerda-Koch, voorzitter; mr. J.W. de Rijk, penningmeester; mr. H.A.H.A.M. Franken, secretaris.

Missie ■ DOELSTELLING ▶ De Stichting heeft ten doel; ☑ het lenigen van bijzondere noden op sociaal, maatschappelijk, wetenschappelijk, godsdienstig en cultureel gebied door het uit de opbrengst van haar vermogen verstrekken van gerichte geldelijke ondersteuning aan daarvoor naar het oordeel van het bestuur in aanmerking komende natuurlijke personen en/of rechtspersonen met een soortgelijke doelstelling; ☑ Het verrichten van alle verdere handelingen, die met het vorenstaande in de ruimste zin verband houden of daartoe bevorderlijk kunnen zijn. **BELEIDSPLAN OP WEBSITE** ▶ ja.

Doelgroep ■ **SPECIFIEK** ▶ Geen specifieke doelgroep **ACTIVITEITEN** ▶ Conform de doelstelling werden in 2019 donaties gedaan aan voornamelijk ANBI's op het gebied van sociale noden, zoals inloophuizen, voedselbanken, armoedebestrijding, ouderenhulp, hospice etc., en op het gebied van wetenschap, cultuur, religie, onderwijs. **INTERVENTIENIVEAU** ▶ Steun aan lokale/provinciale maatschappelijke organisaties en structuren (incl. gemeenten etc.) die diensten verlenen aan individuen.

Werkgebied ■ **ACTIERADIUS** ▶ Nationaal **LAND** ▶ Nederland **REGIO** ▶ Zuid-Nederland.

Bestedingen ■ **BUDGET** ▶ niet openbaar **TOELICHTING** ▶ Een bedrag ter grootte van in beginsel 4% van het in het begin van dat jaar beschikbare balansvermogen, exclusief koersresultaten effecten (na aftrek van eventuele kosten), in beginsel te besteden aan leniging van noden in Zuid-Nederland, als omschreven in de doelstelling **SOORT BIJDRAGE** ▶ giften **BOVENGRENS** ▶ geen **ONDERGRENS** ▶ geen.

Projecten ■ **CRITERIA** ▶ geen projectcriteria bekend **DOORLOOPTIJD** ▶ ☑ onbekend **STATUS AANVRAGER** ▶ ☑ stichting of vereniging (non-profit) **VOORKEUR/UITSLUITING** ▶ geen voorkeur of uitsluiting bekend.

Procedure ■ **OP AANVRAAG** ▶ onbekend **AANVRAAGPROCEDURE** ▶ Geen aanvraagprocedure bekend.

Financieel ■ **INKOMSTEN EV** ▶ € 285.925 **HERKOMST MIDDELEN** ▶ onbekend **BOEKJAAR** ▶ 2019 **JAARVERSLAG OP WEBSITE** ▶ ja.

Contact ■ **BEREIKBAAR PER** ▶ ☑ post ☑ e-mail ☑ telefoon **CONTACTPERSOON** ▶ geen contactpersoon bekend **POSTADRES** ▶ Heiakker 7, 5171 WN Kaatsheuvel **EMAIL (ALGEMEEN)** ▶ coovelssmits@ziggo.nl **TELEFOON (ALGEMEEN)** ▶ 0653814096.

222
Cornelia-Stichting

Rubriek ■ ☑ gezondheidszorg ☑ maatschappij, welzijn en samenleving ☑ sport en recreatie ☑ onderwijs en onderzoek

Algemeen ■ **WEBSITE** ▶ www.cornelia-stichting.nl **TYPERING** ▶ vermogensfonds **OPGERICHT** ▶ 11-05-1915 **RECHTSVORM** ▶ stichting **KVK** ▶ 41001236 **ANBI STATUS** ▶ ja **DIRECTIE** ▶ geen directiegegevens bekend **BESTUUR** ▶ Drs. W.J. Deetman, voorzitter; W.A. Boelkens, penningmeester; mr. B.F. baron van Harinxma thoe Slooten, secretaris; mr.J.S.H. baron van Lynden; prof.dr. H.E. van der Horst; ing. A. Bergsma.

Missie ■ **DOELSTELLING** ▶ De doelstelling van de stichting staat in de Statuten als volgt omschreven: ☑ instandhouden, respectievelijk bevorderen van centra voor revalidatie, behandeling, verpleging en/of verzorging van minder-valide kinderen van alle gezindten; ☑ medewerken aan algemene voorzieningen c.q. tewerkstelling en huisvesting van meerderjarigen die gedurende hun minderjarigheid gerevalideerd zijn; ☑ het waar nodig en mogelijk medewerken aan maatregelen ter voorkoming van minder-validiteit. **STICHTER(S)** ▶ Reinhard baron van Lynden en Maria Catherina baronesse van Pallandt bij testament **HISTORIE** ▶ De Cornelia-Stichting is opgericht op 11 mei 1915 en genoemd naar Freule Cornelia van Lynden die op 26 mei 1880 is overleden aan tuberculose. Het vermogen van deze Stichting bestaat uit boerderijen, landerijen (onder meer in Beetsterzwaag) alsmede een effectenportefeuille. **BELEIDSPLAN OP WEBSITE** ▶ ja.

Doelgroep ■ **ALGEMEEN** ▶ kinderen, jongeren, gehandicapten **SPECIFIEK** ▶ Projecten gericht op kinderen of jongvolwassenen t/m 30 jaar met een lichamelijke en/of geestelijke beperking. **ACTIVITEITEN** ▶ De opbrengst van de bezittingen van de stichting wordt besteed aan financiële ondersteuning van allerlei vormen van zorg, ondersteuning en onderzoek ten behoeve van kinderen met een beperking (in ruime zin), bij voorkeur in Beetsterzwaag, alsmede in Friesland, (Noord) Nederland en zo nu en dan in het buitenland. Die steun betreft vaak kleine projecten die vernieuwend zijn, veelal op het gebied van huisvesting en recreatieve doeleinden voor kinderen met een beperking. De diversiteit van de projecten waaraan wordt bijgedragen is groot, van aangepaste zorgboerderij en kinderhotel met begeleiding tot (buitenlands) vakantieverblijf en begeleid sporten. **INTERVENTIENIVEAU** ▶ Steun aan lokale/provinciale maatschappelijke organisaties en structuren (incl. gemeenten etc.) die diensten verlenen aan individuen.; Steun aan individuen (directe steun).

Werkgebied ■ **ACTIERADIUS** ▶ Nationaal, Regionaal **LAND** ▶ Nederland **REGIO** ▶ Friesland.

Bestedingen ■ **BUDGET** ▶ niet openbaar **SOORT BIJDRAGE** ▶ giften **BOVENGRENS** ▶ geen **ONDERGRENS** ▶ geen.

Projecten ■ **CRITERIA** ▶ Het geven van bijdragen aan allerlei vormen van zorg, ondersteuning en onderzoek voor zover passend in het uitgangspunt en de doelstelling. Het betreft een project (in principe eenmalig), in bijzondere gevallen een individu. **DOORLOOPTIJD** ▶ ☑ korter dan 1 jaar **STATUS AANVRAGER** ▶ ☑ geen beperkingen bekend **VOORKEUR/UITSLUITING** ▶ Aanvragen uit Friesland genieten de voorkeur van de Stichting. Geen exploitatiekosten; geen voor de overheid subsidiabele kosten. Geen fundamenteel onderzoek. Geen ontwikkelingshulp in het buitenland. In beginsel geen projecten, die gericht zijn op noodhulp.

Procedure ■ **OP AANVRAAG** ▶ ja **AANVRAAGPROCEDURE** ▶ Wanneer u denkt dat uw project in aanmerking komt voor een bijdrage, dan kunt u de quickscan doorlopen. In deze quickscan beantwoordt u een aantal vragen, waarmee u kunt vaststellen of uw project binnen de criteria van de Cornelia stichting valt. Bij een positieve uitkomst van de quickscan wordt u uitgenodigd zich te registreren en uw aanvraag in te dienen. U heeft daarbij een aantal stukken nodig; ☑ Projectomschrijving met bijbehorende projectbegroting; ☑ Wijze van financiering: welke andere fondsen zijn er benaderd en wat was hiervan het resultaat; ☑ Een recent financieel en inhoudelijk jaarverslag van de aanvragende en (indien van toepassing) de daarmee verbonden of verwante instellingen (zoals 'vrienden van' Stichtingen); ☑ Statuten en bestuurssamenstelling; ☑ Referenties van organisaties of personen die ons bekend zijn, indien u een aanvraag indient voor een project buiten Nederland; ☑ Voorgenomen wijze van rapportage aan de Cornelia-Stichting Na registratie kunt u voortaan via uw eigen account inloggen en aanvragen indienen. Het bestuur van de Cornelia-Stichting komt twee maal per jaar (juni en november) bijeen om de aanvragen te beoordelen en te toetsen aan de doelstelling. **URL** ► www.cornelia-stichting.nl/aanvraag/

Financieel ■ **INKOMSTEN EV** ► € 420.000 **HERKOMST MIDDELEN** ► vermogen, inkomsten uit vermogen **BOEKJAAR** ► 2018 **JAARVERSLAG OP WEBSITE** ► ja.

Contact ■ **BEREIKBAAR PER** ► ☑ post ☑ e-mail ☑ telefoon **CONTACTPERSOON** ► Ing. A. Bergsma **POSTADRES** ► Postbus 12, 9244 ZN Beetsterzwaag **EMAIL (ALGEMEEN)** ► info@cornelia-stichting.nl **TELEFOON (ALGEMEEN)** ► 06-30636409.

223

Stichting "Cornelis Cornelisz-fonds"

Rubriek ■ ☑ maatschappij, welzijn en samenleving ☑ kunst en cultuur ☑ gezondheidszorg

Algemeen ■ **WEBSITE** ► www.rvdwal.nl/groep/mvo **TYPERING** ► vermogensfonds **OPGERICHT** ► 18-12-2007 **RECHTSVORM** ► stichting **KVK** ► 34235936 **ANBI STATUS** ► ja **DIRECTIE** ► geen directiegegevens bekend **BESTUUR** ► Mw. K. Admiraal-Adema, voorzitter; R. Fleer, penningmeester; B.G. van Gelder, secretaris.

Missie ■ **DOELSTELLING** ► Stichting Cornelis Cornelisz-fonds geeft financiële bijdragen aan uiteenlopende initiatieven, die bijdragen aan het welzijn en de leefbaarheid van de regio Noord Kennemerland. Denk daarbij aan activiteiten op sociaal, cultureel, en het sportieve vlak. **STICHTER(S)** ► Van der Wal Groep **HISTORIE** ► De wens van de directie van de Van der Wal Groep, om op een gestructureerde wijze vorm te geven aan het ondersteunen van (lokale) initiatieven en goede doelen heeft medio 2007 geresulteerd in de oprichting van de Stichting Cornelis Cornelisz Fonds. **BELEIDSPLAN OP WEBSITE** ► ja.

Doelgroep ■ **SPECIFIEK** ► (lokale) Initiatieven en goede doelen. **ACTIVITEITEN** ► Het ondersteunen van projecten op het gebied van de gezondheidszorg, natuur,; milieu, ontwikkelingshulp en welijn. **INTERVENTIENIVEAU** ► Steun aan lokale/provinciale maatschappelijke organisaties en structuren (incl. gemeenten etc.) die diensten verlenen aan individuen.

Werkgebied ■ **ACTIERADIUS** ► Regionaal **LAND** ► Nederland **REGIO** ► Noord Kennemerland.

Bestedingen ■ **BUDGET** ► niet openbaar **TOELICHTING** ► Jaarlijks wordt een percentage van de gerealiseerde bedrijfswinst van de Van der Wal Groep aan dit fonds geschonken. **ONDERSTEUNDE PROJECTEN P/J** ► 3 **SOORT BIJDRAGE** ► onbekend **BOVENGRENS** ► geen **ONDERGRENS** ► geen.

Projecten ■ **CRITERIA** ► De activiteiten/initiatieven dienen plaats te vinden binnen de regio Noord Kennemerland. **DOORLOOPTIJD** ► ☑ onbekend **STATUS AANVRAGER** ► ☑ stichting of vereniging (non-profit) ☑ bedrijf ☑ kerkelijke instelling ☑ onderwijsinstelling **VOORKEUR/UITSLUITING** ► De Stichting vergoedt geen kosten die al zijn gemaakt. U kunt bij de Stichting alleen financiering vooraf aanvragen. In principe kunnen alleen officiële stichtingen, bedrijven of verenigingen een bijdrage krijgen, echter in uitzonderlijke gevallen kan hiervan af geweken worden. Een informele vereniging kan ook voor een bijdrage in aanmerking komen, maar dan alleen voor speciale projecten.

Procedure ■ **OP AANVRAAG** ► ja **AANVRAAGPROCEDURE** ► Wanneer u in aanmerking wilt komen van een financiële bijdrage moet u altijd een schriftelijke aanvraag indienen. Dat doet u met het algemene aanvraagformulier. Of via een formeel schrijven. **URL** ► www.rvdwal.nl/uploads/files/beleidsplan.doc

Financieel ■ **EIGEN VERMOGEN** ► € 21.207 **HERKOMST MIDDELEN** ► moederorganisatie (bijdragen), giften & schenkingen **BOEKJAAR** ► 2018.

Contact ■ **BEREIKBAAR PER** ► ☑ post ☑ e-mail ☑ telefoon **CONTACTPERSOON** ► geen contactpersoon bekend **POSTADRES** ► Postbus 193, 1940 AD Beverwijk **EMAIL (ALGEMEEN)** ► j.admiraal@rvdwal.nl **TELEFOON (ALGEMEEN)** ► 025-1248518.

224

Cornelis Fop Smit Fonds

Rubriek ■ ☑ kunst en cultuur

Algemeen ■ **WEBSITE** ► www.cultuurfonds.nl **TYPERING** ► fonds op naam **BEHEERD DOOR** ► Prins Bernhard Cultuurfonds **DIRECTIE** ► zie > Prins Bernhard Cultuurfonds **BESTUUR** ► zie > Prins Bernhard Cultuurfonds

Missie ■ **DOELSTELLING** ► Het financieel ondersteunen van de restauratie van onroerende monumenten in de provincies Zuid-Holland en Zeeland en varende monumenten in Nederland.

Werkgebied ■ **ACTIERADIUS** ► Nationaal, Regionaal **LAND** ► Nederland **REGIO** ► Zuid-Holland, Zeeland.

Projecten ■ **CRITERIA** ► geen projectcriteria bekend **DOORLOOPTIJD** ► ☑ korter dan 1 jaar **STATUS AANVRAGER** ► ☑ geen beperkingen bekend **VOORKEUR/UITSLUITING** ► geen voorkeur of uitsluiting bekend.

Procedure ■ **OP AANVRAAG** ► ja **AANVRAAGPROCEDURE** ► Dit 'fonds op naam' ressorteert onder het Prins Bernhard Cultuurfonds. Verzoeken aan fondsen op naam komen op één centraal punt binnen. Dit houdt in dat een subsidieaanvraag slechts eenmaal aan het Prins Bernhard Cultuurfonds hoeft te worden gezonden. Voor de verdere aanvraagprocedure: zie Prins Bernhard Cultuurfonds. **URL** ► www.cultuurfonds.nl/aanvragen

Contact ■ **BEREIKBAAR PER** ► ☑ post ☑ e-mail ☑ telefoon **CONTACTPERSOON** ► geen contactpersoon bekend **POSTADRES** ► Postbus 19750, 1000 GT Amsterdam **EMAIL (ALGEMEEN)** ► info@cultuurfonds.nl **TELEFOON (ALGEMEEN)** ► 020-5206130.

225
Stichting Cornelis Maria Pennings

Rubriek ■ ☑ maatschappij, welzijn en samenleving

Algemeen ■ WEBSITE ▶ www.kennisbankfilantropie.nl/anbi/cornelis-maria-pennings TYPERING ▶ vermogensfonds OPGERICHT ▶ 07-11-1938 RECHTSVORM ▶ stichting KVK ▶ 41197498 ANBI STATUS ▶ ja DIRECTIE ▶ geen directiegegevens bekend BESTUUR ▶ L. Boon, voorzitter; P.J. Hesp, penningmeester; J.H.W.M. Heijman, secretaris; A.J. Plaisier.

Missie ■ DOELSTELLING ▶ De stichting heeft ten doel: ☑ Het bevorderen van zorg en welzijn aan mensen in alle leeftijdscategorieën, zowel nationaal als internationaal in de breedste zin des woords; ☑ het bevorderen van wederzijds begrip tussen volkeren, mensen en culturen; ☑ het verrichten van alle verdere handelingen, die met het vorenstaande in de ruimste zin verband houden of daartoe bevorderlijk kunnen zijn. HISTORIE ▶ Stichting Cornelis Maria Pennings is als steunstichting in 1938 opgericht ter ondersteuning van een weeshuis. In de loop der tijd veranderden de doelen. Een groot aantal jaren tot 2007 werden met name een bejaardenhuis annex verzorgingshuis ondersteund gelegen aan de Kalfjeslaan te Amstelveen. Toen deze activiteiten opgingen in een 'grotere organisatie' (Amstelhuizen) besloot het bestuur de aandacht te richten op Nederlandse Stichtingen werkzaam in het buitenland. Nadat verschillende doelen in verschillende landen werden gesteund besloot het bestuur de focus te leggen op een geografisch meer beperkt gebied. Het aandachtsgebied voor de komende jaren is Peru. BELEIDSPLAN OP WEBSITE ▶ ja.

Doelgroep ■ ALGEMEEN ▶ inheemse volken SPECIFIEK ▶ Projecten die het bevorderen van zorg en welzijn van mensen in alle leeftijdscategorieën, zowel nationaal als internationaal als doel hebben. ACTIVITEITEN ▶ Stichting Cornelis Maria Pennings streeft er naar jaarlijks minimaal één stichting te ondersteunen in het geschikt maken van haar huisvesting voor het nagestreefde doel. Daarnaast is enkele jaren geleden met de Nepalese stichting 'Matri Griha' afgesproken studiebeurzen ter beschikking te stellen om het kinderen mogelijk te maken een schoolopleiding te volgen. Het aandachtsgebied is momenteel Peru. INTERVENTIENIVEAU ▶ Steun aan lokale/provinciale maatschappelijke organisaties en structuren (incl. gemeenten etc.) die diensten verlenen aan individuen.

Werkgebied ■ ACTIERADIUS ▶ Internationaal LAND ▶ Peru.

Bestedingen ■ BUDGET ▶ niet openbaar SOORT BIJDRAGE ▶ giften studiebeurzen BOVENGRENS ▶ geen ONDERGRENS ▶ geen.

Projecten ■ CRITERIA ▶ geen projectcriteria bekend DOORLOOPTIJD ▶ ☑ onbekend STATUS AANVRAGER ▶ ☑ stichting of vereniging (non-profit) VOORKEUR/UITSLUITING ▶ Geen voorkeur/uitsluiting bekend.

Procedure ■ OP AANVRAAG ▶ onbekend AANVRAAGPROCEDURE ▶ Geen aanvraagprocedure bekend.

Financieel ■ EIGEN VERMOGEN ▶ € 82.358 HERKOMST MIDDELEN ▶ vermogen BOEKJAAR ▶ 2018 JAARVERSLAG OP WEBSITE ▶ ja.

Contact ■ BEREIKBAAR PER ▶ ☑ post ☑ e-mail ☑ telefoon CONTACTPERSOON ▶ geen contactpersoon bekend POSTADRES ▶ Plantsoen Laanhorn 17, 1181 BE Amstelveen EMAIL (ALGEMEEN) ▶ cornelismariapennings@gmail.com TELEFOON (ALGEMEEN) ▶ 06-53448643.

226
Corry Takken Fonds

Rubriek ■ ☑ kunst en cultuur

Algemeen ■ WEBSITE ▶ www.cultuurfonds.nl TYPERING ▶ fonds op naam BEHEERD DOOR ▶ Prins Bernhard Cultuurfonds DIRECTIE ▶ zie > Prins Bernhard Cultuurfonds BESTUUR ▶ zie > Prins Bernhard Cultuurfonds

Missie ■ DOELSTELLING ▶ Het financieel ondersteunen van projecten op het werkterrein van het Prins Bernhard Cultuurfonds in Gelderland, waarbij de voorkeur uitgaat naar kleinere projecten met een sociaal karakter. Aanvragen worden behandeld door het Prins Bernhard Cultuurfonds Gelderland.

Werkgebied ■ ACTIERADIUS ▶ Nationaal LAND ▶ Nederland REGIO ▶ Gelderland.

Projecten ■ CRITERIA ▶ geen projectcriteria bekend DOORLOOPTIJD ▶ ☑ korter dan 1 jaar STATUS AANVRAGER ▶ ☑ geen beperkingen bekend VOORKEUR/UITSLUITING ▶ geen voorkeur of uitsluiting bekend.

Procedure ■ OP AANVRAAG ▶ ja AANVRAAGPROCEDURE ▶ Dit 'fonds op naam' ressorteert onder het Prins Bernhard Cultuurfonds. Verzoeken aan fondsen op naam komen op één centraal punt binnen. Dit houdt in dat een subsidieaanvraag slechts eenmaal aan het Prins Bernhard Cultuurfonds hoeft te worden gezonden. Voor de verdere aanvraagprocedure: zie Prins Bernhard Cultuurfonds. URL ▶ www.cultuurfonds.nl/aanvragen

Contact ■ BEREIKBAAR PER ▶ ☑ post ☑ e-mail ☑ telefoon CONTACTPERSOON ▶ geen contactpersoon bekend POSTADRES ▶ Postbus 19750, 1000 GT Amsterdam EMAIL (ALGEMEEN) ▶ info@cultuurfonds.nl TELEFOON (ALGEMEEN) ▶ 020-5206130.

227
Coulissen Fonds

Rubriek ■ ☑ kunst en cultuur

Algemeen ■ WEBSITE ▶ www.cultuurfonds.nl TYPERING ▶ fonds op naam BEHEERD DOOR ▶ Prins Bernhard Cultuurfonds DIRECTIE ▶ zie > Prins Bernhard Cultuurfonds BESTUUR ▶ zie > Prins Bernhard Cultuurfonds

Missie ■ DOELSTELLING ▶ Het financieel ondersteunen van (amateur) kunst- en cultuurprojecten in de Achterhoek. Aanvragen worden behandeld door het Prins Bernhard Cultuurfonds Gelderland.

Werkgebied ■ ACTIERADIUS ▶ Regionaal LAND ▶ Nederland REGIO ▶ Achterhoek, Gelderland.

Projecten ■ CRITERIA ▶ geen projectcriteria bekend DOORLOOPTIJD ▶ ☑ korter dan 1 jaar STATUS AANVRAGER ▶ ☑ geen beperkingen bekend

VOORKEUR/UITSLUITING ▶ geen voorkeur of uitsluiting bekend.

Procedure ■ OP AANVRAAG ▶ ja AANVRAAGPROCEDURE ▶ Dit 'fonds op naam' ressorteert onder het Prins Bernhard Cultuurfonds. Verzoeken aan fondsen op naam komen op één centraal punt binnen. Dit houdt in dat een subsidieaanvraag slechts eenmaal aan het Prins Bernhard Cultuurfonds hoeft te worden gezonden. Voor de verdere aanvraagprocedure: zie Prins Bernhard Cultuurfonds. URL ▶ www.cultuurfonds.nl/aanvragen

Contact ■ BEREIKBAAR PER ▶ ☑ post ☑ e-mail ☑ telefoon CONTACTPERSOON ▶ geen contactpersoon bekend POSTADRES ▶ Postbus 19750, 1000 GT Amsterdam EMAIL (ALGEMEEN) ▶ info@cultuurfonds.nl TELEFOON (ALGEMEEN) ▶ 020-5206130.

228

Cromhoutstichting

Rubriek ■ ☑ noodhulp

Algemeen ■ WEBSITE ▶ www.cromhoutstichting.nl/index-f.htm TYPERING ▶ vermogensfonds OPGERICHT ▶ 21-03-1916 RECHTSVORM ▶ stichting KVK ▶ 41038575 ANBI STATUS ▶ nee DIRECTIE ▶ geen directiegegevens bekend BESTUUR ▶ Mw. M. Bouwman-Matthijssen, voorzitter; L. Willemse, secretaris; mw. M. Blom-Uiterweerd; M. Oosterveen; mw. W. te Braak.

Missie ■ DOELSTELLING ▶ De stichting heeft ten doel de inkomsten van haar goederen aan te wenden tot het doen van weldadigheid, door hulp te verstrekken aan personen, uit elke stand en zonder onderscheid van godsdienstig geloof, die woonachtig zijn binnen de gemeente Brummen en die onvoldoende inkomsten hebben om daaruit noodzakelijke uitgaven te bestrijden of behoorlijk in hun onderhoud te voorzien en in het algemeen het verlenen van financiële bijstand aan personen en/of instellingen binnen de gemeente Brummen, ter voorkoming of leniging van geestelijke, lichamelijke of sociale nood en al hetgeen met één en ander in de ruimste zin verband houdt. STICHTER(S) ▶ Johannes Gerard Cromhout HISTORIE ▶ De Cromhoutstichting is opgericht op 21 maart 1916, de dag dat Sara Judea Petronella Cromhout werd begraven. Zij overleed op 77- jarige leeftijd, 2 maanden na haar broer Johannes Gerard Cromhout. Deze grondlegger bepaalde in 1906 in zijn testament dat na zijn overlijden, na uitdeling van legaten en schenkingen, zijn overige bezittingen en vermogen ingebracht zouden moeten worden in de Cromhoutstichting. J.G. Cromhout was van 1872 tot aan zijn overlijden op 26 januari 1916 gemeenteontvanger van de gemeente Brummen. Bij leven gaven zij al veel steun aan inwoners van Brummen en zij wilden dat dit werk na hun dood voortgezet zou worden. Na hun overlijden werd hun woonhuis en andere onroerende goederen ingebracht in de stichting.

Doelgroep ■ SPECIFIEK ▶ Inwoners van de gemeente Brummen die in financiële problemen verkeren en geen beroep kunnen doen op andere instanties. ACTIVITEITEN ▶ De hulp zal nooit bestaan uit een directe gift, maar altijd uit een concrete, éénmalige of tijdelijke ondersteuning. B.v. bij de aanschaf van een huishoudelijk apparaat betalen wij de leverancier en bij een onderwijskundige ondersteuningbetalen wij de instelling. INTERVENTIENIVEAU ▶ Steun aan individuen (directe steun).

Werkgebied ■ ACTIERADIUS ▶ Lokaal LAND ▶ Nederland PLAATS ▶ Brummen.

Bestedingen ■ BUDGET ▶ niet openbaar SOORT BIJDRAGE ▶ giften BOVENGRENS ▶ geen ONDERGRENS ▶ geen.

Projecten ■ CRITERIA ▶ geen projectcriteria bekend DOORLOOPTIJD ▶ ☑ korter dan 1 jaar STATUS AANVRAGER ▶ ☑ stichting of vereniging (non-profit) ☑ hulpverleners ☑ individuen/gezinnen VOORKEUR/UITSLUITING ▶ Enkel personen en/of instellingen binnen de gemeente Brummen.

Procedure ■ OP AANVRAAG ▶ ja AANVRAAGPROCEDURE ▶ Schriftelijk. Aanvragen aan de Cromhoutstichting kunnen verlopen via de S.W.B. of rechtstreeks aan de administrateur via info@cromhoutstichting.nl URL ▶ www.cromhoutstichting.nl/index-f.htm

Financieel ■ HERKOMST MIDDELEN ▶ vermogen.

Contact ■ BEREIKBAAR PER ▶ ☑ post ☑ e-mail ☒ telefoon CONTACTPERSOON ▶ geen contactpersoon bekend POSTADRES ▶ Doonweg 1, 6961 LK Eerbeek EMAIL (ALGEMEEN) ▶ info@cromhoutstichting.nl.

229

Crone-Haver Droeze Fonds

Rubriek ■ ☑ gezondheidszorg ☑ onderwijs en onderzoek ☑ kunst en cultuur

Algemeen ■ WEBSITE ▶ www.cultuurfonds.nl TYPERING ▶ fonds op naam BEHEERD DOOR ▶ Prins Bernhard Cultuurfonds DIRECTIE ▶ zie > Prins Bernhard Cultuurfonds BESTUUR ▶ zie > Prins Bernhard Cultuurfonds

Missie ■ DOELSTELLING ▶ Het verlenen van beurzen op het gebied van de geneeskunde en de elektrotechniek en het financieel ondersteunen van bij voorkeur educatieve of geschiedkundige projecten op het terrein van de geneeskunde en de elektrotechniek.

Werkgebied ■ ACTIERADIUS ▶ Nationaal LAND ▶ Nederland.

Projecten ■ CRITERIA ▶ geen projectcriteria bekend DOORLOOPTIJD ▶ ☑ korter dan 1 jaar STATUS AANVRAGER ▶ ☑ geen beperkingen bekend VOORKEUR/UITSLUITING ▶ Voorkeur gaat uit naar educatieve of geschiedkundige projecten.

Procedure ■ OP AANVRAAG ▶ ja AANVRAAGPROCEDURE ▶ Dit 'fonds op naam' ressorteert onder het Prins Bernhard Cultuurfonds. Verzoeken aan fondsen op naam komen op één centraal punt binnen. Dit houdt in dat een subsidieaanvraag slechts eenmaal aan het Prins Bernhard Cultuurfonds hoeft te worden gezonden. Voor de verdere aanvraagprocedure: zie Prins Bernhard Cultuurfonds. URL ▶ www.cultuurfonds.nl/aanvragen

Contact ■ BEREIKBAAR PER ▶ ☑ post ☑ e-mail ☑ telefoon CONTACTPERSOON ▶ geen contactpersoon bekend POSTADRES ▶ Postbus 19750, 1000 GT Amsterdam EMAIL (ALGEMEEN) ▶ info@cultuurfonds.nl TELEFOON (ALGEMEEN) ▶ 020-5206130.

230
Stichting Cultuur + Ondernemen

Rubriek ■ ☑ kunst en cultuur

Algemeen ■ WEBSITE ► www.cultuur-ondernemen.nl TYPERING ► vermogensfonds OPGERICHT ► 01-01-2002 RECHTSVORM ► stichting KVK ► 34165533 ANBI STATUS ► ja DIRECTIE ► mw. T. Haaxma BESTUUR ► S. de Waal, voorzitter; mw. J. Bakker; S. Vellenga; A. Dursun; mw. M. Vencken.

Missie ■ DOELSTELLING ► De stichting heeft tot doel: ☑ Het zijn van een maatschappelijke kennisonderneming op het gebied van cultuur en ondernemen, speciaal gericht op kunstenaars en creatieven en organisaties voor kunst en cultuur; ☑ Het zijn van een professioneel kennisknooppunt op het terrein van ondernemerschap voor kunstenaars en creatieven en voor organisaties voor kunst en cultuur; ☑ Het bevorderen van de economische zelfstandigheid van kunstenaars en culturele organisaties; ☑ Het bevorderen van interactie tussen organisaties en individuen die werkzaam zijn in de culturele sector met het bedrijfsleven, overheden en publieke organisaties; ☑ Het zijn van houdster van de Governance Code Cultuur; ☑ Het in samenwerking met Fonds Cultuur+Financiering beschikbaar stellen van revolverende financieringsvormen voor zelfstandig werkende kunstenaars,creatieven en culturele organisaties. STICHTER(S) ► Ministerie van sociale zaken, kunstenaarsverenigingen, juridische voorlopers HISTORIE ► Het Ministerie van sociale zaken heeft in 1935 het Voorzieningsfonds voor Kunstenaars opgericht om kunstenaars in financiele nood te ondersteunen. Na fusies met oa. Podium Kunstwerk en Kunst&Zaken is Cultuur+Ondernemen ontstaan in 2010.

Doelgroep ■ ALGEMEEN ► mannen, vrouwen SPECIFIEK ► Kunstenaars, creatieven, culturele organisaties. ACTIVITEITEN ► De stichting tracht haar doel onder meer te verwezenlijken door: ☑ het geven van voorlichting, informatie en adviezen; ☑ het verzamelen en distribueren van kennis; ☑ het opzetten van netwerken; ☑ het ontwikkelen van nieuwe financieringsinstrumenten; ☑ het ontwikkelen en beschikbaar stellen van faciliteiten die bijdragen aan het versterken; van de economische zelfstandigheid van de doelgroep; ☑ het uitdragen en bevorderen van goed bestuur en de Governance Code Cultuur; ☑ het ontwikkelen en managen van projecten. INTERVENTIENIVEAU ► Steun aan individuen (directe steun).; Steun aan lokale/provinciale maatschappelijke organisaties en structuren (incl. gemeenten etc.) die diensten verlenen aan individuen.

Werkgebied ■ ACTIERADIUS ► Nationaal LAND ► Nederland.

Bestedingen ■ BUDGET ► niet openbaar SOORT BIJDRAGE ► leningen subsidies garanties overig BOVENGRENS ► geen ONDERGRENS ► geen.

Projecten ■ CRITERIA ► Projecten met als doel het stimuleren en ondersteunen van kunstenaars, creatieven en culturele organisaties bij het ontwikkelen van rendabele beroepspraktijk of bedrijfsvoering. De projectcriteria zijn afhankelijk van het type project. Voor een overzicht kan de website geraadpleegd worden. DOORLOOPTIJD ► ☑ onbekend STATUS AANVRAGER ► ☑ geen beperkingen bekend VOORKEUR/UITSLUITING ► Verstrekte kredieten moeten (kunnen) worden terugbetaald, daarop vindt vooraf toetsing plaats. Deel van de toetsing kan een ondernemingsplan zijn en/of toetsing bij BKR.

Procedure ■ OP AANVRAAG ► ja DOORLOOPTIJD ► 1-3 maanden AANVRAAGPROCEDURE ► De aanvraagprocedure is afhankelijk van het gewenste product. Op de website zijn per product de procedures toegelicht. Het is mogelijk een gratis oriëntatiegesprek te voeren. URL ► https://www.cultuur-ondernemen.nl/productoverzicht

Financieel ■ EIGEN VERMOGEN ► € 1.463.110 INKOMSTEN OV ► € 4.386.525 HERKOMST MIDDELEN ► vermogen, overige inkomsten BOEKJAAR ► 2019 JAARVERSLAG OP WEBSITE ► ja.

Contact ■ BEREIKBAAR PER ► ☑ post ☑ e-mail ☑ telefoon CONTACTPERSOON ► geen contactpersoon bekend POSTADRES ► Postbus 2617, 1000 CP Amsterdam EMAIL (ALGEMEEN) ► info@cultuur-ondernemen.nl TELEFOON (ALGEMEEN) ► 020-5352500.

231
Cultuurfonds Hattem

Rubriek ■ ☑ kunst en cultuur ☑ maatschappij, welzijn en samenleving

Algemeen ■ WEBSITE ► www.cultuurfonds.nl TYPERING ► fonds op naam BEHEERD DOOR ► Prins Bernhard Cultuurfonds DIRECTIE ► zie > Prins Bernhard Cultuurfonds BESTUUR ► zie > Prins Bernhard Cultuurfonds

Missie ■ DOELSTELLING ► Het verwerven van middelen om deze ter beschikking te stellen aan cultuur en natuur bevorderende, alsmede samenlevingsverbindende ideeën, projecten en initiatieven, die de stad Hattem extra aantrekkelijk maken om er te wonen, te werken en te recreëren. Eén en ander voor zover van de overheid en/of andere instanties redelijkerwijze niet verwacht mag worden, dat zij daarvoor financiële middelen ter beschikking stellen.

Werkgebied ■ ACTIERADIUS ► Lokaal LAND ► Nederland REGIO ► Gelderland PLAATS ► Hattem.

Projecten ■ CRITERIA ► geen projectcriteria bekend DOORLOOPTIJD ► ☑ onbekend STATUS AANVRAGER ► ☑ geen beperkingen bekend VOORKEUR/UITSLUITING ► geen voorkeur of uitsluiting bekend.

Procedure ■ OP AANVRAAG ► ja AANVRAAGPROCEDURE ► Dit 'fonds op naam' ressorteert onder het Prins Bernhard Cultuurfonds. Verzoeken aan fondsen op naam komen op één centraal punt binnen. Dit houdt in dat een subsidieaanvraag slechts eenmaal aan het Prins Bernhard Cultuurfonds hoeft te worden gezonden. Voor de verdere aanvraagprocedure: zie Prins Bernhard Cultuurfonds. URL ► www.cultuurfonds.nl/aanvragen

Contact ■ BEREIKBAAR PER ► ☑ post ☑ e-mail ☑ telefoon CONTACTPERSOON ► geen contactpersoon bekend POSTADRES ► Postbus 19750, 1000 GT Amsterdam EMAIL (ALGEMEEN) ► info@cultuurfonds.nl TELEFOON (ALGEMEEN) ► 020-5206130.

232
Cultuurfonds Houten

Rubriek ■ ☑ maatschappij, welzijn en samenleving ☑ kunst en cultuur

Algemeen ■ **WEBSITE** ▶ www.cultuurfonds.nl **TYPERING** ▶ fonds op naam **BEHEERD DOOR** ▶ Prins Bernhard Cultuurfonds **DIRECTIE** ▶ zie > Prins Bernhard Cultuurfonds **BESTUUR** ▶ zie > Prins Bernhard Cultuurfonds

Missie ■ **DOELSTELLING** ▶ Het financieel ondersteunen van culturele initiatieven voor en door inwoners van Houten, die gericht zijn op de versterking van de samenleving, lokale identiteit en gemeenschapszin. Aanvragen worden behandeld door het Prins Bernhard Cultuurfonds Utrecht.

Werkgebied ■ **ACTIERADIUS** ▶ Lokaal **LAND** ▶ Nederland **REGIO** ▶ Utrecht **PLAATS** ▶ Houten.

Projecten ■ **CRITERIA** ▶ geen projectcriteria bekend **DOORLOOPTIJD** ▶ ☑ korter dan 1 jaar **STATUS AANVRAGER** ▶ ☑ stichting of vereniging (non-profit) ☑ individuen/gezinnen **VOORKEUR/UITSLUITING** ▶ geen voorkeur of uitsluiting bekend.

Procedure ■ **OP AANVRAAG** ▶ ja **AANVRAAGPROCEDURE** ▶ Dit 'fonds op naam' ressorteert onder het Prins Bernhard Cultuurfonds. Verzoeken aan fondsen op naam komen op één centraal punt binnen. Dit houdt in dat een subsidieaanvraag slechts eenmaal aan het Prins Bernhard Cultuurfonds hoeft te worden gezonden. Voor de verdere aanvraagprocedure: zie Prins Bernhard Cultuurfonds. **URL** ▶ www.cultuurfonds.nl/aanvragen

Contact ■ **BEREIKBAAR PER** ▶ ☑ post ☑ e-mail ☑ telefoon **CONTACTPERSOON** ▶ geen contactpersoon bekend **POSTADRES** ▶ Postbus 19750, 1000 GT Amsterdam **EMAIL (ALGEMEEN)** ▶ info@cultuurfonds.nl **TELEFOON (ALGEMEEN)** ▶ 020-5206130.

233
Cultuurfonds Kampen

Rubriek ■ ☑ kunst en cultuur

Algemeen ■ **WEBSITE** ▶ www.cultuurfonds.nl **TYPERING** ▶ fonds op naam **BEHEERD DOOR** ▶ Prins Bernhard Cultuurfonds **DIRECTIE** ▶ zie > Prins Bernhard Cultuurfonds **BESTUUR** ▶ zie > Prins Bernhard Cultuurfonds

Missie ■ **DOELSTELLING** ▶ Het financieel ondersteunen van vernieuwende en onderscheidende projecten op het gebied van kunst en cultuur in Kampen. Aanvragen worden behandeld door het Prins Bernhard Cultuurfonds Overijssel.

Werkgebied ■ **ACTIERADIUS** ▶ Lokaal **LAND** ▶ Nederland **REGIO** ▶ Overijssel **PLAATS** ▶ Kampen.

Projecten ■ **CRITERIA** ▶ geen projectcriteria bekend **DOORLOOPTIJD** ▶ ☑ korter dan 1 jaar **STATUS AANVRAGER** ▶ ☑ geen beperkingen bekend **VOORKEUR/UITSLUITING** ▶ geen voorkeur of uitsluiting bekend.

Procedure ■ **OP AANVRAAG** ▶ ja **AANVRAAGPROCEDURE** ▶ Dit 'fonds op naam' ressorteert onder het Prins Bernhard Cultuurfonds. Verzoeken aan fondsen op naam komen op één centraal punt binnen. Dit houdt in dat een subsidieaanvraag slechts eenmaal aan het Prins Bernhard Cultuurfonds hoeft te worden gezonden. Voor de verdere aanvraagprocedure: zie Prins Bernhard Cultuurfonds. **URL** ▶ www.cultuurfonds.nl/aanvragen

Contact ■ **BEREIKBAAR PER** ▶ ☑ post ☑ e-mail ☑ telefoon **CONTACTPERSOON** ▶ geen contactpersoon bekend **POSTADRES** ▶ Postbus 19750, 1000 GT Amsterdam **EMAIL (ALGEMEEN)** ▶ info@cultuurfonds.nl **TELEFOON (ALGEMEEN)** ▶ 020-5206130.

234
Stichting Cultuurfonds Nico en Zingra Nagtegaal-Geerts

Rubriek ■ ☑ kunst en cultuur

Algemeen ■ **WEBSITE** ▶ https://www.kennisbankfilantropie.nl/anbi/cultuurfonds-nico-en-zingra-nagtegaal-geerts **TYPERING** ▶ vermogensfonds **OPGERICHT** ▶ 11-01-2012 **RECHTSVORM** ▶ stichting **KVK** ▶ 54500028 **ANBI STATUS** ▶ ja **DIRECTIE** ▶ geen directiegegevens bekend **BESTUUR** ▶ J. Vlemmix, voorzitter; E. Nagtegaal, penningmeester; H. Bulle, secretaris; mw. C. Crouwel.

Missie ■ **DOELSTELLING** ▶ ☑ Het bevorderen van kennis op het gebied van heemkunde met betrekking tot de gemeente Nuenen CA bij een zo breed mogelijk publiek. ☑ Het bevorderen van de amateur-schilderkunst in de gemeente Nuenen. ☑ Bij te dragen aan de verfraaiing van de begraafplaats 'De Roosdoncken' aan de Broekdijk in Nuenen. ☑ Het ondersteunen, in de zin van verfraaien, van het kerkgebouw 'De Regenboog' aan de Sportlaan en het 'Van Gogh' kerkje aan de Papenvoort in Nuenen.

Doelgroep ■ **ALGEMEEN** ▶ jongeren, kinderen, ouderen, vrouwen, mannen **SPECIFIEK** ▶ Geen specifieke doelgroep **ACTIVITEITEN** ▶ Geen specifieke activiteiten bekend **INTERVENTIENIVEAU** ▶ Steun aan lokale/provinciale maatschappelijke organisaties en structuren (incl. gemeenten etc.) die diensten verlenen aan individuen.

Werkgebied ■ **ACTIERADIUS** ▶ Lokaal **LAND** ▶ Nederland **PLAATS** ▶ Nuenen.

Bestedingen ■ **BUDGET** ▶ niet openbaar **SOORT BIJDRAGE** ▶ giften garanties **BOVENGRENS** ▶ geen **ONDERGRENS** ▶ geen.

Projecten ■ **CRITERIA** ▶ geen projectcriteria bekend **DOORLOOPTIJD** ▶ ☑ onbekend **STATUS AANVRAGER** ▶ ☑ geen beperkingen bekend **VOORKEUR/UITSLUITING** ▶ geen voorkeur of uitsluiting bekend.

Procedure ■ **OP AANVRAAG** ▶ onbekend **AANVRAAGPROCEDURE** ▶ Geen aanvraagprocedure bekend.

Financieel ■ **EIGEN VERMOGEN** ▶ € 133.600 **HERKOMST MIDDELEN** ▶ onbekend **BOEKJAAR** ▶ 2016 **JAARVERSLAG OP WEBSITE** ▶ ja.

Contact ■ **BEREIKBAAR PER** ▶ ☑ post ☑ e-mail ☒ telefoon **CONTACTPERSOON** ▶ H. Bulle **POSTADRES** ▶ Alfons Blommelaan 7, 5671 EG Nuenen **EMAIL (ALGEMEEN)** ▶ herman.bulle@onsnet.nu.

235

Cultuurfonds Rumpt

Rubriek ■ ☑ kunst en cultuur ☑ natuur, milieu en dieren
Algemeen ■ WEBSITE ▶ www.cultuurfonds.nl TYPERING ▶ fonds op naam BEHEERD DOOR ▶ Prins Bernhard Cultuurfonds DIRECTIE ▶ zie > Prins Bernhard Cultuurfonds BESTUUR ▶ zie > Prins Bernhard Cultuurfonds
Missie ■ DOELSTELLING ▶ Het financieel ondersteunen van projecten op het gebied van cultuur en natuur in Rumpt (Gld) en directe omgeving, met aandacht voor educatie. Aanvragers dienen gevestigd dan wel geworteld te zijn in Rumpt.
Werkgebied ■ ACTIERADIUS ▶ Regionaal, Lokaal LAND ▶ Nederland REGIO ▶ Gelderland PLAATS ▶ Rumpt.
Projecten ■ CRITERIA ▶ geen projectcriteria bekend DOORLOOPTIJD ▶ ☑ korter dan 1 jaar STATUS AANVRAGER ▶ ☑ stichting of vereniging (non-profit) VOORKEUR/UITSLUITING ▶ geen voorkeur of uitsluiting bekend.
Procedure ■ OP AANVRAAG ▶ onbekend AANVRAAGPROCEDURE ▶ Dit 'fonds op naam' ressorteert onder het Prins Bernhard Cultuurfonds. Verzoeken aan fondsen op naam komen op één centraal punt binnen. Dit houdt in dat een subsidieaanvraag slechts eenmaal aan het Prins Bernhard Cultuurfonds hoeft te worden gezonden. Voor de verdere aanvraagprocedure: zie Prins Bernhard Cultuurfonds. URL ▶ www.cultuurfonds.nl/aanvragen
Contact ■ BEREIKBAAR PER ▶ ☑ post ☑ e-mail ☑ telefoon CONTACTPERSOON ▶ geen contactpersoon bekend POSTADRES ▶ Postbus 19750, 1000 GT Amsterdam EMAIL (ALGEMEEN) ▶ info@cultuurfonds.nl TELEFOON (ALGEMEEN) ▶ 020-5206130.

236

Cultuurfonds Stichtse Vecht

Rubriek ■ ☑ kunst en cultuur
Algemeen ■ WEBSITE ▶ www.cultuurfonds.nl TYPERING ▶ fonds op naam BEHEERD DOOR ▶ Prins Bernhard Cultuurfonds DIRECTIE ▶ zie > Prins Bernhard Cultuurfonds BESTUUR ▶ zie > Prins Bernhard Cultuurfonds
Missie ■ DOELSTELLING ▶ Het financieel ondersteunen van culturele initiatieven voor en door inwoners van Stichtse Vecht die gericht zijn op de versterking van de samenleving, lokale identiteit en gemeenschapszin. Het bevorderen van cultuurdeelname voor en door inwoners en bezoekers van Stichtse Vecht. Aanvragen worden behandeld door het Prins Bernhard Cultuurfonds Utrecht.
Werkgebied ■ ACTIERADIUS ▶ Lokaal LAND ▶ Nederland REGIO ▶ Utrecht PLAATS ▶ Stichtse Vecht.
Projecten ■ CRITERIA ▶ geen projectcriteria bekend DOORLOOPTIJD ▶ ☑ korter dan 1 jaar STATUS AANVRAGER ▶ ☑ geen beperkingen bekend VOORKEUR/UITSLUITING ▶ geen voorkeur of uitsluiting bekend.
Procedure ■ OP AANVRAAG ▶ onbekend AANVRAAGPROCEDURE ▶ Dit 'fonds op naam' ressorteert onder het Prins Bernhard Cultuurfonds. Verzoeken aan fondsen op naam komen op één centraal punt binnen. Dit houdt in dat een subsidieaanvraag slechts eenmaal aan het Prins Bernhard Cultuurfonds hoeft te worden gezonden. Voor de verdere aanvraagprocedure: zie Prins Bernhard Cultuurfonds. URL ▶ www.cultuurfonds.nl/aanvragen
Contact ■ BEREIKBAAR PER ▶ ☑ post ☑ e-mail ☑ telefoon CONTACTPERSOON ▶ M Menno POSTADRES ▶ Postbus 19750, 1000 GT Amsterdam EMAIL (ALGEMEEN) ▶ info@cultuurfonds.nl TELEFOON (ALGEMEEN) ▶ 020-5206130.

237

Stichting Cultuurfonds Zeelandia

Rubriek ■ ☑ kunst en cultuur
Algemeen ■ WEBSITE ▶ www.cultuurfondszeelandia.nl TYPERING ▶ vermogensfonds RECHTSVORM ▶ stichting KVK ▶ 22064969 ANBI STATUS ▶ ja DIRECTIE ▶ geen directiegegevens bekend BESTUUR ▶ H.J. Doeleman, voorzitter; P. Schotte, penningmeester; P. Schotte, secretaris.
Missie ■ DOELSTELLING ▶ De Stichting Cultuurfonds Zeelandia heeft tot doel een bijdrage te leveren aan de leefbaarheid in de regio Zeeland. De stichting doet dat door het ondersteunen van sociaal-culturele, cultuur- en kunsthistorische en landschapsontwikkeling activiteiten, het stimuleren van kunstuitingen en al wat met het voorgaande verband houdt of daaraan bevorderlijk kan zijn, alles in de ruimste zin van het woord.
Doelgroep ■ SPECIFIEK ▶ Activiteiten in de regio Zeeland. ACTIVITEITEN ▶ De stichting tracht de doelstelling te bereiken onder meer door het verlenen van financiële ondersteuning. De stichting verstrekt jaarlijks bijdragen aan projecten en evenementen op het gebied van cultuur en dit in de ruime zin van het woord. Dit kunnen zijn evenementen op het gebied van toneel, film, muziek en dans. Daarnaast betreft het tentoonstellingen van schilder- en beeldhouwkunst en uitgaven op het gebied van literatuur. Ook kunnen bijdragen verstrekt worden aan facilitaire voorzieningen, die verband houden met de verschillende cultuuruitingen. De intentie van de stichting daarbij is de bijdragen zoveel mogelijk te spreiden over de verschillende vormen en uitingen van cultuur. INTERVENTIENIVEAU ▶ Steun aan lokale/provinciale maatschappelijke organisaties en structuren (incl. gemeenten etc.) die diensten verlenen aan individuen.
Werkgebied ■ ACTIERADIUS ▶ Regionaal LAND ▶ Nederland REGIO ▶ Zeeland.
Bestedingen ■ BUDGET ▶ niet openbaar ONDERSTEUNDE PROJECTEN P/J ▶ 55 SOORT BIJDRAGE ▶ giften BOVENGRENS ▶ geen ONDERGRENS ▶ geen.
Projecten ■ CRITERIA ▶ geen projectcriteria bekend DOORLOOPTIJD ▶ ☑ onbekend STATUS AANVRAGER ▶ ☑ geen beperkingen bekend VOORKEUR/UITSLUITING ▶ geen voorkeur of uitsluiting bekend.

Procedure ■ OP AANVRAAG ▶ ja AANVRAAGPROCEDURE ▶ Aanvragen kunnen worden gedaan per e-mail of per post. Uw aanvraag moet een omschrijving van het evenement/project, een begroting en een dekkingsplan bevatten. URL ▶ www.cultuurfondszeelandia.nl/contact

Financieel ■ EIGEN VERMOGEN ▶ € 12.188 INKOMSTEN OV ▶ € 50.000 HERKOMST MIDDELEN ▶ vermogen, giften & schenkingen, legaten, overige inkomsten BOEKJAAR ▶ 2019 JAARVERSLAG OP WEBSITE ▶ ja.

Contact ■ BEREIKBAAR PER ▶ ☑ post ☑ e-mail ☒ telefoon CONTACTPERSOON ▶ geen contactpersoon bekend POSTADRES ▶ Touwbaan 16A, 4301 HJ Zierikzee EMAIL (ALGEMEEN) ▶ cultuurfondszeelandia@kpnmail.nl.

238
Cultuurparticipatiefonds Limburg

Rubriek ■ ☑ kunst en cultuur

Algemeen ■ WEBSITE ▶ www.cultuurfonds.nl TYPERING ▶ fonds op naam BEHEERD DOOR ▶ Prins Bernhard Cultuurfonds DIRECTIE ▶ zie > Prins Bernhard Cultuurfonds BESTUUR ▶ zie > Prins Bernhard Cultuurfonds

Missie ■ DOELSTELLING ▶ Het bevorderen van de deelname van inwoners van Limburg aan culturele activiteiten door projecten en activiteiten te ondersteunen, die daaraan bijdragen. Aanvragen worden behandeld door Prins Bernhard Cultuurfonds Limburg.

Werkgebied ■ ACTIERADIUS ▶ Regionaal LAND ▶ Nederland REGIO ▶ Limburg.

Projecten ■ CRITERIA ▶ geen projectcriteria bekend DOORLOOPTIJD ▶ ☑ korter dan 1 jaar STATUS AANVRAGER ▶ ☑ geen beperkingen bekend VOORKEUR/UITSLUITING ▶ geen voorkeur of uitsluiting bekend.

Procedure ■ OP AANVRAAG ▶ ja AANVRAAGPROCEDURE ▶ Dit 'fonds op naam' ressorteert onder het Prins Bernhard Cultuurfonds. Verzoeken aan fondsen op naam komen op één centraal punt binnen. Dit houdt in dat een subsidieaanvraag slechts eenmaal aan het Prins Bernhard Cultuurfonds hoeft te worden gezonden. Voor de verdere aanvraagprocedure: zie Prins Bernhard Cultuurfonds. URL ▶ www.cultuurfonds.nl/aanvragen

Contact ■ BEREIKBAAR PER ▶ ☑ post ☑ e-mail ☑ telefoon CONTACTPERSOON ▶ geen contactpersoon bekend POSTADRES ▶ Postbus 19750, 1000 GT Amsterdam EMAIL (ALGEMEEN) ▶ info@cultuurfonds.nl TELEFOON (ALGEMEEN) ▶ 020-5206130.

239
Stichting Cura 1

Rubriek ■ ☑ maatschappij, welzijn en samenleving ☑ gezondheidszorg

Algemeen ■ WEBSITE ▶ www.finportal.nl/stichting-cura-i TYPERING ▶ vermogensfonds OPGERICHT ▶ 29-12-1961 RECHTSVORM ▶ stichting KVK ▶ 41178961 ANBI STATUS ▶ ja DIRECTIE ▶ geen directiegegevens bekend BESTUUR ▶ W.M.J.M. Geven, voorzitter; Y.M.A.T. Baeten, penningmeester; Y.M.A.T. Baeten, secretaris; mw. E.C.A. van Gangelen-Slijpen.

Missie ■ DOELSTELLING ▶ Het doen van uitkeringen aan natuurlijke personen en rechtspersonen, welke uitsluitend of nagenoeg uitsluitend een algemeen maatschappelijk belang beogen. De stichting beoogt dit doel onder andere te verwezenlijken door aan maatschappelijke organisaties in Nederland, bij voorkeur Limburg, die voor hun functioneren sterk afhankelijk zijn van de inzet van vrijwilligers, financiële ondersteuning te geven en/of in een of meerdere haar ten dienste staande verblijfsaccommodatie(s) in binnen- of buitenland kortstondig verblijf aan te bieden aan de in voornoemde organisaties werkzame personen. BELEIDSPLAN OP WEBSITE ▶ ja.

Doelgroep ■ ALGEMEEN ▶ gehandicapten, zieken SPECIFIEK ▶ Maatschappelijke (zorg-)organisaties in Nederland. ACTIVITEITEN ▶ Geen specifieke activiteiten bekend INTERVENTIENIVEAU ▶ Steun aan lokale/provinciale maatschappelijke organisaties en structuren (incl. gemeenten etc.) die diensten verlenen aan individuen.

Werkgebied ■ ACTIERADIUS ▶ Nationaal LAND ▶ Nederland REGIO ▶ Limburg.

Bestedingen ■ BUDGET ▶ niet openbaar SOORT BIJDRAGE ▶ giften subsidies BOVENGRENS ▶ geen ONDERGRENS ▶ geen.

Projecten ■ CRITERIA ▶ geen projectcriteria bekend DOORLOOPTIJD ▶ ☑ onbekend STATUS AANVRAGER ▶ ☑ geen beperkingen bekend VOORKEUR/UITSLUITING ▶ Voorkeur gaat uit naar (zorg-)organisaties in Limburg. De stichting apprecieert nadrukkelijk de inzet van vrijwilligers bij deze maatschappelijke organisaties en stimuleert dit.

Procedure ■ OP AANVRAAG ▶ onbekend AANVRAAGPROCEDURE ▶ Geen aanvraagprocedure bekend.

Financieel ■ HERKOMST MIDDELEN ▶ vermogen, inkomsten uit vermogen BOEKJAAR ▶ 2017 JAARVERSLAG OP WEBSITE ▶ ja.

Contact ■ BEREIKBAAR PER ▶ ☑ post ☑ e-mail ☒ telefoon CONTACTPERSOON ▶ geen contactpersoon bekend POSTADRES ▶ Graaf van Waldeckstraat 16, 6212 AP Maastricht EMAIL (ALGEMEEN) ▶ stichtingcura1@gmail.com.

240
Stichting Cura 2

Rubriek ■ ☑ maatschappij, welzijn en samenleving

Algemeen ■ WEBSITE ▶ www.finportal.nl/stichting-cura-ii TYPERING ▶ vermogensfonds OPGERICHT ▶ 06-11-1984 RECHTSVORM ▶ stichting KVK ▶ 41181292 ANBI STATUS ▶ ja DIRECTIE ▶ geen directiegegevens bekend BESTUUR ▶ W.M.J.M. Geven, voorzitter; Y.M.A.T. Baeten, penningmeester; Y.M.A.T. Baeten, secretaris; mw. A.J.M. Soons-Muitjens.

Missie ■ DOELSTELLING ▶ Het doen van uitkeringen aan natuurlijke personen en rechtspersonen, welke uitsluitend of nagenoeg uitsluitend een algemeen maatschappelijk belang beogen. De stichting biedt, via directe Nederlandse contacten, steun aan maatschappelijke organisaties in ontwikkelingslanden. **BELEIDSPLAN OP WEBSITE** ▶ ja.

Doelgroep ■ **ALGEMEEN** ▶ studenten, jongeren **SPECIFIEK** ▶ Projecten in ontwikkelingslanden. **ACTIVITEITEN** ▶ ☑ De stichting beoogt bij te dragen aan de verbetering van economisch- en/of sociaal maatschappelijke omstandigheden van achtergestelde (groepen van) personen door middel van financiële steun; ☑ De stichting focust direct of indirect op concrete geïdentificeerde doelen en projecten en mijdt derhalve begunstiging van algemene middelen van (andere) steunfondsen; ☑ De stichting streeft naar meerjarige samenwerkingsverbanden met begunstigden teneinde blijvende positieve veranderingen te bewerkstelligen. **INTERVENTIENIVEAU** ▶ Steun aan lokale/provinciale maatschappelijke organisaties en structuren (incl. gemeenten etc.) die diensten verlenen aan individuen.; Steun aan individuen (directe steun).

Werkgebied ■ **ACTIERADIUS** ▶ Internationaal **LAND** ▶ Ontwikkelingslanden.

Bestedingen ■ **BUDGET** ▶ niet openbaar **TOELICHTING** ▶ Binnen de kaders van de statutaire doelstelling kan de stichting donaties doen of ontvangen van Stichting Cura I. **SOORT BIJDRAGE** ▶ giften subsidies **BOVENGRENS** ▶ geen **ONDERGRENS** ▶ geen.

Projecten ■ **CRITERIA** ▶ geen projectcriteria bekend **DOORLOOPTIJD** ▶ ☑ onbekend **STATUS AANVRAGER** ▶ ☑ individuen/gezinnen **VOORKEUR/UITSLUITING** ▶ geen voorkeur of uitsluiting bekend.

Procedure ■ **OP AANVRAAG** ▶ nee **AANVRAAGPROCEDURE** ▶ De stichting verkent zelf de mogelijkheden voor samenwerkingsverbanden en selecteert potentiële partners.

Financieel ■ **HERKOMST MIDDELEN** ▶ vermogen, legaten, giften & schenkingen **BOEKJAAR** ▶ 2017 **JAARVERSLAG OP WEBSITE** ▶ ja.

Contact ■ **BEREIKBAAR PER** ▶ ☑ post ☑ e-mail ☒ telefoon **CONTACTPERSOON** ▶ geen contactpersoon bekend **POSTADRES** ▶ Graaf van Waldeckstraat 16, 6212 AP Maastricht **EMAIL (ALGEMEEN)** ▶ stichtingcura2@gmail.com.

241
Stichting Cura Child Foundation

Rubriek ■ ☑ economische ontwikkeling en microkrediet

Algemeen ■ **WEBSITE** ▶ https://fondseninnederland.nl/fonds/stichting-cura-child-foundation **TYPERING** ▶ vermogensfonds **OPGERICHT** ▶ 13-12-2002 **RECHTSVORM** ▶ stichting **KVK** ▶ 01098272 **ANBI STATUS** ▶ ja **DIRECTIE** ▶ geen directiegegevens bekend **BESTUUR** ▶ P.P.E.M. Mol, voorzitter; F.W. van Embden Andres, penningmeester; F.W. van Embden Andres, secretaris; P.G.A.M. Mol.

Missie ■ **DOELSTELLING** ▶ De stichting heeft ten doel het bevorderen van het welzijn van kinderen over de gehele wereld en het daartoe bieden van ondersteuning, van welke aard dan ook, en voorts het ondersteunen en bevorderen van het algemeen welzijn en het algemeen belang van mensen over de gehele wereld door ondersteuning van charitatieve, maatschappelijke en medische activiteiten of initiatieven, zulk alles ter beoordeling van het bestuur, mits de stichting niet het particulier belang van bepaalde personen dient. Tot het doel van de stichting hoort tevens al hetgeen met het voorgaande rechtstreeks of zijdelings verband houdt of daartoe bevorderlijk kan zijn, alles in de ruimste zin van het woord.

Doelgroep ■ **ALGEMEEN** ▶ kinderen **SPECIFIEK** ▶ Geen specifieke doelgroep **ACTIVITEITEN** ▶ Het bestuur identificeert (onderwijs) projecten die gedurende langere tijd gesponsord worden. In 2018 heeft de stichting een gift gedaan aan de stichting Mama Mzungu. Daarnaast is in 2019 de sponsering ingegaan van KleuterSinfonietta gedurende drie jaar. **INTERVENTIENIVEAU** ▶ Steun aan individuen (directe steun).; Steun aan familie en omgeving van individuen.

Werkgebied ■ **ACTIERADIUS** ▶ Internationaal **LAND** ▶ Wereldwijd.

Bestedingen ■ **BUDGET** ▶ niet openbaar **ONDERSTEUNDE PROJECTEN P/J** ▶ 4 **SOORT BIJDRAGE** ▶ giften subsidies **BOVENGRENS** ▶ geen **ONDERGRENS** ▶ geen.

Projecten ■ **CRITERIA** ▶ geen projectcriteria bekend **DOORLOOPTIJD** ▶ ☑ onbekend **STATUS AANVRAGER** ▶ ☑ geen beperkingen bekend **VOORKEUR/UITSLUITING** ▶ geen voorkeur of uitsluiting bekend.

Procedure ■ **OP AANVRAAG** ▶ nee **AANVRAAGPROCEDURE** ▶ Het bestuur selecteert projecten op eigen initiatief. Aanbiedingen worden niet op prijs gesteld.

Financieel ■ **EIGEN VERMOGEN** ▶ € 121.771 **INKOMSTEN EV** ▶ € 449 **HERKOMST MIDDELEN** ▶ inkomsten uit vermogen, vermogen **BOEKJAAR** ▶ 2018 **JAARVERSLAG OP WEBSITE** ▶ ja.

Contact ■ **BEREIKBAAR PER** ▶ ☑ post ☒ e-mail ☒ telefoon **CONTACTPERSOON** ▶ geen contactpersoon bekend **POSTADRES** ▶ van Merlenlaan 18, 2101 GE Heemstede.

242
D.I.X. Fonds

Rubriek ■ ☑ kunst en cultuur

Algemeen ■ **WEBSITE** ▶ www.cultuurfonds.nl **TYPERING** ▶ fonds op naam **BEHEERD DOOR** ▶ Prins Bernhard Cultuurfonds **DIRECTIE** ▶ zie > Prins Bernhard Cultuurfonds **BESTUUR** ▶ zie > Prins Bernhard Cultuurfonds

Missie ■ **DOELSTELLING** ▶ Het financieel ondersteunen van jonge pianisten voor een vervolgopleiding in het buitenland. Het financieel ondersteunen van culturele projecten voor visueel gehandicapten.

Werkgebied ■ **ACTIERADIUS** ▶ Nationaal, Internationaal **LAND** ▶ Nederland.

Projecten ■ **CRITERIA** ▶ geen projectcriteria bekend **DOORLOOPTIJD** ▶ ☑ korter dan 1 jaar **STATUS AANVRAGER** ▶ ☑ geen beperkingen bekend ☑ beurzen **VOORKEUR/UITSLUITING** ▶ geen voorkeur of uitsluiting bekend.

Procedure ■ **OP AANVRAAG** ▶ ja **AANVRAAGPROCEDURE** ▶ Dit 'fonds op naam' ressorteert onder het Prins Bernhard Cultuurfonds. Verzoeken aan fondsen op naam komen op één centraal punt binnen. Dit houdt

in dat een subsidieaanvraag slechts eenmaal aan het Prins Bernhard Cultuurfonds hoeft te worden gezonden. Voor de verdere aanvraagprocedure: zie Prins Bernhard Cultuurfonds. **URL** ▶ www.cultuurfonds.nl/aanvragen

Contact ■ **BEREIKBAAR PER** ▶ ☑ post ☑ e-mail ☑ telefoon **CONTACTPERSOON** ▶ geen contactpersoon bekend **POSTADRES** ▶ Postbus 19750, 1000 GT Amsterdam **EMAIL (ALGEMEEN)** ▶ info@cultuurfonds.nl **TELEFOON (ALGEMEEN)** ▶ 020-5206130.

243
Stichting D.W. Lefeber Memory 1894-1979

Rubriek ■ ☑ maatschappij, welzijn en samenleving ☑ noodhulp

Algemeen ■ **WEBSITE** ▶ www.transparante-anbi.nl/product/stichting-d.w.-lefeber-memory-1894-1979/1763 **TYPERING** ▶ vermogensfonds **RECHTSVORM** ▶ stichting **KVK** ▶ 28079790 **ANBI STATUS** ▶ ja **DIRECTIE** ▶ geen directiegegevens bekend **BESTUUR** ▶ Mw. M.J. Plug, voorzitter; P.A.Th. Kortekaas, penningmeester; D.E. Frijlink, secretaris; R.C. Lefeber.

Missie ■ **DOELSTELLING** ▶ Het doel van de stichting: ☑ het financieel en anderszins ondersteunen van mensen in nood, bij voorkeur in Rusland, door middel van ondersteuning van projecten van Christelijke organisaties met een dergelijke doelstelling; onder Rusland wordt verstaan het Rusland van na de Eerste Wereldoorlog en vóór de Tweede Wereldoorlog; ☑ het behouden van objecten met een kunsthistorische en/of ambachtelijke waarde, die verband houden met de Bollenstreek en/of de bollenhandel, en wel voor wat betreft de bollenhandel in het bijzonder de handel met Oost-Europa en voor wat betreft de Bollenstreek in het bijzonder de voorwerpen die verband houden met de onderneming D.W. Lefeber & Co alsmede met de daarmee in het verleden verbonden natuurlijke personen. **BELEIDSPLAN OP WEBSITE** ▶ ja.

Doelgroep ■ **ALGEMEEN** ▶ inheemse volken, armen, dak- en thuislozen **SPECIFIEK** ▶ Geen specifieke doelgroep **ACTIVITEITEN** ▶ Geen specifieke activiteiten bekend **INTERVENTIENIVEAU** ▶ Steun aan lokale/provinciale maatschappelijke organisaties en structuren (incl. gemeenten etc.) die diensten verlenen aan individuen.; Steun aan individuen (directe steun).

Werkgebied ■ **ACTIERADIUS** ▶ Internationaal **LAND** ▶ Rusland.

Bestedingen ■ **BUDGET** ▶ € 28.200 **ONDERSTEUNDE PROJECTEN P/J** ▶ 6 **SOORT BIJDRAGE** ▶ giften overig **BOVENGRENS** ▶ geen **ONDERGRENS** ▶ geen.

Projecten ■ **CRITERIA** ▶ geen projectcriteria bekend **DOORLOOPTIJD** ▶ ☑ onbekend **STATUS AANVRAGER** ▶ ☑ geen beperkingen bekend **VOORKEUR/UITSLUITING** ▶ Bij voorkeur mensen die in Rusland wonen.

Procedure ■ **OP AANVRAAG** ▶ onbekend **AANVRAAGPROCEDURE** ▶ Geen aanvraagprocedure bekend.

Financieel ■ **EIGEN VERMOGEN** ▶ € 733.775 **INKOMSTEN OV** ▶ € 30.000 **HERKOMST MIDDELEN** ▶ giften & schenkingen, vermogen **BOEKJAAR** ▶ 2018 **JAARVERSLAG OP WEBSITE** ▶ ja.

Contact ■ **BEREIKBAAR PER** ▶ ☑ post ☑ e-mail ☑ telefoon **CONTACTPERSOON** ▶ geen contactpersoon bekend **POSTADRES** ▶ Rosa Spierstraat 15, 2161 JT Lisse **EMAIL (ALGEMEEN)** ▶ horticare@kpnmail.nl **TELEFOON (ALGEMEEN)** ▶ 06-53365813.

244
D/M Fonds voor goed spreken

Rubriek ■ ☑ kunst en cultuur ☑ onderwijs en onderzoek ☑ maatschappij, welzijn en samenleving

Algemeen ■ **WEBSITE** ▶ www.cultuurfonds.nl **TYPERING** ▶ fonds op naam **BEHEERD DOOR** ▶ Prins Bernhard Cultuurfonds **DIRECTIE** ▶ zie Prins Bernhard Cultuurfonds **BESTUUR** ▶ zie Prins Bernhard Cultuurfonds

Missie ■ **DOELSTELLING** ▶ Het financieel ondersteunen van initiatieven en projecten die goed stem- en taalgebruik stimuleren in situaties van opvoeding, onderwijs en kunstbeoefening.

Werkgebied ■ **ACTIERADIUS** ▶ Nationaal **LAND** ▶ Nederland.

Projecten ■ **CRITERIA** ▶ geen projectcriteria bekend **DOORLOOPTIJD** ▶ ☑ korter dan 1 jaar **STATUS AANVRAGER** ▶ ☑ geen beperkingen bekend **VOORKEUR/UITSLUITING** ▶ geen voorkeur of uitsluiting bekend.

Procedure ■ **OP AANVRAAG** ▶ ja **AANVRAAGPROCEDURE** ▶ Dit 'fonds op naam' ressorteert onder het Prins Bernhard Cultuurfonds. Verzoeken aan fondsen op naam komen op één centraal punt binnen. Dit houdt in dat een subsidieaanvraag slechts eenmaal aan het Prins Bernhard Cultuurfonds hoeft te worden gezonden. Voor de verdere aanvraagprocedure: zie Prins Bernhard Cultuurfonds. **URL** ▶ www.cultuurfonds.nl/aanvragen

Contact ■ **BEREIKBAAR PER** ▶ ☑ post ☑ e-mail ☑ telefoon **CONTACTPERSOON** ▶ geen contactpersoon bekend **POSTADRES** ▶ Postbus 19750, 1000 GT Amsterdam **EMAIL (ALGEMEEN)** ▶ info@cultuurfonds.nl **TELEFOON (ALGEMEEN)** ▶ 020-5206130.

245
Daendels-Mulder Fonds

Rubriek ■ ☑ kunst en cultuur

Algemeen ■ **WEBSITE** ▶ www.cultuurfonds.nl **TYPERING** ▶ fonds op naam **BEHEERD DOOR** ▶ Prins Bernhard Cultuurfonds **DIRECTIE** ▶ zie Prins Bernhard Cultuurfonds **BESTUUR** ▶ zie Prins Bernhard Cultuurfonds

Missie ■ **DOELSTELLING** ▶ Het financieel ondersteunen van particuliere historische buitenplaatsen.

Werkgebied ■ **ACTIERADIUS** ▶ Nationaal **LAND** ▶ Nederland.

Projecten ■ **CRITERIA** ▶ geen projectcriteria bekend **DOORLOOPTIJD** ▶ ☑ korter dan 1 jaar **STATUS AANVRAGER** ▶ ☑ geen beperkingen bekend **VOORKEUR/UITSLUITING** ▶ geen voorkeur of uitsluiting bekend.

Procedure ■ **OP AANVRAAG** ▶ ja **AANVRAAGPROCEDURE** ▶ Dit 'fonds op naam' ressorteert onder het Prins Bernhard Cultuurfonds. Verzoeken aan fondsen op naam komen op één centraal punt binnen. Dit houdt

in dat een subsidieaanvraag slechts eenmaal aan het Prins Bernhard Cultuurfonds hoeft te worden gezonden. Voor de verdere aanvraagprocedure: zie Prins Bernhard Cultuurfonds. **URL** ▶ www.cultuurfonds.nl/aanvragen

Contact ■ **BEREIKBAAR PER** ▶ ☑ post ☑ e-mail ☑ telefoon **CONTACTPERSOON** ▶ geen contactpersoon bekend **POSTADRES** ▶ Postbus 19750, 1000 GT Amsterdam **EMAIL (ALGEMEEN)** ▶ info@cultuurfonds.nl **TELEFOON (ALGEMEEN)** ▶ 020-5206130.

246
Stichting Dagkes

Rubriek ■ ☑ natuur, milieu en dieren ☑ natuur, milieu en dieren

Algemeen ■ **WEBSITE** ▶ www.sites.google.com/site/dagkesstichting **TYPERING** ▶ vermogensfonds **RECHTSVORM** ▶ stichting **KVK** ▶ 17259784 **ANBI STATUS** ▶ ja **DIRECTIE** ▶ geen directiegegevens bekend **BESTUUR** ▶ J.A. voor den Dag, voorzitter; mw. Y.A.W. Kessen, penningmeester; mw. S.E. Pos, secretaris.

Missie ■ **DOELSTELLING** ▶ Het ondersteunen van stichtingen en particuliere initiatieven ter bevordering van dierenwelzijn, één en ander in de meest ruimste zin des woords. **BELEIDSPLAN OP WEBSITE** ▶ ja.

Doelgroep ■ **ALGEMEEN** ▶ dieren **SPECIFIEK** ▶ Geen specifieke doelgroep **ACTIVITEITEN** ▶ Geen specifieke activiteiten bekend **INTERVENTIENIVEAU** ▶ Steun aan lokale/provinciale maatschappelijke organisaties en structuren (incl. gemeenten etc.) die diensten verlenen aan individuen.

Werkgebied ■ **ACTIERADIUS** ▶ Nationaal **LAND** ▶ Nederland.

Bestedingen ■ **BUDGET** ▶ niet openbaar **SOORT BIJDRAGE** ▶ giften **BOVENGRENS** ▶ geen **ONDERGRENS** ▶ geen.

Projecten ■ **CRITERIA** ▶ geen projectcriteria bekend **DOORLOOPTIJD** ▶ ☑ onbekend **STATUS AANVRAGER** ▶ ☑ geen beperkingen bekend **VOORKEUR/UITSLUITING** ▶ geen voorkeur of uitsluiting bekend.

Procedure ■ **OP AANVRAAG** ▶ onbekend **AANVRAAGPROCEDURE** ▶ De te ondersteunen stichtingen en/of particuliere initiatieven worden jaarlijks door het bestuur bepaald evenals de omvang van de ondersteuning. Het bestuur vergadert minimaal tweemaal per jaar.

Financieel ■ **HERKOMST MIDDELEN** ▶ giften & schenkingen, legaten, overige inkomsten **BOEKJAAR** ▶ boekjaar onbekend **JAARVERSLAG OP WEBSITE** ▶ ja.

Contact ■ **BEREIKBAAR PER** ▶ ☑ post ☒ e-mail ☒ telefoon **CONTACTPERSOON** ▶ geen contactpersoon bekend **POSTADRES** ▶ Loonseweg 42, 5527 AC Hapert.

247
Stichting Daisy Huët-Roëll Foundation

Rubriek ■ ☑ gezondheidszorg ☑ maatschappij, welzijn en samenleving ☑ kunst en cultuur

Algemeen ■ **WEBSITE** ▶ www.dhrfoundation.weebly.com **TYPERING** ▶ vermogensfonds **RECHTSVORM** ▶ stichting **KVK** ▶ 34289332 **ANBI STATUS** ▶ ja **DIRECTIE** ▶ geen directiegegevens bekend **BESTUUR** ▶ Mw. jvr. D.B.E. Röel, voorzitter; P.W. Mendel, penningmeester; mw. Ph. C. Colomb de Denaunt-van Loon, secretaris; mw. jvr. A.A.C. Gevers Dynoot.

Missie ■ **DOELSTELLING** ▶ Het ondersteunen, stimuleren, initiëren en ontwikkelen van organisaties, instellingen en projectenprojecten - zowel nationaal als internationaal - die zich richten op cultuur, muziek en gezondheidszorg.

Doelgroep ■ **SPECIFIEK** ▶ Geen specifieke doelgroep **ACTIVITEITEN** ▶ Stichting DHR steunt sinds 2015 een onderzoeksproject in een samenwerkingsverband van Academisch Medisch Centrum in Amsterdam en het Heinrich Pette Institute in Hamburg onder leiding van Dr. M. Bunders. Het onderzoek richt zich op het ontwikkelen van een behandelmethode voor zuigelingen om de balans tussen de inflammatoire Th 17 cellen en de regulatore T cellen te herstellen waarmee in de toekomst (i) necrotising enterocolitis, (ii) het ontstaan van darm infecties door virussen in het algemeen, (iii) voedsel allergieën kunnen worden voorkomen. **INTERVENTIENIVEAU** ▶ Onbekend.

Werkgebied ■ **ACTIERADIUS** ▶ Nationaal, Internationaal **LAND** ▶ Nederland, Wereldwijd.

Bestedingen ■ **BUDGET** ▶ niet openbaar **TOELICHTING** ▶ De stichting is een vermogensfonds en is derhalve zelf niet actief bezig met het werven van gelden. De stichting staat wel open voor donaties en/of legaten die passen in het huidige toekenningsbeleid. De stichting verwacht dat voor 2019 en 2020 uit het vermogen beschikbaar voor schenkingen in de verhouding 75% / 25% zal worden besteed aan medisch onderzoek en cultuur. **SOORT BIJDRAGE** ▶ giften **BOVENGRENS** ▶ geen **ONDERGRENS** ▶ geen.

Projecten ■ **CRITERIA** ▶ De aandacht van Stichting DHR gaat op dit moment uit naar gezondheidszorg, medisch gerelateerde projecten en cultuur. **DOORLOOPTIJD** ▶ ☑ onbekend **STATUS AANVRAGER** ▶ ☑ geen beperkingen bekend **VOORKEUR/UITSLUITING** ▶ Criteria voor toekenning: ☑ Het bevorderen van excellentie; ☑ Impact: maakt het project het verschil voor de zaak/doel/inspanning, en heeft de donatie van de stichting een significante impact?; ☑ Directheid: gaat de donatie direct naar een discreet, goed-gedefinieerd, identificeerbaar project of doel, en niet naar een grootschalige organisatie?; ☑ Hefboomeffect (leverage): andere donoren aan te trekken en/of een vermenigvuldigend effect; ☑ Monitoren: de aanwending van de fondsen effectief monitoren, wil en kan de begunstigde de eventueel gevraagde rapportages opleveren aan de stichting?.

Procedure ■ **OP AANVRAAG** ▶ ja **AANVRAAGPROCEDURE** ▶ Het bestuur onderzoekt alle voorstellen nauwkeurig om een goede afweging te kunnen maken, waarbij een doel voldoende moet passen in de categorieën en voldoen aan een of meer criteria om steun te verkrijgen; Besluiten zijn er op gericht om het voorgestelde doel te versterken, het bestuur kan daarbij aanpassingen op het ingediende voorstel voorstellen. Het bestuur kan ook besluiten het voorstel af te wijzen. Het bestuur motiveert voorkomende afwijzingen gedegen.

Financieel ■ INKOMSTEN EV ► € 66.767 HERKOMST MIDDELEN ► inkomsten uit vermogen, legaten, giften & schenkingen, vermogen BOEKJAAR ► 2018 JAARVERSLAG OP WEBSITE ► ja.

Contact ■ BEREIKBAAR PER ► ☑ post ☒ e-mail ☒ telefoon CONTACTPERSOON ► geen contactpersoon bekend POSTADRES ► Keizersgracht 672, 1017 ET Amsterdam.

248

Dames Tiemersma Fonds

Rubriek ■ ☑ kunst en cultuur ☑ onderwijs en onderzoek

Algemeen ■ WEBSITE ► www.cultuurfonds.nl TYPERING ► fonds op naam BEHEERD DOOR ► Prins Bernhard Cultuurfonds DIRECTIE ► zie > Prins Bernhard Cultuurfonds BESTUUR ► zie > Prins Bernhard Cultuurfonds

Missie ■ DOELSTELLING ► Het financieel ondersteunen van talentvolle jonge mensen voor vervolgonderwijs of -onderzoek in het buitenland, in de muziek of de textiele vormgeving. Het financieel ondersteunen van projecten op het gebied van de muziek voor jongeren en op het terrein van de textiele vormgeving. Aanvragen worden behandeld door het Prins Bernhard Cultuurfonds Friesland.

Werkgebied ■ ACTIERADIUS ► Nationaal, Internationaal LAND ► Nederland.

Projecten ■ CRITERIA ► geen projectcriteria bekend DOORLOOPTIJD ► ☑ korter dan 1 jaar STATUS AANVRAGER ► ☑ geen beperkingen bekend VOORKEUR/UITSLUITING ► geen voorkeur of uitsluiting bekend.

Procedure ■ OP AANVRAAG ► ja AANVRAAGPROCEDURE ► Dit 'fonds op naam' ressorteert onder het Prins Bernhard Cultuurfonds. Verzoeken aan fondsen op naam komen op één centraal punt binnen. Dit houdt in dat een subsidieaanvraag slechts eenmaal aan het Prins Bernhard Cultuurfonds hoeft te worden gezonden. Voor de verdere aanvraagprocedure: zie Prins Bernhard Cultuurfonds. URL ► www.cultuurfonds.nl/aanvragen

Contact ■ BEREIKBAAR PER ► ☑ post ☑ e-mail ☑ telefoon CONTACTPERSOON ► geen contactpersoon bekend POSTADRES ► Postbus 19750, 1000 GT Amsterdam EMAIL (ALGEMEEN) ► info@cultuurfonds.nl TELEFOON (ALGEMEEN) ► 020-5206130.

249

Stichting Damsté-Terpstra Fonds voor praktische en preventieve logopedie

Rubriek ■ ☑ gezondheidszorg ☑ maatschappij, welzijn en samenleving ☑ onderwijs en onderzoek

Algemeen ■ WEBSITE ► www.dtfonds.nl TYPERING ► vermogensfonds OPGERICHT ► 08-02-2002 RECHTSVORM ► stichting KVK ► 30179186 ANBI STATUS ► ja DIRECTIE ► geen directiegegevens bekend BESTUUR ► M.A.J. Pertijs, voorzitter; mw.mr. C.L.M. Otten, penningmeester; mw. S. Furler-Kools, secretaris; mw. J.H. Kuiper; mw. A.J.T. de Vries-van de Lustgraaf; mw. T. Damsté-Terpstra.

Missie ■ DOELSTELLING ► Het Damsté-Terpstra Fonds heeft tot doel de kwaliteit van logopedische zorg te helpen bevorderen door: ☑ nieuwe inzichten te stimuleren; ☑ werkwijzen te helpen verbeteren; ☑ projecten te ondersteunen m.b.t. de logopedische praktijk en de preventieve zorg. STICHTER(S) ► Helbert Damsté en Tiete Damsté-Terpstra HISTORIE ► Het fonds is in 2002 opgericht door Helbert Damsté en Tiete Damsté-Terpstra, samen met andere oud-docenten van de Opleiding Logopedie te Utrecht. Zij zijn tussen 1950 en 1990 werkzaam geweest in de praktijk, het onderzoek en het onderwijs van stem- en spraakpathologie. BELEIDSPLAN OP WEBSITE ► ja.

Doelgroep ■ SPECIFIEK ► Individuele logopedisten die het betreffende project niet in loondienst uitvoeren. Het kan ook gaan om een samenwerking tussen twee of meer logopedisten of tussen een logopedist en een beroepsbeoefenaar uit een andere discipline. ACTIVITEITEN ► Het fonds richt zich met name op die gebieden die in mindere mate aan de orde komen in de opleiding logopedie en de nascholing. Tot het aandachtsgebied horen onder meer: ☑ preventie en voorlichting; ☑ de behandeling (therapie) van problemen bij de spraak, waaronder stotteren; ☑ de behandeling (therapie) van problemen bij stem- en taalgebruik, waaronder ook zang; ☑ het zorgvuldig stem- en taalgebruik bij het spreken voor groepen; ☑ het verminderen van de communicatieve handicap en het bevorderen van persoonlijke groei. INTERVENTIENIVEAU ► Steun aan individuen (directe steun).

Werkgebied ■ ACTIERADIUS ► Nationaal LAND ► Nederland.

Bestedingen ■ BUDGET ► niet openbaar SOORT BIJDRAGE ► giften BOVENGRENS ► geen ONDERGRENS ► geen.

Projecten ■ CRITERIA ► Het criterium bij de beoordeling van de projecten is de toepasbaarheid in de logopedische praktijk of de preventie van logopedische stoornissen. DOORLOOPTIJD ► ☑ korter dan 1 jaar STATUS AANVRAGER ► ☑ hulpverleners VOORKEUR/UITSLUITING ► ☑ De aanvrager moet als logopedist of student in de logopedie zijn ingeschreven, of een kwaliteitskring van logopedisten vertegenwoordigen of een beoefenaar van een andere paramedische discipline zijn (geregistreerd in een openbaar register). ☑ Financiële ondersteuning van fundamenteel wetenschappelijk onderzoek behoort niet tot de doelstelling van het Fonds, evenmin als de vergoeding van persoonlijke studiekosten.

Procedure ■ OP AANVRAAG ► ja DOORLOOPTIJD ► 1-3 maanden AANVRAAGPROCEDURE ► Verkennende aanvragen kunnen via het contactformulier worden ingediend. Daarbij moeten de inhoud van het project, de doelgroep en een korte financiële onderbouwing beschreven worden. Als deze aanvraag aan de criteria lijkt te voldoen wordt een uitgebreid aanvraagformulier toegestuurd samen met de Algemene voorwaarden. Aanvragen voor subsidie worden tijdens bestuursvergaderingen behandeld, waarna in beginsel binnen een week uitsluitsel wordt gegeven. Het bestuur komt zes keer per jaar bij elkaar. URL ► http://dtfonds.nl/contact/

Financieel ■ INKOMSTEN EV ▶ € 11.665 INKOMSTEN OV ▶ € 101.034 HERKOMST MIDDELEN ▶ legaten, giften & schenkingen, vermogen, inkomsten uit vermogen BOEKJAAR ▶ 2019 JAARVERSLAG OP WEBSITE ▶ ja.
Contact ■ BEREIKBAAR PER ▶ ☑ post ☒ e-mail ☒ telefoon CONTACTPERSOON ▶ geen contactpersoon bekend POSTADRES ▶ Finsponglaan 38, 3707 BS Zeist.

250
Stichting Daniel van der Vorm

Rubriek ■ ☑ kunst en cultuur ☑ onderwijs en onderzoek
Algemeen ■ WEBSITE ▶ www.danielvandervormstichting.nl TYPERING ▶ vermogensfonds OPGERICHT ▶ 04-02-2003 RECHTSVORM ▶ stichting KVK ▶ 24346034 ANBI STATUS ▶ ja DIRECTIE ▶ geen directiegegevens bekend BESTUUR ▶ Mw. G. Paelinck, voorzitter; mw. A. van der Vorm, penningmeester; mw. W. Maas-Goudriaan, secretaris; mw. L. Schimmelpenninck-Korthals Altes; mw. M. van der Vorm-de Bruin.
Missie ■ DOELSTELLING ▶ Stichting Daniel van der Vorm werd in 2003 opgericht met als doelstelling goede doelen in de regio Groot Rotterdam (financieel) te ondersteunen. STICHTER(S) ▶ Daniel van der Vorm (1893-1978) HISTORIE ▶ De stichting is vernoemd naar de Rotterdamse bouwondernemer Daniel van der Vorm. Met zijn aannemingsbedrijf heeft Daniel verschillende grote bouwprojecten gerealiseerd, voornamelijk in en rondom zijn geboortestad. BELEIDSPLAN OP WEBSITE ▶ ja.
Doelgroep ■ ALGEMEEN ▶ kinderen SPECIFIEK ▶ Non-commerciële projecten en activiteiten op de gebieden van kunst en cultuur, kinderen en kennis(overdracht) in de regio Groot Rotterdam. ACTIVITEITEN ▶ Stichting Daniel van der Vorm heeft sinds haar oprichting verschillende goede doelen (op de gebieden van kunst en cultuur, kinderen en kennis(overdracht) in de regio Groot Rotterdam financieel ondersteund. Enkele voorbeelden zijn; ☑ Stichting Singeldingen; ☑ Stichting Podiumbeesten Overschie; ☑ Stichting Fair Chance Familiedag; ☑ Archikidz Rotterdam. INTERVENTIENIVEAU ▶ Steun aan individuen (directe steun).; Steun aan lokale/provinciale maatschappelijke organisaties en structuren (incl. gemeenten etc.) die diensten verlenen aan individuen.
Werkgebied ■ ACTIERADIUS ▶ Lokaal LAND ▶ Nederland REGIO ▶ Zuid-Holland PLAATS ▶ Rotterdam.
Bestedingen ■ BUDGET ▶ niet openbaar SOORT BIJDRAGE ▶ subsidies giften BOVENGRENS ▶ geen ONDERGRENS ▶ geen.
Projecten ■ CRITERIA ▶ ☑ Het project bevindt zich binnen de regio van Groot Rotterdam; ☑ Het project richt zich op de volgende gebieden: kunst of cultuur, kinderen of kennisoverdracht; ☑ Het project dient het algemeen belang en heeft het verbetering van de samenleving tot doel; ☑ De werkzaamheden worden binnen uw project door vrijwilligers uitgevoerd; ☑ De begroting van uw totale project bedraagt niet meer dan €100.000,-; ☑ Uw organisatie is in het bezit van een ANBI-status. DOORLOOPTIJD ▶ ☑ onbekend STATUS AANVRAGER ▶ ☑ stichting of vereniging (non-profit) VOORKEUR/UITSLUITING ▶ Uitgesloten worden projecten met commerciële doeleinden, festivals en opera. Exploitatiebijdragen worden niet verleend.
Procedure ■ OP AANVRAAG ▶ ja DOORLOOPTIJD ▶ 1-3 maanden AANVRAAGPROCEDURE ▶ Voordat u een aanvraag via de website kunt invoeren moet u een zogenaamde 'quickscan' doorlopen. Hiermee kunt u vaststellen of uw project binnen de criteria van de Stichting valt. Een succesvol doorlopen quickscan betekent niet dat uw aanvraag ook zal worden ondersteund. Indien uw project binnen de doelstellingen van de Stichting blijkt te passen, zal u vervolgens gevraagd worden een officiële aanvraag in te dienen. Vier keer per jaar beoordeelt het bestuur de officiële aanvragen. Over de procedure en de uitslag kan niet worden gecorrespondeerd. URL ▶ www.danielvandervormstichting.nl//aanvraag/
Financieel ■ HERKOMST MIDDELEN ▶ vermogen, giften & schenkingen BOEKJAAR ▶ 2019 JAARVERSLAG OP WEBSITE ▶ ja.
Contact ■ BEREIKBAAR PER ▶ ☑ post ☒ e-mail ☒ telefoon CONTACTPERSOON ▶ geen contactpersoon bekend POSTADRES ▶ Postbus 155, 3720 AD Bilthoven.

251
Data-Piet Fonds

Rubriek ■ ☑ kunst en cultuur ☑ onderwijs en onderzoek
Algemeen ■ WEBSITE ▶ www.cultuurfonds.nl TYPERING ▶ fonds op naam BEHEERD DOOR ▶ Prins Bernhard Cultuurfonds DIRECTIE ▶ zie > Prins Bernhard Cultuurfonds BESTUUR ▶ zie > Prins Bernhard Cultuurfonds
Missie ■ DOELSTELLING ▶ Het financieel ondersteunen van de exacte wetenschappen in Nederland met een voorkeur voor talentontwikkeling, onderzoek en publicaties, en eventueel ook de aanschaf van bijzondere apparatuur t.b.v. wetenschappelijk onderzoek.
Werkgebied ■ ACTIERADIUS ▶ Nationaal, Internationaal LAND ▶ Nederland.
Projecten ■ CRITERIA ▶ geen projectcriteria bekend DOORLOOPTIJD ▶ ☑ korter dan 1 jaar STATUS AANVRAGER ▶ ☑ geen beperkingen bekend VOORKEUR/UITSLUITING ▶ Voorkeur gaat uit naar talentontwikkeling.
Procedure ■ OP AANVRAAG ▶ ja AANVRAAGPROCEDURE ▶ Dit 'fonds op naam' ressorteert onder het Prins Bernhard Cultuurfonds. Verzoeken aan fondsen op naam komen op één centraal punt binnen. Dit houdt in dat een subsidieaanvraag slechts eenmaal aan het Prins Bernhard Cultuurfonds hoeft te worden gezonden. Voor de verdere aanvraagprocedure: zie Prins Bernhard Cultuurfonds. URL ▶ www.cultuurfonds.nl/aanvragen
Contact ■ BEREIKBAAR PER ▶ ☑ post ☑ e-mail ☑ telefoon CONTACTPERSOON ▶ geen contactpersoon bekend POSTADRES ▶ Postbus 19750, 1000 GT Amsterdam EMAIL (ALGEMEEN) ▶ info@cultuurfonds.nl TELEFOON (ALGEMEEN) ▶ 020-5206130.

252
David Roos-Weijl Stichting

Rubriek ■ ☑ maatschappij, welzijn en samenleving ☑ kerk en levensbeschouwing

Algemeen ■ WEBSITE ▶ www.kennisbankfilantropie.nl/anbi/david-roos-weijl-stichting TYPERING ▶ vermogensfonds OPGERICHT ▶ 15-09-1964 RECHTSVORM ▶ stichting KVK ▶ 41149060 ANBI STATUS ▶ ja DIRECTIE ▶ geen directiegegevens bekend BESTUUR ▶ E.J. van den Bergh, voorzitter; F.Ch.M. Tilman, penningmeester; F.Ch.M. Tilman, secretaris; M. Cohen; F.J. van Harten; mw. R. Cohen-Snuijf.

Missie ■ DOELSTELLING ▶ De stichting stelt zich ten doel het verlenen van ondersteuning met sociale strekking aan in Nederland wonende personen van Israëlitische, Rooms-Katholieke en Protestants-Christelijke gezindte, alsmede aan instellingen van algemeen maatschappelijk belang in Nederland. Dit alles bij voorkeur in de Haagse regio. BELEIDSPLAN OP WEBSITE ▶ ja.

Doelgroep ■ ALGEMEEN ▶ gelovigen SPECIFIEK ▶ In Nederland wonende personen van Israëlitische, Rooms-Katholieke en Protestants-Christelijke gezindte. ACTIVITEITEN ▶ De stichting tracht de doelstelling te bereiken door het verstrekken van uitkeringen aan: ☑ personen van Israëlitische, Rooms-Katholieke en Protestants-Christelijke gezindte, die in Nederland wonen; ☑ instellingen van Israëlitische, Rooms-Katholieke en Protestants-Christelijke signatuur die een algemeen maatschappelijk belang dienen en in Nederland gevestigd zijn. INTERVENTIENIVEAU ▶ Steun aan lokale/provinciale maatschappelijke organisaties en structuren (incl. gemeenten etc.) die diensten verlenen aan individuen.

Werkgebied ■ ACTIERADIUS ▶ Nationaal, Lokaal LAND ▶ Nederland PLAATS ▶ Den Haag.

Bestedingen ■ BUDGET ▶ € 33.000 SOORT BIJDRAGE ▶ giften BOVENGRENS ▶ geen ONDERGRENS ▶ geen.

Projecten ■ CRITERIA ▶ geen projectcriteria bekend DOORLOOPTIJD ▶ ☑ onbekend STATUS AANVRAGER ▶ ☑ geen beperkingen bekend VOORKEUR/UITSLUITING ▶ Bij voorkeur in de Haagse regio.

Procedure ■ OP AANVRAAG ▶ ja AANVRAAGPROCEDURE ▶ Tweemaal per jaar vindt er een bestuursvergadering plaats, waarin aanvragen worden behandeld.

Financieel ■ INKOMSTEN EV ▶ € 59.220 HERKOMST MIDDELEN ▶ vermogen, overige inkomsten BOEKJAAR ▶ 2019 JAARVERSLAG OP WEBSITE ▶ ja.

Contact ■ BEREIKBAAR PER ▶ ☑ post ☑ e-mail ☑ telefoon CONTACTPERSOON ▶ geen contactpersoon bekend POSTADRES ▶ Jonkheer de Casembrootplein 35, 4357 NK Domburg EMAIL (ALGEMEEN) ▶ roosweijlstichting@gmail.com TELEFOON (ALGEMEEN) ▶ 06-46203662.

253
De Bander Fonds

Rubriek ■ ☑ kunst en cultuur

Algemeen ■ WEBSITE ▶ www.cultuurfonds.nl TYPERING ▶ fonds op naam BEHEERD DOOR ▶ Prins Bernhard Cultuurfonds DIRECTIE ▶ zie > Prins Bernhard Cultuurfonds BESTUUR ▶ zie > Prins Bernhard Cultuurfonds

Missie ■ DOELSTELLING ▶ Het financieel ondersteunen van projecten in de regio Leiden en omringende gemeenten, bij voorkeur op het gebied van cultuureducatie of met betrekking tot het cultuurbehoud. Aanvragen worden behandeld door het Prins Bernhard Cultuurfonds Zuid-Holland.

Werkgebied ■ ACTIERADIUS ▶ Regionaal LAND ▶ Nederland REGIO ▶ Zuid-Holland PLAATS ▶ Leiden e.o.

Projecten ■ CRITERIA ▶ Culturele projecten in de regio Leiden. DOORLOOPTIJD ▶ ☑ korter dan 1 jaar STATUS AANVRAGER ▶ ☑ geen beperkingen bekend VOORKEUR/UITSLUITING ▶ Voorkeur gaat uit naar projecten op het gebied van cultuureducatie en cultuurbehoud.

Procedure ■ OP AANVRAAG ▶ ja AANVRAAGPROCEDURE ▶ Dit 'fonds op naam' ressorteert onder het Prins Bernhard Cultuurfonds. Verzoeken aan fondsen op naam komen op één centraal punt binnen. Dit houdt in dat een subsidieaanvraag slechts eenmaal aan het Prins Bernhard Cultuurfonds hoeft te worden gezonden. Voor de verdere aanvraagprocedure: zie Prins Bernhard Cultuurfonds. URL ▶ www.cultuurfonds.nl/aanvragen

Contact ■ BEREIKBAAR PER ▶ ☑ post ☑ e-mail ☑ telefoon CONTACTPERSOON ▶ geen contactpersoon bekend POSTADRES ▶ Postbus 19750, 1000 GT Amsterdam EMAIL (ALGEMEEN) ▶ info@cultuurfonds.nl TELEFOON (ALGEMEEN) ▶ 020-5206130.

254
Stichting De Beide Weeshuizen

Rubriek ■ ☑ noodhulp ☑ maatschappij, welzijn en samenleving ☑ sport en recreatie ☑ onderwijs en onderzoek

Algemeen ■ WEBSITE ▶ www.beideweeshuizen.nl TYPERING ▶ vermogensfonds OPGERICHT ▶ 1554 RECHTSVORM ▶ stichting KVK ▶ 41055782 ANBI STATUS ▶ ja DIRECTIE ▶ geen directiegegevens bekend BESTUUR ▶ Mw.drs. E.A. Schröder, voorzitter; mw. C.J. Sander, penningmeester; mw. C.J. Sander, secretaris; dr. J.B. Muskens; mw.mr. I.R. van Sluijs; F.J. Strooband; drs. M.H.M. Verstappen; mw.dr. B.W.M. Weusten.

Missie ■ DOELSTELLING ▶ Bevordering van de ontwikkelingskansen, de zelfredzaamheid en de sociale integratie van kwetsbare jongeren (tot 28 jaar) in de regio Nijmegen. STICHTER(S) ▶ Mevrouw Styntje Buys ter inrichting van een Weeshuis in 1554 HISTORIE ▶ In haar testament van 1554 heeft mevrouw Styn Buys haar nalatenschap bestemd voor het stichten en in stand houden van een weeshuis voor meisjes en jongens in Nijmegen. In 1556 overleed zij en werd het initiatief vanuit de Nijmeegse gemeenschap financieel ondersteund. In de woelige tijden van reformatie en contra-reformatie is de denominatie gewijzigd in Protestants weeshuis. In 1817 is door hetzelfde bestuur eveneens een Katholiek weeshuis voor jongens en meisjes opgericht. In 1944 is het Katholieke weeshuis door een bombardement verwoest en niet meer herbouwd. Gezien het teruglopen van het aantal wezen is in 1953 het overgebleven weeshuis gesloten en is het resterend vermogen ingezet voor 'jeugd in nood' in Nijmegen en omstreken. De huidige stichting De Beide Weeshuizen is in 1979 opgericht. **BELEIDSPLAN OP WEBSITE** ► ja.

Doelgroep ■ **ALGEMEEN** ► jongeren, kinderen **SPECIFIEK** ► Jongeren tot 28 jaar in probleemsituaties in Nijmegen of directe omgeving. **ACTIVITEITEN** ► De belangrijkste activiteit van het fonds is het verlenen van geldelijke steun aan rechtspersonen in de regio Nijmegen, die zich bezighouden met de doelgroep. Daarnaast verleent de stichting nog beperkte steun aan jongeren, die door onvoorziene omstandigheden in de problemen zijn gekomen. Verder wordt steun gegeven aan individuele jongeren, alleen als het gaat om studie en clubbijdragen ter bevordering, herstel en behoud van zelfredzaamheid en ter voorkoming van sociaal isolement. Ook laat de stichting haar waardering elk jaar blijken voor vrijwilligers die zich verdienstelijk maken voor Nijmeegse jongeren in achterstandssituaties. Dit bestaat uit een prijs: de zogeheten Stijn Buys Pluim. **INTERVENTIENIVEAU** ► Steun aan individuen (directe steun).; Steun aan lokale/provinciale maatschappelijke organisaties en structuren (incl. gemeenten etc.) die diensten verlenen aan individuen.

Werkgebied ■ **ACTIERADIUS** ► Lokaal **LAND** ► Nederland **PLAATS** ► Nijmegen.

Bestedingen ■ **BUDGET** ► € 92.500 **TOELICHTING** ► In de begroting 2019 zijn voor de bestedingen in het kader van de doelstellingen de volgende bedragen opgenomen: – Bijdragen projecten (50.000); – Studie-, club– en sportbijdragen (40.000); – Pluim (2.500) **ONDERSTEUNDE PROJECTEN P/J** ► 31 **SOORT BIJDRAGE** ► giften leningen **BOVENGRENS** ► geen **ONDERGRENS** ► geen.

Projecten ■ **CRITERIA** ► Projecten die gericht zijn op verbetering van de zelfredzaamheid, sociale participatie en ontwikkeling van kwetsbare jongeren in de regio Nijmegen. **DOORLOOPTIJD** ► ☑ korter dan 1 jaar **STATUS AANVRAGER** ► ☑ stichting of vereniging (non-profit) ☑ kerkelijke instelling ☑ hulpverleners ☑ onderwijsinstelling **VOORKEUR/UITSLUITING** ► geen voorkeur of uitsluiting bekend.

Procedure ■ **OP AANVRAAG** ► ja **DOORLOOPTIJD** ► korter dan 1 maand; 1-3 maanden; 1-3 maanden; korter dan een maand; 1-3 maanden **AANVRAAGPROCEDURE** ► Aanvragen kunnen digitaal ingediend worden met behulp van een aanvraagformulier dat te vinden is op de website van de stichting. Bij individuele aanvragen moet de aanvraag worden ingediend door een professionele hulpverlener of functionaris. Ook projectaanvragen kunnen alleen door instanties of instellingen worden gedaan. Er zijn verschillende aanvraagformulieren voor individuen of projecten. **URL** ► www.beideweeshuizen.nl/aanvraagformulieren/projectaanvragen

Financieel ■ **INKOMSTEN EV** ► € 178.975 **HERKOMST MIDDELEN** ► inkomsten uit vermogen **BOEKJAAR** ► 2018 **JAARVERSLAG OP WEBSITE** ► ja.

Contact ■ **BEREIKBAAR PER** ► ☑ post ☑ e-mail ☑ telefoon **CONTACTPERSOON** ► geen contactpersoon bekend **POSTADRES** ► Prof. Molkenboersstraat 9, 6524 RN Nijmegen **EMAIL (ALGEMEEN)** ► mail@beideweeshuizen.nl **TELEFOON (ALGEMEEN)** ► 024-3226650; 06-33189090.

255
De Bijll Nachenius Fonds

Rubriek ■ ☑ kunst en cultuur ☑ natuur, milieu en dieren

Algemeen ■ **WEBSITE** ► www.cultuurfonds.nl **TYPERING** ► fonds op naam **BEHEERD DOOR** ► Prins Bernhard Cultuurfonds **DIRECTIE** ► zie > Prins Bernhard Cultuurfonds **BESTUUR** ► zie > Prins Bernhard Cultuurfonds

Missie ■ **DOELSTELLING** ► Het financieel ondersteunen van projecten die natuurbehoud en monumentenzorg stimuleren, bij voorkeur in Amsterdam en omgeving.

Werkgebied ■ **ACTIERADIUS** ► Nationaal, Regionaal **LAND** ► Nederland **PLAATS** ► Amsterdam e.o.

Projecten ■ **CRITERIA** ► geen projectcriteria bekend **DOORLOOPTIJD** ► ☑ korter dan 1 jaar **STATUS AANVRAGER** ► ☑ geen beperkingen bekend **VOORKEUR/UITSLUITING** ► Voorkeur gaat uit naar projecten in Amsterdam en omgeving.

Procedure ■ **OP AANVRAAG** ► ja **AANVRAAGPROCEDURE** ► Dit 'fonds op naam' ressorteert onder het Prins Bernhard Cultuurfonds. Verzoeken aan fondsen op naam komen op één centraal punt binnen. Dit houdt in dat een subsidieaanvraag slechts eenmaal aan het Prins Bernhard Cultuurfonds hoeft te worden gezonden. Voor de verdere aanvraagprocedure: zie Prins Bernhard Cultuurfonds. **URL** ► www.cultuurfonds.nl/aanvragen

Contact ■ **BEREIKBAAR PER** ► ☑ post ☑ e-mail ☑ telefoon **CONTACTPERSOON** ► geen contactpersoon bekend **POSTADRES** ► Postbus 19750, 1000 GT Amsterdam **EMAIL (ALGEMEEN)** ► info@cultuurfonds.nl **TELEFOON (ALGEMEEN)** ► 020-5206130.

256
De Boer-Bergman-ter Leede Stichting

Rubriek ■ ☑ onderwijs en onderzoek ☑ kunst en cultuur ☑ kerk en levensbeschouwing

Algemeen ■ **WEBSITE** ► www.kennisbankfilantropie.nl/anbi/de-boer-bergman-ter-leede **TYPERING** ► vermogensfonds **OPGERICHT** ► 02-01-1998 **RECHTSVORM** ► stichting **KVK** ► 28077215 **ANBI STATUS** ► ja **DIRECTIE** ► geen directiegegevens bekend **BESTUUR** ► Mw. M.A.H. De Boer-Bergman, voorzitter; mw. M.C.A. van Rijn, penningmeester; mw. M.C.A. van Rijn, secretaris; mw. A.A. van Ruiten-de Boer; mw. L.A.H.E Borst-Weijers.

Missie ■ **DOELSTELLING** ▶ De stichting heeft ten doel: ten algemene nutte, maar speciaal voor het ondersteunen van kerkelijke instellingen, hieronder begrepen missie en zending, minder bedeelden, ondersteuning van kunstenaars, onderzoekers en wetenschappers, de instandhouding en onderhoud van monumentale gebouwen en voorts al hetgeen met een en ander rechtstreeks of zijdelings verband houdt of daartoe bevorderlijk kan zijn, alles in de ruimste zin des woords.

Doelgroep ■ **ALGEMEEN** ▶ gelovigen **SPECIFIEK** ▶ Geen specifieke doelgroep **ACTIVITEITEN** ▶ Geen specifieke activiteiten bekend **INTERVENTIENIVEAU** ▶ Steun aan lokale/provinciale maatschappelijke organisaties en structuren (incl. gemeenten etc.) die diensten verlenen aan individuen.

Werkgebied ■ **ACTIERADIUS** ▶ Nationaal **LAND** ▶ Nederland.

Bestedingen ■ **BUDGET** ▶ niet openbaar **ONDERSTEUNDE PROJECTEN P/J** ▶ 5 **SOORT BIJDRAGE** ▶ giften **BOVENGRENS** ▶ geen **ONDERGRENS** ▶ geen.

Projecten ■ **CRITERIA** ▶ geen projectcriteria bekend **DOORLOOPTIJD** ▶ ☑ onbekend **STATUS AANVRAGER** ▶ ☑ kerkelijke instelling **VOORKEUR/UITSLUITING** ▶ geen voorkeur of uitsluiting bekend.

Procedure ■ **OP AANVRAAG** ▶ onbekend **AANVRAAGPROCEDURE** ▶ geen aanvraagprocedure bekend.

Financieel ■ **EIGEN VERMOGEN** ▶ € 43.778 **INKOMSTEN EV** ▶ € 5 **INKOMSTEN OV** ▶ € 10.000 **HERKOMST MIDDELEN** ▶ giften & schenkingen, vermogen **BOEKJAAR** ▶ 2018 **JAARVERSLAG OP WEBSITE** ▶ ja.

Contact ■ **BEREIKBAAR PER** ▶ ☑ post ☑ e-mail ☑ telefoon **CONTACTPERSOON** ▶ geen contactpersoon bekend **POSTADRES** ▶ Nassaupark 79, 2161KL LISSE **EMAIL (ALGEMEEN)** ▶ miriam2165@hotmail.nl **TELEFOON (ALGEMEEN)** ▶ 0252-427810.

257
Stichting De Boom

Rubriek ■ ☑ kerk en levensbeschouwing ☑ maatschappij, welzijn en samenleving ☑ natuur, milieu en dieren

Algemeen ■ **WEBSITE** ▶ https://fondseninnederland.nl/fonds/stichting-de-boom **TYPERING** ▶ vermogensfonds **OPGERICHT** ▶ 20-11-1879 **RECHTSVORM** ▶ stichting **KVK** ▶ 41188547 **ANBI STATUS** ▶ ja **DIRECTIE** ▶ geen directiegegevens bekend **BESTUUR** ▶ J.C. van Hasselt, voorzitter; F.A. de Gelder, penningmeester; mw. A.D. van Schelven-de Josselin de Jongh, secretaris; drs. M.G. Bierman; jhr. F.F.F. de Beaufort; ing. J.A. Jansens van Gellicum.

Missie ■ **DOELSTELLING** ▶ Het bevorderen van de geestelijke en stoffelijke belangen van personen, die wonen in de gemeenten, waar de goederen van het Landgoed 'De Boom' gelegen zijn of daarbij betrokken zijn en het steunen van in die gemeenten gevestigde instellingen, welke gelijk doel beogen: zij mag haar werkingssfeer ook uitstrekken tot andere personen en/of instellingen, mits daardoor het algemeen maatschappelijk belang op Christelijke grondslag gediend wordt. **BELEIDSPLAN OP WEBSITE** ▶ ja.

Doelgroep ■ **ALGEMEEN** ▶ gelovigen, armen **SPECIFIEK** ▶ Geen specifieke doelgroep **ACTIVITEITEN** ▶ De activiteiten hadden betrekking op; ☑ Ruimtelijke ordening gemeente Leusden; ☑ Convenant Groene Agenda Leusden; ☑ Convenant De Boom; ☑ Implementatie toekomstvisie landgoed De Boom; ☑ Uitgiften in erfpacht; ☑ Pachtzaken; ☑ Personeelszaken; ☑ Grondzaken; ☑ beheer jeugdfonds de boom: Het fonds is opgezet om sport- en muziekactiviteiten voor kinderen uit bijstandsgezinnen in de gemeente Leusden en; Woudenberg te bekostigen, zodat deze activiteiten voor deze kinderen toegankelijk zijn en blijven. Daarnaast worden laptops uitgeleend aan scholieren; ☑ uitreiking van de 'Annie de Beaufortspeld' en cheque ter waarde van €2500,-. **INTERVENTIENIVEAU** ▶ Steun aan lokale/provinciale maatschappelijke organisaties en structuren (incl. gemeenten etc.) die diensten verlenen aan individuen.

Werkgebied ■ **ACTIERADIUS** ▶ Regionaal **LAND** ▶ Nederland **PLAATS** ▶ Leusden, Woudenberg, Elst, Bunschoten-Spakenburg, Barneveld.

Bestedingen ■ **BUDGET** ▶ niet openbaar **SOORT BIJDRAGE** ▶ giften leningen **BOVENGRENS** ▶ geen **ONDERGRENS** ▶ geen.

Projecten ■ **CRITERIA** ▶ geen projectcriteria bekend **DOORLOOPTIJD** ▶ ☑ onbekend **STATUS AANVRAGER** ▶ ☑ geen beperkingen bekend **VOORKEUR/UITSLUITING** ▶ geen voorkeur of uitsluiting bekend.

Procedure ■ **OP AANVRAAG** ▶ ja **AANVRAAGPROCEDURE** ▶ Aanvragen kunnen gedaan worden middels een brief per post. Hierbij dienen vijf vragen beantwoord te worden die te vinden zijn in het beleidsplan van de stichting. Een aanvraag dient vergezeld te gaan met de volgende informatie: ☑ een projectplan,; ☑ een begroting,; ☑ een aanvullend financieel overzicht,; ☑ jaarstuk van het laatst bekende boekjaar (incl. balans). Complete aanvragen worden in behandeling genomen door de bestuurlijke Commissie Goede Doelen. De commissie beoordeelt de aanvragen en kan binnen haar financiële mandaat beslissingen nemen om giften te verlenen. Met betrekking tot aanvragen die buiten het financiële mandaat vallen adviseert de commissie het bestuur, dat vervolgens een besluit neemt in de eerst volgende bestuursvergadering

Financieel ■ **HERKOMST MIDDELEN** ▶ overige inkomsten, vermogen, giften & schenkingen, legaten **BOEKJAAR** ▶ 2018 **JAARVERSLAG OP WEBSITE** ▶ ja.

Contact ■ **BEREIKBAAR PER** ▶ ☑ post ☒ e-mail ☑ telefoon **CONTACTPERSOON** ▶ geen contactpersoon bekend **POSTADRES** ▶ Postbus 13, 3930 EA Woudenberg **TELEFOON (ALGEMEEN)** ▶ 033-2861166.

258
De Bussystichting

Rubriek ■ ☑ onderwijs en onderzoek

Algemeen ■ **WEBSITE** ▶ https://www.kennisbankfilantropie.nl/anbi/de-bussy-stichting **TYPERING** ▶ vermogensfonds **RECHTSVORM** ▶ stichting **KVK** ▶ 41177804 **ANBI STATUS** ▶ nee **DIRECTIE** ▶ geen directiegegevens bekend **BESTUUR** ▶ A. de Jong, voorzitter; C. le Cosquino de Bussy, penningmeester; mw. W.E. Westermann, secretaris; F.C.L.M. Jacobs.

Missie ■ DOELSTELLING ▶ Het bevorderen van het algemeen belang door het (doen) uitgeven en vertalen van proefschriften betreffende wijsbegeerte of systematische theologie.
Doelgroep ■ ALGEMEEN ▶ studenten SPECIFIEK ▶ Geen specifieke doelgroep ACTIVITEITEN ▶ Geen specifieke activiteiten. INTERVENTIENIVEAU ▶ Steun op niveau van maatschappij zelf (beleidsbeïnvloeding, etc.).
Werkgebied ■ ACTIERADIUS ▶ Nationaal LAND ▶ Nederland.
Bestedingen ■ BUDGET ▶ niet openbaar SOORT BIJDRAGE ▶ giften BOVENGRENS ▶ geen ONDERGRENS ▶ geen.
Projecten ■ CRITERIA ▶ Projecten waarbij proefschriften betreffende wijsbegeerte of systematische theologie worden uitgegeven en vertaald. DOORLOOPTIJD ▶ ☑ onbekend STATUS AANVRAGER ▶ ☑ stichting of vereniging (non-profit) ☑ individuen/gezinnen VOORKEUR/UITSLUITING ▶ geen voorkeur of uitsluiting bekend.
Procedure ■ OP AANVRAAG ▶ ja DOORLOOPTIJD ▶ 3-6 maanden AANVRAAGPROCEDURE ▶ Verzoeken om financiële ondersteuning kunnen twee maal per jaar worden ingediend: vóór 1 maart en vóór 1 oktober. Geen verdere aanvraagprocedure bekend.
Financieel ■ HERKOMST MIDDELEN ▶ vermogen.
Contact ■ BEREIKBAAR PER ▶ ☑ post ☒ e-mail ☑ telefoon CONTACTPERSOON ▶ geen contactpersoon bekend POSTADRES ▶ Veenweg 62, 7416 BD Deventer TELEFOON (ALGEMEEN) ▶ 0570-608811.

259
De By-van der Heyden Fonds

Rubriek ■ ☑ kunst en cultuur ☑ onderwijs en onderzoek
Algemeen ■ WEBSITE ▶ www.cultuurfonds.nl TYPERING ▶ fonds op naam BEHEERD DOOR ▶ Prins Bernhard Cultuurfonds DIRECTIE ▶ zie > Prins Bernhard Cultuurfonds BESTUUR ▶ zie > Prins Bernhard Cultuurfonds
Missie ■ DOELSTELLING ▶ Het financieel ondersteunen van beeldhouwers, teneinde hen in staat te stellen hun talent te verdiepen en hun werk in het buitenland uit te dragen, of het financieel ondersteunen van projecten op het gebied van de beeldhouwkunst.
Werkgebied ■ ACTIERADIUS ▶ Nationaal, Internationaal LAND ▶ Nederland.
Projecten ■ CRITERIA ▶ geen projectcriteria bekend DOORLOOPTIJD ▶ ☑ korter dan 1 jaar STATUS AANVRAGER ▶ ☑ geen beperkingen bekend VOORKEUR/UITSLUITING ▶ geen voorkeur of uitsluiting bekend.
Procedure ■ OP AANVRAAG ▶ ja AANVRAAGPROCEDURE ▶ Dit 'fonds op naam' ressorteert onder het Prins Bernhard Cultuurfonds. Verzoeken aan fondsen op naam komen op één centraal punt binnen. Dit houdt in dat een subsidieaanvraag slechts eenmaal aan het Prins Bernhard Cultuurfonds hoeft te worden gezonden. Voor de verdere aanvraagprocedure: zie Prins Bernhard Cultuurfonds. URL ▶ www.cultuurfonds.nl/aanvragen
Contact ■ BEREIKBAAR PER ▶ ☑ post ☑ e-mail ☑ telefoon CONTACTPERSOON ▶ geen contactpersoon bekend POSTADRES ▶ Postbus 19750, 1000 GT Amsterdam EMAIL (ALGEMEEN) ▶ info@cultuurfonds.nl TELEFOON (ALGEMEEN) ▶ 020-5206130.

260
Stichting De Carolusgulden

Rubriek ■ ☑ gezondheidszorg ☑ maatschappij, welzijn en samenleving ☑ sport en recreatie ☑ economische ontwikkeling en microkrediet
Algemeen ■ WEBSITE ▶ www.carolusgulden.nl TYPERING ▶ vermogensfonds OPGERICHT ▶ 02-03-1970 RECHTSVORM ▶ stichting KVK ▶ 41165417 ANBI STATUS ▶ nee DIRECTIE ▶ geen directiegegevens bekend BESTUUR ▶ Mw. E. Visser-van den Oever, voorzitter; A. Ramakers, penningmeester; mw. J. Schoonwater-Brinks, secretaris; L. Salman; mw. M. Bakker-Vendel.
Missie ■ DOELSTELLING ▶ Stichting De Carolusgulden richt zich op het financieel ondersteunen van projecten en het subsidiëren van activiteiten en initiatieven, die het zelfstandig wonen en welzijn van ouderen in Leiden en omgeving én in landen in ontwikkeling beogen. HISTORIE ▶ Het vermogensfonds Stichting De Carolusgulden is voortgekomen uit de verkoop van Rosenburch, een woongebouw voor ouderen, dat in 2008 verkocht werd. De statuten van Rosenburch bepaalden dat de opbrengst van de verkoop geheel ten goede moet komen aan het wonen en welzijn van ouderen. Om niet meer vanzelfsprekend gekoppeld te worden aan het woongebouw Rosenburch is besloten, om de stichting een nieuwe naam te geven. Sinds 17 september 2009 heet de stichting: Stichting De Carolusgulden. De Carolusgulden is voortgekomen uit twee voorafgaande stichtingen. Op 2 maart 1970 is stichting 'De Adelaar' opgericht met als doel het ontwikkelen, bouwen en beheren van een woongebouw voor senioren in Leiden. In twee bouwfasen is dit in 1973 en 1975 gerealiseerd. Het gebouw telt 156 tweekamer appartementen en diverse gemeenschappelijke ruimten en voorzieningen voor de bewoners aan de Rosenburch te Leiden. Gemiddeld wonen 180 bewoners in het gebouw, dat ook de naam 'Woongebouw Rosenburch' kreeg. Op 7 november 1995 is bij een statutenwijziging de naam van de stichting gewijzigd in stichting 'Rosenburch', zodat het woongebouw en de eigenaar één en dezelfde naam zijn gaan voeren. Het woongebouw werd in 2008 verkocht.
Doelgroep ■ ALGEMEEN ▶ ouderen SPECIFIEK ▶ Ouderen in Leiden en omgeving én in landen in ontwikkeling. ACTIVITEITEN ▶ Enkele voorbeelden van voltooide projecten: ☑ Vijf waterputten voor Sumve in Tanzania; ☑ Beweegtuin Overduin Katwijk; ☑ Keuken van een ziekenhuis in Floresti, Moldavië; ☑ Fietsmaatje Leiden/Leiderdorp; ☑ Rolstoelfiets voor verpleeghuis De Wilbert in Katwijk; ☑ Zorgcentrum in Balti, Moldavië; ☑ Zorg voor bejaarden op Flores, Indonesië. INTERVENTIENIVEAU ▶ Steun aan lokale/provinciale maatschappelijke organisaties en structuren (incl. gemeenten etc.) die diensten verlenen aan individuen.; Steun aan individuen (directe steun).
Werkgebied ■ ACTIERADIUS ▶ Internationaal, Regionaal LAND ▶ Nederland, Ontwikkelingslanden REGIO ▶ Leiden.

Bestedingen ■ BUDGET ► niet openbaar ONDERSTEUNDE PROJECTEN P/J ► 73 SOORT BIJDRAGE ► giften subsidies BOVENGRENS ► € 100.000 ONDERGRENS ► geen.

Projecten ■ CRITERIA ► ☑ het project moet een bijdrage leveren aan het zelfstandig wonen en welzijn van ouderen in Leiden en de regio (zie werkgebied) of; ☑ het project beoogt het welzijn van ouderen of zieken in landen in ontwikkeling; ☑ de aanvrager beschikt niet, of over onvoldoende financiële middelen om het project zelf te bekostigen. DOORLOOPTIJD ► ☑ onbekend STATUS AANVRAGER ► ☑ geen beperkingen bekend VOORKEUR/UITSLUITING ► Het werkgebied van De Carolusgulden is Leiden en de regio, Nederland en landen in ontwikkeling. Voor subsidie komen in beginsel niet in aanmerking: ☑ Organisaties die zelf over vrije financiële middelen beschikken of een kapitaalkrachtige vriendenkring hebben; ☑ Projecten die leiden tot zelfverrijking van individuen of organisaties; ☑ Projecten waar specifieke fondsen voor zijn of als het een zelf-inzamelende organisatie betreft en ook voor het gedeelte dat de normen van het specifieke fonds te boven gaat; ☑ Projecten die redelijker wijs onder verantwoordelijkheid van zorgverzekeraars of overheidsfinanciering (WMO-voorzieningen en het gedeelte dat de normen van de WMO te boven gaat) vallen; ☑ Projecten met een sterk godsdienstig of politiek karakter; ☑ Projecten die geen relatie met wonen/welzijn of ouderen hebben en waar de subsidie niet aan een individueel identificeerbare begunstigde ten goede komt.

Procedure ■ OP AANVRAAG ► ja DOORLOOPTIJD ► binnen 4 maanden; 6-12 maanden; 3-6 maanden AANVRAAGPROCEDURE ► Aanvragen worden in behandeling genomen na ontvangst van het aanvraagformulier. Vul online het aanvraagformulier in of download het via de website, vul het formulier in en stuur het formulier per e-mail of per post naar de stichting. Bijbehorende bijlagen zijn (indien van toepassing): ☑ Statuten van uw stichting / vereniging; ☑ Het meest recente activiteitenplan en/of jaarverslag van uw organisatie; ☑ Een uittreksel van uw organisatie bij de Kamer van Koophandel; ☑ De meest recente balans en resultaatrekening en de begroting van het lopend jaar. U krijgt bericht van ontvangst en na de bestuursvergadering wordt het besluit over uw aanvraag toegezonden. Als vervolgens voldaan wordt aan de leveringsvoorwaarden kan de subsidie verleend worden. De stichting streeft ernaar om aanvragen voor subsidie binnen vier maanden na ontvangst van het aanvraagformulier af te handelen. URL ► www.carolusgulden.nl/donatie-aanvragen/aanvraagformulier/

Financieel ■ EIGEN VERMOGEN ► € 6.928.121 INKOMSTEN EV ► € 157.498 HERKOMST MIDDELEN ► overige inkomsten, vermogen BOEKJAAR ► 2018 JAARVERSLAG OP WEBSITE ► ja.

Contact ■ BEREIKBAAR PER ► ☑ post ☑ e-mail ☑ telefoon CONTACTPERSOON ► geen contactpersoon bekend POSTADRES ► Fruitweg 24F, 2321 GK Leiden EMAIL (ALGEMEEN) ► info@carolusgulden.nl TELEFOON (ALGEMEEN) ► 071-5313430; 06-57475864.

261
De Dames Royaards-Stichting

Rubriek ■ ☑ gezondheidszorg ☑ maatschappij, welzijn en samenleving

Algemeen ■ WEBSITE ► www.damesroyaardsstichting.nl TYPERING ► vermogensfonds OPGERICHT ► 07-05-1946 RECHTSVORM ► stichting KVK ► 41178975 ANBI STATUS ► ja DIRECTIE ► geen directiegegevens bekend BESTUUR ► V.W. Mulder, voorzitter; E. Koning, penningmeester; mw. W.L. Smit-Hakkenberg, secretaris; A.R. Everts.

Missie ■ DOELSTELLING ► Het instand houden van het landgoed 'Tannenberg' te Bosch en Duin. Tevens verleent de Stichting financiële steun aan natuurlijke of rechtspersonen ter verpleging van personen die niet zijn van het mannelijk geslacht boven 16 jaar. Onder verpleging wordt verstaan het verstrekken van huisvesting, voeding en verzorging aan hen, wier lichamelijke of geestelijke gesteldheid verbetering behoeft. STICHTER(S) ► De gezusters Sara Maria Royaards en Sophia Henriëtte Royaards.

Doelgroep ■ ALGEMEEN ► zieken, vrouwen, gehandicapten, armen SPECIFIEK ► Natuurlijke of rechtspersonen die verantwoordelijk zijn voor de verpleging van vrouwen boven 16 jaar. ACTIVITEITEN ► Geen specifieke activiteiten bekend INTERVENTIENIVEAU ► Steun aan individuen (directe steun).; Steun aan lokale/provinciale maatschappelijke organisaties en structuren (incl. gemeenten etc.) die diensten verlenen aan individuen.

Werkgebied ■ ACTIERADIUS ► Nationaal LAND ► Nederland.

Bestedingen ■ BUDGET ► niet openbaar SOORT BIJDRAGE ► giften BOVENGRENS ► geen ONDERGRENS ► geen.

Projecten ■ CRITERIA ► geen projectcriteria bekend DOORLOOPTIJD ► ☑ korter dan 1 jaar STATUS AANVRAGER ► ☑ individuen/gezinnen VOORKEUR/UITSLUITING ► geen voorkeur of uitsluiting bekend.

Procedure ■ OP AANVRAAG ► ja DOORLOOPTIJD ► 1-3 maanden AANVRAAGPROCEDURE ► Aanvraag indienen bij de secretaris.

Financieel ■ HERKOMST MIDDELEN ► vermogen, giften & schenkingen.

Contact ■ BEREIKBAAR PER ► ☑ post ☑ e-mail ☑ telefoon CONTACTPERSOON ► geen contactpersoon bekend POSTADRES ► Samuel Mullerplein 6a, 3023 SJ Rotterdam EMAIL (ALGEMEEN) ► info@damesroijaards-stichting.nl TELEFOON (ALGEMEEN) ► 0348-419021.

262
Stichting De Donge Foundation

Rubriek ■ ☑ sport en recreatie ☑ maatschappij, welzijn en samenleving ☑ kunst en cultuur

Algemeen ■ WEBSITE ► www.dedongefoundation.nl TYPERING ► vermogensfonds OPGERICHT ► 2007 RECHTSVORM ► stichting KVK ► 18091308 ANBI STATUS ► ja DIRECTIE ► geen directiegegevens bekend BESTUUR ► R. Kluijt, voorzitter; mw. S.M. Fidom, penningmeester; T.M.

Schraven, secretaris; H.J. Schampers; J.P. Damen; T. Groels.

Missie ■ **DOELSTELLING** ▶ Het bevorderen en steunen van (jonge) mensen, in Nederland of in het buitenland, al dan niet bij de start van hun carrière, bij het verwezenlijken van hun persoonlijke doelen en ambities op het gebied van maatschappelijke ontwikkeling, cultuur, sport en/of specifieke persoonlijke omstandigheden, middels het verstrekken van subsidies, het doen van giften en/of het verstrekken van leningen tegen gunstige condities. **BELEIDSPLAN OP WEBSITE** ▶ ja.

Doelgroep ■ **ALGEMEEN** ▶ jongeren, kinderen **SPECIFIEK** ▶ Geen specifieke doelgroep **ACTIVITEITEN** ▶ ☑ De Donge Foundation ondersteunt persoonlijke initiatieven met sponsorbijdragen van maximaal € 1000 waarbij een natuurlijk persoon een bijzonder inspanning levert ten behoeve van een goed doel dat past binnen de doelomschrijving van De Donge Foundation; ☑ De Donge Foundation ondersteunt andere stichtingen voor concrete projecten of doelen met eenmalige donaties waarbij de hoogte van de donatie per project varieert; verondersteld wordt dat het project past binnen de doelomschrijving van De Donge Foundation en de; andere stichting ofwel een keurmerk ofwel een ANBI status heeft; ☑ De Donge Foundation ondersteunt maatschappelijke, sportieve en culturele initiatieven van organisaties zonder winstoogmerk met eenmalige en structurele donaties waarbij de hoogte van de donatie varieert; verondersteld wordt dat het initiatief past binnen de onze doelomschrijving en de andere stichting ofwel een keurmerk ofwel een ANBI status heeft. **INTERVENTIENIVEAU** ▶ Steun aan individuen (directe steun).; Steun aan lokale/provinciale maatschappelijke organisaties en structuren (incl. gemeenten etc.) die diensten verlenen aan individuen.

Werkgebied ■ **ACTIERADIUS** ▶ Nationaal, Internationaal, Regionaal **LAND** ▶ Nederland, Wereldwijd **REGIO** ▶ Midden-Brabant.

Bestedingen ■ **BUDGET** ▶ niet openbaar **ONDERSTEUNDE PROJECTEN P/J** ▶ 17 **SOORT BIJDRAGE** ▶ giften leningen subsidies **BOVENGRENS** ▶ geen **ONDERGRENS** ▶ geen.

Projecten ■ **CRITERIA** ▶ De steun richt zich op sport, cultuur en welzijn. Verder bijzondere sportieve prestaties van individuen of groepen waarmee zij geld willen ophalen voor goede doelen. **DOORLOOPTIJD** ▶ ☑ onbekend **STATUS AANVRAGER** ▶ ☑ geen beperkingen bekend **VOORKEUR/UITSLUITING** ▶ De Donge Foundation wenst haar ondersteuning bij voorkeur daar aan te wenden waar reguliere financiering niet tot de mogelijkheden behoort en waar door de bijdrage van De Donge Foundation ook daadwerkelijk iets gedaan wordt, iets tot stand komt of een situatie daadwerkelijk verbetert. Voorkeur van projecten gaat uit naar Midden-Brabant.

Procedure ■ **OP AANVRAAG** ▶ ja **AANVRAAGPROCEDURE** ▶ Verzoeken om informatie of aanvragen voor donaties kunnen enkel per e-mail en gemotiveerd worden ingediend. **URL** ▶ https://www.dedongefoundation.nl/over-ons.html

Financieel ■ **EIGEN VERMOGEN** ▶ € 48.239 **INKOMSTEN OV** ▶ € 76 **HERKOMST MIDDELEN** ▶ bedrijven, giften & schenkingen, vermogen **BOEKJAAR** ▶ 2018 **JAARVERSLAG OP WEBSITE** ▶ ja.

Contact ■ **BEREIKBAAR PER** ▶ ☑ post ☑ e-mail ☒ telefoon **CONTACTPERSOON** ▶ geen contactpersoon bekend **POSTADRES** ▶ Tilburgseweg 185, 5051 AE Goirle **EMAIL (ALGEMEEN)** ▶ info@dedongefoundation.nl.

263

De Egberdina Wilhelmina Langenberg Stichting

Rubriek ■ ☑ maatschappij, welzijn en samenleving ☑ sport en recreatie ☑ kunst en cultuur ☑ onderwijs en onderzoek

Algemeen ■ **WEBSITE** ▶ www.heerderfondsen.nl/pagina.php?s=2&id=2 **TYPERING** ▶ vermogensfonds **BEHEERD DOOR** ▶ Heerder Fondsen **OPGERICHT** ▶ 25-06-1992 **RECHTSVORM** ▶ stichting **KVK** ▶ 05061799 **ANBI STATUS** ▶ ja **DIRECTIE** ▶ geen directiegegevens bekend **BESTUUR** ▶ G. van der Scheer, voorzitter; R. de Gooijer, penningmeester; mw. W. Blankvoort-Zielhuis, secretaris; E. Feijen, vice-voorzitter; L.G. van der Windt; H.H. Bos; mw. K.A. Montfrooij; mw. J. Jalink-Veldhuis; H.A. van Ark; D. van de Put; R.G. Timmerman; mw. G.G. van Werven-Roos; H. IJzerman.

Missie ■ **DOELSTELLING** ▶ De stichting heeft ten doel: ☑ het geven van individuele hulp aan personen die wonen in de gemeente Heerde en die deze hulp nodig hebben op sociale gronden en waarbij aannemelijk is dat die niet op een andere, voor de hand liggende wijze, in de benodigde hulp kunnen worden voorzien; ☑ het verstrekken van eenmalige of periodieke uitkeringen aan organisaties die overwegend werkzaam zijn in de gemeente Heerde en een sociaal, of liefdadig doel beogen of in het algemeen belang van deze gemeente of haar inwoners werkzaam zijn; ☑ Het verrichten van al hetgeen daarmee verband houdt of daartoe bevordelijk kan zijn, alles in de meest uitgebreide in genomen. **HISTORIE** ▶ De naam van Egberdina Wilhelmina Langenberg is onlosmakelijk verbonden met camping De Klippen aan de Klippenweg in Heerde. Veel mensen kenden haar niet eens onder de naam Langenberg, voor hen was zij tante Dien. In 1901 strijkt de familie Langenberg neer in de dan armoedige Horsthoek. Voor 100 gulden koopt vader Aart Langenberg een woning, met 10 are bouwland. Een jaar later koopt hij daar een perceel heidegrond bij van ruim 4 hectare. Daarop ontstaat later camping De Klippen. Als vader Aart in 1939 overlijdt zetten Jaap en Egberdina het bedrijf voort. Broer en zus, beide ongehuwd, blijven bij elkaar, tot Jaap in 1971 overlijdt. Met steun van een beheerder zet Egberdina (tante Dien) de camping voort. Op het einde van haar leven liet haar gezondheid te wensen over en verhuisde ze naar Huize 'Theodora', een particulier verzorgingshuis in Epe. Zij overleed op 14 april 1998 op de leeftijd van 92 jaar. Toen haar testament werd geopend bleek dat ze haar hele vermogen ondergebracht had in een stichting. **BELEIDSPLAN OP WEBSITE** ▶ ja.

Doelgroep ■ **SPECIFIEK** ▶ Inwoners van de gemeente Heerde en instellingen die werkzaam zijn in de gemeente Heerde. **ACTIVITEITEN** ▶; Er is een samenwerkingsverband tussen verschillende stichtingen/verenigingen in Heerde. De Jan Nienhuis Vereniging en de Egberdina Wilhelmina Langenberg Stichting hebben diverse maatschappelijke initiatieven in de Gemeente Heerde financieel ondersteund. Hierbij een aantal voorbeelden: ☑ De organisatie van activiteiten rondom Halloween in Heerde; ☑ De stichting Skeelerevents voor een skeelerroute over de Veluwe; ☑ De stichting MFC Vorchten voor de inrichting van het nieuwe Multifunctioneel Centrum in Vorchten; ☑ De speeltuinvereniging Pinkeltje voor het project 'Samenspelen' voor kinderen met en zonder beperking/handicap; ☑ De muziekverenigingen Wilhelmina en Soli Deo Gloria voor project: 'Het Mysterie van het Verdwenen Geluid'. Een project om basisschoolleerlingen kennis te laten maken met muziek; ☑ De stichting De Rode Beer voor de inrichting een vakantiehuis in Heerde; ☑ De stichting Jenakids voor een schoolpleinproject bij de Jenaplanschool in Hoorn; ☑ VV SEH in verband met het 60-jarig bestaan van de voetbalvereniging; Ook hebben beide fondsen besloten om een aantal inwoners en gezinnen in de Gemeente Heerde financieel bij te staan. **INTERVENTIENIVEAU** ▶ Steun aan lokale/provinciale maatschappelijke organisaties en structuren (incl. gemeenten etc.) die diensten verlenen aan individuen.; Steun aan individuen (directe steun).

Werkgebied ■ **ACTIERADIUS** ▶ Lokaal **LAND** ▶ Nederland **REGIO** ▶ Gelderland **PLAATS** ▶ Heerde.

Bestedingen ■ **BUDGET** ▶ niet openbaar **ONDERSTEUNDE PROJECTEN P/J** ▶ 13 **SOORT BIJDRAGE** ▶ giften overig **BOVENGRENS** ▶ geen **ONDERGRENS** ▶ geen.

Projecten ■ **CRITERIA** ▶ geen projectcriteria bekend **DOORLOOPTIJD** ▶ ☑ onbekend **STATUS AANVRAGER** ▶ ☑ geen beperkingen bekend **VOORKEUR/UITSLUITING** ▶ geen voorkeur of uitsluiting bekend.

Procedure ■ **OP AANVRAAG** ▶ ja **AANVRAAGPROCEDURE** ▶ Online via het aanvraagformulier. U wordt verzocht eventuele bijlagen groter dan 1MB (indien mogelijk balans/jaarcijfers van laatste paar jaar) aan de secretaris te zenden. Contactgegevens vindt u het scherm nadat uw aanvraag verzonden is. Aanvragen moeten uiterlijk twee weken voor de vergaderdatum binnen zijn, zie voor de data het kopje 'Agenda' op de website. **URL** ▶ www.heerderfondsen.nl/aanvragen.php?S=2

Financieel ■ **EIGEN VERMOGEN** ▶ € 517.541 **HERKOMST MIDDELEN** ▶ vermogen **BOEKJAAR** ▶ 2018 **JAARVERSLAG OP WEBSITE** ▶ ja.

Contact ■ **BEREIKBAAR PER** ▶ ☑ post ☑ e-mail ☑ telefoon **CONTACTPERSOON** ▶ P.a. Feijen & De Vries Notarissen **POSTADRES** ▶ Postbus 172, 8180 AD Heerde **EMAIL (ALGEMEEN)** ▶ notarissen@notarisheerde.nl **TELEFOON (ALGEMEEN)** ▶ 0578-692622.

264
Stichting De Gasthuizen

Rubriek ■ ☑ maatschappij, welzijn en samenleving

Algemeen ■ **WEBSITE** ▶ www.degasthuizen.nl **TYPERING** ▶ hybride fonds **OPGERICHT** ▶ 01-01-1982 **RECHTSVORM** ▶ stichting **KVK** ▶ 41023087 **ANBI STATUS** ▶ ja **DIRECTIE** ▶ geen directiegegevens bekend **BESTUUR** ▶ A. Oosterveld, voorzitter; E. Brinksma, penningmeester; mw. H. van den Hof, secretaris; mw. D. Weegenaar.

Missie ■ **DOELSTELLING** ▶ De stichting heeft als doel om door middel van financiële bijdragen, werk, zorg en welzijn te bevorderen en te steunen ten behoeve van ouderen die wonen in de gemeente Zwolle. **HISTORIE** ▶ De zorg voor en opvang van vreemden, zieken, zwervers en senioren lag vanaf de middeleeuwen bij gasthuizen. In Zwolle waren de bekendste het Binnen- en Buitengasthuis, oorspronkelijk het Heilige-Geestgasthuis en het Gasthuis Ten Heilig Cruce genoemd. Door de eeuwen heen richtten de gasthuizen zich steeds meer op bejaarden. De bewoners kregen gratis huisvesting en een financiële bijdrage, vergelijkbaar met wat we tegenwoordig kennen als een pensioen. Na de Tweede Wereldoorlog werd de eerste stap naar het verhuren van bejaardenwoningen gezet. De gasthuizen, die deels afhankelijk waren van giften en schenkingen, kampten namelijk met financiële tekorten. De bewoners gingen daarom een gulden per week betalen. In 1982 kreeg deze particuliere huisvesting voor senioren vorm in Stichting De Gasthuizen. Ruim een kwart eeuw later, in 2008, verkocht Stichting De Gasthuizen de 82 bejaardenwoningen aan Woningstichting Openbaar Belang. De jaarlijkse rente over het vrijgekomen kapitaal wordt tegenwoordig gebruikt als financiële steun voor initiatieven voor senioren in Zwolle. Onder de naam De Gasthuizen blijft de stichting dus bouwen. Niet meer aan woningen, maar wel aan het welzijn van senioren in Zwolle.

Doelgroep ■ **ALGEMEEN** ▶ ouderen **SPECIFIEK** ▶ Senioren (55 plus) in Zwolle. **ACTIVITEITEN** ▶ Geen specifieke activiteiten bekend **INTERVENTIENIVEAU** ▶ Steun aan lokale/provinciale maatschappelijke organisaties en structuren (incl. gemeenten etc.) die diensten verlenen aan individuen.

Werkgebied ■ **ACTIERADIUS** ▶ Lokaal **LAND** ▶ Nederland **PLAATS** ▶ Zwolle.

Bestedingen ■ **BUDGET** ▶ niet openbaar **ONDERSTEUNDE PROJECTEN P/J** ▶ 27 **SOORT BIJDRAGE** ▶ giften **BOVENGRENS** ▶ geen **ONDERGRENS** ▶ geen.

Projecten ■ **CRITERIA** ▶ Het project, de activiteit of de voorziening dient bij te dragen aan het welzijn van senioren in Zwolle. **DOORLOOPTIJD** ▶ ☑ korter dan 1 jaar **STATUS AANVRAGER** ▶ ☑ stichting of vereniging (non-profit) **VOORKEUR/UITSLUITING** ▶ Voorkeur voor: ☑ organisatie heeft geen winstoogmerk of een (groep) particulier(en). ☑ Het project wordt niet als vanzelfsprekend ervaren, maar biedt iets bijzonders of iets extra's. ☑ Het project heeft in principe een eenmalig karakter. ☑ De financiële bijdrage wordt niet gebruikt om structurele kosten te dekken of financiële tekorten weg te werken, maar om materiële kosten te dekken. ☑ Het project kan niet worden gefinancierd uit reguliere middelen of subsidies. ☑ De aanvraag is voor een nog te realiseren project.

Procedure ■ **OP AANVRAAG** ▶ ja **DOORLOOPTIJD** ▶ 3-6 maanden **AANVRAAGPROCEDURE** ▶ Een financiële bijdrage van De Gasthuizen vraagt u aan door het aanvraagformulier in te vullen op te website. U beargumenteert waarom uw initiatief de financiële steun nodig heeft en verdient. Verder voegt u zo veel mogelijk van de bijlagen toe die bij 'stap 3' van het formulier worden gevraagd. Aanvragen die niet compleet zijn, worden niet in behandeling genomen. Voor een snelle afhandeling doet u uw aanvraag online. Lukt dat niet, dan kunt u het formulier uitprinten en per post versturen. Online aanvragen hebben echter voorrang. **URL** ▶ www.degasthuizen.nl/aanvraag

Financieel ■ **INKOMSTEN EV** ▶ € 173.344 **HERKOMST MIDDELEN** ▶ vermogen, giften & schenkingen **BOEKJAAR** ▶ 2017 **JAARVERSLAG OP WEBSITE** ▶ ja.

Contact ■ **BEREIKBAAR PER** ▶ ☑ post ☑ e-mail ☒ telefoon **CONTACTPERSOON** ▶ geen contactpersoon bekend **POSTADRES** ▶ Postbus 174, 8000 AD Zwolle **EMAIL (ALGEMEEN)** ▶ info@degasthuizen.nl.

265
Stichting De Gijselaar-Hintzenfonds

Rubriek ■ ☑ kunst en cultuur

Algemeen ■ **WEBSITE** ▶ www.degijselaarhintzenfonds.nl **TYPERING** ▶ vermogensfonds **OPGERICHT** ▶ 26-02-1935 **RECHTSVORM** ▶ stichting **KVK** ▶ 41199739 **ANBI STATUS** ▶ ja **DIRECTIE** ▶ geen directiegegevens bekend **BESTUUR** ▶ Prof.dr. P.B.M. van den Akker, voorzitter; mr. F.Ch.M. Tilman, penningmeester; mw.mr.drs. E. Geudeker, secretaris; mw.prof.dr. C.A. Chavnannes-Mazel; mw.drs. E.M.W.A. van Odijk; mw.drs. J.E. Scholten; P.J. de Dreu; drs. D.G. van der Wal.

Missie ■ **DOELSTELLING** ▶ De stichting heeft ten doel de kunstzin, het begrip voor en kennis over de beeldende kunst te bevorderen bij een breed publiek. **STICHTER(S)** ▶ Theodora Clementine de Gijselaar en Johanna Dorina Hintzen **HISTORIE** ▶ Het De Gijselaar-Hintzenfonds dankt zijn naam aan twee bemiddelde vrouwen, Theodora Clementine de Gijselaar en Johanna Dorina Hintzen. Zij brachten in 1935 hun vermogen onder in een stichting, het Lichtbeeldeninstituut, die ten doel had 'de volksontwikkeling te bevorderen, door het beschikbaar stellen van lichtbeelden, foto's en al hetgeen de fotografische techniek daar verder aan kan bijdragen, een en ander in de ruimste zin des woords'. De eerste voorzitter was prof. dr J.Q. van Regteren Altena, toenmalig directeur van het Kunsthistorisch Instituut van de Universiteit van Amsterdam. Uit deze stichting is het huidige fonds voortgekomen. **BELEIDSPLAN OP WEBSITE** ▶ ja.

Doelgroep ■ **ALGEMEEN** ▶ vrouwen, mannen **SPECIFIEK** ▶ Geen specifieke doelgroep **ACTIVITEITEN** ▶ Het is in beginsel een educatief fonds. Zij ondersteunt activiteiten ten behoeve van de aankoop of vervaardiging van reproducties en dergelijke van kunst, of ten behoeve van kunsteducatie c.q. informatie. Hieronder wordt verstaan gedrukte of anderszins vermenigvuldigde beelddragers, zowel analoog (bijv. foto's, diapositieven, films en videoproducties) als digitaal (bijv. op cd, dvd of websites); ☑ De Gijselaar-Hintzenprijs wordt sinds 2011 uitgereikt eens in de twee of drie jaar, altijd tijdens de Kunsthistorische Dag van de Vereniging van Nederlandse Kunsthistorici. De prijs is een eerbetoon aan een persoon of instantie die, middels boeken, artikelen of andere media, de kennis van en het enthousiasme voor de kunsten heeft aangewakkerd bij een breed publiek. De prijs bestaat uit een bedrag van 3.000 euro en een oorkonde. **INTERVENTIENIVEAU** ▶ Steun aan lokale/provinciale maatschappelijke organisaties en structuren (incl. gemeenten etc.) die diensten verlenen aan individuen.

Werkgebied ■ **ACTIERADIUS** ▶ Nationaal **LAND** ▶ Nederland.

Bestedingen ■ **BUDGET** ▶ € 3.600 **SOORT BIJDRAGE** ▶ giften overig **BOVENGRENS** ▶ geen **ONDERGRENS** ▶ geen.

Projecten ■ **CRITERIA** ▶ geen projectcriteria bekend **DOORLOOPTIJD** ▶ ☑ korter dan 1 jaar **STATUS AANVRAGER** ▶ ☑ stichting of vereniging (non-profit) ☑ overig **VOORKEUR/UITSLUITING** ▶ Activiteiten moeten in Nederland worden uitgevoerd.

Procedure ■ **OP AANVRAAG** ▶ ja **DOORLOOPTIJD** ▶ 3-6 maanden **AANVRAAGPROCEDURE** ▶ De aanvraag (projectvoorstel van maximaal 2000 woorden, begroting en dekkingsplan) kan uitsluitend per e–mail worden ingediend en kan gericht worden aan: aanvraag@degijselaarhintzenfonds.nl. Aanvragen die per post worden ingediend, aanvragen die de maximale omvang overschrijden of die onvolledig zijn, kunnen helaas niet in behandeling worden genomen. De aanvraag wordt behandeld in de eerstvolgende vergadering van het bestuur. Het bestuur vergadert drie maal per jaar: in maart/april, september en december. De aanvraag dient twee weken voor het begin van de maand (maart, september of december) in het bezit te zijn van het secretariaat. De aanvrager wordt schriftelijk op de hoogte gesteld van de uitslag. Tegen de beslissing kan niet in beroep worden gegaan. **URL** ▶ www.degijselaarhintzenfonds.nl/index.php/procedure

Financieel ■ **EIGEN VERMOGEN** ▶ € 1.723.127 **INKOMSTEN EV** ▶ € 26.828 **INKOMSTEN OV** ▶ € 5.500 **HERKOMST MIDDELEN** ▶ vermogen, giften & schenkingen, legaten, overige inkomsten **BOEKJAAR** ▶ 2019 **JAARVERSLAG OP WEBSITE** ▶ ja.

Contact ■ **BEREIKBAAR PER** ▶ ☑ post ☑ e-mail ☒ telefoon **CONTACTPERSOON** ▶ Mw. dr. E.M. Heidecker-Mulders **POSTADRES** ▶ p/a Rijksakademie van beeldende kunsten, Sarphatistraat 470, 1018 GW Amsterdam **EMAIL (ALGEMEEN)** ▶ contact@degijselaarhintzenfonds.nl.

266
De Girard de Mielet-van Coehoorn Stichting

Rubriek ■ ☑ onderwijs en onderzoek

Algemeen ■ **WEBSITE** ▶ www.kennisbankfilantropie.nl/anbi/girard-de-mielet-van-coehoorn-stichting **TYPERING** ▶ vermogensfonds **OPGERICHT** ▶ 14-11-1977 **RECHTSVORM** ▶ stichting **KVK** ▶ 41177634 **ANBI STATUS** ▶ ja **DIRECTIE** ▶ geen directiegegevens bekend **BESTUUR** ▶ Prof.dr. F. Miedema, voorzitter; O.C. Rip, penningmeester; dr. P.J. Blankestijn, secretaris.

Missie ■ **DOELSTELLING** ▶ De bevordering van het medisch wetenschappelijk niveau van de in het UMC Utrecht werkzame artsen d.m.v. een tegemoetkoming in de kosten voor studiereizen, congresbezoek, het bevorderen of doen uitvoeren van medisch-wetenschappelijk onderzoek, het organiseren of doen organiseren van lezingen, cursussen en conferenties, welke kunnen strekken tot dit doel, alsmede het het verrichten van alle handelingen, welke met het vorenstaande verband houden, alles in de meest ruime zin des woords. **BELEIDSPLAN OP WEBSITE** ▶ ja.

Doelgroep ■ **SPECIFIEK** ▶ Artsen met een dienstverband met het Universitair Medisch Centrum Utrecht. **ACTIVITEITEN** ▶ Geen specifieke activiteiten bekend **INTERVENTIENIVEAU** ▶ Steun aan individuen (directe steun).

Werkgebied ■ **ACTIERADIUS** ▶ Lokaal **LAND** ▶ Nederland **PLAATS** ▶ Utrecht.

Bestedingen ■ **BUDGET** ▶ niet openbaar **ONDERSTEUNDE PROJECTEN P/J** ▶ 49 **SOORT BIJDRAGE** ▶ giften overig **BOVENGRENS** ▶ geen **ONDERGRENS** ▶ geen.

Projecten ■ **CRITERIA** ▶ De commissie verstrekt aan één persoon per twee jaar een reisvergoeding zijnde het maximale bedrag dat hiervoor is vastgesteld. De bedragen luiden als volgt: landen binnen Europa € 500,- en landen buiten Europa € 1250,-. **DOORLOOPTIJD** ▶ ☑ onbekend **STATUS AANVRAGER** ▶ ☑ overig **VOORKEUR/UITSLUITING** ▶ Voor een tegemoetkoming in de kosten van een buitenlandse reis komen alleen in aanmerking artsen, met een dienstverband met het Universitair Medisch Centrum Utrecht. Aanvragen waarbij het doel van de reis is het houden van een voordracht of de presentatie van een poster, zullen prioriteit krijgen boven aanvragen voor het bijwonen/bezoeken van een symposium of congres.

Procedure ■ **OP AANVRAAG** ▶ onbekend **AANVRAAGPROCEDURE** ▶ Voor het indienen van een aanvraag moet gebruik worden gemaakt van een door de stichting ter beschikking gesteld formulier. Aanvragen voor tegemoetkoming in de reiskosten, die bij de stichting zijn ingediend, worden in de maanden mei en november in behandeling genomen.

Financieel ■ **EIGEN VERMOGEN** ▶ € 810.000 **HERKOMST MIDDELEN** ▶ giften & schenkingen, vermogen **BOEKJAAR** ▶ 2015 **JAARVERSLAG OP WEBSITE** ▶ ja.

Contact ■ **BEREIKBAAR PER** ▶ ☑ post ☑ e-mail ☑ telefoon **CONTACTPERSOON** ▶ geen contactpersoon bekend **POSTADRES** ▶ Postbus 85500, 3508 GA Utrecht **EMAIL (ALGEMEEN)** ▶ o.c.rip@umcutrecht.nl **TELEFOON (ALGEMEEN)** ▶ 088-7557154.

267
De Graaf-Drijvers Fonds

Rubriek ■ ☑ kunst en cultuur

Algemeen ■ **WEBSITE** ▶ www.cultuurfonds.nl **TYPERING** ▶ fonds op naam **BEHEERD DOOR** ▶ Prins Bernhard Cultuurfonds **DIRECTIE** ▶ zie Prins Bernhard Cultuurfonds **BESTUUR** ▶ zie Prins Bernhard Cultuurfonds

Missie ■ **DOELSTELLING** ▶ Het financieel ondersteunen van projecten op educatief gebied in de provincie Groningen, waarbij kinderen kunnen kennismaken met verschillende disciplines op het werkterrein van het Prins Bernhard Cultuurfonds. Aanvragen worden behandeld door het Prins Bernhard Cultuurfonds Groningen.

Werkgebied ■ **ACTIERADIUS** ▶ Regionaal **LAND** ▶ Nederland **REGIO** ▶ Groningen.

Projecten ■ **CRITERIA** ▶ geen projectcriteria bekend **DOORLOOPTIJD** ▶ ☑ korter dan 1 jaar **STATUS AANVRAGER** ▶ ☑ overig **VOORKEUR/UITSLUITING** ▶ geen voorkeur of uitsluiting bekend.

Procedure ■ **OP AANVRAAG** ▶ ja **AANVRAAGPROCEDURE** ▶ Dit 'fonds op naam' ressorteert onder het Prins Bernhard Cultuurfonds. Verzoeken aan fondsen op naam komen op één centraal punt binnen. Dit houdt in dat een subsidieaanvraag slechts eenmaal aan het Prins Bernhard Cultuurfonds hoeft te worden gezonden. Voor de verdere aanvraagprocedure: zie Prins Bernhard Cultuurfonds. **URL** ▶ www.cultuurfonds.nl/aanvragen

Contact ■ **BEREIKBAAR PER** ▶ ☑ post ☑ e-mail ☑ telefoon **CONTACTPERSOON** ▶ geen contactpersoon bekend **POSTADRES** ▶ Postbus 19750, 1000 GT Amsterdam **EMAIL (ALGEMEEN)** ▶ info@cultuurfonds.nl **TELEFOON (ALGEMEEN)** ▶ 020-5206130.

268
Stichting De Groot Fonds

Rubriek ■ ☑ maatschappij, welzijn en samenleving ☑ onderwijs en onderzoek

Algemeen ■ **WEBSITE** ▶ www.degrootfonds.nl **TYPERING** ▶ vermogensfonds **OPGERICHT** ▶ 24-12-1956 **RECHTSVORM** ▶ stichting **KVK** ▶ 41141400 **ANBI STATUS** ▶ ja **DIRECTIE** ▶ drs. L.A. Ruys **BESTUUR** ▶ Mr. J.D. Wiersma, voorzitter; C. Sunderman; mw.drs. J. Meijer; mw.drs. D. van Hell-ter Heide.

Missie ■ **DOELSTELLING** ▶ Het verrichten van handelingen, strekkende tot het verlenen van geldelijke steun aan rechtspersonen voor doeleinden, welke, in de ruimste zin, vallen onder het begrip 'maatschappelijk werk', zowel ter voorziening in maatschappelijke behoeften als ter bevordering van wetenschap en geestelijke- en sociale zorg. De stichting beoogt voorts het toekennen van geldelijke bijdragen aan kerkelijke-, charitatieve-, culturele-, wetenschappelijk- en het algemeen nut beogende instellingen, in het bijzonder instellingen die steun aan jeugd en ouderen ten doel hebben. Het verlenen van geldelijke bijdragen aan rechtspersonen kan alleen plaats hebben aan die lichamen, welke uitsluitend of nagenoeg uitsluitend het algemeen nut beogen. **STICHTER(S)** ▶ Alewijn de Groot **HISTORIE** ▶ Stichting de Groot Fonds werd in 1956 opgericht door wijlen de heer Alewijn de Groot, Schiedammer en in het dagelijks leven handelaar in spiritus en moutwijn, een belangrijke grondstof voor de jenever stokerijen. Schiedam kende voor en na de Tweede Wereldoorlog nog tientallen zelfstandige jeneverstokerijen waar op ambachtelijke wijze werd gestookt. Daar waren dan ook de meeste klanten van de heer de Groot, inwoners van Schiedam met financiële moeilijkheden die zijn hulp echt nodig hadden, konden een beroep op hem doen. Hij deed dat met grote mate van bescheidenheid en altijd in stilte, hij wilde zijn naam daarbij niet genoemd hebben. Zo was hij onder meer een belangrijke financier voor de bouw van het bejaardenhuis François HaverSchmidt. De heer de Groot was niet gehuwd en leefde sober. Hij vond als Schiedammer dat het door hem opgebouwde vermogen, opgebouwd in zijn bedrijf te Schiedam, uiteindelijk ten gunste moest komen van de Schiedamse bevolking. Om deze reden had hij in zijn testament laten opnemen dat vrijwel zijn gehele vermogen ten gunste diende te komen van het door hem opgerichte 'De Groot Fonds'. **BELEIDSPLAN OP WEBSITE** ▶ ja.

Doelgroep ■ **ALGEMEEN** ▶ jongeren, ouderen **SPECIFIEK** ▶ Kerkelijke-, charitatieve-, culturele-, wetenschappelijk- en het algemeen nut beogende instellingen. Aandachtspunten voor de stichting zijn jongeren en ouderen. **ACTIVITEITEN** ▶ Stichting De Groot Fonds levert een financiële bijdrage in de vorm van subsidies of giften aan kansrijke sociale of culturele projecten, waarvoor geen of onvoldoende overheidssubsidie beschikbaar is of die anderszins niet van de grond zouden komen. Het fonds richt zich vooral op projecten voor jongeren en ouderen. Deze projecten moeten een duidelijk toegevoegde waarde hebben voor het sociale en/of culturele leven. **INTERVENTIENIVEAU** ▶ Steun aan lokale/provinciale maatschappelijke organisaties en structuren (incl. gemeenten etc.) die diensten verlenen aan individuen.

Werkgebied ■ **ACTIERADIUS** ▶ Internationaal, Nationaal, Lokaal **LAND** ▶ Wereldwijd, Nederland **PLAATS** ▶ Schiedam, Vlaardingen.

Bestedingen ■ **BUDGET** ▶ niet openbaar **ONDERSTEUNDE PROJECTEN P/J** ▶ 115 **SOORT BIJDRAGE** ▶ giften subsidies **BOVENGRENS** ▶ geen **ONDERGRENS** ▶ geen.

Projecten ■ **CRITERIA** ▶ ☑ De aanvraag indienende instantie dient in Nederland gevestigd te zijn; ☑ Betreffende instantie dient rechtspersoonlijkheid te bezitten (stichting of vereniging); ☑ De ontvangen aanvraag dient een instantie zonder winstoogmerk te betreffen; ☑ De aanvragende instantie of diens moederonderneming mag geen of slechts een beperkt eigen vermogen bezitten; ☑ De doeleinden van de aanvragende instantie dienen van sociaal/maatschappelijke of culturele aard te zijn; ☑ De haalbaarheid van het project moet reëel zijn; ☑ Primair worden lokale projecten gehonoreerd, vervolgens regionale, landelijke en internationale projecten; ☑ Er vindt toetsing plaats van het deel overhead versus het deel dat beschikbaar is voor het feitelijke project. **DOORLOOPTIJD** ▶ ☑ onbekend **STATUS AANVRAGER** ▶ ☑ stichting of vereniging (non-profit) **VOORKEUR/UITSLUITING** ▶ De voorkeur gaat uit naar projecten waaraan ook andere fondsen financieel meewerken. Stichting de Groot Fonds geeft in principe geen steun aan: ☑ individuen; ☑ instellingen en projecten met een strikt commerciële, politieke of religieuze doelstelling; ☑ instellingen die een aanvraag indienen ter dekking van exploitatietekorten of overheadkosten; ☑ instellingen die uitsluitend een niet projectgebonden aanvraag indienen; ☑ instellingen die over voldoende eigen vermogen beschikken om een aanvraag zelf te kunnen financieren. Met betrekking tot de Derde Wereld worden alleen giften verstrekt aan projecten in landen waarmee Nederland ooit een band heeft gehad.

Procedure ■ **OP AANVRAAG** ▶ ja **DOORLOOPTIJD** ▶ korter dan 1 maand; 1-3 maanden; 1-3 maanden **AANVRAAGPROCEDURE** ▶ Aanvragen kunnen schriftelijk ingediend worden via het postadres. Ook kunt u het aanvraagformulier op internet invullen. Houdt u er rekening mee dat u de stichting dan wel bij voorkeur per e-mail (info@degrootfonds.nl) of schriftelijk de volgende documenten doet toekomen. De aanvraag dient vergezeld te gaan van: ☑ De actuele statuten van uw organisatie; ☑ Een actueel uittreksel uit het Handelsregister; ☑ De meest recente jaarrekening en jaarverslag; ☑ Een volledige projectbeschrijving; ☑ Een projectbegroting; ☑ Vermelding van de fondsen/instanties waar eveneens een aanvraag voor een bijdrage is ingediend. Na ontvangst van een aanvraag voor donatie wordt deze binnen een week na ontvangst schriftelijk door het secretariaat bevestigd. Aanvragen worden ter besluitvorming voorgelegd in de bestuursvergadering. Stichting de Groot Fonds vergadert vijf keer per jaar. In de bevestigingsbrief wordt vermeld wanneer de eerstvolgende vergadering van Stichting de Groot Fonds plaatsvindt. De aanvrager ontvangt, in de regel, circa één week na de besluitvorming bericht. **URL** ▶ www.degrootfonds.nl/aanvraag

Financieel ■ **INKOMSTEN OV** ▶ € 342.560 **HERKOMST MIDDELEN** ▶ giften & schenkingen, legaten, vermogen **BOEKJAAR** ▶ 2018 **JAARVERSLAG OP WEBSITE** ▶ ja.

Contact ■ **BEREIKBAAR PER** ▶ ☑ post ☑ e-mail ☑ telefoon **CONTACTPERSOON** ▶ geen contactpersoon bekend **POSTADRES** ▶ Koemarkt 4b, 3111 JH Schiedam **EMAIL (ALGEMEEN)** ▶ info@degrootfonds.nl **TELEFOON (ALGEMEEN)** ▶ 010-2730493.

269
De Herman Heijs Stichting

Rubriek ■ ☑ maatschappij, welzijn en samenleving ☑ noodhulp ☑ voedsel en voedselveiligheid ☑ gezondheidszorg

Algemeen ■ **WEBSITE** ▶ www.kennisbankfilantropie.nl/anbi/de-herman-heijs-stichting **TYPERING** ▶ vermogensfonds **RECHTSVORM** ▶ stichting **KVK** ▶ 41063704 **ANBI STATUS** ▶ ja **DIRECTIE** ▶ geen directiegegevens bekend **BESTUUR** ▶ H.J. Heijs, voorzitter; K. Heijs, penningmeester; G.T. Bouwmans.

Missie ■ **DOELSTELLING** ▶ Het financieel steunen van: ☑ kleine sociale projecten in landen in ontwikkeling (hetzij direct, hetzij via Nederlandse rechtspersonen); ☑ sociale- en culturele projecten in de gemeente Gennep; ☑ Nederlandse rechtspersonen die medische- en voedselhulp verlenen aan de bevolking van landen in ontwikkeling.

Doelgroep ■ **ALGEMEEN** ▶ inheemse volken, armen **SPECIFIEK** ▶ Geen specifieke doelgroep **ACTIVITEITEN** ▶ Geen specifieke activiteiten bekend **INTERVENTIENIVEAU** ▶ Steun aan lokale/provinciale maatschappelijke organisaties en structuren (incl. gemeenten etc.) die diensten verlenen aan individuen.

Werkgebied ■ **ACTIERADIUS** ▶ Lokaal, Nationaal, Internationaal **LAND** ▶ Wereldwijd **PLAATS** ▶ Gennep.

Bestedingen ■ **BUDGET** ▶ niet openbaar **SOORT BIJDRAGE** ▶ giften **BOVENGRENS** ▶ geen **ONDERGRENS** ▶ geen.

Projecten ■ **CRITERIA** ▶ geen projectcriteria bekend **DOORLOOPTIJD** ▶ ☑ onbekend **STATUS AANVRAGER** ▶ ☑ geen beperkingen bekend **VOORKEUR/UITSLUITING** ▶ geen voorkeur of uitsluiting bekend.

Procedure ■ **OP AANVRAAG** ▶ onbekend **AANVRAAGPROCEDURE** ▶ geen aanvraagprocedure bekend.

Financieel ■ **EIGEN VERMOGEN** ▶ € 172.332 **INKOMSTEN EV** ▶ € 3.878 **HERKOMST MIDDELEN** ▶ vermogen **BOEKJAAR** ▶ 2016.

Contact ■ **BEREIKBAAR PER** ▶ ☑ post ☑ e-mail ☑ telefoon **CONTACTPER-**

SOON ▶ geen contactpersoon bekend POSTADRES ▶ Birdielaan 6, 1343 DC Almere EMAIL (ALGEMEEN) ▶ henk.heijs@wxs.nl TELEFOON (ALGEMEEN) ▶ 036-5365415.

270
Stichting De Honderd Gulden Reis

Rubriek ■ ☑ onderwijs en onderzoek ☑ kerk en levensbeschouwing

Algemeen ■ WEBSITE ▶ https://honderdgulden.com TYPERING ▶ vermogensfonds BEHEERD DOOR ▶ Vrije Universiteit Amsterdam OPGERICHT ▶ 23-09-1996 RECHTSVORM ▶ stichting KVK ▶ 41160149 ANBI STATUS ▶ ja DIRECTIE ▶ geen directiegegevens bekend BESTUUR ▶ Prof.dr. G. Harinck, voorzitter; mr. J.W. Mekking, penningmeester; dr. W.P. Beekers, secretaris; mr.dr. H.-M.Th.D. ten Napel; J.F. Seijlhouwer; dr. B.J. Spruijt.

Missie ■ DOELSTELLING ▶ De stichting heeft ten doel: ☑ het bevorderen van studiereizen voor diegenen, die daarvoor een wezenlijke interesse hebben, met name voor afgestudeerden of studenten van Nederlandse universiteiten, hogescholen of soortgelijke instellingen, die behoren tot de confessioneel-gereformeerde kring, en die voor deze studiereizen door het curatorium zijn aangewezen; ☑ het verstrekken van beurzen aan diegenen, die voor deze studiereizen zijn aangewezen; ☑ al hetgeen met het vorenstaande verband houdt en wat ter bevordering van het doel nuttig of nodig is. STICHTER(S) ▶ Dr. G. Puchinger HISTORIE ▶ Stichting De Honderd Gulden Reis is opgericht door dr. G. Puchinger (1921-1999), een geëngageerde christen, verzetsman in de Tweede Wereldoorlog en publicist met een scherpe pen. Als historicus werd hij wel de 'chroniqueur van het gereformeerde leven' genoemd. Puchinger onderhield persoonlijke contacten met verschillende politici, zoals Andries van Agt, Jelle Zijlstra en Wilhelm de Gaay Fortman. Puchinger was van eenvoudige komaf. Hij gunde ook anderen de persoonlijke vorming die hij desalniettemin had kunnen genieten. Daarom richtte hij in 1996 Stichting De Honderd Gulden Reis op. Sinds zijn overlijden wordt de Stichting bestuurd door een Curatorium. De oprichter vond dat studiereizen ook aangenaam mochten zijn. Hij stelde dat honderd gulden, per dag voor het verblijf in het buitenland passend was. Vandaar de naam: Stichting De Honderd Gulden Reis. BELEIDSPLAN OP WEBSITE ▶ ja.

Doelgroep ■ ALGEMEEN ▶ studenten, gelovigen SPECIFIEK ▶ Studenten of afgestudeerden in de (kunst-)geschiedenis, letteren, rechten, theologie of wijsbegeerte aan een van Nederlands universiteiten of soortgelijke instellingen, met name zij die affiniteit hebben met de protestants-christelijke traditie. ACTIVITEITEN ▶ Stichting De Honderd Gulden Reis verstrekt beurzen voor studiereizen, die de horizon verbreden en het christelijk geloof en denken verrijken. INTERVENTIENIVEAU ▶ Steun aan individuen (directe steun).

Werkgebied ■ ACTIERADIUS ▶ Nationaal LAND ▶ Nederland.

Bestedingen ■ BUDGET ▶ niet openbaar ONDERSTEUNDE PROJECTEN P/J ▶ 8 SOORT BIJDRAGE ▶ studiebeurzen BOVENGRENS ▶ geen ONDERGRENS ▶ geen.

Projecten ■ CRITERIA ▶ Beurzen voor studiereizen (reis-, studie- en/of verblijfkosten) van studenten of afgestudeerden. DOORLOOPTIJD ▶ ☑ korter dan 1 jaar STATUS AANVRAGER ▶ ☑ individuen/gezinnen VOORKEUR/UITSLUITING ▶ ☑ De aanvrager volgt een universitaire opleiding in Nederland of heeft dat gedaan en wil zijn/haar horizon verbreden. ☑ De aanvrager is student of afgestudeerd in de (kunst-)geschiedenis, letteren, rechten, theologie of wijsbegeerte. ☑ De aanvrager en/of betreffende studie heeft een relatie met het protestantse christendom. ☑ De betreffende studie vindt plaats buiten het reguliere, curriculum-gebonden (bachelor of master)onderwijs.

Procedure ■ OP AANVRAAG ▶ ja DOORLOOPTIJD ▶ 1-3 maanden AANVRAAGPROCEDURE ▶ De aanvraag dient per e-mail te worden ingediend. De digitale aanvraag dient vergezeld te gaan met: ☑ een aanvraagformulier (te vinden op de website); ☑ een begroting; ☑ een curriculum vitae. Uit de aanvraag dient te blijken in hoeverre men studie wil maken van het protestantse christendom en/of er affiniteit bestaat met de protestants-christelijke traditie. Aanvragen dienen voorafgaand aan de reis ingediend te worden en voor 1 februari van elk jaar in het bezit van de Stichting te zijn. De behandeling van de aanvragen duurt ongeveer drie maanden. Zo nodig kan een aanvraag met terugwerkende kracht worden toegekend. URL ▶ https://honderdgulden.com/documenten/

Financieel ■ EIGEN VERMOGEN ▶ € 1.049.573 INKOMSTEN EV ▶ € 23.345 HERKOMST MIDDELEN ▶ vermogen BOEKJAAR ▶ 2018 JAARVERSLAG OP WEBSITE ▶ ja.

Contact ■ BEREIKBAAR PER ▶ ☑ post ☑ e-mail ☒ telefoon CONTACTPERSOON ▶ Dr. Wouter Beekers POSTADRES ▶ Postbus 439, 3800 AK Amersfoort EMAIL (ALGEMEEN) ▶ stichtingdehonderdguldenreis@live.nl.

271
De Johanna Donk-Grote Stichting

Rubriek ■ ☑ gezondheidszorg ☑ maatschappij, welzijn en samenleving ☑ sport en recreatie ☑ kunst en cultuur ☑ onderwijs en onderzoek

Algemeen ■ WEBSITE ▶ www.djdgs.nl TYPERING ▶ vermogensfonds OPGERICHT ▶ 08-08-1991 RECHTSVORM ▶ stichting KVK ▶ 41041099 ANBI STATUS ▶ ja DIRECTIE ▶ geen directiegegevens bekend BESTUUR ▶ Mr. B.R.C. de Roo, voorzitter; H. Hogeboom, penningmeester; mw.drs. M.E. Kamphuis, secretaris; mr. J.A. Beekers; mw.drs. E.A. van de Vlekkert.

Missie ■ DOELSTELLING ▶ ☑ Het geven van bijdragen aan projecten die de leefomstandigheden verbeteren op het gebied van gezondheid en armoede; ☑ het geven van bijdragen aan projecten die de toekomstkansen van kinderen verbeteren door het bieden van onderwijsmogelijkheden; ☑ het geven van bijdragen aan charitatieve fondsen (ANBI) die projecten van sociaal-maatschappelijke en culturele aard uitvoeren. STICHTER(S) ▶ Johanna Donk–Grote HISTORIE ▶ Johanna Grote is in 1904 in Duitsland geboren. Kort na haar geboorte gingen haar ouders uit elkaar en groeide zij, zonder haar broer en zus, op in een weeshuis. Op 12-jarige leeftijd kwam Johanna van school en moest aan het werk. Op 18 jarige leeftijd kreeg zij werk in een hotelkeuken in Nederland. De moeder van Johanna kreeg een relatie met de heer Halfen die later het bedrijf Halfeneisen in Düsseldorf oprichtte. De heer Halfen had een octrooi op een bevestigingstechniek van roestvrij edelstaal. Wereldwijd is deze techniek in de bouw toegepast. De heer Halfen trok zich het lot van de kinderen Grote aan en gaf de kinderen Grote een belang in deze onderneming. In 1954 trouwde Johanna Grote met de heer Donk en woonde vanaf haar huwelijk tot haar overlijden in 1997 in Apeldoorn. Na het overlijden van de heer Halfen, als ook haar zuster en broer verkreeg Johanna Donk–Grote een groot belang in de onderneming Halfeneisen. In 1991 besloot zij dit belang te verkopen. Dit maakte haar tot een zeer vermogende vrouw. Doordat Johanna Donk–Grote geen kinderen en geen naaste familie meer had, ook haar man inmiddels was overleden, heeft zij besloten tot de oprichting van een charitatieve Stichting, die haar naam draagt. **BELEIDSPLAN OP WEBSITE** ▶ ja.

Doelgroep ■ **ALGEMEEN** ▶ kinderen, gehandicapten, armen, zieken, dak- en thuislozen **SPECIFIEK** ▶ Geen specifieke doelgroep **ACTIVITEITEN** ▶ In 2017 heeft het bestuur kennisgemaakt met Save the Children, Edukans en Medic, ook de contacten met ZOA, Liliane Fonds en de Lion Heart Foundation werden gecontinueerd. De aandacht voor kleinschalige projecten krijgt mede door het samenwerken met Wilde Ganzen een vaste vorm, maar ook vele particuliere initiatieven benaderen DJDGS rechtstreeks. Dit jaar heeft het bestuur ook zelf actief een aantal fondsen benaderd om mee te werken aan de financiering van projecten. Bij humanitaire rampen, zoals de vluchtelingencrisis in Syrië en de verwoestende orkaan op Sint Maarten kunnen giro 555, het Rode Kruis en Artsen zonder Grenzen op de financiële hulp rekenen van de Stichting. In december heeft de Stichting voor de cliënten en vrijwilligers van voedselbanken in Apeldoorn en omgeving bijgedragen met een kerstverrassing in het pakket. De heer Hogeboom coördineert met enthousiasme al deze bestellingen en leveringen. **INTERVENTIENIVEAU** ▶ Steun aan lokale/provinciale maatschappelijke organisaties en structuren (incl. gemeenten etc.) die diensten verlenen aan individuen.

Werkgebied ■ **ACTIERADIUS** ▶ Internationaal **LAND** ▶ Wereldwijd.

Bestedingen ■ **BUDGET** ▶ niet openbaar **SOORT BIJDRAGE** ▶ giften **BOVENGRENS** ▶ geen **ONDERGRENS** ▶ geen.

Projecten ■ **CRITERIA** ▶ ☑ projecten die de leefomstandigheden verbeteren op het gebied van gezondheid en armoede; ☑ projecten die de toekomstkansen van kinderen verbeteren door het bieden van onderwijsmogelijkheden; ☑ projecten van sociaal-maatschappelijke en culturele aard uitvoeren door charitatieve fondsen (ANBI) uitgevoerd; ☑ bijdrage is in beginsel éénmalig en periodiek terugkerende aanvragen worden steeds opnieuw beoordeeld. **DOORLOOPTIJD** ▶ ☑ korter dan 1 jaar **STATUS AANVRAGER** ▶ ☑ stichting of vereniging (non-profit) **VOORKEUR/UITSLUITING** ▶ Het bestuur heeft een voorkeur: ☑ voor het geven van bijdragen aan kleinschalige projecten, vaak voortgekomen uit particulier initiatief, zodat de bijdrage rechtstreeks ten goede komt aan het project; ☑ voor het geven van bijdragen, als het om lokale initiatieven gaat, aan projecten in de gemeente Apeldoorn; ☑ voor het geven van bijdragen aan projecten waarbij het bevorderen van de economische zelfstandigheid/zelfredzaamheid van de mens onderdeel is van het projectplan; ☑ voor het geven van bijdragen aan projecten waarbij inbedding in en overdracht van het project aan de plaatselijke gemeenschap onderdeel is van het projectplan. De stichting geeft in beginsel géén bijdragen aan: individuele hulpvragen/ondersteuning; activiteiten met een commercieel oogmerk; renovatie, bouw of verbouw van onroerend goed in Nederland; aankoop of vervanging van woninginrichting of interieur in Nederland.

Procedure ■ **OP AANVRAAG** ▶ ja **DOORLOOPTIJD** ▶ 1-4 maanden; 3-6 maanden **AANVRAAGPROCEDURE** ▶ De Johanna Donk-Grote Stichting neemt uw projectaanvraag uitsluitend in behandeling als u het digitale aanvraagformulier gebruikt. Rapportages, nieuwsbrieven, etc. kunt u eventueel per mail aanleveren. Het is noodzakelijk de volgende informatie mee te sturen: ☑ Algemene informatie over uw organisatie/fonds (inclusief IBAN-nummer); ☑ Projectbeschrijving en projectbegroting; ☑ Dekkingsplan met daarin vermeld aan wie nog meer aanvragen zijn gedaan, of er toezeggingen zijn, en zo ja van wie en voor welke bedragen. Indien in de periode (van ca. 12 tot 16 weken) tussen aanvraag en behandeling veranderingen in de dekking zijn, bijvoorbeeld in het geval van nieuwe toezeggingen, verzoeken wij u een geactualiseerde versie van het dekkingsplan te mailen. ☑ Recente jaarrekening; Graag ontvangen wij van u de meest recente jaarrekening. Dient u de aanvraag na 1 juni in, dan dient het de jaarrekening van het afgelopen jaar te betreffen. ☑ ANBI verklaring; ☑ Als u niet beschikt over één van deze genoemde stukken, ontvangen wij graag een uitleg. Het bestuur komt minimaal 10 keer per jaar bijeen om te beslissen over de aanvragen. Doorgaans kunt u binnen 12 tot 16 weken een besluit van het bestuur verwachten op uw verzoek. **URL** ▶ www.djdgs.nl/aanvraag-indienen

Financieel ■ **INKOMSTEN EV** ▶ € 1.461.968 **HERKOMST MIDDELEN** ▶ legaten, vermogen **BOEKJAAR** ▶ 2019 **JAARVERSLAG OP WEBSITE** ▶ ja.

Contact ■ **BEREIKBAAR PER** ▶ ☑ post ☑ e-mail ☒ telefoon **CONTACTPERSOON** ▶ geen contactpersoon bekend **POSTADRES** ▶ Postbus 4, 7200 AA Zutphen **EMAIL (ALGEMEEN)** ▶ info@djdgs.nl.

272

De Johannes Stichting

Rubriek ■ ☑ maatschappij, welzijn en samenleving ☑ onderwijs en onderzoek ☑ gezondheidszorg

Algemeen ■ **WEBSITE** ▶ www.dejohannesstichting.nl **TYPERING** ▶ vermogensfonds **OPGERICHT** ▶ 1996 **RECHTSVORM** ▶ stichting **KVK** ▶ 41135705 **ANBI STATUS** ▶ ja **DIRECTIE** ▶ geen directiegegevens bekend **BESTUUR** ▶ J. Detiger, voorzitter; D.G.A. van Luxemburg, penningmeester; J. van Waas, secretaris.

Missie ■ **DOELSTELLING** ▶ Het doel van de Stichting is het uitsluitend, of nagenoeg uitsluitend doen van uitkeringen, in de vorm van bijdragen of anderszins: ☑ aan instellingen die zich in het algemeen richten op maatschappelijk belang met name op charitatief, sociaal en wetenschappelijk terrein; ☑ ten behoeve van projecten in de ontwikkeling van de geestelijke en lichamelijke volksgezondheid; ☑ het entameren, ondersteunen en bevorderen van sociale en charitatieve projecten en van wetenschappelijk onderwijs. Daarnaast kunnen uitkeringen worden gedaan aan kerkelijke instellingen en kerkelijke organisaties. Alle voornoemde instellingen mogen zowel in Nederland als daarbuiten zijn gevestigd. **STICHTER(S)** ▶ De heer J. Detiger **HISTORIE** ▶ De Johannes Stichting is een initiatief van de heer J. Detiger, die in 1996 de Stichting in het leven riep. Met het instellen van deze Stichting werd een platform gecreëerd om diverse goede doelen, vooral op het vlak van de cultuur en de wetenschap, financieel te ondersteunen. **BELEIDSPLAN OP WEBSITE** ▶ ja.

Doelgroep ■ **SPECIFIEK** ▶ Geen specifieke doelgroep **ACTIVITEITEN** ▶ Geen specifieke activiteiten bekend **INTERVENTIENIVEAU** ▶ Steun aan lokale/provinciale maatschappelijke organisaties en structuren (incl. gemeenten etc.) die diensten verlenen aan individuen.

Werkgebied ■ **ACTIERADIUS** ▶ Nationaal, Internationaal **LAND** ▶ Nederland.

Bestedingen ■ **BUDGET** ▶ niet openbaar **ONDERSTEUNDE PROJECTEN P/J** ▶ 29 **SOORT BIJDRAGE** ▶ giften subsidies **BOVENGRENS** ▶ geen **ONDERGRENS** ▶ geen.

Projecten ■ **CRITERIA** ▶ geen projectcriteria bekend **DOORLOOPTIJD** ▶ ☑ onbekend **STATUS AANVRAGER** ▶ ☑ geen beperkingen bekend **VOORKEUR/UITSLUITING** ▶ geen voorkeur of uitsluiting bekend.

Procedure ■ **OP AANVRAAG** ▶ nee **AANVRAAGPROCEDURE** ▶ Verzoeken tot financiële ondersteuning kunnen uitsluitend op uitnodiging van de Johannes Stichting worden ingediend. Het bestuur vergadert twee keer per jaar en de besluitvorming omtrent schenkingen wordt dan vastgesteld.

Financieel ■ **EIGEN VERMOGEN** ▶ € 82.248 **HERKOMST MIDDELEN** ▶ giften & schenkingen, vermogen **BOEKJAAR** ▶ 2019 **JAARVERSLAG OP WEBSITE** ▶ ja.

Contact ■ **BEREIKBAAR PER** ▶ ☑ post ☒ e-mail ☒ telefoon **CONTACTPERSOON** ▶ geen contactpersoon bekend **POSTADRES** ▶ Postbus 1546, 3000 BM Rotterdam.

273
De Konink-Walst Fonds

Rubriek ■ ☑ kunst en cultuur ☑ onderwijs en onderzoek

Algemeen ■ **WEBSITE** ▶ www.cultuurfonds.nl **TYPERING** ▶ fonds op naam **BEHEERD DOOR** ▶ Prins Bernhard Cultuurfonds **DIRECTIE** ▶ zie Prins Bernhard Cultuurfonds **BESTUUR** ▶ zie Prins Bernhard Cultuurfonds

Missie ■ **DOELSTELLING** ▶ Het financieel ondersteunen van jong muziektalent voor een vervolgopleiding in binnen- of buitenland, of bij de aanschaf van een passend instrument; en/of; Het financieel ondersteunen van projecten tot behoud van cultureel erfgoed in Zaanstad en in Amsterdam.

Werkgebied ■ **ACTIERADIUS** ▶ Nationaal, Internationaal, Lokaal **LAND** ▶ Nederland **REGIO** ▶ Noord-Holland **PLAATS** ▶ Amsterdam, Zaanstad.

Projecten ■ **CRITERIA** ▶ geen projectcriteria bekend **DOORLOOPTIJD** ▶ ☑ korter dan 1 jaar **STATUS AANVRAGER** ▶ ☑ geen beperkingen bekend **VOORKEUR/UITSLUITING** ▶ geen voorkeur of uitsluiting bekend.

Procedure ■ **OP AANVRAAG** ▶ ja **AANVRAAGPROCEDURE** ▶ Dit 'fonds op naam' ressorteert onder het Prins Bernhard Cultuurfonds. Verzoeken aan fondsen op naam komen op één centraal punt binnen. Dit houdt in dat een subsidieaanvraag slechts eenmaal aan het Prins Bernhard Cultuurfonds hoeft te worden gezonden. Voor de verdere aanvraagprocedure: zie Prins Bernhard Cultuurfonds. **URL** ▶ www.cultuurfonds.nl/aanvragen

Contact ■ **BEREIKBAAR PER** ▶ ☑ post ☑ e-mail ☑ telefoon **CONTACTPERSOON** ▶ geen contactpersoon bekend **POSTADRES** ▶ Postbus 19750, 1000 GT Amsterdam **EMAIL (ALGEMEEN)** ▶ info@cultuurfonds.nl **TELEFOON (ALGEMEEN)** ▶ 020-5206130.

274
Stichting De Korinthiërs

Rubriek ■ ☑ onderwijs en onderzoek ☑ kunst en cultuur ☑ gezondheidszorg

Algemeen ■ **WEBSITE** ▶ www.welstand.nl/fondsen **TYPERING** ▶ vermogensfonds **OPGERICHT** ▶ 01-01-2007 **RECHTSVORM** ▶ stichting **KVK** ▶ 41150921 **ANBI STATUS** ▶ ja **DIRECTIE** ▶ geen directiegegevens bekend **BESTUUR** ▶ Mw.drs. A.M. ten Cate, voorzitter; drs. A.M. Henny, penningmeester; D. Henny, secretaris.

Missie ■ **DOELSTELLING** ▶ De Stichting stelt zich ten doel het verlenen van financiële steun aan: ☑ een rechtspersoon als bedoelt in art 24 lid 4 van de Successiewet 1956; ☑ behoeftige personen, die daartoe naar het oordeel van het bestuur in aanmerking komen: a. voor studiedoeleinden en studiebeurzen, b. bij bedreigde bestaansmogelijkheden, c. voor medische behandeling, operatiekosten, ziektekosten en begrafeniskosten, d. voor kosten bij emigratie, e. voor het inkopen in tehuizen voor ouden van dagen; ☑ voor alle verdere doeleinden op charitatief, educatie en cultureel gebied. **STICHTER(S)** ▶ De heer E. Henny **HISTORIE** ▶ Beweegreden bij de oprichting stichting: 'Niemand zoeke zijn eigen voordeel, maar ieder zoeke het voordeel van zijn naaste (1 Korinthiërs 10:24)'.

Doelgroep ■ **ALGEMEEN** ▶ studenten, armen, zieken, gehandicapten **SPECIFIEK** ▶ Behoeftige personen, instellingen op cultureel educatief of charitatief gebied. **ACTIVITEITEN** ▶ In 2018 werd € 62.000 besteed aan de doelstelling, waarvan € 20.000 aan het Jacob van Heusdenfonds, € 20.000 aan de Schuurman Schimmel-van Outerenstichting en € 20.000 aan het Prins Bernhard Cultuur Fonds en € 2.000 overig. **INTERVENTIENIVEAU** ▶ Steun aan individuen (directe steun).; Steun op niveau van maatschappij zelf (beleidsbeïnvloeding, etc.).

Werkgebied ■ **ACTIERADIUS** ▶ Nationaal **LAND** ▶ Nederland.

Bestedingen ■ **BUDGET** ▶ niet openbaar **SOORT BIJDRAGE** ▶ studiebeurzen overig **BOVENGRENS** ▶ geen **ONDERGRENS** ▶ geen.

Projecten ■ CRITERIA ▶ geen projectcriteria bekend DOORLOOPTIJD ▶ ☑ korter dan 1 jaar STATUS AANVRAGER ▶ ☑ individuen/gezinnen VOORKEUR/UITSLUITING ▶ Een Nederlandse nationaliteit is een vereiste voor een aanvraag.

Procedure ■ OP AANVRAAG ▶ onbekend DOORLOOPTIJD ▶ 1-3 maanden; geen doorlooptijd bekend; geen doorlooptijd bekend AANVRAAGPROCEDURE ▶ Geen aanvraagprocedure bekend.

Financieel ■ HERKOMST MIDDELEN ▶ vermogen BOEKJAAR ▶ 2018 JAARVERSLAG OP WEBSITE ▶ ja.

Contact ■ BEREIKBAAR PER ▶ ☑ post ☑ e-mail ☑ telefoon CONTACTPERSOON ▶ geen contactpersoon bekend POSTADRES ▶ Postbus 655, 3800 AR Amersfoort EMAIL (ALGEMEEN) ▶ info@welstand.nl TELEFOON (ALGEMEEN) ▶ 033-4671015.

275
De Leo XIII Stichting

Rubriek ■ ☑ kerk en levensbeschouwing ☑ maatschappij, welzijn en samenleving

Algemeen ■ WEBSITE ▶ www.kennisbankfilantropie.nl/anbi/leo-xiii-stichting TYPERING ▶ vermogensfonds OPGERICHT ▶ 07-01-1919 RECHTSVORM ▶ stichting KVK ▶ 41076598 ANBI STATUS ▶ ja DIRECTIE ▶ geen directiegegevens bekend BESTUUR ▶ B.M.J.R. Groutars, voorzitter; mw. A.R. Michiels van Kessenich-Overdevest, penningmeester; mw. D.R.P. van den Elsen-Millenaar, secretaris; mw. M. Maenen; H.J.M. Bovend'eerdt; C.W.J. Bouwens.

Missie ■ DOELSTELLING ▶ Het behartigen van belangen op godsdienstig en maatschappelijk terrein in Maastricht in overeenstemming met de leer van de RK Kerk. HISTORIE ▶ In 2016 is het Bestuur tot de conclusie gekomen dat het steeds moeilijker wordt om haar doelstelling te realiseren. Reden hiervoor is dat er steeds minder aanvragen binnenkomen die passen binnen de doelstelling. Het Bestuur heeft daarom besloten in 2016 een personele Unie aan te gaan met Vincentiusvereniging Maastricht. Deze stichting beschikt over vele contacten binnen het welzijns- en maatschappelijk werk in Maastricht, van waaruit aanvragen worden ontvangen die wel passen binnen de doelstelling van onze stichting. Per 1 oktober 2016 is deze personele unie gerealiseerd. Daarbij zijn in het Bestuur van De Leo XIII Stichting alle functies ingenomen door het Bestuur van Vincentiusvereniging Maastricht met uitzondering van pastoor H. Bovend' eerdt. BELEIDSPLAN OP WEBSITE ▶ ja.

Doelgroep ■ ALGEMEEN ▶ gelovigen SPECIFIEK ▶ In Maastricht gevestigde instellingen die zich bezighouden met activiteiten die passen binnen de doelstelling. ACTIVITEITEN ▶ De Stichting realiseert haar doelstelling in hoofdzaak door het verlenen van subsidies. Het budget dat voor subsidies beschikbaar is bestaat uit het rendement van het vermogen van de stichting minus de uitgaven ten dienste van het goede functioneren van de Stichting. INTERVENTIENIVEAU ▶ Steun aan lokale/provinciale maatschappelijke organisaties en structuren (incl. gemeenten etc.) die diensten verlenen aan individuen.

Werkgebied ■ ACTIERADIUS ▶ Lokaal LAND ▶ Nederland REGIO ▶ Limburg PLAATS ▶ Maastricht.

Bestedingen ■ BUDGET ▶ niet openbaar SOORT BIJDRAGE ▶ subsidies BOVENGRENS ▶ geen ONDERGRENS ▶ geen.

Projecten ■ CRITERIA ▶ Om voor subsidiëring in aanmerking te komen moeten aanvragen stroken met de doelstelling van de stichting. Een aanvraag moet concreet en duidelijk aangeven voor welk doel, project of activiteit de subsidie wordt aangevraagd. Een aanvraag moet goed gemotiveerd en onderbouwd zijn en als regel zijn voorzien van een jaarrekening en een begroting van inkomsten en uitgaven. DOORLOOPTIJD ▶ ☑ onbekend STATUS AANVRAGER ▶ ☑ stichting of vereniging (non-profit) VOORKEUR/UITSLUITING ▶ Het bestuur doet geen toezegging voor meerjarige subsidiëring. Elke aanvraag wordt op eigen merites bekeken. Indien een (rechts)persoon elk jaar een subsidie vraagt, is dat op zichzelf geen beletsel voor de ontvankelijkheid van de aanvraag.

Procedure ■ OP AANVRAAG ▶ onbekend AANVRAAGPROCEDURE ▶ Aanvragen die nog bij de stichting binnenkomen worden voortaan behandeld in de maandelijkse vergadering van de Sociale Commissie van Vincentiusvereniging Maastricht, dan wel in de bestuursvergadering van incentiusvereniging Maastricht (e.e.a. afhankelijk van de aard van de aanvraag). Ook kunnen aanvragen die door Vincentiusvereniging Maastricht worden ontvangen en gehonoreerd en voorzover passend binnen de doelstelling ten laste worden gebracht van de beschikbare budget van de stichting.

Financieel ■ INKOMSTEN EV ▶ € 10.514 HERKOMST MIDDELEN ▶ onbekend BOEKJAAR ▶ 2018 JAARVERSLAG OP WEBSITE ▶ ja.

Contact ■ BEREIKBAAR PER ▶ ☑ post ☑ e-mail ☒ telefoon CONTACTPERSOON ▶ geen contactpersoon bekend POSTADRES ▶ Muzenhof 22, 6215 EV Maastricht EMAIL (ALGEMEEN) ▶ vincentiusmaastricht@gmail.com.

276
De Marez Oyens-van Ittersum Stichting

Rubriek ■ ☑ maatschappij, welzijn en samenleving ☑ kunst en cultuur

Algemeen ■ WEBSITE ▶ www.welstand.nl/fondsen TYPERING ▶ vermogensfonds BEHEERD DOOR ▶ Maatschappij van Welstand RECHTSVORM ▶ stichting KVK ▶ 41194066 ANBI STATUS ▶ ja DIRECTIE ▶ geen directiegegevens bekend BESTUUR ▶ S.D.R. Berkelbach van der Sprenkel, voorzitter; J.R. baron de Vos van Steenwijk, penningmeester; jhr. T.W.M. van Meeuwen, secretaris.

Missie ■ DOELSTELLING ▶ De stichting heeft ten doel het bevorderen van sociaal en cultureel werk in het algemeen, al of niet in samenwerking met andere instellingen en het verrichten van al hetgeen daarmede in de ruimste zin in verband staat of daaruit kan voortvloeien.

Doelgroep ■ SPECIFIEK ▶ Geen specifieke doelgroep ACTIVITEITEN ▶ Jaarlijks wordt een giftenbudget bepaald dat voor het grootste deel ter beschikking wordt gesteld aan het Jacob van Heusdenfonds en voor een kleiner deel door het bestuur wordt besteed aan doelen die in de lijn liggen van de belangstelling van de oprichtster van het fonds. Voor 2018 is aan het Jacob van Heusdenfonds en een aantal organisaties ruim € 152.000 beschikbaar gesteld. **INTERVENTIENIVEAU** ▶ Steun aan lokale/provinciale maatschappelijke organisaties en structuren (incl. gemeenten etc.) die diensten verlenen aan individuen.

Werkgebied ■ **ACTIERADIUS** ▶ Nationaal **LAND** ▶ Nederland.

Bestedingen ■ **BUDGET** ▶ € 152.000 **SOORT BIJDRAGE** ▶ giften **BOVENGRENS** ▶ geen **ONDERGRENS** ▶ geen.

Projecten ■ **CRITERIA** ▶ geen projectcriteria bekend **DOORLOOPTIJD** ▶ ☑ korter dan 1 jaar **STATUS AANVRAGER** ▶ ☑ geen beperkingen bekend **VOORKEUR/UITSLUITING** ▶ geen voorkeur of uitsluiting bekend.

Procedure ■ **OP AANVRAAG** ▶ onbekend **AANVRAAGPROCEDURE** ▶ geen aanvraagprocedure bekend.

Financieel ■ **HERKOMST MIDDELEN** ▶ vermogen, overige inkomsten **BOEKJAAR** ▶ 2018 **JAARVERSLAG OP WEBSITE** ▶ ja.

Contact ■ **BEREIKBAAR PER** ▶ ☑ post ☑ e-mail ☑ telefoon **CONTACTPERSOON** ▶ geen contactpersoon bekend **POSTADRES** ▶ Postbus 655, 3800 AR Amersfoort **EMAIL (ALGEMEEN)** ▶ info@welstand.nl **TELEFOON (ALGEMEEN)** ▶ 033-4671015 **TELEFOON (AANVRAGEN)** ▶ 033-4671015.

277
Stichting De Menselijkheid

Rubriek ■ ☑ maatschappij, welzijn en samenleving ☑ gezondheidszorg

Algemeen ■ **WEBSITE** ▶ www.demenselijkheid.stichtingenregister.nl **TYPERING** ▶ vermogensfonds **OPGERICHT** ▶ 02-03-1980 **RECHTSVORM** ▶ stichting **KVK** ▶ 41152103 **ANBI STATUS** ▶ ja **DIRECTIE** ▶ geen directiegegevens bekend **BESTUUR** ▶ A. van den Berg, voorzitter; G. Korving, penningmeester; Th.J. van der Kleij, secretaris.

Missie ■ **DOELSTELLING** ▶ Stichting De Menselijkheid verstrekt giften aan gehandicapten en bejaarden in de regio Den Haag. **STICHTER(S)** ▶ De heer Albertus Höfelt **HISTORIE** ▶ De heer Albertus Höfelt te 's-Gravenhage heeft in 1980 de stichting opgericht. **BELEIDSPLAN OP WEBSITE** ▶ ja.

Doelgroep ■ **ALGEMEEN** ▶ gehandicapten, ouderen **SPECIFIEK** ▶ Gehandicapten en bejaarden, respectievelijk organisaties, wie alleen het belang van gehandicapten ter harte gaat. **ACTIVITEITEN** ▶ Geen specifieke activiteiten bekend **INTERVENTIENIVEAU** ▶ Steun aan individuen (directe steun).; Steun aan lokale/provinciale maatschappelijke organisaties en structuren (incl. gemeenten etc.) die diensten verlenen aan individuen.

Werkgebied ■ **ACTIERADIUS** ▶ Nationaal **LAND** ▶ Nederland **REGIO** ▶ Den Haag, Haaglanden.

Bestedingen ■ **BUDGET** ▶ niet openbaar **SOORT BIJDRAGE** ▶ giften **BOVENGRENS** ▶ geen **ONDERGRENS** ▶ geen.

Projecten ■ **CRITERIA** ▶ geen projectcriteria bekend **DOORLOOPTIJD** ▶ ☑ onbekend **STATUS AANVRAGER** ▶ ☑ geen beperkingen bekend **VOORKEUR/UITSLUITING** ▶ geen voorkeur of uitsluiting bekend.

Procedure ■ **OP AANVRAAG** ▶ onbekend **AANVRAAGPROCEDURE** ▶ geen aanvraagprocedure bekend.

Financieel ■ **INKOMSTEN EV** ▶ € 19.987 **HERKOMST MIDDELEN** ▶ vermogen **BOEKJAAR** ▶ 2019 **JAARVERSLAG OP WEBSITE** ▶ ja.

Contact ■ **BEREIKBAAR PER** ▶ ☑ post ☒ e-mail ☒ telefoon **CONTACTPERSOON** ▶ geen contactpersoon bekend **POSTADRES** ▶ Dr. J. Presserstraat 137, 2552 LS Den Haag.

278
Stichting De Pijler

Rubriek ■ ☑ gezondheidszorg

Algemeen ■ **WEBSITE** ▶ www.kennisbankfilantropie.nl/anbi/de-pijler **TYPERING** ▶ vermogensfonds **OPGERICHT** ▶ 22-03-1989 **RECHTSVORM** ▶ stichting **KVK** ▶ 41003398 **ANBI STATUS** ▶ nee **DIRECTIE** ▶ geen directiegegevens bekend **BESTUUR** ▶ J. Kranendonk, voorzitter; E. van der Sluis, penningmeester; T.J. Janssen, secretaris.

Missie ■ **DOELSTELLING** ▶ Het verlenen van financiële, materiële en immateriële bijstand aan de Friese verstandelijk beperkte mens, al of niet aangevuld met een lichamelijke handicap; die, naar het oordeel van het bestuur, daarvoor in aanmerking komen. **STICHTER(S)** ▶ W.L. Blekkingh, G.D. Liefhebber, E. Kromhout, P. Abma en R. Dijkstra.

Doelgroep ■ **ALGEMEEN** ▶ gehandicapten **SPECIFIEK** ▶ Verstandelijk/lichamelijk gehandicapten. **ACTIVITEITEN** ▶ Geen specifieke activiteiten bekend **INTERVENTIENIVEAU** ▶ Steun aan individuen (directe steun).

Werkgebied ■ **ACTIERADIUS** ▶ Regionaal **LAND** ▶ Nederland **REGIO** ▶ Friesland.

Bestedingen ■ **BUDGET** ▶ niet openbaar **SOORT BIJDRAGE** ▶ giften **BOVENGRENS** ▶ geen **ONDERGRENS** ▶ geen.

Projecten ■ **CRITERIA** ▶ geen projectcriteria bekend **DOORLOOPTIJD** ▶ ☑ korter dan 1 jaar **STATUS AANVRAGER** ▶ ☑ hulpverleners **VOORKEUR/UITSLUITING** ▶ De stichting richt zich op: ☑ Friese zorginstellingen; ☑ In Friesland woonachtige cliënten; ☑ Het voorwerp of het goed wordt niet voorzien door de reguliere zorgopvatting, c.q. de door Wet geregelde.

Procedure ■ **OP AANVRAAG** ▶ ja **DOORLOOPTIJD** ▶ 1-3 maanden **AANVRAAGPROCEDURE** ▶ Geen aanvraagprocedure bekend.

Financieel ■ **HERKOMST MIDDELEN** ▶ overige inkomsten.

Contact ■ **BEREIKBAAR PER** ▶ ☑ post ☑ e-mail ☑ telefoon **CONTACTPERSOON** ▶ geen contactpersoon bekend **POSTADRES** ▶ p/a Secretaris Stichting 'de Pijler' Looxmagracht 20, 8603 AB Sneek **EMAIL (ALGEMEEN)** ▶ secretaris.stichtingdepijler@gmail.com **TELEFOON (ALGEMEEN)** ▶ 06-51295424.

279
Stichting De Rose Jo(n)ker

Rubriek ■ ☑ maatschappij, welzijn en samenleving

Algemeen ■ **WEBSITE** ▶ www.rosejonker.nl **TYPERING** ▶ vermogensfonds **OPGERICHT** ► 30-06-1994 **RECHTSVORM** ► stichting **KVK** ► 41214076 **ANBI STATUS** ► ja **DIRECTIE** ► geen directiegegevens bekend **BESTUUR** ► Mw. M.P.G. Pronk, voorzitter; A.A.P.M. van Hout, penningmeester; G.J. Hordijk, secretaris; mw. J.W. de Bruin; mw. M.M. jonkvrouw Michiels van Kessenich.

Missie ■ **DOELSTELLING** ► Het doel van Stichting De Rose Jo(n)ker is de emancipatie van lesbische vrouwen, homoseksuele mannen en transgenders te bevorderen. Het bestuur probeert dit te doen in de geest van jonkheer drs. Floris Michiels van Kessenich (1957-1991) - de grondlegger van de stichting – en neemt zich voor dat ook de komende jaren te doen. De stichting voert niet zelf acties, maar geeft eenmalig financiële steun aan personen, groepen of organisaties bij het organiseren van acties en activiteiten. **STICHTER(S)** ► Mevrouw E.M.J. barones de Weichs de Wenne **HISTORIE** ► Tijdens zijn leven is jonkheer Floris Michiels van Kessenich (1957-1991), de grondlegger van Stichting De Rose Jo(n)ker voortdurend politiek actief geweest. Regelmatig heeft hij met zijn ludieke acties de landelijke pers gehaald. Daarbij dient niet alleen gedacht te worden aan demonstraties tegen discriminerende wetgeving in binnen- en buitenland, maar ook aan acties binnen gevestigde instituties zoals de rooms-katholieke kerk. In 1994 is overeenkomstig de wilsbeschikking van Floris Michiels van Kessenich de Stichting De Rose Jo(n)ker opgericht. **BELEIDSPLAN OP WEBSITE** ► ja.

Doelgroep ■ **SPECIFIEK** ► Groepen en organisaties die zich inzetten voor de emancipatie van homoseksuele mannen, lesbische vrouwen en transgenders. **ACTIVITEITEN** ► Per jaar zullen maximaal 5 à 10 activiteiten financieel gesteund worden. **INTERVENTIENIVEAU** ► Steun aan lokale/provinciale maatschappelijke organisaties en structuren (incl. gemeenten etc.) die diensten verlenen aan individuen.

Werkgebied ■ **ACTIERADIUS** ► Nationaal, Internationaal **LAND** ► Europa.

Bestedingen ■ **BUDGET** ► niet openbaar **SOORT BIJDRAGE** ► giften **BOVENGRENS** ► € 500 **ONDERGRENS** ► geen.

Projecten ■ **CRITERIA** ► geen projectcriteria bekend **DOORLOOPTIJD** ► ☑ onbekend **STATUS AANVRAGER** ► ☑ stichting of vereniging (non-profit) ☑ individuen/gezinnen **VOORKEUR/UITSLUITING** ► De activiteiten moeten aan de volgende criteria voldoen: ☑ Ze zijn éénmalig, kleinschalig en doeltreffend; ☑ Ze zijn in de geest van Floris. Te weten: rebels, bevlogen, ludiek, origineel, creatief, met fantasie, luchtig, geestig, vrolijke noot, humorvol, kwinkslag; ☑ Ze houden géén verband met hiv/aids-bestrijding of -preventie; ☑ Ze vinden plaats in Nederland en/of in Europa; ☑ Ze spelen in op de actuele (politieke) situatie.

Procedure ■ **OP AANVRAAG** ► ja **DOORLOOPTIJD** ► 3-6 maanden **AANVRAAGPROCEDURE** ► Aanvragen dienen bij voorkeur per email ingediend te worden. Een aanvraag dient voorzien te zijn van de volgende gegevens: ☑ beschrijving van de geplande activiteit(en); ☑ begroting; ☑ inventarisatie van overige financieringsbronnen. Het bestuur van de Stichting vergadert 2x per jaar. In geval van spoedeisende aanvragen kan op kortere termijn een besluit worden genomen. Iedere aanvrager ontvangt een (schriftelijke) reactie. **URL** ► www.rosejonker.nl/subsidie.html

Financieel ■ **EIGEN VERMOGEN** ► € 94.428 **HERKOMST MIDDELEN** ► vermogen **BOEKJAAR** ► 2018 **JAARVERSLAG OP WEBSITE** ► ja.

Contact ■ **BEREIKBAAR PER** ► ☑ post ☑ e-mail ☑ telefoon **CONTACTPERSOON** ► G.J. Hordijk **POSTADRES** ► Postbus 3836, 1001 AP Amsterdam **EMAIL (ALGEMEEN)** ► info@rosejonker.nl **TELEFOON (ALGEMEEN)** ► 020-6234596.

280
De van der Kaay-Stichting

Rubriek ■ ☑ maatschappij, welzijn en samenleving

Algemeen ■ **WEBSITE** ► https://www.kennisbankfilantropie.nl/anbi/de-van-der-kaay-stichting **TYPERING** ► vermogensfonds **OPGERICHT** ► 30-10-1948 **RECHTSVORM** ► stichting **KVK** ► 41059081 **ANBI STATUS** ► nee **DIRECTIE** ► geen directiegegevens bekend **BESTUUR** ► A. De Hoop, voorzitter; M.M.G. Van Santvoort, penningmeester; M.M.G. Van Santvoort, secretaris; A.D. Macleane; M. Sterk.

Missie ■ **DOELSTELLING** ► Het verlenen van financiële steun of uitkering aan de nakomelingen van Dirk Jan van der Kaay († 25-01-1919) en diens echtgenote Cornelia Johanna Groenendaal († 11-11-1919), welke echtelieden hebben gewoond te Rossum en aldaar zijn overleden. **STICHTER(S)** ► Dirk Jan van der Kaay.

Doelgroep ■ **SPECIFIEK** ► Nakomelingen van Dirk Jan van der Kaay en Cornelia Johanna Groenendaal. **ACTIVITEITEN** ► Geen specifieke activiteiten bekend **INTERVENTIENIVEAU** ► Steun aan individuen (directe steun).

Werkgebied ■ **ACTIERADIUS** ► Nationaal **LAND** ► Nederland.

Bestedingen ■ **BUDGET** ► niet openbaar **SOORT BIJDRAGE** ► giften **BOVENGRENS** ► geen **ONDERGRENS** ► geen.

Projecten ■ **CRITERIA** ► geen projectcriteria bekend **DOORLOOPTIJD** ► ☑ onbekend **STATUS AANVRAGER** ► ☑ individuen/gezinnen **VOORKEUR/UITSLUITING** ► Uitsluitend nakomelingen van Dirk Jan van der Kaay en Cornelia Johanna Groenendaal.

Procedure ■ **OP AANVRAAG** ► onbekend **AANVRAAGPROCEDURE** ► Geen aanvraagprocedure bekend.

Financieel ■ **HERKOMST MIDDELEN** ► vermogen.

Contact ■ **BEREIKBAAR PER** ► ☑ post ☑ e-mail ☑ telefoon **CONTACTPERSOON** ► geen contactpersoon bekend **POSTADRES** ► Oliemolen 2, 5301 BH Zaltbommel **EMAIL (ALGEMEEN)** ► maarten@oliemolen.com **TELEFOON (ALGEMEEN)** ► 06-51224751.

281
Stichting De Vondelbrug

Rubriek ■ ☑ maatschappij, welzijn en samenleving

Algemeen ■ **WEBSITE** ► https://fondseninnederland.nl/fonds/stichting-de-vondelbrug **TYPERING** ► vermogensfonds **RECHTSVORM** ► stichting **KVK** ► 34200016 **ANBI STATUS** ► ja **DIRECTIE** ► geen directiegegevens bekend **BESTUUR** ► Mw. S.H.J.M. Vossenaar, voorzitter; mw. M.H. Whitlau, penningmeester; mw. E. Rappange-van Schothorst, secretaris.

Missie ■ **DOELSTELLING** ► Het realiseren van projecten op het gebied van maatschappelijke verbetering, niet alleen in de stad Amsterdam, maar ook daarbuiten, zoals het welzijn van kinderen, ouderenzorg, slachtofferhulp, ondersteuning aan geestelijk en lichamelijk minder valide en al hetgeen daar mee verband houdt of bevorderlijk kan zijn in de meest ruime zin van het woord en niet beperkt tot het Nederlands grondgebied. **HISTORIE** ► Stichting De Vondelbrug is een Amsterdamse stichting die een verschil wil maken door kleinschalige projecten te steunen. Hierbij ligt de nadruk op twee onderwerpen: kinderen 'dicht bij huis' en 'ver van huis', en projecten die bijdragen aan de instandhouding van cultuur in Amsterdam.

Doelgroep ■ **ALGEMEEN** ► gehandicapten, ouderen, kinderen **SPECIFIEK** ► Geen specifieke doelgroep **ACTIVITEITEN** ► De doelstelling tracht de stichting ondermeer te bereiken door: ☑ het verstrekken van financiële ondersteuning en het realiseren van projecten; ☑ het stimuleren van (wetenschappelijk) onderzoek; ☑ fondsenwerving t.b.v. deze doelen; ☑ directe ondersteuning aan individuen; ☑ alle andere wettige middelen die daartoe bevorderlijk kunnen zijn. **INTERVENTIENIVEAU** ► Steun aan lokale/provinciale maatschappelijke organisaties en structuren (incl. gemeenten etc.) die diensten verlenen aan individuen.; Steun aan individuen (directe steun).

Werkgebied ■ **ACTIERADIUS** ► Nationaal, Internationaal **LAND** ► Nederland, Afrika, Latijns-Amerika, Azië.

Bestedingen ■ **BUDGET** ► niet openbaar **SOORT BIJDRAGE** ► onbekend **BOVENGRENS** ► geen **ONDERGRENS** ► geen.

Projecten ■ **CRITERIA** ► ☑ In Amsterdam: kinderen in nood (ziek of met een achterstand (sociaal, financieel), met eventueel direct contact; ☑ In Afrika/Azië/Latijns Amerika: focus op educatie en achtergestelde kinderen; ☑ Projecten met aansluiting bij bestaande initiatieven, met liefst een 'zichtbare' en 'meetbare' aanwending en 'eindig', met; afspraken over verantwoording (rapportage). **DOORLOOPTIJD** ► ☑ 1 - 2 jaar ☑ langer dan 2 jaar **STATUS AANVRAGER** ► ☑ geen beperkingen bekend **VOORKEUR/UITSLUITING** ► ☑ Geven waar 'een verschil' gemaakt kan worden; ☑ Liever aan effectieve kleinschalige projecten dan aan grote projecten; ☑ Geen giften aan 'rijke' fondsen (weinig ruimte om hier 'een verschil te maken'). ☑) Een voorkeur voor bijdragen aan structurele projecten, met een raakvlak naar; onderwijs en/of gezondheidszorg.

Procedure ■ **OP AANVRAAG** ► onbekend **AANVRAAGPROCEDURE** ► geen aanvraagprocedure bekend.

Financieel ■ **EIGEN VERMOGEN** ► € 1.393 **INKOMSTEN OV** ► € 11.000 **HERKOMST MIDDELEN** ► giften & schenkingen **BOEKJAAR** ► 2018 **JAARVERSLAG OP WEBSITE** ► ja.

Contact ■ **BEREIKBAAR PER** ► ☑ post ☒ e-mail ☒ telefoon **CONTACTPERSOON** ► Mw. S.H.J.M. Vossenaar **POSTADRES** ► Keizersgracht 431, 1017 DJ Amsterdam.

282
De Waal-Pouwer Fonds

Rubriek ■ ☑ kunst en cultuur ☑ onderwijs en onderzoek

Algemeen ■ **WEBSITE** ► www.cultuurfonds.nl **TYPERING** ► fonds op naam **BEHEERD DOOR** ► Prins Bernhard Cultuurfonds **DIRECTIE** ► zie Prins Bernhard Cultuurfonds **BESTUUR** ► zie Prins Bernhard Cultuurfonds

Missie ■ **DOELSTELLING** ► Het financieel ondersteunen van talentontwikkeling op het terrein van kunst en cultuur in projecten of met beurzen voor een aanvullende opleiding in binnen- of buitenland, met een voorkeur voor ambachten in de meest brede zin. Daarnaast ondersteuning van projecten op het terrein van muziekeducatie voor kinderen en jongeren.

Werkgebied ■ **ACTIERADIUS** ► Nationaal, Internationaal **LAND** ► Nederland.

Projecten ■ **CRITERIA** ► geen projectcriteria bekend **DOORLOOPTIJD** ► ☑ korter dan 1 jaar **STATUS AANVRAGER** ► ☑ geen beperkingen bekend **VOORKEUR/UITSLUITING** ► geen voorkeur of uitsluiting bekend.

Procedure ■ **OP AANVRAAG** ► ja **AANVRAAGPROCEDURE** ► Dit 'fonds op naam' ressorteert onder het Prins Bernhard Cultuurfonds. Verzoeken aan fondsen op naam komen op één centraal punt binnen. Dit houdt in dat een subsidieaanvraag slechts eenmaal aan het Prins Bernhard Cultuurfonds hoeft te worden gezonden. Voor de verdere aanvraagprocedure: zie Prins Bernhard Cultuurfonds. **URL** ► www.cultuurfonds.nl/aanvragen

Contact ■ **BEREIKBAAR PER** ► ☑ post ☑ e-mail ☑ telefoon **CONTACTPERSOON** ► geen contactpersoon bekend **POSTADRES** ► Postbus 19750, 1000 GT Amsterdam **EMAIL (ALGEMEEN)** ► info@cultuurfonds.nl **TELEFOON (ALGEMEEN)** ► 020-5206130.

283
Stichting De Waalse School te 's-Gravenhage (Ecole Wallonne de la Haye)

Rubriek ■ ☑ onderwijs en onderzoek ☑ kerk en levensbeschouwing

Algemeen ■ **WEBSITE** ► www.kennisbankfilantropie.nl/anbi/de-waalse-school-te-s-gravenhage-ecole-wallonne-de-la-haye **TYPERING** ► vermogensfonds **OPGERICHT** ► 05-10-1972 **RECHTSVORM** ► stichting **KVK** ► 41150486 **ANBI STATUS** ► ja **DIRECTIE** ► geen directiegegevens bekend **BESTUUR** ► R.J. de Wolf, voorzitter; mr. R.G. Mazel, penningmeester; mw. A.J.G. van Kampen, secretaris.

Missie ■ **DOELSTELLING** ► De stichting heeft ten doel de stichting en instandhouding van een of meer scholen, zowel voor lager- als voor kleuteronderwijs als voor die andere soorten van onderwijs als het bestuur, na daartoe verkregen toestemming van de Kerkeraad van de Eglise Wallonne te 's Gravenhage, zal aanwijzen. Wanneer en zolang als de Stichting door financiële of andere omstandigheden niet in staat zal zijn het gestelde doel te bereiken zal zij, voor zover de haar ten dienste staande geldmiddelen naar het oordeel van het bestuur haar zulks zullen toelaten, die middelen geheel of gedeeltelijk kunnen besteden ter bevordering van onderwijs op andere scholen. **STICHTER(S)** ▶ Stichting Hospice Wallon de La Haye **HISTORIE** ▶ De stichting is een voortzetting van de op 10 juli 1964 opgerichte stichting voor de bouw van twee Waalse scholen in Mariahoeve. Die stichting werd opgericht en gefinancierd vanuit de Stichting Hospice Wallon de La Haye. Na de fusie met de Louise de Colignyschool per 1 augustus 1974 heeft de stichting zich eerst bezig gehouden met de afwikkeling van de boedel van de opgeheven scholen. Die bestonden voornamelijk in het incasseren van nagekomen overschrijdingsbijdragen van de overheid en het aflossen van verplichtingen jegens het ABP. Uiteindelijk bleef als voornaamste doelstelling het ondersteunen van de Waalse Louise de Colignyschool in Mariahoeve. Het vermogen bestond ten tijde van het verlijden van de aangepaste statuten uit 250 aandelen Koninklijke Olie, ingeschreven in het register der Vennootschap. **BELEIDSPLAN OP WEBSITE** ▶ ja.

Doelgroep ■ **ALGEMEEN** ▶ kinderen **SPECIFIEK** ▶ De Waalse Louise de Colignyschool. **ACTIVITEITEN** ▶ ☑ Vergoeding reiskosten kinderen/ouders vanwege tijdelijke locatie van de school; ☑ Kosten lesmateriaal talentlessen. **INTERVENTIENIVEAU** ▶ Steun aan lokale/provinciale maatschappelijke organisaties en structuren (incl. gemeenten etc.) die diensten verlenen aan individuen.

Werkgebied ■ **ACTIERADIUS** ▶ Lokaal **LAND** ▶ Nederland **REGIO** ▶ Zuid-Holland **PLAATS** ▶ Den Haag.

Bestedingen ■ **BUDGET** ▶ € 9.615 **SOORT BIJDRAGE** ▶ giften overig **BOVENGRENS** ▶ geen **ONDERGRENS** ▶ geen.

Projecten ■ **CRITERIA** ▶ geen projectcriteria bekend **DOORLOOPTIJD** ▶ ☑ onbekend **STATUS AANVRAGER** ▶ ☑ onderwijsinstelling **VOORKEUR/UITSLUITING** ▶ Geen voorkeur/uitsluiting bekend.

Procedure ■ **OP AANVRAAG** ▶ onbekend **AANVRAAGPROCEDURE** ▶ Geen aanvraagprocedure bekend.

Financieel ■ **EIGEN VERMOGEN** ▶ € 199.503 **HERKOMST MIDDELEN** ▶ vermogen **BOEKJAAR** ▶ 2019 **JAARVERSLAG OP WEBSITE** ▶ ja.

Contact ■ **BEREIKBAAR PER** ▶ ☑ post ☑ e-mail ☑ telefoon **CONTACTPERSOON** ▶ geen contactpersoon bekend **POSTADRES** ▶ John F. Kennedylaan 247, 2285 AJ Rijswijk **EMAIL (ALGEMEEN)** ▶ rene@mazel.nl **TELEFOON (ALGEMEEN)** ▶ 06-39138822.

284
Stichting de Westberg

Rubriek ■ ☑ maatschappij, welzijn en samenleving ☑ natuur, milieu en dieren ☑ economische ontwikkeling en microkrediet ☑ mensenrechten, vrede en veiligheid ☑ gezondheidszorg

Algemeen ■ **WEBSITE** ▶ www.transparante-anbi.nl/product/stichting-de-westberg/2062 **TYPERING** ▶ vermogensfonds **OPGERICHT** ▶ 16-12-1999 **RECHTSVORM** ▶ stichting **KVK** ▶ 09110019 **ANBI STATUS** ▶ ja **DIRECTIE** ▶ geen directiegegevens bekend **BESTUUR** ▶ P.C. van Houten, secretaris; P.J.T. van Bakel.

Missie ■ **DOELSTELLING** ▶ ☑ het verlenen van steun aan kansarmen in de samenleving, zowel regionaal, nationaal als internationaal, onder meer door het doen van uitkeringen aan instellingen en projecten van instellingen die nagenoeg uitsluitend ten behoeve van kansarmen in de samenleving werken; ☑ het bevorderen van onderwijs in ontwikkelingslanden aan kinderen van het vrouwelijk geslacht in de basisschoolleeftijd, welk doel kan worden nagestreefd onder meer door het doen van schenkingen aan instellingen die dit nastreven zoals UNICEF; ☑ het bevorderen van het basale recht van vrouwen, mannen en jongere om het seksuele- en voortplantingsgezondheid veilig te stellen; ☑ het bevorderen van het begrip van het onderlinge verband tussen bevolking, gezondheid en welzijn, consumptie het duurzame ontwikkeling; ☑ het bevorderen van de gelijkheid tussen beide seksen; ☑ het bevorderen van een recht op anticonceptie en de voorlichting daarover; ☑ het bevorderen van natuur- en milieubehoud; ☑ het verrichten van alle verdere handelingen, die met het vorenstaande in de ruimste zin verband houden of daartoe bevorderlijk kunnen zijn.

Doelgroep ■ **ALGEMEEN** ▶ vrouwen, mannen, jongeren, kinderen, armen **SPECIFIEK** ▶ Geen specifieke doelgroep **ACTIVITEITEN** ▶ De stichting tracht haar doel onder meer te verwezenlijken door het verstrekken van gelden aan bij voorkeur kleinschalige, al of niet wetenschappelijke, educatieve, sociaal-economische of medische projecten in Nederland en ontwikkelingslanden. **INTERVENTIENIVEAU** ▶ Steun op niveau van maatschappij zelf (beleidsbeïnvloeding, etc.).

Werkgebied ■ **ACTIERADIUS** ▶ Internationaal **LAND** ▶ Wereldwijd.

Bestedingen ■ **BUDGET** ▶ niet openbaar **SOORT BIJDRAGE** ▶ giften overig **BOVENGRENS** ▶ geen **ONDERGRENS** ▶ geen.

Projecten ■ **CRITERIA** ▶ geen projectcriteria bekend **DOORLOOPTIJD** ▶ ☑ onbekend **STATUS AANVRAGER** ▶ ☑ stichting of vereniging (non-profit) ☑ kerkelijke instelling ☑ onderwijsinstelling **VOORKEUR/UITSLUITING** ▶ geen voorkeur of uitsluiting bekend.

Procedure ■ **OP AANVRAAG** ▶ onbekend **AANVRAAGPROCEDURE** ▶ Geen aanvraagprocedure bekend.

Financieel ■ **HERKOMST MIDDELEN** ▶ onbekend **BOEKJAAR** ▶ 2017.

Contact ■ **BEREIKBAAR PER** ▶ ☑ post ☑ e-mail ☒ telefoon **CONTACTPERSOON** ▶ geen contactpersoon bekend **POSTADRES** ▶ Venloostraat 1, 3311 AX Dordrecht **EMAIL (ALGEMEEN)** ▶ houten@vhpa.nl.

285
De Zes Bannen van Waterland Fonds

Rubriek ■ ☑ kunst en cultuur ☑ natuur, milieu en dieren

Algemeen ■ **WEBSITE** ▶ www.cultuurfonds.nl **TYPERING** ▶ fonds op naam **BEHEERD DOOR** ▶ Prins Bernhard Cultuurfonds **DIRECTIE** ▶ zie > Prins Bernhard Cultuurfonds **BESTUUR** ▶ zie > Prins Bernhard Cultuurfonds.

Missie ■ **DOELSTELLING** ▶ Het financieel ondersteunen van projecten op het gebied van de cultuur en het natuurbehoud in de zes bannen van Waterland. Aanvragen worden behandeld door het Prins Bernhard Cultuurfonds Noord-Holland.

Werkgebied ■ ACTIERADIUS ▶ Lokaal, Regionaal LAND ▶ Nederland REGIO ▶ Noord-Holland PLAATS ▶ Waterland.

Projecten ■ CRITERIA ▶ geen projectcriteria bekend DOORLOOPTIJD ▶ ☑ korter dan 1 jaar STATUS AANVRAGER ▶ ☑ geen beperkingen bekend VOORKEUR/UITSLUITING ▶ geen voorkeur of uitsluiting bekend.

Procedure ■ OP AANVRAAG ▶ ja AANVRAAGPROCEDURE ▶ Dit 'fonds op naam' ressorteert onder het Prins Bernhard Cultuurfonds. Verzoeken aan fondsen op naam komen op één centraal punt binnen. Dit houdt in dat een subsidieaanvraag slechts eenmaal aan het Prins Bernhard Cultuurfonds hoeft te worden gezonden. Voor de verdere aanvraagprocedure: zie Prins Bernhard Cultuurfonds. URL ▶ www.cultuurfonds.nl/aanvragen

Contact ■ BEREIKBAAR PER ▶ ☑ post ☑ e-mail ☑ telefoon CONTACTPERSOON ▶ geen contactpersoon bekend POSTADRES ▶ Postbus 19750, 1000 GT Amsterdam EMAIL (ALGEMEEN) ▶ info@cultuurfonds.nl TELEFOON (ALGEMEEN) ▶ 020-5206130.

286

Debman Stichting

Rubriek ■ ☑ onderwijs en onderzoek ☑ kunst en cultuur ☑ maatschappij, welzijn en samenleving

Algemeen ■ WEBSITE ▶ www.debman.nl TYPERING ▶ vermogensfonds OPGERICHT ▶ 14-10-2005 RECHTSVORM ▶ stichting KVK ▶ 27281681 ANBI STATUS ▶ ja DIRECTIE ▶ J.G. Uleman BESTUUR ▶ J.G. Uleman, voorzitter; C. Mol, penningmeester; C. Mol, secretaris; mw. J.C.M. De Bree; J.W.A. Andriessen.

Missie ■ DOELSTELLING ▶ De Debman Stichting heeft ten doel: ☑ het ondersteunen van sociale projecten; ☑ het ondersteunen van culturele projecten in de Haagse Regio (Den Haag, Leidschendam-Voorburg, Oegstgeest, Rijswijk, Voorschoten, Wassenaar, Westland, Zoetermeer); ☑ het ondersteunen van projecten in Ghana op het gebied van voeding, gezondheid, onderwijs, medische hulp, cultuur en natuur. STICHTER(S) ▶ De heer en mevr. Uleman HISTORIE ▶ De Debman Stichting is opgericht op 14 oktober 2005. BELEIDSPLAN OP WEBSITE ▶ ja.

Doelgroep ■ ALGEMEEN ▶ ouderen, armen SPECIFIEK ▶ ouderen, minderbedeelden en laaggeletterden, talentvolle kunstenaars, gezelschappen en onderwijsinstellingen op het gebied van toneel, dans en muziek in de regio Den Haag. ACTIVITEITEN ▶ Projecten kunnen op initiatief van het Bestuur geëntameerd worden, doch ook door aanvragen van belanghebbenden. Tot de werkzaamheden van de stichting behoren het overbrengen van kennis en het financieren via gift of (renteloze) lening. Het accent van de stichting ligt op het ondersteunen van autonome grotere projecten binnen de doelstelling. De stichting is actief op zoek naar dergelijke projecten. INTERVENTIENIVEAU ▶ Steun aan lokale/provinciale maatschappelijke organisaties en structuren (incl. gemeenten etc.) die diensten verlenen aan individuen.; Steun aan individuen (directe steun).

Werkgebied ■ ACTIERADIUS ▶ Internationaal, Nationaal, Regionaal LAND ▶ Nederland REGIO ▶ Den Haag.

Bestedingen ■ BUDGET ▶ € 238.000 SOORT BIJDRAGE ▶ giften leningen investeringen studiebeurzen overig BOVENGRENS ▶ geen ONDERGRENS ▶ geen.

Projecten ■ CRITERIA ▶ geen projectcriteria bekend DOORLOOPTIJD ▶ ☑ korter dan 1 jaar ☑ 1 - 2 jaar ☑ langer dan 2 jaar STATUS AANVRAGER ▶ ☑ individuen/gezinnen ☑ overig VOORKEUR/UITSLUITING ▶ ☑ Voorkeur gaat uit naar projecten in de Haagse regio. ☑ Aanvragen voor uitvoeringen worden niet gehonoreerd. ☑ Activiteiten en projecten met een overwegend of uitgesproken politiek of religieus karakter komen niet in aanmerking voor een donatie of lening.

Procedure ■ OP AANVRAAG ▶ ja AANVRAAGPROCEDURE ▶ Aanvragen voor donaties worden schriftelijk ingediend bij de Debman Stichting. Alvorens tot de aanvraag over te gaan stuurt u eerst een conceptaanvraag in, conform de aanwijzingen die op de website te vinden zijn. Nadat U door de stichting bent geïnformeerd over de uitkomst van uw conceptaanvraag stelt u een definitieve aanvraag op. De richtlijnen voor de definitieve aanvraag zijn te vinden op de website. Aanvragen die niet conform deze richtlijnen worden ingestuurd kunnen niet in behandeling worden genomen. URL ▶ www.debman.nl/hoe-werkt-de-debman-stichting/

Financieel ■ INKOMSTEN EV ▶ € 30 INKOMSTEN OV ▶ € 200.000 HERKOMST MIDDELEN ▶ overige inkomsten, giften & schenkingen BOEKJAAR ▶ 2018 JAARVERSLAG OP WEBSITE ▶ ja.

Contact ■ BEREIKBAAR PER ▶ ☑ post ☑ e-mail ☑ telefoon CONTACTPERSOON ▶ geen contactpersoon bekend POSTADRES ▶ Nieuwe Uitleg 28, 2514 BR Den Haag EMAIL (ALGEMEEN) ▶ secretary@debman.nl TELEFOON (ALGEMEEN) ▶ 070-3464655.

287

Stichting Deddens-Koppe Fonds

Rubriek ■ ☑ kerk en levensbeschouwing

Algemeen ■ WEBSITE ▶ https://www.kennisbankfilantropie.nl/anbi/deddens-koppe-fonds TYPERING ▶ vermogensfonds RECHTSVORM ▶ stichting KVK ▶ 01179744 ANBI STATUS ▶ ja DIRECTIE ▶ geen directiegegevens bekend BESTUUR ▶ Dr. H.J.C.C.J. Wilschut, voorzitter; A. Pool, penningmeester; ds. P.L. Storm, secretaris.

Missie ■ DOELSTELLING ▶ Het verlenen van subsidies uit het kapitaal van de stichting aan personen of instanties die vanuit confessioneel gereformeerd standpunt onderzoek doen of publicaties uitgeven op het gebied van kerkgeschiedenis en kerkrecht.

Doelgroep ■ SPECIFIEK ▶ Geen specifieke doelgroep ACTIVITEITEN ▶ Geen specifieke activiteiten bekend INTERVENTIENIVEAU ▶ Steun aan individuen (directe steun).; Steun aan lokale/provinciale maatschappelijke organisaties en structuren (incl. gemeenten etc.) die diensten verlenen aan individuen.

Werkgebied ■ ACTIERADIUS ▶ Nationaal LAND ▶ Nederland.

Bestedingen ■ BUDGET ► niet openbaar SOORT BIJDRAGE ► giften subsidies BOVENGRENS ► geen ONDERGRENS ► geen.

Projecten ■ CRITERIA ► geen projectcriteria bekend DOORLOOPTIJD ► ☑ onbekend STATUS AANVRAGER ► ☑ geen beperkingen bekend VOORKEUR/UITSLUITING ► geen voorkeur of uitsluiting bekend.

Procedure ■ OP AANVRAAG ► onbekend AANVRAAGPROCEDURE ► geen aanvraagprocedure bekend.

Financieel ■ EIGEN VERMOGEN ► € 500.000 HERKOMST MIDDELEN ► vermogen, legaten, giften & schenkingen BOEKJAAR ► 2016 JAARVERSLAG OP WEBSITE ► ja.

Contact ■ BEREIKBAAR PER ► ☑ post ☒ e-mail ☒ telefoon CONTACTPERSOON ► Ds. P.L. Storm POSTADRES ► Lindenlaan 8, 7861 RE Vroomshoop.

288

Stichting van J. Deel, Wedw. mr. G.J. Juynboll

Rubriek ■ ☑ kerk en levensbeschouwing

Algemeen ■ TYPERING ► vermogensfonds RECHTSVORM ► stichting KVK ► 41151935 ANBI STATUS ► nee DIRECTIE ► geen directiegegevens bekend BESTUUR ► Ds. I.J. Akkerman, voorzitter; mr. H.W.A. Haeck, penningmeester; mw.drs. H.W. Vermaas, secretaris.

Missie ■ DOELSTELLING ► Ondersteuning studenten in de godgeleerdheid, die predikant willen worden in PKN. STICHTER(S) ► Johanna Deel.

Doelgroep ■ ALGEMEEN ► studenten, gelovigen SPECIFIEK ► Studenten theologie die predikant willen worden bij de PKN. ACTIVITEITEN ► Geen specifieke activiteiten bekend INTERVENTIENIVEAU ► Steun aan individuen (directe steun).

Werkgebied ■ ACTIERADIUS ► Lokaal, Nationaal LAND ► Nederland PLAATS ► Den Haag.

Bestedingen ■ BUDGET ► € 2.400 TOELICHTING ► Jaarlijkse rente op de inschrijvingen Grootboek Nationale Werkelijke Schuld. SOORT BIJDRAGE ► overig giften BOVENGRENS ► € 500 ONDERGRENS ► geen.

Projecten ■ CRITERIA ► geen projectcriteria bekend DOORLOOPTIJD ► ☑ korter dan 1 jaar STATUS AANVRAGER ► ☑ individuen/gezinnen VOORKEUR/UITSLUITING ► Studenten theologie die predikant willen worden in de PKN. In het bijzonder ingezetenen van Den Haag en zonen en dochters van predikanten en emeritus-predikanten te Den Haag.

Procedure ■ OP AANVRAAG ► ja DOORLOOPTIJD ► 3-6 maanden AANVRAAGPROCEDURE ► De aanvraag in viervoud sturen naar het postadres, of naar genoemd e-mailadres vóór 1 februari of vóór 1 augustus van ieder jaar. De aanvraag moet een motivatie bevatten met daarbij een attestatie van de betrokken kerkelijk hoogleraar.

Financieel ■ HERKOMST MIDDELEN ► vermogen.

Contact ■ BEREIKBAAR PER ► ☑ post ☑ e-mail ☑ telefoon CONTACTPERSOON ► geen contactpersoon bekend POSTADRES ► Willem de Zwijgerlaan 110, 2582 EV Den Haag EMAIL (ALGEMEEN) ► hielgavermaas@ziggo.nl TELEFOON (ALGEMEEN) ► 070-3858707.

289

Stichting DELA Fonds

Rubriek ■ ☑ gezondheidszorg ☑ maatschappij, welzijn en samenleving

Algemeen ■ WEBSITE ► www.delafonds.nl TYPERING ► goededoelenorganisatie BEHEERD DOOR ► Coöperatie DELA OPGERICHT ► 29-03-2007 RECHTSVORM ► stichting KVK ► 17204664 ANBI STATUS ► ja DIRECTIE ► drs. E, Doeve BESTUUR ► Drs. E. Doeve, voorzitter; ir. J.A.M. van der Putten; J.L.R. van Dijk RA.

Missie ■ DOELSTELLING ► Het (financieel) zonder oogmerk van winst ondersteunen van goede doelen in Nederland waaronder begrepen, doch niet beperkt, het ondersteunen van charitatieve, culturele, wetenschappelijke dan wel (algemeen nut beogende) instellingen, personen of groepen van personen en voorts al hetgeen met een en ander rechtstreeks of zijdelings verband houdt of daartoe bevorderlijk kan zijn, alles in de ruimste zin des woords, een en ander zoals ook verwoord in de door de Raad van Commissarissen en de ledenraad van DELA, Coöperatie voor het Verzekeren en Verzorgen van Begrafenissen en Crematies U.A. geaccordeerde beleidsnotitie, gedateerd 16 november 2006. STICHTER(S) ► Coöperatie DELA HISTORIE ► Door samen iets goeds te doen voor een ander geven we het leven meer betekenis. Om dat mogelijk te maken, heeft coöperatie DELA in 2007, ter gelegenheid van het 70-jarig bestaan, het DELA goededoelenfonds opgericht. Het DELA goededoelenfonds nodigt mensen met een beperking uit om als vrijwilliger iets goeds te doen voor een ander. Veel mensen met een beperking ontvangen hulp. Het DELA goededoelenfonds draait dat om, zodat mensen met een beperking anderen kunnen verrassen met hun kwaliteiten en talenten. BELEIDSPLAN OP WEBSITE ► ja.

Doelgroep ■ SPECIFIEK ► Geen specifieke doelgroep ACTIVITEITEN ► De stichting tracht haar doel onder meer te verwezenlijken door: ☑ fondsen te verdelen over projecten van uiteenlopende goede doelen; ☑ toezicht te houden op de besteding van de fondsen door deze goede doelen; ☑ het verrichten van alle verdere handelingen, die met het vorenstaande doel in de ruimste zin verband houden of daartoe bevorderlijk kunnen zijn. Het huidige thema waarmee de stichting zich profileert is het Thema 'Verbinden van generaties'. INTERVENTIENIVEAU ► Steun aan lokale/provinciale maatschappelijke organisaties en structuren (incl. gemeenten etc.) die diensten verlenen aan individuen.

Werkgebied ■ ACTIERADIUS ► Nationaal LAND ► Nederland.

Bestedingen ■ BUDGET ► niet openbaar ONDERSTEUNDE PROJECTEN P/J ► 299 SOORT BIJDRAGE ► giften BOVENGRENS ► € 10.000 ONDERGRENS ► € 100.

Projecten ■ CRITERIA ► ☑ Uw project sluit aan bij het thema 'Verbinden van generaties': activiteiten met minimaal twee generaties gaat, die voor een activiteit samen worden gebracht. Ze delen iets met elkaar en geven iets aan elkaar door. ☑ U kunt aantonen dat u als vrijwilliger actief betrokken bent bij het project. ☑ Uw project is kleinschalig, laagdrempelig en praktisch ('handen uit de mouwen'). ☑ Het gaat om een vrijwilligersproject binnen Nederland. ☑ Het project heeft geen politieke of religieuze achtergrond. ☑ Uw organisatie heeft geen winstoogmerk en is geen ander fonds of overheidsinstelling. ☑ Een project kan maximaal drie jaar achter elkaar een bijdrage ontvangen. **DOORLOOPTIJD** ▶ ☑ korter dan 1 jaar **STATUS AANVRAGER** ▶ ☑ stichting of vereniging (non-profit) ☑ hulpverleners ☑ individuen/gezinnen ☑ overig **VOORKEUR/UITSLUITING** ▶ Het DELA Fonds van coöperatie DELA geeft geen bijdrage voor: ☑ reeds gestarte/afgeronde projecten; ☑ exploitatie- en personeelskosten; ☑ vrijwilligersuitjes; ☑ sportactiviteiten; ☑ dagbesteding; ☑ koren; ☑ sponsoractiviteiten; ☑ bouw of restauratie van gebouwen; ☑ exposities; ☑ het uitgeven van boeken voor commerciële doeleinden; ☑ documentaires/films; ☑ onderzoeken.

Procedure ■ **OP AANVRAAG** ▶ ja **DOORLOOPTIJD** ▶ 1-3 maanden **AANVRAAGPROCEDURE** ▶ U vraagt een aanvraagformulier aan door op de website uw persoonlijke gegevens in te vullen en te verzenden. Binnen 10 werkdagen ontvangt u een aanvraagformulier en een flyer met uitleg over het DELA goededoelenfonds. Het aanvraagformulier stuurt u ingevuld op per email. Binnen 10 werkdagen ontvangt u een reactie (bij gevraagde bijdragen tot 1500 euro). De Raad van Toewijzing komt één keer per kwartaal bijeen om aanvragen te behandelen boven 1500 euro. Binnen zeven werkdagen na een vergadering hoort u of het fonds bijdraagt aan uw project. **URL** ▶ https://www.dela.nl/over-dela/dela-fonds/aanvraag-indienen

Financieel ■ **EIGEN VERMOGEN** ▶ € 534.812 **INKOMSTEN OV** ▶ € 503.744 **HERKOMST MIDDELEN** ▶ vermogen, legaten, moederorganisatie (bijdragen), giften & schenkingen **BOEKJAAR** ▶ 2017 **JAARVERSLAG OP WEBSITE** ▶ ja.

Contact ■ **BEREIKBAAR PER** ▶ ☑ post ☑ e-mail ☑ telefoon **CONTACTPERSOON** ▶ Mw. B. Vonk of Mw. H. van Dooren **POSTADRES** ▶ Postbus 522, 5600 AM Eindhoven **EMAIL (ALGEMEEN)** ▶ info@delafonds.nl **TELEFOON (ALGEMEEN)** ▶ 040-2601400.

290

Stichting steunfonds aan hulpbehoevenden en noodlijdenden van wijlen den Heer C.A. den Beer Poortugael Barendregt en echtgenote, vrouwe P.D. Vermaas

Rubriek ■ ☑ maatschappij, welzijn en samenleving

Algemeen ■ **WEBSITE** ▶ www.stichtingsteunfondsdenbeerpoortugael.stichtingenregister.nl **TYPERING** ▶ vermogensfonds **OPGERICHT** ▶ 15-03-1944 **RECHTSVORM** ▶ stichting **KVK** ▶ 41151487 **ANBI STATUS** ▶ ja **DIRECTIE** ▶ geen directiegegevens bekend **BESTUUR** ▶ Mr. J. A. Diephuis, voorzitter; G. Korving, penningmeester; M.W. Pollie, secretaris; J.J.P. van Eijden; J.I. Bierman.

Missie ■ **DOELSTELLING** ▶ Het doel van het fonds Den Beer Poortugael, is het verstrekken van subsidies aan maatschappelijke organisaties die zich richten op groepen hulpbehoevende jongeren, ouderen, gehandicapten of sociaal kwetsbare groepen binnen Den Haag. **STICHTER(S)** ▶ C.A. den Beer Poortugael Barendrecht, P.D. Vermaas **HISTORIE** ▶ Op 15 maart 1944 is te 's-Gravenhage overleden, mevrouw Petronella Daniéla Vermaas, geboren te Breda op 11 januari 1872, ten tijde van haar overlijden niet hertrouwd weduwe van de heer Cornelis Adam den Beer Poortugael Barendregt. Bij door haar overlijden van kracht geworden testament dd. 10 juli 1925 verleden voor B.J.J.N. Troost destijds notaris, gevestigd te Leiden, heeft zij opgericht: de statutair te 's-Gravenhage gevestigde en te 2583 JP 's-Gravenhage, Terschellingsestraat 79, kantoorhoudende stichting: Stichting Steunfonds aan hulpbehoevenden en noodlijdenden van wijlen den Heer C.A. den Beer Poortugael Barendregt en echtgenote, vrouwe P.D. Vermaas.

Doelgroep ■ **ALGEMEEN** ▶ gehandicapten, jongeren, kinderen, ouderen **SPECIFIEK** ▶ Hulpbehoevende jongeren, ouderen, gehandicapten of sociaal kwetsbare groepen binnen Den Haag. **ACTIVITEITEN** ▶ Beheer van het stichtingskapitaal en het doen van uitkeringen uit de beschikbare middelen. **INTERVENTIENIVEAU** ▶ Steun aan lokale/provinciale maatschappelijke organisaties en structuren (incl. gemeenten etc.) die diensten verlenen aan individuen.

Werkgebied ■ **ACTIERADIUS** ▶ Lokaal, Regionaal **LAND** ▶ Nederland **REGIO** ▶ Zuid-Holland **PLAATS** ▶ Den Haag.

Bestedingen ■ **BUDGET** ▶ niet openbaar **SOORT BIJDRAGE** ▶ giften **BOVENGRENS** ▶ € 2.000 **ONDERGRENS** ▶ geen.

Projecten ■ **CRITERIA** ▶ De aanvrager is een Haagse organisatie. **DOORLOOPTIJD** ▶ ☑ korter dan 1 jaar **STATUS AANVRAGER** ▶ ☑ stichting of vereniging (non-profit) **VOORKEUR/UITSLUITING** ▶ ☑ Individuele persoonsgebonden aanvragen worden niet gehonoreerd. ☑ Een aanvraag is bij voorkeur gekoppeld aan een specifiek project. ☑ Structurele toekenning wordt niet gehonoreerd.

Procedure ■ **OP AANVRAAG** ▶ ja **DOORLOOPTIJD** ▶ 3-6 maanden; geen doorlooptijd bekend; geen doorlooptijd bekend **AANVRAAGPROCEDURE** ▶ Persoonlijk aanschrijven van het steunfonds. Geen verdere procedure bekend.

Financieel ■ **INKOMSTEN EV** ▶ € 43.702 **HERKOMST MIDDELEN** ▶ vermogen, overige inkomsten **BOEKJAAR** ▶ 2019 **JAARVERSLAG OP WEBSITE** ▶ ja.

Contact ■ **BEREIKBAAR PER** ▶ ☑ post ☒ e-mail ☒ telefoon **CONTACTPERSOON** ▶ geen contactpersoon bekend **POSTADRES** ▶ Terschellingsestraat 79, 2583 JP Den Haag.

291

Dessauvagie/Sauer Fonds

Rubriek ■ ☑ kunst en cultuur

Algemeen ■ **WEBSITE** ▶ www.cultuurfonds.nl **TYPERING** ▶ fonds op naam **BEHEERD DOOR** ▶ Prins Bernhard Cultuurfonds **DIRECTIE** ▶ zie >

Prins Bernhard Cultuurfonds **BESTUUR** ▶ zie > Prins Bernhard Cultuurfonds

Missie ■ **DOELSTELLING** ▶ Het financieel ondersteunen van musici ten behoeve van hun beroepsuitoefening, of bij voldoende aanvragen op dat terrein, aan projecten op het gebied van muziek in het algemeen.

Werkgebied ■ **ACTIERADIUS** ▶ Nationaal **LAND** ▶ Nederland.

Projecten ■ **CRITERIA** ▶ geen projectcriteria bekend **DOORLOOPTIJD** ▶ ☑ korter dan 1 jaar **STATUS AANVRAGER** ▶ ☑ geen beperkingen bekend **VOORKEUR/UITSLUITING** ▶ geen voorkeur of uitsluiting bekend.

Procedure ■ **OP AANVRAAG** ▶ ja **AANVRAAGPROCEDURE** ▶ Dit 'fonds op naam' ressorteert onder het Prins Bernhard Cultuurfonds. Verzoeken aan fondsen op naam komen op één centraal punt binnen. Dit houdt in dat een subsidieaanvraag slechts eenmaal aan het Prins Bernhard Cultuurfonds hoeft te worden gezonden. Voor de verdere aanvraagprocedure: zie Prins Bernhard Cultuurfonds. **URL** ▶ www.cultuurfonds.nl/aanvragen

Contact ■ **BEREIKBAAR PER** ▶ ☑ post ☑ e-mail ☑ telefoon **CONTACTPERSOON** ▶ geen contactpersoon bekend **POSTADRES** ▶ Postbus 19750, 1000 GT Amsterdam **EMAIL (ALGEMEEN)** ▶ info@cultuurfonds.nl **TELEFOON (ALGEMEEN)** ▶ 020-5206130.

292

Stichting Diaconaal Fonds Hulpverlening Leidse Studenten Ekklesia

Rubriek ■ ☑ kerk en levensbeschouwing ☑ noodhulp ☑ maatschappij, welzijn en samenleving ☑ mensenrechten, vrede en veiligheid

Algemeen ■ **WEBSITE** ▶ https://www.ekklesialeiden.nl/stichting-diaconaal-fonds-hulpverlening **TYPERING** ▶ hybride fonds **RECHTSVORM** ▶ vereniging **KVK** ▶ 41169712 **ANBI STATUS** ▶ ja **DIRECTIE** ▶ geen directiegegevens bekend **BESTUUR** ▶ R.W.J. Meester, voorzitter; Ph. van Hoven, penningmeester; mw. S. Visscher, secretaris; J. Kanis; ds. R. van Waarde.

Missie ■ **DOELSTELLING** ▶ De Stichting Diaconaal Fonds Hulpverlening LSE (hierna: SDFH) heeft als doel het scheppen van mogelijkheden tot het bieden van financiële hulp aan personen, groepen en projecten in binnen- en buitenland in het kader van het diaconale beleid van de LSE. **HISTORIE** ▶ De Ekklesia Leiden is onder de naam Leidse Studenten Ekklesia (LSE), vanuit het rooms-katholieke en protestantse studentenpastoraat in de jaren zeventig, gegroeid naar de huidige oecumenische geloofsgemeenschap. De Ekklesia beweegt zich in de wereld rond Universiteit en Hogeschool. Zij voelt zich daarbij verbonden met de geloofsgemeenschappen in Leiden en in Nederland. De Ekklesia biedt ruimte voor bezinning, inspiratie, rust en ontmoeting rond de zondagse vieringen in de Hooglandse kerk. Daarnaast zijn er in haar eigen pand Rapenburg 100 allerlei activiteiten zoals maatschappelijke projecten, meditatie, gezamenlijke maaltijden, Taizévieringen, lezingen en gespreksgroepen. De Ekklesia beseft dat er vele manieren zijn om spiritualiteit vorm te geven en respecteert daarom de verschillende benaderingen. **BELEIDSPLAN OP WEBSITE** ▶ ja.

Doelgroep ■ **ALGEMEEN** ▶ gelovigen **SPECIFIEK** ▶ Geen specifieke doelgroep **ACTIVITEITEN** ▶ De projecten die de Stichting ondersteunt dienen gericht te zijn op verwezenlijking van de (hernieuwde) millenniumdoelen, sociale gelijkheid, mensenrechten en verzoening. De pastores van de Leidse Studenten Ekklesia kunnen een beroep doen op het fonds in het geval van acute noodsituaties van studenten. Voor de jaren 2020 en 2021 wil SDFH, met ondersteuning van de Stuurgroep, minimaal zes goede; doelen dichtbij en zes doelen veraf ondersteunen. Tenminste acht maal per jaar wordt, na afloop van de viering van de Ekklesia Leiden, een uitgangscollecte gehouden. De opbrengst van deze collecten is bestemd voor het werk van één van de (diaconale) organisaties waarmee de Ekklesia een relatie onderhoudt. **INTERVENTIENIVEAU** ▶ Steun aan individuen (directe steun).; Steun aan lokale/provinciale maatschappelijke organisaties en structuren (incl. gemeenten etc.) die diensten verlenen aan individuen.

Werkgebied ■ **ACTIERADIUS** ▶ Nationaal, Internationaal **LAND** ▶ Wereldwijd.

Bestedingen ■ **BUDGET** ▶ niet openbaar **TOELICHTING** ▶ Geen. **ONDERSTEUNDE PROJECTEN P/J** ▶ 12 **SOORT BIJDRAGE** ▶ giften **BOVENGRENS** ▶ geen **ONDERGRENS** ▶ geen.

Projecten ■ **CRITERIA** ▶ De projecten die de Stichting ondersteunt dienen gericht te zijn op verwezenlijking van de doelen op het vlak van armoedebestrijding, sociale gelijkheid, mensenrechten en; verzoening. Aanvragen voor (beperkte-) individuele ondersteuning worden behandeld door één van de pastores, zo nodig in overleg met het Bestuur. **DOORLOOPTIJD** ▶ ☑ onbekend **STATUS AANVRAGER** ▶ ☑ geen beperkingen bekend **VOORKEUR/UITSLUITING** ▶ Idealiter ontwikkelt de Ekklesia meerjarige relaties – partnerships - met organisaties/projecten.

Procedure ■ **OP AANVRAAG** ▶ onbekend **AANVRAAGPROCEDURE** ▶ geen aanvraagprocedure bekend.

Financieel ■ **EIGEN VERMOGEN** ▶ € 13.413.,95 **INKOMSTEN EV** ▶ € 57.,67 **INKOMSTEN OV** ▶ € 4.465.,84 **HERKOMST MIDDELEN** ▶ giften & schenkingen **BOEKJAAR** ▶ 2018 **JAARVERSLAG OP WEBSITE** ▶ ja.

Contact ■ **BEREIKBAAR PER** ▶ ☑ post ☑ e-mail ☑ telefoon **CONTACTPERSOON** ▶ R. van den Boom **POSTADRES** ▶ Rapenburg 100, 2311 GA Leiden **EMAIL (ALGEMEEN)** ▶ info@ekklesialeiden.nl **TELEFOON (ALGEMEEN)** ▶ 0715134558.

293

Stichting Het Diakonessenhuis

Rubriek ■ ☑ gezondheidszorg ☑ onderwijs en onderzoek

Algemeen ■ **WEBSITE** ▶ www.hetdiakonessenhuis.nl **TYPERING** ▶ vermogensfonds **OPGERICHT** ▶ 18-11-1981 **RECHTSVORM** ▶ stichting **KVK** ▶ 41001731 **ANBI STATUS** ▶ ja **DIRECTIE** ▶ geen directiegegevens bekend **BESTUUR** ▶ P. van Winsen, voorzitter; I. Mink, penningmeester;

J. de Haan, secretaris; mw. M. Boskamp; mw. J. Hamoen-de Leeuw.

Missie ■ DOELSTELLING ▶ De Stichting heeft ten doel het verlenen van financiële en eventueel andere bijstand aan instellingen, organisaties (in welke rechtsvorm dan ook) die zich ten doel stellen: ☑ het in het algemeen belang dienen en bevorderen van de gezondheidszorg in de ruimste zin; ☑ het verplegen en verzorgen en doen behandelen van personen die medische, verpleegkundige en verloskundige, dan wel verzorgende bijstand behoeven een en ander in de ruimste zin; ☑ het creëren van mogelijkheden tot opleiding van verpleegkundig personeel, alsmede het medewerken aan de opleiding van andere beroepsbeoefenaren in de gezondheidszorg; en voorts: ☑ al hetgeen met een en ander rechtstreeks of zijdelings verband houdt of daartoe bevorderlijk kan zijn, alles in de ruimste zin van het woord. HISTORIE ▶ De Stichting Het Diakonessenhuis vindt haar oorsprong in het Protestantse ziekenhuis 'het Diaconessenhuis' in Leeuwarden. Dit ziekenhuis werd in 1879 gesticht door Mattheus Teffer en groeide in de loop van de decennia uit tot een begrip in de stedelijke gemeenschap. Door schenkingen en legaten bouwde het ziekenhuis een zeker vermogen op. Het Diaconessenhuis is in 1982 na een langdurig fusietraject met de andere twee plaatselijke ziekenhuizen opgegaan in het Medisch Centrum Leeuwarden nu deel uitmakend van Zorgpartners Friesland. Op 18 november 1981 werd de Stichting het Diakonessenhuis notarieel opgericht. De stichting kreeg het vermogen toegekend als werkkapitaal met als doel vanuit het rendement daarvan extra, niet vanuit algemene middelen te financieren, projecten en initiatieven in de gezondheidszorg financieel te ondersteunen. BELEIDSPLAN OP WEBSITE ▶ ja.

Doelgroep ■ ALGEMEEN ▶ zieken, gehandicapten, ouderen SPECIFIEK ▶ Zorgbehoevenden en beroepsbeoefenaars in de gezondheidszorg. ACTIVITEITEN ▶ Stichting het Diakonessenhuis ondersteunt projecten en nieuwe initiatieven op het terrein van de gezondheidszorg. Dat zijn soms kleine projecten, bijvoorbeeld het mogelijk maken van een vaarvakantie voor gehandicapten. Maar ook wordt bijgedragen aan grotere projecten, zoals bij investeringen van een kostbaar revalidatietoestel of het mogelijk maken van een medische missie naar Afrika (liesbreukoperaties). Op de website staan een aantal projecten die zijn gesubsidieerd. Soms zijn de projecten redelijk alledaags, maar ook initiatieven met een innovatief karakter kunnen op onze medewerking rekenen. INTERVENTIENIVEAU ▶ Steun aan lokale/provinciale maatschappelijke organisaties en structuren (incl. gemeenten etc.) die diensten verlenen aan individuen.

Werkgebied ■ ACTIERADIUS ▶ Nationaal LAND ▶ Nederland REGIO ▶ Friesland PLAATS ▶ Leeuwarden.

Bestedingen ■ BUDGET ▶ niet openbaar ONDERSTEUNDE PROJECTEN P/J ▶ Nietbekendgemaakt SOORT BIJDRAGE ▶ giften subsidies BOVENGRENS ▶ geen ONDERGRENS ▶ geen.

Projecten ■ CRITERIA ▶ ☑ Het project/de activiteit waarvoor een aanvraag wordt ingediend heeft betrekking op het bevorderen van de gezondheidszorg in de breedste zin van het woord. Het kan daarbij om directe zorg gaan, maar ook om scholing, onderzoek, ondersteunende zorg, hulpmiddelen, instrumentarium etc; ☑ De aanvraag betreft een eenmalig project/activiteit; ☑ De aanvraag heeft betrekking hebben op een herkenbaar, eenmalig en in de tijd begrensd project/activiteit; ☑ Het project/de activiteit kan niet uit reguliere middelen en budgetten voor gezondheidszorg worden gefinancierd; ☑ Er zijn in principe meerdere partijen (bijvoorbeeld andere fondsen, sponsoren of de aanvrager zelf) die het project/de activiteit mee financieren (een bijdrage van de Stichting het Diakonessenhuis kan slechts bij uitzondering de volledige kosten van een project/activiteit dekken); ☑ Aanvragers staan ingeschreven bij de Kamer van Koophandel en beschikken zo mogelijk over de ANBI-status. DOORLOOPTIJD ▶ ☑ onbekend STATUS AANVRAGER ▶ ☑ bedrijf ☑ stichting of vereniging (non-profit) ☑ kerkelijke instelling ☑ onderwijsinstelling VOORKEUR/UITSLUITING ▶ Projecten van privépersonen komen niet in aanmerking. Zo wordt ook niet in de kosten van dissertatieonderzoek bijgedragen. er worden geen exploitatiesubsidies verstrekt of bijdragen ten gunste van de normale bedrijfsvoering, tenzij het gaat om een startsubsidie of een tijdelijke incidentele overbruggingsbijdrage.

Procedure ■ OP AANVRAAG ▶ ja DOORLOOPTIJD ▶ 1-3 maanden AANVRAAGPROCEDURE ▶ Alleen volledig ingevulde aanvragen worden in behandeling genomen. Aanvragen die ten minste twee weken voor een vastgestelde vergaderdatum zijn ontvangen worden op die datum behandeld in de vergadering van het stichtingsbestuur. Het bestuur toetst of de aanvraag binnen de criteria past en bepaalt de hoogte van de bijdrage. Na de behandeling van de aanvraag ontvangt de aanvrager binnen een maand bericht over de uitkomst daarvan. Het is daarbij mogelijk dat het stichtingsbestuur aanvullende informatie vraagt of contact met de aanvragende organisatie wil alvorens een besluit te nemen. URL ▶ https://www.hetdiakonessenhuis.nl/aanvraag/

Financieel ■ EIGEN VERMOGEN ▶ € 2.460.729 INKOMSTEN EV ▶ € 114.042 HERKOMST MIDDELEN ▶ vermogen BOEKJAAR ▶ 2016 JAARVERSLAG OP WEBSITE ▶ ja.

Contact ■ BEREIKBAAR PER ▶ ☑ post ☑ e-mail ☑ telefoon CONTACTPERSOON ▶ geen contactpersoon bekend POSTADRES ▶ Harstastate 37, 8926 LG Leeuwarden EMAIL (ALGEMEEN) ▶ secretaris@hetdiakonessenhuis.nl TELEFOON (ALGEMEEN) ▶ +31628243671.

294
Dick Meys Fonds

Rubriek ■ ☑ onderwijs en onderzoek ☑ economische ontwikkeling en microkrediet

Algemeen ■ WEBSITE ▶ www.cultuurfonds.nl TYPERING ▶ fonds op naam BEHEERD DOOR ▶ Prins Bernhard Cultuurfonds DIRECTIE ▶ zie Prins Bernhard Cultuurfonds BESTUUR ▶ zie Prins Bernhard Cultuurfonds

Missie ■ DOELSTELLING ▶ Het financieel ondersteunen van getalenteerde afgestudeerden voor vervolgopleiding en -onderzoek in het buitenland op het gebied van de economie.

Werkgebied ■ ACTIERADIUS ▶ Nationaal, Internationaal LAND ▶ Nederland.

Projecten ■ **CRITERIA** ▶ geen projectcriteria bekend **DOORLOOPTIJD** ▶ ☑ korter dan 1 jaar **STATUS AANVRAGER** ▶ ☑ geen beperkingen bekend **VOORKEUR/UITSLUITING** ▶ geen voorkeur of uitsluiting bekend.

Procedure ■ **OP AANVRAAG** ▶ ja **AANVRAAGPROCEDURE** ▶ Dit 'fonds op naam' ressorteert onder het Prins Bernhard Cultuurfonds. Verzoeken aan fondsen op naam komen op één centraal punt binnen. Dit houdt in dat een subsidieaanvraag slechts eenmaal aan het Prins Bernhard Cultuurfonds hoeft te worden gezonden. Voor de verdere aanvraagprocedure: zie Prins Bernhard Cultuurfonds. **URL** ▶ www.cultuurfonds.nl/aanvragen

Contact ■ **BEREIKBAAR PER** ▶ ☑ post ☑ e-mail ☑ telefoon **CONTACTPERSOON** ▶ geen contactpersoon bekend **POSTADRES** ▶ Postbus 19750, 1000 GT Amsterdam **EMAIL (ALGEMEEN)** ▶ info@cultuurfonds.nl **TELEFOON (ALGEMEEN)** ▶ 020-5206130.

295

Stichting Dierenrampenfonds

Rubriek ■ ☑ natuur, milieu en dieren

Algemeen ■ **WEBSITE** ▶ www.dierenrampenfonds.nl **TYPERING** ▶ vermogensfonds **OPGERICHT** ▶ 01-01-1953 **RECHTSVORM** ▶ stichting **KVK** ▶ 41188255 **ANBI STATUS** ▶ ja **DIRECTIE** ▶ geen directiegegevens bekend **BESTUUR** ▶ W.L.L. Storm de Grave, voorzitter; mw. A.H. Nicolai-Steensma, penningmeester; mw. A.H. Nicolai-Steensma, secretaris; jhr. R.J.M. de Beaufort; jhr.mr. K.H.A. von Chrismar; mw. P.H.C. Fraser-Storm de Grave.

Missie ■ **DOELSTELLING** ▶ De stichting heeft ten doel het lenigen van nood waarin in het wild levende dieren verkeren of komen te verkeren door rampen of dreigende rampen, één en ander in de ruimste zin des woords. **STICHTER(S)** ▶ H. van Poelgeest, J.F. Kalff en W. Hugenholtz **HISTORIE** ▶ De Stichting Dierenrampenfonds is in 1953 opgericht voor het geven van financiële steun aan dierenorganisaties die zich bekommeren om het welzijn van in het wild levende dieren in Nederland. **BELEIDSPLAN OP WEBSITE** ▶ ja.

Doelgroep ■ **ALGEMEEN** ▶ dieren **SPECIFIEK** ▶ In het wild levende dieren in nood. **ACTIVITEITEN** ▶ De stichting tracht haar doel te bereiken door het nemen van maatregelen, waaronder begrepen voorlichting en educatie, welke dienen om steun te verlenen aan in nood verkerende dieren, alles in de ruimste zin van het woord. Deze maatregelen worden al dan niet in samenwerking met andere personen of instellingen genomen en kunnen ook bestaan uit het financieel ondersteunen van die personen of instellingen. **INTERVENTIENIVEAU** ▶ Steun aan lokale/provinciale maatschappelijke organisaties en structuren (incl. gemeenten etc.) die diensten verlenen aan individuen.

Werkgebied ■ **ACTIERADIUS** ▶ Nationaal **LAND** ▶ Nederland.

Bestedingen ■ **BUDGET** ▶ niet openbaar **SOORT BIJDRAGE** ▶ giften **BOVENGRENS** ▶ geen **ONDERGRENS** ▶ geen.

Projecten ■ **CRITERIA** ▶ geen projectcriteria bekend **DOORLOOPTIJD** ▶ ☑ korter dan 1 jaar **STATUS AANVRAGER** ▶ ☑ stichting of vereniging (non-profit) **VOORKEUR/UITSLUITING** ▶ geen voorkeur of uitsluiting bekend.

Procedure ■ **OP AANVRAAG** ▶ ja **DOORLOOPTIJD** ▶ 1-3 maanden; geen doorlooptijd bekend; geen doorlooptijd bekend **AANVRAAGPROCEDURE** ▶ Schriftelijk per post of per e-mail. **URL** ▶ www.dierenrampenfonds.nl/aanvragen.html

Financieel ■ **INKOMSTEN EV** ▶ € -11.062 **INKOMSTEN OV** ▶ € 577 **HERKOMST MIDDELEN** ▶ vermogen, giften & schenkingen, legaten **BOEKJAAR** ▶ 2018 **JAARVERSLAG OP WEBSITE** ▶ ja.

Contact ■ **BEREIKBAAR PER** ▶ ☑ post ☑ e-mail ☒ telefoon **CONTACTPERSOON** ▶ geen contactpersoon bekend **POSTADRES** ▶ Jan van Nassaustraat 31, 2596 BM Den Haag **EMAIL (ALGEMEEN)** ▶ info@dierenrampenfonds.nl.

296

Dijkstra-van Doorn Fonds

Rubriek ■ ☑ kunst en cultuur

Algemeen ■ **WEBSITE** ▶ www.cultuurfonds.nl **TYPERING** ▶ fonds op naam **BEHEERD DOOR** ▶ Prins Bernhard Cultuurfonds **DIRECTIE** ▶ zie > Prins Bernhard Cultuurfonds **BESTUUR** ▶ zie > Prins Bernhard Cultuurfonds

Missie ■ **DOELSTELLING** ▶ Het financieel ondersteunen van projecten op het gebied van het restaureren of conserveren, raadplegen of archiveren van historisch waardevolle geschriften.

Werkgebied ■ **ACTIERADIUS** ▶ Nationaal **LAND** ▶ Nederland.

Projecten ■ **CRITERIA** ▶ geen projectcriteria bekend **DOORLOOPTIJD** ▶ ☑ korter dan 1 jaar **STATUS AANVRAGER** ▶ ☑ geen beperkingen bekend **VOORKEUR/UITSLUITING** ▶ geen voorkeur of uitsluiting bekend.

Procedure ■ **OP AANVRAAG** ▶ ja **AANVRAAGPROCEDURE** ▶ Dit 'fonds op naam' ressorteert onder het Prins Bernhard Cultuurfonds. Verzoeken aan fondsen op naam komen op één centraal punt binnen. Dit houdt in dat een subsidieaanvraag slechts eenmaal aan het Prins Bernhard Cultuurfonds hoeft te worden gezonden. Voor de verdere aanvraagprocedure: zie Prins Bernhard Cultuurfonds. **URL** ▶ www.cultuurfonds.nl/aanvragen

Contact ■ **BEREIKBAAR PER** ▶ ☑ post ☑ e-mail ☑ telefoon **CONTACTPERSOON** ▶ geen contactpersoon bekend **POSTADRES** ▶ Postbus 19750, 1000 GT Amsterdam **EMAIL (ALGEMEEN)** ▶ info@cultuurfonds.nl **TELEFOON (ALGEMEEN)** ▶ 020-5206130.

297

Dijkstra-Visser Fonds

Rubriek ■ ☑ kunst en cultuur

Algemeen ■ **WEBSITE** ▶ www.cultuurfonds.nl **TYPERING** ▶ fonds op naam **BEHEERD DOOR** ▶ Prins Bernhard Cultuurfonds **DIRECTIE** ▶ zie > Prins Bernhard Cultuurfonds **BESTUUR** ▶ zie > Prins Bernhard Cultuurfonds

Missie ■ DOELSTELLING ▶ Het financieel ondersteunen van talentvolle blaasinstrumentalisten met name fluitisten, voor het volgen van een (aanvullende) studie in Nederland of in het buitenland of voor de aanschaf van een instrument van het juiste niveau. Daarnaast kunnen projecten voor (kleine) blaasensembles voor een bijdrage in aanmerking komen.

Werkgebied ■ ACTIERADIUS ▶ Nationaal, Internationaal LAND ▶ Nederland.

Projecten ■ CRITERIA ▶ geen projectcriteria bekend DOORLOOPTIJD ▶ ☑ korter dan 1 jaar STATUS AANVRAGER ▶ ☑ geen beperkingen bekend VOORKEUR/UITSLUITING ▶ Voorkeur gaat uit naar fluitisten.

Procedure ■ OP AANVRAAG ▶ ja AANVRAAGPROCEDURE ▶ Dit 'fonds op naam' ressorteert onder het Prins Bernhard Cultuurfonds. Verzoeken aan fondsen op naam komen op één centraal punt binnen. Dit houdt in dat een subsidieaanvraag slechts eenmaal aan het Prins Bernhard Cultuurfonds hoeft te worden gezonden. Voor de verdere aanvraagprocedure: zie Prins Bernhard Cultuurfonds. URL ▶ www.cultuurfonds.nl/aanvragen

Contact ■ BEREIKBAAR PER ▶ ☑ post ☑ e-mail ☑ telefoon CONTACTPERSOON ▶ geen contactpersoon bekend POSTADRES ▶ Postbus 19750, 1000 GT Amsterdam EMAIL (ALGEMEEN) ▶ info@cultuurfonds.nl TELEFOON (ALGEMEEN) ▶ 020-5206130.

298
Dikgroen Stichting

Rubriek ■ ☑ natuur, milieu en dieren

Algemeen ■ WEBSITE ▶ www.dikgroen.nl TYPERING ▶ hybride fonds OPGERICHT ▶ 14-07-2008 RECHTSVORM ▶ stichting KVK ▶ 32137768 ANBI STATUS ▶ ja DIRECTIE ▶ geen directiegegevens bekend BESTUUR ▶ Mw. M. Staal, voorzitter; R. Dikkers, penningmeester; E. Dikkers, secretaris; B. Blauw.

Missie ■ DOELSTELLING ▶ DikGroen is een particulier kleinschalig initiatief en heeft als missie dat kinderen natuurervaringen opdoen, waardoor ze een band krijgen met de natuur en deze zullen beschermen. Het doel van DikGroen is daarom om kinderen op praktische wijze te betrekken bij de natuur in Nederland, door financiële steun te bieden aan; vrijwilligers en/of projecten voor (en bij voorkeur door) jeugd tot en met ongeveer 25 jaar, die de waardering en het respect voor en de kennis over de natuur vergroten en worden uitgevoerd ten behoud van de natuur in het algemeen. STICHTER(S) ▶ Andrea Groenewegen en Egbert Dikkers. BELEIDSPLAN OP WEBSITE ▶ ja.

Doelgroep ■ ALGEMEEN ▶ jongeren, kinderen SPECIFIEK ▶ Dikgroen sponsort projecten van en voor kinderen, jeugd en jongeren voor een natuurbeleving om een band met de natuur op te bouwen. ACTIVITEITEN ▶ Geen specifieke activiteiten bekend INTERVENTIENIVEAU ▶ Steun aan individuen (directe steun).; Steun aan lokale/provinciale maatschappelijke organisaties en structuren (incl. gemeenten etc.) die diensten verlenen aan individuen.

Werkgebied ■ ACTIERADIUS ▶ Nationaal LAND ▶ Nederland.

Bestedingen ■ BUDGET ▶ € 7.000 ONDERSTEUNDE PROJECTEN P/J ▶ 15 SOORT BIJDRAGE ▶ giften BOVENGRENS ▶ € 750 ONDERGRENS ▶ geen.

Projecten ■ CRITERIA ▶ Het project voldoet aan de doelstelling van DikGroen; ☑ een aanvraag moet ruim voor de uitvoeringsdatum worden ingediend en het besluit moet voor de uitvoeringsdatum door de aanvrager zijn ontvangen; ☑ een bijdrage toekenning is in beginsel eenmalig en niet structureel; ☑ het project mag aangevraagd worden onder overheids- of commerciële vlag; ☑ de bijdrage word achteraf uitgekeerd onder overlegging van een kort verantwoordingsverslag van het project; ☑ 12 maanden nadat de bijdrage toekenning is verstrekt, vervalt het recht op een uitkering; ☑ DikGroen behoudt het recht voor een project voor promotie- en reclamedoeleinden te gebruiken; ☑ de onkosten voor vrijwilligerskunnen gedekt worden mits goed onderbouwd. DOORLOOPTIJD ▶ ☑ onbekend STATUS AANVRAGER ▶ ☑ individuen/gezinnen VOORKEUR/UITSLUITING ▶ ; ☑ Aanvragen van niet-overheid en niet-commerciële instellingen hebben voorrang. ☑ het project mag geen betrekking hebben op schoolplein vergroeiing, het vieren van een jubileum, verjaardag of iets dergelijks.

Procedure ■ OP AANVRAAG ▶ ja DOORLOOPTIJD ▶ geen doorlooptijd bekend; 1-3 maanden; 1-3 maanden; korter dan een maand; korter dan een maand; 1-3 maanden AANVRAAGPROCEDURE ▶ Aanvragen kunnen worden ingediend via het online formulier. De behandelingstermijn duurt enkele weken. URL ▶ https://www.dikgroen.nl/voor-jou/aanvraag-indienen/

Financieel ■ INKOMSTEN EV ▶ € 1.677.,84 INKOMSTEN OV ▶ € 10.000 HERKOMST MIDDELEN ▶ inkomsten uit vermogen, giften & schenkingen, legaten, vermogen BOEKJAAR ▶ 2019 JAARVERSLAG OP WEBSITE ▶ ja.

Contact ■ BEREIKBAAR PER ▶ ☑ post ☑ e-mail ☒ telefoon CONTACTPERSOON ▶ geen contactpersoon bekend POSTADRES ▶ Waagplein 8, 1381 XP Weesp EMAIL (ALGEMEEN) ▶ info@dikgroen.nl.

299
Dimes Stichting Charitable Foundation

Rubriek ■ ☑ maatschappij, welzijn en samenleving ☑ economische ontwikkeling en microkrediet ☑ vluchtelingenhulp ☑ onderwijs en onderzoek

Algemeen ■ WEBSITE ▶ www.dimesstichting.org TYPERING ▶ goededoelenorganisatie RECHTSVORM ▶ stichting KVK ▶ 24393675 ANBI STATUS ▶ ja DIRECTIE ▶ geen directiegegevens bekend BESTUUR ▶ D. Hidalgo Schnur, voorzitter; mw. M.G. Hidalgo, penningmeester; mw. M.G. Hidalgo, secretaris; mw. M. Pilar Sánchez Alonso; mw. B. Iraburu Elizondo; mw. M. Hidalgo Barangé; D. Hidalgo Demeusois; mw. S. Hidalgo; D. Hidalgo.

Missie ■ DOELSTELLING ▶ Dimes Stichting Charitable Foundation heeft als hoofddoel de financiering van projecten die de toegang tot mogelijkheden vergroot en ongelijkheid en onrechtvaardigheid verkleint. BELEIDSPLAN OP WEBSITE ▶ ja.

Doelgroep ■ ALGEMEEN ▶ inheemse volken, vrouwen, armen, dak- en thuislozen **SPECIFIEK** ▶ Vrouwen in ontwikkelingslanden versterken, achtergestelde groepn. **ACTIVITEITEN** ▶ De stichting handelt naar de doelstelling door middel van emancipatie. Met aanmoediging en het aanleren van vaardigheden om zelfstandig te zijn wil de stichting zorgen dat liefdadigheid in de toekomst niet meer nodig is voor gemarginaliseerde groepen. Hierbij neemt de Stichting de lokale omstandigheden in acht om na te gaan wat een passende bijdrage is. De stichting biedt ook ondersteuning aan het bevorderen van internationale relaties en het verbeteren van de humanitaire acties wereldwijd. **INTERVENTIENIVEAU** ▶ Steun aan lokale/provinciale maatschappelijke organisaties en structuren (incl. gemeenten etc.) die diensten verlenen aan individuen.

Werkgebied ■ **ACTIERADIUS** ▶ Internationaal **LAND** ▶ Kirgizië, Wereldwijd, Bolivia, Oost-Timor, Armenië, Servië, Ghana.

Bestedingen ■ **BUDGET** ▶ niet openbaar **SOORT BIJDRAGE** ▶ onbekend **BOVENGRENS** ▶ geen **ONDERGRENS** ▶ geen.

Projecten ■ **CRITERIA** ▶ ☑ Duidelijke doelstellingen; ☑ Directe en meetbare impact op de begunstigden; ☑ Transparant en verantwoordelijk management; ☑ Effectiviteit; ☑ Absorptiecapaciteit van ontvanger; ☑ Trackrecord van stichting of NGO die het voortouw neemt in het project; ☑ Normaal gesproken onderdeel van een meerjarig programma; ☑ Verankering in de lokale gemeenschap. **DOORLOOPTIJD** ▶ ☑ onbekend **STATUS AANVRAGER** ▶ ☑ geen beperkingen bekend **VOORKEUR/UITSLUITING** ▶ Geen voorkeur/uitsluiting bekend.

Procedure ■ **OP AANVRAAG** ▶ onbekend **AANVRAAGPROCEDURE** ▶ geen aanvraagprocedure bekend.

Financieel ■ **INKOMSTEN EV** ▶ € 1.874.816 **HERKOMST MIDDELEN** ▶ giften & schenkingen, vermogen, inkomsten uit vermogen **BOEKJAAR** ▶ 2019 **JAARVERSLAG OP WEBSITE** ▶ ja.

Contact ■ **BEREIKBAAR PER** ▶ ☑ post ☒ e-mail ☒ telefoon **CONTACTPERSOON** ▶ geen contactpersoon bekend **POSTADRES** ▶ Verlengde Poolseweg 14, 4818 CL Breda.

300
Stichting Dinamo Fonds

Rubriek ■ ☑ kunst en cultuur ☑ natuur, milieu en dieren ☑ natuur, milieu en dieren

Algemeen ■ **WEBSITE** ▶ www.dinamofonds.nl **TYPERING** ▶ hybride fonds **OPGERICHT** ▶ 1991 **RECHTSVORM** ▶ stichting **KVK** ▶ 41132775 **ANBI STATUS** ▶ ja **DIRECTIE** ▶ mw. M. van der Giessen – Wehrmeijer **BESTUUR** ▶ Drs. H. van Woudenberg Hamstra, voorzitter; mr. C.H. Knol, penningmeester; mr. O.A.R.M. Smits van Waesbeghe, secretaris; mw.drs. Th.A.Y. van Gijn-Bruggink; ir. P.M. Weeda; E.E. van Raalte MIM; mw. C.M.R. van Verschuer MSc BA.

Missie ■ **DOELSTELLING** ▶ De stichting heeft ten doel: ☑ het bevorderen van het welzijn van dieren; ☑ het doen onderhouden, respectievelijk restaureren van monumenten in Nederland; ☑ de bescherming van landschap en natuur en al hetgeen met vorenstaande verband houdt of daartoe bevorderlijk kan zijn, alles in de ruimste zin van het woord. **STICHTER(S)** ▶ De heer D.E. van Raalte **HISTORIE** ▶ De oorspronkelijke DVR stichting is in 1991 opgericht door de heer D.E. van Raalte. In 2006 is gekozen voor een andere naam die meer duidelijk maakt waarvoor de stichting staat. De naam van het Dinamo Fonds is afkomstig van de eerste twee letters van de doelgroepen - dieren - natuur - monumenten. **BELEIDSPLAN OP WEBSITE** ▶ ja.

Doelgroep ■ **SPECIFIEK** ▶ Dierenwelzijn, natuurbehoud en monumentenzorg. **ACTIVITEITEN** ▶ De stichting tracht de doelstelling te verwezenlijken door het doen van giften aan daartoe geëigende instellingen en door het in stand houden van een vermogensfonds en de vruchten hiervan ten behoeve van haar doelstelling zal besteden om op deze manier toekomstige inkomsten te waarborgen. Voorbeelden van soorten instellingen die van het Fonds ondersteuning krijgen zijn: ☑ Doelgroep Dierenwelzijn: dierenasielen; dierenambulances; dierenopvangcentra; actiegroepen (indien ze binnen het kader van de wet blijven). ☑ Doelgroep Natuurbehoud: natuurontwikkelaars; natuurbeheerders. ☑ Doelgroep Monumentenzorg: kerkgebouwen; molens; kastelen e.a. monumentaal cultureel erfgoed; ☑ Het Dinamo Fonds onderhoudt contacten met organisaties die actief zijn in een of meer sectoren van de doelgroepen. **INTERVENTIENIVEAU** ▶ Steun aan lokale/provinciale maatschappelijke organisaties en structuren (incl. gemeenten etc.) die diensten verlenen aan individuen.

Werkgebied ■ **ACTIERADIUS** ▶ Nationaal **LAND** ▶ Nederland.

Bestedingen ■ **BUDGET** ▶ € 300.000 **ONDERSTEUNDE PROJECTEN P/J** ▶ 62 **SOORT BIJDRAGE** ▶ giften **BOVENGRENS** ▶ geen **ONDERGRENS** ▶ geen.

Projecten ■ **CRITERIA** ▶ ☑ Een aanvraag voor een financiële bijdrage uit het Dinamo Fonds dient altijd ten goede te komen aan één van de volgende drie doelgroepen met bijbehorende doelstelling: Dieren: Het bevorderen van het welzijn van dieren in Nederland; Natuur: De bescherming van natuur en landschap; Monumenten: Het doen onderhouden, respectievelijk restaureren van monumenten in Nederland; ☑ De aanvrager dient een rechtspersoon zijn (stichting, vereniging, coöperatie, BV, kerkgenootschap); ☑ De financiële situatie van aanvrager dient op moment van beoordeling aantoonbaar solide zijn; ☑ De aanvraag voor een bijdrage dient, in principe, voor de start van het project te worden ingediend; ☑ Projecten worden beoordeeld op het effect dat bereikt kan worden in relatie tot de gevraagde financiële bijdrage; ☑ Projecten dienen een direct effect te hebben binnen een afzienbare tijd. **DOORLOOPTIJD** ▶ ☑ korter dan 1 jaar **STATUS AANVRAGER** ▶ ☑ stichting of vereniging (non-profit) ☑ kerkelijke instelling ☑ onderwijsinstelling ☑ bedrijf **VOORKEUR/UITSLUITING** ▶ ☑ Projecten uitgevoerd door of in samenwerking met vrijwilligers hebben de voorkeur boven projecten die worden uitgevoerd door geïnstitutionaliseerde organisaties. ☑ De aanvraag mag niet bedoeld zijn voor een bijdrage aan de dagelijkse operationele kosten, en of exploitatiekosten. ☑ Er wordt geen geld geschonken voor educatie of het uitgeven van boeken, voor dissertaties, voor studiereizen en dergelijke.

Procedure ■ **OP AANVRAAG** ▶ ja **DOORLOOPTIJD** ▶ geen doorlooptijd bekend; 1-3 maanden; 1-3 maanden; 3-6 maanden **AANVRAAGPROCEDURE** ▶ Natuurlijke en rechtspersonen kunnen elektronisch een aanvraag voor ondersteuning indienen, waar mogelijk voor aanvang van het te subsidiëren project. Het Dinamo Fonds kent twee aanvraagrondes, de deadline is 1 maart respectievelijk 1 september van het desbetreffende kalenderjaar. De aanvraag moet, naast het ingevulde aanvraagformulier, ook de volgende punten bevatten: ☑ een heldere beschrijving van het project waaraan het gevraagde geld zal worden besteed; ☑ een globaal budget inclusief dekkingsplan; ☑ tijdsplanning van de activiteiten; ☑ jongste jaarrekening; ☑ kopie uittreksel Kamer van Koophandel; ☑ indien er bij andere fondsen eveneens een; aanvraag is ingediend, dient dat te worden aangegeven. Alle complete aanvragen worden per doelgroep beoordeeld door een bestuurslid, eventueel aangevuld met een expert review van een adviseur. Tijdens de bestuursvergaderingen in het voor- en najaar worden de ontvangen aanvragen behandeld. De uitkomst hiervan wordt aan betrokkenen in de tweede helft van mei of november per mail bekendgemaakt. De uitkeringen worden in diezelfde periodes overgemaakt. **URL** ▶ www.dinamofonds.nl/aanvragen

Financieel ■ **EIGEN VERMOGEN** ▶ € 13.750.000 **INKOMSTEN EV** ▶ € 193.600 **INKOMSTEN OV** ▶ € 7.028.000 **HERKOMST MIDDELEN** ▶ vermogen, giften & schenkingen, legaten **BOEKJAAR** ▶ 2018 **JAARVERSLAG OP WEBSITE** ▶ ja.

Contact ■ **BEREIKBAAR PER** ▶ ☑ post ☑ e-mail ☑ telefoon **CONTACTPERSOON** ▶ geen contactpersoon bekend **POSTADRES** ▶ Jan van Nassaustraat 102, 2596 BW Den Haag **EMAIL (ALGEMEEN)** ▶ info@dinamofonds.nl **TELEFOON (ALGEMEEN)** ▶ 070-3246006.

301
Stichting Dioraphte

Rubriek ■ ☑ kunst en cultuur ☑ natuur, milieu en dieren ☑ onderwijs en onderzoek ☑ economische ontwikkeling en microkrediet ☑ maatschappij, welzijn en samenleving

Algemeen ■ **WEBSITE** ▶ www.dioraphte.nl **TYPERING** ▶ vermogensfonds **OPGERICHT** ▶ 09-12-2002 **RECHTSVORM** ▶ stichting **KVK** ▶ 17150595 **ANBI STATUS** ▶ ja **DIRECTIE** ▶ H.J.Th. van Stokkom **BESTUUR** ▶ Mr.drs. A.R.J. Croiset van Uchelen, voorzitter; B.E.M.M. Uyttendaele, penningmeester; mw.drs. J. Detiger; mw. G.I. Nühn-Morris; drs. P.B. Mensing.

Missie ■ **DOELSTELLING** ▶ De stichting heeft ten doel het verlenen van financiële ondersteuning aan algemeen nut beogende instellingen in binnen- en buitenland, welke uitsluitend of nagenoeg uitsluitend ten doel hebben het organiseren van projecten of activiteiten ten behoeve van; ☑ kwetsbare groepen in de maatschappij; ☑ onderwijs; ☑ gezondheidszorg; ☑ werkgelegenheid; ☑ natuur en milieu; ☑ de bevordering - alsmede de uitvoering van wetenschappelijk onderzoek; ☑ Nederlands cultureel erfgoed en/of; ☑ Nederlandse podiumkunsten; ☑ alsmede al hetgeen met vorenstaande verband houdt of daartoe bevorderlijk kan zijn, alles in de ruimste zin van het woord. **HISTORIE** ▶ Stichting Dioraphte is actief sinds 2002 en is op 4 september 2015 juridisch gefuseerd met Stichting Liberty, actief sinds 1995, Stichting Dijkverzwaring, actief sinds 1997, en Stichting Continuendo MusartE Foundation, actief sinds 2004. **BELEIDSPLAN OP WEBSITE** ▶ ja.

Doelgroep ■ **ALGEMEEN** ▶ armen, gehandicapten, dak- en thuislozen, zieken **SPECIFIEK** ▶ Algemeen nut beogende instellingen in binnen- en buitenland. **ACTIVITEITEN** ▶ Stichting Dioraphte is een vermogensfonds dat goede doelen steunt met vijf focuslanden: Nederland, Ethiopië, Kenia, Oeganda en Malawi. **INTERVENTIENIVEAU** ▶ Steun aan lokale/provinciale maatschappelijke organisaties en structuren (incl. gemeenten etc.) die diensten verlenen aan individuen.

Werkgebied ■ **ACTIERADIUS** ▶ Internationaal **LAND** ▶ Nederland, Ethiopië, Kenia, Oeganda, Malawi, Wereldwijd.

Bestedingen ■ **BUDGET** ▶ € 14.500.000 **ONDERSTEUNDE PROJECTEN P/J** ▶ 195 **SOORT BIJDRAGE** ▶ onbekend **BOVENGRENS** ▶ geen **ONDERGRENS** ▶ geen.

Projecten ■ **CRITERIA** ▶ ☑ Voor de verschillende aandachtsgebieden gelden aanvullende criteria. Deze zijn te vinden op de website; ☑ Het fonds verleent financiële steun aan algemeen nut beogende instellingen in binnen- en buitenland. Daarbij zijn er enkele focuslanden in Afrika (Ethiopië, Kenia, Malawi, Oeganda); ☑ Projecten met een looptijd van enkele (in de regel 2 tot 4) jaren kunnen ondersteuning krijgen, maar deze heeft nooit een permanent karakter; ☑ De aanvrager moet bij de aanvraag aantonen niet zelf te kunnen beschikken over voldoende middelen om het project te financieren; ☑ aanvraag dient ook op het financiële vlak helder en overzichtelijk te zijn. U dient zorg te dragen voor een investeringsbegroting (voor zover van toepassing), een exploitatiebegroting en een dekkingsplan. **DOORLOOPTIJD** ▶ ☑ onbekend **STATUS AANVRAGER** ▶ ☑ stichting of vereniging (non-profit) **VOORKEUR/UITSLUITING** ▶ ☑ Projecten met een breed maatschappelijk draagvlak genieten de voorkeur; ☑ Het fonds is vooral gericht op het mogelijk maken van bij voorkeur afgebakende projecten. ☑ Projecten die tijdens de aanvraag of behandeling daarvan reeds geheel of gedeeltelijk gerealiseerd zijn, zijn uitgesloten van steun. ☑ Aanvragen voor financiële steun ten behoeve van een individu worden niet in behandeling genomen. ☑ Dioraphte verleent geen steun aan overheden, overheidsinstellingen of structureel geheel of vrijwel geheel door een overheid gesubsidieerde instellingen (direct of indirect.), of commerciële instellingen. ☑ Dioraphte verleent geen steun aan activiteiten of projecten met een overwegend politiek of religieus karakter.

Procedure ■ **OP AANVRAAG** ▶ ja **AANVRAAGPROCEDURE** ▶ Voor de verschillende aandachtsgebieden gelden verschillende aanvraagprocedures. Deze zijn te vinden op de website. Voor het aandachtsgebied wetenschap geldt dat de stichting een call for proposal uitroept. Communicatie bij voorkeur per e-mail.

Financieel ■ **INKOMSTEN EV** ▶ € 2.760.105 **HERKOMST MIDDELEN** ▶ onbekend **BOEKJAAR** ▶ 2019 **JAARVERSLAG OP WEBSITE** ▶ ja.

Contact ■ **BEREIKBAAR PER** ▶ ☑ post ☑ e-mail ☑ telefoon **CONTACTPERSOON** ▶ H.J.Th. van Stokkom **POSTADRES** ▶ Postbus 255, 3300 AG Dordrecht **EMAIL (ALGEMEEN)** ▶ henkvanstokkom@dioraphte.nl **TELEFOON (ALGEMEEN)** ▶ +31786352222 **TELEFOON (AANVRAGEN)** ▶ +31786351111.

302

Stichting Fonds Directie der Oostersche Handel en Reederijen

Rubriek ■ ☑ kunst en cultuur ☑ onderwijs en onderzoek

Algemeen ■ **WEBSITE** ► www.directieohr.nl **TYPERING** ► vermogensfonds **OPGERICHT** ► 26-08-1992 **RECHTSVORM** ► stichting **KVK** ► 41211795 **ANBI STATUS** ► ja **DIRECTIE** ► geen directiegegevens bekend **BESTUUR** ► Mw.dr. E.S. van Eijck van Heslinga, voorzitter; drs. W.F. Wolters, penningmeester; mw.drs. A.N. Schneemann-de Haas, secretaris; W.M. van Eeghen; mr. J. Meijer Timmerman Thijssen; mw.dr. A.M.C van Dissel.

Missie ■ **DOELSTELLING** ► Stichting Fonds Directie der Oostersche Handel en Reederijen heeft als doel de financiële ondersteuning van activiteiten die de kennis kunnen bevorderen, zowel onder wetenschappers als onder het brede publiek, van de Nederlandse maritieme historie en de Nederlandse overzeese handel in het bijzonder betreffende het Oostzeegebied. **BELEIDSPLAN OP WEBSITE** ► ja.

Doelgroep ■ **SPECIFIEK** ► Activiteiten organiseren om de kennis te bevorderen, zowel onder wetenschappers als onder het brede publiek, van de Nederlandse maritieme historie. **ACTIVITEITEN** ► ☑ Toegankelijk maken van archieven en collecties; ☑ publicaties, zowel wetenschappelijk als publiek gerichte; ☑ tentoonstellingen; ☑ aankopen ter aanvullingen ter aanvulling van de collectie van Nederlandse erfgoedinstellingen; ☑ kunstuitingen met een nautisch karakter; ☑ alle overige geschikt te bevinden activiteiten; ☑ De stichting overlegt met soortgelijke instellingen in het voorzittersoverleg van de Samenwerkende Maritieme Fondsen, mede om grote aanvragen gezamenlijk te kunnen honoreren. **INTERVENTIENIVEAU** ► Steun aan lokale/provinciale maatschappelijke organisaties en structuren (incl. gemeenten etc.) die diensten verlenen aan individuen.

Werkgebied ■ **ACTIERADIUS** ► Nationaal **LAND** ► Nederland.

Bestedingen ■ **BUDGET** ► € 100.000 **ONDERSTEUNDE PROJECTEN P/J** ► 15 **SOORT BIJDRAGE** ► subsidies **BOVENGRENS** ► geen **ONDERGRENS** ► geen.

Projecten ■ **CRITERIA** ► Directie der Oostersche Handel en Reederijen wil activiteiten ondersteunen die de kennis kunnen bevorderen, zowel onder wetenschappers als onder het brede publiek, van de Nederlandse maritieme historie en de Nederlandse overzeese handel in het bijzonder betreffende het Oostzeegebied. **DOORLOOPTIJD** ► ☑ onbekend **STATUS AANVRAGER** ► ☑ stichting of vereniging (non-profit) **VOORKEUR/UITSLUITING** ► Voorkeur gaat uit naar aanvragen die betrekking hebben op het Oostzeegebied en voor grotere activiteiten met een blijvend karakter.

Procedure ■ **OP AANVRAAG** ► ja **AANVRAAGPROCEDURE** ► Op de website staan de vergaderingsdata vermeld. Ook kunt u hier de sluitingsdata vinden voor het insturen van aanvragen voor de betreffende vergadering. U vult het digitale aanvraagformulier zo compleet mogelijk in. Eventuele bijlagen kunt u uitsluitend in PDF bijvoegen. Uw aanvraag wordt door het secretariaat beoordeeld op volledigheid en relevantie. Indien de aanvraag niet volledig is, wordt deze in principe niet in behandeling genomen en krijgt u daarvan bericht. Uiteraard kunt u de aanvraag alsnog aangevuld opnieuw indienen. Indien een aanvraag niet past binnen de doelstellingen van de Stichting wordt deze niet in behandeling genomen en ontvangt u daarvan bericht. Indien uw aanvraag in behandeling wordt genomen ontvangt u daarvan bericht en een correspondentienummer. U dient dit nummer te allen tijden (ook bij e-mails) te vermelden. Aanvragen die in behandeling worden genomen, worden voorgelegd aan het bestuur van Stichting Fonds Directie der Oostersche Handel en Reederijen. Betreft de aanvraag een subsidie voor een publicatie dan gelieve het calculatieformulier voor uitgevers downloaden en ingevuld, als bijlage via het aanvraagformulier mee te sturen. **URL** ► www.directieohr.nl/Subsidieaanvraag

Financieel ■ **EIGEN VERMOGEN** ► € 4.283.971 **INKOMSTEN EV** ► € 561.005 **HERKOMST MIDDELEN** ► vermogen **BOEKJAAR** ► 2019 **JAARVERSLAG OP WEBSITE** ► ja.

Contact ■ **BEREIKBAAR PER** ► ☑ post ☑ e-mail ☑ telefoon **CONTACTPERSOON** ► Mw. drs. A.N. Schneemann-de Haas **POSTADRES** ► Schippersgracht 9, 1011 TS Amsterdam **EMAIL (ALGEMEEN)** ► secretariaat@directieohr.nl **TELEFOON (ALGEMEEN)** ► 0206247699; 06-22609502.

303

Stichting Dirk Bos Fonds

Rubriek ■ ☑ maatschappij, welzijn en samenleving ☑ kerk en levensbeschouwing ☑ onderwijs en onderzoek

Algemeen ■ **WEBSITE** ► www.dirkbosfonds.nl **TYPERING** ► vermogensfonds **RECHTSVORM** ► stichting **KVK** ► 41151200 **ANBI STATUS** ► ja **DIRECTIE** ► geen directiegegevens bekend **BESTUUR** ► J.W. Sparreboom, voorzitter; P. Poortstra, penningmeester; A.E. Lindhout, secretaris; mw. T. Plomp-van Loon.

Missie ■ **DOELSTELLING** ► Het Dirk Bos Fonds stelt zich ten doel steun te verlenen aan organisaties die zich, bij voorkeur vanuit een protestants christelijke motivatie, bezighouden met directe jeugdhulpverlening in de ruimste zin van het woord. De hulp kan gericht zijn op faciliteiten, vernieuwingsprojecten, spel/ontspanning en educatie/vorming. **STICHTER(S)** ► Particuliere Synode van de Christelijke Gereformeerde Kerken Zuid-Holland **HISTORIE** ► Het Dirk Bos Fonds (voorheen Stichting Provinciaal Gereformeerd Kinderhuis) dankt haar bestaan aan Dirk Bos. Dirk Bos was oorspronkelijk een horlogemaker die zich later ontwikkelde tot een welgesteld zakenman. Hij leefde eind 19e eeuw op Goeree-Overflakkee. Dirk Bos was sterk begaan met het lot van weeskinderen in zijn provincie. Het was zijn wens, dat zijn nalatenschap zou worden gebruikt om gereformeerde weeskinderen in Zuid-Holland te helpen. In zijn geest zijn gedurende ruim een eeuw een aantal wees- en kinderhuizen opgericht en geëxploiteerd die kinderen onderdak, opvoeding en opleiding gaven. Maar de tijden veranderen en zo ook de hulpverlening aan deze kinderen.

De overheid ging zich meer met de opvang van kinderen bezighouden en de tehuizen werden wettelijk geregeld. De laatste jaren richt het Dirk Bos Fonds zich op het verlenen van financiële steun aan organisaties die zich, bij voorkeur vanuit een protestants christelijke motivatie, bezighouden met directe jeugdhulpverlening.

Doelgroep ■ **ALGEMEEN** ► jongeren, kinderen **SPECIFIEK** ► Jongeren tot ongeveer 23 jaar die zonder hulp niet verder kunnen. **ACTIVITEITEN** ► Het fonds beoordeelt subsidieaanvragen van organisaties die zich bezig houden met directe jeugdhulpverlening, en kent op grond van die beoordeling subsidies toe voor projecten. **INTERVENTIENIVEAU** ► Steun aan lokale/provinciale maatschappelijke organisaties en structuren (incl. gemeenten etc.) die diensten verlenen aan individuen.

Werkgebied ■ **ACTIERADIUS** ► Regionaal, Nationaal, Internationaal **LAND** ► Wereldwijd **REGIO** ► Zuid-Holland.

Bestedingen ■ **BUDGET** ► € 254.706 **SOORT BIJDRAGE** ► subsidies **BOVENGRENS** ► geen **ONDERGRENS** ► geen.

Projecten ■ **CRITERIA** ► geen projectcriteria bekend **DOORLOOPTIJD** ► ☑ korter dan 1 jaar **STATUS AANVRAGER** ► ☑ stichting of vereniging (non-profit) ☑ kerkelijke instelling **VOORKEUR/UITSLUITING** ► ☑ Het Dirk Bos Fonds richt zich in beginsel op Nederlandse projecten met een voorkeur voor Zuid-Holland. Buitenlandse projecten kunnen ook in aanmerking komen. ☑ Het fonds acht ondersteuning door een plaatselijke kerk, dan wel een kerkelijke instelling in Nederland met een verwantschap met de Protestantse Kerk in Nederland een reden om die projecten met voorkeur te behandelen. ☑ Aanvragen van individuele personen, van andere fondsen die zelf subsidie verstrekken en van zogenaamde stichtingen 'Vrienden van' worden niet in behandeling genomen. ☑ Het fonds draagt niet bij in exploitatiekosten of in zaken die binnen een normale exploitatie vallen, ook worden er geen structurele bijdragen gegeven.

Procedure ■ **OP AANVRAAG** ► ja **DOORLOOPTIJD** ► 1-3 maanden **AANVRAAGPROCEDURE** ► Het bestuur besluit twee keer per jaar over de ingediende subsidieaanvragen en wel in de aprilvergadering en in de novembervergadering. De aanvragen dienen respectievelijk voor 1 februari en voor 1 september per email te zijn ingediend met gebruikmaking van het aanvraagformulier dat men via de website kan downloaden. De informatie vervat in het gehanteerde aanvraagformulier, inbegrepen documenten als statuten, inschrijvingen in het register van de Kamer van Koophandel, begrotingen, projectplannen, jaarverslagen, vormen in het kader van de besluitvorming belangrijke hulpmiddelen. De beoordeling vindt in beginsel in drie stappen plaats. De secretaris toetst de aanvragen in eerste aanleg op de formele eisen. Het bestuur als geheel besluit ten slotte over de toe te kennen subsidies. Binnen twee weken na de besluitvormende vergadering krijgen de aanvragende organisaties bericht of hun aanvraag is gehonoreerd. Het door een daartoe bevoegde persoon ondertekende aanvraagformulier dient via de e-mail te worden ingeleverd. **URL** ► www.dirkbosfonds.nl/pagina/4/aanvraag+indienen.html

Financieel ■ **EIGEN VERMOGEN** ► € 63.218.18 **INKOMSTEN EV** ► € 696.507 **HERKOMST MIDDELEN** ► vermogen **BOEKJAAR** ► 2019 **JAARVERSLAG OP WEBSITE** ► ja.

Contact ■ **BEREIKBAAR PER** ► ☑ post ☑ e-mail ☒ telefoon **CONTACTPERSOON** ► geen contactpersoon bekend **POSTADRES** ► Spireaweide 17, 2742 GB Waddinxveen **EMAIL (ALGEMEEN)** ► info@dirkbosfonds.nl.

304

De Dirk Jan en Kitty Reek-Versteegh Stichting

Rubriek ■ ☑ gezondheidszorg ☑ maatschappij, welzijn en samenleving ☑ onderwijs en onderzoek

Algemeen ■ **WEBSITE** ► www.reekversteeghstichting.nl **TYPERING** ► vermogensfonds **OPGERICHT** ► 21-08-1929 **RECHTSVORM** ► stichting **KVK** ► 41149553 **ANBI STATUS** ► nee **DIRECTIE** ► geen directiegegevens bekend **BESTUUR** ► Mr. B.J.H. Crans, voorzitter; mw.drs. P.A. Bossink, penningmeester; mr. H.J. Breeman, secretaris.

Missie ■ **DOELSTELLING** ► Het fonds stelt zich ten doel uitkeringen te doen in het algemeen maatschappelijk belang of voor liefdadige doeleinden in Nederland, Indonesië, Suriname en Curaçao. De doelstelling is beleidsmatig toegesneden op financiële ondersteuning van de volgende kernactiviteiten: ☑ gehandicaptenzorg, ☑ gehandicaptensport, ☑ aanschaf van vervoer- en/of hulpmiddelen voor geestelijk of lichamelijk gehandicapten, ☑ scholen in krachtwijken, ☑ projecten in de gezondheidszorg, de utiliteitsvoorzieningen of het onderwijs in Indonesië, Suriname en Curaçao. **STICHTER(S)** ► Cornelia Johanna Francisca ('Kitty') Versteegh, weduwe van Dirk Jan Reek **HISTORIE** ► De Dirk Jan & Kitty Reek-Versteegh Stichting is opgericht op 21 augustus 1929 door Cornelia Johanna Francisca ('Kitty') Versteegh, weduwe van Dirk Jan Reek. Het echtpaar Reek-Versteegh was kinderloos en wilde met zijn vermogen iets doen in het algemeen maatschappelijk belang. Bij de oprichting bracht de stichtster een beginkapitaal van 2000 gulden in. Later zou zij de stichting bij testament als haar enige erfgenaam aanwijzen. De stichting werd in Den Haag gevestigd, waar nog steeds haar statutaire zetel gevestigd is.

Doelgroep ■ **ALGEMEEN** ► gehandicapten, zieken **SPECIFIEK** ► Geen specifieke doelgroep **ACTIVITEITEN** ► Geen specifieke activiteiten bekend **INTERVENTIENIVEAU** ► Steun aan lokale/provinciale maatschappelijke organisaties en structuren (incl. gemeenten etc.) die diensten verlenen aan individuen.

Werkgebied ■ **ACTIERADIUS** ► Nationaal, Internationaal **LAND** ► Indonesië, Suriname, Curaçao, Nederland.

Bestedingen ■ **BUDGET** ► niet openbaar **SOORT BIJDRAGE** ► giften **BOVENGRENS** ► geen **ONDERGRENS** ► geen.

Projecten ■ **CRITERIA** ► geen projectcriteria bekend **DOORLOOPTIJD** ► ☑ korter dan 1 jaar **STATUS AANVRAGER** ► ☑ geen beperkingen bekend **VOORKEUR/UITSLUITING** ► Niet gehonoreerd worden o.a. de aanvragen voor exploitatie-subsidies, van belanghebbende natuurlijke personen zelf, van (professionele) fundraising organisaties (bijv. service-clubs) t.b.v. projecten van derden, van studenten.

Procedure ■ **OP AANVRAAG** ► ja **DOORLOOPTIJD** ► 3-6 maanden **AANVRAAGPROCEDURE** ► De aanvragen dienen schriftelijk in drievoud te worden gedaan. Aanvraagformulieren kunt u op de website downloaden. Aanvragen door of voor natuurlijke personen kunnen uitsluitend via een instelling van maatschappelijk werk worden gedaan. Het bestuur beslist eenmaal per kwartaal over ingediende aanvragen. Kort na die beslissing ontvangen de aanvragers schriftelijk bericht. **URL** ► www.reekversteeghstichting.nl/

Financieel ■ **HERKOMST MIDDELEN** ► vermogen **BOEKJAAR** ► boekjaar onbekend.

Contact ■ **BEREIKBAAR PER** ► ☑ post ☑ e-mail ☑ telefoon **CONTACTPERSOON** ► Mw. M.M. van Driel Vis **POSTADRES** ► Postbus 2888, 3000 CW Rotterdam **EMAIL (ALGEMEEN)** ► info@reekversteeghstichting.nl **TELEFOON (ALGEMEEN)** ► 010-2246224.

305
Stichting DOB Equity

Rubriek ■ ☑ maatschappij, welzijn en samenleving ☑ economische ontwikkeling en microkrediet ☑ natuur, milieu en dieren ☑ natuur, milieu en dieren

Algemeen ■ **WEBSITE** ► www.dobequity.nl **TYPERING** ► vermogensfonds **RECHTSVORM** ► stichting **KVK** ► 28086528 **ANBI STATUS** ► ja **DIRECTIE** ► mw. B. van Dijk-van de Reijt **BESTUUR** ► J.P.R.A. Sweerts, voorzitter; M.A.T. Tobé, penningmeester; B. Maassen; J.W. Baud; Th. Tobé; mw. M. van den Hombergh.

Missie ■ **DOELSTELLING** ► De Stichting heeft ten doel, onafhankelijk van landsgrenzen, religie of ideologie: a. het bevorderen van een structurele vooruitgang in het welzijn van mensen die in armoede leven, onder meer door middel van het participeren in en ondersteunen van sociale innovatieve projecten en/of initiatieven die kans -bieden op het aanpakken van maatschappelijke problemen op basis van een duurzaam verdienmodel; b. het verstrekken van leningen en garanties, het verbinden van de Stichting en het bezwaren van activa van de Stichting ten behoeve van de Stichting, Stichting DOB Tree of enige andere Algemeen Nut Beogende Instelling; c. het aangaan van alle hiermee samenhangende rechtshandelingen, en voorts het verrichten van al hetgeen met een en ander rechtstreeks of zijdelings verband houdt ofdaartoe bevorderlijk kan zijn, alles in de ruimste zin des woords, waaronder uitdrukkelijk mede kan zijn begrepen het deelnemen in en/of besturen van andere rechtspersonen. Bij de realisatie van haar doelstelling zal de Stichting er naar streven: a. het lijden van mensen te verlichten; b. leven en gezondheid van mensen beschermen en het respect voor ieder mens te garanderen; c. natuur en leefomgeving van mensen beschermen en herstellen. ☑ De Stichting beoogt uitsluitend het algemeen nut. De Stichting beoogt niet het maken van winst. ☑ De Stichting tracht haar doel onder meer te verwezenlijken door het bieden van: a. financiele ondersteuning door het verstrekken van leningen of het verschaffen van aandelenkapitaal en het doen van donaties; b. niet-financiele ondersteuning op het gebied van management, bedrijfsvoering, netwerkontwikkeling en technische expertise; c. organisatie en ondersteuning van evenementen en bijeenkomsten. **BELEIDSPLAN OP WEBSITE** ► ja.

Doelgroep ■ **ALGEMEEN** ► inheemse volken **SPECIFIEK** ► Geen specifieke doelgroep **ACTIVITEITEN** ► DOB Equity investeert in bedrijven die een positieve sociale impact hebben op de gemeenschappen in Oost-Afrika. Er zijn in 2018 vier nieuwe initiatieven (Ten Senses, Coconut Holdings, Zanrec en Cropnuts) goedgekeurd, waarvan er twee in 2019 worden geïnvesteerd. Daarnaast zijn vijf vervolgfinancieringen in lopende initiatieven (Country Side Dairy, Powergen, Twiga, Sendy en ALP) goedgekeurd. **INTERVENTIENIVEAU** ► Steun aan lokale/provinciale maatschappelijke organisaties en structuren (incl. gemeenten etc.) die diensten verlenen aan individuen.

Werkgebied ■ **ACTIERADIUS** ► Internationaal **LAND** ► Oost-Afrika **PLAATS** ► Kenya, Tanzania, Uganda, Rwanda, Burundi.

Bestedingen ■ **BUDGET** ► niet openbaar **TOELICHTING** ► Al het inkomen wordt beschikbaar gesteld voor de missie van de Stichting DOB Equity. Inkomen komt uit rente, dividend en vermogenswinst. Winsten worden opnieuw geïnvesteerd in Afrika's nieuwe generatie van entrepreneurs. Toewijzing van middelen gebeurd op basis van een jaarlijks budget en is onderhevig aan de beslissingen op basis van de statuten van de stichting. **SOORT BIJDRAGE** ► investeringen leningen **BOVENGRENS** ► geen **ONDERGRENS** ► geen.

Projecten ■ **CRITERIA** ► geen projectcriteria bekend **DOORLOOPTIJD** ► ☑ onbekend **STATUS AANVRAGER** ► ☑ geen beperkingen bekend **VOORKEUR/UITSLUITING** ► geen voorkeur of uitsluiting bekend.

Procedure ■ **OP AANVRAAG** ► onbekend **AANVRAAGPROCEDURE** ► Geen aanvraagprocedure bekend. Er kan via de e-mail of via de website contact worden opgenomen. De Stichting geeft aan alleen te reageren op contactverzoeken die passen bij het bereik en interessegebied van de Stichting. **URL** ► https://www.dobequity.nl/dob-equity-contact

Financieel ■ **EIGEN VERMOGEN** ► € 379.782 **INKOMSTEN EV** ► € 2.196.322 **HERKOMST MIDDELEN** ► vermogen, inkomsten uit vermogen **BOEKJAAR** ► 2018 **JAARVERSLAG OP WEBSITE** ► ja.

Contact ■ **BEREIKBAAR PER** ► ☑ post ☑ e-mail ☒ telefoon **CONTACTPERSOON** ► geen contactpersoon bekend **POSTADRES** ► IJsseldijk 1, 8194 LA Veessen **EMAIL (ALGEMEEN)** ► info@dobequity.nl.

306
Dr. J.L. Dobberke Stichting voor Vergelijkende Psychologie

Rubriek ■ ☑ onderwijs en onderzoek ☑ natuur, milieu en dieren

Algemeen ■ **WEBSITE** ► www.knaw.nl/dobberke **TYPERING** ► vermogensfonds **BEHEERD DOOR** ► Koninklijke Nederlandse Akademie van Wetenschappen **OPGERICHT** ► 01-02-1950 **RECHTSVORM** ► stichting **KVK** ► 41199693 **ANBI STATUS** ► ja **DIRECTIE** ► geen directiegegevens bekend **BESTUUR** ► Mw.dr. K. Riebel, voorzitter; prof.dr. A.G.G. Groothuis;

mw.dr. J.R. Homberg; dr.ir. T.B. Rodenburg; prof.dr. C.H.J. van Oers.

Missie ■ **DOELSTELLING** ▶ De Dobberke Stichting verstrekt financiële bijdragen aan onderzoek in gedragsbiologie en de vergelijkende psychologie voor zover diergedrag centraal staat. De Stichting kan ook bijdragen aan studiereizen, de organisatie van symposia of publicaties. **STICHTER(S)** ▶ Mejuffrouw S.L. van Stolk **HISTORIE** ▶ De Dr. J.L. Dobberke Stichting is opgericht in 1950 door mejuffrouw S.L. van Stolk en in 2005 ondergebracht bij de Koninklijke Nederlandse Akademie van Wetenschappen. De Stichting is vernoemd naar dr. J.L. Dobberke, een onderzoeker van diergedrag. **BELEIDSPLAN OP WEBSITE** ▶ ja.

Doelgroep ■ **SPECIFIEK** ▶ Afgestudeerde of gepromoveerde onderzoekers met een Nederlandse nationaliteit, dan wel werkzaam bij een Nederlandse onderzoeksinstelling. **ACTIVITEITEN** ▶ De Dr. J.L. Dobberke Stichting verstrekt subsidie voor ondersteuning van onderzoek in de gedragsbiologie en de vergelijkende psychologie voor zover diergedrag centraal staat. De Stichting kan ook bijdragen aan bijvoorbeeld studiereizen of de organisatie van symposia. **INTERVENTIENIVEAU** ▶ Onbekend.

Werkgebied ■ **ACTIERADIUS** ▶ Internationaal **LAND** ▶ Nederland.

Bestedingen ■ **BUDGET** ▶ € 46.000 **TOELICHTING** ▶ Het jaarbudget voor de periode 2017-2019 is vastgesteld op 3% van het vermogen eind 2016. Daarnaast wordt een bijdrage voor de organisatorische ondersteuning aan de KNAW betaald. **ONDERSTEUNDE PROJECTEN P/J** ▶ 11 **SOORT BIJDRAGE** ▶ giften **BOVENGRENS** ▶ € 6.000 **ONDERGRENS** ▶ € 2.000.

Projecten ■ **CRITERIA** ▶ geen projectcriteria bekend **DOORLOOPTIJD** ▶ ☑ korter dan 1 jaar **STATUS AANVRAGER** ▶ ☑ overig **VOORKEUR/UITSLUITING** ▶ ☑ Congresbezoek of reguliere onderzoekskosten zoals salaris worden niet gefinancierd. ☑ De Stichting levert geen bijdrage aan studie naar neurobiologie of psychologie van de mens.

Procedure ■ **OP AANVRAAG** ▶ ja **AANVRAAGPROCEDURE** ▶ Via het digitale aanvraagformulier te downloaden op de website. E-mail dit formulier en de daarbij behorende bijlagen naar: wetenschapsfondsen@knaw.nl. Bijlagen: ☑ Een kort CV; ☑ Een omschrijving van de vraagstelling en de aanpak (methoden en technieken) van het voorgenomen project (max. 2 pagina's A4); ☑ Een beknopte begroting (max. 1 pagina A4); ☑ Voor aanvragen van niet-gepromoveerde onderzoekers dient een aanbevelingsbrief van een senioronderzoeker (onderzoeker die na zijn/haar promotie minimaal vier jaar onderzoekservaring heeft) te worden bijgevoegd, waarin deze verklaart dat hij/zij de onderhavige subsidieaanvraag ondersteunt en de aard en omvang van de begeleiding van het project aangeeft. **URL** ▶ www.knaw.nl/dobberke

Financieel ■ **EIGEN VERMOGEN** ▶ € 1.499.670 **HERKOMST MIDDELEN** ▶ legaten **BOEKJAAR** ▶ 2018 **JAARVERSLAG OP WEBSITE** ▶ ja.

Contact ■ **BEREIKBAAR PER** ▶ ☑ post ☑ e-mail ☑ telefoon **CONTACTPERSOON** ▶ Mw. D. van Avendonk **POSTADRES** ▶ Postbus 19121, 1000 GC Amsterdam **EMAIL (ALGEMEEN)** ▶ wetenschapsfondsen@knaw.nl **TELEFOON (ALGEMEEN)** ▶ 020-5510782 **TELEFOON (AANVRAGEN)** ▶ 020-5510763.

307

Stichting Fonds Doctor Catharine van Tussenbroek

Rubriek ■ ☑ onderwijs en onderzoek

Algemeen ■ **WEBSITE** ▶ www.cvtfonds.nl **TYPERING** ▶ vermogensfonds **OPGERICHT** ▶ 01-01-1926 **RECHTSVORM** ▶ stichting **KVK** ▶ 41179084 **ANBI STATUS** ▶ nee **DIRECTIE** ▶ geen directiegegevens bekend **BESTUUR** ▶ Mw. J. Mesman, voorzitter; mw. D. Land, penningmeester; mw.dr. J.A.C. Swart, secretaris; mw. C. Jalvingh; mw. S. Buis; mw. B. Hagedoorn; mw. G. Koenderink; mw. E. Midden; mw. A. Badura; mw. I. Nagtegaal; mw. L. Mügge; mw. N. Saab; mw N. Van der Wel; mw. S. Bonjour; mw. L. De Jong; mw. A. Slappendel.

Missie ■ **DOELSTELLING** ▶ De stichting heeft ten doel het (doen) bevorderen van de wetenschappelijke arbeid van Nederlandse vrouwen, die aan een instelling voor wetenschappelijk onderwijs of aan een daaraan gelijkgestelde instelling zijn afgestudeerd, dan wel het recht hebben om aan een Nederlandse universiteit te promoveren, alsmede het aan deze vrouwen verlenen van financiële steun in bijzondere omstandigheden. **STICHTER(S)** ▶ Dr. Marianne van Herwerden **HISTORIE** ▶ Op 24 april 1926 werd de Stichting Fonds Dr. Catharine van Tussenbroek opgericht ter nagedachtenis aan de tweede vrouwelijke arts in Nederland en een van de eerste vrouwen die kozen voor een academische studie. Catharine van Tussenbroek werd geboren in 1852. Na een korte carrière als onderwijzeres, besloot ze in navolging van Aletta Jacobs geneeskunde te gaan studeren. In 1887 promoveerde ze cum laude aan de Universiteit van Utrecht, waarna ze zich in Amsterdam vestigde als huisarts speciaal voor vrouwen en meisjes. Ze uitte kritiek op de positie waarin vrouwen van de gegoede stand verkeerden, die op doelloze wijze hun tijd doorbrachten met als enige oogmerk het huwelijk. Zij pleitte voor een vakopleiding die deze meisjes in staat zou stellen economische onafhankelijkheid te verwerven. Catharine van Tussenbroek was een lichtend voorbeeld voor de jongere generatie artsen en een prominente feministische persoonlijkheid die in wijde kring respect en waardering oogstte. Na haar overlijden werd op initiatief van dr. Marianne van Herwerden als 'blijvend monument' voor Van Tussenbroek een fonds in haar naam opgericht met als doel de bijdrage van vrouwen aan de wetenschap te stimuleren. Veelal werd steun geboden in de vorm van een reisbeurs voor onderzoek in het buitenland. Sinds 1994 wordt tevens het Nell Ongerboer Fonds door de Stichting beheerd, dat een belangrijke uitbreiding van middelen betekende. Nell Ongerboer (1903-1993), een actief lid van de VVAO, liet een bedrag van ruim een miljoen gulden na met bestemming om van de rente jaarlijks studiebeurzen aan vrouwen te verstrekken ter bevordering van 'de maatschappelijke en geestelijke volksgezondheid van vrouwen van Nederlandse nationaliteit.' **BELEIDSPLAN OP WEBSITE** ▶ ja.

Doelgroep ■ **ALGEMEEN** ▶ studenten, vrouwen **SPECIFIEK** ▶ Vrouwen die in het buitenland onderzoek willen doen voor wie de gangbare financieringskanalen niet openstaan. **ACTIVITEITEN** ▶ Het Dr. Catharine van Tussenbroek Fonds richt zich op steun aan vrouwelijke onderzoekers in de post-doctorale fase die in het buitenland onderzoek willen doen, en voor wie de gangbare financieringskanalen (zoals facultaire regelingen, fondsen van NWO en KNAW etc.) niet openstaan of het aangevraagde project niet of slechts ten dele uit eigen middelen kunnen financieren. **INTERVENTIENIVEAU** ▶ Steun aan individuen (directe steun).

Werkgebied ■ **ACTIERADIUS** ▶ Nationaal **LAND** ▶ Nederland.

Bestedingen ■ **BUDGET** ▶ niet openbaar **TOELICHTING** ▶ De inkomsten van het Fonds bestaan uit renten van het kapitaal, schenkingen, legaten, en jaarlijkse donaties van leden van de VVAO (Vereniging van Vrouwen met een Academische Opleiding). Het beheer streeft om de waarde van het stamkapitaal minimaal te handhaven. Gezien de gezonde financiële positie wordt een veiligheidsmarge van 130% van het stamkapitaal als ondergrens aangehouden. Hierbij dient in acht genomen te worden dat de statistische kans op het doorbreken van de 130%-grens van het totale vermogen niet meer dan 2, 5% bedraagt (een zekerheid van 3 standaarddeviaties). **ONDERSTEUNDE PROJECTEN P/J** ▶ 33 **SOORT BIJDRAGE** ▶ studiebeurzen **BOVENGRENS** ▶ € 5.000 **ONDERGRENS** ▶ geen.

Projecten ■ **CRITERIA** ▶ Het Fonds ondersteunt aanvragen uit het gehele wetenschappelijke spectrum, van geesteswetenschappen tot geneeskunde, van veldwerk in Afrika tot archiefonderzoek in New York. Er zijn twee soorten beurzen: ☑ A beurs: Postdoctoraal onderzoek (onderzoek in de fase na de promotie), maximaal aan te vragen bedrag € 5.000,-. ☑ B beurs: kort verblijf buitenland in kader van promotie of postdoctoraal onderzoek (de fase na de promotie), maximaal aan te vragen bedrag € 1.250,-. **DOORLOOPTIJD** ▶ ☑ korter dan 1 jaar **STATUS AANVRAGER** ▶ ☑ individuen/gezinnen **VOORKEUR/UITSLUITING** ▶ ☑ Organisaties en verenigingen worden niet gesubsidieerd. ☑ Verder komt niet in aanmerking voor subsidie: aanschaf van apparatuur, literatuur, fotokopieerkosten, telefoonkosten, kosten van drukken proefschrift, kosten voor studie en levensonderhoud in Nederland. ☑ Aanvraagsters moeten afgestudeerd zijn aan een Nederlandse universiteit of hogeschool. ☑ De aanvraag betreft een project dat in het buitenland uitgevoerd wordt. ☑ Aanvraagsters zijn maximaal 5 jaar geleden gepromoveerd. Deze maximumtermijn wordt verlengd als er sprake is van langdurig verlof in verband met ziekte, ouderschap, zwangerschap of zorg.

Procedure ■ **OP AANVRAAG** ▶ ja **DOORLOOPTIJD** ▶ 6-12 maanden **AANVRAAGPROCEDURE** ▶ Aanvragen moeten door middel van de standaardaanvraagformulieren, die via de website te downloaden zijn, worden ingediend. De specifieke aanwijzingen zijn ook terug te vinden op de website. Een aanvraag dient ingediend te worden tussen 1 januari en 15 februari. Buiten deze termijn is aanvragen niet mogelijk; er is slechts één beoordelingsronde per jaar. Het bestuur doet in mei uitspraak. Uitzonderingen op deze regelgeving zijn niet mogelijk. Over de uitslag van de beoordelingsprocedure wordt niet nader gecommuniceerd. **URL** ▶ www.cvtfonds.nl/aanvraagformulieren/

Financieel ■ **EIGEN VERMOGEN** ▶ € 1.183.292 **INKOMSTEN EV** ▶ € 11.474 **INKOMSTEN OV** ▶ € 2.850 **HERKOMST MIDDELEN** ▶ vermogen, giften & schenkingen, legaten, inkomsten uit vermogen **BOEKJAAR** ▶ 2018 **JAARVERSLAG OP WEBSITE** ▶ ja.

Contact ■ **BEREIKBAAR PER** ▶ ☑ post ☑ e-mail ☒ telefoon **CONTACTPERSOON** ▶ Mw. dr. J.A.C. Swart **POSTADRES** ▶ Oude Kijk in't Jatstraat 26, 9712 EK Groningen **EMAIL (ALGEMEEN)** ▶ secretaris@cvtfonds.nl.

308

Goede Doelen Stichting Talent

Rubriek ■ ☑ gezondheidszorg ☑ maatschappij, welzijn en samenleving ☑ kunst en cultuur ☑ natuur, milieu en dieren ☑ onderwijs en onderzoek ☑ noodhulp

Algemeen ■ **WEBSITE** ▶ www.kennisbankfilantropie.nl/anbi/goede-doelen-stichting-talent **TYPERING** ▶ vermogensfonds **OPGERICHT** ▶ 11-10-2007 **RECHTSVORM** ▶ stichting **KVK** ▶ 28118172 **ANBI STATUS** ▶ ja **DIRECTIE** ▶ geen directiegegevens bekend **BESTUUR** ▶ T.J.G. van Lent, voorzitter; J.T.A. van Lent, penningmeester; mw. C. Padmos, secretaris; A. Borstelaar; F.M.G. Brandts; mw. J.J.M. van Eijndhoven.

Missie ■ **DOELSTELLING** ▶ De doelstelling van de stichting is de volgende: ☑ Het verlenen van materiële steun aan mensen in nood en aan bedreigde dieren en natuur; ☑ het bieden van steun op het gebied van gezondheidszorg, voeding, onderwijs, hygiëne, milieu en landschap; ☑ het bevorderen van kunst, cultuur en welzijn. **HISTORIE** ▶ Goede Doelen Stichting Talent is opgericht op 11 oktober 2007. **BELEIDSPLAN OP WEBSITE** ▶ ja.

Doelgroep ■ **ALGEMEEN** ▶ dieren, zieken, armen, kinderen, gehandicapten **SPECIFIEK** ▶ Geen specifieke doelgroep **ACTIVITEITEN** ▶ De stichting wil, door financiële giften en andere baten en het verwerven en aanwenden van in- en externe kennis, ervaring, tijd en netwerken van bestuursleden en donateurs van de stichting,projecten bevorderen en/of ondersteunen. **INTERVENTIENIVEAU** ▶ Steun op niveau van maatschappij zelf (beleidsbeïnvloeding, etc.).; Steun aan lokale/provinciale maatschappelijke organisaties en structuren (incl. gemeenten etc.) die diensten verlenen aan individuen.

Werkgebied ■ **ACTIERADIUS** ▶ Internationaal, Nationaal **LAND** ▶ Wereldwijd **PLAATS** ▶ Kaag en Braassem.

Bestedingen ■ **BUDGET** ▶ niet openbaar **ONDERSTEUNDE PROJECTEN P/J** ▶ 33 **SOORT BIJDRAGE** ▶ giften **BOVENGRENS** ▶ geen **ONDERGRENS** ▶ geen.

Projecten ■ **CRITERIA** ▶ Projecten: ☑ die duurzaam bijdragen aan een beter leven en een grotere zelfredzaamheid voor kansarme kinderen, gehandicapten en zieken en hun naasten in binnen- en buitenland; ☑ die duurzaam bijdragen aan een goede leefbaarheid, natuur en welzijn in het gebied van De Kaag en omgeving in het algemeen en van daaruit mede ten behoeve van kansarme groepen in het bijzonder; ☑ die duurzaam bijdragen aan een groter welzijn, zingeving en inspiratie van mensen, waardoor zij op hun beurt kunnen bijdragen aan de verbetering van hun directe omgeving of elders. **DOORLOOPTIJD** ▶ ☑ onbekend **STATUS AANVRAGER** ▶ ☑ geen beperkingen bekend

VOORKEUR/UITSLUITING ▶ geen voorkeur of uitsluiting bekend.

Procedure ■ **OP AANVRAAG** ▶ onbekend **DOORLOOPTIJD** ▶ geen doorlooptijd bekend; 1-3 maanden; geen doorlooptijd bekend **AANVRAAGPROCEDURE** ▶ Het indienen van een aanvraag bij de stichting gaat altijd na en in nauw overleg met het secretariaat. Zodoende is de herkomst van een aanvraag bekend en ook kunnen de verwachtingen van de aanvragende partij, zoals doorlooptijd, haalbaarheid en gevraagd bedrag worden besproken. ook krijgt de aanvragende partij een uniek nummer toegekend waarmee het project wordt geadministreerd. Aanvragen zonder dit voorafgaand overleg worden niet in behandeling genomen. Aanvragen per post worden niet in behandeling genomen. Het bestuur komt minstens vijf maal per jaar bijeen voor het nemen van besluiten.

Financieel ■ **INKOMSTEN EV** ▶ € 43.214 **INKOMSTEN OV** ▶ € 1.325.000 **HERKOMST MIDDELEN** ▶ giften & schenkingen, legaten, vermogen **BOEKJAAR** ▶ 2018 **JAARVERSLAG OP WEBSITE** ▶ ja.

Contact ■ **BEREIKBAAR PER** ▶ ☑ post ☑ e-mail ☑ telefoon **CONTACTPERSOON** ▶ geen contactpersoon bekend **POSTADRES** ▶ Heereweg 223, 2161 BG Lisse **EMAIL (ALGEMEEN)** ▶ mail@gdstalent.nl **TELEFOON (ALGEMEEN)** ▶ 0252421121.

309

Stichting tot het Doen van Goede Werken-Klein Pompeï

Rubriek ■ ☑ noodhulp ☑ maatschappij, welzijn en samenleving ☑ natuur, milieu en dieren ☑ natuur, milieu en dieren ☑ kunst en cultuur

Algemeen ■ **WEBSITE** ▶ www.kleinpompei.nl **TYPERING** ▶ vermogensfonds **RECHTSVORM** ▶ stichting **KVK** ▶ 41155439 **ANBI STATUS** ▶ nee **DIRECTIE** ▶ geen directiegegevens bekend **BESTUUR** ▶ D.A.V.E. Ader, voorzitter; H.J. Kloosterboer, penningmeester; M.F. Andriessen, secretaris.

Missie ■ **DOELSTELLING** ▶ De Stichting Klein Pompeï heeft als doelstelling financiële steun te verlenen op het gebied van: ☑ humanitaire noodsituaties; ☑ ontwikkelingssamenwerking; ☑ dierenbescherming; ☑ milieubescherming; alsmede verantwoorde conservering van bouwwerken en landschappen, in het bijzonder in Noord-Nederland; een en ander in de ruimste zin van het woord. **HISTORIE** ▶ Klein Pompeï is een kleine goededoelenclub, die 25 jaar geleden is opgericht door een aantal oud-studenten van de Groningse Universiteit. De naam van de stichting komt voort uit de tijd dat de studenten zich huisden in een woonlaag beneden een bandenopslag. Een brand (die gelukkig nooit plaatsvond) zou het studentenhuis hebben overstroomd met lava en doen stollen tot een klein Pompeï. **BELEIDSPLAN OP WEBSITE** ▶ ja.

Doelgroep ■ **SPECIFIEK** ▶ Geen specifieke doelgroep **ACTIVITEITEN** ▶ De Stichting herijkt zijn donatiebeleid per 5 kalenderjaren. In 2014 werd het schenkingsbeleid over de afgelopen jaren geëvalueerd en werden de schenkingen voor de komende 5 jaar vastgesteld. In aansluiting op de doelstellingen uit de statuten richt de Stichting zich op de volgende thema's: ☑ Humanitaire noodsituaties in het Midden-Oosten; ☑ Overige vluchtelingenproblematiek; ☑ Gebouwen en landschappen in Noord- Nederland; ☑ Kleine, zorgvuldige, projecten in het kader van ontwikkelingshulp; ☑ Dierenbescherming; ☑; Een klein deel van het budget wordt gereserveerd voor noodhulp. **INTERVENTIENIVEAU** ▶ Steun aan individuen (directe steun).; Steun aan lokale/provinciale maatschappelijke organisaties en structuren (incl. gemeenten etc.) die diensten verlenen aan individuen.

Werkgebied ■ **ACTIERADIUS** ▶ Regionaal, Internationaal, Nationaal **LAND** ▶ Nederland, Wereldwijd **REGIO** ▶ Noord-Nederland.

Bestedingen ■ **BUDGET** ▶ niet openbaar **TOELICHTING** ▶ De inkomsten (rente, dividend en groei/afname vermogen) van de Stichting uit het vermogensbeheer zijn aan schommelingen onderhevig, daarom werkt de Stichting bij het vaststellen van het jaarlijks donatiebudget met een forfaitair reëel rendement van 4% op trendmatige basis. **ONDERSTEUNDE PROJECTEN P/J** ▶ 17 **SOORT BIJDRAGE** ▶ giften **BOVENGRENS** ▶ geen **ONDERGRENS** ▶ geen.

Projecten ■ **CRITERIA** ▶ In 2014 werd het schenkingsbeleid over de afgelopen jaren geëvalueerd en werden de schenkingen voor de komende 5 jaar vastgesteld. In aansluiting op de doelstellingen uit de statuten richt de Stichting zich op de volgende thema's: ☑ Humanitaire noodsituaties in het Midden-Oosten; ☑ Overige vluchtelingenproblematiek; ☑ Gebouwen en landschappen in Noord- Nederland; ☑ Kleine, zorgvuldige, projecten in het kader van ontwikkelingshulp; ☑ Dierenbescherming; ☑; Een klein deel van het budget wordt gereserveerd voor noodhulp. **DOORLOOPTIJD** ▶ ☑ onbekend **STATUS AANVRAGER** ▶ ☑ stichting of vereniging (non-profit) **VOORKEUR/UITSLUITING** ▶ Het Stichtingsbestuur heeft beperkte capaciteit om zich een eigenstandig oordeel te vormen over de merites van goede doelen en de kwaliteiten van ontvangende partijen: een deel van de identificatie van doelen en van de realisatie van de doelstellingen dient daarom te geschieden via daarin gespecialiseerde en gerespecteerde Niet Gouvernementele Organisaties.

Procedure ■ **OP AANVRAAG** ▶ nee **AANVRAAGPROCEDURE** ▶ geen aanvraagprocedure bekend.

Financieel ■ **EIGEN VERMOGEN** ▶ € 739.998 **INKOMSTEN EV** ▶ € 41.125 **INKOMSTEN OV** ▶ € 0 **HERKOMST MIDDELEN** ▶ legaten, giften & schenkingen, inkomsten uit vermogen, vermogen **BOEKJAAR** ▶ 2018 **JAARVERSLAG OP WEBSITE** ▶ ja.

Contact ■ **BEREIKBAAR PER** ▶ ☑ post ☒ e-mail ☒ telefoon **CONTACTPERSOON** ▶ M.F. Andriessen **POSTADRES** ▶ Nieuwendammer Molenpad 27, 1025 KW Amsterdam.

310

Stichting DOEN

Rubriek ■ ☑ economische ontwikkeling en microkrediet ☑ kunst en cultuur ☑ maatschappij, welzijn en samenleving ☑ natuur, milieu en dieren

Algemeen ■ **WEBSITE** ► www.doen.nl **TYPERING** ► vermogensfonds **OPGERICHT** ► 28-06-1991 **RECHTSVORM** ► stichting **KVK** ► 41210633 **ANBI STATUS** ► ja **DIRECTIE** ► mw. A. Sipkens **BESTUUR** ► G.J.A.M. van der Vossen, voorzitter; C.A. Westra; R. Thiemann; M. Schuttelaar; mw. J. Brandsma.

Missie ■ **DOELSTELLING** ► Als financier helpt Stichting DOEN voorlopers die een groenere, socialere en creatievere samenleving willen maken, waarin: ☑ de capaciteit van de planeet het uitgangspunt is ('groen'); ☑ iedereen kan meedoen, waar mensen samenwerken en elkaar helpen met respect voor individuele behoeftes en mogelijkheden ('sociaal'); ☑ kunst en cultuur een centrale plaats innemen vanuit de overtuiging dat een samenleving niet zonder kan ('creatief'). DOEN steunt initiatieven die zich richten op één van deze drie thema's. Binnen deze thema's hebben wij programma's die zich op specifieke sectoren richten. **STICHTER(S)** ► De Nationale Postcode Loterij **HISTORIE** ► In 1991 werd stichting DOEN opgericht door de Nationale Postcode Loterij. In de eerste jaren van haar bestaan zijn de werkterreinen van DOEN dezelfde als die van de Postcode Loterij: ontwikkelingssamenwerking & mensenrechten en natuur & milieu. Sinds 1998 ontvangt DOEN ook jaarlijks een bijdrage van de VriendenLoterij. Hiermee financiert zij initiatieven op het gebied van welzijn. Vanaf 2004 is DOEN ook begunstigde van de BankGiro Loterij, hiermee financiert zij culturele initiatieven. **BELEIDSPLAN OP WEBSITE** ► ja.

Doelgroep ■ **SPECIFIEK** ► Initiatieven van groene; sociale en creatieve helden. **ACTIVITEITEN** ► Stichting DOEN ontvangt haar financiële middelen van drie Loterijen: de Nationale Postcode Loterij, de BankGiro Loterij en de VriendenLoterij. De thema's waarbinnen DOEN opereert, zijn dezelfde als die van de Goede Doelen Loterijen.het speerpunt is 'Klimaat en Voedsel'. Vanuit dit speerpunt steunen we groene, sociale en creatieve 'voedselvoorlopers' die de transitie naar een nieuwe voedselsysteem, goed voor mens en planeet, mogelijk maken; ☑ Groen: duurzaam voedselsysteem; circulair ondernemen, duurzame energie; ☑ Sociaal: sociaal ondernemen & inclusie; vernieuwende bewonersinitiatieven; ☑ Creatief: Cultuur en media Internationaal; Bankgiro loterij fonds. **INTERVENTIENIVEAU** ► Steun aan lokale/provinciale maatschappelijke organisaties en structuren (incl. gemeenten etc.) die diensten verlenen aan individuen.

Werkgebied ■ **ACTIERADIUS** ► Nationaal, Internationaal **LAND** ► (Caribisch) Nederland.

Bestedingen ■ **BUDGET** ► niet openbaar **SOORT BIJDRAGE** ► giften leningen investeringen subsidies garanties **BOVENGRENS** ► geen **ONDERGRENS** ► geen.

Projecten ■ **CRITERIA** ► De verschillende aandachtsgebieden hebben eigen aanvullende criteria, aanvullend aan de algemene voorwaarden. De aanvullende criteria zijn te vinden op de website. De algemene projectcriteria zijn: ☑ De aanvrager is een rechtspersoon (aanvragen van individuen worden niet in behandeling genomen),; ☑ Het initiatief wordt uitgevoerd op basis van een helder en gedegen plan (specifiek, meetbaar, acceptabel, realistisch en tijdgebonden, SMART), waarbij het aannemelijk is dat de binnen het initiatief vooraf (zelf) geformuleerde doelen worden gerealiseerd; ☑ De begroting en dekking van het initiatief zijn inzichtelijk en realistisch met een reële kosten-batenverhouding; ☑ Initiatieven van organisaties die zelf over voldoende middelen beschikken om het initiatief te realiseren (in de vorm van reserves/eigen vermogen) komen niet in aanmerking voor ondersteuning door DOEN; ☑ Het initiatief kent een transparante governance structuur met duidelijk gescheiden functies; ☑ De voorgestelde activiteiten bewerkstelligen een structurele ontwikkeling en blijvend effect; ☑ Het initiatief sluit aan op een aantoonbare behoefte en is goed ingebed; ☑ Het initiatief heeft een ondernemende aanpak. Dit vertaalt zich bijvoorbeeld in een eigen bijdrage van de initiatiefnemers; ☑ DOEN besteedt speciale aandacht aan initiatieven die in een pilot- en/of startfase verkeren. Na deze fase, waarin DOEN als katalysator werkt, dient het initiatief uitgebouwd te kunnen worden zonder de steun van DOEN, bij voorkeur via geschikte partners die al bij de startfase betrokken zijn. **DOORLOOPTIJD** ► ☑ onbekend **STATUS AANVRAGER** ► ☑ stichting of vereniging (non-profit) **VOORKEUR/UITSLUITING** ► DOEN levert geen financiële bijdrage aan: ☑ Initiatieven met een louter commerciële doelstelling. ☑ Opzichzelfstaand (wetenschappelijk) onderzoek, debatten, seminars, congressen, symposia en conferenties. ☑ Bewustwordingscampagnes/activiteiten. ☑ Regulier onderwijs, expliciet educatieve projecten en lespakketten. ☑ Gezondheidszorg, zorgverlening, eerste lijns hulpverlening (met inbegrip van rechtshulp en reclassering), sanitatie en (drink)water projecten. ☑ Noodhulp. ☑ Studiebeurzen, stages, studiereizen, studentenuitwisselingen, opzichzelfstaande studentenactiviteiten, groepsreizen, (kinder)vakantie(kampen), (dag) excursies. ☑ Jubilea en andere festiviteiten, op zichzelf staande (buurt) activiteiten, feesten en benefiet concerten. Opzichzelfstaande (pop)festivals. ☑ Aankoop en/of behoud van cultureel erfgoed, plaatsen en/of onderhouden van monumenten en kunstwerken. ☑ Opzichzelfstaande restauraties en bouwactiviteiten waaronder renovaties en verbouwingen (tenzij deze investeringen nieuwe arbeids- of (leer)werkplekken voor de doelgroep creëren). ☑ Opzichzelfstaande aanschaf van instrumenten, materialen (bijv. nieuwe uniformen), apparatuur, transportmiddelen, inventaris (bijv. computers, kantoorinrichting). ☑ Opzichzelfstaande productie van: films, documentaires en tv-series (tenzij expliciet gericht op een of meerdere programma's van DOEN en met uitzendgarantie), cd's, dvd's of cd-roms, boeken, publicaties, magazines, websites. ☑ Initiatieven met een primair politieke of religieuze doelstelling en/of achtergrond. ☑ Initiatieven van overheden en overheidsinstellingen. ☑ Initiatieven van beneficienten van een van de drie Goede Doelen Loterijen. ☑ Initiatieven van organisaties met een onevenredig groot eigen vermogen: vrije reserve van meer dan 1,5 maal de jaarlijkse uitvoeringskosten.

Procedure ■ **OP AANVRAAG** ► ja **DOORLOOPTIJD** ► 3-6 maanden **AANVRAAGPROCEDURE** ► Aanvragen dienen gedaan te worden via het online aanvraagformulier. Hiervoor dient u een account aan te maken. Met de quick scan kunt u testen of uw initiatief eventueel in aanmerking komt voor ondersteuning. Voor nieuwe aanvragen geldt dat de aanvraag vier maanden voor de start van het project binnen dient te zijn. Een aanvraagprocedure neemt in principe vier maanden in beslag. Indien het online aanvragen niet lukt, dan kan er contact per email worden genomen. **URL** ► www.doen.nl/aanvraag-doen/aanvraag-doen.htm

Financieel ■ **EIGEN VERMOGEN** ► € 158.670.954 **INKOMSTEN OV** ► € 36.597.015 **HERKOMST MIDDELEN** ► loterijen, overige inkomsten **BOEKJAAR** ► 2019 **JAARVERSLAG OP WEBSITE** ► ja.

Contact ■ **BEREIKBAAR PER** ► ☑ post ☑ e-mail ☑ telefoon **CONTACTPERSOON** ► geen contactpersoon bekend **POSTADRES** ► Postbus 75621, 1070 AP Amsterdam **EMAIL (ALGEMEEN)** ► doen@doen.nl **TELEFOON (ALGEMEEN)** ► 020-5737333 **TELEFOON (AANVRAGEN)** ► 020-5737333.

311
Stichting Doetinchems Fonds Gemeente Spaarbank

Rubriek ■ ☑ maatschappij, welzijn en samenleving ☑ kunst en cultuur ☑ natuur, milieu en dieren

Algemeen ■ **WEBSITE** ► www.fondsgemeentespaarbank.nl **TYPERING** ► vermogensfonds **OPGERICHT** ► 10-02-1992 **RECHTSVORM** ► stichting **KVK** ► 41051484 **ANBI STATUS** ► nee **DIRECTIE** ► geen directiegegevens bekend **BESTUUR** ► Burgemeester M. Boumans, voorzitter; S. van Pul, penningmeester; G.C. Radstake, secretaris; P. Moors; E. Kocvigit; E. de Jong.

Missie ■ **DOELSTELLING** ► Stichting Doetinchems Fonds Gemeente Spaarbank, kortweg Fonds Gemeente Spaarbank, heeft als doel het verlenen van ondersteuning van projecten van algemeen maatschappelijk belang met een ideële, sociale of culturele strekking in de gemeente Doetinchem. **HISTORIE** ► 10-02-1992 Stichting Gemeente Spaarbankfonds, vanaf 1994 Stichting VSB Fonds, vanaf 2001 Stichting Fortis Fonds, vanaf 2010 voorgezet onder de naam Stichting Doetinchems Fonds Gemeente Spaarbank, verkorte naam Fonds Gemeente Spaarbank.

Doelgroep ■ **SPECIFIEK** ► Inwoners van Doetinchem. **ACTIVITEITEN** ► Het Fonds Gemeente Spaarbank wil de oorspronkelijke doelstellingen van de Gemeente Spaarbank in nieuwe vormen nastreven door het realiseren van of verlenen van financiële steun - zonder tegenprestaties te bedingen - aan projecten van algemeen maatschappelijk nut met een ideële, sociale strekking in de gemeente Doetinchem. Hierbij wordt een brede blik gehanteerd: ☑ Zorg & Welzijn; ☑ Natuur & Milieu; ☑ Kunst & Cultuur; ☑ Sport & Vrije tijd. **INTERVENTIENIVEAU** ► Steun aan lokale/provinciale maatschappelijke organisaties en structuren (incl. gemeenten etc.) die diensten verlenen aan individuen.

Werkgebied ■ **ACTIERADIUS** ► Lokaal **LAND** ► Nederland **REGIO** ► Achterhoek **PLAATS** ► Doetinchem, Wehl, Gaanderen.

Bestedingen ■ **BUDGET** ► niet openbaar **TOELICHTING** ► Door teruglopende rendementen en het toenemen van het aantal aanvragen ziet het bestuur zich genoodzaakt om het uitgavenbeleid aan te passen. Doordat er minder geld beschikbaar is zal de bijdrage lager zijn dan de bijdragen die in het verleden verstrekt zijn. **SOORT BIJDRAGE** ► giften **BOVENGRENS** ► € 3.000 **ONDERGRENS** ► geen.

Projecten ■ **CRITERIA** ► ☑ concrete, benoembare projecten in de voorbereidende fase en heeft nimmer een permanent karakter; ☑ Deze projecten dienen voor een breed deel van bevolking van de gemeente Doetinchem van belang te zijn; ☑ uitvoering door vrijwilligers en/of sterk betrokken groepen of personen. **DOORLOOPTIJD** ► ☑ onbekend **STATUS AANVRAGER** ► ☑ stichting of vereniging (non-profit) **VOORKEUR/UITSLUITING** ► ; ☑ Aanvragen welke vernieuwend zijn en een stimulans voor mens en maatschappij kunnen zijn verdienen de voorkeur. ☑ Aanvragen mogen niet verenigingsgebonden zijn, maar dienen voor een breed deel van de Doetinchemse bevolking van nut te zijn. ☑ De aanvraag mag uitsluitend bestemd zijn voor activiteiten gericht op de inwoners van de gemeente Doetinchem. ☑ Het Fonds Gemeente Spaarbank verleent geen ondersteuning aan overheden, individuen of aan instellingen met een commerciële of religieuze doelstelling. Exploitatiekosten, salariskosten, kosten voor levensonderhoud en kosten verbonden aan de normale activiteiten van een organisatie zijn in principe van steun uitgesloten. Er komen geen middelen beschikbaar voor stenen, meubilair, inventaris, speeltoestellen, (muziek) instrumenten, koorkleding, uniformen en bekostiging van jubilea.

Procedure ■ **OP AANVRAAG** ► ja **DOORLOOPTIJD** ► 1-3 maanden **AANVRAAGPROCEDURE** ► De aanvragen kunnen uitsluitend schriftelijk worden ingediend en dienen inzicht te geven in: ☑ de aard van de organisatie; ☑ de doelstellingen; ☑ de aard van het project/initiatief waarvoor steun wordt gevraagd; ☑ de planning van het project/initiatief. ☑ een overzichtelijke begroting; ☑ een dekkingsplan ☑ de statuten; ☑ uittreksel uit het register van de Kamer van Koophandel. Tevens moet de aanvrager aantonen niet zelf te kunnen beschikken over (voldoende) middelen om het project te kunnen financieren. Het aanvraagformulier is te downloaden via de website. Het compleet ingevulde en ondertekende formulier kunt u inclusief de gevraagde bijlage sturen per post. Het bestuur vergadert doorgaans 4 keer per jaar. In de vergadering van januari/februari worden de ingekomen verzoeken om een donatie voor dat kalenderjaar behandeld. Vanwege teruglopende rendementen en het toenemen van het aantal aanvragen moet uw aanvraag vóór 1 januari van het jaar waarin het evenement plaats zal vinden bij het fonds zijn ingediend. **URL** ► www.fondsgemeentespaarbank.nl/aanvraagprocedure.php

Financieel ■ **HERKOMST MIDDELEN** ► vermogen.

Contact ■ **BEREIKBAAR PER** ► ☑ post ☑ e-mail ☒ telefoon **CONTACTPERSOON** ► G.C. Radstake **POSTADRES** ► Terborgseweg 4, 7005 AH Doetinchem **EMAIL (ALGEMEEN)** ► info@fondsgemeentespaarbank.nl.

312
Dokter Wittenberg Stichting

Rubriek ■ ☑ maatschappij, welzijn en samenleving ☑ onderwijs en onderzoek ☑ gezondheidszorg

Algemeen ■ WEBSITE ► www.dokterwittenbergstichting.nl TYPERING ► vermogensfonds OPGERICHT ► 13-09-1999 RECHTSVORM ► stichting KVK ► 08083801 ANBI STATUS ► nee DIRECTIE ► geen directiegegevens bekend BESTUUR ► Drs. P.C.J. de Wolf, voorzitter; mr. P.J. Lont, penningmeester; ir. G.J. Sizoo, secretaris; drs. C.H. de Koning; drs. M.J.B. Wilmer.

Missie ■ DOELSTELLING ► De stichting heeft als doel psychiatrische patiënten te (doen) ondersteunen bij hun terugkeer in de samenleving en op de arbeidsmarkt. De Dokter Wittenberg Stichting richt zich op organisaties die actief zijn bij de opvang en activering van 'uitbehandelde' - dat wil zeggen niet meer opgenomen - psychiatrische patiënten. De stichting tracht haar doel te verwezenlijken door het financieel ondersteunen van projecten van derden en door bij te dragen aan wetenschappelijk onderzoek. STICHTER(S) ► Dr. Willem Wittenberg en zijn echtgenote mevrouw Jacqueline Wittenberg – Willemen HISTORIE ► Dr. Willem Wittenberg is in de periode 1970-1995 als psychiater werkzaam geweest in Deventer en Zutphen. In zijn particuliere praktijk werd hij geassisteerd door zijn echtgenote, mevrouw Jacqueline Wittenberg – Willemen. Het echtpaar legde zich toe op de hulp aan psychiatrische patiënten, in medische zin, maar ook materieel. Dokter Wittenberg en zijn vrouw bleven kinderloos en overleden niet lang na elkaar in 1995 en 1999. Bij testament werd uit de nalatenschap een fonds gevormd.

Doelgroep ■ ALGEMEEN ► zieken SPECIFIEK ► Projecten die bijdragen aan de terugkeer in de samenleving en de arbeidsmarkt van (uitbehandelde) psychiatrische patiënten. ACTIVITEITEN ► De Dokter Wittenberg Stichting verleent subsidies aan projecten die bijdragen aan de terugkeer in de samenleving en de arbeidsmarkt van (uitbehandelde) psychiatrische patiënten. Door de toekenning van financiële bijdragen wordt beoogd initiatieven te ondersteunen die zonder deze ondersteuning niet levensvatbaar zijn. Het kan daarbij gaan om tijdelijke projecten; of liever nog om projecten die na verloop van tijd ook zonder financiële ondersteuning van de Dokter Wittenberg Stichting voortgang vinden. INTERVENTIENIVEAU ► Steun aan lokale/provinciale maatschappelijke organisaties en structuren (incl. gemeenten etc.) die diensten verlenen aan individuen.; Steun aan individuen (directe steun).

Werkgebied ■ ACTIERADIUS ► Regionaal REGIO ► Apeldoorn, Arnhem, Deventer, Enschede, Zutphen.

Bestedingen ■ BUDGET ► niet openbaar TOELICHTING ► De stichting heeft de laatste jaren als beleidsrichtlijn dat de jaarlijkse uitgaven zodanig zijn dat het vermogen ongeveer in stand blijft. ONDERSTEUNDE PROJECTEN P/J ► 20 SOORT BIJDRAGE ► giften overig BOVENGRENS ► geen ONDERGRENS ► geen.

Projecten ■ CRITERIA ► De stichting richt zich op projecten in het gebied dat globaal begrensd wordt door Apeldoorn – Zwolle – Enschede – Arnhem, met als kerngebied de stedendriehoek Apeldoorn - Deventer - Zutphen, het werkgebied van dokter Wittenberg. DOORLOOPTIJD ► ☑ onbekend STATUS AANVRAGER ► ☑ geen beperkingen bekend VOORKEUR/UITSLUITING ► Het heeft de voorkeur dat organisaties die een subsidieaanvraag indienen een rechtspersoonlijkheid bezitten en statutair werkzaam zijn op het terrein van de behandeling, de verzorging en/of de begeleiding van psychiatrische patiënten. Organisaties die geen rechtspersoonlijkheid hebben kunnen ook in aanmerking komen, mits de levensvatbaarheid en continuïteit van de organisatie voldoende kan worden aangetoond. Niet in aanmerking komen: ☑ het financieren van reguliere activiteiten van GGZ instellingen; ☑ reeds lopende of afgesloten projecten; ☑ investeringen in gebouwen e.d. ☑ loonkosten van vaste medewerkers van de organisatie; ☑ individuele ondersteuning. De stichting verzorgt wel indirect individuen, namelijk door medefinanciering van de steun voor individuele situaties die verleend wordt door het Elisabethfonds (voor Overijssel) en de Stichting Herstel; (voor de Stedendriehoek). De beoordeling van die aanvragen laat de Doktor Wittenberg Stichting geheel aan beide organisaties. Aanvragen van deze aard worden daarom naar hen doorverwezen.

Procedure ■ OP AANVRAAG ► ja DOORLOOPTIJD ► 1-3 maanden AANVRAAGPROCEDURE ► Een aanvraag voor een subsidie bevat in ieder geval een projectomschrijving waarin het doel, de activiteiten van het project met omschrijving van de eigen inspanning zijn opgenomen, de fasering van het project en een begroting. Vermeld wordt wie als projectleider verantwoordelijk is voor het project. Er wordt een begroting van het project opgestuurd met waarin ook de financiële bijdragen van aanvrager en eventuele derden wordt vermeldt. Daarnaast wordt – voor zover dat niet al bekend is bij de stichting – informatie meegestuurd over de organisatie die verantwoordelijk is voor het project. De aanvraag wordt gericht aan het postadres van de Dokter Wittenberg Stichting. Bijlagen worden zo mogelijk in vijfvoud aangeleverd. Eenvoudige aanvragen of een vooraankondiging kunnen ook per email worden verstuurd. Het bestuur vergadert circa zes maal per jaar. URL ► www.dokterwittenbergstichting.nl/subsidie/procedure.html

Financieel ■ EIGEN VERMOGEN ► € 1.567.755 INKOMSTEN EV ► € 85.642 HERKOMST MIDDELEN ► legaten, vermogen, inkomsten uit vermogen BOEKJAAR ► 2018 JAARVERSLAG OP WEBSITE ► ja.

Contact ■ BEREIKBAAR PER ► ☑ post ☑ e-mail ☒ telefoon CONTACTPERSOON ► geen contactpersoon bekend POSTADRES ► Postbus 293, 7400 HG Deventer EMAIL (ALGEMEEN) ► info@dokterwittenbergstichting.nl.

313

Stichting Dominee Dominicus van der Schaaf voor de Studie der Theologie

Rubriek ■ ☑ kerk en levensbeschouwing ☑ onderwijs en onderzoek

Algemeen ■ WEBSITE ► www.kennisbankfilantropie.nl/anbi/dominee-dominicus-van-der-schaaf-voor-de-studie-der-theologie TYPERING ► vermogensfonds OPGERICHT ► 16-07-1985 RECHTSVORM ► stichting KVK ► 41204717 ANBI STATUS ► nee DIRECTIE ► geen directiegegevens bekend **BESTUUR** ▶ Jhr.dr. E.G. Elias, voorzitter; jhr. W.H. Hoeufft; mr. P.E.E. Briët.

Missie ■ **DOELSTELLING** ▶ De stichting verleent studiebeurzen aan studenten die een studie theologie volgen en predikant willen worden van de Nederlandse hervormde kerk. De studie zal geschieden aan een van de in Nederland gevestigde universiteiten.

Doelgroep ■ **ALGEMEEN** ▶ gelovigen, studenten **SPECIFIEK** ▶ Personen die de studie theologie willen volgen ter voorbereiding op het predikantschap in de Nederlandse hervormde kerk. **ACTIVITEITEN** ▶ Geen specifieke activiteiten bekend **INTERVENTIENIVEAU** ▶ Steun aan individuen (directe steun).

Werkgebied ■ **ACTIERADIUS** ▶ Nationaal **LAND** ▶ Nederland.

Bestedingen ■ **BUDGET** ▶ niet openbaar **SOORT BIJDRAGE** ▶ studiebeurzen **BOVENGRENS** ▶ geen **ONDERGRENS** ▶ geen.

Projecten ■ **CRITERIA** ▶ ☑ Alleen studenten theologie die zich voorbereiden op het predikantschap in de Nederlandse hervormde kerk; ☑ De studie moet gevolgd worden aan een in Nederland gevestigde universiteit. **DOORLOOPTIJD** ▶ ☑ langer dan 2 jaar **STATUS AANVRAGER** ▶ ☑ individuen/gezinnen **VOORKEUR/UITSLUITING** ▶ Geen voorkeur/uitsluiting bekend.

Procedure ■ **OP AANVRAAG** ▶ onbekend **AANVRAAGPROCEDURE** ▶ Geen aanvraagprocedure bekend.

Financieel ■ **HERKOMST MIDDELEN** ▶ vermogen.

Contact ■ **BEREIKBAAR PER** ▶ ☑ post ☑ e-mail ☑ telefoon **CONTACTPERSOON** ▶ geen contactpersoon bekend **POSTADRES** ▶ Postbus 8504, 3503 RM Utrecht **EMAIL (ALGEMEEN)** ▶ fz-financien@sowkerken.nl **TELEFOON (ALGEMEEN)** ▶ 030-8801615.

314
Stichting Dominus Providebit

Rubriek ■ ☑ kunst en cultuur ☑ natuur, milieu en dieren ☑ kerk en levensbeschouwing ☑ sport en recreatie

Algemeen ■ **TYPERING** ▶ vermogensfonds **OPGERICHT** ▶ 09-10-1996 **RECHTSVORM** ▶ stichting **KVK** ▶ 41079090 **ANBI STATUS** ▶ ja **DIRECTIE** ▶ geen directiegegevens bekend **BESTUUR** ▶ H.P.A. Leerssen, voorzitter; W.A.P. Crombach, penningmeester; W.P.M.H. Crombach, secretaris.

Missie ■ **DOELSTELLING** ▶ De stichting heeft ten doel door middel van geldelijke ondersteuning het bevorderen en stimuleren van de kerkelijke en burgerlijke belangen van Slenaken, haar bevolking en verenigingen/organisaties, die een charitatief, cultureel, maatschappelijk of sociaal doel nastreven en voorts al hetgeen met een en ander rechtstreeks of zijdelings verband houdt of daartoe bevordelijk kan zijn, alles in de ruimste zin des woords. Met Slenaken wordt in casu bedoeld de oude gemeente Slenaken. **STICHTER(S)** ▶ Wijlen Pastoor Crombach te Slenaken.

Doelgroep ■ **ALGEMEEN** ▶ gelovigen **SPECIFIEK** ▶ Bevolking van (de oude gemeente) Slenaken. **ACTIVITEITEN** ▶ Geen specifieke activiteiten bekend **INTERVENTIENIVEAU** ▶ Steun aan lokale/provinciale maatschappelijke organisaties en structuren (incl. gemeenten etc.) die diensten verlenen aan individuen.

Werkgebied ■ **ACTIERADIUS** ▶ Lokaal **LAND** ▶ Nederland **REGIO** ▶ Slenaken e.o.

Bestedingen ■ **BUDGET** ▶ niet openbaar **SOORT BIJDRAGE** ▶ giften **BOVENGRENS** ▶ geen **ONDERGRENS** ▶ geen.

Projecten ■ **CRITERIA** ▶ geen projectcriteria bekend **DOORLOOPTIJD** ▶ ☑ korter dan 1 jaar **STATUS AANVRAGER** ▶ ☑ stichting of vereniging (non-profit) ☑ kerkelijke instelling ☑ onderwijsinstelling **VOORKEUR/UITSLUITING** ▶ geen voorkeur of uitsluiting bekend.

Procedure ■ **OP AANVRAAG** ▶ onbekend **AANVRAAGPROCEDURE** ▶ Geen aanvraagprocedure bekend.

Financieel ■ **INKOMSTEN OV** ▶ € 0 **HERKOMST MIDDELEN** ▶ legaten **BOEKJAAR** ▶ boekjaar onbekend.

Contact ■ **BEREIKBAAR PER** ▶ ☑ post ☑ e-mail ☑ telefoon **CONTACTPERSOON** ▶ H.P.A. Leerssen **POSTADRES** ▶ Cottessen 10A, 6294 NE Vijlen **EMAIL (ALGEMEEN)** ▶ info@bellet.nl **TELEFOON (ALGEMEEN)** ▶ 043-4552688 **TELEFOON (AANVRAGEN)** ▶ 06-55721309.

315
Dony- van Lanschot Stichting

Rubriek ■ ☑ kerk en levensbeschouwing

Algemeen ■ **WEBSITE** ▶ www.kennisbankfilantropie.nl/anbi/dony-van-lanschot-stichting **TYPERING** ▶ vermogensfonds **RECHTSVORM** ▶ stichting **KVK** ▶ 41081936 **ANBI STATUS** ▶ ja **DIRECTIE** ▶ geen directiegegevens bekend **BESTUUR** ▶ P.A.M. Broeders, voorzitter; W.A. van de Molengraft, penningmeester; V.J.A.W.A. Peters, secretaris.

Missie ■ **DOELSTELLING** ▶ De stichting beoogt het bevorderen van het Christendom in het bijzonder van de Rooms-katholieke Godsdienst in Nederland en wel door het ondersteunen van noodlijdende Rooms-Katholieke Parochies in het Bisdom van 's-Hertogenbosch. **HISTORIE** ▶ De stichting is genaamd Dony-van Lanschot Stichting, ter dankbare nagedachtenis aan de ouders van de oprichter: Ingenieur Julianus Josephus Dony, en Maria Johanna van Lanschot, echtgenoten. De doelstelling van de stichting is geïnspireerd door de betrokkenheid van de ouders bij de Katholieke kerk, welke betrokkenheid via de stichting voortleeft. In de doelstelling van de stichting wordt voorzien door het ondersteunen van noodlijdende R.K. parochies in het bisdom van 's-Hertogenbosch. **BELEIDSPLAN OP WEBSITE** ▶ ja.

Doelgroep ■ **ALGEMEEN** ▶ gelovigen **SPECIFIEK** ▶ Geen specifieke doelgroep **ACTIVITEITEN** ▶ Geen specifieke activiteiten bekend **INTERVENTIENIVEAU** ▶ Steun aan lokale/provinciale maatschappelijke organisaties en structuren (incl. gemeenten etc.) die diensten verlenen aan individuen.

Werkgebied ■ **ACTIERADIUS** ▶ Lokaal **LAND** ▶ Nederland **PLAATS** ▶ Den Bosch.

Bestedingen ■ **BUDGET** ▶ niet openbaar **SOORT BIJDRAGE** ▶ giften **BOVENGRENS** ▶ geen **ONDERGRENS** ▶ geen.

Projecten ■ **CRITERIA** ▶ geen projectcriteria bekend **DOORLOOPTIJD** ▶ ☑ onbekend **STATUS AANVRAGER** ▶ ☑ kerkelijke instelling **VOORKEUR/UITSLUITING** ▶ Alleen aanvragen van parochies ressorterend onder het bisdom van 's-Hertogenbosch worden gehonoreerd.

Procedure ■ **OP AANVRAAG** ▶ onbekend **AANVRAAGPROCEDURE** ▶ geen aanvraagprocedure bekend.

Financieel ■ **HERKOMST MIDDELEN** ▶ vermogen **BOEKJAAR** ▶ 2012 **JAARVERSLAG OP WEBSITE** ▶ ja.

Contact ■ **BEREIKBAAR PER** ▶ ☑ post ☑ e-mail ☑ telefoon **CONTACTPERSOON** ▶ geen contactpersoon bekend **POSTADRES** ▶ Postbus 1070, 5200 BC 's-Hertogenbosch **EMAIL (ALGEMEEN)** ▶ vpeters@bisdomdenbosch.nl **TELEFOON (ALGEMEEN)** ▶ 073-6125488.

316
Stichting Dorodarte

Rubriek ■ ☑ kunst en cultuur ☑ maatschappij, welzijn en samenleving

Algemeen ■ **WEBSITE** ▶ https://fondseninnederland.nl/fonds/stichting-dorodarte **TYPERING** ▶ vermogensfonds **OPGERICHT** ▶ 2004 **RECHTSVORM** ▶ stichting **KVK** ▶ 34212709 **ANBI STATUS** ▶ ja **DIRECTIE** ▶ geen directiegegevens bekend **BESTUUR** ▶ Mw. D.C.M. Bredius-Terwindt, voorzitter; J.R. baron de Vos van Steenwijk, penningmeester; mw. G.S.L. Bredt-Wijers, secretaris; mw. E.M. van Boven.

Missie ■ **DOELSTELLING** ▶ Het doel van de Stichting is het financieel ondersteunen van organisaties en instellingen die zich bezig houden met kinderen en/of kunst. **HISTORIE** ▶ Stichting Dorodarte is in september 2004 opgericht als vermogensfonds voor goede doelen. **BELEIDSPLAN OP WEBSITE** ▶ ja.

Doelgroep ■ **ALGEMEEN** ▶ kinderen **SPECIFIEK** ▶ Algemeen nut beogende instellingen die de doelgroepen (kinderen en kunst & cultuur) bevorderen. **ACTIVITEITEN** ▶ Stichting Dorodarte realiseert haar doelstelling middels jaarlijkse schenkingen aan een beperkt aantal geselecteerde qua doelstelling verwante fondsen. ☑ Kinderen. Deze deeldoelstelling wordt hoofdzakelijk gerealiseerd door de bevordering van opvang, verzorging, opvoeding, scholing en ontwikkeling van jeugdige personen (30-), die maatschappelijk gezien hulp van derden nodig hebben. ☑ Kunst en Cultuur; Deze doelstelling wordt gerealiseerd door onder meer het steunen van: a. musea in Nederland (bij voorkeur middelgrote musea in de provincie); b.tentoonstellingen, catalogi, restauraties en/of aankopen van kunstobjecten; c.culturele activiteiten (zoals bijv. het Eigen Muziekinstrumentenfonds en sporadisch de realisering van bijzondere voorstellingen); d. combinatieprojecten van kunst en kinderen (bijv. Kinderkunstkijkgids Museum Boijmans van Beuningen); e. jonge kunstenaars in het kader van door hen te vervaardigen kunstvoorwerpen ten behoeve van door Dorodarte te ondersteunen instellingen. **INTERVENTIENIVEAU** ▶ Steun aan lokale/provinciale maatschappelijke organisaties en structuren (incl. gemeenten etc.) die diensten verlenen aan individuen.

Werkgebied ■ **ACTIERADIUS** ▶ Nationaal **LAND** ▶ Nederland.

Bestedingen ■ **BUDGET** ▶ niet openbaar **SOORT BIJDRAGE** ▶ giften **BOVENGRENS** ▶ geen **ONDERGRENS** ▶ geen.

Projecten ■ **CRITERIA** ▶ ☑ Het grootste deel van de jaarlijkse donaties gaat naar organisaties die zich met kinderen bezighouden. ☑ De culturele donaties richten zich met name op de kleinere kunstmusea in Nederland. **DOORLOOPTIJD** ▶ ☑ korter dan 1 jaar **STATUS AANVRAGER** ▶ ☑ stichting of vereniging (non-profit) **VOORKEUR/UITSLUITING** ▶ De activiteiten van de Stichting zijn beperkt tot Nederland. Het steunen van festivals valt niet binnen de doelstelling van de stichting.

Procedure ■ **OP AANVRAAG** ▶ nee **AANVRAAGPROCEDURE** ▶ Dorodarte is samenwerkingsverbanden aangegaan met een aantal geselecteerde qua doelstelling verwante stichtingen die groter zijn in omvang en veel know-how bezitten op de terreinen waar Dorodarte zich op richt. Een en ander betekent dat er geen individuele aanvragen in behandeling worden genomen.

Financieel ■ **INKOMSTEN OV** ▶ € 3.481.199 **HERKOMST MIDDELEN** ▶ vermogen, giften & schenkingen **BOEKJAAR** ▶ 2019 **JAARVERSLAG OP WEBSITE** ▶ ja.

Contact ■ **BEREIKBAAR PER** ▶ ☒ post ☑ e-mail ☒ telefoon **CONTACTPERSOON** ▶ geen contactpersoon bekend **POSTADRES** ▶ Geen postadres bekend **EMAIL (ALGEMEEN)** ▶ dorodarte@gmail.com.

317
Dorothy Heijmeijer van Heemstede Amsterdam fonds

Rubriek ■ ☑ kunst en cultuur

Algemeen ■ **WEBSITE** ▶ www.arsdonandi.nl/de-fondsen **TYPERING** ▶ fonds op naam **BEHEERD DOOR** ▶ Ars Donandi **DIRECTIE** ▶ zie > Ars Donandi **BESTUUR** ▶ zie > Ars Donandi

Missie ■ **DOELSTELLING** ▶ Het verlenen van financiële steun aan projecten en werkzaamheden, welke op een of andere wijze het historisch aanzien van bij voorkeur de binnenstad van Amsterdam in stand houden, herstellen of versterken en aan activiteiten die ter stimulering hiervan kunnen bijdragen. **STICHTER(S)** ▶ Mevrouw D.J.K. Beynes - Heijmeijer van Heemstede **HISTORIE** ▶ De Stichting Heijmeijer van Heemstede werd op 18 juli 1996 opgericht door mevrouw Dorothy Beynes-Heijmeijer van Heemstede. Het bestuur van de stichting richtte in 2008 het Heijmeijer van Heemstede Fonds op. Op den duur zal de stichting opgaan in het fonds. Het vermogen van de stichting is ondergebracht bij Ars Donandi. Mevrouw Beynes-Heijmeijer van Heemstede, voorzitter van de stichting, wil op deze manier de continuïteit van haar fonds waarborgen. In 2019 heeft het fonds een naamsverandering ondergaan, vanaf nu is de naam Dorothy Heijmeijer van Heemstede Amsterdam fonds.

Werkgebied ■ **ACTIERADIUS** ▶ Lokaal **LAND** ▶ Nederland **REGIO** ▶ Noord-Holland **PLAATS** ▶ Amsterdam.

Projecten ■ **CRITERIA** ▶ De stichting is bedoeld als steunorgaan voor particuliere initiatieven op het terrein van monumentenzorg en stadsschoon, welke zonder aanvullende financiële steun niet van de grond zouden komen. **DOORLOOPTIJD** ▶ ☑ onbekend **STATUS AANVRAGER** ▶ ☑ geen beperkingen bekend **VOORKEUR/UITSLUITING** ▶ geen voorkeur of uitsluiting bekend.

Procedure ■ **OP AANVRAAG** ▶ ja **AANVRAAGPROCEDURE** ▶ Het budget van het fonds wordt jaarlijks ter beschikking gesteld aan Stichting Heijmeijer van Heemstede. Aanvragen voor dit fonds worden direct doorgestuurd naar de Stichting Heijmeijer van Heemstede en niet in behandeling genomen door Ars Donandi. Er is een quick scan op de website van Ars Donandi.

Contact ■ **BEREIKBAAR PER** ▶ ☑ post ☒ e-mail ☑ telefoon **CONTACTPERSOON** ▶ Mw. D. Beynes-Heijmeijer van Heemstede **POSTADRES** ▶ Prinsengracht 849, 1017 KB Amsterdam **TELEFOON (ALGEMEEN)** ▶ 020-4276330.

318

Stichting Het Dorpsgevoel Harskamp, Otterlo, Wekerom

Rubriek ■ ☑ maatschappij, welzijn en samenleving

Algemeen ■ **WEBSITE** ▶ www.kennisbankfilantropie.nl/anbi/het-dorpsgevoel-harskamp-otterlo-wekerom **TYPERING** ▶ vermogensfonds **RECHTSVORM** ▶ stichting **KVK** ▶ 09132376 **ANBI STATUS** ▶ ja **DIRECTIE** ▶ geen directiegegevens bekend **BESTUUR** ▶ G. Morren, voorzitter; D. Janssen, penningmeester; R.J. Riezebos, secretaris; J.H. Jansen; mw. E. van Omme-Onderstal.

Missie ■ **DOELSTELLING** ▶ Het verlenen van ondersteuning aan maatschappelijk verantwoorde activiteiten binnen het verzorgingsgebied Harskamp, Otterlo en Wekerom.

Doelgroep ■ **SPECIFIEK** ▶ Geen specifieke doelgroep **ACTIVITEITEN** ▶ Geen specifieke activiteiten bekend **INTERVENTIENIVEAU** ▶ Onbekend.

Werkgebied ■ **ACTIERADIUS** ▶ Lokaal **LAND** ▶ Nederland **PLAATS** ▶ Harskamp, Otterlo, Wekerom.

Bestedingen ■ **BUDGET** ▶ niet openbaar **SOORT BIJDRAGE** ▶ onbekend **BOVENGRENS** ▶ geen **ONDERGRENS** ▶ geen.

Projecten ■ **CRITERIA** ▶ geen projectcriteria bekend **DOORLOOPTIJD** ▶ ☑ onbekend **STATUS AANVRAGER** ▶ ☑ geen beperkingen bekend **VOORKEUR/UITSLUITING** ▶ geen voorkeur of uitsluiting bekend.

Procedure ■ **OP AANVRAAG** ▶ onbekend **AANVRAAGPROCEDURE** ▶ geen aanvraagprocedure bekend.

Financieel ■ **HERKOMST MIDDELEN** ▶ onbekend **BOEKJAAR** ▶ boekjaar onbekend.

Contact ■ **BEREIKBAAR PER** ▶ ☑ post ☑ e-mail ☑ telefoon **CONTACTPERSOON** ▶ geen contactpersoon bekend **POSTADRES** ▶ Postbus 12, 6732 ZG Harskamp **EMAIL (ALGEMEEN)** ▶ g.morren@solcon.nl **TELEFOON (ALGEMEEN)** ▶ 0318-456689.

319

Stichting Dorrie Stoop Fonds

Rubriek ■ ☑ kunst en cultuur ☑ onderwijs en onderzoek

Algemeen ■ **WEBSITE** ▶ www.dorriestoopfonds.nl **TYPERING** ▶ vermogensfonds **OPGERICHT** ▶ 18-10-1935 **RECHTSVORM** ▶ stichting **KVK** ▶ 34125069 **ANBI STATUS** ▶ ja **DIRECTIE** ▶ geen directiegegevens bekend **BESTUUR** ▶ Mw. M. Langelaan, voorzitter; mw. C. Ettema, penningmeester; mw. F. Hartman, secretaris; mw. A. Everts; mw. L. Duynstee.

Missie ■ **DOELSTELLING** ▶ Het Dorrie Stoop Fonds bestaat sinds 1935 en richt zich volgens de statuten op 'liefdadigheid in de ruimste zin des woords'. In de praktijk is dit uitgegroeid tot het steunen van muziekstudenten en jonge musici. **HISTORIE** ▶ Theodora (Dorrie) Stoop werd in 1895 in Soerabaja (voormalig Nederlands-Indië) geboren als vierde dochter van Adriaan Stoop (1856-1935) en Miente Stoop-Van Deventer. Dorrie had een brede kunstzinnige belangstelling, volgde muzieklessen en speelde niet onverdienstelijk piano. In 1919 trouwde Dorrie met de Zwitserse kunsthandelaar Han Coray, en het paar vestigde zich in Zürich. Dorrie overleed in 1928 op 33-jarige leeftijd. Zij had geen kinderen. Ter nagedachtenis van Dorrie werd op 18 oktober 1935 het Dorrie Stoop Fonds opgericht. Het kapitaal van het fonds wordt gevormd door het deel van de nalatenschap dat Dorrie zou zijn toegekomen. Vanaf het begin is het fonds beheerd door de nazaten van Adriaan Stoop en Miente Stoop-Van Deventer. **BELEIDSPLAN OP WEBSITE** ▶ ja.

Doelgroep ■ **ALGEMEEN** ▶ jongeren, studenten **SPECIFIEK** ▶ Muziekstudenten en jonge musici. **ACTIVITEITEN** ▶ Het Dorrie Stoop Fonds geeft financiele steun aan getalenteerde muziek-studenten en jonge musici. Sinds 2010 werkt het fonds hiervoor samen met de Stichting voor Vluchtelingstudenten UAF. Het UAF draagt zorg voor besteding van het bedrag dat jaarlijks door het Dorrie Stoop Fonds ter beschikking wordt gesteld voor de opleiding van gevluchte muziekstudenten en pas afgestudeerde musici. Bij eventuele extra revenuen van het fonds beslist het bestuur of verdere schenkingen gedaan kunnen worden ten behoeve van muziekstudenten en jonge musici, via het UAF dan wel andere organisaties, zoals de Stichting Eigen Muziekinstrument. Verder werkt het Dorrie Stoop Fonds samen met het Nationaal Muziekinstrumenten Fonds (NMF), dat een Matthias Albanus viool van het Dorrie Stoop Fonds beheert. **INTERVENTIENIVEAU** ▶ Steun aan individuen (directe steun).

Werkgebied ■ **ACTIERADIUS** ▶ Nationaal **LAND** ▶ Nederland.

Bestedingen ■ **BUDGET** ▶ niet openbaar **SOORT BIJDRAGE** ▶ giften subsidies **BOVENGRENS** ▶ geen **ONDERGRENS** ▶ geen.

Projecten ■ **CRITERIA** ▶ geen projectcriteria bekend **DOORLOOPTIJD** ▶ ☑ onbekend **STATUS AANVRAGER** ▶ ☑ geen beperkingen bekend **VOORKEUR/UITSLUITING** ▶ geen voorkeur of uitsluiting bekend.

Procedure ■ **OP AANVRAAG** ▶ ja **AANVRAAGPROCEDURE** ▶ Het is niet meer mogelijk om rechtstreeks een aanvraag te doen bij het Dorrie Stoop Fonds. De besteding van de ingekomen gelden loopt via het UAF. Voor meer informatie kunt u contact opnemen met de stichting.

Financieel ■ INKOMSTEN EV ► € 20.960 INKOMSTEN OV ► € 7.750 HERKOMST MIDDELEN ► giften & schenkingen, vermogen BOEKJAAR ► 2019 JAARVERSLAG OP WEBSITE ► ja.

Contact ■ BEREIKBAAR PER ► ☑ post ☑ e-mail ☒ telefoon CONTACTPERSOON ► Mw. M. Langelaan POSTADRES ► Brouwersgracht 49-3A, 1015 GB Amsterdam EMAIL (ALGEMEEN) ► m.langelaan@planet.nl.

320

Douwe Kalma Stifting

Rubriek ■ ☑ kunst en cultuur ☑ onderwijs en onderzoek

Algemeen ■ WEBSITE ► www.douwekalmastifting.nl TYPERING ► vermogensfonds RECHTSVORM ► stichting KVK ► 41001490 ANBI STATUS ► ja DIRECTIE ► geen directiegegevens bekend BESTUUR ► L.H. Westra, voorzitter; A.C.J. Wijffels, penningmeester; mw. A. Kaspers, secretaris; J. Krol; G.B. van der Wijk.

Missie ■ DOELSTELLING ► Het doel van de Douwe Kalma Stifting is de bevordering van het Friese culturele leven in het Fries. De Stichting tracht dit doel te bereiken door financiële ondersteuning te bieden aan activiteiten, publicaties en projecten. BELEIDSPLAN OP WEBSITE ► ja.

Doelgroep ■ SPECIFIEK ► Activiteiten, publicaties en projecten die het Friese culturele leven in het Fries promoten. ACTIVITEITEN ► Geen specfieke activiteiten bekend. INTERVENTIENIVEAU ► Steun aan lokale/provinciale maatschappelijke organisaties en structuren (incl. gemeenten etc.) die diensten verlenen aan individuen.

Werkgebied ■ ACTIERADIUS ► Nationaal LAND ► Nederland.

Bestedingen ■ BUDGET ► niet openbaar SOORT BIJDRAGE ► subsidies BOVENGRENS ► geen ONDERGRENS ► geen.

Projecten ■ CRITERIA ► De Douwe Kalma Foundation ondersteunt activiteiten, publicaties en projecten die het Friese culturele leven in het Fries promoten. Over het algemeen gaan de subsidies naar instellingen of organisaties met een non-profitkarakter met kleinschalige projecten voor een breed publiek om het Fries te versterken. Mensen kunnen echter ook persoonlijke titelondersteuning aanvragen voor projecten. DOORLOOPTIJD ► ☑ korter dan 1 jaar STATUS AANVRAGER ► ☑ stichting of vereniging (non-profit) VOORKEUR/UITSLUITING ► Activiteiten op het gebied van kennis van de Friese taal genieten de voorkeur. Ook kan subsidie worden gegeven aan andersoortig Fries cultureel werk. Het kan bijvoorbeeld gaan om publicaties, conferenties, tentoonstellingen of onderzoek.

Procedure ■ OP AANVRAAG ► ja DOORLOOPTIJD ► 1-3 maanden AANVRAAGPROCEDURE ► Digitaal via het aanvraagformulier op de website. Het bestuur komt vier keer per jaar bijeen. De verzoeken moeten daarom worden verzonden vóór 1 januari, 1 mei, 1 september en 1 november. Aanvragers worden dan zo spoedig mogelijk schriftelijk op de hoogte gebracht. Over het algemeen moet de aanvraag bestaan uit: ☑ een duidelijke projectbeschrijving (niet meer dan twee A4), die duidelijk aangeeft hoe het project, de publicatie of de activiteit past in het doel van de stichting (culturele activiteit in het Fries); ☑ een duidelijk, definitief budget met dekkingsplan. URL ► www.douwekalmastifting.nl/index.php/oanfraach

Financieel ■ EIGEN VERMOGEN ► € 930.696 INKOMSTEN EV ► € 20.390 HERKOMST MIDDELEN ► vermogen BOEKJAAR ► 2019 JAARVERSLAG OP WEBSITE ► ja.

Contact ■ BEREIKBAAR PER ► ☑ post ☑ e-mail ☒ telefoon CONTACTPERSOON ► Mw. A. Kaspers POSTADRES ► Master Fopmawei 7, 9023 AJ Jorwert EMAIL (ALGEMEEN) ► ynfo@douwekalmastifting.nl.

321

Doopsgezinde Stichting "Dowilvo"

Rubriek ■ ☑ kerk en levensbeschouwing ☑ sport en recreatie ☑ kunst en cultuur ☑ maatschappij, welzijn en samenleving ☑ gezondheidszorg

Algemeen ■ WEBSITE ► www.dowilvo.nl TYPERING ► vermogensfonds OPGERICHT ► 1964 RECHTSVORM ► stichting KVK ► 41222764 ANBI STATUS ► ja DIRECTIE ► geen directiegegevens bekend BESTUUR ► Mw. J.H.J. Docter, voorzitter; mw. A. Hoeksma, penningmeester; mw. A. Hoeksma, secretaris; J. Mateyo; J.M. Gaaikema; mw. A.C. Thimm-Stelwagen.

Missie ■ DOELSTELLING ► De Stichting heeft als doel het bevorderen van de geestelijke en lichamelijke bloei van jeugd en/of jongeren, in het bijzonder ten aanzien van jeugd en/of jongeren met een beperking. Bij voorkeur van die jeugd en/of jongeren die afkomstig zijn vanuit de Doopsgezinde gemeenten en voorts al hetgeen met een en ander rechtstreeks of zijdelings verband houdt of daartoe bevorderlijk kan zijn, alles in de ruimste zin des woords. HISTORIE ► De Doopsgezinde Stichting Dowilvo is in 1964 opgericht. Oorspronkelijk verzorgde de Stichting zomerkampen voor gehandicapte kinderen. De betekenis van Dowilvo is Door Wilskracht Vooruit. BELEIDSPLAN OP WEBSITE ► ja.

Doelgroep ■ ALGEMEEN ► kinderen, jongeren, gehandicapten SPECIFIEK ► Geen specifieke doelgroep ACTIVITEITEN ► De opbrengsten van het vermogen worden gebruikt voor ondersteuning van projecten en initiatieven voor jeugd en/of jongeren met een beperking. In 2019 heeft de stichting in het kader van haar doelstelling onder andere projecten ondersteund zoals jeugd en jongerenwerk in verschillende Doopsgezinde gemeenten, aanschaf duofiets, aanschaffen van zandbak en speelgoed, aanschaf rolstoelbus, ondersteunen dagbestedingsproject, wijkmusicalproject en het ondersteunen van paralympische atleten voor hun deelname aan de Paralympische Spelen van Tokyo 2020. INTERVENTIENIVEAU ► Steun aan lokale/provinciale maatschappelijke organisaties en structuren (incl. gemeenten etc.) die diensten verlenen aan individuen.

Werkgebied ■ ACTIERADIUS ► Nationaal LAND ► Nederland.

Bestedingen ■ BUDGET ► niet openbaar SOORT BIJDRAGE ► giften overig BOVENGRENS ► geen ONDERGRENS ► geen.

Projecten ■ CRITERIA ► geen projectcriteria bekend DOORLOOPTIJD ►

☑ onbekend **STATUS AANVRAGER** ▶ ☑ stichting of vereniging (non-profit) **VOORKEUR/UITSLUITING** ▶ Giften worden slechts verstrekt aan instellingen met rechtspersoonlijkheid, waarbij aanvragen vanuit de Doopsgezinde broederschap de voorkeur hebben.

Procedure ■ **OP AANVRAAG** ▶ ja **DOORLOOPTIJD** ▶ 1-3 maanden **AANVRAAGPROCEDURE** ▶ Aanvragen enkel digitaal via het secretariaat per e-mail. Inclusief: ☑ het doel,; ☑ concreet bedrag,; ☑ bij welke fondsen u ook een aanvraag heeft gedaan,; ☑ eventueel ontvangen offerte(s),; ☑ IBAN-nummer,; ☑ statuten,; ☑ KvK stukken,; ☑ ANBI stukken. Medio februari, juni en oktober komt het bestuur bij elkaar. Dit betekent dat de eerste dag van de maand voor de vergadering de laatste dag is om een aanvraag in te dienen. Aanvragen die later worden ingediend zullen meegenomen worden naar de volgende vergadering. **URL** ▶ www.dowilvo.nl/text.php?paginaid=3702#3702

Financieel ■ **INKOMSTEN EV** ▶ € 382.311 **HERKOMST MIDDELEN** ▶ vermogen, giften & schenkingen **BOEKJAAR** ▶ 2019 **JAARVERSLAG OP WEBSITE** ▶ ja.

Contact ■ **BEREIKBAAR PER** ▶ ☑ post ☑ e-mail ☒ telefoon **CONTACTPERSOON** ▶ geen contactpersoon bekend **POSTADRES** ▶ Singel 454, 1017 AW AMSTERDAM **EMAIL (ALGEMEEN)** ▶ info@dowilvo.nl.

322
Dr Aart A. de Veer Fonds

Rubriek ■ ☑ kunst en cultuur

Algemeen ■ **WEBSITE** ▶ www.cultuurfonds.nl **TYPERING** ▶ fonds op naam **BEHEERD DOOR** ▶ Prins Bernhard Cultuurfonds **DIRECTIE** ▶ zie > Prins Bernhard Cultuurfonds **BESTUUR** ▶ zie > Prins Bernhard Cultuurfonds

Missie ■ **DOELSTELLING** ▶ Het financieel ondersteunen van uitvoeringen van klassieke kamermuziek op kleine podia. Het verlenen van beurzen aan jonge beeldend kunstenaars om zich (verder) te bekwamen in de grafiek of de keramiek. Het financieel ondersteunen van (populair-)wetenschappelijke publicaties over Ötzi (der Mann im Eis) of over culturen uit deze tijd, ca 3000 voor Christus.

Werkgebied ■ **ACTIERADIUS** ▶ Nationaal **LAND** ▶ Nederland.

Projecten ■ **CRITERIA** ▶ geen projectcriteria bekend **DOORLOOPTIJD** ▶ ☑ korter dan 1 jaar **STATUS AANVRAGER** ▶ ☑ geen beperkingen bekend **VOORKEUR/UITSLUITING** ▶ geen voorkeur of uitsluiting bekend.

Procedure ■ **OP AANVRAAG** ▶ ja **AANVRAAGPROCEDURE** ▶ Dit 'fonds op naam' ressorteert onder het Prins Bernhard Cultuurfonds. Verzoeken aan fondsen op naam komen op één centraal punt binnen. Dit houdt in dat een subsidieaanvraag slechts eenmaal aan het Prins Bernhard Cultuurfonds hoeft te worden gezonden. Voor de verdere aanvraagprocedure: zie Prins Bernhard Cultuurfonds. **URL** ▶ www.cultuurfonds.nl/aanvragen

Contact ■ **BEREIKBAAR PER** ▶ ☑ post ☑ e-mail ☑ telefoon **CONTACTPERSOON** ▶ geen contactpersoon bekend **POSTADRES** ▶ Postbus 19750, 1000 GT Amsterdam **EMAIL (ALGEMEEN)** ▶ info@cultuurfonds.nl **TELEFOON (ALGEMEEN)** ▶ 020-5206130.

323
Stichting Dr. Albronda-van der Nagelfonds

Rubriek ■ ☑ gezondheidszorg ☑ noodhulp ☑ maatschappij, welzijn en samenleving

Algemeen ■ **WEBSITE** ▶ www.passagevrouwen.nl/html/index.php?pag=,67 **TYPERING** ▶ vermogensfonds **BEHEERD DOOR** ▶ Gelieerd aan Vereniging Passage, Christelijk-maatschappelijke vrouwenbeweging **OPGERICHT** ▶ 20-05-1959 **RECHTSVORM** ▶ stichting **KVK** ▶ 32072386 **ANBI STATUS** ▶ ja **DIRECTIE** ▶ mw. I.J. Groeneveld-Geerink **BESTUUR** ▶ Mw. L. van Zanten-Hagelvlag, voorzitter; mw.mr. G. van Leeuwen-Tanis, penningmeester; mw. W. Dupain-Hulstein, secretaris; mw. R. Kok-Ardesch; mw. A.G. Houtman- van Beek.

Missie ■ **DOELSTELLING** ▶ ☑ Het beheren van het Dr. Albronda-van der Nagelfonds dat is opgericht ter verlening; van praktische sociale hulp aan vrouwen die lid zijn van Passage, christelijk maatschappelijke beweging. ☑ De Stichting kan praktische sociale hulp bieden aan vrouwen die geen lid zijn van Passage, indien zich naar het oordeel van het bestuur bijzondere omstandigheden voordoen die het verstrekken van hulp gebieden. ☑ De Stichting beoogt niet het maken van winst en zal haar in beheer gegeven geldmiddelen niet besteden aan risicovolle transacties, waaronder begrepen het beleggen in aandelen en/of opties. **STICHTER(S)** ▶ Mevrouw dr. H.M. Albronda - van der Nagel **HISTORIE** ▶ Stichting Dr. Albronda-van der Nagelfonds heeft een traditie die terug gaat naar 1953. De watersnoodramp in dat jaar, was de aanleiding tot oprichting van een fonds. Leden van de NCVB (Nederlandse Christen Vrouwen Bond) wilden hun getroffen medeleden financiële hulp bieden. In 1959 kreeg het fonds de naam van de toenmalige voorzitter, mw. dr. Albronda-van der Nagel. Na een fusie in 1999 tussen NCVB en CPB (Christelijke Plattelandsvrouwen Bond)* gelieerd aan Passage, christelijk-maatschappelijke vrouwenbeweging, werd het fonds een zelfstandige stichting. **BELEIDSPLAN OP WEBSITE** ▶ ja.

Doelgroep ■ **ALGEMEEN** ▶ vrouwen, armen **SPECIFIEK** ▶ Vrouwen in een kwetsbare situatie. **ACTIVITEITEN** ▶ Een financieel steuntje in de rug geven bij een materiële of immateriële nood aan leden van Passage en andere vrouwen die (tijdelijk) een te beperkt budget hebben en die hiervoor geen beroep kunnen doen op sociale voorzieningen. **INTERVENTIENIVEAU** ▶ Steun aan individuen (directe steun).

Werkgebied ■ **ACTIERADIUS** ▶ Nationaal **LAND** ▶ Nederland.

Bestedingen ■ **BUDGET** ▶ niet openbaar **SOORT BIJDRAGE** ▶ giften **BOVENGRENS** ▶ geen **ONDERGRENS** ▶ geen.

Projecten ■ **CRITERIA** ▶ geen projectcriteria bekend **DOORLOOPTIJD** ▶ ☑ korter dan 1 jaar **STATUS AANVRAGER** ▶ ☑ hulpverleners ☑ stichting of vereniging (non-profit) ☑ kerkelijke instelling ☑ overig **VOORKEUR/UITSLUITING** ▶ geen voorkeur of uitsluiting bekend.

Procedure ■ **OP AANVRAAG** ▶ ja **DOORLOOPTIJD** ▶ 1-3 maanden **AANVRAAGPROCEDURE** ▶ Er kan telefonisch informatie worden gevraagd. Een aanvraag dient gericht te worden aan de directeur. De aanvraag moet gedaan worden via een tussenpersoon. De directeur ontvangt de aanvragen voor hulp en zorgt voor de completering van de gegevens alvorens ze ter behandeling aan het bestuur voor te leggen. Om de aanvraag te kunnen honoreren is het nodig dat er voldoende gegevens beschikbaar zijn over de financiële situatie. De aanvragen worden in de bestuursvergaderingen die vijfmaal per jaar plaatsvinden, besproken. Hulpvragen waarbij spoed geboden is, worden door het bestuur tussentijds behandeld per e-mail. Toekenning van financiële hulp vindt plaats volgens de criteria van het fonds. Gemiddeld wordt de helft van de aanvragen gehonoreerd. **URL** ▶ www.passagevrouwen.nl/html/index.php?pag=1,67

Financieel ■ **EIGEN VERMOGEN** ▶ € 69.626 **INKOMSTEN EV** ▶ € 42 **INKOMSTEN OV** ▶ € 8.806 **HERKOMST MIDDELEN** ▶ vermogen, giften & schenkingen, legaten, moederorganisatie (bijdragen) **BOEKJAAR** ▶ 2019 **JAARVERSLAG OP WEBSITE** ▶ ja.

Contact ■ **BEREIKBAAR PER** ▶ ☑ post ☑ e-mail ☑ telefoon **CONTACTPERSOON** ▶ Mw. I.J. Groeneveld-Geerink **POSTADRES** ▶ Postbus 1058, 3860 BB Nijkerk **EMAIL (ALGEMEEN)** ▶ stichting.dr.albronda.fonds@hotmail.com **TELEFOON (ALGEMEEN)** ▶ 0343-592228.

324
Stichting Dr. Arnold Uleyn

Rubriek ■ ☑ maatschappij, welzijn en samenleving

Algemeen ■ **WEBSITE** ▶ www.stichtingarnolduleyn.nl **TYPERING** ▶ vermogensfonds **OPGERICHT** ▶ 10-04-2013 **RECHTSVORM** ▶ stichting **KVK** ▶ 57700486 **ANBI STATUS** ▶ ja **DIRECTIE** ▶ geen directiegegevens bekend **BESTUUR** ▶ C.P.F. van der Staak, voorzitter; mw. M.J.M. Bruggink, penningmeester; J.H.N. Kerssemakers, secretaris; mw. A.J.M.M. Egberink; mw. S.W.T. Giesbers.

Missie ■ **DOELSTELLING** ▶ De stichting verleent financiële steun aan het werk van kleine groepen vrijwilligers die persoonlijke aandacht en zorg bevorderen voor ouderen die dreigen te vereenzamen. **STICHTER(S)** ▶ Dr. A.J.R. Uleyn (1926-2013) **HISTORIE** ▶ Arnold Uleyn was tot aan zijn pensionering als docent verbonden aan de Radboud Universiteit in Nijmegen. Hij schreef talloze publicaties over de psychologie van de religieuze zingeving, en stond velen bij in hun persoonlijke en en beroepsmatige vragen op dit gebied. De laatste jaren van zijn leven gaf Uleyn in toenemende mate aandacht aan vereenzamende ouderen. Zijn nalatenschap bracht hij onder in een stichting, teneinde initiatieven ter bestrijding van eenzaamheid te ondersteunen. Ter ere van zijn vele verdiensten werd de stichting naar hem vernoemd. Opgericht bij testament op 10 april 2013.

Doelgroep ■ **ALGEMEEN** ▶ ouderen **SPECIFIEK** ▶ Ouderen die dreigen te vereenzamen. **ACTIVITEITEN** ▶ Geen specifieke activiteiten bekend **INTERVENTIENIVEAU** ▶ Steun aan lokale/provinciale maatschappelijke organisaties en structuren (incl. gemeenten etc.) die diensten verlenen aan individuen.

Werkgebied ■ **ACTIERADIUS** ▶ Lokaal, Regionaal **LAND** ▶ Nederland **PLAATS** ▶ Boxmeer, Cuijk, Mook & Middelaar, Gennep, Bergen (L), Heumen, Nijmegen, Berg en Dal.

Bestedingen ■ **BUDGET** ▶ € 50.000 **TOELICHTING** ▶ De middelen van de stichting worden overeenkomstig de wil van de stichter zorgvuldig, voorzichtig en risicovermijdend beheerd. **ONDERSTEUNDE PROJECTEN P/J** ▶ 15 **SOORT BIJDRAGE** ▶ giften **BOVENGRENS** ▶ € 20.000 **ONDERGRENS** ▶ geen.

Projecten ■ **CRITERIA** ▶ Projecten voor vereenzamende ouderen, voor zover dezen door het project ervaren dat aan hen persoonlijke zorg en aandacht wordt besteed. **DOORLOOPTIJD** ▶ ☑ onbekend **STATUS AANVRAGER** ▶ ☑ stichting of vereniging (non-profit) ☑ kerkelijke instelling ☑ bedrijf ☑ hulpverleners **VOORKEUR/UITSLUITING** ▶ ☑ De stichting subsidieert alleen projecten in de acht gemeenten waarin haar oprichter leefde en werkte, namelijk Boxmeer, Cuijk, Mook & Middelaar, Gennep, Bergen (L), Heumen, Nijmegen en Berg en Dal. ☑ De stichting verleent geen bijdragen aan structurele kosten.

Procedure ■ **OP AANVRAAG** ▶ ja **DOORLOOPTIJD** ▶ 1-3 maanden **AANVRAAGPROCEDURE** ▶ Subsidieaanvragen dienen per email te worden ingediend. Ook kunnen aanvragen worden ingediend via het aanvraagformulier op de website. Op de website staat welke documenten bijgeleverd dienen te worden. Aanvragers krijgen binnen zes weken nader bericht. **URL** ▶ www.stichtingarnolduleyn.nl/aanvraagformulier/

Financieel ■ **EIGEN VERMOGEN** ▶ € 275.180 **INKOMSTEN EV** ▶ € 1.095 **INKOMSTEN OV** ▶ € 7.779 **HERKOMST MIDDELEN** ▶ legaten, inkomsten uit vermogen, overige inkomsten **BOEKJAAR** ▶ 2018 **JAARVERSLAG OP WEBSITE** ▶ ja.

Contact ■ **BEREIKBAAR PER** ▶ ☑ post ☑ e-mail ☑ telefoon **CONTACTPERSOON** ▶ J.H.N. Kerssemakers **POSTADRES** ▶ Weezenhof 33-17, 6536 GM Nijmegen **EMAIL (ALGEMEEN)** ▶ info@stichtingarnolduleyn.nl **TELEFOON (ALGEMEEN)** ▶ 024-3443358.

325
Dr. Eduard Hoelen Stichting

Rubriek ■ ☑ onderwijs en onderzoek

Algemeen ■ **WEBSITE** ▶ www.kennisbankfilantropie.nl/anbi/dr-eduard-hoelen **TYPERING** ▶ vermogensfonds **OPGERICHT** ▶ 07-05-1965 **RECHTSVORM** ▶ stichting **KVK** ▶ 41151688 **ANBI STATUS** ▶ nee **DIRECTIE** ▶ geen directiegegevens bekend **BESTUUR** ▶ S.J.H. Roestenberg, voorzitter; J.Th.J. Tans, penningmeester; J.Th.J. Tans, secretaris; W.J. Schudel; W. Geerlings.

Missie ■ **DOELSTELLING** ▶ Financiële ondersteuning van kleinschalig wetenschappelijk werk op het gebied van de neurologie, neurochirurgie en psychiatrie dat bij voorkeur is/wordt uitgevoerd in het Medisch Centrum Haaglanden of werk dat werd/wordt gedaan door medewerkers die werkzaam zijn of zijn geweest in het MCH.

Doelgroep ■ **SPECIFIEK** ▶ Kleinschalig wetenschappelijk werk op het gebied van de neurologie, neurochirurgie en psychiatrie. **ACTIVITEITEN** ▶ Geen specifieke activiteiten bekend **INTERVENTIENIVEAU** ▶ Onbekend.

Werkgebied ■ ACTIERADIUS ► Nationaal, Lokaal LAND ► Nederland REGIO ► Zuid-Holland PLAATS ► Den Haag.

Bestedingen ■ BUDGET ► niet openbaar SOORT BIJDRAGE ► giften BOVENGRENS ► geen ONDERGRENS ► geen.

Projecten ■ CRITERIA ► geen projectcriteria bekend DOORLOOPTIJD ► ☑ onbekend STATUS AANVRAGER ► ☑ geen beperkingen bekend VOORKEUR/UITSLUITING ► Voorkeur gaat uit naar projecten die worden uitgevoerd in het Medisch Centrum Haaglanden of werk dat werd/wordt gedaan door medewerkers die werkzaam zijn of zijn geweest in het MCH.

Procedure ■ OP AANVRAAG ► onbekend AANVRAAGPROCEDURE ► Geen aanvraagprocedure bekend.

Financieel ■ HERKOMST MIDDELEN ► onbekend.

Contact ■ BEREIKBAAR PER ► ☑ post ☑ e-mail ☑ telefoon CONTACTPERSOON ► geen contactpersoon bekend POSTADRES ► Westeinde 128, 2512 HE Den Haag EMAIL (ALGEMEEN) ► f.de.vos@mchaaglanden.nl TELEFOON (ALGEMEEN) ► 070-3301830.

326

Stichting Dr. H. den Adel Fonds

Rubriek ■ ☑ onderwijs en onderzoek

Algemeen ■ WEBSITE ► www.luf.nl/over-het-fonds/stichtingen TYPERING ► fonds op naam BEHEERD DOOR ► Stichting Leids Universiteits Fonds DIRECTIE ► zie > Stichting Leids Universiteits Fonds BESTUUR ► zie > Stichting Leids Universiteits Fonds

Missie ■ DOELSTELLING ► De Stichting Dr. H. den Adel Fonds heeft tot doel de bevordering van experimentele natuurkunde. De stichting tracht haar doel onder meer te bereiken door: ☑ het geven van een (aanvullende) beurs voor studenten; ☑ financiering van een bezoek door studenten aan een conferentie of een buitenlands instituut. STICHTER(S) ► Dr. H. den Adel HISTORIE ► De stichting is opgericht bij akte de dato 16 april 2009, bij testamentaire beschikking van dr. Hendrik den Adel, overleden op 14 september 2008.

Werkgebied ■ ACTIERADIUS ► Nationaal LAND ► Nederland PLAATS ► Leiden.

Projecten ■ CRITERIA ► geen projectcriteria bekend DOORLOOPTIJD ► ☑ onbekend STATUS AANVRAGER ► ☑ geen beperkingen bekend VOORKEUR/UITSLUITING ► geen voorkeur of uitsluiting bekend.

Procedure ■ OP AANVRAAG ► onbekend AANVRAAGPROCEDURE ► Geen aanvraagprocedure bekend.

Contact ■ BEREIKBAAR PER ► ☑ post ☑ e-mail ☑ telefoon CONTACTPERSOON ► geen contactpersoon bekend POSTADRES ► Postbus 9500, 2300 RA Leiden EMAIL (ALGEMEEN) ► info@luf.leidenuniv.nl TELEFOON (ALGEMEEN) ► 071-5130503.

327

Stichting Dr. Hendrik Muller's Vaderlandsch Fonds

Rubriek ■ ☑ kunst en cultuur ☑ maatschappij, welzijn en samenleving ☑ onderwijs en onderzoek

Algemeen ■ WEBSITE ► www.mullerfonds.nl TYPERING ► vermogensfonds OPGERICHT ► 11-08-1941 RECHTSVORM ► stichting KVK ► 41150365 ANBI STATUS ► ja DIRECTIE ► mw. drs. I.J.J. Scholten-de Vries BESTUUR ► Prof.dr. A.O. Lubbers, voorzitter; mr. W.R.M. Nan, penningmeester; mw.prof.dr. I.D. de Beaufort, secretaris; drs. E.J. van den Bergh; mw.dr. A. de Vries; prof.dr. K.H. Ottenheym.

Missie ■ DOELSTELLING ► De Stichting heeft tot doel: ☑ Werkzaam zijn in het belang van het Nederlandse volk; ☑ Werkzaam zijn als instelling van weldadigheid ten opzichte van Nederlanders; In concreto wil de Stichting jonge, veelbelovende Nederlanders financieel ondersteunen in hun studie (universitair niveau of vergelijkbare hogere opleiding). Daarnaast subsidieert het Fonds diverse culturele doelen van landelijke betekenis. STICHTER(S) ► Dr. H.P.N. Muller (1859-1941) HISTORIE ► Het Dr. Hendrik Muller's Vaderlandsch Fonds is in 1941 opgericht na het overlijden van de stichter, dr. Hendrik Pieter Nicolaas Muller. Hendrik Muller was een vurig patriot, die trots was op onze vaderlandse historie. Zijn vaderlandsliefde heeft hij kenbaar gemaakt door het oprichten van het fonds waaraan hij zijn aanzienlijke vermogen heeft nagelaten. Dit fonds heeft een passende naam gekregen: Stichting dr. Hendrik Muller's Vaderlandsch Fonds. Sinds 1941 zijn talloze studenten door een beurs van zijn Fonds in staat gesteld om hun studie af te ronden of om zich wetenschappelijk nog verder te bekwamen. Meer dan 65 jaar hebben kerken en musea subsidies gekregen om het Nederlandse erfgoed in stand te houden.

Doelgroep ■ ALGEMEEN ► studenten, jongeren SPECIFIEK ► Getalenteerde jongeren van Nederlandse nationaliteit die willen studeren, cultuurconserverings projecten. ACTIVITEITEN ► ☑ steun aan (aspirant)studenten van Nederlandse nationaliteit; ☑ Het uitbrengen van belangwekkende wetenschappelijke publicaties, catalogi van tentoonstellingen en andere culturele en historische studies; ☑ Restauratie van rijksmonumenten zoals belangrijke kerken, orgels en kunstvoorwerpen; ☑ Wetenschappelijke seminars in het kader van de Koninklijke Nederlandse Akademie van Wetenschappen en van Nederlands cultuurbehoud; ☑ Prestigieuze prijzen; ☑ De Mullerprijs voor de maatschappij- en gedragswetenschappen onder auspiciën van de KNAW; ☑ Eventuele andere culturele en wetenschappelijke doelen ter beoordeling van het bestuur. INTERVENTIENIVEAU ► Steun aan individuen (directe steun).; Steun aan familie en omgeving van individuen.

Werkgebied ■ ACTIERADIUS ► Nationaal, Internationaal LAND ► Nederland.

Bestedingen ■ BUDGET ► niet openbaar SOORT BIJDRAGE ► giften studiebeurzen BOVENGRENS ► geen ONDERGRENS ► geen.

Projecten ■ CRITERIA ► Voor alle criteria (voor een studiebeurs of voor subsidies voor monumenten, dissertatie/publicatie of diversen) zie website. **DOORLOOPTIJD** ► ☑ korter dan 1 jaar **STATUS AANVRAGER** ► ☑ geen beperkingen bekend **VOORKEUR/UITSLUITING** ► geen voorkeur of uitsluiting bekend.

Procedure ■ **OP AANVRAAG** ► ja **DOORLOOPTIJD** ► 1-3 maanden **AANVRAAGPROCEDURE** ► Een aanvraag voor een studiebeurs kan alleen nog maar via de website ingediend worden. Aanvullende documenten kunnen eventueel per e-mail apart verstuurd worden (info@mullerfonds.nl). Aanvragen voor een subsidie kunnen tevens alleen online ingediend worden. Wanneer een aanvraag via deze website wordt gedaan, wordt er automatisch een bevestiging van ontvangst gestuurd via e-mail. Na de vergadering wordt de uitslag van elke aanvraag schriftelijk bekend gemaakt per e-mail. **URL** ► www.muller fonds.nl

Financieel ■ **INKOMSTEN EV** ► € 5.229.731 **HERKOMST MIDDELEN** ► vermogen **BOEKJAAR** ► 2019.

Contact ■ **BEREIKBAAR PER** ► ☑ post ☑ e-mail ☑ telefoon **CONTACTPERSOON** ► Mw. drs. I.J.J. Scholten-De Vries **POSTADRES** ► Jan van Nassaustraat 102, 2596 BW Den Haag **EMAIL (ALGEMEEN)** ► info@muller fonds.nl **TELEFOON (ALGEMEEN)** ► 070-3831241.

328
Dr. L.A. Buma Stichting

Rubriek ■ ☑ onderwijs en onderzoek

Algemeen ■ **WEBSITE** ► www.kennisbankfilantropie.nl/anbi/dr-la-buma-stichting **TYPERING** ► hybride fonds **RECHTSVORM** ► stichting **KVK** ► 41003590 **ANBI STATUS** ► nee **DIRECTIE** ► geen directiegegevens bekend **BESTUUR** ► S. Visser, voorzitter; mw. J. Dijkstra, penningmeester; mw. K. Rientjes, secretaris.

Missie ■ **DOELSTELLING** ► Het verstrekken van beurzen ofwel bijdragen in studiekosten, voor studie aan door het Ministerie van Onderwijs en Wetenschappen erkende instellingen voor hoger onderwijs in Nederland met uitzondering van een studie theologie, en het geven van financiële steun voor wetenschappelijk onderzoek en proefschriften. **STICHTER(S)** ► Dr. L.A. Buma **HISTORIE** ► Gelden en bezittingen uit nalatenschap van stichter.

Doelgroep ■ **ALGEMEEN** ► studenten **SPECIFIEK** ► Geen specifieke doelgroep **ACTIVITEITEN** ► Geen specifieke activiteiten bekend **INTERVENTIENIVEAU** ► Steun aan individuen (directe steun).

Werkgebied ■ **ACTIERADIUS** ► Regionaal, Nationaal **LAND** ► Nederland **REGIO** ► Friesland.

Bestedingen ■ **BUDGET** ► niet openbaar **SOORT BIJDRAGE** ► giften studiebeurzen **BOVENGRENS** ► geen **ONDERGRENS** ► geen.

Projecten ■ **CRITERIA** ► geen projectcriteria bekend **DOORLOOPTIJD** ► ☑ korter dan 1 jaar **STATUS AANVRAGER** ► ☑ individuen/gezinnen **VOORKEUR/UITSLUITING** ► Geen vergoeding voor de studie theologie.

Procedure ■ **OP AANVRAAG** ► onbekend **DOORLOOPTIJD** ► 1-3 maanden, geen doorlooptijd bekend; geen doorlooptijd bekend **AANVRAAGPROCEDURE** ► Geen aanvraagprocedure bekend.

Financieel ■ **HERKOMST MIDDELEN** ► vermogen, overige inkomsten.

Contact ■ **BEREIKBAAR PER** ► ☑ post ☒ e-mail ☑ telefoon **CONTACTPERSOON** ► S. Visser **POSTADRES** ► Slenk 37, 8604 ZA Sneek **TELEFOON (ALGEMEEN)** ► 0515-412762.

329
Drie Broden Fonds

Rubriek ■ ☑ kunst en cultuur ☑ maatschappij, welzijn en samenleving

Algemeen ■ **WEBSITE** ► www.cultuurfonds.nl **TYPERING** ► fonds op naam **BEHEERD DOOR** ► Prins Bernhard Cultuurfonds **DIRECTIE** ► zie > Prins Bernhard Cultuurfonds **BESTUUR** ► zie > Prins Bernhard Cultuurfonds

Missie ■ **DOELSTELLING** ► Het financieel ondersteunen van projecten waardoor kinderen en jongeren tot 18 jaar, met name degenen die anders geen of geringe kansen hierop hebben als gevolg van sociaal economische of culturele omstandigheden, actief en/of receptief kunnen kennismaken met cultuur om zo hun interesse hiervoor te wekken.

Werkgebied ■ **ACTIERADIUS** ► Nationaal **LAND** ► Nederland.

Projecten ■ **CRITERIA** ► geen projectcriteria bekend **DOORLOOPTIJD** ► ☑ korter dan 1 jaar **STATUS AANVRAGER** ► ☑ geen beperkingen bekend **VOORKEUR/UITSLUITING** ► geen voorkeur of uitsluiting bekend.

Procedure ■ **OP AANVRAAG** ► ja **AANVRAAGPROCEDURE** ► Dit 'fonds op naam' ressorteert onder het Prins Bernhard Cultuurfonds. Verzoeken aan fondsen op naam komen op één centraal punt binnen. Dit houdt in dat een subsidieaanvraag slechts eenmaal aan het Prins Bernhard Cultuurfonds hoeft te worden gezonden. Voor de verdere aanvraagprocedure: zie Prins Bernhard Cultuurfonds. **URL** ► www.cultuurfonds.nl/aanvragen

Contact ■ **BEREIKBAAR PER** ► ☑ post ☑ e-mail ☑ telefoon **CONTACTPERSOON** ► geen contactpersoon bekend **POSTADRES** ► Postbus 19750, 1000 GT Amsterdam **EMAIL (ALGEMEEN)** ► info@cultuurfonds.nl **TELEFOON (ALGEMEEN)** ► 020-5206130.

330
Stichting Dries en Fien Willemsen-Van Kempen

Rubriek ■ ☑ kerk en levensbeschouwing ☑ noodhulp ☑ maatschappij, welzijn en samenleving

Algemeen ■ **WEBSITE** ► www.kennisbankfilantropie.nl/anbi/stichting-dries-en-fien-willemsen-van-kempen **TYPERING** ► vermogensfonds **RECHTSVORM** ► stichting **KVK** ► 09111283 **ANBI STATUS** ► ja **DIRECTIE** ► geen directiegegevens bekend **BESTUUR** ► A.T.M. Opgenoort, voorzitter; G.A.M. Willemsen, penningmeester; C.B.A. Gips, secretaris.

Missie ■ **DOELSTELLING** ► De doelstelling van de stichting is het beheren en zoveel mogelijk in stand houden van het vermogen teneinde uit de beleggingsopbrengsten daarvan uitkeringen te doen aan kerkelijke en charitatieve instellingen (met name ook aan fondsen en projecten met een Rooms-katholieke achtergrond) die aan directe hulp doen in binnen- en buitenland, alsmede uitkering ter ondersteuning van weeskinderen, armen en hulpbehoevenden in de wereld, maar met name ook in Lent. **HISTORIE** ► In de stichting is (een deel van) het vermogen van de overleden heer en mevrouw Dries en Fien Willemsen Van Kempen ondergebracht. **BELEIDSPLAN OP WEBSITE** ► ja.

Doelgroep ■ **ALGEMEEN** ► gelovigen, kinderen, armen, dak- en thuislozen **SPECIFIEK** ► Geen specifieke doelgroep **ACTIVITEITEN** ► In 2016 werd er een gift verstrekt, die was bestemd voor de bouw van een basisschool in Makoka, Tanzania. **INTERVENTIENIVEAU** ► Steun aan lokale/provinciale maatschappelijke organisaties en structuren (incl. gemeenten etc.) die diensten verlenen aan individuen.; Steun aan individuen (directe steun).

Werkgebied ■ **ACTIERADIUS** ► Nationaal, Internationaal, Lokaal **LAND** ► Nederland, Wereldwijd **PLAATS** ► Lent.

Bestedingen ■ **BUDGET** ► niet openbaar **SOORT BIJDRAGE** ► giften **BOVENGRENS** ► geen **ONDERGRENS** ► geen.

Projecten ■ **CRITERIA** ► geen projectcriteria bekend **DOORLOOPTIJD** ► ☑ onbekend **STATUS AANVRAGER** ► ☑ kerkelijke instelling ☑ stichting of vereniging (non-profit) **VOORKEUR/UITSLUITING** ► Voorkeur voor fondsen en projecten met een Rooms-katholieke achtergrond.

Procedure ■ **OP AANVRAAG** ► onbekend **AANVRAAGPROCEDURE** ► geen aanvraagprocedure bekend.

Financieel ■ **EIGEN VERMOGEN** ► € 3.200.000 **INKOMSTEN EV** ► € 131.326 **HERKOMST MIDDELEN** ► vermogen **BOEKJAAR** ► 2016 **JAARVERSLAG OP WEBSITE** ► ja.

Contact ■ **BEREIKBAAR PER** ► ☑ post ☑ e-mail ☑ telefoon **CONTACTPERSOON** ► geen contactpersoon bekend **POSTADRES** ► Steltsestraat 45, 6663 BN Lent **EMAIL (ALGEMEEN)** ► gw@wilpar.nl **TELEFOON (ALGEMEEN)** ► 024-3656777.

331
Stichting Driessen Foundation

Rubriek ■ ☑ maatschappij, welzijn en samenleving

Algemeen ■ **WEBSITE** ► https://foundation.driessen.nl **TYPERING** ► vermogensfonds **RECHTSVORM** ► stichting **KVK** ► 68503962 **ANBI STATUS** ► ja **DIRECTIE** ► geen directiegegevens bekend **BESTUUR** ► J. Driessen, voorzitter; M. Munnich, penningmeester; mw. J. Verschuren-Driessen, secretaris; mw. A. Knoet-Michels; J. Claes.

Missie ■ **DOELSTELLING** ► De Driessen Foundation zet zich in voor mensen met een afstand tot de arbeidsmarkt die barsten van het talent maar niet de juiste kans krijgen om dit talent binnen een organisatie te laten zien. **STICHTER(S)** ► Driessen Groep **HISTORIE** ► De Driessen Foundation is een initiatief vanuit Driessen Groep. Driessen Groep is een persoonlijk & professionele, digitaal gedreven, dienstverlener in 'mens en werk' gespecialiseerd in de publieke sector. Kort gezegd: Driessen zorgt ervoor dat mensen werk hebben én als ze werk hebben, zorgt zij dat dit goed geregeld is. De afgelopen jaren is Driessen Groep flink gegroeid. En hoe groter de organisatie, hoe meer zij kan betekenen voor de wereld om haar heen. Vanuit deze gedachte én de passie voor 'mens en werk' is de Driessen Foundation in het leven geroepen. **BELEIDSPLAN OP WEBSITE** ► ja.

Doelgroep ■ **SPECIFIEK** ► Werkenden en werkzoekenden met een afstand tot de (reguliere) arbeidsmarkt. **ACTIVITEITEN** ► De stichting Driessen Foundation helpt door samen te werken met partners die zich al actief inzetten voor onze doelgroep. We helpen hen met financiële middelen, maar ook in de begeleiding of ondersteuning van diverse processen. **INTERVENTIENIVEAU** ► Steun aan lokale/provinciale maatschappelijke organisaties en structuren (incl. gemeenten etc.) die diensten verlenen aan individuen.

Werkgebied ■ **ACTIERADIUS** ► Nationaal **LAND** ► Nederland.

Bestedingen ■ **BUDGET** ► niet openbaar **TOELICHTING** ► De Driessen Foundation ontvangt 5% van het nettoresultaat van Driessen Groep aan financiële middelen. Tevens stelt Driessen Groep haar vergaderruimtes ter beschikking aan derden waarbij de gebruiker bepaalt welk bedrag gedoneerd wordt aan de stichting. **SOORT BIJDRAGE** ► giften investeringen overig **BOVENGRENS** ► € 2.500 **ONDERGRENS** ► geen.

Projecten ■ **CRITERIA** ► Binnen het domein van mens en werk. **DOORLOOPTIJD** ► ☑ onbekend **STATUS AANVRAGER** ► ☑ stichting of vereniging (non-profit) **VOORKEUR/UITSLUITING** ► Uitsluitend stichtingen met ANBI status.

Procedure ■ **OP AANVRAAG** ► ja **AANVRAAGPROCEDURE** ► Aanvragen kunnen online ingediend worden via het digitale formulier. **URL** ► https://foundation.driessen.nl/aanvraag-ondersteuning/

Financieel ■ **EIGEN VERMOGEN** ► € 113.599 **INKOMSTEN OV** ► € 157.940 **HERKOMST MIDDELEN** ► vermogen, moederorganisatie (bijdragen), inkomsten uit bedrijven, giften & schenkingen **BOEKJAAR** ► 2018 **JAARVERSLAG OP WEBSITE** ► ja.

Contact ■ **BEREIKBAAR PER** ► ☑ post ☒ e-mail ☒ telefoon **CONTACTPERSOON** ► geen contactpersoon bekend **POSTADRES** ► Schootense Dreef 15, 5708 HZ Helmond.

332
Stichting Drs Cor van Zadelhoff Fonds

Rubriek ■ ☑ kunst en cultuur

Algemeen ■ **WEBSITE** ► www.stichtingcvzfonds.nl **TYPERING** ► vermogensfonds **RECHTSVORM** ► stichting **KVK** ► 41214281 **ANBI STATUS** ► ja **DIRECTIE** ► geen directiegegevens bekend **BESTUUR** ► C. van Zadelhoff, voorzitter; H.T.E.M. Rottinghuis, penningmeester; D. del Canho, secretaris.

Missie ■ **DOELSTELLING** ► ☑ Het restaureren en/of aankopen van monumentale en anderszins cultureel van belang zijnde gebouwen; ☑

het aankopen of stichten van gebouwen met een (beoogde culturele of maatschappelijke bestemming, zoals musea en ziekenhuizen); ☑ het verlenen van financiële steun aan derden bij het restaureren, aankopen, uitbreiden, verbouwen, exploiteren en/of stichten van gebouwen zoals hiervoor bedoeld; ☑ het steunen van maatschappelijk of cultureel nuttig werk en onderzoek. **HISTORIE** ▶ De Stichting Drs Cor van Zadelhoff Fonds is in 1994 opgericht om diverse goede doelen financieel te ondersteunen, vooral op het vlak van cultureel erfgoed. **BELEIDSPLAN OP WEBSITE** ▶ ja.

Doelgroep ■ **SPECIFIEK** ▶ Geïnteresseerden in monumentale gebouwen. **ACTIVITEITEN** ▶ Voor de besteding van de ontvangen schenkingen richt het bestuur zich tot op heden voornamelijk op onderhoudsbijdragen ten behoeve van gebouwen met culturele bestemming en/of beeldbepalende gebouwen, die onvoldoende economisch draagvlak hebben. Ook zijn substantiële schenkingen gedaan aan andere doelen die bij voldoende middelen blijvend ondersteund zullen worden. **INTERVENTIENIVEAU** ▶ Steun aan lokale/provinciale maatschappelijke organisaties en structuren (incl. gemeenten etc.) die diensten verlenen aan individuen.

Werkgebied ■ **ACTIERADIUS** ▶ Nationaal **LAND** ▶ Nederland.

Bestedingen ■ **BUDGET** ▶ niet openbaar **SOORT BIJDRAGE** ▶ giften overig **BOVENGRENS** ▶ geen **ONDERGRENS** ▶ geen.

Projecten ■ **CRITERIA** ▶ geen projectcriteria bekend **DOORLOOPTIJD** ▶ ☑ onbekend **STATUS AANVRAGER** ▶ ☑ geen beperkingen bekend **VOORKEUR/UITSLUITING** ▶ geen voorkeur of uitsluiting bekend.

Procedure ■ **OP AANVRAAG** ▶ ja **AANVRAAGPROCEDURE** ▶ Voor een financiële bijdrage binnen de doelstellingen van de stichting kunt u zich per brief richten tot het bestuur.

Financieel ■ **EIGEN VERMOGEN** ▶ € 85.224.562 **INKOMSTEN EV** ▶ € 1.611.160 **HERKOMST MIDDELEN** ▶ vermogen, giften & schenkingen **BOEKJAAR** ▶ 2019 **JAARVERSLAG OP WEBSITE** ▶ ja.

Contact ■ **BEREIKBAAR PER** ▶ ☑ post ☒ e-mail ☒ telefoon **CONTACTPERSOON** ▶ geen contactpersoon bekend **POSTADRES** ▶ Dijsselhofplantsoen 10, 1077 BL Amsterdam.

333
Drs. Henri Roovers Fonds

Rubriek ■ ☑ kunst en cultuur ☑ onderwijs en onderzoek

Algemeen ■ **WEBSITE** ▶ www.cultuurfonds.nl **TYPERING** ▶ fonds op naam **BEHEERD DOOR** ▶ Prins Bernhard Cultuurfonds **DIRECTIE** ▶ zie > Prins Bernhard Cultuurfonds **BESTUUR** ▶ zie > Prins Bernhard Cultuurfonds

Missie ■ **DOELSTELLING** ▶ Het financieel ondersteunen van (professionele) organisten voor een vervolgstudie of aanvullende studie in brede zin in binnen- of buitenland.

Werkgebied ■ **ACTIERADIUS** ▶ Nationaal, Internationaal **LAND** ▶ Nederland.

Projecten ■ **CRITERIA** ▶ geen projectcriteria bekend **DOORLOOPTIJD** ▶ ☑ korter dan 1 jaar **STATUS AANVRAGER** ▶ ☑ geen beperkingen bekend **VOORKEUR/UITSLUITING** ▶ geen voorkeur of uitsluiting bekend.

Procedure ■ **OP AANVRAAG** ▶ ja **AANVRAAGPROCEDURE** ▶ Dit 'fonds op naam' ressorteert onder het Prins Bernhard Cultuurfonds. Verzoeken aan fondsen op naam komen op één centraal punt binnen. Dit houdt in dat een subsidieaanvraag slechts eenmaal aan het Prins Bernhard Cultuurfonds hoeft te worden gezonden. Voor de verdere aanvraagprocedure: zie Prins Bernhard Cultuurfonds. **URL** ▶ www.cultuurfonds.nl/aanvragen

Contact ■ **BEREIKBAAR PER** ▶ ☑ post ☑ e-mail ☑ telefoon **CONTACTPERSOON** ▶ geen contactpersoon bekend **POSTADRES** ▶ Postbus 19750, 1000 GT Amsterdam **EMAIL (ALGEMEEN)** ▶ info@cultuurfonds.nl **TELEFOON (ALGEMEEN)** ▶ 020-5206130.

334
Stichting H.L. Druckerfonds

Rubriek ■ ☑ maatschappij, welzijn en samenleving

Algemeen ■ **WEBSITE** ▶ www.druckerfonds.nl **TYPERING** ▶ vermogensfonds **OPGERICHT** ▶ 22-03-1989 **RECHTSVORM** ▶ stichting **KVK** ▶ 41167889 **ANBI STATUS** ▶ ja **DIRECTIE** ▶ geen directiegegevens bekend **BESTUUR** ▶ Mw. M.V.H. van den Berg, voorzitter; M.A.A. Kager, penningmeester; G.H. Offringa, secretaris; mw. S Maatoug; S.J.W. Staal; L. van Wezel; mw. B.H.J. WIldenburg.

Missie ■ **DOELSTELLING** ▶ Het bevorderen en ondersteunen van sociaal culturele activiteiten en van activiteiten gericht op de sociale cohesie van de samenleving. Het werkgebied van de stichting is beperkt tot de gemeente Leiden en haar naaste omgeving. **STICHTER(S)** ▶ Stichting Het Leidse Volkshuis **HISTORIE** ▶ De Stichting H.L. Druckerfonds komt voort uit de in 1899 opgerichte Stichting Het Leidse Volkshuis. Deze stichting had tot doel 'Verhoging van de ontwikkeling, beschaving en levensgeluk van de arbeidende en daarmee gelijkstaande klassen'. De oprichters, onder leiding van prof. H.L. Drucker, lieten uit eigen vermogen een pand bouwen aan de Apothekersdijk te Leiden. Op 22 maart 1989 werd de Stichting H.L. Druckerfonds opgericht. Een deel van de activa van het Leidse Volkshuis werd in het vermogensfonds ondergebracht. **BELEIDSPLAN OP WEBSITE** ▶ ja.

Doelgroep ■ **ALGEMEEN** ▶ armen, gehandicapten, ouderen, zieken, kinderen **SPECIFIEK** ▶ Projecten die betrekking hebben op dat deel van de samenleving dat hulp het hardst nodig heeft. **ACTIVITEITEN** ▶ De financiële ondersteuning richt zich vooral op nieuwe en vernieuwende projecten. Tevens komen in aanmerking onderdelen van bestaand beleid, welke niet uit andere hoofde worden worden ondersteund en welke een wezenlijke verbetering of bijdrage vormen voor de huidige activiteiten. **INTERVENTIENIVEAU** ▶ Steun aan lokale/provinciale maatschappelijke organisaties en structuren (incl. gemeenten etc.) die diensten verlenen aan individuen.

Werkgebied ■ **ACTIERADIUS** ▶ Lokaal **LAND** ▶ Nederland **PLAATS** ▶ Leiden.

Bestedingen ■ **BUDGET** ▶ € 138.000 **ONDERSTEUNDE PROJECTEN P/J** ▶ 35 **SOORT BIJDRAGE** ▶ giften **BOVENGRENS** ▶ geen **ONDERGRENS** ▶ geen.

Projecten ■ CRITERIA ▶ Het Druckerfonds richt zich vooral de ondersteuning van sociaal-culturele activiteiten én initiatieven gericht op het verbeteren van de sociale cohesie van de samenleving. DOORLOOPTIJD ▶ ☑ korter dan 1 jaar STATUS AANVRAGER ▶ ☑ stichting of vereniging (non-profit) ☑ kerkelijke instelling ☑ bedrijf ☑ hulpverleners ☑ onderwijsinstelling VOORKEUR/UITSLUITING ▶ ☑ Uitsluitend projecten met een eenmalig karakter, meerjarige subsidies worden slechts bij uitzondering verleend; ☑ Structurele of exploitatie subsidies worden nimmer verleend.

Procedure ■ OP AANVRAAG ▶ ja DOORLOOPTIJD ▶ 1-3 maanden AANVRAAGPROCEDURE ▶ Aanvragen dienen te voldoen aan de geldende subsidievoorwaarden (te vinden op de website) en kunnen digitaal worden verstuurd aan de secretaris van de stichting. Het bestuur vergadert circa vijf maal per jaar en behandelt in een vergadering alleen subsidieaanvragen die minimaal twee weken voor een bestuursvergadering ingediend worden. Een aanvraag dient ruimschoots voor aanvang van de activiteit te worden ingediend. De vergaderdata zijn te vinden op de website. URL ▶ https://druckerfonds.nl/donatie-aanvragen/

Financieel ■ EIGEN VERMOGEN ▶ € 3.376.000 INKOMSTEN EV ▶ € -.211.274 HERKOMST MIDDELEN ▶ vermogen BOEKJAAR ▶ 2018 JAARVERSLAG OP WEBSITE ▶ ja.

Contact ■ BEREIKBAAR PER ▶ ☑ post ☑ e-mail ☑ telefoon CONTACTPERSOON ▶ Mw. M.V.H. van den Berg POSTADRES ▶ Narmstraat 20, 2312 BG Leiden EMAIL (ALGEMEEN) ▶ voorzitter@druckerfonds.nl TELEFOON (ALGEMEEN) ▶ 071-5133331; 06-46741903

.

335
Ds. G. Boerstichting

Rubriek ■ ☑ maatschappij, welzijn en samenleving ☑ kunst en cultuur

Algemeen ■ WEBSITE ▶ www.kennisbankfilantropie.nl/anbi/gboerstichting TYPERING ▶ vermogensfonds OPGERICHT ▶ 19-12-1950 RECHTSVORM ▶ stichting KVK ▶ 41055148 ANBI STATUS ▶ ja DIRECTIE ▶ geen directiegegevens bekend BESTUUR ▶ geen bestuursgegevens bekend.

Missie ■ DOELSTELLING ▶ ☑ De inkomsten uit haar vermogen aan te wenden voor doeleinden, liggende op het terrein van de welzijnszorg voor minderjarigen. ☑ Het beheren en in stand houden van de haar in eigendom toebehorende registergoederen waaronder met name begrepen historische monumenten en het museum. STICHTER(S) ▶ Johannes van 't Lindenhout HISTORIE ▶ Vanaf 1863 richtte Johannes van 't Lindenhout zich op de opvang van wezen, jongens en meisjes, die niet voor opname in bijvoorbeeld Burgerweeshuizen in aanmerking kwamen. Het eerste weeshuis groeide uit tot een compleet dorp, bij het dorpje Neerbosch. Later verschuift de functie van het Kinderdorp van de opvang van wezen naar de opvang van kinderen die om een of andere reden; uit huis geplaatst worden. In 2001 wordt het terrein van het Kinderdorp Neerbosch door de organisatie verlaten. De kerk van het Kinderdorp, in 1882 door weesjongens onder leiding van hun leermeesters gebouwd, blijft eigendom van de Ds. G. Boerstichting. In de kerk is sedert 1998 de door de heer R. van Regteren in de loop van vele jaren bijeengebrachte collectie van voorwerpen, betrekking hebbend op de geschiedenis van het Kinderdorp, ondergebracht: het Van 't Lindenhoutmuseum. De oprichter en eerste conservator van het museum verrichtte zijn werkzaamheden aanvankelijk geheel als vrijwilliger. Door zijn inzet en enthousiasme, ondersteund door veel medewerkers en met financiële steun van de Ds. G. Boerstichting, kwam een 'echt' museum tot stand. De stichting Lindenhout heeft op verzoek van de Ds. G. Boerstichting het beheer van het museum op zich genomen. De dagelijkse uitvoering is in handen van de conservator, die daartoe een aanstelling in deeltijd heeft. BELEIDSPLAN OP WEBSITE ▶ ja.

Doelgroep ■ ALGEMEEN ▶ jongeren, kinderen SPECIFIEK ▶ Geen specifieke doelgroep ACTIVITEITEN ▶ Geen specifieke activiteiten bekend INTERVENTIENIVEAU ▶ Steun aan lokale/provinciale maatschappelijke organisaties en structuren (incl. gemeenten etc.) die diensten verlenen aan individuen.

Werkgebied ■ ACTIERADIUS ▶ Nationaal LAND ▶ Nederland.

Bestedingen ■ BUDGET ▶ niet openbaar SOORT BIJDRAGE ▶ giften BOVENGRENS ▶ geen ONDERGRENS ▶ geen.

Projecten ■ CRITERIA ▶ geen projectcriteria bekend DOORLOOPTIJD ▶ ☑ onbekend STATUS AANVRAGER ▶ ☑ geen beperkingen bekend VOORKEUR/UITSLUITING ▶ geen voorkeur of uitsluiting bekend.

Procedure ■ OP AANVRAAG ▶ onbekend AANVRAAGPROCEDURE ▶ geen aanvraagprocedure bekend.

Financieel ■ HERKOMST MIDDELEN ▶ onbekend.

Contact ■ BEREIKBAAR PER ▶ ☒ post ☑ e-mail ☑ telefoon CONTACTPERSOON ▶ geen contactpersoon bekend POSTADRES ▶ Geen postadres bekend EMAIL (ALGEMEEN) ▶ info@lindenhout.nlr.hobrink@entrealindenhout.nl TELEFOON (ALGEMEEN) ▶ 026-3543352/-0630848238.

336
Dubbel Breed Fonds

Rubriek ■ ☑ kunst en cultuur

Algemeen ■ WEBSITE ▶ www.cultuurfonds.nl TYPERING ▶ fonds op naam BEHEERD DOOR ▶ Prins Bernhard Cultuurfonds DIRECTIE ▶ zie > Prins Bernhard Cultuurfonds BESTUUR ▶ zie > Prins Bernhard Cultuurfonds

Missie ■ DOELSTELLING ▶ Het ondersteunen van enerzijds Nederlandse landschapsschilders met een voorkeur voor schilders van het Noord-Hollands landschap en anderzijds Nederlandse keramisten met een voorkeur voor de vrije figuratieve stukken, tegeltableaus en tegels teneinde hen in staat te stellen hun talent te verdiepen en hun werk in het buitenland uit te dragen.

Werkgebied ■ ACTIERADIUS ▶ Nationaal LAND ▶ Nederland.

Projecten ■ CRITERIA ▶ geen projectcriteria bekend DOORLOOPTIJD ▶ ☑ korter dan 1 jaar STATUS AANVRAGER ▶ ☑ geen beperkingen bekend

VOORKEUR/UITSLUITING ▶ Voorkeur gaat uit naar schilders van het Noord-Hollands landschap en keramisten op het gebied van figuratieve stukken, tegeltableaus en tegels.

Procedure ■ OP AANVRAAG ▶ ja AANVRAAGPROCEDURE ▶ Dit 'fonds op naam' ressorteert onder het Prins Bernhard Cultuurfonds. Verzoeken aan fondsen op naam komen op één centraal punt binnen. Dit houdt in dat een subsidieaanvraag slechts eenmaal aan het Prins Bernhard Cultuurfonds hoeft te worden gezonden. Voor de verdere aanvraagprocedure: zie Prins Bernhard Cultuurfonds. URL ▶ www.cultuurfonds.nl/aanvragen

Contact ■ BEREIKBAAR PER ▶ ☑ post ☑ e-mail ☑ telefoon CONTACTPERSOON ▶ geen contactpersoon bekend POSTADRES ▶ Postbus 19750, 1000 GT Amsterdam EMAIL (ALGEMEEN) ▶ info@cultuurfonds.nl TELEFOON (ALGEMEEN) ▶ 020-5206130.

337
Dullertsstichting

Rubriek ■ ☑ noodhulp ☑ maatschappij, welzijn en samenleving

Algemeen ■ WEBSITE ▶ www.dullertsstichting.nl TYPERING ▶ vermogensfonds RECHTSVORM ▶ stichting KVK ▶ 41047234 ANBI STATUS ▶ ja DIRECTIE ▶ mr. M. Schellingerhout BESTUUR ▶ Mr. W.W. Kotweg, voorzitter; drs. R.J. Dijkhuizen, secretaris; drs. C.R.A.M. Knüppe; mr. A.H.T. Heisterkamp; mr. B. Huibers.

Missie ■ DOELSTELLING ▶ De stichting heeft ten doel het doen van eenmalige giften- alsmede het verlenen van langdurige jaarlijkse ondersteuning aan natuurlijke personen die wonen in het werkgebied van de stichting en die daarvoor wegens hun financiële of maatschappelijke omstandigheden in aanmerking komen. Daarnaast verleent de stichting, binnen het werkgebied, eenmalige giften aan instellingen van liefdadigheid of met sociale doeleinden. STICHTER(S) ▶ Mr. W.H. Dullert (1817-1881) HISTORIE ▶ Op 24 februari 1882, precies een jaar na het overlijden van Willem Hendrik Dullert, is de Dullertsstichting opgericht. De Dullertsstichting beheert het vermogen van mr. W.H. Dullert die in zijn testament bepaalde dat een naar hem vernoemde stichting zijn vermogen zou beheren na zijn overlijden. Dit omdat hij nooit getrouwd was en geen naaste familie meer had. Met de opbrengst van dit vermogen kon de stichting giften doen aan de behoeftige burgers van Arnhem en omstreken. Die wens is in vervulling gegaan. De Dullertsstichting beheert tot op de dag van vandaag zijn erfenis en gedachtegoed. BELEIDSPLAN OP WEBSITE ▶ ja.

Doelgroep ■ ALGEMEEN ▶ armen, jongeren, ouderen, kinderen SPECIFIEK ▶ Inwoners van Arnhem en omgeving die geen of weinig financiële armslag hebben. Daarnaast ook instellingen met een sociaal of liefdadig doeleinde. ACTIVITEITEN ▶ De Dullertsstichting geeft in principe geen contant geld. De Dullertsstichting steunt personen of groepen van personen, die in moeilijke maatschappelijke omstandigheden verkeren. De steun is van materiële aard. Te denken valt aan woninginrichting, vervoerskosten, psychologische of medische behandelingen. Ook organisaties en instellingen die zich bezig houden met maatschappelijke noden worden financieel gesteund. De stichting beheert ook het fonds op naam het Heij Konijn fonds (ten behoeve van ontwikkeling van jonge kunstenaars). INTERVENTIENIVEAU ▶ Steun aan individuen (directe steun).; Steun aan lokale/provinciale maatschappelijke organisaties en structuren (incl. gemeenten etc.) die diensten verlenen aan individuen.

Werkgebied ■ ACTIERADIUS ▶ Lokaal, Regionaal LAND ▶ Nederland REGIO ▶ Arnhem PLAATS ▶ Arnhem, Duiven, Westervoort, Renkum, Rheden, Rozendaal, Huissen.

Bestedingen ■ BUDGET ▶ € 1.414.000 SOORT BIJDRAGE ▶ giften leningen garanties BOVENGRENS ▶ geen ONDERGRENS ▶ geen.

Projecten ■ CRITERIA ▶ Voorwaarden zijn: ☑ De aanvrager woont in het werkgebied. ☑ Financiële hulp aan de aanvrager door de volgende voorzieningen (voor zover van toepassing) schriftelijk afgewezen: bijzondere bijstand, afdeling schuldhulpverlening van de gemeente, Stadsbank, wet maatschappelijke ondersteuning, zorgverzekering. De bijzondere bijstandsvoorwaarde geldt niet voor ouderen boven de 65 jaar. DOORLOOPTIJD ▶ ☑ korter dan 1 jaar STATUS AANVRAGER ▶ ☑ geen beperkingen bekend VOORKEUR/UITSLUITING ▶ Voorkeur gaat uit naar aanvragen die nog geen steun van de stichting hebben ontvangen. Een particulier die al een keer hulp heeft ontvangen, dient 24 maanden te wachten voordat een nieuwe aanvraag kan worden ingediend.

Procedure ■ OP AANVRAAG ▶ ja DOORLOOPTIJD ▶ 1-3 maanden AANVRAAGPROCEDURE ▶ Wilt u voor uzelf of voor iemand anders een aanvraag voor hulp indienen? Dan kunt u contact opnemen voor overleg tijdens het telefonisch spreekuur, op werkdagen van 9.00-10.00 uur. Na dit telefonische consult krijgt u een aanvraagformulier toegestuurd. Dit dient u volledig ingevuld, ondertekend en met alle bijbehorende kopieën te retourneren. Bij een aanvraag met medische achtergrond vragen wij u ook een verklaring in te vullen, waarmee u erin toestemt dat de arts uit ons bestuur contact opneemt met uw (huis)arts. Instellingen in ons werkgebied kunnen voor een aanvraag direct contact met opnemen. Als u voldoet aan de voorwaarden, maken wij een afspraak voor een huisbezoek. Tijdens dit bezoek kunnen wij uw persoonlijke situatie bekijken en eventueel ontbrekende gegevens bespreken. Wij geven u schriftelijk een datum voor de afspraak door, die u telefonisch moet bevestigen. De rapportage over het huisbezoek wordt aan het bestuur voorgelegd. Het bestuur beslist vervolgens of de aanvraag al dan niet wordt goedgekeurd. Na ontvangst van een complete aanvraag wordt ernaar gestreefd om u binnen zeven weken te laten horen of deze is goedgekeurd. Het bestuur komt acht keer per jaar bijeen om aanvragen te beoordelen. Na een vergadering wordt u zo snel mogelijk schriftelijk op de hoogte gesteld. URL ▶ www.dullertsstichting.nl/aanvraag.htm

Financieel ■ INKOMSTEN EV ▶ € 2.057.875 HERKOMST MIDDELEN ▶ 2.057.875, inkomsten uit vermogen, vermogen BOEKJAAR ▶ 2019 JAARVERSLAG OP WEBSITE ▶ ja.

Contact ■ BEREIKBAAR PER ▶ ☑ post ☑ e-mail ☑ telefoon CONTACTPERSOON ▶ geen contactpersoon bekend POSTADRES ▶ Jansbinnensingel

22, 6811 AK Arnhem **EMAIL (ALGEMEEN)** ▶ info@dullertsstichting.nl **TELEFOON (ALGEMEEN)** ▶ 026-4425192.

338

Stichting Dyslexie Fonds/SDF

Rubriek ■ ☑ onderwijs en onderzoek

Algemeen ■ **WEBSITE** ▶ www.dyslexie.nl **TYPERING** ▶ hybride fonds **OPGERICHT** ▶ 07-08-1985 **RECHTSVORM** ▶ stichting **KVK** ▶ 41049301 **ANBI STATUS** ▶ ja **DIRECTIE** ▶ geen directiegegevens bekend **BESTUUR** ▶ Ir. A.B. van der Garden, voorzitter; drs. F.A. Kooij, penningmeester; drs. W.J.G.M. Raedts, secretaris; mw.drs. P.M. Hofmeester; mw.drs. L. Besnard; mw.dr. G.E. Wolters.

Missie ■ **DOELSTELLING** ▶ De stichting heeft ten doel het bevorderen respectievelijk doen uitvoeren van wetenschappelijk onderzoek met betrekking tot dyslexie en de randgevolgen daarvan, alsmede de remediatie, één en ander in de meest ruime zin des woords; en voorts al hetgeen met een en ander rechtstreeks of zijdelings verband houdt of daartoe bevorderlijk kan zijn. **HISTORIE** ▶ De Stichting Dyslexie Fonds (SDF) is opgericht in 1985 met als belangrijkste doel de bevordering en ondersteuning van wetenschappelijk onderzoek. **BELEIDSPLAN OP WEBSITE** ▶ ja.

Doelgroep ■ **ALGEMEEN** ▶ kinderen **SPECIFIEK** ▶ Wetenschappers op het gebied van dyslexie. **ACTIVITEITEN** ▶ ☑ Het bevorderen van het onderzoek naar en de behandeling van dyslexie en andere individuele problemen bij het verwerven van cognitieve basisvoorwaarden in het bijzonder van lezen en schrijven; ☑ Het bevorderen van kennis en praktische vaardigheid bij hen die op dit gebied in de praktijk werkzaam zijn of zullen zijn; ☑ Het inzamelen van gelden en de besteding daarvan in overeenstemming met het doel van de stichting. **INTERVENTIENIVEAU** ▶ Steun aan individuen (directe steun).

Werkgebied ■ **ACTIERADIUS** ▶ Nationaal **LAND** ▶ Nederland.

Bestedingen ■ **BUDGET** ▶ niet openbaar **ONDERSTEUNDE PROJECTEN P/J** ▶ 4 **SOORT BIJDRAGE** ▶ giften subsidies **BOVENGRENS** ▶ geen **ONDERGRENS** ▶ geen.

Projecten ■ **CRITERIA** ▶ ☑ Uitgangspunt voor financiering is dat de aanvraag betrekking heeft op dyslexie; ☑ Het product of de dienst moet vernieuwend en effectief zijn; ☑ Het product moet dienstbaar zijn voor praktische toepassing; ☑ De aanvraag heeft betrekking op een kortlopend project met een duidelijk omschreven einddoel of resultaat; ☑ De financiële ondersteuning moet beperkt in omvang zijn. **DOORLOOPTIJD** ▶ ☑ korter dan 1 jaar **STATUS AANVRAGER** ▶ ☑ bedrijf ☑ individuen/gezinnen ☑ overig **VOORKEUR/UITSLUITING** ▶ ☑ De aanvraag heeft bij voorkeur betrekking op jonge kinderen.

Procedure ■ **OP AANVRAAG** ▶ ja **AANVRAAGPROCEDURE** ▶ Verzoeken tot financiële ondersteuning kunnen uitsluitend per email worden ingediend bij het secretariaat van de Stichting. Bij de aanvraag dient een projectplan te worden ingediend met als onderdelen: ☑ Titel van het project; ☑ Korte omschrijving van het project met daarin de aanleiding; de relatie met bestaande aanpakken/methodes/visies en uitvoerende en betrokken personen en/of instellingen. ☑ Doelen van het project; ☑ Beoogde activiteiten en producten; ☑ Overdraagbaarheid binnen de eigen kring en/of via een artikel over het project in een relevant vaktijdschrift. Voor het schrijven van een artikel kan maximaal € 500 in de financiering van het projectplan worden opgenomen. ☑ Tijdpad; ☑ Benodigde financiën; Na afloop van het project wordt een financiële en inhoudelijke verantwoording verwacht. Het bestuur vergadert tenminste éénmaal per jaar **URL** ▶ www.dyslexie.nl/steunverlening/

Financieel ■ **EIGEN VERMOGEN** ▶ € 665.729 **INKOMSTEN EV** ▶ € 57.245 **INKOMSTEN OV** ▶ € 2.418 **HERKOMST MIDDELEN** ▶ vermogen, bedrijven, overige inkomsten, giften & schenkingen, legaten **BOEKJAAR** ▶ 2019 **JAARVERSLAG OP WEBSITE** ▶ ja.

Contact ■ **BEREIKBAAR PER** ▶ ☑ post ☑ e-mail ☒ telefoon **CONTACTPERSOON** ▶ Drs. W.J.G.M. Raedts **POSTADRES** ▶ Dubbeldamseweg Noord 2, 3311 LX Dordrecht **EMAIL (ALGEMEEN)** ▶ wim.raedts43@gmail.com.

339

E.J. Struif Fonds

Rubriek ■ ☑ kunst en cultuur

Algemeen ■ **WEBSITE** ▶ www.cultuurfonds.nl **TYPERING** ▶ fonds op naam **BEHEERD DOOR** ▶ Prins Bernhard Cultuurfonds **DIRECTIE** ▶ zie > Prins Bernhard Cultuurfonds **BESTUUR** ▶ zie > Prins Bernhard Cultuurfonds

Missie ■ **DOELSTELLING** ▶ Het financieel ondersteunen van projecten op het gebied van het orgel in Groningen en Friesland, waarbij de voorkeur uitgaat naar restauratie.

Werkgebied ■ **ACTIERADIUS** ▶ Regionaal **LAND** ▶ Nederland **REGIO** ▶ Groningen, Friesland.

Projecten ■ **CRITERIA** ▶ geen projectcriteria bekend **DOORLOOPTIJD** ▶ ☑ korter dan 1 jaar **STATUS AANVRAGER** ▶ ☑ geen beperkingen bekend **VOORKEUR/UITSLUITING** ▶ Voorkeur gaat uit naar de restauratie van orgels.

Procedure ■ **OP AANVRAAG** ▶ ja **AANVRAAGPROCEDURE** ▶ Dit 'fonds op naam' ressorteert onder het Prins Bernhard Cultuurfonds. Verzoeken aan fondsen op naam komen op één centraal punt binnen. Dit houdt in dat een subsidieaanvraag slechts eenmaal aan het Prins Bernhard Cultuurfonds hoeft te worden gezonden. Voor de verdere aanvraagprocedure: zie Prins Bernhard Cultuurfonds. **URL** ▶ www.cultuurfonds.nl/aanvragen

Contact ■ **BEREIKBAAR PER** ▶ ☑ post ☑ e-mail ☑ telefoon **CONTACTPERSOON** ▶ geen contactpersoon bekend **POSTADRES** ▶ Postbus 19750, 1000 GT Amsterdam **EMAIL (ALGEMEEN)** ▶ info@cultuurfonds.nl **TELEFOON (ALGEMEEN)** ▶ 020-5206130.

340
Edith Oen-Oei Schone Kunsten Fonds

Rubriek ■ ☑ kunst en cultuur

Algemeen ■ WEBSITE ▶ www.cultuurfonds.nl TYPERING ▶ fonds op naam BEHEERD DOOR ▶ Prins Bernhard Cultuurfonds DIRECTIE ▶ zie > Prins Bernhard Cultuurfonds BESTUUR ▶ zie > Prins Bernhard Cultuurfonds

Missie ■ DOELSTELLING ▶ Het financieel ondersteunen van projecten op het gebied van monumentenzorg in Amsterdam met een voorkeur voor gevels en bijbehorende ornamenten. STICHTER(S) ▶ Gay Lee Oen HISTORIE ▶ Het Edith Oen-Oei Schone Kunsten Fonds is in 2016 in het leven geroepen door Gay Lee Oen, dochter van Edith Oen-Oei.

Werkgebied ■ ACTIERADIUS ▶ Lokaal LAND ▶ Nederland REGIO ▶ Noord-Holland PLAATS ▶ Amsterdam.

Projecten ■ CRITERIA ▶ geen projectcriteria bekend DOORLOOPTIJD ▶ ☑ onbekend STATUS AANVRAGER ▶ ☑ geen beperkingen bekend VOORKEUR/UITSLUITING ▶ Voorkeur gaat uit naar gevels en bijbehorende ornamenten.

Procedure ■ OP AANVRAAG ▶ ja AANVRAAGPROCEDURE ▶ Dit 'fonds op naam' ressorteert onder het Prins Bernhard Cultuurfonds. Verzoeken aan fondsen op naam komen op één centraal punt binnen. Dit houdt in dat een subsidieaanvraag slechts eenmaal aan het Prins Bernhard Cultuurfonds hoeft te worden gezonden. Voor de verdere aanvraagprocedure: zie Prins Bernhard Cultuurfonds. URL ▶ www.cultuurfonds.nl/aanvragen

Contact ■ BEREIKBAAR PER ▶ ☑ post ☑ e-mail ☑ telefoon CONTACTPERSOON ▶ geen contactpersoon bekend POSTADRES ▶ Postbus 19750, 1000 GT Amsterdam EMAIL (ALGEMEEN) ▶ info@cultuurfonds.nl TELEFOON (ALGEMEEN) ▶ 020-5206130.

341
Stichting Edli Foundation

Rubriek ■ ☑ maatschappij, welzijn en samenleving ☑ mensenrechten, vrede en veiligheid

Algemeen ■ WEBSITE ▶ https://fondseninnederland.nl/fonds/edli-foundation TYPERING ▶ vermogensfonds RECHTSVORM ▶ stichting KVK ▶ 41157568 ANBI STATUS ▶ ja DIRECTIE ▶ geen directiegegevens bekend BESTUUR ▶ R.E. Korijn, voorzitter; W.J. Korijn, penningmeester; M.C.E. van Gendt.

Missie ■ DOELSTELLING ▶ De foundation heeft als doel het ondersteunen van organisaties en activiteiten, die zich richten op kinderen, jongeren en ouderen, vooral indien zij kansarm of kwetsbaar zijn.

Doelgroep ■ ALGEMEEN ▶ jongeren, kinderen, ouderen, armen SPECIFIEK ▶ Kansarme en kwetsbare kinderen, jongeren en ouderen. ACTIVITEITEN ▶ Geen specifieke activiteiten bekend INTERVENTIENIVEAU ▶ Steun aan lokale/provinciale maatschappelijke organisaties en structuren (incl. gemeenten etc.) die diensten verlenen aan individuen.

Werkgebied ■ ACTIERADIUS ▶ Nationaal, Internationaal LAND ▶ Nederland.

Bestedingen ■ BUDGET ▶ niet openbaar SOORT BIJDRAGE ▶ onbekend BOVENGRENS ▶ geen ONDERGRENS ▶ geen.

Projecten ■ CRITERIA ▶ geen projectcriteria bekend DOORLOOPTIJD ▶ ☑ onbekend STATUS AANVRAGER ▶ ☑ geen beperkingen bekend VOORKEUR/UITSLUITING ▶ geen voorkeur of uitsluiting bekend.

Procedure ■ OP AANVRAAG ▶ onbekend AANVRAAGPROCEDURE ▶ geen aanvraagprocedure bekend.

Financieel ■ HERKOMST MIDDELEN ▶ onbekend BOEKJAAR ▶ boekjaar onbekend.

Contact ■ BEREIKBAAR PER ▶ ☑ post ☒ e-mail ☑ telefoon CONTACTPERSOON ▶ geen contactpersoon bekend POSTADRES ▶ Postbus 91458, 2509 EB Den Haag TELEFOON (ALGEMEEN) ▶ 070-3153232.

342
Edmond Beel Stichting

Rubriek ■ ☑ kerk en levensbeschouwing

Algemeen ■ WEBSITE ▶ www.kennisbankfilantropie.nl/anbi/edmond-beel-stichting TYPERING ▶ vermogensfonds RECHTSVORM ▶ stichting KVK ▶ 12049821 ANBI STATUS ▶ ja DIRECTIE ▶ geen directiegegevens bekend BESTUUR ▶ H. Erinkveld, voorzitter; M.M.W. Frankort, penningmeester; M.J.J. Gubbels, secretaris; A. Borgers; R. Pisters; K.H. Donners; mw. M. van Cleef.

Missie ■ DOELSTELLING ▶ De stichting stelt zich ten doel om binnen het kader van de katholieke traditie projecten en initiatieven te ondersteunen op het gebied van theologiebeoefening, pastoraat en spiritualiteit in Limburg. De projecten dienen een diaconaal en missionair kenmerk te hebben, waarbij aandacht gegeven wordt aan de wisselwerking tussen de christelijke traditie en de hedendaagse cultuur. De theologiebeoefening dient georiënteerd te zijn op het pastoraat. BELEIDSPLAN OP WEBSITE ▶ ja.

Doelgroep ■ ALGEMEEN ▶ gelovigen SPECIFIEK ▶ Geen specifieke doelgroep ACTIVITEITEN ▶ De stichting tracht haar doel te bereiken door: ☑ het verwerven en beheren van fondsen om financiële ondersteuning te bieden aan projecten en initiatieven die in de lijn liggen van de doelstellingen; ☑ (meer specifiek) het financieel en moreel ondersteunen van activiteiten met betrekking tot de theologiebeoefening door middel van cursussen, pastoraal theologisch onderzoek en alle andere geëigende middelen. INTERVENTIENIVEAU ▶ Steun aan lokale/provinciale maatschappelijke organisaties en structuren (incl. gemeenten etc.) die diensten verlenen aan individuen.

Werkgebied ■ ACTIERADIUS ▶ Regionaal LAND ▶ Nederland REGIO ▶ Limburg.

Bestedingen ■ BUDGET ▶ niet openbaar TOELICHTING ▶ De jaarlijkse hoogte van het totaal van de te verlenen subsidies omvat het totaal van het jaarlijks rendement van het vermogen van de stichting. Dit bedrag wordt verhoogd met een jaarlijks door het bestuur vast te stellen gedeelte van het vermogen, waarbij een interen op het vermogen bewust wordt geaccepteerd. **ONDERSTEUNDE PROJECTEN P/J** ▶ 9 **SOORT BIJDRAGE** ▶ subsidies **BOVENGRENS** ▶ € 10.000 **ONDERGRENS** ▶ € 1.000.

Projecten ■ **CRITERIA** ▶ ☑ Is het project/initiatief actief op het terrein van theologiebeoefening, pastoraat of spiritualiteit in Limburg?; ☑ Heeft het project/initiatief een aantoonbaar diaconaal/missionair kenmerk door zijn gerichtheid op en betrokkenheid bij het leven van mensen binnen onze (locale/mondiale) samenleving?; Wordt daarbij aandacht gegeven aan de wisselwerking tussen de christelijke traditie en de hedendaagse cultuur?; ☑ Wanneer het project/initiatief zich richt op de theologiebeoefening, is deze beoefening dan; aanwijsbaar georiënteerd op het pastoraat?. **DOORLOOPTIJD** ▶ ☑ onbekend **STATUS AANVRAGER** ▶ ☑ kerkelijke instelling **VOORKEUR/UITSLUITING** ▶ geen voorkeur of uitsluiting bekend.

Procedure ■ **OP AANVRAAG** ▶ onbekend **AANVRAAGPROCEDURE** ▶ Om in aanmerking te komen voor een subsidie dient een project/initiatief getoetst te worden aan een aantal criteria. Deze zijn te vinden in het beleidsplan.

Financieel ■ **EIGEN VERMOGEN** ▶ € 2.240.947 **INKOMSTEN EV** ▶ € 53.551 **HERKOMST MIDDELEN** ▶ vermogen, giften & schenkingen **BOEKJAAR** ▶ 2019 **JAARVERSLAG OP WEBSITE** ▶ ja.

Contact ■ **BEREIKBAAR PER** ▶ ☑ post ☑ e-mail ☑ telefoon **CONTACTPERSOON** ▶ geen contactpersoon bekend **POSTADRES** ▶ Postbus 4406, 6401 CX Heerlen **EMAIL (ALGEMEEN)** ▶ edmondbeelstichting@hotmail.com **TELEFOON (ALGEMEEN)** ▶ 045-5711390.

343
Stichting Edmond Hustinx

Rubriek ■ ☑ kunst en cultuur ☑ onderwijs en onderzoek

Algemeen ■ **WEBSITE** ▶ www.hustinxstichting.nl **TYPERING** ▶ vermogensfonds **OPGERICHT** ▶ 05-04-1961 **RECHTSVORM** ▶ stichting **KVK** ▶ 41076469 **ANBI STATUS** ▶ ja **DIRECTIE** ▶ geen directiegegevens bekend **BESTUUR** ▶ Mw.drs. L. ter Haar, voorzitter; drs. J.M.A. Versteegh RA, penningmeester; mr. J.J. Minis MA, secretaris; prof.dr. H. Merckelbach, vice-voorzitter; mw.prof.dr. S. Heeneman; mw.drs. P. van den Bosch.

Missie ■ **DOELSTELLING** ▶ De Stichting Edmond Hustinx is in 1961 opgericht met het doel kunsten en wetenschappen in Maastricht te bevorderen. **STICHTER(S)** ▶ Edmond Hustinx **HISTORIE** ▶ De Stichting Edmond Hustinx (ook bekend als Hustinxstichting) is opgericht op 5 april 1961. Edmond Hustinx (1898–1984) studeerde in Amsterdam geneeskunde. Tijdens zijn studententijd volgde hij ook college in andere disciplines, onder meer filosofie en chemie en hij hield altijd grote belangstelling voor de ontwikkelingen in de wetenschap in het algemeen. De komst van wetenschappelijk onderwijs in zijn geboortestad Maastricht heeft hij steeds bevorderd. **BELEIDSPLAN OP WEBSITE** ▶ ja.

Doelgroep ■ **SPECIFIEK** ▶ Activiteiten van wetenschap en kunsten met betrekking tot Maastricht. **ACTIVITEITEN** ▶ De Stichting geeft op verschillende manieren uitvoering aan haar beleid om het doel te realiseren. Zo heeft de stichting prijzen in het leven geroepen en geeft zij financiële bijdragen aan kleinere en grotere projecten op het gebied van kunsten en wetenschappen. ☑ Edmond Hustinx toneelschrijversprijs; Tijdens een tweejaarlijkse bijeenkomst wordt telkens de Edmond Hustinxprijs voor toneelschrijvers (6000 euro) uitgereikt; ☑ Henriëtte Hustinxprijs; De Henriëtte Hustinxprijs (5000 euro) wordt jaarlijks verleend aan een student van een van de kunstfaculteiten van de Hogeschool Zuyd die in zijn vak excelleert en die beloftevol voor de toekomst is; ☑ Peter Debyeprijs; De Peter Debyeprijs (10.000 euro) is ingesteld om de betekenis van origineel onderzoek in de natuurwetenschappen te onderstrepen; ☑ Edmond Hustinxprijs voor de wetenschap; ingesteld om de betekenis van de wetenschap voor de praktijk te onderstrepen en om het belang voor de Zuid-Limburgse samenleving van de opleidingen die aan de faculteiten van de Universiteit Maastricht worden verzorgd, te accentueren (15.000 euro) ☑ Hustinx-residency. De Hustinx-residency moet leiden tot een antwoord op de vraag 'waar is kunst goed voor'?Het project moet tot een aanwijsbare samenwerking leiden in Maastricht en een impuls betekenen in het culturele leven van Maastricht. **INTERVENTIENIVEAU** ▶ Steun aan individuen (directe steun).; Steun aan lokale/provinciale maatschappelijke organisaties en structuren (incl. gemeenten etc.) die diensten verlenen aan individuen.

Werkgebied ■ **ACTIERADIUS** ▶ Lokaal **LAND** ▶ Nederland **REGIO** ▶ Maastricht **PLAATS** ▶ Maastricht.

Bestedingen ■ **BUDGET** ▶ niet openbaar **SOORT BIJDRAGE** ▶ giften subsidies **BOVENGRENS** ▶ geen **ONDERGRENS** ▶ geen.

Projecten ■ **CRITERIA** ▶ Eerste voorwaarde is een aantoonbare plaatselijke betrokkenheid, nader te concretiseren als betrekking hebbend op Maastricht. Aanvragen dienen authentiek en ondersteuningswaard te zijn. Een minimale garantie voor kwaliteit, en soms voor te verwachten publieke belangstelling, is eveneens vereist. Alle sectoren van de kunsten komen in aanmerking voor ondersteuning: beeldende kunst, muziek en toneel. Zowel vernieuwende en oorspronkelijke professionele kunst, als kunstuitingen waar massa en elite elkaar ontmoeten, waar traditie, gemeenschap en beleving het vakmanschap begeleiden. Ter bevordering van de wetenschappen komen aanvragen voor financiële bijdragen in aanmerking die wetenschappelijk onderzoek ondersteunen en publicaties mogelijk maken. Vooral onderzoek dat zich richt op de praktische toepasbaarheid wil de stichting stimuleren. **DOORLOOPTIJD** ▶ ☑ onbekend **STATUS AANVRAGER** ▶ ☑ bedrijf ☑ individuen/gezinnen ☑ stichting of vereniging (non-profit) **VOORKEUR/UITSLUITING** ▶ Geen bijdrage wordt verleend aan activiteiten die in te geringe mate voldoen aan de realisering van de doelstelling van de stichting zoals dat het bestuur voor ogen staat. De aanschaf van een muziekinstrument door een particulier wordt niet gesubsidieerd, noch het verrichten van studiereizen en het bezoeken van congressen. Geen bijdrage verleent de stichting aan een activiteit die in de commerciële sfeer ligt, zoals het maken van een cd of het houden van een benefietconcert. Evenmin stelt zij gelden beschikbaar voor een activiteit die te weinig inspanning vergt, bijvoorbeeld het instellen van een prijs waarvan het bedrag en de bijkomende kosten door de Stichting Edmond Hustinx worden gedragen. En vanzelfsprekend ook geen bijdragen voor activiteiten die buiten de financiële mogelijkheden van de stichting vallen, zoals exploitatiekosten van instellingen of het organiseren van congressen. In principe worden geen bindingen voor langere termijn aangegaan.

Procedure ■ OP AANVRAAG ▶ ja DOORLOOPTIJD ▶ 1-3 maanden AANVRAAGPROCEDURE ▶ Potentiële aanvragers hoeven geen aanvrage meer in te dienen. Melden van de activiteit volstaat. Daarna moeten ze afwachten of het bestuur die activiteit waard vindt om er een bijdrage aan te verlenen. Subsidie aanvragen op de klassieke wijze blijft intussen toch mogelijk. Indien u een verzoek om een financiële bijdrage bij de stichting wilt indienen stuur dan een beschrijving van de activiteiten met een begroting van het project en eventueel andere gegevens die bij de beoordeling van belang kunnen zijn per e-mail of per post. Vergeet niet uw IBAN-rekeningnummer te vermelden. Binnen vier weken na ontvangst van uw e-mail krijgt u bericht over de voortgang. Het bestuur van de stichting vergadert doorgaans twee maal per jaar, het dagelijks bestuur vergadert frequenter. URL ▶ www.hustinxstichting.nl/nederlands/aanvragen/

Financieel ■ HERKOMST MIDDELEN ▶ vermogen BOEKJAAR ▶ 2016.

Contact ■ BEREIKBAAR PER ▶ ☑ post ☑ e-mail ☑ telefoon CONTACTPERSOON ▶ geen contactpersoon bekend POSTADRES ▶ Postbus 333, 6200 AH Maastricht EMAIL (ALGEMEEN) ▶ info@hustinxstichting.nl TELEFOON (ALGEMEEN) ▶ 0657754048.

344

Eduard August Otto Vervoorenstichting

Rubriek ■ ☑ noodhulp ☑ maatschappij, welzijn en samenleving

Algemeen ■ WEBSITE ▶ www.kennisbankfilantropie.nl/anbi/eduard-august-otto-vervooren-stichting TYPERING ▶ vermogensfonds OPGERICHT ▶ 20-12-1961 RECHTSVORM ▶ stichting KVK ▶ 41151227 ANBI STATUS ▶ nee DIRECTIE ▶ geen directiegegevens bekend BESTUUR ▶ J. Onderdelinden, voorzitter; M. van Asselt, penningmeester.

Missie ■ DOELSTELLING ▶ Het verlenen van financiële steun uit de opbrengsten van het kapitaal der stichting aan inwoners van Nederland of waar ook ter wereld. Benevens de daarmee voorheen en thans verbonden gebiedsdelen over zee, die in behoeftige omstandigheden verkeren, ook aan anderen, die in behoeftige omstandigheden verkeren, kan financiële steun worden verleend. STICHTER(S) ▶ Eduard August Otto Vervooren.

Doelgroep ■ ALGEMEEN ▶ armen SPECIFIEK ▶ Geen specifieke doelgroep ACTIVITEITEN ▶ Geen specifieke activiteiten bekend INTERVENTIENIVEAU ▶ Steun aan individuen (directe steun).

Werkgebied ■ ACTIERADIUS ▶ Internationaal LAND ▶ Wereldwijd.

Bestedingen ■ BUDGET ▶ niet openbaar SOORT BIJDRAGE ▶ giften BOVENGRENS ▶ geen ONDERGRENS ▶ geen.

Projecten ■ CRITERIA ▶ Projecten waarbij mensen worden ondersteund die in behoeftige omstandigheden verkeren. DOORLOOPTIJD ▶ ☑ korter dan 1 jaar ☑ onbekend STATUS AANVRAGER ▶ ☑ geen beperkingen bekend VOORKEUR/UITSLUITING ▶ geen voorkeur of uitsluiting bekend.

Procedure ■ OP AANVRAAG ▶ onbekend DOORLOOPTIJD ▶ 1-3 maanden; geen doorlooptijd bekend; geen doorlooptijd bekend AANVRAAGPROCEDURE ▶ Geen aanvraagprocedure bekend.

Financieel ■ HERKOMST MIDDELEN ▶ vermogen.

Contact ■ BEREIKBAAR PER ▶ ☑ post ☒ e-mail ☑ telefoon CONTACTPERSOON ▶ geen contactpersoon bekend POSTADRES ▶ Klein Brabant 155, 5262 RS Vught TELEFOON (ALGEMEEN) ▶ 073-6570524.

345

Eduardo Frei Stichting

Rubriek ■ ☑ economische ontwikkeling en microkrediet ☑ maatschappij, welzijn en samenleving ☑ kerk en levensbeschouwing ☑ mensenrechten, vrede en veiligheid

Algemeen ■ WEBSITE ▶ www.cda.nl/eduardo-frei-foundation TYPERING ▶ vermogensfonds BEHEERD DOOR ▶ Stichting van Het CDA Voor Internationale Solidariteit OPGERICHT ▶ 01-07-1990 RECHTSVORM ▶ stichting KVK ▶ 41156338 ANBI STATUS ▶ ja DIRECTIE ▶ geen directiegegevens bekend BESTUUR ▶ J.E.P.M. Alting von Geusau, voorzitter; mw. P de Groot, penningmeester; mw. H. Knaven, secretaris; J.P. Lokker; mw. W. Postma; C. Çörüz; E. Smid; G. Boogaard.

Missie ■ DOELSTELLING ▶ ☑ De bevordering van het christen-democratisch denken over en de kennis op het terrein van de internationale samenwerking en in het bijzonder dat van ontwikkelingssamenwerking en mensenrechten. ☑ De bevordering van bewustwording op die terreinen onder de leden van het CDA en de gelieerde organisaties. ☑ De ontplooiing van en steun aan initiatieven in andere landen, in het bijzonder in Midden- en Oost-Europa en het Midden-Oosten en Noord-Afrika, die gericht zijn op het bevorderen van het christen-democratisch gedachtegoed in het algemeen. STICHTER(S) ▶ Stichting van Het CDA Voor Internationale Solidariteit BELEIDSPLAN OP WEBSITE ▶ ja.

Doelgroep ■ SPECIFIEK ▶ Op dit moment richt de Stichting zich op volksvertegenwoordigers, op geëngageerde jongeren, op politieke partijen die gelieerd zijn aan de EVP (Europese Volkspartij), op (jonge) vrouwen,. ACTIVITEITEN ▶ Ondersteuning d.m.v. trainingen, seminars, conferenties, studiebezoeken naar Nederland en publicaties. Hierbij hanteert de stichting de 'multi-party aanpak', wat betekent dat we meerdere politieke partijen waarmee we ons verbonden voelen tegelijkertijd trainen. De stichting gaf in 2019 56 trainingen in 16 landen waarbij 1247 participanten aanwezig waren. Dit deed de stichting in samenwerking met 70 trainers en 7 partner organisaties. INTERVENTIENIVEAU ▶ Steun op niveau van maatschappij zelf (beleidsbeïnvloeding, etc.).

Werkgebied ■ ACTIERADIUS ▶ Internationaal LAND ▶ Albanië, Armenië, Azerbaijan, Bosnië-Herzegovina, Bulgarije, Georgië, Kroatië, Macedonië, Moldavië, Montenegro, Marokko, Oekraïne, Roemenië, Rusland, Servië, Turkije, Wit-Rusland REGIO ▶ Midden-Europa, Oost-Europa.

Bestedingen ■ **BUDGET** ▶ niet openbaar **ONDERSTEUNDE PROJECTEN P/J** ▶ 56 **SOORT BIJDRAGE** ▶ giften **BOVENGRENS** ▶ geen **ONDERGRENS** ▶ geen.

Projecten ■ **CRITERIA** ▶ Projecten omhelzen één of meerdere van de volgende thema's: ☑ christen-democratie; ☑ jongeren en politiek; ☑ campagne voeren; ☑ debat en onderhandeling; ☑ vrouwenemancipatie; ☑ integriteit en corruptie. **DOORLOOPTIJD** ▶ ☑ korter dan 1 jaar **STATUS AANVRAGER** ▶ ☑ stichting of vereniging (non-profit) **VOORKEUR/UITSLUITING** ▶ Uitsluitend technische, organisatorische en financiële ondersteuning aan projecten t.b.v. christen-democratische organisaties.

Procedure ■ **OP AANVRAAG** ▶ ja **DOORLOOPTIJD** ▶ 6-12 maanden **AANVRAAGPROCEDURE** ▶ Schriftelijk in een standaard EFF format, toegelicht met een omschrijving van; ☑ de noodzaak; ☑ de doelen; ☑ het budget; ☑ de begroting; ☑ de deelnemers; ☑ het programma **URL** ▶ www.cda.nl/eduardo-frei-foundation/organisation/apply-for-support/

Financieel ■ **HERKOMST MIDDELEN** ▶ vermogen **BOEKJAAR** ▶ 2019 **JAARVERSLAG OP WEBSITE** ▶ ja.

Contact ■ **BEREIKBAAR PER** ▶ ☑ post ☑ e-mail ☒ telefoon **CONTACTPERSOON** ▶ Mw. H. Knaven **POSTADRES** ▶ Postbus 30453, 2500 GL Den Haag **EMAIL (ALGEMEEN)** ▶ hege.knaven@cda.nl.

346
Stichting Eekhoornfonds

Rubriek ■ ☑ noodhulp ☑ maatschappij, welzijn en samenleving

Algemeen ■ **WEBSITE** ▶ www.eekhoornfonds.nl **TYPERING** ▶ vermogensfonds **OPGERICHT** ▶ 27-03-1940 **RECHTSVORM** ▶ stichting **KVK** ▶ 41199039 **ANBI STATUS** ▶ ja **DIRECTIE** ▶ geen directiegegevens bekend **BESTUUR** ▶ P. Aulman, voorzitter; drs. P. Akkerman, penningmeester; mw. J.W. Rengenhart-Knijtijzer, secretaris.

Missie ■ **DOELSTELLING** ▶ Het verstrekken van giften aan ingezetenen van de gemeente Amsterdam voor uitgaven waar geen andere mogelijkheden meer voor zijn (zoals bijvoorbeeld de bijstand). Het gaat hierbij om uitgaven die veelal acute nood lenigen zoals de aanschaf van een wasmachine of andere noodzakelijke artikelen. **STICHTER(S)** ▶ Geen historie bekend.

Doelgroep ■ **ALGEMEEN** ▶ armen **SPECIFIEK** ▶ Hulpbehoevenden uit Amsterdam. **ACTIVITEITEN** ▶ Het verlenen van financiële steun aan behoeftige personen die naar het oordeel van het bestuur daarvoor in aanmerking komen. **INTERVENTIENIVEAU** ▶ Steun aan individuen (directe steun).

Werkgebied ■ **ACTIERADIUS** ▶ Lokaal, Regionaal, Nationaal **LAND** ▶ Nederland **PLAATS** ▶ Amsterdam.

Bestedingen ■ **BUDGET** ▶ niet openbaar **ONDERSTEUNDE PROJECTEN P/J** ▶ 14 **SOORT BIJDRAGE** ▶ giften **BOVENGRENS** ▶ geen **ONDERGRENS** ▶ geen.

Projecten ■ **CRITERIA** ▶ geen projectcriteria bekend **DOORLOOPTIJD** ▶ ☑ korter dan 1 jaar **STATUS AANVRAGER** ▶ ☑ individuen/gezinnen **VOORKEUR/UITSLUITING** ▶ Particulieren uit Amsterdam. In het algemeen alleen via de Stichting Samenwerking voor Bijzondere Noden Amsterdam.

Procedure ■ **OP AANVRAAG** ▶ ja **DOORLOOPTIJD** ▶ korter dan 1 maand **AANVRAAGPROCEDURE** ▶ In verreweg de meeste gevallen worden giften verstrekt na controle door en op advies van de Stichting Bijzondere Noden te Amsterdam (www.fbna.nl) zodat het bestuur van het Eekhoornfonds zeker weet dat de gift nodig en verantwoord is.

Financieel ■ **EIGEN VERMOGEN** ▶ € 420.000 **HERKOMST MIDDELEN** ▶ vermogen, legaten **BOEKJAAR** ▶ 2016 **JAARVERSLAG OP WEBSITE** ▶ ja.

Contact ■ **BEREIKBAAR PER** ▶ ☑ post ☑ e-mail ☒ telefoon **CONTACTPERSOON** ▶ Mw. J.W. Regenhart-Knijtijzer **POSTADRES** ▶ Reguliersgracht 48, 1017 LS Amsterdam **EMAIL (ALGEMEEN)** ▶ rengenhart@chello.nl.

347
Stichting Eereschuld en Dankbaarheid

Rubriek ■ ☑ maatschappij, welzijn en samenleving

Algemeen ■ **WEBSITE** ▶ www.militairefondsen.nl/eereschuld_en_dankbaarheid **TYPERING** ▶ vermogensfonds **BEHEERD DOOR** ▶ Stichting Gezamenlijke Militaire Fondsen **OPGERICHT** ▶ 10-05-1940 **RECHTSVORM** ▶ stichting **KVK** ▶ 41154530 **ANBI STATUS** ▶ ja **DIRECTIE** ▶ geen directiegegevens bekend **BESTUUR** ▶ Ds. M. Uittenbosch, voorzitter; l.kol. b.d.Chr.J. Kok, penningmeester; maj. b.d. C.J. Verhoog, secretaris; brig.gen. J.M.H.M. Steenaert; mw. R. Jansen-Haveman; l.kol. b.d.T. van der Laan.

Missie ■ **DOELSTELLING** ▶ ☑ Het verlenen van steun of bijstand, waaronder mede begrepen geldelijke steun of bijstand, aan hen die sedert 10 mei 1940 deel uitmaken of deel uitgemaakt hebben van de Koninklijke Landmacht en uit dien hoofde tengevolge van oorlogshandelingen gewond, ziek of in moeilijkheden geraakten, dan wel dreigen te geraken. ☑ Het verlenen van alle mogelijke hulp en bijstand, zulks in de meest ruime zin des woords, aan de nabestaanden van de hiervoor bedoelde personen, voor zover dezen tengevolge van handelingen uit bovenvermelde hoofde mochten zijn komen te overlijden. **BELEIDSPLAN OP WEBSITE** ▶ ja.

Doelgroep ■ **ALGEMEEN** ▶ militairen, zieken, gehandicapten **SPECIFIEK** ▶ Veteranen van de landmacht en nabestaanden. **ACTIVITEITEN** ▶ Geen specifieke activiteiten bekend **INTERVENTIENIVEAU** ▶ Steun aan individuen (directe steun).

Werkgebied ■ **ACTIERADIUS** ▶ Nationaal **LAND** ▶ Nederland.

Bestedingen ■ **BUDGET** ▶ niet openbaar **SOORT BIJDRAGE** ▶ giften leningen **BOVENGRENS** ▶ geen **ONDERGRENS** ▶ geen.

Projecten ■ **CRITERIA** ▶ Het bestuur hanteert als uitgangspunt dat er relatie tussen het oorlogs- of uitzendverleden van de aanvrager en de ontstane financiële nood aanwezig dient te zijn. **DOORLOOPTIJD** ▶ ☑ onbekend **STATUS AANVRAGER** ▶ ☑ geen beperkingen bekend **VOORKEUR/UITSLUITING** ▶ geen voorkeur of uitsluiting bekend.

Procedure ■ **OP AANVRAAG** ▶ ja **AANVRAAGPROCEDURE** ▶ Indien u denkt dat u binnen deze groep past en behoefte heeft aan een oriënterend gesprek, dan kunt u telefonisch of schriftelijk contact op te nemen met één van de regio vertegenwoordigers (RV) zoals vermeld op de website bij 'Regionale contactadressen'. Afhankelijk van de uitkomst van dit eerste contact bepaalt de RV of uw aanvraag in behandeling zal worden genomen. De RV legt vervolgens uw aanvraag voor aan het bestuur van de stichting. Bij een positief besluit zal in overleg met u worden gekeken naar de wijze van steunverlening. Eventueel zal steun/contact worden gezocht met andere hulpverleners zoals bijvoorbeeld het Bedrijfs Maatschappelijk Werk, het ABP of andere fondsen binnen de GMF. In het geval dat het bestuur besluit de aanvraag niet in behandeling te nemen wordt u hierover ingelicht. **URL** ► www.militairefondsen.nl/eereschuld_en_dankbaarheid/procedure_steunaanvragen.html

Financieel ■ **EIGEN VERMOGEN** ► € 154.989 **INKOMSTEN EV** ► € 12.005 **INKOMSTEN OV** ► € 1.000 **HERKOMST MIDDELEN** ► giften & schenkingen, legaten, vermogen **BOEKJAAR** ► 2018 **JAARVERSLAG OP WEBSITE** ► ja.

Contact ■ **BEREIKBAAR PER** ► ☑ post ☒ e-mail ☒ telefoon **CONTACTPERSOON** ► geen contactpersoon bekend **POSTADRES** ► Gruttomeen 9, 3844 ZA Harderwijk.

348

Van Eesteren-Fluck & Van Lohuizen Stichting

Rubriek ■ ☑ kunst en cultuur ☑ natuur, milieu en dieren ☑ onderwijs en onderzoek

Algemeen ■ **WEBSITE** ► www.efl-stichting.nl **TYPERING** ► vermogensfonds **OPGERICHT** ► 17-12-1975 **RECHTSVORM** ► stichting **KVK** ► 41199704 **ANBI STATUS** ► ja **DIRECTIE** ► geen directiegegevens bekend **BESTUUR** ► Mw.ir. H.M. Blank, voorzitter; mr. H. van Eesteren, penningmeester; mr. H. van Eesteren, secretaris; mw.drs. J.C. Edens; dr.S.J.H. Majoor; mw.dr.ir. J.M. de Jonge; M. van Poelgeest.

Missie ■ **DOELSTELLING** ► ☑ Het bewaren en beheren van de archieven, auteursrechten en intellectuele nalatenschap van prof. C. van Eesteren en prof.ir. Th.K. van Lohuizen; ☑ Het ontwikkelen en bevorderen van ruimtelijke ordening, stedenbouwkunde, planologie en landschapsarchitectuur in de geest van Van Eesteren en Van Lohuizen. **HISTORIE** ► De Van Eesteren-Fluck & Van Lohuizen Stichting beheert de nalatenschap van de architect-stedenbouwkundige prof. C. van Eesteren (1897-1988) en van zijn collega en geestverwant planoloog-stedenbouwkundige prof.ir. Th.K. van Lohuizen (1890-1956). Hun namen zijn voor altijd verbonden aan het Algemeen Uitbreidingsplan (AUP) voor de stad Amsterdam uit 1934, waarin een grote uitbreiding naar het westen en het zuiden van de stad werd voorzien. De EFL Stichting, mede-vernoemd naar Van Eesterens echtgenote Frieda Fluck, is in 1975 opgericht met een tweeledig doel. Enerzijds is zij gericht op het bewaren en beheren van de archieven, auteursrechten en intellectuele nalatenschap van Cornelis van Eesteren en Theodoor van Lohuizen. Anderzijds stimuleert de stichting via subsidies de ontwikkeling van stedenbouw, planologie en landschapsarchitectuur in de geest van Van Eesteren en Van Lohuizen. **BELEIDSPLAN OP WEBSITE** ► ja.

Doelgroep ■ **SPECIFIEK** ► Ruimtelijke ordening, stedenbouwkunde, planologie en landschapsarchitectuur. **ACTIVITEITEN** ► Activiteiten in 2018; ☑ In juni 2018 is de 'Atlas van het IJsselmeergebied' gepresenteerd tijdens een bijeenkomst over het IJsselmeergebied in het provinciehuis in Lelystad. De bijbehorende leerstoel is afgerond; ☑ profielschets opgesteld voor de nieuwe leerstoel (5 jaar en 0,6 fte). Het profiel van de nieuwe leerstoel richt zich op de grootstedelijke vraagstukken in metropolitische gebieden en bevindt zich op snijvlak van ontwerp, planning, beleid en onderzoek; ☑ werving van een nieuwe leerstoelhouder; ☑ Financiële ondersteuning voor de exploitatie van het Van Eesterenmuseum in Amsterdam; ☑ Het project City of comings and goings/Stad van komen en gaan heeft een bijzondere plek gekregen op de Architectuurbiënnale in Venetië; ☑ De bruikleenovereenkomst met de Staat der Nederlanden van het Van Eesteren archief wordt omgezet in een schenking aan de Staat der Nederlanden. **INTERVENTIENIVEAU** ► Steun aan lokale/provinciale maatschappelijke organisaties en structuren (incl. gemeenten etc.) die diensten verlenen aan individuen.; Steun aan individuen (directe steun).

Werkgebied ■ **ACTIERADIUS** ► Nationaal **LAND** ► Nederland.

Bestedingen ■ **BUDGET** ► niet openbaar **SOORT BIJDRAGE** ► subsidies overig **BOVENGRENS** ► € 10.000 **ONDERGRENS** ► geen.

Projecten ■ **CRITERIA** ► De EFL Stichting kent subsidies toe aan onderzoeksprojecten, individuele studiereizen en publicaties op het gebied van stedenbouw, planologie en landschapsarchitectuur. Deze projecten moeten doen aan de volgende voorwaarden: ☑ het project past binnen de doelstelling en het werkterrein van de stichting; ☑ Het project heeft een innovatief karakter; ☑ Het project heeft een voorbeeldfunctie; ☑ Het project heeft een duidelijk maatschappelijk draagvlak en beoogde maatschappelijke werking. Elke aanvraag voor subsidie van individuele studiereizen moet gesteund worden door de hoogleraar onder wiens leiding het afstudeerproject staat, c.q. door de stagebegeleider van zowel de onderwijsinstelling als van de instelling waar stage gelopen wordt, c.q. door de promotor. **DOORLOOPTIJD** ► ☑ onbekend **STATUS AANVRAGER** ► ☑ geen beperkingen bekend **VOORKEUR/UITSLUITING** ► De EFL Stichting heeft geen subsidies voor; ☑ de voorbereiding en uitvoering van nieuwbouw-, verbouw- en restauratieprojecten; ☑ activiteiten van (semi)overheden; ☑ activiteiten die tot de reguliere taken van instellingen voor hoger en wetenschappelijk onderwijs horen; ☑ studiereizen in groepsverband (2 of meer personen); ☑ exposities en onderzoeksactiviteiten in het kader van een promotieonderzoek. Bij studiereizen komen als regel wel de reiskosten, maar nooit de kosten van levensonderhoud en verblijf in aanmerking voor subsidie.

Procedure ■ **OP AANVRAAG** ► ja **AANVRAAGPROCEDURE** ► een subsidieaanvraag kan gedaan worden door dan het subsidieaanvraagformulier op de website volledig ingevuld per e-mail op te sturen. Het formulier zal worden beoordeeld door de EFL bestuursleden. De data van vergaderingen en sluitingsdata voor het insturen van de aanvragen staan vermeld op de website. Voor de reisbeurzen geldt dat deze doorlopend ingestuurd kunnen worden. De opbouw van de aanvraag verschilt per type aanvraag: ☑ De aanvraag voor subsidie van een publicatie dient te worden aangevraagd door de uitgever en moet vergezeld gaan van een synopsis, een begroting en een cv van de auteur. ☑ De aanvraag voor subsidie van een onderzoeksproject moet vergezeld gaan van een gestructureerd projectplan, een begroting van het totale project en een cv van de projectleider. ☑ Elke aanvraag voor individuele studiereizen moet gesteund worden door de hoogleraar onder wiens leiding het afstudeerproject staat, c.q. door de stagebegeleider van zowel de onderwijsinstelling als van de instelling waar stage gelopen wordt, c.q. door de promotor. **URL** ▶ www.efl-stichting.nl/subsidies/

Financieel ■ **HERKOMST MIDDELEN** ▶ vermogen **BOEKJAAR** ▶ 2018 **JAARVERSLAG OP WEBSITE** ▶ ja.

Contact ■ **BEREIKBAAR PER** ▶ ☑ post ☑ e-mail ☑ telefoon **CONTACTPERSOON** ▶ Mw. F.E. Dijkstra **POSTADRES** ▶ Postbus 15, 1000 AA Amsterdam **EMAIL (ALGEMEEN)** ▶ info@efl-stichting.nl **TELEFOON (ALGEMEEN)** ▶ 0649293344.

349
Egbert Kunst Fonds

Rubriek ■ ☑ kunst en cultuur

Algemeen ■ **WEBSITE** ▶ www.cultuurfonds.nl **TYPERING** ▶ fonds op naam **BEHEERD DOOR** ▶ Prins Bernhard Cultuurfonds **DIRECTIE** ▶ zie Prins Bernhard Cultuurfonds **BESTUUR** ▶ zie Prins Bernhard Cultuurfonds

Missie ■ **DOELSTELLING** ▶ Het financieel ondersteunen van bijzondere projecten op het gebied van de fotografie.

Werkgebied ■ **ACTIERADIUS** ▶ Nationaal **LAND** ▶ Nederland.

Projecten ■ **CRITERIA** ▶ geen projectcriteria bekend **DOORLOOPTIJD** ▶ ☑ korter dan 1 jaar **STATUS AANVRAGER** ▶ ☑ geen beperkingen bekend **VOORKEUR/UITSLUITING** ▶ geen voorkeur of uitsluiting bekend.

Procedure ■ **OP AANVRAAG** ▶ ja **AANVRAAGPROCEDURE** ▶ Dit 'fonds op naam' ressorteert onder het Prins Bernhard Cultuurfonds. Verzoeken aan fondsen op naam komen op één centraal punt binnen. Dit houdt in dat een subsidieaanvraag slechts eenmaal aan het Prins Bernhard Cultuurfonds hoeft te worden gezonden. Voor de verdere aanvraagprocedure: zie Prins Bernhard Cultuurfonds. **URL** ▶ www.cultuurfonds.nl/aanvragen

Contact ■ **BEREIKBAAR PER** ▶ ☑ post ☑ e-mail ☑ telefoon **CONTACTPERSOON** ▶ geen contactpersoon bekend **POSTADRES** ▶ Postbus 19750, 1000 GT Amsterdam **EMAIL (ALGEMEEN)** ▶ info@cultuurfonds.nl **TELEFOON (ALGEMEEN)** ▶ 020-5206130.

350
Egbert van Paridon Fonds

Rubriek ■ ☑ kunst en cultuur

Algemeen ■ **WEBSITE** ▶ www.cultuurfonds.nl **TYPERING** ▶ fonds op naam **BEHEERD DOOR** ▶ Prins Bernhard Cultuurfonds **DIRECTIE** ▶ zie > Prins Bernhard Cultuurfonds **BESTUUR** ▶ zie > Prins Bernhard Cultuurfonds

Missie ■ **DOELSTELLING** ▶ Het financieel ondersteunen van jonge kunstenaars, die de podiumkunsten of beeldende kunst beoefenen, en jonge musici die zich verder wensen te scholen in de klassieke muziek.

Werkgebied ■ **ACTIERADIUS** ▶ Nationaal, Internationaal **LAND** ▶ Nederland.

Projecten ■ **CRITERIA** ▶ geen projectcriteria bekend **DOORLOOPTIJD** ▶ ☑ korter dan 1 jaar **STATUS AANVRAGER** ▶ ☑ geen beperkingen bekend **VOORKEUR/UITSLUITING** ▶ geen voorkeur of uitsluiting bekend.

Procedure ■ **OP AANVRAAG** ▶ ja **AANVRAAGPROCEDURE** ▶ Dit 'fonds op naam' ressorteert onder het Prins Bernhard Cultuurfonds. Verzoeken aan fondsen op naam komen op één centraal punt binnen. Dit houdt in dat een subsidieaanvraag slechts eenmaal aan het Prins Bernhard Cultuurfonds hoeft te worden gezonden. Voor de verdere aanvraagprocedure: zie Prins Bernhard Cultuurfonds. **URL** ▶ www.cultuurfonds.nl/aanvragen

Contact ■ **BEREIKBAAR PER** ▶ ☑ post ☑ e-mail ☑ telefoon **CONTACTPERSOON** ▶ geen contactpersoon bekend **POSTADRES** ▶ Postbus 19750, 1000 GT Amsterdam **EMAIL (ALGEMEEN)** ▶ info@cultuurfonds.nl **TELEFOON (ALGEMEEN)** ▶ 020-5206130.

351
Eggink-den Daas Fonds

Rubriek ■ ☑ kunst en cultuur

Algemeen ■ **WEBSITE** ▶ www.cultuurfonds.nl **TYPERING** ▶ fonds op naam **BEHEERD DOOR** ▶ Prins Bernhard Cultuurfonds **DIRECTIE** ▶ zie > Prins Bernhard Cultuurfonds **BESTUUR** ▶ zie > Prins Bernhard Cultuurfonds

Missie ■ **DOELSTELLING** ▶ Het financieel ondersteunen van projecten op het gebied van de monumentenzorg in de Geldersche Achterhoek.

Werkgebied ■ **ACTIERADIUS** ▶ Regionaal **LAND** ▶ Nederland **REGIO** ▶ Gelderland **PLAATS** ▶ Achterhoek.

Projecten ■ **CRITERIA** ▶ geen projectcriteria bekend **DOORLOOPTIJD** ▶ ☑ korter dan 1 jaar **STATUS AANVRAGER** ▶ ☑ geen beperkingen bekend **VOORKEUR/UITSLUITING** ▶ geen voorkeur of uitsluiting bekend.

Procedure ■ **OP AANVRAAG** ▶ ja **AANVRAAGPROCEDURE** ▶ Dit 'fonds op naam' ressorteert onder het Prins Bernhard Cultuurfonds. Verzoeken aan fondsen op naam komen op één centraal punt binnen. Dit houdt in dat een subsidieaanvraag slechts eenmaal aan het Prins Bernhard Cultuurfonds hoeft te worden gezonden. Voor de verdere aanvraagprocedure: zie Prins Bernhard Cultuurfonds. **URL** ▶ www.cultuurfonds.nl/aanvragen

Contact ■ **BEREIKBAAR PER** ▶ ☑ post ☑ e-mail ☑ telefoon **CONTACTPERSOON** ▶ geen contactpersoon bekend **POSTADRES** ▶ Postbus 19750, 1000 GT Amsterdam **EMAIL (ALGEMEEN)** ▶ info@cultuurfonds.nl **TELEFOON (ALGEMEEN)** ▶ 020-5206130.

352
Stichting Eiffel Foundation

Rubriek ■ ☑ maatschappij, welzijn en samenleving

Algemeen ■ **WEBSITE** ▶ https://www.eiffel.nl/sustainability **TYPERING** ▶ vermogensfonds **RECHTSVORM** ▶ stichting **KVK** ▶ 09169482 **ANBI STATUS** ▶ ja **DIRECTIE** ▶ geen directiegegevens bekend **BESTUUR** ▶ geen bestuursgegevens bekend.

Missie ■ **DOELSTELLING** ▶ Streven naar een succesvol businessmodel als een sustainable businessmodel. **BELEIDSPLAN OP WEBSITE** ▶ ja.

Doelgroep ■ **SPECIFIEK** ▶ Tripple bottem line: Planet, People Profit. **ACTIVITEITEN** ▶ Sustainable buisinessmodel creëren doet de Stichting door onze opbrengsten in te delen op the triple bottom line. People, Planet en Profit. Waarbij vooral naar de wereld om ons heen wordt gekeken. De aarde is een kostbare plek die in hoog tempo wordt geconsumeerd. Er zijn verschillende mogelijkheden om een positieve impact te maken, direct via de eigen organisatie en indirect via de klanten. Zo kan toch een aardig verschil gemaakt worden op weg naar een betere wereld. De 17 Sustainable Development Goals (SDGs) van de Verenigde Naties worden hierbij gehanteerd. Dankzij deze SDGs wordt er met een andere bril naar de opbrengsten gekeken, deze worden gekoppeld aan een hoger doel, de zogenaamde Triple Bottom Line. Met de EIFFEL Foundation wordt een bijdrage aan de maatschappij geleverd. De EIFFEL Foundation is een crowdfunding platform waarop collega's geld kunnen inzamelen voor een goed doel naar keuze. Twee keer per jaar stemmen alle Eiffelaars op hun favoriete doel, waarmee ze 10 euro doneren. **INTERVENTIENIVEAU** ▶ Steun aan individuen (directe steun).; Steun aan lokale/provinciale maatschappelijke organisaties en structuren (incl. gemeenten etc.) die diensten verlenen aan individuen.

Werkgebied ■ **ACTIERADIUS** ▶ Lokaal **LAND** ▶ Nederland **PLAATS** ▶ Amsterdam, Eindhoven, Den Bosch.

Bestedingen ■ **BUDGET** ▶ niet openbaar **SOORT BIJDRAGE** ▶ giften **BOVENGRENS** ▶ geen **ONDERGRENS** ▶ geen.

Projecten ■ **CRITERIA** ▶ geen projectcriteria bekend **DOORLOOPTIJD** ▶ ☑ onbekend **STATUS AANVRAGER** ▶ ☑ geen beperkingen bekend **VOORKEUR/UITSLUITING** ▶ geen voorkeur of uitsluiting bekend.

Procedure ■ **OP AANVRAAG** ▶ nee **AANVRAAGPROCEDURE** ▶ Goede doelen worden ingebracht door de werknemers er volgt een stemming over de bestemming van de geworven gelden. Een dergelijke stemming gebeurt tweemaal per jaar.

Financieel ■ **HERKOMST MIDDELEN** ▶ onbekend **BOEKJAAR** ▶ 2012 **JAARVERSLAG OP WEBSITE** ▶ ja.

Contact ■ **BEREIKBAAR PER** ▶ ☑ post ☑ e-mail ☑ telefoon **CONTACTPERSOON** ▶ geen contactpersoon bekend **POSTADRES** ▶ Postbus 3142, 6802 DC Arnhem **EMAIL (ALGEMEEN)** ▶ info@eiffel.nl **TELEFOON (ALGEMEEN)** ▶ 088-0456789.

353
Eigenheimer Fonds

Rubriek ■ ☑ kunst en cultuur

Algemeen ■ **WEBSITE** ▶ www.cultuurfonds.nl **TYPERING** ▶ fonds op naam **BEHEERD DOOR** ▶ Prins Bernhard Cultuurfonds **DIRECTIE** ▶ zie > Prins Bernhard Cultuurfonds **BESTUUR** ▶ zie > Prins Bernhard Cultuurfonds

Missie ■ **DOELSTELLING** ▶ Het financieel ondersteunen van projecten op het gebied van cultureel erfgoed en podiumkunsten in Noord-Groningen. Aanvragen worden behandeld door het Prins Bernhard Cultuurfonds Groningen.

Werkgebied ■ **ACTIERADIUS** ▶ Regionaal **LAND** ▶ Nederland **REGIO** ▶ Noord-Groningen.

Projecten ■ **CRITERIA** ▶ geen projectcriteria bekend **DOORLOOPTIJD** ▶ ☑ korter dan 1 jaar **STATUS AANVRAGER** ▶ ☑ geen beperkingen bekend **VOORKEUR/UITSLUITING** ▶ geen voorkeur of uitsluiting bekend.

Procedure ■ **OP AANVRAAG** ▶ ja **AANVRAAGPROCEDURE** ▶ Dit 'fonds op naam' ressorteert onder het Prins Bernhard Cultuurfonds. Verzoeken aan fondsen op naam komen op één centraal punt binnen. Dit houdt in dat een subsidieaanvraag slechts eenmaal aan het Prins Bernhard Cultuurfonds hoeft te worden gezonden. Voor de verdere aanvraagprocedure: zie Prins Bernhard Cultuurfonds. **URL** ▶ www.cultuurfonds.nl/aanvragen

Contact ■ **BEREIKBAAR PER** ▶ ☑ post ☑ e-mail ☑ telefoon **CONTACTPERSOON** ▶ geen contactpersoon bekend **POSTADRES** ▶ Postbus 19750, 1000 GT Amsterdam **EMAIL (ALGEMEEN)** ▶ info@cultuurfonds.nl **TELEFOON (ALGEMEEN)** ▶ 020-5206130.

354
Elco Brinkman Fonds

Rubriek ■ ☑ kunst en cultuur

Algemeen ■ **WEBSITE** ▶ www.cultuurfonds.nl **TYPERING** ▶ fonds op naam **BEHEERD DOOR** ▶ Prins Bernhard Cultuurfonds **DIRECTIE** ▶ zie > Prins Bernhard Cultuurfonds **BESTUUR** ▶ zie > Prins Bernhard Cultuurfonds

Missie ■ **DOELSTELLING** ▶ Het financieel ondersteunen van de instandhouding van objecten en projecten die exemplarisch zijn voor de Nederlandse cultuur, bij voorkeur in de provincie Zuid-Holland.

Werkgebied ■ **ACTIERADIUS** ▶ Nationaal, Regionaal **LAND** ▶ Nederland **REGIO** ▶ Zuid-Holland.

Projecten ■ **CRITERIA** ▶ geen projectcriteria bekend **DOORLOOPTIJD** ▶ ☑ korter dan 1 jaar **STATUS AANVRAGER** ▶ ☑ geen beperkingen bekend **VOORKEUR/UITSLUITING** ▶ Voorkeur gaat uit naar projecten in de provincie Zuid-Holland.

Procedure ■ **OP AANVRAAG** ▶ ja **AANVRAAGPROCEDURE** ▶ Dit 'fonds op naam' ressorteert onder het Prins Bernhard Cultuurfonds. Verzoeken aan fondsen op naam komen op één centraal punt binnen. Dit houdt in dat een subsidieaanvraag slechts eenmaal aan het Prins Bernhard

Cultuurfonds hoeft te worden gezonden. Voor de verdere aanvraagprocedure: zie Prins Bernhard Cultuurfonds. **URL** ▶ www.cultuurfonds.nl/aanvragen

Contact ■ **BEREIKBAAR PER** ▶ ☑ post ☑ e-mail ☑ telefoon **CONTACTPERSOON** ▶ geen contactpersoon bekend **POSTADRES** ▶ Postbus 19750, 1000 GT Amsterdam **EMAIL (ALGEMEEN)** ▶ info@cultuurfonds.nl **TELEFOON (ALGEMEEN)** ▶ 020-5206130.

355
Eleonora van Heusden Fonds

Rubriek ■ ☑ kunst en cultuur

Algemeen ■ **WEBSITE** ▶ www.cultuurfonds.nl **TYPERING** ▶ fonds op naam **BEHEERD DOOR** ▶ Prins Bernhard Cultuurfonds **DIRECTIE** ▶ zie > Prins Bernhard Cultuurfonds **BESTUUR** ▶ zie > Prins Bernhard Cultuurfonds

Missie ■ **DOELSTELLING** ▶ Het financieel ondersteunen projecten op het terrein van (klassieke) muziek en de restauratie van molens, met een voorkeur voor Gelderland.

Werkgebied ■ **ACTIERADIUS** ▶ Nationaal **LAND** ▶ Nederland **REGIO** ▶ Gelderland.

Projecten ■ **CRITERIA** ▶ geen projectcriteria bekend **DOORLOOPTIJD** ▶ ☑ korter dan 1 jaar **STATUS AANVRAGER** ▶ ☑ geen beperkingen bekend **VOORKEUR/UITSLUITING** ▶ geen voorkeur of uitsluiting bekend.

Procedure ■ **OP AANVRAAG** ▶ ja **AANVRAAGPROCEDURE** ▶ Dit 'fonds op naam' ressorteert onder het Prins Bernhard Cultuurfonds. Verzoeken aan fondsen op naam komen op één centraal punt binnen. Dit houdt in dat een subsidieaanvraag slechts eenmaal aan het Prins Bernhard Cultuurfonds hoeft te worden gezonden. Voor de verdere aanvraagprocedure: zie Prins Bernhard Cultuurfonds. **URL** ▶ www.cultuurfonds.nl/aanvragen

Contact ■ **BEREIKBAAR PER** ▶ ☑ post ☑ e-mail ☑ telefoon **CONTACTPERSOON** ▶ geen contactpersoon bekend **POSTADRES** ▶ Postbus 19750, 1000 GT Amsterdam **EMAIL (ALGEMEEN)** ▶ info@cultuurfonds.nl **TELEFOON (ALGEMEEN)** ▶ 020-5206130.

356
Elisabeth Strouven Fonds

Rubriek ■ ☑ gezondheidszorg ☑ economische ontwikkeling en microkrediet ☑ voedsel en voedselveiligheid ☑ kunst en cultuur ☑ maatschappij, welzijn en samenleving ☑ mensenrechten, vrede en veiligheid ☑ natuur, milieu en dieren ☑ sport en recreatie ☑ onderwijs en onderzoek ☑ vluchtelingenhulp

Algemeen ■ **WEBSITE** ▶ www.elisabethstrouvenfonds.nl **TYPERING** ▶ vermogensfonds **OPGERICHT** ▶ 06-03-1963 **RECHTSVORM** ▶ stichting **KVK** ▶ 41076415 **ANBI STATUS** ▶ ja **DIRECTIE** ▶ drs. G. van den Broek **BESTUUR** ▶ Prof.dr. A.C. Nieuwenhuijzen Kruseman, voorzitter; T. van Ballegooy MBA, secretaris; mw.mr. E.H.M. Brans, vice-voorzitter; mw.drs. I.R.W.M. Widdershoven; drs. G.C.P. Dijk; ir. R.C. van der Giessen.

Missie ■ **DOELSTELLING** ▶ ☑ Het ondersteunen van sociaal-maatschappelijke activiteiten en projecten in de gemeente Maastricht; ☑ het ondersteunen van culturele activiteiten en projecten in de gemeente Maastricht, alsmede in de omliggende Euregio Maas-Rijn ten behoeve van het behoud en de ontwikkeling van lokale en (Eu)regionale cultuur; ☑ het ondersteunen van activiteiten en projecten ter zake van behoud, bescherming en ontwikkeling van natuur en landschap in de gemeente Maastricht en de Heuvellandgemeenten, en al hetgeen met het vorenstaande verband houdt of daartoe bevorderlijk kan zijn, alles in de ruimste zin van het woord. **STICHTER(S)** ▶ Het Burgerlijk Armbestuur van Maastricht **HISTORIE** ▶ Het Elisabeth Strouven Fonds is opgericht in 1963 als Stichting Elisabeth Strouven, door het toenmalige Burgerlijk Armbestuur van Maastricht, de rechtsvoorganger van Envida. Het Burgerlijk Armbestuur heeft zich sinds de Napoleontische tijd bekommerd om zieke, oude, gehandicapte en arme inwoners van Maastricht. De oprichting van de stichting was een rechtstreeks gevolg van de invoering van de Algemene Bijstandswet in het midden van de zestiger jaren. **BELEIDSPLAN OP WEBSITE** ▶ ja.

Doelgroep ■ **ALGEMEEN** ▶ armen, dak- en thuislozen, gehandicapten, jongeren, kinderen, ouderen, vluchtelingen, zieken **SPECIFIEK** ▶ Burgers en samenleving in Maastricht en omstreken. **ACTIVITEITEN** ▶ Het Elisabeth Strouven Fonds verleent hulp en bijstand en draagt bij aan het welzijn en de ontwikkeling van burgers en samenleving in Maastricht en omstreken. Het Fonds realiseert haar missie door financieel bij te dragen aan projecten van organisaties en instellingen die actief zijn in de sociaal-maatschappelijke en culturele sector, en in behoud, bescherming en ontwikkeling van natuur en landschap. Dat doet het Fonds met behulp van de revenuen die voortvloeien uit het vermogen van de stichting. Hierdoor kunnen initiatieven tot bloei komen en bijdragen aan een goed functionerende, leefbare samenleving. Het fonds verleent ook bijdragen via twee speciale regelingen; het Elisabeth Strouven Monumentenfonds (in nauwe samenwerking met het Nationaal Restauratiefonds) en de Pater Denis-regeling, ontstaan uit het samengaan van het Elisabeth Strouven Fonds met Steunfonds Sint Joseph. Bij laatst genoemde samenwerking gaat het om kleinschalige projecten in ontwikkelingslanden, die hun maatschappelijke thuisbasis en verankering in Maastricht en omgeving hebben. De leerstoel Philanthropy and Sustainable Finance die door ons fonds in 2015 is gevestigd aan Maastricht University binnen het Department of Finance wordt sinds eind 2019 bekleed door prof. dr. Paul Smeets. **INTERVENTIENIVEAU** ▶ Steun op niveau van maatschappij zelf (beleidsbeïnvloeding, etc.).

Werkgebied ■ **ACTIERADIUS** ▶ Lokaal **LAND** ▶ Nederland, Ghana **REGIO** ▶ Zuid-Limburg **PLAATS** ▶ Maastricht e.o.

Bestedingen ■ **BUDGET** ▶ niet openbaar **ONDERSTEUNDE PROJECTEN P/J** ▶ 104 **SOORT BIJDRAGE** ▶ giften leningen garanties investeringen studiebeurzen **BOVENGRENS** ▶ geen **ONDERGRENS** ▶ geen.

Projecten ■ **CRITERIA** ▶ De werkgebieden verschillen per aandachtsgebied. Deze zijn terug te vinden op de website. De projectcriteria zijn: ☑ betreffen een activiteit met een concreet en waardevol sociaal, sociaal-maatschappelijk, cultureel, cultuurhistorisch of cultuureducatief doel; ☑ betreffen projecten met als doel behoud, bescherming en ontwikkeling van natuur en landschap; ☑ dragen bij aan welzijn, culturele pluriformiteit, duurzaamheid, ontwikkeling en saamhorigheid binnen de lokale samenleving; ☑ Het initiatief is gericht op de samenleving en komt zoveel mogelijk voort uit de lokale gemeenschap of bepaalde doelgroepen; ☑ Het initiatief dient zowel financieel als in tijd afgebakend te zijn; ☑ De doelen van het initiatief zijn concreet geformuleerd en indien mogelijk meetbaar; ☑ Het initiatief heeft een zo laag mogelijke overhead; ☑ Het initiatief beschikt over voldoende cofnanciering of toont duidelijk aan hierop in te zetten; ☑ Normaal gesproken worden initiatieven eenmalig ondersteund. **DOORLOOPTIJD** ▶ ☑ onbekend **STATUS AANVRAGER** ▶ ☑ stichting of vereniging (non-profit) ☑ kerkelijke instelling ☑ onderwijsinstelling **VOORKEUR/UITSLUITING** ▶ ; ☑ Vernieuwende en beginnende initiatieven genieten de voorkeur van het fonds. ☑ Het fonds vult geen exploitatietekorten aan; ☑ Het fonds steunt geen stichtingen, verenigingen en andere organisaties met een winstoogmerk; ☑ Individuele aanvragers komen niet in aanmerking voor een bijdrage. Tenzij de aanvragers zich informeel georganiseerd hebben als burgerinitiatief; Aanvragen voor projecten die al gestart zijn, worden afgewezen; ☑ Projecten met een uitgesproken religieuze of politieke doelstelling komen niet in aanmerking voor een donatie. ☑ Projecten die al gestart zijn of die starten in de beslistermijn (12 weken) van het bestuur worden niet gesteund.

Procedure ■ **OP AANVRAAG** ▶ ja **DOORLOOPTIJD** ▶ 1-3 maanden **AANVRAAGPROCEDURE** ▶ U kunt uitsluitend digitaal een aanvraag indienen voor financiële ondersteuning en hier het elektronische aanvraagformulier invullen. Uw projectplan en bijlagen dient u hierbij te uploaden. De aanvraag dient volledig te zijn. Naast een aantal basisgegevens zijn minimaal vereist een projectbeschrijving en een begroting, waarin de verwachte directe en indirecte kosten en; opbrengsten inzichtelijk worden gemaakt. Mits van toepassing dient ook het aantal deelnemers/bezoekers/betrokkenen aangegeven te; worden, inclusief de kostprijs per deelnemer. Lees van tevoren de bijdrageregeling voor financiële ondersteuning op de website. Het is mogelijk om vanaf een bepaald punt de aanvraag tussentijds op te slaan. De aanvrager ontvangt binnen maximaal 12 weken na ontvangst van de aanvraag het besluit van het Fonds. **URL** ▶ www.elisabethstrouvenfonds.nl/aanvraagsysteem/nieuwe-aanvraag?

Financieel ■ **INKOMSTEN EV** ▶ € 14.437.699 **HERKOMST MIDDELEN** ▶ vermogen, overige inkomsten, giften & schenkingen, legaten **BOEKJAAR** ▶ 2019 **JAARVERSLAG OP WEBSITE** ▶ ja.

Contact ■ **BEREIKBAAR PER** ▶ ☑ post ☑ e-mail ☑ telefoon **CONTACTPERSOON** ▶ Mw. E.C.C. de Bruijn **POSTADRES** ▶ Abtstraat 3, 6211 LS Maastricht **EMAIL (ALGEMEEN)** ▶ info@elisabethstrouven.nl **TELEFOON (ALGEMEEN)** ▶ 043-7630899 **TELEFOON (AANVRAGEN)** ▶ 043-7630899.

357

Fonds Elisabeth van der Mieden

Rubriek ■ ☑ kerk en levensbeschouwing ☑ onderwijs en onderzoek

Algemeen ■ **WEBSITE** ▶ https://www.pthu.nl/onderwijs/praktische-informatie/financien/fondsen-subsidies-vergoedingen **TYPERING** ▶ vermogensfonds **OPGERICHT** ▶ 28-11-1787 **RECHTSVORM** ▶ stichting **KVK** ▶ 41047974 **ANBI STATUS** ▶ nee **DIRECTIE** ▶ geen directiegegevens bekend **BESTUUR** ▶ Ir. T.J. Korevaar, penningmeester.

Missie ■ **DOELSTELLING** ▶ De stichting heeft ten doel het verstrekken van een of twee beurzen aan jongeren, wonende in de Over-Betuwe, zodat zij kunnen (gaan) studeren in de theologie. **STICHTER(S)** ▶ Mw. Elisabeth van der Mieden **HISTORIE** ▶ Elisabeth van der Mieden bepaalde in 1787 bij testament dat haar gehele vermogen zou moeten worden aangewend tot het onderhoud van een of twee jongelingen voor een studie in de protestantse theologie. In 1980 werd het fonds omgezet in een stichting.

Doelgroep ■ **ALGEMEEN** ▶ studenten, gelovigen **SPECIFIEK** ▶ Studenten in de (protestantse) theologie. **ACTIVITEITEN** ▶ Geen specifieke activiteiten bekend **INTERVENTIENIVEAU** ▶ Steun aan individuen (directe steun).

Werkgebied ■ **ACTIERADIUS** ▶ Nationaal, Regionaal **LAND** ▶ Nederland **REGIO** ▶ Over-Betuwe.

Bestedingen ■ **BUDGET** ▶ niet openbaar **TOELICHTING** ▶ De hoogte van de bijdrage bedraagt per jaar maximaal € 3.500 (2018). Dit bedrag wordt jaarlijks met de inflatie geïndexeerd. **SOORT BIJDRAGE** ▶ studiebeurzen **BOVENGRENS** ▶ € 3.500 **ONDERGRENS** ▶ geen.

Projecten ■ **CRITERIA** ▶ ☑ De studie moet in Nederland worden gevolgd. ☑ Alleen individuen die een (protestantse) universitaire theologiestudie volgen; ☑ maximaal 10 jaar steun; ☑ Een bijdrage in nascholing is eveneens mogelijk. **DOORLOOPTIJD** ▶ ☑ korter dan 1 jaar ☑ langer dan 2 jaar ☑ 1 - 2 jaar **STATUS AANVRAGER** ▶ ☑ individuen/gezinnen **VOORKEUR/UITSLUITING** ▶ Bijdragen in promotieonderzoek wordt niet gegeven. Voor gemelde beurs komen bij voorrang als gegadigden in aanmerking jongeren die behoren tot de familie van Elisabeth van der Mieden, destijds te Bemmel. Mochten zulke familieleden niet (meer) bestaan, dan komen bij voorkeur als gegadigden in aanmerking de kinderen van predikanten in de Over-Betuwe die voor de genoemde studie geschikt zijn. Daarbij krijgen kinderen van predikanten in Bemmel voorrang.

Procedure ■ **OP AANVRAAG** ▶ ja **DOORLOOPTIJD** ▶ 1-3 maanden **AANVRAAGPROCEDURE** ▶ Toelagen moeten worden aangevraagd met een formulier dat via het e-mailadres kan worden opgevraagd. Aanvragen moeten in principe vóór 1 november van het studiejaar worden ingediend. U ontvangt dan voor het einde van het kalenderjaar bericht. Aanvragen voor steun voor nascholing door predikanten dienen vergezeld te gaan van een aanbevelingsbrief van de gemeente, en kunnen doorlopend worden ingediend.

Financieel ■ **HERKOMST MIDDELEN** ▶ vermogen **BOEKJAAR** ▶ boekjaar onbekend.

Contact ■ BEREIKBAAR PER ► ☑ post ☑ e-mail ☑ telefoon CONTACTPERSOON ► Ing. J.W.Th.M. van Meegen POSTADRES ► Zutphensestraatweg 47, 6955 AE Ellecom EMAIL (ALGEMEEN) ► stichting@fonds-evdmieden.nl TELEFOON (ALGEMEEN) ► 0481-371272.

358
Elisabeth Vermaat Müller Fonds

Rubriek ■ ☑ kunst en cultuur

Algemeen ■ WEBSITE ► www.cultuurfonds.nl TYPERING ► fonds op naam BEHEERD DOOR ► Prins Bernhard Cultuurfonds DIRECTIE ► zie > Prins Bernhard Cultuurfonds BESTUUR ► zie > Prins Bernhard Cultuurfonds

Missie ■ DOELSTELLING ► Het financieel ondersteunen van vrouwelijke beeldend kunstenaars die zich bezig houden met veelbelovende projecten die meerdere disciplines vertegenwoordigen, zoals een combinatie van beeld, muziek of literatuur. Het financieel ondersteunen van vrouwelijke beeldend kunstenaars in de vorm van publicaties over hun werk.

Werkgebied ■ ACTIERADIUS ► Nationaal LAND ► Nederland.

Projecten ■ CRITERIA ► geen projectcriteria bekend DOORLOOPTIJD ► ☑ korter dan 1 jaar STATUS AANVRAGER ► ☑ geen beperkingen bekend VOORKEUR/UITSLUITING ► Enkel voor vrouwen.

Procedure ■ OP AANVRAAG ► ja AANVRAAGPROCEDURE ► Dit 'fonds op naam' ressorteert onder het Prins Bernhard Cultuurfonds. Verzoeken aan fondsen op naam komen op één centraal punt binnen. Dit houdt in dat een subsidieaanvraag slechts eenmaal aan het Prins Bernhard Cultuurfonds hoeft te worden gezonden. Voor de verdere aanvraagprocedure: zie Prins Bernhard Cultuurfonds. URL ► www.cultuurfonds.nl/aanvragen

Contact ■ BEREIKBAAR PER ► ☑ post ☑ e-mail ☑ telefoon CONTACTPERSOON ► geen contactpersoon bekend POSTADRES ► Postbus 19750, 1000 GT Amsterdam EMAIL (ALGEMEEN) ► info@cultuurfonds.nl TELEFOON (ALGEMEEN) ► 020-5206130.

359
Stichting Elisabeth Weeshuis

Rubriek ■ ☑ maatschappij, welzijn en samenleving

Algemeen ■ WEBSITE ► https://www.stichtingelisabethweeshuis.nl TYPERING ► vermogensfonds RECHTSVORM ► stichting KVK ► 41059447 ANBI STATUS ► ja DIRECTIE ► mw. L. Terlouw BESTUUR ► Mw. M. Siegers-Arntz, voorzitter; B. Metz, penningmeester; B. Metz, secretaris; J. van Doggenaar; J. Schep; F. Hordijk; mw. M. Grasveld-van Berckel.

Missie ■ DOELSTELLING ► De stichting, beheerster van de erfenis van Elisabeth, Vrouwe van Culemborg, stelt zich ten doel deze erfenis zodanig te beheren dat: ☑ wordt gehandeld in de geest van het vroegere doel met betrekking tot de nalatenschap, die toentertijd bestemd was voor de 'regte armen'. Dit doel wordt thans op de volgende wijze toegepast: 'het geven van financiële steun aan activiteiten op liefdadig respectievelijk sociaal-maatschappelijk terrein in Culemborg en omgeving, als daarin in redelijkheid niet op andere wijze kan worden voorzien'. ☑ het beheer van de bezittingen zodanig wordt uitgevoerd dat deze een zekere en duurzame opbrengst opleveren. Dit omvat ook het verwerven, exploiteren en vervreemden van onroerend goed met het oog op een goed renderende opbrengst. ☑ het weeshuis als gebouw goed wordt onderhouden, passend bij de waarde van dit cultureel erfgoed; ☑ ook in beperkte mate ten behoeve van cultureel erfgoed in de stad een financiële bijdrage kan worden verleend. STICHTER(S) ► Elisabeth, Vrouwe van Culemborg HISTORIE ► Elisabeth van Culemborg (1475-1555) was de laatste Vrouwe van de 'heerlijkheid Culemborg'. Zij stierf kinderloos en liet een groot vermogen na. In haar testament bepaalde zij dat haar nalatenschap bestemd moest worden voor de 'regte armen'. Gedurende vierhonderd jaar is daar invulling aan gegeven door het exploiteren van een weeshuis. Het eerste nieuwgebouwde weeshuis van Nederland. Tegenwoordig zijn er geen weeshuizen meer in ons land. Hét Weeshuis in Culemborg wordt nu voor andere doeleinden gebruikt. De Stichting Elisabeth Weeshuis steunt met de opbrengsten van haar vermogen goede doelen en maatschappelijke projecten in Culemborg.

Doelgroep ■ ALGEMEEN ► dak- en thuislozen, zieken, jongeren SPECIFIEK ► Ouderen in Culemborg; Armen. ACTIVITEITEN ► Geen specifieke activiteiten bekend INTERVENTIENIVEAU ► Steun aan lokale/provinciale maatschappelijke organisaties en structuren (incl. gemeenten etc.) die diensten verlenen aan individuen.

Werkgebied ■ ACTIERADIUS ► Regionaal, Lokaal LAND ► Nederland REGIO ► Culemborg PLAATS ► Culemborg.

Bestedingen ■ BUDGET ► niet openbaar ONDERSTEUNDE PROJECTEN P/J ► 9 SOORT BIJDRAGE ► giften investeringen BOVENGRENS ► geen ONDERGRENS ► geen.

Projecten ■ CRITERIA ► ; ☑ Ondersteuning minvermogenden,; ☑ Uit Culemborg of omgeving,; ☑ Aanvullend op, niet vervangend van, overheid, verzekeringen etc.,; ☑ bijdrage aan cultureel erfgoed; ☑ Aanvragen die een bedrag van € 25.000 te boven gaan zullen enkel; gehonoreerd worden als ook anderen aan dit project bijdrage; ☑ Ondersteuning in de exploitatie zal enkel in een opstartfase verleend; worden,; ☑ Aanvragen kleiner dan € 1.000 vallen niet onder deze criteria. DOORLOOPTIJD ► ☑ korter dan 1 jaar ☑ 1 - 2 jaar ☑ langer dan 2 jaar STATUS AANVRAGER ► ☑ kerkelijke instelling ☑ hulpverleners VOORKEUR/UITSLUITING ► ; ☑ focus ligt primair op kansarme jongeren. ☑ Geen steun aan individuele personen. ☑ Ontvangende privaatrechtelijke partij moet bij voorkeur ANBI status; hebben.

Procedure ■ OP AANVRAAG ► ja AANVRAAGPROCEDURE ► Via het online aanvraagformulier. Formulier downloaden en als pdf-bestand opsturen. Let er op de in te vullen ruimte niet te overschrijden. Vanuit de aanvraag moet duidelijk worden: ☑ Betreft het een project of is het een bijdrage in de exploitatie?; ☑ Wat is het effect van de donatie, is het (achteraf) meetbaar (terugkoppeling half A4tje per jaar afdoende); ☑ Draagt het daadwerkelijk bij aan onze doelstellingen?; ☑ Heeft de gevraagde bijdrage voldoende kans om het gevraagde te realiseren; ☑ Helder (project)plan. Dit hoeft niet omvangrijk te zijn, maar wel duidelijk wat het te bereiken doel is en een transparante begroting. ☑ Inzicht organisatie, beleid en financiën van de organisatie; URL ▶ https://www.stichtingelisabethweeshuis.nl/subsidie/

Financieel ■ HERKOMST MIDDELEN ▶ vermogen, overige inkomsten BOEKJAAR ▶ 2019.

Contact ■ BEREIKBAAR PER ▶ ☒ post ☑ e-mail ☒ telefoon CONTACTPERSOON ▶ geen contactpersoon bekend POSTADRES ▶ Geen postadres bekend EMAIL (ALGEMEEN) ▶ secretaris@stichtingelisabethweeshuis.nl.

360

Stichting Elise Mathilde Fonds

Rubriek ■ ☑ gezondheidszorg ☑ noodhulp ☑ kunst en cultuur ☑ maatschappij, welzijn en samenleving ☑ natuur, milieu en dieren ☑ onderwijs en onderzoek

Algemeen ■ WEBSITE ▶ www.elisemathilde.nl TYPERING ▶ vermogensfonds OPGERICHT ▶ 15-11-1935 RECHTSVORM ▶ stichting KVK ▶ 41178887 ANBI STATUS ▶ ja DIRECTIE ▶ geen directiegegevens bekend BESTUUR ▶ G.A. Jurrij, voorzitter; mr. H.A. van Beuningen, penningmeester; drs. F.W.H. van Beuningen; mw.drs. J.F. van der Groot-Nauta; mw.drs. A.E. van der Hoeven.

Missie ■ DOELSTELLING ▶ Het financieel en materieel ondersteunen van personen en organisaties die een; algemeen sociaal, cultureel of ideëel doel nastreven. STICHTER(S) ▶ Mevrouw E.M. van Beuningen HISTORIE ▶ Oprichtster en naamgeefster Elise Mathilde (Hilda) van Beuningen (1890-1941) was het tiende en jongste kind van het echtpaar Van Beuningen-Brain. Een vrolijk en levenslustig mens, sociaal voelend, gezellig en dol op honden. In 1940 trouwde zij met de toen 75-jarige weduwnaar C.R.Th. baron Krayenhoff. Zij was het zonnetje in zijn leven. Maar ruim een jaar na het huwelijk overleed zij, kinderloos. Zij liet haar vermogen na aan de in 1935 door haar opgerichte Stichting Elise Mathilde Fonds. Het stichtingsbestuur bestaat uit nakomelingen van het echtpaar Van Beuningen-Brain. BELEIDSPLAN OP WEBSITE ▶ ja.

Doelgroep ■ ALGEMEEN ▶ vrouwen, mannen, jongeren SPECIFIEK ▶ Goede doelen in de Regio Rotterdam of Utrecht. ACTIVITEITEN ▶ Het beleid van Stichting Elise Mathilde Fonds is gericht op het verwezenlijken van haar doelstelling. Zij bewerkstelligt dit met name door: ☑ het verlenen van ondersteuning aan instellingen die een algemeen sociaal, cultureel of ideëel doel nastreven. Voorwaarde is dat deze stichtingen of verenigingen zonder winstoogmerk opereren, werken met inzet van vrijwilligers en bij voorkeur statutair gevestigd zijn in de regio Utrecht of de regio Rotterdam; ☑ het verlenen van een eenmalige bijdrage ten behoeve van de oprichting van hospices in Nederland; ☑ het doen van uitkeringen voor onderhoud en instandhouding van natuurmonumenten in Nederland; ☑ Incidenteel wordt er een bijdrage geleverd aan de aanschaf van professionele muziekinstrumenten of museale kunstvoorwerpen. INTERVENTIENIVEAU ▶ Steun aan lokale/provinciale maatschappelijke organisaties en structuren (incl. gemeenten etc.) die diensten verlenen aan individuen.

Werkgebied ■ ACTIERADIUS ▶ Regionaal, Nationaal LAND ▶ Nederland REGIO ▶ Utrecht, Rotterdam PLAATS ▶ Rotterdam, Utrecht.

Bestedingen ■ BUDGET ▶ € 2.000.000 TOELICHTING ▶ Stichting Elise Mathilde Fonds doet uitsluitend éénmalige donaties, dus geen periodieke vaste subsidies. SOORT BIJDRAGE ▶ giften BOVENGRENS ▶ € 5.000 ONDERGRENS ▶ € 500.

Projecten ■ CRITERIA ▶ Projecten kunnen vallen in; ☑ monumentenzorg; ☑ natuurbehoud; ☑ volksgezondheid; ☑ cultuur- en volksontwikkeling; ☑ maatschappelijk werk; ☑ diversen. DOORLOOPTIJD ▶ ☑ korter dan 1 jaar STATUS AANVRAGER ▶ ☑ stichting of vereniging (non-profit) ☑ overig VOORKEUR/UITSLUITING ▶ Voor exploitatie wordt geen bijdrage gegeven. De voorkeur gaat uit naar projecten op cultureel of liefdadig gebied waarbij veel vrijwilligers zijn betrokken. Bij voorkeur in de regio Rotterdam of Utrecht omdat de familie vooral daar werkzaam geweest is.

Procedure ■ OP AANVRAAG ▶ ja DOORLOOPTIJD ▶ 1-4 maanden; 1-3 maanden; 1-3 maanden AANVRAAGPROCEDURE ▶ Aanvragen kunnen alleen online via de site van Stichting Elise Mathilde Fonds worden ingediend. Doorloop de korte vragenlijst om te zien of u in aanmerking komt voor het indienen van een aanvraag. Vervolgens dient u zich te registreren of in te loggen om uw aanvraag in te dienen. Het bestuur van Stichting Elise Mathilde Fonds vergadert vijf keer per jaar. De vergaderdata en sluitingsdata voor het insturen van. aanvragen staan vermeld op de website. URL ▶ www.elisemathilde.nl/content/aanvragen.htm

Financieel ■ INKOMSTEN EV ▶ € 10.721.090 HERKOMST MIDDELEN ▶ vermogen BOEKJAAR ▶ 2019 JAARVERSLAG OP WEBSITE ▶ ja.

Contact ■ BEREIKBAAR PER ▶ ☑ post ☑ e-mail ☑ telefoon CONTACTPERSOON ▶ Mw. L.T.M. van Erp-Habes POSTADRES ▶ Postbus 192, 3950 AD Maarn EMAIL (ALGEMEEN) ▶ info@elisemathilde.nl TELEFOON (ALGEMEEN) ▶ 0343-554063.

361

Stichting Ellen de Bruijn-ter Denge Memorial Fund

Rubriek ■ ☑ onderwijs en onderzoek

Algemeen ■ WEBSITE ▶ www.ter-denge.nl TYPERING ▶ vermogensfonds OPGERICHT ▶ 16-08-1994 RECHTSVORM ▶ stichting KVK ▶ 41186990 ANBI STATUS ▶ ja DIRECTIE ▶ geen directiegegevens bekend BESTUUR ▶ C. van Schaik, voorzitter; H.B. Peetoom, penningmeester; G.J. ter Denge, secretaris; mw. R.M. Néve-Sprenger; mw. M. van Braam Morris; mw. M.A. van der Eerden-Vonk.

Missie ■ DOELSTELLING ▶ De stichting stelt zich ten doel activiteiten op het gebied van genealogisch onderzoek met betrekking tot het voormalig Nederlands Oost-Indië te bevorderen. **STICHTER(S)** ► De heer Dr. J.H. de Bruijn **HISTORIE** ► In augustus 1994 werd op initiatief van de heer Dr. J.H. de Bruijn te Doorn een Stichting in het leven geroepen, die zich ten doel stelt activiteiten op het gebied van genealogisch onderzoek en heraldiek met betrekking tot het voormalig Nederlands Oost-Indië financieel te ondersteunen. Zij werd opgericht ter nagedachtenis aan zijn in 1993 overleden echtgenote Mevr. Ellen de Bruijn-ter Denge. **BELEIDSPLAN OP WEBSITE** ► ja.

Doelgroep ■ **SPECIFIEK** ► Geen specifieke doelgroep **ACTIVITEITEN** ► ☑ De stichting heeft tot doel het bevorderen van de beoefening der genealogie en heraldiek van Nederlands Oost-Indië onder meer door het verwerven van kopieën van, akten van de Burgerlijke Stand, doop-,trouw-, begraafregisters en notariële akten, het bewerken en toegankelijk maken van deze documenten en voorts op iedere wijze die voor het bereiken van het doel dienstig kan zijn. ☑ Om aan haar activiteiten een wijdere bekendheid te geven heeft zij de dr. J.H. de Bruijnprijs ingesteld. De prijs is bedoeld als stimulans voor al die onderzoekers die zich op enigerlei wijze bezighouden met de uitgave van oorspronkelijk Indisch bronnenmateriaal, dat voor gebruikers binnen en buiten Indonesië van nut kan zijn voor het verkrijgen van kennis en inzicht omtrent de eigen Indische achtergrond en het Indisch verleden. **INTERVENTIENIVEAU** ► Steun aan lokale/provinciale maatschappelijke organisaties en structuren (incl. gemeenten etc.) die diensten verlenen aan individuen.

Werkgebied ■ **ACTIERADIUS** ► Nationaal **LAND** ► Nederland, Indonesië.

Bestedingen ■ **BUDGET** ► niet openbaar **SOORT BIJDRAGE** ► subsidies giften **BOVENGRENS** ► geen **ONDERGRENS** ► geen.

Projecten ■ **CRITERIA** ► Activiteiten op het gebied van genealogisch onderzoek en heraldiek met betrekking tot het voormalig Nederlands Oost-Indië. **DOORLOOPTIJD** ► ☑ onbekend **STATUS AANVRAGER** ► ☑ overig **VOORKEUR/UITSLUITING** ► geen voorkeur of uitsluiting bekend.

Procedure ■ **OP AANVRAAG** ► onbekend **AANVRAAGPROCEDURE** ► geen aanvraagprocedure bekend.

Financieel ■ **EIGEN VERMOGEN** ► € 43.500 **INKOMSTEN EV** ► € 1.817 **INKOMSTEN OV** ► € 3.218 **HERKOMST MIDDELEN** ► vermogen, bedrijven, giften & schenkingen, legaten **BOEKJAAR** ► 2019 **JAARVERSLAG OP WEBSITE** ► ja.

Contact ■ **BEREIKBAAR PER** ► ☑ post ☑ e-mail ☑ telefoon **CONTACTPERSOON** ► geen contactpersoon bekend **POSTADRES** ► Otto Hahnweg 15, 3731 CC De Bilt **EMAIL (ALGEMEEN)** ► gj.terdenge@quicknet.nl **TELEFOON (ALGEMEEN)** ► 0223-632316; 06-10462367.

362

Els & Tom Akerboom Stichting

Rubriek ■ ☑ maatschappij, welzijn en samenleving ☑ natuur, milieu en dieren

Algemeen ■ **WEBSITE** ► www.eetas.org **TYPERING** ► vermogensfonds **OPGERICHT** ► 12-10-2007 **RECHTSVORM** ► stichting **KVK** ► 32127977 **ANBI STATUS** ► ja **DIRECTIE** ► geen directiegegevens bekend **BESTUUR** ► Mw. H. van Schaik, voorzitter; mw. B. van Schaik, penningmeester; mw. S. Jansen, secretaris; M. Krikke.

Missie ■ **DOELSTELLING** ► Het ondersteunen van projecten op het gebied van welzijn van mensen (met name kinderen) en dieren in binnen en buitenland. **STICHTER(S)** ► Els & Tom Akerboom **HISTORIE** ► De Els & Tom Akerboom Stichting (E&TAS) is voorgekomen uit de nalatenschap van Els en Tom Akerboom. Zij hadden geen kinderen en wilden hun vermogen nalaten aan goede doelen. Hiervoor is de E&TAStichting in het leven geroepen. De Stichting steunt goede doelen met als uitgangspunt de intenties van Tom en Els. Zij waren begaan met dieren en kinderen, vooral als ze hulp konden gebruiken. **BELEIDSPLAN OP WEBSITE** ► ja.

Doelgroep ■ **ALGEMEEN** ► kinderen, dieren, dak- en thuislozen, armen, zieken, inheemse volken, gehandicapten **SPECIFIEK** ► Geen specifieke doelgroep **ACTIVITEITEN** ► In 2019 zijn donaties gedaan aan: ☑ nico adriaans stichting; ☑ Olde managepeerd; ☑ Zorgerf Berkelland; ☑ NME Mundial; ☑ Varkens in Nood; ☑ Tree to be; ☑ Dier en Recht; ☑ Every boy and girl; ☑ Gehandicapt gezellig sporten; ☑ liliane fonds; ☑ miva; ☑ Adopt a cat. **INTERVENTIENIVEAU** ► Steun aan lokale/provinciale maatschappelijke organisaties en structuren (incl. gemeenten etc.) die diensten verlenen aan individuen.

Werkgebied ■ **ACTIERADIUS** ► Internationaal **LAND** ► Wereldwijd.

Bestedingen ■ **BUDGET** ► niet openbaar **TOELICHTING** ► Het budget is 2% van eindkapitaal van het voorgaande jaar. **ONDERSTEUNDE PROJECTEN P/J** ► 5 **SOORT BIJDRAGE** ► giften **BOVENGRENS** ► geen **ONDERGRENS** ► geen.

Projecten ■ **CRITERIA** ► Lage overhead en resultaatgerichtheid zijn voor de stichting belangrijke aspecten bij de beoordeling van aanvragen. **DOORLOOPTIJD** ► ☑ onbekend **STATUS AANVRAGER** ► ☑ stichting of vereniging (non-profit) ☑ onderwijsinstelling ☑ kerkelijke instelling **VOORKEUR/UITSLUITING** ► geen voorkeur of uitsluiting bekend.

Procedure ■ **OP AANVRAAG** ► ja **AANVRAAGPROCEDURE** ► Indien u denkt een project te hebben dat binnen de doelstelling valt, en u kunt ondersteuning gebruiken, dan kunt u het online aanvraagformulier invullen en versturen. Het bestuur van de stichting komt een keer per jaar, in april, bij elkaar om de binnengekomen aanvragen te beoordelen en fondsen toe te wijzen. Zodra er een besluit is genomen worden alle aanvragers op de hoogte gesteld van de uitkomst. Mocht een aanvraag naar uw mening met spoed behandeld moeten worden, dan dient u dit er duidelijk bij te zetten. **URL** ► www.eetas.org/aanvraagformulier.html

Financieel ■ **EIGEN VERMOGEN** ► € 534.985 **INKOMSTEN EV** ► € 264 **HERKOMST MIDDELEN** ► vermogen, legaten **BOEKJAAR** ► 2019 **JAARVERSLAG OP WEBSITE** ► ja.

Contact ■ **BEREIKBAAR PER** ► ☑ post ☑ e-mail ☒ telefoon **CONTACTPERSOON** ► geen contactpersoon bekend **POSTADRES** ► Traayweg 3, 3711 BV Austerlitz **EMAIL (ALGEMEEN)** ► eetas@live.com.

363
Stichting Else

Rubriek ■ ☑ gezondheidszorg

Algemeen ■ WEBSITE ► www.stichting-else.nl TYPERING ► vermogensfonds OPGERICHT ► 03-07-1979 RECHTSVORM ► stichting KVK ► 41178804 ANBI STATUS ► ja DIRECTIE ► M. van Alderwegen BESTUUR ► Drs. W.J.M. Corsten, voorzitter; L.E.F. van Ruth, penningmeester; drs. L.E.F. van Ruth, secretaris; I. Thepass; mw. T. van der Valk.

Missie ■ DOELSTELLING ► De stichting heeft ten doel een bijdrage te leveren aan goede maatschappelijke (gezondheids)zorg in Nederland, te onderscheiden in lichamelijk, psychische, sociale en spirituele zorg, alsmede het beschermen en uitdragen van het cultureel erfgoed van het oorspronkelijk kruiswerk en de oorspronkelijke gezinsverzorging. Spiritualiteit in de zorg en het uitdragen van het erfgoed kruiswerk en de gezinsverzorging zijn uitbesteed aan/overgedragen naar de samenwerkingspartners van Else. HISTORIE ► Else is een stichting die is ontstaan door de samenvoeging van een drietal kleine fondsen uit het voormalige kruiswerk. Begin 2013 is ook Stichting Centrale Raad voor Gezinsverzorging (StCRvG) opgegaan in Stichting Else. In haar hele wezen staat Else voor verandering. Verandering in de eerstelijnde maatschappelijke (gezondheids)zorg. Het uitdragen van het cultureel erfgoed kruiswerk/gezinsverzorging en het bevorderen van aandacht voor spiritualiteit in de zorg, heeft Else in 2016 uitbesteed/overgedragen aan respectievelijk Florence Nightengale Instituut en Stichting Even Anders. Deze thema's vormen ook onderdeel van de doelstelling van Else. BELEIDSPLAN OP WEBSITE ► ja.

Doelgroep ■ ALGEMEEN ► zieken SPECIFIEK ► Maatschappelijke (gezondheids)zorg in Nederland. ACTIVITEITEN ► Vanuit haar wortels hanteert Else een brede definitie van Maatschappelijke (gezondheids) zorg, dus meer dan Thuiszorg/wijkverpleging en gezinsverzorging. Else wil ook sectoroverstijgend actief zijn en stelt de focus op de eindgebruiker centraal. De focus ligt bij Else bij innovaties in de maatschappelijke (gezondheids)zorg. Else doet dat onder andere door financiële middelen beschikbaar te stellen aan goede initiatieven. Dit gebeurt ofwel door donaties vanuit rendement ofwel door missie gerelateerd investeren van het vermogen. De stichting werkt verder samen met Florence Nightengale Instituut (FNI) en. Stichting Even Anders om ook vorm te geven aan de andere aspecten van doelstelling. Florence Nightengale Instituut (FNI): Bescherming cultureel erfgoed Kruiswerk/gezinsverzorging en bevordering van het verankeren van deze kennis in scholingsprogramma's. Stichting Even Anders: bevorderen van aandacht voor de spiritualiteit in de zorg. INTERVENTIENIVEAU ► Steun op niveau van maatschappij zelf (beleidsbeïnvloeding, etc.).

Werkgebied ■ ACTIERADIUS ► Nationaal LAND ► Nederland.

Bestedingen ■ BUDGET ► € 160.000 SOORT BIJDRAGE ► giften subsidies BOVENGRENS ► geen ONDERGRENS ► geen.

Projecten ■ CRITERIA ► ; ☑ waardengedreven maatschappelijke (gezondheids)zorg die vanuit integrale wijkgerichte oriëntatie de zelfredzaamheid en het functioneren van de burger bevorderen of ondersteunen; ☑ de transitie van geldzorg naar mensen zorg; ☑ de transitie van ziekte naar integrale oriëntatie op gezondheid (functioneren en veerkracht van de burger). DOORLOOPTIJD ► ☑ onbekend STATUS AANVRAGER ► ☑ geen beperkingen bekend VOORKEUR/UITSLUITING ► geen voorkeur of uitsluiting bekend.

Procedure ■ OP AANVRAAG ► ja AANVRAAGPROCEDURE ► Op innovatieve wijze neemt Stichting Else donatie-aanvragen in behandeling, via het digitale Platform Plein doneren. Dus geen aanvraag indienen maar Pleindoneren.Wie meer wil weten over het Plein doneren, wordt uitgenodigd op het platform. Verken, onderzoek en leer samen met ons hoe geld, ideeën en talenten de maatschappelijke zorg in Nederland verder kunnen helpen. URL ► www.stichting-else.nl/plein-doneren/

Financieel ■ EIGEN VERMOGEN ► € 10.909.330 HERKOMST MIDDELEN ► vermogen BOEKJAAR ► 2016 JAARVERSLAG OP WEBSITE ► ja.

Contact ■ BEREIKBAAR PER ► ☑ post ☑ e-mail ☑ telefoon CONTACTPERSOON ► geen contactpersoon bekend POSTADRES ► Maanlander 47, 3824 MN Amersfoort EMAIL (ALGEMEEN) ► info@stichting-else.nl TELEFOON (ALGEMEEN) ► 0306704696.

364
Stichting Emmaplein Foundation

Rubriek ■ ☑ maatschappij, welzijn en samenleving ☑ kunst en cultuur ☑ onderwijs en onderzoek

Algemeen ■ WEBSITE ► www.emmapleinfoundation.nl TYPERING ► vermogensfonds OPGERICHT ► 20-12-2000 RECHTSVORM ► stichting KVK ► 02071989 ANBI STATUS ► ja DIRECTIE ► geen directiegegevens bekend BESTUUR ► A. Bijlsma, voorzitter; S. Hoekstra, penningmeester; mw. S. Schwarte, secretaris; mw. N. Stellingsma; mw. A. Aaldering.

Missie ■ DOELSTELLING ► Het doel van de stichting is het doen van uitkeringen aan charitatieve, culturele, wetenschappelijke en het algemeen nut beogende instellingen in de ruimste zin des woords. Bij het doen van uitkeringen kan het bestuur rekening houden met de speciale band die bestaat tussen de Emmaplein Foundation en Noord-Nederland. STICHTER(S) ► Dick en Jacqueline Maan HISTORIE ► De Emmaplein Foundation is een stichting, gevestigd in Haren, opgericht eind 2000 door Dick en Jacqueline Maan. Jacqueline Maan en Ilona Maan vormen de Raad van Advies van de stichting.

Doelgroep ■ SPECIFIEK ► Charitatieve, culturele, wetenschappelijke en het algemeen nut beogende instellingen. ACTIVITEITEN ► De Emmaplein Foundation steunt/steunde de afgelopen jaren onder andere: MJD Groningen; Cultureel Hart Assen; Stichting Rondom Magnus; Stichting Haydn Muziek Festival; Stichting Dorpskerkconcerten Haren; Toyisme Studio; Elker; Mytylschool Prins Johan Friso Haren; Stichting Taptoe Groningen; Noordelijk Scheepvaartmuseum; Theatergroep WAARK; Top Spin; Stichting Bernardushof; Stichting MUSIC4ALL Haren; St. Hospice Stadskanaal; Tuingeluk Haren; Stichting De Brug

Provincie Groningen; Stichting Femina; St. Dorpshuis De Bongerd; Stichting J & M Theaterwurk; Cantatrix; Stichting Groninger Studententoneel. **INTERVENTIENIVEAU** ► Steun aan lokale/provinciale maatschappelijke organisaties en structuren (incl. gemeenten etc.) die diensten verlenen aan individuen.

Werkgebied ■ **ACTIERADIUS** ► Nationaal **LAND** ► Nederland **REGIO** ► Drenthe, Friesland, Groningen.

Bestedingen ■ **BUDGET** ► niet openbaar **TOELICHTING** ► Een financieel jaarverslag kunt u opvragen bij het secretariaat. **SOORT BIJDRAGE** ► giften **BOVENGRENS** ► geen **ONDERGRENS** ► geen.

Projecten ■ **CRITERIA** ► ☑ Het project vindt plaats in één van de drie noordelijke provincies, te weten Groningen, Friesland of Drenthe. Onderstaande aanvullende criteria gelden voor aanvragen voor een donatie in de categorie 'Cultureel': ☑ Uitvoeringen van muziek-, zang- of toneelverenigingen komen alleen bij jubilea in aanmerking voor een donatie. Als jubilea worden beschouwd 10, 25, 50, 75 en 100 jaar. Reguliere uitvoeringen komen niet in aanmerking; ☑ Per artistiek leider mag één aanvraag per kwartaal worden ingediend. **DOORLOOPTIJD** ► ☑ korter dan 1 jaar **STATUS AANVRAGER** ► ☑ stichting of vereniging (non-profit) **VOORKEUR/UITSLUITING** ► ☑ Bij voorkeur is de aanvragende organisatie ook gevestigd in Noord-Nederland; Niet in aanmerking komen: ☑ Projecten met politiek of religieus doel; ☑ Investeringen in, aankoop van, onderhoud c.q. restauratie van gebouwen; ☑ Restauraties van kerken en kerkorgels; ☑ Monumenten; ☑ Boeken; ☑ Catalogi bij tentoonstellingen en dergelijke; ☑ Studentensymposia en –congressen; ☑ Dorpsfeesten; ☑ (Buitenland)reizen van (sport)verenigingen. ☑ ondersteuning in de overhead/vaste lasten van de rechtspersoon. ☑ overheidsinstelling of serviceclub. ☑ individuen.

Procedure ■ **OP AANVRAAG** ► ja **DOORLOOPTIJD** ► 1-3 maanden **AANVRAAGPROCEDURE** ► Om een aanvraag in te dienen dient u een account aan te maken op de website. U vult eerst uw persoonlijke gegevens in. Na het aanmaken van uw persoonlijke account, kunt u de gegevens van de organisatie(s) waar u voor werkt invullen. Bij de aanvraag moet duidelijk worden dat het project een toereikend dekkingsplan heeft. Aanvragen dienen minstens twee maanden voor aanvang van een project en tenminste twee weken voor de bestuursvergadering digitaal beschikbaar te zijn op het bureau van de foundation. Het bestuur vergadert in de regel elk kwartaal. **URL** ► www.emmapleinfoundation.nl/aanvraag.html

Financieel ■ **HERKOMST MIDDELEN** ► vermogen.

Contact ■ **BEREIKBAAR PER** ► ☑ post ☑ e-mail ☑ telefoon **CONTACTPERSOON** ► geen contactpersoon bekend **POSTADRES** ► Postbus 48, 9750 AA Haren Gn **EMAIL (ALGEMEEN)** ► info@emmapleinfoundation.nl **TELEFOON (ALGEMEEN)** ► 050-4062740.

365
Emmelot Vis Fonds

Rubriek ■ ☑ kunst en cultuur

Algemeen ■ **WEBSITE** ► www.cultuurfonds.nl **TYPERING** ► fonds op naam **BEHEERD DOOR** ► Prins Bernhard Cultuurfonds **DIRECTIE** ► zie > Prins Bernhard Cultuurfonds **BESTUUR** ► zie > Prins Bernhard Cultuurfonds

Missie ■ **DOELSTELLING** ► Het financieel ondersteunen van projecten en talent op het terrein van de kamermuziek in brede zin, bij voorkeur in Utrecht en omgeving.

Werkgebied ■ **ACTIERADIUS** ► Nationaal **LAND** ► Nederland **REGIO** ► Utrecht.

Projecten ■ **CRITERIA** ► geen projectcriteria bekend **DOORLOOPTIJD** ► ☑ korter dan 1 jaar **STATUS AANVRAGER** ► ☑ geen beperkingen bekend **VOORKEUR/UITSLUITING** ► geen voorkeur of uitsluiting bekend.

Procedure ■ **OP AANVRAAG** ► ja **AANVRAAGPROCEDURE** ► Dit 'fonds op naam' ressorteert onder het Prins Bernhard Cultuurfonds. Verzoeken aan fondsen op naam komen op één centraal punt binnen. Dit houdt in dat een subsidieaanvraag slechts eenmaal aan het Prins Bernhard Cultuurfonds hoeft te worden gezonden. Voor de verdere aanvraagprocedure: zie Prins Bernhard Cultuurfonds. **URL** ► www.cultuurfonds.nl/aanvragen

Contact ■ **BEREIKBAAR PER** ► ☑ post ☑ e-mail ☑ telefoon **CONTACTPERSOON** ► geen contactpersoon bekend **POSTADRES** ► Postbus 19750, 1000 GT Amsterdam **EMAIL (ALGEMEEN)** ► info@cultuurfonds.nl **TELEFOON (ALGEMEEN)** ► 020-5206130.

366
Engbertha Loman Fonds

Rubriek ■ ☑ kunst en cultuur ☑ onderwijs en onderzoek

Algemeen ■ **WEBSITE** ► www.cultuurfonds.nl **TYPERING** ► fonds op naam **BEHEERD DOOR** ► Prins Bernhard Cultuurfonds **DIRECTIE** ► zie > Prins Bernhard Cultuurfonds **BESTUUR** ► zie > Prins Bernhard Cultuurfonds

Missie ■ **DOELSTELLING** ► Het financieel ondersteunen van talentvolle musici, met name violisten en cellisten voor het volgen van een (aanvullende) studie in Nederland of in het buitenland of voor de aanschaf van een instrument van het juiste niveau.

Werkgebied ■ **ACTIERADIUS** ► Nationaal, Internationaal **LAND** ► Nederland.

Projecten ■ **CRITERIA** ► geen projectcriteria bekend **DOORLOOPTIJD** ► ☑ korter dan 1 jaar **STATUS AANVRAGER** ► ☑ individuen/gezinnen ☑ geen beperkingen bekend **VOORKEUR/UITSLUITING** ► Voorkeur gaat uit naar violisten en cellisten.

Procedure ■ **OP AANVRAAG** ► ja **AANVRAAGPROCEDURE** ► Dit 'fonds op naam' ressorteert onder het Prins Bernhard Cultuurfonds. Verzoeken aan fondsen op naam komen op één centraal punt binnen. Dit houdt in dat een subsidieaanvraag slechts eenmaal aan het Prins Bernhard Cultuurfonds hoeft te worden gezonden. Voor de verdere aanvraagprocedure: zie Prins Bernhard Cultuurfonds. **URL** ► www.cultuurfonds.nl/aanvragen

Contact ■ **BEREIKBAAR PER** ► ☑ post ☑ e-mail ☑ telefoon **CONTACTPERSOON** ► geen contactpersoon bekend **POSTADRES** ► Postbus 19750,

1000 GT Amsterdam **EMAIL (ALGEMEEN)** ► info@cultuurfonds.nl **TELEFOON (ALGEMEEN)** ► 020-5206130.

367

Engelbert van Bevervoorde-Van Heyst Fonds

Rubriek ■ ☑ kunst en cultuur ☑ onderwijs en onderzoek

Algemeen ■ **WEBSITE** ► www.cultuurfonds.nl **TYPERING** ► fonds op naam **BEHEERD DOOR** ► Prins Bernhard Cultuurfonds **DIRECTIE** ► zie > Prins Bernhard Cultuurfonds **BESTUUR** ► zie > Prins Bernhard Cultuurfonds

Missie ■ **DOELSTELLING** ► Het financieel ondersteunen van archiefonderzoek, waarbij voorkeur wordt gegeven aan genealogische projecten, alsmede het openbaar maken van dergelijk onderzoek en het ondersteunen van projecten die de geschiedenis van Nederlands-Indië tot onderwerp hebben.

Werkgebied ■ **ACTIERADIUS** ► Nationaal **LAND** ► Nederland.

Projecten ■ **CRITERIA** ► geen projectcriteria bekend **DOORLOOPTIJD** ► ☑ korter dan 1 jaar **STATUS AANVRAGER** ► ☑ geen beperkingen bekend **VOORKEUR/UITSLUITING** ► Voorkeur gaat uit naar genealogische projecten.

Procedure ■ **OP AANVRAAG** ► ja **AANVRAAGPROCEDURE** ► Dit 'fonds op naam' ressorteert onder het Prins Bernhard Cultuurfonds. Verzoeken aan fondsen op naam komen op één centraal punt binnen. Dit houdt in dat een subsidieaanvraag slechts eenmaal aan het Prins Bernhard Cultuurfonds hoeft te worden gezonden. Voor de verdere aanvraagprocedure: zie Prins Bernhard Cultuurfonds. **URL** ► www.cultuurfonds.nl/aanvragen

Contact ■ **BEREIKBAAR PER** ► ☑ post ☑ e-mail ☑ telefoon **CONTACTPERSOON** ► geen contactpersoon bekend **POSTADRES** ► Postbus 19750, 1000 GT Amsterdam **EMAIL (ALGEMEEN)** ► info@cultuurfonds.nl **TELEFOON (ALGEMEEN)** ► 020-5206130.

368

The Entrepreneurs Foundation

Rubriek ■ ☑ economische ontwikkeling en microkrediet ☑ maatschappij, welzijn en samenleving ☑ natuur, milieu en dieren ☑ voedsel en voedselveiligheid

Algemeen ■ **WEBSITE** ► www.entrepreneurs-foundation.nl **TYPERING** ► vermogensfonds **OPGERICHT** ► 1999 **RECHTSVORM** ► stichting **KVK** ► 34132293 **ANBI STATUS** ► nee **DIRECTIE** ► Marcel van Loo **BESTUUR** ► A. Bonneur, voorzitter; mw. A. Heemels, penningmeester; mw. J. Kornet, secretaris; R. Kartaram; R. van der Struijk.

Missie ■ **DOELSTELLING** ► The Entrepreneurs Foundation bevordert welvaart en maatschappelijk succesvol ondernemerschap met concrete steun aan individuele ondernemers in economisch achtergebleven gebieden waar de bevolking een tekort heeft aan primaire levensvoorzieningen. De foundation biedt niet alleen financiële ondersteuning, ze stelt haar netwerk open, adviseert en bevordert contact en uitwisseling van kennis en kunde tussen de ondernemers onderling. **STICHTER(S)** ► Ernst & Young.

Doelgroep ■ **SPECIFIEK** ► Geen specifieke doelgroep **ACTIVITEITEN** ► Ondersteuning van duurzaamheids- en milieu-initiatieven van non-profitorganisaties. **INTERVENTIENIVEAU** ► Steun aan lokale/provinciale maatschappelijke organisaties en structuren (incl. gemeenten etc.) die diensten verlenen aan individuen.; Steun op niveau van maatschappij zelf (beleidsbeïnvloeding, etc.).

Werkgebied ■ **ACTIERADIUS** ► Nationaal **LAND** ► Nederland.

Bestedingen ■ **BUDGET** ► niet openbaar **SOORT BIJDRAGE** ► overig subsidies giften **BOVENGRENS** ► geen **ONDERGRENS** ► geen.

Projecten ■ **CRITERIA** ► Voorwaarden:. ☑ Steun komt voor 100% bij de ondernemer terecht. Geen strijkstok geen betaald bestuur, geen kosten. ☑ Geen kinderarbeid. ☑ Duurzaam ondernemen. ☑ Werkgelegenheid bevorderend. ☑ Langdurig voordeel en resultaat. ☑ Verbetering arbeidsomstandigheden. **DOORLOOPTIJD** ► ☑ onbekend **STATUS AANVRAGER** ► ☑ geen beperkingen bekend **VOORKEUR/UITSLUITING** ► Geen voorkeur/uitsluiting bekend.

Procedure ■ **OP AANVRAAG** ► nee **AANVRAAGPROCEDURE** ► Het bestuur van The Entrepreneurs Foundation selecteert jaarlijks zorgvuldig een aantal projecten. Hiervoor worden aanbevelingsrapporten ingediend. Na acceptatie van projecten worden de projecten ter plaatse door (Nederlandse) vrijwilligers begeleid en wordt feedback gegeven met betrekking tot het verdere verloop van de projecten.

Financieel ■ **HERKOMST MIDDELEN** ► moederorganisatie (bijdragen) **BOEKJAAR** ► boekjaar onbekend.

Contact ■ **BEREIKBAAR PER** ► ☑ post ☑ e-mail ☑ telefoon **CONTACTPERSOON** ► geen contactpersoon bekend **POSTADRES** ► Wassenaarseweg 80, 2596 CZ Den Haag **EMAIL (ALGEMEEN)** ► info@entrepreneurs-foundation.nl **TELEFOON (ALGEMEEN)** ► +310-884070890.

369

Stichting Erasmus Fonds Pijngeneeskunde

Rubriek ■ ☑ onderwijs en onderzoek

Algemeen ■ **WEBSITE** ► www.rotterdamsefondsen.nl/fonds/132/stichting-erasmus-fonds-pijnbestrijding **TYPERING** ► vermogensfonds **OPGERICHT** ► 11-07-1973 **RECHTSVORM** ► stichting **KVK** ► 41125251 **ANBI STATUS** ► ja **DIRECTIE** ► geen directiegegevens bekend **BESTUUR** ► Mr. S.J. van der Groot, voorzitter; mr. D.F. Richters, penningmeester; mr. N.C. Goud; prof.dr. F.J.P.M.H. Huygen; prof. dr, P.A.E. Sillivis Smitt; prof.dr.H.J. Stam; prof.dr. J. Tibboel.

Missie ■ **DOELSTELLING** ► De Stichting heeft ten doel het stimuleren en ondersteunen van wetenschappelijk onderzoek naar de de oorzaken, preventie en behandeling van pijn, de implementatie van de resultaten daarvan, de behandeling van pijnpatiënten alsmede het financieren van bovenvermelde doelstelling. **BELEIDSPLAN OP WEBSITE** ▶ ja.

Doelgroep ■ **SPECIFIEK** ▶ Onderzoek ten behoeve van pijnpatiënten. **ACTIVITEITEN** ▶ De Stichting onderhoudt contacten met het Erasmus MC te Rotterdam en financiert; wetenschappelijk onderzoek op het gebied van pijnbestrijding in de breedste zin des woords. **INTERVENTIENIVEAU** ▶ Steun aan individuen (directe steun).

Werkgebied ■ **ACTIERADIUS** ▶ Lokaal **LAND** ▶ Nederland **REGIO** ▶ Zuid-Holland **PLAATS** ▶ Rotterdam.

Bestedingen ■ **BUDGET** ▶ niet openbaar **SOORT BIJDRAGE** ▶ giften subsidies **BOVENGRENS** ▶ geen **ONDERGRENS** ▶ geen.

Projecten ■ **CRITERIA** ▶ geen projectcriteria bekend **DOORLOOPTIJD** ▶ ☑ onbekend **STATUS AANVRAGER** ▶ ☑ bedrijf ☑ individuen/gezinnen ☑ stichting of vereniging (non-profit) **VOORKEUR/UITSLUITING** ▶ Onderzoek met gebruik van proefdieren wordt uitdrukkelijk uitgesloten.

Procedure ■ **OP AANVRAAG** ▶ ja **DOORLOOPTIJD** ▶ 6-12 maanden **AANVRAAGPROCEDURE** ▶ Geen aanvraagprocedure bekend. Het bestuur vergadert 2 maal per jaar. Tijdens de najaarsvergadering worden de projecten die zijn ingediend besproken en wordt besloten welke projecten voor een bijdrage in aanmerking komen en voor welk bedrag.

Financieel ■ **INKOMSTEN EV** ▶ € 91.000 **HERKOMST MIDDELEN** ▶ vermogen **BOEKJAAR** ▶ 2018 **JAARVERSLAG OP WEBSITE** ▶ ja.

Contact ■ **BEREIKBAAR PER** ▶ ☑ post ☒ e-mail ☒ telefoon **CONTACTPERSOON** ▶ geen contactpersoon bekend **POSTADRES** ▶ Glazoenowlaan 14, 3055 KD Rotterdam.

370

Stichting Erasmus Trustfonds

Rubriek ■ ☑ onderwijs en onderzoek

Algemeen ■ **WEBSITE** ▶ www.trustfonds.nl **TYPERING** ▶ hybride fonds **OPGERICHT** ▶ 29-04-1913 **RECHTSVORM** ▶ stichting **KVK** ▶ 40341418 **ANBI STATUS** ▶ ja **DIRECTIE** ▶ mw. drs. M. Bleeker **BESTUUR** ▶ Drs. M.G. Muller, voorzitter; drs. D.A. Sonneveldt, penningmeester; mr. B. van Hussen, secretaris; dr. S.C.E. Klein Nagelvoort-Schuit; prof.dr. W. B. F. Brouwer; drs. K. Roeloffs.

Missie ■ **DOELSTELLING** ▶ De bevordering, in de ruimste zin van het woord, van het wetenschappelijk onderwijs en onderzoek en meer in het bijzonder de bevordering van de groei en bloei van de Erasmus Universiteit Rotterdam. **STICHTER(S)** ▶ C.A.P. van Stolk, mr. W.C. Mees, J.R. Ruys **HISTORIE** ▶ De Vereniging Trustfonds Erasmus Universiteit Rotterdam, 'Het Trustfonds', is de rechtsopvolger van de Vereniging die in 1913 de Nederlandsche Handels-Hoogeschool oprichtte. Vanaf 1939 luidde de naam Nederlandsche Economische Hoogeschool (NEH). Op 1 februari 1973 vormden de NEH en de in 1966 gestarte Medische Faculteit de Erasmus Universiteit Rotterdam (EUR). In 2016 is besloten de Vereniging Trustfonds Erasmus Universiteit Rotterdam op te splitsen in een stichting (Stichting Erasmus Trustfonds)en een vereniging (Vereniging Erasmus Trustfonds). Hiermee is een scheiding aangebracht tussen de verenigingsactiviteiten en het verwerven en beheren van vermogen en het toekennen van uitkeringen. **BELEIDSPLAN OP WEBSITE** ▶ ja.

Doelgroep ■ **ALGEMEEN** ▶ studenten **SPECIFIEK** ▶ Groei en bloei Erasmus Universiteit Rotterdam: academische medewerkers, master en bachelor studenten, door de Erasmus Universiteit Rotterdam erkende organisaties (studentenverenigingen, studieverenigingen en overige). **ACTIVITEITEN** ▶ De stichting tracht de doelstelling te bereiken door het aantrekken, verwerven, beheren en beleggen van gelden en vermogens welke als subsidie, garantie, lening of anderszins risicodragend worden verstrekt aan of ten behoeve van onder meer: ☑ wetenschappelijk onderzoek en onderwijs aan de EUR en aan haar gelieerde instellingen, instituten en bijzondere leerstoelen; ☑ voorzieningen, bibliotheken en wetenschappelijke verzamelingen van de EUR; ☑ de ontwikkeling en ontsluiting van software op het terrein van de informatietechnologie ten behoeve van het onderzoek en onderwijs aan de EUR; ☑ de financiering van specifieke activiteiten en projecten van de EUR en de met haar verbonden instellingen; ☑ de financiering van specifieke activiteiten en projecten die bijdragen aan het doel van de stichting; ☑ voorzieningen voor studenten en van (studenten)organisaties die zijn verbonden aan of zich inzetten voor de EUR; ☑ studenten, alumni, promovendi en al diegenen die op enigerlei wijze als hoogleraar, medewerk(st)er of anderszins aan de EUR zijn verbonden, waaronder het verstrekken van beurzen, voorschotten en stipendia en de bekostiging van studiereizen, studie en onderwijs aan in het buitenland gevestigde universiteiten en daaraan gelieerde instellingen, het vorenstaande in de ruimste zin des woords en voorts alle overige middelen welke dienstig zijn voor het bereiken van het doel van de stichting. **INTERVENTIENIVEAU** ▶ Steun aan lokale/provinciale maatschappelijke organisaties en structuren (incl. gemeenten etc.) die diensten verlenen aan individuen.; Steun aan individuen (directe steun).

Werkgebied ■ **ACTIERADIUS** ▶ Internationaal, Lokaal **LAND** ▶ Nederland **PLAATS** ▶ Rotterdam.

Bestedingen ■ **BUDGET** ▶ € 2.500.000 **SOORT BIJDRAGE** ▶ garanties subsidies studiebeurzen leningen overig **BOVENGRENS** ▶ geen **ONDERGRENS** ▶ geen.

Projecten ■ **CRITERIA** ▶ Er zijn verschillende projectcriteria per aandachtsgebied/soort aanvraag. Deze criteria zijn terug te vinden op de website (https://trustfonds.nl/aanvragen/). Enkele algemene criteria zijn: ☑ project valt binnen de doelgroep; ☑ project valt binnen de doelstelling; ☑ er is sprake van cofinanciering (specificaties verschillen per aandachtsgebied/soort aanvraag); ☑ project start minimaal 6 weken na deadline voor aanleveren aanvragen; ☑ Eén aanvraag mogelijk per 12 maanden. **DOORLOOPTIJD** ▶ ☑ onbekend **STATUS AANVRAGER** ▶ ☑ stichting of vereniging (non-profit) ☑ onderwijsinstelling **VOORKEUR/UITSLUITING** ▶ Het Erasmus Trustfonds kan geen promoties, deelname aan workshops/(academische) cursussen, printkosten, salarissen, collegegeld etc. financieren.

Procedure ■ **OP AANVRAAG** ▶ ja **DOORLOOPTIJD** ▶ korter dan 1 maand;

1-3 maanden; 1-3 maanden; korter dan een maand **AANVRAAGPROCEDURE** ▶ Aanvragen worden gedaan via het aanvraagportal. De verschillende deadlines zijn terug te vinden op de website. Alleen volledige aanvragen worden in behandeling genomen. Het is mogelijk de aanvraag tussentijds op te slaan en later te continueren. Aanvragen tot 10.000 euro kunnen in het Nederlands en het Engels. Aanvragen boven 10.000 moeten in het Engels te worden ingevuld. De doorlooptijd van de aanvraag is afhankelijk van het aangevraagde bedrag. Tot 10.000 is het streven binnen 6 weken en boven 10.000 euro is het streven binnen 3 maanden **URL** ▶ https://trustfonds.nl/aanvragen/

Financieel ■ **EIGEN VERMOGEN** ▶ € 34.363.532 **INKOMSTEN EV** ▶ € 4.684.196 **INKOMSTEN OV** ▶ € 2.747.885 **HERKOMST MIDDELEN** ▶ vermogen, overige inkomsten **BOEKJAAR** ▶ 2019 **JAARVERSLAG OP WEBSITE** ▶ ja.

Contact ■ **BEREIKBAAR PER** ▶ ☑ post ☑ e-mail ☑ telefoon **CONTACTPERSOON** ▶ geen contactpersoon bekend **POSTADRES** ▶ Oudehoofdplein 4, 3011 TM Rotterdam **EMAIL (ALGEMEEN)** ▶ secretariaat@trustfonds.nl **TELEFOON (ALGEMEEN)** ▶ 010-4110596.

371
Erasmusstichting

Rubriek ■ ☑ kunst en cultuur ☑ onderwijs en onderzoek

Algemeen ■ **WEBSITE** ▶ www.erasmusstichting.nl **TYPERING** ▶ vermogensfonds **OPGERICHT** ▶ 17-07-1911 **RECHTSVORM** ▶ stichting **KVK** ▶ 41126034 **ANBI STATUS** ▶ ja **DIRECTIE** ▶ geen directiegegevens bekend **BESTUUR** ▶ B.D. Boogaerdt 't Hooft, voorzitter; drs. A.G. Bosman, penningmeester; mw. M.J. van 't Wout-van der Reyden, secretaris; mw. A.M. Crince le Roy-van Munster van Heuven; J.B. Goedegebuur; mw.

Missie ■ **DOELSTELLING** ▶ De Erasmusstichting heeft als doelstelling het bevorderen van onderwijs, kunsten en wetenschap in Rotterdam. **STICHTER(S)** ▶ Dr. Elie van Rijckevorsel **HISTORIE** ▶ Elie van Rijckevorsel was de enige zoon van Huibert van Rijckevorsel (1813 - 1866) en Elisa Susanna Schmidt (1821-1893). Zelf trouwde hij pas op latere leeftijd met Elisabeth Jacoba Kolff (1852-1935). Uit dit huwelijk werden geen kinderen meer geboren. Dat maakte hem de laatste mannelijke afstammeling van de Van Rijckevorsels die tien generaties lang in Rotterdam woonden en werkten. In mei 1862 ging Elie naar de Polytechnische School in Zürich, maar besloot die na een klein jaar te verruilen voor een natuurwetenschappelijke studie aan de Universiteit Utrecht. Elie promoveerde in 1872 bij de natuurkundige C.H.D. Buys Ballot op een proefschrift onder de titel 'Over de methoden tot het bepalen van den geleidingcoëfficient voor warmte in metalen'. Het jaar daarop vertrok hij naar Nederlands-Indië voor meteorologische waarnemingen. Van zijn reis bracht hij veel wetenschappelijk materiaal mee maar ook een grote collectie Indische kledingstukken, wapens en kostbare stoffen. Dit werd de basis voor het Museum voor Land- en Volkenkunde, het huidige Wereldmuseum. De vele voorwerpen die hij verzamelde tijdens zijn wereldreizen schonk hij grotendeels aan het Museum voor Land- en Volkenkunde en aan Museum Boijmans. Ook stelde hij een groot bedrag ter beschikking voor de bouw van de Gemeentebibliotheek. Dr. Elie van Rijckevorsel (1845 - 1928) leeft niet alleen voort in zijn verzamelingen etnografica, glas, porselein en familieportretten die diverse Rotterdamse musea sieren, maar ook in de Erasmusstichting die hij in 1911 in het leven riep met als doel onderwijs, kunsten en wetenschap in Rotterdam te bevorderen. Mede door enkele grote erfenissen was Elie een vermogend man. Na zijn dood op 18 oktober 1928 en die van zijn vrouw in 1935 werd zijn kapitaal ondergebracht bij de Erasmusstichting. Deze stichting had hij in 1911 opgericht ter bevordering van onderwijs, kunsten en wetenschappen in Rotterdam in de ruimste zin van het woord. In 1985 riep deze stichting in samenwerking met de Erasmus Universiteit de dr. Elie van Rijckevorsel-leerstoel voor cultuurgeschiedenis in het leven.

Doelgroep ■ **SPECIFIEK** ▶ Onderwijs, kunsten en wetenschap binnen Rotterdam. **ACTIVITEITEN** ▶ De stichting tracht de doelstelling te bewerkstelligen door vele culturele evenementen met een financiële bijdrage te steunen. Via de culturele invalshoek wordt tevens speciale aandacht aan het onderwijs gegeven. In nauwe samenwerking met de Erasmus Universiteit Rotterdam is in 1985 de Dr Elie van Rijckevorsel-leerstoel voor cultuurgeschiedenis ingesteld. **INTERVENTIENIVEAU** ▶ Steun aan lokale/provinciale maatschappelijke organisaties en structuren (incl. gemeenten etc.) die diensten verlenen aan individuen.

Werkgebied ■ **ACTIERADIUS** ▶ Lokaal **LAND** ▶ Nederland **REGIO** ▶ Zuid-Holland **PLAATS** ▶ Rotterdam e.o.

Bestedingen ■ **BUDGET** ▶ niet openbaar **TOELICHTING** ▶ Afhankelijk van rendement vermogen. Hoofdsom dient in stand gehouden te worden. **ONDERSTEUNDE PROJECTEN P/J** ▶ 100 **SOORT BIJDRAGE** ▶ giften overig **BOVENGRENS** ▶ geen **ONDERGRENS** ▶ geen.

Projecten ■ **CRITERIA** ▶ geen projectcriteria bekend **DOORLOOPTIJD** ▶ ☑ korter dan 1 jaar **STATUS AANVRAGER** ▶ ☑ stichting of vereniging (non-profit) **VOORKEUR/UITSLUITING** ▶ De Erasmusstichting wordt door haar statuten beperkt met haar activiteiten tot de Gemeente Rotterdam en haar directe omgeving. Aanvragen voor projecten die buiten deze regio vallen, kunnen niet in behandeling worden genomen. Er worden geen bijdragen gegeven voor individuen, reeds afgeronden activiteiten, afstudeerprojecten, proefschriften, onderzoeksprojecten, studiekosten, studiereizen, uitwisselingsprojecten, congressen, e.d.

Procedure ■ **OP AANVRAAG** ▶ ja **DOORLOOPTIJD** ▶ 1-3 maanden **AANVRAAGPROCEDURE** ▶ Er kan slechts één keer per twee jaar een aanvraag worden ingediend. Het aanvraagformulier is te downloaden via de website. Aanvragen kunnen alleen schriftelijk worden ingediend (dus niet per e-mail). Gelieve uw stukken niet ingebonden aan te leveren. De aanvraag dient gesteld te zijn in de Nederlandse taal en te worden (mede)ondertekend door de directeur of door een bestuurslid van de organisatie. U ontvangt altijd een ontvangstbevestiging van uw aanvraag. Zodra het bestuur een besluit heeft genomen, ontvangt u daarvan schriftelijk een bericht. Dien uw aanvraag tijdig in, want de behandelingstermijn van een aanvraag kan drie maanden belopen. **URL** ▶ www.erasmusstichting.nl/aanvragen.html

Financieel ■ **EIGEN VERMOGEN** ▶ € 19.626.000 **INKOMSTEN EV** ▶ € 352.000 **HERKOMST MIDDELEN** ▶ vermogen, overige inkomsten **BOEKJAAR** ▶ 2019 **JAARVERSLAG OP WEBSITE** ▶ ja.

Contact ■ **BEREIKBAAR PER** ▶ ☑ post ☑ e-mail ☑ telefoon **CONTACTPERSOON** ▶ Mw. R. Mourits-Gill **POSTADRES** ▶ Schiekade 77, 3033 BE Rotterdam **EMAIL (ALGEMEEN)** ▶ secretariaat@erasmusstichting.nl **TELEFOON (ALGEMEEN)** ▶ 010-2657561.

372

Erik Beelaerts van Blokland Fonds

Rubriek ■ ☑ kunst en cultuur ☑ natuur, milieu en dieren

Algemeen ■ **WEBSITE** ▶ www.cultuurfonds.nl **TYPERING** ▶ fonds op naam **BEHEERD DOOR** ▶ Prins Bernhard Cultuurfonds **DIRECTIE** ▶ zie > Prins Bernhard Cultuurfonds **BESTUUR** ▶ zie > Prins Bernhard Cultuurfonds

Missie ■ **DOELSTELLING** ▶ Het financieel ondersteunen van multidisciplinaire, grensverleggende, stimulerende, enthousiasmerende initiatieven op het gebied van cultuur en natuurbehoud.

Werkgebied ■ **ACTIERADIUS** ▶ Nationaal **LAND** ▶ Nederland.

Projecten ■ **CRITERIA** ▶ geen projectcriteria bekend **DOORLOOPTIJD** ▶ ☑ korter dan 1 jaar **STATUS AANVRAGER** ▶ ☑ geen beperkingen bekend **VOORKEUR/UITSLUITING** ▶ geen voorkeur of uitsluiting bekend.

Procedure ■ **OP AANVRAAG** ▶ ja **AANVRAAGPROCEDURE** ▶ Dit 'fonds op naam' ressorteert onder het Prins Bernhard Cultuurfonds. Verzoeken aan fondsen op naam komen op één centraal punt binnen. Dit houdt in dat een subsidieaanvraag slechts eenmaal aan het Prins Bernhard Cultuurfonds hoeft te worden gezonden. Voor de verdere aanvraagprocedure: zie Prins Bernhard Cultuurfonds. **URL** ▶ www.cultuurfonds.nl/aanvragen

Contact ■ **BEREIKBAAR PER** ▶ ☑ post ☑ e-mail ☑ telefoon **CONTACTPERSOON** ▶ geen contactpersoon bekend **POSTADRES** ▶ Postbus 19750, 1000 GT Amsterdam **EMAIL (ALGEMEEN)** ▶ info@cultuurfonds.nl **TELEFOON (ALGEMEEN)** ▶ 020-5206130.

373

Ernest 'Onchi' Cohen Henriquez Fonds

Rubriek ■ ☑ economische ontwikkeling en microkrediet ☑ maatschappij, welzijn en samenleving ☑ onderwijs en onderzoek

Algemeen ■ **WEBSITE** ▶ www.cultuurfonds.nl **TYPERING** ▶ fonds op naam **BEHEERD DOOR** ▶ Prins Bernhard Cultuurfonds **DIRECTIE** ▶ zie > Prins Bernhard Cultuurfonds **BESTUUR** ▶ zie > Prins Bernhard Cultuurfonds

Missie ■ **DOELSTELLING** ▶ Het ondersteunen en bevorderen van rechtswetenschappen op Curaçao. Het fonds is bedoeld voor initiatieven die een bijdrage leveren aan de bevordering, kennis en educatie op juridisch gebied ter versterking van de Curaçaose rechtsstaat, met een voorkeur voor projecten die lokale culturele juridische aspecten belichten, c.q. bevorderen, voor een breed publiek. Daarnaast streeft men ernaar om jaarlijks een proefschrift, danwel promotieonderzoek, te ondersteunen. Aanvragen worden behandeld door het Prins Bernhard Cultuurfonds Caribisch Gebied.

Werkgebied ■ **ACTIERADIUS** ▶ Internationaal **LAND** ▶ Curaçao.

Projecten ■ **CRITERIA** ▶ geen projectcriteria bekend **DOORLOOPTIJD** ▶ ☑ korter dan 1 jaar **STATUS AANVRAGER** ▶ ☑ overig **VOORKEUR/UITSLUITING** ▶ Voorkeur gaat uit naar projecten die lokale culturele juridische aspecten belichten en bevorderen voor een breed publiek.

Procedure ■ **OP AANVRAAG** ▶ ja **AANVRAAGPROCEDURE** ▶ Dit 'fonds op naam' ressorteert onder het Prins Bernhard Cultuurfonds. Verzoeken aan fondsen op naam komen op één centraal punt binnen. Dit houdt in dat een subsidieaanvraag slechts eenmaal aan het Prins Bernhard Cultuurfonds hoeft te worden gezonden. Voor de verdere aanvraagprocedure: zie Prins Bernhard Cultuurfonds. **URL** ▶ www.cultuurfonds.nl/aanvragen

Contact ■ **BEREIKBAAR PER** ▶ ☑ post ☑ e-mail ☑ telefoon **CONTACTPERSOON** ▶ geen contactpersoon bekend **POSTADRES** ▶ Postbus 19750, 1000 GT Amsterdam **EMAIL (ALGEMEEN)** ▶ info@cultuurfonds.nl **TELEFOON (ALGEMEEN)** ▶ 020-5206130.

374

Esdoorn Fonds

Rubriek ■ ☑ kunst en cultuur ☑ natuur, milieu en dieren

Algemeen ■ **WEBSITE** ▶ www.cultuurfonds.nl **TYPERING** ▶ fonds op naam **BEHEERD DOOR** ▶ Prins Bernhard Cultuurfonds **DIRECTIE** ▶ zie > Prins Bernhard Cultuurfonds **BESTUUR** ▶ zie > Prins Bernhard Cultuurfonds

Missie ■ **DOELSTELLING** ▶ Het financieel ondersteunen van projecten op het terrein van natuurbehoud, geschiedenis en letteren.

Werkgebied ■ **ACTIERADIUS** ▶ Nationaal **LAND** ▶ Nederland.

Projecten ■ **CRITERIA** ▶ geen projectcriteria bekend **DOORLOOPTIJD** ▶ ☑ korter dan 1 jaar **STATUS AANVRAGER** ▶ ☑ geen beperkingen bekend **VOORKEUR/UITSLUITING** ▶ geen voorkeur of uitsluiting bekend.

Procedure ■ **OP AANVRAAG** ▶ ja **AANVRAAGPROCEDURE** ▶ Dit 'fonds op naam' ressorteert onder het Prins Bernhard Cultuurfonds. Verzoeken aan fondsen op naam komen op één centraal punt binnen. Dit houdt in dat een subsidieaanvraag slechts eenmaal aan het Prins Bernhard Cultuurfonds hoeft te worden gezonden. Voor de verdere aanvraagprocedure: zie Prins Bernhard Cultuurfonds. **URL** ▶ www.cultuurfonds.nl/aanvragen

Contact ■ **BEREIKBAAR PER** ▶ ☑ post ☑ e-mail ☑ telefoon **CONTACTPERSOON** ▶ geen contactpersoon bekend **POSTADRES** ▶ Postbus 19750, 1000 GT Amsterdam **EMAIL (ALGEMEEN)** ▶ info@cultuurfonds.nl **TELEFOON (ALGEMEEN)** ▶ 020-5206130.

375
Stichting Esther Dina Polak-van Vollenhoven

Rubriek ■ ☑ onderwijs en onderzoek ☑ maatschappij, welzijn en samenleving ☑ kerk en levensbeschouwing

Algemeen ■ WEBSITE ▶ https://fondseninnederland.nl/fonds/esther-dina-polak-van-vollenhoven-stichting-edp TYPERING ▶ vermogensfonds OPGERICHT ▶ 18-09-1991 RECHTSVORM ▶ stichting KVK ▶ 27185012 ANBI STATUS ▶ ja DIRECTIE ▶ geen directiegegevens bekend BESTUUR ▶ H.A. Groen, voorzitter; mw. L. Bogers, penningmeester; A.W. van Leeuwen, secretaris.

Missie ■ DOELSTELLING ▶ De Stichting heeft ten doel: het doen van uitkeringen ten behoeve van kinderen voor het volgen van opleidingen. STICHTER(S) ▶ Mevrouw E.D. Polak-van Vollenhoven HISTORIE ▶ De Stichting Esther Dina Polak-van Vollenhoven is opgericht bij het overlijden van mevrouw E.D. Polak-van Vollenhoven per 18 september 1991. De Stichting is algeheel erfgenaam van de gehele nalatenschap van mevrouw Polak-van Vollenhoven.

Doelgroep ■ ALGEMEEN ▶ kinderen SPECIFIEK ▶ Kinderen in Israël, joodse kinderen in Nederland en het KWF. ACTIVITEITEN ▶ Uit de opbrengst van het vermogen zal veertig procent (40%) bestemd zijn voor kinderen in Israël, dit alleen indien Israël onafhankelijk is. Indien Israël niet meer onafhankelijk is vervalt deze uitkering en komt dan toe aan de hierna te melden opleiding van Joodse kinderen in Nederland. Twintig procent (20%) van de jaarlijkse opbrengst van het vermogen zal worden uitgekeerd voor de opleiding van Joodse Kinderen in Nederland. Twintig procent (20%) van de jaarlijkse opbrengst van het vermogen zal worden besteed aan het wetenschappelijk onderzoek voor de kankerbestrijding en daartoe worden uitgekeerd aan het te Amsterdam gevestigde stichting KWF. INTERVENTIENIVEAU ▶ Steun aan individuen (directe steun).; Steun aan lokale/provinciale maatschappelijke organisaties en structuren (incl. gemeenten etc.) die diensten verlenen aan individuen.

Werkgebied ■ ACTIERADIUS ▶ Nationaal, Internationaal LAND ▶ Nederland, Israël.

Bestedingen ■ BUDGET ▶ niet openbaar SOORT BIJDRAGE ▶ giften BOVENGRENS ▶ geen ONDERGRENS ▶ geen.

Projecten ■ CRITERIA ▶ geen projectcriteria bekend DOORLOOPTIJD ▶ ☑ onbekend STATUS AANVRAGER ▶ ☑ onderwijsinstelling ☑ overig VOORKEUR/UITSLUITING ▶ geen voorkeur of uitsluiting bekend.

Procedure ■ OP AANVRAAG ▶ onbekend AANVRAAGPROCEDURE ▶ geen aanvraagprocedure bekend.

Financieel ■ EIGEN VERMOGEN ▶ € 1.271.124 INKOMSTEN EV ▶ € 1.119 HERKOMST MIDDELEN ▶ vermogen BOEKJAAR ▶ 2018 JAARVERSLAG OP WEBSITE ▶ ja.

Contact ■ BEREIKBAAR PER ▶ ☑ post ☒ e-mail ☒ telefoon CONTACTPERSOON ▶ geen contactpersoon bekend POSTADRES ▶ Postbus 21695, 3001 AR Rotterdam.

376
Coöperatie EUCORD U.A.

Rubriek ■ ☑ economische ontwikkeling en microkrediet ☑ maatschappij, welzijn en samenleving ☑ voedsel en voedselveiligheid

Algemeen ■ WEBSITE ▶ http://eucord.org TYPERING ▶ vermogensfonds RECHTSVORM ▶ vereniging KVK ▶ 30188723 ANBI STATUS ▶ nee DIRECTIE ▶ N. Hanssen BESTUUR ▶ F.; L. Cockcroft, secretaris; mw. M. Diboma; K. de Ruiter; T. de Man; mw. A. Hilligas; J, Brink.

Missie ■ DOELSTELLING ▶ De missie is om de capaciteit van boeren te vergroten door, het duurzaam laten verbouwen van kwaliteitsgewassen die afgestemd zijn op de commerciële behoeften van de agro-industrie, te stimuleren en daardoor de voedselzekerheid te vergroten, de particuliere sector te ontwikkelen en de leefomstandigheden van plattelandsgemeenschappen te verbeteren. HISTORIE ▶ De Europese coöperatie voor plattelandsontwikkeling (The European Cooperative for Rural Development, EUCORD) is een in Brussel gevestigde nonprofitorganisatie die sinds 2003 is opgericht onder de Nederlandse coöperatieve wet. EUCORD heeft ten doel het levensonderhoud van boeren te verbeteren en de lokale consument te helpen door een efficiënte, concurrerende agrosector te ontwikkelen die de plattelandseconomie stimuleert. Dit helpt boeren hun volledige potentieel te bereiken en kunnen bedrijven vertrouwen op lokaal geproduceerde materialen.

Doelgroep ■ ALGEMEEN ▶ inheemse volken SPECIFIEK ▶ Boeren. ACTIVITEITEN ▶ EUCORD richt zich op het ondersteunen van boeren bij het verhogen van hun opbrengsten aan basisvoedsel en het ontwikkelen van efficiënte waardeketens, terwijl ze samenwerken met de particuliere sector om een vraag naar producten en een aanbod van belangrijke inputs te garanderen. INTERVENTIENIVEAU ▶ Steun aan lokale/provinciale maatschappelijke organisaties en structuren (incl. gemeenten etc.) die diensten verlenen aan individuen.; Steun op niveau van maatschappij zelf (beleidsbeïnvloeding, etc.).

Werkgebied ■ ACTIERADIUS ▶ Internationaal LAND ▶ Afrika.

Bestedingen ■ BUDGET ▶ niet openbaar SOORT BIJDRAGE ▶ overig BOVENGRENS ▶ geen ONDERGRENS ▶ geen.

Projecten ■ CRITERIA ▶ geen projectcriteria bekend DOORLOOPTIJD ▶ ☑ onbekend STATUS AANVRAGER ▶ ☑ geen beperkingen bekend VOORKEUR/UITSLUITING ▶ geen voorkeur of uitsluiting bekend.

Procedure ■ OP AANVRAAG ▶ onbekend AANVRAAGPROCEDURE ▶ Geen aanvraagprocedure bekend.

Financieel ■ HERKOMST MIDDELEN ▶ bedrijven, inkomsten uit bedrijven, vermogen BOEKJAAR ▶ 2018 JAARVERSLAG OP WEBSITE ▶ ja.

Contact ■ BEREIKBAAR PER ▶ ☑ post ☑ e-mail ☑ telefoon CONTACTPERSOON ▶ geen contactpersoon bekend POSTADRES ▶ Chaussée de Vleurgat 206, 1000 Brussel, België EMAIL (ALGEMEEN) ▶ info@eucord.org TELEFOON (ALGEMEEN) ▶ 0032-26488937.

377
Europese Culturele Stichting/European Cultural Foundation (ECF)

Rubriek ■ ☑ kunst en cultuur ☑ maatschappij, welzijn en samenleving

Algemeen ■ WEBSITE ▶ www.culturalfoundation.eu TYPERING ▶ vermogensfonds OPGERICHT ▶ 01-01-1954 RECHTSVORM ▶ stichting KVK ▶ 41199699 ANBI STATUS ▶ ja DIRECTIE ▶ mw. A. Wilkens BESTUUR ▶ C. de Voogd, voorzitter; R. Defares, penningmeester; mw. I. Alçada; mw. M. Hlavajová; N. Jonah; G. Salole; R. Zincir Celal; H.K.H. Prinses Laurentien van Oranje-Nassau.

Missie ■ DOELSTELLING ▶ De Europese Culturele Stichting/European Cultural Foundation (ECF) steunt artistieke en culturele activiteiten in Europa die een grensoverschrijdend karakter hebben en een bijdrage leveren aan een open en democratisch Europa. STICHTER(S) ▶ Hendrik Brugmans, Denis de Rougemont, Robert Schuman, Prins Bernhard HISTORIE ▶ De European Cultural Foundation (ECF) werd opgericht in 1954 in Genève. Het fonds werd opgericht door onder andere de Zwitserse filosoof Denis de Rougemont, de architect van de Europese gemeenschap Robert Schuman en de Nederlandse Prins Bernhard onder wiens leiderschap ACF verhuisde naar Amsterdam in 1960. Zij waren ervan overtuigd dat cultuur een vitaal ingrediënt was voor de heropbouw en heling van Europa na de oorlog. BELEIDSPLAN OP WEBSITE ▶ ja.

Doelgroep ■ SPECIFIEK ▶ Geen specifieke doelgroep ACTIVITEITEN ▶ De ECF is een onafhankelijke stichting die al bijna 60 jaar in Europa actief is. Zij zet zich in voor culturele samenwerking in Europa die tot doel heeft mensen van verschillende achtergronden dichter bij elkaar te brengen. De ECF biedt subsidiemogelijkheden en ontwikkelt activiteiten in Europa en haar buurlanden. Door middel van online platforms wordt dit bereik versterkt. Het overkoepelende thema binnen de ECF is 'Narratives for Europe'. Verhalen die binnen gemeenschappen ontstaan en Europa kunnen vernieuwen worden binnen dit thema gedeeld en vermenigvuldigd. De stichting wil expressie, reflectie en debat toevoegen aan de omgeving, waardoor verschillende verhalen naar boven komen en tot over grenzen heen verteld zullen worden. INTERVENTIENIVEAU ▶ Steun op niveau van maatschappij zelf (beleidsbeïnvloeding, etc.).

Werkgebied ■ ACTIERADIUS ▶ Internationaal LAND ▶ Europa.

Bestedingen ■ BUDGET ▶ niet openbaar SOORT BIJDRAGE ▶ overig BOVENGRENS ▶ geen ONDERGRENS ▶ geen.

Projecten ■ CRITERIA ▶ Er zijn verschillende soorten projecten die in aanmerking komen voor subsidie. Deze hebben verschillende projectcriteria, welke te vinden zijn op de website; ☑ STEP travel; ☑ Onderzoek en Ontwikkeling (R&D); ☑ Culture Lab Europe. DOORLOOPTIJD ▶ ☑ korter dan 1 jaar STATUS AANVRAGER ▶ ☑ overig VOORKEUR/UITSLUITING ▶ geen voorkeur of uitsluiting bekend.

Procedure ■ OP AANVRAAG ▶ ja AANVRAAGPROCEDURE ▶ Het ECF subsidieprogramma bestaat uit een aantal verschillende deelprogramma's. Elk van de deelprogramma's kent specifieke criteria en procedures die te vinden zijn op de website. Alle subsidieaanvragen dienen online te worden ingediend via www.eurocult.org. URL ▶ https://www.culturalfoundation.eu/grants-calls

Financieel ■ HERKOMST MIDDELEN ▶ overige inkomsten, giften & schenkingen BOEKJAAR ▶ 2018 JAARVERSLAG OP WEBSITE ▶ ja.

Contact ■ BEREIKBAAR PER ▶ ☑ post ☑ e-mail ☑ telefoon CONTACTPERSOON ▶ geen contactpersoon bekend POSTADRES ▶ Jan van Goyenkade 5, 1075 HN Amsterdam EMAIL (ALGEMEEN) ▶ ask@culturalfoundation.eu TELEFOON (ALGEMEEN) ▶ 020-5733868.

378
Eva Fonds

Rubriek ■ ☑ kunst en cultuur ☑ onderwijs en onderzoek

Algemeen ■ WEBSITE ▶ www.cultuurfonds.nl TYPERING ▶ fonds op naam BEHEERD DOOR ▶ Prins Bernhard Cultuurfonds DIRECTIE ▶ zie Prins Bernhard Cultuurfonds BESTUUR ▶ zie Prins Bernhard Cultuurfonds

Missie ■ DOELSTELLING ▶ Het financieel ondersteunen van talentvolle uitvoerende kunstenaars (ook instrumentmakers) met een voorkeur voor muziek en dans.

Werkgebied ■ ACTIERADIUS ▶ Nationaal, Internationaal LAND ▶ Nederland.

Projecten ■ CRITERIA ▶ geen projectcriteria bekend DOORLOOPTIJD ▶ ☑ korter dan 1 jaar STATUS AANVRAGER ▶ ☑ individuen/gezinnen VOORKEUR/UITSLUITING ▶ Voorkeur gaat uit naar talenten op het gebied van muziek en dans.

Procedure ■ OP AANVRAAG ▶ ja AANVRAAGPROCEDURE ▶ Dit 'fonds op naam' ressorteert onder het Prins Bernhard Cultuurfonds. Verzoeken aan fondsen op naam komen op één centraal punt binnen. Dit houdt in dat een subsidieaanvraag slechts eenmaal aan het Prins Bernhard Cultuurfonds hoeft te worden gezonden. Voor de verdere aanvraagprocedure: zie Prins Bernhard Cultuurfonds. URL ▶ www.cultuurfonds.nl/aanvragen

Contact ■ BEREIKBAAR PER ▶ ☑ post ☑ e-mail ☑ telefoon CONTACTPERSOON ▶ geen contactpersoon bekend POSTADRES ▶ Postbus 19750, 1000 GT Amsterdam EMAIL (ALGEMEEN) ▶ info@cultuurfonds.nl TELEFOON (ALGEMEEN) ▶ 020-5206130.

379
Stichting Evellius

Rubriek ■ ☑ maatschappij, welzijn en samenleving ☑ gezondheidszorg

Algemeen ■ WEBSITE ▶ www.maakjijhetverschil.nu TYPERING ▶ vermogensfonds OPGERICHT ▶ 28-12-2009 RECHTSVORM ▶ stichting KVK ▶ 30277407 ANBI STATUS ▶ ja DIRECTIE ▶ geen directiegegevens bekend BESTUUR ▶ geen bestuursgegevens bekend.

Missie ■ DOELSTELLING ► De stichting heeft ten doel om kinderen, jongeren en jongvolwassenen met een chronische ziekte of beperking de mogelijkheid te bieden om alles uit zichzelf te halen, om dromen waar te maken en passies na te jagen door vergroten van het welbevinden van kinderen/jongeren of het ondersteunen van instellingen die direct of indirect dit zelfde doel ondersteunen. STICHTER(S) ► Mevr. E.H.M.C. Beerkens BELEIDSPLAN OP WEBSITE ► ja.

Doelgroep ■ ALGEMEEN ► jongeren, kinderen, gehandicapten, zieken SPECIFIEK ► Kinderen- en jongeren met een chronische ziekte of een beperking en kinderen en jongeren die zich inzetten voor andere kinderen en jongeren. ACTIVITEITEN ► Geen specifieke activiteiten. INTERVENTIENIVEAU ► Steun aan individuen (directe steun).; Steun aan lokale/provinciale maatschappelijke organisaties en structuren (incl. gemeenten etc.) die diensten verlenen aan individuen.

Werkgebied ■ ACTIERADIUS ► Nationaal LAND ► Nederland.

Bestedingen ■ BUDGET ► niet openbaar SOORT BIJDRAGE ► overig BOVENGRENS ► geen ONDERGRENS ► geen.

Projecten ■ CRITERIA ► ☑ kinderen/jongeren met een handicap of chronische conditie, initiatieven gericht op 'herstel van het gewone leven' en/of het vergroten van de kans om te kunnen participeren in het gewone leven; ☑ kinderen/jongeren die vrijwilligers werk op zich nemen; ☑ projecten voor en door kinderen/jongeren waarbij de sociale cohesie in de eigen omgeving versterkt wordt. DOORLOOPTIJD ► ☑ onbekend STATUS AANVRAGER ► ☑ individuen/gezinnen ☑ stichting of vereniging (non-profit) ☑ hulpverleners VOORKEUR/UITSLUITING ► Geen voorkeur/uitsluiting bekend.

Procedure ■ OP AANVRAAG ► onbekend AANVRAAGPROCEDURE ► Geen aanvraagprocedure bekend.

Financieel ■ HERKOMST MIDDELEN ► vermogen.

Contact ■ BEREIKBAAR PER ► ☑ post ☒ e-mail ☑ telefoon CONTACTPERSOON ► geen contactpersoon bekend POSTADRES ► Postbus 83, 3890 AB Zeewolde TELEFOON (ALGEMEEN) ► 036-5236052.

380

Stichting Het Evert Zoudenbalch Huis

Rubriek ■ ☑ maatschappij, welzijn en samenleving ☑ noodhulp ☑ onderwijs en onderzoek

Algemeen ■ WEBSITE ► https://fondseninnederland.nl/fonds/stichting-het-evert-zoudenbalch-huis TYPERING ► vermogensfonds OPGERICHT ► 1963 RECHTSVORM ► stichting KVK ► 41178960 ANBI STATUS ► ja DIRECTIE ► geen directiegegevens bekend BESTUUR ► P.L. Leyssius, voorzitter; drs. J.S.A. Montauban van Swijndregt, penningmeester; drs. J.S.A. Montauban van Swijndregt, secretaris; R.E. de Bruin; G.V. Boumeester; J.P. van Suchtelen.

Missie ■ DOELSTELLING ► De stichting heeft ten doel: ☑ de zorg voor het welzijn van jongeren, zowel op stoffelijk als op niet stoffelijk gebied; ☑ de instandhouding van het cultureel erfgoed van de stichting en voorts al hetgeen met een en ander rechtstreeks of zijdelings verband houdt of daartoe bevorderlijk kan zijn, alles in de ruimste zin des woords. STICHTER(S) ► Everard Zoudenbalch HISTORIE ► Everard Zoudenbalch stichtte in 1491 een weeshuis. Na van 1491 tot 1963 als weeshuis gefunctioneerd te hebben, is het resterende vermogen in 1963 ondergebracht in een vermogensfonds met als doel: het steunen van jeugd in nood in de stad Utrecht en directe omgeving. BELEIDSPLAN OP WEBSITE ► ja.

Doelgroep ■ ALGEMEEN ► jongeren, kinderen SPECIFIEK ► Jeugd in nood in Utrecht en directe omgeving tot 23 jaar. ACTIVITEITEN ► De hulpverlening vindt plaats door het verlenen van financiële steun aan, dan wel door bestuurlijke deelname of andersoortige participatie in organisaties die zich direct of indirect bezig houden met hulpverlening aan, in de stad Utrecht en omgeving, woonachtige of verblijvende jongeren. De hulpverlening heeft betrekking op jongeren die onvoldoende ontwikkelingsmogelijkheden hebben. De stichting ondersteunt organisaties of personen die eerstelijnsactiviteiten ontplooien. INTERVENTIENIVEAU ► Steun aan lokale/provinciale maatschappelijke organisaties en structuren (incl. gemeenten etc.) die diensten verlenen aan individuen.; Steun aan individuen (directe steun).

Werkgebied ■ ACTIERADIUS ► Regionaal LAND ► Nederland REGIO ► Utrecht PLAATS ► Utrecht.

Bestedingen ■ BUDGET ► € 120.000 ONDERSTEUNDE PROJECTEN P/J ► 25 SOORT BIJDRAGE ► giften investeringen BOVENGRENS ► geen ONDERGRENS ► geen.

Projecten ■ CRITERIA ► Hulpverlening dient te zijn gericht op jongeren die zonder die steun beperkt worden in hun persoonlijke ontwikkeling en zonder steun onvoldoende kans hebben zich maatschappelijk te kunnen ontplooien. In bijzondere gevallen kan ook directe steun (op het gebied van opvoeding, opleiding/werk, gezondheidszorg of huisvesting) worden verleend aan die jongeren. DOORLOOPTIJD ► ☑ onbekend STATUS AANVRAGER ► ☑ stichting of vereniging (non-profit) ☑ hulpverleners ☑ onderwijsinstelling VOORKEUR/UITSLUITING ► Geen voorkeur/uitsluiting bekend.

Procedure ■ OP AANVRAAG ► ja DOORLOOPTIJD ► 3-6 maanden AANVRAAGPROCEDURE ► Tot steunuitgaven tot eenmalig EUR 2.500 is het dagelijks bestuur van het EZH (de Broederschapcommissie) bevoegd tot het geven van directe of indirecte steun aan jongeren. Over steunaanvragen die een hoger bedrag dan eenmalig € 2.500,- belopen of indien sprake is van een verzoek om bijdragen voor meerdere jaren waarvan het totaal het bedrag van € 2.500,- overschrijdt, beslist het College van Regenten (algemeen bestuur).

Financieel ■ HERKOMST MIDDELEN ► vermogen, legaten BOEKJAAR ► 2018 JAARVERSLAG OP WEBSITE ► ja.

Contact ■ BEREIKBAAR PER ► ☑ post ☒ e-mail ☑ telefoon CONTACTPERSOON ► geen contactpersoon bekend POSTADRES ► Nieuwegracht 98, 3512 LX Utrecht TELEFOON (ALGEMEEN) ► 030-2311397.

381
Eye Opener Fonds

Rubriek ■ ☑ kunst en cultuur ☑ onderwijs en onderzoek
Algemeen ■ WEBSITE ▶ www.cultuurfonds.nl TYPERING ▶ fonds op naam BEHEERD DOOR ▶ Prins Bernhard Cultuurfonds DIRECTIE ▶ zie > Prins Bernhard Cultuurfonds BESTUUR ▶ zie > Prins Bernhard Cultuurfonds
Missie ■ DOELSTELLING ▶ Het ondersteunen van innovatieve, creatieve projecten die tot doel hebben het culturele, economische en maatschappelijke belang van bibliotheken voor het voetlicht te brengen.
Werkgebied ■ ACTIERADIUS ▶ Nationaal LAND ▶ Nederland.
Projecten ■ CRITERIA ▶ geen projectcriteria bekend DOORLOOPTIJD ▶ ☑ korter dan 1 jaar STATUS AANVRAGER ▶ ☑ geen beperkingen bekend VOORKEUR/UITSLUITING ▶ geen voorkeur of uitsluiting bekend.
Procedure ■ OP AANVRAAG ▶ ja AANVRAAGPROCEDURE ▶ Dit 'fonds op naam' ressorteert onder het Prins Bernhard Cultuurfonds. Verzoeken aan fondsen op naam komen op één centraal punt binnen. Dit houdt in dat een subsidieaanvraag slechts eenmaal aan het Prins Bernhard Cultuurfonds hoeft te worden gezonden. Voor de verdere aanvraagprocedure: zie Prins Bernhard Cultuurfonds. URL ▶ www.cultuurfonds.nl/aanvragen
Contact ■ BEREIKBAAR PER ▶ ☑ post ☑ e-mail ☑ telefoon CONTACTPERSOON ▶ geen contactpersoon bekend POSTADRES ▶ Postbus 19750, 1000 GT Amsterdam EMAIL (ALGEMEEN) ▶ info@cultuurfonds.nl TELEFOON (ALGEMEEN) ▶ 020-5206130.

382
Stichting F.S. Tijmstra

Rubriek ■ ☑ onderwijs en onderzoek
Algemeen ■ WEBSITE ▶ www.fstijmstra.nl TYPERING ▶ vermogensfonds OPGERICHT ▶ 15-03-2005 RECHTSVORM ▶ stichting KVK ▶ 27275580 ANBI STATUS ▶ ja DIRECTIE ▶ geen directiegegevens bekend BESTUUR ▶ P.W.J.L. Gerretsen, voorzitter; J.P.L. van Straalen, penningmeester; mw. M.C. Voskamp-van Heeswijk, secretaris; mw. H.J.A. Zwitser; mw. M.M. Wagenvoort; E.A. Advocaat.
Missie ■ DOELSTELLING ▶ De Stichting F.S. Tijmstra heeft ten doel het initiëren, stimuleren en ondersteunen van onderwijskundige projecten, bij voorkeur voor het voortgezet onderwijs in Den Haag e.o. HISTORIE ▶ 1899: Oprichting van de School voor Handel en Administratie, door F. Tijmstra. De school is dan gevestigd aan de Laan van Meerdervoort. In 1934 werd een nieuwe vorm opgezet: 3 jarige HBS met eigen eindexamen, daarboven 2 vervolgklassen HBS-B en 2 klassen Hogere Handelsschool. Na de Tweede Wereldoorlog was de financiële situatie van de school slecht, doordat de banden met Indië waren doorgesneden. De school kreeg daarna rijkssubsidie. 1956: De Hogere Handelsschool wordt beëindigd. 1968: Bij de intrede van de Mammoetwet wordt de school een Athenaeum: Tymstra Atheneum. 1983: Sluiting van de school door gebrek aan leerlingen. De Stichting F.S. Tijmstra, opgericht op 15 maart 2005, is de rechtsopvolger van de Stichting Tijmstra Atheneum, die op 29 augustus 1949 werd opgericht tot voortzetting en instandhouding van de Tijmstrascholen in Den Haag. Het Tijmstra Atheneum werd in de tachtiger jaren van de 20e eeuw opgeheven. De Stichting werd vervolgens geliquideerd en het vermogen overgedragen aan de nieuwe Stichting F.S. Tijmstra. BELEIDSPLAN OP WEBSITE ▶ ja.
Doelgroep ■ ALGEMEEN ▶ jongeren, kinderen SPECIFIEK ▶ Onderwijskundige projecten in Nederland met voorkeur Den Haag. ACTIVITEITEN ▶ Vernieuwende projecten die bijdragen tot betere ontwikkelingsmogelijkheden van leerlingen en verhoging van de kwaliteit van onderwijs. Waarbij het gaat om kleinschalige, éénmalige- of meerjarige projecten. INTERVENTIENIVEAU ▶ Steun aan lokale/provinciale maatschappelijke organisaties en structuren (incl. gemeenten etc.) die diensten verlenen aan individuen.
Werkgebied ■ ACTIERADIUS ▶ Lokaal, Regionaal, Nationaal LAND ▶ Nederland PLAATS ▶ Den Haag.
Bestedingen ■ BUDGET ▶ € 40.000 ONDERSTEUNDE PROJECTEN P/J ▶ 9 SOORT BIJDRAGE ▶ giften BOVENGRENS ▶ € 7.500 ONDERGRENS ▶ € 500.
Projecten ■ CRITERIA ▶ Onderwijskundige projecten van organisaties in Nederland met een zekere voorkeur voor Den Haag. DOORLOOPTIJD ▶ ☑ korter dan 1 jaar STATUS AANVRAGER ▶ ☑ stichting of vereniging (non-profit) ☑ overig VOORKEUR/UITSLUITING ▶ ☑ Uitsluitend aanvragen van rechtspersonen in Nederland, met een zekere voorkeur voor Den Haag.
Procedure ■ OP AANVRAAG ▶ onbekend AANVRAAGPROCEDURE ▶ Geen aanvraagprocedure bekend. Het bestuur vergadert ten minste drie maal per jaar.
Financieel ■ EIGEN VERMOGEN ▶ € 975.765 INKOMSTEN EV ▶ € 24.292 INKOMSTEN OV ▶ € 2.744 HERKOMST MIDDELEN ▶ vermogen, overige inkomsten BOEKJAAR ▶ 2018 JAARVERSLAG OP WEBSITE ▶ ja.
Contact ■ BEREIKBAAR PER ▶ ☑ post ☑ e-mail ☒ telefoon CONTACTPERSOON ▶ Mw. M.C. Voskamp-van Heeswijk POSTADRES ▶ Van Hogenhoucklaan 54, 2596 TE Den Haag EMAIL (ALGEMEEN) ▶ info@fstijmstra.nl.

383
Faber Halbertsma Group Fund

Rubriek ■ ☑ kunst en cultuur
Algemeen ■ WEBSITE ▶ www.cultuurfonds.nl TYPERING ▶ fonds op naam BEHEERD DOOR ▶ Prins Bernhard Cultuurfonds DIRECTIE ▶ zie Prins Bernhard Cultuurfonds BESTUUR ▶ zie Prins Bernhard Cultuurfonds
Missie ■ DOELSTELLING ▶ Voor (internationale) natuurbehoudprojecten die bijdragen aan biodiversiteit, stikstofreductie, duurzame bosbouw en de verbetering van natuurwaarden, waarbij hout een verbindend element is.
Werkgebied ■ ACTIERADIUS ▶ Nationaal, Internationaal LAND ▶ Nederland.

Projecten ■ CRITERIA ▶ geen projectcriteria bekend DOORLOOPTIJD ▶ ☑ korter dan 1 jaar STATUS AANVRAGER ▶ ☑ geen beperkingen bekend VOORKEUR/UITSLUITING ▶ geen voorkeur of uitsluiting bekend.

Procedure ■ OP AANVRAAG ▶ ja AANVRAAGPROCEDURE ▶ Dit 'fonds op naam' ressorteert onder het Prins Bernhard Cultuurfonds. Verzoeken aan fondsen op naam komen op één centraal punt binnen. Dit houdt in dat een subsidieaanvraag slechts eenmaal aan het Prins Bernhard Cultuurfonds hoeft te worden gezonden. Voor de verdere aanvraagprocedure: zie Prins Bernhard Cultuurfonds. URL ▶ www.cultuurfonds.nl/aanvragen

Contact ■ BEREIKBAAR PER ▶ ☑ post ☑ e-mail ☑ telefoon CONTACTPERSOON ▶ geen contactpersoon bekend POSTADRES ▶ Postbus 19750, 1000 GT Amsterdam EMAIL (ALGEMEEN) ▶ info@cultuurfonds.nl TELEFOON (ALGEMEEN) ▶ 020-5206130.

384
Familie Bac Fonds

Rubriek ■ ☑ kunst en cultuur

Algemeen ■ WEBSITE ▶ www.cultuurfonds.nl TYPERING ▶ fonds op naam BEHEERD DOOR ▶ Prins Bernhard Cultuurfonds DIRECTIE ▶ zie > Prins Bernhard Cultuurfonds BESTUUR ▶ zie > Prins Bernhard Cultuurfonds

Missie ■ DOELSTELLING ▶ Het financieel ondersteunen van getalenteerde (cantor-)organisten met een voorkeur voor de kerkmuziek en projecten ten behoeve van deze doelgroep.

Werkgebied ■ ACTIERADIUS ▶ Nationaal LAND ▶ Nederland.

Projecten ■ CRITERIA ▶ geen projectcriteria bekend DOORLOOPTIJD ▶ ☑ onbekend STATUS AANVRAGER ▶ ☑ geen beperkingen bekend VOORKEUR/UITSLUITING ▶ Voorkeur gaat uit naar kerkmuziek.

Procedure ■ OP AANVRAAG ▶ ja AANVRAAGPROCEDURE ▶ Dit 'fonds op naam' ressorteert onder het Prins Bernhard Cultuurfonds. Verzoeken aan fondsen op naam komen op één centraal punt binnen. Dit houdt in dat een subsidieaanvraag slechts eenmaal aan het Prins Bernhard Cultuurfonds hoeft te worden gezonden. Voor de verdere aanvraagprocedure: zie Prins Bernhard Cultuurfonds. URL ▶ www.cultuurfonds.nl/aanvragen

Contact ■ BEREIKBAAR PER ▶ ☑ post ☑ e-mail ☑ telefoon CONTACTPERSOON ▶ geen contactpersoon bekend POSTADRES ▶ Postbus 19750, 1000 GT Amsterdam EMAIL (ALGEMEEN) ▶ info@cultuurfonds.nl TELEFOON (ALGEMEEN) ▶ 020-5206130.

385
Familie Brons Stichting

Rubriek ■ ☑ maatschappij, welzijn en samenleving ☑ gezondheidszorg ☑ onderwijs en onderzoek

Algemeen ■ WEBSITE ▶ www.lentis.nl/over-lentis/onze-organisatie/anbi-gegevens/anbi-gegevens-familie-brons-stichting TYPERING ▶ vermogensfonds RECHTSVORM ▶ stichting KVK ▶ 02094015 ANBI STATUS ▶ ja DIRECTIE ▶ geen directiegegevens bekend BESTUUR ▶ K.B. Steenhuis, voorzitter; J. Maathuis, penningmeester; J. Maathuis, secretaris; mw. E. Schuur; H. Hoppentocht; drs. P.L.M. Smulders; A.J. Helmus.

Missie ■ DOELSTELLING ▶ De stichting heeft ten doel het in standhouden van een fonds om: ☑ Incidenteel financiële hulp te kunnen bieden aan patiënten of groepen patiënten die door financieel onvermogen niet in staat zijn bepaalde activiteiten te bekostigen, in het bijzonder die welke plaatsvinden buiten de directe sfeer van het ziekenhuis en gericht zijn op revalidatie en/of resocialisatie. ☑ De financiëring van bijzondere projecten en/of bestedingen op het gebied van de geestelijke gezondheidszorg, waarbij voorzien wordt in de behoeften van onderzoeks-, verzorgings-, leef- en begeleidingsprojecten en welke niet middels de gangbare financieringsregelingen gerealiseerd kunnen worden. BELEIDSPLAN OP WEBSITE ▶ ja.

Doelgroep ■ ALGEMEEN ▶ zieken, gehandicapten, armen SPECIFIEK ▶ Patiënten die behandeling niet kunnen betalen, focus op zorg buiten het ziekenhuis: resocialisatie en revalidatie. Projecten voor geestelijke gezondheid. ACTIVITEITEN ▶ Geen specifieke activiteiten bekend INTERVENTIENIVEAU ▶ Steun aan individuen (directe steun).; Steun aan lokale/provinciale maatschappelijke organisaties en structuren (incl. gemeenten etc.) die diensten verlenen aan individuen.

Werkgebied ■ ACTIERADIUS ▶ Nationaal LAND ▶ Nederland.

Bestedingen ■ BUDGET ▶ niet openbaar ONDERSTEUNDE PROJECTEN P/J ▶ 146 SOORT BIJDRAGE ▶ giften BOVENGRENS ▶ geen ONDERGRENS ▶ geen.

Projecten ■ CRITERIA ▶ geen projectcriteria bekend DOORLOOPTIJD ▶ ☑ onbekend STATUS AANVRAGER ▶ ☑ geen beperkingen bekend VOORKEUR/UITSLUITING ▶ geen voorkeur of uitsluiting bekend.

Procedure ■ OP AANVRAAG ▶ onbekend AANVRAAGPROCEDURE ▶ geen aanvraagprocedure bekend.

Financieel ■ EIGEN VERMOGEN ▶ € 1.996.232 INKOMSTEN EV ▶ € 141.840 INKOMSTEN OV ▶ € 4.250 HERKOMST MIDDELEN ▶ legaten, giften & schenkingen, inkomsten uit vermogen, vermogen, overige inkomsten BOEKJAAR ▶ 2019 JAARVERSLAG OP WEBSITE ▶ ja.

Contact ■ BEREIKBAAR PER ▶ ☑ post ☑ e-mail ☑ telefoon CONTACTPERSOON ▶ geen contactpersoon bekend POSTADRES ▶ Postbus 286, 9670 AG Winschoten EMAIL (ALGEMEEN) ▶ familiebronsstichting@lentis.nl TELEFOON (ALGEMEEN) ▶ 0597-456222.

386
Familie Wessel Jansen Fonds

Rubriek ■ ☑ kunst en cultuur ☑ natuur, milieu en dieren

Algemeen ■ WEBSITE ▶ www.cultuurfonds.nl TYPERING ▶ fonds op naam BEHEERD DOOR ▶ Prins Bernhard Cultuurfonds DIRECTIE ▶ zie > Prins Bernhard Cultuurfonds BESTUUR ▶ zie > Prins Bernhard Cultuurfonds

Missie ■ DOELSTELLING ▶ Het financieel ondersteunen van projecten op het gebied van cultuur- en natuurbehoud in de Over-Betuwe.
Werkgebied ■ ACTIERADIUS ▶ Regionaal LAND ▶ Nederland REGIO ▶ Over-Betuwe.
Projecten ■ CRITERIA ▶ geen projectcriteria bekend DOORLOOPTIJD ▶ ☑ korter dan 1 jaar STATUS AANVRAGER ▶ ☑ geen beperkingen bekend VOORKEUR/UITSLUITING ▶ geen voorkeur of uitsluiting bekend.
Procedure ■ OP AANVRAAG ▶ ja AANVRAAGPROCEDURE ▶ Dit 'fonds op naam' ressorteert onder het Prins Bernhard Cultuurfonds. Verzoeken aan fondsen op naam komen op één centraal punt binnen. Dit houdt in dat een subsidieaanvraag slechts eenmaal aan het Prins Bernhard Cultuurfonds hoeft te worden gezonden. Voor de verdere aanvraagprocedure: zie Prins Bernhard Cultuurfonds. URL ▶ www.cultuurfonds.nl/aanvragen
Contact ■ BEREIKBAAR PER ▶ ☑ post ☑ e-mail ☑ telefoon CONTACTPERSOON ▶ geen contactpersoon bekend POSTADRES ▶ Postbus 19750, 1000 GT Amsterdam EMAIL (ALGEMEEN) ▶ info@cultuurfonds.nl TELEFOON (ALGEMEEN) ▶ 020-5206130.

387

Stichting Familiefonds Jan Waal GZ

Rubriek ■ ☑ kunst en cultuur
Algemeen ■ WEBSITE ▶ www.anbi.nl/publicatieverplichting/stichting-familiefonds-jan-waal-gz TYPERING ▶ vermogensfonds OPGERICHT ▶ 1994 RECHTSVORM ▶ stichting KVK ▶ 41213519 ANBI STATUS ▶ ja DIRECTIE ▶ geen directiegegevens bekend BESTUUR ▶ B. Slagter, voorzitter; J. Bol; M. de Beurs; mw. M. Meijer.
Missie ■ DOELSTELLING ▶ De stichting heeft ten doel om met behulp van het daartoe bestemde vermogen uitkeringen te doen aan liefdadige, culturele, sociale en wetenschappelijke instellingen, Algemeen Nut Beogende Instellingen (ANBI) en Sociaal Belang Behartigden Instellingen (SBBI), waarbij het vermogens gedeelte welke uit onroerend goed objecten bestaat in een zo goed mogelijke staat van onderhoud dient te worden gehouden ten einde de hier bedoelde baten veilig te stellen en het gebruik van derden van bedoeld onroerend goed zo optimaal mogelijk te laten zijn. HISTORIE ▶ Jan Waal werd geboren in 1878 in Edam, als zoon van een kaashandelaar. Hij studeerde bouwkunde. Na afronding van zijn studie kwam Jan terecht bij de Woningdienst in Amsterdam. Hij had in die tijd al plannen om zelf te gaan bouwen. Zijn eerste woningen verrezen in 1908 aan de Amsterdamse Bilderdijkkade. Ook stapte hij met een partner in een fabriekspand aan de Bellamystraat. Jan trouwde in 1905 met Truus. Ze kregen twee kinderen, Gerrit en Cornelia. Gerrit volgde de 3-jarige HBS en ging vervolgens verder op de MTS in Utrecht, waar hij de richting bouwkunde koos. Toen Gerrit van de MTS kwam, begonnen vader en zoon bouwprojecten aan de Voetboogstraat, de Kloveniersburgwal, de Barndesteeg en de Kromboomssloot. In 1934 bouwden ze huizen met winkels aan de Rijn-, Uiterwaarden- en Kuinderstraat. In 1938 volgden woonhuizen aan de Van Rappardstraat. De door Waal gebouwde woningen en winkels werden verhuurd en goed onderhouden. Gerrit overleed reeds in 1976, waarna Cornelia het erfgoedbeheer overnam. In eerste instantie in privé, maar in 1994 werd de Stichting Familiefonds Jan Waal GZ opgericht. BELEIDSPLAN OP WEBSITE ▶ ja.
Doelgroep ■ SPECIFIEK ▶ Geen specifieke doelgroep ACTIVITEITEN ▶ Het Stichtingsbestuur komt meerdere keren per jaar bijeen om de onderhanden; werkzaamheden evenals de resultaten van het financiële beheer te bespreken en waar nodig bij te sturen. Aan het einde van elk kalender jaar komt het Stichtingsbestuur bijeen om ondermeer ook de donaties en de hoogte daarvan vast te stellen welke naar de goede doelen gaan; goede doelen zoals in de Statuten bedoeld. INTERVENTIENIVEAU ▶ Steun aan lokale/provinciale maatschappelijke organisaties en structuren (incl. gemeenten etc.) die diensten verlenen aan individuen.
Werkgebied ■ ACTIERADIUS ▶ Nationaal LAND ▶ Nederland.
Bestedingen ■ BUDGET ▶ niet openbaar SOORT BIJDRAGE ▶ overig BOVENGRENS ▶ geen ONDERGRENS ▶ geen.
Projecten ■ CRITERIA ▶ geen projectcriteria bekend DOORLOOPTIJD ▶ ☑ onbekend STATUS AANVRAGER ▶ ☑ stichting of vereniging (non-profit) VOORKEUR/UITSLUITING ▶ geen voorkeur of uitsluiting bekend.
Procedure ■ OP AANVRAAG ▶ onbekend AANVRAAGPROCEDURE ▶ geen aanvraagprocedure bekend.
Financieel ■ EIGEN VERMOGEN ▶ € 11.615.000 INKOMSTEN EV ▶ € 1.020.000 HERKOMST MIDDELEN ▶ overige inkomsten BOEKJAAR ▶ 2017 JAARVERSLAG OP WEBSITE ▶ ja.
Contact ■ BEREIKBAAR PER ▶ ☑ post ☑ e-mail ☑ telefoon CONTACTPERSOON ▶ geen contactpersoon bekend POSTADRES ▶ Rijnstraat 170, 1079 HS Amsterdam EMAIL (ALGEMEEN) ▶ bslagter24@gmail.com TELEFOON (ALGEMEEN) ▶ 0633206014.

388

Stichting Farm Zero Foundation

Rubriek ■ ☑ economische ontwikkeling en microkrediet ☑ maatschappij, welzijn en samenleving ☑ voedsel en voedselveiligheid
Algemeen ■ WEBSITE ▶ www.farm-zero.org TYPERING ▶ vermogensfonds RECHTSVORM ▶ stichting KVK ▶ 67555632 ANBI STATUS ▶ nee DIRECTIE ▶ geen directiegegevens bekend BESTUUR ▶ M. Fawcett, voorzitter.
Missie ■ DOELSTELLING ▶ Farm Zero Foundation biedt permanente oplossingen om hongersnood te beëindigen, banen te creëren, en hulpbronnen te versterken om zelfstandig te worden.
Doelgroep ■ ALGEMEEN ▶ inheemse volken SPECIFIEK ▶ Geen specifieke doelgroep ACTIVITEITEN ▶ Farm Zero biedt oplossingen voor duurzame landbouw, water en voedselzekerheid voor hulparme gemeenschappen overal ter wereld. INTERVENTIENIVEAU ▶ Steun aan lokale/provinciale maatschappelijke organisaties en structuren (incl. gemeenten etc.) die diensten verlenen aan individuen.; Steun op ni-

veau van maatschappij zelf (beleidsbeïnvloeding, etc.).

Werkgebied ■ ACTIERADIUS ▶ Internationaal LAND ▶ Wereldwijd.

Bestedingen ■ BUDGET ▶ niet openbaar SOORT BIJDRAGE ▶ overig BOVENGRENS ▶ geen ONDERGRENS ▶ geen.

Projecten ■ CRITERIA ▶ geen projectcriteria bekend DOORLOOPTIJD ▶ ☑ onbekend STATUS AANVRAGER ▶ ☑ geen beperkingen bekend VOORKEUR/UITSLUITING ▶ geen voorkeur of uitsluiting bekend.

Procedure ■ OP AANVRAAG ▶ nee AANVRAAGPROCEDURE ▶ Geen aanvraagprocedure bekend.

Financieel ■ HERKOMST MIDDELEN ▶ onbekend BOEKJAAR ▶ boekjaar onbekend.

Contact ■ BEREIKBAAR PER ▶ ☑ post ☑ e-mail ☒ telefoon CONTACTPERSOON ▶ geen contactpersoon bekend POSTADRES ▶ Singel 422H, 1016 AK Amsterdam EMAIL (ALGEMEEN) ▶ info@farm-zero.org.

389

Stichting FEMI, Foundation To Earth, Mankind through Inspiration and Initiative

Rubriek ■ ☑ gezondheidszorg ☑ economische ontwikkeling en microkrediet ☑ voedsel en voedselveiligheid ☑ maatschappij, welzijn en samenleving ☑ mensenrechten, vrede en veiligheid ☑ onderwijs en onderzoek ☑ sport en recreatie

Algemeen ■ WEBSITE ▶ www.femi.org TYPERING ▶ hybride fonds OPGERICHT ▶ 28-12-1995 RECHTSVORM ▶ stichting KVK ▶ 41190445 ANBI STATUS ▶ ja DIRECTIE ▶ mw. L.W. Nagelkerke BESTUUR ▶ R.D. Bakhuizen, voorzitter; L. Wellen, penningmeester; mw. M. Seighali, secretaris; mw. A. Bakhuizen-Ywema; H, Bakhuizen; mw. A. Sallaerts; mw. A.I. Landaal-Bakhuizen; mw. W. Walrabenstein.

Missie ■ DOELSTELLING ▶ Het doel van FEMI is om met haar ter beschikking zijnde middelen te werken ten behoeve van mensen, die in armoedige en kansarme situaties verkeren, om te komen tot een voor hen, acceptabele manier van leven, waarin zij aangeven hoe zij dat willen bereiken. Stichting FEMI biedt kansen aan mensen, van jong tot oud, op een menswaardiger bestaan op een duurzame wijze. STICHTER(S) ▶ R.D. Bakhuizen en A. Bakhuizen HISTORIE ▶ In 1990 werd Ruud Bakhuizen directeur en eigenaar van de Hooge Raedt Groep, een goed draaiende houdstermaatschappij met belangen in vastgoed. Hij wilde iets goeds met zijn geld doen en oriënteerde zich, zoals het een ondernemer betaamt, op de markt. Annelies (zijn vrouw) en hij besloten zich vooral te richten op verbetering van de leefomstandigheden van kinderen. Na een aantal giften aan bestaande stichtingen besloten ze een eigen stichting op te richten om zo hun gedachtegoed vast te leggen en meer activiteiten te kunnen ontplooien. Op 28 december 1995 is FEMI (Foundation to Earth, Mankind through Inspiration and Initiative) een feit. In het toenmalige bestuur zitten dan Ruud en Annelies Bakhuizen, Waling Koning, Herman van Keulen en Martien van den Heuvel. Ineke van Keulen is een grote inspirator. De afgelopen jaren heeft FEMI veel geleerd van de successen en de tegenvallers. Dankzij de input van toegewijde vrijwilligers en de grote inzet van Ruud en Annelies Bakhuizen en het enorme netwerk van Ruud, groeit Femi door. Ook zijn een aantal stichtingen inmiddels geïntegreerd in FEMI, zoals Uno-Inkomen en Zero-Kap om de kennis en reikwijdte van Femi te vergroten. BELEIDSPLAN OP WEBSITE ▶ ja.

Doelgroep ■ ALGEMEEN ▶ armen, gehandicapten, jongeren, kinderen, ouderen, studenten, vrouwen, zieken, dak- en thuislozen, inheemse volken SPECIFIEK ▶ Geen specifieke doelgroep ACTIVITEITEN ▶ Principes vanwaaruit de stichting zijn activiteiten ontplooit zijn: ☑ Inspirerend vanuit wederzijds respect en gelijkwaardigheid in samenwerking en afstemming tot actieve betrokkenheid en creativiteit; ☑ Initiërend en verbindend op elk gebied van welzijn en welvaart met ieders eigen verantwoordelijkheid en eigenheid; ☑ scheppen van mogelijkheden vanuit kennis van de context. INTERVENTIENIVEAU ▶ Steun aan lokale/provinciale maatschappelijke organisaties en structuren (incl. gemeenten etc.) die diensten verlenen aan individuen.

Werkgebied ■ ACTIERADIUS ▶ Nationaal, Internationaal LAND ▶ India, Kenia, Nepal, Oeganda, Bolivia, Tanzania, Nederland.

Bestedingen ■ BUDGET ▶ € 1.030.000 SOORT BIJDRAGE ▶ giften leningen studiebeurzen BOVENGRENS ▶ geen ONDERGRENS ▶ geen.

Projecten ■ CRITERIA ▶ De integrale aanpak, die FEMI hanteert in nauwe samenwerking met onze lokale partners is gericht op: ☑ duurzame ontwikkeling,; ☑ onderwijs,; ☑ gezondheid,; ☑ voedselzekerheid,; ☑ inkomensverbetering; ☑ infrastructuur. DOORLOOPTIJD ▶ ☑ korter dan 1 jaar STATUS AANVRAGER ▶ ☑ geen beperkingen bekend VOORKEUR/UITSLUITING ▶ Geen voorkeur/uitsluiting bekend.

Procedure ■ OP AANVRAAG ▶ ja AANVRAAGPROCEDURE ▶ Aanvragen dienen online te worden gedaan door een aantal stappen te doorlopen en het donatieformulier in te vullen. URL ▶ www.femi.org/aanvraagindienen/?lang=nl

Financieel ■ EIGEN VERMOGEN ▶ € 39.129.979 INKOMSTEN EV ▶ € 8.272.907 INKOMSTEN OV ▶ € 4.091.537 HERKOMST MIDDELEN ▶ vermogen, moederorganisatie (bijdragen), giften & schenkingen BOEKJAAR ▶ 2019 JAARVERSLAG OP WEBSITE ▶ ja.

Contact ■ BEREIKBAAR PER ▶ ☑ post ☑ e-mail ☒ telefoon CONTACTPERSOON ▶ geen contactpersoon bekend POSTADRES ▶ Torenlaan 15, 3742 CR Baarn EMAIL (ALGEMEEN) ▶ contact@femi.org.

390

Stichting Algemeen Cultureel Fonds van de SHV 'Fentener van Vlissingen Fonds'

Rubriek ■ ☑ kunst en cultuur

Algemeen ■ WEBSITE ▶ www.fentenervanvlissingenfonds.nl TYPERING ▶ vermogensfonds BEHEERD DOOR ▶ Steenkolen Handels Vereeniging OPGERICHT ▶ 11-04-1961 RECHTSVORM ▶ stichting KVK ▶ 41177046

ANBI STATUS ▶ ja **DIRECTIE** ▶ geen directiegegevens bekend **BESTUUR** ▶ Mw.drs. E.J.H. Pelsers, voorzitter; mw. M.A. Wesselman van Helmond-Boumeester, penningmeester; mw. M.A. Wesselman van Helmond-Boumeester, secretaris; mw. J.A. de Heer; mw. G.L.H.M van Gevers; drs. J.M.U. Groenier.

Missie ■ **DOELSTELLING** ▶ Het Fentener van Vlissingen Fonds bevordert cultuuruitingen op het gebied van muziek, toneel, theater, dans, beeldende kunst, architectuur, cultureel erfgoed, kunsthistorische geschiedschrijving en landschappelijke ontwikkeling, die van betekenis zijn voor de stad of provincie Utrecht. **STICHTER(S)** ▶ SHV **HISTORIE** ▶ SHV biedt ruimte voor talent en investeert in mensen, heeft aandacht voor het ongewone en is overtuigd van de kracht van eenvoud. Het door SHV opgerichte Fentener van Vlissingen Fonds vertaalt deze filosofie naar het cultuurveld in de stad en de provincie Utrecht. Al meer dan vijftig jaar ondersteunt en stimuleert het fonds op deze manier de makers van bijzondere kunst en cultuur. **BELEIDSPLAN OP WEBSITE** ▶ ja.

Doelgroep ■ **ALGEMEEN** ▶ vrouwen, mannen **SPECIFIEK** ▶ Makers van bijzondere kunst en cultuur. **ACTIVITEITEN** ▶ Subsidie kan worden aangevraagd voor activiteiten op diverse culturele gebieden zoals podiumkunsten (muziek, dans, toneel), beeldende kunst, architectuur, boeken en restauraties; ☑ Fentener van Vlissingen Cultuurprijs. **INTERVENTIENIVEAU** ▶ Steun aan individuen (directe steun).

Werkgebied ■ **ACTIERADIUS** ▶ Regionaal **LAND** ▶ Nederland **REGIO** ▶ Utrecht.

Bestedingen ■ **BUDGET** ▶ niet openbaar **ONDERSTEUNDE PROJECTEN P/J** ▶ 161 **SOORT BIJDRAGE** ▶ giften subsidies **BOVENGRENS** ▶ geen **ONDERGRENS** ▶ geen.

Projecten ■ **CRITERIA** ▶ Het bestuur betrekt bij haar evaluatie: ☑ artistieke kwaliteit; ☑ betekenis voor de stad en/of provincie Utrecht; ☑ aandacht voor het ongewone. **DOORLOOPTIJD** ▶ ☑ 1 - 2 jaar **STATUS AANVRAGER** ▶ ☑ stichting of vereniging (non-profit) ☑ kerkelijke instelling ☑ bedrijf **VOORKEUR/UITSLUITING** ▶ Alleen aanvragen van rechtspersonen worden in behandeling genomen en niet die van natuurlijke personen.

Procedure ■ **OP AANVRAAG** ▶ ja **DOORLOOPTIJD** ▶ 1-3 maanden **AANVRAAGPROCEDURE** ▶ Invullen van het aanvraagformulier op de website. U stuurt 1 bijlage mee (grootte bij voorkeur max 15 pagina's), t.w. het projectplan met daarin de projectomschrijving, de argumentatie en een goed uitgewerkt financieel plan (begroting + dekking). LET OP: u kunt de aanvraag niet tussentijds opslaan. Daarnaast dienen aanvragen minimaal drie maanden vóór aanvang van de activiteit in te worden gediend. U krijgt van het fonds een email met daarin de ontvangstbevestiging van uw aanvraag. Het bestuur vergadert viermaal per jaar (data staan vermeldt op de website). U wordt schriftelijk geïnformeerd of uw aanvraag wel of niet is gehonoreerd. Het besluit van het bestuur wordt niet gemotiveerd en over het besluit kan niet worden gediscussieerd of gecorrespondeerd. **URL** ▶ www.fentenervanvlissingenfonds.nl/aanvragen

Financieel ■ **HERKOMST MIDDELEN** ▶ vermogen **BOEKJAAR** ▶ 2019 **JAARVERSLAG OP WEBSITE** ▶ ja.

Contact ■ **BEREIKBAAR PER** ▶ ☑ post ☑ e-mail ☑ telefoon **CONTACTPERSOON** ▶ geen contactpersoon bekend **POSTADRES** ▶ Rijnkade 1, 3511 LC Utrecht **EMAIL (ALGEMEEN)** ▶ cultuurfonds@shv.nl **TELEFOON (ALGEMEEN)** ▶ 030-2338499.

391
Feteris-Oosterbaan Fonds

Rubriek ■ ☑ kunst en cultuur

Algemeen ■ **WEBSITE** ▶ www.cultuurfonds.nl **TYPERING** ▶ fonds op naam **BEHEERD DOOR** ▶ Prins Bernhard Cultuurfonds **DIRECTIE** ▶ zie > Prins Bernhard Cultuurfonds **BESTUUR** ▶ zie > Prins Bernhard Cultuurfonds

Missie ■ **DOELSTELLING** ▶ Het financieel ondersteunen van projecten op het gebied van de muziekbeoefening in de regio Kampen, Noord-Veluwe en Noord-West Overijssel. Aanvragen worden behandeld door het Prins Bernhard Cultuurfonds Overijssel.

Werkgebied ■ **ACTIERADIUS** ▶ Regionaal **LAND** ▶ Nederland **REGIO** ▶ Kampen, Noord-Veluwe, Noord-West Overijssel.

Projecten ■ **CRITERIA** ▶ geen projectcriteria bekend **DOORLOOPTIJD** ▶ ☑ korter dan 1 jaar **STATUS AANVRAGER** ▶ ☑ geen beperkingen bekend **VOORKEUR/UITSLUITING** ▶ geen voorkeur of uitsluiting bekend.

Procedure ■ **OP AANVRAAG** ▶ ja **AANVRAAGPROCEDURE** ▶ Dit 'fonds op naam' ressorteert onder het Prins Bernhard Cultuurfonds. Verzoeken aan fondsen op naam komen op één centraal punt binnen. Dit houdt in dat een subsidieaanvraag slechts eenmaal aan het Prins Bernhard Cultuurfonds hoeft te worden gezonden. Voor de verdere aanvraagprocedure: zie Prins Bernhard Cultuurfonds. **URL** ▶ www.cultuurfonds.nl/aanvragen

Contact ■ **BEREIKBAAR PER** ▶ ☑ post ☑ e-mail ☑ telefoon **CONTACTPERSOON** ▶ geen contactpersoon bekend **POSTADRES** ▶ Postbus 19750, 1000 GT Amsterdam **EMAIL (ALGEMEEN)** ▶ info@cultuurfonds.nl **TELEFOON (ALGEMEEN)** ▶ 020-5206130.

392
Stichting Feyenoord Foundation

Rubriek ■ ☑ maatschappij, welzijn en samenleving ☑ sport en recreatie ☑ onderwijs en onderzoek

Algemeen ■ **WEBSITE** ▶ www.feyenoord.nl/foundation **TYPERING** ▶ vermogensfonds **OPGERICHT** ▶ 18-04-2011 **RECHTSVORM** ▶ stichting **KVK** ▶ 52564908 **ANBI STATUS** ▶ ja **DIRECTIE** ▶ T. Strooband **BESTUUR** ▶ O. van Urk, penningmeester; M. Nollen, secretaris; R. Bom; F. Elson; S. de Kramer.

Missie ■ **DOELSTELLING** ▶ De Feyenoord Foundation heeft ten doel het vervullen van een maatschappelijke rol in de samenleving in de gebieden waaruit de achterban van Feyenoord Rotterdam afkomstig is. Daar is onder meer bij inbegrepen het verbeteren van de leefsituatie van personen, groepen, wijken en/of gemeenschappen. Dit doen we op drie gebieden, die de pijlers vormen onder ons sociaalmaatschappelijk beleid: Sport, Onderwijs en Werk. De Feyenoord Foundation tracht dit doel te bereiken door inzet van eigen personeel, de organisatie van Feyenoord Rotterdam en de aan haar gelieerde rechtspersonen. **STICHTER(S)** ► Feyenoord **HISTORIE** ► Feyenoord bereikt jaarlijks duizenden kinderen, jongeren en supporters via haar sociaal-maatschappelijke activiteiten, die mede door intensieve samenwerking met maatschappelijke organisaties en het bedrijfsleven een structureel karakter hebben. Die samenwerking vindt sinds 2011 plaats via de Feyenoord Foundation, de stichting met ANBI-status die fondsen en middelen werft en beheert exclusief voor Feyenoords sociaal-maatschappelijke projecten. Zo dragen commerciële organisaties via de impact van Feyenoord gericht bij aan de ontwikkeling van vaak jonge mensen, en daarmee aan het sterker maken van de samenleving.

Doelgroep ■ **ALGEMEEN** ► jongeren, kinderen, zieken, armen **SPECIFIEK** ► Geen specifieke doelgroep **ACTIVITEITEN** ►; ☑ Sport: sportparticipatie vergroten: Dit doen we allereerst door zoveel mogelijk kinderen te laten kennismaken met sport om hen vervolgens te motiveren en enthousiasmeren om structureel te gaan sporten. Binnen deze pijler spelen ook een gezonde leefstijl, sociale cohesie en ouderbetrokkenheid een belangrijke rol; ☑ Onderwijs: het ontwikkelen van sociaal-emotionele en cognitieve vaardigheden; ☑ Werk: Jongeren met een afstand tot de arbeidsmarkt ontwikkelen zich via Feyenoord op zowel sociaal-emotioneel als cognitief vlak, waardoor ze met meer kennis, kunde en zelfvertrouwen de arbeidsmarkt op gaan; ☑ bijzondere wensen vervullen; ☑ FEYEUR Symposium, een samenwerking tussen Feyenoord en Erasmus Universiteit Rotterdam; ☑ Implementatie STEM-onderwijs: Science Technology, Engineering Maths; ☑ Feyenoord galadiner. **INTERVENTIENIVEAU** ► Steun aan lokale/provinciale maatschappelijke organisaties en structuren (incl. gemeenten etc.) die diensten verlenen aan individuen.

Werkgebied ■ **ACTIERADIUS** ► Regionaal, Nationaal **LAND** ► Nederland **REGIO** ► Rotterdam.

Bestedingen ■ **BUDGET** ► niet openbaar **SOORT BIJDRAGE** ► overig **BOVENGRENS** ► geen **ONDERGRENS** ► geen.

Projecten ■ **CRITERIA** ► geen projectcriteria bekend **DOORLOOPTIJD** ► ☑ onbekend **STATUS AANVRAGER** ► ☑ geen beperkingen bekend **VOORKEUR/UITSLUITING** ► geen voorkeur of uitsluiting bekend.

Procedure ■ **OP AANVRAAG** ► onbekend **AANVRAAGPROCEDURE** ► Op de website kan men een speciale wens indienen. Ook kan er een samenwerkingsverband aangegaan worden. Hiervoor kan men contact leggen via de website. **URL** ► www.feyenoord.nl/foundation/partners/krachten-bundelen

Financieel ■ **EIGEN VERMOGEN** ► € 260.478 **INKOMSTEN OV** ► € 1.538.373 **HERKOMST MIDDELEN** ► giften & schenkingen, bedrijven **BOEKJAAR** ► 2019 **JAARVERSLAG OP WEBSITE** ► ja.

Contact ■ **BEREIKBAAR PER** ► ☑ post ☒ e-mail ☑ telefoon **CONTACTPERSOON** ► geen contactpersoon bekend **POSTADRES** ► Postbus 9635, 3007 AP Rotterdam **TELEFOON (ALGEMEEN)** ► 0900-1908; whatsapp06-19071908.

393

Fiep Westendorp Foundation

Rubriek ■ ☑ kunst en cultuur ☑ onderwijs en onderzoek ☑ maatschappij, welzijn en samenleving

Algemeen ■ **WEBSITE** ► www.fiepwestendorp.nl/fiepamsterdam/fiep-westendorp-foundation **TYPERING** ► vermogensfonds **OPGERICHT** ► 2004 **RECHTSVORM** ► stichting **KVK** ► 41213495 **ANBI STATUS** ► ja **DIRECTIE** ► geen directiegegevens bekend **BESTUUR** ► Mw.drs. H. d'Ancona, voorzitter; drs. J. Nooitgedacht, penningmeester; mw.drs. G. Smid, secretaris; mw.dr. A. Holtrop; H. Westendorp.

Missie ■ **DOELSTELLING** ► De door Fiep Westendorp in het leven geroepen Fiep Westendorp Foundation heeft als voornaamste doelen: ☑ Vreugde brengen in het leven van kinderen die een steuntje in de rug kunnen gebruiken; ☑ Het ondersteunen van projecten gericht op kinderen die het om wat voor redenen dan ook moeilijk of minder goed getroffen hebben. ☑ Het bevorderen van het onderzoeken en bestuderen van de kunst van het illustreren en het vak illustrator; ☑ Het auteursrecht van Fiep Westendorp beheren. **STICHTER(S)** ► Fiep Westendorp **HISTORIE** ► Bij haar overlijden, op 3 februari 2004, heeft Fiep Westendorp de rechten op haar werk en haar bezittingen nagelaten aan de door haar ingestelde Fiep Westendorp Foundation. Het was haar wens met haar nalatenschap kinderen te helpen die om wat voor reden dan ook een steuntje in de rug kunnen gebruiken. Ook vond ze het belangrijk dat het vak illustratie meer erkenning kreeg. Zelf bedacht ze daarvoor de tweejaarlijkse 'stimuleringsprijs' voor jonge illustratoren. Vanuit haar wens zijn de missie en visie van de Fiep Westendorp Foundation geformuleerd en in de loop der jaren uitgebreid. **BELEIDSPLAN OP WEBSITE** ► ja.

Doelgroep ■ **ALGEMEEN** ► kinderen, jongeren, studenten **SPECIFIEK** ► Kinderen die het om wat voor redenen dan ook moeilijk of minder goed getroffen hebben; beginnende illustratoren. **ACTIVITEITEN** ►; ☑ Het project van Stichting de Vrolijkheid: kinderen in AZC gezinslocaties creatieve/beeldende workshops kunnen volgen; ☑ Subsidie voor Stichting Weekendacademie – kinderen uit gezinnen met een sociaaleconomische achterstand door middel van illustraties te motiveren en inspireren hun talenten te ontwikkelen; ☑ Subsidie voor het boekje 'Kenan viert Suikerfeest' dat kosteloos verspreid zal worden onder allochtone gezinnen om kinderen met een taalachterstand te enthousiasmeren voor lezen; ☑ Toestemming voor het gebruik van de afbeeldingen van Fiep Westendorp voor de decoratie van twee opvanglocaties voor tienermoeders en hun kinderen; ☑ Bijdrage aan prentenboek van Stichting 'Happy made by Zed'; ☑ Hiertoe worden o.a. jaarlijks 20 illustratieworkshops voor naschoolse opvang, buurthuizen en AZC's georganiseerd en worden de leidinggevende illustratoren speciaal opgeleid; ☑ Een tweejaarlijkse stimuleringsprijzen voor beginnende illustratoren uitgereikt. Deze prijs van 20.000 euro stelt de illustrator in de gelegenheid gedurende twee jaar aan een project te werken; ☑ Een bijzondere leerstoel Illustratie ingezeteld aan de UvA. Colleges en workshops aan studenten kunstgeschiedenis met het thema: het belang van de illustratie in de geschiedenis van 1850-heden; ☑ De Fiep Westendorp Foundation beheert het auteursrecht op de tekeningen van Fiep Westendorp. **INTERVENTIENIVEAU** ▶ Steun aan lokale/provinciale maatschappelijke organisaties en structuren (incl. gemeenten etc.) die diensten verlenen aan individuen.; Steun op niveau van maatschappij zelf (beleidsbeïnvloeding, etc.).

Werkgebied ■ **ACTIERADIUS** ▶ Nationaal **LAND** ▶ Nederland.

Bestedingen ■ **BUDGET** ▶ niet openbaar **SOORT BIJDRAGE** ▶ subsidies giften overig **BOVENGRENS** ▶ geen **ONDERGRENS** ▶ geen.

Projecten ■ **CRITERIA** ▶ Om in aanmerking te komen voor subsidiering dienen projecten: ☑ gericht te zijn op kinderen die het om een of andere reden moeilijk hebben, dan wel bij te dragen aan de culturele ontwikkeling van kinderen; ☑ gericht te zijn op kinderen in de leeftijd van ca. 3 t/m ca. 12 jaar; ☑ bij voorkeur, maar niet noodzakelijk, gebruik te maken van illustreren en tekenen als middel, dan wel gericht te zijn op de ontwikkeling van vaardigheden mbt illustreren en tekenen; ☑ een heldere en realistische doelstelling, opzet en begroting te hebben; ☑ gericht te zijn op teken- en illustratieprofessionals. Zie de website voor de criteria van de Fiep Westendorp Stimuleringsprijzen. **DOORLOOPTIJD** ▶ ☑ onbekend **STATUS AANVRAGER** ▶ ☑ stichting of vereniging (non-profit) ☑ onderwijsinstelling ☑ overig **VOORKEUR/UITSLUITING** ▶ ☑ Projecten mogen geen politieke of religieuze overtuigingen als basis hebben of uitstralen. ☑ Projecten mogen geen commerciële doelstelling hebben, noch commercieel worden benut. ☑ Projecten mogen niet op andere wijze vanuit reguliere kanalen gefinancierd kunnen worden. ☑ Projecten die ten tijde van de beoordeling al in een vergevorderd stadium verkeren, komen niet in aanmerking.

Procedure ■ **OP AANVRAAG** ▶ ja **DOORLOOPTIJD** ▶ 6-12 maanden **AANVRAAGPROCEDURE** ▶ Alle subsidieaanvragen dienen per post en in het Nederlands bij de foundation te worden ingediend. Op de website vindt u de voorwaarden en het aanmeldformulier. Houdt u a.u.b. rekening met de deadline. Het bestuur van de FWF vergadert twee maal per jaar over de aanvragen. Spoedig nadat uw aanvraag door het FWF–bureau is ontvangen, krijgt u een ontvangstbericht. Uw aanvraag wordt dan getoetst door de staf van de FWF en, indien aan de voorwaarden is voldaan, voorgelegd aan het bestuur. U ontvangt dan binnen zes maanden bericht over het besluit van het bestuur. Voor de Fiep Westendorp Stimuleringsprijzen dient u ook een aanmeldformulier in te vullen, en samen met een projectomschrijving en voorbeelden van (recent) werk naar de Fiep Westendorp Foundation te sturen. Wie meer informatie wil kan een mail sturen naar: info@fiepwestendorp.nl. Complete aanvragen kunnen worden opgestuurd of persoonlijk worden afgegeven bij het kantoor aan het postadres. **URL** ▶ www.fiepwestendorp.nl/fiepamsterdam/fiep-westendorp-foundation/subsidieaanvraag

Financieel ■ **EIGEN VERMOGEN** ▶ € 2.226.897 **INKOMSTEN EV** ▶ € 20.382 **INKOMSTEN OV** ▶ € 20.955 **HERKOMST MIDDELEN** ▶ legaten, giften & schenkingen, vermogen, inkomsten uit bedrijven **BOEKJAAR** ▶ 2019 **JAARVERSLAG OP WEBSITE** ▶ ja.

Contact ■ **BEREIKBAAR PER** ▶ ☑ post ☑ e-mail ☑ telefoon **CONTACTPERSOON** ▶ Mw. N. van Pinxteren **POSTADRES** ▶ Johannes Vermeerplein 5, 1071 DV Amsterdam **EMAIL (ALGEMEEN)** ▶ foundation@fiepwestendorp.nl **TELEFOON (ALGEMEEN)** ▶ 020-4714637.

394
Stichting Nederlands Fonds voor de Film

Rubriek ■ ☑ kunst en cultuur

Algemeen ■ **WEBSITE** ▶ www.filmfonds.nl **TYPERING** ▶ vermogensfonds **OPGERICHT** ▶ 27-05-1993 **RECHTSVORM** ▶ stichting **KVK** ▶ 41212734 **ANBI STATUS** ▶ ja **DIRECTIE** ▶ B. Beyer **BESTUUR** ▶ Mw. L.J. Griffith, voorzitter; V. van der Chijs; mw. P. Pisters; R. Tarlavski; R. Aarts; mw. S. van Bijsterveldt; P. Schrurs.

Missie ■ **DOELSTELLING** ▶ De stichting heeft ten doel: ☑ het stimuleren van de diversiteit, kwaliteit en verspreiding van filmproducties en de ontplooiing van filmtalent in Nederland; ☑ het bevorderen van een voor de filmproductie gezond en voor de filmkunst ontvankelijk klimaat in Nederland en het versterken van de internationale concurrentiepositie van de Nederlandse filmindustrie; ☑ de uitvoering en nakoming van het bepaalde in de overeenkomsten die de stichting is aangegaan met de Staat der Nederlanden en de te Amsterdam gevestigde Nederlandse Vereniging van Bioscoopexploitanten en anderen de dato negentien januari tweeduizend tien alsmede van vervolgovereenkomsten hierop, en voorts al hetgeen daarmee verband houdt of daaraan bevorderlijk kan zijn, alles in de ruimste zin van het woord. **STICHTER(S)** ▶ Staat der Nederlanden: de minister van Onderwijs, Cultuur en Wetenschap **HISTORIE** ▶ Het fonds is in 1993 ontstaan uit een fusie van het Productiefonds voor Nederlandse Films en het Fonds voor de Nederlandse Film. Drie jaar later werd Holland Film aan het fonds toegevoegd. Per 03-10-2009 is Holland Film geen onderdeel meer van het Filmfonds. **BELEIDSPLAN OP WEBSITE** ▶ ja.

Doelgroep ■ **SPECIFIEK** ▶ In Nederland of de EU gevestigde productiemaatschappijen (rechtspersonen); vertegenwoordigd door een producent voor een filmproductie. **ACTIVITEITEN** ▶ Binnen het beleids- en financiële kader creëert het Fonds gerichte condities voor de vier terreinen waarop het actief is:; ☑ Stimulering van een divers en kwalitatief hoogstaand filmaanbod; ☑ Bevordering van innovatie en talentontwikkeling in de sector; ☑ Distributie van artistiek waardevolle films uit binnen- en buitenland; ☑ Stimulering van activiteiten die bijdragen aan een gezond filmklimaat in Nederland. Het fonds verstrekt het financiële bijdragen voor de ontwikkeling, realisering en distributie van filmproducties: speelfilms, documentaires, animatiefilms, filmisch experiment en korte films en aan filmactiviteiten zoals festivals, filmbijeenkomsten, training, publicaties en onderzoek. Naast de financiering van projecten, geeft het Fonds invulling aan een aantal ondersteunende functies. **INTERVENTIENIVEAU** ▶ Steun aan individuen (directe steun).

Werkgebied ■ **ACTIERADIUS** ▶ Nationaal **LAND** ▶ Nederland.

Bestedingen ■ **BUDGET** ▶ € 67.500.000 **TOELICHTING** ▶ Er zijn verschillende categorieën met bijbehorende budgetten en subsidieplafonds. Deze zijn toegelicht op de website. **ONDERSTEUNDE PROJECTEN P/J** ▶ 712 **SOORT BIJDRAGE** ▶ giften **BOVENGRENS** ▶ geen **ONDERGRENS** ▶ geen.

Projecten ■ **CRITERIA** ▶ Er zijn verschillende aandachtsgebieden en daarmee projectmogelijkheden waarop de stichting actief is. Hierdoor zijn er verschillende projectcriteria. Deze zijn terug te vinden op de website. **DOORLOOPTIJD** ▶ ☑ korter dan 1 jaar **STATUS AANVRAGER** ▶ ☑ geen beperkingen bekend **VOORKEUR/UITSLUITING** ▶ Voorkeur of uitsluiting zijn afhankelijk van het aandachtsgebied.

Procedure ■ **OP AANVRAAG** ▶ ja **DOORLOOPTIJD** ▶ 1-3 maanden **AANVRAAGPROCEDURE** ▶ Digitaal conform website www.filmfonds.nl. Een subsidie kan worden aangevraagd voor verschillende stadia van Filmproducties, voor Filmactiviteiten en Distributie.Aanvragers dienen als individu en/of als organisatie een account aan te vragen. Voor vragen en ondersteuning kunt u contact opnemen met de projectmedewerkers van de betreffende afdeling. Er is een subsidiewijzer aanwezig op de website. **URL** ▶ www.filmfonds.nl/nl/page/2533/subsidie-aanvragen

Financieel ■ **EIGEN VERMOGEN** ▶ € 1.245.964 **INKOMSTEN OV** ▶ € 67.074.783 **HERKOMST MIDDELEN** ▶ vermogen, overige inkomsten, legaten, giften & schenkingen **BOEKJAAR** ▶ 2019 **JAARVERSLAG OP WEBSITE** ▶ ja.

Contact ■ **BEREIKBAAR PER** ▶ ☑ post ☑ e-mail ☑ telefoon **CONTACTPERSOON** ▶ geen contactpersoon bekend **POSTADRES** ▶ Pijnackerstraat 5, 1072 JS Amsterdam **EMAIL (ALGEMEEN)** ▶ info@filmfonds.nl **TELEFOON (ALGEMEEN)** ▶ 020-5707676.

395

Stichting Fiom Hendrik Pierson Fonds

Rubriek ■ ☑ maatschappij, welzijn en samenleving ☑ onderwijs en onderzoek ☑ economische ontwikkeling en microkrediet

Algemeen ■ **WEBSITE** ▶ www.fiomhendrikpiersonfonds.nl **TYPERING** ▶ vermogensfonds **OPGERICHT** ▶ 1975 **RECHTSVORM** ▶ stichting **KVK** ▶ 41012263 **ANBI STATUS** ▶ ja **DIRECTIE** ▶ geen directiegegevens bekend **BESTUUR** ▶ Mw. R. Broekhoven, voorzitter; P. Verhulst, penningmeester; mw. K. Tjin A Djie, secretaris; R. Alferink; C. Goes; mw. L. Wiskerke.

Missie ■ **DOELSTELLING** ▶ De Stichting FIOM Hendrik Pierson Fonds zet zich in voor alleenstaande ouders en hun kinderen. Dit doen ze door maatschappelijke projecten en organisaties te ondersteunen die zich richten op alleenstaand ouderschap. **STICHTER(S)** ▶ F.I.O.M, de Hendrik PiersonVereniging, De Com, de KVCM en de Hendrik Piersonstichting **HISTORIE** ▶ In 1975 sloegen de F.I.O.M, de Hendrik PiersonVereniging, De Com, de KVCM en de Hendrik Piersonstichting - verschillende initiatieven rondom de zorg voor ongehuwde moeders - de handen ineen. Ze richtten een fonds op voor alleenstaande moeders, het Steunfonds Stichting Fiom Hendrik Pierson. De naam is een eerbetoon aan Hendrik Pierson (1834-1923), een Nederlandse predikant en directeur van de Heldringstichting. De stichting die zich van oorsprong inzette voor prostituees, opende in 1882 het Magdalenahuis; een toevluchtsoord voor ongehuwde, aanstaande moeders. In de loop der jaren veranderde het fonds haar naam in 'Stichting Fiom Hendrik Pierson Fonds.' Ook werd de doelgroep breder; het fonds richt zich tegenwoordig niet meer alleen op moeders, maar op álle alleenstaande ouders en hun kinderen. Deze ontwikkeling is tevens te zien in de maatschappelijke projecten die het Hendrik Pierson Fonds subsidieert. Van oudsher waren dit vooral projecten voor alleenstaande moeders, maar de afgelopen jaren zijn hier ook steeds meer projecten rondom vaderschap bij gekomen. **BELEIDSPLAN OP WEBSITE** ▶ ja.

Doelgroep ■ **SPECIFIEK** ▶ Alleenstaande ouders en projecten en organisaties die zich richten op alleenstaand ouderschap. **ACTIVITEITEN** ▶ Het Hendrik Pierson Fonds biedt hulp op verschillende manieren: ☑ Individuele hulp. Organisaties die zich richten op hulp aan alleenstaande ouders, kunnen een aanvraag indienen voor individuele cliënten. De maximale vergoeding bedraagt 350 euro; ☑ Babyspullen. De alleenstaande ouder ontvangt twee Baby Startpakketten, die de belangrijkste spullen bevatten voor de verzorging van het kindje. Tevens krijgt de ouder een cadeaubon ter waarde van 200 euro van Mama-Loes Babysjop, voor het bijbestellen van nog eventueel ontbrekende artikelen; ☑ Vakantieproject. Jaarlijks biedt de Stichting de bij hen bekende organisaties/instellingen korte vakanties aan, zodat alleenstaande ouders met hun kinderen onbezorgd van een korte vakantie kunnen genieten. Op dit moment is er een samenwerking met stichting Reis met je Hart. ☑ Projecten; Het Hendrik Pierson Fonds ondersteunt innovatieve projecten die zich richten op alleenstaand ouderschap. Er ligt een focus op de inbedding in en de versterking van het sociale /familie netwerk rondom alleenstaande ouders en hun kinderen. Projecten die professionals en ouders inspireren en aanzetten tot nieuwe initiatieven. Kortom: projecten die de eigen kracht van ouders aanboort en hen in staat stelt om de ouder te zijn die ze graag willen zijn. **INTERVENTIENIVEAU** ▶ Steun aan lokale/provinciale maatschappelijke organisaties en structuren (incl. gemeenten etc.) die diensten verlenen aan individuen.; Steun aan familie en omgeving van individuen.; Steun aan individuen (directe steun).

Werkgebied ■ **ACTIERADIUS** ▶ Nationaal **LAND** ▶ Nederland.

Bestedingen ■ **BUDGET** ▶ niet openbaar **ONDERSTEUNDE PROJECTEN P/J** ▶ 147 **SOORT BIJDRAGE** ▶ giften subsidies **BOVENGRENS** ▶ geen **ONDERGRENS** ▶ geen.

Projecten ■ **CRITERIA** ▶ Zie de website voor de specifieke criteria per categorie. **DOORLOOPTIJD** ▶ ☑ onbekend **STATUS AANVRAGER** ▶ ☑ kerkelijke instelling ☑ onderwijsinstelling ☑ stichting of vereniging (non-profit) ☑ hulpverleners **VOORKEUR/UITSLUITING** ▶ Alleenstaande ouders kunnen niet rechtstreeks een beroep op het fonds doen. Aanvragen kunnen alleen ingediend worden door maatschappelijke instellingen.

Procedure ■ **OP AANVRAAG** ▶ ja **DOORLOOPTIJD** ▶ 1-3 maanden **AANVRAAGPROCEDURE** ▶ U kunt een aanvraag indienen in vier verschillende categorieën: ☑ Individuele hulp; ☑ Babyspullen; ☑ Vakantieproject; ☑ Projecten. Op de website wordt u doorverwezen naar het bijpassende online aanvraagformulier. Er zijn ook verschillende doorlooptijden per categorie. **URL** ► www.fiomhendrikpiersonfonds.nl/aanvragen/

Financieel ■ **EIGEN VERMOGEN** ► € 741.554 **INKOMSTEN OV** ► € 3.257 **HERKOMST MIDDELEN** ► vermogen **BOEKJAAR** ► 2018 **JAARVERSLAG OP WEBSITE** ► ja.

Contact ■ **BEREIKBAAR PER** ► ☒ post ☑ e-mail ☒ telefoon **CONTACTPERSOON** ► geen contactpersoon bekend **POSTADRES** ► Geen postadres bekend **EMAIL (ALGEMEEN)** ► info@fiomhendrikpiersonfonds.nl.

396

Stichting Flanderijn Foundation

Rubriek ■ ☑ economische ontwikkeling en microkrediet ☑ maatschappij, welzijn en samenleving

Algemeen ■ **WEBSITE** ► www.flanderijnfoundation.nl **TYPERING** ► vermogensfonds **OPGERICHT** ► 2015 **RECHTSVORM** ► stichting **KVK** ► 62662139 **ANBI STATUS** ► ja **DIRECTIE** ► mw. N. Bicker **BESTUUR** ► M. Vaes, voorzitter; M. van Leeuwen.

Missie ■ **DOELSTELLING** ► De stichting richt zich op het vergroten van de maatschappelijke zelfredzaamheid en weerbaarheid van jongvolwassenen.

Doelgroep ■ **ALGEMEEN** ► jongeren, armen **SPECIFIEK** ► (werkzoekende) (Jong)volwassenen tussen 20 en 40 jaar. **ACTIVITEITEN** ► De stichting geeft voorlichting, preventie, training en coaching, waarmee het helpt om de maatschappelijke positie va jongvolwassenen te versterken. Daarnaast reikt de stichting de jongeren handvatten aan om ook financieel op eigen benen te kunnen staan. Tweemaal per jaar biedt de stichting vijftien deelnemers de kans om kosteloos aan The Boost deel te nemen. The Boost is een trainingsprogramma waarmee jongvolwassenen hun kansen op de arbeidsmarkt vergroten. Dit programma duurt tien weken en bestaat uit een combinatie van online opdrachten, workshops en een vierdaagse Boostcamp waarbij er gewerkt wordt aan persoonlijke doelen. **INTERVENTIENIVEAU** ► Steun aan individuen (directe steun).

Werkgebied ■ **ACTIERADIUS** ► Nationaal **LAND** ► Nederland.

Bestedingen ■ **BUDGET** ► niet openbaar **SOORT BIJDRAGE** ► overig **BOVENGRENS** ► geen **ONDERGRENS** ► geen.

Projecten ■ **CRITERIA** ► Als deelnemer moet je tenminste voldoen aan de volgende eisen: ☑ Je bent tussen de 20 en 40 jaar. ☑ Je hebt een MBO, HBO of WO diploma. ☑ Je bent werkzoekend. **DOORLOOPTIJD** ► ☑ onbekend **STATUS AANVRAGER** ► ☑ geen beperkingen bekend **VOORKEUR/UITSLUITING** ► geen voorkeur of uitsluiting bekend.

Procedure ■ **OP AANVRAAG** ► ja **AANVRAAGPROCEDURE** ► U kunt uw interesse voor het programma The Boost via de website opgeven. U ontvangt dan een mail met meer informatie over het programma en hoe u zich kunt aanmelden. Aanmelden voor 17 oktober. **URL** ► www.flanderijnfoundation.nl/deelnemen/

Financieel ■ **HERKOMST MIDDELEN** ► onbekend **BOEKJAAR** ► boekjaar onbekend.

Contact ■ **BEREIKBAAR PER** ► ☑ post ☑ e-mail ☑ telefoon **CONTACTPERSOON** ► A. Eliens **POSTADRES** ► 's-Gravendijkwal 134, 3015 CC Rotterdam **EMAIL (ALGEMEEN)** ► foundation@flanderijn.nl **TELEFOON (ALGEMEEN)** ► 088-2092444.

397

Stichting Fleur Groenendijk Foundation

Rubriek ■ ☑ maatschappij, welzijn en samenleving ☑ kunst en cultuur ☑ onderwijs en onderzoek

Algemeen ■ **WEBSITE** ► www.fleurgroenendijkfoundation.nl **TYPERING** ► vermogensfonds **OPGERICHT** ► 08-12-1997 **RECHTSVORM** ► stichting **KVK** ► 24280792 **ANBI STATUS** ► ja **DIRECTIE** ► geen directiegegevens bekend **BESTUUR** ► F. Groenendijk, voorzitter; D. van 't Zelfde, penningmeester; mw. D. Scipio, secretaris.

Missie ■ **DOELSTELLING** ► De stichting heeft in het bijzonder ten doel het bevorderen en ondersteunen van het onderwijs, de geestelijke- en algemene ontwikkeling, alsmede de kunstzinnige en culturele vorming, alles in de ruimste zin, van jongeren wonend zowel binnen als buiten Nederland. **BELEIDSPLAN OP WEBSITE** ► ja.

Doelgroep ■ **ALGEMEEN** ► jongeren **SPECIFIEK** ► Jonge mensen op het terrein van kunst en cultuur. **ACTIVITEITEN** ► Sinds 2015 heeft de FGF in samenwerking met de Rotterdamse Academie van Bouwkunst (RAvB) ook een jaarlijkse prijs ingesteld, De Meester. Deze prijs, een promotieprijs van € 5.000,- die dient te worden ingezet voor het creëren van naamsbekendheid van het werk en/of de net afgestudeerde architect of stedenbouwer, is uitsluitend voor afstudeerprojecten van de RAvB. **INTERVENTIENIVEAU** ► Steun aan individuen (directe steun).

Werkgebied ■ **ACTIERADIUS** ► Nationaal **LAND** ► Nederland.

Bestedingen ■ **BUDGET** ► € 15.000 **TOELICHTING** ► De FGF richt zich de komende periode op opleiding en vorming op het terrein van architectuur. Het betreft een jaarlijkse promotieprijs De Meester van €5.000 en vier kwartaalbijdragen van ieder €2.500. **SOORT BIJDRAGE** ► giften **BOVENGRENS** ► € 5.000 **ONDERGRENS** ► geen.

Projecten ■ **CRITERIA** ► ☑ Het gaat over architectuur; ☑ Het betreft opleiding en vorming in de architectuur in de brede zin van het woord, ook mbt kunst, cultuur, mode, techniek, wetenschap, etc. ☑ Het project heeft ondernemende eigenschappen; ☑ Kleinschalige projecten, waarbij de FGF-bijdrage van maximaal €2.500 er toe doet. Dat betekent: zonder het FGF-geld gaat het niet lukken; ☑ De FGF vindt het mooi als je met vrijwilligers werkt; ☑ Een heldere begroting. Criteria voor De Meester promotieprijs: ☑ Het werk moet onderscheidend of visionair zijn; ☑ Het werk moet zodanig waarde toevoegen aan de context, dat deze zonder haar niet meer voor te stellen is; ☑ Het werk moet een monumentaliteit in zich hebben in die zin dat het ook na functieverlies het behouden waard is; ☑ Het werk moet communicatief sterk zijn. **DOORLOOPTIJD** ► ☑ onbekend **STATUS AANVRAGER** ► ☑ individuen/gezinnen **VOORKEUR/UITSLUITING** ► geen voorkeur of uitsluiting bekend.

Procedure ■ OP AANVRAAG ► ja DOORLOOPTIJD ► 1-3 maanden AANVRAAGPROCEDURE ► Een aanvraag dient digitaal ingestuurd te worden, moet kort en krachtig zijn en in ieder geval uit niet meer dan drie pagina's (inclusief eventuele bijlagen) bestaan. De aanvragen zullen per kalenderkwartaal verzameld worden. Na afloop van het kwartaal zal het bestuur van de FGF binnen twee, maximaal drie weken de aanvragen beoordelen. Er wordt per kwartaal slechts één project geselecteerd. De keuze is definitief en onherroepelijk, er kan niet over worden gecorrespondeerd. URL ► https://www.fleurgroenendijkfoundation.nl/tentoonstellingen/

Financieel ■ EIGEN VERMOGEN ► € 90.000 HERKOMST MIDDELEN ► vermogen BOEKJAAR ► 2018 JAARVERSLAG OP WEBSITE ► ja.

Contact ■ BEREIKBAAR PER ► ☒ post ☑ e-mail ☒ telefoon CONTACTPERSOON ► geen contactpersoon bekend POSTADRES ► Geen postadres bekend EMAIL (ALGEMEEN) ► info@fleurgroenendijkfoundation.nl.

398
Flora Fonds

Rubriek ■ ☑ natuur, milieu en dieren

Algemeen ■ WEBSITE ► www.cultuurfonds.nl TYPERING ► fonds op naam BEHEERD DOOR ► Prins Bernhard Cultuurfonds DIRECTIE ► zie Prins Bernhard Cultuurfonds BESTUUR ► zie Prins Bernhard Cultuurfonds

Missie ■ DOELSTELLING ► Het financieel ondersteunen van projecten op het gebied van natuurbehoud in Nederland, waarbij voorrang wordt verleend aan projecten die de instandhouding en stimulering van de natuurlijke flora beogen.

Werkgebied ■ ACTIERADIUS ► Nationaal LAND ► Nederland.

Projecten ■ CRITERIA ► geen projectcriteria bekend DOORLOOPTIJD ► ☑ korter dan 1 jaar STATUS AANVRAGER ► ☑ geen beperkingen bekend VOORKEUR/UITSLUITING ► Voorkeur gaat uit naar projecten die de instandhouding en stimulering van de natuurlijke flora beogen.

Procedure ■ OP AANVRAAG ► ja AANVRAAGPROCEDURE ► Dit 'fonds op naam' ressorteert onder het Prins Bernhard Cultuurfonds. Verzoeken aan fondsen op naam komen op één centraal punt binnen. Dit houdt in dat een subsidieaanvraag slechts eenmaal aan het Prins Bernhard Cultuurfonds hoeft te worden gezonden. Voor de verdere aanvraagprocedure: zie Prins Bernhard Cultuurfonds. URL ► www.cultuurfonds.nl/aanvragen

Contact ■ BEREIKBAAR PER ► ☑ post ☑ e-mail ☑ telefoon CONTACTPERSOON ► geen contactpersoon bekend POSTADRES ► Postbus 19750, 1000 GT Amsterdam EMAIL (ALGEMEEN) ► info@cultuurfonds.nl TELEFOON (ALGEMEEN) ► 020-5206130.

399
Stichting Flowfund

Rubriek ■ ☑ kerk en levensbeschouwing ☑ maatschappij, welzijn en samenleving ☑ natuur, milieu en dieren

Algemeen ■ WEBSITE ► www.flowfund.nl TYPERING ► vermogensfonds OPGERICHT ► 23-08-2005 RECHTSVORM ► stichting KVK ► 30207338 ANBI STATUS ► ja DIRECTIE ► A. Bontje BESTUUR ► F. Matser, voorzitter; E.K. Greup, penningmeester; E.K. Greup, secretaris; B. Kastrup; mw. M. Groothuis; M. Meuwissen.

Missie ■ DOELSTELLING ► De stichting heeft ten doel de bevordering van: ☑ de harmonie in de mens; ☑ de harmonie tussen de mensen; ☑ de harmonie tussen de mensen en omgeving; ☑ het functioneren van inspiratie; ☑ het functioneren van inspiratie. Bedoeld is om ons te leren ons open te stellen voor de(creatieve)energie of levenskracht die vanuit het 'oneindige' de ruimte/tijd dimensies als het ware be-ademt, injecteert of inspireert (de kracht van co-creation); ☑ de ontwikkeling van ieders eigen verantwoordelijkheid in de context van het samenleven met andere mensen en in de natuurlijke en in urbane omgeving; ☑ de evenwichtige en evenwaardige (creatieve) ontwikkeling van het vrouwelijke en mannelijke principe in de schepping, op alle niveaus, - en voorts al hetgeen daarmee rechtstreeks of zijdelings verband houdt of daartoe bevordelijk kan zijn, alles in de ruimste zin des woords. STICHTER(S) ► Fred Matser BELEIDSPLAN OP WEBSITE ► ja.

Doelgroep ■ SPECIFIEK ► Geen specifieke doelgroep ACTIVITEITEN ► De giften-kant van Stichting Flowfund was de afgelopen jaren zeer overzichtelijk; dit betrof namelijk louter giften aan Stichting Fred Foundation - die daarmee bestedingen doet die passen bij de doelstelling van Stichting Flowfund. In 2019 heeft het bestuur besloten om daarnaast actief middelen ter beschikking te gaan stellen aan de op 2 juli 2019 opgerichte Stichting ForestPeace Foundation. Daarmee kan met name gericht inhoud worden gegeven aan het doel om de harmonie tussen de mensen en omgeving te bevorderen. Daarnaast verkent het bestuur de mogelijkheden om in 2020 en daarna tevens initiatieven op het gebied van (harmonie bevorderende) bewustwording van mensen te ondersteunen. Daarnaast is Stichting Flowfund al jaren actief met het kiezen van beleggingen/investeringen die op zichzelf reeds werken in de richting van de doelstelling van het fonds. INTERVENTIENIVEAU ► Steun aan lokale/provinciale organisaties en structuren.; Steun aan lokale/provinciale maatschappelijke organisaties en structuren (incl. gemeenten etc.) die diensten verlenen aan individuen.

Werkgebied ■ ACTIERADIUS ► Nationaal LAND ► Nederland.

Bestedingen ■ BUDGET ► niet openbaar TOELICHTING ► De stichting heeft geen ambitie om voor eeuwig voort te bestaan en heeft dan ook geen wens tot behoud van koopkracht van het kapitaal op lange termijn. Alle beleggingsresultaten, waaronder de rente opbrengsten van leningen, worden (uiteindelijk) aangewend voor het beoogde doel. SOORT BIJDRAGE ► giften BOVENGRENS ► geen ONDERGRENS ► geen.

Projecten ■ CRITERIA ► Initiatieven op het gebied van (harmonie bevorderende) bewustwording van mensen. DOORLOOPTIJD ► ☑ onbekend STATUS AANVRAGER ► ☑ geen beperkingen bekend VOORKEUR/UITSLUITING ► Voorkeur gaat uit naar Stichting Fred Foundation en Stichting ForestPeace Foundation.

Procedure ■ **OP AANVRAAG** ▶ nee **AANVRAAGPROCEDURE** ▶ Stichting Flowfund stelt zich niet open voor aanvragen van derden voor donaties.

Financieel ■ **INKOMSTEN EV** ▶ € -86.223 **INKOMSTEN OV** ▶ € 5.000.000 **HERKOMST MIDDELEN** ▶ vermogen, giften & schenkingen, legaten **BOEKJAAR** ▶ 2018 **JAARVERSLAG OP WEBSITE** ▶ ja.

Contact ■ **BEREIKBAAR PER** ▶ ☑ post ☒ e-mail ☒ telefoon **CONTACTPERSOON** ▶ geen contactpersoon bekend **POSTADRES** ▶ Stadionweg 1, 1077 RV Amsterdam.

400

FNO Zorg voor kansen

Rubriek ■ ☑ gezondheidszorg ☑ maatschappij, welzijn en samenleving

Algemeen ■ **WEBSITE** ▶ www.fnozorgvoorkansen.nl **TYPERING** ▶ vermogensfonds **OPGERICHT** ▶ 1999 **RECHTSVORM** ▶ stichting **KVK** ▶ 40124985 **ANBI STATUS** ▶ ja **DIRECTIE** ▶ drs. A.H.A. Kusters **BESTUUR** ▶ T. Stellema, voorzitter; drs. J. Schreur; drs. G.B.S. Penders; drs. M. Keijser.

Missie ■ **DOELSTELLING** ▶ In Nederland kunnen veel mensen niet aan de samenleving meedoen zoals ze zouden willen. Bijvoorbeeld omdat ze zich in een kwetsbare situatie bevinden door een chronische ziekte of een beperking. FNO vindt dat een kwetsbare gezondheid een volwaardig leven niet in de weg mag staan. Daarom zetten wij ons in voor het vergroten van kansen, op meer gezondheid, kwaliteit van leven en toekomstperspectief. **STICHTER(S)** ▶ NutsOhra beheer BV door Delta Lloyd **HISTORIE** ▶ FNO is ontstaan in 1999, na de fusie van Delta Lloyd met NUTS OHRA Beheer. De geschiedenis van het fonds gaat echter al een kleine 200 jaar terug. Trouw aan de traditie van NUTS en OHRA, zet FNO de inkomsten uit het vermogen in voor verbeteringen in de gezondheidszorg. De rode draad daarbij is altijd geweest: het stimuleren van innovaties die bijdragen aan de kwaliteit van leven van mensen in een kwetsbare situatie.

Doelgroep ■ **ALGEMEEN** ▶ jongeren, gehandicapten, armen **SPECIFIEK** ▶ Mensen met een langdurige beperking op het vlak van gezondheid; jongvolwassenen met een psychische kwetsbaarheid; jongeren (0 – 25 jaar) met een chronische aandoening; kwetsbare gezinnen met een gezondheidsachterstand. **ACTIVITEITEN** ▶ Bij FNO richten we ons met meerjarenprogramma's op mensen die zich in een kwetsbare situatie bevinden. De meerjarenprogramma's zijn: ☑ GeestKracht: Looptijd: 2020-2025 voor jongvolwassenen om zichzelf te kunnen zijn en ook met een psychische kwetsbaarheid krachtig mee te kunnen doen in de maatschappij; ☑ Gezonde Toekomst Dichterbij: Het terugdringen van gezondheidsachterstanden bij gezinnen in achterstandssituaties; ☑ Jongeren INC: Alle jongeren met een chronische aandoening kunnen naar wens en vermogen meedoen in een inclusieve samenleving; ☑ Klein geluk: Het verbeteren van de kwaliteit van leven van mensen met een langdurige beperking op het vlak van gezondheid. **INTERVENTIENIVEAU** ▶ Steun aan lokale/provinciale maatschappelijke organisaties en structuren (incl. gemeenten etc.) die diensten verlenen aan individuen.

Werkgebied ■ **ACTIERADIUS** ▶ Lokaal, Regionaal, Nationaal **LAND** ▶ Nederland.

Bestedingen ■ **BUDGET** ▶ € 44.000.000 **TOELICHTING** ▶ Verschillende programma's hebben verschillende budgetten. **SOORT BIJDRAGE** ▶ subsidies **BOVENGRENS** ▶ geen **ONDERGRENS** ▶ geen.

Projecten ■ **CRITERIA** ▶ Er zijn verschillende programma's met elk bijbehorende projectcriteria. Zie de website voor meer informatie over criteria subsidieaanvragen. **DOORLOOPTIJD** ▶ ☑ langer dan 2 jaar ☑ 1 - 2 jaar **STATUS AANVRAGER** ▶ ☑ geen beperkingen bekend **VOORKEUR/UITSLUITING** ▶ geen voorkeur of uitsluiting bekend.

Procedure ■ **OP AANVRAAG** ▶ ja **DOORLOOPTIJD** ▶ 3-6 maanden **AANVRAAGPROCEDURE** ▶ Voor iedere van de vier programma's is er een aparte aanvraagprocedure. Deze treft u op de website onder ieder programma. **URL** ▶ www.fnozorgvoorkansen.nl/

Financieel ■ **EIGEN VERMOGEN** ▶ € 459.918.000 **INKOMSTEN EV** ▶ € 77.115.000 **HERKOMST MIDDELEN** ▶ vermogen **BOEKJAAR** ▶ 2019 **JAARVERSLAG OP WEBSITE** ▶ ja.

Contact ■ **BEREIKBAAR PER** ▶ ☑ post ☑ e-mail ☑ telefoon **CONTACTPERSOON** ▶ geen contactpersoon bekend **POSTADRES** ▶ James Wattstraat 100, 7de etage, 1097 DM Amsterdam **EMAIL (ALGEMEEN)** ▶ info@fnozorgvoorkansen.nl **TELEFOON (ALGEMEEN)** ▶ 085-0403260 **TELEFOON (AANVRAGEN)** ▶ 085-0403260.

401

Stichting Mondiaal FNV

Rubriek ■ ☑ economische ontwikkeling en microkrediet ☑ maatschappij, welzijn en samenleving ☑ mensenrechten, vrede en veiligheid

Algemeen ■ **WEBSITE** ▶ www.fnvmondiaal.nl **TYPERING** ▶ vermogensfonds **OPGERICHT** ▶ 20-07-1964 **RECHTSVORM** ▶ stichting **KVK** ▶ 41177061 **ANBI STATUS** ▶ ja **DIRECTIE** ▶ geen directiegegevens bekend **BESTUUR** ▶ H. Busker, voorzitter; N. Noordman, penningmeester; mw. K. Brouwer, secretaris; mw. M. Manschot; W. Dresscher.

Missie ■ **DOELSTELLING** ▶ Het doel van FNV Mondiaal is bij te dragen aan een economische groei waarvan iedereen profiteert en die leidt tot een eerlijker verdeling van inkomsten en welvaart in een wereld die mensen- en arbeidsrechten beschermt en respecteert en deze rechten in geval van schending herstelt. Dat gebeurt door een effectieve sociale dialoog tussen sociale partners en/of staten en instituten waaraan democratische, representatieve en onafhankelijke vakbonden en arbeidsorganisaties deelnemen. FNV Mondiaal steunt vakbonden en arbeidsorganisaties in ontwikkelingslanden om gewoon goed werk en bestaanszekerheid voor iedereen te bevorderen. **STICHTER(S)** ▶ Nederlands Katholiek Vakverbond **HISTORIE** ▶ Mondiaal FNV is onderdeel van Nederlands grootste werknemersorganisatie, de FNV, en werkt samen met vakbonden uit de hele wereld. Met mannen en vrouwen die zich organiseren voor goed werk, voor zeggenschap, gelijkheid en democratie. Die zich verzetten tegen armoede, onderdrukking en kinderarbeid. In Nederland en wereldwijd zet de FNV zich in voor maatschappelijk verantwoord ondernemen en spreekt multinationals aan op hun sociale beleid. Daarnaast steunt Mondiaal FNV de strijd voor de erkenning van vakbondsrechten. **BELEIDSPLAN OP WEBSITE** ► ja.

Doelgroep ■ **ALGEMEEN** ► jongeren, ouderen, vrouwen, mannen **SPECIFIEK** ► Geen specifieke doelgroep **ACTIVITEITEN** ► Mondiaal FNV ondersteunt vakbondspartners in lage en middeninkomenslanden. Hiermee stelt Mondiaal FNV hen in staat om hun rol te spelen bij onderhandelingen en in dialoog met werkgevers en overheid en om zich in te zetten voor fatsoenlijk werk (werkgelegenheid, fundamentele werknemersrechten, sociale zekerheid en sociale dialoog). Het programma is gebaseerd op twee thematische pijlers: ☑ verbetering van de sociale dialoog op nationaal en regionaal niveau; ☑ verbetering van de arbeidsomstandigheden in risicovolle sectoren. **INTERVENTIENIVEAU** ► Steun aan lokale/provinciale maatschappelijke organisaties en structuren (incl. gemeenten etc.) die diensten verlenen aan individuen.; Steun op niveau van maatschappij zelf (beleidsbeïnvloeding, etc.).

Werkgebied ■ **ACTIERADIUS** ► Internationaal **LAND** ► Afrika, Azië, Latijns-Amerika, Midden-Oosten.

Bestedingen ■ **BUDGET** ► € 10.000.000 **TOELICHTING** ► De financiële middelen hiervoor komen voor het grootste deel van het Ministerie van Buitenlandse Zaken in het kader van het Vakbondsmedefinancieringsprogramma en het Strategisch Partnerschap voor Transformatie van de Kledingketen. Daarnaast worden projecten gefinancierd vanuit het FNV Solidariteitsfonds (0, 7% van de contributie van FNV-leden gaat naar dit fonds). Mondiaal FNV ontvangt ook donaties van leden en niet-leden en bijdragen uit cao-afspraken. Samen vormen deze bijdragen het Mondiaal FNV Fonds. Tenslotte ontvingen en besteedden we in 2017 een bijdrage van Hivos voor activiteiten om kinderarbeid te bestrijden. **ONDERSTEUNDE PROJECTEN P/J** ► 200 **SOORT BIJDRAGE** ► giften **BOVENGRENS** ► geen **ONDERGRENS** ► geen.

Projecten ■ **CRITERIA** ► geen projectcriteria bekend **DOORLOOPTIJD** ► ☑ korter dan 1 jaar **STATUS AANVRAGER** ► ☑ overig ☑ stichting of vereniging (non-profit) **VOORKEUR/UITSLUITING** ► FNV Mondiaal steunt vakbonden en arbeidsorganisaties in ontwikkelingslanden (Afrika, Azië, Latijns-Amerika en Midden-Oosten) om gewoon goed werk en bestaanszekerheid voor iedereen te bevorderen.

Procedure ■ **OP AANVRAAG** ► onbekend **AANVRAAGPROCEDURE** ► Geen aanvraagprocedure bekend.

Financieel ■ **EIGEN VERMOGEN** ► € 1.978.905 **INKOMSTEN EV** ► € -.548 **INKOMSTEN OV** ► € 13.796.984 **HERKOMST MIDDELEN** ► vermogen, overige inkomsten, giften & schenkingen, moederorganisatie (bijdragen), leden (bijdragen), bedrijven **BOEKJAAR** ► 2018 **JAARVERSLAG OP WEBSITE** ► ja.

Contact ■ **BEREIKBAAR PER** ► ☑ post ☑ e-mail ☑ telefoon **CONTACTPERSOON** ► geen contactpersoon bekend **POSTADRES** ► Postbus 8456, 1005 AL Amsterdam **EMAIL (ALGEMEEN)** ► fnvmondiaal@vc.fnv.nl **TELEFOON (ALGEMEEN)** ► +310-88-3680702.

402
Fonds 1815

Rubriek ■ ☑ maatschappij, welzijn en samenleving

Algemeen ■ **WEBSITE** ► www.militairefondsen.nl/fonds_1815/index.html **TYPERING** ► vermogensfonds **BEHEERD DOOR** ► Stichting Gezamenlijke Militaire Fondsen **RECHTSVORM** ► stichting **KVK** ► 41199925 **ANBI STATUS** ► ja **DIRECTIE** ► geen directiegegevens bekend **BESTUUR** ► Lgen.bd. A.C. Oostendorp, voorzitter; P.L. Crookewit, penningmeester; lkol.bd. D.G.G.M. Alexander, secretaris; jhr. F.C. Six; mr. R.A. Salomé; A. de Lanoy Meijer; mw. kol.arts.M.Y. Molenaar.

Missie ■ **DOELSTELLING** ► Het verlenen van aanvullende financiële steun aan militairen, oud militairen en hun nagelaten betrekkingen, die in behoeftige omstandigheden verkeren. Onder militairen zijn in deze tevens te verstaan zij die zich in tijden van oorlog erkend daadwerkelijk hebben verzet tegen de vijand, dan wel onder oorlogsomstandigheden zijn ingezet. **HISTORIE** ► Ingericht als 'Fonds ter aanmoediging en ondersteuning van den gewapende dienst in de Nederlanden', bij Koninklijk Besluit van 9 november 1815 ondertekend door Koning Willem I. **BELEIDSPLAN OP WEBSITE** ► ja.

Doelgroep ■ **SPECIFIEK** ► Militairen, oud-militairen en hun nagelaten betrekkingen, die in problemen zijn geraakt. Ook niet-militairen die zich in oorlogsomstandigheden erkend hebben verzet tegen de vijand of onder oorlogsomstandigheden zijn ingezet. **ACTIVITEITEN** ► Het verlenen van financiële steun in de vorm van giften, periodieke uitkeringen en renteloze voorschotten. Het optreden als bestuurder of administrateur van andere fondsen welke geheel of ten dele een soortgelijk doel hebben als Fonds 1815. **INTERVENTIENIVEAU** ► Steun aan individuen (directe steun).

Werkgebied ■ **ACTIERADIUS** ► Nationaal **LAND** ► Nederland.

Bestedingen ■ **BUDGET** ► niet openbaar **TOELICHTING** ► De opbrengsten uit het vermogen en giften worden uitsluitend aangewend voor de steunverlening, administratie– en bestuurskosten. De hoogte van de opbrengsten is niet bepalend voor de mate van steunverlening. De bijdragen van het Fonds blijven in beginsel beperkt tot maximaal € 5.000,– per gift of € 10.000,– per renteloze lening. Een renteloze lening wordt alleen verstrekt als is vastgesteld dat er voldoende financiële draagkracht bestaat dat de lening binnen drie jaar kan worden afgelost. **ONDERSTEUNDE PROJECTEN P/J** ► 74 **SOORT BIJDRAGE** ► giften leningen **BOVENGRENS** ► € 10.000 **ONDERGRENS** ► geen.

Projecten ■ **CRITERIA** ► Zie doelgroep specifiek. **DOORLOOPTIJD** ► ☑ korter dan 1 jaar **STATUS AANVRAGER** ► ☑ individuen/gezinnen **VOORKEUR/UITSLUITING** ► Zie doelgroep specifiek.

Procedure ■ **OP AANVRAAG** ► ja **AANVRAAGPROCEDURE** ► U kunt schriftelijk of per e-mail het Fonds informeren omtrent uw omstandigheden. Het Fonds zal op basis hiervan beoordelen of uw aanvraag in behandeling zal worden genomen, en u daarover informeren. Indien het bestuur op basis van deze informatie beoordeelt dat uw aanvraag in behandeling zal worden genomen, zal deze nader gedocumenteerd moeten worden. Dit geschiedt onder andere door de eigen districtscommissies van het Fonds, het Dienstencentrum Bedrijfsmaatschappelijk Werk Defensie, De Basis (vh BNMO) of het Veteraneninstituut, waarmee u in contact zal worden gebracht. **URL** ▶ www.militaire-fondsen.nl/fonds_1815/procedure_steunaanvragen.html

Financieel ■ **EIGEN VERMOGEN** ▶ € 749.931 **INKOMSTEN EV** ▶ € 128.768 **INKOMSTEN OV** ▶ € 8.969 **HERKOMST MIDDELEN** ▶ vermogen, legaten, overige inkomsten, inkomsten uit vermogen, giften & schenkingen **BOEKJAAR** ▶ 2019 **JAARVERSLAG OP WEBSITE** ▶ ja.

Contact ■ **BEREIKBAAR PER** ▶ ☑ post ☑ e-mail ☒ telefoon **CONTACTPERSOON** ▶ geen contactpersoon bekend **POSTADRES** ▶ Postbus 51140, 1007 EC Amsterdam **EMAIL (ALGEMEEN)** ▶ fonds1815@amsterdam.nl.

403

Stichting Fonds 1818 tot Nut van het Algemeen

Rubriek ■ ☑ gezondheidszorg ☑ noodhulp ☑ kunst en cultuur ☑ maatschappij, welzijn en samenleving ☑ mensenrechten, vrede en veiligheid ☑ natuur, milieu en dieren ☑ sport en recreatie ☑ onderwijs en onderzoek ☑ vluchtelingenhulp

Algemeen ■ **WEBSITE** ▶ www.fonds1818.nl **TYPERING** ▶ vermogensfonds **OPGERICHT** ▶ 26-05-1992 **RECHTSVORM** ▶ stichting **KVK** ▶ 41149069 **ANBI STATUS** ▶ ja **DIRECTIE** ▶ S. ten Bokkel Huinink **BESTUUR** ▶ P. Huijts, voorzitter; mr. S.E. Eisma; A. Leenstra; mw. L.J. Merkx; mw. N. van den Berg.

Missie ■ **DOELSTELLING** ▶ Het doel van de stichting is - zonder winstoogmerk - het verhogen van de kwaliteit van de samenleving in haar werkgebied, daarmee aansluitend bij de idealen van de; Maatschappij tot Nut van het 't Algemeen, waaraan de stichting haar ontstaan dankt. **STICHTER(S)** ▶ Stichting Nutsspaarbank 's-Gravenhage e.o. **HISTORIE** ▶ Het Departement 's-Gravenhage van de Maatschappij tot Nut van 't Algemeen richtte in 1818 de Nutsspaarbank op. Bij de fusie van deze bank in 1992 met VSB/AMEV (thans Fortis Bank) is op 26 mei 1992 de Stichting VSB Fonds Den Haag en omstreken ontstaan. Op 18 oktober 2001 heeft de stichting haar naam gewijzigd in Fonds 1818. Op verzoek van het bestuur van het Fonds Westland is dit fonds per 1 januari 2019 opgegaan in Fonds 1818 **BELEIDSPLAN OP WEBSITE** ▶ ja.

Doelgroep ■ **SPECIFIEK** ▶ Projecten die zich afspelen in de regio waarin het fonds actief is. **ACTIVITEITEN** ▶ Fonds 1818 verstrekt financiële bijdragen in de vorm van donaties, garanties of leningen, zonder hiervoor een tegenprestatie te bedingen. Ook is is het fonds recent begonnen met het doen van investeringen, mede ten dienste van de doelstelling. Fonds 1818 geeft ook adviezen, helpt bij het opstellen van projectplannen, houdt voorlichtingsbijeenkomsten in de regio en verzorgt kosteloze cursussen fondsenwerving. Ieder kwartaal verschijnt Fonds 1818 Magazine met een overzicht van gesteunde projecten. Ieder jaar geeft het fonds een Jaarbericht uit waarin steeds een thema centraal staat. Fonds 1818 maakt ook kleine particuliere initiatieven mogelijk via het Minitiatief. Voor projecten van deze groepjes van minimaal drie enthousiaste initiatiefnemers zijn donaties van maximaal 3.000 euro beschikbaar. De projecten waaraan Fonds 1818 donaties geeft, zijn heel divers. In grote lijnen zijn ze onder te verdelen in aandachtsgebieden: ☑ Zorg en Welzijn; ☑ Natuur en Milieu; ☑ Kunst en Cultuur; ☑ Educatie; ☑ Duurzaamheid. **INTERVENTIENIVEAU** ▶ Steun aan lokale/provinciale maatschappelijke organisaties en structuren (incl. gemeenten etc.) die diensten verlenen aan individuen.

Werkgebied ■ **ACTIERADIUS** ▶ Regionaal **LAND** ▶ Nederland **REGIO** ▶ Zuid-Holland **PLAATS** ▶ Delft, Den Haag, Hillegom, Katwijk, Leiden, Leiderdorp, Leidschendam-Voorburg, Lisse, Midden-Delfland, Noordwijk, Oegstgeest, Pijnacker-Nootdorp, Rijswijk, Teylingen, Voorschoten, Wassenaar, Westland, Zoetermeer, Zoeterwoude.

Bestedingen ■ **BUDGET** ▶ € 10.800.000 **ONDERSTEUNDE PROJECTEN P/J** ▶ 1527 **SOORT BIJDRAGE** ▶ giften leningen investeringen overig **BOVENGRENS** ▶ geen **ONDERGRENS** ▶ geen.

Projecten ■ **CRITERIA** ▶ De projecten die het fonds steunt bestrijken een breed terrein: ☑ Zorg en Welzijn ☑ Natuur en Milieu ☑ Kunst en Cultuur ☑ Educatie ☑ Duurzaamheid ☑ Jeugd. Fonds 1818 heeft verschillende aandachtsgebieden met elk een eigen missie. De algemene criteria gelden voor alle aanvragen. **DOORLOOPTIJD** ▶ ☑ onbekend **STATUS AANVRAGER** ▶ ☑ stichting of vereniging (non-profit) ☑ overig **VOORKEUR/UITSLUITING** ▶ ☑ Fonds 1818 geeft geen structurele steun en vult geen exploitatietekorten aan. ☑ Individuele aanvragers komen alleen in aanmerking voor een donatie wanneer zij met minimaal drie personen informeel georganiseerd zijn, het zogenoemde Minitiatief. ☑ Groepen van minimaal drie aanvragers jonger dan 24 kunnen een aanvraag indienen via Fonds 1818 onder 24. ☑ Fonds 1818 steunt geen projecten die plaatsvinden buiten de regio waarin het fonds actief is. ☑ Aanvragen voor projecten die al gestart zijn, worden afgewezen. ☑ Projecten met een uitgesproken religieuze of politieke doelstelling komen niet in aanmerking voor een donatie.

Procedure ■ **OP AANVRAAG** ▶ ja **DOORLOOPTIJD** ▶ 1-3 maanden **AANVRAAGPROCEDURE** ▶ U kunt via de website een Quick Scan doen om erachter te komen of uw project binnen de criteria valt. Er zijn verschillende aanvraagprocedures vanwege de verschillende doelgroepen. Aanvragen voor donaties dienen bij voorkeur per email via aanvraag@fonds1818.nl bij Fonds 1818 te worden ingediend. Er bestaat geen standaard of online formulier. Voor stichtingen en verenigingen die een aanvraag willen indienen is er een checklist opgesteld. **URL** ▶ https://www.fonds1818.nl/quickscan

Financieel ■ **EIGEN VERMOGEN** ▶ € 550.117.994 **INKOMSTEN EV** ▶ € 86.218.525 **INKOMSTEN OV** ▶ € 2.180 **HERKOMST MIDDELEN** ▶ vermogen **BOEKJAAR** ▶ 2019 **JAARVERSLAG OP WEBSITE** ▶ ja.

Contact ■ **BEREIKBAAR PER** ▶ ☑ post ☑ e-mail ☑ telefoon **CONTACTPERSOON** ▶ geen contactpersoon bekend **POSTADRES** ▶ Riviervismarkt 4, 2513 AM Den Haag **EMAIL (ALGEMEEN)** ▶ info@fonds1818.nl **TELEFOON (ALGEMEEN)** ▶ 070-3641141.

404

Stichting Fonds 1819

Rubriek ■ ☑ kunst en cultuur ☑ maatschappij, welzijn en samenleving ☑ mensenrechten, vrede en veiligheid ☑ natuur, milieu en dieren ☑ sport en recreatie ☑ onderwijs en onderzoek ☑ gezondheidszorg
Algemeen ■ WEBSITE ▶ www.fonds1819.nl TYPERING ▶ vermogensfonds OPGERICHT ▶ 12-05-1995 RECHTSVORM ▶ stichting KVK ▶ 41042183 ANBI STATUS ▶ ja DIRECTIE ▶ geen directiegegevens bekend BESTUUR ▶ A.G. Geesink, voorzitter; A. Rosenberg, penningmeester; A. Rosenberg, secretaris; F.H.A. Rijkelijkhuizen; Th.W. Lijfering; W.C.J. van Sermondt; J.G. Hegeman.
Missie ■ DOELSTELLING ▶ Stichting Fonds 1819 stelt middelen beschikbaar voor projecten die gericht zijn op verbetering van de lokale of regionale samenleving. Dit kunnen (kleinschalige) initiatieven zijn met een sociale, culturele of maatschappelijke strekking zonder commercieel, politiek of religieus doel. STICHTER(S) ▶ Het Fonds 1819 komt voort uit de voormalige Spaarbank Achterhoek-Twente te Lochem (thans SNS Bank) HISTORIE ▶ Uit de voormalige zelfstandige spaarbanken in Borculo (1860), Goor (1830) en Lochem met een nevenvestiging in Ruurlo (1819) is in de jaren 1988 en 1992 de zelfstandige Spaarbank Achterhoek-Twente ontstaan, welke op 1 januari 1995 is gefuseerd met de SNS bank Nederland, het eindstation van veel Bondsspaarbanken en Nutsspaarbanken. Een substantieel deel van de opgebouwde reserves van de Spaarbank Achterhoek-Twente werd gestort in een op te richten fonds voor goede doelen. Op 12 mei 1995 werd de Stichting SNS Fonds Achterhoek-Twente opgericht, thans de Stichting Fonds 1819. BELEIDSPLAN OP WEBSITE ▶ ja.
Doelgroep ■ SPECIFIEK ▶ Projecten met een sociaal, cultureel of maatschappelijk karakter. ACTIVITEITEN ▶ Geen specifieke activiteiten bekend INTERVENTIENIVEAU ▶ Steun aan lokale/provinciale maatschappelijke organisaties en structuren (incl. gemeenten etc.) die diensten verlenen aan individuen.; Steun op niveau van maatschappij zelf (beleidsbeïnvloeding, etc.).
Werkgebied ■ ACTIERADIUS ▶ Regionaal, Lokaal LAND ▶ Nederland REGIO ▶ Gelderland, Overijssel PLAATS ▶ Borculo, Neede, Gelselaar, Geesteren, Haarlo, Goor, Markelo, Diepenheim, Lochem, Laren, Barchem, Exel, Ruurlo.
Bestedingen ■ BUDGET ▶ niet openbaar ONDERSTEUNDE PROJECTEN P/J ▶ 62 SOORT BIJDRAGE ▶ giften garanties BOVENGRENS ▶ geen ONDERGRENS ▶ geen.
Projecten ■ CRITERIA ▶ ; ☑ projecten met een sociaal, cultureel of maatschappelijk karakter op het terrein van kunst, cultuur (inclusief behoud van nationaal erfgoed), gezondheid, sport en recreatie, educatie, natuur en milieu, bevordering van spaarzin, stimulering van wetenschappelijk onderzoek naar het spaargedrag van Nederlandse huishoudens; ☑ De nadruk van de steun op initiatieven kunnen gekenmerkt worden door begrippen als participatie, ontplooiing en educatie; ☑ De projecten moeten in de voorbereidende fase te zijn; ☑ Projecten moeten een belang voor het merendeel van de bevolking in ons werkgebied hebben; ☑ Het project moet aantoonbaar niet uit eigen middelen kunnen worden gefinancierd; ☑ Een aanvraag is projectgebonden en de ondersteuning van het Fonds betreft een bepaalde periode. DOORLOOPTIJD ▶ ☑ korter dan 1 jaar STATUS AANVRAGER ▶ ☑ stichting of vereniging (non-profit) VOORKEUR/UITSLUITING ▶ ☑ Er mag geen sprake zijn van een commercieel, politiek of religieus doel. ☑ Geen permanent van karakter. ☑ Projecten met een internationaal karakter komen in de regel niet in aanmerking. ☑ Projecten van de overheid of van overheidsinstellingen komen niet in aanmerking. ☑ geen projecten van individuen. ☑ Projecten van instellingen die beschikken over vermogens of andere fondsen komen niet in aanmerking voor financiële ondersteuning.
Procedure ■ OP AANVRAAG ▶ ja DOORLOOPTIJD ▶ korter dan 1 maand; korter dan een maand; korter dan een maand AANVRAAGPROCEDURE ▶ Aanvragen kunnen schriftelijk per post (getekend door twee bevoegde personen) worden opgestuurd, of via het digitale aanvraagformulier (te vinden op de website) worden ingediend. Een verzoek via de website dient altijd vergezeld te gaan van een schriftelijke bevestiging, per post, ondertekend door de twee bevoegde personen, die in de aanvraag worden genoemd. Andere documenten waaruit de aanvraag verder bestaat: ☑ Een uitgebreide projectbeschrijving. ☑ Een kostenbegroting. ☑ Een overzicht van andere aangeschreven fondsen en instellingen. ☑ Reeds toegezegde financiële ondersteuning. ☑ Statuten; ☑ inschrijving bij de Kamer van Koophandel. ☑ Indien beschikbaar een recente jaarrekening; ☑ Indien beschikbaar recent jaarverslag. ☑ De adresgegevens van één of meer contactpersonen. ☑ Een accountantsverklaring kan in sommige gevallen worden gevraagd. De ontvangst van een aanvraag wordt altijd schriftelijk bevestigd. De besluitvorming over de ondersteuning van een project neemt in beginsel niet meer dan één maand in beslag. Over de uitslag van de besluitvorming wordt men schriftelijk geïnformeerd. Er is geen beroepsmogelijkheid tegen het besluit. URL ▶ www.fonds1819.nl/?page_id=35
Financieel ■ INKOMSTEN EV ▶ € 292.000 HERKOMST MIDDELEN ▶ vermogen BOEKJAAR ▶ 2018 JAARVERSLAG OP WEBSITE ▶ ja.
Contact ■ BEREIKBAAR PER ▶ ☑ post ☑ e-mail ☑ telefoon CONTACTPERSOON ▶ Mw. S. Schuitert POSTADRES ▶ Postbus 140, 7240 AC Lochem EMAIL (ALGEMEEN) ▶ info@fonds1819.nl TELEFOON (ALGEMEEN) ▶ 0573-258331.

405

Stichting Fonds 1845 Barneveld

Rubriek ■ ☑ gezondheidszorg ☑ maatschappij, welzijn en samenleving ☑ sport en recreatie ☑ kunst en cultuur ☑ natuur, milieu en dieren
Algemeen ■ WEBSITE ▶ www.fonds1845.nl TYPERING ▶ vermogensfonds OPGERICHT ▶ 19-02-1845 RECHTSVORM ▶ stichting KVK ▶ 41047209 ANBI STATUS ▶ ja DIRECTIE ▶ geen directiegegevens bekend BESTUUR ▶ J.C. van Boven, voorzitter; G.G Doppenberg, penningmees-

ter; mw. A.C. Eijlander van den Esker, secretaris; mw. G. Siemeling-van Reenen.

Missie ■ DOELSTELLING ▶ Financiële steun verlenen aan projecten van maatschappelijke organisaties. HISTORIE ▶ Sinds mei 1994 is de Stichting Fonds 1845 Barneveld actief in de gemeente Barneveld. Het Fonds is voortgekomen uit de vroegere Spaarbank van 1845 en verstrekt donaties op een breed maatschappelijk terrein. Fonds 1845 sluit daarmee nauw aan bij de idealen waaraan zij in 1845 als Spaarbank van 1845 in Barneveld haar ontstaan dankte. Idealen, die alles te maken hebben met de kwaliteit van het bestaan en die nog niets aan belang hebben ingeboet. Fonds 1845 wil de oorspronkelijke doelstellingen van de Spaarbank van 1845, in nieuwe vormen nastreven door het realiseren van of verlenen van financiële steun – zonder tegenprestaties te bedingen – aan projecten van algemeen maatschappelijk nut met een ideeële, sociale of culturele strekking in de gemeente Barneveld.

Doelgroep ■ SPECIFIEK ▶ Projecten ten behoeve van de Barneveldse bevolking. ACTIVITEITEN ▶ Fonds 1845 wil de oorspronkelijke doelstellingen van de Spaarbank van 1845, in nieuwe vormen nastreven door het realiseren van of verlenen van financiële steun – zonder tegenprestaties te bedingen – aan projecten van algemeen maatschappelijk nut met een ideeële, sociale of culturele strekking in de gemeente Barneveld. Er is gekozen voor een breed uitgavenbeleid waarbinnen vier hoofdgroepen zijn te onderscheiden: Kunst & Cultuur; Sport & Vrije tijd, Natuur & Milieu, Zorg & Welzijn. Werkgebied: Gemeente Barneveld met haar kernen Barneveld, Voorthuizen, Kootwijkerbroek, Garderen, Terschuur, Stroe, Zwartebroek, De Glind en Kootwijk. INTERVENTIENIVEAU ▶ Steun aan lokale/provinciale maatschappelijke organisaties en structuren (incl. gemeenten etc.) die diensten verlenen aan individuen.

Werkgebied ■ ACTIERADIUS ▶ Lokaal LAND ▶ Nederland REGIO ▶ Gelderland PLAATS ▶ Barneveld, Voorthuizen, Kootwijkerbroek, Garderen, Terschuur, Stroe, Zwartebroek, De Glind, Kootwijk.

Bestedingen ■ BUDGET ▶ niet openbaar SOORT BIJDRAGE ▶ giften subsidies BOVENGRENS ▶ € 2.500 ONDERGRENS ▶ geen.

Projecten ■ CRITERIA ▶ ☑ Voornamelijk concrete, benoembare projecten in de voorbereidende fase en heeft nimmer een permanent karakter; ☑ Deze projecten dienen voor een breed deel van de Barneveldse bevolking van belang te zijn; ☑ Uitvoering voornamelijk door vrijwilligers en/of sterk betrokken groepen of personen; ☑ Project is niet door de aanvrager zelf te financieren (bewijs nodig). DOORLOOPTIJD ▶ ☑ onbekend STATUS AANVRAGER ▶ ☑ stichting of vereniging (non-profit) VOORKEUR/UITSLUITING ▶ ☑ Aanvragen welke vernieuwend zijn en een stimulans voor mens en maatschappij kunnen zijn verdienen de voorkeur. ☑ Fonds 1845 verleent in de gemeente Barneveld financiële steun aan instellingen; niet aan overheden, individuen of aan instellingen met een commerciële of religieuze doelstelling. ☑ geen middelen beschikbaar voor stenen, meubilair, inventaris, speeltoestellen, (muziek) instrumenten, koorkleding, uniformen, bekostiging van jubilea, Exploitatiekosten, salariskosten, kosten voor levensonderhoud en kosten verbonden aan de normale activiteiten van een organisatie.

Procedure ■ OP AANVRAAG ▶ ja DOORLOOPTIJD ▶ 3-6 maanden AANVRAAGPROCEDURE ▶ Verzoeken om financiële steun moeten, voorzien van uitgebreide motivatie en documentatie, schriftelijk worden ingediend. De aanvraag dient inzicht te geven in: ☑ de aard van de organisatie; ☑ de doelstellingen; de aard van het project/initiatief waarvoor steun wordt gevraagd; ☑ de planning van het project/initiatief. Er is tevens een aanvraagformulier beschikbaar. De volgende gegevens moeten naast het aanvraagformulier worden meegezonden: ☑ Statuten; ☑ Inschrijving Handelsregister (niet ouder dan één jaar); ☑ Activiteitenplan; ☑ Jaarverslag; ☑ Begroting lopend jaar; ☑ Begroting volgend jaar; ☑ Recente balans/meest recente resultatenrekening; ☑ Gespecificeerde kostenbegroting/offertes; ☑ Financierings-/dekkingsplan; ☑ Documentatie van uw organisatie en activiteiten;. In alle gevallen is het ter bindende beoordeling aan het bestuur van het Fonds om een aanvraag, zonder mogelijkheden van beroep, wel dan niet te honoreren. Het bestuur vergadert 4 à 5 keer per jaar. Tijdens deze vergaderingen worden de ingekomen verzoeken om een donatie behandeld. Ingekomen aanvragen worden behandeld indien deze uiterlijk twee weken voor een vergaderdatum zijn aangeleverd, anders gaan zij naar de eerstvolgende bestuursbijeenkomst. URL ▶ www.fonds1845.nl/httpwww-fonds1845-nlwp-contentuploads/

Financieel ■ EIGEN VERMOGEN ▶ € 1.093.000 HERKOMST MIDDELEN ▶ vermogen, overige inkomsten BOEKJAAR ▶ 2017 JAARVERSLAG OP WEBSITE ▶ ja.

Contact ■ BEREIKBAAR PER ▶ ☑ post ☑ e-mail ☑ telefoon CONTACTPERSOON ▶ Mw. K. Eijlander van den Esker POSTADRES ▶ Van Heuvenlaan 7a, 3771 XS Barneveld EMAIL (ALGEMEEN) ▶ info@fonds1845.nl TELEFOON (ALGEMEEN) ▶ 0643466471.

406

Stichting Fonds 21

Rubriek ■ ☑ kunst en cultuur ☑ maatschappij, welzijn en samenleving

Algemeen ■ WEBSITE ▶ www.fonds21.nl TYPERING ▶ vermogensfonds OPGERICHT ▶ 16-03-1998 RECHTSVORM ▶ stichting KVK ▶ 17104262 ANBI STATUS ▶ ja DIRECTIE ▶ mw. M.H. Cornips BESTUUR ▶ Mw.mr. E.H. Swaab, voorzitter; mw.mr. N. Albayrak, vice-voorzitter; drs. A.H.A. Hoevenaars; drs. J.M. Overmeer.

Missie ■ DOELSTELLING ▶ De stichting heeft ten doel het bevorderen van culturele, sociale, educatieve activiteiten en andere activiteiten van ideële aard, alsmede het doen van uitkeringen met een ideële of sociale strekking, alles in de ruimste zin van het woord. STICHTER(S) ▶ Bank-verzekeraar SNS REAAL HISTORIE ▶ Fonds 21 komt voort uit SNS REAAL Fonds, dat in 1998 werd opgericht door bank-verzekeraar SNS REAAL. In de loop van 2014 kreeg het fonds een nieuwe naam: Fonds 21. De oude naam van het fonds en de naam van de oprichter SNS REAAL werden door het publiek vaak door elkaar gehaald. Dit leidde regelmatig tot onduidelijkheid en vragen. Om de onafhankelijkheid van het fonds te benadrukken is gekozen voor de nieuwe naam Fonds 21.

Doelgroep ■ ALGEMEEN ▶ jongeren SPECIFIEK ▶ Professionele kunst- en cultuurinstellingen en maatschappelijke organisaties die zijn gericht op onze themagebieden voor jongeren. ACTIVITEITEN ▶ Fonds 21 is een landelijk opererend fonds dat projecten en initiatieven van professionele instellingen ondersteunt binnen de pijlers Kunst & Cultuur en Jongeren & Maatschappij. Binnen de pijler Kunst & Cultuur is Fonds 21 actief op de volgende werkterreinen: ☑ Beeldende Kunsten & Vormgeving; ☑ Film, Mediakunst & Digitale Cultuur; ☑ Literaire Kunsten; ☑ Podiumkunsten. Binnen de pijler Jongeren & Maatschappij is Fonds 21 actief op de thema's: ☑ Mediawijsheid; ☑ Taalvaardigheid; ☑ Omgaan met Geld; ☑ Ondernemen. INTERVENTIENIVEAU ▶ Steun aan lokale/provinciale maatschappelijke organisaties en structuren (incl. gemeenten etc.) die diensten verlenen aan individuen.

Werkgebied ■ ACTIERADIUS ▶ Nationaal LAND ▶ Nederland.

Bestedingen ■ BUDGET ▶ € 10.400.000 TOELICHTING ▶ De verhouding in het te besteden budget tussen de pijlers Kunst & Cultuur en Jongeren & Maatschappij is circa 75 % – 25 % ONDERSTEUNDE PROJECTEN P/J ▶ 258 SOORT BIJDRAGE ▶ giften BOVENGRENS ▶ geen ONDERGRENS ▶ € 10.000.

Projecten ■ CRITERIA ▶ De ondersteuningsmogelijkheden van Fonds 21 zijn te raadplegen op www.fonds21.nl/voorwaarden. Er zijn verschillende aandachtsgebieden met bijbehorende projectcriteria. Algemene criteria zijn: ☑ Projecten en initiatieven gericht op Kunst & Cultuur en Jongeren & Maatschappij; ☑ De aanvrager is een Nederlands rechtspersoon: ☑ gedegen bestuur bij aanvragende organisatie (specificaties afhankelijk van aandachtsgebied); ☑ De aanvraag betreft projectgebonden activiteiten: activiteiten die binnen een afgebakend tijdsbestek plaatsvinden; ☑ Het project wordt gerealiseerd in het Koninkrijk der Nederlanden; ☑ Een project dat eerder is afgewezen kan niet opnieuw worden ingediend. DOORLOOPTIJD ▶ ☑ korter dan 1 jaar STATUS AANVRAGER ▶ ☑ stichting of vereniging (non-profit) VOORKEUR/UITSLUITING ▶ Er is geen steun (directe afwijzing) beschikbaar voor: ☑ projecten met een religieuze of politieke doelstelling; ☑ projecten waarvoor volledige of het grootste deel van de vereiste financiering bij Fonds 21 aangevraagd wordt; ☑ projecten zonder duidelijk begin of einde; ☑ verbouwing of (her)inrichting; ☑ exploitatiekosten; ☑ projecten voor (het plaatsen van) permanente kunstwerken in de openbare ruimte; ☑ projecten van gemeenten; ☑ eenmanszaken, vennootschap onder firma (vof) en individuele kunstenaars/theatermakers; ☑ onderwijsinstellingen (wél van externe onderwijsaanbieders); ☑ reprises van voorstellingen; ☑ eendaagse festivals; ☑ jaarprogrammering; ☑ aankoop van kunstwerken; ☑ restauraties; ☑ erfgoed; ☑ gratis beschikbaar gestelde publicaties; ☑ niet-publieksprogramma's van evenementen/activiteiten; ☑ talentontwikkeling; gericht op het naar een hoger niveau brengen van talenten op het gebied van kunst en cultuur; ☑ kunst- en boekenbeurzen, beurzen waar kunstwerken of boeken worden verkocht (zowel commercieel als niet-commercieel); ☑ kunstenaars of schrijvers in residentie (artist in residence programma's); ☑ andere fondsen, die onze financiële middelen willen doorgeven; ☑ herdenkingen en jubilea; ☑ prijzen en concoursen. Aanvullend is er in de pijler Kunst & Cultuur geen steun (directe afwijzing) voor: ☑ gratis toegankelijke evenementen/activiteiten (gratis is: zonder verplichte financiële bijdrage); ☑ amateurkunst; projecten waarin amateurs en/of studenten met professionals samenwerken; ☑ opleidingen voor studenten/jonge makers of werkplaatsfuncties.

Procedure ■ OP AANVRAAG ▶ ja DOORLOOPTIJD ▶ 3-6 maanden AANVRAAGPROCEDURE ▶ Een aanvraag indienen kan alleen digitaal. Voordat u een aanvraag wilt indienen, dient u de voorwaarden te lezen op de website. Vervolgens selecteert u een categorie en doorloopt u de vragenlijst. Alleen als u de vragenlijst succesvol heeft doorlopen is het mogelijk een aanvraag in te dienen. Om een aanvraag te kunnen indienen is een account noodzakelijk. Daarvoor is onder meer uw naam en e-mailadres nodig, het KvK-nummer en de naam van uw organisatie. Activeer uw account door te klikken op de activatielink in de e-mail. Eenmaal ingelogd kunt u een aanvraag invullen. Een aanvraag bestaat uit een projectbeschrijving, de financiën, bijlagen en de gegevens van de organisatie. Met de knop 'Aanvraag indienen' gaat u naar het scherm waarin u de gegevens van de ondertekenaar invult. Na het indienen van de aanvraag ontvangt u per e-mail een bevestigingslink om de aanvraag te voltooien. Pas als u op die link klikt, neemt het fonds de aanvraag in behandeling. Uw aanvraag wordt binnen vier maanden in behandeling genomen. U kunt de status van uw aanvraag volgen in uw account. URL ▶ www.fonds21.nl/aanvragen

Financieel ■ INKOMSTEN OV ▶ € 11.273.354 HERKOMST MIDDELEN ▶ moederorganisatie (bijdragen) BOEKJAAR ▶ 2019 JAARVERSLAG OP WEBSITE ▶ ja.

Contact ■ BEREIKBAAR PER ▶ ☑ post ☑ e-mail ☑ telefoon CONTACTPERSOON ▶ geen contactpersoon bekend POSTADRES ▶ Postbus 13364, 3507 LJ Utrecht EMAIL (ALGEMEEN) ▶ info@fonds21.nl TELEFOON (ALGEMEEN) ▶ 030-2337600 TELEFOON (AANVRAGEN) ▶ 030-2337600.

407
Fonds AGGZ

Rubriek ■ ☑ gezondheidszorg

Algemeen ■ WEBSITE ▶ https://wijzijnmind.nl/over-mind/fondsen-op-naam/fonds-aggz TYPERING ▶ fonds op naam BEHEERD DOOR ▶ Stichting MIND DIRECTIE ▶ zie > Stichting MIND BESTUUR ▶ zie > Stichting MIND

Missie ■ DOELSTELLING ▶ Richt zich op de verbetering en vernieuwing van de ambulante GGZ. Deze zorg is bedoeld voor mensen met psychische of psychiatrische problemen die niet afdoende geholpen kunnen worden door de huisarts, maar die ook niet opgenomen hoeven te worden. Het hulpaanbod bestaat uit preventie, advisering, begeleiding, behandeling en 24 uurs bereikbaarheid voor crisisgevallen. Om de verbetering en vernieuwing van de ambulante geestelijke gezondheidszorg te stimuleren, stelt het Fonds AGGZ jaarlijks € 17.500

beschikbaar. **HISTORIE** ▶ Het Fonds Ambulante Geestelijke Gezondheidszorg (AGGZ) is een voortzetting van de Stichting Steunfonds AGGZ. Het.

Werkgebied ■ **ACTIERADIUS** ▶ Nationaal **LAND** ▶ Nederland.

Projecten ■ **CRITERIA** ▶ geen projectcriteria bekend **DOORLOOPTIJD** ▶ ☑ onbekend **STATUS AANVRAGER** ▶ ☑ geen beperkingen bekend **VOORKEUR/UITSLUITING** ▶ geen voorkeur of uitsluiting bekend.

Procedure ■ **OP AANVRAAG** ▶ ja **AANVRAAGPROCEDURE** ▶ U kunt voor het Fonds AGGZ geen aparte aanvraag indienen. Een subsidieaanvraag moet binnen het nieuwe beleid en programma's van MIND Fonds Psychische Gezondheid passen. Meer informatie hierover vindt u op de webpagina Subsidieaanvragen. **URL** ▶ https://wijzijnmind.nl/over-mind/subsidie-aanvragen

Contact ■ **BEREIKBAAR PER** ▶ ☑ post ☑ e-mail ☑ telefoon **CONTACTPERSOON** ▶ geen contactpersoon bekend **POSTADRES** ▶ Stationsplein 125, 3818 LE Amersfoort **EMAIL (ALGEMEEN)** ▶ info@wijzijnmind.nl **TELEFOON (ALGEMEEN)** ▶ 033-3032333.

408
Stichting Fonds Alphen

Rubriek ■ ☑ kunst en cultuur ☑ maatschappij, welzijn en samenleving ☑ onderwijs en onderzoek ☑ natuur, milieu en dieren

Algemeen ■ **WEBSITE** ▶ www.fondsalphen.nl **TYPERING** ▶ vermogensfonds **OPGERICHT** ▶ 01-04-1994 **RECHTSVORM** ▶ stichting **KVK** ▶ 41165427 **ANBI STATUS** ▶ ja **DIRECTIE** ▶ geen directiegegevens bekend **BESTUUR** ▶ J. Kroes, voorzitter; T. Huisman R.A., penningmeester; mw. K. Renaud, secretaris; P.L.M. Captein, vice-voorzitter; mw. H.M. Kemme; J. Peters; M. van der Voet; P. Boersma.

Missie ■ **DOELSTELLING** ▶ Het doel van Stichting Fonds Alphen en omstreken is: ☑ het doen van uitgaven in de sociale/ideële/culturele sfeer; ☑ het ondersteunen van projecten van algemeen sociaal- maatschappelijk, cultureel of ideëel belang; ☑ het beheren van vermogen. De stichting tracht haar doel onder meer te verwezenlijken door het verrichten van al hetgeen met het vorenstaande verband houdt of daartoe bevorderlijk kan zijn, alles in de ruimste zin. Aldus de statuten van Stichting Fonds Alphen en omstreken. **HISTORIE** ▶ Stichting Fonds Alphen en omstreken heette tot voor kort VSB Fonds Alphen a/d Rijn en omstreken. Dit Fonds is onstaan doordat de Bondsspaarbank zich in 1994 aansloot bij het bank- en verzekeringsconcern Fortis (v/h VSB Groep). Als gevolg van deze samenwerking kwam de Stichting Bondsspaarbank in het bezit van een aanzienlijk kapitaal. Dit kapitaal komt al jaren ten goede aan de samenleving van Alphen aan den Rijn en omstreken. De uitvoering is in de handen van het bestuur van het VSB Fonds Alphen a/d Rijn en omstreken. Helaas zorgt deze naam voor verwarring; er zijn meer fondsen actief onder dezelfde naam. Om deze reden heeft het bestuur gekozen voor een nieuwe naam: Stichting Fonds Alphen en omstreken. **BELEIDSPLAN OP WEBSITE** ▶ ja.

Doelgroep ■ **SPECIFIEK** ▶ Geen specifieke doelgroep **ACTIVITEITEN** ▶ Het Fonds verleent in principe financiële steun aan privaatrechtelijke rechtspersonen zonder winstoogmerk ter zake van het uitvoeren of tot stand brengen van projecten van algemeen maatschappelijk belang. In het bijzonder projecten op het gebied van kunst, cultuur, sport en recreatie, natuur/milieu, sociaal-maatschappelijk/ideëel en educatie. Stichting Fonds Alphen en omstreken verleent financiële steun aan: concrete, benoembare projecten in de regio Alphen aan den Rijn, die ten goede komen aan de hedendaagse lokale samenleving op het gebied van kunst, cultuur, sport & recreatie, natuur & milieu, sociaal-maatschappelijk/ideëel en educatie. **INTERVENTIENIVEAU** ▶ Steun aan lokale/provinciale maatschappelijke organisaties en structuren (incl. gemeenten etc.) die diensten verlenen aan individuen.

Werkgebied ■ **ACTIERADIUS** ▶ Lokaal **LAND** ▶ Nederland **REGIO** ▶ Groene Hart **PLAATS** ▶ Alphen aan den Rijn, Kaag en Braassem, Nieuwkoop.

Bestedingen ■ **BUDGET** ▶ niet openbaar **TOELICHTING** ▶ Geen. **ONDERSTEUNDE PROJECTEN P/J** ▶ 41 **SOORT BIJDRAGE** ▶ giften **BOVENGRENS** ▶ geen **ONDERGRENS** ▶ geen.

Projecten ■ **CRITERIA** ▶ ; ☑ De steun van het Fonds is vooral gericht op het mogelijk maken van bijzondere projecten; ☑ projecten in voorbereiding (en niet tijdens de aanvraag of behandeling daarvan reeds geheel of gedeeltelijk gerealiseerd) kunnen worden gesteund; ☑ concrete, benoembare projecten; ☑ projecten (uitzonderlijk) met een looptijd van meerdere jaren (maximaal 3 à 4 jaar), doch heeft de steun nimmer een permanent karakter; ☑ Aanvrager heeft aantoonbaar onvoldoende financiële middelen voor de uitvoering van het project. **DOORLOOPTIJD** ▶ ☑ korter dan 1 jaar **STATUS AANVRAGER** ▶ ☑ stichting of vereniging (non-profit) **VOORKEUR/UITSLUITING** ▶ Uitgesloten van steun zijn: ☑ Exploitatietekorten; ☑ salariskosten; ☑ reiskosten; ☑ kosten verbonden aan het bezoeken van congressen en symposia, studiebeurzen c.q. reizen; ☑ kosten van levensonderhoud; ☑ kosten verbonden aan normale activiteiten van een organisatie; ☑ Individuen; ☑ Institutionele (particuliere) vermogensfondsen; ☑ Projecten met een (hoofdzakelijk) inter/nationaal karakter; ☑ Feesten en partijen; ☑ Instellingen (overwegend) door een overheid gesubsidieerd; ☑ Commerciële instellingen; ☑ Instellingen/projecten met een politiek of religieus karakter.

Procedure ■ **OP AANVRAAG** ▶ ja **DOORLOOPTIJD** ▶ 1-3 maanden **AANVRAAGPROCEDURE** ▶ Aanvragen kunnen alleen digitaal via de website worden ingediend. Daarvoor hebt u een account nodig. Dit account is GEEN persoonlijk account, maar van uw vereniging of stichting. De inlognaam is het inschrijvingsnummer bij de Kamer van Koophandel. U kunt een account aanmaken op basis van dit nummer en een email-adres. Let op: dit email-adres moet ook toegankelijk blijven als de aanvrager niet meer actief is bij de organisatie. Zoals secretaris@xxorganisatie.nl of info@xxorganisatie.nl. U ontvangt op dit e-mail-adres het wachtwoord voor het account bij het Fonds Alphen en omstreken. (Let op: deze mail komt wel eens in de spam-folder terecht.) Nu kunt u inloggen, de algemene (contact)gegevens invullen en een aantal documenten uploaden (KvK uittreksel en de statuten). Deze gegevens en documenten blijven bewaard in het account. Vervolgens kunt u de informatie over het beoogde project invullen aan de hand van een aantal vragen. Ook hier dient u documenten (o.a. de begroting) te uploaden. Het dagelijks bestuur vergadert wekelijks en koppelt (in principe) aanvragen tot € 15.000,- binnen een maand terug. Hogere of afwijkende aanvragen worden voorgelegd aan het algemene bestuur. Het bestuur vergadert 5 à 6 keer per jaar. Er is geen mogelijkheid tot beroep **URL** ▶ www.fondsalphen.nl/aanvraagprocedure/

Financieel ■ **EIGEN VERMOGEN** ▶ € 12.157.438 **INKOMSTEN EV** ▶ € 1.597.489 **HERKOMST MIDDELEN** ▶ vermogen **BOEKJAAR** ▶ 2019 **JAARVERSLAG OP WEBSITE** ▶ ja.

Contact ■ **BEREIKBAAR PER** ▶ ☑ post ☑ e-mail ☑ telefoon **CONTACTPERSOON** ▶ geen contactpersoon bekend **POSTADRES** ▶ Postbus 75, 2450 AB Leimuiden **EMAIL (ALGEMEEN)** ▶ info@fondsalphen.nl **TELEFOON (ALGEMEEN)** ▶ 06-10410567 **TELEFOON (AANVRAGEN)** ▶ 06-10410567.

409
Fonds Angela E.

Rubriek ■ ☑ kunst en cultuur ☑ onderwijs en onderzoek

Algemeen ■ **WEBSITE** ▶ www.cultuurfonds.nl **TYPERING** ▶ fonds op naam **BEHEERD DOOR** ▶ Prins Bernhard Cultuurfonds **DIRECTIE** ▶ zie > Prins Bernhard Cultuurfonds **BESTUUR** ▶ zie > Prins Bernhard Cultuurfonds

Missie ■ **DOELSTELLING** ▶ Het financieel ondersteunen van pas afgestudeerde, getalenteerde musici voor vervolgstudie of -onderzoek in het buitenland. Daarnaast het ondersteunen van projecten op het gebied van keramiek.

Werkgebied ■ **ACTIERADIUS** ▶ Internationaal.

Projecten ■ **CRITERIA** ▶ geen projectcriteria bekend **DOORLOOPTIJD** ▶ ☑ korter dan 1 jaar **STATUS AANVRAGER** ▶ ☑ geen beperkingen bekend **VOORKEUR/UITSLUITING** ▶ geen voorkeur of uitsluiting bekend.

Procedure ■ **OP AANVRAAG** ▶ ja **AANVRAAGPROCEDURE** ▶ Dit 'fonds op naam' ressorteert onder het Prins Bernhard Cultuurfonds. Verzoeken aan fondsen op naam komen op één centraal punt binnen. Dit houdt in dat een subsidieaanvraag slechts eenmaal aan het Prins Bernhard Cultuurfonds hoeft te worden gezonden. Voor de verdere aanvraagprocedure: zie Prins Bernhard Cultuurfonds. **URL** ▶ www.cultuurfonds.nl/aanvragen

Contact ■ **BEREIKBAAR PER** ▶ ☑ post ☑ e-mail ☑ telefoon **CONTACTPERSOON** ▶ geen contactpersoon bekend **POSTADRES** ▶ Postbus 19750, 1000 GT Amsterdam **EMAIL (ALGEMEEN)** ▶ info@cultuurfonds.nl **TELEFOON (ALGEMEEN)** ▶ 020-5206130.

410
Stichting Fonds Apeldoorns Historische Publicaties

Rubriek ■ ☑ kunst en cultuur ☑ onderwijs en onderzoek

Algemeen ■ **WEBSITE** ▶ www.erfgoedplatformapeldoorn.nl/over-ons/publicaties-en-objecten **TYPERING** ▶ hybride fonds **BEHEERD DOOR** ▶ Stichting Erfgoedplatform Apeldoorn (EPA) **RECHTSVORM** ▶ stichting **KVK** ▶ 08186960 **ANBI STATUS** ▶ ja **DIRECTIE** ▶ geen directiegegevens bekend **BESTUUR** ▶ Mw. C. Reinders, voorzitter; E. Dijkstra, penningmeester; B. Mouw, secretaris.

Missie ■ **DOELSTELLING** ▶ Stichting Fonds Apeldoornse Publicaties (kortweg Fonds AHP) wil het uitgeven van historische publicaties over Apeldoorn bevorderen en ondersteunen. **HISTORIE** ▶ Het Apeldoornse Historische Publicatiesfonds is eind 2017 bij het Erfgoedplatform Apeldoorn (EPA) ondergebracht. Het fonds is in het verleden door de gemeente Apeldoorn gestart, maar was nagenoeg leeg. Het Erfgoedplatform heeft het fonds nu opnieuw gevoed met een bijdrage van €10.000,- en probeert via andere wegen (bv middels crowd funding of schenkingen) het fonds verder te laten groeien.

Doelgroep ■ **SPECIFIEK** ▶ Auteurs die de geschiedenis van (delen van) de huidige gemeente Apeldoorn behandelen. **ACTIVITEITEN** ▶ Het Fonds Apeldoornse Historische Publicaties wil het uitgeven van publicaties mede mogelijk maken als die zonder winstoogmerk worden uitgebracht en voor iedereen verkrijgbaar (tegen een redelijke prijs) dan wel toegankelijk zijn. De publicatie kan er zijn in allerlei vormen. Boekuitgaven op papier, tijdschriftenuitgaven op papier (een bijzonder nummer dat inhoudelijk en financieel onafhankelijk van de reguliere edities wordt uitgebracht), websites en andere internettoepassingen, educatief materiaal, brochures, magazines, etcetera. In 2019 zijn het stripboek 'Gelderse Geschiedenis' en het boek; 'Kanaaloevers 'in de serie Wijk in Beeld uitgebracht, waarvoor reeds in 2018 de bijdragen zijn verstrekt. **INTERVENTIENIVEAU** ▶ Steun aan individuen (directe steun).

Werkgebied ■ **ACTIERADIUS** ▶ Nationaal **LAND** ▶ Nederland **REGIO** ▶ Gelderland **PLAATS** ▶ Apeldoorn.

Bestedingen ■ **BUDGET** ▶ € 10.000 **TOELICHTING** ▶ De toe te kennen bijdrage / garantie zal in verhouding staan tot de totale kosten, in die zin dat nooit sprake zal zijn van een financiering van 60 of meer procent van de geraamde kosten. **ONDERSTEUNDE PROJECTEN P/J** ▶ 8 **SOORT BIJDRAGE** ▶ garanties giften subsidies **BOVENGRENS** ▶ geen **ONDERGRENS** ▶ geen.

Projecten ■ **CRITERIA** ▶ Ingediende manuscripten worden door de Commissie van Advies beoordeeld aan de hand van de volgende criteria: ☑ relevantie voor Apeldoorn; ☑ historische kwaliteit; ☑ nieuw of vernieuwend; ☑ toegankelijkheid van de tekst. Alleen publicaties die voldoen aan het eerste criterium en daarnaast aan één of meer van de andere criteria komen voor een financiële ondersteuning en / of het verstrekken van een garantie in aanmerking. **DOORLOOPTIJD** ▶ ☑ onbekend **STATUS AANVRAGER** ▶ ☑ geen beperkingen bekend **VOORKEUR/UITSLUITING** ▶ geen voorkeur of uitsluiting bekend.

Procedure ■ **OP AANVRAAG** ▶ ja **DOORLOOPTIJD** ▶ 1-3 maanden **AANVRAAGPROCEDURE** ▶ Een aanvraag voor financiële ondersteuning en/of een garantie dient digitaal, via de e-mail, te worden ingediend bij de secretaris van de stichting Erfgoedplatform Apeldoorn (EPA). Een aanvraag is ondertekend en bevat: ☑ Naam en adres van de aanvrager; ☑ Een dagtekening; ☑ Een korte weergave van de aard en opzet van de publicatie; ☑ Een heldere en duidelijke inhoudsopgave; ☑ Een volledig dan wel representatief deel van het manuscript; ☑ De onderbouwing van de omvang van de gevraagde financiële ondersteuning/garantie; ☑ De begroting voor de uitgave van de publicatie alsmede vermelding van derden, die de publicatie mede mogelijk maken. Aanvragen kunnen jaarlijks in drie perioden worden ingediend, t.w. vóór 1 januari, vóór 1 mei en vóór 1 oktober. Het bestuur van het EPA legt een volledige aanvraag voor financiële ondersteuning en/of garantie binnen een week na afloop van de indieningsperiode voor aan de adviescommissie van het Fonds Apeldoornse Historische Publicaties (FAHP). Binnen vier weken na ontvangst van de aanvraag geeft de adviescommissie het bestuur van het EPA een advies. Op grond van het advies van de adviescommissie van het FAHP besluit het bestuur van het EPA binnen een maand na ontvangst van het advies over het toekennen van een financiële bijdrage afhankelijk van de beschikbare financiële ruimte. Afhankelijk van de hoogte van de bijdrage verwacht het bestuur van het EPA m.b.t. de uit te brengen publicatie een aantal exemplaren. **URL** ► https://www.erfgoedplatformapeldoorn.nl/media/202066/Procedure-aanvraag-bijdrage-uitgave-FAHP-okt-2017.pdf

Financieel ■ **HERKOMST MIDDELEN** ► overige inkomsten, giften & schenkingen, legaten **BOEKJAAR** ► 2018 **JAARVERSLAG OP WEBSITE** ► ja.

Contact ■ **BEREIKBAAR PER** ► ☑ post ☑ e-mail ☑ telefoon **CONTACTPERSOON** ► Mw. M. Timmerman **POSTADRES** ► Vosselmanstraat 299, 7311 CL Apeldoorn **EMAIL (ALGEMEEN)** ► epa.secretariaat@coda-apeldoorn.nl **TELEFOON (ALGEMEEN)** ► +310-55-5268550.

411

Fonds Ars Antilliani

Rubriek ■ ☑ kunst en cultuur

Algemeen ■ **WEBSITE** ► www.cultuurfonds.nl **TYPERING** ► fonds op naam **BEHEERD DOOR** ► Prins Bernhard Cultuurfonds **DIRECTIE** ► zie Prins Bernhard Cultuurfonds **BESTUUR** ► zie Prins Bernhard Cultuurfonds

Missie ■ **DOELSTELLING** ► Het bevorderen en financieel ondersteunen in Nederland, van beeldende kunst en/of beeldende kunstenaars; afkomstig uit het Caribisch deel van het Koninkrijk der Nederlanden en van Nederlandse nationaliteit.

Werkgebied ■ **ACTIERADIUS** ► Nationaal, Internationaal **LAND** ► Nederland, Caribisch deel van het Koninkrijk der Nederlanden.

Projecten ■ **CRITERIA** ► geen projectcriteria bekend **DOORLOOPTIJD** ► ☑ korter dan 1 jaar **STATUS AANVRAGER** ► ☑ individuen/gezinnen **VOORKEUR/UITSLUITING** ► geen voorkeur of uitsluiting bekend.

Procedure ■ **OP AANVRAAG** ► ja **AANVRAAGPROCEDURE** ► Dit 'fonds op naam' ressorteert onder het Prins Bernhard Cultuurfonds. Verzoeken aan fondsen op naam komen op één centraal punt binnen. Dit houdt in dat een subsidieaanvraag slechts eenmaal aan het Prins Bernhard Cultuurfonds hoeft te worden gezonden. Voor de verdere aanvraagprocedure: zie Prins Bernhard Cultuurfonds. **URL** ► www.cultuurfonds.nl/aanvragen

Contact ■ **BEREIKBAAR PER** ► ☑ post ☑ e-mail ☑ telefoon **CONTACTPERSOON** ► geen contactpersoon bekend **POSTADRES** ► Postbus 19750, 1000 GT Amsterdam **EMAIL (ALGEMEEN)** ► info@cultuurfonds.nl **TELEFOON (ALGEMEEN)** ► 020-5206130.

412

Stichting Fonds Bemolt

Rubriek ■ ☑ onderwijs en onderzoek

Algemeen ■ **WEBSITE** ► www.kennisbankfilantropie.nl/anbi/fonds-bemolt **TYPERING** ► vermogensfonds **OPGERICHT** ► 19-10-1909 **RECHTSVORM** ► stichting **KVK** ► 41118745 **ANBI STATUS** ► ja **DIRECTIE** ► geen directiegegevens bekend **BESTUUR** ► Mr. E.D. Rentema, voorzitter; E.N. van Dijk, penningmeester; E.N. van Dijk, secretaris; mr. M. Bloemendal; N.J. Bruins; J. van Loghum Slaterus.

Missie ■ **DOELSTELLING** ► Subsidies ten behoeve van studerenden jonger dan 24 jaar, geboren of getogen in Dordrecht, die onderwijs volgen aan bij de wet bepaalde en door de rijksoverheid bekostigde inrichtingen van wetenschappelijk onderwijs, met uitzondering van militair onderwijs, en van wie redelijkerwijs verwacht kan worden dat zij dat onderwijs met succes zullen voltooien. **STICHTER(S)** ► Johanna Bemolt en Margaretha Bemolt **BELEIDSPLAN OP WEBSITE** ► ja.

Doelgroep ■ **ALGEMEEN** ► studenten **SPECIFIEK** ► Universitair studerenden uit Dordrecht jonger dan 24 jaar. **ACTIVITEITEN** ► Tegemoetkomen van studenten in de vorm van studiebeurzen. **INTERVENTIENIVEAU** ► Steun aan individuen (directe steun).

Werkgebied ■ **ACTIERADIUS** ► Internationaal, Lokaal **LAND** ► Nederland **PLAATS** ► Dordrecht.

Bestedingen ■ **BUDGET** ► niet openbaar **ONDERSTEUNDE PROJECTEN P/J** ► 7 **SOORT BIJDRAGE** ► studiebeurzen **BOVENGRENS** ► geen **ONDERGRENS** ► geen.

Projecten ■ **CRITERIA** ► Aanvragers dienen: ☑ geboren en/of getogen in Dordrecht,; ☑ aldaar een vwo-diploma hebben behaald,; ☑ jonger dan vierentwintig jaar zijn in het jaar van aanvraag tot 1 oktober; ☑ universitair studerend zijn; ☑ in hun studie succesvol zijn. Dat laatste meestentijds blijkend uit een stage of deelstudie aan een buitenlandse; universiteit. **DOORLOOPTIJD** ► ☑ korter dan 1 jaar **STATUS AANVRAGER** ► ☑ individuen/gezinnen **VOORKEUR/UITSLUITING** ► ☑ geen studie krijgskunde.

Procedure ■ **OP AANVRAAG** ► ja **DOORLOOPTIJD** ► 6-12 maanden **AANVRAAGPROCEDURE** ► Geen aanvraagprocedure bekend. De Stichting Fonds Bemolt kent ieder kalenderjaar eenmalig een beurs toe. De stichting beoordeelt na 1 oktober van ieder jaar de aanvragen.

Financieel ■ **EIGEN VERMOGEN** ► € 288.288 **INKOMSTEN EV** ► € 7.253 **HERKOMST MIDDELEN** ► vermogen, legaten, giften & schenkingen **BOEKJAAR** ► 2018 **JAARVERSLAG OP WEBSITE** ► ja.

Contact ■ **BEREIKBAAR PER** ► ☑ post ☑ e-mail ☑ telefoon **CONTACTPERSOON** ► E.N. van Dijk **POSTADRES** ► Esdoornlaan 57, 3319 XE Dordrecht **EMAIL (ALGEMEEN)** ► mail@fondsbemolt.nl **TELEFOON (ALGEMEEN)** ► 078-6160898.

413
Fonds Bijzondere Noden Amsterdam (FBNA)

Rubriek ■ ☑ noodhulp ☑ maatschappij, welzijn en samenleving

Algemeen ■ WEBSITE ▶ www.fbna.nl TYPERING ▶ vermogensfonds OPGERICHT ▶ 09-11-1936 RECHTSVORM ▶ stichting KVK ▶ 41197859 ANBI STATUS ▶ ja DIRECTIE ▶ geen directiegegevens bekend BESTUUR ▶ Mw.mr. J.M.C. Sprenger, voorzitter; M. Harman, penningmeester; mw. P. de Soete, secretaris; mw. H. van Bezouijen; mw.drs. F.M. de Pater; mw.drs. A. van den Brink; mw. C.P.T.M. Houben; R.J.R. Piera; mw. A. Van de Roemer.

Missie ■ DOELSTELLING ▶ Het verstrekken van een gift of goederen in natura, op verzoek van dienst-/hulpverleners, aan inwoners van Amsterdam die in urgente financiële noodsituaties verkeren en waarbij een voorliggende voorziening niet (of niet tijdig of niet voldoende) beschikbaar is. STICHTER(S) ▶ Armenraad Amsterdam HISTORIE ▶ Teneinde de werkzaamheden van burgerlijke, kerkelijke en bijzondere instellingen van weldadigheid te coördineren nam de Armenraad Amsterdam in 1936 het initiatief tot oprichting van deze stichting. De statutaire afkorting is SSBNA (Stichting Samenwerking voor Bijzondere Noden Amsterdam). BELEIDSPLAN OP WEBSITE ▶ ja.

Doelgroep ■ ALGEMEEN ▶ jongeren, kinderen, armen, zieken, gehandicapten SPECIFIEK ▶ FBNA ondersteunt inwoners van Amsterdam in financiële noodsituaties. Vaak zijn dit: Eenoudergezinnen, jongeren en Wajongeren, chronisch zieken en gehandicapten en alleenstaanden onder de 65 jaar in Amsterdam. ACTIVITEITEN ▶ FBNA ondersteunt inwoners van Amsterdam in financiële noodsituaties. Wie langdurig moet rondkomen van een minimuminkomen, kan geen financiële tegenslag opvangen. Ook een terugval in inkomen of andere gebeurtenissen kunnen iemands leven behoorlijk op zijn kop zetten. Er is even geen geld om verder te kunnen en voorzieningen vanuit het Rijk of de gemeente bieden geen uitkomst. FBNA werkt samen met meer dan 60 organisaties in Amsterdam. Medewerkers van deze organisaties kunnen voor cliënten een aanvraag indienen als zij financiële nood constateren. Giften van FBNA hebben een eenmalig karakter. Het is belangrijk dat de gift bijdraagt aan een duurzame verbetering van de probleemsituatie. INTERVENTIENIVEAU ▶ Steun aan individuen (directe steun).

Werkgebied ■ ACTIERADIUS ▶ Lokaal LAND ▶ Nederland PLAATS ▶ Amsterdam.

Bestedingen ■ BUDGET ▶ € 727.000 ONDERSTEUNDE PROJECTEN P/J ▶ 1507 SOORT BIJDRAGE ▶ giften overig BOVENGRENS ▶ € 3.000 ONDERGRENS ▶ geen.

Projecten ■ CRITERIA ▶ Bijdrage voor de doelgroep variërend van bijvoorbeeld identiteitsbewijzen, leefgeld of kleding tot aan geld voor een wasmachine, koelkast en woninginrichting. DOORLOOPTIJD ▶ ☑ korter dan 1 jaar STATUS AANVRAGER ▶ ☑ hulpverleners VOORKEUR/UITSLUITING ▶ ☑ Aanvragen kan uitsluitend ten behoeve van Amsterdamse ingezetenen. ☑ Geen periodieke uitkeringen. ☑ Geen schuldensanering. ☑ Terughoudendheid t.a.v. reis-, studie- en medische kosten. ☑ Aanvragen kunnen alleen worden gedaan door dienst-/hulpverleners van organisaties/instellingen waarmee FBNA een convenant heeft gesloten; ☑ geen aanvragen die via andere voorzieningen bekostigd kunnen worden.

Procedure ■ OP AANVRAAG ▶ ja AANVRAAGPROCEDURE ▶ Aanvragen worden ingediend, d.m.v. aanvraagformulieren, te downloaden via de website, door dienst-/hulpverleners van organisaties en instellingen waarmee FBNA een convenant heeft gesloten. URL ▶ https://fbna.nl/aanvragen/

Financieel ■ EIGEN VERMOGEN ▶ € 108.151 INKOMSTEN OV ▶ € 1.113.891 HERKOMST MIDDELEN ▶ overige inkomsten, giften & schenkingen BOEKJAAR ▶ 2019 JAARVERSLAG OP WEBSITE ▶ ja.

Contact ■ BEREIKBAAR PER ▶ ☑ post ☑ e-mail ☑ telefoon CONTACTPERSOON ▶ geen contactpersoon bekend POSTADRES ▶ Postbus 17227, 1001 JE Amsterdam EMAIL (ALGEMEEN) ▶ info@fbna.nl TELEFOON (ALGEMEEN) ▶ 020-4201984.

414
Stichting Fonds Camp

Rubriek ■ ☑ maatschappij, welzijn en samenleving ☑ kerk en levensbeschouwing ☑ noodhulp

Algemeen ■ WEBSITE ▶ www.kennisbankfilantropie.nl/anbi/fondscamp TYPERING ▶ vermogensfonds OPGERICHT ▶ 08-04-1955 RECHTSVORM ▶ stichting KVK ▶ 41151308 ANBI STATUS ▶ ja DIRECTIE ▶ geen directiegegevens bekend BESTUUR ▶ Mr. M.A.C. Kolff, voorzitter; jhr. J.C.P. de Beaufort, penningmeester; mw.drs. P.J.C. barones Schimmelpenninck van der Oije, secretaris; mw. M.A.C. van Bouwdijk Bastiaanse- jkvr. van Nispen tot Sevenaer; mw. jkvr. drs. C.M. van Nispen tot Sevenaer.

Missie ■ DOELSTELLING ▶ De stichting stelt zich ten doel om de inkomsten uit haar kapitaal te besteden tot het doen van uitkeringen aan alleenstaande dames met een christelijke levensovertuiging, wier inkomsten, mede gezien haar (voormalige) maatschappelijke positie en opleidingsniveau, ontoereikend zijn. STICHTER(S) ▶ Mevrouw Th.H.C.S. Camp HISTORIE ▶ De Stichting is opgericht door een testamentaire beschikking van Mejuffrouw Camp.

Doelgroep ■ ALGEMEEN ▶ armen, gelovigen, vrouwen SPECIFIEK ▶ Alleenstaande dames. ACTIVITEITEN ▶ Bestrijding van stille armoede. INTERVENTIENIVEAU ▶ Steun aan organisaties die actief zijn op het gebied van rechtstreekse armoedebestrijding (indirecte steun).

Werkgebied ■ ACTIERADIUS ▶ Nationaal LAND ▶ Nederland.

Bestedingen ■ BUDGET ▶ niet openbaar ONDERSTEUNDE PROJECTEN P/J ▶ 21 SOORT BIJDRAGE ▶ giften BOVENGRENS ▶ geen ONDERGRENS ▶ geen.

Projecten ■ CRITERIA ▶ Bestrijding van stille armoede. DOORLOOPTIJD ▶ ☑ korter dan 1 jaar STATUS AANVRAGER ▶ ☑ stichting of vereniging (non-profit) ☑ kerkelijke instelling ☑ hulpverleners VOORKEUR/UITSLUITING ▶ Steun gaat naar alleenstaande vrouwen.

Procedure ■ OP AANVRAAG ▶ nee DOORLOOPTIJD ▶ 1-3 maanden AAN-

VRAAGPROCEDURE ▶ Fonds Camp neemt geen individuele aanvragen in behandeling. Particulieren kunnen zich wenden tot een SUN-noodhulpbureau. Zie www.sunnederland.nl.

Financieel ■ **EIGEN VERMOGEN** ▶ € 843.047 **INKOMSTEN EV** ▶ € 37.932 **INKOMSTEN OV** ▶ € 5.000 **HERKOMST MIDDELEN** ▶ inkomsten uit vermogen **BOEKJAAR** ▶ 2018 **JAARVERSLAG OP WEBSITE** ▶ ja.

Contact ■ **BEREIKBAAR PER** ▶ ☑ post ☑ e-mail ☒ telefoon **CONTACTPERSOON** ▶ Voorzitter of secretaris **POSTADRES** ▶ Bosch en Vaartstraat 14, 2012 LH Haarlem **EMAIL (ALGEMEEN)** ▶ fondscamp@gmail.com.

415
Fonds Catarina Latina

Rubriek ■ ☑ kunst en cultuur

Algemeen ■ **WEBSITE** ▶ www.cultuurfonds.nl **TYPERING** ▶ fonds op naam **BEHEERD DOOR** ▶ Prins Bernhard Cultuurfonds **DIRECTIE** ▶ zie > Prins Bernhard Cultuurfonds **BESTUUR** ▶ zie > Prins Bernhard Cultuurfonds

Missie ■ **DOELSTELLING** ▶ Het financieel ondersteunen van producties of festivals op het gebied van de wereldmuziek.

Werkgebied ■ **ACTIERADIUS** ▶ Nationaal **LAND** ▶ Nederland.

Projecten ■ **CRITERIA** ▶ geen projectcriteria bekend **DOORLOOPTIJD** ▶ ☑ korter dan 1 jaar **STATUS AANVRAGER** ▶ ☑ geen beperkingen bekend **VOORKEUR/UITSLUITING** ▶ geen voorkeur of uitsluiting bekend.

Procedure ■ **OP AANVRAAG** ▶ ja **AANVRAAGPROCEDURE** ▶ Dit 'fonds op naam' ressorteert onder het Prins Bernhard Cultuurfonds. Verzoeken aan fondsen op naam komen op één centraal punt binnen. Dit houdt in dat een subsidieaanvraag slechts eenmaal aan het Prins Bernhard Cultuurfonds hoeft te worden gezonden. Voor de verdere aanvraagprocedure: zie Prins Bernhard Cultuurfonds. **URL** ▶ www.cultuurfonds.nl/aanvragen

Contact ■ **BEREIKBAAR PER** ▶ ☑ post ☑ e-mail ☑ telefoon **CONTACTPERSOON** ▶ geen contactpersoon bekend **POSTADRES** ▶ Postbus 19750, 1000 GT Amsterdam **EMAIL (ALGEMEEN)** ▶ info@cultuurfonds.nl **TELEFOON (ALGEMEEN)** ▶ 020-5206130.

416
Stichting Fonds de Gavere

Rubriek ■ ☑ gezondheidszorg ☑ maatschappij, welzijn en samenleving

Algemeen ■ **WEBSITE** ▶ www.fondsdegavere.nl **TYPERING** ▶ vermogensfonds **OPGERICHT** ▶ 30-08-1967 **RECHTSVORM** ▶ stichting **KVK** ▶ 41001173 **ANBI STATUS** ▶ ja **DIRECTIE** ▶ geen directiegegevens bekend **BESTUUR** ▶ W.J. van der Kam, voorzitter; O. Dijksma, penningmeester; mw. E.H. Bakker-Oosterheert, secretaris; mr. K.A. Breuker; drs. J.J. Bakker; mw. S. Iest-Onrust.

Missie ■ **DOELSTELLING** ▶ Het ondersteunen van organisaties die werkzaam zijn ten behoeve van de; volksgezondheid in het algemeen in relatie tot de verzorging en verpleging in de; thuissituatie of thuisvervangende situatie van inwoners van de provincie Friesland in het bijzonder, met dien verstande dat in de ondersteuning – indien redelijkerwijs mogelijk, bijzondere aandacht wordt gegeven aan tuberculose, dan wel een daarmee redelijkerwijs te vergelijken of daaraan redelijkerwijs gelijk te stellen aandoening of ziekte, zulks alles ter beoordeling en bepaling door het bestuur. Daarnaast heeft de stichting het doel om enkele graven te onderhouden. **HISTORIE** ▶ Het Fonds De Gavere dateert van 1963 en is eveneens ontstaan uit een legaat. Een jaar later wordt het een stichting. Het vermogen heeft vooral gediend als zekerheid tijdens de bouw van het PFK-kantoor. Daarna is het gebruikt als reserve voor mogelijke problemen bij het invoeren van de AWBZ-financiering. In 1988 fuseren de vier onder de naam Fonds De Gavere. Globaal geschat hebben de fondsen in de periode 1905-2004 drie miljoen euro uitgegeven aan subsidies. Op 27 september 2007 heeft een fusie plaatsgevonden tussen de Stichting Fonds De Gavere (verkrijgende rechtspersoon) en de Herman Koert Mulder Stichting (verdwijnende rechtspersoon). Deze fusie heeft niet geresulteerd in een aanpassing van de doelstelling van Stichting Fonds de Gavere. **BELEIDSPLAN OP WEBSITE** ▶ ja.

Doelgroep ■ **ALGEMEEN** ▶ gehandicapten, zieken **SPECIFIEK** ▶ Organisaties die werkzaam zijn ten behoeve van de volksgezondheid. **ACTIVITEITEN** ▶ De laatste jaren zijn subsidies verleend/toegekend aan onder andere: • St. Vrienden van Kleurrijk; • LHV Huisartsenkring Friesland; • St. Vrienden van Thomashuis St. Nicolaasga; • Promotie-onderzoek Tuberculose; • Het Baken; • Talant – locatie De Wissel • St. Zinportaal Fryslân; • Anna Zijlstrahoeve; • St. Thuiszorg De Appelhof; • Zorgboerderij De Witrik; • Talant – locatie It Kampske; • St. Huisgezin; • Manege Onder de Linden; • St. Thuiszorg Het Friese Land. **INTERVENTIENIVEAU** ▶ Steun aan lokale/provinciale maatschappelijke organisaties en structuren (incl. gemeenten etc.) die diensten verlenen aan individuen.

Werkgebied ■ **ACTIERADIUS** ▶ Regionaal **LAND** ▶ Nederland **REGIO** ▶ Friesland.

Bestedingen ■ **BUDGET** ▶ niet openbaar **SOORT BIJDRAGE** ▶ subsidies **BOVENGRENS** ▶ geen **ONDERGRENS** ▶ geen.

Projecten ■ **CRITERIA** ▶ ☑ bevorderen van thuis zijn of thuis vervangende situatie of eerstelijnsgezondheidszorg in de provincie Friesland; ☑ organisaties zijnde of vallende onder een rechtspersoon; ☑ per project word eenmaling subsidie verstrekt; ☑ niet ten goede komende aan de exploitatie van een organisatie. **DOORLOOPTIJD** ▶ ☑ onbekend **STATUS AANVRAGER** ▶ ☑ stichting of vereniging (non-profit) **VOORKEUR/UITSLUITING** ▶ geen voorkeur of uitsluiting bekend.

Procedure ■ **OP AANVRAAG** ▶ ja **DOORLOOPTIJD** ▶ 6-12 maanden **AANVRAAGPROCEDURE** ▶ Via de website of schriftelijk aan het secretariaat via het postadres. De aanvraag dient altijd door (een) rechtsgeldige vertegenwoordiger(s) van uw organisatie, bijvoorbeeld voorzitter, secretaris, penningmeester of directeur gedaan te worden. U heeft de mogelijkheid om max. 3 bijlagen aan het formulier toe te voegen. U wordt verzocht om de volgende informatie als bijlage toe te voegen: ☑ Uitgebreide projectomschrijving; ☑ (gevraagde bedrag, doelgroep, doelstelling, begroting, overige aangeschreven fondsen); ☑ Kopie van de ANBI-beschikking; ☑ Kopie van de inschrijving KvK. **URL** ▶ www.fondsdegavere.nl

Financieel ■ **HERKOMST MIDDELEN** ▶ vermogen, legaten **BOEKJAAR** ▶ 2016 **JAARVERSLAG OP WEBSITE** ▶ ja.

Contact ■ **BEREIKBAAR PER** ▶ ☑ post ☑ e-mail ☒ telefoon **CONTACTPERSOON** ▶ geen contactpersoon bekend **POSTADRES** ▶ Zwette 36, 8446 MJ Heerenveen **EMAIL (ALGEMEEN)** ▶ info@fondsdegavere.nl.

417
Fonds De Stam

Rubriek ■ ☑ kunst en cultuur

Algemeen ■ **WEBSITE** ▶ www.cultuurfonds.nl **TYPERING** ▶ fonds op naam **BEHEERD DOOR** ▶ Prins Bernhard Cultuurfonds **DIRECTIE** ▶ zie Prins Bernhard Cultuurfonds **BESTUUR** ▶ zie Prins Bernhard Cultuurfonds

Missie ■ **DOELSTELLING** ▶ Het financieel ondersteunen van talentvolle jonge kinderen vanaf 12 jaar met een maatschappelijke of financiele achterstand om de muzikale ontwikkeling te stimuleren, alsmede het ondersteunen van educatieve projecten op het gebied van muziek, met een voorkeur voor de regio Voorschoten, binnen een straal van 20 km.

Werkgebied ■ **ACTIERADIUS** ▶ Nationaal, Lokaal **LAND** ▶ Nederland **REGIO** ▶ Zuid-Holland **PLAATS** ▶ Voorschoten e.o.

Projecten ■ **CRITERIA** ▶ geen projectcriteria bekend **DOORLOOPTIJD** ▶ ☑ korter dan 1 jaar **STATUS AANVRAGER** ▶ ☑ geen beperkingen bekend **VOORKEUR/UITSLUITING** ▶ Voorkeur gaat uit naar de regio Voorschoten.

Procedure ■ **OP AANVRAAG** ▶ ja **AANVRAAGPROCEDURE** ▶ Dit 'fonds op naam' ressorteert onder het Prins Bernhard Cultuurfonds. Verzoeken aan fondsen op naam komen op één centraal punt binnen. Dit houdt in dat een subsidieaanvraag slechts eenmaal aan het Prins Bernhard Cultuurfonds hoeft te worden gezonden. Voor de verdere aanvraagprocedure: zie Prins Bernhard Cultuurfonds. **URL** ▶ www.cultuurfonds.nl/aanvragen

Contact ■ **BEREIKBAAR PER** ▶ ☑ post ☑ e-mail ☑ telefoon **CONTACTPERSOON** ▶ geen contactpersoon bekend **POSTADRES** ▶ Postbus 19750, 1000 GT Amsterdam **EMAIL (ALGEMEEN)** ▶ info@cultuurfonds.nl **TELEFOON (ALGEMEEN)** ▶ 020-5206130.

418
Fonds De Versterking

Rubriek ■ ☑ kunst en cultuur

Algemeen ■ **WEBSITE** ▶ www.cultuurfonds.nl **TYPERING** ▶ fonds op naam **BEHEERD DOOR** ▶ Prins Bernhard Cultuurfonds **DIRECTIE** ▶ zie Prins Bernhard Cultuurfonds **BESTUUR** ▶ zie Prins Bernhard Cultuurfonds

Missie ■ **DOELSTELLING** ▶ Het financieel mogelijk maken van de jaarlijkse uitreiking van het TheaterTekstTalent; stipendium voor theaterauteurs.

Werkgebied ■ **ACTIERADIUS** ▶ Nationaal **LAND** ▶ Nederland.

Projecten ■ **CRITERIA** ▶ geen projectcriteria bekend **DOORLOOPTIJD** ▶ ☑ korter dan 1 jaar **STATUS AANVRAGER** ▶ ☑ geen beperkingen bekend **VOORKEUR/UITSLUITING** ▶ geen voorkeur of uitsluiting bekend.

Procedure ■ **OP AANVRAAG** ▶ ja **AANVRAAGPROCEDURE** ▶ Dit 'fonds op naam' ressorteert onder het Prins Bernhard Cultuurfonds. Verzoeken aan fondsen op naam komen op één centraal punt binnen. Dit houdt in dat een subsidieaanvraag slechts eenmaal aan het Prins Bernhard Cultuurfonds hoeft te worden gezonden. Voor de verdere aanvraagprocedure: zie Prins Bernhard Cultuurfonds. **URL** ▶ www.cultuurfonds.nl/aanvragen

Contact ■ **BEREIKBAAR PER** ▶ ☑ post ☑ e-mail ☑ telefoon **CONTACTPERSOON** ▶ geen contactpersoon bekend **POSTADRES** ▶ Postbus 19750, 1000 GT Amsterdam **EMAIL (ALGEMEEN)** ▶ info@cultuurfonds.nl **TELEFOON (ALGEMEEN)** ▶ 020-5206130.

419
Fonds de Visser-Geerling

Rubriek ■ ☑ natuur, milieu en dieren ☑ kunst en cultuur

Algemeen ■ **WEBSITE** ▶ www.cultuurfonds.nl **TYPERING** ▶ fonds op naam **BEHEERD DOOR** ▶ Prins Bernhard Cultuurfonds **DIRECTIE** ▶ zie > Prins Bernhard Cultuurfonds **BESTUUR** ▶ zie > Prins Bernhard Cultuurfonds

Missie ■ **DOELSTELLING** ▶ Het financieel ondersteunen van cultuur en natuurbehoud.

Werkgebied ■ **ACTIERADIUS** ▶ Nationaal **LAND** ▶ Nederland.

Projecten ■ **CRITERIA** ▶ geen projectcriteria bekend **DOORLOOPTIJD** ▶ ☑ onbekend **STATUS AANVRAGER** ▶ ☑ geen beperkingen bekend **VOORKEUR/UITSLUITING** ▶ geen voorkeur of uitsluiting bekend.

Procedure ■ **OP AANVRAAG** ▶ ja **AANVRAAGPROCEDURE** ▶ Dit 'fonds op naam' ressorteert onder het Prins Bernhard Cultuurfonds. Verzoeken aan fondsen op naam komen op één centraal punt binnen. Dit houdt in dat een subsidieaanvraag slechts eenmaal aan het Prins Bernhard Cultuurfonds hoeft te worden gezonden. Voor de verdere aanvraagprocedure: zie Prins Bernhard Cultuurfonds. **URL** ▶ www.cultuurfonds.nl/aanvragen

Contact ■ **BEREIKBAAR PER** ▶ ☑ post ☑ e-mail ☑ telefoon **CONTACTPERSOON** ▶ geen contactpersoon bekend **POSTADRES** ▶ Postbus 19750, 1000 GT Amsterdam **EMAIL (ALGEMEEN)** ▶ info@cultuurfonds.nl **TELEFOON (ALGEMEEN)** ▶ 020-5206130.

420
Stichting Fonds der Familie Antheunis

Rubriek ■ ☑ maatschappij, welzijn en samenleving ☑ noodhulp

Algemeen ■ **WEBSITE** ▶ www.rotterdamsefondsen.nl/fonds/45/stichting-fonds-der-familie-antheunis **TYPERING** ▶ vermogensfonds **BE-**

HEERD DOOR ▶ Vereniging Rotterdamse Fondsen **RECHTSVORM** ▶ stichting **KVK** ▶ 41126469 **ANBI STATUS** ▶ ja **DIRECTIE** ▶ geen directiegegevens bekend **BESTUUR** ▶ Mr. D.F. Richters, voorzitter; mr. M.H.G. Hoek; mw.mr. M. van de Hoogen.

Missie ■ **DOELSTELLING** ▶ De stichting heeft ten doel het verstrekken van uitkeringen aan instellingen welke een algemeen maatschappelijk belang beogen, van onderhoudsuitkeringen aan behoeftige familieleden en anderen. De stichting wil de meest hulpbehoevenden in de samenleving steunen. **STICHTER(S)** ▶ Jacobus Johannes Hendricus Antheunis **BELEIDSPLAN OP WEBSITE** ▶ ja.

Doelgroep ■ **ALGEMEEN** ▶ armen **SPECIFIEK** ▶ Gezinnen en huishoudens. **ACTIVITEITEN** ▶ Sinds enkele jaren ondersteunt de stichting tevens in samenwerking met andere instellingen de Stichting Bijzondere Noden Rotterdam te Rotterdam, dat directe noodhulp verleent aan de meest ernstige gevallen. **INTERVENTIENIVEAU** ▶ Steun aan individuen (directe steun).

Werkgebied ■ **ACTIERADIUS** ▶ Nationaal **LAND** ▶ Nederland.

Bestedingen ■ **BUDGET** ▶ niet openbaar **ONDERSTEUNDE PROJECTEN P/J** ▶ 124 **SOORT BIJDRAGE** ▶ overig **BOVENGRENS** ▶ € 2.500 **ONDERGRENS** ▶ geen.

Projecten ■ **CRITERIA** ▶ geen projectcriteria bekend **DOORLOOPTIJD** ▶ ☑ korter dan 1 jaar **STATUS AANVRAGER** ▶ ☑ stichting of vereniging (non-profit) ☑ onderwijsinstelling ☑ kerkelijke instelling ☑ hulpverleners ☑ individuen/gezinnen **VOORKEUR/UITSLUITING** ▶ ☑ Bij voorkeur bijdragen aan de elementaire zaken voor de allerarmsten. ☑ Geen schuldsanering. ☑ Geen bijdrage voor vervoersvoorzieningen.

Procedure ■ **OP AANVRAAG** ▶ ja **DOORLOOPTIJD** ▶ korter dan 1 maand; 6-12 maanden; 1-3 maanden **AANVRAAGPROCEDURE** ▶ Het bestuur vergadert 2 maal per jaar, de aanvragen worden per e-mail behandeld.

Financieel ■ **EIGEN VERMOGEN** ▶ € 3.708.859 **INKOMSTEN EV** ▶ € 480.000 **HERKOMST MIDDELEN** ▶ vermogen, inkomsten uit vermogen **BOEKJAAR** ▶ 2019.

Contact ■ **BEREIKBAAR PER** ▶ ☑ post ☑ e-mail ☑ telefoon **CONTACTPERSOON** ▶ Mw. L.J. van der Sluijs **POSTADRES** ▶ Schiekade 77, 3033 BE Rotterdam **EMAIL (ALGEMEEN)** ▶ secretariaat@stichtingantheunis.nl **TELEFOON (ALGEMEEN)** ▶ 010-7271290.

421

Stichting Fonds Dr. Christine Buisman

Rubriek ■ ☑ gezondheidszorg ☑ onderwijs en onderzoek

Algemeen ■ **WEBSITE** ▶ www.stichtingfonds-drchristinebuisman.sites.uu.nl **TYPERING** ▶ vermogensfonds **OPGERICHT** ▶ 06-10-1936 **RECHTSVORM** ▶ stichting **KVK** ▶ 41001108 **ANBI STATUS** ▶ nee **DIRECTIE** ▶ geen directiegegevens bekend **BESTUUR** ▶ Dr. P.M. Boonekamp, voorzitter; dr. W.J.C. Amesz, penningmeester; prof.dr.ir. C.M.J. van Pieterse, secretaris; prof.dr. B.J.C. Cornelissen; prof.dr.ir. P.J.G.M. de Wit; prof.dr. P.W. Crous.

Missie ■ **DOELSTELLING** ▶ Het bevorderen van de studie in de biologie in het Koninkrijk der Nederlanden, waarbij toelagen worden uitgereikt aan vrouwelijke biologen, die bij voorkeur de Nederlandse nationaliteit hebben, al dan niet afgestudeerd, in het belang van hun onderzoek. **STICHTER(S)** ▶ De heer R. Buisman **HISTORIE** ▶ Gesticht door R. Buisman te Leeuwarden ter nagedachtenis aan zijn overleden dochter; dr. Christine Buisman, die als fytopatholoog was verbonden aan het voormalige Phytopathologisch Laboratorium 'Willie Commelin Scholten' te Baarn.

Doelgroep ■ **ALGEMEEN** ▶ vrouwen, studenten **SPECIFIEK** ▶ Vrouwelijke studenten en afgestudeerden van een opleiding Biologie aan één der Nederlandse universiteiten en met de Nederlandse nationaliteit. **ACTIVITEITEN** ▶ Het verlenen van een bijdrage in de kosten van een buitenlandse onderzoeksstage of een aan deze onderzoeksstage gelieerd congresbezoek en korte studiereizen. **INTERVENTIENIVEAU** ▶ Steun aan individuen (directe steun).

Werkgebied ■ **ACTIERADIUS** ▶ Nationaal **LAND** ▶ Nederland.

Bestedingen ■ **BUDGET** ▶ niet openbaar **SOORT BIJDRAGE** ▶ giften garanties **BOVENGRENS** ▶ € 300 **ONDERGRENS** ▶ geen.

Projecten ■ **CRITERIA** ▶ Aan studentes wordt uitsluitend subsidie verstrekt in het kader van een onder verantwoordelijkheid van een universitaire opleiding Biologie vallende masterstage in aansluiting op een succesvol afgesloten universitaire bacheloropleiding. **DOORLOOPTIJD** ▶ ☑ korter dan 1 jaar **STATUS AANVRAGER** ▶ ☑ individuen/gezinnen **VOORKEUR/UITSLUITING** ▶ ☑ Niet in aanmerking komen studenten die eerder een niet-universitaire (HBO) opleiding hebben gevolgd en geen universitair bachelordiploma Biologie bezitten; ☑ geen bijdrage wordt verstrekt ten behoeve van buitenlandse onderzoekstages tijdens de bachelorfase; ☑ geen subsidie wordt verleend aan studenten of afgestudeerden van aan biologie verwante opleidingen: Biomedische wetenschappen, Psychobiologie, Gezondheidswetenschappen, Plant- en dierwetenschappen, Moleculaire levenswetenschappen, enz. ☑ Medisch-biologisch gerichte aanvragen binnen een opleiding Biologie worden alleen in beschouwing genomen als de te subsidiëren activiteit gekenmerkt wordt door een fundamenteel biologische vraagstelling; klinisch gerichte activiteiten komen niet voor subsidiëring in aanmerking; ☑ Aan de kosten verbonden aan het volgen van cursussen in het buitenland of aan het totstandkomen van proefschriften wordt niet bijgedragen. ☑ Geen subsidie wordt verleend ten behoeve van activiteiten die reeds zijn aangevangen of als niet tijdig een bijdrage is aangevraagd.

Procedure ■ **OP AANVRAAG** ▶ ja **DOORLOOPTIJD** ▶ 1-3 maanden **AANVRAAGPROCEDURE** ▶ Schriftelijke aanvragen dienen tenminste twee volle kalendermaanden voor het begin van de reis te worden ingediend bij de secretaris. Zie website voor de benodigde documenten. Onvolledige aanvragen worden niet in behandeling genomen. Aan de hand van de binnengekomen aanvragen neemt het Bestuur in de maand voorafgaande aan de activiteit een beslissing. Indien het aantal aanvragen de beschikbare financiële middelen overstijgt, vindt toekenning plaats door middel van loting. In de afgelopen jaren kon niet meer dan 50% van de aanvragen gehonoreerd worden. Om die reden is het niet mogelijk aanvragen die binnenkomen na de sluitingsdatum in behandeling te nemen. **URL** ▶ www.stichtingfonds-drchristinebuisman.sites.uu.nl/aanvragen/

Financieel ■ **HERKOMST MIDDELEN** ▶ vermogen.

Contact ■ **BEREIKBAAR PER** ▶ ☑ post ☑ e-mail ☑ telefoon **CONTACTPERSOON** ▶ Prof.dr.ir. C.M.J. Pieterse **POSTADRES** ▶ t.a.v. Leerstoelgroep Plant-Microbe Interacties, Departement Biologie, Universiteit Utrecht Padualaan 8, 3584 CH Utrecht **EMAIL (ALGEMEEN)** ▶ c.m.j.pieterse@uu.nl **TELEFOON (ALGEMEEN)** ▶ 030-2536887/2536700.

422
Stichting Fonds Eemsmond

Rubriek ■ ☑ kunst en cultuur ☑ maatschappij, welzijn en samenleving ☑ natuur, milieu en dieren ☑ sport en recreatie ☑ onderwijs en onderzoek

Algemeen ■ **WEBSITE** ▶ www.snsfondseemsmond.nl **TYPERING** ▶ vermogensfonds **OPGERICHT** ▶ 15-07-1999 **RECHTSVORM** ▶ stichting **KVK** ▶ 02067049 **ANBI STATUS** ▶ ja **DIRECTIE** ▶ geen directiegegevens bekend **BESTUUR** ▶ P.J. Doornbos, voorzitter; K. van der Molen, penningmeester; K. van der Molen, secretaris; E.J. Duursema, vice-voorzitter; D. Veldman; P.A. Zandt; R.J. de Boer.

Missie ■ **DOELSTELLING** ▶ De stichting heeft als doel het realiseren van projecten van algemeen maatschappelijk belang met een ideële of sociale strekking en het verlenen van financiële steun of steun in andere vorm aan dergelijke projecten die door anderen worden gerealiseerd,één en ander in de ruimste zin van het woord. **HISTORIE** ▶ Naar aanleiding van het fusie-convenant tussen de Samenwerkende Groninger Bondsspaarbankengroep NV en de SNS Bank is de Stichting SNS Fonds Eemsmond op 15 juli 1999 opgericht. Bij de oprichting is bepaald dat het verzorgingsgebied van het fonds gerelateerd is aan het werkgebied van de Bonsspaarbank voor de Eemsmond,onderdeel van de Samenwerkende Groninger Bondsspaarbankengroep. Op 12 september 2017 zijn de statuten gewijzigd en is de naam gewijzigd in Stichting Fonds Eemsmond. **BELEIDSPLAN OP WEBSITE** ▶ ja.

Doelgroep ■ **ALGEMEEN** ▶ jongeren, ouderen, vrouwen, mannen **SPECIFIEK** ▶ Geen specifieke doelgroep **ACTIVITEITEN** ▶ De Stichting Fonds Eemsmond zal haar activiteiten in hoofdzaak richten op doelen van: ☑ kunst en cultuur; ☑ gezondheid; ☑ sport en recreatie; ☑ natuur en milieu; ☑ sociaal-maatschappelijke of ideële projecten; ☑ educatie. **INTERVENTIENIVEAU** ▶ Steun aan individuen (directe steun).

Werkgebied ■ **ACTIERADIUS** ▶ Lokaal, Regionaal, Nationaal **LAND** ▶ Nederland **PLAATS** ▶ Appingedam, Beerta, Loppersum, Roodeschool, Spijk, Ten Boer, Ulthuizermeeden, Vlagtwedde, 't Zandt.

Bestedingen ■ **BUDGET** ▶ € 280.000 **SOORT BIJDRAGE** ▶ giften **BOVENGRENS** ▶ geen **ONDERGRENS** ▶ geen.

Projecten ■ **CRITERIA** ▶ Projecten gericht op de verbetering van de regionale of lokale samenleving in de regio.Juist op kleinschalig niveau zijn er vele initiatieven die gespeend zijn van elke vorm van commercie en die opereren zonder een politiek doel. Dergelijke charitatieve, culturele, educatieve of sociale projecten zonder winstoogmerk beschikken doorgaans niet over voldoende financiële middelen en komen daardoor moeilijk van de grond. Juist deze projecten komen in aanmerking voor de steun van de stichting. **DOORLOOPTIJD** ▶ ☑ korter dan 1 jaar **STATUS AANVRAGER** ▶ ☑ stichting of vereniging (non-profit) ☑ individuen/gezinnen **VOORKEUR/UITSLUITING** ▶ Het fonds geeft in principe geen steun aan projecten van: ☑ individuen; ☑ instellingen en projecten met een overwegend commerciële,politieke of religieuze doelstelling; ☑ projecten die reeds in een gevorderd stadium verkeren; ☑ instellingen die een aanvraag indienen ter dekking van exploitatie-en overheadkosten; ☑ overheid of semi-overheidsinstellingen; ☑ instellingen die uitsluitend een niet-project gebonden aanvraag indienen; ☑ instellingen die over een substantieel eigen vermogen beschikken; ☑ instellingen die buiten het verzorgingsgebied gevestigd zijn met uitzondering van een bovenregionaal projekt dienstig aan één of meer van de negen regio's van het SNS Fonds Eemsmond.

Procedure ■ **OP AANVRAAG** ▶ ja **DOORLOOPTIJD** ▶ 1-3 maanden **AANVRAAGPROCEDURE** ▶ Verzoeken om financiële ondersteuning dienen schriftelijk te worden ingediend. Iedere aanvraag bevat tenminste: ☑ gegevens van de aanvragende instelling (statuten en inschrijving Kamer van Koophandel); ☑ de meest recente jaarrekeningen (indien aanwezig de begroting voor het komende boekjaar); ☑ een uitgebreide projectomschrijving; ☑ een begroting van het project,alsmede een overzicht van die instellingen waar eveneens een aanvraag voor een bijdrage is ingediend; ☑ een opgave van reeds toegezegde bedragen en namen van de betrokken instellingen en/of personen; ☑ de naam,tel.nr. en e-mailadres van één of meer contactpersonen. Voor bijdragen boven €25000,- kan het fonds een accountantsverklaring vragen,waarin bevestigd word dat het toegewezen bedrag ook daadwerkelijk conform de afspraken is of zal worden besteed aan het bedoelde project. Beneden de €25000,- kan het fonds van de desbetreffende instelling een financiële verantwoording verlangen. De aanvraag dient te worden ingediend bij het secretariaat van de stichting. Het bestuur van de Stichting Fonds Eemsmond komt maandelijks bijeen. Complete aanvragen,bevestigd door de secretaris van het fonds,welke tenminste 10 dagen voor een bestuursvergadering het fonds hebben bereikt zullen in principe in de voorbereiding- en besluitvorming van de bestuursvergadering van het fonds worden meegenomen. Er is geen mogelijkheid tot beroep **URL** ▶ www.snsfondseemsmond.nl/aanvraag.html

Financieel ■ **HERKOMST MIDDELEN** ▶ vermogen **BOEKJAAR** ▶ 2017 **JAARVERSLAG OP WEBSITE** ▶ ja.

Contact ■ **BEREIKBAAR PER** ▶ ☑ post ☒ e-mail ☒ telefoon **CONTACTPERSOON** ▶ geen contactpersoon bekend **POSTADRES** ▶ Oude Kerkstraat 1, 9901 JB Appingedam.

423
Fonds Eindbestemming

Rubriek ■ ☑ kunst en cultuur

Algemeen ■ **WEBSITE** ▶ www.cultuurfonds.nl **TYPERING** ▶ fonds op

naam **BEHEERD DOOR** ► Prins Bernhard Cultuurfonds **DIRECTIE** ► zie > Prins Bernhard Cultuurfonds **BESTUUR** ► zie > Prins Bernhard Cultuurfonds

Missie ■ **DOELSTELLING** ► Het in stand houden en restaureren van (familie-) graven in de ruimste zin van het woord. Het ordenen en beschrijven, alsmede het restaureren en conserveren van particuliere archieven, met name persoons- en familie-archieven. Het uitgeven van egodocumenten (memoires, dagboeken en briefwisselingen).

Werkgebied ■ **ACTIERADIUS** ► Nationaal **LAND** ► Nederland.

Projecten ■ **CRITERIA** ► geen projectcriteria bekend **DOORLOOPTIJD** ► ☑ korter dan 1 jaar **STATUS AANVRAGER** ► ☑ geen beperkingen bekend **VOORKEUR/UITSLUITING** ► geen voorkeur of uitsluiting bekend.

Procedure ■ **OP AANVRAAG** ► ja **AANVRAAGPROCEDURE** ► Dit 'fonds op naam' ressorteert onder het Prins Bernhard Cultuurfonds. Verzoeken aan fondsen op naam komen op één centraal punt binnen. Dit houdt in dat een subsidieaanvraag slechts eenmaal aan het Prins Bernhard Cultuurfonds hoeft te worden gezonden. Voor de verdere aanvraagprocedure: zie Prins Bernhard Cultuurfonds. **URL** ► www.cultuurfonds.nl/aanvragen

Contact ■ **BEREIKBAAR PER** ► ☑ post ☑ e-mail ☑ telefoon **CONTACTPERSOON** ► geen contactpersoon bekend **POSTADRES** ► Postbus 19750, 1000 GT Amsterdam **EMAIL (ALGEMEEN)** ► info@cultuurfonds.nl **TELEFOON (ALGEMEEN)** ► 020-5206130.

424
Fonds Henri Fock

Rubriek ■ ☑ kunst en cultuur ☑ onderwijs en onderzoek

Algemeen ■ **WEBSITE** ► www.cultuurfonds.nl **TYPERING** ► fonds op naam **BEHEERD DOOR** ► Prins Bernhard Cultuurfonds **DIRECTIE** ► zie > Prins Bernhard Cultuurfonds **BESTUUR** ► zie > Prins Bernhard Cultuurfonds

Missie ■ **DOELSTELLING** ► Het financieel ondersteunen van pas afgestudeerde, getalenteerde musici voor vervolgstudie of -onderzoek in het buitenland en het financieel ondersteunen van projecten op het gebied van de muziek.

Werkgebied ■ **ACTIERADIUS** ► Nationaal, Internationaal **LAND** ► Nederland.

Projecten ■ **CRITERIA** ► geen projectcriteria bekend **DOORLOOPTIJD** ► ☑ korter dan 1 jaar **STATUS AANVRAGER** ► ☑ geen beperkingen bekend **VOORKEUR/UITSLUITING** ► geen voorkeur of uitsluiting bekend.

Procedure ■ **OP AANVRAAG** ► ja **AANVRAAGPROCEDURE** ► Dit 'fonds op naam' ressorteert onder het Prins Bernhard Cultuurfonds. Verzoeken aan fondsen op naam komen op één centraal punt binnen. Dit houdt in dat een subsidieaanvraag slechts eenmaal aan het Prins Bernhard Cultuurfonds hoeft te worden gezonden. Voor de verdere aanvraagprocedure: zie Prins Bernhard Cultuurfonds. **URL** ► www.cultuurfonds.nl/aanvragen

Contact ■ **BEREIKBAAR PER** ► ☑ post ☑ e-mail ☑ telefoon **CONTACTPERSOON** ► geen contactpersoon bekend **POSTADRES** ► Postbus 19750, 1000 GT Amsterdam **EMAIL (ALGEMEEN)** ► info@cultuurfonds.nl **TELEFOON (ALGEMEEN)** ► 020-5206130.

425
Fonds Huis de Visscher

Rubriek ■ ☑ kunst en cultuur

Algemeen ■ **WEBSITE** ► www.cultuurfonds.nl **TYPERING** ► fonds op naam **BEHEERD DOOR** ► Prins Bernhard Cultuurfonds **DIRECTIE** ► zie > Prins Bernhard Cultuurfonds **BESTUUR** ► zie > Prins Bernhard Cultuurfonds

Missie ■ **DOELSTELLING** ► Het financieel ondersteunen van initiatieven die zijn gericht op het behoud en het cultureel of kunstzinnig gebruik van grachtenpanden en hun monumentale interieurs. Tevens komen projecten op het gebied van Chinees-Indonesisch erfgoed in aanmerking voor ondersteuning.

Werkgebied ■ **ACTIERADIUS** ► Nationaal **LAND** ► Nederland.

Projecten ■ **CRITERIA** ► geen projectcriteria bekend **DOORLOOPTIJD** ► ☑ korter dan 1 jaar **STATUS AANVRAGER** ► ☑ geen beperkingen bekend **VOORKEUR/UITSLUITING** ► geen voorkeur of uitsluiting bekend.

Procedure ■ **OP AANVRAAG** ► ja **AANVRAAGPROCEDURE** ► Dit 'fonds op naam' ressorteert onder het Prins Bernhard Cultuurfonds. Verzoeken aan fondsen op naam komen op één centraal punt binnen. Dit houdt in dat een subsidieaanvraag slechts eenmaal aan het Prins Bernhard Cultuurfonds hoeft te worden gezonden. Voor de verdere aanvraagprocedure: zie Prins Bernhard Cultuurfonds. **URL** ► www.cultuurfonds.nl/aanvragen

Contact ■ **BEREIKBAAR PER** ► ☑ post ☑ e-mail ☑ telefoon **CONTACTPERSOON** ► geen contactpersoon bekend **POSTADRES** ► Postbus 19750, 1000 GT Amsterdam **EMAIL (ALGEMEEN)** ► info@cultuurfonds.nl **TELEFOON (ALGEMEEN)** ► 020-5206130.

426
Fonds Industrieel Erfgoed

Rubriek ■ ☑ kunst en cultuur ☑ onderwijs en onderzoek

Algemeen ■ **WEBSITE** ► www.cultuurfonds.nl **TYPERING** ► fonds op naam **BEHEERD DOOR** ► Prins Bernhard Cultuurfonds **DIRECTIE** ► zie > Prins Bernhard Cultuurfonds **BESTUUR** ► zie > Prins Bernhard Cultuurfonds

Missie ■ **DOELSTELLING** ► Voor restauratie van gebouwd industrieel erfgoed met bijzondere restauratie-onderdelen en projecten die bijdragen aan onderzoek en presentatie van de geschiedenis van het industriële erfgoed in Nederland.

Werkgebied ■ **ACTIERADIUS** ► Nationaal **LAND** ► Nederland.

Projecten ■ **CRITERIA** ► geen projectcriteria bekend **DOORLOOPTIJD** ► ☑ korter dan 1 jaar **STATUS AANVRAGER** ► ☑ geen beperkingen bekend **VOORKEUR/UITSLUITING** ► geen voorkeur of uitsluiting bekend.

Procedure ■ **OP AANVRAAG** ► ja **AANVRAAGPROCEDURE** ► Dit 'fonds op

naam' ressorteert onder het Prins Bernhard Cultuurfonds. Verzoeken aan fondsen op naam komen op één centraal punt binnen. Dit houdt in dat een subsidieaanvraag slechts eenmaal aan het Prins Bernhard Cultuurfonds hoeft te worden gezonden. Voor de verdere aanvraagprocedure: zie Prins Bernhard Cultuurfonds. **URL** ▶ www.cultuurfonds.nl/aanvragen

Contact ■ **BEREIKBAAR PER** ▶ ☑ post ☑ e-mail ☑ telefoon **CONTACTPERSOON** ▶ geen contactpersoon bekend **POSTADRES** ▶ Postbus 19750, 1000 GT Amsterdam **EMAIL (ALGEMEEN)** ▶ info@cultuurfonds.nl **TELEFOON (ALGEMEEN)** ▶ 020-5206130.

427
Fonds Jong Talent

Rubriek ■ ☑ kunst en cultuur ☑ onderwijs en onderzoek

Algemeen ■ **WEBSITE** ▶ www.cultuurfonds.nl **TYPERING** ▶ fonds op naam **BEHEERD DOOR** ▶ Prins Bernhard Cultuurfonds **DIRECTIE** ▶ zie Prins Bernhard Cultuurfonds **BESTUUR** ▶ zie Prins Bernhard Cultuurfonds

Missie ■ **DOELSTELLING** ▶ Het financieel ondersteunen jonge talentvolle musici en van projecten op het gebied van de ontwikkeling van jonge musici en het financieel ondersteunen van de ontwikkeling van talent op het gebied van glaskunst en keramiek.

Werkgebied ■ **ACTIERADIUS** ▶ Internationaal.

Projecten ■ **CRITERIA** ▶ geen projectcriteria bekend **DOORLOOPTIJD** ▶ ☑ korter dan 1 jaar **STATUS AANVRAGER** ▶ ☑ geen beperkingen bekend **VOORKEUR/UITSLUITING** ▶ geen voorkeur of uitsluiting bekend.

Procedure ■ **OP AANVRAAG** ▶ ja **AANVRAAGPROCEDURE** ▶ Dit 'fonds op naam' ressorteert onder het Prins Bernhard Cultuurfonds. Verzoeken aan fondsen op naam komen op één centraal punt binnen. Dit houdt in dat een subsidieaanvraag slechts eenmaal aan het Prins Bernhard Cultuurfonds hoeft te worden gezonden. Voor de verdere aanvraagprocedure: zie Prins Bernhard Cultuurfonds. **URL** ▶ www.cultuurfonds.nl/aanvragen

Contact ■ **BEREIKBAAR PER** ▶ ☑ post ☑ e-mail ☑ telefoon **CONTACTPERSOON** ▶ geen contactpersoon bekend **POSTADRES** ▶ Postbus 19750, 1000 GT Amsterdam **EMAIL (ALGEMEEN)** ▶ info@cultuurfonds.nl **TELEFOON (ALGEMEEN)** ▶ 020-5206130.

428
Fonds Kleinschalige Initiatieven Overijssel

Rubriek ■ ☑ kunst en cultuur

Algemeen ■ **WEBSITE** ▶ www.cultuurfonds.nl **TYPERING** ▶ fonds op naam **BEHEERD DOOR** ▶ Prins Bernhard Cultuurfonds **DIRECTIE** ▶ zie Prins Bernhard Cultuurfonds **BESTUUR** ▶ zie Prins Bernhard Cultuurfonds

Missie ■ **DOELSTELLING** ▶ Het financieel ondersteunen van kleine culturele initiatieven in Overijssel. Aanvragen worden in behandeling genomen door het Prins Bernhard Cultuurfonds Overijssel.

Werkgebied ■ **ACTIERADIUS** ▶ Regionaal **LAND** ▶ Nederland **REGIO** ▶ Overijssel.

Projecten ■ **CRITERIA** ▶ geen projectcriteria bekend **DOORLOOPTIJD** ▶ ☑ onbekend **STATUS AANVRAGER** ▶ ☑ geen beperkingen bekend **VOORKEUR/UITSLUITING** ▶ geen voorkeur of uitsluiting bekend.

Procedure ■ **OP AANVRAAG** ▶ ja **AANVRAAGPROCEDURE** ▶ Dit 'fonds op naam' ressorteert onder het Prins Bernhard Cultuurfonds. Verzoeken aan fondsen op naam komen op één centraal punt binnen. Dit houdt in dat een subsidieaanvraag slechts eenmaal aan het Prins Bernhard Cultuurfonds hoeft te worden gezonden. Voor de verdere aanvraagprocedure: zie Prins Bernhard Cultuurfonds. **URL** ▶ www.cultuurfonds.nl/aanvragen

Contact ■ **BEREIKBAAR PER** ▶ ☑ post ☑ e-mail ☑ telefoon **CONTACTPERSOON** ▶ geen contactpersoon bekend **POSTADRES** ▶ Postbus 19750, 1000 GT Amsterdam **EMAIL (ALGEMEEN)** ▶ info@cultuurfonds.nl **TELEFOON (ALGEMEEN)** ▶ 020-5206130.

429
Fonds Kleinschalige Projecten Natuureducatie

Rubriek ■ ☑ natuur, milieu en dieren ☑ onderwijs en onderzoek

Algemeen ■ **WEBSITE** ▶ www.cultuurfonds.nl **TYPERING** ▶ fonds op naam **BEHEERD DOOR** ▶ Prins Bernhard Cultuurfonds **DIRECTIE** ▶ zie > Prins Bernhard Cultuurfonds **BESTUUR** ▶ zie > Prins Bernhard Cultuurfonds

Missie ■ **DOELSTELLING** ▶ Het financieel ondersteunen van educatieve projecten op het gebied van natuurbehoud.

Werkgebied ■ **ACTIERADIUS** ▶ Nationaal **LAND** ▶ Nederland.

Projecten ■ **CRITERIA** ▶ geen projectcriteria bekend **DOORLOOPTIJD** ▶ ☑ korter dan 1 jaar **STATUS AANVRAGER** ▶ ☑ geen beperkingen bekend **VOORKEUR/UITSLUITING** ▶ geen voorkeur of uitsluiting bekend.

Procedure ■ **OP AANVRAAG** ▶ ja **AANVRAAGPROCEDURE** ▶ Dit 'fonds op naam' ressorteert onder het Prins Bernhard Cultuurfonds. Verzoeken aan fondsen op naam komen op één centraal punt binnen. Dit houdt in dat een subsidieaanvraag slechts eenmaal aan het Prins Bernhard Cultuurfonds hoeft te worden gezonden. Voor de verdere aanvraagprocedure: zie Prins Bernhard Cultuurfonds. **URL** ▶ www.cultuurfonds.nl/aanvragen

Contact ■ **BEREIKBAAR PER** ▶ ☑ post ☑ e-mail ☑ telefoon **CONTACTPERSOON** ▶ geen contactpersoon bekend **POSTADRES** ▶ Postbus 19750, 1000 GT Amsterdam **EMAIL (ALGEMEEN)** ▶ info@cultuurfonds.nl **TELEFOON (ALGEMEEN)** ▶ 020-5206130.

430
Fonds Kruitlaan

Rubriek ■ ☑ kunst en cultuur ☑ onderwijs en onderzoek

Algemeen ■ **WEBSITE** ▶ www.cultuurfonds.nl **TYPERING** ▶ fonds op

naam **BEHEERD DOOR** ► Prins Bernhard Cultuurfonds **DIRECTIE** ► zie > Prins Bernhard Cultuurfonds **BESTUUR** ► zie > Prins Bernhard Cultuurfonds

Missie ■ **DOELSTELLING** ► Het financieel ondersteunen van getalenteerde afgestudeerden op het terrein van de beeldende kunst, bij voorkeur mode, voor een vervolgstudie of -onderzoek in het buitenland.

Werkgebied ■ **ACTIERADIUS** ► Internationaal.

Projecten ■ **CRITERIA** ► geen projectcriteria bekend **DOORLOOPTIJD** ► ☑ korter dan 1 jaar **STATUS AANVRAGER** ► ☑ geen beperkingen bekend **VOORKEUR/UITSLUITING** ► Voorkeur gaat uit naar afgestudeerden op het gebied van mode.

Procedure ■ **OP AANVRAAG** ► ja **AANVRAAGPROCEDURE** ► Dit 'fonds op naam' ressorteert onder het Prins Bernhard Cultuurfonds. Verzoeken aan fondsen op naam komen op één centraal punt binnen. Dit houdt in dat een subsidieaanvraag slechts eenmaal aan het Prins Bernhard Cultuurfonds hoeft te worden gezonden. Voor de verdere aanvraagprocedure: zie Prins Bernhard Cultuurfonds. **URL** ► www.cultuurfonds.nl/aanvragen

Contact ■ **BEREIKBAAR PER** ► ☑ post ☑ e-mail ☑ telefoon **CONTACTPERSOON** ► geen contactpersoon bekend **POSTADRES** ► Postbus 19750, 1000 GT Amsterdam **EMAIL (ALGEMEEN)** ► info@cultuurfonds.nl **TELEFOON (ALGEMEEN)** ► 020-5206130.

431

Fonds Kunstlicht in de Kunst

Rubriek ■ ☑ kunst en cultuur

Algemeen ■ **WEBSITE** ► www.cultuurfonds.nl **TYPERING** ► fonds op naam **BEHEERD DOOR** ► Prins Bernhard Cultuurfonds **DIRECTIE** ► zie Prins Bernhard Cultuurfonds **BESTUUR** ► zie Prins Bernhard Cultuurfonds

Missie ■ **DOELSTELLING** ► Het financieel ondersteunen van projecten of jonge beeldend kunstenaars op het terrein van de lichtkunst, met als doel de interesse in lichtkunst te bevorderen.

Werkgebied ■ **ACTIERADIUS** ► Nationaal **LAND** ► Nederland.

Projecten ■ **CRITERIA** ► geen projectcriteria bekend **DOORLOOPTIJD** ► ☑ korter dan 1 jaar **STATUS AANVRAGER** ► ☑ geen beperkingen bekend **VOORKEUR/UITSLUITING** ► geen voorkeur of uitsluiting bekend.

Procedure ■ **OP AANVRAAG** ► ja **AANVRAAGPROCEDURE** ► Dit 'fonds op naam' ressorteert onder het Prins Bernhard Cultuurfonds. Verzoeken aan fondsen op naam komen op één centraal punt binnen. Dit houdt in dat een subsidieaanvraag slechts eenmaal aan het Prins Bernhard Cultuurfonds hoeft te worden gezonden. Voor de verdere aanvraagprocedure: zie Prins Bernhard Cultuurfonds. **URL** ► www.cultuurfonds.nl/aanvragen

Contact ■ **BEREIKBAAR PER** ► ☑ post ☑ e-mail ☑ telefoon **CONTACTPERSOON** ► geen contactpersoon bekend **POSTADRES** ► Postbus 19750, 1000 GT Amsterdam **EMAIL (ALGEMEEN)** ► info@cultuurfonds.nl **TELEFOON (ALGEMEEN)** ► 020-5206130.

432

Stichting Fonds Kwadraat

Rubriek ■ ☑ kunst en cultuur

Algemeen ■ **WEBSITE** ► www.fondskwadraat.nl **TYPERING** ► hybride fonds **OPGERICHT** ► 01-01-1971 **RECHTSVORM** ► stichting **KVK** ► 41198822 **ANBI STATUS** ► ja **DIRECTIE** ► mw. E.F. Mendelaar **BESTUUR** ► Mw. J.M.G.L. Tee, voorzitter; J.C. Rietveld, penningmeester; mw. N. Fontijne, secretaris; mw. G. Coebergh; T.M. Eyck.

Missie ■ **DOELSTELLING** ► De stichting heeft ten doel financiële mogelijkheden te bieden aan beeldend; kunstenaars, vormgevers, modeontwerpers, architecten en multimediakunstenaars, onder wie ook eindexamenstudenten van kunst- en designacademies en studenten van de Tweede Faseopleidingen en Werkplaatsen in de kosten van artistieke projecten en producties en al hetgeen tot één en ander behoort, daarmee verband houdt of daaraan bevorderlijk kan zijn, één en ander in de ruimste zin van het woord. **HISTORIE** ► Fonds Kwadraat is in 1971 opgericht voor en door kunstenaars. Eind jaren zestig pleitte beeldhouwer Karel Kneulman bij het toenmalige ministerie van Cultuur en Wetenschappen voor een leningenfonds speciaal voor beeldhouwers. Met een rentevrije lening konden beeldhouwers hun gipsen beelden in brons laten gieten om ze vervolgens te verkopen aan overheden, bedrijven en particulieren. Zo is het Materiaalfonds ontstaan. Omdat de leningen voor meer dan alleen materiaal bestemd zijn, is in 2015 de naam veranderd. Het Materiaalfonds werd Fonds Kwadraat, wat staat voor de vermenigvuldiging van kapitaal. Een bedrag wordt uitgeleend en komt terug, zodat het opnieuw kan worden uitgeleend voor een ander project. Zo heeft Fonds Kwadraat sinds zijn oprichting in 1971 eind 2017 met een leenkapitaal van 400.000 euro meer dan 2.400 projecten gefinancierd met een totaal bedrag van ruim 7.800.000 euro. **BELEIDSPLAN OP WEBSITE** ► ja.

Doelgroep ■ **ALGEMEEN** ► vrouwen, mannen **SPECIFIEK** ► Beeldend kunstenaars, fotografen en ontwerpers. **ACTIVITEITEN** ► Beeldend kunstenaars, fotografen en ontwerpers kunnen bij Fonds Kwadraat een rentevrije lening aanvragen. De leningen zijn bedoeld voor het ontwikkelen, maken en presenteren van nieuw werk. Ook voor de aanschaf van gereedschappen en apparatuur kun je een rentevrije lening aanvragen. Eindexamenstudenten van kunst- en designacademies kunnen een lening van maximaal € 800 aanvragen. Ook kleine kunstinstellingen kunnen bij Fonds Kwadraat terecht. Fonds Kwadraat werkt samen met en wordt ondersteund door een aantal fondsen:; ☑ Het Mondriaan Fonds; ☑ Het Stimuleringsfonds Creatieve Industrie; ☑ CBK Rotterdam (CBK Fonds Kwadraat); ☑ Het BankGiro Loterij Fonds. **INTERVENTIENIVEAU** ► Steun aan individuen (directe steun).

Werkgebied ■ **ACTIERADIUS** ► Nationaal **LAND** ► Nederland.

Bestedingen ■ **BUDGET** ► niet openbaar **TOELICHTING** ► Fonds Kwadraat is een revolving fund. Het geld wordt uitgeleend en komt terug, zodat het opnieuw kan worden uitgeleend. Zo blijft het kapitaal altijd in stand. Voor studenten is de bovengrens vastgesteld op € 800,-. **ONDERSTEUNDE PROJECTEN P/J** ► 120 **SOORT BIJDRAGE** ► leningen **BOVENGRENS** ► € 8.000 **ONDERGRENS** ► geen.

Projecten ■ CRITERIA ▶ Criteria/beoordeling op: ☑ Nederlandse nationaliteit/verblijfsvergunning voor de periode waarvoor een lening wordt aangegaan; ☑ Ingeschreven staan in Nederland; ☑ Nederlandse bankrekening; ☑ kwaliteit aanvrager (CV/eerder werk); ☑ artistieke kwaliteit van het project; ☑ haalbaarheid van het project; ☑ financiële verantwoording van het project. DOORLOOPTIJD ▶ ☑ korter dan 1 jaar STATUS AANVRAGER ▶ ☑ individuen/gezinnen VOORKEUR/UITSLUITING ▶ geen voorkeur of uitsluiting bekend.

Procedure ■ OP AANVRAAG ▶ ja AANVRAAGPROCEDURE ▶ Vraag de lening digitaal aan via de website. Lever daarbij de volgende documenten aan: ☑ cv (maximaal 2 pagina's, van de afgelopen vijf jaar); ☑ een korte toelichting op je werk (max. 100 woorden); ☑ projectplan met motivatie (maximaal 1 A4); ☑ begroting van het project met daarin de dekkingskosten; ☑ pdf-bestand met daarin maximaal 12 afbeeldingen van recent werk; ☑ recentste jaarrekening (samenvatting) of belastingaanslag. Na goedkeuring van uw aanvraag tekent u een overeenkomst voor de maandelijkse aflossing per automatische incasso. Als het bedrag hoger is dan € 5.000 is een borgstelling vereist. Studenten hebben altijd een borgstelling nodig voor het hele leenbedrag. Neem contact op met info@fondskwadraat.nl voor het borgformulier en lever het na goedkeuring van de aanvraag in samen met de overeenkomst voor de aflossing. Voor kleine instellingen beeldende kunst die een aanvraag doen, dienen de volgende documenten te worden aangeleverd. ☑ Contactgegevens; ☑ Rechtsvorm en KvK nummer; ☑ Doelstelling / activiteiten van de organisatie; ☑ initiatiefnemer / beschrijving van de organisatie; ☑ Project (max. 1 A4); ☑ Begroting; ☑ Visuele documentatie (zie hierboven); ☑ Kopie laatste jaarrekening URL ▶ www.fondskwadraat.nl/lening-aanvragen/

Financieel ■ HERKOMST MIDDELEN ▶ vermogen, legaten, overige inkomsten, giften & schenkingen, inkomsten uit vermogen, inkomsten uit bedrijven BOEKJAAR ▶ 2019 JAARVERSLAG OP WEBSITE ▶ ja.

Contact ■ BEREIKBAAR PER ▶ ☑ post ☑ e-mail ☑ telefoon CONTACTPERSOON ▶ Mw. E.F. Mendelaar POSTADRES ▶ Overhoeksplein 2, 1031 KS Amsterdam EMAIL (ALGEMEEN) ▶ info@fondskwadraat.nl TELEFOON (ALGEMEEN) ▶ +310-206255112; +310-647934875.

433
Fonds Laboratorio

Rubriek ■ ☑ kunst en cultuur ☑ natuur, milieu en dieren

Algemeen ■ WEBSITE ▶ www.cultuurfonds.nl TYPERING ▶ fonds op naam BEHEERD DOOR ▶ Prins Bernhard Cultuurfonds DIRECTIE ▶ zie > Prins Bernhard Cultuurfonds BESTUUR ▶ zie > Prins Bernhard Cultuurfonds

Missie ■ DOELSTELLING ▶ Het financieel ondersteunen van al dan niet conceptuele landartprojecten in Nederland, Schotland en IJsland, in de vorm van reis- en werkbeurzen, materiaalkosten en exposities.

Werkgebied ■ ACTIERADIUS ▶ Nationaal, Internationaal LAND ▶ Nederland, Schotland, IJsland.

Projecten ■ CRITERIA ▶ geen projectcriteria bekend DOORLOOPTIJD ▶ ☑ korter dan 1 jaar STATUS AANVRAGER ▶ ☑ overig VOORKEUR/UITSLUITING ▶ geen voorkeur of uitsluiting bekend.

Procedure ■ OP AANVRAAG ▶ ja AANVRAAGPROCEDURE ▶ Dit 'fonds op naam' ressorteert onder het Prins Bernhard Cultuurfonds. Verzoeken aan fondsen op naam komen op één centraal punt binnen. Dit houdt in dat een subsidieaanvraag slechts eenmaal aan het Prins Bernhard Cultuurfonds hoeft te worden gezonden. Voor de verdere aanvraagprocedure: zie Prins Bernhard Cultuurfonds. URL ▶ www.cultuurfonds.nl/aanvragen

Contact ■ BEREIKBAAR PER ▶ ☑ post ☑ e-mail ☑ telefoon CONTACTPERSOON ▶ geen contactpersoon bekend POSTADRES ▶ Postbus 19750, 1000 GT Amsterdam EMAIL (ALGEMEEN) ▶ info@cultuurfonds.nl TELEFOON (ALGEMEEN) ▶ 020-5206130.

434
Fonds Meijer/Leima

Rubriek ■ ☑ kunst en cultuur ☑ maatschappij, welzijn en samenleving

Algemeen ■ WEBSITE ▶ www.kennisbankfilantropie.nl/anbi/stichting-instandhouding-cultureel-erfgoed-in-noord-west-groningen-fonds-meijer-leima TYPERING ▶ vermogensfonds OPGERICHT ▶ 30-11-1999 RECHTSVORM ▶ stichting KVK ▶ 02068158 ANBI STATUS ▶ ja DIRECTIE ▶ geen directiegegevens bekend BESTUUR ▶ Mw. J. Stam, voorzitter; R. Meijer, penningmeester; mw. A. Sijpkens-Wieringa, secretaris.

Missie ■ DOELSTELLING ▶ De stichting heeft ten doel: ☑ het instandhouden van cultureel erfgoed in Noord-West Groningen; ☑ het verrichten van alle handelingen die met het vorenstaande verband houden of daartoe bevorderlijk kunnen zijn, zulks in de meest ruime zin. STICHTER(S) ▶ De heer en mevrouw Meijer-Leima HISTORIE ▶ De statutaire naam van het Fonds Meijer/Leima is Stichting Instandhouding Cultureel Erfgoed in Noord-West Groningen. BELEIDSPLAN OP WEBSITE ▶ ja.

Doelgroep ■ SPECIFIEK ▶ Cultureel erfgoed in Noord-West Groningen. ACTIVITEITEN ▶ Zij tracht haar doel ondermeer te verwezenlijken door: ☑ De verwerving van cultureel erfgoed in Noord-West Groningen, hetzij in eigendom, hetzij in gebruik, te bevorderen; ☑ het verstrekken van tweejaarlijkse financiële bijdragen aan personen of instellingen die eigenaar of gebruiker zijn van dat cultureel erfgoed uit de inkomsten of het vermogen van de stichting. INTERVENTIENIVEAU ▶ Steun aan individuen (directe steun).; Steun aan lokale/provinciale maatschappelijke organisaties en structuren (incl. gemeenten etc.) die diensten verlenen aan individuen.

Werkgebied ■ ACTIERADIUS ▶ Regionaal LAND ▶ Nederland REGIO ▶ Noord-West Groningen.

Bestedingen ■ BUDGET ▶ niet openbaar SOORT BIJDRAGE ▶ giften garanties BOVENGRENS ▶ geen ONDERGRENS ▶ geen.

Projecten ■ CRITERIA ▶ Algemeen nut beogende culturele en/of erfgoed bevorderende activiteiten. DOORLOOPTIJD ▶ ☑ onbekend STATUS AANVRAGER ▶ ☑ stichting of vereniging (non-profit) ☑ onderwijsinstelling VOORKEUR/UITSLUITING ▶ Instellingen die voor subsidie in aanmerking willen komen dienen hun activiteiten te ontplooien in het gebied Noord-West Groningen, de gemeenten De Marne en delen van Winsum, ten westen van de lijn Groningen/Warffum en Zuidhorn ten noorden van de lijn Groningen/Grijpskerk.

Procedure ■ OP AANVRAAG ► onbekend AANVRAAGPROCEDURE ► geen aanvraagprocedure bekend.

Financieel ■ EIGEN VERMOGEN ► € 237.896 HERKOMST MIDDELEN ► vermogen, giften & schenkingen BOEKJAAR ► 2018 JAARVERSLAG OP WEBSITE ► ja.

Contact ■ BEREIKBAAR PER ► ☑ post ☑ e-mail ☑ telefoon CONTACTPERSOON ► geen contactpersoon bekend POSTADRES ► Gaickingalaan 12, 9801 EA Zuidhorn EMAIL (ALGEMEEN) ► rpmeijer@mail.com TELEFOON (ALGEMEEN) ► 06-21582709.

435

Fonds Monnier Goudzwaard

Rubriek ■ ☑ kunst en cultuur

Algemeen ■ WEBSITE ► www.cultuurfonds.nl TYPERING ► fonds op naam BEHEERD DOOR ► Prins Bernhard Cultuurfonds DIRECTIE ► zie Prins Bernhard Cultuurfonds BESTUUR ► zie Prins Bernhard Cultuurfonds

Missie ■ DOELSTELLING ► Het financieel ondersteunen van projecten op het gebied van klassieke muziek in brede zin; voor ensembles met een landelijke uitstraling, voor educatieve projecten voor kinderen, voor talentvolle jonge musici bv. voor de aankoop van een instrument.

Werkgebied ■ ACTIERADIUS ► Nationaal LAND ► Nederland.

Projecten ■ CRITERIA ► geen projectcriteria bekend DOORLOOPTIJD ► ☑ korter dan 1 jaar STATUS AANVRAGER ► ☑ stichting of vereniging (non-profit) ☑ individuen/gezinnen ☑ overig VOORKEUR/UITSLUITING ► geen voorkeur of uitsluiting bekend.

Procedure ■ OP AANVRAAG ► ja AANVRAAGPROCEDURE ► Dit 'fonds op naam' ressorteert onder het Prins Bernhard Cultuurfonds. Verzoeken aan fondsen op naam komen op één centraal punt binnen. Dit houdt in dat een subsidieaanvraag slechts eenmaal aan het Prins Bernhard Cultuurfonds hoeft te worden gezonden. Voor de verdere aanvraagprocedure: zie Prins Bernhard Cultuurfonds. URL ► www.cultuurfonds.nl/aanvragen

Contact ■ BEREIKBAAR PER ► ☑ post ☑ e-mail ☑ telefoon CONTACTPERSOON ► geen contactpersoon bekend POSTADRES ► Postbus 19750, 1000 GT Amsterdam EMAIL (ALGEMEEN) ► info@cultuurfonds.nl TELEFOON (ALGEMEEN) ► 020-5206130.

436

Fonds motie Limburg Volkscultuur

Rubriek ■ ☑ kunst en cultuur

Algemeen ■ WEBSITE ► www.cultuurfonds.nl TYPERING ► fonds op naam BEHEERD DOOR ► Prins Bernhard Cultuurfonds DIRECTIE ► zie Prins Bernhard Cultuurfonds BESTUUR ► zie Prins Bernhard Cultuurfonds

Missie ■ DOELSTELLING ► Het in stand houden en behouden van harmonieën, fanfares, schutterijen en zangkoren voor de breed gedragen Limburgse volkscultuur door hen financieel te ondersteunen in de aanschaf van (begeleidings-)instrumenten en uniformen. Aanvragen worden behandeld door Prins Bernhard Cultuurfonds Limburg.

Werkgebied ■ ACTIERADIUS ► Regionaal LAND ► Nederland REGIO ► Limburg.

Projecten ■ CRITERIA ► geen projectcriteria bekend DOORLOOPTIJD ► ☑ korter dan 1 jaar STATUS AANVRAGER ► ☑ geen beperkingen bekend VOORKEUR/UITSLUITING ► geen voorkeur of uitsluiting bekend.

Procedure ■ OP AANVRAAG ► ja AANVRAAGPROCEDURE ► Dit 'fonds op naam' ressorteert onder het Prins Bernhard Cultuurfonds. Verzoeken aan fondsen op naam komen op één centraal punt binnen. Dit houdt in dat een subsidieaanvraag slechts eenmaal aan het Prins Bernhard Cultuurfonds hoeft te worden gezonden. Voor de verdere aanvraagprocedure: zie Prins Bernhard Cultuurfonds. URL ► www.cultuurfonds.nl/aanvragen

Contact ■ BEREIKBAAR PER ► ☑ post ☑ e-mail ☑ telefoon CONTACTPERSOON ► geen contactpersoon bekend POSTADRES ► Postbus 19750, 1000 GT Amsterdam EMAIL (ALGEMEEN) ► info@cultuurfonds.nl TELEFOON (ALGEMEEN) ► 020-5206130.

437

Stichting Fonds mr. A. Steengracht de Souburg

Rubriek ■ ☑ kerk en levensbeschouwing ☑ onderwijs en onderzoek

Algemeen ■ WEBSITE ► www.kennisbankfilantropie.nl/anbi/fonds-mr-a-steengracht-de-souburg TYPERING ► vermogensfonds OPGERICHT ► 01-12-1773 RECHTSVORM ► stichting KVK ► 41193828 ANBI STATUS ► nee DIRECTIE ► geen directiegegevens bekend BESTUUR ► Mw.mr. H.G Delbeek-de Ranitz, voorzitter; mw.ir. C.Q. de Ranitz, penningmeester; mw. H.C. Delbeek, secretaris.

Missie ■ DOELSTELLING ► De bevordering van de studie van studenten in de theologie. STICHTER(S) ► Mr. Adriaan Steengracht de Souburg.

Doelgroep ■ ALGEMEEN ► studenten SPECIFIEK ► Studenten in de theologie, met doel predikant te worden. ACTIVITEITEN ► Er zijn jaarlijks drie boekenbeurzen van ongeveer € 200,- beschikbaar. INTERVENTIENIVEAU ► Steun aan individuen (directe steun).

Werkgebied ■ ACTIERADIUS ► Nationaal LAND ► Nederland.

Bestedingen ■ BUDGET ► niet openbaar ONDERSTEUNDE PROJECTEN P/J ► 3 SOORT BIJDRAGE ► giften BOVENGRENS ► € 200 ONDERGRENS ► geen.

Projecten ■ CRITERIA ► geen projectcriteria bekend DOORLOOPTIJD ► ☑ korter dan 1 jaar STATUS AANVRAGER ► ☑ individuen/gezinnen VOORKEUR/UITSLUITING ► geen voorkeur of uitsluiting bekend.

Procedure ■ OP AANVRAAG ► ja DOORLOOPTIJD ► 3-6 maanden AANVRAAGPROCEDURE ► De aanvragen moeten worden ingediend vóór 1 maart.

Financieel ■ HERKOMST MIDDELEN ▶ vermogen BOEKJAAR ▶ boekjaar onbekend.

Contact ■ BEREIKBAAR PER ▶ ☑ post ☑ e-mail ☒ telefoon CONTACTPERSOON ▶ Mw. ir, C.Q. de Ranitz POSTADRES ▶ Lombokstraat 4, 2585 VP Den Haag EMAIL (ALGEMEEN) ▶ cqderanitz@hetnet.nl.

438
Fonds Muziekstudie

Rubriek ■ ☑ kunst en cultuur

Algemeen ■ WEBSITE ▶ www.cultuurfonds.nl TYPERING ▶ fonds op naam BEHEERD DOOR ▶ Prins Bernhard Cultuurfonds DIRECTIE ▶ zie Prins Bernhard Cultuurfonds BESTUUR ▶ zie Prins Bernhard Cultuurfonds

Missie ■ DOELSTELLING ▶ Het financieel ondersteunen van klassiek geschoolde musici van 14 tot 25 jaar voor een vervolgopleiding (bij voorkeur) in het buitenland. Voor zangers geldt een bovengrens van 30 jaar.

Werkgebied ■ ACTIERADIUS ▶ Nationaal, Internationaal LAND ▶ Nederland.

Projecten ■ CRITERIA ▶ geen projectcriteria bekend DOORLOOPTIJD ▶ ☑ korter dan 1 jaar STATUS AANVRAGER ▶ ☑ geen beperkingen bekend VOORKEUR/UITSLUITING ▶ Voorkeur gaat uit naar vervolgopleidingen in het buitenland.

Procedure ■ OP AANVRAAG ▶ ja AANVRAAGPROCEDURE ▶ Dit 'fonds op naam' ressorteert onder het Prins Bernhard Cultuurfonds. Verzoeken aan fondsen op naam komen op één centraal punt binnen. Dit houdt in dat een subsidieaanvraag slechts eenmaal aan het Prins Bernhard Cultuurfonds hoeft te worden gezonden. Voor de verdere aanvraagprocedure: zie Prins Bernhard Cultuurfonds. URL ▶ www.cultuurfonds.nl/aanvragen

Contact ■ BEREIKBAAR PER ▶ ☑ post ☑ e-mail ☑ telefoon CONTACTPERSOON ▶ geen contactpersoon bekend POSTADRES ▶ Postbus 19750, 1000 GT Amsterdam EMAIL (ALGEMEEN) ▶ info@cultuurfonds.nl TELEFOON (ALGEMEEN) ▶ 020-5206130.

439
Fonds Nationaal Viooltalent

Rubriek ■ ☑ kunst en cultuur ☑ onderwijs en onderzoek

Algemeen ■ WEBSITE ▶ www.cultuurfonds.nl TYPERING ▶ fonds op naam BEHEERD DOOR ▶ Prins Bernhard Cultuurfonds DIRECTIE ▶ zie > Prins Bernhard Cultuurfonds BESTUUR ▶ zie > Prins Bernhard Cultuurfonds

Missie ■ DOELSTELLING ▶ Het financieel ondersteunen van jong Nederlands viooltalent voor een vervolgstudie in het buitenland.

Werkgebied ■ ACTIERADIUS ▶ Internationaal.

Projecten ■ CRITERIA ▶ geen projectcriteria bekend DOORLOOPTIJD ▶ ☑ korter dan 1 jaar STATUS AANVRAGER ▶ ☑ geen beperkingen bekend VOORKEUR/UITSLUITING ▶ geen voorkeur of uitsluiting bekend.

Procedure ■ OP AANVRAAG ▶ ja AANVRAAGPROCEDURE ▶ Dit 'fonds op naam' ressorteert onder het Prins Bernhard Cultuurfonds. Verzoeken aan fondsen op naam komen op één centraal punt binnen. Dit houdt in dat een subsidieaanvraag slechts eenmaal aan het Prins Bernhard Cultuurfonds hoeft te worden gezonden. Voor de verdere aanvraagprocedure: zie Prins Bernhard Cultuurfonds. URL ▶ www.cultuurfonds.nl/aanvragen

Contact ■ BEREIKBAAR PER ▶ ☑ post ☑ e-mail ☑ telefoon CONTACTPERSOON ▶ geen contactpersoon bekend POSTADRES ▶ Postbus 19750, 1000 GT Amsterdam EMAIL (ALGEMEEN) ▶ info@cultuurfonds.nl TELEFOON (ALGEMEEN) ▶ 020-5206130.

440
Stichting Fonds Ontwikkeling Wonen & Welzijn

Rubriek ■ ☑ maatschappij, welzijn en samenleving ☑ kunst en cultuur ☑ sport en recreatie ☑ onderwijs en onderzoek

Algemeen ■ WEBSITE ▶ www.foww.nl TYPERING ▶ vermogensfonds OPGERICHT ▶ 13-03-2006 RECHTSVORM ▶ stichting KVK ▶ 11064805 ANBI STATUS ▶ ja DIRECTIE ▶ geen directiegegevens bekend BESTUUR ▶ E. Hoogendam, voorzitter; mw. P. Buijsse, penningmeester; E. Schobben, secretaris; C. van Vlaanderen; mw. K. Koppers; mw. A. de Groot.

Missie ■ DOELSTELLING ▶ Het FOWW wil binnen het werkgebied, Gorinchem en directe omgeving, een bijdrage leveren aan de kwaliteit van de samenleving. Dat streven wordt vertaald in drie hoofddoelen; ☑ verbeteringen realiseren op het terrein van volkshuisvesting en de daarmee verwante leefomgeving; ☑ maatschappelijke initiatieven op het gebied van welzijn mede mogelijk maken, door het bieden van materiële steun; ☑ individuen ondersteunen die in materiële nood verkeren. HISTORIE ▶ Het FOWW is voortgekomen uit een fusie tussen twee organisaties: OSG (voorheen FOW) en SBMD. Op 13 maart 2006 kreeg de fusie formeel vorm met de oprichting van de nieuwe stichting FOWW. Hierdoor is een fonds ontstaan waarin de doelstellingen van de vorige stichtingen geïntegreerd werden. Een fonds dat wil werken op basis van een professionele aanpak en transparantie.

Doelgroep ■ SPECIFIEK ▶ Inwoners van Gorinchem en directe omgeving. ACTIVITEITEN ▶ ☑ Het FOWW kan optreden als partner van organisaties die zich inzetten voor het algemeen nut en maatschappelijke investeringen doen. Het FOWW kan deze organisaties financieel ondersteunen; ☑ Het FOWW kan zelf projecten initiëren; ☑ Het FOWW kan individuen financieel ondersteunen binnen de eerder genoemde voorwaarden; ☑ Het FOWW kan aanvullende middelen verstrekken, wanneer andere initiatieven en financieringsmogelijkheden ontoereikend zijn. Het FOWW biedt met name steun aan vernieuwende projecten en/of projecten die zonder het FOWW niet of zeer moeilijk tot stand zouden kunnen komen: het 'last resortprincipe'; ☑ Het FOWW kan verder, zo zeggen de statuten, 'alle handelingen verrichten die voor de doelen van de stichting bevorderlijk kunnen zijn. Een paar gesteunde activiteiten door de stichting FOWW zijn; ☑ Fortes Festival 2018; ☑ GORCUM in MUZIEK; ☑ Tweede editite Internationaal Film Festival Gorinchem; ☑ Winnaars en genomineerden Gorcumse literatuurprijs 2017/18 in de spotlight bij sprankelend Gedichtenfeest; ☑ Sport- en speelveld Gildenwijk feestelijk geopend; ☑ Binnenskamers Gorinchem. **INTERVENTIENIVEAU** ▶ Steun aan individuen (directe steun).; Steun aan lokale/provinciale maatschappelijke organisaties en structuren (incl. gemeenten etc.) die diensten verlenen aan individuen.

Werkgebied ■ **ACTIERADIUS** ▶ Lokaal **LAND** ▶ Nederland **REGIO** ▶ Zuid-Holland **PLAATS** ▶ Gorinchem.

Bestedingen ■ **BUDGET** ▶ niet openbaar **SOORT BIJDRAGE** ▶ giften subsidies **BOVENGRENS** ▶ geen **ONDERGRENS** ▶ geen.

Projecten ■ **CRITERIA** ▶ ☑ Het FOWW ondersteunt bouwprojecten met een maatschappelijke meerwaarde, die moeilijk tot stand zouden komen als je er alleen vanuit economisch oogpunt naar kijkt. Kwaliteitsverhoging van de leefomgeving is vrijwel altijd ook aan de orde; ☑ activiteiten in de sfeer van kunst en cultuur, educatie, sport en evenementen. In het algemeen zijn deze activiteiten in min of meerdere mate innovatief. Ook zijn ze regelmatig gericht op deelname aan de maatschappij door mensen voor wie dat niet (meer) vanzelf gaat; ☑ wonen binnen het werkgebied; ☑ professionele organisaties bieden niet voldoende financieringsbronnen (het last resort principe). **DOORLOOPTIJD** ▶ ☑ onbekend **STATUS AANVRAGER** ▶ ☑ geen beperkingen bekend **VOORKEUR/UITSLUITING** ▶ Het FOWW heeft een voorkeur voor (innovatieve) projecten waarin meerdere partijen samenwerken en/of ondersteuning geven. De onafhankelijke positie van het bestuur van het FOWW vereist ook het vermijden van situaties waarin het FOWW betrokken zou kunnen raken in conflicten tussen of met samenwerkende partijen.

Procedure ■ **OP AANVRAAG** ▶ ja **DOORLOOPTIJD** ▶ 1-3 maanden **AANVRAAGPROCEDURE** ▶ Schriftelijk. Een aanvraag moet voorzien zijn van; ☑ naam, adres en woonplaats van de organisatie die de aanvraag doet; ☑ Informatie over het initiatief; ☑ wat houdt het in en aan welk maatschappelijk doel draagt het bij; ☑ wat is de relatie met een of meer van de doelstellingen van het FOWW; ☑ een begroting waaruit blijkt dat er moeite is gedaan om een andere financiering te verkrijgen maar dat deze niet toereikend is; ☑ een planning. U kunt gebruik maken van het aanvraagformulier. Het gebruik van het formulier is overigens niet verplicht, u kunt ook een brief sturen. U kunt het formulier dan eventueel gebruiken als checklist om te zien of uw aanvraag de juiste informatie bevat. Het is altijd mogelijk om voor het indienen van de officiële schriftelijke aanvraag het secretariaat te benaderen voor vooroverleg. U kunt ook worden uitgenodigd voor een nadere toelichting. Het bestuur komt ongeveer eens in de twee maanden bijeen. De stukken voor een vergadering moeten in principe twee weken voor de vergadering verzonden zijn. **URL** ▶ www.foww.nl/aanvragen/

Financieel ■ **EIGEN VERMOGEN** ▶ € 12.392.446 **INKOMSTEN EV** ▶ € 217.064 **HERKOMST MIDDELEN** ▶ inkomsten uit vermogen, vermogen **BOEKJAAR** ▶ 2019 **JAARVERSLAG OP WEBSITE** ▶ ja.

Contact ■ **BEREIKBAAR PER** ▶ ☑ post ☑ e-mail ☑ telefoon **CONTACTPERSOON** ▶ geen contactpersoon bekend **POSTADRES** ▶ Postbus 890, 4200 AW Gorinchem **EMAIL (ALGEMEEN)** ▶ info@foww.nl **TELEFOON (ALGEMEEN)** ▶ 0183641017.

441

Fonds Perzik van Onsterfelijkheid

Rubriek ■ ☑ kunst en cultuur

Algemeen ■ **WEBSITE** ▶ www.cultuurfonds.nl **TYPERING** ▶ fonds op naam **BEHEERD DOOR** ▶ Prins Bernhard Cultuurfonds **DIRECTIE** ▶ zie > Prins Bernhard Cultuurfonds **BESTUUR** ▶ zie > Prins Bernhard Cultuurfonds

Missie ■ **DOELSTELLING** ▶ Behoud, herstel en de instandhouding van graven, meer in het bijzonder grafmonumenten en -tekens van Nederlandse schrijvers.

Werkgebied ■ **ACTIERADIUS** ▶ Nationaal **LAND** ▶ Nederland.

Projecten ■ **CRITERIA** ▶ geen projectcriteria bekend **DOORLOOPTIJD** ▶ ☑ korter dan 1 jaar **STATUS AANVRAGER** ▶ ☑ geen beperkingen bekend **VOORKEUR/UITSLUITING** ▶ geen voorkeur of uitsluiting bekend.

Procedure ■ **OP AANVRAAG** ▶ ja **AANVRAAGPROCEDURE** ▶ Dit 'fonds op naam' ressorteert onder het Prins Bernhard Cultuurfonds. Verzoeken aan fondsen op naam komen op één centraal punt binnen. Dit houdt in dat een subsidieaanvraag slechts eenmaal aan het Prins Bernhard Cultuurfonds hoeft te worden gezonden. Voor de verdere aanvraagprocedure: zie Prins Bernhard Cultuurfonds. **URL** ▶ www.cultuurfonds.nl/aanvragen

Contact ■ **BEREIKBAAR PER** ▶ ☑ post ☑ e-mail ☑ telefoon **CONTACTPERSOON** ▶ geen contactpersoon bekend **POSTADRES** ▶ Postbus 19750, 1000 GT Amsterdam **EMAIL (ALGEMEEN)** ▶ info@cultuurfonds.nl **TELEFOON (ALGEMEEN)** ▶ 020-5206130.

442

Stichting Fonds Schiedam Vlaardingen e.o.

Rubriek ■ ☑ gezondheidszorg ☑ kunst en cultuur ☑ maatschappij, welzijn en samenleving ☑ natuur, milieu en dieren ☑ sport en recreatie

Algemeen ■ **WEBSITE** ▶ www.fondssv.nl **TYPERING** ▶ vermogensfonds **OPGERICHT** ▶ 10-04-1991 **RECHTSVORM** ▶ stichting **KVK** ▶ 41141410 **ANBI STATUS** ▶ ja **DIRECTIE** ▶ drs. J. Massaar **BESTUUR** ▶ Drs. L. Roobol, voorzitter; mw. M. van de Plasse; T.A. Nuijten; mr. L.T. van Bree; mr. B.G.J. de Koning; ir. D.Ph. Schmidt; dr. P.J. Moree.

Missie ■ **DOELSTELLING** ▶ Het Fonds Schiedam Vlaardingen e.o. heeft als doelstelling het verhogen van de kwaliteit van de samenleving door het verlenen van financiële steun aan of het zelf realiseren van projecten van algemeen maatschappelijk belang met een ideële of sociale strekking. De voorkeur gaat uit naar projecten met vrijwilligers en vernieuwende projecten. Onder algemeen maatschappelijk belang zoals hiervoor bedoeld wordt ten minste begrepen, het belang op sociaal maatschappelijk gebied, alsmede op het gebied van educatie, gezondheid en welzijn, kunst en cultuur, natuur en milieu, sport en vrijetijdsbesteding. De stichting spant zich in om de opbrengt van het haar ter beschikking staande vermogen zo doelmatig mogelijk op evenwichtige wijze te besteden. **HISTORIE** ▶ Stichting Fonds Schiedam Vlaardingen e.o. is voortgekomen uit de Spaarbank Anno 1820 te Schiedam en de Spaarbank Anno 1823 te Vlaardingen, later opgegaan in Stichting Bondsspaarbank Schiedam Vlaardingen. Beide spaarbanken werden opgericht met steun van 'De Maatschappij tot Nut van 't Algemeen', die al in 1784 werd opgericht. 't Nut voerde al de doelstelling tot 'het verbeteren van de samenleving'. Deze maatschappelijke rol werd voortgezet door de spaarbanken. Deze betrokkenheid bij de samenleving kreeg op 10 april 1991 een nieuwe impuls toen de maatschappelijke activiteiten van Stichting Bondsspaarbank Schiedam Vlaardingen werden voortgezet onder de naam Stichting Schiedam Vlaardingen Fonds, nu Fonds Schiedam Vlaardingen e.o. **BELEIDSPLAN OP WEBSITE** ▶ ja.

Doelgroep ■ **SPECIFIEK** ▶ Concrete en afgebakende projecten, die een raakvlak hebben met de samenleving in Schiedam, Vlaardingen of Maassluis. **ACTIVITEITEN** ▶ Het Fonds richt zich op 6 verschillende sectoren en is hiermee een breed fonds. De; projecten die het Fonds ondersteunt, kunnen bestaan uit activiteiten of uit noodzakelijke investeringen om deze activiteiten mogelijk te maken. In alle gevallen gaat het om een afgebakend geheel van activiteiten met een duidelijk begin en einde. Projecten dienen minimaal één van de volgende speerpunten te bevatten: participatie, bewustwording, ontplooiing of ontmoeting. Naast het verstrekken van donaties ondersteunt het Fonds ook steeds meer met kennis en vaardigheden. Het Fonds kent al jaren een spreekuur voor mensen met vragen over fondsenwerving. **INTERVENTIENIVEAU** ▶ Steun aan lokale/provinciale maatschappelijke organisaties en structuren (incl. gemeenten etc.) die diensten verlenen aan individuen.

Werkgebied ■ **ACTIERADIUS** ▶ Regionaal **LAND** ▶ Nederland **REGIO** ▶ Nieuwe Waterweg-Noord **PLAATS** ▶ Schiedam, Vlaardingen, Maassluis.

Bestedingen ■ **BUDGET** ▶ € 4.000.000 **ONDERSTEUNDE PROJECTEN P/J** ▶ 325 **SOORT BIJDRAGE** ▶ giften leningen garanties **BOVENGRENS** ▶ geen **ONDERGRENS** ▶ geen.

Projecten ■ **CRITERIA** ▶ ☑ concrete en afgebakende projecten, die een raakvlak hebben met de samenleving in het werkgebied; ☑ De steun heeft nimmer een permanent karakter (maximum 4 jaar); ☑ Incidenteel steunt het Fonds ook projecten buiten haar werkgebied die bijdragen aan de leefbaarheid in de regio en passen binnen de doelstelling; ☑ Maatschappelijk welzijn: De meeste vormen van welzijnswerk, jeugdzorg en sociaal-cultureel werk; ☑ Gezondheidszorg: Initiatieven die op directe en zichtbare wijze het welzijn van patiënten en hulpbehoevenden bevorderen; ☑ Natuur en milieu: In het bijzonder educatieve en voorlichtende projecten om het natuurbesef te stimuleren; ☑ Educatie: Initiatieven die de educatieve vorming van scholieren bevorderen; ☑ Sport en vrije tijd: Projecten die actieve deelname van kwetsbare groepen aan amateursport en recreatieve activiteiten bevorderen of de sociale cohesie bevorderen. Ook projecten om sport- accommodaties te verduurzamen komen in aanmerking; ☑ Kunst en cultuur: De bevordering van cultuurdeelname. De voorkeur gaat uit naar voorbeeldstellende en bijzondere publieksactiviteiten die de belangstelling voor kunst en cultuur stimuleren. Ook restauratieprojecten en initiatieven tot behoud van cultureel erfgoed komen in; aanmerking. **DOORLOOPTIJD** ▶ ☑ korter dan 1 jaar **STATUS AANVRAGER** ▶ ☑ stichting of vereniging (non-profit) **VOORKEUR/UITSLUITING** ▶ Er wordt in principe geen steun gegeven aan: ☑ Instellingen en projecten met een uitgesproken commercieel, politiek of religieus karakter; ☑ Projecten die buiten de regio plaatsvinden; ☑ Projecten die reeds een aanvang hebben genomen; ☑ Instellingen die een aanvraag indienen ter dekking van exploitatiekosten of overheadkosten; ☑ Instellingen die een niet projectgebonden aanvraag insturen; Instellingen die over voldoende eigen vermogen beschikken om een project zelf te kunnen financieren; ☑ Institutionele particuliere vermogensfondsen; ☑ Overheden, overheidsinstellingen of structureel geheel of vrijwel geheel door een overheid gesubsidieerde instellingen. Van deze regel wordt afgeweken indien het project past binnen de beleidsdoelstellingen en het donatiebeleid; ☑ Individuen, tenzij degene met de realisatie van het initiatief een voorbeeldfunctie vervult voor groepen uit de samenleving.

Procedure ■ **OP AANVRAAG** ▶ ja **DOORLOOPTIJD** ▶ 1-3 maanden **AANVRAAGPROCEDURE** ▶ Aanvragen voor een donatie kunnen het gehele jaar worden ingediend en dienen maximaal zes weken voor aanvang van het project volledig te zijn ontvangen door het Fonds. Het Fonds kent een gestandaardiseerd aanvraagformulier dat gebruikt kan worden voor het indienen van een aanvraag. Organisaties kunnen meerdere aanvragen per jaar indienen. Bij voorkeur ontvangt het Fonds deze digitaal maar de formulieren kunnen ook per post toegestuurd worden. Het streven is om aanvragen tot € 25.000 binnen vier weken te beoordelen. Aanvragen vanaf € 25.000 worden, voorzien van een advies, ter beoordeling voorgelegd aan het bestuur. Dit gebeurt vijfmaal per jaar. Een volledige aanvraag bevat: ☑ het aanvraagformulier van het Fonds; ☑ statuten van de organisatie; ☑ uitreksel inschrijving Kamer van Koophandel, niet ouder dan één jaar; ☑ laatst verschenen jaarrekening en jaarverslag; ☑ een gedetailleerde begroting en dekkingsplan; ☑ een uitgebreide projectbeschrijving; ☑ relevante informatie over uw organisatie en activiteiten; ☑ indien van toepassing kopie van offerte of huurcontract. **URL** ▶ www.fondssv.nl/aanvragen/procedure

Financieel ■ **EIGEN VERMOGEN** ▶ € 201.306.241 **INKOMSTEN EV** ▶ € 32.968.787 **HERKOMST MIDDELEN** ▶ vermogen **BOEKJAAR** ▶ 2019 **JAARVERSLAG OP WEBSITE** ▶ ja.

Contact ■ **BEREIKBAAR PER** ▶ ☑ post ☑ e-mail ☑ telefoon **CONTACTPERSOON** ▶ geen contactpersoon bekend **POSTADRES** ▶ Schiedamseweg

53, 3134 BB Vlaardingen **EMAIL (ALGEMEEN)** ▶ algemeen@fondssv.nl **TELEFOON (ALGEMEEN)** ▶ 010-4754033.

443
Fonds Schoolpleinen van de toekomst

Rubriek ■ ☑ natuur, milieu en dieren ☑ maatschappij, welzijn en samenleving ☑ onderwijs en onderzoek

Algemeen ■ **WEBSITE** ▶ www.cultuurfonds.nl **TYPERING** ▶ fonds op naam **BEHEERD DOOR** ▶ Prins Bernhard Cultuurfonds **DIRECTIE** ▶ zie > Prins Bernhard Cultuurfonds **BESTUUR** ▶ zie > Prins Bernhard Cultuurfonds

Missie ■ **DOELSTELLING** ▶ Het financieel ondersteunen van de inrichting van gezonde, klimaatbestendige en groene schoolpleinen in Brabant.

Werkgebied ■ **ACTIERADIUS** ▶ Regionaal **LAND** ▶ Nederland **REGIO** ▶ Noord-Brabant.

Projecten ■ **CRITERIA** ▶ geen projectcriteria bekend **DOORLOOPTIJD** ▶ ☑ korter dan 1 jaar **STATUS AANVRAGER** ▶ ☑ geen beperkingen bekend **VOORKEUR/UITSLUITING** ▶ geen voorkeur of uitsluiting bekend.

Procedure ■ **OP AANVRAAG** ▶ ja **AANVRAAGPROCEDURE** ▶ Dit 'fonds op naam' ressorteert onder het Prins Bernhard Cultuurfonds. Verzoeken aan fondsen op naam komen op één centraal punt binnen. Dit houdt in dat een subsidieaanvraag slechts eenmaal aan het Prins Bernhard Cultuurfonds hoeft te worden gezonden. Voor de verdere aanvraagprocedure: zie Prins Bernhard Cultuurfonds. **URL** ▶ www.cultuurfonds.nl/aanvragen

Contact ■ **BEREIKBAAR PER** ▶ ☑ post ☑ e-mail ☑ telefoon **CONTACTPERSOON** ▶ geen contactpersoon bekend **POSTADRES** ▶ Postbus 19750, 1000 GT Amsterdam **EMAIL (ALGEMEEN)** ▶ info@cultuurfonds.nl **TELEFOON (ALGEMEEN)** ▶ 020-5206130.

444
Stichting Fonds ten behoeve van de Landbouw in de provincie Groningen

Rubriek ■ ☑ maatschappij, welzijn en samenleving ☑ kunst en cultuur ☑ economische ontwikkeling en microkrediet ☑ natuur, milieu en dieren

Algemeen ■ **WEBSITE** ▶ www.fondslandbouwgroningen.nl **TYPERING** ▶ vermogensfonds **OPGERICHT** ▶ 01-11-1878 **RECHTSVORM** ▶ stichting **KVK** ▶ 41009968 **ANBI STATUS** ▶ nee **DIRECTIE** ▶ geen directiegegevens bekend **BESTUUR** ▶ Cvdk F.J. Paas, voorzitter; R.E. Torringa, penningmeester; R.E. Torringa, secretaris; mw. A.M. Kremer-Perdok; mw. G.J. Klaassen-Prinsen; N.J. van den Akker; A. Datema; D.A. Hollenga.

Missie ■ **DOELSTELLING** ▶ Het Fonds ten behoeve van de Landbouw in de provincie Groningen verleent financiële bijdragen aan initiatieven, die de landbouw in de Provincie Groningen ondersteunen. En doordat het Fonds Groningen 1948 erin is opgenomen verleent het Fonds ten behoeve van de Landbouw ook bijdragen aan activiteiten op het terrein van industrie, handel, nijverheid en op het terrein van het sociale en culturele leven. **HISTORIE** ▶ Op 1 november 1878 is de stichting het 'Fonds ten behoeve van de Landbouw in de provincie Groningen' in het leven geroepen. Het is de voortzetting van de 'Maatschappij van landeigenaren en vastbeklemde meijers in de provincie Groningen', opgericht in 1823. Deze maatschappij was niet alleen een schepping van Koning Willem I, zij was aan des Konings toezicht onderworpen en bovendien financieel gebonden aan Zijner Majesteits Regering. In 1865 vindt de laatste aflossing plaats. Waarna in 1866 de stichting geheel zelfstandig wordt bij koninklijk besluit. Dit besluit houdt in dat de leden van de stichting in het vervolg benoemd zullen worden door Gedeputeerde Staten van de provincie Groningen en dat aan dit college verslag zal worden gedaan. In de loop der jaren heeft de stichting haar werkterrein verlegd van het verlenen van hypotheken naar het toekennen van bijdragen aan projecten. Drieëntachtig jaar later vindt de tentoonstelling Groningen 1948 plaats. Waarschijnlijk heeft het Fonds ten behoeve van de Landbouw bijgedragen aan de totstandkoming van de tentoonstelling. Uit de revenuen van de tentoonstelling ontstaat het Fonds Groningen 1948. Eerst in 1993 wordt dit fonds opgenomen in het Fonds ten behoeve van de Landbouw, na vele jaren van bestuurlijke samenwerking.

Doelgroep ■ **SPECIFIEK** ▶ Initiatieven en activiteiten op het terrein van landbouw, industrie, handel, nijverheid en op het terrein van het sociale en culturele leven in de Provincie Groningen. **ACTIVITEITEN** ▶ Geen specifieke activiteiten bekend **INTERVENTIENIVEAU** ▶ Steun op niveau van maatschappij zelf (beleidsbeïnvloeding, etc.).

Werkgebied ■ **ACTIERADIUS** ▶ Regionaal **LAND** ▶ Nederland **REGIO** ▶ Groningen.

Bestedingen ■ **BUDGET** ▶ € 20.000 **TOELICHTING** ▶ Driekwart van het budget is bestemd voor landbouw en één kwart is bedoeld voor activiteiten die bijdragen aan het bekendmaken van de provincie Groningen. **SOORT BIJDRAGE** ▶ giften **BOVENGRENS** ▶ geen **ONDERGRENS** ▶ geen.

Projecten ■ **CRITERIA** ▶ De projecten ter ondersteuning van de landbouw zullen onder andere worden getoetst op: ☑ onderscheidende opzet; ☑ mate van zelfstandigheid, na aanloop periode zelfstandig kunnen voortbestaan; ☑ financiële verantwoording. De culturele projecten zullen onder andere worden getoetst op: ☑ onderscheidende opzet; ☑ eenmalig project; ☑ bijdrage leveren aan de leefbaarheid en cultuur in het landelijk gebied; ☑ bijdrage leveren aan bekend maken van de provincie Groningen; ☑ inzet door vrijwilligers; ☑ eventueel samenhang met landbouw. **DOORLOOPTIJD** ▶ ☑ onbekend **STATUS AANVRAGER** ▶ ☑ stichting of vereniging (non-profit) ☑ kerkelijke instelling ☑ onderwijsinstelling **VOORKEUR/UITSLUITING** ▶ geen voorkeur of uitsluiting bekend.

Procedure ■ **OP AANVRAAG** ▶ ja **AANVRAAGPROCEDURE** ▶ De deadline voor het insturen van aanvragen staat vermeld op de website. In beginsel moet de activiteit waarvoor u een bijdrage vraagt plaatsvinden na het moment waarop de subsidie kan worden toegekend. Uw aanvraag dient de volgende bestanddelen te bevatten: ☑ omschrijving van het project; ☑ financiële opzet van het project; ☑ email-adres waar u de ontvangstbevestiging wilt; ontvangen; ☑ naam, adres, postcode en woonplaats aanvrager. U stuurt de aanvraag als pdf-bestand per e-mail. **URL** ▶ www.fondslandbouwgroningen.nl/aanvragen/

Financieel ■ **HERKOMST MIDDELEN** ▶ vermogen.

Contact ■ **BEREIKBAAR PER** ▶ ☑ post ☑ e-mail ☒ telefoon **CONTACTPERSOON** ▶ R.E. Torringa **POSTADRES** ▶ J. Marthastraat 50, 9989 EH Warffum **EMAIL (ALGEMEEN)** ▶ info@fondslandbouwgroningen.nl.

445

Stichting Fonds van NRC Handelsbladlezers

Rubriek ■ ☑ maatschappij, welzijn en samenleving ☑ onderwijs en onderzoek ☑ kunst en cultuur

Algemeen ■ **WEBSITE** ▶ https://www.nrclezersfonds.nl **TYPERING** ▶ vermogensfonds **OPGERICHT** ▶ 1928 **RECHTSVORM** ▶ stichting **KVK** ▶ 41199163 **ANBI STATUS** ▶ ja **DIRECTIE** ▶ geen directiegegevens bekend **BESTUUR** ▶ Mw. J.L.E.M.W.R.R. Tiesinga-Autsema, voorzitter; G.J. Sonneveld, penningmeester; G.J. Sonneveld, secretaris; mr. E. IJ. Spier.

Missie ■ **DOELSTELLING** ▶ Stichting Fonds NRC Handelsbladlezers, opgericht in 1928, heeft ten doel het verkrijgen en verstrekken van bijdragen ten behoeve van maatschappelijke en culturele doelen. **HISTORIE** ▶ Het NRC Lezersfonds, oorspronkelijk het Fonds van Algemeen Handelsbladlezers, werd opgericht ter gelegenheid van het het 100-jarig bestaan van het Handelsblad in 1928. Het fonds had aanvankelijk een andere doelstelling. Het wilde 'bekende of veelbelovende Nederlanders, geleerden, kunstenaars, schrijvers en ontdekkingsreizigers in staat stellen door reizen in den vreemde bij te dragen tot vermeerdering van de cultuur van ons vaderland'. Na de Tweede Wereldoorlog werd deze opzet praktisch verlaten en richtte men zich op de bestrijding van 'stille armoede'. **BELEIDSPLAN OP WEBSITE** ▶ ja.

Doelgroep ■ **ALGEMEEN** ▶ armen, dak- en thuislozen, jongeren, vluchtelingen **SPECIFIEK** ▶ Geen specifieke doelgroep **ACTIVITEITEN** ▶ Ter bevordering van de doelstelling zullen: ☑ Aan bekende of veelbelovende Nederlanders, welke zich onderscheiden als ontdekkingsreizigers, geleerden, schrijvers, of kunstenaars, uit de vruchten of opgelegde vruchten der stichting bijdragen worden verstrekt teneinde hen in staat te stellen door reizen in den vreemde bij te dragen tot vermeerdering van de cultuur van ons vaderland. ☑ Inzamelingen worden gehouden onder de lezers van het NRC Handelsblad, teneinde met de daarvan bij te dragen aan het lenigen van de gevolgen van zogenaamde 'stille armoede' onder alle geledingen binnen de samenleving in beweging, waaronder begrepen het verstrekken van uitkeringen aan instellingen die een humanitair of maatschappelijk belang beogen. **INTERVENTIENIVEAU** ▶ Steun aan individuen (directe steun).; Steun aan lokale/provinciale maatschappelijke organisaties en structuren (incl. gemeenten etc.) die diensten verlenen aan individuen.

Werkgebied ■ **ACTIERADIUS** ▶ Nationaal **LAND** ▶ Nederland.

Bestedingen ■ **BUDGET** ▶ niet openbaar **TOELICHTING** ▶ Bij de verdeling van de beschikbare gelden wordt een gemiddelde jaaropbrengst van de laatste 10 jaar als reserve aangehouden. **ONDERSTEUNDE PROJECTEN P/J** ▶ 30 **SOORT BIJDRAGE** ▶ giften **BOVENGRENS** ▶ geen **ONDERGRENS** ▶ geen.

Projecten ■ **CRITERIA** ▶ ☑ Het zijn instellingen waaraan we bijdragen verstrekken; ☑ zij bevinden zich in Nederland; ☑ een aanvraag wordt alleen in behandeling genomen als de doelstelling van de instelling past binnen de doelstelling van de Stichting en niet conflicteert met datgene waar het Lux & Libertas-motto van de krant voor staat; ☑ de vragende instelling moet aangeven bij welke andere instellingen eveneens om een bijdrage is gevraagd; ☑ verstrekking vindt alleen plaats als niet een ander fonds daarvoor het meest is aangewezen; dan wordt eerst naar dit fonds doorverwezen; ☑ is de aanvraag bij wet of andere wettelijke regeling subsidiabel door de overheid dan wordt daarnaar toe verwezen; ☑ de aanvraag moet een duidelijk omschreven doel of activiteit betreffen; ☑ het doel waarvoor een bijdrage wordt gevraagd moet naar de mening van de Commissie realistisch zijn. **DOORLOOPTIJD** ▶ ☑ onbekend **STATUS AANVRAGER** ▶ ☑ stichting of vereniging (non-profit) ☑ onderwijsinstelling ☑ kerkelijke instelling **VOORKEUR/UITSLUITING** ▶ ☑ bij de verdeling gaat directe nood voor; ☑ doelen die duidelijk voor particuliere bekostiging in aanmerking komen, worden niet gehonoreerd; ☑ geen private personen. ☑ er worden geen bijdragen verstrekt in de exploitatie van een instelling.

Procedure ■ **OP AANVRAAG** ▶ ja **DOORLOOPTIJD** ▶ geen doorlooptijd bekend; 3-6 maanden; 3-6 maanden; geen doorlooptijd bekend; geen doorlooptijd bekend **AANVRAAGPROCEDURE** ▶ Het aanvraagformulier en de verplichte documenten moeten per mail worden ingezonden. De verplichte documenten zijn: ☑ begroting van het project of activiteit; ☑ jaarverslag van het voorafgaande jaar; ☑ begroting van het lopende jaar; ☑ recent uittreksel van de Kamer van Koophandel; ☑ de statuten van de vragende instelling; De ontvangst zal per mail worden bevestigd. De commissie van NRC Handelsbladlezers beoordeelt tweemaal per jaar de ontvangen aanvragen. De inzendtermijnen zijn: vóór 1 maart resp. vóór 1 oktober van enig jaar. Bericht of een aanvraag wel of niet wordt toegekend zal plaatsvinden na de voorjaars- resp. najaarsvergadering van de commissie, die in maart en oktober plaatshebben.

Financieel ■ **EIGEN VERMOGEN** ▶ € 324.147 **INKOMSTEN OV** ▶ € 186.843 **HERKOMST MIDDELEN** ▶ moederorganisatie (bijdragen), bedrijven, giften & schenkingen, legaten **BOEKJAAR** ▶ 2019 **JAARVERSLAG OP WEBSITE** ▶ ja.

Contact ■ **BEREIKBAAR PER** ▶ ☑ post ☑ e-mail ☒ telefoon **CONTACTPERSOON** ▶ geen contactpersoon bekend **POSTADRES** ▶ Postbus 20554, 1001 NR Amsterdam **EMAIL (ALGEMEEN)** ▶ nrclezersfonds@nrc.nl.

446
Stichting Fonds van Stein

Rubriek ■ ☑ noodhulp

Algemeen ■ **WEBSITE** ► www.fondsvanstein.nl **TYPERING** ► vermogensfonds **OPGERICHT** ► 07-02-2008 **RECHTSVORM** ► stichting **KVK** ► 24430682 **ANBI STATUS** ► ja **DIRECTIE** ► geen directiegegevens bekend **BESTUUR** ► J. de Groot, voorzitter; P.A.M. Hoonhout, penningmeester; mw. L.C. Bruins-van Wijngaarden, secretaris; M. Vergeer; mw. W.J.A.M. van Leeuwen-de Wit.

Missie ■ **DOELSTELLING** ► Het voorzien in materiële noden ten behoeve van inwoners van de voormalige Gemeente Reeuwijk, voor zover daarvoor geen overheids- of andere voorzieningen beschikbaar zijn. **HISTORIE** ► Op 18 juli 1709 ontstond het FONDS 'ARMEN VAN STEIN', ter ondersteuning van de echte minima. Het fonds is - intussen bijna driehonderd jaar! - mensen op en onder het minimum tot hulp geweest. Op donderdag 7 februari 2008 ondertekenden twee bestuursleden bij de notaris de oprichtingsakte van de Stichting Fonds van Stein. Zo is het oude fonds, nu als FONDS VAN STEIN, nog altijd springlevend!.

Doelgroep ■ **ALGEMEEN** ► armen **SPECIFIEK** ► Inwoners van de gemeente Reeuwijk. **ACTIVITEITEN** ► U kunt daarbij denken aan een bijdrage in; ☑ dringende medische of verzorgingskosten (eigen bijdrage AWBZ, WMO e.d.); ☑ bijkomende kosten bij schuldbemiddeling of -sanering; ☑ reis- en schoolkosten van schoolgaande kinderen; ☑ kosten ter voorkoming van huisuitzetting. **INTERVENTIENIVEAU** ► Steun aan individuen (directe steun).

Werkgebied ■ **ACTIERADIUS** ► Lokaal **LAND** ► Nederland **PLAATS** ► Reeuwijk.

Bestedingen ■ **BUDGET** ► niet openbaar **SOORT BIJDRAGE** ► giften **BOVENGRENS** ► geen **ONDERGRENS** ► geen.

Projecten ■ **CRITERIA** ► Mensen uit het werkgebied waar voorliggende voorzieningen geen of onvoldoende schutting bieden voor de situatie waarin zij verkeren. **DOORLOOPTIJD** ► ☑ onbekend **STATUS AANVRAGER** ► ☑ geen beperkingen bekend **VOORKEUR/UITSLUITING** ► geen voorkeur of uitsluiting bekend.

Procedure ■ **OP AANVRAAG** ► ja **AANVRAAGPROCEDURE** ► Aanvragen kunnen per email, per post of via het contactformulier op de website gedaan worden.

Financieel ■ **EIGEN VERMOGEN** ► € 93.000 **HERKOMST MIDDELEN** ► onbekend **BOEKJAAR** ► 2016 **JAARVERSLAG OP WEBSITE** ► ja.

Contact ■ **BEREIKBAAR PER** ► ☑ post ☑ e-mail ☑ telefoon **CONTACTPERSOON** ► geen contactpersoon bekend **POSTADRES** ► Postbus 208, 2810 AE Reeuwijk, Nederland **EMAIL (ALGEMEEN)** ► bestuur@fondsvanstein.nl **TELEFOON (ALGEMEEN)** ► 06-10410601.

447
Stichting Fonds van Wijlen Doctor Jacobus van Zanten

Rubriek ■ ☑ voedsel en voedselveiligheid ☑ maatschappij, welzijn en samenleving

Algemeen ■ **WEBSITE** ► www.fondsvanzanten.nl **TYPERING** ► vermogensfonds **OPGERICHT** ► 20-12-1748 **RECHTSVORM** ► stichting **KVK** ► 41222576 **ANBI STATUS** ► ja **DIRECTIE** ► geen directiegegevens bekend **BESTUUR** ► J.S. van Zanten, voorzitter; drs. G.E. Bruijn, penningmeester; mr. E.H. Huisman, secretaris; drs. H.J. Blanksma; dr. A.G. Hoekema.

Missie ■ **DOELSTELLING** ► De stichting heeft ten doel het beheren, waaronder begrepen het vervreemden en herbeleggen, van de nalatenschap van wijlen Doctor Jacobus van Zanten en de bestemming van de revenuen daarvan: ☑ tot het doen van uitkeringen aan de Vereenigde Doopsgezinde Gemeente te Haarlem en andere Gemeenten en instellingen in de Doopsgezinde Broederschap, ter voorziening van behoeften van stoffelijke aard; ☑ voor het behoud van kerkelijk of cultureel erfgoed, natuurbehoud en natuureducatie, bij voorkeur in Kennemerland of elders in Nederland; ☑ ter leniging van sociaal-maatschappelijke noden in Kennemerland of elders in Nederland en eventueel buiten Nederland. **HISTORIE** ► Het Fonds van Zanten is een onafhankelijke stichting die de nalatenschap beheert van de Haarlemse doopsgezinde arts Jacobus van Zanten, die leefde van 1658 tot 1750. Jacobus van Zanten was een voorloper van de meer bekende doopsgezinde Haarlemmer Pieter Teyler van der Hulst. Jacobus van Zanten bepaalde dat zijn nalatenschap in een fonds moest worden beheerd door vier van zijn doopsgezinde vrienden en dat alleen de revenuen mochten worden besteed aan turf en koren voor behoeftige leden van de Doopsgezinde Kerk in Haarlem of het Doopsgezinde Weeshuis. In de huidige tijd zijn 'turf en koren' vertaald naar voedsel en verwarming. Ook projecten op het gebied van zonne-energie of schoon water worden gesteund.

Doelgroep ■ **ALGEMEEN** ► armen **SPECIFIEK** ► Geen specifieke doelgroep **ACTIVITEITEN** ► Het beleid van de stichting richt zich primair op het steunen van instellingen en personen op het gebied van verwarming of voedsel of andere stoffelijke aard, voor zover sprake is van behoeftigheid op deze gebieden. Ook projecten op het gebied van zonne-energie of schoon water worden gesteund. Voorts wordt financiële steun geboden op het gebied van behoud van kerkelijk of cultureel erfgoed of leniging van sociaal-maatschappelijke noden, bij voorkeur in Kennemerland. De stichting beheert ook een Fonds op naam, het Jan Pieter van Vrede Fonds, voor steun aan projecten op het gebied van cultuur, cultureel erfgoed, natuurbehoud of natuureducatie in Zuid-Kennemerland. **INTERVENTIENIVEAU** ► Steun aan lokale/provinciale maatschappelijke organisaties en structuren (incl. gemeenten etc.) die diensten verlenen aan individuen.; Steun aan individuen (directe steun).

Werkgebied ■ **ACTIERADIUS** ► Nationaal, Regionaal **LAND** ► Nederland **REGIO** ► Kennemerland.

Bestedingen ■ **BUDGET** ► niet openbaar **ONDERSTEUNDE PROJECTEN P/J**

▶ 16 **SOORT BIJDRAGE** ▶ giften **BOVENGRENS** ▶ geen **ONDERGRENS** ▶ geen.

Projecten ■ **CRITERIA** ▶ ☑ Energie of voeding, voor instellingen of personen in behoeftige omstandigheden; ☑ energie of voeding, voor Nederlandse Doopsgezinde Gemeenten; ☑ het behoud van kerkelijk of cultureel erfgoed,; ☑ Via het fonds op naam, het Jan Pieter van Vrede Fonds, projecten op het gebied van cultuur, cultureel erfgoed, natuurbehoud of natuureducatie in Zuid-Kennemerland. **DOORLOOPTIJD** ▶ ☑ onbekend **STATUS AANVRAGER** ▶ ☑ geen beperkingen bekend **VOORKEUR/UITSLUITING** ▶ Bij voorkeur in Kennemerland. Aanvragen uit doopsgezinde kring hebben een zekere voorkeur.

Procedure ■ **OP AANVRAAG** ▶ ja **DOORLOOPTIJD** ▶ geen doorlooptijd bekend; 1-3 maanden; 1-3 maanden **AANVRAAGPROCEDURE** ▶ Aanvragen kunnen alleen per e-mail worden ingediend; In een aanvraag dient onder meer te staan; ☑ naam, postadres, e-mailadres en telefoonnummer van de aanvrager; ☑ een goede omschrijving van het project; ☑ vermelding, of aanvrager eerder een aanvraag heeft ingediend bij het Fonds van Zanten; ☑ een begroting en een dekkingsplan; ☑ het aangevraagde bedrag; ☑ vermelding van eventueel andere aangeschreven fondsen met toezeggingen resp. afwijzigingen; ☑ uittreksel van Kamer van Koophandel; ☑ een recente jaarrekening; ☑ een jaarverslag, indien beschikbaar. De laatste drie onderdelen, dus vanaf 'uittreksel van Kamer van Koophandel, hoeven niet te worden opgenomen, indien de aanvraag; ☑ een bedrag onder € 1.000 betreft en/of; ☑ wordt ingediend door een Nederlandse Doopsgezinde Gemeente en/of; ☑ wordt ingediend door een organisatie, waarvan in minstens één van de voorafgaande drie jaren een aanvraag door het Fonds Van Zanten is gehonoreerd. Over de beslissing van het bestuur om een aanvraag al of niet te honoreren wordt geen argumentatie of toelichting verstrekt. Er is geen mogelijkheid om beroep aan te tekenen tegen een bestuursbesluit. Het fonds vergadert ongeveer vier keer per jaar **URL** ▶ www.fondsvanzanten.nl/fonds.html

Financieel ■ **INKOMSTEN EV** ▶ € 602.200 **HERKOMST MIDDELEN** ▶ vermogen **BOEKJAAR** ▶ 2018.

Contact ■ **BEREIKBAAR PER** ▶ ☑ post ☑ e-mail ☒ telefoon **CONTACTPERSOON** ▶ geen contactpersoon bekend **POSTADRES** ▶ Postbus 87, 2100 AB Heemstede **EMAIL (ALGEMEEN)** ▶ e.h.huisman@hhwnotarissen.nl.

448
Fonds Vijfhonderdtien

Rubriek ■ ☑ kunst en cultuur

Algemeen ■ **WEBSITE** ▶ www.cultuurfonds.nl **TYPERING** ▶ fonds op naam **BEHEERD DOOR** ▶ Prins Bernhard Cultuurfonds **DIRECTIE** ▶ zie > Prins Bernhard Cultuurfonds **BESTUUR** ▶ zie > Prins Bernhard Cultuurfonds

Missie ■ **DOELSTELLING** ▶ Het behoud van voorwerpen van geschiedenis en kunst van bijzondere culturele waarde, die in hun oorspronkelijke context, in situ, worden bewaard en beheerd.

Werkgebied ■ **ACTIERADIUS** ▶ Nationaal **LAND** ▶ Nederland.

Projecten ■ **CRITERIA** ▶ geen projectcriteria bekend **DOORLOOPTIJD** ▶ ☑ korter dan 1 jaar **STATUS AANVRAGER** ▶ ☑ geen beperkingen bekend **VOORKEUR/UITSLUITING** ▶ geen voorkeur of uitsluiting bekend.

Procedure ■ **OP AANVRAAG** ▶ ja **AANVRAAGPROCEDURE** ▶ Dit 'fonds op naam' ressorteert onder het Prins Bernhard Cultuurfonds. Verzoeken aan fondsen op naam komen op één centraal punt binnen. Dit houdt in dat een subsidieaanvraag slechts eenmaal aan het Prins Bernhard Cultuurfonds hoeft te worden gezonden. Voor de verdere aanvraagprocedure: zie Prins Bernhard Cultuurfonds. **URL** ▶ www.cultuurfonds.nl/aanvragen

Contact ■ **BEREIKBAAR PER** ▶ ☑ post ☑ e-mail ☑ telefoon **CONTACTPERSOON** ▶ geen contactpersoon bekend **POSTADRES** ▶ Postbus 19750, 1000 GT Amsterdam **EMAIL (ALGEMEEN)** ▶ info@cultuurfonds.nl **TELEFOON (ALGEMEEN)** ▶ 020-5206130.

449
Stichting Fonds voor Bedrijven van Vrouwen (Fonds BV)

Rubriek ■ ☑ economische ontwikkeling en microkrediet

Algemeen ■ **WEBSITE** ▶ www.kennisbankfilantropie.nl/anbi/fonds-voor-bedrijven-van-vrouwen-fonds-bv **TYPERING** ▶ vermogensfonds **OPGERICHT** ▶ 16-01-1984 **RECHTSVORM** ▶ stichting **KVK** ▶ 41201693 **ANBI STATUS** ▶ nee **DIRECTIE** ▶ geen directiegegevens bekend **BESTUUR** ▶ Mr. W. Appelo, voorzitter; mw. M. de Vries, penningmeester; W. van Vreedendaal, secretaris.

Missie ■ **DOELSTELLING** ▶ Het bevorderen van bijdragen aan het verschaffen van financieringsmogelijkheden ten behoeve van vrouwenbedrijven en initiatieven daartoe.

Doelgroep ■ **ALGEMEEN** ▶ vrouwen **SPECIFIEK** ▶ Vrouwenbedrijven en initiatieven daartoe. **ACTIVITEITEN** ▶ Geen specifieke activiteiten. **INTERVENTIENIVEAU** ▶ Onbekend.

Werkgebied ■ **ACTIERADIUS** ▶ Nationaal **LAND** ▶ Nederland.

Bestedingen ■ **BUDGET** ▶ niet openbaar **SOORT BIJDRAGE** ▶ leningen **BOVENGRENS** ▶ geen **ONDERGRENS** ▶ geen.

Projecten ■ **CRITERIA** ▶ geen projectcriteria bekend **DOORLOOPTIJD** ▶ ☑ onbekend **STATUS AANVRAGER** ▶ ☑ geen beperkingen bekend **VOORKEUR/UITSLUITING** ▶ Geen voorkeur/uitsluiting bekend.

Procedure ■ **OP AANVRAAG** ▶ onbekend **AANVRAAGPROCEDURE** ▶ geen aanvraagprocedure bekend.

Financieel ■ **HERKOMST MIDDELEN** ▶ vermogen.

Contact ■ **BEREIKBAAR PER** ▶ ☑ post ☒ e-mail ☒ telefoon **CONTACTPERSOON** ▶ geen contactpersoon bekend **POSTADRES** ▶ Schoener 66, 1625 CX Hoorn.

450
Stichting Fonds voor Cultuurparticipatie

Rubriek ■ ☑ kunst en cultuur

Algemeen ■ WEBSITE ▶ www.cultuurparticipatie.nl TYPERING ▶ vermogensfonds OPGERICHT ▶ 31-08-2007 RECHTSVORM ▶ stichting KVK ▶ 27305088 ANBI STATUS ▶ ja DIRECTIE ▶ O. Westerhof BESTUUR ▶ K. Boutachekourt, voorzitter; J.A. de Boer; mw. J.W.M. Buys; D.G.M. Ceder; mw. C.W.M. Leemereise; mw. F. Spijker; G.J.A.M. van der Vossen.

Missie ■ DOELSTELLING ▶ Het Fonds voor Cultuurparticipatie draagt bij aan een open samenleving waarin iedereen zijn creativiteit kan ontwikkelen. STICHTER(S) ▶ Ministerie OCW HISTORIE ▶ De Stichting kwam tot stand na afsplitsing van het Fonds voor Amateurkunst en Podiumkunsten in 2009. BELEIDSPLAN OP WEBSITE ▶ ja.

Doelgroep ■ ALGEMEEN ▶ jongeren SPECIFIEK ▶ Geen specifieke doelgroep ACTIVITEITEN ▶ Het fonds kent 3 proramma's:; ☑ MAAK HET GRENZELOOS: Vernieuwen van het cultuur (leren) maken, het verbinden van makers en disciplines en talentontwikkeling; ☑ VIND ELKAAR IN CULTUUR: Verlagen van drempels voor cultuurmaken en stimuleren van een eigentijdse beoefening; ☑ MAAKPLAATS VOOR CULTUUR: Stimuleren van cultuuronderwijs. Daarnaast richt de stichting zich ook op cultureel ondernemerschap. De stichting werkt aan de doelstelling door met onze programma's mensen, organisaties en overheden te ondersteunen en met elkaar te verbinden. De stichting probeert momenteel de volgende vijf concrete doelen te bereiken: ☑ kwalitatief hoogwaardig cultuuronderwijs voor kinderen en jongeren; ☑ toegankelijkheid van actieve cultuurparticipatie; ☑ ontwikkeling van talent; ☑ actieve erfgoedparticipatie en; ☑ internationale samenwerking en het versterken van het internationale culturele profiel van Nederland. INTERVENTIENIVEAU ▶ Steun aan lokale/provinciale maatschappelijke organisaties en structuren (incl. gemeenten etc.) die diensten verlenen aan individuen.

Werkgebied ■ ACTIERADIUS ▶ Nationaal LAND ▶ Nederland.

Bestedingen ■ BUDGET ▶ € 32.854.000 ONDERSTEUNDE PROJECTEN P/J ▶ 348 SOORT BIJDRAGE ▶ giften BOVENGRENS ▶ geen ONDERGRENS ▶ geen.

Projecten ■ CRITERIA ▶ Er zijn verschillende subsidies bij de verschillende programma's. Deze zijn terug te vinden op de website. De volgende criteria zijn algemeen: ☑ Aanvrager is 18 jaar of ouder; ☑ aanvrager is gevestigd in het Koninkrijk der Nederlanden; ☑ Aanvrager ontvangt nog geen subsidie van de stichting, of van een ander Rijkscultuurfonds voor de activiteiten waarvoor nu een aanvraag wordt gedaan; De aanvraag is niet voor een commercieel product of project; De aanvrager is geen omroep op uitgeverij; ☑ Project is iets nieuws, niet voor iets dat al loopt of dat alvast uitgevoerd wordt; ☑ project start over minimaal 12 weken (bij één specifieke regeling mag je binnen 8 weken beginnen). DOORLOOPTIJD ▶ ☑ korter dan 1 jaar STATUS AANVRAGER ▶ ☑ stichting of vereniging (non-profit) ☑ overig VOORKEUR/UITSLUITING ▶ geen voorkeur of uitsluiting bekend.

Procedure ■ OP AANVRAAG ▶ ja DOORLOOPTIJD ▶ geen doorlooptijd bekend; 3-6 maanden; 3-6 maanden AANVRAAGPROCEDURE ▶ Op de website wordt duidelijk gemaakt voor welke programma's er aanvragen gedaan kunnen worden en wanneer. Er is een subsidiewijzer beschikbaar. Een subsidie aanvragen bij het Fonds voor Cultuurparticipatie gaat digitaal via Mijn Fonds. Via de website van het Fonds kunnen belangstellenden een account aanvragen. Na controle van de accountgegevens kunnen zij inloggen op Mijn Fonds. Daar zijn per regeling digitale formulieren te vinden voor het aanvragen en verantwoorden van subsidies. Ook kan iemand een reeds ingediende aanvraag via Mijn Fonds inzien. Bij doorlopende regelingen probeert de stichting binnen 14 dagen te laten weten of de aanvraag in behandeling wordt genomen. Aanvragen worden behandeld op volgorde van binnenkomst. Bij regelingen met één uiterlijke indiendatum (een tenderregeling) probeert de stichting binnen 14 dagen na de deadline te laten weten of de aanvraag in behandeling wordt genomen. Meestal volgt binnen 13 weken het besluit. Een belanghebbende kan binnen zes weken nadat een besluit is verzonden daartegen bezwaar maken bij het bestuur van het Fond URL ▶ www.cultuurparticipatie.nl/hoe-werkt-het/stappenplan/

Financieel ■ EIGEN VERMOGEN ▶ € 1.865.996 INKOMSTEN OV ▶ € 15.170.099 HERKOMST MIDDELEN ▶ overige inkomsten, giften & schenkingen, legaten BOEKJAAR ▶ 2019 JAARVERSLAG OP WEBSITE ▶ ja.

Contact ■ BEREIKBAAR PER ▶ ☑ post ☑ e-mail ☑ telefoon CONTACTPERSOON ▶ geen contactpersoon bekend POSTADRES ▶ Postbus 465, 3500 AL Utrecht EMAIL (ALGEMEEN) ▶ info@cultuurparticipatie.nl TELEFOON (ALGEMEEN) ▶ 030-2336030.

451
Stichting Nederlands Fonds voor de Podiumkunsten

Rubriek ■ ☑ kunst en cultuur

Algemeen ■ WEBSITE ▶ www.fondspodiumkunsten.nl TYPERING ▶ hybride fonds OPGERICHT ▶ 01-01-2007 RECHTSVORM ▶ stichting KVK ▶ 41202171 ANBI STATUS ▶ ja DIRECTIE ▶ mw. H. Post BESTUUR ▶ Mw. K. Kervezee, voorzitter; mw. J. Brinkman; F. Izeboud; F. Lintmeijer; mw. H Maij; mw. M. Seighali; A. Makkinga.

Missie ■ DOELSTELLING ▶ Het Fonds Podiumkunsten draagt bij aan een kwalitatief goed en veelzijdig podiumkunstenaanbod en aan een zo groot mogelijk maatschappelijk bereik daarvan. Het Fonds draagt ertoe bij dat er in de podiumkunsten: ☑ een sterke artistieke ontwikkeling plaatsvindt; ☑ aanbod wordt ontwikkeld waarin zoveel; mogelijk mensen zich herkennen; ☑ sprake is van duurzame publieksopbouw; ☑ sprake is van een geografisch goed gespreid netwerk van speelmogelijkheden. STICHTER(S) ▶ Minister van OCW HISTORIE ▶ Het Fonds Podiumkunsten is hét cultuurfonds voor muziek, muziektheater, dans, theater en festivals in Nederland. Het Fonds geeft namens de Rijksoverheid ondersteuning aan alle vormen van professionele podiumkunsten. BELEIDSPLAN OP WEBSITE ▶ ja.

Doelgroep ■ SPECIFIEK ▶ Podiumkunstgezelschappen, podia, festivals en individuen. **ACTIVITEITEN** ▶ Uitgangspunten voor het bewerkstelligen van de doelstelling zijn momenteel: ☑ Duurzame eigenstandige praktijk Het Fonds richt zich op makers met een sterk eigen artistiek profiel. Het Fonds biedt mogelijkheden aan makers in verschillende fases van hun carrière en ondersteunt uiteenlopende werkpraktijken; ☑ Artistieke ontwikkeling We dragen bij aan de artistieke ontwikkeling in de volle breedte van de podiumkunsten. ☑ Actuele en urgente podiumkunsten We streven naar podiumkunsten die zoveel mogelijk verschillende mensen aanspreken en raken, én die midden in de samenleving staan. ☑ Landelijk netwerk van speelplekken: Een goed gespreid landelijk netwerk van podia en festivals is onmisbaar voor de volle breedte van de podiumkunsten. We blijven investeren in deze plekken met programmeringssubsidies; ☑ Samenwerking met gemeenten en provincies: De verantwoordelijkheid van het Rijk en andere overheden raken elkaar waar het gaat om podia en festivals. ☑ Diversiteit en inclusie: De veelkleurigheid en meerstemmigheid van de Nederlandse samenleving moet terug te zien zijn in de podiumkunsten. We boren daarom voor ons nieuwe netwerken van makers aan en stimuleren een breed publieksbereik; ☑ Fair pay: Een gezonde, eerlijke arbeidsmarkt is voorwaarde voor een sterke en duurzame podiumkunstensector. Het Fonds verwacht van alle organisaties in de podiumkunsten dat zij stilstaan bij hun beloningsbeleid, met name waar het gaat om uitvoerenden; ☑ Kennis en expertise: We investeren in verbreding van kennis in de disciplines waarin onze rol groeit, zoals popmuziek, urban en interdisciplinair. **INTERVENTIENIVEAU** ▶ Steun aan lokale/provinciale maatschappelijke organisaties en structuren (incl. gemeenten etc.) die diensten verlenen aan individuen.; Steun aan individuen (directe steun).

Werkgebied ■ **ACTIERADIUS** ▶ Nationaal, Internationaal **LAND** ▶ Nederland.

Bestedingen ■ **BUDGET** ▶ € 43.283.911 **ONDERSTEUNDE PROJECTEN P/J** ▶ 1062 **SOORT BIJDRAGE** ▶ subsidies overig **BOVENGRENS** ▶ geen **ONDERGRENS** ▶ geen.

Projecten ■ **CRITERIA** ▶ Het Fonds Podiumkunsten heeft diverse subsidieregelingen. Voor de criteria per regeling, zie website. **DOORLOOPTIJD** ▶ ☑ onbekend **STATUS AANVRAGER** ▶ ☑ stichting of vereniging (non-profit) ☑ bedrijf **VOORKEUR/UITSLUITING** ▶ Als u subsidie voor een organisatie aanvraagt, moet de organisatie een rechtspersoon zijn (bijvoorbeeld een Stichting, Vereniging, BV of NV).

Procedure ■ **OP AANVRAAG** ▶ ja **DOORLOOPTIJD** ▶ 1-3 maanden **AANVRAAGPROCEDURE** ▶ Om (digitaal) subsidie aan te vragen bij Fonds Podiumkunsten, heeft u een login voor 'Mijn Fonds' nodig. U kunt een login aanvragen door één van de twee formulieren (individu/organisatie) in te vullen. Met vragen over digitaal subsidie aanvragen kunt u terecht bij Elien Bil: e.bil@fondspodiumkunsten.nl **URL** ▶ www.fondspodiumkunsten.nl/nl/mijn_fonds/

Financieel ■ **EIGEN VERMOGEN** ▶ € 8.900.000 **INKOMSTEN OV** ▶ € 64.300.000 **HERKOMST MIDDELEN** ▶ overige inkomsten **BOEKJAAR** ▶ 2019 **JAARVERSLAG OP WEBSITE** ▶ ja

Contact ■ **BEREIKBAAR PER** ▶ ☑ post ☑ e-mail ☑ telefoon **CONTACTPERSOON** ▶ geen contactpersoon bekend **POSTADRES** ▶ Postbus 85974, 2508 CR Den Haag **EMAIL (ALGEMEEN)** ▶ info@fondspodiumkunsten.nl **TELEFOON (ALGEMEEN)** ▶ 070-7072700.

452
Stichting Fonds voor Dove Kinderen

Rubriek ■ ☑ kunst en cultuur ☑ sport en recreatie ☑ onderwijs en onderzoek ☑ gezondheidszorg

Algemeen ■ **WEBSITE** ▶ www.kennisbankfilantropie.nl/anbi/fonds-voor-dove-kinderen **TYPERING** ▶ vermogensfonds **OPGERICHT** ▶ 01-01-1916 **RECHTSVORM** ▶ stichting **KVK** ▶ 41205439 **ANBI STATUS** ▶ ja **DIRECTIE** ▶ geen directiegegevens bekend **BESTUUR** ▶ Prof.dr.ir. H.A. Rijken, voorzitter; J. Voskuilen, penningmeester; M. Lasterie, secretaris.

Missie ■ **DOELSTELLING** ▶ Het bevorderen van het welzijn van ernstig auditief gehandicapten, onder wie in de eerste plaats leerlingen van dovenscholen, alsmede het financieel ondersteunen van instellingen, die de opleiding verzorgen van auditief gehandicapten. **BELEIDSPLAN OP WEBSITE** ▶ ja.

Doelgroep ■ **ALGEMEEN** ▶ gehandicapten, jongeren, kinderen **SPECIFIEK** ▶ Dove kinderen. **ACTIVITEITEN** ▶ De activiteiten van Stichting Fonds voor Dove Kinderen betreffen voornamelijk het verstrekken van bijdragen ten behoeve van projecten ter behartiging van de belangen van dove kinderen een en ander te realiseren in het kader van de ideële doelstellingen van de stichting. **INTERVENTIENIVEAU** ▶ Steun aan individuen (directe steun).; Steun aan lokale/provinciale maatschappelijke organisaties en structuren (incl. gemeenten etc.) die diensten verlenen aan individuen.

Werkgebied ■ **ACTIERADIUS** ▶ Nationaal **LAND** ▶ Nederland.

Bestedingen ■ **BUDGET** ▶ niet openbaar **SOORT BIJDRAGE** ▶ giften **BOVENGRENS** ▶ geen **ONDERGRENS** ▶ geen.

Projecten ■ **CRITERIA** ▶ geen projectcriteria bekend **DOORLOOPTIJD** ▶ ☑ onbekend **STATUS AANVRAGER** ▶ ☑ hulpverleners ☑ onderwijsinstelling **VOORKEUR/UITSLUITING** ▶ geen voorkeur of uitsluiting bekend.

Procedure ■ **OP AANVRAAG** ▶ onbekend **DOORLOOPTIJD** ▶ 3-6 maanden **AANVRAAGPROCEDURE** ▶ Geen aanvraagprocedure bekend.

Financieel ■ **EIGEN VERMOGEN** ▶ € 2.200.000 **HERKOMST MIDDELEN** ▶ vermogen, legaten **BOEKJAAR** ▶ 2015 **JAARVERSLAG OP WEBSITE** ▶ ja.

Contact ■ **BEREIKBAAR PER** ▶ ☑ post ☑ e-mail ☑ telefoon **CONTACTPERSOON** ▶ M. Lasterie **POSTADRES** ▶ Erfgooiersdreef 4, 1261 ZP Blaricum **EMAIL (ALGEMEEN)** ▶ sfdovekinderen@gmail.com **TELEFOON (ALGEMEEN)** ▶ 035-5258308.

453
Stichting Fonds voor de Geld- en Effectenhandel

Rubriek ■ ☑ economische ontwikkeling en microkrediet ☑ kunst en cultuur ☑ onderwijs en onderzoek

Algemeen ■ WEBSITE ► www.sfge.nl TYPERING ► vermogensfonds OPGERICHT ► 22-05-1975 RECHTSVORM ► stichting KVK ► 41151569 ANBI STATUS ► ja DIRECTIE ► geen directiegegevens bekend BESTUUR ► Mr. J.P. Weitenberg, voorzitter; dr. W.M. Witteveen, penningmeester; mr. H.J. Lempers, secretaris; drs. J.C. van Kessel; mr. F.R.J. Baron van Hövell tot Westerflier; mr. F.W.P.L.M. van der Ven.

Missie ■ DOELSTELLING ► Het Fonds voor de Geld- en Effectenhandel heeft tot doel onderzoek en belangstelling op het gebied van het bank- en effectenbedrijf te stimuleren. Daarnaast is het Fonds actief op cultureel gebied. STICHTER(S) ► Bond voor den Geld- en Effectenhandel in de Provincie HISTORIE ► Het Fonds is voortgekomen uit de Bond voor den Geld- en Effectenhandel in de Provincie. Bij de opheffing van de Bond in 1975 is het vermogen ingebracht in het Fonds. BELEIDSPLAN OP WEBSITE ► ja.

Doelgroep ■ ALGEMEEN ► studenten SPECIFIEK ► Geen specifieke doelgroep ACTIVITEITEN ► Het verlenen van financiële steun in enigerlei vorm ten behoeve van studies, proefschriften en andere publicaties op het terrein van het bank- en effectenbedrijf, alsmede het ondersteunen van literair-culturele studies en educatieve activiteiten, alsmede klassieke muziekbeoefening. Andere culturele activiteiten worden niet op voorhand uitgesloten. Het Fonds kent een aanmoedigingsprijs: ☑ de Dirk Jacob Veegensprijs, toegekend door de Koninklijke Hollandsche Maatschappij der Wetenschappen. Voor hulp bij de aanschaf van muziekinstrumenten voor begaafde jonge musici wordt samengewerkt met SEM, de Stichting Eigen Muziekinstrument. INTERVENTIENIVEAU ► Steun aan individuen (directe steun).

Werkgebied ■ ACTIERADIUS ► Nationaal LAND ► Nederland.

Bestedingen ■ BUDGET ► € 60.000 ONDERSTEUNDE PROJECTEN P/J ► 69 SOORT BIJDRAGE ► giften garanties BOVENGRENS ► € 1.500 ONDERGRENS ► € 500.

Projecten ■ CRITERIA ► geen projectcriteria bekend DOORLOOPTIJD ► ☑ korter dan 1 jaar STATUS AANVRAGER ► ☑ individuen/gezinnen VOORKEUR/UITSLUITING ► Geen beurzen worden verstrekt voor het bachelor- en mastertraject.

Procedure ■ OP AANVRAAG ► ja DOORLOOPTIJD ► 1-3 maanden AANVRAAGPROCEDURE ► Aanvragen dienen schriftelijk te worden ingediend bij het secretariaat. Voorzien van een beknopte (niet meer dan 5 pagina's) omschrijving van het doel, waarvoor men ondersteuning aanvraagt, alsmede een overzicht van de kosten en verwachte opbrengsten of andere financiering, volstaat. Een e-mailadres voor de beantwoording wordt op prijs gesteld. Het bestuur vergadert vier maal per jaar. URL ► www.sfge.nl/nl/werkterrein-en-aanvragen.html

Financieel ■ INKOMSTEN EV ► € 110.206 INKOMSTEN OV ► € 12.042 HERKOMST MIDDELEN ► vermogen BOEKJAAR ► 2017.

Contact ■ BEREIKBAAR PER ► ☑ post ☒ e-mail ☒ telefoon CONTACTPERSOON ► geen contactpersoon bekend POSTADRES ► Postbus 5045, 1410 AA Naarden.

454
Fonds voor Hedendaagse Muziek

Rubriek ■ ☑ kunst en cultuur

Algemeen ■ WEBSITE ► www.cultuurfonds.nl TYPERING ► fonds op naam BEHEERD DOOR ► Prins Bernhard Cultuurfonds DIRECTIE ► zie > Prins Bernhard Cultuurfonds BESTUUR ► zie > Prins Bernhard Cultuurfonds

Missie ■ DOELSTELLING ► Het financieel ondersteunen van activiteiten op het gebied van de hedendaagse muziek, bij voorkeur in verbinding met en met aandacht voor nieuw publiek (educatie) en/of aandacht voor jonge musici/componisten (talentontwikkeling).

Werkgebied ■ ACTIERADIUS ► Nationaal LAND ► Nederland.

Projecten ■ CRITERIA ► geen projectcriteria bekend DOORLOOPTIJD ► ☑ korter dan 1 jaar STATUS AANVRAGER ► ☑ stichting of vereniging (non-profit) ☑ individuen/gezinnen VOORKEUR/UITSLUITING ► Voorkeur gaat uit naar activiteiten die in verbinding staan met en met aandacht voor nieuw publiek en/of jonge musici/componisten.

Procedure ■ OP AANVRAAG ► ja AANVRAAGPROCEDURE ► Dit 'fonds op naam' ressorteert onder het Prins Bernhard Cultuurfonds. Verzoeken aan fondsen op naam komen op één centraal punt binnen. Dit houdt in dat een subsidieaanvraag slechts eenmaal aan het Prins Bernhard Cultuurfonds hoeft te worden gezonden. Voor de verdere aanvraagprocedure: zie Prins Bernhard Cultuurfonds. URL ► www.cultuurfonds.nl/aanvragen

Contact ■ BEREIKBAAR PER ► ☑ post ☑ e-mail ☑ telefoon CONTACTPERSOON ► geen contactpersoon bekend POSTADRES ► Postbus 19750, 1000 GT Amsterdam EMAIL (ALGEMEEN) ► info@cultuurfonds.nl TELEFOON (ALGEMEEN) ► 020-5206130.

455
Fonds voor Numismatiek

Rubriek ■ ☑ kunst en cultuur

Algemeen ■ WEBSITE ► www.cultuurfonds.nl TYPERING ► fonds op naam BEHEERD DOOR ► Prins Bernhard Cultuurfonds DIRECTIE ► zie > Prins Bernhard Cultuurfonds BESTUUR ► zie > Prins Bernhard Cultuurfonds

Missie ■ DOELSTELLING ► Het financieel ondersteunen van projecten op het gebied van Nederlandse munt- en penningkunde. Bij onvoldoende aanvragen op dit terrein kan financiële steun worden verleend aan projecten op het gebied van wetenschap of beeldende kunst.

Werkgebied ■ ACTIERADIUS ► Nationaal LAND ► Nederland.

Projecten ■ CRITERIA ► geen projectcriteria bekend DOORLOOPTIJD ► ☑ korter dan 1 jaar STATUS AANVRAGER ► ☑ geen beperkingen bekend VOORKEUR/UITSLUITING ► geen voorkeur of uitsluiting bekend.

Procedure ■ OP AANVRAAG ► ja AANVRAAGPROCEDURE ► Dit 'fonds op naam' ressorteert onder het Prins Bernhard Cultuurfonds. Verzoeken

aan fondsen op naam komen op één centraal punt binnen. Dit houdt in dat een subsidieaanvraag slechts eenmaal aan het Prins Bernhard Cultuurfonds hoeft te worden gezonden. Voor de verdere aanvraagprocedure: zie Prins Bernhard Cultuurfonds. **URL** ▶ www.cultuurfonds.nl/aanvragen

Contact ■ **BEREIKBAAR PER** ▶ ☑ post ☑ e-mail ☑ telefoon **CONTACTPERSOON** ▶ geen contactpersoon bekend **POSTADRES** ▶ Postbus 19750, 1000 GT Amsterdam **EMAIL (ALGEMEEN)** ▶ info@cultuurfonds.nl **TELEFOON (ALGEMEEN)** ▶ 020-5206130.

456

Stichting Fonds Vredesprojecten

Rubriek ■ ☑ mensenrechten, vrede en veiligheid

Algemeen ■ **WEBSITE** ▶ www.vredesfonds.nl **TYPERING** ▶ hybride fonds **OPGERICHT** ▶ 08-03-1985 **RECHTSVORM** ▶ stichting **KVK** ▶ 41181472 **ANBI STATUS** ▶ ja **DIRECTIE** ▶ geen directiegegevens bekend **BESTUUR** ▶ Mw. A. Jansen, voorzitter; A. Vaillant, penningmeester; H. van der Lingen, secretaris; mw. W. de Vries; B. Horeman.

Missie ■ **DOELSTELLING** ▶ Het steunen van projecten die gericht zijn op: ☑ Het stimuleren van de bewustwording over oorzaken, gevolgen en gevaren van wapenindustrie, kernenergie (voor zover verbonden met kernwapens), wapenhandel en bewapeningswedloop; ☑ Het aanreiken van middelen voor geweldloos verzet daartegen; ☑ Het aanreiken van methoden tot het voorkomen en oplossen van conflicten die een vredesbedreigend karakter hebben. **HISTORIE** ▶ Het Fonds is in 1985 opgericht om financiële steun te geven aan de vredesbeweging in Nederland. **BELEIDSPLAN OP WEBSITE** ▶ ja.

Doelgroep ■ **ALGEMEEN** ▶ militairen, vrouwen, mannen, jongeren, ouderen **SPECIFIEK** ▶ Vredesprojecten. **ACTIVITEITEN** ▶ Een gesteund project is bijvoorbeeld het debat Oorlog zonder Grenzen van het Amsterdams Vredesinitiatief. **INTERVENTIENIVEAU** ▶ Steun aan lokale/provinciale maatschappelijke organisaties en structuren (incl. gemeenten etc.) die diensten verlenen aan individuen.; Steun aan individuen (directe steun).

Werkgebied ■ **ACTIERADIUS** ▶ Nationaal **LAND** ▶ Nederland.

Bestedingen ■ **BUDGET** ▶ niet openbaar **ONDERSTEUNDE PROJECTEN P/J** ▶ 4 **SOORT BIJDRAGE** ▶ giften **BOVENGRENS** ▶ € 25.000 **ONDERGRENS** ▶ geen.

Projecten ■ **CRITERIA** ▶ Projecten waarbij de vredesbeweging in Nederland verbeterd wordt. **DOORLOOPTIJD** ▶ ☑ korter dan 1 jaar **STATUS AANVRAGER** ▶ ☑ stichting of vereniging (non-profit) ☑ individuen/gezinnen **VOORKEUR/UITSLUITING** ▶ Bij voorkeur worden organisaties en personen gesteund, die voor hun vredeswerk moeilijk op andere manieren aan financiële middelen kunnen komen, door de aard en/of onderwerpkeuze van hun activiteiten.

Procedure ■ **OP AANVRAAG** ▶ ja **DOORLOOPTIJD** ▶ 1-3 maanden; geen doorlooptijd bekend; geen doorlooptijd bekend **AANVRAAGPROCEDURE** ▶ Aanvragen dienen per post of per e-mail te worden verstuurd. In de aanvraag moeten project en projectdoel duidelijk worden omschreven, alsmede begin- en eindtijd van het project. Ook moet er een uitgewerkte begroting worden bijgevoegd, en wil de stichting graag weten aan welke andere fondsen een bijdrage is gevraagd.

Financieel ■ **EIGEN VERMOGEN** ▶ € 65.231.,17 **INKOMSTEN EV** ▶ € 160.,85 **INKOMSTEN OV** ▶ € 8.960.,95 **HERKOMST MIDDELEN** ▶ giften & schenkingen, inkomsten uit vermogen **BOEKJAAR** ▶ 2018 **JAARVERSLAG OP WEBSITE** ▶ ja.

Contact ■ **BEREIKBAAR PER** ▶ ☑ post ☑ e-mail ☒ telefoon **CONTACTPERSOON** ▶ geen contactpersoon bekend **POSTADRES** ▶ Lauwerecht 55, 3515 GN Utrecht **EMAIL (ALGEMEEN)** ▶ h.v.d.lingen@kpnplanet.nl.

457

Stichting Fonds Welzijnswerk

Rubriek ■ ☑ maatschappij, welzijn en samenleving

Algemeen ■ **WEBSITE** ▶ www.fondswelzijnswerk.com **TYPERING** ▶ vermogensfonds **OPGERICHT** ▶ 25-09-1981 **RECHTSVORM** ▶ stichting **KVK** ▶ 41081829 **ANBI STATUS** ▶ ja **DIRECTIE** ▶ geen directiegegevens bekend **BESTUUR** ▶ Drs. J.W.P. van Haaren, voorzitter; J.J.F. Mannaerts MBA, penningmeester; mw.drs. M.C.P. Glissenaar, secretaris; J. Barry; mw.drs. G.M.J. van den Thillart; mw.mr. C.M.H.M. van Lent.

Missie ■ **DOELSTELLING** ▶ De stichting bevordert het welzijn van personen. Zij wil vernieuwende initiatieven en projecten op het terrein van de jeugdzorg, of daaraan verwant ondersteunen. Zij verleent hiertoe financiële steun aan projecten binnen Nederland, die naar het oordeel van het bestuur aan het gestelde doel bijdragen en door het ontwikkelen van andere activiteiten. **HISTORIE** ▶ De stichting Fonds Welzijnswerk is opgericht op 25 september 1981. De basis voor het fonds is gelegd door een aantal instellingen in de jeugdhulpverlening die voor hun personeel een eigen pensioenvoorziening hadden opgebouwd. Bij de komst van de toenmalige PGGM, zijn de pensioenrechten overgedragen. De dekkingsgraad was echter zodanig, dat bij de overdracht middelen overbleven. In goed overleg is toen besloten deze 'overtollige' middelen in een fonds te stoppen. **BELEIDSPLAN OP WEBSITE** ▶ ja.

Doelgroep ■ **ALGEMEEN** ▶ jongeren, kinderen **SPECIFIEK** ▶ Jongeren en gezinnen met problematische opgroeisituaties. **ACTIVITEITEN** ▶ Het Fonds Welzijnswerk financiert eenmalige projecten en heeft daarnaast een deel van het beschikbaar budget afgezonderd voor meerjarige bijdragen. **INTERVENTIENIVEAU** ▶ Steun aan lokale/provinciale maatschappelijke organisaties en structuren (incl. gemeenten etc.) die diensten verlenen aan individuen.

Werkgebied ■ **ACTIERADIUS** ▶ Lokaal, Regionaal, Nationaal **LAND** ▶ Nederland.

Bestedingen ■ **TOELICHTING** ▶ Geen toelichting. **ONDERSTEUNDE PROJECTEN P/J** ▶ 11 **SOORT BIJDRAGE** ▶ giften **BOVENGRENS** ▶ € 15.000 **ONDERGRENS** ▶ geen.

Projecten ■ **CRITERIA** ▶ geen projectcriteria bekend **DOORLOOPTIJD** ▶

☑ korter dan 1 jaar ☑ 1 - 2 jaar **STATUS AANVRAGER** ▶ ☑ stichting of vereniging (non-profit) **VOORKEUR/UITSLUITING** ▶ De begrenzing van het fonds is gelegen in de jeugdzorg – jeugdhulpverlening -, meer in het bijzonder instellingen die als zodanig erkend zijn door de overheid – rijk, provincie of gemeente. Bijdragen zijn uitsluitend voor rechtspersonen die in Nederland staan ingeschreven bij de Kamer van Koophandel. Afgewezen worden aanvragen die van doen hebben met:☑ bijdragen voor reguliere exploitatie van een instelling; ☑ bijdragen voor verbouwingen/investeringen. ☑ Projecten die reeds zijn afgerond. Het staat het bestuur van het fonds vrij uitzonderingen te maken op de criteria.

Procedure ■ **OP AANVRAAG** ▶ ja **DOORLOOPTIJD** ▶ 3-6 maanden **AANVRAAGPROCEDURE** ▶ Schriftelijke aanvragen dienen te zijn voorzien van een helder projectplan met financiële onderbouwing en achtergrondinformatie over de aanvrager. De aanvraag moet altijd ondertekend zijn door de directeur of bestuurder van de organisatie. Een aanvraag kan ook online via de website worden ingediend. Als richtlijn kunt u gebruik maken van het document 'Format voor subsidie aanvragen bij het fonds welzijnswerk' (welke terug te vinden is op de website). Besluitvorming over aanvragen vindt plaats in de bestuursvergadering van het fonds. Het bestuur komt viermaal per jaar bijeen. **URL** ▶ https://www.fondswelzijnswerk.nl/?page_id=21

Financieel ■ **HERKOMST MIDDELEN** ▶ vermogen, giften & schenkingen, legaten, overige inkomsten **BOEKJAAR** ▶ boekjaar onbekend.

Contact ■ **BEREIKBAAR PER** ▶ ☒ post ☑ e-mail ☒ telefoon **CONTACTPERSOON** ▶ geen contactpersoon bekend **POSTADRES** ▶ Geen postadres bekend **EMAIL (ALGEMEEN)** ▶ info@fondswelzijnswerk.nl.

458

Stichting Fonds Wetenschappelijk Onderzoek Seksualiteit

Rubriek ■ ☑ gezondheidszorg ☑ maatschappij, welzijn en samenleving ☑ onderwijs en onderzoek

Algemeen ■ **WEBSITE** ▶ www.fwos.nl **TYPERING** ▶ hybride fonds **OPGERICHT** ▶ 09-02-1979 **RECHTSVORM** ▶ stichting **KVK** ▶ 41222606 **ANBI STATUS** ▶ ja **DIRECTIE** ▶ geen directiegegevens bekend **BESTUUR** ▶ Mw.prof.dr. P.T. Cohen-Kettenis, voorzitter; J.G. Sloff, penningmeester; B. Tuk, secretaris; dr. P.J.H. Mepschen; mw.dr. L.S. Kuyper; mw.

Missie ■ **DOELSTELLING** ▶ · Door middel van (co)financiering medisch, pedagogisch, psychologisch, sociologisch, antropologisch, juridisch en (cultuur)historisch onderzoek bevorderen naar de seksuele ontwikkeling en identiteitsvorming van kinderen, jeugdigen en jongvolwassenen. · Onderzoek bevorderen dat rekening houdt met diversiteit op het gebied van gender, herkomst, culturele en sociaal- economische achtergrond, genderidentiteit en seksuele oriëntatie, gezondheid, inclusief geestelijke en lichamelijke beperkingen.· Aandacht genereren voor de historische en actuele sociaal-culturele en juridische context waarbinnen seksuele ontwikkeling van kinderen en jongeren zich voordoet. · Door middel van financiering een bijdrage leveren aan fundamenteel en praktijkgericht onderzoek dat bij andere financiers niet of slechts zijdelings aan bod komt. Innovatieve onderzoeksmethoden worden op prijs gesteld. · Stimuleren van de verspreiding en – waar relevant – de implementatie van kennis en inzichten over de emotionele, sociale en cognitieve aspecten van de seksuele ontwikkeling van jeugdigen; dit dient niet slechts gericht te zijn op wetenschappers, maar ook op jongeren, opvoeders, ouders en professionals. **BELEIDSPLAN OP WEBSITE** ▶ ja.

Doelgroep ■ **ALGEMEEN** ▶ jongeren, kinderen **SPECIFIEK** ▶ Kinderen en jongeren tot 21 jaar. **ACTIVITEITEN** ▶ ☑ Het FWOS bevordert door middel van (co)financiering medisch, pedagogisch, psychologisch, sociologisch, antropologisch, juridisch en (cultuur)historisch onderzoek naar de seksuele ontwikkeling en identiteitsvorming van kinderen, jeugdigen en jongvolwassenen. ☑ Het FWOS beoogt ook aandacht te genereren voor de historische en actuele sociaalculturele en juridische context waarbinnen seksuele ontwikkeling van kinderen en jongeren zich voordoet. ☑ Het FWOS stimuleert de verspreiding en – waar relevant – de implementatie van kennis en inzichten over de emotionele, sociale en cognitieve aspecten van de seksuele ontwikkeling van jeugdigen en richt zich daarbij niet slechts op wetenschappers, maar ook op jongeren, opvoeders, ouders en professionals. **INTERVENTIENIVEAU** ▶ Steun aan lokale/provinciale maatschappelijke organisaties en structuren (incl. gemeenten etc.) die diensten verlenen aan individuen.; Steun aan individuen (directe steun).; Steun op niveau van maatschappij zelf (beleidsbeïnvloeding, etc.).

Werkgebied ■ **ACTIERADIUS** ▶ Nationaal **LAND** ▶ Nederland.

Bestedingen ■ **BUDGET** ▶ € 300.000 **TOELICHTING** ▶ Er zijn drie verschillende geldstromen: klein, midden en groot. Klein is doorlopend en heeft een budget van €20.000, waarbij subsidies lopen van €500 tot €5000. MIddenstroom verzorgt tweemaal per jaar een subsidieronde van maximaal €50.000 per project. Grote geldstromen zijn onregelmatig en de stichting doet een call, soms in samenwerking met andere partijen. **ONDERSTEUNDE PROJECTEN P/J** ▶ 15 **SOORT BIJDRAGE** ▶ subsidies overig **BOVENGRENS** ▶ € 50.000 **ONDERGRENS** ▶ geen.

Projecten ■ **CRITERIA** ▶ Aanvragers dienen over het algemeen ingebed te zijn in een solide (onderzoeks)setting, maar wat de kleine geldstroom betreft worden minder stringente voorwaarden gehanteerd. Wie een beroep wil doen op die geldstroom kan vooraf via secretariaat@fwos.nl informeren of een aanvraag kans van slagen heeft. Het FWOS financiert via kleine- en midden geldstroom geen onderzoek ten behoeve van mastertheses, of begeleiding van PhD's, master- en bachelorstudenten. Voor de midden geldstroom geldt een solide setting als voorwaarde. Dat kan een onderzoeksgroep aan een universiteit zijn, maar ook een onderzoeksinstituut, een gezondheidsinstelling of een samenwerkingsverband of consortium van experts. Het FWOS heeft echter een voorkeur voor projecten waarin niet alleen gevestigde onderzoekers werkzaam zijn, maar jong talent de ruimte krijgt. De grote geldstroom wordt aangewend voor calls en betreft gewoonlijk een promotie- of een postdoc onderzoek. Het FWOS zelf selecteert daarvoor meerdere onderzoekers en verzoekt hen een voorstel in te dienen met betrekking tot een onderwerp waarvoor het bestuur zelf in ruime trekken de contouren heeft vastgesteld in het kader van missie en doelstellingen van het fonds. Aan uit te nodigen onderzoekers worden dezelfde voorwaarden gesteld als bij de midden geldstroom. De procedure wordt gedetailleerd beschreven in het Programma Wetenschapsbeleid 2019-2023. **DOORLOOPTIJD** ► ☑ onbekend **STATUS AANVRAGER** ► ☑ geen beperkingen bekend **VOORKEUR/UITSLUITING** ► De projecten dienen aan te sluiten bij de missie van het FWOS: inzicht in, en de verwerving en verspreiding van kennis over seksueel gedrag en seksuele beleving, seksueel-emotionele ontwikkelingstrajecten, gender- en seksuele identiteiten van kinderen, jongeren en jongvolwassenen tot 21 jaar. Het FWOS hecht hierbij grote waarde aan het actorperspectief en diversiteit wat betreft etniciteit, seksualiteit en gender. Het kan gaan om zowel de heteroseksuele als de LHBT ontwikkeling. De onderzoekssetting kan variëren van gezin tot school, van 'straat' tot jeugdinstelling.Het FWOS geeft voorrang aan originele en innovatieve projecten. De vernieuwing kan zowel de onderzoeksgroep, het te onderzoeken thema, het onderzoeksdesign, als ook de implementatie- en disseminatiepraktijk betreffen. Omschreven moet zijn wat de te verwachten toegevoegde waarde is van het voorstel.

Procedure ■ **OP AANVRAAG** ► ja **AANVRAAGPROCEDURE** ► Projectideeën dienen in het Engels te worden ingediend. In het projectidee gaat de aanvrager in maximaal twee pagina's in op: doelstelling, onderzoeksvraag, de wetenschappelijke en/of maatschappelijke relevantie van het project, de onderzoeksopzet, de verwachte eindproducten en de mogelijkheden voor kennisoverdracht, -verspreiding en implementatie. Daarnaast geven de aanvragers een globale indicatie van de salaris- en de onkosten. Aanvragers mailen hun projectidee aan het FWOS bestuur via secretariaat@fwos.nl. **URL** ► www.fwos.nl/subsidies/geldstromen/

Financieel ■ **EIGEN VERMOGEN** ► € 2.692.503 **HERKOMST MIDDELEN** ► giften & schenkingen, leden (bijdragen), legaten, inkomsten uit vermogen **BOEKJAAR** ► 2018 **JAARVERSLAG OP WEBSITE** ► ja.

Contact ■ **BEREIKBAAR PER** ► ☑ post ☑ e-mail ☒ telefoon **CONTACTPERSOON** ► geen contactpersoon bekend **POSTADRES** ► Postbus 75842, 1070 AV Amsterdam **EMAIL (ALGEMEEN)** ► secretariaat@fwos.nl.

459

Fonds Wim Choufour

Rubriek ■ ☑ kunst en cultuur ☑ onderwijs en onderzoek

Algemeen ■ **WEBSITE** ► www.cultuurfonds.nl **TYPERING** ► fonds op naam **BEHEERD DOOR** ► Prins Bernhard Cultuurfonds **DIRECTIE** ► zie Prins Bernhard Cultuurfonds **BESTUUR** ► zie Prins Bernhard Cultuurfonds

Missie ■ **DOELSTELLING** ► Het financieel ondersteunen van violisten en cellisten voor het volgen van een studie in binnen- of buitenland (geen masterclasses).

Werkgebied ■ **ACTIERADIUS** ► Nationaal, Internationaal **LAND** ► Nederland.

Projecten ■ **CRITERIA** ► geen projectcriteria bekend **DOORLOOPTIJD** ► ☑ korter dan 1 jaar **STATUS AANVRAGER** ► ☑ geen beperkingen bekend **VOORKEUR/UITSLUITING** ► geen voorkeur of uitsluiting bekend.

Procedure ■ **OP AANVRAAG** ► ja **AANVRAAGPROCEDURE** ► Dit 'fonds op naam' ressorteert onder het Prins Bernhard Cultuurfonds. Verzoeken aan fondsen op naam komen op één centraal punt binnen. Dit houdt in dat een subsidieaanvraag slechts eenmaal aan het Prins Bernhard Cultuurfonds hoeft te worden gezonden. Voor de verdere aanvraagprocedure: zie Prins Bernhard Cultuurfonds. **URL** ► www.cultuurfonds.nl/aanvragen

Contact ■ **BEREIKBAAR PER** ► ☑ post ☑ e-mail ☑ telefoon **CONTACTPERSOON** ► geen contactpersoon bekend **POSTADRES** ► Postbus 19750, 1000 GT Amsterdam **EMAIL (ALGEMEEN)** ► info@cultuurfonds.nl **TELEFOON (ALGEMEEN)** ► 020-5206130.

460

Stichting Fonds XL

Rubriek ■ ☑ maatschappij, welzijn en samenleving ☑ kunst en cultuur ☑ onderwijs en onderzoek

Algemeen ■ **WEBSITE** ► https://fondseninnederland.nl/fonds/fonds-xl **TYPERING** ► vermogensfonds **OPGERICHT** ► 06-08-1993 **RECHTSVORM** ► stichting **KVK** ► 41158039 **ANBI STATUS** ► nee **DIRECTIE** ► geen directiegegevens bekend **BESTUUR** ► Mw. J.A.B. Leppink, voorzitter; R. Spanier, penningmeester; mw. M.M.C.M. Oudshoorn-van Egmond, secretaris.

Missie ■ **DOELSTELLING** ► De stichting heeft ten doel het bevorderen van lezen door mensen met een visuele beperking en voorts van al hetgeen in de ruimste zin hiermee verband houdt. **HISTORIE** ► Stichting Fonds XL is oorspronkelijk opgericht onder de naam Stichting Uitgeverij XL bij akte op 6 augustus 1993 te Den Haag. **BELEIDSPLAN OP WEBSITE** ► ja.

Doelgroep ■ **ALGEMEEN** ► gehandicapten **SPECIFIEK** ► Projecten en initiatieven die het lezen bevorderen. **ACTIVITEITEN** ► De stichting tracht de doelstelling te bereiken door het ondersteunen van projecten en initiatieven ter bevordering van het lezen. Voorbeelden van activiteiten zijn: ☑ Ondersteuning van landelijke campagnes leesbevordering (CPNB); ☑ Ondersteuning van activiteiten in het kader van het VN verdrag / Toegankelijk; Publiceren: ☑ Ondersteuning van activiteiten op het gebied van dyslexie; ☑ Ondersteuning van bijzondere publicaties (fysiek en/of digitaal). **INTERVENTIENIVEAU** ► Steun aan lokale/provinciale maatschappelijke organisaties en structuren (incl. gemeenten etc.) die diensten verlenen aan individuen.

Werkgebied ■ **ACTIERADIUS** ► Nationaal **LAND** ► Nederland.

Bestedingen ■ **BUDGET** ► € 100.000 **ONDERSTEUNDE PROJECTEN P/J** ► 7 **SOORT BIJDRAGE** ► giften subsidies **BOVENGRENS** ► geen **ONDERGRENS** ► geen.

Projecten ■ **CRITERIA** ► geen projectcriteria bekend **DOORLOOPTIJD** ► ☑ onbekend **STATUS AANVRAGER** ► ☑ geen beperkingen bekend **VOORKEUR/UITSLUITING** ► geen voorkeur of uitsluiting bekend.

Procedure ■ **OP AANVRAAG** ► ja **AANVRAAGPROCEDURE** ► Aanvragen worden getoetst aan de statutaire doelstellingen en beoordeeld naar het te verwachten maatschappelijk effect. Het bestuur vergadert gemiddeld 3 tot 4 maal per jaar.

Financieel ■ **HERKOMST MIDDELEN** ► vermogen **BOEKJAAR** ► 2018 **JAARVERSLAG OP WEBSITE** ► ja.

Contact ■ **BEREIKBAAR PER** ► ☑ post ☑ e-mail ☑ telefoon **CONTACTPERSOON** ► geen contactpersoon bekend **POSTADRES** ► Koningin Emmakade 198, 2518 JP 's-Gravenhage **EMAIL (ALGEMEEN)** ► info@onbeperkt lezen.nl **TELEFOON (ALGEMEEN)** ► 0702629294.

461
Stichting FondsDBL

Rubriek ■ ☑ noodhulp ☑ noodhulp ☑ maatschappij, welzijn en samenleving

Algemeen ■ **WEBSITE** ► https://www.fondsdbl.nl **TYPERING** ► vermogensfonds **OPGERICHT** ► 19-06-1974 **RECHTSVORM** ► stichting **KVK** ► 41126423 **ANBI STATUS** ► ja **DIRECTIE** ► geen directiegegevens bekend **BESTUUR** ► J.W.R. Tilanus, voorzitter; F.J.C. van Lede, penningmeester; mw. A.C. van Seventer.

Missie ■ **DOELSTELLING** ► Het verlenen van hulp uit de revenuen van het vermogen van de stichting aan personen en gezinnen die daaraan in maatschappelijke zin behoefte hebben en het verstrekken van bijdragen aan instellingen welke het verlenen van hulp aan dergelijke personen en gezinnen ten doel hebben of mede ten doel hebben. De nadruk wordt gelegd op het bevorderen van zelfredzaamheid in plaats van het verlenen van langdurige ondersteuning. **HISTORIE** ► De Stichting Verenigde Stichtingen Van Dooren-Blankenheym-Van Lede is in 1974 ontstaan uit de fusie van drie stichtingen, Maria Catharina van Dooren's Vrouwengesticht van Weldadigheid (opgericht 1832), Maria Carolina Blankenheym's Stichting en de C.A.E. van Lede Stichting. Deze stichtingen boden allen steun aan 'de armen'. Omdat de onderlinge verschillen in de jaren '70 vrijwel nihil waren, werd besloten tot een fusie. De Stichting beheert sindsdien het gezamenlijk vermogen van de drie oorspronkelijke stichtingen. De naam van de stichting is inmiddels ingekort tot FondsDBL. **BELEIDSPLAN OP WEBSITE** ► ja.

Doelgroep ■ **ALGEMEEN** ► armen, dak- en thuislozen, gehandicapten, vluchtelingen, zieken, ouderen, jongeren **SPECIFIEK** ► Mindervermogenden in de volgende categorieën: - Ouderen vanaf 65; - gehandicapten en chronisch zieken; - psychiatrische patiënten; - jongeren tot 23 jaar; - alleenstaande ouders; - vluchtelingen (met verblijfsvergunning of kans daarop); allochtonen; dak-en thuislozen; - werklozen; - (ex)gedetineerden; - verslaafden; - vrijwilligersorganisaties die deze doelgroepen ondersteunen. Besloten is om meer accent te leggen op jongeren boven de 18, waarvoor maar beperkte steun is. **ACTIVITEITEN** ► De ondersteuningsdoelen van FondsDBL zijn: ☑ basale levensbehoeften; ☑ sociale integratie; ☑ arbeid en opleiding. Werkgebieden zijn: ☑ het gebied Rijnmond en Drechtsteden, via particuliere hulp, samenwerkingsverbanden en projecten. De doelstelling is om particuliere hulp zo veel mogelijk via samenwerkingsverbanden te kanaliseren en niet rechtstreeks te verlenen; ☑ particuliere hulp te bieden in gebieden elders in den lande, uitsluitend indien daar geen noodfondsen actief zijn; ☑ verlenen van ondersteuning aan landelijke instellingen voor chronisch zieken en gehandicapten; ☑ verlenen van ondersteuning bij het opstarten en de eerste aanloop van Gemeentelijke en/of Provinciale Noodfondsen in den lande voor de eerste drie jaar, waarbij langduriger ondersteuning niet wordt uitgesloten. **INTERVENTIENIVEAU** ► Steun aan familie en omgeving van individuen.; Steun aan lokale/provinciale maatschappelijke organisaties en structuren (incl. gemeenten etc.) die diensten verlenen aan individuen.

Werkgebied ■ **ACTIERADIUS** ► Regionaal, Nationaal **LAND** ► Nederland **REGIO** ► Rijnmond, Drechtsteden.

Bestedingen ■ **BUDGET** ► € 1.500.000 **TOELICHTING** ► Doelstelling is het op lange termijn instant houden van het vermogen, waarbij het de ambitie is om jaarlijks 2, 5% tot 3, 5% van het stichtingskapitaal uit te geven aan de statutaire doelstellingen van FondsDBL. Op de middellange termijn wordt er gestreefd naar een continue uitgavenstroom van €1, 5 miljoen, waarvan 10% als onvoorzien en 10% voor de dekking van overheadkosten. Indien door onvoorziene omstandigheden in een jaar het budget niet wordt uitgegeven zal het surplus in het volgende jaar ter beschikking gesteld worden, echter uitsluitend ten behoeve van korte termijn projecten. Verder is besloten elk jaar een reservering te maken voor de vijfjaarlijkse lustrumgift. **ONDERSTEUNDE PROJECTEN P/J** ► 300 **SOORT BIJDRAGE** ► giften **BOVENGRENS** ► geen **ONDERGRENS** ► geen.

Projecten ■ **CRITERIA** ► geen projectcriteria bekend **DOORLOOPTIJD** ► ☑ korter dan 1 jaar **STATUS AANVRAGER** ► ☑ stichting of vereniging (non-profit) **VOORKEUR/UITSLUITING** ► FondsDBL steunt alléén initiatieven, die de meest kwetsbare mensen in onze samenleving helpen om hun situatie te doorbreken. De instelling heeft niet voldoende eigen financiële middelen en er is voor het project niet voldoende voorziening van de overheid De noodzaak van de aanvraag moet beargumenteerd worden De aanvraag moet worden ingediend vóórdat de kosten gemaakt zijn, FondsDBL financiert in principe niet achteraf. FondsDBL financiert geen salariskosten voor het project zelf.

Procedure ■ **OP AANVRAAG** ► ja **DOORLOOPTIJD** ► 1-3 maanden **AANVRAAGPROCEDURE** ► Aanvragen die voldoen aan de ondersteuningsdoelen worden uitsluitend via de website in behandeling genomen. Het advies is om bij het online indienen van de aanvraag de volgende documenten paraat te hebben vanwege het verplicht uploaden van deze informatie: ☑ Projectplan; ☑ Projectbegroting en dekkingsplan; ☑ Recente jaarrekening; ☑ Een sociaal jaarverslag of beschrijving van de activiteiten van de instelling; ☑ Recent uittreksel Kamer van Koophandel; niet ouder dan één jaar; ☑ Statuten. Let op: U dient uw aanvraag altijd op naam van uw organisatie te zetten. Het bestuur van FondsDBL beslist over de aanvragen van instellingen en vergadert eenmaal per kwartaal; de behandeling van een aanvraag kan daardoor enige tijd in beslag nemen. **URL** ► https://www.fondsdbl.nl/AanvragenProjecten

Financieel ■ **EIGEN VERMOGEN** ► € 56.950.937 **INKOMSTEN EV** ► € -

1.756.565 **INKOMSTEN OV** ▶ € 28.273 **HERKOMST MIDDELEN** ▶ vermogen, giften & schenkingen, legaten, inkomsten uit vermogen **BOEKJAAR** ▶ 2018 **JAARVERSLAG OP WEBSITE** ▶ ja.

Contact ■ **BEREIKBAAR PER** ▶ ☑ post ☑ e-mail ☑ telefoon **CONTACTPERSOON** ▶ geen contactpersoon bekend **POSTADRES** ▶ Hang 16, 3011 GG Rotterdam **EMAIL (ALGEMEEN)** ▶ info@fondsdbl.nl **TELEFOON (ALGEMEEN)** ▶ 010-4113170.

462
Stichting Fonobori

Rubriek ■ ☑ kunst en cultuur ☑ maatschappij, welzijn en samenleving

Algemeen ■ **WEBSITE** ▶ www.fonobori.nl **TYPERING** ▶ vermogensfonds **OPGERICHT** ▶ 16-10-2008 **RECHTSVORM** ▶ stichting **KVK** ▶ 24445261 **ANBI STATUS** ▶ ja **DIRECTIE** ▶ geen directiegegevens bekend **BESTUUR** ▶ J. Luijendijk, voorzitter; H. Gameren, penningmeester; P. Louter, secretaris.

Missie ■ **DOELSTELLING** ▶ De stichting stelt zich ten doel steunstichting werkzaam te zijn ter bevordering van het maatschappelijke en cultureel welzijn van individu en gemeenschap hoofdzakelijk in de gemeente Ridderkerk, onafhankelijk van enige levensbeschouwelijke, politieke of economische groepering, ras of huidskleur overeenkomstig de geldende democratische beginselen. **HISTORIE** ▶ De naam Fonobori is een acroniem van: Financiële Ondersteuning Noordhave Bolnes Ridderkerk. De stichting Fonobori is een Ridderkerkse stichting die in 2009 is voortgekomen uit de stichting Noordhave. De stichting zette zich jarenlang in voor de huisvesting van ouderen in Bolnes. In 2008 heeft de stichting Noordhave besloten gezien de gewijzigde maatschappelijke verhoudingen en de daarmee samenhangende verantwoordelijkheden en/of aansprakelijkheden haar taken per 1 januari 2009 over te dragen aan de professionele thuiszorgorganisatie Internos. Op datzelfde moment is de stichting Noordhave opgeheven en is het liquidatie saldo ingebracht als startvermogen van de op 16 oktober 2008 opgerichte stichting Fonobori. **BELEIDSPLAN OP WEBSITE** ▶ ja.

Doelgroep ■ **SPECIFIEK** ▶ Van oorsprong staat het belang van de ouderen in de wijk Bolnes centraal. Maar de stichting wil zich breder inzetten en zal daarom ook projecten in andere wijken en doelgroepen willen ondersteunen. **ACTIVITEITEN** ▶ De Stichting tracht dit doel te verwezenlijken door enerzijds het zo goed mogelijk beheren van het vermogen, en anderzijds: ☑ het verlenen van financiële bijdragen aan organisaties en instellingen die zich inzetten voor projecten die woon- en leefklimaat van bewoners in en rond de Noordhave bevorderen; ☑ het verlenen van financiële bijdragen of het verstrekken van leningen aan organisaties en instellingen, die zich richten op de ondersteuning van ouderen in de wijk Bolnes; ☑ het verlenen van financiële bijdragen aan organisaties en instellingen, die middels projecten de huisvestingssituatie van ouderen in de gemeente Ridderkerk beogen te verbeteren of zich manifesteren op maatschappelijk en/of cultureel terrein. **INTERVENTIENIVEAU** ▶ Steun aan lokale/provinciale maatschappelijke organisaties en structuren (incl. gemeenten etc.) die diensten verlenen aan individuen.

Werkgebied ■ **ACTIERADIUS** ▶ Lokaal **LAND** ▶ Nederland **PLAATS** ▶ Ridderkerk.

Bestedingen ■ **BUDGET** ▶ € 100.000 **SOORT BIJDRAGE** ▶ giften **BOVENGRENS** ▶ € 15.000 **ONDERGRENS** ▶ geen.

Projecten ■ **CRITERIA** ▶ Het project/initiatief gaat gemoeid met het maatschappelijk belang of cultureel welzijn binnen de gemeente Ridderkerk. **DOORLOOPTIJD** ▶ ☑ onbekend **STATUS AANVRAGER** ▶ ☑ geen beperkingen bekend **VOORKEUR/UITSLUITING** ▶ De stichting Fonobori ondersteunt alleen projecten binnen de gemeente Ridderkerk. In de keuze voor welk initiatief gesteund gaat worden zal de doelgroep ouderen voorrang krijgen. Eveneens zal de wijk Bolnes prioriteit hebben ten opzichte van andere wijken in Ridderkerk.

Procedure ■ **OP AANVRAAG** ▶ ja **DOORLOOPTIJD** ▶ geen doorlooptijd bekend; korter dan een maand; korter dan een maand **AANVRAAGPROCEDURE** ▶ Aanvragers voor steun door de Stichting worden - indien nodig - door de secretaris van de Stichting ondersteund bij het indienen van een aanvraag. Op de website staat een online subsidie aanvraagformulier met een duidelijke toelichting. Bij de aanvraag horen de volgende gegevens/documenten: ☑ Kopie van inschrijving bij de Kamer van Koophandel; ☑ Gespecificeerde begroting; ☑ Gespecificeerd financieringsplan; ☑ Meest recente jaarverslag (inhoudelijk en financieel, incl. de balans); ☑ Begroting van het lopend boekjaar; ☑ Relevante documentatie van uw organisatie; ☑ Begroting komend jaar (zo mogelijk); Het bestuur streeft ernaar om op de ingediende aanvragen binnen 1 maand telefonisch of schriftelijk te reageren. Alle officiële correspondentie over het besluit van toe- of afwijzing van de aanvraag wordt schriftelijk (evt. via email) gedaan. **URL** ▶ https://www.fonobori.nl/aanvraag/

Financieel ■ **EIGEN VERMOGEN** ▶ € 899.064 **INKOMSTEN EV** ▶ € 146.341 **INKOMSTEN OV** ▶ € 1.700 **HERKOMST MIDDELEN** ▶ inkomsten uit vermogen, vermogen, giften & schenkingen, legaten, overige inkomsten **BOEKJAAR** ▶ 2019 **JAARVERSLAG OP WEBSITE** ▶ ja.

Contact ■ **BEREIKBAAR PER** ▶ ☑ post ☑ e-mail ☑ telefoon **CONTACTPERSOON** ▶ P. Louter **POSTADRES** ▶ Paul Krugerstraat 49, 2987 BP Ridderkerk **EMAIL (ALGEMEEN)** ▶ info@fonobori.nl **TELEFOON (ALGEMEEN)** ▶ 06-27096725.

463
Fontein Tuynhout Fonds

Rubriek ■ ☑ kunst en cultuur ☑ onderwijs en onderzoek

Algemeen ■ **WEBSITE** ▶ www.cultuurfonds.nl **TYPERING** ▶ fonds op naam **BEHEERD DOOR** ▶ Prins Bernhard Cultuurfonds **DIRECTIE** ▶ zie > Prins Bernhard Cultuurfonds **BESTUUR** ▶ zie > Prins Bernhard Cultuurfonds

Missie ■ **DOELSTELLING** ▶ Het financieel ondersteunen van het componeren van verschillende soorten muziek in Nederland.

Werkgebied ■ ACTIERADIUS ▶ Nationaal LAND ▶ Nederland.
Projecten ■ CRITERIA ▶ geen projectcriteria bekend DOORLOOPTIJD ▶ ☑ korter dan 1 jaar STATUS AANVRAGER ▶ ☑ geen beperkingen bekend VOORKEUR/UITSLUITING ▶ geen voorkeur of uitsluiting bekend.
Procedure ■ OP AANVRAAG ▶ ja AANVRAAGPROCEDURE ▶ Dit 'fonds op naam' ressorteert onder het Prins Bernhard Cultuurfonds. Verzoeken aan fondsen op naam komen op één centraal punt binnen. Dit houdt in dat een subsidieaanvraag slechts eenmaal aan het Prins Bernhard Cultuurfonds hoeft te worden gezonden. Voor de verdere aanvraagprocedure: zie Prins Bernhard Cultuurfonds. URL ▶ www.cultuurfonds.nl/aanvragen
Contact ■ BEREIKBAAR PER ▶ ☑ post ☑ e-mail ☑ telefoon CONTACTPERSOON ▶ geen contactpersoon bekend POSTADRES ▶ Postbus 19750, 1000 GT Amsterdam EMAIL (ALGEMEEN) ▶ info@cultuurfonds.nl TELEFOON (ALGEMEEN) ▶ 020-5206130.

464
Stichting Frangipani

Rubriek ■ ☑ onderwijs en onderzoek
Algemeen ■ WEBSITE ▶ www.kennisbankfilantropie.nl/anbi/frangipani TYPERING ▶ vermogensfonds OPGERICHT ▶ 01-12-2000 RECHTSVORM ▶ stichting KVK ▶ 09117194 ANBI STATUS ▶ ja DIRECTIE ▶ geen directiegegevens bekend BESTUUR ▶ Mw.drs. J. van de Pol, voorzitter; mw.drs. J. van de Pol, penningmeester; mw.drs. J. Konings, secretaris.
Missie ■ DOELSTELLING ▶ Frangipani heeft tot doel volwassenen in ontwikkelingslanden financieel te ondersteunen bij de opleiding voor een beroep, dat wordt uitgeoefend in hun land van herkomst. Frangipani wil daarmee bevorderen dat steun aan ontwikkelingslanden rechtstreeks ten goede komt aan de inwoners. Door opleiding ter plaatse kunnen zij weer bijdragen aan de verdere ontwikkeling van hun eigen land. STICHTER(S) ▶ Mr. J.J.M. van Bommel HISTORIE ▶ De stichters zijn (ex) medewerkers van de Universiteit van Nijmegen die beroepshalve in ontwikkelingslanden werkten en op basis van die ervaring de handen ineen sloegen om mensen in ontwikkelingslanden rechtstreeks -zonder tussenpersonen- financieel te ondersteunen bij hun opleiding. Dat leidde tot de oprichting van stichting Frangipani. BELEIDSPLAN OP WEBSITE ▶ ja.
Doelgroep ■ ALGEMEEN ▶ studenten, inheemse volken, jongeren, armen SPECIFIEK ▶ Studenten die een beroepsopleiding willen volgen in een ontwikkelingsland. ACTIVITEITEN ▶ De stichting tracht de doelstelling te bereiken door: ☑ Het ondersteunen van enkele 'studenten' in ontwikkelingslanden tijdens hun beroepsopleiding; ☑ Het volgen van hun resultaten; ☑ Het werven van financiële middelen om de middelen van het fonds op peil te houden. INTERVENTIENIVEAU ▶ Steun aan individuen (directe steun).
Werkgebied ■ ACTIERADIUS ▶ Internationaal LAND ▶ Ontwikkelingslanden.
Bestedingen ■ BUDGET ▶ niet openbaar TOELICHTING ▶ Budget varieert, afhankelijk van giften. ONDERSTEUNDE PROJECTEN P/J ▶ 8 SOORT BIJDRAGE ▶ studiebeurzen BOVENGRENS ▶ € 500 ONDERGRENS ▶ geen.
Projecten ■ CRITERIA ▶ ☑ De kandidaten volgen een beroepsopleiding, die hun perspectief op een baan aanzienlijk vergroot. ☑ De opleiding wordt gevolgd in eigen land/regio en kwalificeert tot een beroep, dat daarna in eigen land wordt uitgeoefend. ☑ De kosten van een opleidingsjaar zijn niet hoger dan €500,-; ☑ maximale studieduur van vier jaar. DOORLOOPTIJD ▶ ☑ langer dan 2 jaar STATUS AANVRAGER ▶ ☑ stichting of vereniging (non-profit) ☑ kerkelijke instelling ☑ bedrijf ☑ hulpverleners ☑ onderwijsinstelling VOORKEUR/UITSLUITING ▶ Prioriteit ligt bij (jong) volwassenen die in relatief korte tijd met relatief weinig studiekosten een beroepsopleiding succesvol kunnen afronden en die daarna kans hebben een passende baan te krijgen. Frangipani ondersteunt geen universitaire opleidingen.
Procedure ■ OP AANVRAAG ▶ ja DOORLOOPTIJD ▶ korter dan 1 maand AANVRAAGPROCEDURE ▶ Aanvragen worden snel beoordeeld op de hoofdcriteria (te weten: studiekosten voor individuele studenten); bij afwijzing wordt men meteen op de hoogte gesteld, met informatie over de doelstelling en mogelijkheden van Frangipani. Past een aanvraag wél binnen het kader van Frangipani, dan wordt deze besproken in het bestuur. Ook hiervan ontvangen aanvragers snel bericht. Bij toekenning staat Frangipani garant voor de hele studieduur. Dit onder voorbehoud van voldoende studieresultaten; Bij toekenning wordt de voortgang bijgehouden in een Verplichtingenoverzicht. Daarin is ook zichtbaar wat de totale financiële verplichtingen zijn.
Financieel ■ EIGEN VERMOGEN ▶ € 10.132 INKOMSTEN OV ▶ € 9.436 HERKOMST MIDDELEN ▶ overige inkomsten BOEKJAAR ▶ 2019 JAARVERSLAG OP WEBSITE ▶ ja.
Contact ■ BEREIKBAAR PER ▶ ☑ post ☑ e-mail ☑ telefoon CONTACTPERSOON ▶ Mw. drs. J. Konings POSTADRES ▶ Kuilseweg 24, 6584 DB Molenhoek EMAIL (ALGEMEEN) ▶ interakt@planet.nl TELEFOON (ALGEMEEN) ▶ 024-3880148.

465
De Frans Mortelmans Stichting

Rubriek ■ ☑ kunst en cultuur
Algemeen ■ WEBSITE ▶ www.kennisbankfilantropie.nl/anbi/de-frans-mortelmans-stichting TYPERING ▶ vermogensfonds OPGERICHT ▶ 30-05-1963 RECHTSVORM ▶ stichting KVK ▶ 41151281 ANBI STATUS ▶ ja DIRECTIE ▶ geen directiegegevens bekend BESTUUR ▶ Mw.drs. M.A. de Jong, voorzitter; drs. M.C. Schenk, penningmeester; mr. R.A. Gallas, secretaris; mw.drs. J.A. Moerman; mw.mr. C.E.C de Nerée tot Babberich,.
Missie ■ DOELSTELLING ▶ De stichting beoogt een algemeen maatschappelijk belang voor het grondgebied van het Rijk en wel uitsluitend door de bevordering van activiteiten op de gebieden van wetenschap en cultuur, alles in de ruimste zin. STICHTER(S) ▶ Franciscus Gomarus Mortelmans (1889-1964) BELEIDSPLAN OP WEBSITE ▶ ja.

Doelgroep ■ SPECIFIEK ▶ Geen specifieke doelgroep ACTIVITEITEN ▶ Het bestuur is voornemens kleine subsidies toe te kennen aan een zo breed mogelijk scala van projecten, passend binnen de doelstelling en het subsidiebeleid van de stichting, waarbij ook een zekere regionale spreiding wordt nagestreefd; De stichting kent drie soorten subsidies: ☑ Kleine subsidies: in de regel tot een bedrag van maximaal € 5.000,00. ☑ Grote subsidies: incidenteel toe te kennen aan een groot project tot een bedrag van maximaal € 100.000,00. ☑ Meerjarige subsidies. INTERVENTIENIVEAU ▶ Steun aan lokale/provinciale maatschappelijke organisaties en structuren (incl. gemeenten etc.) die diensten verlenen aan individuen.

Werkgebied ■ ACTIERADIUS ▶ Nationaal LAND ▶ Nederland.

Bestedingen ■ BUDGET ▶ € 25.000 ONDERSTEUNDE PROJECTEN P/J ▶ 13 SOORT BIJDRAGE ▶ giften subsidies BOVENGRENS ▶ geen ONDERGRENS ▶ geen.

Projecten ■ CRITERIA ▶ ; ☑ activiteiten op cultuurhistorisch gebied met een duurzaam karakter, zoals restauraties, publicaties en verwerving van voorwerpen van kunst en cultuur; ☑ Subsidies worden uitsluitend verleend aan publiek- of privaatrechtelijke rechtspersonen. Voor meerjarige subsidies gelden de volgende aanvullende criteria: ☑ incidenteel toe te kennen aan een landelijke of regionale instelling; ☑ restauratie van roerende en onroerende monumenten; ☑ aankoop van kunst voor openbare musea; ☑ uitgave van wetenschappelijke publicaties; ☑ beschikbaarstelling van muziekinstrumenten aan (jonge) musici; ☑ instandhouding van het cultuurlandschap. DOORLOOPTIJD ▶ ☑ 1 - 2 jaar STATUS AANVRAGER ▶ ☑ stichting of vereniging (non-profit) ☑ kerkelijke instelling ☑ bedrijf VOORKEUR/UITSLUITING ▶ Voor subsidiering komen niet in aanmerking: ☑ studies; ☑ studiereizen en stages; ☑ congressen; ☑ symposia; ☑ cursussen; ☑ seminars; ☑ lezingen; ☑ theater (muziek, toneel, ballet, opera)- en filmproducties; ☑ tentoonstellingen; ☑ alba amicorum en proefschriften; ☑ aanschaf van apparatuur; ☑ exploitatiekosten.

Procedure ■ OP AANVRAAG ▶ nee AANVRAAGPROCEDURE ▶ De stichting maakt geen gebruik van aanvraagformulieren, projecten worden door de stichting zelf geïnitieerd. Uitsluitend op uitnodiging van het bestuur kan een subsidieaanvraag worden ingediend.

Financieel ■ EIGEN VERMOGEN ▶ € 1.332.215 INKOMSTEN EV ▶ € 184.823 HERKOMST MIDDELEN ▶ vermogen BOEKJAAR ▶ 2019 JAARVERSLAG OP WEBSITE ▶ ja.

Contact ■ BEREIKBAAR PER ▶ ☑ post ☑ e-mail ☑ telefoon CONTACTPERSOON ▶ Mr. R.A. Gallas POSTADRES ▶ Nieuwe Parklaan 52, 2597 LD Den Haag EMAIL (ALGEMEEN) ▶ defransmortelmansstichting@gmail.com TELEFOON (ALGEMEEN) ▶ 06-53846760.

466
Stichting Fred Foundation

Rubriek ■ ☑ maatschappij, welzijn en samenleving ☑ natuur, milieu en dieren ☑ economische ontwikkeling en microkrediet ☑ vluchtelingenhulp

Algemeen ■ WEBSITE ▶ www.fredfoundation.org TYPERING ▶ vermogensfonds OPGERICHT ▶ 30-12-1996 RECHTSVORM ▶ stichting KVK ▶ 41195044 ANBI STATUS ▶ ja DIRECTIE ▶ A. Bontje BESTUUR ▶ F. Matser, voorzitter; E. Greup, penningmeester; E. Greup, secretaris; J. Bontje.

Missie ■ DOELSTELLING ▶ De stichting heeft ten doel, zelfstandig of in samenwerking met andere organisaties of instellingen die hetzelfde of een aanverwant doel nastreven, het bevorderen en helpen bevorderen van het behoud en onderhoud van onze natuurlijke omgeving en de ontwikkeling van het zelfzorgend vermogen van de mens, vanuit het perspectief van de eigen verantwoordelijkheid, in de ruimste zin van het woord. Dit is zowel een toepassing op de mens als individu als op een groep en vanuit het besef van coëxistentie in plaats van competitie. Mede tot het doel van de stichting behoort het verlenen van bijdragen aan instellingen van algemeen maatschappelijk belang met een doelstelling die met de doelstellingen van de onderhavige stichting overeenkomt of daarmee nauw verband houdt. STICHTER(S) ▶ Fred Matser BELEIDSPLAN OP WEBSITE ▶ ja.

Doelgroep ■ ALGEMEEN ▶ armen, zieken, kinderen, jongeren, vluchtelingen, inheemse volken, gehandicapten SPECIFIEK ▶ Geen specifieke doelgroep ACTIVITEITEN ▶ Er zijn drie hoofdthema's waar de stichting naar handelt: ☑ bewustzijn, bewustwording: het ontwikkelen van het menselijk bewustzijn leidt tot inclusiviteit en harmonie in de samenleving; ☑ welzijn en leefstijl; leefstijl als medicijn door het bevorderen van een gezonde leefstijl. ☑ mens en natuur: het ondersteunen van minderheden, achtergestelden, onderdrukten en vluchtelingen door hun omstandigheden te verzachten en zelfstandigheid en zelfredzaamheid te bevorderen en het bevorderen van de natuur (natuurbehoud, natuurbescherming). INTERVENTIENIVEAU ▶ Steun aan lokale/provinciale maatschappelijke organisaties en structuren (incl. gemeenten etc.) die diensten verlenen aan individuen.

Werkgebied ■ ACTIERADIUS ▶ Internationaal LAND ▶ Wereldwijd.

Bestedingen ■ BUDGET ▶ niet openbaar ONDERSTEUNDE PROJECTEN P/J ▶ 68 SOORT BIJDRAGE ▶ giften BOVENGRENS ▶ geen ONDERGRENS ▶ geen.

Projecten ■ CRITERIA ▶ geen projectcriteria bekend DOORLOOPTIJD ▶ ☑ onbekend STATUS AANVRAGER ▶ ☑ geen beperkingen bekend VOORKEUR/UITSLUITING ▶ geen voorkeur of uitsluiting bekend.

Procedure ■ OP AANVRAAG ▶ nee AANVRAAGPROCEDURE ▶ Voorstellen worden alleen op uitnodiging geaccepteerd. De stichting reageert niet op verzoeken om financiering, advies, partnerschappen of netwerktoegang.

Financieel ■ INKOMSTEN OV ▶ € 4.003.445 HERKOMST MIDDELEN ▶ giften & schenkingen, vermogen BOEKJAAR ▶ 2019 JAARVERSLAG OP WEBSITE ▶ ja.

Contact ■ BEREIKBAAR PER ▶ ☑ post ☑ e-mail ☒ telefoon CONTACTPERSOON ▶ geen contactpersoon bekend POSTADRES ▶ Stadionweg 1, 1077 RV Amsterdam EMAIL (ALGEMEEN) ▶ info@fredfoundation.org.

467

Stichting Friesland 1940-1945

Rubriek ■ ☑ maatschappij, welzijn en samenleving

Algemeen ■ WEBSITE ▶ www.friesland19401945.nl TYPERING ▶ hybride fonds OPGERICHT ▶ 06-05-1946 RECHTSVORM ▶ stichting KVK ▶ 41000600 ANBI STATUS ▶ ja DIRECTIE ▶ geen directiegegevens bekend BESTUUR ▶ G. Koopmans, voorzitter; P.M. Wijbenga, penningmeester; mw. T. Vlietstra-Postma, secretaris; mw. N.I. Steegstra-Fennema.

Missie ■ DOELSTELLING ▶ ☑ De Stichting Friesland 1940-1945 stelt zich primair ten doel de behartiging van de collectieve en individuele, materiële en immateriële belangen van hen die recht hebben op een buitengewoon pensioen en in het algemeen van allen, die te kampen hebben met ziekten of gebreken, welke in verband staan met hun deelneming aan het binnenlands verzet in de jaren 1940-1945, daaronder begrepen de belangen van hun gezinnen, weduwen, wezen, één en ander voor zover daaraan behoefte bestaat en overeenkomstig nader door de Stichtingsraad te stellen regelen. ☑ Zij stelt zich secundair ten doel, indien de beschikbare middelen zulks toelaten, personen, die tengevolge van het bovengenoemde door hen gepleegde verzet schade in hun vermogen hebben geleden dan wel in de grondslag van hun maatschappelijk bestaan zijn getroffen, die schade geheel of gedeeltelijk te vergoeden, één en ander voor zover daaraan behoefte bestaat en overeenkomstig nader door de Stichtingsraad te stellen regelen. STICHTER(S) ▶ Dhr. F. van der Meer, dhr. Y. Eekhoff, dhr. A. Tammes, dhr. L. Bosch en dhr. S. Schootstra HISTORIE ▶ De Stichting Friesland 1940-1945 is een dochterorganisatie van de Vereniging Friesland 1940-1945. Die Vereniging werd drie dagen na de bevrijding van Friesland opgericht. Iedereen die op enigerlei wijze betrokken was geweest bij het verzet tegen de Duitse bezetter, kon lid van de Vereniging worden. Op het hoogtepunt in 1946 telde de Vereniging meer dan 3300 leden. Op 15 april 2010 is de Vereniging Friesland 1940-1945 officieel ontbonden en heeft zij haar taken aan de stichting Friesland 1940-1945 overgedragen. De Vereniging Friesland 1940-1945 was opgericht om de belangen te behartigen van de nabestaanden van omgekomen verzetslieden en van verzetsstrijders die invalide waren geraakt. Daarnaast initieerde de Vereniging allerlei zaken als tentoonstellingen, boekuitgaven, kunstopdrachten etc. Voor de praktische uitvoering van de hulpverlening werd door de Vereniging op 6 mei 1946 de Stichting Friesland 1940-1945 opgericht.

Doelgroep ■ SPECIFIEK ▶ Geen specifieke doelgroep ACTIVITEITEN ▶ De Stichting ziet voor zichzelf ook een rol weggelegd op terreinen die tot nu toe vooral onder verantwoordelijkheid van de Vereniging Friesland 1940-1945 vielen: het onderwijs, herdenkingen en naamgeving. Daarnaast zal de Stichting Friesland in de toekomst initiatieven ontplooien voor het organiseren van bijvoorbeeld een beeldende kunst- of poëziewedstrijd of beurzen toekennen aan mensen die onderzoek doen naar onderwerpen die de Stichting belangrijk vindt. INTERVENTIENIVEAU ▶ Steun aan lokale/provinciale maatschappelijke organisaties en structuren (incl. gemeenten etc.) die diensten verlenen aan individuen.

Werkgebied ■ ACTIERADIUS ▶ Regionaal LAND ▶ Nederland REGIO ▶ Friesland.

Bestedingen ■ BUDGET ▶ niet openbaar SOORT BIJDRAGE ▶ subsidies BOVENGRENS ▶ geen ONDERGRENS ▶ geen.

Projecten ■ CRITERIA ▶ De criteria: ☑ Te subsidiëren projecten moeten een duidelijke relatie hebben met de thematiek van de; Tweede Wereldoorlog; ☑ Het project is specifiek gericht op de provincie Fryslân. Een grotere reikwijdte is een pre; ☑ Rechtspersoonlijkheid van de aanvrager is een vereiste; ☑ De instelling mag geen op winst gericht karakter hebben. ☑ Er moeten in principe meerdere partijen (bijvoorbeeld andere fondsen of sponsoren) meebetalen aan de activiteit. DOORLOOPTIJD ▶ ☑ 1 - 2 jaar STATUS AANVRAGER ▶ ☑ stichting of vereniging (non-profit) ☑ kerkelijke instelling ☑ onderwijsinstelling ☑ bedrijf VOORKEUR/UITSLUITING ▶ ; ☑ Als een betrokken overheid financieel bijdraagt, is dat een positieve factor bij de; beoordeling; ☑ Structurele en reguliere projecten komen niet voor subsidie in aanmerking (eventuele uitzonderingen voor een startsubsidie of een tijdelijke overbruggingsbijdrage). ☑ Er worden geen exploitatiesubsidies verstrekt. ☑ Investeringen zijn in principe niet subsidiabel. ☑ Aanvragen van privé-personen komen niet in aanmerking. ☑ Aanvragen van projecten die reeds gestart zijn, komen niet in aanmerking. ☑ Aankoop, onderhoud en verandering van; gebouwen en restauraties komen normaliter niet voor subsidiering in aanmerking (uitzondering mogelijk voor kosten voor inrichting van tentoonstellingen.).

Procedure ■ OP AANVRAAG ▶ ja AANVRAAGPROCEDURE ▶ Aanvragen dienen schriftelijk gedaan te worden. Een aanvraag dient ruim (zo mogelijk drie maanden) voor de aanvang van het project compleet te worden ingediend. Bij de aanvraag dient altijd een begroting en informatie over de eigen financiële positie (b.v. een balans) te worden verstrekt en tevens een financieringsplan waarin ook bij overige instanties aangevraagde subsidies staan vermeld. Na ontvangst van de aanvraag krijgt de aanvrager binnen een maand bericht of de aanvraag in behandeling wordt genomen. URL ▶ www.friesland1940 1945.nl/2011fondsstichtingfriesland19401945subsidieaanvragen.pdf

Financieel ■ HERKOMST MIDDELEN ▶ onbekend BOEKJAAR ▶ boekjaar onbekend.

Contact ■ BEREIKBAAR PER ▶ ☑ post ☑ e-mail ☑ telefoon CONTACTPERSOON ▶ geen contactpersoon bekend POSTADRES ▶ Turfmarkt 12, 8911 KT Leeuwarden EMAIL (ALGEMEEN) ▶ info@friesland19401945.nl TELEFOON (ALGEMEEN) ▶ 058-2123733.

468

Frits Lensvelt Stichting

Rubriek ■ ☑ maatschappij, welzijn en samenleving ☑ kunst en cultuur ☑ onderwijs en onderzoek

Algemeen ■ WEBSITE ▶ www.fritslensveltstichting.nl/homepage TY-

PERING ▶ vermogensfonds OPGERICHT ▶ 07-02-1992 RECHTSVORM ▶ stichting KVK ▶ 41114845 ANBI STATUS ▶ nee DIRECTIE ▶ geen directiegegevens bekend BESTUUR ▶ D. Kok, voorzitter; mw. M. de Koster, penningmeester; mw. M. de Koster, secretaris; F. Smitskamp.

Missie ■ DOELSTELLING ▶ Deze stichting heeft ten doel projecten of initiatieven in Zeeland financieel te ondersteunen op het terrein van welzijn, vorming of educatie. STICHTER(S) ▶ Frits Lensvelt HISTORIE ▶ Frits Lensvelt in leven graficus, werd geboren te Vrouwenpolder op 13 mei 1922 en is overleden te Krabbendijke op 20 februari 1992. Frits zelf heeft deze stichting net voor zijn overlijden op 7 februari 1992 opgericht.

Doelgroep ■ ALGEMEEN ▶ armen, dak- en thuislozen, gehandicapten, zieken SPECIFIEK ▶ Initiatieven die zich richten op noden en behoeften van personen die behoren tot de minder kansrijke, vergeten of verwaarloosde groepen op het terrein van welzijn, vorming of educatie in Zeeland. ACTIVITEITEN ▶ Geen specifieke activiteiten bekend INTERVENTIENIVEAU ▶ Steun aan lokale/provinciale maatschappelijke organisaties en structuren (incl. gemeenten etc.) die diensten verlenen aan individuen.

Werkgebied ■ ACTIERADIUS ▶ Regionaal LAND ▶ Nederland REGIO ▶ Zeeland.

Bestedingen ■ BUDGET ▶ niet openbaar ONDERSTEUNDE PROJECTEN P/J ▶ 18 SOORT BIJDRAGE ▶ giften overig garanties BOVENGRENS ▶ geen ONDERGRENS ▶ geen.

Projecten ■ CRITERIA ▶ ☑ De te steunen doelen dienen binnen hun werksoort vernieuwend of veranderend van aard te zijn. InMen dient bij het bereiken van de doelstellingen geen enkel onderscheid te maken naar godsdienstige, politieke, raciale en seksuele voorkeur; ☑ De financiële ondersteuning wordt als regel slechts eenmaal aan een zelfde project toegekend. DOORLOOPTIJD ▶ ☑ onbekend STATUS AANVRAGER ▶ ☑ geen beperkingen bekend VOORKEUR/UITSLUITING ▶ ☑ In het bijzonder dient de steun ten goede te komen van initiatieven die zich richten op noden en behoeften van personen die behoren tot de minder kansrijke, vergeten of verwaarloosde groepen.

Procedure ■ OP AANVRAAG ▶ ja AANVRAAGPROCEDURE ▶ De verzoeken om financiële bijdragen gebeuren via een in te vullen aanvraagformulier op de website met de mogelijkheid bijlagen, zoals een begroting of een nadere toelichting, mee te sturen. Het bestuur behandelt financiële verzoeken in haar bestuursvergaderingen en via de mail. Zodra een besluit is genomen, krijgt de aanvrager het bestuursbesluit per mail toegestuurd. URL ▶ www.fritslensveltstichting.nl/aanvraagformulier

Financieel ■ HERKOMST MIDDELEN ▶ giften & schenkingen, vermogen, legaten, overige inkomsten BOEKJAAR ▶ 2018 JAARVERSLAG OP WEBSITE ▶ ja.

Contact ■ BEREIKBAAR PER ▶ ☑ post ☑ e-mail ☒ telefoon CONTACTPERSOON ▶ geen contactpersoon bekend POSTADRES ▶ Vinkenissestraat 7, 4411 CC Rilland EMAIL (ALGEMEEN) ▶ info@fritslensveltstichting.nl.

469

Frits Versfelt Fonds

Rubriek ■ ☑ kunst en cultuur

Algemeen ■ WEBSITE ▶ www.cultuurfonds.nl TYPERING ▶ fonds op naam BEHEERD DOOR ▶ Prins Bernhard Cultuurfonds DIRECTIE ▶ zie > Prins Bernhard Cultuurfonds BESTUUR ▶ zie > Prins Bernhard Cultuurfonds

Missie ■ DOELSTELLING ▶ Het financieel ondersteunen van projecten op het terrein van het (roerende) industriële erfgoed in Nederland. Het financieel ondersteunen van projecten op het gebied van klassieke (jazz) muziek.

Werkgebied ■ ACTIERADIUS ▶ Nationaal LAND ▶ Nederland.

Projecten ■ CRITERIA ▶ geen projectcriteria bekend DOORLOOPTIJD ▶ ☑ korter dan 1 jaar STATUS AANVRAGER ▶ ☑ overig VOORKEUR/UITSLUITING ▶ geen voorkeur of uitsluiting bekend.

Procedure ■ OP AANVRAAG ▶ ja AANVRAAGPROCEDURE ▶ Dit 'fonds op naam' ressorteert onder het Prins Bernhard Cultuurfonds. Verzoeken aan fondsen op naam komen op één centraal punt binnen. Dit houdt in dat een subsidieaanvraag slechts eenmaal aan het Prins Bernhard Cultuurfonds hoeft te worden gezonden. Voor de verdere aanvraagprocedure: zie Prins Bernhard Cultuurfonds. URL ▶ www.cultuurfonds.nl/aanvragen

Contact ■ BEREIKBAAR PER ▶ ☑ post ☑ e-mail ☑ telefoon CONTACTPERSOON ▶ geen contactpersoon bekend POSTADRES ▶ Postbus 19750, 1000 GT Amsterdam EMAIL (ALGEMEEN) ▶ info@cultuurfonds.nl TELEFOON (ALGEMEEN) ▶ 020-5206130.

470

Fundashon Boy Winkel

Rubriek ■ ☑ maatschappij, welzijn en samenleving ☑ gezondheidszorg

Algemeen ■ WEBSITE ▶ https://wijzijnmind.nl/over-mind/fondsen-op-naam/fundashon-boy-winkel TYPERING ▶ fonds op naam BEHEERD DOOR ▶ Stichting MIND DIRECTIE ▶ zie > Stichting MIND BESTUUR ▶ zie > Stichting MIND

Missie ■ DOELSTELLING ▶ Het geven van financiële steun aan activiteiten gericht op resocialisatie en rehabilitatie van psychiatrische patiënten op Curaçao. HISTORIE ▶ In 2001 is het Fundashon Boy Winkel opgericht ter nagedachtenis aan Christiaan Michael 'Boy' Winkel. De heer Winkel was van 1958 tot 1973 werkzaam als psychiater in de ambulante geestelijke gezondheidszorg op Curaçao. Later was hij hoofd van de Polikliniek Kinderpsychiatrie van het Academisch Ziekenhuis Groningen. Van 1980 tot 1982 doceerde hij Psychiatrie aan de Universiteit van Addis Abeba. Van 1983 tot zijn overlijden in 1987 was hij adviseur bij het Departement Volksgezondheid en Milieu op Curaçao. BELEIDSPLAN OP WEBSITE ▶ ja.

Werkgebied ■ ACTIERADIUS ▶ Internationaal LAND ▶ Curaçao.

Projecten ■ CRITERIA ▶ ☑ Projecten gericht op de arbeidsrehabilitatie of dagbesteding van (ex-)psychiatrische patiënten; ☑ projecten die buiten de basisfinanciering vallen en die dus niet in aanmerking komen voor een externe financieringsstroom. **DOORLOOPTIJD** ▶ ☑ onbekend **STATUS AANVRAGER** ▶ ☑ stichting of vereniging (non-profit) **VOORKEUR/UITSLUITING** ▶ ☑ Fundashon Boy Winkel zal niet bijdragen in de exploitatiekosten van instellingen, maar is gericht op vernieuwingen. ☑ projecten die reeds gestart zijn komen niet in aanmerking voor een bijdrage. ☑ Projecten waarbij sprake is van samenwerking tussen instellingen zullen de voorkeur krijgen. ☑ De voorkeur gaat uit naar projecten van redelijke omvang die in aanmerking kunnen komen voor een subsidie van bijv. 7.000 Naf (ongeveer € 4.200).

Procedure ■ **OP AANVRAAG** ▶ ja **AANVRAAGPROCEDURE** ▶ Het subsidieverzoek dient formeel te worden ondertekend door degene die binnen de aanvragende instantie de eindverantwoordelijke is (de directeur of een bestuurder). Het subsidieverzoek dient uit de volgende stukken te bestaan: ☑ een volledig ingevuld subsidieformulier, te downloaden van de website; ☑ een begroting en financieringsplan; ☑ informatie over uw organisatie: een jaarverslag, een jaarrekening, eventueel statuten of ander informatiemateriaal. MIND beoordeelt of het subsidieverzoek binnen de gestelde criteria valt. Wanneer dat het geval is, wordt uw aanvraag door ons in behandeling genomen. U wordt schriftelijk geïnformeerd over ons besluit. Uitbetaling en controle op de voortgang van de projecten geschieden onder overlegging van bewijsstukken aan MIND. **URL** ▶ https://wijzijnmind.nl/over-mind/fondsen-op-naam/fundashon-boy-winkel

Contact ■ **BEREIKBAAR PER** ▶ ☑ post ☑ e-mail ☑ telefoon **CONTACTPERSOON** ▶ geen contactpersoon bekend **POSTADRES** ▶ stationsplein 125, 3818 LE Amersfoort **EMAIL (ALGEMEEN)** ▶ info@wijzijnmind.nl **TELEFOON (ALGEMEEN)** ▶ 030-3032333.

471

Fundatie Luden van Stoutenburg

Rubriek ■ ☑ maatschappij, welzijn en samenleving ☑ gezondheidszorg ☑ vluchtelingenhulp ☑ economische ontwikkeling en microkrediet

Algemeen ■ **WEBSITE** ▶ www.fundatiesobbe.nl/fundaties/fundatie-luden-van-stoutenburg **TYPERING** ▶ fonds op naam **BEHEERD DOOR** ▶ Fundatie Van den Santheuvel, Sobbe **DIRECTIE** ▶ zie > Fundatie Van den Santheuvel, Sobbe **BESTUUR** ▶ zie > Fundatie Van den Santheuvel, Sobbe

Missie ■ **DOELSTELLING** ▶ De Fundatie Luden van Stoutenburg verstrekt binnen bepaalde voorwaarden giften (op projectbasis) aan de volgende doelen: ☑ instellingen op het gebied van jeugdzorg; ☑ instellingen op het gebied van gezondheidszorg; ☑ instellingen die integratie bevorderen; ☑ instellingen die zich inzetten voor mensen met een lichamelijke en/of verstandelijke beperking; ☑ instellingen voor maatschappelijk werk; ☑ instellingen op het gebied van ouderenzorg; ☑ instellingen met projecten voor vluchtelingen in Nederland; ☑ opvanghuizen voor o.a. verslaafden, GGZ-cliënten, jongeren en vrouwen; ☑ groepsvakanties voor o.a. jongeren en kinderen in achterstandsituaties, ouderen en mensen met een lichamelijke en/of verstandelijke beperking; ☑ projecten op het gebied van werkgelegenheid of toeleiding naar werk. **STICHTER(S)** ▶ Maria Susanna Antonia Luden van Stoutenburg (1858-1935) **HISTORIE** ▶ De Fundatie Luden van Stoutenburg werd in 1977 actief, na de dood van de dochter van de oprichtster, die tijdens haar leven het vruchtgebruik van het vermogen had. Maria Susanna Antonia Luden van Stoutenburg richtte deze Fundatie in 1928 op. **BELEIDSPLAN OP WEBSITE** ▶ ja.

Werkgebied ■ **ACTIERADIUS** ▶ Nationaal **LAND** ▶ Nederland.

Projecten ■ **CRITERIA** ▶ geen projectcriteria bekend **DOORLOOPTIJD** ▶ ☑ onbekend **STATUS AANVRAGER** ▶ ☑ stichting of vereniging (non-profit) **VOORKEUR/UITSLUITING** ▶ Aanvragen zullen op voorhand (door de overkoepelende stichting) worden afgewezen. ☑ Aanbouw- en verbouwprojecten; ☑ Acties en korte campagnes; ☑ Congressen, symposia; ☑ Dorpshuizen, buurtcentra, multifunctionele centra; ☑ Evenementen en festivals (zoals op het gebied van kunst of sport, ook niet voor gehandicapten); ☑ Festiviteiten; ☑ Films, documentaires; ☑ Individuele noden; ☑ Kinderdagverblijven, peuterspeelzalen; ☑ Koepelorganisaties voor gehandicapten, tenzij t.b.v. activering en participatie; ☑ Milieubescherming, dieren(opvang); ☑ Omroepen; ☑ Orgelrestauratie; ☑ Politieke doelen; ☑ Projecten in het buitenland, buitenlandse organisaties; ☑ Reguliere kunst, voorstellingen, (amateur)muziekprojecten; ☑ Restauratie van (kerk)gebouwen; ☑ Scouting; ☑ Sport zonder sociaal en/of participatiedoel; ☑ Wetenschappelijk (dus ook medisch) onderzoek, studie of studiebeurzen.

Procedure ■ **OP AANVRAAG** ▶ ja **AANVRAAGPROCEDURE** ▶ Als uw project voldoet aan de algemene criteria en doelstellingen van de stichting, kunt u uitsluitend via de website (via computer) uw aanvraag voor een bijdrage volledig digitaal indienen. De aanvraagprocedure is opgebouwd uit de volgende onderdelen: ☑ Contactgegevens; ☑ Algemene informatie; ☑ Project waarvoor u een aanvraag doet; ☑ Financiële gegevens van het project; ☑ Bijlagen; ☑ Optioneel; tussentijds opslaan van de aanvraag is mogelijk. U krijgt dan via e-mail een inlogcode waarmee u op een later moment verder kunt gaan met de aanvraag. Nadat de aanvraag is ingediend, wordt over uw aanvraag meestal binnen twee maanden een besluit genomen door het curatorium. De vergaderdata zijn terug te vinden op de website. Over het besluit ontvangt u binnen twee weken na een curatorenvergadering bericht. Soms wordt een aanvraag in onderzoek gehouden. De afhandeling ervan kan dan enkele maanden langer duren. Besluiten van het curatorium worden niet in heroverweging genomen. **URL** ▶ https://www.fundatiesobbe.nl/4-aanvraagprocedure/

Contact ■ **BEREIKBAAR PER** ▶ ☑ post ☑ e-mail ☑ telefoon **CONTACTPERSOON** ▶ Mw. drs. E.M.L. den Braber **POSTADRES** ▶ Herengracht 524 A, 1017 CC Amsterdam **EMAIL (ALGEMEEN)** ▶ info@fundatiesobbe.nl **TELEFOON (ALGEMEEN)** ▶ 020-6233246.

472
Stichting Fundatie van Beijeren van Schagen

Rubriek ■ ☑ gezondheidszorg ☑ kerk en levensbeschouwing
Algemeen ■ WEBSITE ► https://fondseninnederland.nl/fonds/fundatie-van-beijeren-van-schagen TYPERING ► vermogensfonds OPGERICHT ► 29-06-1721 RECHTSVORM ► stichting KVK ► 41150922 ANBI STATUS ► ja DIRECTIE ► geen directiegegevens bekend BESTUUR ► J.C.A. de Mol van Otterloo, voorzitter; jhr. J.C.P. de Beaufort, penningmeester; jhr.J.C.P. de Beaufort, secretaris; jhr. C.C. Gevers Deynoot; drs. F.C. Baron van Aerssen Beijeren van Voshol; D.H. Baron van Maltzahn; dr. W. van Gijn.
Missie ■ DOELSTELLING ► De stichting heeft als doelstelling; ☑ het beheer van het vermogen ter financiering van het onderhoud, de verzorging en ondersteuning van bejaarden, daaronder begrepen diegenen die in hun laatste levensfase verkeren, bij voorkeur van het mannelijk geslacht en bij voorkeur van christelijke geloofsovertuiging; ☑ het uitkeren van bedragen uit voormeld vermogen en het verlenen van ondersteuning, in welke vorm dan ook aan instellingen die fiscaal worden aangemerkt als een algemeen nut beogende instelling (ANBI), voor zover deze zich bezighouden met bejaardenzorg, daaronder begrepen het verzorgen van personen die in hun laatste levensfase verkeren. BELEIDSPLAN OP WEBSITE ► ja.
Doelgroep ■ ALGEMEEN ► ouderen SPECIFIEK ► Geen specifieke doelgroep ACTIVITEITEN ► In 2019 werden de volgende donaties verricht in het kader van de doelstelling: ☑ Jacobs hospice; ☑ stichting oreotief onderwijs; ☑ stichting allegoeds; ☑ kerstdiner ouderenfonds; ☑ fonds camp; ☑ Johanniter hulpverlening; ☑ stichting bedtime stories. INTERVENTIENIVEAU ► Steun aan lokale/provinciale maatschappelijke organisaties en structuren (incl. gemeenten etc.) die diensten verlenen aan individuen.
Werkgebied ■ ACTIERADIUS ► Nationaal LAND ► Nederland.
Bestedingen ■ BUDGET ► niet openbaar TOELICHTING ► 2-3% van het belegde vermogen wordt besteed aan de nader te noemen activiteiten en donaties. SOORT BIJDRAGE ► giften BOVENGRENS ► geen ONDERGRENS ► geen.
Projecten ■ CRITERIA ► - ANBI registratie verplicht. DOORLOOPTIJD ► ☑ onbekend STATUS AANVRAGER ► ☑ stichting of vereniging (non-profit) VOORKEUR/UITSLUITING ► Projecten/donaties waarbij bij voorkeur van het mannelijk geslacht en bij voorkeur mensen van christelijke geloofsovertuiging betrokken zijn.
Procedure ■ OP AANVRAAG ► onbekend AANVRAAGPROCEDURE ► Geen aanvraagprocedure bekend.
Financieel ■ INKOMSTEN EV ► € 210.177 HERKOMST MIDDELEN ► vermogen BOEKJAAR ► 2019 JAARVERSLAG OP WEBSITE ► ja.
Contact ■ BEREIKBAAR PER ► ☑ post ☒ e-mail ☒ telefoon CONTACTPERSOON ► geen contactpersoon bekend POSTADRES ► Nassau Odijckstraat 34, 2596 AJ Den Haag.

473
Stichting Fundatie van de Vrijvrouwe van Renswoude te 's-Gravenhage

Rubriek ■ ☑ onderwijs en onderzoek
Algemeen ■ WEBSITE ► www.fundatievanrenswoude.nl TYPERING ► vermogensfonds RECHTSVORM ► stichting KVK ► 41150974 ANBI STATUS ► ja DIRECTIE ► B. Uyttendaele BESTUUR ► Dr. J.J. Hazenberg; mr. R.W. van Ierschot; mw.mr. J. Spierdijk; dr. E. Smits RA; mw.dr. CM.J. Vrijmoet-Wiersma; mw. M.H. Wetselaar – Cosijn.
Missie ■ DOELSTELLING ► Het verlenen van financiële steun aan jeugdige personen tot in beginsel de leeftijd van dertig jaar, die om enigerlei reden in de onmogelijkheid verkeren de opleiding of studies, die zij wensen te volgen of reeds volgen, zelf geheel of gedeeltelijk te bekostigen, opdat zij hun opleidingen of studies kunnen aanvangen of vervolgen. STICHTER(S) ► Maria Duyst van Voorhout, Vrijvrouwe van Renswoude en Emmikhuyzen (1662-1754) HISTORIE ► Maria van Duyst van Voorhout, douairière van Frederik Baron van Reede, Vrijheer van Renswoude en Emmikhuijzen, overlijdt te Utrecht op 26 april 1754. Zij bepaalde in haar testament dat een deel van haar vermogen ten goede moest komen aan drie verschillende weeshuizen, te weten het Burgerweeshuis te 's-Gravenhage, het Weeshuis der Gereformeerden te Delft en het Stadsambachtskindertehuis te Utrecht. Het beschikbare kapitaal in 1754, moest in drie aparte stichtingen worden ondergebracht. Zo ontstonden er drie rechtspersonen die 'De Fundatie van de Vrijvrouwe van Renswoude' werden genoemd. BELEIDSPLAN OP WEBSITE ► ja.
Doelgroep ■ ALGEMEEN ► studenten SPECIFIEK ► Studenten tussen 15 en 29 jaar. ACTIVITEITEN ► Geldelijke ondersteuning kan in de vorm van het verstrekken van een beurs en/of een renteloze lening. Het bestuur beheert ook het vermogen van de Stichting Boschuysen. INTERVENTIENIVEAU ► Steun aan individuen (directe steun).
Werkgebied ■ ACTIERADIUS ► Nationaal LAND ► Nederland.
Bestedingen ■ BUDGET ► € 1.125.000 ONDERSTEUNDE PROJECTEN P/J ► 405 SOORT BIJDRAGE ► leningen studiebeurzen BOVENGRENS ► € 6.500 ONDERGRENS ► € 500.
Projecten ■ CRITERIA ► De aanvrager: ☑ is niet jonger dan 15 jaar en niet ouder dan 29 jaar; ☑ heeft de Nederlandse of Surinaamse nationaliteit; ☑ gaat naar een middelbare school, volgt een middelbare beroepsopleiding of studeert aan een hogeschool of universiteit; ☑ volgt/gaat volgen zijn/haar eerste studie; ☑ maakt maximaal gebruik van de mogelijkheden tot lenen (dus ook van het collegegeldkrediet) bij de DUO; ☑ heeft een aantoonbaar tekort op de begroting; In aanmerking komen: ☑ een studie in Nederland of in het buitenland; ☑ een stage (duur vanaf 3 mnd.); ☑ een studie-uitwisseling; ☑ een postdoctorale/postmaster opleiding; ☑ een promotieonderzoek. Er zijn verschillende aanvullende criteria op de verschillende opties. Deze zijn in te zien op de website. DOORLOOPTIJD ► ☑ korter dan 1 jaar STATUS AANVRAGER ► ☑ individuen/gezinnen VOORKEUR/UITSLUITING ► Niet gesteund worden: summercourses, masterclasses en concoursen;

schuldsanering; drukkosten van onderzoek, publicaties en proefschriften; financiering van studiebeurzen achteraf; studiekosten voor seminars en congressen.

Procedure ■ OP AANVRAAG ▶ ja DOORLOOPTIJD ▶ 1-3 maanden AANVRAAGPROCEDURE ▶ LET OP: de toegezonden link en de token zijn maar voor een beperkte tijd (1 uur) geldig in verband met veiligheidsredenen. Om deze reden wordt de aanvrager sterk aangeraden het begrotingsformulier en de toestemmingsverklaring vooraf in te vullen en de overige documenten paraat te hebben, wanneer er op link wordt geklikt. Een aanvraag kan digitaal worden ingediend via een online formulier. Hierbij worden de volgende formulieren verwacht: ☑ Nederlandse motivatiebrief; ☑ Ondersteunende brief van je studentendecaan en; niet een brief van de decaan van de faculteit of van het International office. (n.v.t. voor promovendi en voor degene die een volledige master in het buitenland gaan volgen); ☑ Volledig ingevulde begroting, upload dit bestand. Deze begroting moet volledig ingevuld worden over de studieperiode in je aanvraag en dient vervolgens bij het aanvraagformulier meegestuurd te worden. ☑ Curriculum Vitae; ☑ Overzicht recente studieresultaten; ☑ Zo mogelijk aanbevelings- of referentiebrieven van docenten en/of hoogleraren (wél verplicht bij promotie/postdoc); ☑ Overzicht Studiefinanciering/Producten DUO; ☑ Overzicht schulden DUO (mag een schermfoto zijn). Kopie paspoort of ID-kaart; ☑ In het kader van de privacywetgeving verzoeken wij je om je pasfoto en BSN op de kopie van je paspoort onherkenbaar te maken; ☑ Bewijs van inschrijving/toelating buitenlandse instantie; ☑ Toestemmingsverklaring; Het fonds neemt het hele jaar door aanvragen in behandeling. Het bestuur komt tien maal per jaar bijeen (eens in de zes weken), om de aanvragen te beoordelen. URL ▶ www.fundatievanrenswoude.nl/fvr/index2.php?id=10

Financieel ■ INKOMSTEN EV ▶ € 603.000 INKOMSTEN OV ▶ € 442.000 HERKOMST MIDDELEN ▶ vermogen, legaten, overige inkomsten, inkomsten uit vermogen, giften & schenkingen BOEKJAAR ▶ 2018.

Contact ■ BEREIKBAAR PER ▶ ☑ post ☑ e-mail ☑ telefoon CONTACTPERSOON ▶ geen contactpersoon bekend POSTADRES ▶ Koninginnegracht 15, 2514 AB 's-Gravenhage EMAIL (ALGEMEEN) ▶ secretariaat@fundatievanrenswoude.nl TELEFOON (ALGEMEEN) ▶ 070-3458816.

474

Stichting Fundatie van de Vrijvrouwe van Renswoude te Delft

Rubriek ■ ☑ onderwijs en onderzoek

Algemeen ■ WEBSITE ▶ www.fundatiedelft.nl TYPERING ▶ vermogensfonds RECHTSVORM ▶ stichting KVK ▶ 41145503 ANBI STATUS ▶ ja DIRECTIE ▶ geen directiegegevens bekend BESTUUR ▶ Drs. L.C.G.M. Bakkers, voorzitter; dr. G. Verhoeven, penningmeester; mw. E.G. Heinen, secretaris; prof.dr.dr.h.c. L.J.M. Rothkrantz; mr. N.P.O. Ruysch.

Missie ■ DOELSTELLING ▶ De Fundatie van de Vrijvrouwe van Renswoude te Delft is een liefdadige instelling met drie doelstellingen: het verlenen van studiebeurzen, het bevorderen van jeugdwelzijn en het beheer van ons erfgoed. STICHTER(S) ▶ Maria Duyst van Voorhout, Vrijvrouwe van Renswoude en Emmikhuyzen (1662-1754) HISTORIE ▶ Uit de nalatenschap van de Vrijvrouwe werden drie Weeshuizen gesticht in Utrecht, Den Haag en Delft. Sociaal zwakkere jongeren werd op deze wijze een tehuis geboden en een beroepsopleiding. De meest begaafde wezen werden in de gelegenheid gesteld een hogere beroepsopleiding in de Technische Wetenschappen, Wis- en Natuurkunde maar ook in de humaniora te volgen. Op deze wijze hoopte de Vrijvrouwe jongeren met onvoldoende middelen een goede opleiding te geven, maar vooral ook een bijdrage aan de Staat der Nederlanden. De drie Fundaties bestaan nog steeds. Niet meer als opleidingsinstituten, maar als studiefondsen. Het Weeshuis werd in 1975 opgeheven als instelling, maar het bleef als stichting voortbestaan tot 2015. BELEIDSPLAN OP WEBSITE ▶ ja.

Doelgroep ■ ALGEMEEN ▶ studenten SPECIFIEK ▶ Studenten die niet zelf in staat zijn hun studie te bekostigen. ACTIVITEITEN ▶ ☑ Het verlenen van studiebeurzen aan begaafde studenten die ten minste op het niveau van het Hoger Beroeps Onderwijs aan een Nederlandse instelling studeren of Nederlandse studenten die in het buitenland gaan studeren, en die in het kader van hun studie uitzonderlijke activiteiten willen ontplooien; ☑ het bevorderen van het jeugdwelzijn in Delft en omgeving door het verlenen van financiële steun aan instellingen die op dit vlak werkzaam zijn of aan individuele personen; ☑ Het actief werken aan de instandhouding van het erfgoed van de stichting en haar rechtsvoorgangers en het uitdragen van het historisch belang van deze stichting(en). INTERVENTIENIVEAU ▶ Steun aan individuen (directe steun).

Werkgebied ■ ACTIERADIUS ▶ Lokaal LAND ▶ Nederland REGIO ▶ Zuid-Holland PLAATS ▶ Delft.

Bestedingen ■ BUDGET ▶ niet openbaar SOORT BIJDRAGE ▶ leningen studiebeurzen subsidies BOVENGRENS ▶ € 2.500 ONDERGRENS ▶ geen.

Projecten ■ CRITERIA ▶ Voor de studenten gelden de volgende criteria: ☑ een gemiddelde van de behaalde studieresultaten is een 8 of meer; ☑ De aanvraag moet een bijzonder karakter hebben, bijvoorbeeld het (af)studeren aan een gerenommeerde buitenlandse instelling of het ontplooien van uitzonderlijke onderzoeksactiviteiten; ☑ De aanvraag wordt positief ondersteund door een aantal referenten, bijvoorbeeld de afstudeerhoogleraar, andere docenten of de studentendecaan; ☑ De begroting van de aanvraag voldoet aan de zogenaamde Nuffic-normen en de 'thuisuniversiteit' draagt bij in de kosten. In beginsel heeft de student inkomsten uit een maximale studiefinanciering; ☑ Studenten volgen een erkende, initiële studie. DOORLOOPTIJD ▶ ☑ korter dan 1 jaar STATUS AANVRAGER ▶ ☑ individuen/gezinnen VOORKEUR/UITSLUITING ▶ Voor studenten: ☑ Vervolgopleidingen of studies uit liefhebberij komen niet in aanmerking voor financiering door de Fundatie.

Procedure ■ OP AANVRAAG ▶ ja DOORLOOPTIJD ▶ 1-3 maanden AANVRAAGPROCEDURE ▶ Voor studenten: Schriftelijk gericht aan de regenten van de Vrijvrouwe van Renswoude te Delft (gericht aan de studie-adviseur) en sturen naar Postbus 24074, 2490 AB Den Haag. Een aanvraag bevat de volgende onderdelen: ☑ een inleiding waarin het doel van de aanvraag uiteen wordt gezet,; ☑ recent curriculum vitae,; ☑ financiële begroting met inkomsten en uitgaven,; ☑ overzicht van behaalde studieresultaten,; referentiebrieven,; ☑ bewijs van toelating bij de te bezoeken instelling. Voor jeugdwelzijnaanvragen; Een aanvraag wordt digitaal gericht aan het bestuur en bevat de volgende onderdelen. ☑ een inleiding waarin het doel van de aanvraag wordt uiteen gezet,; ☑ een toelichting op het Delftse karakter van de aanvraag,; ☑ een financiële begroting met inkomsten en uitgaven,; ☑ -een overzicht van andere fondsen waaraan steun is gevraagd. Stuur de aanvraag per e-mail. Het College van Regenten vergadert gemiddeld vijf keer per jaar en beoordeelt alle ingediende aanvragen. Aanvragers worden zo spoedig mogelijk na afloop van de vergadering van het besluit op de hoogte gesteld. **URL** ▶ www.fundatievanrenswoude.nl/fvr/download/aanvraagformulier.pdf

Financieel ■ **INKOMSTEN EV** ▶ € 59.523 **INKOMSTEN OV** ▶ € 14.850 **HERKOMST MIDDELEN** ▶ vermogen **BOEKJAAR** ▶ 2019 **JAARVERSLAG OP WEBSITE** ▶ ja.

Contact ■ **BEREIKBAAR PER** ▶ ☑ post ☑ e-mail ☒ telefoon **CONTACTPERSOON** ▶ Mw. C.R.C. Brussee-Donders **POSTADRES** ▶ Laan van Overvest 18, 2613 DM Delft **EMAIL (ALGEMEEN)** ▶ bestuur@fundatiedelft.nl.

475

Fundatie Van den Santheuvel, Sobbe

Rubriek ■ ☑ gezondheidszorg ☑ noodhulp ☑ gezondheidszorg ☑ noodhulp ☑ kunst en cultuur ☑ maatschappij, welzijn en samenleving ☑ vluchtelingenhulp

Algemeen ■ **WEBSITE** ▶ www.fundatiesobbe.nl **TYPERING** ▶ vermogensfonds **OPGERICHT** ▶ 28-04-1905 **RECHTSVORM** ▶ stichting **KVK** ▶ 41200714 **ANBI STATUS** ▶ ja **DIRECTIE** ▶ mw. drs. E.M.L. den Braber **BESTUUR** ▶ Mw.dr. A.G. Leemhuis, voorzitter; jhr.drs. C.C. van Valkenburg, penningmeester; mw. H.S. van Scherpenzeel, secretaris; mr. R.F.H. van Roozendaal; mw.mr. C.P.Th.M. Houben; mr. F.W.T. Pahud de Mortanges; drs. S. de Clercq.

Missie ■ **DOELSTELLING** ▶ De Fundatie Van den Santheuvel, Sobbe ondersteunt organisaties die zich inzetten voor mensen die het moeilijk hebben in onze maatschappij. De Fundatie richt zich op participatie, integratie en zelfredzaamheid. De doelgroepen zijn veelal – maar niet uitsluitend – jongeren, ouderen en mensen in bijzondere omstandigheden, zoals mensen met schulden, met een anderstalige achtergrond of met een handicap waarvoor extra steun gewenst is. De Fundatie hanteert een aantal hoofdcategorieën: ☑ educatie & arbeidsparticipatie jongeren, ☑ sociaal-maatschappelijke organisaties, ☑ gehandicapten- en ziekenzorg, ☑ noodhulp, ☑ vluchtelingen, ☑ projecten werkgelegenheid en opvanghuizen. Daarnaast zijn er enkele categorieën waar kleinere bedragen voor beschikbaar zijn op grond van statutaire bepalingen van aparte fondsen die onder het bestuur van de Fundatie vallen: ☑ maatschappelijke projecten uitgevoerd door protestants christelijke organisaties, ☑ restauratie van hofjes/huisvesting alleenstaanden, ☑ kunst, ☑ (kunst)historie, ☑ schilders en beeldhouwers, ☑ de Hélène de Montigny prijs. **STICHTER(S)** ▶ Mevrouw Cornelia Petronella van den Santheuvel-Sobbe en Carel Leendert Sobbe **HISTORIE** ▶ Na de dood van haar echtgenoot, jhr. M.P.W.F. van den Santheuvel, erfde Cornelia Petronella van den Santheuvel-Sobbe in 1904 een aanzienlijk kapitaal. Zij was kinderloos en zocht een goede bestemming voor het geld. Het Tijdschrift voor Armenzorg suggereerde haar, een fonds op te richten 'tot steun bij oprichting, instandhouding of uitbreiding van liefdadigen arbeid in den meest uitgebreiden zin des woords'. Aldus geschiedde. Op 28 april 1905 richtte de weduwe samen met haar broer, Carel Leendert Sobbe, de Fundatie Van den Santheuvel, Sobbe op. Het fonds werd vanaf het begin door een curatorium bestuurd. In de loop van een eeuw is de Fundatie aanzienlijk gegroeid. Nieuwe fondsen werden binnen de Fundatie ondergebracht, of als aparte stichting door het curatorium beheerd. Ze worden de 'aanverwante fondsen' genoemd. **BELEIDSPLAN OP WEBSITE** ▶ ja.

Doelgroep ■ **ALGEMEEN** ▶ armen, dak- en thuislozen, gehandicapten, jongeren, kinderen, ouderen, vluchtelingen, vrouwen, mannen, zieken **SPECIFIEK** ▶ Maatschappelijke projecten in Nederland, veelal maatschappelijk werk, gehandicapten- en ziekenzorg, informeel onderwijs en toeleiding naar werk voor mensen met een afstand tot de arbeidsmarkt. **ACTIVITEITEN** ▶ De Fundatie Van den Santheuvel, Sobbe is een fonds dat giften kan verstrekken aan maatschappelijke projecten in Nederland. De Fundatie beheert ook een tiental andere fondsen, waaronder zes afzonderlijke stichtingen, met vergelijkbare doelstellingen. Deze fondsen hebben allen maatschappelijke doelstellingen. Projecten die gesteund kunnen worden betreffen veelal maatschappelijk werk, gehandicapten- en ziekenzorg, informeel onderwijs en toeleiding naar werk voor mensen met een afstand tot de arbeidsmarkt. Enkele subfondsen doen uitkeringen op het gebied van kunst. Voor dit doel is echter een beperkter budget beschikbaar. **INTERVENTIENIVEAU** ▶ Steun aan lokale/provinciale maatschappelijke organisaties en structuren (incl. gemeenten etc.) die diensten verlenen aan individuen.

Werkgebied ■ **ACTIERADIUS** ▶ Nationaal **LAND** ▶ Nederland.

Bestedingen ■ **BUDGET** ▶ € 1.214.400 **ONDERSTEUNDE PROJECTEN P/J** ▶ 314 **SOORT BIJDRAGE** ▶ giften **BOVENGRENS** ▶ € 75.000 **ONDERGRENS** ▶ € 500.

Projecten ■ **CRITERIA** ▶ De bijdrage – meestal variërend van duizend tot een paar duizend euro – wordt gegeven in de vorm van een schenking. Er wordt uit slechts één onder de Fundatie ressorterende fondsen een gift toegekend. Alle aanvragen komen centraal bij de Stichting binnen. Zij kiezen zelf het meest passende fonds bij uw aanvraag. Er worden geen donaties gedaan aan individuen. **DOORLOOPTIJD** ▶ ☑ onbekend **STATUS AANVRAGER** ▶ ☑ stichting of vereniging (non-profit) **VOORKEUR/UITSLUITING** ▶ Organisaties die hun bestuurders boven de balkenendenorm belonen, komen niet in aanmerking voor een gift. Aanvragen zullen op voorhand worden afgewezen. ☑ Aanbouw- en verbouwprojecten; ☑ Acties en korte campagnes; ☑ Congressen, symposia; ☑ Dorpshuizen, buurtcentra, multifunctionele centra; ☑ Evenementen en festivals (zoals op het gebied van kunst of sport, ook niet voor gehandicapten); ☑ Festiviteiten; ☑ Films, documentaires; ☑ Individuele noden; ☑ Kinderdagverblijven, peuterspeelzalen; ☑ Koepelorganisaties voor gehandicapten, tenzij t.b.v. activering en participatie; ☑ Milieubescherming, dieren(opvang); ☑ Omroepen; ☑ Orgelrestauratie; ☑ Politieke doelen; ☑ Projecten in het buitenland, buitenlandse organisaties; ☑ Reguliere kunst, voorstellingen, (amateur)muziekprojecten; ☑ Restauratie van (kerk)gebouwen; ☑ Scouting; ☑ Sport zonder sociaal en/of participatiedoel; ☑ Wetenschappelijk (dus ook medisch) onderzoek, studie of studiebeurzen.

Procedure ■ **OP AANVRAAG** ► ja **DOORLOOPTIJD** ► 1-3 maanden **AANVRAAGPROCEDURE** ► Als uw project voldoet aan de algemene criteria en doelstellingen van de stichting, kunt u uitsluitend via de website uw aanvraag voor een bijdrage volledig digitaal indienen. Benodigdheden zijn; ☑ een projectplan; ☑ een begroting; ☑ een dekkingsplan; ☑ de statuten,; ☑ actuele uittreksel van inschrijving bij de Kamer van Koophandel; ☑ recente jaarverslagen; ☑ jaarrekening. Nadat de aanvraag is ingediend, wordt over uw aanvraag meestal binnen twee maanden een besluit genomen door het curatorium. Over het besluit ontvangt u binnen twee weken na een curatorenvergadering bericht. Soms wordt een aanvraag in onderzoek gehouden. De afhandeling ervan kan dan enkele maanden langer duren. **URL** ► www.fundatiesobbe.nl/aanvraagformulier/

Financieel ■ **EIGEN VERMOGEN** ► € 75.937.000 **INKOMSTEN EV** ► € 5.548.000 **HERKOMST MIDDELEN** ► vermogen, legaten, giften & schenkingen **BOEKJAAR** ► 2019 **JAARVERSLAG OP WEBSITE** ► ja.

Contact ■ **BEREIKBAAR PER** ► ☑ post ☑ e-mail ☑ telefoon **CONTACTPERSOON** ► Mw. drs. E.M.L. den Braber **POSTADRES** ► Herengracht 524 A, 1017 CC Amsterdam **EMAIL (ALGEMEEN)** ► info@fundatiesobbe.nl **TELEFOON (ALGEMEEN)** ► 020-6233246.

476

Fûns Nijlân

Rubriek ■ ☑ kunst en cultuur

Algemeen ■ **WEBSITE** ► www.cultuurfonds.nl **TYPERING** ► fonds op naam **BEHEERD DOOR** ► Prins Bernhard Cultuurfonds **DIRECTIE** ► zie Prins Bernhard Cultuurfonds **BESTUUR** ► zie Prins Bernhard Cultuurfonds

Missie ■ **DOELSTELLING** ► Het financieel ondersteunen van monumentale gebouwen in de gemeente Nijland door middel van restauratie en onderhoud, het kerkgebouw van de Protestantse Gemeente van Nijland in het bijzonder.

Werkgebied ■ **ACTIERADIUS** ► Lokaal **LAND** ► Nederland **REGIO** ► Friesland **PLAATS** ► Nijland.

Projecten ■ **CRITERIA** ► geen projectcriteria bekend **DOORLOOPTIJD** ► ☑ korter dan 1 jaar **STATUS AANVRAGER** ► ☑ geen beperkingen bekend **VOORKEUR/UITSLUITING** ► geen voorkeur of uitsluiting bekend.

Procedure ■ **OP AANVRAAG** ► onbekend **AANVRAAGPROCEDURE** ► Dit 'fonds op naam' ressorteert onder het Prins Bernhard Cultuurfonds. Verzoeken aan fondsen op naam komen op één centraal punt binnen. Dit houdt in dat een subsidieaanvraag slechts eenmaal aan het Prins Bernhard Cultuurfonds hoeft te worden gezonden. Voor de verdere aanvraagprocedure: zie Prins Bernhard Cultuurfonds. **URL** ► www.cultuurfonds.nl/aanvragen

Contact ■ **BEREIKBAAR PER** ► ☑ post ☑ e-mail ☑ telefoon **CONTACTPERSOON** ► geen contactpersoon bekend **POSTADRES** ► Postbus 19750, 1000 GT Amsterdam **EMAIL (ALGEMEEN)** ► info@cultuurfonds.nl **TELEFOON (ALGEMEEN)** ► 020-5206130.

477

Stichting G.H.G. von Brucken Fock Fonds

Rubriek ■ ☑ kunst en cultuur

Algemeen ■ **WEBSITE** ► www.vonbruckenfockfonds.nl **TYPERING** ► vermogensfonds **OPGERICHT** ► 02-06-1954 **RECHTSVORM** ► stichting **KVK** ► 41113566 **ANBI STATUS** ► ja **DIRECTIE** ► geen directiegegevens bekend **BESTUUR** ► Mw. A.C. de Bruijn, voorzitter; R.W. van Voorst Vader, penningmeester; A.J. de Visser, secretaris; mw. A.A. van Liem-Buirma; mw. M. van Zuilen.

Missie ■ **DOELSTELLING** ► Het fonds heeft tot doel het bevorderen van de toon- en schilderkunst in Nederland door het subsidiëren van: ☑ uitgaven van manuscripten, biografieën, dissertaties over Nederlandse overleden toonkunstenaars; ☑ de vervaardiging van muziekcd's van Nederlandse overleden toonkunstenaars; ☑ tentoonstellingen en lezingen over Nederlandse overleden beeldende kunstenaars. **STICHTER(S)** ► Jonkvrouwe Maria Johanna Pompe van Meerdervoort, weduwe van de heer Gerardus Hubertus Galenus von Brucken Fock **HISTORIE** ► Gerardus Hubertus Galenus Von Brucken Fock werd op 28 december 1859 geboren op Slot Ter Hooge in Koudekerke bij Middelburg. Hij vestigde zijn naam als componist met pianopreludes en Moments Musicaux. Zijn vriend Grieg noemde hem de Nederlandse Chopin. In 1935 overleed Von Brucken Fock. Hij bepaalde bij zijn testament dat onder zijn naam een fonds zou worden opgericht om hem jaarlijks met een concert of lezing te herdenken. Het naar hem vernoemde fonds heeft tot doel het bevorderen van de toon- en schilderkunst in Nederland. **BELEIDSPLAN OP WEBSITE** ► ja.

Doelgroep ■ **SPECIFIEK** ► Kunstenaars. **ACTIVITEITEN** ► De activiteiten van de stichting bestonden het afgelopen jaar voornamelijk uit het beoordelen toekennen of eventueel afwijzen van subsidieverzoeken. **INTERVENTIENIVEAU** ► Steun aan individuen (directe steun).

Werkgebied ■ **ACTIERADIUS** ► Nationaal **LAND** ► Nederland.

Bestedingen ■ **BUDGET** ► niet openbaar **TOELICHTING** ► Geen. **ONDERSTEUNDE PROJECTEN P/J** ► 5 **SOORT BIJDRAGE** ► subsidies **BOVENGRENS** ► geen **ONDERGRENS** ► geen.

Projecten ■ **CRITERIA** ► geen projectcriteria bekend **DOORLOOPTIJD** ► ☑ korter dan 1 jaar **STATUS AANVRAGER** ► ☑ geen beperkingen bekend **VOORKEUR/UITSLUITING** ► geen voorkeur of uitsluiting bekend.

Procedure ■ **OP AANVRAAG** ▶ ja **DOORLOOPTIJD** ▶ 3-6 maanden; geen doorlooptijd bekend; geen doorlooptijd bekend **AANVRAAGPROCEDURE** ▶ Geen aanvraagprocedure bekend. **URL** ▶ www.vonbruckenfock-fonds.nl/contact

Financieel ■ **INKOMSTEN EV** ▶ € 44.331 **HERKOMST MIDDELEN** ▶ vermogen, legaten, giften & schenkingen, overige inkomsten **BOEKJAAR** ▶ 2019 **JAARVERSLAG OP WEBSITE** ▶ ja.

Contact ■ **BEREIKBAAR PER** ▶ ☑ post ☑ e-mail ☑ telefoon **CONTACTPERSOON** ▶ Mw. A.F. van Fraassen **POSTADRES** ▶ Postbus 8004, 4430 AE Middelburg **EMAIL (ALGEMEEN)** ▶ avanfraassen@dezb.nl **TELEFOON (ALGEMEEN)** ▶ 0118-654260.

478
Stichting G.J. Brink Fonds

Rubriek ■ ☑ kerk en levensbeschouwing

Algemeen ■ **WEBSITE** ▶ https://fondseninnederland.nl/fonds/stichting-gj-brink-fonds **TYPERING** ▶ vermogensfonds **RECHTSVORM** ▶ stichting **KVK** ▶ 58354638 **ANBI STATUS** ▶ ja **DIRECTIE** ▶ geen directiegegevens bekend **BESTUUR** ▶ J. Haeck, voorzitter; B. van der Kruk, penningmeester; J. van Hattum, secretaris; mw. S.W.P. Cordia-van Brouwershaven; mw. C. van Boetzelaer-Dudok van Heel.

Missie ■ **DOELSTELLING** ▶ De stichitng heeft ten doel het (financieel) ondersteunen van (kerkelijke) rechtspersonen.

Doelgroep ■ **ALGEMEEN** ▶ gelovigen **SPECIFIEK** ▶ Geen specifieke doelgroep **ACTIVITEITEN** ▶ Geen specifieke activiteiten bekend **INTERVENTIENIVEAU** ▶ Steun aan lokale/provinciale maatschappelijke organisaties en structuren (incl. gemeenten etc.) die diensten verlenen aan individuen.

Werkgebied ■ **ACTIERADIUS** ▶ Nationaal **LAND** ▶ Nederland.

Bestedingen ■ **BUDGET** ▶ niet openbaar **SOORT BIJDRAGE** ▶ giften **BOVENGRENS** ▶ geen **ONDERGRENS** ▶ geen.

Projecten ■ **CRITERIA** ▶ geen projectcriteria bekend **DOORLOOPTIJD** ▶ ☑ onbekend **STATUS AANVRAGER** ▶ ☑ kerkelijke instelling **VOORKEUR/UITSLUITING** ▶ geen voorkeur of uitsluiting bekend.

Procedure ■ **OP AANVRAAG** ▶ onbekend **AANVRAAGPROCEDURE** ▶ geen aanvraagprocedure bekend.

Financieel ■ **EIGEN VERMOGEN** ▶ € 5.962 **INKOMSTEN OV** ▶ € 50.000 **HERKOMST MIDDELEN** ▶ giften & schenkingen **BOEKJAAR** ▶ 2019 **JAARVERSLAG OP WEBSITE** ▶ ja.

Contact ■ **BEREIKBAAR PER** ▶ ☑ post ☒ e-mail ☒ telefoon **CONTACTPERSOON** ▶ geen contactpersoon bekend **POSTADRES** ▶ p/a Waldeck Pyrmontlaan 4, 3708 GS Zeist.

479
G.Ph. Verhagen-Stichting

Rubriek ■ ☑ kunst en cultuur ☑ sport en recreatie ☑ onderwijs en onderzoek ☑ maatschappij, welzijn en samenleving

Algemeen ■ **WEBSITE** ▶ www.verhagenstichting.nl **TYPERING** ▶ vermogensfonds **OPGERICHT** ▶ 17-10-1950 **RECHTSVORM** ▶ stichting **KVK** ▶ 41125354 **ANBI STATUS** ▶ ja **DIRECTIE** ▶ geen directiegegevens bekend **BESTUUR** ▶ A.D. Fontein, voorzitter; A.D. Fontein, penningmeester; A.M.W. Peterson, secretaris; L.L. Duin; mw. I. Huisman-van Baaren.

Missie ■ **DOELSTELLING** ▶ De G.Ph. Verhagen-Stichting stelt zich ten doel, om de sociale diversiteit en de culturele rijkdom van de stad Rotterdam te versterken. Zij doet dit, door gelden ter beschikking te stellen voor evenementen, activiteiten, investeringen en aankopen te financieren, die deze doelstelling bevorderen. **STICHTER(S)** ▶ G. Ph. Verhagen **HISTORIE** ▶ G. Ph. Verhagen (Rotterdam 1878) was oprichter, directeur en grootaandeelhouder van de Vereenigde Industrieën Rotterdam (V.I.R.) NV. De V.I.R. gevestigd aan de Oudedijk in Rotterdam, is voortgekomen uit een breifabriek en produceerde voornamelijk textiel producten en gloeilampen. De gloeilampenfabriek is later verkocht aan Philips. De G.Ph. Verhagen-Stichting is in 1950 opgericht en trad in werking bij het overlijden van G. Ph. Verhagen in 1961. Hij vermaakte zijn vermogen, na enkele ruimhartige legaten, aan de Stichting. **BELEIDSPLAN OP WEBSITE** ▶ ja.

Doelgroep ■ **SPECIFIEK** ▶ Sociaal cultureel Rotterdam. **ACTIVITEITEN** ▶ Een bijdrage is beschikbaar voor stichtingen, verenigingen en soortgelijke instellingen. Ideeën kunnen klein, wijk geboden, zijn, maar ook groot en internationaal, mits er een link met Rotterdam is. **INTERVENTIENIVEAU** ▶ Steun aan lokale/provinciale maatschappelijke organisaties en structuren (incl. gemeenten etc.) die diensten verlenen aan individuen.; Steun op niveau van maatschappij zelf (beleidsbeïnvloeding, etc.).

Werkgebied ■ **ACTIERADIUS** ▶ Regionaal **LAND** ▶ Nederland **REGIO** ▶ Groot Rijnmond **PLAATS** ▶ Rotterdam.

Bestedingen ■ **BUDGET** ▶ niet openbaar **SOORT BIJDRAGE** ▶ giften **BOVENGRENS** ▶ geen **ONDERGRENS** ▶ geen.

Projecten ■ **CRITERIA** ▶ ☑ sociale diversiteit; ☑ multicultureel; ☑ Link/verband met Rotterdam. **DOORLOOPTIJD** ▶ ☑ korter dan 1 jaar **STATUS AANVRAGER** ▶ ☑ stichting of vereniging (non-profit) **VOORKEUR/UITSLUITING** ▶ ☑ Geen bijdragen worden verstrekt voor politieke of godsdienstige activiteiten. ☑ Restauratie van kerken kan in een enkel geval in aanmerking komen. ☑ Exploitatie budgetten worden doorgaans niet ondersteund en dus ook niet de normale activiteiten van instellingen die voor o.m. toneel, dans, film, congressen, festivals en tentoonstellingen in het leven zijn geroepen. ☑ Ook bewoners organisaties, studiereizen en studentenactiviteiten vallen buiten de doelstellingen. ☑ Er worden geen regelmatig terugkerende subsidies verstrekt, vooral niet in de twee jaar volgend op een ondersteuning.

Procedure ■ **OP AANVRAAG** ▶ ja **DOORLOOPTIJD** ▶ 1-4 maanden; 3-6 maanden **AANVRAAGPROCEDURE** ▶ Aanvragen kunnen uitsluitend schriftelijk worden ingediend bij het secretariaat van de stichting. De aanvraag bestaat onder meer uit; ☑ een beknopte project omschrijving,; ☑ een begroting; ☑ een dekkingsplan; ☑ indien aanwezig een uittreksel uit de Kamer van Koophandel. ☑ overzicht van andere fondsen die zijn benaderd en of er toezeggingen zijn gedaan. Het bestuur vergadert in principe vier maal per jaar zodat rekening gehouden moet worden met een maximale behandelperiode van 4 maanden. Op; bezwaren tegen genomen besluiten zal het bestuur niet ingaan. **URL** ▶ www.verhagenstichting.nl/index.html#aanvragen

Financieel ■ **INKOMSTEN EV** ▶ € 199.000 **HERKOMST MIDDELEN** ▶ vermogen, legaten **BOEKJAAR** ▶ 2018 **JAARVERSLAG OP WEBSITE** ▶ ja.

Contact ■ **BEREIKBAAR PER** ▶ ☑ post ☑ e-mail ☒ telefoon **CONTACTPERSOON** ▶ geen contactpersoon bekend **POSTADRES** ▶ Schiekade 77, 3033 BE Rotterdam **EMAIL (ALGEMEEN)** ▶ secretariaat@verhagenstichting.nl.

480

Gaakeer Zantboer Fonds

Rubriek ■ ☑ kunst en cultuur ☑ onderwijs en onderzoek

Algemeen ■ **WEBSITE** ▶ www.cultuurfonds.nl **TYPERING** ▶ fonds op naam **BEHEERD DOOR** ▶ Prins Bernhard Cultuurfonds **DIRECTIE** ▶ zie > Prins Bernhard Cultuurfonds **BESTUUR** ▶ zie > Prins Bernhard Cultuurfonds

Missie ■ **DOELSTELLING** ▶ Het financieel ondersteunen van projecten op het gebied van muziek en theater, zoals voorstellingen/concerten, onderzoek, publicaties en overige activiteiten, bij voorkeur met betrekking tot het werk van William Shakespeare, en het werk van Johann Sebastian Bach en tijdgenoten (barokmuziek).

Werkgebied ■ **ACTIERADIUS** ▶ Nationaal **LAND** ▶ Nederland.

Projecten ■ **CRITERIA** ▶ geen projectcriteria bekend **DOORLOOPTIJD** ▶ ☑ korter dan 1 jaar **STATUS AANVRAGER** ▶ ☑ geen beperkingen bekend **VOORKEUR/UITSLUITING** ▶ Voorkeur gaat uit naar projecten met betrekking tot het werk van William Shakespeare, en het werk van Johann Sebastian Bach en tijdgenoten.

Procedure ■ **OP AANVRAAG** ▶ ja **AANVRAAGPROCEDURE** ▶ Dit 'fonds op naam' ressorteert onder het Prins Bernhard Cultuurfonds. Verzoeken aan fondsen op naam komen op één centraal punt binnen. Dit houdt in dat een subsidieaanvraag slechts eenmaal aan het Prins Bernhard Cultuurfonds hoeft te worden gezonden. Voor de verdere aanvraagprocedure: zie Prins Bernhard Cultuurfonds. **URL** ▶ www.cultuurfonds.nl/aanvragen

Contact ■ **BEREIKBAAR PER** ▶ ☑ post ☑ e-mail ☑ telefoon **CONTACTPERSOON** ▶ geen contactpersoon bekend **POSTADRES** ▶ Postbus 19750, 1000 GT Amsterdam **EMAIL (ALGEMEEN)** ▶ info@cultuurfonds.nl **TELEFOON (ALGEMEEN)** ▶ 020-5206130.

481

Gansoord Fonds

Rubriek ■ ☑ kunst en cultuur ☑ natuur, milieu en dieren

Algemeen ■ **WEBSITE** ▶ www.cultuurfonds.nl **TYPERING** ▶ fonds op naam **BEHEERD DOOR** ▶ Prins Bernhard Cultuurfonds **DIRECTIE** ▶ zie > Prins Bernhard Cultuurfonds **BESTUUR** ▶ zie > Prins Bernhard Cultuurfonds

Missie ■ **DOELSTELLING** ▶ Het financieel ondersteunen van projecten die de instandhouding van Nederlands cultuur- en natuurhistorisch erfgoed bevorderen.

Werkgebied ■ **ACTIERADIUS** ▶ Nationaal **LAND** ▶ Nederland.

Projecten ■ **CRITERIA** ▶ geen projectcriteria bekend **DOORLOOPTIJD** ▶ ☑ korter dan 1 jaar **STATUS AANVRAGER** ▶ ☑ geen beperkingen bekend **VOORKEUR/UITSLUITING** ▶ geen voorkeur of uitsluiting bekend.

Procedure ■ **OP AANVRAAG** ▶ onbekend **AANVRAAGPROCEDURE** ▶ Dit 'fonds op naam' ressorteert onder het Prins Bernhard Cultuurfonds. Verzoeken aan fondsen op naam komen op één centraal punt binnen. Dit houdt in dat een subsidieaanvraag slechts eenmaal aan het Prins Bernhard Cultuurfonds hoeft te worden gezonden. Voor de verdere aanvraagprocedure: zie Prins Bernhard Cultuurfonds. **URL** ▶ www.cultuurfonds.nl/aanvragen

Contact ■ **BEREIKBAAR PER** ▶ ☑ post ☑ e-mail ☑ telefoon **CONTACTPERSOON** ▶ geen contactpersoon bekend **POSTADRES** ▶ Postbus 19750, 1000 GT Amsterdam **EMAIL (ALGEMEEN)** ▶ info@cultuurfonds.nl **TELEFOON (ALGEMEEN)** ▶ 020-5206130.

482

Stichting Gansoord

Rubriek ■ ☑ kunst en cultuur ☑ natuur, milieu en dieren

Algemeen ■ **WEBSITE** ▶ www.gansoord.nl **TYPERING** ▶ vermogensfonds **OPGERICHT** ▶ 01-01-2007 **RECHTSVORM** ▶ stichting **KVK** ▶ 34258713 **ANBI STATUS** ▶ ja **DIRECTIE** ▶ geen directiegegevens bekend **BESTUUR** ▶ Mw. M. Loudon, voorzitter; mw. S. van Zelm, penningmeester; mw. S. van Zelm, secretaris; mw. D. Zweers, vice-voorzitter.

Missie ■ **DOELSTELLING** ▶ Het bevorderen van de instandhouding van Nederlands cultuur- en natuurhistorisch erfgoed. **STICHTER(S)** ▶ De heer C.J.N. Mulder **HISTORIE** ▶ Stichting Gansoord is een particuliere stichting, gevestigd te Amsterdam, en op 1 januari 2007 opgericht door de heer Cees Mulder. Na een carrière in de internationale bankwereld is de interesse van de heer Mulder in maatschappelijk ondernemen en het belang van de ontwikkeling van mensen en hun talenten een steeds belangrijkere rol gaan spelen in zijn dagelijks leven. Ter nagedachtenis aan zijn grootvader, die op dit gebied een voorbeeldfunctie heeft vervuld, is de Stichting Gansoord opgericht.

Doelgroep ■ **SPECIFIEK** ▶ Projecten ter bevordering van de instandhouding van Nederlands cultuur- en natuurhistorisch erfgoed. **ACTIVITEITEN** ▶ De stichting beoogt haar doel te bereiken door ondersteuning te geven aan: ☑ duurzame projecten ter behoud en restauratie van natuur- en cultuurhistorisch erfgoed; ☑ projecten die zich richten op de overdracht en ontwikkeling van ambachtelijke vaardigheden en daarmee het behoud van vakmanschap bewerkstelligen. **INTERVENTIENIVEAU** ▶ Onbekend.

Werkgebied ■ **ACTIERADIUS** ▶ Nationaal **LAND** ▶ Nederland.

Bestedingen ■ **BUDGET** ▶ niet openbaar **ONDERSTEUNDE PROJECTEN P/J** ▶ 5 **SOORT BIJDRAGE** ▶ giften **BOVENGRENS** ▶ geen **ONDERGRENS** ▶ geen.

Projecten ■ **CRITERIA** ▶ geen projectcriteria bekend **DOORLOOPTIJD** ▶ ☑ korter dan 1 jaar **STATUS AANVRAGER** ▶ ☑ stichting of vereniging (non-profit) VOORKEUR/UITSLUITING ▶ De te steunen projecten mogen geen politieke of religieuze doelstelling hebben.

Procedure ■ OP AANVRAAG ▶ ja DOORLOOPTIJD ▶ 3-6 maanden AANVRAAGPROCEDURE ▶ Om in aanmerking te komen voor ondersteuning dient er eerst online een vooraanvraag ingediend te worden en een reactie afgewacht te worden. Na een positieve reactie kan een complete aanvraag online of per e-mail ingediend worden. Het bestuur komt twee tot drie maal per jaar bijeen. URL ▶ www.gansoord.nl/procedure/

Financieel ■ EIGEN VERMOGEN ▶ € 58.000 HERKOMST MIDDELEN ▶ vermogen BOEKJAAR ▶ 2018 JAARVERSLAG OP WEBSITE ▶ ja.

Contact ■ BEREIKBAAR PER ▶ ☑ post ☑ e-mail ☒ telefoon CONTACTPERSOON ▶ geen contactpersoon bekend POSTADRES ▶ Koninginneweg 2, 1075 CX Amsterdam EMAIL (ALGEMEEN) ▶ info@gansoord.nl.

483

Stichting Gebroeders Hesse Fonds

Rubriek ■ ☑ kunst en cultuur ☑ onderwijs en onderzoek

Algemeen ■ WEBSITE ▶ www.stichtinggebroedershessefonds.nl TYPERING ▶ vermogensfonds OPGERICHT ▶ 03-01-1987 RECHTSVORM ▶ stichting KVK ▶ 41014797 ANBI STATUS ▶ ja DIRECTIE ▶ geen directiegegevens bekend BESTUUR ▶ Mw. R.A.M. Zwart, voorzitter; mw. J.H. Haan-Blink, penningmeester; mw. J.H. Haan-Blink, secretaris; G.J. ten Brink; H. Sinnema; J.W. Velema.

Missie ■ DOELSTELLING ▶ De stichting stelt zich ten doel de bevordering van de culturele belangen in het grondgebied van de voormalige gemeente Vlagtwedde. De inkomsten van de stichting worden voornamelijk verkregen uit de verpachting van ca. 150 hectare landbouwgrond. Uit die opbrengsten worden subsidies verstrekt, met als doel: ☑ het verrichten of doen verrichten van onderzoekingen naar de geschiedenis van Westerwolde; ☑ het bevorderen van de publicatie, zo mogelijk in samenwerking met anderen, van het resultaat der onderzoekingen in één of meer uit te geven boeken of andere geschriften; ☑ het subsidiëren van culturele activiteiten voor de dorpen Ter Apel, Sellingen en Vlagtwedde; ☑ alle andere wettige middelen, die voor het doel der stichting bevorderlijk zijn. Onder culturele activiteiten wordt ondermeer verstaan: amateuristische kunstbeoefening, archeologie, historisch onderzoek, culturele uitvoeringen (muziek/toneel/cabaret) beeldende kunst, tentoonstellingen, monumenten etc. HISTORIE ▶ In 1987 overleed de heer Wilke Roelf Hesse op 93-jarige leeftijd, na een actief en arbeidzaam leven. De familie Hesse was een boerenfamilie met een lange traditie in Westerwolde. Na zijn overlijden is – in overeenstemming met de laatste wilsbeschikking van de heer Hesse – de 'Stichting Gebroeders Hesse Fonds' in het leven geroepen. BELEIDSPLAN OP WEBSITE ▶ ja.

Doelgroep ■ SPECIFIEK ▶ Onderzoekingen naar alsmede het uitgeven van publicaties over de geschiedenis van Westerwolde, en culturele activiteiten voor de dorpen Ter Apel, Sellingen en Vlagtwedde. ACTIVITEITEN ▶ Door de stichting wordt, naast het verstrekken van subsidies, eens in de vijf jaar een gouden medaille beschikbaar gesteld en uitgereikt aan diegene die zich in genoemde periode van vijf jaren onderscheiden heeft in het belang van de landbouw en/of waterhuishouding in de gemeente Vlagtwedde. INTERVENTIENIVEAU ▶ Steun aan lokale/provinciale maatschappelijke organisaties en structuren (incl. gemeenten etc.) die diensten verlenen aan individuen.; Steun aan individuen (directe steun).

Werkgebied ■ ACTIERADIUS ▶ Lokaal LAND ▶ Nederland REGIO ▶ Groningen PLAATS ▶ Ter Apel, Sellingen, Vlagtwedde.

Bestedingen ■ BUDGET ▶ € 50.000 ONDERSTEUNDE PROJECTEN P/J ▶ 19 SOORT BIJDRAGE ▶ giften BOVENGRENS ▶ geen ONDERGRENS ▶ geen.

Projecten ■ CRITERIA ▶ geen projectcriteria bekend DOORLOOPTIJD ▶ ☑ onbekend STATUS AANVRAGER ▶ ☑ geen beperkingen bekend VOORKEUR/UITSLUITING ▶ Bij voorkeur worden instellingen en groepen gesubsidieerd en geen personen.

Procedure ■ OP AANVRAAG ▶ onbekend AANVRAAGPROCEDURE ▶ Jaarlijks vindt er een subsidievergadering van het bestuur plaats in de maand mei. Van 1 april tot 1 mei kunt u voor die vergadering uw subsidieaanvraag indienen. Meer informatie hierover vindt u op de website van het Hesse Fonds. In overleg met het secretariaat is het soms mogelijk buiten deze reguliere subsidievergadering om een verzoek tot financiële ondersteuning in te dienen. Dit geldt met name voor projecten die omwille van de tijd niet kunnen wachten tot mei. Heeft u een aanvraag ingediend? Dan ontvangt u hierover voor 1 juni bericht.

Financieel ■ INKOMSTEN EV ▶ € 86.163 HERKOMST MIDDELEN ▶ overige inkomsten, vermogen BOEKJAAR ▶ 2018 JAARVERSLAG OP WEBSITE ▶ ja.

Contact ■ BEREIKBAAR PER ▶ ☑ post ☑ e-mail ☑ telefoon CONTACTPERSOON ▶ geen contactpersoon bekend POSTADRES ▶ Postbus 14, 9550 AA Sellingen EMAIL (ALGEMEEN) ▶ hessefonds@westerwolde.nl TELEFOON (ALGEMEEN) ▶ 0599–320 220.

484

De Gebroeders van den Bosch-Stichting

Rubriek ■ ☑ economische ontwikkeling en microkrediet ☑ noodhulp ☑ maatschappij, welzijn en samenleving

Algemeen ■ WEBSITE ▶ www.kennisbankfilantropie.nl/anbi/gebroeders-van-den-bosch-stichting TYPERING ▶ vermogensfonds OPGERICHT ▶ 14-04-1937 RECHTSVORM ▶ stichting KVK ▶ 41080474 ANBI STATUS ▶ nee DIRECTIE ▶ geen directiegegevens bekend BESTUUR ▶ J.P.J.G. Huijbers, voorzitter; mw. A.A.C.M. de Lange van Bergen-Huige, penningmeester; mw. A.A.C.M. de Lange van Bergen-Huige, secretaris; mw. M.A. Ebben; C.A. Michielse.

Missie ■ DOELSTELLING ▶ De stichting heeft ten doel (voorzover extern van belang): het bevorderen van missionair werk op christelijke grondslag in de ruimste zin. STICHTER(S) ▶ P.C. van den Bosch.

Doelgroep ■ ALGEMEEN ▶ gelovigen, inheemse volken SPECIFIEK ▶

Geen specifieke doelgroep **ACTIVITEITEN** ▶ Geen specifieke activiteiten bekend **INTERVENTIENIVEAU** ▶ Steun aan lokale/provinciale maatschappelijke organisaties en structuren (incl. gemeenten etc.) die diensten verlenen aan individuen.

Werkgebied ■ **ACTIERADIUS** ▶ Nationaal, Internationaal **LAND** ▶ Wereldwijd.

Bestedingen ■ **BUDGET** ▶ niet openbaar **SOORT BIJDRAGE** ▶ giften **BOVENGRENS** ▶ geen **ONDERGRENS** ▶ geen.

Projecten ■ **CRITERIA** ▶ Projecten aangaande missionair werk. **DOORLOOPTIJD** ▶ ☑ korter dan 1 jaar **STATUS AANVRAGER** ▶ ☑ stichting of vereniging (non-profit) **VOORKEUR/UITSLUITING** ▶ Geen voorkeur/uitsluiting bekend.

Procedure ■ **OP AANVRAAG** ▶ onbekend **AANVRAAGPROCEDURE** ▶ Geen aanvraagprocedure bekend.

Financieel ■ **HERKOMST MIDDELEN** ▶ vermogen.

Contact ■ **BEREIKBAAR PER** ▶ ☑ post ☒ e-mail ☒ telefoon **CONTACTPERSOON** ▶ geen contactpersoon bekend **POSTADRES** ▶ Postbus 26, 5430 AA Cuyk.

485
Geert Mak Fonds

Rubriek ■ ☑ kunst en cultuur ☑ onderwijs en onderzoek

Algemeen ■ **WEBSITE** ▶ www.cultuurfonds.nl **TYPERING** ▶ fonds op naam **BEHEERD DOOR** ▶ Prins Bernhard Cultuurfonds **DIRECTIE** ▶ zie > Prins Bernhard Cultuurfonds **BESTUUR** ▶ zie > Prins Bernhard Cultuurfonds

Missie ■ **DOELSTELLING** ▶ Het Geert Mak Fonds ondersteunt ervaren auteurs van historische en literaire non-fictie, met minimaal twee boeken op hun naam, bij het onderzoek voor en schrijven van een nieuwe publicatie. Het gaat dan bijvoorbeeld om onderzoekkosten voor een biografie of het veldwerk voor een literair-journalistieke reportage.

Werkgebied ■ **ACTIERADIUS** ▶ Nationaal **LAND** ▶ Nederland.

Projecten ■ **CRITERIA** ▶ geen projectcriteria bekend **DOORLOOPTIJD** ▶ ☑ korter dan 1 jaar **STATUS AANVRAGER** ▶ ☑ overig **VOORKEUR/UITSLUITING** ▶ Alleen uitgevers kunnen kandidaten voordragen voor een toekenning uit het Geert Mak Fonds.

Procedure ■ **OP AANVRAAG** ▶ onbekend **AANVRAAGPROCEDURE** ▶ Dit 'fonds op naam' ressorteert onder het Prins Bernhard Cultuurfonds. Verzoeken aan fondsen op naam komen op één centraal punt binnen. Dit houdt in dat een subsidieaanvraag slechts eenmaal aan het Prins Bernhard Cultuurfonds hoeft te worden gezonden. Voor de verdere aanvraagprocedure: zie Prins Bernhard Cultuurfonds. **URL** ▶ www.cultuurfonds.nl/aanvragen

Contact ■ **BEREIKBAAR PER** ▶ ☑ post ☑ e-mail ☑ telefoon **CONTACTPERSOON** ▶ geen contactpersoon bekend **POSTADRES** ▶ Postbus 19750, 1000 GT Amsterdam **EMAIL (ALGEMEEN)** ▶ info@cultuurfonds.nl **TELEFOON (ALGEMEEN)** ▶ 020-5206130.

486
Gelderman Stichting

Rubriek ■ ☑ sport en recreatie ☑ kunst en cultuur ☑ maatschappij, welzijn en samenleving ☑ natuur, milieu en dieren

Algemeen ■ **WEBSITE** ▶ www.geldermanstichting.nl **TYPERING** ▶ vermogensfonds **OPGERICHT** ▶ 04-10-1920 **RECHTSVORM** ▶ stichting **KVK** ▶ 41028112 **ANBI STATUS** ▶ ja **DIRECTIE** ▶ geen directiegegevens bekend **BESTUUR** ▶ H.J.P. Hekman, voorzitter; R.J.M. Monninkhoff H., penningmeester; mw. M.Y. Bijland, secretaris; H.W. van Halen; mw. W. Nijhof.

Missie ■ **DOELSTELLING** ▶ ☑ De bevordering van ontwikkeling zowel geestelijk als lichamelijk van de Nederlandse bevolking, speciaal die van Oldenzaal en omstreken; ☑ Het scheppen van gelegenheid tot geestelijke en lichamelijke ontspanning van de Nederlandse bevolking, speciaal die van Oldenzaal en omstreken; ☑ De leefbaarheid van de stad Oldenzaal en haar omstreken te bevorderen, en voorts al hetgeen met een en ander rechtstreeks of zijdelings verband houdt of daartoe bevorderlijk kan zijn, alles in de ruimste zin des woords. **HISTORIE** ▶ In 1920 werd door de firmanten Gelderman de Stichting voor Ontwikkeling en Ontspanning (SOO) opgericht (in 1979 gewijzigd in de Gelderman Stichting). In dat jaar doneerde de textielfamilie, waar de stichting later naar vernoemd werd, 100.000 gulden, bedoeld voor de Oldenzaalse gemeenschap en 100.000 gulden voor de bouw van een bad- en zweminrichting. Het initiatief tot oprichting van de stichting komt voornamelijk voort uit de onvrede over de religieuze scheidingen in Oldenzaal. De medewerkers op kantoor bij Gelderman waren niet van katholieke huize. In hun vrije tijd hadden ook zij behoefte aan ontspanning. De protestantse gemeenschap had behoefte aan organisaties zonder RK signatuur. Ook was van belang dat de oprichting van de stichting de verhoudingen met de arbeiders ten goede zou komen. Met hulp van de stichting zijn toen verenigingen opgericht als de tennisvereniging Ready, die een plek kreeg bij het park, de plaatselijke hockeyvereniging, voetbalvereniging Oldenzaal, Oldenzaalse Zwem- en Poloclub (OZ&PC) en Semper Crescendo (opgericht in 1892 en al jarenlang ondersteund door de firmanten Gelderman). De bouw van de bad- en zweminrichting aan de Steenstraat stamt uit 1924. Niet alleen bedoeld om te kunnen zwemmen, maar ook voor de wekelijkse douchebeurt. **BELEIDSPLAN OP WEBSITE** ▶ ja.

Doelgroep ■ **SPECIFIEK** ▶ Inwoners van Oldenzaal en omstreken. **ACTIVITEITEN** ▶ ☑ ondersteuning van stichtingen en verenigingen passend binnen de doelstelling; ☑ beheer van Landgoed Kalheupink, omvattend Kalheupinkpark, de eilandjes en aangrenzende weilanden. Het landgoed is vrij toegankelijk. **INTERVENTIENIVEAU** ▶ Steun aan lokale/provinciale maatschappelijke organisaties en structuren (incl. gemeenten etc.) die diensten verlenen aan individuen.

Werkgebied ■ **ACTIERADIUS** ▶ Lokaal **LAND** ▶ Nederland **REGIO** ▶ Overijssel **PLAATS** ▶ Oldenzaal.

Bestedingen ■ **BUDGET** ▶ niet openbaar **SOORT BIJDRAGE** ▶ giften overig **BOVENGRENS** ▶ geen **ONDERGRENS** ▶ geen.

Projecten ■ CRITERIA ▶ geen projectcriteria bekend DOORLOOPTIJD ▶ ☑ onbekend STATUS AANVRAGER ▶ ☑ stichting of vereniging (non-profit) VOORKEUR/UITSLUITING ▶ geen voorkeur of uitsluiting bekend.

Procedure ■ OP AANVRAAG ▶ ja DOORLOOPTIJD ▶ geen doorlooptijd bekend; 3-6 maanden; 3-6 maanden; 3-6 maanden AANVRAAGPROCEDURE ▶ Wenst u een bijdrage voor uw project of te organiseren activiteiten, dan dienen deze altijd te passen binnen de doelstelling van de Gelderman Stichting en onderbouwd te worden met uitvoerige informatie. De volgende onderdelen moeten altijd meegestuurd te worden: ☑ uitvoerige beschrijving van aard en doel van de activiteit; ☑ informatie over de aanvrager of organiserende stichting/vereniging en de vermogenspositie/recent exploitatieoverzicht (voor zover van toepassing); ☑ realistische begroting van de te verwachten kosten en opbrengsten; ☑ informatie over eventuele ingediende aanvragen bij andere instanties. Het stichtingsbestuur vergadert 4 keer per jaar, in principe per eind van ieder kwartaal. Aanvragen dienen minimaal 3 maanden voorafgaand aan een bestuursvergadering worden ingediend per mail of per post. URL ▶ www.geldermanstichting.nl/over-ons/sponsoring/

Financieel ■ INKOMSTEN EV ▶ € 75.231 HERKOMST MIDDELEN ▶ vermogen, overige inkomsten BOEKJAAR ▶ 2018 JAARVERSLAG OP WEBSITE ▶ ja.

Contact ■ BEREIKBAAR PER ▶ ☑ post ☑ e-mail ☑ telefoon CONTACTPERSOON ▶ geen contactpersoon bekend POSTADRES ▶ Steenstraat 175, 7571 BJ Oldenzaal EMAIL (ALGEMEEN) ▶ gelderman.stichting@gmail.com TELEFOON (ALGEMEEN) ▶ 0541-520967.

487
Gelders Waterschapsfonds

Rubriek ■ ☑ kunst en cultuur ☑ natuur, milieu en dieren

Algemeen ■ WEBSITE ▶ www.cultuurfonds.nl TYPERING ▶ fonds op naam BEHEERD DOOR ▶ Prins Bernhard Cultuurfonds DIRECTIE ▶ zie > Prins Bernhard Cultuurfonds BESTUUR ▶ zie > Prins Bernhard Cultuurfonds

Missie ■ DOELSTELLING ▶ Het financieel ondersteunen van aan het onderwerp water gerelateerde cultuurhistorische- en/of natuurprojecten die ontwikkeld en uitgevoerd worden binnen het beheergebied van de Waterschappen, in landelijk en/of stedelijk gebied.

Werkgebied ■ ACTIERADIUS ▶ Nationaal LAND ▶ Nederland.

Projecten ■ CRITERIA ▶ geen projectcriteria bekend DOORLOOPTIJD ▶ ☑ onbekend STATUS AANVRAGER ▶ ☑ geen beperkingen bekend VOORKEUR/UITSLUITING ▶ geen voorkeur of uitsluiting bekend.

Procedure ■ OP AANVRAAG ▶ ja AANVRAAGPROCEDURE ▶ Dit 'fonds op naam' ressorteert onder het Prins Bernhard Cultuurfonds. Verzoeken aan fondsen op naam komen op één centraal punt binnen. Dit houdt in dat een subsidieaanvraag slechts eenmaal aan het Prins Bernhard Cultuurfonds hoeft te worden gezonden. Voor de verdere aanvraagprocedure: zie Prins Bernhard Cultuurfonds. URL ▶ www.cultuurfonds.nl/aanvragen

Contact ■ BEREIKBAAR PER ▶ ☑ post ☑ e-mail ☑ telefoon CONTACTPERSOON ▶ geen contactpersoon bekend POSTADRES ▶ Postbus 19750, 1000 GT Amsterdam EMAIL (ALGEMEEN) ▶ info@cultuurfonds.nl TELEFOON (ALGEMEEN) ▶ 020-5206130.

488
Gelderse Blinden Stichting

Rubriek ■ ☑ gezondheidszorg ☑ maatschappij, welzijn en samenleving ☑ sport en recreatie ☑ onderwijs en onderzoek

Algemeen ■ WEBSITE ▶ www.gelderseblinden.nl TYPERING ▶ vermogensfonds OPGERICHT ▶ 17-01-1913 RECHTSVORM ▶ stichting KVK ▶ 40120763 ANBI STATUS ▶ ja DIRECTIE ▶ geen directiegegevens bekend BESTUUR ▶ E.J.G.M. Weijers, voorzitter; H.C.R. Rutgers, penningmeester; mw. C. Laagland-Lokum, secretaris; mw. G.M.A. Korzilius.

Missie ■ DOELSTELLING ▶ De Stichting heeft ten doel: het verlenen van materiële steun aan blinden en slechtzienden en aan instellingen, welke zich bewegen op het gebied van blinden- en/of slechtziendenzorg en/of onderzoek ter voorkoming en genezing van visuele handicaps. Het bevorderen van verzorging, ontwikkeling en ontspanning van blinden en slechtzienden. HISTORIE ▶ De Gelderse Blinden Stichting (GBS), voorheen Gelderse Blinden Vereniging, zet zich sinds 1912 in voor slechtziende en blinde mensen in Nederland. In de afgelopen decennia zijn honderden aanvragen verwerkt en evenzoveel slechtziende en blinde mensen geholpen. BELEIDSPLAN OP WEBSITE ▶ ja.

Doelgroep ■ ALGEMEEN ▶ gehandicapten SPECIFIEK ▶ Blinde en slechtziende particulieren, en verenigingen en organisaties die zich voor deze groep mensen inzetten. ACTIVITEITEN ▶ De stichting oefent de volgende activiteiten uit: ☑ Steun aan blinden en slechtzienden (diverse hulpmiddelen, brillen, lenzen, verlichting etc); ☑ Steun aan medisch onderzoek van de Rasboud Universiteit; ☑ Steun aan het ICT-fonds van de LSBS; ☑ Steun aan het Vakantiefonds van de LSBS; ☑ Steun aan diverse sportevenementen voor blinden en slechtzienden; ☑ Steun aan projecten ten behoeve van blinden en slechtzienden dagbestedingsinstellingen. INTERVENTIENIVEAU ▶ Steun aan lokale/provinciale maatschappelijke organisaties en structuren (incl. gemeenten etc.) die diensten verlenen aan individuen.

Werkgebied ■ ACTIERADIUS ▶ Internationaal LAND ▶ Nederland.

Bestedingen ■ BUDGET ▶ € 90.000 SOORT BIJDRAGE ▶ giften overig BOVENGRENS ▶ geen ONDERGRENS ▶ geen.

Projecten ■ CRITERIA ▶ Projecten kunnen de volgende zaken omvatten: ☑ Activiteiten voor onze doelgroep organiseren; ☑ Hulpmiddelen ter verbetering van het zicht; ☑ Hulpmiddelen ter verbetering van mobiliteit (echter geen auto's); ☑ Studiekosten om in aanmerking te komen voor een baan; ☑ Sport, cultuur en recreatieve doeleinden; ☑ Aanpassingen in eigen woning ter verbetering van levensomstandigheden. DOORLOOPTIJD ▶ ☑ onbekend STATUS AANVRAGER ▶ ☑ geen beperkingen bekend VOORKEUR/UITSLUITING ▶ Er wordt geen financiële bijdrage geleverd in de volgende gevallen: Bij terugkerende kosten. Er worden alleen éénmalige bijdragen uitgekeerd; Geen leningen of hypotheken of openstaande schulden; Geen vergoeding voor vakantiekosten. Daarvoor kunt u terecht bij het vakantiefonds, een samenwerkingsverband met andere fondsen; Aanvragen voor computers worden ook niet vergoed. Daarvoor kunt u zich wenden tot het ICT-fonds dat eveneens een samenwerkingsverband is.

Procedure ■ OP AANVRAAG ▶ ja AANVRAAGPROCEDURE ▶ 1 organisatie 2 individuen; De aanvraag kan online (webpagina, dan 20 minuten tijd), per e-mail, per post. De volgende stappen worden doorlopen: ☑ Beoordeling of de aanvraag compleet is (1a. duidelijk doel en duidelijke inhoud van de financiering; 1b. goed onderbouwde motivatie en omschrijving van de doelgroep; 1c. motivatie en zinvolheid voor blinden en slechtzienden; 1d. Vermelding van andere benaderde fondsen); 2a. onderbouwing van de aard en de reden voor het aanvragen; 2b. recente medische verklaring van uw oogarts of zorginstelling,, waaruit blijkt dat u blind of slechtziend bent; 2c. voorkeur een aanvullende verklaring van deze zorginstelling over de noodzaak van de gevraagde ondersteuning. 2d. verklaring/overzicht waaruit blijkt dat u niet over voldoende financiële middelen beschikt voor de gevraagde ondersteuning en dat deze ook niet door andere instanties wordt verstrekt; ☑ Registratie van uw aanvraag in ons systeem; ☑ Uw aanvraag wordt getoetst of deze binnen onze criteria valt; ☑ Uw financiële situatie wordt beoordeeld om te bepalen of uw verzoek gerechtvaardigd is; ☑ Het bestuur van de Gelderse Blinden Stichting geeft zijn goed- of afkeuring* URL ▶ www.gelderseblinden.nl/financiele-ondersteuning/aanvraag/

Financieel ■ INKOMSTEN EV ▶ € 71.410 INKOMSTEN OV ▶ € 303 HERKOMST MIDDELEN ▶ giften & schenkingen, legaten, vermogen BOEKJAAR ▶ 2019 JAARVERSLAG OP WEBSITE ▶ ja.

Contact ■ BEREIKBAAR PER ▶ ☑ post ☑ e-mail ☑ telefoon CONTACTPERSOON ▶ geen contactpersoon bekend POSTADRES ▶ Postbus 181, 6880 AD Velp Gld EMAIL (ALGEMEEN) ▶ info@gelderseblinden.nl TELEFOON (ALGEMEEN) ▶ 06-38751714.

489

Stichting Gemmy en Mibeth Tichelaar Foundation

Rubriek ■ ☑ gezondheidszorg ☑ onderwijs en onderzoek ☑ kunst en cultuur

Algemeen ■ WEBSITE ▶ www.gemmymibethfoundation.nl TYPERING ▶ vermogensfonds OPGERICHT ▶ 27-10-2015 RECHTSVORM ▶ stichting KVK ▶ 64443515 ANBI STATUS ▶ ja DIRECTIE ▶ geen directiegegevens bekend BESTUUR ▶ J. Tichelaar, voorzitter; G.W.M. Koppen, penningmeester; G.W.M. Koppen, secretaris; M.J. Tielkemeijer.

Missie ■ DOELSTELLING ▶ ☑ Het opkomen en ondersteunen van MS-patiënten door middel van het verrichten van donaties en bieden van ondersteuning in de breedste zin van het woord gedurende het ziekte proces. ☑ Het bestrijden van de ziekte MS door middel van het bijdragen aan onderzoeken en ondersteunen in de breedste zin van het woord van stichtingen met eenzelfde doel. ☑ Het opkomen en ondersteunen van mensen met hart- en vaatziekten door middel van het verrichten van donaties, het bijeenbrengen van vermogen hiervoor en bieden van ondersteuning in de breedste zin van het woord. ☑ Het bestrijden van hart- en vaatziekten door middel van het bijdragen aan onderzoeken, het bijeenbrengen van vermogen hiervoor en bieden van ondersteuning in de breedste zin van het woord. ☑ Bijdragen verrichten op wat voor manier dan ook ter bevordering van de wetenschap die onderzoek verricht naar ziektes. ☑ Het dienen van de culturele sector in de breedste zin van het woord door middel van het verrichten van donaties en het bijeenbrengen van vermogen hiervoor. ☑ Het op andere wijze dienen van het algemeen belang. HISTORIE ▶ De stichting Gemmy en Mibeth Tichelaar Foundation is opgericht op 27 oktober 2015 ter nagedachtenis aan de dames Gemmy en Mibeth Tichelaar. Gemmy Tichelaar is in 2001 op 59-jarige leeftijd plots overleden aan een hartstilstand; haar dochter Mibeth is in 2014 op 44-jarige leeftijd overleden aan de gevolgen van Multiple Sclerosis. BELEIDSPLAN OP WEBSITE ▶ ja.

Doelgroep ■ ALGEMEEN ▶ studenten SPECIFIEK ▶ Nederlandse en Belgische onderzoekers en promovendi aan een Nederlands of Belgisch onderzoekinstituut die zich bezig houden met onderzoek naar de oorzaak en/of oplossing van MS en/of hart- en vaatziektes kunnen in aanmerking komen voor de 'Gemmy en Mibeth Tichelaar prijs'. Gepromoveerde onderzoekers komen in aanmerking tot maximaal 8 jaar na promotiedatum. ACTIVITEITEN ▶ De 'Gemmy en Mibeth Tichelaar prijs' is 2-jaarlijkse prijs van maximaal €100.000. Het bestuur zal bepalen wat de daadwerkelijke hoogte van de prijs zal zijn. De prijs dient gebruikt te worden voor wetenschappelijk onderzoek/project naar de oplossing voor en/of oorzaken van MS en/of hart- en vaatziekten. Er wordt samen gewerkt met De Wetenschappelijke Raad van Stichting MS Research en/of de Wetenschappelijke Adviesraad (WAR) van de Hartstichting ten behoeve van het bepalen van geschikte; onderzoeken om de prijs aan te doneren. INTERVENTIENIVEAU ▶ Steun aan lokale/provinciale maatschappelijke organisaties en structuren (incl. gemeenten etc.) die diensten verlenen aan individuen.; Steun aan individuen (directe steun).

Werkgebied ■ ACTIERADIUS ▶ Nationaal LAND ▶ Nederland.

Bestedingen ■ BUDGET ▶ niet openbaar SOORT BIJDRAGE ▶ giften overig BOVENGRENS ▶ geen ONDERGRENS ▶ geen.

Projecten ■ CRITERIA ▶ Wetenschappelijk onderzoek/project naar de oplossing voor en/of oorzaken van MS en/of hart- en vaatziekten. De projectduur is minimaal 6 tot maximaal 24 maanden. De Gemmy en Mibeth Tichelaar Foundation dient te worden genoemd bij presentaties en publicaties die voortvloeien uit het onderzoek/project. DOORLOOPTIJD ▶ ☑ 1 - 2 jaar ☑ korter dan 1 jaar STATUS AANVRAGER ▶ ☑ individuen/gezinnen VOORKEUR/UITSLUITING ▶ geen voorkeur of uitsluiting bekend.

Procedure ■ OP AANVRAAG ▶ onbekend AANVRAAGPROCEDURE ▶ De Wetenschappelijke Raad van Stichting MS Research en/of de Wetenschappelijke Adviesraad (WAR) van de Hartstichting zal de onderzoekaanvraag beoordelen en voorleggen aan het bestuur van de Stichting. Het bestuur komt minimaal 2x per jaar bijeen, te weten rond 30 maart en rond 5 juni van elk kalenderjaar. In de eerste vergadering worden de verschillende initiatieven en projecten welke voor donatie cq schenking in aanmerking komen besproken en een shortlist opgesteld. In de tweede vergadering wordt daadwerkelijk besloten aan welk initiatief/initiatieven gedoneerd zal worden.

Financieel ■ **INKOMSTEN OV** ► € 30.000 **HERKOMST MIDDELEN** ► vermogen, giften & schenkingen **BOEKJAAR** ► 2019 **JAARVERSLAG OP WEBSITE** ► ja.

Contact ■ **BEREIKBAAR PER** ► ☑ post ☑ e-mail ☑ telefoon **CONTACTPERSOON** ► geen contactpersoon bekend **POSTADRES** ► Monsterseweg 17, 2691 JA 's-Gravenzande **EMAIL (ALGEMEEN)** ► dr9014@gmail.com **TELEFOON (ALGEMEEN)** ► 06-20352015.

490
Het Genootschap Noorthey

Rubriek ■ ☑ onderwijs en onderzoek

Algemeen ■ **WEBSITE** ► www.noorthey.com **TYPERING** ► vermogensfonds **RECHTSVORM** ► vereniging **KVK** ► 40409463 **ANBI STATUS** ► ja **DIRECTIE** ► geen directiegegevens bekend **BESTUUR** ► Jhr.mr. B.C. de Savornin Lohman, voorzitter; jhr.drs. B.W.L. Boreel, penningmeester; jhr. J.J.J. van Tets, secretaris.

Missie ■ **DOELSTELLING** ► Het Genootschap heeft ten doel het financieel steunen van degenen die middelbaar, voorbereidend wetenschappelijk, hoger of beroepsonderwijs volgen, dan wel een wetenschappelijke studie verrichten, een en ander zoveel mogelijk in de geest van wijlen de Heer P. de Raadt, stichter in 1820 van het Instituut Noorthey in de gemeente Veur. **STICHTER(S)** ► Dr. Petrus de Raadt **HISTORIE** ► Met de oprichting van een huis van opvoeding (kostschool) in 1820 te Voorschoten door Petrus de Raadt is de geschiedenis van Noorthey aangevangen. Het Genootschap Noorthey werd vervolgens in 1851 opgericht, om daarmee ook na een overlijden van Petrus de Raadt, zijn doelstelling van toegewijd onderwijs aan jongens, te continueren.

Doelgroep ■ **ALGEMEEN** ► studenten, jongeren **SPECIFIEK** ► (1 of 2 jarige) Master of post-Master studenten met Nederlandse nationaliteit in de leeftijd tot 30 jaar. **ACTIVITEITEN** ► ☑ Verstrekking van renteloze leningen aan studenten met de Nederlandse nationaliteit voor het volgen van master/post-master opleidingen in het buitenland. ☑ Jaarlijkse schenking aan Stichting United World Colleges voor financiering van studiekosten van twee Nederlandse scholieren aan een UWC school. **INTERVENTIENIVEAU** ► Steun aan individuen (directe steun).; Steun aan lokale/provinciale maatschappelijke organisaties en structuren (incl. gemeenten etc.) die diensten verlenen aan individuen.

Werkgebied ■ **ACTIERADIUS** ► Internationaal, Nationaal **LAND** ► Nederland.

Bestedingen ■ **BUDGET** ► niet openbaar **SOORT BIJDRAGE** ► leningen giften beurzen **BOVENGRENS** ► € 6.000 **ONDERGRENS** ► geen.

Projecten ■ **CRITERIA** ► ; ☑ studenten met de Nederlandse nationaliteit; ☑ Master/postmaster studies aansluitend aan wo-bachelor; ☑ tot 30 jaar; ☑ universiteit in het buitenland als locatie van studie. **DOORLOOPTIJD** ► ☑ langer dan 2 jaar **STATUS AANVRAGER** ► ☑ geen beperkingen bekend **VOORKEUR/UITSLUITING** ► Voorkeur gaat uit naar een studie met een maatschappelijke relevantie voor Nederland en bij voorkeur een 2e master in het buitenland. De beurs kan in ieder land, behalve Nederland, aangewend worden. Geen PhD/promotie onderzoek.

Procedure ■ **OP AANVRAAG** ► ja **DOORLOOPTIJD** ► 1-3 maanden **AANVRAAGPROCEDURE** ► Sluitingdatum aanvraag: 15 april, voorafgaand aan het academisch jaar. U wordt verzocht het aanvraagformulier te downloaden, deze digitaal in te vullen via Adobe Reader (let op: de pdf kan je op je computer invullen, dus niet uitprinten en met pen invullen!) en te retourneren samen met onderstaande stukken (digitale bestanden zo veel mogelijk reduceren in bestandsgrootte): ☑ Studieplan, omschrijving en motivatie (maximaal één A4); ☑ Curriculum vitae; ☑ Schriftelijke referentie(s)/aanbevelingsbrieven van bijvoorbeeld uw studiebegeleider(s); ☑ Kopie officiële cijferlijst; ☑ Kopie van het volledige laatste 'bericht' studiefinanciering, inclusief overzicht totale studieschuld van de DUO; ☑ Kopie paspoort; ☑ Kopie toelatingsbrief Universiteit. Onderdeel van de selectie procedure is veelal een gesprek met de bursalencommissie. Voor eind mei vindt de selectie plaats, waarna bericht aan de beursaanvrager volgt. De uitkering vindt plaats voordat de studie aanvangt. **URL** ► www.noorthey.com/beurzen/aanvraagprocedure/

Financieel ■ **INKOMSTEN EV** ► € 57.657 **HERKOMST MIDDELEN** ► vermogen **BOEKJAAR** ► 2018 **JAARVERSLAG OP WEBSITE** ► ja.

Contact ■ **BEREIKBAAR PER** ► ☑ post ☑ e-mail ☒ telefoon **CONTACTPERSOON** ► Mw. L.L. Bierens de Haan **POSTADRES** ► Jan Toebacklaan 18, 1401 CW Bussum **EMAIL (ALGEMEEN)** ► noorthey@planet.nl.

491
George Hendrik Breitner Fonds

Rubriek ■ ☑ kunst en cultuur ☑ maatschappij, welzijn en samenleving

Algemeen ■ **WEBSITE** ► www.fundatiesobbe.nl/fundaties/george-hendrik-breitner-fonds **TYPERING** ► fonds op naam **BEHEERD DOOR** ► Fundatie Van den Santheuvel, Sobbe **DIRECTIE** ► zie > Fundatie Van den Santheuvel, Sobbe **BESTUUR** ► zie > Fundatie Van den Santheuvel, Sobbe

Missie ■ **DOELSTELLING** ► Fonds ter ondersteuning van jonge kunstenaars. **HISTORIE** ► Het George Hendrik Breitner Fonds, opgericht in 1917, was in het leven geroepen om Breitner, die in behoeftige omstandigheden verkeerde, financieel te ondersteunen. Na de dood van de kunstenaar in 1923 werd het fonds voortgezet ter ondersteuning van jonge kunstenaars geboren na 1900. In 1978 werd het samen met het Fonds voor Bejaarde Nederlandsche Beeldhouwers (dat opging in het G.H. Breitner Fonds) bij de Fundatie ondergebracht. In

1996 besloot het curatorium, dat eens in de drie jaar een zgn. Breitnerstipendium uit dit fonds zou worden uitgekeerd aan één of twee jonge kunstenaars studerend aan de Rijksakademie van Beeldende Kunsten. **BELEIDSPLAN OP WEBSITE** ► ja.

Werkgebied ■ **ACTIERADIUS** ► Nationaal **LAND** ► Nederland.

Projecten ■ **CRITERIA** ► geen projectcriteria bekend **DOORLOOPTIJD** ► ☑ onbekend **STATUS AANVRAGER** ► ☑ geen beperkingen bekend **VOORKEUR/UITSLUITING** ► Geschonken wordt alleen aan rechtspersonen (stichtingen). Er worden géén giften gedaan aan onder andere: ☑ dorpshuizen; ☑ buurtcentra; ☑ multifunctionele centra; ☑ projecten in het buitenland; ☑ buitenlandse organisaties; ☑ sport (tenzij voor gehandicapten); ☑ scouting; ☑ wetenschappelijk onderzoek; ☑ congressen; ☑ studie of studiebeurzen; ☑ kinderdagverblijven; ☑ peuterspeelzalen; ☑ milieubescherming; ☑ dieren(opvang); ☑ politieke doelen; ☑ festiviteiten; ☑ (amateur)muziek; ☑ orgelrestauratie; ☑ restauratie van kerkgebouwen; ☑ (lokale) omroepen.

Procedure ■ **OP AANVRAAG** ► ja **AANVRAAGPROCEDURE** ► Als uw project voldoet aan de algemene criteria en doelstellingen van de stichting, kunt u uitsluitend via de website (via computer) uw aanvraag voor een bijdrage volledig digitaal indienen. De aanvraagprocedure is opgebouwd uit de volgende onderdelen: ☑ Contactgegevens; ☑ Algemene informatie; ☑ Project waarvoor u een aanvraag doet; ☑ Financiële gegevens van het project; ☑ Bijlagen; ☑ Optioneel; tussentijds opslaan van de aanvraag is mogelijk. U krijgt dan via e-mail een inlogcode waarmee u op een later moment verder kunt gaan met de aanvraag. Nadat de aanvraag is ingediend, wordt over uw aanvraag meestal binnen twee maanden een besluit genomen door het curatorium. De vergaderdata zijn terug te vinden op de website. Over het besluit ontvangt u binnen twee weken na een curatorenvergadering bericht. Soms wordt een aanvraag in onderzoek gehouden. De afhandeling ervan kan dan enkele maanden langer duren. Besluiten van het curatorium worden niet in heroverweging genomen. **URL** ► https://www.fundatiesobbe.nl/4-aanvraagprocedure/

Contact ■ **BEREIKBAAR PER** ► ☑ post ☑ e-mail ☑ telefoon **CONTACTPERSOON** ► Mw. drs. E.M.L. den Braber **POSTADRES** ► Herengracht 524 A, 1017 CC Amsterdam **EMAIL (ALGEMEEN)** ► info@fundatiesobbe.nl **TELEFOON (ALGEMEEN)** ► 020-6233246.

492
Georgina Fonds

Rubriek ■ ☑ kunst en cultuur

Algemeen ■ **WEBSITE** ► www.cultuurfonds.nl **TYPERING** ► fonds op naam **BEHEERD DOOR** ► Prins Bernhard Cultuurfonds **DIRECTIE** ► zie > Prins Bernhard Cultuurfonds **BESTUUR** ► zie > Prins Bernhard Cultuurfonds

Missie ■ **DOELSTELLING** ► Het financieel ondersteunen van projecten op het terrein van de podiumkunsten uit de periode voor 1800, met een voorkeur voor opera en dans.

Werkgebied ■ **ACTIERADIUS** ► Nationaal **LAND** ► Nederland.

Projecten ■ **CRITERIA** ► geen projectcriteria bekend **DOORLOOPTIJD** ► ☑ korter dan 1 jaar **STATUS AANVRAGER** ► ☑ geen beperkingen bekend **VOORKEUR/UITSLUITING** ► Voorkeur gaat uit naar opera en dans.

Procedure ■ **OP AANVRAAG** ► onbekend **AANVRAAGPROCEDURE** ► Dit 'fonds op naam' ressorteert onder het Prins Bernhard Cultuurfonds. Verzoeken aan fondsen op naam komen op één centraal punt binnen. Dit houdt in dat een subsidieaanvraag slechts eenmaal aan het Prins Bernhard Cultuurfonds hoeft te worden gezonden. Voor de verdere aanvraagprocedure: zie Prins Bernhard Cultuurfonds. **URL** ► www.cultuurfonds.nl/aanvragen

Contact ■ **BEREIKBAAR PER** ► ☑ post ☑ e-mail ☑ telefoon **CONTACTPERSOON** ► geen contactpersoon bekend **POSTADRES** ► Postbus 19750, 1000 GT Amsterdam **EMAIL (ALGEMEEN)** ► info@cultuurfonds.nl **TELEFOON (ALGEMEEN)** ► 020-5206130.

493
Ger Jansen Fonds

Rubriek ■ ☑ natuur, milieu en dieren

Algemeen ■ **WEBSITE** ► www.cultuurfonds.nl **TYPERING** ► fonds op naam **BEHEERD DOOR** ► Prins Bernhard Cultuurfonds **DIRECTIE** ► zie > Prins Bernhard Cultuurfonds **BESTUUR** ► zie > Prins Bernhard Cultuurfonds

Missie ■ **DOELSTELLING** ► Het financieel ondersteunen van projecten op het terrein van natuurbehoud in Drenthe bij voorkeur voor het instandhouden van natuurgebieden.

Werkgebied ■ **ACTIERADIUS** ► Regionaal **LAND** ► Nederland **REGIO** ► Drenthe.

Projecten ■ **CRITERIA** ► geen projectcriteria bekend **DOORLOOPTIJD** ► ☑ korter dan 1 jaar **STATUS AANVRAGER** ► ☑ geen beperkingen bekend **VOORKEUR/UITSLUITING** ► Voorkeur gaat uit naar het in stand houden van natuurgebieden.

Procedure ■ **OP AANVRAAG** ► ja **AANVRAAGPROCEDURE** ► Dit 'fonds op naam' ressorteert onder het Prins Bernhard Cultuurfonds. Verzoeken aan fondsen op naam komen op één centraal punt binnen. Dit houdt in dat een subsidieaanvraag slechts eenmaal aan het Prins Bernhard Cultuurfonds hoeft te worden gezonden. Voor de verdere aanvraagprocedure: zie Prins Bernhard Cultuurfonds. **URL** ► www.cultuurfonds.nl/aanvragen

Contact ■ **BEREIKBAAR PER** ► ☑ post ☑ e-mail ☑ telefoon **CONTACTPERSOON** ► geen contactpersoon bekend **POSTADRES** ► Postbus 19750, 1000 GT Amsterdam **EMAIL (ALGEMEEN)** ► info@cultuurfonds.nl **TELEFOON (ALGEMEEN)** ► 020-5206130.

494
Gerard Hordijk Fonds

Rubriek ■ ☑ kunst en cultuur ☑ onderwijs en onderzoek

Algemeen ■ **WEBSITE** ► www.cultuurfonds.nl **TYPERING** ► fonds op

naam **BEHEERD DOOR** ▶ Prins Bernhard Cultuurfonds **DIRECTIE** ▶ zie > Prins Bernhard Cultuurfonds **BESTUUR** ▶ zie > Prins Bernhard Cultuurfonds

Missie ■ **DOELSTELLING** ▶ Het financieel ondersteunen van pas afgestudeerde, getalenteerde Nederlandse beeldend kunstenaars voor vervolgstudie of -onderzoek in het buitenland.

Werkgebied ■ **ACTIERADIUS** ▶ Internationaal.

Projecten ■ **CRITERIA** ▶ geen projectcriteria bekend **DOORLOOPTIJD** ▶ ☑ korter dan 1 jaar **STATUS AANVRAGER** ▶ ☑ geen beperkingen bekend **VOORKEUR/UITSLUITING** ▶ geen voorkeur of uitsluiting bekend.

Procedure ■ **OP AANVRAAG** ▶ ja **AANVRAAGPROCEDURE** ▶ Dit 'fonds op naam' ressorteert onder het Prins Bernhard Cultuurfonds. Verzoeken aan fondsen op naam komen op één centraal punt binnen. Dit houdt in dat een subsidieaanvraag slechts eenmaal aan het Prins Bernhard Cultuurfonds hoeft te worden gezonden. Voor de verdere aanvraagprocedure: zie Prins Bernhard Cultuurfonds. **URL** ▶ www.cultuurfonds.nl/aanvragen

Contact ■ **BEREIKBAAR PER** ▶ ☑ post ☑ e-mail ☑ telefoon **CONTACTPERSOON** ▶ geen contactpersoon bekend **POSTADRES** ▶ Postbus 19750, 1000 GT Amsterdam **EMAIL (ALGEMEEN)** ▶ info@cultuurfonds.nl **TELEFOON (ALGEMEEN)** ▶ 020-5206130.

495

Stichting Het Gerard Simeon Korijnfonds

Rubriek ■ ☑ onderwijs en onderzoek

Algemeen ■ **WEBSITE** ▶ www.gskfonds.nl **TYPERING** ▶ vermogensfonds **OPGERICHT** ▶ 29-05-1934 **RECHTSVORM** ▶ stichting **KVK** ▶ 41198015 **ANBI STATUS** ▶ nee **DIRECTIE** ▶ geen directiegegevens bekend **BESTUUR** ▶ geen bestuursgegevens bekend.

Missie ■ **DOELSTELLING** ▶ Het doel van het Gerard Simeon Korijnfonds is het financieel steunen van Nederlandse jonge mensen in de kosten van hun studie of beroepsopleiding als ze zelf of hun ouders de opleiding niet of slechts gedeeltelijk kunnen betalen. **STICHTER(S)** ▶ Elisabeth van IJzer **HISTORIE** ▶ Op 29 maart 1934 is stichting het Gerard Simeon Korijnfonds opgericht door Elisatbeth van IJzer, weduwe van de heer Simeon Gerson Korijn. Zij heeft deze stichting opgericht ter nagedachtenis aan haar zoon Gerard Simeon Korijn die te vroeg gestorven is.

Doelgroep ■ **ALGEMEEN** ▶ studenten, jongeren **SPECIFIEK** ▶ Nederlandse jonge mensen tot 30 jaar die de kosten van hun eerste studie of beroepsopleiding niet of slechts gedeeltelijk kunnen betalen. **ACTIVITEITEN** ▶ Het verlenen van renteloze voorschotten in de vorm van een lening. **INTERVENTIENIVEAU** ▶ Steun aan individuen (directe steun).

Werkgebied ■ **ACTIERADIUS** ▶ Nationaal **LAND** ▶ Nederland.

Bestedingen ■ **BUDGET** ▶ niet openbaar **SOORT BIJDRAGE** ▶ leningen studiebeurzen **BOVENGRENS** ▶ geen **ONDERGRENS** ▶ geen.

Projecten ■ **CRITERIA** ▶ ☑ De aanvrager is een veelbelovend student; ☑ De aanvrager is jonger dan 30 jaar,; ☑ De aanvrager heeft de Nederlandse nationaliteit,; ☑ de studie waarvoor de aanvrager de aanvraag indient is je eerste studie,; ☑ de studie is een voltijdstudie,; ☑ het is in redelijke mate aantoonbaar dat de ouders van de aanvrager financieel niet (voldoende) kunnen ondersteunen,; ☑ De aanvrager maakt maximaal gebruik van de mogelijkheden tot lenen bij DUO,; inclusief het renteloos studievergoeding komt de aanvrager tot een sluitende begroting (verwachte uitgaven zijn niet groter dan verwachte inkomsten). **DOORLOOPTIJD** ▶ ☑ korter dan 1 jaar **STATUS AANVRAGER** ▶ ☑ individuen/gezinnen **VOORKEUR/UITSLUITING** ▶ ☑ de studie is niet een studie theologie.

Procedure ■ **OP AANVRAAG** ▶ ja **DOORLOOPTIJD** ▶ 1-3 maanden **AANVRAAGPROCEDURE** ▶ Download het digitale aanmeldformulier (of de losse onderdelen 1, 2, en 3), vul het in, print deze uit en onderteken het. Vervolgens stuurt de aanvraager het formulier, inclusief eventuele relevante bijlagen (optioneel, zoals CV, uitgebreide motivatie, studieresultaten), uiterlijk twee maanden voor aanvang van de studie naar ons toe (Indienen aanvraag: aanvraag@gskfonds.nl). Het bestuur beoordeelt vervolgens of de aanvraag past binnen de doelstelling en voorwaarden. Binnen vier weken ontvangt de aanvrager hier de uitslag van. Bij positieve beoordeling ontvangt de aanvrager per post het contract (tweevoud: eigen administratie en retour). Bij afwijzing wordt de aanvrager per e-mail geïnformeerd. Over de uitslag van de beoordelingsprocedure wordt niet gecorrespondeerd. **URL** ▶ www.gskfonds.nl/?page_id=19

Financieel ■ **HERKOMST MIDDELEN** ▶ vermogen.

Contact ■ **BEREIKBAAR PER** ▶ ☑ post ☑ e-mail ☒ telefoon **CONTACTPERSOON** ▶ geen contactpersoon bekend **POSTADRES** ▶ Bouwmeester 21, 1188 DR Amstelveen **EMAIL (ALGEMEEN)** ▶ bestuur@gskfonds.nl.

496

Stichting Gerben van der Kooi

Rubriek ■ ☑ kunst en cultuur

Algemeen ■ **WEBSITE** ▶ www.kennisbankfilantropie.nl/anbi/gerben-van-der-kooi **TYPERING** ▶ vermogensfonds **RECHTSVORM** ▶ stichting **KVK** ▶ 01090625 **ANBI STATUS** ▶ ja **DIRECTIE** ▶ geen directiegegevens bekend **BESTUUR** ▶ H.J. Wierda, voorzitter; J.A.F.A. Timmermans, penningmeester; J.A.F.A. Timmermans, secretaris; S. Meijer.

Missie ■ **DOELSTELLING** ▶ Het conserveren en het voor het publiek toegankelijk maken van industrieel erfgoed, in het bijzonder het oprichten en beheer van een museumwerkplaats op het gebied van machinefabricage en andere mechanische technologie en voort het-geen dat met het vorenstaande verband houdt of daaraan bevorderlijk kan zijn. **HISTORIE** ▶ De Stichting Gerben van der Kooi is op 27 november 2000 opgericht. **BELEIDSPLAN OP WEBSITE** ▶ ja.

Doelgroep ■ **SPECIFIEK** ▶ Industrieel erfgoed. **ACTIVITEITEN** ▶ De stichting heeft zich in de afgelopen jaren gericht op de inventarisatie van en de publicatie over de nog resterende ambachtelijke machinebank werkplaatsen in Fryslân, het veiligstellen van een vrijvallende stoommachine en het (bevorderen van het) daadwerkelijke behoud van traditionele machinewerktuigen. **INTERVENTIENIVEAU** ▶ Steun aan lokale/provinciale maatschappelijke organisaties en structuren (incl. gemeenten etc.) die diensten verlenen aan individuen.

Werkgebied ■ **ACTIERADIUS** ▶ Nationaal **LAND** ▶ Nederland.

Bestedingen ■ **BUDGET** ▶ niet openbaar **SOORT BIJDRAGE** ▶ onbekend **BOVENGRENS** ▶ geen **ONDERGRENS** ▶ geen.

Projecten ■ **CRITERIA** ▶ geen projectcriteria bekend **DOORLOOPTIJD** ▶ ☑ onbekend **STATUS AANVRAGER** ▶ ☑ geen beperkingen bekend **VOORKEUR/UITSLUITING** ▶ geen voorkeur of uitsluiting bekend.

Procedure ■ **OP AANVRAAG** ▶ onbekend **AANVRAAGPROCEDURE** ▶ geen aanvraagprocedure bekend.

Financieel ■ **EIGEN VERMOGEN** ▶ € 491.265 **HERKOMST MIDDELEN** ▶ legaten, vermogen **BOEKJAAR** ▶ 2018 **JAARVERSLAG OP WEBSITE** ▶ ja.

Contact ■ **BEREIKBAAR PER** ▶ ☑ post ☑ e-mail ☑ telefoon **CONTACTPERSOON** ▶ geen contactpersoon bekend **POSTADRES** ▶ Emmakade 5, 8921 AD Leeuwarden **EMAIL (ALGEMEEN)** ▶ wierda37@xs4all.nl **TELEFOON (ALGEMEEN)** ▶ 058-2120994.

497

Stichting Gereformeerd of Burgerweeshuis te Haarlem

Rubriek ■ ☑ noodhulp ☑ maatschappij, welzijn en samenleving ☑ onderwijs en onderzoek

Algemeen ■ **WEBSITE** ▶ www.gbwhaarlem.nl **TYPERING** ▶ vermogensfonds **RECHTSVORM** ▶ stichting **KVK** ▶ 41223361 **ANBI STATUS** ▶ ja **DIRECTIE** ▶ geen directiegegevens bekend **BESTUUR** ▶ Drs. H.C.A. Gransberg, voorzitter; jhr. W.H. de Beaufort, penningmeester; mw. A.J. Frère-de Marez Oyens, secretaris; mw. I. M. L. Immink.

Missie ■ **DOELSTELLING** ▶ De stichting stelt zich ten doel een bijdrage te leveren aan het voorkomen, opheffen, dan wel het beperken van de gevolgen van de bedreigde ontwikkeling van het jonge kind en de jeugdige, evenal al wat direct of indirect met het vorenstaande verband houdt of daaraan dienstbaar kan zijn, alles in de ruimste zin des woords. **STICHTER(S)** ▶ Coenraad Cuser van Oosterwijk **HISTORIE** ▶ De oorsprong van het fonds gaat terug tot eind 14e eeuw wanneer Aleid van Poelgeest en Willem Cuser vermoord worden. Aleid van Poelgeest was de maîtresse van hertog Albrecht, tevens Graaf van Holland. Willem Cuser was zijn hofmeester. N.a.v. deze moord bestemt Coen Cuser - de vader van Willem - in 1394 zijn huis in Haarlem voor de opvang van arme stadgenoten, jong en oud, die niet in staat zijn voor zichzelf te zorgen. Uiteindelijk werd het weeshuis in 1810 gehuisvest in wat nu het Frans Hals Museum heet en werd de naam omgedoopt tot 'Gereformeerd- of Burgerweeshuis'. Na ongeveer honderd jaar verhuisde het weeshuis naar het nieuw gebouwde Coen Cuser Huis aan de Olieslagerslaan, waar de stichting tot 1988 verbleef. **BELEIDSPLAN OP WEBSITE** ▶ ja.

Doelgroep ■ **ALGEMEEN** ▶ jongeren, kinderen **SPECIFIEK** ▶ Projecten voor kinderen in de leeftijdscategorie van 0 tot 21 jaar. **ACTIVITEITEN** ▶ De Stichting steunt projecten en initiatieven op het terrein van de jeugd- en jongerenzorg die niet of in onvoldoende mate worden ondersteund door de overheden of door andere particuliere instellingen. **INTERVENTIENIVEAU** ▶ Steun aan lokale/provinciale maatschappelijke organisaties en structuren (incl. gemeenten etc.) die diensten verlenen aan individuen.

Werkgebied ■ **ACTIERADIUS** ▶ Regionaal **LAND** ▶ Nederland **REGIO** ▶ Kennemerland, Noord-Holland.

Bestedingen ■ **BUDGET** ▶ € 220.000 **ONDERSTEUNDE PROJECTEN P/J** ▶ 40 **SOORT BIJDRAGE** ▶ giften leningen garanties **BOVENGRENS** ▶ € 30.000 **ONDERGRENS** ▶ € 500.

Projecten ■ **CRITERIA** ▶ ☑ projecten en initiatieven op het terrein van de jeugd- en jongerenzorg (breed bedoeld ook: terrein van welzijn, cultuur en onderwijs); ☑ niet of in onvoldoende mate steun beschikbaar van de overheden of andere particuliere instellingen.". **DOORLOOPTIJD** ▶ ☑ korter dan 1 jaar **STATUS AANVRAGER** ▶ ☑ stichting of vereniging (non-profit) ☑ onderwijsinstelling **VOORKEUR/UITSLUITING** ▶ Voorkeur voor projecten in de regio Kennemerland. Aanvragen worden niet toegekend indien zij betrekking hebben op: ☑ exploitatiekosten en begrotingstekorten op een reguliere begroting; ☑ aanvragen m.b.t. de organisatie van o.a. festivals, inrichten en opknappen van speeltuinen, reguliere vakanties en belangenbehartiging; ☑ projecten buiten Nederland.

Procedure ■ **OP AANVRAAG** ▶ ja **DOORLOOPTIJD** ▶ 1-3 maanden **AANVRAAGPROCEDURE** ▶ De aanvragen voor ondersteuning kunnen alleen digitaal worden ingediend. Daarvoor dient aanvrager zich eerst te registreren door opgave van het e-mailadres en een zelf te kiezen wachtwoord. Hierna kunt u inloggen op het aanmeldformulier. De volgende documenten willen wij bij een aanvraag graag van u ontvangen: ☑ statuten,; ☑ de inschrijving bij de Kamer van Koophandel,; ☑ het projectplan,; ☑ de begroting,; ☑ het dekkingsplan; ☑ de laatste jaarrekening. Deze kunt u vanuit uw eigen bestanden uploaden. Wanneer een document groter is dan 20 Mb kunt u dit afzonderlijk versturen naar aanvragen@gbwhaarlem.nl. Alleen volledig ingevulde formulieren kunnen in behandeling worden genomen. Na indiening ontvangt u een ontvangstbevestiging, waarin wij u informeren over de behandeltermijn. Het bestuur komt vier maal per jaar bijeen om te beslissen over ingediende aanvragen. Houdt u er rekening mee dat het daardoor enige maanden in beslag kan nemen. Tegen een afwijzende beslissing is geen beroep mogelijk. **URL** ▶ www.gbwhaarlem.nl/aanvraag/

Financieel ■ **INKOMSTEN EV** ▶ € 120.364 **INKOMSTEN OV** ▶ € 1.026.904 **HERKOMST MIDDELEN** ▶ vermogen **BOEKJAAR** ▶ 2019 **JAARVERSLAG OP WEBSITE** ▶ ja.

Contact ■ **BEREIKBAAR PER** ▶ ☑ post ☑ e-mail ☑ telefoon **CONTACTPERSOON** ▶ A.R. van Voorden **POSTADRES** ▶ lordensstraat 64, 2012 HE Haarlem **EMAIL (ALGEMEEN)** ▶ gbwhaarlem@gmail.com **TELEFOON (ALGEMEEN)** ▶ 023-5535990 **TELEFOON (AANVRAGEN)** ▶ 023-5535990.

498

Geurt van Lonkhuyzen Stichting

Rubriek ■ ☑ gezondheidszorg

Algemeen ■ WEBSITE ▶ www.ede.nl/digitaal-loket/product/geurt-van-lonkhuyzen-stichting TYPERING ▶ vermogensfonds OPGERICHT ▶ 16-08-1901 RECHTSVORM ▶ stichting KVK ▶ 41047942 ANBI STATUS ▶ nee DIRECTIE ▶ geen directiegegevens bekend BESTUUR ▶ geen bestuursgegevens bekend.

Missie ■ DOELSTELLING ▶ De Geurt van Lonkhuyzen Stichting verleent financiële hulp aan individuele personen, instellingen en organisaties. De aanvragen moeten betrekking hebben op gezondheidszorg. Organisaties of instellingen moeten een charitatieve doelstelling hebben of werkzaam zijn op het gebied van de gezondheidszorg. STICHTER(S) ▶ Geurt van Lonkhuyzen HISTORIE ▶ Bij notariële akte van 16 augustus 1901 bracht Geurt van Lonkhuyzen zijn bezit onder in een stichting 'De Geurt van Lonkhuyzen Stichting'. Geurt werd geboren in 1833 te Heteren en was van beroep landbouwer. Hij was de zoon van Hendrik van Lonkhuyzen en van Hendrina Catharina Samuëls. Hij bleef ongetrouwd en ging in 1901 in Bennekom wonen, waar hij op 12 februari 1905 overleed. Hij werd begraven in Heteren op de begraafplaats bij de Hervormde Kerk.

Doelgroep ■ ALGEMEEN ▶ gehandicapten, ouderen, zieken SPECIFIEK ▶ Inwoners van Bennekom en Heteren op het gebied van gezondheidszorg. ACTIVITEITEN ▶ Geen specifieke activiteiten bekend INTERVENTIENIVEAU ▶ Steun aan individuen (directe steun).

Werkgebied ■ ACTIERADIUS ▶ Lokaal LAND ▶ Nederland PLAATS ▶ Heteren, Bennekom.

Bestedingen ■ BUDGET ▶ niet openbaar SOORT BIJDRAGE ▶ onbekend BOVENGRENS ▶ geen ONDERGRENS ▶ geen.

Projecten ■ CRITERIA ▶ De stichting vergoedt gezondheidskosten, bijvoorbeeld als u die niet via de gemeente krijgt vergoed. DOORLOOPTIJD ▶ ☑ korter dan 1 jaar STATUS AANVRAGER ▶ ☑ geen beperkingen bekend VOORKEUR/UITSLUITING ▶ Geen voorkeur/uitsluiting bekend.

Procedure ■ OP AANVRAAG ▶ ja DOORLOOPTIJD ▶ 3-6 maanden; geen doorlooptijd bekend; geen doorlooptijd bekend AANVRAAGPROCEDURE ▶ Het aanvraagformulier kunt u opvragen bij de gemeente Ede. Dat kan via het online contactformulier of via telefoonnummer 14 0318 (alleen bereikbaar via de mobiele telefoon). Verder stuurt u mee: een brief met de reden van uw aanvraag, een factuur/offerte van de zorgkosten die u moet maken en de afwijzing van uw Wmo-aanvraag bij de gemeente. Als organisatie stuurt u naast de brief en de zorgkostenfactuur ook een begroting mee van inkomsten en kosten. U stuurt uw aanvraag (met bijlagen) naar het postadres. URL ▶ www.ede.nl/digitaal-loket/product/geurt-van-lonkhuyzen-stichting/

Financieel ■ HERKOMST MIDDELEN ▶ onbekend.

Contact ■ BEREIKBAAR PER ▶ ☑ post ☑ e-mail ☑ telefoon CONTACTPERSOON ▶ Gemeente Ede aan de Geurt van Lonkhuyzen Stichting POSTADRES ▶ Postbus 9022, 6710 HK Ede EMAIL (ALGEMEEN) ▶ info@ede.nl TELEFOON (ALGEMEEN) ▶ 140318.

499

Stichting Gewin-Storm De Gravefonds

Rubriek ■ ☑ maatschappij, welzijn en samenleving ☑ natuur, milieu en dieren

Algemeen ■ WEBSITE ▶ www.kennisbankfilantropie.nl/anbi/gewin-storm-de-gravefonds-fonds TYPERING ▶ vermogensfonds OPGERICHT ▶ 08-03-1965 RECHTSVORM ▶ stichting KVK ▶ 41046974 ANBI STATUS ▶ nee DIRECTIE ▶ geen directiegegevens bekend BESTUUR ▶ Mr. H.E. Gewin, voorzitter; ing. D.E.H. baron van Ittersum, penningmeester; J.A.J. Spoor.

Missie ■ DOELSTELLING ▶ De stichting heeft ten doel het doen van uitkeringen van haar inkomsten, indien die niet of niet meer aan Mevrouw Imène Abrahamina Eliza Gewin-Storm de Grave als testamentair vruchtgebruikster moeten worden afgedragen, alsdan o.m. aan: ☑ de wettige afstammelingen in de mannelijke lijn van wijlen de Heer Marinus Gewin; ☑ de weduwen van bedoelde afstammelingen ter bestrijding van de kosten van hun levensonderhoud; ☑ alsmede ondersteuning van Vereniging Pro Senectute en Stichting Geldersch Landschap.

Doelgroep ■ SPECIFIEK ▶ Afstammelingen (en weduwen van deze afstammelingen) van de Heer Marinus Gewin. ACTIVITEITEN ▶ Beheer agrarisch o.g. alsmede bosbouw. Belegging diverse geldswaarden. INTERVENTIENIVEAU ▶ Steun aan individuen (directe steun).

Werkgebied ■ ACTIERADIUS ▶ Nationaal LAND ▶ Nederland.

Bestedingen ■ BUDGET ▶ niet openbaar SOORT BIJDRAGE ▶ giften BOVENGRENS ▶ geen ONDERGRENS ▶ geen.

Projecten ■ CRITERIA ▶ geen projectcriteria bekend DOORLOOPTIJD ▶ ☑ onbekend STATUS AANVRAGER ▶ ☑ stichting of vereniging (non-profit) ☑ individuen/gezinnen VOORKEUR/UITSLUITING ▶ geen voorkeur of uitsluiting bekend.

Procedure ■ OP AANVRAAG ▶ onbekend AANVRAAGPROCEDURE ▶ Geen aanvraagprocedure bekend.

Financieel ■ HERKOMST MIDDELEN ▶ vermogen.

Contact ■ BEREIKBAAR PER ▶ ☑ post ☒ e-mail ☒ telefoon CONTACTPERSOON ▶ geen contactpersoon bekend POSTADRES ▶ Postbus 314, 3900 AH Veenendaal.

500

Stichting Gezamenlijke Militaire Fondsen G.M.F.

Rubriek ■ ☑ maatschappij, welzijn en samenleving ☑ gezondheidszorg ☑ noodhulp

Algemeen ■ WEBSITE ▶ www.militairefondsen.nl/index.html TYPERING ▶ hybride fonds OPGERICHT ▶ 02-05-1951 RECHTSVORM ▶ stichting KVK ▶ 41199901 ANBI STATUS ▶ ja DIRECTIE ▶ geen directiegegevens bekend BESTUUR ▶ Lgen. b.d. A.C. Oostendorp, voorzitter; jhr. F.C. Six, penningmeester; jhr. F.C. Six, secretaris; commodore b.d.

J. van Hoof; lkol. b.d. Ch.J. Kok; SBN b.d. J.G.A. Brandt; ktz b.d. G.M.J.H. Burema.

Missie ■ **DOELSTELLING** ▶ De Stichting G.M.F. stelt zich ten doel; ☑ het coördineren van de arbeid der deelnemers en eventueel het samenwerken met andere fondsen, verenigingen en stichtingen met een soortgelijke strekking als de deelnemers der stichting; ☑ het bevorderen van het verlenen van steun aan behoeftige militairen, oud militairen en hun gezinnen of nagelaten betrekkingen, mede door het toekennen van subsidies of schenkingen aan instellingen, die het belang van de bovengenoemde personen dienen; ☑ het organiseren van geldinzamelingen, alsmede het op andere wijze verwerven van gelden ter bevordering van het doel der Stichting; de bestemming der gelden wordt bij huishoudelijk reglement geregeld; ☑ het verrichten van alle handelingen, welke met het vorenstaand doel in verband staan of daaraan bevorderlijk kunnen zijn. **BELEIDSPLAN OP WEBSITE** ▶ ja.

Doelgroep ■ **ALGEMEEN** ▶ militairen **SPECIFIEK** ▶ Geen specifieke doelgroep **ACTIVITEITEN** ▶ De coördinatie van inspanningen heeft betrekking op twee terreinen: ☑ het organiseren van geldinzamelingen, alsmede het op andere wijze verwerven van gelden ter bevordering van de doelstellingen van de deelnemers. De verdeling der gelden wordt bij huishoudelijk reglement geregeld; ☑ het beleid betreffende steunverlening. In beginsel wordt daadwerkelijke steunverlening gerekend tot het domein van de deelnemers. Wederzijdse participatie in steunverlening wordt door de deelnemers onderling geregeld. **INTERVENTIENIVEAU** ▶ Steun aan lokale/provinciale maatschappelijke organisaties en structuren (incl. gemeenten etc.) die diensten verlenen aan individuen.; Steun aan familie en omgeving van individuen.; Steun aan individuen (directe steun).

Werkgebied ■ **ACTIERADIUS** ▶ Nationaal **LAND** ▶ Nederland.

Bestedingen ■ **BUDGET** ▶ niet openbaar **SOORT BIJDRAGE** ▶ onbekend **BOVENGRENS** ▶ geen **ONDERGRENS** ▶ geen.

Projecten ■ **CRITERIA** ▶ N.v.t. **DOORLOOPTIJD** ▶ ☑ onbekend **STATUS AANVRAGER** ▶ ☑ geen beperkingen bekend **VOORKEUR/UITSLUITING** ▶ N.v.t.

Procedure ■ **OP AANVRAAG** ▶ nee **AANVRAAGPROCEDURE** ▶ Stichting Gezamenlijke Militaire Fondsen verleent geen rechtstreekse hulp aan steunaanvragers. Dit wordt gedaan door de vijf bij G.M.F. aangesloten fondsen. Zie voor de procedure van een steunaanvraag de pagina's van de individuele fondsen. **URL** ▶ www.militairefondsen.nl/procedure_steunaanvragen.html

Financieel ■ **EIGEN VERMOGEN** ▶ € 236 **INKOMSTEN OV** ▶ € 38.099 **HERKOMST MIDDELEN** ▶ giften & schenkingen, legaten, overige inkomsten **BOEKJAAR** ▶ 2018 **JAARVERSLAG OP WEBSITE** ▶ ja.

Contact ■ **BEREIKBAAR PER** ▶ ☑ post ☑ e-mail ☑ telefoon **CONTACTPERSOON** ▶ geen contactpersoon bekend **POSTADRES** ▶ Postbus 51140, 1007 EC Amsterdam **EMAIL (ALGEMEEN)** ▶ gmf@militairefondsen.nl **TELEFOON (ALGEMEEN)** ▶ 020-5522708.

501

Stichting tot Beheer van het Gezina Metselaar Fonds

Rubriek ■ ☑ kerk en levensbeschouwing

Algemeen ■ **WEBSITE** ▶ www.anbivisie.nl/item/geziena-metselaar-fonds **TYPERING** ▶ vermogensfonds **OPGERICHT** ▶ 25-01-1991 **RECHTSVORM** ▶ stichting **KVK** ▶ 41024397 **ANBI STATUS** ▶ ja **DIRECTIE** ▶ geen directiegegevens bekend **BESTUUR** ▶ D. van den Brink, voorzitter; A.G. Kragt, penningmeester; J.H. Klompjan, secretaris; W. van Berkum; H. Huls.

Missie ■ **DOELSTELLING** ▶ Verlenen van financiële steun voor de uitoefening van activiteiten uitgaande van de plaatselijke afdeling van de Gereformeerde Bond voornoemd te Zwolle, almede voor hervormd kerkwerk op gereformeerde grondslag in de eerste plaats in Zwolle.

Doelgroep ■ **ALGEMEEN** ▶ gelovigen **SPECIFIEK** ▶ Geen specifieke doelgroep **ACTIVITEITEN** ▶ Geen specifieke activiteiten bekend **INTERVENTIENIVEAU** ▶ Steun aan lokale/provinciale maatschappelijke organisaties en structuren (incl. gemeenten etc.) die diensten verlenen aan individuen.

Werkgebied ■ **ACTIERADIUS** ▶ Lokaal **LAND** ▶ Nederland **REGIO** ▶ Overijssel **PLAATS** ▶ Zwolle.

Bestedingen ■ **BUDGET** ▶ niet openbaar **ONDERSTEUNDE PROJECTEN P/J** ▶ 1 **SOORT BIJDRAGE** ▶ onbekend **BOVENGRENS** ▶ geen **ONDERGRENS** ▶ geen.

Projecten ■ **CRITERIA** ▶ geen projectcriteria bekend **DOORLOOPTIJD** ▶ ☑ onbekend **STATUS AANVRAGER** ▶ ☑ overig **VOORKEUR/UITSLUITING** ▶ geen voorkeur of uitsluiting bekend.

Procedure ■ **OP AANVRAAG** ▶ onbekend **AANVRAAGPROCEDURE** ▶ Geen aanvraagprocedure bekend.

Financieel ■ **EIGEN VERMOGEN** ▶ € 248.380 **HERKOMST MIDDELEN** ▶ onbekend **BOEKJAAR** ▶ 2017 **JAARVERSLAG OP WEBSITE** ▶ ja.

Contact ■ **BEREIKBAAR PER** ▶ ☑ post ☑ e-mail ☑ telefoon **CONTACTPERSOON** ▶ geen contactpersoon bekend **POSTADRES** ▶ Steenboerweg 1, 8042 AT Zwolle **EMAIL (ALGEMEEN)** ▶ agkragt@home.nl **TELEFOON (ALGEMEEN)** ▶ 038-4223171.

502

Stichting Gezondheids- en Welzijnszorg Barneveld

Rubriek ■ ☑ gezondheidszorg ☑ maatschappij, welzijn en samenleving

Algemeen ■ **WEBSITE** ▶ www.kennisbankfilantropie.nl/anbi/gezondheidswelzijnszorg-barneveld **TYPERING** ▶ vermogensfonds **OPGERICHT** ▶ 06-07-1988 **RECHTSVORM** ▶ stichting **KVK** ▶ 41050215 **ANBI STATUS** ▶ ja **DIRECTIE** ▶ geen directiegegevens bekend **BESTUUR** ▶ A.J. Roggeveen, voorzitter; A. Zandbergen, penningmeester; K. van Sligtenhorst, secretaris; J.W. Bakkenes; B. Delhaas; mw. A.G. Kapitein-Schuurman; mw. J.C. v.d. Kuilen-Lijbers; H. van Vliet.

Missie ■ DOELSTELLING ▶ Het zonder winstoogmerk bevorderen van het welzijn van de bevolking van de Gemeente Barneveld, in het bijzonder op het gebied van de gezondheid en de gezondheidszorg, en voorts al hetgeen met een en ander verband houdt of daartoe bevorderlijk kan zijn, alles in de ruimste zin des woords. BELEIDSPLAN OP WEBSITE ▶ ja.

Doelgroep ■ SPECIFIEK ▶ Inwoners van Barnveld. ACTIVITEITEN ▶ Geen specifieke activiteiten bekend INTERVENTIENIVEAU ▶ Steun aan lokale/provinciale maatschappelijke organisaties en structuren (incl. gemeenten etc.) die diensten verlenen aan individuen.

Werkgebied ■ ACTIERADIUS ▶ Lokaal LAND ▶ Nederland REGIO ▶ Gelderland PLAATS ▶ Barneveld.

Bestedingen ■ BUDGET ▶ niet openbaar ONDERSTEUNDE PROJECTEN P/J ▶ 3 SOORT BIJDRAGE ▶ giften BOVENGRENS ▶ geen ONDERGRENS ▶ geen.

Projecten ■ CRITERIA ▶ De Stichting subsidieert aan instellingen voor zover hun eigen middelen, eventueel aangevuld met overheidssubsidies en/of financiële middelen verkregen uit andere hoofde, niet toereikend of beschikbaar zijn. De subsidie is altijd een éénmalige (niet structurele) bijdrage in de projecten van de aanvragende instellingen. DOORLOOPTIJD ▶ ☑ korter dan 1 jaar STATUS AANVRAGER ▶ ☑ stichting of vereniging (non-profit) ☑ onderwijsinstelling ☑ kerkelijke instelling VOORKEUR/UITSLUITING ▶ ☑ De nadruk ligt op concrete gezondheids- en welzijnsactiviteiten in de meest ruime zin van het woord. ☑ Er wordt nimmer subsidie verstrekt aan particuliere personen.

Procedure ■ OP AANVRAAG ▶ ja AANVRAAGPROCEDURE ▶ Geen aanvraagprocedure bekend.

Financieel ■ EIGEN VERMOGEN ▶ € 1.432.868 INKOMSTEN EV ▶ € 166.430 HERKOMST MIDDELEN ▶ vermogen BOEKJAAR ▶ 2019 JAARVERSLAG OP WEBSITE ▶ ja.

Contact ■ BEREIKBAAR PER ▶ ☑ post ☑ e-mail ☑ telefoon CONTACTPERSOON ▶ geen contactpersoon bekend POSTADRES ▶ Paulus Potterstraat 16-1, 3781 ER Voorthuizen EMAIL (ALGEMEEN) ▶ kvansligtenhorst@kpnmail.nl TELEFOON (ALGEMEEN) ▶ 0342-473915.

503
Stichting Gezondheidsbevordering Weert-Stramproy

Rubriek ■ ☑ gezondheidszorg ☑ maatschappij, welzijn en samenleving

Algemeen ■ WEBSITE ▶ https://www.kennisbankfilantropie.nl/anbi/gezondheidsbevordering-weert-stramproy TYPERING ▶ vermogensfonds OPGERICHT ▶ 31-12-2015 RECHTSVORM ▶ stichting KVK ▶ 13041827 ANBI STATUS ▶ ja DIRECTIE ▶ geen directiegegevens bekend BESTUUR ▶ H.Th.J. Hanssen, voorzitter; G.J.J.M. Joosten, penningmeester; J.W.G. Verlinden, secretaris.

Missie ■ DOELSTELLING ▶ De stichting heeft tot doel gelden ter beschikking te stellen voor het ontwikkelen en bevorderen van de maatschappelijke en geestelijke gezondheidszorg binnen haar werkgebied (regio Weert). BELEIDSPLAN OP WEBSITE ▶ ja.

Doelgroep ■ ALGEMEEN ▶ zieken, gehandicapten SPECIFIEK ▶ Geen specifieke doelgroep ACTIVITEITEN ▶ De stichting tracht haar doel te bereiken door het verrichten van haar werkzaamheden in het algemeen belang onder alle lagen van de bevolking, zonder onderscheid van godsdienstige of politieke richting met eerbied van ieders overtuiging en met uitsluiting van het oogmerk van winstbejag. Onder de werkzaamheden vallen het organiseren, ondersteunen in materiële en/of financiële zin en/of bevorderen van activiteiten ten behoeve van personen. INTERVENTIENIVEAU ▶ Steun aan lokale/provinciale maatschappelijke organisaties en structuren (incl. gemeenten etc.) die diensten verlenen aan individuen.

Werkgebied ■ ACTIERADIUS ▶ Lokaal LAND ▶ Nederland REGIO ▶ Weert.

Bestedingen ■ BUDGET ▶ € 10.000 ONDERSTEUNDE PROJECTEN P/J ▶ 9 SOORT BIJDRAGE ▶ giften BOVENGRENS ▶ geen ONDERGRENS ▶ geen.

Projecten ■ CRITERIA ▶ Subsidieaanvragen voor GbvWS mogen uitsluitend betrekking hebben op nieuwe initiatieven op het gebied van de gezondheidszorg in de Gemeente Weert, behoudens uitzonderingen (zowel qua locatie alsook qua doelstelling). Deze uitzonderingen worden beoordeeld door het Bestuur van GbvWS. DOORLOOPTIJD ▶ ☑ onbekend STATUS AANVRAGER ▶ ☑ geen beperkingen bekend VOORKEUR/UITSLUITING ▶ Het bezitten van rechtspersoonlijkheid door de aanvrager geniet de voorkeur.

Procedure ■ OP AANVRAAG ▶ ja DOORLOOPTIJD ▶ korter dan een maand AANVRAAGPROCEDURE ▶ Alle aanvragen dienen uiterlijk op 1 maart of op 1 september van elk jaar bij GbvWS ingediend te zijn. Alle subsidieaanvragen, inclusief de afwikkeling daarvan, lopen via één contactpersoon bij de aanvragende instantie. Alle aanvragen dienen schriftelijk ingediend te worden en zijn voorzien van een handtekening 'voor akkoord' door de directeur/voorzitter van de aanvragende instantie. Aanvragen dienen, als ze groter zijn dan €500,00 per stuk, voorzien te zijn van minimaal 2 offertes of een duidelijke kostenspecificatie eventueel ondersteund door (een) offerte(s). Indien de voorkeur uitgaat naar de duurste offerte, dient de motivatie daarvan schriftelijk te worden aangegeven. Als sprake is van een unieke situatie waardoor het niet mogelijk is 2 offertes te overhandigen, wordt dit schriftelijk beargumenteerd bij de aanvraag. Aanvragen worden door GbvWS behandeld binnen 4 weken na indiening conform de opgestelde richtlijnen. Op ingediende aanvragen zal GbvWS schriftelijke reageren.

Financieel ■ EIGEN VERMOGEN ▶ € 413.679 INKOMSTEN EV ▶ € 76.139 INKOMSTEN OV ▶ € 8.541 HERKOMST MIDDELEN ▶ giften & schenkingen, legaten, overige inkomsten, inkomsten uit vermogen BOEKJAAR ▶ 2019 JAARVERSLAG OP WEBSITE ▶ ja.

Contact ■ BEREIKBAAR PER ▶ ☑ post ☑ e-mail ☑ telefoon CONTACTPERSOON ▶ J.W.G. Verlinden POSTADRES ▶ Teune Smeedstraat 3, 6039 ES Stramproy EMAIL (ALGEMEEN) ▶ verlinden.jac@kpnplanet.nl TELEFOON (ALGEMEEN) ▶ 0495-562030.

504
Gezusters Kuipers-Ruurlo Fonds

Rubriek ■ ☑ kunst en cultuur
Algemeen ■ WEBSITE ► www.cultuurfonds.nl TYPERING ► fonds op naam BEHEERD DOOR ► Prins Bernhard Cultuurfonds DIRECTIE ► zie > Prins Bernhard Cultuurfonds BESTUUR ► zie > Prins Bernhard Cultuurfonds
Missie ■ DOELSTELLING ► Het financieel ondersteunen van projecten op het gebied van monumentenzorg met een voorkeur voor molens. Het financieel ondersteunen van projecten op het gebied van de klassieke muziek met een voorkeur voor talentvolle musici.
Werkgebied ■ ACTIERADIUS ► Nationaal LAND ► Nederland.
Projecten ■ CRITERIA ► geen projectcriteria bekend DOORLOOPTIJD ► ☑ korter dan 1 jaar STATUS AANVRAGER ► ☑ geen beperkingen bekend VOORKEUR/UITSLUITING ► geen voorkeur of uitsluiting bekend.
Procedure ■ OP AANVRAAG ► ja AANVRAAGPROCEDURE ► Dit 'fonds op naam' ressorteert onder het Prins Bernhard Cultuurfonds. Verzoeken aan fondsen op naam komen op één centraal punt binnen. Dit houdt in dat een subsidieaanvraag slechts eenmaal aan het Prins Bernhard Cultuurfonds hoeft te worden gezonden. Voor de verdere aanvraagprocedure: zie Prins Bernhard Cultuurfonds. URL ► www.cultuurfonds.nl/aanvragen
Contact ■ BEREIKBAAR PER ► ☑ post ☑ e-mail ☑ telefoon CONTACTPERSOON ► geen contactpersoon bekend POSTADRES ► Postbus 19750, 1000 GT Amsterdam EMAIL (ALGEMEEN) ► info@cultuurfonds.nl TELEFOON (ALGEMEEN) ► 020-5206130.

505
GF Fonds

Rubriek ■ ☑ kunst en cultuur
Algemeen ■ WEBSITE ► www.cultuurfonds.nl TYPERING ► fonds op naam BEHEERD DOOR ► Prins Bernhard Cultuurfonds DIRECTIE ► zie > Prins Bernhard Cultuurfonds BESTUUR ► zie > Prins Bernhard Cultuurfonds
Missie ■ DOELSTELLING ► Het financieel ondersteunen van talent op het terrein van beeldende kunst, toegepaste kunst en muziek voor een vervolgopleiding, bij voorkeur in het buitenland.
Werkgebied ■ ACTIERADIUS ► Nationaal, Internationaal LAND ► Nederland.
Projecten ■ CRITERIA ► geen projectcriteria bekend DOORLOOPTIJD ► ☑ korter dan 1 jaar STATUS AANVRAGER ► ☑ geen beperkingen bekend VOORKEUR/UITSLUITING ► Voorkeur gaat uit naar een vervolgopleiding in het buitenland.
Procedure ■ OP AANVRAAG ► ja AANVRAAGPROCEDURE ► Dit 'fonds op naam' ressorteert onder het Prins Bernhard Cultuurfonds. Verzoeken aan fondsen op naam komen op één centraal punt binnen. Dit houdt in dat een subsidieaanvraag slechts eenmaal aan het Prins Bernhard Cultuurfonds hoeft te worden gezonden. Voor de verdere aanvraagprocedure: zie Prins Bernhard Cultuurfonds. URL ► www.cultuurfonds.nl/aanvragen
Contact ■ BEREIKBAAR PER ► ☑ post ☑ e-mail ☑ telefoon CONTACTPERSOON ► geen contactpersoon bekend POSTADRES ► Postbus 19750, 1000 GT Amsterdam EMAIL (ALGEMEEN) ► info@cultuurfonds.nl TELEFOON (ALGEMEEN) ► 020-5206130.

506
Stichting Gieskes-Strijbis Fonds

Rubriek ■ ☑ kunst en cultuur ☑ maatschappij, welzijn en samenleving ☑ mensenrechten, vrede en veiligheid ☑ onderwijs en onderzoek ☑ gezondheidszorg
Algemeen ■ WEBSITE ► www.gieskesstrijbisfonds.nl TYPERING ► vermogensfonds RECHTSVORM ► stichting KVK ► 27261558 ANBI STATUS ► ja DIRECTIE ► R. Evans-Knaup BESTUUR ► Ir. L.J. van Driel, voorzitter; drs. Y.D. Albrecht, secretaris; P. Vellinga; drs. J.B.M. Streppel.
Missie ■ DOELSTELLING ► Het financieel ondersteunen van (onderzoek)projecten en de implementatie daarvan betreffende: ☑ verbetering van milieu en natuurbehoud, ☑ medisch onderzoek, ☑ instandhouding van westerse vrijheden en democratische waarden, ☑ bevordering en ondersteuning van kunst en cultuur. STICHTER(S) ► Hennie Gieskes en Diedi Gieskes-Strijbis HISTORIE ► De stichting is op 16 september 2003 opgericht door Hennie Gieskes en Diedi Gieskes-Strijbis onder de naam Stichting Spaarne Fonds. Zij wilden goede doelen financieel ondersteunen in een viertal sectoren. In 2008 is de naam gewijzigd in Stichting Gieskes-Strijbis Fonds. BELEIDSPLAN OP WEBSITE ► ja.
Doelgroep ■ ALGEMEEN ► jongeren, ouderen SPECIFIEK ► Geen specifieke doelgroep ACTIVITEITEN ► Goede doelen financieel ondersteunen in een viertal sectoren. ☑ verbetering van milieu en natuurbehoud, ☑ medisch onderzoek, ☑ instandhouding van westerse vrijheden en democratische waarden, ☑ bevordering en ondersteuning van kunst en cultuur. Een voorbeeld is de Gieskes-Strijbis Podiumprijs. De prijs wordt jaarlijks uitgereikt aan twee makers die bijdragen aan de kwaliteit en de diversiteit van de Nederlandse podiumkunsten. INTERVENTIENIVEAU ► Steun aan lokale/provinciale maatschappelijke organisaties en structuren (incl. gemeenten etc.) die diensten verlenen aan individuen.
Werkgebied ■ ACTIERADIUS ► Nationaal LAND ► Nederland.
Bestedingen ■ BUDGET ► niet openbaar ONDERSTEUNDE PROJECTEN P/J ► 19 BOVENGRENS ► geen ONDERGRENS ► geen.
Projecten ■ CRITERIA ► ; ☑ Projecten hebben een landelijke uitstraling (focus op Nederland, internationale blik); ☑ Projecten zijn langlopend (3 tot 5 jaar); ☑ Projecten zijn grootschalig, +/- €75.000 donatie per jaar (begroting > €1.000.000); ☑ Projecten worden gefinancierd door meerdere partijen; ☑ Nadruk op verdiepen en verspreiden van kennis; ☑ Aandacht voor ondernemerschap/leiderschap; Projecten passen

bij het DNA van het Gieskes-Strijbis Fonds: concreet, meetbaar resultaat, vliegwieleffect, projectmatig karakter, herkenbare actie, duurzaam, jong talent, educatief, onderscheidend, het verschil maken; De werkgebieden met bijbehorende focusgebieden ☑ Natuur en milieu: a. Verbetering van de biodiversiteit, b. Bescherming van natuur en leven in zee, c Gevolgen van de plastic eeuw, d Energietransitie in de scheepvaart; ☑ Medische wetenschap: - Alzheimer en andere vormen van dementie; ☑ Democratie en rechtsstaat: a. Versterking van de controlerende macht binnen de democratie, b. Burger- en mensenrechten in een digitale wereld, c. Het nieuwe Europa; ☑ Kunst en cultuur: a. Vakmanschap is meesterschap, b. Research & development voor en door mid-career makers en instellingen. **DOORLOOPTIJD** ▶ ☑ langer dan 2 jaar **STATUS AANVRAGER** ▶ ☑ geen beperkingen bekend **VOORKEUR/UITSLUITING** ▶ geen voorkeur of uitsluiting bekend.

Procedure ■ **OP AANVRAAG** ▶ ja **AANVRAAGPROCEDURE** ▶ Verzoeken tot financiële ondersteuning kunnen uitsluitend op uitnodiging van het Gieskes-Strijbis Fonds worden ingediend. U kunt uw project echter wel via het online projectsuggestieformulier onder de aandacht brengen. Er is een quick scan om te bepalen of uw project voldoet aan de criteria van het fonds. Als de uitslag positief is, verschijnt een knop die u doorstuurt naar de online portal waar u uw projectsuggestie kunt indienen. **URL** ▶ https://gieskesstrijbisfonds.nl/contact/

Financieel ■ **EIGEN VERMOGEN** ▶ € 146.831.823 **INKOMSTEN EV** ▶ € 3.656.748 **HERKOMST MIDDELEN** ▶ onbekend **BOEKJAAR** ▶ 2018 **JAARVERSLAG OP WEBSITE** ▶ ja.

Contact ■ **BEREIKBAAR PER** ▶ ☑ post ☑ e-mail ☑ telefoon **CONTACTPERSOON** ▶ geen contactpersoon bekend **POSTADRES** ▶ Plantage Middenlaan 47, 1018 DC Amsterdam **EMAIL (ALGEMEEN)** ▶ kantoor@gieskes-strijbisfonds.nl **TELEFOON (ALGEMEEN)** ▶ 0208545433.

507
Stichting Gifted Art

Rubriek ■ ☑ kunst en cultuur

Algemeen ■ **WEBSITE** ▶ www.giftedart.nl **TYPERING** ▶ hybride fonds **RECHTSVORM** ▶ stichting **KVK** ▶ 24389872 **ANBI STATUS** ▶ ja **DIRECTIE** ▶ geen directiegegevens bekend **BESTUUR** ▶ J.A.W. van Duijn, voorzitter; C.J.M. Zantboer RA, penningmeester; C.J.M. Zantboer RA, secretaris; drs. I.P.L. Bouwman.

Missie ■ **DOELSTELLING** ▶ De bevordering van behoud van kunst in Nederland en het stimuleren en ondersteunen van kunsthistorisch onderzoek en publicaties. Daarnaast hoort het actief tentoonstellen van kunst tot het doel van Gifted Art. Ook algemene doelen kunnen door de stichting worden ondersteund. **BELEIDSPLAN OP WEBSITE** ▶ ja.

Doelgroep ■ **SPECIFIEK** ▶ Geen specifieke doelgroep **ACTIVITEITEN** ▶ Ondersteuning van; ☑ kunsthistorisch onderzoek,; ☑ boeken en publicaties; ☑ tentoonstellingen,; ☑ het verwerven en beheren van schilderijen en andere kunstvoorwerpen. Daarnaast zijn andere activiteiten het bevorderen van bruiklenen en samenwerkingen aangaan met musea, onderzoeksinstituten, stichtingen en fondswervende instellingen en het ondersteunen van andere goede doelen. **INTERVENTIENIVEAU** ▶ Steun aan lokale/provinciale maatschappelijke organisaties en structuren (incl. gemeenten etc.) die diensten verlenen aan individuen.

Werkgebied ■ **ACTIERADIUS** ▶ Nationaal **LAND** ▶ Nederland.

Bestedingen ■ **BUDGET** ▶ € 75.000 **SOORT BIJDRAGE** ▶ giften **BOVENGRENS** ▶ geen **ONDERGRENS** ▶ geen.

Projecten ■ **CRITERIA** ▶ Alleen aanvragen die met beeldende kunst na 1825 verband houden, zullen in behandeling worden genomen. **DOORLOOPTIJD** ▶ ☑ onbekend **STATUS AANVRAGER** ▶ ☑ geen beperkingen bekend **VOORKEUR/UITSLUITING** ▶ Het accent ligt op Nederlandse schilder- en beeldhouwkunst uit de periode 1850-2000.

Procedure ■ **OP AANVRAAG** ▶ ja **AANVRAAGPROCEDURE** ▶ Aanvragen kunnen online via het digitaal formulier worden ingediend. **URL** ▶ www.giftedart.nl/aanvraag.html

Financieel ■ **EIGEN VERMOGEN** ▶ € 118.583 **INKOMSTEN OV** ▶ € 146.478 **HERKOMST MIDDELEN** ▶ giften & schenkingen, legaten, vermogen **BOEKJAAR** ▶ 2019 **JAARVERSLAG OP WEBSITE** ▶ ja.

Contact ■ **BEREIKBAAR PER** ▶ ☑ post ☑ e-mail ☑ telefoon **CONTACTPERSOON** ▶ geen contactpersoon bekend **POSTADRES** ▶ Postbus 8560, 3009 AN Rotterdam **EMAIL (ALGEMEEN)** ▶ info@giftedart.nl **TELEFOON (ALGEMEEN)** ▶ 06-53901127.

508
Stichting Gilles Hondius Foundation

Rubriek ■ ☑ kunst en cultuur ☑ onderwijs en onderzoek

Algemeen ■ **WEBSITE** ▶ www.gilleshondiusfoundation.org/nl/index.html **TYPERING** ▶ vermogensfonds **OPGERICHT** ▶ 23-03-2004 **RECHTSVORM** ▶ stichting **KVK** ▶ 27266091 **ANBI STATUS** ▶ ja **DIRECTIE** ▶ geen directiegegevens bekend **BESTUUR** ▶ Ir. G.L. Hondius, voorzitter; mw.mr. E.C. Hondius, penningmeester; prof.dr. E.H. Cossee, secretaris; mw.drs. C. de Jong; mw.drs. A.M.L.E. Erkelens.

Missie ■ **DOELSTELLING** ▶ De Stichting Gilles Hondius Foundation (GHF) is in maart 2004 opgericht met als doel de bevordering en ondersteuning van kunstbeoefening en van wetenschappelijk onderzoek. **STICHTER(S)** ▶ Ir. Gilles Hondius b.i. **HISTORIE** ▶ De Stichting Gilles Hondius Foundation (GHF) is opgericht op 23 maart 2004, bij akte verleden voor Mr. J.W. Stouthart, notaris te 's-Gravenhage. Enige jaren tevoren was de stichter en naamgever, Ir. Gilles Hondius b.i., via zijn in Frankrijk wonende broer en schoonzuster Dr. Frits Hondius en Mr. Johanna Hondius-Hoogenstraaten in contact gekomen met de jonge Oekraiense violist Dima Tkachenko, student aan de Royal Guildhall School for Music and Drama te Londen. Dima wist de Chairman van het Goodenough College te Londen te overtuigen zich in te spannen om in het Verenigd Koninkrijk een internationale competitie voor jonge violisten te organiseren en Gilles werd uitgenodigd plaats te nemen in de Advisory Board. De eerste Benjamin Britten International Violin Competition vond plaats in 2004, gevolgd door een tweede editie in 2008. De voldoening die het ondersteunen van dit project hem gaf was aanleiding te komen tot de oprichting van een eigen stichting die artistieke projecten en wetenschap waar nodig financieel zou kunnen ondersteunen. **BELEIDSPLAN OP WEBSITE** ► ja.

Doelgroep ■ **SPECIFIEK** ► Geen specifieke doelgroep **ACTIVITEITEN** ► Geen specifieke activiteiten bekend **INTERVENTIENIVEAU** ► Steun aan lokale/provinciale maatschappelijke organisaties en structuren (incl. gemeenten etc.) die diensten verlenen aan individuen.

Werkgebied ■ **ACTIERADIUS** ► Internationaal **LAND** ► Wereldwijd.

Bestedingen ■ **BUDGET** ► niet openbaar **SOORT BIJDRAGE** ► subsidies **BOVENGRENS** ► geen **ONDERGRENS** ► geen.

Projecten ■ **CRITERIA** ► ☑ De stichting geeft in principe alleen subsidies voor een specifiek project en slechts bij zeer hoge uitzondering structureel. ☑ Men kan als regel niet meer dan eenmaal per twee kalenderjaren een aanvraag indienen. **DOORLOOPTIJD** ► ☑ onbekend **STATUS AANVRAGER** ► ☑ stichting of vereniging (non-profit) **VOORKEUR/UITSLUITING** ► ; ☑ De stichting heeft een voorkeur voor kleinschalige projecten waar haar bijdrage echt uitmaakt om het doel van bevordering cultuur & wetenschap te bereiken; ☑ géén aanvragen voor geldelijke steun (meer) te honoreren voor proefschriften op het terrein van de geneeskunde, daaronder mede begrepen de tandheelkunde en diergeneeskunde. ☑ Instellingen die het beogen van winst tot hun doelstelling hebben komen niet in aanmerking voor een bijdrage.

Procedure ■ **OP AANVRAAG** ► ja **DOORLOOPTIJD** ► 1-3 maanden **AANVRAAGPROCEDURE** ► Een aanvraag dient zowel per e-mail als per post te worden ingediend. De e-mail dient de volgende gegevens te bevatten: ☑ een samenvatting van de aanvraag van maximaal een pagina A4 formaat; ☑ welk bedrag wordt gevraagd, met een gedetailleerde begroting. De aanvraag per post, dient het volgende te bevatten: ☑ een omschrijving van het project/activiteit met het gestelde doel; ☑ welk bedrag wordt gevraagd, met een gedetailleerde begroting; ☑ een beknopte omschrijving van de instelling/aanvrager. Na ontvangst zal de aanvraag worden beoordeeld door het bestuur, dit gebeurt tweemaal per jaar op een bestuursvergadering maar ook tussentijds op digitale wijze. Men moet er rekening mee houden dat de afwikkeling van de aanvraag tijd in beslag neemt, gestreefd wordt een aanvraag binnen drie maanden af te wikkelen. Alle aanvragers krijgen bericht van de beslissing van het bestuur, over de uitslag wordt niet in discussie getreden. **URL** ► www.gilleshondius-foundation.org/nl/aanvraagprocedure.html

Financieel ■ **INKOMSTEN EV** ► € 71.895 **HERKOMST MIDDELEN** ► vermogen **BOEKJAAR** ► 2019.

Contact ■ **BEREIKBAAR PER** ► ☑ post ☑ e-mail ☒ telefoon **CONTACTPERSOON** ► geen contactpersoon bekend **POSTADRES** ► Burg. Le Fèvre de Montignylaan 169, 3055 NC Rotterdam-Hillegersberg **EMAIL (ALGEMEEN)** ► gilles.hondius.foundation@outlook.com.

509
Ginkgo Fonds

Rubriek ■ ☑ kunst en cultuur ☑ onderwijs en onderzoek

Algemeen ■ **WEBSITE** ► www.cultuurfonds.nl **TYPERING** ► fonds op naam **BEHEERD DOOR** ► Prins Bernhard Cultuurfonds **DIRECTIE** ► zie > Prins Bernhard Cultuurfonds **BESTUUR** ► zie > Prins Bernhard Cultuurfonds

Missie ■ **DOELSTELLING** ► Het financieel ondersteunen van talent op het gebied van de beeldende kunst, met een voorkeur voor vervolgopleiding in Nederland.

Werkgebied ■ **ACTIERADIUS** ► Nationaal **LAND** ► Nederland.

Projecten ■ **CRITERIA** ► geen projectcriteria bekend **DOORLOOPTIJD** ► ☑ korter dan 1 jaar **STATUS AANVRAGER** ► ☑ geen beperkingen bekend **VOORKEUR/UITSLUITING** ► Voorkeur gaat uit naar het financieel ondersteunen door middel van een vervolgopleiding.

Procedure ■ **OP AANVRAAG** ► ja **AANVRAAGPROCEDURE** ► Dit 'fonds op naam' ressorteert onder het Prins Bernhard Cultuurfonds. Verzoeken aan fondsen op naam komen op één centraal punt binnen. Dit houdt in dat een subsidieaanvraag slechts eenmaal aan het Prins Bernhard Cultuurfonds hoeft te worden gezonden. Voor de verdere aanvraagprocedure: zie Prins Bernhard Cultuurfonds. **URL** ► www.cultuurfonds.nl/aanvragen

Contact ■ **BEREIKBAAR PER** ► ☑ post ☑ e-mail ☑ telefoon **CONTACTPERSOON** ► geen contactpersoon bekend **POSTADRES** ► Postbus 19750, 1000 GT Amsterdam **EMAIL (ALGEMEEN)** ► info@cultuurfonds.nl **TELEFOON (ALGEMEEN)** ► 020-5206130.

510
Giusto Fonds

Rubriek ■ ☑ kunst en cultuur

Algemeen ■ **WEBSITE** ► www.cultuurfonds.nl **TYPERING** ► fonds op naam **BEHEERD DOOR** ► Prins Bernhard Cultuurfonds **DIRECTIE** ► zie > Prins Bernhard Cultuurfonds **BESTUUR** ► zie > Prins Bernhard Cultuurfonds

Missie ■ **DOELSTELLING** ► Het stimuleren van het maken van vooral klassieke muziek in ensembleverband door jongeren tot 18 jaar.

Werkgebied ■ **ACTIERADIUS** ► Nationaal **LAND** ► Nederland.

Projecten ■ **CRITERIA** ► geen projectcriteria bekend **DOORLOOPTIJD** ► ☑ korter dan 1 jaar **STATUS AANVRAGER** ► ☑ geen beperkingen bekend **VOORKEUR/UITSLUITING** ► geen voorkeur of uitsluiting bekend.

Procedure ■ **OP AANVRAAG** ► onbekend **AANVRAAGPROCEDURE** ► Dit 'fonds op naam' ressorteert onder het Prins Bernhard Cultuurfonds. Verzoeken aan fondsen op naam komen op één centraal punt binnen. Dit houdt in dat een subsidieaanvraag slechts eenmaal aan het Prins Bernhard Cultuurfonds hoeft te worden gezonden. Voor de verdere aanvraagprocedure: zie Prins Bernhard Cultuurfonds. **URL** ► www.cultuurfonds.nl/aanvragen

Contact ■ **BEREIKBAAR PER** ► ☑ post ☑ e-mail ☑ telefoon **CONTACTPER-**

SOON ► geen contactpersoon bekend **POSTADRES** ► Postbus 19750, 1000 GT Amsterdam **EMAIL (ALGEMEEN)** ► info@cultuurfonds.nl **TELEFOON (ALGEMEEN)** ► 020-5206130.

511 Stichting Gizeh

Rubriek ■ ☑ maatschappij, welzijn en samenleving ☑ gezondheidszorg

Algemeen ■ **WEBSITE** ► www.stichting-gizeh.nl **TYPERING** ► vermogensfonds **OPGERICHT** ► 14-11-1996 **RECHTSVORM** ► stichting **KVK** ► 41169874 **ANBI STATUS** ► ja **DIRECTIE** ► geen directiegegevens bekend **BESTUUR** ► Mw. P.I. Wintershoven-de Vries, voorzitter; T. Wintershoven, penningmeester; R.M. Wintershoven, secretaris.

Missie ■ **DOELSTELLING** ► Het verlenen van lichamelijke en/of geestelijke hulp aan mensen in lichamelijke en/of geestelijke nood, in de ruimste zin van het woord. Zij tracht dit doel te bereiken door het begeleiden van mensen in lichamelijke en/of geestelijke nood en hen eventuele financiële hulp te verlenen. **STICHTER(S)** ► P.I. Wintershoven-de Vries **BELEIDSPLAN OP WEBSITE** ► ja.

Doelgroep ■ **ALGEMEEN** ► zieken **SPECIFIEK** ► Personen in geestelijke nood. **ACTIVITEITEN** ► Onze activiteiten zijn doorlopend en in principe gelijk over een bepaalde periode. Deze bestaan uit: ☑ Hulp bieden aan personen in geestelijke nood,; ☑ Financiële steun bieden indien personen, die bij ons in behandeling zijn, geen noodzakelijke medicatie kunnen aanschaffen. Dit kan bestaan uit het aanschaffen en gratis verstrekken van medicatie of het deels financieren van deze medicatie; ☑ Het aanschaffen van boeken ter uitbreiding van onze bibliotheek. De bibliotheek bestaat uit boeken van Jozef Rulof en worden gratis ter beschikking gesteld. De ervaring leert dat het lezen van deze boeken voor de meesten van de personen die wij behandelen veel baat heeft; ☑ Het aanschaffen van artikelen noodzakelijk voor behandeling daar waar de persoon in kwestie niet de financiële middelen voor heeft/. **INTERVENTIENIVEAU** ► Steun aan individuen (directe steun).

Werkgebied ■ **ACTIERADIUS** ► Nationaal **LAND** ► Nederland.

Bestedingen ■ **BUDGET** ► niet openbaar **SOORT BIJDRAGE** ► overig giften **BOVENGRENS** ► geen **ONDERGRENS** ► geen.

Projecten ■ **CRITERIA** ► Stichting Gizeh helpt personen in geestelijke nood daar waar (in sommige gevallen) een behandeling door o.a. een psychiater geen baat meer heeft. Tevens behandelen personen die aan bepaalde angsten lijden. **DOORLOOPTIJD** ► ☑ onbekend **STATUS AANVRAGER** ► ☑ individuen/gezinnen **VOORKEUR/UITSLUITING** ► geen voorkeur of uitsluiting bekend.

Procedure ■ **OP AANVRAAG** ► onbekend **AANVRAAGPROCEDURE** ► geen aanvraagprocedure bekend.

Financieel ■ **EIGEN VERMOGEN** ► € 340.500 **HERKOMST MIDDELEN** ► onbekend **BOEKJAAR** ► 2015 **JAARVERSLAG OP WEBSITE** ► ja.

Contact ■ **BEREIKBAAR PER** ► ☑ post ☑ e-mail ☑ telefoon **CONTACTPERSOON** ► Mw. P.I. Wintershoven-de Vries **POSTADRES** ► Valckslootlaan 20, 2181 TR Hillegom **EMAIL (ALGEMEEN)** ► petra@stichting-gizeh.nl **TELEFOON (ALGEMEEN)** ► 0252-522856.

512 Stichting Goed Onder Dak

Rubriek ■ ☑ kunst en cultuur ☑ natuur, milieu en dieren

Algemeen ■ **WEBSITE** ► www.kennisbankfilantropie.nl/anbi/goed-onder-dak **TYPERING** ► vermogensfonds **OPGERICHT** ► 06-02-2013 **RECHTSVORM** ► stichting **KVK** ► 57203091 **ANBI STATUS** ► ja **DIRECTIE** ► geen directiegegevens bekend **BESTUUR** ► J.W.H. Hoes, voorzitter; J. Zeeman; H.J. Baeten.

Missie ■ **DOELSTELLING** ► ☑ Het restaureren en het in goede staat onderhouden en verbeteren van monumentale panden (rijks- of gemeentemonumenten), of monumentale panden of andere karakteristieke panden die vallen onder een beschermd dorps- of stadsgezicht in Nederland, of landgoederen met een NSW-status, alsmede het al dan niet tezamen met derden verwerven van fondsen voor bedoelde registergoederen ☑ Het (in eigendom) verkrijgen, beheren, exploiteren en vervreemden van bedoelde registergoederen ☑ Het al dan niet tezamen met derden verwerven van fondsen voor bedoelde registergoederen. **BELEIDSPLAN OP WEBSITE** ► ja.

Doelgroep ■ **SPECIFIEK** ► Geen specifieke doelgroep **ACTIVITEITEN** ► Geen specifieke activiteiten bekend **INTERVENTIENIVEAU** ► Steun aan lokale/provinciale maatschappelijke organisaties en structuren (incl. gemeenten etc.) die diensten verlenen aan individuen.

Werkgebied ■ **ACTIERADIUS** ► Nationaal **LAND** ► Nederland.

Bestedingen ■ **BUDGET** ► niet openbaar **SOORT BIJDRAGE** ► giften **BOVENGRENS** ► geen **ONDERGRENS** ► geen.

Projecten ■ **CRITERIA** ► geen projectcriteria bekend **DOORLOOPTIJD** ► ☑ onbekend **STATUS AANVRAGER** ► ☑ geen beperkingen bekend **VOORKEUR/UITSLUITING** ► geen voorkeur of uitsluiting bekend.

Procedure ■ **OP AANVRAAG** ► onbekend **AANVRAAGPROCEDURE** ► Geen aanvraagprocedure bekend.

Financieel ■ **HERKOMST MIDDELEN** ► giften & schenkingen, legaten, overige inkomsten, vermogen **BOEKJAAR** ► 2016 **JAARVERSLAG OP WEBSITE** ► ja.

Contact ■ **BEREIKBAAR PER** ► ☑ post ☑ e-mail ☑ telefoon **CONTACTPERSOON** ► M. de Jongh **POSTADRES** ► Postbus 371, 2400 AJ Alphen aan den Rijn **EMAIL (ALGEMEEN)** ► m.de.jongh@vinkeamsterdam.nl **TELEFOON (ALGEMEEN)** ► 0172-448686.

513 Stichting Goede Doelen VDB

Rubriek ■ ☑ gezondheidszorg ☑ kunst en cultuur ☑ maatschappij, welzijn en samenleving ☑ natuur, milieu en dieren ☑ sport en recreatie ☑ kerk en levensbeschouwing

Algemeen ■ WEBSITE ▶ www.kennisbankfilantropie.nl/anbi/goede-doelen-vdb TYPERING ▶ vermogensfonds OPGERICHT ▶ 31-05-2002 RECHTSVORM ▶ stichting KVK ▶ 37102146 ANBI STATUS ▶ ja DIRECTIE ▶ geen directiegegevens bekend BESTUUR ▶ G.M. van den Bosch, voorzitter; S.T.J. Schouten, penningmeester; J.E.M. van Baar, secretaris.

Missie ■ DOELSTELLING ▶ Het financieel ondersteunen van instellingen als bedoeld in art. 24 vierde lid van de successiewet 1956, m.n. o.h.g. kinder- en jeugdgezondheidszorg, ontwikkelingshulp, gezondheid, milieu, dierenbescherming, sport, natuur, kerk.

Doelgroep ■ ALGEMEEN ▶ dieren, jongeren, kinderen, gelovigen SPECIFIEK ▶ Geen specifieke doelgroep ACTIVITEITEN ▶ Geen specifieke activiteiten bekend INTERVENTIENIVEAU ▶ Steun aan lokale/provinciale maatschappelijke organisaties en structuren (incl. gemeenten etc.) die diensten verlenen aan individuen.

Werkgebied ■ ACTIERADIUS ▶ Nationaal LAND ▶ Nederland.

Bestedingen ■ BUDGET ▶ niet openbaar SOORT BIJDRAGE ▶ giften BOVENGRENS ▶ geen ONDERGRENS ▶ geen.

Projecten ■ CRITERIA ▶ geen projectcriteria bekend DOORLOOPTIJD ▶ ☑ onbekend STATUS AANVRAGER ▶ ☑ geen beperkingen bekend VOORKEUR/UITSLUITING ▶ geen voorkeur of uitsluiting bekend.

Procedure ■ OP AANVRAAG ▶ onbekend AANVRAAGPROCEDURE ▶ geen aanvraagprocedure bekend.

Financieel ■ HERKOMST MIDDELEN ▶ vermogen BOEKJAAR ▶ boekjaar onbekend.

Contact ■ BEREIKBAAR PER ▶ ☑ post ☑ e-mail ☑ telefoon CONTACTPERSOON ▶ geen contactpersoon bekend POSTADRES ▶ Oude Bergerweg 74, 1862 KN Bergen NH EMAIL (ALGEMEEN) ▶ gerardprive@vdbosch.nl TELEFOON (ALGEMEEN) ▶ 072-5897590.

514

Goei The en Haack Fonds

Rubriek ■ ☑ kunst en cultuur

Algemeen ■ WEBSITE ▶ www.cultuurfonds.nl TYPERING ▶ fonds op naam BEHEERD DOOR ▶ Prins Bernhard Cultuurfonds DIRECTIE ▶ zie > Prins Bernhard Cultuurfonds BESTUUR ▶ zie > Prins Bernhard Cultuurfonds

Missie ■ DOELSTELLING ▶ Het financieel ondersteunen van talent op het werkterrein van het Cultuurfonds, in het bijzonder talent met een scheppend karakter, vooral op het gebied van ambachten, architectuur, muziek en vormgeving, bij voorkeur door middel van vervolgopleidingen, in binnen- en buitenland die de ontwikkeling van talent bevorderen.

Werkgebied ■ ACTIERADIUS ▶ Nationaal, Internationaal LAND ▶ Nederland.

Projecten ■ CRITERIA ▶ geen projectcriteria bekend DOORLOOPTIJD ▶ ☑ korter dan 1 jaar STATUS AANVRAGER ▶ ☑ geen beperkingen bekend VOORKEUR/UITSLUITING ▶ Voorkeur gaat uit naar het financieel ondersteunen door middel van vervolgopleidingen.

Procedure ■ OP AANVRAAG ▶ ja AANVRAAGPROCEDURE ▶ Dit 'fonds op naam' ressorteert onder het Prins Bernhard Cultuurfonds. Verzoeken aan fondsen op naam komen op één centraal punt binnen. Dit houdt in dat een subsidieaanvraag slechts eenmaal aan het Prins Bernhard Cultuurfonds hoeft te worden gezonden. Voor de verdere aanvraagprocedure: zie Prins Bernhard Cultuurfonds. URL ▶ www.cultuurfonds.nl/aanvragen

Contact ■ BEREIKBAAR PER ▶ ☑ post ☑ e-mail ☑ telefoon CONTACTPERSOON ▶ geen contactpersoon bekend POSTADRES ▶ Postbus 19750, 1000 GT Amsterdam EMAIL (ALGEMEEN) ▶ info@cultuurfonds.nl TELEFOON (ALGEMEEN) ▶ 020-5206130.

515

Goessche Diep Fonds

Rubriek ■ ☑ kunst en cultuur ☑ natuur, milieu en dieren

Algemeen ■ WEBSITE ▶ www.cultuurfonds.nl TYPERING ▶ fonds op naam BEHEERD DOOR ▶ Prins Bernhard Cultuurfonds DIRECTIE ▶ zie > Prins Bernhard Cultuurfonds BESTUUR ▶ zie > Prins Bernhard Cultuurfonds

Missie ■ DOELSTELLING ▶ Het financieel ondersteunen van cultuur- en natuurbehoud, met name de vogelbescherming in brede zin in Zeeland. Aanvragen worden behandeld door het Prins Bernhard Cultuurfonds Zeeland.

Werkgebied ■ ACTIERADIUS ▶ Regionaal LAND ▶ Nederland REGIO ▶ Zeeland.

Projecten ■ CRITERIA ▶ geen projectcriteria bekend DOORLOOPTIJD ▶ ☑ korter dan 1 jaar STATUS AANVRAGER ▶ ☑ geen beperkingen bekend VOORKEUR/UITSLUITING ▶ geen voorkeur of uitsluiting bekend.

Procedure ■ OP AANVRAAG ▶ ja AANVRAAGPROCEDURE ▶ Dit 'fonds op naam' ressorteert onder het Prins Bernhard Cultuurfonds. Verzoeken aan fondsen op naam komen op één centraal punt binnen. Dit houdt in dat een subsidieaanvraag slechts eenmaal aan het Prins Bernhard Cultuurfonds hoeft te worden gezonden. Voor de verdere aanvraagprocedure: zie Prins Bernhard Cultuurfonds. URL ▶ www.cultuurfonds.nl/aanvragen

Contact ■ BEREIKBAAR PER ▶ ☑ post ☑ e-mail ☑ telefoon CONTACTPERSOON ▶ geen contactpersoon bekend POSTADRES ▶ Postbus 19750, 1000 GT Amsterdam EMAIL (ALGEMEEN) ▶ info@cultuurfonds.nl TELEFOON (ALGEMEEN) ▶ 020-5206130.

516

Stichting Goki 'Gezondheid en Onderwijs voor Kinderen'

Rubriek ■ ☑ gezondheidszorg ☑ onderwijs en onderzoek ☑ maatschappij, welzijn en samenleving

Algemeen ■ WEBSITE ▶ www.kennisbankfilantropie.nl/anbi/gokigezondheid-en-onderwijs-voor-kinderen **TYPERING** ► vermogensfonds **OPGERICHT** ► 15-04-2009 **RECHTSVORM** ► stichting **KVK** ► 09196212 **ANBI STATUS** ► ja **DIRECTIE** ► geen directiegegevens bekend **BESTUUR** ► P.B. Dubois, voorzitter; T.K. Lekkerkerker, penningmeester; mw. C.W. Blaauwendraat, secretaris.

Missie ■ **DOELSTELLING** ► De stichting heeft tot doel om kinderen in binnen- en buitenland te ondersteunen op de gebieden gezondheid en onderwijs. De ondersteuning is met name bedoeld voor kinderen met (levensbedreigende) ziekten of onvoldoende kansen op goed onderwijs. **BELEIDSPLAN OP WEBSITE** ► ja.

Doelgroep ■ **ALGEMEEN** ► armen, kinderen, zieken **SPECIFIEK** ► Geen specifieke doelgroep **ACTIVITEITEN** ► De werkzaamheden van de stichting zullen zich met name richten op: ☑ het op zoek gaan naar goede doelen; ☑ het selecteren van goede doelen; ☑ het beoordelen van verzoeken; ☑ het toekennen van donaties; ☑ de controle van de besteding van donaties aan begiftigden. **INTERVENTIENIVEAU** ► Steun aan lokale/provinciale maatschappelijke organisaties en structuren (incl. gemeenten etc.) die diensten verlenen aan individuen.

Werkgebied ■ **ACTIERADIUS** ► Nationaal, Internationaal **LAND** ► Nederland.

Bestedingen ■ **BUDGET** ► niet openbaar **SOORT BIJDRAGE** ► giften **BOVENGRENS** ► € 20.000 **ONDERGRENS** ► geen.

Projecten ■ **CRITERIA** ► De stichting zal in principe projecten en instellingen ondersteunen waarmee een groep van kinderen is gediend. Dit neemt niet weg dat de stichting kan besluiten om in incidentele gevallen een geldbedrag aan individuele personen te verstrekken, doch uitsluitend wanneer de donatie wordt aangewend overeenkomstig de doelomschrijving; van de stichting. **DOORLOOPTIJD** ► ☑ onbekend **STATUS AANVRAGER** ► ☑ geen beperkingen bekend **VOORKEUR/UITSLUITING** ► geen voorkeur of uitsluiting bekend.

Procedure ■ **OP AANVRAAG** ► ja **AANVRAAGPROCEDURE** ► Minimaal tweemaal per jaar zal een bestuursvergadering plaatsvinden waarin de verzoeken om donaties worden besproken en al of niet worden toegekend. Per keer wordt ernaar gestreefd om circa 50% van het totaalbedrag aan te schenken gelden na aftrek van kosten te bestemmen voor goede doelen. Middels een format zal eerst informatie worden verkregen over de goede doelen (het doel, welk land, hoogte donatie, totale financiële behoefte, wel/niet terugkerend, individueel/(semi) instelling, link naar ons doel ed). Aan de hand daarvan wordt een unaniem besluit genomen door het bestuur over de toekenning van een donatie.

Financieel ■ **EIGEN VERMOGEN** ► € 177.858 **INKOMSTEN EV** ► € 9 **INKOMSTEN OV** ► € 158.775 **HERKOMST MIDDELEN** ► vermogen, giften & schenkingen **BOEKJAAR** ► 2019 **JAARVERSLAG OP WEBSITE** ► ja.

Contact ■ **BEREIKBAAR PER** ► ☑ post ☑ e-mail ☑ telefoon **CONTACTPERSOON** ► geen contactpersoon bekend **POSTADRES** ► Galvanistraat 119, 6716 AE Ede **EMAIL (ALGEMEEN)** ► info@stichtinggoki.nl **TELEFOON (ALGEMEEN)** ► 0318-641110.

517
Grace van Heerewaarden Fonds

Rubriek ■ ☑ kunst en cultuur

Algemeen ■ **WEBSITE** ► www.cultuurfonds.nl **TYPERING** ► fonds op naam **BEHEERD DOOR** ► Prins Bernhard Cultuurfonds **DIRECTIE** ► zie > Prins Bernhard Cultuurfonds **BESTUUR** ► zie > Prins Bernhard Cultuurfonds

Missie ■ **DOELSTELLING** ► Het stimuleren van vocale klassieke muziekbeoefening in Friesland door het verlenen van financiële steun aan individuen, koren en betrokken instellingen. Aanvragen worden behandeld door het Prins Bernhard Cultuurfonds Friesland.

Werkgebied ■ **ACTIERADIUS** ► Regionaal **LAND** ► Nederland **REGIO** ► Friesland.

Projecten ■ **CRITERIA** ► geen projectcriteria bekend **DOORLOOPTIJD** ► ☑ korter dan 1 jaar **STATUS AANVRAGER** ► ☑ geen beperkingen bekend **VOORKEUR/UITSLUITING** ► geen voorkeur of uitsluiting bekend.

Procedure ■ **OP AANVRAAG** ► ja **AANVRAAGPROCEDURE** ► Dit 'fonds op naam' ressorteert onder het Prins Bernhard Cultuurfonds. Verzoeken aan fondsen op naam komen op één centraal punt binnen. Dit houdt in dat een subsidieaanvraag slechts eenmaal aan het Prins Bernhard Cultuurfonds hoeft te worden gezonden. Voor de verdere aanvraagprocedure: zie Prins Bernhard Cultuurfonds. **URL** ► www.cultuurfonds.nl/aanvragen

Contact ■ **BEREIKBAAR PER** ► ☑ post ☑ e-mail ☑ telefoon **CONTACTPERSOON** ► geen contactpersoon bekend **POSTADRES** ► Postbus 19750, 1000 GT Amsterdam **EMAIL (ALGEMEEN)** ► info@cultuurfonds.nl **TELEFOON (ALGEMEEN)** ► 020-5206130.

518
Stichting Grace

Rubriek ■ ☑ maatschappij, welzijn en samenleving ☑ kerk en levensbeschouwing ☑ onderwijs en onderzoek ☑ noodhulp

Algemeen ■ **WEBSITE** ► www.stichtinggrace.nl **TYPERING** ► vermogensfonds **OPGERICHT** ► 1998 **RECHTSVORM** ► stichting **KVK** ► 22042738 **ANBI STATUS** ► ja **DIRECTIE** ► geen directiegegevens bekend **BESTUUR** ► A.A. Nieuwkerk, voorzitter; E.J. Nieuwkerk, penningmeester; mw. E.J.A. Zelle, secretaris; J.A. Dees.

Missie ■ **DOELSTELLING** ► Het als algemeen nut beogende instelling ter beschikking stellen van financiële- en andere middelen voor de ondersteuning van personen en instellingen, een en ander in de meest ruime zin van het woord. De Stichting houdt zich onder meer bezig met de ondersteuning van kerken en zending, medische zorg, weeshuizen, scholing en opleidingen, voedselprogramma's, noodhulp en armenzorg zowel binnen als buiten Nederland. De ondersteuning is niet beperkt tot een bepaald ras, een bepaalde bevolkingsgroep, een kerkelijke achtergrond of een bepaalde organisatie of instelling. De Stichting baseert zich voor de nastreving van haar doelstelling op de Bijbel en meer specifiek op de opdrachten van Jezus zoals weergegeven in het Nieuwe Testament. **BELEIDSPLAN OP WEBSITE** ▶ ja.

Doelgroep ■ **SPECIFIEK** ▶ Organisaties met Christelijke uitgangspunten of Doelstellingen in binnen- en buitenland, in de categorieën Maatschappelijke & Sociale doelen, Kerk & Levensbeschouwing, Onderwijs & Onderzoek en Noodhulp. **ACTIVITEITEN** ▶ De Stichting draagt financieel bij aan projecten van derden. De Stichting richt zich primair op het ondersteunen van kleinere organisaties en projecten, omdat die veelal over beperkte mogelijkheden beschikken om zelf fondsen te werven. Daarnaast zal de Stichting ook meer geprofessionaliseerde NGO's ondersteunen, om zo bij te dragen aan de impact van hun waardevolle initiatieven op grotere schaal. **INTERVENTIENIVEAU** ▶ Steun aan lokale/provinciale maatschappelijke organisaties en structuren (incl. gemeenten etc.) die diensten verlenen aan individuen.

Werkgebied ■ **ACTIERADIUS** ▶ Nationaal **LAND** ▶ Nederland.

Bestedingen ■ **BUDGET** ▶ € 1.400.000 **ONDERSTEUNDE PROJECTEN P/J** ▶ 132 **SOORT BIJDRAGE** ▶ subsidies giften studiebeurzen **BOVENGRENS** ▶ geen **ONDERGRENS** ▶ geen.

Projecten ■ **CRITERIA** ▶ Concrete projecten of algemene ondersteuning op basis van beleidsplan van organisaties die; ☑ Beschikken over de ANBI-status; ☑ Christelijke uitgangspunten hebben wat uit de documentatie en activiteiten dient te blijken; ☑ In de sectoren Maatschappelijke & Sociale doelen, Kerk & Levensbeschouwing of Onderwijs & Onderzoek actief zijn. **DOORLOOPTIJD** ▶ ☑ korter dan 1 jaar **STATUS AANVRAGER** ▶ ☑ stichting of vereniging (non-profit) **VOORKEUR/UITSLUITING** ▶ Uitgesloten van steun wanneer: ☑ De aanvrager niet beschikt over de fiscale ANBI status; ☑ De aanvraag betrekking heeft op een natuurlijke persoon; ☑ De aanvraag past niet binnen ons actuele Beleidsplan; ☑ De aanvragende organisatie een winstoogmerk heeft; ☑ De aanvragende organisatie een negatief eigen vermogen heeft.

Procedure ■ **OP AANVRAAG** ▶ ja **DOORLOOPTIJD** ▶ geen doorlooptijd bekend; 1-3 maanden; 1-3 maanden **AANVRAAGPROCEDURE** ▶ De aanvraag dient per e-mail ingestuurd te worden. Stichting Grace wil ter beoordeling van de supportaanvraag de voor ANBI's verplichte wettelijke informatie ontvangen, te weten (alle documenten als PDF's): ☑ Bewijs dat de ANBI-status is verleend, inclusief het fiscale RSIN-nummer; ☑ Actueel beleidsplan (indien beschikbaar inclusief meerjaren-begroting); ☑ Actueel verslag van uitgevoerde activiteiten in het afgelopen boekjaar* (Jaarverslag); ☑ Financiële verantwoording van het afgelopen boekjaar* (Jaarrekening); * Bij aanvragen na 1 juli dient de verslaglegging betrekking te hebben op het direct voorgaande jaar. Andere documenten die meegestuurd dienen te worden zijn zelfverklarende project- of supportaanvraag, inclusief uit te voeren activiteiten in het lopende of komende boekjaar waarvoor support wordt gevraagd met een bijbehorende begroting. Na indiening van uw aanvraag zal de ontvangst door ons secretariaat worden bevestigd. Indien de aanvraag compleet en duidelijk is bedraagt de maximale doorlooptijd 6 weken. **URL** ▶ https://www.stichtinggrace.nl/aanvragen/

Financieel ■ **INKOMSTEN EV** ▶ € 2.566.002 **INKOMSTEN OV** ▶ € 111.650 **HERKOMST MIDDELEN** ▶ vermogen, giften & schenkingen **BOEKJAAR** ▶ 2019 **JAARVERSLAG OP WEBSITE** ▶ ja.

Contact ■ **BEREIKBAAR PER** ▶ ☒ post ☑ e-mail ☑ telefoon **CONTACTPERSOON** ▶ geen contactpersoon bekend **POSTADRES** ▶ Geen postadres bekend **EMAIL (ALGEMEEN)** ▶ secretariaat@stichtinggrace.nl **TELEFOON (ALGEMEEN)** ▶ 0166-603737.

519
Grachtentuinen Fonds

Rubriek ■ ☑ kunst en cultuur

Algemeen ■ **WEBSITE** ▶ www.cultuurfonds.nl **TYPERING** ▶ fonds op naam **BEHEERD DOOR** ▶ Prins Bernhard Cultuurfonds **DIRECTIE** ▶ zie > Prins Bernhard Cultuurfonds **BESTUUR** ▶ zie > Prins Bernhard Cultuurfonds

Missie ■ **DOELSTELLING** ▶ Het financieel ondersteunen van toegankelijk historisch groen in de Amsterdamse grachtengordel.

Werkgebied ■ **ACTIERADIUS** ▶ Lokaal **LAND** ▶ Nederland **REGIO** ▶ Noord-Holland **PLAATS** ▶ Amsterdam.

Projecten ■ **CRITERIA** ▶ geen projectcriteria bekend **DOORLOOPTIJD** ▶ ☑ korter dan 1 jaar **STATUS AANVRAGER** ▶ ☑ stichting of vereniging (non-profit) ☑ overig **VOORKEUR/UITSLUITING** ▶ geen voorkeur of uitsluiting bekend.

Procedure ■ **OP AANVRAAG** ▶ ja **AANVRAAGPROCEDURE** ▶ Dit 'fonds op naam' ressorteert onder het Prins Bernhard Cultuurfonds. Verzoeken aan fondsen op naam komen op één centraal punt binnen. Dit houdt in dat een subsidieaanvraag slechts eenmaal aan het Prins Bernhard Cultuurfonds hoeft te worden gezonden. Voor de verdere aanvraagprocedure: zie Prins Bernhard Cultuurfonds. **URL** ▶ www.cultuurfonds.nl/aanvragen

Contact ■ **BEREIKBAAR PER** ▶ ☑ post ☑ e-mail ☑ telefoon **CONTACTPERSOON** ▶ geen contactpersoon bekend **POSTADRES** ▶ Postbus 19750, 1000 GT Amsterdam **EMAIL (ALGEMEEN)** ▶ info@cultuurfonds.nl **TELEFOON (ALGEMEEN)** ▶ 020-5206130.

520
Stichting GreenDreamFoundation

Rubriek ■ ☑ maatschappij, welzijn en samenleving ☑ economische ontwikkeling en microkrediet

Algemeen ■ **WEBSITE** ▶ www.greendreamfoundation.nl **TYPERING** ▶ vermogensfonds **OPGERICHT** ▶ 28-12-2005 **RECHTSVORM** ▶ stichting **KVK** ▶ 11063856 **ANBI STATUS** ▶ ja **DIRECTIE** ▶ geen directiegegevens bekend **BESTUUR** ▶ L. van Rijckevorsel, voorzitter; L. van Rijckevorsel, penningmeester; mw. L. van Hooft; mw.drs. L.J. Dijkstra.

Missie ■ **DOELSTELLING** ▶ De Stichting heeft tot doel bij te dragen aan een wereld met blijdschap en welvaart voor iedereen - op een duurzame manier en met respect voor de natuur - door te werken aan armoedebestrijding en vredestichting in ontwikkelingslanden. **STICHTER(S)** ▶ Léon van Rijckevorsel en Leontine van Hooft **HISTORIE** ▶ Opgericht in 2005 als non-profit organisatie concentreerde de stichting zich op Community Building met een focus op Ethiopië. De stichting coachte ook jonge ondernemers en medefinancierde de watervoorziening in vluchtelingenkamp Hartisheik in een periode van droogte. Dit waren allemaal individuele niet met elkaar samenhangende initiatieven die een positieve verandering teweegbrachten, maar geen duurzaamheid en zelfvoorziening op de lange termijn. In 2006 hebben de oprichters een ontmoeting gehad met de ambassadeur van Ethiopië in Brussel, die hen voorstelde om een zakelijke aanpak te volgen en werkgelegenheid voor de lokale bevolking te creëren als ze meer betekenis wilden hebben en een (grotere) impact op lange termijn. Deze ontmoeting leidde Léon en Leontine ertoe een bedrijf op te richten en toerismeontwikkeling als gebied te kiezen om een positieve verandering in de opkomende markten tot stand te brengen.

Doelgroep ■ **ALGEMEEN** ▶ inheemse volken **SPECIFIEK** ▶ Geen specifieke doelgroep **ACTIVITEITEN** ▶ Om de doelstelling te bereiken focust de stichting zich op de sector toerisme. Toerisme is voor ontwikkelingslanden immers de eerste sector die tot bloei komt. Een gebrek aan professionele kennis houdt ontwikkeling van de sector tegen, terwijl de sector toerisme het vliegwiel voor andere sectoren vormt. Professionalisering van de sector leidt tot duurzame ontwikkeling, werkgelegenheid voor velen en economische groei. De stichting ontwikkelt verschillende concepten die zijn gericht op de transformatie van landelijke gebieden in eco-toeristische bestemmingen. De stichting fungeert als een incubator van nieuwe ideeën, van laboratoria. Als een laboratorium volwassen is geworden, kan het autonoom worden en uitgroeien tot een onafhankelijk opererende organisatie. Concentrerend rond de basisbehoeften van die laboratoria onderscheiden we verschillende organisaties die enerzijds ontstonden in onderlinge afhankelijkheid en anderzijds elkaar versterken, zoals de kleine kamers van de nautilusschelp. Onze pijlers: ☑ CommunityBuilding ☑ GreenDreamCompany ☑ GreenDreamAcademy ☑ Ubuntu Impact Investering. **INTERVENTIENIVEAU** ▶ Steun aan lokale/provinciale maatschappelijke organisaties en structuren (incl. gemeenten etc.) die diensten verlenen aan individuen.; Steun op niveau van maatschappij zelf (beleidsbeïnvloeding, etc.).

Werkgebied ■ **ACTIERADIUS** ▶ Internationaal **LAND** ▶ Ethiopië.

Bestedingen ■ **BUDGET** ▶ niet openbaar **SOORT BIJDRAGE** ▶ overig **BOVENGRENS** ▶ geen **ONDERGRENS** ▶ geen.

Projecten ■ **CRITERIA** ▶ geen projectcriteria bekend **DOORLOOPTIJD** ▶ ☑ onbekend **STATUS AANVRAGER** ▶ ☑ geen beperkingen bekend **VOORKEUR/UITSLUITING** ▶ geen voorkeur of uitsluiting bekend.

Procedure ■ **OP AANVRAAG** ▶ onbekend **AANVRAAGPROCEDURE** ▶ Geen aanvraagprocedure bekend.

Financieel ■ **HERKOMST MIDDELEN** ▶ giften & schenkingen, overige inkomsten **BOEKJAAR** ▶ boekjaar onbekend.

Contact ■ **BEREIKBAAR PER** ▶ ☑ post ☑ e-mail ☑ telefoon **CONTACTPERSOON** ▶ Mw. L. van Hooft **POSTADRES** ▶ Boschstraat 51, 5301 AB Zaltbommel **EMAIL (ALGEMEEN)** ▶ info@greendreamfoundation.nl **TELEFOON (ALGEMEEN)** ▶ 0418-517435 **TELEFOON (AANVRAGEN)** ▶ 06-23360859.

521
Stichting De Grez-Mahie

Rubriek ■ ☑ gezondheidszorg ☑ maatschappij, welzijn en samenleving

Algemeen ■ **WEBSITE** ▶ www.grez-mahie.nl **TYPERING** ▶ vermogensfonds **OPGERICHT** ▶ 01-03-1995 **RECHTSVORM** ▶ stichting **KVK** ▶ 41106602 **ANBI STATUS** ▶ ja **DIRECTIE** ▶ geen directiegegevens bekend **BESTUUR** ▶ W.C.H. Brandt, voorzitter; mw. D.I.J.M.T. Claassen-van Dooren, penningmeester; mw. M.J.W.M. Vos-van Bree, secretaris; mw. A.M.H. Moust; mw. S. der Kinderen-Wösten; A.J.L. Weebers; mw. E.S.M. van Bergen; T.W.M. van Meeuwen; mw. M. Vermeer.

Missie ■ **DOELSTELLING** ▶ Het doel van de stichting is de ondersteuning van sociaal kwetsbare groepen in de breedste zin van het woord, zowel op lichamelijk als op geestelijk gebied. Het bestuur van de stichting realiseert deze doelstelling door financiële bijdragen te verlenen aan projecten die ten goede komen aan de lichamelijke en geestelijke ondersteuning van mensen met een maatschappelijke achterstand en gehandicapten in Breda en omstreken. Daarbij staan sociale cohesie en participatie centraal. **STICHTER(S)** ▶ Stichting Erfgoed de Grez-Mahie **HISTORIE** ▶ Het echtpaar De Grez-Mahie woonde rond het jaar 1900 in het landhuis Valkrust in het Ginneken. Het echtpaar, en met name Jacqueline, De Grez-Mahie heeft veel geld geschonken voor de oprichting van het voormalige Laurensziekenhuis en de Laurensparochie. Deze schenkingen waren 'ten eeuwigen dage' bestemd voor de kwetsbaren en zieken en zijn ondergebracht in de Stichting De Grez-Mahie.

Doelgroep ■ **ALGEMEEN** ▶ armen, zieken, gehandicapten **SPECIFIEK** ▶ Sociaal kwetsbare groepen (bijvoorbeeld: mensen met een maatschappelijke achterstand en gehandicapten) in Breda en omstreken. **ACTIVITEITEN** ▶ ☑ Het ondersteunen van organisaties; ☑ Bredaas fondsenoverleg; ☑ Bredase Vredesprijs. **INTERVENTIENIVEAU** ▶ Steun aan lokale/provinciale maatschappelijke organisaties en structuren (incl. gemeenten etc.) die diensten verlenen aan individuen.

Werkgebied ■ **ACTIERADIUS** ▶ Lokaal **LAND** ▶ Nederland **PLAATS** ▶ Breda e.o.

Bestedingen ■ **BUDGET** ▶ niet openbaar **ONDERSTEUNDE PROJECTEN P/J** ▶ 21 **SOORT BIJDRAGE** ▶ giften **BOVENGRENS** ▶ geen **ONDERGRENS** ▶ geen.

Projecten ■ **CRITERIA** ▶ Een aanvraag komt slechts in aanmerking indien: ☑ een project wordt uitgevoerd door een organisatie zonder winstoogmerk; ☑ het project past binnen de doelstelling van de stichting ☑ een project is gericht op Breda en omgeving; ☑ het gaat om een eenmalige financiële bijdrage; ☑ een project aantoonbaar niet (voldoende) kan worden gefinancierd uit de reguliere middelen of overheidssubsidies, ☑ er is geen sprake van belangenverstrengeling tussen projectaanvrager en (een van de leden van) het bestuur van het stichting. **DOORLOOPTIJD** ▶ ☑ korter dan 1 jaar **STATUS AANVRAGER** ▶ ☑ stichting of vereniging (non-profit) **VOORKEUR/UITSLUITING** ▶ ☑ Projecten of activiteiten die aantoonbaar bijdragen aan participatie en sociale cohesie en die geïnitieerd worden door een vrijwilligers-organisatie krijgen voorrang.

Procedure ■ **OP AANVRAAG** ▶ ja **DOORLOOPTIJD** ▶ 3-6 maanden **AANVRAAGPROCEDURE** ▶ Het indienen van aanvragen kan via het aanvraagformulier op de website of per e-mail. Er is twee maal per jaar vergadering, in principe in april en oktober. Aanvragen voor een subsidie moeten uiterlijk 1 april respectievelijk 1 oktober door ons ontvangen zijn. Het bestuur beoordeelt of de aanvraag volledig is, vraagt eventueel om nadere informatie en komt uiterlijk vier weken na sluitingstermijn tot een besluit. Dat besluit wordt binnen twee weken meegedeeld aan de aanvragers. **URL** ▶ www.grez-mahie.nl/?page_id=38

Financieel ■ **INKOMSTEN EV** ▶ € 161.286 **HERKOMST MIDDELEN** ▶ vermogen **BOEKJAAR** ▶ 2019 **JAARVERSLAG OP WEBSITE** ▶ ja.

Contact ■ **BEREIKBAAR PER** ▶ ☒ post ☑ e-mail ☒ telefoon **CONTACTPERSOON** ▶ geen contactpersoon bekend **POSTADRES** ▶ Geen postadres bekend **EMAIL (ALGEMEEN)** ▶ fondsbeheer@grez-mahie.nl.

522

Van Groenendael-Krijger Stichting tot Bevordering van de Entomologische Wetenschap

Rubriek ■ ☑ natuur, milieu en dieren ☑ onderwijs en onderzoek

Algemeen ■ **WEBSITE** ▶ www.ue-stichting.nl/index.php?option=com_content&view=article&id=37&itemid=38 **TYPERING** ▶ vermogensfonds **OPGERICHT** ▶ 17-04-1979 **RECHTSVORM** ▶ stichting **KVK** ▶ 41199186 **ANBI STATUS** ▶ ja **DIRECTIE** ▶ geen directiegegevens bekend **BESTUUR** ▶ Drs. P. Koomen, voorzitter; dr. P. Oosterbroek, penningmeester; S.J. Tiemersma, secretaris; dr. J.A.J. Breeuwer; O. Franken; dr. M. Liefting; mw. M.J. van der Straten; dr. O.F.J. Vorst; Drs. A. Weiss; A. Krediet PhD.

Missie ■ **DOELSTELLING** ▶ De Van Groenendael-Krijger Stichting ter bevordering van de entomologische wetenschap in Nederland, zoals de officiële naam is, heeft conform de statuten in het bijzonder tot doel het prepareren, rangschikken, bewerken en in stand houden van de door de heer J.M.A. van Groenendael opgebouwde Indo-Australische Lepidoptera verzameling, alsmede het bevorderen van de bestudering van de indo-australische Lepidoptera, waarbij de voornoemde verzameling een belangrijk deel van het studiemateriaal dient te verschaffen. Zolang de werkzaamheden aan de bovenbedoelde verzameling naar het oordeel van het bestuur niet zijn voltooid, zullen de activiteiten van de stichting niet of slechts beperkt gericht zijn op het bevorderen van het algemene doel van de stichting. Nadat de werkzaamheden aan bovenbedoelde verzameling zullen zijn voltooid, worden de gelden van de stichting besteed aan de bevordering van de entomologische wetenschap in Nederland in de meest algemene zin. **STICHTER(S)** ▶ De heer J.M.A. van Groenendael en zijn echtgenote mevrouw A.H. Krijger. **HISTORIE** ▶ De stichting is in 1979 opgericht door de heer J.M.A. van Groenendael en zijn echtgenote mevrouw A.H. Krijger. Na het overlijden van de heer Van Groenendael is de door hem opgebouwde Indo-Australische Lepidoptera verzameling geleidelijk overgedragen aan het Zoölogisch Museum van de Universiteit van Amsterdam (ZMA). Na het overlijden van de weduwe van de heer Van Groenendael werd het vermogen van de stichting geheel ter beschikking gesteld aan het bovengenoemde statutaire doel. In 2010 is het ZMA samengevoegd met het Nederlands Centrum voor Biodiversiteit Naturalis (Naturalis) te Leiden. Als gevolg daarvan is de Van Groenendael-Krijger collectie, samen met de overige ZMA collecties, verplaatst naar Leiden waar deze wordt samengevoegd mat de collectie van Naturalis. Per 1 januari 2013 is de gehele collectie van Naturalis, inclusief de voormalige collectie van het ZMA, en daarmee de Van Groenendael-Krijger collectie, in eigendom overgedragen aan het Rijk. **BELEIDSPLAN OP WEBSITE** ▶ ja.

Doelgroep ■ **ALGEMEEN** ▶ dieren **SPECIFIEK** ▶ Wetenschappers in de entomologische wetenschap. **ACTIVITEITEN** ▶ Het beleid van de Van Groenendael-Krijger Stichting is momenteel gericht op het volgen alsmede subsidiëren van de ontsluiting voor wetenschappelijk onderzoek en invoeging van de Van Groenendael-Krijger collectie in de collectie van Naturalis. Zolang de werkzaamheden aan bovenbedoelde collectie naar het oordeel van het bestuur niet zijn voltooid, zullen de activiteiten van de stichting niet of slechts beperkt gericht zijn op het bevorderen van het algemene doel van de stichting. Nadat de werkzaamheden aan de verzameling zullen zijn voltooid, worden de gelden van de stichting besteed aan de bevordering van de entomologische wetenschap in Nederland in de meest algemene zin. Subsidies zijn verstrekt voor: ☑ Ontsluiting papillotten (in de collectie); ☑ Instandhouding en bestudering van de verzameling; ☑ Kennis over Maleise dagvlinders breder inzetbaar. **INTERVENTIENIVEAU** ▶ Steun aan individuen (directe steun).; Steun aan lokale/provinciale maatschappelijke organisaties en structuren (incl. gemeenten etc.) die diensten verlenen aan individuen.

Werkgebied ■ **ACTIERADIUS** ▶ Nationaal **LAND** ▶ Nederland.

Bestedingen ■ **BUDGET** ▶ niet openbaar **SOORT BIJDRAGE** ▶ giften subsidies **BOVENGRENS** ▶ geen **ONDERGRENS** ▶ geen.

Projecten ■ **CRITERIA** ▶ geen projectcriteria bekend **DOORLOOPTIJD** ▶ ☑ onbekend **STATUS AANVRAGER** ▶ ☑ geen beperkingen bekend **VOORKEUR/UITSLUITING** ▶ geen voorkeur of uitsluiting bekend.

Procedure ■ **OP AANVRAAG** ▶ onbekend **AANVRAAGPROCEDURE** ▶ geen aanvraagprocedure bekend.

Financieel ■ **INKOMSTEN EV** ▶ € 7.984 **HERKOMST MIDDELEN** ▶ vermogen, inkomsten uit vermogen **BOEKJAAR** ▶ 2018 **JAARVERSLAG OP WEBSITE** ▶ ja.

Contact ■ **BEREIKBAAR PER** ▶ ☑ post ☑ e-mail ☑ telefoon **CONTACTPERSOON** ▶ J. van der Bijl **POSTADRES** ▶ Nassauplein 9, 2011 PG Haarlem

EMAIL (ALGEMEEN) ▶ uestichting@gmail.com **TELEFOON (ALGEMEEN)** ▶ 0619012190.

523
Groesbeek-Assenbroek Stichting

Rubriek ■ ☑ onderwijs en onderzoek

Algemeen ■ **WEBSITE** ▶ www.groesbeekassenbroek.nl **TYPERING** ▶ vermogensfonds **OPGERICHT** ▶ 14-12-1949 **RECHTSVORM** ▶ stichting **KVK** ▶ 41199231 **ANBI STATUS** ▶ ja **DIRECTIE** ▶ geen directiegegevens bekend **BESTUUR** ▶ Prof.dr. E.J.A. Scherder, voorzitter; drs. D.H.E. van Ruller, penningmeester; mw.mr. D. Nijkamp-Smit, secretaris; prof.dr. J.C.J.M. de Haes; mw.drs. C. Flüggen; drs. J.W. Nieuwenhuis.

Missie ■ **DOELSTELLING** ▶ Verlenen van financiële steun aan personen, teneinde hen in staat te stellen aan door het Rijk erkende instellingen voor wetenschappelijk onderwijs, binnen het Rijk in Europa gevestigd, te kunnen studeren. Het gaat om personen die in dusdanige financiële omstandigheden verkeren, dat zij niet anders dan met groot bezwaar zelf de studie kunnen financieren, terwijl het tevens waarschijnlijk is dat zij binnen redelijke tijd de studie zullen voltooien. **STICHTER(S)** ▶ Mevrouw Anna Margaretha Frederika Assenboek (1872–1960) **HISTORIE** ▶ Mevrouw Anna Margaretha Frederika Assenbroek was de echtgenote van de heer Klaas Groesbeek. Zij heeft het initiatief genomen tot het oprichten van een stichting ter nagedachtenis van haar man. De Groesbeek-Assenbroek Stichting werd op 14 december 1949 opgericht. Klaas Groesbeek (1858–1936) was één van de markante figuren uit de Nederlandse boekhandel- en uitgeverijwereld. In 1881 nam hij de boekhandel Scheltema Holkema, gevestigd te Amsterdam, over. Ruim 50 jaar had hij de leiding en het bedrijf kwam tot grote bloei. Naast de verkoop van boeken, ging Groesbeek zich ook toeleggen op het verhandelen van prenten en schilderijen en in 1892 associeerde hij zich met de gerenommeerde kunsthandel Van Wisselingh. Naast zijn werkzaamheden voor de firma, bekleedde Groesbeek tal loze bestuurlijke functies en had hierdoor grote invloed op het maatschappelijk en politieke gebeuren in Amsterdam. **BELEIDSPLAN OP WEBSITE** ▶ ja.

Doelgroep ■ **ALGEMEEN** ▶ studenten **SPECIFIEK** ▶ Geen specifieke doelgroep **ACTIVITEITEN** ▶ Geen specifieke activiteiten bekend **INTERVENTIENIVEAU** ▶ Steun aan individuen (directe steun).

Werkgebied ■ **ACTIERADIUS** ▶ Nationaal **LAND** ▶ Nederland.

Bestedingen ■ **BUDGET** ▶ niet openbaar **ONDERSTEUNDE PROJECTEN P/J** ▶ 62 **SOORT BIJDRAGE** ▶ giften studiebeurzen **BOVENGRENS** ▶ € 6.000 **ONDERGRENS** ▶ geen.

Projecten ■ **CRITERIA** ▶ De aanvragen tot steun zijn afkomstig van alle universiteiten in Nederland en worden verleend aan studenten ongeacht geslacht, geloofsovertuiging of nationaliteit. Studenten die een toelage aanvragen moeten in het verleden hebben aangetoond dat ze de kwaliteiten hebben om de studie met succes af te ronden. **DOORLOOPTIJD** ▶ ☑ korter dan 1 jaar **STATUS AANVRAGER** ▶ ☑ individuen/gezinnen **VOORKEUR/UITSLUITING** ▶ Zonder brief van de studentendecaan worden geen aanvragen in behandeling genomen. De Groesbeek Assenbroekstichting verstrekt geen beurzen aan: ☑ studenten die een HBO opleiding volgen; ☑ studenten die aan een Hogeschool studeren; ☑ studenten die in het buitenland gaan studeren of stage lopen; ☑ studenten die gaan promoveren.

Procedure ■ **OP AANVRAAG** ▶ ja **DOORLOOPTIJD** ▶ 1-3 maanden; 3-6 maanden; 6-12 maanden **AANVRAAGPROCEDURE** ▶ Bij een eerste aanvraag moet worden ingeleverd: ☑ volledig ingevuld aanvraagformulier (online),; ☑ motivatiebrief van de student zelf,; ☑ officiële uitdraai van de studieresultaten vanaf de aanvang van de studie,; ☑ gespecificeerde begroting voor het komende studiejaar met alle inkomsten en uitgaven, inclusief aanvragen bij andere fondsen,; ☑ bedrag dat wordt gevraagd,; ☑ recent CV; ☑ aanbevelingsbrief van een studentendecaan. Bij een continueringsaanvraag moet worden ingeleverd: ☑ volledig ingevuld aanvraagformulier,; ☑ verslag van de studievoortgang van het afgelopen jaar (brief student zelf),; ☑ officiële uitdraai van de studieresultaten van het afgelopen jaar,; ☑ gespecificeerde begroting voor het komende studiejaar met alle inkomsten en uitgaven,; ☑ inclusief aanvragen bij andere fondsen,; ☑ bedrag dat aan de Groesbeek – Assenbroek stichting wordt gevraagd,; ☑ aanbevelingsbrief van een studentendecaan. Aanvragen dienen uiterlijk 1 juni te zijn ingediend. Eenmaal per jaar (begin juli) beoordeelt het bestuur de aanvragen. **URL** ▶ www.groesbeekassenbroek.nl/?page_id=57

Financieel ■ **INKOMSTEN EV** ▶ € 141.909 **HERKOMST MIDDELEN** ▶ vermogen, overige inkomsten, giften & schenkingen **BOEKJAAR** ▶ 2019 **JAARVERSLAG OP WEBSITE** ▶ ja.

Contact ■ **BEREIKBAAR PER** ▶ ☑ post ☑ e-mail ☑ telefoon **CONTACTPERSOON** ▶ Mw. mr. D. Nijkamp **POSTADRES** ▶ Bachstraat 15, 1077 GE Amsterdam **EMAIL (ALGEMEEN)** ▶ info@groesbeekassenbroek.nl **TELEFOON (ALGEMEEN)** ▶ 0641195088.

524
Stichting Groothuisfonds

Rubriek ■ ☑ maatschappij, welzijn en samenleving ☑ kunst en cultuur ☑ kerk en levensbeschouwing

Algemeen ■ **WEBSITE** ▶ www.twentsefondsen.nl/fonds/stichting-groothuis-fonds **TYPERING** ▶ vermogensfonds **OPGERICHT** ▶ 03-02-2010 **RECHTSVORM** ▶ stichting **KVK** ▶ 50424637 **ANBI STATUS** ▶ ja **DIRECTIE** ▶ geen directiegegevens bekend **BESTUUR** ▶ S.S. Rijpma, voorzitter; L. Berlauwt, penningmeester; L. Berlauwt, secretaris; J.P.H. Smits.

Missie ■ **DOELSTELLING** ▶ Het ondersteunen van kerkelijke, levensbeschouwelijke, charitatieve, culturele, wetenschappelijke of andere het algemeen nut beogende instellingen. Dit doel zal zoveel mogelijk in Hengelo (Overijssel en Twente gerealiseerd worden), waarbij de nadruk wordt gelegd op instellingen met een Rooms Katholiek karakter.

Doelgroep ■ SPECIFIEK ▶ Geen specifieke doelgroep ACTIVITEITEN ▶ Geen specifieke activiteiten bekend INTERVENTIENIVEAU ▶ Steun aan lokale/provinciale maatschappelijke organisaties en structuren (incl. gemeenten etc.) die diensten verlenen aan individuen.

Werkgebied ■ ACTIERADIUS ▶ Regionaal LAND ▶ Nederland REGIO ▶ Twente.

Bestedingen ■ BUDGET ▶ niet openbaar SOORT BIJDRAGE ▶ giften BOVENGRENS ▶ geen ONDERGRENS ▶ geen.

Projecten ■ CRITERIA ▶ geen projectcriteria bekend DOORLOOPTIJD ▶ ☑ onbekend STATUS AANVRAGER ▶ ☑ stichting of vereniging (non-profit) ☑ kerkelijke instelling ☑ onderwijsinstelling ☑ overig VOORKEUR/UITSLUITING ▶ Nadruk op/voorkeur voor instellingen met een Rooms Katholiek karakter en Hengelo (Overijssel).

Procedure ■ OP AANVRAAG ▶ ja DOORLOOPTIJD ▶ korter dan 1 maand; 6-12 maanden; 3-6 maanden AANVRAAGPROCEDURE ▶ Aanvragen kunnen zowel schriftelijk als via e-mail worden ingediend. De aanvraag kan tot 1 april resp. tot 1 november van elk jaar worden ingediend waarna de aanvrager 1 à 2 weken ná de bestuursvergadering in april resp. november wordt ingelicht.

Financieel ■ HERKOMST MIDDELEN ▶ vermogen.

Contact ■ BEREIKBAAR PER ▶ ☑ post ☑ e-mail ☑ telefoon CONTACTPERSOON ▶ L. Berlauwt POSTADRES ▶ Grotestraat 349, 7622 GK Borne EMAIL (ALGEMEEN) ▶ lberlauwt1994@kpnmail.nl TELEFOON (ALGEMEEN) ▶ 074-2664979; 06-48244643.

525
GSRD Stichting

Rubriek ■ ☑ onderwijs en onderzoek ☑ economische ontwikkeling en microkrediet ☑ maatschappij, welzijn en samenleving

Algemeen ■ WEBSITE ▶ www.gsrdfoundation.com TYPERING ▶ vermogensfonds OPGERICHT ▶ 2007 RECHTSVORM ▶ stichting KVK ▶ 34277441 ANBI STATUS ▶ ja DIRECTIE ▶ geen directiegegevens bekend BESTUUR ▶ Mw. F. Bruinsma; mw. A.J.T. van Tilburg-Aalbers; J.M. van Tilburg; F. Vossenaar; M. Steeman.

Missie ■ DOELSTELLING ▶ De GSRD Foundation wil bijdragen aan en zich richten op ontwikkeling en verzelfstandiging binnen gemeenschappen in de productielanden van G-Star door projecten te ondersteunen: ☑ waarbij kinderen onderwijs of een opleiding krijgen en kansen biedt op een betere toekomst: vocational training (beroepsonderwijs). Door kinderen en jong volwassenen onderwijs te bieden en op te leiden, geef je hen de mogelijkheden om voor zijn of haar eigen inkomen te zorgen en zal dit de kinderen en hun familie meer kansen geven op een betere toekomst. ☑ die (startende) ondernemers helpen hun ideeën te realiseren: entrepreneurship (ondernemerschap). (Startende) ondernemers worden gesteund en aangespoord om zelf hun eigen situatie in de hand te nemen en te verbeteren. Zo worden ze gestimuleerd om zichzelf en hun familie een betere toekomst te geven en de economie te stimuleren. STICHTER(S) ▶ G-Star RAW HISTORIE ▶ In 2007 werd de GSRD foundation opgericht door G-Star. Dit met als doel om een positieve invloed te hebben op gemeenschappen in de landen waar G-Star producten vervaardigd. Met de GSRD foundation wil G-Star de verbinding tussen G-Star en deze gemeenschappen versterken, door actief betrokken te zijn bij het verbeteren van de lange termijn vooruitzichten van de geïncludeerde gemeenschappen. BELEIDSPLAN OP WEBSITE ▶ ja.

Doelgroep ■ ALGEMEEN ▶ kinderen, jongeren, inheemse volken, armen SPECIFIEK ▶ Geen specifieke doelgroep ACTIVITEITEN ▶ De GSRD Foundation is een vermogensfonds en wil haar doel bereiken door proactief de juiste projecten/goede doelen stichtingen te vinden om (samen met andere donoren) projecten te ondersteunen. De stichting gaat samenwerkingsverbanden aan en doneert/verstrekt leningen aan gevestigde, professionele, internationale en lokale goede doelen en stichtingen die ervaring hebben en werkzaam zijn binnen de doelen van de GSRD Foundation: Vocational Training en Entrepreneurship. INTERVENTIENIVEAU ▶ Steun aan lokale/provinciale maatschappelijke organisaties en structuren (incl. gemeenten etc.) die diensten verlenen aan individuen.; Steun op niveau van maatschappij zelf (beleidsbeïnvloeding, etc.).

Werkgebied ■ ACTIERADIUS ▶ Internationaal LAND ▶ Bangladesh, China, India, Vietnam.

Bestedingen ■ BUDGET ▶ niet openbaar SOORT BIJDRAGE ▶ leningen subsidies giften garanties BOVENGRENS ▶ geen ONDERGRENS ▶ geen.

Projecten ■ CRITERIA ▶ geen projectcriteria bekend DOORLOOPTIJD ▶ ☑ onbekend STATUS AANVRAGER ▶ ☑ geen beperkingen bekend VOORKEUR/UITSLUITING ▶ geen voorkeur of uitsluiting bekend.

Procedure ■ OP AANVRAAG ▶ onbekend AANVRAAGPROCEDURE ▶ Geen aanvraagprocedure bekend.

Financieel ■ INKOMSTEN EV ▶ € 525.513 INKOMSTEN OV ▶ € 7.055.348 HERKOMST MIDDELEN ▶ moederorganisatie (bijdragen), giften & schenkingen, inkomsten uit vermogen, vermogen BOEKJAAR ▶ 2019 JAARVERSLAG OP WEBSITE ▶ ja.

Contact ■ BEREIKBAAR PER ▶ ☑ post ☑ e-mail ☑ telefoon CONTACTPERSOON ▶ geen contactpersoon bekend POSTADRES ▶ Postbus 12177, 1100 AD Amsterdam EMAIL (ALGEMEEN) ▶ secretariat@gsrd.com TELEFOON (ALGEMEEN) ▶ +31207158087.

526
Gusta Bruijn-Koch Fonds

Rubriek ■ ☑ kunst en cultuur ☑ onderwijs en onderzoek

Algemeen ■ WEBSITE ▶ www.cultuurfonds.nl TYPERING ▶ fonds op naam BEHEERD DOOR ▶ Prins Bernhard Cultuurfonds DIRECTIE ▶ zie Prins Bernhard Cultuurfonds BESTUUR ▶ zie Prins Bernhard Cultuurfonds

Missie ■ DOELSTELLING ▶ Het financieel ondersteunen van jonge musici, bij voorkeur pianisten, voor studiereizen, masterclasses, verbetering van hun instrument en voor overige projecten die bijdragen aan hun ontwikkeling als musicus. Daarnaast kunnen projecten die bijdragen aan de ontwikkeling van jonge musici in het algemeen financieel ondersteund worden.

Werkgebied ■ **ACTIERADIUS** ► Nationaal, Internationaal **LAND** ► Nederland.
Projecten ■ **CRITERIA** ► geen projectcriteria bekend **DOORLOOPTIJD** ► ☑ korter dan 1 jaar **STATUS AANVRAGER** ► ☑ geen beperkingen bekend **VOORKEUR/UITSLUITING** ► Voorkeur gaat uit naar pianisten.
Procedure ■ **OP AANVRAAG** ► ja **AANVRAAGPROCEDURE** ► Dit 'fonds op naam' ressorteert onder het Prins Bernhard Cultuurfonds. Verzoeken aan fondsen op naam komen op één centraal punt binnen. Dit houdt in dat een subsidieaanvraag slechts eenmaal aan het Prins Bernhard Cultuurfonds hoeft te worden gezonden. Voor de verdere aanvraagprocedure: zie Prins Bernhard Cultuurfonds. **URL** ► www.cultuurfonds.nl/aanvragen
Contact ■ **BEREIKBAAR PER** ► ☑ post ☑ e-mail ☑ telefoon **CONTACTPERSOON** ► geen contactpersoon bekend **POSTADRES** ► Postbus 19750, 1000 GT Amsterdam **EMAIL (ALGEMEEN)** ► info@cultuurfonds.nl **TELEFOON (ALGEMEEN)** ► 020-5206130.

527
Stichting Het Guyotfonds

Rubriek ■ ☑ maatschappij, welzijn en samenleving
Algemeen ■ **WEBSITE** ► www.guyotfonds.nl **TYPERING** ► vermogensfonds **OPGERICHT** ► 23-11-1913 **RECHTSVORM** ► stichting **KVK** ► 41185788 **ANBI STATUS** ► ja **DIRECTIE** ► geen directiegegevens bekend **BESTUUR** ► geen bestuursgegevens bekend.
Missie ■ **DOELSTELLING** ► De stichting heeft als doel morele en materiële steun te verlenen aan individuele oudere hulpbehoevende doven in Nederland. Bij de groep hulpbehoevende dove personen worden ook jongere dove personen gerekend die problemen kennen in het opbouwen van een zo zelfstandig mogelijk bestaan. **STICHTER(S)** ► G. Zoet en G.J. Elbrink **HISTORIE** ► Het Guyotfonds is opgericht in 1913 door de toenmalige instituten voor doven.
Doelgroep ■ **ALGEMEEN** ► gehandicapten **SPECIFIEK** ► Doven. **ACTIVITEITEN** ► Geen specifieke activiteiten bekend **INTERVENTIENIVEAU** ► Steun aan individuen (directe steun).
Werkgebied ■ **ACTIERADIUS** ► Nationaal **LAND** ► Nederland.
Bestedingen ■ **BUDGET** ► niet openbaar **SOORT BIJDRAGE** ► giften leningen **BOVENGRENS** ► geen **ONDERGRENS** ► geen.
Projecten ■ **CRITERIA** ► Projecten/aanvragen dienen; ☑ voldoende aan te sluiten bij de doelstelling van de stichting,; ☑ voldoende inzicht en onderbouwing te bieden bij de onderliggende financiële problematiek,; ☑ aan te tonen dat er geen andere (reguliere) subsidievoorzieningen of financiering aanwezig zijn,. **DOORLOOPTIJD** ► ☑ onbekend **STATUS AANVRAGER** ► ☑ geen beperkingen bekend **VOORKEUR/UITSLUITING** ► Geen structurele steun.
Procedure ■ **OP AANVRAAG** ► ja **DOORLOOPTIJD** ► 1-3 maanden; geen doorlooptijd bekend; geen doorlooptijd bekend **AANVRAAGPROCEDURE** ► De schriftelijke aanvraag van een dove persoon of van zijn/haar professionele hulpverlener komt binnen op het postadres van de stichting. De aanvragen worden in het dagelijks bestuur besproken. Het bestuur rapporteert schriftelijk aan de aanvrager over het genomen besluit, voorzien van een argumentatie en eventuele donatievoorwaarden. De aanvraag met een kopie van het antwoord gaat naar het financieel dossier van de stichting. **URL** ► www.guyotfonds.nl/gf_aanvraagprocedure.html
Financieel ■ **HERKOMST MIDDELEN** ► onbekend **BOEKJAAR** ► boekjaar onbekend.
Contact ■ **BEREIKBAAR PER** ► ☑ post ☑ e-mail ☒ telefoon **CONTACTPERSOON** ► geen contactpersoon bekend **POSTADRES** ► Bordewijklaan 163, 9721 WR Groningen **EMAIL (ALGEMEEN)** ► secretaris@guyotfonds.nl.

528
H. Hartstra Stichting

Rubriek ■ ☑ kerk en levensbeschouwing ☑ gezondheidszorg ☑ maatschappij, welzijn en samenleving ☑ onderwijs en onderzoek ☑ economische ontwikkeling en microkrediet ☑ mensenrechten, vrede en veiligheid
Algemeen ■ **WEBSITE** ► https://www.haella.nl/h-hartstra-stichting **TYPERING** ► vermogensfonds **OPGERICHT** ► 05-05-1952 **RECHTSVORM** ► stichting **KVK** ► 41028605 **ANBI STATUS** ► ja **DIRECTIE** ► geen directiegegevens bekend **BESTUUR** ► Mw. I. Oort, voorzitter; O. Bordes, penningmeester; mw. J.J. van Gijssel-Boxem, secretaris; J.C. Wery; B. van Etten.
Missie ■ **DOELSTELLING** ► Het verlenen van geldelijke steun aan: ☑ instellingen en personen die opkomen voor 'the lone, the last, the lost and the least' in de maatschappij; ☑ de Remonstrantse Broederschap; ☑ armoedebestrijding, gezondheidszorg, onderwijs; ☑ Amnesty International of soortgelijke instellingen. **STICHTER(S)** ► De heer H. Hartstra en zijn echtgenote mw. H.R. Hartstra-Loeff **HISTORIE** ► De H. Hartstra Stichting is in 1952 opgericht door de heer H. Hartstra en zijn echtgenote mw. H.R. Hartstra-Loeff. De heer Hartstra was internist en directeur van het ziekenhuis in Hengelo(o). Na dertig jaren een sluimerend bestaan te hebben gevoerd is de Stichting in 1982 nieuw leven ingeblazen. In 1999 is de stichting in contact gekomen met de Haëlla Stichting, met wie sindsdien een goede samenwerking bestaat. Aanvragen voor geldelijke steun worden vaak behandeld door het bureau van de Haëlla Stichting. **BELEIDSPLAN OP WEBSITE** ► ja.
Doelgroep ■ **ALGEMEEN** ► armen, vrouwen, vluchtelingen, dak- en thuislozen, kinderen, jongeren, gelovigen, zieken **SPECIFIEK** ► Geen specifieke doelgroep **ACTIVITEITEN** ► Rechtstreeks worden jaarlijks giften gedaan aan onder andere Amnesty International, Peace Brigade International, War Trauma Foundation en Stichting C.O.M.E. Naast een aantal 'vaste' organisaties ondersteunt de stichting ook vele projecten in ontwikkelingsgebieden die gericht zijn op verbetering van de gezondheidszorg, (vak)opleiding en het opzetten van kleinschalige ondernemingen. De stichting doet daarbij in sommige gevallen ook een meerjaren toezegging (max. 3 jaar). Tot slot: de bestuursleden mogen elk jaar met de kerstdagen 5 projecten/organisaties uitkiezen en deze ondersteunen met een kerstgift van € 500. **INTERVENTIENIVEAU** ► Steun

aan lokale/provinciale maatschappelijke organisaties en structuren (incl. gemeenten etc.) die diensten verlenen aan individuen.; Steun op niveau van maatschappij zelf (beleidsbeïnvloeding, etc.).

Werkgebied ■ ACTIERADIUS ▶ Internationaal LAND ▶ Wereldwijd.

Bestedingen ■ BUDGET ▶ € 300.000 TOELICHTING ▶ De stichting besteedt circa € 300.000 per jaar aan de vervulling van de doelstelling, waarvan circa € 100.000 via de Haëlla Stichting wordt besteed (inclusief ondersteuning van het platform Wij doen mee met € 20.000). ONDERSTEUNDE PROJECTEN P/J ▶ 50 SOORT BIJDRAGE ▶ giften BOVENGRENS ▶ geen ONDERGRENS ▶ geen.

Projecten ■ CRITERIA ▶ Projecten in ontwikkelingsgebieden die gericht zijn op verbetering van de gezondheidszorg, (vak)opleiding en het opzetten van kleinschalige ondernemingen. DOORLOOPTIJD ▶ ☑ onbekend STATUS AANVRAGER ▶ ☑ stichting of vereniging (non-profit) VOORKEUR/UITSLUITING ▶ geen voorkeur of uitsluiting bekend.

Procedure ■ OP AANVRAAG ▶ onbekend DOORLOOPTIJD ▶ binnen 4 maanden AANVRAAGPROCEDURE ▶ Geen aanvraagprocedure bekend. Het contact verloopt via de Haëlla Stichting.

Financieel ■ EIGEN VERMOGEN ▶ € 3.449.999.,25 INKOMSTEN EV ▶ € 308.260.,83 HERKOMST MIDDELEN ▶ vermogen, overige inkomsten BOEKJAAR ▶ 2018 JAARVERSLAG OP WEBSITE ▶ ja.

Contact ■ BEREIKBAAR PER ▶ ☑ post ☑ e-mail ☑ telefoon CONTACTPERSOON ▶ geen contactpersoon bekend POSTADRES ▶ Jan van Nassaustraat 102, 2596 BW Den Haag EMAIL (ALGEMEEN) ▶ info@haella.nl TELEFOON (ALGEMEEN) ▶ 070-3249929.

529

Stichting H. Verheulfonds

Rubriek ■ ☑ maatschappij, welzijn en samenleving ☑ kunst en cultuur

Algemeen ■ WEBSITE ▶ www.transparante-anbi.nl/product/stichting-h.-verheulfonds/2142 TYPERING ▶ vermogensfonds OPGERICHT ▶ 19-02-1992 RECHTSVORM ▶ stichting KVK ▶ 41174216 ANBI STATUS ▶ ja DIRECTIE ▶ geen directiegegevens bekend BESTUUR ▶ W. Kranenburg, voorzitter; P. Versteeg, penningmeester; C.M. van der Breggen-Glasbeek, secretaris.

Missie ■ DOELSTELLING ▶ De stichting is uitsluitend werkzaam in het verlenen van geldelijke steun aan culturele en andere maatschappelijke activiteiten binnen de gemeenten Waddinxveen, Gouda en Bodegraven-Reeuwijk, waarbij met name in de laatste gemeente steun wordt verleend aan die activiteiten voor zover gelegen of verricht binnen de voormalige gemeente Reeuwijk. BELEIDSPLAN OP WEBSITE ▶ ja.

Doelgroep ■ SPECIFIEK ▶ Geen specifieke doelgroep ACTIVITEITEN ▶ Geen specifieke activiteiten bekend INTERVENTIENIVEAU ▶ Steun aan lokale/provinciale maatschappelijke organisaties en structuren (incl. gemeenten etc.) die diensten verlenen aan individuen.

Werkgebied ■ ACTIERADIUS ▶ Lokaal LAND ▶ Nederland REGIO ▶ Zuid-Holland PLAATS ▶ Bodegraven-Reeuwijk, Gouda, Waddinxveen.

Bestedingen ■ BUDGET ▶ niet openbaar ONDERSTEUNDE PROJECTEN P/J ▶ 1 SOORT BIJDRAGE ▶ giften subsidies BOVENGRENS ▶ geen ONDERGRENS ▶ geen.

Projecten ■ CRITERIA ▶ geen projectcriteria bekend DOORLOOPTIJD ▶ ☑ onbekend STATUS AANVRAGER ▶ ☑ stichting of vereniging (non-profit) ☑ onderwijsinstelling ☑ kerkelijke instelling VOORKEUR/UITSLUITING ▶ geen voorkeur of uitsluiting bekend.

Procedure ■ OP AANVRAAG ▶ onbekend AANVRAAGPROCEDURE ▶ Geen aanvraagprocedure bekend.

Financieel ■ EIGEN VERMOGEN ▶ € 179.097 INKOMSTEN EV ▶ € 803 HERKOMST MIDDELEN ▶ onbekend BOEKJAAR ▶ 2019 JAARVERSLAG OP WEBSITE ▶ ja.

Contact ■ BEREIKBAAR PER ▶ ☑ post ☑ e-mail ☑ telefoon CONTACTPERSOON ▶ P. Versteeg POSTADRES ▶ Poelruit 80, 2811 SX Reeuwijk EMAIL (ALGEMEEN) ▶ pe.versteeg@planet.nl TELEFOON (ALGEMEEN) ▶ 0621706724.

530

Stichting H.S. Kammingafonds

Rubriek ■ ☑ kunst en cultuur ☑ maatschappij, welzijn en samenleving

Algemeen ■ WEBSITE ▶ www.jbs-hsk.nl TYPERING ▶ vermogensfonds OPGERICHT ▶ 27-03-1933 RECHTSVORM ▶ stichting KVK ▶ 41010275 ANBI STATUS ▶ nee DIRECTIE ▶ geen directiegegevens bekend BESTUUR ▶ M.J. van den Berg, voorzitter; mr. C.J. Kreb, penningmeester.

Missie ■ DOELSTELLING ▶ Bevordering van de geestelijke en stoffelijke verheffing van de bevolking in de provincie Groningen. STICHTER(S) ▶ Harmannus Simon Kamminga HISTORIE ▶ Het H.S. Kammingafonds, gevestigd in Groningen, is opgericht in 1933 met als doel de bevordering van geestelijke en stoffelijke verheffing van de bevolking van de provincie Groningen. In de spelling uit die tijd tracht de stichting dit doel te bereiken door de behartiging van provinciaal Groningsche belangen en die naar wisselende omstandigheden, nu hier dan daar te steunen, naar gelang van behoeften en vooruitzichten en verder door toepassing van al zodanige middelen welke aan het doel bevorderlijk kunnen zijn, één en ander in den ruimste zin genomen en geheel ter beoordeling van het bestuur. Het H.S. Kammingafonds werkt nauw samen met het J.B. Scholtenfonds.

Doelgroep ■ SPECIFIEK ▶ Inwoners van de provincie Groningen. ACTIVITEITEN ▶ Het fonds verleent (veelal bescheiden) investerings- en project-subsidies voor sociale, culturele en sociaal-culturele doeleinden. Bijvoorbeeld van jubilea van koor- en muziekgezelschappen met speciale feestconcerten, Groningana (boeken), bijzondere theaterprojecten, erfgoed-educatie in regionaal verband, renovaties van dorpshuizen en jeugdcentra, tot restauraties van monumenten, zoals kerken, molens, borgen en andere bijzondere objecten. Er is een nauwe samenwerking met het J.B. Scholtenfonds,. INTERVENTIENIVEAU ▶ Steun aan lokale/provinciale maatschappelijke organisaties en structuren (incl. gemeenten etc.) die diensten verlenen aan individuen.

Werkgebied ■ ACTIERADIUS ► Regionaal LAND ► Nederland REGIO ► Groningen.

Bestedingen ■ BUDGET ► niet openbaar SOORT BIJDRAGE ► giften BOVENGRENS ► geen ONDERGRENS ► geen.

Projecten ■ CRITERIA ► ☑ Bijdragen zijn mogelijk voor activiteiten op cultureel - sociaal - maatschappelijk terrein voor de provincie Groningen; ☑ Het moet gaan om activiteiten die geen deel zijn van de normale exploitatie van instellingen c.q. organisaties en in die zin aan te merken zijn als bijzondere activiteiten; ☑ Voor dezelfde soort activiteit van een instelling kan hoogstens één maal per drie jaar een bijdrage worden verleend. DOORLOOPTIJD ► ☑ korter dan 1 jaar STATUS AANVRAGER ► ☑ stichting of vereniging (non-profit) VOORKEUR/UITSLUITING ► Voor de volgende uitgaven worden géén bijdragen verleend: ☑ restauratie van particuliere woonhuizen; ☑ studiedoeleinden van welke aard ook; ☑ jaarlijkse exploitatielasten; ☑ muziekinstrumenten/uniformen; ☑ geregeld terugkerende (jaarlijks of anderszins) activiteiten; ☑ apparatuur (audio, film, computers e.d.); ☑ vakanties; ☑ excursies; ☑ reizen naar het buitenland; ☑ verblijf van buitenlanders op uitnodiging van de aanvragende instelling; ☑ particuliere uitgaven; ☑ activiteiten van vriendenstichtingen; ☑ gratis toegankelijke activiteiten of evenementen; ☑ geschenken; ☑ feestelijke bijeenkomsten waarvan de kosten hoofdzakelijk bestaan uit catering etc. ☑ landelijke aangelegenheden.

Procedure ■ OP AANVRAAG ► ja DOORLOOPTIJD ► 1-3 maanden AANVRAAGPROCEDURE ► Het J.B. Scholtenfonds en het H.S. Kammingafonds kennen een digitaal aanvraagformulier. Wanneer u deze verzend komt de aanvraag, met de daarbijbehorende bijlagen, in de mailbox van het Scholten Kammingafonds terecht. De benodigde bijlagen zijn: ☑ Kopie statuten; ☑ Recente kopie uittreksel Kamer van Koophandel; ☑ Projectplan zonder uitgebreide bijlagen; ☑ Begroting; ☑ Dekkingsplan met vermelding van reeds toegezegde bijdragen; ☑ Indien beschikbaar recente jaarrekening / financiële positie van aanvraag; ☑ Overige; Verzoeken worden binnen uiterlijk 3 maand behandeld. Mocht u verzoeken niet digitaal kunnen aanleveren, kan dit via de post. URL ► www.jbs-hsk.nl/verzoek-indienen

Financieel ■ HERKOMST MIDDELEN ► vermogen.

Contact ■ BEREIKBAAR PER ► ☑ post ☑ e-mail ☑ telefoon CONTACTPERSOON ► Mw. S. Bakker POSTADRES ► Postbus 610, 9700 AP Groningen EMAIL (ALGEMEEN) ► scholtenkammingafonds@provinciegroningen.nl TELEFOON (ALGEMEEN) ► 050-3164988.

531

Stichting Haags Groene Kruis Fonds

Rubriek ■ ☑ gezondheidszorg ☑ maatschappij, welzijn en samenleving

Algemeen ■ WEBSITE ► www.haagsgroenekruisfonds.nl TYPERING ► vermogensfonds OPGERICHT ► 15-02-1901 RECHTSVORM ► stichting KVK ► 41160292 ANBI STATUS ► ja DIRECTIE ► geen directiegegevens bekend BESTUUR ► H. Roskam, voorzitter; E. Spaanjaard, penningmeester; mw. H.F. van Haaften, secretaris; mw. F.L. van Leeuwen, vice-voorzitter; mw.mr. M.C. de Gier.

Missie ■ DOELSTELLING ► De doelstelling van het Haags Groene Kruis Fonds is vastgelegd in de statuten en laat zich als volgt omschrijven: het ondersteunen en bevorderen van initiatieven en projecten op het gebied van gezondheidszorg en maatschappelijke dienstverlening in de gemeente Den Haag. HISTORIE ► In 1997 is de vereniging 'Het Groene Kruis Den Haag' na ruim 95 jaar omgezet in Stichting Haags Groene Kruis Fonds. Van de vereniging (opgericht in 1901) moesten gezinnen lid zijn om voor verstrekkingen in aanmerking te komen. De kruisvereniging was werkzaam op het terrein van de extramurale gezondheidszorg en maatschappelijke dienstverlening (wijkverpleging, consultatiebureau voor baby's en kleuters, gezinszorg, kraamzorg en kinderopvang). Vanaf eind vorige eeuw werd deze vorm van zorg bekostigd uit de publieke middelen in plaats van particuliere gelden. Daarmee verviel de reden voor het lidmaatschap van een kruisvereniging. Het bestuur van de vereniging heeft in de jaren negentig besloten de vereniging om te zetten in een stichting. Zo is het vermogen veilig gesteld voor het ondersteunen van initiatieven en projecten die in de lijn van de voormalige vereniging liggen. Het fonds beperkt zich tot initiatieven in Den Haag, omdat het vermogen bijeen is gebracht door de voormalige leden van de kruisvereniging uit Den Haag. BELEIDSPLAN OP WEBSITE ► ja.

Doelgroep ■ ALGEMEEN ► zieken SPECIFIEK ► Organisaties/rechtspersonen en/of groeperingen die een initiatief of project willen organiseren op het terrein van Zorg en Welzijn in de gemeente Den Haag. ACTIVITEITEN ► De belangrijkste taken zijn het, na toetsing aan de criteria, verstrekken van donaties aan initiatieven die passen bij de statutaire doelstelling van het fonds en het vermogen van de Stichting Haags Groene Kruis Fonds beheren en in stand houden. Criteria zijn 'gezondheidszorg en maatschappelijke dienstverlening' in de stad Den Haag. Het bestuur wordt bijgestaan door de adviescommissie en de project- en financiële administratie. In Den Haag neemt het fonds deel aan het Haags Fondsen Overleg. INTERVENTIENIVEAU ► Steun aan lokale/provinciale maatschappelijke organisaties en structuren (incl. gemeenten etc.) die diensten verlenen aan individuen.

Werkgebied ■ ACTIERADIUS ► Lokaal, Nationaal LAND ► Nederland PLAATS ► Den Haag.

Bestedingen ■ BUDGET ► € 150.000 ONDERSTEUNDE PROJECTEN P/J ► 60 SOORT BIJDRAGE ► giften BOVENGRENS ► geen ONDERGRENS ► geen.

Projecten ■ CRITERIA ► ; ☑ Projecten die binnen de grenzen van de gemeente Den Haag worden uitgevoerd; ☑ het terrein is Zorg en Welzijn; ☑ een afgekaderde opzet. DOORLOOPTIJD ► ☑ korter dan 1 jaar STATUS AANVRAGER ► ☑ stichting of vereniging (non-profit) ☑ overig VOORKEUR/UITSLUITING ► ☑ een innovatief karakter of een initiatief dat mensen helpt om 'mee te doen' in de maatschappij, dan krijgt zo'n project een streepje vóór. ☑ Een aanvraag is echter overbodig als het project betaald kan worden uit eigen exploitatie of het eigen vermogen; of als het gaat om de productie van een jubileumboek. ☑ Verder is de stichting terughoudend bij aanvragen voor vakanties en andere activiteiten waarbij ontspanning het hoofddeel vormt.

Procedure ■ OP AANVRAAG ► ja DOORLOOPTIJD ► 1-3 maanden AANVRAAGPROCEDURE ► Er is een quickscan beschikbaar om de aanvraag vooraf te toetsen. Het aanvraagformulier voor een donatie kunt u op de website invullen. Voeg de volgende documenten bij: ☑ een uittreksel Kamer van Koophandel (bij 1e aanvraag); ☑ de begroting van het project; ☑ het projectplan. U kunt het formulier niet tussentijds opslaan. Na verzending ontvangt u een kopie in uw mailbox. U kunt tot twee weken voor de vergaderdatum uw aanvraag in sturen. Aanvragen voor projecten die eerder starten dan een bestuursvergadering worden afgewezen. Er zijn vijf vergaderingeren. URL ► https://www.haagsgroenekruisfonds.nl/aanvragen/quickscan/

Financieel ■ EIGEN VERMOGEN ► € 5.034.803 INKOMSTEN EV ► € 676.000 INKOMSTEN OV ► € 3.000 HERKOMST MIDDELEN ► vermogen, legaten, giften & schenkingen BOEKJAAR ► 2019 JAARVERSLAG OP WEBSITE ► ja.

Contact ■ BEREIKBAAR PER ► ☑ post ☑ e-mail ☑ telefoon CONTACTPERSOON ► geen contactpersoon bekend POSTADRES ► Riviervismarkt 4, 2513 AM Den Haag EMAIL (ALGEMEEN) ► info@haagsgroenekruisfonds.nl TELEFOON (ALGEMEEN) ► 070-3624953.

532
Haagse Bluf Fonds

Rubriek ■ ☑ kunst en cultuur

Algemeen ■ WEBSITE ► www.cultuurfonds.nl TYPERING ► fonds op naam BEHEERD DOOR ► Prins Bernhard Cultuurfonds DIRECTIE ► zie Prins Bernhard Cultuurfonds BESTUUR ► zie Prins Bernhard Cultuurfonds

Missie ■ DOELSTELLING ► Het financieel ondersteunen van projecten die het kunstklimaat in Den Haag stimuleren en bevorderen, waarbij ook rekening wordt gehouden met projecten die gericht zijn op het publiek van morgen: de jongeren.

Werkgebied ■ ACTIERADIUS ► Lokaal LAND ► Nederland REGIO ► Zuid-Holland PLAATS ► Den Haag.

Projecten ■ CRITERIA ► geen projectcriteria bekend DOORLOOPTIJD ► ☑ korter dan 1 jaar STATUS AANVRAGER ► ☑ geen beperkingen bekend VOORKEUR/UITSLUITING ► geen voorkeur of uitsluiting bekend.

Procedure ■ OP AANVRAAG ► ja AANVRAAGPROCEDURE ► Dit 'fonds op naam' ressorteert onder het Prins Bernhard Cultuurfonds. Verzoeken aan fondsen op naam komen op één centraal punt binnen. Dit houdt in dat een subsidieaanvraag slechts eenmaal aan het Prins Bernhard Cultuurfonds hoeft te worden gezonden. Voor de verdere aanvraagprocedure: zie Prins Bernhard Cultuurfonds. URL ► www.cultuurfonds.nl/aanvragen

Contact ■ BEREIKBAAR PER ► ☑ post ☑ e-mail ☑ telefoon CONTACTPERSOON ► geen contactpersoon bekend POSTADRES ► Postbus 19750, 1000 GT Amsterdam EMAIL (ALGEMEEN) ► info@cultuurfonds.nl TELEFOON (ALGEMEEN) ► 020-5206130.

533
Haëlla Stichting

Rubriek ■ ☑ vluchtelingenhulp ☑ maatschappij, welzijn en samenleving ☑ natuur, milieu en dieren ☑ kerk en levensbeschouwing ☑ mensenrechten, vrede en veiligheid

Algemeen ■ WEBSITE ► www.haella.nl TYPERING ► vermogensfonds OPGERICHT ► 1967 RECHTSVORM ► stichting KVK ► 41192774 ANBI STATUS ► ja DIRECTIE ► mw. G.E. Zanen BESTUUR ► A.A. den Hollander, voorzitter; A.J. Peijnenburg, penningmeester; mw. B. van Zuylen van Nijevelt, secretaris; A. Driessen; L. Verzijden.

Missie ■ DOELSTELLING ► De Haëlla Stichting steunt wereldwijde, kleinschalige initiatieven, waarbij de doelgroep direct baat heeft en vrijwilligers betrokken zijn. Projecten die een startsubsidie behoeven om slagkracht te ontwikkelen. Bijzondere projecten die zich nog moeten bewijzen en voor andere fondsen misschien te risicovol zijn. Projecten op de volgende gebieden: ☑ Geloof en Samenleving; ☑ Vrede en Mensenrechten; ☑ Milieu en Duurzaamheid; ☑ Samenleven in Nederland. STICHTER(S) ► De Heer en Mevrouw Dake HISTORIE ► In 1967 richtten de Heer en Mevrouw Dake de Haëlla - naar de voorletters van Mevrouw H.L.A. Dake - Stichting op. Geïnspireerd door hun geloof en overtuigd van het belang van het streven naar een nieuwe economische orde en wereldvrede, besloten zij mensen met inspirerende ideeën in staat te stellen hun idealen en plannen te realiseren. Beiden hadden grote belangstelling voor maatschappelijke ontwikkelingen. Hun tijd ver vooruit, hebben de heer en mevrouw Dake twee stichtingen opgericht. De Haëlla Stichting (naar de voorletters van Mevrouw H.L.A. Dake), die projecten steunt op het gebied van oecumene, vrede, milieu mensenrechten en achtergestelden in de Nederlandse samenleving. Enkele jaren na de oprichting van de Haëlla Stichting, in 1983, is de Stichting Haëlla Vermogensbeheer (HVB) in het leven geroepen. De Stichting Haëlla Vermogensbeheer beheert, in overeenstemming met de doelen van de andere stichting, het vermogen op ethisch verantwoorde wijze. BELEIDSPLAN OP WEBSITE ► ja.

Doelgroep ■ SPECIFIEK ► Projecten op het gebied van Geloof en Samenleving, Vrede en Mensenrechten, Milieu en Duurzaamheid en Samenleven in Nederland. ACTIVITEITEN ► De Haëlla Stichting richt zich vooral op 'kiemen': kleine initiatieven met groeipotentie. Het steunen van kansrijke kleine aanvragen die helpen èn anderen inspireren. De ondersteuning is kleinschalig en laagdrempelig. INTERVENTIENIVEAU ► Steun aan lokale/provinciale maatschappelijke organisaties en structuren (incl. gemeenten etc.) die diensten verlenen aan individuen.; Steun op niveau van maatschappij zelf (beleidsbeïnvloeding, etc.).

Werkgebied ■ ACTIERADIUS ► Nationaal, Internationaal LAND ► Wereldwijd.

Bestedingen ■ BUDGET ► € 50.000 SOORT BIJDRAGE ► giften garanties BOVENGRENS ► € 2.500 ONDERGRENS ► geen.

Projecten ■ CRITERIA ► Projecten die aansluiten bij de thema's ☑ Geloof en Samenleving; ☑ Vrede en Mensenrechten; ☑ Milieu en Duurzaamheid; ☑ Samenleven in Nederland. DOORLOOPTIJD ► ☑ onbekend STATUS AANVRAGER ► ☑ stichting of vereniging (non-profit) VOOR-

KEUR/UITSLUITING ▶ Uitsluiting: ☑ Individuen; ☑ maatschappelijk werk; ☑ reguliere onderwijsinstellingen; ☑ gezondheids- en gehandicaptenzorg in Nederland; ☑ woningbouworganisaties; ☑ steden- en scholenverbanden. ☑ stichtingen die een groot aantal personeelsleden in dienst hebben; ☑ scholieren uitwisselingen; ☑ vakantiekampen; ☑ studentencongressen; ☑ studiebeurzen; ☑ stages in binnen- of buitenland en proefschriften voor Nederlandse studenten; ☑ zuiver wetenschappelijk onderzoek; ☑ uitgave van boeken en periodieken; ☑ sport en recreatie; ☑ culturele uitwisselingen; ☑ bouwactiviteiten; ☑ (renovatie van) kerkgebouwen; ☑ noodhulp bij rampen; ☑ projecten met als hoofddoel materiële belangen van de beperkte groep van leden; ☑ jubileumvieringen.

Procedure ■ **OP AANVRAAG** ▶ ja **DOORLOOPTIJD** ▶ 1-3 maanden **AANVRAAGPROCEDURE** ▶ Aanvragen kunnen alléén digitaal via de website. Aanvragen kunnen het hele jaar door gedaan worden. Er wordt per aanvraag (bij honorering) éénmaal per jaar uitbetaald. Wij proberen om zo snel mogelijk na verzending van uw aanvraag contact met u op te nemen om aanvullende vragen te stellen. Doorgaans doen we dit binnen een maand. De beslissing van het bestuur volgt later, doorgaans binnen 3 maanden nadat u uw aanvraag heeft ingediend. **URL** ▶ https://www.haella.nl/aanvragen/

Financieel ■ **EIGEN VERMOGEN** ▶ € 181.000 **INKOMSTEN OV** ▶ € 1.178.000 **HERKOMST MIDDELEN** ▶ inkomsten uit vermogen **BOEKJAAR** ▶ 2018 **JAARVERSLAG OP WEBSITE** ▶ ja.

Contact ■ **BEREIKBAAR PER** ▶ ☑ post ☑ e-mail ☑ telefoon **CONTACTPERSOON** ▶ geen contactpersoon bekend **POSTADRES** ▶ Jan van Nassaustraat 102, 2596 BW Den Haag **EMAIL (ALGEMEEN)** ▶ info@haella.nl **TELEFOON (ALGEMEEN)** ▶ 070-3249929.

534

Stichting Haëlla Vermogensbeheer

Rubriek ■ ☑ kerk en levensbeschouwing ☑ maatschappij, welzijn en samenleving ☑ natuur, milieu en dieren ☑ mensenrechten, vrede en veiligheid ☑ vluchtelingenhulp

Algemeen ■ **WEBSITE** ▶ https://www.haella.nl/haella-vermogensbeheer **TYPERING** ▶ vermogensfonds **OPGERICHT** ▶ 28-12-1972 **RECHTSVORM** ▶ stichting **KVK** ▶ 41192750 **ANBI STATUS** ▶ ja **DIRECTIE** ▶ geen directiegegevens bekend **BESTUUR** ▶ G.H.O. van Maanen, voorzitter; J.A.J.W. Nieuwenhuys, penningmeester; J.A.J.W. Nieuwenhuys, secretaris; A.M. Dake; mw. E. Schimmelpenninck.

Missie ■ **DOELSTELLING** ▶ Stichting Haëlla Vermogensbeheer is eind 1972 opgericht. Het doel van de stichting is om jaarlijks een zodanige uitkering te doen aan de Haëlla Stichting als de Haëlla Stichting voor de voortzetting van haar werkzaamheden nodig heeft. **STICHTER(S)** ▶ Meneer en mevrouw Dake **HISTORIE** ▶ Stichting Haëlla Vermogensbeheer Is eind 1972 opgericht. **BELEIDSPLAN OP WEBSITE** ▶ ja.

Doelgroep ■ **SPECIFIEK** ▶ Haëlla Stichting en daarmee indirect de doelgroep van Haëlla Stichting (Projecten op het gebied van Geloof en Samenleving, Vrede en Mensenrechten, Milieu en Duurzaamheid en Samenleven in Nederland). **ACTIVITEITEN** ▶ De portefeuille wordt ingericht aan de hand van het beleggingsstatuut en beheerd door Triodos. De Stichting Haëlla Vermogensbeheer keert jaarlijks een bedrag uit aan de Haëlla Stichting. De afgelopen jaren heeft de Haëlla Stichting bovendien een beroep gedaan op de bestemmingsreserve om projecten voor 'Ongedocumenteerden', een extra kwetsbare groep in de Nederlandse samenleving, te steunen. Heleen Dake Fonds voor Trainingen en Toerusting; Mevrouw drs. H.Th. Dake, dochter van de oprichters, heeft zich vele jaren ingezet als bestuurslid van de Haëlla Stichting. Als dank voor haar grote betrokkenheid is in 2013 het Heleen Dake Fonds voor Trainingen en Toerusting ingericht met een startkapitaal van € 30.000,-. Dit bedrag wordt aangewend door de Haëlla Stichting voor organisaties die naast hun projecten een bijdrage krijgen voor capaciteitsopbouw van de organisatie zodat zij een divisie hoger kunnen gaan spelen. Het fonds zal blijven bestaan zolang de Haëlla Vermogensbeheer Stichting bestaat en het kapitaal zal aangevuld worden waar nodig. **INTERVENTIENIVEAU** ▶ Steun aan lokale/provinciale maatschappelijke organisaties en structuren (incl. gemeenten etc.) die diensten verlenen aan individuen.

Werkgebied ■ **ACTIERADIUS** ▶ Nationaal **LAND** ▶ Nederland.

Bestedingen ■ **BUDGET** ▶ niet openbaar **ONDERSTEUNDE PROJECTEN P/J** ▶ nvt **SOORT BIJDRAGE** ▶ giften **BOVENGRENS** ▶ geen **ONDERGRENS** ▶ geen.

Projecten ■ **CRITERIA** ▶ geen projectcriteria bekend **DOORLOOPTIJD** ▶ ☑ langer dan 2 jaar **STATUS AANVRAGER** ▶ ☑ stichting of vereniging (non-profit) **VOORKEUR/UITSLUITING** ▶ geen voorkeur of uitsluiting bekend.

Procedure ■ **OP AANVRAAG** ▶ nee

Financieel ■ **INKOMSTEN EV** ▶ € 45.000 **INKOMSTEN OV** ▶ € -8.000 **HERKOMST MIDDELEN** ▶ vermogen **BOEKJAAR** ▶ 2018 **JAARVERSLAG OP WEBSITE** ▶ ja.

Contact ■ **BEREIKBAAR PER** ▶ ☑ post ☑ e-mail ☑ telefoon **CONTACTPERSOON** ▶ geen contactpersoon bekend **POSTADRES** ▶ Jan van Nassaustraat 102, 2596 BW Den Haag **EMAIL (ALGEMEEN)** ▶ info@haella.nl **TELEFOON (ALGEMEEN)** ▶ 070-3249929.

535

Stichting Haemophilia

Rubriek ■ ☑ gezondheidszorg ☑ maatschappij, welzijn en samenleving ☑ onderwijs en onderzoek

Algemeen ■ **WEBSITE** ▶ www.haemophilia.nl **TYPERING** ▶ vermogensfonds **RECHTSVORM** ▶ stichting **KVK** ▶ 34201198 **ANBI STATUS** ▶ ja **DIRECTIE** ▶ geen directiegegevens bekend **BESTUUR** ▶ Ing. H.D. Oostmeijer, voorzitter; D.J. 't Hoen, penningmeester; mr. E. Keukens-Seubring, secretaris; prof.dr. S. Middeldorp; drs. A.J. van IJperen.

Missie ■ **DOELSTELLING** ▶ ☑ Het – bij voorkeur samen met anderen – bevorderen van wetenschappelijk onderzoek op het terrein van de hemofilie of daarmee verwante erfelijke bloedstollingsafwijkingen;

☑ Het stimuleren van kennis over bloedstollingsafwijkingen, in het bijzonder de hemofilie of daarmee verwante erfelijke bloedstollingsafwijkingen, bij artsen en andere relevante beroepsgroepen; ☑ Het verlenen van patiëntgerichte bijstand, waaronder te begrijpen: a. het verlenen van financiële steun aan de vereniging met volledige rechtsbevoegdheid Nederlandse Vereniging van Hemofilie-Patiënten, gevestigd te Vianen (Zuid-Holland); b. het bevorderen van het werk van de hemofiliebehandeling in de Van Creveld Kliniek of andere erkende hemofilie-behandelcentra; c. het verlenen van directe financiële hulp aan individuele patiënten met hemofilie of met daarmee verwante erfelijke bloedstollingsafwijkingen, zowel op medisch als sociaal terrein, steeds met inachtneming van volstrekte vertrouwelijkheid,en overigens al hetgeen met het vorenstaande verband houdt of daartoe bevorderlijk kan zijn, alles in de ruimste zin van het woord. **BELEIDSPLAN OP WEBSITE** ▶ ja.

Doelgroep ■ **ALGEMEEN** ▶ zieken **SPECIFIEK** ▶ Patiënten met hemofilie of met daarmee verwante erfelijke bloedstollingsafwijkingen. **ACTIVITEITEN** ▶ De werkzaamheden die de stichting verricht ter verwezenlijking van haar doelstelling zijn: ☑ subsidiëring van onder meer de NVHP, zulks volgens de uit de jaarverslagen van de afgelopen jaren af te leiden bestendige gebruikslijn; ☑ subsidiëring van diverse projecten; ☑ verstrekking van directe financiële hulp aan individuele patiënten met hemofilie of met daarmee verwante erfelijke bloedstollingsafwijkingen. **INTERVENTIENIVEAU** ▶ Steun aan lokale/provinciale maatschappelijke organisaties en structuren (incl. gemeenten etc.) die diensten verlenen aan individuen.

Werkgebied ■ **ACTIERADIUS** ▶ Nationaal **LAND** ▶ Nederland.

Bestedingen ■ **BUDGET** ▶ niet openbaar **SOORT BIJDRAGE** ▶ giften **BOVENGRENS** ▶ geen **ONDERGRENS** ▶ geen.

Projecten ■ **CRITERIA** ▶ geen projectcriteria bekend **DOORLOOPTIJD** ▶ ☑ korter dan 1 jaar **STATUS AANVRAGER** ▶ ☑ stichting of vereniging (non-profit) ☑ individuen/gezinnen **VOORKEUR/UITSLUITING** ▶ Alleen wetenschappelijk onderzoek, kennisstimulering en patiëntenondersteuning op het gebied van hemofilie of daarmee verwante erfelijke bloedstollingsafwijkingen.

Procedure ■ **OP AANVRAAG** ▶ ja **DOORLOOPTIJD** ▶ 1-3 maanden; geen doorlooptijd bekend; geen doorlooptijd bekend **AANVRAAGPROCEDURE** ▶ geen aanvraagprocedure bekend.

Financieel ■ **INKOMSTEN EV** ▶ € 268.242 **INKOMSTEN OV** ▶ € 5.000 **HERKOMST MIDDELEN** ▶ vermogen, giften & schenkingen, legaten, inkomsten uit vermogen **BOEKJAAR** ▶ 2016 **JAARVERSLAG OP WEBSITE** ▶ ja.

Contact ■ **BEREIKBAAR PER** ▶ ☑ post ☑ e-mail ☒ telefoon **CONTACTPERSOON** ▶ Mr. C.H.J. van der Meer **POSTADRES** ▶ Lomanstraat 48 I, 1075 RD Amsterdam **EMAIL (ALGEMEEN)** ▶ haemophilia@xs4all.nl.

536

Haersoltefonds Overijssel

Rubriek ■ ☑ kunst en cultuur ☑ natuur, milieu en dieren ☑ onderwijs en onderzoek

Algemeen ■ **WEBSITE** ▶ www.cultuurfonds.nl **TYPERING** ▶ fonds op naam **BEHEERD DOOR** ▶ Prins Bernhard Cultuurfonds **DIRECTIE** ▶ zie > Prins Bernhard Cultuurfonds **BESTUUR** ▶ zie > Prins Bernhard Cultuurfonds

Missie ■ **DOELSTELLING** ▶ Het financieel ondersteunen van initiatieven voor educatie en talentontwikkeling op het gebied van podiumkunsten, beeldende kunst en natuur in de provincie Overijssel. Aanvragen worden behandeld door het Prins Bernhard Cultuurfonds Overijssel.

Werkgebied ■ **ACTIERADIUS** ▶ Regionaal **LAND** ▶ Nederland **REGIO** ▶ Overijssel.

Projecten ■ **CRITERIA** ▶ geen projectcriteria bekend **DOORLOOPTIJD** ▶ ☑ korter dan 1 jaar **STATUS AANVRAGER** ▶ ☑ geen beperkingen bekend **VOORKEUR/UITSLUITING** ▶ geen voorkeur of uitsluiting bekend.

Procedure ■ **OP AANVRAAG** ▶ ja **AANVRAAGPROCEDURE** ▶ Dit 'fonds op naam' ressorteert onder het Prins Bernhard Cultuurfonds. Verzoeken aan fondsen op naam komen op één centraal punt binnen. Dit houdt in dat een subsidieaanvraag slechts eenmaal aan het Prins Bernhard Cultuurfonds hoeft te worden gezonden. Voor de verdere aanvraagprocedure: zie Prins Bernhard Cultuurfonds. **URL** ▶ www.cultuurfonds.nl/aanvragen

Contact ■ **BEREIKBAAR PER** ▶ ☑ post ☑ e-mail ☑ telefoon **CONTACTPERSOON** ▶ geen contactpersoon bekend **POSTADRES** ▶ Postbus 19750, 1000 GT Amsterdam **EMAIL (ALGEMEEN)** ▶ info@cultuurfonds.nl **TELEFOON (ALGEMEEN)** ▶ 020-5206130.

537

Hagana Juventus Musica Fonds

Rubriek ■ ☑ kunst en cultuur

Algemeen ■ **WEBSITE** ▶ www.cultuurfonds.nl **TYPERING** ▶ fonds op naam **BEHEERD DOOR** ▶ Prins Bernhard Cultuurfonds **DIRECTIE** ▶ zie > Prins Bernhard Cultuurfonds **BESTUUR** ▶ zie > Prins Bernhard Cultuurfonds

Missie ■ **DOELSTELLING** ▶ Het financieel ondersteunen van projecten voor jongeren met als doel het bevorderen, stimuleren en ontplooien van muzikale activiteiten in de regio Haaglanden. Aanvragen worden behandeld door het Prins Bernhard Cultuurfonds Zuid-Holland.

Werkgebied ■ **ACTIERADIUS** ▶ Regionaal **LAND** ▶ Nederland **REGIO** ▶ Haaglanden.

Projecten ■ **CRITERIA** ▶ geen projectcriteria bekend **DOORLOOPTIJD** ▶ ☑ korter dan 1 jaar **STATUS AANVRAGER** ▶ ☑ geen beperkingen bekend **VOORKEUR/UITSLUITING** ▶ geen voorkeur of uitsluiting bekend.

Procedure ■ **OP AANVRAAG** ▶ ja **AANVRAAGPROCEDURE** ▶ Dit 'fonds op naam' ressorteert onder het Prins Bernhard Cultuurfonds. Verzoeken aan fondsen op naam komen op één centraal punt binnen. Dit houdt in dat een subsidieaanvraag slechts eenmaal aan het Prins Bernhard Cultuurfonds hoeft te worden gezonden. Voor de verdere aanvraagprocedure: zie Prins Bernhard Cultuurfonds. **URL** ▶ www.cultuurfonds.nl/aanvragen

Contact ■ BEREIKBAAR PER ► ☑ post ☑ e-mail ☑ telefoon CONTACTPERSOON ► geen contactpersoon bekend POSTADRES ► Postbus 19750, 1000 GT Amsterdam EMAIL (ALGEMEEN) ► info@cultuurfonds.nl TELEFOON (ALGEMEEN) ► 020-5206130.

538

Han en Rosa Dunk-Samehtini Fonds

Rubriek ■ ☑ kunst en cultuur ☑ onderwijs en onderzoek

Algemeen ■ WEBSITE ► www.cultuurfonds.nl TYPERING ► fonds op naam BEHEERD DOOR ► Prins Bernhard Cultuurfonds DIRECTIE ► zie Prins Bernhard Cultuurfonds BESTUUR ► zie Prins Bernhard Cultuurfonds

Missie ■ DOELSTELLING ► Het financieel ondersteunen van pas afgestudeerde, getalenteerde musici voor vervolgstudie of -onderzoek in het buitenland.

Werkgebied ■ ACTIERADIUS ► Internationaal.

Projecten ■ CRITERIA ► geen projectcriteria bekend DOORLOOPTIJD ► ☑ korter dan 1 jaar STATUS AANVRAGER ► ☑ geen beperkingen bekend VOORKEUR/UITSLUITING ► geen voorkeur of uitsluiting bekend.

Procedure ■ OP AANVRAAG ► ja AANVRAAGPROCEDURE ► Dit 'fonds op naam' ressorteert onder het Prins Bernhard Cultuurfonds. Verzoeken aan fondsen op naam komen op één centraal punt binnen. Dit houdt in dat een subsidieaanvraag slechts eenmaal aan het Prins Bernhard Cultuurfonds hoeft te worden gezonden. Voor de verdere aanvraagprocedure: zie Prins Bernhard Cultuurfonds. URL ► www.cultuurfonds.nl/aanvragen

Contact ■ BEREIKBAAR PER ► ☑ post ☑ e-mail ☑ telefoon CONTACTPERSOON ► geen contactpersoon bekend POSTADRES ► Postbus 19750, 1000 GT Amsterdam EMAIL (ALGEMEEN) ► info@cultuurfonds.nl TELEFOON (ALGEMEEN) ► 020-5206130.

539

Stichting Han Gerlach Studiefonds

Rubriek ■ ☑ kerk en levensbeschouwing ☑ onderwijs en onderzoek

Algemeen ■ WEBSITE ► www.gerlachfonds.nl TYPERING ► vermogensfonds OPGERICHT ► 09-10-1940 RECHTSVORM ► stichting KVK ► 41113132 ANBI STATUS ► nee DIRECTIE ► geen directiegegevens bekend BESTUUR ► Ds. A.G. Los, secretaris.

Missie ■ DOELSTELLING ► In de statuten werd als doel van de stichting beschreven 'begaafde jonge mensen, die zelf of, indien zij minderjarig zijn, wier ouders, voogden of verzorgers niet of niet genoegzaam in staat zijn de kosten van hun studie te dragen, door middel van beurzen in staat te stellen hun studie aan te vangen, voort te zetten en/of te voltooien'. Deze studie diende in principe aan een theologische faculteit in Nederland te worden verricht, bij voorkeur die aan de Rijksuniversiteit Utrecht. Wanneer een begunstigde van het fonds van studierichting veranderde, kwam de ondersteuning door het fonds onmiddellijk te vervallen. De kandidaten dienden (belijdend) lid van de Nederlandse Hervormde Kerk te zijn en verklaren te geloven 'in God den Vader en in Jezus Christus Zijnen enig geboren Zoon, enigen Verlosser der wereld en in den Heiligen Geest'. STICHTER(S) ► Henri Jacques Emile Gerlach van St.-Joosland, Pieternella Francina Gerlach-Penny. HISTORIE ► Het Han Gerlach Studiefonds is opgericht overeenkomstig de wilsbeschikking van een vroegere burgemeester van het dorp Koudekerke en diens vrouw. Henri Jacques Emile Gerlach van St.-Joosland (1855-1925) was van 1908 tot 1913 burgemeester van Koudekerke (Walcheren). Hij was getrouwd met Pieternella Francina Gerlach-Penny. Uit hun huwelijk werd slechts één kind geboren, de zoon Henri Jacques. De toevoeging 'van St.-Joosland' berust op het feit dat de heer Gerlach het ambachtsheerlijk recht (d.w.z. de titel) van de in 1631 bedijkte polder St.-Joosland in het zuidoosten van het eiland Walcheren, had aangekocht. (De naam van deze polder komt ook voor in die van het aldaar gelegen dorp 'Nieuw- en St.-Joosland'.) Burgemeester Gerlach was zelf zoon van een predikant en zijn zoon Henri Jacques ging eveneens theologie studeren. Hij vertrok daarvoor in 1916 op 21-jarige leeftijd naar Utrecht, maar overleed daar al na een jaar. Burgemeester Gerlach was een vermogend man. Zijn vrouw en hij besloten hun – aanzienlijke – vermogen na het overlijden van de langstlevende echtgenoot, onder te brengen in een fonds ten behoeve van hervormde studenten theologie. Zo geschiedde dan ook bij het overlijden van mevr. Gerlach-Penny in 1946, die al in haar testament van 1926 (dus na het overlijden van haar echtgenoot in 1925) het reglement voor de bijbehorende stichting vastgelegd had. Het fonds werd genoemd naar hun overleden zoon; daarbij werd diens roepnaam 'Han' gebruikt.

Doelgroep ■ ALGEMEEN ► studenten, gelovigen SPECIFIEK ► Theologische studenten, predikanten, kerkelijk werkers en kaderleden van protestantse gemeenten. ACTIVITEITEN ► Als gevolg van kundig en behoedzaam beheer, beschikt het Han Gerlach Fonds nog altijd over een imposant vermogen. Om het vermogen niet buiten proporties te laten aangroeien, heeft het bestuur in de afgelopen tientallen jaren de doelgroep aanzienlijk uitgebreid. Zo worden vandaag niet alleen aan talrijke studenten theologie, behorende tot de Protestantse Kerk in Nederland, beurzen verstrekt. Ieder jaar wordt ook een tiental beurzen toegekend aan predikanten of kerkelijk werkers van deze kerk, die een nascholing volgen die met hoge kosten verbonden is (bijv. klinisch-pastorale vorming, of een opleiding in contextueel pastoraat). Via KerkinActie (Stichting de Zending der Protestantse Kerk in Nederland) worden Afrikaanse studenten theologie ondersteund, die in dat continent aan een protestantse opleiding studeren. Verder gaat er jaarlijks een groot bedrag naar het Protestants Centrum voor Toerusting en Educatie. Recentelijk heeft het bestuur besloten om voortgezette scholing en toerusting van predikanten in Zuid-Afrika en diverse landen in Oost-Europa financieel te ondersteunen. INTERVENTIENIVEAU ► Steun aan lokale/provinciale maatschappelijke organisaties en structuren (incl. gemeenten etc.) die diensten verlenen aan individuen.; Steun aan individuen (directe steun).

Werkgebied ■ ACTIERADIUS ► Internationaal LAND ► Wereldwijd.
Bestedingen ■ BUDGET ► niet openbaar SOORT BIJDRAGE ► giften studiebeurzen BOVENGRENS ► geen ONDERGRENS ► geen.
Projecten ■ CRITERIA ► ☑ het moet gaan om theologische vorming en toerusting, en; ☑ het karakter van de begunstigde persoon of instantie dient protestants (in Nederland: PKN) te zijn. DOORLOOPTIJD ► ☑ onbekend STATUS AANVRAGER ► ☑ stichting of vereniging (non-profit) ☑ kerkelijke instelling ☑ individuen/gezinnen VOORKEUR/UITSLUITING ► geen voorkeur of uitsluiting bekend.
Procedure ■ OP AANVRAAG ► ja AANVRAAGPROCEDURE ► Formulieren voor de aanvraag van beurzen kunnen per email opgevraagd worden bij de secretaris. Ingevulde formulieren worden ingediend bij de administrateur t.n.v. C.W.B.M. Wouters via Melseweg 1, 4374 NG Zoutelande.
Financieel ■ HERKOMST MIDDELEN ► vermogen.
Contact ■ BEREIKBAAR PER ► ☒ post ☑ e-mail ☒ telefoon CONTACTPERSOON ► Ds. A.G. Los POSTADRES ► Geen postadres bekend EMAIL (ALGEMEEN) ► secretaris@gerlachfonds.nl .

540
Stichting Han Lammersfonds

Rubriek ■ ☑ kunst en cultuur
Algemeen ■ WEBSITE ► https://www.flevoland.nl/wat-doen-we/cultuur-en-erfgoed/han-lammers-fonds TYPERING ► vermogensfonds OPGERICHT ► 01-01-1996 RECHTSVORM ► stichting KVK ► 41247042 ANBI STATUS ► nee DIRECTIE ► geen directiegegevens bekend BESTUUR ► geen bestuursgegevens bekend.
Missie ■ DOELSTELLING ► De stichting stelt zich ten doel jonge, in Flevoland woonachtige kunstenaars, een bijdrage te verstrekken die hen in staat stelt zich verder te bekwamen in hun beroep. Een beurs kan betrekking hebben op een bijdrage in vervolgopleiding, in aanschaf instrument, in een studieopdracht of kosten expositie. STICHTER(S) ► De heer J.C.J. Lammers HISTORIE ► De Stichting is opgericht in 1996 bij gelegenheid van het afscheid van de eerste Commissaris van de Koningin in Flevoland, de heer J.C.J. Lammers.
Doelgroep ■ ALGEMEEN ► jongeren SPECIFIEK ► Kunstenaars in Flevoland. ACTIVITEITEN ► Het voorzien van kunstenaars in studiebeurzen. INTERVENTIENIVEAU ► Steun aan individuen (directe steun).
Werkgebied ■ ACTIERADIUS ► Lokaal, Regionaal LAND ► Nederland REGIO ► Flevoland.
Bestedingen ■ BUDGET ► niet openbaar SOORT BIJDRAGE ► studiebeurzen leningen giften BOVENGRENS ► geen ONDERGRENS ► geen.
Projecten ■ CRITERIA ► onderstaand profiel nodig om aanspraak te maken op beurs: ☑ Leeftijd tussen de 18 en 25 jaar; ☑ Aanvrager volgt een opleiding of is afgestudeerd; ☑ toekomst van de aanvrager in de professionele beoefening van kunst en cultuur; ☑ Aanvrager heeft aantoonbaar talent en kunt dat ondersteunen door middel van een duidelijke motivering en referenties; ☑ Aanvrager woont in Flevoland; ☑ Aanvrager kan een financiële impuls gebruiken om een extra stap in de ontwikkeling te zetten; ☑ Aanvrager heeft een concreet plan met deze beurs en kan het belang van de beurs uitleggen en zich na afloop verantwoorden. DOORLOOPTIJD ► ☑ 1 - 2 jaar STATUS AANVRAGER ► ☑ individuen/gezinnen VOORKEUR/UITSLUITING ► geen voorkeur of uitsluiting bekend.
Procedure ■ OP AANVRAAG ► ja DOORLOOPTIJD ► 3-6 maanden AANVRAAGPROCEDURE ► De deadline voor het insturen van aanvragen staat vermeld op de website. Op de website van de stichting is een aanvraagformulier verkrijgbaar die u kunt downloaden en ondertekend en ingevuld per post of per e-mail terug kunt sturen. URL ► https://www.flevoland.nl/wat-doen-we/cultuur-en-erfgoed/han-lammers-fonds
Financieel ■ HERKOMST MIDDELEN ► vermogen.
Contact ■ BEREIKBAAR PER ► ☑ post ☑ e-mail ☑ telefoon CONTACTPERSOON ► geen contactpersoon bekend POSTADRES ► Postbus 55, 8200 AB Lelystad EMAIL (ALGEMEEN) ► info@flevoland.nl TELEFOON (ALGEMEEN) ► 0320-265265.

541
Stichting Handgebaar

Rubriek ■ ☑ gezondheidszorg ☑ onderwijs en onderzoek
Algemeen ■ WEBSITE ► www.kennisbankfilantropie.nl/anbi/handgebaar TYPERING ► vermogensfonds RECHTSVORM ► stichting KVK ► 41046429 ANBI STATUS ► ja DIRECTIE ► geen directiegegevens bekend BESTUUR ► J. Zoun, voorzitter; mw. M. Bögels; E. de Winter; mw. M. Rensman.
Missie ■ DOELSTELLING ► De Stichting Handgebaar ondersteunt projecten die het welzijn van doven wil vergroten op terreinen waar doven vanwege hun handicap worden achtergesteld.
Doelgroep ■ ALGEMEEN ► gehandicapten SPECIFIEK ► Doven. ACTIVITEITEN ► Het werkterrein waar de Stichting aandacht aan wil geven is in elk geval: ☑ Voorlichtings- en promotiemateriaal; ☑ Doofvriendelijkheid en bewustzijn; ☑ Onderwijs, cultuur en zorg; ☑ Ontwikkelen van hightech communicatiemiddelen; ☑ Kenniscentrum; ☑ Arbeidsparticipatie; ☑ Gelijkwaardige bereikbaarheid van doven. INTERVENTIENIVEAU ► Steun aan lokale/provinciale maatschappelijke organisaties en structuren (incl. gemeenten etc.) die diensten verlenen aan individuen.
Werkgebied ■ ACTIERADIUS ► Nationaal LAND ► Nederland.
Bestedingen ■ BUDGET ► niet openbaar SOORT BIJDRAGE ► giften BOVENGRENS ► € 10.000 ONDERGRENS ► geen.
Projecten ■ CRITERIA ► geen projectcriteria bekend DOORLOOPTIJD ► ☑ korter dan 1 jaar STATUS AANVRAGER ► ☑ stichting of vereniging (non-profit) VOORKEUR/UITSLUITING ► De aanvraag wordt niet gehonoreerd als het reguliere activiteiten van de aanvrager betreft. De projecten die met ondersteuning van de stichting worden uitgevoerd moeten leiden tot een waardevolle aanvulling voor de zorg van doven. De toepassing ervan kan niet beperkt zijn tot één enkele of een klein groepje doven.

Procedure ■ OP AANVRAAG ▶ ja DOORLOOPTIJD ▶ 3-6 maanden AANVRAAGPROCEDURE ▶ De aanvraag kan worden ingediend bij het bestuur van Handgebaar per post. Het bestuur vergadert gewoonlijk in april en september. Dan zal het bestuur de aanvragen beoordelen die tot medio maart c.q. augustus zijn ontvangen. In de maand na de vergadering zal de aanvrager antwoord ontvangen. De aanvraag dient te worden ondersteund met: ☑ een beschrijving van de aanvragende organisatie; ☑ de jaarrekening van het laatste boekjaar; ☑ de opgave van een contactpersoon; ☑ een begroting van het project, waarin de grootste post niet hoger mag zijn dan een derde van het aangevraagde bedrag. URL ▶ www.projectjong.nl/docu/Flyerstichting-handgebaar.pdf

Financieel ■ HERKOMST MIDDELEN ▶ vermogen.

Contact ■ BEREIKBAAR PER ▶ ☑ post ☑ e-mail ☑ telefoon CONTACTPERSOON ▶ geen contactpersoon bekend POSTADRES ▶ p/a De Gelderhorst Willy Brandtlaan 40, 6716 RK Ede EMAIL (ALGEMEEN) ▶ info@gelderhorst.nl TELEFOON (ALGEMEEN) ▶ 0318-698100.

542
Stichting Handicap, Scholing en Arbeid

Rubriek ■ ☑ maatschappij, welzijn en samenleving

Algemeen ■ WEBSITE ▶ www.kennisbankfilantropie.nl/anbi/handicap-scholing-en-arbeid TYPERING ▶ hybride fonds OPGERICHT ▶ 26-11-1981 RECHTSVORM ▶ stichting KVK ▶ 41081871 ANBI STATUS ▶ ja DIRECTIE ▶ geen directiegegevens bekend BESTUUR ▶ R. Schoonheim, voorzitter; R. Schoonheim, penningmeester; mw. E.Th. Schoonheim, secretaris.

Missie ■ DOELSTELLING ▶ Het aan betaald werk helpen van lichamelijk en arbeidsgehandicapten.

Doelgroep ■ ALGEMEEN ▶ gehandicapten SPECIFIEK ▶ Geen specifieke doelgroep ACTIVITEITEN ▶ Geen specifieke activiteiten bekend INTERVENTIENIVEAU ▶ Steun aan individuen (directe steun).

Werkgebied ■ ACTIERADIUS ▶ Lokaal LAND ▶ Nederland PLAATS ▶ Rotterdam.

Bestedingen ■ BUDGET ▶ niet openbaar SOORT BIJDRAGE ▶ overig BOVENGRENS ▶ geen ONDERGRENS ▶ geen.

Projecten ■ CRITERIA ▶ geen projectcriteria bekend DOORLOOPTIJD ▶ ☑ onbekend STATUS AANVRAGER ▶ ☑ individuen/gezinnen VOORKEUR/UITSLUITING ▶ geen voorkeur of uitsluiting bekend.

Procedure ■ OP AANVRAAG ▶ onbekend AANVRAAGPROCEDURE ▶ geen aanvraagprocedure bekend.

Financieel ■ EIGEN VERMOGEN ▶ € 54.723 INKOMSTEN OV ▶ € 2.150 HERKOMST MIDDELEN ▶ giften & schenkingen BOEKJAAR ▶ 2018 JAARVERSLAG OP WEBSITE ▶ ja.

Contact ■ BEREIKBAAR PER ▶ ☑ post ☑ e-mail ☑ telefoon CONTACTPERSOON ▶ R. Schoonheim POSTADRES ▶ Albert Camusplaats 105, 3069 BW Rotterdam EMAIL (ALGEMEEN) ▶ roy.schoonheim@gmail.com TELEFOON (ALGEMEEN) ▶ 010-4556072.

543
Hans Witjens Fonds

Rubriek ■ ☑ onderwijs en onderzoek ☑ kunst en cultuur

Algemeen ■ WEBSITE ▶ www.cultuurfonds.nl TYPERING ▶ fonds op naam BEHEERD DOOR ▶ Prins Bernhard Cultuurfonds DIRECTIE ▶ zie > Prins Bernhard Cultuurfonds BESTUUR ▶ zie > Prins Bernhard Cultuurfonds

Missie ■ DOELSTELLING ▶ Het financieel ondersteunen van talentvolle jonge mensen voor vervolgonderwijs en/of onderzoek in binnen- of buitenland, met een voorkeur voor het terrein waar vormgeving en ambacht elkaar raken, zoals restauraties van voorwerpen van kunst en nijverheid, met een voorkeur voor schilderijen.

Werkgebied ■ ACTIERADIUS ▶ Nationaal, Internationaal LAND ▶ Nederland.

Projecten ■ CRITERIA ▶ geen projectcriteria bekend DOORLOOPTIJD ▶ ☑ korter dan 1 jaar STATUS AANVRAGER ▶ ☑ geen beperkingen bekend VOORKEUR/UITSLUITING ▶ Voorkeur gaat uit naar het terrein waar vormgeving en ambacht elkaar raken.

Procedure ■ OP AANVRAAG ▶ ja AANVRAAGPROCEDURE ▶ Dit 'fonds op naam' ressorteert onder het Prins Bernhard Cultuurfonds. Verzoeken aan fondsen op naam komen op één centraal punt binnen. Dit houdt in dat een subsidieaanvraag slechts eenmaal aan het Prins Bernhard Cultuurfonds hoeft te worden gezonden. Voor de verdere aanvraagprocedure: zie Prins Bernhard Cultuurfonds. URL ▶ www.cultuurfonds.nl/aanvragen

Contact ■ BEREIKBAAR PER ▶ ☑ post ☑ e-mail ☑ telefoon CONTACTPERSOON ▶ geen contactpersoon bekend POSTADRES ▶ Postbus 19750, 1000 GT Amsterdam EMAIL (ALGEMEEN) ▶ info@cultuurfonds.nl TELEFOON (ALGEMEEN) ▶ 020-5206130.

544
Harmen Coops Fledderus Fonds

Rubriek ■ ☑ kunst en cultuur ☑ onderwijs en onderzoek

Algemeen ■ WEBSITE ▶ www.cultuurfonds.nl TYPERING ▶ fonds op naam BEHEERD DOOR ▶ Prins Bernhard Cultuurfonds DIRECTIE ▶ zie > Prins Bernhard Cultuurfonds BESTUUR ▶ zie > Prins Bernhard Cultuurfonds

Missie ■ DOELSTELLING ▶ Het financieel ondersteunen van bij voorkeur educatieve projecten op het gebied van de Nederlandse orgelcultuur. Het financieel ondersteunen van projecten voor en door organisten zoals festivals, masterclasses, opleidingen en concertreeksen. Het financieel ondersteunen van restauraties van historische Rijksmonumentale orgels.

Werkgebied ■ ACTIERADIUS ▶ Nationaal LAND ▶ Nederland.

Projecten ■ CRITERIA ▶ geen projectcriteria bekend DOORLOOPTIJD ▶ ☑ onbekend STATUS AANVRAGER ▶ ☑ geen beperkingen bekend VOORKEUR/UITSLUITING ▶ geen voorkeur of uitsluiting bekend.

Procedure ■ OP AANVRAAG ▶ ja AANVRAAGPROCEDURE ▶ Dit 'fonds op naam' ressorteert onder het Prins Bernhard Cultuurfonds. Verzoeken aan fondsen op naam komen op één centraal punt binnen. Dit houdt in dat een subsidieaanvraag slechts eenmaal aan het Prins Bernhard Cultuurfonds hoeft te worden gezonden. Voor de verdere aanvraagprocedure: zie Prins Bernhard Cultuurfonds. URL ▶ www.cultuurfonds.nl/aanvragen

Contact ■ BEREIKBAAR PER ▶ ☑ post ☑ e-mail ☑ telefoon CONTACTPERSOON ▶ geen contactpersoon bekend POSTADRES ▶ Postbus 19750, 1000 GT Amsterdam EMAIL (ALGEMEEN) ▶ info@cultuurfonds.nl TELEFOON (ALGEMEEN) ▶ 020-5206130.

545
Harry Wich Fonds

Rubriek ■ ☑ kunst en cultuur ☑ onderwijs en onderzoek

Algemeen ■ WEBSITE ▶ www.cultuurfonds.nl TYPERING ▶ fonds op naam BEHEERD DOOR ▶ Prins Bernhard Cultuurfonds DIRECTIE ▶ zie Prins Bernhard Cultuurfonds BESTUUR ▶ zie Prins Bernhard Cultuurfonds

Missie ■ DOELSTELLING ▶ Met het Harry Wich stipendium krijgt een talentvolle, nieuwsgierige, avontuurlijke student met gevoel voor theater, de kans een jaar in het buitenland zijn studie aanvullend te verrijken. STICHTER(S) ▶ Dorine de Vos HISTORIE ▶ Het Harry Wich Fonds is opgericht ter nagedachtenis aan Harry Wich - theatervormgever en schilder - door zijn weduwe Dorine de Vos.

Werkgebied ■ ACTIERADIUS ▶ Internationaal.

Projecten ■ CRITERIA ▶ geen projectcriteria bekend DOORLOOPTIJD ▶ ☑ korter dan 1 jaar STATUS AANVRAGER ▶ ☑ geen beperkingen bekend VOORKEUR/UITSLUITING ▶ geen voorkeur of uitsluiting bekend.

Procedure ■ OP AANVRAAG ▶ onbekend AANVRAAGPROCEDURE ▶ Dit 'fonds op naam' ressorteert onder het Prins Bernhard Cultuurfonds. Verzoeken aan fondsen op naam komen op één centraal punt binnen. Dit houdt in dat een subsidieaanvraag slechts eenmaal aan het Prins Bernhard Cultuurfonds hoeft te worden gezonden. Voor de verdere aanvraagprocedure: zie Prins Bernhard Cultuurfonds. URL ▶ www.cultuurfonds.nl/aanvragen

Contact ■ BEREIKBAAR PER ▶ ☑ post ☑ e-mail ☑ telefoon CONTACTPERSOON ▶ geen contactpersoon bekend POSTADRES ▶ Postbus 19750, 1000 GT Amsterdam EMAIL (ALGEMEEN) ▶ info@cultuurfonds.nl TELEFOON (ALGEMEEN) ▶ 020-5206130.

546
Stichting Hartwig Foundation

Rubriek ■ ☑ kunst en cultuur ☑ onderwijs en onderzoek

Algemeen ■ WEBSITE ▶ www.hartwigfoundation.com TYPERING ▶ vermogensfonds OPGERICHT ▶ 11-03-2013 RECHTSVORM ▶ stichting KVK ▶ 57448213 ANBI STATUS ▶ ja DIRECTIE ▶ geen directiegegevens bekend BESTUUR ▶ R.H. Defares, voorzitter; J.H. Wolkers, penningmeester; J.H. Wolkers, secretaris; G.J.W.M. Derckx.

Missie ■ DOELSTELLING ▶ De stichting heeft ten doel het (financieel) ondersteunen van projecten op het gebied van kunst en cultuur, onderwijs, (medische) wetenschap en (medisch) onderzoek alsmede het (financieel) ondersteunen van algemeen nut beogende instellingen, en voorts al hetgeen met een en ander rechtstreeks of zijdelings verband houdt of daartoe bevorderlijk kan zijn, alles in de ruimste zin van het woord, mits in het algemeen belang.

Doelgroep ■ SPECIFIEK ▶ Algemeen nut beogende instellingen alsmede projecten op het gebied van kunst en cultuur, onderwijs, (medische) wetenschap en (medisch) onderzoek. ACTIVITEITEN ▶ Geen specifieke activiteiten bekend INTERVENTIENIVEAU ▶ Steun aan lokale/provinciale maatschappelijke organisaties en structuren (incl. gemeenten etc.) die diensten verlenen aan individuen.

Werkgebied ■ ACTIERADIUS ▶ Nationaal LAND ▶ Nederland.

Bestedingen ■ BUDGET ▶ € 14.869.500 ONDERSTEUNDE PROJECTEN P/J ▶ 22 SOORT BIJDRAGE ▶ giften BOVENGRENS ▶ geen ONDERGRENS ▶ geen.

Projecten ■ CRITERIA ▶ geen projectcriteria bekend DOORLOOPTIJD ▶ ☑ onbekend STATUS AANVRAGER ▶ ☑ stichting of vereniging (non-profit) VOORKEUR/UITSLUITING ▶ geen voorkeur of uitsluiting bekend.

Procedure ■ OP AANVRAAG ▶ nee AANVRAAGPROCEDURE ▶ Uitsluitend aanvragen op uitnodiging worden in behandeling genomen.

Financieel ■ INKOMSTEN OV ▶ € 14.176.001 HERKOMST MIDDELEN ▶ giften & schenkingen, legaten, vermogen, overige inkomsten BOEKJAAR ▶ 2018 JAARVERSLAG OP WEBSITE ▶ ja.

Contact ■ BEREIKBAAR PER ▶ ☑ post ☒ e-mail ☒ telefoon CONTACTPERSOON ▶ geen contactpersoon bekend POSTADRES ▶ Eisenhowerlaan 124, 2517 KM Den Haag.

547
Hausta Donans Fonds

Rubriek ■ ☑ kunst en cultuur

Algemeen ■ WEBSITE ▶ www.cultuurfonds.nl TYPERING ▶ fonds op naam BEHEERD DOOR ▶ Prins Bernhard Cultuurfonds DIRECTIE ▶ zie Prins Bernhard Cultuurfonds BESTUUR ▶ zie Prins Bernhard Cultuurfonds

Missie ■ DOELSTELLING ▶ Het financieel ondersteunen van (top)talent en (bijzondere) projecten van modern klassieke zangkunst en modern klassieke dichtkunst. Met modern wordt geduid op repertoire vanaf circa 1925 - hedendaags. STICHTER(S) ▶ Huib en Mieke de Haas van Dorsser-Udo HISTORIE ▶ Het Hausta Donans Fonds is in 2010 opgericht door Huib en Mieke de Haas van Dorsser-Udo. Hun zoon Hugo, woordvoerder van het fonds, zal samen met zijn vrouw het familiefonds op termijn voortzetten.

Werkgebied ■ ACTIERADIUS ▶ Nationaal LAND ▶ Nederland.

Projecten ■ CRITERIA ▶ geen projectcriteria bekend DOORLOOPTIJD ▶ ☑ korter dan 1 jaar STATUS AANVRAGER ▶ ☑ geen beperkingen bekend VOORKEUR/UITSLUITING ▶ geen voorkeur of uitsluiting bekend.

Procedure ■ OP AANVRAAG ► ja AANVRAAGPROCEDURE ► Dit 'fonds op naam' ressorteert onder het Prins Bernhard Cultuurfonds. Verzoeken aan fondsen op naam komen op één centraal punt binnen. Dit houdt in dat een subsidieaanvraag slechts eenmaal aan het Prins Bernhard Cultuurfonds hoeft te worden gezonden. Voor de verdere aanvraagprocedure: zie Prins Bernhard Cultuurfonds. URL ► www.cultuurfonds.nl/aanvragen

Contact ■ BEREIKBAAR PER ► ☑ post ☑ e-mail ☑ telefoon CONTACTPERSOON ► geen contactpersoon bekend POSTADRES ► Postbus 19750, 1000 GT Amsterdam EMAIL (ALGEMEEN) ► info@cultuurfonds.nl TELEFOON (ALGEMEEN) ► 020-5206130.

548
Stichting Hazewinkelfonds

Rubriek ■ ☑ noodhulp ☑ maatschappij, welzijn en samenleving

Algemeen ■ WEBSITE ► www.hazewinkelfonds.nl TYPERING ► vermogensfonds OPGERICHT ► 02-06-1988 RECHTSVORM ► stichting KVK ► 41011482 ANBI STATUS ► ja DIRECTIE ► geen directiegegevens bekend BESTUUR ► Mw. M. Goudkuil, voorzitter; E. Jansen, penningmeester; mw. I. van der Stap, secretaris; G. van der Veen; mw. A. Steenhuisen.

Missie ■ DOELSTELLING ► De officiële doelstelling van het fonds is 'het lenigen van algemeen erkende noden op sociaal en maatschappelijk gebied in Groningen en Drenthe. Het is een sociaal noodfonds voor Groningers en Drenten. Het fonds biedt hulp als de normale overheidsregelingen zoals de bijstand en bijzondere bijstand uiteindelijk toch tekort schieten. STICHTER(S) ► Ruurt Hazewinkel Jzoon (1855-1940) HISTORIE ► De stichting Hazewinkelfonds is 2 juni 1988 opgericht ter gelegenheid van het 100-jarig bestaan van het Nieuwsblad van het Noorden en vernoemd naar de grondlegger van het Nieuwsblad van het Noorden, Ruurt Hazewinkel Jzoon. BELEIDSPLAN OP WEBSITE ► ja.

Doelgroep ■ ALGEMEEN ► dak- en thuislozen, armen, zieken SPECIFIEK ► Inwoners uit de provincies Groningen en Drenthe met problemen op het gebied van inkomen en gezondheid die zonder hulp van derden niet zijn op te lossen en geen mogelijkheid om gebruik te maken van een (overheids)regeling. ACTIVITEITEN ► Het fonds kan een bijdrage verstrekken in de aanschaf van een koelkast of fornuis, keukenspullen, meubilair, een computer of een laptop. Ook een bijdrage in de verhuiskosten is mogelijk. Verder kunnen wij op medische indicatie bijdragen in de kosten van aanschaf van een rolstoel, een elektrische fiets of een traplift. Een bijdrage in tandartskosten is eveneens mogelijk. Ten slotte kan het fonds helpen als er schulden zijn (op voorwaarde van een schuldhulpplan) of als uithuiszetting of afsluiting van energie of water dreigt. INTERVENTIENIVEAU ► Steun aan individuen via maatschappelijk werk organisaties of directe steun (studiebeurzen).

Werkgebied ■ ACTIERADIUS ► Regionaal LAND ► Nederland REGIO ► Groningen, Drenthe.

Bestedingen ■ BUDGET ► € 100.000 TOELICHTING ► Optimix beheerde in 2018 ongeveer 2/3 van het vermogen van de Stichting. Er werd, op basis van een neutrale portefeuille in een zeer fluctuerende markt, geopereerd. Per saldo is in 2018 een verlies op de effectenportefeuille ontstaan van 6% (koersverlies van; ca 200.000). Het bestuur streeft ernaar om in de komende jaren jaarlijks circa €100.000,-; aan giften te verstrekken. ONDERSTEUNDE PROJECTEN P/J ► 105 SOORT BIJDRAGE ► giften BOVENGRENS ► € 5.000 ONDERGRENS ► € 50.

Projecten ■ CRITERIA ► geen projectcriteria bekend DOORLOOPTIJD ► ☑ korter dan 1 jaar STATUS AANVRAGER ► ☑ hulpverleners VOORKEUR/UITSLUITING ► ☑ Aanvraag moet worden ingediend door een erkende instelling of persoon, zoals sociale dienst, jeugdhulpverlening, maatschappelijk werk, curator enz. ☑ In het algemeen is de hulp eenmalig. Geen bijdrage voor: ☑ regelmatig terugkerende kosten (bv. huishoudgeld, bewindvoering); ☑ regulier onderhoud eigen woning (reparaties om bewoonbaarheid te houden eventueel wel mogelijk); ☑ aanpassingen/onderhoud dorpshuizen, scouting etcetera; ☑ hobby's/sport; ☑ reizen/vakantie; ☑ medische ingrepen/therapieën (al dan niet medisch); ☑ naturalisatie; ☑ overlijden; ☑ aanpassingen aan tuin; ☑ Boetes van het Centraal Justitieel Incassobureau (CJIB).

Procedure ■ OP AANVRAAG ► ja DOORLOOPTIJD ► 1-3 maanden; korter dan een maand; korter dan een maand AANVRAAGPROCEDURE ► Een digitale aanvraag heeft de voorkeur. Alleen volledig ingevulde aanvraagformulieren (te vinden op de website) worden in behandeling genomen. Belangrijk is dat de aanvraag is voorzien van een heldere motivatie. Vermeld bij de aanvraag in elk geval de volgende informatie: ☑ Naam en geboortedatum cliënt; ☑ Woonadres en gezinssamenstelling; ☑ Financiële situatie (inkomsten, uitgaven, schulden); ☑ Het doel waarvoor je een bijdrage vraagt; ☑ Raming van het benodigde bedrag. Stuur zo mogelijk een offerte mee; ☑ Opgave van eventuele bij andere instellingen gedane verzoeken om ondersteuning (bij gemeente, een andere instelling of een ander fonds). Aanvrager ontvangt per e-mail een bericht van ontvangst. Tijdens de behandeling van de aanvraag kan aanvullende informatie wordt gevraagd. Het streven is erop gericht om ingediende aanvragen binnen twee weken af te handelen. Bij zeer spoedeisende zaken kan het bestuur een voorlopige voorziening treffen. URL ► https://www.hazewinkelfonds.nl/aanvraag-indienen/

Financieel ■ HERKOMST MIDDELEN ► vermogen, legaten BOEKJAAR ► 2018 JAARVERSLAG OP WEBSITE ► ja.

Contact ■ BEREIKBAAR PER ► ☑ post ☑ e-mail ☑ telefoon CONTACTPERSOON ► geen contactpersoon bekend POSTADRES ► Harm Buiterplein 1, 9723 ZR Groningen EMAIL (ALGEMEEN) ► info@hazewinkelfonds.nl TELEFOON (ALGEMEEN) ► 06-42593105.

549
HeBe Fonds

Rubriek ■ ☑ kunst en cultuur

Algemeen ■ WEBSITE ► www.cultuurfonds.nl TYPERING ► fonds op

naam **BEHEERD DOOR** ▶ Prins Bernhard Cultuurfonds **DIRECTIE** ▶ zie > Prins Bernhard Cultuurfonds **BESTUUR** ▶ zie > Prins Bernhard Cultuurfonds

Missie ■ **DOELSTELLING** ▶ Het financieel ondersteunen van projecten voor kinderen en jongeren op het gebied van de muziek waarbij talent gestimuleerd dan wel ontwikkeld wordt.

Werkgebied ■ **ACTIERADIUS** ▶ Nationaal **LAND** ▶ Nederland.

Projecten ■ **CRITERIA** ▶ geen projectcriteria bekend **DOORLOOPTIJD** ▶ ☑ korter dan 1 jaar **STATUS AANVRAGER** ▶ ☑ geen beperkingen bekend **VOORKEUR/UITSLUITING** ▶ geen voorkeur of uitsluiting bekend.

Procedure ■ **OP AANVRAAG** ▶ onbekend **AANVRAAGPROCEDURE** ▶ Dit 'fonds op naam' ressorteert onder het Prins Bernhard Cultuurfonds. Verzoeken aan fondsen op naam komen op één centraal punt binnen. Dit houdt in dat een subsidieaanvraag slechts eenmaal aan het Prins Bernhard Cultuurfonds hoeft te worden gezonden. Voor de verdere aanvraagprocedure: zie Prins Bernhard Cultuurfonds. **URL** ▶ www.cultuurfonds.nl/aanvragen

Contact ■ **BEREIKBAAR PER** ▶ ☑ post ☑ e-mail ☑ telefoon **CONTACTPERSOON** ▶ geen contactpersoon bekend **POSTADRES** ▶ Postbus 19750, 1000 GT Amsterdam **EMAIL (ALGEMEEN)** ▶ info@cultuurfonds.nl **TELEFOON (ALGEMEEN)** ▶ 020-5206130.

550
Heddy Honigmann Fonds

Rubriek ■ ☑ kunst en cultuur

Algemeen ■ **WEBSITE** ▶ www.cultuurfonds.nl **TYPERING** ▶ fonds op naam **BEHEERD DOOR** ▶ Prins Bernhard Cultuurfonds **DIRECTIE** ▶ zie > Prins Bernhard Cultuurfonds **BESTUUR** ▶ zie > Prins Bernhard Cultuurfonds

Missie ■ **DOELSTELLING** ▶ Het financieel ondersteunen van documentaire- of filmmakers uit ontwikkelingslanden. Aanvragen worden behandeld door het IDFA Bertha Fund.

Werkgebied ■ **ACTIERADIUS** ▶ Internationaal.

Projecten ■ **CRITERIA** ▶ geen projectcriteria bekend **DOORLOOPTIJD** ▶ ☑ onbekend **STATUS AANVRAGER** ▶ ☑ overig **VOORKEUR/UITSLUITING** ▶ geen voorkeur of uitsluiting bekend.

Procedure ■ **OP AANVRAAG** ▶ ja **AANVRAAGPROCEDURE** ▶ Dit 'fonds op naam' ressorteert onder het Prins Bernhard Cultuurfonds. Verzoeken aan fondsen op naam komen op één centraal punt binnen. Dit houdt in dat een subsidieaanvraag slechts eenmaal aan het Prins Bernhard Cultuurfonds hoeft te worden gezonden. Voor de verdere aanvraagprocedure: zie Prins Bernhard Cultuurfonds. **URL** ▶ www.cultuurfonds.nl/aanvragen

Contact ■ **BEREIKBAAR PER** ▶ ☑ post ☑ e-mail ☑ telefoon **CONTACTPERSOON** ▶ geen contactpersoon bekend **POSTADRES** ▶ Postbus 19750, 1000 GT Amsterdam **EMAIL (ALGEMEEN)** ▶ info@cultuurfonds.nl **TELEFOON (ALGEMEEN)** ▶ 020-5206130.

551
Heerder Stichting

Rubriek ■ ☑ gezondheidszorg

Algemeen ■ **WEBSITE** ▶ www.heerderfondsen.nl/pagina.php?s=4&id=4 **TYPERING** ▶ vermogensfonds **BEHEERD DOOR** ▶ Heerder Fondsen **OPGERICHT** ▶ 17-03-1939 **RECHTSVORM** ▶ stichting **KVK** ▶ 41038459 **ANBI STATUS** ▶ ja **DIRECTIE** ▶ geen directiegegevens bekend **BESTUUR** ▶ Mw. E. Wolthaar, voorzitter; G. Kuipers, penningmeester; mw. J. de Vries, secretaris; F. van Werkum; P. Roseboom; M. Treffers; mw. F. Tiemens.

Missie ■ **DOELSTELLING** ▶ ☑ Het verstrekken van gelden aan ingezetenen van de gemeente Heerde, voor zover deze gelden niet verstrekt kunnen worden op grond van een wettelijk sociale regeling; ☑ Het verlenen van hulp op grond van o.a. een medische indicatie. ☑ Het bestuur beslist wie voor een uitkering in aanmerking komt. Hierbij mag de politieke of godsdienstige gezindheid van de aanvragen geen rol spelen. **STICHTER(S)** ▶ Wessel Johannes Rakhorst **HISTORIE** ▶ De Heerder Stichting is opgericht door Wessel Johannes Rakhorst, rustend arts. Hij werd geboren in Heerde op 22 augustus 1856. Rakhorst, een volgens de volksmond zeer vermogend en zuinig levend man, woonde op de hoek van de Soerelseweg/Dorpsstraat. Op 17 maart 1939 richtte de heer Rakhorst de Heerder Stichting op. Deze trad in werking na het overlijden van de heer Rakhorst op 17 mei 1941. **BELEIDSPLAN OP WEBSITE** ▶ ja.

Doelgroep ■ **ALGEMEEN** ▶ gehandicapten, zieken **SPECIFIEK** ▶ Inwoners van de gemeente Heerde. **ACTIVITEITEN** ▶ Geen specifieke activiteiten bekend **INTERVENTIENIVEAU** ▶ Steun aan individuen (directe steun).

Werkgebied ■ **ACTIERADIUS** ▶ Lokaal **LAND** ▶ Nederland **PLAATS** ▶ Heerde.

Bestedingen ■ **BUDGET** ▶ niet openbaar **ONDERSTEUNDE PROJECTEN P/J** ▶ 7 **SOORT BIJDRAGE** ▶ giften **BOVENGRENS** ▶ geen **ONDERGRENS** ▶ geen.

Projecten ■ **CRITERIA** ▶ geen projectcriteria bekend **DOORLOOPTIJD** ▶ ☑ onbekend **STATUS AANVRAGER** ▶ ☑ geen beperkingen bekend **VOORKEUR/UITSLUITING** ▶ geen voorkeur of uitsluiting bekend.

Procedure ■ **OP AANVRAAG** ▶ ja **AANVRAAGPROCEDURE** ▶ Online via het aanvraagformulier. Niet complete aanvragen worden niet in behandeling genomen. U wordt verzocht eventuele bijlagen groter dan 1MB (indien mogelijk balans/jaarcijfers van laatste paar jaar) aan de secretaris te zenden. Aanvragen moeten uiterlijk twee weken voor de vergaderdatum binnen zijn, zie voor de data het kopje 'Agenda' op de website. **URL** ▶ www.heerderfondsen.nl/aanvragen.php?S=4

Financieel ■ **EIGEN VERMOGEN** ▶ € 400.114 **INKOMSTEN EV** ▶ € 3.073 **INKOMSTEN OV** ▶ € 1.286 **HERKOMST MIDDELEN** ▶ giften & schenkingen, legaten, vermogen **BOEKJAAR** ▶ 2018 **JAARVERSLAG OP WEBSITE** ▶ ja.

Contact ■ **BEREIKBAAR PER** ▶ ☑ post ☑ e-mail ☑ telefoon **CONTACTPERSOON** ▶ P/a Feijlen & de Vries Notarissen **POSTADRES** ▶ Postbus 172, 8180 AD Heerde **EMAIL (ALGEMEEN)** ▶ devries@notarisheerde.nl **TELEFOON (ALGEMEEN)** ▶ 0578-692622.

552
Heijmerink Reith Stichting

Rubriek ■ ☑ onderwijs en onderzoek ☑ economische ontwikkeling en microkrediet

Algemeen ■ WEBSITE ▶ www.kennisbankfilantropie.nl/anbi/heijmerink-reith-stichting TYPERING ▶ vermogensfonds OPGERICHT ▶ 19-10-1990 RECHTSVORM ▶ stichting KVK ▶ 41184483 ANBI STATUS ▶ ja DIRECTIE ▶ geen directiegegevens bekend BESTUUR ▶ Mw. C.G.M Jacobse, voorzitter; P.B.M. Heijmerink, penningmeester; mw. J.C.C.M. Hoorneman, secretaris; mw. S.M. van der Laan; A.D.J. van der Leij; mw. T.C. Heijmerink; mw. J.B.M. Heijmerink; P.F. Heijmerink; Mw. J. van As; mw. Z.M.J. Jansen.

Missie ■ DOELSTELLING ▶ ☑ De bevordering van onderwijs voor inwoners van ontwikkelingslanden, waarbij de inschakeling van lokaal onderwijzend personeel de voorkeur heeft; ☑ De verlening van hulp en steun aan de totstandkoming en ontwikkeling van kleinschalige economische projecten. De stichting zal zich bij het streven naar haar doel richten op het Afrikaanse continent. BELEIDSPLAN OP WEBSITE ▶ ja.

Doelgroep ■ ALGEMEEN ▶ inheemse volken, kinderen, jongeren, armen SPECIFIEK ▶ (Kleinschalige economische) projecten in Oost-Afrika die het onderwijs bevorderen. ACTIVITEITEN ▶ Het doel is om het jaarlijkse budget in het lopende jaar geheel te besteden. Hierbij wordt allereerst getracht rechtstreeks relaties te leggen met initiatiefnemers in de ontwikkelingslanden zelf en via hen projecten, die passen binnen de doelstelling, te steunen. Indien op deze manier voor het geld niet geheel een besteding te vinden is, wordt het resterende bedrag geschonken aan organisaties in Nederland die qua doelstelling nauw aansluiten bij de doelstelling van de H/R stichting. INTERVENTIENIVEAU ▶ Steun aan lokale/provinciale maatschappelijke organisaties en structuren (incl. gemeenten etc.) die diensten verlenen aan individuen.; Steun op niveau van maatschappij zelf (beleidsbeïnvloeding, etc.).

Werkgebied ■ ACTIERADIUS ▶ Internationaal LAND ▶ Oost-Afrika, Zambia, Kenia, Tanzania.

Bestedingen ■ BUDGET ▶ € 105.000 ONDERSTEUNDE PROJECTEN P/J ▶ 6 SOORT BIJDRAGE ▶ giften BOVENGRENS ▶ € 15.000 ONDERGRENS ▶ geen.

Projecten ■ CRITERIA ▶ ☑ Steun wordt alleen verstrekt wanneer er sprake is van een duidelijk aanspreekbare, betrouwbare contactpersoon en/of organisatie in Nederland dan wel ter plaatse; ☑ Op het moment van toekenning van (vervolg) giften voor een project, moet er sprake zijn van relatieve rust (stabiliteit) in de regio of het betreffende land; ☑ De steun voor onderwijs en/of kleine economische projecten kan bestaan uit een eenmalige startsubsidie of een bijdrage in delen uitbetaald, doch heeft nimmer een permanent karakter. Altijd wordt een tijdspanne afgesproken. DOORLOOPTIJD ▶ ☑ onbekend STATUS AANVRAGER ▶ ☑ stichting of vereniging (non-profit) ☑ overig ☑ onderwijsinstelling VOORKEUR/UITSLUITING ▶ De inschakeling van lokaal onderwijzend personeel heeft de voorkeur. Aanvragen voor rechtstreekse financiële ondersteuning van een privé-persoon of een groep van privé-personen worden niet gehonoreerd. Aan overheden, overheidsinstellingen of structureel geheel door een overheid gesubsidieerde instelling, wordt in principe geen steun verleend, evenmin als aan financieel onafhankelijke instellingen. Aan activiteiten met een uitgesproken c.q. overwegend politiek of religieus karakter wordt geen financiële steun verleend.

Procedure ■ OP AANVRAAG ▶ nee AANVRAAGPROCEDURE ▶ Door middel van het aanvraagformulier. Deze wordt weergegeven in zowel het beleidsplan als het jaarverslag. Momenteel worden er geen aanvragen in behandeling genomen omdat het geld reeds besteed is.

Financieel ■ EIGEN VERMOGEN ▶ € 2.987.968 HERKOMST MIDDELEN ▶ vermogen BOEKJAAR ▶ 2018 JAARVERSLAG OP WEBSITE ▶ ja.

Contact ■ BEREIKBAAR PER ▶ ☑ post ☑ e-mail ☑ telefoon CONTACTPERSOON ▶ geen contactpersoon bekend POSTADRES ▶ Dorpsstraat 5, 3981 EA Bunnik EMAIL (ALGEMEEN) ▶ hmk.vdlaan@casema.nl TELEFOON (ALGEMEEN) ▶ 06-57244909.

553
Stichting Heilige Geest- of Arme Wees- en Kinderhuis

Rubriek ■ ☑ maatschappij, welzijn en samenleving ☑ kunst en cultuur

Algemeen ■ WEBSITE ▶ www.leidsefondsen.nl/stichting-heilige-geest TYPERING ▶ vermogensfonds RECHTSVORM ▶ stichting KVK ▶ 41165754 ANBI STATUS ▶ nee DIRECTIE ▶ geen directiegegevens bekend BESTUUR ▶ geen bestuursgegevens bekend.

Missie ■ DOELSTELLING ▶ ☑ Het behoud van het culturele erfgoed van het voormalige weeshuis aan de Hooglandse Kerkgracht. Daarnaast beheert en onderhoud de Stichting de Regentenkamer van het voormalige weeshuis. ☑ De huisvesting van kwetsbare jongeren in Leiden, waarmee de Stichting terugkeert naar haar oorspronkelijke doelstelling. Op dit moment wordt met de Leidse publieke en private organisaties overlegd hoe te komen tot de ontwikkeling van een innovatief, vernieuwend woonconcept waarin kwetsbare jongeren de kans krijgen hun leven op de rit te krijgen. HISTORIE ▶ De Stichting Heilige Geest- of Arme wees- en Kinderhuis Leiden is ontstaan in 1316 als College van Heilige Geestmeesters, verbonden aan de St. Pieterparochie. De stichting droeg tot het midden van de 20e eeuw de verantwoordelijkheid voor onderdak, verzorging en opvoeding van (wees)kinderen uit Leiden en omgeving. De hulp aan weeskinderen is nu een overheidstaak maar de stichting blijft zich richten op het welzijn van kwetsbare jongeren. De band met het voormalige weeshuis aan de Hooglandse Kerkgracht is nog niet helemaal doorgesneden want het stichtingsbestuur vergadert nog steeds in de oude Regentenkamer.

Doelgroep ■ ALGEMEEN ▶ jongeren SPECIFIEK ▶ Kwetsbare jongeren in Leiden. ACTIVITEITEN ▶ Geen specifieke activiteiten bekend INTERVENTIENIVEAU ▶ Onbekend.

Werkgebied ■ ACTIERADIUS ▶ Lokaal LAND ▶ Nederland PLAATS ▶ Leiden.

Bestedingen ■ BUDGET ▶ niet openbaar SOORT BIJDRAGE ▶ onbekend BOVENGRENS ▶ geen ONDERGRENS ▶ geen.

Projecten ■ CRITERIA ▶ geen projectcriteria bekend DOORLOOPTIJD ▶ ☑ korter dan 1 jaar STATUS AANVRAGER ▶ ☑ geen beperkingen bekend VOORKEUR/UITSLUITING ▶ Geen voorkeuren bekend.

Procedure ■ OP AANVRAAG ▶ ja DOORLOOPTIJD ▶ 1-3 maanden; geen doorlooptijd bekend; geen doorlooptijd bekend AANVRAAGPROCEDURE ▶ U kunt op de website een quickscan doorlopen. URL ▶ https://www.leidsefondsen.nl/quickscan/

Financieel ■ HERKOMST MIDDELEN ▶ vermogen BOEKJAAR ▶ boekjaar onbekend.

Contact ■ BEREIKBAAR PER ▶ ☑ post ☑ e-mail ☒ telefoon CONTACTPERSOON ▶ geen contactpersoon bekend POSTADRES ▶ Hooglandse Kerkgracht 17M, 2312 HS Leiden EMAIL (ALGEMEEN) ▶ shgkinderhuisleiden@gmail.com.

554

Stichting Helden der Zee-Fonds "Dorus Rijkers"

Rubriek ■ ☑ kunst en cultuur ☑ maatschappij, welzijn en samenleving ☑ onderwijs en onderzoek

Algemeen ■ WEBSITE ▶ www.dorusrijkersfonds.nl TYPERING ▶ vermogensfonds OPGERICHT ▶ 09-04-1923 RECHTSVORM ▶ stichting KVK ▶ 41149211 ANBI STATUS ▶ ja DIRECTIE ▶ geen directiegegevens bekend BESTUUR ▶ J. Snoeks, voorzitter; D.P. Stolp, penningmeester; mr. J. Willeumier

, secretaris; mw.mr. V. van der Kuil; mw. V.J. Vree-Mattner.

Missie ■ DOELSTELLING ▶ De Stichting heeft ten doel steun te verlenen: ☑ aan behoeftige in Nederland wonende redder van schipbreukelingen, welke redders als schipper of deel der bemanning van de reddingsboten of particuliere vaartuigen reddingen verricht hebben op de Nederlandse kust (IJsselmeerkust inbegrepen); ☑ aan behoeftige in Nederland wondende weduwen van de genoemde redders; ☑ aan behoeftige in Nederland wonende nagelaten betrekkingen van de bedoelde redders, omgekomen bij redding van schipbreukelingen op de Nederlandse kust; ☑ aan in Nederland gevestigde charitatieve, culturele, wetenschappelijke, educatieve of het algemeen nut beogende instellingen met een maritieme achtergrond; ☑ ten behoeve van de instandhouding van maritieme cultuurgoederen. HISTORIE ▶ Het Dorus Rijkers Fonds werd als vereniging opgericht op 9 april 1923. De beroemdste redder aller tijden was Dorus Rijkers. Begonnen als beroepsmatige vletterman werd hij later schipper van de Helderse reddingboot en heeft dat tot op hoge leeftijd volgehouden. Onder zijn leiding werden talloze schipbreukelingen veilig aan wal gebracht. Dorus was in de loop van zijn leven een nationale held geworden. Enige vorm van oudedagsvoorziening was echter niet aanwezig. Evenmin was er enige voorziening voor nagelaten betrekkingen bij overlijden van de kostwinner. ij een aantal Nederlanders begon het besef door te dringen dat ondersteuning van de oude dag en van eventuele nagelaten betrekkingen van dit soort nationale helden maar ook andere redders in die tijd na beëindiging van hun reddersloopbaan, dringend noodzakelijk was. Dit vormde de oorsprong van het Dorus Rijkers Fonds. BELEIDSPLAN OP WEBSITE ▶ ja.

Doelgroep ■ SPECIFIEK ▶ Weduwen, schipbreukelingen, naasten die door zeehelden zijn achter gelaten. ACTIVITEITEN ▶ Ter bereiking van de doelstellingen worden geldelijke uitkeringen gedaan en worden er donaties verstrekt. Voorts worden aan oud-redders kerstpakketten uitgereikt. Daarnaast worden donaties verricht aan in Nederland gevestigde charitatieve, culturele, wetenschappelijke, educatieve of het algemeen nut beogende instellingen met een maritieme achtergrond en subsidies verstrekt ten behoeve van de instandhouding van Nederlands maritiem erfgoed. De stichting neemt voorts actief deel aan een samenwerkingsverband tussen een zestal maritiem gerichte organisaties, bekend als de Samenwerkende Maritieme Fondsen. Deze samenwerking is gericht op het behoud van maritiem erfgoed en het gezamenlijk ondersteunen van grotere maritieme projecten. INTERVENTIENIVEAU ▶ Steun aan individuen (directe steun).; Steun aan lokale/provinciale maatschappelijke organisaties en structuren (incl. gemeenten etc.) die diensten verlenen aan individuen.

Werkgebied ■ ACTIERADIUS ▶ Nationaal LAND ▶ Nederland.

Bestedingen ■ BUDGET ▶ € 605.000 SOORT BIJDRAGE ▶ giften overig BOVENGRENS ▶ geen ONDERGRENS ▶ geen.

Projecten ■ CRITERIA ▶ In alle gevallen gaat het om afgegrensde projecten met duidelijke einddata; ☑ Aanvragen met betrekking tot kunst en cultuur: Het betreft hier kleine grensverleggende (maritiem-) culturele en kunst projecten met grote impact of potentie voor de toekomst, waarbij de steun van het Stichting Helden der Zee-Fonds "Dorus Rijkers" onontbeerlijk is voor de totstandkoming. ☑ Individuele ondersteuning op het gebied van onderwijs en wetenschap: In een enkel geval wordt een kleine bijdrage verleend aan een wetenschappelijke studie of opleiding waarbij er altijd sprake moet zijn van een breder maatschappelijk belang dan dat van de aanvrager en waarbij er sprake is van bijdragen door derden. ☑ Aanvragen met betrekking tot publicaties: Bij aanvragen voor het uitgeven van een publicatie dient altijd een calculatieformulier voor uitgevers te worden bijgevoegd. Het verdient de voorkeur publicaties digitaal uit te geven. ☑ Aanvragen scouting verenigingen: Deze kunnen via de Samenwerkende Maritieme Fondsen worden gedaan. Ga naar www.samenwerkendemaritiemefondsen.nl. DOORLOOPTIJD ▶ ☑ onbekend STATUS AANVRAGER ▶ ☑ geen beperkingen bekend VOORKEUR/UITSLUITING ▶ geen voorkeur of uitsluiting bekend.

Procedure ■ OP AANVRAAG ▶ ja AANVRAAGPROCEDURE ▶ Aanvragen worden uitsluitend in behandeling genomen als deze digitaal, via de website worden gedaan. Eventuele bijlagen kunt uitsluitend als PDF bijvoegen. Het bestuur vergadert doorgaans tweemaal per jaar. URL ▶ www.dorusrijkersfonds.nl/147/

Financieel ■ INKOMSTEN EV ▶ € 2.947.363 INKOMSTEN OV ▶ € 1.000 HERKOMST MIDDELEN ▶ vermogen, overige inkomsten BOEKJAAR ▶ 2019 JAARVERSLAG OP WEBSITE ▶ ja.

Contact ■ BEREIKBAAR PER ▶ ☑ post ☑ e-mail ☑ telefoon CONTACTPERSOON ▶ Secretariaat C.F. Bosch POSTADRES ▶ Nicolaas Hennemanpad 85, 1961 GT Heemskerk EMAIL (ALGEMEEN) ▶ info@dorusrijkersfonds.nl TELEFOON (ALGEMEEN) ▶ 0251-243969.

555
Stichting Helena Blom

Rubriek ■ ☑ kerk en levensbeschouwing ☑ maatschappij, welzijn en samenleving ☑ kunst en cultuur

Algemeen ■ WEBSITE ▶ www.kennisbankfilantropie.nl/anbi/helena-blom TYPERING ▶ vermogensfonds OPGERICHT ▶ 13-04-2014 RECHTSVORM ▶ stichting KVK ▶ 60670479 ANBI STATUS ▶ ja DIRECTIE ▶ geen directiegegevens bekend BESTUUR ▶ B.J.M.M. Bartholomeus, voorzitter; mw. I.A.M. Bartholomeus-Blom, penningmeester; mw. I.A.M. Bartholomeus-Blom, secretaris; mw. S.A.W.P. Wiehager-Dambacher.

Missie ■ DOELSTELLING ▶ De geldelijke ondersteuning van kerkelijke instellingen, rechtspersonen en andere organisaties die een charitatief, maatschappelijk of cultureel doel nastreven en die een ANBI-status bezitten, en het verrichten van al hetgeen met het vorenstaande verband houdt of daartoe bevorderlijk is.

Doelgroep ■ SPECIFIEK ▶ Kerkelijke instellingen, rechtspersonen en andere organisaties die een charitatief, maatschappelijk of cultureel doel nastreven en die een ANBI-status bezitten. ACTIVITEITEN ▶ Geen specifieke activiteiten bekend INTERVENTIENIVEAU ▶ Steun aan lokale/provinciale maatschappelijke organisaties en structuren (incl. gemeenten etc.) die diensten verlenen aan individuen.

Werkgebied ■ ACTIERADIUS ▶ Nationaal LAND ▶ Nederland.

Bestedingen ■ BUDGET ▶ niet openbaar SOORT BIJDRAGE ▶ giften BOVENGRENS ▶ geen ONDERGRENS ▶ geen.

Projecten ■ CRITERIA ▶ geen projectcriteria bekend DOORLOOPTIJD ▶ ☑ onbekend STATUS AANVRAGER ▶ ☑ kerkelijke instelling ☑ stichting of vereniging (non-profit) ☑ onderwijsinstelling VOORKEUR/UITSLUITING ▶ geen voorkeur of uitsluiting bekend.

Procedure ■ OP AANVRAAG ▶ onbekend AANVRAAGPROCEDURE ▶ Geen aanvraagprocedure bekend.

Financieel ■ EIGEN VERMOGEN ▶ € 326.700 HERKOMST MIDDELEN ▶ onbekend BOEKJAAR ▶ 2017 JAARVERSLAG OP WEBSITE ▶ ja.

Contact ■ BEREIKBAAR PER ▶ ☑ post ☑ e-mail ☑ telefoon CONTACTPERSOON ▶ geen contactpersoon bekend POSTADRES ▶ Ehrensteinstraat 2, 6136 CN Sittard EMAIL (ALGEMEEN) ▶ bbartholomeus@home.nl TELEFOON (ALGEMEEN) ▶ 046-4511752.

556
Helena Vrucht Fonds

Rubriek ■ ☑ kunst en cultuur ☑ natuur, milieu en dieren ☑ economische ontwikkeling en microkrediet

Algemeen ■ WEBSITE ▶ www.cultuurfonds.nl TYPERING ▶ fonds op naam BEHEERD DOOR ▶ Prins Bernhard Cultuurfonds DIRECTIE ▶ zie > Prins Bernhard Cultuurfonds BESTUUR ▶ zie > Prins Bernhard Cultuurfonds

Missie ■ DOELSTELLING ▶ Het financieel ondersteunen van projecten op het gebied van natuurbehoud en landschapsontwikkeling bij voorkeur in de provincies Groningen, Friesland and Drenthe, alsmede onderzoek, publicaties en symposia welke betrekking hebben op de verhouding tussen cultuur, religie en economie.

Werkgebied ■ ACTIERADIUS ▶ Nationaal LAND ▶ Nederland REGIO ▶ Groningen, Friesland, Drenthe.

Projecten ■ CRITERIA ▶ geen projectcriteria bekend DOORLOOPTIJD ▶ ☑ korter dan 1 jaar STATUS AANVRAGER ▶ ☑ geen beperkingen bekend VOORKEUR/UITSLUITING ▶ Voorkeur gaat uit naar projecten in de provincies Groningen, Friesland en Drenthe.

Procedure ■ OP AANVRAAG ▶ ja AANVRAAGPROCEDURE ▶ Dit 'fonds op naam' ressorteert onder het Prins Bernhard Cultuurfonds. Verzoeken aan fondsen op naam komen op één centraal punt binnen. Dit houdt in dat een subsidieaanvraag slechts eenmaal aan het Prins Bernhard Cultuurfonds hoeft te worden gezonden. Voor de verdere aanvraagprocedure: zie Prins Bernhard Cultuurfonds. URL ▶ www.cultuurfonds.nl/aanvragen

Contact ■ BEREIKBAAR PER ▶ ☑ post ☑ e-mail ☑ telefoon CONTACTPERSOON ▶ geen contactpersoon bekend POSTADRES ▶ Postbus 19750, 1000 GT Amsterdam EMAIL (ALGEMEEN) ▶ info@cultuurfonds.nl TELEFOON (ALGEMEEN) ▶ 020-5206130.

557
Hélène de Montigny Stichting

Rubriek ■ ☑ gezondheidszorg ☑ maatschappij, welzijn en samenleving ☑ vluchtelingenhulp

Algemeen ■ WEBSITE ▶ www.fundatiesobbe.nl/fundaties/helene-de-montigny-stichting TYPERING ▶ fonds op naam BEHEERD DOOR ▶ Fundatie Van den Santheuvel, Sobbe DIRECTIE ▶ zie > Fundatie Van den Santheuvel, Sobbe BESTUUR ▶ zie > Fundatie Van den Santheuvel, Sobbe

Missie ■ DOELSTELLING ▶ De Hélène de Montigny Stichting verstrekt binnen bepaalde voorwaarden giften (op projectbasis) aan de volgende doelen: ☑ instellingen op het gebied van jeugdzorg; ☑ instellingen op het gebied van gezondheidszorg; ☑ instellingen die integratie bevorderen; ☑ instellingen die zich inzetten voor mensen met een (verstandelijke) beperking; ☑ instellingen voor maatschappelijk werk; ☑ instellingen op het gebied van ouderenzorg; ☑ opvanghuizen voor o.a. verslaafden, GGZ-cliënten, jongeren en vrouwen; ☑ groepsvakanties voor o.a. jongeren en kinderen in achterstandsituaties, ouderen en mensen met een lichamelijke en/of verstandelijke beperking; ☑ projecten op het gebied van werkgelegenheid en toeleiding naar werk. Uit de Hélène de Montigny Stichting wordt eens in de drie jaar een prijs uitgereikt aan 'een persoon of personen, die zich in buitengewone mate verdienstelijk heeft/hebben gemaakt voor de mensheid in het algemeen'. **STICHTER(S)** ▶ Hélène Louise Pauline Jonas van 's Heer Arendskerke-Le Fèvre de Montigny (1875-1949) **HISTORIE** ▶ Hélène Louise Pauline Jonas van 's Heer Arendskerke-Le Fèvre de Montigny was als echtgenote van een curator nauw bij het werk van de Fundatie betrokken. In 1928 richtten de heer en mevrouw Jonas van 's heer Arendskerke de Hélène de Montigny Stichting op, die sinds 1949 door de Fundatie van den Santheuvel, Sobbe wordt bestuurd. Na het overlijden van Hélène de Montigny werd het kantoor van de Fundatie gevestigd in haar voormalig woonhuis aan de Herengracht, gekocht uit de erfenis. **BELEIDSPLAN OP WEBSITE** ▶ ja.

Werkgebied ■ **ACTIERADIUS** ▶ Nationaal **LAND** ▶ Nederland.

Projecten ■ **CRITERIA** ▶ geen projectcriteria bekend **DOORLOOPTIJD** ▶ ☑ onbekend **STATUS AANVRAGER** ▶ ☑ geen beperkingen bekend **VOORKEUR/UITSLUITING** ▶ Er worden géén giften gedaan aan onder andere: ☑ Organisaties die hun bestuurders boven de balkenendenorm belonen; ☑ Aanbouw- en verbouwprojecten; ☑ Acties en korte campagnes; ☑ Congressen, symposia; ☑ Dorpshuizen, buurtcentra, multifunctionele centra; ☑ Evenementen en festivals (zoals op het gebied van kunst of sport, ook niet voor gehandicapten); ☑ Festiviteiten; ☑ Films, documentaires; ☑ Individuele noden; ☑ Kinderdagverblijven, peuterspeelzalen; ☑ Koepelorganisaties voor gehandicapten, tenzij t.b.v. activering en participatie; ☑ Milieubescherming, dieren(opvang); ☑ Omroepen; ☑ Orgelrestauratie; ☑ Politieke doelen; ☑ Projecten in het buitenland, buitenlandse organisaties; ☑ Reguliere kunst, voorstellingen, (amateur)muziekprojecten; ☑ Restauratie van (kerk)gebouwen; ☑ Scouting; ☑ Sport zonder sociaal en/of participatiedoel; ☑ Wetenschappelijk (dus ook medisch) onderzoek, studie of studiebeurzen.

Procedure ■ **OP AANVRAAG** ▶ ja **AANVRAAGPROCEDURE** ▶ Als uw project voldoet aan de algemene criteria en doelstellingen van de stichting, kunt u uitsluitend via de website (via computer) uw aanvraag voor een bijdrage volledig digitaal indienen. De aanvraagprocedure is opgebouwd uit de volgende onderdelen: ☑ Contactgegevens; ☑ Algemene informatie; ☑ Project waarvoor u een aanvraag doet; ☑ Financiële gegevens van het project; ☑ Bijlagen; ☑ Optioneel; tussentijds opslaan van de aanvraag is mogelijk. U krijgt dan via e-mail een inlogcode waarmee u op een later moment verder kunt gaan met de aanvraag. Nadat de aanvraag is ingediend, wordt over uw aanvraag meestal binnen twee maanden een besluit genomen door het curatorium. De vergaderdata zijn terug te vinden op de website. Over het besluit ontvangt u binnen twee weken na een curatorenvergadering bericht. Soms wordt een aanvraag in onderzoek gehouden. De afhandeling ervan kan dan enkele maanden langer duren. Besluiten van het curatorium worden niet in heroverweging genomen. **URL** ▶ https://www.fundatiesobbe.nl/4-aanvraagprocedure/

Contact ■ **BEREIKBAAR PER** ▶ ☑ post ☑ e-mail ☑ telefoon **CONTACTPERSOON** ▶ Mw. drs. E.M.L. den Braber **POSTADRES** ▶ Herengracht 524 A, 1017 CC Amsterdam **EMAIL (ALGEMEEN)** ▶ info@fundatiesobbe.nl **TELEFOON (ALGEMEEN)** ▶ 020-6233246.

558
Stichting Hendrik Backers

Rubriek ■ ☑ onderwijs en onderzoek

Algemeen ■ **WEBSITE** ▶ www.rotterdamsefondsen.nl/fonds/129/stichting-hendrik-backers **TYPERING** ▶ vermogensfonds **BEHEERD DOOR** ▶ Vereniging Rotterdamse Fondsen **RECHTSVORM** ▶ stichting **KVK** ▶ 41128430 **ANBI STATUS** ▶ ja **DIRECTIE** ▶ geen directiegegevens bekend **BESTUUR** ▶ Mw.drs. M.L. Castendijk, voorzitter; drs. R.P.M. de Kuyper, penningmeester; drs. R.E.F. Huijgen, secretaris; I.C.T. Rademaker-Huijgen; mw.mr. C.S. Rodrigues Pereira-de Kuyper.

Missie ■ **DOELSTELLING** ▶ Het geven of doen geven van onderwijs op basis- en middelbare scholen en het beschikbaar stellen van gelden en leermiddelen en het verrichten van alle handelingen, welke geacht kunnen worden in verband te staan met het geven van onderwijs. **STICHTER(S)** ▶ Hendrik Backers **HISTORIE** ▶ Aanvankelijk een stichting met RK-scholen in de stad Rotterdam. Thans een stichting die financiele steun verleent aan onderwijsverstrekkende instellingen. **BELEIDSPLAN OP WEBSITE** ▶ ja.

Doelgroep ■ **ALGEMEEN** ▶ jongeren, kinderen **SPECIFIEK** ▶ Leerlingen. **ACTIVITEITEN** ▶ De stichting tracht haar doel te bereiken door het verlenen van financiële steun aan onderwijsinstellingen of instanties die zich bezighouden met het verstrekken van onderwijs. Dit is ontstaan uit de historische achtergrond dat de stichting oorspronkelijk R.K.-scholen beheerde in de regio Rotterdam. Deze functie is sinds 1987 volledig komen te vervallen. De Stichting heeft in het jaar 2018 een donatie toegekend aan het leercentrum van Stichting Excelsior4All. **INTERVENTIENIVEAU** ▶ Steun aan lokale/provinciale maatschappelijke organisaties en structuren (incl. gemeenten etc.) die diensten verlenen aan individuen.

Werkgebied ■ **ACTIERADIUS** ▶ Lokaal, Regionaal **LAND** ▶ Nederland **REGIO** ▶ Zuid-Holland **PLAATS** ▶ Rotterdam.

Bestedingen ■ **BUDGET** ▶ € 15.000 **SOORT BIJDRAGE** ▶ giften subsidies overig **BOVENGRENS** ▶ geen **ONDERGRENS** ▶ geen.

Projecten ■ **CRITERIA** ▶ geen projectcriteria bekend **DOORLOOPTIJD** ▶ ☑ langer dan 2 jaar **STATUS AANVRAGER** ▶ ☑ onderwijsinstelling **VOORKEUR/UITSLUITING** ▶ Geen voorkeur/uitsluiting bekend.

Procedure ■ **OP AANVRAAG** ▶ onbekend **DOORLOOPTIJD** ▶ 1-3 maanden **AANVRAAGPROCEDURE** ▶ Geen aanvraagprocedure bekend.

Financieel ■ **EIGEN VERMOGEN** ▶ € 579.,30.432 **HERKOMST MIDDELEN** ▶ vermogen, inkomsten uit vermogen **BOEKJAAR** ▶ 2018 **JAARVERSLAG OP WEBSITE** ▶ ja.

Contact ■ **BEREIKBAAR PER** ▶ ☑ post ☑ e-mail ☒ telefoon **CONTACTPERSOON** ▶ geen contactpersoon bekend **POSTADRES** ▶ Postbus 4393, 3006 AJ Rotterdam **EMAIL (ALGEMEEN)** ▶ st.hendrik.backers@gmail.com.

559
Hendrik en Maria Stichting

Rubriek ■ ☑ maatschappij, welzijn en samenleving ☑ noodhulp

Algemeen ■ **WEBSITE** ▶ https://www.fondseninnederland.nl/fonds/

hendrik-en-maria-stichting **TYPERING** ▶ vermogensfonds **OPGERICHT** ▶ 30-10-1917 **RECHTSVORM** ▶ stichting **KVK** ▶ 41206055 **ANBI STATUS** ▶ nee **DIRECTIE** ▶ geen directiegegevens bekend **BESTUUR** ▶ Mw.drs. F.J.J. Lucassen, voorzitter; D. Schornagel, penningmeester; mr. J.G. Bulsing, secretaris; mw. L.A.J. Bulsing.

Missie ■ **DOELSTELLING** ▶ De doelstelling van de Stichting is het verlenen van geldelijke steun aan bejaarden bij voorkeur in Amsterdam en naast omgeving en eventuele andere goede doelen op het gebied van maatschappelijk welzijn, zoals gehandicapte kinderen en voorts al hetgeen met e.e.a. rechtstreeks of zijdeling verband houdt. **BELEIDSPLAN OP WEBSITE** ▶ ja.

Doelgroep ■ **ALGEMEEN** ▶ gehandicapten, kinderen, ouderen **SPECIFIEK** ▶ Bejaarden en gehandicapte kinderen in een armlastige gezinssituatie en goede doelen die voor deze doelgroepen opkomen. **ACTIVITEITEN** ▶ Geen specifieke activiteiten bekend **INTERVENTIENIVEAU** ▶ Steun aan individuen (directe steun).

Werkgebied ■ **ACTIERADIUS** ▶ Lokaal **LAND** ▶ Nederland **PLAATS** ▶ Amsterdam e.o.

Bestedingen ■ **BUDGET** ▶ niet openbaar **SOORT BIJDRAGE** ▶ giften **BOVENGRENS** ▶ geen **ONDERGRENS** ▶ geen.

Projecten ■ **CRITERIA** ▶ Individuele noden van bejaarden en gehandicapte kinderen in een armlastige gezinssituatie, voorover hierin niet kan worden voorzien vanuit wettelijke voorzieningen of ander overheidsbeleid. **DOORLOOPTIJD** ▶ ☑ onbekend ☑ korter dan 1 jaar **STATUS AANVRAGER** ▶ ☑ geen beperkingen bekend **VOORKEUR/UITSLUITING** ▶ Bij voorkeur in Amsterdam en omgeving. Aanvragen van commerciële tussenpersonen worden niet in behandeling genomen.

Procedure ■ **OP AANVRAAG** ▶ ja **AANVRAAGPROCEDURE** ▶ Een verzoek tot ondersteuning wordt bij voorkeur per e-mail ingediend. Daarbij dienen o.a. de volgende gegevens te worden aangeleverd: ☑ Probleemomschrijving, doelstelling, wie te begunstigen ☑ Financieel overzicht en financieringsplan, begroting, eigen bijdrage, dekkingsplan, andere aanvragen, fondsen of instanties ☑ Wijze van rapportage eindverantwoording achteraf ☑ Mogelijke referenties van organisaties of personen die bij de Stichting bekend zijn. Het bestuur vergadert periodiek. In deze vergaderingen worden de aanvragen; besproken en worden besluiten genomen. Aanvragers worden per e-mail geïnformeerd. Bezwaar of beroep is niet mogelijk. Over bestuursbesluiten is correspondentie niet mogelijk.

Financieel ■ **EIGEN VERMOGEN** ▶ € 1.204.687 **HERKOMST MIDDELEN** ▶ vermogen **BOEKJAAR** ▶ 2018 **JAARVERSLAG OP WEBSITE** ▶ ja.

Contact ■ **BEREIKBAAR PER** ▶ ☑ post ☑ e-mail ☒ telefoon **CONTACTPERSOON** ▶ geen contactpersoon bekend **POSTADRES** ▶ Rubenslaan 35, 1412 HN Naarden **EMAIL (ALGEMEEN)** ▶ hendrikmariastichting@gmail.com.

560
Hendrik Jan Brouwer Fonds

Rubriek ■ ☑ kunst en cultuur

Algemeen ■ **WEBSITE** ▶ www.cultuurfonds.nl **TYPERING** ▶ fonds op naam **BEHEERD DOOR** ▶ Prins Bernhard Cultuurfonds **DIRECTIE** ▶ zie > Prins Bernhard Cultuurfonds **BESTUUR** ▶ zie > Prins Bernhard Cultuurfonds

Missie ■ **DOELSTELLING** ▶ Het financieel ondersteunen van projecten op het gebied van klassieke muziek. Daarnaast het ondersteunen van projecten voor restauratie en behoud van rollend erfgoed.

Werkgebied ■ **ACTIERADIUS** ▶ Nationaal **LAND** ▶ Nederland.

Projecten ■ **CRITERIA** ▶ geen projectcriteria bekend **DOORLOOPTIJD** ▶ ☑ korter dan 1 jaar **STATUS AANVRAGER** ▶ ☑ geen beperkingen bekend **VOORKEUR/UITSLUITING** ▶ geen voorkeur of uitsluiting bekend.

Procedure ■ **OP AANVRAAG** ▶ onbekend **AANVRAAGPROCEDURE** ▶ Dit 'fonds op naam' ressorteert onder het Prins Bernhard Cultuurfonds. Verzoeken aan fondsen op naam komen op één centraal punt binnen. Dit houdt in dat een subsidieaanvraag slechts eenmaal aan het Prins Bernhard Cultuurfonds hoeft te worden gezonden. Voor de verdere aanvraagprocedure: zie Prins Bernhard Cultuurfonds. **URL** ▶ www.cultuurfonds.nl/aanvragen

Contact ■ **BEREIKBAAR PER** ▶ ☑ post ☑ e-mail ☑ telefoon **CONTACTPERSOON** ▶ geen contactpersoon bekend **POSTADRES** ▶ Postbus 19750, 1000 GT Amsterdam **EMAIL (ALGEMEEN)** ▶ info@cultuurfonds.nl **TELEFOON (ALGEMEEN)** ▶ 020-5206130.

561
Hendrika Mourik Fonds

Rubriek ■ ☑ kunst en cultuur ☑ maatschappij, welzijn en samenleving ☑ onderwijs en onderzoek

Algemeen ■ **WEBSITE** ▶ www.cultuurfonds.nl **TYPERING** ▶ fonds op naam **BEHEERD DOOR** ▶ Prins Bernhard Cultuurfonds **DIRECTIE** ▶ zie > Prins Bernhard Cultuurfonds **BESTUUR** ▶ zie > Prins Bernhard Cultuurfonds

Missie ■ **DOELSTELLING** ▶ Het financieel ondersteunen van talentvolle jonge mensen voor vervolgopleiding of -onderzoek in het buitenland, in het bijzonder op het raakvlak van hoger onderwijs en ambacht.

Werkgebied ■ **ACTIERADIUS** ▶ Internationaal.

Projecten ■ **CRITERIA** ▶ geen projectcriteria bekend **DOORLOOPTIJD** ▶ ☑ korter dan 1 jaar **STATUS AANVRAGER** ▶ ☑ geen beperkingen bekend **VOORKEUR/UITSLUITING** ▶ geen voorkeur of uitsluiting bekend.

Procedure ■ **OP AANVRAAG** ▶ ja **AANVRAAGPROCEDURE** ▶ Dit 'fonds op naam' ressorteert onder het Prins Bernhard Cultuurfonds. Verzoeken aan fondsen op naam komen op één centraal punt binnen. Dit houdt in dat een subsidieaanvraag slechts eenmaal aan het Prins Bernhard Cultuurfonds hoeft te worden gezonden. Voor de verdere aanvraagprocedure: zie Prins Bernhard Cultuurfonds. **URL** ▶ www.cultuurfonds.nl/aanvragen

Contact ■ **BEREIKBAAR PER** ▶ ☑ post ☑ e-mail ☑ telefoon **CONTACTPERSOON** ▶ geen contactpersoon bekend **POSTADRES** ▶ Postbus 19750, 1000 GT Amsterdam **EMAIL (ALGEMEEN)** ▶ info@cultuurfonds.nl **TELEFOON (ALGEMEEN)** ▶ 020-5206130.

562
Hendrix' Stichting

Rubriek ■ ☑ kerk en levensbeschouwing ☑ maatschappij, welzijn en samenleving ☑ kunst en cultuur ☑ onderwijs en onderzoek
Algemeen ■ WEBSITE ▶ www.hendrixstichting.nl TYPERING ▶ vermogensfonds OPGERICHT ▶ 25-10-1973 RECHTSVORM ▶ stichting KVK ▶ 41062187 ANBI STATUS ▶ ja DIRECTIE ▶ geen directiegegevens bekend BESTUUR ▶ Drs. H.J.J.M. Vossen, voorzitter; drs. J.L.H.H. Kunnen, penningmeester; R.W.M. Hekking, secretaris; mgr.drs. A.G.M. Franssen; lic. R.A. de Graaf Woutering; drs. W.J. Clout; J.J.H. Dautzenberg.
Missie ■ DOELSTELLING ▶ Het behartigen en stimuleren van pastorale activiteiten en projecten in en vanuit de rooms-katholieke kerk in Limburg, dan wel van maatschappelijke, culturele en wetenschappelijke activiteiten, welke voormelde pastorale activiteiten kunnen dienen. STICHTER(S) ▶ Jan Hendrix HISTORIE ▶ De Stichting is opgericht bij notariële acte op 25 oktober 1973 door Jan Hendrix (1932-2005), priester van het bisdom Roermond. Na zijn priesterwijding in 1957 werd hij kapelaan te Gennep, daarna secretaris van het bisdom Roermond, afdeling financiën en tenslotte pastoor van de St. Andreas-parochie in Velden. Zijn vader was Wim Hendrix (1896-1965) die in Boxmeer genoemd werd Wimke de Körver omdat diens vader mandenmaker was. Wim Hendrix was een ondernemend man. Hij begon met veel succes de Veevoederfabrieken in Boxmeer. Het kapitaal dat Jan van zijn vader erfde wilde hij niet voor zichzelf houden. Daarom richtte hij de Hendrix' Stichting op met het doel 'de behartiging en stimulering van pastorale activiteiten en projecten in en vanuit de rooms-katholieke kerk in Limburg.' Jan wilde wel lid zijn van het stichtingsbestuur, maar niet de voorzitter. Dat werd de oud-vicaris-generaal van het bisdom Roermond Mgr. Piet van Odijk (1912-1991). Andere bestuursleden waren enkele leken en Dr. Wim van Kempen (1925-2014), priester van het bisdom Roermond, die verreweg het meeste werk verrichtte. Hij verzorgde de contacten met aanvragers. Na het overlijden van Mgr. Van Odijk werd hij voorzitter van het stichtingsbestuur. Vanaf 2005 was Dr. Piet Stevens, priester van het bisdom Roermond, acht jaar voorzitter. Hij werd opgevolgd door Drs. Hub Vossen. In de loop van de jaren heeft de Hendrix' Stichting vele pastorale activiteiten en projecten in en vanuit de rooms-katholieke kerk in Limburg financieel ondersteund. BELEIDSPLAN OP WEBSITE ▶ ja.
Doelgroep ■ ALGEMEEN ▶ gelovigen SPECIFIEK ▶ Pastoraal/diaconale projecten die voldoen aan de doelstelling. ACTIVITEITEN ▶ Geen specifieke activiteiten bekend INTERVENTIENIVEAU ▶ Steun aan lokale/provinciale maatschappelijke organisaties en structuren (incl. gemeenten etc.) die diensten verlenen aan individuen.
Werkgebied ■ ACTIERADIUS ▶ Regionaal LAND ▶ Nederland REGIO ▶ Limburg.
Bestedingen ■ BUDGET ▶ niet openbaar ONDERSTEUNDE PROJECTEN P/J ▶ 21 SOORT BIJDRAGE ▶ garanties BOVENGRENS ▶ geen ONDERGRENS ▶ geen.
Projecten ■ CRITERIA ▶ ☑ De ingediende subsidieaanvraag dient te passen binnen de doelstelling van de Hendrix' Stichting; ☑ De Hendrix' Stichting steunt projecten in principe voor maximaal 3 jaren; ☑ Deze projecten/organisaties moeten voor het pastoraat in het bisdom; Roermond betekenis hebben. DOORLOOPTIJD ▶ ☑ onbekend STATUS AANVRAGER ▶ ☑ geen beperkingen bekend VOORKEUR/UITSLUITING ▶ Bij voorkeur kleinschalige diaconale projecten, gericht op de kwetsbaren in onze samenleving.
Procedure ■ OP AANVRAAG ▶ ja DOORLOOPTIJD ▶ 1-3 maanden AANVRAAGPROCEDURE ▶ U kunt een subsidieaanvraag doen door het invullen van het aanvraagformulier op de website. In het beleidsplan staat een uitgebreide aankleding/checklist van de aanvraag.Het bestuur vergadert vijf keer per jaar: in februari, april, juni, september en november. Voorafgaand aan deze vergadering buigt de projectencommissie zich over de aanvragen en dient het bestuur van advies. Desgewenst neemt de projectencommissie contact op voor nadere informatie. Binnen twee maanden na uw aanvraag ontvangt u via de mail de reactie van het bestuur. URL ▶ www.hendrixstichting.nl/subsidie-aanvragen/aanvraagformulier/
Financieel ■ EIGEN VERMOGEN ▶ € 3.530.500 INKOMSTEN EV ▶ € 195.545 HERKOMST MIDDELEN ▶ vermogen, giften & schenkingen, legaten BOEKJAAR ▶ 2017 JAARVERSLAG OP WEBSITE ▶ ja.
Contact ■ BEREIKBAAR PER ▶ ☑ post ☑ e-mail ☑ telefoon CONTACTPERSOON ▶ Mw. J.P.A. Raaijmakers POSTADRES ▶ Van Goghstraat 3, 6165 VG Geleen EMAIL (ALGEMEEN) ▶ info@hendrixstichting.nl TELEFOON (ALGEMEEN) ▶ 06-24488442.

563
Henk Jan van den Berg Fonds

Rubriek ■ ☑ kunst en cultuur
Algemeen ■ WEBSITE ▶ www.cultuurfonds.nl TYPERING ▶ fonds op naam BEHEERD DOOR ▶ Prins Bernhard Cultuurfonds DIRECTIE ▶ zie > Prins Bernhard Cultuurfonds BESTUUR ▶ zie > Prins Bernhard Cultuurfonds
Missie ■ DOELSTELLING ▶ Het stimuleren van amateuristische muziekbeoefening op het platteland van Overijssel. Aanvragen worden behandeld door het Prins Bernhard Cultuurfonds Overijssel.
Werkgebied ■ ACTIERADIUS ▶ Regionaal LAND ▶ Nederland REGIO ▶ Overijssel.
Projecten ■ CRITERIA ▶ geen projectcriteria bekend DOORLOOPTIJD ▶ ☑ korter dan 1 jaar STATUS AANVRAGER ▶ ☑ geen beperkingen bekend VOORKEUR/UITSLUITING ▶ geen voorkeur of uitsluiting bekend.
Procedure ■ OP AANVRAAG ▶ ja AANVRAAGPROCEDURE ▶ Dit 'fonds op naam' ressorteert onder het Prins Bernhard Cultuurfonds. Verzoeken aan fondsen op naam komen op één centraal punt binnen. Dit houdt in dat een subsidieaanvraag slechts eenmaal aan het Prins Bernhard Cultuurfonds hoeft te worden gezonden. Voor de verdere aanvraagprocedure: zie Prins Bernhard Cultuurfonds. URL ▶ www.cultuurfonds.nl/aanvragen
Contact ■ BEREIKBAAR PER ▶ ☑ post ☑ e-mail ☑ telefoon CONTACTPER-

SOON ▶ geen contactpersoon bekend **POSTADRES** ▶ Postbus 19750, 1000 GT Amsterdam **EMAIL (ALGEMEEN)** ▶ info@cultuurfonds.nl **TELEFOON (ALGEMEEN)** ▶ 020-5206130.

564
Henk van der Geest Lichtontwerpen Fonds

Rubriek ■ ☑ kunst en cultuur

Algemeen ■ **WEBSITE** ▶ www.cultuurfonds.nl **TYPERING** ▶ fonds op naam **BEHEERD DOOR** ▶ Prins Bernhard Cultuurfonds **DIRECTIE** ▶ zie > Prins Bernhard Cultuurfonds **BESTUUR** ▶ zie > Prins Bernhard Cultuurfonds

Missie ■ **DOELSTELLING** ▶ Het financieel ondersteunen van kunstenaars en ontwerpers die zich inhoudelijk willen ontwikkelen op het gebied van lichtontwerp.

Werkgebied ■ **ACTIERADIUS** ▶ Nationaal **LAND** ▶ Nederland.

Projecten ■ **CRITERIA** ▶ geen projectcriteria bekend **DOORLOOPTIJD** ▶ ☑ korter dan 1 jaar **STATUS AANVRAGER** ▶ ☑ geen beperkingen bekend **VOORKEUR/UITSLUITING** ▶ geen voorkeur of uitsluiting bekend.

Procedure ■ **OP AANVRAAG** ▶ ja **AANVRAAGPROCEDURE** ▶ Dit 'fonds op naam' ressorteert onder het Prins Bernhard Cultuurfonds. Verzoeken aan fondsen op naam komen op één centraal punt binnen. Dit houdt in dat een subsidieaanvraag slechts eenmaal aan het Prins Bernhard Cultuurfonds hoeft te worden gezonden. Voor de verdere aanvraagprocedure: zie Prins Bernhard Cultuurfonds. **URL** ▶ www.cultuurfonds.nl/aanvragen

Contact ■ **BEREIKBAAR PER** ▶ ☑ post ☑ e-mail ☑ telefoon **CONTACTPERSOON** ▶ geen contactpersoon bekend **POSTADRES** ▶ Postbus 19750, 1000 GT Amsterdam **EMAIL (ALGEMEEN)** ▶ info@cultuurfonds.nl **TELEFOON (ALGEMEEN)** ▶ 020-5206130.

565
Henny de Vries Fonds

Rubriek ■ ☑ kunst en cultuur ☑ onderwijs en onderzoek

Algemeen ■ **WEBSITE** ▶ www.cultuurfonds.nl **TYPERING** ▶ fonds op naam **BEHEERD DOOR** ▶ Prins Bernhard Cultuurfonds **DIRECTIE** ▶ zie > Prins Bernhard Cultuurfonds **BESTUUR** ▶ zie > Prins Bernhard Cultuurfonds

Missie ■ **DOELSTELLING** ▶ Het financieel ondersteunen van talentvolle klassiek geschoolde musici voor het volgen van een aanvullende studie in Nederland of in het buitenland of voor de aanschaf van een instrument van het juiste niveau.

Werkgebied ■ **ACTIERADIUS** ▶ Nationaal, Internationaal **LAND** ▶ Nederland.

Projecten ■ **CRITERIA** ▶ geen projectcriteria bekend **DOORLOOPTIJD** ▶ ☑ korter dan 1 jaar **STATUS AANVRAGER** ▶ ☑ geen beperkingen bekend **VOORKEUR/UITSLUITING** ▶ geen voorkeur of uitsluiting bekend.

Procedure ■ **OP AANVRAAG** ▶ ja **AANVRAAGPROCEDURE** ▶ Dit 'fonds op naam' ressorteert onder het Prins Bernhard Cultuurfonds. Verzoeken aan fondsen op naam komen op één centraal punt binnen. Dit houdt in dat een subsidieaanvraag slechts eenmaal aan het Prins Bernhard Cultuurfonds hoeft te worden gezonden. Voor de verdere aanvraagprocedure: zie Prins Bernhard Cultuurfonds. **URL** ▶ www.cultuurfonds.nl/aanvragen

Contact ■ **BEREIKBAAR PER** ▶ ☑ post ☑ e-mail ☑ telefoon **CONTACTPERSOON** ▶ geen contactpersoon bekend **POSTADRES** ▶ Postbus 19750, 1000 GT Amsterdam **EMAIL (ALGEMEEN)** ▶ info@cultuurfonds.nl **TELEFOON (ALGEMEEN)** ▶ 020-5206130.

566
Henri Bernard Stichting

Rubriek ■ ☑ onderwijs en onderzoek

Algemeen ■ **WEBSITE** ▶ www.rotterdamsefondsen.nl/fonds/85/henri-bernard-stichting **TYPERING** ▶ vermogensfonds **BEHEERD DOOR** ▶ Vereniging Rotterdamse Fondsen **RECHTSVORM** ▶ stichting **KVK** ▶ 28094305 **ANBI STATUS** ▶ ja **DIRECTIE** ▶ geen directiegegevens bekend **BESTUUR** ▶ W.J.W. Bettink, voorzitter; J.J. Winkel, penningmeester; mr. M.G. van Ravesteyn, secretaris.

Missie ■ **DOELSTELLING** ▶ De Henri Bernard Stichting heeft ten doel het verlenen van financiële steun aan studenten van de Erasmus Universiteit te Rotterdam, die vanwege omstandigheden niet in aanmerking komen voor studiefinanciering vanuit de Nederlandse Overheid, en dientengevolge bijvoorbeeld hun master en/of bachelor niet meer zouden kunnen afmaken. **STICHTER(S)** ▶ Mr. Willem Bernard Henri Albert Heskes **HISTORIE** ▶ De Henri Bernard Stichting werd bij het opstellen van het testament van Mr. Willem Bernard Henri Albert Heskes op 26 mei 1997 opgericht. Heskes werd geboren op 10 december 1904 in Samarang, Java, Indonesië, als zoon van een Delfts Ingenieur en een Javaanse moeder. Voor zijn opvoeding werd Willem Bernard Henri Albert naar Europa gestuurd. Vóór en tijdens de eerste Wereldoorlog heeft hij zijn lagere school doorlopen in Parijs en woonde bij een pleeggezin in Rue du Back. Na de eerste wereldoorlog heeft hij het stedelijk Gymnasium doorlopen in Den Haag. Zijn studie rechten en oude talen heeft hij voltooid te Leiden. Het was de bedoeling van Heskes om na zijn overlijden een groot deel van zijn nalatenschap onder te brengen in de Henri Bernard Stichting, zodat op dat moment de door hem opgestelde voorwaarden bekrachtigd zouden worden. Op 23 april 2001 overleed Willem B.H.A. Heskes op ruim 96 jarige leeftijd, en dat was de oprichtingsdatum van deze Stichting.

Doelgroep ■ **ALGEMEEN** ▶ studenten **SPECIFIEK** ▶ Studenten Erasmus Universiteit en aankomend kunstenaars van de Willem de Koning Academie. **ACTIVITEITEN** ▶ Geen specifieke activiteiten bekend **INTERVENTIENIVEAU** ▶ Steun aan individuen (directe steun).

Werkgebied ■ **ACTIERADIUS** ▶ Lokaal, Regionaal **LAND** ▶ Nederland **REGIO** ▶ Groot Rijnmond, Zuid-Holland **PLAATS** ▶ Rotterdam.

Bestedingen ■ **BUDGET** ▶ € 10.000 **ONDERSTEUNDE PROJECTEN P/J** ▶ 4

SOORT BIJDRAGE ▶ overig **BOVENGRENS** ▶ € 2.500 **ONDERGRENS** ▶ € 250.

Projecten ■ **CRITERIA** ▶ Volgende voorwaarden verbonden: ☑ redenen waarom student geen recht heeft op studiefinanciering; ☑ De ondersteuning die verleend zou kunnen worden is alleen bedoeld om studiekosten te betalen,. **DOORLOOPTIJD** ▶ ☑ korter dan 1 jaar **STATUS AANVRAGER** ▶ ☑ onderwijsinstelling ☑ individuen/gezinnen **VOORKEUR/UITSLUITING** ▶ Alleen voor Nederlandse studenten. Uitsluiting bij kosten voor levensonderhoud, of kamerhuur of vervoer.

Procedure ■ **OP AANVRAAG** ▶ ja **DOORLOOPTIJD** ▶ 6-12 maanden; geen doorlooptijd bekend; geen doorlooptijd bekend **AANVRAAGPROCEDURE** ▶ Aanvragen uitsluitend via het aanvraagformulier op de website. de student moet de aanvraag indienen. een decaan van de universiteit moet de aanvraag ondersteunen. De universiteit verifieert de gegevens van de student. De decaan van de Universiteit moet de ondersteunende brief ondertekenen; De Stichting onderzoekt wat reëel en aanvaardbaar en verantwoord is. Het aanvraagformulier moet in de Nederlandse taal zijn ingevuld en worden ondertekend door de student. De ondersteunende brief moet zijn ondertekend door de decaan. Het bestuur neemt alleen volledig ingevulde formulieren met de daarbij gevraagde documentatie in behandeling. **URL** ▶ www.henribernardstichting.nl/aanvraagprocedure/

Financieel ■ **INKOMSTEN EV** ▶ € 2.301 **HERKOMST MIDDELEN** ▶ vermogen **BOEKJAAR** ▶ 2018 **JAARVERSLAG OP WEBSITE** ▶ ja.

Contact ■ **BEREIKBAAR PER** ▶ ☑ post ☑ e-mail ☑ telefoon **CONTACTPERSOON** ▶ W.J.W. Bettink **POSTADRES** ▶ Aelbrechtskolk 2, 3024 RE Rotterdam **EMAIL (ALGEMEEN)** ▶ info@henribernardstichting.nl **TELEFOON (ALGEMEEN)** ▶ 010-4771637; 010–8459621.

567

Stichting Henriette Fonds

Rubriek ■ ☑ kerk en levensbeschouwing ☑ gezondheidszorg ☑ maatschappij, welzijn en samenleving ☑ natuur, milieu en dieren ☑ onderwijs en onderzoek ☑ economische ontwikkeling en microkrediet ☑ noodhulp

Algemeen ■ **WEBSITE** ▶ https://www.haella.nl/stichting-henriette-fonds **TYPERING** ▶ vermogensfonds **OPGERICHT** ▶ 2005 **RECHTSVORM** ▶ stichting **KVK** ▶ 27280893 **ANBI STATUS** ▶ ja **DIRECTIE** ▶ geen directiegegevens bekend **BESTUUR** ▶ Jhr, J.C.P. de Beaufort, voorzitter; jhr. W.H. de Beaufort, penningmeester; mw.drs. C. Mönking-van Hasselt, secretaris; W. van Hasselt.

Missie ■ **DOELSTELLING** ▶ Het financieel steunen van maatschappelijke dienstverlening in brede zin. Deze steun wordt middels christelijke en/of andere organisaties, dan wel rechtstreeks verleend. **HISTORIE** ▶ Ten behoeve van de uitvoering van de uit de doelstelling voortvloeiende taken is de stichting een samenwerkingsverband aangegaan met de Haëlla Stichting, eveneens in Den Haag gevestigd. Dit om zowel praktische redenen alsook ideële redenen, omdat de gedachten van erflaatster in grote lijnen overeenkomen met die, waarop de Haëlla Stichting haar giftenbeleid heeft gebouwd. De samenwerking met de Haëlla Stichting uit zich doordat van het jaarlijks te besteden budget 60% aan door de Haëlla Stichting aangedragen doelen wordt besteed. 40% wordt rechtsreeks door het Henriettefonds toegewezen. **BELEIDSPLAN OP WEBSITE** ▶ ja.

Doelgroep ■ **ALGEMEEN** ▶ kinderen, gehandicapten, jongeren, armen, dak- en thuislozen, zieken, vluchtelingen **SPECIFIEK** ▶ Geen specifieke doelgroep **ACTIVITEITEN** ▶ De samenwerking met de Haëlla Stichting uit zich doordat van het jaarlijks te besteden budget 60% aan door de Haëlla Stichting aangedragen doelen wordt besteed. 40% wordt rechtsreeks door het Henriettefonds toegewezen. Hiervoor vindt driemaal per jaar een vergadering plaats. **INTERVENTIENIVEAU** ▶ Steun aan lokale/provinciale maatschappelijke organisaties en structuren (incl. gemeenten etc.) die diensten verlenen aan individuen.

Werkgebied ■ **ACTIERADIUS** ▶ Internationaal **LAND** ▶ Wereldwijd.

Bestedingen ■ **BUDGET** ▶ niet openbaar **ONDERSTEUNDE PROJECTEN P/J** ▶ 32 **SOORT BIJDRAGE** ▶ giften **BOVENGRENS** ▶ geen **ONDERGRENS** ▶ geen.

Projecten ■ **CRITERIA** ▶ geen projectcriteria bekend **DOORLOOPTIJD** ▶ ☑ onbekend **STATUS AANVRAGER** ▶ ☑ stichting of vereniging (non-profit) ☑ kerkelijke instelling ☑ onderwijsinstelling **VOORKEUR/UITSLUITING** ▶ Voor de binnenlandse giften blijft een zekere voorkeur bestaan voor projecten in Den Haag en omgeving, omdat erflaatster daar het grootste deel van haar leven heeft gewoond en gewerkt. In de loop der jaren is wel een nadruk te bespeuren op giften aan projecten, die in de medische en educatieve sfeer liggen. Met name het eerste wordt gezocht, omdat de stichtster van het fonds haar werkzame leven als Diacones heeft doorgebracht en het bestuur meent, aldus, in de lijn met haar gedachtegoed te werken.

Procedure ■ **OP AANVRAAG** ▶ onbekend **DOORLOOPTIJD** ▶ binnen 4 maanden **AANVRAAGPROCEDURE** ▶ Geen aanvraagprocedure bekend. Het contact verloopt via de Haëlla stichting.

Financieel ■ **EIGEN VERMOGEN** ▶ € 1.092.922 **INKOMSTEN OV** ▶ € 86.750 **HERKOMST MIDDELEN** ▶ vermogen, legaten, giften & schenkingen **BOEKJAAR** ▶ 2018 **JAARVERSLAG OP WEBSITE** ▶ ja.

Contact ■ **BEREIKBAAR PER** ▶ ☑ post ☑ e-mail ☑ telefoon **CONTACTPERSOON** ▶ geen contactpersoon bekend **POSTADRES** ▶ Jan van Nassaustraat 102, 2596 BW Den Haag **EMAIL (ALGEMEEN)** ▶ info@haella.nl **TELEFOON (ALGEMEEN)** ▶ 0703249929.

568

Henry F. Benkemper Fonds

Rubriek ■ ☑ kunst en cultuur ☑ onderwijs en onderzoek

Algemeen ■ **WEBSITE** ▶ www.cultuurfonds.nl **TYPERING** ▶ fonds op naam **BEHEERD DOOR** ▶ Prins Bernhard Cultuurfonds **DIRECTIE** ▶ zie > Prins Bernhard Cultuurfonds **BESTUUR** ▶ zie > Prins Bernhard Cultuurfonds

Missie ■ **DOELSTELLING** ▶ Het financieel ondersteunen van jonge getalenteerde afgestudeerden voor vervolgstudie of -onderzoek in het buitenland, met een voorkeur voor het terrein van restauratie.

Werkgebied ■ ACTIERADIUS ► Internationaal.
Projecten ■ CRITERIA ► geen projectcriteria bekend DOORLOOPTIJD ► ☑ korter dan 1 jaar STATUS AANVRAGER ► ☑ geen beperkingen bekend VOORKEUR/UITSLUITING ► Voorkeur gaat uit naar afgestudeerden op het terrein van restauratie.
Procedure ■ OP AANVRAAG ► ja AANVRAAGPROCEDURE ► Dit 'fonds op naam' ressorteert onder het Prins Bernhard Cultuurfonds. Verzoeken aan fondsen op naam komen op één centraal punt binnen. Dit houdt in dat een subsidieaanvraag slechts eenmaal aan het Prins Bernhard Cultuurfonds hoeft te worden gezonden. Voor de verdere aanvraagprocedure: zie Prins Bernhard Cultuurfonds. URL ► www.cultuurfonds.nl/aanvragen
Contact ■ BEREIKBAAR PER ► ☑ post ☑ e-mail ☑ telefoon CONTACTPERSOON ► geen contactpersoon bekend POSTADRES ► Postbus 19750, 1000 GT Amsterdam EMAIL (ALGEMEEN) ► info@cultuurfonds.nl TELEFOON (ALGEMEEN) ► 020-5206130.

569
Henssen-Smitshuijsen Fonds

Rubriek ■ ☑ kunst en cultuur
Algemeen ■ WEBSITE ► www.cultuurfonds.nl TYPERING ► fonds op naam BEHEERD DOOR ► Prins Bernhard Cultuurfonds DIRECTIE ► zie > Prins Bernhard Cultuurfonds BESTUUR ► zie > Prins Bernhard Cultuurfonds
Missie ■ DOELSTELLING ► Het financieel ondersteunen van historisch onderzoek en het in stand houden en restaureren van monumentale gebouwen in het algemeen en kerken in het bijzonder, bij voorkeur met betrekking tot de gebieden tussen de Maas, Waal en Rijn ten zuiden van Nijmegen gelegen en benoorden de lijn Maastricht-Aken-Keulen.
Werkgebied ■ ACTIERADIUS ► Nationaal LAND ► Nederland.
Projecten ■ CRITERIA ► geen projectcriteria bekend DOORLOOPTIJD ► ☑ korter dan 1 jaar STATUS AANVRAGER ► ☑ geen beperkingen bekend VOORKEUR/UITSLUITING ► Voorkeur gaat uit naar projecten met betrekking tot de gebieden tussen de Maas, Waal en Rijn ten zuiden van Nijmegen gelegen en benoorden de lijn Maastricht-Aken-Keulen.
Procedure ■ OP AANVRAAG ► ja AANVRAAGPROCEDURE ► Dit 'fonds op naam' ressorteert onder het Prins Bernhard Cultuurfonds. Verzoeken aan fondsen op naam komen op één centraal punt binnen. Dit houdt in dat een subsidieaanvraag slechts eenmaal aan het Prins Bernhard Cultuurfonds hoeft te worden gezonden. Voor de verdere aanvraagprocedure: zie Prins Bernhard Cultuurfonds. URL ► www.cultuurfonds.nl/aanvragen
Contact ■ BEREIKBAAR PER ► ☑ post ☑ e-mail ☑ telefoon CONTACTPERSOON ► geen contactpersoon bekend POSTADRES ► Postbus 19750, 1000 GT Amsterdam EMAIL (ALGEMEEN) ► info@cultuurfonds.nl TELEFOON (ALGEMEEN) ► 020-5206130.

570
Herman Krop Fundatie

Rubriek ■ ☑ kunst en cultuur
Algemeen ■ WEBSITE ► www.cultuurfonds.nl TYPERING ► fonds op naam BEHEERD DOOR ► Prins Bernhard Cultuurfonds DIRECTIE ► zie > Prins Bernhard Cultuurfonds BESTUUR ► zie > Prins Bernhard Cultuurfonds
Missie ■ DOELSTELLING ► Het financieel ondersteunen van culturele projecten in Zwolle en omgeving. Aanvragen worden behandeld door het Prins Bernhard Cultuurfonds Overijssel.
Werkgebied ■ ACTIERADIUS ► Lokaal LAND ► Nederland REGIO ► Overijssel PLAATS ► Zwolle e.o.
Projecten ■ CRITERIA ► geen projectcriteria bekend DOORLOOPTIJD ► ☑ onbekend STATUS AANVRAGER ► ☑ geen beperkingen bekend VOORKEUR/UITSLUITING ► geen voorkeur of uitsluiting bekend.
Procedure ■ OP AANVRAAG ► ja AANVRAAGPROCEDURE ► Dit 'fonds op naam' ressorteert onder het Prins Bernhard Cultuurfonds. Verzoeken aan fondsen op naam komen op één centraal punt binnen. Dit houdt in dat een subsidieaanvraag slechts eenmaal aan het Prins Bernhard Cultuurfonds hoeft te worden gezonden. Voor de verdere aanvraagprocedure: zie Prins Bernhard Cultuurfonds. URL ► www.cultuurfonds.nl/aanvragen
Contact ■ BEREIKBAAR PER ► ☑ post ☑ e-mail ☑ telefoon CONTACTPERSOON ► geen contactpersoon bekend POSTADRES ► Postbus 19750, 1000 GT Amsterdam EMAIL (ALGEMEEN) ► info@cultuurfonds.nl TELEFOON (ALGEMEEN) ► 020-5206130.

571
Stichting Herman Leijdesdorff Fonds

Rubriek ■ ☑ onderwijs en onderzoek ☑ sport en recreatie ☑ kunst en cultuur
Algemeen ■ WEBSITE ► www.kennisbankfilantropie.nl/anbi/herman-leijdesdorff-fonds TYPERING ► vermogensfonds OPGERICHT ► 1996 RECHTSVORM ► stichting KVK ► 41160067 ANBI STATUS ► ja DIRECTIE ► geen directiegegevens bekend BESTUUR ► H.M. Hopp, voorzitter; H.L. Leijdesdorff, penningmeester; mw. M. Alhadeff, secretaris.
Missie ■ DOELSTELLING ► De stichting heeft tot doel het geldelijk ondersteunen van projecten en activiteiten ten behoeve van tot de liberaal-joodse gemeenschap te Den Haag behorende jongeren, en het beleggen van vermogen om uit de opbrengst daarvan die ondersteuning te doen plaatsvinden, een en ander ter nagedachtenis aan de heer Herman Leijdesdorff. STICHTER(S) ► De heer Isaac Frank Leijdesdorff HISTORIE ► De stichting Herman Leijdesdorff Fonds is een kleinschalig fonds, opgericht in 1996 door de heer Isaac Frank Leijdesdorff (1921-2003), ter nagedachtenis aan zijn in de oorlog in het kader van de Holocaust vermoorde broer, de heer Herman Leijdesdorff (1919-1943). BELEIDSPLAN OP WEBSITE ► ja.

Doelgroep ■ ALGEMEEN ▶ jongeren, kinderen SPECIFIEK ▶ Joods liberare jongeren.De stichting hanteert als leeftijdscriterium voor het begrip 'jongeren' de leeftijd t/m 24 jaar. Dit is de leeftijd die de heer Herman Leijdesdorff heeft bereikt. ACTIVITEITEN ▶ De ondersteunde activiteiten liggen doorgaans op het terrein van educatie, cultuur en sport. INTERVENTIENIVEAU ▶ Steun aan lokale/provinciale maatschappelijke organisaties en structuren (incl. gemeenten etc.) die diensten verlenen aan individuen.; Steun aan individuen (directe steun).
Werkgebied ■ ACTIERADIUS ▶ Lokaal LAND ▶ Nederland PLAATS ▶ Den Haag.
Bestedingen ■ BUDGET ▶ niet openbaar SOORT BIJDRAGE ▶ giften BOVENGRENS ▶ geen ONDERGRENS ▶ geen.
Projecten ■ CRITERIA ▶ Ctiviteiten die vallen binnen het doel van de stichting en die zonder de financiële steun van de stichting niet gerealiseerd zouden kunnen worden. De ondersteunde; activiteiten liggen doorgaans op het terrein van educatie, cultuur en sport. DOORLOOPTIJD ▶ ☑ onbekend STATUS AANVRAGER ▶ ☑ geen beperkingen bekend VOORKEUR/UITSLUITING ▶ geen voorkeur of uitsluiting bekend.
Procedure ■ OP AANVRAAG ▶ onbekend AANVRAAGPROCEDURE ▶ Het bestuur komt eenmaal per jaar bijeen om onder andere de status van de lopende aanvragen te bespreken. Buiten de jaarvergadering om hebben de (drie) bestuursleden zo nodig adhoc contact, meestal voor de beoordeling of afhandeling van binnengekomen; aanvragen
Financieel ■ EIGEN VERMOGEN ▶ € 106.000 INKOMSTEN EV ▶ € 3.674 HERKOMST MIDDELEN ▶ vermogen, giften & schenkingen BOEKJAAR ▶ 2016 JAARVERSLAG OP WEBSITE ▶ ja.
Contact ■ BEREIKBAAR PER ▶ ☑ post ☒ e-mail ☒ telefoon CONTACTPERSOON ▶ geen contactpersoon bekend POSTADRES ▶ Prinsessegracht 26, 2514 AP Den Haag.

572
Hermine van Bers Stichting

Rubriek ■ ☑ kunst en cultuur
Algemeen ■ WEBSITE ▶ www.herminevanbersstichting.nl TYPERING ▶ vermogensfonds OPGERICHT ▶ 01-07-2006 RECHTSVORM ▶ stichting KVK ▶ 28111584 ANBI STATUS ▶ ja DIRECTIE ▶ geen directiegegevens bekend BESTUUR ▶ Mw. N.L. Stoop, voorzitter; P.J. van Amersfoort, penningmeester; P.J. van Amersfoort, secretaris; G.F. van Bers.
Missie ■ DOELSTELLING ▶ Stichting heeft ten doel het ondersteunen van jonge talentvolle beeldend kunstenaars. Missie is om jaarlijks de Hermine van Bers Beeldende Kunstprijs uit te reiken. Deze prijs is ingesteld om de ontwikkeling van talentvolle beeldend kunstenaars te stimuleren. De prijs wordt beurtelings in Leiden en Maastricht uitgereikt.
Doelgroep ■ ALGEMEEN ▶ jongeren SPECIFIEK ▶ Deelname staat open voor kunstenaars tot 36 jaar, met een aantoonbare relatie met respectievelijk Leiden of Maastricht. ACTIVITEITEN ▶ ☑ Het organiseren van de jaarlijkse uitreiking van de kunstprijs voor jonge beeldend kunstenaars, beurtelings in Leiden en Maastricht; ☑ het samenstellen van een vakjury, die uit de ingezonden documentatie drie genomineerden en de winnaar kiest; ☑ de toekenning van de prijs, bestaande uit een geldbedrag en een bronzen penning. Dit geschiedt op voordracht van de jury. INTERVENTIENIVEAU ▶ Steun aan individuen (directe steun).
Werkgebied ■ ACTIERADIUS ▶ Nationaal, Regionaal LAND ▶ Nederland PLAATS ▶ Maastricht, Leiden.
Bestedingen ■ BUDGET ▶ niet openbaar BOVENGRENS ▶ geen ONDERGRENS ▶ geen.
Projecten ■ CRITERIA ▶ Deelname staat open voor kunstenaars tot 36 jaar, met een aantoonbare relatie met respectievelijk Leiden of Maastricht. DOORLOOPTIJD ▶ ☑ onbekend STATUS AANVRAGER ▶ ☑ geen beperkingen bekend VOORKEUR/UITSLUITING ▶ geen voorkeur of uitsluiting bekend.
Procedure ■ OP AANVRAAG ▶ onbekend AANVRAAGPROCEDURE ▶ Geen aanvraagprocedure bekend.
Financieel ■ EIGEN VERMOGEN ▶ € 11.982.,05 HERKOMST MIDDELEN ▶ onbekend BOEKJAAR ▶ 2019 JAARVERSLAG OP WEBSITE ▶ ja.
Contact ■ BEREIKBAAR PER ▶ ☒ post ☑ e-mail ☑ telefoon CONTACTPERSOON ▶ geen contactpersoon bekend POSTADRES ▶ Geen postadres bekend EMAIL (ALGEMEEN) ▶ info@herminevanbersstichting.nl TELEFOON (ALGEMEEN) ▶ 06-53558856.

573
Het Anker Fonds

Rubriek ■ ☑ kunst en cultuur
Algemeen ■ WEBSITE ▶ www.cultuurfonds.nl TYPERING ▶ fonds op naam BEHEERD DOOR ▶ Prins Bernhard Cultuurfonds DIRECTIE ▶ zie > Prins Bernhard Cultuurfonds BESTUUR ▶ zie > Prins Bernhard Cultuurfonds BESTUUR ▶ M.J. van Dam, voorzitter; B.J. Posthumus, penningmeester; J.C. Berends, secretaris.
Missie ■ DOELSTELLING ▶ Het financieel ondersteunen van publicaties op het terrein van (cultuur)geschiedenis.
Werkgebied ■ ACTIERADIUS ▶ Nationaal LAND ▶ Nederland.
Projecten ■ CRITERIA ▶ geen projectcriteria bekend DOORLOOPTIJD ▶ ☑ korter dan 1 jaar STATUS AANVRAGER ▶ ☑ geen beperkingen bekend VOORKEUR/UITSLUITING ▶ geen voorkeur of uitsluiting bekend.
Procedure ■ OP AANVRAAG ▶ ja AANVRAAGPROCEDURE ▶ Dit 'fonds op naam' ressorteert onder het Prins Bernhard Cultuurfonds. Verzoeken aan fondsen op naam komen op één centraal punt binnen. Dit houdt in dat een subsidieaanvraag slechts eenmaal aan het Prins Bernhard Cultuurfonds hoeft te worden gezonden. Voor de verdere aanvraagprocedure: zie Prins Bernhard Cultuurfonds. URL ▶ www.cultuurfonds.nl/aanvragen
Contact ■ BEREIKBAAR PER ▶ ☑ post ☑ e-mail ☑ telefoon CONTACTPERSOON ▶ geen contactpersoon bekend POSTADRES ▶ Postbus 19750, 1000 GT Amsterdam EMAIL (ALGEMEEN) ▶ info@cultuurfonds.nl TELEFOON (ALGEMEEN) ▶ 020-5206130.

574

Stichting Het Boellaardfonds

Rubriek ☑ kunst en cultuur

Algemeen ■ WEBSITE ▶ www.boellaardfonds.nl TYPERING ▶ vermogensfonds OPGERICHT ▶ 29-02-1940 RECHTSVORM ▶ stichting KVK ▶ 41180552 ANBI STATUS ▶ nee DIRECTIE ▶ geen directiegegevens bekend BESTUUR ▶ H.J. de Vries, voorzitter; F. van der Ven, penningmeester; mw. A. Jongerius, secretaris; mw. A. Scholten.

Missie ■ DOELSTELLING ▶ Tegenwoordig is het doel het bevorderen en stimuleren van goede condities voor het creëren van beeldende kunst in alle denkbare vormen. STICHTER(S) ▶ Margaretha Cornelia Boellaard (9 februari 1795 – 5 november 1872). HISTORIE ▶ Stichting Het Boellaardfonds is een particulier Utrechts fonds dat in 1873 is gevormd uit de nalatenschap van mejuffrouw Boellaard. Op haar verzoek is het fonds gestart onder toezicht van het bestuur van het Genootschap Kunstliefde. Dit bestuur heeft in 1940 het fonds de status van zelfstandige stichting gegeven. Oorspronkelijk was het doel van het fonds om de algemene belangen te behartigen van kunstenaars in Utrecht én om financiële steun te verlenen aan hen die na hun vijftigste jaar moeite hadden om rond te komen.

Doelgroep ■ SPECIFIEK ▶ Professionele beeldend kunstenaars in de stad en de provincie Utrecht. ACTIVITEITEN ▶ Het fonds richt zich bij het nastreven van de doelstelling op professionele beeldend kunstenaars in de stad en de provincie Utrecht. De doelstellingen wil het fonds bereiken door het ontwikkelen van en/of steun te verlenen aan initiatieven gericht op: ☑ verbetering van werkomstandigheden zoals werkruimtes, materiaal e.d; ☑ bevordering van aandacht bij het publiek door middel van tentoonstellingen en PR; ☑ verdieping van inhoud en kwaliteit door het aandragen van nieuwe inspiratiebronnen, kennis en techniek en mogelijkheden om daar gebruik van te maken; ☑ Boellaardprijs: Elke twee jaar reikt het fonds de Boellaardprijs uit aan een beeldend kunstenaar van vijftig jaar of ouder. Een onafhankelijke jury selecteert een winnaar. De prijswinnaar krijgt een beloning voor zijn of haar oeuvre en kan daarnaast ook gevraagd worden om plannen of suggesties aan te dragen voor overdracht van het vakmanschap; de reden waarom de kunstenaar als winnaar is verkozen; ☑ Het Boellaardfonds staat ook open voor aanvragen van andere instellingen met soortgelijke doelstellingen. INTERVENTIENIVEAU ▶ Steun aan lokale/provinciale maatschappelijke organisaties en structuren (incl. gemeenten etc.) die diensten verlenen aan individuen.; Steun aan individuen (directe steun).

Werkgebied ■ ACTIERADIUS ▶ Regionaal LAND ▶ Nederland REGIO ▶ Utrecht.

Bestedingen ■ BUDGET ▶ niet openbaar SOORT BIJDRAGE ▶ giften overig BOVENGRENS ▶ geen ONDERGRENS ▶ geen.

Projecten ■ CRITERIA ▶ ☑ een beeldend kunstenaar; ☑ vijftig jaar of ouder; ☑ een verband met de stad en/of de provincie Utrecht. DOORLOOPTIJD ▶ ☑ onbekend STATUS AANVRAGER ▶ ☑ geen beperkingen bekend VOORKEUR/UITSLUITING ▶ geen voorkeur of uitsluiting bekend.

Procedure ■ OP AANVRAAG ▶ ja AANVRAAGPROCEDURE ▶ Met steunverzoeken kunt u zich richten tot Annelore Scholten via steunverzoek@boellaardfonds.nl.

Financieel ■ HERKOMST MIDDELEN ▶ vermogen, bedrijven, giften & schenkingen.

Contact ■ BEREIKBAAR PER ▶ ☑ post ☑ e-mail ☒ telefoon CONTACTPERSOON ▶ geen contactpersoon bekend POSTADRES ▶ Postbus 63, 1390 AB Abcoude EMAIL (ALGEMEEN) ▶ bestuur@boellaardfonds.nl.

575

Stichting het Burger en Nieuwe Weeshuis

Rubriek ■ ☑ noodhulp ☑ maatschappij, welzijn en samenleving

Algemeen ■ WEBSITE ▶ www.jeugdenjongerenhulp.nl TYPERING ▶ vermogensfonds OPGERICHT ▶ 01-12-1991 RECHTSVORM ▶ stichting KVK ▶ 41051416 ANBI STATUS ▶ ja DIRECTIE ▶ mr. M. Schellingerhout BESTUUR ▶ Drs. J. van Amstel, voorzitter; mr. G.J. den Hartog, penningmeester; mw.mr. J.M. Fröberg, secretaris; W.G. Groothedde MA; mw. E. Pot; mr.dr. H. Wammes.

Missie ■ DOELSTELLING ▶ 'Het direct of indirect bevorderen van de materiële en/of geestelijke verzorging en de ontplooiing van jeugdige- en jong volwassen personen tot en met vijfentwintig jaar. De stichting wil dit doel bereiken door materiele en immateriële steun te verstrekken aan hulpbehoevende individuen, gezinnen en organisaties die zich richten op jeugdigen en jongvolwassenen.'. HISTORIE ▶ In 1583 werd het Burger Weeshuis opgericht welke opvang aan rijke wezen bood. In 1638 volgde het Nieuwe (of 'Armen') Weeshuis dat zich richtte op kinderen van wie de ouders geen burgerrechten hadden. De weeshuizen bestaan niet meer, maar beide stichtingen bestaan voort in de Stichting Het Burger en Nieuwe Weeshuis. BELEIDSPLAN OP WEBSITE ▶ ja.

Doelgroep ■ ALGEMEEN ▶ armen, dak- en thuislozen, jongeren, kinderen, studenten SPECIFIEK ▶ Jongeren tot en met 25 jaar in gemeente Arnhem; gemeente Rheden; gemeente Renkum; gemeente Rozendaal; gemeente Westervoort; gemeente Duiven en de stad Huissen. ACTIVITEITEN ▶ De Stichting Het Burger en Nieuwe Weeshuis ondersteunt initiatieven die worden ontplooid ten behoeve van jeugd en jong volwassenen tot en met 25 jaar, die in het werkgebied van de stichting wonen. Het streven is er vooral op gericht jeugd en jong volwassenen een goede basis mee te geven voor hun verdere leven. De steun kan zowel individueel als aan projecten worden verleend. INTERVENTIENIVEAU ▶ Steun aan individuen (directe steun).; Steun aan lokale/provinciale maatschappelijke organisaties en structuren (incl. gemeenten etc.) die diensten verlenen aan individuen.

Werkgebied ■ ACTIERADIUS ▶ Lokaal LAND ▶ Nederland PLAATS ▶ Arnhem, Rheden, Renkum, Rozendaal, Westervoort, Duiven, Huissen.

Bestedingen ■ BUDGET ▶ € 600.000 ONDERSTEUNDE PROJECTEN P/J ▶ 143 SOORT BIJDRAGE ▶ giften overig BOVENGRENS ▶ geen ONDERGRENS ▶ geen.

Projecten ■ CRITERIA ▶ Aanvragen voor financiële ondersteuning voor woninginrichting, hulp bij aanschaf van leermiddelen. Initiatieven die zich inzetten voor de jeugd en jongeren in het werkgebied van de stichting. DOORLOOPTIJD ▶ ☑ korter dan 1 jaar STATUS AANVRAGER ▶ ☑ stichting of vereniging (non-profit) ☑ kerkelijke instelling ☑ onderwijsinstelling ☑ individuen/gezinnen VOORKEUR/UITSLUITING ▶ Jongeren (of organisaties met deze doelgroep) die niet ouder zijn dan 25 jaar en woonachtig in het werkgebied van de stichting (Arnhem, Rheden, Renkum, Westervoort, Duiven, Huissen, Rozendaal). Voor organisaties geldt dat het werkgebied beperkt is tot Arnhem.

Procedure ■ OP AANVRAAG ▶ ja DOORLOOPTIJD ▶ 1-3 maanden AANVRAAGPROCEDURE ▶ Voor organisaties die zich willen inzetten voor Arnhemse jeugd en jongeren dient u contact op te nemen met de Stichting. Voor een individuele aanvraag dient men telefonisch contact met de stichting op te nemen tijdens het telefonisch spreekuur, elke werkdag tussen 9 en 10 uur op telefoonnummer 026-4425192.

Financieel ■ INKOMSTEN EV ▶ € 840.408 HERKOMST MIDDELEN ▶ vermogen BOEKJAAR ▶ 2019 JAARVERSLAG OP WEBSITE ▶ ja.

Contact ■ BEREIKBAAR PER ▶ ☑ post ☑ e-mail ☑ telefoon CONTACTPERSOON ▶ H.J. Beltman POSTADRES ▶ Jansbinnensingel 22, 6811 AK Arnhem EMAIL (ALGEMEEN) ▶ info@weeshuizenarnhem.nl TELEFOON (ALGEMEEN) ▶ 026-4425192.

576

Stichting Het Burgerweeshuis

Rubriek ■ ☑ maatschappij, welzijn en samenleving

Algemeen ■ WEBSITE ▶ www.burgerweeshuis-amersfoort.nl TYPERING ▶ vermogensfonds RECHTSVORM ▶ stichting KVK ▶ 41188383 ANBI STATUS ▶ ja DIRECTIE ▶ geen directiegegevens bekend BESTUUR ▶ geen bestuursgegevens bekend.

Missie ■ DOELSTELLING ▶ Het Burgerweeshuis Amersfoort stelt zich ten doel het verlenen van hulp in elke vorm aan Amersfoortse of uit Amersfoort afkomstige wezen, ter bevordering van hun lichamelijk, geestelijk, cultureel en/of maatschappelijk welzijn. HISTORIE ▶ De oprichting, rond kerstmis 1550, van een 'Arme Weeskijnderenhuijs' door enkele Amersfoortse burgers kon daarom rekenen op sympathie van de magistraat want het maakte de verwezelijking mogelijk van enkele van haar doelstellingen, zoals het inperken van de alsmaar toenemende bedelarij en het tegengaan van de exploitatie van weeskinderen die jaarlijks bij het minst vragende publiek werden uitbesteed. Op 9 maart 1551 verleende het stadsbestuur goedkeuring aan dit initiatief. Tot 1932 heeft de stichting een weeshuis geëxploiteerd (voor het overgrote deel van de tijd in het voormalige klooster de Mariënhof). Na de sluiting van het weeshuis worden de revenuen van het kapitaal van de stichting gebruikt om de maatschappelijke functie onder doelstelling te kunnen vervullen.

Doelgroep ■ ALGEMEEN ▶ kinderen, jongeren, armen, dak- en thuislozen SPECIFIEK ▶ Amersfoortse weeskinderen en kinderen afkomstig uit eenoudergezinnen in de leeftijd van 3 tot 18 jaar. ACTIVITEITEN ▶ ☑ De Stichting verleent financiële hulp aan Amersfoortse kinderen of jongeren tot 18 jaar uit onvolledige gezinnen. ☑ De Stichting wil ermee bereiken dat ze zichzelf beter kunnen ontwikkelen. ☑ Bij hoge uitzondering verleent de Stichting financiële hulp aan projecten voor jongeren in achterstandssituaties. Eens in de drie jaar kan dat via de Catharina Soomersprijs. INTERVENTIENIVEAU ▶ Steun aan individuen (directe steun).

Werkgebied ■ ACTIERADIUS ▶ Lokaal LAND ▶ Nederland PLAATS ▶ Amersfoort.

Bestedingen ■ BUDGET ▶ niet openbaar SOORT BIJDRAGE ▶ giften overig BOVENGRENS ▶ geen ONDERGRENS ▶ geen.

Projecten ■ CRITERIA ▶ ☑ Het kind wordt in zijn (emotionele) ontwikkeling bedreigd. Dit is het belangrijkste criterium, een aanvraag zonder een gedegen beschrijving van die knlesituatie wordt niet in behandeling genomen!; ☑ Vanaf hun 3e verjaardag kan een kind worden opgenomen in het bestand en na het bereiken van hun 18e verjaardag wordt een kind uitgeschreven; ☑ Het kind staat ingeschreven in de Gemeente Amersfoort en woont thuis; ☑ De ouder heeft een inkomen van 120% van het bijstandsniveau of lager; ☑ Het gaat om kinderen zonder ouders (wezen) of kinderen uit éénoudergezinnen.☑ Per gezin kunnen maximaal 4 kinderen in het bestand worden opgenomen. DOORLOOPTIJD ▶ ☑ langer dan 2 jaar STATUS AANVRAGER ▶ ☑ hulpverleners VOORKEUR/UITSLUITING ▶ Uitsluiting wanneer: ☑ er beroep gedaan kan worden op andere regelingen; ☑ er sprake is van co-ouderschap of als de externe partner aanzienlijk financieel bijdraagt aan het gezin; ☑ Enkel een financieel probleem van de ouder.

Procedure ■ OP AANVRAAG ▶ ja DOORLOOPTIJD ▶ geen doorlooptijd bekend; korter dan een maand; korter dan een maand AANVRAAGPROCEDURE ▶ Aanvragen moeten via het aanvraagformulier op de website worden ingediend. Dat dient altijd te gebeuren via een intermediair/hulpverlener die contact heeft en onderhoudt met het gezin. Vaak is die intermediair werkzaam bij een hulpverlenende organisatie. In de aanvraag moet een onderbouwde analyse van de gezinssituatie, met accent op de problematiek van de kinderen is voorwaarde voor het in behandeling nemen van de aanvraag. Ter controle van de financiële situatie wordt gevraagdeen kopie van een recente salaris of uitkeringsoverzicht op te sturen. Is er voldoende informatie beschikbaar, dan neemt het bestuur de aanvraag in behandeling en wordt er door één van de bestuursleden een huisbezoek gebracht. Het bestuurslid neemt op basis van het bezoek het besluit tot opname in ons bestand. Vanaf dat moment kan het gezin rekenen op onze steun. Het genomen besluit wordt zo spoedig mogelijk en daarna door de administrateur, meegedeeld aan de aanvrager. Aanvragen dienen 10 dagen vóór de vergaderdatum (te vinden op de website) volledig en met alle toelichtingen te zijn aangeleverd. URL ▶ www.burgerweeshuis-amersfoort.nl/aanvraag-formulier/

Financieel ■ INKOMSTEN EV ▶ € 130.475 INKOMSTEN OV ▶ € 44.943 HERKOMST MIDDELEN ▶ onbekend BOEKJAAR ▶ 2019 JAARVERSLAG OP WEBSITE ▶ ja.

Contact ■ BEREIKBAAR PER ▶ ☑ post ☑ e-mail ☑ telefoon CONTACTPER-

SOON ▶ Mw. A. Bakker **POSTADRES** ▶ Postbus 1580, 3800 BN Amersfoort **EMAIL (ALGEMEEN)** ▶ info@burgerweeshuis-amersfoort.nl **TELEFOON (ALGEMEEN)** ▶ 06-30409578.

577
Stichting Het Burgerweeshuis Zutphen

Rubriek ■ ☑ maatschappij, welzijn en samenleving ☑ sport en recreatie ☑ kunst en cultuur ☑ onderwijs en onderzoek

Algemeen ■ **WEBSITE** ▶ www.bwhzutphen.nl/index.htm **TYPERING** ▶ vermogensfonds **OPGERICHT** ▶ 20-01-1564 **RECHTSVORM** ▶ stichting **KVK** ▶ 41038945 **ANBI STATUS** ▶ nee **DIRECTIE** ▶ A.T. Fennema **BESTUUR** ▶ O.W. Bosch, voorzitter; L. ten Hooven, penningmeester; mw. M. de Bruin-Kip, secretaris; A.A.M.L. Wieken; mw. O.C.A. Sandberg-Vaillant.

Missie ■ **DOELSTELLING** ▶ Stichting het Burgerweeshuis Zutphen heeft als hoofddoel: ☑ het verlenen van geldelijk bijdragen in de kosten van verzorging, opvoeding en onderricht van wezen en halfwezen in de gemeente Zutphen of aanliggende gemeenten. ☑ Daarnaast heeft de stichting ten doel het verlenen van hulp in elke vorm aan Zutphense of uit de gemeente Zutphen afkomstige jongeren, ter bevordering van hun lichamelijke, geestelijke, cultureel en/of maatschappelijk welzijn. ☑ Ook kunnen bijdragen worden verleend aan organisaties en stichtingen in binnen- en buitenland die aantoonbaar over onvoldoende eigen financiële middelen beschikken. Deze dienen een zelfde doel na te streven als het Burgerweeshuis. **HISTORIE** ▶ De Stichting het Burgerweeshuis te Zutphen is op 20 januari 1564 opgericht 'opdat de wezen godlich, eerlich ende tuchtig regirt, geleert ende onderholden worden'. Van 1564 tot en met 1945 is door de stichting een weeshuis geëxploiteerd ter verzorging en opvoeding van minderjarige wezen wier ouders ten tijde van het overlijden van de vroegst gestorven ouder ingezetenen van de gemeente Zutphen waren. Na 1945 is de exploitatie van een weeshuis beëindigd. De stichting houdt nu kantoor aan de IJsselkade 19 te Zutphen. Het oorspronkelijk doel, het ondersteunen van wezen, bestaat nog steeds. Het werkveld is echter een stuk breder geworden. **BELEIDSPLAN OP WEBSITE** ▶ ja.

Doelgroep ■ **ALGEMEEN** ▶ kinderen, jongeren, dak- en thuislozen, armen **SPECIFIEK** ▶ Wezen/halfwezen of jongeren uit de gemeente Zutphen of aanliggende gemeenten. **ACTIVITEITEN** ▶ Geen specifieke activiteiten bekend **INTERVENTIENIVEAU** ▶ Steun aan lokale/provinciale maatschappelijke organisaties en structuren (incl. gemeenten etc.) die diensten verlenen aan individuen.; Steun aan individuen (directe steun).

Werkgebied ■ **ACTIERADIUS** ▶ Internationaal **LAND** ▶ Nederland **REGIO** ▶ Gelderland **PLAATS** ▶ Zutphen e.o.

Bestedingen ■ **BUDGET** ▶ niet openbaar **SOORT BIJDRAGE** ▶ giften **BOVENGRENS** ▶ geen **ONDERGRENS** ▶ geen.

Projecten ■ **CRITERIA** ▶ ☑ bijdragen in de kosten van verzorging, opvoeding en ondersteuning; ☑ Individueel kunnen éénmalige en alleen in bijzondere gevallen vergoedingen voor inrichtingskosten, aanschaf van huishoudelijke artikelen, studiemiddelen, e.d. worden verstrekt. **DOORLOOPTIJD** ▶ ☑ onbekend **STATUS AANVRAGER** ▶ ☑ geen beperkingen bekend **VOORKEUR/UITSLUITING** ▶ ☑ Tot het doel van de stichting behoort niet de leniging van behoeften, waarin krachtens enige wettelijke bepaling door de overheid, of door een instelling belast met een publieke taak, dient te worden voorzien. ☑ het BW verstrekt geen structurele bijdragen meer voor levensonderhoud van kinderen uit onvolledige gezinnen met een bijstandsuitkering.

Procedure ■ **OP AANVRAAG** ▶ ja **AANVRAAGPROCEDURE** ▶ Aanvragen kunnen alleen schriftelijk worden ingediend via het postadres. Overleg vooraf is mogelijk, telefonisch of via e-mail (bwhzutphen@planet.nl). Het bestuur van de stichting het Burgerweeshuis beoordeelt de aanvragen. Indien gewenst kan door het bestuur meer informatie worden opgevraagd. Het besluit van het bestuur van het Burgerweeshuis is onherroepelijk **URL** ▶ www.bwhzutphen.nl/aanvragen.htm

Financieel ■ **HERKOMST MIDDELEN** ▶ vermogen, overige inkomsten.

Contact ■ **BEREIKBAAR PER** ▶ ☑ post ☑ e-mail ☑ telefoon **CONTACTPERSOON** ▶ geen contactpersoon bekend **POSTADRES** ▶ IJsselkade 19, 7201 HD Zutphen **EMAIL (ALGEMEEN)** ▶ info@bwhzutphen.nl **TELEFOON (ALGEMEEN)** ▶ 0575-513331.

578
Stichting het Dokkumer Stadsfonds

Rubriek ■ ☑ kunst en cultuur ☑ maatschappij, welzijn en samenleving ☑ sport en recreatie

Algemeen ■ **WEBSITE** ▶ www.keunstwurk.nl/fonds/stichting-dokkumer-stadsfonds **TYPERING** ▶ vermogensfonds **OPGERICHT** ▶ 24-02-1965 **RECHTSVORM** ▶ stichting **KVK** ▶ 01115817 **ANBI STATUS** ▶ ja **DIRECTIE** ▶ geen directiegegevens bekend **BESTUUR** ▶ Mw. A.C. Linker, voorzitter; P.D. Dijkstra, penningmeester; mw. T. van Wieren-de Boer, secretaris; L. Folkertsma.

Missie ■ **DOELSTELLING** ▶ Het financieel behartigen van algemeen Dokkumer belangen welke liggen op sociaal, maatschappelijk, cultureel en recreatief gebied. **STICHTER(S)** ▶ Burgemeester Sybren van Tuinen **HISTORIE** ▶ Aanleiding voor het oprichten van het Dokkumer Stadsfonds was het opheffen van het Dokkumer weeshuis.

Doelgroep ■ **SPECIFIEK** ▶ Verenigingen, evenementen en promotie van de stad Dokkum. **ACTIVITEITEN** ▶ Door het fonds worden eenmalige bijdragen en/of renteloze leningen verstrekt. **INTERVENTIENIVEAU** ▶ Steun aan lokale/provinciale maatschappelijke organisaties en structuren (incl. gemeenten etc.) die diensten verlenen aan individuen.

Werkgebied ■ **ACTIERADIUS** ▶ Lokaal **LAND** ▶ Nederland **REGIO** ▶ Friesland **PLAATS** ▶ Dokkum.

Bestedingen ■ **BUDGET** ▶ niet openbaar **ONDERSTEUNDE PROJECTEN P/J** ▶ 10 **SOORT BIJDRAGE** ▶ giften leningen **BOVENGRENS** ▶ geen **ONDERGRENS** ▶ geen.

Projecten ■ CRITERIA ▶ geen projectcriteria bekend DOORLOOPTIJD ▶ ☑ korter dan 1 jaar STATUS AANVRAGER ▶ ☑ stichting of vereniging (non-profit) VOORKEUR/UITSLUITING ▶ geen voorkeur of uitsluiting bekend.

Procedure ■ OP AANVRAAG ▶ ja DOORLOOPTIJD ▶ 3-6 maanden AANVRAAGPROCEDURE ▶ Schriftelijk. Het bestuur vergadert vier maal per jaar waarbij o.a. besluiten worden genomen over steunaanvragen van Dokkumer verenigingen en organisaties.

Financieel ■ HERKOMST MIDDELEN ▶ vermogen, legaten.

Contact ■ BEREIKBAAR PER ▶ ☑ post ☑ e-mail ☑ telefoon CONTACTPERSOON ▶ Mw. T. van Wieren-de Boer POSTADRES ▶ De Schans 13, 9101 HR Dokkum EMAIL (ALGEMEEN) ▶ ynfodokkumerstadsfonds@hotmail.com TELEFOON (ALGEMEEN) ▶ 0519-296238.

579

Stichting het Fonds Villeneuve

Rubriek ■ ☑ maatschappij, welzijn en samenleving ☑ kerk en levensbeschouwing

Algemeen ■ WEBSITE ▶ https://www.kennisbankfilantropie.nl/anbi/het-fonds-villeneuve TYPERING ▶ vermogensfonds RECHTSVORM ▶ stichting KVK ▶ 41172736 ANBI STATUS ▶ nee DIRECTIE ▶ geen directiegegevens bekend BESTUUR ▶ M.L.T. Beugelink, voorzitter; G. Das; F.H. Veerman.

Missie ■ DOELSTELLING ▶ Het fonds heeft ten doel het financieel ondersteunen van arme of behoeftige weduwen, wier echtgenoot tijdens zijn leven predikant van de Nederlandse Hervormde Kerk in de classis van Woerden en 'Over Rhijnland' is geweest en aldaar is overleden, én die een of meer kinderen hebben.

Doelgroep ■ ALGEMEEN ▶ armen, gelovigen, kinderen, vrouwen SPECIFIEK ▶ Weduwen en kinderen van predikanten. ACTIVITEITEN ▶ Geen specifieke activiteiten bekend INTERVENTIENIVEAU ▶ Steun aan individuen (directe steun).

Werkgebied ■ ACTIERADIUS ▶ Nationaal LAND ▶ Nederland.

Bestedingen ■ BUDGET ▶ niet openbaar SOORT BIJDRAGE ▶ giften BOVENGRENS ▶ geen ONDERGRENS ▶ geen.

Projecten ■ CRITERIA ▶ geen projectcriteria bekend DOORLOOPTIJD ▶ ☑ onbekend STATUS AANVRAGER ▶ ☑ individuen/gezinnen VOORKEUR/UITSLUITING ▶ De ondersteuning zal voortduren, totdat ieder kind van zodanige weduwe de leeftijd van vijfentwintig jaar heeft bereikt of tot eerder hertrouwen, voor zover de weduwe inmiddels niet in betere financiële omstandigheden is komen te verkeren.

Procedure ■ OP AANVRAAG ▶ onbekend AANVRAAGPROCEDURE ▶ Geen aanvraagprocedure bekend.

Financieel ■ HERKOMST MIDDELEN ▶ vermogen.

Contact ■ BEREIKBAAR PER ▶ ☑ post ☒ e-mail ☒ telefoon CONTACTPERSOON ▶ geen contactpersoon bekend POSTADRES ▶ Fort Oranje 7, 3445 DA Woerden.

580

Stichting Het Fonds voor Weduwen en Wezen van Kunstenaarsleden der Maatschappij Arti et Amicitiae

Rubriek ■ ☑ noodhulp ☑ maatschappij, welzijn en samenleving

Algemeen ■ WEBSITE ▶ www.stichtingwwfonds.nl TYPERING ▶ vermogensfonds RECHTSVORM ▶ stichting KVK ▶ 41199782 ANBI STATUS ▶ nee DIRECTIE ▶ geen directiegegevens bekend BESTUUR ▶ H. Heyink, voorzitter; V. van der Heide, penningmeester; mw. M. Volmer, secretaris; F. Witteveen.

Missie ■ DOELSTELLING ▶ Het doel van de stichting is ondersteuning te bieden aan leden van de Maatschappij Arti et Amicitiae (kunstenaarsleden) in nood; weduwen, weduwnaars en ouders van overleden deelnemers. HISTORIE ▶ Het Fonds voor Arti-Kunstenaars ontstond uit het in 1839 opgerichte weduwen- en wezenfonds. Doel van dit fonds was de weduwen en de wezen van kunstenaarsleden van de Maatschappij Arti et Amicitiae steun te bieden wanneer zij met financiële problemen geconfronteerd werden. Het bestaan van dit fonds is ruim anderhalve eeuw later opnieuw actueel sinds het Voorzieningenfonds voor Kunstenaars in 2002 verdween. Nu de overheid niet langer de klappen opvangt, wil het met Arti et Amicitiae verbonden fonds die rol in geval van calamiteiten overnemen. Het fonds helpt waar mogelijk de Arti-Kunstenaar die op het fondsbestuur een beroep voor financiële ondersteuning doet.

Doelgroep ■ SPECIFIEK ▶ Leden van de Maatschappij Arti et Amicitiae (kunstenaarsleden); weduwen, weduwnaars en ouders van overleden deelnemers. ACTIVITEITEN ▶ Geen specifieke activiteiten bekend INTERVENTIENIVEAU ▶ Steun aan individuen (directe steun).; Steun aan familie en omgeving van individuen.

Werkgebied ■ ACTIERADIUS ▶ Nationaal LAND ▶ Nederland.

Bestedingen ■ BUDGET ▶ niet openbaar SOORT BIJDRAGE ▶ giften BOVENGRENS ▶ geen ONDERGRENS ▶ geen.

Projecten ■ CRITERIA ▶ Er is sprake van financiële nood. DOORLOOPTIJD ▶ ☑ korter dan 1 jaar STATUS AANVRAGER ▶ ☑ individuen/gezinnen VOORKEUR/UITSLUITING ▶ De ondersteuning van het fonds is uitsluitend bestemd voor kunstenaarsleden van Arti et Amicitiae en het gaat telkens om een eenmalige financiële bijdrage, nooit om periodieke uitkeringen ter verbetering van het inkomen.

Procedure ■ OP AANVRAAG ▶ ja DOORLOOPTIJD ▶ 1-3 maanden AANVRAAGPROCEDURE ▶ De aanvrager dient middels het aanvraagformulier o.a. inzage in zijn financiële positie te geven. De onafhankelijke bestuursleden die tot geheimhouding verplicht zijn, gaan samen met de aanvrager na of er inderdaad sprake is van financiële nood. Indien nodig verwijst het bestuur de aanvrager door naar een instelling die in een specifieke situatie beter in staat is hulp te bieden. U kunt een aanvraagformulier bij het secretariaat van Arti et Amicitiae afhalen, dan wel schriftelijk opvragen. Tevens is het mogelijk dit formulier te downloaden van de website als pdf-bestand. U kunt het formulier zelf uitprinten en retourneren. Bij spoedgevallen kan contact worden opgenomen met de secretaris van het WWFonds. **URL** ▶ http://stichtingwwfonds.nl/procedure-2/

Financieel ■ **HERKOMST MIDDELEN** ▶ vermogen, overige inkomsten, leden (bijdragen), giften & schenkingen.

Contact ■ **BEREIKBAAR PER** ▶ ☑ post ☑ e-mail ☑ telefoon **CONTACTPERSOON** ▶ Mw. M. Vollmer **POSTADRES** ▶ Rokin 112, 1012 LB Amsterdam **EMAIL (ALGEMEEN)** ▶ info@stichtingwwfonds.nl **TELEFOON (ALGEMEEN)** ▶ 020-6245134.

581

Stichting Het Geesje Poutsma Leen

Rubriek ■ ☑ kunst en cultuur ☑ maatschappij, welzijn en samenleving ☑ onderwijs en onderzoek

Algemeen ■ **WEBSITE** ▶ https://www.kennisbankfilantropie.nl/anbi/het-geesje-poutsma-leen **TYPERING** ▶ vermogensfonds **OPGERICHT** ▶ 30-07-1917 **RECHTSVORM** ▶ stichting **KVK** ▶ 41001117 **ANBI STATUS** ▶ nee **DIRECTIE** ▶ geen directiegegevens bekend **BESTUUR** ▶ Mr. A. van der Minne, voorzitter.

Missie ■ **DOELSTELLING** ▶ Het Geesje Poutsma Leen heeft ten doel Nederlandse meisjes die, of wier ouders, onbemiddeld zijn, in de gelegenheid te stellen een opleiding te ontvangen voor toonkunstenares aan een conservatorium of voor een universitaire studie in een vak van wetenschap of van techniek. **STICHTER(S)** ▶ Mej. Geesje Poutsma.

Doelgroep ■ **ALGEMEEN** ▶ vrouwen, studenten, jongeren **SPECIFIEK** ▶ Meisjes met de Nederlandse nationaliteit die hun studie niet kunnen bekostigen. **ACTIVITEITEN** ▶ Geen specifieke activiteiten bekend **INTERVENTIENIVEAU** ▶ Steun aan individuen (directe steun).

Werkgebied ■ **ACTIERADIUS** ▶ Nationaal, Lokaal **LAND** ▶ Nederland.

Bestedingen ■ **BUDGET** ▶ niet openbaar **SOORT BIJDRAGE** ▶ giften studiebeurzen **BOVENGRENS** ▶ geen **ONDERGRENS** ▶ geen.

Projecten ■ **CRITERIA** ▶ Geen projectomschrijving bekend. **DOORLOOPTIJD** ▶ ☑ langer dan 2 jaar **STATUS AANVRAGER** ▶ ☑ individuen/gezinnen **VOORKEUR/UITSLUITING** ▶ Geen voorkeur/uitsluiting bekend.

Procedure ■ **OP AANVRAAG** ▶ onbekend **AANVRAAGPROCEDURE** ▶ Geen aanvraagprocedure bekend.

Financieel ■ **HERKOMST MIDDELEN** ▶ vermogen.

Contact ■ **BEREIKBAAR PER** ▶ ☑ post ☒ e-mail ☒ telefoon **CONTACTPERSOON** ▶ geen contactpersoon bekend **POSTADRES** ▶ Perahof 18, 3743 BN Baarn.

582

Stichting Het Haarlemsche Muziekfonds

Rubriek ■ ☑ kunst en cultuur

Algemeen ■ **WEBSITE** ▶ www.hmfonds.nl **TYPERING** ▶ vermogensfonds **OPGERICHT** ▶ 01-02-1878 **RECHTSVORM** ▶ stichting **KVK** ▶ 41222466 **ANBI STATUS** ▶ ja **DIRECTIE** ▶ geen directiegegevens bekend **BESTUUR** ▶ Drs. J. Wienen, voorzitter; drs. H.R. Balk, penningmeester; drs. C.T. Tuijnman, secretaris; J.C. van Eggelen; mw.mr. M. Overmars.

Missie ■ **DOELSTELLING** ▶ De bevordering van de beoefening der muziek te Haarlem, en wanneer de geldmiddelen het later mogten toelaten ook elders. **STICHTER(S)** ▶ Carl Gottfried Voorhelm Schneevoogt **HISTORIE** ▶ De Stichting Het Haarlemsche Muziekfonds werd opgericht op 1 februari 1878 met gelden daartoe per testament aan de burgemeester van Haarlem ter beschikking gesteld door de Haarlemmer Carl Gottfried Voorhelm Schneevoogt, die zijn fortuin had vergaard met een bedrijf in 'Voorjaarsbollen, bloem- en moeszaden'. Naast succesvol ondernemer was Carl Schneevoogt ook actief in verschillende bestuursfuncties in het Haarlemse maatschappelijke en culturele leven. Zo was hij regent van het Sint Elisabeth's Gasthuis, secretaris van muziekvereniging Toonkunst en directeur van de Teylers Stichting. Ook was hij actief prentenverzamelaar. **BELEIDSPLAN OP WEBSITE** ▶ ja.

Doelgroep ■ **SPECIFIEK** ▶ Activiteiten die bijdragen aan de bevordering van muziek in Haarlem en omstreken. **ACTIVITEITEN** ▶ Het fonds doneert aan zang- en muziekverenigingen, tournees en muziekinstrumenten, bijzonder concerten en andere muzikale manifestaties. Voorbeelden van toegewezen aanvragen: ☑ Activiteiten van Haarlemse amateur-muziekgezelschappen, muziekscholen of andere aan Haarlem verbonden organisaties in de vorm van concerten, tournees of educatieve projecten; ☑ Muzikale manifestaties in Haarlem of aangrenzende gemeenten; ☑ Concoursen in Haarlem en omstreken; ☑ Evenementen met een educatief karakter; ☑ Compositieopdrachten mits onderdeel van een project om het werk in Haarlem of aangrenzende gemeenten uit te voeren. **INTERVENTIENIVEAU** ▶ Steun aan lokale/provinciale maatschappelijke organisaties en structuren (incl. gemeenten etc.) die diensten verlenen aan individuen.; Steun op niveau van maatschappij zelf (beleidsbeïnvloeding, etc.).

Werkgebied ■ **ACTIERADIUS** ▶ Lokaal, Nationaal , Regionaal **LAND** ▶ Nederland **REGIO** ▶ Noord-Holland **PLAATS** ▶ Haarlem.

Bestedingen ■ **BUDGET** ▶ € 33.518 **TOELICHTING** ▶ Jaarlijks is 50% van het rendement op het vermogen beschikbaar voor donaties, met een minimum van 1, 5% en een maximum van 3% van het beschikbare fondsvermogen. **ONDERSTEUNDE PROJECTEN P/J** ▶ 34 **SOORT BIJDRAGE** ▶ giften **BOVENGRENS** ▶ geen **ONDERGRENS** ▶ geen.

Projecten ■ **CRITERIA** ▶ Bij het beoordelen van de aanvragen hanteert het bestuur criteria: ☑ diversiteit (genre); ☑ originaliteit (programmering en context); ☑ bereik (deelnemers en publiek, waaronder jeugd); ☑ financieel perspectief (additioneel, realistisch en complementair). **DOORLOOPTIJD** ▶ ☑ onbekend **STATUS AANVRAGER** ▶ ☑ stichting of vereniging (non-profit) **VOORKEUR/UITSLUITING** ▶ ☑ Het geldt als een pré als de activiteit een breed of nieuw publiek bereikt. ☑ Slechts in incidentele gevallen, bij een opleiding in professionele zin, wordt ook individuele ondersteuning verleend: studieprojecten zoals het volgen van een masterclass of bijdrage aan aanschaf of onderhoud van een instrument. Niet voor ondersteuning komen in aanmerking: ☑ activiteiten waarvan de muzikale component slechts een ondergeschikt deel uitmaakt; ☑ reguliere exploitatiekosten, zoals de kosten van repetities (zaal, dirigent, bladmuziek); ☑ commerciële projecten, waaronder ook concerten van professionele musici en/of professionele podia, tenzij er sprake is van een bijzondere relatie met Haarlem; ☑ activiteiten uitsluitend bedoeld voor besloten kring; ☑ initiatieven met een overwegend commerciële, politieke of religieuze doelstelling; ☑ opname of publicatie van muziek.

Procedure ■ OP AANVRAAG ▶ ja DOORLOOPTIJD ▶ 1-3 maanden AANVRAAGPROCEDURE ▶ Aanvragen (twee soorten) voor een bijdrage van het Haarlemsche Muziekfonds kunnen worden ingediend door middel van een aanvraagformulier dat vergezeld gaat van: ☑ een beschrijving van het project; ☑ een begroting van kosten (alle voor de activiteit relevante eenmalige kosten); ☑ een begroting van inkomsten, inclusief een lijst van overige aangeschreven fondsen. Beide aanvraagformulieren zijn te downloaden op de website en bij voorkeur per email ingevuld in te dienen. Per post is ook mogelijk. Een aanvraag dient minimaal 8 weken voor aanvang van het evenement te worden ingediend. Aanvragen die later worden ingediend, worden alleen behandeld indien het bestuur in de gelegenheid is een besluit te nemen voor de aanvang van het evenement. Het bestuur vergadert in principe 4 maal per jaar om te kunnen besluiten over de dan voorliggende aanvragen. URL ▶ www.hmfonds.nl/pages/aanvraag.htm

Financieel ■ EIGEN VERMOGEN ▶ € 2.148.133 HERKOMST MIDDELEN ▶ vermogen BOEKJAAR ▶ 2018 JAARVERSLAG OP WEBSITE ▶ ja.

Contact ■ BEREIKBAAR PER ▶ ☑ post ☑ e-mail ☒ telefoon CONTACTPERSOON ▶ geen contactpersoon bekend POSTADRES ▶ Churchilllaan 3, 2012 RM Haarlem EMAIL (ALGEMEEN) ▶ hmfonds@online.nl.

583
Stichting Het Hervormd Weeshuis

Rubriek ■ ☑ gezondheidszorg ☑ noodhulp ☑ kunst en cultuur ☑ maatschappij, welzijn en samenleving ☑ sport en recreatie ☑ onderwijs en onderzoek ☑ kerk en levensbeschouwing

Algemeen ■ WEBSITE ▶ www.hervormdweeshuiszwolle.nl TYPERING ▶ vermogensfonds OPGERICHT ▶ 13-10-1913 RECHTSVORM ▶ stichting KVK ▶ 41022791 ANBI STATUS ▶ ja DIRECTIE ▶ n.v.t. BESTUUR ▶ Mw.drs. M.C. Westerhof, voorzitter; mw. J. Boks QC MIF CCP, penningmeester; mw.mr. M. van Bruggen, secretaris; mw.drs. A.A. Valkenburg-van Roon; J.H. Salet; J.C. Huiskamp.

Missie ■ DOELSTELLING ▶ Het verlenen van financiële steun aan jongeren tot en met 25 jaar wonende of verblijvende te Zwolle met als doel om het jeugdwerk en de jeugdzorg in Zwolle te bevorderen en steunen. HISTORIE ▶ In de vroege Middeleeuwen was er in ons land een hoog sterftecijfer door vele ziektes als pest, cholera en dysenterie. Ouders stierven jong en moeders zelfs vaak tijdens de bevalling. Tegen het einde van de Middeleeuwen begonnen stadsbestuur en instellingen zich het lot van achterblijvende kinderen aan te trekken. Dat gebeurde o.a. in het Caeciliën Convent. Dat werd in 1394 opgericht en kreeg zijn onderdak tussen de Bitterstraat en de Broerenstraat. In 1616 kreeg het zelfs de naam 'Huis der Weezen. Kort na 1834 werd het 'het Weeshuis der Hervormde gemeente'. Inmiddels zijn de tijden veranderd en vangt dit weeshuis allang geen wezen meer op. Nadat in 1953 het laatste ouderloze kind het verblijf aan de Broerenstraat had verlaten, verloor het weeshuis haar functie en werden de bezittingen ondergebracht in een Stichting het Hervormd Weeshuis. Deze stichting beheert de gelden die door de eeuwen heen zijn verworven. De netto-opbrengsten van deze gelden komt ten goede aan de jeugd. BELEIDSPLAN OP WEBSITE ▶ ja.

Doelgroep ■ ALGEMEEN ▶ jongeren, kinderen, studenten SPECIFIEK ▶ Jeugd- en jongerenwerk te Zwolle (t/m 25 jaar). ACTIVITEITEN ▶ ☑ Onder jeugdwerk wordt verstaan alle activiteiten en voorzieningen (zoals accommodaties) ten behoeve van jeugdigen, zoals speeltuinen, wijk- en buurtwerk, sport, muziek en theater, kerkelijk jeugdwerk en onderwijs; ☑ Onder jeugdzorg wordt verstaan de zorg en/of hulpverlening aan jeugdigen zoals gehandicaptenzorg, lichamelijke of geestelijke gezondheidszorg, verslavingszorg en jeugdhulpverlening. INTERVENTIENIVEAU ▶ Steun aan individuen (directe steun).; Steun aan lokale/provinciale maatschappelijke organisaties en structuren (incl. gemeenten etc.) die diensten verlenen aan individuen.

Werkgebied ■ ACTIERADIUS ▶ Lokaal LAND ▶ Nederland REGIO ▶ Overijssel PLAATS ▶ Zwolle.

Bestedingen ■ BUDGET ▶ € 175.000 TOELICHTING ▶ Jaarlijks bepaald na indexering vermogen o.b.v. verwachte inflatie. ONDERSTEUNDE PROJECTEN P/J ▶ 75 SOORT BIJDRAGE ▶ giften garanties BOVENGRENS ▶ geen ONDERGRENS ▶ geen.

Projecten ■ CRITERIA ▶ Projecten ten behoeve van jeugd- en jongerenwerk te Zwolle. DOORLOOPTIJD ▶ ☑ korter dan 1 jaar ☑ 1 - 2 jaar STATUS AANVRAGER ▶ ☑ geen beperkingen bekend VOORKEUR/UITSLUITING ▶ Er gelden de volgende beperkingen: geen structurele bijdragen, geen personele kosten, geen personen ouder dan 25 jaar, geen personen/instellingen buiten Zwolle, geen terugwerkende kracht, geen sponsoring t.b.v. fondsenwervende activiteiten.

Procedure ■ OP AANVRAAG ▶ ja DOORLOOPTIJD ▶ 1-3 maanden AANVRAAGPROCEDURE ▶ Door het doen van de snelle check via de website kunt u erachter komen of u in aanmerking komt voor financiële ondersteuning. Wanneer u deze gedaan heeft kunt u het online aanvraagformulier invullen. Aanvragen worden pas in behandeling genomen als het formulier inclusief alle gevraagde bijlagen zijn ontvangen. Het bestuur beslist elk jaar in vijf bestuursvergaderingen of projecten in aanmerking komen voor een financiële bijdrage. U ontvangt uiterlijk binnen 4 weken na de sluitingsdatum bericht over het genomen besluit. URL ▶ www.hervormdweeshuiszwolle.nl/aanvragen/aanvraagformulier/

Financieel ■ EIGEN VERMOGEN ▶ € 7.059.690 INKOMSTEN EV ▶ € 818.018 HERKOMST MIDDELEN ▶ vermogen BOEKJAAR ▶ 2019 JAARVERSLAG OP WEBSITE ▶ ja.

Contact ■ BEREIKBAAR PER ▶ ☑ post ☑ e-mail ☑ telefoon CONTACTPERSOON ▶ Mw. R.M. van den Bos POSTADRES ▶ Wittensteinstraat 18, 8043

WJ Zwolle EMAIL (ALGEMEEN) ▶ contact@hervormdweeshuiszwolle.nl TELEFOON (ALGEMEEN) ▶ 06-22340330.

584

Stichting Het ir. Etward Bunschoten Fonds

Rubriek ■ ☑ kunst en cultuur

Algemeen ■ WEBSITE ▶ www.bunschotenfonds.nl TYPERING ▶ vermogensfonds OPGERICHT ▶ 04-03-2011 RECHTSVORM ▶ stichting KVK ▶ 52209083 ANBI STATUS ▶ ja DIRECTIE ▶ geen directiegegevens bekend BESTUUR ▶ Mr. D. Weewer, voorzitter; drs. R.G. Muller, penningmeester; O.A. Balkenende, secretaris.

Missie ■ DOELSTELLING ▶ Stichting Het ir. Etward Bunschoten Fonds ondersteunt culturele organisaties die zich actief inzetten voor klassieke muziek in het algemeen en de jeugd in het bijzonder. STICHTER(S) ▶ Willem Frederik Bunschoten HISTORIE ▶ Oprichter Willem Frederik Bunschoten heeft zijn fonds vernoemd naar zijn vader, ingenieur Etward Bunschoten. Ir. Etward Bunschoten droeg zijn liefde voor klassieke muziek zo overtuigend over op zijn zoon Willem, dat die in de nadagen van zijn leven besloot een muziekfonds in zijn naam op te richten. Het ir. Etward Bunschoten Fonds dankt zijn bestaan deels aan de voormalige plantage 'Lodaja' in voormalig Nederlands-Indië. Dit familiebezit werd bestuurd vanuit gebouw De Kolk in Amsterdam en vanuit Bandoeng. De kinaplantage Lodaja lag ongeveer 40 kilometer ten zuiden van Bandoeng, op ongeveer 1.600 meter hoogte op de westhelling van de Kendeng op West-Java. Naast zijn vermogen liet oprichter Willem Bunschoten ook zijn woning na aan Het Bunschoten Fonds. Hier woonde hij de laatste decennia van zijn leven. Inmiddels geniet dit ongeveer honderd jaar oude pand de beschermde status van Monumentenzorg. Het werd in 2013 grondig verbouwd om jonge musici gedurende korte of langere tijd te kunnen huisvesten. Willem Bunschoten beschouwde het vermogen dat hij erfde van zijn ouders, en later van zijn nicht, niet als zijn eigendom. Op het eind van zijn leven besloot hij het in te zetten voor de muziek, met als resultaat de oprichting van Het ir. Etward Bunschoten Fonds en het daarbij behorende Bunschoten Huis. BELEIDSPLAN OP WEBSITE ▶ ja.

Doelgroep ■ ALGEMEEN ▶ jongeren SPECIFIEK ▶ Culturele organisaties die zich actief inzetten voor klassieke muziek. ACTIVITEITEN ▶ Naast de doelstelling stelt Het Bunschoten Fonds de voormalige woning van oprichter Willem Bunschoten ter beschikking aan jonge musici. (Internationale) studenten die tijdelijk studeren of een masterclass volgen aan het conservatorium te Amsterdam kunnen een periode in Het Bunschoten Huis wonen. Ook staat de woning open voor gerenommeerde klassieke musici die voor een optreden tijdelijk in Amsterdam verblijven. Samen met het Grachtenfestival Amsterdam reikt het Bunschoten Fonds ieder jaar de Bunschoten Jonger Talent Prijs uit. INTERVENTIENIVEAU ▶ Steun aan lokale/provinciale maatschappelijke organisaties en structuren (incl. gemeenten etc.) die diensten verlenen aan individuen.

Werkgebied ■ ACTIERADIUS ▶ Nationaal LAND ▶ Nederland.

Bestedingen ■ BUDGET ▶ niet openbaar ONDERSTEUNDE PROJECTEN P/J ▶ 8 SOORT BIJDRAGE ▶ giften overig BOVENGRENS ▶ € 30.000 ONDERGRENS ▶ € 10.000.

Projecten ■ CRITERIA ▶ Organisaties op het gebied van klassieke muziek die hiervoor in aanmerking komen dienen te streven naar continuïteit en zelfredzaamheid op de lange termijn. Voorbeelden hiervan zijn: ☑ orkesten, ensembles, performing arts festivals; ☑ organisaties die zich inzetten voor talenten (jong en oud) op het gebied van klassieke muziek; ☑ organisaties die duidelijke lange-termijnambities hebben; ☑ organisaties met een werkterrein in Nederland, die hier ook gevestigd zijn. Een verblijf in Het Bunschoten Huis is mogelijk: ☑ voor tijdelijke studenten aan het Conservatorium Amsterdam en gerenommeerde musici; ☑ voor een periode tussen de één en vijf maanden, voor maximaal vier personen tegelijk; ☑ wanneer een Nederlandse rechtspersoon (bijvoorbeeld een stichting) garant staat voor de gasten van Het Bunschoten Huis. DOORLOOPTIJD ▶ ☑ onbekend STATUS AANVRAGER ▶ ☑ stichting of vereniging (non-profit) VOORKEUR/UITSLUITING ▶ Niet in aanmerking komen: ☑ aanvragen voor privépersonen; ☑ kosten voor onderzoek en publicaties, studiekosten, seminars, congressen en internationale reizen; ☑ politiek getinte of evangeliserende organisaties; ☑ eenmalige activiteiten. Aanvragen welke worden ingediend door bemiddelingsbureaus worden niet in behandeling genomen. Pro-forma aanvragen welke enkel dienen om te bepalen hoe kansrijk een aanvraag is, worden niet in behandeling genomen. Een aanvragende organisatie kan ten hoogste driemaal een aanvraag indienen bij het Bunschoten Fonds.

Procedure ■ OP AANVRAAG ▶ ja DOORLOOPTIJD ▶ 3-6 maanden AANVRAAGPROCEDURE ▶ U kunt uw aanvraag uitsluitend online, volledig digitaal indienen. Op papier toegestuurde aanvragen worden door Het Bunschoten Fonds geweigerd. Start uw aanvraag door op de 'Start aanvraag' knop te klikken en het aanvraagmenu te doorlopen. Het verdient aanbeveling de genoemde stukken vooraf te verzamelen, zodat u deze tijdens het invullen van de aanvraag kunt uploaden. De benodigde stukken zijn: ☑ beschrijving van de organisatie (incl. publiciteit- en marketingplan indien van toepassing),; ☑ financierings-/dekkingsplan van de organisatie,; ☑ meest recente beleids- en activiteitenplan, inclusief; ☑ overzicht van de huidige fondsenwervende activiteiten,; ☑ exploitatiebegroting van het lopende/ komende jaar,; ☑ meest recent jaarverslag en financieel jaarverslag (resultatenrekening en balans),; ☑ kopie van de akte houdende de actuele statuten,; ☑ kopie actueel uittreksel van de Kamer van Koophandel,; ☑ een begeleidende brief waarin u het bevorderen van de zelfredzaamheid motiveert. Het bestuur van het Bunschoten Fonds vergadert in maart en in september over de toekenningen van giften. De aanvraagperiode voor de vergadering in maart loopt van 1 oktober van het jaar voorafgaand aan de vergadering tot 1 februari van het betreffende jaar waarin de vergadering wordt gehouden. De aanvraagperiode voor de vergadering in september loopt van 1 april van het betreffende jaar tot 1 augustus van het jaar. Buiten deze periode(n) wordt uw aanvraag niet in behandeling genomen. U kunt een verblijf aanvragen voor uzelf of een ander of een groep via de knop 'Start aanvraag' op de webpagina 'Bunschoten Huis'. **URL** ▶ www.bunschotenfonds.nl/site/aanvragen.html

Financieel ■ **INKOMSTEN EV** ▶ € 73.481 **HERKOMST MIDDELEN** ▶ legaten, vermogen, overige inkomsten **BOEKJAAR** ▶ 2019 **JAARVERSLAG OP WEBSITE** ▶ ja.

Contact ■ **BEREIKBAAR PER** ▶ ☑ post ☑ e-mail ☒ telefoon **CONTACTPERSOON** ▶ geen contactpersoon bekend **POSTADRES** ▶ Postbus 3727, 1001 AM Amsterdam **EMAIL (ALGEMEEN)** ▶ info@bunschotenfonds.nl.

585 Stichting Het Kersjes Fonds

Rubriek ■ ☑ kunst en cultuur ☑ onderwijs en onderzoek

Algemeen ■ **WEBSITE** ▶ www.hetkersjesfonds.nl **TYPERING** ▶ vermogensfonds **OPGERICHT** ▶ 09-12-1994 **RECHTSVORM** ▶ stichting **KVK** ▶ 41194684 **ANBI STATUS** ▶ ja **DIRECTIE** ▶ mw. A. den Heijer **BESTUUR** ▶ H. van Veggel, voorzitter; T. Feringa, penningmeester; mw. A. Hogenstijn, secretaris; F. Don; M. Sanders; E. Spanjaard.

Missie ■ **DOELSTELLING** ▶ De stichting steunt jonge, talentvolle Nederlandse (of in Nederland woonachtige) musici. **STICHTER(S)** ▶ Anton Kersjes en diens echtgenote Margreet van de Groenekan **HISTORIE** ▶ Het Kersjesfonds, opgericht door de populaire Nederlandse dirigent Anton Kersjes (1923-2004) en diens echtgenote Margreet van de Groenekan, is in Nederland een van de grootste particuliere stimuleringsfondsen voor cultuur. Het Kersjes Fonds is de verkorte (werk) naam van het in 1994 opgerichte Het Kersjes van de Groenekan Fonds. Al 20 jaar lang geeft het fonds jaarlijks ca. € 350.000 uit aan haar doelstellingen, in de vorm van beurzen en prijzen voor jong talent en de ondersteuning van bijzondere projecten en originele initiatieven. **BELEIDSPLAN OP WEBSITE** ▶ ja.

Doelgroep ■ **SPECIFIEK** ▶ Jong muzikaal talent in het Nederlandse muziekleven. **ACTIVITEITEN** ▶ De ondersteuning komt in de vorm van beurzen en prijzen voor jong talent en de ondersteuning van bijzondere projecten en originele initiatieven; ☑ Kersjesprijs t.w.v. €50.000,- aan uitzonderlijk talent in de Nederlandse kamermuziek; ☑ Talentontwikkeling programma; Voor wie begeleiding nodig heeft, biedt Het Kersjes Fonds een begeleidingstraject. ☑ Beurzen: jaarlijks reikt de stichting twee beurzen uit van elk €15.000,- aan een jonge talentvolle Nederlandse (of in Nederland woonachtige) dirigent(e) en violist(e). De beurzen zijn bedoeld voor buitenlandse studie; ☑ Bijzondere bijdragen aan unieke projecten: Het Kersjes Fonds ondersteunt unieke projecten, die directie en kamermuziek steunen en bevorderen. Met name de ontwikkeling van het Nederlandse strijkkwartet kan op warme belangstelling en financiële ondersteuning van de stichting rekenen. **INTERVENTIENIVEAU** ▶ Steun aan individuen (directe steun).

Werkgebied ■ **ACTIERADIUS** ▶ Nationaal **LAND** ▶ Nederland.

Bestedingen ■ **BUDGET** ▶ € 350.000 **ONDERSTEUNDE PROJECTEN P/J** ▶ 23 **SOORT BIJDRAGE** ▶ beurzen giften overig **BOVENGRENS** ▶ geen **ONDERGRENS** ▶ geen.

Projecten ■ **CRITERIA** ▶ ☑ incidenteel losse klassieke muziekprojecten,. **DOORLOOPTIJD** ▶ ☑ onbekend **STATUS AANVRAGER** ▶ ☑ individuen/gezinnen ☑ stichting of vereniging (non-profit) **VOORKEUR/UITSLUITING** ▶ De nadruk ligt op directie, viool, strijkkwartetten en ensembles. Het Kersjes Fonds verleent géén: ☑ structurele (exploitatie-)subsidies; ☑ compositieopdrachten; ☑ subsidies aan andere fondsen; ☑ instellingen of projecten met een strikt commerciële, politieke of religieuze doelstelling; ☑ buitenlandse projecten; ☑ projecten die reeds hebben plaatsgevonden of al in een ver gevorderd stadium zijn; ☑ amateurgezelschappen; ☑ instellingen die voldoende eigen middelen hebben.

Procedure ■ **OP AANVRAAG** ▶ nee **DOORLOOPTIJD** ▶ 1-3 maanden **AANVRAAGPROCEDURE** ▶ De viool- en de directiebeurs worden NIET op basis van een aanvraag toegekend. Indien men in aanmerking komt wordt men door het fonds benaderd. Om in aanmerking te kunnen komen voor ondersteuning van Het Kersjes Fonds dient een aanvraag per post te worden ingediend en tijdig in het bezit van het fonds te zijn. De stichting hanteert een minimale periode van een een halfjaar tussen de onvangst van de aanvraag en de uitvoering van het voorgenomen project. Het bestuur van het Kersjes Fonds vergadert ca 5 keer per jaar: naar verwachting in februari, april, juli, september en in november. LET OP: Het Kersjes Fonds behandelt aanvragen die helder en kernachtig geformuleerd zijn. De openingsbrief, de inhoudelijke informatie (ten hoogste 3 pagina's) en het dekkingsplan mogen bij elkaar uit 6 à 7 pagina's bestaan; een festivalaanvraag uit 10 pagina's. Naar aanvullende informatie zoals cv's en muziekvoorbeelden kunt U verwijzen in linkjes. De voorwaarden: ☑ een beknopte en duidelijke projectbeschrijving met motivatie, speeldata, tijdsplanning, korte biografieën, eventuele educatie- en marketingplannen; ☑ een gedetailleerde begroting met dekkingsplan; ☑ een overzicht van andere aanvragen voor financiële bijdragen; ☑ inleidende pagina, gericht aan directeur / bestuur, waarop de naam van de contactpersoon met telefoonnummer en het e-mailadres; ☑ gegevens over de stichting, zoals het uittreksel KvK; Aanvragen die langer zijn dan 10 pagina's, inclusief dekkingsplan en openingsbrief, zullen NIET in behandeling worden genomen. Eén bladzijde tekst op één A4; Geen nietjes gebruiken. **URL** ▶ www.hetkersjesfonds.nl/?6

Financieel ■ **INKOMSTEN EV** ▶ € 919.842 **HERKOMST MIDDELEN** ▶ vermogen **BOEKJAAR** ▶ 2019 **JAARVERSLAG OP WEBSITE** ▶ ja.

Contact ■ **BEREIKBAAR PER** ▶ ☑ post ☑ e-mail ☑ telefoon **CONTACTPERSOON** ▶ Mw. A. den Heijer **POSTADRES** ▶ Laan van Poot 178, 2566 EG Den Haag **EMAIL (ALGEMEEN)** ▶ annette@hetkersjesfonds.nl **TELEFOON (ALGEMEEN)** ▶ 0652066904.

586 Stichting Het Kinderopvangfonds

Rubriek ■ ☑ maatschappij, welzijn en samenleving

Algemeen ■ **WEBSITE** ▶ www.hetkinderopvangfonds.nl **TYPERING** ▶

vermogensfonds **OPGERICHT** ► 03-04-2006 **RECHTSVORM** ► stichting **KVK** ► 30213893 **ANBI STATUS** ► ja **DIRECTIE** ► mw. C. Eijkholt **BESTUUR** ► G.M. van Rozendaal, voorzitter; mw. N.T.J. Kroon, penningmeester; P. Banis, secretaris; mw. E. Rienstra.

Missie ■ **DOELSTELLING** ► Het Kinderopvangfonds stimuleert en faciliteert innovatieve en kwalitatieve kinderopvang, in de breedste zin van het woord, vanuit het perspectief van kind en ouder. Het Kinderopvangfonds richt zich op een optimale opvang- en opvoedingsomgeving voor kinderen. Met het ondersteunen en ontwikkelen van initiatieven streeft zij o.a. naar het verhogen van de variëteit en kwaliteit van de kinderopvang. Daarnaast stimuleert zij: ☑ een betere aansluiting tussen de verschillende voorzieningen voor kinderen; ☑ initiatieven die bijdragen aan de kwaliteit van het gewenste voorzieningenniveau voor het kind en het maatschappelijke debat daarover; ☑ kennisdeling op het gebied van een optimale opvang- en opvoedingsomgeving voor kinderen. **STICHTER(S)** ► Stichting Kintent **HISTORIE** ► In 2006 is Het Kinderopvangfonds opgericht. Het vermogen van Het Kinderopvangfonds wordt gevormd door de gelden die de stichting Kintent beschikbaar stelt. Kintent fungeerde als intermediair in de kinderopvang. In het verlengde van de oorspronkelijke doelstelling heeft het bestuur van Kintent besloten vrijvallende vermogensbestanddelen onder te brengen in een nieuwe stichting: Het Kinderopvangfonds. **BELEIDSPLAN OP WEBSITE** ► ja.

Doelgroep ■ **ALGEMEEN** ► kinderen **SPECIFIEK** ► Innovatieve projecten in de kinderopvang van kinderen 0-12 jaar. **ACTIVITEITEN** ► Om kwaliteitsverbetering en innovatie binnen de kinderopvang te realiseren, werkt Het Kinderopvangfonds samen met andere partijen in de branche. Voorwaarde daarbij is dat er intensief wordt samengewerkt met de ouder, het kind, de pedagogische medewerker (en/of onderwijzer of anderszins maatschappelijk opvoeder) en Het Kinderopvangfonds. Huidige thema; s/projecten zijn:; ☑ PACT voor kindcentra; ☑ mediawijsheid; ☑ Werken met vluchtelingenkinderen en hun ouders in de kinderopvang; ☑ Integrale ondersteuning kinderopvang vluchtelingenpeuters; ☑ Democratisch burgerschap; ☑ Leerstoel Kinderopvang; ☑ Kwaliteitsmonitor Gastouderschap; ☑ UvA/Het Kinderopvangfonds Scriptieprijs Kinderopvang. Het Kinderopvangfonds ziet voor elk thema drie samenhangende manieren om er invulling aan te geven: a. innovatie; b. kennisdeling; c. maatschappelijke beweging. **INTERVENTIENIVEAU** ► Steun aan lokale/provinciale maatschappelijke organisaties en structuren (incl. gemeenten etc.) die diensten verlenen aan individuen.

Werkgebied ■ **ACTIERADIUS** ► Nationaal **LAND** ► Nederland.

Bestedingen ■ **BUDGET** ► niet openbaar **TOELICHTING** ► Het Kinderopvangfonds wil het beschikbare vermogen in een tijdspanne van ongeveer 10-15 jaar inzetten voor innovatieve projecten in de kinderopvang. **ONDERSTEUNDE PROJECTEN P/J** ► 8 **SOORT BIJDRAGE** ► overig **BOVENGRENS** ► geen **ONDERGRENS** ► geen.

Projecten ■ **CRITERIA** ► Naast eigen projecten heeft het fonds een jaarlijks budget om innovatieve, losse; projecten met een landelijke uitstraling te ondersteunen. **DOORLOOPTIJD** ► ☑ korter dan 1 jaar **STATUS AANVRAGER** ► ☑ stichting of vereniging (non-profit) ☑ onderwijsinstelling ☑ kerkelijke instelling **VOORKEUR/UITSLUITING** ► Het fonds verstrekt alleen middelen aan pilots en projecten die zij zelf geïnitieerd hebben dan wel voldoen aan de missie en doelstelling, passen binnen een van de thema's en een landelijke uitstraling hebben.

Procedure ■ **OP AANVRAAG** ► onbekend **AANVRAAGPROCEDURE** ► Het bestuur vergadert vier keer per jaar en beslist dan over aanvragen. **URL** ► www.hetkinderopvangfonds.nl/kinderopvangfonds/werkwijze.html

Financieel ■ **EIGEN VERMOGEN** ► € 3.051.248 **INKOMSTEN EV** ► € 1.521 **HERKOMST MIDDELEN** ► vermogen, overige inkomsten **BOEKJAAR** ► 2018 **JAARVERSLAG OP WEBSITE** ► ja.

Contact ■ **BEREIKBAAR PER** ► ☑ post ☑ e-mail ☑ telefoon **CONTACTPERSOON** ► geen contactpersoon bekend **POSTADRES** ► Postbus 556, 2501 CN Den Haag **EMAIL (ALGEMEEN)** ► info@hetkinderopvangfonds.nl **TELEFOON (ALGEMEEN)** ► 070-3765921.

587
Stichting Het Kronendak

Rubriek ■ ☑ natuur, milieu en dieren

Algemeen ■ **WEBSITE** ► www.kronendak.nl **TYPERING** ► vermogensfonds **OPGERICHT** ► 31-10-1989 **RECHTSVORM** ► stichting **KVK** ► 41050655 **ANBI STATUS** ► ja **DIRECTIE** ► geen directiegegevens bekend **BESTUUR** ► Dr.ir. H.F.M. Vester, voorzitter; ir. T.O. Schröder, penningmeester; mr. ing. M.J.A. Weterings, secretaris; prof.dr.ir. L. Poorter; mw.dr. E. Leyenquien.

Missie ■ **DOELSTELLING** ► Het bevorderen van Nederlands wetenschappelijk onderzoek naar het kronendak van tropisch regenbos, bij voorkeur in samenwerking met en als onderdeel van de projecten die op dit terrein door Nederlandse en andere Europese wetenschappelijke instellingen ter hand worden genomen. **STICHTER(S)** ► Prof.dr.ir. R.A.A. Oldeman, mr. C.Th.F. Thurkow en ing. F.J. Haagsma **HISTORIE** ► De stichting Het Kronendak werd opgericht in 1989 om Nederlandse deelname aan het internationaal opbloeiende kronendakonderzoek in het tropisch regenwoud mogelijk te maken en te stimuleren. **BELEIDSPLAN OP WEBSITE** ► ja.

Doelgroep ■ **ALGEMEEN** ► studenten **SPECIFIEK** ► Onderzoeksprojecten door studenten of onderzoekers gericht op het tropisch kronendak. **ACTIVITEITEN** ► ☑ Het beoordelen, schiften en afwijzen of ondersteunen van concrete projecten die de doelstelling van de Stichting voldoen; ☑ Het onderhouden van contacten met onderzoeksinstellingen en hogescholen die kennis vergaren, verbreiden of toepassen met betrekking tot het kronendak; ☑ Het onderhouden van een website waar informatie over het kronendak en de activiteiten van de Stichting beschikbaar zijn; ☑ Het organiseren van bijeenkomsten waarbij informatie over het kronendak en de de activiteiten van de Stichting wordt gepresenteerd die potentieel bij kan dragen aan vergroting of toepassing van de kennis over het kronendak; ☑ En voorts alle activiteiten die het behalen van de doelstellingen van de stichting kunnen bevorderen; ☑ De Mr. C.Th.F. THURKOW-prijs; De Mr. C.Th.F. Thurkow-prijs wordt iedere 5 jaar uitgereik. **INTERVENTIENIVEAU** ► Steun aan individuen via maatschappelijk werk organisaties of directe steun (studiebeurzen).; Steun aan lokale/provinciale maatschappelijke organisaties en structuren (incl. gemeenten etc.) die diensten verlenen aan individuen.

Werkgebied ■ **ACTIERADIUS** ► Internationaal, Nationaal **LAND** ► Nederland.

Bestedingen ■ **BUDGET** ► niet openbaar **TOELICHTING** ► De verdeling van fondsen wordt gekoppeld aan de academische graad die met de studie beoogd wordt uitgangspunt is hierbij dat bij een hogere academische graad de opgedane kennis op langere termijn meer effect zal hebben. Verder worden de subsidies aan het onderzoek beperkt tot maxima, om te zorgen voor een goede verdeling over verschillende onderwerpen. Voor een PhD is dat maximaal 2500 euro en MSc maximaal 1000 euro en een BSc of BA studie maximaal 500 euro. **ONDERSTEUNDE PROJECTEN P/J** ► 11 **SOORT BIJDRAGE** ► overig **BOVENGRENS** ► € 2.500 **ONDERGRENS** ► geen.

Projecten ■ **CRITERIA** ► Onderzoeken naar het kronendak van tropisch regenbos door Nederlandse en andere Europese wetenschappelijke instellingen. **DOORLOOPTIJD** ► ☑ korter dan 1 jaar **STATUS AANVRAGER** ► ☑ overig **VOORKEUR/UITSLUITING** ► ☑ Steun aan meer algemene (tropische) projecten of aan projecten over andere delen van het tropisch regenwoud, zoals de bodem, is en wordt niet verleend; ☑ Aan studenten verstrekt de stichting geen compensatie van of aanvulling op studiefinanciering. Wel steunt de stichting relevant onderzoek zonder teveel nadruk op de academische graad van de aanvragers; ☑ De stichting treedt onder geen beding als werkgever op, slechts als verstrekker van subsidie.

Procedure ■ **OP AANVRAAG** ► ja **AANVRAAGPROCEDURE** ► De voorwaarden voor een subsidie van Stichting Het Kronendak zijn terug te lezen op de website. Het volledig ingevulde aanvraagformulier met daarnaast het CV van de aanvrager, motivatie en onderzoeks- of stageplan (max 2 a-4'tjes) moeten per e-mail worden ingediend, via info@kronendak.nl. Aanvragen voor Phd worden enkel in Q4 behandeld. Stage en thesis aanvragen ook in Q1 en Q2 **URL** ► www.kronendak.nl/subsidies/download-aanvraagformulier-flyer

Financieel ■ **EIGEN VERMOGEN** ► € 266.685 **INKOMSTEN OV** ► € 120 **HERKOMST MIDDELEN** ► overige inkomsten, giften & schenkingen, legaten, vermogen **BOEKJAAR** ► 2017 **JAARVERSLAG OP WEBSITE** ► ja.

Contact ■ **BEREIKBAAR PER** ► ☑ post ☑ e-mail ☒ telefoon **CONTACTPERSOON** ► geen contactpersoon bekend **POSTADRES** ► Christinalaan 4, 7251 AX Vorden **EMAIL (ALGEMEEN)** ► info@kronendak.nl.

588

Stichting het Menasseh ben Israël Instituut

Rubriek ■ ☑ onderwijs en onderzoek

Algemeen ■ **WEBSITE** ► www.mbii.nl **TYPERING** ► vermogensfonds **OPGERICHT** ► 06-04-1996 **RECHTSVORM** ► stichting **KVK** ► 41215961 **ANBI STATUS** ► ja **DIRECTIE** ► dr. D. Wertheim **BESTUUR** ► Prof.dr. I.E. Zwiep, voorzitter; prof.dr. E.G.L. Schrijver, penningmeester; prof.dr. E.G.L. Schrijver, secretaris; prof.dr. B.M.J. Wasserstein; mr. J.L. Davidson.

Missie ■ **DOELSTELLING** ► Het Menasseh ben Israel Instituut voor Joodse sociaal-wetenschappelijke en cultuurhistorische studies beoogt met zijn activiteiten bij te dragen aan zowel het joodse leven in Nederland als het Nederlandse academische klimaat in het algemeen. **HISTORIE** ► Het Menasseh ben Israel Instituut is een onafhankelijk Nederlands instituut voor Joodse Studies, dat gedragen wordt door het Joods Historisch Museum en de Universiteit van Amsterdam. Het Menasseh ben Israel Instituut is vernoemd naar de zeventiende-eeuwse Amsterdamse drukker Menasseh ben Israel. (1604-1657). **BELEIDSPLAN OP WEBSITE** ► ja.

Doelgroep ■ **ALGEMEEN** ► gelovigen **SPECIFIEK** ► Onderzoekers op het gebied van Joodse Studies. **ACTIVITEITEN** ► De activiteiten van deze stichting omvatten: ☑ het opzetten en uitvoeren van (inter)nationale onderzoeksprojecten; ☑ de organisatie van symposia en lezingen; ☑ de verzorging van wetenschappelijke publicaties; ☑ het bevorderen van het onderzoek naar in Nederland aanwezig joods erfgoed; ☑ het bevorderen van samenwerking van onderzoekers op het gebied van Joodse Studies in heel Nederland. In 2018 rondde het MbII twee onderzoeksprojecten af: ☑ het ontsluiten van de lidmaatschapskaarten uit het archief van de Algemene Diamantbewerkersbond en het plaatsen van de kaarten in een; online database zodat ze voor iedereen online toegankelijk en doorzoekbaar zijn (in samenwerking; met o.a. het Internationale Instituut voor Sociale Geschiedenis); ☑ het postdoc project Intellectuals; without borders: Haskalah and Wissenschaft des Judentums in the lives and oeuvre of Solomon Judah Löb Rapoport and Isaac Samuel Reggio. Het onderzoeksproject naar de collectie van Ets Haim werd in 2018 hervat. **INTERVENTIENIVEAU** ► Steun aan individuen (directe steun).; Steun aan lokale/provinciale maatschappelijke organisaties en structuren (incl. gemeenten etc.) die diensten verlenen aan individuen.

Werkgebied ■ **ACTIERADIUS** ► Nationaal **LAND** ► Nederland.

Bestedingen ■ **BUDGET** ► niet openbaar **BOVENGRENS** ► geen **ONDERGRENS** ► geen.

Projecten ■ **CRITERIA** ► geen projectcriteria bekend **DOORLOOPTIJD** ► ☑ onbekend **STATUS AANVRAGER** ► ☑ geen beperkingen bekend **VOORKEUR/UITSLUITING** ► geen voorkeur of uitsluiting bekend.

Procedure ■ **OP AANVRAAG** ► onbekend **AANVRAAGPROCEDURE** ► Geen aanvraagprocedure bekend.

Financieel ■ **EIGEN VERMOGEN** ► € 42.305 **INKOMSTEN OV** ► € 138.512 **HERKOMST MIDDELEN** ► giften & schenkingen, inkomsten uit bedrijven, overige inkomsten **BOEKJAAR** ► 2018 **JAARVERSLAG OP WEBSITE** ► ja.

Contact ■ **BEREIKBAAR PER** ► ☑ post ☑ e-mail ☑ telefoon **CONTACTPERSOON** ► Mw. drs. M. Witvoet **POSTADRES** ► Postbus 16737, 1001 RE Amsterdam **EMAIL (ALGEMEEN)** ► mbii@jhm.nl **TELEFOON (ALGEMEEN)** ► 020-5310324/5.

589
Het Mijndershuis Fonds

Rubriek ■ ☑ kunst en cultuur

Algemeen ■ WEBSITE ▶ www.cultuurfonds.nl TYPERING ▶ fonds op naam BEHEERD DOOR ▶ Prins Bernhard Cultuurfonds DIRECTIE ▶ zie Prins Bernhard Cultuurfonds BESTUUR ▶ zie Prins Bernhard Cultuurfonds

Missie ■ DOELSTELLING ▶ Het financieel ondersteunen van culturele activiteiten met een voorkeur voor projecten voor kinderen met een geestelijke en/of lichamelijke beperking.

Werkgebied ■ ACTIERADIUS ▶ Nationaal LAND ▶ Nederland.

Projecten ■ CRITERIA ▶ geen projectcriteria bekend DOORLOOPTIJD ▶ ☑ korter dan 1 jaar STATUS AANVRAGER ▶ ☑ stichting of vereniging (non-profit) VOORKEUR/UITSLUITING ▶ Voorkeur gaat uit naar projecten voor kinderen met een geestelijke en/of lichamelijke beperking.

Procedure ■ OP AANVRAAG ▶ ja AANVRAAGPROCEDURE ▶ Dit 'fonds op naam' ressorteert onder het Prins Bernhard Cultuurfonds. Verzoeken aan fondsen op naam komen op één centraal punt binnen. Dit houdt in dat een subsidieaanvraag slechts eenmaal aan het Prins Bernhard Cultuurfonds hoeft te worden gezonden. Voor de verdere aanvraagprocedure: zie Prins Bernhard Cultuurfonds. URL ▶ www.cultuurfonds.nl/aanvragen

Contact ■ BEREIKBAAR PER ▶ ☑ post ☑ e-mail ☑ telefoon CONTACTPERSOON ▶ geen contactpersoon bekend POSTADRES ▶ Postbus 19750, 1000 GT Amsterdam EMAIL (ALGEMEEN) ▶ info@cultuurfonds.nl TELEFOON (ALGEMEEN) ▶ 020-5206130.

590
Stichting het Nieuwe Stads Weeshuis

Rubriek ■ ☑ maatschappij, welzijn en samenleving

Algemeen ■ WEBSITE ▶ www.hetnieuwestadsweeshuis.nl TYPERING ▶ vermogensfonds OPGERICHT ▶ 14-03-1967 RECHTSVORM ▶ stichting KVK ▶ 41001251 ANBI STATUS ▶ ja DIRECTIE ▶ geen directiegegevens bekend BESTUUR ▶ T.K. Hoogslag, voorzitter; A.J. Diks, penningmeester; mw. B.G.J. Aitton, secretaris; R. Baarsma; E.P. Kisjes; mw. G.M. Adema; mw. A.H. de Pree; E. Ennema; W. Wieling.

Missie ■ DOELSTELLING ▶ Het verlenen van financiële steun aan primair activiteiten voor de kansarme Leeuwarder jeugd en secundair activiteiten die het sociaal-maatschappelijke en culturele leven in de gemeente Leeuwarden ten goede komen. HISTORIE ▶ In 1676 werd in Leeuwarden het Nieuwe Stadsweeshuis aan het Jacobijnerkerkhof in gebruik genomen. Tot 1953 groeiden hier duizenden kinderen op. Met het invoeren van de Algemene Bijstandswet in 1967 werd het weeshuis als instelling geheel overbodig. Op initiatief van de gemeente Leeuwarden werd de stichting opgericht die het gegroeide vermogen ging beheren. Uit de opbrengsten, pacht en rente, kunnen sociaal-maatschappelijke activiteiten in Leeuwarden financieel worden ondersteund. BELEIDSPLAN OP WEBSITE ▶ ja.

Doelgroep ■ ALGEMEEN ▶ jongeren, kinderen, armen SPECIFIEK ▶ Kansarme jeugd. ACTIVITEITEN ▶ Geen specifieke activiteiten bekend INTERVENTIENIVEAU ▶ Steun aan lokale/provinciale maatschappelijke organisaties en structuren (incl. gemeenten etc.) die diensten verlenen aan individuen.

Werkgebied ■ ACTIERADIUS ▶ Lokaal LAND ▶ Nederland PLAATS ▶ Leeuwarden.

Bestedingen ■ BUDGET ▶ niet openbaar ONDERSTEUNDE PROJECTEN P/J ▶ 125 SOORT BIJDRAGE ▶ overig giften BOVENGRENS ▶ geen ONDERGRENS ▶ geen.

Projecten ■ CRITERIA ▶ ☑ Instellingen en organisaties, zoals stichtingen en verenigingen, die een rechtspersoon zijn; ☑ Gesubsidieerde instellingen als overheidssteun aantoonbaar tekort schiet; ☑ In principe moeten meerdere partijen (de aanvrager zelf, andere fondsen, sponsoren) meebetalen aan de activiteit; ☑ Eenmalige activiteiten die ten goede komen aan de jeugd of aan een sociaal en/of maatschappelijk doel in de gemeente Leeuwarden. DOORLOOPTIJD ▶ ☑ onbekend STATUS AANVRAGER ▶ ☑ stichting of vereniging (non-profit) VOORKEUR/UITSLUITING ▶ Niet in aanmerking komen: ☑ activiteiten met een commercieel karakter, een uitgesproken politiek of religieus karakter; ☑ projecten t.b.v. individuele personen; ☑ particuliere initiatieven; ☑ projecten die door de aanvrager uit eigen vermogen zouden kunnen worden gefinancierd; ☑ niet- project gebonden aanvragen ter dekking van exploitatiekosten of overheadkosten; ☑ een al gestart of voltooid project.

Procedure ■ OP AANVRAAG ▶ ja AANVRAAGPROCEDURE ▶ Aanvragen kunnen ingediend worden via het aanvraagformulier op de website. Hierbij dienen de volgende bijlagen meegeleverd te worden; ☑ Begeleidende brief; ☑ 'Projectplan'; ☑ Statuten, als het om een eerste aanvraag gaat; ☑ Actueel uittreksel handelsregister Kamer van Koophandel; ☑ Meest recente financieel jaarverslag; ☑ Gespecificeerde begroting van het project; ☑ Eventuele offertes aangevraagde project (bedragen inclusief BTW); ☑ Eventuele documentatie van de organisatie zoals folders, jaarverslag e.d. ☑ Projectplan. Een aanvraag wordt alleen in behandeling genomen als deze volledig is. Na ontvangst van de aanvraag krijgt u een bevestiging per e-mail met in de bijlage uw aanmeldingsformulier in PDF. Het bestuur vergadert vier maal per jaar: in maart, juni, september en december. Een aanvraag wordt in de eerstvolgende vergadering behandeld, als deze voor de eerste dag van de betreffende vergadermaand is ingezonden. Het kan zijn dat het bestuur aanvullende informatie vraagt of de aanvragende organisatie bezoekt. Het bestuur toetst of de aanvraag binnen de criteria past en bepaalt de hoogte van de bijdrage. De aanvrager wordt schriftelijk bericht over het genomen besluit. Bezwaar maken tegen een afwijzing is niet mogelijk; een eenmaal afgewezen verzoek wordt in ongewijzigde vorm niet opnieuw in behandeling genomen. URL ▶ https://hetnieuwestadsweeshuis.nl/subsidie-aanvraag/aanvraagformulier/

Financieel ■ INKOMSTEN EV ▶ € 243.000 HERKOMST MIDDELEN ▶ giften & schenkingen, overige inkomsten, legaten BOEKJAAR ▶ 2019 JAARVERSLAG OP WEBSITE ▶ ja.

Contact ■ BEREIKBAAR PER ▶ ☑ post ☑ e-mail ☒ telefoon CONTACTPERSOON ▶ Mw. B.G.J. Aitton POSTADRES ▶ Postbus 2544, 8901 AA Leeuwarden EMAIL (ALGEMEEN) ▶ info@hetnieuwestadsweeshuis.nl.

591
Stichting Het Pad

Rubriek ■ ☑ gezondheidszorg ☑ economische ontwikkeling en microkrediet ☑ voedsel en voedselveiligheid ☑ noodhulp ☑ maatschappij, welzijn en samenleving ☑ sport en recreatie ☑ onderwijs en onderzoek

Algemeen ■ WEBSITE ▶ www.stichtinghetpad.org TYPERING ▶ goededoelenorganisatie OPGERICHT ▶ 06-04-2000 RECHTSVORM ▶ stichting KVK ▶ 24304194 ANBI STATUS ▶ ja DIRECTIE ▶ geen directiegegevens bekend BESTUUR ▶ A. Voûte, voorzitter; mw. C. Voûte, penningmeester; J.M. van Wolferen, secretaris; F. van Wolferen; M.V. Salim; E. van Egmond; T.M.V. Schmitt; L. Lopes Reis.

Missie ■ DOELSTELLING ▶ In Nederland heeft de stichting tot doelstellingen: ☑ Gratis distributies van voedsel, levensmiddelen, kleding, dekens, e.d. primaire levensbehoeften; ☑ Bevordering en ondersteuning van equitherapieprojecten voor mensen met een (zware) handicap; ☑ Bevordering van nuttige en zinvolle tijdsbesteding voor eenzame, hoogbejaarde en dementerende weduwen in diverse bejaardentehuizen. Hierbij richt de stichting zich in Rotterdam voornamelijk op de buurtbewoners, instellingen en organisaties van Lombardijen, Vreewijk en IJsselmonde. In het buitenland is de doelstelling van de stichting de directe steun aan de allerarmsten, kanslozen, daklozen, straat- en weeskinderen, 'carroceiros' of 'catadores', eenzame weduwen, alleenstaande moeders, arme bejaarden en gehandicapten. Stichting Het Pad verleent deze steun door middel van: ☑ Gratis distributies van voedsel, levensmiddelen, kleding, dekens, e.d. primaire levensbehoeften; ☑ Ondersteuning van lokale projecten voor de opvang van arme, zieke en eenzame weduwen en bejaarden; ☑ Ondersteuning van lokale projecten voor straat- en weeskinderen; ☑ Ondersteuning van lokale projecten voor (zwaar) gehandicapte kinderen uit arme families; ☑ Directe ondersteuning van werkloze en alleenstaande moeders en hun kinderen; ☑ Ondersteuning van lokale projecten voor de opvang van dakloze, rehabiliterende alcohol- en drugsverslaafden; ☑ Financiering, training, oriëntatie en begeleiding van Square Foot Gardening projecten; ☑ Ondersteuning van lokale projecten gericht op zelfredzaamheidactiviteiten. STICHTER(S) ▶ André en Mara Voûte HISTORIE ▶ Stichting Het Pad is een privé initiatief van uitsluitend vrijwilligers. De eerste activiteiten van de stichting zijn in 1993 gestart door een kleine groep vrienden in Nederland en Brazilië, met als doelstelling de belangen van de aller armsten en kansarmen in binnen- en buitenland te behartigen. De stichting richt zich daarbij met name op (straat- en wees)kinderen, daklozen, 'carroceiros', mensen met een handicap, werkloze alleenstaande moeders en eenzame weduwen en bejaarden. Sinds 6 april 2000 is de stichting officieel ingeschreven bij de Kamer van Koophandel te Rotterdam. BELEIDSPLAN OP WEBSITE ▶ ja.

Doelgroep ■ ALGEMEEN ▶ armen, dak- en thuislozen, gehandicapten, jongeren, kinderen, ouderen, zieken SPECIFIEK ▶ (straat- en wees-)kinderen, daklozen, werkloze alleenstaande moeders, eenzame bejaarden en weduwen. ACTIVITEITEN ▶ Lopende projecten; ☑ Alleenstaande moeders; ☑ ARIA SOCIAL; ☑ Arme weduwen; ☑ Bezigheidstherapie BR; ☑ Bezigheidsterapie NL; ☑ 'Carroceiros'; ☑ Crèches en Dagverblijven; ☑ Dakloze en arme bejaarden; ☑ Drugs- en alcoholverslaafden; ☑ Equi- en Fysiotherapie; ☑ Gaarkeukens - eten op straat; ☑ Kinderen met een handicap; ☑ Kippenboerderijen; ☑ Kleding; ☑ Square Foot Gardening; ☑ Straatkinderen; ☑ Truitjes en Lappendekens; ☑ Voedselpakketten; ☑ Weeskinderen; ☑ Zelfredzaamheid. INTERVENTIENIVEAU ▶ Steun aan individuen (directe steun).; Steun op niveau van maatschappij zelf (beleidsbeïnvloeding, etc.).

Werkgebied ■ ACTIERADIUS ▶ Internationaal, Nationaal LAND ▶ Albanië, Indonesië, Bosnië-Herzegovina, Dominicaanse Republiek, Brazilië, Nederland, Portugal.

Bestedingen ■ BUDGET ▶ niet openbaar BOVENGRENS ▶ geen ONDERGRENS ▶ geen.

Projecten ■ CRITERIA ▶ De stichting opereert in de volgende gebieden. ☑ Nederland: Rotterdam (Lombardijen, Vreewijk en; IJsselmonde) en elders; ☑ Bosnië: Sarajevo, Gorazde, Maglaj, Mostar, Zenica en elders; ☑ Brazilië: São Paulo, Sorocaba, Recife, Gravatá,Fortaleza en elders; ☑ De Dominicaanse Republiek: Verón, Juanillo, Higüey, La Otra Banda, El Seibo en elders; ☑ Indonesië: Palembang en omstreken; ☑ Portugal: Lissabon, Porto en omstreken. DOORLOOPTIJD ▶ ☑ 1 - 2 jaar ☑ korter dan 1 jaar STATUS AANVRAGER ▶ ☑ geen beperkingen bekend VOORKEUR/UITSLUITING ▶ geen voorkeur of uitsluiting bekend.

Procedure ■ OP AANVRAAG ▶ onbekend AANVRAAGPROCEDURE ▶ Er is geen aanvraagprocedure bekend.

Financieel ■ EIGEN VERMOGEN ▶ € 68.978 INKOMSTEN OV ▶ € 41.578 HERKOMST MIDDELEN ▶ giften & schenkingen BOEKJAAR ▶ 2017.

Contact ■ BEREIKBAAR PER ▶ ☑ post ☑ e-mail ☑ telefoon CONTACTPERSOON ▶ geen contactpersoon bekend POSTADRES ▶ Molièreweg 172, 3076 GK Rotterdam EMAIL (ALGEMEEN) ▶ hetpad@hetnet.nl TELEFOON (ALGEMEEN) ▶ 010-4193240 TELEFOON (AANVRAGEN) ▶ 06-20395325.

592
Stichting Het Pand, voormalig Zusters van Orthen Klooster

Rubriek ■ ☑ kunst en cultuur

Algemeen ■ WEBSITE ▶ www.kennisbankfilantropie.nl/anbi/het-pand TYPERING ▶ vermogensfonds OPGERICHT ▶ 17-08-2009 RECHTSVORM ▶ stichting KVK ▶ 17260484 ANBI STATUS ▶ ja DIRECTIE ▶ geen directiegegevens bekend BESTUUR ▶ Jhr.drs. W.M. van Meeuwen, voorzitter; R.J. van de Mortel, penningmeester; jhr.mr.H.Y.M. van Meeuwen, secretaris.

Missie ■ DOELSTELLING ▶ Instandhouding, restaureren, beheren van het rijksmonument 'Het Pand', het voormalige klooster, gelegen aan de Louwsche Poort 83-89 te 's-Hertogenbosch.

Doelgroep ■ SPECIFIEK ▶ Geen specifieke doelgroep ACTIVITEITEN ▶ De werkzaamheden van de Stichting zijn het in overleg met de afdeling BAM van de gemeente (bouwhistorie, archeologie en monumenten) plannen maken voor de korte-middellange- en/of lange termijn. Onderzocht moet worden op de huidige indeling met kleine ateliers zal worden gehandhaafd dan wel deze ateliers omgevormd zullen worden in een grote zaal, refter, zoals deze ruimte in de middeleeuwen werd gebruikt. Het beheren en besteden van fondsen is niet relevant omdat de verkregen subsidies object gebonden zullen zijn. Subsidies zullen worden gevraagd aan de Staat, de provincie Noord-Brabant en de gemeente Den Bosch en anderen. INTERVENTIENIVEAU ▶ N.v.t.

Werkgebied ■ ACTIERADIUS ▶ Lokaal REGIO ▶ Noord-Brabant PLAATS ▶ Den Bosch.

Bestedingen ■ BUDGET ▶ niet openbaar SOORT BIJDRAGE ▶ overig BOVENGRENS ▶ geen ONDERGRENS ▶ geen.

Projecten ■ CRITERIA ▶ geen projectcriteria bekend DOORLOOPTIJD ▶ ☑ onbekend STATUS AANVRAGER ▶ ☑ geen beperkingen bekend VOORKEUR/UITSLUITING ▶ geen voorkeur of uitsluiting bekend.

Procedure ■ OP AANVRAAG ▶ nee

Financieel ■ EIGEN VERMOGEN ▶ € 6.549 INKOMSTEN EV ▶ € 9.755 HERKOMST MIDDELEN ▶ giften & schenkingen, vermogen, overige inkomsten, inkomsten uit vermogen BOEKJAAR ▶ 2019 JAARVERSLAG OP WEBSITE ▶ ja.

Contact ■ BEREIKBAAR PER ▶ ☑ post ☑ e-mail ☑ telefoon CONTACTPERSOON ▶ geen contactpersoon bekend POSTADRES ▶ Taalstraat 41, 5261 BA Vught EMAIL (ALGEMEEN) ▶ hein@joof.nl TELEFOON (ALGEMEEN) ▶ 06-22765828.

593
Stichting Het Remmert Adriaan Laan-Fonds

Rubriek ■ ☑ gezondheidszorg ☑ onderwijs en onderzoek

Algemeen ■ WEBSITE ▶ www.kennisbankfilantropie.nl/anbi/het-remmert-adriaan-laan-fonds TYPERING ▶ vermogensfonds OPGERICHT ▶ 01-01-1917 RECHTSVORM ▶ stichting KVK ▶ 41199120 ANBI STATUS ▶ ja DIRECTIE ▶ geen directiegegevens bekend BESTUUR ▶ F. Nieuwenhuys, voorzitter; M. Westermann, penningmeester; prof.dr. W.A. van Gool, secretaris; prof.dr. B.M.J. Uitdehaag; prof.dr. R. M. A de Bie.

Missie ■ DOELSTELLING ▶ Ondersteuning van voor de neurologische praktijk relevant onderzoek. Het accent ligt op ondersteuning van jonge onderzoekers in de neurologie, door middel van reisstipendia voor onderzoek in het buitenland. STICHTER(S) ▶ R.A. Laan BELEIDSPLAN OP WEBSITE ▶ ja.

Doelgroep ■ ALGEMEEN ▶ studenten SPECIFIEK ▶ Promovendus op het gebied van neurologie. ACTIVITEITEN ▶ Verlenen van subsidies t.b.v. steun aan proefschriften, (mede-) financiering buitenlandse studiereizen van jonge onderzoekers op het gebied van de neurologie, aanvullende cursussen of stages in binnen- en buitenland, andere incidentele kosten die niet onder de normale onderzoekfinanciering vallen. INTERVENTIENIVEAU ▶ Steun aan individuen (directe steun).

Werkgebied ■ ACTIERADIUS ▶ Nationaal LAND ▶ Nederland.

Bestedingen ■ BUDGET ▶ niet openbaar ONDERSTEUNDE PROJECTEN P/J ▶ 5 SOORT BIJDRAGE ▶ giften studiebeurzen BOVENGRENS ▶ geen ONDERGRENS ▶ geen.

Projecten ■ CRITERIA ▶ geen projectcriteria bekend DOORLOOPTIJD ▶ ☑ korter dan 1 jaar STATUS AANVRAGER ▶ ☑ individuen/gezinnen VOORKEUR/UITSLUITING ▶ Er worden geen vergoedingen verstrekt van salaris- en materiaalkosten. Ook drukkosten van proefschriften etc. worden niet vergoed.

Procedure ■ OP AANVRAAG ▶ ja AANVRAAGPROCEDURE ▶ Aanvragen, vergezeld van een aanbeveling van de onderzoeksleider, worden beoordeeld door het bestuur.

Financieel ■ HERKOMST MIDDELEN ▶ vermogen BOEKJAAR ▶ 2018 JAARVERSLAG OP WEBSITE ▶ ja.

Contact ■ BEREIKBAAR PER ▶ ☑ post ☑ e-mail ☑ telefoon CONTACTPERSOON ▶ geen contactpersoon bekend POSTADRES ▶ AMC, afdeling Neurologie, H H2- 229, 1105 AZ Amsterdam EMAIL (ALGEMEEN) ▶ laanfonds@amc.uva.nl TELEFOON (ALGEMEEN) ▶ 020-5663943.

594
Stichting het Schipholfonds

Rubriek ■ ☑ sport en recreatie

Algemeen ■ WEBSITE ▶ www.schiphol.nl/nl/jij-en-schiphol/pagina/schipholfonds TYPERING ▶ vermogensfonds BEHEERD DOOR ▶ Schiphol Group OPGERICHT ▶ 19-12-1994 RECHTSVORM ▶ stichting KVK ▶ 41226653 ANBI STATUS ▶ ja DIRECTIE ▶ geen directiegegevens bekend BESTUUR ▶ Mw. H.L. Kuijten-Koenen, penningmeester; mw. J. van Hooff, secretaris; R. Groot; mw. M.B.T. Hollenkamp; mw. I. Jonker; mw. A. Schneider.

Missie ■ DOELSTELLING ▶ Het Schipholfonds wil in de directe omgeving van Amsterdam Airport Schiphol een bijdrage leveren om sportief bewegen te bevorderen. STICHTER(S) ▶ Amsterdam Airport Schiphol HISTORIE ▶ Stichting het Schipholfonds is in 1994 opgericht op initiatief van Airport Schiphol om de maatschappelijke betrokkenheid met de omgeving tot uiting te brengen. Het fonds krijgt elk jaar een schenking van Amsterdam Airport Schiphol.

Doelgroep ■ SPECIFIEK ▶ Zelfstandige verenigingen, scholen, stichtingen en andere organisaties binnen het werkgebied van het Schipholfonds. ACTIVITEITEN ▶ De stichting stelt uitsluitend eenmalige donaties ter beschikking aan het algemeen nut beogende instellingen alsmede aan instellingen zonder winstoogmerk welke actief zijn op het terrein van bewegen of sport, die statutair gevestigd zijn en waarvan eenmalige en gerichte projecten plaatsvinden c.q. gerealiseerd worden binnen het werkgebied van het Schipholfonds. INTERVENTIENIVEAU ▶ Steun aan lokale/provinciale maatschappelijke organisaties en structuren (incl. gemeenten etc.) die diensten verlenen aan individuen.

Werkgebied ■ ACTIERADIUS ► Regionaal LAND ► Nederland REGIO ► Noord-Holland PLAATS ► Schiphol.

Bestedingen ■ BUDGET ► € 500.000 ONDERSTEUNDE PROJECTEN P/J ► 44 SOORT BIJDRAGE ► giften BOVENGRENS ► geen ONDERGRENS ► geen.

Projecten ■ CRITERIA ► Projecten binnen het werkgebied van het Schipholfonds. Het werkgebied van het Schipholfonds is gelijk aan het gebied dat is vastgesteld door de Omgevingsraad Schiphol (ORS). Projecten dienen verder: ☑ Meer sportief bewegen mogelijk te maken; ☑ er voor te zorgen dat meer mensen beter kunnen sporten; ☑ Duurzaam te zijn, dus lang meegaat en mogelijk milieuvriendelijk in materiaalgebruik; ☑ Openbaar toegankelijk te zijn; ☑ Gedragen wordt door eigen inbreng, dus vrijwilligers, acties, zelfwerkzaamheid; ☑ te gaan om sport en spel op amateurniveau; ☑ georganiseerd te zijn door club of organisatie die officieel gevestigd zijn in Nederland; ☑ geen winstoogmerk te hebben (evenals de organiserende club/vereniging/organisatie); De donatie komt 100% ten goede aan mijn project of initiatief (aan te tonen met offertes); Mijn club heeft in de afgelopen drie jaar geen donatie ontvangen van het Schipholfonds. DOORLOOPTIJD ► ☑ korter dan 1 jaar STATUS AANVRAGER ► ☑ stichting of vereniging (non-profit) ☑ onderwijsinstelling ☑ kerkelijke instelling VOORKEUR/UITSLUITING ► De aanvraag moet zijn toegespitst op de stimulering van duurzaam fysiek bewegen/sporten. Uitsluitend deze aanvragen worden in behandeling genomen. Niet in aanmerking komen: ☑ passief bewegen, zoals denksporten (b.v. bridge, dammen), sjoelen, biljartenx. ☑ projecten waarbij bewegen/sport niet de hoofdzaak is, zoals musicals, muziek maken, feestweek, e.d. ☑ kosten voor kortdurende projecten zoals toernooien, jubilea, trainingskampen, nationale feestdagen; ☑ aanvragen voor eenmalige kosten (zoals van huur locatie en attributen) en kosten die niet direct bijdragen aan sportief bewegen (zoals kosten EHBO, prijzen, organisatie, reis- en verblijfkosten, promotie, publiciteit, drukwerk e.d.).

Procedure ■ OP AANVRAAG ► ja DOORLOOPTIJD ► 1-3 maanden AANVRAAGPROCEDURE ► De eerste stap is het invullen van het aanvraagformulier. Wanneer de aanvraag voldoet aan de criteria, wordt een bevestigingsmail verstuurd. Hierin zal het verzoek staan enkele documenten op te sturen, zoals: ☑ Beschrijving van het project; ☑ Begroting en financieringsplan van het project; ☑ De aan jou uitgebrachte offerte(s); ☑ Uittreksel van de Kamer van Koophandel (niet ouder dan 1 jaar). De aanvraag wordt pas in behandeling genomen en besproken als deze benodigde documenten binnen zijn en alle verdere vragen hierover beantwoord zijn. Let daarbij goed op de sluitingsdatum. Aanvragen die niet compleet zijn ingediend op de sluitingsdatum worden doorgeschoven naar de volgende ronde. Aanvragen die een half jaar nadat de aanvraag is ingediend nog niet volledig zijn, vervallen automatisch. Er zijn vier vergaderingen per jaar. Binnen twee weken na de vergadering wordt de aanvrager bericht over wel/niet ontvangen van een donatie. URL ► https://www.schiphol.nl/nl/schipholfonds/pagina/zelf-een-aanvraag-doen-schipholfonds/

Financieel ■ EIGEN VERMOGEN ► € 5.942 INKOMSTEN OV ► € 500.000 HERKOMST MIDDELEN ► moederorganisatie (bijdragen) BOEKJAAR ► 2018 JAARVERSLAG OP WEBSITE ► ja.

Contact ■ BEREIKBAAR PER ► ☑ post ☑ e-mail ☑ telefoon CONTACTPERSOON ► geen contactpersoon bekend POSTADRES ► Postloc 01-13 Postbus 7501, 1118 ZG Schiphol EMAIL (ALGEMEEN) ► schipholfonds@schiphol.nl TELEFOON (ALGEMEEN) ► 06-46198818.

595

Stichting het Scholten-Cordes Fonds

Rubriek ■ ☑ onderwijs en onderzoek

Algemeen ■ WEBSITE ► www.scholten-cordesfonds.nl TYPERING ► vermogensfonds OPGERICHT ► 13-03-1969 RECHTSVORM ► stichting KVK ► 41151294 ANBI STATUS ► ja DIRECTIE ► geen directiegegevens bekend BESTUUR ► Mr. B.H. Dyserinck, voorzitter; mr.drs. S.L.W. Schoch, penningmeester; mr. R. Berns, secretaris; mw.dr. H.L. Kaal; mr.drs. R.H. Zuijderhoudt.

Missie ■ DOELSTELLING ► Het verlenen van toelagen uit het zuiver inkomen van haar vermogen aan jonge mensen met een christelijke, bij voorkeur protestantse, achtergrond van Nederlandse of Surinaamse nationaliteit, die hetzij studeren, hetzij een studie wensen aan te vangen aan een Nederlandse Universiteit of enig andere instelling in Nederland waar onderwijs op Hoger Beroeps Onderwijs niveau wordt gegeven. Eveneens kunnen toelagen worden verstrekt aan Promovendi/PhD kandidaten met een christelijke, bij voorkeur protestantse, achtergrond van Nederlandse of Surinaamse nationaliteit, die wensen te promoveren. STICHTER(S) ► Mevrouw A.H. Scholten-Cordes HISTORIE ► De stichting is opgericht in 1967 bij het testament van mevrouw A.H. Cordes en mede vernoemd naar haar overleden echtgenoot, de heer J.H. Scholten. BELEIDSPLAN OP WEBSITE ► ja.

Doelgroep ■ ALGEMEEN ► jongeren, studenten, gelovigen SPECIFIEK ► Protestantse studenten/AIO's/promovendi met Nederlandse of Surinaamse nationaliteit.;. ACTIVITEITEN ► De stichting tracht de doelstelling te bereiken door het jaarlijks verstrekken van toelagen aan: ☑ Studenten die een studie volgen of gaan volgen aan een Nederlandse universiteit of HBO instelling; of een in het curriculum passende stage/onderzoek in het buitenland gaan volgen als onderdeel van een studie aan een Nederlandse universiteit of HBO instelling. ☑ Promovendi/PhD kandidaten die aan een Nederlandse universiteit promotieonderzoek verrichten; of onderzoek in het buitenland verrichten als onderdeel van het onderzoek aan een Nederlandse universiteit; of een bijdrage in de drukkosten van proefschrift wensen. De promotie dient plaats te vinden aan een Nederlandse universiteit. INTERVENTIENIVEAU ► Steun aan individuen (directe steun).

Werkgebied ■ ACTIERADIUS ► Nationaal LAND ► Nederland.

Bestedingen ■ BUDGET ► € 70.000 TOELICHTING ► voor studietoelagen aan studenten is €58.000 beschikbaar. Voor Promovendi/PhD kandidaten €9.500 en voor drukkosten van proefschriften €2.500. **ONDERSTEUNDE PROJECTEN P/J** ▶ 39 **SOORT BIJDRAGE** ▶ giften **BOVENGRENS** ▶ geen **ONDERGRENS** ▶ geen.

Projecten ■ **CRITERIA** ▶ Zoals omschreven bij activiteiten. **DOORLOOPTIJD** ▶ ☑ korter dan 1 jaar **STATUS AANVRAGER** ▶ ☑ individuen/gezinnen **VOORKEUR/UITSLUITING** ▶ Toelagen kunnen uitsluitend verstrekt worden als men de Nederlandse of Surinaamse nationaliteit bezit en een christelijke, bij voorkeur protestantse, achtergrond heeft.

Procedure ■ **OP AANVRAAG** ▶ ja **DOORLOOPTIJD** ▶ 1-3 maanden **AANVRAAGPROCEDURE** ▶ Voor het aanvragen van een (studie)toelage dient gebruik gemaakt te worden van het aanvraagformulier dat via de e-mail verkregen kan worden. Bij een aanvraag voor een studietoelage dient altijd een ondersteunende verklaring van een studentendecaan overgelegd te worden. Bij een aanvraag voor promovendi dient altijd een ondersteunende verklaring van de directeur van het onderzoeksinstituut te worden overgelegd. Bij de aanvraag voor een toelage voor de drukkosten van een proefschrift dient altijd een motivatie van een promotor te worden overgelegd. De termijnen voor het indienen van aanvragen sluiten jaarlijks per 31 januari, 30 april, 31 augustus en 31 oktober. **URL** ▶ www.scholten-cordesfonds.nl/index.php/student

Financieel ■ **INKOMSTEN EV** ▶ € 119.252 **HERKOMST MIDDELEN** ▶ vermogen **BOEKJAAR** ▶ 2019 **JAARVERSLAG OP WEBSITE** ▶ ja.

Contact ■ **BEREIKBAAR PER** ▶ ☑ post ☑ e-mail ☑ telefoon **CONTACTPERSOON** ▶ geen contactpersoon bekend **POSTADRES** ▶ p/a QMS, Postbus 11571, 2502 AN 's-Gravenhage **EMAIL (ALGEMEEN)** ▶ secretariaat@scholten-cordesfonds.nl **TELEFOON (ALGEMEEN)** ▶ 070-3921958.

596

Stichting Het Stronck-Kemp Fonds

Rubriek ■ ☑ maatschappij, welzijn en samenleving ☑ onderwijs en onderzoek ☑ noodhulp ☑ kerk en levensbeschouwing

Algemeen ■ **WEBSITE** ▶ www.stronckkempfonds.nl **TYPERING** ▶ vermogensfonds **OPGERICHT** ▶ 02-05-1979 **RECHTSVORM** ▶ stichting **KVK** ▶ 41118547 **ANBI STATUS** ▶ ja **DIRECTIE** ▶ geen directiegegevens bekend **BESTUUR** ▶ F.J.M. Pieters, voorzitter; L. Belder, penningmeester; mw. J.N. Vermeulen- van Halem, secretaris; R. Verburg; J.A. Bax; mw. J. de Vlaming.

Missie ■ **DOELSTELLING** ▶ De stichting heeft ten doel het bevorderen en steunen van arbeid op Christelijk en sociaal terrein alsmede het bevorderen van en het verlenen van steun aan het Protestants-christelijk onderwijs. **STICHTER(S)** ▶ Dr. J.J. Stronck en de heer M. Kemp. **HISTORIE** ▶ Het Stronck-Kemp Fonds is ontstaan uit de Vereeniging voor In- en Uitwendige Zending, een schoolbestuur met een aantal scholen voor kleuteronderwijs, basisonderwijs en een school voor voortgezet onderwijs in Dordrecht. Toen deze vereniging in oktober 1976 precies 100 jaar bestond, is tijdens de bestuursvergadering van 4 oktober 1976 besloten een fonds te stichten, dat jaarlijks van de opbrengst uitkeringen kan doen ten behoeve van het doel der vereniging, zoals dat was geformuleerd in de laatste zin van artikel 1 van de statuten: 'alsmede het bevorderen en steunen van evangelisatiearbeid'. Het fonds kreeg bij die gelegenheid de naam van twee oprichters van de Vereeniging voor In- en Uitwendige Zending, namelijk dr. J.J. Stronck en de heer M. Kemp. Het Stronck-Kemp Fonds is een steunstichting, die in eerste instantie in het leven is geroepen om scholen voor protestants-christelijk onderwijs, die extra gelden nodig hebben voor b.v. onderwijsprojecten met een gift te steunen. Langzamerhand heeft het bestuur van het Stronck-Kemp Fonds de doelstelling verruimd en kunnen ook aanvragen worden ingediend voor christelijk sociale doeleinden.

Doelgroep ■ **ALGEMEEN** ▶ gelovigen, armen, jongeren, kinderen, zieken, vluchtelingen **SPECIFIEK** ▶ Protestants christelijk onderwijs en christelijk sociaal werk. **ACTIVITEITEN** ▶ Het Stronck-Kemp Fonds bekostigt uit de rente van het beheerde kapitaal een aantal stichtingen of verenigingen op het gebied van protestants christelijk onderwijs of en/of christelijk sociaal terrein. De subsidieaanvragen die in aanmerking kunnen komen voor subsidiëring zijn: ☑ aanvragen t.b.v. het protestants christelijk onderwijs; ☑ aanvragen t.b.v. christelijk-sociale arbeid; ☑ jaarlijks stelt het bestuur een jaarthema vast, waarbinnen subsidieaanvragen kunnen worden opgenomen. **INTERVENTIENIVEAU** ▶ Steun aan lokale/provinciale maatschappelijke organisaties en structuren (incl. gemeenten etc.) die diensten verlenen aan individuen.

Werkgebied ■ **ACTIERADIUS** ▶ Internationaal **LAND** ▶ Wereldwijd.

Bestedingen ■ **BUDGET** ▶ niet openbaar **TOELICHTING** ▶ Globale verdeling van het totale budget dat voor donaties in aanmerking komt: protestants christelijk onderwijs 45%; christelijk-sociale arbeid 45%; jaarthema 10%. **ONDERSTEUNDE PROJECTEN P/J** ▶ 18 **BOVENGRENS** ▶ geen **ONDERGRENS** ▶ geen.

Projecten ■ **CRITERIA** ▶ geen projectcriteria bekend **DOORLOOPTIJD** ▶ ☑ onbekend **STATUS AANVRAGER** ▶ ☑ stichting of vereniging (non-profit) ☑ kerkelijke instelling ☑ onderwijsinstelling **VOORKEUR/UITSLUITING** ▶ geen voorkeur of uitsluiting bekend.

Procedure ■ **OP AANVRAAG** ▶ ja **AANVRAAGPROCEDURE** ▶ Een aanvraag kan zowel online als schriftelijk ingediend worden. De schriftelijke aanvraag dient gemotiveerd te worden gericht aan het secretariaat: Tafelberg 39, 3328 SP, Dordrecht. In de bestuursvergadering volgend op de ingediende aanvraag wordt de aanvraag besproken. **URL** ▶ www.stronckkempfonds.nl/subsidie-aanvragen

Financieel ■ **INKOMSTEN EV** ▶ € 418.000 **HERKOMST MIDDELEN** ▶ vermogen, giften & schenkingen, legaten, overige inkomsten **BOEKJAAR** ▶ 2019 **JAARVERSLAG OP WEBSITE** ▶ ja.

Contact ■ **BEREIKBAAR PER** ▶ ☑ post ☑ e-mail ☒ telefoon **CONTACTPERSOON** ▶ geen contactpersoon bekend **POSTADRES** ▶ Postbus 9068, 3301 AB Dordrecht **EMAIL (ALGEMEEN)** ▶ info@stronckkempfonds.nl.

597

Stichting het van Weerden Poelman Fonds

Rubriek ■ ☑ noodhulp

Algemeen ■ WEBSITE ► www.hetvanweerdenpoelmanfonds.nl TYPERING ► vermogensfonds OPGERICHT ► 25-09-1947 RECHTSVORM ► stichting KVK ► 41150314 ANBI STATUS ► ja DIRECTIE ► geen directiegegevens bekend BESTUUR ► Commodore J.A.H. van Hoof, voorzitter; elt A. Traanman, penningmeester; maj. R.B. Sonder, secretaris; Kol b.d. P.J.M. van der Heijden; mw. elnt. M.M. Jägers-Jansen; mw. elnt. M.C.M. Akkermans-van Bemmelen; mw.mr. H.A. van der Meulen MA; sgt1. A.G.M. van Santvoort-Reijnaars.

Missie ■ DOELSTELLING ► De Stichting het van Weerden Poelman Fonds heeft tot doel medewerkers en ex-medewerkers van de Koninklijke Luchtmacht die tenminste acht jaar een aanstelling bij de Koninklijke Luchtmacht hebben gehad te ondersteunen bij het overwinnen van financiële problemen die zijn ontstaan door sociale en/of medische omstandigheden. Ook de gezinnen en nabestaanden van die medewerkers vallen onder de doelgroep. STICHTER(S) ► Samuel Mante HISTORIE ► In 1947 besloot de leiding van het in oprichting zijnde zelfstandig krijgsmachtdeel Koninklijke Luchtmacht een steunfonds op te richten voor collega's in financiële nood. Dit geschiedde in de vorm van een stichting met de naam Stichting Het Van Weerden Poelmanfonds. De Stichting maakt geen deel uit van de organisatiestructuur van de Koninklijke Luchtmacht maar staat wel alle medewerkers ten dienste. De Stichting is vernoemd naar Hendrik van Weerden Poelman, een Militaire Luchtvaartpionier (1890-1945) die vooral ook bekend is vanwege zijn sociale betrokkenheid bij het personeel van de toenmalige Luchtvaartafdeling en later het Wapen der Militaire Luchtvaart. BELEIDSPLAN OP WEBSITE ► ja.

Doelgroep ■ ALGEMEEN ► militairen, vrouwen, mannen SPECIFIEK ► Alle actief dienenden van de Koninklijke Luchtmacht en postactieve medewerkers die tenminste acht jaar een aanstelling bij de Koninklijke Luchtmacht hebben gehad, evenals de gezinnen en nabestaanden van genoemd personeel. ACTIVITEITEN ► De ondersteuning geschiedt door het verstrekken van een lening met of zonder rente, een schenking of een combinatie van een lening en schenking. Ook kan daarbij (financieel) advies worden gegeven en budgetcoaching worden ingezet. INTERVENTIENIVEAU ► Steun aan individuen (directe steun).

Werkgebied ■ ACTIERADIUS ► Nationaal, Internationaal LAND ► Nederland.

Bestedingen ■ BUDGET ► niet openbaar ONDERSTEUNDE PROJECTEN P/J ► 35 SOORT BIJDRAGE ► giften leningen BOVENGRENS ► € 20.000 ONDERGRENS ► geen.

Projecten ■ CRITERIA ► ☑ financiële problemen die zijn ontstaan door sociale en/of medische omstandigheden; ☑ De hoogte van het te lenen bedrag wordt gerelateerd aan de aflossingscapaciteit van de aanvrager. Een tweede gezinsinkomen wordt in beginsel voor 50% meegerekend bij de aflossingscapaciteit; ☑ De aflossingstermijn voor een toegekende lening is in beginsel 48 maanden; ☑ De hoogte van de rente met een lening is maximaal 1%; ☑ Bij medische oorzaken van de problematiek zal in beginsel altijd een (gedeeltelijke) schenking worden verstrekt; ☑ Een aanvraag tot financiële ondersteuning bij een huisuitzetting wordt in beginsel toegekend. DOORLOOPTIJD ► ☑ korter dan 1 jaar STATUS AANVRAGER ► ☑ individuen/gezinnen ☑ stichting of vereniging (non-profit) ☑ hulpverleners VOORKEUR/UITSLUITING ► ☑ Aanvragen met een medische problematiek als oorzaak (incl. PTSS) hebben altijd prioriteit; ☑ Een eventuele vervolgaanvraag voor ondersteuning wordt in beginsel niet toegekend.(uitzondering mogelijk bij medische grondslagen voor aanvraag) ☑ Aanvragen die louter en alleen tot doel hebben (en er geen financieel probleem is) om een bestaande commerciële lening om te zetten naar een lening bij het Fonds (met een lager rentepercentage) worden in beginsel niet gehonoreerd. ☑ Aanvragen voor vergoeding van kosten, gemaakt voor juridische bijstand (Advocaatkosten) zonder voorafgaande toestemming van de Raad van Bestuur, worden in beginsel niet vergoed.

Procedure ■ OP AANVRAAG ► ja DOORLOOPTIJD ► 1-3 maanden AANVRAAGPROCEDURE ► Een aanvraag wordt behandeld door de Raad van Bestuur in een van haar maandelijkse vergaderingen op voorstel van de Administrateur van het Fonds bij wie alle aanvragen binnenkomen. Aanvragen kunnen worden ingediend via hulpverleners van het Bedrijfs Maatschappelijk Werk (BMW), medewerkers van de Dienst Geestelijke Verzorging (DGV) Defensie, Onderdeelsvertegenwoordigers (OVT) of rechtstreeks bij de Administrateur van het Fonds onder overlegging van zoveel mogelijk bewijsstukken. Over de beslissing over het al of niet toekennen van financiële of andere ondersteuning wordt de aanvrager zo spoedig mogelijk in kennis gesteld. In noodgevallen kan het Dagelijks Bestuur van de Raad van Bestuur een beslissing over toekenning van financiële ondersteuning binnen 24 uur nemen. URL ► www.hetvanweerdenpoelmanfonds.nl/werkwijze.html

Financieel ■ EIGEN VERMOGEN ► € 2.476.942 INKOMSTEN EV ► € 47.007 INKOMSTEN OV ► € 11.826 HERKOMST MIDDELEN ► vermogen, legaten, overige inkomsten BOEKJAAR ► 2019 JAARVERSLAG OP WEBSITE ► ja.

Contact ■ BEREIKBAAR PER ► ☑ post ☑ e-mail ☑ telefoon CONTACTPERSOON ► Elnt. J.P.M. Broeren POSTADRES ► Vossestaart 39, 5803 LN Venray EMAIL (ALGEMEEN) ► info@hetvanweerdenpoelmanfonds.nl TELEFOON (ALGEMEEN) ► 06-49684437 TELEFOON (AANVRAGEN) ► 06-53882934.

598

Stichting Het Waardige Dier

Rubriek ■ ☑ natuur, milieu en dieren

Algemeen ■ WEBSITE ► www.hetwaardigedier.nl TYPERING ► vermogensfonds OPGERICHT ► 23-07-1998 RECHTSVORM ► stichting KVK ► 34386331 ANBI STATUS ► ja DIRECTIE ► geen directiegegevens bekend BESTUUR ► J.J. Spigt, voorzitter; J.J. Spigt, penningmeester; P.C. Witte, secretaris; T.H.G.M. Batenburg.

Missie ■ DOELSTELLING ▶ Stichting Het Waardige Dier verleent steun aan instellingen en organisaties die - met behulp van voornamelijk vrijwilligers - tot doel hebben dieren in Nederland een dierwaardig bestaan te geven. Dieren, die op welke wijze dan ook zwerven, verwaarloosd en/of gewond zijn geraakt, verdienen steun van de stichting. De stichting richt zich in eerste instantie op gezelschapsdieren. De stichting geeft speciale aandacht aan katten. STICHTER(S) ▶ Dhr. D. de Waard (1940-2010) HISTORIE ▶ Oprichter en naamgever Dirk de Waard richtte op 23 juli 1998 Stichting Het Waardige Dier op. Dit met als doel om na zijn overlijden met de beschikbare gelden uit zijn nalatenschap steun te verlenen aan met name zwerf- en/of gewond geraakte dieren in Nederland. Zijn wens was dat speciale aandacht uit zou gaan naar katten. Elke vrijdag maakte de markante Velsenaar zijn ronde door de gemeente Velsen om op vaste adressen kattenvoer te brengen. Wanneer hij signaleerde dat een kat ziek was, gaf hij iemand opdracht om met de kat naar de dierenarts te gaan. De rekening werd door hem voldaan. Daarnaast schonk hij regelmatig een bedrag aan instellingen die zich inzetten voor het welzijn van katten. Zo weerbarstig als hij naar mensen kon zijn, zo liefdevol was hij voor dieren. De Stichting Het Waardige Dier is daarvan het bewijs. De Velsense ondernemer is in maart 2010 op 69-jarige leeftijd overleden.
Doelgroep ■ ALGEMEEN ▶ dieren SPECIFIEK ▶ Dieren; die op welke wijze dan ook zwerven; verwaarloosd en/of gewond zijn geraakt. ACTIVITEITEN ▶ Geen specifieke activiteiten bekend INTERVENTIENIVEAU ▶ Steun aan lokale/provinciale maatschappelijke organisaties en structuren (incl. gemeenten etc.) die diensten verlenen aan individuen.
Werkgebied ■ ACTIERADIUS ▶ Nationaal LAND ▶ Nederland.
Bestedingen ■ BUDGET ▶ niet openbaar ONDERSTEUNDE PROJECTEN P/J ▶ 80 SOORT BIJDRAGE ▶ giften leningen BOVENGRENS ▶ geen ONDERGRENS ▶ geen.
Projecten ■ CRITERIA ▶ Projecten die erop gericht zijn om in Nederland dieren een dierwaardig bestaan te geven. Speciale aandacht wordt gegeven aan katten. DOORLOOPTIJD ▶ ☑ korter dan 1 jaar STATUS AANVRAGER ▶ ☑ stichting of vereniging (non profit) VOORKEUR/UITSLUITING ▶ Er zal geen bijdrage verstrekt worden aan projecten welke al zijn gerealiseerd en er zal in beginsel geen bijdrage worden verstrekt aan projecten welke al in uitvoering zijn. Projecten met een doorlooptijd van meerdere jaren zijn niet van toekenning uitgesloten, maar zullen extra kritisch bekeken worden en kunnen onderhevig zijn aan nadere voorwaarden gedurende de looptijd van het project.
Procedure ■ OP AANVRAAG ▶ ja DOORLOOPTIJD ▶ 1-3 maanden AANVRAAGPROCEDURE ▶ Een aanvraag kan alleen ingediend worden middels het aanvraagformulier op de website. Voordat u de aanvraag kunt invoeren moet u eerst een zogenaamde Quick Scan doorlopen. In deze Quick Scan beantwoordt u een aantal vragen, waarmee u kunt vaststellen of uw project binnen de criteria van Stichting Het Waardige Dier valt. Nadat u met goed gevolg de Quick Scan heeft doorlopen kunt u het aanvraagformulier invullen. Enkele documenten die aangeleverd dienen te worden zijn: ☑ projectomschrijving; ☑ kopie actuele statuten; ☑ kopie inschrijving K.v.K. ☑ recent financieel jaarverslag, incl. balans, winst- en verliesrekening; ☑ begroting van het project waarvoor een bijdrage aan de stichting wordt gevraagd (eventueel aangevuld met offertes); ☑ financieringsplan ten behoeve van het project in aanvraag met eventuele toezeggingen van andere subsidiegevers en/of donateurs; ☑ eigen bijdrage in het project. Vier maal per jaar besluit het bestuur over het toekennen van subsidies. URL ▶ www.hetwaardigedier.nl/menu_109_Aanvraagvoorwaarden.html
Financieel ■ HERKOMST MIDDELEN ▶ vermogen BOEKJAAR ▶ 2018 JAARVERSLAG OP WEBSITE ▶ ja.
Contact ■ BEREIKBAAR PER ▶ ☑ post ☑ e-mail ☑ telefoon CONTACTPERSOON ▶ geen contactpersoon bekend POSTADRES ▶ Postbus 47, 1940 AA Beverwijk EMAIL (ALGEMEEN) ▶ info@hetwaardigedier.nl TELEFOON (ALGEMEEN) ▶ 085-8769710.

599
Het Zilveren Lint Fonds

Rubriek ■ ☑ kunst en cultuur
Algemeen ■ WEBSITE ▶ www.cultuurfonds.nl TYPERING ▶ fonds op naam BEHEERD DOOR ▶ Prins Bernhard Cultuurfonds DIRECTIE ▶ zie Prins Bernhard Cultuurfonds BESTUUR ▶ zie Prins Bernhard Cultuurfonds
Missie ■ DOELSTELLING ▶ Het financieel ondersteunen van kamermuziekprojecten in Amsterdam.
Werkgebied ■ ACTIERADIUS ▶ Lokaal LAND ▶ Nederland REGIO ▶ Noord-Holland PLAATS ▶ Amsterdam.
Projecten ■ CRITERIA ▶ geen projectcriteria bekend DOORLOOPTIJD ▶ ☑ korter dan 1 jaar STATUS AANVRAGER ▶ ☑ geen beperkingen bekend VOORKEUR/UITSLUITING ▶ geen voorkeur of uitsluiting bekend.
Procedure ■ OP AANVRAAG ▶ ja AANVRAAGPROCEDURE ▶ Dit 'fonds op naam' ressorteert onder het Prins Bernhard Cultuurfonds. Verzoeken aan fondsen op naam komen op één centraal punt binnen. Dit houdt in dat een subsidieaanvraag slechts eenmaal aan het Prins Bernhard Cultuurfonds hoeft te worden gezonden. Voor de verdere aanvraagprocedure: zie Prins Bernhard Cultuurfonds. URL ▶ www.cultuurfonds.nl/aanvragen
Contact ■ BEREIKBAAR PER ▶ ☑ post ☑ e-mail ☑ telefoon CONTACTPERSOON ▶ geen contactpersoon bekend POSTADRES ▶ Postbus 19750, 1000 GT Amsterdam EMAIL (ALGEMEEN) ▶ info@cultuurfonds.nl TELEFOON (ALGEMEEN) ▶ 020-5206130.

600
Hetty Aarsman Stichting

Rubriek ■ ☑ maatschappij, welzijn en samenleving ☑ kunst en cultuur ☑ onderwijs en onderzoek ☑ economische ontwikkeling en microkrediet ☑ noodhulp ☑ natuur, milieu en dieren
Algemeen ■ WEBSITE ▶ www.kennisbankfilantropie.nl/anbi/hetty-aarsman-stichting TYPERING ▶ vermogensfonds OPGERICHT ▶ 13-01-

1998 **RECHTSVORM** ► stichting **KVK** ► 14058333 **ANBI STATUS** ► ja **DIRECTIE** ► geen directiegegevens bekend **BESTUUR** ► Mw. M.J. van der Kaap, voorzitter; mw. A.M.M.Th. Aarsman, penningmeester; mw. A.M.M.Th. Aarsman, secretaris; mw. E.A.C. Rodrigues-Wagenaar.

Missie ■ **DOELSTELLING** ► Het doen van donaties aan charitatieve, culturele, wetenschappelijke of algemeen nut beogende instellingen, dan wel aan particulieren die in behoeftige omstandigheden zijn geraakt en die financiële steun nodig hebben. **STICHTER(S)** ► Lou Theunissen **HISTORIE** ► De Stichting werd in 1998 opgericht door Lou Theunissen met als naamgeefster zijn partner Hetty Aarsman die in 1988 aan de gevolgen van kanker overleed. In eerste instantie beoogde de stichting het verlenen van steun aan het Ronald McDonald Huis in Maastricht. Een kamer in dat huis werd gesponsord. Lou Theunissen overleed in 2004 aan de gevolgen van kanker. **BELEIDSPLAN OP WEBSITE** ► ja.

Doelgroep ■ **ALGEMEEN** ► armen, dak- en thuislozen, zieken, dieren, jongeren, kinderen, gehandicapten **SPECIFIEK** ► Geen specifieke doelgroep **ACTIVITEITEN** ► Er werd aan de volgende instellingen gedoneerd:; ☑ Ronald McDonaldhuis Maastricht; ☑ Hospice Trajectum; ☑ Oogkliniek Ke a Bona in Ivory Park, Zuid-Afrika; ☑ Stichting Contacthond; ☑ Speel-o-theek Leentjebuur; ☑ Stichting Jiki; ☑ Stichting Stille Armen; ☑ Stichting De Noodpot; ☑ Eardrop Stichting; ☑ Stichting Kankeronderzoek Limburg; ☑ Stichting Oger zoekhonden; ☑ Stichting Paardkrachtig; ☑ Stichting Tibetfonds. **INTERVENTIENIVEAU** ► Steun aan lokale/provinciale maatschappelijke organisaties en structuren (incl. gemeenten etc.) die diensten verlenen aan individuen.; Steun aan individuen (directe steun).

Werkgebied ■ **ACTIERADIUS** ► Nationaal **LAND** ► Nederland.

Bestedingen ■ **BUDGET** ► € 5.000 **SOORT BIJDRAGE** ► giften **BOVENGRENS** ► geen **ONDERGRENS** ► geen.

Projecten ■ **CRITERIA** ► geen projectcriteria bekend **DOORLOOPTIJD** ► ☑ onbekend **STATUS AANVRAGER** ► ☑ geen beperkingen bekend **VOORKEUR/UITSLUITING** ► De voorkeur gaat uit naar het geven van donaties aan kleinschalige projecten, die voldoen aan de doelstellingen van de stichting, waar een (relatief) klein bedrag een groot verschil kan maken en waar controle op de besteding eenvoudig is.

Procedure ■ **OP AANVRAAG** ► onbekend **AANVRAAGPROCEDURE** ► Geen aanvraagprocedure bekend.

Financieel ■ **EIGEN VERMOGEN** ► € 8,.042 **HERKOMST MIDDELEN** ► vermogen, legaten **BOEKJAAR** ► 2018 **JAARVERSLAG OP WEBSITE** ► ja.

Contact ■ **BEREIKBAAR PER** ► ☑ post ☑ e-mail ☑ telefoon **CONTACTPERSOON** ► geen contactpersoon bekend **POSTADRES** ► Cornelis Anthoniszstraat 69/1, 1071 VS Amsterdam **EMAIL (ALGEMEEN)** ► keers@xs4all.nl **TELEFOON (ALGEMEEN)** ► 020-4706580.

601
Stichting Hodler '68

Rubriek ■ ☑ kunst en cultuur

Algemeen ■ **WEBSITE** ► www.kennisbankfilantropie.nl/anbi/hodler-68 **TYPERING** ► vermogensfonds **OPGERICHT** ► 28-10-1968 **RECHTSVORM** ► stichting **KVK** ► 41125973 **ANBI STATUS** ► nee **DIRECTIE** ► geen directiegegevens bekend **BESTUUR** ► G. Maertens, voorzitter.

Missie ■ **DOELSTELLING** ► Het doel van de stichting is financiële bijdragen te verlenen aan de vereniging Universala Esperanto-Asocio, gevestigd te Rotterdam, en zo mogelijk daarnaast aan andere verenigingen, stichtingen en andere rechtspersonen, die het gebruik van de Internationale Taal Esperanto bevorderen. Bovendien kan zij in bepaalde gevallen financiële bijdragen verlenen aan natuurlijke personen, die zich direct of indirect beijveren voor de verbreiding en het gebruik van de Internationale Taal Esperanto.

Doelgroep ■ **ALGEMEEN** ► vrouwen, mannen **SPECIFIEK** ► De vereniging Universala Esperanto-Asocio en andere instellingen of personen die gebruik maken van de Internationale Taal Esperanto. **ACTIVITEITEN** ► Geen specifieke activiteiten bekend **INTERVENTIENIVEAU** ► Steun aan lokale/provinciale maatschappelijke organisaties en structuren (incl. gemeenten etc.) die diensten verlenen aan individuen.

Werkgebied ■ **ACTIERADIUS** ► Nationaal **LAND** ► Nederland.

Bestedingen ■ **BUDGET** ► niet openbaar **SOORT BIJDRAGE** ► giften **BOVENGRENS** ► geen **ONDERGRENS** ► geen.

Projecten ■ **CRITERIA** ► geen projectcriteria bekend **DOORLOOPTIJD** ► ☑ korter dan 1 jaar **STATUS AANVRAGER** ► ☑ stichting of vereniging (non-profit) **VOORKEUR/UITSLUITING** ► Alleen projecten ter bevordering van de Internationale Taal Esperanto.

Procedure ■ **OP AANVRAAG** ► onbekend **AANVRAAGPROCEDURE** ► Geen aanvraagprocedure bekend.

Financieel ■ **HERKOMST MIDDELEN** ► vermogen.

Contact ■ **BEREIKBAAR PER** ► ☑ post ☑ e-mail ☑ telefoon **CONTACTPERSOON** ► geen contactpersoon bekend **POSTADRES** ► p/a UEA, Nw. Binnenweg 176, 3015 BJ Rotterdam **EMAIL (ALGEMEEN)** ► ih68@co.uea.org **TELEFOON (ALGEMEEN)** ► 010-4361044 **TELEFOON (AANVRAGEN)** ► 010-4361751.

602
Hoffknecht-Van Vuure Stichting

Rubriek ■ ☑ gezondheidszorg ☑ onderwijs en onderzoek ☑ maatschappij, welzijn en samenleving

Algemeen ■ **WEBSITE** ► www.kennisbankfilantropie.nl/anbi/hoffknecht-van-vuure-stichting **TYPERING** ► vermogensfonds **OPGERICHT** ► 11-09-2003 **RECHTSVORM** ► stichting **KVK** ► 32098449 **ANBI STATUS** ► ja **DIRECTIE** ► geen directiegegevens bekend **BESTUUR** ► B. Eradus, voorzitter; H.W.M. Cornelissen, penningmeester; B. Eradus, secretaris; A.A. Hogewoning.

Missie ■ **DOELSTELLING** ► Het doen van uitkeringen aan charitatieve, culturele, wetenschappelijke en algemeen nut beogende instellingen, en in het bijzonder het doen van uitkeringen aan kleinschalige projecten op het gebied van onderwijs en gezondheidszorg met name in ontwikkelingslanden. **STICHTER(S)** ► De heer Hoffknecht en zijn echtgenote mevrouw M. van Vuure **HISTORIE** ► De Stichting is opgericht op 11 september 2003 door de heer H.J. Hoffknecht. Zowel de heer Hoffknecht als zijn echtgenote mevrouw M. van Vuure hebben in hun testament de Stichting benoemd tot erfgenaam. De heer Hoffknecht is overleden op 20 oktober 2003 en mevrouw Van Vuure is overleden op 31 januari 2006. **BELEIDSPLAN OP WEBSITE** ▶ ja.

Doelgroep ■ **ALGEMEEN** ▶ inheemse volken, armen, dak- en thuislozen, kinderen, jongeren, zieken **SPECIFIEK** ▶ Projecten op het gebied van de gezondheidszorg, scholing en opleiding in het bijzonder in Afrika en Azië. **ACTIVITEITEN** ▶ De projecten die steun hebben ontvangen zijn zeer divers, zonder volledig te willen zijn, worden bijvoorbeeld ondersteunt, de bouw en de verbetering van scholen en ziekenhuizen, het voorzien in sanitaire voorzieningen, het leveren van bijdragen aan medische missies van artsen, het bijdragen aan kwalitatief goede watervoorzieningen, het financieren van de opleiding van artsen in ontwikkelingslanden, het ondersteunen van tehuizen waar gehandicapte kinderen worden opgevangen en het in vele facetten ondersteunen in zelfredzaamheid van verwaarloosde kinderen en tienermoeders. **INTERVENTIENIVEAU** ▶ Steun aan lokale/provinciale maatschappelijke organisaties en structuren (incl. gemeenten etc.) die diensten verlenen aan individuen.

Werkgebied ■ **ACTIERADIUS** ▶ Internationaal **LAND** ▶ Wereldwijd.

Bestedingen ■ **BUDGET** ▶ niet openbaar **SOORT BIJDRAGE** ▶ giften **BOVENGRENS** ▶ geen **ONDERGRENS** ▶ geen.

Projecten ■ **CRITERIA** ▶ Projecten op het gebied van de gezondheidszorg, scholing en opleiding. **DOORLOOPTIJD** ▶ ☑ onbekend **STATUS AANVRAGER** ▶ ☑ kerkelijke instelling ☑ onderwijsinstelling ☑ stichting of vereniging (non-profit) **VOORKEUR/UITSLUITING** ▶ Voorkeur gaat uit naar projecten in Afrika en Azië.

Procedure ■ **OP AANVRAAG** ▶ onbekend **AANVRAAGPROCEDURE** ▶ Ongevraagde en al dan niet volledig gedocumenteerde verzoeken voor ondersteuning worden niet in behandeling genomen. Het verzoek om een aanvraag voor ondersteuning in te dienen, dient digitaal te; geschieden en dient vergezeld te gaan van de volgende informatie. Het verzoek dient vergezeld te gaan van de volgende informatie: ☑ vermelding van zowel de statutaire als de feitelijke doelstelling. ☑ het aantal bestuurders en de toegekende emolumenten en/of; onkostenvergoedingen; ☑ een opgaaf over de laatste vijf jaar van de bruto baten (inclusief donaties) en het; netto resultaat, alsmede het verloop van het (eigen) vermogen in die periode. ☑ de criteria op basis waarvan projecten worden beoordeeld. ☑ wordt gebruik gemaakt van een fondsenwerving online. ☑ op welke wijze worden projecten ondersteund, rechtstreeks of door; tussenschakeling van een netwerkorganisatie. ☑ is reeds eerder een verzoek gericht aan Hoffknecht van Vuure Stichting. Het verzoek inclusief de gevraagde toelichting wordt gegeven op maximaal één A4tje. De verstrekte informatie kan aanleiding zijn voor een verzoek tot het verstrekken van; nadere informatie. De mededeling of het verzoek al dan niet in behandeling wordt genomen, geschiedt; eveneens digitaal.

Financieel ■ **INKOMSTEN EV** ▶ € 193.342 **HERKOMST MIDDELEN** ▶ vermogen, overige inkomsten, legaten **BOEKJAAR** ▶ 2017 **JAARVERSLAG OP WEBSITE** ▶ ja.

Contact ■ **BEREIKBAAR PER** ▶ ☑ post ☑ e-mail ☑ telefoon **CONTACTPERSOON** ▶ geen contactpersoon bekend **POSTADRES** ▶ Rhijngeesterstraatweg 195, 2343 BW Oegstgeest **EMAIL (ALGEMEEN)** ▶ beer@eradus.org **TELEFOON (ALGEMEEN)** ▶ 06-46037323.

603
Stichting Hofje Codde en Van Beresteyn

Rubriek ■ ☑ maatschappij, welzijn en samenleving ☑ kerk en levensbeschouwing ☑ noodhulp ☑ gezondheidszorg

Algemeen ■ **WEBSITE** ▶ www.coddevanberesteyn.nl **TYPERING** ▶ hybride fonds **OPGERICHT** ▶ 18-10-2012 **RECHTSVORM** ▶ stichting **KVK** ▶ 41223318 **ANBI STATUS** ▶ ja **DIRECTIE** ▶ geen directiegegevens bekend **BESTUUR** ▶ Mr.Th.P.L. Bot, voorzitter; mr. R.G. Brood, penningmeester; prof.dr. L.F.M. Besselink, secretaris; mw. M.E.L. Bot-Ydema; mw. M.M.A. Brood-van Zanten; mw. A.M. Besselink-McDonnell MA.

Missie ■ **DOELSTELLING** ▶ De Stichting Hofje Codde en Van Beresteyn biedt in haar hofje in Haarlem huisvesting aan achttien oudere vrouwen. Daarnaast geeft de stichting financiële steun aan projecten die het welzijn van ouderen in Nederland bevorderen. Ook internationale projecten die aan de doelstellingen van de stichting voldoen komen in aanmerking voor ondersteuning. **STICHTER(S)** ▶ Mr. Pieter Janszoon Codde en Nicolaas van Beresteyn **HISTORIE** ▶ Het Haarlemse Hofje Codde en Van Beresteyn is in 1969 ontstaan uit de samenvoeging van het Hofje Codde en het Hofje Van Beresteyn. Beide waren gericht op arme ouderen. Het huidige Hofje Codde en Van Beresteyn ligt naast de kathedrale basiliek Sint Bavo. Het telt achttien huisjes rond een binnenhof. Het is een modern hofje rond een prachtige tuin, waar oude gevelstenen en gedenkplaten van de oorspronkelijke hofjes getuigen van een rijk verleden. **BELEIDSPLAN OP WEBSITE** ▶ ja.

Doelgroep ■ **ALGEMEEN** ▶ ouderen, vrouwen, gelovigen, armen **SPECIFIEK** ▶ Arme en behoeftige ouderen, daarbij in het bijzonder huisvestings- en andere noden van minvermogenden, alleenstaanden, katholieken, vooral in de regio Haarlem. **ACTIVITEITEN** ▶ De maatschappelijke doelstelling wordt gerealiseerd door rechtstreekse steun aan behoeftige ouderen, aan hofjes(onderhoud) oud en nieuw, aan ouderenprojecten in de meest brede zin van het woord, aan innovatieprojecten op het gebied van wonen of zorg voor ouderen, en aan wetenschappelijk onderzoek ter zake, met voorkeur voor katholieke doelen en instellingen, en voor de regio Haarlem. **INTERVENTIENIVEAU** ▶ Steun aan lokale/provinciale maatschappelijke organisaties en structuren (incl. gemeenten etc.) die diensten verlenen aan individuen.; Steun aan individuen (directe steun).

Werkgebied ■ **ACTIERADIUS** ▶ Lokaal, Internationaal, Nationaal **LAND** ▶ Nederland, Wereldwijd **REGIO** ▶ Kennemerland **PLAATS** ▶ Haarlem.

Bestedingen ■ **BUDGET** ▶ € 450.000 **SOORT BIJDRAGE** ▶ giften subsidies **BOVENGRENS** ▶ geen **ONDERGRENS** ▶ geen.

Projecten ■ **CRITERIA** ▶ De projecten richten zich voornamelijk op wonen of zorg voor ouderen en wetenschappelijk onderzoek op het gebied van ouderenwelzijn. Om in aanmerking te komen voor een woning dient de persoon een alleenwonende vrouw van 60 jaar of ouder te zijn, zelfstandig haar huishouding kunnen uitvoeren, katholiek te zijn of zich verwant voelen met het katholieke geloof en afkomstig te zijn uit Haarlem en omgeving. **DOORLOOPTIJD** ▶ ☑ langer dan 2 jaar **STATUS AANVRAGER** ▶ ☑ stichting of vereniging (non-profit) ☑ kerkelijke instelling ☑ onderwijsinstelling ☑ overig **VOORKEUR/UITSLUITING** ▶ Projecten in de regio Kennemerland hebben voorrang boven nationale of internationale projecten. Projecten die iets opstarten hebben voorkeur boven eenmalige projecten. Uitgesloten zijn plannen die de overheid zou horen te steunen.

Procedure ■ **OP AANVRAAG** ▶ ja **DOORLOOPTIJD** ▶ 1-3 maanden **AANVRAAGPROCEDURE** ▶ Via een online aanvraagformulier op de website kunt u een aanvraag voor subsidie of een woning indienen. Het college komt circa 6 keer per jaar in vergadering bijeen en besluit welke projecten in aanmerking komen voor financiële ondersteuning. **URL** ▶ www.coddevanberesteyn.nl/contact.html

Financieel ■ **INKOMSTEN EV** ▶ € 3.791.72 **INKOMSTEN OV** ▶ € 40.620 **HERKOMST MIDDELEN** ▶ vermogen **BOEKJAAR** ▶ 2019 **JAARVERSLAG OP WEBSITE** ▶ ja.

Contact ■ **BEREIKBAAR PER** ▶ ☑ post ☑ e-mail ☒ telefoon **CONTACTPERSOON** ▶ geen contactpersoon bekend **POSTADRES** ▶ Van de Spiegellaan 22, 2101 BN Heemstede **EMAIL (ALGEMEEN)** ▶ hofjecvb@gmail.com.

604
Hofsteestichting

Rubriek ■ ☑ kerk en levensbeschouwing ☑ gezondheidszorg ☑ kunst en cultuur ☑ onderwijs en onderzoek ☑ economische ontwikkeling en microkrediet ☑ maatschappij, welzijn en samenleving

Algemeen ■ **WEBSITE** ▶ www.hofsteestichting.nl **TYPERING** ▶ vermogensfonds **OPGERICHT** ▶ 01-01-2005 **RECHTSVORM** ▶ stichting **KVK** ▶ 41240616 **ANBI STATUS** ▶ ja **DIRECTIE** ▶ geen directiegegevens bekend **BESTUUR** ▶ P. Zoeteweij, voorzitter; W. Geven, penningmeester; B. van Zadelhoff, secretaris; F. Herreveld; P. de Meijer; H. Feenstra; mw. M. Stoffers.

Missie ■ **DOELSTELLING** ▶ De stichting heeft als doelstelling: het verdelen van de baten van het Stamkapitaal, onder aftrek van de kosten, onder Algemeen Nut Beogende Instellingen. **STICHTER(S)** ▶ De familie Hofstee **HISTORIE** ▶ De Hofsteestichting is op 1 januari 2015 ontstaan uit een juridische fusie van de Dr. Hofstee-stichting, de Stichting Noord-Hollandsche 't Hooge Huys en van de Stichting Buur-Hofstee/Mariahoeve. De Hofsteestichting is de voortzetting van deze drie stichtingen tezamen. De Hofsteestichting is als vermogensfonds opgericht en tot stand gekomen door de familie Hofstee. In de drie generaties Hofstee stond de christelijke naastenliefde voorop. Tegelijkerijd hechtten zij groot belang aan goed rentmeesterschap. **BELEIDSPLAN OP WEBSITE** ▶ ja.

Doelgroep ■ **ALGEMEEN** ▶ inheemse volken, armen, dak- en thuislozen, zieken, gehandicapten, vluchtelingen, gelovigen **SPECIFIEK** ▶ Nederlandse rechtspersoon met ANBI status die opkomt voor het welzijn van mensen in kwetsbare omstandigheden, of actief is op het gebied van cultuur en muziek in Noord-Holland. **ACTIVITEITEN** ▶ De focus is het ondersteunen van Nederlandse organisaties, die zich richten op humanitaire activiteiten in ontwikkelingslanden in het bijzonder op terrein van onderwijs, economische ontwikkeling en gezondheidszorg. Hierbij gaat de voorkeur uit naar meerjarige integrale (ontwikkelings)projecten die zijn verankerd in of voortbouwen op lokaal/regionaal initiatief. Deze projecten worden uitgevoerd door de aanvrager of door vertrouwde lokale partners. Duurzaamheid en continuïteit van het project is een belangrijk selectiecriterium; Daarnaast is het ondersteunen van kleinschalige organisaties in Noord-Holland met 'diaconale' projecten van sociale en charitatieve hulpverlening gericht op het verbeteren van het welzijn en van de sociale cohesie van de samenleving. Tenslotte ondersteunt de stichting kleinschalige culturele en muzikale projecten of een specifiek deel van een groter project in Noord-Holland. **INTERVENTIENIVEAU** ▶ Steun aan lokale/provinciale maatschappelijke organisaties en structuren (incl. gemeenten etc.) die diensten verlenen aan individuen.

Werkgebied ■ **ACTIERADIUS** ▶ Internationaal, Regionaal **LAND** ▶ Ontwikkelingslanden **REGIO** ▶ Noord-Holland.

Bestedingen ■ **BUDGET** ▶ € 1.300.000 **ONDERSTEUNDE PROJECTEN P/J** ▶ 220 **SOORT BIJDRAGE** ▶ giften **BOVENGRENS** ▶ geen **ONDERGRENS** ▶ geen.

Projecten ■ **CRITERIA** ▶ Criteria die betrekking hebben op de aanvragende organisatie: De aanvragende organisatie is een Nederlandse rechtspersoon die: ☑ beschikt over een ANBI status; ☑ in het lopende kalenderjaar nog geen aanvraag ingediend heeft bij Hofsteestichting; ☑ in het meest recent afgesloten boekjaar geen gelden heeft ontvangen van kansspelorganisaties; ☑ over eventuele eerdere toekenningen een bestedingsverslag heeft aangeleverd aan Hofsteestichting; ☑ over een eigen vermogen en reserves beschikt die niet groter zijn dan noodzakelijk om aangegane verplichtingen te kunnen nakomen. Criteria die betrekking hebben op het project: ☑ De van Hofsteestichting gevraagde bijdrage bedraagt niet meer dan 40% van de totale projectbegroting; ☑ betreft in beginsel geen financiering van exploitatiekosten; ☑ Humanitaire projecten in ontwikkelingslanden, met de focus op onderwijs, gezondheid of economische ontwikkeling; ☑ Projecten in Noord-Holland gericht op het verbeteren van het welzijn en charitatieve hulpverlening; ☑ Kunst en cultuurprojecten in Noord-Holland. Aanvullend gelden voor de cultuurprojecten: ☑ Het project is gericht op het voortzetten van cultureel erfgoed op plaatselijk niveau; dit betreft zowel de instandhouding van het erfgoed als het toegankelijk maken van de waarde ervan voor een breed publiek; ☑ Het project draagt bij voorkeur ook bij aan de vergroting van sociale cohesie op lokaal niveau en wordt in ieder geval belangrijke mate gedragen door vrijwilligers (zijnde als uitvoerders, suppoost en/of anderszins); ☑ Kleinschaligheid van het totale project vergroot de kans op ondersteuning. **DOORLOOPTIJD** ▶ ☑ onbekend **STATUS AANVRAGER** ▶ ☑ stichting of vereniging (non-profit) **VOORKEUR/UITSLUITING** ▶ ; De volgende projecten krijgen géén steun van de stichting: ☑ Individuele hulpverlening. ☑ Personeelskosten en bijdragen voor aanvullen van exploitatietekorten. ☑ Restauratiewerkzaamheden. ☑ Festiviteiten, bij jubilea, openingen, etc. ☑ Uitgave van boeken of productie van films. ☑ Fondswerving door service clubs. ☑ Politieke doelen. ☑ Zorg- en/of welzijnsorganisaties met lokale/regionale projecten buiten Noord-Holland. ☑ Projecten die onder zorgverzekeraars of overheidsfinanciering (kunnen) vallen. ☑ Projecten van instellingen die bijdragen ontvangen van nationale loterijen.

Procedure ■ OP AANVRAAG ▶ ja DOORLOOPTIJD ▶ 1-3 maanden AANVRAAGPROCEDURE ▶ Een verzoek voor een bijdrage kunt u schriftelijk (niet per email) indienen. Voor een vlotte afhandeling van de aanvraag zijn nodig: ☑ Een ingevuld en ondertekend aanvraagformulier; ☑ Een projectplan dat ingaat op de doelstelling, doelgroep en tijdsplanning en een projectbegroting bevat; ☑ Informatie over de (beoogde) wijze van financiering: welke andere fondsen zijn er benaderd en wat is hiervan het resultaat; ☑ Meest recente jaarverslag, inclusief jaarrekening; ☑ Actuele statuten, recent uittreksel KvK en ANBI verklaring van de aanvrager. Na het indienen van uw aanvraag ontvangt u normaliter binnen twee weken per e-mail bericht of uw aanvraag in behandeling kan worden genomen. Per relatie wordt maximaal één aanvraag per jaar in behandeling genomen. Het bestuur vergadert zes keer per jaar. De doorlooptijd van een aanvraag bedraagt dus maximaal 2 à 3 maanden. Alle aanvragers krijgen schriftelijk bericht van de beslissing op de aanvraag. Over de inhoudelijke overwegingen m.b.t. een eventuele afwijzing wordt niet nader gecorrespondeerd. URL ▶ www.hofsteestichting.nl/subsidie-aanvragen/aanvraag-doen.html

Financieel ■ INKOMSTEN EV ▶ € 1.873.747 INKOMSTEN OV ▶ € 161.108 HERKOMST MIDDELEN ▶ legaten, vermogen BOEKJAAR ▶ 2019 JAARVERSLAG OP WEBSITE ▶ ja.

Contact ■ BEREIKBAAR PER ▶ ☑ post ☑ e-mail ☑ telefoon CONTACTPERSOON ▶ geen contactpersoon bekend POSTADRES ▶ Postbus 9271, 1800 GG Alkmaar EMAIL (ALGEMEEN) ▶ info@hofsteestichting.nl TELEFOON (ALGEMEEN) ▶ 072-5272300.

605
Hollandia Fonds

Rubriek ■ ☑ kunst en cultuur

Algemeen ■ WEBSITE ▶ www.cultuurfonds.nl TYPERING ▶ fonds op naam BEHEERD DOOR ▶ Prins Bernhard Cultuurfonds DIRECTIE ▶ zie > Prins Bernhard Cultuurfonds BESTUUR ▶ zie > Prins Bernhard Cultuurfonds

Missie ■ DOELSTELLING ▶ Het financieel ondersteunen van projecten van jonge theatermakers (individuen of groepen) die zich met hun werk buiten de Nederlandse grenzen begeven, op Europees niveau, en niet langer dan vijf jaar professioneel actief zijn in het theaterveld en de ondersteuning van theaterprojecten gericht op het basisonderwijs die worden uitgevoerd door studenten van erkende theateropleidingen.

Werkgebied ■ ACTIERADIUS ▶ Nationaal, Internationaal LAND ▶ Nederland.

Projecten ■ CRITERIA ▶ geen projectcriteria bekend DOORLOOPTIJD ▶ ☑ korter dan 1 jaar STATUS AANVRAGER ▶ ☑ geen beperkingen bekend VOORKEUR/UITSLUITING ▶ geen voorkeur of uitsluiting bekend.

Procedure ■ OP AANVRAAG ▶ ja AANVRAAGPROCEDURE ▶ Dit 'fonds op naam' ressorteert onder het Prins Bernhard Cultuurfonds. Verzoeken aan fondsen op naam komen op één centraal punt binnen. Dit houdt in dat een subsidieaanvraag slechts eenmaal aan het Prins Bernhard Cultuurfonds hoeft te worden gezonden. Voor de verdere aanvraagprocedure: zie Prins Bernhard Cultuurfonds. URL ▶ www.cultuurfonds.nl/aanvragen

Contact ■ BEREIKBAAR PER ▶ ☑ post ☑ e-mail ☑ telefoon CONTACTPERSOON ▶ geen contactpersoon bekend POSTADRES ▶ Postbus 19750, 1000 GT Amsterdam EMAIL (ALGEMEEN) ▶ info@cultuurfonds.nl TELEFOON (ALGEMEEN) ▶ 020-5206130.

606
Honselersdijk Fonds

Rubriek ■ ☑ kunst en cultuur ☑ natuur, milieu en dieren

Algemeen ■ WEBSITE ▶ www.cultuurfonds.nl TYPERING ▶ fonds op naam BEHEERD DOOR ▶ Prins Bernhard Cultuurfonds DIRECTIE ▶ zie > Prins Bernhard Cultuurfonds BESTUUR ▶ zie > Prins Bernhard Cultuurfonds

Missie ■ DOELSTELLING ▶ Het financieel ondersteunen van projecten op het gebied van monumentenzorg en natuurbehoud in Nederland.

Werkgebied ■ ACTIERADIUS ▶ Nationaal LAND ▶ Nederland.

Projecten ■ CRITERIA ▶ geen projectcriteria bekend DOORLOOPTIJD ▶ ☑ korter dan 1 jaar STATUS AANVRAGER ▶ ☑ geen beperkingen bekend VOORKEUR/UITSLUITING ▶ geen voorkeur of uitsluiting bekend.

Procedure ■ OP AANVRAAG ▶ ja AANVRAAGPROCEDURE ▶ Dit 'fonds op naam' ressorteert onder het Prins Bernhard Cultuurfonds. Verzoeken aan fondsen op naam komen op één centraal punt binnen. Dit houdt in dat een subsidieaanvraag slechts eenmaal aan het Prins Bernhard Cultuurfonds hoeft te worden gezonden. Voor de verdere aanvraagprocedure: zie Prins Bernhard Cultuurfonds. URL ▶ www.cultuurfonds.nl/aanvragen

Contact ■ BEREIKBAAR PER ▶ ☑ post ☑ e-mail ☑ telefoon CONTACTPERSOON ▶ geen contactpersoon bekend POSTADRES ▶ Postbus 19750, 1000 GT Amsterdam EMAIL (ALGEMEEN) ▶ info@cultuurfonds.nl TELEFOON (ALGEMEEN) ▶ 020-5206130.

607
Stichting Hora Siccama van de Harkstede

Rubriek ■ ☑ kunst en cultuur

Algemeen ■ WEBSITE ▶ www.shsvdh.nl TYPERING ▶ vermogensfonds

RECHTSVORM ► stichting **KVK** ► 41000221 **ANBI STATUS** ► ja **DIRECTIE** ► geen directiegegevens bekend **BESTUUR** ► Jhr.ir. E.S. Hora Siccama, voorzitter; S. Halbesma, penningmeester; drs. K.J.R. Callens, secretaris; drs. H.J. Hijmersma.

Missie ■ **DOELSTELLING** ► De stichting heeft ten doel: ☑ het beheren van de door de stichting van haar oprichter, verkregen collectie van schilderijen, familieportretten en oudheden, alsmede het aanvullen, verbreden en verdiepen van deze collectie op een wijze als bij haar aard en karakter past; ☑ het beschikbaar stellen van de bedoelde collectie, dan wel gedeelten daarvan of objecten daaruit, ten behoeve van publieke tentoonstelling, althans bezichtiging, alsmede ten behoeve van onderzoeksdoeleinden, en zulks bij voorkeur door deze collectie, dan wel gedeelten daarvan of objecten daaruit, in bruikleen te geven aan één of meer museale instellingen, en wel in het bijzonder aan het Fries Museum te Leeuwarden; ☑ de financiële ondersteuning van het behoud en de ontwikkeling van Friese historische en culturele waarden in algemene zin. **STICHTER(S)** ► Jonkheer Duco Gerrold Hora Siccama van de Harkstede **BELEIDSPLAN OP WEBSITE** ► ja.

Doelgroep ■ **SPECIFIEK** ► Projecten voor het behoud en de ontwikkeling van Friese historische en culturele waarden. **ACTIVITEITEN** ► Geen specifieke activiteiten bekend **INTERVENTIENIVEAU** ► Steun aan lokale/provinciale maatschappelijke organisaties en structuren (incl. gemeenten etc.) die diensten verlenen aan individuen.

Werkgebied ■ **ACTIERADIUS** ► Regionaal, Nationaal, Lokaal **LAND** ► Nederland **REGIO** ► Friesland **PLAATS** ► Leeuwarden.

Bestedingen ■ **BUDGET** ► niet openbaar **SOORT BIJDRAGE** ► overig **BOVENGRENS** ► geen **ONDERGRENS** ► geen.

Projecten ■ **CRITERIA** ► geen projectcriteria bekend **DOORLOOPTIJD** ► ☑ onbekend **STATUS AANVRAGER** ► ☑ geen beperkingen bekend **VOORKEUR/UITSLUITING** ► geen voorkeur of uitsluiting bekend.

Procedure ■ **OP AANVRAAG** ► onbekend **AANVRAAGPROCEDURE** ► Geen aanvraagprocedure bekend.

Financieel ■ **EIGEN VERMOGEN** ► € 350.000 **HERKOMST MIDDELEN** ► overige inkomsten **BOEKJAAR** ► 2016 **JAARVERSLAG OP WEBSITE** ► ja.

Contact ■ **BEREIKBAAR PER** ► ☑ post ☒ e-mail ☒ telefoon **CONTACTPERSOON** ► Drs. K.J.R. Callens **POSTADRES** ► Postbus 1239, 8900 CE Leeuwarden.

608
Hornstra-de Jong Stichting

Rubriek ■ ☑ maatschappij, welzijn en samenleving

Algemeen ■ **WEBSITE** ► www.kennisbankfilantropie.nl/anbi/hornstra-de-jong-stichting **TYPERING** ► vermogensfonds **RECHTSVORM** ► stichting **KVK** ► 41004242 **ANBI STATUS** ► ja **DIRECTIE** ► geen directiegegevens bekend **BESTUUR** ► Mw. W. Kampen-Kuindersma, voorzitter; R. de Boer, penningmeester; P. Kraak, secretaris.

Missie ■ **DOELSTELLING** ► Het bevorderen van de leefbaarheid van Langweer, Dijken en Boornzwaag, hetgeen zij onder meer denkt te bereiken door: ☑ Het financieel steunen van verenigingen en andere instellingen die zich ten doel stellen het bevorderen van sport, toneel, ontspanning en kunst; ☑ Een financiële bijdrage te verlenen voor het behoud van monumentale bouwwerken zoals kerk, molen of klokkenstoel. **BELEIDSPLAN OP WEBSITE** ► ja.

Doelgroep ■ **SPECIFIEK** ► Geen specifieke doelgroep **ACTIVITEITEN** ► Geen specifieke activiteiten bekend **INTERVENTIENIVEAU** ► Steun op niveau van maatschappij zelf (beleidsbeïnvloeding, etc.).

Werkgebied ■ **ACTIERADIUS** ► Lokaal **LAND** ► Nederland **PLAATS** ► Langweer, Dijken, Boornzwaag.

Bestedingen ■ **BUDGET** ► niet openbaar **SOORT BIJDRAGE** ► onbekend **BOVENGRENS** ► geen **ONDERGRENS** ► geen.

Projecten ■ **CRITERIA** ► geen projectcriteria bekend **DOORLOOPTIJD** ► ☑ onbekend **STATUS AANVRAGER** ► ☑ geen beperkingen bekend **VOORKEUR/UITSLUITING** ► geen voorkeur of uitsluiting bekend.

Procedure ■ **OP AANVRAAG** ► onbekend **AANVRAAGPROCEDURE** ► geen aanvraagprocedure bekend.

Financieel ■ **INKOMSTEN EV** ► € 10.766 **HERKOMST MIDDELEN** ► vermogen **BOEKJAAR** ► 2018 **JAARVERSLAG OP WEBSITE** ► ja.

Contact ■ **BEREIKBAAR PER** ► ☑ post ☒ e-mail ☒ telefoon **CONTACTPERSOON** ► geen contactpersoon bekend **POSTADRES** ► Appelhof 3, 8525 GJ Langweer.

609
Van der Hucht De Beukelaar Stichting

Rubriek ■ ☑ gezondheidszorg ☑ maatschappij, welzijn en samenleving ☑ natuur, milieu en dieren

Algemeen ■ **WEBSITE** ► www.vdhdb.nl **TYPERING** ► vermogensfonds **OPGERICHT** ► 06-06-2009 **RECHTSVORM** ► stichting **KVK** ► 34339771 **ANBI STATUS** ► ja **DIRECTIE** ► geen directiegegevens bekend **BESTUUR** ► Th.P. Sinnige, voorzitter; D.R.M. Scholtz, penningmeester; P. van Ollefen, secretaris; K.S. Roest; M. Wesseling; J.T. Lumeij; C.F. van Spanje.

Missie ■ **DOELSTELLING** ► De Van der Hucht de Beukelaar Stichting heeft tot doel het bevorderen van gezondheid en welzijn van mens en dier. **BELEIDSPLAN OP WEBSITE** ► ja.

Doelgroep ■ **SPECIFIEK** ► Geen specifieke doelgroep **ACTIVITEITEN** ► Geen specifieke activiteiten bekend **INTERVENTIENIVEAU** ► Steun aan lokale/provinciale maatschappelijke organisaties en structuren (incl. gemeenten etc.) die diensten verlenen aan individuen.

Werkgebied ■ **ACTIERADIUS** ► Nationaal **LAND** ► Nederland.

Bestedingen ■ **BUDGET** ► niet openbaar **SOORT BIJDRAGE** ► giften **BOVENGRENS** ► geen **ONDERGRENS** ► geen.

Projecten ■ **CRITERIA** ► ☑ projecten met betrekking tot dieren kunnen zich richten op de instandhouding van wilde soorten of hun leefgebied, op gezondheid en welzijn van dieren, op educatie, onderzoek of publicaties die deze doelstellingen bevorderen, dan wel op de interactie tussen mens, dier en hun natuurlijke leefomgeving. Bij onderzoek naar dieren moet de wetenschappelijke basis in de aanvraag geborgd zijn, zoals bedoeld in de Wet op de Dierproeven (1977); ☑

projecten met betrekking tot mensen kunnen ten goede komen aan lichamelijk, geestelijk of economisch zwakkere mensen of groepen; ☑ aanvragen komen in principe alleen in aanmerking voor eenmalige bijdragen. Eventueel volgende aanvragen vereisen hernieuwde beoordeling. Bijdragen aan van tevoren aangekondigde lang lopende projecten kunnen over meer jaren worden verdeeld. **DOORLOOPTIJD** ▶ ☑ onbekend **STATUS AANVRAGER** ▶ ☑ geen beperkingen bekend **VOORKEUR/UITSLUITING** ▶ ; ☑ Kleinschalige projecten met inzet van voornamelijk vrijwilligers met een grote persoonlijke betrokkenheid hebben de voorkeur. ☑ de begunstigde dient (bij voorkeur) een in Nederland gevestigde rechtspersoon te zijn. ☑ Personele kosten en individuele hulpverlening komen in principe niet voor subsidie in aanmerking. ☑ De opvang van dieren wordt niet ondersteund.

Procedure ■ **OP AANVRAAG** ▶ ja **AANVRAAGPROCEDURE** ▶ De stichting heeft een vaste selectieprocedure om ervoor te zorgen dat bijdragen terechtkomen bij projecten die het beste passen bij de doelstellingen van het fonds. U maakt vooraf de keuze of u een aanvraag doet die betrekking heeft op dieren of op mensen. In de richtlijnen leest u welke eisen de Stichting aan een aanvraag in deze afzonderlijke categorieën stelt. Om in aanmerking te komen voor een bijdrage dient u één van de digitale aanvraagformulieren volledig in te vullen. Aanvullende bijlagen zijn onder andere: ☑ goede beknopte onderbouwing van de subsidieaanvraag,; ☑ een concrete specificatie van de te besteden gelden,; ☑ naam, adres en bankrekeningnummer van de begunstigde; ☑ een kopie van een actueel uittreksel van de Kamer van Koophandel; ☑ een kopie van de statuten van de rechtspersoon. Aanvragen dienen te zijn ingediend bij de secretaris van de stichting voor 1 maart van het jaar waarin de uitkering wordt gedaan; U krijgt dan een ontvangstbevestiging met een afschrift uw aanvraag. **URL** ▶ www.vdhdb.nl/algemene-aanvraag/

Financieel ■ **INKOMSTEN EV** ▶ € 30.277 **HERKOMST MIDDELEN** ▶ vermogen **BOEKJAAR** ▶ 2018 **JAARVERSLAG OP WEBSITE** ▶ ja.

Contact ■ **BEREIKBAAR PER** ▶ ☒ post ☑ e-mail ☒ telefoon **CONTACTPERSOON** ▶ geen contactpersoon bekend **POSTADRES** ▶ Geen postadres bekend **EMAIL (ALGEMEEN)** ▶ info@vdhdb.nl

610

Stichting Hugo de Vries-Fonds

Rubriek ■ ☑ onderwijs en onderzoek

Algemeen ■ **WEBSITE** ▶ www.hugodevriesfonds.nl **TYPERING** ▶ vermogensfonds **OPGERICHT** ▶ 1913 **RECHTSVORM** ▶ stichting **KVK** ▶ 41203881 **ANBI STATUS** ▶ ja **DIRECTIE** ▶ geen directiegegevens bekend **BESTUUR** ▶ Prof.dr. H. Hooghiemstra, voorzitter; mw.dr. M van Wordragen, penningmeester; dr. J.G.B. Oostermeijer, secretaris; prof.dr. S. Menken.

Missie ■ **DOELSTELLING** ▶ ☑ Het stimuleren van wetenschappelijk onderzoek, educatie en publicaties op het gebied van de botanie. ☑ Het in herinnering houden van het werk en de persoon van Hugo de Vries. Dit laatste gebeurt o.a. door de jaarlijkse Hugo de Vries-prijs voor het beste aan een Nederlandse Universiteit verdedigd proefschrift op het gebied van de botanie. **STICHTER(S)** ▶ Mevr. J.O.A. Roos Vlasman-Lingeman **HISTORIE** ▶ De weduwe van de in 1893 overleden burgemeester van Abcoude, mevrouw J.O.A. Roos Vlasman-Lingeman, was een groot bewonderaarster van Hugo de Vries. Zij wilde dat een deel van haar vermogen gebruikt zou worden voor wetenschappelijk onderzoek in de plantkunde en, zoals zij eens schreef, 'ik wilde de naam Hugo de Vries vastleggen en doen voortleven ook buiten de kleine kring van zijn wetenschappelijke vrienden, zoals men een standbeeld voor iemand opricht wier naam anders in onze drukke veelbewogen en omvattende samenleving heel spoedig vergeten zou zijn'. In 1913 werd op haar initiatief de stichting 'Het Hugo de Vriesfonds' opgericht. **BELEIDSPLAN OP WEBSITE** ▶ ja.

Doelgroep ■ **SPECIFIEK** ▶ Geen specifieke doelgroep **ACTIVITEITEN** ▶ De Stichting reikt in samenwerking met de Koninklijke Nederlandse Botanische Vereniging (KNBV) en het Nederlands Instituut voor Biologen (NIBI) de jaarlijkse Hugo de Vries Prijs uit aan de auteur van het beste proefschrift op botanisch gebied dat aan een Nederlandse Universiteit is verdedigd. De prijs bestaat uit een geldbedrag van €5.000 en een oorkonde. **INTERVENTIENIVEAU** ▶ Steun aan individuen (directe steun).; Steun aan lokale/provinciale maatschappelijke organisaties en structuren (incl. gemeenten etc.) die diensten verlenen aan individuen.

Werkgebied ■ **ACTIERADIUS** ▶ Nationaal **LAND** ▶ Nederland.

Bestedingen ■ **BUDGET** ▶ niet openbaar **TOELICHTING** ▶ De Reisbeurs voor MSc Studenten heeft een bovengrens van € 500,-. Er is geen voor reguliere aanvragen bekend. **SOORT BIJDRAGE** ▶ giften **BOVENGRENS** ▶ geen **ONDERGRENS** ▶ geen.

Projecten ■ **CRITERIA** ▶ Subsidies worden uitsluitend gegeven voor projecten die vallen binnen de doelstellingen van de stichting en beslaan: ☑ kosten verbonden aan het verzamelen van onderzoeksmateriaal of veldgegevens,; ☑ kosten verbonden aan onderzoek aan buitenlandse universiteiten; ☑ kosten van buitenlandse gastonderzoekers aan een Nederlandse instelling of universiteit,; ☑ kosten voor gastdocenten,; ☑ kosten voor wetenschappelijke documentatie, bezoek aan congressen en symposia, educatieve projecten, wetenschappelijke en educatieve publicaties. Prioriteit wordt gegeven aan projecten/activiteiten die zonder de steun van het fonds niet uitgevoerd kunnen worden, zoals die van botanici die (nog) geen aanstelling hebben in hun veld van specialisatie, amateurbotanici en rechtspersonen als stichtingen of verenigingen werkzaam op het gebied van de plantkunde; ☑ Reisbeurs voor MSc studenten. **DOORLOOPTIJD** ▶ ☑ onbekend **STATUS AANVRAGER** ▶ ☑ geen beperkingen bekend **VOORKEUR/UITSLUITING** ▶ In het algemeen wordt geen steun gegeven voor of aan: ☑ loon- of salariskosten van de onderzoeker; ☑ aanvragen die betrekking hebben op kosten die reeds zijn gemaakt; ☑ onderzoek in het kader van een universitaire opleiding, zoals bijvoorbeeld stages in het kader van een masteropleiding; ☑ onderzoekers die in het kader van een promotieonderzoek een aanstelling hebben bij een universiteit of bij NWO. Activiteiten die behoren tot

de reguliere taken van universiteiten of NWO worden alleen in uitzonderingsgevallen ondersteund. ☑ Het Hugo de Vriesfonds wil duurzaam reizen stimuleren, daarom vergoeden wij geen vliegtickets naar bestemmingen die redelijkerwijs ook per trein kunnen worden bereikt.
Procedure ■ **OP AANVRAAG** ▶ ja **AANVRAAGPROCEDURE** ▶ Subsidieaanvragen worden ingediend door middel van het aanvraagformulier op de website. De aanvragen kunnen het gehele jaar door worden ingediend en worden door het bestuur van de stichting na ontvangst beoordeeld. Elke aanvraag dient een gemotiveerd projectvoorstel, een integrale begroting en een curriculum vitae van de aanvrager te bevatten. Bij aanvragen van €2.500 en hoger dienen een of twee wetenschappelijk onderzoekers te worden vermeld, die het project begeleiden en kunnen optreden als referent voor de aanvrager. Subsidie-aanvragen onder de 10.000 euro kunnen direct via het aanvraagformulier worden ingediend. Voor grotere bedragen vragen wij u vooraf contact met ons op te nemen. Er wordt naar gestreefd de subsidieaanvragen binnen zes weken af te handelen. De reisbeurs kan via een apart aanvraagformulier worden aangevraagd. Er zijn een aantal voorwaarden verbonden aan de reisbeurs. De student moet aannemelijk maken dat het congresbezoek toegevoegde waarde biedt voor zijn of haar opleiding. Aan te leveren documenten zijn: ☑ Inschrijfbewijs bij een Nederlandse universiteit voor een Masteropleiding in een aan de botanie gerelateerd vakgebied. ☑ Inschrijfbewijs van een congres over een aan de botanie gerelateerd onderwerp. ☑ Aanbevelingsbrief van een supervisor, verbonden aan de universiteit. ☑ Kopie van een ticket. **URL** ▶ https://www.hugodevriesfonds.nl/subsidie-aanvragen/
Financieel ■ **EIGEN VERMOGEN** ▶ € 1.432.629 **INKOMSTEN EV** ▶ € **HERKOMST MIDDELEN** ▶ onbekend **BOEKJAAR** ▶ 2018.
Contact ■ **BEREIKBAAR PER** ▶ ☑ post ☑ e-mail ☒ telefoon **CONTACTPERSOON** ▶ J.G.B. Oostermeijer/IBED/UvA **POSTADRES** ▶ Postbus 94248, 1090 GE Amsterdam **EMAIL (ALGEMEEN)** ▶ info@hugodevriesfonds.nl.

611
Hugo van Win Glasfonds

Rubriek ■ ☑ kunst en cultuur
Algemeen ■ **WEBSITE** ▶ www.cultuurfonds.nl **TYPERING** ▶ fonds op naam **BEHEERD DOOR** ▶ Prins Bernhard Cultuurfonds **DIRECTIE** ▶ zie Prins Bernhard Cultuurfonds **BESTUUR** ▶ zie Prins Bernhard Cultuurfonds
Missie ■ **DOELSTELLING** ▶ Het stimuleren van glaskunst in Nederland door het verlenen van stipendia aan jonge kunstenaars, het financieel ondersteunen van aankopen van zowel werk van jonge glaskunstenaars als van glaskunstobjecten uit de periode 1850-1940 en het financieel bijdragen aan publicaties over glaskunst.
Werkgebied ■ **ACTIERADIUS** ▶ Nationaal **LAND** ▶ Nederland.
Projecten ■ **CRITERIA** ▶ geen projectcriteria bekend **DOORLOOPTIJD** ▶ ☑ korter dan 1 jaar **STATUS AANVRAGER** ▶ ☑ geen beperkingen bekend **VOORKEUR/UITSLUITING** ▶ geen voorkeur of uitsluiting bekend.
Procedure ■ **OP AANVRAAG** ▶ ja **AANVRAAGPROCEDURE** ▶ Dit 'fonds op naam' ressorteert onder het Prins Bernhard Cultuurfonds. Verzoeken aan fondsen op naam komen op één centraal punt binnen. Dit houdt in dat een subsidieaanvraag slechts eenmaal aan het Prins Bernhard Cultuurfonds hoeft te worden gezonden. Voor de verdere aanvraagprocedure: zie Prins Bernhard Cultuurfonds. **URL** ▶ www.cultuurfonds.nl/aanvragen
Contact ■ **BEREIKBAAR PER** ▶ ☑ post ☑ e-mail ☑ telefoon **CONTACTPERSOON** ▶ geen contactpersoon bekend **POSTADRES** ▶ Postbus 19750, 1000 GT Amsterdam **EMAIL (ALGEMEEN)** ▶ info@cultuurfonds.nl **TELEFOON (ALGEMEEN)** ▶ 020-5206130.

612
Huisinga-Frietema Stichting

Rubriek ■ ☑ kerk en levensbeschouwing ☑ maatschappij, welzijn en samenleving ☑ kunst en cultuur
Algemeen ■ **WEBSITE** ▶ www.huisinga-frietema.nl **TYPERING** ▶ vermogensfonds **OPGERICHT** ▶ 03-09-2001 **RECHTSVORM** ▶ stichting **KVK** ▶ 01093842 **ANBI STATUS** ▶ ja **DIRECTIE** ▶ geen directiegegevens bekend **BESTUUR** ▶ Mr. E.M.W. de Lange, voorzitter; J. Tekelenburg, penningmeester; mw. G. Koning-Hoogkamp, secretaris.
Missie ■ **DOELSTELLING** ▶ De stichting heeft ten doel het bevorderen van cultureel-, sociaal- en kerkelijk werk in de Provincie Fryslân, zoveel mogelijk in Doopsgezinde Kring, in de ruimste zin des woords en in al haar uitingen. **STICHTER(S)** ▶ Marius Huisinga en Griet Frietema **HISTORIE** ▶ Marius en Griet ontmoetten elkaar bij roeivereniging 'Wetterwille' in Leeuwarden, waar ze beiden lid van waren. Ze trouwden in oorlogstijd, op 8 november 1941. Marius ging bij zijn vader in de zaak: de firma F.T. Huisinga, Graanfactor & Expediteur. Na de hbs volunteerde Marius eerst enkele jaren bij Koopmans Meelfabriek om het vak te leren. Op 1 januari 1948 gingen vader en zoon een vennootschap onder firma aan, per 1 januari 1955 zette Marius de firma voor eigen rekening voort. Griet was jarenlang presidente van de Vrijzinnig Christelijke Gezinsverzorging. De gezinsverzorging was toen nog geheel verzuild. Ze deed dit als vrijwilligerswerk, omdat het indertijd niet aan de orde was dat gehuwde vrouwen een betaalde baan hadden. Griet overleed op 24 februari 1995 en Marius op 6 november 1999. Het echtpaar Huisinga-Frietema was niet onbemiddeld. Onder andere door de verhuur en later de verkoop van de pakhuizen van de graanfactorij was er een aardig kapitaal ontstaan. Het echtpaar wilde dat dit kapitaal na hun overlijden goed besteed zou worden. Ze bestemden een gedeelte voor de beide families, maar het grootste deel wilden ze aan goede doelen geven. Daarom besloten ze om hun bezit in een stichting onder te brengen: de Stichting Huisinga-Frietema. **BELEIDSPLAN OP WEBSITE** ▶ ja.
Doelgroep ■ **ALGEMEEN** ▶ gelovigen **SPECIFIEK** ▶ Projecten die cultureel-, sociaal- en kerkelijk werk in de Provincie Fryslân bevorderen. **ACTIVITEITEN** ▶ De stichting tracht de doelstelling onder meer te bereiken door het geven van incidentele subsidies aan projecten die vallen binnen de doelstelling. Het bestuur streeft naar een zeker

evenwicht in de ondersteuning van de drie onderdelen van het doel van de Stichting. Voorbeelden zijn de restauratie van gebouwen, orgels en bijzondere activiteiten in doopsgezinde kring. **INTERVENTIENIVEAU** ▶ Steun aan lokale/provinciale maatschappelijke organisaties en structuren (incl. gemeenten etc.) die diensten verlenen aan individuen.

Werkgebied ■ **ACTIERADIUS** ▶ Regionaal **LAND** ▶ Nederland **REGIO** ▶ Friesland.

Bestedingen ■ **BUDGET** ▶ niet openbaar **ONDERSTEUNDE PROJECTEN P/J** ▶ 5 **SOORT BIJDRAGE** ▶ subsidies **BOVENGRENS** ▶ geen **ONDERGRENS** ▶ geen.

Projecten ■ **CRITERIA** ▶ het bestuur kijkt met name of het project kansrijk en duurzaam is, en of er een deugdelijke begroting aanwezig is. Het bestuur stelt het op prijs de informatie te ontvangen bij welke andere instanties subsidie is aangevraagd. **DOORLOOPTIJD** ▶ ☑ onbekend **STATUS AANVRAGER** ▶ ☑ geen beperkingen bekend **VOORKEUR/UITSLUITING** ▶ De stichting subsidieert geen (directe) loonkosten.

Procedure ■ **OP AANVRAAG** ▶ ja **DOORLOOPTIJD** ▶ geen doorlooptijd bekend; 6-12 maanden; 6-12 maanden **AANVRAAGPROCEDURE** ▶ U kunt per brief een verzoek indienen bij het bestuur voor een bijdrage voor een passend doel. U ontvangt een bevestiging van uw aanvraag. Voor de aanvraag kunt u het aanvraagformulier gebruiken dat te vinden is op de website. Het formulier moet door een rechtsgeldige vertegenwoordiger van uw organisatie worden ondertekend (bijvoorbeeld voorzitter, secretaris, penningmeester of directeur). Het bestuur van de stichting komt twee keer per jaar bij elkaar om over aanvragen te vergaderen. Daarna krijgt u schriftelijk bericht of uw verzoek kan worden gehonoreerd. **URL** ▶ www.huisinga-frietema.nl/aanvragen.html#criteria

Financieel ■ **INKOMSTEN EV** ▶ € 6.261 **HERKOMST MIDDELEN** ▶ vermogen, legaten **BOEKJAAR** ▶ 2019 **JAARVERSLAG OP WEBSITE** ▶ ja.

Contact ■ **BEREIKBAAR PER** ▶ ☑ post ☑ e-mail ☒ telefoon **CONTACTPERSOON** ▶ geen contactpersoon bekend **POSTADRES** ▶ Carlierstraat 75, 8919 BD Leeuwarden **EMAIL (ALGEMEEN)** ▶ info@huisinga-frietema.nl.

613

Stichting Huisman Vredes Fonds

Rubriek ■ ☑ mensenrechten, vrede en veiligheid

Algemeen ■ **WEBSITE** ▶ www.kennisbankfilantropie.nl/anbi/huisman-vredes-fonds **TYPERING** ▶ goededoelenorganisatie **OPGERICHT** ▶ 1993 **RECHTSVORM** ▶ stichting **KVK** ▶ 41024270 **ANBI STATUS** ▶ ja **DIRECTIE** ▶ geen directiegegevens bekend **BESTUUR** ▶ G.J. Huisman, voorzitter; A.H.M. van Amerongen, penningmeester; B.H.M. van der Lubbe, secretaris.

Missie ■ **DOELSTELLING** ▶ Het ondersteunen van projecten die worden gekenmerkt door actieve geweldloosheid. Onder geweldloosheid wordt meer verstaan dan het nalaten van geweld. Geweldloosheid wordt gezien als een levensstijl waarbij men in een conflict onderscheid maakt tussen de persoon van de tegenstander en zijn gedrag. Het gedrag moet worden bestreden maar de persoon wordt als mens gerespecteerd en geen schade toegebracht. **BELEIDSPLAN OP WEBSITE** ▶ ja.

Doelgroep ■ **SPECIFIEK** ▶ Projecten die worden gekenmerkt door actieve geweldloosheid. **ACTIVITEITEN** ▶ Het bestuur richt zich op de volgende acties: ☑ subsidies meer dan in het verleden toe te kennen aan organisaties die zich daad-werkelijk inzetten voor geweldloze oplossingen en de bescherming van mensenrechten. Met dit laatste wordt gedoeld op organisaties als Peace Brigades International die bedreigde mensenrechtenactivisten in landen waar rechten geschonden worden begeleiden. Getrainde vrijwilligers uit westelijke landen worden uitgezonden om dag en nacht in de buurt te zijn van deze activisten om het gevaar van aanslagen te verminderen en af te wenden. Zij zien geweldloosheid als sleutel voor het oplossen van conflicten. ☑ het vermogen te beleggen in overeenstemming met het doel van de stichting. Dit houdt een keuze in voor fondsen die als 'groen' bestempeld kunnen worden en voor fondsen waarvan het zeker is dat deze niet investeren in de wapenindustrie of bedrijfstakken die kinderarbeid kennen of waarvan een vermoeden bestaat dat deze gelieerd zijn aan criminele organisaties; ☑ het bestuur gaat actief op zoek gaan naar initiatieven die beantwoorden aan de doelstelling van actieve geweldloosheid. **INTERVENTIENIVEAU** ▶ Steun aan lokale/provinciale maatschappelijke organisaties en structuren (incl. gemeenten etc.) die diensten verlenen aan individuen.

Werkgebied ■ **ACTIERADIUS** ▶ Internationaal **LAND** ▶ Colombia, Mexico, Guatemala, Indonesië, Nepal.

Bestedingen ■ **BUDGET** ▶ niet openbaar **ONDERSTEUNDE PROJECTEN P/J** ▶ 6 **SOORT BIJDRAGE** ▶ subsidies **BOVENGRENS** ▶ geen **ONDERGRENS** ▶ geen.

Projecten ■ **CRITERIA** ▶ Projecten die actieve geweldloosheid na streven. **DOORLOOPTIJD** ▶ ☑ onbekend **STATUS AANVRAGER** ▶ ☑ geen beperkingen bekend **VOORKEUR/UITSLUITING** ▶ geen voorkeur of uitsluiting bekend.

Procedure ■ **OP AANVRAAG** ▶ ja **AANVRAAGPROCEDURE** ▶ Geen aanvraagprocedure bekend.

Financieel ■ **EIGEN VERMOGEN** ▶ € 557.546 **HERKOMST MIDDELEN** ▶ vermogen, giften & schenkingen, legaten **BOEKJAAR** ▶ 2017 **JAARVERSLAG OP WEBSITE** ▶ ja.

Contact ■ **BEREIKBAAR PER** ▶ ☑ post ☑ e-mail ☑ telefoon **CONTACTPERSOON** ▶ geen contactpersoon bekend **POSTADRES** ▶ Molenstraat 4, 2071 AH Santpoort Noord **EMAIL (ALGEMEEN)** ▶ advanamerongen@xs4all.nl **TELEFOON (ALGEMEEN)** ▶ 023-5283112.

614

Stichting voor Hulp aan Delftse Jongeren, vanouds genaamd 'Het Meisjeshuis'

Rubriek ■ ☑ gezondheidszorg ☑ kunst en cultuur ☑ maatschappij, welzijn en samenleving ☑ sport en recreatie ☑ onderwijs en onderzoek

Algemeen ■ WEBSITE ▶ www.shdj.nl TYPERING ▶ vermogensfonds OPGERICHT ▶ 1577 RECHTSVORM ▶ stichting KVK ▶ 41145055 ANBI STATUS ▶ ja DIRECTIE ▶ A.L.M. Spanjaard BESTUUR ▶ Dr. F.H.M. Mischgofsky, voorzitter; ir. T.A. Fransen, penningmeester; mr. T.J.H. Dröge, secretaris; mw.ir. E.I. Bijleveld-van der Hoeven; mr. L. Boersma; ing. P. Naaborg.

Missie ■ DOELSTELLING ▶ De stichting SHDJ is een vermogensfonds met als doelstelling financiële steun te verlenen aan sociale en culturele instellingen die gericht zijn op het organiseren van activiteiten voor jongeren tot 25 jaar, die in maatschappelijk opzicht hulp kunnen gebruiken. HISTORIE ▶ Ontstaan in 1577 en heeft tot rond 1960 gefunctioneerd voor de opvang van meisjeswezen in Delft. Midden zestiger jaren van de vorige eeuw is de doelstelling van de stichting aangepast naar de hoofddoelstelling: het verlenen van financiële hulp aan jongeren in Delft. BELEIDSPLAN OP WEBSITE ▶ ja.

Doelgroep ■ ALGEMEEN ▶ kinderen, jongeren, armen, gehandicapten SPECIFIEK ▶ Jongeren tot 25 jaar. ACTIVITEITEN ▶ ☑ Het verlenen van financiële hulp aan activiteiten ten behoeve van jongeren uit Delft (vallend binnen de postcodes van Delft); ☑ Het verlenen van financiële hulp aan culturele doeleinden binnen de gemeente Delft; ☑ Het verlenen van financiële hulp aan de Monumenten Stichting Het Meisjeshuis te Delft. INTERVENTIENIVEAU ▶ Steun aan lokale/provinciale maatschappelijke organisaties en structuren (incl. gemeenten etc.) die diensten verlenen aan individuen.

Werkgebied ■ ACTIERADIUS ▶ Lokaal LAND ▶ Nederland REGIO ▶ Zuid-Holland PLAATS ▶ Delft.

Bestedingen ■ BUDGET ▶ € 230.815 TOELICHTING ▶ Betreft inkomen uit het vermogen van de stichting, omvang van het bestedingsbudget wordt jaarlijks bepaald o.b.v. de begrootte inkomsten. ONDERSTEUNDE PROJECTEN P/J ▶ 66 SOORT BIJDRAGE ▶ giften BOVENGRENS ▶ € 10.000 ONDERGRENS ▶ € 1.000.

Projecten ■ CRITERIA ▶ ☑ Projecten t.b.v. de jeugd tot 25 jaar in Delft (sport, buurtwerk, culturele activiteiten, educatieve projecten); ☑ Steun wordt in beginsel eenmalig gegeven. DOORLOOPTIJD ▶ ☑ korter dan 1 jaar STATUS AANVRAGER ▶ ☑ stichting of vereniging (non-profit) ☑ kerkelijke instelling ☑ onderwijsinstelling VOORKEUR/UITSLUITING ▶ ☑ Bij voorkeur projecten die de toekomstkansen van kansarme(re) jongeren verbeteren; ☑ Het liefst kleinschalige projecten, (mede) opgezet en uitgevoerd door vrijwilligers. ☑ De stichting is terughoudend bij financiële ondersteuning van projecten die naar de mening van het bestuur tot de taak van de overheid of tot het domein van het bedrijfsleven gerekend kunnen worden; ☑ Stichting SHDJ biedt geen steun aan individuele personen.

Procedure ■ OP AANVRAAG ▶ ja DOORLOOPTIJD ▶ 1-3 maanden AANVRAAGPROCEDURE ▶ Aanvragen voor financiële ondersteuning kunnen worden gedaan via het formulier dat te downloaden is op de website. Het ingevulde formulier kan via de post of, bij voorkeur, per e-mail verstuurd worden. Onvolledige aanvragen worden niet in behandeling genomen. De aanvraag met bijlagen dient uiterlijk 2 weken voor de vergaderdatum te zijn aangeleverd. De vergaderdata zijn terug te vinden op de website. Het bestuur komt jaarlijks ca. zesmaal bijeen. De behandeling van een complete aanvraag kan 2 à 3 maanden in beslag nemen. Tegen het besluit van het bestuur is geen beroep mogelijk. URL ▶ http://shdj.nl/hulp-delftse-jongeren/?p=55

Financieel ■ INKOMSTEN EV ▶ € 1.950.339 HERKOMST MIDDELEN ▶ vermogen, overige inkomsten BOEKJAAR ▶ 2019 JAARVERSLAG OP WEBSITE ▶ ja.

Contact ■ BEREIKBAAR PER ▶ ☑ post ☑ e-mail ☒ telefoon CONTACTPERSOON ▶ A.L.M. Spanjaard POSTADRES ▶ Postbus 386, 2600 AJ Delft EMAIL (ALGEMEEN) ▶ info@shdj.nl.

615

Stichting Hulp na Onderzoek

Rubriek ■ ☑ maatschappij, welzijn en samenleving ☑ gezondheidszorg

Algemeen ■ WEBSITE ▶ www.hulpnaonderzoek.nl TYPERING ▶ vermogensfonds OPGERICHT ▶ 08-04-1919 RECHTSVORM ▶ stichting KVK ▶ 41199222 ANBI STATUS ▶ ja DIRECTIE ▶ geen directiegegevens bekend BESTUUR ▶ Mw.ir. F.C.M Blomjous, voorzitter; mw.mr.drs. I. de Vlaam-Lammers, penningmeester; mr. J.Th.M. van den Beld, secretaris; mw.mr. C.E. Polak; drs. M.W. Elink Schuurman; mw.mr. A.C. Berends-van Julsingha; ds. H. Leegte; mr. J.M. van den Bergh; mw.mr. A.E. Veth.

Missie ■ DOELSTELLING ▶ Het verlenen van geldelijke steun tot oprichting, uitbreiding of instandhouding van vereniging of stichtingen, welker doel is van menslievende of liefdadige aard. Ook kunnen gelden worden gegeven aan verenigingen, opgericht voor een tijdelijk doel of comités, ter ondersteuning bij nationale rampen of in noden van voorbijgaande aard. STICHTER(S) ▶ F.J. Spakler HISTORIE ▶ De oprichter van Hulp na Onderzoek was de Amsterdamse suikerfabrikant F.J. Spakler, die in 1919 overleed en zijn geld naliet om financiële steun te verrichten aan 'verenigingen en stichtingen, welker doel is van menslievende of liefdadige aard'. Vanaf de oprichting is er veel contact geweest tussen Hulp na Onderzoek en de Fundatie Van den Santheuvel, Sobbe. In de jaren 1920 wisselden de besturen al informatie uit over de aanvragers. Sinds 1999 is Hulp na Onderzoek gevestigd in het kantoor van de Fundatie aan de Herengracht, en bestaat er een zeer nauwe samenwerking tussen de twee fondsen. BELEIDSPLAN OP WEBSITE ▶ ja.

Doelgroep ■ ALGEMEEN ▶ jongeren, ouderen, gehandicapten, armen, dak- en thuislozen SPECIFIEK ▶ Geen specifieke doelgroep ACTIVITEITEN ▶ Hulp na Onderzoek doet uitkeringen met name aan instellingen die zich richten; op zorg voor jongeren, ouderen en gezondheid. Denk aan welzijnsinstellingen,; buurthuizen, werkgelegenheids- en integratieprojecten, mentor projecten, en; begeleidingsprojecten voor ouderen, daklozen of (kans)arme jongeren; Voorbeelden zijn ondersteunde instellingen die gericht zijn op:; ☑ Maatschappelijke opvang en maatschappelijke activering, aan o.a. (ex)gedetineerden, dak- en thuislozen, zwerfjongeren, mishandelde; vrouwen, leefgemeenschappen, crisisopvang; ☑ Verslaafdenzorg; ☑ Projecten en opvang voor mensen(oud en jong) met een beperking; ☑ Jeugd, o.a. kindervakantiekampen, schoolkampen; ☑ Bijscholing en activiteiten voor achterstandsjeugd en/of kansarme kinderen; ☑ Armoede en sociale uitsluiting; ☑ Integratie van allochtonen; ☑ Hospices en logeerhuizen; ☑ Reïntegratie in het arbeidsproces van moeilijk bemiddelbare groepen. **INTERVENTIENIVEAU** ► Steun aan lokale/provinciale maatschappelijke organisaties en structuren (incl. gemeenten etc.) die diensten verlenen aan individuen.

Werkgebied ■ **ACTIERADIUS** ► Regionaal **LAND** ► Nederland **REGIO** ► Amsterdam.

Bestedingen ■ **BUDGET** ► niet openbaar **ONDERSTEUNDE PROJECTEN P/J** ► 52 **SOORT BIJDRAGE** ► giften **BOVENGRENS** ► € 5.000 **ONDERGRENS** ► geen.

Projecten ■ **CRITERIA** ► ; ☑ Instellingen die zich richten op zorg voor jongeren, ouderen en gezondheid; ☑ Geschonken wordt alleen aan rechtspersonen, niet aan individuen; ☑ De bijdrage wordt gegeven in de vorm van een eenmalige schenking; ☑ Aan een instelling wordt niet vaker dan éénmaal per twee jaar gegeven, tenzij het gaat om een koepelorganisatie met gespreide projecten. **DOORLOOPTIJD** ► ☑ korter dan 1 jaar **STATUS AANVRAGER** ► ☑ stichting of vereniging (non-profit) **VOORKEUR/UITSLUITING** ► Hulp na Onderzoek richt zich primair op aanvragers uit de regio Amsterdam om in aanmerking te komen voor een bijdrage uit het fonds. Organisaties uit de rest van het land kunnen een kleine bijdrage van maximaal € 500 aanvragen. Niet in aanmerking voor een gift komen o.a. ☑ organisaties op het gebied van cultuur, milieubescherming, politieke doelen; ☑ wetenschappelijk onderzoek; ☑ peuterspeelzalen; ☑ kinderdagverblijven; ☑ lopende exploitatiekosten. ☑ Jubilea, studiedagen, symposia, en andere bijeenkomsten; ☑ Vakanties, tenzij voor ouderen, gehandicapten en "bleekneusjes"; ☑ Studiebeurzen, studiereizen en trainingsweekends; ☑ Puur onderwijs, religie en cultuur; ☑ Films, boeken, folders en ander propagandamateriaal.

Procedure ■ **OP AANVRAAG** ► ja **DOORLOOPTIJD** ► 1-3 maanden **AANVRAAGPROCEDURE** ► Uitsluitend via de website kunnen aanvragen voor een bijdrage ingediend worden. De aanvraag kan niet via een tablet of smartphone worden gedaan; De aanvraagprocedure is opgebouwd uit de volgende onderdelen: ☑ Contactgegevens; ☑ Algemene informatie; ☑ Project waarvoor u een aanvraag doet; ☑ Financiële gegevens van het project; ☑ Bijlagen (waarbij een aantal verplicht zijn mee te sturen); ☑ Optioneel;. Nadat de aanvraag is ingediend, krijgt u een bevestiging van uw aanvraag. Als wij uw aanvraag in behandeling nemen zullen wij u telefonisch benaderen of uitnodigen voor een gesprek bij ons op kantoor dan wel bij u op locatie, om nadere toelichting te geven op uw project. Bij directe afwijzing zult u hier per e-mail bericht over ontvangen. Over uw aanvraag wordt vervolgens binnen 2 à 3 maanden een besluit genomen in de bestuursvergadering. Soms wordt een aanvraag in onderzoek gehouden. De afhandeling ervan kan dan enkele maanden langer duren. Besluiten van het bestuur worden niet in heroverweging genomen. **URL** ► www.hulpnaonderzoek.nl/aanvragen

Financieel ■ **INKOMSTEN EV** ► € 247.455 **HERKOMST MIDDELEN** ► legaten, vermogen **BOEKJAAR** ► 2019 **JAARVERSLAG OP WEBSITE** ► ja.

Contact ■ **BEREIKBAAR PER** ► ☑ post ☑ e-mail ☑ telefoon **CONTACTPERSOON** ► geen contactpersoon bekend **POSTADRES** ► Herengracht 524, 1017 CC Amsterdam **EMAIL (ALGEMEEN)** ► info@hulpnaonderzoek.nl **TELEFOON (ALGEMEEN)** ► 020-3308873/06-18253874.

616
Hutter-Foekema Fonds

Rubriek ■ ☑ kunst en cultuur ☑ onderwijs en onderzoek

Algemeen ■ **WEBSITE** ► www.cultuurfonds.nl **TYPERING** ► fonds op naam **BEHEERD DOOR** ► Prins Bernhard Cultuurfonds **DIRECTIE** ► zie > Prins Bernhard Cultuurfonds **BESTUUR** ► zie > Prins Bernhard Cultuurfonds

Missie ■ **DOELSTELLING** ► Het financieel ondersteunen van jonge musici voor het volgen van een vervolgopleiding en/of het aanschaffen van een passend instrument.

Werkgebied ■ **ACTIERADIUS** ► Nationaal, Internationaal **LAND** ► Nederland.

Projecten ■ **CRITERIA** ► geen projectcriteria bekend **DOORLOOPTIJD** ► ☑ korter dan 1 jaar **STATUS AANVRAGER** ► ☑ geen beperkingen bekend **VOORKEUR/UITSLUITING** ► geen voorkeur of uitsluiting bekend.

Procedure ■ **OP AANVRAAG** ► ja **AANVRAAGPROCEDURE** ► Dit 'fonds op naam' ressorteert onder het Prins Bernhard Cultuurfonds. Verzoeken aan fondsen op naam komen op één centraal punt binnen. Dit houdt in dat een subsidieaanvraag slechts eenmaal aan het Prins Bernhard Cultuurfonds hoeft te worden gezonden. Voor de verdere aanvraagprocedure: zie Prins Bernhard Cultuurfonds. **URL** ► www.cultuurfonds.nl/aanvragen

Contact ■ **BEREIKBAAR PER** ► ☑ post ☑ e-mail ☑ telefoon **CONTACTPERSOON** ► geen contactpersoon bekend **POSTADRES** ► Postbus 19750, 1000 GT Amsterdam **EMAIL (ALGEMEEN)** ► info@cultuurfonds.nl **TELEFOON (ALGEMEEN)** ► 020-5206130.

617
Hybrid House Fonds

Rubriek ■ ☑ kunst en cultuur

Algemeen ■ **WEBSITE** ► www.cultuurfonds.nl **TYPERING** ► fonds op naam **BEHEERD DOOR** ► Prins Bernhard Cultuurfonds **DIRECTIE** ► zie > Prins Bernhard Cultuurfonds **BESTUUR** ► zie > Prins Bernhard Cultuurfonds

Missie ■ **DOELSTELLING** ► Het verweven van cultuur en wetenschap.

Werkgebied ■ **ACTIERADIUS** ► Nationaal **LAND** ► Nederland.

Projecten ■ **CRITERIA** ► geen projectcriteria bekend **DOORLOOPTIJD** ► ☑ korter dan 1 jaar **STATUS AANVRAGER** ► ☑ geen beperkingen bekend **VOORKEUR/UITSLUITING** ► geen voorkeur of uitsluiting bekend.

Procedure ■ **OP AANVRAAG** ► ja **AANVRAAGPROCEDURE** ► Dit 'fonds op

naam' ressorteert onder het Prins Bernhard Cultuurfonds. Verzoeken aan fondsen op naam komen op één centraal punt binnen. Dit houdt in dat een subsidieaanvraag slechts eenmaal aan het Prins Bernhard Cultuurfonds hoeft te worden gezonden. Voor de verdere aanvraagprocedure: zie Prins Bernhard Cultuurfonds. **URL** ▶ www.cultuurfonds.nl/aanvragen

Contact ■ **BEREIKBAAR PER** ▶ ☑ post ☑ e-mail ☑ telefoon **CONTACTPERSOON** ▶ geen contactpersoon bekend **POSTADRES** ▶ Postbus 19750, 1000 GT Amsterdam **EMAIL (ALGEMEEN)** ▶ info@cultuurfonds.nl **TELEFOON (ALGEMEEN)** ▶ 020-5206130.

618

Coöperatie ICCO U.A.

Rubriek ■ ☑ gezondheidszorg ☑ economische ontwikkeling en microkrediet ☑ voedsel en voedselveiligheid ☑ noodhulp ☑ maatschappij, welzijn en samenleving ☑ mensenrechten, vrede en veiligheid ☑ onderwijs en onderzoek

Algemeen ■ **WEBSITE** ▶ www.icco-cooperation.org/nl **TYPERING** ▶ vermogensfonds **OPGERICHT** ▶ 30-12-1964 **RECHTSVORM** ▶ stichting **KVK** ▶ 41177206 **ANBI STATUS** ▶ ja **DIRECTIE** ▶ S. Attema **BESTUUR** ▶ Ir. J.F. de Leeuw, voorzitter; prof.dr.ir. G. van Dijk; drs. W. Oosterom; mr. A. Knigge.

Missie ■ **DOELSTELLING** ▶ Het doel is boeren en kleine bedrijven bijstaan in landen met lage en middeninkomens. We willen dat zij beter kunnen voorzien in hun eigen levensonderhoud en toegang krijgen tot markten. Het gaat ons om rechtvaardigheid en waardigheid. **HISTORIE** ▶ De oprichter van ICCO was Jo Verkuyl. Hij werkte als zendeling in Indonesië. Verkuyl was een markant figuur met een onconventionele visie op hulp aan ontwikkelingslanden. Als één van de weinigen in zijn tijd geloofde hij dat ontwikkelingswerk moet beginnen bij de behoeften van de armen. Hij was ervan overtuigd dat alle veranderingen in de gemeenschap beginnen. Mededogen, rechtvaardigheid en rentmeesterschap: dit waren de drie kernwaarden waarop Jo Verkuyl, de protestantse kerken en de Nederlandse maatschappelijke organisaties op 30 december 1964 ICCO hebben opgericht. Oorspronkelijk is de betekenis van het acroniem ICCO, Interkerkelijke Coördinatie Commissie Ontwikkelingshulp. Tegenwoordig is ICCO een naam op zichzelf. **BELEIDSPLAN OP WEBSITE** ▶ ja.

Doelgroep ■ **ALGEMEEN** ▶ armen, inheemse volken **SPECIFIEK** ▶ Boeren, armen in ontwikkelingslanden. **ACTIVITEITEN** ▶ ICCO vervult steeds verschillende rollen in het nastreven van de doelstelling: we zijn de bedenkers van projecten, de uitvoerder en/of de pleitbezorger van specifieke aanpassingen in het beleid. De belangrijkste kenmerken van onze strategie zijn:; ☑ Focus op kleine boeren en het midden- en kleinbedrijf; ☑ Focus op vrouwen en jongeren; ☑ Financiële instrumenten op maat (zoals microfinanciering voor kleine boeren in afgelegen gebieden); ☑ Samenwerking in publiek-private partnerschappen; ☑ Inzicht krijgen in de invloed van religie op ontwikkeling; ☑ Impact genereren door het gebruik van digitale technologieën. Activiteiten die bij deze strategie horen zijn: ☑ Training van boeren; ☑ Toegang tot agrarische productiemiddelen; ☑ Toegang tot financiering; ☑ Toegang tot technologie; ☑ Toegang tot markten; ☑ Zakelijke rechten en mensenrechten; ☑ Collectieve marketing. **INTERVENTIENIVEAU** ▶ Steun aan lokale/provinciale maatschappelijke organisaties en structuren (incl. gemeenten etc.) die diensten verlenen aan individuen.

Werkgebied ■ **ACTIERADIUS** ▶ Internationaal **LAND** ▶ Sudan, Zimbabwe, Zuid-Afrika, Afghanistan, Bangladesh, Birma, Cambodja, Filipijnen, India, Indonesië, Kirgizië, Nepal, Tadzjikistan, Vietnam, El Salvador, Guatemala, Haiti, Honduras, Nicaragua, Bolivia, Brazilië, Ecuador, Paraguay, Peru, Suriname, Papoea-Nieuw-Guinea, Afrika, Azië, Europa, Angola, Benin, Burkina Faso, Burundi, Democratische Republiek, Congo, Oceanië, Ethiopië, Ghana, Zuid-Amerika, Kenia, Liberia, Madagaskar, Malawi, Mali, Oeganda, Rwanda, Senegal.

Bestedingen ■ **BUDGET** ▶ niet openbaar **BOVENGRENS** ▶ geen **ONDERGRENS** ▶ geen.

Projecten ■ **CRITERIA** ▶ geen projectcriteria bekend **DOORLOOPTIJD** ▶ ☑ 1 - 2 jaar ☑ korter dan 1 jaar **STATUS AANVRAGER** ▶ ☑ geen beperkingen bekend **VOORKEUR/UITSLUITING** ▶ geen voorkeur of uitsluiting bekend.

Procedure ■ **OP AANVRAAG** ▶ onbekend **AANVRAAGPROCEDURE** ▶ Geen aanvraagprocedure bekend.

Financieel ■ **EIGEN VERMOGEN** ▶ € 11.850.073 **INKOMSTEN OV** ▶ € 35.544.315 **HERKOMST MIDDELEN** ▶ giften & schenkingen, inkomsten uit bedrijven **BOEKJAAR** ▶ 2017 **JAARVERSLAG OP WEBSITE** ▶ ja.

Contact ■ **BEREIKBAAR PER** ▶ ☑ post ☑ e-mail ☑ telefoon **CONTACTPERSOON** ▶ geen contactpersoon bekend **POSTADRES** ▶ Postbus 8190, 3503 RD Utrecht **EMAIL (ALGEMEEN)** ▶ info@icco.nl **TELEFOON (ALGEMEEN)** ▶ 030-6927811.

619

Stichting Ichthus Gaastmeer Friesland

Rubriek ■ ☑ maatschappij, welzijn en samenleving ☑ sport en recreatie

Algemeen ■ **WEBSITE** ▶ www.kennisbankfilantropie.nl/anbi/ichtus-gaastmeer-friesland **TYPERING** ▶ vermogensfonds **OPGERICHT** ▶ 18-04-1962 **RECHTSVORM** ▶ stichting **KVK** ▶ 41000980 **ANBI STATUS** ▶ nee **DIRECTIE** ▶ geen directiegegevens bekend **BESTUUR** ▶ W. Berkum, voorzitter; R. Zeilstra, penningmeester; mw. A. Hoogterp, secretaris; J.M. Postma; S. Wijma.

Missie ■ **DOELSTELLING** ▶ Het in de gemeenschap bevorderen van zinvolle recreatieve en reflectieve waarden en middelen.

Doelgroep ■ **SPECIFIEK** ▶ Geen specifieke doelgroep **ACTIVITEITEN** ▶ Geen specifieke activiteiten bekend **INTERVENTIENIVEAU** ▶ Onbekend.

Werkgebied ■ **ACTIERADIUS** ▶ Lokaal **PLAATS** ▶ Gaastmeer.

Bestedingen ■ **BUDGET** ▶ niet openbaar **SOORT BIJDRAGE** ▶ onbekend **BOVENGRENS** ▶ geen **ONDERGRENS** ▶ geen.

Projecten ■ CRITERIA ▶ geen projectcriteria bekend DOORLOOPTIJD ▶ ☑ onbekend STATUS AANVRAGER ▶ ☑ geen beperkingen bekend VOORKEUR/UITSLUITING ▶ geen voorkeur of uitsluiting bekend.

Procedure ■ OP AANVRAAG ▶ onbekend AANVRAAGPROCEDURE ▶ Geen aanvraagprocedure bekend.

Financieel ■ HERKOMST MIDDELEN ▶ onbekend.

Contact ■ BEREIKBAAR PER ▶ ☑ post ☑ e-mail ☑ telefoon CONTACTPERSOON ▶ geen contactpersoon bekend POSTADRES ▶ J.J. Hofstrjitte 3, 8611 JT Gaastmeer EMAIL (ALGEMEEN) ▶ r.zeilstra@hetnet.nl TELEFOON (ALGEMEEN) ▶ 035-6911514.

620

Stichting ICS

Rubriek ■ ☑ economische ontwikkeling en microkrediet ☑ maatschappij, welzijn en samenleving

Algemeen ■ WEBSITE ▶ www.ics.nl TYPERING ▶ hybride fonds OPGERICHT ▶ 1980 RECHTSVORM ▶ stichting KVK ▶ 41188664 ANBI STATUS ▶ ja DIRECTIE ▶ R. Messelink BESTUUR ▶ Mw. J.M. de Vries, voorzitter; C.J. Kuijvenhoven; L.J. Beyer; G. Ruitinga; mw. G. Wijfels.

Missie ■ DOELSTELLING ▶ De stichting heeft als doel op innovatieve en duurzame wijze bij te dragen aan; de economische en sociale ontwikkeling van kansarmen, alsmede al hetgeen; met het vorenstaande in de ruimste zin verband houdt of daartoe bevorderlijk; kan zijn. HISTORIE ▶ CS is opgericht in 1980 en stond toen voor Internationaal Christelijk Steunfonds (ICS). De organisatie richtte zich volledig op noodhulp. Er werden hulpacties op touw gezet in onder meer Afghanistan, Pakistan, Libanon, Mozambique, Angola, Somalië, Oeganda, Vietnam, Laos en Cambodja. In 2004 is het tijd voor een nieuwe naam. ICS blijft maar de afkorting wijzigt in International Child Support. De reden van deze wijziging is dat de toevoeging 'christelijk' suggereert dat de hulp alleen voor christenen is. Maar ICS biedt internationaal steun, met een focus op kinderen, en opereert volledig los van geloof, ras en/of politieke overtuiging. BELEIDSPLAN OP WEBSITE ▶ ja.

Doelgroep ■ ALGEMEEN ▶ inheemse volken SPECIFIEK ▶ Boerengezinnen. ACTIVITEITEN ▶ De stichting tracht haar doel onder meer te bereiken door:; ☑ het verbeteren van de leefomstandigheden van kinderen en volwassenen; ☑ het verbeteren van de toegang tot en de kwaliteit van het onderwijs; ☑ het verbeteren van de basisgezondheidszorg die aan kinderen wordt geboden; ☑ het geven van voorlichting hierover; ☑ het zoveel als mogelijk uitvoeren van programma's en projecten in samenwerking met en op initiatief van de lokale bevolking; ☑ alle andere wettige activiteiten en middelen die kunnen bijdragen aan; het bereiken van dit doel.De stichting zet sociale ondernemingen op die een lokale economie op gang brengen waar ook boerengezinnen deel van uitmaken. Door ouderschapstrainingen (Project Skillful Parenting) leert de stichting ouders hoe ze economische vooruitgang en een positieve opvoeding kunnen inzetten om de toekomst van hun gezin gunstig te beïnvloeden. Zo zet de stichting een keten van duurzame economische en sociale ontwikkeling in gang. Inmiddels zijn reeds meer dan 20.000 ouders bereikt met deze trainingen. Op scholen is een afleiding van het project Skillful parenting opgezet: Lunch & learn programme, waarmee leraren en overheidsmedewerkers (familiezaken in takenpakket) werden getraind. Hiermee heeft de stichting meer dan 500+ personen weten te bereiken. Boeren ontvangen agronomische training. Meer dan 18.000 boeren zijn inmiddels bereikt. INTERVENTIENIVEAU ▶ Steun aan lokale/provinciale maatschappelijke organisaties en structuren (incl. gemeenten etc.) die diensten verlenen aan individuen.; Steun op niveau van maatschappij zelf (beleidsbeïnvloeding, etc.).

Werkgebied ■ ACTIERADIUS ▶ Internationaal LAND ▶ Afrika REGIO ▶ Oost-Afrika.

Bestedingen ■ BUDGET ▶ niet openbaar SOORT BIJDRAGE ▶ investeringen overig BOVENGRENS ▶ geen ONDERGRENS ▶ geen.

Projecten ■ CRITERIA ▶ geen projectcriteria bekend DOORLOOPTIJD ▶ ☑ onbekend STATUS AANVRAGER ▶ ☑ geen beperkingen bekend VOORKEUR/UITSLUITING ▶ geen voorkeur of uitsluiting bekend.

Procedure ■ OP AANVRAAG ▶ onbekend AANVRAAGPROCEDURE ▶ Geen aanvraagprocedure bekend.

Financieel ■ INKOMSTEN EV ▶ € 10.306 INKOMSTEN OV ▶ € 950.787 HERKOMST MIDDELEN ▶ giften & schenkingen, bedrijven, overige inkomsten, vermogen, legaten BOEKJAAR ▶ 2018 JAARVERSLAG OP WEBSITE ▶ ja.

Contact ■ BEREIKBAAR PER ▶ ☑ post ☑ e-mail ☑ telefoon CONTACTPERSOON ▶ geen contactpersoon bekend POSTADRES ▶ Smallepad 30H, 3811 MG Amersfoort EMAIL (ALGEMEEN) ▶ contact@ics.nl TELEFOON (ALGEMEEN) ▶ 033-3030250.

621

Ies Wesselstichting

Rubriek ■ ☑ onderwijs en onderzoek

Algemeen ■ WEBSITE ▶ www.kennisbankfilantropie.nl/anbi/ies-wessel-stichting TYPERING ▶ vermogensfonds OPGERICHT ▶ 31-10-1946 RECHTSVORM ▶ stichting KVK ▶ 41178526 ANBI STATUS ▶ ja DIRECTIE ▶ geen directiegegevens bekend BESTUUR ▶ R. Imhof, voorzitter; F.Ch.M. Tilman, penningmeester; J.M. Smit, secretaris; R L Manchester; H.D.W.M. van de Pavoordt; W L J Kremer.

Missie ■ DOELSTELLING ▶ Die studenten, die door hun financiele positie zozeer aan hun studie verbonden zijn dat zij de gelegenheid missen om hun capaciteiten op organisatorisch- en bestuursgebied aan te wenden, in staat te stellen die capaciteiten in dienst te stellen van de universitaire gemeenschap van Utrecht.

Doelgroep ■ ALGEMEEN ▶ studenten SPECIFIEK ▶ Studenten in Utrecht. ACTIVITEITEN ▶ Geen specifieke activiteiten bekend INTERVENTIENIVEAU ▶ Steun aan individuen (directe steun).

Werkgebied ■ ACTIERADIUS ▶ Regionaal REGIO ▶ Utrecht.

Bestedingen ■ BUDGET ▶ niet openbaar ONDERSTEUNDE PROJECTEN P/J ▶ 2 SOORT BIJDRAGE ▶ onbekend BOVENGRENS ▶ geen ONDERGRENS ▶ geen.

Projecten ■ **CRITERIA** ► geen projectcriteria bekend **DOORLOOPTIJD** ► ☑ onbekend **STATUS AANVRAGER** ► ☑ individuen/gezinnen **VOORKEUR/UITSLUITING** ► geen voorkeur of uitsluiting bekend.

Procedure ■ **OP AANVRAAG** ► ja **AANVRAAGPROCEDURE** ► De Stichting beoordeelt naar aanleiding van ingediende aanvragen wie er voor welke bedragen voor steun bij een bestuursfunctie in aanmerking komt. Hiertoe wordt eenmaal per jaar in de maand juni vergaderd.

Financieel ■ **INKOMSTEN EV** ► € 16.838 **HERKOMST MIDDELEN** ► onbekend **BOEKJAAR** ► 2019.

Contact ■ **BEREIKBAAR PER** ► ☑ post ☑ e-mail ☑ telefoon **CONTACTPERSOON** ► geen contactpersoon bekend **POSTADRES** ► Jonkheer de Casembrootplein 35, 4357 NK Domburg **EMAIL (ALGEMEEN)** ► mail@franstilman.nl **TELEFOON (ALGEMEEN)** ► 070-3585751.

622
Stichting IJsselvliedt

Rubriek ■ ☑ kerk en levensbeschouwing ☑ maatschappij, welzijn en samenleving ☑ economische ontwikkeling en microkrediet ☑ natuur, milieu en dieren ☑ noodhulp

Algemeen ■ **WEBSITE** ► www.stichtingijsselvliedt.nl **TYPERING** ► vermogensfonds **OPGERICHT** ► 02-11-1955 **RECHTSVORM** ► stichting **KVK** ► 41035268 **ANBI STATUS** ► ja **DIRECTIE** ► geen directiegegevens bekend **BESTUUR** ► Mr. R.H. graaf van Limburg Stirum, voorzitter; jhr.drs. A.J. van Samina, penningmeester; ir. M. van Alphen, secretaris; F.J.A. baron van Verschuer; mw. E.F.F. barones van Voorst tot Voorst-van Heek.

Missie ■ **DOELSTELLING** ► ☑ Het uitoefenen van weldadigheden en het bevorderen van maatschappelijk werk op Protestants Christelijke grondslag, een en ander zoveel mogelijk met instandhouding van het onder de Natuurschoonwet gerangschikte landgoed IJsselvliedt onder de gemeente Oldebroek en de overige onroerende goederen in Nederland. ☑ Het uitvoeren van de uiterste wil van Jonkvrouwe W.A.G. van de Poll, als gevolg waarvan één/vierde gedeelte van de netto revenuen van haar afzonderlijk te administreren nalatenschap (onder de naam AAG Gevaertsfonds) ten goede dient te komen aan het hiervoor vermeldde doel en drie/vierde van de netto revenuen jaarlijks besteed moet worden aan leniging van de nood van ontheemden van welke nationaliteit of ras deze ook moge zijn (of aan instellingen die ten doel hebben de nood der ontheemden te lenigen), zulks ter beoordeling van het bestuur. **STICHTER(S)** ► Mr. J.P. Graaf van Limburg Stirum en Gravin van Limburg Stirum – van Sminia. **HISTORIE** ► Stichting IJsselvliedt is opgericht op 2 november 1955 uit de nalatenschap van mr. J.P. Graaf van Limburg Stirum en Gravin van Limburg Stirum – van Sminia. Landgoed IJsselvliedt ligt in Gelderland bij Wezep, nabij de A28 onder de rook van Zwolle. Het landgoed behoort tot de erfenis van de in 1948 overleden mr. J.P. graaf Van Limburg Stirum. Hij was getrouwd met jonkvrouw C.M.R. van Sminia. Zij hadden geen kinderen. Hij heeft het landgoed ondergebracht in een Stichting, de Stichting IJsselvliedt. De Stichting IJsselvliedt heeft als voornaamste taak het landgoed in stand te houden. De inkomsten uit de exploitatie van het landgoed komen enerzijds ten goede aan deze instandhouding en anderzijds aan zaken van maatschappelijk nut. Zo worden elk jaar een aantal goede doelen ondersteund. **BELEIDSPLAN OP WEBSITE** ► ja.

Doelgroep ■ **ALGEMEEN** ► gelovigen, inheemse volken, studenten, vluchtelingen **SPECIFIEK** ► Organisaties die invulling geven aan de doelstelling. **ACTIVITEITEN** ► De Stichting IJsselvliedt en het Gevaertsfonds hebben het afgelopen jaar voldaan aan de statutaire verplichtingen. In Nederland aan Maatschappelijk werk op Protestants Christelijke grondslag en aan de ondersteuning van vluchtelingstudenten. In het buitenland via een aantal organisaties aan projecten voor vluchtelingen en ontheemden. In het kader van het landgoedbeheer is er, naast de gebruikelijke land- en bosbouwactiviteit, in het bijzonder aandacht geweest voor een betere verkaveling van het landbouwareaal. het huis 'IJsselvliedt' wordt geëxploiteerd door het Protestantse Stichting Diakonale Vakanties (PSDV) ten behoeve van het bieden van vakanties aan hen voor wie het anders niet of haast niet mogelijk is om met vakantie te gaan. **INTERVENTIENIVEAU** ► Steun aan lokale/provinciale maatschappelijke organisaties en structuren (incl. gemeenten etc.) die diensten verlenen aan individuen.

Werkgebied ■ **ACTIERADIUS** ► Internationaal **LAND** ► Wereldwijd.

Bestedingen ■ **BUDGET** ► € 380.000 **SOORT BIJDRAGE** ► giften **BOVENGRENS** ► geen **ONDERGRENS** ► geen.

Projecten ■ **CRITERIA** ► geen projectcriteria bekend **DOORLOOPTIJD** ► ☑ onbekend **STATUS AANVRAGER** ► ☑ stichting of vereniging (non-profit) **VOORKEUR/UITSLUITING** ► geen voorkeur of uitsluiting bekend.

Procedure ■ **OP AANVRAAG** ► ja **AANVRAAGPROCEDURE** ► Geen aanvraagprocedure bekend. De aanvragen worden door het bestuur beoordeeld en getoetst aan de doelstelling. Het secretariaat van de Stichting is bereikbaar via het contactformulier op de website.

Financieel ■ **INKOMSTEN EV** ► € 2.667.736 **INKOMSTEN OV** ► € 36.608 **HERKOMST MIDDELEN** ► vermogen, legaten, inkomsten uit vermogen **BOEKJAAR** ► 2019.

Contact ■ **BEREIKBAAR PER** ► ☑ post ☒ e-mail ☒ telefoon **CONTACTPERSOON** ► geen contactpersoon bekend **POSTADRES** ► Marienwaerdt 't Klooster 5, 4153 RR Beesd.

623
Stichting IJzer & Lood

Rubriek ■ ☑ kunst en cultuur

Algemeen ■ **WEBSITE** ► www.kennisbankfilantropie.nl/anbi/ijzerlood **TYPERING** ► vermogensfonds **OPGERICHT** ► 20-03-2000 **RECHTSVORM** ► stichting **KVK** ► 01088081 **ANBI STATUS** ► ja **DIRECTIE** ► geen directiegegevens bekend **BESTUUR** ► H.J. Wierda, voorzitter; IJ.J. Lichthart, penningmeester; IJ.J. Lichthart, secretaris; I.G. Streefkerk; mw. M. Wierda; M. Braaksma.

Missie ■ **DOELSTELLING** ► Het statutaire doel van de stichting is het conserveren, beheren en voor het publiek toegankelijk maken van industrieel erfgoed, in het bijzonder op het gebied van mechanische technologie, alsmede het publiceren over dit onderwerp en voorts al hetgeen dat met een en ander rechtstreeks of zijdelings verband houdt, of daaraan bevorderlijk kan zijn, alles in de ruimste zin des woords. **HISTORIE** ▶ De stichting is opgericht op 20 maart 2000, met als doelstelling industrieel erfgoed, in het bijzonder op het gebied van mechaniek en ambachten, voor de geschiedenis te conserveren. De stichting heeft zich sedert haar oprichting gericht op het inventariseren van kleine industriële bedrijven, die gingen sluiten, en waarvan de inventaris en de administratie verloren dreigden te gaan. Daarbij werd getracht, en dat regelmatig met succes, die inventaris te herplaatsen in marge-werkplaatsen en ambachtsmusea. Daarnaast verwierf de stichting een aanzienlijke collectie boekdrukmateriaal, alsmede machine-gereedschappen. De plannen zijn in een vergaand stadium om daarmee een historische werkplaats in te richten. **BELEIDSPLAN OP WEBSITE** ▶ ja.

Doelgroep ■ **SPECIFIEK** ▶ Industrieel erfgoed, in het bijzonder op het gebied van mechaniek en ambachten. **ACTIVITEITEN** ▶ De stichting heeft zich sedert haar oprichting gericht op het inventariseren van kleine industriële bedrijven, die gingen sluiten, en waarvan de inventaris en de administratie verloren dreigden te gaan. Daarbij werd getracht om die inventaris te herplaatsen in marge-werkplaatsen en ambachtsmusea. Daarnaast verwierf de stichting een aanzienlijke collectie boekdrukmateriaal, alsmede machine-gereedschappen. Er plannen zijn om daarmee een historische werkplaats in te richten. Tevens is de stichting nauw betrokken bij het inventariseren en beschrijven van nog bestaande smederijen in Friesland. In dat verband zijn er ook plannen om een bestaande smederij in stand te houden als museum-werkplaats. **INTERVENTIENIVEAU** ▶ Steun op niveau van maatschappij zelf (beleidsbeïnvloeding, etc.).

Werkgebied ■ **ACTIERADIUS** ▶ Nationaal **LAND** ▶ Nederland.

Bestedingen ■ **BUDGET** ▶ niet openbaar **SOORT BIJDRAGE** ▶ onbekend **BOVENGRENS** ▶ geen **ONDERGRENS** ▶ geen.

Projecten ■ **CRITERIA** ▶ geen projectcriteria bekend **DOORLOOPTIJD** ▶ ☑ onbekend **STATUS AANVRAGER** ▶ ☑ geen beperkingen bekend **VOORKEUR/UITSLUITING** ▶ geen voorkeur of uitsluiting bekend.

Procedure ■ **OP AANVRAAG** ▶ onbekend **AANVRAAGPROCEDURE** ▶ geen aanvraagprocedure bekend.

Financieel ■ **EIGEN VERMOGEN** ▶ € 124.988 **INKOMSTEN OV** ▶ € 13.200 **HERKOMST MIDDELEN** ▶ giften & schenkingen, overige inkomsten **BOEKJAAR** ▶ 2018 **JAARVERSLAG OP WEBSITE** ▶ ja.

Contact ■ **BEREIKBAAR PER** ▶ ☑ post ☑ e-mail ☑ telefoon **CONTACTPERSOON** ▶ geen contactpersoon bekend **POSTADRES** ▶ Emmakade 5, 8921 AD Leeuwarden **EMAIL (ALGEMEEN)** ▶ wierda37@xs4all.nl **TELEFOON (ALGEMEEN)** ▶ 058-2120994.

624
Stichting IKEA Foundation

Rubriek ■ ☑ maatschappij, welzijn en samenleving ☑ noodhulp ☑ economische ontwikkeling en microkrediet

Algemeen ■ **WEBSITE** ▶ www.ikeafoundation.org **TYPERING** ▶ goededoelenorganisatie **OPGERICHT** ▶ 1982 **RECHTSVORM** ▶ stichting **KVK** ▶ 41202422 **ANBI STATUS** ▶ ja **DIRECTIE** ▶ geen directiegegevens bekend **BESTUUR** ▶ J. Kuylenstierna, voorzitter; J. Kamprad; P. Kamprad; A. Moberg; S. Palmquist.

Missie ■ **DOELSTELLING** ▶ Het hoofddoel van de IKEA Foundation is het verbeteren van de levens van kinderen in armoede door het steunen van programma's die families helpen zich een beter dagelijks leven te veroorloven en de planeet te beschermen. **HISTORIE** ▶ Opgericht in 1982, richtte de IKEA Stichting zich aanvankelijk uitsluitend op architectuur en interieurontwerp. In de loop der jaren is IKEA actief geworden bij het aanpakken van de oorzaken van kinderarbeid, evenals inspanningen met grote partners om kinderrechten en onderwijs te bevorderen. In 2009 breidde de IKEA Stichting haar missie uit om de kansen van kinderen te verbeteren, zodat ze uiteindelijk de controle kunnen krijgen op hun eigen toekomst. Vandaag werkt de IKEA Stichting samen met sterke strategische partners die innovatieve benaderingen toepassen om op grote schaal resultaten op vier fundamentele gebieden van een kind te realiseren: een plek om zich thuis te voelen; een gezonde start in het leven; kwalitatief hoogwaardig onderwijs; en duurzaam gezinsinkomen. **BELEIDSPLAN OP WEBSITE** ▶ ja.

Doelgroep ■ **ALGEMEEN** ▶ armen, jongeren, kinderen, vluchtelingen, vrouwen **SPECIFIEK** ▶ (Kwetsbare) kinderen in armoede en de planeet. Voornamelijk jongeren, vrouwen en vluchtelingen. **ACTIVITEITEN** ▶ De stichting beoogt de welvaart van (gevluchte) (kans)arme families met daarbij oog voor de planeet te verbeteren; ☑ Het ondersteunen van inkomsten door landbouw, werknemerschap en ondernemerschap; ☑ toegang tot hernieuwbare energie verbeteren; ☑ klimaatmaatregelen. De stichting gaat samenwerkingen aan met innovatieve hoog aangeschreven organisaties met ervaring op deze gebieden. **INTERVENTIENIVEAU** ▶ Steun aan lokale/provinciale maatschappelijke organisaties en structuren (incl. gemeenten etc.) die diensten verlenen aan individuen.; Steun op niveau van maatschappij zelf (beleidsbeïnvloeding, etc.).

Werkgebied ■ **ACTIERADIUS** ▶ Internationaal **LAND** ▶ Wereldwijd.

Bestedingen ■ **BUDGET** ▶ niet openbaar **SOORT BIJDRAGE** ▶ subsidies giften **BOVENGRENS** ▶ geen **ONDERGRENS** ▶ geen.

Projecten ■ **CRITERIA** ▶ geen projectcriteria bekend **DOORLOOPTIJD** ▶ ☑ onbekend **STATUS AANVRAGER** ▶ ☑ geen beperkingen bekend **VOORKEUR/UITSLUITING** ▶ geen voorkeur of uitsluiting bekend.

Procedure ■ **OP AANVRAAG** ▶ ja **AANVRAAGPROCEDURE** ▶ Geen aanvraagprocedure. De Stichting concentreert haar middelen op het opbouwen van partnerschappen met belangrijke organisaties om haar effectiviteit en efficiëntie te maximaliseren.

Financieel ■ **EIGEN VERMOGEN** ▶ € 9.790 **INKOMSTEN EV** ▶ € 192 **INKOMSTEN OV** ▶ € 208.371 **HERKOMST MIDDELEN** ▶ moederorganisatie (bijdragen) **BOEKJAAR** ▶ 2019 **JAARVERSLAG OP WEBSITE** ▶ ja.

Contact ■ **BEREIKBAAR PER** ▶ ☑ post ☒ e-mail ☒ telefoon **CONTACTPERSOON** ▶ geen contactpersoon bekend **POSTADRES** ▶ Postbus 11134, 2301 EC Leiden.

625
Il Flauto Dolce Fonds

Rubriek ■ ☑ kunst en cultuur

Algemeen ■ WEBSITE ▶ www.cultuurfonds.nl TYPERING ▶ fonds op naam BEHEERD DOOR ▶ Prins Bernhard Cultuurfonds DIRECTIE ▶ zie > Prins Bernhard Cultuurfonds BESTUUR ▶ zie > Prins Bernhard Cultuurfonds

Missie ■ DOELSTELLING ▶ Het financieel ondersteunen van projecten en talenten op het terrein van de oude muziek. Blokfluitisten kunnen worden gesteund bij de aanschaf van een passend instrument.

Werkgebied ■ ACTIERADIUS ▶ Nationaal LAND ▶ Nederland.

Projecten ■ CRITERIA ▶ geen projectcriteria bekend DOORLOOPTIJD ▶ ☑ korter dan 1 jaar STATUS AANVRAGER ▶ ☑ geen beperkingen bekend VOORKEUR/UITSLUITING ▶ geen voorkeur of uitsluiting bekend.

Procedure ■ OP AANVRAAG ▶ ja AANVRAAGPROCEDURE ▶ Dit 'fonds op naam' ressorteert onder het Prins Bernhard Cultuurfonds. Verzoeken aan fondsen op naam komen op één centraal punt binnen. Dit houdt in dat een subsidieaanvraag slechts eenmaal aan het Prins Bernhard Cultuurfonds hoeft te worden gezonden. Voor de verdere aanvraagprocedure: zie Prins Bernhard Cultuurfonds. URL ▶ www.cultuurfonds.nl/aanvragen

Contact ■ BEREIKBAAR PER ▶ ☑ post ☑ e-mail ☑ telefoon CONTACTPERSOON ▶ geen contactpersoon bekend POSTADRES ▶ Postbus 19750, 1000 GT Amsterdam EMAIL (ALGEMEEN) ▶ info@cultuurfonds.nl TELEFOON (ALGEMEEN) ▶ 020-5206130.

626
Stichting IMC Goede Doel

Rubriek ■ ☑ maatschappij, welzijn en samenleving ☑ onderwijs en onderzoek

Algemeen ■ WEBSITE ▶ www.imc.com/eu/charity TYPERING ▶ goededoelenorganisatie OPGERICHT ▶ 19-04-2000 RECHTSVORM ▶ stichting KVK ▶ 34133017 ANBI STATUS ▶ ja DIRECTIE ▶ geen directiegegevens bekend BESTUUR ▶ geen bestuursgegevens bekend.

Missie ■ DOELSTELLING ▶ Het verbeteren van school- of studieresultaten, persoonlijke en sociale vaardigheden, ambitie en mogelijkheden voor achtergestelde kinderen en jongeren in de omgeving waar IMC actief is. STICHTER(S) ▶ IMC Financial Markets & Asset Management HISTORIE ▶ Stichting IMC Goede Doel is opgericht in 2000 om de giften vanuit de onderneming op professionele en transparante wijze te verrichten. De stichting is begonnen in Amsterdam en later uitgebreid naar kantoren in Sydney en Chicago. In 1998 spelde IMC een belangrijke rol in het lanceren van de IMC Weekendschool, in Amsterdam. Vandaag biedt de Weekendschool aanvullende motivatiegericht onderwijs voor meer dan 1000 kinderen op 10 locaties in Nederland. Vanaf 2002 vergrootte IMC haar inzet voor jongeren door het aanpassen van de benadering van de unieke behoeften in de gemeenschap. IMC heeft sterke relaties met meerdere goede doelen gevestigd, die zowel academische als ervaringsgroei aan studenten in en rond Sydney steunen. In 2008 begon het kantoor in Chicago jongeren te helpen in hun gemeenschap zich ontwikkelen tot hun volledig potentieel.

Doelgroep ■ ALGEMEEN ▶ jongeren, kinderen, inheemse volken, armen SPECIFIEK ▶ Achtergestelde kinderen en jongeren. ACTIVITEITEN ▶ Kernprogramma's: ☑ educatie; ☑ vrijwilligerswerk van medewerkers; ☑ Make-Your-Mark; ☑ matching gift program. Lokaal worden er projecten gesteund met geld, het netwerk en de expertise. INTERVENTIENIVEAU ▶ Steun aan lokale/provinciale maatschappelijke organisaties en structuren (incl. gemeenten etc.) die diensten verlenen aan individuen.

Werkgebied ■ ACTIERADIUS ▶ Lokaal, Regionaal, Nationaal, Internationaal LAND ▶ Nederland PLAATS ▶ Amsterdam.

Bestedingen ■ BUDGET ▶ niet openbaar SOORT BIJDRAGE ▶ giften BOVENGRENS ▶ geen ONDERGRENS ▶ geen.

Projecten ■ CRITERIA ▶ Projecten die bijdrage aan de talentontwikkeling en/of toekomstperspectieven van kinderen en jongeren in een achterstandssituatie. DOORLOOPTIJD ▶ ☑ korter dan 1 jaar STATUS AANVRAGER ▶ ☑ stichting of vereniging (non-profit) VOORKEUR/UITSLUITING ▶ geen voorkeur of uitsluiting bekend.

Procedure ■ OP AANVRAAG ▶ nee DOORLOOPTIJD ▶ 1-3 maanden; geen doorlooptijd bekend; geen doorlooptijd bekend AANVRAAGPROCEDURE ▶ De commissie is actief op zoek naar initiatieven. Ongevraagde voorstellen worden niet in behandeling genomen.

Financieel ■ HERKOMST MIDDELEN ▶ moederorganisatie (bijdragen).

Contact ■ BEREIKBAAR PER ▶ ☑ post ☑ e-mail ☑ telefoon CONTACTPERSOON ▶ geen contactpersoon bekend POSTADRES ▶ Infinity Building Amstelveenseweg 500, 1081 KL Amsterdam EMAIL (ALGEMEEN) ▶ contact.amsterdam@imc.com TELEFOON (ALGEMEEN) ▶ +3120-7988400.

627
Stichting Imelda-Nolet

Rubriek ■ ☑ gezondheidszorg ☑ maatschappij, welzijn en samenleving ☑ voedsel en voedselveiligheid ☑ onderwijs en onderzoek ☑ economische ontwikkeling en microkrediet

Algemeen ■ WEBSITE ▶ www.stichtingimelda-nolet.nl TYPERING ▶ vermogensfonds OPGERICHT ▶ 01-01-2015 RECHTSVORM ▶ stichting KVK ▶ 62357344 ANBI STATUS ▶ ja DIRECTIE ▶ geen directiegegevens bekend BESTUUR ▶ Mw. A.H.J. Prieckaerts, voorzitter; J.M.A. le Conge, penningmeester; mw. I. Reuser-Schuring, secretaris; B.G.J. de Koning; mw. J. Roodenburg.

Missie ■ DOELSTELLING ▶ De stichting heeft als doel de bevordering van het geestelijk, lichamelijk en materieel welzijn van kinderen en de bevordering van gezondheidszorg in het algemeen, door het verstrekken van (financiële) ondersteuning, en het verrichten van al wat hiermee verband houdt of daartoe bevorderlijk kan zijn. STICHTER(S) ▶ De Sint Imelda Stichting en de Stichting Gezondheidszorg Nolet HISTORIE ▶ De stichting is op 1 januari 2015 ontstaan vanuit een fusie van de Sint Imelda Stichting en de Stichting Gezondheidszorg Nolet.

De fusie kwam tot stand om hun krachten te bundelen teneinde daarmee hun financiële slagkracht te vergroten en in het kielzog daarvan een bredere invulling te kunnen geven aan hun beider doelstellingen. **BELEIDSPLAN OP WEBSITE** ▶ ja.

Doelgroep ■ **ALGEMEEN** ▶ armen, jongeren, kinderen, gehandicapten, zieken **SPECIFIEK** ▶ Geen specifieke doelgroep **ACTIVITEITEN** ▶ Stichting Imelda-Nolet financiert diverse typen projecten waaronder die waar infrastructuur, materialen, apparatuur en sanitatie, ter beschikking worden gesteld aan onderwijs en gezondheidszorg. Projecten voor het totstandbrengen van infrastructuur, zoals schoolgebouwen of gezondheidszorgfaciliteiten maken jaarlijks deel uit van de toekenningen. Financiering gaat tevens naar materialen zoals bijvoorbeeld medische materialen, materialen voor bouw en inrichting en lesmaterialen. Andere projecten bevonden zich op het gebied van voeding en in enkele gevallen naar medische beroepsopleidingen en medische verrichtingen. Projecten werden bijvoorbeeld ondersteund in Papua Nieuw Guinea, Tanzania, Ghana, India, Gambia, Guinee Bissau, Tanzania, Ghana, Sri Lanka. **INTERVENTIENIVEAU** ▶ Steun aan lokale/provinciale maatschappelijke organisaties en structuren (incl. gemeenten etc.) die diensten verlenen aan individuen.; Steun aan individuen (directe steun).

Werkgebied ■ **ACTIERADIUS** ▶ Internationaal **LAND** ▶ Ontwikkelingslanden.

Bestedingen ■ **BUDGET** ▶ € 200.000 **ONDERSTEUNDE PROJECTEN P/J** ▶ 23 **SOORT BIJDRAGE** ▶ giften **BOVENGRENS** ▶ geen **ONDERGRENS** ▶ geen.

Projecten ■ **CRITERIA** ▶ Toekenningscriteria zijn voorts: ☑ Het betreft rechtstreekse projectaanvragen, zonder tussenkomst van professionele fondsenwervende instellingen; ☑ Het project kan niet verantwoord uit eigen middelen gefinancierd worden; ☑ De inzet van vrijwilligers voor toezicht op, en totstandkoming van de projecten; ☑ Aantoonbaar lage overheadkosten; de indirecte kosten als percentage van de toegekende projectgelden,. **DOORLOOPTIJD** ▶ ☑ onbekend **STATUS AANVRAGER** ▶ ☑ geen beperkingen bekend **VOORKEUR/UITSLUITING** ▶ De voorkeur gaat uit naar aanvragen vanuit landen die voorheen als 'ontwikkelingslanden' werden geduid. De voorkeur gaat niet uit naar bijdragen aan jaarlijks terugkerende exploitatiekosten.

Procedure ■ **OP AANVRAAG** ▶ ja **AANVRAAGPROCEDURE** ▶ Alleen digitaal aangeleverde aanvragen (per e-mail) worden in behandeling genomen. Op de website is een standaard aanvraagformulier te downloaden. Een complete aanvraag bestaat uit: ☑ Aanvraagformulier – volledig ingevuld; ☑ Een aanvraag of brief met projectomschrijving. ☑ Projectbegroting. ☑ Statuten van de aanvragende organisatie. ☑ Recente jaarrekening van de aanvragende organisatie. Het bestuur behandelt aanvragen op volgorde van binnenkomst, en vergadert 3 of 4 keer per jaar. De aanvrager wordt schriftelijk op de hoogte gebracht over toewijzingen en afwijzingen. Over de besluiten wordt niet nader gecorrespondeerd. **URL** ▶ http://stichtingimelda-nolet.nl/aanvragen/

Financieel ■ **EIGEN VERMOGEN** ▶ € 7.257.369 **INKOMSTEN EV** ▶ € 1.094.673 **HERKOMST MIDDELEN** ▶ onbekend **BOEKJAAR** ▶ 2019 **JAARVERSLAG OP WEBSITE** ▶ ja.

Contact ■ **BEREIKBAAR PER** ▶ ☑ post ☑ e-mail ☒ telefoon **CONTACTPERSOON** ▶ Mw. I. Reuser **POSTADRES** ▶ Atalantahof 56, 3124 BB Schiedam **EMAIL (ALGEMEEN)** ▶ imelda-nolet@outlook.com.

628
Ina van Doormaal Fonds

Rubriek ■ ☑ kunst en cultuur ☑ onderwijs en onderzoek

Algemeen ■ **WEBSITE** ▶ www.cultuurfonds.nl **TYPERING** ▶ fonds op naam **BEHEERD DOOR** ▶ Prins Bernhard Cultuurfonds **DIRECTIE** ▶ zie Prins Bernhard Cultuurfonds **BESTUUR** ▶ zie Prins Bernhard Cultuurfonds

Missie ■ **DOELSTELLING** ▶ Het financieel ondersteunen van professionele beeldende kunstenaars ten behoeve van een vervolgopleiding in het binnen- of buitenland.

Werkgebied ■ **ACTIERADIUS** ▶ Nationaal, Internationaal **LAND** ▶ Nederland.

Projecten ■ **CRITERIA** ▶ geen projectcriteria bekend **DOORLOOPTIJD** ▶ ☑ korter dan 1 jaar **STATUS AANVRAGER** ▶ ☑ geen beperkingen bekend **VOORKEUR/UITSLUITING** ▶ geen voorkeur of uitsluiting bekend.

Procedure ■ **OP AANVRAAG** ▶ ja **AANVRAAGPROCEDURE** ▶ Dit 'fonds op naam' ressorteert onder het Prins Bernhard Cultuurfonds. Verzoeken aan fondsen op naam komen op één centraal punt binnen. Dit houdt in dat een subsidieaanvraag slechts eenmaal aan het Prins Bernhard Cultuurfonds hoeft te worden gezonden. Voor de verdere aanvraagprocedure: zie Prins Bernhard Cultuurfonds. **URL** ▶ www.cultuurfonds.nl/aanvragen

Contact ■ **BEREIKBAAR PER** ▶ ☑ post ☑ e-mail ☑ telefoon **CONTACTPERSOON** ▶ geen contactpersoon bekend **POSTADRES** ▶ Postbus 19750, 1000 GT Amsterdam **EMAIL (ALGEMEEN)** ▶ info@cultuurfonds.nl **TELEFOON (ALGEMEEN)** ▶ 020-5206130.

629
Ineke Feitz-Stichting

Rubriek ■ ☑ maatschappij, welzijn en samenleving ☑ economische ontwikkeling en microkrediet ☑ onderwijs en onderzoek ☑ noodhulp ☑ voedsel en voedselveiligheid

Algemeen ■ **WEBSITE** ▶ www.inekefeitzstichting.nl **TYPERING** ▶ vermogensfonds **OPGERICHT** ▶ 1989 **RECHTSVORM** ▶ stichting **KVK** ▶ 41183586 **ANBI STATUS** ▶ ja **DIRECTIE** ▶ geen directiegegevens bekend **BESTUUR** ▶ W. Vroom, voorzitter; C. Nijman, penningmeester; J. Penders, secretaris; A. Mulder.

Missie ■ **DOELSTELLING** ▶ 'Het verbeteren van de levens van kwetsbare kinderen waar ook ter wereld, in het bijzonder kinderen met een geestelijke (of meervoudige) handicap, door hen toegang te geven tot zorg en onderwijs indien dat niet vanzelfsprekend is.' **STICHTER(S)** ▶ Mevrouw M. Feitz-Dreesmann **HISTORIE** ▶ Ineke Feitz Stichting (IFS) is een vermogensfonds opgericht door mevrouw M. Feitz-Dreesmann in 1989. Middels dit fonds wilde ze in naam van haar dochtertje Ineke Feitz, die op 11 jarige leeftijd plotseling overleed, een bijdrage leveren aan zorg voor kwetsbare kinderen en vooral kinderen met een handicap. Mevrouw Feitz-Dreesmann overleed in 1998. Vanaf 2015 heeft IFS het programmamanagement weer in eigen hand genomen. Ze zijn in 2016 een samenwerkingsverband aangegaan met 6 ondernemende organisaties. **BELEIDSPLAN OP WEBSITE** ► ja.

Doelgroep ■ **ALGEMEEN** ► kinderen, armen, gehandicapten **SPECIFIEK** ► Gehandicapte en kwetsbare kinderen. **ACTIVITEITEN** ► Om deze doelstelling te bereiken richt IFS zich op de financiering van interventies en organisaties die zich richten op de doelstelling en verleent financiële steun aan instellingen die ten doel hebben de elementaire levensomstandigheden zoals voeding, onderdak, gezondheid en onderwijs van deze kwetsbare kinderen te verbeteren. IFS ondersteunt momenteel vooral de volgende organisaties: ☑ Karuna foundation; ☑ Partnership foundation (Rainbow homes); ☑ Max foundation; ☑ Niketan; ☑ OTC Ghana (Orthopedic Training Centre). In principe streeft IFS naar een meerjarige relatie met de door haar ondersteunde organisaties; wel werkt IFS met jaarlijkse contracten. **INTERVENTIENIVEAU** ► Steun aan lokale/provinciale maatschappelijke organisaties en structuren (incl. gemeenten etc.) die diensten verlenen aan individuen.; Steun op niveau van maatschappij zelf (beleidsbeïnvloeding, etc.).

Werkgebied ■ **ACTIERADIUS** ► Internationaal **LAND** ► Ontwikkelingslanden, Wereldwijd.

Bestedingen ■ **BUDGET** ► € 1.300.000 **ONDERSTEUNDE PROJECTEN P/J** ► 7 **SOORT BIJDRAGE** ► onbekend **BOVENGRENS** ► geen **ONDERGRENS** ► geen.

Projecten ■ **CRITERIA** ► De Ineke Feitz stichting volgt de uitgangspunten van het "effectief geven" in haar strategie om organisaties te ondersteunen (www.inekefeitzstichting.nl/effectief-geven/). **DOORLOOPTIJD** ► ☑ onbekend **STATUS AANVRAGER** ► ☑ geen beperkingen bekend **VOORKEUR/UITSLUITING** ► IFS hanteert hierbij geen geografische focus en zoekt bij voorkeur naar (potentieel) effectieve interventies die relatief beperkte financiering ontvangen c.q. lastig aan financiering kunnen komen.

Procedure ■ **OP AANVRAAG** ► ja **AANVRAAGPROCEDURE** ► IFS ontvangt aanvragen van en identificeert zelf organisaties om te onderzoeken of er mogelijkheden zijn om via deze organisaties onze doelgroep te bereiken.

Financieel ■ **INKOMSTEN EV** ► €)3.316.696 **HERKOMST MIDDELEN** ► onbekend **BOEKJAAR** ► 2019 **JAARVERSLAG OP WEBSITE** ► ja.

Contact ■ **BEREIKBAAR PER** ► ☑ post ☑ e-mail ☑ telefoon **CONTACTPERSOON** ► Mw. A. Gummels **POSTADRES** ► Groningerstraat 9, 3812 EG Amersfoort **EMAIL (ALGEMEEN)** ► annetvandenhoek@gmail.com **TELEFOON (ALGEMEEN)** ► 0618641952.

630
Stichting ING Nederland Fonds

Rubriek ■ ☑ maatschappij, welzijn en samenleving

Algemeen ■ **WEBSITE** ► www.ing.nl/de-ing/over-de-ing/ingnederlandfonds/index.html **TYPERING** ► vermogensfonds **BEHEERD DOOR** ► ING Bank N.V. **OPGERICHT** ► 06-06-2015 **RECHTSVORM** ► stichting **KVK** ► 63478978 **ANBI STATUS** ► ja **DIRECTIE** ► mw. K. Ottens **BESTUUR** ► R. van Dusschoten, voorzitter; J. Prevo, penningmeester; J. Prevo, secretaris; L. Meijs; mw. L. Bank; H. Hoogstad.

Missie ■ **DOELSTELLING** ► Het ING Nederland fonds steunt maatschappelijke projecten in Nederland die mensen vooruit helpen. De ambitie is om mensen en bedrijven in staat te stellen hun eigen ideeën plannen voor een betere toekomst te realiseren, hoe groot of klein deze ook zijn. Onze bucket list bestaat uit een Nederlandse samenleving waarin: ☑ iedereen digitale vaardigheden leert; ☑ mensen geldzaken beter begrijpen; ☑ werk voor iedereen bereikbaar is. **STICHTER(S)** ► ING Bank N.V.

Doelgroep ■ **ALGEMEEN** ► armen, dak- en thuislozen, kinderen, jongeren, studenten, gehandicapten **SPECIFIEK** ► Landelijke maatschappelijke initiatieven en lokale projecten. **ACTIVITEITEN** ► De Stichting vindt het belangrijk om te investeren in omvangrijke landelijke maatschappelijke initiatieven en ideeën, maar ook om lokale projecten een steuntje in de rug te geven. Dit doen ze door middel van donaties, maar ook met het geven van kennis en tijd. Alles om de impact te vergroten en daarmee iets te betekenen voor en met Nederland. Voor landelijke maatschappelijke intitiatieven is door de Stichting de Club van 25 gevormd. De ondersteuning van maatschappelijke ondernemers kan in de vorm van; ☑ een partnerschap voor meerdere jaren; ☑ een stimulansbijdrage om te starten of te groeien; ☑ ondersteuning van organisatieontwikkeling van de Club van 25; ☑ trainingen voor medewerkers van partners; ☑ advies over bijvoorbeeld strategie, organisatieontwikkeling of impact meten; ☑ kennissessies met partners over actuele onderwerpen. Met Help Nederland vooruit hebben al bijna 1000 lokale initiatieven een donatie mogen ontvangen. Daarnaast ontvangen ook bijna 800 goede doelen en maatschappelijke organisaties waar ING medewerkers zich vrijwillig voor inzetten jaarlijks een donatie. **INTERVENTIENIVEAU** ► Steun aan lokale/provinciale maatschappelijke organisaties en structuren (incl. gemeenten etc.) die diensten verlenen aan individuen.; Steun op niveau van maatschappij zelf (beleidsbeïnvloeding, etc.).

Werkgebied ■ **ACTIERADIUS** ► Nationaal **LAND** ► Nederland.

Bestedingen ■ **BUDGET** ► niet openbaar **SOORT BIJDRAGE** ► giften overig investeringen **BOVENGRENS** ► € 20.000 **ONDERGRENS** ► € 1.000.

Projecten ■ **CRITERIA** ► Het ondersteunen van mensen die het initiatief nemen om een maatschappelijk vraagstuk op te pakken op landelijk en op lokaal niveau. Club van 25:Zij zorgen ervoor dat iedereen digitale vaardigheden leert, mensen geldzaken beter begrijpen en werk voor iedereen bereikbaar is. Zij zijn bezig met schaalbare initiatieven met een lange termijn effect en werken vaak onderling samen. **DOORLOOPTIJD** ► ☑ onbekend **STATUS AANVRAGER** ► ☑ geen beperkingen bekend **VOORKEUR/UITSLUITING** ► geen voorkeur of uitsluiting bekend.

Procedure ■ **OP AANVRAAG** ► onbekend **AANVRAAGPROCEDURE** ► Het bestuur komt vier keer per jaar samen om de grote landelijke aanvragen te beoordelen. Aanvragen kunnen per email worden ingediend. Aanvragen voor lokale initiatieven kunnen via de links op website worden ingediend. **URL** ▶ www.ing.nl/de-ing/over-de-ing/ING-Nederlandfonds/een-aanvraag-doen/index.html

Financieel ■ **EIGEN VERMOGEN** ▶ € 12.187.128 **HERKOMST MIDDELEN** ▶ moederorganisatie (bijdragen), vermogen **BOEKJAAR** ▶ 2018 **JAARVERSLAG OP WEBSITE** ▶ ja.

Contact ■ **BEREIKBAAR PER** ▶ ☑ post ☑ e-mail ☒ telefoon **CONTACTPERSOON** ▶ Mw. K. Ottens **POSTADRES** ▶ Bijlmerdreef 24 - ACT C03.390 , 1102 CT Amsterdam **EMAIL (ALGEMEEN)** ▶ nederlandfonds@ing.nl.

631

R.G. Ingelse's Still Going Strong Stichting voor Gehandicapten

Rubriek ■ ☑ maatschappij, welzijn en samenleving ☑ sport en recreatie

Algemeen ■ **WEBSITE** ▶ www.kennisbankfilantropie.nl/anbi/rgingelses-still-going-strong **TYPERING** ▶ vermogensfonds **OPGERICHT** ▶ 23-07-1973 **RECHTSVORM** ▶ stichting **KVK** ▶ 41151131 **ANBI STATUS** ▶ ja **DIRECTIE** ▶ geen directiegegevens bekend **BESTUUR** ▶ E.D. Ohm, voorzitter; M. Ingelse, penningmeester; M. Ingelse, secretaris; A.M. van Lunszen.

Missie ■ **DOELSTELLING** ▶ De stichting heeft tot doel het geven van geldelijke bijdragen aan instellingen die zich bezig houden met steun aan lichamelijk en/of geestelijk gehandicapten en voorts al hetgeen daar rechtstreeks of zijdelings verbad houdt of daartoe bevorderlijk kan zijn.

Doelgroep ■ **ALGEMEEN** ▶ algemeen, gehandicapten **SPECIFIEK** ▶ Lichamelijk en geestelijk gehandicapten. **ACTIVITEITEN** ▶ Geen specifieke activiteiten bekend **INTERVENTIENIVEAU** ▶ Steun aan lokale/provinciale maatschappelijke organisaties en structuren (incl. gemeenten etc.) die diensten verlenen aan individuen.; Steun aan individuen (directe steun).

Werkgebied ■ **ACTIERADIUS** ▶ Nationaal **LAND** ▶ Nederland.

Bestedingen ■ **BUDGET** ▶ niet openbaar **SOORT BIJDRAGE** ▶ onbekend **BOVENGRENS** ▶ geen **ONDERGRENS** ▶ geen.

Projecten ■ **CRITERIA** ▶ geen projectcriteria bekend **DOORLOOPTIJD** ▶ ☑ onbekend **STATUS AANVRAGER** ▶ ☑ stichting of vereniging (non-profit) ☑ kerkelijke instelling ☑ onderwijsinstelling **VOORKEUR/UITSLUITING** ▶ geen voorkeur of uitsluiting bekend.

Procedure ■ **OP AANVRAAG** ▶ onbekend **AANVRAAGPROCEDURE** ▶ geen aanvraagprocedure bekend.

Financieel ■ **HERKOMST MIDDELEN** ▶ onbekend **BOEKJAAR** ▶ boekjaar onbekend **JAARVERSLAG OP WEBSITE** ▶ ja.

Contact ■ **BEREIKBAAR PER** ▶ ☑ post ☑ e-mail ☑ telefoon **CONTACTPERSOON** ▶ geen contactpersoon bekend **POSTADRES** ▶ Hyacinthlaan 27, 5551 AS Valkenswaard **EMAIL (ALGEMEEN)** ▶ m.ingelse@chello.nl **TELEFOON (ALGEMEEN)** ▶ 040-2018026.

632

Ingwersen Bax Fonds

Rubriek ■ ☑ kunst en cultuur

Algemeen ■ **WEBSITE** ▶ www.cultuurfonds.nl **TYPERING** ▶ fonds op naam **BEHEERD DOOR** ▶ Prins Bernhard Cultuurfonds **DIRECTIE** ▶ zie Prins Bernhard Cultuurfonds **BESTUUR** ▶ zie Prins Bernhard Cultuurfonds

Missie ■ **DOELSTELLING** ▶ Het financieel ondersteunen van projecten op het gebied van het orgel in Nederland.

Werkgebied ■ **ACTIERADIUS** ▶ Nationaal **LAND** ▶ Nederland.

Projecten ■ **CRITERIA** ▶ geen projectcriteria bekend **DOORLOOPTIJD** ▶ ☑ korter dan 1 jaar **STATUS AANVRAGER** ▶ ☑ geen beperkingen bekend **VOORKEUR/UITSLUITING** ▶ geen voorkeur of uitsluiting bekend.

Procedure ■ **OP AANVRAAG** ▶ ja **AANVRAAGPROCEDURE** ▶ Dit 'fonds op naam' ressorteert onder het Prins Bernhard Cultuurfonds. Verzoeken aan fondsen op naam komen op één centraal punt binnen. Dit houdt in dat een subsidieaanvraag slechts eenmaal aan het Prins Bernhard Cultuurfonds hoeft te worden gezonden. Voor de verdere aanvraagprocedure: zie Prins Bernhard Cultuurfonds. **URL** ▶ www.cultuurfonds.nl/aanvragen

Contact ■ **BEREIKBAAR PER** ▶ ☑ post ☑ e-mail ☑ telefoon **CONTACTPERSOON** ▶ geen contactpersoon bekend **POSTADRES** ▶ Postbus 19750, 1000 GT Amsterdam **EMAIL (ALGEMEEN)** ▶ info@cultuurfonds.nl **TELEFOON (ALGEMEEN)** ▶ 020-5206130.

633

Insinger Stichting

Rubriek ■ ☑ maatschappij, welzijn en samenleving ☑ kerk en levensbeschouwing ☑ onderwijs en onderzoek ☑ vluchtelingenhulp

Algemeen ■ **WEBSITE** ▶ https://insingerstichting.nl **TYPERING** ▶ vermogensfonds **BEHEERD DOOR** ▶ Maatschappij van Welstand **OPGERICHT** ▶ 20-03-1913 **RECHTSVORM** ▶ stichting **KVK** ▶ 41200011 **ANBI STATUS** ▶ ja **DIRECTIE** ▶ jhr. mr. L.H.K.C. van Asch van Wijck **BESTUUR** ▶ Mw.mr. F. Belhirich; jhr. R.J.M. de Beaufort; mr. M.W. Zier; jhr.ir. A.J. de Beaufort; jhr.ir. J.H.W. de Beaufort.

Missie ■ **DOELSTELLING** ▶ Het doel der stichting is het bevorderen of steunen van godsdienstige of liefdadige; instellingen of van inrichtingen van algemeen nut, welke zijn gevestigd in de; Nederlandse koloniën hetzij gevestigd zijn, hetzij werken. **STICHTER(S)** ▶ M.P. Insinger, A.H. Insinger **HISTORIE** ▶ De Insinger Stichting stamt uit 1913 en is gevestigd te Amsterdam. **BELEIDSPLAN OP WEBSITE** ▶ ja.

Doelgroep ■ **ALGEMEEN** ▶ gelovigen **SPECIFIEK** ▶ Protestantse kerken, verenigingen en stichtingen met een duidelijke voorkeur voor kerkelijke en pastorale projecten. **ACTIVITEITEN** ▶ De stichting verleent steunbijdragen in de vorm van giften. De Stichting neemt deel aan het overleg met fondsen die een overeenkomstige doelstelling hebben. **INTERVENTIENIVEAU** ▶ Steun aan lokale/provinciale maatschappelijke organisaties en structuren (incl. gemeenten etc.) die diensten verlenen aan individuen.

Werkgebied ■ ACTIERADIUS ▶ Nationaal, Internationaal LAND ▶ Nederland, Aruba, Curaçao, Sint Maarten, Bonaire, Sint Eustatius, Saba, Suriname, Indonesië.
Bestedingen ■ BUDGET ▶ € 600.000 SOORT BIJDRAGE ▶ giften garanties studiebeurzen BOVENGRENS ▶ geen ONDERGRENS ▶ geen.
Projecten ■ CRITERIA ▶ Aanvragers kunnen zijn: Kerken, verenigingen, stichtingen en organisaties met een; protestants christelijke signatuur. Projecten/instellingen die vallen de doelstelling worden beoordeeld op: ☑ zelfredzaamheid,; ☑ eigen inspanningen; ☑ eigen financiële draagkracht van de aanvrager; ☑ redelijkheid van het gevraagde bedrag; ☑ de aanvrager ontvangt van meerdere partijen steun,. DOORLOOPTIJD ▶ ☑ korter dan 1 jaar STATUS AANVRAGER ▶ ☑ stichting of vereniging (non-profit) ☑ kerkelijke instelling ☑ hulpverleners ☑ onderwijsinstelling VOORKEUR/UITSLUITING ▶ ☑ Voorkeur wordt gegeven aan instellingen gebaseerd op het Christelijk Protestants beginsel. ☑ Bijdragen in exploitatiekosten en bijdragen individuele ondersteuning worden niet verleend.
Procedure ■ OP AANVRAAG ▶ ja DOORLOOPTIJD ▶ 1-3 maanden; 3-6 maanden; 1-3 maanden; 3-6 maanden AANVRAAGPROCEDURE ▶ De communicatie en afwikkeling van een aanvraag verloopt volledig via ons aanvraagportaal. Klik op onderstaande button om u te registreren of om in te loggen als u zich al geregistreerd heeft. De Stichting streeft ernaar om binnen vier maanden uitsluitsel te geven aan de aanvrager URL ▶ https://insingerstichting.nl/aanvragen/
Financieel ■ INKOMSTEN EV ▶ € 1.047.000 INKOMSTEN OV ▶ € 7.000 HERKOMST MIDDELEN ▶ vermogen, overige inkomsten BOEKJAAR ▶ 2019 JAARVERSLAG OP WEBSITE ▶ ja.
Contact ■ BEREIKBAAR PER ▶ ☑ post ☑ e-mail ☑ telefoon CONTACTPERSOON ▶ geen contactpersoon bekend POSTADRES ▶ Postbus 655, 3800 AR Amersfoort EMAIL (ALGEMEEN) ▶ insinger@welstand.nl TELEFOON (ALGEMEEN) ▶ 033-4671015.

634
Stichting Instituut Gak

Rubriek ■ ☑ maatschappij, welzijn en samenleving ☑ onderwijs en onderzoek
Algemeen ■ WEBSITE ▶ www.instituutgak.nl TYPERING ▶ vermogensfonds OPGERICHT ▶ 04-07-1995 RECHTSVORM ▶ stichting KVK ▶ 41215140 ANBI STATUS ▶ ja DIRECTIE ▶ R. Imhof RA BESTUUR ▶ Mr. F.K. Buijn, voorzitter; dr. E.P. de Jong, vice-voorzitter; mw.drs. G. Leegwater CFA; drs. L.M.L.H.A. Hermans; mw.mr. Y.C.M.T. van Rooy; drs. A.F. van der Touw; mr. M. Limmen.
Missie ■ DOELSTELLING ▶ De missie van Instituut Gak is het leveren van een bijdrage aan de kwaliteit van de sociale zekerheid en de arbeidsmarkt in Nederland. Dit doet het Instituut door het rendement; op het vermogen aan te wenden voor het financieel onder- steunen van: ☑ Praktischeprojecten; ☑ Wetenschappelijkonderzoek; ☑ (Bijzondere)leerstoeleneneenlectoraat. HISTORIE ▶ 1952: Oprichting Vereniging Gemeenschappelijk Administratie Kantoor (GAK); 1993: Parlementaire enquête Buurmeijer, privatisering van uitvoeringsorganen sociale verzekeringen; 1995: Oprichting (Stichting) Gak Holding; 1996: Overname private activiteiten GAK door (Stichting) Gak Holding; 1999: Regeringsbesluit, uitvoering sociale verzekeringen blijft publiek, fusie van uitvoeringsinstellingen tot UWV; 2000: (Stichting) Gak Holding verkoopt activiteiten (werkmaatschappijen); 2001: Wijziging statutaire doelstellingen en naamswijziging in (Stichting) Instituut Gak; 2003: Fusie met Stichting mr. H.P.L.C. de Kruijff-fonds en Stichting Bijzonder Hoogleraarschap voor het Onderwijs in de Verzekeringsgeneeskunde aan de Universiteit van Amsterdam; 2004: Start wetenschappelijke onderzoeksprogramma's; 2007: Start met resultaatfinanciering. BELEIDSPLAN OP WEBSITE ▶ ja.
Doelgroep ■ SPECIFIEK ▶ Projecten op de terreinen sociale zekerheid en arbeidsmarktbeleid. ACTIVITEITEN ▶ Instituut Gak is een vermogensfonds dat subsidie verstrekt aan projecten op de terreinen sociale zekerheid en arbeidsmarktbeleid in Nederland. Instituut Gak geeft hieraan inhoud door enerzijds binnen de criteria spontane (praktische) aanvragen te honoreren. Anderzijds financiert de stichting wetenschappelijk onderzoek in het kader van het wetenschappelijk onderzoeksprogramma (zie verder aparte webpagina). Verder financiert de stichting een aantal bijzondere leerstoelen op het terrein van sociale zekerheid aan Nederlandse universiteiten. INTERVENTIENIVEAU ▶ Steun aan lokale/provinciale maatschappelijke organisaties en structuren (incl. gemeenten etc.) die diensten verlenen aan individuen.
Werkgebied ■ ACTIERADIUS ▶ Nationaal LAND ▶ Nederland.
Bestedingen ■ BUDGET ▶ € 14.500.000 TOELICHTING ▶ De beleggingsstrategie van Instituut Gak is enerzijds gericht op het in stand houden van de koopkracht van het vermogen en anderzijds op verwerving van voldoende rendement ten behoeve van de financiering van een structureel subsidiebudget; Houd er rekening mee dat Instituut Gak verwacht dat een substantieel deel van de projectkosten gedekt wordt uit eigen middelen. ONDERSTEUNDE PROJECTEN P/J ▶ 80 SOORT BIJDRAGE ▶ subsidies BOVENGRENS ▶ geen ONDERGRENS ▶ geen.
Projecten ■ CRITERIA ▶ ☑ Het project heeft een duidelijke relatie met de bevordering van de arbeidsmarktparticipatie in Nederland; ☑ De aanvrager kan aantonen of aannemelijk maken dat het project in een behoefte voorziet en het bestaande reguliere aanbod aanvult; ☑ Voor het project zijn geen/onvoldoende reguliere budgetten beschikbaar (bijvoorbeeld vanuit re-integratieactiviteiten); ☑ De aanvrager is een rechtspersoon. DOORLOOPTIJD ▶ ☑ onbekend STATUS AANVRAGER ▶ ☑ stichting of vereniging (non-profit) VOORKEUR/UITSLUITING ▶ De voorkeur gaat uit naar projecten die: ☑ maatwerk bieden; ☑ betrokken en professionele uitvoerders hebben; ☑ werkgevers betrekken bij de aanpak; ☑ samenwerking met stakeholders nastreven; ☑ bereid zijn tot kennisdeling. UITSLUITING van: ☑ natuurlijke personen (individuen); ☑ overheden en overheidsinstellingen; ☑ regulier door de overheid gefinancierde organisaties, tenzij zij kunnen aantonen dat het gaat om een vernieuwende aanpak die niet (geheel) met reguliere middelen is te bekostigen; ☑ Vrienden Van-stichtingen of andere organisaties die zuiver en alleen gericht zijn op fondsenwerving. ☑ in-

dividuele hulp; ☑ structurele exploitatiekosten en niet projectgebonden salariskosten; ☑ kosten voor nieuwbouw/aanbouw; ☑ reeds gemaakte kosten (financiering achteraf); ☑ projecten met een religieus of politiek doel; ☑ aanbieders van onderzoek kunnen geen aanvragen voor financiële bijdragen in onderzoek indienen, tenzij zij daartoe door ons worden uitgenodigd.

Procedure ■ OP AANVRAAG ▶ ja DOORLOOPTIJD ▶ 3-6 maanden AANVRAAGPROCEDURE ▶ Aanvragen kunnen alleen online worden ingediend. Vul eerst de 'Quickscan' in. Door een aantal vragen te beantwoorden, ziet u snel of uw project voldoet aan de criteria van Instituut Gak. Als hieruit blijkt dat de aanvraag die u wilt indienen kans maakt op een bijdrage van Instituut Gak, dient u een aanvraagformulier in te vullen. U kunt hierbij kiezen uit een aanvraagformulier t/m € 20.000, of boven het genoemde bedrag. Het bestuur beslist in eerste en enige instantie over toekenning en afwijzing van subsidieaanvragen. Het bestuur vergadert zes maal per jaar om de spontane aanvragen te beoordelen. Er kan op elk moment een aanvraag bij ons worden ingediend. Het bureau streeft er naar om een aanvraag in de eerstvolgende vergadering aan de orde te laten komen, maar dat is niet altijd mogelijk. Het is belangrijk uw aanvraag tijdig in te dienen, namelijk 4 maanden voor de startdatum van uw project. URL ▶ www.instituutgak.nl/aanvraag-indienen/

Financieel ■ EIGEN VERMOGEN ▶ € 617.954.000 INKOMSTEN EV ▶ € 81.357.000 HERKOMST MIDDELEN ▶ vermogen BOEKJAAR ▶ 2019 JAARVERSLAG OP WEBSITE ▶ ja.

Contact ■ BEREIKBAAR PER ▶ ☑ post ☑ e-mail ☑ telefoon CONTACTPERSOON ▶ geen contactpersoon bekend POSTADRES ▶ 's-Gravelandseweg 49, 1217 EH Hilversum EMAIL (ALGEMEEN) ▶ info@instituutgak.nl TELEFOON (ALGEMEEN) ▶ 035–6259040.

635
Iona Stichting

Rubriek ■ ☑ gezondheidszorg ☑ kunst en cultuur ☑ maatschappij, welzijn en samenleving ☑ kerk en levensbeschouwing ☑ onderwijs en onderzoek ☑ economische ontwikkeling en microkrediet

Algemeen ■ WEBSITE ▶ www.iona.nl TYPERING ▶ hybride fonds OPGERICHT ▶ 17-03-1966 RECHTSVORM ▶ stichting KVK ▶ 41198971 ANBI STATUS ▶ ja DIRECTIE ▶ mw. C. Geertsema BESTUUR ▶ E. de Boer, voorzitter; drs. J. Huisman, penningmeester; mw. R. van der Vorm, secretaris; J. Kronenberg; mw. S. Steenhuisen; M. ter Horst; mw. C. Campagne; mw. A. Davina; mw. S. Bijkerk.

Missie ■ DOELSTELLING ▶ Het doel van de stichting is het bevorderen van geestelijke, culturele en maatschappelijke ontwikkeling in de ruimste zin. Zij richt zich op initiatieven van algemeen nut, in het bijzonder op het gebied van: ☑ Antroposofie en haar aandachtsgebieden, waaronder pedagogie, gezondheidszorg, gehandicapten zorg, landbouw, natuurwetenschappen, euritmie, en het actief waarnemen van kunst. ☑ De religieuze dimensie van het leven. ☑ Architectuur, monumentale kunsten, tuin- en landschapsarchitectuur, muzische en beeldende kunsten. STICHTER(S) ▶ Jan en Ernée van der Linden-'t Hooft HISTORIE ▶ Op 17 maart 1966 richten Jan van der Linden en zijn echtgenote Ernée van der Linden-'t Hooft de Iona Stichting op. De naam ontlenen de architect en de kunstenares aan het inspirerende Schotse eiland Iona: ooit een belangrijke spirituele voedingsbron voor heel Europa. Ze willen een brug vormen tussen maatschappelijke vernieuwing, kunst en antroposofie. BELEIDSPLAN OP WEBSITE ▶ ja.

Doelgroep ■ SPECIFIEK ▶ Schenkers, aanvragers, studenten, kunstenaars, bestuurders, medewerkers, leveranciers, vrienden en belangstellenden uit de sfeer van maatschappelijke vernieuwingen, cultuur en antroposofie. ACTIVITEITEN ▶ Het bevorderen van initiatiefkracht is de kern van de missie van de Stichting. De Stichting tracht haar doel te bereiken door: ☑ het bevorderen van initiatieven van anderen; ☑ het verstrekken van de benodigde financiële middelen voor de realisatie van deze initiatieven; ☑ initiatiefnemers te adviseren bijvoorbeeld bij het verkrijgen van financiële middelen; en/of; ☑ het ontplooien van eigen initiatieven; ☑ Studieonderzoek en promotieonderzoek: jonge mensen in hun opleiding voor een antroposofisch beroep met volle overtuiging te steunen. INTERVENTIENIVEAU ▶ Steun aan individuen (directe steun).

Werkgebied ■ ACTIERADIUS ▶ Nationaal, Internationaal LAND ▶ Nederland.

Bestedingen ■ BUDGET ▶ € 1.800.000 TOELICHTING ▶ Alle subsidies die de Iona Stichting heeft verstrekt zijn mogelijk gemaakt door grote en kleine schenkingen en nalatenschappen. Vrienden en schenkers uit het verleden en heden vormen de belangrijke pijlers voor onze financiële basis. ONDERSTEUNDE PROJECTEN P/J ▶ 168 SOORT BIJDRAGE ▶ giften overig leningen BOVENGRENS ▶ geen ONDERGRENS ▶ geen.

Projecten ■ CRITERIA ▶ ☑ Projectaanvraag: Passend bij de doelstellingen van de stichting. Bij de beoordeling gaat de aandacht vooral uit naar de creativiteit en daadkracht van de aanvragers,. ☑ Studiefinanciering: indien de stichting een verbinding heeft met de opleiding; indien u niet ouder bent dan 35 jaar; vanaf het tweede studiejaar; voor een eerste beroepsopleiding; vóór 1 juni. ☑ Persoonlijke ontwikkeling:. U komt in aanmerking als de beoogde training of cursus een samenhang creëert tussen ideaal, aanpak en financiering en als de cursus of training past binnen onze visie; als de cursus of training is maatschappelijk betrokken; wanneer de cursus of training nog niet heeft plaats gevonden; en de cursus of training is kortlopend (niet langer dan 3 maanden). DOORLOOPTIJD ▶ ☑ onbekend STATUS AANVRAGER ▶ ☑ geen beperkingen bekend VOORKEUR/UITSLUITING ▶ De volgende onderwerpen steunt de stichting niet: ☑ projecten die al afgesloten zijn; ☑ projecten die al begonnen zijn ten tijde van het indienen van de aanvraag; ☑ gebouwen; ☑ boekuitgaven; ☑ vakantiekampen; ☑ patiëntenverenigingen; ☑ verzoeken om individuele noodhulp; ☑ schuld hulpverlening; ☑ podiumkunsten (professioneel); ☑ films en documentaires; ☑ sociaal maatschappelijke projecten zonder antroposofische achtergrond.

Procedure ■ OP AANVRAAG ▶ ja DOORLOOPTIJD ▶ 1-3 maanden AANVRAAGPROCEDURE ▶ Een aanvraag voor financiële steun dient digitaal te worden ingediend. Er is een handleiding voor het indienen van de aanvraag te vinden op de website. Raadpleeg de procedures op de site voor een aanvraag voor projecten, studiefinanciering of persoonlijke ontwikkeling. Het Dagelijks Bestuur vergadert in principe één keer per maand. In eerste instantie worden de aanvragen op kantoor beoordeeld en besluit de directeur welke aanvragen op de agenda van de bestuursvergadering worden gezet. De complete aanvraag dient uiterlijk 14 dagen voor de vergadering te zijn ontvangen. **URL** ► www.iona.nl/aanvragen

Financieel ■ **EIGEN VERMOGEN** ► € 20.300.000 **INKOMSTEN EV** ► € 3.207.000 **INKOMSTEN OV** ► € 1.669.000 **HERKOMST MIDDELEN** ► giften & schenkingen, legaten, vermogen, inkomsten uit vermogen **BOEKJAAR** ► 2019 **JAARVERSLAG OP WEBSITE** ► ja.

Contact ■ **BEREIKBAAR PER** ► ☑ post ☑ e-mail ☑ telefoon **CONTACTPERSOON** ► geen contactpersoon bekend **POSTADRES** ► Herengracht 276, 1016 BX Amsterdam **EMAIL (ALGEMEEN)** ► iona@iona.nl **TELEFOON (ALGEMEEN)** ► 020-6233353.

636
ir J.J. Tuijnenburg Muijs Fonds

Rubriek ■ ☑ kunst en cultuur

Algemeen ■ **WEBSITE** ► www.cultuurfonds.nl **TYPERING** ► fonds op naam **BEHEERD DOOR** ► Prins Bernhard Cultuurfonds **DIRECTIE** ► zie > Prins Bernhard Cultuurfonds **BESTUUR** ► zie > Prins Bernhard Cultuurfonds

Missie ■ **DOELSTELLING** ► Het financieel ondersteunen van architecten voor een vervolgopleiding in het buitenland.

Werkgebied ■ **ACTIERADIUS** ► Nationaal **LAND** ► Nederland.

Projecten ■ **CRITERIA** ► geen projectcriteria bekend **DOORLOOPTIJD** ► ☑ korter dan 1 jaar **STATUS AANVRAGER** ► ☑ geen beperkingen bekend **VOORKEUR/UITSLUITING** ► geen voorkeur of uitsluiting bekend.

Procedure ■ **OP AANVRAAG** ► ja **AANVRAAGPROCEDURE** ► Dit 'fonds op naam' ressorteert onder het Prins Bernhard Cultuurfonds. Verzoeken aan fondsen op naam komen op één centraal punt binnen. Dit houdt in dat een subsidieaanvraag slechts eenmaal aan het Prins Bernhard Cultuurfonds hoeft te worden gezonden. Voor de verdere aanvraagprocedure: zie Prins Bernhard Cultuurfonds. **URL** ► www.cultuurfonds.nl/aanvragen

Contact ■ **BEREIKBAAR PER** ► ☑ post ☑ e-mail ☑ telefoon **CONTACTPERSOON** ► geen contactpersoon bekend **POSTADRES** ► Postbus 19750, 1000 GT Amsterdam **EMAIL (ALGEMEEN)** ► info@cultuurfonds.nl **TELEFOON (ALGEMEEN)** ► 020-5206130.

637
Ir. Abe Bonnema Stichting

Rubriek ■ ☑ kunst en cultuur ☑ onderwijs en onderzoek ☑ gezondheidszorg

Algemeen ■ **WEBSITE** ► www.abebonnema.nl **TYPERING** ► vermogensfonds **OPGERICHT** ► 09-08-2001 **RECHTSVORM** ► stichting **KVK** ► 41005016 **ANBI STATUS** ► ja **DIRECTIE** ► geen directiegegevens bekend **BESTUUR** ► E.H.T.M. Nijpels, voorzitter; J. Volkers, penningmeester; J. Volkers, secretaris; mw. M.J.M. Bonnema-Kok; mw. L. van der Pol; W. Reehorn.

Missie ■ **DOELSTELLING** ► De Stichting heeft ten doel: ☑ het verbreiden en vergroten van het inzicht in- en de kennis van de eigentijdse (bouw)kunst en het ondersteunen van cultuur maatschappelijke projecten; ☑ het verlenen van ondersteuning aan instellingen en personen die zich bezig houden met medisch-wetenschappelijk onderzoek, en voorts al hetgeen met één en ander rechtstreeks of zijdelings verband houdt of daartoe bevorderlijk kan zijn, alles in de ruimste zin van het woord. **STICHTER(S)** ► Abe Bonnema (1926-2001). **HISTORIE** ► Door het overlijden van de heer Ir. A. Bonnema op 9 augustus 2001 heeft de Stichting een aanzienlijk vermogen in bezit en beheer gekregen **BELEIDSPLAN OP WEBSITE** ► ja.

Doelgroep ■ **SPECIFIEK** ► Instellingen en personen die bijdragen aan een levendig cultureel klimaat in Nederland in het algemeen en Friesland in het bijzonder. **ACTIVITEITEN** ► De Stichting beoogt een bijdrage te leveren aan het stimuleren van de kwaliteit van de architectuur in Nederland. De stichting reikt in het kader van haar eerste doelstelling om het jaar een prijs uit ter grootte van €50.000 als beloning van in Nederland gerealiseerde moderne architectuur (Abe Bonnema Architectuurprijs). De stichting heeft ook een aanmoedigingsprijs (Abe Bonnema Prijs voor Jonge Architecten) van €20.000 ingesteld voor architecten jonger dan 40 jaar. Tegelijkertijd met deze toekomstgerichte activiteiten wil de Stichting via de prijzen hernieuwde aandacht vestigen op het gedachtegoed en oeuvre van de architect ir. Abe Bonnema. De ir. Abe Bonnema Stichting ondersteunt instellingen en personen die bijdragen aan een levendig cultureel klimaat in Nederland in het algemeen en Friesland in het bijzonder. De stichting verstrekt in het kader van haar doelstelling een structurele subsidie aan de Stichting Urologisch Wetenschappelijk Onderzoek te Rotterdam. SInds 2017 is er een project opgezet om het erfgoed van Abe Bonnema te verduurzamen wat betreft energieverbruik. Hierbij wordt in samenwerking met andere partijen gestreefd om particuliere huizen energieneutraal te maken. **INTERVENTIENIVEAU** ► Steun aan lokale/provinciale maatschappelijke organisaties en structuren (incl. gemeenten etc.) die diensten verlenen aan individuen.; Steun aan individuen (directe steun).

Werkgebied ■ **ACTIERADIUS** ► Regionaal **REGIO** ► Friesland.

Bestedingen ■ **BUDGET** ► niet openbaar **ONDERSTEUNDE PROJECTEN P/J** ► 6 **SOORT BIJDRAGE** ► subsidies giften overig **BOVENGRENS** ► geen **ONDERGRENS** ► geen.

Projecten ■ **CRITERIA** ► ☑ Onderzoeken ter zake van vakgebieden welke betrekking hebben op eigentijdse (bouw)kunst; ☑ Stipendia aan architecten, beeldend kunstenaars en beoefenaren van de medische wetenschap; ☑ Tentoonstellingen, manifestaties en publicaties over eigentijdse bouwkunst; ☑ Tentoonstellingen en/of manifestaties waarbij architectuur en cultuur een rol spelen in de breedste zin van het woord; ☑ Instellingen en personen welke zich bezig houden met medisch-wetenschappelijk onderzoek en met cultuur maatschappelijke projecten. **DOORLOOPTIJD** ► ☑ onbekend **STATUS AANVRAGER** ► ☑ geen beperkingen bekend **VOORKEUR/UITSLUITING** ► Niet in aanmerking komen: ☑ Aanvragen van particulieren voor zichzelf of voor anderen; ☑ Reeds voltooide projecten; ☑ Projecten met een commercieel karakter; ☑ Projecten met een strikt politiek of godsdienstig karakter; ☑ Bijdragen ten behoeve van vermogensvorming door een fonds; ☑ Exploitatiekosten; ☑ Vervangingsinvesteringen; ☑ Aankoop of verbouwing van onroerend goed; ☑ Aanvragen die redelijkerwijs onder zorgverzekeraars of overheidsfinanciering vallen.

Procedure ■ **OP AANVRAAG** ► ja **DOORLOOPTIJD** ► geen doorlooptijd bekend; 1-3 maanden; 1-3 maanden **AANVRAAGPROCEDURE** ► Voor de Abe Bonnema Architectuurprijs kunt u contact opnemen met: Marc A. Visser: 06-53210684, secretariaat@abebonnemaprijs.nl. Een projectaanvraag wordt bij voorkeur digitaal ingediend met het digitale aanvraagformulier op de website. Via de post een aanvraag doen is ook mogelijk. Na ontvangst van het volledig ingevulde aanvraagformulier krijgt de aanvrager een automatisch bericht dat de aanvraag is ontvangen. Het kan zijn dat het bestuur aanvullende informatie vraagt. In de regel zal de aanvrager binnen drie maanden een besluit op de aanvraag ontvangen. Het bestuur toetst of de aanvraag binnen de criteria past. Bij toekenning wordt de hoogte van de bijdrage door het bestuur bepaald. **URL** ► https://abebonnema.nl/subsidie-aanvragen/

Financieel ■ **EIGEN VERMOGEN** ► € 7.731.904 **HERKOMST MIDDELEN** ► legaten, vermogen **BOEKJAAR** ► 2018 **JAARVERSLAG OP WEBSITE** ► ja.

Contact ■ **BEREIKBAAR PER** ► ☑ post ☑ e-mail ☑ telefoon **CONTACTPERSOON** ► J. Volkers **POSTADRES** ► p/a Deloitte Postbus 826, 8901 BP Leeuwarden **EMAIL (ALGEMEEN)** ► j.volkers@deloitte.nl **TELEFOON (ALGEMEEN)** ► 088–2882930.

638
J. en A. Fonds

Rubriek ■ ☑ kunst en cultuur

Algemeen ■ **WEBSITE** ► www.cultuurfonds.nl **TYPERING** ► fonds op naam **BEHEERD DOOR** ► Prins Bernhard Cultuurfonds **DIRECTIE** ► zie Prins Bernhard Cultuurfonds **BESTUUR** ► zie Prins Bernhard Cultuurfonds

Missie ■ **DOELSTELLING** ► Het financieel ondersteunen van projecten op het gebied van de monumentenzorg in Barendrecht en Dordrecht.

Werkgebied ■ **ACTIERADIUS** ► Lokaal **LAND** ► Nederland **REGIO** ► Zuid-Holland **PLAATS** ► Barendrecht, Dordrecht.

Projecten ■ **CRITERIA** ► geen projectcriteria bekend **DOORLOOPTIJD** ► ☑ korter dan 1 jaar **STATUS AANVRAGER** ► ☑ geen beperkingen bekend **VOORKEUR/UITSLUITING** ► geen voorkeur of uitsluiting bekend.

Procedure ■ **OP AANVRAAG** ► ja **AANVRAAGPROCEDURE** ► Dit 'fonds op naam' ressorteert onder het Prins Bernhard Cultuurfonds. Verzoeken aan fondsen op naam komen op één centraal punt binnen. Dit houdt in dat een subsidieaanvraag slechts eenmaal aan het Prins Bernhard Cultuurfonds hoeft te worden gezonden. Voor de verdere aanvraagprocedure: zie Prins Bernhard Cultuurfonds. **URL** ► www.cultuurfonds.nl/aanvragen

Contact ■ **BEREIKBAAR PER** ► ☑ post ☑ e-mail ☑ telefoon **CONTACTPERSOON** ► geen contactpersoon bekend **POSTADRES** ► Postbus 19750, 1000 GT Amsterdam **EMAIL (ALGEMEEN)** ► info@cultuurfonds.nl **TELEFOON (ALGEMEEN)** ► 020-5206130.

639
Stichting J.B. Scholtenfonds

Rubriek ■ ☑ kunst en cultuur ☑ maatschappij, welzijn en samenleving

Algemeen ■ **WEBSITE** ► www.jbs-hsk.nl **TYPERING** ► vermogensfonds **OPGERICHT** ► 29-11-1966 **RECHTSVORM** ► stichting **KVK** ► 41010276 **ANBI STATUS** ► nee **DIRECTIE** ► geen directiegegevens bekend **BESTUUR** ► M.J. van den Berg, voorzitter; mr. C.J. Kreb, penningmeester.

Missie ■ **DOELSTELLING** ► Het lenigen van sociale en culturele noden en het stimuleren van sociale en culturele activiteiten in de provincie Groningen. **STICHTER(S)** ► Johan Bernard Scholten **HISTORIE** ► Het J.B. Scholtenfonds is opgericht in 1966 met als doel het lenigen van sociale en culturele noden en het stimuleren van sociale en culturele activiteiten in de provincie Groningen, één en ander in de ruimste zin van het woord. Het J.B. Scholtenfonds werkt nauw samen met het H.S. Kammingafonds.

Doelgroep ■ **SPECIFIEK** ► Inwoners van de provincie Groningen. **ACTIVITEITEN** ► Het fonds verleent (veelal bescheiden) investerings- en project-subsidies voor sociale, culturele en sociaal-culturele doeleinden. Bijvoorbeeld van jubilea van koor- en muziekgezelschappen met speciale feestconcerten, Groningana (boeken), bijzondere theaterprojecten, erfgoed-educatie in regionaal verband, renovaties van dorpshuizen en jeugdcentra, tot restauraties van monumenten, zoals kerken, molens, borgen en andere bijzondere objecten; ☑ Daarnaast behandelt JBS onder meer verzoeken voor publicatie van boeken over Groningse onderwerpen (groningana/historie). Publicaties moeten in de boekhandel verkrijgbaar zijn; ☑ Het H.S. Kammingafonds (HSK) en het J.B. Scholtenfonds (JBS) werken ook samen met het VSBfonds. **INTERVENTIENIVEAU** ► Steun aan lokale/provinciale maatschappelijke organisaties en structuren (incl. gemeenten etc.) die diensten verlenen aan individuen.

Werkgebied ■ **ACTIERADIUS** ► Regionaal **LAND** ► Nederland **REGIO** ► Groningen.

Bestedingen ■ **BUDGET** ► niet openbaar **TOELICHTING** ► JBS verleent voor culturele festivals: Op stedelijk niveau max. €5.000; Op dorps/wijkniveau max. €2.500; Op straatniveau max.€1.000. JBS behandelt restauratieverzoeken voor (rijks)monumenten als volgt: 10% van de subsidiabele kosten bij molenrestauraties tot maximaal €10.000; 1% van de subsidiabele kosten bij restauraties van borgen, kerken, orgels; Voor inrichting van monumentale kerken die een met dorpshuizen vergelijkbare bestemming hebben/krijgen, kunnen in beginsel bijdragen tot max. €40.000 verleend worden. **SOORT BIJDRAGE** ► giften **BOVENGRENS** ► geen **ONDERGRENS** ► geen.

Projecten ■ **CRITERIA** ► ☑ Bijdragen zijn mogelijk voor activiteiten op cultureel - sociaal - maatschappelijk terrein voor de provincie Groningen; ☑ Het moet gaan om activiteiten die geen deel zijn van de normale exploitatie van instellingen c.q. organisaties en in die zin aan te merken zijn als bijzondere activiteiten; ☑ Voor dezelfde soort activiteit van een instelling kan hoogstens één maal per drie jaar een bijdrage worden verleend. **DOORLOOPTIJD** ► ☑ korter dan 1 jaar **STATUS AANVRAGER** ► ☑ stichting of vereniging (non-profit) **VOORKEUR/UITSLUITING** ► Voor de volgende uitgaven worden geen bijdragen verleend: ☑ restauratie van particuliere woonhuizen; ☑ studiedoeleinden van welke aard ook; ☑ jaarlijkse exploitatielasten; ☑ muziekinstrumenten/uniformen; ☑ geregeld terugkerende (jaarlijks of anderszins) activiteiten; ☑ apparatuur (audio, film, computers e.d.); ☑ vakanties; ☑ excursies; ☑ reizen naar het buitenland; ☑ verblijf van buitenlanders op uitnodiging van de aanvragende instelling; ☑ particuliere uitgaven; ☑ activiteiten van vriendenstichtingen; ☑ gratis toegankelijke activiteiten of evenementen; ☑ geschenken; ☑ feestelijke bijeenkomsten waarvan de kosten hoofdzakelijk bestaan uit catering etc. ☑ landelijke aangelegenheden.

Procedure ■ **OP AANVRAAG** ► ja **DOORLOOPTIJD** ► 1-3 maanden **AANVRAAGPROCEDURE** ► Het J.B. Scholtenfonds en het H.S. Kammingafonds kennen een digitaal aanvraagformulier. Wanneer u deze verzend komt de aanvraag, met de daarbijbehorende bijlagen, in de mailbox van het Scholten Kammingafonds terecht.Verzoeken worden binnen uiterlijk 3 maand behandeld. Mocht u verzoeken niet digitaal kunnen aanleveren, kan dit via de post. **URL** ► www.jbs-hsk.nl/verzoek-indienen

Financieel ■ **HERKOMST MIDDELEN** ► vermogen.

Contact ■ **BEREIKBAAR PER** ► ☑ post ☑ e-mail ☑ telefoon **CONTACTPERSOON** ► Mw. S. Bakker **POSTADRES** ► Postbus 610, 9700 AP Groningen **EMAIL (ALGEMEEN)** ► scholtenkammingafonds@provinciegroningen.nl **TELEFOON (ALGEMEEN)** ► 050-3164988.

640

J.B.C. van den Bergh/Baudet Fonds

Rubriek ■ ☑ kunst en cultuur ☑ natuur, milieu en dieren ☑ onderwijs en onderzoek

Algemeen ■ **WEBSITE** ► www.cultuurfonds.nl **TYPERING** ► fonds op naam **BEHEERD DOOR** ► Prins Bernhard Cultuurfonds **DIRECTIE** ► zie Prins Bernhard Cultuurfonds **BESTUUR** ► zie Prins Bernhard Cultuurfonds

Missie ■ **DOELSTELLING** ► Het financieel ondersteunen van projecten en talenten op het terrein van klassieke muziek en beeldende kunst. Daarnaast projecten op het gebied van (kwetsbare) dieren.

Werkgebied ■ **ACTIERADIUS** ► Nationaal, Internationaal **LAND** ► Nederland.

Projecten ■ **CRITERIA** ► geen projectcriteria bekend **DOORLOOPTIJD** ► ☑ korter dan 1 jaar **STATUS AANVRAGER** ► ☑ overig **VOORKEUR/UITSLUITING** ► geen voorkeur of uitsluiting bekend.

Procedure ■ **OP AANVRAAG** ► ja **AANVRAAGPROCEDURE** ► Dit 'fonds op naam' ressorteert onder het Prins Bernhard Cultuurfonds. Verzoeken aan fondsen op naam komen op één centraal punt binnen. Dit houdt in dat een subsidieaanvraag slechts eenmaal aan het Prins Bernhard Cultuurfonds hoeft te worden gezonden. Voor de verdere aanvraagprocedure: zie Prins Bernhard Cultuurfonds. **URL** ► www.cultuurfonds.nl/aanvragen

Contact ■ **BEREIKBAAR PER** ► ☑ post ☑ e-mail ☑ telefoon **CONTACTPERSOON** ► geen contactpersoon bekend **POSTADRES** ► Postbus 19750, 1000 GT Amsterdam **EMAIL (ALGEMEEN)** ► info@cultuurfonds.nl **TELEFOON (ALGEMEEN)** ► 020-5206130.

641

J.C. Ruigrok Stichting

Rubriek ■ ☑ gezondheidszorg ☑ noodhulp ☑ kunst en cultuur ☑ maatschappij, welzijn en samenleving ☑ natuur, milieu en dieren ☑ kerk en levensbeschouwing ☑ sport en recreatie ☑ onderwijs en onderzoek

Algemeen ■ **WEBSITE** ► www.jcruigrokstichting.nl **TYPERING** ► vermogensfonds **OPGERICHT** ► 06-05-1977 **RECHTSVORM** ► stichting **KVK** ► 41222191 **ANBI STATUS** ► ja **DIRECTIE** ► geen directiegegevens bekend **BESTUUR** ► Mw.drs. M.J. van Nouwen, voorzitter; mr. E. Martens, penningmeester; mr. T. Tekstra, secretaris; mw.drs. H.M. Steenhoff; prof.dr. B.M. Elzinga; drs. M.C.C. Kersten.

Missie ■ **DOELSTELLING** ► De stichting stelt zich ten doel het bevorderen van de belangen op godsdienstig, liefdadig, sociaal, cultureel en wetenschappelijk terrein, onder meer door het doen van uitkeringen aan binnen het Rijk gevestigde rechtspersonen, die uitsluitend of nagenoeg uitsluitend een algemeen maatschappelijk belang beogen. **STICHTER(S)** ► J.C. Ruigrok te Aerdenhout **HISTORIE** ► Halverwege de 19e eeuw ontdekte smidsknecht Christiaan J. Ruigrok een smederij waar hij kon gaan werken. Deze breidde zich uit en werd later overgenomen door zijn nakomeling die rond 1915 de fabriek voor Heken Rasterwerken oprichtte. De laatste kinderloze eigenaar J.C. Ruigrok liet, na zijn overlijden, een aanzienlijk deel van zijn vermogen na aan een door hem in 1977 opgerichte en, tot zijn overlijden, bestuurde stichting; de J.C. Ruigrok Stichting.

Doelgroep ■ **SPECIFIEK** ► Binnen het Rijk gevestigde rechtspersonen die een maatschappelijk algemeen belang beogen binnen de regio Zuid-Kennemerland, de Haarlemmermeer en de noordelijke Bollenstreek. **ACTIVITEITEN** ► De stichting wil haar doel bereiken door het verstrekken van giften aan goed omschreven projecten binnen haar werkgebied. Ook projecten voor ontwikkelingssamenwerking komen in aanmerking mits de organiserende stichting in Nederland binnen binnen het werkgebied van de J.C. Ruigrok Stichting is gevestigd. Een andere manier waarop de J.C.Ruigrok Stichting een financiële bijdrage aan een project toekent is een garantie. De J.C. Ruigrok Stichting financiert ieder jaar drie prijzen voor oorspronkelijk wetenschappelijk onderzoek. Deze prijzen zijn speciaal bedoeld als aanmoedigingsprijs voor jongere onderzoekers. De beoordeling en uitverkiezing van de kandidaten is opgedragen aan de Koninklijke Hollandsche Maatschappij der Wetenschappen te Haarlem. De winnaars van de prijzen krijgen ieder een bedrag van 12.500,- euro. **INTERVENTIENIVEAU** ► Steun aan lokale/provinciale maatschappelijke organisaties en structuren (incl. gemeenten etc.) die diensten verlenen aan individuen.

Werkgebied ■ **ACTIERADIUS** ► Regionaal **LAND** ► Nederland **REGIO** ► Zuid-Kennemerland, Haarlemmermeer, noordelijke Bollenstreek.

Bestedingen ■ **BUDGET** ► niet openbaar **ONDERSTEUNDE PROJECTEN P/J** ► 152 **SOORT BIJDRAGE** ► giften garanties overig **BOVENGRENS** ► geen **ONDERGRENS** ► geen.

Projecten ■ **CRITERIA** ► ☑ De aanvraag betreft een project dat nog niet gestart is; ☑ De aanvraag wordt ingediend door een rechtspersoon (stichting, vereniging of kerkelijke instelling), waarbij een ANBI-status niet verplicht is, doch wel tot aanbeveling strekt; ☑ De aanvraag betreft een project binnen één van de werkterreinen van de stichting. De werkterreinen van de J.C. Ruigrok Stichting zijn: godsdienst & geloven, cultuur, sport & bewegen, natuur & milieu, sociaal-maatschappelijke projecten (liefdadigheid) of stimulering van wetenschappelijk onderzoek, dan wel ontwikkelingssamenwerking; ☑ De aanvraag heeft betrekking op een project dat wordt uitgevoerd binnen het werkgebied van de stichting: Zuid-Kennemerland, de Haarlemmermeer en de noordelijke Bollenstreek. Betreft de aanvraag een ontwikkelingssamenwerkingsproject dan dient de aanvrager (rechtspersoon) binnen het werkgebied gevestigd te zijn; ☑ externe financiering is noodzakelijk voor de realisatie van het project; ☑ Een aanvrager kan maximaal driemaal in een periode van vijf jaar een aanvraag bij de J.C. Ruigrok Stichting indienen; ☑ Project wordt gedragen door meerdere partijen (aanvragen ook bij andere fondsen/stichtingen gedaan). **DOORLOOPTIJD** ► ☑ korter dan 1 jaar **STATUS AANVRAGER** ► ☑ stichting of vereniging (non-profit) **VOORKEUR/UITSLUITING** ► ☑ Projecten die buiten het werkgebied plaatsvinden, komen niet voor subsidiëring in aanmerking. ☑ Geen steun wordt qeqeven aan natuurlijke personen (b.v. studiebeurzen, ondersteuningen e.d.), ook niet indien dit geschiedt door tussenkomst van rechtspersonen. ☑ Er wordt geen permanente dekking gegeven aan exploitatietekorten.

Procedure ■ **OP AANVRAAG** ► ja **DOORLOOPTIJD** ► 1-3 maanden **AANVRAAGPROCEDURE** ► Aanvragen kunnen uitsluitend digitaal worden ingediend. Hiervoor dient u eerst een account aan te maken. Nadat u als gebruiker geregistreerd bent, kunt u op uw account inloggen en een aanvraag indienen. Via uw account wordt u op de hoogte gehouden van de voortgang van uw aanvraag. Als u een aanvraag indient is het noodzakelijk de volgende bestanden te uploaden als bijlagen: ☑ een goede omschrijving van het project; ☑ een begroting; ☑ een dekkingsplan; ☑ statuten; ☑ uittreksel uit de Kamer van Koophandel; ☑ een recente jaarrekening; ☑ lijst van aangeschreven fondsen; Aanvragen moeten uiterlijk vier weken voor vergadering zijn ingediend. De vergaderdata kunt u vinden op de website. Het bestuur vergadert vijfmaal per jaar. Let op: het aantal aanvragen dat per vergadering wordt behandeld, is gelimiteerd. Als u relatief kort voor de sluitingstermijn van een vergadering een aanvraag indient, bestaat de kans dat uw aanvraag naar een volgende vergadering wordt verschoven. **URL** ► www.jcruigrokstichting.nl/aanvragen/

Financieel ■ **HERKOMST MIDDELEN** ► vermogen, inkomsten uit vermogen **BOEKJAAR** ► 2019.

Contact ■ **BEREIKBAAR PER** ► ☑ post ☑ e-mail ☒ telefoon **CONTACTPERSOON** ► geen contactpersoon bekend **POSTADRES** ► Postbus 303, 2100 AH Heemstede **EMAIL (ALGEMEEN)** ► secretariaat@jcruigrokstichting.nl.

642
J.C. Pittet Stichting

Rubriek ■ ☑ maatschappij, welzijn en samenleving ☑ kunst en cultuur ☑ onderwijs en onderzoek

Algemeen ■ **WEBSITE** ► www.jcp-stichting.nl **TYPERING** ► vermogensfonds **OPGERICHT** ► 17-10-1995 **RECHTSVORM** ► stichting **KVK** ► 41159414 **ANBI STATUS** ► ja **DIRECTIE** ► geen directiegegevens bekend **BESTUUR** ► R.J. van Galen, voorzitter; B.E.A. Smit, penningmeester; B. van Linge, secretaris.

Missie ■ **DOELSTELLING** ► De stichting heeft als doel het financieel ondersteunen van instellingen of projecten van algemeen belang in Nederland op het gebied van wetenschap, cultuur, kunst of weldadigheid. De stichting richt zich daarbij in het bijzonder op het stimuleren van jong talent aan het begin van hun professionele carrière op het gebied van podiumkunsten via een beperkt aantal projecten. **BELEIDSPLAN OP WEBSITE** ► ja.

Doelgroep ■ **ALGEMEEN** ► jongeren **SPECIFIEK** ► Jonge zeer talentvolle professionele podiumkunstenaars. **ACTIVITEITEN** ► De JCP Stichting wil projecten ondersteunen waarin jonge zeer talentvolle professionele podiumkunstenaars in staat gesteld worden aan het eind van hun opleiding of begin van hun professionele carrière meer podiumervaring op te doen. De Stichting heeft samen met de Nederlandse concertzalen, Concertvrienden, en NPO Radio 4 de serie Dutch Classical Talent ontwikkeld waarbij jonge musici in de tweede fase van hun opleiding of begin van hun professionele carrière de gelegenheid krijgen podiumervaring op te doen via een tournee langs de zalen in Nederland. **INTERVENTIENIVEAU** ► Steun aan lokale/provinciale maatschappelijke organisaties en structuren (incl. gemeenten etc.) die diensten verlenen aan individuen.

Werkgebied ■ **ACTIERADIUS** ► Nationaal **LAND** ► Nederland.

Bestedingen ■ **BUDGET** ► niet openbaar **TOELICHTING** ► De stichting streeft naar een constante waardevaste stroom van uitkeringen uitgaande van een lange termijn gemiddeld verwacht rendement op het vermogen, waarbij zij rekening houdt met een lange termijn inflatie van 2, 5% **SOORT BIJDRAGE** ► giften **BOVENGRENS** ► geen **ONDERGRENS** ► geen.

Projecten ■ **CRITERIA** ► geen projectcriteria bekend **DOORLOOPTIJD** ► ☑ onbekend **STATUS AANVRAGER** ► ☑ stichting of vereniging (non-profit) **VOORKEUR/UITSLUITING** ► De JCP Stichting honoreert geen individuele aanvragen en is zeer terughoudend bij het honoreren van aanvragen voor masterclasses.

Procedure ■ OP AANVRAAG ► ja DOORLOOPTIJD ► 1-3 maanden AANVRAAGPROCEDURE ► Het bestuur van de J.C.P. Stichting vergadert normalerwijze drie keer per jaar, in maart/april, in juni en in oktober/november. Op het moment van behandeling dient er een nog redelijke termijn te zijn tot de uitvoering van het project. Binnen een maand na de vergadering ontvangt de aanvrager schriftelijk bericht. Tegen het besluit is geen beroep mogelijk. Er kan één aanvraag per jaar worden ingediend. Een aanvraag kunt u per email versturen (aanvraag@jcp-stichting.nl). De aanvraag moet de volgende informatie bevatten: ☑ NAW aanvrager/organisatie,; ☑ Emailadres,; ☑ Project,; ☑ Rekeningnummer,; ☑ Project,; ☑ Periode,; ☑ Eventueel eerdere aanvragen,; ☑ Uittreksel KvK. URL ► www.jcp-stichting.nl/aanvragen.htm

Financieel ■ INKOMSTEN EV ► € 633.998 HERKOMST MIDDELEN ► vermogen BOEKJAAR ► 2019 JAARVERSLAG OP WEBSITE ► ja.

Contact ■ BEREIKBAAR PER ► ☑ post ☑ e-mail ☒ telefoon CONTACTPERSOON ► Vigilanter B.V. POSTADRES ► Postbus 192, 3950 AD Maarn EMAIL (ALGEMEEN) ► info@jcp-stichting.nl.

643

J.E. Jurriaanse Stichting

Rubriek ■ ☑ kunst en cultuur ☑ natuur, milieu en dieren

Algemeen ■ WEBSITE ► www.volkskracht.nl/stichtingen/j-e-jurriaanse-stichting TYPERING ► vermogensfonds BEHEERD DOOR ► Stichting Bevordering van Volkskracht OPGERICHT ► 06-10-1961 RECHTSVORM ► stichting KVK ► 41125305 ANBI STATUS ► ja DIRECTIE ► geen directiegegevens bekend BESTUUR ► geen bestuursgegevens bekend.

Missie ■ DOELSTELLING ► Het verlenen van steun aan Nederlandse en in Nederland gevestigde culturele en wetenschappelijke instellingen, waaronder musea, het bevorderen van archeologische activiteiten, behoud van natuurschoon, monumentenzorg, volksgezondheid en/of maatschappelijk werk in Nederland. De stichting tracht haar doel te verwezenlijken door het verlenen van financiële steun aan personen en instellingen, die daarvoor naar het oordeel van het College van Regenten in aanmerking komen. STICHTER(S) ► De heer J.E. Jurriaanse HISTORIE ► J.E. Jurriaanse Stichting werd in 1961 opgericht door de Rotterdamse fabrikant Jan Jurriaanse. Hij werd op 17 december 1906 in Rotterdam geboren en was directeur/eigenaar van werktuigenfabriek Wijnmalen & Hausmann N.V. Zijn huwelijk met Hanny Steenkamp bleef kinderloos. Bij het overlijden van Jurriaanse in 1991 erfde J.E. Jurriaanse Stichting het gehele vermogen. In de statuten van de stichting stond dat het bestuur van Volkskracht voortaan het college van regenten moest benoemen. BELEIDSPLAN OP WEBSITE ► ja.

Doelgroep ■ ALGEMEEN ► vrouwen, mannen SPECIFIEK ► Geen specifieke doelgroep ACTIVITEITEN ► De J.E. Jurriaanse Stichting verstrekt steun aan projecten die liggen in de interessesfeer van de heer Jurriaanse en aan personen die een bijdrage voor boekuitgaven in de dezelfde sfeer leveren, te weten geschiedenis, letterkunde, archeologie, natuur, geografie, monumentenzorg of maatschappelijke ontwikkeling/emancipatie. Ook aan personen verstrekt de stichting in voorkomende gevallen een bijdrage voor boekuitgaven die in de hiervoor genoemde interessesfeer liggen. INTERVENTIENIVEAU ► Steun op niveau van maatschappij zelf (beleidsbeïnvloeding, etc.).

Werkgebied ■ ACTIERADIUS ► Regionaal LAND ► Nederland REGIO ► Zuid-Holland, Utrecht.

Bestedingen ■ BUDGET ► € 586.250 ONDERSTEUNDE PROJECTEN P/J ► 72 SOORT BIJDRAGE ► giften overig BOVENGRENS ► geen ONDERGRENS ► geen.

Projecten ■ CRITERIA ► De Stichting verstrekt uitsluitend bijdragen in de drukkosten van een proefschrift en niet voor eventuele voorafgaande onderzoekskosten of buitenlandse stages. De onderwerpen van de dissertaties waaraan kan worden bijgedragen dienen te vallen binnen de doelstelling van de Stichting, te weten cultuur, geschiedenis, letterkunde, archeologie, natuur, geografie, onderwijs, monumentenzorg of maatschappelijke ontwikkeling/emancipatie. DOORLOOPTIJD ► ☑ korter dan 1 jaar STATUS AANVRAGER ► ☑ stichting of vereniging (non-profit) ☑ individuen/gezinnen VOORKEUR/UITSLUITING ► Aanvragen voor exploitatietekorten en uitwisselingsprogramma's worden niet gehonoreerd. De Jurriaanse Stichting voert als beleid in beginsel geen vertalingen uit de Engelse taal te subsidiëren. Vanaf 1 juli 2013 worden verzoeken voor drukkosten van medische en juridische dissertaties en alle hiermee verband houdende onderwerpen niet meer gehonoreerd.

Procedure ■ OP AANVRAAG ► ja DOORLOOPTIJD ► 1-3 maanden AANVRAAGPROCEDURE ► U kunt het formulier online invullen en versturen of u kunt het aanvraagformulier (PDF) downloaden, uitprinten, invullen, ondertekenen en samen met de verplichte bijlagen per e-mail toezenden aan het secretariaat. De aanvraag dient minimaal drie maanden van tevoren ingediend te worden. U ontvangt u altijd een ontvangstbevestiging. De behandeling van een verzoek duurt meestal één tot drie maanden. Zodra het bestuur een besluit heeft genomen, ontvangt u hierover schriftelijk bericht. URL ► www.volkskracht.nl/Stichtingen/J-E-Jurriaanse-Stichting/Aanvraagformulier

Financieel ■ INKOMSTEN EV ► € 1.172.315 HERKOMST MIDDELEN ► vermogen, legaten BOEKJAAR ► 2019 JAARVERSLAG OP WEBSITE ► ja.

Contact ■ BEREIKBAAR PER ► ☑ post ☑ e-mail ☑ telefoon CONTACTPERSOON ► geen contactpersoon bekend POSTADRES ► Postbus 1110, 3000 BC Rotterdam EMAIL (ALGEMEEN) ► secretariaat@volkskracht.nl TELEFOON (ALGEMEEN) ► 010-2240323.

644

J.H. Wijnveldt-Stolk Stichting

Rubriek ■ ☑ maatschappij, welzijn en samenleving ☑ onderwijs en onderzoek

Algemeen ■ **WEBSITE** ▶ www.kennisbankfilantropie.nl/anbi/jh-wijnveldt-stolk-stichting **TYPERING** ▶ vermogensfonds **OPGERICHT** ▶ 27-07-1983 **RECHTSVORM** ▶ stichting **KVK** ▶ 41153051 **ANBI STATUS** ▶ nee **DIRECTIE** ▶ geen directiegegevens bekend **BESTUUR** ▶ J.R.A. van Iperen, voorzitter; mw. A.M. Mostert-van der Schalk, penningmeester; J.A. Wijnveldt, secretaris.

Missie ■ **DOELSTELLING** ▶ Het verstrekken van financieringen aan inwoners van Derde Wereldlanden, met in het bijzonder inwoners van Indonesië ter bevordering van het door hen te volgen middelbaar en hoger beroepsonderwijs. **STICHTER(S)** ▶ J. Stolk, J.A. Wijnveldt.

Doelgroep ■ **ALGEMEEN** ▶ armen **SPECIFIEK** ▶ Inwoners van ontwikkelingslanden. **ACTIVITEITEN** ▶ Geen specifieke activiteiten bekend **INTERVENTIENIVEAU** ▶ Steun aan individuen (directe steun).

Werkgebied ■ **ACTIERADIUS** ▶ Nationaal, Internationaal **LAND** ▶ Ontwikkelingslanden.

Bestedingen ■ **BUDGET** ▶ niet openbaar **SOORT BIJDRAGE** ▶ giften **BOVENGRENS** ▶ geen **ONDERGRENS** ▶ geen.

Projecten ■ **CRITERIA** ▶ geen projectcriteria bekend **DOORLOOPTIJD** ▶ ☑ korter dan 1 jaar **STATUS AANVRAGER** ▶ ☑ individuen/gezinnen **VOORKEUR/UITSLUITING** ▶ Voorkeur gaat uit naar Indonesië.

Procedure ■ **OP AANVRAAG** ▶ onbekend **AANVRAAGPROCEDURE** ▶ Geen aanvraagprocedure bekend.

Financieel ■ **HERKOMST MIDDELEN** ▶ vermogen.

Contact ■ **BEREIKBAAR PER** ▶ ☑ post ☒ e-mail ☑ telefoon **CONTACTPERSOON** ▶ geen contactpersoon bekend **POSTADRES** ▶ Prinses Marianne-laan 112, 2275 BK Voorburg **TELEFOON (ALGEMEEN)** ▶ 070-3866428.

645

J.H.O. Montauban-Ballintijn Fonds

Rubriek ■ ☑ kunst en cultuur ☑ onderwijs en onderzoek

Algemeen ■ **WEBSITE** ▶ www.cultuurfonds.nl **TYPERING** ▶ fonds op naam **BEHEERD DOOR** ▶ Prins Bernhard Cultuurfonds **DIRECTIE** ▶ zie > Prins Bernhard Cultuurfonds **BESTUUR** ▶ zie > Prins Bernhard Cultuurfonds

Missie ■ **DOELSTELLING** ▶ Het financieel ondersteunen van jonge talentvolle musici.

Werkgebied ■ **ACTIERADIUS** ▶ Nationaal **LAND** ▶ Nederland.

Projecten ■ **CRITERIA** ▶ geen projectcriteria bekend **DOORLOOPTIJD** ▶ ☑ korter dan 1 jaar **STATUS AANVRAGER** ▶ ☑ geen beperkingen bekend **VOORKEUR/UITSLUITING** ▶ geen voorkeur of uitsluiting bekend.

Procedure ■ **OP AANVRAAG** ▶ ja **AANVRAAGPROCEDURE** ▶ Dit 'fonds op naam' ressorteert onder het Prins Bernhard Cultuurfonds. Verzoeken aan fondsen op naam komen op één centraal punt binnen. Dit houdt in dat een subsidieaanvraag slechts eenmaal aan het Prins Bernhard Cultuurfonds hoeft te worden gezonden. Voor de verdere aanvraagprocedure: zie Prins Bernhard Cultuurfonds. **URL** ▶ www.cultuurfonds.nl/aanvragen

Contact ■ **BEREIKBAAR PER** ▶ ☑ post ☑ e-mail ☑ telefoon **CONTACTPERSOON** ▶ geen contactpersoon bekend **POSTADRES** ▶ Postbus 19750, 1000 GT Amsterdam **EMAIL (ALGEMEEN)** ▶ info@cultuurfonds.nl **TELEFOON (ALGEMEEN)** ▶ 020-5206130.

646

J.M. Fentener van Vlissingen Fonds

Rubriek ■ ☑ gezondheidszorg

Algemeen ■ **WEBSITE** ▶ www.kennisbankfilantropie.nl/anbi/jm-fentener-van-vlissingen-fonds **TYPERING** ▶ vermogensfonds **RECHTSVORM** ▶ stichting **KVK** ▶ 41177287 **ANBI STATUS** ▶ ja **DIRECTIE** ▶ geen directiegegevens bekend **BESTUUR** ▶ J.A. Fentener van Vlissingen, voorzitter; G.J. de Borst; E. van der Wall; mw. M.M.E. Schneider; J.H.J. Wokke.

Missie ■ **DOELSTELLING** ▶ Het doel van de stichting is stimulerend te werken op al hetgeen het praktisch functioneren van het UMC Utrecht (in)direct kan bevorderen, zulks in het bijzonder door het toekennen van de Boerhaaveprijs aan een in het UMCU werkend persoon wiens activiteit in het belang van het UMCU naar het oordeel van het bestuur van het ziekenhuis hiervoor voldoende motivering vormen. De stichting zal haar vermogen aanwenden om de prijs tot uitkering te doen komen. **BELEIDSPLAN OP WEBSITE** ▶ ja.

Doelgroep ■ **SPECIFIEK** ▶ Werknemer UMCU. **ACTIVITEITEN** ▶ Het toekennen van de Boerhaaveprijs aan een in het UMCU werkend persoon wiens activiteit in het belang van het UMCU naar het oordeel van het bestuur van het ziekenhuis hiervoor voldoende motivering vormen. De opbrengsten uit het vermogen worden aangewend voor het financieren van de prijs (het Boerhaavebeeldje, een geldsom van € 2.500,- door de winnaar te besteden aan een door het bestuur goedgekeurd goed doel). **INTERVENTIENIVEAU** ▶ Steun aan individuen (directe steun).

Werkgebied ■ **ACTIERADIUS** ▶ Lokaal **LAND** ▶ Nederland **PLAATS** ▶ Utrecht.

Bestedingen ■ **BUDGET** ▶ € 2.500 **SOORT BIJDRAGE** ▶ overig **BOVENGRENS** ▶ geen **ONDERGRENS** ▶ geen.

Projecten ■ **CRITERIA** ▶ geen projectcriteria bekend **DOORLOOPTIJD** ▶ ☑ onbekend **STATUS AANVRAGER** ▶ ☑ geen beperkingen bekend **VOORKEUR/UITSLUITING** ▶ geen voorkeur of uitsluiting bekend.

Procedure ■ **OP AANVRAAG** ▶ onbekend **AANVRAAGPROCEDURE** ▶ geen aanvraagprocedure bekend.

Financieel ■ **INKOMSTEN EV** ▶ € 4.900 **INKOMSTEN OV** ▶ € 20.000 **HERKOMST MIDDELEN** ▶ giften & schenkingen, legaten, overige inkomsten **BOEKJAAR** ▶ 2019 **JAARVERSLAG OP WEBSITE** ▶ ja.

Contact ■ **BEREIKBAAR PER** ▶ ☑ post ☑ e-mail ☑ telefoon **CONTACTPERSOON** ▶ geen contactpersoon bekend **POSTADRES** ▶ Utrechtseweg 67, 3704 HB Zeist **EMAIL (ALGEMEEN)** ▶ aletta.van.der.horst@kerlou.nl **TELEFOON (ALGEMEEN)** ▶ 030-6992682.

647
J.W. Strengers Frankfort Fonds

Rubriek ■ ☑ kunst en cultuur ☑ onderwijs en onderzoek

Algemeen ■ WEBSITE ▶ www.cultuurfonds.nl TYPERING ▶ fonds op naam BEHEERD DOOR ▶ Prins Bernhard Cultuurfonds DIRECTIE ▶ zie > Prins Bernhard Cultuurfonds BESTUUR ▶ zie > Prins Bernhard Cultuurfonds

Missie ■ DOELSTELLING ▶ Het financieel ondersteunen van onderzoek naar, publicatie over en restauratie van mechanische muziekinstrumenten.

Werkgebied ■ ACTIERADIUS ▶ Nationaal LAND ▶ Nederland.

Projecten ■ CRITERIA ▶ geen projectcriteria bekend DOORLOOPTIJD ▶ ☑ korter dan 1 jaar STATUS AANVRAGER ▶ ☑ geen beperkingen bekend VOORKEUR/UITSLUITING ▶ geen voorkeur of uitsluiting bekend.

Procedure ■ OP AANVRAAG ▶ ja AANVRAAGPROCEDURE ▶ Dit 'fonds op naam' ressorteert onder het Prins Bernhard Cultuurfonds. Verzoeken aan fondsen op naam komen op één centraal punt binnen. Dit houdt in dat een subsidieaanvraag slechts eenmaal aan het Prins Bernhard Cultuurfonds hoeft te worden gezonden. Voor de verdere aanvraagprocedure: zie Prins Bernhard Cultuurfonds. URL ▶ www.cultuurfonds.nl/aanvragen

Contact ■ BEREIKBAAR PER ▶ ☑ post ☑ e-mail ☑ telefoon CONTACTPERSOON ▶ geen contactpersoon bekend POSTADRES ▶ Postbus 19750, 1000 GT Amsterdam EMAIL (ALGEMEEN) ▶ info@cultuurfonds.nl TELEFOON (ALGEMEEN) ▶ 020-5206130.

648
Stichting J.W.Th. van Doorne Fonds

Rubriek ■ ☑ maatschappij, welzijn en samenleving ☑ kerk en levensbeschouwing

Algemeen ■ WEBSITE ▶ www.stg-jwth-van-doorne.nl TYPERING ▶ vermogensfonds OPGERICHT ▶ 29-07-1996 RECHTSVORM ▶ stichting KVK ▶ 41093999 ANBI STATUS ▶ ja DIRECTIE ▶ geen directiegegevens bekend BESTUUR ▶ Mw. M.P.M. Hohmann-van Doorne, voorzitter; J.C.A. de Rooij, penningmeester; mw. C.E.C. Hertogs, secretaris.

Missie ■ DOELSTELLING ▶ De Stichting heeft ten doel het verlenen van financiële steun aan kerkelijke, levensbeschouwelijke, charitatieve, culturele, wetenschappelijke of het algemeen nut beogende instellingen. BELEIDSPLAN OP WEBSITE ▶ ja.

Doelgroep ■ ALGEMEEN ▶ gelovigen SPECIFIEK ▶ Kerkelijke, levensbeschouwelijke, charitatieve, culturele, wetenschappelijke of algemeen nut beogende instellingen. ACTIVITEITEN ▶ Geen specifieke activiteiten bekend INTERVENTIENIVEAU ▶ Steun aan lokale/provinciale maatschappelijke organisaties en structuren (incl. gemeenten etc.) die diensten verlenen aan individuen.

Werkgebied ■ ACTIERADIUS ▶ Nationaal LAND ▶ Nederland.

Bestedingen ■ BUDGET ▶ niet openbaar SOORT BIJDRAGE ▶ giften BOVENGRENS ▶ geen ONDERGRENS ▶ geen.

Projecten ■ CRITERIA ▶ geen projectcriteria bekend DOORLOOPTIJD ▶ ☑ onbekend STATUS AANVRAGER ▶ ☑ kerkelijke instelling ☑ stichting of vereniging (non-profit) VOORKEUR/UITSLUITING ▶ geen voorkeur of uitsluiting bekend.

Procedure ■ OP AANVRAAG ▶ onbekend AANVRAAGPROCEDURE ▶ Geen aanvraagprocedure bekend.

Financieel ■ HERKOMST MIDDELEN ▶ legaten, giften & schenkingen, overige inkomsten, legaten, vermogen JAARVERSLAG OP WEBSITE ▶ ja.

Contact ■ BEREIKBAAR PER ▶ ☑ post ☒ e-mail ☒ telefoon CONTACTPERSOON ▶ geen contactpersoon bekend POSTADRES ▶ Postbus 79, 5600 AB Eindhoven.

649
Jaap en Eleonora de Kort Fonds

Rubriek ■ ☑ kunst en cultuur

Algemeen ■ WEBSITE ▶ www.cultuurfonds.nl TYPERING ▶ fonds op naam BEHEERD DOOR ▶ Prins Bernhard Cultuurfonds DIRECTIE ▶ zie > Prins Bernhard Cultuurfonds BESTUUR ▶ zie > Prins Bernhard Cultuurfonds

Missie ■ DOELSTELLING ▶ Het financeel ondersteunen van de restauratie van dorpskerken in de Achterhoek.

Werkgebied ■ ACTIERADIUS ▶ Regionaal LAND ▶ Nederland REGIO ▶ Achterhoek, Zuid-Oost Utrecht.

Projecten ■ CRITERIA ▶ geen projectcriteria bekend DOORLOOPTIJD ▶ ☑ korter dan 1 jaar STATUS AANVRAGER ▶ ☑ geen beperkingen bekend VOORKEUR/UITSLUITING ▶ geen voorkeur of uitsluiting bekend.

Procedure ■ OP AANVRAAG ▶ ja AANVRAAGPROCEDURE ▶ Dit 'fonds op naam' ressorteert onder het Prins Bernhard Cultuurfonds. Verzoeken aan fondsen op naam komen op één centraal punt binnen. Dit houdt in dat een subsidieaanvraag slechts eenmaal aan het Prins Bernhard Cultuurfonds hoeft te worden gezonden. Voor de verdere aanvraagprocedure: zie Prins Bernhard Cultuurfonds. URL ▶ www.cultuurfonds.nl/aanvragen

Contact ■ BEREIKBAAR PER ▶ ☑ post ☑ e-mail ☑ telefoon CONTACTPERSOON ▶ geen contactpersoon bekend POSTADRES ▶ Postbus 19750, 1000 GT Amsterdam EMAIL (ALGEMEEN) ▶ info@cultuurfonds.nl TELEFOON (ALGEMEEN) ▶ 020-5206130.

650
Stichting Jaap Harten Fonds

Rubriek ■ ☑ kunst en cultuur

Algemeen ■ WEBSITE ▶ www.hartenfonds.nl TYPERING ▶ vermogensfonds OPGERICHT ▶ 27-12-1988 RECHTSVORM ▶ stichting KVK ▶ 41155513 ANBI STATUS ▶ ja DIRECTIE ▶ geen directiegegevens bekend

BESTUUR ▶ Mr. D. den Hertog, voorzitter; mr. T.P. Sarneel, penningmeester; M. Nijhoff, secretaris; B. Bloksma; mr. A.R. Leemreis.

Missie ■ **DOELSTELLING** ▶ Het verlenen van financiële en materiële steun aan natuurlijke en rechtspersonen ter bevordering van kunst en letteren in Nederland. Het Harten Fonds richt zich in het bijzonder op projecten welke betrekking hebben op de periode die is aangevangen aan het einde van de negentiende eeuw en op: ☑ Auteurs of uitgevers van (auto-)biografieën van Nederlandse cultuurdragers en van monografieën betreffende ontwikkelingen op het gebied van letteren, kunst en cultuur; ☑ Bezorgers en uitgevers van correspondentie en teksten van Nederlandse cultuurdragers; ☑ Onderzoeks- en restauratieprojecten van Nederlandse musea of archieven; ☑ De verwerving van manuscripten of correspondentieverzamelingen van Nederlandse cultuurdragers. **STICHTER(S)** ▶ Jaap Harten **HISTORIE** ▶ De stichting Harten Fonds werd opgericht op 27 december 1988. De oprichter was Jaap Harten, auteur van o.m. De Getatoeëerde Lorelei. In 2011 verscheen bij Uitgeverij Aspekt een door Hans Renders bezorgde selectie van zijn verzameld werk. Het stichtingsvermogen is in de stichting ingebracht door de oprichter. De oprichter beoogde hiermee dat door hem geërfd vermogen zou worden aangewend voor algemeen nuttige doeleinden, in het bijzonder ten behoeve van literatuur en beeldende kunst. Een van de specifieke beleidsdoeleinden van de stichting was en is de bevordering van de totstandkoming van biografieën van belangrijke Nederlandser cultuurdragers, een genre dat ten tijde van de oprichting van de stichting weinig aandacht kreeg. In dit kader werd en wordt financiële steun verleend aan auteurs (in de vorm van meerjarige stipendia) of aan uitgevers. **BELEIDSPLAN OP WEBSITE** ▶ ja.

Doelgroep ■ **SPECIFIEK** ▶ Natuurlijke en rechtspersonen op het gebied van kunst en letteren in Nederland. **ACTIVITEITEN** ▶ De Stichting Harten Fonds richt zich met name op: ☑ De bevordering van de totstandkoming van biografieën van Nederlandstalige schrijvers, Nederlandse beeldend kunstenaars en andere Nederlanders die een belangrijke rol in het Nederlandse culturele leven hebben gespeeld; ☑ Literaire uitgaven, met name uitgaven van correspondentie van schrijvers en beeldend kunstenaars en andere belangrijke Nederlandse cultuurdragers. **INTERVENTIENIVEAU** ▶ Steun aan lokale/provinciale maatschappelijke organisaties en structuren (incl. gemeenten etc.) die diensten verlenen aan individuen.; Steun aan individuen (directe steun).

Werkgebied ■ **ACTIERADIUS** ▶ Nationaal **LAND** ▶ Nederland.

Bestedingen ■ **BUDGET** ▶ niet openbaar **ONDERSTEUNDE PROJECTEN P/J** ▶ 54 **SOORT BIJDRAGE** ▶ giften overig **BOVENGRENS** ▶ geen **ONDERGRENS** ▶ geen.

Projecten ■ **CRITERIA** ▶ geen projectcriteria bekend **DOORLOOPTIJD** ▶ ☑ korter dan 1 jaar **STATUS AANVRAGER** ▶ ☑ geen beperkingen bekend **VOORKEUR/UITSLUITING** ▶ geen voorkeur of uitsluiting bekend.

Procedure ■ **OP AANVRAAG** ▶ ja **DOORLOOPTIJD** ▶ 1-3 maanden **AANVRAAGPROCEDURE** ▶ Aanvragen voor financiële bijdragen kunnen per e-mail (secretariaat@stichtinghartenfonds.nl) of brief worden gezonden naar het postadres. De vergaderdata en de sluitingstermijnen voor het insturen van de aanvragen staan vermeld op de website. De aanvraag biedt informatie over; ☑ de aanvragende instelling c.q. particulier (naam, adres, telefoon, website en de contactpersoon. ☑ Indien eerdere subsidieaanvragen bij het Jaap Harten Fonds een omschrijving van het betreffende project en het bedrag van de ontvangen subsidie. ☑ projectomschrijving met achtergrondinformatie; ☑ de betrokkenen bij het project (auteurs, kunstenaars, uitgeverij en dergelijke); ☑ looptijd van het project (begin- en einddata); ☑ publieksbereik van het project resp. de doelgroep van het project; ☑ begroting en dekkingsplan; ☑ het gevraagde bedrag. ☑ een opgave van subsidieaanvragen voor het betreffende project bij overheidsinstellingen of andere fondsen. ☑ Indien de aanvrager een rechtspersoon is, gaat de aanvraag vergezeld van een uittreksel Kamer van Koophandel. **URL** ▶ https://jaaphartenfonds.nl/voorwaarden

Financieel ■ **INKOMSTEN EV** ▶ € 455.043 **HERKOMST MIDDELEN** ▶ vermogen, overige inkomsten, legaten **BOEKJAAR** ▶ 2019 **JAARVERSLAG OP WEBSITE** ▶ ja.

Contact ■ **BEREIKBAAR PER** ▶ ☑ post ☑ e-mail ☑ telefoon **CONTACTPERSOON** ▶ G. Hengelmolen **POSTADRES** ▶ Cornelis Edelmanstraat 69, 1447 GZ Purmerend **EMAIL (ALGEMEEN)** ▶ info@hartenfonds.nl **TELEFOON (ALGEMEEN)** ▶ 06-53929884.

651
Stichting Jaap van Duijn Vogelfonds

Rubriek ■ ☑ natuur, milieu en dieren

Algemeen ■ **WEBSITE** ▶ www.vogelfonds.nl **TYPERING** ▶ vermogensfonds **OPGERICHT** ▶ 25-02-2014 **RECHTSVORM** ▶ stichting **KVK** ▶ 60111011 **ANBI STATUS** ▶ ja **DIRECTIE** ▶ geen directiegegevens bekend **BESTUUR** ▶ J.J. van Duijn, voorzitter; M.R. Glazener, penningmeester; mw. L.G. van Duijn-Camfferman, secretaris; J.A.J. Vink.

Missie ■ **DOELSTELLING** ▶ Het verlenen van financiële steun aan projecten die het behoud en de verbetering van de natuur bevorderen, en in het bijzonder aan projecten die bijdragen aan de diversiteit en de verbetering van de vogelstand in Nederland. **BELEIDSPLAN OP WEBSITE** ▶ ja.

Doelgroep ■ **SPECIFIEK** ▶ Projecten die het behoud en de verbetering van de natuur bevorderen. **ACTIVITEITEN** ▶ De stichting tracht haar doel onder meer te bereiken door subsidies te verstrekken aan acties en projecten, geïnitieerd door bijvoorbeeld natuurbeschermingsorganisaties, terreinbeherende organisaties, vogelwerkgroepen, instellingen die vogelonderzoek doen, voor zover deze acties en projecten de doelstelling van de stichting dienen. Ook kan de stichting financiële steun verlenen bij de aankoop en inrichting van natuurterreinen, waarvan het beheer kan bijdragen aan het verwezenlijken van de doelstelling van de stichting. **INTERVENTIENIVEAU** ▶ Steun aan lokale/provinciale maatschappelijke organisaties en structuren (incl. gemeenten etc.) die diensten verlenen aan individuen.

Werkgebied ■ **ACTIERADIUS** ▶ Nationaal **LAND** ▶ Nederland.

Bestedingen ■ **BUDGET** ▶ € 30.000 **SOORT BIJDRAGE** ▶ subsidies giften **BOVENGRENS** ▶ geen **ONDERGRENS** ▶ geen.

Projecten ■ **CRITERIA** ▶ Projecten die voor subsidiëring in aanmerking komen zijn onder meer: ☑ Projecten die een positief effect hebben op de leefomgeving van in Nederland voorkomende vogelsoorten. Te denken valt aan het plaatsen van nestkasten, het inrichten en beheren van terreinen, e.d; ☑ Onderzoeksprojecten die zich richten op in Nederland bedreigde soorten; ☑ Inventarisaties en publicaties van vogelwerkgroepen, onderzoekers e.a. **DOORLOOPTIJD** ▶ ☑ onbekend **STATUS AANVRAGER** ▶ ☑ geen beperkingen bekend **VOORKEUR/UITSLUITING** ▶ In beginsel subsidieert de Stichting niet meer dan 50% van een project. Co-financiering is dus vereist.

Procedure ■ **OP AANVRAAG** ▶ ja **DOORLOOPTIJD** ▶ 3-6 maanden **AANVRAAGPROCEDURE** ▶ Subsidieaanvragen dienen schriftelijk en in drievoud te worden gericht aan het secretariaat van de stichting. Subsidieaanvragen worden tweemaal per jaar in behandeling genomen. Deadline voor de eerste ronde is 1 maart, deadline voor de tweede 1 september. **URL** ▶ www.vogelfonds.nl/?page_id=45

Financieel ■ **EIGEN VERMOGEN** ▶ € 53.080 **INKOMSTEN OV** ▶ € 20.850 **HERKOMST MIDDELEN** ▶ legaten, giften & schenkingen, overige inkomsten **BOEKJAAR** ▶ 2019.

Contact ■ **BEREIKBAAR PER** ▶ ☑ post ☑ e-mail ☑ telefoon **CONTACTPERSOON** ▶ geen contactpersoon bekend **POSTADRES** ▶ Prinses Julianalaan 16, 3143 LK Maassluis **EMAIL (ALGEMEEN)** ▶ info@vogelfonds.nl **TELEFOON (ALGEMEEN)** ▶ 010-5926025.

652
Jacob Claij Fonds

Rubriek ■ ☑ kunst en cultuur

Algemeen ■ **WEBSITE** ▶ www.cultuurfonds.nl **TYPERING** ▶ fonds op naam **BEHEERD DOOR** ▶ Prins Bernhard Cultuurfonds **DIRECTIE** ▶ zie > Prins Bernhard Cultuurfonds **BESTUUR** ▶ zie > Prins Bernhard Cultuurfonds

Missie ■ **DOELSTELLING** ▶ Het financieel ondersteunen van projecten op het gebied van de monumentenzorg ten behoeve van bouwkundige projecten in Amsterdam, Utrecht en Haarlem.

Werkgebied ■ **ACTIERADIUS** ▶ Lokaal **LAND** ▶ Nederland **PLAATS** ▶ Amsterdam, Utrecht, Haarlem.

Projecten ■ **CRITERIA** ▶ geen projectcriteria bekend **DOORLOOPTIJD** ▶ ☑ korter dan 1 jaar **STATUS AANVRAGER** ▶ ☑ geen beperkingen bekend **VOORKEUR/UITSLUITING** ▶ geen voorkeur of uitsluiting bekend.

Procedure ■ **OP AANVRAAG** ▶ ja **AANVRAAGPROCEDURE** ▶ Dit 'fonds op naam' ressorteert onder het Prins Bernhard Cultuurfonds. Verzoeken aan fondsen op naam komen op één centraal punt binnen. Dit houdt in dat een subsidieaanvraag slechts eenmaal aan het Prins Bernhard Cultuurfonds hoeft te worden gezonden. Voor de verdere aanvraagprocedure: zie Prins Bernhard Cultuurfonds. **URL** ▶ www.cultuurfonds.nl/aanvragen

Contact ■ **BEREIKBAAR PER** ▶ ☑ post ☑ e-mail ☑ telefoon **CONTACTPERSOON** ▶ geen contactpersoon bekend **POSTADRES** ▶ Postbus 19750, 1000 GT Amsterdam **EMAIL (ALGEMEEN)** ▶ info@cultuurfonds.nl **TELEFOON (ALGEMEEN)** ▶ 020-5206130.

653
Jacob van Zijverden Fonds

Rubriek ■ ☑ natuur, milieu en dieren

Algemeen ■ **WEBSITE** ▶ www.cultuurfonds.nl **TYPERING** ▶ fonds op naam **BEHEERD DOOR** ▶ Prins Bernhard Cultuurfonds **DIRECTIE** ▶ zie > Prins Bernhard Cultuurfonds **BESTUUR** ▶ zie > Prins Bernhard Cultuurfonds

Missie ■ **DOELSTELLING** ▶ Het financieel ondersteunen van projecten op het gebied van natuurbehoud in Nederland door de bevordering en ondersteuning van de ecologische landbouw en veeteelt in de ruimste zin.

Werkgebied ■ **ACTIERADIUS** ▶ Nationaal **LAND** ▶ Nederland.

Projecten ■ **CRITERIA** ▶ geen projectcriteria bekend **DOORLOOPTIJD** ▶ ☑ korter dan 1 jaar **STATUS AANVRAGER** ▶ ☑ geen beperkingen bekend **VOORKEUR/UITSLUITING** ▶ geen voorkeur of uitsluiting bekend.

Procedure ■ **OP AANVRAAG** ▶ ja **AANVRAAGPROCEDURE** ▶ Dit 'fonds op naam' ressorteert onder het Prins Bernhard Cultuurfonds. Verzoeken aan fondsen op naam komen op één centraal punt binnen. Dit houdt in dat een subsidieaanvraag slechts eenmaal aan het Prins Bernhard Cultuurfonds hoeft te worden gezonden. Voor de verdere aanvraagprocedure: zie Prins Bernhard Cultuurfonds. **URL** ▶ www.cultuurfonds.nl/aanvragen

Contact ■ **BEREIKBAAR PER** ▶ ☑ post ☑ e-mail ☑ telefoon **CONTACTPERSOON** ▶ geen contactpersoon bekend **POSTADRES** ▶ Postbus 19750, 1000 GT Amsterdam **EMAIL (ALGEMEEN)** ▶ info@cultuurfonds.nl **TELEFOON (ALGEMEEN)** ▶ 020-5206130.

654
Jacoba Fonds

Rubriek ■ ☑ kunst en cultuur ☑ onderwijs en onderzoek

Algemeen ■ **WEBSITE** ▶ www.cultuurfonds.nl **TYPERING** ▶ fonds op naam **BEHEERD DOOR** ▶ Prins Bernhard Cultuurfonds **DIRECTIE** ▶ zie > Prins Bernhard Cultuurfonds **BESTUUR** ▶ zie > Prins Bernhard Cultuurfonds

Missie ■ **DOELSTELLING** ▶ Het financieel ondersteunen van de professionele ontwikkeling van talentvolle jonge mensen op het werkterrein van het Prins Bernhard Cultuurfonds, met een voorkeur voor musici.

Werkgebied ■ **ACTIERADIUS** ▶ Nationaal **LAND** ▶ Nederland.

Projecten ■ **CRITERIA** ▶ geen projectcriteria bekend **DOORLOOPTIJD** ▶ ☑ korter dan 1 jaar **STATUS AANVRAGER** ▶ ☑ geen beperkingen bekend **VOORKEUR/UITSLUITING** ▶ Voorkeur gaat uit naar jonge musici.

Procedure ■ **OP AANVRAAG** ▶ ja **AANVRAAGPROCEDURE** ▶ Dit 'fonds op naam' ressorteert onder het Prins Bernhard Cultuurfonds. Verzoeken aan fondsen op naam komen op één centraal punt binnen. Dit houdt in dat een subsidieaanvraag slechts eenmaal aan het Prins Bernhard Cultuurfonds hoeft te worden gezonden. Voor de verdere aanvraagprocedure: zie Prins Bernhard Cultuurfonds. **URL** ► www.cultuurfonds.nl/aanvragen

Contact ■ **BEREIKBAAR PER** ► ☑ post ☑ e-mail ☑ telefoon **CONTACTPERSOON** ► geen contactpersoon bekend **POSTADRES** ► Postbus 19750, 1000 GT Amsterdam **EMAIL (ALGEMEEN)** ► info@cultuurfonds.nl **TELEFOON (ALGEMEEN)** ► 020-5206130.

655
Sint Jacobs Godshuis

Rubriek ■ ☑ noodhulp

Algemeen ■ **WEBSITE** ► www.sintjacobsgodshuis.nl **TYPERING** ► vermogensfonds **OPGERICHT** ► 1437 **RECHTSVORM** ► kerkelijke instelling **KVK** ► 64771652 **ANBI STATUS** ► ja **DIRECTIE** ► geen directiegegevens bekend **BESTUUR** ► Mw.mr. A.A.F. Donders, voorzitter; drs. A.J.M. de Roy van Zuydewijn, penningmeester; mr. J.A. Alferink, secretaris; mr. J.A. Alferink, vice-voorzitter; ir. J. Slangen; J.A. Hulscher; mw. C.M. van Oerle; drs. M.H.C.M. Evers MCR FRICS; E.H.A. Fennis; drs P.J. van Gerwen RBA, RT, FFD.

Missie ■ **DOELSTELLING** ► Het statutaire doel van het Sint Jacobs Godshuis is: ☑ de verzorging in Zuid-Kennemerland in de ruimste zin des woords van zieken, bejaarden en alleenstaanden,; ☑ het besturen, alsmede het ondersteunen, in standhouden en bevorderen van de werkzaamheden van: Stichting het Vrouwe- of Verwershofje; Stichting het Hofje de Twaalf Apostelen; Stichting Tijssen; Stichting het Hofje van Loo; Stichting Huisvesting Alleenstaanden Kennemerland; Stichting Paulushof; Stichting Hoogtepunt; ☑ in uitzonderlijke gevallen, zulks ter beoordeling van het college van regenten, het verlenen van hulp en bijstand van materiële of immateriële aard waar ook; ter wereld. **STICHTER(S)** ► Lysbeth Jan Bette Heinrixczoons **HISTORIE** ► Vanaf de oprichting in 1437 zet het Godshuis zich in voor armen en voor het huisvesten, verzorgen en verplegen van bejaarden, wezen, vondelingen en verlaten kinderen in met name Zuid-Kennemerland. Na het afstoten van het bejaardenverzorgingshuis Sint Jacob in de Hout en het verpleeghuis Boerhaave in 1995 is het Godshuis meer voorwaardenscheppend geworden, wat tot uitdrukking komt in het giftenbeleid en het actief ter hand nemen van projecten.

Doelgroep ■ **ALGEMEEN** ► zieken, gehandicapten, armen, kinderen, ouderen **SPECIFIEK** ► Geen specifieke doelgroep **ACTIVITEITEN** ► Geen specifieke activiteiten. **INTERVENTIENIVEAU** ► Steun aan lokale/provinciale maatschappelijke organisaties en structuren (incl. gemeenten etc.) die diensten verlenen aan individuen.

Werkgebied ■ **ACTIERADIUS** ► Regionaal **REGIO** ► Zuid-Kennemerland **PLAATS** ► Haarlem, Heemstede, Bloemendaal, Bennebroek, Zandvoort, Haarlemmerliede en Spaarnwoude.

Bestedingen ■ **BUDGET** ► € 625.000 **ONDERSTEUNDE PROJECTEN P/J** ► 61 **SOORT BIJDRAGE** ► giften **BOVENGRENS** ► geen **ONDERGRENS** ► geen.

Projecten ■ **CRITERIA** ► Projecten zijn gericht op: ☑ armen, weduwen, zieken/gehandicapten en kansarmen; ☑ het bevorderen van een leefbare samenleving door bevordering van vrijwilligersnetwerken en door het verlenen van noodhulp; ☑ het in stand houden van het katholieke gedachtegoed/erfgoed; ☑ Aan het verlenen van giften worden criteria gesteld, afhankelijk van de regio. Deze zijn te vinden op de website. **DOORLOOPTIJD** ► ☑ onbekend **STATUS AANVRAGER** ► ☑ geen beperkingen bekend **VOORKEUR/UITSLUITING** ► Uitzonderingscriteria voor giften; ☑ Het Sint Jacobs Godshuis verleent geen ondersteuning aan individuele noden. ☑ In principe worden geen bijdragen verleend in structurele exploitatiekosten. ☑ Projecten die een politieke of commercieel karakter beogen. ☑ Projecten die gericht zijn op zuiver wetenschappelijk onderzoek. ☑ Projecten die in strijd zijn met christelijke levensbeschouwelijke beginselen of discriminatie bevorderen.

Procedure ■ **OP AANVRAAG** ► ja **DOORLOOPTIJD** ► 1-3 maanden **AANVRAAGPROCEDURE** ► Een aanvraag voor een donatie kunt u richten aan het college van regenten van het Sint Jacobs Godshuis bij voorkeur digitaal. Het college van regenten vergadert maandelijks. Een aanvraag bestaat uit: ☑ Naam en gegevens van de organisatie en contactpersoon; ☑ Doelstelling en beschrijving van de organisatie; ☑ Beschrijving van project/aanvraag: ☑ Beoogd resultaat; ☑ Doelgroep; ☑ Werkgebied (territoriaal); ☑ Fasering, deelprojecten (indien van toepassing); ☑ Inzet van vrijwilligers en/of professionals; ☑ Planning en kostenraming; ☑ Dekkingsplan incl. eigen middelen die worden ingezet voor het project; ☑ Gevraagd bedrag; ☑ Aangeschreven fondsen/toezeggingen; ☑ Evaluatie; ☑ Rapportage ☑ gewaarmerkte statuten van de organisatie; ☑ uittreksel uit de Kamer van Koophandel (getekend en niet ouder dan één jaar); Bij aanvragen om een éénmalige donatie van meer dan € 3.000 of meerjarige bijdragen dienen daarnaast te worden toegezonden: ☑ jaarrekening (balans & resultatenrekening) van de afgelopen twee boekjaren; ☑ inhoudelijk jaarverslag; ☑ exploitatiebegroting van het lopende/komende jaar **URL** ► www.sintjacobsgodshuis.nl/indienen-aanvraag-donatie.html

Financieel ■ **EIGEN VERMOGEN** ► € 21.330.052 **INKOMSTEN EV** ► € 2.872.390 **HERKOMST MIDDELEN** ► vermogen **BOEKJAAR** ► 2019 **JAARVERSLAG OP WEBSITE** ► ja.

Contact ■ **BEREIKBAAR PER** ► ☑ post ☑ e-mail ☑ telefoon **CONTACTPERSOON** ► geen contactpersoon bekend **POSTADRES** ► Emauslaan 6, 2012 PH Haarlem **EMAIL (ALGEMEEN)** ► secretariaat@sintjacobsgodshuis.nl **TELEFOON (ALGEMEEN)** ► 023-5363976.

656
Jadefonds

Rubriek ■ ☑ kunst en cultuur ☑ onderwijs en onderzoek

Algemeen ■ **WEBSITE** ► www.cultuurfonds.nl **TYPERING** ► fonds op naam **BEHEERD DOOR** ► Prins Bernhard Cultuurfonds **DIRECTIE** ► zie > Prins Bernhard Cultuurfonds **BESTUUR** ► zie > Prins Bernhard Cultuurfonds

Missie ■ **DOELSTELLING** ► Het financieel ondersteunen door middel van vervolgopleidingen of -onderzoeken. Daarnaast kunnen projecten op de gebieden geschiedenis & letteren, muziek en monumentenzorg een bijdrage ontvangen.

Werkgebied ■ ACTIERADIUS ► Nationaal, Internationaal LAND ► Nederland.

Projecten ■ CRITERIA ► geen projectcriteria bekend DOORLOOPTIJD ► ☑ korter dan 1 jaar STATUS AANVRAGER ► ☑ geen beperkingen bekend VOORKEUR/UITSLUITING ► geen voorkeur of uitsluiting bekend.

Procedure ■ OP AANVRAAG ► onbekend AANVRAAGPROCEDURE ► Dit 'fonds op naam' ressorteert onder het Prins Bernhard Cultuurfonds. Verzoeken aan fondsen op naam komen op één centraal punt binnen. Dit houdt in dat een subsidieaanvraag slechts eenmaal aan het Prins Bernhard Cultuurfonds hoeft te worden gezonden. Voor de verdere aanvraagprocedure: zie Prins Bernhard Cultuurfonds. URL ► www.cultuurfonds.nl/aanvragen

Contact ■ BEREIKBAAR PER ► ☑ post ☑ e-mail ☑ telefoon CONTACTPERSOON ► geen contactpersoon bekend POSTADRES ► Postbus 19750, 1000 GT Amsterdam EMAIL (ALGEMEEN) ► info@cultuurfonds.nl TELEFOON (ALGEMEEN) ► 020-5206130.

657

Jan de Ruijsscher / Pia Huisman Fonds

Rubriek ■ ☑ onderwijs en onderzoek ☑ gezondheidszorg

Algemeen ■ WEBSITE ► www.cultuurfonds.nl TYPERING ► fonds op naam BEHEERD DOOR ► Prins Bernhard Cultuurfonds DIRECTIE ► zie > Prins Bernhard Cultuurfonds BESTUUR ► zie > Prins Bernhard Cultuurfonds

Missie ■ DOELSTELLING ► Het toekennen van beurzen aan talentvolle onderzoekers, bij voorkeur oogartsen, op het gebied van glaucoomonderzoek en datgene wat hiermee direct of zijdelings verband houdt.

Werkgebied ■ ACTIERADIUS ► Nationaal LAND ► Nederland.

Projecten ■ CRITERIA ► geen projectcriteria bekend DOORLOOPTIJD ► ☑ korter dan 1 jaar STATUS AANVRAGER ► ☑ individuen/gezinnen VOORKEUR/UITSLUITING ► Voorkeur gaat uit naar oogartsen.

Procedure ■ OP AANVRAAG ► ja AANVRAAGPROCEDURE ► Dit 'fonds op naam' ressorteert onder het Prins Bernhard Cultuurfonds. Verzoeken aan fondsen op naam komen op één centraal punt binnen. Dit houdt in dat een subsidieaanvraag slechts eenmaal aan het Prins Bernhard Cultuurfonds hoeft te worden gezonden. Voor de verdere aanvraagprocedure: zie Prins Bernhard Cultuurfonds. URL ► www.cultuurfonds.nl/aanvragen

Contact ■ BEREIKBAAR PER ► ☑ post ☑ e-mail ☑ telefoon CONTACTPERSOON ► geen contactpersoon bekend POSTADRES ► Postbus 19750, 1000 GT Amsterdam EMAIL (ALGEMEEN) ► info@cultuurfonds.nl TELEFOON (ALGEMEEN) ► 020-5206130.

658

Jan en Tina Huizinga Fonds

Rubriek ■ ☑ kunst en cultuur ☑ onderwijs en onderzoek

Algemeen ■ WEBSITE ► www.cultuurfonds.nl TYPERING ► fonds op naam BEHEERD DOOR ► Prins Bernhard Cultuurfonds DIRECTIE ► zie > Prins Bernhard Cultuurfonds BESTUUR ► zie > Prins Bernhard Cultuurfonds

Missie ■ DOELSTELLING ► Het financieel ondersteunen van getalenteerde afgestudeerde musici op het gebied van de jazz (klarinet en saxofoon) of de klassieke muziek (piano, zang).

Werkgebied ■ ACTIERADIUS ► Nationaal, Internationaal LAND ► Nederland.

Projecten ■ CRITERIA ► geen projectcriteria bekend DOORLOOPTIJD ► ☑ korter dan 1 jaar STATUS AANVRAGER ► ☑ geen beperkingen bekend VOORKEUR/UITSLUITING ► geen voorkeur of uitsluiting bekend.

Procedure ■ OP AANVRAAG ► ja AANVRAAGPROCEDURE ► Dit 'fonds op naam' ressorteert onder het Prins Bernhard Cultuurfonds. Verzoeken aan fondsen op naam komen op één centraal punt binnen. Dit houdt in dat een subsidieaanvraag slechts eenmaal aan het Prins Bernhard Cultuurfonds hoeft te worden gezonden. Voor de verdere aanvraagprocedure: zie Prins Bernhard Cultuurfonds. URL ► www.cultuurfonds.nl/aanvragen

Contact ■ BEREIKBAAR PER ► ☑ post ☑ e-mail ☑ telefoon CONTACTPERSOON ► geen contactpersoon bekend POSTADRES ► Postbus 19750, 1000 GT Amsterdam EMAIL (ALGEMEEN) ► info@cultuurfonds.nl TELEFOON (ALGEMEEN) ► 020-5206130.

659

Stichting Jan J.A. Hohmann Fonds

Rubriek ■ ☑ kerk en levensbeschouwing ☑ maatschappij, welzijn en samenleving ☑ kunst en cultuur ☑ onderwijs en onderzoek

Algemeen ■ WEBSITE ► www.stg-jja-hohmann.nl TYPERING ► vermogensfonds OPGERICHT ► 07-09-1993 RECHTSVORM ► stichting KVK ► 41092875 ANBI STATUS ► ja DIRECTIE ► geen directiegegevens bekend BESTUUR ► F.H.J. Boons, voorzitter; mw. C.E.C. Hertogs, penningmeester; J.C.A. de Rooij, secretaris.

Missie ■ DOELSTELLING ► Het verlenen van financiële steun aan kerkelijke, levensbeschouwelijke, charitatieve, culturele, wetenschappelijke of het algemeen nut beogende instellingen. BELEIDSPLAN OP WEBSITE ► ja.

Doelgroep ■ ALGEMEEN ► gelovigen SPECIFIEK ► Kerkelijke, levensbeschouwelijke, charitatieve, culturele, wetenschappelijke of algemeen nut beogende instellingen. ACTIVITEITEN ► Geen specifieke activiteiten bekend INTERVENTIENIVEAU ► Steun aan lokale/provinciale maatschappelijke organisaties en structuren (incl. gemeenten etc.) die diensten verlenen aan individuen.

Werkgebied ■ ACTIERADIUS ► Nationaal LAND ► Nederland.

Bestedingen ■ BUDGET ▶ niet openbaar SOORT BIJDRAGE ▶ onbekend BOVENGRENS ▶ geen ONDERGRENS ▶ geen.

Projecten ■ CRITERIA ▶ geen projectcriteria bekend DOORLOOPTIJD ▶ ☑ onbekend STATUS AANVRAGER ▶ ☑ kerkelijke instelling ☑ stichting of vereniging (non-profit) VOORKEUR/UITSLUITING ▶ geen voorkeur of uitsluiting bekend.

Procedure ■ OP AANVRAAG ▶ onbekend AANVRAAGPROCEDURE ▶ Geen aanvraagprocedure bekend.

Financieel ■ INKOMSTEN OV ▶ € 108.619 HERKOMST MIDDELEN ▶ vermogen, giften & schenkingen, legaten, legaten, overige inkomsten BOEKJAAR ▶ 2015 JAARVERSLAG OP WEBSITE ▶ ja.

Contact ■ BEREIKBAAR PER ▶ ☑ post ☒ e-mail ☒ telefoon CONTACTPERSOON ▶ geen contactpersoon bekend POSTADRES ▶ Postbus 79, 5600 AB Eindhoven.

660
Jan Meester Fonds

Rubriek ■ ☑ kunst en cultuur

Algemeen ■ WEBSITE ▶ www.cultuurfonds.nl TYPERING ▶ fonds op naam BEHEERD DOOR ▶ Prins Bernhard Cultuurfonds DIRECTIE ▶ zie > Prins Bernhard Cultuurfonds BESTUUR ▶ zie > Prins Bernhard Cultuurfonds

Missie ■ DOELSTELLING ▶ Het financieel ondersteunen van de restauratie van mobiel erfgoed met een voorkeur voor rollend materieel, in het bijzonder voor stoomlocomotieven.

Werkgebied ■ ACTIERADIUS ▶ Nationaal LAND ▶ Nederland.

Projecten ■ CRITERIA ▶ geen projectcriteria bekend DOORLOOPTIJD ▶ ☑ korter dan 1 jaar STATUS AANVRAGER ▶ ☑ geen beperkingen bekend VOORKEUR/UITSLUITING ▶ geen voorkeur of uitsluiting bekend.

Procedure ■ OP AANVRAAG ▶ ja AANVRAAGPROCEDURE ▶ Dit 'fonds op naam' ressorteert onder het Prins Bernhard Cultuurfonds. Verzoeken aan fondsen op naam komen op één centraal punt binnen. Dit houdt in dat een subsidieaanvraag slechts eenmaal aan het Prins Bernhard Cultuurfonds hoeft te worden gezonden. Voor de verdere aanvraagprocedure: zie Prins Bernhard Cultuurfonds. URL ▶ www.cultuurfonds.nl/aanvragen

Contact ■ BEREIKBAAR PER ▶ ☑ post ☑ e-mail ☑ telefoon CONTACTPERSOON ▶ geen contactpersoon bekend POSTADRES ▶ Postbus 19750, 1000 GT Amsterdam EMAIL (ALGEMEEN) ▶ info@cultuurfonds.nl TELEFOON (ALGEMEEN) ▶ 020-5206130.

661
Jan Nienhuis Vereniging

Rubriek ■ ☑ maatschappij, welzijn en samenleving ☑ sport en recreatie

Algemeen ■ WEBSITE ▶ www.heerderfondsen.nl/pagina.php?s=9&id=9 TYPERING ▶ vermogensfonds BEHEERD DOOR ▶ Heerder Fondsen OPGERICHT ▶ 29-11-1978 RECHTSVORM ▶ vereniging KVK ▶ 40101485 ANBI STATUS ▶ ja DIRECTIE ▶ geen directiegegevens bekend BESTUUR ▶ G. van der Scheer, voorzitter; R. de Gooijer, penningmeester; mw. W. Blankvoort-Zielhuis, secretaris; E. Feijen; L.G. van der Windt; H.H. Bos; K.A. Montfrooij; J. Jalink-Veldhuis; H.A. van Ark; R.G. Timmerman; G.G. van Werven-Roos; H. IJzerman; D. van de Put.

Missie ■ DOELSTELLING ▶ ☑ Het geven van individuele hulp aan personen die wonen in de gemeente Heerde en die, naar het oordeel van het bestuur, deze hulp nodig hebben op sociale gronden; ☑ het verstrekken van eenmalige of periodieke uitkeringen aan instellingen die werkzaam zijn in de gemeente Heerde en een sociaal of liefdadig doel beogen; ☑ het verstrekken van een eenmalige uitkering aan instellingen die in de gemeente Heerde werkzaam zijn in het algemeen belang van deze gemeente of haar inwoners. HISTORIE ▶ De oorsprong van de Vereniging Jan Nienhuis gaat terug naar de armoedig en roerige tijd vanaf 1850. De koningshuizen in Europa lagen onder vuur, er was sprake van revolutie, torenhoge werkloosheid onder de arme klasse en de levensmiddelen waren schrikbarend duur. Met name in de wintermaanden had de arme klasse het bijzonder moeilijk. Werk was er dan nauwelijks en dus ook geen inkomsten. In die tijd was Veessenaar Jan Nienhuis wethouder in Heerde (hij was sinds 1813 al raadslid en diende 53 jaar het openbaar bestuur in Heerde). De sociaal bewogen wethouder was, in schrijnende noodgevallen, die hem ter kennis werden gebracht, steeds bereid om financiële hulp te bieden. De gemeente besloot na enkele jaren de 'Vereniging tot werkverschaffing aan behoeftige ingezetenen van de gemeente Heerde' op te richten. De Vereniging kreeg van Jan Nienhuis een aanzienlijke som geld en van de rente van dat kapitaal kon aan de werkzame armen een bescheiden loon worden uitbetaald. Er werd een kleine wijziging van de statuten doorgevoerd, zodat ook andere noodzakelijke hulp geboden kon worden, met handhaving van de naam. Dat veranderde in 1978. De statuten werden aangepast om in het maatschappelijk kader van deze tijd te kunnen werken. De naam sprak niet langer aan en het toenmalige bestuur besloot de naam van Jan Nienhuis aan de vereniging te verbinden. Zijn schenkingen hebben immers de basis gelegd van een vereniging die tot op de dag van vandaag wil helpen bij bijzondere noden en behoeften. BELEIDSPLAN OP WEBSITE ▶ ja.

Doelgroep ■ SPECIFIEK ▶ Inwoners van de gemeente Heerde en instellingen die werkzaam zijn in de gemeente Heerde. ACTIVITEITEN ▶ Geen specifieke activiteiten bekend INTERVENTIENIVEAU ▶ Steun aan lokale/provinciale maatschappelijke organisaties en structuren (incl. gemeenten etc.) die diensten verlenen aan individuen.; Steun aan individuen (directe steun).

Werkgebied ■ ACTIERADIUS ▶ Lokaal LAND ▶ Nederland PLAATS ▶ Heerde.

Bestedingen ■ BUDGET ▶ niet openbaar ONDERSTEUNDE PROJECTEN P/J ▶ 24 SOORT BIJDRAGE ▶ leningen giften BOVENGRENS ▶ geen ONDERGRENS ▶ geen.

Projecten ■ CRITERIA ▶ geen projectcriteria bekend DOORLOOPTIJD ▶ ☑ onbekend STATUS AANVRAGER ▶ ☑ geen beperkingen bekend VOORKEUR/UITSLUITING ▶ geen voorkeur of uitsluiting bekend.

Procedure ■ OP AANVRAAG ▶ ja AANVRAAGPROCEDURE ▶ Online via het aanvraagformulier. U wordt verzocht eventuele bijlagen groter dan 1MB (indien mogelijk balans/jaarcijfers van laatste paar jaar) aan de secretaris te zenden. Contactgegevens vindt u het scherm nadat uw aanvraag verzonden is. Aanvragen moeten uiterlijk twee weken voor de vergaderdatum binnen zijn, zie voor de data het kopje 'Agenda' op de website. URL ▶ www.heerderfondsen.nl/aanvragen.php?S=9

Financieel ■ EIGEN VERMOGEN ▶ € 3.930.911 INKOMSTEN EV ▶ € 47.809 INKOMSTEN OV ▶ € 125.223 HERKOMST MIDDELEN ▶ vermogen, overige inkomsten, giften & schenkingen BOEKJAAR ▶ 2018 JAARVERSLAG OP WEBSITE ▶ ja.

Contact ■ BEREIKBAAR PER ▶ ☑ post ☑ e-mail ☒ telefoon CONTACTPERSOON ▶ Mw. W. Blankvoort-Zielhuis POSTADRES ▶ Korteslag 14, 8181 GN Heerde EMAIL (ALGEMEEN) ▶ blankjnewl@kpnmail.nl.

662

Stichting Jan Nieuwenhuyzenfonds

Rubriek ■ ☑ maatschappij, welzijn en samenleving

Algemeen ■ WEBSITE ▶ https://www.nutalgemeen.nl/stichting-jan-nieuwenhuyzenfonds TYPERING ▶ vermogensfonds BEHEERD DOOR ▶ Maatschappij tot Nut van 't Algemeen OPGERICHT ▶ 05-01-1970 RECHTSVORM ▶ stichting KVK ▶ 41198409 ANBI STATUS ▶ ja DIRECTIE ▶ geen directiegegevens bekend BESTUUR ▶ P.A. Hamelink, voorzitter; mr. J.W.H. Offerhaus, penningmeester; A.K.D. Boon.

Missie ■ DOELSTELLING ▶ De Stichting Jan Nieuwenhuyzenfonds stelt zich ten doel het werk van de Maatschappij tot Nut van 't Algemeen te steunen door het verschaffen van geldmiddelen aan deze Maatschappij. HISTORIE ▶ De geldmiddelen van de stichting worden sinds 2012 ingezet voor het zogenaamde landelijke Nutfonds. Het Nutfonds werd in 2012 ingesteld tijdens de Algemene Ledenvergadering van de Maatschappij tot Nut van 't Algemeen (het Nut). BELEIDSPLAN OP WEBSITE ▶ ja.

Doelgroep ■ SPECIFIEK ▶ Maatschappij tot Nut van 't Algemeen (het Nut) en daarmee het algemeen belang. ACTIVITEITEN ▶ In moderne termen is dat: het bevorderen van deelname van alle burgers aan het maatschappelijk leven. Met bijdragen uit het NUTfonds (voor dit fonds zijn de gelden van de Stichting ingezet) worden activiteiten en projecten mede mogelijk gemaakt waarvan bij voorkeur, maar niet; uitsluitend, burgers in de werkgebieden van departementen van de Maatschappij tot NUT van 't; Algemeen profijt hebben. INTERVENTIENIVEAU ▶ Steun aan lokale/provinciale maatschappelijke organisaties en structuren (incl. gemeenten etc.) die diensten verlenen aan individuen.

Werkgebied ■ ACTIERADIUS ▶ Nationaal LAND ▶ Nederland.

Bestedingen ■ BUDGET ▶ niet openbaar SOORT BIJDRAGE ▶ onbekend BOVENGRENS ▶ geen ONDERGRENS ▶ geen.

Projecten ■ CRITERIA ▶ Projecten op het gebied van Mens & Maatschappij. DOORLOOPTIJD ▶ ☑ onbekend STATUS AANVRAGER ▶ ☑ geen beperkingen bekend VOORKEUR/UITSLUITING ▶ geen voorkeur of uitsluiting bekend.

Procedure ■ OP AANVRAAG ▶ onbekend AANVRAAGPROCEDURE ▶ Aanvragen zijn ondergebracht bij het het VSBfonds.

Financieel ■ EIGEN VERMOGEN ▶ € 2.206.000 INKOMSTEN EV ▶ € 254.000 HERKOMST MIDDELEN ▶ vermogen BOEKJAAR ▶ 2019 JAARVERSLAG OP WEBSITE ▶ ja.

Contact ■ BEREIKBAAR PER ▶ ☑ post ☑ e-mail ☑ telefoon CONTACTPERSOON ▶ geen contactpersoon bekend POSTADRES ▶ Postbus 474, 2990 AL Barendrecht EMAIL (ALGEMEEN) ▶ secretariaat@nutalgemeen.nl TELEFOON (ALGEMEEN) ▶ 06-53344855.

663

Jan Roelof Geertsma Fonds

Rubriek ■ ☑ kunst en cultuur ☑ sport en recreatie ☑ kerk en levensbeschouwing

Algemeen ■ WEBSITE ▶ https://www.janroelofgeertsmafonds.frl TYPERING ▶ vermogensfonds OPGERICHT ▶ 13-03-2016 RECHTSVORM ▶ stichting KVK ▶ 67891837 ANBI STATUS ▶ ja DIRECTIE ▶ geen directiegegevens bekend BESTUUR ▶ H. Geertsma, voorzitter; S.J. Geertsma, penningmeester; S.J. Geertsma, secretaris; mw. F. Kooij; mw. A. Dijkstra-Erenga.

Missie ■ DOELSTELLING ▶ Financiële bijstand verlenen aan: ☑ Initiatieven of instellingen die zich bezig houden met de bevordering van de Friese taal en cultuur; ☑ Culturele verenigingen in Fryslân; ☑ Muziek- en zangverenigingen in Fryslân; ☑ Sportverenigingen (met uitzondering van voetbal- en vechtsportverenigingen) in Fryslân; ☑ De Nederlands Hervormde kerk te Boornbergum; ☑ Ook kunnen initiatieven gesteund worden die rechtstreeks of zijdelings verband houden met bovenstaande punten. STICHTER(S) ▶ Jan Roelof Geertsma HISTORIE ▶ De heer Jan Roelof Geertsma was jarenlang, samen met zijn broer, veehouder te Drachten en Boornbergum. Hij had geen nakomelingen en had bij testament bepaald dat zijn vermogen zou worden ondergebracht in een fonds genaamd: het Jan Roelof Geertsmafonds. BELEIDSPLAN OP WEBSITE ▶ ja.

Doelgroep ■ ALGEMEEN ▶ jongeren, ouderen, mannen, vrouwen SPECIFIEK ▶ Sportverenigingen (uitgezonderd voetbal en vechtsport), culturele verenigingen, muziek- en zangverenigingen, verenigingen die ijveren voor het behoud van de Friese taal, de Ned. Herv. Kerk te Boornbergum. ACTIVITEITEN ▶ Geen specifieke activiteiten. INTERVENTIENIVEAU ▶ Steun aan lokale/provinciale maatschappelijke organisaties en structuren (incl. gemeenten etc.) die diensten verlenen aan individuen.

Werkgebied ■ ACTIERADIUS ▶ Regionaal LAND ▶ Nederland REGIO ▶ Friesland.

Bestedingen ■ BUDGET ▶ niet openbaar TOELICHTING ▶ Budget wordt ieder jaar opnieuw vastgesteld ONDERSTEUNDE PROJECTEN P/J ▶ 35 SOORT BIJDRAGE ▶ giften BOVENGRENS ▶ € 2.500 ONDERGRENS ▶ € 500.

Projecten ■ CRITERIA ▶ geen projectcriteria bekend DOORLOOPTIJD ▶

☑ langer dan 2 jaar ☑ onbekend **STATUS AANVRAGER** ▶ ☑ stichting of vereniging (non-profit) ☑ kerkelijke instelling ☑ bedrijf **VOORKEUR/UITSLUITING** ▶ Geen subsidie voor voetbal- en vechtsportverenigingen.

Procedure ■ **OP AANVRAAG** ▶ ja **AANVRAAGPROCEDURE** ▶ Alleen via aanvraagformulier op website. Aanvragen via e-mail worden niet in behandeling genomen. De aanvragen moeten passen binnen de doelstellingen van het fonds, moeten goed onderbouwd zijn, dienen minstens 3 maanden voor de start van het project te zijn verzonden. De onderbouwing bestaat onder andere uit; ☑ begroting van het project,; ☑ financieel jaarverslag,; ☑ welk bedrag de aanvrager zelf denkt te kunnen besteden,; ☑ welke andere financiële bronnen zijn of worden aangeboord; ☑ recent uittreksel handelsregister Kamer van Koophandel; ☑ samenstelling van het bestuur; **URL** ▶ https://www.janroelofgeertsmafonds.frl/aanvraag/

Financieel ■ **INKOMSTEN EV** ▶ €
HERKOMST MIDDELEN ▶ inkomsten uit vermogen, overige inkomsten **BOEKJAAR** ▶ 2019 **JAARVERSLAG OP WEBSITE** ▶ ja.

Contact ■ **BEREIKBAAR PER** ▶ ☒ post ☑ e-mail ☒ telefoon **CONTACTPERSOON** ▶ geen contactpersoon bekend **POSTADRES** ▶ Geen postadres bekend **EMAIL (ALGEMEEN)** ▶ info@janroelofgeertsmafonds.frl.

664
Jan Steen Fonds

Rubriek ■ ☑ kunst en cultuur

Algemeen ■ **WEBSITE** ▶ www.cultuurfonds.nl **TYPERING** ▶ fonds op naam **BEHEERD DOOR** ▶ Prins Bernhard Cultuurfonds **DIRECTIE** ▶ zie > Prins Bernhard Cultuurfonds **BESTUUR** ▶ zie > Prins Bernhard Cultuurfonds

Missie ■ **DOELSTELLING** ▶ Het financieel ondersteunen van jonge beeldend kunstenaars die zich bewegen op het raakvlak van beeldende kunst, performance, dans, muziek en landschap – en het ondersteunen van activiteiten waarbij het overdragen van de ambachten op het gebied van de beeldhouwkunst centraal staat.

Werkgebied ■ **ACTIERADIUS** ▶ Nationaal **LAND** ▶ Nederland.

Projecten ■ **CRITERIA** ▶ geen projectcriteria bekend **DOORLOOPTIJD** ▶ ☑ korter dan 1 jaar **STATUS AANVRAGER** ▶ ☑ geen beperkingen bekend **VOORKEUR/UITSLUITING** ▶ geen voorkeur of uitsluiting bekend.

Procedure ■ **OP AANVRAAG** ▶ ja **AANVRAAGPROCEDURE** ▶ Dit 'fonds op naam' ressorteert onder het Prins Bernhard Cultuurfonds. Verzoeken aan fondsen op naam komen op één centraal punt binnen. Dit houdt in dat een subsidieaanvraag slechts eenmaal aan het Prins Bernhard Cultuurfonds hoeft te worden gezonden. Voor de verdere aanvraagprocedure: zie Prins Bernhard Cultuurfonds. **URL** ▶ www.cultuurfonds.nl/aanvragen

Contact ■ **BEREIKBAAR PER** ▶ ☑ post ☑ e-mail ☑ telefoon **CONTACTPERSOON** ▶ geen contactpersoon bekend **POSTADRES** ▶ Postbus 19750, 1000 GT Amsterdam **EMAIL (ALGEMEEN)** ▶ info@cultuurfonds.nl **TELEFOON (ALGEMEEN)** ▶ 020-5206130.

665
Jan Sturm en Marjan Werts Fonds

Rubriek ■ ☑ kunst en cultuur ☑ onderwijs en onderzoek

Algemeen ■ **WEBSITE** ▶ www.cultuurfonds.nl **TYPERING** ▶ fonds op naam **BEHEERD DOOR** ▶ Prins Bernhard Cultuurfonds **DIRECTIE** ▶ zie Prins Bernhard Cultuurfonds **BESTUUR** ▶ zie Prins Bernhard Cultuurfonds

Missie ■ **DOELSTELLING** ▶ Het financieel ondersteunen van projecten en talenten op het gebied van de geschiedenis van het moedertaalonderwijs. Daarnaast kunnen projecten en talenten worden ondersteund met betrekking tot leerplanontwikkeling, Nederlands als tweede taal en de (kwalitatieve) onderzoeksmethodologie binnen onderwijskunde.

Werkgebied ■ **ACTIERADIUS** ▶ Nationaal **LAND** ▶ Nederland.

Projecten ■ **CRITERIA** ▶ geen projectcriteria bekend **DOORLOOPTIJD** ▶ ☑ korter dan 1 jaar **STATUS AANVRAGER** ▶ ☑ geen beperkingen bekend **VOORKEUR/UITSLUITING** ▶ geen voorkeur of uitsluiting bekend.

Procedure ■ **OP AANVRAAG** ▶ ja **AANVRAAGPROCEDURE** ▶ Dit 'fonds op naam' ressorteert onder het Prins Bernhard Cultuurfonds. Verzoeken aan fondsen op naam komen op één centraal punt binnen. Dit houdt in dat een subsidieaanvraag slechts eenmaal aan het Prins Bernhard Cultuurfonds hoeft te worden gezonden. Voor de verdere aanvraagprocedure: zie Prins Bernhard Cultuurfonds. **URL** ▶ www.cultuurfonds.nl/aanvragen

Contact ■ **BEREIKBAAR PER** ▶ ☑ post ☑ e-mail ☑ telefoon **CONTACTPERSOON** ▶ geen contactpersoon bekend **POSTADRES** ▶ Postbus 19750, 1000 GT Amsterdam **EMAIL (ALGEMEEN)** ▶ info@cultuurfonds.nl **TELEFOON (ALGEMEEN)** ▶ 020-5206130.

666
Stichting het Jan van der Snelfonds

Rubriek ■ ☑ kerk en levensbeschouwing ☑ maatschappij, welzijn en samenleving ☑ onderwijs en onderzoek

Algemeen ■ **WEBSITE** ▶ https://janvandersnelfonds.nl **OPGERICHT** ▶ 27-06-1955 **RECHTSVORM** ▶ stichting **KVK** ▶ 41150441 **ANBI STATUS** ▶ nee **DIRECTIE** ▶ geen directiegegevens bekend **BESTUUR** ▶ Drs. C.P. Roodenburg, voorzitter; drs. F.W. Beeftink, penningmeester; L.J. Top, secretaris.

Missie ■ **DOELSTELLING** ▶ Het verlenen van financiële steun in de vorm van geldelijke uitkeringen aan zodanige, charitatieve-, kerkelijke- en/of wetenschappelijke instellingen, die een algemeen maatschappelijk belang beogen en uitgaan van althans niet strijdig zijn met de protestants-christelijke beginselen, zoals aanvaard door de Protestantse Kerk in Nederland (PKN), of aan personen die hun studie theologie of kerkelijk werker gebaseerd op de vorenbedoelde beginselen geheel of ten dele niet zelf kunnen bekostigen en die daartoe niet door beurzen of andere toelagen instaat worden gesteld, bij voorkeur jongeren die predikant wensen te worden van de PKN. **STICHTER(S)** ▶ Jan van der Snel (1888-1966) **HISTORIE** ▶ Jan van der Snel heeft bij zijn leven de Stichting Het Jan van der Snelfonds opgericht. Hij was vleeshouwer en had een winkel aan de Balistraat 125 te 's-Gravenhage.

Doelgroep ■ **ALGEMEEN** ▶ studenten **SPECIFIEK** ▶ Studenten theologie, kerkelijk werkers in opleiding en charitatieve-, kerkelijke- en/of wetenschappelijke instellingen, die een algemeen maatschappelijk belang beogen. **ACTIVITEITEN** ▶ Het Bestuur en de Raad van Toezicht komen in beginsel tenminste twee keer per jaar bijeen, eenmaal in het voorjaar en eenmaal in het najaar. In de najaarsvergadering vindt de vaststelling van de schenkingen plaats. **INTERVENTIENIVEAU** ▶ Steun aan individuen (directe steun).; Steun aan lokale/provinciale maatschappelijke organisaties en structuren (incl. gemeenten etc.) die diensten verlenen aan individuen.

Werkgebied ■ **ACTIERADIUS** ▶ Nationaal **LAND** ▶ Nederland.

Bestedingen ■ **BUDGET** ▶ niet openbaar **TOELICHTING** ▶ Het Jan van der Snelfonds streeft naar een zo evenwichtig mogelijke verdeling tussen (structurele) schenkingen t.b.v. opleiding, vorming en toerusting (inclusief projecthulp) en overige (incidentele) schenkingen en projecthulp binnen Nederland. **SOORT BIJDRAGE** ▶ subsidies giften studiebeurzen **BOVENGRENS** ▶ € 5.000 **ONDERGRENS** ▶ € 500.

Projecten ■ **CRITERIA** ▶ ☑ In het licht van de huidige tijd wordt de doelstelling van de Stichting iets ruimer geïnterpreteerd; ☑ stichtingen dienen over ANBI-status te beschikken. **DOORLOOPTIJD** ▶ ☑ onbekend **STATUS AANVRAGER** ▶ ☑ individuen/gezinnen ☑ stichting of vereniging (non-profit) ☑ kerkelijke instelling **VOORKEUR/UITSLUITING** ▶ ☑ Voorkeur voor projectbasis, slechts enkele instellingen ontvangen een structurele bijdrage. ☑ voorkeur voor jongeren die predikant wensen te worden van de PKN. ☑ Er wordt geen ondersteuning gegeven voor de dekking van de normale exploitatie- c. q. instandhoudingskosten van de aanvragende organisatie.

Procedure ■ **OP AANVRAAG** ▶ ja **DOORLOOPTIJD** ▶ 6-12 maanden **AANVRAAGPROCEDURE** ▶ Uitsluitend schriftelijke aanragen, voorzien van deugdelijke onderbouwing (zoals uiteengezet onder het tabblad 'criteria' van de website) worden in behandeling genomen. Het bestuur neemt eens per jaar in de najaarsvergadering (doorgaans in oktober) een besluit omtrent de toekenning van de tot die datum ontvangen aanvragen voor financiële ondersteuning. **URL** ▶ https://janvandersnelfonds.nl/criteria

Financieel ■ **HERKOMST MIDDELEN** ▶ onbekend.

Contact ■ **BEREIKBAAR PER** ▶ ☑ post ☑ e-mail ☑ telefoon **CONTACTPERSOON** ▶ L.J. Top **POSTADRES** ▶ Van Tederingerbrouckstraat 7, 2596 PB Den Haag **EMAIL (ALGEMEEN)** ▶ info@janvandersnelfonds.nl **TELEFOON (ALGEMEEN)** ▶ 070-3280956.

667

Jan van Heel Fonds

Rubriek ■ ☑ kunst en cultuur ☑ onderwijs en onderzoek

Algemeen ■ **WEBSITE** ▶ www.cultuurfonds.nl **TYPERING** ▶ fonds op naam **BEHEERD DOOR** ▶ Prins Bernhard Cultuurfonds **DIRECTIE** ▶ zie > Prins Bernhard Cultuurfonds **BESTUUR** ▶ zie > Prins Bernhard Cultuurfonds

Missie ■ **DOELSTELLING** ▶ Het financieel ondersteunen van jonge beeldend kunstenaars voor een vervolgopleiding in binnen- of buitenland.

Werkgebied ■ **ACTIERADIUS** ▶ Nationaal, Internationaal **LAND** ▶ Nederland.

Projecten ■ **CRITERIA** ▶ geen projectcriteria bekend **DOORLOOPTIJD** ▶ ☑ korter dan 1 jaar **STATUS AANVRAGER** ▶ ☑ geen beperkingen bekend **VOORKEUR/UITSLUITING** ▶ geen voorkeur of uitsluiting bekend.

Procedure ■ **OP AANVRAAG** ▶ ja **AANVRAAGPROCEDURE** ▶ Dit 'fonds op naam' ressorteert onder het Prins Bernhard Cultuurfonds. Verzoeken aan fondsen op naam komen op één centraal punt binnen. Dit houdt in dat een subsidieaanvraag slechts eenmaal aan het Prins Bernhard Cultuurfonds hoeft te worden gezonden. Voor de verdere aanvraagprocedure: zie Prins Bernhard Cultuurfonds. **URL** ▶ www.cultuurfonds.nl/aanvragen

Contact ■ **BEREIKBAAR PER** ▶ ☑ post ☑ e-mail ☑ telefoon **CONTACTPERSOON** ▶ geen contactpersoon bekend **POSTADRES** ▶ Postbus 19750, 1000 GT Amsterdam **EMAIL (ALGEMEEN)** ▶ info@cultuurfonds.nl **TELEFOON (ALGEMEEN)** ▶ 020-5206130.

668

Jan van Zeijst-Muziekstudiefonds voor Drenthe en Overijssel

Rubriek ■ ☑ kunst en cultuur ☑ onderwijs en onderzoek

Algemeen ■ **WEBSITE** ▶ www.cultuurfonds.nl **TYPERING** ▶ fonds op naam **BEHEERD DOOR** ▶ Prins Bernhard Cultuurfonds **DIRECTIE** ▶ zie > Prins Bernhard Cultuurfonds **BESTUUR** ▶ zie > Prins Bernhard Cultuurfonds

Missie ■ **DOELSTELLING** ▶ Het financieel ondersteunen van projecten ter bevordering van de beoefening en de uitvoering van klassieke muziek in Drenthe en Overijssel. Aanvragen worden behandeld door het Prins Bernhard Cultuurfonds Drenthe of Overijssel.

Werkgebied ■ **ACTIERADIUS** ▶ Regionaal **LAND** ▶ Nederland **REGIO** ▶ Overijssel, Drenthe.

Projecten ■ **CRITERIA** ▶ geen projectcriteria bekend **DOORLOOPTIJD** ▶ ☑ korter dan 1 jaar **STATUS AANVRAGER** ▶ ☑ geen beperkingen bekend **VOORKEUR/UITSLUITING** ▶ geen voorkeur of uitsluiting bekend.

Procedure ■ **OP AANVRAAG** ▶ ja **AANVRAAGPROCEDURE** ▶ Dit 'fonds op naam' ressorteert onder het Prins Bernhard Cultuurfonds. Verzoeken aan fondsen op naam komen op één centraal punt binnen. Dit houdt in dat een subsidieaanvraag slechts eenmaal aan het Prins Bernhard Cultuurfonds hoeft te worden gezonden. Voor de verdere aanvraagprocedure: zie Prins Bernhard Cultuurfonds. **URL** ▶ www.cultuurfonds.nl/aanvragen

Contact ■ BEREIKBAAR PER ▶ ☑ post ☑ e-mail ☑ telefoon CONTACTPERSOON ▶ geen contactpersoon bekend POSTADRES ▶ Postbus 19750, 1000 GT Amsterdam EMAIL (ALGEMEEN) ▶ info@cultuurfonds.nl TELEFOON (ALGEMEEN) ▶ 020-5206130.

669
Jan Vogel Fonds

Rubriek ■ ☑ kunst en cultuur
Algemeen ■ WEBSITE ▶ www.cultuurfonds.nl TYPERING ▶ fonds op naam BEHEERD DOOR ▶ Prins Bernhard Cultuurfonds DIRECTIE ▶ zie > Prins Bernhard Cultuurfonds BESTUUR ▶ zie > Prins Bernhard Cultuurfonds
Missie ■ DOELSTELLING ▶ Het bevorderen van het ten gehore brengen van werken van Jan Vogel en van projecten betreffende de muziek als onderdeel van de kleinkunst.
Werkgebied ■ ACTIERADIUS ▶ Nationaal LAND ▶ Nederland.
Projecten ■ CRITERIA ▶ geen projectcriteria bekend DOORLOOPTIJD ▶ ☑ korter dan 1 jaar STATUS AANVRAGER ▶ ☑ geen beperkingen bekend VOORKEUR/UITSLUITING ▶ geen voorkeur of uitsluiting bekend.
Procedure ■ OP AANVRAAG ▶ ja AANVRAAGPROCEDURE ▶ Dit 'fonds op naam' ressorteert onder het Prins Bernhard Cultuurfonds. Verzoeken aan fondsen op naam komen op één centraal punt binnen. Dit houdt in dat een subsidieaanvraag slechts eenmaal aan het Prins Bernhard Cultuurfonds hoeft te worden gezonden. Voor de verdere aanvraagprocedure: zie Prins Bernhard Cultuurfonds. URL ▶ www.cultuurfonds.nl/aanvragen
Contact ■ BEREIKBAAR PER ▶ ☑ post ☑ e-mail ☑ telefoon CONTACTPERSOON ▶ geen contactpersoon bekend POSTADRES ▶ Postbus 19750, 1000 GT Amsterdam EMAIL (ALGEMEEN) ▶ info@cultuurfonds.nl TELEFOON (ALGEMEEN) ▶ 020-5206130.

670
Jan Wieling Fonds

Rubriek ■ ☑ kunst en cultuur
Algemeen ■ WEBSITE ▶ www.cultuurfonds.nl TYPERING ▶ fonds op naam BEHEERD DOOR ▶ Prins Bernhard Cultuurfonds DIRECTIE ▶ zie > Prins Bernhard Cultuurfonds BESTUUR ▶ zie > Prins Bernhard Cultuurfonds
Missie ■ DOELSTELLING ▶ Het financieel ondersteunen van klassiek geschoolde musici voor een vervolgopleiding (bij voorkeur) in het buitenland of voor de aanschaf van een passend instrument.
Werkgebied ■ ACTIERADIUS ▶ Nationaal, Internationaal LAND ▶ Nederland.
Projecten ■ CRITERIA ▶ geen projectcriteria bekend DOORLOOPTIJD ▶ ☑ korter dan 1 jaar STATUS AANVRAGER ▶ ☑ geen beperkingen bekend VOORKEUR/UITSLUITING ▶ Voorkeur gaat uit naar vervolgopleidingen in het buitenland.
Procedure ■ OP AANVRAAG ▶ ja AANVRAAGPROCEDURE ▶ Dit 'fonds op naam' ressorteert onder het Prins Bernhard Cultuurfonds. Verzoeken aan fondsen op naam komen op één centraal punt binnen. Dit houdt in dat een subsidieaanvraag slechts eenmaal aan het Prins Bernhard Cultuurfonds hoeft te worden gezonden. Voor de verdere aanvraagprocedure: zie Prins Bernhard Cultuurfonds. URL ▶ www.cultuurfonds.nl/aanvragen
Contact ■ BEREIKBAAR PER ▶ ☑ post ☑ e-mail ☑ telefoon CONTACTPERSOON ▶ geen contactpersoon bekend POSTADRES ▶ Postbus 19750, 1000 GT Amsterdam EMAIL (ALGEMEEN) ▶ info@cultuurfonds.nl TELEFOON (ALGEMEEN) ▶ 020-5206130.

671
Jan Wolters Fonds

Rubriek ■ ☑ kunst en cultuur
Algemeen ■ WEBSITE ▶ www.cultuurfonds.nl TYPERING ▶ fonds op naam BEHEERD DOOR ▶ Prins Bernhard Cultuurfonds DIRECTIE ▶ zie > Prins Bernhard Cultuurfonds BESTUUR ▶ zie > Prins Bernhard Cultuurfonds
Missie ■ DOELSTELLING ▶ Het financieel ondersteunen van de instandhouding en restauratie van monumenten in Nederland, bij voorkeur in Gelderland.
Werkgebied ■ ACTIERADIUS ▶ Regionaal, Nationaal LAND ▶ Nederland REGIO ▶ Gelderland.
Projecten ■ CRITERIA ▶ geen projectcriteria bekend DOORLOOPTIJD ▶ ☑ korter dan 1 jaar STATUS AANVRAGER ▶ ☑ geen beperkingen bekend VOORKEUR/UITSLUITING ▶ Voorkeur gaat uit naar monumentenzorg in Gelderland.
Procedure ■ OP AANVRAAG ▶ ja AANVRAAGPROCEDURE ▶ Dit 'fonds op naam' ressorteert onder het Prins Bernhard Cultuurfonds. Verzoeken aan fondsen op naam komen op één centraal punt binnen. Dit houdt in dat een subsidieaanvraag slechts eenmaal aan het Prins Bernhard Cultuurfonds hoeft te worden gezonden. Voor de verdere aanvraagprocedure: zie Prins Bernhard Cultuurfonds. URL ▶ www.cultuurfonds.nl/aanvragen
Contact ■ BEREIKBAAR PER ▶ ☑ post ☑ e-mail ☑ telefoon CONTACTPERSOON ▶ geen contactpersoon bekend POSTADRES ▶ Postbus 19750, 1000 GT Amsterdam EMAIL (ALGEMEEN) ▶ info@cultuurfonds.nl TELEFOON (ALGEMEEN) ▶ 020-5206130.

672
Janivo Stichting

Rubriek ■ ☑ gezondheidszorg ☑ kunst en cultuur ☑ maatschappij, welzijn en samenleving ☑ onderwijs en onderzoek
Algemeen ■ WEBSITE ▶ www.janivostichting.nl TYPERING ▶ vermogensfonds OPGERICHT ▶ 12-10-1979 RECHTSVORM ▶ stichting KVK ▶ 41151599 ANBI STATUS ▶ ja DIRECTIE ▶ mr.drs. E.S. Rijnders BESTUUR

► J.M. de Pont BS MA, voorzitter; P.J. de Pont BA MA, penningmeester; mw. N.E.J. Pesman-Vis, secretaris; mw.prof.dr. A.T. van der Ploeg; drs. P.M. Stemerding; mw.drs. M.J.Th. Martens.

Missie ■ DOELSTELLING ► De stichting stelt zich ten doel de behartiging van culturele, maatschappelijke en wetenschappelijke/educatieve belangen in Nederland, alsmede al hetgeen met het vorenstaande verband houdt of daartoe bevorderlijk kan zijn, alles in de ruimste zin van het woord. STICHTER(S) ► Mr. J.H. de Pont (1915-1987) HISTORIE ► De Janivo Stichting is opgericht in 1979 door advocaat en ondernemer mr. J. H. de Pont (1915-1987). De naam Janivo komt voort uit de samentrekking van Jan de Pont en Sint Ivo, beschermheilige van de advocatuur, het beroep dat Jan de Pont na aan het hart lag. Zijn sociale betrokkenheid bracht Jan de Pont in 1979 tot de oprichting van de stichting. Die heeft tot doel de behartiging van culturele, maatschappelijke, wetenschappelijke en educatieve belangen, zowel binnen als buiten Nederland. BELEIDSPLAN OP WEBSITE ► ja.

Doelgroep ■ ALGEMEEN ► jongeren, kinderen SPECIFIEK ► Kinderen en jongeren tot 30 jaar. ACTIVITEITEN ► Sinds 2018 worden uitsluitend nog donaties verstrekt, en wel aan activiteiten ten behoeve van kinderen en jongeren tot 25 jaar. Deze beperking is van toepassing op de drie traditionele werkvelden van de stichting: maatschappij, kunst en medisch wetenschappelijk onderzoek; ☑ Binnen het maatschappelijke veld richtte de stichting zich in 2019 op zorg, sociale activering, educatie en werk; ☑ Binnen het kunstdomein richtte de stichting zich op jonge makers, kunsteducatie en jeugdvoorstellingen; ☑ Binnen het medisch-wetenschappelijke domein lag het accent op minder; vaak voorkomende ziekten. De stichting participeert in verschillende sectoroverleggen. ☑ De Janivo Stichting verstrekt donaties, met een voorkeur voor projecten waarbij Janivo een voortrekkersrol kan vervullen; ☑ Projecten die op originele wijze en met relatief eenvoudige middelen een grote doelgroep bereiken; ☑ Projecten die leiden tot maatschappelijke vernieuwing; ☑ Projecten die uitgaan van de eigen kracht en zelf-regie van mensen; ☑ Projecten waaruit sociaal en cultureel ondernemerschap spreekt. INTERVENTIENIVEAU ► Steun aan lokale/provinciale maatschappelijke organisaties en structuren (incl. gemeenten etc.) die diensten verlenen aan individuen.

Werkgebied ■ ACTIERADIUS ► Nationaal LAND ► Nederland.

Bestedingen ■ BUDGET ► € 1.000.000 TOELICHTING ► Het donatiebudget wordt jaarlijks vastgesteld op basis van de feitelijke vermogensopbrengsten van de stichting. Hiervan zal circa 55% worden besteed aan maatschappelijke projecten, circa 30% aan kunstprojecten en circa 15% aan wetenschappelijk medisch onderzoek. Aanvragen zijn mogelijk voor donaties tot en met € 5.000. Daarnaast verstrekt de stichting jaarlijks enkele tientallen grotere donaties, tot maximaal € 50.000, aan geselecteerde projecten. ONDERSTEUNDE PROJECTEN P/J ► 138 SOORT BIJDRAGE ► giften BOVENGRENS ► € 5.000 ONDERGRENS ► € 1.000.

Projecten ■ CRITERIA ► ; ☑ Projecten met een voortrekkersrol; ☑ Projecten die leiden tot sociale, economische of culturele ontwikkeling; ☑ Projecten waaruit creativiteit en ondernemerschap spreekt; ☑ Organisaties worden, behoudens enkele uitzonderingen, maximaal drie jaren ondersteund. Inhoud van projecten: ☑ een maatschappelijk project voor jongeren in een achterstandspositie of kwetsbare situatie; ☑ podiumkunst; ☑ medisch wetenschappelijk onderzoek bij een universitair medisch centrum. DOORLOOPTIJD ► ☑ 3 jaar STATUS AANVRAGER ► ☑ stichting of vereniging (non-profit) VOORKEUR/UITSLUITING ► Bij voorkeur projecten die met eenvoudige middelen een grote doelgroep bereiken; De Janivo Stichting verstrekt geen donaties voor: ☑ projecten die reeds begonnen zijn; ☑ Bouw, renovatie, inrichting of exploitatie van gebouwen en terreinen; ☑ Seminars, congressen, ééndaagse activiteiten en vakantiekampen; ☑ Topsport; ☑ Amateurkunst; ☑ Aankoop of restauratie van kunst, monumenten of muziekinstrumenten; ☑ Publicaties, films, documentaires, etc; ☑ Studiekosten, studiebeurzen en stages; ☑ Projecten die onder de verantwoordelijkheid vallen van zorgverzekeraars of overheden; ☑ Projecten met een religieus of politiek karakter.

Procedure ■ OP AANVRAAG ► ja DOORLOOPTIJD ► 3-6 maanden; 1-3 maanden; 1-3 maanden; 3-6 maanden AANVRAAGPROCEDURE ► Aanvragen kunnen uitsluitend digitaal worden ingediend. Om te kijken of u in aanmerking komt dient u eerst de vragen te beantwoorden uit het vooronderzoek. Blijkt uit het vooronderzoek dat u een aanvraag kunt indienen, dan wordt u vanzelf doorverwezen naar de aanvraagportal. Op de website staan enkele tips omtrent het doen van de aanvraag. Aanvragen voor een donatie tot € 5.000 worden behandeld binnen één tot twee maanden na ontvangst van de volledige aanvraag. Bij aanvragen boven de € 5.000 is het belangrijk om van tevoren contact op te nemen met de stichting. Bij bedragen boven de € 5.000 kan de beslissingstermijn drie tot vier maanden bedragen. Donaties voor wetenschappelijk medisch onderzoek worden alleen toegekend in december. URL ► www.janivostichting.nl/aanvraag-indienen/

Financieel ■ INKOMSTEN EV ► € 340.367 HERKOMST MIDDELEN ► vermogen BOEKJAAR ► 2018 JAARVERSLAG OP WEBSITE ► ja.

Contact ■ BEREIKBAAR PER ► ☑ post ☑ e-mail ☑ telefoon CONTACTPERSOON ► Mw. S. van Zeist-Warnaer POSTADRES ► Postbus 7933, 1008 AC Amsterdam EMAIL (ALGEMEEN) ► info@janivo.nl TELEFOON (ALGEMEEN) ► 020–7653915.

673
Jawino Fonds

Rubriek ■ ☑ kunst en cultuur

Algemeen ■ WEBSITE ► www.cultuurfonds.nl TYPERING ► fonds op naam BEHEERD DOOR ► Prins Bernhard Cultuurfonds DIRECTIE ► zie Prins Bernhard Cultuurfonds BESTUUR ► zie Prins Bernhard Cultuurfonds

Missie ■ DOELSTELLING ► Het financieel ondersteunen van cultuur in de gemeente Goes. Aanvragen worden behandeld door het Prins Bernhard Cultuurfonds Zeeland.

Werkgebied ■ ACTIERADIUS ► Lokaal LAND ► Nederland REGIO ► Zeeland PLAATS ► Goes.

Projecten ■ CRITERIA ► geen projectcriteria bekend DOORLOOPTIJD ►

☑ korter dan 1 jaar **STATUS AANVRAGER** ▶ ☑ geen beperkingen bekend **VOORKEUR/UITSLUITING** ▶ geen voorkeur of uitsluiting bekend.

Procedure ■ **OP AANVRAAG** ▶ ja **AANVRAAGPROCEDURE** ▶ Dit 'fonds op naam' ressorteert onder het Prins Bernhard Cultuurfonds. Verzoeken aan fondsen op naam komen op één centraal punt binnen. Dit houdt in dat een subsidieaanvraag slechts eenmaal aan het Prins Bernhard Cultuurfonds hoeft te worden gezonden. Voor de verdere aanvraagprocedure: zie Prins Bernhard Cultuurfonds. **URL** ▶ www.cultuurfonds.nl/aanvragen

Contact ■ **BEREIKBAAR PER** ▶ ☑ post ☑ e-mail ☑ telefoon **CONTACTPERSOON** ▶ geen contactpersoon bekend **POSTADRES** ▶ Postbus 19750, 1000 GT Amsterdam **EMAIL (ALGEMEEN)** ▶ info@cultuurfonds.nl **TELEFOON (ALGEMEEN)** ▶ 020-5206130.

674
Stichting Jazi

Rubriek ■ ☑ economische ontwikkeling en microkrediet ☑ maatschappij, welzijn en samenleving ☑ noodhulp

Algemeen ■ **WEBSITE** ▶ www.jazi.eu **TYPERING** ▶ vermogensfonds **OPGERICHT** ▶ 21-09-2012 **RECHTSVORM** ▶ stichting **KVK** ▶ 56084161 **ANBI STATUS** ▶ ja **DIRECTIE** ▶ R. Boogaard **BESTUUR** ▶ P.C. Groenen, voorzitter; E. Hilhorst, penningmeester; mw. A. van den Hoek, secretaris.

Missie ■ **DOELSTELLING** ▶ - Bevordering van filantropie, bemiddeling tussen gevers en goede doelen, begeleiden van goede doelen, fondsenwerven. **STICHTER(S)** ▶ Robert Boogaard **BELEIDSPLAN OP WEBSITE** ▶ ja.

Doelgroep ■ **ALGEMEEN** ▶ armen, inheemse volken, kinderen, vrouwen **SPECIFIEK** ▶ Kinderen en armoedebestrijding, vooral in ontwikkelingslanden en initiatieven die ernaar streven geven effectiever te maken. 'meta-funding' heeft de focus. **ACTIVITEITEN** ▶ ☑ Filantropie: het vinden van effectieve organisaties actief op het gebied van armoedebestrijding en vooral met betrekking tot kinderen en vrouwen. ☑ 'Effective giving': het ondersteunen en katalyseren van initiatieven die geven effectiever maken, door middel van het inzetten van financiële middelen, kennis, netwerk en tijd. ☑ Actief ondersteunen en/of adviseren van enkele non-profit organisaties (leren door te doen en het zetten van een standaard voor andere donoren); ☑ het inspireren van donoren om effectief en proactief in hun donaties te zijn. **INTERVENTIENIVEAU** ▶ Steun aan lokale/provinciale maatschappelijke organisaties en structuren (incl. gemeenten etc.) die diensten verlenen aan individuen.; Steun op niveau van maatschappij zelf (beleidsbeïnvloeding, etc.).

Werkgebied ■ **ACTIERADIUS** ▶ Internationaal **LAND** ▶ Wereldwijd.

Bestedingen ■ **BUDGET** ▶ € 585.000 **ONDERSTEUNDE PROJECTEN P/J** ▶ 4 **SOORT BIJDRAGE** ▶ overig **BOVENGRENS** ▶ geen **ONDERGRENS** ▶ geen.

Projecten ■ **CRITERIA** ▶ geen projectcriteria bekend **DOORLOOPTIJD** ▶ ☑ onbekend **STATUS AANVRAGER** ▶ ☑ stichting of vereniging (non-profit) **VOORKEUR/UITSLUITING** ▶ geen voorkeur of uitsluiting bekend.

Procedure ■ **OP AANVRAAG** ▶ nee **AANVRAAGPROCEDURE** ▶ Jazi Foundation kiest zelf proactief organisaties om te ondersteunen. Dit zijn per definitie initiatieven die bij haar missie passen en aan de zeer specifieke criteria voldoen. Ongevraagde aanvragen voor donaties worden niet geaccepteerd.

Financieel ■ **INKOMSTEN OV** ▶ € 528.509 **HERKOMST MIDDELEN** ▶ overige inkomsten, vermogen, leden (bijdragen), giften & schenkingen **BOEKJAAR** ▶ 2019 **JAARVERSLAG OP WEBSITE** ▶ ja.

Contact ■ **BEREIKBAAR PER** ▶ ☑ post ☑ e-mail ☑ telefoon **CONTACTPERSOON** ▶ geen contactpersoon bekend **POSTADRES** ▶ Industrieweg 14K, 1231 KH Loosdrecht **EMAIL (ALGEMEEN)** ▶ mail@jazifoundation.org **TELEFOON (ALGEMEEN)** ▶ 035-8200502.

675
Jeltje Uilenberg-Bokma Fonds

Rubriek ■ ☑ kunst en cultuur ☑ onderwijs en onderzoek

Algemeen ■ **WEBSITE** ▶ www.cultuurfonds.nl **TYPERING** ▶ fonds op naam **BEHEERD DOOR** ▶ Prins Bernhard Cultuurfonds **DIRECTIE** ▶ zie > Prins Bernhard Cultuurfonds **BESTUUR** ▶ zie > Prins Bernhard Cultuurfonds

Missie ■ **DOELSTELLING** ▶ Het stimuleren van het Nederlandstalig cabaret, door het verstrekken van studiebeurzen of het financieel ondersteunen van projecten op het gebied van theater.

Werkgebied ■ **ACTIERADIUS** ▶ Nationaal **LAND** ▶ Nederland.

Projecten ■ **CRITERIA** ▶ geen projectcriteria bekend **DOORLOOPTIJD** ▶ ☑ korter dan 1 jaar **STATUS AANVRAGER** ▶ ☑ geen beperkingen bekend **VOORKEUR/UITSLUITING** ▶ geen voorkeur of uitsluiting bekend.

Procedure ■ **OP AANVRAAG** ▶ ja **AANVRAAGPROCEDURE** ▶ Dit 'fonds op naam' ressorteert onder het Prins Bernhard Cultuurfonds. Verzoeken aan fondsen op naam komen op één centraal punt binnen. Dit houdt in dat een subsidieaanvraag slechts eenmaal aan het Prins Bernhard Cultuurfonds hoeft te worden gezonden. Voor de verdere aanvraagprocedure: zie Prins Bernhard Cultuurfonds. **URL** ▶ www.cultuurfonds.nl/aanvragen

Contact ■ **BEREIKBAAR PER** ▶ ☑ post ☑ e-mail ☑ telefoon **CONTACTPERSOON** ▶ geen contactpersoon bekend **POSTADRES** ▶ Postbus 19750, 1000 GT Amsterdam **EMAIL (ALGEMEEN)** ▶ info@cultuurfonds.nl **TELEFOON (ALGEMEEN)** ▶ 020-5206130.

676
Jenny Vrieling Fonds

Rubriek ■ ☑ kunst en cultuur ☑ natuur, milieu en dieren

Algemeen ■ **WEBSITE** ▶ www.cultuurfonds.nl **TYPERING** ▶ fonds op naam **BEHEERD DOOR** ▶ Prins Bernhard Cultuurfonds **DIRECTIE** ▶ zie > Prins Bernhard Cultuurfonds **BESTUUR** ▶ zie > Prins Bernhard Cultuurfonds

Missie ■ **DOELSTELLING** ▶ Het financieel ondersteunen van projecten op het gebied van de cultuur en het natuurbehoud in de voormalige gemeente Vries en de overige dorpen en buurtschappen van de gemeente Tynaarloo. Aanvragen worden behandeld door het Prins Bernhard Cultuurfonds Drenthe.

Werkgebied ■ ACTIERADIUS ► Regionaal, Lokaal LAND ► Nederland REGIO ► Drenthe PLAATS ► Tynaarloo, Vries.

Projecten ■ CRITERIA ► geen projectcriteria bekend DOORLOOPTIJD ► ☑ korter dan 1 jaar STATUS AANVRAGER ► ☑ geen beperkingen bekend VOORKEUR/UITSLUITING ► geen voorkeur of uitsluiting bekend.

Procedure ■ OP AANVRAAG ► ja AANVRAAGPROCEDURE ► Dit 'fonds op naam' ressorteert onder het Prins Bernhard Cultuurfonds. Verzoeken aan fondsen op naam komen op één centraal punt binnen. Dit houdt in dat een subsidieaanvraag slechts eenmaal aan het Prins Bernhard Cultuurfonds hoeft te worden gezonden. Voor de verdere aanvraagprocedure: zie Prins Bernhard Cultuurfonds. URL ► www.cultuurfonds.nl/aanvragen

Contact ■ BEREIKBAAR PER ► ☑ post ☑ e-mail ☑ telefoon CONTACTPERSOON ► geen contactpersoon bekend POSTADRES ► Postbus 19750, 1000 GT Amsterdam EMAIL (ALGEMEEN) ► info@cultuurfonds.nl TELEFOON (ALGEMEEN) ► 020-5206130.

677
Stichting Jeugdfonds Cultuur Breda

Rubriek ■ ☑ kunst en cultuur ☑ maatschappij, welzijn en samenleving

Algemeen ■ WEBSITE ► www.jeugdfondssportencultuur.nl/fondsen/breda-cultuur TYPERING ► vermogensfonds OPGERICHT ► 06-07-1905 RECHTSVORM ► stichting KVK ► 58938486 ANBI STATUS ► ja DIRECTIE ► mw. M. Maks BESTUUR ► Mw. M. Schooleman, voorzitter; J.H. van der Veeken, penningmeester; mw. T. Kremers, secretaris; R. van den Boogaart; mw. A. van den Broeck; mw. A. Onsman, vice-voorzitter.

Missie ■ DOELSTELLING ► Het Jeugdfonds Cultuur Breda geeft cultuurkansen aan kinderen en jongeren tussen de 2 en 18 jaar uit gezinnen woonachtig in de gemeente Breda, waar onvoldoende geld is om deel te nemen aan muzikale, culturele en kunstactiviteiten. Voor deze kinderen betaalt het fonds het lesgeld en de attributen.

Doelgroep ■ ALGEMEEN ► kinderen, jongeren SPECIFIEK ► Kinderen en jongeren tussen de 2 en 18 jaar uit gezinnen in de gemeente Breda waar onvoldoende geld is om deel te nemen aan muzikale, culturele en kunstactiviteiten. ACTIVITEITEN ► Het Jeugdfonds Cultuur Breda betaalt het lesgeld en/of de attributen voor kinderen uit gezinnen die leven van een uitkering, in de schuldsanering zitten of een inkomen hebben onder het sociaal minimum. Het Jeugdfonds Cultuur Breda hanteert als criterium 120% van het sociaal minimum (inkomen). INTERVENTIENIVEAU ► Steun aan individuen (directe steun).

Werkgebied ■ ACTIERADIUS ► Lokaal LAND ► Nederland PLAATS ► Breda.

Bestedingen ■ BUDGET ► niet openbaar TOELICHTING ► Geen. ONDERSTEUNDE PROJECTEN P/J ► 2246 SOORT BIJDRAGE ► giften BOVENGRENS ► € 500 ONDERGRENS ► geen.

Projecten ■ CRITERIA ► ☑ Gezin waar het kind zich in bevindt, heeft te maken met een uitkering, de schuldsanering, of een inkomen onder het sociaal minimum (vastgesteld door het fonds op 120% van het wettelijk minimum Loon); ☑ Eventueel gezin bezit de Bredapas (https://www.breda.nl/bredapas); ☑ Het Jeugdfonds Sport & Cultuur Breda neemt per kind één aanvraag per 12; maanden in behandeling. DOORLOOPTIJD ► ☑ onbekend STATUS AANVRAGER ► ☑ hulpverleners ☑ individuen/gezinnen VOORKEUR/UITSLUITING ► ☑ Het Jeugdcultuurfonds Breda behandelt geen aanvragen met terugwerkende kracht. ☑ Annuleringskosten of boetes worden niet door het Jeugdfonds Sport & Cultuur; Breda vergoed en zijn voor eigen rekening.

Procedure ■ OP AANVRAAG ► ja DOORLOOPTIJD ► 1-3 maanden; korter dan een maand; korter dan een maand AANVRAAGPROCEDURE ► Een aanvraag kan het gehele jaar door ingediend worden. De aanvraag geschiedt via een digitaal aanvraagsysteem en door een Jeugdfonds Cultuur Breda erkende intermediair: professional werkzaam in het onderwijs, hulpverlening of gezondheidszorg. Bij voorkeur wordt de aanvraag 6 weken voor de startdatum van de activiteit ingediend. Ouders, kinderen en aanbieders kunnen in principe zelf geen aanvraag indienen. Een financiële motivatie maakt deel uit van de aanvraagprocedure. Gezinnen in bezit van Bredapas kunnen direct een aanvraag doen. Bij het Jeugdfonds Cultuur wordt er per kind maar één aanvraag per 12 maanden goedgekeurd. Kinderen mogen tegelijkertijd van het Jeugdfonds Cultuur Breda en van het Jeugdfonds Sport Breda gebruik maken. Het streven is om binnen vijf werkdagen de aanvraag afgehandeld te hebbenDe aanspraken van een kind op een cultuur vergoeding vervallen op de 90e dag na de mededeling door het Jeugdfonds Cultuur aan de intermediair dat de desbetreffende aanvraag is goedgekeurd. URL ► https://jeugdfondssportencultuur.nl/wp-content/uploads/2020/01/2020107_Lokale-Spelregels-Jeugdfonds-Sport-%5EL0-Cultuur-Breda-sport-1.pdf

Financieel ■ HERKOMST MIDDELEN ► onbekend BOEKJAAR ► boekjaar onbekend JAARVERSLAG OP WEBSITE ► ja.

Contact ■ BEREIKBAAR PER ► ☑ post ☑ e-mail ☑ telefoon CONTACTPERSOON ► Mw. H. van den Boom POSTADRES ► Postbus 5675, 4801 EB Breda EMAIL (ALGEMEEN) ► breda@jeugdfondscultuur.nl TELEFOON (ALGEMEEN) ► 06-14387291 TELEFOON (AANVRAGEN) ► 06-40410453.

678
Stichting Jeugdfonds Sabrina

Rubriek ■ ☑ kunst en cultuur ☑ maatschappij, welzijn en samenleving ☑ sport en recreatie ☑ onderwijs en onderzoek

Algemeen ■ WEBSITE ► www.jeugdfondssabrina.nl TYPERING ► vermogensfonds OPGERICHT ► 09-09-2015 RECHTSVORM ► stichting KVK ► 64082490 ANBI STATUS ► ja DIRECTIE ► geen directiegegevens bekend **BESTUUR** ► Mw. E.W.C.M. van Eijden-van Leersum, voorzitter; R.A.M. Leersum, penningmeester; mw. M. Hulsbergen-Berkhout, secretaris.

Missie ■ **DOELSTELLING** ► De stichting stelt zich ten doel kinderen en jong-volwassenen die als gevolg van lichamelijke, verstandelijke of sociaal-maatschappelijke beperkingen in hun ontwikkeling geremd of belemmerd worden door middel van financiële steun in de gelegenheid te stellen zich verder te ontplooien en hun talenten te ontwikkelen. **HISTORIE** ► Het fonds is opgericht op 9 september 2015. **BELEIDSPLAN OP WEBSITE** ► ja.

Doelgroep ■ **ALGEMEEN** ► jongeren, kinderen, armen, gehandicapten **SPECIFIEK** ► Jeugdigen met een beperking in de leeftijd tot 18 jaar. **ACTIVITEITEN** ► Bevordering van de ontwikkeling kan op een diversiteit van terreinen gewenst zijn. Te denken valt aan activiteiten op het gebied van; sport; muziek; kunst en cultuur; onderwijs en cursussen; maatschappelijk verkeer. Het jeugdfonds verstrekt financiële bijdragen om deelname aan dit soort activiteiten mogelijk te maken. **INTERVENTIENIVEAU** ► Steun aan individuen (directe steun).

Werkgebied ■ **ACTIERADIUS** ► Nationaal **LAND** ► Nederland.

Bestedingen ■ **BUDGET** ► niet openbaar **ONDERSTEUNDE PROJECTEN P/J** ► 10 **SOORT BIJDRAGE** ► overig giften **BOVENGRENS** ► geen **ONDERGRENS** ► geen.

Projecten ■ **CRITERIA** ► Stichting Jeugdfonds Sabrina zet zich in voor de ontplooiing van jonge mensen, die door een beperking op fysiek, verstandelijk of sociaal-maatschappelijk terrein in hun ontwikkeling geremd of belemmerd worden. Voor de beoordeling gelden de volgende criteria: ☑ De aanvraag betreft jeugdigen tot 18 jaar; ☑ De aanvrager behoort tot de doelgroep; ☑ De aanvrager woont in Nederland; ☑ De gevraagde bijdrage is verantwoord in relatie tot de financiële situatie; ☑ De verstrekte gegevens zijn voldoende controleerbaar. **DOORLOOPTIJD** ► ☑ onbekend **STATUS AANVRAGER** ► ☑ geen beperkingen bekend **VOORKEUR/UITSLUITING** ► Aanvragen worden alleen in behandeling genomen als zij betrekking hebben op financiële bijdragen voor individuele personen.

Procedure ■ **OP AANVRAAG** ► ja **DOORLOOPTIJD** ► 1-3 maanden **AANVRAAGPROCEDURE** ► Aanvragen voor giften dienen schriftelijk plaats te vinden. Voor het indienen van aanvragen dient gebruik gemaakt te worden van het aanvraagformulier, die te vinden is op de website. Het formulier dient u te downloaden en met bijlagen op te sturen naar het contactadres. In de aanvraag staat vermeld: ☑ nadere informatie over de aanvrager; ☑ waar een bijdrage voor gevraagd wordt; ☑ de hoogte van de bijdrage; ☑ relevante gegevens over de financiële achtergrond. Aanvragen door individuele personen dienen altijd vergezeld te gaan door een ondersteunende verklaring van een bij het doel van de aanvraag betrokken instantie, zoals school, vereniging, instelling. Alle aanvragers krijgen bericht over de toekenning of afwijzing van de aanvraag. Tegen een afwijzende beslissing is geen beroep mogelijk. **URL** ► www.jeugdfondssabrina.nl/aanvragen.html

Financieel ■ **INKOMSTEN EV** ► € 21 **INKOMSTEN OV** ► € 440 **HERKOMST MIDDELEN** ► vermogen, giften & schenkingen, legaten **BOEKJAAR** ► 2019 **JAARVERSLAG OP WEBSITE** ► ja.

Contact ■ **BEREIKBAAR PER** ► ☑ post ☑ e-mail ☒ telefoon **CONTACTPERSOON** ► geen contactpersoon bekend **POSTADRES** ► Mierlingsestraat 6, 4117 GM Erichem **EMAIL (ALGEMEEN)** ► info@jeugdfondssabrina.nl.

679

Stichting Jeugdfonds Sport & Cultuur Nederland

Rubriek ■ ☑ kunst en cultuur ☑ maatschappij, welzijn en samenleving ☑ sport en recreatie

Algemeen ■ **WEBSITE** ► www.jeugdfondssportencultuur.nl **TYPERING** ► hybride fonds **OPGERICHT** ► 16-10-2008 **RECHTSVORM** ► stichting **KVK** ► 34192455 **ANBI STATUS** ► ja **DIRECTIE** ► mw. M. Maks **BESTUUR** ► K. Jansma, voorzitter; mw. C. Compas; mw. R. van Andel; T. de Rooij; M. Divendal; L. Boogaarts; B. Hirman.

Missie ■ **DOELSTELLING** ► De stichting heeft ten doel: ☑ het scheppen van mogelijkheden voor kinderen van financieel niet-draagkrachtige ouders om deel te nemen aan sportactiviteiten en/of aan (actieve) kunstbeoefening; ☑ het creëren van kansen voor kinderen om zich positief te ontwikkelen door middel van (actieve) sport en/of kunstbeoefening; ☑ het introduceren en implementeren van het concept Jeugdfonds Sport en/of Jeugdfonds Cultuur in Nederland; ☑ Het geven van voorlichting over de methode en het belang van het Jeugdfonds Sport en het Jeugdfonds Cultuur ten behoeve van de lokale en provinciale Jeugdsport en/of Jeugdfondsen en het brede publiek; ☑ het verrichten van alle verdere handelingen. die met het vorenstaande in de ruimste zin verband houden of daartoe bevorderlijk kunnen zijn. **HISTORIE** ► Het Jeugdsportfonds en het Jeugdcultuurfonds Nederland zijn op 1 januari 2017 gefuseerd en gaan per 1 april 2018 samen verder onder de naam: Jeugdfonds Sport & Cultuur. **BELEIDSPLAN OP WEBSITE** ► ja.

Doelgroep ■ **ALGEMEEN** ► armen, jongeren, kinderen **SPECIFIEK** ► Kinderen en jongeren tussen de 4 en 18 jaar met ouders die geen geld hebben voor een sport of cultuur activiteit. **ACTIVITEITEN** ► De Stichting werkt met sportverenigingen die zijn aangesloten bij de door NOC*NSF erkende sportbonden. Daarnaast kunnen stedelijke en provinciale fondsen afspraken maken met eventuele andere lokale sportaanbieders: ☑ Balsporten; ☑ Verdedigingssport; ☑ Watersport; ☑ Racketsport; ☑ Overige (bijvoorbeeld: turnen/gymnastiek, atletiek, schaatsen). Onderdelen die vallen onder cultuur; ☑ Dans ☑ Muziek; ☑ Theater; ☑ Overige (o.a. DJ, VJ, rap). **INTERVENTIENIVEAU** ► Steun aan familie en omgeving van individuen.; Steun aan lokale/provinciale maatschappelijke organisaties en structuren (incl. gemeenten etc.) die diensten verlenen aan individuen.; Steun aan individuen via maatschappelijk werk organisaties of directe steun (studiebeurzen).

Werkgebied ■ **ACTIERADIUS** ► Nationaal **LAND** ► Nederland.

Bestedingen ■ **BUDGET** ► € 24.080.000 **TOELICHTING** ► De Stichting Jeugdfonds Sport & Cultuur is een publiek/privaat fonds. De basis wordt gelegd door gemeentelijke middelen uit het armoedebeleid aangevuld met middelen van private fondsen, sponsors en donateurs.

ONDERSTEUNDE PROJECTEN P/J ▶ 81935 **SOORT BIJDRAGE** ▶ giften overig **BOVENGRENS** ▶ geen **ONDERGRENS** ▶ geen.

Projecten ■ **CRITERIA** ▶ ☑ Aanvragen mogen voor meerdere kinderen uit één gezin gedaan worden. ☑ Een aanvraag kan alleen gedaan worden door een intermediair. ☑ De contributie/het lesgeld wordt direct betaald aan de sportclub of instelling waar het kind les heeft. ☑ Spelregels over de hoogte van de bijdrage of leeftijd van het kind kunnen per fonds of gemeente verschillen. Kijk voor de spelregels op de websitepagina van het fonds bij u in de buurt. ☑ De bijdrage moet jaarlijks opnieuw aangevraagd worden. **DOORLOOPTIJD** ▶ ☑ onbekend **STATUS AANVRAGER** ▶ ☑ hulpverleners **VOORKEUR/UITSLUITING** ▶ geen voorkeur of uitsluiting bekend.

Procedure ■ **OP AANVRAAG** ▶ ja **AANVRAAGPROCEDURE** ▶ Het indienen van een aanvraag geschiedt via de website door een door het Jeugdcultuurfonds erkende intermediair. Wanneer u dit niet bent, kunt u een verzoek indienen om intermediair te worden. Wanneer u bent aangemeld kunt u inloggen. Nadat u bent ingelogd, ziet u links een keuzemenu. Hier kiest u Nieuwe Aanvraag. Vervolgens kiest u rechts voor een aanvraag Cultuur of Sport. Hierna verschijnt een aanvraagformulier. **URL** ▶ www.allekinderendoenmee.nl/

Financieel ■ **EIGEN VERMOGEN** ▶ € 1.247.186 **INKOMSTEN EV** ▶ € 361 **INKOMSTEN OV** ▶ € 5.304.406 **HERKOMST MIDDELEN** ▶ bedrijven, giften & schenkingen, loterijen, overige inkomsten **BOEKJAAR** ▶ 2019 **JAARVERSLAG OP WEBSITE** ▶ ja.

Contact ■ **BEREIKBAAR PER** ▶ ☑ post ☑ e-mail ☑ telefoon **CONTACTPERSOON** ▶ geen contactpersoon bekend **POSTADRES** ▶ Vliegtuigstraat 6F, 1059 CJ Amsterdam **EMAIL (ALGEMEEN)** ▶ info@jeugdfondssportencultuur.nl **TELEFOON (ALGEMEEN)** ▶ 020-6957848.

680
JKF Kinderfonds

Rubriek ■ ☑ maatschappij, welzijn en samenleving

Algemeen ■ **WEBSITE** ▶ www.jkf-kinderfonds.nl **TYPERING** ▶ vermogensfonds **OPGERICHT** ▶ 09-12-1900 **RECHTSVORM** ▶ stichting **KVK** ▶ 41050912 **ANBI STATUS** ▶ ja **DIRECTIE** ▶ mw. drs. C.A.M. Hanselaar-van Loevezijn **BESTUUR** ▶ Mr. G.H. Jalink, voorzitter; B.H.G.M. van de Loo, penningmeester; ir. R. van de Beek, secretaris; dr. J.W. Bonenkamp.

Missie ■ **DOELSTELLING** ▶ Het JKF Kinderfonds zet zich in voor het verbeteren van de kwaliteit van leven van kinderen en jongeren tot 25 jaar met lichamelijke beperkingen, door het financieel ondersteunen van onderzoek en projecten die bijdragen aan hun ontwikkeling. **STICHTER(S)** ▶ Dr. Renssen, Ds. Disselhoff en Johanna van Ness **HISTORIE** ▶ Het JKF Kinderfonds is een voortzetting van de Johanna Stichting. De Johanna Stichting werd opgericht in december 1900 als Vereeniging tot verzorging van gebrekkige en mismaakte kinderen in Nederland. Deze vereniging stelde zich ten doel 'het verplegen, opvoeden, ontwikkelen en behandelen, benevens het geven van ambachtsonderwijs aan gebrekkige kinderen in Nederland door het opnemen van dergelijke kinderen in uitsluitend hiervoor ingerichte tehuizen. De oprichters waren dr. Renssen (chirurg te Arnhem), Ds. Disselhoff (predikant-directeur van het Diaconessenhuis te Arnhem) en moeder en naamgever van de Stichting Johanna van Ness (besturend zuster van het Diaconessenhuis te Arnhem). **BELEIDSPLAN OP WEBSITE** ▶ ja.

Doelgroep ■ **ALGEMEEN** ▶ kinderen, jongeren, gehandicapten **SPECIFIEK** ▶ Kinderen en jongvolwassenen tot 25 jaar met lichamelijke beperkingen. **ACTIVITEITEN** ▶ ☑ Verbetering van de (revalidatie)zorg via agendering en financiering van; (wetenschappelijk) onderzoek is een kernactiviteit van het JKF; ☑ Ontwikkeling naar autonomie en participatie: Het JKF organiseert minimaal elke 3 jaar een expertmeeting met het doel betrokkenen en de doelgroep in het veld te raadplegen m.b.t. de relevantie van het eigen financieringsbeleid; ☑ Het JKF ondersteunt projecten gericht op patiëntenparticipatie; ☑ Het JKF financiert (wetenschappelijk) onderzoek dat gericht is op het verbeteren van de kwaliteit van zorg en het bevorderen van autonomie en maatschappelijke participatie van de doelgroep; ☑ Het fonds heeft met verschillende organisaties samenwerkingsverbanden. **INTERVENTIENIVEAU** ▶ Steun aan lokale/provinciale maatschappelijke organisaties en structuren (incl. gemeenten etc.) die diensten verlenen aan individuen.

Werkgebied ■ **ACTIERADIUS** ▶ Nationaal, Internationaal **LAND** ▶ Tanzania, Bangladesh, Peru, Nederland, Polen, Roemenië, Ethiopië.

Bestedingen ■ **BUDGET** ▶ € 315.000 **ONDERSTEUNDE PROJECTEN P/J** ▶ 60 **SOORT BIJDRAGE** ▶ giften **BOVENGRENS** ▶ geen **ONDERGRENS** ▶ geen.

Projecten ■ **CRITERIA** ▶ ; ☑ Het JKF Kinderfonds verstrekt bijdragen aan projecten en wetenschappelijk onderzoek op alle niveaus van de ICF-CY, mits er een directe relatie met het functioneren van kinderen op activiteiten- en participatieniveau gelegd wordt; ☑ projecten gericht op de lichamelijke beperking van de doelgroep; ☑ Het JKF Kinderfonds verstrekt bijdragen voor activiteiten en participatie. Voorbeelden van activiteiten: leren gebruik maken van hulpmiddelen (rolstoelgebruik). Participatie is gericht op faciliteren en stimuleren van bijvoorbeeld sport spel onderwijs arbeidsparticipatie scholing. **DOORLOOPTIJD** ▶ ☑ 1 - 2 jaar **STATUS AANVRAGER** ▶ ☑ geen beperkingen bekend **VOORKEUR/UITSLUITING** ▶ Er wordt geen bijdrage verstrekt voor: ☑ projecten gericht op de sensorische beperking van de doelgroep; ☑ reeds gestarte projecten. ☑ orgaandiagnoses; ☑ oncologie, hartproblemen; ☑ cystic fibrosis; ☑ fundamenteel onderzoek; ☑ dierproefonderzoek. ☑ het inrichten en aanleggen van schoolpleinen en (speel)tuinen; ☑ bouw, verbouw en renovatie; ☑ exploitatie- en overheadkosten; ☑ aankoop van onroerend goed; ☑ projecten met een religieus of politiek doel; ☑ projecten die in het buitenland worden uitgevoerd.

Procedure ■ **OP AANVRAAG** ▶ ja **AANVRAAGPROCEDURE** ▶ Indienen van een aanvraag voor wetenschappelijk onderzoek voor 1 maart of 1 september. Voordat u een aanvraag doet kunt u via de quickscan checken of u voldoet aan de voorwaarden. Vervolgens kunt u via de website digitaal een aanvraag indienen. De volgende stukken zijn nodig bij het indienen van een aanvraag: ☑ digitaal en gewaarmerkt uittreksel van de KvK; ☑ statuten; ☑ projectplan; ☑ gespecificeerde begroting en dekkingsplan; ☑ scan of foto van bankafschrift; ☑ recent jaarverslag inclusief jaarrekening; ☑ indien beschikbaar overige documentatie (zoals brochures, fotomateriaal, activiteitenplannen e.d.). Mocht u enkele stukken bij het indienen van de aanvraag nog niet beschikbaar hebben, dan kunt u die later indienen. **URL** ▶ www.jkf-kinderfonds.nl/subsidie

Financieel ■ **EIGEN VERMOGEN** ▶ € 10.733.559 **INKOMSTEN EV** ▶ € 1.525.221 **INKOMSTEN OV** ▶ € 622.000 **HERKOMST MIDDELEN** ▶ vermogen, giften & schenkingen, legaten **BOEKJAAR** ▶ 2019 **JAARVERSLAG OP WEBSITE** ▶ ja.

Contact ■ **BEREIKBAAR PER** ▶ ☑ post ☑ e-mail ☑ telefoon **CONTACTPERSOON** ▶ geen contactpersoon bekend **POSTADRES** ▶ Heijenoordseweg 3, 6813 GG Arnhem **EMAIL (ALGEMEEN)** ▶ info@jkfkinderfonds.nl **TELEFOON (ALGEMEEN)** ▶ 026-3526981.

681
Jo Bergacker Fonds

Rubriek ■ ☑ natuur, milieu en dieren

Algemeen ■ **WEBSITE** ▶ www.cultuurfonds.nl **TYPERING** ▶ fonds op naam **BEHEERD DOOR** ▶ Prins Bernhard Cultuurfonds **DIRECTIE** ▶ zie Prins Bernhard Cultuurfonds **BESTUUR** ▶ zie Prins Bernhard Cultuurfonds

Missie ■ **DOELSTELLING** ▶ Het financieel ondersteunen van projecten ten behoeve van het behoud van monumentale bomen.

Werkgebied ■ **ACTIERADIUS** ▶ Nationaal **LAND** ▶ Nederland.

Projecten ■ **CRITERIA** ▶ geen projectcriteria bekend **DOORLOOPTIJD** ▶ ☑ korter dan 1 jaar **STATUS AANVRAGER** ▶ ☑ geen beperkingen bekend **VOORKEUR/UITSLUITING** ▶ geen voorkeur of uitsluiting bekend.

Procedure ■ **OP AANVRAAG** ▶ ja **AANVRAAGPROCEDURE** ▶ Dit 'fonds op naam' ressorteert onder het Prins Bernhard Cultuurfonds. Verzoeken aan fondsen op naam komen op één centraal punt binnen. Dit houdt in dat een subsidieaanvraag slechts eenmaal aan het Prins Bernhard Cultuurfonds hoeft te worden gezonden. Voor de verdere aanvraagprocedure: zie Prins Bernhard Cultuurfonds. **URL** ▶ www.cultuurfonds.nl/aanvragen

Contact ■ **BEREIKBAAR PER** ▶ ☑ post ☑ e-mail ☑ telefoon **CONTACTPERSOON** ▶ geen contactpersoon bekend **POSTADRES** ▶ Postbus 19750, 1000 GT Amsterdam **EMAIL (ALGEMEEN)** ▶ info@cultuurfonds.nl **TELEFOON (ALGEMEEN)** ▶ 020-5206130.

682
Jo Bergmans Stichting

Rubriek ■ ☑ kunst en cultuur ☑ onderwijs en onderzoek

Algemeen ■ **WEBSITE** ▶ www.jobergmans.nl **TYPERING** ▶ vermogensfonds **OPGERICHT** ▶ 29-03-1991 **RECHTSVORM** ▶ stichting **KVK** ▶ 41067756 **ANBI STATUS** ▶ nee **DIRECTIE** ▶ geen directiegegevens bekend **BESTUUR** ▶ T. Kneepkens, voorzitter; W. Bouwmans, penningmeester; J. van Nierop, secretaris; G. Veltmaat.

Missie ■ **DOELSTELLING** ▶ Het Jo Bergmans vermogensfonds heeft ten doel het financieel ondersteunen van onderwijs en het stimuleren van het culturele leven in de regio Weert. Het Jo Bergmans vermogensfonds ondersteunt dan ook nieuwe ontwikkelingen in het onderwijs en laat initiatieven ontstaan in het culturele leven. **HISTORIE** ▶ Op 26 mei 1921 werd de eerste steen gelegd voor de Weerter Nijverheidsschool, initiatiefnemer was de heer F.H. van der Velden. Dit gebouw stond aan de Jan van der Croonstraat, op deze plek staat nu het verzorgingscentrum Ververshof. In de jaren '60 van de vorige eeuw werd de naam omgezet naar R.K. Lagere Technische School. In 1998 gaat de Technische School op in een brede scholengemeenschap en worden de technische opleidingen ondergebracht in 'Het Kwadrant'. Het Jo Bergmans vermogensfonds komt voort uit de Stichting Bedrijfsopleidingen Weert (SBO). Deze Stichting werd in 1991 in het leven geroepen door het bestuur van de Technische School ter stimulering en activering van opleidingen voor het bedrijfsleven. De gelden die deze cursussen opbrachten werden ingezet t.g.v. het reguliere technische onderwijs in Weert. In 1998 wordt de stichting ontkoppeld aan de Technische School. Om een definitieve eigen en nieuwe koers te varen wordt in 2002 de naam gewijzigd in de Stichting Jo Bergmans. De heer Jo Bergmans was ruim 25 jaar voorzitter van de Technische School in Weert.

Doelgroep ■ **SPECIFIEK** ▶ Ontwikkelingen en activiteiten die vernieuwend en creatief zijn voor het Weerter land. **ACTIVITEITEN** ▶ Het Jo Bergmans Vermogensfonds levert bijdragen aan ontwikkelingen en activiteiten die vernieuwend en creatief zijn voor het Weerter land. Bijzondere belangstelling heeft Het Jo Bergmans vermogensfonds dan ook voor vernieuwende initiatieven in de industriële en technische wereld. **INTERVENTIENIVEAU** ▶ Steun aan lokale/provinciale maatschappelijke organisaties en structuren (incl. gemeenten etc.) die diensten verlenen aan individuen.

Werkgebied ■ **ACTIERADIUS** ▶ Lokaal **LAND** ▶ Nederland **REGIO** ▶ Limburg **PLAATS** ▶ Weert.

Bestedingen ■ **BUDGET** ▶ niet openbaar **SOORT BIJDRAGE** ▶ giften **BOVENGRENS** ▶ geen **ONDERGRENS** ▶ geen.

Projecten ■ **CRITERIA** ▶ ; ☑ Uw initiatief en aanvraag dient een educatief doel; ☑ Projecten kunnen eenmalig ondersteund worden. **DOORLOOPTIJD** ▶ ☑ onbekend **STATUS AANVRAGER** ▶ ☑ geen beperkingen bekend **VOORKEUR/UITSLUITING** ▶ ; aanvragen tot bijdragen in de exploitatie worden niet gehonoreerd. Bijdragen worden nimmer rechtstreeks aan aanvrager betaald, maar enkel aan de leveranciers van goederen en/of diensten (na accodering van de desbetreffende facturen door aanvrager).

Procedure ■ **OP AANVRAAG** ▶ ja **AANVRAAGPROCEDURE** ▶ U kunt een aanvraag doen via het online aanvraagformulier. U dient te vermelden wat het gevraagde bedrag is en hoe dit zich verhoudt met de totaalbegroting van uw project, de aard en de omvang van het project, en welke resultaten u beoogt en hoe u verwacht deze resultaten te verwezenlijken. Een toe- of afwijzing op een aanvraag geschiedt altijd schriftelijk. Op mondelinge toezeggingen kan geen beroep worden gedaan en tegen een beslissing kan niet worden gereclameerd. **URL** ► www.jobergmans.nl/subsidie-aanvragen.html

Financieel ■ HERKOMST MIDDELEN ► vermogen, overige inkomsten.

Contact ■ BEREIKBAAR PER ► ☑ post ☒ e-mail ☒ telefoon CONTACTPERSOON ► geen contactpersoon bekend POSTADRES ► Staat 59, 6301 EL Nederweert.

683

Jo de Groot Fonds

Rubriek ■ ☑ kunst en cultuur ☑ onderwijs en onderzoek

Algemeen ■ WEBSITE ► www.cultuurfonds.nl TYPERING ► fonds op naam BEHEERD DOOR ► Prins Bernhard Cultuurfonds DIRECTIE ► zie Prins Bernhard Cultuurfonds BESTUUR ► zie Prins Bernhard Cultuurfonds

Missie ■ DOELSTELLING ► Het financieel ondersteunen van projecten die het muziekonderwijs en de muzikale vorming van jongeren in Haarlem en omgeving, bij voorkeur in de gemeente Bloemendaal, bevorderen. Aanvragen worden behandeld door het Prins Bernhard Cultuurfonds Noord-Holland.

Werkgebied ■ ACTIERADIUS ► Lokaal LAND ► Nederland REGIO ► Noord-Holland PLAATS ► Haarlem e.o.

Projecten ■ CRITERIA ► geen projectcriteria bekend DOORLOOPTIJD ► ☑ korter dan 1 jaar STATUS AANVRAGER ► ☑ geen beperkingen bekend VOORKEUR/UITSLUITING ► Voorkeur gaat uit naar projecten in de gemeente Bloemendaal.

Procedure ■ OP AANVRAAG ► ja AANVRAAGPROCEDURE ► Dit 'fonds op naam' ressorteert onder het Prins Bernhard Cultuurfonds. Verzoeken aan fondsen op naam komen op één centraal punt binnen. Dit houdt in dat een subsidieaanvraag slechts eenmaal aan het Prins Bernhard Cultuurfonds hoeft te worden gezonden. Voor de verdere aanvraagprocedure: zie Prins Bernhard Cultuurfonds. URL ► www.cultuurfonds.nl/aanvragen

Contact ■ BEREIKBAAR PER ► ☑ post ☑ e-mail ☑ telefoon CONTACTPERSOON ► geen contactpersoon bekend POSTADRES ► Postbus 19750, 1000 GT Amsterdam EMAIL (ALGEMEEN) ► info@cultuurfonds.nl TELEFOON (ALGEMEEN) ► 020-5206130.

684

Stichting Jo Kolk Studiefonds

Rubriek ■ ☑ onderwijs en onderzoek

Algemeen ■ WEBSITE ► www.vvao.nl/over-vvao/jo-kolk-studiefonds TYPERING ► vermogensfonds OPGERICHT ► 14-08-1998 RECHTSVORM ► stichting KVK ► 27174840 ANBI STATUS ► ja DIRECTIE ► geen directiegegevens bekend BESTUUR ► Mw.drs. J.D.R. Eindhoven, voorzitter; mw. C. Bonga-Tulleken, penningmeester; mw.prof.mr.dr. J.E. Bosch-Boesjes, secretaris; mw.dr. M. Pannemann; mw.drs. D.J.H. Swierstra; mw.drs. M.G.P. van Haaren.

Missie ■ DOELSTELLING ► Het (doen) bevorderen van wetenschappelijk onderzoek van vrouwen in het bezit van de Nederlandse nationaliteit door bijdragen aan: ☑ afstudeerprojecten in binnen- of buitenland; ☑ wetenschappelijk onderzoek na beëindiging van de studie in nationaal of internationaal verband, mits lid van de vereniging: Nederlandse Vereniging van Vrouwen met Hogere Opleiding (VVAO); ☑ promotie (mits lid van de VVAO); ☑ deelname aan de drie-jaarlijkse conferentie van de International Federation of University Women (IFUW) door drie vrouwen (leeftijd tot dertig jaar) uit Nederland (mits lid van de VVAO); ☑ (bijscholings)cursussen voor herintreedsters (mits lid van de VVAO). STICHTER(S) ► Jo Kolk HISTORIE ► Het VVAO-lid Jo Kolk vond een goede opleiding voor vrouwen heel belangrijk. Daarom heeft ze bij haar overlijden in 1998 haar vermogen in de Stichting Jo Kolk Studiefonds ondergebracht.

Doelgroep ■ ALGEMEEN ► vrouwen, studenten SPECIFIEK ► Vrouwen die studeren of afgestudeerd zijn aan een universiteit of hogeschool. ACTIVITEITEN ► Het Jo Kolk Studiefonds wil vrouwen die studeren of afgestudeerd zijn aan een universiteit of hogeschool stimuleren om hun opleiding te voltooien of uit te breiden. Dit doet het fonds door een éénmalige financiële bijdrage. Subsidie wordt gegeven voor: ☑ Categorie A: Volgen van vakken op masterniveau aan een buitenlandse instelling of een afstudeerproject (max. €1000,-); ☑ Categorie B: Promotie(voor)onderzoek, echter niet de kosten van de promotie zelf (drukkosten e.d.) (maximaal €4000,-). Voor MD/PhD – trajecten is maximaal € 2000,- beschikbaar. Voor deze categorie komen uitsluitend leden van de Nederlandse Vereniging van Vrouwen met Hogere Opleiding (VVAO) in aanmerking; ☑ Categorie C: Het volgen van (bijscholings)cursussen voor herintredende vrouwen met dien verstande, dat het een 'opfriscursus' in de eigen studierichting betreft, gericht op het aanvullen van eerder verworven competenties en niet een geheel nieuwe studie (het bedrag wordt individueel bepaald). Voor deze categorie komen uitsluitend leden van de Nederlandse Vereniging van Vrouwen met Hogere Opleiding (VVAO) in aanmerking. INTERVENTIENIVEAU ► Steun aan individuen (directe steun).

Werkgebied ■ ACTIERADIUS ► Internationaal LAND ► Wereldwijd.

Bestedingen ■ BUDGET ► niet openbaar ONDERSTEUNDE PROJECTEN P/J ► 74 SOORT BIJDRAGE ► beurzen BOVENGRENS ► € 4.000 ONDERGRENS ► geen.

Projecten ■ CRITERIA ► ☑ De Stichting Jo Kolk Studiefonds verleent financiële ondersteuning aan vrouwen voor het volgen van een academische of hogere beroepsopleiding en voor het verrichten van wetenschappelijk onderzoek; ☑ Aanvragers moeten de Nederlandse nationaliteit bezitten; ☑ Voor afstuderen en promoveren geldt dat het diploma of de bul moet worden behaald aan een Nederlandse universiteit of hogeschool; ☑ De aanvragen (categorie A, B en C) dienen vergezeld te zijn van een brief van aanbeveling van een docent van de betreffende instelling en een acceptatiebrief van de buitenlandse instelling; ☑ In alle gevallen is vereist dat de aanvrager niet in staat is om de kosten van het project, de cursus of het onderzoek geheel zelf te betalen. Dit moet duidelijk worden uit de begroting en het dekkingsplan; ☑ De 'Begroting van de kosten' op het aanvraagformulier van alle categorieën moet volledig zijn en in overeenstemming zijn met het 'Dekkingsplan'. **DOORLOOPTIJD** ► ☑ onbekend **STATUS AANVRAGER** ► ☑ individuen/gezinnen **VOORKEUR/UITSLUITING** ► Voor categorie B en C komen uitsluitend leden van de Nederlandse Vereniging van Vrouwen met Hogere Opleiding (VVAO) in aanmerking. Voor subsidie komen niet in aanmerking: co-schappen, het volgen van vakken op bachelorniveau/bachelorprojecten; volledige masteropleidingen aan buitenlandse universiteit, summerschools, congresbezoek, de kosten van de promotie zelf (drukkosten e.d.), algemene ondersteuning in het levensonderhoud.

Procedure ■ **OP AANVRAAG** ► ja **DOORLOOPTIJD** ► 1-3 maanden **AANVRAAGPROCEDURE** ► Er zijn jaarlijks 2 periodes waarin een aanvraag kan worden ingediend. Op de website van de VVAO staan de formulieren die moeten worden gebruikt voor het indienen van een aanvraag. Let op dat het juiste formulier wordt gebruikt (categorie A, B of C). De aanvragen kunnen uitsluitend worden ingediend via het e-mail adres. Het aanvraagformulier met alle bijlagen wordt bij voorkeur ingescand en tot één pdf- bestand verwerkt. De aanvraag mag samen met de vereiste bijlagen niet groter zijn dan 6 Mb. Voor het aanvragen van subsidie voor projecten/studies die starten tussen 1 juli en 31 december moet uiterlijk 15 mei van dat lopende kalenderjaar een aanvraag worden ingediend. Alle aanvragen die 16 mei of later binnenkomen worden niet in behandeling genomen. Voor het aanvragen van subsidie voor projecten/studies die starten tussen 1 januari en 30 juni moet uiterlijk 15 november van het jaar daaraan voorafgaand een aanvraag worden ingediend. Alle aanvragen die 16 november of later binnenkomen worden niet in behandeling genomen. Over de uitslag van de beoordelingsprocedure wordt niet gecorrespondeerd. **URL** ► www.vvao.nl/over-vvao/jo-kolk-studiefonds/

Financieel ■ **EIGEN VERMOGEN** ► € 1.830.126 **INKOMSTEN EV** ► € -88.879 **HERKOMST MIDDELEN** ► vermogen, giften & schenkingen, legaten **BOEKJAAR** ► 2018 **JAARVERSLAG OP WEBSITE** ► ja.

Contact ■ **BEREIKBAAR PER** ► ☒ post ☑ e-mail ☒ telefoon **CONTACTPERSOON** ► geen contactpersoon bekend **POSTADRES** ► Geen postadres bekend **EMAIL (ALGEMEEN)** ► jokolkstudiefonds@vvao.nl.

685
Joannes Bosco Stichting

Rubriek ■ ☑ kunst en cultuur ☑ onderwijs en onderzoek ☑ maatschappij, welzijn en samenleving

Algemeen ■ **WEBSITE** ► www.joannesboscostichting.org **TYPERING** ► vermogensfonds **OPGERICHT** ► 05-11-1936 **RECHTSVORM** ► stichting **KVK** ► 41080872 **ANBI STATUS** ► ja **DIRECTIE** ► geen directiegegevens bekend **BESTUUR** ► R.H.C. Defesche, voorzitter; mw. A. van der Schoot-Vogels, penningmeester; mw. A.C. Willems, secretaris; H.H.M. van Litsenburg; J.M.J. Koch.

Missie ■ **DOELSTELLING** ► De Joannes Bosco Stichting heeft een maatschappelijk missie verwoord in 2 doelen: ☑ Jongeren in de regio Brabant met een slechte startpositie in het leven ontwikkelen naar meer zelfredzaamheid; ☑ Bescherming cultureel erfgoed; in eerste instantie het erfgoed dat de stichting uit historie verkregen heeft (in het bijzonder Landgoed Huize Bergen in Vught). Om deze missie te realiseren is de stichting eigenaar van de Joannes Bosco Beheer BV. In deze BV zijn commerciële activiteiten ondergebracht, met als doel fondsen te genereren. **HISTORIE** ► De Joannes Bosco Stichting is in 1936 opgericht vanuit een groep mensen die toen invloedrijke maatschappelijke posities bekleedden in de regio Den Bosch. Zij wilden de levensomstandigheden van jongens die opgroeiden in een kwetsbare positie verbeteren door activiteiten voor ontplooiing en ontwikkeling voor hen te organiseren in een cursus- en vakantiehuis met als inspirator de italiaanse priester Don Giovanni Bosco (1815-1888). Sinds 1936 is er veel veranderd. Het doel is nog steeds om door persoonlijke ontwikkeling het toekomstperspectief van jongeren te verbeteren. Vandaag de dag doen we dat door het financieel ondersteunen van projecten in Brabant. Projecten gericht op de ontwikkeling van jongeren van verschillende achtergronden, culturen of religies. Daarnaast is de inzet van het verworven vastgoed van de stichting veranderd. Sinds de jaren '90 gebruikt de stichting de locaties niet langer zelf als vakantie- of cursusoord voor de jongeren. De locaties worden geexploiteerd als hotel en vergaderlocatie. De opbrengst van beide locatie komt vervolgens weer ten goede aan de Joannes Bosco Stichting die daarmee haar geselecteerde projecten ondersteunt. **BELEIDSPLAN OP WEBSITE** ► ja.

Doelgroep ■ **ALGEMEEN** ► jongeren, armen **SPECIFIEK** ► Jongeren tot 18 jaar in de regio Brabant met een slechte startpositie in het leven. **ACTIVITEITEN** ► De stichting realiseert haar doelstellingen door het geven van eenmalige donaties aan projecten van instellingen die binnen de doelstellingen van de stichting passen. De werving van fondsen wordt gevormd door de exploitatie van twee Noord-Brabantse conferentiehotels: ☑ Landgoed Huize Bergen te Vught; ☑ Eigentijds Erf te Westelbeers (gemeente Oirschot). **INTERVENTIENIVEAU** ► Steun aan lokale/provinciale maatschappelijke organisaties en structuren (incl. gemeenten etc.) die diensten verlenen aan individuen.

Werkgebied ■ **ACTIERADIUS** ► Regionaal **LAND** ► Nederland **REGIO** ► Noord-Brabant.

Bestedingen ■ **BUDGET** ► niet openbaar **ONDERSTEUNDE PROJECTEN P/J** ► 2 **SOORT BIJDRAGE** ► giften overig **BOVENGRENS** ► geen **ONDERGRENS** ► geen.

Projecten ■ **CRITERIA** ► geen projectcriteria bekend **DOORLOOPTIJD** ► ☑ onbekend **STATUS AANVRAGER** ► ☑ stichting of vereniging (non-profit) ☑ kerkelijke instelling ☑ onderwijsinstelling **VOORKEUR/UITSLUITING** ► geen voorkeur of uitsluiting bekend.

Procedure ■ **OP AANVRAAG** ► onbekend **AANVRAAGPROCEDURE** ► Geen aanvraagprocedure bekend.

Financieel ■ **EIGEN VERMOGEN** ► € 5.950.728 **HERKOMST MIDDELEN** ► vermogen, overige inkomsten **BOEKJAAR** ► 2019 **JAARVERSLAG OP WEBSITE** ► ja.

Contact ■ **BEREIKBAAR PER** ► ☑ post ☑ e-mail ☑ telefoon **CONTACTPERSOON** ► R.H.C. Defesche **POSTADRES** ► Glorieuxlaan 1, 5261 SG Vught **EMAIL (ALGEMEEN)** ► info@joannesboscostichting.nl **TELEFOON (ALGEMEEN)** ► 073–6580400.

686
Stichting Job Dura Fonds

Rubriek ■ ☑ kunst en cultuur ☑ maatschappij, welzijn en samenleving ☑ onderwijs en onderzoek

Algemeen ■ WEBSITE ▶ www.jobdurafonds.nl TYPERING ▶ vermogensfonds OPGERICHT ▶ 20-12-1993 RECHTSVORM ▶ stichting KVK ▶ 41134043 ANBI STATUS ▶ ja DIRECTIE ▶ mw. mr. M.E. Reimers-Stijger BESTUUR ▶ Drs. J. Dura, voorzitter; drs. S.J. van der Goot, penningmeester; B.M. Dura, secretaris; mw.drs. E.L. Ansenk; mw.ir. I.M. Bakker; mw. M. Kats-Dura; P.J. van Nederpelt MRICS RT; mw.drs. M. van Oort; mw.drs. A. Sari; ir. J.M. Schrijnen.

Missie ■ DOELSTELLING ▶ De stichting heeft ten doel de behartiging van algemeen maatschappelijke, culturele en wetenschappelijke belangen op het gebied van de gebouwde omgeving, bij voorkeur gericht op de stad Rotterdam en directe omgeving. Om dit doel te bereiken kent het bestuur van de stichting subsidies toe aan projecten die aansluiten bij dit doel en wordt elke twee jaar de Job Dura Prijs uitgereikt aan een persoon of instelling die zich op het gebied van de gebouwde omgeving verdienstelijk heeft gemaakt. STICHTER(S) ▶ De heer D.J.M. Dura HISTORIE ▶ Stichting Job Dura Fonds is opgericht door de heer Daan Dura in 1994 ter gelegenheid van het 140-jarig bestaan van de Dura Bouwgroep (thans Dura Vermeer). Het fonds is in het leven geroepen uit dankbaarheid voor de mogelijkheden die de stad Rotterdam de familie en het bouwbedrijf heeft gegeven en om het maatschappelijk nut te dienen in de bebouwde omgeving van groot Rotterdam. De naamgeving moest de grondleggers van het bedrijf eren en de generaties die het bedrijf groot hebben gemaakt. Na al ruim twee decennia actief te zijn met grote en kleine donaties en stimuleringssubsidies, heeft Stichting Job Dura Fonds in Rotterdam een niet weg te denken plek ingenomen in de stedelijke transformatie. BELEIDSPLAN OP WEBSITE ▶ ja.

Doelgroep ■ SPECIFIEK ▶ Initiatieven die de bebouwde omgeving in groot Rotterdam helpen opbloeien. ACTIVITEITEN ▶ De stichting tracht haar doel te bereiken door: ☑ toekenning van eenmalige financiële bijdrage (op aanvraag) aan projecten die aansluiten bij het doel van de stichting; ☑ uitreiking eenmaal in de twee jaar van de Job Dura Prijs en de Aanmoedigingsprijs. De prijzen zijn voor initiatieven die de bebouwde omgeving van Rotterdam in een bepaald themaveld innoveert of helpt opbloeien. Het thema kiest Stichting Job Dura Fonds op basis van de maatschappelijke of bouwgerelateerde actualiteit. De prijzen bestaan uit een beeld en een geldbedrag van 25.000,- euro respectievelijk 7.500,- euro; ☑ Onderdeel van het Job Dura Fonds is het Dura Kunstfonds, een fonds op naam bij Vereniging Rembrandt ter ondersteuning van kunstaankopen ten behoeve van Nederlandse musea. INTERVENTIENIVEAU ▶ Steun aan lokale/provinciale maatschappelijke organisaties en structuren (incl. gemeenten etc.) die diensten verlenen aan individuen.

Werkgebied ■ ACTIERADIUS ▶ Lokaal, Regionaal LAND ▶ Nederland REGIO ▶ Rijnmond PLAATS ▶ Rotterdam.

Bestedingen ■ BUDGET ▶ niet openbaar TOELICHTING ▶ De donaties hebben betrekking op de volgende thema's: – Cultuur 25%; – Maatschappij 45%; – Educatie/jeugd: 30%. ONDERSTEUNDE PROJECTEN P/J ▶ 30 SOORT BIJDRAGE ▶ giften overig BOVENGRENS ▶ € 15.000 ONDERGRENS ▶ geen.

Projecten ■ CRITERIA ▶ ; ☑ het project of initiatief dient een relatie te hebben met de gebouwde omgeving van groot Rotterdam. Hieronder wordt verstaan: het project of initiatief dient met bouwen, gebouwen, verbouwen of de openbare ruimte te maken te hebben; ☑ het project of initiatief dient de buurt, vereniging of gemeenschap een impuls te geven of te helpen opbloeien. Daarmee wordt een verschil gemaakt en Stichting Job Dura Fonds levert daaraan een wezenlijke bijdrage; ☑ maatschappelijke creativiteit; ☑ waarden als 'sympathiek, dichtbij en benaderbaar'; ☑ de omvang en mate van commercialiteit van de aanvragende instelling; ☑ het ontbreken van (mede)financieringsmogelijkheden. DOORLOOPTIJD ▶ ☑ 1 - 2 jaar STATUS AANVRAGER ▶ ☑ stichting of vereniging (non-profit) ☑ overig VOORKEUR/UITSLUITING ▶ Een project of initiatief is bij voorkeur eenmalig en van blijvende aard. ☑ Boeken, films, andere publicaties, onderzoeksprojecten, festivals en andere tijdelijke culturele projecten of initiatieven worden in beginsel niet ondersteund.

Procedure ■ OP AANVRAAG ▶ ja DOORLOOPTIJD ▶ 1-3 maanden AANVRAAGPROCEDURE ▶ Een aanvraag bij Stichting Job Dura Fonds kunt u via de website indienen. U komt in de aanvraagmodule na het invullen van de quickscan. Met de quickscan wordt nagegaan of uw project of initiatief voldoet aan de basiscriteria van het fonds. Verder moet een aanvraag minimaal voldoen aan de volgende inhoudelijke eisen: ☑ omschrijving van het project of initiatief en van de aanvrager; ☑ doelstelling van het project of initiatief; ☑ aard en tijdsduur van het project of initiatief; ☑ begroting met duidelijke toelichting; ☑ wijze van financiering van het project of initiatief; ☑ opgave van overige benaderde geldverstrekkers met vermelding van de eventuele toegezegde bijdrage; ☑ uittreksel Kamer van Koophandel; ☑ eventuele niet genoemde andere relevante zaken. Het bestuur van de stichting vergadert tweemaal per jaar. De bestuursvergaderingen vinden plaats in maart en in oktober. Daarnaast zijn er twee schriftelijke beoordelingsronden door het bestuur in juni en december. URL ▶ www.jobdurafonds.nl/aanvragen.html

Financieel ■ INKOMSTEN EV ▶ € 1.616.923 HERKOMST MIDDELEN ▶ vermogen, giften & schenkingen, legaten, overige inkomsten BOEKJAAR ▶ 2019 JAARVERSLAG OP WEBSITE ▶ ja.

Contact ■ BEREIKBAAR PER ▶ ☑ post ☑ e-mail ☑ telefoon CONTACTPERSOON ▶ Mw. M.E. Reimers-Stijger POSTADRES ▶ Postbus 21611, 3001 AP Rotterdam EMAIL (ALGEMEEN) ▶ info@jobdurafonds.nl TELEFOON (ALGEMEEN) ▶ 010-2823131.

687
Joep Zeelen Fonds

Rubriek ■ ☑ kunst en cultuur

Algemeen ■ WEBSITE ▶ www.cultuurfonds.nl TYPERING ▶ fonds op

naam **BEHEERD DOOR** ▶ Prins Bernhard Cultuurfonds **DIRECTIE** ▶ zie > Prins Bernhard Cultuurfonds **BESTUUR** ▶ zie > Prins Bernhard Cultuurfonds

Missie ■ **DOELSTELLING** ▶ Het financieel ondersteunen van (educatieve) projecten op het gebied van natuur in brede zin, met een voorkeur voor projecten die gericht zijn op jongeren.

Werkgebied ■ **ACTIERADIUS** ▶ Nationaal **LAND** ▶ Nederland.

Projecten ■ **CRITERIA** ▶ geen projectcriteria bekend **DOORLOOPTIJD** ▶ ☑ korter dan 1 jaar **STATUS AANVRAGER** ▶ ☑ geen beperkingen bekend **VOORKEUR/UITSLUITING** ▶ Voorkeur gaat uit naar projecten die gericht zijn op jongeren.

Procedure ■ **OP AANVRAAG** ▶ ja **AANVRAAGPROCEDURE** ▶ Dit 'fonds op naam' ressorteert onder het Prins Bernhard Cultuurfonds. Verzoeken aan fondsen op naam komen op één centraal punt binnen. Dit houdt in dat een subsidieaanvraag slechts eenmaal aan het Prins Bernhard Cultuurfonds hoeft te worden gezonden. Voor de verdere aanvraagprocedure: zie Prins Bernhard Cultuurfonds. **URL** ▶ www.cultuurfonds.nl/aanvragen

Contact ■ **BEREIKBAAR PER** ▶ ☑ post ☑ e-mail ☑ telefoon **CONTACTPERSOON** ▶ geen contactpersoon bekend **POSTADRES** ▶ Postbus 19750, 1000 GT Amsterdam **EMAIL (ALGEMEEN)** ▶ info@cultuurfonds.nl **TELEFOON (ALGEMEEN)** ▶ 020-5206130.

688
Joes Meester Fonds

Rubriek ■ ☑ kunst en cultuur

Algemeen ■ **WEBSITE** ▶ www.cultuurfonds.nl **TYPERING** ▶ fonds op naam **BEHEERD DOOR** ▶ Prins Bernhard Cultuurfonds **DIRECTIE** ▶ zie > Prins Bernhard Cultuurfonds **BESTUUR** ▶ zie > Prins Bernhard Cultuurfonds

Missie ■ **DOELSTELLING** ▶ Het financieel ondersteunen van projecten op het gebied van textiel in brede zin.

Werkgebied ■ **ACTIERADIUS** ▶ Nationaal **LAND** ▶ Nederland.

Projecten ■ **CRITERIA** ▶ geen projectcriteria bekend **DOORLOOPTIJD** ▶ ☑ korter dan 1 jaar **STATUS AANVRAGER** ▶ ☑ geen beperkingen bekend **VOORKEUR/UITSLUITING** ▶ geen voorkeur of uitsluiting bekend.

Procedure ■ **OP AANVRAAG** ▶ ja **AANVRAAGPROCEDURE** ▶ Dit 'fonds op naam' ressorteert onder het Prins Bernhard Cultuurfonds. Verzoeken aan fondsen op naam komen op één centraal punt binnen. Dit houdt in dat een subsidieaanvraag slechts eenmaal aan het Prins Bernhard Cultuurfonds hoeft te worden gezonden. Voor de verdere aanvraagprocedure: zie Prins Bernhard Cultuurfonds. **URL** ▶ www.cultuurfonds.nl/aanvragen

Contact ■ **BEREIKBAAR PER** ▶ ☑ post ☑ e-mail ☑ telefoon **CONTACTPERSOON** ▶ geen contactpersoon bekend **POSTADRES** ▶ Postbus 19750, 1000 GT Amsterdam **EMAIL (ALGEMEEN)** ▶ info@cultuurfonds.nl **TELEFOON (ALGEMEEN)** ▶ 020-5206130.

689
Johan Rasch Fonds

Rubriek ■ ☑ kunst en cultuur ☑ onderwijs en onderzoek

Algemeen ■ **WEBSITE** ▶ www.cultuurfonds.nl **TYPERING** ▶ fonds op naam **BEHEERD DOOR** ▶ Prins Bernhard Cultuurfonds **DIRECTIE** ▶ zie > Prins Bernhard Cultuurfonds **BESTUUR** ▶ zie > Prins Bernhard Cultuurfonds

Missie ■ **DOELSTELLING** ▶ Het financieel ondersteunen van klassiek geschoolde (jonge) musici, bij voorkeur strijkers, harpisten en pianisten voor een vervolgopleiding (bij voorkeur) in het buitenland.

Werkgebied ■ **ACTIERADIUS** ▶ Internationaal.

Projecten ■ **CRITERIA** ▶ geen projectcriteria bekend **DOORLOOPTIJD** ▶ ☑ korter dan 1 jaar **STATUS AANVRAGER** ▶ ☑ geen beperkingen bekend **VOORKEUR/UITSLUITING** ▶ Voorkeur gaat uit naar strijkers, harpisten en pianisten.

Procedure ■ **OP AANVRAAG** ▶ ja **AANVRAAGPROCEDURE** ▶ Dit 'fonds op naam' ressorteert onder het Prins Bernhard Cultuurfonds. Verzoeken aan fondsen op naam komen op één centraal punt binnen. Dit houdt in dat een subsidieaanvraag slechts eenmaal aan het Prins Bernhard Cultuurfonds hoeft te worden gezonden. Voor de verdere aanvraagprocedure: zie Prins Bernhard Cultuurfonds. **URL** ▶ www.cultuurfonds.nl/aanvragen

Contact ■ **BEREIKBAAR PER** ▶ ☑ post ☑ e-mail ☑ telefoon **CONTACTPERSOON** ▶ geen contactpersoon bekend **POSTADRES** ▶ Postbus 19750, 1000 GT Amsterdam **EMAIL (ALGEMEEN)** ▶ info@cultuurfonds.nl **TELEFOON (ALGEMEEN)** ▶ 020-5206130.

690
Johan van Vossen Fonds

Rubriek ■ ☑ kunst en cultuur

Algemeen ■ **WEBSITE** ▶ www.cultuurfonds.nl **TYPERING** ▶ fonds op naam **BEHEERD DOOR** ▶ Prins Bernhard Cultuurfonds **DIRECTIE** ▶ zie > Prins Bernhard Cultuurfonds **BESTUUR** ▶ zie > Prins Bernhard Cultuurfonds

Missie ■ **DOELSTELLING** ▶ Het financieel ondersteunen van muziekconcoursen voor amateurmusici, met een voorkeur voor klassieke muziek.

Werkgebied ■ **ACTIERADIUS** ▶ Nationaal **LAND** ▶ Nederland.

Projecten ■ **CRITERIA** ▶ geen projectcriteria bekend **DOORLOOPTIJD** ▶ ☑ korter dan 1 jaar **STATUS AANVRAGER** ▶ ☑ geen beperkingen bekend **VOORKEUR/UITSLUITING** ▶ Voorkeur gaat uit naar klassieke muziek.

Procedure ■ **OP AANVRAAG** ▶ ja **AANVRAAGPROCEDURE** ▶ Dit 'fonds op naam' ressorteert onder het Prins Bernhard Cultuurfonds. Verzoeken aan fondsen op naam komen op één centraal punt binnen. Dit houdt in dat een subsidieaanvraag slechts eenmaal aan het Prins Bernhard Cultuurfonds hoeft te worden gezonden. Voor de verdere aanvraagprocedure: zie Prins Bernhard Cultuurfonds. **URL** ▶ www.cultuurfonds.nl/aanvragen

Contact ■ **BEREIKBAAR PER** ▶ ☑ post ☑ e-mail ☑ telefoon **CONTACTPERSOON** ▶ geen contactpersoon bekend **POSTADRES** ▶ Postbus 19750, 1000 GT Amsterdam **EMAIL (ALGEMEEN)** ▶ info@cultuurfonds.nl **TELEFOON (ALGEMEEN)** ▶ 020-5206130.

691

Stichting Johanna Westerdijkfonds

Rubriek ■ ☑ onderwijs en onderzoek

Algemeen ■ **WEBSITE** ▶ www.stichtingjohannawesterdijkfonds.sites.uu.nl **TYPERING** ▶ vermogensfonds **OPGERICHT** ▶ 27-08-1953 **RECHTSVORM** ▶ stichting **KVK** ▶ 41188530 **ANBI STATUS** ▶ ja **DIRECTIE** ▶ geen directiegegevens bekend **BESTUUR** ▶ Prof.dr. B.J.C. Cornelissen, voorzitter; dr. W.J.C. Amesz, penningmeester; prof.dr.ir. C.M.J. Pieterse, secretaris; dr. W.J. de Kogel; prof.dr. P.W. Crous.

Missie ■ **DOELSTELLING** ▶ Het verlenen van reis- of studiebeurzen aan fytopathologen en mycologen, het zelf verrichten, doen verrichten, bevorderen of steunen van zuiver wetenschappelijk onderzoek in de fytopathologie en mycologie en voorts al hetgeen met een en ander rechtstreeks of zijdelings verband houdt of daartoe bevorderlijk kan zijn, alles in de ruimste zin des woords. **STICHTER(S)** ▶ Prof.dr. Johanna Westerdijk **HISTORIE** ▶ De stichting is op 27 augustus 1953 opgericht ter ere van prof. dr. Johanna Westerdijk, destijds directrice van het Phytopathologisch Laboratorium Willie Commelin Scholten en het Centraal Bureau voor Schimmelcultures te Baarn, ter gelegenheid van haar aftreden in 1952 als hoogleraar aan de Universiteiten van Utrecht en Amsterdam. **BELEIDSPLAN OP WEBSITE** ▶ ja.

Doelgroep ■ **SPECIFIEK** ▶ Fytopathologen en mycologen. **ACTIVITEITEN** ▶ Het bijdragen in de kosten verbonden aan het bijwonen van internationale wetenschappelijke bijeenkomsten en van studiereizen van onderzoekers in dienst van afdelingen/vakgroepen/leerstoelgroepen Fytopathologie aan de Nederlandse universiteiten, alsmede van instituten van fytopathologisch en/of mycologisch onderzoek. **INTERVENTIENIVEAU** ▶ Steun aan individuen (directe steun).

Werkgebied ■ **ACTIERADIUS** ▶ Nationaal **LAND** ▶ Nederland.

Bestedingen ■ **BUDGET** ▶ € 10.000 **TOELICHTING** ▶ Het financieel beleid van het bestuur is gericht op het minimaal in stand houden van het kapitaal; vermogenswinsten worden gereserveerd voor toekomstige verplichtingen. Uitkeringen worden zoveel mogelijk gedaan ten laste van de rentebaten. **SOORT BIJDRAGE** ▶ overig studiebeurzen subsidies **BOVENGRENS** ▶ geen **ONDERGRENS** ▶ geen.

Projecten ■ **CRITERIA** ▶ ☑ Alleen universitair afgestudeerde personen werkzaam aan de Universiteit van Amsterdam, Universiteit Utrecht of Wageningen Universiteit en Researchcentrum op het gebied van de fytopathologie, dan wel onder wetenschappelijke verantwoordelijkheid van het KNAW Instituut Centraal Bureau voor Schimmelcultures te Utrecht op de gebieden fytopathologie en/of mycologie, komen voor subsidie in aanmerking. ☑ Landbouwkundig of medisch gerichte aanvragen worden alleen in beschouwing genomen als de te subsidiëren activiteit wordt gekenmerkt door een fundamenteel biologische vraagstelling. Ook onder meer resistentieveredelingsonderzoek en moleculair-biologisch onderzoek aan plant-pathogeen systemen komen in principe voor steun in aanmerking; ☑ Alleen registratiekosten voor congresbezoek en de reiskosten voor de subsidiabele activiteit (vliegtickets, treinkaartjes, etc.) komen in aanmerking voor subsidie. **DOORLOOPTIJD** ▶ ☑ korter dan 1 jaar **STATUS AANVRAGER** ▶ ☑ individuen/gezinnen **VOORKEUR/UITSLUITING** ▶ Personen kunnen maximaal één keer per kalenderjaar een subsidie aanvragen. Aan deelname aan cursussen en aan het tot stand komen van proefschriften wordt niet bijgedragen. Hotel- en andere verblijfskosten (maaltijden etc.) komen niet in aanmerking voor subsidie.

Procedure ■ **OP AANVRAAG** ▶ ja **DOORLOOPTIJD** ▶ 1-3 maanden **AANVRAAGPROCEDURE** ▶ Aanvragen dienen tenminste twee volle kalendermaanden voor het begin van de reis schriftelijk te worden ingediend bij de secretaris onder overlegging van de volgende bescheiden: ☑ een curriculum vitae; ☑ een verzoek tot bijdrage uit het Fonds met toelichting; ☑ een kopie van de uitnodigingsbrief, dan wel een aanbeveling van de hoogleraar/directeur/afdelingshoofd van de universiteit/het instituut waar de indiener werkzaam is, waaruit belang voor het onderzoek blijkt; ☑ bij een verblijf als gastmedewerker, een verklaring van de ontvangende instantie waaruit een goede regeling van het verblijf blijkt; ☑ bij congresbezoek een kopie van het abstract van de te houden voordracht/te presenteren poster; ☑ een begroting waaruit onder meer blijkt voor welk gedeelte de organisator/het instituut bijdraagt in de kosten, danwel een beroep gedaan wordt op andere financiële bronnen. Het Bestuur neemt in de maand voorafgaande aan de activiteit een beslissing. **URL** ▶ www.stichtingjohannawesterdijkfonds.sites.uu.nl/subsidie-aanvragen/

Financieel ■ **EIGEN VERMOGEN** ▶ € 489.369 **INKOMSTEN EV** ▶ € 17.734 **HERKOMST MIDDELEN** ▶ vermogen, legaten, giften & schenkingen **BOEKJAAR** ▶ 2019 **JAARVERSLAG OP WEBSITE** ▶ ja.

Contact ■ **BEREIKBAAR PER** ▶ ☑ post ☑ e-mail ☑ telefoon **CONTACTPERSOON** ▶ Prof.dr.ir. C.M.J. Pieterse **POSTADRES** ▶ Padualaan 8, 3584 CH Utrecht **EMAIL (ALGEMEEN)** ▶ c.m.j.pieterse@uu.nl **TELEFOON (ALGEMEEN)** ▶ 030-2536887; 030-2536700.

692

Johannes Henricus Regenbogenleen

Rubriek ■ ☑ gezondheidszorg ☑ maatschappij, welzijn en samenleving ☑ onderwijs en onderzoek

Algemeen ■ **WEBSITE** ▶ www.kennisbankfilantropie.nl/anbi/johannes-henricus-regenbogenleen-te-boazum **TYPERING** ▶ vermogensfonds **OPGERICHT** ▶ 03-04-1935 **RECHTSVORM** ▶ stichting **KVK** ▶ 41002817 **ANBI STATUS** ▶ nee **DIRECTIE** ▶ geen directiegegevens bekend **BESTUUR** ▶ W. van Littenseradiel, voorzitter; mw. L. Scarse.

Missie ■ **DOELSTELLING** ▶ Het verlenen van een jaarlijkse toelage aan onbemiddelde studenten voor arts (geneeskunde) of apotheker (farmacie), zonder onderscheid van godsdienst en die afstammen van grootouders of ouders, of een van hen, die in Fryslân (Friesland) zijn geboren. **STICHTER(S)** ► Mevrouw Trijntje Regenbogen **HISTORIE** ► De Stichting 'Johannes Henricus Regenbogenleen' is voortgekomen uit de nalatenschap van Trijntje Regenbogen, als eerbetoon aan haar broer Johannes Henricus Regenbogen, huisarts in Boazum.

Doelgroep ■ **ALGEMEEN** ► studenten **SPECIFIEK** ► Studenten geneeskunde of farmacie die afstammen van grootouders of ouders uit Friesland. **ACTIVITEITEN** ► Geen specifieke activiteiten bekend **INTERVENTIENIVEAU** ► Steun aan individuen (directe steun).

Werkgebied ■ **ACTIERADIUS** ► Nationaal **LAND** ► Nederland.

Bestedingen ■ **BUDGET** ► niet openbaar **TOELICHTING** ► Geen. **ONDERSTEUNDE PROJECTEN P/J** ► nietbekendgemaakt **SOORT BIJDRAGE** ► giften studiebeurzen **BOVENGRENS** ► geen **ONDERGRENS** ► geen.

Projecten ■ **CRITERIA** ► geen projectcriteria bekend **DOORLOOPTIJD** ► ☑ langer dan 2 jaar **STATUS AANVRAGER** ► ☑ individuen/gezinnen **VOORKEUR/UITSLUITING** ► Alleen onbemiddelde studenten van Friese afkomst.

Procedure ■ **OP AANVRAAG** ► onbekend **AANVRAAGPROCEDURE** ► Geen aanvraagprocedure bekend.

Financieel ■ **HERKOMST MIDDELEN** ► vermogen.

Contact ■ **BEREIKBAAR PER** ► ☑ post ☑ e-mail ☑ telefoon **CONTACTPERSOON** ► Mw. L. Scarse **POSTADRES** ► p/a B&W van Littenseradiel, Postbus 1, 8730 AA Wommels **EMAIL (ALGEMEEN)** ► l.scarse@littenseradiel.nl **TELEFOON (ALGEMEEN)** ► 0515-334461.

692

Stichting Johanniter Hulpverlening

Rubriek ■ ☑ gezondheidszorg ☑ maatschappij, welzijn en samenleving

Algemeen ■ **WEBSITE** ► https://www.johanniter.nl **OPGERICHT** ► **RECHTSVORM** ► **ANBI STATUS** ► ja **DIRECTIE** ► geen directiegegevens bekend **BESTUUR** ► Jkh. drs. A.J. van Citters RA, voorzitter; drs. W.P.baron van Lawick van Pabst MBA, penningmeester; mr. C.J.H.baron van Lynden; mw.drs. F.C. Daniëls– barones van Dedem; jkh mr J.W.E. Storm van 's Gravensande; jkh. mr. A. van Bunge; mw.drs. F.D. Graswinckel-de Beaufort; W.J. baron van Ittersum; jkvr C.J.E. van Rappard.

Missie ■ **DOELSTELLING** ► De normen van Christelijke naastenliefde in acht nemende, stelt de stichting zich ten doel de mensheid te dienen door hulp te verlenen aan gewonden, zieken, en anderszins hulpbehoevenden, door mede te; werken aan maatregelen waardoor menselijk leed kan worden voorkomen en verzacht en door anderen daarmede te helpen of op te leiden.

Doelgroep ■ **ACTIVITEITEN** ► In praktijk worden de doelstellingen van Johanniter Nederland verwezenlijkt door inzet van vrijwilligers. ; De belangrijkste activiteiten van Johanniter Nederland zijn: ☑ Johanniter Groepen: lokale vrijwilligersgroepen die aanvullende zorg verlenen in ziekenhuizen, ; verpleeghuizen, dagverzorging, thuiszorg en in woon- en verzorgingshuizen; – Vrijwilligersondersteuning, onder andere met trainingen en voorlichtingsmateriaal; – Johanniter Vakanties onder andere voor mensen vanaf 50 jaar met een lichamelijke beperking en ; voor jongeren met een functiebeperking.

Werkgebied ■ **ACTIERADIUS** ► Nationaal **LAND** ► Nederland.

Projecten ■ **CRITERIA** ► geen projectcriteria bekend **DOORLOOPTIJD** ► ☑ korter dan 1 jaar **STATUS AANVRAGER** ► ☑ geen beperkingen bekend **VOORKEUR/UITSLUITING** ► geen voorkeur of uitsluiting bekend.

Contact ■ **BEREIKBAAR PER** ► ☑ post ☑ e-mail ☑ telefoon **CONTACTPERSOON** ► geen contactpersoon bekend **POSTADRES** ► Lange Voorhout 48, 2514 EG Den Haag **EMAIL (ALGEMEEN)** ► info@johanniter.nl **TELEFOON (ALGEMEEN)** ►070-3649920

694

Johanniter Stichting Johan Maurits van Nassau-Siegen

Rubriek ■ ☑ maatschappij, welzijn en samenleving ☑ gezondheidszorg

Algemeen ■ **WEBSITE** ► https://www.johanniter.nl/ridderlijkeorde/wp-content/uploads/2016/09/johanniter-stichting-publicatiegegevens-2016.pdf **TYPERING** ► vermogensfonds **OPGERICHT** ► 04-10-1996 **RECHTSVORM** ► stichting **KVK** ► 41216443 **ANBI STATUS** ► ja **DIRECTIE** ► geen directiegegevens bekend **BESTUUR** ► Mw. C.G. de Ranitz tot Doornick-Elias, voorzitter; drs. W.P. baron van Lawick van Pabst, penningmeester; mr. F.W.T. Pahud de Mortanges, secretaris; jhr. R.J.M. de Beaufort.

Missie ■ **DOELSTELLING** ► De normen van christelijke naastenliefde in acht nemende, stelt de Johanniter Stichting Johan Maurits van Nassau-Siegen zich ten doel de mensheid te dienen door hulp te verlenen aan gewonden, zieken en anderszins hulpbehoevenden en door mede te werken aan maatregelen waardoor menselijk leed kan worden voorkomen of verzacht. Zij tracht dit doel te bereiken in het bijzonder door het verlenen van financiële steun aan activiteiten van, of voorgesteld door, de Johanniter Orde in Nederland of met deze Orde gelieerde instellingen. **HISTORIE** ► De Johanniter Stichting Johan Maurits van Nassau Siegen is opgericht als Stichting Steunfonds Sint Janshuis Amsterdam op 4 oktober 1996. Op 17 september 2001 werd de naam van de stichting veranderd in Johanniter Stichting Johan Maurits van Nassau Siegen. De Johanniter Stichting Johan Maurits van Nassau Siegen is op 28 december 2012 een juridische fusie aangegaan met de Stichting Steunfonds der Johanniter Orde in Nederland. **BELEIDSPLAN OP WEBSITE** ► ja.

Doelgroep ■ **ALGEMEEN** ► armen, gehandicapten, zieken, dak- en thuislozen, vluchtelingen **SPECIFIEK** ► Geen specifieke doelgroep **ACTIVITEITEN** ► Vrij vertaald betekent de doelstelling het (doen) helpen van mensen die het in onze samenleving op welke manier dan ook moeilijk hebben, zonder aanzien des persoons. Dat kunnen bejaarden of zieken zijn, maar ook dak- en thuislozen, verslaafden of mensen die door een andere oorzaak ondersteuning nodig hebben. In praktijk worden de doelstellingen van de Johanniter Stichting verwezenlijkt door het geven van financiële steun aan door de Johanniter Orde in Nederland opgerichte instellingen dan wel instellingen die aan de Johanniter Orde op andere wijze zijn verbonden. **INTERVENTIENIVEAU** ▶ Steun aan lokale/provinciale maatschappelijke organisaties en structuren (incl. gemeenten etc.) die diensten verlenen aan individuen.

Werkgebied ■ **ACTIERADIUS** ▶ Nationaal, Internationaal **LAND** ▶ Wereldwijd.

Bestedingen ■ **BUDGET** ▶ € 12.500 **TOELICHTING** ▶ De hoogte van de giften in een jaar is in principe gemaximeerd tot de opbrengsten van het vermogen. **SOORT BIJDRAGE** ▶ giften **BOVENGRENS** ▶ geen **ONDERGRENS** ▶ geen.

Projecten ■ **CRITERIA** ▶ geen projectcriteria bekend **DOORLOOPTIJD** ▶ ☑ korter dan 1 jaar **STATUS AANVRAGER** ▶ ☑ geen beperkingen bekend **VOORKEUR/UITSLUITING** ▶ De activiteiten van de Johanniter Stichting bestaan, conform haar doelstelling, uitsluitend uit het doen van giften aan instellingen welke aan de Johanniter Orde zijn gelieerd.

Procedure ■ **OP AANVRAAG** ▶ ja **AANVRAAGPROCEDURE** ▶ Geen aanvraagprocedure bekend. Vergaderingen vinden tweemaal per jaar plaats.

Financieel ■ **HERKOMST MIDDELEN** ▶ giften & schenkingen, leden (bijdragen), vermogen **BOEKJAAR** ▶ 2015.

Contact ■ **BEREIKBAAR PER** ▶ ☑ post ☑ e-mail ☑ telefoon **CONTACTPERSOON** ▶ geen contactpersoon bekend **POSTADRES** ▶ Lange Voorhout 48, 2514 EG Den Haag **EMAIL (ALGEMEEN)** ▶ info@johanniter.nl **TELEFOON (ALGEMEEN)** ▶ 070-3649920.

695

Stichting Johanniter Tehuizen/Tehuis voor Oud-Verpleegsters

Rubriek ■ ☑ gezondheidszorg ☑ maatschappij, welzijn en samenleving

Algemeen ■ **WEBSITE** ▶ www.stichtingjohannitertehuizentov.nl **TYPERING** ▶ vermogensfonds **RECHTSVORM** ▶ stichting **KVK** ▶ 41192429 **ANBI STATUS** ▶ ja **DIRECTIE** ▶ geen directiegegevens bekend **BESTUUR** ▶ Jhr. C.C. van Valkenburg, voorzitter; jhr.ir. A.J. de Beaufort, penningmeester; jhr. F.A.J.M. van Asch van Wijck, secretaris; M.R.W. Baron van Boetzelaer; M.A.C. Baron Snouckaert van Schauburg.

Missie ■ **DOELSTELLING** ▶ De mensheid dienen door hulp te verlenen aan gewonden, zieken en anderszins hulpbehoevenden en door mede te werken aan maatregelen, waardoor menselijk leed kan worden voorkomen en verzacht.

Doelgroep ■ **ALGEMEEN** ▶ gehandicapten, zieken, dak- en thuislozen, armen, vluchtelingen **SPECIFIEK** ▶ Geen specifieke doelgroep **ACTIVITEITEN** ▶ Het vermogen gecorrigeerd voor inflatie in stand houden en de extra opbrengsten gebruiken om aan de doelstelling te besteden. Hierbij wordt actief gevraagd om projecten die gesteund kunnen worden en wordt minder naar de aanvragen gekeken. Ook wordt een poging gedaan de investeringen beter te laten aansluiten bij de doelstelling. **INTERVENTIENIVEAU** ▶ Onbekend.

Werkgebied ■ **ACTIERADIUS** ▶ Nationaal **LAND** ▶ Nederland.

Bestedingen ■ **BUDGET** ▶ € 50.000 **SOORT BIJDRAGE** ▶ onbekend **BOVENGRENS** ▶ geen **ONDERGRENS** ▶ geen.

Projecten ■ **CRITERIA** ▶ geen projectcriteria bekend **DOORLOOPTIJD** ▶ ☑ onbekend **STATUS AANVRAGER** ▶ ☑ geen beperkingen bekend **VOORKEUR/UITSLUITING** ▶ geen voorkeur of uitsluiting bekend.

Procedure ■ **OP AANVRAAG** ▶ onbekend **AANVRAAGPROCEDURE** ▶ Geen aanvraagprocedure bekend.

Financieel ■ **HERKOMST MIDDELEN** ▶ onbekend **BOEKJAAR** ▶ 2018 **JAARVERSLAG OP WEBSITE** ▶ ja.

Contact ■ **BEREIKBAAR PER** ▶ ☑ post ☒ e-mail ☒ telefoon **CONTACTPERSOON** ▶ geen contactpersoon bekend **POSTADRES** ▶ Postbus 10820, 1001 EV Amsterdam.

696

Stichting John and Marine van Vlissingen Foundation

Rubriek ■ ☑ maatschappij, welzijn en samenleving

Algemeen ■ **WEBSITE** ▶ https://www.awonderfuljourney.nl **TYPERING** ▶ vermogensfonds **OPGERICHT** ▶ 2008 **RECHTSVORM** ▶ stichting **KVK** ▶ 41181775 **ANBI STATUS** ▶ ja **DIRECTIE** ▶ geen directiegegevens bekend **BESTUUR** ▶ J.A. Fentener van Vlissingen, voorzitter; mw. M.M. Fentener van Vlissingen-de Pourtalés; G.H. Blijham; mw. C.A. Davids-Mattart; F.A. Croon.

Missie ■ **DOELSTELLING** ▶ De stichting heeft ten doel het doen van uitkeringen, in de vorm van subsidie of anderszins: ☑ aan instellingen die zich richten op culturele, wetenschappelijke, ideële, sociale, levensbeschouwelijke, charitatieve en/of andere algemeen maatschappelijke doeleinden. ☑ Ten behoeve van projecten van culturele, wetenschappelijke, ideële, sociale, levensbeschouwelijke, charitatieve en/of andere algemeen maatschappelijke aard. ☑ Aan personen die behoefte hebben aan financiële ondersteuning vanwege hun betrokkenheid bij instellingen en/of projecten als hiervoor omschreven. De stichting hanteert geen geografische beperkingen. **STICHTER(S)** ▶ John Fentener van Vlissingen en Marine Comtesse de Pourtalés **HISTORIE** ▶ Samen met zijn vrouw Marine Comtesse de Pourtalés richt John Fentener van Vlissingen in 2008 de John and Marine Van Vlissingen Foundation op. Hiermee steunen ze projecten die te maken hebben met kinderen. Kantoren in bijvoorbeeld Argentinië, Peru en de Verenigde Staten zoeken zelf projecten uit die ze belangrijk vinden. Zij zorgen dat er geld bij elkaar komt om deze projecten te steunen en daarna verdubbelt de John and Marine Van Vlissingen Foundation dit bedrag. **BELEIDSPLAN OP WEBSITE** ▶ ja.

Doelgroep ■ **ALGEMEEN** ▶ kinderen **SPECIFIEK** ▶ Kwetsbare kinderen. **ACTIVITEITEN** ▶ Om de genoemde doelstelling te realiseren, zal het bestuur voordrachten beoordelen van medewerkers van bedrijven binnen BCD Holdings. **INTERVENTIENIVEAU** ▶ Steun aan lokale/provinciale maatschappelijke organisaties en structuren (incl. gemeenten etc.) die diensten verlenen aan individuen.; Steun op niveau van maatschappij zelf (beleidsbeïnvloeding, etc.).

Werkgebied ■ **ACTIERADIUS** ▶ Internationaal **LAND** ▶ Wereldwijd.

Bestedingen ■ **BUDGET** ▶ niet openbaar **ONDERSTEUNDE PROJECTEN P/J** ▶ 37 **SOORT BIJDRAGE** ▶ overig subsidies giften **BOVENGRENS** ▶ geen **ONDERGRENS** ▶ geen.

Projecten ■ **CRITERIA** ▶ ☑ project dient direct kinderen te ondersteunen; ☑ Er dient een doel gesteld te worden voor eigen fondsenwerving (aangezien de stichting bedrag verdubbelt); ☑ Project dient klein en lokaal te zijn; ☑ De aanvrager dient verantwoordelijkheid te dragen met betrekking tot de vragen over de legitimatie van het doel, controle over het budget en de supervisie over de financiën; ☑ Er dient een constante betrokkenheid te zijn met de projecten. **DOORLOOPTIJD** ▶ ☑ onbekend **STATUS AANVRAGER** ▶ ☑ bedrijf **VOORKEUR/UITSLUITING** ▶ ☑ Er is een voorkeur voor doorlopende steun voor geselcteerde projecten mogelijk 3 tot 5 jaar; ☑ De stichting is niet geïnteresseerd in onderzoek; ☑ Aanvragen van grote (multi)nationale organisaties worden niet in behandeling genomen/.

Procedure ■ **OP AANVRAAG** ▶ ja **AANVRAAGPROCEDURE** ▶ Aanvragen kunnen gedaan worden met het online aanvraagformulier op de website. **URL** ▶ https://www.awonderfuljourney.nl/join-us/

Financieel ■ **INKOMSTEN EV** ▶ € 1.813.673 **INKOMSTEN OV** ▶ € 1.409.471 **HERKOMST MIDDELEN** ▶ legaten, giften & schenkingen, vermogen **BOEKJAAR** ▶ 2019 **JAARVERSLAG OP WEBSITE** ▶ ja.

Contact ■ **BEREIKBAAR PER** ▶ ☑ post ☑ e-mail ☑ telefoon **CONTACTPERSOON** ▶ geen contactpersoon bekend **POSTADRES** ▶ Utrechtseweg 67, 3704 HB Zeist **EMAIL (ALGEMEEN)** ▶ info@vanvlissingenfoundation.com **TELEFOON (ALGEMEEN)** ▶ +31306992682.

697

Stichting John and Marine Wildlife Foundation

Rubriek ■ ☑ natuur, milieu en dieren

Algemeen ■ **WEBSITE** ▶ www.kennisbankfilantropie.nl/anbi/john-and-marine-van-vlissingen-wildlife-foundation **TYPERING** ▶ hybride fonds **RECHTSVORM** ▶ stichting **KVK** ▶ 57517789 **ANBI STATUS** ▶ ja **DIRECTIE** ▶ geen directiegegevens bekend **BESTUUR** ▶ Mw. N.S. Honneger-Fentener van Vlissingen, voorzitter; W.W.J.H. Broekman; S. Baars; mw.

Missie ■ **DOELSTELLING** ▶ De stichting heeft als doel het verlenen van materiële en financiële ondersteuning aan natuurgebieden verspreid over de hele wereld om de flora en fauna te beschermen. In eerste instantie ligt de focus op Afrikaanse natuurgebieden en –parken maar dit kan later uitgebreid worden naar andere werelddelen. **BELEIDSPLAN OP WEBSITE** ▶ ja

Doelgroep ■ **SPECIFIEK** ▶ Geen specifieke doelgroep **ACTIVITEITEN** ▶ De stichting is meerjarig projectondersteuning aangegaan. De projecten zijn TSAVO (Big Tusker project) en Macheo. **INTERVENTIENIVEAU** ▶ Steun aan lokale/provinciale maatschappelijke organisaties en structuren (incl. gemeenten etc.) die diensten verlenen aan individuen.

Werkgebied ■ **ACTIERADIUS** ▶ Internationaal **LAND** ▶ Wereldwijd.

Bestedingen ■ **BUDGET** ▶ niet openbaar **SOORT BIJDRAGE** ▶ overig giften **BOVENGRENS** ▶ geen **ONDERGRENS** ▶ geen.

Projecten ■ **CRITERIA** ▶ geen projectcriteria bekend **DOORLOOPTIJD** ▶ ☑ onbekend **STATUS AANVRAGER** ▶ ☑ geen beperkingen bekend **VOORKEUR/UITSLUITING** ▶ Voorkeur voor projecten in Afrika.

Procedure ■ **OP AANVRAAG** ▶ onbekend **AANVRAAGPROCEDURE** ▶ Geen aanvraagprocedure bekend.

Financieel ■ **INKOMSTEN EV** ▶ € 98.290 **INKOMSTEN OV** ▶ € 150.000 **HERKOMST MIDDELEN** ▶ giften & schenkingen, legaten, vermogen **BOEKJAAR** ▶ 2019 **JAARVERSLAG OP WEBSITE** ▶ ja.

Contact ■ **BEREIKBAAR PER** ▶ ☑ post ☑ e-mail ☑ telefoon **CONTACTPERSOON** ▶ geen contactpersoon bekend **POSTADRES** ▶ Utrechtseweg 67, 3704 HB Zeist **EMAIL (ALGEMEEN)** ▶ aletta.van.der.horst@kerlou.nl **TELEFOON (ALGEMEEN)** ▶ 030-6992682.

698

Stichting JONG Kinabu

Rubriek ■ ☑ gezondheidszorg ☑ maatschappij, welzijn en samenleving ☑ onderwijs en onderzoek

Algemeen ■ **WEBSITE** ▶ www.stichting-jong.nl **TYPERING** ▶ vermogensfonds **OPGERICHT** ▶ 22-12-1988 **RECHTSVORM** ▶ stichting **KVK** ▶ 41189528 **ANBI STATUS** ▶ ja **DIRECTIE** ▶ geen directiegegevens bekend **BESTUUR** ▶ Mw. M.L. van Kleef, voorzitter; drs. M. Faas; mw. M. de Jong; B. Beekman; mw. L. Haakshorst; H. Lankhuijzen; mw. M. van Bommel,.

Missie ■ **DOELSTELLING** ▶ Stichting JONG richt zich op het gehele veld van de jeugdzorg. Daarbij wordt met name gedacht aan jeugdhulpverlening, speciaal onderwijs, en (geestelijke) gezondheidszorg en zorg voor gehandicapten. Doel van deze zorg is het bereiken van een goed evenwicht tussen lichamelijke, geestelijke en sociale gesteldheid, waarmee aangesloten wordt op de definitie van UNICEF. Als dit evenwicht verbeterd kan worden met financiële steun, kan Stichting JONG bijspringen. De stichting staat open voor alle jongeren van 0 tot 19 jaar; er wordt geen onderscheid gemaakt naar geloof, afkomst of woonplaats. **HISTORIE** ▶ De stichting JONG (Jeugd Ondersteuning Nederland in de Gezondheidszorg) is ontstaan uit het samengaan van enkele instellingen en heeft in de loop van de jaren via giften en legaten een kapitaal opgebouwd waarmee zij projecten ondersteunt door middel van schenkingen. **BELEIDSPLAN OP WEBSITE** ▶ ja.

Doelgroep ■ **ALGEMEEN** ▶ gehandicapten, jongeren, kinderen, vluchtelingen **SPECIFIEK** ▶ Projecten en activiteiten gericht op jongeren van 0-19 jaar in de jeugdgezondheidszorg, jeugdzorg en speciaal onderwijs. **ACTIVITEITEN** ▶ Voor projecten in Nederland zijn door Stichting JONG in 2017 toezeggingen gedaan voor onder andere: ☑ de aanschaf van buitenspeelattributen, snoezelmateriaal en aangepast spel-, sport,- en muziekmateriaal; ☑ het ontwikkelen van vernieuwende behandelmethodes; ☑ de inrichting van therapie-en spelkamers en werkplaatsen; ☑ de ontwikkeling van websites, filmen, online methode; ☑ het houden van lotgenotenbijeenkomsten, theatervoorstellingen, op de doelgroep gericht; ☑ de aanschaf van speciale hulpmiddelen. Voor projecten in het buitenland zijn toezeggingen gedaan voor: ☑ bouwactiviteiten ten behoeve van scholen, ziekenhuizen, kindertehuizen; ☑ medische projecten en inventaris; ☑ onderwijsprojecten en inventaris; ☑ sanitatieprojecten; ☑ voorlichtingsprojecten (gecombineerd met het bieden van hulp). **INTERVENTIENIVEAU** ► Steun aan lokale/provinciale maatschappelijke organisaties en structuren (incl. gemeenten etc.) die diensten verlenen aan individuen.

Werkgebied ■ **ACTIERADIUS** ► Nationaal, Internationaal **LAND** ► Wereldwijd.

Bestedingen ■ **BUDGET** ► niet openbaar **TOELICHTING** ►; – éénmalig een bedrag worden toegekend van maximaal 10.000 euro per jaar; – twee keer een bedrag worden toegekend van 3.000 – 5.000 euro per jaar. – drie keer een bedrag worden toegekend van 1.000 – 2.000 euro per jaar. – Vijf jaar na de (laatste) toekenning kan opnieuw subsidie worden aangevraagd. – Voor de meer structurele relaties met organisaties die omvangrijk werk verrichten kan Stichting Jong gedurende drie jaar 50.000 euro per jaar beschikbaar stellen. **ONDERSTEUNDE PROJECTEN P/J** ► 83 **SOORT BIJDRAGE** ► giften overig subsidies **BOVENGRENS** ► € 10.000 **ONDERGRENS** ► geen.

Projecten ■ **CRITERIA** ► Rojecten hebben de voorkeur die gericht zijn op: ☑ de inrichting van binnen- of buitenruimten,; ☑ de aanschaf van (les)materialen, leer- en leesboeken, toestellen,; instrumenten en vervoersmiddelen (ten behoeve van bijvoorbeeld sport, spel en onderwijs), audiovisuele apparatuur, computers,; ☑ activiteiten gericht op jongeren met een bijzondere beperking, sociale of cognitieve achterstanden, behoeften of achtergronden; ☑ In situaties van actuele nood of rampen stelt Stichting Jong incidenteel geld beschikbaar. **DOORLOOPTIJD** ► ☑ 1 - 2 jaar **STATUS AANVRAGER** ► ☑ stichting of vereniging (non-profit) ☑ kerkelijke instelling ☑ onderwijsinstelling **VOORKEUR/UITSLUITING** ► Uitgesloten van steun door de Stichting Jong zijn projecten die zijn gericht op: ☑ Versterking en verspreiding van religieuze overtuigingen; ☑ Voorzieningen voor een zeer klein aantal jongeren; ☑ Het ontwikkelen en verspreiden van specifiek maar ongevraagd voorlichtingsmateriaal voor scholen en voorlichtingsprojecten die worden uitgevoerd door ervaringsdeskundigen (bijv. ex-verslaafden, obesitas), met uitzondering van gerichte preventieprojecten in ontwikkelingslanden, bijv. aids, ebola, malaria, tandzorg, enzovoort; ☑ Het organiseren van feesten, uitstapjes, vakanties, kampen, jubilea, realiseren van 'dromen', enzovoort; ☑ Regulier onderzoek, methodiekontwikkeling, therapie-ontwikkeling, medische research, planontwikkeling, symposia en conferenties; ☑ Financiering van management en coördinatie, stagevergoeding en persoonlijke begeleiding; ☑ Uitvoering in een ontwikkelingsland zonder uitzicht op voortzetting of het realiseren van volgende fasen; ☑ Het inzamelen en verzenden van tweedehands goederen uit Nederland naar ontwikkelingslanden. Stichting Jong stimuleert bij voorkeur de lokale markten van goederen en producten; ☑ De aanleg van waterputten/sanitatie en projecten gericht op inkomensverwerving. ☑ In principe worden projecten, ingediend door instellingen die zelf subsidies verlenen, niet gehonoreerd.

Procedure ■ **OP AANVRAAG** ► ja **DOORLOOPTIJD** ► 1-3 maanden **AANVRAAGPROCEDURE** ► Aanvragen voor subsidie door Stichting JONG kunnen uitsluitend digitaal worden ingediend. Zij worden behandeld door het stichtingsbestuur, dat vier keer per jaar vergadert. Een aanvraag moet zodanig gedocumenteerd zijn dat de verstrekte informatie voldoende basis biedt voor besluitvorming door het bestuur. Documenten: ☑ het ingevulde aanvraagformulier,; ☑ projectplan; ☑ begroting. ☑ projectorganisatie; ☑ doelstellingen; ☑ probleemsituatie; ☑ tijdsplanning; ☑ specificatie van de te maken kosten; **URL** ► https://stichting-jong.nl/vraag-subsidie-aan/

Financieel ■ **EIGEN VERMOGEN** ► € 5.959.331 **HERKOMST MIDDELEN** ► vermogen, legaten, giften & schenkingen **BOEKJAAR** ► 2018 **JAARVERSLAG OP WEBSITE** ► ja.

Contact ■ **BEREIKBAAR PER** ► ☒ post ☑ e-mail ☑ telefoon **CONTACTPERSOON** ► Mw. H. Winkel **POSTADRES** ► Geen postadres bekend **EMAIL (ALGEMEEN)** ► secretariaat@stichting-jong.nl **TELEFOON (ALGEMEEN)** ► 030-2286608.

699

Jonge Musici Fonds

Rubriek ■ ☑ kunst en cultuur

Algemeen ■ **WEBSITE** ► www.cultuurfonds.nl **TYPERING** ► fonds op naam **BEHEERD DOOR** ► Prins Bernhard Cultuurfonds **DIRECTIE** ► zie > Prins Bernhard Cultuurfonds **BESTUUR** ► zie > Prins Bernhard Cultuurfonds

Missie ■ **DOELSTELLING** ► Het financieel ondersteunen van jonge uitvoerende musici.

Werkgebied ■ **ACTIERADIUS** ► Nationaal **LAND** ► Nederland.

Projecten ■ **CRITERIA** ► geen projectcriteria bekend **DOORLOOPTIJD** ► ☑ korter dan 1 jaar **STATUS AANVRAGER** ► ☑ geen beperkingen bekend **VOORKEUR/UITSLUITING** ► geen voorkeur of uitsluiting bekend.

Procedure ■ **OP AANVRAAG** ► ja **AANVRAAGPROCEDURE** ► Dit 'fonds op naam' ressorteert onder het Prins Bernhard Cultuurfonds. Verzoeken aan fondsen op naam komen op één centraal punt binnen. Dit houdt in dat een subsidieaanvraag slechts eenmaal aan het Prins Bernhard Cultuurfonds hoeft te worden gezonden. Voor de verdere aanvraagprocedure: zie Prins Bernhard Cultuurfonds. **URL** ► www.cultuurfonds.nl/aanvragen

Contact ■ **BEREIKBAAR PER** ► ☑ post ☑ e-mail ☑ telefoon **CONTACTPERSOON** ► geen contactpersoon bekend **POSTADRES** ► Postbus 19750, 1000 GT Amsterdam **EMAIL (ALGEMEEN)** ► info@cultuurfonds.nl **TELEFOON (ALGEMEEN)** ► 020-5206130.

700
Jongsma Restauratie Fonds

Rubriek ■ ☑ kunst en cultuur
Algemeen ■ WEBSITE ► www.cultuurfonds.nl TYPERING ► fonds op naam BEHEERD DOOR ► Prins Bernhard Cultuurfonds DIRECTIE ► zie > Prins Bernhard Cultuurfonds BESTUUR ► zie > Prins Bernhard Cultuurfonds
Missie ■ DOELSTELLING ► Het financieel ondersteunen van restauratie op het gebied van monumentenzorg van panden met (oorspronkelijk) een woonfunctie, inclusief bijbehorende inrichting en tuinen. Daarnaast de restauratie van boeken, handschriften en textiel in museale collecties.
Werkgebied ■ ACTIERADIUS ► Nationaal LAND ► Nederland.
Projecten ■ CRITERIA ► geen projectcriteria bekend DOORLOOPTIJD ► ☑ korter dan 1 jaar STATUS AANVRAGER ► ☑ geen beperkingen bekend VOORKEUR/UITSLUITING ► geen voorkeur of uitsluiting bekend.
Procedure ■ OP AANVRAAG ► ja AANVRAAGPROCEDURE ► Dit 'fonds op naam' ressorteert onder het Prins Bernhard Cultuurfonds. Verzoeken aan fondsen op naam komen op één centraal punt binnen. Dit houdt in dat een subsidieaanvraag slechts eenmaal aan het Prins Bernhard Cultuurfonds hoeft te worden gezonden. Voor de verdere aanvraagprocedure: zie Prins Bernhard Cultuurfonds. URL ► www.cultuurfonds.nl/aanvragen
Contact ■ BEREIKBAAR PER ► ☑ post ☑ e-mail ☑ telefoon CONTACTPERSOON ► geen contactpersoon bekend POSTADRES ► Postbus 19750, 1000 GT Amsterdam EMAIL (ALGEMEEN) ► info@cultuurfonds.nl TELEFOON (ALGEMEEN) ► 020-5206130.

701
Stichting Jonkheer Rhijnvis Feith

Rubriek ■ ☑ kunst en cultuur ☑ onderwijs en onderzoek
Algemeen ■ WEBSITE ► www.kennisbankfilantropie.nl/anbi/jonkheer-rhijnvis-feith-fonds TYPERING ► vermogensfonds OPGERICHT ► 21-10-1991 RECHTSVORM ► stichting KVK ► 41012299 ANBI STATUS ► nee DIRECTIE ► geen directiegegevens bekend BESTUUR ► T.C.R. Tammes, voorzitter; D.F. Driessens, penningmeester; H. Peerbolte, secretaris; F.H. Ringers; A. Engelsman.
Missie ■ DOELSTELLING ► Het beheer van het vermogen dat de stichting van de te Groningen gevestigde (opgeheven) vereniging 'Groninger Havenbelangen' heeft verkregen en het doen van uitkeringen ten laste van dat vermogen, bij voorkeur uitsluitend uit de opbrengsten daarvan ten behoeve van activiteiten die kunnen bijdragen tot de ontwikkeling en de welvaart van, alsmede het wekken van belangstelling voor de havens, scheepvaart en scheepsbouw in de gemeente en in de provincie Groningen. STICHTER(S) ► De Vereniging Havenbelangen in Groningen HISTORIE ► Rhijnvis Feith was tientallen jaren secretaris van de Vereniging Havenbelangen. Bij testament liet hij een deel van zijn vermogen na aan die vereniging. Het geld kwam in 1991 ter beschikking na het overlijden van de weduwe Feith. Het bestuur van Havenbelangen stelde een apart stichtingsbestuur op om de besteding van het geld veilig te stellen. Dat werd de Stichting Jonkheer Rhijnvis Feith, en sindsdien wordt in twee halfjaarlijkse vergaderingen besloten welke binnengekomen verzoeken voldoen aan de doelstellingen.
Doelgroep ■ SPECIFIEK ► Maritieme activiteiten in de provincie Groningen. ACTIVITEITEN ► ☑ Activiteiten tot het bevorderen van de kennis over de scheepsbouw en de scheepvaart in het algemeen en in het bijzonder die betrekking hebben op de noordelijke scheepsbouw en scheepvaart; ☑ maritieme activiteiten in de provincie Groningen; ☑ het ondersteunen van activiteiten die ten doel hebben de maritieme historie van de stad en de provincie Groningen levend te houden. INTERVENTIENIVEAU ► Steun aan lokale/provinciale maatschappelijke organisaties en structuren (incl. gemeenten etc.) die diensten verlenen aan individuen.; Steun op niveau van maatschappij zelf (beleidsbeïnvloeding, etc.).
Werkgebied ■ ACTIERADIUS ► Regionaal LAND ► Nederland REGIO ► Groningen.
Bestedingen ■ BUDGET ► niet openbaar SOORT BIJDRAGE ► giften BOVENGRENS ► geen ONDERGRENS ► geen.
Projecten ■ CRITERIA ► geen projectcriteria bekend DOORLOOPTIJD ► ☑ onbekend STATUS AANVRAGER ► ☑ geen beperkingen bekend VOORKEUR/UITSLUITING ► Geen voorkeur/uitsluiting bekend.
Procedure ■ OP AANVRAAG ► ja AANVRAAGPROCEDURE ► Geen aanvraagprocedure bekend.
Financieel ■ HERKOMST MIDDELEN ► vermogen BOEKJAAR ► 2012.
Contact ■ BEREIKBAAR PER ► ☑ post ☑ e-mail ☑ telefoon CONTACTPERSOON ► H. Peerbolte POSTADRES ► Rijksstraatweg 197b, 9752 BH Haren EMAIL (ALGEMEEN) ► hans.peerbolte@planet.nl TELEFOON (ALGEMEEN) ► 050-5263499.

702
JoostTholensFonds

Rubriek ■ ☑ kunst en cultuur
Algemeen ■ WEBSITE ► www.cultuurfonds.nl TYPERING ► fonds op naam BEHEERD DOOR ► Prins Bernhard Cultuurfonds DIRECTIE ► zie Prins Bernhard Cultuurfonds BESTUUR ► zie Prins Bernhard Cultuurfonds
Missie ■ DOELSTELLING ► Het financieel ondersteunen van projecten van autonome fotografen vanaf 40 jaar die werken op het gebied van vernieuwende vormen van fotografie, en; Het financieel ondersteunen van beschrijvende filmdocumentaires op het gebied van cultuur door documentairemakers vanaf 40 jaar.
Werkgebied ■ ACTIERADIUS ► Nationaal LAND ► Nederland.
Projecten ■ CRITERIA ► geen projectcriteria bekend DOORLOOPTIJD ► ☑ korter dan 1 jaar STATUS AANVRAGER ► ☑ geen beperkingen bekend VOORKEUR/UITSLUITING ► geen voorkeur of uitsluiting bekend.
Procedure ■ OP AANVRAAG ► ja AANVRAAGPROCEDURE ► Dit 'fonds op

naam' ressorteert onder het Prins Bernhard Cultuurfonds. Verzoeken aan fondsen op naam komen op één centraal punt binnen. Dit houdt in dat een subsidieaanvraag slechts eenmaal aan het Prins Bernhard Cultuurfonds hoeft te worden gezonden. Voor de verdere aanvraagprocedure: zie Prins Bernhard Cultuurfonds. **URL** ▶ www.cultuurfonds.nl/aanvragen

Contact ■ **BEREIKBAAR PER** ▶ ☑ post ☑ e-mail ☑ telefoon **CONTACTPERSOON** ▶ geen contactpersoon bekend **POSTADRES** ▶ Postbus 19750, 1000 GT Amsterdam **EMAIL (ALGEMEEN)** ▶ info@cultuurfonds.nl **TELEFOON (ALGEMEEN)** ▶ 020-5206130.

703
Stichting Josephine Nefkens

Rubriek ■ ☑ onderwijs en onderzoek

Algemeen ■ **WEBSITE** ▶ www.transparante-anbi.nl/product/josephine-nefkens-stichting/3657 **TYPERING** ▶ vermogensfonds **OPGERICHT** ▶ 15-02-1973 **RECHTSVORM** ▶ stichting **KVK** ▶ 41125651 **ANBI STATUS** ▶ ja **DIRECTIE** ▶ geen directiegegevens bekend **BESTUUR** ▶ Mw.dr.ir. I. Lepage-Nefkens, voorzitter; drs. R.J.M. Nefkens, penningmeester; mw. H.M. van Nispen tot Sevenaer-Jansen, secretaris; prof.dr. R. Medema; prof.dr. I.P. Trouw; drs. J. Langbroek; drs. J.H.J. Dusseljee; prof.dr. J. Cools.

Missie ■ **DOELSTELLING** ▶ De stichting heeft ten doel de bevordering van onderzoek naar het ontstaan, de preventie en de verbetering van de diagnostiek en behandeling van kanker, alles in de ruimste zin van het woord. **BELEIDSPLAN OP WEBSITE** ▶ ja.

Doelgroep ■ **ALGEMEEN** ▶ zieken **SPECIFIEK** ▶ Onderzoekers die bezig zijn met kankeronderzoek. **ACTIVITEITEN** ▶ De stichting moet voor de doelstelling werkzaamheden verrichten of financieren die uitsluitend of nagenoeg uitsluitend ter bevordering van de wetenschap dienen. Juist bij dergelijk onderzoek is continuïteit op lange termijn noodzakelijk. JNS waarborgt de continuïteit van het financieren van dergelijk onderzoek door ieder jaar alleen het reële rendement uit te keren en haar vermogen niet aan te tasten. De Josephine Nefkens Stichting zet zich in voor de ontwikkeling van betere therapieën voor de behandeling van kanker en selecteert kwalitatief sterke research projecten van internationaal niveau voor financiering. **INTERVENTIENIVEAU** ▶ Steun aan individuen (directe steun).; Steun aan lokale/provinciale maatschappelijke organisaties en structuren (incl. gemeenten etc.) die diensten verlenen aan individuen.

Werkgebied ■ **ACTIERADIUS** ▶ Internationaal **LAND** ▶ Wereldwijd.

Bestedingen ■ **BUDGET** ▶ niet openbaar **SOORT BIJDRAGE** ▶ subsidies **BOVENGRENS** ▶ geen **ONDERGRENS** ▶ geen.

Projecten ■ **CRITERIA** ▶ ☑ Researchprojecten gericht op het verbeteren van ons inzicht in achterliggende biologie van het ontstaan en de progressie van kanker; ☑ Researchprojecten gericht op de ontwikkeling van nieuwe behandelmethoden,; ☑ Researchprojecten gericht op de verbetering van de preventie en (vroeg)diagnostiek van kanker (herkenning en onderscheiden van verschillen tussen patiënten en binnen tumoren); ☑ infrastructurele investeringen (bijv apparatuur); ☑ de kwaliteitscriteria, de originaliteit en mogelijkheid dat dit leidt tot echte doorbraken zijn bepalend; ☑ Aanvragende onderzoekers en de instellingen waar zij werkzaam zijn dienen een bewezen reputatie en kritische massa te bezitten in het betreffende veld van kankeronderzoek. **DOORLOOPTIJD** ▶ ☑ onbekend **STATUS AANVRAGER** ▶ ☑ geen beperkingen bekend **VOORKEUR/UITSLUITING** ▶ geen voorkeur of uitsluiting bekend.

Procedure ■ **OP AANVRAAG** ▶ onbekend **AANVRAAGPROCEDURE** ▶ Geen aanvraagprocedure bekend.

Financieel ■ **EIGEN VERMOGEN** ▶ € 36.318.458 **INKOMSTEN EV** ▶ € 805.000 **HERKOMST MIDDELEN** ▶ vermogen **BOEKJAAR** ▶ 2018 **JAARVERSLAG OP WEBSITE** ▶ ja.

Contact ■ **BEREIKBAAR PER** ▶ ☑ post ☑ e-mail ☒ telefoon **CONTACTPERSOON** ▶ geen contactpersoon bekend **POSTADRES** ▶ Prinses Julianalaan 23 A, 3062 DC Rotterdam **EMAIL (ALGEMEEN)** ▶ info@josephinenefkens.com.

704
Josine de Bruyn Kops Fonds

Rubriek ■ ☑ kunst en cultuur

Algemeen ■ **WEBSITE** ▶ www.cultuurfonds.nl **TYPERING** ▶ fonds op naam **BEHEERD DOOR** ▶ Prins Bernhard Cultuurfonds **DIRECTIE** ▶ zie Prins Bernhard Cultuurfonds **BESTUUR** ▶ zie Prins Bernhard Cultuurfonds

Missie ■ **DOELSTELLING** ▶ Het financieel ondersteunen van vrouwelijke beeldend kunstenaars tot 35 jaar.

Werkgebied ■ **ACTIERADIUS** ▶ Nationaal **LAND** ▶ Nederland.

Projecten ■ **CRITERIA** ▶ geen projectcriteria bekend **DOORLOOPTIJD** ▶ ☑ korter dan 1 jaar **STATUS AANVRAGER** ▶ ☑ geen beperkingen bekend **VOORKEUR/UITSLUITING** ▶ Enkel voor vrouwen.

Procedure ■ **OP AANVRAAG** ▶ ja **AANVRAAGPROCEDURE** ▶ Dit 'fonds op naam' ressorteert onder het Prins Bernhard Cultuurfonds. Verzoeken aan fondsen op naam komen op één centraal punt binnen. Dit houdt in dat een subsidieaanvraag slechts eenmaal aan het Prins Bernhard Cultuurfonds hoeft te worden gezonden. Voor de verdere aanvraagprocedure: zie Prins Bernhard Cultuurfonds. **URL** ▶ www.cultuurfonds.nl/aanvragen

Contact ■ **BEREIKBAAR PER** ▶ ☑ post ☑ e-mail ☑ telefoon **CONTACTPERSOON** ▶ geen contactpersoon bekend **POSTADRES** ▶ Postbus 19750, 1000 GT Amsterdam **EMAIL (ALGEMEEN)** ▶ info@cultuurfonds.nl **TELEFOON (ALGEMEEN)** ▶ 020-5206130.

705
Stichting Juckema Sideriusfonds

Rubriek ■ ☑ maatschappij, welzijn en samenleving ☑ kunst en cultuur

Algemeen ■ WEBSITE ▶ www.juckemasideriusfonds.nl TYPERING ▶ vermogensfonds OPGERICHT ▶ 01-01-1968 RECHTSVORM ▶ stichting KVK ▶ 01086287 ANBI STATUS ▶ ja DIRECTIE ▶ geen directiegegevens bekend BESTUUR ▶ Mr. F.E. Kronemeijer, voorzitter; mr. W.J. Adema, penningmeester; mr. W.J. Adema, secretaris; S. Jukema.

Missie ■ DOELSTELLING ▶ Uitsluitend het algemeen maatschappelijk belang binnen de provincie Fryslân te dienen en te dien einde als zodanig zelf werkzaam te zijn of uitkeringen te doen, een en ander op de wijze als het bestuur goed zal vinden. De stichting zal laatstgemelde uitkeringen eveneens kunnen doen aan andere rechtspersonen gevestigd binnen Nederland die een algemeen maatschappelijk belang dienen. STICHTER(S) ▶ Ane Jelle Jukema HISTORIE ▶ De Stichting Juckema Siderius Fonds is in 1968 bij testament in het leven geroepen door Ane Jukema, voorheen notaris te Workum, in 1971 overleden te Leeuwarden. Sindsdien is de Stichting actief werkzaam in de provincie Fryslân. BELEIDSPLAN OP WEBSITE ▶ ja.

Doelgroep ■ SPECIFIEK ▶ Maatschappelijke, culturele en sociale instellingen. ACTIVITEITEN ▶ Geen specifieke activiteiten bekend INTERVENTIENIVEAU ▶ Steun op niveau van maatschappij zelf (beleidsbeïnvloeding, etc.).; Steun aan lokale/provinciale maatschappelijke organisaties en structuren (incl. gemeenten etc.) die diensten verlenen aan individuen.

Werkgebied ■ ACTIERADIUS ▶ Regionaal LAND ▶ Nederland REGIO ▶ Friesland.

Bestedingen ■ BUDGET ▶ niet openbaar ONDERSTEUNDE PROJECTEN P/J ▶ 46 SOORT BIJDRAGE ▶ subsidies BOVENGRENS ▶ € 3.000 ONDERGRENS ▶ € 100.

Projecten ■ CRITERIA ▶ ☑ Een bijdrage wordt slechts toegekend voor zover de te subsidiëren activiteit het algemeen maatschappelijk belang binnen het grondgebied van de provincie Fryslân dient; ☑ De aantoonbare duurzaamheid van een project vormt een zwaarwegende factor in de besluitvorming van het bestuur om een project wel of niet te subsidiëren; ☑ Projecten/activiteiten dienen concrete investeringen of concrete doelen te zijn/hebben. DOORLOOPTIJD ▶ ☑ onbekend STATUS AANVRAGER ▶ ☑ stichting of vereniging (non-profit) VOORKEUR/UITSLUITING ▶ ; ☑ Gelet op de afkomst en het werkgebied van de stichter van het fonds, worden subsidies in eerste instantie en bij voorkeur verleend aan instellingen in het Zuidwestelijke en Noordwestelijke deel van de provincie Fryslân. ☑ Aanvragen die betrekking hebben op een investering in activiteiten of projecten met een aantoonbaar duurzaam karakter genieten de voorkeur boven aanvragen voor activiteiten of projecten die een kortdurend, eenmalig karakter dragen. ☑ Er worden geen bijdragen gegeven in een exploitatietekort. Een te verlenen bijdrage kan nooit meer bedragen dan het door aanvrager aangegeven, controleerbare tekort. In beginsel worden geen uitkeringen verstrekt aan natuurlijke personen voor particuliere investeringen, maar alleen aan rechtspersonen.

Procedure ■ OP AANVRAAG ▶ ja DOORLOOPTIJD ▶ 3-6 maanden AANVRAAGPROCEDURE ▶ Een aanvraag voor het verkrijgen van een subsidie dient schriftelijk te worden ingediend bij de secretaris van de Stichting. Een aanvraag dient in elk geval de volgende gegevens te bevatten: ☑ volledige naam en adres van de aanvrager; ☑ het doel (project) waarvoor de subsidie wordt gevraagd, voorzien van een heldere motivering; ☑ een indicatie van het gevraagde subsidiebedrag; ☑ een begroting van inkomsten en uitgaven en een overzicht van de financiële situatie van de aanvrager. Verspreid over het jaar vergadert het bestuur van de Stichting 3 á 4 maal per jaar, afhankelijk van het aantal ingekomen aanvragen. Het bestuur laat zijn besluit daarna schriftelijk aan de aanvrager weten. URL ▶ www.juckemasideriusfonds.nl/index_bestanden/Page493.htm

Financieel ■ EIGEN VERMOGEN ▶ € 1.610.907 INKOMSTEN EV ▶ € 72.913 INKOMSTEN OV ▶ € 25.600 HERKOMST MIDDELEN ▶ legaten, vermogen, overige inkomsten, inkomsten uit vermogen BOEKJAAR ▶ 2019 JAARVERSLAG OP WEBSITE ▶ ja.

Contact ■ BEREIKBAAR PER ▶ ☑ post ☒ e-mail ☑ telefoon CONTACTPERSOON ▶ geen contactpersoon bekend POSTADRES ▶ Nachtegaalstraat 2, 8916 BA Leeuwarden TELEFOON (ALGEMEEN) ▶ 058-2139713.

706
Juncus Porzana Delichon Fonds

Rubriek ■ ☑ natuur, milieu en dieren ☑ onderwijs en onderzoek

Algemeen ■ WEBSITE ▶ www.cultuurfonds.nl TYPERING ▶ fonds op naam BEHEERD DOOR ▶ Prins Bernhard Cultuurfonds DIRECTIE ▶ zie Prins Bernhard Cultuurfonds BESTUUR ▶ zie Prins Bernhard Cultuurfonds

Missie ■ DOELSTELLING ▶ Het financieel ondersteunen van projecten op het gebied van natuurbehoud in Nederland.

Werkgebied ■ ACTIERADIUS ▶ Nationaal LAND ▶ Nederland.

Projecten ■ CRITERIA ▶ geen projectcriteria bekend DOORLOOPTIJD ▶ ☑ korter dan 1 jaar STATUS AANVRAGER ▶ ☑ geen beperkingen bekend VOORKEUR/UITSLUITING ▶ geen voorkeur of uitsluiting bekend.

Procedure ■ OP AANVRAAG ▶ ja AANVRAAGPROCEDURE ▶ Dit 'fonds op naam' ressorteert onder het Prins Bernhard Cultuurfonds. Verzoeken aan fondsen op naam komen op één centraal punt binnen. Dit houdt in dat een subsidieaanvraag slechts eenmaal aan het Prins Bernhard Cultuurfonds hoeft te worden gezonden. Voor de verdere aanvraagprocedure: zie Prins Bernhard Cultuurfonds. URL ▶ www.cultuurfonds.nl/aanvragen

Contact ■ BEREIKBAAR PER ▶ ☑ post ☑ e-mail ☑ telefoon CONTACTPERSOON ▶ geen contactpersoon bekend POSTADRES ▶ Postbus 19750, 1000 GT Amsterdam EMAIL (ALGEMEEN) ▶ info@cultuurfonds.nl TELEFOON (ALGEMEEN) ▶ 020-5206130.

707
Stichting K.C.E. Fonds

Rubriek ■ ☑ maatschappij, welzijn en samenleving ☑ natuur, milieu en dieren ☑ economische ontwikkeling en microkrediet ☑ onderwijs en onderzoek ☑ voedsel en voedselveiligheid

Algemeen ■ WEBSITE ▶ www.kcefonds.nl TYPERING ▶ vermogensfonds OPGERICHT ▶ 22-04-2015 RECHTSVORM ▶ stichting KVK ▶ 63163810 ANBI STATUS ▶ ja DIRECTIE ▶ geen directiegegevens bekend BESTUUR ▶ J. Bood, voorzitter; J.Th. Adolfse, penningmeester; M.J.P.H. Janssen, secretaris; R. Kreijger; R. Holwerda; G.A.M. Luchtenberg; N. van Popta.

Missie ■ DOELSTELLING ▶ De stichting heeft ten doel het verlenen van financiële steun aan Algemeen Nut Beogende Instellingen (ANBI) die met name werkzaam zijn op het gebied van werkgelegenheid, milieu, natuur en duurzaamheid, en het verrichten van al hetgeen met het vorenstaande verband houdt of daartoe bevorderlijk kan zijn. STICHTER(S) ▶ Dr. J.Th. Adolfse HISTORIE ▶ Het KCE Fonds is een voortzetting van de jarenlange activiteiten van het Kringloop Centrum Eemnes met name op het terrein van beschikbaar stellen van financiële middelen ten behoeve van goede doelen, zoals geformuleerd in haar doelstelling. BELEIDSPLAN OP WEBSITE ▶ ja.

Doelgroep ■ SPECIFIEK ▶ Algemeen Nut Beogende Instellingen (ANBI) die met name werkzaam zijn op het gebied van werkgelegenheid, milieu, natuur en duurzaamheid. ACTIVITEITEN ▶ Geen specifieke activiteiten bekend INTERVENTIENIVEAU ▶ Steun aan lokale/provinciale maatschappelijke organisaties en structuren (incl. gemeenten etc.) die diensten verlenen aan individuen.

Werkgebied ■ ACTIERADIUS ▶ Lokaal, Regionaal, Internationaal LAND ▶ Nederland REGIO ▶ Gooi en Vechtstreek PLAATS ▶ Eemnes e.o.

Bestedingen ■ BUDGET ▶ niet openbaar ONDERSTEUNDE PROJECTEN P/J ▶ 10 SOORT BIJDRAGE ▶ giften BOVENGRENS ▶ € 1.500 ONDERGRENS ▶ € 250.

Projecten ■ CRITERIA ▶ Categorieën die in aanmerking komen voor ondersteuning zijn organisatie's die gericht zijn op: ☑ Het bevorderen van werkgelegenheid; ☑ Het verbeteren van de leefomstandigheden in het algemeen en van zwakkeren in het bijzonder; ☑ Armoedebestrijding, daklozenopvang, kansarmen; ☑ Jeugd en jongeren; ☑ Het bevorderen van zelfredzaamheid; ☑ Voorlichting en educatie; ☑ Het voorzien van 1e levensbehoeften aan behoeftigen; ☑ Onderwijs, gezondheidszorg, voedsel, drinkwater en huisvesting; ☑ Natuur, milieu en duurzaamheid, incl. voorlichting en educatie; ☑ Het beschikken over de ANBI status of streven naar het verkrijgen daarvan. DOORLOOPTIJD ▶ ☑ korter dan 1 jaar STATUS AANVRAGER ▶ ☑ stichting of vereniging (non-profit) ☑ onderwijsinstelling ☑ individuen/gezinnen VOORKEUR/UITSLUITING ▶ Categorieën die in principe niet in aanmerking komen: ☑ organisaties die niet beschikken over een ANBI status; ☑ niet rechtstreeks aan politieke, kerkelijke en godsdienstige organisaties; ☑ organisaties waarbij gerede twijfel bestaat met betrekking tot integriteit en/of belangenverstrengeling; ☑ wereldwijde instellingen; ☑ organisaties met veel geld; ☑ geen ondersteuning ter vervanging van gemeentesubsidies; ☑ geen steun aan dieren.

Procedure ■ OP AANVRAAG ▶ ja DOORLOOPTIJD ▶ 6-12 maanden AANVRAAGPROCEDURE ▶ Organisaties kunnen een aanvraag indienen. Organisaties kunnen worden voorgedragen worden door (vrijwillige) medewerkers. Aanvraag per mail indienen bij het secretariaat. De aanvragers krijgen binnen drie weken een bevestiging dat hun aanvraag is ontvangen. Als een aanvraag in behandeling wordt genomen zal in de bevestiging worden uitgelegd wanneer en hoe er besloten wordt en zullen de selectiecriteria worden meegestuurd als bijlage. Het Bestuur beslist in principe in het voor- en het najaar over alle aanvragen voor het komende jaar. URL ▶ www.kcefonds.nl/aanvraag-ondersteuning

Financieel ■ EIGEN VERMOGEN ▶ € 259.,63 INKOMSTEN OV ▶ € 13.768.,00 HERKOMST MIDDELEN ▶ vermogen, legaten, moederorganisatie (bijdragen) BOEKJAAR ▶ 2017 JAARVERSLAG OP WEBSITE ▶ ja.

Contact ■ BEREIKBAAR PER ▶ ☑ post ☑ e-mail ☒ telefoon CONTACTPERSOON ▶ J.Th. Adolfse POSTADRES ▶ Zuidersingel 4, 3755 AZ Eemnes EMAIL (ALGEMEEN) ▶ kce-fonds@kceemnes.nl.

708

K.F. Hein Fonds

Rubriek ■ ☑ gezondheidszorg ☑ kunst en cultuur ☑ maatschappij, welzijn en samenleving ☑ natuur, milieu en dieren ☑ noodhulp ☑ onderwijs en onderzoek ☑ vluchtelingenhulp

Algemeen ■ WEBSITE ▶ www.kfhein.nl TYPERING ▶ vermogensfonds OPGERICHT ▶ 11-04-1938 RECHTSVORM ▶ stichting KVK ▶ 41178172 ANBI STATUS ▶ ja DIRECTIE ▶ Q. Peelen BESTUUR ▶ Mw. A.M. Eschauzier, voorzitter; mr. H.A. van Beuningen; mw.drs. P.G. Boumeester; drs. C. van Eijk; mw.mr. A.C. Kruize,.

Missie ■ DOELSTELLING ▶ ☑ Het K.F. Hein Fonds vindt het belangrijk dat mensen de regio Utrecht mooier en sterker maken, en dat inwoners de kans krijgen om verder te komen. Daarom steunen zij bijzondere initiatieven en individuen met giften, adviezen, prijzen, beurzen en opdrachten. Bovendien brengt het fonds waardevolle projecten graag breed onder de aandacht en denken zij mee hoe samenwerking een initiatief kan versterken. ☑ Het Fonds richt zich op het bevorderen van monumentenzorg, natuurbehoud, cultuur en volksontwikkeling, podiumkunsten, volksgezondheid en maatschappelijk werk. STICHTER(S) ▶ Karl Friedrich Hein (1867-1945) HISTORIE ▶ De K.F. Hein Stichting is een vermogensfonds dat het nagelaten vermogen beheert van oprichter Karl Friedrich Hein (1867-1945). De K.F. Hein Stichting kent diverse commissies en een dochterstichting, Stichting K.F. Hein Fonds Monumenten. Via de Commissie Fonds geeft de K.F. Hein Stichting steun aan buurtbewoners voor buurtinitiatieven, en aan organisaties en instellingen binnen de werkvelden monumentenzorg, natuurbehoud, cultuur en volksontwikkeling, podiumkunsten, maatschappelijk werk en volksgezondheid. Via de Commissie Studie en Individuele Noden geeft de K.F. Hein Stichting via organisaties voor maatschappelijk werk steun aan individuele personen in armoede en verstrekt het studiebeurzen. Via de Kunstcommissie stimuleert de K.F. Hein Stichting kunstenaars in de provincie Utrecht met onder meer prijzen, opdrachten en ruimte in hun ontwikkeling en zichtbaarheid. BELEIDSPLAN OP WEBSITE ▶ ja.

Doelgroep ■ SPECIFIEK ▶ Projecten, buurtinitiatieven, studiebeurzen en individuele noden. **ACTIVITEITEN** ▶ Het K.F. Hein Fonds richt zich op het bevorderen van monumentenzorg, natuurbehoud, cultuur en volksontwikkeling, podiumkunsten, volksgezondheid en maatschappelijk werk. Het Fonds verstrekt giften en garanties aan initiatieven en individuen in de provincie Utrecht, en steunt deze ook met meer dan geld. Zeer incidenteel wordt daarvan afgeweken als er sprake is van bijzondere projecten van nationale betekenis. Het K.F. Hein Fonds wil nadrukkelijk meer bieden dan alleen geld. Dat doet het fonds onder andere door mee te denken, kennis op maat te bieden, (media-)aandacht te geven en ruimtes te delen; ☑ prijzen voor maatschappelijk werk; ☑ stipendia voor beeldend kunstenaars en ontwerpers; ☑ kunstparticipatie project. **INTERVENTIENIVEAU** ▶ Steun aan lokale/provinciale organisaties en structuren.; Steun aan burgerinitiatieven.; Steun aan individuen via maatschappelijk werk organisaties of directe steun (studiebeurzen).

Werkgebied ■ **ACTIERADIUS** ▶ Regionaal **LAND** ▶ Nederland **REGIO** ▶ Utrecht.

Bestedingen ■ **BUDGET** ▶ niet openbaar **ONDERSTEUNDE PROJECTEN P/J** ▶ 431 **SOORT BIJDRAGE** ▶ giften leningen garanties studiebeurzen **BOVENGRENS** ▶ geen **ONDERGRENS** ▶ geen.

Projecten ■ **CRITERIA** ▶ Kijk voor de criteria per onderwerp op de website. U kunt informatie vinden over geld aanvragen, prijzen, beurzen, lenen en andere manieren waarop de Stichting mensen en projecten in de provincie Utrecht stimuleert en steunt voor: initiatieven, individuen, kunstenaars en monumenten. **DOORLOOPTIJD** ▶ ☑ 1 - 2 jaar **STATUS AANVRAGER** ▶ ☑ geen beperkingen bekend **VOORKEUR/UITSLUITING** ▶ U komt niet in aanmerking voor een Beurs buitenland als het gaat om: ☑ een volledige studie in het buitenland; ☑ een tweede studie (HBO of WO); ☑ een tweede master (als de eerste is afgerond); ☑ co-schappen; ☑ een promotietraject; ☑ extra-curriculaire activiteiten van studenten of activiteiten in studieverenigingsverband. U komt niet in aanmerking voor een bedrage voor individuele noden als het gaat om: ☑ cliënten die de Stichting de afgelopen twee jaar al heeft gesteund voor dezelfde nood; ☑ spullen die al zijn aangeschaft/ waarvoor de kosten al zijn gemaakt; ☑ aflossing van privéleningen; ☑ vakanties; ☑ familiebezoek of begrafenis in het buitenland. U komt niet in aanmerking voor een bijdrage voor projectondersteuning as het gaat om: ☑ een congres, masterclass, workshop of studiedag (voor een beperkt publiek); ☑ er is sprake van een reprise, herhaling, herdruk of herneming; ☑ het gaat (vooral) om exploitatiekosten of overhead; ☑ de aanvrager is een eenmanszaak, vennootschap of individuele kunstenaar/theatermaker. Een uitzondering wordt gemaakt voor uitgeverijen en voor kerkgenootschappen (in geval van restauratieprojecten van rijksmonumenten).

Procedure ■ **OP AANVRAAG** ▶ ja **DOORLOOPTIJD** ▶ 1-4 maanden **AANVRAAGPROCEDURE** ▶ De sluitingsdata voor het insturen van aanvragen staan vermeldt op de website. Aanvragen kunnen uitsluitend ingediend worden via ons digitale aanvragensysteem. Als u voor het eerst een aanvraag indient, dan maakt u eerst een account aan. Voor projectondersteuning en steun bij individuele noden moet ook de organisatie geregistreerd worden. Voor buurtinitiatieven en studiebeurzen hoeft dit niet en is alleen een account voldoende. Als de Stichting de registratie heeft voltooid, ontvangt u een e-mail waarna u aanvragen kunt indienen. Deze dient altijd voorzien te zijn van de volgende bijlagen: statuten, uittreksel inschrijving Kamer van Koophandel en een recent financieel jaarverslag met balans. Onvolledige aanvragen worden niet in behandeling genomen. Aanvragen worden op volgorde van binnenkomst behandeld. Een besluit wordt per post medegedeeld. Beroep is niet mogelijk. Verdere uitleg over het besluit is wel mogelijk. **URL** ▶ www.kfhein.nl/het-fonds/werkwijze

Financieel ■ **HERKOMST MIDDELEN** ▶ vermogen, inkomsten uit vermogen **BOEKJAAR** ▶ 2019 **JAARVERSLAG OP WEBSITE** ▶ ja.

Contact ■ **BEREIKBAAR PER** ▶ ☑ post ☑ e-mail ☑ telefoon **CONTACTPERSOON** ▶ geen contactpersoon bekend **POSTADRES** ▶ Maliesingel 28, 3581 BH Utrecht **EMAIL (ALGEMEEN)** ▶ hein@kfhein.nl **TELEFOON (ALGEMEEN)** ▶ 030-2322114.

709

Stichting K.F. Hein Fonds Monumenten

Rubriek ■ ☑ kunst en cultuur ☑ natuur, milieu en dieren

Algemeen ■ **WEBSITE** ▶ www.kfhein.nl/het-fonds/documenten-en-publicaties **TYPERING** ▶ vermogensfonds **OPGERICHT** ▶ 13-09-1996 **RECHTSVORM** ▶ stichting **KVK** ▶ 41265472 **ANBI STATUS** ▶ ja **DIRECTIE** ▶ Q. Peelen **BESTUUR** ▶ Mw.dr. A.M. de Ranitz, voorzitter; ir. G.W. van Hoogevest, penningmeester; mr. J.G.I. Baas; mr. H. van Beuningen; ir. H.J. van Dijk.

Missie ■ **DOELSTELLING** ▶ Het fonds heeft ten doel: ☑ het aankopen en instandhouden van monumenten in de zin van de Monumentenwet en beeldbepalende panden; ☑ het restaureren en laten restaureren van dergelijke monumenten; ☑ het verrichten van alle handelingen die met één en ander rechtstreeks of zijdelings verband houdt of daartoe bevorderlijk kan zijn, alles in de ruimste zin des woords. **HISTORIE** ▶ In 1996 werd, ter uitbreiding van de activiteiten van het K.F. Hein Fonds, het K.F. Hein Fonds Monumenten opgericht. Deze stichting stelt zich ten doel monumenten en beeldbepalende panden in de regio Utrecht aan te kopen, te restaureren en bij voorkeur te verhuren aan instellingen die werkzaam zijn op de aandachtsgebieden van het K.F. Hein Fonds.

Doelgroep ■ **SPECIFIEK** ▶ Geen specifieke doelgroep **ACTIVITEITEN** ▶ Geen specifieke activiteiten bekend **INTERVENTIENIVEAU** ▶ Steun op niveau van maatschappij zelf (beleidsbeïnvloeding, etc.).

Werkgebied ■ **ACTIERADIUS** ▶ Regionaal **LAND** ▶ Nederland **REGIO** ▶ Utrecht.

Bestedingen ■ **BUDGET** ▶ niet openbaar **TOELICHTING** ▶ De stichting heeft inkomsten uit huur. Daar staan uitgaven voor onderhoud en reparatie tegenover. Er zijn geen andere inkomsten. Het beheer van de middelen gebeurt centraal, door het bureau. **SOORT BIJDRAGE** ▶ overig **BOVENGRENS** ▶ geen **ONDERGRENS** ▶ geen.

Projecten ■ **CRITERIA** ▶ geen projectcriteria bekend **DOORLOOPTIJD** ▶

☑ onbekend **STATUS AANVRAGER** ▶ ☑ geen beperkingen bekend **VOORKEUR/UITSLUITING** ▶ geen voorkeur of uitsluiting bekend.
Procedure ■ **OP AANVRAAG** ▶ nee
Financieel ■ **INKOMSTEN EV** ▶ € 412.879 **INKOMSTEN OV** ▶ € 12.974 **HERKOMST MIDDELEN** ▶ overige inkomsten, inkomsten uit vermogen **BOEKJAAR** ▶ 2019 **JAARVERSLAG OP WEBSITE** ▶ ja.
Contact ■ **BEREIKBAAR PER** ▶ ☑ post ☑ e-mail ☑ telefoon **CONTACTPERSOON** ▶ geen contactpersoon bekend **POSTADRES** ▶ Maliesingel 28, 3581 BH Utrecht **EMAIL (ALGEMEEN)** ▶ hein@kfhein.nl **TELEFOON (ALGEMEEN)** ▶ 030-2322114.

710
Stichting K.M.S.V.-Fonds

Rubriek ■ ☑ sport en recreatie
Algemeen ■ **WEBSITE** ▶ https://www.militaireruitersport.nl/kmsv-fonds **TYPERING** ▶ vermogensfonds **OPGERICHT** ▶ 24-04-1886 **RECHTSVORM** ▶ stichting **KVK** ▶ 41150120 **ANBI STATUS** ▶ nee **DIRECTIE** ▶ geen directiegegevens bekend **BESTUUR** ▶ Lkol. E.N. van der Hoog, voorzitter; maj. H.J.P.H. in den Kleef, penningmeester; maj.drs. E.T. Woudenberg, secretaris.
Missie ■ **DOELSTELLING** ▶ De Stichting KMSV-Fonds stelt zich ten doel de beoefening van de rijkunst en de ruitersport door militairen te bevorderen en (financieel) te steunen. **STICHTER(S)** ▶ Eerste luitenant der Veldartillerie E. Boellaard, Eerste luitenant der Artillerie en Ordonnansofficier van Z.M. de Koning jhr W.J.P. van den Bosch, Eerste luitenant der Huzaren O.D. van Diepenbrugge, Eerste luitenant der Infanterie en Ordonnansofficier van Z.M. de Koning R. baron van Heeckeren van Molecaten, Eerste luitenant der Rijdende Artillerie K.D. Punt en Eerste luitenant der Huzaren F.W. baron van Randwijck **HISTORIE** ▶ Het KMSV-Fonds komt voort uit de op 24 april 1886 opgerichte, sinds 1911 Koninklijke Militaire Sportvereeniging (KMSV). Op initiatief van (destijds) Brigadegeneraal der Cavalerie en Adjudant van HM de Koningin C.F. Pahud de Mortanges, Brigadegeneraal der Artillerie J. Portheine, Luitenant-kolonel der Huzaren bd jhr S.M.S.A.A. de Marees van Swinderen en Luitenant-kolonel der Cavalerie en Kamerheer ibd van H.M. de Koningin W.A. van den Wall Bake werd de KMSV op 19 september 1953 omgevormd tot de Stichting KMSV-Fonds. Daarbij werden de in de Tweede Wereldoorlog bewaarde kasgelden van de KMSV als startkapitaal in het KMSV-Fonds ingebracht.
Doelgroep ■ **ALGEMEEN** ▶ militairen **SPECIFIEK** ▶ Officieren; reserveofficieren en adspirant officieren die aan ruitersport doen. **ACTIVITEITEN** ▶ Wij ondersteunen evenementen die worden georganiseerd onder auspiciën van de Militaire Ruitersportvereniging 'Te Paard!' (MRV), zoals de MPTTP en de Militaire Kampioenschappen Dressuur, Springen, Eventing en Vijfkamp. **INTERVENTIENIVEAU** ▶ Steun aan lokale/provinciale maatschappelijke organisaties en structuren (incl. gemeenten etc.) die diensten verlenen aan individuen.
Werkgebied ■ **ACTIERADIUS** ▶ Nationaal **LAND** ▶ Nederland.
Bestedingen ■ **BUDGET** ▶ niet openbaar **TOELICHTING** ▶ Alleen het jaarlijkse nettorendement wordt uitgekeerd. **SOORT BIJDRAGE** ▶ giften subsidies **BOVENGRENS** ▶ geen **ONDERGRENS** ▶ geen.
Projecten ■ **CRITERIA** ▶ geen projectcriteria bekend **DOORLOOPTIJD** ▶ ☑ onbekend **STATUS AANVRAGER** ▶ ☑ stichting of vereniging (non-profit) ☑ individuen/gezinnen **VOORKEUR/UITSLUITING** ▶ Geen voorkeur/uitsluiting.
Procedure ■ **OP AANVRAAG** ▶ ja **DOORLOOPTIJD** ▶ 1-3 maanden **AANVRAAGPROCEDURE** ▶ Aanvragen voor financiële ondersteuning dienen jaarlijks uiterlijk 31 december schriftelijk onderbouwd bij het bestuur te worden ingediend. Het bestuur besluit waar mogelijk uiterlijk 31 januari over de toekenning.
Financieel ■ **HERKOMST MIDDELEN** ▶ vermogen **BOEKJAAR** ▶ boekjaar onbekend.
Contact ■ **BEREIKBAAR PER** ▶ ☑ post ☑ e-mail ☒ telefoon **CONTACTPERSOON** ▶ geen contactpersoon bekend **POSTADRES** ▶ Postbus 1, 1390 AA Abcoude **EMAIL (ALGEMEEN)** ▶ kmsv-fonds@militaireruitersport.nl.

711
K.N. Fonds

Rubriek ■ ☑ kunst en cultuur ☑ natuur, milieu en dieren
Algemeen ■ **WEBSITE** ▶ www.cultuurfonds.nl **TYPERING** ▶ fonds op naam **BEHEERD DOOR** ▶ Prins Bernhard Cultuurfonds **DIRECTIE** ▶ zie Prins Bernhard Cultuurfonds **BESTUUR** ▶ zie Prins Bernhard Cultuurfonds
Missie ■ **DOELSTELLING** ▶ Het financieel ondersteunen van jonge veelbelovende professionele beoefenaars van de podiumkunsten en van projecten met betrekking tot natuurbehoud.
Werkgebied ■ **ACTIERADIUS** ▶ Nationaal **LAND** ▶ Nederland.
Projecten ■ **CRITERIA** ▶ geen projectcriteria bekend **DOORLOOPTIJD** ▶ ☑ korter dan 1 jaar **STATUS AANVRAGER** ▶ ☑ geen beperkingen bekend **VOORKEUR/UITSLUITING** ▶ geen voorkeur of uitsluiting bekend.
Procedure ■ **OP AANVRAAG** ▶ ja **AANVRAAGPROCEDURE** ▶ Dit 'fonds op naam' ressorteert onder het Prins Bernhard Cultuurfonds. Verzoeken aan fondsen op naam komen op één centraal punt binnen. Dit houdt in dat een subsidieaanvraag slechts eenmaal aan het Prins Bernhard Cultuurfonds hoeft te worden gezonden. Voor de verdere aanvraagprocedure: zie Prins Bernhard Cultuurfonds. **URL** ▶ www.cultuurfonds.nl/aanvragen
Contact ■ **BEREIKBAAR PER** ▶ ☑ post ☑ e-mail ☑ telefoon **CONTACTPERSOON** ▶ geen contactpersoon bekend **POSTADRES** ▶ Postbus 19750, 1000 GT Amsterdam **EMAIL (ALGEMEEN)** ▶ info@cultuurfonds.nl **TELEFOON (ALGEMEEN)** ▶ 020-5206130.

712
Stichting K&O-Fonds Fie van der Hoop

Rubriek ■ ☑ maatschappij, welzijn en samenleving
Algemeen ■ **WEBSITE** ▶ www.sod-fievanderhoopfonds.nl **TYPERING**

► vermogensfonds **OPGERICHT** ► 29-12-1983 **RECHTSVORM** ► stichting **KVK** ► 41153262 **ANBI STATUS** ► ja **DIRECTIE** ► geen directiegegevens bekend **BESTUUR** ► J. van Schilt, voorzitter; mw. Y. van der Leer, penningmeester; mw. B. Talstra, secretaris; D. van der Brink; mw. Y. van Amstel; mw. B. van Sloten.

Missie ■ **DOELSTELLING** ► De stichting heeft tot doel het bevorderen c.q. doen bevorderen van de harmonische ontwikkeling van kind en jeugdige. De stichting tracht dit doel te bereiken met alle haar ten dienste staande wettelijk middelen, doch in het bijzonder het financieel ondersteunen van professionele hulpverleners, het bekendheid geven aan reeds verricht onderzoek en het zelfstandig of in samenwerking met anderen verrichten en doen verrichten van onderzoek naar veranderende inzichten, alsmede normen en waarden die van invloed kunnen zijn op de ontwikkeling van kind en jeugdige, inzicht te verwerven in de verschillende vormen van pedagogische hulp- en dienstverlening aan kind en jeugdige en het signaleren en stimuleren van ontwikkelingen in de werkvelden waarin deze worden uitgevoerd. **STICHTER(S)** ► Fie van der Hoop **HISTORIE** ► Het K&O Fonds Fie van der Hoop komt voort uit de nalatenschap van Fie van der Hoop. De wortels van dit fonds liggen in de eerste emancipatiegolf voor vrouwen (1898 Nationale Tentoonstelling voor Vrouwenarbeid). Voorvechtster was mevrouw Sandberg-Geisweit van der Netten (1912 Nationaal Reizend Museum voor Ouders en Opvoeders, 1919 oprichting van de Vereniging-K&O, 1920 start Opleiding-K&O). In 1924 kwam voor het eerst een tijdschrift uit. De vereniging K&O was sterk preventief gericht en zette zich in voor steun aan ouders die vast dreigden te lopen in problematische opvoedingssituaties. **BELEIDSPLAN OP WEBSITE** ► ja.

Doelgroep ■ **ALGEMEEN** ► kinderen, jongeren **SPECIFIEK** ► Onderzoek/projecten op het gebied van ontwikkeling van kinderen en jeugdigen (0 tot 23 jarigen. **ACTIVITEITEN** ► De stichting verricht de volgende werkzaamheden: ☑ het verlenen van steun aan de NederlandseVereniging van Sociaal Pedagogische Hulpverleners,; ☑ geven aan reeds verricht onderzoek door het beschikbaar stellen van gelden; ☑ het verrichten van onderzoek (zelfstandig of in samenwerking. De projecten worden mogelijk in samenwerking verricht met zusterorganisatie Stichting Ontwikkelingsfonds Daghulp voor Jeugdigen. Beide stichtingen zijn nauw met elkaar verweven en werken intensief samen. Het bestuur van beide stichting bestaat uit dezelfde personen. **INTERVENTIENIVEAU** ► Steun aan lokale/provinciale maatschappelijke organisaties en structuren (incl. gemeenten etc.) die diensten verlenen aan individuen.

Werkgebied ■ **ACTIERADIUS** ► Nationaal **LAND** ► Nederland.

Bestedingen ■ **BUDGET** ► niet openbaar **TOELICHTING** ► Geconsolideerd met Stichting Ontwikkelingsfonds Daghulp voor Jeugdigen (SOD). De omvang van het voor subsidiëring beschikbare budget wordt jaarlijks voor Stichting K&O-Fons Fie van der Hoop en SOD vastgesteld op basis van het verwacht rendement van het vermogen verminderd met de verwachte vaste kosten. **ONDERSTEUNDE PROJECTEN P/J** ► 4 **SOORT BIJDRAGE** ► giften overig **BOVENGRENS** ► geen **ONDERGRENS** ► geen.

Projecten ■ **CRITERIA** ► ☑ De activiteit waarvoor gelden worden gevraagd moet een aantoonbare waarde hebben voor de inhoudelijke ontwikkeling en kennisdeling t.a.v. (sociale) netwerken rond kinderen, jongeren en gezinnen, gericht op het terrein van zorg-, hulp- en dienstverlening aan deze doelgroep. Het gaat hierbij om 0 - 23 jarigen; ☑ De subsidieaanvraag moet voldoende gemotiveerd zijn en de aangevraagde gelden moeten goed kunnen worden verantwoord; ☑ Stichting K&O-Fons Fie van der Hoop en Stichting Ontwikkelingsfonds Daghulp voor Jeugdigen bieden de mogelijkheid om activiteiten tijdelijk te financieren. Deze moeten dan wel tot een product of resultaat leiden dat goed te beoordelen is, bijvoorbeeld door een uitgebrachte publicatie of film, een onderzoeksrapport of verslag; ☑ het bestuur kan eisen stellen aan de samenstelling en taakstelling van een; begeleidingscommissie, bijvoorbeeld door hiervoor zelf personen aan te wijzen en/of eisen te stellen met; betrekking tot de begeleiding en de toetsing; ☑ In elke subsidieaanvraag moet worden aangegeven of er andere instanties of organisaties benaderd zijn; die (ook) geacht worden dergelijke activiteiten, waarvoor de subsidieaanvraag wordt ingediend, te subsidiëren c.q. te financieren. **DOORLOOPTIJD** ► ☑ korter dan 1 jaar **STATUS AANVRAGER** ► ☑ hulpverleners ☑ stichting of vereniging (non-profit) ☑ onderwijsinstelling ☑ kerkelijke instelling **VOORKEUR/UITSLUITING** ► ☑ De financiering van (deel)projecten vindt bij voorkeur plaats op basis van cofinanciering. ☑ De (voorlopige) toewijzing van middelen geschiedt op basis van het aantoonbaar rond krijgen van de gehele financiering van het (deel)project. ☑ Aanvragen die 25% van het jaarlijks door de fondsen te besteden subsidiebudget te boven gaan, zullen in principe niet (volledig) worden gehonoreerd.

Procedure ■ **OP AANVRAAG** ► ja **DOORLOOPTIJD** ► 3-6 maanden **AANVRAAGPROCEDURE** ► Aanvraag bij de stichting voor geldmiddelen ten behoeve van onderzoek/projecten kan op eenvoudige wijze worden gedaan via de website (online aanvraagformulier). De stichting heeft de toekenning van geldmiddelen voor onderzoek/projecten afhankelijk gesteld van criteria. Subsidieaanvragen worden bij voorkeur ingediend voor 1 maart en voor 1 oktober. Het bestuur bepaalt in hoeverre aanvragen ook tussentijds in behandeling worden genomen. De mate van urgentie wordt door het bestuur bepaald. **URL** ► www.sod-fievanderhoopfonds.nl/financiering_van_projecten/aanvraagformulier.html

Financieel ■ **EIGEN VERMOGEN** ► € 2.709.386 **INKOMSTEN EV** ► € 691.569 **HERKOMST MIDDELEN** ► giften & schenkingen, vermogen, legaten, overige inkomsten **BOEKJAAR** ► 2019 **JAARVERSLAG OP WEBSITE** ► ja.

Contact ■ **BEREIKBAAR PER** ► ☑ post ☑ e-mail ☑ telefoon **CONTACTPERSOON** ► M. Du Burck **POSTADRES** ► Postbus 275, 2700 AG Zoetermeer **EMAIL (ALGEMEEN)** ► m.duburck@mtpartners.nl **TELEFOON (ALGEMEEN)** ► 079-3638101.

713
Kalshoven/Hopman Fonds

Rubriek ■ ☑ kunst en cultuur ☑ onderwijs en onderzoek
Algemeen ■ WEBSITE ▶ www.cultuurfonds.nl TYPERING ▶ fonds op naam BEHEERD DOOR ▶ Prins Bernhard Cultuurfonds DIRECTIE ▶ zie > Prins Bernhard Cultuurfonds BESTUUR ▶ zie > Prins Bernhard Cultuurfonds
Missie ■ DOELSTELLING ▶ Het financieel ondersteunen van jong talent voor een vervolgopleiding met name voor de terreinen natuurkunde, recht en filosofie.
Werkgebied ■ ACTIERADIUS ▶ Nationaal LAND ▶ Nederland.
Projecten ■ CRITERIA ▶ geen projectcriteria bekend DOORLOOPTIJD ▶ ☑ korter dan 1 jaar STATUS AANVRAGER ▶ ☑ geen beperkingen bekend VOORKEUR/UITSLUITING ▶ geen voorkeur of uitsluiting bekend.
Procedure ■ OP AANVRAAG ▶ ja AANVRAAGPROCEDURE ▶ Dit 'fonds op naam' ressorteert onder het Prins Bernhard Cultuurfonds. Verzoeken aan fondsen op naam komen op één centraal punt binnen. Dit houdt in dat een subsidieaanvraag slechts eenmaal aan het Prins Bernhard Cultuurfonds hoeft te worden gezonden. Voor de verdere aanvraagprocedure: zie Prins Bernhard Cultuurfonds. URL ▶ www.cultuurfonds.nl/aanvragen
Contact ■ BEREIKBAAR PER ▶ ☑ post ☑ e-mail ☑ telefoon CONTACTPERSOON ▶ geen contactpersoon bekend POSTADRES ▶ Postbus 19750, 1000 GT Amsterdam EMAIL (ALGEMEEN) ▶ info@cultuurfonds.nl TELEFOON (ALGEMEEN) ▶ 020-5206130

.

714
Kamaran Stadsverfraaiing

Rubriek ■ ☑ kunst en cultuur
Algemeen ■ WEBSITE ▶ www.cultuurfonds.nl TYPERING ▶ fonds op naam BEHEERD DOOR ▶ Prins Bernhard Cultuurfonds DIRECTIE ▶ zie > Prins Bernhard Cultuurfonds BESTUUR ▶ zie > Prins Bernhard Cultuurfonds
Missie ■ DOELSTELLING ▶ Het ondersteunen van initiatieven met betrekking tot verfraaiing van de stad Amsterdam, zoals het bijdragen aan plaatsen en/of restaureren van gevelstenen, -beelden, -bekroningen, -reclame en andere uitingsvormen, alsook publicaties op dit terrein.
Werkgebied ■ ACTIERADIUS ▶ Nationaal LAND ▶ Nederland.
Projecten ■ CRITERIA ▶ geen projectcriteria bekend DOORLOOPTIJD ▶ ☑ korter dan 1 jaar STATUS AANVRAGER ▶ ☑ geen beperkingen bekend VOORKEUR/UITSLUITING ▶ geen voorkeur of uitsluiting bekend.
Procedure ■ OP AANVRAAG ▶ ja AANVRAAGPROCEDURE ▶ Dit 'fonds op naam' ressorteert onder het Prins Bernhard Cultuurfonds. Verzoeken aan fondsen op naam komen op één centraal punt binnen. Dit houdt in dat een subsidieaanvraag slechts eenmaal aan het Prins Bernhard Cultuurfonds hoeft te worden gezonden. Voor de verdere aanvraagprocedure: zie Prins Bernhard Cultuurfonds. URL ▶ www.cultuurfonds.nl/aanvragen
Contact ■ BEREIKBAAR PER ▶ ☑ post ☑ e-mail ☑ telefoon CONTACTPERSOON ▶ geen contactpersoon bekend POSTADRES ▶ Postbus 19750, 1000 GT Amsterdam EMAIL (ALGEMEEN) ▶ info@cultuurfonds.nl TELEFOON (ALGEMEEN) ▶ 020-5206130.

715
Kannegieter Fonds

Rubriek ■ ☑ kunst en cultuur
Algemeen ■ WEBSITE ▶ www.cultuurfonds.nl TYPERING ▶ fonds op naam BEHEERD DOOR ▶ Prins Bernhard Cultuurfonds DIRECTIE ▶ zie Prins Bernhard Cultuurfonds BESTUUR ▶ zie Prins Bernhard Cultuurfonds
Missie ■ DOELSTELLING ▶ Het financieel ondersteunen van projecten voor jongeren en talenten op het gebied van de klassieke muziek.
Werkgebied ■ ACTIERADIUS ▶ Nationaal LAND ▶ Nederland.
Projecten ■ CRITERIA ▶ geen projectcriteria bekend DOORLOOPTIJD ▶ ☑ korter dan 1 jaar STATUS AANVRAGER ▶ ☑ geen beperkingen bekend VOORKEUR/UITSLUITING ▶ geen voorkeur of uitsluiting bekend.
Procedure ■ OP AANVRAAG ▶ ja AANVRAAGPROCEDURE ▶ Dit 'fonds op naam' ressorteert onder het Prins Bernhard Cultuurfonds. Verzoeken aan fondsen op naam komen op één centraal punt binnen. Dit houdt in dat een subsidieaanvraag slechts eenmaal aan het Prins Bernhard Cultuurfonds hoeft te worden gezonden. Voor de verdere aanvraagprocedure: zie Prins Bernhard Cultuurfonds. URL ▶ www.cultuurfonds.nl/aanvragen
Contact ■ BEREIKBAAR PER ▶ ☑ post ☑ e-mail ☑ telefoon CONTACTPERSOON ▶ geen contactpersoon bekend POSTADRES ▶ Postbus 19750, 1000 GT Amsterdam EMAIL (ALGEMEEN) ▶ info@cultuurfonds.nl TELEFOON (ALGEMEEN) ▶ 020-5206130.

716
Stichting Kansfonds

Rubriek ■ ☑ maatschappij, welzijn en samenleving ☑ noodhulp
Algemeen ■ WEBSITE ▶ www.kansfonds.nl TYPERING ▶ hybride fonds OPGERICHT ▶ 07-09-1957 RECHTSVORM ▶ stichting KVK ▶ 41192127 ANBI STATUS ▶ ja DIRECTIE ▶ mw. Drs. H.M.C. Hulsebosch BESTUUR ▶ Drs. Th.J.F.M. Bovens, voorzitter; mw.drs. D.A.C.A.J. Landesz-Campen, penningmeester; mr. K.N.A.M. Claassen; P.G.A.M. Hemels; drs. J.A.J. Boekelman; mw.drs. A.A.M. Kuypers.
Missie ■ DOELSTELLING ▶ Kansfonds wil uitsluiting van kwetsbare mensen voorkomen door lokale initiatieven op weg te helpen, waarin mensen omzien naar elkaar. De projecten die Kansfonds steunt zijn altijd gericht op kwetsbare mensen die de aansluiting (dreigen te) missen met de samenleving. Om welke reden ook. Ze hebben geen contacten met anderen in de buurt. Ze leven in armoede. Ze hebben geen veilig thuis meer of zijn slachtoffer van geweld. Ze worden ern-

stig beperkt door een handicap. Of worstelen met veel problemen tegelijkertijd. **STICHTER(S)** ▶ Albert Bergers, KRO **HISTORIE** ▶ Kansfonds heeft een rijke geschiedenis. Die begint tijdens de Tweede Wereldoorlog als de bommen vallen op Rotterdam. In een van de wijken neemt bewoner Albert Bergers een besluit. Hij dwaalt door zijn buurt om mensen te redden. En hij bekommert zich om de gewonden en daklozen. Ook tijdens de wederopbouw gaat hij door met zijn acties. Die worden later voortgezet. Kansfonds (voorheen Skanfonds) is in 1957 opgericht door de KRO. De tijden zijn natuurlijk veranderd. Kansfonds beperkt zich niet meer tot de noden van katholieken. Wij zijn er voor iedereen! Onveranderd is ons kompas: het katholiek sociaal denken. Een manier van denken én vooral doen die de samenleving helpt vanuit menselijk perspectief eigentijdse problemen op te lossen. Vanuit die visie versterkt Kansfonds lokale initiatieven die de zelfredzaamheid van kwetsbaren vergroten. **BELEIDSPLAN OP WEBSITE** ▶ ja.

Doelgroep ■ **ALGEMEEN** ▶ armen, dak- en thuislozen, gehandicapten, gelovigen, jongeren, kinderen, ouderen, militairen, studenten, vluchtelingen, vrouwen, mannen, zieken **SPECIFIEK** ▶ Kansfonds is er voor mensen die te maken hebben met eenzaamheid, leven met een beperking, geen aansluiting in de samenleving, leven in armoede, uitbuiting en geweld, opvoed- en opgroeiproblemen, meerdere complexe problemen tegelijkertijd, sociale verbanden die verdwijnen. **ACTIVITEITEN** ▶ Kansfonds handelt vanuit het katholiek sociaal denken (menselijke waardigheid, bonum commune, subsidiariteit, solidariteit). Kansfonds investeert op verschillende manieren om zijn missie te vervullen: ☑ projecten selecteren, beoordelen en financieren; ☑ ruimte maken voor kennisuitwisseling en het leggen van contacten; ☑ Via ons fonds Franciscus zorgen voor een sociaal vangnet voor de allerkwetsbaarsten; ☑ Versnellers inzetten om specifieke maatschappelijke problemen in de samenleving meer programmatisch op te pakken; ☑ fondsen werven en zichtbaar zijn. Hierin werkt het Kansfonds samen met:; ☑ particulieren fondsen en bedrijven; ☑ maatschappelijke partners; ☑ organisaties waarmee de stichting een historische band heeft; ☑ medefinanciers; ☑ fondsen met samenwerkingsverbanden; ☑ kennisinstituten. **INTERVENTIENIVEAU** ▶ Steun aan lokale/provinciale maatschappelijke organisaties en structuren (incl. gemeenten etc.) die diensten verlenen aan individuen.

Werkgebied ■ **ACTIERADIUS** ▶ Nationaal, Internationaal **LAND** ▶ Suriname, Bonaire, Curaçao, Saba, Sint Eustatius, Sint Maarten, Aruba, Nederland.

Bestedingen ■ **BUDGET** ▶ niet openbaar **ONDERSTEUNDE PROJECTEN P/J** ▶ 530 **SOORT BIJDRAGE** ▶ giften garanties **BOVENGRENS** ▶ geen **ONDERGRENS** ▶ geen.

Projecten ■ **CRITERIA** ▶ Op dit moment zijn er enkele doelgroepn: ☑ opgroeien in armoede; ☑ zwerfjongeren; ☑ tienermoeders; ☑ dak- en thuislozen; ☑ kwetsbare ouderen; ☑ vluchtelingen in Nederland. De projectcriteria zijn verder: ☑ kwetsbaarheid als koers; ☑ vrijwillige inzet; ☑ de kracht van dichtbij en zelfregie; ☑ verbondenheid; ☑ financiële noodzaak voor bijdrage van kansfonds voor het project; ☑ effectief en passend project; ☑ beperkte risico's bij project en aanvrager (organisatorisch). **DOORLOOPTIJD** ▶ ☑ onbekend **STATUS AANVRAGER** ▶ ☑ stichting of vereniging (non-profit) ☑ kerkelijke instelling **VOORKEUR/UITSLUITING** ▶ Aanvragen die niet in behandeling genomen worden zijn aanvragen voor: ☑ kortdurende en eendaagse activiteiten; ☑ Jubilea, seminars en congressen; ☑ documentaires en films; ☑ projecten die primair gericht zijn op cultuur, milieu, sport, gezondheid en onderwijs; ☑ politiek getinte of evangeliserende projecten. ☑ structurele exploitatiekosten; ☑ kosten voor nieuwbouw en aanbouw, renovatie en inrichting; ☑ kosten voor aanbestedingstrajecten; ☑ inrichting openbare ruimte; ☑ financiering achteraf; ☑ buurt- en wijkontwikkeling; ☑ medische en geestelijk zorg voor mensen met een (ernstige) ziekte; ☑ kleinschalige woonvormen; ☑ Overheden en overheidsinstellingen; ☑ 'Vrienden van'- stichtingen of fondsenwervingsorganisaties.

Procedure ■ **OP AANVRAAG** ▶ ja **DOORLOOPTIJD** ▶ 1-3 maanden **AANVRAAGPROCEDURE** ▶ Er zijn voor enkele werkgebieden of type aanvragen afwijkende aanvraagprocedures. Deze staan vermeld op de website. Gedurende het hele jaar kunnen vooraanvragen indiend worden. Een account dient hiervoor aangemaakt te worden. Indien de vooraanvraag past bij de stichting, dan wordt de aanvrager uitgenodigd een volledige aanvraag te doen. Er is geen beroep aan te tekenen tegen afwijzing van de vooraanvraag. Ook de aanvraag verloopt digitaal via het account. De volgende documenten dienen dan aangeleverd te worden: ☑ Gewaarmerkte statuten; ☑ Een getekend uittreksel van de Kamer van Koophandel (niet ouder dan 1 jaar); ☑ De volledige jaarrekeningen van de afgelopen twee boekjaren; ☑ De lopende exploitatiebegroting; ☑ Een projectbeschrijving, inclusief gespecificeerde begroting en dekkingsplan. Circa drie maanden na het indienen van de aanvraag ontvang je ons besluit of wij het project steunen. Wij sturen dan een toekenningsbrief waarin ook de samenwerkingsafspraken staan. Bij een afwijzing van de aanvraag is het mogelijk bezwaar aan te tekenen en heroverweging aan te vragen. Dit verzoek dient binnen 6 weken na het besluit te worden ingediend. In dit verzoek dient wel nieuwe en aanvullende informatie te staan. **URL** ▶ www.kansfonds.nl/aanvraag/

Financieel ■ **EIGEN VERMOGEN** ▶ € 28.784.312 **INKOMSTEN OV** ▶ € 11.009.608 **HERKOMST MIDDELEN** ▶ vermogen, loterijen, overige inkomsten, bedrijven, giften & schenkingen **BOEKJAAR** ▶ 2019 **JAARVERSLAG OP WEBSITE** ▶ ja.

Contact ■ **BEREIKBAAR PER** ▶ ☑ post ☑ e-mail ☑ telefoon **CONTACTPERSOON** ▶ geen contactpersoon bekend **POSTADRES** ▶ Postbus 156, 1200 AD Hilversum **EMAIL (ALGEMEEN)** ▶ info@kansfonds.nl **TELEFOON (ALGEMEEN)** ▶ 035-6249651.

717

Stichting Kanunnik Salden/Nieuwenhof

Rubriek ■ ☑ maatschappij, welzijn en samenleving ☑ kunst en cultuur

Algemeen ■ **WEBSITE** ▶ www.kanunniksalden.nl **TYPERING** ▶ vermogensfonds **OPGERICHT** ► 24-12-1996 **RECHTSVORM** ► stichting **KVK** ► 41076137 **ANBI STATUS** ► ja **DIRECTIE** ► geen directiegegevens bekend **BESTUUR** ► R. Pijsel, voorzitter; drs. Th.J.F.M. Bovens, penningmeester; mr. M.P.P.F. Groutars, secretaris; mw. G.K. Loos-Weststrate; mr. E.P.C.M. Teeuwen.

Missie ■ **DOELSTELLING** ► Het ondernemen, bevorderen, stimuleren en steunen van activiteiten op het gebied van welzijn ten behoeve van de inwoners van de gemeente Maastricht en omgeving. **HISTORIE** ► De ontwikkelingen binnen de jeugdhulpverlening had tot gevolg dat er in 1990 een fusie tussen een vijftal instellingen in Maastricht plaats vond waarin ook de werkzaamheden van de Stichting het R.K. Armenhuis ' In den Nieuwenhof' werden ondergebracht. Omdat hiermede de werkzaamheden van deze stichting waren overgedragen aan de Stichting Jeugdhulp Maastricht werd besloten tot opgaan in de Kanunnik Salden Stichting. Dit heeft op 24 december 1996 geresulteerd een nieuwe stichting: Stichting Kanunnik Salden/Nieuwenhof. **BELEIDSPLAN OP WEBSITE** ► ja.

Doelgroep ■ **ALGEMEEN** ► jongeren, armen **SPECIFIEK** ► Ingezeten van de gemeente Maastricht en omgeving. **ACTIVITEITEN** ► De Stichting Kanunnik Salden/Nieuwenhof geeft al meer dan veertig jaar financiële ondersteuning aan organisaties en verenigingen in Maastricht en omgeving. Door deze ondersteuning krijgen allerlei sociale en maatschappelijke initiatieven, die een rol vervullen in een goed functionerende en leefbare samenleving, een kans. Daarnaast geeft de Stichting Kanunnik Salden/Nieuwenhof incidenteel bijdragen aan culturele doelen. Ongeveer 80% van de verstrekte subsidies in 2019 kwam ten goede aan kansarme jeugd en armoedebestrijding. **INTERVENTIENIVEAU** ► Steun aan lokale/provinciale maatschappelijke organisaties en structuren (incl. gemeenten etc.) die diensten verlenen aan individuen.

Werkgebied ■ **ACTIERADIUS** ► Lokaal, Regionaal **LAND** ► Nederland **REGIO** ► Limburg **PLAATS** ► Maastricht e.o.

Bestedingen ■ **BUDGET** ► niet openbaar **SOORT BIJDRAGE** ► subsidies giften **BOVENGRENS** ► geen **ONDERGRENS** ► geen.

Projecten ■ **CRITERIA** ► Om in aanmerking te komen voor financiële ondersteuning dient een aanvraag: ☑ betrekking te hebben op een sociaal, maatschappelijk of cultureel doel; ☑ betrekking te hebben op de in de doelstelling aangegeven gemeenten; ☑ haalbaar te zijn en een aanwijsbaar resultaat op te leveren. **DOORLOOPTIJD** ► ☑ onbekend **STATUS AANVRAGER** ► ☑ stichting of vereniging (non-profit) ☑ onderwijsinstelling ☑ kerkelijke instelling **VOORKEUR/UITSLUITING** ► ; ☑ Vooral aan aanvragen ten behoeve van jeugdigen wordt prioriteit verleend; ☑ De stichting Kanunnik Salden/Nieuwenhof geeft de voorkeur aan startsubsidies voor vernieuwende projecten, waarbij sprake is van co-financiering door andere partijen. Projecten worden uitgesloten indien deze blijken; ☑ individuele personen te betreffen; ☑ structureel van aard te zijn; ☑ betrekking te hebben op een ander fonds; ☑ reguliere exploitatie van een organisatie te betreffen; ☑ strikt commercieel doel na te streven; ☑ overheidsactiviteit te betreffen.

Procedure ■ **OP AANVRAAG** ► ja **DOORLOOPTIJD** ► 1-3 maanden **AANVRAAGPROCEDURE** ► Een aanvraag voor financiële ondersteuning kan schriftelijk gebeuren door een brief of email te sturen naar de stichting. Het bestuur vergadert zesmaal per jaar. Een aanvraagformat is te vinden op de website. **URL** ► www.kanunniksalden.nl/aanvraag.htm

Financieel ■ **INKOMSTEN EV** ► € 470.000 **HERKOMST MIDDELEN** ► vermogen, giften & schenkingen, legaten, overige inkomsten **BOEKJAAR** ► 2018 **JAARVERSLAG OP WEBSITE** ► ja.

Contact ■ **BEREIKBAAR PER** ► ☑ post ☑ e-mail ☑ telefoon **CONTACTPERSOON** ► geen contactpersoon bekend **POSTADRES** ► Lijsterbeslaan 20, 6241 AN Bunde **EMAIL (ALGEMEEN)** ► info@kanunniksalden.nl **TELEFOON (ALGEMEEN)** ► 06-20494847.

718

Stichting Karel Doorman Fonds

Rubriek ■ ☑ maatschappij, welzijn en samenleving ☑ noodhulp

Algemeen ■ **WEBSITE** ► www.militairefondsen.nl/karel_doorman_fonds/index.html **TYPERING** ► vermogensfonds **OPGERICHT** ► 12-10-1944 **RECHTSVORM** ► stichting **KVK** ► 41149862 **ANBI STATUS** ► nee **DIRECTIE** ► geen directiegegevens bekend **BESTUUR** ► J.G.A. Brandt, voorzitter; mw. I.J.C. van Pamelen, penningmeester; H. van de Beek, secretaris; drs. H.J. van Everdingen; ir. K.W.F.M. Doorman; drs. H.P. Dinkelberg; F.J. Marcus; mw. E. Rijkes.

Missie ■ **DOELSTELLING** ► De stichting heeft ten doel het verlenen van financiële steun aan leden en gewezen leden van het militair personeel van de Koninklijke marine, die als gevolg van het vervullen van hun taak in oorlogsomstandigheden, waaronder begrepen VN-operaties, bij een ramp of een ongeval slachtoffer van hun taakuitvoering zijn geworden, alsmede aan diegenen die direct financieel van hen afhankelijk zijn. **STICHTER(S)** ► De Heer Th. DE MEESTER Consul-Generaal der Nederlanden te Londen **HISTORIE** ► Het fonds is in 1944 opgericht en vernoemd naar schout-bij-nacht K.W.F.M Doorman, commandant van het Nederlandse eskader, die tijdens de Slag in de Javazee sneuvelde aan boord van het vlaggenschip Hr. Ms. De Ruyter.

Doelgroep ■ **ALGEMEEN** ► militairen **SPECIFIEK** ► Militair personeel van de koninklijke marine, hun families en nabestaanden en instellingen die zich inspannen voor deze groepen. **ACTIVITEITEN** ► Incidenteel steun verlenen aan: ☑ leden en gewezen leden van het militair personeel van de Koninklijke marine, die door ziekte of ongeval in financiële nood zijn komen te verkeren; ☑ degenen, die direct van de onder betreffende personen of de door hen nagelaten geldelijke voorzieningen financieel afhankelijk zijn; ☑ personen, die in financiële nood zijn komen te verkeren als gevolg van ziekte, ongeval of overlijden van een familielid (een ex-echtgenoot daaronder begrepen), van wiens inkomsten of nagelaten geldelijke voorzieningen zij financieel afhankelijk zijn, onder voorbehoud, dat eerder bedoeld familielid vrijwillig dienend lid van de Koninklijke marine is of geweest is; ☑ instellingen, die zich bezig houden met de individuele financiële zorg voor het actief dienend militair personeel van de Koninklijke marine; ☑ projecten of activiteiten, die in het belang zijn van de Koninklijke marine in het algemeen en/of die het actief dienend dan wel post-actief militair personeel van de Koninklijke marine ondersteunen en/of die een relatie hebben met veteranenzorg ten behoeve van eerder bedoeld personeel. **INTERVENTIENIVEAU** ▶ Steun aan individuen (directe steun).; Steun aan lokale/provinciale maatschappelijke organisaties en structuren (incl. gemeenten etc.) die diensten verlenen aan individuen.

Werkgebied ■ **ACTIERADIUS** ▶ Nationaal **LAND** ▶ Nederland.

Bestedingen ■ **BUDGET** ▶ € 205.340 **ONDERSTEUNDE PROJECTEN P/J** ▶ 26 **SOORT BIJDRAGE** ▶ giften overig **BOVENGRENS** ▶ geen **ONDERGRENS** ▶ geen.

Projecten ■ **CRITERIA** ▶ Projecten kunnen onderverdeeld worden in vijf categorieën ingedeeld: ☑ Steunverlening. Hieronder vallen ondermeer: medische voorzieningen, hulp bij schuldsanering, vervoer, verhuizing en inrichting of steun binnen de gezinssituatie. ☑ Herdenken. Hieronder vallen onder meer: jaarlijkse herdenkingsbijeenkomsten, de inrichting van herdenkingsruimtes, het oprichten van een oorlogsgedenkteken, publicaties ter herinnering en het uitreiken van prijzen ☑ Zorg; voorbeelden zijn hulphonden en nuldelijnszorg ☑ Welzijn; voorbeelden zijn: kerstpakketten, sportactiviteiten voor zorgbehoevende marinemensen en Veteranen Ontmoetingscentra. ☑ Onderzoek, voorbeeld is e inzet van hulphonden bij veteranen met PTSS. **DOORLOOPTIJD** ▶ ☑ korter dan 1 jaar **STATUS AANVRAGER** ▶ ☑ individuen/gezinnen **VOORKEUR/UITSLUITING** ▶ Het fonds verstrekt geen leningen. Periodieke steun door toekenning van een maandtoelage en/of een jaarlijkse vakantietoelage wordt niet meer toegekend. Het Fonds steunt missie-gerelateerde reünies van cliënten van WO II en buitenlandse missies en bijeenkomsten van lotgenoten. Reünies van scheeps- of onderdeel bemanningen worden niet gesteund.

Procedure ■ **OP AANVRAAG** ▶ ja **DOORLOOPTIJD** ▶ 1-3 maanden **AANVRAAGPROCEDURE** ▶ Aanvragen voor incidentele financiële steun geschieden via Bedrijfsmaatschappelijk Werk Defensie (militairen) of van de Basis (oud-militairen). Aanvragen van organisaties rechtstreeks schriftelijk indienen bij het secretariaat via het postadres. Aanvragen buiten de individuele steunverlening kunnen ook gedaan worden via de website. **URL** ▶ https://www.kareldoormanfonds.nl/aanvragen

Financieel ■ **EIGEN VERMOGEN** ▶ € 9.440.438 **INKOMSTEN EV** ▶ € 1.376.249 **HERKOMST MIDDELEN** ▶ vermogen, legaten, overige inkomsten, giften & schenkingen, leden (bijdragen) **BOEKJAAR** ▶ 2019 **JAARVERSLAG OP WEBSITE** ▶ ja.

Contact ■ **BEREIKBAAR PER** ▶ ☑ post ☑ e-mail ☑ telefoon **CONTACTPERSOON** ▶ geen contactpersoon bekend **POSTADRES** ▶ Postbus 190, MPC 56C, 3940 AD Doorn **EMAIL (ALGEMEEN)** ▶ secretariaat.kdf@mindef.nl **TELEFOON (ALGEMEEN)** ▶ 06-30091263.

719

Stichting Karuna Foundation

Rubriek ■ ☑ gezondheidszorg ☑ maatschappij, welzijn en samenleving ☑ economische ontwikkeling en microkrediet

Algemeen ■ **WEBSITE** ▶ www.karunafoundation.nl/nl **TYPERING** ▶ vermogensfonds **OPGERICHT** ▶ 2007 **RECHTSVORM** ▶ stichting **KVK** ▶ 09098154 **ANBI STATUS** ▶ ja **DIRECTIE** ▶ mw. A. van den Hoek **BESTUUR** ▶ R.T.T. aan de Stegge, voorzitter; G.H. Blijham, secretaris; C.M. Nijman.

Missie ■ **DOELSTELLING** ▶ Het doel van Karuna is om vermijdbare handicaps bij de geboorte of in de eerste drie jaar van het leven van een kind te voorkomen én de levens van kinderen met een beperking op een duurzame manier te verbeteren. Met duurzaam wordt bedoelt dat de activiteiten onverminderd doorgaan, ook als Karuna er niet meer bij is. ☑ Preventie van geboorteafwijking en handicaps bij kinderen; ☑ Een beter leven voor kinderen met een handicap door betere zorg, onderwijs, inkomen en participatie in de samenleving; ☑ Een ontwikkelingsmodel dat duurzaam en repliceerbaar is. **STICHTER(S)** ▶ René aan de Stegge **HISTORIE** ▶ Het woord Karuna komt uit het Sanskriet, de klassieke taal van het Indiase subcontinent, en betekent 'compassie' of 'mededogen'. Karuna Foundation is in 2007 opgericht door de Nederlandse ondernemer René aan de Stegge, directeur en eigenaar van Giesbers Groep. Onmiddellijk werd begonnen met het ontwikkelen van missie en visie, het opbouwen van een organisatie in Nederland en het eerste projectland Nepal en met het starten van vernieuwende projecten, pionieren dus. Betteke de Gaay Fortman werd aangesteld als directeur en is de enige fulltime betaalde kracht in Nederland. In Nepal werd een organisatie opgericht die onder leiding van Deepak Raj Sapkota en Yogendra Giri startte met het uitvoeren van de missie. Karuna Foundation Nepal is in januari 2016 een onafhankelijke NGO geworden die op eigen kracht de werkzaamheden voortzet, met 60 Nepalese professionals.

Doelgroep ■ **ALGEMEEN** ▶ armen, inheemse volken, kinderen, gehandicapten, jongeren **SPECIFIEK** ▶ Kinderen met een lichamelijke beperking in Nepal. **ACTIVITEITEN** ▶ Karuna Foundation heeft twee community modellen ontwikkeld: ☑ Inspire to Care; Programma voor lokale versterking en verankering van preventie van vermijdbare handicaps en verbetering van kwaliteit van leven van kinderen met een handicap. ☑ Share&Care; Ontwikkeling van een lokaal coöperatief gezondheidszorgsysteem teneinde de activiteiten van Inspire to Care duurzaam integreren in lokale gemeenschappen. De twee community modellen worden gedragen en gesteund middels: ☑ Training, coaching en ontwikkeling van lokaal leiderschap. Deze activiteiten dienen ter versterking van de uitvoering van de community-programma's Inspire to Care en Share&Care. ☑ Lobby, Communicatie & Netwerken; dient ook ter ondersteuning, duurzame continuering en expansie van bovengenoemde strategieën. **INTERVENTIENIVEAU** ▶ Steun aan lokale/provinciale maatschappelijke organisaties en structuren (incl.

gemeenten etc.) die diensten verlenen aan individuen.; Steun op niveau van maatschappij zelf (beleidsbeïnvloeding, etc.).

Werkgebied ■ ACTIERADIUS ▶ Internationaal, Nationaal LAND ▶ Nepal.

Bestedingen ■ BUDGET ▶ € 1.644.000 SOORT BIJDRAGE ▶ investeringen BOVENGRENS ▶ geen ONDERGRENS ▶ geen.

Projecten ■ CRITERIA ▶ Projecten zijn gericht op preventie van beperkingen door onderwijs/voorlichting, begeleiding tijdens de zwangerschap. Projecten zijn gericht op inclusiviteit/toegankelijk maken voor kinderen met een beperking. Hierbij spelen begrippen als sterk lokaal leiderschap, betrokkenheid doelgroep, bereidheid te stoppen (en over te dragen aan lokale overheden), goede zorg, aandacht (preventie, inclusiviteit) en kosten effectiviteit een rol. Projecten lopen 3-4 jaar waarvan 2-3 jaar hulp door middel van geld, ondersteuning en advies en het laatste jaar ondersteuning en advies. DOORLOOPTIJD ▶ ☑ onbekend ☑ langer dan 2 jaar STATUS AANVRAGER ▶ ☑ geen beperkingen bekend VOORKEUR/UITSLUITING ▶ geen voorkeur of uitsluiting bekend.

Procedure ■ OP AANVRAAG ▶ onbekend AANVRAAGPROCEDURE ▶ Geen aanvraagprocedure bekend.

Financieel ■ INKOMSTEN OV ▶ € 1.612.919 HERKOMST MIDDELEN ▶ vermogen, giften & schenkingen, bedrijven, overige inkomsten BOEKJAAR ▶ 2019 JAARVERSLAG OP WEBSITE ▶ ja.

Contact ■ BEREIKBAAR PER ▶ ☑ post ☑ e-mail ☑ telefoon CONTACTPERSOON ▶ geen contactpersoon bekend POSTADRES ▶ Haparandadam 2B-10, 1013 AK Amsterdam EMAIL (ALGEMEEN) ▶ info@karunafoundation.nl TELEFOON (ALGEMEEN) ▶ +310-653295829.

720
Stichting Kasteel Eijsden

Rubriek ■ ☑ kunst en cultuur

Algemeen ■ WEBSITE ▶ https://fondseninnederland.nl/fonds/kasteel-eijsden-stichting TYPERING ▶ vermogensfonds OPGERICHT ▶ 15-07-1997 RECHTSVORM ▶ stichting KVK ▶ 41079215 ANBI STATUS ▶ ja DIRECTIE ▶ geen directiegegevens bekend BESTUUR ▶ Mw. B.M.A.G.H. de Liederkerke de Pailhe, voorzitter; M.R.F.M.M.J.G. de Liedekerke de Pailhe, penningmeester; mw. F.M.R.G. de Liederkerke de Pailhe, secretaris; R.R.A.M.G. de Liedekerke de Pailhe; mw. C.M.G.G. de Liedekerke de Pailhe; D.A.M. Akkermans; mw. M.A.L.R. de Liedekerke de Pailhe.

Missie ■ DOELSTELLING ▶ De doelstelling van de instelling is opgenomen in art.2 van de statuten en luidt als volgt: ☑ het in het algemeen belang doen voortbestaan van Kasteel Eijsden, met de daarbij behorende gebouwen, bouwhuis, voormalige Zaagmolen, hoeve Reinekenshof en haar omgeving en met de zich in huis bevindende inboedel als cultuurhistorisch- en natuurmonument; ☑ het handhaven van de band tussen het Kasteel en de familie die het sedert 1636 bewoond heeft.

Doelgroep ■ SPECIFIEK ▶ Geen specifieke doelgroep ACTIVITEITEN ▶ Geen specifieke activiteiten bekend INTERVENTIENIVEAU ▶ N.v.t.

Werkgebied ■ ACTIERADIUS ▶ Lokaal LAND ▶ Nederland REGIO ▶ Limburg PLAATS ▶ Eijsden.

Bestedingen ■ BUDGET ▶ niet openbaar SOORT BIJDRAGE ▶ overig BOVENGRENS ▶ geen ONDERGRENS ▶ geen.

Projecten ■ CRITERIA ▶ geen projectcriteria bekend DOORLOOPTIJD ▶ ☑ onbekend STATUS AANVRAGER ▶ ☑ geen beperkingen bekend VOORKEUR/UITSLUITING ▶ geen voorkeur of uitsluiting bekend.

Procedure ■ OP AANVRAAG ▶ onbekend

Financieel ■ INKOMSTEN EV ▶ € 336.478 HERKOMST MIDDELEN ▶ vermogen BOEKJAAR ▶ 2018 JAARVERSLAG OP WEBSITE ▶ ja.

Contact ■ BEREIKBAAR PER ▶ ☑ post ☒ e-mail ☒ telefoon CONTACTPERSOON ▶ geen contactpersoon bekend POSTADRES ▶ Graaf de Geloeslaan 8, 6245 AS Eijsden.

721
Stichting Katapult

Rubriek ■ ☑ gezondheidszorg ☑ maatschappij, welzijn en samenleving ☑ sport en recreatie ☑ kunst en cultuur

Algemeen ■ WEBSITE ▶ www.stichtingkatapult.nl TYPERING ▶ vermogensfonds OPGERICHT ▶ 01-01-2009 RECHTSVORM ▶ stichting KVK ▶ 41169011 ANBI STATUS ▶ nee DIRECTIE ▶ geen directiegegevens bekend BESTUUR ▶ J. van Egmond; H. Klifman; L. Kok; D. Rinkel.

Missie ■ DOELSTELLING ▶ De Stichting Katapult heeft ten doel om in Voorschoten en omgeving activiteiten of kleinschalige projecten financieel te ondersteunen die; ☑ het algemeen lichamelijk en geestelijk welbevinden bevorderen van kinderen tot zestien jaar; ☑ bij kinderen tot zestien jaar het begrip van respect voor etnische, sociale, religieuze en culturele verschillen bevorderen, zowel onderling als jegens anderen en met behoud van ieders eigenheid; ☑ bevorderen dat kinderen tot zestien jaar zich, ongeacht hun achtergrond, een volwaardig onderdeel voelen van de gemeenschap waar zij deel van uitmaken. HISTORIE ▶ De Stichting Katapult is een jonge stichting, opgericht in januari 2009 en voortgekomen uit de Centrale Stichting Kinderopvang Voorschoten.

Doelgroep ■ ALGEMEEN ▶ kinderen, jongeren, gehandicapten, zieken SPECIFIEK ▶ Jongeren in Voorschoten en volwassenen of verenigingen die iets willen doen voor jongeren. ACTIVITEITEN ▶ Om een idee te geven van het soort projecten waar de Stichting Katapult aan denkt, staan hieronder wat voorbeelden: ☑ een middelbare school die toneelvoorstellingen organiseert waarin zowel eigen leerlingen acteren als jongeren met het syndroom van Down ; ☑ een sportvereniging die wedstrijden organiseert voor de eigen jeugdleden samen met gehandicapte jongeren; ☑ een groep jongeren die een muziekfestival willen organiseren maar bij gebrek aan een officiële status niet voor gemeentelijke subsidie in aanmerking komen; ☑ een groep allochtone en autochtone jongeren die samen een buurtfeest willen organiseren waarmee ze culturen met elkaar willen verbinden; ☑ jonge musici in Voorschoten die een pop- of kunstpodium willen organiseren waarin ze ervaring op kunnen doen als uitvoerend musicus. IN-

TERVENTIENIVEAU ▶ Steun aan lokale/provinciale maatschappelijke organisaties en structuren (incl. gemeenten etc.) die diensten verlenen aan individuen.; Steun aan individuen (directe steun).

Werkgebied ■ ACTIERADIUS ▶ Lokaal LAND ▶ Nederland REGIO ▶ Zuid-Holland PLAATS ▶ Voorschoten e.o.

Bestedingen ■ BUDGET ▶ niet openbaar SOORT BIJDRAGE ▶ giften investeringen subsidies BOVENGRENS ▶ geen ONDERGRENS ▶ geen.

Projecten ■ CRITERIA ▶ geen projectcriteria bekend DOORLOOPTIJD ▶ ☑ onbekend STATUS AANVRAGER ▶ ☑ geen beperkingen bekend VOORKEUR/UITSLUITING ▶ ; ☑ De Stichting sponsort graag projecten waarin jongeren een actief aandeel hebben in de organisatie. ☑ Het verlenen van steun gaat in beginsel niet om het dekken van voorziene of onvoorziene tekorten in de reguliere begroting of exploitatie van de aanvrage.

Procedure ■ OP AANVRAAG ▶ ja DOORLOOPTIJD ▶ 1-3 maanden; korter dan een maand; korter dan een maand AANVRAAGPROCEDURE ▶ Met behulp van het aanvraagformulier kan een aanvraag worden ingediend. Deze is te vinden op de website. Aan de hand van de gegevens in het aanvraagformulier bekijkt het bestuur van de Stichting Katapult of de aanvraag wordt ingewilligd of afgewezen. Bij die beoordeling wordt gekeken of de activiteit past binnen en bijdraagt aan de realisatie van de doelstellingen van de Stichting Katapult. Het bestuur streeft ernaar om drie weken na ontvangst van de aanvraag een gemotiveerde beslissing te geven. URL ▶ stichtingkatapult.nl/doelstelling

Financieel ■ HERKOMST MIDDELEN ▶ onbekend BOEKJAAR ▶ boekjaar onbekend.

Contact ■ BEREIKBAAR PER ▶ ☒ post ☑ e-mail ☒ telefoon CONTACTPERSOON ▶ geen contactpersoon bekend POSTADRES ▶ Geen postadres bekend EMAIL (ALGEMEEN) ▶ stichtingkatapult@live.nl.

722

Katholieke Blindenzorgvereniging St. Antonius van Padua

Rubriek ■ ☑ maatschappij, welzijn en samenleving ☑ kunst en cultuur ☑ gezondheidszorg

Algemeen ■ WEBSITE ▶ www.blindenfonds.nl/katholieke.blindenzorgvereniging.st.antonius.van.padua TYPERING ▶ vermogensfonds OPGERICHT ▶ 09-10-1931 RECHTSVORM ▶ vereniging KVK ▶ 40216298 ANBI STATUS ▶ ja DIRECTIE ▶ geen directiegegevens bekend BESTUUR ▶ E.C.J. van Peppen, voorzitter; A.A. Roets, penningmeester; mw. A. Koper-Griek, secretaris; M.P. Rijk; J.A.H. Bechtold; mw. M.S.A. Meulen; A.J.M. Spruijt, vice-voorzitter.

Missie ■ DOELSTELLING ▶ De vereniging heeft ten doel het bevorderen van de geestelijke, culturele, maatschappelijke en materiële belangen van blinden en slechtzienden met name doch niet uitsluitend in de provincies Noord-Brabant, Zeeland en Gelderland beneden de grote rivieren en voorts het verrichten van al hetgeen hiermee verband houdt of daartoe bevorderlijk kan zijn. HISTORIE ▶ De vereniging 'Katholieke Blindenzorgvereniging St. Antonius van Padua', gevestigd te 's-Hertogenbosch, is in het leven geroepen bij notariële akte d.d. 9 oktober 1931. De uitvoering van de doelstellingen heeft de vereniging sedert 24 oktober 2003 uitbesteed aan de Stichting Blindenbelangen. Hiervoor zijn de beschikbare middelen ter beschikking gesteld aan de Stichting Blindenbelangen. BELEIDSPLAN OP WEBSITE ▶ ja.

Doelgroep ■ ALGEMEEN ▶ gehandicapten SPECIFIEK ▶ Blinde en slechtziende mensen. ACTIVITEITEN ▶ Geen specifieke activiteiten bekend INTERVENTIENIVEAU ▶ Steun aan lokale/provinciale maatschappelijke organisaties en structuren (incl. gemeenten etc.) die diensten verlenen aan individuen.; Steun aan individuen (directe steun).

Werkgebied ■ ACTIERADIUS ▶ Regionaal LAND ▶ Nederland REGIO ▶ Noord-Brabant, Zeeland, Gelderland.

Bestedingen ■ BUDGET ▶ niet openbaar SOORT BIJDRAGE ▶ giften BOVENGRENS ▶ geen ONDERGRENS ▶ geen.

Projecten ■ CRITERIA ▶ Geen projectcriteria. DOORLOOPTIJD ▶ ☑ onbekend STATUS AANVRAGER ▶ ☑ geen beperkingen bekend VOORKEUR/UITSLUITING ▶ Uit historische overwegingen ziet de vereniging de provincies Noord-Brabant, Zeeland en Gelderland beneden de grote rivieren in principe als haar werkterrein.

Procedure ■ OP AANVRAAG ▶ ja DOORLOOPTIJD ▶ geen doorlooptijd bekend; 1-3 maanden; 1-3 maanden AANVRAAGPROCEDURE ▶ Geen aanvraagprocedure bekend. Er is echter wel op de overkoepelende site een algemene werkwijze te vinden. Het bestuur van de vereniging vergadert als regel vier keer per jaar. Op de vergadering worden ook de aanvragen behandeld URL ▶ https://blindenfonds.nl/waarvoor-hoe/

Financieel ■ HERKOMST MIDDELEN ▶ giften & schenkingen, legaten, vermogen BOEKJAAR ▶ 2019 JAARVERSLAG OP WEBSITE ▶ ja.

Contact ■ BEREIKBAAR PER ▶ ☑ post ☑ e-mail ☑ telefoon CONTACTPERSOON ▶ geen contactpersoon bekend POSTADRES ▶ Borgharensingel 14, 5043 ZM Tilburg EMAIL (ALGEMEEN) ▶ stichtingblindenbelangen@gmail.com TELEFOON (ALGEMEEN) ▶ 013-5701438; 06-12949774.

723

Katholieke Stichting Jongerenbelangen

Rubriek ■ ☑ gezondheidszorg ☑ maatschappij, welzijn en samenleving

Algemeen ■ WEBSITE ▶ www.jongerenbelangen.eu TYPERING ▶ vermogensfonds OPGERICHT ▶ 27-06-1974 RECHTSVORM ▶ stichting KVK ▶ 41149123 ANBI STATUS ▶ ja DIRECTIE ▶ geen directiegegevens bekend BESTUUR ▶ P.R. van Alphen, voorzitter; H.E. Schouten, penningmeester; F.J.M.I van Rijckevorsel van Kessel; mw. M. Wesselink.

Missie ■ DOELSTELLING ▶ Het bevorderen van lichamelijk, geestelijk en sociaal welzijn van jeugd en jongeren die door omstandigheden van persoonlijke of maatschappelijke aard in hun ontwikkeling ernstig worden bedreigd. **STICHTER(S)** ▶ Mevrouw M. Krul-Schütz **HISTORIE** ▶ De Stichting is voortgekomen uit de in 1904 door mevrouw M. Krul-Schütz opgerichte 'R.K. Vereniging ter bescherming van meisjes, te 's-Gravenhage'. Deze vereniging stelde zich ten doel de bescherming van katholieke en zo nodig andere vrouwen en meisjes tegen de morele gevaren die haar bedreigden, de verzorging van ongehuwde moeders en hun kinderen en de duurzame verzorging van katholieke minderjarigen volgens de kinderwetten. Ten gevolge van gewijzigde maatschappelijke verhoudingen was de verenigingsvorm niet langer geschikt en heeft het bestuur van de vereniging besloten de werkzaamheden te verrichten in een daartoe op te richten stichting. Deze stichting, de KSJB, is op 27 juni 1974 opgericht. **BELEIDSPLAN OP WEBSITE** ▶ ja.

Doelgroep ■ **ALGEMEEN** ▶ gehandicapten, jongeren, kinderen, zieken **SPECIFIEK** ▶ Kinderen of jongeren tot de leeftijd van 24 jaar die beperkt worden in hun ontwikkeling met betrekking tot het lichamelijk, geestelijk en/of sociaal welzijn. **ACTIVITEITEN** ▶ Geen specifieke activiteiten bekend **INTERVENTIENIVEAU** ▶ Steun aan lokale/provinciale maatschappelijke organisaties en structuren (incl. gemeenten etc.) die diensten verlenen aan individuen.

Werkgebied ■ **ACTIERADIUS** ▶ Nationaal, Regionaal **LAND** ▶ Nederland **REGIO** ▶ Haaglanden.

Bestedingen ■ **BUDGET** ▶ € 100.000 **ONDERSTEUNDE PROJECTEN P/J** ▶ 19 **SOORT BIJDRAGE** ▶ giften **BOVENGRENS** ▶ geen **ONDERGRENS** ▶ geen.

Projecten ■ **CRITERIA** ▶ De aanvraag moet betrekking hebben op een project of activiteit voor kinderen of jongeren tot de leeftijd van 24 jaar. De aanvraag moet betrekking hebben op het lichamelijk, geestelijk en/of sociaal welzijn van kinderen/jongeren waarvan de ontwikkeling (in relatie tot het gebied waarin zij wonen) ernstig bedreigd wordt. De aanvraag/activiteit dient direct ten goede te komen aan de doelgroep. Het moet gaan om eenmalige kosten. Bij aanvragen moet duidelijk aangegeven zijn wat de aanvrager met het project wil bereiken en/of op welke wijze in de continuïteit voorzien zal worden. De aanvrager moet helder aangeven waarom zij zelf niet over voldoende geldmiddelen beschikt voor het project. De aanvrager moet helder aangeven waarom zij zelf niet over voldoende geldmiddelen beschikt voor het project. **DOORLOOPTIJD** ▶ ☑ korter dan 1 jaar **STATUS AANVRAGER** ▶ ☑ stichting of vereniging (non-profit) **VOORKEUR/UITSLUITING** ▶ Projecten in Nederland – vooral in de regio Haaglanden – genieten de voorkeur. Uitgesloten zijn aanvragen betreffende exploitatiekosten, vakanties, stage of studiekosten. De aanvraag dient voorafgaand aan het project te geschieden. Kosten achteraf worden niet vergoed.

Procedure ■ **OP AANVRAAG** ▶ ja **DOORLOOPTIJD** ▶ 1-3 maanden **AANVRAAGPROCEDURE** ▶ Aanvragen dienen online of schriftelijk te worden ingediend (eventueel na telefonisch contact). Bij de aanvraag dienen de volgende documenten te worden bijgevoegd: ☑ recente balans en staat van ontvangsten en uitgaven van de aanvragende organisatie; ☑ de exploitatiebegroting na afronding van het project; ☑ een nadere cijfermatige toelichting op het financieringstekort en de wijze waarop dit tekort zal worden gefinancierd; ☑ de vigerende statuten van de aanvragende organisatie; ☑ een recent uittreksel uit het handelsregister van de aanvragende organisatie; ☑ een lijst van de fondsen die voor hetzelfde project zijn benaderd; ☑ een overzicht van reeds ontvangen toezeggingen. Het bestuur behandelt een aanvraag in haar eerstvolgende vergadering (6x per jaar). De geschatte doorlooptijd van een aanvraag is ongeveer drie maanden. Een aanvrager dient derhalve een ruime periode aan te houden tussen het indienen van de aanvraag en de begindatum van het project. **URL** ▶ www.jongerenbelangen.eu/aanvragen/aanvraagformulier/

Financieel ■ **INKOMSTEN EV** ▶ € 252.587 **INKOMSTEN OV** ▶ € 106.884 **HERKOMST MIDDELEN** ▶ vermogen, giften & schenkingen, legaten **BOEKJAAR** ▶ 2019 **JAARVERSLAG OP WEBSITE** ▶ ja.

Contact ■ **BEREIKBAAR PER** ▶ ☑ post ☑ e-mail ☑ telefoon **CONTACTPERSOON** ▶ Mw. S.H. Grinwis-van Dijk **POSTADRES** ▶ Lange Voorhout 92, 2514 EJ Den Haag **EMAIL (ALGEMEEN)** ▶ jongerenbelang@planet.nl **TELEFOON (ALGEMEEN)** ▶ 070-3505391.

724

Katholieke Stichting ter Bevordering van Welzijnswerk (KSBW)

Rubriek ■ ☑ kerk en levensbeschouwing ☑ maatschappij, welzijn en samenleving ☑ kunst en cultuur ☑ onderwijs en onderzoek

Algemeen ■ **WEBSITE** ▶ www.ksbw.nl **TYPERING** ▶ vermogensfonds **OPGERICHT** ▶ 28-01-1958 **RECHTSVORM** ▶ stichting **KVK** ▶ 41200805 **ANBI STATUS** ▶ ja **DIRECTIE** ▶ geen directiegegevens bekend **BESTUUR** ▶ Mr. P.W.L. Russell, voorzitter; drs. O.M.J. Baneke, penningmeester; mr.drs. R.W.L. Russell, secretaris; B.P.F. Löwenthal; drs. E.A.R.J. Lohman.

Missie ■ **DOELSTELLING** ▶ De K.S.B.W. is een onafhankelijk particulier fonds dat vanuit een pastorale achtergrond giften verstrekt aan sociaal cultureel werk, maatschappelijk werk, samenlevingsopbouwwerk en pastoraal werk. Het fonds richt zich op overdracht van het katholiek sociaal gedachtegoed naar een volgende generatie door het bevorderen van onderwijs en vorming gericht op professionalisering en continuïteit. **BELEIDSPLAN OP WEBSITE** ▶ ja.

Doelgroep ■ **ALGEMEEN** ▶ gelovigen, jongeren, armen **SPECIFIEK** ▶ Geen specifieke doelgroep **ACTIVITEITEN** ▶ Bijdragen werden beschikbaar gesteld voor activiteiten op het gebied van o.a. (geloofs)educatieve projecten gericht op jongeren, het katholieke jongerenpastoraat, diverse maatschappelijke projecten zoals de ondersteuning bij de bijscholing van achterstandsgroepen en vrijwilligerswerk. Tevens zijn projecten gerealiseerd ter bevordering van de deskundigheid, diversiteit en professionaliteit en verjonging van besturen van filantropische fondsen. **INTERVENTIENIVEAU** ▶ Steun aan lokale/provinciale maatschappelijke organisaties en structuren (incl. gemeenten etc.) die diensten verlenen aan individuen.

Werkgebied ■ **ACTIERADIUS** ▶ Nationaal **LAND** ▶ Nederland.

Bestedingen ■ BUDGET ▶ € 140.000 ONDERSTEUNDE PROJECTEN P/J ▶ 20 SOORT BIJDRAGE ▶ giften BOVENGRENS ▶ geen ONDERGRENS ▶ geen.
Projecten ■ CRITERIA ▶ ☑ educatieve projecten voor jongeren, geïnspireerd op de katholieke grondslag en gericht op jongeren die een rol willen spelen in het maatschappelijk debat; ☑ Ondersteuning tot maximaal drie jaar. DOORLOOPTIJD ▶ ☑ onbekend STATUS AANVRAGER ▶ ☑ geen beperkingen bekend VOORKEUR/UITSLUITING ▶ ☑ Al hebben maatschappelijk relevante katholieke instellingen de voorkeur, oecumenische initiatieven worden in beginsel niet zonder meer uitgesloten. ☑ Er worden geen giften gedaan aan donororganisaties; ☑ er zullen geen exploitatie verliezen gefinancierd worden.
Procedure ■ OP AANVRAAG ▶ ja AANVRAAGPROCEDURE ▶ Aanvragen richten aan het Secretariaat KSBW vergezeld van: ☑ brief van ongeveer 1 à 2 A4-tjes waarin u uw organisatie en het betreffende project beschrijft; ☑ volledig ingevulde vragenlijst (te downloaden van de website); ☑ statuten van de eventuele rechtspersoon en kopie uittreksel Kamer van Koophandel; ☑ kopie laatste jaarrekening; ☑ kopie begroting; ☑ kostendekkingsoverzicht: eigen inbreng, subsidies en derden-donoren. URL ▶ www.ksbw.nl/
Financieel ■ INKOMSTEN EV ▶ € 567.189 HERKOMST MIDDELEN ▶ vermogen, inkomsten uit vermogen BOEKJAAR ▶ 2019.
Contact ■ BEREIKBAAR PER ▶ ☑ post ☑ e-mail ☑ telefoon CONTACTPERSOON ▶ geen contactpersoon bekend POSTADRES ▶ Antonio Vivaldistraat 6, 1083 HP Amsterdam EMAIL (ALGEMEEN) ▶ ksbw@russell.nl TELEFOON (ALGEMEEN) ▶ 020-3015519.

725
Kattendijke/Drucker Stichting

Rubriek ■ ☑ kunst en cultuur ☑ maatschappij, welzijn en samenleving ☑ kerk en levensbeschouwing
Algemeen ■ WEBSITE ▶ www.kattendijkedrucker.nl TYPERING ▶ vermogensfonds OPGERICHT ▶ 2004 RECHTSVORM ▶ stichting KVK ▶ 41198760 ANBI STATUS ▶ ja DIRECTIE ▶ geen directiegegevens bekend BESTUUR ▶ Mr. M.R. Meijer, voorzitter; dr. W.L. Korthals Altes, penningmeester; mr. J.H.M. Zeijlstra, secretaris; mr. H. baron Huyssen van Kattendijke; H. van Hasselt; mw.mr. M. Simons.
Missie ■ DOELSTELLING ▶ De Kattendijke/Drucker Stichting heeft als doelstelling het verlenen van financiële steun op filantropische grondslag, daar, waar zulks naar het oordeel van het bestuur doelmatig en verantwoord is. De stichting tracht dit doel te bereiken door het verlenen van steun aan in Nederland en daarbuiten gevestigde en aldaar werkzame instellingen op religieus, cultureel en sociaal terrein,. HISTORIE ▶ De Kattendijke/Drucker Stichting is eind 2004 ontstaan uit de fusie tussen twee stichtingen: de Maurits van Kattendijke Stichting en de Thérèse Drucker Stichting. BELEIDSPLAN OP WEBSITE ▶ ja.
Doelgroep ■ ALGEMEEN ▶ kinderen, jongeren, gelovigen SPECIFIEK ▶ Geen specifieke doelgroep ACTIVITEITEN ▶ Geen specifieke activiteiten. INTERVENTIENIVEAU ▶ Steun op niveau van maatschappij zelf (beleidsbeïnvloeding, etc.).; Steun aan lokale/provinciale maatschappelijke organisaties en structuren (incl. gemeenten etc.) die diensten verlenen aan individuen.
Werkgebied ■ ACTIERADIUS ▶ Nationaal LAND ▶ Nederland, Wereldwijd.
Bestedingen ■ BUDGET ▶ niet openbaar TOELICHTING ▶ In de eerste vergadering van het jaar wordt de jaarruimte (dwz de in dat jaar beschikbare financiën voor uitkering) vastgesteld; SOORT BIJDRAGE ▶ subsidies giften BOVENGRENS ▶ € 1.500 ONDERGRENS ▶ € 500.
Projecten ■ CRITERIA ▶ geen projectcriteria bekend DOORLOOPTIJD ▶ ☑ onbekend STATUS AANVRAGER ▶ ☑ stichting of vereniging (non-profit) VOORKEUR/UITSLUITING ▶ ☑ in principe wordt er geen steun verleend aan particulieren. ☑ Instellingen die het beogen van winst tot hun doelstelling hebben, komen niet in aanmerking voor een bijdrage.
Procedure ■ OP AANVRAAG ▶ ja DOORLOOPTIJD ▶ 3-6 maanden AANVRAAGPROCEDURE ▶ Een aanvraag dient schriftelijk (per post, niet aangetekend) bij een bestuurslid naar keuze ingediend te worden. De adressen van de bestuursleden vindt u op de website. Een aanvraag dient het volgende te bevatten: ☑ een beknopte omschrijving van het te financieren project/activiteit met het gestelde doel; ☑ om welk bedrag wordt gevraagd alsmede een begroting (verplicht); ☑ een beknopte omschrijving van de instelling; ☑ een samenvatting van maximaal 8 regels inclusief een regel bevattende kosten/opbrengsten en tekort, welke u tevens e-mailt in Word naar info@kattendijkedrucker.nl onder vermelding aan welk bestuurslid de aanvraag plus samenvatting is verzonden. Wanneer het om het publieksevenement gaat, gaarne de entreeprijs per persoon alsmede het verwachte aantal bezoekers vermelden. Indien een rechtspersoon (stichting of vereniging) een aanvraag indient, dient een recent bewijs van registratie bij de Kamer van Koophandel te worden meegezonden. Men kan eenmaal per twee kalenderjaren een aanvraag indienen. Men moet er rekening mee houden dat de afwikkeling van de aanvraag tijd in beslag neemt, gestreefd wordt een aanvraag binnen zes maanden af te wikkelen. Er worden tussentijds geen inlichtingen verstrekt over de ingediende aanvraag. In principe vergadert het Bestuur van de Kattendijke/Drucker Stichting vier maal per jaar in maart, juni, september en december. URL ▶ www.kattendijkedrucker.nl/procedure-aanvraag/
Financieel ■ EIGEN VERMOGEN ▶ € 3.863.484 HERKOMST MIDDELEN ▶ vermogen, giften & schenkingen, legaten BOEKJAAR ▶ 2018 JAARVERSLAG OP WEBSITE ▶ ja.
Contact ■ BEREIKBAAR PER ▶ ☑ post ☑ e-mail ☒ telefoon CONTACTPERSOON ▶ geen contactpersoon bekend POSTADRES ▶ Koninginnelaan 11, 1815 JV Alkmaar EMAIL (ALGEMEEN) ▶ info@kattendijkedrucker.nl.

726
Keep an Eye Fonds

Rubriek ■ ☑ kunst en cultuur
Algemeen ■ WEBSITE ▶ www.cultuurfonds.nl TYPERING ▶ fonds op

naam **BEHEERD DOOR** ► Prins Bernhard Cultuurfonds **DIRECTIE** ► zie > Prins Bernhard Cultuurfonds **BESTUUR** ► zie > Prins Bernhard Cultuurfonds

Missie ■ **DOELSTELLING** ► Het financieel ondersteunen van projecten, initiatieven en expertise-ontwikkeling op het gebied van kunst en cultuur in Nederland, met name gericht op het geven van kansen aan jong talent.

Werkgebied ■ **ACTIERADIUS** ► Nationaal **LAND** ► Nederland.

Projecten ■ **CRITERIA** ► geen projectcriteria bekend **DOORLOOPTIJD** ► ☑ korter dan 1 jaar **STATUS AANVRAGER** ► ☑ geen beperkingen bekend **VOORKEUR/UITSLUITING** ► geen voorkeur of uitsluiting bekend.

Procedure ■ **OP AANVRAAG** ► ja **AANVRAAGPROCEDURE** ► Dit 'fonds op naam' ressorteert onder het Prins Bernhard Cultuurfonds. Verzoeken aan fondsen op naam komen op één centraal punt binnen. Dit houdt in dat een subsidieaanvraag slechts eenmaal aan het Prins Bernhard Cultuurfonds hoeft te worden gezonden. Voor de verdere aanvraagprocedure: zie Prins Bernhard Cultuurfonds. **URL** ► www.cultuurfonds.nl/aanvragen

Contact ■ **BEREIKBAAR PER** ► ☑ post ☑ e-mail ☑ telefoon **CONTACTPERSOON** ► geen contactpersoon bekend **POSTADRES** ► Postbus 19750, 1000 GT Amsterdam **EMAIL (ALGEMEEN)** ► info@cultuurfonds.nl **TELEFOON (ALGEMEEN)** ► 020-5206130.

727
Keg-Thate Fonds

Rubriek ■ ☑ kunst en cultuur ☑ natuur, milieu en dieren

Algemeen ■ **WEBSITE** ► www.cultuurfonds.nl **TYPERING** ► fonds op naam **BEHEERD DOOR** ► Prins Bernhard Cultuurfonds **DIRECTIE** ► zie > Prins Bernhard Cultuurfonds **BESTUUR** ► zie > Prins Bernhard Cultuurfonds

Missie ■ **DOELSTELLING** ► Het financieel ondersteunen van projecten op het gebied van de cultuur en het natuurbehoud in Nederland, met een voorkeur voor geschiedenis en voor restauratie op het terrein van kunstnijverheid en groen erfgoed. Daarnaast het financieel ondersteunen van talent, bij voorkeur op het terrein van restauratie.

Werkgebied ■ **ACTIERADIUS** ► Nationaal **LAND** ► Nederland.

Projecten ■ **CRITERIA** ► geen projectcriteria bekend **DOORLOOPTIJD** ► ☑ korter dan 1 jaar **STATUS AANVRAGER** ► ☑ geen beperkingen bekend **VOORKEUR/UITSLUITING** ► Voorkeur gaat uit naar projecten en talenten op het gebied van restauratie.

Procedure ■ **OP AANVRAAG** ► ja **AANVRAAGPROCEDURE** ► Dit 'fonds op naam' ressorteert onder het Prins Bernhard Cultuurfonds. Verzoeken aan fondsen op naam komen op één centraal punt binnen. Dit houdt in dat een subsidieaanvraag slechts eenmaal aan het Prins Bernhard Cultuurfonds hoeft te worden gezonden. Voor de verdere aanvraagprocedure: zie Prins Bernhard Cultuurfonds. **URL** ► www.cultuurfonds.nl/aanvragen

Contact ■ **BEREIKBAAR PER** ► ☑ post ☑ e-mail ☑ telefoon **CONTACTPERSOON** ► geen contactpersoon bekend **POSTADRES** ► Postbus 19750, 1000 GT Amsterdam **EMAIL (ALGEMEEN)** ► info@cultuurfonds.nl **TELEFOON (ALGEMEEN)** ► 020-5206130.

728
Kerkelijke Stichting Stalpaert van der Wiele

Rubriek ■ ☑ kerk en levensbeschouwing ☑ gezondheidszorg ☑ maatschappij, welzijn en samenleving ☑ sport en recreatie ☑ kunst en cultuur ☑ onderwijs en onderzoek

Algemeen ■ **WEBSITE** ► www.stalpaertdelft.nl **TYPERING** ► vermogensfonds **OPGERICHT** ► 01-01-1855 **RECHTSVORM** ► stichting **KVK** ► 70107076 **ANBI STATUS** ► ja **DIRECTIE** ► geen directiegegevens bekend **BESTUUR** ► Mw.mr. A.M. Lander, voorzitter; mr. R.N.T.M. Vlek, penningmeester; mr. J.J.C. Somers, secretaris; drs. M. de Bruin; mw. M.C. Junius; mw. J.M.C.E. Huijsmans.

Missie ■ **DOELSTELLING** ► Het bevorderen van het geestelijke, godsdienstige en maatschappelijk welzijn van met name de Rooms Katholieke Geloofsgemeenschap, en die van de stad Delft en direct aangrenzende gemeenten. **HISTORIE** ► De 'Kerkelijke Stichting Stalpaert van der Wiele' is een te Delft gevestigd charitatief fonds. Het bestuur van de kerkelijke stichting is ook bestuurder van de Stichting Klaeuwshofje, eigenaar van een in 1605 gebouwd hofje te Delft, Oranje Plantage. De Kerkelijke Stichting Stalpaert van der Wiele is de opvolger van eerdere instellingen op het gebied van de R.K. armen-, wezen- en bejaardenzorg in Delft. De geschiedenis gaat terug tot 1710, het jaar waarin het eerste viertal armmeesters het vaandel overnam van het college dat daarvoor onder bestuur van de Jezuïeten over de kerkelijke goederen en de katholieke armen en wezen had gewaakt. De naam van de kerkelijke stichting verwijst naar de bekende priester-dichter Joannes Stalpaert van der Wiele (1579 – 1630), die in augustus 1612 werd belast met het pastoraat in Delft. Stalpaert van der Wiele werd in 's-Gravenhage geboren als zoon van een advocaat bij het Hof van Holland. Rond 1970 droeg de instelling (toen genaamd RK Armbestuur van Delft), haar taken op het gebied van de ouderenzorg over aan de DKSB 'Delftsche Katholieke Stichting voor Bejaardenzorg en Huisvesting voor Alleenstaanden'. Eerder werd de zorg voor wezen al beëindigd. In 1978 werd de naam van de instelling gewijzigd in Kerkelijke Stichting Stalpaert van der Wiele en werd de doelstelling aangepast. **BELEIDSPLAN OP WEBSITE** ► ja.

Doelgroep ■ **ALGEMEEN** ► ouderen, jongeren, armen, gelovigen, dak- en thuislozen **SPECIFIEK** ► Geen specifieke doelgroep **ACTIVITEITEN** ► De Kerkelijke Stichting Stalpaert van der Wiele tracht haar doelstelling te bereiken o.a. door financiële steun te verlenen aan daarvoor geëigende instellingen van kerkelijke, charitatieve, sociale of wetenschappelijke aard, waaronder begrepen instellingen werkzaam op het gebied van de ouderenzorg in Delft en de direct aangrenzende gemeenten. **INTERVENTIENIVEAU** ► Steun aan lokale/provinciale maatschappelijke organisaties en structuren (incl. gemeenten etc.) die diensten verlenen aan individuen.

Werkgebied ■ ACTIERADIUS ▶ Lokaal LAND ▶ Nederland REGIO ▶ Zuid-Holland PLAATS ▶ Delft.

Bestedingen ■ BUDGET ▶ niet openbaar ONDERSTEUNDE PROJECTEN P/J ▶ 56 SOORT BIJDRAGE ▶ giften BOVENGRENS ▶ € 50.000 ONDERGRENS ▶ € 2.500.

Projecten ■ CRITERIA ▶ geen projectcriteria bekend DOORLOOPTIJD ▶ ☑ onbekend STATUS AANVRAGER ▶ ☑ stichting of vereniging (non-profit) ☑ onderwijsinstelling ☑ kerkelijke instelling VOORKEUR/UITSLUITING ▶ ☑ De stichting levert bij voorkeur een bijdrage aan minderjarigen, ouderen en kansarmen in de regio Delft. ☑ instellingen, verenigingen of stichtingen zonder winstoogmerk hebben bij voorkeur een ANBI status. ☑ Projecten waarbij vrijwilligers betrokken zijn, genieten de voorkeur. ☑ Geen steun wordt verleend aan individuele personen.

Procedure ■ OP AANVRAAG ▶ ja DOORLOOPTIJD ▶ 1-3 maanden AANVRAAGPROCEDURE ▶ Indien u van mening bent dat uw organisatie aan de criteria voldoet, kunt u met het aanvraagformulier een aanvraag indienen bij de Kerkelijke Stichting Stalpaert van der Wiele. De Stichting krijgt deze en bijbehorende stukken bij voorkeur digitaal op info@stalpaertdelft.nl. Bijbehorende stukken zijn: ☑ Statuten; ☑ Uittreksel KvK; ☑ Meest recente financieel jaarverslag; ☑ Meest recente inhoudelijke jaarverslag; ☑ Projectbeschrijving of projectplan; ☑ begroting- en dekkingsplan. Aanvragen worden vier keer per jaar behandeld in de vergaderingen van het bestuur. Voor de vergaderdata, zie de website. De aanvraagformulieren dienen uiterlijk 14 dagen voor de vergadering (volledig ingevuld en met de bijlagen) aangeleverd te zijn. URL ▶ www.stalpaertdelft.nl/aanvraag/

Financieel ■ INKOMSTEN EV ▶ € 3.644.000 HERKOMST MIDDELEN ▶ vermogen, legaten, giften & schenkingen, overige inkomsten BOEKJAAR ▶ 2019 JAARVERSLAG OP WEBSITE ▶ ja.

Contact ■ BEREIKBAAR PER ▶ ☑ post ☑ e-mail ☑ telefoon CONTACTPERSOON ▶ geen contactpersoon bekend POSTADRES ▶ Tuindersvaart 33, 2614 SM Delft EMAIL (ALGEMEEN) ▶ info@stalpaertdelft.nl TELEFOON (ALGEMEEN) ▶ 015-2625599; 06-23026273.

729
Kerstholt-Borgelt Stichting

Rubriek ■ ☑ kerk en levensbeschouwing ☑ gezondheidszorg ☑ maatschappij, welzijn en samenleving ☑ sport en recreatie ☑ kunst en cultuur ☑ natuur, milieu en dieren ☑ onderwijs en onderzoek ☑ economische ontwikkeling en microkrediet

Algemeen ■ WEBSITE ▶ www.kennisbankfilantropie.nl/anbi/kerstholt-borgelt-stichting TYPERING ▶ vermogensfonds OPGERICHT ▶ 19-09-1962 RECHTSVORM ▶ stichting KVK ▶ 41204264 ANBI STATUS ▶ ja DIRECTIE ▶ geen directiegegevens bekend BESTUUR ▶ A.G. Schins, voorzitter; J.M. Blanco Fernández, secretaris.

Missie ■ DOELSTELLING ▶ Het verlenen van financiële steun aan instellingen met rechtspersoonlijkheid die de charitas binnen het grondgebied van het Rijk bevorderen. Conform de wens van de oprichters steunt de stichting in het bijzonder instellingen met een Rooms Katholieke achtergrond. BELEIDSPLAN OP WEBSITE ▶ ja.

Doelgroep ■ ALGEMEEN ▶ gelovigen SPECIFIEK ▶ Geen specifieke doelgroep ACTIVITEITEN ▶ Geen specifieke activiteiten bekend INTERVENTIENIVEAU ▶ Steun op niveau van maatschappij zelf (beleidsbeïnvloeding, etc.).; Steun aan lokale/provinciale maatschappelijke organisaties en structuren (incl. gemeenten etc.) die diensten verlenen aan individuen.

Werkgebied ■ ACTIERADIUS ▶ Nationaal LAND ▶ Nederland.

Bestedingen ■ BUDGET ▶ niet openbaar SOORT BIJDRAGE ▶ giften BOVENGRENS ▶ geen ONDERGRENS ▶ geen.

Projecten ■ CRITERIA ▶ geen projectcriteria bekend DOORLOOPTIJD ▶ ☑ onbekend STATUS AANVRAGER ▶ ☑ stichting of vereniging (non-profit) ☑ kerkelijke instelling ☑ onderwijsinstelling VOORKEUR/UITSLUITING ▶ geen voorkeur of uitsluiting bekend.

Procedure ■ OP AANVRAAG ▶ onbekend AANVRAAGPROCEDURE ▶ Geen aanvraagprocedure bekend.

Financieel ■ EIGEN VERMOGEN ▶ € 9.045 HERKOMST MIDDELEN ▶ vermogen BOEKJAAR ▶ 2016 JAARVERSLAG OP WEBSITE ▶ ja.

Contact ■ BEREIKBAAR PER ▶ ☑ post ☒ e-mail ☑ telefoon CONTACTPERSOON ▶ geen contactpersoon bekend POSTADRES ▶ Heerendonklaan 21, 5223 XS Den Bosch TELEFOON (ALGEMEEN) ▶ 020-4705150.

730
Kijlstra Smid Fonds

Rubriek ■ ☑ kunst en cultuur ☑ natuur, milieu en dieren ☑ onderwijs en onderzoek

Algemeen ■ WEBSITE ▶ www.cultuurfonds.nl TYPERING ▶ fonds op naam BEHEERD DOOR ▶ Prins Bernhard Cultuurfonds DIRECTIE ▶ zie > Prins Bernhard Cultuurfonds BESTUUR ▶ zie > Prins Bernhard Cultuurfonds

Missie ■ DOELSTELLING ▶ Het financieel ondersteunen van projecten op het gebied van cultuur, natuur en wetenschap in Friesland, Groningen en Drenthe. Aanvragen worden behandeld door het Prins Bernhard Cultuurfonds Groningen, Friesland, Drenthe en voor restauraties het landelijk fonds.

Werkgebied ■ ACTIERADIUS ▶ Regionaal LAND ▶ Nederland REGIO ▶ Friesland, Groningen, Drenthe.

Projecten ■ CRITERIA ▶ geen projectcriteria bekend DOORLOOPTIJD ▶ ☑ korter dan 1 jaar STATUS AANVRAGER ▶ ☑ geen beperkingen bekend VOORKEUR/UITSLUITING ▶ geen voorkeur of uitsluiting bekend.

Procedure ■ OP AANVRAAG ▶ onbekend AANVRAAGPROCEDURE ▶ Dit 'fonds op naam' ressorteert onder het Prins Bernhard Cultuurfonds. Verzoeken aan fondsen op naam komen op één centraal punt binnen. Dit houdt in dat een subsidieaanvraag slechts eenmaal aan het Prins Bernhard Cultuurfonds hoeft te worden gezonden. Voor de verdere aanvraagprocedure: zie Prins Bernhard Cultuurfonds. URL ▶ www.cultuurfonds.nl/aanvragen

Contact ■ BEREIKBAAR PER ▶ ☑ post ☑ e-mail ☑ telefoon CONTACTPER-

SOON ► geen contactpersoon bekend **POSTADRES** ► Postbus 19750, 1000 GT Amsterdam **EMAIL (ALGEMEEN)** ► info@cultuurfonds.nl **TELEFOON (ALGEMEEN)** ► 020-5206130.

731

Stichting Kinderen Schreurs

Rubriek ■ ☑ kerk en levensbeschouwing ☑ maatschappij, welzijn en samenleving ☑ noodhulp

Algemeen ■ **WEBSITE** ► www.kennisbankfilantropie.nl/anbi/kinderen-schreurs **TYPERING** ► vermogensfonds **OPGERICHT** ► 25-04-2000 **RECHTSVORM** ► stichting **KVK** ► 12046997 **ANBI STATUS** ► ja **DIRECTIE** ► geen directiegegevens bekend **BESTUUR** ► W.T.J.G. Kurstjens, voorzitter; mw. L. Kurstjens-Dings, penningmeester; G.H.G. Goossens, secretaris; G.E.M. Spitz; J.H.P. Peeters.

Missie ■ **DOELSTELLING** ► De stichting heeft ten doel: ☑ het verlenen van geldelijke ondersteuning aan liefdadige en kerkelijke doelen welke de Belfeldse gemeenschap (mede) ten goede dient te komen; ☑ het lenigen van financiële nood van particulieren en kerkelijke en maatschappelijke instellingen die in de gemeente Belfeld wonen respectievelijk gevestigd zijn, of die anderszins een relatie met de gemeente Belfeld hebben.

Doelgroep ■ **ALGEMEEN** ► armen **SPECIFIEK** ► In de gemeente Belfeld wonende particulieren en gevestigde kerkelijke en maatschappelijke instellingen. **ACTIVITEITEN** ► Geen specifieke activiteiten bekend **INTERVENTIENIVEAU** ► Steun aan lokale/provinciale maatschappelijke organisaties en structuren (incl. gemeenten etc.) die diensten verlenen aan individuen.; Steun aan individuen (directe steun).

Werkgebied ■ **ACTIERADIUS** ► Lokaal **LAND** ► Nederland **REGIO** ► Limburg **PLAATS** ► Belfeld.

Bestedingen ■ **BUDGET** ► niet openbaar **ONDERSTEUNDE PROJECTEN P/J** ► 7 **SOORT BIJDRAGE** ► giften overig **BOVENGRENS** ► geen **ONDERGRENS** ► geen.

Projecten ■ **CRITERIA** ► geen projectcriteria bekend **DOORLOOPTIJD** ► ☑ onbekend **STATUS AANVRAGER** ► ☑ geen beperkingen bekend **VOORKEUR/UITSLUITING** ► geen voorkeur of uitsluiting bekend.

Procedure ■ **OP AANVRAAG** ► ja **AANVRAAGPROCEDURE** ► Verenigingen/instanties/stichtingen dienen een aanvraag schriftelijk te richten aan het secretariaat. De aanvraag voor ondersteuning dient het volgende te bevatten: ☑ Naam; ☑ adres; ☑ beschrijving activiteit; ☑ financiële begroting; De begroting geeft inzicht in de te verwachten kosten en bevat tevens een post eigen inbreng. De bestuursleden beoordelen de aanvraag op haalbaarheid, maatschappelijk belang en bepalen daarna de hoogte van de te verlenen subsidie.

Financieel ■ **EIGEN VERMOGEN** ► € 583.970 **INKOMSTEN EV** ► € -18.651 **INKOMSTEN OV** ► € 11.000 **HERKOMST MIDDELEN** ► onbekend **BOEKJAAR** ► 2018 **JAARVERSLAG OP WEBSITE** ► ja.

Contact ■ **BEREIKBAAR PER** ► ☑ post ☑ e-mail ☒ telefoon **CONTACTPERSOON** ► geen contactpersoon bekend **POSTADRES** ► Heuvelweg 1, 5951 AT Belfeld **EMAIL (ALGEMEEN)** ► steunstichtingbelfeld@ziggo.nl.

732

Stichting Kinderfonds van Dusseldorp

Rubriek ■ ☑ gezondheidszorg ☑ maatschappij, welzijn en samenleving

Algemeen ■ **WEBSITE** ► www.kinderfondsvandusseldorp.nl **TYPERING** ► vermogensfonds **OPGERICHT** ► 23-04-1953 **RECHTSVORM** ► stichting **KVK** ► 41198240 **ANBI STATUS** ► nee **DIRECTIE** ► geen directiegegevens bekend **BESTUUR** ► Mw.mr. J.C.M. Swinkels, voorzitter; mr. D. Bijleveld, penningmeester; mr.drs. A.A. Scholten, secretaris; ir. H. Brakel; mw.drs. E.M. de Jong.

Missie ■ **DOELSTELLING** ► Kinderfonds Van Dusseldorp geeft financiële steun aan projecten die een bijdrage leveren aan het geluk en de levensvreugde van lichamelijk, verstandelijk of sociaal-emotioneel beperkte kinderen jonger dan 18 jaar. **STICHTER(S)** ► Mevrouw F. van Dusseldorp-Thomas **HISTORIE** ► De stichting Kinderfonds Van Dusseldorp heette tot 2010 'Stichting Familiefonds van Dusseldorp'. Deze stichting werd opgericht op initiatief van mevrouw Francine Thomas, weduwe van de heer F.J.C. van Dusseldorp. Tegen het eind van haar leven benoemde mevrouw Van Dusseldorp de stichting tot enige erfgenaam van haar vermogen. De stichting verkreeg dit vermogen in 1955. Omdat het fonds zich uitsluitend op kinderen richt, is de naam in 2010 gewijzigd in 'Kinderfonds Van Dusseldorp'. **BELEIDSPLAN OP WEBSITE** ► ja.

Doelgroep ■ **ALGEMEEN** ► kinderen, jongeren, gehandicapten **SPECIFIEK** ► Lichamelijk, verstandelijk of sociaal-emotioneel beperkte kinderen tot 18 jaar. **ACTIVITEITEN** ► Financiële hulp aan instellingen die werken ten behoeve van de hiervoor omschreven kinderen. Dit geschiedt in de vorm van financiële bijdragen aan instellingen die rechtstreeks op dit doel gerichte projecten voordragen. Het gaat om projecten die het leven van lichamelijk, verstandelijk of sociaal-emotioneel beperkte kinderen gelukkiger en vreugdevoller maakt. Voorbeelden zijn: het verstrekken van orthopedische hulpmiddelen aan Afrikaanse kinderen, hulpverlening aan Poolse spastische kinderen, de bouw van een aangepaste sporthal of een voorlichtingsfilm voor Nederlandse dove en slechthorende kinderen. **INTERVENTIENIVEAU** ► Steun aan lokale/provinciale maatschappelijke organisaties en structuren (incl. gemeenten etc.) die diensten verlenen aan individuen.

Werkgebied ■ **ACTIERADIUS** ► Nationaal, Internationaal **LAND** ► Wereldwijd.

Bestedingen ■ **BUDGET** ► € 500.000 **ONDERSTEUNDE PROJECTEN P/J** ► 95 **SOORT BIJDRAGE** ► giften overig **BOVENGRENS** ► geen **ONDERGRENS** ► geen.

Projecten ■ **CRITERIA** ► De aanvragende organisatie is in Nederland gevestigd. Bij projecten in het buitenland moet het plan gericht zijn op kinderen die ook naar lokale maatstaven (ten opzichte van hun leeftijdgenoten) beperkt zijn in hun kansen en mogelijkheden. Het moet duidelijk zijn hoeveel kinderen uit de doelgroep direct door het project bereikt worden. Het voorgestelde project heeft een duidelijke start- en einddatum. De gevraagde steun is niet bedoeld voor de dekking van jaarlijks terugkerende kosten. De besteding van de gift is voldoende controleerbaar. De aanvragende organisatie heeft betrouwbare referenties. De aanvragende organisatie heeft geen commercieel oogmerk. Het bestuur van de aanvragende organisatie staat financieel en organisatorisch op voldoende afstand van de te ondersteunen kinderen en/of projecten, en er is geen sprake van belangenverstrengeling. **DOORLOOPTIJD** ► ☑ korter dan 1 jaar **STATUS AANVRAGER** ► ☑ geen beperkingen bekend **VOORKEUR/UITSLUITING** ► Projecten dienen van structurele en duurzame aard te zijn. De kosten zijn eenmalig en hebben bij voorkeur een investeringskarakter.

Procedure ■ **OP AANVRAAG** ► ja **DOORLOOPTIJD** ► 3-6 maanden; 1-3 maanden; 1-3 maanden; 3-6 maanden **AANVRAAGPROCEDURE** ► Aanvragen voor giften dienen via de aanvraagportal te worden ingediend (opslaan en later vervolgen mogelijk). De volgende documenten dienen toegevoegd te worden: ☑ Een begeleidende brief; ☑ Statuten; ☑ Recent uittreksel Kamer van Koophandel; ☑ Laatste Jaarverslag met jaarrekening; ☑ Begroting; ☑ Dekkingsplan; ☑ Document naar keuze. Alle aanvragende instellingen krijgen van ons bericht over de toekenning of afwijzing van een aanvraag. De aanvraag kan 2 tot 4 maanden in behandeling zijn. Aan het indienen van een aanvraag kunnen geen rechten worden ontleend en tegen een afwijzende beslissing is geen beroep mogelijk. **URL** ► www.kinderfondsvandusseldorp.nl/aanvragen-giften.htm

Financieel ■ **INKOMSTEN EV** ► € 460.000 **HERKOMST MIDDELEN** ► vermogen **BOEKJAAR** ► 2018 **JAARVERSLAG OP WEBSITE** ► ja.

Contact ■ **BEREIKBAAR PER** ► ☑ post ☑ e-mail ☒ telefoon **CONTACTPERSOON** ► geen contactpersoon bekend **POSTADRES** ► Postbus 2212, 2002 CE Haarlem **EMAIL (ALGEMEEN)** ► secretariaat@kinderfondsvandusseldorp.nl.

733

Stichting Kinderpostzegels Nederland

Rubriek ■ ☑ gezondheidszorg ☑ maatschappij, welzijn en samenleving ☑ onderwijs en onderzoek

Algemeen ■ **WEBSITE** ► www.kinderpostzegels.nl **TYPERING** ► hybride fonds **OPGERICHT** ► 1989 **RECHTSVORM** ► stichting **KVK** ► 41167934 **ANBI STATUS** ► ja **DIRECTIE** ► P. de Smit **BESTUUR** ► Mw.dr. A.B. de Kort-van der Kamp, voorzitter; J.H. Swachten RA; drs. N.F.J. Hoogers; mr.drs. C. Kervezee; dr. C.L. Carabain; drs. Ö. Ermek; Mr. A.L.A.M. Stammeijer.

Missie ■ **DOELSTELLING** ► Kinderpostzegels geeft kwetsbare kinderen ontwikkelingskansen voor een betere toekomst. Dit doen zij in programma's, samen met kinderen, volwassenen en organisaties die onze visie delen. Kinderpostzegels is een Nederlandse organisatie die zich inzet voor de ontwikkeling van kwetsbare kinderen, waar ook ter wereld. Onder het motto 'voor kinderen door kinderen' brengt Kinderpostzegels daadkracht, kennis en ervaring, geld, actie en support bij elkaar voor kinderen die in hun ontwikkeling worden bedreigd. **HISTORIE** ► De kinderpostzegels bestaan sinds 1924. In dat jaar is per Koninklijk Besluit besloten om postzegels met een toeslag voor 'het misdeelde kind' uit te geven. Eerst verkopen alleen vrijwilligers de kinderpostzegels. Ze zitten in plaatselijke comités die worden aangestuurd door het Nederlands Comité voor Kinderpostzegels. In 1948, komt een onderwijzer, meester Verheul uit Waarder, op het idee om de kinderen van zijn school met kinderpostzegels langs de deuren te sturen. Een groot succes! In 1949 start dan ook de Kinderpostzegelactie zoals die er vandaag de dag uitziet: voor kinderen door kinderen. Al snel heeft het Comité haar handen vol aan het besteden van de opbrengst en het onderhouden van contacten met belangenorganisaties. Er wordt een nieuwe stichting opgericht die verantwoordelijk is voor het organiseren van de actie: de Stichting voor het Kind. In 1989 ontstaat uit een fusie tussen de twee stichtingen de huidige Stichting Kinderpostzegels Nederland. Deze organisatie zorgt zowel voor de inzameling als de verdeling van het geld. **BELEIDSPLAN OP WEBSITE** ► ja.

Doelgroep ■ **ALGEMEEN** ► kinderen **SPECIFIEK** ► Kwetsbare kinderen in binnen- en buitenland. **ACTIVITEITEN** ► Kinderpostzegels maakt zich sterk voor kinderen die extra steun nodig hebben en zet zich in voor de kinderagenda: ☑ kinderen die niet bij hun ouders kunnen opgroeien (programma Pleegzorg); ☑ kinderen die niet naar school kunnen omdat ze moeten werken, en kinderen die moeite hebben om op school mee te komen (programma Onderwijs); ☑ kinderen die al vroeg hele nare dingen hebben meegemaakt (programma Traumaverwerking). Kinderpostzegels heeft een unieke scholenactie, de Kinderpostzegelactie. Kinderen zetten zich in voor andere kinderen, 'voor kinderen door kinderen'. We gaan de Kinderagenda op drie – naast elkaar bestaande – manieren realiseren: ☑ door integrale campagnes met eigen doelstellingen op te zetten; ☑ door initiatieven van anderen financieel te ondersteunen; ☑ door deel te nemen aan samenwerkingsverbanden. **INTERVENTIENIVEAU** ► Steun aan lokale/provinciale maatschappelijke organisaties en structuren (incl. gemeenten etc.) die diensten verlenen aan individuen.; Steun op niveau van maatschappij zelf (beleidsbeïnvloeding, etc.).

Werkgebied ■ **ACTIERADIUS** ► Nationaal, Internationaal **LAND** ► Nederland, Senegal, Mali, Burkina Faso, Ethiopië, India.

Bestedingen ■ **BUDGET** ► € 1.419.200 **SOORT BIJDRAGE** ► giften overig **BOVENGRENS** ► geen **ONDERGRENS** ► € 2.000.

Projecten ■ **CRITERIA** ► Projecten kunnen in aanmerking komen voor subsidie, als ze aansluiten op onze programma's Pleegzorg, Onderwijs of Veerkracht. Criteria; ☑ kinderen en hun directe belangen staan centraal; ☑ de rechten van het kind vormen het uitgangspunt; ☑ het project biedt zicht op een direct, concreet en praktisch nut voor kinderen; ☑ het project is gericht op ondersteuning van kinderen in de eigen woon- en leefomgeving; ☑ het project is maatschappelijk relevant; ☑ het project is verankerd in de lokale gemeenschap of het betreffende werkveld van de jeugdhulpverlening; ☑ participatie van kinderen; ☑ overleg, kennisuitwisseling en samenwerking met deskundigen uit de omgeving is essentieel; ☑ bij vernieuwende projecten vinden we het belangrijk dat het project zichtbaar is in bijvoorbeeld lokale media; ☑ er is aantoonbare noodzaak voor financiering door derden; ☑ eigen bijdrage door de aanvrager, eventueel door de inzet van menskracht; ☑ de transparante financiële structuur van het project (begroting en een dekkingsplan). Er gelden afwijkende criteria (zie website) voor de projecten: ☑ Subsidie kamer voor een pleegkind; ☑ Jongeren die subsidie willen aanvragen; ☑ Bijdrage schoolkampen en werkweken. Voor projecten in het buitenland accepteren wij alleen aanvragen van lokale, niet-gouvernementele organisaties, omdat we het belangrijk vinden dat de oplossingen voor problemen door de lokale bevolking bedacht en uitgevoerd worden. **DOORLOOPTIJD** ▶ ☑ onbekend **STATUS AANVRAGER** ▶ ☑ geen beperkingen bekend **VOORKEUR/UITSLUITING** ▶ Kinderpostzegels stelt geen geld beschikbaar voor projecten die behoren tot de taak en verantwoordelijkheid van de overheid; Kinderpostzegels verstrekt geen subsidies in de vorm van individuele hulp; In de regel financiert Kinderpostzegels geen projecten van andere grote goede doelen die actief zijn op de Nederlandse fondsenwervende markt.

Procedure ■ **OP AANVRAAG** ▶ ja **DOORLOOPTIJD** ▶ 3-6 maanden; 1-3 maanden; 1-3 maanden **AANVRAAGPROCEDURE** ▶ Er dient eerst een vooraanvraag ingestuurd te worden. Wanneer deze positief beoordeeld wordt, kunt u een volledige aanvraag insturen. In uw vooraanvraag (maximaal één pagina) dient u de volgende punten te beschrijven: ☑ binnen welk programma uw project valt (Pleegzorg, Werken aan Veerkracht of Onderwijs in Nederland); ☑ de naam van uw organisatie; ☑ de probleemstelling (waarvoor wilt u een oplossing vinden?); ☑ de doelgroep; ☑ korte omschrijving van het project; ☑ korte omschrijving van de beoogde resultaten en het aantal te bereiken kinderen; ☑ globale inschatting van het benodigd budget. U kunt uw vooraanvraag sturen naar anvraag@kinderpostzegels.nl. De beoordeling van de volledige aanvraag duurt 2-3 maanden. Bij afwijzing is mogelijk het voorstel aan te passen of een verzoek tot heroverweging in te dienen. **URL** ▶ www.kinderpostzegels.nl/subsidie-vooraanvraag/

Financieel ■ **EIGEN VERMOGEN** ▶ € 14.361.220 **INKOMSTEN OV** ▶ € 14.970.324 **HERKOMST MIDDELEN** ▶ loterijen, giften & schenkingen, bedrijven, overige inkomsten **BOEKJAAR** ▶ 2018 **JAARVERSLAG OP WEBSITE** ▶ ja.

Contact ■ **BEREIKBAAR PER** ▶ ☑ post ☑ e-mail ☑ telefoon **CONTACTPERSOON** ▶ geen contactpersoon bekend **POSTADRES** ▶ Schipholweg 97, 2316 XA Leiden **EMAIL (ALGEMEEN)** ▶ info@kinderpostzegels.nl **TELEFOON (ALGEMEEN)** ▶ 0900-8212349 **TELEFOON (AANVRAGEN)** ▶ 071-5259850.

734

Stichting Kinderzorg Den Haag-Rotterdam

Rubriek ■ ☑ maatschappij, welzijn en samenleving ☑ sport en recreatie ☑ kunst en cultuur ☑ onderwijs en onderzoek

Algemeen ■ **WEBSITE** ▶ www.kinderzorgdenhaagrotterdam.nl **TYPERING** ▶ vermogensfonds **OPGERICHT** ▶ 02-11-1903 **RECHTSVORM** ▶ stichting **KVK** ▶ 41160492 **ANBI STATUS** ▶ ja **DIRECTIE** ▶ geen directiegegevens bekend **BESTUUR** ▶ A. Romijn, voorzitter; mw. K. van Zwieten, penningmeester; R. Tielemans, secretaris; M. Gloris; mw. L. Hoette.

Missie ■ **DOELSTELLING** ▶ Het werk te ondersteunen van de jeugdwelzijnszorg in de provincie Zuid-Holland in het algemeen en van de te 's-Gravenhage gevestigde stichtingen 'Stichting Bureau Jeugdzorg Haaglanden' en ' Stichting Bureau Jeugdzorg Zuid-Holland' en de te Rotterdam gevestigde stichting 'Stichting Bureau Jeugdzorg Stadsregio Rotterdam' in het bijzonder. **HISTORIE** ▶ De stichting Kinderzorg Den Haag-Rotterdam is voortgekomen uit voogdijverenigingen 'Vereniging Kinderzorg' uit Den Haag en de 'Vereniging Kinderzorg Rotterdam' uit Rotterdam. Deze voogdijverenigingen waren op hun beurt weer de uitkomsten van de fusie van verschillende voogdijinstellingen, vaak op kerkelijke of levensbeschouwelijke grondslag die in de regio's Haaglanden en Rijnmond bestonden. Deze voogdijinstellingen verleenden zorg aan minderjarigen, daar waar de ouderlijke zorg tekort schoot. Dat gold voor wezen, maar ook voor kinderen die onder toezicht stonden of van wie de ouders uit de ouderlijke macht ontzet waren. Toen deze voogdijtaken werden gecentraliseerd en ondergebracht bij de regionale Bureaus Jeugdzorg, werden de vermogens van beide verenigingen ondergebracht bij twee steunstichtingen, die per 2011 statutair zijn gefuseerd tot de Stichting Kinderzorg Den Haag-Rotterdam. Deze stichting beheert een vermogensfonds. De baten van dit fonds worden aangewend om de jeugdwelzijnszorg in Den Haag en Rotterdam, en de regio daaromheen, te ondersteunen. **BELEIDSPLAN OP WEBSITE** ▶ ja.

Doelgroep ■ **ALGEMEEN** ▶ jongeren, kinderen **SPECIFIEK** ▶ Organisaties die concrete projecten of activiteiten voor kwetsbare kinderen tot 18 jaar organiseren. **ACTIVITEITEN** ▶ Uit de opbrengsten van het fonds worden financiële aanvragen gehonoreerd ten behoeve van kinderen en jongeren tot 18 jaar. Deze aanvragen worden gedaan door jeugdwelzijnsorganisaties in de breedste zin van het woord, werkzaam in de provincie Zuid-Holland. Dit kunnen zorginstellingen, welzijnsinstellingen, sociaal-culturele instellingen, scholen of verenigingen zijn die zich inzetten voor het welzijn van kinderen en jongeren. Bij voorkeur zijn dat kinderen en jongeren in een bedreigde of kwetsbare opgroeisituatie, zoals armoede, instabiele thuissituatie, onderwijsachterstand of handicap. Via het Haags Fondsen Overleg draagt de stichting Kinderzorg ook bij aan het Haagse Jeugdvakantieloket. **INTERVENTIENIVEAU** ▶ Steun aan lokale/provinciale maatschappelijke organisaties en structuren (incl. gemeenten etc.) die diensten verlenen aan individuen.

Werkgebied ■ **ACTIERADIUS** ▶ Regionaal **LAND** ▶ Nederland **REGIO** ▶ Zuid-Holland **PLAATS** ▶ Rotterdam, Den Haag.

Bestedingen ■ **BUDGET** ▶ niet openbaar **ONDERSTEUNDE PROJECTEN P/J** ▶ 24 **SOORT BIJDRAGE** ▶ giften subsidies **BOVENGRENS** ▶ geen **ONDERGRENS** ▶ geen.

Projecten ■ **CRITERIA** ▶ ☑ aanvraag is in het belang van het jeugdwelzijn of de jeugdwelzijnszorg,☑ aanvraag wordt gedaan bij en toegekend door meerdere subsidiënten, zoals fondsen of gemeentelijke of rijksoverheden. DOORLOOPTIJD ▶ ☑ onbekend STATUS AANVRAGER ▶ ☑ stichting of vereniging (non-profit) ☑ onderwijsinstelling ☑ kerkelijke instelling ☑ overig VOORKEUR/UITSLUITING ▶ ☑ bij voorkeur vindt er directe steun plaats aan jeugdigen zelf, niet aan organisaties of professionals; De stichting ondersteunt géén: ☑ exploitatie- of onderhoudskosten van reeds bestaande projecten of voorzieningen; ☑ Aanvragen door natuurlijke personen of gezinnen. ☑ Aanvragen waarbij de aanvragers zelf als uitvoerend professional betrokken zijn.

Procedure ■ OP AANVRAAG ▶ ja DOORLOOPTIJD ▶ geen doorlooptijd bekend; 6-12 maanden; 6-12 maanden AANVRAAGPROCEDURE ▶ Download het aanvraagformulier op de website om een aanvraag in te dienen. U kunt digitaal uw aanvraag doen door het ingevulde formulier te versturen per e-mail. Indien nodig voor de besluitvorming kan u gevraagd worden om één, meer of alle van de navolgende documenten op te sturen naar de stiching: ☑ statuten; ☑ recent uittreksel van de inschrijving bij de Kamer van Koophandel; ☑ activiteiten- of projectplan /(nadere) inhoudelijke onderbouwing van de aanvraag; ☑ financiële onderbouwing (reden aanvraag en totale organisatie indien van toepassing); ☑ begroting lopend jaar; ☑ begroting volgend jaar; Tweemaal per jaar komt het bestuur van de stichting Kinderzorg bijeen en beoordeelt de binnengekomen aanvragen. URL ▶ www.kinderzorgdenhaagrotterdam.nl/aanvraagformulier/

Financieel ■ HERKOMST MIDDELEN ▶ vermogen BOEKJAAR ▶ 2018 JAARVERSLAG OP WEBSITE ▶ ja.

Contact ■ BEREIKBAAR PER ▶ ☑ post ☑ e-mail ☒ telefoon CONTACTPERSOON ▶ geen contactpersoon bekend POSTADRES ▶ Beukelsweg 88b, 3022 GM Rotterdam EMAIL (ALGEMEEN) ▶ info@kinderzorgdenhaagrotterdam.nl.

735

Kirchheiner-Galatius Fonds

Rubriek ■ ☑ kunst en cultuur ☑ onderwijs en onderzoek

Algemeen ■ WEBSITE ▶ www.cultuurfonds.nl TYPERING ▶ fonds op naam BEHEERD DOOR ▶ Prins Bernhard Cultuurfonds DIRECTIE ▶ zie > Prins Bernhard Cultuurfonds BESTUUR ▶ zie > Prins Bernhard Cultuurfonds

Missie ■ DOELSTELLING ▶ Het financieel ondersteunen van culturele projecten waarmee de contacten tussen Nederland en Denemarken worden gestimuleerd, alsmede steun aan wetenschappelijk onderzoek dat de relatie tussen Nederland en Denemarken tot onderwerp heeft.

Werkgebied ■ ACTIERADIUS ▶ Nationaal, Internationaal LAND ▶ Nederland, Denemarken.

Projecten ■ CRITERIA ▶ geen projectcriteria bekend DOORLOOPTIJD ▶ ☑ korter dan 1 jaar STATUS AANVRAGER ▶ ☑ geen beperkingen bekend VOORKEUR/UITSLUITING ▶ geen voorkeur of uitsluiting bekend.

Procedure ■ OP AANVRAAG ▶ ja AANVRAAGPROCEDURE ▶ Dit 'fonds op naam' ressorteert onder het Prins Bernhard Cultuurfonds. Verzoeken aan fondsen op naam komen op één centraal punt binnen. Dit houdt in dat een subsidieaanvraag slechts eenmaal aan het Prins Bernhard Cultuurfonds hoeft te worden gezonden. Voor de verdere aanvraagprocedure: zie Prins Bernhard Cultuurfonds. URL ▶ www.cultuurfonds.nl/aanvragen

Contact ■ BEREIKBAAR PER ▶ ☑ post ☑ e-mail ☑ telefoon CONTACTPERSOON ▶ geen contactpersoon bekend POSTADRES ▶ Postbus 19750, 1000 GT Amsterdam EMAIL (ALGEMEEN) ▶ info@cultuurfonds.nl TELEFOON (ALGEMEEN) ▶ 020-5206130.

736

Klok Korsmit Tacke Fonds

Rubriek ■ ☑ onderwijs en onderzoek ☑ gezondheidszorg

Algemeen ■ WEBSITE ▶ www.cultuurfonds.nl TYPERING ▶ fonds op naam BEHEERD DOOR ▶ Prins Bernhard Cultuurfonds DIRECTIE ▶ zie > Prins Bernhard Cultuurfonds BESTUUR ▶ zie > Prins Bernhard Cultuurfonds

Missie ■ DOELSTELLING ▶ Het financieel ondersteunen van projecten en talent op het werkterrein van het Prins Bernhard Cultuurfonds, met een voorkeur voor talent op het terrein van kanker- en dementieonderzoek.

Werkgebied ■ ACTIERADIUS ▶ Nationaal, Internationaal LAND ▶ Nederland.

Projecten ■ CRITERIA ▶ geen projectcriteria bekend DOORLOOPTIJD ▶ ☑ korter dan 1 jaar STATUS AANVRAGER ▶ ☑ geen beperkingen bekend VOORKEUR/UITSLUITING ▶ Voorkeur gaat uit naar talent op het terrein van kanker- en dementieonderzoek.

Procedure ■ OP AANVRAAG ▶ ja AANVRAAGPROCEDURE ▶ Dit 'fonds op naam' ressorteert onder het Prins Bernhard Cultuurfonds. Verzoeken aan fondsen op naam komen op één centraal punt binnen. Dit houdt in dat een subsidieaanvraag slechts eenmaal aan het Prins Bernhard Cultuurfonds hoeft te worden gezonden. Voor de verdere aanvraagprocedure: zie Prins Bernhard Cultuurfonds. URL ▶ www.cultuurfonds.nl/aanvragen

Contact ■ BEREIKBAAR PER ▶ ☑ post ☑ e-mail ☑ telefoon CONTACTPERSOON ▶ geen contactpersoon bekend POSTADRES ▶ Postbus 19750, 1000 GT Amsterdam EMAIL (ALGEMEEN) ▶ info@cultuurfonds.nl TELEFOON (ALGEMEEN) ▶ 020-5206130.

737

Knecht-Drenth Fonds

Rubriek ■ ☑ kunst en cultuur ☑ onderwijs en onderzoek

Algemeen ■ WEBSITE ▶ www.cultuurfonds.nl TYPERING ▶ fonds op naam BEHEERD DOOR ▶ Prins Bernhard Cultuurfonds DIRECTIE ▶ zie > Prins Bernhard Cultuurfonds BESTUUR ▶ zie > Prins Bernhard Cultuurfonds

Missie ■ DOELSTELLING ▶ Het financieel ondersteunen van Europese musea buiten Nederland ten behoeve van de aankoop van contemporaine Nederlandse kunst. Het financieel ondersteunen van beeldend kunstenaars voor een vervolgopleiding.

Werkgebied ■ ACTIERADIUS ► Nationaal, Internationaal LAND ► Nederland.

Projecten ■ CRITERIA ► geen projectcriteria bekend DOORLOOPTIJD ► ☑ korter dan 1 jaar STATUS AANVRAGER ► ☑ geen beperkingen bekend VOORKEUR/UITSLUITING ► geen voorkeur of uitsluiting bekend.

Procedure ■ OP AANVRAAG ► ja AANVRAAGPROCEDURE ► Dit 'fonds op naam' ressorteert onder het Prins Bernhard Cultuurfonds. Verzoeken aan fondsen op naam komen op één centraal punt binnen. Dit houdt in dat een subsidieaanvraag slechts eenmaal aan het Prins Bernhard Cultuurfonds hoeft te worden gezonden. Voor de verdere aanvraagprocedure: zie Prins Bernhard Cultuurfonds. URL ► www.cultuurfonds.nl/aanvragen

Contact ■ BEREIKBAAR PER ► ☑ post ☑ e-mail ☑ telefoon CONTACTPERSOON ► geen contactpersoon bekend POSTADRES ► Postbus 19750, 1000 GT Amsterdam EMAIL (ALGEMEEN) ► info@cultuurfonds.nl TELEFOON (ALGEMEEN) ► 020-5206130.

738
Köbo Fonds

Rubriek ■ ☑ kunst en cultuur

Algemeen ■ WEBSITE ► www.cultuurfonds.nl TYPERING ► fonds op naam BEHEERD DOOR ► Prins Bernhard Cultuurfonds DIRECTIE ► zie Prins Bernhard Cultuurfonds BESTUUR ► zie Prins Bernhard Cultuurfonds

Missie ■ DOELSTELLING ► Het financieel ondersteunen van educatieve projecten op het gebied van muziek, dans of theater die erop gericht zijn jongeren in Overijssel, bij voorkeur met verschillende culturele achtergronden, die hier niet of nauwelijks mee in aanraking komen, interesse voor muziek, dans of theater bij te brengen. Aanvragen worden behandeld door het Prins Bernhard Cultuurfonds Overijssel.

Werkgebied ■ ACTIERADIUS ► Regionaal LAND ► Nederland REGIO ► Overijssel.

Projecten ■ CRITERIA ► geen projectcriteria bekend DOORLOOPTIJD ► ☑ korter dan 1 jaar STATUS AANVRAGER ► ☑ geen beperkingen bekend VOORKEUR/UITSLUITING ► Voorkeur gaat uit naar educatieve projecten die gericht zijn op jongeren met verschillende culturele achtergronden.

Procedure ■ OP AANVRAAG ► ja AANVRAAGPROCEDURE ► Dit 'fonds op naam' ressorteert onder het Prins Bernhard Cultuurfonds. Verzoeken aan fondsen op naam komen op één centraal punt binnen. Dit houdt in dat een subsidieaanvraag slechts eenmaal aan het Prins Bernhard Cultuurfonds hoeft te worden gezonden. Voor de verdere aanvraagprocedure: zie Prins Bernhard Cultuurfonds. URL ► www.cultuurfonds.nl/aanvragen

Contact ■ BEREIKBAAR PER ► ☑ post ☑ e-mail ☑ telefoon CONTACTPERSOON ► geen contactpersoon bekend POSTADRES ► Postbus 19750, 1000 GT Amsterdam EMAIL (ALGEMEEN) ► info@cultuurfonds.nl TELEFOON (ALGEMEEN) ► 020-5206130.

739
Stichting Koepelfonds Voorburg

Rubriek ■ ☑ maatschappij, welzijn en samenleving ☑ sport en recreatie ☑ kunst en cultuur ☑ gezondheidszorg

Algemeen ■ WEBSITE ► www.koepelfonds.nl TYPERING ► vermogensfonds OPGERICHT ► 02-04-1954 RECHTSVORM ► stichting KVK ► 41149623 ANBI STATUS ► nee DIRECTIE ► geen directiegegevens bekend BESTUUR ► Mw. C. Pels Rijcken, voorzitter; mw. J. Kraakman, penningmeester; J. Wolters, secretaris; L. Büller, vice-voorzitter; C. van Hoogdalem.

Missie ■ DOELSTELLING ► Het Koepelfonds ondersteunt sociale projecten en activiteiten die de sociale samenhang in de gemeente Leidschendam-Voorburg bevorderen. HISTORIE ► Het Koepelfonds is in 2001 ontstaan uit de Stichting Volksgebouw De Koepel. De stichting wil de sociale contacten binnen de gemeente Leidschendam-Voorburg bevorderen, de gemeenschapszin in deze gemeente en de vitaliteit van de samenleving versterken en de participatie van instellingen en inwoners aan de samenleving ondersteunen.

Doelgroep ■ SPECIFIEK ► Projecten en activiteiten die de sociale cohesie in de gemeente Leidschendam-Voorburg versterken. ACTIVITEITEN ► Het Koepelfonds tracht haar doelstelling te bereiken door te voorzien in financiering van kleinschalige activiteiten en projecten met een sociaal of sociaal-cultureel karakter, die anders niet of slechts gedeeltelijk zijn te realiseren. INTERVENTIENIVEAU ► Steun aan lokale/provinciale maatschappelijke organisaties en structuren (incl. gemeenten etc.) die diensten verlenen aan individuen.

Werkgebied ■ ACTIERADIUS ► Lokaal LAND ► Nederland REGIO ► Zuid-Holland PLAATS ► Leidschendam-Voorburg.

Bestedingen ■ BUDGET ► niet openbaar ONDERSTEUNDE PROJECTEN P/J ► 10 SOORT BIJDRAGE ► giften BOVENGRENS ► geen ONDERGRENS ► geen.

Projecten ■ CRITERIA ► ☑ Het project of de activiteiten moet gericht zijn op de sociale cohesie tussen inwoners van de gemeente Leidschendam- Voorburg; ☑ Zo mogelijk hebben aanvragen een vernieuwend karakter; ☑ Projecten die zonder steun niet of slechts gedeeltelijk zijn te realiseren. DOORLOOPTIJD ► ☑ korter dan 1 jaar STATUS AANVRAGER ► ☑ geen beperkingen bekend VOORKEUR/UITSLUITING ► ☑ Alleen individuen of organisaties met een niet-commercieel doel komen voor een bijdrage in aanmerking. ☑ Het Koepelfonds verstrekt geen structurele subsidies.

Procedure ■ OP AANVRAAG ► ja DOORLOOPTIJD ► 1-3 maanden AANVRAAGPROCEDURE ► Met behulp van het aanvraagformulier (download) op de website kunt u een aanvraag doen. Aanvragen dienen goed gemotiveerd en voorzien van een begroting, te worden ingediend. De aanvragen kunnen per e-mail verzonden worden. Het bestuur beoordeelt de aanvragen binnen acht weken. De aanvrager wordt schriftelijke op de hoogte gesteld van het besluit om al dan niet een bijdrage beschikbaar te stellen. Tegen het besluit van het bestuur is geen beroep mogelijk. Uiterlijk binnen 2 maanden na afloop van het project dient de aanvrager een inhoudelijk en financieel verslag in waarna het bestuur het toegezegde bedrag overmaakt. De stichting dient vermeld te worden als subsidieverlener. **URL** ▶ www.koepelfonds.nl/aanvraag-doen/

Financieel ■ **EIGEN VERMOGEN** ▶ € 120.000 **HERKOMST MIDDELEN** ▶ vermogen **BOEKJAAR** ▶ 2018 **JAARVERSLAG OP WEBSITE** ▶ ja.

Contact ■ **BEREIKBAAR PER** ▶ ☒ post ☑ e-mail ☒ telefoon **CONTACTPERSOON** ▶ J. Wolters **POSTADRES** ▶ Geen postadres bekend **EMAIL (ALGEMEEN)** ▶ secretaris@koepelfonds.nl.

740
Kolnaar-Mulier Fonds

Rubriek ■ ☑ kunst en cultuur ☑ onderwijs en onderzoek

Algemeen ■ **WEBSITE** ▶ www.cultuurfonds.nl **TYPERING** ▶ fonds op naam **BEHEERD DOOR** ▶ Prins Bernhard Cultuurfonds **DIRECTIE** ▶ zie Prins Bernhard Cultuurfonds **BESTUUR** ▶ zie Prins Bernhard Cultuurfonds

Missie ■ **DOELSTELLING** ▶ Het financieel ondersteunen van projecten die de bespeling van historische muziekinstrumenten tot doel hebben. Daarnaast het financieel ondersteunen van musici die historische instrumenten bespelen.

Werkgebied ■ **ACTIERADIUS** ▶ Nationaal, Internationaal **LAND** ▶ Nederland.

Projecten ■ **CRITERIA** ▶ geen projectcriteria bekend **DOORLOOPTIJD** ▶ ☑ korter dan 1 jaar **STATUS AANVRAGER** ▶ ☑ geen beperkingen bekend **VOORKEUR/UITSLUITING** ▶ geen voorkeur of uitsluiting bekend.

Procedure ■ **OP AANVRAAG** ▶ ja **AANVRAAGPROCEDURE** ▶ Dit 'fonds op naam' ressorteert onder het Prins Bernhard Cultuurfonds. Verzoeken aan fondsen op naam komen op één centraal punt binnen. Dit houdt in dat een subsidieaanvraag slechts eenmaal aan het Prins Bernhard Cultuurfonds hoeft te worden gezonden. Voor de verdere aanvraagprocedure: zie Prins Bernhard Cultuurfonds. **URL** ▶ www.cultuurfonds.nl/aanvragen

Contact ■ **BEREIKBAAR PER** ▶ ☑ post ☑ e-mail ☑ telefoon **CONTACTPERSOON** ▶ geen contactpersoon bekend **POSTADRES** ▶ Postbus 19750, 1000 GT Amsterdam **EMAIL (ALGEMEEN)** ▶ info@cultuurfonds.nl **TELEFOON (ALGEMEEN)** ▶ 020-5206130.

741
Vereeniging Koningin Emma Fonds

Rubriek ■ ☑ maatschappij, welzijn en samenleving

Algemeen ■ **WEBSITE** ▶ https://koninginemmafonds.nl **TYPERING** ▶ vermogensfonds **OPGERICHT** ▶ 1895 **RECHTSVORM** ▶ vereniging **KVK** ▶ 40407242 **ANBI STATUS** ▶ ja **DIRECTIE** ▶ geen directiegegevens bekend **BESTUUR** ▶ J.L.R.A. Huydecoper, voorzitter; W.J.D. Baron van Tuyll van Serooskerken, penningmeester; mw. P.A.M. Boonekamp-van der Maarel, secretaris; mw. M.N.P.M. Verlinden; R. Willemsen; R.S. Oude Hengel; mw. D.M.F. van Leeuwen-Cascino; M.J.M. van Adrichem; mw. H. Merx-Dompelingl; mw. R.L. Zijderveld-Boodt; mw. P.E. Hamerslag.

Missie ■ **DOELSTELLING** ▶ Het verlenen van materiële hulp en ondersteuning aan bejaarden die tachtig jaar of ouder zijn en een inkomen hebben van alleen A.O.W., soms aangevuld met een klein pensioen, en zelfstandig wonen in 's-Gravenhage. **STICHTER(S)** ▶ Martin van Raalte **HISTORIE** ▶ Het Koningin Emma Fonds werd eind 19e eeuw opgericht om te voorzien in de behoefte aan hulp voor hoogbejaarden in Den Haag. Die hulp is sindsdien onafgebroken verstrekt, in een vorm die slechts betrekkelijk geringe wijzigingen heeft ondergaan. **BELEIDSPLAN OP WEBSITE** ▶ ja.

Doelgroep ■ **ALGEMEEN** ▶ ouderen **SPECIFIEK** ▶ Hulpbehoevende hoogbejaarden in Den Haag. **ACTIVITEITEN** ▶ Bezoeken aan de bij het Fonds aangesloten bejaarden, financiële ondersteuning waar nodig; organisatie van een jaarlijkse uitstap voor de aangeslotenen. **INTERVENTIENIVEAU** ▶ Steun aan individuen (directe steun).

Werkgebied ■ **ACTIERADIUS** ▶ Lokaal **LAND** ▶ Nederland **PLAATS** ▶ Den Haag.

Bestedingen ■ **BUDGET** ▶ € 150.000 **ONDERSTEUNDE PROJECTEN P/J** ▶ 155 **SOORT BIJDRAGE** ▶ giften overig **BOVENGRENS** ▶ geen **ONDERGRENS** ▶ geen.

Projecten ■ **CRITERIA** ▶ Toelatingscriteria: ☑ zelfstandig wonend in Den Haag,; ☑ op een leeftijd boven de tachtig jaar,; ☑ beschikkend over een inkomen op het niveau van het AOW–pensioen, eventueel met een gering aanvullend inkomen. **DOORLOOPTIJD** ▶ ☑ korter dan 1 jaar **STATUS AANVRAGER** ▶ ☑ individuen/gezinnen **VOORKEUR/UITSLUITING** ▶ geen voorkeur of uitsluiting bekend.

Procedure ■ **OP AANVRAAG** ▶ ja **DOORLOOPTIJD** ▶ 1-3 maanden **AANVRAAGPROCEDURE** ▶ Aansluiting van bejaarden bij de vereniging geschiedt doordat de betrokkenen zich – soms door tussenkomst van andere hulpverleners – bij het secretariaat aanmelden (telefonisch of per brief). Toelating wordt door middel van een wachtlijst gereguleerd.

Financieel ■ **INKOMSTEN EV** ▶ € 163.000 **HERKOMST MIDDELEN** ▶ vermogen, legaten, overige inkomsten **BOEKJAAR** ▶ 2018 **JAARVERSLAG OP WEBSITE** ▶ ja.

Contact ■ **BEREIKBAAR PER** ▶ ☑ post ☑ e-mail ☑ telefoon **CONTACTPERSOON** ▶ Mw. I.A. de Haan-Posthuma **POSTADRES** ▶ Hammerskjoldlaan 523, 2286 HN Rijswijk **EMAIL (ALGEMEEN)** ▶ wwinnubst@hetnet.nl **TELEFOON (ALGEMEEN)** ▶ 070-3934775.

742
Stichting Koningin Sophiafonds

Rubriek ■ ☑ onderwijs en onderzoek ☑ kunst en cultuur

Algemeen ■ **WEBSITE** ▶ www.koninginsophiafonds.nl **TYPERING** ▶ vermogensfonds **OPGERICHT** ▶ 30-03-1990 **RECHTSVORM** ▶ stichting **KVK** ▶ 41156195 **ANBI STATUS** ▶ ja **DIRECTIE** ▶ geen directiegegevens bekend **BESTUUR** ► Mw.mr. B.F.F. Gosschalk-Davidson, voorzitter; mr. S.F. Fekkes, penningmeester; mr. S.F. Fekkes, secretaris; A.E.H.L. Burgers van de Bogaert; mw. M.M.H. Janssen; mw.drs. I. Kluivenhoven-Broeders.

Missie ■ **DOELSTELLING** ► De stichting heeft tot doel het verlenen van steun aan personen van Nederlandse nationaliteit, die zich door het volgen van hoger beroepsonderwijs of het behalen van de zogenaamde 'Masters Degree', willen bekwamen voor een beroep in de textiele werkvormen of de restauratie van antieke voorwerpen. Daarbij moet de benodigde kennis en artisticiteit bij persoon aanwezig zijn om de opleiding af te ronden en zijn beroep hierin te kunnen uitoefenen. **STICHTER(S)** ► Bestuur van de Vereniging Industrieschool voor meisjes te Den Haag **HISTORIE** ► Het aanvangskapitaal van de stichting werd gevormd door het eindsaldo van de bezittingen van de 'Vereniging Industrieschool voor Meisjes', tot 1 augustus 1982 gevestigd aan de Van Diemenstraat 202 te 's-Gravenhage. **BELEIDSPLAN OP WEBSITE** ► ja.

Doelgroep ■ **ALGEMEEN** ► studenten **SPECIFIEK** ► Personen van Nederlandse nationaliteit, die zich door het volgen van hoger beroeponderwijs of het behalen van de zogenaamde 'Masters Degree', willen bekwamen voor een beroep in de textiele werkvormen of de restauratie van antieke voorwerpen. **ACTIVITEITEN** ► Geen specifieke activiteiten bekend **INTERVENTIENIVEAU** ► Steun aan individuen (directe steun).

Werkgebied ■ **ACTIERADIUS** ► Regionaal **LAND** ► Nederland **REGIO** ► Noord-Holland, Zuid-Holland.

Bestedingen ■ **BUDGET** ► niet openbaar **ONDERSTEUNDE PROJECTEN P/J** ► 6 **SOORT BIJDRAGE** ► studiebeurzen subsidies **BOVENGRENS** ► geen **ONDERGRENS** ► geen.

Projecten ■ **CRITERIA** ► ☑ opleiding tot een beroep in de textiele werkvormen of in de restauratie van antieke voorwerpen; ☑ Het fonds verstrekt alleen dan financiële ondersteuning, indien er geen andere mogelijkheden (studiefinanciering, ouderbijdrage e.d.) meer zijn; ☑ Uitsluitend subsidies voor studiekosten voor zover deze niet uit andere financieringsregelingen kunnen worden bestreden; ☑ De begunstigde dient in Noord- of Zuid-Holland te wonen; ☑ De begunstigde dient de Nederlandse nationaliteit te bezitten; ☑ De stichting kent geen beperking in leeftijd, noch in het volgen van dag- dan wel avondopleidingen. **DOORLOOPTIJD** ► ☑ 1 - 2 jaar **STATUS AANVRAGER** ► ☑ individuen/gezinnen **VOORKEUR/UITSLUITING** ► Geen subsidie voor de kosten van levensonderhoud.

Procedure ■ **OP AANVRAAG** ► ja **DOORLOOPTIJD** ► 3-6 maanden **AANVRAAGPROCEDURE** ► Subsidieaanvragen dienen te geschieden via het te downloaden aanvraagformulier. Zie voor de geldende voorwaarden de statuten en het beleidsplan. Het formulier met de gevraagde bijlagen dienen gestuurd te worden naar het postadres. De indieningsdata zijn, i.v.m. de vergaderingen van het Curatorium, in de maanden april en oktober. Graag van te voren contact over aanvragen met de secretaris/penningmeester, 070-3238406. **URL** ► www.koninginsophiafonds.nl/Documenten/Aanvraagformulier.pdf

Financieel ■ **EIGEN VERMOGEN** ► € 285.399 **INKOMSTEN EV** ► € 5.200 **HERKOMST MIDDELEN** ► vermogen, overige inkomsten **BOEKJAAR** ► 2019 **JAARVERSLAG OP WEBSITE** ► ja.

Contact ■ **BEREIKBAAR PER** ► ☑ post ☑ e-mail ☑ telefoon **CONTACTPERSOON** ► Mr. S.F. Fekkes **POSTADRES** ► De Savornin Lohmanlaan 475, 2566 AL Den Haag **EMAIL (ALGEMEEN)** ► info@koninginsophiafonds.nl **TELEFOON (ALGEMEEN)** ► 070-3238406.

743
Stichting Koningsheide

Rubriek ■ ☑ maatschappij, welzijn en samenleving ☑ gezondheidszorg

Algemeen ■ **WEBSITE** ► www.koningsheide.org **TYPERING** ► vermogensfonds **OPGERICHT** ► 01-01-1935 **RECHTSVORM** ► stichting **KVK** ► 41046602 **ANBI STATUS** ► ja **DIRECTIE** ► geen directiegegevens bekend **BESTUUR** ► Mr. G.H. Jalink, voorzitter; dr. B. van de Loo, penningmeester; mr. J.P. Balkema, secretaris; drs. D. Daniëls; dr. T. Kuipers; drs. E.F. Ullmann.

Missie ■ **DOELSTELLING** ► De Stichting Koningsheide steunt originele en veelbelovende, veelal kleinschalige projecten die zijn gericht op de geestelijke gezondheidszorg en de daaraan gerelateerde wetenschappen. **STICHTER(S)** ► L.F.C. van Erp Taalman Kip **HISTORIE** ► De Stichting Koningsheide komt voort uit het in de jaren dertig van de vorige eeuw op de Koningsheide bij Arnhem gerealiseerde psychiatrische ziekenhuis. Het was de bedoeling van de particuliere initiatiefnemers de patiënten met ernstige psychiatrische aandoeningen een beter niveau van zorg te bieden dan in die dagen gebruikelijk was. Het ziekenhuis is aan het einde van de Tweede Wereldoorlog door oorlogshandelingen verloren gegaan. De schade-uitkering na de oorlog is aangewend om als Stichting Koningsheide, met het oorspronkelijk ideaal voor ogen, financiële ondersteuning te bieden aan projecten op psychiatrisch gebied. **BELEIDSPLAN OP WEBSITE** ► ja.

Doelgroep ■ **ALGEMEEN** ► zieken, jongeren **SPECIFIEK** ► Projecten die zijn gericht op de geestelijke gezondheidszorg en de daaraan gerelateerde wetenschappen. **ACTIVITEITEN** ► Zij verleent de steun alleen of samen met andere organisaties, die op hetzelfde terrein actief zijn. Momenteel ligt het zwaartepunt op het gebied van forensische psychiatrie, maar ook gaat de aandacht uit naar transculturele psychiatrie en jeugdpsychiatrie. Teneinde wetenschappelijk onderzoek op deze terreinen te stimuleren bestaan er op het gebied van forensische psychiatrie bijzondere leerstoelen vanwege de stichting Koningsheide. Momenteel zijn dat er vijf: in Nijmegen (2), Amsterdam (VU), Groningen en Tilburg. De Stichting Koningsheide kiest nadrukkelijk voor de rol van financier. De stichting biedt zelf geen verzorging of begeleiding aan, maar stelt met haar subsidies van projecten professionals, zowel onderzoekende, onderwijzende als uitvoerende- of andere betrokkenen, in staat de gewenste activiteiten te ontplooien. Naast het ondersteunen van projecten heeft de Stichting Koningsheide een (meestal tweejaarlijkse) prijs ingesteld voor een wetenschappelijke publicatie, die van belang is voor de ontwikkelingen op het onderhavige psychiatrische terrein. **INTERVENTIENIVEAU** ► Steun aan lokale/provinciale maatschappelijke organisaties en structuren (incl. gemeenten etc.) die diensten verlenen aan individuen.

Werkgebied ■ **ACTIERADIUS** ► Nationaal **LAND** ► Nederland.

Bestedingen ■ **BUDGET** ► niet openbaar **SOORT BIJDRAGE** ► giften **BOVENGRENS** ► geen **ONDERGRENS** ► geen.

Projecten ■ **CRITERIA** ► ☑ voldoende psychiatrisch gericht; ☑ voldoende origineel en veelbelovend; ☑ moet een verwachte positieve invloed hebben op de ontwikkelingen in het vak; ☑ geen financiering via overheid, zorgverzekeraars of universiteit is voorhanden; ☑ in de regel eenmalig, zoals opstartkosten; ☑ gewaarborgde professionele begeleiding. **DOORLOOPTIJD** ► ☑ korter dan 1 jaar **STATUS AANVRAGER** ► ☑ stichting of vereniging (non-profit) **VOORKEUR/UITSLUITING** ► De stichting is terughoudend bij aanvragen voor: ☑ studiereizen, congresbezoek, studiereizen; ☑ bijdragen voor seminars; ☑ jubileumbijdragen; ☑ publicaties en proefschriften. De stichting geeft géén steun aan: ☑ salariskosten/personele lasten; ☑ individuele ondersteuning in geld of goederen; ☑ reeds gestarte projecten of herhaal projecten; ☑ doorlopende exploitatiekosten; ☑ bijscholingen; ☑ inrichtingskosten; ☑ zorgboerderijen en woonprojecten; ☑ grote wetenschappelijke onderzoeken (i.v.m. onze budgettaire beperkingen); ☑ buitenlandse projecten m.u.v. de Antillen.

Procedure ■ **OP AANVRAAG** ► ja **DOORLOOPTIJD** ► geen doorlooptijd bekend; 1-3 maanden; 3-6 maanden; 1-3 maanden **AANVRAAGPROCEDURE** ► Het bestuur van de stichting, waarvan twee psychiaters deel uitmaken, beoordeelt (meestal) vier maal per jaar de ingediende projecten. Vereiste samenstelling van een projectaanvraag: ☑ korte beschrijving van de aanvragende instelling (naam, adres, doel e.d.); ☑ naam en positie subsidie aanvrager; ☑ duidelijke en beknopte omschrijving van het project; ☑ beknopte, maar gedegen financiële onderbouwing van het project, vooraf en achteraf; ☑ overzicht van andere benaderde sponsors; ☑ verantwoording omvang aangevraagde subsidie; ☑ tijdschema van het project alsmede van de benodigde middelen; ☑ ondersteunende verklaring van een betrokken psychiater.

Financieel ■ **EIGEN VERMOGEN** ► € 3.074.670 **INKOMSTEN EV** ► € 138.913 **HERKOMST MIDDELEN** ► vermogen **BOEKJAAR** ► 2016.

Contact ■ **BEREIKBAAR PER** ► ☑ post ☑ e-mail ☑ telefoon **CONTACTPERSOON** ► Mr. J.P. Balkema **POSTADRES** ► Nico Bolkesteinlaan 1 Gebouw 5, Schroeder van der Kolk, 7416 SB Deventer **EMAIL (ALGEMEEN)** ► m.nijland@transfore.nl **TELEFOON (ALGEMEEN)** ► 0570-604455.

744

Koninklijke Hollandsche Maatschappij der Wetenschappen

Rubriek ■ ☑ onderwijs en onderzoek

Algemeen ■ **WEBSITE** ► www.khmw.nl **TYPERING** ► vermogensfonds **OPGERICHT** ► 12-05-1752 **RECHTSVORM** ► vereniging **KVK** ► 40594375 **ANBI STATUS** ► ja **DIRECTIE** ► geen directiegegevens bekend **BESTUUR** ► Mw.prof.dr. L.J. Gunning-Schepers, voorzitter; mr. R.J. graaf van Schimmelpenninck, penningmeester; mw.drs. S. van Manen, secretaris; mw.drs. A.P.H.M. Hovius MBA; mw.drs. I.C. Bryan; jhr.drs. R.M.M. van Rijckevorsel; jhr.mr. A.A. Roëll.

Missie ■ **DOELSTELLING** ► De wetenschap bevorderen en een brug slaan tussen wetenschap en samenleving. Hiermee houdt de Koninklijke Hollandsche Maatschappij der Wetenschappen zich al sinds 1752 bezig, in iedere periode op een eigentijdse manier. **HISTORIE** ► De Koninklijke Hollandsche Maatschappij der Wetenschappen, het oudste 'Geleerde Genootschap' in Nederland, werd op initiatief van een zevental vooraanstaande burgers van Haarlem als Hollandsche Maatschappij der Wetenschappen opgericht in 1752, met als doel 'het bevorderen van de wetenschap' in de ruimste zin. Aanvankelijk was de belangrijkste activiteit het uitschrijven en honoreren van prijsvragen inzake actuele wetenschappelijke vraagstukken. De Maatschappij is sinds 1841 gevestigd in het monumentale Hodshon Huis, Spaarne 17, te Haarlem, recht tegenover haar goede buur Teylers Museum. Het predikaat Koninklijk werd verleend ter gelegenheid van haar 250-jarig bestaan in 2002. **BELEIDSPLAN OP WEBSITE** ► ja.

Doelgroep ■ **ALGEMEEN** ► studenten **SPECIFIEK** ► Wetenschappelijk onderzoekers, eerstejaarsstudenten, afstudeerstudenten. **ACTIVITEITEN** ► Prijzen vormen van oudsher de core business van de Koninklijke Hollandsche Maatschappij der Wetenschappen. De Maatschappij levert onafhankelijke juryleden voor de beoordeling van wetenschappelijke prestaties. Prijzen en stipendia worden toegekend op allerlei niveau, van profielwerkstukprijzen, via scriptieprijzen en promotieprijzen, tot oeuvreprijzen. De prijzen en stipendia worden financieel mogelijk gemaakt door donaties van bedrijven, stichtingen, fondsen en particulieren. Binnen de Koninklijke Hollandsche Maatschappij der Wetenschappen vindt tevens uitwisseling van gedachten plaats door lezingen, seminars en informele onderlinge contacten. Lezingen worden gehouden door directeuren, leden en externe sprekers. Naast structurele, jaarlijks terugkerende bijeenkomsten worden incidentele wetenschappelijke lezingen en debatten georganiseerd, veelal in samenwerking met bevriende organisaties. Door de Koninklijke Hollandsche Maatschappij der Wetenschappen worden drie stichtingen (Stichting Jan Brouwer Fonds, Dr. Saal van Zwanenberg Stichting en Stichting Eizenga-Van Oosten Fonds) en zes fondsen op naam (Pieter Langerhuizen Lambertuszoon Fonds, Fonds Van der Knaap, Dr. W.J.E. Voet Fonds, Mr. J.C. Baak Fonds, De Zeeuw-Van Dishoeck Fonds en Wim Drees Fonds) beheerd. Verdere informatie is te vinden op de website. **INTERVENTIENIVEAU** ► Steun aan individuen via maatschappelijk werk organisaties of directe steun (studiebeurzen).; Steun aan individuen (directe steun).

Werkgebied ■ **ACTIERADIUS** ► Nationaal **LAND** ► Nederland.

Bestedingen ■ **BUDGET** ► niet openbaar **ONDERSTEUNDE PROJECTEN P/J** ► 45 **SOORT BIJDRAGE** ► overig giften **BOVENGRENS** ► geen **ONDERGRENS** ► geen.

Projecten ■ **CRITERIA** ► N.v.t. **DOORLOOPTIJD** ► ☑ onbekend **STATUS AAN-**

VRAGER ▶ ☑ geen beperkingen bekend **VOORKEUR/UITSLUITING** ▶ N.v.t.
Procedure ■ **OP AANVRAAG** ▶ nee **AANVRAAGPROCEDURE** ▶ Zie de Fondsen op Naam of de zelfstandige Stichtingen die de KHMW beheert.
Financieel ■ **EIGEN VERMOGEN** ▶ € 19.896.222 **INKOMSTEN EV** ▶ € 764.669 **INKOMSTEN OV** ▶ € 380.083 **HERKOMST MIDDELEN** ▶ vermogen, leden (bijdragen), overige inkomsten, giften & schenkingen, bedrijven **BOEKJAAR** ▶ 2019 **JAARVERSLAG OP WEBSITE** ▶ ja.
Contact ■ **BEREIKBAAR PER** ▶ ☑ post ☑ e-mail ☑ telefoon **CONTACTPERSOON** ▶ Mw. drs. S. van Manen **POSTADRES** ▶ Spaarne 17, 2011 CD Haarlem **EMAIL (ALGEMEEN)** ▶ secretaris@www.khmw.nl **TELEFOON (ALGEMEEN)** ▶ 023-5321773.

745

Koninklijke Nederlandsche Heidemaatschappij

Rubriek ■ ☑ maatschappij, welzijn en samenleving ☑ natuur, milieu en dieren
Algemeen ■ **WEBSITE** ▶ https://www.knhm.nl **TYPERING** ▶ vermogensfonds **OPGERICHT** ▶ 08-08-1888 **RECHTSVORM** ▶ vereniging **KVK** ▶ 40119290 **ANBI STATUS** ▶ ja **DIRECTIE** ▶ F.H.M.J. van Brussel **BESTUUR** ▶ Mw. A. Jorritsma, voorzitter; M.A. Muntinga, penningmeester; H.S. Draai, secretaris; H.A. Zanting; J.A.J.W. Nieuwenhuys; G. Breeman.
Missie ■ **DOELSTELLING** ▶ De doelstelling is het verbeteren van de leefomgeving, leefbaarheid en sociale cohesie. Het versterken van burgerkracht. Dit doen ze met de inzet van kennis en netwerk, gericht op burgers, sociaal ondernemers en jongeren. Via verschillende diensten willen ze deze doelgroepen inspireren, activeren, mobiliseren, adviseren en soms ook in investeren. Ze stimuleren innovatie en vernieuwing, en werken vraaggericht. Dit doen ze op vrijwillige basis. **HISTORIE** ▶ In 1888 is KNHM opgericht voor het ontwikkelen van landbouwgronden, het herbebossen van zandgronden en het verbeteren van werkgelegenheid. Ook toen al was de achtergrond het verbeteren van de leefomgeving. Van oorsprong is KNHM altijd een ideële organisatie geweest. Sinds het begin van vorige eeuw werden de activiteiten echter steeds commerciëler. In 1972 kwam een organisatorische scheiding tot stand tussen het commerciële bedrijf Arcadis en de ideële vereniging KNHM. Tegenwoordig functioneert KNHM als een onafhankelijke vereniging met een ideële doelstelling: te weten het bijdragen aan de verbetering van de leefomgeving. Op projectniveau werken KNHM en Arcadis regelmatig samen, bijvoorbeeld in het kader van het Maatschappelijk Verantwoord Ondernemen van Arcadis. In 2008 hebben ze besloten zich niet langer te positioneren als fonds, maar te focussen op het adviseren van burgerinitiatieven. **BELEIDSPLAN OP WEBSITE** ▶ ja.
Doelgroep ■ **ALGEMEEN** ▶ jongeren **SPECIFIEK** ▶ Burgers, sociaal ondernemers en jongeren. **ACTIVITEITEN** ▶ De diensten van de vereniging zijn: ☑ KNHM Advies: advies op maat aan burgerinitiatieven; ☑ KNHM Participaties BV: advies en investeren in sociale ondernemingen; ☑ Kern met Pit: leefbaarheidswedstrijd voor burgerinitiatieven; ☑ Artcadia: techniek- en kunstwedstrijd voor jongeren. Actuele thema's waar ze zich onder andere op richten zijn: leefbaarheid, wijkeconomie en wijkbedrijven, ruimtelijke ordening, stadslandbouw, vrijetijdseconomie, cultuurhistorie & natuur, zorg, welzijn & wonen en lokale duurzame energie. **INTERVENTIENIVEAU** ▶ Steun op niveau van maatschappij zelf (beleidsbeïnvloeding, etc.).
Werkgebied ■ **ACTIERADIUS** ▶ Internationaal **LAND** ▶ Wereldwijd.
Bestedingen ■ **BUDGET** ▶ niet openbaar **SOORT BIJDRAGE** ▶ investeringen overig **BOVENGRENS** ▶ geen **ONDERGRENS** ▶ geen.
Projecten ■ **CRITERIA** ▶ geen projectcriteria bekend **DOORLOOPTIJD** ▶ ☑ onbekend **STATUS AANVRAGER** ▶ ☑ geen beperkingen bekend **VOORKEUR/UITSLUITING** ▶ geen voorkeur of uitsluiting bekend.
Procedure ■ **OP AANVRAAG** ▶ ja **AANVRAAGPROCEDURE** ▶ Afhankelijk van het initiatief kunt u met de betreffende tak van de KNHM contact opnemen. **URL** ▶ https://www.knhm.nl/contact/
Financieel ■ **EIGEN VERMOGEN** ▶ € 98.175.406 **INKOMSTEN EV** ▶ € 2.042.405 **INKOMSTEN OV** ▶ € 59.186 **HERKOMST MIDDELEN** ▶ vermogen **BOEKJAAR** ▶ 2019 **JAARVERSLAG OP WEBSITE** ▶ ja.
Contact ■ **BEREIKBAAR PER** ▶ ☑ post ☑ e-mail ☑ telefoon **CONTACTPERSOON** ▶ geen contactpersoon bekend **POSTADRES** ▶ Postbus 33, 6800 LE Arnhem **EMAIL (ALGEMEEN)** ▶ info@knhm.nl **TELEFOON (ALGEMEEN)** ▶ 026-4455146.

746

Stichting De Koornzaayer Foundation

Rubriek ■ ☑ maatschappij, welzijn en samenleving ☑ gezondheidszorg ☑ onderwijs en onderzoek
Algemeen ■ **WEBSITE** ▶ www.koornzaayerfoundation.nl **TYPERING** ▶ vermogensfonds **RECHTSVORM** ▶ stichting **KVK** ▶ 32164791 **ANBI STATUS** ▶ ja **DIRECTIE** ▶ mw. H. Klok **BESTUUR** ▶ O. Staleman; dr. R. Lapré; mw. M.J. Schouten; J. Smits; drs. V. Staleman; dr. A. Hogewoning.
Missie ■ **DOELSTELLING** ▶ De Koornzaayer foundation wil door ondersteuning van kleinschalige projecten op het gebied van gezondheidszorg en onderwijs bijdragen aan een betere toekomst. **HISTORIE** ▶ De Foundation bestaat sinds 1967 en richt zich sinds 1994 uitsluitend op projecten in het werelddeel Afrika. De Koornzaayer Foundation wil door ondersteuning van kleinschalige project op het gebied van gezondheidszorg en onderwijs bijdragen aan een betere toekomst. De focus ligt op projecten in landen: Kenia en Oeganda. **BELEIDSPLAN OP WEBSITE** ▶ ja.
Doelgroep ■ **ALGEMEEN** ▶ inheemse volken, armen **SPECIFIEK** ▶ Geen specifieke doelgroep **ACTIVITEITEN** ▶ De Stichting tracht de doelstelling te bereiken door projecten te ondersteunen die leiden tot: ☑ verbeteren van de kwaliteit van medische centra op dorps- en regioniveau, waaronder het moderniseren van de zorg en de ondersteunende faciliteiten; ☑ verbeteren van de kwaliteit van lagere en middelbare scholen op dorpsniveau, waaronder het moderniseren van de ondersteunende faciliteiten.De Koornzaayer Foundation richt zich met

name op projecten die bijdragen aan de opbouw van de landen Kenia en Oeganda. In deze landen werken we op dit moment intensief samen met een aantal projectpartners. **INTERVENTIENIVEAU** ▶ Steun aan lokale/provinciale maatschappelijke organisaties en structuren (incl. gemeenten etc.) die diensten verlenen aan individuen.

Werkgebied ■ **ACTIERADIUS** ▶ Internationaal **LAND** ▶ Afrika, Kenia, Oeganda.

Bestedingen ■ **BUDGET** ▶ niet openbaar **ONDERSTEUNDE PROJECTEN P/J** ▶ 18 **SOORT BIJDRAGE** ▶ giften overig studiebeurzen **BOVENGRENS** ▶ geen **ONDERGRENS** ▶ geen.

Projecten ■ **CRITERIA** ▶ geen projectcriteria bekend **DOORLOOPTIJD** ▶ ☑ onbekend **STATUS AANVRAGER** ▶ ☑ geen beperkingen bekend **VOORKEUR/UITSLUITING** ▶ geen voorkeur of uitsluiting bekend.

Procedure ■ **OP AANVRAAG** ▶ ja **AANVRAAGPROCEDURE** ▶ Aanvragen worden alleen in behandeling genomen nadat een persoonlijk gesprek heeft plaats gevonden. U kunt een korte omschrijving van uw project sturen middels het contactformulier. Vergeet niet uw telefoonnummer te vermelden. **URL** ▶ http://koornzaayerfoundation.nl/contact/

Financieel ■ **INKOMSTEN EV** ▶ € 1.607.289 **INKOMSTEN OV** ▶ € 200.000 **HERKOMST MIDDELEN** ▶ vermogen, vermogen, giften & schenkingen **BOEKJAAR** ▶ 2019 **JAARVERSLAG OP WEBSITE** ▶ ja.

Contact ■ **BEREIKBAAR PER** ▶ ☑ post ☒ e-mail ☒ telefoon **CONTACTPERSOON** ▶ geen contactpersoon bekend **POSTADRES** ▶ Postbus 70, 1380 AB Weesp.

747

Korinthiërs Fonds

Rubriek ■ ☑ kunst en cultuur

Algemeen ■ **WEBSITE** ▶ www.cultuurfonds.nl **TYPERING** ▶ fonds op naam **BEHEERD DOOR** ▶ Prins Bernhard Cultuurfonds **DIRECTIE** ▶ zie Prins Bernhard Cultuurfonds **BESTUUR** ▶ zie Prins Bernhard Cultuurfonds

Missie ■ **DOELSTELLING** ▶ Het financieel ondersteunen van activiteiten op het gebied van de cultuur in Nederland.

Werkgebied ■ **ACTIERADIUS** ▶ Nationaal **LAND** ▶ Nederland.

Projecten ■ **CRITERIA** ▶ geen projectcriteria bekend **DOORLOOPTIJD** ▶ ☑ korter dan 1 jaar **STATUS AANVRAGER** ▶ ☑ geen beperkingen bekend **VOORKEUR/UITSLUITING** ▶ geen voorkeur of uitsluiting bekend.

Procedure ■ **OP AANVRAAG** ▶ ja **AANVRAAGPROCEDURE** ▶ Dit 'fonds op naam' ressorteert onder het Prins Bernhard Cultuurfonds. Verzoeken aan fondsen op naam komen op één centraal punt binnen. Dit houdt in dat een subsidieaanvraag slechts eenmaal aan het Prins Bernhard Cultuurfonds hoeft te worden gezonden. Voor de verdere aanvraagprocedure: zie Prins Bernhard Cultuurfonds. **URL** ▶ www.cultuurfonds.nl/aanvragen

Contact ■ **BEREIKBAAR PER** ▶ ☑ post ☑ e-mail ☑ telefoon **CONTACTPERSOON** ▶ geen contactpersoon bekend **POSTADRES** ▶ Postbus 19750, 1000 GT Amsterdam **EMAIL (ALGEMEEN)** ▶ info@cultuurfonds.nl **TELEFOON (ALGEMEEN)** ▶ 020-5206130.

748

Stichting Kossen-Leijen Fonds

Rubriek ■ ☑ maatschappij, welzijn en samenleving ☑ noodhulp

Algemeen ■ **WEBSITE** ▶ www.kossenleijenfonds.nl **TYPERING** ▶ vermogensfonds **OPGERICHT** ▶ 31-01-1977 **RECHTSVORM** ▶ stichting **KVK** ▶ 41238068 **ANBI STATUS** ▶ ja **DIRECTIE** ▶ geen directiegegevens bekend **BESTUUR** ▶ G.J. Struik, voorzitter; G.J.F. Krijnen, penningmeester; mw. C.M.M. Venneker-Scheer, secretaris; mw. B.J. Beens; J. Schuurman.

Missie ■ **DOELSTELLING** ▶ De stichting stelt zich ten doel het - door middel van financiële of materiële bijstand - lenigen van directe of bijzondere noden of behoeften van inwoners van het in de gemeente Langedijk liggende dorp Sint Pancras, ongeacht hun godsdienstige of politieke overtuiging, geslacht of leeftijd en ongeacht van welke aard de noden of behoeften zijn. Met inwoners kunnen gelijk worden gesteld: instellingen en verenigingen of andere initiatieven die bijdragen aan het welzijn van de inwoners van Sint Pancras. **STICHTER(S)** ▶ De heren C. Kossen en D. Leijen **HISTORIE** ▶ De oorsprong van het fonds ligt in de nalatenschappen van de heren C. Kossen en D. Leijen. Zij bepaalden dat er een fonds opgericht moest worden met als doel: 'Het betrachten van liefdadigheid voor de behoeftige inwoners van Sint Pancras'. Ook een deel van de nalatenschap van mevrouw G. van Graft – Vet is in het fonds opgenomen. **BELEIDSPLAN OP WEBSITE** ▶ ja.

Doelgroep ■ **ALGEMEEN** ▶ armen, dak- en thuislozen, zieken, gehandicapten **SPECIFIEK** ▶ Instellingen en verenigingen of andere initiatieven die bijdragen aan het welzijn van de inwoners van Sint Pancras. **ACTIVITEITEN** ▶ De stichting stelt zich ten doel het (via de inkomsten uit haar vermogen) - door middel van financiële of materiële bijstand – het lenigen van directe of bijzondere noden of behoeften van de doelgroep. **INTERVENTIENIVEAU** ▶ Steun aan lokale/provinciale maatschappelijke organisaties en structuren (incl. gemeenten etc.) die diensten verlenen aan individuen.; Steun aan individuen (directe steun).

Werkgebied ■ **ACTIERADIUS** ▶ Lokaal **LAND** ▶ Nederland **REGIO** ▶ Noord-Holland **PLAATS** ▶ Sint Pancras.

Bestedingen ■ **BUDGET** ▶ € 27.500 **SOORT BIJDRAGE** ▶ giften **BOVENGRENS** ▶ geen **ONDERGRENS** ▶ geen.

Projecten ■ **CRITERIA** ▶ De stichting verleent geen structurele hulp maar is in principe eenmalig en uitsluitend als de cliënt geen beroep kan doen op andere mogelijkheden voor financiële hulpverlening. Dit geldt voor particulieren, maar ook verenigingen of andere initiatieven die bijdragen aan het welzijn van Sint Pancras. Mede om mogelijk grotere aanvragen(verenigingen) te behandelen zal het bestuur op zoek gaan naar samenwerking met andere regionale vermogensfondsen. **DOORLOOPTIJD** ▶ ☑ onbekend **STATUS AANVRAGER** ▶ ☑ geen beperkingen bekend **VOORKEUR/UITSLUITING** ▶ Particulieren, verenigingen, stichtingen, organisaties en instellingen binnen het postcodegebied 1834 die bij geen enkele andere instantie terecht kunnen kunnen uitsluitend een aanvraag indienen.

Procedure ■ OP AANVRAAG ► ja DOORLOOPTIJD ► 1-3 maanden AANVRAAGPROCEDURE ► Als u inwoner bent van het dorp Sint Pancras en in aanmerking wilt komen voor financiële hulp van het Kossen-Leijenfonds, wordt u verzocht het online aanvraagformulier 'Particulier' volledig in te vullen. Dit formulier wordt tijdens de eerstvolgende bestuursvergadering behandeld. Hierna wordt er contact met u opgenomen. Als uw aanvraag past binnen de doelstellingen van het fonds, zullen twee bestuursleden u thuis komen bezoeken en vragen een uitgebreider formulier in te vullen. Als u een vereniging, stichting, organisatie of instelling heeft in het dorp Sint Pancras vult u overige online aanvraagformulier volledig in. Dit formulier wordt tijdens de eerstvolgende bestuursvergadering behandeld. Na de vergadering wordt er contact opgenomen met de contactpersoon. U kunt de aanvraag alleen indienen voor nog uit te voeren projecten. Het bestuur komt minimaal tien keer per jaar bijeen. URL ► www.kossenleijenfonds.nl/particulier/

Financieel ■ EIGEN VERMOGEN ► € 1.017.069 INKOMSTEN EV ► € 48.948 HERKOMST MIDDELEN ► vermogen, legaten, giften & schenkingen, overige inkomsten BOEKJAAR ► 2019 JAARVERSLAG OP WEBSITE ► ja.

Contact ■ BEREIKBAAR PER ► ☑ post ☑ e-mail ☑ telefoon CONTACTPERSOON ► geen contactpersoon bekend POSTADRES ► Benedenweg 266, 1834 BC Sint Pancras EMAIL (ALGEMEEN) ► info@kossenleijenfonds.nl TELEFOON (ALGEMEEN) ► 072-5623518/072-5641685.

749

Kracht Fonds

Rubriek ■ ☑ kunst en cultuur

Algemeen ■ WEBSITE ► www.cultuurfonds.nl TYPERING ► fonds op naam BEHEERD DOOR ► Prins Bernhard Cultuurfonds DIRECTIE ► zie > Prins Bernhard Cultuurfonds BESTUUR ► zie > Prins Bernhard Cultuurfonds

Missie ■ DOELSTELLING ► Het financieel ondersteunen van projecten op het terrein van molens en varend erfgoed.

Werkgebied ■ ACTIERADIUS ► Nationaal LAND ► Nederland.

Projecten ■ CRITERIA ► geen projectcriteria bekend DOORLOOPTIJD ► ☑ korter dan 1 jaar STATUS AANVRAGER ► ☑ geen beperkingen bekend VOORKEUR/UITSLUITING ► geen voorkeur of uitsluiting bekend.

Procedure ■ OP AANVRAAG ► ja AANVRAAGPROCEDURE ► Dit 'fonds op naam' ressorteert onder het Prins Bernhard Cultuurfonds. Verzoeken aan fondsen op naam komen op één centraal punt binnen. Dit houdt in dat een subsidieaanvraag slechts eenmaal aan het Prins Bernhard Cultuurfonds hoeft te worden gezonden. Voor de verdere aanvraagprocedure: zie Prins Bernhard Cultuurfonds. URL ► www.cultuurfonds.nl/aanvragen

Contact ■ BEREIKBAAR PER ► ☑ post ☑ e-mail ☑ telefoon CONTACTPERSOON ► geen contactpersoon bekend POSTADRES ► Postbus 19750, 1000 GT Amsterdam EMAIL (ALGEMEEN) ► info@cultuurfonds.nl TELEFOON (ALGEMEEN) ► 020-5206130.

750

Kringloopwinkel Heemskerk De Groene Ezel

Rubriek ■ ☑ economische ontwikkeling en microkrediet ☑ maatschappij, welzijn en samenleving

Algemeen ■ WEBSITE ► www.degroeneezel.nl TYPERING ► goededoelenorganisatie OPGERICHT ► 16-11-1993 RECHTSVORM ► vereniging KVK ► 40597248 ANBI STATUS ► ja DIRECTIE ► geen directiegegevens bekend BESTUUR ► J. van Ess, voorzitter; F. Verduin, penningmeester; mw. A. Zuurbier, secretaris; J. van Hattum; M. Nicola.

Missie ■ DOELSTELLING ► De vereniging heeft ten doel: ☑ Het bevorderen van hergebruik van allerhande goederen; ☑ Met de opbrengsten van deze goederen vooral projecten te doen ondersteunen in derde wereldlanden en op het gebied van zorg van het milieu. HISTORIE ► Het begon met de jaarlijkse boekenmarkt van de de Stichting Leerhuis IJmond, die cursussen geeft over bijbel en jodendom. Cursisten en sympathisanten leverden boeken in en die werden verkocht. De opbrengst was voor de stichting. Nadat die locatie te klein was werd de boekenmarkt overgedragen aan een 'Werkgroep Kringloopwinkel'. De eerste officiële locatie was een klaslokaal van 'De Burcht', naast de Laurentiuskerk. De eerste verkoop was op zaterdag 19 september 1992. In twee jaar tijd groeiden we van af en toe open naar twee dagen per maand. Op 16 november 1993 werd de Vereniging Kringloopwinkel Heemskerk officieel opgericht. BELEIDSPLAN OP WEBSITE ► ja.

Doelgroep ■ ALGEMEEN ► armen, inheemse volken SPECIFIEK ► Mensen die geïnteresseerd zijn in tweedehands spullen en goede doelen (Derde Wereld). ACTIVITEITEN ► De vereniging tracht het doel te bereiken door: ☑ Het inzamelen van goederen die voor hergebruik geschikt zijn en gratis worden aangeboden. ☑ Het verkopen van deze goederen in de kringloopwinkel. ☑ Het beschikbaar stellen van gelden voor de gestelde doelen. ☑ Het geven van informatie over haar doelen. ☑ Het bevorderen van samenwerking met gelijksoortige initiatieven. INTERVENTIENIVEAU ► Steun aan lokale/provinciale maatschappelijke organisaties en structuren (incl. gemeenten etc.) die diensten verlenen aan individuen.

Werkgebied ■ ACTIERADIUS ► Lokaal, Internationaal LAND ► Nederland PLAATS ► Heemskerk.

Bestedingen ■ BUDGET ► niet openbaar ONDERSTEUNDE PROJECTEN P/J ► 8-10 SOORT BIJDRAGE ► giften overig BOVENGRENS ► € 5.000 ONDERGRENS ► € 3.000.

Projecten ■ CRITERIA ► geen projectcriteria bekend DOORLOOPTIJD ► ☑ korter dan 1 jaar STATUS AANVRAGER ► ☑ geen beperkingen bekend VOORKEUR/UITSLUITING ► geen voorkeur of uitsluiting bekend.

Procedure ■ OP AANVRAAG ► ja AANVRAAGPROCEDURE ► Goede doelen binnen de doelstelling kunnen worden voorgedragen. Na beoordeling wordt wel of niet een gift gegeven(eventueel meerjarig). URL ► www.kringloopwinkelheemskerk.nl/pages/doelen.php

Financieel ■ HERKOMST MIDDELEN ► overige inkomsten, leden (bijdragen) BOEKJAAR ► boekjaar onbekend.

Contact ■ **BEREIKBAAR PER** ► ☑ post ☑ e-mail ☑ telefoon **CONTACTPERSOON** ► Mw. A. Zuurbier **POSTADRES** ► Lijnbaan 14, 1969 NE Heemskerk **EMAIL (ALGEMEEN)** ► info@kringloopwinkelheemskerk.nl **TELEFOON (ALGEMEEN)** ► 0251-243490.

751
Stichting 't Kromme Lant

Rubriek ■ ☑ maatschappij, welzijn en samenleving
Algemeen ■ **WEBSITE** ► www.anbiportal.nl/en/web/kl **TYPERING** ► vermogensfonds **OPGERICHT** ► 02-02-2016 **RECHTSVORM** ► stichting **KVK** ► 65232429 **ANBI STATUS** ► ja **DIRECTIE** ► geen directiegegevens bekend **BESTUUR** ► F.J.D. Goldschmeding, voorzitter; F.H.J. Koffrie; L.J.M.V. Lindelauf.
Missie ■ **DOELSTELLING** ► De Stichting stelt zich ten doel 'het financieel of op andere wijze ondersteunen van algemeen nut beogende instellingen in de zin van de Algemene Wet inzake Rijksbelastingen of een daarvoor in de plaats getreden regeling, in de ruimste zin'. **BELEIDSPLAN OP WEBSITE** ► ja.
Doelgroep ■ **ALGEMEEN** ► mannen, vrouwen **SPECIFIEK** ► Andere stichtingen met een ANBI status. **ACTIVITEITEN** ► De Stichting wendt haar middelen in beginsel alleen aan om andere ANBI's financieel en op andere wijze te ondersteunen. Het is de bedoeling dat uitkeringen door de Stichting geschieden aan een beperkt aantal ANBI's. In ieder geval dient een instantie of persoon die een uitkering ontvangt zich bij de besteding van het uitgekeerde bedrag te richten op het doel waarvoor de uitkering is verleend. **INTERVENTIENIVEAU** ► Steun aan individuen (directe steun).
Werkgebied ■ **ACTIERADIUS** ► Nationaal **LAND** ► Nederland.
Bestedingen ■ **BUDGET** ► € 12.400.000 **SOORT BIJDRAGE** ► giften subsidies **BOVENGRENS** ► geen **ONDERGRENS** ► geen.
Projecten ■ **CRITERIA** ► geen projectcriteria bekend **DOORLOOPTIJD** ► ☑ onbekend **STATUS AANVRAGER** ► ☑ stichting of vereniging (non-profit) **VOORKEUR/UITSLUITING** ► geen voorkeur of uitsluiting bekend.
Procedure ■ **OP AANVRAAG** ► onbekend **AANVRAAGPROCEDURE** ► In ieder geval zal het bestuur zich bij het nemen van het besluit eerst vergewissen van het algemeen nut beogende karakter van de instelling en het eventuele project waarvoor de uitkering is bestemd door middel van onder meer: ☑ het verkrijgen van informatie over het doel, respectievelijk de doelstellingen van de instelling; en/of het eventuele project; ☑ het verkrijgen van informatie over de wijze waarop het doel, respectievelijk de doelstellingen worden nageleefd door de instelling en/of het eventuele project; ☑ inzage in de begroting waarmee het doel van de uitkering kan worden verantwoord; ☑ inzage in de financiële situatie van de instelling en/of het eventuele project; ☑ het verkrijgen van informatie over de wijze waarop de instelling en/of het project zich laat adviseren bij de aanwending van het vermogen; ☑ het verkrijgen van informatie over de tijdsduur van het eventuele project. Het bestuur kan aan het verstrekken van de uitkering voorwaarden verbinden. Het bestuur zal de uitkering verstrekken onder de voorwaarde dat de ontvangende instelling een verslag uitbrengt van de wijze waarop de uitkering is besteed, en dit verslag bij de administratie; van de Stichting voegen.
Financieel ■ **INKOMSTEN EV** ► € 11.700.056 **HERKOMST MIDDELEN** ► inkomsten uit vermogen, vermogen, legaten, giften & schenkingen, overige inkomsten **BOEKJAAR** ► 2019 **JAARVERSLAG OP WEBSITE** ► ja.
Contact ■ **BEREIKBAAR PER** ► ☑ post ☒ e-mail ☒ telefoon **CONTACTPERSOON** ► geen contactpersoon bekend **POSTADRES** ► Diemermere 25, 1112 TC DIEMEN.

752
Kuitse Fonds

Rubriek ■ ☑ gezondheidszorg ☑ onderwijs en onderzoek
Algemeen ■ **WEBSITE** ► www.cultuurfonds.nl **TYPERING** ► fonds op naam **BEHEERD DOOR** ► Prins Bernhard Cultuurfonds **DIRECTIE** ► zie Prins Bernhard Cultuurfonds **BESTUUR** ► zie Prins Bernhard Cultuurfonds
Missie ■ **DOELSTELLING** ► Het financieel ondersteunen van talentvolle jonge mensen voor vervolgonderwijs of -onderzoek in het buitenland, bij voorkeur op het gebied van de geneeskunst.
Werkgebied ■ **ACTIERADIUS** ► Nationaal, Internationaal.
Projecten ■ **CRITERIA** ► geen projectcriteria bekend **DOORLOOPTIJD** ► ☑ korter dan 1 jaar **STATUS AANVRAGER** ► ☑ geen beperkingen bekend **VOORKEUR/UITSLUITING** ► Voorkeur gaat uit naar talentvolle jonge mensen op het gebied van de geneeskunst.
Procedure ■ **OP AANVRAAG** ► ja **AANVRAAGPROCEDURE** ► Dit 'fonds op naam' ressorteert onder het Prins Bernhard Cultuurfonds. Verzoeken aan fondsen op naam komen op één centraal punt binnen. Dit houdt in dat een subsidieaanvraag slechts eenmaal aan het Prins Bernhard Cultuurfonds hoeft te worden gezonden. Voor de verdere aanvraagprocedure: zie Prins Bernhard Cultuurfonds. **URL** ► www.cultuurfonds.nl/aanvragen
Contact ■ **BEREIKBAAR PER** ► ☑ post ☑ e-mail ☑ telefoon **CONTACTPERSOON** ► geen contactpersoon bekend **POSTADRES** ► Postbus 19750, 1000 GT Amsterdam **EMAIL (ALGEMEEN)** ► info@cultuurfonds.nl **TELEFOON (ALGEMEEN)** ► 020-5206130.

753
Stichting G. Kuurman Hzoon

Rubriek ■ ☑ maatschappij, welzijn en samenleving
Algemeen ■ **WEBSITE** ► www.kuurmanstichting.nl **TYPERING** ► vermogensfonds **OPGERICHT** ► 30-08-1973 **RECHTSVORM** ► stichting **KVK** ► 41038737 **ANBI STATUS** ► ja **DIRECTIE** ► geen directiegegevens bekend **BESTUUR** ► A.W.M. Sesink, voorzitter; J.H.A. Janssen, penningmeester; mw. J. Wesselink, secretaris.
Missie ■ **DOELSTELLING** ► De doelstelling van de Kuurman Stichting is het uitoefenen van weldadigheid in de gemeente Lochem (zoals deze

bestond vóór 1 januari 2005, dat wil zeggen met de kernen Lochem, Barchem, Laren en Exel en het bij die plaatsen behorende buitengebied) door uit het voor uitkering beschikbare deel van het vermogen hulp te verstrekken aan personen die geen of onvoldoende inkomsten hebben om daaruit voor hen noodzakelijke uitgaven te kunnen bestrijden of behoorlijk in hun onderhoud te voorzien. **STICHTER(S)** ▶ De heer G. Kuurman Hzoon **HISTORIE** ▶ De Kuurmanstichting is vernoemd naar de heer Geert Kuurman. Hij werd op 5 mei 1893 geboren in Meppel en overleed op 30 augustus 1973 in Lochem. In de 60-er jaren van de vorige eeuw heeft hij bij testament zijn gehele nalatenschap ondergebracht in een op te richten stichting. De jaarlijkse opbrengst van de nalatenschap stelde hij voor een deel beschikbaar voor liefdadigheidsdoelen. De officiële naam van de Kuurmanstichting is Stichting G. Kuurman Hzoon. De stichting is opgericht in 1973. **BELEIDSPLAN OP WEBSITE** ▶ ja.

Doelgroep ■ **ALGEMEEN** ▶ armen **SPECIFIEK** ▶ Geen specifieke doelgroep **ACTIVITEITEN** ▶ De Kuurmanstichting wil een bijdrage leveren aan het functioneren van de Lochemse samenleving. Die bijdrage bestaat uit het binnen de mogelijkheden van de stichting bevorderen van de financiële zelfredzaamheid van daarvoor in aanmerking komende inwoners van de gemeente Lochem. Het bestuur:; ☑ Behandelt aanvragen voor financiële hulp van personen en van instellingen die namens personen optreden. Deze aanvragen worden bij voorkeur binnen enkele dagen na ontvangst behandeld; ☑ Voert jaarlijks een project uit dat tot doel heeft het verstrekken van een kerstgift aan natuurlijke personen met kinderen in het gezin niet ouder dan 18 jaar en met een inkomen op bijstandsniveau; ☑ Onderhoudt de contacten met de huurder van de woning die tot het stichtingsvermogen behoort; ☑ Onderhoudt contacten met in de lokale samenleving werkzame instellingen en organisaties om op die manier haar doelstelling optimaal te kunnen verwezenlijken. **INTERVENTIENIVEAU** ▶ Steun aan individuen (directe steun).; Steun aan lokale/provinciale maatschappelijke organisaties en structuren (incl. gemeenten etc.) die diensten verlenen aan individuen.

Werkgebied ■ **ACTIERADIUS** ▶ Lokaal **LAND** ▶ Nederland **PLAATS** ▶ Lochem.

Bestedingen ■ **BUDGET** ▶ niet openbaar **TOELICHTING** ▶ Eens per jaar komt 80% van de netto inkomsten daarvan beschikbaar voor uitkeringen. De resterende 20% dient statutair aan het stamkapitaal te worden toegevoegd. **ONDERSTEUNDE PROJECTEN P/J** ▶ 34 **SOORT BIJDRAGE** ▶ giften leningen **BOVENGRENS** ▶ geen **ONDERGRENS** ▶ geen.

Projecten ■ **CRITERIA** ▶ ☑ natuurlijke personen die namens hen worden ingediend door een maatschappelijke organisatie of; andere intermediair; ☑ natuurlijke personen zonder tussenkomst van een maatschappelijke organisatie of intermediair; ☑ geen andere voorzieningen (bijvoorbeeld in de vorm van 'bijzondere bijstand' van de gemeente) beschikbaar zijn om uw financiële nood te lenigen. **DOORLOOPTIJD** ▶ ☑ onbekend **STATUS AANVRAGER** ▶ ☑ individuen/gezinnen ☑ hulpverleners ☑ stichting of vereniging (non-profit) **VOORKEUR/UITSLUITING** ▶ Aanvragen om mee te werken aan schuldsanering worden niet gehonoreerd.

Procedure ■ **OP AANVRAAG** ▶ ja **AANVRAAGPROCEDURE** ▶ U kunt een aanvraag uitsluitend indienen door gebruikmaking van het aanvraagformulier (Hulpverlenings- of begeleidingsorganisatie; particulier) op deze website. Vul de gevraagde gegevens zo compleet mogelijk in. Onvolledige aanvragen kunnen niet in behandeling worden genomen. Het is noodzakelijk dat u alle stukken (uitkeringsspecificaties, salarisspecificaties, nota's enz.) die van belang zijn voor het beoordelen van uw aanvraag, meestuurt, bij voorkeur digitaal. **URL** ▶ https://www.kuurmanstichting.nl/aanvragen/

Financieel ■ **INKOMSTEN EV** ▶ € 55.414 **HERKOMST MIDDELEN** ▶ vermogen, inkomsten uit vermogen **BOEKJAAR** ▶ 2019 **JAARVERSLAG OP WEBSITE** ▶ ja.

Contact ■ **BEREIKBAAR PER** ▶ ☑ post ☑ e-mail ☒ telefoon **CONTACTPERSOON** ▶ Mw. J. Wesselink **POSTADRES** ▶ Tusseler 9, 7241 KA Lochem **EMAIL (ALGEMEEN)** ▶ info@kuurmanstichting.nl.

754
Kvocultuur Delft Fonds

Rubriek ■ ☑ kunst en cultuur

Algemeen ■ **WEBSITE** ▶ www.cultuurfonds.nl **TYPERING** ▶ fonds op naam **BEHEERD DOOR** ▶ Prins Bernhard Cultuurfonds **DIRECTIE** ▶ zie Prins Bernhard Cultuurfonds **BESTUUR** ▶ zie Prins Bernhard Cultuurfonds

Missie ■ **DOELSTELLING** ▶ Het financieel ondersteunen van het culturele verenigingsleven in Delft, alsmede tastbare projecten op het terrein van cultuur en interieurbehoud in de kerken in Delft. Aanvragen worden behandeld door het Prins Bernhard Cultuurfonds Zuid-Holland.

Werkgebied ■ **ACTIERADIUS** ▶ Lokaal **LAND** ▶ Nederland **REGIO** ▶ Zuid-Holland **PLAATS** ▶ Delft.

Projecten ■ **CRITERIA** ▶ geen projectcriteria bekend **DOORLOOPTIJD** ▶ ☑ korter dan 1 jaar **STATUS AANVRAGER** ▶ ☑ geen beperkingen bekend **VOORKEUR/UITSLUITING** ▶ geen voorkeur of uitsluiting bekend.

Procedure ■ **OP AANVRAAG** ▶ ja **AANVRAAGPROCEDURE** ▶ Dit 'fonds op naam' ressorteert onder het Prins Bernhard Cultuurfonds. Verzoeken aan fondsen op naam komen op één centraal punt binnen. Dit houdt in dat een subsidieaanvraag slechts eenmaal aan het Prins Bernhard Cultuurfonds hoeft te worden gezonden. Voor de verdere aanvraagprocedure: zie Prins Bernhard Cultuurfonds. **URL** ▶ www.cultuurfonds.nl/aanvragen

Contact ■ **BEREIKBAAR PER** ▶ ☑ post ☑ e-mail ☑ telefoon **CONTACTPERSOON** ▶ geen contactpersoon bekend **POSTADRES** ▶ Postbus 19750, 1000 GT Amsterdam **EMAIL (ALGEMEEN)** ▶ info@cultuurfonds.nl **TELEFOON (ALGEMEEN)** ▶ 020-5206130.

755
L.M. van Toorn Fonds

Rubriek ■ ☑ kunst en cultuur

Algemeen ■ **WEBSITE** ▶ www.cultuurfonds.nl **TYPERING** ▶ fonds op

naam **BEHEERD DOOR** ► Prins Bernhard Cultuurfonds **DIRECTIE** ► zie Prins Bernhard Cultuurfonds **BESTUUR** ► zie Prins Bernhard Cultuurfonds**Missie** ■ **DOELSTELLING** ► Het financieel ondersteunen van theaterproducties die erop gericht zijn 4 tot 12-jarigen, bij voorkeur van uiteenlopende culturele achtergrond en die niet of nauwelijks met theater in aanraking komen, de interesse voor toneel bij te brengen.

Werkgebied ■ **ACTIERADIUS** ► Nationaal **LAND** ► Nederland.

Projecten ■ **CRITERIA** ► geen projectcriteria bekend **DOORLOOPTIJD** ► ☑ korter dan 1 jaar **STATUS AANVRAGER** ► ☑ geen beperkingen bekend **VOORKEUR/UITSLUITING** ► Voorkeur gaat uit naar theaterproducties gericht op 4 tot 12-jarigen van uiteenlopende culturele achtergronden.

Procedure ■ **OP AANVRAAG** ► ja **AANVRAAGPROCEDURE** ► Dit 'fonds op naam' ressorteert onder het Prins Bernhard Cultuurfonds. Verzoeken aan fondsen op naam komen op één centraal punt binnen. Dit houdt in dat een subsidieaanvraag slechts eenmaal aan het Prins Bernhard Cultuurfonds hoeft te worden gezonden. Voor de verdere aanvraagprocedure: zie Prins Bernhard Cultuurfonds. **URL** ► www.cultuurfonds.nl/aanvragen

Contact ■ **BEREIKBAAR PER** ► ☑ post ☑ e-mail ☑ telefoon **CONTACTPERSOON** ► geen contactpersoon bekend **POSTADRES** ► Postbus 19750, 1000 GT Amsterdam **EMAIL (ALGEMEEN)** ► info@cultuurfonds.nl **TELEFOON (ALGEMEEN)** ► 020-5206130.

756

Stichting Lakeland Foundation

Rubriek ■ ☑ maatschappij, welzijn en samenleving ☑ kunst en cultuur ☑ natuur, milieu en dieren

Algemeen ■ **WEBSITE** ► www.lakelandfoundation.nl **TYPERING** ► vermogensfonds **OPGERICHT** ► 30-12-1988 **RECHTSVORM** ► stichting **KVK** ► 41193814 **ANBI STATUS** ► ja **DIRECTIE** ► geen directiegegevens bekend **BESTUUR** ► P. Schut, voorzitter; drs. M. Verbeek, penningmeester; mw.drs. E. Bekouw-Toorenvliet, secretaris; O. Bekouw jr.; mw. C. Gielbert.

Missie ■ **DOELSTELLING** ► De stichting is een particulier fonds, dat door middel van financiële bijdragen kleinschalige projecten met een maatschappelijk nut in de regio Gooi en omstreken, wil helpen realiseren. **HISTORIE** ► De Lakeland Foundation is opgericht op 30 december 1988. De naam van de stichting verwijst naar het Engelse Lake District, een geliefde plek van de oprichter.

Doelgroep ■ **SPECIFIEK** ► Geen specifieke doelgroep **ACTIVITEITEN** ► Geen specifieke activiteiten bekend **INTERVENTIENIVEAU** ► Steun aan lokale/provinciale maatschappelijke organisaties en structuren (incl. gemeenten etc.) die diensten verlenen aan individuen.

Werkgebied ■ **ACTIERADIUS** ► Regionaal **LAND** ► Nederland **REGIO** ► Gooi e.o.

Bestedingen ■ **BUDGET** ► € 50.000 **ONDERSTEUNDE PROJECTEN P/J** ► 15-20 **SOORT BIJDRAGE** ► onbekend **BOVENGRENS** ► € 5.000 **ONDERGRENS** ► geen.

Projecten ■ **CRITERIA** ► ☑ Bijzondere projecten op sociaal-cultureel terrein, die zich rechtstreeks op een maatschappelijk nuttig doel richten; ☑ Projecten die zijn opgezet door initiatiefnemers; ☑ Kleinschalige en eenmalig af te ronden projecten, opgezet met minimale organisatiekosten; ☑ voorgenomen projecten. **DOORLOOPTIJD** ► ☑ onbekend **STATUS AANVRAGER** ► ☑ geen beperkingen bekend **VOORKEUR/UITSLUITING** ► ☑ voorkeur voor initiatiefnemers met een sterke binding hebben met de regio Het Gooi en omstreken; ☑ Projecten met belangeloze inzet van vrijwilligers en veel zelfwerkzaamheid genieten de voorkeur. ☑ De voorkeur gaat uit naar kleinschalige, controleerbare projecten, werkend met minimale kosten. ☑, projecten die al in uitvoering zijn genomen komen niet voor vergoeding in aanmerking. ☑ Aanvragen die beogen exploitatiekosten van de initiatiefnemende organisatie te dekken, komen niet in aanmerking.

Procedure ■ **OP AANVRAAG** ► ja **DOORLOOPTIJD** ► 6-12 maanden **AANVRAAGPROCEDURE** ► Aanvragen moeten schriftelijk worden ingediend bij het secretariaat. Aanvragen moeten een duidelijke projectbeschrijving bevatten en compact van omvang zijn (niet meer dan maximaal vier A4-tjes). In de aanvraag is altijd een begroting en dekkingsplan van het project opgenomen. Aanvragen moeten uiterlijk op 15 december (voor besluitvorming in januari) dan wel op 20 mei (voor besluitvorming in juni) worden ingeleverd. Na de betreffende bestuursbijeenkomst ontvangt u zo snel mogelijk bericht over al dan niet toekenning van uw aanvraag. **URL** ► www.lakeland foundation.nl/www.lakelandfoundation.nl/Lakeland_Foundation_A anvragen.html

Financieel ■ **EIGEN VERMOGEN** ► € 1.000.000 **INKOMSTEN OV** ► € 50.000 **HERKOMST MIDDELEN** ► vermogen, giften & schenkingen, legaten **BOEKJAAR** ► 2018.

Contact ■ **BEREIKBAAR PER** ► ☑ post ☑ e-mail ☒ telefoon **CONTACTPERSOON** ► geen contactpersoon bekend **POSTADRES** ► Van Ostadelaan 67, 1412 JH Naarden **EMAIL (ALGEMEEN)** ► info@lakelandfoundation.nl.

757

Stichting Lambert van Middelhoven

Rubriek ■ ☑ kunst en cultuur ☑ maatschappij, welzijn en samenleving ☑ gezondheidszorg

Algemeen ■ **WEBSITE** ► www.lambertvanmiddelhoven.nl **TYPERING** ► vermogensfonds **OPGERICHT** ► 08-10-1975 **RECHTSVORM** ► stichting **KVK** ► 41076260 **ANBI STATUS** ► ja **DIRECTIE** ► geen directiegegevens bekend **BESTUUR** ► Mr. R.M.L.M. Magnée, voorzitter; mr. G.F. Nicolaï, penningmeester; mr. G.F. Nicolaï, secretaris; mw. M.C.E. Bonga-Jkvr. Tulleken, vice-voorzitter; mr. C.A.C.G.P.M. baron de Loë; mw. A.O.M.G. Tonino-Jkvr. Van Rijckevorsel; drs. J.E.M. Wijnen; mw. L.M.A.G.A. van Lidth de Jeude-gravin de Marchant et d'Ansembourg.

Missie ■ **DOELSTELLING** ► De stichting heeft ten doel: ☑ het beheren en in stand houden van een gedeelte van het vermogen dat van oudsher toebehoort aan de Stichting Het Roomsch Katholiek Oud-Mannenhuis, ook wel bekend als 'Het XII Apostelenhuis' te Maastricht, thans bekend als Stichting Lambert van Middelhoven; ☑ het beheren en in stand houden van (het rijksmonument) de Apostelhoeve te Maastricht met bijbehorende landerijen en verder toebehoren; ☑ het verlenen van financiële steun en/of het geven van andere ondersteuning op het gebied van de welzijnszorg in de ruimste zin des woords ten behoeve van ouderen bij voorkeur in of uit de gemeente Maastricht en nabije omgeving; ☑ het verrichten van alle verdere handelingen, die met het vorenstaande in de ruimste zin verband houden of daartoe bevorderlijk kunnen zijn. **STICHTER(S)** ► De stichting Lambert van Middelhoven is sedert 8 oktober 1975 de voortzetting van de stichting Het Roomsch Katholieke Oud-Mannenhuis, ook genaamd 'Het XII Apostelenhuis' **HISTORIE** ► Het testament van 3 mei 1493 van Lambert van Middelhoven vormt de basis van de nog steeds bestaande Stichting Lambert van Middelhoven. Lambert van Middelhoven was een 15de eeuwse Maastrichtenaar, die onder meer als peimeester (belastinginner) van Maastricht verantwoordelijk is geweest voor de stedelijke financiën. Daarnaast was Lambert ook rentmeester van de Armentafel van de H. Geest, een oude stedelijke instelling voor sociale zorg in Maastricht. In 1477 begon hij aan de Bogaardenstraat een verzorgingshuis voor arme oude mannen, het XII Apostelenhuis. **BELEIDSPLAN OP WEBSITE** ► ja.

Doelgroep ■ **ALGEMEEN** ► ouderen **SPECIFIEK** ► Welzijnszorg ten behoeve van ouderen. **ACTIVITEITEN** ► De stichting tracht haar doel onder meer te verwezenlijken door: ☑ het geven van steun en/of advies aan instellingen, werkzaam op het gebied van ouderenzorg; ☑ het verlenen van financiële steun aan bejaardencentra en/of verzorgingscentra en/of daarmee gelijk te stellen instellingen; ☑ het verlenen van financiële steun aan andere organisaties op het gebied van de welzijnszorg van ouderen; ☑ het verlenen van financiële steun aan projecten en/of andere activiteiten op het gebied van de welzijnszorg van ouderen. **INTERVENTIENIVEAU** ► Steun aan lokale/provinciale maatschappelijke organisaties en structuren (incl. gemeenten etc.) die diensten verlenen aan individuen.

Werkgebied ■ **ACTIERADIUS** ► Nationaal , Regionaal **LAND** ► Nederland **PLAATS** ► Maastricht e.o.

Bestedingen ■ **BUDGET** ► niet openbaar **TOELICHTING** ► De stichting stelt zich ten doel om, onder instandhouding van het (geïndexeerde) stamvermogen en rekening houdend met de onderhoudskosten van de Apostelhoeve, jaarlijks 2% van het vermogen per 31 december van het voorgaand boekjaar te besteden aan donaties ten behoeve van de ouderenzorg. **ONDERSTEUNDE PROJECTEN P/J** ► 21 **SOORT BIJDRAGE** ► giften overig **BOVENGRENS** ► geen **ONDERGRENS** ► geen.

Projecten ■ **CRITERIA** ► De Stichting Lambert van Middelhoven verstrekt financiële steun aan instellingen en organisaties ter ondersteuning van projecten en/of andere activiteiten op het gebied van de welzijnszorg van ouderen,. **DOORLOOPTIJD** ► ☑ onbekend **STATUS AANVRAGER** ► ☑ geen beperkingen bekend **VOORKEUR/UITSLUITING** ► Bij voorkeur in of uit de gemeente Maastricht en nabije omgeving.

Procedure ■ **OP AANVRAAG** ► ja **DOORLOOPTIJD** ► 6-12 maanden **AANVRAAGPROCEDURE** ► Aanvragen voor een donatie kunnen schriftelijk worden gericht aan de Stichting Lambert van Middelhoven via het postadres, of digitaal met gebruikmaking van het contactformulier op de website. Omdat de bestuursvergaderingen plaatsvinden in april en november, dienen aanvragen voor een donatie ingediend te worden vóór respectievelijk 1 maart, of 1 oktober. Aanvragen dienen de volgende informatie te geven: ☑ De naam en contactgegevens van de verzoekende instelling. ☑ Een korte omschrijving van (het doel van) het project, met vermelding van de doelgroep waarvoor het project is bestemd. ☑ De tijdsplanning van het project. ☑ De begroting van het project. ☑ De financiering van het project, met vermelding van de financiële ondersteuning aangevraagd bij, of reeds toegezegd door, andere donateurs. ☑ Het bedrag dat aan de Stichting Lambert van Middelhoven wordt gevraagd. **URL** ► www.lambertvanmiddelhoven.nl/paginas/donatie.php

Financieel ■ **HERKOMST MIDDELEN** ► vermogen, overige inkomsten, giften & schenkingen, legaten, inkomsten uit vermogen **BOEKJAAR** ► 2018 **JAARVERSLAG OP WEBSITE** ► ja.

Contact ■ **BEREIKBAAR PER** ► ☑ post ☒ e-mail ☒ telefoon **CONTACTPERSOON** ► geen contactpersoon bekend **POSTADRES** ► Postbus 1657, 6201 BR Maastricht.

758

Landelijke Stichting voor Blinden en Slechtzienden

Rubriek ■ ☑ gezondheidszorg ☑ maatschappij, welzijn en samenleving

Algemeen ■ **WEBSITE** ► www.lsbs.nl **TYPERING** ► vermogensfonds **OPGERICHT** ► 22-10-1864 **RECHTSVORM** ► stichting **KVK** ► 41177635 **ANBI STATUS** ► ja **DIRECTIE** ► mw. mr. J.E.A. van de Watering-Geesink **BESTUUR** ► Mw.dr. M.A.E. Conyn-van Spaendonck, voorzitter; ir. D.A. van Valkenburg, penningmeester; mr. S.J.W. Hermans, secretaris; mw.mr. B.J.W.M. Raaijmaakers; mw.prof.dr. C.C.W. Klaver; N. Peulen, MSc; mw. P.G.T.M. Kremer; mw.drs. T.M.L. Phan.

Missie ■ **DOELSTELLING** ► ☑ Het bevorderen van de mogelijkheid voor blinden en slechtzienden om op een gelijkwaardige wijze deel te nemen aan en betrokken te zijn bij de samenleving; ☑ Het bevorderen van de mogelijkheid voor blinden en slechtzienden om zich persoonlijk te ontwikkelen; ☑ Het ondersteunen van wetenschappelijk oogheelkundig onderzoek. **HISTORIE** ► De LSBS is op 22 oktober 1864 opgericht als Werkinrichting voor Hulpbehoevende Blinden 'naar Rotterdams voorbeeld'. Bij Koninklijk Besluit van 26 mei 1870 is de Vereeniging tot Ondersteuning en Zedelijke Ontwikkeling van hulpbehoevende Blinden als rechtspersoon erkend. De werkplaats was gevestigd te Utrecht op verschillende adressen. Rond 1930 is de vereniging omgevormd tot stichting. In 1962-1963 werd het pand van de werkplaats verkocht omdat er nauwelijks nog mensen werkzaam waren. Dit had onder meer te maken met het feit dat de Gemeentelijke Sociale Werkvoorziening ook voor hen toegankelijk werd. De stichting heeft per 1965 de naam gewijzigd in Landelijke Stichting tot behartiging van de belangen van werkende en bejaarde blinden. Sinds 1979 draagt de stichting haar huidige naam Landelijke Stichting voor Blinden en Slechtzienden. Op 13 februari 2017 is de fusie met het Moeder Catharinafonds formeel gerealiseerd bij Hermans en Schuttevaer notarissen te Utrecht. Het MCF was opgericht op 24 oktober 2000 door mevrouw B.C. Bakker-Kouwenberg ten overstaan van notaris mevrouw mr. M.C. de Gier te Den Haag en had tot doel: de verbetering van de zorg voor mensen met een auditief visuele handicap. De stichting trachtte haar doel onder meer te verwezenlijken door het beschikbaar stellen van middelen voor verbetering van het woon- en leefklimaat voor mensen met een auditief visuele handicap, het bevorderen van mogelijkheden op het gebied van communicatie, ontwikkeling en zelfstandigheid, ontspanning en recreatie, alsmede het stimuleren van onderzoek naar doof/blindheid.

Doelgroep ■ ALGEMEEN ► gehandicapten SPECIFIEK ► Particulieren met een visuele beperking, woonachtig in Nederland, of in Nederland gevestigde organisaties. ACTIVITEITEN ► De LSBS verstrekt directe/indirecte financiële en soms materiële ondersteuning aan individuele blinden en slechtzienden (met name voor specifieke projecten) en aan wetenschappers/ wetenschappelijke instituten. Voorst tracht zij dit doel te bereiken door het verrichten van al hetgeen met de hiervoor vermelde doelstelling verband houdt of daartoe bevorderlijk kan zijn. INTERVENTIENIVEAU ► Steun aan individuen (directe steun).; Steun aan lokale/provinciale maatschappelijke organisaties en structuren (incl. gemeenten etc.) die diensten verlenen aan individuen.

Werkgebied ■ ACTIERADIUS ► Nationaal LAND ► Nederland.

Bestedingen ■ BUDGET ► € 860.000 ONDERSTEUNDE PROJECTEN P/J ► 832 SOORT BIJDRAGE ► giften leningen garanties BOVENGRENS ► geen ONDERGRENS ► geen.

Projecten ■ CRITERIA ► geen projectcriteria bekend DOORLOOPTIJD ► ☑ korter dan 1 jaar STATUS AANVRAGER ► ☑ stichting of vereniging (non-profit) ☑ hulpverleners ☑ onderwijsinstelling ☑ individuen/gezinnen VOORKEUR/UITSLUITING ► Geen tegemoetkoming voor steeds terugkerende uitgaven. Geen tegemoetkoming indien er een voorliggende voorziening bestaat.

Procedure ■ OP AANVRAAG ► ja DOORLOOPTIJD ► 1-3 maanden; 3-6 maanden; 3-6 maanden; 1-3 maanden AANVRAAGPROCEDURE ► U kunt zowel als particulier als organisatie een aanvraag doen. Hiervoor zijn verschillende aanvraagprocedures die te vinden zijn op de website.

Financieel ■ INKOMSTEN EV ► € 397.183 INKOMSTEN OV ► € 35.806 HERKOMST MIDDELEN ► vermogen, legaten, overige inkomsten BOEKJAAR ► 2019 JAARVERSLAG OP WEBSITE ► ja.

Contact ■ BEREIKBAAR PER ► ☑ post ☑ e-mail ☑ telefoon CONTACTPERSOON ► Mw. J.E.A. van de Watering-Geesink POSTADRES ► Postbus 200, 6710 BE Ede EMAIL (ALGEMEEN) ► lsbs@lsbs.nl TELEFOON (ALGEMEEN) ► 0318-767010.

759

Landsteiner Stichting voor Bloedtransfusieresearch (LSBR)

Rubriek ■ ☑ onderwijs en onderzoek

Algemeen ■ WEBSITE ► www.lsbr.nl TYPERING ► vermogensfonds OPGERICHT ► 27-07-1948 RECHTSVORM ► stichting KVK ► 41199884 ANBI STATUS ► ja DIRECTIE ► drs. R. van den Braak BESTUUR ► Prof.dr. G.F.B.P. van Meer, voorzitter; mr. H.F.A. Hooft Graafland, penningmeester; prof.dr. D.J. Ruiter, secretaris; Ms. A.L. Haverhals; prof.dr. K. Mertens.

Missie ■ DOELSTELLING ► De bevordering van wetenschappelijk onderzoek, in het bijzonder van fundamentele aard, op het gebied van bloedtransfusie, en op het gebied van bloed, bloedproducten, bloedziekten en verwante aandoeningen, voor zover deze onderwerpen samenhangen met bloedtransfusie en transplantatie van bloedcellen, klinisch experimenteel onderzoek daaronder begrepen. HISTORIE ► In 1948 richtten de Nederlandse regering, het Nederlandse Rode Kruis en de gemeente Amsterdam het Centraal Laboratorium voor Bloedtransfusiedienst van het Nederlandse Rode Kruis (CLB) op en installeerden de ondersteunende stichting de stichting tot instandhouding van het CLB (StICLB). Deze stichting ondersteunde activiteiten van CLB door leningen te verstrekken aan CLB voor investeringen, verhuur van kantoren en laboratoriumruimte aan CLB en financiering van CLB-onderzoeksprojecten. Het bestuur trad op als de raad van commissarissen van CLB. In 1998 fuseerde CLB met de 22 Nederlandse regionale bloedbanken tot een nieuwe stichting, d.w.z. Sanquin Blood Supply Foundation. Vanwege deze fusie moesten de statuten van StICLB worden aangepast om ervoor te zorgen dat de (financiële) activa van StICLB beschikbaar bleven voor voortdurende ondersteuning van de 'CLB-activiteiten', zodat CLB het nationale en internationale wetenschappelijke expertisecentrum voor bloedtransfusie bleef. De naam StICLB is gewijzigd in 'Landsteiner Stichting voor Bloedtransfusieresearch' (LSBR). BELEIDSPLAN OP WEBSITE ► ja.

Doelgroep ■ SPECIFIEK ► Wetenschappelijk onderzoek op het gebied van bloedtransfusie. ACTIVITEITEN ► Om de primaire doelstelling te verwezenlijken doet de LSBR jaarlijks een Call for Pre-proposals uitgaan waarin zij oproept tot het indienen van vooraanvragen van wetenschappelijke projectvoorstellen op het onderzoeksterrein van de bloedtransfusiegeneeskunde, zoals verwoord in de doelstelling. Binnen de jaarlijkse subsidieronde voor wetenschappelijke onderzoeksprojecten is tevens ruimte voor toekenning van ten minste één onderzoeksproject in het kader van het fellowship-programma. Naast de reguliere wetenschappelijke projectsubsidies is, onder strikte voorwaarden, en op niet-structurele basis, financiering van Sanquin Research programma's mogelijk. De voorwaarden die voor Sanquin Research programma-subsidies gelden zijn: ☑ toekenning past binnen het financieel beleid; ☑ het subsidieprogramma is inhoudelijk van substantiële betekenis voor het onderzoek op het gebied van de bloedtransfusie in brede zin; ☑ het subsidieprogramma wordt, door onafhankelijke externe referenten, op wetenschappelijke kwaliteit als zeer goed tot excellent beoordeeld. **INTERVENTIENIVEAU** ► Steun op niveau van maatschappij zelf (beleidsbeïnvloeding, etc.).; Steun aan individuen (directe steun).

Werkgebied ■ **ACTIERADIUS** ► Nationaal **LAND** ► Nederland.

Bestedingen ■ **BUDGET** ► € 2.300.000 **ONDERSTEUNDE PROJECTEN P/J** ► 5 **SOORT BIJDRAGE** ► subsidies beurzen **BOVENGRENS** ► geen **ONDERGRENS** ► geen.

Projecten ■ **CRITERIA** ► Prioritaire onderzoeksonderwerpen in willekeurige volgorde: ☑ Bloedceltherapie tegen kanker (niet kankeronderzoek als zodanig), voor weefselherstel, tegen infectieziekten, tegen auto-immuunziekten; ☑ In vitro cultuur en differentiatie van bloedcellen voor transfusiedoeleinden; ☑ Bloed (cel) interactie met endotheelcellen; ☑ Werkzaamheid en veiligheid van bloedbestanddelen en bloedproducten; ☑ Genetische en moleculaire karakterisering van ziekten die bloedbestanddelen beïnvloeden; ☑ Antilichamen tegen bloedbestanddelen; ☑ Hemostase (exclusief tromboseonderzoek); ☑ Door transfusie overgedragen infectieziekten (met de nadruk op infectieuze agentia waarvoor nog niet voldoende screeningsmethoden voor veilige bloedtransfusie beschikbaar zijn); ☑ Transfusie en etnische specificiteit, voor zover relevant voor bovenstaande items. **DOORLOOPTIJD** ► ☑ langer dan 2 jaar **STATUS AANVRAGER** ► ☑ individuen/gezinnen **VOORKEUR/UITSLUITING** ► Onderzoeksbeurzen van het LSBR kunnen alleen worden verkregen door wetenschappers die permanent in dienst zijn bij Nederlandse onderzoeksinstituten. Projectvoorstellen die geen of slechts een externe relatie hebben met de doelstellingen van de LSBR zullen niet in de selectieprocedure worden opgenomen. Investeringen die voor Gesubsidieerde standaard worden geacht zullen niet in aanmerking komen voor financiering door de LSBR.

Procedure ■ **OP AANVRAAG** ► ja **DOORLOOPTIJD** ► 1-3 maanden **AANVRAAGPROCEDURE** ► Vanaf 2013 zijn vooraanvragen vereist. voor zowel projecten als fellowships. Deze vooraanmeldingen worden beoordeeld door de wetenschappelijke adviesraad van de LSBR. Voor vooraanvragen van het fellowship-programma van de LSBR, neem contact op met het LSBR-kantoor. Met behulp van het digitale aanvraagformulier kan men een vooraanmelding doen, deze is tevens op te vragen per e-mail. Vooraanvragen moeten worden verzonden als pdf-bestand naar b.kranenburg@lsbr.nl. Deadline voor de vooraanvragen was in 2020 1 februari 23:59. Binnen zes weken zullen de aanvragers worden geïnformeerd of hun voorstel is afgewezen of kan worden uitgebreid tot een volledig voorstel. Voor het indienen van een volledige aanvraag moet de relevante vooraanvraag zijn goedgekeurd. Volledige aanvragen (inclusief alle handtekeningen) moeten per e-mail als pdf-bestand worden ingediend. Deadline voor volledige aanvragen in 2020 was 1 mei 23:59. Alle aanvragen moeten in het Engels worden geschreven. **URL** ► www.lsbr.nl/downloads/lsbr-pre-application-form/

Financieel ■ **EIGEN VERMOGEN** ► € 105.528.000 **INKOMSTEN EV** ► € 14.959.000 **HERKOMST MIDDELEN** ► vermogen **BOEKJAAR** ► 2019 **JAARVERSLAG OP WEBSITE** ► ja.

Contact ■ **BEREIKBAAR PER** ► ☑ post ☑ e-mail ☑ telefoon **CONTACTPERSOON** ► Drs. B. Kranenburg **POSTADRES** ► Berkenstraat 11, 2023 SW Haarlem **EMAIL (ALGEMEEN)** ► b.kranenburg@lsbr.nl **TELEFOON (ALGEMEEN)** ► 0617740920.

760
Stichting Laura

Rubriek ■ ☑ maatschappij, welzijn en samenleving

Algemeen ■ **WEBSITE** ► www.kennisbankfilantropie.nl/anbi/laura **TYPERING** ► vermogensfonds **OPGERICHT** ► 14-11-1997 **RECHTSVORM** ► stichting **KVK** ► 33303952 **ANBI STATUS** ► ja **DIRECTIE** ► geen directiegegevens bekend **BESTUUR** ► D. van Dam, voorzitter; mw. R. Richard, penningmeester; mw. G. Wouters, secretaris.

Missie ■ **DOELSTELLING** ► Bijeenbrengen van filosofie en maatschappij. **STICHTER(S)** ► D. van Dam.

Doelgroep ■ **SPECIFIEK** ► Geen specifieke doelgroep **ACTIVITEITEN** ► Geen specifieke activiteiten bekend **INTERVENTIENIVEAU** ► Onbekend.

Werkgebied ■ **ACTIERADIUS** ► Nationaal **LAND** ► Nederland.

Bestedingen ■ **BUDGET** ► niet openbaar **SOORT BIJDRAGE** ► onbekend **BOVENGRENS** ► geen **ONDERGRENS** ► geen.

Projecten ■ **CRITERIA** ► geen projectcriteria bekend **DOORLOOPTIJD** ► ☑ 1 - 2 jaar **STATUS AANVRAGER** ► ☑ bedrijf **VOORKEUR/UITSLUITING** ► geen voorkeur of uitsluiting bekend.

Procedure ■ **OP AANVRAAG** ► onbekend **AANVRAAGPROCEDURE** ► Geen aanvraagprocedure bekend.

Financieel ■ **HERKOMST MIDDELEN** ► onbekend **BOEKJAAR** ► boekjaar onbekend.

Contact ■ **BEREIKBAAR PER** ► ☑ post ☑ e-mail ☑ telefoon **CONTACTPERSOON** ► D. van Dam **POSTADRES** ► Looiersgracht 17d, 1016 VR Amsterdam **EMAIL (ALGEMEEN)** ► dvd@support.nl **TELEFOON (ALGEMEEN)** ► 020-6257994.

761
Stichting Laurafonds

Rubriek ■ ☑ maatschappij, welzijn en samenleving ☑ kunst en cultuur ☑ onderwijs en onderzoek

Algemeen ■ **WEBSITE** ► www.laurafonds.nl **TYPERING** ► vermogensfonds **OPGERICHT** ► 28-06-1920 **RECHTSVORM** ► stichting **KVK** ► 41070096 **ANBI STATUS** ► nee **DIRECTIE** ► geen directiegegevens bekend **BESTUUR** ► M. Jaminon, voorzitter; P. van den Bongard, penningmeester; P. van den Bongard, secretaris; S. Nevelstein; M. Plum; J. van den Camp.

Missie ■ **DOELSTELLING** ► Het Laurafonds keert uitkeringen toe aan verenigingen en andere maatschappelijke groeperingen, instellingen of activiteiten in Eygelshoven of de omliggende directe regio. Als leidraad geldt daarbij dat aanvragen worden toegekend als aangenomen mag worden dat de verenigingen en initiatieven redelijkerwijs ook door Laura en Vereeniging waren ondersteund als het mijnbedrijf ook nu nog had bestaan. **HISTORIE** ▶ De stichting Laurafonds Eygelshoven is een goededoelenstichting, opgericht bij de beëindiging van de steenkoolwinningsactiviteiten in Eygelshoven in 1974. Het Laurafonds is een initiatief van Laura & Vereeniging dat in Eygelshoven de steenkolenmijnen Laura (1907-1970) en Julia (1922-1974) exploiteerde en waar duizenden mensen door de jaren heen in diverse functies ondergronds en bovengronds werkzaam zijn geweest. Bij de beëindiging van de steenkoolwinning in Eygelshoven stortte de aandeelhouder in 1974 vijf miljoen gulden in een fonds om het verenigingsleven en andere initiatieven tot in lengte van jaren te kunnen blijven ondersteunen.

Doelgroep ■ **SPECIFIEK** ▶ Verenigingen en andere maatschappelijke groeperingen, instellingen of activiteiten in Eygelshoven of de omliggende directe regio. **ACTIVITEITEN** ▶ Het Laurafonds kent vaste subsidies per jaar toe aan zeker 45 culturele, religieuze, recreatieve en sociale verenigingen, stichtingen en initiatieven. Naast de vaste jaarlijkse subsidies kent het Laurafonds ook incidentele uitkeringen toe aan ingediende initiatieven, mits die aan de toekenningseisen voldoen en door het bestuur van de Stichting Laurafonds Eygelshoven als waardevol en versterkend voor de gemeenschap worden ervaren. **INTERVENTIENIVEAU** ▶ Steun aan lokale/provinciale maatschappelijke organisaties en structuren (incl. gemeenten etc.) die diensten verlenen aan individuen.

Werkgebied ■ **ACTIERADIUS** ▶ Lokaal **LAND** ▶ Nederland **REGIO** ▶ Limburg **PLAATS** ▶ Kerkrade.

Bestedingen ■ **BUDGET** ▶ niet openbaar **ONDERSTEUNDE PROJECTEN P/J** ▶ 45 **SOORT BIJDRAGE** ▶ giften **BOVENGRENS** ▶ geen **ONDERGRENS** ▶ geen.

Projecten ■ **CRITERIA** ▶ ; ☑ culturele, religieuze, recreatieve en sociale verenigingen, stichtingen en initiatieven; ☑ Binnen het toekenningsgebied: Eygelshoven, dat sinds 1982 deel uitmaakt van de gemeente Kerkrade, en aan Eygelshoven grenzende wijken zoals Haanrade, Chevremont en Lauradorp. (woongebied mijnwerkers). **DOORLOOPTIJD** ▶ ☑ onbekend **STATUS AANVRAGER** ▶ ☑ stichting of vereniging (non-profit) ☑ onderwijsinstelling ☑ kerkelijke instelling **VOORKEUR/UITSLUITING** ▶ Het Laurafonds heeft een extra oog voor initiatieven waarbij sprake is van opvang en vorming van jeugd en van het werken met vrijwilligers.

Procedure ■ **OP AANVRAAG** ▶ ja **AANVRAAGPROCEDURE** ▶ Aanvragen kunnen alleen schriftelijk worden ingediend via het postadres. De aanvragen dienen schriftelijk gemotiveerd en toegelicht te worden. Het bestuur vergadert vier keer per jaar. **URL** ▶ www.laurafonds.nl/aanvraagprocedure.htm

Financieel ■ **HERKOMST MIDDELEN** ▶ vermogen.

Contact ■ **BEREIKBAAR PER** ▶ ☑ post ☒ e-mail ☒ telefoon **CONTACTPERSOON** ▶ geen contactpersoon bekend **POSTADRES** ▶ Putstraat 17, 6471 GV Eygelshoven.

762
Laurent en Carla van Vugt Bennebroek Fonds

Rubriek ■ ☑ kunst en cultuur ☑ onderwijs en onderzoek

Algemeen ■ **WEBSITE** ▶ www.cultuurfonds.nl **TYPERING** ▶ fonds op naam **BEHEERD DOOR** ▶ Prins Bernhard Cultuurfonds **DIRECTIE** ▶ zie > Prins Bernhard Cultuurfonds **BESTUUR** ▶ zie > Prins Bernhard Cultuurfonds

Missie ■ **DOELSTELLING** ▶ Het financieel ondersteunen van projecten voor en van talentvolle jongeren op het gebied van de klassieke muziek en het financieel ondersteunen van talentvolle jongeren in hun ontwikkeling met een beurs voor vervolgopleiding in het buitenland of de aanschaf van een instrument.

Werkgebied ■ **ACTIERADIUS** ▶ Nationaal, Internationaal **LAND** ▶ Nederland.

Projecten ■ **CRITERIA** ▶ geen projectcriteria bekend **DOORLOOPTIJD** ▶ ☑ korter dan 1 jaar **STATUS AANVRAGER** ▶ ☑ geen beperkingen bekend **VOORKEUR/UITSLUITING** ▶ geen voorkeur of uitsluiting bekend.

Procedure ■ **OP AANVRAAG** ▶ ja **AANVRAAGPROCEDURE** ▶ Dit 'fonds op naam' ressorteert onder het Prins Bernhard Cultuurfonds. Verzoeken aan fondsen op naam komen op één centraal punt binnen. Dit houdt in dat een subsidieaanvraag slechts eenmaal aan het Prins Bernhard Cultuurfonds hoeft te worden gezonden. Voor de verdere aanvraagprocedure: zie Prins Bernhard Cultuurfonds. **URL** ▶ www.cultuurfonds.nl/aanvragen

Contact ■ **BEREIKBAAR PER** ▶ ☑ post ☑ e-mail ☑ telefoon **CONTACTPERSOON** ▶ geen contactpersoon bekend **POSTADRES** ▶ Postbus 19750, 1000 GT Amsterdam **EMAIL (ALGEMEEN)** ▶ info@cultuurfonds.nl **TELEFOON (ALGEMEEN)** ▶ 020-5206130.

763
Le Clercq Stichting

Rubriek ■ ☑ maatschappij, welzijn en samenleving

Algemeen ■ **TYPERING** ▶ vermogensfonds **OPGERICHT** ▶ 01-09-1907 **RECHTSVORM** ▶ stichting **KVK** ▶ 41178703 **ANBI STATUS** ▶ nee **DIRECTIE** ▶ geen directiegegevens bekend **BESTUUR** ▶ J. de Waal Malefijt, voorzitter; N. Tap, penningmeester; P.H. le Clercq, secretaris.

Missie ■ **DOELSTELLING** ▶ De stichting heeft in overeenstemming met de op de wilsbeschikking (1907) van Emile le Clercq gebaseerde statuten in de eerste plaats het karakter van een familiestichting, met het doel geheel of gedeeltelijk te voorzien in de kosten van opvoeding en verzorging van werkelijke afstammelingen van haar vader Pieter le Clercq en bij het ontbreken daarvan van haar grootvader Cornelis le Clercq. Daarnaast heeft de stichting op grond van het testament als doel meegekregen alle soorten van christelijke liefdadigheid geldelijk te ondersteunen. Invulling geschiedt in de vorm van bijdragen aan projecten of instellingen die gericht zijn op de verbetering van primaire levensbehoeften en/of opleiding van minderheden. Geografisch werkterrein: Europa. **STICHTER(S)** ▶ Emilie Marie Antoinette le Clercq **HISTORIE** ▶ De Le Clercq Stichting werd opgericht op 20 september 1907, ter verwezenlijking van het olografisch testament van Emilie Marie Antoinette le Clercq, (1822-1907). In overeenstemming met deze wilsbeschikking werd de tweeledige doelstelling in 1907 statutair vastgelegd en sindsdien door opeenvolgende stichtingsbesturen telkens naar beste vermogen nageleefd.

Doelgroep ■ **ALGEMEEN** ▶ armen, gehandicapten **SPECIFIEK** ▶ Familie en liefdadigheid binnen Europa, afstammelingen van de vader en eventueel de grootvader van Emilie le Clercq. **ACTIVITEITEN** ▶ De doelstelling om christelijke liefdadigheid te steunen wordt op eigentijdse wijze - in een sfeer van oecumenische openheid met respect voor anderen - ingevuld in de vorm van bijdragen aan projecten of instellingen die gericht zijn op de verbetering van primaire levensbehoeften en/of opleiding van minderheden, kansarme kinderen, gehandicapten en dergelijke. De voorkeur gaat daarbij uit naar kleinschalige en overzichtelijke projecten met gerichte doelen, waarbij de doelgroep direct baat heeft, met terugkoppeling inzake de besteding van de donaties. Het verlenen van financiële steun aan afstammelingen van de vader en eventueel de grootvader van Emilie le Clercq, in de vorm van bijdragen aan opvoeding en/of trainingen en opleiding, waarbij gedacht kan worden aan studiekosten, studiematerialen, reisgelden en dergelijke. **INTERVENTIENIVEAU** ▶ Steun aan lokale/provinciale maatschappelijke organisaties en structuren (incl. gemeenten etc.) die diensten verlenen aan individuen.

Werkgebied ■ **ACTIERADIUS** ▶ Nationaal, Internationaal **LAND** ▶ Europa.

Bestedingen ■ **BUDGET** ▶ niet openbaar **TOELICHTING** ▶ Zes achtste van het jaarlijks inkomen is bestemd voor ondersteuning in de opvoedingskosten van familie, met die verstande dat de na de derde generatie niet-naamdragers geen aanvragen meer worden aangenomen. Eén achtste van het jaarlijks inkomen is bestemd voor liefdadigheid. Eén achtste van het jaarlijks inkomen dient bij het kapitaal te worden gevoegd. **SOORT BIJDRAGE** ▶ giften leningen **BOVENGRENS** ▶ geen **ONDERGRENS** ▶ geen.

Projecten ■ **CRITERIA** ▶ Projecten of instellingen die gericht zijn op de verbetering van primaire levensbehoeften en/of opleiding. **DOORLOOPTIJD** ▶ ☑ onbekend **STATUS AANVRAGER** ▶ ☑ stichting of vereniging (non-profit) **VOORKEUR/UITSLUITING** ▶ Alleen projecten die gericht zijn op verbetering van primaire levensbehoeften en/of opleiding, kansarme kinderen en gehandicapten. De voorkeur gaat uit naar kleinschalige projecten met gerichte doelen.

Procedure ■ **OP AANVRAAG** ▶ ja **DOORLOOPTIJD** ▶ 1-3 maanden **AANVRAAGPROCEDURE** ▶ Jaarlijkse vergadering van het bestuur in de maand september. Aan de hand van schriftelijke aanvragen vanuit de familie le Clercq wordt allereerst vastgesteld of aan de statutair vastgestelde criteria van afstamming, doelen en het daarvoor op dat moment beschikbare budget wordt voldaan, alvorens te beslissen over het verlenen van financiële steun. Overige schriftelijke aanvragen om financiële ondersteuning worden getoetst aan de oorspronkelijke doelstelling van christelijke liefdadigheid in hedendaags perspectief. De toekenning van bijdragen geschiedt naar volgorde van binnenkomst van de aanvragen, de volledigheid van meegestuurde achtergrondinformatie en het voor deze doelen beschikbare budget.

Financieel ■ **HERKOMST MIDDELEN** ▶ legaten.

Contact ■ **BEREIKBAAR PER** ▶ ☑ post ☑ e-mail ☒ telefoon **CONTACTPERSOON** ▶ P.H. le Clercq **POSTADRES** ▶ Heggemus 1, 3893 KG Zeewolde **EMAIL (ALGEMEEN)** ▶ lcstichting@gmail.com.

764

Stichting Leerstoel in de Geschiedenis van de Hermetische Filosofie en Verwante Stromingen

Rubriek ■ ☑ kerk en levensbeschouwing ☑ onderwijs en onderzoek

Algemeen ■ **WEBSITE** ▶ www.kennisbankfilantropie.nl/anbi/geschiedenis-hermetische-filosofie-verwante-stromingen **TYPERING** ▶ vermogensfonds **OPGERICHT** ▶ 20-02-1998 **RECHTSVORM** ▶ stichting **KVK** ▶ 33300780 **ANBI STATUS** ▶ ja **DIRECTIE** ▶ geen directiegegevens bekend **BESTUUR** ▶ K. van der Toorn, voorzitter; F.Ch.M. Tilman, penningmeester; G.J.M. Nijsten, secretaris; C.F. Luethi; mw. R. Basten.

Missie ■ **DOELSTELLING** ▶ De Stichting heeft ten doel het in stand houden van een Leerstoel in de Geschiedenis van de Hermetische Filosofie en verwante stromingen in de Faculteit Geesteswetenschappen aan de Universiteit van Amsterdam en het in het algemeen het bevorderen, onafhankelijk van iedere levensbeschouwing, van de studie van en het onderwijs in de Hermetische Filosofie en verwante stromingen. **BELEIDSPLAN OP WEBSITE** ▶ ja.

Doelgroep ■ **ALGEMEEN** ▶ gelovigen **SPECIFIEK** ▶ Hermetische Filosofie. **ACTIVITEITEN** ▶ De doelstelling wordt nagestreefd door de leerstoel in stand te houden en door in voorkomende gevallen publicaties en congressen op het gebied van de Hermetische Filosofie te steunen. **INTERVENTIENIVEAU** ▶ Steun op niveau van maatschappij zelf (beleidsbeïnvloeding, etc.).; Steun aan individuen (directe steun).

Werkgebied ■ **ACTIERADIUS** ▶ Nationaal **LAND** ▶ Nederland **REGIO** ▶ Noord-Holland **PLAATS** ▶ Amsterdam.

Bestedingen ■ **BUDGET** ▶ niet openbaar **SOORT BIJDRAGE** ▶ giften overig **BOVENGRENS** ▶ geen **ONDERGRENS** ▶ geen.

Projecten ■ **CRITERIA** ▶ geen projectcriteria bekend **DOORLOOPTIJD** ▶ ☑ onbekend **STATUS AANVRAGER** ▶ ☑ individuen/gezinnen **VOORKEUR/UITSLUITING** ▶ geen voorkeur of uitsluiting bekend.

Procedure ■ **OP AANVRAAG** ▶ onbekend **AANVRAAGPROCEDURE** ▶ Geen aanvraagprocedure bekend.

Financieel ■ **INKOMSTEN EV** ▶ € 1.155.785 **HERKOMST MIDDELEN** ▶ vermogen **BOEKJAAR** ▶ 2019 **JAARVERSLAG OP WEBSITE** ▶ ja.

Contact ■ **BEREIKBAAR PER** ▶ ☑ post ☑ e-mail ☑ telefoon **CONTACTPER-**

SOON ► geen contactpersoon bekend POSTADRES ► p/a Verlengde Poolseweg 14, 4818 CP Breda EMAIL (ALGEMEEN) ► mail@franstilman.nl TELEFOON (ALGEMEEN) ► 0646203662.

765

Leestekens van het Landschap Fonds

Rubriek ■ ☑ natuur, milieu en dieren ☑ kunst en cultuur

Algemeen ■ WEBSITE ► www.cultuurfonds.nl TYPERING ► fonds op naam BEHEERD DOOR ► Prins Bernhard Cultuurfonds DIRECTIE ► zie > Prins Bernhard Cultuurfonds BESTUUR ► zie > Prins Bernhard Cultuurfonds

Missie ■ DOELSTELLING ► Het financieel ondersteunen van projecten in Nederland op het terrein van historische landschapselementen en de bewustwording van deze leestekens in het landschap.

Werkgebied ■ ACTIERADIUS ► Nationaal LAND ► Nederland.

Projecten ■ CRITERIA ► geen projectcriteria bekend DOORLOOPTIJD ► ☑ korter dan 1 jaar STATUS AANVRAGER ► ☑ geen beperkingen bekend VOORKEUR/UITSLUITING ► geen voorkeur of uitsluiting bekend.

Procedure ■ OP AANVRAAG ► ja AANVRAAGPROCEDURE ► Dit 'fonds op naam' ressorteert onder het Prins Bernhard Cultuurfonds. Verzoeken aan fondsen op naam komen op één centraal punt binnen. Dit houdt in dat een subsidieaanvraag slechts eenmaal aan het Prins Bernhard Cultuurfonds hoeft te worden gezonden. Voor de verdere aanvraagprocedure: zie Prins Bernhard Cultuurfonds. URL ► www.cultuurfonds.nl/aanvragen

Contact ■ BEREIKBAAR PER ► ☑ post ☑ e-mail ☑ telefoon CONTACTPERSOON ► geen contactpersoon bekend POSTADRES ► Postbus 19750, 1000 GT Amsterdam EMAIL (ALGEMEEN) ► info@cultuurfonds.nl TELEFOON (ALGEMEEN) ► 020-5206130.

766

Leeuwerikfonds

Rubriek ■ ☑ kunst en cultuur ☑ onderwijs en onderzoek

Algemeen ■ WEBSITE ► www.cultuurfonds.nl TYPERING ► fonds op naam BEHEERD DOOR ► Prins Bernhard Cultuurfonds DIRECTIE ► zie > Prins Bernhard Cultuurfonds BESTUUR ► zie > Prins Bernhard Cultuurfonds

Missie ■ DOELSTELLING ► Het financieel ondersteunen van jonge getalenteerde musici met een voorkeur voor violisten voor het volgen van masterclasses, cursussen e.d. in het buitenland.

Werkgebied ■ ACTIERADIUS ► Internationaal.

Projecten ■ CRITERIA ► geen projectcriteria bekend DOORLOOPTIJD ► ☑ onbekend STATUS AANVRAGER ► ☑ geen beperkingen bekend VOORKEUR/UITSLUITING ► Voorkeur gaat uit naar violisten.

Procedure ■ OP AANVRAAG ► ja AANVRAAGPROCEDURE ► Dit 'fonds op naam' ressorteert onder het Prins Bernhard Cultuurfonds. Verzoeken aan fondsen op naam komen op één centraal punt binnen. Dit houdt in dat een subsidieaanvraag slechts eenmaal aan het Prins Bernhard Cultuurfonds hoeft te worden gezonden. Voor de verdere aanvraagprocedure: zie Prins Bernhard Cultuurfonds. URL ► www.cultuurfonds.nl/aanvragen

Contact ■ BEREIKBAAR PER ► ☑ post ☑ e-mail ☑ telefoon CONTACTPERSOON ► geen contactpersoon bekend POSTADRES ► Postbus 19750, 1000 GT Amsterdam EMAIL (ALGEMEEN) ► info@cultuurfonds.nl TELEFOON (ALGEMEEN) ► 020-5206130.

767

Stichting Fonds legaat 'Ad Pias Causas'

Rubriek ■ ☑ kerk en levensbeschouwing ☑ onderwijs en onderzoek

Algemeen ■ WEBSITE ► www.pthu.nl/onderwijs_pthu/praktische_informatie/financien/fondsen/stichting_fonds_legaat_ad_pias TYPERING ► vermogensfonds OPGERICHT ► 23-11-1992 RECHTSVORM ► stichting KVK ► 41185835 ANBI STATUS ► nee DIRECTIE ► geen directiegegevens bekend BESTUUR ► Prof.dr. F.L. Moll, voorzitter.

Missie ■ DOELSTELLING ► Het fonds heeft als doelstelling: het bevorderen dat universitair opgeleide predikanten blijvend beschikbaar zullen zijn om voor te gaan in reguliere gemeenten van de Protestantse Kerk in Nederland of van de Remonstrantse Broederschap. Tevens stimuleert de Stichting theologische studenten die de masteropleiding volgen d.m.v. het toekennen van boekentoelagen en het ondersteunen van studiereizen. HISTORIE ► Door de heer Pieter Boelen, Ridder, Baronet en Heer van Puttershoek is per 1 januari 1646 testamentair vastgelegd dat uit een daartoe vermaakt legaat moet worden ingesteld een Fonds, welk Fonds notarieel per 23 november 1992 is omgevormd tot de sichting: Fonds Legaat Ad Pias Causas.

Doelgroep ■ ALGEMEEN ► studenten SPECIFIEK ► Universitair opgeleide predikanten en theologische studenten. ACTIVITEITEN ► ☑ Studenten in de theologie, die een Master Gemeentepredikant volgen aan de Protestantse Theologische Universiteit dan wel aan het Remonstrants Seminarium, kunnen tot drie maal een boekentoelage à € 400,- aanvragen. Ook kan door hen steun worden gevraagd voor relevante studie in het buitenland; ☑ Predikanten, werkzaam binnen de genoemde kerkgenootschappen, kunnen in aanmerking komen voor steun bij nascholing of buitenlandse studies. Ook kunnen zij in aanmerking komen voor een tegemoetkoming in de drukkosten van een dissertatie; ☑ Tegemoetkoming in de kosten van een promotieonderzoek aan de PThU behoort eveneens tot de mogelijkheden. INTERVENTIENIVEAU ► Steun aan individuen (directe steun).

Werkgebied ■ ACTIERADIUS ► Nationaal LAND ► Nederland.

Bestedingen ■ BUDGET ► niet openbaar SOORT BIJDRAGE ► giften studiebeurzen subsidies BOVENGRENS ► geen ONDERGRENS ► geen.

Projecten ■ CRITERIA ► geen projectcriteria bekend DOORLOOPTIJD ► ☑ onbekend STATUS AANVRAGER ► ☑ individuen/gezinnen VOORKEUR/

UITSLUITING ▶ Toelagen worden in principe niet met terugwerkende kracht toegekend.

Procedure ■ **OP AANVRAAG** ▶ ja **AANVRAAGPROCEDURE** ▶ ☑ Aanvragen voor toelagen dienen in alle gevallen elektronisch te worden gedaan. ☑ Aanvragen voor boekentoelagen en relevante studie in het buitenland door studenten dienen vóór 1 september voorafgaande aan het studiejaar waarop ze betrekking hebben, te worden ingediend bij de administrateur en vergezeld te gaan van een aanbevelingsbrief van de opleidings- en/of onderwijscoördinator van de opleiding. ☑ Aanvragen voor steun ten behoeve van nascholing en/of buitenlandse studie door predikanten dienen vergezeld te gaan van een aanbevelingsbrief van de gemeente, en kunnen doorlopend worden ingediend. Deze worden per geval behandeld. ☑ Aanvragen ten behoeve van een promotieonderzoek dienen vergezeld te gaan van een aanbevelingsbrief van de promotor. Deze worden per geval behandeld.

Financieel ■ **HERKOMST MIDDELEN** ▶ vermogen **BOEKJAAR** ▶ boekjaar onbekend.

Contact ■ **BEREIKBAAR PER** ▶ ☑ post ☑ e-mail ☒ telefoon **CONTACTPERSOON** ▶ Prof.dr. F.L. Moll **POSTADRES** ▶ Reelaan 29, 3735 KK Bosch en Duin **EMAIL (ALGEMEEN)** ▶ fransmoll50@gmail.com.

768

Stichting Leids Universiteits-Fonds

Rubriek ■ ☑ onderwijs en onderzoek

Algemeen ■ **WEBSITE** ▶ www.luf.nl **TYPERING** ▶ hybride fonds **OPGERICHT** ▶ 1890 **RECHTSVORM** ▶ stichting **KVK** ▶ 41165882 **ANBI STATUS** ▶ ja **DIRECTIE** ▶ geen directiegegevens bekend **BESTUUR** ▶ Mw.mr. A.F.F. Stas-Bax, voorzitter; mr. D.C. van Wassenaer, penningmeester; H.L.M. Snijders, secretaris; prof.dr. B. Steunenberg; mw.drs. S.G. Coebergh-Frings; prof.mr. C.J.J.M. Stolker; drs. P.A.J. Geluk; mw.dr. R.M.Y. Barge; drs. M. van Beek; mr. D. ter Braak; drs. J.H. ten Broeke; mr. M. Corsten; mw.mr. H.S.C. Crebolder; prof.mr. J.M. Hebly; mr. D.H. van Hövell tot Westerflier; prof.dr. R.J.M. Klautz; mr. F.W. de Nerée tot Babberich; mw.dr. R. Schats; mr. L.H. Siertsema; mw.mr. E. Storm de Grave - Huyssen van Kattendijke; mw.dr. H.F. Verwey; M. de Wit, BSc.

Missie ■ **DOELSTELLING** ▶ Het Fonds heeft ten doel de bevordering van de bloei van de Universiteit Leiden. **STICHTER(S)** ▶ Prof.dr. P.A. van der Lith met vijf collega-hoogleraren **HISTORIE** ▶ Omdat er aan het einde van de 19e eeuw iets moest veranderen op de universiteiten besloot prof.dr.P.A. van der Lith in 1890, in navolging van andere studentensteden, een fonds op te richten. Het beginkapitaal van vijtienhonderd gulden is inmiddels uitgegroeid tot een som van 22 miljoen euro, dankzij de vele donaties van alumni door de jaren heen. **BELEIDSPLAN OP WEBSITE** ▶ ja.

Doelgroep ■ **ALGEMEEN** ▶ studenten **SPECIFIEK** ▶ Projecten van faculteiten en wetenschappers, studenten en alumni. **ACTIVITEITEN** ▶ Het Fonds tracht de doelstelling te bereiken onder meer door: ☑ Het bevorderen van wetenschappelijk onderzoek en onderwijs, in het bijzonder door het instellen van bijzondere leerstoelen; het bevorderen van betrokkenheid van alumni bij de Universiteit Leiden door het uitgeven van een kwartaalblad en het organiseren van evenementen; ☑ het bevorderen van ondersteuning door alumni van daarvoor in aanmerking komende activiteiten ten behoeve van de Universiteit Leiden; ☑ het bevorderen van niet-wetenschappelijke activiteiten binnen de academische gemeenschap van de Universiteit Leiden, waaronder in het bijzonder activiteiten die ten goede komen aan de studentengemeenschap. **INTERVENTIENIVEAU** ▶ Steun aan individuen (directe steun).; Steun aan lokale/provinciale maatschappelijke organisaties en structuren (incl. gemeenten etc.) die diensten verlenen aan individuen.

Werkgebied ■ **ACTIERADIUS** ▶ Lokaal **LAND** ▶ Nederland **PLAATS** ▶ Leiden.

Bestedingen ■ **BUDGET** ▶ € 2.500.000 **TOELICHTING** ▶ Het vermogen van het Leids Universiteits Fonds heeft een aantal specifieke bestemmingen, de zogenaamde Fondsen op Naam. Daarnaast beheren zij het vermogen van verschillende fondsen (78 totaal). **ONDERSTEUNDE PROJECTEN P/J** ▶ 250 **SOORT BIJDRAGE** ▶ giften garanties subsidies **BOVENGRENS** ▶ € 2.000 **ONDERGRENS** ▶ € 200.

Projecten ■ **CRITERIA** ▶ Studie- en onderzoeksprojecten aan de Universiteit Leiden. **DOORLOOPTIJD** ▶ ☑ korter dan 1 jaar **STATUS AANVRAGER** ▶ ☑ stichting of vereniging (non-profit) ☑ individuen/gezinnen **VOORKEUR/UITSLUITING** ▶ Uitsluitend aanvragen die aan de statutaire doelstelling voldoen en waarbij sprake is van een Leids universitair belang, worden in behandeling genomen. Subsidies kunnen alleen voorafgaand aan de activiteit worden aangevraagd.

Procedure ■ **OP AANVRAAG** ▶ ja **DOORLOOPTIJD** ▶ korter dan 1 maand **AANVRAAGPROCEDURE** ▶ Op de website treft u voor verschillende soorten aanvragen verschillende procedures onder het kopje 'Subsidies'. Heeft u vragen of wilt u overleggen over uw aanvraag? Neem dan contact op met Henk Snijders (Secretaris Doelbesteding) via CWB@LUF.leidenuniv.nl of 071 527 49 03. **URL** ▶ https://www.luf.nl/aanvragen

Financieel ■ **EIGEN VERMOGEN** ▶ € 46.238.106 **INKOMSTEN EV** ▶ € 6.199.376 **INKOMSTEN OV** ▶ € 2.642.051 **HERKOMST MIDDELEN** ▶ vermogen, legaten, overige inkomsten, leden (bijdragen), giften & schenkingen **BOEKJAAR** ▶ 2019 **JAARVERSLAG OP WEBSITE** ▶ ja.

Contact ■ **BEREIKBAAR PER** ▶ ☑ post ☑ e-mail ☑ telefoon **CONTACTPERSOON** ▶ geen contactpersoon bekend **POSTADRES** ▶ Postbus 9500, 2300 RA Leiden **EMAIL (ALGEMEEN)** ▶ info@luf.leidenuniv.nl **TELEFOON (ALGEMEEN)** ▶ 071-5130503 **TELEFOON (AANVRAGEN)** ▶ 0715274903.

769

Leo Lande Stichting

Rubriek ■ ☑ onderwijs en onderzoek ☑ kunst en cultuur ☑ mensenrechten, vrede en veiligheid

Algemeen ■ **WEBSITE** ▶ www.kennisbankfilantropie.nl/anbi/leo-lande-stichting **TYPERING** ▶ vermogensfonds **OPGERICHT** ▶ 10-12-1982

RECHTSVORM ▶ stichting KVK ▶ 41193050 ANBI STATUS ▶ ja DIRECTIE ▶ geen directiegegevens bekend BESTUUR ▶ Mw. E.C.M. van Pampus, voorzitter; L.A.M. Sapir, secretaris; M.C. Jansen; mw. R.H. Postma.

Missie ■ DOELSTELLING ▶ De stichting heeft ten doel het bevorderen van wetenschappelijk historisch onderzoek in het algemeen en in het bijzonder het onderzoek naar de geschiedenis van sociale bewegingen in Rusland en Europa in de periode der negentiende en twintigste eeuw en de geschiedenis van het democratisch socialisme, daaronder begrepen de ondersteuning van publicaties op dit gebied of het dekken van onkosten gemaakt of te maken ter voorbereiding van die publicaties, daaronder tenslotte begrepen het verschaffen van financiële en morele steun aan onderzoekers die werkzaam zijn op het terrein van historisch onderzoek en die door politieke omstandigheden in hun vrijheid van beweging of vrijheid van meningsuiting worden beperkt. BELEIDSPLAN OP WEBSITE ▶ ja.

Doelgroep ■ SPECIFIEK ▶ Wetenschappers en instellingen op het gebied van de geschiedenis in Rusland, Nederland, USA. ACTIVITEITEN ▶ Tot nu toe werden subsidies toegekend aan: ☑ Wetenschappers: Historici in Rusland, Nederland, USA; ☑ Instellingen: Internationaal Instituut voor Sociale Geschiedenis van het KNAW (Amsterdam); ☑ Stichtingen: Memorial en Vozvrazschenie, (beiden in Rusland), Bakhmeteev Bibliotheek van Columbia Universiteit (NY), Stichting Foundation Support Democratic Media in Russia (NL), Turgeneev Bibliotheek (Universiteit Parijs), Stichting Press Now (NL). In de meeste gevallen hebben de subsidies geleid tot gereedkomen van boeken; ☑ Ook waren er bijdragen aan het organiseren van conferenties en een bijdrage aan totstandkoming van een historisch gerichte website. INTERVENTIENIVEAU ▶ Steun aan lokale/provinciale maatschappelijke organisaties en structuren (incl. gemeenten etc.) die diensten verlenen aan individuen.; Steun aan individuen (directe steun).

Werkgebied ■ ACTIERADIUS ▶ Internationaal LAND ▶ Wereldwijd.

Bestedingen ■ BUDGET ▶ niet openbaar TOELICHTING ▶ Jaarlijks besteed de Stichting gemiddeld ca 5% van haar vermogen aan subsidies SOORT BIJDRAGE ▶ subsidies BOVENGRENS ▶ geen ONDERGRENS ▶ geen.

Projecten ■ CRITERIA ▶ geen projectcriteria bekend DOORLOOPTIJD ▶ ☑ onbekend STATUS AANVRAGER ▶ ☑ geen beperkingen bekend VOORKEUR/UITSLUITING ▶ geen voorkeur of uitsluiting bekend.

Procedure ■ OP AANVRAAG ▶ ja AANVRAAGPROCEDURE ▶ Ieder die denkt in aanmerking te komen voor een subsidie kan zich bij de Stichting melden.

Financieel ■ EIGEN VERMOGEN ▶ € 142.900 HERKOMST MIDDELEN ▶ vermogen BOEKJAAR ▶ 2017 JAARVERSLAG OP WEBSITE ▶ ja.

Contact ■ BEREIKBAAR PER ▶ ☑ post ☑ e-mail ☑ telefoon CONTACTPERSOON ▶ geen contactpersoon bekend POSTADRES ▶ Kloveniersburgwal 103, 1011 KB Amsterdam EMAIL (ALGEMEEN) ▶ lizzy.van.pampus@gmail.com TELEFOON (ALGEMEEN) ▶ 020-6259893.

770

Sportfonds Leo van der Kar

Rubriek ■ ☑ sport en recreatie

Algemeen ■ WEBSITE ▶ www.nocnsf.nl/sportfondsleovanderkar TYPERING ▶ vermogensfonds BEHEERD DOOR ▶ NOC*NSF OPGERICHT ▶ 1960 RECHTSVORM ▶ stichting KVK ▶ 09059703 ANBI STATUS ▶ ja DIRECTIE ▶ G. Dielessen BESTUUR ▶ Mw. A. van Zanen-Nieberg, voorzitter; mw. A. Mosman, penningmeester; mw. I. Eijs; J.W. Maas; mw. A.C. den Besten; R. Blondel; mw. H. Schreuder.

Missie ■ DOELSTELLING ▶ Het Sportfonds Leo van der Kar biedt jonge, talentvolle sporters middels een buitenlandse stage of een stageweek in Nederland een kans om serieus kennis te maken met de topsport en de topsportcultuur (attitude, dagelijkse praktijk, keuzes maken). Ook het trainen onder een gerenommeerde buitenlandse coach geeft een extra dimensie, zowel voor de sporters als voor de begeleidende coach. STICHTER(S) ▶ Leo van der Kar HISTORIE ▶ Het sportfonds is door Leo van der Kar opgericht na zijn eigen sportcarrière. Van der Kar wilde hiermee jong sporttalent de kans geven om elders op de wereld en bij gerenommeerde coaches stage te lopen. Sinds mei 2014 is het sportfonds ondergebracht bij het NOC*NSF. BELEIDSPLAN OP WEBSITE ▶ ja.

Doelgroep ■ ALGEMEEN ▶ jongeren SPECIFIEK ▶ Jonge, talentvolle sporters. ACTIVITEITEN ▶ Geen specifieke activiteiten bekend INTERVENTIENIVEAU ▶ Steun aan individuen (directe steun).

Werkgebied ■ ACTIERADIUS ▶ Nationaal, Internationaal LAND ▶ Nederland.

Bestedingen ■ BUDGET ▶ niet openbaar SOORT BIJDRAGE ▶ giften BOVENGRENS ▶ geen ONDERGRENS ▶ geen.

Projecten ■ CRITERIA ▶ Buitenlandse stages of een stageweek in Nederland voor jong sport talent om kennis te maken met de topsport en topsportcultuur. DOORLOOPTIJD ▶ ☑ korter dan 1 jaar STATUS AANVRAGER ▶ ☑ individuen/gezinnen VOORKEUR/UITSLUITING ▶ Uitsluitend via NOC*NSF.

Procedure ■ OP AANVRAAG ▶ ja DOORLOOPTIJD ▶ 1-3 maanden AANVRAAGPROCEDURE ▶ Sportbonden kunnen vanaf 2014 zelfstandig het hele jaar door bij hun prestatiemanager een casus indienen waarin aangetoond wordt dat er binnen het programma sprake is van een of enkele toptalenten (aan de hand van een uitgebreid talentprofiel) waar de bond en de sporter(s) moeilijk zelf voor financiering kunnen zorgen voor een unieke stage. Deze voordracht zal door NOC*NSF beoordeelt worden waarna bij een mogelijke goedkeuring gezamenlijk invulling gegeven zal worden aan een unieke stage en de te betrekken trainer/coach.

Financieel ■ EIGEN VERMOGEN ▶ € 54.000 INKOMSTEN EV ▶ € 0 INKOMSTEN OV ▶ € 0 HERKOMST MIDDELEN ▶ vermogen BOEKJAAR ▶ 2019 JAARVERSLAG OP WEBSITE ▶ ja.

Contact ■ BEREIKBAAR PER ▶ ☑ post ☑ e-mail ☑ telefoon CONTACTPERSOON ▶ G. van Hardeveld POSTADRES ▶ Postbus 302, 6800 AH Arnhem EMAIL (ALGEMEEN) ▶ info@nocnsf.nl TELEFOON (ALGEMEEN) ▶ 026-4834400 TELEFOON (AANVRAGEN) ▶ 026-4834759.

771
Stichting Levi Lassen

Rubriek ■ ☑ economische ontwikkeling en microkrediet ☑ maatschappij, welzijn en samenleving ☑ kerk en levensbeschouwing

Algemeen ■ WEBSITE ▶ www.levilassen.nl TYPERING ▶ vermogensfonds OPGERICHT ▶ 24-06-1957 RECHTSVORM ▶ stichting KVK ▶ 41149612 ANBI STATUS ▶ ja DIRECTIE ▶ geen directiegegevens bekend BESTUUR ▶ Dr. M. Schrijver, voorzitter; W. Siegel, penningmeester; mr. O.J.M. de Bruijn, secretaris.

Missie ■ DOELSTELLING ▶ Stichting Levi Lassen ondersteunt organisaties en projecten die zich inzetten voor sociale en economische rechtvaardigheid, met dien verstande dat minstens twee derde van de uitkeringen van de Stichting aan Joodse organisaties ten goede moet komen. STICHTER(S) ▶ De heer Jacques Levi Lassen HISTORIE ▶ In 1920 werd de op 25 februari 1884 in Duitsland (Bergen) geboren Jacob Levi genaturaliseerd tot Nederlander. In 1923 verkreeg hij bij Koninklijk Besluit de goedkeuring tot het voeren van de naam Levi Lassen, waarna hij Jacques Levi Lassen heette. Met damesmodezaken en onroerend goed activiteiten bouwde hij een aanzienlijk vermogen op. Op 24 juni 1957 richtte J.L. Lassen de Stichting Levi Lassen op, waarvan hij tot zijn dood enig bestuurder was en waaraan hij bij testament zijn gehele vermogen naliet. BELEIDSPLAN OP WEBSITE ▶ ja.

Doelgroep ■ ALGEMEEN ▶ studenten, armen, dak- en thuislozen, gelovigen SPECIFIEK ▶ Joodse natuurlijke of rechtspersonen. ACTIVITEITEN ▶ De Stichting steunt organisaties in 3 aandachtsgebieden, Den Haag, Joods Nederland en Israël. ☑ Den Haag; In Den Haag steunt de Stichting organisaties en projecten die zich inzetten voor sociale en economische rechtvaardigheid; ☑ Joods Nederland; In Nederland steunt de Stichting projecten van de Joodse gemeenschap. ☑ Israël; In Israël steunt de Stichting grassroots organisaties die werken aan duurzame sociale veranderingen in de sociale periferie. INTERVENTIENIVEAU ▶ Steun aan lokale/provinciale maatschappelijke organisaties en structuren (incl. gemeenten etc.) die diensten verlenen aan individuen.

Werkgebied ■ ACTIERADIUS ▶ Regionaal, Internationaal LAND ▶ Israël, Nederland REGIO ▶ Haaglanden PLAATS ▶ Den Haag.

Bestedingen ■ BUDGET ▶ niet openbaar TOELICHTING ▶ Vanwege de statutaire regels gaat tenminste 2/3 van het budget naar Joodse organisaties (in Nederland en Israël). ONDERSTEUNDE PROJECTEN P/J ▶ 120 SOORT BIJDRAGE ▶ giften garanties BOVENGRENS ▶ geen ONDERGRENS ▶ geen.

Projecten ■ CRITERIA ▶ De Stichting Levi Lassen neemt aanvragen in behandeling van organisaties die zich richten op het stimuleren van sociale verandering door het vergroten van sociale en economische rechtvaardigheid in Israël en Nederland (Den Haag). Daarnaast ondersteunt de Stichting Levi Lassen de Joodse gemeenschap in Nederland. Projectthema's: ☑ culturele, creatieve en Joods maatschappelijke activiteiten in Nederland die versterking van de hedendaagse Joodse identiteit en/of het gemeenschapsgevoel bevorderen; ☑ initiatieven door Joodse organisaties in Nederland gericht op de Joodse jeugd komen waar nodig voor ondersteuning in aanmerking; ☑ activiteiten in Nederland die ten doel hebben de verbetering van de publieke opinie jegens de Joodse gemeenschap; het onderhouden en de verbetering van de verstandhouding tussen de Joodse en niet-Joodse Nederlanders; ☑ activiteiten die samenwerking tussen de verschillende Joodse denominaties in Nederland bevorderen. DOORLOOPTIJD ▶ ☑ korter dan 1 jaar STATUS AANVRAGER ▶ ☑ stichting of vereniging (non-profit) VOORKEUR/UITSLUITING ▶ Geen bijdragen aan individuele personen, voor studiefinanciering of promotieonderzoek, van permanente of structurele aard, aan projecten met een commercieel karakter. Activiteiten met een nadruk op herdenken vallen niet direct binnen het uitkeringsbeleid.

Procedure ■ OP AANVRAAG ▶ ja DOORLOOPTIJD ▶ 1-3 maanden AANVRAAGPROCEDURE ▶ U maakt eenmalig een account aan en kunt dan in het systeem uw aanvragen maken, bewerken en de uitkomsten bekijken. U kunt de gehele aanvraag via internet indienen, alle bijlagen kunt u digitaal toevoegen (als u over de digitale versie van de bijlagen beschikt, anders kunt u ze nasturen). Tussentijds pauzeren van de aanvraag is mogelijk door de aanvraag op te slaan. Het bestuur van de Stichting Levi Lassen heeft besloten jaarlijks 4 tot 5 uitkeringsvergaderingen te houden. Binnen 14 dagen na de bestuursvergadering waarin uw aanvraag behandeld wordt, ontvangt u een gemotiveerde beslissing in de vorm van een toewijs-, afwijs- of aanhoudingsbrief. URL ▶ www.levilassen.nl/aanvraagprocedure/aanvraagformulier-data/

Financieel ■ INKOMSTEN EV ▶ € 559.172 HERKOMST MIDDELEN ▶ vermogen, inkomsten uit vermogen BOEKJAAR ▶ 2018 JAARVERSLAG OP WEBSITE ▶ ja.

Contact ■ BEREIKBAAR PER ▶ ☑ post ☑ e-mail ☑ telefoon CONTACTPERSOON ▶ geen contactpersoon bekend POSTADRES ▶ Koninginnegracht 15, 2514 AB Den Haag EMAIL (ALGEMEEN) ▶ info@levilassen.nl TELEFOON (ALGEMEEN) ▶ 070-3653930.

772
Stichting Liduina Fonds

Rubriek ■ ☑ maatschappij, welzijn en samenleving

Algemeen ■ WEBSITE ▶ www.liduinafonds.nl TYPERING ▶ vermogensfonds OPGERICHT ▶ 1852 RECHTSVORM ▶ stichting KVK ▶ 41152385 ANBI STATUS ▶ ja DIRECTIE ▶ geen directiegegevens bekend BESTUUR ▶ Mw. C.C. Gualthérie van Weezel, voorzitter; C. Hilkman, penningmeester; B.K. van der Waals, secretaris; mw. M.G. van.

Missie ■ DOELSTELLING ▶ De stichting verleent financiële steun aan organisaties die zich inzetten voor volwaardige deelname van kwetsbare of achtergestelde mensen aan de samenleving. STICHTER(S) ▶ Mevrouw wed. mr. A.Z. Hanlo-ten Sande en mw. wed. C. van der Horst-van der Kun HISTORIE ▶ De Stichting Liduina Fonds begon op 1 Juli 1852 onder de naam 'Liefdewerk van de heilige Ludina' om een bijdrage te leveren aan een betere samenleving. Door middel van collectes, contributies, giften en legaten is haar vermogen in de loop der tijd zo toegenomen, dat zij inmiddels in staat is van de renten jaarlijks vele aanvragen voor financiële steun te honoreren. **BELEIDSPLAN OP WEBSITE** ▶ ja.

Doelgroep ■ **ALGEMEEN** ▶ armen, jongeren, kinderen, dak- en thuislozen **SPECIFIEK** ▶ Kwetsbare en/of achtergestelde groepn en momenteel focus op de kwetsbare jeugd zonder thuis. **ACTIVITEITEN** ▶ ☑ De komende jaren ligt de focus van het Liduina fonds op het bieden van perspectief voor kwetsbare jeugd zonder thuis; ☑ Het Liduina Fonds is aangesloten bij het Haagse fondsenoverleg en de Vereniging van fondsen in Nederland FIN. Het Liduina Fonds werkt in voorkomende gevallen samen met andere Haagse fondsen. Een voorbeeld hiervan is het Jeugdvakantieloket; ☑ In het jaar 2018 steunde de stichting de volgende organisaties/projecten: Haagse harde leerschool, Studio 52nd, Vitalis, D'roem, Kraijceck Foundation, Stichting Mara, JA voor een kans, Straatconsulaat. **INTERVENTIENIVEAU** ▶ Steun aan lokale/provinciale maatschappelijke organisaties en structuren (incl. gemeenten etc.) die diensten verlenen aan individuen.

Werkgebied ■ **ACTIERADIUS** ▶ Lokaal **LAND** ▶ Nederland **PLAATS** ▶ Den Haag.

Bestedingen ■ **BUDGET** ▶ € 40.000 **ONDERSTEUNDE PROJECTEN P/J** ▶ 8 **SOORT BIJDRAGE** ▶ giften **BOVENGRENS** ▶ € 5.000 **ONDERGRENS** ▶ € 500.

Projecten ■ **CRITERIA** ▶ geen projectcriteria bekend **DOORLOOPTIJD** ▶ ☑ korter dan 1 jaar **STATUS AANVRAGER** ▶ ☑ stichting of vereniging (non-profit) ☑ kerkelijke instelling ☑ onderwijsinstelling **VOORKEUR/UITSLUITING** ▶ Het donatiegebied is uitsluitend Den Haag.

Procedure ■ **OP AANVRAAG** ▶ ja **DOORLOOPTIJD** ▶ 1-3 maanden **AANVRAAGPROCEDURE** ▶ Het aanvraagformulier is via de website te downloaden of online in te vullen. Verplichte bijlagen (bij voorkeur digitaal); ☑ Statuten (kopie); ☑ Uittreksel Kamer van Koophandel - niet ouder dan 6 maanden (kopie); ☑ Meest recente jaarrekening; ☑ Projectbeschrijving (indien aanwezig); ☑ Begroting / kostenspecificatie en dekkingsplan; **URL** ▶ www.liduinafonds.nl/aanvraag/

Financieel ■ **HERKOMST MIDDELEN** ▶ vermogen, legaten, overige inkomsten, giften & schenkingen **BOEKJAAR** ▶ 2018 **JAARVERSLAG OP WEBSITE** ▶ ja.

Contact ■ **BEREIKBAAR PER** ▶ ☑ post ☑ e-mail ☒ telefoon **CONTACTPERSOON** ▶ Mw. C.C. Gualthérie van Weezel **POSTADRES** ▶ Postbus 85946, 2508 CP Den Haag **EMAIL (ALGEMEEN)** ▶ info@liduinafonds.nl.

773

Stichting Lieuwe Stienstra Fonds

Rubriek ■ ☑ kunst en cultuur

Algemeen ■ **WEBSITE** ▶ www.kennisbankfilantropie.nl/anbi/lieuwe-stienstra-fonds **TYPERING** ▶ vermogensfonds **OPGERICHT** ▶ 15-05-2000 **RECHTSVORM** ▶ stichting **KVK** ▶ 02070331 **ANBI STATUS** ▶ ja **DIRECTIE** ▶ geen directiegegevens bekend **BESTUUR** ▶ B.H. de Boer, penningmeester; B.H. de Boer, secretaris; H. Brouwer; H. van Donselaar.

Missie ■ **DOELSTELLING** ▶ De stichting stelt zich ten doel het ondersteunen en bevorderen van culturele en cultuurhistorische activiteiten in de provincie Groningen, alsmede het verrichten van al het geen tot een en ander behoort of daarvoor in de ruimste zin bevorderlijk kan zijn. **STICHTER(S)** ▶ Drs. Jacob Jan Stienstra en mevrouw Jantina Harmina Stienstra **HISTORIE** ▶ Op 15 mei 2000 hebben de heer drs. Jacob Jan Stienstra en mevrouw Jantina Harmina Stienstra de stichting in het leven geroepen. **BELEIDSPLAN OP WEBSITE** ▶ ja.

Doelgroep ■ **SPECIFIEK** ▶ Culturele en cultuurhistorische stichtingen in de provincie Groningen. **ACTIVITEITEN** ▶ Geen specifieke activiteiten bekend **INTERVENTIENIVEAU** ▶ Steun aan lokale/provinciale maatschappelijke organisaties en structuren (incl. gemeenten etc.) die diensten verlenen aan individuen.

Werkgebied ■ **ACTIERADIUS** ▶ Regionaal **LAND** ▶ Nederland **REGIO** ▶ Groningen.

Bestedingen ■ **BUDGET** ▶ niet openbaar **ONDERSTEUNDE PROJECTEN P/J** ▶ 12 **SOORT BIJDRAGE** ▶ giften **BOVENGRENS** ▶ geen **ONDERGRENS** ▶ geen.

Projecten ■ **CRITERIA** ▶ Ondersteuning van culturele activiteiten. **DOORLOOPTIJD** ▶ ☑ onbekend **STATUS AANVRAGER** ▶ ☑ stichting of vereniging (non-profit) ☑ kerkelijke instelling ☑ onderwijsinstelling **VOORKEUR/UITSLUITING** ▶ geen voorkeur of uitsluiting bekend.

Procedure ■ **OP AANVRAAG** ▶ onbekend **AANVRAAGPROCEDURE** ▶ Jaarlijks wordt in de vergadering van april/mei het voorstel van de te verstrekken donaties aan culturele en cultuurhistorische activiteiten in de provincie Groningen gedaan. In de vergadering van oktober wordt de lijst met donaties vastgelegd en goedkeuring gegeven om de vastgestelde bedragen aan de betreffende instanties over te maken. Geen verdere aanvraagprocedure bekend.

Financieel ■ **EIGEN VERMOGEN** ▶ € 454.345 **INKOMSTEN EV** ▶ € 6.309 **INKOMSTEN OV** ▶ € 0 **HERKOMST MIDDELEN** ▶ vermogen, legaten, giften & schenkingen **BOEKJAAR** ▶ 2017 **JAARVERSLAG OP WEBSITE** ▶ ja.

Contact ■ **BEREIKBAAR PER** ▶ ☑ post ☑ e-mail ☑ telefoon **CONTACTPERSOON** ▶ geen contactpersoon bekend **POSTADRES** ▶ Westersingel 21, 9718 CB Groningen **EMAIL (ALGEMEEN)** ▶ info@jakowe-advies.nl **TELEFOON (ALGEMEEN)** ▶ 050-7850812.

774

Lievense Baan Fonds

Rubriek ■ ☑ kunst en cultuur ☑ onderwijs en onderzoek

Algemeen ■ **WEBSITE** ▶ www.cultuurfonds.nl **TYPERING** ▶ fonds op naam **BEHEERD DOOR** ▶ Prins Bernhard Cultuurfonds **DIRECTIE** ▶ zie Prins Bernhard Cultuurfonds **BESTUUR** ▶ zie Prins Bernhard Cultuurfonds

Missie ■ **DOELSTELLING** ▶ Het financieel ondersteunen van jonge talentvolle musici, met voorkeur voor dirigenten, voor het volgen van een aanvullende studie en/of voor de aanschaf van een passend instrument.

Werkgebied ■ **ACTIERADIUS** ▶ Nationaal **LAND** ▶ Nederland.

Projecten ■ **CRITERIA** ▶ geen projectcriteria bekend **DOORLOOPTIJD** ▶ ☑ korter dan 1 jaar **STATUS AANVRAGER** ▶ ☑ geen beperkingen bekend **VOORKEUR/UITSLUITING** ▶ Voorkeur gaat uit naar dirigenten.

Procedure ■ OP AANVRAAG ► ja AANVRAAGPROCEDURE ► Dit 'fonds op naam' ressorteert onder het Prins Bernhard Cultuurfonds. Verzoeken aan fondsen op naam komen op één centraal punt binnen. Dit houdt in dat een subsidieaanvraag slechts eenmaal aan het Prins Bernhard Cultuurfonds hoeft te worden gezonden. Voor de verdere aanvraagprocedure: zie Prins Bernhard Cultuurfonds. URL ► www.cultuurfonds.nl/aanvragen

Contact ■ BEREIKBAAR PER ► ☑ post ☑ e-mail ☑ telefoon CONTACTPERSOON ► geen contactpersoon bekend POSTADRES ► Postbus 19750, 1000 GT Amsterdam EMAIL (ALGEMEEN) ► info@cultuurfonds.nl TELEFOON (ALGEMEEN) ► 020-5206130.

775
Tekeningenverzameling Lily Eversdijk Smulders Stichting

Rubriek ■ ☑ kunst en cultuur

Algemeen ■ WEBSITE ► www.stichtinglily.nl TYPERING ► vermogensfonds OPGERICHT ► 14-03-1991 RECHTSVORM ► stichting KVK ► 41210344 ANBI STATUS ► nee DIRECTIE ► geen directiegegevens bekend BESTUUR ► Mw. E.M. Andriesse, voorzitter; mw. M. van Dijk, penningmeester; mw. M.H. Besselink, secretaris; mw. C.D.E. Carmio.

Missie ■ DOELSTELLING ► De stichting heeft ten doel het in stand houden en beheren van de kunst- en overige werken van mevrouw Mr. E.C.H. (Lily) Eversdijk Smulders, alsmede het bevorderen van de belangstelling voor en de kennis van deze werken bij het publiek, en voorts al hetgeen met een en ander rechtstreeks of zijdelings verband houdt of daartoe bevorderlijk kan zijn, alles in de ruimste zin des woords. HISTORIE ► In 1991 werd de Lily Eversdijk Smulders Tekeningverzameling Stichting (Stichting Lily) opgericht. BELEIDSPLAN OP WEBSITE ► ja.

Doelgroep ■ ALGEMEEN ► jongeren, kinderen, ouderen, vrouwen, mannen SPECIFIEK ► Mensen die belangstelling hebben voor Lily Eversdijk Smulders. ACTIVITEITEN ► ☑ het bijeenbrengen en documenteren van de portretttekeningen, figuurschetsen, schilderijen, lithografieën, alle gepubliceerde boeken, dagboeken, plakboeken, foto's, dia's, correspondentie en alle overige persoonlijke voorwerpen en zaken die op het leven van mevrouw mr. E.C.H. Eversdijk Smulders betrekking hebben, alsmede het behartigen van alle rechten die aan voormelde zaken kunnen worden ontleend; ☑ het organiseren en verzorgen van tentoonstellingen van bedoelde werken; ☑ het uitgeven van publicaties; ☑ het houden van lezingen; ☑ alle andere wettige middelen, die aan het doel dienstig kunnen zijn. INTERVENTIENIVEAU ► Steun op niveau van maatschappij zelf (beleidsbeïnvloeding, etc.).

Werkgebied ■ ACTIERADIUS ► Nationaal LAND ► Nederland.

Bestedingen ■ BUDGET ► niet openbaar SOORT BIJDRAGE ► giften BOVENGRENS ► geen ONDERGRENS ► geen.

Projecten ■ CRITERIA ► geen projectcriteria bekend DOORLOOPTIJD ► ☑ onbekend STATUS AANVRAGER ► ☑ geen beperkingen bekend VOORKEUR/UITSLUITING ► geen voorkeur of uitsluiting bekend.

Procedure ■ OP AANVRAAG ► onbekend AANVRAAGPROCEDURE ► Geen aanvraagprocedure bekend.

Financieel ■ INKOMSTEN EV ► € 25.427 HERKOMST MIDDELEN ► vermogen, giften & schenkingen, legaten BOEKJAAR ► 2018 JAARVERSLAG OP WEBSITE ► ja.

Contact ■ BEREIKBAAR PER ► ☑ post ☑ e-mail ☑ telefoon CONTACTPERSOON ► geen contactpersoon bekend POSTADRES ► Verhoevenstraat 13, 3818 PK Amersfoort EMAIL (ALGEMEEN) ► info@stichtinglily.nl TELEFOON (ALGEMEEN) ► 0651249947.

776
Van Limburg Stirum Stichting

Rubriek ■ ☑ maatschappij, welzijn en samenleving ☑ gezondheidszorg

Algemeen ■ WEBSITE ► www.transparante-anbi.nl/product/van-limburg-stirum-stichting/1706 TYPERING ► vermogensfonds OPGERICHT ► 02-06-1998 RECHTSVORM ► stichting KVK ► 28079241 ANBI STATUS ► ja DIRECTIE ► geen directiegegevens bekend BESTUUR ► A.P. Timmers, voorzitter; L. van Limburg Stirum, penningmeester; J.P.M. de Haas, secretaris.

Missie ■ DOELSTELLING ► Het verlenen van steun aan inwoners van de gemeente Noordwijk ZH en naburige gemeenten ter verhoging van hun geestelijk en stoffelijk welzijn en aan andere verenigingen en stichtingen die het welzijn van inwoners van de gemeente Noordwijk ZH en naburige gemeenten beogen. BELEIDSPLAN OP WEBSITE ► ja.

Doelgroep ■ ALGEMEEN ► armen, ouderen, vrouwen, mannen, zieken SPECIFIEK ► Inwoners van de gemeente Noordwijk ZH en naburige gemeenten. ACTIVITEITEN ► Geen specifieke activiteiten bekend INTERVENTIENIVEAU ► Steun aan individuen (directe steun).

Werkgebied ■ ACTIERADIUS ► Lokaal LAND ► Nederland REGIO ► Zuid-Holland PLAATS ► Noordwijk.

Bestedingen ■ BUDGET ► niet openbaar SOORT BIJDRAGE ► giften BOVENGRENS ► geen ONDERGRENS ► geen.

Projecten ■ CRITERIA ► geen projectcriteria bekend DOORLOOPTIJD ► ☑ onbekend STATUS AANVRAGER ► ☑ geen beperkingen bekend VOORKEUR/UITSLUITING ► geen voorkeur of uitsluiting bekend.

Procedure ■ OP AANVRAAG ► onbekend AANVRAAGPROCEDURE ► Geen aanvraagprocedure bekend.

Financieel ■ EIGEN VERMOGEN ► € 2.323.692 INKOMSTEN EV ► € 262.709 HERKOMST MIDDELEN ► legaten, giften & schenkingen, overige inkomsten, vermogen BOEKJAAR ► 2019 JAARVERSLAG OP WEBSITE ► ja.

Contact ■ BEREIKBAAR PER ► ☑ post ☑ e-mail ☒ telefoon CONTACTPERSOON ► geen contactpersoon bekend POSTADRES ► Nieuwe Offemweg 1, 2201AP Noordwijk EMAIL (ALGEMEEN) ► secretaris.vls.stichting@kpnmail.nl.

777
Stichting Linda Speerstra Foundation

Rubriek ■ ☑ maatschappij, welzijn en samenleving ☑ onderwijs en onderzoek

Algemeen ■ **WEBSITE** ▶ https://fondseninnederland.nl/fonds/linda-speerstra-foundation **TYPERING** ▶ vermogensfonds **RECHTSVORM** ▶ stichting **KVK** ▶ 34368957 **ANBI STATUS** ▶ ja **DIRECTIE** ▶ geen directiegegevens bekend **BESTUUR** ▶ Mw. L. Speerstra, voorzitter; mw. F.G. Bosch, penningmeester; mw. F.E.W. Bosch, secretaris; mw. P.J.A.G. Vork; mw. E. Haak.

Missie ■ **DOELSTELLING** ▶ Het steunen van maatschappelijke projecten in Nederland en bij uitzondering; in het buitenland en voorts al hetgeen met een en ander rechtstreeks of zijdelings verband houdt of daartoe bevorderlijk kan zijn, alles in de ruimste zin van het woord. **BELEIDSPLAN OP WEBSITE** ▶ ja.

Doelgroep ■ **ALGEMEEN** ▶ kinderen, jongeren, vrouwen **SPECIFIEK** ▶ Vrouwen en kansarme kinderen en jongeren. **ACTIVITEITEN** ▶ Het fonds richt zich op een betere positie van vrouwen, de zelfbeschikking van vrouwen en een betere toekomst voor (kans)arme kinderen en jongeren in Nederland. Het fonds tracht zijn doelstelling te bereiken door het verstrekken van financiële steun aan goededoelenorganisaties met donaties. **INTERVENTIENIVEAU** ▶ Steun aan lokale/provinciale maatschappelijke organisaties en structuren (incl. gemeenten etc.) die diensten verlenen aan individuen.

Werkgebied ■ **ACTIERADIUS** ▶ Nationaal **LAND** ▶ Wereldwijd, Nederland.

Bestedingen ■ **BUDGET** ▶ niet openbaar **ONDERSTEUNDE PROJECTEN P/J** ▶ 15 **SOORT BIJDRAGE** ▶ giften **BOVENGRENS** ▶ € 5.000 **ONDERGRENS** ▶ € 1.000.

Projecten ■ **CRITERIA** ▶ geen projectcriteria bekend **DOORLOOPTIJD** ▶ ☑ onbekend **STATUS AANVRAGER** ▶ ☑ geen beperkingen bekend **VOORKEUR/UITSLUITING** ▶ De voorkeur gaat uit naar organisaties waar vrijwilligers een grote rol spelen. Focus op Nederland.

Procedure ■ **OP AANVRAAG** ▶ ja **AANVRAAGPROCEDURE** ▶ Het bestuur van Stichting Linda Speerstra Foundation vergadert twee tot drie keer per jaar. ☑ tweede kwartaal - Eerste beslissingsronde vergadering; ☑ Derde kwartaal - Tweede beslissingsronde vergadering (indien nodig); ☑ Vierde kwartaal - Evaluatie en planning vergadering

Financieel ■ **EIGEN VERMOGEN** ▶ € 31.269 **INKOMSTEN OV** ▶ € 25.000 **HERKOMST MIDDELEN** ▶ giften & schenkingen **BOEKJAAR** ▶ 2019 **JAARVERSLAG OP WEBSITE** ▶ ja.

Contact ■ **BEREIKBAAR PER** ▶ ☑ post ☒ e-mail ☒ telefoon **CONTACTPERSOON** ▶ geen contactpersoon bekend **POSTADRES** ▶ Sarphatikade 9, 1017 WV Amsterdam.

778
Lindenweij Fonds

Rubriek ■ ☑ kunst en cultuur ☑ natuur, milieu en dieren ☑ onderwijs en onderzoek

Algemeen ■ **WEBSITE** ▶ www.cultuurfonds.nl **TYPERING** ▶ fonds op naam **BEHEERD DOOR** ▶ Prins Bernhard Cultuurfonds **DIRECTIE** ▶ zie > Prins Bernhard Cultuurfonds **BESTUUR** ▶ zie > Prins Bernhard Cultuurfonds

Missie ■ **DOELSTELLING** ▶ Het financieel ondersteunen van educatieve projecten op het gebied van cultuur en natuurbehoud, met een voorkeur voor projecten die zijn gericht op achtergestelde kinderen.

Werkgebied ■ **ACTIERADIUS** ▶ Nationaal **LAND** ▶ Nederland.

Projecten ■ **CRITERIA** ▶ geen projectcriteria bekend **DOORLOOPTIJD** ▶ ☑ korter dan 1 jaar **STATUS AANVRAGER** ▶ ☑ geen beperkingen bekend **VOORKEUR/UITSLUITING** ▶ Voorkeur gaat uit naar projecten die zijn gericht op achtergestelde kinderen.

Procedure ■ **OP AANVRAAG** ▶ ja **AANVRAAGPROCEDURE** ▶ Dit 'fonds op naam' ressorteert onder het Prins Bernhard Cultuurfonds. Verzoeken aan fondsen op naam komen op één centraal punt binnen. Dit houdt in dat een subsidieaanvraag slechts eenmaal aan het Prins Bernhard Cultuurfonds hoeft te worden gezonden. Voor de verdere aanvraagprocedure: zie Prins Bernhard Cultuurfonds. **URL** ▶ www.cultuurfonds.nl/aanvragen

Contact ■ **BEREIKBAAR PER** ▶ ☑ post ☑ e-mail ☑ telefoon **CONTACTPERSOON** ▶ geen contactpersoon bekend **POSTADRES** ▶ Postbus 19750, 1000 GT Amsterdam **EMAIL (ALGEMEEN)** ▶ info@cultuurfonds.nl **TELEFOON (ALGEMEEN)** ▶ 020-5206130.

779
Stichting Lira Fonds

Rubriek ■ ☑ kunst en cultuur

Algemeen ■ **WEBSITE** ▶ www.lirafonds.nl **TYPERING** ▶ vermogens fonds **OPGERICHT** ▶ 28-03-1991 **RECHTSVORM** ▶ stichting **KVK** ▶ 41210369 **ANBI STATUS** ▶ ja **DIRECTIE** ▶ geen directiegegevens bekend **BESTUUR** ▶ F. Rottenberg, voorzitter; R. Verhoef, penningmeester; mw. S. Kassies, secretaris; T. Bruinja; mw. M. van Gelder.

Missie ■ **DOELSTELLING** ▶ De stichting stelt zich ten doel: ☑ het in algemene zin bevorderen en ontwikkelen van het Nederlandse literaire,; literair-dramatische en muzikaal-dramatische repertoire, alsook van; andersoortige uit Nederlandse teksten bestaande of op Nederlandse teksten; gebaseerde auteursrechtelijk beschermde werken, en het gebruik ervan; ☑ het behartigen van de sociale en maatschappelijke belangen van de schrijvers en vertalers van deze werken,; ☑ dit alles in de ruimste zin van het woord en zonder winstoogmerk voor zichzelf. **STICHTER(S)** ▶ Auteursrechtorganisatie Stichting LIRA **HISTORIE** ▶ Het Lirafonds Is een stichting die in 1991 is opgericht door Stichting Lira. Lira, een afkorting van Literaire Rechten Auteurs, incasseert en verdeelt auteursrechtelijke gelden die bestemd zijn voor schrijvers en vertalers, zoals kabelgelden, thuiskopievergoedingen, leenrechtgelden en reprorechtgelden. **BELEIDSPLAN OP WEBSITE** ▶ ja.

Doelgroep ■ **SPECIFIEK** ▶ Sociale doelen zoals beroepsorganisaties voor schrijvers, vertalers en bewerkers, en culturele doelen: evenementen en projecten op het gebied van literatuur en drama, en individuele bijdragen daaraan door professionele schrijvers, vertalers en bewerkers. **ACTIVITEITEN** ▶ Het Lira Fonds investeert in en verbetert de positie van schrijvers, vertalers en bewerkers. Dit doet het fonds door het ondersteunen van beroepsorganisaties, en door het subsidiëren van evenementen en projecten op het gebied van literatuur en drama en individuele bijdragen daaraan door professionele schrijvers, vertalers en bewerkers. De middelen die het fonds jaarlijks ter beschikking staan, worden besteed aan doelen verdeeld over drie categorieën: sociaal, cultureel en educatief. **INTERVENTIENIVEAU** ▶ Steun aan lokale/provinciale maatschappelijke organisaties en structuren (incl. gemeenten etc.) die diensten verlenen aan individuen.

Werkgebied ■ **ACTIERADIUS** ▶ Nationaal **LAND** ▶ Nederland.

Bestedingen ■ **BUDGET** ▶ € 1.700.000 **ONDERSTEUNDE PROJECTEN P/J** ▶ 129 **SOORT BIJDRAGE** ▶ subsidies garanties overig **BOVENGRENS** ▶ geen **ONDERGRENS** ▶ geen.

Projecten ■ **CRITERIA** ▶ ☑ Alleen Nederlandstalige projecten worden gesubsidieerd, dan wel toneelvertalingen naar/uit het Nederlands; ☑ Alleen (individuele) schrijfopdrachten aan professionele auteurs komen voor ondersteuning in aanmerking; ☑ Het schrijfhonorarium bedraagt tenminste het minimumtarief; ☑ eenmalige projectsubsidies; ☑ er is sprake van co-financiering; ☑ Er zijn specifieke voorwaarden voor literaire voordrachten, toneel en overige aanvragen. **DOORLOOPTIJD** ▶ ☑ korter dan 1 jaar **STATUS AANVRAGER** ▶ ☑ stichting of vereniging (non-profit) ☑ bedrijf **VOORKEUR/UITSLUITING** ▶ ; ☑ Subsidies worden niet verstrekt ten behoeve van individuele personen. ☑ Bijdrages voor reis-, verblijf- en overige kosten worden niet verstrekt. ☑ Het Lirafonds is niet bedoeld om ondernemersrisico's van uitgevers, producenten en andere commerciële instellingen geheel of gedeeltelijk weg te nemen. ☑ Manifestaties, opvoeringen en andere openbaarmakingen die al hebben plaatsgevonden zijn van subsidie uitgesloten. ☑ Gezelschappen met een vierjarige subsidie vanuit de Basisinfrastructuur worden uitgesloten, omdat geacht wordt dat zij over een professioneel auteursbudget beschikken. ☑ Aanvragen voor scenario's zijn in beginsel uitgesloten; ☑ Aanvragen voor boekuitgaven zijn uitgesloten.

Procedure ■ **OP AANVRAAG** ▶ ja **DOORLOOPTIJD** ▶ 1-3 maanden **AANVRAAGPROCEDURE** ▶ Aanvragen dienen in beginsel via de beschikbare portal op de website van het Lira Fonds ingediend te worden. Aanvragen per post (op papier) worden niet in behandeling genomen. De aanvraagprocedure bestaat uit meerdere beoordelingsrondes en wordt in eerste instantie beoordeeld door het secretariaat. Deadlines voor het indienen van aanvragen worden gepubliceerd op de; website van het Lira Fonds. Betreft de aanvraag een verzoek tot ondersteuning van schrijfopdrachten en voordrachten, dan wordt; deze voorgelegd aan adviescommissie. Deze adviescommissie beoordeelt de aanvragen op (inhoudelijke) kwaliteit. De adviescommissie komt in beginsel 5 maal per jaar bijeen en legt haar (niet-bindende) adviezen vervolgens voor aan het bestuur. Het bestuur besluit vervolgens over de toe- of; afwijzing van de aanvraag. Het Lira Fonds streeft ernaar om uiterlijk binnen 2 maanden nadat een; aanvraag in behandeling is genomen aan de aanvrager uitsluitsel te geven. Naamsvermelding van het Lira Fonds door subsidieontvangers in hun uitingen; rondom de ondersteunde projecten is geen voorwaarde. Eenmaal afgewezen aanvragen zullen bij herhaalde indiening niet in behandeling worden genomen. Er is geen beroep tegen het besluit mogelijk **URL** ▶ https://aanvraag.lirafonds.nl/Direct-aanvragen

Financieel ■ **EIGEN VERMOGEN** ▶ € 2.337.000 **INKOMSTEN OV** ▶ € 832.000 **HERKOMST MIDDELEN** ▶ vermogen, giften & schenkingen, legaten, overige inkomsten, moederorganisatie (bijdragen) **BOEKJAAR** ▶ 2019 **JAARVERSLAG OP WEBSITE** ▶ ja.

Contact ■ **BEREIKBAAR PER** ▶ ☑ post ☑ e-mail ☑ telefoon **CONTACTPERSOON** ▶ geen contactpersoon bekend **POSTADRES** ▶ Postbus 3060, 2130 KB Hoofddorp **EMAIL (ALGEMEEN)** ▶ lirafonds@cedar.nl **TELEFOON (ALGEMEEN)** ▶ 023-80700203.

780
Stichting het Looijers Hofje

Rubriek ■ ☑ maatschappij, welzijn en samenleving

Algemeen ■ **WEBSITE** ▶ www.fundatiesobbe.nl/fundaties/stichting-het-looijers-hofje **TYPERING** ▶ fonds op naam **BEHEERD DOOR** ▶ Fundatie Van den Santheuvel, Sobbe **DIRECTIE** ▶ zie > Fundatie Van den Santheuvel, Sobbe **BESTUUR** ▶ zie > Fundatie Van den Santheuvel, Sobbe

Missie ■ **DOELSTELLING** ▶ Stichting het Looijers Hofje verleent steun aan hofjes en aan woonvoorzieningen voor ouderen in behoeftige omstandigheden. **STICHTER(S)** ▶ Jonkvrouwe Anna Maria Elisabeth Elias (1791-1861) **HISTORIE** ▶ Jonkvrouwe Anna Maria Elisabeth Elias stichtte in 1829 'Het Looijers Hofje' voor protestantse vrouwen van boven de 50. Het hofje kon nog tot 1968 in stand gehouden worden. Toen werd het hofje overgenomen door de Stichting Studentenhuisvesting. Het kapitaal van de stichting werd bij de Fundatie ondergebracht. **BELEIDSPLAN OP WEBSITE** ▶ ja.

Werkgebied ■ **ACTIERADIUS** ▶ Nationaal **LAND** ▶ Nederland.

Projecten ■ **CRITERIA** ▶ geen projectcriteria bekend **DOORLOOPTIJD** ▶ ☑ onbekend **STATUS AANVRAGER** ▶ ☑ geen beperkingen bekend **VOORKEUR/UITSLUITING** ▶ Er worden géén giften gedaan aan onder andere: ☑ Organisaties die hun bestuurders boven de balkenendenorm belonen; ☑ Aanbouw- en verbouwprojecten; ☑ Acties en korte campagnes; ☑ Congressen, symposia; ☑ Dorpshuizen, buurtcentra, multifunctionele centra; ☑ Evenementen en festivals (zoals op het gebied van kunst of sport, ook niet voor gehandicapten); ☑ Festiviteiten; ☑ Films, documentaires; ☑ Individuele noden; ☑ Kinderdagverblijven, peuterspeelzalen; ☑ Koepelorganisaties voor gehandicapten, tenzij t.b.v. activering en participatie; ☑ Milieubescherming, dieren(opvang); ☑ Omroepen; ☑ Orgelrestauratie; ☑ Politieke doelen;

☑ Projecten in het buitenland, buitenlandse organisaties; ☑ Reguliere kunst, voorstellingen, (amateur)muziekprojecten; ☑ Restauratie van (kerk)gebouwen; ☑ Scouting; ☑ Sport zonder sociaal en/of participatiedoel; ☑ Wetenschappelijk (dus ook medisch) onderzoek, studie of studiebeurzen.

Procedure ■ OP AANVRAAG ▶ ja AANVRAAGPROCEDURE ▶ Als uw project voldoet aan de algemene criteria en doelstellingen van de stichting, kunt u uitsluitend via de website (via computer) uw aanvraag voor een bijdrage volledig digitaal indienen. De aanvraagprocedure is opgebouwd uit de volgende onderdelen: ☑ Contactgegevens; ☑ Algemene informatie; ☑ Project waarvoor u een aanvraag doet; ☑ Financiële gegevens van het project; ☑ Bijlagen; ☑ Optioneel; tussentijds opslaan van de aanvraag is mogelijk. U krijgt dan via e-mail een inlogcode waarmee u op een later moment verder kunt gaan met de aanvraag. Nadat de aanvraag is ingediend, wordt over uw aanvraag meestal binnen twee maanden een besluit genomen door het curatorium. De vergaderdata zijn terug te vinden op de website. Over het besluit ontvangt u binnen twee weken na een curatorenvergadering bericht. Soms wordt een aanvraag in onderzoek gehouden. De afhandeling ervan kan dan enkele maanden langer duren. Besluiten van het curatorium worden niet in heroverweging genomen. URL ▶ https://www.fundatiesobbe.nl/4-aanvraagprocedure/

Contact ■ BEREIKBAAR PER ▶ ☑ post ☑ e-mail ☑ telefoon CONTACTPERSOON ▶ Mw. drs. E.M.L. den Braber POSTADRES ▶ Herengracht 524 A, 1017 CC Amsterdam EMAIL (ALGEMEEN) ▶ info@fundatiesobbe.nl TELEFOON (ALGEMEEN) ▶ 020-6233246.

781

Stichting Loterijfonds Ravenstein

Rubriek ■ ☑ kunst en cultuur ☑ maatschappij, welzijn en samenleving ☑ kerk en levensbeschouwing

Algemeen ■ WEBSITE ▶ www.kennisbankfilantropie.nl/anbi/loterijfonds-ravenstein TYPERING ▶ vermogensfonds RECHTSVORM ▶ stichting KVK ▶ 41081324 ANBI STATUS ▶ nee DIRECTIE ▶ geen directiegegevens bekend BESTUUR ▶ Prof.mr. M.J.A. van Mourik, voorzitter; A.A.M. Meulemans; A.F.B. van Zanten; J.A.J. Dappers; J.P.M. Strik.

Missie ■ DOELSTELLING ▶ De bevordering van het sociaal-cultureel leven binnen de stad Ravenstein door het verlenen van subsidies met dien verstande dat de voorkeur genieten sociaal-culturele activiteiten die geacht kunnen worden te strekken of mede te strekken ten gunste van de parochianen van de Parochie van H. Lucia te Ravenstein of van de Parochie zelve. STICHTER(S) ▶ J.F. van Willigen HISTORIE ▶ Om de bouw van de St. Luciakerk te financieren organiseerde Johan van Willigen heel succesvol een loterij. In 1735 was de kerk gereed en bleven er nog voldoende middelen over om een Latijnse en een Franse school te stichten.

Doelgroep ■ ALGEMEEN ▶ gelovigen SPECIFIEK ▶ Parochianen van de Sint Luciakerk. ACTIVITEITEN ▶ Het jaarlijks verstrekken van bijdragen aan de Parochie van de H. Lucia en aan verenigingen werkzaam op sociaal-cultureel gebied. INTERVENTIENIVEAU ▶ Steun aan lokale/provinciale maatschappelijke organisaties en structuren (incl. gemeenten etc.) die diensten verlenen aan individuen.

Werkgebied ■ ACTIERADIUS ▶ Lokaal LAND ▶ Nederland REGIO ▶ Noord-Brabant PLAATS ▶ Ravenstein.

Bestedingen ■ BUDGET ▶ niet openbaar SOORT BIJDRAGE ▶ giften BOVENGRENS ▶ geen ONDERGRENS ▶ geen.

Projecten ■ CRITERIA ▶ Het bevorderen van de geestelijke, sociale en culturele belangen van de parochianen van de Sint Luciakerk. DOORLOOPTIJD ▶ ☑ korter dan 1 jaar STATUS AANVRAGER ▶ ☑ geen beperkingen bekend VOORKEUR/UITSLUITING ▶ Over het algemeen niet buiten de stad Ravenstein. De voorkeur gaat uit naar kerkelijke instellingen.

Procedure ■ OP AANVRAAG ▶ ja AANVRAAGPROCEDURE ▶ Schriftelijk aanvragen.

Financieel ■ HERKOMST MIDDELEN ▶ vermogen.

Contact ■ BEREIKBAAR PER ▶ ☑ post ☒ e-mail ☑ telefoon CONTACTPERSOON ▶ geen contactpersoon bekend POSTADRES ▶ Gelrehof 30, 5371 EM Ravenstein TELEFOON (ALGEMEEN) ▶ 0486-454030.

782

Lotharius Fonds

Rubriek ■ ☑ kunst en cultuur ☑ onderwijs en onderzoek

Algemeen ■ WEBSITE ▶ www.cultuurfonds.nl TYPERING ▶ fonds op naam BEHEERD DOOR ▶ Prins Bernhard Cultuurfonds DIRECTIE ▶ zie > Prins Bernhard Cultuurfonds BESTUUR ▶ zie > Prins Bernhard Cultuurfonds

Missie ■ DOELSTELLING ▶ Het financieel ondersteunen van projecten op het gebied van kunst- en cultuureducatie in de provincie Noord-Brabant. Aanvragen worden behandeld door het Prins Bernhard Cultuurfonds Noord-Brabant.

Werkgebied ■ ACTIERADIUS ▶ Regionaal LAND ▶ Nederland REGIO ▶ Noord-Brabant.

Projecten ■ CRITERIA ▶ geen projectcriteria bekend DOORLOOPTIJD ▶ ☑ korter dan 1 jaar STATUS AANVRAGER ▶ ☑ geen beperkingen bekend VOORKEUR/UITSLUITING ▶ geen voorkeur of uitsluiting bekend.

Procedure ■ OP AANVRAAG ▶ ja AANVRAAGPROCEDURE ▶ Dit 'fonds op naam' ressorteert onder het Prins Bernhard Cultuurfonds. Verzoeken aan fondsen op naam komen op één centraal punt binnen. Dit houdt in dat een subsidieaanvraag slechts eenmaal aan het Prins Bernhard Cultuurfonds hoeft te worden gezonden. Voor de verdere aanvraagprocedure: zie Prins Bernhard Cultuurfonds. URL ▶ www.cultuurfonds.nl/aanvragen

Contact ■ BEREIKBAAR PER ▶ ☑ post ☑ e-mail ☑ telefoon CONTACTPERSOON ▶ geen contactpersoon bekend POSTADRES ▶ Postbus 19750, 1000 GT Amsterdam EMAIL (ALGEMEEN) ▶ info@cultuurfonds.nl TELEFOON (ALGEMEEN) ▶ 020-5206130.

783
Loudon-Boon Stichting

Rubriek ■ ☑ maatschappij, welzijn en samenleving
Algemeen ■ WEBSITE ► www.anbipublicatie.nl/loudon-boon-stichting TYPERING ► vermogensfonds RECHTSVORM ► stichting KVK ► 54867754 ANBI STATUS ► ja DIRECTIE ► geen directiegegevens bekend BESTUUR ► Jhr.mr. A.A. Loudon, voorzitter; J. Bergwerff, penningmeester; mr. D.J. van Houten, secretaris.
Missie ■ DOELSTELLING ► De stichting heeft ten doel het doen van schenkingen aan algemeen nut beogende instellingen, waarin de familie is geïnteresseerd, in binnen- en buitenland, en het verrichten van alles wat hiermee verband houdt of daartoe bevorderlijk kan zijn. Tot dit doel behoort niet het doen van uitkeringen aan de Oprichter of aan hen die deel uitmaken van organen van de stichting.
Doelgroep ■ SPECIFIEK ► Geen specifieke doelgroep ACTIVITEITEN ► Het beleid is erop gericht om de jaarlijkse opbrengsten geheel aan te wenden voor de doelen die binnen de doelstelling worden voorgesteld. INTERVENTIENIVEAU ► Steun aan lokale/provinciale maatschappelijke organisaties en structuren (incl. gemeenten etc.) die diensten verlenen aan individuen.
Werkgebied ■ ACTIERADIUS ► Nationaal, Internationaal LAND ► Wereldwijd.
Bestedingen ■ BUDGET ► € 7.000 ONDERSTEUNDE PROJECTEN P/J ► 20-30 SOORT BIJDRAGE ► giften BOVENGRENS ► € 1.000 ONDERGRENS ► geen.
Projecten ■ CRITERIA ► geen projectcriteria bekend DOORLOOPTIJD ► ☑ onbekend STATUS AANVRAGER ► ☑ geen beperkingen bekend VOORKEUR/UITSLUITING ► geen voorkeur of uitsluiting bekend.
Procedure ■ OP AANVRAAG ► onbekend AANVRAAGPROCEDURE ► geen aanvraagprocedure bekend.
Financieel ■ EIGEN VERMOGEN ► € 129 INKOMSTEN OV ► € 7.850 HERKOMST MIDDELEN ► giften & schenkingen, vermogen BOEKJAAR ► 2019 JAARVERSLAG OP WEBSITE ► ja.
Contact ■ BEREIKBAAR PER ► ☑ post ☑ e-mail ☑ telefoon CONTACTPERSOON ► Jhr.mr. A.A. Loudon POSTADRES ► Houtweg 71, 2514 BN Den Haag EMAIL (ALGEMEEN) ► aarnout@loudon.nu TELEFOON (ALGEMEEN) ► 06-20131988.

784
Louis Lehmann Fonds

Rubriek ■ ☑ kunst en cultuur ☑ onderwijs en onderzoek
Algemeen ■ WEBSITE ► www.cultuurfonds.nl TYPERING ► fonds op naam BEHEERD DOOR ► Prins Bernhard Cultuurfonds DIRECTIE ► zie Prins Bernhard Cultuurfonds BESTUUR ► zie Prins Bernhard Cultuurfonds
Missie ■ DOELSTELLING ► Het verlenen van reisbeurzen ten behoeve van individueel wetenschappelijk onderzoek en publicaties op het terrein van archeologie en geschiedenis. Daarnaast het stimuleren van dubbeltalenten die schrijven en componeren.
Werkgebied ■ ACTIERADIUS ► Nationaal, Internationaal LAND ► Nederland.
Projecten ■ CRITERIA ► geen projectcriteria bekend DOORLOOPTIJD ► ☑ korter dan 1 jaar STATUS AANVRAGER ► ☑ geen beperkingen bekend VOORKEUR/UITSLUITING ► geen voorkeur of uitsluiting bekend.
Procedure ■ OP AANVRAAG ► ja AANVRAAGPROCEDURE ► Dit 'fonds op naam' ressorteert onder het Prins Bernhard Cultuurfonds. Verzoeken aan fondsen op naam komen op één centraal punt binnen. Dit houdt in dat een subsidieaanvraag slechts eenmaal aan het Prins Bernhard Cultuurfonds hoeft te worden gezonden. Voor de verdere aanvraagprocedure: zie Prins Bernhard Cultuurfonds. URL ► www.cultuurfonds.nl/aanvragen
Contact ■ BEREIKBAAR PER ► ☑ post ☑ e-mail ☑ telefoon CONTACTPERSOON ► geen contactpersoon bekend POSTADRES ► Postbus 19750, 1000 GT Amsterdam EMAIL (ALGEMEEN) ► info@cultuurfonds.nl TELEFOON (ALGEMEEN) ► 020-5206130.

785
Louisa Stichting

Rubriek ■ ☑ mensenrechten, vrede en veiligheid ☑ maatschappij, welzijn en samenleving ☑ gezondheidszorg ☑ noodhulp
Algemeen ■ WEBSITE ► www.louisastichting.nl TYPERING ► vermogensfonds OPGERICHT ► 01-01-1868 RECHTSVORM ► stichting KVK ► 41151833 ANBI STATUS ► ja DIRECTIE ► geen directiegegevens bekend BESTUUR ► G. Millekamp, voorzitter; E.F. van Bolhuis, penningmeester; E.J. Vonk, secretaris; R. Budik; R.J. Roodhart; H. Jansen.
Missie ■ DOELSTELLING ► De Louisa Stichting verleent financiële hulp aan kinderen die geen aanspraak kunnen maken op de Universele Rechten van het Kind. Gesteund worden kortlopende projecten gericht op duurzame verbetering van de leefomstandigheden en mogelijkheden van kansarme kinderen, gebaseerd op humanitaire beginselen. HISTORIE ► De historie van de Louisa Stichting gaat terug tot 1841. In dat jaar wordt een fonds ingesteld waarvan Louisa Augusta Wilhelmina Amalia van Pruisen beschermvrouwe wordt. De Louisa Stichting maakt deel uit van de Orde der Vrijmetselaren. BELEIDSPLAN OP WEBSITE ► ja.
Doelgroep ■ ALGEMEEN ► kinderen SPECIFIEK ► Kinderen en éénmalige kortlopende projecten ten behoeve van de directe verbetering van omstandigheden door organisaties die zich expliciet op kinderen richten. ACTIVITEITEN ► De ondersteuning is bedoeld voor kinderen en voor éénmalige kortlopende projecten ten behoeve van de directe verbetering van omstandigheden door organisaties die zich expliciet op kinderen richten. De steun moet zijn gericht op het later beter in staat te zijn als volwassene zelfstandig te functioneren. De projecten (die geen politieke of religieuze doelstelling mogen hebben) moeten gericht zijn op het wegnemen van wat mensen van elkaar scheidt en het bereiken van een broederschap van mensen vanuit de beginselen van humaniteit en tolerantie. INTERVENTIENIVEAU ► Steun aan lokale/provinciale maatschappelijke

organisaties en structuren (incl. gemeenten etc.) die diensten verlenen aan individuen.

Werkgebied ■ ACTIERADIUS ▶ Internationaal, Nationaal LAND ▶ Wereldwijd.

Bestedingen ■ BUDGET ▶ niet openbaar ONDERSTEUNDE PROJECTEN P/J ▶ 15 SOORT BIJDRAGE ▶ onbekend BOVENGRENS ▶ geen ONDERGRENS ▶ geen.

Projecten ■ CRITERIA ▶ De Louisa Stichting hanteert de volgende criteria: ☑ de aanvraag moet worden ondersteund door een binnen het Koninkrijk der Nederlanden opererende Loge van Vrijmetselaren; ☑ de aanvraag moet worden ingediend door of namens een rechtspersoon; ☑ het te ondersteunen project is gericht op het ondersteunen van kinderen die zich niet in voldoende mate kunnen beroepen op de Universele Recht van het Kind, of anderszins in kommervolle omstandigheden verkeren; ☑ de opzet van het project moet a-politiek, kerkelijk neutraal zijn en toegankelijk voor kinderen van alle gezindten; ☑ het project moet gericht zijn op het wegnemen van wat mensen van elkaar scheidt en het bereiken; ☑ het project dient uit te gaan van een broederschap van mensen vanuit de beginselen der humaniteit en tolerantie; ☑ de steun moet gericht zijn op het later beter in staat te zijn om als volwassene zelfstandig te functioneren; ☑ een financiële bijdrage van de loge is vereist. DOORLOOPTIJD ▶ ☑ korter dan 1 jaar STATUS AANVRAGER ▶ ☑ stichting of vereniging (non-profit) VOORKEUR/UITSLUITING ▶ De Louisa Stichting geeft geen steun aan: ☑ projectaanvragen die niet worden ondersteund door een binnen het Koninkrijk der Nederlanden opererende Loge van Vrijmetselaren; ☑ instellingen, organisaties en projecten die zich niet primair richten op kinderen; ☑ instellingen, organisaties en projecten met een strikt commerciële, politieke of religieuze doelstelling; ☑ projecten die al in een vergevorderd stadium van uitvoering verkeren, of al afgerond zijn; ☑ organisaties die een aanvraag indienen ter dekking van exploitatietekorten en/of overheadkosten; ☑ organisaties die een niet-projectgebonden aanvraag indienen; ☑ organisaties die naar oordeel van het Bestuur van de Louisa Stichting over voldoende eigen vermogen beschikken om het project zelf te kunnen financieren.

Procedure ■ OP AANVRAAG ▶ ja DOORLOOPTIJD ▶ 3-6 maanden AANVRAAGPROCEDURE ▶ Aanvragen voor project- ondersteuning dienen samen met een loge van de Orde der Vrijmetselaars ingediend te worden. Er gelden criteria & beperkingen en er is een checklist kinderrechten. Voldoet uw aanvraag aan de criteria en beperkingen? Dan kunt u online een aanvraag indienen. De Louisa Stichting beschikt niet over een vast kantooradres. URL ▶ www.louisastichting.nl/steun-aanvragen/

Financieel ■ EIGEN VERMOGEN ▶ € 9.007.846 INKOMSTEN EV ▶ € 128.450 INKOMSTEN OV ▶ € 557 HERKOMST MIDDELEN ▶ legaten, vermogen, giften & schenkingen BOEKJAAR ▶ 2019 JAARVERSLAG OP WEBSITE ▶ ja.

Contact ■ BEREIKBAAR PER ▶ ☒ post ☑ e-mail ☒ telefoon CONTACTPERSOON ▶ geen contactpersoon bekend POSTADRES ▶ Geen postadres bekend EMAIL (ALGEMEEN) ▶ info@louisastichting.nl.

786

Louwe Kooijmans Van der Sluijs Fonds

Rubriek ■ ☑ kunst en cultuur

Algemeen ■ WEBSITE ▶ www.cultuurfonds.nl TYPERING ▶ fonds op naam BEHEERD DOOR ▶ Prins Bernhard Cultuurfonds DIRECTIE ▶ zie > Prins Bernhard Cultuurfonds BESTUUR ▶ zie > Prins Bernhard Cultuurfonds

Missie ■ DOELSTELLING ▶ Dit fonds ondersteunt klassieke-muziekprojecten en theaterproducties in Fryslân, in het bijzonder initiatieven van professionele kunstenaars. Aanvragen worden behandeld door Prins Bernhard Cultuurfonds Friesland.

Werkgebied ■ ACTIERADIUS ▶ Regionaal LAND ▶ Nederland REGIO ▶ Friesland.

Projecten ■ CRITERIA ▶ geen projectcriteria bekend DOORLOOPTIJD ▶ ☑ korter dan 1 jaar STATUS AANVRAGER ▶ ☑ geen beperkingen bekend VOORKEUR/UITSLUITING ▶ geen voorkeur of uitsluiting bekend.

Procedure ■ OP AANVRAAG ▶ ja AANVRAAGPROCEDURE ▶ Dit 'fonds op naam' ressorteert onder het Prins Bernhard Cultuurfonds. Verzoeken aan fondsen op naam komen op één centraal punt binnen. Dit houdt in dat een subsidieaanvraag slechts eenmaal aan het Prins Bernhard Cultuurfonds hoeft te worden gezonden. Voor de verdere aanvraagprocedure: zie Prins Bernhard Cultuurfonds. URL ▶ www.cultuurfonds.nl/aanvragen

Contact ■ BEREIKBAAR PER ▶ ☑ post ☑ e-mail ☑ telefoon CONTACTPERSOON ▶ geen contactpersoon bekend POSTADRES ▶ Postbus 19750, 1000 GT Amsterdam EMAIL (ALGEMEEN) ▶ info@cultuurfonds.nl TELEFOON (ALGEMEEN) ▶ 020-5206130.

787

Stichting Lucas-Ooms Fonds (LOF)

Rubriek ■ ☑ kunst en cultuur ☑ maatschappij, welzijn en samenleving ☑ onderwijs en onderzoek

Algemeen ■ WEBSITE ▶ www.lucasoomsfonds.nl TYPERING ▶ vermogensfonds OPGERICHT ▶ 21-09-1967 RECHTSVORM ▶ stichting KVK ▶ 41222377 ANBI STATUS ▶ ja DIRECTIE ▶ geen directiegegevens bekend BESTUUR ▶ A.G. Visser, voorzitter; G. Noorman, penningmeester; mw.drs. E. Smit, secretaris; drs. D.J. Haank; R. van Vuure; J.A.S. Joustra; mw. N. Hulsebos; R. van den Ham.

Missie ■ DOELSTELLING ▶ De stichting heeft ten doel de stimulering van het tijdschrift, de tijdschriftjournalistiek (waaronder tevens begrepen journalistieke fotografie) en de bestudering van de geschiedenis en de functie van tijdschriften in Nederland en Vlaanderen. Daarbij zal nimmer enig onderscheid worden gemaakt naar levensbeschouwelijke of politieke gezindte. STICHTER(S) ▶ Mevrouw C.J. Ooms-Luiken HISTORIE ▶ Het LOF-fonds is opgericht in 1967 en is vernoemd naar de Heren C.P. Ooms en J.W. Lucas. Deze waren indertijd directeuren van drukkerij en uitgeverij De Spaarnestad te Haarlem. Het fonds komt voort uit het legaat van mevrouw C. Ooms-Luiken, de weduwe van C.P. Ooms. **BELEIDSPLAN OP WEBSITE** ▶ ja.

Doelgroep ■ **SPECIFIEK** ▶ Tijdschriften en tijdschrift-journalistiek. **ACTIVITEITEN** ▶ De stichting tracht het doel te bereiken door het toekennen van prijzen, studiebeurzen of stipendia, dan wel door het verstrekken van subsidies of andere financiële bijdragen. Het verlenen van subsidies ten behoeve van de studie van de maatschappelijke betekenis en/of de geschiedschrijving van het geïllustreerde tijdschrift in Nederland. Tot de activiteiten behoort de regelmatige toekenning van de LOF-prijs voor Publiekstijdschriften (een oeuvreprijs van € 5.000), de LOF-prijs voor Vaktijdschriften (een twee-jaarlijkse prijs van € 10.000) en de BeLOFte van het jaar (een prijs van € 2500 voor een uitzonderlijk jong talent dat pas enkele jaren in zijn/haar huidige functie is). **INTERVENTIENIVEAU** ▶ Steun aan individuen (directe steun).; Steun aan lokale/provinciale maatschappelijke organisaties en structuren (incl. gemeenten etc.) die diensten verlenen aan individuen.

Werkgebied ■ **ACTIERADIUS** ▶ Nationaal **LAND** ▶ Nederland.

Bestedingen ■ **BUDGET** ▶ niet openbaar **ONDERSTEUNDE PROJECTEN P/J** ▶ 3-6 **SOORT BIJDRAGE** ▶ overig giften **BOVENGRENS** ▶ geen **ONDERGRENS** ▶ geen.

Projecten ■ **CRITERIA** ▶ Als subsidiecriteria gelden: ☑ in het project dient het tijdschrift in het algemeen of een bijzonder tijdschrift-fenomeen centraal te staan; ☑ een studieproject dient direct of indirect nut te hebben voor het tijdschrift in het algemeen, de tijdschrift-journalistiek en de kennis daarvan in brede kring; ☑ het project dient een gezond en stimulerend tijdschriften-klimaat ten goede te komen; ☑ het oordeel van het bestuur is in alle gevallen beslissend. **DOORLOOPTIJD** ▶ ☑ korter dan 1 jaar **STATUS AANVRAGER** ▶ ☑ geen beperkingen bekend **VOORKEUR/UITSLUITING** ▶ Niet voor subsidie in aanmerking komen: ☑ individuele studiebeurzen ter bekostiging van een reguliere opleiding; ☑ de oprichting van een nieuw tijdschrift; ☑ de exploitatie van een tijdschrift of dekking van een exploitatietekort.

Procedure ■ **OP AANVRAAG** ▶ ja **DOORLOOPTIJD** ▶ 6-12 maanden **AANVRAAGPROCEDURE** ▶ Er kan zowel per e-mail als schriftelijk een aanvraag ingediend worden bij de secretaris van het bestuur. De aanvraag dient voorzien te zijn van; ☑ een duidelijke motivering; ☑ het doel van het project,; ☑ de wijze van uitvoering,; ☑ een planning; ☑ een overzichtelijke begroting. Over nieuwe aanvragen wordt tweemaal per jaar door het Stichtingsbestuur vergaderd. Aanvragen die binnen zijn uiterlijk in augustus, respectievelijk uiterlijk in december, kunnen behandeld worden in de eerstvolgende bestuursvergadering van de maand erna. **URL** ▶ https://www.lucasoomsfonds.nl/projecten/

Financieel ■ **INKOMSTEN EV** ▶ € 22.657 **HERKOMST MIDDELEN** ▶ vermogen, legaten **BOEKJAAR** ▶ 2019 **JAARVERSLAG OP WEBSITE** ▶ ja.

Contact ■ **BEREIKBAAR PER** ▶ ☑ post ☑ e-mail ☑ telefoon **CONTACTPERSOON** ▶ Mw. drs. E. Smit **POSTADRES** ▶ Singel 166, 1015 AH Amsterdam **EMAIL (ALGEMEEN)** ▶ lofstichting@xs4all.nl **TELEFOON (ALGEMEEN)** ▶ 020-6209337.

788
Ludo Pieters Gastschrijver Fonds

Rubriek ■ ☑ kunst en cultuur

Algemeen ■ **WEBSITE** ▶ www.cultuurfonds.nl **TYPERING** ▶ fonds op naam **BEHEERD DOOR** ▶ Prins Bernhard Cultuurfonds **DIRECTIE** ▶ zie > Prins Bernhard Cultuurfonds **BESTUUR** ▶ zie > Prins Bernhard Cultuurfonds

Missie ■ **DOELSTELLING** ▶ Het financieel ondersteunen van buitenlandse schrijvers of dichters.

Werkgebied ■ **ACTIERADIUS** ▶ Internationaal.

Projecten ■ **CRITERIA** ▶ geen projectcriteria bekend **DOORLOOPTIJD** ▶ ☑ korter dan 1 jaar **STATUS AANVRAGER** ▶ ☑ geen beperkingen bekend **VOORKEUR/UITSLUITING** ▶ geen voorkeur of uitsluiting bekend.

Procedure ■ **OP AANVRAAG** ▶ ja **AANVRAAGPROCEDURE** ▶ Dit 'fonds op naam' ressorteert onder het Prins Bernhard Cultuurfonds. Verzoeken aan fondsen op naam komen op één centraal punt binnen. Dit houdt in dat een subsidieaanvraag slechts eenmaal aan het Prins Bernhard Cultuurfonds hoeft te worden gezonden. Voor de verdere aanvraagprocedure: zie Prins Bernhard Cultuurfonds. **URL** ▶ www.cultuurfonds.nl/aanvragen

Contact ■ **BEREIKBAAR PER** ▶ ☑ post ☑ e-mail ☑ telefoon **CONTACTPERSOON** ▶ geen contactpersoon bekend **POSTADRES** ▶ Postbus 19750, 1000 GT Amsterdam **EMAIL (ALGEMEEN)** ▶ info@cultuurfonds.nl **TELEFOON (ALGEMEEN)** ▶ 020-5206130.

789
Lutfia Rabbani Foundation

Rubriek ■ ☑ kunst en cultuur ☑ maatschappij, welzijn en samenleving ☑ mensenrechten, vrede en veiligheid ☑ onderwijs en onderzoek

Algemeen ■ **WEBSITE** ▶ www.rabbanifoundation.org **TYPERING** ▶ hybride fonds **OPGERICHT** ▶ 30-01-1979 **RECHTSVORM** ▶ stichting **KVK** ▶ 41150332 **ANBI STATUS** ▶ ja **DIRECTIE** ▶ mw. H. El-Kholy **BESTUUR** ▶ Mr. S.M. Rabbani, voorzitter; dr. J. Donner; F. Houben; mw. M. Meijer; J. Peters; mw. Y. Schroder; mw. J. El Zein Khoury; E. Turabaz; mw. K. Watson.

Missie ■ **DOELSTELLING** ▶ Het bevorderen van wederzijds begrip tussen Europa (in het bijzonder Nederland) en de Arabische Wereld door middel van culturele en onderwijs uitwisseling. **STICHTER(S)** ▶ Mahmoud Salim Rabbani **HISTORIE** ▶ In 1979 is de Lutfia Rabbani Foundation, in ere vernoemd naar de moeder van de stichter, opgericht door Mahmoud Salim Rabbani. Mahmoud Salim Rabbani (1934-2002) was een prominent zakenman, diplomaat en een vooraanstaand opinieleider in Nederland met betrekking tot de Palestijnse zaak en Arabische wereld en heeft gedurende zijn gehele carrière getracht de waarden te promoten van dialoog, samenwerking en uitwisseling tussen culturen en landen als een constructief alternatief voor conflicten en onteigening. **BELEIDSPLAN OP WEBSITE** ▶ ja.

Doelgroep ■ ALGEMEEN ▶ studenten, jongeren SPECIFIEK ▶ Jeugd (18-30). ACTIVITEITEN ▶ De stichting tracht de doelstelling te bereiken door middel van het promoten, organiseren, initieren, financieren en ondersteunen van de volgende activiteiten:; ☑ Studiebeurzen: Het verstrekken van studiebeurzen, ontworpen om de educatieve ervaring te verbeteren en interculturele samenwerking te bevorderen door studenten uit Europa en de Arabische wereld de middelen te bieden om te studeren of onderzoeken in elkaars landen. ☑ Dialoogplatform: De stichting organiseert het Euro-Arab Dialogue Forum, waarbij er wordt gestreefd naar wederzijds begrip, discussie en netwerkvorming tussen Europa en de Arabische regio; ☑ Samenwerkingen: Door middel van het organiseren van educatieve projecten zoals uitwisselingen probeert de organisatie meer begrip en samenwerkingen tussen Europa en de Arabische wereld te creëren; ☑ Educatie; ☑ cultuur: Nederland kennis laten maken met Arabische cultuur ☑ onderzoek naar de Europese-Arabische relaties; ☑ publicaties zowel wetenschappelijk als populair; ☑ overige. INTERVENTIENIVEAU ▶ Steun op niveau van maatschappij zelf (beleidsbeïnvloeding, etc.).; Steun aan individuen (directe steun).; Steun aan lokale/provinciale maatschappelijke organisaties en structuren (incl. gemeenten etc.) die diensten verlenen aan individuen.

Werkgebied ■ ACTIERADIUS ▶ Internationaal LAND ▶ Europa en de Arabische wereld.

Bestedingen ■ BUDGET ▶ niet openbaar SOORT BIJDRAGE ▶ studiebeurzen giften BOVENGRENS ▶ geen ONDERGRENS ▶ geen.

Projecten ■ CRITERIA ▶ Zie de website voor de criteria per scholarship. DOORLOOPTIJD ▶ ☑ korter dan 1 jaar STATUS AANVRAGER ▶ ☑ stichting of vereniging (non-profit) ☑ onderwijsinstelling ☑ individuen/gezinnen VOORKEUR/UITSLUITING ▶ geen voorkeur of uitsluiting bekend.

Procedure ■ OP AANVRAAG ▶ ja AANVRAAGPROCEDURE ▶ Digitaal via verschillende aanvraagformulieren. Er kan aanvraag gedaan worden voor de MSR scholarship, de travel scholarship en de Vreede scholarschip for International Law. Zie de website voor meer informatie. Voor vragen over de beurzen kan er gecontacteerd worden met scholarships@rabbanifoundation.org. URL ▶ www.rabbanifoundation.org/scholarships/

Financieel ■ INKOMSTEN EV ▶ € 175.048 INKOMSTEN OV ▶ € 9.550 HERKOMST MIDDELEN ▶ vermogen, legaten, bedrijven, overige inkomsten, giften & schenkingen BOEKJAAR ▶ 2019 JAARVERSLAG OP WEBSITE ▶ ja.

Contact ■ BEREIKBAAR PER ▶ ☑ post ☑ e-mail ☑ telefoon CONTACTPERSOON ▶ geen contactpersoon bekend POSTADRES ▶ Postbus 352, 2501 CJ 's-Gravenhage EMAIL (ALGEMEEN) ▶ info@rabbanifoundation.org TELEFOON (ALGEMEEN) ▶ 070-3658841.

790

Lydia Vroegindeweij Fonds

Rubriek ■ ☑ kunst en cultuur ☑ onderwijs en onderzoek

Algemeen ■ WEBSITE ▶ www.cultuurfonds.nl TYPERING ▶ fonds op naam BEHEERD DOOR ▶ Prins Bernhard Cultuurfonds DIRECTIE ▶ zie Prins Bernhard Cultuurfonds BESTUUR ▶ zie Prins Bernhard Cultuurfonds

Missie ■ DOELSTELLING ▶ Het financieel ondersteunen van projecten die erop gericht zijn bij voorkeur kinderen kennis te laten maken met het instrument kerkorgel.

Werkgebied ■ ACTIERADIUS ▶ Nationaal LAND ▶ Nederland.

Projecten ■ CRITERIA ▶ geen projectcriteria bekend DOORLOOPTIJD ▶ ☑ korter dan 1 jaar STATUS AANVRAGER ▶ ☑ geen beperkingen bekend VOORKEUR/UITSLUITING ▶ geen voorkeur of uitsluiting bekend.

Procedure ■ OP AANVRAAG ▶ ja AANVRAAGPROCEDURE ▶ Dit 'fonds op naam' ressorteert onder het Prins Bernhard Cultuurfonds. Verzoeken aan fondsen op naam komen op één centraal punt binnen. Dit houdt in dat een subsidieaanvraag slechts eenmaal aan het Prins Bernhard Cultuurfonds hoeft te worden gezonden. Voor de verdere aanvraagprocedure: zie Prins Bernhard Cultuurfonds. URL ▶ www.cultuurfonds.nl/aanvragen

Contact ■ BEREIKBAAR PER ▶ ☑ post ☑ e-mail ☑ telefoon CONTACTPERSOON ▶ geen contactpersoon bekend POSTADRES ▶ Postbus 19750, 1000 GT Amsterdam EMAIL (ALGEMEEN) ▶ info@cultuurfonds.nl TELEFOON (ALGEMEEN) ▶ 020-5206130.

791

M.A.O.C. Gravin van Bylandt Stichting

Rubriek ■ ☑ kunst en cultuur ☑ maatschappij, welzijn en samenleving ☑ natuur, milieu en dieren ☑ onderwijs en onderzoek ☑ gezondheidszorg

Algemeen ■ WEBSITE ▶ www.bylandtstichting.nl TYPERING ▶ vermogensfonds OPGERICHT ▶ 17-03-1964 RECHTSVORM ▶ stichting KVK ▶ 41149358 ANBI STATUS ▶ ja DIRECTIE ▶ mw. mr E.Y. Beelaerts van Blokland-van Schaijk BESTUUR ▶ Mr. R.W. baron Snouckaert van Schauburg, voorzitter; mr. F.Ch.M. Tilman, penningmeester; mw.mr. E.Y. Beelaerts van Blokland-van Schaijk, secretaris; drs. C. baron van Tuyll van Serooskerken, vice-voorzitter; mw.prof.dr. C.A. Chavannes-Mazel; drs. M. van Rossem.

Missie ■ DOELSTELLING ▶ De Gravin van Bylandt Stichting is een vermogensfonds dat financiële steun biedt aan stichtingen en verenigingen die projecten tot stand willen brengen in het algemeen belang van mens en/of dier in Nederland. STICHTER(S) ▶ M.A.O.C. Gravin van Bylandt HISTORIE ▶ De stichting is opgericht op 17 maart 1964 overeenkomstig de wens van haar oprichtster, Marie Alexandrine Otheline Caroline gravin van Bylandt. Na haar overlijden in 1968 is de stichting actief geworden als steunverlenend vermogensfonds. Het bureau van de stichting is gevestigd in de oude tuinmanswoning van de familie Van Bylandt. BELEIDSPLAN OP WEBSITE ▶ ja.

Doelgroep ■ SPECIFIEK ▶ Geen specifieke doelgroep ACTIVITEITEN ▶ De doelstelling is inhoud gegeven door de volgende categorieën in het leven te roepen: 'sociale bijstand en ontwikkeling', 'gezondheidszorg en welzijn', 'ouderenzorg', 'musea', 'kunsten', 'boeken, wetenschap en educatie', 'restauraties en behoud monumenten', en 'dieren, natuur en milieu'. **INTERVENTIENIVEAU** ► Steun aan lokale/provinciale maatschappelijke organisaties en structuren (incl. gemeenten etc.) die diensten verlenen aan individuen.

Werkgebied ■ **ACTIERADIUS** ► Nationaal **LAND** ► Nederland.

Bestedingen ■ **BUDGET** ► niet openbaar **TOELICHTING** ► Jaarlijks behandelt de Gravin van Bylandt Stichting ongeveer 1500 aanvragen. De aanvraag zelf wordt zo zorgvuldig mogelijk op de eigen merites beoordeeld, maar tevens wordt rekening gehouden met soortgelijke aanvragen in dezelfde categorie en bovendien met de verschillende categorieën in verhouding tot elkaar. De percentages worden vermeld in het jaarverslag. **SOORT BIJDRAGE** ► giften garanties **BOVENGRENS** ► geen **ONDERGRENS** ► geen.

Projecten ■ **CRITERIA** ► Zie website voor de criteria per categorie. **DOORLOOPTIJD** ► ☑ 1 - 2 jaar **STATUS AANVRAGER** ► ☑ stichting of vereniging (non-profit) **VOORKEUR/UITSLUITING** ► Naast de uitsluitingen genoemd bij de verschillende categorieën wordt in beginsel geen steun gegeven ten behoeve van: ☑ projecten van andere rechtspersonen dan stichtingen en verenigingen; ☑ jaarlijks terugkerende exploitatielasten zoals huur of salarislasten; ☑ uitvoeringen van projecten die op één dag plaatsvinden; ☑ studiebeurzen en daarmee verband houdende kosten; ☑ leningen; ☑ renovatie, bouw of inrichting van buurthuizen, speeltuinen en multifunctionele centra; ☑ vakantieprojecten, behoudens ten behoeve van gehandicapten; ☑ sportverenigingen; ☑ amateurgezelschappen; ☑ projecten die redelijkerwijs onder zorgverzekeraars of overheidsfinanciering (kunnen) vallen.

Procedure ■ **OP AANVRAAG** ► ja **DOORLOOPTIJD** ► 3-6 maanden **AANVRAAGPROCEDURE** ► Aanvragen dienen schriftelijk via de post te worden ingediend. Wanneer de aanvraag is ontvangen zal gekeken worden of de aanvraag in behandeling kan worden genomen. Mocht dit zo zijn, stuurt de stichting een ontvangstbevestiging. De volgende informatie kan worden ingediend bij de aanvraag: ☑ Een inleidende brief; ☑ Een projectomschrijving; ☑ Begroting; ☑ Financieringsplan; ☑ Uittreksel van Kamer van Koophandel. Indien het gaat om een aanvraag via een maatschappelijk werkinstelling, publicatie of restauratie, zal naast een inleidende brief een calculatieformulier moeten worden ingevuld. De desbetreffende formulieren vindt u op de website. **URL** ► www.bylandtstichting.nl/aanvraag-indienen/

Financieel ■ **INKOMSTEN EV** ► € 4.700.000 **HERKOMST MIDDELEN** ► vermogen, overige inkomsten, legaten, giften & schenkingen **BOEKJAAR** ► 2019 **JAARVERSLAG OP WEBSITE** ► ja.

Contact ■ **BEREIKBAAR PER** ► ☑ post ☑ e-mail ☑ telefoon **CONTACTPERSOON** ► Mw. mr. E.Y. Beelaerts van Blokland-van Schaijk **POSTADRES** ► Wassenaarseweg 64, 2596 CJ Den Haag **EMAIL (ALGEMEEN)** ► info@bylandtstichting.nl **TELEFOON (ALGEMEEN)** ► 070-3246936.

792
Stichting M.C. van Beek

Rubriek ■ ☑ gezondheidszorg ☑ maatschappij, welzijn en samenleving ☑ kerk en levensbeschouwing

Algemeen ■ **WEBSITE** ► www.stichtingmcvanbeek.nl **TYPERING** ► vermogensfonds **OPGERICHT** ► 03-12-1982 **RECHTSVORM** ► stichting **KVK** ► 41180487 **ANBI STATUS** ► ja **DIRECTIE** ► geen directiegegevens bekend **BESTUUR** ► A.T. Hegger, voorzitter; D. Veenvliet, penningmeester; mw. I. van Beek, secretaris; mw. D.L. Enserinck; G. van Delft.

Missie ■ **DOELSTELLING** ► Het fonds van de Stichting M.C. van Beek geeft financiële ondersteuning aan projecten (bij voorkeur vanuit een christelijke grondslag); ☑ Gericht op huisvesting in een maatschappelijke omgeving (in tegenstelling tot instituutsomgeving) van psychiatrische patiënten. ☑ Op het gebied van rehabilitatie van mensen met psychosociale en psychiatrische problematiek. ☑ Gericht op sociale integratie van mensen met psychosociale en psychiatrische problematiek. ☑ Gericht op onderzoek en informatieverspreiding over huisvesting, rehabilitatie en sociale integratie van mensen met psychosociale en psychiatrische problematiek. **STICHTER(S)** ► Mejuffrouw M.C. van Beek **HISTORIE** ► De stichting MC van Beek is geworteld in het levenswerk van mejuffrouw M.C. van Beek. Mejuffrouw M.C. van Beek of 'tante Mien' begon in 1951 een christelijk pension aan de P.C. Hooftlaan in Zeist. Dit pension zou ze begin jaren zestig van de vorige eeuw omvormen tot een beschermende woonvorm. Tot aan haar dood bracht ze gastvrijheid en vrijgevigheid in de praktijk. De Bijbel was in haar handelen altijd de belangrijkste leidraad. De bewoners leefden in een gewone woonwijk en haar opvang was gericht op rehabilitatie. Tante Mien keek wat mensen aankonden en sprak ze daar op aan. Met deze aanpak was ze haar tijd ver vooruit. Toen tante Mien overleed kon het werk niet worden voortgezet. Het was te zeer verweven met het leven van deze unieke vrouw. Uit haar werk is de Stichting M.C. van Beek voortgekomen, een fonds dat (christelijke) projecten steunt die gericht zijn op huisvesting in een maatschappelijke omgeving van mensen met psychosociale of psychiatrische problemen **BELEIDSPLAN OP WEBSITE** ► ja.

Doelgroep ■ **ALGEMEEN** ► gelovigen, gehandicapten, zieken **SPECIFIEK** ► Projecten gericht op mensen met psychiatrische of psychosociale problemen. **ACTIVITEITEN** ► In de praktijk fungeert de stichting als steunfonds t.b.v. psycho-sociale instellingen. **INTERVENTIENIVEAU** ► Steun aan lokale/provinciale maatschappelijke organisaties en structuren (incl. gemeenten etc.) die diensten verlenen aan individuen.

Werkgebied ■ **ACTIERADIUS** ► Nationaal **LAND** ► Nederland.

Bestedingen ■ **BUDGET** ► € 225.744 **ONDERSTEUNDE PROJECTEN P/J** ► 23 **SOORT BIJDRAGE** ► giften **BOVENGRENS** ► € 25.000 **ONDERGRENS** ► geen.

Projecten ■ **CRITERIA** ► De St. M.C. van Beek geeft financiële ondersteuning aan projecten: ☑ Gericht op huisvesting in een maatschappelijke omgeving (in tegenstelling tot instituutsomgeving) van mensen met psychiatrische of psychosociale problemen; ☑ Op het gebied van rehabilitatie van mensen met psychiatrische of psychosociale problemen; ☑ Gericht op sociale integratie van mensen met psychiatrische of psychosociale problemen; ☑ Gericht op onderzoek en informatieverspreiding over huisvesting, rehabilitatie en sociale integratie van mensen met psychiatrische of psychosociale problemen. Om gehonoreerd te worden moet een project voldoen aan de volgende eisen: ☑ De indiener heeft bij voorkeur een christelijke levensovertuiging. ☑ Het project wordt ingediend door een stichting, vereniging of een ander juridisch lichaam. ☑ Bij de aanvraag is een begroting ingediend. ☑ Aanvragen voor individuele noden komen niet in aanmerking. ☑ De aanvraag richt zich een eenmalige bijdrage. ☑ Er is bereidheid tot controle over hetgeen met de gelden gedaan is. **DOORLOOPTIJD** ▶ ☑ korter dan 1 jaar **STATUS AANVRAGER** ▶ ☑ stichting of vereniging (non-profit) ☑ kerkelijke instelling **VOORKEUR/UITSLUITING** ▶ ☑ Geen personeelskosten; ☑ Geen verslavingszorg; ☑ Geen steun voor individuele noden; ☑ Geen steun aan projecten die reeds zijn gestart.

Procedure ■ **OP AANVRAAG** ▶ ja **DOORLOOPTIJD** ▶ 3-6 maanden **AANVRAAGPROCEDURE** ▶ Het project wordt op de volgende manier aangevraagd: Een ingevuld aanvraagformulier, te vinden op de website. Een projectbeschrijving met: ☑ Achtergrond en doelstelling project; ☑ Stappenplan om doelstelling te verwezenlijken. ☑ Begroting van het project. Informatie over de rechtspersoon van de aanvrager: ☑ Statuten; ☑ Uittreksel van de Kamer van Koophandel stichtingen- of verenigingsregisters. ☑ Jaarverslag (financieel en inhoudelijk) van de organisatie die aanvraag indient. ☑ Een overzicht van de documenten betreffende het (Sociaal) Veiligheidsbeleid. Na ontvangst van een complete aanvraag krijgt de aanvrager binnen een week een bevestiging van ontvangst en het aanvraagnummer waarmee de aanvraag is geregistreerd. Het bestuur besluit over de aanvraag. De data van de bestuursvergaderingen worden op de website gepubliceerd (zie 'Aanvragen'); De aanvrager ontvangt binnen een week na de vergadering een gemotiveerde toekenning of afwijzing. Een toekenning blijft twee jaar van kracht. **URL** ▶ www.stichtingmcvanbeek.nl/procedure.php

Financieel ■ **HERKOMST MIDDELEN** ▶ vermogen **BOEKJAAR** ▶ 2018 **JAARVERSLAG OP WEBSITE** ▶ ja.

Contact ■ **BEREIKBAAR PER** ▶ ☑ post ☑ e-mail ☒ telefoon **CONTACTPERSOON** ▶ Mw. G. van Beek **POSTADRES** ▶ Willem Barentszstraat 10, 3572 PH Utrecht **EMAIL (ALGEMEEN)** ▶ info@stichtingmcvanbeek.nl.

793
Stichting M.C.d.H. Fonds

Rubriek ■ ☑ maatschappij, welzijn en samenleving

Algemeen ■ **WEBSITE** ▶ www.fundatiesobbe.nl/fundaties/m-c-d-h-fonds **TYPERING** ▶ fonds op naam **BEHEERD DOOR** ▶ Fundatie Van den Santheuvel, Sobbe **DIRECTIE** ▶ zie > Fundatie Van den Santheuvel, Sobbe **BESTUUR** ▶ zie > Fundatie Van den Santheuvel, Sobbe

Missie ■ **DOELSTELLING** ▶ Uit het M.C.d.H. Fonds worden giften verstrekt ten behoeve van maatschappelijke projecten van protestants christelijke organisaties in Nederland. **HISTORIE** ▶ Mary Caroline de Haan (1831-1906), geboren in Batavia, was de dochter van de eerste president van de Javasche Bank. Zij had in haar testament bepaald, dat een deel van haar vermogen moest worden aangewend tot stichting van het M.C.d.H. Fonds. Uit het fonds dienden liefdadige instellingen en behoeftige personen, alsook in- en uitwendige zending gesteund te worden. Het beheer van het fonds bleef in handen van de familie Bierens de Haan tot 1991, toen het fonds bij de Fundatie werd onderbracht. **BELEIDSPLAN OP WEBSITE** ▶ ja.

Werkgebied ■ **ACTIERADIUS** ▶ Nationaal **LAND** ▶ Nederland.

Projecten ■ **CRITERIA** ▶ geen projectcriteria bekend **DOORLOOPTIJD** ▶ ☑ onbekend **STATUS AANVRAGER** ▶ ☑ stichting of vereniging (non-profit) ☑ kerkelijke instelling **VOORKEUR/UITSLUITING** ▶ Er worden géén giften gedaan aan onder andere: ☑ Organisaties die hun bestuurders boven de balkenendenorm belonen; ☑ Aanbouw- en verbouwprojecten; ☑ Acties en korte campagnes; ☑ Congressen, symposia; ☑ Dorpshuizen, buurtcentra, multifunctionele centra; ☑ Evenementen en festivals (zoals op het gebied van kunst of sport, ook niet voor gehandicapten); ☑ Festiviteiten; ☑ Films, documentaires; ☑ Individuele noden; ☑ Kinderdagverblijven, peuterspeelzalen; ☑ Koepelorganisaties voor gehandicapten, tenzij t.b.v. activering en participatie; ☑ Milieubescherming, dieren(opvang); ☑ Omroepen; ☑ Orgelrestauratie; ☑ Politieke doelen; ☑ Projecten in het buitenland, buitenlandse organisaties; ☑ Reguliere kunst, voorstellingen, (amateur)muziekprojecten; ☑ Restauratie van (kerk)gebouwen; ☑ Scouting; ☑ Sport zonder sociaal en/of participatiedoel; ☑ Wetenschappelijk (dus ook medisch) onderzoek, studie of studiebeurzen.

Procedure ■ **OP AANVRAAG** ▶ ja **AANVRAAGPROCEDURE** ▶ Als uw project voldoet aan de algemene criteria en doelstellingen van de stichting, kunt u uitsluitend via de website (via computer) uw aanvraag voor een bijdrage volledig digitaal indienen. De aanvraagprocedure is opgebouwd uit de volgende onderdelen: ☑ Contactgegevens; ☑ Algemene informatie; ☑ Project waarvoor u een aanvraag doet; ☑ Financiële gegevens van het project; ☑ Bijlagen; ☑ Optioneel; tussentijds opslaan van de aanvraag is mogelijk. U krijgt dan via e-mail een inlogcode waarmee u op een later moment verder kunt gaan met de aanvraag. Nadat de aanvraag is ingediend, wordt over uw aanvraag meestal binnen twee maanden een besluit genomen door het curatorium. De vergaderdata zijn terug te vinden op de website. Over het besluit ontvangt u binnen twee weken na een curatorenvergadering bericht. Soms wordt een aanvraag in onderzoek gehouden. De afhandeling ervan kan dan enkele maanden langer duren. Besluiten van het curatorium worden niet in heroverweging genomen. **URL** ▶ https://www.fundatiesobbe.nl/4-aanvraagprocedure/

Contact ■ **BEREIKBAAR PER** ▶ ☑ post ☑ e-mail ☑ telefoon **CONTACTPERSOON** ▶ Mw. drs. E.M.L. den Braber **POSTADRES** ▶ Herengracht 524 A, 1017 CC Amsterdam **EMAIL (ALGEMEEN)** ▶ info@fundatiesobbe.nl **TELEFOON (ALGEMEEN)** ▶ 020-6233246.

794
Maaike Helena de Gaaij Reisfonds

Rubriek ■ ☑ kunst en cultuur ☑ onderwijs en onderzoek

Algemeen ■ **WEBSITE** ▶ www.cultuurfonds.nl **TYPERING** ▶ fonds op

naam **BEHEERD DOOR** ► Prins Bernhard Cultuurfonds **DIRECTIE** ► zie > Prins Bernhard Cultuurfonds **BESTUUR** ► zie > Prins Bernhard Cultuurfonds

Missie ■ **DOELSTELLING** ► Het financieel ondersteunen van optredens van amateurgezelschappen (muziek en theater) tijdens manifestaties in het buitenland en onderzoek in het buitenland door amateuronderzoekers.

Werkgebied ■ **ACTIERADIUS** ► Internationaal.

Projecten ■ **CRITERIA** ► geen projectcriteria bekend **DOORLOOPTIJD** ► ☑ korter dan 1 jaar **STATUS AANVRAGER** ► ☑ geen beperkingen bekend **VOORKEUR/UITSLUITING** ► geen voorkeur of uitsluiting bekend.

Procedure ■ **OP AANVRAAG** ► ja **AANVRAAGPROCEDURE** ► Dit 'fonds op naam' ressorteert onder het Prins Bernhard Cultuurfonds. Verzoeken aan fondsen op naam komen op één centraal punt binnen. Dit houdt in dat een subsidieaanvraag slechts eenmaal aan het Prins Bernhard Cultuurfonds hoeft te worden gezonden. Voor de verdere aanvraagprocedure: zie Prins Bernhard Cultuurfonds. **URL** ► www.cultuurfonds.nl/aanvragen

Contact ■ **BEREIKBAAR PER** ► ☑ post ☑ e-mail ☑ telefoon **CONTACTPERSOON** ► geen contactpersoon bekend **POSTADRES** ► Postbus 19750, 1000 GT Amsterdam **EMAIL (ALGEMEEN)** ► info@cultuurfonds.nl **TELEFOON (ALGEMEEN)** ► 020-5206130.

795

Stichting Maatschappelijke Ondersteuning Zaanstreek Waterland

Rubriek ■ ☑ maatschappij, welzijn en samenleving

Algemeen ■ **WEBSITE** ► www.mozw.nl **TYPERING** ► vermogensfonds **OPGERICHT** ► 13-06-2013 **RECHTSVORM** ► stichting **KVK** ► 58140182 **ANBI STATUS** ► ja **DIRECTIE** ► geen directiegegevens bekend **BESTUUR** ► M.J.F. Dupon, voorzitter; F. Beekman, penningmeester; F. Beekman, secretaris; E. Nagtegaal; mw. M.E. Sluis.

Missie ■ **DOELSTELLING** ► ☑ Het ontplooien van maatschappelijke activiteiten op het gebied van welzijnswerk in de gemeenten in de regio Zaanstreek en Waterland ('de Gemeenten'); ☑ Het bevorderen van het zelfstandig functioneren van de inwoners in deze regio opdat zij optimaal gebruik kunnen maken van hun rechten en mogelijkheden; ☑ Het bevorderen van emancipatie van groepen met een maatschappelijke achterstand; ☑ Het ondersteunen van vrijwilligers, welke binnen de doelstelling van MOZW actief zijn; ☑ Toegankelijkheid van haar dienstverlening maximaliseren voor alle inwoners in deze regio, met speciale aandacht voor diegenen die in een zwakke sociaaleconomische positie verkeren. **STICHTER(S)** ► Stichting Welsaen ('Welsaen') en Stichting Maatschappelijke Dienstverlening Zaanstreek Waterland ('SMD') **HISTORIE** ► De Stichting is opgericht op 13 juni 2013 door de partners Stichting Welsaen ('Welsaen') en Stichting Maatschappelijke Dienstverlening Zaanstreek Waterland ('SMD'). In maart 2017 is de naam van de Stichting Welzijn en Maatschappelijke Dienstverlening Zaanstad Waterland door middel van een statutenwijziging bij akte gepasseerd op 6 maart 2017 gewijzigd in Stichting Maatschappelijke Ondersteuning Zaanstreek Waterland (MOZW) **BELEIDSPLAN OP WEBSITE** ► ja.

Doelgroep ■ **ALGEMEEN** ► gehandicapten, zieken, armen, dak- en thuislozen **SPECIFIEK** ► Groeperingen die behoefte hebben aan welzijnswerk ter bevordering van het zelfstandig functioneren van de inwoners van de regio Zaanstreek/Waterland en deelname in het maatschappelijk verkeer. Het gaat hier om o.a. groepen met een maatschappelijke achterstand, in een zwakke sociaaleconomische positie, met een beperking of een chronisch psychisch of psychisch-sociaal probleem. **ACTIVITEITEN** ► Geen specifieke activiteiten bekend **INTERVENTIENIVEAU** ► Steun aan lokale/provinciale maatschappelijke organisaties en structuren (incl. gemeenten etc.) die diensten verlenen aan individuen.

Werkgebied ■ **ACTIERADIUS** ► Regionaal **LAND** ► Nederland **REGIO** ► Zaanstreek, Waterland.

Bestedingen ■ **BUDGET** ► € 24.000 **ONDERSTEUNDE PROJECTEN P/J** ► 13 **SOORT BIJDRAGE** ► onbekend **BOVENGRENS** ► geen **ONDERGRENS** ► geen.

Projecten ■ **CRITERIA** ► De basis van de beoordeling van een verzoek tot uitkering wordt gevormd door de prestatievelden die binnen de kaders van onder andere de WMO worden gehanteerd, te weten het: ☑ bevorderen van de sociale samenhang en leefbaarheid; ☑ bieden van preventieve voorzieningen voor problemen met opgroeien en problemen met opvoeden; ☑ geven van informatie en advies; ☑ ondersteunen van mantelzorgers en vrijwilligers; ☑ bevorderen van deelname aan het maatschappelijk verkeer van mensen met een beperking of een chronisch psychisch probleem of psychisch-sociaal probleem. **DOORLOOPTIJD** ► ☑ onbekend **STATUS AANVRAGER** ► ☑ geen beperkingen bekend **VOORKEUR/UITSLUITING** ► Alleen personen en groepen die vallen onder de doelgroep van MOZW komen in aanmerking voor vergoeding. Alleen wanneer er geen voorliggende voorzieningen beschikbaar zijn.

Procedure ■ **OP AANVRAAG** ► ja **AANVRAAGPROCEDURE** ► De secretaris ontvangt een aanvraag per post of per telefoon. Vervolgens voert de secretaris de eerste screening van de aanvraag uit. Indien volgens de secretaris de verzoeker behoort tot de doelgroep en financiering is op een andere wijze niet mogelijk (via de geëigende kanalen), wordt de aanvraag doorgestuurd aan de voorzitter t.b.v. agendering voor de eerstvolgende bestuursvergadering. Tijdens de bestuursvergadering van MOZW worden de in behandeling genomen aanvragen één voor één behandeld met eindconclusie: alsnog afwijzen of honoreren. Indien de aanvraag wordt gehonoreerd, gaat de penningmeester over tot betaling.

Financieel ■ **EIGEN VERMOGEN** ► € 122.290 **HERKOMST MIDDELEN** ► giften & schenkingen, legaten, vermogen, overige inkomsten **BOEKJAAR** ► 2019 **JAARVERSLAG OP WEBSITE** ► ja.

Contact ■ **BEREIKBAAR PER** ► ☑ post ☑ e-mail ☑ telefoon **CONTACTPERSOON** ► F. Beekman **POSTADRES** ► Mauvestraat 198 Unit 210, 1506 JM

Zaandam **EMAIL (ALGEMEEN)** ► fbeekman@upcmail.nl **TELEFOON (ALGEMEEN)** ► 06-34988040/075-7630510.

796

Maatschappij tot Nut van 't Algemeen (Nutfonds)

Rubriek ■ ☑ maatschappij, welzijn en samenleving

Algemeen ■ **WEBSITE** ► www.nutalgemeen.nl/over-t-nut/nutfonds **TYPERING** ► fonds op naam **BEHEERD DOOR** ► VSB fonds (gedeeltelijk) **DIRECTIE** ► zie > VSB fonds (gedeeltelijk) **BESTUUR** ► zie > VSB fonds (gedeeltelijk) **BESTUUR** ► P.A. Hamelink, voorzitter; A.K.D. Boon, penningmeester; mr. J.W.H. Offerhaus; C.J. den Boer.

Missie ■ **DOELSTELLING** ► De Maatschappij stelt zich ten doel een actieve bijdrage te leveren aan het welzijn van mens en samenleving. De Maatschappij is onafhankelijk van enige groepering van levensbeschouwelijke, politieke of economische aard. De Maatschappij streeft naar de grootst mogelijke toegankelijkheid ten aanzien van de deelneming aan de door haar en haar districten, departementen en instellingen georganiseerde activiteiten. **STICHTER(S)** ► Jan Nieuwenhuijzen **HISTORIE** ► Aan het eind van de achttiende eeuw was Nederland een kleine natie aan de rand van het grote Europa. Nederland werd gekenmerkt door zijn lokale en regionale vrijheid en onafhankelijkheid, gehandhaafd door handel en intellectuele vooruitstrevendheid. In die tijd bracht sociale betrokkenheid een predikant en enkele eenvoudige klein-stedelingen ertoe om een genootschap te stichten dat zich richtte op bevordering van het algemeen volksgeluk met name door initiatieven te nemen op het terrein van de volksontwikkeling. In de gesprekskring met leden uit Monnickendam en Edam opperde de doopsgezinde predikant te Monnickendam, Jan Nieuwenhuijzen, het - in de sfeer van de tijd passende - plan om een genootschap voor volksontwikkeling te stichten. Het doel was om mensen die daartoe zelf niet de mogelijkheid hadden, te helpen om kennis te verwerven door hen te voorzien van (school)boeken die in eenvoudige taal geschreven waren. Dit initiatief werd concreet uitgewerkt door zijn zoon Martinus Nieuwenhuijzen, arts te Edam. Hij stelde voor om een genootschap te stichten met als doelstelling 'de verbetering van het schoolwezen en de opvoeding der jeugd als de voornaamste grondslag ter vorming, verbetering en beschaving van den burger'. Tijdens de op 16 november 1784 in de doopsgezinde pastorie te Edam gehouden oprichtingsvergadering werd deze doelstelling aanvaard. Besloten werd tot oprichting van een 'Genoodschap van Konsten en Wetenschappen, onder de zinspreuk: Tot Nut van 't Algemeen'. Het secretariaat van de Maatschappij tot Nut van 't Algemeen was tot 2010 gevestigd in het oorspronkelijke woonhuis van Martinus Nieuwenhuijzen te Edam. **BELEIDSPLAN OP WEBSITE** ► ja.

Werkgebied ■ **ACTIERADIUS** ► Nationaal **LAND** ► Nederland.

Projecten ■ **CRITERIA** ► ; ☑ Bijdragen uit het Nutfonds zijn bedoeld voor projecten op het gebied van Mens & Maatschappij; ☑ Projectvoorstellen op het gebied van Mens & Maatschappij die gerelateerd zijn aan het onderwijs zullen ook in aanmerking komen voor een bijdrage. **DOORLOOPTIJD** ► ☑ onbekend **STATUS AANVRAGER** ► ☑ geen beperkingen bekend **VOORKEUR/UITSLUITING** ► Er functioneert een aantal departementen, die aangesloten zijn bij het landelijk Nut, als lokaal fonds (w.o. Amsterdam en Rotterdam). Deze fondsdepartementen kunnen niet voor subsidieaanvragen via het VSBfonds worden benaderd. .

Procedure ■ **OP AANVRAAG** ► ja **AANVRAAGPROCEDURE** ► Met ingang van 15 november 2016 is de aanvraagprocedure voor een subsidie van de Maatschappij tot Nut van 't Algemeen (kortweg Nutfonds) ondergebracht bij VSBfonds. Om een aanvraag in te dienen moet u eerst een account aanmaken bij VSBfonds en vervolgens online uw aanvraagformulier invullen. Het is belangrijk dat u aangeeft dat het een aanvraag betreft voor het Nutfonds. U kunt die optie in het aanvraagformulier aanvinken. Let er verder op dat u ook de brief upload waaruit blijkt dat een Nutsdepartement uw subsidieaanvraag ondersteunt. Nadat uw aanvraag ontvangen is, zal VSBfonds u op de hoogte houden over de voortgang van uw aanvraag. **URL** ► www.nutalgemeen.nl/over-t-nut/nutfonds

Contact ■ **BEREIKBAAR PER** ► ☑ post ☑ e-mail ☑ telefoon **CONTACTPERSOON** ► Mw. I. Agterkamp **POSTADRES** ► Postbus 474, 2990 AL Barendrecht **EMAIL (ALGEMEEN)** ► secretariaat@nutalgemeen.nl **TELEFOON (ALGEMEEN)** ► 06-36588102.

797

Maatschappij van Welstand

Rubriek ■ ☑ kerk en levensbeschouwing

Algemeen ■ **WEBSITE** ► www.welstand.nl **TYPERING** ► vermogensfonds **RECHTSVORM** ► vereniging **KVK** ► 40237067 **ANBI STATUS** ► ja **DIRECTIE** ► M. van Alphen **BESTUUR** ► Dr. E.J. Janse de Jonge, voorzitter; ds. J.E. Scheenstra; mw.drs. A.G.J. van den Nieuwboer; dr. H.J. Wijnen; ing. T.P. Koekkoek.

Missie ■ **DOELSTELLING** ► De Maatschappij van Welstand is een vereniging die tot doel heeft het protestantisme te ondersteunen met name in Nederland. **STICHTER(S)** ► Ds. J. van Heusden, Hilvarenbeek **HISTORIE** ► De geschiedenis van de Maatschappij van Welstand gaat terug naar 18 juli 1822 toen de Hilvarenbeekse predikant Jacob van Heusden in Breda de 'Protestantsche Maatschappij ter bevordering van Welstand, door ondersteuning en voorlichting', oprichtte. In 1830 werd de naam gewijzigd in 'Maatschappij tot Bevordering van Welstand, voornamelijk onder landlieden', later afgekort tot Maatschappij van Welstand. Iedereen die 'de protestantse gezindte' een warm hart toedroeg, kon lid worden. Met de lidmaatschapsgelden hoopte Van Heusden de financiële positie van zijn geloofsgenoten in Brabant te verbeteren. In de praktijk kwam het er op neer dat Welstand land en boerderijen kocht voor arme protestantse boeren en hun geldleningen verstrekte. Als tegenprestatie dienden de boeren pacht te betalen en actief deel te nemen aan het kerkelijk leven in Brabant. **BELEIDSPLAN OP WEBSITE** ► ja.

Doelgroep ■ ALGEMEEN ▶ gelovigen SPECIFIEK ▶ Het protestantisme. ACTIVITEITEN ▶ Het steunen van: ☑ Projecten die zich richten op het versterken, vernieuwen of opbouwen van kerkelijke gemeenschappen. U kunt hierbij denken aan renovatie en/of restauratie van kerkgebouwen die in gebruik zijn voor de eredienst, of het meefinancieren van door de Protestantse Kerk in Nederland begeleide pioniersplekken. Het is voor kerken en kerkelijke organisaties ook mogelijk een lening aan te vragen. ☑ Kerkelijke en diaconale projecten die gericht zijn op sociale zorg, gemeenschapsvorming en recreatie met zorg. Voorbeelden hiervan zijn opvang voor dak- en thuislozen, wijk- en buurtwerk, culturele activiteiten en vakanties voor mensen die niet zelfstandig op vakantie kunnen. ☑ Hulpverlening aan cliënten van organisaties voor maatschappelijk werk. U kunt aanvullende steun vragen voor uw cliënten die leven op of onder het bestaansminimum. Het kan bijvoorbeeld gaan om de aanschaf van aangepaste vervoersmiddelen of vergoeding van medische kosten die niet verzekerd zijn. INTERVENTIENIVEAU ▶ Steun aan lokale/provinciale maatschappelijke organisaties en structuren (incl. gemeenten etc.) die diensten verlenen aan individuen.

Werkgebied ■ ACTIERADIUS ▶ Nationaal LAND ▶ Nederland.

Bestedingen ■ BUDGET ▶ niet openbaar SOORT BIJDRAGE ▶ giften investeringen BOVENGRENS ▶ geen ONDERGRENS ▶ geen.

Projecten ■ CRITERIA ▶ U kunt subsidie aanvragen in 3 categorieën: ☑ Subsidies In en rond de Kerken; 2. Subsidies Kerk in de Samenleving; ☑ Subsidies Individuele Noden. Deze categorieën vervangen de aanvragen bij de Maatschappij van Welstand en de daaronder vallende fondsen: Fonds Bianchi, Fonds Cor van der Craats, Fonds De Haaf, Fonds SIOC en Fonds Jacob van Heusden. Voor deze categorieën zijn verschillende criteria, welke te vinden zijn op de website van ProtestantseFondsen.nl. DOORLOOPTIJD ▶ ☑ onbekend STATUS AANVRAGER ▶ ☑ stichting of vereniging (non-profit) ☑ kerkelijke instelling ☑ hulpverleners VOORKEUR/UITSLUITING ▶ Voorwaarden zijn; ☑ onvoldoende eigen financiële middelen; ☑ actieve participatie van gemeenteleden aan het kerkelijk leven; ☑ positieve adviezen van provinciale kerkelijke instanties.

Procedure ■ OP AANVRAAG ▶ ja DOORLOOPTIJD ▶ 3-6 maanden AANVRAAGPROCEDURE ▶ De Maatschappij van Welstand een website voor het aanvragen van subsidies: www.protestantsefondsen.nl. Uw nieuwe subsidieaanvraag kunt u indienen via de nieuwe website. Na de selectie van de bij uw project passende subsidie, komt u in het aanvraagportaal. Daar maakt u een account aan. Alle informatie en communicatie over uw subsidieaanvraag verloopt daarna via dit aanvraagportaal. URL ▶ www.protestantsefondsen.nl/aanvragen/

Financieel ■ INKOMSTEN EV ▶ € 3.131.702 HERKOMST MIDDELEN ▶ vermogen, bedrijven BOEKJAAR ▶ 2018 JAARVERSLAG OP WEBSITE ▶ ja.

Contact ■ BEREIKBAAR PER ▶ ☑ post ☑ e-mail ☑ telefoon CONTACTPERSOON ▶ geen contactpersoon bekend POSTADRES ▶ Postbus 655, 3800 AR Amersfoort EMAIL (ALGEMEEN) ▶ info@welstand.nl TELEFOON (ALGEMEEN) ▶ 033-4671015.

798

Madelief Fonds

Rubriek ■ ☑ gezondheidszorg ☑ kunst en cultuur

Algemeen ■ WEBSITE ▶ www.cultuurfonds.nl TYPERING ▶ fonds op naam BEHEERD DOOR ▶ Prins Bernhard Cultuurfonds DIRECTIE ▶ zie > Prins Bernhard Cultuurfonds BESTUUR ▶ zie > Prins Bernhard Cultuurfonds

Missie ■ DOELSTELLING ▶ Het financieel ondersteunen van projecten op het werkterrein van het Prins Bernhard Cultuurfonds ten behoeve van mensen met een lichamelijke, zintuiglijke of verstandelijke beperking. Het financieel ondersteunen van talent op het terrein van de klassieke muziek voor een vervolgopleiding of aankoop van een passend instrument.

Werkgebied ■ ACTIERADIUS ▶ Nationaal LAND ▶ Nederland.

Projecten ■ CRITERIA ▶ geen projectcriteria bekend DOORLOOPTIJD ▶ ☑ korter dan 1 jaar STATUS AANVRAGER ▶ ☑ geen beperkingen bekend VOORKEUR/UITSLUITING ▶ geen voorkeur of uitsluiting bekend.

Procedure ■ OP AANVRAAG ▶ ja AANVRAAGPROCEDURE ▶ Dit 'fonds op naam' ressorteert onder het Prins Bernhard Cultuurfonds. Verzoeken aan fondsen op naam komen op één centraal punt binnen. Dit houdt in dat een subsidieaanvraag slechts eenmaal aan het Prins Bernhard Cultuurfonds hoeft te worden gezonden. Voor de verdere aanvraagprocedure: zie Prins Bernhard Cultuurfonds. URL ▶ www.cultuurfonds.nl/aanvragen

Contact ■ BEREIKBAAR PER ▶ ☑ post ☑ e-mail ☑ telefoon CONTACTPERSOON ▶ geen contactpersoon bekend POSTADRES ▶ Postbus 19750, 1000 GT Amsterdam EMAIL (ALGEMEEN) ▶ info@cultuurfonds.nl TELEFOON (ALGEMEEN) ▶ 020-5206130.

799

Stichting Madurodam Kinderfonds

Rubriek ■ ☑ kunst en cultuur ☑ onderwijs en onderzoek ☑ maatschappij, welzijn en samenleving

Algemeen ■ WEBSITE ▶ www.madurodam.nl/nl/organisatie/goede-doelen/stichtingen TYPERING ▶ vermogensfonds OPGERICHT ▶ 31-03-1995 RECHTSVORM ▶ stichting KVK ▶ 41159113 ANBI STATUS ▶ ja DIRECTIE ▶ geen directiegegevens bekend BESTUUR ▶ Mr. H.J.M. Bartels, voorzitter; mw. C. Janssen van Raay, secretaris; mw.drs. E.E. Maatman-Fleuren.

Missie ■ DOELSTELLING ▶ Madurodam Kinderfonds heeft tot doel het verlenen van steun en bijstand in de ruimste zin des woords aan instellingen die een maatschappelijk, cultureel of charitatief belang beogen; alsmede het zelf initiëren en uitvoeren van activiteiten waarbij zij ontmoetingen tussen kinderen en/of jongeren onderling en met andere stimuleert en die bijdragen aan de hiervoor genoemde belangen; beide in het bijzonder ten bate van kinderen en jongeren. STICHTER(S) ▶ Mevrouw B. Boon-van der Starp HISTORIE ▶ Het Madurodam Kinderfonds (voorheen de Stichting Madurodam Steunfonds (SMS), onderdeel van de Madurodam-groep, werd 31 maart 1995 opgericht. Madurodam zelf is officieel geopend op 2 juli 1952. Enerzijds is het opgericht als oorlogsmonument, anderzijds als charitatieve stichting. **BELEIDSPLAN OP WEBSITE** ▶ ja.

Doelgroep ■ **ALGEMEEN** ▶ jongeren, kinderen **SPECIFIEK** ▶ Kinderen in de leeftijdscategorie 0 tot en met 18 jaar, met een focus op kinderen van 10 tot en met 14 jaar, woonachtig binnen het Koninkrijk der Nederlanden inclusief de overzeese gebieden. **ACTIVITEITEN** ▶ De Stichting steunt projecten of organisaties te steunen die zich in de meest brede zin van het woord richten op actief burgerschap van kinderen, watneerkomt op 'empathie in actie' met eigenschappen als: daadkracht, zelfredzaamheid zelfvertrouwen, empathie. De stichting wil de doelgroep kennis, vaardigheden en bij voorkeur ook de ervaring van een ontmoeting bieden die ze nodig hebben om verantwoordelijkheid te (kunnen) nemen voor hun eigen toekomst. Met de volgende stichtingen zijn we in 2018 een samenwerking opgestart of hebben we die voortgezet: ☑ Stichting Nederlands Debat Instituut; ☑ Stichting IMC Weekendschool; ☑ Stichting Young Impact; ☑ Hero Town NL; ☑ Stichting Nationale Kinderherdenking 4 mei; ☑ Nederlandse Stichting voor het Gehandicapte Kind; ☑ De Caribische Kindercorrespondent; ☑ Nationaal Ouderenfonds; ☑ Gamechangers. **INTERVENTIENIVEAU** ▶ Steun aan lokale/provinciale maatschappelijke organisaties en structuren (incl. gemeenten etc.) die diensten verlenen aan individuen.

Werkgebied ■ **ACTIERADIUS** ▶ Internationaal **LAND** ▶ Nederland en Caribisch Nederland **PLAATS** ▶ Den Haag e.o.

Bestedingen ■ **BUDGET** ▶ niet openbaar **TOELICHTING** ▶ Het Madurodam Kinderfonds verkrijgt haar middelen voor het doen van giften door een jaarlijkse schenking van Stichting Madurodam Vermogensfonds. Minimaal een bedrag van 20 á 25% van het netto jaarlijks beschikbaresubsidiebudget bestemd voor aanvragen van giften voor activiteiten die niet actief worden geïnitieerd door het bestuur. **ONDERSTEUNDE PROJECTEN P/J** ▶ 65 **SOORT BIJDRAGE** ▶ giften **BOVENGRENS** ▶ geen **ONDERGRENS** ▶ geen.

Projecten ■ **CRITERIA** ▶ ☑ Het project heeft een positieve uitstraling; ☑ Het project is een goed doel dat zich richt op kinderen die in Nederland en/of het Nederlandse gedeelte van het Caribisch gebied wonen; ☑ De kerndoelgroep voor de grote projecten zijn kinderen tussen de 8 en 12 jaar. Voor kleine projecten geldt een maximum leeftijd van 18 jaar; ☑ activiteiten die een wezenlijke bijdrage leveren aan het realiseren van de visie van Madurodam Kinderfonds. **DOORLOOPTIJD** ▶ ☑ 1 - 2 jaar **STATUS AANVRAGER** ▶ ☑ stichting of vereniging (non-profit) ☑ onderwijsinstelling **VOORKEUR/UITSLUITING** ▶ De voorkeur/focus van de stichting zal liggen op activiteiten die die zoveel mogelijk; plaats vinden in de regio Den Haag en op de overzeese gebiedsdelen. Madurodam Kinderfonds geeft in beginsel géén bijdragen aan: ☑ Publieksacties; ☑ Grote fondsenwervende instellingen, waarbij de allocatie van de door Madurodam Kinderfonds gedoneerde gelden niet duidelijk is; ☑ Wetenschappelijk onderzoek; ☑ Projecten met een commercieel, politiek of religieus karakter; ☑ Aanvragen van individuen; ☑ Aanvragen voor permanente steun; ☑ Sportclubs; ☑ Scouting; ☑ Openbare speeltuinen; ☑ Onderhoud en vernieuwing van club- en buurthuizen; ☑ Festivals; ☑ Inrichting van huizen in kader van begeleid wonen.

Procedure ■ **OP AANVRAAG** ▶ ja **DOORLOOPTIJD** ▶ 3-6 maanden; 1-3 maanden **AANVRAAGPROCEDURE** ▶ Aanvragen dienen digitaal te worden ingediend door middel van het invullen van een aanvraagformulier, dat via de website kan worden gedownload. Naast het ingevulde aanvraagformulier dienen ook een projectbeschrijving, het dekkingsplan, een uittreksel van de inschrijving bij de Kamer van koophandel en een recent jaarverslag overlegd te worden. De aanvraag dient minimaal vier maanden vóór aanvang van het project te worden ingestuurd. Behandeling van de aanvraag neemt in de regel drie tot vier maanden in beslag. **URL** ▶ www.madurodam.nl/nl/organisatie/goede-doelen/steun-aanvragen

Financieel ■ **INKOMSTEN OV** ▶ € 789.657 **HERKOMST MIDDELEN** ▶ vermogen, moederorganisatie (bijdragen) **BOEKJAAR** ▶ 2018 **JAARVERSLAG OP WEBSITE** ▶ ja.

Contact ■ **BEREIKBAAR PER** ▶ ☑ post ☑ e-mail ☑ telefoon **CONTACTPERSOON** ▶ geen contactpersoon bekend **POSTADRES** ▶ George Maduroplein 1, 2584 RZ 's-Gravenhage **EMAIL (ALGEMEEN)** ▶ info@madurodamkinderfonds.nl **TELEFOON (ALGEMEEN)** ▶ +31704162400.

800

Stichting Madurodam Vermogensfonds

Rubriek ■ ☑ maatschappij, welzijn en samenleving

Algemeen ■ **WEBSITE** ▶ www.madurodam.nl/nl/organisatie/goede-doelen/stichtingen **TYPERING** ▶ vermogensfonds **OPGERICHT** ▶ 23-12-1982 **RECHTSVORM** ▶ stichting **KVK** ▶ 41152797 **ANBI STATUS** ▶ ja **DIRECTIE** ▶ geen directiegegevens bekend **BESTUUR** ▶ O.A.W.J. van den Heuvel, voorzitter; E. van Hiele; L. van der Kroft.

Missie ■ **DOELSTELLING** ▶ De stichting stelt zich ten doel het doen van geldelijke uitkeringen met een ideële of sociale strekking aan instellingen die de leniging van noden van deze aard beogen. **BELEIDSPLAN OP WEBSITE** ▶ ja.

Doelgroep ■ **ALGEMEEN** ▶ jongeren, kinderen **SPECIFIEK** ▶ Stichting Madurodam Kinderfonds. **ACTIVITEITEN** ▶ Stichting Madurodam Vermogensfonds keert jaarlijks gelden uit aan Stichting Madurodam Kinderfonds. Stichting Madurodam Kinderfonds gebruikt dit voor giften ten behoeve van de persoonlijke ontwikkeling van kinderen en voor giften aan diverse goede doelen. De activa van Stichting Madurodam Vermogensfonds bestaan voornamelijk uit beleggingen. Daarnaast bezit Stichting Madurodam Vermogensfonds het economische eigendom van het recht van erfpacht van de grond waarop de miniatuurstad wordt geëxploiteerd. **INTERVENTIENIVEAU** ▶ N.v.t.

Werkgebied ■ **ACTIERADIUS** ▶ Internationaal **LAND** ▶ Nederland en Caribisch Nederland.

Bestedingen ■ BUDGET ► niet openbaar SOORT BIJDRAGE ► giften BOVENGRENS ► geen ONDERGRENS ► geen.

Projecten ■ CRITERIA ► geen projectcriteria bekend DOORLOOPTIJD ► ☑ onbekend STATUS AANVRAGER ► ☑ geen beperkingen bekend VOORKEUR/UITSLUITING ► Geen voorkeur/uitsluiting bekend.

Procedure ■ OP AANVRAAG ► nee AANVRAAGPROCEDURE ► Zie Stichting Madurodam Kinderfonds.

Financieel ■ EIGEN VERMOGEN ► € 21.577.237 HERKOMST MIDDELEN ► vermogen, overige inkomsten BOEKJAAR ► 2018 JAARVERSLAG OP WEBSITE ► ja.

Contact ■ BEREIKBAAR PER ► ☑ post ☑ e-mail ☑ telefoon CONTACTPERSOON ► geen contactpersoon bekend POSTADRES ► George Maduroplein 1, 2584 RZ Den Haag EMAIL (ALGEMEEN) ► info@madurodam.nl TELEFOON (ALGEMEEN) ► 070-4162400.

801
Mady Saks Fonds

Rubriek ■ ☑ kunst en cultuur

Algemeen ■ WEBSITE ► www.cultuurfonds.nl TYPERING ► fonds op naam BEHEERD DOOR ► Prins Bernhard Cultuurfonds DIRECTIE ► zie > Prins Bernhard Cultuurfonds BESTUUR ► zie > Prins Bernhard Cultuurfonds

Missie ■ DOELSTELLING ► Het financieel ondersteunen van documentairemakers voor de ontwikkeling van een documentaire over cultuur en natuurbehoud in Nederland. HISTORIE ► Dit fonds werd ingesteld door de in 2006 overleden cineaste Mady Saks.

Werkgebied ■ ACTIERADIUS ► Nationaal LAND ► Nederland.

Projecten ■ CRITERIA ► Uit dit CultuurFonds op Naam wordt bijgedragen aan OASE, een samenwerking met het Nederlands Filmfonds. Sinds de start in 2013 is OASE een vrijplaats die door onafhankelijke documentaire regisseurs kan worden aangevraagd om filmplannen te ontwikkelen voor lange documentaires met cinematografische kwaliteit. DOORLOOPTIJD ► ☑ korter dan 1 jaar STATUS AANVRAGER ► ☑ geen beperkingen bekend VOORKEUR/UITSLUITING ► geen voorkeur of uitsluiting bekend.

Procedure ■ OP AANVRAAG ► ja AANVRAAGPROCEDURE ► Dit 'fonds op naam' ressorteert onder het Prins Bernhard Cultuurfonds. Verzoeken aan fondsen op naam komen op één centraal punt binnen. Dit houdt in dat een subsidieaanvraag slechts eenmaal aan het Prins Bernhard Cultuurfonds hoeft te worden gezonden. Voor de verdere aanvraagprocedure: zie Prins Bernhard Cultuurfonds. URL ► www.cultuurfonds.nl/aanvragen

Contact ■ BEREIKBAAR PER ► ☑ post ☑ e-mail ☑ telefoon CONTACTPERSOON ► geen contactpersoon bekend POSTADRES ► Postbus 19750, 1000 GT Amsterdam EMAIL (ALGEMEEN) ► info@cultuurfonds.nl TELEFOON (ALGEMEEN) ► 020-5206130.

802
Madzy van Nagell - Martini Buys Fonds

Rubriek ■ ☑ kunst en cultuur ☑ natuur, milieu en dieren

Algemeen ■ WEBSITE ► www.cultuurfonds.nl TYPERING ► fonds op naam BEHEERD DOOR ► Prins Bernhard Cultuurfonds DIRECTIE ► zie > Prins Bernhard Cultuurfonds BESTUUR ► zie > Prins Bernhard Cultuurfonds

Missie ■ DOELSTELLING ► Het financieel ondersteunen van projecten op het terrein van cultuur en natuurbehoud in Loenersloot en omgeving. Aanvragen worden behandeld door het Prins Bernhard Cultuurfonds Utrecht.

Werkgebied ■ ACTIERADIUS ► Lokaal LAND ► Nederland REGIO ► Utrecht PLAATS ► Loenersloot e.o.

Projecten ■ CRITERIA ► geen projectcriteria bekend DOORLOOPTIJD ► ☑ korter dan 1 jaar STATUS AANVRAGER ► ☑ geen beperkingen bekend VOORKEUR/UITSLUITING ► geen voorkeur of uitsluiting bekend.

Procedure ■ OP AANVRAAG ► ja AANVRAAGPROCEDURE ► Dit 'fonds op naam' ressorteert onder het Prins Bernhard Cultuurfonds. Verzoeken aan fondsen op naam komen op één centraal punt binnen. Dit houdt in dat een subsidieaanvraag slechts eenmaal aan het Prins Bernhard Cultuurfonds hoeft te worden gezonden. Voor de verdere aanvraagprocedure: zie Prins Bernhard Cultuurfonds. URL ► www.cultuurfonds.nl/aanvragen

Contact ■ BEREIKBAAR PER ► ☑ post ☑ e-mail ☑ telefoon CONTACTPERSOON ► geen contactpersoon bekend POSTADRES ► Postbus 19750, 1000 GT Amsterdam EMAIL (ALGEMEEN) ► info@cultuurfonds.nl TELEFOON (ALGEMEEN) ► 020-5206130.

803
Magnus-Menko Fonds

Rubriek ■ ☑ kunst en cultuur ☑ onderwijs en onderzoek

Algemeen ■ WEBSITE ► www.cultuurfonds.nl TYPERING ► fonds op naam BEHEERD DOOR ► Prins Bernhard Cultuurfonds DIRECTIE ► zie > Prins Bernhard Cultuurfonds BESTUUR ► zie > Prins Bernhard Cultuurfonds

Missie ■ DOELSTELLING ► Het financieel ondersteunen van talentvolle musici, bij voorkeur fluitisten voor een vervolgopleiding of voor de aanschaf van een passend instrument. Daarnaast het financieel ondersteunen van projecten van professionele- en amateur (fluit) ensembles met een landelijke uitstraling, in het bijzonder voor een compositieopdracht.

Werkgebied ■ ACTIERADIUS ► Nationaal LAND ► Nederland.

Projecten ■ CRITERIA ► geen projectcriteria bekend DOORLOOPTIJD ► ☑ korter dan 1 jaar STATUS AANVRAGER ► ☑ geen beperkingen bekend VOORKEUR/UITSLUITING ► Voorkeur gaat uit naar fluitisten.

Procedure ■ OP AANVRAAG ► ja AANVRAAGPROCEDURE ► Dit 'fonds op naam' ressorteert onder het Prins Bernhard Cultuurfonds. Verzoeken

aan fondsen op naam komen op één centraal punt binnen. Dit houdt in dat een subsidieaanvraag slechts eenmaal aan het Prins Bernhard Cultuurfonds hoeft te worden gezonden. Voor de verdere aanvraagprocedure: zie Prins Bernhard Cultuurfonds. **URL** ▶ www.cultuurfonds.nl/aanvragen

Contact ■ **BEREIKBAAR PER** ▶ ☑ post ☑ e-mail ☑ telefoon **CONTACTPERSOON** ▶ geen contactpersoon bekend **POSTADRES** ▶ Postbus 19750, 1000 GT Amsterdam **EMAIL (ALGEMEEN)** ▶ info@cultuurfonds.nl **TELEFOON (ALGEMEEN)** ▶ 020-5206130.

804
Stichting Mama Cash

Rubriek ■ ☑ maatschappij, welzijn en samenleving ☑ mensenrechten, vrede en veiligheid

Algemeen ■ **WEBSITE** ▶ www.mamacash.org/nl **TYPERING** ▶ hybride fonds **OPGERICHT** ▶ 1983 **RECHTSVORM** ▶ stichting **KVK** ▶ 41202535 **ANBI STATUS** ▶ ja **DIRECTIE** ▶ mw. Z. Moosa **BESTUUR** ▶ Mw. N. Jouwe, co-voorzitter; mw. F. Salka, co-voorzitter; mw. N. Wink; mw. J. de Abreu; mw. K. Fancy; mw. A. Kirey; mw. F.D.M Muparutsa; mw. T. Tully; mw. O. Lopez Uribe.

Missie ■ **DOELSTELLING** ▶ Mama Cash opereert globaal en heeft ten doel: ☑ het strijden voor een rechtvaardige, vreedzame en duurzame wereld en steunt daartoe het maatschappelijke veranderingsproces dat gericht op een gelijke verdeling van macht en middelen. Daartoe streeft Mama Cash naar volledige participatie van vrouwen, meiden, trans- en intersekse personen in alle maatschappelijke en economische sectoren en naar volledige zeggenschap over hun eigen lichaam. Haar werkwijze is om vernieuwende, creatieve en duurzame activiteiten van vrouwen-, meiden-, trans- en intersekse personengroepen en hun voortrekkers op dit vlak te ondersteunen en te versterken. Mama Cash doet dit middels verschillende activiteiten. maar met name door initiatieven en projecten van vrouwen, meiden, trans- en intersekse personen financieel te faciliteren door middel van subsidies en door het creëren van netwerken. Daarnaast wil Mama Cash een inspirerend voorbeeld zijn voor alle personen die dromen van een rechtvaardige wereld en die financiële ondersteuning willen bieden om deze droom te verwezenlijken; ☑ het verrichten van al hetgeen met voornoemd doel in de ruimste zin verband houdt of daartoe bevorderlijk kan zijn. **HISTORIE** ▶ Mama Cash is in 1983 opgericht door vijf Nederlandse feministen. Niet lang daarna begon dit kleine, maar sterke vrouwenfonds financiering te verstrekken aan opkomende radicale vrouwengroepen over de hele wereld. Tegenwoordig werkt Mama Cash samen met activisten, organisaties, fondsen en andere supporters. Zij zetten zich in voor gezamenlijke actie ter verdediging, promotie en verbetering van de mensenrechten van vrouwen, meiden en transgenders. **BELEIDSPLAN OP WEBSITE** ▶ ja.

Doelgroep ■ **ALGEMEEN** ▶ vrouwen **SPECIFIEK** ▶ Vrouwen-, meiden- en transgendergroepen die zich inzetten om de wereld te verbeteren. **ACTIVITEITEN** ▶ Mama Cash steunt elk jaar ruim 100 moedige groepen, organisaties, netwerken en vrouwenfondsen die geleid worden door vrouwen, meiden en transgenders. Mama Cash legt de focus op 3 brede thema's – Lichaam, Geld en Stem – en ze subsidiëren groepen wiens werk binnen deze thema's vallen. ☑ Lichaam; Mama Cash verstrekt subsidies aan organisaties en initiatieven van vrouwen, meiden en transgenders die zich inzetten voor: reproductieve rechtvaardigheid, veranderen van normen op het gebied van gender, sekse en seksualiteit en herdefiniëren en beëindigen van geweld; ☑ Geld (economische rechtvaardigheid); Mama Cash verstrekt subsidies aan organisaties en initiatieven van vrouwen, meiden en transgenders die zich inzetten voor: arbeidsrechten en groene rechtvaardigheid; ☑ Stem; Mama Cash verstrekt subsidies aan organisaties en initiatieven van vrouwen, meiden en transgenders die zich inzetten voor: Toegang tot en herverdeling van macht – politieke participatie en Stereotypen veranderen via kunst en media. In 2019 gaf Mama Cash steun aan 144 groepen in 67 landen. door middel van 157 subsidies. **INTERVENTIENIVEAU** ▶ Steun aan lokale/provinciale maatschappelijke organisaties en structuren (incl. gemeenten etc.) die diensten verlenen aan individuen.

Werkgebied ■ **ACTIERADIUS** ▶ Nationaal, Internationaal **LAND** ▶ Wereldwijd.

Bestedingen ■ **BUDGET** ▶ € 6.050.000 **SOORT BIJDRAGE** ▶ subsidies overig **BOVENGRENS** ▶ € 50.000 **ONDERGRENS** ▶ € 5.000.

Projecten ■ **CRITERIA** ▶ Mama Cash subsidieert groepen en initiatieven die: ☑ Vanuit een feministisch en/of vrouwenrechtelijk perspectief werken; ☑ Zelf-geleid zijn door de vrouwen, meiden, transgenders en/of intersekse personen op wie zij zich richten; ☑ Als missie de bevordering van de rechten van vrouwen, meiden, transgender en/of intersekse personen hebben, en niet slechts als de focus van één van hun programma's; ☑ Zich hard maken voor structurele en fundamentele verandering; ☑ De nadruk leggen op omstreden en onderbelichte onderwerpen. **DOORLOOPTIJD** ▶ ☑ onbekend **STATUS AANVRAGER** ▶ ☑ stichting of vereniging (non-profit) ☑ overig ☑ onderwijsinstelling ☑ kerkelijke instelling **VOORKEUR/UITSLUITING** ▶ Mama Cash geeft prioriteit aan; ☑ groepen en organisaties die aan de volgende criteria voldoen uit om een aanvraag in te dienen: Een jaarbudget hebben van minder dan €200.000; ☑ Werken aan het verband tussen de rechten van vrouwen, meiden, transgender en intersekse personen en milieurechtvaardigheid, bijvoorbeeld groepen die de uitsluiting van inheemse vrouwen van besluitvorming over hun land aan de kaak stellen, en groepen die vechten voor hun recht op water, voedsel en een schone, veilige en gezonde omgeving. Mama Cash verstrekt géén subsidie aan: ☑ groepen wiens missie en focus niet primair gericht is op het verbeteren van de rechten van vrouwen, meiden of transgenders; ☑ groepen wiens werk gericht is op het verbeteren van de levens van individuele vrouwen, meiden en/of transgenders zonder de omstandigheden die aanleiding geven tot onrecht fundamenteel aan te pakken; ☑ groepen die actief de rechten van bepaalde vrouwen, meiden en transgenders ontkennen, op basis van wie ze zijn of van hun positie in de maatschappij. ☑ groepen wiens primaire doel ontwikkelingswerk, humanitaire hulp, armoedebestrijding of liefdadigheid is, zoals: activiteiten gericht op het generen van inkomen en krediet-programma's; (in)formeel onderwijs, alfabetisering en traditionele vaardigheidstraining; sociale voorzieningen, juridische dienstverlening en/of reguliere gezondheidszorg; ☑ groepen die door mannen worden geleid (uitzondering: groepen geleid door transmannen); ☑ groepen in de Verenigde Staten en Canada; ☑ groepen in het Noorden die hun activiteiten uitvoeren in, of leidend zijn in samenwerkingen met, organisaties in het Zuiden en Oosten; ☑ groepen die zijn opgericht door, of structureel of economisch afhankelijk zijn van, politieke partijen, overheidsinstellingen, of religieuze instellingen; ☑ zakelijke ondernemingen; ☑ individuen; ☑ academisch onderzoek of studiebeurzen; ☑ losstaande reissubsidies (kosten voor reizen kunnen echter wel onderdeel zijn van bredere subsidieaanvragen, mits ze in lijn zijn met de missie en strategieën van de groep).

Procedure ■ **OP AANVRAAG** ▶ ja **DOORLOOPTIJD** ▶ 6-12 maanden **AANVRAAGPROCEDURE** ▶ Mama Cash biedt zowel algemene subsidie, ter ondersteuning van de groep of organisatie in haar geheel, als subsidie voor specifieke programma's, projecten of initiatieven. Groepen worden aangemoedigd om algemene subsidie aan te vragen. Nadat een subsidie-aanvraag is ingediend, beoordeelt Mama Cash of de aanvraag doorgaat naar de volgende stap waarbij om meer informatie gevraagd wordt. Vervolgens wordt de aanvraag besproken en feedback gevraagd aan adviseurs. Wanneer de aanvraag is goedgekeurd, blijft Mama Cash contact houden tijdens de subsidieperiode om ondersteuning te bieden. Tot slot wordt er aan het einde van de subsidieperiode geëvalueerd en kan Mama Cash eventueel de subsidie hernieuwen. **URL** ▶ www.mamacash.org/nl/vraag-subsidie-aan/meer-informatie/

Financieel ■ **EIGEN VERMOGEN** ▶ € 3.120.424 **INKOMSTEN EV** ▶ € 314.395 **INKOMSTEN OV** ▶ € 14.868.978 **HERKOMST MIDDELEN** ▶ giften & schenkingen, legaten, overige inkomsten **BOEKJAAR** ▶ 2019 **JAARVERSLAG OP WEBSITE** ▶ ja.

Contact ■ **BEREIKBAAR PER** ▶ ☑ post ☑ e-mail ☑ telefoon **CONTACTPERSOON** ▶ geen contactpersoon bekend **POSTADRES** ▶ Postbus 15686, 1001 ND Amsterdam **EMAIL (ALGEMEEN)** ▶ info@mamacash.org **TELEFOON (ALGEMEEN)** ▶ 020-5158700.

805
Manders-Brada Stichting

Rubriek ■ ☑ natuur, milieu en dieren

Algemeen ■ **WEBSITE** ▶ www.manders-brada.nl **TYPERING** ▶ vermogensfonds **OPGERICHT** ▶ 08-12-1989 **RECHTSVORM** ▶ stichting **KVK** ▶ 41156093 **ANBI STATUS** ▶ nee **DIRECTIE** ▶ geen directiegegevens bekend **BESTUUR** ▶ H.B. van Strien; J.R.W. Stimm; dr. M.H. Boevé; mw.mr. C.C.A. Hoevenaars.

Missie ■ **DOELSTELLING** ▶ De Manders-Brada Stichting verleent hulp aan zieke, zwervende en onverzorgde dieren, een en ander in samenwerking met bonafide daarvoor bestemde instellingen. **STICHTER(S)** ▶ Mevrouw dr.ir. J.H.M. Manders **HISTORIE** ▶ De Manders-Brada Stichting werd opgericht door het van kracht worden van het testament van Mevrouw dr.ir. Johanna Hendrika Maria Manders, overleden te 's-Gravenhage op 8 december 1989. Heel haar leven is Mevrouw Manders een groot hondenliefhebster geweest. Geen moeite was haar teveel als het om haar honden ging en zij was tijdens haar leven al zeer betrokken bij het welzijn van dieren. Kort na haar ontstaan is de Manders-Brada Stichting gaan samenwerken met de in Den Haag gevestigde vereniging Koninklijke Hondenbescherming op basis van een convenant. Doel daarvan was enerzijds signalen te ontvangen waar wij zouden kunnen helpen en anderzijds gezamenlijk nood te kunnen lenigen.

Doelgroep ■ **ALGEMEEN** ▶ dieren **SPECIFIEK** ▶ Zieke, zwervende en onverzorgde dieren. **ACTIVITEITEN** ▶ De Stichting verstrekt op aanvraag financiële hulp aan instellingen. **INTERVENTIENIVEAU** ▶ Steun aan lokale/provinciale maatschappelijke organisaties en structuren (incl. gemeenten etc.) die diensten verlenen aan individuen.

Werkgebied ■ **ACTIERADIUS** ▶ Nationaal **LAND** ▶ Nederland.

Bestedingen ■ **BUDGET** ▶ niet openbaar **SOORT BIJDRAGE** ▶ giften **BOVENGRENS** ▶ € 5.000 **ONDERGRENS** ▶ geen.

Projecten ■ **CRITERIA** ▶ ☑ De financiële steun concentreert zich op directe hulp voor dieren, die een structureel karakter heeft. ☑ Hulp wordt verleend aan een rechtspersoon. ☑ Hulp wordt verleend t.b.v. binnenlandse projecten. Een uitzondering kan worden gemaakt voor buitenlandse projecten mits toezicht mogelijk is. ☑ Per aanvrager wordt maximaal eenmaal per twee jaar subsidie verstrekt. Aan dezelfde aanvrager kan binnen die twee jaar subsidie worden verstrekt indien het verzoek daartoe via het convenant wordt ingediend. ☑ De toezegging van een subsidie geldt voor een periode van 2 jaar. Is het toegekende bedrag twee jaar na de toezegging nog niet opgevraagd, omdat bijv. de bouw nog niet is gestart is verlenging mogelijk mits deze voor het aflopen van de periode wordt aangevraagd. **DOORLOOPTIJD** ▶ ☑ 1 - 2 jaar **STATUS AANVRAGER** ▶ ☑ stichting of vereniging (non-profit) **VOORKEUR/UITSLUITING** ▶ ☑ In het algemeen worden geen exploitatiekosten gesubsidieerd. In uitzonderingsgevallen kan steun worden verleend aan indirecte hulp voor b.v. het drukken van brochures, meningsbeïnvloeding, wetgeving enz.

Procedure ■ **OP AANVRAAG** ▶ ja **DOORLOOPTIJD** ▶ 1-3 maanden **AANVRAAGPROCEDURE** ▶ Een subsidie dient te worden aangevraagd middels het aanvraagformulier dat via de website kan worden gedownload. De aanvraag dient zo mogelijk, naast de in het aanvraagformulier genoemde documenten, vergezeld te gaan van offertes en/of facturen. De aanvraag wordt behandeld op de na binnenkomst van de aanvraag eerstkomende bestuursvergadering. Het bestuur vergadert ieder kwartaal. Via www.manders-brada.nl/contact/ kan contact met de stichting worden opgenomen voor overige vragen **URL** ▶ www.manders-brada.nl/aanvragen/

Financieel ■ **HERKOMST MIDDELEN** ▶ vermogen **BOEKJAAR** ▶ boekjaar onbekend.

Contact ■ **BEREIKBAAR PER** ▶ ☒ op geen enkele wijze bereikbaar **CONTACTPERSOON** ▶ geen contactpersoon bekend **POSTADRES** ▶ Geen postadres bekend.

806
Margaretha Fonds

Rubriek ■ ☑ kunst en cultuur
Algemeen ■ WEBSITE ▶ www.cultuurfonds.nl TYPERING ▶ fonds op naam BEHEERD DOOR ▶ Prins Bernhard Cultuurfonds DIRECTIE ▶ zie > Prins Bernhard Cultuurfonds BESTUUR ▶ zie > Prins Bernhard Cultuurfonds
Missie ■ DOELSTELLING ▶ Het financieel ondersteunen van toneel- en muziekprojecten in Nederland met een voorkeur voor projecten in Haarlem en directe omgeving.
Werkgebied ■ ACTIERADIUS ▶ Regionaal LAND ▶ Nederland REGIO ▶ Zuid-Kennemerland.
Projecten ■ CRITERIA ▶ geen projectcriteria bekend DOORLOOPTIJD ▶ ☑ korter dan 1 jaar STATUS AANVRAGER ▶ ☑ geen beperkingen bekend VOORKEUR/UITSLUITING ▶ geen voorkeur of uitsluiting bekend.
Procedure ■ OP AANVRAAG ▶ ja AANVRAAGPROCEDURE ▶ Dit 'fonds op naam' ressorteert onder het Prins Bernhard Cultuurfonds. Verzoeken aan fondsen op naam komen op één centraal punt binnen. Dit houdt in dat een subsidieaanvraag slechts eenmaal aan het Prins Bernhard Cultuurfonds hoeft te worden gezonden. Voor de verdere aanvraagprocedure: zie Prins Bernhard Cultuurfonds. URL ▶ www.cultuurfonds.nl/aanvragen
Contact ■ BEREIKBAAR PER ▶ ☑ post ☑ e-mail ☑ telefoon CONTACTPERSOON ▶ geen contactpersoon bekend POSTADRES ▶ Postbus 19750, 1000 GT Amsterdam EMAIL (ALGEMEEN) ▶ info@cultuurfonds.nl TELEFOON (ALGEMEEN) ▶ 020-5206130.

807
Margaretha-Henricus Fonds

Rubriek ■ ☑ kunst en cultuur ☑ onderwijs en onderzoek
Algemeen ■ WEBSITE ▶ www.cultuurfonds.nl TYPERING ▶ fonds op naam BEHEERD DOOR ▶ Prins Bernhard Cultuurfonds DIRECTIE ▶ zie > Prins Bernhard Cultuurfonds BESTUUR ▶ zie > Prins Bernhard Cultuurfonds
Missie ■ DOELSTELLING ▶ Het financieel ondersteunen van projecten op het gebied van de pop- en klassieke muziek: projecten inzake oral history van de Nederlandse popmuziek, en producties op het terrein van de instrumentale klassieke muziek met een voorkeur voor muziekeducatie.
Werkgebied ■ ACTIERADIUS ▶ Nationaal LAND ▶ Nederland.
Projecten ■ CRITERIA ▶ geen projectcriteria bekend DOORLOOPTIJD ▶ ☑ korter dan 1 jaar STATUS AANVRAGER ▶ ☑ geen beperkingen bekend VOORKEUR/UITSLUITING ▶ Voorkeur gaat uit naar muziekeducatie.
Procedure ■ OP AANVRAAG ▶ ja AANVRAAGPROCEDURE ▶ Dit 'fonds op naam' ressorteert onder het Prins Bernhard Cultuurfonds. Verzoeken aan fondsen op naam komen op één centraal punt binnen. Dit houdt in dat een subsidieaanvraag slechts eenmaal aan het Prins Bernhard Cultuurfonds hoeft te worden gezonden. Voor de verdere aanvraagprocedure: zie Prins Bernhard Cultuurfonds. URL ▶ www.cultuurfonds.nl/aanvragen
Contact ■ BEREIKBAAR PER ▶ ☑ post ☑ e-mail ☑ telefoon CONTACTPERSOON ▶ geen contactpersoon bekend POSTADRES ▶ Postbus 19750, 1000 GT Amsterdam EMAIL (ALGEMEEN) ▶ info@cultuurfonds.nl TELEFOON (ALGEMEEN) ▶ 020-5206130.

808
Margarethe Petronella Fonds

Rubriek ■ ☑ kunst en cultuur
Algemeen ■ WEBSITE ▶ www.cultuurfonds.nl TYPERING ▶ fonds op naam BEHEERD DOOR ▶ Prins Bernhard Cultuurfonds DIRECTIE ▶ zie > Prins Bernhard Cultuurfonds BESTUUR ▶ zie > Prins Bernhard Cultuurfonds
Missie ■ DOELSTELLING ▶ Het financieel ondersteunen van projecten op het gebied van beeldende kunst en kunstnijverheid in Nederland.
Werkgebied ■ ACTIERADIUS ▶ Nationaal LAND ▶ Nederland.
Projecten ■ CRITERIA ▶ geen projectcriteria bekend DOORLOOPTIJD ▶ ☑ korter dan 1 jaar STATUS AANVRAGER ▶ ☑ geen beperkingen bekend VOORKEUR/UITSLUITING ▶ geen voorkeur of uitsluiting bekend.
Procedure ■ OP AANVRAAG ▶ ja AANVRAAGPROCEDURE ▶ Dit 'fonds op naam' ressorteert onder het Prins Bernhard Cultuurfonds. Verzoeken aan fondsen op naam komen op één centraal punt binnen. Dit houdt in dat een subsidieaanvraag slechts eenmaal aan het Prins Bernhard Cultuurfonds hoeft te worden gezonden. Voor de verdere aanvraagprocedure: zie Prins Bernhard Cultuurfonds. URL ▶ www.cultuurfonds.nl/aanvragen
Contact ■ BEREIKBAAR PER ▶ ☑ post ☑ e-mail ☑ telefoon CONTACTPERSOON ▶ geen contactpersoon bekend POSTADRES ▶ Postbus 19750, 1000 GT Amsterdam EMAIL (ALGEMEEN) ▶ info@cultuurfonds.nl TELEFOON (ALGEMEEN) ▶ 020-5206130.

809
Margit Widlund Fonds

Rubriek ■ ☑ kunst en cultuur ☑ onderwijs en onderzoek
Algemeen ■ WEBSITE ▶ www.cultuurfonds.nl TYPERING ▶ fonds op naam BEHEERD DOOR ▶ Prins Bernhard Cultuurfonds DIRECTIE ▶ zie > Prins Bernhard Cultuurfonds BESTUUR ▶ zie > Prins Bernhard Cultuurfonds
Missie ■ DOELSTELLING ▶ Het financieel ondersteunen van jonge zangeressen ten behoeve van studiereizen, masterclasses en overige activiteiten in binnen- en buitenland, die hun vocale ontwikkeling bevorderen.
Werkgebied ■ ACTIERADIUS ▶ Nationaal, Internationaal LAND ▶ Nederland.
Projecten ■ CRITERIA ▶ geen projectcriteria bekend DOORLOOPTIJD ▶

☑ korter dan 1 jaar **STATUS AANVRAGER** ▶ ☑ geen beperkingen bekend **VOORKEUR/UITSLUITING** ▶ geen voorkeur of uitsluiting bekend.

Procedure ■ **OP AANVRAAG** ▶ ja **AANVRAAGPROCEDURE** ▶ Dit 'fonds op naam' ressorteert onder het Prins Bernhard Cultuurfonds. Verzoeken aan fondsen op naam komen op één centraal punt binnen. Dit houdt in dat een subsidieaanvraag slechts eenmaal aan het Prins Bernhard Cultuurfonds hoeft te worden gezonden. Voor de verdere aanvraagprocedure: zie Prins Bernhard Cultuurfonds. **URL** ▶ www.cultuurfonds.nl/aanvragen

Contact ■ **BEREIKBAAR PER** ▶ ☑ post ☑ e-mail ☑ telefoon **CONTACTPERSOON** ▶ geen contactpersoon bekend **POSTADRES** ▶ Postbus 19750, 1000 GT Amsterdam **EMAIL (ALGEMEEN)** ▶ info@cultuurfonds.nl **TELEFOON (ALGEMEEN)** ▶ 020-5206130.

810
Stichting Marguérite Antoinette

Rubriek ■ ☑ kunst en cultuur ☑ maatschappij, welzijn en samenleving ☑ natuur, milieu en dieren

Algemeen ■ **WEBSITE** ▶ www.stichting-marguerite-antoinette.nl/index.html **TYPERING** ▶ vermogensfonds **OPGERICHT** ▶ 31-07-1996 **RECHTSVORM** ▶ stichting **KVK** ▶ 41135811 **ANBI STATUS** ▶ ja **DIRECTIE** ▶ geen directiegegevens bekend **BESTUUR** ▶ A. Hendriks, voorzitter; J.H.M. Kofflard, penningmeester; mw. L. Dam, secretaris.

Missie ■ **DOELSTELLING** ▶ De stichting heeft ten doel het geven van financiële ondersteuning aan: ☑ instellingen met name werkzaam op het gebied van charitas, cultureel en natuurbescherming; ☑ begaafde jonge mensen voor het stimuleren van hun culturele activiteiten; ☑ minder- of zwakbegaafde mensen ter bevordering van hun eigen positie in de samenleving en voorts al hetgeen met een en ander rechtstreeks of zijdelings verband houdt of daartoe bevorderlijk kan zijn, alles in de ruimste zin des woords.

Doelgroep ■ **ALGEMEEN** ▶ gehandicapten, jongeren **SPECIFIEK** ▶ Begaafde jonge mensen, minder- of zwakbegaafde mensen, instellingen die werkzaam zijn op het gebied van charitas, cultureel en natuurbescherming. **ACTIVITEITEN** ▶ Geen specifieke activiteiten bekend **INTERVENTIENIVEAU** ▶ Steun aan lokale/provinciale maatschappelijke organisaties en structuren (incl. gemeenten etc.) die diensten verlenen aan individuen.; Steun aan individuen (directe steun).

Werkgebied ■ **ACTIERADIUS** ▶ Lokaal, Regionaal **LAND** ▶ Nederland **REGIO** ▶ Zuid-Holland **PLAATS** ▶ Rotterdam e.o.

Bestedingen ■ **BUDGET** ▶ niet openbaar **SOORT BIJDRAGE** ▶ giften **BOVENGRENS** ▶ geen **ONDERGRENS** ▶ geen.

Projecten ■ **CRITERIA** ▶ geen projectcriteria bekend **DOORLOOPTIJD** ▶ ☑ korter dan 1 jaar **STATUS AANVRAGER** ▶ ☑ stichting of vereniging (non-profit) ☑ individuen/gezinnen **VOORKEUR/UITSLUITING** ▶ De Stichting heeft haar vestigingsplaats in Rotterdam, zij geeft de voorkeur aan instellingen en organisaties uit Rotterdam of Groot Rotterdam, en in sommige gevallen uit Zuid Holland.

Procedure ■ **OP AANVRAAG** ▶ onbekend **DOORLOOPTIJD** ▶ 1-3 maanden; geen doorlooptijd bekend; geen doorlooptijd bekend **AANVRAAGPROCEDURE** ▶ geen aanvraagprocedure bekend.

Financieel ■ **HERKOMST MIDDELEN** ▶ vermogen.

Contact ■ **BEREIKBAAR PER** ▶ ☑ post ☑ e-mail ☒ telefoon **CONTACTPERSOON** ▶ geen contactpersoon bekend **POSTADRES** ▶ Kleiweg 146, 3051 SH Rotterdam **EMAIL (ALGEMEEN)** ▶ info@stichting-marguerite-antoinette.nl.

811
Stichting Marguerite Damelon

Rubriek ■ ☑ gezondheidszorg ☑ onderwijs en onderzoek

Algemeen ■ **WEBSITE** ▶ www.kennisbankfilantropie.nl/anbi/marguerite-damelon **TYPERING** ▶ vermogensfonds **OPGERICHT** ▶ 23-05-1995 **RECHTSVORM** ▶ stichting **KVK** ▶ 41215008 **ANBI STATUS** ▶ ja **DIRECTIE** ▶ geen directiegegevens bekend **BESTUUR** ▶ N. Findhammer, voorzitter; mw. J.C. Findhammer-Sanders, penningmeester; mw. J.C. Findhammer-Sanders, secretaris; M. Findhammer-Winkelman.

Missie ■ **DOELSTELLING** ▶ Het doel van de stichting is; ☑ de ondersteuning van instellingen, niet uitsluitend instellingen op het gebied van gezondheidszorg, doch ook instellingen op het gebied van educatie en ouderenverzorging; ☑ al hetgeen met een een ander rechtstreeks of zijdelings verband houdt of daartoe bevorderlijk kan zijn, alles in de ruimste zin des woords. **HISTORIE** ▶ Met testament van 23 mei 1995 is de stichting benoemd tot enig erfgename van mevrouw B.M. Damelon. **BELEIDSPLAN OP WEBSITE** ▶ ja.

Doelgroep ■ **ALGEMEEN** ▶ ouderen, kinderen, armen **SPECIFIEK** ▶ Geen specifieke doelgroep **ACTIVITEITEN** ▶ De stichting tracht haar doel ondermeer te verwezenlijken door het doen van uitkeringen aan bedoelde instellingen. Er zijn twee projecten gerealiseerd in Nepal: ☑ De 'Shree Kalika School'. Locatie Devchuli VCD-9, Bishaltar, Nawalparasi, Nepal. Dit project staat onder toezicht van Stichting Nepal; ☑ De 'Panchamukin Primary School' in Thehe Village, HUmlan District Nepal. Dit project staat onder toezicht van TNT (The Nepal Trust). Een ander samenwerkingsverband is de stichting aangegaan met de ANBI stichting Care4TIna om het project Father Stephen te ondersteunen voor de opvang en begeleiding van 50 kansarme migranten kinderen. **INTERVENTIENIVEAU** ▶ Steun op niveau van maatschappij zelf (beleidsbeïnvloeding, etc.).; Steun aan lokale/provinciale maatschappelijke organisaties en structuren (incl. gemeenten etc.) die diensten verlenen aan individuen.

Werkgebied ■ **ACTIERADIUS** ▶ Internationaal **LAND** ▶ Wereldwijd.

Bestedingen ■ **BUDGET** ▶ niet openbaar **SOORT BIJDRAGE** ▶ giften **BOVENGRENS** ▶ geen **ONDERGRENS** ▶ geen.

Projecten ■ **CRITERIA** ▶ geen projectcriteria bekend **DOORLOOPTIJD** ▶ ☑ onbekend **STATUS AANVRAGER** ▶ ☑ stichting of vereniging (non-profit) ☑ onderwijsinstelling ☑ kerkelijke instelling **VOORKEUR/UITSLUITING** ▶ geen voorkeur of uitsluiting bekend.

Procedure ■ OP AANVRAAG ▶ onbekend AANVRAAGPROCEDURE ▶ Geen aanvraagprocedure bekend.
Financieel ■ EIGEN VERMOGEN ▶ € 933.971 INKOMSTEN EV ▶ € 55.549 INKOMSTEN OV ▶ € 627 HERKOMST MIDDELEN ▶ legaten, vermogen BOEKJAAR ▶ 2019 JAARVERSLAG OP WEBSITE ▶ ja.
Contact ■ BEREIKBAAR PER ▶ ☑ post ☑ e-mail ☑ telefoon CONTACTPERSOON ▶ Mw. J.C. Findhammer-Sanders POSTADRES ▶ Richterstraat 69, 7582 BW Losser EMAIL (ALGEMEEN) ▶ jos.ephine@planet.nl TELEFOON (ALGEMEEN) ▶ 053-5381720.

812
Maria Antonia van der Elburg-Schuddebeurs Fonds

Rubriek ■ ☑ kunst en cultuur ☑ onderwijs en onderzoek
Algemeen ■ WEBSITE ▶ www.cultuurfonds.nl TYPERING ▶ fonds op naam BEHEERD DOOR ▶ Prins Bernhard Cultuurfonds DIRECTIE ▶ zie > Prins Bernhard Cultuurfonds BESTUUR ▶ zie > Prins Bernhard Cultuurfonds
Missie ■ DOELSTELLING ▶ Het financieel ondersteunen van jong talent voor een vervolgopleiding in binnen- of buitenland met een voorkeur voor terreinen waarop wetenschap en ambacht elkaar aanvullen, zoals restauraties of instrumentenbouw.
Werkgebied ■ ACTIERADIUS ▶ Nationaal, Internationaal LAND ▶ Nederland.
Projecten ■ CRITERIA ▶ geen projectcriteria bekend DOORLOOPTIJD ▶ ☑ korter dan 1 jaar STATUS AANVRAGER ▶ ☑ geen beperkingen bekend VOORKEUR/UITSLUITING ▶ Voorkeur gaat uit naar terreinen waarop wetenschap en ambacht elkaar aanvullen.
Procedure ■ OP AANVRAAG ▶ ja AANVRAAGPROCEDURE ▶ Dit 'fonds op naam' ressorteert onder het Prins Bernhard Cultuurfonds. Verzoeken aan fondsen op naam komen op één centraal punt binnen. Dit houdt in dat een subsidieaanvraag slechts eenmaal aan het Prins Bernhard Cultuurfonds hoeft te worden gezonden. Voor de verdere aanvraagprocedure: zie Prins Bernhard Cultuurfonds. URL ▶ www.cultuurfonds.nl/aanvragen
Contact ■ BEREIKBAAR PER ▶ ☑ post ☑ e-mail ☑ telefoon CONTACTPERSOON ▶ geen contactpersoon bekend POSTADRES ▶ Postbus 19750, 1000 GT Amsterdam EMAIL (ALGEMEEN) ▶ info@cultuurfonds.nl TELEFOON (ALGEMEEN) ▶ 020-5206130.

813
Maria de Leijer Fonds

Rubriek ■ ☑ kunst en cultuur
Algemeen ■ WEBSITE ▶ www.cultuurfonds.nl TYPERING ▶ fonds op naam BEHEERD DOOR ▶ Prins Bernhard Cultuurfonds DIRECTIE ▶ zie > Prins Bernhard Cultuurfonds BESTUUR ▶ zie > Prins Bernhard Cultuurfonds
Missie ■ DOELSTELLING ▶ Het financieel ondersteunen van in de provincie Noord-Brabant te realiseren projecten op het gebied van de klassieke muziek en kunst. Aanvragen worden behandeld door het Prins Bernhard Cultuurfonds Noord-Brabant.
Werkgebied ■ ACTIERADIUS ▶ Regionaal LAND ▶ Nederland REGIO ▶ Noord-Brabant.
Projecten ■ CRITERIA ▶ geen projectcriteria bekend DOORLOOPTIJD ▶ ☑ korter dan 1 jaar STATUS AANVRAGER ▶ ☑ geen beperkingen bekend VOORKEUR/UITSLUITING ▶ geen voorkeur of uitsluiting bekend.
Procedure ■ OP AANVRAAG ▶ ja AANVRAAGPROCEDURE ▶ Dit 'fonds op naam' ressorteert onder het Prins Bernhard Cultuurfonds. Verzoeken aan fondsen op naam komen op één centraal punt binnen. Dit houdt in dat een subsidieaanvraag slechts eenmaal aan het Prins Bernhard Cultuurfonds hoeft te worden gezonden. Voor de verdere aanvraagprocedure: zie Prins Bernhard Cultuurfonds. URL ▶ www.cultuurfonds.nl/aanvragen
Contact ■ BEREIKBAAR PER ▶ ☑ post ☑ e-mail ☑ telefoon CONTACTPERSOON ▶ geen contactpersoon bekend POSTADRES ▶ Postbus 19750, 1000 GT Amsterdam EMAIL (ALGEMEEN) ▶ info@cultuurfonds.nl TELEFOON (ALGEMEEN) ▶ 020-5206130.

814
Stichting Maria Emalia Dorrepaal

Rubriek ■ ☑ gezondheidszorg ☑ economische ontwikkeling en microkrediet ☑ voedsel en voedselveiligheid ☑ maatschappij, welzijn en samenleving ☑ onderwijs en onderzoek
Algemeen ■ WEBSITE ▶ https://www.stichtingdorrepaal.nl TYPERING ▶ vermogensfonds OPGERICHT ▶ 09-03-1924 RECHTSVORM ▶ stichting KVK ▶ 41150967 ANBI STATUS ▶ ja DIRECTIE ▶ geen directiegegevens bekend BESTUUR ▶ Jkhr. drs. B.W.L. Boreel, voorzitter; mr. P.M.A. van Berckel, penningmeester; mr. P.M.A. van Berckel, secretaris; mw. N.H.D. van Cleef-de Vos; mr. O.M. Nunnikhoven; mw.drs. K.L.M. de Vos.
Missie ■ DOELSTELLING ▶ ☑ Het verlenen van geldelijke steun aan herstellenden om hen weer geheel geschikt te maken voor het gewone, dagelijkse leven; ☑ het verlenen van geldelijke steun aan rechtspersonen, welker doel o.m. het omschreven doel omvat en welke een algemeen maatschappelijk belang beogen. STICHTER(S) ▶ Maria Emalia Dorrepaal HISTORIE ▶ Vrouwe Maria Emalia Dorrepaal overleed op 9 maart 1924. In haar testament werd een bedrag afgezonderd voor het in leven roepen van Stichting met als doel de oprichting en instandhouding van een herstellingsoord 'voor herstellenden om hen weer geschikt te maken voor het gewone dagelijks leven'. In januari 1925 wordt hiertoe het huis Leeuwenburg aan de Vlietweg te Leidschendam aangekocht en in 1927 wordt het herstellingsoord geopend. In 1975 wordt het herstellingsoord opgeheven en wordt Huize

Dorrepaal verhuurd aan de Stichting Schreuder van der Kolk. Vanaf dat moment gaat de Stichting verder als vermogensfonds **BELEIDSPLAN OP WEBSITE** ▶ ja.

Doelgroep ■ **ALGEMEEN** ▶ armen, gehandicapten, dak- en thuislozen, jongeren, kinderen, zieken, ouderen **SPECIFIEK** ▶ De nadruk ligt op ondersteuning van herstellenden in Den Haag en Indonesië. De doelgroep wordt gevormd door herstellenden in zijn algemeenheid en is daardoor breed (onder andere kinderen, jongeren, bejaarden, drugs- of alcohol verslaafden, etc). **ACTIVITEITEN** ▶ Jaarlijks ondersteunt de Stichting zo'n 35 – 40 goede doelen. De doelen lopen uiteen van zorginstellingen, opvanghuizen, tal van stichtingen en fondsen voor jong en oud, initiatieven om bepaalde achtergestelde bevolkingsgroepen weer te betrekken in de reguliere samenleving en ondersteuning van individuele noden. **INTERVENTIENIVEAU** ▶ Steun aan individuen (directe steun).; Steun aan lokale/provinciale maatschappelijke organisaties en structuren (incl. gemeenten etc.) die diensten verlenen aan individuen.

Werkgebied ■ **ACTIERADIUS** ▶ Nationaal, Internationaal **LAND** ▶ Indonesië, Nederland **REGIO** ▶ Den Haag **PLAATS** ▶ Den Haag.

Bestedingen ■ **BUDGET** ▶ niet openbaar **ONDERSTEUNDE PROJECTEN P/J** ▶ 32 **SOORT BIJDRAGE** ▶ giften **BOVENGRENS** ▶ € 10.000 **ONDERGRENS** ▶ geen.

Projecten ■ **CRITERIA** ▶ Het project dient te passen binnen de doelstelling van Stichting Maria Emalia Dorrepaal. **DOORLOOPTIJD** ▶ ☑ korter dan 1 jaar **STATUS AANVRAGER** ▶ ☑ hulpverleners ☑ stichting of vereniging (non-profit) ☑ onderwijsinstelling ☑ kerkelijke instelling **VOORKEUR/UITSLUITING** ▶ Indien het een individuele aanvraag om ondersteuning betreft dient deze door een maatschappelijk werker te worden ondersteund dan wel ingediend. De Stichting geeft de voorkeur aan: ☑ het verlenen van een substantiële bijdrage aan een project en is derhalve minder snel bereid financieel omvangrijke projecten te ondersteunen of projecten van grotere kapitaalkrachtige stichtingen of andere organisaties; ☑ de ondersteuning van doelen in Nederland en Indonesië. Er wordt in beginsel geen ondersteuning gegeven voor: ☑ de dekking van exploitatietekorten; ☑ de aanschaf van computers; ☑ de aanschaf van vervoersmiddelen.

Procedure ■ **OP AANVRAAG** ▶ ja **DOORLOOPTIJD** ▶ geen doorlooptijd bekend; 3-6 maanden; 3-6 maanden **AANVRAAGPROCEDURE** ▶ Aanvragen dienen bij voorkeur middels het Online Google Formulier te worden ingediend. Indien het niet mogelijk is het Online Google Formulier te gebruiken dient u het Word formulier te gebruiken en via e-mail (gericht aan admin@stichtingdorrepaal.nl) te verzenden. Bijlagen dienen tevens per e-mail of Wetransfer.com te worden verzonden (gericht aan admin@stichtingdorrepaal.nl). Indien dit niet mogelijk is kan de aanvraag per post gedaan worden gericht aan: Stichting Maria Emalia Dorrepaal; T.a.v. het Bestuur. Voor iedere aanvraag dient een aanvraagformulier (inclusief bijlagen) te worden ingevuld, waarin u de vereiste gegevens dient in te vullen waaronder: ☑ een beschrijving van het project; ☑ een financiële onderbouwing; ☑ een dekkingsplan; ☑ de door u gevraagde bijdrage; ☑ naam en contactgegevens van de aanvrager. Indien de aanvraag wordt gedaan door een rechtspersoon dan dient de aanvraag vergezeld te zijn van: ☑ de statuten; ☑ een recent KvK uittreksel; ☑ de meest recente jaarrekening; indien de aanvraag wordt gedaan door een privé persoon dan dient de aanvraag te zijn vergezeld van: ☑ een verklaring van een maatschappelijk werker.De Stichting vergadert twee keer per jaar. Van aanvragen die zijn ingediend tussen 1 oktober tot en met eind februari krijgt u voor 1 mei uitslag. Van aanvragen die zijn ingediend tussen 1 maart tot en met eind september krijgt u voor 1 december schriftelijk uitslag. **URL** ▶ https://www.stichtingdorrepaal.nl/aanvraagformulier

Financieel ■ **HERKOMST MIDDELEN** ▶ vermogen, overige inkomsten **BOEKJAAR** ▶ boekjaar onbekend.

Contact ■ **BEREIKBAAR PER** ▶ ☑ post ☑ e-mail ☒ telefoon **CONTACTPERSOON** ▶ geen contactpersoon bekend **POSTADRES** ▶ Postbus 85441, 2508 CC'Den Haag **EMAIL (ALGEMEEN)** ▶ admin@stichtingdorrepaal.nl.

815

Maria van Es Fonds

Rubriek ■ ☑ kunst en cultuur ☑ onderwijs en onderzoek

Algemeen ■ **WEBSITE** ▶ www.cultuurfonds.nl **TYPERING** ▶ fonds op naam **BEHEERD DOOR** ▶ Prins Bernhard Cultuurfonds **DIRECTIE** ▶ zie > Prins Bernhard Cultuurfonds **BESTUUR** ▶ zie > Prins Bernhard Cultuurfonds

Missie ■ **DOELSTELLING** ▶ Het financieel ondersteunen van talentvolle musici.

Werkgebied ■ **ACTIERADIUS** ▶ Nationaal, Internationaal **LAND** ▶ Nederland.

Projecten ■ **CRITERIA** ▶ geen projectcriteria bekend **DOORLOOPTIJD** ▶ ☑ korter dan 1 jaar **STATUS AANVRAGER** ▶ ☑ geen beperkingen bekend **VOORKEUR/UITSLUITING** ▶ geen voorkeur of uitsluiting bekend.

Procedure ■ **OP AANVRAAG** ▶ ja **AANVRAAGPROCEDURE** ▶ Dit 'fonds op naam' ressorteert onder het Prins Bernhard Cultuurfonds. Verzoeken aan fondsen op naam komen op één centraal punt binnen. Dit houdt in dat een subsidieaanvraag slechts eenmaal aan het Prins Bernhard Cultuurfonds hoeft te worden gezonden. Voor de verdere aanvraagprocedure: zie Prins Bernhard Cultuurfonds. **URL** ▶ www.cultuurfonds.nl/aanvragen

Contact ■ **BEREIKBAAR PER** ▶ ☑ post ☑ e-mail ☑ telefoon **CONTACTPERSOON** ▶ geen contactpersoon bekend **POSTADRES** ▶ Postbus 19750, 1000 GT Amsterdam **EMAIL (ALGEMEEN)** ▶ info@cultuurfonds.nl **TELEFOON (ALGEMEEN)** ▶ 020-5206130.

816

Marie Louise Schoenmakers Fonds

Rubriek ■ ☑ kunst en cultuur

Algemeen ■ **WEBSITE** ▶ www.cultuurfonds.nl **TYPERING** ▶ fonds op naam **BEHEERD DOOR** ▶ Prins Bernhard Cultuurfonds **DIRECTIE** ▶ zie >

Prins Bernhard Cultuurfonds **BESTUUR** ▶ zie > Prins Bernhard Cultuurfonds

Missie ■ **DOELSTELLING** ▶ Het financieel ondersteunen van research als voorbereiding op het maken van een (toegepast) kunstwerk of documentaire, door professionele beeldend kunstenaars en documentairemakers, ouder dan 45 jaar.

Werkgebied ■ **ACTIERADIUS** ▶ Nationaal **LAND** ▶ Nederland.

Projecten ■ **CRITERIA** ▶ geen projectcriteria bekend **DOORLOOPTIJD** ▶ ☑ korter dan 1 jaar **STATUS AANVRAGER** ▶ ☑ geen beperkingen bekend **VOORKEUR/UITSLUITING** ▶ Voorkeur gaat uit naar projecten met een sterke verwantschap met de natuur of met niet-westerse landen en culturen.

Procedure ■ **OP AANVRAAG** ▶ onbekend **AANVRAAGPROCEDURE** ▶ Dit 'fonds op naam' ressorteert onder het Prins Bernhard Cultuurfonds. Verzoeken aan fondsen op naam komen op één centraal punt binnen. Dit houdt in dat een subsidieaanvraag slechts eenmaal aan het Prins Bernhard Cultuurfonds hoeft te worden gezonden. Voor de verdere aanvraagprocedure: zie Prins Bernhard Cultuurfonds. **URL** ▶ www.cultuurfonds.nl/aanvragen

Contact ■ **BEREIKBAAR PER** ▶ ☑ post ☑ e-mail ☑ telefoon **CONTACTPERSOON** ▶ geen contactpersoon bekend **POSTADRES** ▶ Postbus 19750, 1000 GT Amsterdam **EMAIL (ALGEMEEN)** ▶ info@cultuurfonds.nl **TELEFOON (ALGEMEEN)** ▶ 020-5206130.

817

Stichting Marijke MHKO Fonds

Rubriek ■ ☑ gezondheidszorg ☑ onderwijs en onderzoek

Algemeen ■ **WEBSITE** ▶ www.marijke-foundation.eu **TYPERING** ▶ vermogensfonds **OPGERICHT** ▶ 30-07-2003 **RECHTSVORM** ▶ stichting **KVK** ▶ 34193947 **ANBI STATUS** ▶ ja **DIRECTIE** ▶ geen directiegegevens bekend **BESTUUR** ▶ E.W. Gerritsen, voorzitter; R.G. Berkhof, penningmeester; J.A.F. Kruyswijk, secretaris; dr. H.A.M. Voorbij; mw.drs. M. Sibbing.

Missie ■ **DOELSTELLING** ▶ De Stichting Marijke MHKO Fonds heeft als doelen: ☑ het stimuleren en zo mogelijk initiëren van medisch-wetenschappelijk onderzoek op het gebied van het diagnosticeren, voorkomen, behandelen en genezen van de auto-immuunziekte (Multiple) Arteriitis Temporalis; ☑ het verrichten van alle verdere handelingen die met het vorenstaande in de ruimste; zin verband houden of daartoe bevorderlijk kunnen zijn. **STICHTER(S)** ▶ Han Kruyswijk **HISTORIE** ▶ 'Uw vrouw had nog in leven kunnen zijn als de aandoeningen eerder waren herkend,' aldus een vooraanstaand specialist. Moeilijk om mee te leven. Maar het leidde tot de initiëring van de Marijke Foundation (formeel: Stichting Marijke MHKO Fonds) op 20 mei 2003 en de oprichting op 30 juli 2003 door Han Kruyswijk, kort nadat zijn vrouw Marijke op 58-jarige leeftijd overleed aan de gevolgen van Multiple Arteriitis Temporalis. Multiple Arteriitis Temporalis is de weinig bekende, verergerde en vaak fataal verlopende vorm van Arteriitis Temporalis (ook: Reuscel Arteriitis, internationaal: Giant Cell Arteriitis). Door reumatische ontstekingen veroorzaakt de Multiple variant niet alleen vernauwingen in de bloedvaten aan de slapen, maar ook in die in de hersenen en de hals. De Marijke Foundation is wereldwijd en dus ook in Nederland nagenoeg de enige pionier op het gebied van Vroegherkenning en Vroegdiagnose van Zeldzame Aandoeningen, van Arteriitis Temporalis en Polymyalgia Rheumatica in het bijzonder. De Marijke Foundation is dus geen patiënten organisatie. Vanzelfsprekend is er wel een functionele relatie met patiënten die lijden aan MAT, AT en PMR. Maar de Marijke Foundation heeft geen andere leden dan het bestuur. Ze opereert als ontwikkelingsteam, roepnaam: Symptomatrix Team. **BELEIDSPLAN OP WEBSITE** ▶ ja.

Doelgroep ■ **ALGEMEEN** ▶ zieken, mannen, vrouwen **SPECIFIEK** ▶ Vrouwen en mannen vanaf circa 45 jaar; - welke op internet zoeken naar de oorzaak van hun klachten; - waarvan de klachten al langere tijd zonder resultaat afzonderlijk worden behandeld, - patiënten (Multiple) Arteriitis Temporalis en/of Polymyalgia Rheumatica (gediagnosticeerd; onderbehandeling en genezen) zijn vanwege epidemiologisch (statistisch) onderzoek. **ACTIVITEITEN** ▶ De Stichting Marijke tracht haar doel onder meer te verwezenlijken door het verlenen van financiële en praktische steun aan organisaties en/of personen die gespecialiseerd zijn op de disciplines benoemd in de doelstelling. De Stichting heeft reeds in 2003 de doelstelling weten te vertalen naar een eigen project: de ontwikkeling van de Vroegherkennings- en Vroegdiagnose methode Symptomatrix. De Symptomatrix is belangrijker dan de Marijke Foundation en is de voornaamste activiteit van de Marijke Foundation. Hierom, en mede om ook op die manier meer aandacht te genereren voor de Symptomatrix, is in de loop van het jaar 2013 overwogen om in zowel nationale als internationale communicatie de naam 'Symptomatrix Team' te voeren in plaats van alleen Marijke Foundation of Stichting Marijke. Nu zijn de activiteiten gericht op: ☑ de 'Symptomatrix'; ☑ publiciteit; ☑ fonsenwerving. **INTERVENTIENIVEAU** ▶ Onbekend.

Werkgebied ■ **ACTIERADIUS** ▶ Nationaal, Internationaal **LAND** ▶ Wereldwijd.

Bestedingen ■ **BUDGET** ▶ niet openbaar **SOORT BIJDRAGE** ▶ onbekend **BOVENGRENS** ▶ geen **ONDERGRENS** ▶ geen.

Projecten ■ **CRITERIA** ▶ geen projectcriteria bekend **DOORLOOPTIJD** ▶ ☑ onbekend **STATUS AANVRAGER** ▶ ☑ geen beperkingen bekend **VOORKEUR/UITSLUITING** ▶ geen voorkeur of uitsluiting bekend.

Procedure ■ **OP AANVRAAG** ▶ onbekend **AANVRAAGPROCEDURE** ▶ Geen aanvraagprocedure bekend.

Financieel ■ **EIGEN VERMOGEN** ▶ € 5.303 **INKOMSTEN EV** ▶ € 1 **INKOMSTEN OV** ▶ € 660 **HERKOMST MIDDELEN** ▶ giften & schenkingen, legaten, vermogen, inkomsten uit vermogen **BOEKJAAR** ▶ 2019 **JAARVERSLAG OP WEBSITE** ▶ ja.

Contact ■ **BEREIKBAAR PER** ▶ ☑ post ☑ e-mail ☑ telefoon **CONTACTPERSOON** ▶ geen contactpersoon bekend **POSTADRES** ▶ Karel Doormanweg 3, 1181 WD Amstelveen **EMAIL (ALGEMEEN)** ▶ info@marijke-foundation.eu **TELEFOON (ALGEMEEN)** ▶ 020-6416279.

818
Marijke van Oordt Fonds

Rubriek ■ ☑ kunst en cultuur

Algemeen ■ WEBSITE ▶ www.cultuurfonds.nl TYPERING ▶ fonds op naam BEHEERD DOOR ▶ Prins Bernhard Cultuurfonds DIRECTIE ▶ zie > Prins Bernhard Cultuurfonds BESTUUR ▶ zie > Prins Bernhard Cultuurfonds

Missie ■ DOELSTELLING ▶ Het financieel ondersteunen van bijzondere, van originaliteit getuigende, muziekprojecten voor en door getalenteerde musici. Het fondsbudget kan daarnaast worden aangewend voor een bijzondere beurs voor getalenteerde musici.

Werkgebied ■ ACTIERADIUS ▶ Nationaal, Internationaal LAND ▶ Nederland.

Projecten ■ CRITERIA ▶ geen projectcriteria bekend DOORLOOPTIJD ▶ ☑ korter dan 1 jaar STATUS AANVRAGER ▶ ☑ geen beperkingen bekend VOORKEUR/UITSLUITING ▶ geen voorkeur of uitsluiting bekend.

Procedure ■ OP AANVRAAG ▶ ja AANVRAAGPROCEDURE ▶ Dit 'fonds op naam' ressorteert onder het Prins Bernhard Cultuurfonds. Verzoeken aan fondsen op naam komen op één centraal punt binnen. Dit houdt in dat een subsidieaanvraag slechts eenmaal aan het Prins Bernhard Cultuurfonds hoeft te worden gezonden. Voor de verdere aanvraagprocedure: zie Prins Bernhard Cultuurfonds. URL ▶ www.cultuurfonds.nl/aanvragen

Contact ■ BEREIKBAAR PER ▶ ☑ post ☑ e-mail ☑ telefoon CONTACTPERSOON ▶ geen contactpersoon bekend POSTADRES ▶ Postbus 19750, 1000 GT Amsterdam EMAIL (ALGEMEEN) ▶ info@cultuurfonds.nl TELEFOON (ALGEMEEN) ▶ 020-5206130.

819
Marius van der Sandt Stichting

Rubriek ■ ☑ natuur, milieu en dieren ☑ kunst en cultuur

Algemeen ■ WEBSITE ▶ https://www.kennisbankfilantropie.nl/anbi/marius-van-der-sandt-stichting TYPERING ▶ hybride fonds OPGERICHT ▶ 07-11-2011 RECHTSVORM ▶ stichting KVK ▶ 53916085 ANBI STATUS ▶ ja DIRECTIE ▶ geen directiegegevens bekend BESTUUR ▶ P.J.M. van Domburg, voorzitter; R.P. Ruiken, penningmeester; mw. M.Th.J. Hulswit, secretaris; J.W.A. Maljaars.

Missie ■ DOELSTELLING ▶ ☑ Het stimuleren van jonge fotografen om fotografische projecten te realiseren, die gericht zijn op natuur en landschap en die zowel fotografisch als inhoudelijk origineel zijn; ☑ Het stimuleren van jonge fotografen die door middel van fotografische projecten ingrijpende veranderingen in natuur en landschap zichtbaar willen maken; ☑ De stichting heeft als nevendoel het stimuleren van klassieke muziek. STICHTER(S) ▶ Betty Kruit en Theo Bosboom HISTORIE ▶ De Marius van der Sandt stichting is opgericht in november 2011. Sinds 2017 wordt naar buiten toe ook de naam Marius van der Sandt Academy gebruikt. Betty Kruit en Theo Bosboom vormen samen de drijvende kracht achter de Academy. Betty is de moeder van Marius en heeft samen met zijn vader de stichting opgericht. Marius van der Sandt (1985-2006) was een zeer gepassioneerd natuurfotograaf. Hij kwam in aanraking met de fotografie toen hij op zijn 15e een bijbaan kreeg bij een bekende fotozaak in Nijmegen. Vanaf het begin heeft hij zich gericht op natuur en landschappen, waarbij zijn voorkeur uit ging naar woeste, ongerepte natuur. Het was de grote droom van Marius om professioneel natuurfotograaf te worden en te kunnen werken voor National Geographic. Hij had er alles voor over om die droom waar te maken en was uitermate leergierig en gedreven. Helaas heeft Marius zijn droom niet kunnen realiseren. Hij interesseerde zich al eerder voor parapenten, omdat hij zich dan onafhankelijk en sneller zou kunnen verplaatsen en vanuit nieuwe perspectieven unieke foto's zou kunnen maken. In oktober 2006 is hij op twintigjarige leeftijd tijdens een cursus parapenten in Turkije om het leven gekomen. BELEIDSPLAN OP WEBSITE ▶ ja.

Doelgroep ■ ALGEMEEN ▶ jongeren SPECIFIEK ▶ Talentvolle fotografen jonger dan 30 jaar. ACTIVITEITEN ▶ Geen specifieke activiteiten bekend INTERVENTIENIVEAU ▶ Steun aan individuen (directe steun).; Steun aan lokale/provinciale maatschappelijke organisaties en structuren (incl. gemeenten etc.) die diensten verlenen aan individuen.

Werkgebied ■ ACTIERADIUS ▶ Nationaal LAND ▶ Nederland.

Bestedingen ■ BUDGET ▶ niet openbaar SOORT BIJDRAGE ▶ onbekend BOVENGRENS ▶ geen ONDERGRENS ▶ geen.

Projecten ■ CRITERIA ▶ geen projectcriteria bekend DOORLOOPTIJD ▶ ☑ korter dan 1 jaar STATUS AANVRAGER ▶ ☑ geen beperkingen bekend VOORKEUR/UITSLUITING ▶ geen voorkeur of uitsluiting bekend.

Procedure ■ OP AANVRAAG ▶ onbekend AANVRAAGPROCEDURE ▶ Geen aanvraagprocedure bekend.

Financieel ■ HERKOMST MIDDELEN ▶ onbekend BOEKJAAR ▶ boekjaar onbekend.

Contact ■ BEREIKBAAR PER ▶ ☑ post ☑ e-mail ☒ telefoon CONTACTPERSOON ▶ geen contactpersoon bekend POSTADRES ▶ Zwanenveld 23-02, 6538 NW Nijmegen EMAIL (ALGEMEEN) ▶ info@mariusvandersandtacademy.nl.

820
Marke van Streukel / Marke van Berkum Fonds

Rubriek ■ ☑ kunst en cultuur ☑ natuur, milieu en dieren ☑ onderwijs en onderzoek

Algemeen ■ WEBSITE ▶ www.cultuurfonds.nl TYPERING ▶ fonds op naam BEHEERD DOOR ▶ Prins Bernhard Cultuurfonds DIRECTIE ▶ zie > Prins Bernhard Cultuurfonds BESTUUR ▶ zie > Prins Bernhard Cultuurfonds

Missie ■ DOELSTELLING ▶ Het stimuleren van natuurbehoud, (rechts)wetenschap en monumentenzorg binnen het grondgebied van de huidige provincie Overijssel. Aanvragen worden behandeld door het Prins Bernhard Cultuurfonds Overijssel.

Werkgebied ■ ACTIERADIUS ▶ Regionaal LAND ▶ Nederland REGIO ▶ Overijssel.

Projecten ■ CRITERIA ▶ geen projectcriteria bekend DOORLOOPTIJD ▶ ☑ korter dan 1 jaar STATUS AANVRAGER ▶ ☑ geen beperkingen bekend VOORKEUR/UITSLUITING ▶ geen voorkeur of uitsluiting bekend.

Procedure ■ OP AANVRAAG ▶ ja AANVRAAGPROCEDURE ▶ Dit 'fonds op naam' ressorteert onder het Prins Bernhard Cultuurfonds. Verzoeken aan fondsen op naam komen op één centraal punt binnen. Dit houdt in dat een subsidieaanvraag slechts eenmaal aan het Prins Bernhard Cultuurfonds hoeft te worden gezonden. Voor de verdere aanvraagprocedure: zie Prins Bernhard Cultuurfonds. URL ▶ www.cultuurfonds.nl/aanvragen

Contact ■ BEREIKBAAR PER ▶ ☑ post ☑ e-mail ☑ telefoon CONTACTPERSOON ▶ geen contactpersoon bekend POSTADRES ▶ Postbus 19750, 1000 GT Amsterdam EMAIL (ALGEMEEN) ▶ info@cultuurfonds.nl TELEFOON (ALGEMEEN) ▶ 020-5206130.

821
Stichting Marline Fritzius

Rubriek ■ ☑ onderwijs en onderzoek ☑ gezondheidszorg ☑ kunst en cultuur

Algemeen ■ WEBSITE ▶ www.stichtingmarlinefritzius.nl TYPERING ▶ vermogensfonds OPGERICHT ▶ 12-08-1996 RECHTSVORM ▶ stichting KVK ▶ 41216276 ANBI STATUS ▶ ja DIRECTIE ▶ geen directiegegevens bekend BESTUUR ▶ Drs. H. Moeskops, voorzitter; mr. J.O.P.M. Beelaerts van Emmichoven, penningmeester; mw.mr. J.J. Bos, secretaris; mw. N.H. Struik; W.D.J. Epke; prof.dr. R. Bastiaanse.

Missie ■ DOELSTELLING ▶ ☑ Het geven van gelegenheid aan afasiepatiënten en mensen met psychische problemen om; actief te zijn op het gebied van de kunst; ☑ Het ondersteunen van fysieke en/of psychisch gehandicapte kunstenaars. Om de ten uitvoer legging van de doelstelling van de stichting hanteerbaar en dus haalbaar te houden, heeft het bestuur van de stichting ervoor gekozen om de uitvoering van de doelstelling vooralsnog te beperken tot hetgeen de oprichtster van de stichting, Marline Fritzius, voorstond toen zij de stichting oprichtte: om schilderen voor mensen met afasie mogelijk te maken. STICHTER(S) ▶ Marline Fritzius HISTORIE ▶ De Stichting Marline Fritzius is opgericht door kunstenares Marline Fritzius. Bij leven heeft zij persoonlijk ervaren wat de waarde kan zijn van het jezelf uitdrukken in schilderkunst wanneer je door afasie niet meer goed uit je woorden kunt komen. Afasie ontstaat door niet aangeboren letsel in het taalcentrum van de hersenen. Wanneer mensen zich niet meer in taal kunnen uitdrukken, kan het uiten in beeld een plezierige en betekenisvolle bezigheid zijn. BELEIDSPLAN OP WEBSITE ▶ ja.

Doelgroep ■ ALGEMEEN ▶ gehandicapten, zieken SPECIFIEK ▶ Mensen met afasie. ACTIVITEITEN ▶ Om haar doelstelling te realiseren, onderneemt de stichting een tweetal maatschappelijke activiteiten. Ten eerste organiseert de stichting een eigen kunstatelier, waar afasiepatiënten bijeenkomen om onder begeleiding van een kunstenaar te schilderen en te boetseren en een galerie, waar gemaakte werken tentoongesteld kunnen worden. Ten tweede verleent de stichting subsidies aan gelijksoortige initiatieven elders in Nederland. INTERVENTIENIVEAU ▶ Steun aan individuen (directe steun).; Steun aan lokale/provinciale maatschappelijke organisaties en structuren (incl. gemeenten etc.) die diensten verlenen aan individuen.

Werkgebied ■ ACTIERADIUS ▶ Nationaal LAND ▶ Nederland .

Bestedingen ■ BUDGET ▶ niet openbaar TOELICHTING ▶ De stichting streeft naar reële instandhouding van het vermogen. SOORT BIJDRAGE ▶ giften subsidies overig BOVENGRENS ▶ geen ONDERGRENS ▶ geen.

Projecten ■ CRITERIA ▶ Het bestuur beoordeelt de aanvragen op grond van een aantal criteria. De belangrijkste zijn: ☑ Het moet duidelijk zijn dat zonder financiële steun van de stichting de activiteit geen doorgang kan vinden; ☑ De activiteit moet ten goede komen aan minimaal 5 mensen met afasie; ☑ De activiteit moet periodiek (bij voorkeur wekelijks) plaatsvinden; ☑ De bijeenkomst wordt door een kunstenaar verzorgd. DOORLOOPTIJD ▶ ☑ onbekend STATUS AANVRAGER ▶ ☑ geen beperkingen bekend VOORKEUR/UITSLUITING ▶ geen voorkeur of uitsluiting bekend.

Procedure ■ OP AANVRAAG ▶ ja AANVRAAGPROCEDURE ▶ Aanvragen moeten worden ingediend m.b.v. het online aanvraagformulier op de website. URL ▶ www.stichtingmarlinefritzius.nl/aanvraag/

Financieel ■ INKOMSTEN EV ▶ € 65.182 INKOMSTEN OV ▶ € 927 HERKOMST MIDDELEN ▶ vermogen, giften & schenkingen, legaten BOEKJAAR ▶ 2018 JAARVERSLAG OP WEBSITE ▶ ja.

Contact ■ BEREIKBAAR PER ▶ ☑ post ☑ e-mail ☑ telefoon CONTACTPERSOON ▶ Mw. H. Velthoen POSTADRES ▶ Brouwersgracht 222 hs, 1013HE Amsterdam EMAIL (ALGEMEEN) ▶ info@stichtingmarlinefritzius.nl TELEFOON (ALGEMEEN) ▶ 06-16772396.

822
Marsbach Fröhefledt Stichting

Rubriek ■ ☑ maatschappij, welzijn en samenleving

Algemeen ■ WEBSITE ▶ www.kennisbankfilantropie.nl/anbi/marsbach-frohefledt-stichting TYPERING ▶ vermogensfonds OPGERICHT ▶ 24-09-1938 RECHTSVORM ▶ stichting KVK ▶ 41178998 ANBI STATUS ▶ nee DIRECTIE ▶ geen directiegegevens bekend BESTUUR ▶ P. Verhoeff, voorzitter; dr. B. Plaisier, secretaris.

Missie ■ DOELSTELLING ▶ De stichting is een instelling van weldadigheid, die ten doel heeft geldelijke steun te verlenen aan in Nederland wonende ongehuwde dochters van predikanten, die door ziekte, lichaams- of zielsgebreken of andere rampspoedige omstandigheden niet, of niet voldoende in staat zijn in hun levensonderhoud te voorzien, of de kosten van hun verpleging, zo die verricht wordt, te betalen en die voldoen aan in de statuten vastgelegde vereisten. STICHTER(S) ▶ W.H. Rietveld HISTORIE ▶ De Marsbach Fröhefledt Stichting, gevestigd te Utrecht, werd opgericht bij akte van 24 september 1938, verleden voor notaris G.W. Vaags te Utrecht. Initiatiefnemer was W.H.

Rietveld te Utrecht. Hij had de naam van de Stichting gegeven 'ter herinnering aan zijn voorouders'. De Stichting had tot doel geldelijke steun te verlenen aan in Nederland wonende ongehuwde predikantendochters, die 'door ziekte, lichaams- of zielsgebreken of andere rampspoedige omstandigheden niet, of niet voldoende, in staat zijn in hun levensonderhoud te voorzien, of de kosten van haar verpleging, zo die verricht wordt, te betalen en die voldoen aan in de statuten vastgelegde vereisten'.

Doelgroep ■ ALGEMEEN ► gelovigen, kinderen, mannen, vrouwen SPECIFIEK ► Weduwen, weduwnaars, niet hertrouwde ex-echtgenoten en kinderen van predikanten van de Protestantse Kerk in Nederland. ACTIVITEITEN ► Geen specifieke activiteiten bekend INTERVENTIENIVEAU ► Steun aan individuen (directe steun).

Werkgebied ■ ACTIERADIUS ► Nationaal LAND ► Nederland.

Bestedingen ■ BUDGET ► niet openbaar SOORT BIJDRAGE ► giften BOVENGRENS ► geen ONDERGRENS ► geen.

Projecten ■ CRITERIA ► geen projectcriteria bekend DOORLOOPTIJD ► ☑ korter dan 1 jaar STATUS AANVRAGER ► ☑ individuen/gezinnen VOORKEUR/UITSLUITING ► geen voorkeur of uitsluiting bekend.

Procedure ■ OP AANVRAAG ► onbekend AANVRAAGPROCEDURE ► Geen aanvraagprocedure bekend.

Financieel ■ HERKOMST MIDDELEN ► vermogen.

Contact ■ BEREIKBAAR PER ► ☑ post ☑ e-mail ☑ telefoon CONTACTPERSOON ► geen contactpersoon bekend POSTADRES ► Postbus 8504, 3503 RM Utrecht EMAIL (ALGEMEEN) ► fz.financien@sowkerken.nl TELEFOON (ALGEMEEN) ► 030-8801615.

823
Marta Gnyp Fonds

Rubriek ■ ☑ gezondheidszorg ☑ onderwijs en onderzoek

Algemeen ■ WEBSITE ► www.cultuurfonds.nl TYPERING ► fonds op naam BEHEERD DOOR ► Prins Bernhard Cultuurfonds DIRECTIE ► zie > Prins Bernhard Cultuurfonds BESTUUR ► zie > Prins Bernhard Cultuurfonds

Missie ■ DOELSTELLING ► Het financieel ondersteunen van talent op het terrein van de geesteswetenschappen voor een vervolgopleiding of onderzoek in het buitenland.

Werkgebied ■ ACTIERADIUS ► Internationaal.

Projecten ■ CRITERIA ► geen projectcriteria bekend DOORLOOPTIJD ► ☑ korter dan 1 jaar STATUS AANVRAGER ► ☑ geen beperkingen bekend VOORKEUR/UITSLUITING ► geen voorkeur of uitsluiting bekend.

Procedure ■ OP AANVRAAG ► ja AANVRAAGPROCEDURE ► Dit 'fonds op naam' ressorteert onder het Prins Bernhard Cultuurfonds. Verzoeken aan fondsen op naam komen op één centraal punt binnen. Dit houdt in dat een subsidieaanvraag slechts eenmaal aan het Prins Bernhard Cultuurfonds hoeft te worden gezonden. Voor de verdere aanvraagprocedure: zie Prins Bernhard Cultuurfonds. URL ► www.cultuurfonds.nl/aanvragen

Contact ■ BEREIKBAAR PER ► ☑ post ☑ e-mail ☑ telefoon CONTACTPERSOON ► geen contactpersoon bekend POSTADRES ► Postbus 19750, 1000 GT Amsterdam EMAIL (ALGEMEEN) ► info@cultuurfonds.nl TELEFOON (ALGEMEEN) ► 020-5206130.

824
Marten Orges Fonds

Rubriek ■ ☑ kunst en cultuur

Algemeen ■ WEBSITE ► www.cultuurfonds.nl TYPERING ► fonds op naam BEHEERD DOOR ► Prins Bernhard Cultuurfonds DIRECTIE ► zie > Prins Bernhard Cultuurfonds BESTUUR ► zie > Prins Bernhard Cultuurfonds

Missie ■ DOELSTELLING ► Het financieel ondersteunen van projecten op het gebied van de beeldende kunsten en kunstnijverheid uit de 19e eeuw.

Werkgebied ■ ACTIERADIUS ► Nationaal LAND ► Nederland.

Projecten ■ CRITERIA ► geen projectcriteria bekend DOORLOOPTIJD ► ☑ korter dan 1 jaar STATUS AANVRAGER ► ☑ geen beperkingen bekend VOORKEUR/UITSLUITING ► geen voorkeur of uitsluiting bekend.

Procedure ■ OP AANVRAAG ► ja AANVRAAGPROCEDURE ► Dit 'fonds op naam' ressorteert onder het Prins Bernhard Cultuurfonds. Verzoeken aan fondsen op naam komen op één centraal punt binnen. Dit houdt in dat een subsidieaanvraag slechts eenmaal aan het Prins Bernhard Cultuurfonds hoeft te worden gezonden. Voor de verdere aanvraagprocedure: zie Prins Bernhard Cultuurfonds. URL ► www.cultuurfonds.nl/aanvragen

Contact ■ BEREIKBAAR PER ► ☑ post ☑ e-mail ☑ telefoon CONTACTPERSOON ► geen contactpersoon bekend POSTADRES ► Postbus 19750, 1000 GT Amsterdam EMAIL (ALGEMEEN) ► info@cultuurfonds.nl TELEFOON (ALGEMEEN) ► 020-5206130.

825
Martens-Mulder Stichting

Rubriek ■ ☑ kunst en cultuur

Algemeen ■ WEBSITE ► www.martensmulderstichting.nl/startpagina TYPERING ► vermogensfonds OPGERICHT ► 24-02-1976 RECHTSVORM ► stichting KVK ► 41177765 ANBI STATUS ► nee DIRECTIE ► geen directiegegevens bekend BESTUUR ► geen bestuursgegevens bekend.

Missie ■ DOELSTELLING ► Geen doelstelling bekend. STICHTER(S) ► Mevrouw R. Martens-Mulder BELEIDSPLAN OP WEBSITE ► ja.

Doelgroep ■ SPECIFIEK ► Geen specifieke doelgroep ACTIVITEITEN ► Geen specifieke activiteiten. INTERVENTIENIVEAU ► N.v.t.

Werkgebied ■ ACTIERADIUS ► Nationaal LAND ► Nederland.

Bestedingen ■ BUDGET ► niet openbaar SOORT BIJDRAGE ► onbekend BOVENGRENS ► geen ONDERGRENS ► geen.

Projecten ■ CRITERIA ► Geen projectcritera bekend. DOORLOOPTIJD ► ☑ onbekend STATUS AANVRAGER ► ☑ geen beperkingen bekend VOORKEUR/UITSLUITING ► Geen voorkeur/uitsluiting bekend.

Procedure ■ OP AANVRAAG ▶ onbekend AANVRAAGPROCEDURE ▶ geen aanvraagprocedure bekend.

Financieel ■ HERKOMST MIDDELEN ▶ onbekend.

Contact ■ BEREIKBAAR PER ▶ ☑ post ☑ e-mail ☑ telefoon CONTACTPERSOON ▶ geen contactpersoon bekend POSTADRES ▶ Pantheon 25, 7521 PR Enschede EMAIL (ALGEMEEN) ▶ info@martensmulderstichting.nl TELEFOON (ALGEMEEN) ▶ 053-4804254.

826
Marthas Talent Foundation

Rubriek ■ ☑ kunst en cultuur ☑ onderwijs en onderzoek

Algemeen ■ WEBSITE ▶ www.marthastalent.nl TYPERING ▶ vermogensfonds OPGERICHT ▶ 12-06-2014 RECHTSVORM ▶ stichting KVK ▶ 60854952 ANBI STATUS ▶ ja DIRECTIE ▶ geen directiegegevens bekend BESTUUR ▶ Drs. P. Smits, voorzitter; drs. B. de Groot, secretaris; mw.drs. G. Smid.

Missie ■ DOELSTELLING ▶ De stichting heeft ten doel: ☑ het laten excelleren door het financieel steunen van leerlingen, studenten, docenten, projecten en activiteiten van of gelieerd aan het Lucia Marthas Institute for Performing Arts (hierna te noemen: het LMIPA); ☑ het realiseren van een schoolgebouw in of nabij Amsterdam, waarin LMIPA een doorlopende en geïntegreerd curriculum kan aanbieden voor leerlingen en studenten in vooropleidingtrajecten, het middelbaar en hoger beroepsonderwijs en het wetenschappelijk onderwijs; ☑ en het verrichten van al hetgeen met het vorenstaande verband houdt of; daartoe bevorderlijk kan zijn. BELEIDSPLAN OP WEBSITE ▶ ja.

Doelgroep ■ ALGEMEEN ▶ studenten SPECIFIEK ▶ Leerlingen, studenten, alumni en medewerkers van Lucia Marthas Institute for Performing Arts. ACTIVITEITEN ▶ De stichting tracht de doelstelling te bereiken door: ☑ ondersteuning doelgroep leerlingen/studenten met bijdrage voor: reiskosten, lesgelden, studiemateriaal; ☑ projecten: masterclasses, workshops, studiereizen, honours programma's, bijscholing, nascholing, ontwikkeling nieuw lesmateriaal, gastdocenten; ☑ projecten ter promotie van podiumkunsten (met name voor jongeren); ☑ verbetering van de faciliteiten van LMIPA. INTERVENTIENIVEAU ▶ Steun aan individuen (directe steun).

Werkgebied ■ ACTIERADIUS ▶ Nationaal LAND ▶ Nederland.

Bestedingen ■ BUDGET ▶ niet openbaar SOORT BIJDRAGE ▶ giften BOVENGRENS ▶ geen ONDERGRENS ▶ geen.

Projecten ■ CRITERIA ▶ ☑ Aanvragen kunnen uitsluitend worden ingediend door (ouders van) leerlingen van de vooropleidingen of mbo, studenten van het hbo, en docenten of medewerkers verbonden aan LMIPA; ☑ De Foundation stelt alleen een bijdrage beschikbaar bij als er geen andere mogelijkheden zijn. DOORLOOPTIJD ▶ ☑ onbekend STATUS AANVRAGER ▶ ☑ overig VOORKEUR/UITSLUITING ▶ ☑ Kosten voor levensonderhoud of huisvesting komen niet in aanmerking voor vergoeding

Procedure ■ OP AANVRAAG ▶ ja AANVRAAGPROCEDURE ▶ Doorlooptijd afhankelijk van soort aanvraag. Aanvraag alleen via de website. Voor projecten geldt dat er geen beroep tegen de beslissing van het bestuur mogelijk is. URL ▶ https://marthastalent.nl/steun-aanvragen/aanvraag/

Financieel ■ EIGEN VERMOGEN ▶ € 51.731 INKOMSTEN OV ▶ € 34.559 HERKOMST MIDDELEN ▶ giften & schenkingen, moederorganisatie (bijdragen), loterijen, legaten, overige inkomsten BOEKJAAR ▶ 2019 JAARVERSLAG OP WEBSITE ▶ ja.

Contact ■ BEREIKBAAR PER ▶ ☑ post ☑ e-mail ☑ telefoon CONTACTPERSOON ▶ geen contactpersoon bekend POSTADRES ▶ Rustenburgerstraat 436, 1072 HK Amsterdam EMAIL (ALGEMEEN) ▶ foundation@luciamarthas.nl TELEFOON (ALGEMEEN) ▶ 020-6761370 TELEFOON (AANVRAGEN) ▶ 020-6761370.

827
Stichting Marthe van Rijswijck Foundation

Rubriek ■ ☑ maatschappij, welzijn en samenleving ☑ noodhulp ☑ onderwijs en onderzoek

Algemeen ■ WEBSITE ▶ www.mvrf.nl TYPERING ▶ vermogensfonds BEHEERD DOOR ▶ Stichting Sprangers Jeugdfonds OPGERICHT ▶ 23-12-2002 RECHTSVORM ▶ stichting KVK ▶ 01098948 ANBI STATUS ▶ ja DIRECTIE ▶ geen directiegegevens bekend BESTUUR ▶ R.L.H. Sprangers, voorzitter; L.A.L.M. Sturm, penningmeester; H. van der Broek, secretaris.

Missie ■ DOELSTELLING ▶ De Stichting Marthe van Rijswijck Foundation heeft als doel het geven van geldelijke uitkeringen aan charitatieve, wetenschappelijke of het algemeen nut beogende instellingen, alsmede het anderszins verrichten van geldelijke uitkeringen met het doel bij te dragen aan de ontwikkeling van ideeën en steun te verlenen aan projecten van algemeen maatschappelijk belang en van ideële en sociale strekking, waaronder met name projecten die personen of groepen van personen beogen, die door sociale omstandigheden dan wel door handicaps van geestelijke of lichamelijke aard in hun ontwikkeling worden belemmerd, te helpen een plaats in de maatschappij te verwerven waar hun vaardigheden optimaal worden ontwikkeld en worden ingezet. STICHTER(S) ▶ Sprangers Bouwbedrijf HISTORIE ▶ De foundation werd opgericht in 2002, door Sprangers Bouwbedrijf – het oudste familie-bouwbedrijf van Nederland. De naam komt dan ook uit de familie: Marthe van Rijswijck was de vrouw van Hubertus Sprangers, en was zelf oorlogsvluchteling. BELEIDSPLAN OP WEBSITE ▶ ja.

Doelgroep ■ ALGEMEEN ▶ kinderen, gehandicapten, armen, dak- en thuislozen, inheemse volken SPECIFIEK ▶ Kansarme kinderen/jeugd. ACTIVITEITEN ▶ Geen specifieke activiteiten bekend INTERVENTIENIVEAU ▶ Onbekend.

Werkgebied ■ ACTIERADIUS ▶ Nationaal LAND ▶ Nederland.

Bestedingen ■ BUDGET ▶ € 400 000 ONDERSTEUNDE PROJECTEN P/J ▶ 43 SOORT BIJDRAGE ▶ giften BOVENGRENS ▶ geen ONDERGRENS ▶ geen.

Projecten ■ CRITERIA ▶ Criteria en regels waaraan projectaanvragen dienen te voldoen om in aanmerking te komen voor financiële ondersteuning: ☑ Het project moet duurzame ontwikkelingshulp bieden aan kansarme kinderen; ☑ Het project dient bij voorkeur te worden (mede) begeleid door een Nederlandse organisatie of individu die zelf geen commerciële belangen heeft bij het project; ☑ Aan het project dient op locatie een betrouwbaar en goed te bereiken contactpersoon verbonden te zijn. Als zodanig kunnen projecten over de hele wereld in aanmerking komen voor ondersteuning; ☑ Er dient een zekere mate van fondsenwerving op eigen initiatief aantoonbaar te zijn; ☑ Ten behoeve van ondersteuning vanuit andere organisaties, zoals het NCDO, Cordaid, Wilde Ganzen, kan de Marthe van Rijswijck Foundation haar bijdrage desgewenst vooraf schriftelijk garanderen. **DOORLOOPTIJD** ▶ ☑ onbekend **STATUS AANVRAGER** ▶ ☑ kerkelijke instelling ☑ onderwijsinstelling ☑ stichting of vereniging (non-profit) **VOORKEUR/UITSLUITING** ▶ De voorkeur gaat uit naar het steunen van projecten met een bestaande organisatorische infrastructuur, zowel ter plaatse als in Nederland, waarvan de duurzaamheid aantoonbaar is en waarin gestreefd wordt naar een situatie waarbij het project op den duur (bijna) volledig selfsupporting is. Er worden geen reis- en verblijfskosten vergoed en er worden geen salarissen betaald.

Procedure ■ **OP AANVRAAG** ▶ ja **DOORLOOPTIJD** ▶ 1-3 maanden **AANVRAAGPROCEDURE** ▶ Verzoeken om financiële steun worden alleen in behandeling genomen indien ze door middel van het MvRF funding request form (digitaal) worden ingediend. Voordat u een aanvraag via onze website kunt invoeren, moet u een zogenaamde'quickscan' doorlopen. In deze quickscan beantwoordt u een aantal vragen,waarmee u kunt vaststellen of uw project binnen de criteria van de Marthe vanRijswijck Foundation valt. Nadat u de quickscan succesvol hebt doorlopen, ontvangt u een uniek nummer en een wachtwoord waarmee u uw aanvraag kunt invoeren.Tussen het indienen van de aanvraag en een beslissing van het bestuur zit ongeveer 3 maanden. **URL** ▶ www.mvrf.nl/?page_id=17

Financieel ■ **EIGEN VERMOGEN** ▶ € 392.127 **INKOMSTEN OV** ▶ € 170.881 **HERKOMST MIDDELEN** ▶ giften & schenkingen, overige inkomsten **BOEKJAAR** ▶ 2018 **JAARVERSLAG OP WEBSITE** ▶ ja.

Contact ■ **BEREIKBAAR PER** ▶ ☑ post ☑ e-mail ☒ telefoon **CONTACTPERSOON** ▶ Mw. S. Sprangers **POSTADRES** ▶ Groenendaalseweg 60, 7371 EZ Loenen **EMAIL (ALGEMEEN)** ▶ info@mvrf.nl.

828

De Mastboom-Brosens Stichting

Rubriek ■ ☑ kunst en cultuur ☑ onderwijs en onderzoek ☑ maatschappij, welzijn en samenleving

Algemeen ■ **WEBSITE** ▶ www.mastboomhuis.nl/de-stichting **TYPERING** ▶ vermogensfonds **OPGERICHT** ▶ 2001 **RECHTSVORM** ▶ stichting **KVK** ▶ 20101613 **ANBI STATUS** ▶ nee **DIRECTIE** ▶ geen directiegegevens bekend **BESTUUR** ▶ Mr. M.P.W.M. van den Oord, voorzitter; mw. J.M.C. Wijtvliet-Janssens RA, penningmeester; C.D.M. Vanwesenbeeck, secretaris; H.C.W. van Zuilichem; drs. H. van der Holst.

Missie ■ **DOELSTELLING** ▶ De bevordering van de wetenschappelijke beoefening van de regionale geschiedenis, heemkunde en genealogie van West-Brabant en de Noorderkempen. Daarnaast draagt de stichting zorg voor de instandhouding van het roerende en onroerende bezit van de familie Mastboom, in het bijzonder het woonhuis met bijgebouwen aan de Dorpsstraat 42-44 in Oud Gastel. **STICHTER(S)** ▶ Mr. Henri Mastboom (Oud Gastel, 1907-1999) **HISTORIE** ▶ Mr. Henri Mastboom was van jongs af aan geïnteresseerd in geschiedenis, genealogie en heemkunde, in het bijzonder die van zijn eigen geslacht en zijn eigen streek. Daarnaast was hij doordrongen van het cultuurhistorische belang van zijn huis en verdere familiebezittingen. Reeds vele jaren voor zijn dood had hij besloten dat de herinnering aan zijn familie en het daarmee verbonden culturele erfgoed bewaard diende te blijven. Daarom liet hij vrijwel zijn gehele bezit bij testament na aan de door hem opgerichte stichting, waaraan hij de naam van zijn ouders verbond: De Mastboom-Brosens Stichting.

Doelgroep ■ **SPECIFIEK** ▶ Professionele en niet-professionele instellingen of personen die gevestigd zijn in het werkgebied van De Mastboom-Brosens Stichting en zich met (een deel van) hun activiteiten verdienstelijk maken voor het behoud, de bevordering of de verbreiding van de (cultuur-) historie van West-Brabant en/of de Noorderkempen. **ACTIVITEITEN** ▶ De stichting ondersteunt kansrijke initiatieven op het gebied van de (cultuur-)historie in West-Brabant (NL) en de Noorderkempen (B). Het werkgebied in West-Brabant volgt de gemeenten zoals vastgesteld bij de gemeentelijke herindeling van 1997, langs of ten westen van de rivier De Donge. In de Noorderkempen betreft het het grondgebied van de aangrenzende gemeenten, zoals bestaand anno 1999. **INTERVENTIENIVEAU** ▶ Steun op niveau van maatschappij zelf (beleidsbeïnvloeding, etc.).

Werkgebied ■ **ACTIERADIUS** ▶ Lokaal, Regionaal **LAND** ▶ Nederland **REGIO** ▶ West-Brabant, Noorderkempen **PLAATS** ▶ Oud-Gastel.

Bestedingen ■ **BUDGET** ▶ niet openbaar **SOORT BIJDRAGE** ▶ giften subsidies **BOVENGRENS** ▶ geen **ONDERGRENS** ▶ geen.

Projecten ■ **CRITERIA** ▶ De Mastboom-Brosens Stichting verleent zowel stimuleringsbijdragen als subsidies. Voor de stimuleringsbijdrage komen in aanmerking professionele en niet-professionele instellingen of personen die gevestigd zijn in het werkgebied van De Mastboom-Brosens Stichting en zich met (een deel van) hun activiteiten verdienstelijk maken voor het behoud, de bevordering of de verbreiding van de (cultuur-)historie van West-Brabant en/of de Noorderkempen. De subsidieregeling is bedoeld voor instellingen of personen, professioneel dan wel op professioneel niveau actief. In aanmerking voor subsidie komen: ☑ Initiatieven tot bevordering van de bewustwording van de (cultuur)geschiedenis van het werkgebied van de Stichting (bijvoorbeeld: tentoonstellingen, evenementen, educatieve projecten, onderzoek, publicaties e.d.); ☑ Verwerving, behoud en publicatie van roerend cultuurhistorisch erfgoed uit het werkgebied, zoals de aankoop en restauratie van museumobjecten, archivalia, foto's, filmbeelden en/of geluidsdocumenten; ☑ Projecten van documentaire fotografie of film betreffende de (cultuur-)historie van het werkgebied; ☑ Historisch en genealogisch onderzoek naar de (cultuur-)historie van het werkgebied en/of de publicatie van de resultaten van dat onderzoek. **DOORLOOPTIJD** ▶ ☑ 1 - 2 jaar **STATUS AANVRAGER** ▶ ☑ geen beperkingen bekend **VOORKEUR/UITSLUITING** ▶ ☑ Stimuleringsbijdrage: wordt niet verstrekt ter dekking van de algemene exploitatie van instellingen of ter dekking van een tekort van een reeds voltooide activiteit. ☑ Subsidie: kan uitsluitend aangevraagd worden door instellingen of personen die op professionele basis/niveau opereren.

Procedure ■ **OP AANVRAAG** ▶ ja **DOORLOOPTIJD** ▶ 3-6 maanden **AANVRAAGPROCEDURE** ▶ Aanvragen dienen schriftelijk ingediend te worden. Een verzoek om een stimuleringsbijdrage bevat een toelichting op de betreffende activiteit, alsook een begroting. U kunt uw verzoek sturen naar mastboom@vhno.nl. Een subsidieaanvraag bevat de volgende onderdelen: ☑ een inhoudelijke omschrijving van het project; ☑ een beargumenteerde omschrijving van het belang van het project voor de (cultuur)historie van het werkgebied; ☑ een projectbegroting inclusief dekkingsplan. Is de aanvrager een rechtspersoon, dan moeten hieraan worden toegevoegd: ☑ statuten; ☑ recente jaarrekening. U kunt uw subsidieverzoek sturen per e-mail of per post. Voor overleg vooraf of vragen over uw subsidieverzoek/stimuleringbijdrage kunt u zich richten tot de secretaris van het bestuur **URL** ▶ www.mastboomhuis.nl/de-stichting/

Financieel ■ **HERKOMST MIDDELEN** ▶ vermogen.

Contact ■ **BEREIKBAAR PER** ▶ ☑ post ☑ e-mail ☑ telefoon **CONTACTPERSOON** ▶ C.D.M. Vanwesenbeeck **POSTADRES** ▶ Postbus 50, 4850 AB Ulvenhout **EMAIL (ALGEMEEN)** ▶ mastboom@vhno.nl **TELEFOON (ALGEMEEN)** ▶ 06-57357287 **TELEFOON (AANVRAGEN)** ▶ 06-30743946.

829
Matthias Soiron Fonds

Rubriek ■ ☑ kunst en cultuur

Algemeen ■ **WEBSITE** ▶ www.cultuurfonds.nl **TYPERING** ▶ fonds op naam **BEHEERD DOOR** ▶ Prins Bernhard Cultuurfonds **DIRECTIE** ▶ zie > Prins Bernhard Cultuurfonds **BESTUUR** ▶ zie > Prins Bernhard Cultuurfonds

Missie ■ **DOELSTELLING** ▶ Het financieel ondersteunen van de restauratie van cultuurhistorisch waardevolle interieurs of objecten in Limburg die duurzaam bij het van rijkswege of gemeentelijk erkende monument horen.

Werkgebied ■ **ACTIERADIUS** ▶ Nationaal **LAND** ▶ Nederland **REGIO** ▶ Limburg.

Projecten ■ **CRITERIA** ▶ geen projectcriteria bekend **DOORLOOPTIJD** ▶ ☑ korter dan 1 jaar **STATUS AANVRAGER** ▶ ☑ geen beperkingen bekend **VOORKEUR/UITSLUITING** ▶ geen voorkeur of uitsluiting bekend.

Procedure ■ **OP AANVRAAG** ▶ ja **AANVRAAGPROCEDURE** ▶ Dit 'fonds op naam' ressorteert onder het Prins Bernhard Cultuurfonds. Verzoeken aan fondsen op naam komen op één centraal punt binnen. Dit houdt in dat een subsidieaanvraag slechts eenmaal aan het Prins Bernhard Cultuurfonds hoeft te worden gezonden. Voor de verdere aanvraagprocedure: zie Prins Bernhard Cultuurfonds. **URL** ▶ www.cultuurfonds.nl/aanvragen

Contact ■ **BEREIKBAAR PER** ▶ ☑ post ☑ e-mail ☑ telefoon **CONTACTPERSOON** ▶ geen contactpersoon bekend **POSTADRES** ▶ Postbus 19750, 1000 GT Amsterdam **EMAIL (ALGEMEEN)** ▶ info@cultuurfonds.nl **TELEFOON (ALGEMEEN)** ▶ 020-5206130.

830
Maurits Zilversmit Studiefonds

Rubriek ■ ☑ kerk en levensbeschouwing ☑ onderwijs en onderzoek

Algemeen ■ **WEBSITE** ▶ www.kennisbankfilantropie.nl/anbi/maurits-zilversmit-studiefonds **TYPERING** ▶ vermogensfonds **RECHTSVORM** ▶ stichting **KVK** ▶ 41127008 **ANBI STATUS** ▶ nee **DIRECTIE** ▶ geen directiegegevens bekend **BESTUUR** ▶ Mw. M.H. Groenenboom, voorzitter; M.H. Mogendorff, penningmeester; mw. M. Glaser-Vis, secretaris; mw. E. Zegwaard.

Missie ■ **DOELSTELLING** ▶ De stichting heeft ten doel studenten met een orthodox-joodse levensbeschouwing, die een beroepsmatige opleiding volgen waarvan het eerste jaar met succes is afgerond, daar waar noodzakelijk financieel te ondersteunen in de vorm van een lening, die na beëindiging van de studie dient te worden terugbetaald om zoveel mogelijk kandidaten nadien weer behulpzaam te kunnen zijn. **STICHTER(S)** ▶ De heer en mevrouw Frenkel-Serphos.

Doelgroep ■ **ALGEMEEN** ▶ studenten, gelovigen **SPECIFIEK** ▶ (orthodox) Joodse studenten. **ACTIVITEITEN** ▶ Geen specifieke activiteiten bekend **INTERVENTIENIVEAU** ▶ Steun aan individuen (directe steun).

Werkgebied ■ **ACTIERADIUS** ▶ Lokaal, Internationaal **LAND** ▶ Israël, Nederland.

Bestedingen ■ **BUDGET** ▶ niet openbaar **SOORT BIJDRAGE** ▶ giften leningen studiebeurzen **BOVENGRENS** ▶ geen **ONDERGRENS** ▶ geen.

Projecten ■ **CRITERIA** ▶ ☑ Studenten met een othodox-joodse levensbeschouwing; ☑ een beroepsmatige opleiding; ☑ succesvol het eerste jaar doorlopen. **DOORLOOPTIJD** ▶ ☑ 1 - 2 jaar ☑ langer dan 2 jaar **STATUS AANVRAGER** ▶ ☑ individuen/gezinnen **VOORKEUR/UITSLUITING** ▶ Geen voorkeur/uitsluiting bekend.

Procedure ■ **OP AANVRAAG** ▶ onbekend **AANVRAAGPROCEDURE** ▶ Geen aanvraagprocedure bekend.

Financieel ■ **HERKOMST MIDDELEN** ▶ vermogen.

Contact ■ **BEREIKBAAR PER** ▶ ☑ post ☑ e-mail ☑ telefoon **CONTACTPERSOON** ▶ Mw. M. Glaser **POSTADRES** ▶ Graaf Janlaan 15, 1181 EC Amstelveen **EMAIL (ALGEMEEN)** ▶ rotterdamsestudiefondsen@gmail.com **TELEFOON (ALGEMEEN)** ▶ 06-28840804.

831
MCN Fonds

Rubriek ■ ☑ kunst en cultuur

Algemeen ■ WEBSITE ▶ www.cultuurfonds.nl TYPERING ▶ fonds op naam BEHEERD DOOR ▶ Prins Bernhard Cultuurfonds DIRECTIE ▶ zie > Prins Bernhard Cultuurfonds BESTUUR ▶ zie > Prins Bernhard Cultuurfonds

Missie ■ DOELSTELLING ▶ Het bevorderen van het Nederlandse muziekleven door het financieel ondersteunen van nieuwe initiatieven, gericht op talentontwikkeling op het terrein van de klassieke, hedendaagse, pop-, jazz- en/of wereldmuziek.

Werkgebied ■ ACTIERADIUS ▶ Nationaal LAND ▶ Nederland.

Projecten ■ CRITERIA ▶ geen projectcriteria bekend DOORLOOPTIJD ▶ ☑ korter dan 1 jaar STATUS AANVRAGER ▶ ☑ geen beperkingen bekend VOORKEUR/UITSLUITING ▶ geen voorkeur of uitsluiting bekend.

Procedure ■ OP AANVRAAG ▶ ja AANVRAAGPROCEDURE ▶ Dit 'fonds op naam' ressorteert onder het Prins Bernhard Cultuurfonds. Verzoeken aan fondsen op naam komen op één centraal punt binnen. Dit houdt in dat een subsidieaanvraag slechts eenmaal aan het Prins Bernhard Cultuurfonds hoeft te worden gezonden. Voor de verdere aanvraagprocedure: zie Prins Bernhard Cultuurfonds. URL ▶ www.cultuurfonds.nl/aanvragen

Contact ■ BEREIKBAAR PER ▶ ☑ post ☑ e-mail ☑ telefoon CONTACTPERSOON ▶ geen contactpersoon bekend POSTADRES ▶ Postbus 19750, 1000 GT Amsterdam EMAIL (ALGEMEEN) ▶ info@cultuurfonds.nl TELEFOON (ALGEMEEN) ▶ 020-5206130.

832
Stichting Medemens

Rubriek ■ ☑ gezondheidszorg ☑ economische ontwikkeling en microkrediet ☑ noodhulp ☑ maatschappij, welzijn en samenleving ☑ sport en recreatie ☑ onderwijs en onderzoek ☑ vluchtelingenhulp

Algemeen ■ WEBSITE ▶ www.stichting-medemens.nl TYPERING ▶ vermogensfonds OPGERICHT ▶ 13-10-2000 RECHTSVORM ▶ stichting KVK ▶ 34143235 ANBI STATUS ▶ ja DIRECTIE ▶ geen directiegegevens bekend BESTUUR ▶ Mw.dr. D.Q.C.M. Barge-Schaapveld, voorzitter; mr. A.Ch.H. Franken, penningmeester; mw. D.M. Hasekamp-Linthorst, secretaris.

Missie ■ DOELSTELLING ▶ Het opkomen voor de belangen casu quo het ondersteunen van kansarme kinderen ter verbetering van hun huidige dan wel toekomstige positie in de maatschappij. De stichting richt zich met name op de verbetering van sociale en familiale omstandigheden waarin het hulpbehoevende kind zich bevindt. BELEIDSPLAN OP WEBSITE ▶ ja.

Doelgroep ■ ALGEMEEN ▶ armen, gehandicapten, jongeren, kinderen, zieken SPECIFIEK ▶ Kinderen tot 18 jaar. ACTIVITEITEN ▶ Het opkomen voor de belangen casu quo het ondersteunen van kansarme kinderen ter verbetering van hun huidige dan wel toekomstige positie in de maatschappij. De stichting richt zich met name op de verbetering van sociale en familiale omstandigheden waarin het hulpbehoevende kind zich bevindt. De stichting tracht haar doel onder andere te bereiken door financiële ondersteuning van projecten die het doel van de stichting kunnen dienen. INTERVENTIENIVEAU ▶ Steun aan lokale/provinciale maatschappelijke organisaties en structuren (incl. gemeenten etc.) die diensten verlenen aan individuen.

Werkgebied ■ ACTIERADIUS ▶ Nationaal, Internationaal LAND ▶ Nederland.

Bestedingen ■ BUDGET ▶ niet openbaar ONDERSTEUNDE PROJECTEN P/J ▶ 15 SOORT BIJDRAGE ▶ giften BOVENGRENS ▶ geen ONDERGRENS ▶ geen.

Projecten ■ CRITERIA ▶ ☑ Financiële steun wordt alleen verleend aan privaatrechtelijke rechtspersonen zonder winstoogmerk voor het uitvoeren of tot stand brengen van projecten die zich richten op het verbeteren van de huidige en toekomstige levenssituatie van kinderen die door herkomst, sociale situatie, lichamelijke of geestelijke handicap minder kansen hebben. ☑ De steun van de stichting richt zich op projecten die ten goede komen aan kinderen tot 18 jaar in beginsel in Nederland. ☑ Voor projecten met een looptijd van meer dan één jaar, zal in principe elk jaar een nieuwe subsidieaanvraag moeten worden ingediend. Aan eerdere toekenningen kunnen geen rechten worden ontleend. DOORLOOPTIJD ▶ ☑ korter dan 1 jaar STATUS AANVRAGER ▶ ☑ stichting of vereniging (non-profit) VOORKEUR/UITSLUITING ▶ ☑ De stichting verleent uitsluitend steun aan concrete en benoembare projecten. ☑ Projecten die reeds van start zijn gegaan komen niet voor steun in aanmerking. ☑ Aanvragen voor financiële steun ingediend door individuen worden niet in behandeling genomen. ☑ Er wordt geen steun verleend aan institutionele particuliere vermogensfondsen, overheden, overheidsinstellingen of structureel geheel door een overheid gesubsidieerde instellingen. ☑ Instellingen met een louter commerciële, politieke of religieuze doelstelling komen niet voor financiering in aanmerking. ☑ Exploitatiekosten, overheadkosten, waaronder salariskosten, kosten van levensonderhoud, en bouwkosten komen niet voor subsidiëring in aanmerking.

Procedure ■ OP AANVRAAG ▶ ja DOORLOOPTIJD ▶ 3-6 maanden AANVRAAGPROCEDURE ▶ De stichting kent geen gestandaardiseerde aanvraagformulieren. Een subsidieaanvraag, waarin het project (met begroting) en de achtergrond van de aanvrager worden toegelicht, dient schriftelijk te worden ingediend. Na ontvangst van de subsidieaanvraag wordt hierover op de eerstvolgende bestuursvergadering van de stichting besloten. De bestuursvergaderingen worden twee keer per jaar gehouden. URL ▶ www.stichting-medemens.nl/aanvraag/

Financieel ■ EIGEN VERMOGEN ▶ € 2.200 HERKOMST MIDDELEN ▶ overige inkomsten, giften & schenkingen, legaten, vermogen BOEKJAAR ▶ 2018.

Contact ■ BEREIKBAAR PER ▶ ☑ post ☒ e-mail ☒ telefoon CONTACTPERSOON ▶ geen contactpersoon bekend POSTADRES ▶ Postbus 1007, 2240 DN Wassenaar.

833
Meens Luyten Janssen Block Fonds

Rubriek ■ ☑ kunst en cultuur ☑ kerk en levensbeschouwing

Algemeen ■ WEBSITE ► www.cultuurfonds.nl TYPERING ► fonds op naam BEHEERD DOOR ► Prins Bernhard Cultuurfonds DIRECTIE ► zie > Prins Bernhard Cultuurfonds BESTUUR ► zie > Prins Bernhard Cultuurfonds

Missie ■ DOELSTELLING ► Het financieel ondersteunen van de aankoop, instandhouding en restauratie van kerkelijke en religieuze (christelijk, joods of islamitisch) roerende goederen van (kunst)historisch belang van voor 1950.

Werkgebied ■ ACTIERADIUS ► Nationaal LAND ► Nederland.

Projecten ■ CRITERIA ► geen projectcriteria bekend DOORLOOPTIJD ► ☑ korter dan 1 jaar STATUS AANVRAGER ► ☑ geen beperkingen bekend VOORKEUR/UITSLUITING ► geen voorkeur of uitsluiting bekend.

Procedure ■ OP AANVRAAG ► ja AANVRAAGPROCEDURE ► Dit 'fonds op naam' ressorteert onder het Prins Bernhard Cultuurfonds. Verzoeken aan fondsen op naam komen op één centraal punt binnen. Dit houdt in dat een subsidieaanvraag slechts eenmaal aan het Prins Bernhard Cultuurfonds hoeft te worden gezonden. Voor de verdere aanvraagprocedure: zie Prins Bernhard Cultuurfonds. URL ► www.cultuurfonds.nl/aanvragen

Contact ■ BEREIKBAAR PER ► ☑ post ☑ e-mail ☑ telefoon CONTACTPERSOON ► geen contactpersoon bekend POSTADRES ► Postbus 19750, 1000 GT Amsterdam EMAIL (ALGEMEEN) ► info@cultuurfonds.nl TELEFOON (ALGEMEEN) ► 020-5206130.

834
Van der Meer-Boerema Stichting

Rubriek ■ ☑ gezondheidszorg ☑ maatschappij, welzijn en samenleving ☑ kunst en cultuur

Algemeen ■ WEBSITE ► www.kennisbankfilantropie.nl/anbi/van-der-meer-boerema-stichting TYPERING ► vermogensfonds OPGERICHT ► 25-12-1999 RECHTSVORM ► stichting KVK ► 01087589 ANBI STATUS ► ja DIRECTIE ► geen directiegegevens bekend BESTUUR ► W.J. Adema, voorzitter; W. Fennema, penningmeester; A.J. Wynia, secretaris.

Missie ■ DOELSTELLING ► Het met alle haar ten dienste staande of komende middelen bevorderen van cultureel, sociaal en kerkelijk werk (uitgaande van de Nederlandse Hervormde Gemeenten) in het gebied van de Trynwâlden in Friesland, alsmede de bevordering van de volksgezondheid in het algemeen en zeer speciaal die van de kankerbestrijding, bij voorkeur in de provincie Friesland, alles in de ruimste zin des woords en in al haar uitingen. BELEIDSPLAN OP WEBSITE ► ja.

Doelgroep ■ ALGEMEEN ► gelovigen, studenten SPECIFIEK ► Geen specifieke doelgroep ACTIVITEITEN ► Jaarlijks worden aan studenten van Rijksuniversiteit Groningen beurzen verleend, waarmee kankeronderzoek wordt ondersteund. Het bestuur is jaarlijks aanwezig bij de presentatie van de resultaten van de gesteunde onderzoeken. INTERVENTIENIVEAU ► Steun aan individuen (directe steun).; Steun aan lokale/provinciale maatschappelijke organisaties en structuren (incl. gemeenten etc.) die diensten verlenen aan individuen.

Werkgebied ■ ACTIERADIUS ► Regionaal, Nationaal LAND ► Nederland REGIO ► Friesland.

Bestedingen ■ BUDGET ► niet openbaar SOORT BIJDRAGE ► giften subsidies investeringen BOVENGRENS ► geen ONDERGRENS ► geen.

Projecten ■ CRITERIA ► geen projectcriteria bekend DOORLOOPTIJD ► ☑ onbekend STATUS AANVRAGER ► ☑ geen beperkingen bekend VOORKEUR/UITSLUITING ► geen voorkeur of uitsluiting bekend.

Procedure ■ OP AANVRAAG ► ja AANVRAAGPROCEDURE ► Aanvragen voor suppleties kunnen zowel schriftelijk als per mail geschieden. Er zijn geen speciale formulieren voor. Bij de aanvraag dient een begroting van het betreffende project gevoegd te worden. Het bestuur kan nadere informatie vragen.

Financieel ■ EIGEN VERMOGEN ► € 4.260.961 INKOMSTEN EV ► € 260.798 HERKOMST MIDDELEN ► vermogen, giften & schenkingen BOEKJAAR ► 2019 JAARVERSLAG OP WEBSITE ► ja.

Contact ■ BEREIKBAAR PER ► ☑ post ☑ e-mail ☑ telefoon CONTACTPERSOON ► geen contactpersoon bekend POSTADRES ► Stinsweg 7, 9269 TD Veenwouden EMAIL (ALGEMEEN) ► aj.wynia@hetnet.nl TELEFOON (ALGEMEEN) ► 0582895583.

835
Meester Prikkebeen Fonds

Rubriek ■ ☑ natuur, milieu en dieren ☑ onderwijs en onderzoek

Algemeen ■ WEBSITE ► www.cultuurfonds.nl TYPERING ► fonds op naam BEHEERD DOOR ► Prins Bernhard Cultuurfonds DIRECTIE ► zie > Prins Bernhard Cultuurfonds BESTUUR ► zie > Prins Bernhard Cultuurfonds

Missie ■ DOELSTELLING ► Het financieel ondersteunen van amateuronderzoekers op het gebied van veldbiologie.

Werkgebied ■ ACTIERADIUS ► Nationaal LAND ► Nederland.

Projecten ■ CRITERIA ► geen projectcriteria bekend DOORLOOPTIJD ► ☑ korter dan 1 jaar STATUS AANVRAGER ► ☑ geen beperkingen bekend VOORKEUR/UITSLUITING ► geen voorkeur of uitsluiting bekend.

Procedure ■ OP AANVRAAG ► ja AANVRAAGPROCEDURE ► Dit 'fonds op naam' ressorteert onder het Prins Bernhard Cultuurfonds. Verzoeken aan fondsen op naam komen op één centraal punt binnen. Dit houdt in dat een subsidieaanvraag slechts eenmaal aan het Prins Bernhard Cultuurfonds hoeft te worden gezonden. Voor de verdere aanvraagprocedure: zie Prins Bernhard Cultuurfonds. URL ► www.cultuurfonds.nl/aanvragen

Contact ■ BEREIKBAAR PER ► ☑ post ☑ e-mail ☑ telefoon CONTACTPERSOON ► geen contactpersoon bekend POSTADRES ► Postbus 19750, 1000 GT Amsterdam EMAIL (ALGEMEEN) ► info@cultuurfonds.nl TELEFOON (ALGEMEEN) ► 020-5206130.

836
Mehler Fonds

Rubriek ■ ☑ kunst en cultuur ☑ onderwijs en onderzoek
Algemeen ■ WEBSITE ▶ www.cultuurfonds.nl TYPERING ▶ fonds op naam BEHEERD DOOR ▶ Prins Bernhard Cultuurfonds DIRECTIE ▶ zie Prins Bernhard Cultuurfonds BESTUUR ▶ zie Prins Bernhard Cultuurfonds
Missie ■ DOELSTELLING ▶ Het financieel ondersteunen van bijzondere projecten op het gebied van de actieve muzikale en klassieke (Grieks/Latijnse) vorming in het voortgezet onderwijs.
Werkgebied ■ ACTIERADIUS ▶ Nationaal LAND ▶ Nederland.
Projecten ■ CRITERIA ▶ geen projectcriteria bekend DOORLOOPTIJD ▶ ☑ korter dan 1 jaar STATUS AANVRAGER ▶ ☑ geen beperkingen bekend VOORKEUR/UITSLUITING ▶ geen voorkeur of uitsluiting bekend.
Procedure ■ OP AANVRAAG ▶ ja AANVRAAGPROCEDURE ▶ Dit 'fonds op naam' ressorteert onder het Prins Bernhard Cultuurfonds. Verzoeken aan fondsen op naam komen op één centraal punt binnen. Dit houdt in dat een subsidieaanvraag slechts eenmaal aan het Prins Bernhard Cultuurfonds hoeft te worden gezonden. Voor de verdere aanvraagprocedure: zie Prins Bernhard Cultuurfonds. URL ▶ www.cultuurfonds.nl/aanvragen
Contact ■ BEREIKBAAR PER ▶ ☑ post ☑ e-mail ☑ telefoon CONTACTPERSOON ▶ geen contactpersoon bekend POSTADRES ▶ Postbus 19750, 1000 GT Amsterdam EMAIL (ALGEMEEN) ▶ info@cultuurfonds.nl TELEFOON (ALGEMEEN) ▶ 020-5206130.

837
Stichting Meijer Boekbinder Fonds

Rubriek ■ ☑ natuur, milieu en dieren
Algemeen ■ WEBSITE ▶ www.kennisbankfilantropie.nl/anbi/meijer-boekbinder-fonds TYPERING ▶ vermogensfonds RECHTSVORM ▶ stichting KVK ▶ 41042824 ANBI STATUS ▶ ja DIRECTIE ▶ geen directiegegevens bekend BESTUUR ▶ J.Th. de Jongh, voorzitter; J.W.G. den Otter, penningmeester; F.J. van Sluijs, secretaris.
Missie ■ DOELSTELLING ▶ Financiële ondersteuning verlenen aan fondsen welke zich bezighouden met bescherming en opvang van dieren en het milieu in het algemeen, en voorts al hetgeen met een en ander rechtstreeks of zijdelings verband houdt of daartoe bevorderlijk kan zijn, alles in de ruimste zin van het woord. BELEIDSPLAN OP WEBSITE ▶ ja.
Doelgroep ■ ALGEMEEN ▶ dieren SPECIFIEK ▶ Projecten die een structurele bijdrage leveren aan het verbeteren van de gezondheid en/of het welzijn van dieren. ACTIVITEITEN ▶ Het Meijer Boekbinder Fonds investeert vooral in (wetenschappelijk) onderzoek naar bijvoorbeeld rasverbetering en voorlichting over dierenwelzijn. INTERVENTIENIVEAU ▶ Steun aan lokale/provinciale maatschappelijke organisaties en structuren (incl. gemeenten etc.) die diensten verlenen aan individuen.
Werkgebied ■ ACTIERADIUS ▶ Nationaal LAND ▶ Nederland.
Bestedingen ■ BUDGET ▶ niet openbaar SOORT BIJDRAGE ▶ giften BOVENGRENS ▶ geen ONDERGRENS ▶ geen.
Projecten ■ CRITERIA ▶ geen projectcriteria bekend DOORLOOPTIJD ▶ ☑ onbekend STATUS AANVRAGER ▶ ☑ stichting of vereniging (non-profit) VOORKEUR/UITSLUITING ▶ Voorkeur voor organisaties met een ANBI-status. Geen particulieren. Exploitatiekosten en kosten gericht op faciliteiten komen niet voor een donatie in aanmerking.
Procedure ■ OP AANVRAAG ▶ ja AANVRAAGPROCEDURE ▶ Aan de aanvraag worden de volgende voorwaarden gesteld: ☑ Goede projectomschrijving; ☑ Opgaaf van het beoogde resultaat van het project; ☑ Opgaaf van de kosten en een kostendekkingsplan; ☑ Meesturen de statuten, inschrijving KvK en het meest recente financieel jaarverslag van de aanvrager; ☑ Na afronding van het project kunnen de gemaakte kosten bij de Stichting Meijer Boekbinder Fonds worden gedeclareerd op basis van bewijs dat het project is gerealiseerd en dat de toegekende donatie is gebruikt voor het doel waarvoor de donatie bestemd was. Deze verklaring dient te zijn afgegeven en ondertekend door een accountant. Bij het beoordelen van de projecten let het bestuur van de Stichting Meijer Boekbinder Fonds onder meer op de kwaliteit van het project, de relevantie, de impact en de degelijkheid van de financiële onderbouwing.
Financieel ■ EIGEN VERMOGEN ▶ € 1.200.000 HERKOMST MIDDELEN ▶ giften & schenkingen, vermogen BOEKJAAR ▶ 2016 JAARVERSLAG OP WEBSITE ▶ ja.
Contact ■ BEREIKBAAR PER ▶ ☑ post ☑ e-mail ☑ telefoon CONTACTPERSOON ▶ geen contactpersoon bekend POSTADRES ▶ Postbus 500, 1430 AM Aalsmeer EMAIL (ALGEMEEN) ▶ m.pape@dibevo.nl TELEFOON (ALGEMEEN) ▶ 0297341898.

838
Stichting Meijers-van Meer

Rubriek ■ ☑ kerk en levensbeschouwing ☑ maatschappij, welzijn en samenleving
Algemeen ■ WEBSITE ▶ https://fondseninnederland.nl/fonds/stichting-meijers-van-meer TYPERING ▶ vermogensfonds OPGERICHT ▶ 10-09-2014 RECHTSVORM ▶ stichting KVK ▶ 61430137 ANBI STATUS ▶ ja DIRECTIE ▶ geen directiegegevens bekend BESTUUR ▶ J. Haeck, voorzitter; A.G.M. Kaars, penningmeester; L.P.J. Smit, secretaris.
Missie ■ DOELSTELLING ▶ De stichting heeft als doel haar inkomsten, na aftrek van de noodzakelijk te maken kosten, te verdelen onder kerkelijke of semi-kerkelijke instellingen, voortkomend uit de gereformeerde traditie, zoals die verstaan wordt in de orthodoxie van de Nederlands Hervormde Kerk, die thans deel uitmaakt van de Protestantse Kerk in Nederland. BELEIDSPLAN OP WEBSITE ▶ ja.
Doelgroep ■ ALGEMEEN ▶ gelovigen SPECIFIEK ▶ Zoals vernoemd in de doelstelling. ACTIVITEITEN ▶ Geen specifieke activiteiten bekend INTERVENTIENIVEAU ▶ Steun aan lokale/provinciale maatschappelijke organisaties en structuren (incl. gemeenten etc.) die diensten verlenen aan individuen.

Werkgebied ■ ACTIERADIUS ▶ Nationaal LAND ▶ Nederland.
Bestedingen ■ BUDGET ▶ niet openbaar ONDERSTEUNDE PROJECTEN P/J ▶ 22 SOORT BIJDRAGE ▶ giften BOVENGRENS ▶ geen ONDERGRENS ▶ geen.
Projecten ■ CRITERIA ▶ Instellingen dienen rechtspersonen te zijn, welke gerangschikt zijn als zogenaamde ANBI instelling (Algemeen Nut Beogende Instelling). DOORLOOPTIJD ▶ ☑ onbekend STATUS AANVRAGER ▶ ☑ kerkelijke instelling ☑ stichting of vereniging (non-profit) VOORKEUR/UITSLUITING ▶ geen voorkeur of uitsluiting bekend.
Procedure ■ OP AANVRAAG ▶ onbekend AANVRAAGPROCEDURE ▶ Geen aanvraagprocedure bekend.
Financieel ■ EIGEN VERMOGEN ▶ € 3.000.000 HERKOMST MIDDELEN ▶ giften & schenkingen, vermogen BOEKJAAR ▶ 2018 JAARVERSLAG OP WEBSITE ▶ ja.
Contact ■ BEREIKBAAR PER ▶ ☒ post ☑ e-mail ☒ telefoon CONTACTPERSOON ▶ geen contactpersoon bekend POSTADRES ▶ Geen postadres bekend EMAIL (ALGEMEEN) ▶ stichtingmvm@gmail.com.

839
Meindersma-Sybenga Stichting

Rubriek ■ ☑ maatschappij, welzijn en samenleving ☑ natuur, milieu en dieren ☑ kunst en cultuur ☑ kerk en levensbeschouwing
Algemeen ■ WEBSITE ▶ www.transparante-anbi.nl/product/embed/1877 TYPERING ▶ vermogensfonds OPGERICHT ▶ 04-10-1962 RECHTSVORM ▶ stichting KVK ▶ 41001992 ANBI STATUS ▶ ja DIRECTIE ▶ geen directiegegevens bekend BESTUUR ▶ Mw.mr. O.B. de Nooij-Bolwijn, voorzitter; A. Heida, penningmeester; T. Okkema, secretaris.
Missie ■ DOELSTELLING ▶ Het bestuur stelt zich tot taak de opbrengsten van de bezittingen na aftrek van de gemaakte kosten volledig te bestemmen en uit te keren aan rechtspersoonlijkheid bezittende instellingen die: ☑ het behoud van natuurmonumenten (bij voorkeur in Friesland), beogen, alsook instellingen die monumentenzorg tot doelstelling hebben; ☑ voor restauratie van (monumentale)kerken en orgels in het kader van restauraties in aanmerking kunnen komen voor een bijdrage; ☑ een algemeen maatschappelijk belang nastreven. STICHTER(S) ▶ Mr. E. Meindersma BELEIDSPLAN OP WEBSITE ▶ ja.
Doelgroep ■ SPECIFIEK ▶ Monumentenzorg (bij voorkeur in Friesland). ACTIVITEITEN ▶ Geen specifieke activiteiten bekend INTERVENTIENIVEAU ▶ Steun aan lokale/provinciale maatschappelijke organisaties en structuren (incl. gemeenten etc.) die diensten verlenen aan individuen.
Werkgebied ■ ACTIERADIUS ▶ Nationaal, Regionaal LAND ▶ Nederland REGIO ▶ Friesland.
Bestedingen ■ BUDGET ▶ niet openbaar TOELICHTING ▶ In verband met het instandhouden van het vermogen vindt een jaarlijkse boeking ten laste van de exploitatierekening plaats van 15% van de bruto dividenden en 25% van de jaarlijkse rente. ONDERSTEUNDE PROJECTEN P/J ▶ 93 SOORT BIJDRAGE ▶ giften BOVENGRENS ▶ geen ONDERGRENS ▶ geen.
Projecten ■ CRITERIA ▶ Toekenning financiële bijdragen alleen aan rechtspersoonlijkheid bezittende instellingen. DOORLOOPTIJD ▶ ☑ korter dan 1 jaar STATUS AANVRAGER ▶ ☑ stichting of vereniging (non-profit) ☑ kerkelijke instelling ☑ bedrijf ☑ onderwijsinstelling VOORKEUR/UITSLUITING ▶ ; ☑ Voorkeur gaat uit naar Friesland. ☑ Niet in aanmerking komen projecten die al zijn gestart of afgerond.
Procedure ■ OP AANVRAAG ▶ ja DOORLOOPTIJD ▶ 1-3 maanden AANVRAAGPROCEDURE ▶ Schriftelijk via secretaris met duidelijke omschrijving projectdoel, alsmede begroting en dekkingsplan.
Financieel ■ INKOMSTEN EV ▶ € 397.136 HERKOMST MIDDELEN ▶ vermogen, overige inkomsten BOEKJAAR ▶ 2019 JAARVERSLAG OP WEBSITE ▶ ja.
Contact ■ BEREIKBAAR PER ▶ ☑ post ☑ e-mail ☑ telefoon CONTACTPERSOON ▶ T. Okkema POSTADRES ▶ Súdhoekstermiddelweg 1, 9077 TX Vrouwenparochie EMAIL (ALGEMEEN) ▶ taekeokkema@hotmail.com TELEFOON (ALGEMEEN) ▶ 06-44296631.

840
Stichting Mensa Fonds

Rubriek ■ ☑ onderwijs en onderzoek
Algemeen ■ WEBSITE ▶ www.mensafonds.nl TYPERING ▶ vermogensfonds OPGERICHT ▶ 20-04-2013 RECHTSVORM ▶ stichting KVK ▶ 57789290 ANBI STATUS ▶ ja DIRECTIE ▶ geen directiegegevens bekend BESTUUR ▶ Mw. G. van Geffen, voorzitter; P. Kievit, penningmeester; mw. P. Hagenbeek, secretaris; J. Hollestelle; mw. B. Dekkers; mw. T. Oost; W. Bouwens.
Missie ■ DOELSTELLING ▶ Het Mensa Fonds heeft als doel het verwerven en verspreiden van kennis met betrekking tot hoge algemene intelligentie (veelal benoemd als hoogbegaafdheid), belangenbehartiging ten behoeve van mensen met een hoge algemene intelligentie en aanmoediging van bijzondere prestaties door of ten behoeve van mensen met een hoge intelligentie binnen Nederland of in samenwerking met Mensa; Fondsen in andere landen. STICHTER(S) ▶ Vereniging Mensa Nederland HISTORIE ▶ Stichting Mensa Fonds is opgericht door de Vereniging Mensa Nederland tijdens de Algemene Ledenvergadering van deze vereniging op 20 april 2013. Met het Mensa Fonds wordt er invulling gegeven aan het maatschappelijk gezicht van Mensa. Als inspiratie voor dit fonds heeft MERF gediend, de Amerikaanse Mensa Education and Research Foundation. MERF is sinds jaar en dag zeer succesvol en fungeert als visiteplaatje voor het maatschappelijke gezicht van American Mensa en als baken voor wat hoge intelligentie kan betekenen voor de maatschappij. Evenals het Amerikaanse fonds heeft het Nederlandse fonds speciale toestemming gekregen om de naam en het logo van Mensa te gebruiken. De nieuwe stichting Mensa Fonds is meteen voortvarend te werk gegaan en reikte reeds in het najaar van 2013 de eerste Mensa awards uit. BELEIDSPLAN OP WEBSITE ▶ ja.
Doelgroep ■ SPECIFIEK ▶ Hoogbegaafden. ACTIVITEITEN ▶ Het Mensa Fonds opereert in verbinding met de Vereniging Mensa – die zich pri-

mair richt op het belang van haar leden - en met personen, organisaties, onderwijsinstellingen, de overheid en belangenbehartigers zich inzetten voor hoogbegaafden en hoogbegaafdheid (de stichting noemt deze groep het HB veld). Het Mensa Fonds eigent zich binnen dit geheel een specifieke rol toe: wij agenderen en wij ondersteunen in financiële zin. Wij agenderen en ondersteunen op drie thema's: ☑ Zichtbaarheid van hoogbegaafdheid en waardering van prestaties door of ten behoeve van mensen met een hoge intelligentie; ☑ hoogbegaafdheid en werk, hoogleraar (onderzoek, eventueel leerstoel hoogbegaafdheid); ☑ Grijs Goud (oudere hoogbegaafden). **INTERVENTIENIVEAU** ▶ Steun aan lokale/provinciale maatschappelijke organisaties en structuren (incl. gemeenten etc.) die diensten verlenen aan individuen.

Werkgebied ■ **ACTIERADIUS** ▶ Nationaal **LAND** ▶ Nederland.

Bestedingen ■ **BUDGET** ▶ niet openbaar **SOORT BIJDRAGE** ▶ subsidies overig **BOVENGRENS** ▶ geen **ONDERGRENS** ▶ geen.

Projecten ■ **CRITERIA** ▶ Het thema Zichtbaarheid en waardering geeft ook ruimte aan projecten naast de awards, zolang deze bijdragen aan een positieve zichtbaarheid van hoogbegaafdheid en passen binnen de rol die het Mensa Fonds voor zichzelf gedefinieerd heeft. **DOORLOOPTIJD** ▶ ☑ onbekend **STATUS AANVRAGER** ▶ ☑ geen beperkingen bekend **VOORKEUR/UITSLUITING** ▶ geen voorkeur of uitsluiting bekend.

Procedure ■ **OP AANVRAAG** ▶ onbekend **DOORLOOPTIJD** ▶ 1-3 maanden; geen doorlooptijd bekend; geen doorlooptijd bekend **AANVRAAGPROCEDURE** ▶ Geen aanvraagprocedure bekend.

Financieel ■ **EIGEN VERMOGEN** ▶ € 11.796 **INKOMSTEN OV** ▶ € 6.543 **HERKOMST MIDDELEN** ▶ giften & schenkingen, legaten, bedrijven, overige inkomsten **BOEKJAAR** ▶ 2019 **JAARVERSLAG OP WEBSITE** ▶ ja.

Contact ■ **BEREIKBAAR PER** ▶ ☒ post ☑ e-mail ☒ telefoon **CONTACTPERSOON** ▶ geen contactpersoon bekend **POSTADRES** ▶ Geen postadres bekend **EMAIL (ALGEMEEN)** ▶ info@mensafonds.nl.

841
Stichting Menzis/Azivo RVVZ (SMAR)

Rubriek ■ ☑ gezondheidszorg ☑ maatschappij, welzijn en samenleving

Algemeen ■ **WEBSITE** ▶ https://www.menzis.nl/over-menzis/zorg-voor-mens-en-maatschappij/goede-en-betaalbare-zorg/over-stichting-menzis-azivo-rvvz **TYPERING** ▶ vermogensfonds **OPGERICHT** ▶ 24-12-2008 **RECHTSVORM** ▶ stichting **KVK** ▶ 09190125 **ANBI STATUS** ▶ ja **DIRECTIE** ▶ geen directiegegevens bekend **BESTUUR** ▶ Drs. R Wenselaar, voorzitter; D.J. Sloots; R. Groot Koerkamp.

Missie ■ **DOELSTELLING** ▶ De kwaliteit van de gezondheidszorg verbeteren. Hiervoor zet de SMAR de reserves in, die Menzis in beheer heeft gekregen van de voormalige vrijwillige ziekenfondsverzekering (RVVZ). Dit is volgens het convenant dat in 1999 overeengekomen is tussen Zorgverzekeraars Nederland en het Ministerie van VWS. **HISTORIE** ▶ Stichting Menzis/Azizo RVVZ statutair gevestigd te Wageningen is op 24 december 2008 opgericht. De Stichting is onderdeel van de Menzis groep waarin alle rechtspersonen en vennootschappen die onderdeel uitmaken van of verbonden zijn aan de Coöperatie Menzis U.A., organisatorisch zijn verbonden. **BELEIDSPLAN OP WEBSITE** ▶ ja.

Doelgroep ■ **ALGEMEEN** ▶ zieken, gehandicapten, ouderen **SPECIFIEK** ▶ Geen specifieke doelgroep **ACTIVITEITEN** ▶ ☑ Mensen in staat stellen eigen regie te voeren over behoud; ☑ herstel of verbeteren van eigen gezondheid; ☑ nieuwe vormen van (ondersteuning van) mantelzorg op basis van solidariteit in gemeenschappen; ☑ ondersteunen van lokale of regionale initiatieven tussen gemeente(n) en eerstelijns zorginstellingen die voor klanten een verbetering of meerwaarde opleveren. In 2019 is door Stichting Menzis/Azivo RVVZ een lening ad € 374 duizend verstrekt aan de Gemeente Enschede in het kader van het project Maatwerkroute in het kader van Sociaal Hospitaal Aanpak (SOHOS). In dit project worden uiteindelijk 100 gezinnen geholpen in hun schuldenproblematiek. **INTERVENTIENIVEAU** ▶ Steun aan lokale/provinciale maatschappelijke organisaties en structuren (incl. gemeenten etc.) die diensten verlenen aan individuen.; Steun op niveau van maatschappij zelf (beleidsbeïnvloeding, etc.).

Werkgebied ■ **ACTIERADIUS** ▶ Nationaal **LAND** ▶ Nederland.

Bestedingen ■ **BUDGET** ▶ niet openbaar **SOORT BIJDRAGE** ▶ giften **BOVENGRENS** ▶ geen **ONDERGRENS** ▶ geen.

Projecten ■ **CRITERIA** ▶ Voor financiering door SMAR komen alleen projecten in aanmerking die vallen onder de volgende criteria: ☑ Zorg: verbetering van de kwaliteit en doelmatigheid van zorgverlening in de ruimste zin, en in relatie daarmee, al hetgeen kan bijdragen aan de bevordering van de kwaliteit van leven van zieke en gehandicapte mensen; ☑ Preventie: maatregelen ter voorkoming van ziekten; ☑ Onderzoek: onderzoek gericht op de bevordering van de volksgezondheid en de gezondheidszorg, alsmede op de doelmatige uitvoering daarvan. **DOORLOOPTIJD** ▶ ☑ onbekend **STATUS AANVRAGER** ▶ ☑ stichting of vereniging (non-profit) **VOORKEUR/UITSLUITING** ▶ geen voorkeur of uitsluiting bekend.

Procedure ■ **OP AANVRAAG** ▶ ja **DOORLOOPTIJD** ▶ 1-3 maanden **AANVRAAGPROCEDURE** ▶ geen aanvraag bekend.

Financieel ■ **EIGEN VERMOGEN** ▶ € 453 **HERKOMST MIDDELEN** ▶ vermogen **BOEKJAAR** ▶ 2019 **JAARVERSLAG OP WEBSITE** ▶ ja.

Contact ■ **BEREIKBAAR PER** ▶ ☑ post ☑ e-mail ☒ telefoon **CONTACTPERSOON** ▶ geen contactpersoon bekend **POSTADRES** ▶ Postbus 75000, 7500 KC Enschede **EMAIL (ALGEMEEN)** ▶ info.rvvz@menzis.nl.

842
Stichting prof. Michael-van Vloten Fonds

Rubriek ■ ☑ gezondheidszorg ☑ onderwijs en onderzoek

Algemeen ■ **WEBSITE** ▶ www.michaelfonds.nl **TYPERING** ▶ vermogensfonds **OPGERICHT** ▶ 27-04-1956 **RECHTSVORM** ▶ stichting **KVK** ▶ 41151600 **ANBI STATUS** ▶ ja **DIRECTIE** ▶ geen directiegegevens bekend **BESTUUR** ▶ Prof.dr. H.W. Tilanus, voorzitter; mr. P.M.A. van Berckel, penningmeester; mr. H.J.M.E Mathijsen, secretaris; dr. C.M.A. Bruijninckx; prof.dr. I.H.M. Borel Rinkes; dr. P.W.H.E. Vriens; prof.dr. J.C. Molenaar.

Missie ■ **DOELSTELLING** ► De Stichting Prof. Michaël-van Vloten Fonds heeft ten doel het bevorderen van: ☑ studie op heelkundig gebied; ☑ wetenschappelijk heelkundig onderzoek; ☑ wetenschappelijk werk op heelkundig gebied. Het verlenen van steun van financiële aard voor: ☑ studie van de heelkunde; ☑ beoefening van de heelkunde,; ☑ publicaties op heelkundig gebied; ☑ dissertaties op het gebied der heelkunde. **STICHTER(S)** ► Prof.dr. P.R. Michaël en zijn echtgenote Mevrouw J.J. Michaël-van Vloten. **HISTORIE** ► De Stichting Prof. Michaël-van Vloten Fonds, gevestigd te 's Gravenhage, werd op 27 april 1956 opgericht door Prof.dr. P.R. Michaël en zijn echtgenote Mevrouw J.J. Michaël-van Vloten. **BELEIDSPLAN OP WEBSITE** ► ja.

Doelgroep ■ **ALGEMEEN** ► studenten **SPECIFIEK** ► Jonge veelbelovende Nederlandse chirurgen, chirurgen in opleiding en studenten met aangetoonde chirurgisch-wetenschappelijke belangstelling. **ACTIVITEITEN** ► De Stichting Prof. Michaël-van Vloten Fonds heeft als doel de bevordering van het heelkundig onderzoek. Om dit doel te bereiken investeert de Stichting in jonge, veelbelovende Nederlandse chirurgen, chirurgen in opleiding en studenten met aangetoonde chirurgisch-wetenschappelijke belangstelling. De Stichting bekostigt periodiek een research-fellowship van een jaar voor jonge chirurgen. Verder stelt de Stichting fondsen beschikbaar voor projecten van beperkte omvang op het gebied van de heelkunde. De Stichting organiseert in samenwerking met de Nederlandse Vereniging voor Heelkunde vanaf 1990 periodiek de 'Michaël-lecture', waarvoor op kosten van de Stichting een zeer vooraanstaande spreker naar Nederland uitgenodigd wordt. **INTERVENTIENIVEAU** ► Steun aan individuen (directe steun).

Werkgebied ■ **ACTIERADIUS** ► Nationaal **LAND** ► Nederland.

Bestedingen ■ **BUDGET** ► niet openbaar **SOORT BIJDRAGE** ► beurzen subsidies **BOVENGRENS** ► € 10.000 **ONDERGRENS** ► geen.

Projecten ■ **CRITERIA** ► Om in aanmerking te komen voor een research-fellowship dienen kandidaten een (jonge) chirurg te zijn, eventueel in opleiding of met toezegging van een opleidingsplaats na het fellowship. Uitgangspunt is dat de subsidie-ontvanger aansluitend op de fellowship-periode de verworven kennis in Nederland uitdraagt door voortzetting van wetenschappelijk werk in de (opleidings-)kliniek voor tenminste 3 jaar. Ook studenten met aangetoonde chirurgisch-wetenschappelijke belangstelling komen in aanmerking. **DOORLOOPTIJD** ► ☑ onbekend **STATUS AANVRAGER** ► ☑ individuen/gezinnen **VOORKEUR/UITSLUITING** ► Salariskosten en benchfees worden niet vergoed.

Procedure ■ **OP AANVRAAG** ► ja **DOORLOOPTIJD** ► geen doorlooptijd bekend; 3-6 maanden; geen doorlooptijd bekend **AANVRAAGPROCEDURE** ► Het aanvraagformulier is te downloaden van de website. Aanvragen dienen per e-mail verstuurd te worden naar aanvragen@michaelfonds.nl. Met de e-mail dienen ook de volgende documenten meegestuurd te worden: ☑ Uitgebreidere c.v. dan in het formulier wordt gevraagd; ☑ Aanbevelingsbrief of -brieven; ☑ Indien van toepassing: acceptatiebrief van het gastinstituut. Bij vragen over het indienen van een aanvraag kan contact opgenomen worden via info@michaelfonds.nl **URL** ► www.michaelfonds.nl

Financieel ■ **INKOMSTEN EV** ► € 346.224 **HERKOMST MIDDELEN** ► inkomsten uit vermogen, vermogen **BOEKJAAR** ► 2017 **JAARVERSLAG OP WEBSITE** ► ja.

Contact ■ **BEREIKBAAR PER** ► ☒ post ☑ e-mail ☒ telefoon **CONTACTPERSOON** ► J. Hagoort **POSTADRES** ► Geen postadres bekend **EMAIL (ALGEMEEN)** ► info@michaelfonds.nl.

843
Middelbeek Stortenbeker Fonds

Rubriek ■ ☑ kunst en cultuur ☑ onderwijs en onderzoek

Algemeen ■ **WEBSITE** ► www.cultuurfonds.nl **TYPERING** ► fonds op naam **BEHEERD DOOR** ► Prins Bernhard Cultuurfonds **DIRECTIE** ► zie Prins Bernhard Cultuurfonds **BESTUUR** ► zie Prins Bernhard Cultuurfonds

Missie ■ **DOELSTELLING** ► Het financieel ondersteunen van afgestudeerde, professionele uitvoerende cellisten voor het volgen van een (aanvullende) studie in Nederland of daarbuiten of voor de aanschaf van een beter instrument. Bij onvoldoende aanvragen kunnen projecten op het gebied van klassieke (kamer)muziek worden ondersteund.

Werkgebied ■ **ACTIERADIUS** ► Nationaal, Internationaal **LAND** ► Nederland.

Projecten ■ **CRITERIA** ► geen projectcriteria bekend **DOORLOOPTIJD** ► ☑ korter dan 1 jaar **STATUS AANVRAGER** ► ☑ geen beperkingen bekend **VOORKEUR/UITSLUITING** ► geen voorkeur of uitsluiting bekend.

Procedure ■ **OP AANVRAAG** ► ja **AANVRAAGPROCEDURE** ► Dit 'fonds op naam' ressorteert onder het Prins Bernhard Cultuurfonds. Verzoeken aan fondsen op naam komen op één centraal punt binnen. Dit houdt in dat een subsidieaanvraag slechts eenmaal aan het Prins Bernhard Cultuurfonds hoeft te worden gezonden. Voor de verdere aanvraagprocedure: zie Prins Bernhard Cultuurfonds. **URL** ► www.cultuurfonds.nl/aanvragen

Contact ■ **BEREIKBAAR PER** ► ☑ post ☑ e-mail ☑ telefoon **CONTACTPERSOON** ► geen contactpersoon bekend **POSTADRES** ► Postbus 19750, 1000 GT Amsterdam **EMAIL (ALGEMEEN)** ► info@cultuurfonds.nl **TELEFOON (ALGEMEEN)** ► 020-5206130.

844
Stichting Mieke Koomans Fonds

Rubriek ■ ☑ kunst en cultuur

Algemeen ■ **WEBSITE** ► www.kennisbankfilantropie.nl/anbi/mieke-koomans-fonds **TYPERING** ► vermogensfonds **OPGERICHT** ► 2002 **RECHTSVORM** ► stichting **KVK** ► 24342415 **ANBI STATUS** ► nee **DIRECTIE** ► geen directiegegevens bekend **BESTUUR** ► Mw. I.E. Ullmann, voorzitter; mw. M.E. van Heel, penningmeester; mw. M.E. van Heel, secretaris; mw. G.T. Douwes.

Missie ■ **DOELSTELLING** ► De Stichting heeft ten doel: ☑ de verdere muzikale vorming en ontwikkeling van veelbelovende en/of pas afgestudeerde conservatoriumstudenten in een (inter)nationale context te bevorderen; ☑ het verrichten van alle verdere handelingen, die met het vorenstaande in de ruimste zin verband houden of daartoe bevorderlijk kunnen zijn. **STICHTER(S)** ► Jaap en Lydia van Heel-Koomans **HISTORIE** ► De Stichting Mieke Koomans Fonds is in 2002 opgericht door Jaap en Lydia van Heel-Koomans, ter nagedachtenis aan Mieke Koomans, die in 2002 overleed. Het Fonds is in de periode 2002-2007 gevuld met een zestal periodieke stortingen, vanuit de erfenis van Mieke Koomans. **BELEIDSPLAN OP WEBSITE** ► ja.

Doelgroep ■ **SPECIFIEK** ► Nederlandse conservatoriumstudenten. **ACTIVITEITEN** ► De Stichting tracht haar doel onder meer te verwezenlijken door; ☑ jaarlijks voor Nederlandse conservatoriumstudenten een evenement (Masterclass, clinic, project) door (een) (inter)nationaal uitvoerend music(us)i aan het Conservatorium te Arnhem financieel mede mogelijk te maken; ☑ incidenteel en in zeer bijzondere gevallen ook op andere wijze een studie in een internationale context worden gesteund door het ter beschikking stellen van een stipendium, ter zodanige grootte teneinde een verblijf in het buitenland van enige maanden mogelijk te maken. Zulks zal slechts door de Stichting in overweging genomen worden op voordracht van de leiding van de faculteit Muziek van de ArtEZ Hogeschool. **INTERVENTIENIVEAU** ► Steun aan individuen (directe steun).

Werkgebied ■ **ACTIERADIUS** ► Nationaal **LAND** ► Nederland **PLAATS** ► Arnhem.

Bestedingen ■ **BUDGET** ► € 6.000 **SOORT BIJDRAGE** ► giften overig **BOVENGRENS** ► geen **ONDERGRENS** ► geen.

Projecten ■ **CRITERIA** ► geen projectcriteria bekend **DOORLOOPTIJD** ► ☑ onbekend **STATUS AANVRAGER** ► ☑ geen beperkingen bekend **VOORKEUR/UITSLUITING** ► geen voorkeur of uitsluiting bekend.

Procedure ■ **OP AANVRAAG** ► onbekend **DOORLOOPTIJD** ► 6-12 maanden **AANVRAAGPROCEDURE** ► Jaarlijks wordt in overleg met het Conservatorium een voorstel uitgewerkt van door het Fonds te steunen activiteiten. Soms is dit één activiteit, soms kunnen meerdere (kleinere) projecten worden gesteund vanuit het jaarlijks beschikbare bedrag.

Financieel ■ **HERKOMST MIDDELEN** ► onbekend **JAARVERSLAG OP WEBSITE** ► ja.

Contact ■ **BEREIKBAAR PER** ► ☑ post ☑ e-mail ☑ telefoon **CONTACTPERSOON** ► geen contactpersoon bekend **POSTADRES** ► Provenierssingel 35a-2, 3033 EG Rotterdam **EMAIL (ALGEMEEN)** ► lvheel@b-support.nl **TELEFOON (ALGEMEEN)** ► 010-2430733.

845

Stichting Mien van 't Sant Fonds

Rubriek ■ ☑ kunst en cultuur

Algemeen ■ **WEBSITE** ► www.mienvantsantfonds.nl **TYPERING** ► vermogensfonds **OPGERICHT** ► 24-08-1987 **RECHTSVORM** ► stichting **KVK** ► 41182625 **ANBI STATUS** ► nee **DIRECTIE** ► geen directiegegevens bekend **BESTUUR** ► O.Th. Vriezenberg, voorzitter; M.Ph. Plet, penningmeester; mw. H. van Dijk-Hausmann, secretaris.

Missie ■ **DOELSTELLING** ► Doelstelling van de stichting is het bevorderen van het culturele leven in de provincie Utrecht en de geboorteplaats van de schrijfster, Gorinchem. Voorheen maakte deze stad deel uit van de landstreek Vijfheerenlanden. Sinds 1 januari 2019 hoort dit gebied bij de provincie Utrecht. **STICHTER(S)** ► Mien van 't Sant (1901-1994) **HISTORIE** ► De stichting Mien van 't Sant Fonds is op 24 augustus 1987 door schrijfster Mien van 't Sant opgericht met als doel het ondersteunen van het culturele leven in de provincie Utrecht en haar geboorteplaats Gorinchem inclusief de streek Vijfheerenlanden.

Doelgroep ■ **SPECIFIEK** ► Culturele activiteiten in de provincie Utrecht en de Vijfherenlanden. **ACTIVITEITEN** ► De stichting tracht de doelstelling onder meer te bereiken door het financieel ondersteunen van plaatselijke evenementen zoals lezingen, voordrachten, toneelvoorstellingen, concerten, exposities, uitvoeringen, culturele projecten met een verbindende factor en dergelijke; ☑ Verder is het streven van de stichting de door Mien van 't Sant geschreven romans bijeen te houden en te bewaren. **INTERVENTIENIVEAU** ► Steun aan lokale/provinciale maatschappelijke organisaties en structuren (incl. gemeenten etc.) die diensten verlenen aan individuen.

Werkgebied ■ **ACTIERADIUS** ► Regionaal **LAND** ► Nederland **REGIO** ► Utrecht, Vijfheerenlanden **PLAATS** ► Vianen, Leerdam, Gorinchem, Zederik.

Bestedingen ■ **BUDGET** ► niet openbaar **SOORT BIJDRAGE** ► garanties subsidies **BOVENGRENS** ► geen **ONDERGRENS** ► geen.

Projecten ■ **CRITERIA** ► Alleen activiteiten die plaats vinden binnen het omschreven gebied komen in aanmerking voor beoordeling. **DOORLOOPTIJD** ► ☑ korter dan 1 jaar **STATUS AANVRAGER** ► ☑ stichting of vereniging (non-profit) **VOORKEUR/UITSLUITING** ► Niet voor subsidie komen onder meer in aanmerking; ☑ Aanvragen door privépersonen; ☑ Benefietconcerten en –manifestaties; ☑ Commerciële en/of professioneel grootschalig aandoende activiteiten; ☑ Aanvragen die in principe geen dekking, exclusief subsidies, hebben voor de helft van de begrote uitgaven. ☑ Evenementen met een experimenteel karakter of met een zeer beperkte of elitaire doelgroep. ☑ Projecten e.d. die zowel binnen als buiten het werkgebied plaats vinden. ☑ Organisaties zonder eigen bankrekening. ☑ Aanvragen voor financiering van gebouwen of onderdelen daarvan.

Procedure ■ **OP AANVRAAG** ► ja **DOORLOOPTIJD** ► 3-6 maanden **AANVRAAGPROCEDURE** ► Aanvragen kunnen worden ingediend d.m.v. het formulier op de website. Bij voorkeur ontvangt de Stichting zowel de beschrijving van het project als de begroting zo beknopt mogelijk. Desgewenst kan aanvullende informatie separaat per e-mail of per post worden ingediend. Aanvragers ontvangen binnen een maand per e-mail een ontvangstbevestiging. Het bestuur vergadert doorgaans viermaal per jaar. **URL** ► www.mienvantsantfonds.nl/aanvragen-subsidie/

Financieel ■ **HERKOMST MIDDELEN** ► vermogen, overige inkomsten.

Contact ■ BEREIKBAAR PER ▶ ☑ post ☑ e-mail ☑ telefoon CONTACTPERSOON ▶ Mw. H. van Dijk-Hausmann POSTADRES ▶ Dooiweg 7, 3958 BD Amerongen EMAIL (ALGEMEEN) ▶ secretaris@mienvantsantfonds.nl TELEFOON (ALGEMEEN) ▶ 034-3414594.

846
Stichting Mignot Fonds

Rubriek ■ ☑ maatschappij, welzijn en samenleving ☑ onderwijs en onderzoek ☑ economische ontwikkeling en microkrediet
Algemeen ■ WEBSITE ▶ www.stichtingmignotfonds.nl TYPERING ▶ vermogensfonds RECHTSVORM ▶ stichting KVK ▶ 41090049 ANBI STATUS ▶ ja DIRECTIE ▶ geen directiegegevens bekend BESTUUR ▶ Ir. A.C. van Rhee, voorzitter; mw.mr. M.N. Mignot, penningmeester; mw.mr. M.N. Mignot, secretaris; prof.dr. A.G.L. Romme; ir. E. van Schagen.
Missie ■ DOELSTELLING ▶ Het bieden van faciliteiten aan studenten en jong- of pas afgestudeerden ter voltooiing van of ter aanvulling op hun studie en opleiding, meer speciaal in de richting van het bedrijfsleven in Nederland, een en ander met als oogmerk de verbetering van de organisatie, de productie, het product en/of het management in deze bedrijven.
Doelgroep ■ ALGEMEEN ▶ studenten SPECIFIEK ▶ Studenten en pas afgestudeerden in studies met betrekking op het bedrijfsleven. ACTIVITEITEN ▶ De Stichting tracht haar doel te bereiken door: ☑ het verlenen van financiële steun aan bedoelde studenten en jonge of pas afgestudeerden die een onderzoek als bedoeld ter hand nemen; ☑ door de uitgifte van publicaties; ☑ alsmede door het jaarlijks beschikbaar stellen van een prijs aan de best geslaagde, die zijn afstudeeropdracht heeft voltooid in de richting als hiervoor bedoeld. INTERVENTIENIVEAU ▶ Steun aan individuen (directe steun).
Werkgebied ■ ACTIERADIUS ▶ Nationaal LAND ▶ Nederland.
Bestedingen ■ BUDGET ▶ niet openbaar SOORT BIJDRAGE ▶ giften overig BOVENGRENS ▶ geen ONDERGRENS ▶ geen.
Projecten ■ CRITERIA ▶ geen projectcriteria bekend DOORLOOPTIJD ▶ ☑ onbekend STATUS AANVRAGER ▶ ☑ geen beperkingen bekend VOORKEUR/UITSLUITING ▶ geen voorkeur of uitsluiting bekend.
Procedure ■ OP AANVRAAG ▶ onbekend AANVRAAGPROCEDURE ▶ Geen aanvraagprocedure bekend.
Financieel ■ HERKOMST MIDDELEN ▶ onbekend BOEKJAAR ▶ boekjaar onbekend.
Contact ■ BEREIKBAAR PER ▶ ☑ post ☒ e-mail ☒ telefoon CONTACTPERSOON ▶ geen contactpersoon bekend POSTADRES ▶ Jan Smitzlaan 11, 5611 LD Eindhoven.

847
Mikosara Fonds

Rubriek ■ ☑ kunst en cultuur
Algemeen ■ WEBSITE ▶ www.cultuurfonds.nl TYPERING ▶ fonds op naam BEHEERD DOOR ▶ Prins Bernhard Cultuurfonds DIRECTIE ▶ zie > Prins Bernhard Cultuurfonds BESTUUR ▶ zie > Prins Bernhard Cultuurfonds
Missie ■ DOELSTELLING ▶ Het financieel ondersteunen van talenten en projecten op het gebied van klassieke zang.
Werkgebied ■ ACTIERADIUS ▶ Nationaal LAND ▶ Nederland.
Projecten ■ CRITERIA ▶ geen projectcriteria bekend DOORLOOPTIJD ▶ ☑ korter dan 1 jaar STATUS AANVRAGER ▶ ☑ geen beperkingen bekend VOORKEUR/UITSLUITING ▶ geen voorkeur of uitsluiting bekend.
Procedure ■ OP AANVRAAG ▶ ja AANVRAAGPROCEDURE ▶ Dit 'fonds op naam' ressorteert onder het Prins Bernhard Cultuurfonds. Verzoeken aan fondsen op naam komen op één centraal punt binnen. Dit houdt in dat een subsidieaanvraag slechts eenmaal aan het Prins Bernhard Cultuurfonds hoeft te worden gezonden. Voor de verdere aanvraagprocedure: zie Prins Bernhard Cultuurfonds. URL ▶ www.cultuurfonds.nl/aanvragen
Contact ■ BEREIKBAAR PER ▶ ☑ post ☑ e-mail ☑ telefoon CONTACTPERSOON ▶ geen contactpersoon bekend POSTADRES ▶ Postbus 19750, 1000 GT Amsterdam EMAIL (ALGEMEEN) ▶ info@cultuurfonds.nl TELEFOON (ALGEMEEN) ▶ 020-5206130.

848
Stichting Milieu en Ontwikkeling Senegambia (SMOS)

Rubriek ■ ☑ economische ontwikkeling en microkrediet ☑ maatschappij, welzijn en samenleving ☑ natuur, milieu en dieren ☑ onderwijs en onderzoek ☑ gezondheidszorg
Algemeen ■ WEBSITE ▶ www.transparante-anbi.nl/product/embed/4771 TYPERING ▶ vermogensfonds OPGERICHT ▶ 16-05-2011 RECHTSVORM ▶ stichting KVK ▶ 52736792 ANBI STATUS ▶ ja DIRECTIE ▶ geen directiegegevens bekend BESTUUR ▶ Mw. T.M.E. Huisman, voorzitter; P.G. Westmaas, penningmeester; M.P. Sypkens Smit, secretaris.
Missie ■ DOELSTELLING ▶ Het hoofddoel van SMOS is het bevorderen van een duurzaam beheer van het natuurlijke milieu in, met name, het zuidwesten van Senegal (Basse-Casamance) en het aangrenzende gebied van Gambia, met nadruk op de bescherming en versterking van het nog aanwezige bosbestand en op de aanplant van nieuwe bomen. Hierbij wordt uitdrukkelijk rekening gehouden met cultuur, welvaart en welzijn van de bevolking ter plaatse waarmee lokaal natuurbeheer onontkoombaar verweven is. daarom is een nevendoel van SMOS om te helpen de ontwikkeling van de bevolking in duurzame banen te leiden. Zo kan SMOS bepaalde economische en sociaal-culturele activiteiten, alsmede bepaalde activiteiten op het gebied van (profylactische) gezondheidszorg steunen, in het bijzonder wanneer zij op de één of andere manier een relatie hebben met het bereiken van het ecologische hoofddoel. HISTORIE ▶ SMOS is in grote

lijnen een voortzetting van de in 2011 opgeheven Stichting voor Kleinschalige Ontwikkelingsprojecten (SKOP) en vooral bedoeld om bepaalde, destijds op de schouders genomen, taken tot een goed einde te brengen. **BELEIDSPLAN OP WEBSITE** ► ja.

Doelgroep ■ **ALGEMEEN** ► armen, dieren, inheemse volken **SPECIFIEK** ► De lokale bevolking van Senegambia. **ACTIVITEITEN** ► Normaliter zal de secretaris van het bestuur tweemaal per jaar een inspectie- en consultatie-reis naar Senegambia maken. 90% van het werkkapitaal wordt besteed aan: ☑ Het creëren van enkele Natuurgebieden in Senegal en in Gambia welke zowel door de bevolking ter plaatse als door de Staatsoverheid als zodanig erkend worden; ☑ Het steunen van door de bevolking geëntameerde bosbeschermings- en boomaanplantacties; ☑ Het steunen van bepaalde, aan de hoofddoelstelling gelieerde, activiteiten van de bevolking op economisch en sociaal-cultureel gebied. De overige 10% van het werkkapitaal wordt besteed aan: ☑ Studies en opleidingen van nader te bepalen personen in Senegal en/of Gambia (mede)financieren; ☑ Humanitaire hulp in bepaalde schrijnende situaties verstrekken. **INTERVENTIENIVEAU** ► Steun op niveau van maatschappij zelf (beleidsbeïnvloeding, etc.).; Steun aan individuen (directe steun).

Werkgebied ■ **ACTIERADIUS** ► Internationaal **LAND** ► Gambia, Senegal.

Bestedingen ■ **BUDGET** ► niet openbaar **SOORT BIJDRAGE** ► giften overig **BOVENGRENS** ► geen **ONDERGRENS** ► geen.

Projecten ■ **CRITERIA** ► geen projectcriteria bekend **DOORLOOPTIJD** ► ☑ onbekend **STATUS AANVRAGER** ► ☑ geen beperkingen bekend **VOORKEUR/UITSLUITING** ► geen voorkeur of uitsluiting bekend.

Procedure ■ **OP AANVRAAG** ► onbekend **AANVRAAGPROCEDURE** ► Geen aanvraagprocedure bekend.

Financieel ■ **EIGEN VERMOGEN** ► € 9.241 **INKOMSTEN OV** ► € 9.230 **HERKOMST MIDDELEN** ► onbekend **BOEKJAAR** ► 2018 **JAARVERSLAG OP WEBSITE** ► ja.

Contact ■ **BEREIKBAAR PER** ► ☑ post ☑ e-mail ☑ telefoon **CONTACTPERSOON** ► geen contactpersoon bekend **POSTADRES** ► Geldersedijk 7, 8051 EP Hattem **EMAIL (ALGEMEEN)** ► menno.skop@planet.nl **TELEFOON (ALGEMEEN)** ► 038-4445359.

849
Mimi Cohen-Trijbits Fonds

Rubriek ■ ☑ kunst en cultuur

Algemeen ■ **WEBSITE** ► www.cultuurfonds.nl **TYPERING** ► fonds op naam **BEHEERD DOOR** ► Prins Bernhard Cultuurfonds **DIRECTIE** ► zie Prins Bernhard Cultuurfonds **BESTUUR** ► zie Prins Bernhard Cultuurfonds

Missie ■ **DOELSTELLING** ► Het financieel ondersteunen van talentvolle jonge musici en projecten voor jonge musici.

Werkgebied ■ **ACTIERADIUS** ► Nationaal **LAND** ► Nederland.

Projecten ■ **CRITERIA** ► geen projectcriteria bekend **DOORLOOPTIJD** ► ☑ korter dan 1 jaar **STATUS AANVRAGER** ► ☑ geen beperkingen bekend **VOORKEUR/UITSLUITING** ► geen voorkeur of uitsluiting bekend.

Procedure ■ **OP AANVRAAG** ► ja **AANVRAAGPROCEDURE** ► Dit 'fonds op naam' ressorteert onder het Prins Bernhard Cultuurfonds. Verzoeken aan fondsen op naam komen op één centraal punt binnen. Dit houdt in dat een subsidieaanvraag slechts eenmaal aan het Prins Bernhard Cultuurfonds hoeft te worden gezonden. Voor de verdere aanvraagprocedure: zie Prins Bernhard Cultuurfonds. **URL** ► www.cultuurfonds.nl/aanvragen

Contact ■ **BEREIKBAAR PER** ► ☑ post ☑ e-mail ☑ telefoon **CONTACTPERSOON** ► geen contactpersoon bekend **POSTADRES** ► Postbus 19750, 1000 GT Amsterdam **EMAIL (ALGEMEEN)** ► info@cultuurfonds.nl **TELEFOON (ALGEMEEN)** ► 020-5206130.

850
Stichting MIND

Rubriek ■ ☑ gezondheidszorg ☑ maatschappij, welzijn en samenleving ☑ onderwijs en onderzoek

Algemeen ■ **WEBSITE** ► https://wijzijnmind.nl **TYPERING** ► hybride fonds **OPGERICHT** ► 1959 **RECHTSVORM** ► stichting **KVK** ► 41177226 **ANBI STATUS** ► ja **DIRECTIE** ► mw. M. ter Avest **BESTUUR** ► Mw.dr. W.K. van der Scheer, voorzitter; mw. C.T. Feldmann; mw. M. van Putten; N. Mulder; drs. E. van Doorn; W.J. van Minnen; mw. L. Aalders; mr. A.H. Brouwer.

Missie ■ **DOELSTELLING** ► MIND wil psychische problemen voorkomen en mensen die hiermee te maken hebben ondersteunen. **STICHTER(S)** ► Nationale Federatie voor de Geestelijke Volksgezondheid **HISTORIE** ► In 1959 werd de naam K.H. Bouman Fonds veranderd in Nationaal Fonds Geestelijke Volksgezondheid. De inkomsten stegen, eerst uit loterij-acties, later ook door giften en donateursgelden. Daardoor kwam er meer geld beschikbaar voor de doelstellingen van het Fonds. Het Fonds verleende in haar inmiddels vijftigjarig bestaan ongeveer 3000 subsidies voor wetenschappelijk onderzoek en veelbelovende projecten in de behandeling en zorg voor mensen met een psychische handicap. Naast subsidieverstrekking is voorlichting over psychische problematiek in 1994 opgenomen als kernactiviteit. In 2006 werd de naam gewijzigd van NFGV in Fonds Psychische Gezondheid. MIND is een initiatief van het Landelijk Platform Psychische Gezondheid en Fonds Psychische Gezondheid en Korrelatie, drie erkende organisaties met ruime kennis en expertise in op het gebied van psychische problematiek. **BELEIDSPLAN OP WEBSITE** ► ja.

Doelgroep ■ **ALGEMEEN** ► zieken **SPECIFIEK** ► Mensen met psychische problemen en hun familieleden. **ACTIVITEITEN** ► De stichting werkt aan de doelstelling door; ☑ informatie te bieden,; ☑ onderzoek te doen,; ☑ projecten uit te voeren,; ☑ actie te voeren; ☑ hulp te bieden middels de hulplijn MIND Korrelatie. De stichting doet dit samen met cliënten- en familieorganisaties, maatschappelijke organisaties, onderzoekers, ambassadeurs en donateurs. **INTERVENTIENIVEAU** ► Steun aan lokale/provinciale maatschappelijke organisaties en structuren (incl. gemeenten etc.) die diensten verlenen aan individuen.

Werkgebied ■ **ACTIERADIUS** ► Nationaal **LAND** ► Nederland.

Bestedingen ■ BUDGET ▶ niet openbaar SOORT BIJDRAGE ▶ giften overig BOVENGRENS ▶ geen ONDERGRENS ▶ geen.

Projecten ■ CRITERIA ▶ Het programma Geestkracht loopt vanaf 2020. De Stichting werkt samen FNO samen. Projecten moeten aansluiting hebben met dit programma (zie website van FNO voor meer informatie). Doel van programma: kansen vergroten voor jongvolwassenen van 16 – 35 jaar, die te kampen hebben met psychische problemen (eventueel in combinatie met verslavingsproblemen). Dit nieuwe programma richt zich op structurele oplossingen voor deze grote groep jongvolwassenen: psychische problemen helpen voorkómen, maar ook de praktische gevolgen ervan beperken, zodat zij krachtig kunnen meedoen in de samenleving. DOORLOOPTIJD ▶ ☑ onbekend STATUS AANVRAGER ▶ ☑ geen beperkingen bekend VOORKEUR/UITSLUITING ▶ Geen voorkeur/uitsluiting bekend.

Procedure ■ OP AANVRAAG ▶ ja AANVRAAGPROCEDURE ▶ Aanvragen voor projecten passend bij het programma 'Geestkracht' (samenwerking Stichting MIND en FNO) verlopen via FNO. URL ▶ https://wijzijnmind.nl/over-mind/subsidie-aanvragen

Financieel ■ EIGEN VERMOGEN ▶ € 4.600.578 INKOMSTEN OV ▶ € 2.923.200 HERKOMST MIDDELEN ▶ overige inkomsten, loterijen, bedrijven, vermogen, giften & schenkingen, legaten BOEKJAAR ▶ 2019 JAARVERSLAG OP WEBSITE ▶ ja.

Contact ■ BEREIKBAAR PER ▶ ☑ post ☑ e-mail ☑ telefoon CONTACTPERSOON ▶ geen contactpersoon bekend POSTADRES ▶ Stationsplein 125, 3818 LE Amersfoort EMAIL (ALGEMEEN) ▶ info@wijzijnmind.nl TELEFOON (ALGEMEEN) ▶ 033-3032333.

851

Mingus-fonds voor jazz en geïmproviseerde muziek

Rubriek ■ ☑ kunst en cultuur

Algemeen ■ WEBSITE ▶ www.cultuurfonds.nl TYPERING ▶ fonds op naam BEHEERD DOOR ▶ Prins Bernhard Cultuurfonds DIRECTIE ▶ zie > Prins Bernhard Cultuurfonds BESTUUR ▶ zie > Prins Bernhard Cultuurfonds

Missie ■ DOELSTELLING ▶ Het financieel ondersteunen van projecten op het gebied van jazzmuziek met een innovatief karakter in de provincie Noord-Brabant met een voorkeur voor Tilburg en omgeving. Aanvragen worden behandeld door het Prins Bernhard Cultuurfonds Noord-Brabant.

Werkgebied ■ ACTIERADIUS ▶ Regionaal LAND ▶ Nederland REGIO ▶ Noord-Brabant.

Projecten ■ CRITERIA ▶ geen projectcriteria bekend DOORLOOPTIJD ▶ ☑ korter dan 1 jaar STATUS AANVRAGER ▶ ☑ geen beperkingen bekend VOORKEUR/UITSLUITING ▶ geen voorkeur of uitsluiting bekend.

Procedure ■ OP AANVRAAG ▶ ja AANVRAAGPROCEDURE ▶ Dit 'fonds op naam' ressorteert onder het Prins Bernhard Cultuurfonds. Verzoeken aan fondsen op naam komen op één centraal punt binnen. Dit houdt in dat een subsidieaanvraag slechts eenmaal aan het Prins Bernhard Cultuurfonds hoeft te worden gezonden. Voor de verdere aanvraagprocedure: zie Prins Bernhard Cultuurfonds. URL ▶ www.cultuurfonds.nl/aanvragen

Contact ■ BEREIKBAAR PER ▶ ☑ post ☑ e-mail ☑ telefoon CONTACTPERSOON ▶ geen contactpersoon bekend POSTADRES ▶ Postbus 19750, 1000 GT Amsterdam EMAIL (ALGEMEEN) ▶ info@cultuurfonds.nl TELEFOON (ALGEMEEN) ▶ 020-5206130.

852

Stichting MKB-Solidariteitsfonds Santos

Rubriek ■ ☑ economische ontwikkeling en microkrediet ☑ noodhulp ☑ maatschappij, welzijn en samenleving

Algemeen ■ WEBSITE ▶ www.mkbsantos.nl TYPERING ▶ hybride fonds OPGERICHT ▶ 04-03-1916 RECHTSVORM ▶ stichting KVK ▶ 41151991 ANBI STATUS ▶ nee DIRECTIE ▶ geen directiegegevens bekend BESTUUR ▶ Mr. J. van Walsem, voorzitter; drs. D.A. Stijl RA, penningmeester; A.F. Kolkman; J.A.H. Overing.

Missie ■ DOELSTELLING ▶ Het tijdelijk verlenen of doen verlenen van hulp en bijstand aan (oud-)ondernemers in het midden- en kleinbedrijf en aan leden van hun gezinnen in het algemeen en in het bijzonder in geval van ziekte, ongeval, invaliditeit of overlijden. STICHTER(S) ▶ Nederlands Katholiek Ondernemers Verbond (NKOV) HISTORIE ▶ De Stichting Santos is voortgekomen uit de v/h Nederlandse Katholieke Middenstandsbond. De statuten van deze stichting zijn goedgekeurd bij Koninklijk Besluit van 4 maart 1916. Santos stond toen voor: Steun Aan Nederlandse Tuberculose-lijdenden Onbemiddelde Standgenoten. Op 20 mei 1969 is de tenaamstelling van de stichting door het toenmalige Nederlands Katholiek Ondernemers Verbond gewijzigd in: Stichting Sociaal-Charitatief Fonds Santos. Op 24 mei 1985 is de tenaamstelling van de stichting gewijzigd in: Stichting KNOV-Solidariteitsfonds Santos met goedkeuring van de Stichting NKOV en het Koninklijk Nederlands Ondernemers Verbond. Na de fusie van het Koninklijk Nederlands Ondernemers Verbond en het Nederlands Christelijk Ondernemers Verbond in Koninklijke Vereniging MKB-Nederland is op 11 mei 1995 de tenaamstelling gewijzigd in Stichting MKB-Solidariteitsfonds Santos.

Doelgroep ■ SPECIFIEK ▶ (Oud) MKB-ondernemers en hun gezinsleden. ACTIVITEITEN ▶ Geen specifieke activiteiten bekend INTERVENTIENIVEAU ▶ Steun aan individuen (directe steun).

Werkgebied ■ ACTIERADIUS ▶ Nationaal LAND ▶ Nederland.

Bestedingen ■ BUDGET ▶ niet openbaar SOORT BIJDRAGE ▶ giften leningen overig BOVENGRENS ▶ geen ONDERGRENS ▶ geen.

Projecten ■ CRITERIA ▶ Voor de hulp van MKB Santos wordt een aantal criteria gehanteerd: ☑ De oorzaak van de problemen kan zowel in de zakelijke als in de privésfeer liggen, maar valt buiten het normale ondernemersrisico; ☑ De situatie is acuut: de ondernemer heeft geen eigen middelen en verkeert in financiële nood; ☑ De ondernemer had, voordat de problemen begonnen, in principe een gezond bedrijf;

☑ Er staan geen andere sociale voorzieningen open; ☑ de ondernemer is ter goeder trouw; ☑ De hulp van MKB Santos moet bijdragen aan een structurele oplossing van de problemen. **DOORLOOPTIJD** ▶ ☑ korter dan 1 jaar **STATUS AANVRAGER** ▶ ☑ individuen/gezinnen **VOORKEUR/UITSLUITING** ▶ Er wordt door MKB Santos géén zaak in behandeling genomen, als de oorzaak van de problemen in de marktsituatie ligt. In dat geval wordt het probleem geacht te zijn voortgekomen uit de normale bedrijfsvoering en dat valt onder het normale bedrijfsrisico.

Procedure ■ **OP AANVRAAG** ▶ ja **DOORLOOPTIJD** ▶ 1-3 maanden **AANVRAAGPROCEDURE** ▶ Online via het aanvraagformulier op de website. **URL** ▶ www.mkbsantos.nl/hulpaanvraagform-new.html

Financieel ■ **HERKOMST MIDDELEN** ▶ vermogen, giften & schenkingen.

Contact ■ **BEREIKBAAR PER** ▶ ☒ post ☑ e-mail ☒ telefoon **CONTACTPERSOON** ▶ geen contactpersoon bekend **POSTADRES** ▶ Geen postadres bekend **EMAIL (ALGEMEEN)** ▶ info@mkbsantos.nl.

853
Molen Restauratie Fonds

Rubriek ■ ☑ kunst en cultuur

Algemeen ■ **WEBSITE** ▶ www.cultuurfonds.nl **TYPERING** ▶ fonds op naam **BEHEERD DOOR** ▶ Prins Bernhard Cultuurfonds **DIRECTIE** ▶ zie > Prins Bernhard Cultuurfonds **BESTUUR** ▶ zie > Prins Bernhard Cultuurfonds

Missie ■ **DOELSTELLING** ▶ Het financieel ondersteunen van de restauratie van molens in Nederland.

Werkgebied ■ **ACTIERADIUS** ▶ Nationaal **LAND** ▶ Nederland.

Projecten ■ **CRITERIA** ▶ geen projectcriteria bekend **DOORLOOPTIJD** ▶ ☑ korter dan 1 jaar **STATUS AANVRAGER** ▶ ☑ geen beperkingen bekend **VOORKEUR/UITSLUITING** ▶ geen voorkeur of uitsluiting bekend.

Procedure ■ **OP AANVRAAG** ▶ ja **AANVRAAGPROCEDURE** ▶ Dit 'fonds op naam' ressorteert onder het Prins Bernhard Cultuurfonds. Verzoeken aan fondsen op naam komen op één centraal punt binnen. Dit houdt in dat een subsidieaanvraag slechts eenmaal aan het Prins Bernhard Cultuurfonds hoeft te worden gezonden. Voor de verdere aanvraagprocedure: zie Prins Bernhard Cultuurfonds. **URL** ▶ www.cultuurfonds.nl/aanvragen

Contact ■ **BEREIKBAAR PER** ▶ ☑ post ☑ e-mail ☑ telefoon **CONTACTPERSOON** ▶ geen contactpersoon bekend **POSTADRES** ▶ Postbus 19750, 1000 GT Amsterdam **EMAIL (ALGEMEEN)** ▶ info@cultuurfonds.nl **TELEFOON (ALGEMEEN)** ▶ 020-5206130.

854
Molenaar-Sieperda Stichting

Rubriek ■ ☑ economische ontwikkeling en microkrediet ☑ gezondheidszorg ☑ noodhulp ☑ voedsel en voedselveiligheid ☑ vluchtelingenhulp ☑ maatschappij, welzijn en samenleving

Algemeen ■ **WEBSITE** ▶ www.kennisbankfilantropie.nl/anbi/molenaar-sieperda-stichting **TYPERING** ▶ vermogensfonds **OPGERICHT** ▶ 24-06-2012 **RECHTSVORM** ▶ stichting **KVK** ▶ 55779417 **ANBI STATUS** ▶ ja **DIRECTIE** ▶ geen directiegegevens bekend **BESTUUR** ▶ A.O. Molenaar, voorzitter; V.N. van Haeren, penningmeester; A.P. Roem, secretaris; T. Schuckman.

Missie ■ **DOELSTELLING** ▶ De Molenaar-Sieperda Stichting zet zich in voor medische- en humanitaire noodhulp. Met deze missie in gedachten heeft de stichting als doelstelling: ☑ Noodhulp voor slachtoffers (met name kinderen) en wederopbouw van leefbaarheid voor de overlevenden van natuurrampen en gewapende conflicten; ☑ medische hulp in bredere zin. **STICHTER(S)** ▶ De heer C.A. Molenaar **HISTORIE** ▶ De Molenaar Sieperda stichting is opgericht op 24 juni 2012 en is voortgekomen uit de nalatenschap van wijlen C.A. Molenaar. **BELEIDSPLAN OP WEBSITE** ▶ ja.

Doelgroep ■ **ALGEMEEN** ▶ kinderen, dak- en thuislozen, armen, inheemse volken, vluchtelingen, zieken **SPECIFIEK** ▶ Slachtoffers. **ACTIVITEITEN** ▶ De stichting verstrekt noodhulp in de vorm van geld. Veelal zal dit betekenen: geld voor het verlenen van onderdak voor ontheemden, medische zorg, voedsel, drinkwater en sanitatie, onderwijs, bescherming van kwetsbare mensen, en terugkeer en herhuisvesting van vluchtelingen en ontheemden. De stichting richt zich in principe op: ☑ de door het ministerie van Buitenlandse Zaken erkende 'partnerlanden'; landen met een te laag inkomen om zelfstandig de millenniumdoelen te halen, landen met een fragiele rechtstaat, ontwikkelingslanden met een gezonde economische groei; ☑ medisch of humanitaire initiatieven in andere landen die naar het oordeel van het bestuur op geloofwaardige wijze uitgevoerd worden; vooral indirect via aan bestaande NGO's of reeds lopende projecten met een solide lokale structuur van vrijwilligers of initiatiefnemers, gericht zijn op vergroten van zelfredzaamheid. **INTERVENTIENIVEAU** ▶ Steun op niveau van maatschappij zelf (beleidsbeïnvloeding, etc.).

Werkgebied ■ **ACTIERADIUS** ▶ Internationaal **LAND** ▶ Wereldwijd.

Bestedingen ■ **BUDGET** ▶ niet openbaar **TOELICHTING** ▶ Aantal projecten is sinds de start in 2013. **ONDERSTEUNDE PROJECTEN P/J** ▶ 21 **SOORT BIJDRAGE** ▶ giften **BOVENGRENS** ▶ geen **ONDERGRENS** ▶ geen.

Projecten ■ **CRITERIA** ▶ geen projectcriteria bekend **DOORLOOPTIJD** ▶ ☑ onbekend **STATUS AANVRAGER** ▶ ☑ geen beperkingen bekend **VOORKEUR/UITSLUITING** ▶ geen voorkeur of uitsluiting bekend.

Procedure ■ **OP AANVRAAG** ▶ onbekend **AANVRAAGPROCEDURE** ▶ Geen aanvraagprocedure bekend.

Financieel ■ **EIGEN VERMOGEN** ▶ € 472.046 **INKOMSTEN EV** ▶ € 59.210 **INKOMSTEN OV** ▶ € 11.432 **HERKOMST MIDDELEN** ▶ vermogen, legaten, giften & schenkingen **BOEKJAAR** ▶ 2019 **JAARVERSLAG OP WEBSITE** ▶ ja.

Contact ■ **BEREIKBAAR PER** ▶ ☑ post ☑ e-mail ☑ telefoon **CONTACTPERSOON** ▶ geen contactpersoon bekend **POSTADRES** ▶ Kralingergracht 16, 1483 AH De Rijp **EMAIL (ALGEMEEN)** ▶ ao.molenaar@gmail.com **TELEFOON (ALGEMEEN)** ▶ 0651215821.

855
Molenambacht Fonds

Rubriek ■ ☑ kunst en cultuur

Algemeen ■ WEBSITE ► www.cultuurfonds.nl TYPERING ► fonds op naam BEHEERD DOOR ► Prins Bernhard Cultuurfonds DIRECTIE ► zie > Prins Bernhard Cultuurfonds BESTUUR ► zie > Prins Bernhard Cultuurfonds

Missie ■ DOELSTELLING ► Dit fonds stimuleert initiatieven die bijdragen aan de ontwikkeling van ambachten rond het molenbehoud.

Werkgebied ■ ACTIERADIUS ► Nationaal LAND ► Nederland.

Projecten ■ CRITERIA ► geen projectcriteria bekend DOORLOOPTIJD ► ☑ korter dan 1 jaar STATUS AANVRAGER ► ☑ geen beperkingen bekend VOORKEUR/UITSLUITING ► geen voorkeur of uitsluiting bekend.

Procedure ■ OP AANVRAAG ► ja AANVRAAGPROCEDURE ► Dit 'fonds op naam' ressorteert onder het Prins Bernhard Cultuurfonds. Verzoeken aan fondsen op naam komen op één centraal punt binnen. Dit houdt in dat een subsidieaanvraag slechts eenmaal aan het Prins Bernhard Cultuurfonds hoeft te worden gezonden. Voor de verdere aanvraagprocedure: zie Prins Bernhard Cultuurfonds. URL ► www.cultuurfonds.nl/aanvragen

Contact ■ BEREIKBAAR PER ► ☑ post ☑ e-mail ☑ telefoon CONTACTPERSOON ► geen contactpersoon bekend POSTADRES ► Postbus 19750, 1000 GT Amsterdam EMAIL (ALGEMEEN) ► info@cultuurfonds.nl TELEFOON (ALGEMEEN) ► 020-5206130.

856
Stichting Mondriaan Fonds

Rubriek ■ ☑ kunst en cultuur ☑ onderwijs en onderzoek

Algemeen ■ WEBSITE ► www.mondriaanfonds.nl TYPERING ► vermogensfonds OPGERICHT ► 01-01-2012 RECHTSVORM ► stichting KVK ► 41207180 ANBI STATUS ► ja DIRECTIE ► E. van der Lingen BESTUUR ► Mw. G. Lieuw, voorzitter; mw. K. Kersten, penningmeester; mw. H. Alberdingk Thijm; mw. M. Weimans; R. Ekkart; mw. N. Beyer; R. Peitersen.

Missie ■ DOELSTELLING ► De stichting heeft ten doel: het in stand houden, sociaal en geografisch spreiden of anderszins verbreiden van de vraag naar en de productie van beeldende kunst en cultureel erfgoed in het Koninkrijk der Nederlanden en uit het Koninkrijk der Nederlanden in of met andere landen, onder andere door het bevorderen van vraag en aanbod en het bevorderen van een voor de beeldende kunst en cultureel erfgoed ontvankelijk klimaat en verder al hetgeen daarmee verband houdt, of daaraan een bijdrage kan leveren, alles in de ruimste zin van het woord. HISTORIE ► Het Mondriaan Fonds is voortgekomen uit de fusie op 30 december 2011 van het Fonds BKVB en de Mondriaan Stichting. BELEIDSPLAN OP WEBSITE ► ja.

Doelgroep ■ SPECIFIEK ► Beeldend kunstenaars, bemiddelaars (curatoren en critici), musea en andere erfgoedinstellingen, presentatie-instellingen, archieven, galeries en opdrachtgevers. ACTIVITEITEN ► De stichting tracht dit doel onder meer te bereiken door het verstrekken van financiële en andere ondersteuning voor activiteiten op het gebied van de beeldende kunst en cultureel erfgoed die gericht zijn op het scheppen, distribueren, presenteren en afnemen daarvan. Alle uiteenlopende bijdragemogelijkheden en activiteiten van het Mondriaan Fonds zijn gebundeld in zeven verschillende platforms: ☑ Talentontwikkeling,; ☑ Vitale Collectie Nederland,; ☑ Opdrachten,; ☑ Presenteren en programmeren,; ☑ Internationale presentaties,; ☑ Stimuleren markt; ☑ Samenwerken. INTERVENTIENIVEAU ► Steun aan lokale/provinciale maatschappelijke organisaties en structuren (incl. gemeenten etc.) die diensten verlenen aan individuen.; Steun aan individuen (directe steun).; Steun op niveau van maatschappij zelf (beleidsbeïnvloeding, etc.).

Werkgebied ■ ACTIERADIUS ► Nationaal LAND ► Nederland.

Bestedingen ■ BUDGET ► € 28.641.935 ONDERSTEUNDE PROJECTEN P/J ► 12222 SOORT BIJDRAGE ► overig BOVENGRENS ► geen ONDERGRENS ► geen.

Projecten ■ CRITERIA ► Het Mondriaan Fonds verstrekt financiële bijdragen met als doel de betekenisvolle ontwikkeling en zichtbaarheid van beeldende kunst en cultureel erfgoed in Nederland – inclusief Aruba, Bonaire, Curaçao, Saba, Sint-Eustatius en Sint Maarten – te stimuleren daar waar de markt dit niet of nog niet mogelijk maakt. De specifieke doelstellingen van de verschillende bijdragen staan omschreven op de website. DOORLOOPTIJD ► ☑ onbekend STATUS AANVRAGER ► ☑ geen beperkingen bekend VOORKEUR/UITSLUITING ► geen voorkeur of uitsluiting bekend.

Procedure ■ OP AANVRAAG ► ja AANVRAAGPROCEDURE ► De bijdragen van het Mondriaan Fonds kunnen worden aangevraagd via het online aanvraagsysteem. Om online aan te kunnen vragen heeft u een account nodig. U kunt een account aanmaken voor een individu of een organisatie. Wanneer u bent ingelogd, kunt u online aanvragen. Bijlagen bij de aanvraag, zoals een projectplan of cv, kunnen worden geüpload in het aanvraagformulier. Indien voor uw aanvraag visuele documentatie wordt vereist, kunt u die bij sommige regelingen als bijlage in het formulier uploaden. Bij andere regelingen kunt u de visuele documentatie na het indienen van het aanvraagformulier op een andere pagina (server) uploaden. Met vragen over online aanvragen kunt u terecht bij helpdesk@mondriaanfonds.nl, tel. 020 5231523. URL ► www.mondriaanfonds.nl/aanvragen

Financieel ■ EIGEN VERMOGEN ► € 14.707.481 INKOMSTEN OV ► € 40.760.223 HERKOMST MIDDELEN ► bedrijven, overige inkomsten, giften & schenkingen, legaten, inkomsten uit bedrijven, inkomsten uit vermogen BOEKJAAR ► 2018 JAARVERSLAG OP WEBSITE ► ja.

Contact ■ BEREIKBAAR PER ► ☑ post ☑ e-mail ☑ telefoon CONTACTPERSOON ► geen contactpersoon bekend POSTADRES ► Postbus 773, 1000 AT Amsterdam EMAIL (ALGEMEEN) ► info@mondriaanfonds.nl TELEFOON (ALGEMEEN) ► 020-5231523.

857
Monumenten Stichting Het Meisjeshuis

Rubriek ■ ☑ kunst en cultuur

Algemeen ■ WEBSITE ▶ www.kennisbankfilantropie.nl/anbi/monumenten-stichting-het-meisjeshuis TYPERING ▶ vermogensfonds OPGERICHT ▶ 10-01-2003 RECHTSVORM ▶ stichting KVK ▶ 27256045 ANBI STATUS ▶ ja DIRECTIE ▶ geen directiegegevens bekend BESTUUR ▶ T.A. Fransen, voorzitter; R.J. Winkels, penningmeester; I. Boersma, secretaris; mw. J.M. Tegelaers.

Missie ■ DOELSTELLING ▶ De instanthouding van het rijksmonument 'Het Meisjeshuis' aan de Oude Delft 116 te Delft. BELEIDSPLAN OP WEBSITE ▶ ja.

Doelgroep ■ SPECIFIEK ▶ Geen specifieke doelgroep ACTIVITEITEN ▶ De stichting is eigenaar van de rijksmonumenten Oude Delft 112-116 te Delft en Nieuwstraat 3 te Delft. De stichting houdt gemelde monumenten in stand, een en ander conform het statutaire doel van de stichting. De instandhouding van gemelde rijksmonumenten geschiedt door middel van het onderhouden en zo nodig restaureren van gemelde rijksmonumenten. Het (groot) onderhoud aan de monumenten zal worden uitgevoerd aan hand van een jaarlijks op te stellen rapport door de Monumentenwacht, Oude Delft 116 te Delft. Uitvoering van onderhoud geschied door een opgericht onderhoudsfonds. INTERVENTIENIVEAU ▶ N.v.t.

Werkgebied ■ ACTIERADIUS ▶ Lokaal LAND ▶ Nederland REGIO ▶ Zuid-Holland PLAATS ▶ Delft.

Bestedingen ■ BUDGET ▶ niet openbaar TOELICHTING ▶ De baten van de stichting bestaan hoofdzakelijk uit de huuropbrengsten. SOORT BIJDRAGE ▶ overig BOVENGRENS ▶ geen ONDERGRENS ▶ geen.

Projecten ■ CRITERIA ▶ geen projectcriteria bekend DOORLOOPTIJD ▶ ☑ onbekend STATUS AANVRAGER ▶ ☑ geen beperkingen bekend VOORKEUR/UITSLUITING ▶ geen voorkeur of uitsluiting bekend.

Procedure ■ OP AANVRAAG ▶ nee

Financieel ■ EIGEN VERMOGEN ▶ € 190.494 INKOMSTEN EV ▶ € 178.897 HERKOMST MIDDELEN ▶ overige inkomsten BOEKJAAR ▶ 2017 JAARVERSLAG OP WEBSITE ▶ ja.

Contact ■ BEREIKBAAR PER ▶ ☑ post ☑ e-mail ☒ telefoon CONTACTPERSOON ▶ geen contactpersoon bekend POSTADRES ▶ Postbus 386, 2600 AJ Delft EMAIL (ALGEMEEN) ▶ monumenten-stichting@planet.nl.

858
Monumentenfonds 1818

Rubriek ■ ☑ kunst en cultuur

Algemeen ■ WEBSITE ▶ www.cultuurfonds.nl TYPERING ▶ fonds op naam BEHEERD DOOR ▶ Prins Bernhard Cultuurfonds DIRECTIE ▶ zie > Prins Bernhard Cultuurfonds BESTUUR ▶ zie > Prins Bernhard Cultuurfonds

Missie ■ DOELSTELLING ▶ Het financieel ondersteunen van de restauratie, renovatie, herbestemming en nevenbestemming van monumenten in de regio's Delft, Den Haag, Hillegom, Katwijk, Leiden, Leiderdorp, Leidschendam-Voorburg, Lisse, Midden-Delfland, Noordwijk, Noordwijkerhout, Oegstgeest, Pijnacker-Nootdorp, Rijswijk, Teylingen, Voorschoten, Wassenaar, Zoetermeer, Zoeterwoude. Ook aanvragen van buiten deze regio worden in behandeling genomen, mits deze betrekking hebben op genoemde regio's.

Werkgebied ■ ACTIERADIUS ▶ Regionaal LAND ▶ Nederland REGIO ▶ Zuid-Holland.

Projecten ■ CRITERIA ▶ geen projectcriteria bekend DOORLOOPTIJD ▶ ☑ korter dan 1 jaar STATUS AANVRAGER ▶ ☑ geen beperkingen bekend VOORKEUR/UITSLUITING ▶ geen voorkeur of uitsluiting bekend.

Procedure ■ OP AANVRAAG ▶ ja AANVRAAGPROCEDURE ▶ Dit 'fonds op naam' ressorteert onder het Prins Bernhard Cultuurfonds. Verzoeken aan fondsen op naam komen op één centraal punt binnen. Dit houdt in dat een subsidieaanvraag slechts eenmaal aan het Prins Bernhard Cultuurfonds hoeft te worden gezonden. Voor de verdere aanvraagprocedure: zie Prins Bernhard Cultuurfonds. URL ▶ www.cultuurfonds.nl/aanvragen

Contact ■ BEREIKBAAR PER ▶ ☑ post ☑ e-mail ☑ telefoon CONTACTPERSOON ▶ geen contactpersoon bekend POSTADRES ▶ Postbus 19750, 1000 GT Amsterdam EMAIL (ALGEMEEN) ▶ info@cultuurfonds.nl TELEFOON (ALGEMEEN) ▶ 020-5206130.

859
Stichting Monumentenfonds Den Haag en Omgeving

Rubriek ■ ☑ kunst en cultuur

Algemeen ■ WEBSITE ▶ www.monumentenfondsdenhaag.nl TYPERING ▶ hybride fonds OPGERICHT ▶ 11-03-1974 RECHTSVORM ▶ stichting KVK ▶ 41149304 ANBI STATUS ▶ ja DIRECTIE ▶ geen directiegegevens bekend BESTUUR ▶ Mr. R.A. Gallas, voorzitter; mr. A. de Winter, penningmeester; ir. L. Vis, secretaris; R. Stroeve.

Missie ■ DOELSTELLING ▶; ☑ de instandhouding van monumenten in de zin van de Monumentenwet, van monumenten, opgenomen in de monumentenlijst als bedoeld in de Monumentenverordening 's-Gravenhage en van beeldbepalende panden liggend in een beschermd stads- en dorpsgezicht; ☑ de bevordering na al hetgeen medebepalend is voor de sfeer in en om de stad en het leefklimaat van de bewoners en dat bijdraagt tot verrijking van het stedelijk - en landschappelijk schoon; ☑ en voorts al hetgeen met een en ander rechtstreeks of zijdelings verband houdt of daartoe bevorderlijk kan zijn, alles in de ruimste zin van het woord. STICHTER(S) ▶ L. Molhuysen, L. Oosterhof, J.H.C. Voorhoeve, A.G. Sijthoff, mr. P.J. Berger, D.E. Hoorens van Hijningen HISTORIE ▶ Het eerste pand dat de stichting wist te verwerven van het Spinozahuis aan de Paviljoensgracht. In 1977 kon het gerestaureerde Spinozahuis weer als studiecentrum in gebruik genomen worden. De stichting nam voorts het initiatief tot de oprichting van het NV Stadsherstel Den Haag e.o., die in 1977 tot stand kwam en zich onder leiding van directeur L. Molhuysen ging richten op rehabilitatie van monument beschermde panden. **BELEIDSPLAN OP WEBSITE** ► ja.

Doelgroep ■ **SPECIFIEK** ► Instandhouding monumenten. **ACTIVITEITEN** ► De stichting tracht haar doel onder meer te realiseren door: ☑ het in eigendom verwerven van onroerende zaken; ☑ het restaureren of doen restaureren en wederom dienstbaar maken ten algemene nutte of als woning voor de volkshuisvesting of als bedrijfsruimte; ☑ het verwerven van technische en administratieve kennis en ervaring op het gebeid van de monumentenrestauratie; ☑ het samenwerken met organisaties en rechtspersonen met een aanverwant doel, zoals met de naamloze vennootschap Stadsherstel Den Haag en Omgeving N.V., gevestigd te 's-Gravenhage; ☑ het beschikbaar stellen van fondsen voor restauratie, behoud of vernieuwing van sfeerbepalende kleine objecten in de stad en omgeving; ☑ het geven van voorlichting en informatie betreffende het omschreven doel; ☑ het maken van propaganda voor het doel; ☑ het verrichten van alle andere handelingen, welke tot het doel bevorderlijk zijn. **INTERVENTIENIVEAU** ► Steun aan individuen (directe steun).

Werkgebied ■ **ACTIERADIUS** ► Lokaal **LAND** ► Nederland **PLAATS** ► Den Haag.

Bestedingen ■ **BUDGET** ► niet openbaar **SOORT BIJDRAGE** ► overig **BOVENGRENS** ► geen **ONDERGRENS** ► geen.

Projecten ■ **CRITERIA** ► geen projectcriteria bekend **DOORLOOPTIJD** ► ☑ korter dan 1 jaar **STATUS AANVRAGER** ► ☑ stichting of vereniging (non-profit) ☑ individuen/gezinnen ☑ overig **VOORKEUR/UITSLUITING** ► geen voorkeur of uitsluiting bekend.

Procedure ■ **OP AANVRAAG** ► nee **AANVRAAGPROCEDURE** ► Geen aanvraagprocedure bekend.

Financieel ■ **EIGEN VERMOGEN** ► € 2.820.327 **HERKOMST MIDDELEN** ► legaten, overige inkomsten, vermogen, giften & schenkingen, inkomsten uit vermogen **BOEKJAAR** ► 2019 **JAARVERSLAG OP WEBSITE** ► ja.

Contact ■ **BEREIKBAAR PER** ► ☑ post ☑ e-mail ☑ telefoon **CONTACTPERSOON** ► Ir. L. Vis **POSTADRES** ► Nobelstraat 1E, 2513 BC Den Haag **EMAIL (ALGEMEEN)** ► info@monumentenfondsdenhaag.nl **TELEFOON (ALGEMEEN)** ► 070-3615757.

860

Monuta Helpt

Rubriek ■ ☑ maatschappij, welzijn en samenleving ☑ kunst en cultuur ☑ onderwijs en onderzoek

Algemeen ■ **WEBSITE** ► www.monuta.nl/over-monuta/monuta-helpt **TYPERING** ► vermogensfonds **OPGERICHT** ► 01-04-1999 **RECHTSVORM** ► stichting **KVK** ► 08089934 **ANBI STATUS** ► ja **DIRECTIE** ► Q. Fraai **BESTUUR** ► Mw. A. Witzier, voorzitter; Q. Fraai; K. van Donselaar; mw. J. Bruil; A. van de Kamp.

Missie ■ **DOELSTELLING** ► De stichting heeft ten doel: a. het ondersteunen van algemeen nut beogende projecten die tenminste één of meer van de volgende kenmerken in zich dragen: ☑ een bijdrage leveren aan de ontwikkeling en het welzijn van individuen of (achterstands) groepen; ☑ steun bieden aan initiatieven van lokaal maatschappelijk belang en/of nut; ☑ voorwaarden scheppen voor sociaal-culturele vooruitgang; ☑ bijdragen aan een betere sociale (lokale) omgeving; ☑ ondersteunen van culturele voorzieningen in de samenleving; ☑ bijdragen aan de ontwikkeling en educatie in het algemeen. b. Het verrichten van alle verdere handelingen, die met het vorenstaande in de ruimste zin verband houden of daartoe bevorderlijk kunnen zijn. **STICHTER(S)** ► C. Hage **HISTORIE** ► Op 23 juni 2000 heeft Monuta Holding N.V. een goede doelenfonds opgericht: Stichting Monuta Charity Fund. Op 1 januari 2017 is de naam van het fonds veranderd in Monuta Helpt. **BELEIDSPLAN OP WEBSITE** ► ja.

Doelgroep ■ **SPECIFIEK** ► Nabestaanden of mensen die op korte termijn een dierbare gaan verliezen. **ACTIVITEITEN** ► Monuta Helpt richt zich op projecten die eraan bijdragen dat niemand alleen afscheid hoeft te nemen. Denkt u hierbij aan projecten die zicht richten op palliatieve zorg en zorg voor nabestaanden, maar ook initiatieven op het gebied van ouderenzorg en mantelzorg. Zo ondersteunt Monuta Helpt bij het opleiden van vrijwilligers van hospices en mantelzorgorganisatie en dragen ze bij aan herdenkingsprojecten, zoals bijeenkomsten, herinneringsmonumenten of lotgenotencontact. **INTERVENTIENIVEAU** ► Steun aan lokale/provinciale maatschappelijke organisaties en structuren (incl. gemeenten etc.) die diensten verlenen aan individuen.

Werkgebied ■ **ACTIERADIUS** ► Nationaal **LAND** ► Nederland.

Bestedingen ■ **BUDGET** ► niet openbaar **ONDERSTEUNDE PROJECTEN P/J** ► 80 **SOORT BIJDRAGE** ► giften **BOVENGRENS** ► € 25.000 **ONDERGRENS** ► geen.

Projecten ■ **CRITERIA** ► ☑ Het project is bestemd voor een doelgroep ten behoeve van palliatieve of terminale zorg, mantelzorg of ouderenzorg. ☑ Het project levert een positieve bijdrage aan de fase voor, tijdens en na het afscheid van een dierbare. ☑ Het project moet (grotendeels) door vrijwilligers worden uitgevoerd. ☑ Het betreft een project in Nederland met een lokaal karakter. **DOORLOOPTIJD** ► ☑ korter dan 1 jaar **STATUS AANVRAGER** ► ☑ stichting of vereniging (non-profit) ☑ onderwijsinstelling **VOORKEUR/UITSLUITING** ► ☑ Projecten mogen geen politiek en/of religieus karakter hebben. ☑ Het bedrag dat u aanvraagt moet minimaal 10% zijn van het totale project bedragen en hiermee herkenbaar bijdragen aan het project. ☑ De projectbegroting mag maximaal € 25.000,- bedragen. ☑ Er wordt geen donatie toegekend als uw organisatie een grote vermogenspositie heeft en u niet kunt aantonen dat u het gehele project niet daaruit of uit de reguliere geldstromen kunt financieren. ☑ Er wordt geen donatie toegekend voor exploitatie-, renovatie-, organisatie- of promotiekosten of vermogensopbouw of fondsvorming. ☑ Alleen rechtspersonen kunnen een aanvraag indienen. Aanvragen van een natuurlijk persoon, een samenwerkingsverband van natuurlijke personen of rechtspersoon met een winstoogmerk worden niet gehonoreerd. ☑ Het project mag nog niet zijn gerealiseerd voor/op de datum van de bestuursvergadering.

Procedure ■ OP AANVRAAG ▶ ja DOORLOOPTIJD ▶ 1-3 maanden AANVRAAGPROCEDURE ▶ Het aanvragen van een donatie wordt altijd samen met een ambassadeur van het fonds gedaan. Dit zijn medewerkers van Monuta, franchisenemers en assurantieadviseurs die met Monuta samenwerken. Na het invullen van het contactformulier (online te vinden), wordt een lokale ambassadeur betrokken bij de aanvraag. Op de website staat een digitaal aanvraagformulier. Benodigde bijlagen zijn: ☑ Informatie van de begunstigde (statuten en uittreksel KvK). Concrete projectomschrijving. ☑ Planning en financiële onderbouwing/begroting van het project. ☑ Bij grote vermogenspositie van de aanvrager: een schriftelijke onderbouwing waarom u de kosten van het project niet uit de eigen vermogenspositie of uit de reguliere geldstromen kunt financieren. ☑ Omschrijving van de doelgroep. ☑ Rol van de vrijwilligers. ☑ Laatste complete jaarstukken. Voor het indienen van een aanvraag kunt u contact opnemen met een Monuta-vestiging bij u in de buurt of een met Monuta samenwerkende assurantietussenpersoon. URL ▶ www.monuta.nl/over-monuta/monuta-helpt/aanvraag-indienen/

Financieel ■ EIGEN VERMOGEN ▶ € 7.057 INKOMSTEN EV ▶ € 75 INKOMSTEN OV ▶ € 233.882 HERKOMST MIDDELEN ▶ vermogen, moederorganisatie (bijdragen) BOEKJAAR ▶ 2018 JAARVERSLAG OP WEBSITE ▶ ja.

Contact ■ BEREIKBAAR PER ▶ ☑ post ☒ e-mail ☒ telefoon CONTACTPERSOON ▶ geen contactpersoon bekend POSTADRES ▶ Postbus 20, 7300 AA Apeldoorn.

861

Stichting Mooiste Contact Fonds

Rubriek ■ ☑ maatschappij, welzijn en samenleving

Algemeen ■ WEBSITE ▶ www.kpnmcf.com TYPERING ▶ vermogensfonds OPGERICHT ▶ 07-12-2007 RECHTSVORM ▶ stichting KVK ▶ 27308713 ANBI STATUS ▶ ja DIRECTIE ▶ M.E. Versteegen BESTUUR ▶ Mw. D.S. Koster, penningmeester; mw. H. Garssen; mw. M.E.C. Pernot; H. Koeleman; mw.ir. M. Snoep; mw. L. Snoep.

Missie ■ DOELSTELLING ▶ Het KPN Mooiste Contact Fonds is opgericht als een onafhankelijke stichting met als doel eenzaamheid in Nederland te helpen bestrijden en een bijdrage te leveren aan het voorkomen van sociaal isolement. Dat gebeurt door projecten te ondersteunen met de inzet van mensen, middelen en geld. Jaarlijks doneert KPN daarvoor een bedrag aan het fonds en krijgen alle KPN medewerkers de mogelijkheid om zich één dag per jaar als vrijwilliger voor het fonds in te zetten. STICHTER(S) ▶ KPN HISTORIE ▶ Het Mooiste Contact Fonds is een initiatief van KPN. Het fonds werd op 7 december 2007 opgericht. BELEIDSPLAN OP WEBSITE ▶ ja.

Doelgroep ■ ALGEMEEN ▶ ouderen, gehandicapten, zieken, kinderen SPECIFIEK ▶ Kwetsbare groepen zoals senioren, mensen met een verstandelijke beperking of langdurig en chronisch zieke kinderen staan centraal binnen de projecten van het fonds. ACTIVITEITEN ▶ De stichting beoogt haar doel te bereiken door onder meer: ☑ het inzetten van financiële middelen, techniek en medewerkers (vrijwilligers) van KPN bij aan maatschappelijke projecten; ☑ samen te werken met de te selecteren partnerorganisaties ten behoeve van jaarlijks te kiezen doelgroepen; ☑ de kerncompetentie van KPN, het leggen van verbindingen en het overbruggen van afstanden, te vertalen in contact/; ☑ het ondersteunen van initiatieven om contact te herstellen daar waar contact ongewenst en ongewild afwezig is. De afgelopen tien jaar heeft het fonds bijgedragen aan projecten van EDventure, Resto VanHarte, Nationaal Ouderenfonds, Landelijk Netwerk Autisme, Rode Kruis, Stichting Het Vergeten Kind, Alzheimer Nederland, 's Heeren Loo Zorggroep, Stichting Gouden Dagen, Hartstichting, Nierstichting, Bartiméus Fonds, Stichting Lezen en Schrijven, Stichting Sensoor en Stichting Papageno. Vanuit KPN hebben ruim 20.000 medewerkers zich sinds de start van het fonds vrijwillig ingezet voor de verschillende projecten. INTERVENTIENIVEAU ▶ Steun aan lokale/provinciale maatschappelijke organisaties en structuren (incl. gemeenten etc.) die diensten verlenen aan individuen.; Steun aan individuen (directe steun).

Werkgebied ■ ACTIERADIUS ▶ Nationaal LAND ▶ Nederland.

Bestedingen ■ BUDGET ▶ niet openbaar TOELICHTING ▶ Voor de financiering van de activiteiten, is de Stichting afhankelijk van (jaarlijkse) subsidie door Koninklijke KPN N.V. ONDERSTEUNDE PROJECTEN P/J ▶ 7 SOORT BIJDRAGE ▶ giften overig BOVENGRENS ▶ geen ONDERGRENS ▶ geen.

Projecten ■ CRITERIA ▶ De projecten van het KPN Mooiste Contact Fonds worden geselecteerd op basis van een aantal criteria: ☑ Het project moet primair bijdragen aan de doelstellingen van het fonds, namelijk het bestrijden van eenzaamheid; ☑ ICT moet instrumenteel en doorslaggevend zijn in het project; ☑ Het fonds werkt altijd samen met organisaties die specifieke kennis hebben van het onderwerp; ☑ Het project dient een nationaal bereik te hebben; ☑ Het project biedt KPN-vrijwilligers de mogelijkheid zich in te zetten. DOORLOOPTIJD ▶ ☑ onbekend STATUS AANVRAGER ▶ ☑ geen beperkingen bekend VOORKEUR/UITSLUITING ▶ geen voorkeur of uitsluiting bekend.

Procedure ■ OP AANVRAAG ▶ ja AANVRAAGPROCEDURE ▶ Jaarlijks vindt de toe- of afwijzing van potentiële projecten plaats in oktober/november voor het jaar daarop. Om er zeker van te zijn dat uw project meegaat in de procedure is het van belang dat u uw project uiterlijk 1 augustus indient via mooistecontact@kpn.com. URL ▶ www.kpnmcf.com/bestuur-en-beleid

Financieel ■ EIGEN VERMOGEN ▶ € 1.565.000 INKOMSTEN OV ▶ € 1.900.000 HERKOMST MIDDELEN ▶ giften & schenkingen, overige inkomsten, moederorganisatie (bijdragen) BOEKJAAR ▶ 2018 JAARVERSLAG OP WEBSITE ▶ ja.

Contact ■ BEREIKBAAR PER ▶ ☑ post ☑ e-mail ☒ telefoon CONTACTPERSOON ▶ geen contactpersoon bekend POSTADRES ▶ Wilhelminaplein 123, 3072 AL Rotterdam EMAIL (ALGEMEEN) ▶ mooistecontact@kpn.com.

862
Moyra Stava-Morena Stichting

Rubriek ☑ natuur, milieu en dieren

Algemeen WEBSITE ▶ www.moyrastavamorena.nl TYPERING ▶ vermogensfonds OPGERICHT ▶ 18-04-1978 RECHTSVORM ▶ stichting KVK ▶ 41149887 ANBI STATUS ▶ nee DIRECTIE ▶ geen directiegegevens bekend BESTUUR ▶ J.R.W. Stimm, voorzitter; mr. R. Klooster, penningmeester; mw.drs. M.A. Immink-Vaandrager, secretaris; mw.ir. W. Wijmans; J.Th.L. Papeveld; mr. K.G.W. van Oven.

Missie DOELSTELLING ▶ ☑ Het verlenen van hulp aan dieren die in nood verkeren en verzorging en onderdak behoeven, waaronder het verlenen van steun bij natuurrampen, ook in het buitenland; ☑ Het bijdragen in de kosten van oprichting en inrichting resp. in stand houden van dierenasiels en iereninrichtingen en al hetgeen in het belang van dieren moet geschieden; ☑ Het eens per jaar uitreiken van de naar de stichtster van de MSM-stichting Wilhelmina Frederika Urania Wijckerheld Bisdom genoemde Moyra Stava-Morena Prijs aan een instelling die zich daadwerkelijk heeft beziggehouden met werkzaamheden die stroken met de doelstelling van de Moyra Stava-Morena Stichting. STICHTER(S) ▶ Mevrouw Wilhelmina Frederika Urania Radier-Wijckerheld Bisdom HISTORIE ▶ Op 18 april 1978 werd de stichting in het leven geroepen door mevr. W.F.U. Radier-Wijckerheld Bisdom onder haar artiestennaam Moyra Stava-Morena. Tijdens het leven van de stichtster was de MSM-Stichting pro forma actief wegens de geringe middelen die zij toen nog de stichting ter beschikking stelde (fl 1000). Na het overlijden van Moyra Stava-Morena (in augustus 1990) kon de stichting werkelijk haar activiteiten ontplooien met de middelen uit haar erfgoed. In 2006 kwam een fusie tot stand tussen de Moyra Stava-Morena Stichting en de Arendina Kroese Stichting, waarbij besloten werd dat de naam Moyra Stava-Morena Stichting aangehouden zou worden. Aanvragen gericht aan de Arendina Kroese Stichting worden echter nog steeds beoordeeld volgens de specifieke AKS-doelstellingen.

Doelgroep SPECIFIEK ▶ Hulpbehoevende dieren. ACTIVITEITEN ▶ Onder het verlenen van hulp aan de dieren moet in het bijzonder worden begrepen: het regelmatig bestrijden van alle in de wereld voorkomende misstanden in het dierenleven en het regelmatig actie voeren tegen wreedheden jegens de weerloze dieren. INTERVENTIENIVEAU ▶ Steun aan lokale/provinciale maatschappelijke organisaties en structuren (incl. gemeenten etc.) die diensten verlenen aan individuen.

Werkgebied ACTIERADIUS ▶ Nationaal, Internationaal LAND ▶ Nederland.

Bestedingen BUDGET ▶ niet openbaar ONDERSTEUNDE PROJECTEN P/J ▶ 17 SOORT BIJDRAGE ▶ giften BOVENGRENS ▶ geen ONDERGRENS ▶ geen.

Projecten CRITERIA ▶ geen projectcriteria bekend DOORLOOPTIJD ▶ ☑ korter dan 1 jaar STATUS AANVRAGER ▶ ☑ stichting of vereniging (non-profit) VOORKEUR/UITSLUITING ▶ geen voorkeur of uitsluiting bekend.

Procedure OP AANVRAAG ▶ ja DOORLOOPTIJD ▶ 3-6 maanden AANVRAAGPROCEDURE ▶ Aanvragen geschieden via het aanvraagformulier (digitaal of per post). Hierbij moeten de volgende bijlage meegeleverd worden: ☑ Kopie van de inschrijving Kamer van Koophandel; ☑ Kopie van de statuten; ☑ Kopie van de laatste goedgekeurde jaarstukken; ☑ Lijst van de huidige bestuursleden; ☑ Offerte van het project; ☑ Begroting en omschrijving van het project. Er wordt twee keer per jaar (voorjaar en najaar) vergaderd over subsidieaanvagen en toekenningen. URL ▶ www.moyrastavamorena.nl/moyraAanvraag.html

Financieel HERKOMST MIDDELEN ▶ vermogen BOEKJAAR ▶ 2019 JAARVERSLAG OP WEBSITE ▶ ja.

Contact BEREIKBAAR PER ▶ ☑ post ☑ e-mail ☑ telefoon CONTACTPERSOON ▶ Mw. drs. M.A. Immink-Vaandrager POSTADRES ▶ Noordweg 56, 4353 AX Serooskerke EMAIL (ALGEMEEN) ▶ info@moyrastavamorena.nl TELEFOON (ALGEMEEN) ▶ 0118-596231.

863
Mozart/Wagner Fonds

Rubriek ☑ kunst en cultuur

Algemeen WEBSITE ▶ www.cultuurfonds.nl TYPERING ▶ fonds op naam BEHEERD DOOR ▶ Prins Bernhard Cultuurfonds DIRECTIE ▶ zie Prins Bernhard Cultuurfonds BESTUUR ▶ zie Prins Bernhard Cultuurfonds

Missie DOELSTELLING ▶ Het financieel ondersteunen van projecten die de interesse voor de werken van Mozart, Wagner, Mahler en Richard Strauss stimuleren.

Werkgebied ACTIERADIUS ▶ Nationaal LAND ▶ Nederland.

Projecten CRITERIA ▶ geen projectcriteria bekend DOORLOOPTIJD ▶ ☑ korter dan 1 jaar STATUS AANVRAGER ▶ ☑ geen beperkingen bekend VOORKEUR/UITSLUITING ▶ geen voorkeur of uitsluiting bekend.

Procedure OP AANVRAAG ▶ ja AANVRAAGPROCEDURE ▶ Dit 'fonds op naam' ressorteert onder het Prins Bernhard Cultuurfonds. Verzoeken aan fondsen op naam komen op één centraal punt binnen. Dit houdt in dat een subsidieaanvraag slechts eenmaal aan het Prins Bernhard Cultuurfonds hoeft te worden gezonden. Voor de verdere aanvraagprocedure: zie Prins Bernhard Cultuurfonds. URL ▶ www.cultuurfonds.nl/aanvragen

Contact BEREIKBAAR PER ▶ ☑ post ☑ e-mail ☑ telefoon CONTACTPERSOON ▶ geen contactpersoon bekend POSTADRES ▶ Postbus 19750, 1000 GT Amsterdam EMAIL (ALGEMEEN) ▶ info@cultuurfonds.nl TELEFOON (ALGEMEEN) ▶ 020-5206130.

864
Stichting Mr. August Fentener van Vlissingenfonds

Rubriek ☑ kunst en cultuur ☑ maatschappij, welzijn en samenleving ☑ onderwijs en onderzoek ☑ gezondheidszorg

Algemeen ■ WEBSITE ▶ www.afvvf.nl TYPERING ▶ vermogensfonds OPGERICHT ▶ 10-12-1952 RECHTSVORM ▶ stichting KVK ▶ 41177223 ANBI STATUS ▶ ja DIRECTIE ▶ geen directiegegevens bekend BESTUUR ▶ J.A. Fentener-van Vlissingen, voorzitter; drs. F.H.B. Cladder, secretaris; J.A. Bletz; W.P. Waller; V.J. Boumeester.

Missie ■ DOELSTELLING ▶ Het Mr. August Fentener van Vlissingen Fonds ondersteunt en stimuleert met subsidies projecten van instellingen ten behoeve van studie, zorg en cultuur, en bij voorkeur een combinatie van deze aandachtsgebieden. STICHTER(S) ▶ Louise Maria Antonia Fentener van Vlissingen (Lou) HISTORIE ▶ Het fonds werd in 1952 opgericht door mejuffrouw Louise M.A. Fentener van Vlissingen ter nagedachtenis aan haar overleden broer Mr. August Fentener van Vlissingen. Deze was van 1931-1933 President van de Hoge Raad der Nederlanden. BELEIDSPLAN OP WEBSITE ▶ ja.

Doelgroep ■ SPECIFIEK ▶ Kleinschalige projecten op het gebied van studie, zorg, cultuur, sociale cohesie of een combinatie daarvan. ACTIVITEITEN ▶ Geen specifieke activiteiten bekend INTERVENTIENIVEAU ▶ Steun aan lokale/provinciale maatschappelijke organisaties en structuren (incl. gemeenten etc.) die diensten verlenen aan individuen.

Werkgebied ■ ACTIERADIUS ▶ Nationaal LAND ▶ Nederland.

Bestedingen ■ BUDGET ▶ niet openbaar ONDERSTEUNDE PROJECTEN P/J ▶ 58 SOORT BIJDRAGE ▶ giften investeringen BOVENGRENS ▶ € 5.000 ONDERGRENS ▶ € 500.

Projecten ■ CRITERIA ▶ Subsidies worden verleend aan kleinschalige projecten op het gebied van studie, zorg, cultuur, sociale cohesie of een combinatie daarvan. DOORLOOPTIJD ▶ ☑ korter dan 1 jaar STATUS AANVRAGER ▶ ☑ stichting of vereniging (non-profit) VOORKEUR/UITSLUITING ▶ ☑ Het Fonds geeft de voorkeur aan projecten binnen het Koninkrijk der Nederlanden; ☑ Er worden bij voorkeur eenmalige subsidies verleend aan rechtspersonen met een ANBI-registratie (stichtingen en verenigingen) en niet aan natuurlijke personen. ☑ Het Fonds verleent geen subsidies aan projecten op het gebied van de bouw, restauratie of instandhoudingskosten.

Procedure ■ OP AANVRAAG ▶ ja DOORLOOPTIJD ▶ 3-6 maanden AANVRAAGPROCEDURE ▶ De aanvraag dient online via het digitale aanvraagformulier te gebeuren. Bij de aanvraag horen onder andere de volgende documenten: ☑ Projectomschrijving; ☑ Financieel plan; ☑ Kamer van Koophandel uittreksel; ☑ Statuten; Alle subsidie-aanvragen worden beoordeeld door het bestuur. Het bestuur vergadert rond april en in december. In de regel mag u verwachten dat u binnen een maand na de vergadering uitsluitsel ontvangt. URL ▶ www.afvvf.nl/aanvragen

Financieel ■ INKOMSTEN EV ▶ € 1.490.792 INKOMSTEN OV ▶ € 4.667.000 HERKOMST MIDDELEN ▶ vermogen, legaten, giften & schenkingen BOEKJAAR ▶ 2019 JAARVERSLAG OP WEBSITE ▶ ja.

Contact ■ BEREIKBAAR PER ▶ ☑ post ☑ e-mail ☑ telefoon CONTACTPERSOON ▶ geen contactpersoon bekend POSTADRES ▶ Postbus 161, 3700 AD Zeist EMAIL (ALGEMEEN) ▶ aanvraag@afvvf.nl TELEFOON (ALGEMEEN) ▶ 030-6992682.

865

Mr. C.R.C. Wijckerheld Bisdom Fonds

Rubriek ■ ☑ maatschappij, welzijn en samenleving ☑ onderwijs en onderzoek

Algemeen ■ WEBSITE ▶ www.cultuurfonds.nl TYPERING ▶ fonds op naam BEHEERD DOOR ▶ Prins Bernhard Cultuurfonds DIRECTIE ▶ zie > Prins Bernhard Cultuurfonds BESTUUR ▶ zie > Prins Bernhard Cultuurfonds

Missie ■ DOELSTELLING ▶ Het financieel ondersteunen van projecten die van belang zijn voor de rechtswetenschap en de beoefening van het recht in Nederland.

Werkgebied ■ ACTIERADIUS ▶ Nationaal LAND ▶ Nederland.

Projecten ■ CRITERIA ▶ geen projectcriteria bekend DOORLOOPTIJD ▶ ☑ korter dan 1 jaar STATUS AANVRAGER ▶ ☑ geen beperkingen bekend VOORKEUR/UITSLUITING ▶ geen voorkeur of uitsluiting bekend.

Procedure ■ OP AANVRAAG ▶ ja AANVRAAGPROCEDURE ▶ Dit 'fonds op naam' ressorteert onder het Prins Bernhard Cultuurfonds. Verzoeken aan fondsen op naam komen op één centraal punt binnen. Dit houdt in dat een subsidieaanvraag slechts eenmaal aan het Prins Bernhard Cultuurfonds hoeft te worden gezonden. Voor de verdere aanvraagprocedure: zie Prins Bernhard Cultuurfonds. URL ▶ www.cultuurfonds.nl/aanvragen

Contact ■ BEREIKBAAR PER ▶ ☑ post ☑ e-mail ☑ telefoon CONTACTPERSOON ▶ geen contactpersoon bekend POSTADRES ▶ Postbus 19750, 1000 GT Amsterdam EMAIL (ALGEMEEN) ▶ info@cultuurfonds.nl TELEFOON (ALGEMEEN) ▶ 020-5206130.

866

Mr. J.G. Hoogland Fonds

Rubriek ■ ☑ kunst en cultuur ☑ maatschappij, welzijn en samenleving ☑ onderwijs en onderzoek

Algemeen ■ WEBSITE ▶ www.cultuurfonds.nl TYPERING ▶ fonds op naam BEHEERD DOOR ▶ Prins Bernhard Cultuurfonds DIRECTIE ▶ zie > Prins Bernhard Cultuurfonds BESTUUR ▶ zie > Prins Bernhard Cultuurfonds

Missie ■ DOELSTELLING ▶ Het financieel ondersteunen van projecten over de Nederlandse taal, op jongeren gericht. Daarnaast het financieel ondersteunen van aankoop, instandhouding en restauratie van archivalia en beeldmateriaal van historisch belang met betrekking tot de families Quarles de Quarles en Quarles van Ufford en daaraan gelieerde families.

Werkgebied ■ ACTIERADIUS ▶ Nationaal LAND ▶ Nederland.

Projecten ■ CRITERIA ▶ geen projectcriteria bekend DOORLOOPTIJD ▶ ☑ korter dan 1 jaar STATUS AANVRAGER ▶ ☑ geen beperkingen bekend VOORKEUR/UITSLUITING ▶ geen voorkeur of uitsluiting bekend.

Procedure ■ OP AANVRAAG ▶ ja AANVRAAGPROCEDURE ▶ Dit 'fonds op naam' ressorteert onder het Prins Bernhard Cultuurfonds. Verzoeken

aan fondsen op naam komen op één centraal punt binnen. Dit houdt in dat een subsidieaanvraag slechts eenmaal aan het Prins Bernhard Cultuurfonds hoeft te worden gezonden. Voor de verdere aanvraagprocedure: zie Prins Bernhard Cultuurfonds. **URL** ▶ www.cultuurfonds.nl/aanvragen

Contact ■ **BEREIKBAAR PER** ▶ ☑ post ☑ e-mail ☑ telefoon **CONTACTPERSOON** ▶ geen contactpersoon bekend **POSTADRES** ▶ Postbus 19750, 1000 GT Amsterdam **EMAIL (ALGEMEEN)** ▶ info@cultuurfonds.nl **TELEFOON (ALGEMEEN)** ▶ 020-5206130.

867

Mr. Jan Willem Baerveldt Fonds

Rubriek ■ ☑ kunst en cultuur

Algemeen ■ **WEBSITE** ▶ www.cultuurfonds.nl **TYPERING** ▶ fonds op naam **BEHEERD DOOR** ▶ Prins Bernhard Cultuurfonds **DIRECTIE** ▶ zie > Prins Bernhard Cultuurfonds **BESTUUR** ▶ zie > Prins Bernhard Cultuurfonds

Missie ■ **DOELSTELLING** ▶ Het financieel ondersteunen van projecten en objecten op het gebied van de monumentenzorg in Noord- en Zuid-Holland, met uitzondering van kerkgebouwen.

Werkgebied ■ **ACTIERADIUS** ▶ Regionaal **LAND** ▶ Nederland **REGIO** ▶ Noord-Holland, Zuid-Holland.

Projecten ■ **CRITERIA** ▶ geen projectcriteria bekend **DOORLOOPTIJD** ▶ ☑ korter dan 1 jaar **STATUS AANVRAGER** ▶ ☑ geen beperkingen bekend **VOORKEUR/UITSLUITING** ▶ Met uitzondering van kerkgebouwen.

Procedure ■ **OP AANVRAAG** ▶ ja **AANVRAAGPROCEDURE** ▶ Dit 'fonds op naam' ressorteert onder het Prins Bernhard Cultuurfonds. Verzoeken aan fondsen op naam komen op één centraal punt binnen. Dit houdt in dat een subsidieaanvraag slechts eenmaal aan het Prins Bernhard Cultuurfonds hoeft te worden gezonden. Voor de verdere aanvraagprocedure: zie Prins Bernhard Cultuurfonds. **URL** ▶ www.cultuurfonds.nl/aanvragen

Contact ■ **BEREIKBAAR PER** ▶ ☑ post ☑ e-mail ☑ telefoon **CONTACTPERSOON** ▶ geen contactpersoon bekend **POSTADRES** ▶ Postbus 19750, 1000 GT Amsterdam **EMAIL (ALGEMEEN)** ▶ info@cultuurfonds.nl **TELEFOON (ALGEMEEN)** ▶ 020-5206130.

868

Mr. Laurens Takken Fonds

Rubriek ■ ☑ natuur, milieu en dieren ☑ kunst en cultuur ☑ onderwijs en onderzoek

Algemeen ■ **WEBSITE** ▶ www.cultuurfonds.nl **TYPERING** ▶ fonds op naam **BEHEERD DOOR** ▶ Prins Bernhard Cultuurfonds **DIRECTIE** ▶ zie > Prins Bernhard Cultuurfonds **BESTUUR** ▶ zie > Prins Bernhard Cultuurfonds

Missie ■ **DOELSTELLING** ▶ Het financieel ondersteunen van jong talent op het werkterrein van het Prins Bernhard Cultuurfonds met een voorkeur voor kunst en wetenschap.

Werkgebied ■ **ACTIERADIUS** ▶ Nationaal, Internationaal **LAND** ▶ Nederland.

Projecten ■ **CRITERIA** ▶ geen projectcriteria bekend **DOORLOOPTIJD** ▶ ☑ korter dan 1 jaar **STATUS AANVRAGER** ▶ ☑ geen beperkingen bekend **VOORKEUR/UITSLUITING** ▶ Voorkeur gaat uit naar jong talent op het gebied van kunst en wetenschap.

Procedure ■ **OP AANVRAAG** ▶ ja **AANVRAAGPROCEDURE** ▶ Dit 'fonds op naam' ressorteert onder het Prins Bernhard Cultuurfonds. Verzoeken aan fondsen op naam komen op één centraal punt binnen. Dit houdt in dat een subsidieaanvraag slechts eenmaal aan het Prins Bernhard Cultuurfonds hoeft te worden gezonden. Voor de verdere aanvraagprocedure: zie Prins Bernhard Cultuurfonds. **URL** ▶ www.cultuurfonds.nl/aanvragen

Contact ■ **BEREIKBAAR PER** ▶ ☑ post ☑ e-mail ☑ telefoon **CONTACTPERSOON** ▶ geen contactpersoon bekend **POSTADRES** ▶ Postbus 19750, 1000 GT Amsterdam **EMAIL (ALGEMEEN)** ▶ info@cultuurfonds.nl **TELEFOON (ALGEMEEN)** ▶ 020-5206130.

869

Mr. Paul de Gruyter Stichting

Rubriek ■ ☑ kerk en levensbeschouwing

Algemeen ■ **WEBSITE** ▶ www.pauldegruyter.nl **TYPERING** ▶ vermogensfonds **OPGERICHT** ▶ 21-01-1971 **RECHTSVORM** ▶ stichting **KVK** ▶ 41080410 **ANBI STATUS** ▶ ja **DIRECTIE** ▶ geen directiegegevens bekend **BESTUUR** ▶ Drs. P.A.M. Broeders, voorzitter; S.B.M. Tax, penningmeester; mw.mr. M.J.M.
Hettema-de Fraiture, secretaris; drs. jhr. J.E.P.M. Alting von Geusau; H.J. Bouman.

Missie ■ **DOELSTELLING** ▶ De stichting stelt gelden beschikbaar voor godsdienstige en culturele doeleinden. De nadruk ligt op het vlak van éénmalige projectfinancieringen en richt zich op drie hoofdgebieden: ☑ godsdienstige, in het bijzonder Rooms Katholieke projecten, met name in het vlak van jongeren en vorming, gezin, religieus leven, roepingen, communicatie en (nieuwe) media, liturgie en gebed, zorg en diaconaat, bevordering onderlinge contacten en R.K. kadervorming; ☑ culturele projecten in den lande die een aansluiting hebben tot kerkelijk leven, ☑ culturele projecten in de Noord-Brabantse regio De Meierij. **STICHTER(S)** ▶ Mr. Paulus Jacobus Josephus Maria de Gruyter **HISTORIE** ▶ Na zijn eindexamen heeft Paul de Gruyter de studie rechten doorlopen aan de Katholieke Universiteit te Nijmegen waar hij in 1936 afstudeerde. Geloof, godsdienst en kerk hadden reeds een grote plaats in zijn leven als student. Voor Paul was de familie- en familiebedrijfbinding zo sterk dat hij na zijn studie naar het buitenland ging en dan de winkel in als verplicht leerjaar van het concern: P. de Gruyter en Zoon te 's-Hertogenbosch. Paul was directeur verkoop en had de leiding over de winkels en uiteindelijk werd hij voorzitter van de Raad van Bestuur waarna hij zich in 1970 bij de overname door S.H.V. terugtrok. Bij akte van 21 januari 1971 werd door hem opgericht de 'Mr. Paul de Gruyter Stichting'. Ook zijn broer, pastoor Lambert de Gruyter, liet een belangrijk deel van zijn vermogen toekomen aan de Stichting.

Doelgroep ■ ALGEMEEN ▶ gelovigen, jongeren SPECIFIEK ▶ Geen specifieke doelgroep ACTIVITEITEN ▶ De katholieke traditie is de moeite waard, ook voor de jongere generatie. De Mr. Paul de Gruyter Stichting wil – vaak ook op een praktische manier – bij bestaande maar juist ook bij nieuwe initiatieven en projecten graag helpen. De Mr. Paul de Gruyter Stichting wil aanvragers ondersteunen door een financieel zetje in de rug maar ook om aan te moedigen door haar kennis en haar netwerk ter beschikking te stellen. Projecten van of voor jongeren hebben onze speciale aandacht om zo samen met hen te investeren in de toekomst van onze traditie. INTERVENTIENIVEAU ▶ Steun aan lokale/provinciale maatschappelijke organisaties en structuren (incl. gemeenten etc.) die diensten verlenen aan individuen.

Werkgebied ■ ACTIERADIUS ▶ Nationaal, Internationaal, Regionaal LAND ▶ Nederland, Ontwikkelingslanden REGIO ▶ De Meierij.

Bestedingen ■ BUDGET ▶ € 600.000 TOELICHTING ▶ 60% van het budget gaat naar rooms-katholieke Kerken, 30% naar cultuur en 10% naar de Derde Wereld. ONDERSTEUNDE PROJECTEN P/J ▶ 90 SOORT BIJDRAGE ▶ giften overig BOVENGRENS ▶ geen ONDERGRENS ▶ geen.

Projecten ■ CRITERIA ▶ Projecten met een godsdienstig of cultureel doel. We geven meestal één keer geld voor een doel en richten ons vooral op drie gebieden: ☑ Op godsdienstige en vooral op rooms-katholieke projecten; ☑ Op culturele projecten in Nederland die te maken hebben met kerkelijk leven; ☑ Op culturele projecten in de Noord-Brabantse regio De Meierij; ☑ Projecten in de derde wereld ondersteunen wij soms. Er moet altijd een duidelijke relatie zijn met degene die het initiatief heeft genomen. DOORLOOPTIJD ▶ ☑ korter dan 1 jaar STATUS AANVRAGER ▶ ☑ stichting of vereniging (non-profit) VOORKEUR/UITSLUITING ▶ Voorkeuren voor projecten op het gebied van godsdienstige projecten gaan uit naar: ☑ jongeren en de ontwikkeling van hun geloof; ☑ religieus leven en actief iets met het geloof willen doen; ☑ communicatie en nieuwe media zoals Twitter en Facebook; ☑ het gezin en bevordering van contacten tussen mensen; ☑ kerkdiensten, gebed, katholieke zorg en hulpverlening; ☑ opleiding en vorming tot functionaris in de katholieke kerk; Aanvragen die altijd worden afgewezen zijn: ☑ aanvragen van bedrijven; ☑ congressen, studie of studiereizen; ☑ aanvragen voor culturele festivals; ☑ in stand houden van projecten (wel om te starten); ☑ aanvragen voor hospices; ☑ aanvragen voor het welzijn van dieren; ☑ inrichting van gemeenschapshuizen; ☑ projecten voor milieu en natuur; ☑ restauraties van kerkgebouwen en orgels; ☑ aanvragen voor stages; ☑ aanvragen voor theaterproducties; ☑ wetenschappelijk onderzoek; ☑ aanvragen voor zorgboerderijen. ☑ exploitatiekosten.

Procedure ■ OP AANVRAAG ▶ ja DOORLOOPTIJD ▶ 3-6 maanden AANVRAAGPROCEDURE ▶ Uw aanvraag dient in principe via het aanvraagportaal ingediend te worden. Uw aanvraag via dit portaal omvat onder andere: ☑ Informatie over de aanvragende rechtspersoon: haar doelstellingen,haar kernactiviteiten, laatste jaarverslag/jaarrekening, bestuur, statuten; ☑ Een bondige projectomschrijving,; ☑ de begroting van het project: de kosten en het bijbehorende dekkingsplan,; ☑ Het nog aanwezige tekort, waarbij uw concrete bijdrageverzoek en een overzicht van andere aangeschreven fondsen. ☑ Indien van toepassing: uw korte toelichting waarom bepaalde gevraagde gegevens nu niet aangeleverd kunnen worden. Het bestuur vergadert 5 keer per jaar. Projectaanvragen dienen derhalve tijdig te worden ingediend. URL ▶ www.pauldegruyter.nl/aanvragen

Financieel ■ INKOMSTEN EV ▶ € 346.996 HERKOMST MIDDELEN ▶ vermogen, inkomsten uit vermogen BOEKJAAR ▶ 2019 JAARVERSLAG OP WEBSITE ▶ ja.

Contact ■ BEREIKBAAR PER ▶ ☑ post ☑ e-mail ☒ telefoon CONTACTPERSOON ▶ geen contactpersoon bekend POSTADRES ▶ Postbus 5060, 5201 GB 's-Hertogenbosch EMAIL (ALGEMEEN) ▶ secretariaat@pauldegruyter.nl.

870

Mr. R.H.L. Cornelissen Fonds

Rubriek ■ ☑ kunst en cultuur ☑ onderwijs en onderzoek

Algemeen ■ WEBSITE ▶ www.cultuurfonds.nl TYPERING ▶ fonds op naam BEHEERD DOOR ▶ Prins Bernhard Cultuurfonds DIRECTIE ▶ zie Prins Bernhard Cultuurfonds BESTUUR ▶ zie Prins Bernhard Cultuurfonds

Missie ■ DOELSTELLING ▶ Het financieel ondersteunen van projecten rondom Nederlands zilver uit de 17e en 18e eeuw. Projecten bestaan uit onderzoek naar en/of restauratie van zilver, alsook ondersteuning van een overzichtspublicatie of een speciale tentoonstelling.

Werkgebied ■ ACTIERADIUS ▶ Nationaal LAND ▶ Nederland.

Projecten ■ CRITERIA ▶ geen projectcriteria bekend DOORLOOPTIJD ▶ ☑ korter dan 1 jaar STATUS AANVRAGER ▶ ☑ geen beperkingen bekend VOORKEUR/UITSLUITING ▶ geen voorkeur of uitsluiting bekend.

Procedure ■ OP AANVRAAG ▶ ja AANVRAAGPROCEDURE ▶ Dit 'fonds op naam' ressorteert onder het Prins Bernhard Cultuurfonds. Verzoeken aan fondsen op naam komen op één centraal punt binnen. Dit houdt in dat een subsidieaanvraag slechts eenmaal aan het Prins Bernhard Cultuurfonds hoeft te worden gezonden. Voor de verdere aanvraagprocedure: zie Prins Bernhard Cultuurfonds. URL ▶ www.cultuurfonds.nl/aanvragen

Contact ■ BEREIKBAAR PER ▶ ☑ post ☑ e-mail ☑ telefoon CONTACTPERSOON ▶ geen contactpersoon bekend POSTADRES ▶ Postbus 19750, 1000 GT Amsterdam EMAIL (ALGEMEEN) ▶ info@cultuurfonds.nl TELEFOON (ALGEMEEN) ▶ 020-5206130.

871

Mr. W.F. Sikman Fonds

Rubriek ■ ☑ kunst en cultuur

Algemeen ■ WEBSITE ▶ www.cultuurfonds.nl TYPERING ▶ fonds op

naam **BEHEERD DOOR** ▶ Prins Bernhard Cultuurfonds **DIRECTIE** ▶ zie Prins Bernhard Cultuurfonds **BESTUUR** ▶ zie Prins Bernhard Cultuurfonds

Missie ■ **DOELSTELLING** ▶ Het financieel ondersteunen van jonge, professionele dirigenten en, bij onvoldoende aanvragen, van jonge talentvolle pianisten.

Werkgebied ■ **ACTIERADIUS** ▶ Nationaal, Internationaal **LAND** ▶ Nederland.

Projecten ■ **CRITERIA** ▶ geen projectcriteria bekend **DOORLOOPTIJD** ▶ ☑ korter dan 1 jaar **STATUS AANVRAGER** ▶ ☑ geen beperkingen bekend **VOORKEUR/UITSLUITING** ▶ geen voorkeur of uitsluiting bekend.

Procedure ■ **OP AANVRAAG** ▶ ja **AANVRAAGPROCEDURE** ▶ Dit 'fonds op naam' ressorteert onder het Prins Bernhard Cultuurfonds. Verzoeken aan fondsen op naam komen op één centraal punt binnen. Dit houdt in dat een subsidieaanvraag slechts eenmaal aan het Prins Bernhard Cultuurfonds hoeft te worden gezonden. Voor de verdere aanvraagprocedure: zie Prins Bernhard Cultuurfonds. **URL** ▶ www.cultuurfonds.nl/aanvragen

Contact ■ **BEREIKBAAR PER** ▶ ☑ post ☑ e-mail ☑ telefoon **CONTACTPERSOON** ▶ geen contactpersoon bekend **POSTADRES** ▶ Postbus 19750, 1000 GT Amsterdam **EMAIL (ALGEMEEN)** ▶ info@cultuurfonds.nl **TELEFOON (ALGEMEEN)** ▶ 020-5206130.

872
Stichting mr.dr. J.C. Overvoorde - In het Belang der Monumentenzorg

Rubriek ■ ☑ kunst en cultuur

Algemeen ■ **WEBSITE** ▶ www.kennisbankfilantropie.nl/anbi/mr-dr-jc-overvoorde-in-het-belang-der-monumentenzorg **TYPERING** ▶ hybride fonds **OPGERICHT** ▶ 08-05-1959 **RECHTSVORM** ▶ stichting **KVK** ▶ 41151723 **ANBI STATUS** ▶ nee **DIRECTIE** ▶ geen directiegegevens bekend **BESTUUR** ▶ D.J. de Vries, voorzitter; M.S. Verweij, penningmeester; M.S. Verweij, secretaris.

Missie ■ **DOELSTELLING** ▶ Het bevorderen van de kennis van en de belangstelling voor de monumenten van geschiedenis en kunst in Nederland en die van Nederlandse oorsprong in de Rijksdelen overzee en de vroegere bezittingen buiten het Rijk in Europa. **STICHTER(S)** ▶ Mr.dr. J.C. Overvoorde.

Doelgroep ■ **SPECIFIEK** ▶ Geen specieke doelgroep. **ACTIVITEITEN** ▶ Ondersteuning van wetenschappelijke boekpublicaties op het terrein van historische bouwkunst en monumentenzorg. **INTERVENTIENIVEAU** ▶ Steun aan individuen (directe steun).

Werkgebied ■ **ACTIERADIUS** ▶ Nationaal **LAND** ▶ Nederland.

Bestedingen ■ **BUDGET** ▶ niet openbaar **SOORT BIJDRAGE** ▶ onbekend **BOVENGRENS** ▶ geen **ONDERGRENS** ▶ geen.

Projecten ■ **CRITERIA** ▶ geen projectcriteria bekend **DOORLOOPTIJD** ▶ ☑ korter dan 1 jaar **STATUS AANVRAGER** ▶ ☑ geen beperkingen bekend **VOORKEUR/UITSLUITING** ▶ Geen voorkeur/uitsluiting bekend.

Procedure ■ **OP AANVRAAG** ▶ onbekend **AANVRAAGPROCEDURE** ▶ geen aanvraagprocedure bekend.

Financieel ■ **HERKOMST MIDDELEN** ▶ onbekend.

Contact ■ **BEREIKBAAR PER** ▶ ☑ post ☒ e-mail ☑ telefoon **CONTACTPERSOON** ▶ M.S. Verweij **POSTADRES** ▶ Postbus 1600, 3800 BP Amersfoort **TELEFOON (ALGEMEEN)** ▶ 033-4217362.

873
Stichting Mundo Crastino Meliori

Rubriek ■ ☑ maatschappij, welzijn en samenleving ☑ noodhulp ☑ natuur, milieu en dieren ☑ gezondheidszorg ☑ onderwijs en onderzoek ☑ kunst en cultuur

Algemeen ■ **WEBSITE** ▶ www.mundocrastinomeliori.nl **TYPERING** ▶ vermogensfonds **OPGERICHT** ▶ 06-04-1977 **RECHTSVORM** ▶ stichting **KVK** ▶ 41197550 **ANBI STATUS** ▶ ja **DIRECTIE** ▶ geen directiegegevens bekend **BESTUUR** ▶ Mw.drs. S.E. Bolier-Carp, voorzitter; J. Gesink, penningmeester; mw.mr. M.F.H. Loudon, secretaris; mw.ir. E.M. Carp.

Missie ■ **DOELSTELLING** ▶ De stichting heeft ten doel het verstrekken van uitkeringen aan instellingen, gevestigd in Nederland of daarbuiten, die een algemeen humanitair en maatschappelijk belang beogen, ongeacht politieke of religieuze richting. **STICHTER(S)** ▶ Mevrouw C.S. Foch-Moltzer **HISTORIE** ▶ De stichting is tot stand gekomen en kan haar doelstelling uitvoeren door de bijzondere vrijgevigheid van mevrouw Christine Suze Foch-Moltzer, met de door haar uitgesproken gedachte: For a better world tomorrow. **BELEIDSPLAN OP WEBSITE** ▶ ja.

Doelgroep ■ **ALGEMEEN** ▶ armen, kinderen **SPECIFIEK** ▶ Geen specifieke doelgroep, wel extra aandacht wordt door de stichting gegeven aan ondersteuning van kansarmen die in een minder bevoorrechte positie leven en aan; projecten die de kansen voor kinderen vergroten. **ACTIVITEITEN** ▶ In 2019 is voor een totaal bedrag van rond de 300.000 euro besteed aan ongeveer 160 projecten die binnen de doelstelling van de stichting vallen. **INTERVENTIENIVEAU** ▶ Steun aan lokale/provinciale maatschappelijke organisaties en structuren (incl. gemeenten etc.) die diensten verlenen aan individuen.

Werkgebied ■ **ACTIERADIUS** ▶ Nationaal, Internationaal **LAND** ▶ Wereldwijd.

Bestedingen ■ **BUDGET** ▶ niet openbaar **TOELICHTING** ▶ De prognose voor 2020 is om het uitgave beleid (2019: 300.000) tenminste te handhaven. **ONDERSTEUNDE PROJECTEN P/J** ▶ 160 **SOORT BIJDRAGE** ▶ giften **BOVENGRENS** ▶ geen **ONDERGRENS** ▶ geen.

Projecten ■ **CRITERIA** ▶ geen projectcriteria bekend **DOORLOOPTIJD** ▶ ☑ korter dan 1 jaar **STATUS AANVRAGER** ▶ ☑ stichting of vereniging (non-profit) **VOORKEUR/UITSLUITING** ▶ Geen bijdrage wordt verstrekt aan: ☑ individuele personen (nooit); ☑ restauraties verbouwingsplannen; ☑ inrichtingskosten; ☑ filmproducties; ☑ studiereizen; ☑ proefschriften; ☑ afstudeerprojecten; ☑ congressen; ☑ festiviteiten; tenzij deze de doelstelling van de stichting sterk ondersteunen. Extra aandacht wordt gegeven aan ondersteuning van kansarmen die in een minder bevoorrechte positie leven en aan projecten die kansen voor kinderen vergroten.

Procedure ■ OP AANVRAAG ▶ ja DOORLOOPTIJD ▶ 3-6 maanden AANVRAAGPROCEDURE ▶ Om voor een uitkering in aanmerking te komen moet een concrete, schriftelijke, projectaanvraag worden ingediend. Alleen aanvragen voorzien van een projectplan met een begroting en tijdsplanning worden in behandeling genomen. De begroting moet duidelijk inzicht geven in waar het geld precies aan wordt uitgegeven. Besluitvorming door het Bestuur ten aanzien van giften vindt tweemaal per jaar plaats. Aanvragen die na 15 mei worden ontvangen worden pas in december door het Bestuur afgehandeld, en die na 15 november binnenkomen pas in juni van het volgende jaar. Telefonisch contact naar aanleiding van de status van de aanvraag wordt niet op prijs gesteld. Aanvragen via email worden niet in behandeling genomen. URL ▶ www.mundocrastinomeliori.nl

Financieel ■ INKOMSTEN EV ▶ € 754.964 HERKOMST MIDDELEN ▶ vermogen, inkomsten uit vermogen BOEKJAAR ▶ 2019 JAARVERSLAG OP WEBSITE ▶ ja.

Contact ■ BEREIKBAAR PER ▶ ☑ post ☒ e-mail ☒ telefoon CONTACTPERSOON ▶ geen contactpersoon bekend POSTADRES ▶ Postbus 2095, 3500 GB Utrecht.

874
Stichting Muurtaal

Rubriek ■ ☑ kunst en cultuur

Algemeen ■ WEBSITE ▶ www.kennisbankfilantropie.nl/anbi/muurtaal TYPERING ▶ vermogensfonds OPGERICHT ▶ 28-04-1998 RECHTSVORM ▶ stichting KVK ▶ 01081494 ANBI STATUS ▶ ja DIRECTIE ▶ geen directiegegevens bekend BESTUUR ▶ H.J. Wierda, voorzitter; J.J. Wassenaar, penningmeester; J.J. Wassenaar, secretaris; W. Winters; A. Fahner; IJ.J. Lichthart.

Missie ■ DOELSTELLING ▶ Het inventariseren, reconstrueren, conserveren en opnieuw aanbrengen van geschilderde muurreclames in Leeuwarden, alsmede het publiceren over dit onderwerp en voorts alles wat hiermee verband houdt of daaraan bevorderlijk kan zijn. BELEIDSPLAN OP WEBSITE ▶ ja.

Doelgroep ■ SPECIFIEK ▶ Geen specifieke doelgroep ACTIVITEITEN ▶ Geen specifieke activiteiten bekend INTERVENTIENIVEAU ▶ Onbekend.

Werkgebied ■ ACTIERADIUS ▶ Lokaal LAND ▶ Nederland PLAATS ▶ Leeuwarden.

Bestedingen ■ BUDGET ▶ niet openbaar SOORT BIJDRAGE ▶ onbekend BOVENGRENS ▶ geen ONDERGRENS ▶ geen.

Projecten ■ CRITERIA ▶ geen projectcriteria bekend DOORLOOPTIJD ▶ ☑ onbekend STATUS AANVRAGER ▶ ☑ geen beperkingen bekend VOORKEUR/UITSLUITING ▶ geen voorkeur of uitsluiting bekend.

Procedure ■ OP AANVRAAG ▶ onbekend AANVRAAGPROCEDURE ▶ Geen aanvraagprocedure bekend.

Financieel ■ EIGEN VERMOGEN ▶ € 2.247 INKOMSTEN OV ▶ € 4.400 HERKOMST MIDDELEN ▶ giften & schenkingen BOEKJAAR ▶ 2018 JAARVERSLAG OP WEBSITE ▶ ja.

Contact ■ BEREIKBAAR PER ▶ ☑ post ☑ e-mail ☑ telefoon CONTACTPERSOON ▶ geen contactpersoon bekend POSTADRES ▶ Emmakade 5, 8921 AD Leeuwarden EMAIL (ALGEMEEN) ▶ wierda37@xs4all.nl TELEFOON (ALGEMEEN) ▶ 058-2120994.

875
Stichting N. van Ballegooijen Fonds

Rubriek ■ ☑ gezondheidszorg ☑ maatschappij, welzijn en samenleving ☑ sport en recreatie ☑ kunst en cultuur ☑ natuur, milieu en dieren ☑ onderwijs en onderzoek ☑ economische ontwikkeling en microkrediet ☑ noodhulp ☑ vluchtelingenhulp

Algemeen ■ WEBSITE ▶ www.stnvbf.nl TYPERING ▶ vermogensfonds OPGERICHT ▶ 17-05-1978 RECHTSVORM ▶ stichting KVK ▶ 41099173 ANBI STATUS ▶ nee DIRECTIE ▶ geen directiegegevens bekend BESTUUR ▶ R.A.F. Bullens, voorzitter; H.T.M. Verriet, penningmeester; mw. M.C. van Ballegooijen, secretaris; mw. M.J.C. van der Pol.

Missie ■ DOELSTELLING ▶ Volgens Artikel 2 van de statuten heeft de Stichting ten doel: ☑ het doen van uitkeringen aan binnen het Rijk gevestigde rechtspersonen,; welke uitsluitend of nagenoeg uitsluitend een algemeen maatschappelijk belang beogen, een en ander als bedoeld in artikel 33 lid 1 ten 4e van de Successiewet 1956; ☑ het bevorderen en ondersteunen van belangen op sociaal, cultureel en; wetenschappelijk gebied voor het grondgebied van het Rijk. BELEIDSPLAN OP WEBSITE ▶ ja.

Doelgroep ■ SPECIFIEK ▶ Geen specifieke doelgroep ACTIVITEITEN ▶ Financiële steun geven aan projecten en organisaties die: ☑ verbeteringen realiseren op het gebied van gezondheid; ☑ zich bezighouden met zelfredzaamheid en armoedebestrijding van diverse groepen in de samenleving zoals ouderen, jongeren, gehandicapten en andere kwetsbare groepen; ☑ bijdragen leveren aan het plezier, saamhorigheidsgevoel, eenzaamheidsbestrijding, meedoen en inclusiviteit van de maatschappij waarin wij leven; ☑ bijdragen aan tentoonstellingen, kunstzinnige en culturele uitingen, alsmede aan educatie op dit gebied; ☑ zich bezighouden met de geschiedenis en het behoud van cultuurhistorische waarden van de streek, dit beschikbaar maken voor het algemene publiek en die educatie hierover verzorgen; ☑ zich sterk maken voor het behoud van de natuur en het milieu, biodiversiteit en dierenwelzijn; ☑ zich bezighouden op het gebied van ontwikkelingssamenwerking en noodhulp in het buitenland. Dit wordt slechts gedaan middels gekende organisaties die hun sporen op dit gebied hebben verdiend; ☑ werkzaam zijn op het gebied van onderwijs en wetenschappen, dit echter in zeer beperkte mate. INTERVENTIENIVEAU ▶ Steun aan lokale/provinciale maatschappelijke organisaties en structuren (incl. gemeenten etc.) die diensten verlenen aan individuen.

Werkgebied ■ ACTIERADIUS ▶ Lokaal LAND ▶ Nederland REGIO ▶ Noord-Brabant PLAATS ▶ Wijk en Aalburg.

Bestedingen ■ BUDGET ▶ niet openbaar SOORT BIJDRAGE ▶ giften BOVENGRENS ▶ geen ONDERGRENS ▶ geen.

Projecten ■ CRITERIA ▶ ☑ De aanvraag is afkomstig van een organisatie zonder winstoogmerk; ☑ het project past binnen de doelstelling van het Fonds; ☑ het project kan - aantoonbaar - niet (voldoende) uit reguliere middelen c.q. overheidssubsidies gefinancierd worden; ☑ er is geen sprake van belangenverstrengeling tussen projectaanvrager en (een van de leden van) het bestuur van het Fonds. DOORLOOPTIJD ▶ ☑ onbekend STATUS AANVRAGER ▶ ☑ stichting of vereniging (non-profit) VOORKEUR/UITSLUITING ▶ De aanvrager heeft bij grote voorkeur de Anbi status.

Procedure ■ OP AANVRAAG ▶ ja AANVRAAGPROCEDURE ▶ De schriftelijke projectaanvraag moet tenminste de volgende elementen bevatten: ☑ gegevens indiener; ☑ naam, adres, telefoonnummer, evt. e-mail adres contactpersoon; ☑ projectomschrijving; ☑ doelstelling project; ☑ plan van aanpak; ☑ fasering; ☑ participanten; ☑ begroting; ☑ potentiële mede-financiers. URL ▶ www.stnvbf.nl

Financieel ■ INKOMSTEN EV ▶ € 107.932 HERKOMST MIDDELEN ▶ legaten, giften & schenkingen, vermogen BOEKJAAR ▶ 2019 JAARVERSLAG OP WEBSITE ▶ ja.

Contact ■ BEREIKBAAR PER ▶ ☑ post ☑ e-mail ☒ telefoon CONTACTPERSOON ▶ geen contactpersoon bekend POSTADRES ▶ Postbus 6, 5256 ZG Heusden EMAIL (ALGEMEEN) ▶ info@stnvbf.nl.

876
Nachenius Tjeenk Stichting

Rubriek ■ ☑ maatschappij, welzijn en samenleving ☑ kunst en cultuur

Algemeen ■ WEBSITE ▶ www.nacheniustjeenkstichting.nl TYPERING ▶ vermogensfonds OPGERICHT ▶ 2009 RECHTSVORM ▶ stichting KVK ▶ 34356850 ANBI STATUS ▶ ja DIRECTIE ▶ geen directiegegevens bekend BESTUUR ▶ C.J. Bijloos, voorzitter; jhr. R.J.M. de Beaufort, penningmeester; J.H.O. graaf van den Bosch, secretaris.

Missie ■ DOELSTELLING ▶ De Stichting heeft ten doel het verlenen van financiële steun aan activiteiten op algemeen maatschappelijk gebied in Nederlands of in internationaal verband en het bevorderen van activiteiten met een algemeen maatschappelijk belang die verband houden met de financiële en economische sector in Nederland en/of internationaal verband. HISTORIE ▶ De Stichting is ontstaan bij de fusie van Bank Insinger de Beaufort NV en Nachenius Tjeenk & Co. in augustus 1999. Door de oprichting van deze Stichting door de fusiepartners bleef de naam Nachenius Tjeenk behouden waar de bankactiviteiten onder de naam Insinger de Beaufort werden voortgezet. Het bestuur verkoos binnen de royale omschrijving vooralsnog voor cultuur en cultuurhistorische projecten. BELEIDSPLAN OP WEBSITE ▶ ja.

Doelgroep ■ SPECIFIEK ▶ Geen specifieke doelgroep ACTIVITEITEN ▶ Geen specifieke activiteiten bekend INTERVENTIENIVEAU ▶ Onbekend.

Werkgebied ■ ACTIERADIUS ▶ Internationaal, Nationaal LAND ▶ Wereldwijd.

Bestedingen ■ BUDGET ▶ niet openbaar SOORT BIJDRAGE ▶ giften BOVENGRENS ▶ geen ONDERGRENS ▶ geen.

Projecten ■ CRITERIA ▶ geen projectcriteria bekend DOORLOOPTIJD ▶ ☑ onbekend STATUS AANVRAGER ▶ ☑ geen beperkingen bekend VOORKEUR/UITSLUITING ▶ geen voorkeur of uitsluiting bekend.

Procedure ■ OP AANVRAAG ▶ onbekend AANVRAAGPROCEDURE ▶ Geen aanvraagprocedure bekend. Het bestuur vergadert twee maal per jaar.

Financieel ■ INKOMSTEN EV ▶ € 62.750 HERKOMST MIDDELEN ▶ onbekend BOEKJAAR ▶ 2019 JAARVERSLAG OP WEBSITE ▶ ja.

Contact ■ BEREIKBAAR PER ▶ ☑ post ☒ e-mail ☒ telefoon CONTACTPERSOON ▶ geen contactpersoon bekend POSTADRES ▶ Postbus 3727, 1001 AM Amsterdam.

877
Stichting Nalatenschap De Drevon

Rubriek ■ ☑ noodhulp ☑ maatschappij, welzijn en samenleving

Algemeen ■ WEBSITE ▶ www.finportal.nl/stichting-nalatenschap-de-drevon TYPERING ▶ vermogensfonds RECHTSVORM ▶ stichting KVK ▶ 41151009 ANBI STATUS ▶ ja DIRECTIE ▶ geen directiegegevens bekend BESTUUR ▶ J.J. Verbree, voorzitter; A.Th. de Jong, penningmeester; M.L.J. van de Watering, secretaris.

Missie ■ DOELSTELLING ▶ Het ondersteunen van hulpbehoevende gezinnen, weduwnaren, weduwen, wezen, ouden van dagen en alleenstaanden ouder dan 65 jaar, die geboren zijn in Nederland en daar woonachtig en zich niet bevinden in een armenhuis of kinderhuis, zonder onderscheid naar religie of godsdienst voor de aankoop van kleding, en verdere uitgaven voor de eerste levensbehoeften. STICHTER(S) ▶ Mevrouw J.M. de Drevon-Dutry HISTORIE ▶ De Stichting Nalatenschap De Drevon-Dutry steunt op een testament van Vrouwe Johanna Maria de Drevon-Dutry (16 februari 1792). Door het overlijden van mevrouw De Drevon-Dutry op 20 oktober 1808 diende het testament te worden uitgevoerd. Dit werd in handen gelegd van een dirigerend administrateur, tevens executeur van het testament. Het rendement van het vermogen wordt tot op heden nog steeds aangewend om behoeftigen te ondersteunen. Conform statuten dient het vermogen in stand gehouden te worden. BELEIDSPLAN OP WEBSITE ▶ ja.

Doelgroep ■ ALGEMEEN ▶ armen, ouderen, kinderen, jongeren, zieken, gehandicapten SPECIFIEK ▶ Geen specifieke doelgroep ACTIVITEITEN ▶ Eenmalige bijdragen aan individuen en bijdragen aan noodhulpbureaus d.m.v. afgesloten convenanten. INTERVENTIENIVEAU ▶ Steun aan individuen (directe steun).

Werkgebied ■ ACTIERADIUS ▶ Nationaal LAND ▶ Nederland.

Bestedingen ■ BUDGET ▶ € 100.000 TOELICHTING ▶ Conform statuten is alleen het resultaat van het voorgaande boekjaar uit te keren met inachtneming van reserveringen om het vermogen in stand te houden. SOORT BIJDRAGE ▶ giften BOVENGRENS ▶ geen ONDERGRENS ▶ geen.

Projecten ■ CRITERIA ► geen projectcriteria bekend DOORLOOPTIJD ► ☑ korter dan 1 jaar STATUS AANVRAGER ► ☑ stichting of vereniging (non-profit) ☑ hulpverleners VOORKEUR/UITSLUITING ► Geen steun aan personen met schulden (statutair bepaald) en geen steun aan niet ingezetenen en personen zonder vaste verblijfplaats in Nederland.

Procedure ■ OP AANVRAAG ► ja DOORLOOPTIJD ► 1-3 maanden AANVRAAGPROCEDURE ► Uitsluitend schriftelijk. Noodhulpbureaus kunnen alleen een verzoek indienen als de stichting een goede verantwoording heeft ontvangen van het voorgaande jaar - of bij een nieuw noodhulbureau vooral een goed beleidsplan wordt overlegd. Als de verantwoording en/of beleidsplan akkoord is bevonden zal een toekenningsbrief worden verzonden. Pas na ondertekening door twee statuari bevoegde personen vanuit het noodhulpbureau zal het geld worden overgemaakt.

Financieel ■ INKOMSTEN EV ► € 390.000 INKOMSTEN OV ► € 5.500 HERKOMST MIDDELEN ► vermogen BOEKJAAR ► 2019 JAARVERSLAG OP WEBSITE ► ja.

Contact ■ BEREIKBAAR PER ► ☑ post ☑ e-mail ☑ telefoon CONTACTPERSOON ► geen contactpersoon bekend POSTADRES ► Westeinde 17a, 2512 GS 's-Gravenhage EMAIL (ALGEMEEN) ► info@dedrevon.nl TELEFOON (ALGEMEEN) ► 070-360014.

878

Nationaal Muziekinstrumenten Fonds

Rubriek ■ ☑ kunst en cultuur

Algemeen ■ WEBSITE ► www.muziekinstrumentenfonds.nl TYPERING ► hybride fonds OPGERICHT ► 25-02-1986 RECHTSVORM ► stichting KVK ► 41205257 ANBI STATUS ► ja DIRECTIE ► mw. drs. M. Veenendaal BESTUUR ► Mw.mr. E.H. Swaab, voorzitter; drs. Q.M. Korthals Altes; mr. S.A. Reinink; mw.drs. S.C. Wolff; mw.drs. L.H. van Deth.

Missie ■ DOELSTELLING ► De stichting heeft ten doel: ☑ muziekinstrumenten dienstbaar te maken of te doen maken aan het Nederlandse muziekleven door die instrumenten, op door de directie te stellen voorwaarden, ter beschikking te stellen aan uitvoerende vakmusici en muziekstudenten, op wier aanvragen wordt beslist door de directie, dat zich daarbij door deskundigen kan doen bijstaan; ☑ het behouden en ontwikkelen van cultureel erfgoed, enerzijds door het aankopen van historische Nederlandse instrumenten en het verwervan instrumenten die langdurig door toonaangevende Nederlandse musici of in Nederland werkzame bespeeld zijn en anderzijds door het geven bouwopdrachten aan vooraanstaande Nederlandse of duurzaam in Nederland werkzaam zijnde viool- en strijkstokkenbouwers; ☑ het geven van educatie door het begeleiden van muziekstudenten bij het maken van de juiste keuze van instrument en/of strijkstok, en door het bieden van de mogelijkheid podiumervaring op te doen en te participeren in masterclasses, klanktesten en geluidsopnames; ☑ en voorts alles wat daarmee in de meest uitgebreide zin des woords verband houdt of daartoe bevorderlijk kan zijn. STICHTER(S) ► Pieter Moerenhout, Theo Olof HISTORIE ► In 1984 ontplooide Pieter Moerenhout, zelf vader van een toen veelbelovende jonge violiste, de eerste initiatieven om tot oprichting van een muziekinstrumentenfonds te komen. De violist Theo Olof schaarde zich aan zijn zijde. Zijn inzet was van beslissende betekenis voor het fonds. De initiatiefnemers, intussen gesteund door enthousiaste en bekwame functionarissen, vonden een gewillig oor bij het Prins Bernhard Cultuurfonds. Met hulp van deze instelling werd het Nationaal Muziekinstrumenten Fonds in 1988 een feit. BELEIDSPLAN OP WEBSITE ► ja.

Doelgroep ■ SPECIFIEK ► Musici (profesionals, conservatorium studenten, jong talent). ACTIVITEITEN ► Werven van fondsen voor: ☑ in bruikleen geven van muziekinstrumenten ☑ behouden van cultureel erfgoed ☑ educatie. INTERVENTIENIVEAU ► Steun aan individuen (directe steun).

Werkgebied ■ ACTIERADIUS ► Nationaal LAND ► Nederland.

Bestedingen ■ BUDGET ► € 1.110.000 ONDERSTEUNDE PROJECTEN P/J ► 400 SOORT BIJDRAGE ► leningen overig BOVENGRENS ► geen ONDERGRENS ► geen.

Projecten ■ CRITERIA ► ☑ je staat minimaal twee jaar ingeschreven in een Nederlandse gemeente en dat zal de komende jaren zo blijven; ☑ je muzikale activiteiten spelen zich hoofdzakelijk in Nederland af, tenzij je tijdelijk verblijft in het buitenland, of vanuit Nederland een internationale carrière opbouwt; ☑ een online video-opname (met evt. beperkte toegang) geeft een goed beeld van je muzikale en technische niveau; ☑ je 'talent' en je niveau worden door meerdere ervaren professionele musici onderschreven en is overlegbaar; ☑ je maakt een positieve muzikale ontwikkeling door, hetgeen blijkt uit je CV; ☑ je hebt duidelijke ideeën over je eigen ambities en de ontwikkeling van je carrière, hetgeen je onderbouwt in je toekomstplan; ☑ je hebt duidelijke aspiraties tot het voortzetten van je muzikale carrière op professioneel niveau, hetgeen blijkt uit de motivering van je aanvraag; ☑ je bent regelmatig op het concertpodium te horen (bijv. als solist, als deelnemer van een concours, als orkestlid, als lid van een kamermuziekformatie, jazz-ensemble, etc.); ☑ je ontwikkelt je op breed muzikaal vlak; je neemt bijvoorbeeld deel aan cursussen, masterclasses, concoursen, activiteiten op het gebied van kamermuziek, orkesten, festivals, etc; ☑ als afgestudeerde ben je actief op het concertpodium, op zoek naar werk in de professionele muziekuitvoering, en/of je bent een vervolgstudie gestart; ☑ je maakt voldoende aannemelijk dat je niet in de financiële positie verkeert om zelf een passend instrument aan te kunnen kopen; ☑ je hebt geen adequaat instrument tot je beschikking; een onderbouwing van die conclusie vinden wij graag in je aanvraag terug; ☑ je toont bereidheid om je als ambassadeur voor onze stichting in te zetten. Je eigen ideeën hierover zien we graag terug in je motivatie. DOORLOOPTIJD ► ☑ onbekend STATUS AANVRAGER ► ☑ geen beperkingen bekend VOORKEUR/UITSLUITING ► geen voorkeur of uitsluiting bekend.

Procedure ■ OP AANVRAAG ► ja AANVRAAGPROCEDURE ► Om een aanvraag in te dienen hebt u een account nodig. Deze kunt u aanmaken in Mijn NMF. Bij vragen over het (aanmaken van het) account kunt u contact opnemen met Katrien Kloos (katrien@muziekinstrumentenfonds.nl). Uw complete aanvraag dient uiterlijk zes weken voor de datum van de vergadering van de Instrumenten Commissie te zijn ingediend. Voor de vergaderdata, zie de website. Er is een maximum aantal aanvragen dat per vergadering behandeld wordt. De aanvragen worden op volgorde van binnenkomst behandeld. Aanvraag doen voor het lenen van instrumenten op projectbasis? Neem voor meer informatie en de tarieven contact op met Geertje van der Linden via vanderlinden@muziekinstrumentenfonds.nl. **URL** ▶ https://www .muziekinstrumentenfonds.nl/page/4040/submit-an-application? taal=nl

Financieel ■ **EIGEN VERMOGEN** ▶ € 33.037.000 **INKOMSTEN OV** ▶ € 2.494.000 **HERKOMST MIDDELEN** ▶ giften & schenkingen, vermogen, legaten, bedrijven, overige inkomsten **BOEKJAAR** ▶ 2019 **JAARVERSLAG OP WEBSITE** ▶ ja.

Contact ■ **BEREIKBAAR PER** ▶ ☑ post ☑ e-mail ☑ telefoon **CONTACTPERSOON** ▶ geen contactpersoon bekend **POSTADRES** ▶ Postbus 11912, 1001 GX Amsterdam **EMAIL (ALGEMEEN)** ▶ info@muziekinstrumentenfonds.nl **TELEFOON (ALGEMEEN)** ▶ 020-6221255.

879

Stichting Nationaal Ouderenfonds

Rubriek ■ ☑ maatschappij, welzijn en samenleving

Algemeen ■ **WEBSITE** ▶ www.ouderenfonds.nl **TYPERING** ▶ hybride fonds **OPGERICHT** ▶ 14-07-1953 **RECHTSVORM** ▶ stichting **KVK** ▶ 41150459 **ANBI STATUS** ▶ ja **DIRECTIE** ▶ mw. C.E.M. Gielbert **BESTUUR** ▶ W. Kolff, voorzitter; F. Erkens; R. Rempe; mw. M. Sikken; T. Kardol.

Missie ■ **DOELSTELLING** ▶ Nationaal Ouderenfonds zet zich in voor ouderen in Nederland. Wij geloven in de kunst van het samen ouder worden en de kunst van het ouder zijn. Ouderen krijgen mogelijkheden en kansen om oud te worden zoals zij dit zelf willen. De oudere is betrokken bij de samenleving op de manier die hij of zij wenst. Wij richten ons hierbij op drie pijlers; ☑ Stimuleren van actief ouder worden; ☑ Inspireren tot een leeftijdsvriendelijke omgeving; ☑ Bestrijden van eenzaamheid. **STICHTER(S)** ▶ Comité voor de Zomerpostzegels **HISTORIE** ▶ Zomerpostzegels, of kortweg zomerzegels, was een jaarlijkse uitgifte van een serie bijzondere postzegels. In 1935 werden deze bij Koninklijk Besluit in het leven geroepen door de overheid. De zomerpostzegels kostten iets meer dan het gebruikelijke zegeltarief. De toeslag was bestemd voor sociaal en cultureel werk. In 1953 nam Stichting Comité voor de Zomerzegels de uitgifte van de bijzondere zegels over van de overheid. In 1992 veranderde de naam in Nationaal Fonds Ouderenhulp. De opbrengst van de zomerzegels gaat sinds die tijd naar projecten voor ouderen. Hierdoor staan de zegels ook wel bekend als Ouderenzegels. **BELEIDSPLAN OP WEBSITE** ▶ ja.

Doelgroep ■ **ALGEMEEN** ▶ ouderen **SPECIFIEK** ▶ Ouderen. **ACTIVITEITEN** ▶ Aandachtsgebieden van de komende periode (2020-2023):; ☑ bewustwording; ☑ sport en bewegen; ☑ mobiliteit; ☑ zingeving; ☑ digitalisering en technologie. Methodiek van de stichting is lokaal, samenwerking en optreden als katalysator. **INTERVENTIENIVEAU** ▶ Steun op niveau van maatschappij zelf (beleidsbeïnvloeding, etc.).

Werkgebied ■ **ACTIERADIUS** ▶ Lokaal, Regionaal, Nationaal **LAND** ▶ Nederland.

Bestedingen ■ **BUDGET** ▶ € 6.735.592 **SOORT BIJDRAGE** ▶ giften garanties overig **BOVENGRENS** ▶ € 2.500 **ONDERGRENS** ▶ € 800.

Projecten ■ **CRITERIA** ▶ Voorbeelden van projecten door zorginstellingen of verpleeghuizen, die gesteund worden: ☑ Spel- en activiteitenmateriaal; ☑ Speciale tuininrichting, zoals verhoogde plantenbakken of goed tuinmeubilair voor oudere bewoners; ☑ Projecten die beweging en actief bezig zijn bevorderen; ☑ (rolstoel)Bussen. Let wel: in uw aanvraag kijken we ook naar de financieringsmogelijkheden vanuit de gemeente via de Wmo. **DOORLOOPTIJD** ▶ ☑ korter dan 1 jaar **STATUS AANVRAGER** ▶ ☑ overig ☑ hulpverleners **VOORKEUR/UITSLUITING** ▶ Zaken die niet in aanmerking komen voor subsidie zijn: ☑ exploitatiekosten; ☑ kosten voor gebruikelijke zorgverlening; ☑ bouw- en verbouwingskosten; ☑ inventaris die logischerwijs uit het reguliere budget van de zorginstelling zou komen; ☑ wetenschappelijke publicaties en promotieonderzoeken; ☑ vakanties en uitstapjes; ☑ aanvragen ten behoeve van ondernemingen c.q. met een commercieel karakter.

Procedure ■ **OP AANVRAAG** ▶ ja **DOORLOOPTIJD** ▶ 1-3 maanden **AANVRAAGPROCEDURE** ▶ Zorginstellingen en verpleeghuizen kunnen bij het Ouderenfonds aankloppen voor een bijdrage voor projecten voor hun bewoners. Dit wordt gefinancierd met het vermogen van Stichting Ab Laane. Het budget is beperkt. Er wordt daarom een keuze gemaakt uit de binnenkomende aanvragen. Benodigdheden voor aanvraag zijn: ☑ omschrijving van het project: ☑ projectplan,; ☑ begroting; ☑ dekkingsplan; ☑ begeleidende brief. ☑ ondertekening aanvraag door de directie van uw zorginstelling; Stuur uw subsidieaanvraag naar Shirley van Voorst via mail s.vanvoorst@ouderenfonds.nl of post naar Nationaal Ouderenfonds. De Stichting streeft ernaar om u binnen 3 weken te laten weten of uw aanvraag in behandeling wordt genomen. Als dit gedaan wordt, wordt er om extra informatie gevraagd (zoals kopie statuten en inschrijving bij de Kamer van Koophandel). Hierna hoort u binnen 4 tot 6 weken of uw aanvraag wordt gehonoreerd en welke bijdrage u ontvangt. **URL** ▶ https://www.ouderenfonds.nl/help-mee/subsidieaanvraag

Financieel ■ **EIGEN VERMOGEN** ▶ € 2.280.455 **INKOMSTEN OV** ▶ € 7.792.465 **HERKOMST MIDDELEN** ▶ vermogen, legaten, bedrijven, loterijen, overige inkomsten, giften & schenkingen **BOEKJAAR** ▶ 2019 **JAARVERSLAG OP WEBSITE** ▶ ja.

Contact ■ **BEREIKBAAR PER** ▶ ☑ post ☑ e-mail ☑ telefoon **CONTACTPERSOON** ▶ geen contactpersoon bekend **POSTADRES** ▶ Postbus 2073, 3800 CB Amersfoort **EMAIL (ALGEMEEN)** ▶ info@ouderenfonds.nl **TELEFOON (ALGEMEEN)** ▶ 0883442000.

880
Stichting Nationaal Rampenfonds

Rubriek ■ ☑ noodhulp ☑ sport en recreatie ☑ maatschappij, welzijn en samenleving ☑ gezondheidszorg

Algemeen ■ WEBSITE ▶ www.nationaalrampenfonds.nl TYPERING ▶ vermogensfonds OPGERICHT ▶ 09-09-1935 RECHTSVORM ▶ stichting KVK ▶ 41149397 ANBI STATUS ▶ ja DIRECTIE ▶ geen directiegegevens bekend BESTUUR ▶ C.I.J.M. Ross-van Dorp, voorzitter; drs. L.P. van der Kroft, penningmeester; mr. G.J.A. Hamilton, secretaris; drs. K. Zevenbergen; dr. B.A.J. Jongejan; R.P. Nauta.

Missie ■ DOELSTELLING ▶ De stichting heeft ten doel door het bijeenbrengen van gelden en goederen, bij te (doen) dragen aan leniging van de noden, ontstaan door rampen, die de bevolking van enig deel van het Koninkrijk der Nederlanden treffen en die van zodanige aard en omvang zijn, dat zij, naar het oordeel van het bestuur, als nationale rampen moeten worden beschouwd. Uitgezonderd hiervan zijn noden, ontstaan door oorlog, oorlogsomstandigheden of molest. Terrorisme is nadrukkelijk niet opgenomen als uitzondering. Zij tracht dit doel te bereiken door het verstrekken van bijdragen aan rechtspersonen (waaronder maatschappelijke organisaties) die daartoe vanwege hun doelstelling en activiteiten, organisatie en kwaliteit naar het oordeel van het door het algemeen bestuur ingestelde beoordelingscommissie in staat worden geacht. HISTORIE ▶ Het NRF is opgericht in 1935. In het NRF nemen het Rode Kruis, Kerk in Actie, Cordaid en Het Oranje Kruis deel. Het NRF is opgenomen op de lijst van Algemeen Nut Beogende Instellingen (ANBI) van de belastingdienst. BELEIDSPLAN OP WEBSITE ▶ ja.

Doelgroep ■ ALGEMEEN ▶ kinderen, ouderen, gehandicapten, jongeren, dak- en thuislozen, armen, zieken SPECIFIEK ▶ Geen specifieke doelgroep ACTIVITEITEN ▶ Het Nationaal Rampenfonds (NRF) komt in actie als zich een ramp voordoet die door het bestuur van het NRF als 'nationale ramp' wordt gekwalificeerd, na afstemming met de overheid. Of het bestuur een actie start, hangt af van de aard en omvang van de ramp. In geval van een nationale ramp kan het NRF geld inzamelen en bijdragen verlenen aan organisaties die zich bezighouden met hulpverlening aan slachtoffers. Het NRF verleent sinds 2015 geen bijdragen meer aan individuele slachtoffers van rampen. De laatst keer dat het NRF uitkeringen heeft gedaan is aan slachtoffers van de Vuurwerkramp in Enschede in 2000. In november 2017 heeft het bestuur van het Nationaal Rampenfonds (NRF) besloten maximaal 2 miljoen euro beschikbaar te stellen voor de wederopbouw op Sint-Maarten, Sint-Eustatius en Saba na de orkaan Irma. Het fonds richtte zich op de wederopbouw en het versterken van de sociale netwerken op de beide eilanden die door de orkaan zo zwaar zijn getroffen. Daarbij ging het om steun aan buurtprojecten, opvangprojecten (kinderen, ouderen, mensen met een beperking) en projecten voor jongeren. INTERVENTIENIVEAU ▶ Steun op niveau van maatschappij zelf (beleidsbeïnvloeding, etc.).; Steun aan lokale/provinciale maatschappelijke organisaties en structuren (incl. gemeenten etc.) die diensten verlenen aan individuen.

Werkgebied ■ ACTIERADIUS ▶ Internationaal LAND ▶ Koninkrijk der Nederlanden.

Bestedingen ■ BUDGET ▶ niet openbaar ONDERSTEUNDE PROJECTEN P/J ▶ 30 BOVENGRENS ▶ geen ONDERGRENS ▶ geen.

Projecten ■ CRITERIA ▶ geen projectcriteria bekend DOORLOOPTIJD ▶ ☑ onbekend STATUS AANVRAGER ▶ ☑ stichting of vereniging (non-profit) VOORKEUR/UITSLUITING ▶ Aanvragen kunnen worden ingediend door belangenorganisaties, niet door individuele personen. Geen selectie van begunstigden wordt aanvaard, door het fonds te financieren activiteiten moeten openstaan voor alle mensen die tot de doelgroep van het project behoren. Actieve betrokkenheid van vrijwilligers wordt zeer op prijs gesteld.

Procedure ■ OP AANVRAAG ▶ ja AANVRAAGPROCEDURE ▶ Wanneer er middelen beschikbaar worden gesteld naar aanleiding van een ramp, kunnen er aanvragen gedaan worden. Deze aanvragen dienen dan te voldoen aan nader vast te stellen criteria. Een beoordelingscommissie zal de aanvragen vervolgens in behandeling nemen.

Financieel ■ EIGEN VERMOGEN ▶ € 5.846.719 INKOMSTEN EV ▶ € 86.275 HERKOMST MIDDELEN ▶ giften & schenkingen, legaten, vermogen BOEKJAAR ▶ 2018.

Contact ■ BEREIKBAAR PER ▶ ☑ post ☒ e-mail ☒ telefoon CONTACTPERSOON ▶ geen contactpersoon bekend POSTADRES ▶ Romeinenpoort 1, 3991 JE Houten.

881
Stichting Nationaal Restauratiefonds

Rubriek ■ ☑ kunst en cultuur ☑ natuur, milieu en dieren

Algemeen ■ WEBSITE ▶ www.restauratiefonds.nl TYPERING ▶ vermogensfonds OPGERICHT ▶ 05-06-1985 RECHTSVORM ▶ stichting KVK ▶ 41181555 ANBI STATUS ▶ nee DIRECTIE ▶ mr. C.J.G. Dosker BESTUUR ▶ Mw. W.J. Maas, voorzitter; drs. A.M. van der Veldt; drs. A.A.M. Brok; mw.drs. M.A. van Schijndel MBA; mw. M.J.P.G. Nouwen; J.A. Jorritsma, vice-voorzitter; mw. M.M. Kool.

Missie ■ DOELSTELLING ▶ Nationaal Restauratiefonds biedt eigenaren en beheerders van monumenten financiële ondersteuning bij het restaureren en in stand houden van hun pand. Het Restauratiefonds geeft voorlichting en advies bij alle financiële en procesmatige aspecten van het bezit en de restauratie van een monument. Daarnaast betaalt het Restauratiefonds monumentensubsidies uit en verstrekt financieringen. STICHTER(S) ▶ Rijksoverheid HISTORIE ▶ In 1985 worden subsidies voor monumenten voor een deel vervangen voor laagrentende leningen. Voor het verstrekken van deze leningen richt de rijksoverheid in juni 1985 Stichting Nationaal Restauratiefonds op. Het Restauratiefonds kreeg op dat moment een startkapitaal en de taak mee om dit geld zo effectief en efficiënt mogelijk in te zetten voor monumenten. Hiervoor wordt een revolverend fonds ingezet.

Dat blijkt een relatief eenvoudig, maar zeer doeltreffend instrument om dezelfde subsidiegulden keer op keer te kunnen gebruiken. Mede dankzij het succes van dit ronddraaiend geld is de restauratie-achterstand in Nederland grotendeels weggewerkt.

Doelgroep ■ SPECIFIEK ▶ Monumenteigenaren. ACTIVITEITEN ▶ Het Restauratiefonds kan uw financiering verzorgen bij: ☑ Restaureren; ☑ Herbestemmen; ☑ Verduurzamen; ☑ Aankopen. Daarnaast werkt de stichting in de categorieën: Partners Strategie & Ontwikkeling; Marketing, Informatie & Communicatie. INTERVENTIENIVEAU ▶ Steun aan individuen (directe steun).

Werkgebied ■ ACTIERADIUS ▶ Nationaal LAND ▶ Nederland.

Bestedingen ■ BUDGET ▶ niet openbaar SOORT BIJDRAGE ▶ subsidies leningen BOVENGRENS ▶ geen ONDERGRENS ▶ geen.

Projecten ■ CRITERIA ▶ Alleen voor rijks-, provinciale en gemeentelijke monumenten en beeldbepalende panden in beschermde stads- en dorpsgezichten. DOORLOOPTIJD ▶ ☑ korter dan 1 jaar STATUS AANVRAGER ▶ ☑ geen beperkingen bekend VOORKEUR/UITSLUITING ▶ Geen voorkeur/uitsluiting bekend.

Procedure ■ OP AANVRAAG ▶ ja DOORLOOPTIJD ▶ 3-6 maanden; geen doorlooptijd bekend; geen doorlooptijd bekend AANVRAAGPROCEDURE ▶ Er kunnen aanvragen gedaan worden voor de financiering van het aankopen, het restaureren, het herbestemmen en het verduurzamen van monumenten. Voor uitgebreide informatie, zie de website. Vervolgens kunt u digitaal uw aanvraag doen.

Financieel ■ EIGEN VERMOGEN ▶ € 567.926.000 INKOMSTEN EV ▶ € 12.485.000 INKOMSTEN OV ▶ € 1.248.000 HERKOMST MIDDELEN ▶ vermogen, overige inkomsten BOEKJAAR ▶ 2019 JAARVERSLAG OP WEBSITE ▶ ja.

Contact ■ BEREIKBAAR PER ▶ ☑ post ☑ e-mail ☑ telefoon CONTACTPERSOON ▶ geen contactpersoon bekend POSTADRES ▶ Postbus 2207, 3800 CE Amersfoort EMAIL (ALGEMEEN) ▶ info@restauratiefonds.nl TELEFOON (ALGEMEEN) ▶ 088-2539000 TELEFOON (AANVRAGEN) ▶ 088-2539000.

882

Stichting Nationaal Theater Fonds

Rubriek ■ ☑ kunst en cultuur

Algemeen ■ WEBSITE ▶ www.nationaaltheaterfonds.nl TYPERING ▶ hybride fonds RECHTSVORM ▶ stichting KVK ▶ 56040326 ANBI STATUS ▶ ja DIRECTIE ▶ J. Vlam BESTUUR ▶ A. Verlinde, voorzitter; R. Janssen, penningmeester; B. Verhaak, secretaris; E. Habbema; M. Bannenberg; mw. A. Schrieken-Mulder; R. Wiegman.

Missie ■ DOELSTELLING ▶ De stichting heeft ten doel dat kwalitatief hoogwaardig, niet gesubsidieerd en professioneel grootschalig toneel- en muziektheateraanbod haalbaar blijft voor schouwburgen en theaterzalen in heel Nederland en daarmee toegankelijk voor publiek in heel Nederland. BELEIDSPLAN OP WEBSITE ▶ ja.

Doelgroep ■ SPECIFIEK ▶ Theaterindustrie, theaterproducenten en theaterliefhebbers. ACTIVITEITEN ▶ De stichting wil haar doel bereiken door; ☑ het risico van voorstellingen/gezelschappen deels te ondervangen. Daarvoor verstrekt zij een aanvullende garantiesom aan een voorstelling/gezelschap onder nader te bepalen criteria (voorwaarden); ☑ theaters te stimuleren hogere bezoekersaantallen te creëren; ☑ actief gelden te werven door middel van donaties van particulieren, bedrijven en fondsen voor het ten dele opvangen van kosten en verliezen wegens niet terugbetaling en zo mogelijk het uitbreiden van de in te zetten financiële middelen. INTERVENTIENIVEAU ▶ Steun aan lokale/provinciale maatschappelijke organisaties en structuren (incl. gemeenten etc.) die diensten verlenen aan individuen.

Werkgebied ■ ACTIERADIUS ▶ Regionaal, Nationaal LAND ▶ Nederland.

Bestedingen ■ BUDGET ▶ niet openbaar SOORT BIJDRAGE ▶ subsidies giften garanties BOVENGRENS ▶ geen ONDERGRENS ▶ geen.

Projecten ■ CRITERIA ▶ Een voorstelling/gezelschap draagt zelf zorg voor een belangrijk deel van het benodigde garantiebedrag en sponsoring om zo de basiskosten voor het opvoeren van een voorstelling te kunnen dekken. De garantiesom door de stichting is aanvullend van aard en mag nimmer leiden tot vermeerdering van de winst van een productie. De aanvullende garantiesommen worden renteloos verstrekt. DOORLOOPTIJD ▶ ☑ onbekend STATUS AANVRAGER ▶ ☑ geen beperkingen bekend VOORKEUR/UITSLUITING ▶ Aanvragen kunnen uitsluitend worden gedaan voor grootschalige voorstellingen. Een aanvraag door een amateurgezelschap niet in aanmerking komt voor een bijdrage van het NTF.

Procedure ■ OP AANVRAAG ▶ ja AANVRAAGPROCEDURE ▶ Voor het doen van een aanvraag voor een aanvullende garantiesom door het NTF moet altijd gebruik worden gemaakt van het standaard aanvraagformulier. Voor het invullen van het aanvraagformulier moeten eerst de toetsingsvragen worden beantwoord die op de website staan. Indien alle vragen met 'ja' zijn beantwoord, dan kan het aanvraagformulier ingevuld en opgestuurd worden met de benodigde stukken. De selectiecommissie zal na ontvangst van de aanvragen (uiterlijk 31 december van elk jaar) in de maanden januari en februari bijeenkomen. Uiterlijk eind februari zal de selectiecommissie de voorstellingen hebben beoordeeld en geselecteerd. Op basis hiervan zal door de selectiecommissie een advies worden uitgebracht aan het bestuur van het NTF. Het bestuur van het NTF besluit uiteindelijk in de vergadering van maart over de aanvraag op basis van de beoordeling en de selectie van de selectiecommissie. URL ▶ www.nationaaltheaterfonds.nl/algemeen/nationaal-theater-fonds-de-aanvraagprocedure/

Financieel ■ EIGEN VERMOGEN ▶ € 65.677 INKOMSTEN OV ▶ € 353.901 HERKOMST MIDDELEN ▶ giften & schenkingen, bedrijven, overige inkomsten, legaten BOEKJAAR ▶ 2019 JAARVERSLAG OP WEBSITE ▶ ja.

Contact ■ BEREIKBAAR PER ▶ ☑ post ☑ e-mail ☑ telefoon CONTACTPERSOON ▶ B. Verhaak POSTADRES ▶ Loverensestraat 35, 5266 AN Cromvoirt EMAIL (ALGEMEEN) ▶ info@nationaaltheaterfonds.nl TELEFOON (ALGEMEEN) ▶ 073 3690529.

883
Stichting Nederlands Albert Schweitzer Fonds

Rubriek ■ ☑ maatschappij, welzijn en samenleving ☑ mensenrechten, vrede en veiligheid ☑ gezondheidszorg

Algemeen ■ WEBSITE ▶ www.nasf.nl TYPERING ▶ hybride fonds RECHTSVORM ▶ stichting KVK ▶ 41244008 ANBI STATUS ▶ ja DIRECTIE ▶ mw. S. Balogh BESTUUR ▶ Drs. U.F. Hiddema, voorzitter; drs. P.N. Linc-klaen Arriens, penningmeester; mr. S.J. Sterk, secretaris; E. Wortel-boer; dr. P.P.A.M. van Thiel; mw.dr. M.M.T. Vreugdenhil; mw.drs. M.T.C. Opdam.

Missie ■ DOELSTELLING ▶ Het Nederlands Albert Schweitzer Fonds (NASF) richt zich op twee strategische doelstellingen: ☑ Het verlenen van steun in de vorm van microgiften aan kleinschalige, lokale initiatieven die gerelateerd zijn aan de gezondheidszorg in Afrika ten zuiden van de Sahara (projectsteun); ☑ het in stand houden van het gedachtegoed van Albert Schweitzer binnen Nederland, in het bijzonder in relatie tot ontwikkelingssamenwerking (bewustwording). HISTORIE ▶ Het was de gezondheidszorg waarmee Albert Schweitzer in Lambaréné (Gabon) zijn bijdrage wilde leveren aan een betere wereld en een menswaardig bestaan. Het Nederlands Albert Schweitzer Fonds (NASF) zet het gedachtegoed van Albert Schweitzer voort: 'Eerbied voor het leven'. BELEIDSPLAN OP WEBSITE ▶ ja.

Doelgroep ■ ALGEMEEN ▶ vrouwen, zieken, kinderen SPECIFIEK ▶ Lokale groepen c.q. gemeenschappen in Afrika. ACTIVITEITEN ▶ ☑ microgiften aan kleinschalige, lokale initiatieven die gerelateerd zijn aan de gezondheidszorg in Afrika ten zuiden van de Sahara (projectsteun): 27 projecten zijn gesteund in 7 landen (Oeganda, Kenia, Kameroen, Burkina Faso, Ghana, Sierra Leone en Tanzania); ☑ Het NASF geeft ook informatie en draagt de praktische toepassing van de humanistische nalatenschap van Albert Schweitzer uit. Dit in relatie tot ontwikkelingssamenwerking in het algemeen en het projectsteunbeleid van het NASF in het bijzonder. Zo hebben zij diverse activiteiten ontwikkeld om draagvlak te creëren voor onze projectsteun en het gedachtegoed van Albert Schweitzer; ☑ Fondsenwerking en samenwerkingen: Albert Schweitzer ziekenhuis, Koninklijk Instituur voor de tropen, Foundation Max van der Stoel inzake Albert Schweitzer Prijs; ☑ Albert Schweitzer Prijs: Elk jaar beloont het Albert Schweitzer Fonds vier initiatieven van Nederlandse jongeren in Afrika met de Albert Schweitzer Prijs: de hoofdprijs (€ 5.000), de publieksprijs (€ 1.000) en twee aanmoedigingsprijzen (€ 500). INTERVENTIENIVEAU ▶ Steun aan lokale/provinciale maatschappelijke organisaties en structuren (incl. gemeenten etc.) die diensten verlenen aan individuen.

Werkgebied ■ ACTIERADIUS ▶ Internationaal LAND ▶ Afrika, Oeganda, Kenia, Burkina Faso, Ghana, Malawi.

Bestedingen ■ BUDGET ▶ € 150.000 ONDERSTEUNDE PROJECTEN P/J ▶ 27 SOORT BIJDRAGE ▶ giften BOVENGRENS ▶ geen ONDERGRENS ▶ geen.

Projecten ■ CRITERIA ▶ ☑ projecten op gebied van deze vijf thema's: a. water & sanitatie; b. medische zorg; c. moeder & kind; d. vrouw & gezondheid; e. kwetsbare groepen; ☑ projecten van kleinschalige lokale organisaties. De verantwoordelijkheid, het eigenaarschap en de uitvoer van de projecten liggen bij de lokale organisaties; ☑ de participatie en medeverantwoordelijkheid van de doelgroep; ☑ projecten die gericht zijn op een duurzame verbetering van de gezondheidssituatie; ☑ Kleinschaligheid, start microgift rond de 6000,- euro; ☑ Focuslanden: De samenstelling van de focuslanden wordt jaarlijks opnieuw vastgesteld, momenteel: Oeganda, Kenia, Burkina Faso, Ghana en Malawi. Projecten die ondersteund worden via de Albert Schweitzer Prijs en via crowdfunding kunnen ook in andere landen in Sub Sahara Afrika uitgevoerd worden. DOORLOOPTIJD ▶ ☑ onbekend STATUS AANVRAGER ▶ ☑ geen beperkingen bekend VOORKEUR/UITSLUITING ▶ Geen voorkeur/uitsluiting bekend.

Procedure ■ OP AANVRAAG ▶ ja DOORLOOPTIJD ▶ 6-12 maanden AANVRAAGPROCEDURE ▶ Uw projectaanvraag wordt alleen in behandeling genomen wanneer de projectaanvraag aan de criteria voldoet. Aangezien de criteria zijn aangescherpt, adviseert het NASF aanvragers de criteria goed door te nemen alvorens over te gaan tot aanvragen van ondersteuning. Alleen aanvragen afkomstig van lokale Afrikaanse organisaties kunnen in aanmerking komen voor financiering. Projectaanvragen moeten gedaan worden middels het indienen van het standaard NASF project voorstelformulier en het projectbudget. Aanvragen kunnen alleen worden gemaild naar project@nasf.nl. Aanvragen verstuurd naar een ander e-mailadres worden niet in behandeling genomen. Per ronde neemt het NASF de eerste 50 aanvragen in behandeling, daarna is de aanvraagronde gesloten. URL ▶ www.nasf.nl/project-applications/

Financieel ■ EIGEN VERMOGEN ▶ € 2.078.935 INKOMSTEN EV ▶ € 303.521 INKOMSTEN OV ▶ € 94.708 HERKOMST MIDDELEN ▶ giften & schenkingen, vermogen, legaten, overige inkomsten BOEKJAAR ▶ 2019 JAARVERSLAG OP WEBSITE ▶ ja.

Contact ■ BEREIKBAAR PER ▶ ☑ post ☑ e-mail ☑ telefoon CONTACTPERSOON ▶ geen contactpersoon bekend POSTADRES ▶ Postbus 8568, 3503 RN Utrecht EMAIL (ALGEMEEN) ▶ info@nasf.nl TELEFOON (ALGEMEEN) ▶ 030-8801499.

884
Stichting Nederlands Letterenfonds

Rubriek ■ ☑ kunst en cultuur ☑ onderwijs en onderzoek

Algemeen ■ WEBSITE ▶ www.letterenfonds.nl TYPERING ▶ vermogensfonds OPGERICHT ▶ 28-07-1965 RECHTSVORM ▶ stichting KVK ▶ 41202221 ANBI STATUS ▶ ja DIRECTIE ▶ T. Perez BESTUUR ▶ Mw. R. Vermeij, voorzitter; mw. M. Lopes Cardozo; R. Maes; H. Bennis; mw. M. El Ayadi; mw. C. Zuidema.

Missie ■ DOELSTELLING ▶ Het bevorderen van de kwaliteit en diversiteit van de Nederlands- en Friestalige letteren en literatuur uit andere taalgebieden in Nederlandse of Friese vertaling en van de vertaling van kwalitatief hoogstaande oorspronkelijk Nederlands en Friestalige literaire werken in andere talen dan het Nederlands en Fries alsmede de internationale verspreiding van deze vertalingen. STICHTER(S) ▶ Ministerie van O.C.W. BELEIDSPLAN OP WEBSITE ▶ ja.

Doelgroep ■ SPECIFIEK ▶ Schrijvers, literair vertalers, letterkundigen en literaire uitgevers. ACTIVITEITEN ▶ De stichting tracht de doelstelling te bereiken onder meer door: ☑ het verlenen van subsidies en andere middelen aan schrijvers, vertalers, uitgevers en instellingen voor activiteiten die zijn gericht op de schepping, productie, publicatie, distributie en promotie van oorspronkelijk Nederlands- en Friestalige literaire werken dan wel van literaire vertalingen uit, dan wel in de Nederlandse of Friese taal; ☑ de bevordering van het op niveau beoefenen van het vak van literair vertaler; ☑ het in stand houden en ondersteunen van residenties in Nederland voor beoefenaars van het vak van literair schrijver en vertaler; ☑ het organiseren en ondersteunen van manifestaties, festivals, workshops en conferenties in binnen- en buitenland; ☑ het beheren van een Letterenhuis dat behuizing biedt aan onder meer Stichting Schrijvers School Samenleving; en: ☑ alle andere wettige wijzen die aan deze doelen dienstbaar zijn. De stichting heeft verschillende prijzen voor de verschillende thema's waar aandacht aan wordt besteed. INTERVENTIENIVEAU ▶ Steun aan individuen (directe steun).

Werkgebied ■ ACTIERADIUS ▶ Nationaal, Internationaal LAND ▶ Wereldwijd.

Bestedingen ■ BUDGET ▶ € 9.720.538 ONDERSTEUNDE PROJECTEN P/J ▶ 1057 SOORT BIJDRAGE ▶ overig subsidies beurzen BOVENGRENS ▶ geen ONDERGRENS ▶ geen.

Projecten ■ CRITERIA ▶ Beurzen en subsidies aan schrijvers, vertalers, uitgevers en festivals voor de verspreiding en promotie van de Nederlands- en Friestalige literatuur in binnen- en buitenland; ☑ er voldoende is aangetoond dat sprake is van een begrotingstekort of behoefte aan subsidie. DOORLOOPTIJD ▶ ☑ onbekend STATUS AANVRAGER ▶ ☑ stichting of vereniging (non-profit) ☑ onderwijsinstelling ☑ individuen/gezinnen VOORKEUR/UITSLUITING ▶ Geen subsidies met een permanent of structureel karakter, geen subsidies voor projecten die al zijn voltooid.

Procedure ■ OP AANVRAAG ▶ ja AANVRAAGPROCEDURE ▶ Subsidieaanvragen zijn in te dienen door middel van speciale aanvraagformulieren, te downloaden via de website. URL ▶ www.letterenfonds.nl/nl/subsidies

Financieel ■ EIGEN VERMOGEN ▶ € 2.827.325 INKOMSTEN OV ▶ € 12.623.653 HERKOMST MIDDELEN ▶ overige inkomsten BOEKJAAR ▶ 2019 JAARVERSLAG OP WEBSITE ▶ ja.

Contact ■ BEREIKBAAR PER ▶ ☑ post ☑ e-mail ☑ telefoon CONTACTPERSOON ▶ geen contactpersoon bekend POSTADRES ▶ Postbus 16588, 1001 RB Amsterdam EMAIL (ALGEMEEN) ▶ post@letterenfonds.nl TELEFOON (ALGEMEEN) ▶ 020-5207300.

885

Stichting Nederlands Toneelverbond

Rubriek ■ ☑ kunst en cultuur

Algemeen ■ WEBSITE ▶ www.nederlandstoneelverbond.nl TYPERING ▶ vermogensfonds RECHTSVORM ▶ stichting KVK ▶ 41198706 ANBI STATUS ▶ ja DIRECTIE ▶ geen directiegegevens bekend BESTUUR ▶ Mw. S. Koolschijn, voorzitter; mw. N. Aalders, penningmeester; R. Frenken, secretaris; mw. E. Polak.

Missie ■ DOELSTELLING ▶ De stichting stelt zich ten doel het denken en schrijven over theater te bevorderen. Het kapitaal van de Stichting wordt aangewend voor de organisatie en uitreiking van de (tweejaarlijkse) Marie Kleine-Gartman Essayprijs. Het is niet meer mogelijk om aanvragen voor overige projecten in te dienen bij het Nederlands Toneelverbond. STICHTER(S) ▶ Marie Kleine-Gartman, van Hall en Schimmel HISTORIE ▶ Het Nederlandsch Tooneelverbond werd in 1870 opgericht door drie Amsterdamse intellectuelen: jurist, letterkundige en politicus Jacob Nicolaas van Hall (1840-1918), de bankier, dichter en toneelschrijver Hendrik Jan Schimmel (1823-1906) en de gevierde actrice Marie Kleine-Gartman (1818-1885). Zij vonden dat er een eind moest komen aan wat zij als het verval van het Nederlandse toneel beschouwden: schmierende toneelspelers, brallende toeschouwers en veel te veel theater dat op kermisvermaak begon te lijken. In de jaren die volgden ontwikkelde het Toneelverbond zich tot een vereniging van formaat, met grote invloed op het Nederlandse toneelleven. Het stond aan de wieg van de Toneelschool en het Amsterdamse Toneel Gezelschap, huisbespeler van de Stadsschouwburg Amsterdam. Daarnaast pleitte het voor een hervorming van de toneelgezelschappen, die hun artistieke beslissingen steeds maar weer ondergeschikt maakten aan commerciële belangen. Ook behartigde het Verbond de belangen van de toneelspelers en stond het aan de basis van het latere Weduwenpensioen.

Doelgroep ■ SPECIFIEK ▶ Ambitieuze essayisten met liefde voor het theater. ACTIVITEITEN ▶ Het Nederlands Toneelverbond maakt zich sterk voor de theateressayistiek. Aan de tweejaarlijkse Marie Kleine-Gartman Essayprijs is een bedrag van 2.500 euro verbonden en publicatie in De Groene Amsterdammer. De prijs wordt medemogelijk gemaakt door de Van Bijleveltstichting. De Marie Kleine-Gartman Essaywedstrijd betreft theater in ruime zin: theater, dans, performance, community art en andere theatrale vormen kunnen onderwerp van beschouwing zijn. INTERVENTIENIVEAU ▶ Steun aan individuen (directe steun).

Werkgebied ■ ACTIERADIUS ▶ Nationaal LAND ▶ Nederland.

Bestedingen ■ BUDGET ▶ € 5.000 SOORT BIJDRAGE ▶ overig BOVENGRENS ▶ geen ONDERGRENS ▶ geen.

Projecten ■ CRITERIA ▶ ☑ De auteur neemt een persoonlijk standpunt in; ☑ De auteur plaatst hedendaagse verschijnselen in een brede context, die de 'waan van de dag' overstijgt; ☑ De auteur legt (mogelijke) verbindingen met andere kunstdomeinen, maatschappelijke of cultuur-filosofische ontwikkelingen; ☑ Het essay dient boeiend te zijn

voor een breed publiek. DOORLOOPTIJD ▶ ☑ korter dan 1 jaar STATUS AANVRAGER ▶ ☑ individuen/gezinnen VOORKEUR/UITSLUITING ▶ De aanvrager dient zeker te zijn van publicatie van het gesubsidieerde werk.
Procedure ■ OP AANVRAAG ▶ ja AANVRAAGPROCEDURE ▶ Deelname staat open voor schrijvers uit alle disciplines van de kunst en de wetenschap. De organisatie hoopt dat zowel theaterkenners als theaterliefhebbers zullen meedingen. De inzendingen mogen niet eerder gepubliceerd zijn en maximaal 2.500 woorden tellen. Inzendingen worden ingestuurd via nederlandstoneelverbond@gmail.com. URL ▶ www.nederlandstoneelverbond.nl/jury-marie-kleine-gartman-essayprijs-2019/
Financieel ■ HERKOMST MIDDELEN ▶ vermogen.
Contact ■ BEREIKBAAR PER ▶ ☑ post ☑ e-mail ☒ telefoon CONTACTPERSOON ▶ geen contactpersoon bekend POSTADRES ▶ Pythagorasstraat 136A, 1098 GH Amsterdam EMAIL (ALGEMEEN) ▶ nederlandstoneelverbond@gmail.com.

886
Stichting Fonds Nederlandse Adel (FNA)

Rubriek ■ ☑ maatschappij, welzijn en samenleving
Algemeen ■ WEBSITE ▶ https://www.adelsvereniging.nl/overons/fna TYPERING ▶ vermogensfonds BEHEERD DOOR ▶ De Nederlandse Adelsvereniging NAV OPGERICHT ▶ 08-07-2013 RECHTSVORM ▶ stichting KVK ▶ 40409419 ANBI STATUS ▶ ja DIRECTIE ▶ geen directiegegevens bekend BESTUUR ▶ Mr. A.C.W. graaf van Limburg Stirum, voorzitter; jhr.ir. H.Ch. van der Wijck, penningmeester; mw.drs. I.A. de Beaufort-Six, secretaris; jhr.mr. P.L.M. van Meeuwen, ondervoorzitter; mw. C.P. barones van Harinxma thoe Slooten; mw.drs. A.M.A. van der Werff – barones van der Feltz; jhr.mr.W.A. de Jonge; jhr.drs. R.J. Quarles van Ufford; mw. O.M. van der Torren–barones van Verschuer; jhr. ir. A.W. Jurriaen van Holthe tot Echten.
Missie ■ DOELSTELLING ▶ De stichting heeft als doel uitvoering te geven aan de doelstelling van de Nederlandse Adelsvereniging, te weten: de leden van de Nederlandse adel, die steun behoeven, deze te bieden bij het verkrijgen en handhaven van een passende plaats in de maatschappij, en het verrichten van al wat hiermee verband houdt of daartoe bevorderlijk kan zijn. HISTORIE ▶ De stichting is opgericht bij notariële acte verleden op 8 juli 2013 voor Mr T.J. Burgemeestre, notaris te Den Haag. BELEIDSPLAN OP WEBSITE ▶ ja.
Doelgroep ■ SPECIFIEK ▶ Een ieder die behoort tot de Nederlandse adel alsmede de niet-adellijke echtgenote/echtgenoot, weduwe/weduwnaar en gescheiden vrouw/man van iemand die behoort tot de Nederlandse adel, de beide laatsten categorieën voor zover niet later met een niet-adellijke man respectievelijk niet-adellijke vrouw in het huwelijk getreden. ACTIVITEITEN ▶ De stichting tracht haar doel onder meer, doch niet uitsluitend, te bereiken door: ☑ het verlenen van financiële ondersteuning in verband met onvermogen om in eigen onderhoud te voorzien; ☑ het verlenen van financiële ondersteuning voor het volgen van een studie of opleiding; ☑ het verlenen van financiële ondersteuning in verband met een nieuwe start na tegenslag, zoals een ontslag, een echtscheiding of schuldenproblematiek. INTERVENTIENIVEAU ▶ Steun aan individuen (directe steun).
Werkgebied ■ ACTIERADIUS ▶ Nationaal LAND ▶ Nederland.
Bestedingen ■ BUDGET ▶ niet openbaar ONDERSTEUNDE PROJECTEN P/J ▶ 36 SOORT BIJDRAGE ▶ giften leningen studiebeurzen BOVENGRENS ▶ geen ONDERGRENS ▶ geen.
Projecten ■ CRITERIA ▶ Om daadwerkelijk van de FNA financiële ondersteuning te ontvangen dient er sprake te zijn van een aantoonbare financiële nood die niet op een andere wijze kan worden gelenigd. DOORLOOPTIJD ▶ ☑ korter dan 1 jaar STATUS AANVRAGER ▶ ☑ individuen/gezinnen VOORKEUR/UITSLUITING ▶ De FNA stelt geen middelen ter beschikking voor het aflossen van schulden. De FNA verleent uitsluitend op persoonlijke aanvraag financiële ondersteuning.
Procedure ■ OP AANVRAAG ▶ ja AANVRAAGPROCEDURE ▶ Een aanvraag tot ondersteuning wordt begeleid door de regiobestuurder in wiens regio de aanvrager woont. Aan de hand van een gedetailleerde inventarisatie van de financiële situatie van de aanvrager en op basis van een persoonlijk gesprek wordt door de regiobestuurder een volledige aanvraag voorgelegd aan het voltallige bestuur. In de vergadering van het bestuur wordt besloten over de aanvragen. Vergaderingen vinden tweemaal per jaar plaats. Over tussentijdse (spoed)aanvragen kan per e-mail een besluit worden genomen. De hoogte van de ondersteuning is gemaximeerd en is afgeleid van de normen zoals gehanteerd door het NIBUD. Aanvragers worden er op gewezen dat de FNA in principe slechts eenmalig steun kan verlenen. Zij worden aangespoord, en waar mogelijk geholpen, om hun financiële situatie onder controle te krijgen.
Financieel ■ EIGEN VERMOGEN ▶ € 11.150 INKOMSTEN OV ▶ € 172.500 HERKOMST MIDDELEN ▶ vermogen, moederorganisatie (bijdragen) BOEKJAAR ▶ 2018 JAARVERSLAG OP WEBSITE ▶ ja.
Contact ■ BEREIKBAAR PER ▶ ☑ post ☑ e-mail ☒ telefoon CONTACTPERSOON ▶ Mw. drs. I.A. de Beaufort-Six POSTADRES ▶ Poppenallee 31, 7722 KW Dalfsen EMAIL (ALGEMEEN) ▶ fonds@adelsvereniging.nl.

887
Nederlandse Adelsvereniging (NAV)

Rubriek ■ ☑ maatschappij, welzijn en samenleving
Algemeen ■ WEBSITE ▶ www.adelsvereniging.nl TYPERING ▶ vermogensfonds OPGERICHT ▶ 1899 RECHTSVORM ▶ vereniging KVK ▶ 40409419 ANBI STATUS ▶ nee DIRECTIE ▶ geen directiegegevens bekend BESTUUR ▶ Mr. A.C.W. graaf van Limburg Stirum, voorzitter; jr.ir. H.Ch. van der Wijck, penningmeester; mw. C.P. barones van Harinxma thoe Slooten, secretaris; jr.mr. P.L.M. van Meeuwen, ondervoorzitter.
Missie ■ DOELSTELLING ▶ De vereniging heeft volgens de statuten verschillende doelstellingen; ☑ De aaneensluiting van de leden van de Nederlandse adel, om hun positie in de Nederlandse samenleving te

bevorderen; ☑ Het verlenen van hulp aan leden van de Nederlandse adel die hieraan behoefte hebben om een waardige plaats in de samenleving te verkrijgen of te behouden; ☑ Het bevorderen van de instandhouding van en de kennis over Nederlands adellijk erfgoed. **HISTORIE** ▶ De Nederlandse Adelsvereniging NAV is opgericht in 1899. Zijne Majesteit de Koning is beschermheer van de vereniging. De NAV is de enige vereniging in Nederland, waarvan alle leden van de Nederlandse adel lid kunnen zijn, ongeacht geloof, geslacht of financiële gegoedheid.

Doelgroep ■ **SPECIFIEK** ▶ Leden van Nederlandse Adel. **ACTIVITEITEN** ▶ In de laatste jaren is het accent meer komen te liggen op verenigingsactiviteiten, met als doel de saamhorigheid van de leden te ondersteunen. Ook is de NAV meer en meer aandacht gaan schenken aan de maatschappelijke belangen van de Nederlandse adel. Aldus is de NAV voor zijn leden de gesprekspartner van de Nederlandse overheidsinstanties geworden. Er is een jongerenvereniging (18-35 jaar). In Europees verband worden de leden van de NAV vertegenwoordigd in de 'Commission d'Information et de Liaison des Associations Nobles d'Europe' (CILANE). **INTERVENTIENIVEAU** ▶ Steun aan individuen (directe steun).

Werkgebied ■ **ACTIERADIUS** ▶ Nationaal **LAND** ▶ Nederland.

Bestedingen ■ **BUDGET** ▶ niet openbaar **ONDERSTEUNDE PROJECTEN P/J** ▶ nvt **BOVENGRENS** ▶ geen **ONDERGRENS** ▶ geen.

Projecten ■ **CRITERIA** ▶ geen projectcriteria bekend **VOORKEUR/UITSLUITING** ▶ geen voorkeur of uitsluiting bekend.

Procedure ■ **OP AANVRAAG** ▶ nee **AANVRAAGPROCEDURE** ▶ Indien u behoort tot de Nederlandse adel kunt u een verzoek om toelating tot de Nederlandse Adelsvereniging aan het bestuur richten. Bij twijfel kunt u het filiatieregister bij de Hoge Raad van Adel consulteren (www.hogeraadvanadel.nl/adel). U kunt voor uw aanmelding het formulier op de website invullen of een e-mail sturen naar secretariaat@adelsvereniging.nl, waarin u de gegevens uit het aanmeldingsformulier opneemt. **URL** ▶ https://www.adelsvereniging.nl/lid-worden

Financieel ■ **HERKOMST MIDDELEN** ▶ vermogen.

Contact ■ **BEREIKBAAR PER** ▶ ☑ post ☑ e-mail ☑ telefoon **CONTACTPERSOON** ▶ Mw. C.P. barones van Harinxma thoe Slooten **POSTADRES** ▶ Nieuwe Parklaan 56, 2597 LD Den Haag **EMAIL (ALGEMEEN)** ▶ secretariaat@adelsvereniging.nl **TELEFOON (ALGEMEEN)** ▶ 06-53755610.

888
De Nederlandse Federatie van Vrienden van Musea

Rubriek ■ ☑ kunst en cultuur

Algemeen ■ **WEBSITE** ▶ www.nfvm.nl **TYPERING** ▶ vermogensfonds **OPGERICHT** ▶ 01-01-1982 **RECHTSVORM** ▶ vereniging **KVK** ▶ 40517044 **ANBI STATUS** ▶ ja **DIRECTIE** ▶ geen directiegegevens bekend **BESTUUR** ▶ A.P.M. Aelberts, voorzitter; P.J.F. van Mierlo, penningmeester; mw. A. de Boer, secretaris; J, Seij; J. van Zomeren.

Missie ■ **DOELSTELLING** ▶ Koepelorganisatie en belangenbehartiger voor de Nederlandse Museum vrijwilligers. De vriendenorganisaties die aangesloten zijn bij de NFVM steunen instellingen die cultureel erfgoed beheren en behouden op verschillende manieren. Ze genereren donaties, zijn actief in vrijwilligerswerk of houden zich bijvoorbeeld bezig met promotionele activiteiten. De Nederlandse Federatie van Vrienden van Musea (NFVM) brengt deze organisaties samen. De verenigde vriendenorganisaties ondersteunen instellingen die het erfgoed toegankelijk maken voor publiek in de vorm van een museum, archief, gebouw of tuin. **STICHTER(S)** ▶ G.G.M. Evers **HISTORIE** ▶ De Nederlandse Federatie van Vrienden van Musea (NFVM) is opgericht in 1982 door Gerard G.M. Evers. De reden hiervoor was het toenemende aantal vriendenverenigingen en de behoefte aan een gezamenlijke plaats om ervaringen te delen. **BELEIDSPLAN OP WEBSITE** ▶ ja.

Doelgroep ■ **SPECIFIEK** ▶ Vriendenverenigingen op het gebied van beheer en behoud van cultureel erfgoed. **ACTIVITEITEN** ▶ De diversiteit van de vriendenorganisaties uit zich ook in de verschillende doelen die een organisatie kan nastreven. De meest voorkomende doelstellingen zijn: ☑ Creëren van een maatschappelijk draagvlak voor het initiatief; ☑ Verschaffen van financiële steun; ☑ Organiseren van vrijwilligerswerkzaamheden; ☑ Werven van sponsors, bedrijfsvrienden en subsidies vanuit overheden en fondsen; ☑ Promoten van het initiatief; ☑ Trends en ontwikkelingen signaleren binnen de achterban en samenleving. De activiteiten van de Nederlandse Federatie van Vrienden van Musea richt zich op; ☑ bijwerken en bijhouden van het ledenbestand; ☑ stimuleren van onderlinge deskundigheidsbevordering en samenwerking; ☑ belangenbehartiging NFVM; ☑ Gerard Evers Onderscheiding: De Gerard Everspenning is in het leven geroepen om eenmaal in de twee jaar een lid van een vriendenvereniging, dat zich buitengewoon verdienstelijk heeft gemaakt, in de schijnwerpers te zetten. **INTERVENTIENIVEAU** ▶ Onbekend.

Werkgebied ■ **ACTIERADIUS** ▶ Nationaal **LAND** ▶ Nederland.

Bestedingen ■ **BUDGET** ▶ niet openbaar **BOVENGRENS** ▶ geen **ONDERGRENS** ▶ geen.

Projecten ■ **CRITERIA** ▶ geen projectcriteria bekend **DOORLOOPTIJD** ▶ ☑ 1 - 2 jaar ☑ korter dan 1 jaar **STATUS AANVRAGER** ▶ ☑ geen beperkingen bekend **VOORKEUR/UITSLUITING** ▶ geen voorkeur of uitsluiting bekend.

Procedure ■ **OP AANVRAAG** ▶ onbekend **AANVRAAGPROCEDURE** ▶ Geen aanvraagprocedure bekend.

Financieel ■ **EIGEN VERMOGEN** ▶ € 37.946 **HERKOMST MIDDELEN** ▶ onbekend **BOEKJAAR** ▶ 2018 **JAARVERSLAG OP WEBSITE** ▶ ja.

Contact ■ **BEREIKBAAR PER** ▶ ☑ post ☑ e-mail ☒ telefoon **CONTACTPERSOON** ▶ Mw. A. Schuring **POSTADRES** ▶ Beethovenlaan 48-1, 6815 CR Arnhem **EMAIL (ALGEMEEN)** ▶ secretariaat@nvfm.nl.

889
Stichting Nederlandse Raad voor Muziek

Rubriek ■ ☑ kunst en cultuur

Algemeen ■ WEBSITE ► www.nederlandstoonkunstenaarsregister.nl TYPERING ► hybride fonds OPGERICHT ► 10-03-1950 RECHTSVORM ► stichting KVK ► 41200001 ANBI STATUS ► ja DIRECTIE ► geen directiegegevens bekend BESTUUR ► L. La Rivière, voorzitter; M. den Harder, penningmeester.

Missie ■ DOELSTELLING ► De doelstelling van de stichting is: ☑ het in stand houden en toegankelijk maken van een register ten behoeve van musici en zangers met een erkend vakdiploma; ☑ Activiteiten om het vak muziek en de kennis van muziek te verbeteren. Hierin wordt samengewerkt met alle mogelijk partners; ☑ Aandacht voor muziekeducatie in de breedste zin van het woord. HISTORIE ► De Stichting Nederlandse Raad voor Muziek wordt ook wel Het Nederlands Toonkunstenaars Register genoemd. In 1998 ging de Nederlandse Muziekraad en NTR samen tot Nederlandse Raad voor Muziek, bevattende het Nederlandse Toonkunstenaars Register. BELEIDSPLAN OP WEBSITE ► ja.

Doelgroep ■ SPECIFIEK ► Iedereen met een vakdiploma in de muziek(conservatorium of gelijkwaardig). ACTIVITEITEN ► Het operationeel maken en houden van een database van vakdocenten in het muziekonderwijs; men moet een erkend vakdiploma hebben. De database is ontsloten tegenwoordig via een website. INTERVENTIENIVEAU ► Steun op niveau van maatschappij zelf (beleidsbeïnvloeding, etc.).

Werkgebied ■ ACTIERADIUS ► Lokaal, Nationaal, Regionaal LAND ► Nederland.

Bestedingen ■ BUDGET ► niet openbaar SOORT BIJDRAGE ► overig BOVENGRENS ► geen ONDERGRENS ► geen.

Projecten ■ CRITERIA ► geen projectcriteria bekend DOORLOOPTIJD ► ☑ onbekend STATUS AANVRAGER ► ☑ geen beperkingen bekend VOORKEUR/UITSLUITING ► geen voorkeur of uitsluiting bekend.

Procedure ■ OP AANVRAAG ► onbekend AANVRAAGPROCEDURE ► geen aanvraagprocedure bekend.

Financieel ■ EIGEN VERMOGEN ► € 4.135 HERKOMST MIDDELEN ► onbekend BOEKJAAR ► 2016 JAARVERSLAG OP WEBSITE ► ja.

Contact ■ BEREIKBAAR PER ► ☑ post ☑ e-mail ☑ telefoon CONTACTPERSOON ► geen contactpersoon bekend POSTADRES ► Postbus 81065, 3009 GB Rotterdam EMAIL (ALGEMEEN) ► nrm@continentalart.org TELEFOON (ALGEMEEN) ► 010-4568688; 010-4212592; 06-51384805.

890
Nederlandse Stichting voor Psychotechniek

Rubriek ■ ☑ maatschappij, welzijn en samenleving

Algemeen ■ WEBSITE ► www.innovatiefinwerk.nl TYPERING ► vermogensfonds OPGERICHT ► 1926 RECHTSVORM ► stichting KVK ► 41178515 ANBI STATUS ► ja DIRECTIE ► mw. drs. S.C. Sjollema BESTUUR ► Drs, S, Houtman, voorzitter; P. den Uijl MBA, penningmeester; mw.dr. L. den Dulk; prof.dr. J. de Jonge; mw. I. Eddini; prof.dr. J.J. Schippers; G.L.J. Heezen.

Missie ■ DOELSTELLING ► De NSvP zet zich in voor een omkering gericht op een menswaardige toekomst van werk. Zij stellen de vraag hoe de arbeidsmarkt van morgen er uit ziet en wat dat vraagt van de talentontwikkeling van jongeren en werkenden. De NSvP wil bereiken dat mensen hun capaciteiten optimaal kunnen benutten in hun beroepsarbeid. Daartoe richt de Stichting zich op het verbeteren en ontwikkelen van instrumenten en methodieken die bijdragen aan een optimale afstemming tussen mens en werk. Ze richten zich op projecten die overdraagbare kennis opleveren in de sfeer van personeelsinstrumenten en die ontwikkelt worden in samenwerking tussen wetenschap en arbeidsorganisaties. STICHTER(S) ► David J. van Lennep HISTORIE ► Het was de gemeente Utrecht die in de jaren twintig het initiatief nam tot de oprichting van het Bureau voor Beroepskeuze van de Gemeente Utrecht. Al snel werd het testbureau geprivatiseerd tot de Utrechtse Stichting voor Psychotechniek en even later tot de Nederlandse Stichting voor Psychotechniek. De 3 founding fathers van de stichting – David van Lennep, Hendrik van der Vlist en Taco Kuiper – hadden samen een grote impact op de ontwikkeling van het gedachtegoed over selectiemethoden, psychologie en de werkwijze binnen organisaties. Ze wierpen zich op de psychologie als middel om maatschappelijke problemen op te lossen. Allerlei onderzoeksmethoden werden uitgeprobeerd om te ontdekken wat wel en wat niet werkte. Daarbij werd ook gebruik gemaakt van methoden die later omstreden raakten, zoals gelaatskunde, astrologie en grafologie. De NSvP groeide uit tot één van de grootste en bekendste HRM-adviesbureaus van Nederland. Gaandeweg richtte de stichting zich steeds meer op organisatie-advies en ontwikkelprogramma's voor leidinggevenden. In de jaren negentig ging het adviesbureau op in de internationale onderneming SHL. Bij die overgang werd de NSvP omgevormd tot onafhankelijke stichting en vermogensfonds. Vanaf 2000 legt de stichting zich weer volledig toe op haar oorspronkelijke doelstelling: de ontplooiing van menselijk talent en de optimale aansluiting tussen mens en werk. de hoofdthema's die via publicaties en door de NSvP mede gefinancierde projectenArbeidstoeleiding, Loopbaanontwikkeling, Motivatie, Diversiteit en Jobcrafting zijn in het begin van de 21e eeuw aan bod kwamen. Sinds 2015 is de gedachte van De Omkering geformuleerd en daarmee de focus van de stichting: Hoe richten we de toekomst van werk zo in, dat basale menselijke waarden en behoeften optimaal tot hun recht komen? BELEIDSPLAN OP WEBSITE ► ja.

Doelgroep ■ ALGEMEEN ► gehandicapten, inheemse volken, jongeren, ouderen, vrouwen SPECIFIEK ► Geen specifieke doelgroep ACTIVITEITEN ► De NSvP: ☑ subsidieert projecten via het uitschrijven van challenges; ☑ deelt de ontwikkelde kennis o.a. via het kenniscentrum InnovatiefinWerk.nl; ☑ organiseert werkconferenties, symposia en een jaarlijks OmkeerEvent; ☑ financiert een fellowship in samenwerking met NIAS-KNAW; ☑ Reikt de David van Lennep Scriptieprijs uit aan drie jonge gedragswetenschappers. Het gaat om een prestigieuze prijs die wordt toegekend voor uitzonderlijk goede Mastertheses op het gebied van de psychologie van arbeid, werk en organisatie; ☑ stelt jaarlijks twee pHd Innovatiebeurzen van € 5.000 ter beschikking; ☑ brengt publicaties uit (boekenreeks, whitepapers); ☑ verbindt partijen: wetenschap, praktijk, onderzoekers, professionals, HR-innovators. **INTERVENTIENIVEAU** ▶ Onbekend.

Werkgebied ■ **ACTIERADIUS** ▶ Nationaal **LAND** ▶ Nederland.

Bestedingen ■ **BUDGET** ▶ € 450.000 **SOORT BIJDRAGE** ▶ giften overig studiebeurzen **BOVENGRENS** ▶ € 50.000 **ONDERGRENS** ▶ geen.

Projecten ■ **CRITERIA** ▶ De NSvP subsidieert projecten die betrekking hebben op: ☑ het vergroten van de arbeidsparticipatie van specifieke doelgroepen (zoals jongeren, allochtonen, ouderen, vrouwen en gehandicapten), ☑ het optimaal benutten van menselijk talent in de beroepssituatie, ☑ het voorkomen van ongewenste uitval op het werk ten gevolge van ziekte en arbeidsongeschiktheid. De projecten resulteren in een overdraagbare methodiek; ☑ het dienen van het algemeen belang, d.w.z. dat de resultaten een brede uitstraling of generaliseerbaarheid hebben. De NSvP verbindt al meer dan vijftien jaar wetenschap en praktijk en verspreidt kennis met behulp van verschillende media. Daarbij zoeken zij nadrukkelijk naar nieuwe manieren van kennisontwikkeling en kennisverspreiding, waarbij de afstand tussen theorie en praktijk en het gat tussen kennisontwikkeling en -toepassing wordt overbrugd. Het kernvraagstuk dat de NSvP de komende jaren wil aanpakken, luidt: Hoe richten we de toekomst van werk zo in, dat basale menselijke waarden en behoeften optimaal tot hun recht komen? In het bijzonder worden thema's en dilemma's rondom vier basale behoeften belicht, namelijk: zelfredzaamheid, andergerichtheid, zelfbepaling en zelfverwerkelijking. **DOORLOOPTIJD** ▶ ☑ korter dan 1 jaar **STATUS AANVRAGER** ▶ ☑ geen beperkingen bekend **VOORKEUR/UITSLUITING** ▶ De NSvP verstrekt in principe geen steun t.b.v. reguliere exploitatie. Individuele verzoeken om studiefinanciering worden niet in behandeling genomen.

Procedure ■ **OP AANVRAAG** ▶ ja **DOORLOOPTIJD** ▶ 1-3 maanden **AANVRAAGPROCEDURE** ▶ Afhankelijk van het type aanvraag: scriptieprijs, challenge/project of fellowship Aanvraagprocedure en subsidievoorwaarden zijn telefonisch opvraagbaar of via internet (www.nsvp.nl).

Financieel ■ **EIGEN VERMOGEN** ▶ € 9.191.764 **HERKOMST MIDDELEN** ▶ vermogen **BOEKJAAR** ▶ 2018 **JAARVERSLAG OP WEBSITE** ▶ ja.

Contact ■ **BEREIKBAAR PER** ▶ ☑ post ☑ e-mail ☑ telefoon **CONTACTPERSOON** ▶ geen contactpersoon bekend **POSTADRES** ▶ Rijnkade 88, 6811 HD Arnhem **EMAIL (ALGEMEEN)** ▶ info@nsvp.nl **TELEFOON (ALGEMEEN)** ▶ 026-4457800.

891

Stichting Needse Havezathe Cultuurfonds

Rubriek ■ ☑ kunst en cultuur

Algemeen ■ **WEBSITE** ▶ www.needse-havezathe-cultuurfonds.nl **TYPERING** ▶ vermogensfonds **OPGERICHT** ▶ 01-06-1982 **RECHTSVORM** ▶ stichting **KVK** ▶ 41039333 **ANBI STATUS** ▶ ja **DIRECTIE** ▶ geen directiegegevens bekend **BESTUUR** ▶ H. Niessink, voorzitter; E. Huurenkamp, penningmeester; mw. A. ter Hedde.

Missie ■ **DOELSTELLING** ▶ Het bevorderen van het culturele klimaat in de voormalige gemeente Neede door het stimuleren van organisaties met een premie voor een goed plan of project op kunst of cultureel gebied. Een bijdrage uit het fonds kan hierbij bijdragen aan het (beter) organiseren en realiseren ervan. Deze toegekende bijdrage draagt de naam 'Needse Havezatheprijs'. **HISTORIE** ▶ Op 1 juni 1982 is de 'Stichting Vrienden van Huize de Kamp' opgericht. Het doel van de stichting was het behoud van de Havezathe de Kamp in het buitengebied van de gemeente Neede. Mede door de activiteiten van de stichting is het gebouw behouden gebleven. In 2008 was de stichting gesommeerd de Kamp leeg op te leveren. De stichting heeft toen de hele inventaris laten veilen bij veilinghuis Derksen in Arnhem. Eind 2011 is de naam en de doelstelling van de stichting gewijzigd in 'Stichting Needse Havezathe Cultuurfonds'. **BELEIDSPLAN OP WEBSITE** ▶ ja.

Doelgroep ■ **SPECIFIEK** ▶ Verenigingen, stichtingen of organisaties op het gebied van kunst en cultuur in de voormalige gemeente Neede, hoofdzakelijk of geheel bestaande uit vrijwilligers. **ACTIVITEITEN** ▶ Geen specifieke activiteiten bekend **INTERVENTIENIVEAU** ▶ Steun aan lokale/provinciale maatschappelijke organisaties en structuren (incl. gemeenten etc.) die diensten verlenen aan individuen.

Werkgebied ■ **ACTIERADIUS** ▶ Lokaal **LAND** ▶ Nederland **PLAATS** ▶ Neede.

Bestedingen ■ **BUDGET** ▶ niet openbaar **TOELICHTING** ▶ Budget is maximaal 4% van het stichtingsvermogen. **SOORT BIJDRAGE** ▶ giften subsidies **BOVENGRENS** ▶ geen **ONDERGRENS** ▶ geen.

Projecten ■ **CRITERIA** ▶ De subsidie is bestemd voor het realiseren van een kleinschalig kunst of cultureel project of een manifestatie. De bijdrage is eenmalig, Te denken valt aan een presentatie, uitvoering, tentoonstelling, demonstratie, culturele bijeenkomst, enzovoort in de openbare ruimte. Alle disciplines zijn mogelijk: debat, literatuur, beeldende kunst, podiumkunst, muziek. De ontvanger van de prijs van de Stichting verplicht zich tot het vermelden van de naam of het plaatsen van het logo van de Stichting op haar publiciteitsuitingen. **DOORLOOPTIJD** ▶ ☑ korter dan 1 jaar **STATUS AANVRAGER** ▶ ☑ stichting of vereniging (non-profit) ☑ hulpverleners **VOORKEUR/UITSLUITING** ▶ Individuele personen vallen buiten de doelgroep. Geen bijdrage voor reguliere exploitatie. Geen terugkerende projecten.

Procedure ■ **OP AANVRAAG** ▶ onbekend **AANVRAAGPROCEDURE** ▶ Via een online aanvraagformulier. Aanvragen dienen een beschrijving te geven van het project, een begroting en een motivering wat de bijdrage is aan het Needse culturele klimaat. Daarnaast dient de aanvrager volledige inzage te geven in haar financiële situatie. Aanvragen worden een keer per kwartaal in behandeling genomen. Tevens dient de aanvraag minimaal drie maanden voor de uitvoeringsdatum te worden ingediend. Uiterste data waarop de aanvraag binnen moet zijn: 1 september, 1 december, 1 maart en 1 juni. **URL** ▶ www.needse-havezathe-cultuurfonds.nl/aanvraagformulier.html

Financieel ■ EIGEN VERMOGEN ▶ € 39.969 HERKOMST MIDDELEN ▶ onbekend BOEKJAAR ▶ 2017 JAARVERSLAG OP WEBSITE ▶ ja.

Contact ■ BEREIKBAAR PER ▶ ☑ post ☒ e-mail ☒ telefoon CONTACTPERSOON ▶ geen contactpersoon bekend POSTADRES ▶ Meijersweg 54, 7161 CN Neede.

892
Stichting Neeltje Buis

Rubriek ■ ☑ onderwijs en onderzoek

Algemeen ■ WEBSITE ▶ www.neeltjebuis.nl TYPERING ▶ vermogensfonds OPGERICHT ▶ 16-11-1992 RECHTSVORM ▶ stichting KVK ▶ 41133608 ANBI STATUS ▶ ja DIRECTIE ▶ geen directiegegevens bekend BESTUUR ▶ T. Koorevaar, voorzitter; M.M. Barendrecht, penningmeester; L. de Langen, secretaris; W.G. Janssen; J. Siegersma.

Missie ■ DOELSTELLING ▶ De stichting heeft als doel personen die niet in staat zijn geweest zich te ontwikkelen zoals zij zich gewenst hadden, te steunen. Deze personen worden alsnog in de gelegenheid gesteld om de gewenste studie of opleiding te volgen, om daarmee een positie op de arbeidsmarkt te verwerven (tweedekansonderwijs). STICHTER(S) ▶ Neeltje Buis HISTORIE ▶ Neeltje Buis werd in 1920 in Rotterdam geboren. Zij groeide op in een eenvoudig gezin. Haar vader was eigenaar van een cafe in Rotterdam-Noord. Haar ouders moesten hard werken voor hun bestaan. Neeltje en haar jongere zuster hielpen in hun vrije tijd ook mee. Later, werd Neeltje, door studie in de avonduren, een van de eerste vrouwelijke register-accountants. Mede onder haar leiding groeide een kledingzaak uit tot een bloeiend postorderbedrijf. In de jaren '70 overleden haar ouders en zuster kort na elkaar, waardoor Neeltje het beheer kreeg over het familiekapitaal. Zij zag kans dit vermogen uit te bouwen door te investeren in onroerend goed. In haar testament bepaalde zij dat na haar overlijden haar nalatenschap besteed moest worden aan tweedekansonderwijs met een voorkeur voor vrouwen. Nadat Neeltje Buis in maart 1993 was overleden kwam de door haar opgerichte stichting tot leven. Het bestuur van deze stichting bestaat uit vrijwilligers, die voor een deel uit haar familie- en vriendenkring komen, zo had Neeltje dat bepaald.

Doelgroep ■ ALGEMEEN ▶ studenten, jongeren, ouderen, armen SPECIFIEK ▶ Nederlandse studenten niet jonger dan 18 jaar en niet ouder dan 50 jaar. ACTIVITEITEN ▶ Geen specifieke activiteiten bekend INTERVENTIENIVEAU ▶ Steun aan individuen (directe steun).

Werkgebied ■ ACTIERADIUS ▶ Nationaal LAND ▶ Nederland.

Bestedingen ■ BUDGET ▶ niet openbaar ONDERSTEUNDE PROJECTEN P/J ▶ 81 SOORT BIJDRAGE ▶ giften BOVENGRENS ▶ € 2.500 ONDERGRENS ▶ geen.

Projecten ■ CRITERIA ▶ ☑ U bent buiten uw schuld door omstandigheden zelf niet in staat een opleiding te bekostigen die een gewenste arbeidspositie mogelijk maakt. ☑ U heeft de Nederlandse nationaliteit. ☑ U bent niet jonger dan 18 jaar en niet ouder dan 55 jaar. ☑ U gaat uw mbo/hbo opleiding volgen bij een door het Rijk erkend binnenlands instituut en het te behalen diploma biedt perspectief op een startkwalificatie. M.a.w. uw studie is maatschappelijk relevant met perspectief op werk en inkomen. (mbo/hbo opleidingen die uitgaan van zelfstudie komen niet in aanmerking en voor hbo-masteropleidingen en wetenschappelijk onderwijs geldt dit eveneens.); ☑ Uw (gezins)inkomen voldoet aan de vergoedingsnorm, d.w.z. dat uit uw stukken blijkt dat u niet redelijkerwijze in staat bent de studie volledig zelf te bekostigen. ☑ Uw vergoeding bedraagt maximaal 2500 euro per jaar met een maximum van vier jaar. Ieder jaar dient u opnieuw een aanvraag in te dienen onder overleg van behaalde studieresultaten. DOORLOOPTIJD ▶ ☑ korter dan 1 jaar STATUS AANVRAGER ▶ ☑ individuen/gezinnen VOORKEUR/UITSLUITING ▶ Er kan uitsluitend een financiële bijdrage worden aangevraagd voor college- les- of cursusgeld met ingang van het tweede studiejaar. Uw eerste studiejaar komt niet voor een vergoeding in aanmerking. Wel is het mogelijk voor vakopleidingen met een duur van maximaal een jaar een aanvraag in te dienen. De jaarlijkse financiële ruimte van de stichting kan van invloed zijn op de toekenning van aanvragen. De stichting verstrekt geen bijdragen voor boeken, studiereizen, promoties en buitenlandse stages, kosten voor levensonderhoud, huisvesting en reiskosten.

Procedure ■ OP AANVRAAG ▶ ja DOORLOOPTIJD ▶ 1-3 maanden AANVRAAGPROCEDURE ▶ Bij voorkeur ontvangt de stichting uw aanvraag gesteld in de Nederlandse taal en zo mogelijk ondersteund of voorgedragen door een intermediair. Met intermediairs worden bedoeld instellingen voor maatschappelijk werk, studiedecanen of andere personen die bij de opleiding van de aanvrager betrokken zijn. Om tijdig over uw toelage te kunnen beslissen, moet de aanvraag ruim vóór aanvang van het nieuwe studiejaar zijn ingediend. Uw aanvraag kan uitsluitend via het digitale aanvraagformulier worden ingediend. Er dienen ook documenten te worden aangeleverd om de aanvraag te ondersteunen waaronder: ☑ identiteitsbewijs; ☑ curriculum vitae (cv); ☑ omschrijving van de opleiding; ☑ eventueel andere aangeschreven (studie)fondsen; ☑ bewijs van inschrijving; ☑ financieel overzicht van recente twee maanden in combinatie met loonstrook en begroting voor komende periode; ☑ laatste berichten van DUO/IB-groep; ☑ indien van toepassing financiële gegevens van partner; Bij het verlenen van subsidie wordt gebruik gemaakt van een uitkeringsschema, welk schema door beide partijen wordt ondertekend. Een aanvraag neemt maximaal 3 maanden in beslag. URL ▶ www.neeltjebuis.nl/aanvraagprocedure/

Financieel ■ INKOMSTEN EV ▶ € 176.121 HERKOMST MIDDELEN ▶ vermogen BOEKJAAR ▶ 2019 JAARVERSLAG OP WEBSITE ▶ ja.

Contact ■ BEREIKBAAR PER ▶ ☑ post ☑ e-mail ☒ telefoon CONTACTPERSOON ▶ geen contactpersoon bekend POSTADRES ▶ Postbus 4295, 3006 AG Rotterdam EMAIL (ALGEMEEN) ▶ info@neeltjebuis.nl.

893
Stichting Nelis-van Dril

Rubriek ■ ☑ maatschappij, welzijn en samenleving ☑ sport en recreatie ☑ kunst en cultuur ☑ natuur, milieu en dieren ☑ onderwijs en onderzoek ☑ economische ontwikkeling en microkrediet ☑ kerk en levensbeschouwing ☑ gezondheidszorg

Algemeen ■ **WEBSITE** ► www.kennisbankfilantropie.nl/anbi/nelis-van-dril **TYPERING** ► vermogensfonds **OPGERICHT** ► 16-11-1971 **RECHTSVORM** ► stichting **KVK** ► 41224057 **ANBI STATUS** ► ja **DIRECTIE** ► geen directiegegevens bekend **BESTUUR** ► Mw. M.A.T. van Amerongen, voorzitter; A.J. Braam, penningmeester; A.J. Braam, secretaris; A.R.M. Verbeek; T. van Amerongen.

Missie ■ **DOELSTELLING** ► Het doel der stichting is het bevorderen van belangen op godsdienstig, liefdadig, sociaal, cultureel en wetenschappelijk terrein, zulks voor het grondgebied van het Rijk, van één der Overzeese gebiedsdelen of van zogenaamde 'onderontwikkelde' landen. **STICHTER(S)** ► Petrus Cornelis Nelis en Sophia Maria Johanna van Dril **HISTORIE** ► De organisatie is op 16 november 1971 opgericht door Petrus Cornelis Nelis en zijn echtgenote Sophia Maria Johanna van Dril die geen kinderen hadden en hun vermogen aan de Stichting Nelis van Dril hebben nagelaten. **BELEIDSPLAN OP WEBSITE** ► ja.

Doelgroep ■ **ALGEMEEN** ► gehandicapten, zieken, armen, dak- en thuislozen, gelovigen, dieren, inheemse volken **SPECIFIEK** ► Geen specifieke doelgroep **ACTIVITEITEN** ► De stichting tracht haar doelstelling te bereiken onder meer door: ☑ het verlenen van bijstand aan personen, die tengevolge van ziekte, zwakheid van geestelijke vermogens of invaliditeit in behoeftige omstandigheden verkeren, voorzover de van overheidswege verleende bijstand onvoldoende is; ☑ het doen van uitkeringen aan binnen het Rijk gevestigde rechtspersonen, die uitsluitend of nagenoeg uitsluitend een algemeen maatschappelijk belang beogen; ☑ het verlenen van ondersteuning aan personen, teneinde deze personen, wier financiële omstandigheden dit zonder deze ondersteuning niet of niet volledig zou toelaten, de mogelijkheid te verschaffen een wetenschappelijke of theologische opleiding of een opleiding tot het verkrijgen van bekwaamheden voor de uitoefening van een beroep te volgen. **INTERVENTIENIVEAU** ► Steun aan lokale/provinciale maatschappelijke organisaties en structuren (incl. gemeenten etc.) die diensten verlenen aan individuen.; Steun aan individuen (directe steun).

Werkgebied ■ **ACTIERADIUS** ► Internationaal **LAND** ► Wereldwijd.

Bestedingen ■ **BUDGET** ► niet openbaar **ONDERSTEUNDE PROJECTEN P/J** ► 37 **SOORT BIJDRAGE** ► giften **BOVENGRENS** ► geen **ONDERGRENS** ► geen.

Projecten ■ **CRITERIA** ► geen projectcriteria bekend **DOORLOOPTIJD** ► ☑ onbekend **STATUS AANVRAGER** ► ☑ kerkelijke instelling ☑ onderwijsinstelling ☑ stichting of vereniging (non-profit) **VOORKEUR/UITSLUITING** ► geen voorkeur of uitsluiting bekend.

Procedure ■ **OP AANVRAAG** ► onbekend **AANVRAAGPROCEDURE** ► Geen aanvraagprocedure bekend.

Financieel ■ **INKOMSTEN EV** ► € 210.651 **HERKOMST MIDDELEN** ► vermogen, legaten, giften & schenkingen, overige inkomsten **BOEKJAAR** ► 2019 **JAARVERSLAG OP WEBSITE** ► ja.

Contact ■ **BEREIKBAAR PER** ► ☑ post ☑ e-mail ☑ telefoon **CONTACTPERSOON** ► geen contactpersoon bekend **POSTADRES** ► H. de Keyserlaan 8, 2101 VA Heemstede **EMAIL (ALGEMEEN)** ► stichting@nelisvandril.nl **TELEFOON (ALGEMEEN)** ► 023-5282748.

894

Stichting Nelly Reef Fund

Rubriek ■ ☑ gezondheidszorg ☑ onderwijs en onderzoek

Algemeen ■ **WEBSITE** ► www.nellyreeffund.nl **TYPERING** ► vermogensfonds **OPGERICHT** ► 21-02-1967 **RECHTSVORM** ► stichting **KVK** ► 41198117 **ANBI STATUS** ► ja **DIRECTIE** ► geen directiegegevens bekend **BESTUUR** ► Prof.dr. E.J. Ruitenberg, voorzitter; F. van Bijsterveld, penningmeester; mw.drs. A.W.F.L. Thomson-Molenaar, secretaris.

Missie ■ **DOELSTELLING** ► Het bevorderen van studie, wetenschappelijk onderzoek, internationale relaties en samenwerking in de oogheelkunde. **STICHTER(S)** ► Jan en Nelly Reef-Pardoen, en prof. dr. A. Hagedoorn **HISTORIE** ► De heer en mevrouw Jan en Nelly Reef-Pardoen en prof. dr. Arend Hagedoorn hebben dit fonds opgericht op 21 februari 1967 uit dankbaarheid van mevrouw Nelly Reef voor de goede behandeling door prof.dr. A. Hagedoorn, hoofd van de Oogkliniek in het Wilhelmina gasthuis van de gemeentelijke universiteit van Amsterdam van 1947 tot 1969. **BELEIDSPLAN OP WEBSITE** ► ja.

Doelgroep ■ **ALGEMEEN** ► studenten, jongeren **SPECIFIEK** ► Oogartsen, basisartsen, studenten geneeskunde met Nederlandse of Indonesische nationaliteit. **ACTIVITEITEN** ► Het is de bedoeling onderzoek door en ontwikkeling van vooral jonge mensen, bij voorkeur in het buitenland, te initiëren. **INTERVENTIENIVEAU** ► Steun aan individuen (directe steun).

Werkgebied ■ **ACTIERADIUS** ► Internationaal, Nationaal **LAND** ► Wereldwijd.

Bestedingen ■ **BUDGET** ► € 10.000 **ONDERSTEUNDE PROJECTEN P/J** ► 7 **SOORT BIJDRAGE** ► giften **BOVENGRENS** ► € 3.000 **ONDERGRENS** ► € 500.

Projecten ■ **CRITERIA** ► ☑ Voorstellen voor onderzoek en/of studie moeten gericht zijn op oogheelkundig wetenschappelijk onderzoek of scholing met internationale aspecten. ☑ Het kan een stage aan een gerenommeerd instituut betreffen als oogarts, basisarts of student, voor een aantal maanden tot een half jaar. De kandidaat kan Nederlander zijn, die naar het buitenland gaat ofwel Indonesiër, die naar Nederland komt. Bij uitzondering kan voor een zeer jonge onderzoeker een eerste kennismaking met een belangrijk congres hier onder vallen. **DOORLOOPTIJD** ► ☑ korter dan 1 jaar **STATUS AANVRAGER** ► ☑ individuen/gezinnen **VOORKEUR/UITSLUITING** ► ☑ Een oogheelkundige basiscursus dient bij voorkeur in Europa plaats te vinden; ☑ Voor het uitgeven van een proefschrift wordt geen subsidie toegekend; ☑ Met betrekking tot aanvragen uit het buitenland zal de voorkeur worden gegeven aan aanvragen afkomstig van instellingen waarmee kennisinstellingen op gebied van oogheelkunde in Nederland internationale wetenschappelijke relaties hebben.

Procedure ■ **OP AANVRAAG** ► ja **DOORLOOPTIJD** ► 1-3 maanden **AANVRAAGPROCEDURE** ► Aanvragen dienen per email of brief te worden ingediend en vergezeld te gaan van de gebruikelijke informatie: ☑ plan; ☑ doel; ☑ begroting; ☑ CV; ☑ aanbevelingen van hoogleraren en direct betrokkenen. Ook vernemen zij graag waar nog meer subsidie wordt aangevraagd en al dan niet is toegezegd. Aanvragen voor studie en research worden door de Commissie van Advies beoordeeld op basis van wetenschappelijk gehalte en haalbaarheid. Het bestuur vergadert 2 keer per jaar: 1 maart en 1 september.

Financieel ■ EIGEN VERMOGEN ▶ € 345.920 INKOMSTEN EV ▶ € 33.324 HERKOMST MIDDELEN ▶ vermogen BOEKJAAR ▶ 2019 JAARVERSLAG OP WEBSITE ▶ ja.

Contact ■ BEREIKBAAR PER ▶ ☑ post ☑ e-mail ☒ telefoon CONTACTPERSOON ▶ Mw. A.W.F.L. Thomson-Molenaar POSTADRES ▶ Bazemolenweg 51, 7339 HW Ugchelen EMAIL (ALGEMEEN) ▶ awflthomsonmolenaar@kpnmail.nl.

zaken/beleggingen besproken en in september komen de projecten aan de orde. Dan worden nieuwe projecten beoordeeld en de voortgang van lopende projecten getoetst. Geen aanvraagprocedure bekend.

Financieel ■ EIGEN VERMOGEN ▶ € 1.658.000 INKOMSTEN EV ▶ € 201.000 HERKOMST MIDDELEN ▶ legaten, overige inkomsten BOEKJAAR ▶ 2019 JAARVERSLAG OP WEBSITE ▶ ja.

Contact ■ BEREIKBAAR PER ▶ ☑ post ☒ e-mail ☒ telefoon CONTACTPERSOON ▶ geen contactpersoon bekend POSTADRES ▶ Schubertstraat 76, 1077 GX Amsterdam.

895

Nephrosearch Stichting tot steun van het wetenschappelijk onderzoek van de afdeling Nierziekten in het LUMC

Rubriek ■ ☑ gezondheidszorg ☑ onderwijs en onderzoek

Algemeen ■ WEBSITE ▶ www.kennisbankfilantropie.nl/anbi/nephrosearch-stichting TYPERING ▶ vermogensfonds OPGERICHT ▶ 24-11-1988 RECHTSVORM ▶ stichting KVK ▶ 41167787 ANBI STATUS ▶ ja DIRECTIE ▶ geen directiegegevens bekend BESTUUR ▶ Prof.dr. J.L.C.M. van Saase, voorzitter; J.J.F. Mannaerts MBA, penningmeester; mr. R.W. Clumpkens, secretaris; mw. dr, M. van Buren; prof.dr. A.J. Rabelink.

Missie ■ DOELSTELLING ▶ De Nephrosearch Stichting heeft als doel: de bevordering van het wetenschappelijk onderzoek en het onderwijs op het gebied van nierziekte. STICHTER(S) ▶ Leids Universitair Medisch Centrum/afd. Nierziekten HISTORIE ▶ De financiele middelen van de Stichting zijn afkomstig van de afdracht van specialistische honoraria, subsidies, schenkingen en legaten. BELEIDSPLAN OP WEBSITE ▶ ja.

Doelgroep ■ ALGEMEEN ▶ zieken SPECIFIEK ▶ Nefrologisch onderzoek. ACTIVITEITEN ▶ De stichting tracht de doelstelling te bereiken onder meer door op het gebied van de nierziekten onderzoekingen te initiëren, financieel te steunen, de voortgang daarvan te begeleiden en te stimuleren, de onderzoeker materieel te steunen en de resultaten van het onderzoek openbaar te maken door middel van publicaties en voordrachten. Door subsidie te verlenen aan vernieuwend onderzoek van de afdeling Nierziekten van het LUMC ontstaat de mogelijkheid voor onderzoekers nieuwe gebieden van het onderzoeksveld te exploreren. INTERVENTIENIVEAU ▶ Steun op niveau van maatschappij zelf (beleidsbeïnvloeding, etc.).

Werkgebied ■ ACTIERADIUS ▶ Nationaal LAND ▶ Nederland.

Bestedingen ■ BUDGET ▶ € 50.000 SOORT BIJDRAGE ▶ giften overig subsidies BOVENGRENS ▶ geen ONDERGRENS ▶ geen.

Projecten ■ CRITERIA ▶ geen projectcriteria bekend DOORLOOPTIJD ▶ ☑ korter dan 1 jaar STATUS AANVRAGER ▶ ☑ overig VOORKEUR/UITSLUITING ▶ geen voorkeur of uitsluiting bekend.

Procedure ■ OP AANVRAAG ▶ onbekend AANVRAAGPROCEDURE ▶ Het bestuur komt tweemaal per jaar bijeen. In mei worden de financiële

896

Netty van Doorn Fonds

Rubriek ■ ☑ kunst en cultuur

Algemeen ■ WEBSITE ▶ www.cultuurfonds.nl TYPERING ▶ fonds op naam BEHEERD DOOR ▶ Prins Bernhard Cultuurfonds DIRECTIE ▶ zie > Prins Bernhard Cultuurfonds BESTUUR ▶ zie > Prins Bernhard Cultuurfonds

Missie ■ DOELSTELLING ▶ Het financieel ondersteunen van projecten die de kennis voor het ontwerpen, vormgeven en vervaardigen alsmede het tentoonstellen van zowel hedendaagse als antieke kledingstukken bevorderen.

Werkgebied ■ ACTIERADIUS ▶ Nationaal LAND ▶ Nederland.

Projecten ■ CRITERIA ▶ geen projectcriteria bekend DOORLOOPTIJD ▶ ☑ korter dan 1 jaar STATUS AANVRAGER ▶ ☑ geen beperkingen bekend VOORKEUR/UITSLUITING ▶ geen voorkeur of uitsluiting bekend.

Procedure ■ OP AANVRAAG ▶ ja AANVRAAGPROCEDURE ▶ Dit 'fonds op naam' ressorteert onder het Prins Bernhard Cultuurfonds. Verzoeken aan fondsen op naam komen op één centraal punt binnen. Dit houdt in dat een subsidieaanvraag slechts eenmaal aan het Prins Bernhard Cultuurfonds hoeft te worden gezonden. Voor de verdere aanvraagprocedure: zie Prins Bernhard Cultuurfonds. URL ▶ www.cultuurfonds.nl/aanvragen

Contact ■ BEREIKBAAR PER ▶ ☑ post ☑ e-mail ☑ telefoon CONTACTPERSOON ▶ geen contactpersoon bekend POSTADRES ▶ Postbus 19750, 1000 GT Amsterdam EMAIL (ALGEMEEN) ▶ info@cultuurfonds.nl TELEFOON (ALGEMEEN) ▶ 020-5206130.

897

Stichting New Angle

Rubriek ■ ☑ maatschappij, welzijn en samenleving ☑ kunst en cultuur ☑ gezondheidszorg ☑ sport en recreatie ☑ onderwijs en onderzoek

Algemeen ■ WEBSITE ▶ www.newangle.nl TYPERING ▶ goededoelenorganisatie RECHTSVORM ▶ stichting KVK ▶ 53923456 ANBI STATUS ▶ ja DIRECTIE ▶ geen directiegegevens bekend BESTUUR ▶ Mw. G. Thomasse, voorzitter; mw. M.L. Collins, penningmeester; A. van Marwijk Kooy, secretaris.

Missie ■ DOELSTELLING ► Stichting New Angle helpt een aantal geselecteerde organisaties, stichtingen en individuen, in de eerste plaats in Nederland, met het vinden van nieuwe bronnen van jaarlijkse bijdragen ter ondersteuning van hun werk op het gebied van gezondheidszorg, sport, onderwijs en cultuur.

Doelgroep ■ SPECIFIEK ► Non-profit instellingen en individuen. ACTIVITEITEN ► New Angle ontwikkelt communities in nauwe samenwerking met non-profitinstellingen. New Angle investeert in de start, waarna communityleden een instelling duurzaam ondersteunen. Zo resulteert wederzijdse betrokkenheid in maatschappelijk en cultureel rendement. New Angle committeert zich gedurende drie tot vijf jaar met financiering, kennis en ervaring en zorgt dat communities nadien op eigen kracht kunnen floreren. Deze communities bestaan uit vijftig tot honderd geïnteresseerde particulieren en/of ondernemers die bereid zijn om op persoonlijke titel jaarlijks € 2.500 te schenken. Huidige communities zijn:; ☑ Het Vrije Woord; ☑ The John Adams Family; ☑ Backstages; ☑ Newthing. INTERVENTIENIVEAU ► Steun aan lokale/provinciale maatschappelijke organisaties en structuren (incl. gemeenten etc.) die diensten verlenen aan individuen.; Steun aan individuen (directe steun).

Werkgebied ■ ACTIERADIUS ► Nationaal LAND ► Nederland.

Bestedingen ■ BUDGET ► niet openbaar SOORT BIJDRAGE ► overig BOVENGRENS ► geen ONDERGRENS ► geen.

Projecten ■ CRITERIA ► Om in aanmerking te komen voor de steun van Stichting New Angle dient een instelling onder andere aan te tonen een organisatie te zijn waarmee potentiële leden zich makkelijk kunnen identificeren. Met oog op de ledenwerving moet de instelling over een hoogwaardig netwerk beschikken; bovendien moet er inhoudelijk voldoende potentie zijn om op jaarbasis onvergetelijke bijeenkomsten te kunnen organiseren, die leden voor geen goud willen missen. DOORLOOPTIJD ► ☑ onbekend STATUS AANVRAGER ► ☑ stichting of vereniging (non-profit) VOORKEUR/UITSLUITING ► geen voorkeur of uitsluiting bekend.

Procedure ■ OP AANVRAAG ► onbekend AANVRAAGPROCEDURE ► Geen aanvraagprocedure bekend. URL ► www.newangle.nl/new-angle/werkwijze/

Financieel ■ EIGEN VERMOGEN ► € 65.009 INKOMSTEN OV ► € 100.000 HERKOMST MIDDELEN ► leden (bijdragen), giften & schenkingen BOEKJAAR ► 2019 JAARVERSLAG OP WEBSITE ► ja.

Contact ■ BEREIKBAAR PER ► ☑ post ☑ e-mail ☑ telefoon CONTACTPERSOON ► geen contactpersoon bekend POSTADRES ► Amsterdamseweg 206, 1182 HL AMSTELVEEN EMAIL (ALGEMEEN) ► info@newangle.nl TELEFOON (ALGEMEEN) ► 020-8200334.

898
Stichting Neyenburgh

Rubriek ■ ☑ maatschappij, welzijn en samenleving

Algemeen ■ WEBSITE ► www.volkskracht.nl/stichtingen/stichting-neyenburgh TYPERING ► fonds op naam BEHEERD DOOR ► Stichting Bevordering van Volkskracht DIRECTIE ► zie > Stichting Bevordering van Volkskracht BESTUUR ► zie > Stichting Bevordering van Volkskracht

Missie ■ DOELSTELLING ► Stichting Neyenburgh verstrekt financiële steun aan instellingen die zich in Rotterdam richten op: ☑ Het (doen) bevorderen van de geestelijke en lichamelijke volksgezondheid en het (doen) ondersteunen alsmede (het doen) verzorgen van de huisvesting en verzorging van bejaarde personen; ☑ Het (doen) verlenen van steun aan het geestelijke en sociale werk van de Nederlandse Hervormde kerk en van die christelijke kerkelijke instellingen die daarvoor in aanmerking komen. STICHTER(S) ► De heer Sillevoldt HISTORIE ► Stichting Neyenburgh werd in 1950 opgericht door de heer mr. C.M. van Sillevoldt Jr. Hij was directeur/groot aandeelhouder van rijst- en specerijenhandel C.M. van Sillevoldt B.V., bekend van de merknaam 'Silvo'. In Stichting Neyenburgh zijn indertijd de aandelen van de vennootschap ingebracht. In 2004 is het rijstbedrijf verkocht aan de Franse Marbour Groep en het specerijenbedrijf aan het Amerikaanse beursgenoteerde bedrijf McGormick. Tot 1 juli 2016 is het jaarlijkse uitkeringsbudget van de Stichting Neyenburgh steeds verdeeld. Tweederde van het uitkeringsbudget werd jaarlijks aan het Oranjefonds uitgekeerd, en eenderde aan Stichting Bevordering van Volkskracht, met het verzoek hieraan overeenkomstig de bij die fondsen bestaande gedragsregels een goede bestemming te geven. Sinds 1 juli 2016 maakt Stichting Neyenburgh volledig deel uit van de Volkskracht-familie als uitgevende stichting. Ter introductie van Stichting Neyenburgh in de Rotterdamse samenleving zijn in de zomer van 2018 de Neyenburgh Awards uitgereikt, met als motto: 'Stichting Neyenburgh helpt Rotterdammers Rotterdam helpen'.

Werkgebied ■ ACTIERADIUS ► Nationaal LAND ► Nederland REGIO ► Rotterdam.

Projecten ■ CRITERIA ► geen projectcriteria bekend DOORLOOPTIJD ► ☑ onbekend STATUS AANVRAGER ► ☑ stichting of vereniging (non-profit) VOORKEUR/UITSLUITING ► Stichting Neyenburgh steunt alleen rechtspersonen, dus geen individuele personen.

Procedure ■ OP AANVRAAG ► ja AANVRAAGPROCEDURE ► U kunt het formulier online invullen en versturen of u kunt het aanvraagformulier (PDF) downloaden, uitprinten, invullen, ondertekenen en samen met de verplichte bijlagen per e-mail toezenden aan het secretariaat. De aanvraag dient minimaal drie maanden van tevoren ingediend te worden. U ontvangt u altijd een ontvangstbevestiging. De behandeling van een verzoek duurt meestal één tot drie maanden. Zodra het bestuur een besluit heeft genomen, ontvangt u hierover schriftelijk bericht. URL ► www.volkskracht.nl/Stichtingen/Stichting-Neyenburgh/Aanvraagformulier

Contact ■ BEREIKBAAR PER ► ☑ post ☑ e-mail ☑ telefoon CONTACTPERSOON ► geen contactpersoon bekend POSTADRES ► Postbus 1110, 3000 BC Rotterdam EMAIL (ALGEMEEN) ► secretariaat@volkskracht.nl TELEFOON (ALGEMEEN) ► 010-2240323.

899
Stichting Neys-van Hoogstraten Fonds

Rubriek ■ ☑ onderwijs en onderzoek ☑ voedsel en voedselveiligheid ☑ economische ontwikkeling en microkrediet

Algemeen ■ WEBSITE ► www.neys-vanhoogstraten.nl TYPERING ► vermogensfonds OPGERICHT ► 16-05-1989 RECHTSVORM ► stichting KVK ► 41155734 ANBI STATUS ► ja DIRECTIE ► geen directiegegevens bekend BESTUUR ► Mr.dr. F.P. de Rooy, voorzitter; drs. IJ. Dijkstra, penningmeester; dr. J.J.M. Bijlmer, secretaris; ir. N.M. Leemhuis-de Regt; prof.dr. A. Niehof.

Missie ■ DOELSTELLING ► De stichting heeft ten doel de geldelijke ondersteuning van instellingen en organisaties die werkzaam zijn op het gebied van ontwikkelingshulp in de derde wereld, in het bijzonder Indonesië en andere derde-wereld-landen in Azië. De geldelijke ondersteuning dient zich te beperken tot research op sociaal-economisch gebied en de publicatie van de resultaten daarvan. Hierbij dient research op het gebied van gezinsbudgetten en voedingsgewoonten betrokken te worden, naast de andere gebruikelijke gewoonten. STICHTER(S) ► Dr. Karel Neys HISTORIE ► De Neys-van Hoogstraten Foundation werd in 1989 opgericht door wijlen Karel Neys ter ere van zijn ouders. Dr. Neys werd geboren op 17 februari 1920 in Klaten, Indonesië. Het grootste deel van zijn leven werkte Dr. Neys op het gebied van ontwikkelingssamenwerking voor de Verenigde Naties. In zijn laatste testament liet hij zijn vermogen aan de stichting na. Hij stierf op 3 maart 1992. BELEIDSPLAN OP WEBSITE ► ja.

Doelgroep ■ ALGEMEEN ► studenten SPECIFIEK ► Promovendi of onderzoekers die werkzaam zijn bij academische instellingen, onderzoeksinstituten van de overheid of NGO's in het veld, en masterstudenten die zijn ingeschreven aan Nederlandse universiteiten. ACTIVITEITEN ► Het ondersteunen van 8 à 10 onderzoeken per jaar en het organiseren van een workshop eens in de ongeveer vijf jaar zodat de kennis van de ondersteunde onderzoeken wordt verspreid. NHF doet dit zolang de financiën dat toelaten. De financiële steun in de vorm van een subsidie is bedoeld om de kosten van onderzoeksprojecten te dekken, inclusief de kosten van voorbereiding, veldwerk, data-analyse en publicatie, tot een maximum van € 25.000 per onderzoeksproject. Reis- en dagvergoedingen van onderzoekers, salarissen van interviewers en / of onderzoeksassistenten, de kosten van computeranalyse, enzovoort, kunnen worden gefinancierd. Engelse vertaling of bewerking van een publicatie op basis van de resultaten van het onderzoek in een internationaal tijdschrift kan ook worden gefinancierd. Daarnaast stelt de NHF een aantal beurzen ter beschikking voor studenten om het veldonderzoek op masterniveau in Azië financieel te ondersteunen. De NHF fellow ontvangt een fellowship tot een maximum van € 5.000 voor de kosten van reizen, visa en vaccinaties, voor onderhouds- en onderzoekskosten in het veld en voor het drukken van de scriptie of de verspreiding van de onderzoeksresultaten. INTERVENTIENIVEAU ► Steun aan individuen (directe steun).

Werkgebied ■ ACTIERADIUS ► Internationaal LAND ► Wereldwijd, Indonesië, Zuid-Oost Azië.

Bestedingen ■ BUDGET ► niet openbaar ONDERSTEUNDE PROJECTEN P/J ► 12 SOORT BIJDRAGE ► subsidies beurzen BOVENGRENS ► € 25.000 ONDERGRENS ► geen.

Projecten ■ CRITERIA ► Onderzoek dient: ☑ sociaaleconomisch van aard te zijn; ☑ huishoudens of gezinnen hebben, of het individu in een huishouden als eenheden van onderzoek en analyse; ☑ Onderwerp van budgettering van huishoudens; ☑ Onderwerp kwesties van gezinsvoeding, zoals voedselzekerheid van huishoudens en voedselconsumptie,; ☑ onderwerp van sociaaleconomische verandering en de implicaties daarvan voor voedingsgewoonten, eetcultuur en voedsel; ☑ Onderwerp voeding op huishoudelijk of gemeenschapsniveau; ☑ kandidaten voor de fellowship moeten een bachelordiploma of equivalent hebben en zijn toegelaten tot een masteropleiding. DOORLOOPTIJD ► ☑ onbekend STATUS AANVRAGER ► ☑ overig VOORKEUR/UITSLUITING ► Aanvragers kunnen promovendi of onderzoekers zijn die werkzaam zijn bij academische instellingen, onderzoeksinstituten van de overheid of NGO's in het veld. De subsidies laten de financiering van salarissen van onderzoekers niet toe. Masterstudenten die zijn ingeschreven aan Nederlandse universiteiten kunnen een NHF Fellowship aanvragen voor masteronderzoek, bij voorkeur een student die een samenwerkingsverband heeft met een universiteit in Zuidoost-Azië of het Indiase subcontinent. De aanschaf van apparatuur en de vergoeding van kosten in Nederland, zoals het collegegeld en de huurkosten, zijn niet gedekt.

Procedure ■ OP AANVRAAG ► ja DOORLOOPTIJD ► 3-6 maanden AANVRAAGPROCEDURE ► De aanvrager moet het voorstel/de aanvraag in de Engelse taal verzenden naar de Stichting. Er is geen deadline voor het indienen van voorstellen. Het onderzoeksvoorstel of beursvoorstel moet een aantal elementen bevatten die te vinden zijn op de website. Nadat een voorstel is ontvangen, ontvangt de aanvrager een ontvangstbewijs. Het onderzoeksvoorstel zal worden beoordeeld door het technisch comité en de penningmeester van de raad. Alle aanvragen worden beoordeeld op geschiktheid en technische kwaliteit en haalbaarheid. Er zal advies worden uitgebracht over de subsidiabiliteit van het voorgestelde onderzoek in de vergaderingen van het volpension, die vier keer per jaar plaatsvinden. Binnen een periode van maximaal zes maanden ontvangt de aanvrager een beargumenteerde afwijzing of technische opmerkingen ter verbetering van het voorstel, of - in geval van een positieve beslissing - een verzoek om de nodige gegevens te sturen voor het opstellen van het contract (Grant Letter). Bij ondertekening van de Grant Letter door de betrokken partijen, wordt een eerste deel overgemaakt op de bankrekening van de aanvrager. Het aantal termijnen is afhankelijk van de omvang van de subsidie. Het beursvoorstel wordt beoordeeld en de aanvrager wordt binnen drie maanden na indiening van het voorstel op de hoogte gebracht van het besluit. URL ► www.neys-vanhoogstraten.nl/?page_id=13

Financieel ■ INKOMSTEN EV ► € 91.012 HERKOMST MIDDELEN ► vermogen BOEKJAAR ► 2019 JAARVERSLAG OP WEBSITE ► ja.

Contact ■ BEREIKBAAR PER ▶ ☑ post ☑ e-mail ☒ telefoon CONTACTPERSOON ▶ Mw. J. Manders POSTADRES ▶ Postbus 18809, 2502 EV Den Haag EMAIL (ALGEMEEN) ▶ info@neys-vanhoogstraten.nl.

900
Stichting Nico Lunenburg

Rubriek ■ ☑ maatschappij, welzijn en samenleving

Algemeen ■ WEBSITE ▶ www.kennisbankfilantropie.nl/anbi/nico-lunenburg TYPERING ▶ hybride fonds OPGERICHT ▶ 23-12-2003 RECHTSVORM ▶ stichting KVK ▶ 30192612 ANBI STATUS ▶ ja DIRECTIE ▶ geen directiegegevens bekend BESTUUR ▶ N.J. Lunenburg, voorzitter; R. Goedegebuure, penningmeester; J.L.J. Vlek, secretaris.

Missie ■ DOELSTELLING ▶ Het bevorderen van ontwikkelingshulp, met name op het gebied van gezondheidszorg, educatie en opleidingen, meer in het bijzonder voor jongeren in Derde Wereldlanden en daarmee vergelijkbare landen en voorts al hetgeen met een en ander rechtstreeks of zijdelings verband houdt. BELEIDSPLAN OP WEBSITE ▶ ja.

Doelgroep ■ ALGEMEEN ▶ jongeren, kinderen SPECIFIEK ▶ Geen specifieke doelgroep ACTIVITEITEN ▶ De stichting tracht dit doel onder andere te bereiken door: ☑ het aangaan van samenwerkingsverbanden in Nederland en in het buitenland; ☑ het coördineren van activiteiten de het doel dienen of kunnen dienen; ☑ het doen van uitkeringen aan rechtspersonen als bedoeld in artikel 24 lid 4 van de Successiewet 1956; ☑ het bezoeken van lopende projecten in het buitenland om hun voortgang te beoordelen; ☑ werving van gelden ten behoeve van de doelstelling. INTERVENTIENIVEAU ▶ Steun aan lokale/provinciale maatschappelijke organisaties en structuren (incl. gemeenten etc.) die diensten verlenen aan individuen.

Werkgebied ■ ACTIERADIUS ▶ Internationaal LAND ▶ Derdewereldlanden.

Bestedingen ■ BUDGET ▶ niet openbaar ONDERSTEUNDE PROJECTEN P/J ▶ 3 SOORT BIJDRAGE ▶ giften leningen BOVENGRENS ▶ geen ONDERGRENS ▶ geen.

Projecten ■ CRITERIA ▶ geen projectcriteria bekend DOORLOOPTIJD ▶ ☑ onbekend STATUS AANVRAGER ▶ ☑ stichting of vereniging (non-profit) VOORKEUR/UITSLUITING ▶ geen voorkeur of uitsluiting bekend.

Procedure ■ OP AANVRAAG ▶ onbekend AANVRAAGPROCEDURE ▶ geen aanvraagprocedure bekend.

Financieel ■ EIGEN VERMOGEN ▶ € 265.080 INKOMSTEN EV ▶ € 326 INKOMSTEN OV ▶ € 15.000 HERKOMST MIDDELEN ▶ giften & schenkingen, legaten, overige inkomsten BOEKJAAR ▶ 2018 JAARVERSLAG OP WEBSITE ▶ ja.

Contact ■ BEREIKBAAR PER ▶ ☑ post ☑ e-mail ☑ telefoon CONTACTPERSOON ▶ geen contactpersoon bekend POSTADRES ▶ Noordereinde 6d, 1243 JG 's Graveland EMAIL (ALGEMEEN) ▶ nicolelunenburg@gmail.com TELEFOON (ALGEMEEN) ▶ 06-51099341.

901
Niemans-Schootemeijer Fonds

Rubriek ■ ☑ onderwijs en onderzoek

Algemeen ■ WEBSITE ▶ www.cultuurfonds.nl TYPERING ▶ fonds op naam BEHEERD DOOR ▶ Prins Bernhard Cultuurfonds DIRECTIE ▶ zie > Prins Bernhard Cultuurfonds BESTUUR ▶ zie > Prins Bernhard Cultuurfonds

Missie ■ DOELSTELLING ▶ Het financieel ondersteunen van getalenteerde afgestudeerden ten behoeve van vervolgstudie of -onderzoek in het buitenland.

Werkgebied ■ ACTIERADIUS ▶ Internationaal.

Projecten ■ CRITERIA ▶ geen projectcriteria bekend DOORLOOPTIJD ▶ ☑ korter dan 1 jaar STATUS AANVRAGER ▶ ☑ geen beperkingen bekend VOORKEUR/UITSLUITING ▶ geen voorkeur of uitsluiting bekend.

Procedure ■ OP AANVRAAG ▶ ja AANVRAAGPROCEDURE ▶ Dit 'fonds op naam' ressorteert onder het Prins Bernhard Cultuurfonds. Verzoeken aan fondsen op naam komen op één centraal punt binnen. Dit houdt in dat een subsidieaanvraag slechts eenmaal aan het Prins Bernhard Cultuurfonds hoeft te worden gezonden. Voor de verdere aanvraagprocedure: zie Prins Bernhard Cultuurfonds. URL ▶ www.cultuurfonds.nl/aanvragen

Contact ■ BEREIKBAAR PER ▶ ☑ post ☑ e-mail ☑ telefoon CONTACTPERSOON ▶ geen contactpersoon bekend POSTADRES ▶ Postbus 19750, 1000 GT Amsterdam EMAIL (ALGEMEEN) ▶ info@cultuurfonds.nl TELEFOON (ALGEMEEN) ▶ 020-5206130.

902
Stichting Niemeijer Fonds

Rubriek ■ ☑ kunst en cultuur ☑ maatschappij, welzijn en samenleving

Algemeen ■ WEBSITE ▶ www.stichtingniemeijerfonds.nl TYPERING ▶ vermogensfonds OPGERICHT ▶ 19-11-1996 RECHTSVORM ▶ stichting KVK ▶ 41195000 ANBI STATUS ▶ ja DIRECTIE ▶ geen directiegegevens bekend BESTUUR ▶ Mw.mr. A.M. Davina, voorzitter; mr.drs. A. Ott, penningmeester; mw. G. Kruip, secretaris.

Missie ■ DOELSTELLING ▶ Het Niemeijer Fonds doneert jaarlijks een bedrag aan diverse kunstenaars om de ontplooiing van hun talenten te helpen bevorderen. Daarnaast ondersteunt ze kleinschalige projecten/initiatieven op gebied van kunst, cultuur en maatschappij. STICHTER(S) ▶ Theodora Niemeijer HISTORIE ▶ Theodora Niemeijer (Groningen 1912 – Laren 2004), dochter van de bekende tabaksfabrikant Niemeijer in Groningen, was een bijzondere persoonlijkheid met een grote passie voor beeldende kunst. In 1996 richtte Theodora Niemeijer een eigen stichting op met als doel het stimuleren van beginnende kunstenaars. Zij was ongehuwd en had geen kinderen. Op 18 juni 2004 overleed Theodora Niemeijer en liet ze haar vermogen na aan de door haar opgerichte Stichting Niemeijer Fonds. Deze stichting doneert jaarlijks uit het rendement van het vermogen een bedrag aan verschillende kunstenaars, van musici tot beeldende kunstenaars en aan verschillende initiatieven op het gebied van kunst, cultuur en maatschappij. **BELEIDSPLAN OP WEBSITE** ▶ ja.

Doelgroep ■ **SPECIFIEK** ▶ Kunstenaars en artistieke, culturele, levensbeschouwelijke en wetenschappelijke instellingen. **ACTIVITEITEN** ▶ Zij tracht de doelstelling te bereiken door: ☑ het verstrekken van stipendia (studie)beurzen; ☑ leningen aan kunstenaars; ☑ het doen van (periodieke) uitkeringen en schenkingen aan artistieke, culturele, levensbeschouwelijke en wetenschappelijke instellingen; ☑ Het Niemeijer Fonds en het Van Abbemuseum organiseren gezamenlijk de Theodora Niemeijer prijs, een stimuleringsprijs voor beginnende, vrouwelijke beeldende kunstenaars. De prijs ter waarde van €10.000,- wordt eens per twee jaar uitgereikt. **INTERVENTIENIVEAU** ▶ Steun aan lokale/provinciale maatschappelijke organisaties en structuren (incl. gemeenten etc.) die diensten verlenen aan individuen.; Steun aan individuen (directe steun).

Werkgebied ■ **ACTIERADIUS** ▶ Nationaal **LAND** ▶ Nederland.

Bestedingen ■ **BUDGET** ▶ niet openbaar **ONDERSTEUNDE PROJECTEN P/J** ▶ 32 **SOORT BIJDRAGE** ▶ giften leningen studiebeurzen **BOVENGRENS** ▶ € 50.000 **ONDERGRENS** ▶ € 1.000.

Projecten ■ **CRITERIA** ▶ ; ☑ Individuele kunstenaars en (culturele) algemeen nut beogende instellingen (ANBI's) kunnen aanvragen doen; ☑ Projecten dienen een mate van experiment te hebben om in aanmerking te komen voor een toekenning. **DOORLOOPTIJD** ▶ ☑ onbekend **STATUS AANVRAGER** ▶ ☑ individuen/gezinnen ☑ stichting of vereniging (non-profit) **VOORKEUR/UITSLUITING** ▶ De voorkeur gaat uit naar initiatieven op het gebied van beeldende kunst omdat Theodora Niemeijer zelf ook beeldend kunstenaar was. er worden geen toekenningen gedaan aan: ☑ festivals; ☑ amateurs; ☑ reguliere of beroepsopleidingen; ☑ kinderen.

Procedure ■ **OP AANVRAAG** ▶ ja **DOORLOOPTIJD** ▶ 3-6 maanden **AANVRAAGPROCEDURE** ▶ De aanvraag dient per mail in pdf te worden aangeleverd via info@stichtingniemeijerfonds.nl met als onderwerp 'Aanvraag: [naam project/kunstenaar] en [gevraagde bedrag]'. De informatie die geleverd moet worden door personen of stichtingen is te vinden op de website. Bij toezegging van een aanvraag van individuele personen zal gevraagd worden om een gewaarmerkt kopie van een geldig legitimatiebewijs. Het bestuur van het Niemeijer Fonds vergadert vier keer per jaar. De afhandeling van de procedure neemt enige tijd in beslag. U wordt aangeraden aan uw aanvraag tenminste drie maanden voor aanvang van uw project in te dienen. **URL** ▶ www.stichtingniemeijerfonds.nl/

Financieel ■ **INKOMSTEN EV** ▶ € 93.588 **HERKOMST MIDDELEN** ▶ vermogen **BOEKJAAR** ▶ 2019 **JAARVERSLAG OP WEBSITE** ▶ ja.

Contact ■ **BEREIKBAAR PER** ▶ ☑ post ☑ e-mail ☒ telefoon **CONTACTPERSOON** ▶ Administratiekantoor Jac's den Boer & Vink BV **POSTADRES** ▶ Postbus 43, 2850 AA Haastrecht **EMAIL (ALGEMEEN)** ▶ info@stichtingniemeijerfonds.nl.

903

Stichting Fonds Nij Bethanië

Rubriek ■ ☑ gezondheidszorg ☑ sport en recreatie ☑ kunst en cultuur ☑ maatschappij, welzijn en samenleving

Algemeen ■ **WEBSITE** ▶ www.fondsnijbethanie.nl **TYPERING** ▶ vermogensfonds **OPGERICHT** ▶ 06-05-1997 **RECHTSVORM** ▶ stichting **KVK** ▶ 41005754 **ANBI STATUS** ▶ ja **DIRECTIE** ▶ geen directiegegevens bekend **BESTUUR** ▶ N.H. Zonderland, voorzitter; L.S. Heeringa, penningmeester; A.C. Hartman, secretaris; S.J. Broekstra, vice-voorzitter; mw. P.M. Andriesen.

Missie ■ **DOELSTELLING** ▶ De stichting stelt zich tot doel het geven van financiële steun aan: ☑ activiteiten die het welzijn van ouderen in de voormalige gemeente Barradeel bevorderen, zoals verzorging; aangepaste huisvesting; eventuele verpleging thuis, enzovoorts. ☑ activiteiten die het welzijn van gehandicapten(niet zijnde ouderen) in de voormalige gemeente Barradeel bevorderen en/of gericht zijn op het verlenen van hulp aan hulpbehoevende jongeren binnen de gemeente Barradeel. ☑ in de voormalige gemeente Barradeel gevestigde verenigingen en stichtingen die zich ten doel stellen werkzaam te zijn op het gebied van sport en cultuur. **HISTORIE** ▶ In het jaar 1997 is de voormalige Stichting Nij Bethanië te Tzummarum een fusie aangegaan met het Medisch Centrum Leeuwarden. De Stichting Nij Bethanië exploiteerde, naast een verzorgingshuis voor ouderen genaamd Zorgcentrum Nij Bethanië, in verschillende dorpen van de voormalige gemeente Barradeel enkele complexen met totaal 143 seniorenwoningen. Voor de fusie zijn de woningen verkocht aan de regionale woningcorporatie Wonen Noordwest Friesland. Het vermogen bestaande uit de reserves van de woningcomplexen is toen gestort in de nieuw opgerichte STICHTING FONDS NIJ BETHANIË. **BELEIDSPLAN OP WEBSITE** ▶ ja.

Doelgroep ■ **ALGEMEEN** ▶ gehandicapten, jongeren, ouderen **SPECIFIEK** ▶ Ouderen, gehandicapten en hulpbehoevende jongeren in de voormalige gemeente Barradeel. **ACTIVITEITEN** ▶ Geen specifieke activiteiten bekend **INTERVENTIENIVEAU** ▶ Steun aan lokale/provinciale maatschappelijke organisaties en structuren (incl. gemeenten etc.) die diensten verlenen aan individuen.

Werkgebied ■ **ACTIERADIUS** ▶ Lokaal **LAND** ▶ Nederland **REGIO** ▶ Friesland **PLAATS** ▶ Barradeel.

Bestedingen ■ **BUDGET** ▶ niet openbaar **ONDERSTEUNDE PROJECTEN P/J** ▶ 9 **SOORT BIJDRAGE** ▶ subsidies giften **BOVENGRENS** ▶ geen **ONDERGRENS** ▶ geen.

Projecten ■ **CRITERIA** ▶ De aanvrager voor een financiële steun moet afkomstig zijn uit de voormalige gemeente Barradeel. Hiermee wordt bedoeld het gebied van de gemeente Barradeel, zoals die bestond op 31 december 1983. **DOORLOOPTIJD** ▶ ☑ onbekend **STATUS AANVRAGER** ▶ ☑ stichting of vereniging (non-profit) **VOORKEUR/UITSLUITING** ▶ De stichting voorziet niet in financiering achteraf.

Procedure ■ **OP AANVRAAG** ▶ ja **DOORLOOPTIJD** ▶ 1-3 maanden **AANVRAAGPROCEDURE** ▶ De aanvragen moeten schriftelijk worden ingediend. Uit de aanvraag moet blijken: ☑ voor welk doel een financiële bijdrage wordt verlangd; ☑ waarom de aanvrager denkt voor een bijdrage in aanmerking te komen; ☑ hoe groot de eigen bijdrage van de aanvrager zal zijn; ☑ een dekkingsplan. Het bestuur beslist driemaal per jaar over de ingekomen aanvragen (mei, oktober, januari). Na de behandeling van de aanvraag krijgt u schriftelijk bericht van het genomen besluit. **URL** ▶ www.fondsnijbethanie.nl/reglement .php

Financieel ■ **INKOMSTEN EV** ▶ € 311.142 **INKOMSTEN OV** ▶ € 12.383 **HERKOMST MIDDELEN** ▶ vermogen **BOEKJAAR** ▶ 2019 **JAARVERSLAG OP WEBSITE** ▶ ja.

Contact ■ **BEREIKBAAR PER** ▶ ☑ post ☒ e-mail ☒ telefoon **CONTACTPERSOON** ▶ geen contactpersoon bekend **POSTADRES** ▶ Buorren 16, 8851 EN Tzummarum.

904
Nijbakker-Morra Stichting

Rubriek ■ ☑ gezondheidszorg ☑ onderwijs en onderzoek

Algemeen ■ **WEBSITE** ▶ www.nijbakker-morra.nl **TYPERING** ▶ vermogensfonds **OPGERICHT** ▶ 08-04-1974 **RECHTSVORM** ▶ stichting **KVK** ▶ 41192182 **ANBI STATUS** ▶ ja **DIRECTIE** ▶ geen directiegegevens bekend **BESTUUR** ▶ D van Hoewijk, voorzitter; drs. J. Huisjes, penningmeester; ir. R.J. Morra, secretaris.

Missie ■ **DOELSTELLING** ▶ Het doel van de stichting is het bevorderen van kankeronderzoek. De stichting is beperkt van omvang en mede daardoor besteedt de stichting vrijwel alle inkomsten aan kankeronderzoek. **STICHTER(S)** ▶ Mevrouw C.M. Nijbakker-Morra **HISTORIE** ▶ De Nijbakker-Morra Stichting (NMS) is in 1974 opgericht door mevrouw C.M. Nijbakker-Morra. Het doel van de stichting is het bevorderen van kankeronderzoek. De heer en mevrouw Nijbakker besloten hun gehele nalatenschap aan kankeronderzoek te besteden, nadat hun enige dochter, Erica Joy Nijbakker, aan kanker was overleden. **BELEIDSPLAN OP WEBSITE** ▶ ja.

Doelgroep ■ **ALGEMEEN** ▶ studenten **SPECIFIEK** ▶ Personen die kankeronderzoek doen. **ACTIVITEITEN** ▶ De Nijbakker-Morra Stichting ondersteunt personen die kankeronderzoek doen door het verlenen van: ☑ aanmoedigingsprijzen aan veelbelovende studenten Geneeskunde en Biomedische Wetenschappen; ☑ beurzen voor een verblijf aan een buitenlandse universiteit of onderzoeksinstituut: a. stagebeurzen voor masterstudenten; b. stipendia voor onderzoekers. **INTERVENTIENIVEAU** ▶ Steun aan individuen (directe steun).

Werkgebied ■ **ACTIERADIUS** ▶ Nationaal **LAND** ▶ Nederland.

Bestedingen ■ **BUDGET** ▶ niet openbaar **ONDERSTEUNDE PROJECTEN P/J** ▶ 0-20 **SOORT BIJDRAGE** ▶ giften overig studiebeurzen **BOVENGRENS** ▶ geen **ONDERGRENS** ▶ geen.

Projecten ■ **CRITERIA** ▶ Zie de website voor alle criteria betreffende de verschillende aanvragen. **DOORLOOPTIJD** ▶ ☑ onbekend **STATUS AANVRAGER** ▶ ☑ geen beperkingen bekend **VOORKEUR/UITSLUITING** ▶ De Nijbakker-Morra Stichting levert uitdrukkelijk geen bijdragen aan; ☑ de drukkosten van proefschriften; ☑ reiskosten voor een (presentatie op een) congres; ☑ projectsubsidies t.b.v. materiaalkosten (de stichting is hiermee vanaf het academisch jaar 2018-19 gestopt).

Procedure ■ **OP AANVRAAG** ▶ ja **AANVRAAGPROCEDURE** ▶ Voor ieder soort aanvraag is er een apart aanvraagformulier. Vul het formulier op de website in en stuur separaat het juiste aanvraagformulier met bijlagen (als één pdf – bijvoorbeeld door alle documenten te printen en vervolgens te scannen of via een pdf samenvoeg tool) naar het Secretariaat van de Nijbakker-Morra Stichting, p/a Mw. Marjan Kantebeen-Zoetemelk: M.Kantebeen-Zoetemelk@lumc.nl. **URL** ▶ www.nijbakker-morra.nl/aanvraag-doen/

Financieel ■ **INKOMSTEN EV** ▶ € 17.953 **INKOMSTEN OV** ▶ € 100.060 **HERKOMST MIDDELEN** ▶ legaten, giften & schenkingen, vermogen, inkomsten uit vermogen **BOEKJAAR** ▶ 2018 **JAARVERSLAG OP WEBSITE** ▶ ja.

Contact ■ **BEREIKBAAR PER** ▶ ☑ post ☑ e-mail ☑ telefoon **CONTACTPERSOON** ▶ Ir. R.J. Morra **POSTADRES** ▶ Postbus 75265, 1070 AG Amsterdam **EMAIL (ALGEMEEN)** ▶ info@nijbakker-morra.nl **TELEFOON (ALGEMEEN)** ▶ 020-6789357 **TELEFOON (AANVRAGEN)** ▶ 071-5269510.

905
Stichting Nijhof Mens en Dier

Rubriek ■ ☑ maatschappij, welzijn en samenleving ☑ natuur, milieu en dieren

Algemeen ■ **WEBSITE** ▶ www.nijhofmensendier.nl **TYPERING** ▶ vermogensfonds **OPGERICHT** ▶ 14-03-2006 **RECHTSVORM** ▶ stichting **KVK** ▶ 34246382 **ANBI STATUS** ▶ ja **DIRECTIE** ▶ geen directiegegevens bekend **BESTUUR** ▶ G. Ockhuysen, voorzitter; mw. R. van Driel-Dijkhuis; mw. M.J.M. Kooijman.

Missie ■ **DOELSTELLING** ▶ Het ondersteunen van instellingen die zich bezig houden met dieren in relatie tot mensen. Denk hierbij aan ondersteuning door dieren (hulphonden, paardrijden voor gehandicapten, etc.), werkdieren (paarden, ezels, vooral ook in het buitenland) en dierenopvang van allerlei aard. Overigens kan het bestuur ook besluiten andere doelen te ondersteunen waarvan het maatschappelijk nut in het licht van de intenties van Marycke Nyhof hoog wordt geacht. **STICHTER(S)** ▶ Marycke Nyhoff **HISTORIE** ▶ Op 17 maart 2006 overleed in het ziekenhuis te Hoofddorp Marycke Nyhoff. Zij was toen 74 jaar oud, geboren in 1931 in Indonesië, Soerabaja. Dieren hebben haar hart gestolen, reden ook waarom haar vermogen dat is ontstaan uit een spaarzaam, soms zelf armoedig ogend, leven bij haar overlijden grotendeels ingebracht is in een Stichting, toen genaamd Stichting Nijhof Dierenfonds, met als formele doelstelling 'het doen van uitkeringen aan algemeen nut beogende instellingen'. Haar bedoeling was dat dit aan diergerelateerde instellingen zou gebeuren. Op 1 juli 2008 heeft het bestuur van de stichting de naam gewijzigd in Stichting Nijhof Mens en Dier, omdat die meer recht deed aan de feitelijke doelstelling. **BELEIDSPLAN OP WEBSITE** ▶ ja.

Doelgroep ■ **ALGEMEEN** ▶ dieren, kinderen, dak- en thuislozen, armen, gehandicapten, zieken **SPECIFIEK** ▶ Het ondersteunen van instellingen die zich bezig houden met dieren in relatie tot mensen. **ACTIVITEITEN** ▶ Het doen van uitkeringen aan goede doelen en al hetgeen daaraan dienstbaar is, zoals onderzoek van de aanvragen(de organisaties), vermogensbeheer. **INTERVENTIENIVEAU** ▶ Steun aan lokale/provinciale maatschappelijke organisaties en structuren (incl. gemeenten etc.) die diensten verlenen aan individuen.

Werkgebied ■ **ACTIERADIUS** ▶ Internationaal **LAND** ▶ Wereldwijd.

Bestedingen ■ **BUDGET** ▶ niet openbaar **ONDERSTEUNDE PROJECTEN P/J** ▶ 16 **SOORT BIJDRAGE** ▶ giften **BOVENGRENS** ▶ geen **ONDERGRENS** ▶ geen.

Projecten ■ **CRITERIA** ▶ geen projectcriteria bekend **DOORLOOPTIJD** ▶ ☑ onbekend **STATUS AANVRAGER** ▶ ☑ stichting of vereniging (non-profit) **VOORKEUR/UITSLUITING** ▶ Voorkeur wordt gegeven aan 'diergerelateerde' doelen.

Procedure ■ **OP AANVRAAG** ▶ ja **AANVRAAGPROCEDURE** ▶ Geen aanvraagprocedure bekend.

Financieel ■ **EIGEN VERMOGEN** ▶ € 1.143.558 **INKOMSTEN EV** ▶ € -24.913 **INKOMSTEN OV** ▶ € 200 **HERKOMST MIDDELEN** ▶ vermogen, giften & schenkingen, legaten **BOEKJAAR** ▶ 2018 **JAARVERSLAG OP WEBSITE** ▶ ja.

Contact ■ **BEREIKBAAR PER** ▶ ☑ post ☑ e-mail ☑ telefoon **CONTACTPERSOON** ▶ geen contactpersoon bekend **POSTADRES** ▶ Chirurgijn 67, 1188 DL Amstelveen **EMAIL (ALGEMEEN)** ▶ go@ockhuysen.eu **TELEFOON (ALGEMEEN)** ▶ 020-3456382.

906

Nijman Biermasz 17 dorpen Fonds

Rubriek ■ ☑ kunst en cultuur

Algemeen ■ **WEBSITE** ▶ www.cultuurfonds.nl **TYPERING** ▶ fonds op naam **BEHEERD DOOR** ▶ Prins Bernhard Cultuurfonds **DIRECTIE** ▶ zie > Prins Bernhard Cultuurfonds **BESTUUR** ▶ zie > Prins Bernhard Cultuurfonds

Missie ■ **DOELSTELLING** ▶ Het Nijman Biermasz 17 dorpen fonds ondersteunt culturele activiteiten in Witmarsum en de 16 aangrenzende dorpen. Aanvragen worden behandeld door het Prins Bernhard Cultuurfonds Friesland.

Werkgebied ■ **ACTIERADIUS** ▶ Regionaal **LAND** ▶ Nederland **REGIO** ▶ Friesland **PLAATS** ▶ Witwarsum.

Projecten ■ **CRITERIA** ▶ geen projectcriteria bekend **DOORLOOPTIJD** ▶ ☑ korter dan 1 jaar **STATUS AANVRAGER** ▶ ☑ geen beperkingen bekend **VOORKEUR/UITSLUITING** ▶ geen voorkeur of uitsluiting bekend.

Procedure ■ **OP AANVRAAG** ▶ ja **AANVRAAGPROCEDURE** ▶ Dit 'fonds op naam' ressorteert onder het Prins Bernhard Cultuurfonds. Verzoeken aan fondsen op naam komen op één centraal punt binnen. Dit houdt in dat een subsidieaanvraag slechts eenmaal aan het Prins Bernhard Cultuurfonds hoeft te worden gezonden. Voor de verdere aanvraagprocedure: zie Prins Bernhard Cultuurfonds. **URL** ▶ www.cultuurfonds.nl/aanvragen

Contact ■ **BEREIKBAAR PER** ▶ ☑ post ☑ e-mail ☑ telefoon **CONTACTPERSOON** ▶ geen contactpersoon bekend **POSTADRES** ▶ Postbus 19750, 1000 GT Amsterdam **EMAIL (ALGEMEEN)** ▶ info@cultuurfonds.nl **TELEFOON (ALGEMEEN)** ▶ 020-5206130.

907

Stichting Nil Volentibus Arduum

Rubriek ■ ☑ gezondheidszorg ☑ onderwijs en onderzoek ☑ maatschappij, welzijn en samenleving

Algemeen ■ **WEBSITE** ▶ www.stichtingnva.nl **TYPERING** ▶ vermogensfonds **OPGERICHT** ▶ 1995 **RECHTSVORM** ▶ stichting **KVK** ▶ 41135373 **ANBI STATUS** ▶ ja **DIRECTIE** ▶ geen directiegegevens bekend **BESTUUR** ▶ J. Detiger, voorzitter; D.G.A. van Luxemburg, penningmeester; J.C.M van Waas, secretaris; F.M. Dirkx.

Missie ■ **DOELSTELLING** ▶ Het doel van de Stichting is het uitsluitend, of nagenoeg uitsluitend doen van uitkeringen, in de vorm van bijdragen of anderszins: ☑ aan instellingen die zich richten op wetenschapsonderzoek en onderwijs; ☑ ten behoeve van projecten in de ontwikkeling van de geestelijke en lichamelijke volksgezondheid; ☑ aan instellingen ter ondersteuning en bevordering van sociale en charitatieve projecten. Daarnaast kunnen uitkeringen worden gedaan aan kerkelijke instellingen en kerkelijke organisaties. De voornoemde instellingen mogen zowel in Nederland als daarbuiten zijn gevestigd. **STICHTER(S)** ▶ De heer J.C.M. van Waas **HISTORIE** ▶ De Stichting Nil Volentibus Arduum is een initiatief van de heer J.C.M. van Waas, die in 1995 de Stichting heeft opgericht. Met het instellen van deze Stichting werd een platform gecreëerd om diverse goede doelen, vooral op het vlak van ontwikkeling van de geestelijke en lichamelijke volksgezondheid en onderwijs, financieel te ondersteunen. **BELEIDSPLAN OP WEBSITE** ▶ ja.

Doelgroep ■ **ALGEMEEN** ▶ zieken, gehandicapten, armen, dak- en thuislozen, kinderen **SPECIFIEK** ▶ Geen specifieke doelgroep **ACTIVITEITEN** ▶ In de recente jaren zijn diverse donaties gedaan aan stichtingen. Zo zijn schenkingen gedaan aan: ☑ Kon. Wilhelmina Fonds; ☑ S.O.S. Kinderdorpen; ☑ 'New Hope for Cambodian Children'; ☑ Liliane Fonds. Projecten worden waar mogelijk bezocht. **INTERVENTIENIVEAU** ▶ Steun aan lokale/provinciale maatschappelijke organisaties en structuren (incl. gemeenten etc.) die diensten verlenen aan individuen.

Werkgebied ■ **ACTIERADIUS** ▶ Internationaal, Nationaal **LAND** ▶ Nederland.

Bestedingen ■ **BUDGET** ▶ niet openbaar **SOORT BIJDRAGE** ▶ giften overig **BOVENGRENS** ▶ geen **ONDERGRENS** ▶ geen.

Projecten ■ **CRITERIA** ▶ geen projectcriteria bekend **DOORLOOPTIJD** ▶ ☑ onbekend **STATUS AANVRAGER** ▶ ☑ geen beperkingen bekend **VOORKEUR/UITSLUITING** ▶ geen voorkeur of uitsluiting bekend.

Procedure ■ **OP AANVRAAG** ▶ onbekend **AANVRAAGPROCEDURE** ▶ Het bestuur vergadert twee keer per jaar waarin onder andere de besluitvorming omtrent schenkingen wordt vastgesteld en uitgevoerd. Geen aanvraagprocedure bekend.

Financieel ■ EIGEN VERMOGEN ► € 117.792 INKOMSTEN OV ► € 195.000 HERKOMST MIDDELEN ► giften & schenkingen, vermogen BOEKJAAR ► 2019 JAARVERSLAG OP WEBSITE ► ja.

Contact ■ BEREIKBAAR PER ► ☑ post ☒ e-mail ☑ telefoon CONTACTPERSOON ► geen contactpersoon bekend POSTADRES ► Burgemeester Aalberslaan 33, 2922 BB Krimpen aan den IJssel TELEFOON (ALGEMEEN) ► 06-53329119.

908
Nomes-Pauli Fonds

Rubriek ■ ☑ natuur, milieu en dieren

Algemeen ■ WEBSITE ► www.cultuurfonds.nl TYPERING ► fonds op naam BEHEERD DOOR ► Prins Bernhard Cultuurfonds DIRECTIE ► zie > Prins Bernhard Cultuurfonds BESTUUR ► zie > Prins Bernhard Cultuurfonds

Missie ■ DOELSTELLING ► Het financieel ondersteunen van natuurbehoud.

Werkgebied ■ ACTIERADIUS ► Nationaal LAND ► Nederland.

Projecten ■ CRITERIA ► geen projectcriteria bekend DOORLOOPTIJD ► ☑ korter dan 1 jaar STATUS AANVRAGER ► ☑ geen beperkingen bekend VOORKEUR/UITSLUITING ► geen voorkeur of uitsluiting bekend.

Procedure ■ OP AANVRAAG ► ja AANVRAAGPROCEDURE ► Dit 'fonds op naam' ressorteert onder het Prins Bernhard Cultuurfonds. Verzoeken aan fondsen op naam komen op één centraal punt binnen. Dit houdt in dat een subsidieaanvraag slechts eenmaal aan het Prins Bernhard Cultuurfonds hoeft te worden gezonden. Voor de verdere aanvraagprocedure: zie Prins Bernhard Cultuurfonds. URL ► www.cultuurfonds.nl/aanvragen

Contact ■ BEREIKBAAR PER ► ☑ post ☑ e-mail ☑ telefoon CONTACTPERSOON ► geen contactpersoon bekend POSTADRES ► Postbus 19750, 1000 GT Amsterdam EMAIL (ALGEMEEN) ► info@cultuurfonds.nl TELEFOON (ALGEMEEN) ► 020-5206130.

909
Nora Baart Fonds

Rubriek ■ ☑ kunst en cultuur

Algemeen ■ WEBSITE ► www.cultuurfonds.nl TYPERING ► fonds op naam BEHEERD DOOR ► Prins Bernhard Cultuurfonds DIRECTIE ► zie Prins Bernhard Cultuurfonds BESTUUR ► zie Prins Bernhard Cultuurfonds

Missie ■ DOELSTELLING ► Het financieel ondersteunen van projecten op het terrein van de beoefening van de klassieke muziek.

Werkgebied ■ ACTIERADIUS ► Nationaal LAND ► Nederland.

Projecten ■ CRITERIA ► geen projectcriteria bekend DOORLOOPTIJD ► ☑ korter dan 1 jaar STATUS AANVRAGER ► ☑ geen beperkingen bekend VOORKEUR/UITSLUITING ► geen voorkeur of uitsluiting bekend.

Procedure ■ OP AANVRAAG ► ja AANVRAAGPROCEDURE ► Dit 'fonds op naam' ressorteert onder het Prins Bernhard Cultuurfonds. Verzoeken aan fondsen op naam komen op één centraal punt binnen. Dit houdt in dat een subsidieaanvraag slechts eenmaal aan het Prins Bernhard Cultuurfonds hoeft te worden gezonden. Voor de verdere aanvraagprocedure: zie Prins Bernhard Cultuurfonds. URL ► www.cultuurfonds.nl/aanvragen

Contact ■ BEREIKBAAR PER ► ☑ post ☑ e-mail ☑ telefoon CONTACTPERSOON ► geen contactpersoon bekend POSTADRES ► Postbus 19750, 1000 GT Amsterdam EMAIL (ALGEMEEN) ► info@cultuurfonds.nl TELEFOON (ALGEMEEN) ► 020-5206130.

910
Norg Fonds

Rubriek ■ ☑ economische ontwikkeling en microkrediet ☑ onderwijs en onderzoek

Algemeen ■ WEBSITE ► www.cultuurfonds.nl TYPERING ► fonds op naam BEHEERD DOOR ► Prins Bernhard Cultuurfonds DIRECTIE ► zie Prins Bernhard Cultuurfonds BESTUUR ► zie Prins Bernhard Cultuurfonds

Missie ■ DOELSTELLING ► Het financieel ondersteunen van getalenteerde afgestudeerden voor een vervolgstudie of -onderzoek op het gebied van de economie of economische geschiedenis.

Werkgebied ■ ACTIERADIUS ► Nationaal, Internationaal LAND ► Nederland.

Projecten ■ CRITERIA ► geen projectcriteria bekend DOORLOOPTIJD ► ☑ korter dan 1 jaar STATUS AANVRAGER ► ☑ geen beperkingen bekend VOORKEUR/UITSLUITING ► geen voorkeur of uitsluiting bekend.

Procedure ■ OP AANVRAAG ► ja AANVRAAGPROCEDURE ► Dit 'fonds op naam' ressorteert onder het Prins Bernhard Cultuurfonds. Verzoeken aan fondsen op naam komen op één centraal punt binnen. Dit houdt in dat een subsidieaanvraag slechts eenmaal aan het Prins Bernhard Cultuurfonds hoeft te worden gezonden. Voor de verdere aanvraagprocedure: zie Prins Bernhard Cultuurfonds. URL ► www.cultuurfonds.nl/aanvragen

Contact ■ BEREIKBAAR PER ► ☑ post ☑ e-mail ☑ telefoon CONTACTPERSOON ► geen contactpersoon bekend POSTADRES ► Postbus 19750, 1000 GT Amsterdam EMAIL (ALGEMEEN) ► info@cultuurfonds.nl TELEFOON (ALGEMEEN) ► 020-5206130.

911
Stichting Nota 70

Rubriek ■ ☑ maatschappij, welzijn en samenleving ☑ noodhulp

Algemeen ■ WEBSITE ► www.nota70.nl TYPERING ► vermogensfonds OPGERICHT ► 11-10-1974 RECHTSVORM ► stichting KVK ► 41222330 ANBI STATUS ► ja DIRECTIE ► geen directiegegevens bekend BESTUUR ► Mr. J.F.H.M. van Exter, voorzitter; mw.mr. A-M.A.F. Donders, secretaris; mr. J.A. Alferink; ir. J. Slangen; mr. W.M.N. Eggenkamp; mw. C.M. van Oerle; mw.drs. A.J.P.M. Greebe RA.

Missie ■ DOELSTELLING ► De stichting zich ten doel: de essentiële waarde van menselijke solidariteit, speciaal in haar facetten van gemeenschappelijkheid en dienstbaarheid, te activeren in dienst van het maatschappelijk welzijn van de medemens. In 2012 besloot het bestuur niet langer giften aan individuen te verstrekken, maar als doelstelling vast te stellen: het financieel ondersteunen van non-profit instellingen op het gebied van maatschappelijk welzijn en hun cliënten. **HISTORIE** ▶ De Stichting Nota '70 ontleent haar naam aan een inspirerende notitie uit 1968 over vernieuwing van de kloostertraditie ter voorbereiding van het kapittel van de Orde van de Nederlandse Augustijnen in 1970. In Haarlem trokken enkele Augustijnen uit hun convent en vormden als 'Augustijnen Schalkwijk' een nieuwe leefgroep, waarin zij hoopten gastvrij en met open blik naar de maatschappij hun religieuze leven te vernieuwen. Vanuit deze oorsprong werd de Stichting Nota 70 op 11 oktober 1974 opgericht. In november 2009 heeft het toenmalige bestuur contact gezocht met het College van Regenten van het Sint Jacobs Godshuis om de mogelijkheid te onderzoeken de bestuurskracht van de Stichting Nota 70 te vergroten. Na diverse besprekingsronden werd op 6 december 2010 de samenwerkingsovereenkomst getekend. Deze samenwerking is verwerkt in de statutenwijziging van 22 december 2010. In de bestuursvergadering van 9 december 2014 is nogmaals besloten tot een statutenwijziging: per 1 januari 2015 wordt het bestuur volledig gevormd door en uit leden van het College van Regenten van het Sint Jacobs-Godshuis te Haarlem, die in het bestuur van Stichting Nota 70 dezelfde functie vervullen als in het College van Regenten van het Sint Jacobs Godshuis. **BELEIDSPLAN OP WEBSITE** ▶ ja.

Doelgroep ■ **SPECIFIEK** ▶ Non-profit instellingen op het gebied van maatschappelijk welzijn. **ACTIVITEITEN** ▶ Geen specifieke activiteiten bekend **INTERVENTIENIVEAU** ▶ Steun aan lokale/provinciale maatschappelijke organisaties en structuren (incl. gemeenten etc.) die diensten verlenen aan individuen.; Steun aan individuen (directe steun).

Werkgebied ■ **ACTIERADIUS** ▶ Internationaal, Nationaal , Regionaal **LAND** ▶ Wereldwijd, Nederland **REGIO** ▶ Zuid-Kennemerland.

Bestedingen ■ **BUDGET** ▶ € 28.000 **ONDERSTEUNDE PROJECTEN P/J** ▶ 6 **SOORT BIJDRAGE** ▶ giften **BOVENGRENS** ▶ geen **ONDERGRENS** ▶ geen.

Projecten ■ **CRITERIA** ▶ ☑ het project dient projectmatig en/of structureel te zijn; ☑ het project moet maatschappelijk solidair gedragen worden; ☑ er is een ondersteuningsbehoefte; nieuwe vraag of een uitbreiding; ☑ het ondersteunen van verbanden, die handelen in de geest van het gedachtegoed van de Paters Augustijnen. Er wordt een onderscheid gemaakt in gebieden waar steun zal worden verleend: ☑ Zuid–Kennemerland, het merendeel van de giften zal hier terechtkomen; ☑ Nederland; ☑ Buiten Nederland; ☑ Gedachtegoed van de Orde der Paters Augustijnen. **DOORLOOPTIJD** ▶ ☑ onbekend **STATUS AANVRAGER** ▶ ☑ stichting of vereniging (non-profit) **VOORKEUR/UITSLUITING** ▶ geen voorkeur of uitsluiting bekend.

Procedure ■ **OP AANVRAAG** ▶ onbekend **AANVRAAGPROCEDURE** ▶ Geen aanvraagprocedure bekend.

Financieel ■ **EIGEN VERMOGEN** ▶ € 797.199 **INKOMSTEN EV** ▶ € 29.274 **HERKOMST MIDDELEN** ▶ vermogen **BOEKJAAR** ▶ 2018 **JAARVERSLAG OP WEBSITE** ▶ ja.

Contact ■ **BEREIKBAAR PER** ▶ ☑ post ☑ e-mail ☑ telefoon **CONTACTPERSOON** ▶ geen contactpersoon bekend **POSTADRES** ▶ Emauslaan 6, 2012 PH Haarlem **EMAIL (ALGEMEEN)** ▶ secretariaat@sintjacobsgodshuis.nl **TELEFOON (ALGEMEEN)** ▶ 023-5363976.

912
NPO Fonds

Rubriek ■ ☑ kunst en cultuur ☑ sport en recreatie

Algemeen ■ **WEBSITE** ▶ https://npo-fonds.nl **TYPERING** ▶ vermogensfonds **OPGERICHT** ▶ 01-01-2017 **RECHTSVORM** ▶ stichting **KVK** ▶ 32043579 **ANBI STATUS** ▶ ja **DIRECTIE** ▶ geen directiegegevens bekend **BESTUUR** ▶ Mw. S. Rijxman, voorzitter; J. Kooij; M. van Dam.

Missie ■ **DOELSTELLING** ▶ Het NPO-fonds stimuleert hoogwaardige dramaproducties, documentaires en talentontwikkeling bij de publieke omroep, uitgezonden en geplaatst via radio, televisie en online. **STICHTER(S)** ▶ NPO **HISTORIE** ▶ Het NPO-fonds startte begin 2017, als opvolger van het Mediafonds, dat eind 2016 haar deuren sloot ten gevolge van het wegvallen van de subsidie van het Rijk. Om niet verloren te laten gaan wat het Mediafonds in de 28 jaar van haar bestaan had opgebouwd, besloot de NPO vanaf 2017 16 miljoen uit eigen middelen vrij te maken om daarmee kwalitatief hoogwaardig drama- en documentaire-aanbod op radio en televisie blijvend te stimuleren.

Doelgroep ■ **SPECIFIEK** ▶ Landelijke publieke omroepen. **ACTIVITEITEN** ▶ Het fonds streeft nadrukkelijk na aanvragen te honoreren die rechtdoen aan de diverse samenleving (geslacht, leeftijd, culturele achtergrond), zowel qua onderwerpkeuze, als wat betreft crew en cast. Het fonds spoort ervaren makers aan mogelijkheden te vinden samen te werken met beginnende, talentvolle makers en schrijvers. Ook samenwerkingen met disciplines als beeldende kunst, theater, journalistiek zijn welkom, mits zij leiden tot audiovisuele producties die bij de publieke omroep uitgezonden en geplaatst kunnen worden; zoals geldt voor alle projecten waarvoor een aanvraag bij het NPO-fonds wordt ingediend. **INTERVENTIENIVEAU** ▶ Steun aan lokale/provinciale maatschappelijke organisaties en structuren (incl. gemeenten etc.) die diensten verlenen aan individuen.

Werkgebied ■ **ACTIERADIUS** ▶ Nationaal **LAND** ▶ Nederland.

Bestedingen ■ **BUDGET** ▶ € 16.000.000 **TOELICHTING** ▶ Ter verdeling van de beschikbare budgetten zijn voor televisiedrama en radiodrama/-documentaire jaarlijks vijf en voor televisiedocumentaire zeven rondes voorzien. Mocht aan het eind van het jaar een bedrag resteren, dan wordt een zogenoemde veegronde ingelast. **ONDERSTEUNDE PROJECTEN P/J** ▶ 114 **SOORT BIJDRAGE** ▶ giften **BOVENGRENS** ▶ geen **ONDERGRENS** ▶ geen.

Projecten ■ **CRITERIA** ▶ Voorstellen; ☑ hebben universele zeggingskracht; ☑ leiden tot bijzondere culturele producties; ☑ beroeren, verrassen het publiek, stemmen het publiek tot nadenken en geven het publiek nieuwe inzichten; ☑ zijn relevant; ☑ onderscheiden zich door een persoonlijke signatuur van de maker(s),; ☑ laten originaliteit, creativiteit, gelaagdheid en reflectie zien, zowel in onderwerpkeuze als in aanpak en vormgeving; ☑ kwaliteit,; ☑ oorspronkelijkheid; ☑ zeggingskracht; Verdere specificaties per genre en per soort aanvraag (ontwikkeling of productie) zijn terug te vinden bij de verschillende regelingen. **DOORLOOPTIJD** ▶ ☑ onbekend **STATUS AANVRAGER** ▶ ☑ overig **VOORKEUR/UITSLUITING** ▶ ; ☑ Aanvragen kunnen uitsluitend worden gedaan door de landelijke publieke omroepen. ☑ Reeds uitgezonden media-aanbod komt niet in aanmerking voor een bijdrage. ☑ Ook aan projecten waarvan de te financieren activiteiten al een aanvang hebben genomen, wordt geen bijdrage verstrekt. Een uitzondering kan slechts worden gemaakt voor opnamen die een bescheiden deel van het project gaan vormen en waarvan gemotiveerd wordt dat deze van zodanig wezenlijk belang zijn voor het project dat ze voor verlening van de bijdrage gemaakt moesten worden.

Procedure ■ **OP AANVRAAG** ▶ ja **AANVRAAGPROCEDURE** ▶ Kijk voor de werkwijze (praktische handleiding aanvragers, algemene voorwaarden, protocol adviescommissies) en de indiendata voor Documentaire, Drama en Audio op de website van het NPO-fonds. Na ontvangst controleert het bureau NPO-fonds of de aanvraag voldoet aan de algemene vereisten. Indien de aanvraag voldoet wordt de begroting, behorende bij de aanvraag, beoordeeld door het bureau NPO-fonds. Op basis van beschikbaarheid en eventuele belangenverstrengeling van de adviseurs stelt het bureau NPO-fonds de commissievergadering samen. Het conceptadvies wordt voorgelegd aan de commissieleden en na finale schriftelijke goedkeuring vastgesteld. Het vastgestelde advies en daaraan gekoppeld het advies ten aanzien van de budgettoekenning zoals vastgesteld door het bureau NPO-fonds, wordt ter besluitvorming doorgeleid naar de raad van bestuur. Na schriftelijke goedkeuring door de raad van bestuur worden de besluiten bekendgemaakt op de website van het NPO-fonds. De vergaderingen vinden plaats ten kantore van de NPO-organisatie. **URL** ▶ https://over.npo.nl/voor-makers/npo-fonds/regelingen

Financieel ■ **HERKOMST MIDDELEN** ▶ onbekend **BOEKJAAR** ▶ boekjaar onbekend **JAARVERSLAG OP WEBSITE** ▶ ja.

Contact ■ **BEREIKBAAR PER** ▶ ☑ post ☑ e-mail ☒ telefoon **CONTACTPERSOON** ▶ geen contactpersoon bekend **POSTADRES** ▶ Postbus 26444, 1202 JJ Hilversum **EMAIL (ALGEMEEN)** ▶ npofonds@npo.nl.

913

NSGK (Nederlandse Stichting voor het Gehandicapte Kind)

Rubriek ■ ☑ kunst en cultuur ☑ sport en recreatie ☑ onderwijs en onderzoek ☑ maatschappij, welzijn en samenleving ☑ gezondheidszorg

Algemeen ■ **WEBSITE** ▶ www.nsgk.nl **TYPERING** ▶ hybride fonds **OPGERICHT** ▶ 15-06-1950 **RECHTSVORM** ▶ stichting **KVK** ▶ 41199157 **ANBI STATUS** ▶ ja **DIRECTIE** ▶ H-W. Laan **BESTUUR** ▶ F. Paling, voorzitter; A.G.M. Nagelmaker; mw. J.T.P.M. van Dongen; H. Bosma; mw. M. ten Bruggencate.

Missie ■ **DOELSTELLING** ▶ De Stichting heeft ten doel: ☑ het stimuleren en financieel ondersteunen van initiatieven die de participatie en/of integratie in de samenleving beogen van personen met een handicap tot de leeftijd van 30 jaar in Nederland; ☑ het bewust maken van het Nederlandse publiek van de mogelijkheden tot participatie en integratie van bovenstaande personen door middel van informatie en voorlichting; en ☑ het verrichten van alle verdere handelingen die met vorenstaande in de ruimste zin verband houden of daartoe bevorderlijk kunnen zijn. **HISTORIE** ▶ De Mytylstichting en de Stichting ter Verzorging van het Gebrekkige Kind gaan in 1950 samen onder de naam Nederlandse Stichting voor het Gebrekkige Kind. Het is de start van NSGK. De term 'gebrekkig' kreeg een negatieve lading. Daarom heet de stichting vanaf 1976 de 'Nederlandse Stichting voor het Gehandicapte Kind'. De stichting werft geld om internaten te bouwen waar kinderen met een handicap kunnen wonen, goede zorg krijgen en onderwijs volgen. Vanaf 2012 richt NSGK zich steeds meer op inclusie: een samenleving waarin kinderen en jongeren met en zonder handicap vanzelfsprekend samen leven. Onder het motto 'Vanzelfsprekend samen' wordt dat verankerd in alles wat NSGK doet. **BELEIDSPLAN OP WEBSITE** ▶ ja.

Doelgroep ■ **ALGEMEEN** ▶ jongeren, kinderen, gehandicapten **SPECIFIEK** ▶ Kinderen en jongeren tot 30 jaar in Nederland met een lichamelijke, verstandelijke, zintuiglijke of meervoudige handicap, of met een chronische ziekte. **ACTIVITEITEN** ▶ NSGK verstrekt financiële steun aan organisaties/initiatieven die extra aanpassingen, begeleiding en zorg geven aan kinderen en jongeren met een handicap, om hen te helpen zo volwaardig mogelijk te kunnen leven. Daarnaast probeert NSGK de beeldvorming rondom kinderen en jongeren met een handicap bij te stellen, om vooroordelen en onwetendheid weg te nemen en zo de integratie te bevorderen. **INTERVENTIENIVEAU** ▶ Steun aan lokale/provinciale maatschappelijke organisaties en structuren (incl. gemeenten etc.) die diensten verlenen aan individuen.

Werkgebied ■ **ACTIERADIUS** ▶ Nationaal **LAND** ▶ Nederland.

Bestedingen ■ **BUDGET** ▶ € 5.012.000 **ONDERSTEUNDE PROJECTEN P/J** ▶ 382 **SOORT BIJDRAGE** ▶ giften leningen **BOVENGRENS** ▶ geen **ONDERGRENS** ▶ geen.

Projecten ■ **CRITERIA** ▶ NSGK onderscheidt drie manieren waarop projecten (minumum van 1) kunnen bijdragen aan het ideaal, de inclusieve samenleving: ☑ beeldvorming,; ☑ toegankelijkheid; ☑ empowerment. Voor de gift en de lening zijn verschillende aanvullende projectcriteria. Deze zijn terug te vinden op de website. **DOORLOOPTIJD** ▶ ☑ onbekend **STATUS AANVRAGER** ▶ ☑ stichting of vereniging (nonprofit) **VOORKEUR/UITSLUITING** ▶ ☑ NSGK draagt niet bij aan projecten die al gestart zijn of binnen 3 maanden starten. ☑ NSGK ondersteunt alleen projecten van stichtingen of verenigingen met een onafhankelijk bestuur van minimaal drie leden. Individuele aanvragen komen niet in aanmerking voor een bijdrage. ☑ NSGK draagt niet bij aan reguliere exploitatiekosten of fondsenwerving. ☑ NSGK ondersteunt alleen projecten waar vanuit de overheid onvoldoende (financiële) middelen voor beschikbaar zijn. ☑ De aanvrager moet ook de geëigende aanvrager zijn van het project. Er worden bijvoorbeeld GEEN aanvragen aangenomen van een 'Stichting Vrienden van'. ☑ Projecten op het gebied van medische zorg en therapie komen niet in aanmerking voor een gift van NSGK.

Procedure ■ **OP AANVRAAG** ▶ ja **DOORLOOPTIJD** ▶ 1-3 maanden **AANVRAAGPROCEDURE** ▶ Met het aanvraagformulier (te vinden op de website)kunt uw aanvraag dienen met de benodigde documenten. Deze documenten verschillen per type aanvraag (lening of gift). Indien u de aanvraag heeft verstuurd krijgt u per mail hiervan een ontvangstbevestiging. U krijgt binnen een week te horen of uw project in behandeling wordt genomen, of dat de aanvraag op voorhand afgewezen wordt omdat deze niet voldoende aansluit bij NSGK. U ontvangt binnen 3 maanden bericht of NSGK heeft besloten bij te dragen aan uw project. Indien NSGK positief besluit ontvangt u na de brief ook onze toekenningsvoorwaarden en de specifieke voorwaarden die wij stellen aan onze gift/lening. Het is mogelijk een heroverweging aan te vragen wanneer de aanvraag is afgewezen. **URL** ▶ www.nsgk.nl/doe-een-aanvraag/

Financieel ■ **EIGEN VERMOGEN** ▶ € 6.952.000 **INKOMSTEN EV** ▶ € 537.000 **INKOMSTEN OV** ▶ € 6.369.000 **HERKOMST MIDDELEN** ▶ giften & schenkingen, legaten, overige inkomsten, loterijen, bedrijven, vermogen **BOEKJAAR** ▶ 2019 **JAARVERSLAG OP WEBSITE** ▶ ja.

Contact ■ **BEREIKBAAR PER** ▶ ☑ post ☑ e-mail ☑ telefoon **CONTACTPERSOON** ▶ geen contactpersoon bekend **POSTADRES** ▶ Wibautstraat 212-214, 1091 GS Amsterdam **EMAIL (ALGEMEEN)** ▶ info@nsgk.nl **TELEFOON (ALGEMEEN)** ▶ 020-6791200.

914
Stichting Nutsfonds Zierikzee

Rubriek ■ ☑ maatschappij, welzijn en samenleving ☑ kunst en cultuur ☑ onderwijs en onderzoek ☑ gezondheidszorg ☑ sport en recreatie ☑ natuur, milieu en dieren

Algemeen ■ **WEBSITE** ▶ www.nutsfondszierikzee.nl **TYPERING** ▶ vermogensfonds **OPGERICHT** ▶ 10-02-2000 **RECHTSVORM** ▶ stichting **KVK** ▶ 22045548 **ANBI STATUS** ▶ ja **DIRECTIE** ▶ geen directiegegevens bekend **BESTUUR** ▶ Mr. W.H. Klaassen, voorzitter; J.C. Schoneman, penningmeester; A.J. Deurloo, secretaris; W.K. Schot; J.J. Stols; mw. K.K.T.J. Peute.

Missie ■ **DOELSTELLING** ▶ Het doel van de Stichting is de behartiging van het algemeen belang. **HISTORIE** ▶ ☑ Stichting Nutsfonds Zierikzee (voorheen genaamd: Stichting SNS Fonds 't Nut Zierikzee) is opgericht bij akte van 10 februari 2000 en sedertdien gevestigd in Zierikzee. ☑ Per 6 oktober 2010 is de Nutsstichting Zierikzee door juridische fusie opgegaan in de Stichting SNS Fonds 't Nut Zierikzee. ☑ De naam van de Stichting is per die datum gewijzigd in Stichting Nutsfonds Zierikzee. **BELEIDSPLAN OP WEBSITE** ▶ ja.

Doelgroep ■ **SPECIFIEK** ▶ Geen specifieke doelgroep **ACTIVITEITEN** ▶ De stichting beoogt het leveren van een bijdrage aan de samenleving op het werkgebied Schouwen-Duiveland door ondersteuning van projecten van algemeen maatschappelijk belang met een ideële, sociale of educatieve strekking, zonder winstoogmerk. De stichting steunt in het bijzonder initiatieven op het gebied van kunst en cultuur, gezondheid en zorg, sport en recreatie, natuur en milieu en educatie. De stichting beoogt dergelijke projecten en initiatieven door financiële ondersteuning mede van de grond te krijgen dan wel te stimuleren, hetzij door eigen initiatieven, hetzij door publiciteit. **INTERVENTIENIVEAU** ▶ Steun op niveau van maatschappij zelf (beleidsbeïnvloeding, etc.).; Steun aan lokale/provinciale maatschappelijke organisaties en structuren (incl. gemeenten etc.) die diensten verlenen aan individuen.

Werkgebied ■ **ACTIERADIUS** ▶ Lokaal **LAND** ▶ Nederland **REGIO** ▶ Zeeland **PLAATS** ▶ Schouwen-Duiveland.

Bestedingen ■ **BUDGET** ▶ niet openbaar **ONDERSTEUNDE PROJECTEN P/J** ▶ 46 **SOORT BIJDRAGE** ▶ giften **BOVENGRENS** ▶ geen **ONDERGRENS** ▶ geen.

Projecten ■ **CRITERIA** ▶ ☑ Alleen projecten met een breed maatschappelijk draagvlak en met een ideële, sociale en/of educatieve strekking komen in beginsel in aanmerking voor ondersteuning; ☑ Aan realisatie van het project verbonden kosten dienen in redelijke verhouding te staan tot de kosten van het eigenlijke project; ☑ Voor de realisatie van het project kan aantoonbaar niet worden beschikt over voldoende geldelijke middelen uit andere bron; ☑ Er dient sprake te zijn van cofinanciering. **DOORLOOPTIJD** ▶ ☑ korter dan 1 jaar **STATUS AANVRAGER** ▶ ☑ stichting of vereniging (non-profit) **VOORKEUR/UITSLUITING** ▶ Van financiële ondersteuning zijn uitgesloten: ☑ structurele bijdragen; ☑ projecten in uitvoering of reeds gerealiseerd; ☑ Exploitatiekosten; ☑ overheadkosten; ☑ niet-projectgebonden salariskosten en overige kosten; ☑ projecten van overheden, overheidsinstellingen of daarmee naar het oordeel van het bestuur nauw gelieerde instellingen en van geheel of grotendeels door enige overheid structureel gesubsidieerde rechtspersonen; ☑ projecten van commerciële instellingen, institutionele beleggers of fondsen; ☑ projecten met een uitgesproken politiek of religieus karakter; ☑ projecten met een internationaal of buitenlands karakter.

Procedure ■ **OP AANVRAAG** ▶ ja **AANVRAAGPROCEDURE** ▶ Aanvragen voor financiële ondersteuning dienen schriftelijk te worden ingediend, middels het daarvoor geëigende aanvraagformulier (te downloaden via de website), bij het secretariaat van het Nutsfonds Zierikzee. De aanvraag dient duidelijk inzicht te geven in; ☑ de aard en de doelstelling(en) van de aanvrager,; ☑ de aard en de doelstelling(en) van het betreffende project,; ☑ de planning; ☑ de begroting; ☑ de financiële dekking; ☑ de statuten; ☑ een uittreksel uit het handelsregister dienen bij de aanvraag te worden gevoegd. Indien de aanvraag een bedrag van € 10.000,– te boven gaat, dient tevens te worden overgelegd een exemplaar van de laatstelijk goedgekeurde jaarrekening. De aanvraag dient deugelijk gemotiveerd te zijn. De aanvrager is verplicht om achteraf rekening en verantwoording af te leggen, op eerste verzoek van het Nutsfonds Zierikzee. Beroep tegen een afwijzende beslissing is niet mogelijk. Het bestuur is niet verplicht tot toelichting op een besluit tot afwijzing van een financiële bijdrage. **URL** ▶ www.nutsfondszierikzee.nl/downloaden-termijnen-en-procedure/

Financieel ■ **EIGEN VERMOGEN** ▶ € 15.122.931 **HERKOMST MIDDELEN** ▶ vermogen, overige inkomsten **BOEKJAAR** ▶ 2019 **JAARVERSLAG OP WEBSITE** ▶ ja.

Contact ■ **BEREIKBAAR PER** ▶ ☑ post ☑ e-mail ☑ telefoon **CONTACTPERSOON** ▶ geen contactpersoon bekend **POSTADRES** ▶ Postbus 33, 4300 AA Zierikzee **EMAIL (ALGEMEEN)** ▶ info@nutsfondszierikzee.nl **TELEFOON (ALGEMEEN)** ▶ 0111-481939; 06–12062459; 06–44292043.

915
Oene Fonds

Rubriek ■ ☑ kunst en cultuur ☑ natuur, milieu en dieren

Algemeen ■ **WEBSITE** ▶ www.cultuurfonds.nl **TYPERING** ▶ fonds op naam **BEHEERD DOOR** ▶ Prins Bernhard Cultuurfonds **DIRECTIE** ▶ zie > Prins Bernhard Cultuurfonds **BESTUUR** ▶ zie > Prins Bernhard Cultuurfonds

Missie ■ **DOELSTELLING** ▶ Het financieel ondersteunen van projecten op de terreinen cultuur en natuur in het dorp Oene (Veluwe). Aanvragen worden behandeld door het Prins Bernhard Cultuurfonds Gelderland.

Werkgebied ■ **ACTIERADIUS** ▶ Lokaal **LAND** ▶ Nederland **REGIO** ▶ Veluwe **PLAATS** ▶ Oene.

Projecten ■ **CRITERIA** ▶ ☑ Projecten op het brede terrein van cultuur, educatie, natuur tot erfgoed; ☑ projecten die zonder steun niet van de grond zouden komen omdat ze geen overheidssteun krijgen. **DOORLOOPTIJD** ▶ ☑ korter dan 1 jaar **STATUS AANVRAGER** ▶ ☑ geen beperkingen bekend **VOORKEUR/UITSLUITING** ▶ geen voorkeur of uitsluiting bekend.

Procedure ■ **OP AANVRAAG** ▶ ja **AANVRAAGPROCEDURE** ▶ Dit 'fonds op naam' ressorteert onder het Prins Bernhard Cultuurfonds. Verzoeken aan fondsen op naam komen op één centraal punt binnen. Dit houdt in dat een subsidieaanvraag slechts eenmaal aan het Prins Bernhard Cultuurfonds hoeft te worden gezonden. Voor de verdere aanvraagprocedure: zie Prins Bernhard Cultuurfonds. **URL** ▶ www.cultuurfonds.nl/aanvragen

Contact ■ **BEREIKBAAR PER** ▶ ☑ post ☑ e-mail ☑ telefoon **CONTACTPERSOON** ▶ geen contactpersoon bekend **POSTADRES** ▶ Postbus 19750, 1000 GT Amsterdam **EMAIL (ALGEMEEN)** ▶ info@cultuurfonds.nl **TELEFOON (ALGEMEEN)** ▶ 020-5206130.

916
Stichting Het Old Burger Weeshuis

Rubriek ■ ☑ kunst en cultuur ☑ maatschappij, welzijn en samenleving ☑ gezondheidszorg

Algemeen ■ **WEBSITE** ▶ www.oldburgerweeshuis.nl **TYPERING** ▶ vermogensfonds **OPGERICHT** ▶ 1534 **RECHTSVORM** ▶ stichting **KVK** ▶ 41000779 **ANBI STATUS** ▶ ja **DIRECTIE** ▶ geen directiegegevens bekend **BESTUUR** ▶ J. Volkers, voorzitter; T. van der Hoek, penningmeester; P. van Dijk, secretaris; mw. S. van Hulsen; mw. M. Geertsema; W.J. Adema.

Missie ■ **DOELSTELLING** ▶ Stichting het Old Burger Weeshuis heeft ten doel: ☑ Het verzorgen en opvoeden van wezen, half-wezen of niet-wezen. ☑ Het geven van (geldelijke) ondersteuning en hulp voor de geestelijke en culturele verheffing en voor de maatschappelijke ontwikkeling en verzorging van kinderen en jongeren. ☑ De hulpverlening aan ouderen en bejaarden in het bijzonder door het bieden van woongelegenheid aan hun die zulks behoeven. ☑ Subsidiair heeft de Stichting tot doel het doen ontwikkelen van activiteiten bij voorkeur in Friesland op sociaal, cultureel en historisch gebied, en voorts al hetgeen met een en ander rechtstreeks of zijdelings verband houdt of daartoe bevorderlijk kan zijn. Alles in de ruimste zin van het woord. **STICHTER(S)** ▶ Auck Peters **HISTORIE** ▶ Sinds in 1534 Auck Peters begonnen is met de opvang van wezen, en via haar erfenis de eerste aanzet is gegeven voor de oprichting van een weeshuis, heeft de zorg voor wezen een enorme ontwikkeling doorgemaakt. Als instituut bestaat het weeshuis niet meer. In 1982 is de laatste wees uitgeschreven. Er worden geen weeskinderen meer opgevangen en ook de gasthuizen voor ouden van dagen worden niet meer door het OBW onderhouden. Het OBW Leeuwarden anno nu houdt zich onder andere bezig met het verlenen van subsidies aan initiatieven gericht op jeugd en ouderenzorg. Hierbij gaat het voornamelijk om activiteiten in Friesland op sociaal, maatschappelijk en cultureel gebied. **BELEIDSPLAN OP WEBSITE** ▶ ja.

Doelgroep ■ **ALGEMEEN** ▶ kinderen, jongeren, ouderen **SPECIFIEK** ▶ Geen specifieke doelgroep **ACTIVITEITEN** ▶ Het subsidiëren van incidentele activiteiten en kosten in de sfeer van jeugd- en ouderenzorg en de bevordering van culturele activiteiten in Leeuwarden en omgeving. Daarnaast blijven de structurele subsidies aan het Jongerenhuis te Leeuwarden en Dekema State doorlopen. **INTERVENTIENIVEAU** ▶ Steun aan lokale/provinciale maatschappelijke organisaties en structuren (incl. gemeenten etc.) die diensten verlenen aan individuen.

Werkgebied ■ **ACTIERADIUS** ▶ Lokaal **LAND** ▶ Nederland **REGIO** ▶ Friesland **PLAATS** ▶ Leeuwarden e.o.

Bestedingen ■ **BUDGET** ▶ niet openbaar **SOORT BIJDRAGE** ▶ giften subsidies **BOVENGRENS** ▶ geen **ONDERGRENS** ▶ geen.

Projecten ■ **CRITERIA** ▶ ☑ Een bijdrage wordt slechts toegekend voor zover het een te subsidiëren activiteit binnen het grondgebied van de provincie Fryslân is; ☑ De aantoonbare duurzaamheid van een project vormt een zwaarwegende factor in de besluitvorming van de voogdij om een project wel of niet te subsidiëren; ☑ Er worden slechts bijdragen verstrekt in concrete investeringen of voor concrete doelen; ☑ Een te verlenen bijdrage kan nooit meer bedragen dan het door aanvrager aangegeven controleerbare tekort; ☑ Een besluit tot het doen van een uitkering is in beginsel gebaseerd op een daartoe strekkende aanvraag. Het staat de voogdij echter vrij om – met in achtneming van de doelstelling van de stichting – ook ongevraagd te besluiten tot het doen van een uitkering. **DOORLOOPTIJD** ▶ ☑ onbekend **STATUS AANVRAGER** ▶ ☑ stichting of vereniging (non-profit) ☑ bedrijf ☑ hulpverleners ☑ kerkelijke instelling ☑ onderwijsinstelling **VOORKEUR/UITSLUITING** ▶ ☑ Bij voorkeur en voorrang in de stad Leeuwarden en omgeving. ☑ activiteiten of projecten met een aantoonbaar duurzaam karakter genieten de voorkeur boven aanvragen voor activiteiten of projecten die een kortdurend, eenmalig karakter dragen; ☑ Er worden geen bijdragen gegeven in een exploitatietekort. ☑ In beginsel worden geen uitkeringen verstrekt aan natuurlijke personen voor particuliere investeringen, maar alleen aan rechtspersonen.

Procedure ■ **OP AANVRAAG** ▶ ja **DOORLOOPTIJD** ▶ 1-3 maanden **AANVRAAGPROCEDURE** ▶ Subsidie kan worden aangevraagd via een brief en/of email aan het OBW met: ☑ een algemene omschrijving van de activiteit; ☑ een begroting; ☑ dekkingsplan; ☑ de namen van instellingen die ook gevraagd zijn om een financiële bijdrage. Ongeveer zes keer per jaar buigt de voogdij zich over de subsidie aanvragen en doet hierover uitspraak. **URL** ▶ www.oldburgerweeshuis.nl/aanvragen/

Financieel ■ **INKOMSTEN EV** ▶ € 848.000 **INKOMSTEN OV** ▶ € 885.600 **HERKOMST MIDDELEN** ▶ vermogen, overige inkomsten, inkomsten uit vermogen **BOEKJAAR** ▶ 2017 **JAARVERSLAG OP WEBSITE** ▶ ja.

Contact ■ **BEREIKBAAR PER** ▶ ☑ post ☑ e-mail ☑ telefoon **CONTACTPERSOON** ▶ geen contactpersoon bekend **POSTADRES** ▶ Oostersingel 68 S, 8921 GB Leeuwarden **EMAIL (ALGEMEEN)** ▶ info@oldburgerweeshuis.nl **TELEFOON (ALGEMEEN)** ▶ 06-51350443.

917

Stichting Het Old Burger Weeshuis

Rubriek ■ ☑ maatschappij, welzijn en samenleving ☑ sport en recreatie ☑ kunst en cultuur

Algemeen ■ **WEBSITE** ▶ www.obwsneek.nl **TYPERING** ▶ vermogensfonds **OPGERICHT** ▶ 30-12-1964 **RECHTSVORM** ▶ stichting **KVK** ▶ 41000686 **ANBI STATUS** ▶ ja **DIRECTIE** ▶ geen directiegegevens bekend **BESTUUR** ▶ P.A. Damstra, voorzitter; mw. E.W. de Jonge-Bloemendal, penningmeester; mw. H. Reinstra; H.G. van der Zwaag; mw. J.E.M. Gerretzen; B.J.W. Harding; W. Sinnema.

Missie ■ **DOELSTELLING** ▶ De stichting heeft ten doel: het behartigen van het algemeen belang in het werkgebied op sociaal, maatschappelijk, cultureel en/of recreatief gebied, met name door middel van het verlenen van (eenmalige) financiële steun aan instellingen en/of rechtspersonen en voorts al hetgeen met een en ander rechtstreeks of zijdeling verband houdt of daartoe bevorderlijk kan zijn, alles in de ruimste zin van het woord. **HISTORIE** ▶ In het jaar 1581, na de kerkelijke Reformatie in Friesland, nam de gemeente Sneek kloosterbezittingen in beslag en bestemde de opbrengst daarvan voor het onderhoud van 'arme wezen, geboren van burgeren van voorschreven stede', hiermee was in feite de stichting van het Burger Weeshuis ontstaan. **BELEIDSPLAN OP WEBSITE** ▶ ja.

Doelgroep ■ **ALGEMEEN** ▶ jongeren **SPECIFIEK** ▶ Geen specifieke doelgroep **ACTIVITEITEN** ▶ De stichting heeft als werkgebied de stad Sneek met de dorpen Ysbrechtum, Loënga of Offingawier, zijnde het grondgebied van de voormalige gemeente Sneek als ontstaan ten gevolge van de gemeentelijke herindeling per 1 januari 1984. De ondersteuning van het OBW gebeurt middels het verstrekken van éénmalige subsidies. De stichting kan slechts in zeer bijzondere gevallen te realisering van haar doel financiële ondersteuning verlenen in de vorm van een jaarlijkse subsidie. **INTERVENTIENIVEAU** ▶ Steun aan lokale/provinciale maatschappelijke organisaties en structuren (incl. gemeenten etc.) die diensten verlenen aan individuen.

Werkgebied ■ **ACTIERADIUS** ▶ Lokaal **LAND** ▶ Nederland **REGIO** ▶ Friesland **PLAATS** ▶ Sneek, Loënga, IJsbrechtum, Offingawier.

Bestedingen ■ **BUDGET** ▶ niet openbaar **ONDERSTEUNDE PROJECTEN P/J** ▶ 24 **SOORT BIJDRAGE** ▶ giften **BOVENGRENS** ▶ geen **ONDERGRENS** ▶ geen.

Projecten ■ **CRITERIA** ▶ ☑ De activiteit moet passen binnen de doelstelling van het OBW; ☑ De aanvraag moet voor aanvang van de activiteit worden ingediend; ☑ De activiteit moet binnen het werkgebied van de stichting zijn; ☑ De activiteit moet aanvullend en/of origineel zijn; ☑ Voor een activiteit kan slechts eenmaal per 4 jaar een subsidie worden aangevraagd; ☑ Voor de bekostiging van de activiteit moeten ook andere fondsen zijn aangeschreven. **DOORLOOPTIJD** ▶ ☑ onbekend **STATUS AANVRAGER** ▶ ☑ stichting of vereniging (non-profit) ☑ kerkelijke instelling ☑ onderwijsinstelling **VOORKEUR/UITSLUITING** ▶ ; ☑ Er worden geen structurele subsidies verleend. ☑ De aanvragen van particulieren zullen worden afgewezen.

Procedure ■ **OP AANVRAAG** ▶ ja **DOORLOOPTIJD** ▶ 1-3 maanden **AANVRAAGPROCEDURE** ▶ Om in aanmerking te komen voor een bijdrage kunt u het aanvraagformulier invullen en versturen met de juiste bijlagen. De aanvraag dient te worden voorzien van; ☑ De statuten; ☑ een begroting van de activiteit,; ☑ een exploitatierekening; ☑ een staat van baten en lasten; ☑ een jaarrekening. Het bestuur vergadert vijf keer per jaar, waardoor het besluitvormingsproces enkele weken kan duren. De aanvraag moet uiterlijk 11 werkdagen voor de volgende vergadering zijn ingediend. De data van de vergaderingen en sluitingsdata zijn te vinden op de website **URL** ▶ www.obwsneek.nl/subsidie-aanvragen-2/

Financieel ■ **INKOMSTEN EV** ▶ € 273.350 **INKOMSTEN OV** ▶ € 150 **HERKOMST MIDDELEN** ▶ giften & schenkingen, overige inkomsten, legaten, vermogen **BOEKJAAR** ▶ 2018 **JAARVERSLAG OP WEBSITE** ▶ ja.

Contact ■ **BEREIKBAAR PER** ▶ ☑ post ☑ e-mail ☑ telefoon **CONTACTPERSOON** ▶ F.D. Rozema **POSTADRES** ▶ Kleine Kerkstraat 8, 8601 CN Sneek **EMAIL (ALGEMEEN)** ▶ info@obwsneek.nl **TELEFOON (ALGEMEEN)** ▶ 0515-412625.

918
Oldenaller Fonds

Rubriek ■ ☑ natuur, milieu en dieren ☑ kunst en cultuur
Algemeen ■ WEBSITE ▶ www.cultuurfonds.nl TYPERING ▶ fonds op naam BEHEERD DOOR ▶ Prins Bernhard Cultuurfonds DIRECTIE ▶ zie > Prins Bernhard Cultuurfonds BESTUUR ▶ zie > Prins Bernhard Cultuurfonds
Missie ■ DOELSTELLING ▶ Het financieel ondersteunen van restauraties van historische buitenplaatsen, met een voorkeur voor tuin- en park en historische interieurs waaronder ook behangsels.
Werkgebied ■ ACTIERADIUS ▶ Nationaal LAND ▶ Nederland.
Projecten ■ CRITERIA ▶ geen projectcriteria bekend DOORLOOPTIJD ▶ ☑ korter dan 1 jaar STATUS AANVRAGER ▶ ☑ geen beperkingen bekend VOORKEUR/UITSLUITING ▶ Voorkeur gaat uit naar tuin- en park en historische interieurs.
Procedure ■ OP AANVRAAG ▶ onbekend AANVRAAGPROCEDURE ▶ Dit 'fonds op naam' ressorteert onder het Prins Bernhard Cultuurfonds. Verzoeken aan fondsen op naam komen op één centraal punt binnen. Dit houdt in dat een subsidieaanvraag slechts eenmaal aan het Prins Bernhard Cultuurfonds hoeft te worden gezonden. Voor de verdere aanvraagprocedure: zie Prins Bernhard Cultuurfonds. URL ▶ www.cultuurfonds.nl/aanvragen
Contact ■ BEREIKBAAR PER ▶ ☑ post ☑ e-mail ☑ telefoon CONTACTPERSOON ▶ geen contactpersoon bekend POSTADRES ▶ Postbus 19750, 1000 GT Amsterdam EMAIL (ALGEMEEN) ▶ info@cultuurfonds.nl TELEFOON (ALGEMEEN) ▶ 020-5206130.

919
Olga Heldring Fonds

Rubriek ■ ☑ kunst en cultuur ☑ maatschappij, welzijn en samenleving ☑ gezondheidszorg
Algemeen ■ WEBSITE ▶ www.fundatiesobbe.nl/fundaties/olga-heldring-fonds TYPERING ▶ fonds op naam BEHEERD DOOR ▶ Fundatie Van den Santheuvel, Sobbe DIRECTIE ▶ zie > Fundatie Van den Santheuvel, Sobbe BESTUUR ▶ zie > Fundatie Van den Santheuvel, Sobbe
Missie ■ DOELSTELLING ▶ Uit het Olga Heldring Fonds worden vooral bijdragen gegeven aan projecten die kunst koppelen aan een maatschappelijk doel. STICHTER(S) ▶ Olga Heldring (1880-1958) HISTORIE ▶ Het Olga Heldring Fonds werd in 1930 opgericht door Olga Heldring, aanvankelijk met als doel het ondersteunen van behoeftige familieleden. In 1958 werden de statuten gewijzigd: vanaf dat jaar werden bijdragen verstrekt aan instellingen met liefdadige doeleinden, maar ook aan kunst in het algemeen. BELEIDSPLAN OP WEBSITE ▶ ja.
Werkgebied ■ ACTIERADIUS ▶ Nationaal LAND ▶ Nederland.
Projecten ■ CRITERIA ▶ Uit het Olga Heldring Fonds worden vooral bijdragen gegeven aan projecten die kunst koppelen aan een maatschappelijk doel. DOORLOOPTIJD ▶ ☑ onbekend STATUS AANVRAGER ▶ ☑ geen beperkingen bekend VOORKEUR/UITSLUITING ▶ Er worden géén giften gedaan aan onder andere: ☑ Organisaties die hun bestuurders boven de balkenendenorm belonen; ☑ Aanbouw- en verbouwprojecten; ☑ Acties en korte campagnes; ☑ Congressen, symposia; ☑ Dorpshuizen, buurtcentra, multifunctionele centra; ☑ Evenementen en festivals (zoals op het gebied van kunst of sport, ook niet voor gehandicapten); ☑ Festiviteiten; ☑ Films, documentaires; ☑ Individuele noden; ☑ Kinderdagverblijven, peuterspeelzalen; ☑ Koepelorganisaties voor gehandicapten, tenzij t.b.v. activering en participatie; ☑ Milieubescherming, dieren(opvang); ☑ Omroepen; ☑ Orgelrestauratie; ☑ Politieke doelen; ☑ Projecten in het buitenland, buitenlandse organisaties; ☑ Reguliere kunst, voorstellingen, (amateur)muziekprojecten; ☑ Restauratie van (kerk)gebouwen; ☑ Scouting; ☑ Sport zonder sociaal en/of participatiedoel; ☑ Wetenschappelijk (dus ook medisch) onderzoek, studie of studiebeurzen.
Procedure ■ OP AANVRAAG ▶ ja AANVRAAGPROCEDURE ▶ Als uw project voldoet aan de algemene criteria en doelstellingen van de stichting, kunt u uitsluitend via de website (via computer) uw aanvraag voor een bijdrage volledig digitaal indienen. De aanvraagprocedure is opgebouwd uit de volgende onderdelen: ☑ Contactgegevens; ☑ Algemene informatie; ☑ Project waarvoor u een aanvraag doet; ☑ Financiële gegevens van het project; ☑ Bijlagen; ☑ Optioneel; tussentijds opslaan van de aanvraag is mogelijk. U krijgt dan via e-mail een inlogcode waarmee u op een later moment verder kunt gaan met de aanvraag. Nadat de aanvraag is ingediend, wordt over uw aanvraag meestal binnen twee maanden een besluit genomen door het curatorium. De vergaderdata zijn terug te vinden op de website. Over het besluit ontvangt u binnen twee weken na een curatorenvergadering bericht. Soms wordt een aanvraag in onderzoek gehouden. De afhandeling ervan kan dan enkele maanden langer duren. Besluiten van het curatorium worden niet in heroverweging genomen. URL ▶ https://www.fundatiesobbe.nl/4-aanvraagprocedure/
Contact ■ BEREIKBAAR PER ▶ ☑ post ☑ e-mail ☑ telefoon CONTACTPERSOON ▶ Mw. drs. E.M.L. den Braber POSTADRES ▶ Herengracht 524 A, 1017 CC Amsterdam EMAIL (ALGEMEEN) ▶ info@fundatiesobbe.nl TELEFOON (ALGEMEEN) ▶ 020-6233246.

920
Ondersteuningsfonds Databeheer Natuur

Rubriek ■ ☑ natuur, milieu en dieren
Algemeen ■ WEBSITE ▶ www.cultuurfonds.nl TYPERING ▶ fonds op naam BEHEERD DOOR ▶ Prins Bernhard Cultuurfonds DIRECTIE ▶ zie > Prins Bernhard Cultuurfonds BESTUUR ▶ zie > Prins Bernhard Cultuurfonds
Missie ■ DOELSTELLING ▶ Het financieel ondersteunen van initiatieven gericht op het digitaal bundelen, beheren, valideren en ontsluiten van (natuur-)data ten behoeve van de natuur in Nederland en het onafhankelijk toezicht daarop.
Werkgebied ■ ACTIERADIUS ▶ Nationaal LAND ▶ Nederland.

Projecten ■ **CRITERIA** ► geen projectcriteria bekend **DOORLOOPTIJD** ► ☑ korter dan 1 jaar **STATUS AANVRAGER** ► ☑ geen beperkingen bekend **VOORKEUR/UITSLUITING** ► geen voorkeur of uitsluiting bekend.

Procedure ■ **OP AANVRAAG** ► ja **AANVRAAGPROCEDURE** ► Dit 'fonds op naam' ressorteert onder het Prins Bernhard Cultuurfonds. Verzoeken aan fondsen op naam komen op één centraal punt binnen. Dit houdt in dat een subsidieaanvraag slechts eenmaal aan het Prins Bernhard Cultuurfonds hoeft te worden gezonden. Voor de verdere aanvraagprocedure: zie Prins Bernhard Cultuurfonds. **URL** ► www.cultuurfonds.nl/aanvragen

Contact ■ **BEREIKBAAR PER** ► ☑ post ☑ e-mail ☑ telefoon **CONTACTPERSOON** ► geen contactpersoon bekend **POSTADRES** ► Postbus 19750, 1000 GT Amsterdam **EMAIL (ALGEMEEN)** ► info@cultuurfonds.nl **TELEFOON (ALGEMEEN)** ► 020-5206130.

921

Stichting Ondersteuningsfonds van het Nationaal Instituut voor Scheepvaart en Scheepsbouw

Rubriek ■ ☑ kunst en cultuur

Algemeen ■ **WEBSITE** ► www.niss.nu **TYPERING** ► vermogensfonds **OPGERICHT** ► 30-05-1916 **RECHTSVORM** ► stichting **KVK** ► 41132316 **ANBI STATUS** ► ja **DIRECTIE** ► geen directiegegevens bekend **BESTUUR** ► R.P.M. van Slobbe, voorzitter; J. Schlette, penningmeester; G. Noordam, secretaris; J. Gelling; F. R. Loomeijer; A. Peterse; J.J. Hopman.

Missie ■ **DOELSTELLING** ► De stichting heeft ten doel zowel de belangstelling voor als de kennis en het inzicht inzake de praktische en theoretische scheepvaart, scheepsbouw en al wat daarmee in de meest uitgebreide zin verband houdt, met alle daartoe dienstige middelen te bevorderen. **STICHTER(S)** ► Enkele vooraanstaande Rotterdammers, zoals de heren Goudriaan, Hudig en Ruys **HISTORIE** ► De Stichting Ondersteuningsfonds NISS is voortgekomen uit het voormalig Nationaal Instituut voor de Scheepvaart en Scheepsbouw 'N.I.S.S.', welke altijd nauwe banden onderhield met het nog steeds bestaande Maritiem Museum te Rotterdam. Het N.I.S.S. is op 30 mei 1916 opgericht op initiatief van enkele vooraanstaande Rotterdammers, zoals de heren Goudriaan, Hudig en Ruys. Als lange termijn denkers zagen zij het belang in van een vooraanstaande positie van de maritieme bedrijfstak en haar landelijke bekendheid in technische voorsprong, lang voordat de woorden 'public relations' en 'innovatie' waren uitgevonden. Bij de start in 1916 heette het NISS nog het Nationaal Technisch Scheepvaartkundig Museum. Gedurende een groot aantal jaren fungeerde dit Museum als vraagbaak voor de Maritieme Industrie en werd ook veel aan exposities gedaan ten behoeve van het grote publiek. Aan het einde van de jaren 60 van de vorige eeuw is het Technisch Maritiem Museum uiteindelijk getransformeerd tot het Nationaal Instituut voor de Scheepvaart en Scheepsbouw. **BELEIDSPLAN OP WEBSITE** ► ja.

Doelgroep ■ **ALGEMEEN** ► jongeren **SPECIFIEK** ► Projecten met een maritiem karakter. **ACTIVITEITEN** ► Het NISS, Stichting Ondersteuningsfonds Nationaal Instituut voor de Scheepvaart en Scheepsbouw, verleent op verzoek of op eigen initiatief financiële ondersteuning aan projecten met een maritiem karakter. Bijzondere aandacht blijft gericht op de jongere generaties om de belangstelling voor scheepvaart en scheepsbouw te stimuleren. Teneinde een zo groot mogelijke aanwending van onze middelen te bewerkstelligen heeft de stichting wederom een aantal museaal gerichte projecten ondersteund, waarbij van belang is en blijft dat die ondersteunende projecten bedoeld zijn om de hiervoor omschreven stimulans te bewerkstelligen; ☑ De stichting neemt deel aan de Samenwerkende Maritieme fondsen (SMF). **INTERVENTIENIVEAU** ► Steun aan lokale/provinciale maatschappelijke organisaties en structuren (incl. gemeenten etc.) die diensten verlenen aan individuen.; Steun aan individuen (directe steun).

Werkgebied ■ **ACTIERADIUS** ► Nationaal **LAND** ► Nederland.

Bestedingen ■ **BUDGET** ► niet openbaar **ONDERSTEUNDE PROJECTEN P/J** ► 22 **SOORT BIJDRAGE** ► giften **BOVENGRENS** ► geen **ONDERGRENS** ► geen.

Projecten ■ **CRITERIA** ► ☑ aanvragen met een op enigerlei wijze een maritiem karakter. Dat kan variëren van een studie of onderzoek over een innovatief maritiem onderwerp, een bijdrage voor het behoud van een maritiem erfgoed, het publiceren van een belangwekkende maritieme innovatieve en/of -historische studie; ☑; Het NISS verstrekt alléén 'aanvullende' subsidie en zal nooit het gehele bedrag van de kosten vergoeden. Derhalve dienen ook anderen (of de indiener zelf) aan het project bij te dragen; ☑ Het project mag (in principe) nog niet gestart zijn. **DOORLOOPTIJD** ► ☑ onbekend **STATUS AANVRAGER** ► ☑ geen beperkingen bekend **VOORKEUR/UITSLUITING** ► ☑ Educatieve projecten hebben een bijzondere belangstelling. In dit verband passen ook bijdragen aan belangrijke museale (tentoonstellings) initiatieven.

Procedure ■ **OP AANVRAAG** ► ja **DOORLOOPTIJD** ► 3-6 maanden **AANVRAAGPROCEDURE** ► Het verdient aanbeveling contact te zoeken met het secretariaat alvorens een aanvraag in te dienen. Om in aanmerking te komen voor een subsidie vult u het online aanvraagformulier zo compleet mogelijk in. Eventuele bijlagen kunt u als PDF uploaden. Als u aanvraag een publicatie betreft dient u ook het aanvraagformulier voor uitgevers in te vullen en mee te sturen. Indien u een aanvraag wilt doen moet aan de onderstaande voorwaarden worden voldaan: ☑ Omschrijving van het project/de aanvraag/de uitgave etc. ☑ Geef aan bij wie u uw aanvraag eveneens in dient (mocht dat zo zijn). ☑ een begroting waaruit het dekkingstekort blijkt. ☑ Gegevens van de contactpersoon. Aangezien het bestuur slechts enkele malen per jaar vergadert dienen aanvragen tijdig te worden ingediend. Indien een aanvraag uitstijgt in 'belang' dan wel in 'financiële middelen' (boven de mogelijkheden van het NISS) kan in overleg de aanvraag ook bij het secretariaat van de Samenwerkende Maritieme Fondsen worden ingediend. **URL** ► www.niss.nu/SUBSIDIEaanvraag

Financieel ■ **EIGEN VERMOGEN** ► € 4.126.151 **INKOMSTEN EV** ►

€ 637.008 **HERKOMST MIDDELEN** ▶ vermogen, overige inkomsten, inkomsten uit vermogen **BOEKJAAR** ▶ 2019 **JAARVERSLAG OP WEBSITE** ▶ ja.

Contact ■ **BEREIKBAAR PER** ▶ ☑ post ☑ e-mail ☒ telefoon **CONTACTPERSOON** ▶ Mw. drs. A. Schneemann **POSTADRES** ▶ Postbus 615, 3000 AP Rotterdam **EMAIL (ALGEMEEN)** ▶ secretariaat@niss.nu.

922
Stichting Ons Brabants Landschap

Rubriek ■ ☑ natuur, milieu en dieren ☑ onderwijs en onderzoek

Algemeen ■ **WEBSITE** ▶ www.brabantslandschap.nl **TYPERING** ▶ hybride fonds **OPGERICHT** ▶ 22-01-1932 **RECHTSVORM** ▶ stichting **KVK** ▶ 41082422 **ANBI STATUS** ▶ ja **DIRECTIE** ▶ geen directiegegevens bekend **BESTUUR** ▶ J.A.M. Vos, voorzitter; mr. M.E.B.M. van Bouwdijk Bastiaanse, penningmeester; dr. F.A. Petter, secretaris; mr. J.K.B. van Daalen, vice-voorzitter; mw.drs. M.A.H. Moorman; S. Middelkamp.

Missie ■ **DOELSTELLING** ▶ Het doel van de stichting is het volgt: ☑ het behoud, het herstel en de ontwikkeling van natuurwaarden en landschappelijke waarden in de ruimste zin in de provincie Noord-Brabant; ☑ het voorkomen en tegengaan van aantasting van de hiervoor bedoelde waarden; ☑ de bevordering van de recreatie in de vrije natuur in de provincie Noord-Brabant; voor zover passend binnen de normen van de stichting. **HISTORIE** ▶ Sinds 1932 beschermt Brabants Landschap de Brabantse natuur. Dat doet de stichting door het aankopen en beheren van gebieden, maar ook door anderen te ondersteunen met advies over landschapsbeheer en soortbescherming. Ook is de stichting continu in overleg met anderen om de provincie mooi te houden en – als het even kan – nog mooier te maken. **BELEIDSPLAN OP WEBSITE** ▶ ja.

Doelgroep ■ **SPECIFIEK** ▶ Natuur in Noord-Brabant. **ACTIVITEITEN** ▶ Kernactiviteiten: ☑ bescherming, verwerving, restauratie en beheer; ☑ advies en subsidie; ☑ soortenbescherming; ☑ voorlichting en educatie. **INTERVENTIENIVEAU** ▶ Steun aan lokale/provinciale maatschappelijke organisaties en structuren (incl. gemeenten etc.) die diensten verlenen aan individuen.; Steun op niveau van maatschappij zelf (beleidsbeïnvloeding, etc.).

Werkgebied ■ **ACTIERADIUS** ▶ Lokaal **LAND** ▶ Nederland **REGIO** ▶ Noord-Brabant.

Bestedingen ■ **BUDGET** ▶ € 3.314.000 **SOORT BIJDRAGE** ▶ overig **BOVENGRENS** ▶ geen **ONDERGRENS** ▶ geen.

Projecten ■ **CRITERIA** ▶ geen projectcriteria bekend **DOORLOOPTIJD** ▶ ☑ onbekend **STATUS AANVRAGER** ▶ ☑ geen beperkingen bekend **VOORKEUR/UITSLUITING** ▶ geen voorkeur of uitsluiting bekend.

Procedure ■ **OP AANVRAAG** ▶ onbekend **AANVRAAGPROCEDURE** ▶ Geen aanvraagprocedure bekend.

Financieel ■ **EIGEN VERMOGEN** ▶ € 33.982.000 **INKOMSTEN OV** ▶ € 20.139.000 **HERKOMST MIDDELEN** ▶ giften & schenkingen, overige inkomsten, vermogen, loterijen, bedrijven **BOEKJAAR** ▶ 2018 **JAARVERSLAG OP WEBSITE** ▶ ja.

Contact ■ **BEREIKBAAR PER** ▶ ☑ post ☑ e-mail ☑ telefoon **CONTACTPERSOON** ▶ geen contactpersoon bekend **POSTADRES** ▶ Postbus 80, 5076 ZH Haaren **EMAIL (ALGEMEEN)** ▶ info@brabantslandschap.nl **TELEFOON (ALGEMEEN)** ▶ 0411-622775.

923
Stichting Ons Thuis

Rubriek ■ ☑ gezondheidszorg ☑ maatschappij, welzijn en samenleving

Algemeen ■ **WEBSITE** ▶ www.saffiergroep.nl/stichting-ons-thuis **TYPERING** ▶ vermogensfonds **OPGERICHT** ▶ 18-08-2006 **RECHTSVORM** ▶ stichting **KVK** ▶ 17194766 **ANBI STATUS** ▶ ja **DIRECTIE** ▶ geen directiegegevens bekend **BESTUUR** ▶ Mw. T. van den Dries, voorzitter; mr.drs. T. Sluyters, penningmeester; mw. A. Augustinus, secretaris; mw.mr.drs. H.M. van der Gaag-Halbertsman; mr. M.A.M. Nivard.

Missie ■ **DOELSTELLING** ▶ De Stichting Ons Thuis (SOT) heeft ten doel steun te verlenen aan ouderen van alle gezindten die woonachtig zijn in Huize Royal en in andere huizen van Saffier De Residentie Groep dan wel in andere zorginstellingen voor ouderen. Deze steun richt zich primair op welzijn- en dagelijkse activiteiten die de ouderen zelf niet; kunnen organiseren en welke niet kunnen worden gerealiseerd vanuit de wet; maatschappelijke ondersteuning (WMO), de zorgverzekeringswet (ZvW) of de wet langdurige zorg (WLZ). **BELEIDSPLAN OP WEBSITE** ▶ ja.

Doelgroep ■ **ALGEMEEN** ▶ ouderen **SPECIFIEK** ▶ Ouderen die wonen in Huize Royal en in andere huizen van Saffier De Residentie Groep en organisaties of instellingen die werkzaam zijn op het gebied van de ouderenzorg. **ACTIVITEITEN** ▶ Jaarlijks wordt een bedrag gerelateerd aan het vermogen (tussen de 3% en 5%) aangewend conform de doelstelling van de SOT, zoals vastgelegd in de statuten. Dit behelst onder meer: ☑ bij te dragen in de culturele en recreatieve activiteiten die worden ondernomen ten behoeve van de woonachtigen in Huize Royal en Royal Rustique; ☑ financiële steun te verlenen aan de woonachtigen in Huize Royal en Royal Rustique; ☑ financiële steun te verlenen aan (andere) organisaties of instellingen werkzaam op het gebied van de ouderenzorg. **INTERVENTIENIVEAU** ▶ Steun aan individuen (directe steun).; Steun aan lokale/provinciale maatschappelijke organisaties en structuren (incl. gemeenten etc.) die diensten verlenen aan individuen.

Werkgebied ■ **ACTIERADIUS** ▶ Lokaal **LAND** ▶ Nederland **REGIO** ▶ Zuid-Holland **PLAATS** ▶ Voorburg.

Bestedingen ■ **BUDGET** ▶ niet openbaar **SOORT BIJDRAGE** ▶ onbekend **BOVENGRENS** ▶ geen **ONDERGRENS** ▶ geen.

Projecten ■ **CRITERIA** ▶ - De bestaande financiële middelen zijn ontoereikend; ☑ de aanvraag is aantoonbaar gebaseerd op de individuele vraag / wensen van de; doelgroep. Bij het vervullen van deze wensen staat welzijn en zingeving centraal; ☑ deze wensen kunnen aantoonbaar niet worden gerealiseerd vanuit de van toepassingen; zijnde aanspraken (WMO, ZvW of WLZ) en bijbehorend budget; ☑ samenwerkingstrajecten met andere partners kunnen in gezamenlijkheid een aanvraag; indienen. Tevens kan Huize Royal/Saffier andere aanbieders attenderen op de; mogelijkheid van et indienen van een aanvraag bij SOT. **DOORLOOPTIJD** ► ☑ onbekend **STATUS AANVRAGER** ► ☑ geen beperkingen bekend **VOORKEUR/UITSLUITING** ► SOT financiert geen (structurele) personeelskosten. Incidentele personeelskosten voor; het opstarten of ondersteunen van projecten is wel mogelijk.

Procedure ■ **OP AANVRAAG** ► onbekend **AANVRAAGPROCEDURE** ► Voor aanvragen van Huize Royal geldt de volgende procedure in dit tijdspad: ☑ Mei vaststelling door SOT: kader aanvraag komend jaar (inhoud en omvang budget); ☑ September indienen en bespreking concept aanvraag (Saffier/Huize Royal); ☑ -December indienen en goedkeuring vaststellen aanvraag (Saffier/Huize Royal). Aanleveren bij aanvraag: ☑ Evaluatie (inhoudelijk -realisatie/deelname en tevredenheid- en uitnutting) bijdrage lopend jaar; ☑ Inhoudelijke motivering en onderbouwing aanvraag komend jaar. Aanvraag is; gebaseerd op en onderbouwd door vragen /wensen doelgroep en motivatie waarom; die niet binnen de aanspraken / beschikbaar budget kunnen worden gerealiseerd. ☑ Begroting behorend bij aanvraag aangevuld met eventuele eigen bijdrage /; financiering derden. ☑ Advies van de cliëntenraad wordt zeer op prijs gesteld; Overige aanvragen worden behandeld na binnenkomst en krijgen een reactie na de eerst; komende vergadering. Deze aanvragen moeten minimaal informatie bevatten over: ☑ Doelgroep; ☑ Activiteit; ☑ Reden, aard en omvang aanvraag; ☑ Eventuele co-financiering

Financieel ■ **EIGEN VERMOGEN** ► € 9.430.000 **INKOMSTEN EV** ► € 4.002 **INKOMSTEN OV** ► € 4.050 **HERKOMST MIDDELEN** ► giften & schenkingen, legaten **BOEKJAAR** ► 2017 **JAARVERSLAG OP WEBSITE** ► ja.

Contact ■ **BEREIKBAAR PER** ► ☑ post ☒ e-mail ☒ telefoon **CONTACTPERSOON** ► geen contactpersoon bekend **POSTADRES** ► Churchillplein 5E, 2517 JW Den Haag.

924

Stichting Ontwikkelingsfonds Daghulp voor Jeugdigen

Rubriek ■ ☑ gezondheidszorg ☑ maatschappij, welzijn en samenleving ☑ onderwijs en onderzoek

Algemeen ■ **WEBSITE** ► www.sod-fievanderhoopfonds.nl **TYPERING** ► vermogensfonds **OPGERICHT** ► 26-05-1970 **RECHTSVORM** ► stichting **KVK** ► 41198060 **ANBI STATUS** ► ja **DIRECTIE** ► geen directiegegevens bekend **BESTUUR** ► J. van Schilt, voorzitter; mw. Y. van der Leer, penningmeester; mw. B. Talstra, secretaris; mw. Y. van Amstel; D. van der Brink; mw. B. van Sloten.

Missie ■ **DOELSTELLING** ► De stichting heeft ten doel het bevorderen en ontwikkelen van preventie- en hulpprogramma's dicht bij huis voor kinderen en ouders in problematische opvoedingssituaties. **STICHTER(S)** ► Elisabeth Boddaert **HISTORIE** ► De SOD komt voort uit het gedachtegoed van de Boddaertcentra. In 1903 stichtte freule Elisabeth Boddaert het eerste tehuis voor schoolgaande kinderen in Amsterdam. In 1917 werd de door haar opgerichte stichting erkend als reclasseringsvereniging. Tussen 1960 en 1985 zijn er veel meer zogenaamde Boddaerthuizen opgericht door het hele land. Het bevorderen en ontwikkelen van diverse vormen van dagbehandeling door middel van financiering was het doel van het SOD. Dagbehandeling voor ouders en kinderen in problematische opvoedsituaties bestaat in deze vorm nog steeds. **BELEIDSPLAN OP WEBSITE** ► ja.

Doelgroep ■ **ALGEMEEN** ► jongeren, kinderen **SPECIFIEK** ► 0-23 jarigen in problematische opvoedingssituaties. **ACTIVITEITEN** ► De stichting tracht de doelstelling te verwezenlijken door het financieel steunen van vernieuwende activiteiten zoals onderzoek, speciale projecten, experimenten, publiciteit en dergelijke. De werkzaamheden van de stichting worden mogelijk in samenwerking verricht met zusterorganisatie Stichting K&O-Fonds Fie van der Hoop. Beide stichtingen zijn nauw met elkaar verweven en werken intensief samen. Het bestuur van beide stichting bestaat uit dezelfde personen. **INTERVENTIENIVEAU** ► Steun aan lokale/provinciale maatschappelijke organisaties en structuren (incl. gemeenten etc.) die diensten verlenen aan individuen.

Werkgebied ■ **ACTIERADIUS** ► Nationaal **LAND** ► Nederland.

Bestedingen ■ **BUDGET** ► niet openbaar **TOELICHTING** ► Geconsolideerd met Stichting Ontwikkelingsfonds Daghulp voor Jeugdigen (SOD). De omvang van het voor subsidiëring beschikbare budget wordt jaarlijks voor Stichting K&O-Fons Fie van der Hoop en SOD vastgesteld op basis van het verwacht rendement van het vermogen verminderd met de verwachte vaste kosten. **ONDERSTEUNDE PROJECTEN P/J** ► 4 **SOORT BIJDRAGE** ► giften overig **BOVENGRENS** ► geen **ONDERGRENS** ► geen.

Projecten ■ **CRITERIA** ► ☑ De activiteit waarvoor gelden worden gevraagd moet een aantoonbare waarde hebben voor de inhoudelijke ontwikkeling en kennisdeling t.a.v. (sociale) netwerken rond kinderen, jongeren en gezinnen, gericht op het terrein van zorg-, hulp- en dienstverlening aan deze doelgroep. Het gaat hierbij om 0 - 23 jarigen; ☑ De subsidieaanvraag moet voldoende gemotiveerd zijn en de aangevraagde gelden moeten goed kunnen worden verantwoord; ☑ Stichting K&O-Fons Fie van der Hoop en Stichting Ontwikkelingsfonds Daghulp voor Jeugdigen bieden de mogelijkheid om activiteiten tijdelijk te financieren. Deze moeten dan wel tot een product of resultaat leiden dat goed te beoordelen is, bijvoorbeeld door een uitgebrachte publicatie of film, een onderzoeksrapport of verslag; ☑ het bestuur kan eisen stellen aan de samenstelling en taakstelling van een; begeleidingscommissie, bijvoorbeeld door hiervoor zelf personen aan te wijzen en/of eisen te stellen met; betrekking tot de begeleiding en de toetsing; ☑ In elke subsidieaanvraag moet worden aangegeven of er andere instanties of organisaties benaderd zijn; die (ook) geacht worden dergelijke activiteiten, waarvoor de subsidieaanvraag wordt ingediend, te subsidiëren c.q. te financieren. **DOORLOOPTIJD** ► ☑ korter dan 1 jaar **STATUS AANVRAGER** ► ☑ stichting of vereniging (non-profit) ☑ hulpverleners ☑ onderwijsinstelling ☑ kerkelijke instelling **VOOR-**

KEUR/UITSLUITING ▶ ☑ De financiering van (deel)projecten vindt bij voorkeur plaats op basis van cofinanciering. ☑ De (voorlopige) toewijzing van middelen geschiedt op basis van het aantoonbaar rond krijgen van de gehele financiering van het (deel)project. ☑ Aanvragen die 25% van het jaarlijks door de fondsen te besteden subsidiebudget te boven gaan, zullen in principe niet (volledig) worden gehonoreerd.

Procedure ■ **OP AANVRAAG** ▶ ja **DOORLOOPTIJD** ▶ 3-6 maanden **AANVRAAGPROCEDURE** ▶ Aanvraag bij de stichting voor geldmiddelen ten behoeve van onderzoek/projecten kan op eenvoudige wijze worden gedaan via de website (online aanvraagformulier). De stichting heeft de toekenning van geldmiddelen voor onderzoek/projecten afhankelijk gesteld van criteria. Subsidieaanvragen worden bij voorkeur ingediend voor 1 maart en voor 1 oktober. Het bestuur bepaalt in hoeverre aanvragen ook tussentijds in behandeling worden genomen. De mate van urgentie wordt door het bestuur bepaald. **URL** ▶ www.sod-fievanderhoopfonds.nl/financiering_van_projecten/aanvraagformulier.html

Financieel ■ **EIGEN VERMOGEN** ▶ € 2.739.070 **INKOMSTEN EV** ▶ € 691.569 **HERKOMST MIDDELEN** ▶ vermogen, legaten, overige inkomsten, giften & schenkingen **BOEKJAAR** ▶ 2019 **JAARVERSLAG OP WEBSITE** ▶ ja.

Contact ■ **BEREIKBAAR PER** ▶ ☑ post ☑ e-mail ☑ telefoon **CONTACTPERSOON** ▶ Mw. M. Du Burck **POSTADRES** ▶ Postbus 275, 2700 AG Zoetermeer **EMAIL (ALGEMEEN)** ▶ m.duburck@mtpartners.nl **TELEFOON (ALGEMEEN)** ▶ 079-3638101.

925

Stichting Ontwikkelingshulp Door Aanmoediging en Samenwerking

Rubriek ■ ☑ gezondheidszorg ☑ maatschappij, welzijn en samenleving ☑ onderwijs en onderzoek ☑ economische ontwikkeling en microkrediet

Algemeen ■ **WEBSITE** ▶ www.stichting-das.nl **TYPERING** ▶ vermogensfonds **OPGERICHT** ▶ 04-11-1994 **RECHTSVORM** ▶ stichting **KVK** ▶ 41093299 **ANBI STATUS** ▶ ja **DIRECTIE** ▶ geen directiegegevens bekend **BESTUUR** ▶ Mw. A.E. Koopmanschap, voorzitter; P. Mueller, penningmeester; mw. M.H.A. Smit, secretaris; mw. J. Hoogenraad.

Missie ■ **DOELSTELLING** ▶ Het financieel ondersteunen van projecten in Afrika ten behoeve van ontwikkeling van de lokale bevolking op het gebied van onderwijs, gezondheidszorg, levensomstandigheden en (economische) zelfstandigheid. **BELEIDSPLAN OP WEBSITE** ▶ ja.

Doelgroep ■ **ALGEMEEN** ▶ vrouwen, armen, inheemse volken **SPECIFIEK** ▶ Mensen in ontwikkelingslanden. **ACTIVITEITEN** ▶ Ontwikkelingsprojecten financieel te ondersteunen waar nodig en mogelijk te stimuleren of te begeleiden op het gebied van gezondheidszorg, hygiëne, vorming en scholing - vooral van vrouwen en meisjes - sociaal welzijn en werkgelegenheid. **INTERVENTIENIVEAU** ▶ Steun aan individuen (directe steun).; Steun aan lokale/provinciale maatschappelijke organisaties en structuren (incl. gemeenten etc.) die diensten verlenen aan individuen.

Werkgebied ■ **ACTIERADIUS** ▶ Internationaal **LAND** ▶ Afrika.

Bestedingen ■ **BUDGET** ▶ € 60.000 **ONDERSTEUNDE PROJECTEN P/J** ▶ 21 **SOORT BIJDRAGE** ▶ onbekend **BOVENGRENS** ▶ geen **ONDERGRENS** ▶ geen.

Projecten ■ **CRITERIA** ▶ ☑ Projecten kunnen onder andere in de volgende categorieën vallen: scholen(zowel basis als voortgezet onderwijs), vakonderwijs gezondheidszorg- en werkgelegenheidsprojecten,; ☑ Betrokkenheid van lokale bevolking; ☑ duurzaamheid; ☑ continuïteit; ☑ Nederlandse organisatie die onder eigen verantwoordelijkheid projecten uitvoeren in Afrikaanse landen; ☑ ANBI erkenning van de aanvragende stichtingen is een vereiste. **DOORLOOPTIJD** ▶ ☑ onbekend **STATUS AANVRAGER** ▶ ☑ geen beperkingen bekend **VOORKEUR/UITSLUITING** ▶ ☑ Prioriteit wordt gegeven aan kleinschalige projecten. ☑ Projecten voor de ontwikkeling van vooral vrouwen en jongeren op het gebied van onderwijs, gezondheidszorg, levensomstandigheden en zelfstandigheid hebben de voorkeur. ☑ maximaal 4 jaar aan een gesloten financiële ondersteuning. ☑ duurzame projecten hebben eveneens onze voorkeur.

Procedure ■ **OP AANVRAAG** ▶ ja **DOORLOOPTIJD** ▶ geen doorlooptijd bekend; 3-6 maanden; 3-6 maanden **AANVRAAGPROCEDURE** ▶ Er is een online formulier. Het is van belang alle vragen die gesteld worden en de benodigde gegevens in één keer te leveren. De volgende documenten dienen in pdf-format te worden ingediend: ☑ laatste jaarverslag; ☑ financieel jaarverslag; ☑ project plan; ☑ begroting van het project. De doorlooptijd van de aanvraag bedraagt maximaal 6 maanden. **URL** ▶ www.stichting-das.nl/html/vragenlijst.html

Financieel ■ **HERKOMST MIDDELEN** ▶ onbekend **BOEKJAAR** ▶ 2019 **JAARVERSLAG OP WEBSITE** ▶ ja.

Contact ■ **BEREIKBAAR PER** ▶ ☑ post ☑ e-mail ☒ telefoon **CONTACTPERSOON** ▶ geen contactpersoon bekend **POSTADRES** ▶ Biesbosch 87, 1115 HH Duivendrecht **EMAIL (ALGEMEEN)** ▶ stichting.o.das@gmail.com.

926

Stichting voor Ooglijders

Rubriek ■ ☑ gezondheidszorg ☑ onderwijs en onderzoek

Algemeen ■ **WEBSITE** ▶ www.stichtingooglijdersrotterdam.nl **TYPERING** ▶ vermogensfonds **RECHTSVORM** ▶ stichting **KVK** ▶ 41125494 **ANBI STATUS** ▶ ja **DIRECTIE** ▶ geen directiegegevens bekend **BESTUUR** ▶ F.W. Warmelink, voorzitter; F.W. Warmelink, penningmeester; mw. A.B. Schaberg, secretaris; W.H. Beekhuis.

Missie ■ **DOELSTELLING** ▶ De Stichting heeft ten doel het bevorderen van oogheelkundige zorg en streeft tevens naar de bevordering van wetenschappelijk oogheelkundig onderzoek en van onderwijs op het gebied van de oogheelkunde. Zorg, onderzoek en onderwijs worden hierbij onderscheiden als de drie deelgebieden van de doelstelling van de Stichting. **HISTORIE** ▶ Nadorststraat, gesticht in 1874; De enige oogarts en oprichter was dr. J.H. de Haas. Als record zag hij 115 patiënten op één ochtend. Hij was een gedreven man die de oogheelkunde op hoog niveau uitoefende. In dat eerste jaar werden op de 24 bedden, 230 patiënten opgenomen. Het ziekenhuis moest door de toenemende patiëntenstroom verschillende keren worden uitgebreid tot uiteindelijk 69 bedden. In 1901 werd dr. De Haas opgevolgd door zijn zoon, dr. H.K. de Haas. Twee collega oogartsen werden toegelaten. In de stad kwamen meer oogartsen, de hygiënische situatie verbeterde waardoor het aantal patiënten daalde. De Vereniging tot het verlenen van hulp aan minvermogende ooglijders uit Zuid-Holland was de eigenaar van het ziekenhuis. In de crisisjaren namen de financiële problemen deze vereniging toe. Het bombardement in 1940 maakte een abrupt einde aan Het Oogziekenhuis. De Inrichting voor Ooglijders had al jaren in verschillende panden in de stad patiënten verpleegd. Door een gift van Hfl.250.000,- van Vrouwe Maria Carolina Blankenheym kreeg zij de mogelijkheid een nieuw ziekenhuis te bouwen aan het Haringvliet. Het tweede oogziekenhuis gelegen aan de Oostmolenwerf werd in 1915 officieel geopend. Het gebouw was modern opgezet, straalde een grote allure uit en zette het sombere ziekenhuis aan de Nadorststraat ver in de schaduw. De eerste directeur werd dr. J.P. van den Brug, in 1922 opgevolgd door dr. H.J. Flieringa en dr. E. Marks, die samen de leiding op zich namen. In 1928 werden nog drie oogartsen toegelaten, te weten van Haeren, Verkerk en mevrouw Qarteno - van der Star. Hoewel patiënten in principe moesten betalen, kampte ook dit ziekenhuis voortdurend met financiële problemen. Op zondag 12 mei, de eerste Pinksterdag 1940, sloeg het noodlot toe. Om 11.00 uur werd het gebouw door zes bommen totaal verwoest. Na het bombardement gingen beide stichtingen op in een Stichting voor Ooglijders. De heer Flieringa werd directeur. **BELEIDSPLAN OP WEBSITE** ▶ ja.

Doelgroep ■ **SPECIFIEK** ▶ Bevordering oogheelkundige zorg. **ACTIVITEITEN** ▶ De Stichting tracht haar doelstelling te verwezenlijken door financiële ondersteuning van instellingen, onderzoeksgroepen en/of individuele personen, die zich binnen het kader van de door het bestuur vastgestelde voorwaarden hiertoe kwalificeren. **INTERVENTIENIVEAU** ▶ Steun aan lokale/provinciale maatschappelijke organisaties en structuren (incl. gemeenten etc.) die diensten verlenen aan individuen.

Werkgebied ■ **ACTIERADIUS** ▶ Nationaal **LAND** ▶ Nederland.

Bestedingen ■ **BUDGET** ▶ niet openbaar **TOELICHTING** ▶ De Stichting streeft ernaar om het reële stichtingskapitaal te handhaven. Uit het rendement op dit kapitaal kunnen de aanvragen worden gehonoreerd om op deze wijze de doelstelling van de Stichting te verwezenlijken. De stichting werkt niet met jaarlijkse begrotingen maar besluit per individuele aanvraag of tot ondersteuning wordt overgegaan. **ONDERSTEUNDE PROJECTEN P/J** ▶ 14 **SOORT BIJDRAGE** ▶ subsidies **BOVENGRENS** ▶ geen **ONDERGRENS** ▶ geen.

Projecten ■ **CRITERIA** ▶ Financiële ondersteuning kan worden verleend aan: ☑ Oogheelkundige zorginstellingen binnen Nederland voor een omschreven project van zorg of aan de zorg verbonden activiteit; ☑ Oogheelkundig wetenschappelijk onderzoek binnen Nederland in inzichtelijk gedocumenteerde projecten van onderzoeksgroepen of personen; ☑ Onderwijs op het gebied van oogheelkunde. **DOORLOOPTIJD** ▶ ☑ onbekend **STATUS AANVRAGER** ▶ ☑ geen beperkingen bekend **VOORKEUR/UITSLUITING** ▶ geen voorkeur of uitsluiting bekend.

Procedure ■ **OP AANVRAAG** ▶ onbekend **AANVRAAGPROCEDURE** ▶ De Stichting vergadert enkele malen per jaar en beoordeelt dan de aanvragen. Van de aanvragen wordt gekeken of het betreffende project past binnen de doelstellingen van de stichting.

Financieel ■ **INKOMSTEN EV** ▶ € 499.136 **HERKOMST MIDDELEN** ▶ vermogen, overige inkomsten, inkomsten uit vermogen **BOEKJAAR** ▶ 2018 **JAARVERSLAG OP WEBSITE** ▶ ja.

Contact ■ **BEREIKBAAR PER** ▶ ☑ post ☒ e-mail ☒ telefoon **CONTACTPERSOON** ▶ geen contactpersoon bekend **POSTADRES** ▶ p/a Vredehofweg 58, 3062 ES Rotterdam.

927
Stichting Op Hodenpijl

Rubriek ■ ☑ maatschappij, welzijn en samenleving ☑ sport en recreatie ☑ gezondheidszorg ☑ natuur, milieu en dieren ☑ kunst en cultuur

Algemeen ■ **WEBSITE** ▶ https://ophodenpijl.nl/informatie/anbi **TYPERING** ▶ vermogensfonds **RECHTSVORM** ▶ stichting **KVK** ▶ 27300735 **ANBI STATUS** ▶ ja **DIRECTIE** ▶ geen directiegegevens bekend **BESTUUR** ▶ D. Post, voorzitter; A. van Tilburg, penningmeester; mw. T. Post-Kleiweg, secretaris; E. Roeling; Th.J.H. Dröge; H. Lourens.

Missie ■ **DOELSTELLING** ▶ Aandacht geven aan mensen, het individu in evenwichtige relatie tot de omgeving, zowel in de persoonlijke situatie maar ook als deel van het grote geheel (de wereld, de aarde). Op Hodenpijl levert een bijdrage aan de respectvolle omgang met de aardse goederen. De Kernwaarden zijn: ontmoeten, ontdekken en ontwikkelen. **BELEIDSPLAN OP WEBSITE** ▶ ja.

Doelgroep ■ **SPECIFIEK** ▶ - Bewoners, bedrijven en overheden van het Midden-Delfland gebied; - Bewoners stedelijk gebied binnen de provincie Zuid Holland; - Organisaties en verenigingen die actief zijn op het terrein van natuur en milieu; - gezondheid en welzijn, kunst en cultuur; - Recreanten en passanten; - Zakelijke markt, verbinding leggen met maatschappelijk verantwoord ondernemen; - sponsoring. **ACTIVITEITEN** ▶ In Op Hodenpijl is aandacht voor wat mensen beweegt, bezielt en soms ook belemmert. Iedereen is er welkom. Het is een plek, waar mensen elkaar kunnen ontmoeten, kunnen ontdekken wie ze zijn en wat ze willen. Waar zij zich kunnen ontwikkelen en bewust worden van hun kracht. Op Hodenpijl zoekt de verbinding met de natuur, de cultuur, kunst, talent en welzijn. Op Hodenpijl wil de volgende zaken faciliteren: ☑ Een plek van rust; ☑ Een gelegenheid om natuurvriendelijk te consumeren; ☑ Een ruimte voor bijzondere vieringen en herdenkingen; ☑ Een zaal met een sociaal en cultureel aanbod; ☑ Een centrum voor welzijn en ontwikkeling(svragen); ☑

Een gebouw waarin natuur en landschap, welzijn en cultuur, kunst en talent met elkaar in verbinding staan en elkaar versterken. **INTERVENTIENIVEAU** ▶ Steun aan individuen (directe steun).; Steun aan lokale/provinciale maatschappelijke organisaties en structuren (incl. gemeenten etc.) die diensten verlenen aan individuen.

Werkgebied ■ **ACTIERADIUS** ▶ Lokaal, Regionaal **LAND** ▶ Nederland **REGIO** ▶ Zuid-Holland, **PLAATS** ▶ Midden-Delfland.

Bestedingen ■ **BUDGET** ▶ niet openbaar **SOORT BIJDRAGE** ▶ onbekend **BOVENGRENS** ▶ geen **ONDERGRENS** ▶ geen.

Projecten ■ **CRITERIA** ▶ geen projectcriteria bekend **DOORLOOPTIJD** ▶ ☑ onbekend **STATUS AANVRAGER** ▶ ☑ geen beperkingen bekend **VOORKEUR/UITSLUITING** ▶ geen voorkeur of uitsluiting bekend.

Procedure ■ **OP AANVRAAG** ▶ onbekend **AANVRAAGPROCEDURE** ▶ Geen aanvraagprocedure bekend.

Financieel ■ **EIGEN VERMOGEN** ▶ € 685.278 **INKOMSTEN OV** ▶ € 1.359.526 **HERKOMST MIDDELEN** ▶ onbekend **BOEKJAAR** ▶ 2018 **JAARVERSLAG OP WEBSITE** ▶ ja.

Contact ■ **BEREIKBAAR PER** ▶ ☑ post ☑ e-mail ☑ telefoon **CONTACTPERSOON** ▶ geen contactpersoon bekend **POSTADRES** ▶ Rijksstraatweg 20-22, 2636 AX Schipluiden **EMAIL (ALGEMEEN)** ▶ info@ophodenpijl.nl **TELEFOON (ALGEMEEN)** ▶ 015-3801840.

928
OpenUp Muziekfonds

Rubriek ■ ☑ kunst en cultuur ☑ onderwijs en onderzoek

Algemeen ■ **WEBSITE** ▶ www.cultuurfonds.nl **TYPERING** ▶ fonds op naam **BEHEERD DOOR** ▶ Prins Bernhard Cultuurfonds **DIRECTIE** ▶ zie Prins Bernhard Cultuurfonds **BESTUUR** ▶ zie Prins Bernhard Cultuurfonds

Missie ■ **DOELSTELLING** ▶ Het financieel ondersteunen van klassieke muziektalenten door middel van het verstrekken van beurzen. Tevens het ondersteunen van projecten die ten goede komen aan ontwikkelprogramma's voor jong klassiek muziektalent, met een voorkeur voor projecten in het oosten van het land.

Werkgebied ■ **ACTIERADIUS** ▶ Nationaal **LAND** ▶ Nederland.

Projecten ■ **CRITERIA** ▶ geen projectcriteria bekend **DOORLOOPTIJD** ▶ ☑ korter dan 1 jaar **STATUS AANVRAGER** ▶ ☑ geen beperkingen bekend **VOORKEUR/UITSLUITING** ▶ Voorkeur gaat uit naar projecten in het oosten van het land.

Procedure ■ **OP AANVRAAG** ▶ ja **AANVRAAGPROCEDURE** ▶ Dit 'fonds op naam' ressorteert onder het Prins Bernhard Cultuurfonds. Verzoeken aan fondsen op naam komen op één centraal punt binnen. Dit houdt in dat een subsidieaanvraag slechts eenmaal aan het Prins Bernhard Cultuurfonds hoeft te worden gezonden. Voor de verdere aanvraagprocedure: zie Prins Bernhard Cultuurfonds. **URL** ▶ www.cultuurfonds.nl/aanvragen

Contact ■ **BEREIKBAAR PER** ▶ ☑ post ☑ e-mail ☑ telefoon **CONTACTPERSOON** ▶ geen contactpersoon bekend **POSTADRES** ▶ Postbus 19750, 1000 GT Amsterdam **EMAIL (ALGEMEEN)** ▶ info@cultuurfonds.nl **TELEFOON (ALGEMEEN)** ▶ 020-5206130.

929
Stichting Oranje Fonds

Rubriek ■ ☑ maatschappij, welzijn en samenleving

Algemeen ■ **WEBSITE** ▶ www.oranjefonds.nl **TYPERING** ▶ hybride fonds **OPGERICHT** ▶ 04-09-1948 **RECHTSVORM** ▶ stichting **KVK** ▶ 41151564 **ANBI STATUS** ▶ ja **DIRECTIE** ▶ mw. S Jetten **BESTUUR** ▶ Drs. D.A. Benschop, voorzitter; mr. B.L.J.M. Beerkens, penningmeester; prof.dr. K. Putters; J.H. Raymann; mw.drs. J. Goewie; mr. P.C. van Hoeken; mw.prof.dr. H. Ghorashi; J.P. De Kreij, RA, MCA; ir. C.E.G. Van Gennip, MBA.

Missie ■ **DOELSTELLING** ▶ Het Oranje Fonds bevordert betrokkenheid in de samenleving. Door deze steun ontmoeten mensen elkaar of vinden zij een nieuwe plek in de maatschappij. Het Oranje Fonds wil enerzijds sociale samenhang en anderzijds sociale participatie bevorderen. **STICHTER(S)** ▶ Prinses Juliana **HISTORIE** ▶ Het Oranje Fonds is in 2002 opgericht/ontstaan toen het als cadeau van alle Nederlanders werd aangeboden aan Koning Willem-Alexander en Koningin Máxima ter gelegenheid van hun huwelijk. Zij zijn ons beschermpaar en zeer betrokken bij het Fonds en ons werkveld. In het oprichtingsjaar is het Oranje Fonds gefuseerd met het Juliana Welzijn Fonds, dat al sinds 1948 binnen de sociale sector werkzaam was. Als Koningin Juliana Fonds was het in 1948 zelf ontstaan uit het in Londen in 1944 opgerichte Wederopbouwfonds Nederlands Volksherstel. **BELEIDSPLAN OP WEBSITE** ▶ ja.

Doelgroep ■ **ALGEMEEN** ▶ armen, dak- en thuislozen, jongeren, kinderen, ouderen, vluchtelingen, zieken **SPECIFIEK** ▶ Voor iedereen die wil bijdragen aan de sociale verbinding in de samenleving (binnen het Koninkrijk der Nederlanden). De lokale gemeenschap als vertrekpunt van de stichting: - Kwetsbare mensen in de samenleving; - lokale stakeholders; - lokaal bedrijfsleven; - steunpilaren die sociale verbinding bevorderen; - financiële organisaties; - begunstigers. **ACTIVITEITEN** ▶ Het Oranje Fonds ondersteunt projecten die zich richten op een sociaal verbonden samenleving. In Nederland én het Caribisch deel van ons Koninkrijk. Binnen die doelstelling vallen initiatieven die: ☑ de leefbaarheid in buurten bevorderen, zoals buurtverenigingen, burenhulpdiensten of buurtmoestuinen; ☑ willen verbinden en daarbij duurzaam en herhaald mensen bij elkaar brengen, waardoor er sociale netwerken kunnen ontstaan (te denken valt aan ontmoetingsruimtes of langdurige activiteitenprogramma's); ☑ met vrijwillige inzet andere mensen ondersteunen, zoals informele zorg of maatjes-initiatieven; ☑ meedoen in de samenleving mogelijk maken, zoals activerings- en emancipatieprojecten; ☑ de veelvormigheid in de samenleving ten goede komen, zoals zelforganisaties, belangenorganisaties en gemengde sociale netwerken. **INTERVENTIENIVEAU** ▶ Steun aan lokale/provinciale maatschappelijke organisaties en structuren (incl. gemeenten etc.) die diensten verlenen aan individuen.

Werkgebied ■ **ACTIERADIUS** ▶ Nationaal, Internationaal **LAND** ▶ Nederland, Aruba, Curaçao, Sint Maarten, Bonaire, Sint Eustatius, Saba.

Bestedingen ■ **BUDGET** ▶ niet openbaar **TOELICHTING** ▶ Het Oranje fonds besteedde in 2019 ruim €19 mln aan algemene toekenningen en toekenningen binnen programma's. **ONDERSTEUNDE PROJECTEN P/J** ▶ 1275 **SOORT BIJDRAGE** ▶ giften investeringen overig **BOVENGRENS** ▶ € 100.000 **ONDERGRENS** ▶ € 500.

Projecten ■ **CRITERIA** ▶ Het Oranje Fonds kan bijdragen aan activiteiten die mensen vaker dan één keer bij elkaar brengen, bijvoorbeeld een koopproject voor ouderen of een maatjesinitiatief; investeringen, zoals een opknapbeurt voor het buurthuis; algemene organisatiekosten, bijvoorbeeld bij de start van een organisatie of training voor vrijwilligers; nieuwe ontwikkelingen die kunnen uitgroeien tot duurzame projecten, maar waarvoor nog geen reguliere financiering te vinden; duurzaam (dus niet eenmalig/eendaags). **DOORLOOPTIJD** ▶ ☑ 1 - 2 jaar **STATUS AANVRAGER** ▶ ☑ stichting of vereniging (non-profit) **VOORKEUR/UITSLUITING** ▶ De aandacht van de stichting gaat de komende tijd uit naar: ☑ Preventie, participatie en ondersteuning van mensen in armoede en/of met schulden (alle mogelijke doelgroepen); ☑ Mensen die kampen met gevoelens van eenzaamheid (met bijzondere aandacht voor kwetsbaren en ouderen); ☑ Het herstel van informele steun/zorg, zowel thuis als in de wijk/buurt. De volgende zaken steunt het Oranje Fonds NIET: ☑ kortdurende en eendaagse activiteiten; ☑ projecten die gericht zijn op bevordering van cultuur, onderwijs en wetenschap; ☑ projecten gericht op het milieu; ☑ activiteiten die plaatsvinden buiten het Koninkrijk der Nederlanden; ☑ projecten die (mede) gericht zijn op religieuze doelstellingen; ☑ activiteiten die puur zijn gericht op bevordering van sport & spel; ☑ bijdragen voor individuen; aankoop of nieuwbouw van huisvesting; ☑ normale exploitatie van een organisatie (gas, water, verzekeringen, normaal onderhoud, vast personeel, en dergelijke); ☑ reeds lopende projecten.

Procedure ■ **OP AANVRAAG** ▶ ja **DOORLOOPTIJD** ▶ 1-3 maanden **AANVRAAGPROCEDURE** ▶ Om in aanmerking te komen voor een financiële bijdrage van het Oranje Fonds gebruikt u het digitale aanvraagformulier in Mijn Oranje Fonds. Doet u een aanvraag binnen een programma, of binnen een bijzonder budget, dan geldt een afwijkende aanvraagprocedure. Bekijk daarom altijd de informatie op de betreffende programmapagina. Organisaties die actief zijn binnen het Caribisch deel van het Koninkrijk kunnen alleen een aanvraag indienen via de website van de Samenwerkende Fondsen. Hier vindt u meer informatie, een overzicht van gesteunde initiatieven en het aanvraagformulier. Binnen 2 weken komt er een ontvangstbevestiging en volgt er contact met de begeleidende projectadviseur. Binnen enkele maanden volgt per post het besluit over de aanvraag. Er is een mogelijkheid tot heroverweging (zie website), indien de aanvraag is afgewezen. **URL** ▶ www.oranjefonds.nl/aanvragen

Financieel ■ **HERKOMST MIDDELEN** ▶ vermogen, legaten, bedrijven, loterijen, giften & schenkingen, inkomsten uit bedrijven, inkomsten uit vermogen **BOEKJAAR** ▶ 2019 **JAARVERSLAG OP WEBSITE** ▶ ja.

Contact ■ **BEREIKBAAR PER** ▶ ☑ post ☑ e-mail ☑ telefoon **CONTACTPERSOON** ▶ geen contactpersoon bekend **POSTADRES** ▶ Postbus 90, 3500 AB Utrecht **EMAIL (ALGEMEEN)** ▶ info@oranjefonds.nl **TELEFOON (ALGEMEEN)** ▶ 030-6564524.

930

Stichting Organisatie van Effectenhandelaren te Rotterdam

Rubriek ■ ☑ economische ontwikkeling en microkrediet ☑ kunst en cultuur ☑ onderwijs en onderzoek

Algemeen ■ **WEBSITE** ▶ www.rotterdamsefondsen.nl/fondsen/stichting-organisatie-van-effectenhandelaren-te-rotterdam-stoer **TYPERING** ▶ vermogensfonds **BEHEERD DOOR** ▶ Vereniging Rotterdamse Fondsen **OPGERICHT** ▶ 21-11-1973 **RECHTSVORM** ▶ stichting **KVK** ▶ 41126068 **ANBI STATUS** ▶ ja **DIRECTIE** ▶ geen directiegegevens bekend **BESTUUR** ▶ Drs. J.H. Dorp, voorzitter; mr. Chr. A.M. van Meijers, penningmeester; mw.mr. M.E. Reimers-Stijger, secretaris; mw.mr. W. van Sikkelerus-de Jong.

Missie ■ **DOELSTELLING** ▶ ☑ Het verlenen van financiële steun aan onderzoek, studie en publicaties op financieel-economisch gebied; ☑ Het ondersteunen van sociaal culturele activiteiten in het bijzonder te Rotterdam. **STICHTER(S)** ▶ Rotterdamse Beurshandelaren **HISTORIE** ▶ Voortzetter van de opgeheven Rotterdamse Effectenbeurs.

Doelgroep ■ **SPECIFIEK** ▶ Rotterdamse culturele instellingen en aanvragen op het gebied van bank- en effectenrecht. **ACTIVITEITEN** ▶ Het doen van uitkeringen aan vooraf door Stichting Erasmus Trustfonds (SET) getoetste en bij SET ingediende voorstellen voor activiteiten (studie, onderwijs, onderzoek, publicaties, promoties, prijzen e.d.) op het gebied van het recht en/of de leer van het geldwezen/geldverkeer en op het gebied van het effecten/effectenverkeer aan de economische en juridische faculteit van de Erasmus Universiteit Rotterdam, alsmede het verstrekken van vaste bijdragen aan een aantal grotere Rotterdamse culturele instellingen. Er worden geen aanvragen in behandeling genomen. **INTERVENTIENIVEAU** ▶ Steun aan lokale/provinciale maatschappelijke organisaties en structuren (incl. gemeenten etc.) die diensten verlenen aan individuen.

Werkgebied ■ **ACTIERADIUS** ▶ Lokaal **LAND** ▶ Nederland **PLAATS** ▶ Rotterdam.

Bestedingen ■ **BUDGET** ▶ niet openbaar **SOORT BIJDRAGE** ▶ giften **BOVENGRENS** ▶ geen **ONDERGRENS** ▶ geen.

Projecten ■ **CRITERIA** ▶ geen projectcriteria bekend **DOORLOOPTIJD** ▶ ☑ korter dan 1 jaar **STATUS AANVRAGER** ▶ ☑ stichting of vereniging (non-profit) **VOORKEUR/UITSLUITING** ▶ Uitgesloten worden reeds gerealiseerde projecten; individuele steun; sociale steun.

Procedure ■ **OP AANVRAAG** ▶ nee **DOORLOOPTIJD** ▶ 3-6 maanden **AANVRAAGPROCEDURE** ▶ Niet van toepassing. Er worden geen aanvragen aangenomen.

Financieel ■ **INKOMSTEN EV** ▶ € 210.984 **HERKOMST MIDDELEN** ▶ vermogen **BOEKJAAR** ▶ 2019 **JAARVERSLAG OP WEBSITE** ▶ ja.

Contact ■ **BEREIKBAAR PER** ▶ ☑ post ☑ e-mail ☑ telefoon **CONTACTPERSOON** ▶ Mw. mr. M.E. Reimers-Stijger **POSTADRES** ▶ Van Vollenhovenstraat 37, 3016 BG Rotterdam **EMAIL (ALGEMEEN)** ▶ secretariaat@stichting-stoer.nl **TELEFOON (ALGEMEEN)** ▶ 010-4677029 **TELEFOON (AANVRAGEN)** ▶ 06-36190091.

931 Stichting Orgelfonds Mooy

Rubriek ■ ☑ kunst en cultuur

Algemeen ■ **WEBSITE** ▶ www.orgelfondsmooy.nl **TYPERING** ▶ hybride fonds **OPGERICHT** ▶ 12-12-1967 **RECHTSVORM** ▶ stichting **KVK** ▶ 41038538 **ANBI STATUS** ▶ ja **DIRECTIE** ▶ geen directiegegevens bekend **BESTUUR** ▶ Mr. W.A. van Rozen, voorzitter; dr.ir. C.M. Vos, penningmeester; dr.ir. C.M. Vos, secretaris; Tj. Roosjen; G. Oldenbeuving.

Missie ■ **DOELSTELLING** ▶ Het doel van de stichting is financiële bijdragen te verstrekken tot herstel of wederopbouw van voor de historie of cultuur belangrijke kerkorgels, welke in eigendom toebehoren aan en zich bevinden in kerkgebouwen van de Protestantse Kerken in Nederland. **STICHTER(S)** ▶ Drs. W. Mooy **HISTORIE** ▶ De Stichting Orgelfonds Mooy is op 12 december 1967 opgericht op initiatief van drs. W. Mooy, apotheker te Apeldoorn. De stichting is opgericht ter nagedachtenis van de organist Anton J.C. Mooy, die van 1917 tot 1941 organist was van de Sint Joriskerk te Amersfoort. **BELEIDSPLAN OP WEBSITE** ▶ ja.

Doelgroep ■ **ALGEMEEN** ▶ gelovigen **SPECIFIEK** ▶ Kerkorgels. **ACTIVITEITEN** ▶ Geen specifieke activiteiten bekend **INTERVENTIENIVEAU** ▶ Onbekend.

Werkgebied ■ **ACTIERADIUS** ▶ Nationaal **LAND** ▶ Nederland.

Bestedingen ■ **BUDGET** ▶ niet openbaar **SOORT BIJDRAGE** ▶ subsidies **BOVENGRENS** ▶ geen **ONDERGRENS** ▶ geen.

Projecten ■ **CRITERIA** ▶ De meest relevante beoordelingsaspecten zijn: ☑ er moet sprake zijn van restauratie (achterstallig onderhoud, uitbreiding en verplaatsingen worden niet gesubsidieerd); ☑ het belang van het orgel (uniciteit, internationale, nationale of regionale betekenis); ☑ de grootte van het instrument. In de praktijk betekent dat dat veelal restauraties van die orgels voor subsidie in aanmerking komen die van Rijkswege beschermd zijn; ☑ de financieringsbehoefte van de instelling die eigenaar is van het orgel; ☑ er een reëel uitzicht is dat de restauratie binnen afzienbare tijd kan starten; ☑ een subsidie onzerzijds kan helpen de beslissing tot restauratie daadwerkelijk te nemen. **DOORLOOPTIJD** ▶ ☑ korter dan 1 jaar **STATUS AANVRAGER** ▶ ☑ geen beperkingen bekend **VOORKEUR/UITSLUITING** ▶ Voor subsidieverlening komen in ieder geval niet in aanmerking: ☑ concertprogramma's; ☑ aanschaf/vervanging van elektronische orgels; ☑ uitbreiding van historische orgels; ☑ restauratie van gebouwen of bouwkundige voorzieningen; ☑ reeds voltooide restauratieprojecten.

Procedure ■ **OP AANVRAAG** ▶ ja **AANVRAAGPROCEDURE** ▶ Subsidie kan worden aangevraagd door het informatieformulier te downloaden, in te vullen en samen met de gevraagde documenten per post (voorkeur) of e-mail te sturen. De indiener krijgt bericht of de aanvraag al of niet in behandeling kan worden genomen en wanneer een definitief antwoord kan worden verwacht. Het bestuur behandelt in de regel ingediende subsidieverzoeken twee maal per jaar (in april en in oktober). **URL** ▶ www.orgelfondsmooy.nl/subsidies/index.html

Financieel ■ **EIGEN VERMOGEN** ▶ € 1.138.240 **INKOMSTEN EV** ▶ € 115.291 **HERKOMST MIDDELEN** ▶ giften & schenkingen, legaten, vermogen, overige inkomsten **BOEKJAAR** ▶ 2019 **JAARVERSLAG OP WEBSITE** ▶ ja.

Contact ■ **BEREIKBAAR PER** ▶ ☑ post ☑ e-mail ☒ telefoon **CONTACTPERSOON** ▶ Dr.ir. C.M. Vos **POSTADRES** ▶ De Welvaart 10, 7381 AJ Klarenbeek **EMAIL (ALGEMEEN)** ▶ info@orgelfondsmooy.nl.

932 Oscar en Ale Fonds

Rubriek ■ ☑ kunst en cultuur ☑ onderwijs en onderzoek

Algemeen ■ **WEBSITE** ▶ www.cultuurfonds.nl **TYPERING** ▶ fonds op naam **BEHEERD DOOR** ▶ Prins Bernhard Cultuurfonds **DIRECTIE** ▶ zie > Prins Bernhard Cultuurfonds **BESTUUR** ▶ zie > Prins Bernhard Cultuurfonds

Missie ■ **DOELSTELLING** ▶ Het financieel ondersteunen van jonge musici, jonge beeldend kunstenaars en architecten voor een vervolgopleiding.

Werkgebied ■ **ACTIERADIUS** ▶ Nationaal, Internationaal **LAND** ▶ Nederland.

Projecten ■ **CRITERIA** ▶ geen projectcriteria bekend **DOORLOOPTIJD** ▶ ☑ korter dan 1 jaar **STATUS AANVRAGER** ▶ ☑ geen beperkingen bekend **VOORKEUR/UITSLUITING** ▶ geen voorkeur of uitsluiting bekend.

Procedure ■ **OP AANVRAAG** ▶ ja **AANVRAAGPROCEDURE** ▶ Dit 'fonds op naam' ressorteert onder het Prins Bernhard Cultuurfonds. Verzoeken aan fondsen op naam komen op één centraal punt binnen. Dit houdt in dat een subsidieaanvraag slechts eenmaal aan het Prins Bernhard Cultuurfonds hoeft te worden gezonden. Voor de verdere aanvraagprocedure: zie Prins Bernhard Cultuurfonds. **URL** ▶ www.cultuurfonds.nl/aanvragen

Contact ■ **BEREIKBAAR PER** ▶ ☑ post ☑ e-mail ☑ telefoon **CONTACTPERSOON** ▶ geen contactpersoon bekend **POSTADRES** ▶ Postbus 19750, 1000 GT Amsterdam **EMAIL (ALGEMEEN)** ▶ info@cultuurfonds.nl **TELEFOON (ALGEMEEN)** ▶ 020-5206130.

933 Stichting Oscar Maarsman

Rubriek ■ ☑ kunst en cultuur

Algemeen ■ **WEBSITE** ▶ www.oscarmaarsman.nl **TYPERING** ▶ vermogensfonds **RECHTSVORM** ▶ stichting **KVK** ▶ 52389472 **ANBI STATUS** ▶ ja **DIRECTIE** ▶ geen directiegegevens bekend **BESTUUR** ▶ geen bestuursgegevens bekend.

Missie ■ **DOELSTELLING** ▶ ☑ Het met geldtoelages stimuleren van jonge kunstenaars om hun werk in positieve zin verder te ontwikkelen.

Die financiële bijdragen kunnen in grootte variëren. ☑ Het bewaren en af en toe exposeren van het werk van Oscar Maarsman. **STICHTER(S)** ▶ An Munniksma **HISTORIE** ▶ De stichting ontleent haar naam aan Oscar Maarsman. Deze kunstschilder, keramist en beeldhouwer werd op 3 september 1918 geboren te Nijmegen. De weduwe van Oscar Maarsman besloot de stichting Oscar Maarsman in het leven te roepen die na haar overlijden de nalatenschap zou beheren ten dienste van de kunst.

Doelgroep ■ **ALGEMEEN** ▶ jongeren **SPECIFIEK** ▶ Jonge kunstenaars. **ACTIVITEITEN** ▶ Geen specifieke activiteiten bekend **INTERVENTIENIVEAU** ▶ Steun aan individuen (directe steun).

Werkgebied ■ **ACTIERADIUS** ▶ Nationaal **LAND** ▶ Nederland.

Bestedingen ■ **BUDGET** ▶ niet openbaar **SOORT BIJDRAGE** ▶ giften **BOVENGRENS** ▶ geen **ONDERGRENS** ▶ geen.

Projecten ■ **CRITERIA** ▶ geen projectcriteria bekend **DOORLOOPTIJD** ▶ ☑ onbekend **STATUS AANVRAGER** ▶ ☑ geen beperkingen bekend **VOORKEUR/UITSLUITING** ▶ Geen voorkeur/uitsluiting bekend.

Procedure ■ **OP AANVRAAG** ▶ onbekend **AANVRAAGPROCEDURE** ▶ Aanmelding voor financiële bijdrage gaat via een online formulier op de website. Aangeraden wordt de melding te ondersteunen door; ☑ een goede motivatie; ☑ gegevens omtrent opleiding; ☑ reeds tot stand gebrachte werken en/of verrichtingen en/of publicaties. Het bestuur zal eveneens zelf initiatieven ontplooien om te beoordelen welke kunstenaars een geldbedrag zullen ontvangen. Eventueel zal het niet schromen af en toe bij deze zoektocht adviezen in te winnen van derden. Natuurlijk kunt u via het contactadres ook altijd vragen en adviezen tot het bestuur richten. **URL** ▶ www.oscarmaarsman.nl/aanmeldformulier

Financieel ■ **HERKOMST MIDDELEN** ▶ onbekend **BOEKJAAR** ▶ boekjaar onbekend.

Contact ■ **BEREIKBAAR PER** ▶ ☑ post ☒ e-mail ☒ telefoon **CONTACTPERSOON** ▶ geen contactpersoon bekend **POSTADRES** ▶ Beusekamplaan 16, 7241 HC Lochem.

934
Osieck-Winkelman Fonds

Rubriek ■ ☑ kunst en cultuur ☑ natuur, milieu en dieren

Algemeen ■ **WEBSITE** ▶ www.cultuurfonds.nl **TYPERING** ▶ fonds op naam **BEHEERD DOOR** ▶ Prins Bernhard Cultuurfonds **DIRECTIE** ▶ zie > Prins Bernhard Cultuurfonds **BESTUUR** ▶ zie > Prins Bernhard Cultuurfonds

Missie ■ **DOELSTELLING** ▶ Het financieel ondersteunen van projecten die het behoud van groene monumenten in Nederland ten doel hebben.

Werkgebied ■ **ACTIERADIUS** ▶ Nationaal **LAND** ▶ Nederland.

Projecten ■ **CRITERIA** ▶ geen projectcriteria bekend **DOORLOOPTIJD** ▶ ☑ korter dan 1 jaar **STATUS AANVRAGER** ▶ ☑ geen beperkingen bekend **VOORKEUR/UITSLUITING** ▶ geen voorkeur of uitsluiting bekend.

Procedure ■ **OP AANVRAAG** ▶ ja **AANVRAAGPROCEDURE** ▶ Dit 'fonds op naam' ressorteert onder het Prins Bernhard Cultuurfonds. Verzoeken aan fondsen op naam komen op één centraal punt binnen. Dit houdt in dat een subsidieaanvraag slechts eenmaal aan het Prins Bernhard Cultuurfonds hoeft te worden gezonden. Voor de verdere aanvraagprocedure: zie Prins Bernhard Cultuurfonds. **URL** ▶ www.cultuurfonds.nl/aanvragen

Contact ■ **BEREIKBAAR PER** ▶ ☑ post ☑ e-mail ☑ telefoon **CONTACTPERSOON** ▶ geen contactpersoon bekend **POSTADRES** ▶ Postbus 19750, 1000 GT Amsterdam **EMAIL (ALGEMEEN)** ▶ info@cultuurfonds.nl **TELEFOON (ALGEMEEN)** ▶ 020-5206130.

935
De Ottema-Kingma Stichting

Rubriek ■ ☑ kunst en cultuur

Algemeen ■ **WEBSITE** ▶ www.oks.nl **TYPERING** ▶ vermogensfonds **OPGERICHT** ▶ 1955 **RECHTSVORM** ▶ stichting **KVK** ▶ 41000851 **ANBI STATUS** ▶ ja **DIRECTIE** ▶ geen directiegegevens bekend **BESTUUR** ▶ L. Oldersma, voorzitter; mr.drs. A. Offringa, penningmeester; mw.drs. K.H. de Bruin-Frederiks, secretaris; mw.drs. H.F. van der Palm; mw.mr. E.G. ter Pelkwijk-Veltink.

Missie ■ **DOELSTELLING** ▶ De OKS heeft ten doel de bevordering van kunst en wetenschap, speciaal van al hetgeen dat van belang is op oudheidkundig-, kunst- en cultuurhistorisch gebied, waaronder ook het dienen van de Heemschutgedachte in Leeuwarden en in Fryslân, in de ruimste zin genomen. **HISTORIE** ▶ Al op jonge leeftijd ontwikkelde Ottema een enorme interesse voor cultureel erfgoed in de breedste zin van het woord. Vooral Fries erfgoed en Aziatische keramiek hadden zijn grote belangstelling. De interesse uitte zich op diverse wijzen. Hij verzamelde zijn leven lang fanatiek een uitgebreid scala aan objecten; zijn eigen schattingen liepen uiteen van 26.000 tot 30.000 stuks. Daarnaast publiceerde hij veelvuldig over het cultureel erfgoed, variërend van kleine krantenartikels tot en met zijn alom geprezen handboek voor het verzamelen van Chinese keramiek. Al op jonge leeftijd ontwikkelde Ottema een enorme interesse voor cultureel erfgoed in de breedste zin van het woord. Vooral Fries erfgoed en Aziatische keramiek hadden zijn grote belangstelling. De interesse uitte zich op diverse wijzen. Hij verzamelde zijn leven lang fanatiek een uitgebreid scala aan objecten; zijn eigen schattingen liepen uiteen van 26.000 tot 30.000 stuks. Daarnaast publiceerde hij veelvuldig over het cultureel erfgoed, variërend van kleine krantenartikels tot en met zijn alom geprezen handboek voor het verzamelen van Chinese keramiek. Na het overlijden van Ottema in 1955 kwamen zijn verzamelingen en zijn vermogen in het bezit van de Ottema-Kingma Stichting teneinde zijn werk voort te zetten. **BELEIDSPLAN OP WEBSITE** ▶ ja.

Doelgroep ■ **SPECIFIEK** ▶ Geen specifieke doelgroep **ACTIVITEITEN** ▶ Het beleid van de OKS is gericht op het verwezenlijken van haar doelstelling. De OKS doet dat door de volgende activiteiten: ☑ de aankoop van objecten ten behoeve van de Friese musea; het financieel ondersteunen van publicaties, onderzoeken en andere projecten die binnen de doelstelling van de stichting vallen; ☑ het bevorderen van wetenschappelijk onderzoek op de terreinen van de doelstelling, o.a. door het financieren van een bijzondere leeropdracht op het gebied van de kunstnijverheid aan de Radboud Universiteit te Nijmegen; ☑ het organiseren van symposia. **INTERVENTIENIVEAU** ▶ N.v.t.

Werkgebied ■ **ACTIERADIUS** ▶ Regionaal **LAND** ▶ Nederland **REGIO** ▶ Friesland.

Bestedingen ■ **BUDGET** ▶ niet openbaar **ONDERSTEUNDE PROJECTEN P/J** ▶ 11 **SOORT BIJDRAGE** ▶ garanties giften **BOVENGRENS** ▶ geen **ONDERGRENS** ▶ geen.

Projecten ■ **CRITERIA** ▶ De stichting hanteert verschillende projectcriteria aan de hand van thema (publicaties, verwerven objecten voor collecties van musea). De stichting heeft een quickscan gemaakt, waaruit de specifieke voorwaarden blijken. Algemene voorwaarde is: ☑ Aanvrager heeft een relatie met Friesland. **DOORLOOPTIJD** ▶ ☑ 1 - 2 jaar **STATUS AANVRAGER** ▶ ☑ stichting of vereniging (non-profit) **VOORKEUR/UITSLUITING** ▶ geen voorkeur of uitsluiting bekend.

Procedure ■ **OP AANVRAAG** ▶ ja **DOORLOOPTIJD** ▶ 1-3 maanden **AANVRAAGPROCEDURE** ▶ De OKS werkt met een aanvraagformulier die u kunt downloaden via de website. In sommige gevallen dient aanvullende informatie te worden meegestuurd. De aanvullende informatie (indien van toepassing): ☑ actuele statuten; ☑ actueel uittreksel Kamer van Koophandel; ☑ begroting huidige en volgende jaar; ☑ meest recente financieel jaarverslag; ☑ meest recente inhoudelijk jaarverslag; ☑ gespecificeerde begroting van het project (a.u.b. duidelijk aangeven of de begroting incl. of excl. BTW is); ☑ projectbeschrijving; ☑ indien van toepassing offertes voor het project; ☑ overige informatie over de organisatie en/of over het project; De documenten dient u (in pdf) te mailen naar info@oks.nl. Nadat de OKS uw aanvraag heeft ontvangen, krijgt u per email een bevestiging van ontvangst en de datum waarop uw aanvraag wordt behandeld. Het bestuur van de OKS vergadert regulier vier keer per jaar. Indien een aanvraag na een inleverdatum is ontvangen, wordt deze aanvraag behandeld in de volgende vergaderronde. Na de vergadering duurt het circa twee weken voordat u bericht krijgt over de uitslag. Dit is minimaal zes weken na de toepasselijke inleverdatum. **URL** ▶ www.oks.nl/subsidie-aanvragen

Financieel ■ **INKOMSTEN EV** ▶ € 1.450.000 **HERKOMST MIDDELEN** ▶ vermogen **BOEKJAAR** ▶ 2019 **JAARVERSLAG OP WEBSITE** ▶ ja.

Contact ■ **BEREIKBAAR PER** ▶ ☑ post ☑ e-mail ☒ telefoon **CONTACTPERSOON** ▶ geen contactpersoon bekend **POSTADRES** ▶ Harlingersingel 23-A, 8913 CJ Leeuwarden **EMAIL (ALGEMEEN)** ▶ info@oks.nl.

936
Stichting Otter Fonds

Rubriek ■ ☑ maatschappij, welzijn en samenleving ☑ natuur, milieu en dieren

Algemeen ■ **WEBSITE** ▶ www.kennisbankfilantropie.nl/anbi/otterfonds **TYPERING** ▶ vermogensfonds **OPGERICHT** ▶ 22-12-2009 **RECHTSVORM** ▶ stichting **KVK** ▶ 34382696 **ANBI STATUS** ▶ ja **DIRECTIE** ▶ geen directiegegevens bekend **BESTUUR** ▶ Mw. F.E. Gongriep, voorzitter; M.A.J. Kroezen RA, penningmeester; mr. A.L.M. Schulte, secretaris; mr. W.P. van Berkel; mr. A. Vos.

Missie ■ **DOELSTELLING** ▶ Het ondersteunen van goede doel instellingen alsmede het verrichten van onderzoek met name op het gebied van milieuprojecten wereldwijd. **BELEIDSPLAN OP WEBSITE** ▶ ja.

Doelgroep ■ **SPECIFIEK** ▶ Milieuprojecten wereldwijd, ontwikkelingsprojecten en lokale projecten. **ACTIVITEITEN** ▶ De stichting steunt milieuprojecten via Greenpeace en aan plaatstelijke kleinere organisaties die met name de lokale bevolking betrekken bij landverbeteringsprojecten in bijvoorbeeld Indonesië, Costa Rica, Nepal en Marroko. De lokale projecten zijn met name gericht op milieubewustwording via scholen alsmede ondersteuning van Slow Food Youth Network. **INTERVENTIENIVEAU** ▶ Steun aan lokale/provinciale maatschappelijke organisaties en structuren (incl. gemeenten etc.) die diensten verlenen aan individuen.

Werkgebied ■ **ACTIERADIUS** ▶ Nationaal, Internationaal **LAND** ▶ Wereldwijd.

Bestedingen ■ **BUDGET** ▶ € 600.000 **SOORT BIJDRAGE** ▶ giften subsidies **BOVENGRENS** ▶ geen **ONDERGRENS** ▶ geen.

Projecten ■ **CRITERIA** ▶ Projecten: ☑ milieuprojecten wereldwijd (80%); ☑ ontwikkelingsprojecten (10%); ☑ lokale projceten (10%). **DOORLOOPTIJD** ▶ ☑ onbekend **STATUS AANVRAGER** ▶ ☑ geen beperkingen bekend **VOORKEUR/UITSLUITING** ▶ geen voorkeur of uitsluiting bekend.

Procedure ■ **OP AANVRAAG** ▶ onbekend **AANVRAAGPROCEDURE** ▶ Geen aanvraagprocedure bekend. De te ondersteunen goede doelen zullen door de voorzitter aan het bestuur worden voorgelegd. Eventueel is er ondersteuning door een 'Goede Doelen Commissie'. Het bestuur zal met een meerderheid van stemmen beslissen over deze voorstellen

Financieel ■ **HERKOMST MIDDELEN** ▶ vermogen, giften & schenkingen **BOEKJAAR** ▶ 2019 **JAARVERSLAG OP WEBSITE** ▶ ja.

Contact ■ **BEREIKBAAR PER** ▶ ☑ post ☑ e-mail ☑ telefoon **CONTACTPERSOON** ▶ geen contactpersoon bekend **POSTADRES** ▶ Vlietsingel 16, 1671 MZ Medemblik **EMAIL (ALGEMEEN)** ▶ makromed@wxs.nl **TELEFOON (ALGEMEEN)** ▶ 0227-547158.

937
Stichting Ouderkerkfonds

Rubriek ■ ☑ onderwijs en onderzoek

Algemeen ■ **WEBSITE** ▶ www.kennisbankfilantropie.nl/anbi/ouderkerkfonds **TYPERING** ▶ vermogensfonds **OPGERICHT** ▶ 27-06-1985 **RECHTSVORM** ▶ stichting **KVK** ▶ 41204677 **ANBI STATUS** ▶ ja **DIRECTIE** ▶ geen directiegegevens bekend **BESTUUR** ▶ geen bestuursgegevens bekend.

Missie ■ **DOELSTELLING** ▶ Het fonds heeft tot doel om gelden ter beschikking te stellen voor het bevorderen van de opleiding en ontwikkeling van de Nederlandse scheepvaart. Zo is er financiële ondersteuning voor studentmentoren die bijlessen wiskunde verzorgen en zijn er gelden voor aanvullende programma's op het regulier onderwijs. **STICHTER(S)** ► Kapitein Herman Ouderkerk **HISTORIE** ► Het Ouderkerkfonds werd ingesteld op 27 juni 1985 door wijlen Kapitein Herman Ouderkerk, oud-kweekeling van de Kweekschool voor de Zeevaart te Amsterdam in nauw overleg met het bestuur van de Vereniging van Oud Kweekelingen van de Kweekschool voor de Zeevaart en heeft nadien donaties ontvangen van deze vereniging en individuele oud-kweekelingen.

Doelgroep ■ **ALGEMEEN** ► studenten **SPECIFIEK** ► Geen specifieke doelgroep **ACTIVITEITEN** ► Geen specifieke activiteiten bekend **INTERVENTIENIVEAU** ► Onbekend.

Werkgebied ■ **ACTIERADIUS** ► Nationaal **LAND** ► Nederland.

Bestedingen ■ **BUDGET** ► niet openbaar **SOORT BIJDRAGE** ► giften studiebeurzen **BOVENGRENS** ► geen **ONDERGRENS** ► geen.

Projecten ■ **CRITERIA** ► geen projectcriteria bekend **DOORLOOPTIJD** ► ☑ onbekend **STATUS AANVRAGER** ► ☑ geen beperkingen bekend **VOORKEUR/UITSLUITING** ► geen voorkeur of uitsluiting bekend.

Procedure ■ **OP AANVRAAG** ► onbekend **AANVRAAGPROCEDURE** ► Geen aanvraagprocedure bekend.

Financieel ■ **HERKOMST MIDDELEN** ► vermogen.

Contact ■ **BEREIKBAAR PER** ► ☑ post ☑ e-mail ☑ telefoon **CONTACTPERSOON** ► G. van Santen **POSTADRES** ► Piet Heynstraat 18, 3223 SG Hellevoetsluis **EMAIL (ALGEMEEN)** ► g.vansanten49@kpnmail.nl **TELEFOON (ALGEMEEN)** ► 0181-325221.

938

Oudheidkundige Vereniging Herderewich

Rubriek ■ ☑ kunst en cultuur ☑ onderwijs en onderzoek

Algemeen ■ **WEBSITE** ► www.herderewich.nl **TYPERING** ► vermogensfonds **OPGERICHT** ► 15-01-1979 **RECHTSVORM** ► vereniging **KVK** ► 40094224 **ANBI STATUS** ► ja **DIRECTIE** ► geen directiegegevens bekend **BESTUUR** ► M. Moggré, voorzitter; D. Koning, penningmeester; J. Wetzels, secretaris; M. Pijnenburg; L. Karssen; K. Kok; J. Ruijne.

Missie ■ **DOELSTELLING** ► De oudheidkundige vereniging 'Herderewich' stelt zich ten doel de kennis van en de belangstelling voor de geschiedenis en archeologie van Harderwijk en Hierden te behouden en te bevorderen en tevens te waken over het cultureel erfgoed van Harderwijk en Hierden. Herderewich probeert dit te bereiken door het organiseren van lezingen, excursies, tentoonstellingen en het uitgeven van een tijdschrift. **HISTORIE** ► De Oudheidkundige Vereniging Herderewich werd in 1972 door een vijftal enthousiaste inwoners van Harderwijk opgericht. Ze vonden dat er meer aandacht besteed moest worden aan de geschiedenis en monumenten van Harderwijk en Hierden. In januari 1974 verscheen het eerste nummer van de Herderewich-kroniek, de voorloper van het huidige kwartaalblad 'Het Vittepraetje'. **BELEIDSPLAN OP WEBSITE** ► ja.

Doelgroep ■ **SPECIFIEK** ► Projecten over de geschiedenis en archeologie in Harderwijk en Hierden. **ACTIVITEITEN** ► ☑ Het bevorderen van historisch en archeologisch onderzoek in Harderwijk en Hierden; ☑ Het bevorderen van activiteiten die op enigerlei wijze een historisch of oudheidkundig doel dienen; ☑ Het bevorderen van het behoud van monumenten in Harderwijk en Hierden; ☑ Het publiceren van informatie over de historie van Harderwijk en Hierden en het bevorderen van publicaties hierover; ☑ Het organiseren van lezingen, thema- en filmbijeenkomsten; ☑ Het uitgeven van het kwartaalmagazine 'Het Vittepraetje' met artikelen over de historie en archeologie van Harderwijk en Hierden; ☑ Het samenwerken met instellingen, verenigingen en stichtingen die een soortgelijk doel nastreven; ☑ Het verstrekken van informatie over historische panden, locaties, families of anderszins aan particulieren en instanties; ☑ Het verzamelen, inventariseren en archiveren van historisch materiaal, zoals: boeken, artikelen, documenten, tekeningen, voorwerpen, schilderijen, foto's en films (in eigen beheer of beheer elders). **INTERVENTIENIVEAU** ► Steun aan lokale/provinciale maatschappelijke organisaties en structuren (incl. gemeenten etc.) die diensten verlenen aan individuen.

Werkgebied ■ **ACTIERADIUS** ► Regionaal **LAND** ► Nederland **PLAATS** ► Harderwijk e.o., Hierden.

Bestedingen ■ **BUDGET** ► niet openbaar **SOORT BIJDRAGE** ► overig **BOVENGRENS** ► geen **ONDERGRENS** ► geen.

Projecten ■ **CRITERIA** ► geen projectcriteria bekend **DOORLOOPTIJD** ► ☑ onbekend **STATUS AANVRAGER** ► ☑ geen beperkingen bekend **VOORKEUR/UITSLUITING** ► geen voorkeur of uitsluiting bekend.

Procedure ■ **OP AANVRAAG** ► onbekend **AANVRAAGPROCEDURE** ► Geen aanvraagprocedure bekend.

Financieel ■ **INKOMSTEN OV** ► € 25.651.,62 **HERKOMST MIDDELEN** ► leden (bijdragen), giften & schenkingen, overige inkomsten, bedrijven **BOEKJAAR** ► 2018 **JAARVERSLAG OP WEBSITE** ► ja.

Contact ■ **BEREIKBAAR PER** ► ☑ post ☑ e-mail ☑ telefoon **CONTACTPERSOON** ► J. Wetzels **POSTADRES** ► Schapenhoek 9, 3841 BM Harderwijk **EMAIL (ALGEMEEN)** ► info@herderewich.nl **TELEFOON (ALGEMEEN)** ► 0341-426847.

939

Stichting Overal

Rubriek ■ ☑ economische ontwikkeling en microkrediet ☑ maatschappij, welzijn en samenleving ☑ mensenrechten, vrede en veiligheid ☑ onderwijs en onderzoek ☑ natuur, milieu en dieren ☑ voedsel en voedselveiligheid

Algemeen ■ **WEBSITE** ► www.overal.org **TYPERING** ► vermogensfonds **OPGERICHT** ► 01-10-1975 **RECHTSVORM** ► stichting **KVK** ► 10021807 **ANBI STATUS** ► ja **DIRECTIE** ► geen directiegegevens bekend **BESTUUR** ► L. Baartmans; H. Theunissen; mw. T. Hafmans.

Missie ■ **DOELSTELLING** ► De stichting heeft ten doel: het scheppen en steunen van kleinschalige projecten, gericht op het creëren van een menswaardiger bestaan, zulks ongeacht ras, afkomst en verleden en welke projecten gericht zijn op het gemeenschapsbelang. **STICHTER(S)** ▶ F. Kampshoff, A. Baartmans **HISTORIE** ▶ In 1975 zag een groep woonbootbewoners hoeveel nog goed bruikbare spullen op de vuilnishoop belandden. Ze wilden iets ondernemen tegen de wegwerpmaatschappij en besloten met een kar afgedankte, maar nog bruikbare spullen op te halen. De spullen werden verkocht in Nijmegen op de 'Lusemert'. De opbrengst werd gebruikt om mensen en organisaties te steunen die zich verzetten tegen onrecht en die opkomen voor zelfbeschikking, emancipatie en een beter milieu. **BELEIDSPLAN OP WEBSITE** ▶ ja.

Doelgroep ■ **ALGEMEEN** ▶ armen, dak- en thuislozen, vluchtelingen **SPECIFIEK** ▶ Stichting Overal kiest de kant van mensen in onderdrukte en kansarme posities: mensen zonder betaalde baan, bevrijdingsbewegingen, vrouwen in ontwikkelingslanden, vluchtelingen etc. **ACTIVITEITEN** ▶ Stichting Overal heeft twee hoofddoelstellingen: ☑ het ondersteunen van projecten, overal ter wereld, die net als wij op een mens- en milieuvriendelijke manier werken en streven naar een rechtvaardiger samenleving of zorg dragen voor het milieu; en ☑ het stimuleren van hergebruik, door middel van het ophalen en verkopen van nog bruikbare tweedehands goederen, een belangrijk middel om verspilling van grondstoffen en energie tegen te gaan, milieuvervuiling te verminderen en zo bij te dragen aan een duurzamere samenleving. **INTERVENTIENIVEAU** ▶ Steun aan lokale/provinciale maatschappelijke organisaties en structuren (incl. gemeenten etc.) die diensten verlenen aan individuen.

Werkgebied ■ **ACTIERADIUS** ▶ Internationaal **LAND** ▶ Wereldwijd.

Bestedingen ■ **BUDGET** ▶ € 50.000 **TOELICHTING** ▶ Het budget is afhankelijk van de omzet van de kringloopwinkel, en de kosten van de bedrijfsvoering. **ONDERSTEUNDE PROJECTEN P/J** ▶ 10 **SOORT BIJDRAGE** ▶ giften **BOVENGRENS** ▶ geen **ONDERGRENS** ▶ geen.

Projecten ■ **CRITERIA** ▶ Stichting Overal ondersteunt projecten op politiek, sociaal, cultureel en economisch gebied. Het moet gaan om kleinschalige projecten die: zo doelgericht mogelijk bijdragen aan het duurzaam verbeteren van de zelfredzaamheid van kansarme groepen; zijn voortgekomen uit de doelgroep zelf; niemand op voorhand uitsluiten op basis van ras geloof, sekse, nationaliteit, etniciteit of geaardheid. **DOORLOOPTIJD** ▶ ☑ korter dan 1 jaar **STATUS AANVRAGER** ▶ ☑ stichting of vereniging (non-profit) **VOORKEUR/UITSLUITING** ▶ De voorkeur gaat uit naar projecten die een emancipatoire en/of educatieve inhoud hebben en qua omvang passen bij stichting Overal. Stichting Overal is een kleine fondsenorganisatie die buitenlandse projecten meestal ondersteunt met bedragen rond de 5.000 tot 10.000 euro. Voor binnenlandse projecten is er een maximale bijdrage van 1.000 euro vastgesteld. Binnenlandse aanvragen met een begroting die de € 10.000,- overschrijden worden niet in behandeling genomen. Aanvragen moeten gesteld zijn in het Nederlands òf in het Engels. Er moet een referent zijn in Nederland die geraadpleegd kan worden.

Procedure ■ **OP AANVRAAG** ▶ ja **DOORLOOPTIJD** ▶ 1-3 maanden **AANVRAAGPROCEDURE** ▶ Aanvragen voor zowel binnen- als buitenlandse projecten dienen per e-mail te worden ingezonden. Het e-mailadres is projecten@stichtingoveral.nl. De aanvraag dient kort te zijn (maximaal 1-2 A4). Voor binnenlandse en buitenlandse projecten gelden andere voorwaarden. Raadpleeg de website voor de voorwaarden. De aanvrager wordt verzocht geen reminders te sturen. Het antwoord volgt binnen enkele weken of maanden. **URL** ▶ www.overal.org/?page_id=23

Financieel ■ **EIGEN VERMOGEN** ▶ € 283.676 **INKOMSTEN EV** ▶ € 112 **INKOMSTEN OV** ▶ € 89.517 **HERKOMST MIDDELEN** ▶ overige inkomsten, giften & schenkingen, inkomsten uit vermogen, bedrijven **BOEKJAAR** ▶ 2018 **JAARVERSLAG OP WEBSITE** ▶ ja.

Contact ■ **BEREIKBAAR PER** ▶ ☑ post ☑ e-mail ☑ telefoon **CONTACTPERSOON** ▶ geen contactpersoon bekend **POSTADRES** ▶ Bredestraat 52, 6542 SW Nijmegen **EMAIL (ALGEMEEN)** ▶ info@overal.org **TELEFOON (ALGEMEEN)** ▶ 024-3771744.

940

Overvoorde-Gordon Stichting (Pauwhof Fonds)

Rubriek ■ ☑ kunst en cultuur ☑ onderwijs en onderzoek

Algemeen ■ **WEBSITE** ▶ www.pauwhoffonds.nl **TYPERING** ▶ vermogensfonds **OPGERICHT** ▶ 08-11-1939 **RECHTSVORM** ▶ stichting **KVK** ▶ 41151031 **ANBI STATUS** ▶ ja **DIRECTIE** ▶ geen directiegegevens bekend **BESTUUR** ▶ N. Bode, voorzitter; B. van Goudoever, penningmeester; mw. S. Gloudemans, secretaris; mw. A. Musters; J. de Vries; M. de Waal; T. Widderschoven.

Missie ■ **DOELSTELLING** ▶ Het doel van het Pauwhof Fonds is het subsidiëren van projecten op het terrein van kunsten en wetenschap. Hierbij dient uitdrukkelijk sprake te zijn van een doelbewust zoeken naar een ontmoeting tussen beide disciplines of naar een doelgerichte combinatie van kunstvormen of wetenschappelijke activiteiten onderling. **HISTORIE** ▶ Op initiatief van de Overvoorde – Gordon Stichting werd het Pauwhof Fonds ingesteld. Tussen 1940 en 1992 beheerde deze stichting het in Wassenaar gelegen landgoed De Pauwhof, een ontmoetingsplaats voor kunstenaars en wetenschappers. Het landgoed bood wetenschappers en kunstenaars naast onderdak de mogelijkheid elkaar in een informele atmosfeer te ontmoeten, met elkaar te werken en om er via onderlinge contacten inspiratie op te doen voor toekomstige activiteiten. Na de sluiting van De Pauwhof en de verkoop van het omliggende landgoed besloot het bestuur van de Overvoorde – Gordon Stichting zijn activiteiten in de geest van de voormalige Pauwhof voort te zetten. Met behulp van de opbrengst de verkoop werd het Pauwhof Fonds ingesteld, een zelfstandig opererend fonds met een onafhankelijk bestuur. Sinds 1996 keert dit fonds subsidies uit conform zijn doelstelling. **BELEIDSPLAN OP WEBSITE** ▶ ja.

Doelgroep ■ **SPECIFIEK** ▶ Projecten op het terrein van kunsten en wetenschap. **ACTIVITEITEN** ▶ De stichting wil doelgericht combinaties van kunstvormen en/of wetenschappelijke activiteiten in een multidisciplinaire aanpak bevorderen. Gehoopt wordt dat juist de uitwisseling van kennis en creativiteit tussen verschillende kunst- en/of wetenschaps-disciplines synergie zal voortbrengen die tot nieuwe inspiratie en inzicht zal leiden. De stichting wendt het vermogen aan voor de subsidiëring van projecten die voldoen aan de doelstelling. **INTERVENTIENIVEAU** ▶ Steun aan lokale/provinciale maatschappelijke organisaties en structuren (incl. gemeenten etc.) die diensten verlenen aan individuen.

Werkgebied ■ **ACTIERADIUS** ▶ Nationaal **LAND** ▶ Nederland.

Bestedingen ■ **BUDGET** ▶ niet openbaar **ONDERSTEUNDE PROJECTEN P/J** ▶ 5 **SOORT BIJDRAGE** ▶ giften **BOVENGRENS** ▶ geen **ONDERGRENS** ▶ geen.

Projecten ■ **CRITERIA** ▶ In te dienen projecten dienen in algemene zin uitzonderlijk van karakter te zijn, niet alleen voor de aanvragende instelling maar ook uitzonderlijk voor de wereld van kunsten en wetenschap. Het project dient: ☑ uitdrukkelijk te gaan om een ontmoeting tussen kunsten onderling en/of wetenschap; ☑ een multidisciplinair karakter te hebben. **DOORLOOPTIJD** ▶ ☑ onbekend **STATUS AANVRAGER** ▶ ☑ geen beperkingen bekend **VOORKEUR/UITSLUITING** ▶ geen voorkeur of uitsluiting bekend.

Procedure ■ **OP AANVRAAG** ▶ ja **DOORLOOPTIJD** ▶ 3-6 maanden **AANVRAAGPROCEDURE** ▶ Alvorens een aanvraag te kunnen indienen, wordt het plan eerst getoetst in een mondelinge toelichting aan een van de bestuursleden van het Pauwhof Fonds. Vervolgens wordt de aanvraag schriftelijk ingediend, begeleid van een bondig gedocumenteerd projectvoorstel en een begroting, inclusief een dekkingsplan en opgave van al toegekende fondsen. Tevens wordt aangegeven welke publieksgroepen u beoogt te bereiken en met welke middelen. De aanvraag wordt behandeld in de bestuursvergadering die in het voorjaar en in het najaar wordt gehouden. De aanvraag dient een maand voor de bestuursvergadering in het bezit te zijn van de secretaris van het fonds. Na de bestuursvergadering wordt de aanvrager mondeling op de hoogte gesteld door een van de bestuursleden. Een toekenning wordt vervolgens ook schriftelijk bevestigd. **URL** ▶ www.pauwhof-fonds.nl/?page_id=6

Financieel ■ **EIGEN VERMOGEN** ▶ € 1.536.139 **INKOMSTEN EV** ▶ € 29.632 **HERKOMST MIDDELEN** ▶ vermogen **BOEKJAAR** ▶ 2017 **JAARVERSLAG OP WEBSITE** ▶ ja.

Contact ■ **BEREIKBAAR PER** ▶ ☑ post ☒ e-mail ☒ telefoon **CONTACTPERSOON** ▶ geen contactpersoon bekend **POSTADRES** ▶ Buiksloterdak 190, 1025 WC Amsterdam.

941

P.J. Rogaar Stichting

Rubriek ■ ☑ onderwijs en onderzoek ☑ maatschappij, welzijn en samenleving ☑ gezondheidszorg ☑ kunst en cultuur ☑ economische ontwikkeling en microkrediet

Algemeen ■ **WEBSITE** ▶ www.pjrogaar.nl **TYPERING** ▶ vermogensfonds **OPGERICHT** ▶ 01-01-2008 **RECHTSVORM** ▶ stichting **KVK** ▶ 34289482 **ANBI STATUS** ▶ ja **DIRECTIE** ▶ geen directiegegevens bekend **BESTUUR** ▶ Mr. H.G. Gentis, voorzitter; mr. H.M. de Mol van Otterloo, penningmeester; mr. M. Rogaar, secretaris.

Missie ■ **DOELSTELLING** ▶ De directe inkomsten uit het vermogen zijn beschikbaar voor donaties, subsidies en financiële steun t.b.v. charitatieve instellingen of personen in binnen- en buitenland. Deze instellingen of personen zijn actief op het terrein van het bevorderen van educatie en onderwijs, cultuur, sociale en/of medisch projecten of ontwikkelingshulp. **STICHTER(S)** ▶ De heer en mevrouw Rogaar-Burlage **HISTORIE** ▶ De P.J. Rogaar Stichting is opgericht eind 2007 door de Heer en Mevr. Rogaar-Burlage.Het vermogen van de P.J. Rogaar Stichting wordt in de eerste plaats opgebouwd uit schenkingen uit het privé vermogen van de oprichters. De stichting zal de opbrengsten van dit vermogen gebruiken om begunstigingen te doen in het kader van de statutaire doelstelling. **BELEIDSPLAN OP WEBSITE** ▶ ja.

Doelgroep ■ **SPECIFIEK** ▶ Charitatieve instellingen of personen in binnen- en buitenland. **ACTIVITEITEN** ▶ In principe tracht de stichting, waar mogelijk, doelen te identificeren, waarvan de realisatie door haar financiële steun werkelijk dichterbij wordt gebracht. De stichting wil, waar mogelijk, echt verschil maken. Het kan voorkomen dat gedurende meerdere jaren aan het zelfde project financiële steun wordt verleend. In zulke gevallen zal ook om een rapportage worden verzocht, die inzicht verschaft in de voortgang van het project en de aanwending van de financiële middelen. Naast deze doelen kunnen van jaar tot jaar een aantal charitatieve instellingen worden uitgekozen, die reeds grote bekendheid verdienen en waarvan 'het verschil' niet meteen duidelijk zal worden, maar waarvan de steun, zonder enige twijfel van het bestuur, zeer goed besteed zal worden. **INTERVENTIENIVEAU** ▶ Onbekend.

Werkgebied ■ **ACTIERADIUS** ▶ Nationaal **LAND** ▶ Nederland.

Bestedingen ■ **BUDGET** ▶ niet openbaar **SOORT BIJDRAGE** ▶ giften **BOVENGRENS** ▶ € 1.500 **ONDERGRENS** ▶ € 500.

Projecten ■ **CRITERIA** ▶ geen projectcriteria bekend **DOORLOOPTIJD** ▶ ☑ onbekend **STATUS AANVRAGER** ▶ ☑ stichting of vereniging (non-profit) **VOORKEUR/UITSLUITING** ▶ geen voorkeur of uitsluiting bekend.

Procedure ■ **OP AANVRAAG** ▶ ja **AANVRAAGPROCEDURE** ▶ Indien u in aanmerking wilt komen voor een donatie wil het bestuur van de PJ Rogaar stichting graag een beknopte maar volledige aanvraag ontvangen. Dit kan uitsluitend per e-mail. Raadpleeg hiervoor de checklist op de site. **URL** ▶ www.pjrogaar.nl/?page_id=90

Financieel ■ **EIGEN VERMOGEN** ▶ € 320.000 **HERKOMST MIDDELEN** ▶ vermogen **BOEKJAAR** ▶ 2018 **JAARVERSLAG OP WEBSITE** ▶ ja.

Contact ■ **BEREIKBAAR PER** ▶ ☑ post ☑ e-mail ☑ telefoon **CONTACTPERSOON** ▶ geen contactpersoon bekend **POSTADRES** ▶ Gerard Doustraat 147c, 1073 VV Amsterdam **EMAIL (ALGEMEEN)** ▶ pjrogaarstichting@gmail.com **TELEFOON (ALGEMEEN)** ▶ 06-41376180.

942

P.M. de Klerk Keramiek Fonds

Rubriek ■ ☑ kunst en cultuur

Algemeen ■ WEBSITE ▶ www.cultuurfonds.nl TYPERING ▶ fonds op naam BEHEERD DOOR ▶ Prins Bernhard Cultuurfonds DIRECTIE ▶ zie > Prins Bernhard Cultuurfonds BESTUUR ▶ zie > Prins Bernhard Cultuurfonds

Missie ■ DOELSTELLING ▶ Het financieel ondersteunen van talenten en projecten op het gebied van hedendaagse keramiek.

Werkgebied ■ ACTIERADIUS ▶ Nationaal LAND ▶ Nederland.

Projecten ■ CRITERIA ▶ geen projectcriteria bekend DOORLOOPTIJD ▶ ☑ korter dan 1 jaar STATUS AANVRAGER ▶ ☑ geen beperkingen bekend VOORKEUR/UITSLUITING ▶ geen voorkeur of uitsluiting bekend.

Procedure ■ OP AANVRAAG ▶ ja AANVRAAGPROCEDURE ▶ Dit 'fonds op naam' ressorteert onder het Prins Bernhard Cultuurfonds. Verzoeken aan fondsen op naam komen op één centraal punt binnen. Dit houdt in dat een subsidieaanvraag slechts eenmaal aan het Prins Bernhard Cultuurfonds hoeft te worden gezonden. Voor de verdere aanvraagprocedure: zie Prins Bernhard Cultuurfonds. URL ▶ www.cultuurfonds.nl/aanvragen

Contact ■ BEREIKBAAR PER ▶ ☑ post ☑ e-mail ☑ telefoon CONTACTPERSOON ▶ geen contactpersoon bekend POSTADRES ▶ Postbus 19750, 1000 GT Amsterdam EMAIL (ALGEMEEN) ▶ info@cultuurfonds.nl TELEFOON (ALGEMEEN) ▶ 020-5206130.

943

P.W. Janssen's Friesche Stichting

Rubriek ■ ☑ kunst en cultuur ☑ maatschappij, welzijn en samenleving

Algemeen ■ WEBSITE ▶ www.pwjanssensfriescchestichting.nl TYPERING ▶ vermogensfonds OPGERICHT ▶ 04-11-1903 RECHTSVORM ▶ stichting KVK ▶ 41198722 ANBI STATUS ▶ nee DIRECTIE ▶ geen directiegegevens bekend BESTUUR ▶ Mr. J.A.L. Rehbock, voorzitter; D. Maclaine Pont, penningmeester; mr. A.M.G. van der Laan, secretaris; mr. H.G. van Everdingen.

Missie ■ DOELSTELLING ▶ De Stichting stelt zich in hoofdzaak ten doel de bevordering der culturele volksontwikkeling. Naast doelen op het gebied van de volksontwikkeling kunnen belangrijke projecten op het gebied van maatschappelijk en sociaal welzijn, cultuur en restauraties en behoud van monumentaal erfgoed in aanmerking komen voor subsidie. STICHTER(S) ▶ Peter Wilhelm Janssen HISTORIE ▶ In april 1896 rijpte bij Janssen het plan om iets te doen aan de ellendige leefsituatie van de Friese armen. Hij besloot zich in te zetten voor het bestrijden van de werkloosheid, armoede en slechte woningtoestanden in Friesland. Het was de bedoeling om via werkverschaffing land in cultuur te brengen en de ontgonnen grond vervolgens in pacht te geven aan flinke land- en veenarbeiders, die er dan een klein bedrijf konden beginnen. Een commissie werd ingesteld met vertegenwoordigers van verschillende politieke, maatschappelijke en kerkelijke richtingen. Zij namen de organisatie ter hand. Alle bezittingen van Janssen in Friesland, en de revenuen ervan, waren enkele maanden voor Janssens dood ondergebracht in de P.W. Janssen's Friesche Stichting. Deze stichting zette het Friese ontwikkelingswerk van Janssen voort: het ontginnen van woeste gronden in Friesland, het verschaffen van bouwland aan landarbeiders en het stichten van kleine boerderijtjes. Als de pachters van de boerderijtjes hun bedrijfjes goed beheerden, kregen zij de gelegenheid om elders een groter bedrijf van de Stichting te pachten. De opbrengst van de pacht kwam ten goede aan de volksontwikkeling. Door de jaren heen jaren konden vele ziekenhuizen, kruisverenigingen, volkshogescholen, musea, bibliotheken en lokale culturele verenigingen rekenen op een bijdrage van de P.W. Janssen's Friesche Stichting. De nadruk lag op het buurthuiswerk en de lektuurvoorziening. De pachtopbrengsten uit de bezittingen van de Stichting in Friesland maken het de Stichting nog steeds mogelijk om binnen het door Janssen destijds vastgelegde doelgebied jaarlijks vele projecten te ondersteunen.

Doelgroep ■ SPECIFIEK ▶ Geen specifieke doelgroep ACTIVITEITEN ▶ De P.W. Janssen's Friesche Stichting beoogt soms ook een aanjaagfunktie (eventueel middels een startsubsidie) te vervullen. De P.W. Janssen's Friesche Stichting steunt projectmatige initiatieven onder meer op het gebied van: ☑ Maatschappelijk en sociaal welzijn; ☑ Cultuur (met name muziek gezelschap en muziekuitvoeringen, en bijzondere tentoonstellingen); ☑ Erfgoed (restauraties en behoud van monumentaal erfgoed) gevestigd in de provincie Friesland en daarbuiten, doch in het bijzonder in of omstreeks de gemeente Amsterdam. INTERVENTIENIVEAU ▶ Steun op niveau van maatschappij zelf (beleidsbeïnvloeding, etc.).

Werkgebied ■ ACTIERADIUS ▶ Lokaal, Regionaal LAND ▶ Nederland REGIO ▶ Amsterdam, Friesland.

Bestedingen ■ BUDGET ▶ niet openbaar SOORT BIJDRAGE ▶ giften subsidies overig BOVENGRENS ▶ geen ONDERGRENS ▶ geen.

Projecten ■ CRITERIA ▶ ☑ Projecten binnen het werkgebied; ☑ Projecten binnen de doelstelling. DOORLOOPTIJD ▶ ☑ 1 - 2 jaar ☑ korter dan 1 jaar STATUS AANVRAGER ▶ ☑ stichting of vereniging (non-profit) ☑ kerkelijke instelling ☑ onderwijsinstelling VOORKEUR/UITSLUITING ▶ ☑ Het gedoteerde bedrag moet bij voorkeur rechtstreeks aan de doelgroep ten goede komen. De P.W. Janssen's Friesche Stichting geeft in beginsel geen bijdragen voor; ☑ individuele aanvragen; ☑ dekking van exploitatietekorten; ☑ aanvragen die leiden tot permanente steun. ☑ commercieel project; ☑ overheidsproject. ☑ fondsenwervende organisaties; ☑ service-clubs; ☑ getrapte aanvragen.

Procedure ■ OP AANVRAAG ▶ ja DOORLOOPTIJD ▶ 3-6 maanden AANVRAAGPROCEDURE ▶ Verzoeken om steun voor initiatieven kunnen schriftelijk in een brief met bijlagen (niet per e-mail) worden gericht aan de contact adressen. Wel kan het voorkomen dat later met de aanvrager per e-mail wordt gecorrespondeerd. In ieder geval dient de aanvraag voorzien te zijn van: ☑ concrete projectomschrijving; ☑

tijdschema project; ☑ projectbegroting; ☑ dekkingsplan. ☑ Wijze van financiering van het tekort: andere aangeschreven fondsen en in dien van toepassing het resultaat. ☑ De bestuurssamenstelling; ☑ een uittreksel van de Kamer van Koophandel. ☑ Eventueel referenties van organisaties of personen; ☑ Voorgenomen wijze van rapportage; ☑ e-mailadres; ☑ bankrekeningnummer; ☑ eventueel de ANBI-status; Voor aanvragen bij het Amsterdams Bestuur: ☑ een recent financieel jaarverslag; ☑ een inhoudelijk jaarverslag,; ☑ indien van toepassing de jaarverslagen van, de daarmee verbonden of verwante instellingen, zoals 'vrienden van' Stichtingen;. Aanvragen voor de provincie Friesland naar: Commissie van Beheer P.W. Janssen's Friesche Stichting; t.a.v. ir. A. van der Werf; Leeuwetand 39; 8445 RB Heerenveen. Aanvragen voor de omgeving van Amsterdam (zie contactgegevens/postadres). Een aanvraag dient tenminste 3 maanden, voorafgaand aan het tijdstip waarop de respons nodig is, aan de Stichting te worden ingezonden. Een afwijzing is onherroepelijk en wordt zo mogelijk gemotiveerd. Over een afgewezen aanvraag wordt geen discussie gevoerd. **URL** ▶ www.pwjanssensfrieschestichting.nl/aanvraag.htm

Financieel ■ **HERKOMST MIDDELEN** ▶ vermogen.

Contact ■ **BEREIKBAAR PER** ▶ ☑ post ☒ e-mail ☒ telefoon **CONTACTPERSOON** ▶ Mr. A.M.G. van der Laan **POSTADRES** ▶ Postbus 10100, 1001 EC Amsterdam.

944

Pacific Fonds

Rubriek ■ ☑ onderwijs en onderzoek

Algemeen ■ **WEBSITE** ▶ www.cultuurfonds.nl **TYPERING** ▶ fonds op naam **BEHEERD DOOR** ▶ Prins Bernhard Cultuurfonds **DIRECTIE** ▶ zie > Prins Bernhard Cultuurfonds **BESTUUR** ▶ zie > Prins Bernhard Cultuurfonds

Missie ■ **DOELSTELLING** ▶ Het financieel ondersteunen van afgestudeerden voor vervolgopleiding en of -onderzoek in binnen- of buitenland op het terrein van de letteren en de sociale wetenschappen met betrekking tot Oceanië.

Werkgebied ■ **ACTIERADIUS** ▶ Nationaal, Internationaal **LAND** ▶ Nederland.

Projecten ■ **CRITERIA** ▶ geen projectcriteria bekend **DOORLOOPTIJD** ▶ ☑ korter dan 1 jaar **STATUS AANVRAGER** ▶ ☑ geen beperkingen bekend **VOORKEUR/UITSLUITING** ▶ geen voorkeur of uitsluiting bekend.

Procedure ■ **OP AANVRAAG** ▶ ja **AANVRAAGPROCEDURE** ▶ Dit 'fonds op naam' ressorteert onder het Prins Bernhard Cultuurfonds. Verzoeken aan fondsen op naam komen op één centraal punt binnen. Dit houdt in dat een subsidieaanvraag slechts eenmaal aan het Prins Bernhard Cultuurfonds hoeft te worden gezonden. Voor de verdere aanvraagprocedure: zie Prins Bernhard Cultuurfonds. **URL** ▶ www.cultuurfonds.nl/aanvragen

Contact ■ **BEREIKBAAR PER** ▶ ☑ post ☑ e-mail ☑ telefoon **CONTACTPERSOON** ▶ geen contactpersoon bekend **POSTADRES** ▶ Postbus 19750, 1000 GT Amsterdam **EMAIL (ALGEMEEN)** ▶ info@cultuurfonds.nl **TELEFOON (ALGEMEEN)** ▶ 020-5206130.

945

Palet Fonds

Rubriek ■ ☑ kunst en cultuur

Algemeen ■ **WEBSITE** ▶ www.cultuurfonds.nl **TYPERING** ▶ fonds op naam **BEHEERD DOOR** ▶ Prins Bernhard Cultuurfonds **DIRECTIE** ▶ zie > Prins Bernhard Cultuurfonds **BESTUUR** ▶ zie > Prins Bernhard Cultuurfonds

Missie ■ **DOELSTELLING** ▶ Het financieel ondersteunen van projecten voor amateurs op het terrein van de beeldende kunst in Gelderland. Aanvragen worden behandeld door het Prins Bernhard Cultuurfonds Gelderland.

Werkgebied ■ **ACTIERADIUS** ▶ Regionaal **LAND** ▶ Nederland **REGIO** ▶ Gelderland.

Projecten ■ **CRITERIA** ▶ geen projectcriteria bekend **DOORLOOPTIJD** ▶ ☑ korter dan 1 jaar **STATUS AANVRAGER** ▶ ☑ geen beperkingen bekend **VOORKEUR/UITSLUITING** ▶ geen voorkeur of uitsluiting bekend.

Procedure ■ **OP AANVRAAG** ▶ ja **AANVRAAGPROCEDURE** ▶ Dit 'fonds op naam' ressorteert onder het Prins Bernhard Cultuurfonds. Verzoeken aan fondsen op naam komen op één centraal punt binnen. Dit houdt in dat een subsidieaanvraag slechts eenmaal aan het Prins Bernhard Cultuurfonds hoeft te worden gezonden. Voor de verdere aanvraagprocedure: zie Prins Bernhard Cultuurfonds. **URL** ▶ www.cultuurfonds.nl/aanvragen

Contact ■ **BEREIKBAAR PER** ▶ ☑ post ☑ e-mail ☑ telefoon **CONTACTPERSOON** ▶ geen contactpersoon bekend **POSTADRES** ▶ Postbus 19750, 1000 GT Amsterdam **EMAIL (ALGEMEEN)** ▶ info@cultuurfonds.nl **TELEFOON (ALGEMEEN)** ▶ 020-5206130.

946

Stichting Palmira

Rubriek ■ ☑ noodhulp ☑ maatschappij, welzijn en samenleving ☑ kerk en levensbeschouwing

Algemeen ■ **WEBSITE** ▶ www.stichtingpalmira.nl **TYPERING** ▶ vermogensfonds **RECHTSVORM** ▶ stichting **KVK** ▶ 09185617 **ANBI STATUS** ▶ ja **DIRECTIE** ▶ geen directiegegevens bekend **BESTUUR** ▶ R.J.Th. Scheepers, voorzitter; R.J.Th. Scheepers, penningmeester; J.R.P.M. Nielen; W.J. de Cloe.

Missie ■ **DOELSTELLING** ▶ Het ondersteunen van en het doen van uitkeringen aan onder andere kansarmen in de maatschappij in binnen- en buitenland, kerkelijke, levensbeschouwelijke en charitatieve instellingen.

Doelgroep ■ **ALGEMEEN** ▶ armen, dak- en thuislozen, gelovigen **SPECIFIEK** ▶ Geen specifieke doelgroep **ACTIVITEITEN** ▶ Geen specifieke activiteiten bekend **INTERVENTIENIVEAU** ▶ Steun aan individuen (directe steun).; Steun aan burgerinitiatieven.; Steun aan lokale/provinciale organisaties en structuren.

Werkgebied ■ ACTIERADIUS ▶ Nationaal, Internationaal LAND ▶ Wereldwijd.

Bestedingen ■ BUDGET ▶ niet openbaar SOORT BIJDRAGE ▶ giften BOVENGRENS ▶ geen ONDERGRENS ▶ geen.

Projecten ■ CRITERIA ▶ geen projectcriteria bekend DOORLOOPTIJD ▶ ☑ onbekend STATUS AANVRAGER ▶ ☑ stichting of vereniging (non-profit) ☑ kerkelijke instelling ☑ individuen/gezinnen VOORKEUR/UITSLUITING ▶ geen voorkeur of uitsluiting bekend.

Procedure ■ OP AANVRAAG ▶ onbekend AANVRAAGPROCEDURE ▶ Geen aanvraagprocedure bekend.

Financieel ■ HERKOMST MIDDELEN ▶ onbekend BOEKJAAR ▶ 2017 JAARVERSLAG OP WEBSITE ▶ ja.

Contact ■ BEREIKBAAR PER ▶ ☑ post ☒ e-mail ☒ telefoon CONTACTPERSOON ▶ geen contactpersoon bekend POSTADRES ▶ Rijksweg 191, 6586 AA Plasmolen.

947
Stichting Panzolo

Rubriek ■ ☑ kerk en levensbeschouwing ☑ maatschappij, welzijn en samenleving

Algemeen ■ WEBSITE ▶ www.kennisbankfilantropie.nl/anbi/panzolo TYPERING ▶ hybride fonds OPGERICHT ▶ 23-05-2008 RECHTSVORM ▶ stichting KVK ▶ 01133379 ANBI STATUS ▶ ja DIRECTIE ▶ geen directiegegevens bekend BESTUUR ▶ Mr.dr. D.W. Steenhuis, voorzitter; prof.mr. G.R. Rutgers, penningmeester; mw.mr. F.B. Böttcher, secretaris.

Missie ■ DOELSTELLING ▶ De stichting stelt zich ten doel het financieel ondersteunen van personen, die deze hulp naar objectieve maatstaf behoeven en waarvan het bestuur van oordeel is dat financiële ondersteuning gewenst is, alsmede het initiëren, bevorderen en/of financieel ondersteunen van initiatieven en/of projecten, welke ten doel hebben de financiële ondersteuning van de hiervoor bedoelde personen, en voorts het doen van giften aan in Nederland gevestigde kerkelijke, levensbeschouwelijke, charitatieve, culturele, wetenschappelijke of algemeen nut beogende instellingen. Tot het doel van de stichting behoort tevens het beheren van fondsen en besturen van rechtspersonen met een gelijk of aanverwant doel. BELEIDSPLAN OP WEBSITE ▶ ja.

Doelgroep ■ SPECIFIEK ▶ in Nederland gevestigde kerkelijke, levensbeschouwelijke, charitatieve, culturele, wetenschappelijke of algemeen nut beogende instellingen. ACTIVITEITEN ▶ Geen specifieke activiteiten bekend INTERVENTIENIVEAU ▶ Steun op niveau van maatschappij zelf (beleidsbeïnvloeding, etc.).

Werkgebied ■ ACTIERADIUS ▶ Nationaal LAND ▶ Nederland.

Bestedingen ■ BUDGET ▶ niet openbaar SOORT BIJDRAGE ▶ giften BOVENGRENS ▶ geen ONDERGRENS ▶ geen.

Projecten ■ CRITERIA ▶ geen projectcriteria bekend DOORLOOPTIJD ▶ ☑ onbekend STATUS AANVRAGER ▶ ☑ stichting of vereniging (non-profit) ☑ kerkelijke instelling ☑ individuen/gezinnen VOORKEUR/UITSLUITING ▶ geen voorkeur of uitsluiting bekend.

Procedure ■ OP AANVRAAG ▶ onbekend AANVRAAGPROCEDURE ▶ geen aanvraagprocedure bekend.

Financieel ■ HERKOMST MIDDELEN ▶ giften & schenkingen JAARVERSLAG OP WEBSITE ▶ ja.

Contact ■ BEREIKBAAR PER ▶ ☑ post ☑ e-mail ☑ telefoon CONTACTPERSOON ▶ Prof.mr. G.R. Rutgers POSTADRES ▶ Verlengde Hereweg 154, 9722 AL Groningen EMAIL (ALGEMEEN) ▶ g.r.rutgers@inter.nl.net TELEFOON (ALGEMEEN) ▶ 050-5268516.

948
Stichting Pape-Fonds

Rubriek ■ ☑ noodhulp ☑ maatschappij, welzijn en samenleving

Algemeen ■ WEBSITE ▶ www.papefonds.nl TYPERING ▶ vermogensfonds OPGERICHT ▶ 26-05-1922 RECHTSVORM ▶ stichting KVK ▶ 41151317 ANBI STATUS ▶ ja DIRECTIE ▶ mw. mr. I. van Kerkhof BESTUUR ▶ Mw.mr. M.L. Sandberg-Crommelin, voorzitter; mr. G.A. Scholten, penningmeester; mr. E.P. Beimers, secretaris; drs. F.J. van Harten; mw. jkvr.ir. C.Q. de Ranitz; drs. P. Davelaar.

Missie ■ DOELSTELLING ▶ De stichting heeft ten doel financiële steun met voornamelijk sociale strekking te verlenen daar, waar zulks naar het oordeel van het bestuur doelmatig is. Stichting Pape-Fonds geeft éénmalige financiële ondersteuning voor algemene dagelijkse levensbehoeften of schulden voor personen in kwetsbare omstandigheden in Nederland. STICHTER(S) ▶ De heer C.P.D. Pape HISTORIE ▶ De stichting is opgericht op 26 mei 1922. Het vermogen van de stichting is gevormd uit het kapitaal van de familie Pape. De laatste telgen van dit geslacht stierven kinderloos. Het idee om het familiekapitaal onder te brengen in een fonds, komt van Carel Pape. Na zijn dood heeft zijn jongere broer Cornelis vorm gegeven aan dit fonds. De broers hadden ook bij leven al vele schenkingen gedaan, zowel aan culturele als sociale doelen. Met name Cornelis Pape had een sterk filantropische inslag en deed veel schenkingen op het terrein van de armenzorg. In deze lijn hebben de bestuursleden van het Pape-Fonds steeds gewerkt; aandacht is er vooral voor steun aan personen in moeilijke financiële omstandigheden. Helpen waar het doelmatig is, de opdracht van de gebroeders Pape volgend. BELEIDSPLAN OP WEBSITE ▶ ja.

Doelgroep ■ ALGEMEEN ▶ armen, dak- en thuislozen, gehandicapten, zieken SPECIFIEK ▶ Personen in kwetsbare omstandigheden in Nederland. ACTIVITEITEN ▶ Op grond van de doelstelling wordt financiële hulp verleend aan in Nederland verblijvende personen. Ook instellingen kunnen, mits de bijdrage bestemd is voor op hulpverlening gerichte activiteiten, kunnen voor een éénmalige bijdrage in aanmerking komen. Het gaat daarbij om materiële noden voor algemene dagelijkse levensbehoeften en schulden. INTERVENTIENIVEAU ▶ Steun aan lokale/provinciale maatschappelijke organisaties en structuren (incl. gemeenten etc.) die diensten verlenen aan individuen.; Steun aan individuen (directe steun).

Werkgebied ■ ACTIERADIUS ► Nationaal LAND ► Nederland.
Bestedingen ■ BUDGET ► niet openbaar TOELICHTING ► Het grootste deel van het jaarlijks beschikbaar budget wordt aangewend voor individuele hulpverlening. SOORT BIJDRAGE ► giften BOVENGRENS ► € 2.000 ONDERGRENS ► geen.
Projecten ■ CRITERIA ► ☑ De financiële ondersteuning is altijd een schenking en in beginsel éénmalig. ☑ Voorliggende voorzieningen, zoals bijvoorbeeld de Wmo, Ziektekostenverzekering en Bijzondere Bijstand, moeten eerst worden benut. ☑ In beginsel wordt er alleen in Nederland geholpen. ☑ Er kan samengewerkt worden met andere fondsen die op hetzelfde terrein werkzaam zijn. DOORLOOPTIJD ► ☑ korter dan 1 jaar STATUS AANVRAGER ► ☑ hulpverleners ☑ stichting of vereniging (non-profit) VOORKEUR/UITSLUITING ► Salaris-, apparaats- en organisatiekosten worden niet vergoed. Een aanvraag kan niet door de cliënt zelf worden ingediend. Financiële ondersteuning wordt alleen gegeven aan instellingen zonder winstoogmerk. ☑ De mogelijkheid van aanvragen voor particulieren staat niet open voor vrijwilligersorganisaties, belangenplatforms, eenmanszaken, vennootschappen onder firma, onderaannemers en ZZP-ers.
Procedure ■ OP AANVRAAG ► ja DOORLOOPTIJD ► 1-3 maanden AANVRAAGPROCEDURE ► Aanvragen ten behoeve van particulieren in financiële nood kunnen worden ingediend door middel van het online aanvraagformulier door een professionele hulpverlener, die verbonden is aan een instelling voor maatschappelijk welzijn. De professionele hulpverlener stuurt een rapportage. In deze rapportage staat: ☑ beschrijving van de sociale achtergrond; ☑; omschrijving van de probleemsituatie en hoe deze is ontstaan; ☑ plan van aanpak; ☑ concrete vraagstelling aan het Pape-Fonds met een duidelijke motivering van de vraag en te verwachten perpspectief van de aangevraagde gift; ☑ begroting van het aangevraagd bedrag. Een kopie van een geldig identiteitsbewijs (ID kaart, paspoort of verblijfsvergunning) van de cliënt moet worden meegestuurd, De pasfoto, het Burger Service Nummer en de Machine Readable Zone dienen onzichtbaar/onleesbaar gemaakt te zijn. Aanvragen ten behoeve van instellingen moeten schriftelijk worden ingediend door de directie of bestuur. De aanvraag dient in ieder geval te bevatten: ☑ een recente jaarrekening, - een kopie van de statuten; ☑ een uittreksel van de Kamer van Koophandel; ☑ een duidelijk projectplan; ☑ een gespecificeerde begroting; ☑ een dekkingsplan. De instelling krijgt schriftelijk bericht van de bestuursbeslissing, doorgaans binnen een maand na ontvangst van de rapportage. URL ► https://papefonds.nl/aanvragen/voor-particulieren
Financieel ■ HERKOMST MIDDELEN ► vermogen BOEKJAAR ► boekjaar onbekend.
Contact ■ BEREIKBAAR PER ► ☑ post ☑ e-mail ☑ telefoon CONTACTPERSOON ► geen contactpersoon bekend POSTADRES ► Koninginnegracht 15, 2514 AB Den Haag EMAIL (ALGEMEEN) ► info@papefonds.nl TELEFOON (ALGEMEEN) ► 070-3248796.

949
Par Terra Fonds

Rubriek ■ ☑ kunst en cultuur ☑ natuur, milieu en dieren
Algemeen ■ WEBSITE ► www.cultuurfonds.nl TYPERING ► fonds op naam BEHEERD DOOR ► Prins Bernhard Cultuurfonds DIRECTIE ► zie Prins Bernhard Cultuurfonds BESTUUR ► zie Prins Bernhard Cultuurfonds
Missie ■ DOELSTELLING ► Het financieel ondersteunen van cultuur en natuurbehoud in Nederland.
Werkgebied ■ ACTIERADIUS ► Nationaal LAND ► Nederland.
Projecten ■ CRITERIA ► geen projectcriteria bekend DOORLOOPTIJD ► ☑ korter dan 1 jaar STATUS AANVRAGER ► ☑ geen beperkingen bekend VOORKEUR/UITSLUITING ► geen voorkeur of uitsluiting bekend.
Procedure ■ OP AANVRAAG ► ja AANVRAAGPROCEDURE ► Dit 'fonds op naam' ressorteert onder het Prins Bernhard Cultuurfonds. Verzoeken aan fondsen op naam komen op één centraal punt binnen. Dit houdt in dat een subsidieaanvraag slechts eenmaal aan het Prins Bernhard Cultuurfonds hoeft te worden gezonden. Voor de verdere aanvraagprocedure: zie Prins Bernhard Cultuurfonds. URL ► www.cultuurfonds.nl/aanvragen
Contact ■ BEREIKBAAR PER ► ☑ post ☑ e-mail ☑ telefoon CONTACTPERSOON ► geen contactpersoon bekend POSTADRES ► Postbus 19750, 1000 GT Amsterdam EMAIL (ALGEMEEN) ► info@cultuurfonds.nl TELEFOON (ALGEMEEN) ► 020-5206130.

950
Pasman Stichting

Rubriek ■ ☑ gezondheidszorg ☑ maatschappij, welzijn en samenleving ☑ onderwijs en onderzoek
Algemeen ■ WEBSITE ► www.pasmanstichting.nl TYPERING ► vermogensfonds OPGERICHT ► 21-10-2008 RECHTSVORM ► stichting KVK ► 27328496 ANBI STATUS ► ja DIRECTIE ► geen directiegegevens bekend BESTUUR ► Mr. W.F.C. Stevens, voorzitter; prof.mr. J. de Hoop, penningmeester; prof.dr. L. Winter, secretaris; mw.mr.drs. C. Stevens-Meeuwis.
Missie ■ DOELSTELLING ► De Stichting heeft ten doel het doen van uitkeringen aan rechtspersonen met een algemeen maatschappelijk doel, die direct of indirect de leniging van geestelijke of lichamelijke nood in Nederland bevorderen, alsmede het verlenen van steun waar zulks ter leniging van bedoelde nood, naar het oordeel van het bestuur gerechtvaardigd is. HISTORIE ► De Pasman Stichting is een charitatief fonds dat is opgericht op 21 oktober 2008 en is gevestigd te 's Gravenhage. De Pasman Stichting is vernoemd naar Jan Hendrik Willem Pasman, geboren te Steenwijk op 7 oktober 1895 en overleden te Wassenaar op 15 juni 1980. BELEIDSPLAN OP WEBSITE ► ja.
Doelgroep ■ ALGEMEEN ► algemeen, zieken, gehandicapten, jongeren, ouderen SPECIFIEK ► Geen specifieke doelgroep ACTIVITEITEN ► De Pasman Stichting heeft gedurende de afgelopen jaren een aantal speerpunten geformuleerd. Deze aandachtsgebieden kunnen als

volgt worden gerubriceerd: ☑ Kop van Overijssel; ☑ Gehandicapten Sport; ☑ Invalidenvervoer; ☑ Hospice/inloophuizen; ☑ Senioren: zorg- en leefomstandigheden; ☑ Levenswetenschappen: betaling van 5 jarige verplichtingen (hoogleraarschap etc.); ☑ Gehandicapten (jong en oud: geestelijk of verstandelijk beperkt); ☑ Jongeren: zorg, leefomstandigheden (kwetsbare situaties). In het jaar 2017 lag de nadruk op de doelgebieden gehandicapten (sport, zorg en; leefomstandigheden) en jongeren (zorg, leefomstandigheden, ontspanning); Voorts ondersteunt de Stichting de Pasman Leerstoel aan de Vrije Universiteit Amsterdam voor de bevordering van Alzheimeronderzoek voor de periode 2015 tot en met 2019. **INTERVENTIENIVEAU** ▶ Steun aan lokale/provinciale maatschappelijke organisaties en structuren (incl. gemeenten etc.) die diensten verlenen aan individuen.

Werkgebied ■ **ACTIERADIUS** ▶ Nationaal **LAND** ▶ Nederland.

Bestedingen ■ **BUDGET** ▶ niet openbaar **ONDERSTEUNDE PROJECTEN P/J** ▶ 117 **SOORT BIJDRAGE** ▶ giften overig beurzen **BOVENGRENS** ▶ geen **ONDERGRENS** ▶ geen.

Projecten ■ **CRITERIA** ▶ geen projectcriteria bekend **DOORLOOPTIJD** ▶ ☑ onbekend **STATUS AANVRAGER** ▶ ☑ stichting of vereniging (non-profit) **VOORKEUR/UITSLUITING** ▶ Geen donatie wordt verstrekt voor projecten die: ☑ uitgesproken tot de taak van de overheid of de kerk kunnen worden gerekend; ☑ langdurige financiering of structurele (exploitatie)subsidie behoeven; ☑ een uitgesproken politiek karakter hebben; ☑ commerciële (neven)doelen beogen; ☑ gericht zijn op zuiver wetenschappelijk onderzoek. In beginsel wordt ook geen donatie verstrekt aan natuurlijke personen.

Procedure ■ **OP AANVRAAG** ▶ ja **DOORLOOPTIJD** ▶ 1-3 maanden **AANVRAAGPROCEDURE** ▶ Verzoeken tot een donatie kunnen per email worden aangevraagd via aanvragen@pasmanstichting.nl. Bij deze aanvraag dient bijgaand formulier volledig ingevuld te worden. Formulier is te downloaden van de website. De aanvragen worden aan het bestuur voorgelegd op de eerstvolgende vergadering van het bestuur. In het algemeen vergadert het bestuur tenminste een keer per kwartaal. Na afloop van de vergaderingen wordt de toekenning van donaties (en de voorwaarden waaronder) alsmede de afwijzingen schriftelijk gemeld aan de aanvrager. Er is geen beroep mogelijk. **URL** ▶ www.pasmanstichting.nl/algemeen.html

Financieel ■ **HERKOMST MIDDELEN** ▶ legaten, inkomsten uit vermogen **BOEKJAAR** ▶ 2017 **JAARVERSLAG OP WEBSITE** ▶ ja.

Contact ■ **BEREIKBAAR PER** ▶ ☑ post ☑ e-mail ☑ telefoon **CONTACTPERSOON** ▶ geen contactpersoon bekend **POSTADRES** ▶ Postbus 7839, 1008 AA Amsterdam **EMAIL (ALGEMEEN)** ▶ aanvragen@pasmanstichting.nl **TELEFOON (ALGEMEEN)** ▶ 06-28641231.

951

Stichting Pastoor Lesscher Fonds

Rubriek ■ ☑ kerk en levensbeschouwing

Algemeen ■ **WEBSITE** ▶ www.kennisbankfilantropie.nl/anbi/pastoor-lesscher-fonds **TYPERING** ▶ hybride fonds **OPGERICHT** ▶ 26-02-2013 **RECHTSVORM** ▶ stichting **KVK** ▶ 57354286 **ANBI STATUS** ▶ ja **DIRECTIE** ▶ geen directiegegevens bekend **BESTUUR** ▶ H.A.A. van den Berg, voorzitter; J.P.M. Bonenkamp, penningmeester; mw. A.H.S. Lammertink, secretaris; H.J.J. Knoef; J.H.H. Morssinkhof; H.A.M. Spit.

Missie ■ **DOELSTELLING** ▶ De stichting heeft ten doel het bijdragen aan: ☑ Het onderhoud en de inrichting van het kerkgebouw van de Heilige Lambertus geloofsgemeenschap te Hengelo; ☑ Activiteiten met betrekking tot de aldaar bestaande kerkmuzikale traditie ten behoeven van de Hengelose Lambertus gemeenschap. **STICHTER(S)** ▶ G.A.M. Lesscher **HISTORIE** ▶ De Stichting Pastoor Lesscherfonds dankt haar naam aan de eerwaarde heer G.A.M. Lesscher, oud-pastoor van de voormalige St. Lambertusparochie te Hengelo en oud-rector van de St. Lambertusbasiliek aldaar. Emeritus-pastoor G.A.M. Lesscher heeft kort voor zijn overlijden op 17 december 2012 de Stichting Pastoor Lesscher Fonds opgericht. Pastoor Lesscher heeft zich vanaf zijn komst naar de St. Lambertuskerk te Hengelo (in 1971), bijzonder ingezet voor de instandhouding en verfraaiing van genoemde kerk die in 1998 door paus Joannes Paulus II tot basilica minor werd verheven. Daarnaast was hij tot aan het einde van zijn leven actief als componist, door het R.K. Nederlands Missaal en het R.K. Nederlands getijdenboek op toon te zetten en diverse H.H. Missen te componeren. **BELEIDSPLAN OP WEBSITE** ▶ ja.

Doelgroep ■ **ALGEMEEN** ▶ gelovigen **SPECIFIEK** ▶ Geen specifieke doelgroep **ACTIVITEITEN** ▶ Geen specifieke activiteiten bekend **INTERVENTIENIVEAU** ▶ Onbekend.

Werkgebied ■ **ACTIERADIUS** ▶ Lokaal **LAND** ▶ Nederland **PLAATS** ▶ Hengelo.

Bestedingen ■ **BUDGET** ▶ € 30.000 **SOORT BIJDRAGE** ▶ overig **BOVENGRENS** ▶ geen **ONDERGRENS** ▶ geen.

Projecten ■ **CRITERIA** ▶ Uitgifte van alle tekst en muziek van de Nederlandse Getijden van wijlen pastoor Lesscher. **DOORLOOPTIJD** ▶ ☑ onbekend **STATUS AANVRAGER** ▶ ☑ geen beperkingen bekend **VOORKEUR/UITSLUITING** ▶ geen voorkeur of uitsluiting bekend.

Procedure ■ **OP AANVRAAG** ▶ onbekend **AANVRAAGPROCEDURE** ▶ geen aanvraagprocedure bekend.

Financieel ■ **INKOMSTEN EV** ▶ € 5.691 **INKOMSTEN OV** ▶ € 20.000 **HERKOMST MIDDELEN** ▶ onbekend **BOEKJAAR** ▶ 2018 **JAARVERSLAG OP WEBSITE** ▶ ja.

Contact ■ **BEREIKBAAR PER** ▶ ☑ post ☑ e-mail ☒ telefoon **CONTACTPERSOON** ▶ Mw. A.H.S. Lammertink **POSTADRES** ▶ Reigerweg 52, 7557 PX Hengelo **EMAIL (ALGEMEEN)** ▶ a.lammertink3@kpnplanet.nl.

952

Patijn-Stroink Fonds

Rubriek ■ ☑ kunst en cultuur ☑ maatschappij, welzijn en samenleving

Algemeen ■ **WEBSITE** ▶ www.cultuurfonds.nl **TYPERING** ▶ fonds op naam **BEHEERD DOOR** ▶ Prins Bernhard Cultuurfonds **DIRECTIE** ▶ zie >

Prins Bernhard Cultuurfonds **BESTUUR** ▶ zie > Prins Bernhard Cultuurfonds

Missie ■ **DOELSTELLING** ▶ Het financieel ondersteunen van projecten op het gebied van de podiumkunsten door of voor groepen die de culturele diversiteit van de Nederlandse samenleving weerspiegelen.

Werkgebied ■ **ACTIERADIUS** ▶ Nationaal **LAND** ▶ Nederland.

Projecten ■ **CRITERIA** ▶ geen projectcriteria bekend **DOORLOOPTIJD** ▶ ☑ korter dan 1 jaar **STATUS AANVRAGER** ▶ ☑ geen beperkingen bekend **VOORKEUR/UITSLUITING** ▶ geen voorkeur of uitsluiting bekend.

Procedure ■ **OP AANVRAAG** ▶ ja **AANVRAAGPROCEDURE** ▶ Dit 'fonds op naam' ressorteert onder het Prins Bernhard Cultuurfonds. Verzoeken aan fondsen op naam komen op één centraal punt binnen. Dit houdt in dat een subsidieaanvraag slechts eenmaal aan het Prins Bernhard Cultuurfonds hoeft te worden gezonden. Voor de verdere aanvraagprocedure: zie Prins Bernhard Cultuurfonds. **URL** ▶ www.cultuurfonds.nl/aanvragen

Contact ■ **BEREIKBAAR PER** ▶ ☑ post ☑ e-mail ☑ telefoon **CONTACTPERSOON** ▶ geen contactpersoon bekend **POSTADRES** ▶ Postbus 19750, 1000 GT Amsterdam **EMAIL (ALGEMEEN)** ▶ info@cultuurfonds.nl **TELEFOON (ALGEMEEN)** ▶ 020-5206130.

953

Paul Christiaan van Westering Fonds

Rubriek ■ ☑ kunst en cultuur ☑ onderwijs en onderzoek

Algemeen ■ **WEBSITE** ▶ www.cultuurfonds.nl **TYPERING** ▶ fonds op naam **BEHEERD DOOR** ▶ Prins Bernhard Cultuurfonds **DIRECTIE** ▶ zie > Prins Bernhard Cultuurfonds **BESTUUR** ▶ zie > Prins Bernhard Cultuurfonds

Missie ■ **DOELSTELLING** ▶ Het financieel ondersteunen van musici voor het volgen van een studie in binnen- en buitenland met een voorkeur voor componisten, zangers en blazers. Ondersteuning kan ook verleend worden voor openbare uitvoeringen van werken van Paul Christiaan van Westering.

Werkgebied ■ **ACTIERADIUS** ▶ Nationaal, Internationaal **LAND** ▶ Nederland.

Projecten ■ **CRITERIA** ▶ geen projectcriteria bekend **DOORLOOPTIJD** ▶ ☑ korter dan 1 jaar **STATUS AANVRAGER** ▶ ☑ geen beperkingen bekend **VOORKEUR/UITSLUITING** ▶ Voorkeur gaat uit naar componisten, zangers en blazers.

Procedure ■ **OP AANVRAAG** ▶ ja **AANVRAAGPROCEDURE** ▶ Dit 'fonds op naam' ressorteert onder het Prins Bernhard Cultuurfonds. Verzoeken aan fondsen op naam komen op één centraal punt binnen. Dit houdt in dat een subsidieaanvraag slechts eenmaal aan het Prins Bernhard Cultuurfonds hoeft te worden gezonden. Voor de verdere aanvraagprocedure: zie Prins Bernhard Cultuurfonds. **URL** ▶ www.cultuurfonds.nl/aanvragen

Contact ■ **BEREIKBAAR PER** ▶ ☑ post ☑ e-mail ☑ telefoon **CONTACTPERSOON** ▶ geen contactpersoon bekend **POSTADRES** ▶ Postbus 19750, 1000 GT Amsterdam **EMAIL (ALGEMEEN)** ▶ info@cultuurfonds.nl **TELEFOON (ALGEMEEN)** ▶ 020-5206130.

954

Paul en Dienke Wittebol Fonds

Rubriek ■ ☑ kunst en cultuur ☑ natuur, milieu en dieren

Algemeen ■ **WEBSITE** ▶ www.cultuurfonds.nl **TYPERING** ▶ fonds op naam **BEHEERD DOOR** ▶ Prins Bernhard Cultuurfonds **DIRECTIE** ▶ zie Prins Bernhard Cultuurfonds **BESTUUR** ▶ zie Prins Bernhard Cultuurfonds

Missie ■ **DOELSTELLING** ▶ Het financieel ondersteunen van projecten ten behoeve van natuur- en cultuurbehoud in de provincie Utrecht, bij voorkeur in het Langbroekerweteringgebied.

Werkgebied ■ **ACTIERADIUS** ▶ Regionaal **LAND** ▶ Nederland **REGIO** ▶ Utrecht **PLAATS** ▶ Langbroekerweteringgebied.

Projecten ■ **CRITERIA** ▶ geen projectcriteria bekend **DOORLOOPTIJD** ▶ ☑ korter dan 1 jaar **STATUS AANVRAGER** ▶ ☑ geen beperkingen bekend **VOORKEUR/UITSLUITING** ▶ Voorkeur gaat uit naar het Langbroekerweteringgebied.

Procedure ■ **OP AANVRAAG** ▶ ja **AANVRAAGPROCEDURE** ▶ Dit 'fonds op naam' ressorteert onder het Prins Bernhard Cultuurfonds. Verzoeken aan fondsen op naam komen op één centraal punt binnen. Dit houdt in dat een subsidieaanvraag slechts eenmaal aan het Prins Bernhard Cultuurfonds hoeft te worden gezonden. Voor de verdere aanvraagprocedure: zie Prins Bernhard Cultuurfonds. **URL** ▶ www.cultuurfonds.nl/aanvragen

Contact ■ **BEREIKBAAR PER** ▶ ☑ post ☑ e-mail ☑ telefoon **CONTACTPERSOON** ▶ geen contactpersoon bekend **POSTADRES** ▶ Postbus 19750, 1000 GT Amsterdam **EMAIL (ALGEMEEN)** ▶ info@cultuurfonds.nl **TELEFOON (ALGEMEEN)** ▶ 020-5206130.

955

Stichting Paul en Hanneke van den Hoek

Rubriek ■ ☑ gezondheidszorg ☑ kunst en cultuur ☑ natuur, milieu en dieren ☑ onderwijs en onderzoek ☑ maatschappij, welzijn en samenleving

Algemeen ■ **WEBSITE** ▶ www.kennisbankfilantropie.nl/anbi/paul-en-hanneke-van-den-hoek **TYPERING** ▶ vermogensfonds **OPGERICHT** ▶ 22-12-2011 **RECHTSVORM** ▶ stichting **KVK** ▶ 54227933 **ANBI STATUS** ▶ ja **DIRECTIE** ▶ geen directiegegevens bekend **BESTUUR** ▶ P.C. van den Hoek, voorzitter; K.P. Breukelaar, penningmeester; K.P. Breukelaar, secretaris; mw. J.G.F. van den Hoek-De Haas; H. Olling.

Missie ■ **DOELSTELLING** ▶ Het financieel steunen van instellingen en projecten op het gebied van: ☑ kunst en cultuur ☑ gezondheidszorg ☑ ontwikkelingshulp en ontwikkeling/onderwijs van kinderen ☑ natuur en duurzaamheid. **HISTORIE** ▶ De stichting is opgericht bij notariële acte d.d. 22 december 2011 onder de naam Van Den Hoek De Haas Stichting. Deze naam is gewijzigd in de huidige naam bij acte van 22 oktober 2012. **BELEIDSPLAN OP WEBSITE** ▶ ja.

Doelgroep ■ **ALGEMEEN** ▶ kinderen, armen, dak- en thuislozen **SPECIFIEK** ▶ Instellingen en projecten op het gebied van kunst en cultuur, gezondheidszorg, ontwikkeling en onderwijs van kinderen, natuur en duurzaamheid, en ontwikkelingshulp. **ACTIVITEITEN** ▶ Geen specifieke activiteiten bekend **INTERVENTIENIVEAU** ▶ Steun aan lokale/provinciale maatschappelijke organisaties en structuren (incl. gemeenten etc.) die diensten verlenen aan individuen.

Werkgebied ■ **ACTIERADIUS** ▶ Nationaal **LAND** ▶ Nederland.

Bestedingen ■ **BUDGET** ▶ niet openbaar **TOELICHTING** ▶ In enig jaar zal tenminste 10% en niet meer dan 20% van het vermogen aanwezig op het eind van het vorig boekjaar moeten respectievelijk mogen worden besteed. **SOORT BIJDRAGE** ▶ giften **BOVENGRENS** ▶ geen **ONDERGRENS** ▶ geen.

Projecten ■ **CRITERIA** ▶ geen projectcriteria bekend **DOORLOOPTIJD** ▶ ☑ onbekend **STATUS AANVRAGER** ▶ ☑ geen beperkingen bekend **VOORKEUR/UITSLUITING** ▶ geen voorkeur of uitsluiting bekend.

Procedure ■ **OP AANVRAAG** ▶ ja **AANVRAAGPROCEDURE** ▶ Het voorstel tot een donatie moet worden gedaan door een bestuurslid (ook indien sprake is van een verzoek van een derde), waarin een motivering wordt gegeven en het bedrag van de donatie wordt aangegeven. Dit voorstel dient schriftelijk aan de andere bestuursleden te worden voorgelegd zodanig dat zij in de gelegenheid zijn zich hierover schriftelijk of in een vergadering uit te spreken. De voorzitter ziet er op toe dat over zodanig voorstel binnen redelijke tijd een besluit wordt genomen. Aan een donatie kunnen voorwaarden worden gesteld, bijvoorbeeld het verstrekken van schriftelijke informatie door de begunstigde omtrent haar activiteiten en de wijze waarop deze worden gerealiseerd, haar laatste jaarrekening, uittreksel van haar uitschrijving bij de Kamer van Koophandel,; statuten en wat verder relevant wordt geacht; Van deze procedure kan worden afgeweken, indien er sprake is van spoedeisende gevallen en het betreft donaties tot EUR 1.000,- welke zijn goedgekeurd door twee bestuursleden. Deze donaties worden zo spoedig mogelijk aan alle bestuursleden per email ter kennis gebracht.

Financieel ■ **EIGEN VERMOGEN** ▶ € 89.202 **INKOMSTEN OV** ▶ € 75.000 **HERKOMST MIDDELEN** ▶ vermogen, giften & schenkingen **BOEKJAAR** ▶ 2016 **JAARVERSLAG OP WEBSITE** ▶ ja.

Contact ■ **BEREIKBAAR PER** ▶ ☑ post ☑ e-mail ☑ telefoon **CONTACTPERSOON** ▶ K.P. Breukelaar **POSTADRES** ▶ Drift 21, 1251 CB Laren **EMAIL (ALGEMEEN)** ▶ kapebreukelaar@capitalconsult.nl **TELEFOON (ALGEMEEN)** ▶ 020-4002044.

956

Paul Fentener van Vlissingen Fellowship

Rubriek ■ ☑ gezondheidszorg

Algemeen ■ **WEBSITE** ▶ https://www.lymph-co.com/paul-fentener-van-vlissingen-fellowship **TYPERING** ▶ vermogensfonds **BEHEERD DOOR** ▶ Lymph&Co **OPGERICHT** ▶ 24-11-1980 **RECHTSVORM** ▶ stichting **KVK** ▶ 41056085 **ANBI STATUS** ▶ ja **DIRECTIE** ▶ M.J. Helle **BESTUUR** ▶ B. van Oranje, voorzitter; M. de Jong; prof.dr. M. Levi; mw. V. Boenk; M. Mennen; prof.dr. M. Kramer; M. van Beek.

Missie ■ **DOELSTELLING** ▶ Het doel van Lymph&Co is financiering van wetenschappelijk onderzoek naar de aard en behandeling van lymfklierkanker en meer aandacht genereren voor deze vorm van kanker. Het streven is om de meest vooraanstaande hematologen die onderzoek doen naar lymfklierkanker te voorzien van middelen die hen de mogelijkheid geven dit onderzoek over de hele wereld uit te voeren. **STICHTER(S)** ▶ Paul Fentener van Vlissingen **HISTORIE** ▶ Het van Vlissingen Lymfoom Fonds is in 1980 opgericht door wijlen Paul Fentener van Vlissingen, een bekende Nederlandse ondernemer, columnist, publicist, natuurbeschermer en filantroop. In januari 2018 maakte Lymph&Co oprichter Bernhard van Oranje bekend dat Lymph&Co en het Van Vlissingen Lymfoom Fonds fuseren en verder gaan onder de naam Lymph&Co.

Doelgroep ■ **ALGEMEEN** ▶ zieken **SPECIFIEK** ▶ Onderzoekers van lymfklierkanker. **ACTIVITEITEN** ▶ Het gedachtegoed van Paul Fentener van Vlissingen zal binnen Lymph&Co o.a. voortleven door een periodiek door toe te kennen Grant. Deze Grant is speciaal voor jonge veelbelovende onderzoekers in het leven geroepen. Hierdoor worden ze in staat gesteld nader onderzoek te doen bij een toonaangevend buitenlands instituut. Onder andere salaris, huisvesting en materialen vallen onder de Grant van maximaal 50.000 euro voor een project van maximaal 2 jaar. **INTERVENTIENIVEAU** ▶ Steun aan individuen (directe steun).

Werkgebied ■ **ACTIERADIUS** ▶ Internationaal **LAND** ▶ Wereldwijd.

Bestedingen ■ **BUDGET** ▶ niet openbaar **SOORT BIJDRAGE** ▶ subsidies beurzen studiebeurzen **BOVENGRENS** ▶ geen **ONDERGRENS** ▶ geen.

Projecten ■ **CRITERIA** ▶ Een jonge onderzoeker (jonger dan 40 jaar) en recent zijn/haar PhD behaald (korter dan 6 jaar). **DOORLOOPTIJD** ▶ ☑ 1 - 2 jaar ☑ korter dan 1 jaar **STATUS AANVRAGER** ▶ ☑ individuen/gezinnen ☑ overig **VOORKEUR/UITSLUITING** ▶ geen voorkeur of uitsluiting bekend.

Procedure ■ **OP AANVRAAG** ▶ ja **AANVRAAGPROCEDURE** ▶ Doorlopend kunnen er aanvragen gedaan worden. Een aanvraagformulier is te downloaden op de website. Naast dit formulier moet ook een aanbevelingsbrief van het hoofd van de afdeling en een acceptiebrief van de ontvangende instelling aangeleverd worden. Voor beide brieven is er een format terug te vinden op de website. De documenten kunnen ingestuurd worden naar reseach@lymph-co.com **URL** ▶ https://www.lymph-co.com/paul-fentener-van-vlissingen-fellowship

Financieel ■ **HERKOMST MIDDELEN** ▶ onbekend **JAARVERSLAG OP WEBSITE** ▶ ja.

Contact ■ **BEREIKBAAR PER** ▶ ☑ post ☑ e-mail ☑ telefoon **CONTACTPERSOON** ▶ M.J. Helle **POSTADRES** ▶ Muiderstraat 1, 1011 PX Amsterdam **EMAIL (ALGEMEEN)** ▶ info@lymph-co.com **TELEFOON (ALGEMEEN)** ▶ +31205792100.

957
Paul Hermann Fonds

Rubriek ■ ☑ kunst en cultuur ☑ onderwijs en onderzoek
Algemeen ■ WEBSITE ▶ www.cultuurfonds.nl TYPERING ▶ fonds op naam BEHEERD DOOR ▶ Prins Bernhard Cultuurfonds DIRECTIE ▶ zie > Prins Bernhard Cultuurfonds BESTUUR ▶ zie > Prins Bernhard Cultuurfonds
Missie ■ DOELSTELLING ▶ Het financieel ondersteunen van jonge professionele uitvoerende cellisten voor het volgen van studie of aanvullende studie in Nederland of daarbuiten. Bij onvoldoende aanvragen kan een bijdrage worden verleend aan musici die een ander strijkinstrument bespelen.
Werkgebied ■ ACTIERADIUS ▶ Nationaal, Internationaal LAND ▶ Nederland.
Projecten ■ CRITERIA ▶ geen projectcriteria bekend DOORLOOPTIJD ▶ ☑ korter dan 1 jaar STATUS AANVRAGER ▶ ☑ geen beperkingen bekend VOORKEUR/UITSLUITING ▶ geen voorkeur of uitsluiting bekend.
Procedure ■ OP AANVRAAG ▶ ja AANVRAAGPROCEDURE ▶ Dit 'fonds op naam' ressorteert onder het Prins Bernhard Cultuurfonds. Verzoeken aan fondsen op naam komen op één centraal punt binnen. Dit houdt in dat een subsidieaanvraag slechts eenmaal aan het Prins Bernhard Cultuurfonds hoeft te worden gezonden. Voor de verdere aanvraagprocedure: zie Prins Bernhard Cultuurfonds. URL ▶ www.cultuurfonds.nl/aanvragen
Contact ■ BEREIKBAAR PER ▶ ☑ post ☑ e-mail ☑ telefoon CONTACTPERSOON ▶ geen contactpersoon bekend POSTADRES ▶ Postbus 19750, 1000 GT Amsterdam EMAIL (ALGEMEEN) ▶ info@cultuurfonds.nl TELEFOON (ALGEMEEN) ▶ 020-5206130.

958
Paul van Hoorn Fonds

Rubriek ■ ☑ natuur, milieu en dieren
Algemeen ■ WEBSITE ▶ www.cultuurfonds.nl TYPERING ▶ fonds op naam BEHEERD DOOR ▶ Prins Bernhard Cultuurfonds DIRECTIE ▶ zie Prins Bernhard Cultuurfonds BESTUUR ▶ zie Prins Bernhard Cultuurfonds
Missie ■ DOELSTELLING ▶ Het financieel ondersteunen van projecten op het gebied van de flora- en faunabescherming in Nederland.
Werkgebied ■ ACTIERADIUS ▶ Nationaal LAND ▶ Nederland.
Projecten ■ CRITERIA ▶ geen projectcriteria bekend DOORLOOPTIJD ▶ ☑ korter dan 1 jaar STATUS AANVRAGER ▶ ☑ geen beperkingen bekend VOORKEUR/UITSLUITING ▶ geen voorkeur of uitsluiting bekend.
Procedure ■ OP AANVRAAG ▶ ja AANVRAAGPROCEDURE ▶ Dit 'fonds op naam' ressorteert onder het Prins Bernhard Cultuurfonds. Verzoeken aan fondsen op naam komen op één centraal punt binnen. Dit houdt in dat een subsidieaanvraag slechts eenmaal aan het Prins Bernhard Cultuurfonds hoeft te worden gezonden. Voor de verdere aanvraagprocedure: zie Prins Bernhard Cultuurfonds. URL ▶ www.cultuurfonds.nl/aanvragen
Contact ■ BEREIKBAAR PER ▶ ☑ post ☑ e-mail ☑ telefoon CONTACTPERSOON ▶ geen contactpersoon bekend POSTADRES ▶ Postbus 19750, 1000 GT Amsterdam EMAIL (ALGEMEEN) ▶ info@cultuurfonds.nl TELEFOON (ALGEMEEN) ▶ 020-5206130.

959
Stichting Paulien

Rubriek ■ ☑ gezondheidszorg ☑ economische ontwikkeling en microkrediet ☑ noodhulp ☑ kunst en cultuur ☑ maatschappij, welzijn en samenleving ☑ natuur, milieu en dieren ☑ onderwijs en onderzoek
Algemeen ■ WEBSITE ▶ www.stichtingpaulien.nl TYPERING ▶ vermogensfonds OPGERICHT ▶ 05-09-2012 RECHTSVORM ▶ stichting KVK ▶ 56018223 ANBI STATUS ▶ ja DIRECTIE ▶ geen directiegegevens bekend BESTUUR ▶ J.J.M. Kierkels, voorzitter; M.C.H. Wagemans, penningmeester; mw. D.J.M. Havermans, secretaris; mw. B. Krabbenborg; mw. E. Janssen; F. Wagemans; mw. Ch. Peeters-Leveau.
Missie ■ DOELSTELLING ▶ De Stichting heeft als doel zich in te zetten voor alles wat Paulien van waarde vond. Paulien had altijd een open oog en oor voor wat kwetsbaar was. In overeenstemming daarmee stelt de Stichting zich tot doel: ☑ Mensen te helpen die in knelsituaties terechtkomen en niet kunnen rekenen op hulp en ondersteuning van overheden en instanties. ☑ Zorgen dat kansarme kinderen de mogelijkheid krijgen hun talenten te ontwikkelen. ☑ Ondersteuning van kleinschalige projecten in ontwikkelingslanden. ☑ Ondersteuning van kleinschalige projecten ter versterking van natuur en landschap. ☑ Ondersteuning van kleinschalige initiatieven op sociaal en cultureel terrein. STICHTER(S) ▶ Vrienden en familie van Paulien Wagemans HISTORIE ▶ De Stichting Paulien is opgericht op 5 september 2012. De Stichting is genoemd naar Paulien Wagemans. De getalenteerde Paulien overleed op 19 juni 2012 op 33 jarige leeftijd. Ze studeerde met lof af in de Sociale Geografie aan de Radboud Universiteit in Nijmegen. Ze werkte tot haar overlijden met veel plezier en overgave bij Bureau Buiten in Utrecht. Ze hield zich daar vooral bezig met voorbereiding van internationale projecten. BELEIDSPLAN OP WEBSITE ▶ ja.
Doelgroep ■ ALGEMEEN ▶ kinderen, armen, dak- en thuislozen, jongeren, ouderen, zieken SPECIFIEK ▶ Mensen die in financiële problemen verkeren, kansarme kinderen, kleinschalige projecten in ontwikkelingslanden, projecten en initiatieven op het gebied van natuur, duurzaamheid, kunst en cultuur. ACTIVITEITEN ▶ ☑ Het bieden van hulp aan mensen die in financiële problemen verkeren, niet kunnen rekenen op hulp van overheden en niettemin hulp nodig hebben om een menswaardig bestaan te leiden. ☑ Het bevorderen dat kinderen hun talenten kunnen ontwikkelen op het gebied van onderwijs en cultuur wanneer ouders of verzorgers daar onvoldoende toe in staat zijn. ☑ Het ondersteunen van projecten in ontwikkelingslanden. ☑ Het ondersteunen van projecten en initiatieven ter bescherming van natuur milieu en bevordering van duurzaamheid. ☑ Het ondersteunen van organisaties en initiatieven op sociaal en cultureel gebied. ☑ Het verrichten van al wat hiermee verband houdt of daartoe bevorderlijk kan

zijn. INTERVENTIENIVEAU ▶ Steun aan lokale/provinciale maatschappelijke organisaties en structuren (incl. gemeenten etc.) die diensten verlenen aan individuen.; Steun aan individuen (directe steun).
Werkgebied ■ ACTIERADIUS ▶ Nationaal, Internationaal LAND ▶ Nederland.
Bestedingen ■ BUDGET ▶ niet openbaar ONDERSTEUNDE PROJECTEN P/J ▶ 6 SOORT BIJDRAGE ▶ giften BOVENGRENS ▶ geen ONDERGRENS ▶ geen.
Projecten ■ CRITERIA ▶ Projecten worden getoetst op; ☑ institutionele stevigheid van het project,; ☑ sluitende financiering,; ☑ zekerheid van realisatie en beheer,; ☑ concrete aanwending van te verlenen bijdrage; ☑ Uitgangspunt is dat de structuur en opzet van projecten zodanig is dat continuïteit is gewaarborgd. ☑ Er is sprake van medefinanciers/cofinanciering. Voor hulp aan gezinnen geldt dat overheidsregelingen niet of onvoldoende uitkomst bieden. DOORLOOPTIJD ▶ ☑ korter dan 1 jaar STATUS AANVRAGER ▶ ☑ geen beperkingen bekend VOORKEUR/UITSLUITING ▶ ☑ Geen permanente en structurele ondersteuning op langere termijn.
Procedure ■ OP AANVRAAG ▶ ja DOORLOOPTIJD ▶ 3-6 maanden AANVRAAGPROCEDURE ▶ Aanvragen kunnen via het aanvraagformulier, te downloaden vanaf de website, per email ingediend worden. U krijgt enkele weken na de eerstvolgende deadline een reactie. URL ▶ www.stichtingpaulien.nl/aanvragen-bijdrage
Financieel ■ HERKOMST MIDDELEN ▶ overige inkomsten, giften & schenkingen, vermogen, legaten BOEKJAAR ▶ 2019 JAARVERSLAG OP WEBSITE ▶ ja.
Contact ■ BEREIKBAAR PER ▶ ☑ post ☑ e-mail ☑ telefoon CONTACTPERSOON ▶ D.J.M. Havermans POSTADRES ▶ Belenbroeklaan 22, 6093 BT Heythuysen EMAIL (ALGEMEEN) ▶ stichtingpaulien@gmail.com TELEFOON (ALGEMEEN) ▶ 0475-493570.

960
Pauline Fonds

Rubriek ■ ☑ kunst en cultuur ☑ natuur, milieu en dieren
Algemeen ■ WEBSITE ▶ www.cultuurfonds.nl TYPERING ▶ fonds op naam BEHEERD DOOR ▶ Prins Bernhard Cultuurfonds DIRECTIE ▶ zie Prins Bernhard Cultuurfonds BESTUUR ▶ zie Prins Bernhard Cultuurfonds
Missie ■ DOELSTELLING ▶ Het financieel ondersteunen van educatieprojecten op het gebied van cultuur (in het bijzonder muziek) en natuur, voor kinderen en jongeren. Het gaat om laagdrempelige en kleinschalige projecten waarbij actieve deelname belangrijk is.
Werkgebied ■ ACTIERADIUS ▶ Nationaal LAND ▶ Nederland.
Projecten ■ CRITERIA ▶ geen projectcriteria bekend DOORLOOPTIJD ▶ ☑ korter dan 1 jaar STATUS AANVRAGER ▶ ☑ geen beperkingen bekend VOORKEUR/UITSLUITING ▶ geen voorkeur of uitsluiting bekend.
Procedure ■ OP AANVRAAG ▶ onbekend AANVRAAGPROCEDURE ▶ Dit 'fonds op naam' ressorteert onder het Prins Bernhard Cultuurfonds. Verzoeken aan fondsen op naam komen op één centraal punt binnen. Dit houdt in dat een subsidieaanvraag slechts eenmaal aan het Prins Bernhard Cultuurfonds hoeft te worden gezonden. Voor de verdere aanvraagprocedure: zie Prins Bernhard Cultuurfonds. URL ▶ www.cultuurfonds.nl/aanvragen
Contact ■ BEREIKBAAR PER ▶ ☑ post ☑ e-mail ☑ telefoon CONTACTPERSOON ▶ geen contactpersoon bekend POSTADRES ▶ Postbus 19750, 1000 GT Amsterdam EMAIL (ALGEMEEN) ▶ info@cultuurfonds.nl TELEFOON (ALGEMEEN) ▶ 020-5206130.

961
Pauw-Stichting

Rubriek ■ ☑ onderwijs en onderzoek
Algemeen ■ WEBSITE ▶ www.kennisbankfilantropie.nl/anbi/pauw-stichting TYPERING ▶ vermogensfonds OPGERICHT ▶ 17-01-1914 RECHTSVORM ▶ stichting KVK ▶ 41223906 ANBI STATUS ▶ nee DIRECTIE ▶ geen directiegegevens bekend BESTUUR ▶ A.C.J. van der Hoeven, voorzitter.
Missie ■ DOELSTELLING ▶ Het verstrekken van financiële bijdragen aan de wettige afstammelingen van de heer E.A.W. Pauw, geboren te 's-Gravenhage op 20 december 1851, ter gehele of gedeeltelijke bekostiging van hun opvoeding en studie, overeenkomstig ieders aanleg en ijver. Geen subsidie wordt verleend aan hen die de leeftijd van 25 jaar hebben bereikt. STICHTER(S) ▶ Mejuffrouw A.A.A.C. Koenen.
Doelgroep ■ ALGEMEEN ▶ jongeren SPECIFIEK ▶ Afstammelingen van de heer E.A.W. Pauw met de leeftijd tot 25 jaar. ACTIVITEITEN ▶ Geen specifieke activiteiten bekend INTERVENTIENIVEAU ▶ Steun aan individuen (directe steun).
Werkgebied ■ ACTIERADIUS ▶ Nationaal LAND ▶ Nederland.
Bestedingen ■ BUDGET ▶ niet openbaar SOORT BIJDRAGE ▶ giften BOVENGRENS ▶ geen ONDERGRENS ▶ geen.
Projecten ■ CRITERIA ▶ Projecten ter verstrekking van financiële bijdragen aan de wettige afstammelingen van de heer E.A.W. Pauw, ter gehele of gedeeltelijke bekostiging van hun opvoeding en studie. DOORLOOPTIJD ▶ ☑ korter dan 1 jaar STATUS AANVRAGER ▶ ☑ individuen/gezinnen VOORKEUR/UITSLUITING ▶ Geen subsidie wordt verleend aan hen die de leeftijd van 25 jaar hebben bereikt.
Procedure ■ OP AANVRAAG ▶ ja DOORLOOPTIJD ▶ 3-6 maanden AANVRAAGPROCEDURE ▶ Aanvraag door familieden van E.A.W. Pauw bij bewindvoerder.
Financieel ■ HERKOMST MIDDELEN ▶ vermogen.
Contact ■ BEREIKBAAR PER ▶ ☑ post ☒ e-mail ☒ telefoon CONTACTPERSOON ▶ geen contactpersoon bekend POSTADRES ▶ Borgerweg 17, 2111 CG Aerdenhout.

962
De Penning-Zevenbergen Stichting

Rubriek ■ ☑ onderwijs en onderzoek
Algemeen ■ WEBSITE ▶ www.kennisbankfilantropie.nl/anbi/pen-

ning-zevenbergen-stichting **TYPERING** ▶ vermogensfonds **OPGERICHT** ▶ 12-10-1961 **RECHTSVORM** ▶ stichting **KVK** ▶ 41145497 **ANBI STATUS** ▶ ja **DIRECTIE** ▶ geen directiegegevens bekend **BESTUUR** ▶ M.J. Penning, voorzitter; P. Zevenbergen, penningmeester; M.J. Penning, secretaris.

Missie ■ **DOELSTELLING** ▶ De stichting ondersteunt gemotiveerde studenten medicijnen en theologie met financiële middelen om hen in staat te stellen hun studie te volbrengen, slechts en indien er via reguliere bronnen onvoldoende middelen beschikbaar zijn.

Doelgroep ■ **ALGEMEEN** ▶ studenten **SPECIFIEK** ▶ Studenten die financieel erg kramp zitten. **ACTIVITEITEN** ▶ Geen specifieke activiteiten bekend **INTERVENTIENIVEAU** ▶ Steun aan individuen (directe steun).

Werkgebied ■ **ACTIERADIUS** ▶ Nationaal **LAND** ▶ Nederland.

Bestedingen ■ **BUDGET** ▶ niet openbaar **SOORT BIJDRAGE** ▶ giften **BOVENGRENS** ▶ geen **ONDERGRENS** ▶ geen.

Projecten ■ **CRITERIA** ▶ geen projectcriteria bekend **DOORLOOPTIJD** ▶ ☑ onbekend **STATUS AANVRAGER** ▶ ☑ individuen/gezinnen **VOORKEUR/UITSLUITING** ▶ geen voorkeur of uitsluiting bekend.

Procedure ■ **OP AANVRAAG** ▶ onbekend **AANVRAAGPROCEDURE** ▶ Geen aanvraagprocedure bekend.

Financieel ■ **HERKOMST MIDDELEN** ▶ vermogen.

Contact ■ **BEREIKBAAR PER** ▶ ☑ post ☑ e-mail ☑ telefoon **CONTACTPERSOON** ▶ geen contactpersoon bekend **POSTADRES** ▶ Strijpwetering 1, 2285 DA Rijswijk **EMAIL (ALGEMEEN)** ▶ martien.penning@planet.nl **TELEFOON (ALGEMEEN)** ▶ 06-51016009.

963
Stichting Perspektief

Rubriek ■ ☑ kerk en levensbeschouwing ☑ natuur, milieu en dieren ☑ kunst en cultuur

Algemeen ■ **WEBSITE** ▶ www.kennisbankfilantropie.nl/anbi/perspektief-oegstgeest **TYPERING** ▶ vermogensfonds **OPGERICHT** ▶ 11-11-1985 **RECHTSVORM** ▶ stichting **KVK** ▶ 41167066 **ANBI STATUS** ▶ ja **DIRECTIE** ▶ geen directiegegevens bekend **BESTUUR** ▶ Mw. C.C.Th. Bonda-Rietberg, voorzitter; mw. C.M. Bonda; J. Bonda.

Missie ■ **DOELSTELLING** ▶ Het bevorderen van de pastorale en diaconale werk, de sociale hulpverlening in de ruimste zin en van de activiteiten op het gebied van cultuur en natuurbehoud in Nederland. **BELEIDSPLAN OP WEBSITE** ▶ ja.

Doelgroep ■ **SPECIFIEK** ▶ Geen specifieke doelgroep **ACTIVITEITEN** ▶ Het verwerven van gelden en goederen in de vorm van schenkingen, legaten en andere bijdragen en het aanwenden van het verkregene voor het doen van uitkeringen aan binnen het Rijk gevestigde rechtspersonen die uitsluitend of nagenoeg uitsluitend een algemeen maatschappelijk belang beogen. **INTERVENTIENIVEAU** ▶ Onbekend.

Werkgebied ■ **ACTIERADIUS** ▶ Lokaal **LAND** ▶ Nederland.

Bestedingen ■ **BUDGET** ▶ niet openbaar **SOORT BIJDRAGE** ▶ onbekend **BOVENGRENS** ▶ geen **ONDERGRENS** ▶ geen.

Projecten ■ **CRITERIA** ▶ geen projectcriteria bekend **DOORLOOPTIJD** ▶ ☑ onbekend **STATUS AANVRAGER** ▶ ☑ geen beperkingen bekend **VOORKEUR/UITSLUITING** ▶ geen voorkeur of uitsluiting bekend.

Procedure ■ **OP AANVRAAG** ▶ onbekend **AANVRAAGPROCEDURE** ▶ geen aanvraagprocedure bekend.

Financieel ■ **INKOMSTEN EV** ▶ € 103 **INKOMSTEN OV** ▶ € 14.000 **HERKOMST MIDDELEN** ▶ legaten, giften & schenkingen, overige inkomsten **JAARVERSLAG OP WEBSITE** ▶ ja.

Contact ■ **BEREIKBAAR PER** ▶ ☑ post ☑ e-mail ☑ telefoon **CONTACTPERSOON** ▶ J. Bonda **POSTADRES** ▶ Van Brouchovenlaan 11, 2343 HC Oegstgeest **EMAIL (ALGEMEEN)** ▶ jbonda@upcmail.nl **TELEFOON (ALGEMEEN)** ▶ 071-5172477.

964
Stichting Peterlein

Rubriek ■ ☑ kerk en levensbeschouwing ☑ maatschappij, welzijn en samenleving

Algemeen ■ **WEBSITE** ▶ www.kennisbankfilantropie.nl/anbi/peterlein **TYPERING** ▶ vermogensfonds **OPGERICHT** ▶ 14-11-2006 **RECHTSVORM** ▶ stichting **KVK** ▶ 14091894 **ANBI STATUS** ▶ ja **DIRECTIE** ▶ geen directiegegevens bekend **BESTUUR** ▶ A.J.P. Schnabel, voorzitter; M.M.S. Bollen, penningmeester; mw. A.J.M.B. Schnabel-Naaijkens, secretaris.

Missie ■ **DOELSTELLING** ▶ Het doen van giften aan binnen Nederland gevestigde kerkelijke, levensbeschouwelijke, charitatieve, culturele, wetenschappelijke of algemeen nut beogende instellingen. **BELEIDSPLAN OP WEBSITE** ▶ ja.

Doelgroep ■ **SPECIFIEK** ▶ Binnen Nederland gevestigde kerkelijke, levensbeschouwelijke, charitatieve, culturele, wetenschappelijke of algemeen nut beogende instellingen. **ACTIVITEITEN** ▶ De stichting tracht haar doel onder meer te verwezenlijken door het verwerven en beheren van middelen bestemd om daaruit alle kosten en uitgaven ter verwezenlijking van haar doel te bestrijden. Ieder jaar zal aan de hand van de financiële situatie van de stichting worden bepaald of zij donaties kan doen ter verwezenlijking van haar doelen. **INTERVENTIENIVEAU** ▶ Steun aan lokale/provinciale maatschappelijke organisaties en structuren (incl. gemeenten etc.) die diensten verlenen aan individuen.

Werkgebied ■ **ACTIERADIUS** ▶ Nationaal **LAND** ▶ Nederland.

Bestedingen ■ **BUDGET** ▶ niet openbaar **ONDERSTEUNDE PROJECTEN P/J** ▶ 25 **SOORT BIJDRAGE** ▶ giften **BOVENGRENS** ▶ geen **ONDERGRENS** ▶ geen.

Projecten ■ **CRITERIA** ▶ geen projectcriteria bekend **DOORLOOPTIJD** ▶ ☑ onbekend **STATUS AANVRAGER** ▶ ☑ stichting of vereniging (non-profit) ☑ kerkelijke instelling ☑ overig **VOORKEUR/UITSLUITING** ▶ geen voorkeur of uitsluiting bekend.

Procedure ■ **OP AANVRAAG** ▶ onbekend **AANVRAAGPROCEDURE** ▶ geen aanvraagprocedure bekend.

Financieel ■ **EIGEN VERMOGEN** ▶ € 220.000 **HERKOMST MIDDELEN** ▶ vermogen, giften & schenkingen, legaten, inkomsten uit vermogen **BOEKJAAR** ▶ 2016 **JAARVERSLAG OP WEBSITE** ▶ ja.

Contact ■ **BEREIKBAAR PER** ▶ ☑ post ☑ e-mail ☑ telefoon **CONTACTPERSOON** ▶ M.M.S. Bollen **POSTADRES** ▶ Sint Lambertuslaan 1, 6211 KB Maastricht **EMAIL (ALGEMEEN)** ▶ m.bollen@baat.nl **TELEFOON (ALGEMEEN)** ▶ 043-3258700.

965

Petronella Andriessen Fonds

Rubriek ■ ☑ kunst en cultuur ☑ onderwijs en onderzoek

Algemeen ■ **WEBSITE** ▶ www.cultuurfonds.nl **TYPERING** ▶ fonds op naam **BEHEERD DOOR** ▶ Prins Bernhard Cultuurfonds **DIRECTIE** ▶ zie > Prins Bernhard Cultuurfonds **BESTUUR** ▶ zie > Prins Bernhard Cultuurfonds

Missie ■ **DOELSTELLING** ▶ Het financieel ondersteunen van afgestudeerde, getalenteerde musici, speciaal op het gebied van piano, orgel, viool of fluit, voor een vervolgstudie in binnen- of buitenland.

Werkgebied ■ **ACTIERADIUS** ▶ Nationaal, Internationaal **LAND** ▶ Nederland.

Projecten ■ **CRITERIA** ▶ geen projectcriteria bekend **DOORLOOPTIJD** ▶ ☑ korter dan 1 jaar **STATUS AANVRAGER** ▶ ☑ geen beperkingen bekend **VOORKEUR/UITSLUITING** ▶ geen voorkeur of uitsluiting bekend.

Procedure ■ **OP AANVRAAG** ▶ ja **AANVRAAGPROCEDURE** ▶ Dit 'fonds op naam' ressorteert onder het Prins Bernhard Cultuurfonds. Verzoeken aan fondsen op naam komen op één centraal punt binnen. Dit houdt in dat een subsidieaanvraag slechts eenmaal aan het Prins Bernhard Cultuurfonds hoeft te worden gezonden. Voor de verdere aanvraagprocedure: zie Prins Bernhard Cultuurfonds. **URL** ▶ www.cultuurfonds.nl/aanvragen

Contact ■ **BEREIKBAAR PER** ▶ ☑ post ☑ e-mail ☑ telefoon **CONTACTPERSOON** ▶ geen contactpersoon bekend **POSTADRES** ▶ Postbus 19750, 1000 GT Amsterdam **EMAIL (ALGEMEEN)** ▶ info@cultuurfonds.nl **TELEFOON (ALGEMEEN)** ▶ 020-5206130.

966

Pette-Van Greuningen Fonds

Rubriek ■ ☑ kunst en cultuur

Algemeen ■ **WEBSITE** ▶ www.cultuurfonds.nl **TYPERING** ▶ fonds op naam **BEHEERD DOOR** ▶ Prins Bernhard Cultuurfonds **DIRECTIE** ▶ zie > Prins Bernhard Cultuurfonds **BESTUUR** ▶ zie > Prins Bernhard Cultuurfonds

Missie ■ **DOELSTELLING** ▶ Het financieel ondersteunen van kamermuziek, met een voorkeur voor projecten die ten goede komen aan talent. Daarnaast het ondersteunen van projecten op het gebied van muziekeducatie voor kinderen.

Werkgebied ■ **ACTIERADIUS** ▶ Nationaal **LAND** ▶ Nederland.

Projecten ■ **CRITERIA** ▶ geen projectcriteria bekend **DOORLOOPTIJD** ▶ ☑ korter dan 1 jaar **STATUS AANVRAGER** ▶ ☑ geen beperkingen bekend **VOORKEUR/UITSLUITING** ▶ geen voorkeur of uitsluiting bekend.

Procedure ■ **OP AANVRAAG** ▶ ja **AANVRAAGPROCEDURE** ▶ Dit 'fonds op naam' ressorteert onder het Prins Bernhard Cultuurfonds. Verzoeken aan fondsen op naam komen op één centraal punt binnen. Dit houdt in dat een subsidieaanvraag slechts eenmaal aan het Prins Bernhard Cultuurfonds hoeft te worden gezonden. Voor de verdere aanvraagprocedure: zie Prins Bernhard Cultuurfonds. **URL** ▶ www.cultuurfonds.nl/aanvragen

Contact ■ **BEREIKBAAR PER** ▶ ☑ post ☑ e-mail ☑ telefoon **CONTACTPERSOON** ▶ geen contactpersoon bekend **POSTADRES** ▶ Postbus 19750, 1000 GT Amsterdam **EMAIL (ALGEMEEN)** ▶ info@cultuurfonds.nl **TELEFOON (ALGEMEEN)** ▶ 020-5206130.

967

Pfältzer-Birnie Fonds

Rubriek ■ ☑ kunst en cultuur ☑ natuur, milieu en dieren

Algemeen ■ **WEBSITE** ▶ www.cultuurfonds.nl **TYPERING** ▶ fonds op naam **BEHEERD DOOR** ▶ Prins Bernhard Cultuurfonds **DIRECTIE** ▶ zie > Prins Bernhard Cultuurfonds **BESTUUR** ▶ zie > Prins Bernhard Cultuurfonds

Missie ■ **DOELSTELLING** ▶ Het financieel ondersteunen van projecten op het gebied van natuurbehoud en monumentenzorg.

Werkgebied ■ **ACTIERADIUS** ▶ Nationaal **LAND** ▶ Nederland.

Projecten ■ **CRITERIA** ▶ geen projectcriteria bekend **DOORLOOPTIJD** ▶ ☑ korter dan 1 jaar **STATUS AANVRAGER** ▶ ☑ geen beperkingen bekend **VOORKEUR/UITSLUITING** ▶ geen voorkeur of uitsluiting bekend.

Procedure ■ **OP AANVRAAG** ▶ ja **AANVRAAGPROCEDURE** ▶ Dit 'fonds op naam' ressorteert onder het Prins Bernhard Cultuurfonds. Verzoeken aan fondsen op naam komen op één centraal punt binnen. Dit houdt in dat een subsidieaanvraag slechts eenmaal aan het Prins Bernhard Cultuurfonds hoeft te worden gezonden. Voor de verdere aanvraagprocedure: zie Prins Bernhard Cultuurfonds. **URL** ▶ www.cultuurfonds.nl/aanvragen

Contact ■ **BEREIKBAAR PER** ▶ ☑ post ☑ e-mail ☑ telefoon **CONTACTPERSOON** ▶ geen contactpersoon bekend **POSTADRES** ▶ Postbus 19750, 1000 GT Amsterdam **EMAIL (ALGEMEEN)** ▶ info@cultuurfonds.nl **TELEFOON (ALGEMEEN)** ▶ 020-5206130.

968

Stichting Philip Bloemendal Fonds

Rubriek ■ ☑ kunst en cultuur

Algemeen ■ **WEBSITE** ▶ www.bloemendal.info **TYPERING** ▶ vermogensfonds **OPGERICHT** ▶ 01 11 2001 **RECHTSVORM** ▶ stichting **KVK** ▶ 32088654 **ANBI STATUS** ▶ ja **DIRECTIE** ▶ geen directiegegevens bekend **BESTUUR** ▶ Mw.prof.dr. J.S. de Leeuw, voorzitter; mw. E.M. Bloemendal-Olman, penningmeester; mw. J. Leijssen, secretaris; R. Rensen; F. Spits; T. Rijssemus.

Missie ■ DOELSTELLING ▶ Het doorgeven van kwaliteitsbesef over effectief taalgebruik en communicatie in de media aan nieuwe generaties presentatoren. Daarbij is speciaal van belang: ☑ het effectief overdragen van teksten in de Nederlandse taal, met name van nieuwsberichten, actualiteiten en achtergrondnieuws. ☑ het bevorderen van zorgvuldig en doelmatig gebruik van de Nederlandse taal. STICHTER(S) ▶ Op initiatief van Mieke Bloemendal-Olman HISTORIE ▶ De Stichting Philip Bloemendal Fonds is opgericht in november 2001 met het doel het doorgeven van kwaliteitsbesef over effectief taalgebruik en communicatie in de media aan nieuwe generaties presentatoren.

Doelgroep ■ ALGEMEEN ▶ jongeren SPECIFIEK ▶ Jong/aankomend journalistiek presentatietalent in Nederland op het gebied van effectief taalgebruik en communicatie via de audiovisuele elektronische media. ACTIVITEITEN ▶ De Stichting wil haar doel onder meer verwezenlijken door: ☑ het instellen van een prijs gekoppeld aan de naam van Philip Bloemendal. ☑ het uitreiken van deze prijs aan een jonge commentator/presentator die blijk geeft over talent voor taaloverdracht te beschikken. De prijs is tweejaarlijks en wordt toegekend aan een jong/aankomend journalistiek presentatietalent in Nederland op het gebied van effectief taalgebruik en communicatie via de audiovisuele elektronische media. INTERVENTIENIVEAU ▶ Steun aan individuen (directe steun).

Werkgebied ■ ACTIERADIUS ▶ Nationaal LAND ▶ Nederland.

Bestedingen ■ BUDGET ▶ niet openbaar TOELICHTING ▶ De winnaar ontvangt een geldbedrag van 3500 euro, te besteden aan een studie– of opleidingsproject om zich binnen het vakgebied verder te bekwamen. SOORT BIJDRAGE ▶ overig BOVENGRENS ▶ geen ONDERGRENS ▶ geen.

Projecten ■ CRITERIA ▶ Kandidaten dienen: ☑ via de elektronische en andere beeld- en geluiddragende media effectieve verbale communicatie tot stand te brengen, daaronder mede begrepen een zorgvuldig en doelmatig gebruik van de Nederlandse taal; ☑ maximaal 30 jaar te zijn op 31 december van het jaar waarin de prijs wordt uitgereikt; ☑ ten minste 1 jaar werkzaam te zijn op het gebied van journalistieke informatieve programma's (nieuwsberichten, actualiteiten en achtergrondnieuws etc.) via audiovisuele media in Nederland. Voor overige voorwaarden zie reglement op de website. DOORLOOPTIJD ▶ ☑ onbekend STATUS AANVRAGER ▶ ☑ geen beperkingen bekend VOORKEUR/UITSLUITING ▶ geen voorkeur of uitsluiting bekend.

Procedure ■ OP AANVRAAG ▶ ja AANVRAAGPROCEDURE ▶ Voor de Bloemendal prijs kunt u zich via de website aanmelden door middel van een aanvraagformulier. Kandidaten kunnen zichzelf aanmelden maar ook door derden voorgedragen worden. Indien een kandidaat door derden wordt voorgedragen zal van hem/haar toestemming voor de kandidaatstelling verkregen moeten worden. Een kandidaat die zichzelf aanmeldt dient dit af te stemmen met zijn/haar werkgever/opdrachtgever. Een aanmelding moet voorzien zijn van; ☑ naam; ☑ adres,; ☑ e-mailadres; ☑ telefoonnummer; ☑ leeftijd; ☑ programma; ☑ werkgever/opdrachtgever; ☑ aantal jaren in het vakgebied werkzaam; ☑ beknopte motivatie voor deelneming. E; ☑ een opname met een lengte van minimaal 2 tot maximaal 10 minuten. Een compilatie is toegestaan. De inzending dient niet ouder te zijn dan 10 maanden voorafgaand aan de datum van inzending. De aanmeldingstermijn sluit minimaal 21 dagen voorafgaand aan het eerste juryberaad. Aanmeldingen richten aan het secretariaat. Voor de prijs wordt het volgende e-mailadres gebruikt: bloemendalprijs@beeldengeluid.nl. Over de uitslag kan niet worden gecorrespondeerd. URL ▶ https://www.bloemendal.info/aanmelden

Financieel ■ EIGEN VERMOGEN ▶ € 18.734 INKOMSTEN OV ▶ € 3.414 HERKOMST MIDDELEN ▶ vermogen, overige inkomsten, giften & schenkingen, legaten BOEKJAAR ▶ 2019 JAARVERSLAG OP WEBSITE ▶ ja.

Contact ■ BEREIKBAAR PER ▶ ☑ post ☑ e-mail ☑ telefoon CONTACTPERSOON ▶ Philip Bloemendal Fonds, p/a Nederlands Instituut voor Beeld en Geluid POSTADRES ▶ Postbus 1060, 1200 BB Hilversum EMAIL (ALGEMEEN) ▶ jleijssen@beeldengeluid.nl TELEFOON (ALGEMEEN) ▶ 035-6775555.

969
Philippus Corts Stichting (TCF)

Rubriek ■ ☑ kunst en cultuur ☑ onderwijs en onderzoek

Algemeen ■ WEBSITE ▶ www.cortsfoundation.org TYPERING ▶ vermogensfonds OPGERICHT ▶ 09-09-2003 RECHTSVORM ▶ stichting KVK ▶ 37108428 ANBI STATUS ▶ ja DIRECTIE ▶ geen directiegegevens bekend BESTUUR ▶ Mr. E. Jacobs, voorzitter; drs. J. Baars, penningmeester; J.C. Snellen van Vollenhoven, secretaris; mr. K. van Duijn; mw.dr. P.M.H. Groen; K.T.J. van Duin; mw.dr. A. Schrikker; N. Vriend.

Missie ■ DOELSTELLING ▶ ☑ Het bevorderen van het wetenschappelijk onderzoek naar de geschiedenis over Nederland en voormalig Nederlands-Indië, evenals overige voormalige overzeese gebiedsdelen die worden gerekend tot de Gemeenschappelijk Erfgoed Landen ☑ het conserveren, collectioneren, toegankelijk maken, ontsluiten en verzamelen; van archieven en ander erfgoedmateriaal, In het bijzonder het verstrekken van werkkapitaal voor; a. het vertalen van publicaties uit het Nederlands in het Engels betrekking hebbend op de laatste oorlog zoals het Englandspiel; b. het vertalen in het Engels van publicaties in een voor Nederlanders ontoegankelijke taal, betrekking hebbend op onze geschiedenis, bijvoorbeeld; de officiële Japanse geschiedenis van de tweede wereldoorlog en haar bezetting van Nederlands Oost Indië; c. Het duurzaam digitaal behoud van buitenlandse archieven betrekking hebbend op de tijd van de Verenigde Oost-Indische Compagnie en de West-Indische Compagnie; een en ander met het oogmerk om de publicatie en archieven toegankelijk te maken voor het publiek; en; voorts al wat met de hiervoor genoemde doelstellingen rechtstreeks of zijdelings verband houdt of daartoe bevorderlijk kan zijn, alles in de ruimste zin van het woord. HISTORIE ▶ C.W. Corts MSc werd geboren op 24 Mei 1920 in een Nederlandse doktersfamilie op Sumatra. In 1939 keerde Kees Corts terug naar Nederland voor zijn studie mijnbouw aan de Technische Hogeschool te Delft. De Tweede Wereldoorlog bleek een tragedie voor de familie, omdat zijn broer Philip geëxecuteerd werd door de bezetter. **BELEIDSPLAN OP WEBSITE** ▶ ja.

Doelgroep ■ **SPECIFIEK** ▶ Geen specifieke doelgroep **ACTIVITEITEN** ▶ De hoofdlijnen van het actuele beleidsplan, van de instelling omvat drie aandachtsgebieden: ☑ De geschiedenis van de Tweede Wereldoorlog in Indonesië; ☑ Duurzame digitale conservatie en toegankelijkheid van kwetsbare VOC archieven, in samenwerking met het Arsip Nasional Republik Indonesia (ANRI) te Jakarta; ☑ Incidentele algemene projecten. **INTERVENTIENIVEAU** ▶ Onbekend.

Werkgebied ■ **ACTIERADIUS** ▶ Internationaal **LAND** ▶ Wereldwijd.

Bestedingen ■ **BUDGET** ▶ € 170.000 **ONDERSTEUNDE PROJECTEN P/J** ▶ 3 **SOORT BIJDRAGE** ▶ onbekend **BOVENGRENS** ▶ geen **ONDERGRENS** ▶ geen.

Projecten ■ **CRITERIA** ▶ geen projectcriteria bekend **DOORLOOPTIJD** ▶ ☑ onbekend **STATUS AANVRAGER** ▶ ☑ geen beperkingen bekend **VOORKEUR/UITSLUITING** ▶ geen voorkeur of uitsluiting bekend.

Procedure ■ **OP AANVRAAG** ▶ onbekend **AANVRAAGPROCEDURE** ▶ Geen aanvraagprocedure bekend.

Financieel ■ **EIGEN VERMOGEN** ▶ € 897.912 **INKOMSTEN EV** ▶ € -4.505 **INKOMSTEN OV** ▶ € 10.189 **HERKOMST MIDDELEN** ▶ overige inkomsten, legaten, inkomsten uit vermogen, giften & schenkingen **BOEKJAAR** ▶ 2018 **JAARVERSLAG OP WEBSITE** ▶ ja.

Contact ■ **BEREIKBAAR PER** ▶ ☑ post ☑ e-mail ☑ telefoon **CONTACTPERSOON** ▶ J.C. Snellen van Vollenhoven **POSTADRES** ▶ Mozartweg 3, 1323 AV Almere **EMAIL (ALGEMEEN)** ▶ snellen@cortsfoundation.org **TELEFOON (ALGEMEEN)** ▶ +310-365361591.

970
Stichting Philips Foundation

Rubriek ■ ☑ maatschappij, welzijn en samenleving ☑ gezondheidszorg

Algemeen ■ **WEBSITE** ▶ https://www.philips-foundation.com **TYPERING** ▶ vermogensfonds **OPGERICHT** ▶ 2014 **RECHTSVORM** ▶ stichting **KVK** ▶ 61055379 **ANBI STATUS** ▶ ja **DIRECTIE** ▶ mw. M. Cooijmans **BESTUUR** ▶ R. de Jong, voorzitter; mw. M. van Reisen, secretaris; H. Wijffels; W. Leereveld; mw. S. Ceesy; R. Metzke.

Missie ■ **DOELSTELLING** ▶ De missie is om gezondheidszorgongelijkheid te verminderen door toegang tot kwalitatieve zorg te verschaffen voor achtergestelde gemeenschappen Het mobiliseert haar expertise, innovaties en wereldwijde partnerschappen ten voordele van jonge en minderbevoorrechte mensen en gemeenschappen over de hele wereld. **HISTORIE** ▶ De Philips Foundation is opgericht in 2014 en heeft een startkapitaal ontvangen van Royal Philips, dat sinds 2015 jaarlijks financiering voor de Foundation verstrekt. **BELEIDSPLAN OP WEBSITE** ▶ ja.

Doelgroep ■ **ALGEMEEN** ▶ armen, jongeren, kinderen, zieken **SPECIFIEK** ▶ De Philips Stichting geeft direct steun aan haar partners. Het biedt geen financiering aan particulieren of groepen die geen directe partnerschappen hebben. **ACTIVITEITEN** ▶ De Philips Foundation maakt gebruik van Koninklijke Philips'expertise en kennis om fragiele delen van de maatschappij te laten profiteren, waardevolle nieuwe kennis en netwerken op te bouwen en sociale innovatie te stimuleren. Het streeft ernaar om leringen op gemeenschapsniveau in een land te trekken en hen toe te passen in meerdere gemeenschappen in tal van landen. Het gelooft in de kracht van samenwerking om positieve sociale veranderingen te ondersteunen naar een gezonder en duurzamere toekomst voor iedereen. Er zijn zes aandachtspunten: ☑ moeder en kind; ☑ cardiologie; ☑ longgeneeskunde; ☑ oncologie; ☑ primary care; ☑ leefstijlgeneeskunde. De stichting werkt middels: ☑ lokale projecten; ☑ globale programma's; ☑ sociaal ondernemerschap; ☑ participatie van werknemers (van Philips). **INTERVENTIENIVEAU** ▶ Steun aan lokale/provinciale maatschappelijke organisaties en structuren (incl. gemeenten etc.) die diensten verlenen aan individuen.

Werkgebied ■ **ACTIERADIUS** ▶ Internationaal, Nationaal **LAND** ▶ Wereldwijd.

Bestedingen ■ **BUDGET** ▶ niet openbaar **TOELICHTING** ▶ Startkapitaal en jaarlijkse bijdrage zijn afkomstig van Koninklijke Philips. **ONDERSTEUNDE PROJECTEN P/J** ▶ 29 **SOORT BIJDRAGE** ▶ giften **BOVENGRENS** ▶ geen **ONDERGRENS** ▶ geen.

Projecten ■ **CRITERIA** ▶ De stichting financiert, ondersteunt en start lokale projecten daar waar Koninklijke Philips organisatie aanwezig is, en is in staat om initiatieven voor de ontwikkeling van lokale gemeenschappen te lokaliseren. **DOORLOOPTIJD** ▶ ☑ onbekend **STATUS AANVRAGER** ▶ ☑ geen beperkingen bekend **VOORKEUR/UITSLUITING** ▶ geen voorkeur of uitsluiting bekend.

Procedure ■ **OP AANVRAAG** ▶ onbekend **AANVRAAGPROCEDURE** ▶ Geen aanvraagprocedure bekend.

Financieel ■ **EIGEN VERMOGEN** ▶ € 13.333.659 **INKOMSTEN OV** ▶ € 3.921.118 **HERKOMST MIDDELEN** ▶ moederorganisatie (bijdragen) **BOEKJAAR** ▶ 2017 **JAARVERSLAG OP WEBSITE** ▶ ja.

Contact ■ **BEREIKBAAR PER** ▶ ☑ post ☑ e-mail ☒ telefoon **CONTACTPERSOON** ▶ Mw. M. Cooijmans **POSTADRES** ▶ Amstelplein 2, 1096 BC Amsterdam **EMAIL (ALGEMEEN)** ▶ philipsfoundation@philips.com.

971
Stichting Physica

Rubriek ■ ☑ onderwijs en onderzoek

Algemeen ■ **WEBSITE** ▶ www.physica.nl **TYPERING** ▶ vermogensfonds **OPGERICHT** ▶ 24-12-1948 **RECHTSVORM** ▶ stichting **KVK** ▶ 41199390 **ANBI STATUS** ▶ ja **DIRECTIE** ▶ geen directiegegevens bekend **BESTUUR** ▶ J. Knoester, voorzitter.

Missie ■ **DOELSTELLING** ▶ De bevordering van de natuurkunde door het instellen en beheren van fondsen ten behoeve van de uitgave en de verspreiding van wetenschappelijke tijdschriften en publicaties op fysisch en verwant gebied, alsook ten behoeve van andere uitingen van het wetenschappelijk natuurkundig leven. **HISTORIE** ▶ De Stichting Physica is opgericht op 24 december 1948. Aanleiding voor de oprichting was de overdracht van de uitgave van een wetenschappelijk tijdschrift opgezet door de Nederlandse Natuurkundige Vereniging (NNV) aan een commerciële uitgever. Het betrof het tijdschrift PHYSICA dat de vereniging eerder zelf uitgaf. Ondanks de financiële opbrengsten zal dit in de naoorlogse jaren een zware belasting zijn geweest voor de vereniging. Het stichtingsbestuur kwam er al gauw achter dat het uitgeven van tijdschriften een gespecialiseerde 'bedrijfstak' is. In 1948 droeg de NNV dan ook haar rechten in het tijdschrift PHYSICA over aan wetenschappelijke uitgeverij Elsevier. Tegenover het verwerven van de exclusieve rechten voor het gebruik van de naam PHYSICA voor een aantal wetenschappelijke tijdschriften stond en staat een financiële vergoeding van Elsevier. Om deze inkomsten los te koppelen van de NNV werd de Stichting Physica opgericht. **BELEIDSPLAN OP WEBSITE** ▶ ja.

Doelgroep ■ **SPECIFIEK** ▶ Geen specifieke doelgroep **ACTIVITEITEN** ▶ De stichting tracht haar doelstelling te bereiken door: ☑ het instellen en beheren van fondsen ten behoeve van de uitgave en de verspreiding van wetenschappelijke tijdschriften en publicaties op fysisch en verwant gebied; ☑ subsidiëring van de Nederlandse Natuurkundige Vereniging (NNV) zodat deze haar werk ten behoeve van de bevordering van de natuurkunde kan uitvoeren; ☑ subsidiëring van andere activiteiten die het bevorderen van de natuurkunde dienen; ☑ het instellen en ondersteunen van bijzondere leerstoelen voor hoogleraren aan Nederlandse universiteiten; ☑ het toekennen, samen met de Nederlandse Natuurkundige Vereniging van de Physicaprijs aan een uitmuntend natuurkundige. **INTERVENTIENIVEAU** ▶ Steun aan individuen (directe steun).; Steun aan lokale/provinciale maatschappelijke organisaties en structuren (incl. gemeenten etc.) die diensten verlenen aan individuen.

Werkgebied ■ **ACTIERADIUS** ▶ Nationaal **LAND** ▶ Nederland.

Bestedingen ■ **BUDGET** ▶ niet openbaar **ONDERSTEUNDE PROJECTEN P/J** ▶ 17 **SOORT BIJDRAGE** ▶ giften overig **BOVENGRENS** ▶ geen **ONDERGRENS** ▶ geen.

Projecten ■ **CRITERIA** ▶ De Stichting subsidieert alleen projecten als er sprake is van een doel dat past binnen de doelstellingen van de Stichting. De Stichting subsidieert alleen projecten als er sprake is van een specifiek doel, zoals: hulp aan studenten en promovendi, outreachactiviteiten, ondersteunen van deelnemers die geen toegang tot andere middelen hebben etc. Voor de voordracht van de physicaprijs geldt dat de genomineerde aan de volgende criteria voldoet: ☑ heeft excellent natuurkundig onderzoek gedaan; ☑ heeft bij voorkeur bijgedragen aan de versterking van de beoefening van de natuurkunde in Nederland; ☑ geeft een excellente voordracht tijdens FYSICA in de taal bepaald door de organisatie van FYSICA (momenteel Engels); ☑ schrijft een Nederlandstalige bijdrage voor het Nederlands Tijdschrift voor Natuurkunde. **DOORLOOPTIJD** ▶ ☑ onbekend **STATUS AANVRAGER** ▶ ☑ stichting of vereniging (non-profit) ☑ individuen/gezinnen **VOORKEUR/UITSLUITING** ▶ De stichting vergoedt geen studiereizen.

Procedure ■ **OP AANVRAAG** ▶ ja **AANVRAAGPROCEDURE** ▶ Aanvragen kunnen naar het dagelijks bestuur verzonden worden. Deze zullen zelf de aanvraag beoordelen of de aanvraag voorleggen aan het algemeen bestuur. Het algemeen bestuur vergadert tweemaal per jaar. **URL** ▶ www.physica.nl/Richtlijnen-voor_subsidieverstrekking/

Financieel ■ **HERKOMST MIDDELEN** ▶ vermogen, overige inkomsten, giften & schenkingen, legaten **BOEKJAAR** ▶ boekjaar onbekend.

Contact ■ **BEREIKBAAR PER** ▶ ☒ post ☑ e-mail ☒ telefoon **CONTACTPERSOON** ▶ geen contactpersoon bekend **POSTADRES** ▶ Geen postadres bekend **EMAIL (ALGEMEEN)** ▶ info@physica.nl.

972

Stichting Physico Therapeutisch Instituut

Rubriek ■ ☑ gezondheidszorg ☑ maatschappij, welzijn en samenleving

Algemeen ■ **WEBSITE** ▶ www.physico.nl **TYPERING** ▶ vermogensfonds **OPGERICHT** ▶ 23-12-1937 **RECHTSVORM** ▶ stichting **KVK** ▶ 41126484 **ANBI STATUS** ▶ ja **DIRECTIE** ▶ geen directiegegevens bekend **BESTUUR** ▶ Drs. J.H.H. ter Haar, voorzitter; drs. J.H.H. ter Haar, penningmeester; mw.mr. M.F.E. de Waard-Preller, secretaris; mw.drs. B.F. Everts; drs. C.A. Standaart; mw. J.W. Deckers-Bakker.

Missie ■ **DOELSTELLING** ▶ Het verlenen van steun aan de gezondheidszorg in het Rijnmondgebied en voorts al hetgeen in de ruimste zin met één en ander verband houdt, daartoe behoort en/of daartoe bevorderlijk kan zijn. **STICHTER(S)** ▶ Rotterdamse Diaconessen ziekenhuis **HISTORIE** ▶ Stichting Physico komt voort uit het Rotterdamse Diaconessen ziekenhuis en is in 1938 opgericht om patienten een hogere graad van herstel te laten bereiken door toepassing van fysieke methoden, vandaar haar volledige naam Stichting Physico Therapeutisch Instituut. Na de oorlog is de stichting opgegaan in het (latere) Van Dam Ziekenhuis. Bij de opheffeng van de stadsziekenhuizen is in 1994 de doelstelling van de stichting geherformuleerd tot een goede doelen fonds ten behoeve van de gezondheid van de Rijnmondse bevolking. **BELEIDSPLAN OP WEBSITE** ▶ ja.

Doelgroep ■ **ALGEMEEN** ▶ gehandicapten, jongeren, kinderen, ouderen, dak- en thuislozen, zieken **SPECIFIEK** ▶ Bevolking van Rijnmond die gezondheidszorg behoefte heeft. **ACTIVITEITEN** ▶ Financiële ondersteuning van projecten, eenmalige garantiestelling voor de exploitatie van startende initiatieven, leningen, schenkingen van geld en goederen. **INTERVENTIENIVEAU** ▶ Steun aan lokale/provinciale maatschappelijke organisaties en structuren (incl. gemeenten etc.) die diensten verlenen aan individuen.

Werkgebied ■ **ACTIERADIUS** ▶ Regionaal **LAND** ▶ Nederland **REGIO** ▶ Rijnmond.

Bestedingen ■ **BUDGET** ▶ € 150.000 **TOELICHTING** ▶ Het bestedingsbudget wordt jaarlijks vastgesteld aan de hand van het eigen vermogen aan het begin van het boekjaar. Dit bedrag wordt zo gekozen dat binnen een marge het initiele vermogen op lange termijn niet groeit danwel afneemt. **ONDERSTEUNDE PROJECTEN P/J** ▶ 21 **SOORT BIJDRAGE**

► leningen garanties investeringen giften **BOVENGRENS** ► geen **ONDERGRENS** ► geen.

Projecten ■ **CRITERIA** ► Uit de aanvraag dient te blijken dat de ondersteuning bestemd is voor een project waarmee de gezondheid van de inwoners van Rijnmond wordt bevorderd. Ook dient duidelijk te zijn dat het voorgestelde project niet (volledig) uit reguliere middelen kan worden gefinancierd. **DOORLOOPTIJD** ► ☑ 1 - 2 jaar **STATUS AANVRAGER** ► ☑ stichting of vereniging (non-profit) ☑ kerkelijke instelling ☑ bedrijf ☑ hulpverleners ☑ onderwijsinstelling **VOORKEUR/UITSLUITING** ► De stichting beperkt haar activiteiten tot het financieel ondersteunen van instellingen werkzaam in en gericht op de bevolking woonachtig in het Rijnmondgebied voor ondersteuningsaanvragen betrekking hebbende op de gezondheidszorg zoals gedefinieerd.

Procedure ■ **OP AANVRAAG** ► ja **DOORLOOPTIJD** ► 3-6 maanden **AANVRAAGPROCEDURE** ► Een aanvraag voor subsidie wordt via de site ingediend door het hoogste besturend orgaan van de te subsidiëren organisatie Een projectplan met doelen, activiteiten, het te verwachten resultaat en de begroting moet met de aanvraag worden meegezonden. Zij dienen expliciet en voor het bestuur verstaanbaar te motiveren wat de meerwaarde is van het te financieren project voor de gezondheid van de Rijnmondse bevolking (direct of indirect) en waarom reguliere financieringsbronnen niet gebruikt kunnen worden of niet toereikend zijn. Met andere woorden: wetenschappers dienen deze vragen expliciet in lekentaal te beantwoorden. Bijlagen worden via de mail opgestuurd naar info@physico.nl. Het bestuur beoordeelt minimaal drie keer per jaar de ingekomen aanvragen. U krijgt bericht van ons besluit. Het bestuur vergadert ten minste 3 keer per jaar en beoordeelt in de vergadering de ingeko- men subsidieaanvragen. De beslistermijn bedraagt maximaal 4 maanden. I **URL** ► www.physico .nl/aanvragen/subsidie-aanvraag/

Financieel ■ **EIGEN VERMOGEN** ► € 2.775.874 **HERKOMST MIDDELEN** ► vermogen, giften & schenkingen, legaten, overige inkomsten **BOEKJAAR** ► 2018 **JAARVERSLAG OP WEBSITE** ► ja.

Contact ■ **BEREIKBAAR PER** ► ☑ post ☑ e-mail ☒ telefoon **CONTACTPERSOON** ► Mw. mr. M.F.E. de Waard-Preller **POSTADRES** ► Postbus 1110, 3000 BC Rotterdam **EMAIL (ALGEMEEN)** ► info@physico.nl.

973
Pi Fonds

Rubriek ■ ☑ kunst en cultuur ☑ onderwijs en onderzoek

Algemeen ■ **WEBSITE** ► www.cultuurfonds.nl **TYPERING** ► fonds op naam **BEHEERD DOOR** ► Prins Bernhard Cultuurfonds **DIRECTIE** ► zie > Prins Bernhard Cultuurfonds **BESTUUR** ► zie > Prins Bernhard Cultuurfonds

Missie ■ **DOELSTELLING** ► Het financieel ondersteunen van jong talent met een voorkeur voor ambachten en exacte wetenschappen voor een vervolgopleiding in het buitenland.

Werkgebied ■ **ACTIERADIUS** ► Internationaal.

Projecten ■ **CRITERIA** ► geen projectcriteria bekend **DOORLOOPTIJD** ► ☑ korter dan 1 jaar **STATUS AANVRAGER** ► ☑ geen beperkingen bekend **VOORKEUR/UITSLUITING** ► Voorkeur gaat uit naar talent op het gebied van ambachten en exacte wetenschappen.

Procedure ■ **OP AANVRAAG** ► ja **AANVRAAGPROCEDURE** ► Dit 'fonds op naam' ressorteert onder het Prins Bernhard Cultuurfonds. Verzoeken aan fondsen op naam komen op één centraal punt binnen. Dit houdt in dat een subsidieaanvraag slechts eenmaal aan het Prins Bernhard Cultuurfonds hoeft te worden gezonden. Voor de verdere aanvraagprocedure: zie Prins Bernhard Cultuurfonds. **URL** ► www.cultuurfonds.nl/aanvragen

Contact ■ **BEREIKBAAR PER** ► ☑ post ☑ e-mail ☑ telefoon **CONTACTPERSOON** ► geen contactpersoon bekend **POSTADRES** ► Postbus 19750, 1000 GT Amsterdam **EMAIL (ALGEMEEN)** ► info@cultuurfonds.nl **TELEFOON (ALGEMEEN)** ► 020-5206130.

974
Stichting Pianissimo

Rubriek ■ ☑ kunst en cultuur

Algemeen ■ **WEBSITE** ► www.kennisbankfilantropie.nl/anbi/pianissimo **TYPERING** ► vermogensfonds **OPGERICHT** ► 01-07-2013 **RECHTSVORM** ► stichting **KVK** ► 58298835 **ANBI STATUS** ► ja **DIRECTIE** ► geen directiegegevens bekend **BESTUUR** ► P.J. Gerretse, voorzitter; mw. J. Gerritsma, penningmeester; mw. N. Boomsma, secretaris; P. Havenaar.

Missie ■ **DOELSTELLING** ► Het stimuleren en ondersteunen van klassieke kamermuziek in de meest brede zin. **BELEIDSPLAN OP WEBSITE** ► ja.

Doelgroep ■ **SPECIFIEK** ► Musici op het gebied van kamermuziek. **ACTIVITEITEN** ► De stichting richt zich in eerste instantie op de volgende activiteiten: ☑ Het geven van klassieke kamerconcerten. Concerten, die worden gegeven door (Nederlandse) professionele musici. Met nadruk zullen de musici uitgedaagd worden in de concerten de afstand tot het publiek te verkleinen (toelichtingen op stukken, informeler omgang etc.). Het streven is een groter en jonger publiek te bereiken door de uitvoeringen beter bij deze tijd te laten passen, zonder verlies van diepgang; ☑ Het verstrekken van aflossingsvrije en renteloze leningen voor een langdurige maar eindige periode ten behoeve van de aanschaf van bijzondere en/of hoogwaardige instrumenten. De stichting richt zich hierbij vooral op houtblazers, omdat deze veel in kamermuziek worden gebruikt; ☑ Het stimuleren en ondersteunen van activiteiten door professionals samen met amateurs. Bijvoorbeeld stageweken voor gevorderde amateurs onder begeleiding van professionele musici. De stichting kan deze activiteiten met een beperkte bijdrage faciliteren; ☑ Het ondersteunen van Educatieve projecten op het gebied van klassiek kamermuziek. **INTERVENTIENIVEAU** ► Steun aan individuen (directe steun).; Steun aan lokale/provinciale maatschappelijke organisaties en structuren (incl. gemeenten etc.) die diensten verlenen aan individuen.

Werkgebied ■ **ACTIERADIUS** ► Nationaal, Regionaal, Lokaal **LAND** ► Nederland **REGIO** ► Brabant, Eindhoven **PLAATS** ► Eindhoven.

Bestedingen ■ BUDGET ▶ € 25.000 TOELICHTING ▶ Voor de komende drie jaar wordt uitgegaan van een gemiddeld uitgaven niveau van € 25.000,– per jaar. Dat is exclusief leningen t.b.v. de aanschaf van instrumenten. SOORT BIJDRAGE ▶ giften leningen BOVENGRENS ▶ geen ONDERGRENS ▶ geen.

Projecten ■ CRITERIA ▶ geen projectcriteria bekend DOORLOOPTIJD ▶ ☑ onbekend STATUS AANVRAGER ▶ ☑ geen beperkingen bekend VOORKEUR/UITSLUITING ▶ De stichting werkt omwille van impact en effectiviteit in eerste instantie in de omgeving van Eindhoven.

Procedure ■ OP AANVRAAG ▶ onbekend AANVRAAGPROCEDURE ▶ Geen aanvraagprocedure bekend.

Financieel ■ EIGEN VERMOGEN ▶ € 43.629 INKOMSTEN OV ▶ € 35.000 HERKOMST MIDDELEN ▶ vermogen, giften & schenkingen, legaten BOEKJAAR ▶ 2019 JAARVERSLAG OP WEBSITE ▶ ja.

Contact ■ BEREIKBAAR PER ▶ ☑ post ☑ e-mail ☒ telefoon CONTACTPERSOON ▶ geen contactpersoon bekend POSTADRES ▶ van Kemenadelaan 19, 5674 PP Nuenen EMAIL (ALGEMEEN) ▶ stichting.pianissimo@gmail.com.

975
PiBor Fonds

Rubriek ■ ☑ kunst en cultuur

Algemeen ■ WEBSITE ▶ www.cultuurfonds.nl TYPERING ▶ fonds op naam BEHEERD DOOR ▶ Prins Bernhard Cultuurfonds DIRECTIE ▶ zie > Prins Bernhard Cultuurfonds BESTUUR ▶ zie > Prins Bernhard Cultuurfonds

Missie ■ DOELSTELLING ▶ Het financieel ondersteunen van cultuurhistorische projecten met betrekking tot de periode voor 1940 in Zuid-Holland, met een voorkeur voor projecten in de Alblasserwaard. Aanvragen worden behandeld door het Prins Bernhard Cultuurfonds Zuid-Holland.

Werkgebied ■ ACTIERADIUS ▶ Lokaal, Regionaal LAND ▶ Nederland REGIO ▶ Zuid-Holland PLAATS ▶ Alblasserwaard.

Projecten ■ CRITERIA ▶ geen projectcriteria bekend DOORLOOPTIJD ▶ ☑ korter dan 1 jaar STATUS AANVRAGER ▶ ☑ geen beperkingen bekend VOORKEUR/UITSLUITING ▶ Voorkeur gaat uit naar projecten in de Alblasserwaard.

Procedure ■ OP AANVRAAG ▶ ja AANVRAAGPROCEDURE ▶ Dit 'fonds op naam' ressorteert onder het Prins Bernhard Cultuurfonds. Verzoeken aan fondsen op naam komen op één centraal punt binnen. Dit houdt in dat een subsidieaanvraag slechts eenmaal aan het Prins Bernhard Cultuurfonds hoeft te worden gezonden. Voor de verdere aanvraagprocedure: zie Prins Bernhard Cultuurfonds. URL ▶ www.cultuurfonds.nl/aanvragen

Contact ■ BEREIKBAAR PER ▶ ☑ post ☑ e-mail ☑ telefoon CONTACTPERSOON ▶ geen contactpersoon bekend POSTADRES ▶ Postbus 19750, 1000 GT Amsterdam EMAIL (ALGEMEEN) ▶ info@cultuurfonds.nl TELEFOON (ALGEMEEN) ▶ 020-5206130.

976
Piek den Hartog Fonds

Rubriek ■ ☑ kunst en cultuur ☑ onderwijs en onderzoek

Algemeen ■ WEBSITE ▶ www.cultuurfonds.nl TYPERING ▶ fonds op naam BEHEERD DOOR ▶ Prins Bernhard Cultuurfonds DIRECTIE ▶ zie Prins Bernhard Cultuurfonds BESTUUR ▶ zie Prins Bernhard Cultuurfonds

Missie ■ DOELSTELLING ▶ Het financieel ondersteunen van jong talent op het gebied van wetenschap en cultuur.

Werkgebied ■ ACTIERADIUS ▶ Nationaal, Internationaal LAND ▶ Nederland.

Projecten ■ CRITERIA ▶ geen projectcriteria bekend DOORLOOPTIJD ▶ ☑ korter dan 1 jaar STATUS AANVRAGER ▶ ☑ geen beperkingen bekend VOORKEUR/UITSLUITING ▶ geen voorkeur of uitsluiting bekend.

Procedure ■ OP AANVRAAG ▶ ja AANVRAAGPROCEDURE ▶ Dit 'fonds op naam' ressorteert onder het Prins Bernhard Cultuurfonds. Verzoeken aan fondsen op naam komen op één centraal punt binnen. Dit houdt in dat een subsidieaanvraag slechts eenmaal aan het Prins Bernhard Cultuurfonds hoeft te worden gezonden. Voor de verdere aanvraagprocedure: zie Prins Bernhard Cultuurfonds. URL ▶ www.cultuurfonds.nl/aanvragen

Contact ■ BEREIKBAAR PER ▶ ☑ post ☑ e-mail ☑ telefoon CONTACTPERSOON ▶ geen contactpersoon bekend POSTADRES ▶ Postbus 19750, 1000 GT Amsterdam EMAIL (ALGEMEEN) ▶ info@cultuurfonds.nl TELEFOON (ALGEMEEN) ▶ 020-5206130.

977
St. Pierre Fourier Stichting

Rubriek ■ ☑ kerk en levensbeschouwing ☑ maatschappij, welzijn en samenleving ☑ kunst en cultuur ☑ onderwijs en onderzoek

Algemeen ■ WEBSITE ▶ www.stpf.nl TYPERING ▶ vermogensfonds OPGERICHT ▶ 14-07-1903 RECHTSVORM ▶ stichting KVK ▶ 17115978 ANBI STATUS ▶ ja DIRECTIE ▶ geen directiegegevens bekend BESTUUR ▶ L.P. van der Kroft, voorzitter; E.M.C. Baake, secretaris; E.J.Ph. Bijnsdorp.

Missie ■ DOELSTELLING ▶ De stichting heeft ten doel na de ontvangst van een aanvraag daartoe tot het geven van donaties - binnen de regels voor de Algemeen Nut Beogende Instellingen (ANBI) – met name; ☑ donaties aan de Congrégation Notre Dame Chanoinesses de Saint Augustin, statutair gevestigd te Rome, feitelijk gevestigd in Fontenay-sous-Bois in Frankrijk (hierna ook te noemen 'Congregatie'), zulks voor de opvoeding, vorming en onderwijs van en aan volwassenen en kinderen in alle landen, alsmede voor het functioneren van de Congregatie zelf, alles op verzoek en in overleg met het hoofdbestuur van de Congregatie; ☑ donaties aan kerkelijke, charitatieve, culturele, wetenschappelijk of algemeen nut beogende instellingen, zulks buiten congregatieverband waar ook ter wereld, vooral ook in Nederland; ☑ donaties aan groepen en personen ten einde deze in staat te stellen zelf vorm te geven aan hun leven en samenleving. HISTORIE ▶ De St. Pierre Fourier Stichting is opgericht op 14 juli 1903 als rechtspersoon voor de Zusters Kanunnikessen van de Heilige Augustinus in Nederland. Als zodanig was zij de eigenaar van roerende en onroerende goederen van de Orde. **BELEIDSPLAN OP WEBSITE** ▶ ja.

Doelgroep ■ **ALGEMEEN** ▶ gelovigen **SPECIFIEK** ▶ Geen specifieke doelgroep **ACTIVITEITEN** ▶ Geen specifieke activiteiten bekend **INTERVENTIENIVEAU** ▶ Steun aan individuen (directe steun).; Steun aan lokale/provinciale maatschappelijke organisaties en structuren (incl. gemeenten etc.) die diensten verlenen aan individuen.

Werkgebied ■ **ACTIERADIUS** ▶ Nationaal **LAND** ▶ Nederland.

Bestedingen ■ **BUDGET** ▶ niet openbaar **SOORT BIJDRAGE** ▶ onbekend **BOVENGRENS** ▶ geen **ONDERGRENS** ▶ geen.

Projecten ■ **CRITERIA** ▶ In willekeurige volgorde zijn de onderstaande criteria op het giftenbeleid van kracht: a. De doelstelling van de begunstigden dient overeen te komen met de doelstelling van de; stichting; b. Begunstigden dienen in bezit te zijn van een ANBI-status of dienen een vergelijkbare status; in het buitenland te genieten. c. Een aanvraag dient een ruime omschrijving te bevatten met heldere financiële; bijlage. d. Voor grotere financiële bijdragen of voor bijdragen die over enkele jaren lopen is het overleggen van jaarrekeningen vereist. e. Er moet een zekere mate van partnerschap bestaan f. Er dient toezicht/controle plaats te vinden op locatie en anders tenminste vanuit Nederland. h. Aangezien de stichting niet zelf over een infrastructuur beschikt om de effectiviteit van; giften te toetsen, moet zij vertrouwen op hen die betrokken zijn bij de bestedingen van haar middelen. Indien de aanvrager onbekend is bij de individuele bestuursleden dan zal derhalve zeker worden gekeken naar de personen die betrokken zijn bij de aanvrager, waaronder het bestuur, de directie, het aanbevelingscomité, et cetera. **DOORLOOPTIJD** ▶ ☑ onbekend **STATUS AANVRAGER** ▶ ☑ geen beperkingen bekend **VOORKEUR/UITSLUITING** ▶ Projecten die bekend zijn bij de individuele bestuursleden genieten voorrang. Lang lopende projecten hebben voorkeur boven incidentele. Projecten van bij ons bekende organisaties met evaluatiemechanismen hebben de voorkeur. Er wordt voorrang verleend aan projecten die op meerdere pijlers berusten. Projecten die zich in het bijzonder richten op vrouwen hebben voorrang.

Procedure ■ **OP AANVRAAG** ▶ onbekend **AANVRAAGPROCEDURE** ▶ Geen aanvraagprocedure bekend.

Financieel ■ **INKOMSTEN EV** ▶ € 606.240 **INKOMSTEN OV** ▶ € 100.000 **HERKOMST MIDDELEN** ▶ vermogen, inkomsten uit vermogen, giften & schenkingen **BOEKJAAR** ▶ boekjaar onbekend **JAARVERSLAG OP WEBSITE** ▶ ja.

Contact ■ **BEREIKBAAR PER** ▶ ☑ post ☒ e-mail ☒ telefoon **CONTACTPERSOON** ▶ geen contactpersoon bekend **POSTADRES** ▶ Park Eikenheuvel 211, 5262 AW Vught.

978
Piet Boxem Fonds

Rubriek ■ ☑ gezondheidszorg ☑ kunst en cultuur ☑ maatschappij, welzijn en samenleving

Algemeen ■ **WEBSITE** ▶ www.cultuurfonds.nl **TYPERING** ▶ fonds op naam **BEHEERD DOOR** ▶ Prins Bernhard Cultuurfonds **DIRECTIE** ▶ zie > Prins Bernhard Cultuurfonds **BESTUUR** ▶ zie > Prins Bernhard Cultuurfonds

Missie ■ **DOELSTELLING** ▶ Het financieel ondersteunen van projecten op het werkterrein van het Prins Bernhard Cultuurfonds ten behoeve van mensen met een verstandelijke beperking.

Werkgebied ■ **ACTIERADIUS** ▶ Nationaal **LAND** ▶ Nederland.

Projecten ■ **CRITERIA** ▶ geen projectcriteria bekend **DOORLOOPTIJD** ▶ ☑ korter dan 1 jaar **STATUS AANVRAGER** ▶ ☑ geen beperkingen bekend **VOORKEUR/UITSLUITING** ▶ geen voorkeur of uitsluiting bekend.

Procedure ■ **OP AANVRAAG** ▶ ja **AANVRAAGPROCEDURE** ▶ Dit 'fonds op naam' ressorteert onder het Prins Bernhard Cultuurfonds. Verzoeken aan fondsen op naam komen op één centraal punt binnen. Dit houdt in dat een subsidieaanvraag slechts eenmaal aan het Prins Bernhard Cultuurfonds hoeft te worden gezonden. Voor de verdere aanvraagprocedure: zie Prins Bernhard Cultuurfonds. **URL** ▶ www.cultuurfonds.nl/aanvragen

Contact ■ **BEREIKBAAR PER** ▶ ☑ post ☑ e-mail ☑ telefoon **CONTACTPERSOON** ▶ geen contactpersoon bekend **POSTADRES** ▶ Postbus 19750, 1000 GT Amsterdam **EMAIL (ALGEMEEN)** ▶ info@cultuurfonds.nl **TELEFOON (ALGEMEEN)** ▶ 020-5206130.

979
Piet Breek Stichting

Rubriek ■ ☑ maatschappij, welzijn en samenleving ☑ gezondheidszorg ☑ onderwijs en onderzoek

Algemeen ■ **WEBSITE** ▶ www.kennisbankfilantropie.nl/anbi/pietbreek **TYPERING** ▶ vermogensfonds **OPGERICHT** ▶ 24-03-2003 **RECHTSVORM** ▶ stichting **KVK** ▶ 17154055 **ANBI STATUS** ▶ ja **DIRECTIE** ▶ geen directiegegevens bekend **BESTUUR** ▶ R.W. Vermeer, voorzitter; A.G.M. van der Poel, penningmeester; A.G.M. van der Poel, secretaris; L.A.J. Janssen; A.F. Verdam.

Missie ■ **DOELSTELLING** ▶ Het verlenen in nationaal dan wel internationaal kader van financiële steun of steun in andere vorm aan – of ten behoeve van - behoeftige natuurlijke personen en/of rechtspersonen, die naar het oordeel van het bestuur daarvoor op basis van de statuten daarvoor in aanmerking komen. **BELEIDSPLAN OP WEBSITE** ▶ ja.

Doelgroep ■ **ALGEMEEN** ▶ armen, dak- en thuislozen, zieken, gehandicapten **SPECIFIEK** ▶ Behoeftigen. **ACTIVITEITEN** ▶ Geen specifieke activiteiten bekend **INTERVENTIENIVEAU** ▶ Steun aan lokale/provinciale maatschappelijke organisaties en structuren (incl. gemeenten etc.) die diensten verlenen aan individuen.; Steun aan individuen (directe steun).

Werkgebied ■ **ACTIERADIUS** ▶ Internationaal, Nationaal **LAND** ▶ Nederland.

Bestedingen ■ **BUDGET** ▶ niet openbaar **ONDERSTEUNDE PROJECTEN P/J** ▶ 4 **SOORT BIJDRAGE** ▶ onbekend **BOVENGRENS** ▶ geen **ONDERGRENS** ▶ geen.

Projecten ■ CRITERIA ► geen projectcriteria bekend DOORLOOPTIJD ► ☑ onbekend STATUS AANVRAGER ► ☑ geen beperkingen bekend VOORKEUR/UITSLUITING ► geen voorkeur of uitsluiting bekend.

Procedure ■ OP AANVRAAG ► onbekend AANVRAAGPROCEDURE ► geen aanvraagprocedure bekend.

Financieel ■ EIGEN VERMOGEN ► € 3.772.969 INKOMSTEN EV ► € 253.279 HERKOMST MIDDELEN ► vermogen BOEKJAAR ► 2016 JAARVERSLAG OP WEBSITE ► ja.

Contact ■ BEREIKBAAR PER ► ☑ post ☑ e-mail ☑ telefoon CONTACTPERSOON ► geen contactpersoon bekend POSTADRES ► Hofbrouckerlaan 20, 2341 LP Oegstgeest EMAIL (ALGEMEEN) ► poelmeer@gmail.com TELEFOON (ALGEMEEN) ► 06-26526000.

980

Piet Oudolf Groen in de Buurt Fonds

Rubriek ■ ☑ maatschappij, welzijn en samenleving ☑ natuur, milieu en dieren

Algemeen ■ WEBSITE ► www.cultuurfonds.nl TYPERING ► fonds op naam BEHEERD DOOR ► Prins Bernhard Cultuurfonds DIRECTIE ► zie > Prins Bernhard Cultuurfonds BESTUUR ► zie > Prins Bernhard Cultuurfonds

Missie ■ DOELSTELLING ► Het financieel ondersteunen van kleinschalige projecten die tijdelijk braakliggende terreinen omvormen tot een groene omgeving. Naast het bevorderen van vergroening in de stad is het fonds ook bedoeld om sociale cohesie en onderlinge betrokkenheid in de buurt te genereren.

Werkgebied ■ ACTIERADIUS ► Nationaal LAND ► Nederland.

Projecten ■ CRITERIA ► ☑ Het project gaat om tijdelijk vergroening van een braakliggend terrein in een stedelijk gebied met een duur van twee tot vijf jaar en een oppervlakte van 100 tot 1000 vierkante meter; ☑ Buurtbewoners actief betrokken worden en verantwoordelijkheid nemen voor beheer en onderhoud; ☑ Het project aantoonbaar gesteund wordt door buurtbewoners en partijen als de woningbouwvereniging, gemeente en de eigenaar van de grond; ☑ De eigenaar aangeeft voor welke periode de grond ter beschikking staat en wat de rechten en plichten zijn van de vereniging of stichting met betrekking tot het beheer. DOORLOOPTIJD ► ☑ korter dan 1 jaar STATUS AANVRAGER ► ☑ geen beperkingen bekend VOORKEUR/UITSLUITING ► geen voorkeur of uitsluiting bekend.

Procedure ■ OP AANVRAAG ► ja AANVRAAGPROCEDURE ► Dit 'fonds op naam' ressorteert onder het Prins Bernhard Cultuurfonds. Verzoeken aan fondsen op naam komen op één centraal punt binnen. Dit houdt in dat een subsidieaanvraag slechts eenmaal aan het Prins Bernhard Cultuurfonds hoeft te worden gezonden. Voor de verdere aanvraagprocedure: zie Prins Bernhard Cultuurfonds. URL ► www.cultuurfonds.nl/aanvragen

Contact ■ BEREIKBAAR PER ► ☑ post ☑ e-mail ☑ telefoon CONTACTPERSOON ► geen contactpersoon bekend POSTADRES ► Postbus 19750, 1000 GT Amsterdam EMAIL (ALGEMEEN) ► info@cultuurfonds.nl TELEFOON (ALGEMEEN) ► 020-5206130.

981

Stichting Pieter Arie van der Kooij-Fonds

Rubriek ■ ☑ maatschappij, welzijn en samenleving ☑ onderwijs en onderzoek

Algemeen ■ WEBSITE ► www.vanderkooijfonds.nl TYPERING ► vermogensfonds OPGERICHT ► 08-01-1969 RECHTSVORM ► stichting KVK ► 41141818 ANBI STATUS ► nee DIRECTIE ► geen directiegegevens bekend BESTUUR ► geen bestuursgegevens bekend.

Missie ■ DOELSTELLING ► Het doen van uitkeringen aan rechtspersonen die de belangen behartigen en initiatieven ontwikkelen ten behoeve van kinderen en jongeren uit kansarme groepen, of kinderen en jongeren die zich in financieel minder draagkrachtige situaties bevinden. STICHTER(S) ► Pieter-Arie van der Kooij HISTORIE ► De Stichting Pieter Arie van der Kooijfonds is opgericht op 8 januari 1969 door de heer Pieter Arie van der Kooij, aannemer in Vlaardingen. De heer Van der Kooij had geen afstammelingen en onder andere in verband daarmee heeft hij besloten dat zijn erfenis ten goede zou komen aan het algemeen maatschappelijk belang en in het bijzonder aan kinderen die in een minder rooskleurige situatie leven.

Doelgroep ■ ALGEMEEN ► armen, jongeren, kinderen SPECIFIEK ► Kinderen en jongeren uit kansarme groepen/financieel minder daadkrachtige groepen. ACTIVITEITEN ► Het afgelopen jaar zijn onder andere de volgende projecten in aanmerking gekomen voor een financiële ondersteuning uit het Pieter Arie van der Kooijfonds: ☑ Vakantieweken voor schoolkinderen uit minder bedeelde gezinnen; ☑ Projecten om vastgelopen jongeren een nieuwe kans te geven; ☑ Activiteitenprogramma's voor kinderen in de schoolvakantie; ☑ Hulp en voorlichting aan kinderen en jongeren op juridisch gebied; ☑ Sinterklaas- en/of Kerstviering voor kinderen in achterstandswijken; ☑ Speelgoeduitleenproject voor kinderen in achterstandswijken. INTERVENTIENIVEAU ► Steun aan lokale/provinciale maatschappelijke organisaties en structuren (incl. gemeenten etc.) die diensten verlenen aan individuen.

Werkgebied ■ ACTIERADIUS ► Nationaal LAND ► Nederland.

Bestedingen ■ BUDGET ► niet openbaar TOELICHTING ► De aanvraag kan in het algemeen maximaal € 5.000 bedragen. Meestal zijn de toekenningen tussen de € 500 en € 2.000 per project. SOORT BIJDRAGE ► giften BOVENGRENS ► € 5.000 ONDERGRENS ► geen.

Projecten ■ CRITERIA ► ☑ Het moet gaan om een project op sociaal, cultureel en/of educatief gebied ten behoeve van kinderen en/of jongeren uit kansarme groepen of kinderen/jongeren in financieel minder draagkrachtige situaties. ☑ De aanvrager dient zelf een bijdrage te leveren aan de financiering van het project en/of te worden gesteund door de overheid. DOORLOOPTIJD ► ☑ korter dan 1 jaar ☑ 1 - 2 jaar STATUS AANVRAGER ► ☑ stichting of vereniging (non-profit) ☑ kerkelijke instelling ☑ onderwijsinstelling **VOORKEUR/UITSLUITING** ▶ Alleen rechtspersonen die in Nederland gevestigd zijn komen voor subsidie in aanmerking. Individuele aanvragen kunnen niet behandeld worden. Niet in aanmerking komen: bouwkosten en/of investeringen in inventaris of gebouwen, commerciële activiteiten, concerten en theateruitvoeringen. De voorkeur gaat uit naar projecten die uitgevoerd worden met vrijwilligers. Deze vrijwilligers dienen ook geen vergoeding te krijgen met uitzondering van eventuele reiskosten.

Procedure ■ **OP AANVRAAG** ▶ ja **DOORLOOPTIJD** ▶ 1-3 maanden **AANVRAAGPROCEDURE** ▶ Een aanvraag kan digitaal via het aanvraagformulier vóór 1 januari, 1 april, 1 juli of 1 oktober worden ingediend. Bijgeleverde stukken: ☑ duidelijke omschrijving,; ☑ financiële begroting van het project; ☑ jaarstukken. Na ontvangst van de aanvraag, wordt deze in de eerstvolgende bestuursvergadering behandeld. Deze vergaderingen worden viermaal per jaar gehouden. In principe ontvangt u binnen drie maanden na ontvangst van uw aanvraag bericht van het bestuur of deze aanvraag al dan niet gehonoreerd wordt. Wilt u een bijdrage voor een project dat aan een bepaald tijdsbestek is gebonden, denkt u er dan dus aan de aanvraag tijdig, d.w.z. uiterlijk 3 maanden voor aanvang van het project, in te dienen. **URL** ▶ www.vanderkooijfonds.nl/aanvraagformulier/

Financieel ■ **HERKOMST MIDDELEN** ▶ vermogen.

Contact ■ **BEREIKBAAR PER** ▶ ☑ post ☑ e-mail ☒ telefoon **CONTACTPERSOON** ▶ geen contactpersoon bekend **POSTADRES** ▶ Postbus 153, 3253 ZJ OUDDORP **EMAIL (ALGEMEEN)** ▶ info@vanderkooijfonds.nl.

982
Stichting Pieter Bastiaan

Rubriek ■ ☑ maatschappij, welzijn en samenleving

Algemeen ■ **WEBSITE** ▶ www.valuepartners.nl/anbipb **TYPERING** ▶ vermogensfonds **OPGERICHT** ▶ 24-09-2010 **RECHTSVORM** ▶ stichting **KVK** ▶ 50923854 **ANBI STATUS** ▶ ja **DIRECTIE** ▶ geen directiegegevens bekend **BESTUUR** ▶ H.M. van Heijst, voorzitter; mw. M.T. Duijndam, penningmeester; J.J. van Heijst, secretaris.

Missie ■ **DOELSTELLING** ▶ Stichting Pieter Bastiaan heeft ten doel het verlenen van financiële steun aan instellingen met een status algemeen nut beogende instelling (ANBI) en voort al hetgeen met een en ander rechtstreeks of zijdelings verband houdt of daartoe bevorderlijk kan zijn. **BELEIDSPLAN OP WEBSITE** ▶ ja.

Doelgroep ■ **SPECIFIEK** ▶ Instellingen met een ANBI status. **ACTIVITEITEN** ▶ Geen specifieke activiteiten bekend **INTERVENTIENIVEAU** ▶ Steun aan lokale/provinciale maatschappelijke organisaties en structuren (incl. gemeenten etc.) die diensten verlenen aan individuen.

Werkgebied ■ **ACTIERADIUS** ▶ Internationaal **LAND** ▶ Wereldwijd.

Bestedingen ■ **BUDGET** ▶ niet openbaar **ONDERSTEUNDE PROJECTEN P/J** ▶ 112 **SOORT BIJDRAGE** ▶ giften **BOVENGRENS** ▶ geen **ONDERGRENS** ▶ geen.

Projecten ■ **CRITERIA** ▶ geen projectcriteria bekend **DOORLOOPTIJD** ▶ ☑ onbekend **STATUS AANVRAGER** ▶ ☑ stichting of vereniging (non-profit) **VOORKEUR/UITSLUITING** ▶ geen voorkeur of uitsluiting bekend.

Procedure ■ **OP AANVRAAG** ▶ onbekend **AANVRAAGPROCEDURE** ▶ Het downloaden en het per e-mail opsturen van het aanvraagformulier met aanbiedingsbrief en bijbehorende bijlagen (Meest recente balans en staat van inkomsten en uitgaven van de; aanvragende organisatie.). Het aantal aanvragen per vergadering is beperkt en wordt in volgorde van binnenkomst behandeld. Na het bereiken van het maximum verschijnt een mededeling op deze site dat de termijn gesloten is. Vanaf dat moment kunnen helaas geen aanvragen meer ingediend worden. Kort na een vergadering gaat de termijn voor nieuwe aanvragen weer open. Er zijn enkele vergaderingen per jaar (2019: 5) **URL** ▶ https://pieterbastiaan.nl/

Financieel ■ **INKOMSTEN EV** ▶ € 70 **INKOMSTEN OV** ▶ € 1.968.788 **HERKOMST MIDDELEN** ▶ giften & schenkingen, vermogen **BOEKJAAR** ▶ 2019 **JAARVERSLAG OP WEBSITE** ▶ ja.

Contact ■ **BEREIKBAAR PER** ▶ ☒ post ☑ e-mail ☒ telefoon **CONTACTPERSOON** ▶ geen contactpersoon bekend **POSTADRES** ▶ Geen postadres bekend **EMAIL (ALGEMEEN)** ▶ info@pieterbastiaan.nl.

983
Pieter Beijer Fonds

Rubriek ■ ☑ onderwijs en onderzoek

Algemeen ■ **WEBSITE** ▶ www.cultuurfonds.nl **TYPERING** ▶ fonds op naam **BEHEERD DOOR** ▶ Prins Bernhard Cultuurfonds **DIRECTIE** ▶ zie > Prins Bernhard Cultuurfonds **BESTUUR** ▶ zie > Prins Bernhard Cultuurfonds

Missie ■ **DOELSTELLING** ▶ Het financieel ondersteunen van getalenteerde afgestudeerden voor vervolgstudie of -onderzoek in het buitenland, met een voorkeur voor scheikunde, natuurkunde en sociale verzekering.

Werkgebied ■ **ACTIERADIUS** ▶ Internationaal.

Projecten ■ **CRITERIA** ▶ geen projectcriteria bekend **DOORLOOPTIJD** ▶ ☑ korter dan 1 jaar **STATUS AANVRAGER** ▶ ☑ geen beperkingen bekend **VOORKEUR/UITSLUITING** ▶ Voorkeur gaat uit naar scheikunde, natuurkunde en sociale verzekering.

Procedure ■ **OP AANVRAAG** ▶ ja **AANVRAAGPROCEDURE** ▶ Dit 'fonds op naam' ressorteert onder het Prins Bernhard Cultuurfonds. Verzoeken aan fondsen op naam komen op één centraal punt binnen. Dit houdt in dat een subsidieaanvraag slechts eenmaal aan het Prins Bernhard Cultuurfonds hoeft te worden gezonden. Voor de verdere aanvraagprocedure: zie Prins Bernhard Cultuurfonds. **URL** ▶ www.cultuurfonds.nl/aanvragen

Contact ■ **BEREIKBAAR PER** ▶ ☑ post ☑ e-mail ☑ telefoon **CONTACTPERSOON** ▶ geen contactpersoon bekend **POSTADRES** ▶ Postbus 19750, 1000 GT Amsterdam **EMAIL (ALGEMEEN)** ▶ info@cultuurfonds.nl **TELEFOON (ALGEMEEN)** ▶ 020-5206130.

984

Stichting Pieter Haverkorn van Rijsewijk

Rubriek ■ ☑ kunst en cultuur

Algemeen ■ WEBSITE ► www.stichtingpieterhaverkornvanrijsewijk.nl TYPERING ► vermogensfonds OPGERICHT ► 21-12-1994 RECHTSVORM ► stichting KVK ► 41134723 ANBI STATUS ► ja DIRECTIE ► geen directiegegevens bekend BESTUUR ► Prof.dr. J.R. ter Molen, voorzitter; M.J. Haverkorn van Rijsewijk, penningmeester; drs. J.A. Kapelle, secretaris; prof.dr. S. de Bodt; R. C.Th. Haverkorn van Rijsewijk; drs. J.F. Heijbroek; J. Haverkorn van Rijseweijk; ir. D Gunning-Willemse.

Missie ■ DOELSTELLING ► De stichting ondersteunt, in overeenstemming met haar statuten, wetenschappelijk onderzoek, publicaties, proefschriften, tentoonstellingen of andere publieke manifestaties die gericht zijn op beeldende kunst, kunstnijverheid en toneel uit de periode van de 17e tot en met het begin van de 20e eeuw. STICHTER(S) ► R.C.Th. Haverkorn van Rijsewijk HISTORIE ► De stichting werd opgericht door R.C.Th. Haverkorn van Rijsewijk ter ere van Pieter Haverkorn van Rijsewijk en ter nagedachtenis aan D.E.M. Mees-Havelaar. BELEIDSPLAN OP WEBSITE ► ja.

Doelgroep ■ SPECIFIEK ► Projecten die gericht zijn op beeldende kunst, kunstnijverheid en toneel in de periode van de 17e tot en met het begin van de 20e eeuw. ACTIVITEITEN ► Geen specifieke activiteiten bekend INTERVENTIENIVEAU ► Steun aan individuen (directe steun).

Werkgebied ■ ACTIERADIUS ► Nationaal LAND ► Nederland.

Bestedingen ■ BUDGET ► niet openbaar ONDERSTEUNDE PROJECTEN P/J ► 6 SOORT BIJDRAGE ► giften BOVENGRENS ► geen ONDERGRENS ► geen.

Projecten ■ CRITERIA ► geen projectcriteria bekend DOORLOOPTIJD ► ☑ korter dan 1 jaar STATUS AANVRAGER ► ☑ stichting of vereniging (non-profit) ☑ individuen/gezinnen VOORKEUR/UITSLUITING ► Geen voorkeur/uitsluiting bekend.

Procedure ■ OP AANVRAAG ► ja DOORLOOPTIJD ► 6-12 maanden AANVRAAGPROCEDURE ► Een aanvraag voor een schenking van de Stichting Pieter Haverkorn van Rijsewijk stuurt u per e-mail met de benodigde documenten naar de secretaris. Daarvoor kunt u gebruikmaken van het Word-document op de website. De jaarvergadering van de Stichting vindt doorgaans in de tweede helft van mei plaats. Subsidieaanvragen dienen vóór 1 mei te worden ingediend. Het advies is om uw aanvraag voor 1 April in te sturen want in sommige gevallen kan nog om aanvullende informatie gevraagd worden Bij de aanvraag overlegt u de volgende informatie: ☑ uw volledige naam, postadres en e-mailadres; ☑ een nauwkeurige beschrijving van het project; ☑ een aanbeveling van uw promotor (in geval van dissertatie) of van een of meer instellingen die bij het project betrokken zijn; ☑ een financieringsplan met de te verwachten kosten, voorziene inkomsten van fondsen, instellingen, verkoop en dergelijke; ☑ de tijdsplanning van het project. Na de jaarvergadering stelt de secretaris u schriftelijk op de hoogte van de beslissingen van het bestuur. URL ► www.stichtingpieterhaverkornvanrijsewijk.nl/aanvragen.html#Aanvragen

Financieel ■ EIGEN VERMOGEN ► € 825.846 INKOMSTEN OV ► € 10.000 HERKOMST MIDDELEN ► vermogen, giften & schenkingen BOEKJAAR ► 2019 JAARVERSLAG OP WEBSITE ► ja.

Contact ■ BEREIKBAAR PER ► ☑ post ☑ e-mail ☒ telefoon CONTACTPERSOON ► Drs. J.A. Kapelle POSTADRES ► Postbus 90418, 2509 LK Den Haag EMAIL (ALGEMEEN) ► secretariaat@stichtingpieterhaverkornvanrijsewijk.nl.

985

Pieter Langerhuizen Lambertuszoon Fonds

Rubriek ■ ☑ onderwijs en onderzoek ☑ natuur, milieu en dieren ☑ gezondheidszorg

Algemeen ■ WEBSITE ► www.khmw.nl/pieter-langerhuizen-stipendium-2 TYPERING ► fonds op naam BEHEERD DOOR ► Koninklijke Hollandsche Maatschappij der Wetenschappen DIRECTIE ► zie > Koninklijke Hollandsche Maatschappij der Wetenschappen BESTUUR ► zie > Koninklijke Hollandsche Maatschappij der Wetenschappen BESTUUR ► Mw.prof.dr. L.J. Gunning-Schepers, voorzitter; mr. R.J. graaf Schimmelpenninck, penningmeester; rof. dr. A.P. IJzerman, secretaris; mw.drs. I.C. Bryan; jhr.mr. A.A. Röell; jhr.drs. R.M.M. van Rijckevorsel; mw.drs. A.P.H.M. Hovius MBA.

Missie ■ DOELSTELLING ► De Maatschappij beheert een Fonds, ontstaan door erflating van Pieter Langerhuizen Lambertuszoon, met de bedoeling de bate daaruit te bestemmen ter bevordering van natuurwetenschappelijk onderzoek of publicatie daarvan. STICHTER(S) ► Pieter Langerhuizen Lambertuszoon HISTORIE ► In 1920 stelde Pieter Langerhuizen Lambertus- zoon, burgemeester van Huizen en Bussum en kunstverzamelaar een legaat ter beschikking voor de bevordering van natuurwetenschappelijk onderzoek. Het legaat is ondergebracht in een fonds waaruit jaarlijks een bate wordt uitgekeerd, in een terugkerende cyclus van vakgebieden. BELEIDSPLAN OP WEBSITE ► ja.

Werkgebied ■ ACTIERADIUS ► Nationaal, Lokaal LAND ► Nederland.

Projecten ■ CRITERIA ► geen projectcriteria bekend DOORLOOPTIJD ► ☑ korter dan 1 jaar STATUS AANVRAGER ► ☑ individuen/gezinnen VOORKEUR/UITSLUITING ► Bij de toekenning wordt aan aanvragen voor de gehele bate de voorkeur gegeven boven aanvragen voor een deel van dit bedrag.

Procedure ■ OP AANVRAAG ► ja AANVRAAGPROCEDURE ► De bate van genoemd fonds wordt jaarlijks door de jaarvergadering van de Maatschappij, die altijd in de maand mei gehouden wordt, toegekend. De mededinging naar deze toekenning wordt in de voorafgaande maand september opengesteld. Aanvragen tot het verkrijgen van de bate dienen vóór 1 februari te worden gezonden aan; de secretaris natuurwetenschappen van de Koninklijke Hollandsche Maatschappij der; Wetenschappen via secretaris@khmw.nl. De aanvraag omvat: ☑ de naam, voornamen, woonplaats en werkkring van de aanvrager, en wanneer het een; instelling betreft, een duidelijke aanduiding daarvan; ☑ een CV en publicatielijst van de aanvrager; ☑ een omschrijving van het doel waartoe de bate zal worden besteed; ☑ een zo nauwkeurig mogelijke begroting van de kosten; ☑ al datgene, wat de aanvraag nader kan toelichten. URL ▶ www.khmw.nl/pieter-langerhuizen-stipendium-2/

Contact ■ BEREIKBAAR PER ▶ ☑ post ☑ e-mail ☑ telefoon CONTACTPERSOON ▶ Mw. S. van Manen POSTADRES ▶ Spaarne 17, 2011 CD Haarlem EMAIL (ALGEMEEN) ▶ secretaris@khmw.nl TELEFOON (ALGEMEEN) ▶ 023-5321773.

986
Stichting Pieter Vijnfonds

Rubriek ■ ☑ kunst en cultuur ☑ onderwijs en onderzoek

Algemeen ■ WEBSITE ▶ www.pietervijnfonds.nl TYPERING ▶ vermogensfonds OPGERICHT ▶ 1977 RECHTSVORM ▶ stichting KVK ▶ 41113678 ANBI STATUS ▶ ja DIRECTIE ▶ geen directiegegevens bekend BESTUUR ▶ Ir. J. van Donselaar, voorzitter; P. de Koster, penningmeester; E.K. Krab, secretaris.

Missie ■ DOELSTELLING ▶ De doelstelling van de stichting is vastgelegd in de statuten en behelst het opzetten en onderhouden van een maritieme bibliotheek met een maritieme demonstratieruimte. De stichting ondersteunt tevens educatieve maritieme onderwijsprojecten in brede zin. STICHTER(S) ▶ Pieter Vijn (1889-1976) HISTORIE ▶ Deze stichting is ontstaan in 1977 conform de wens van de oud-directeur van de De Ruyterschool, Pieter Vijn, verwoord in zijn testament, waarbij hij tevens een legaat beschikbaar stelde alsmede zijn maritieme bibliotheek. BELEIDSPLAN OP WEBSITE ▶ ja.

Doelgroep ■ SPECIFIEK ▶ Educatieve maritieme onderwijsprojecten. ACTIVITEITEN ▶ De opbrengsten van het huidige vermogen worden benut voor het in stand houden van de maritieme bibliotheek, het beheer van de maritieme objecten en voor specifieke onderwijsprojecten. Enkele recente activiteiten:; ☑ Aanschaf en verkrijging van relevante maritieme boekwerken; ☑ Aanschaf van maritieme naslagwerken; ☑ Bezoek aan het graf van Pieter Vijn; ☑ Inventarisatie bezitting en maritieme objecten; ☑ Restauratie atlas. INTERVENTIENIVEAU ▶ Steun aan lokale/provinciale maatschappelijke organisaties en structuren (incl. gemeenten etc.) die diensten verlenen aan individuen.

Werkgebied ■ ACTIERADIUS ▶ Nationaal LAND ▶ Nederland.

Bestedingen ■ BUDGET ▶ niet openbaar SOORT BIJDRAGE ▶ giften BOVENGRENS ▶ geen ONDERGRENS ▶ geen.

Projecten ■ CRITERIA ▶ geen projectcriteria bekend DOORLOOPTIJD ▶ ☑ onbekend STATUS AANVRAGER ▶ ☑ geen beperkingen bekend VOORKEUR/UITSLUITING ▶ geen voorkeur of uitsluiting bekend.

Procedure ■ OP AANVRAAG ▶ onbekend AANVRAAGPROCEDURE ▶ Geen aanvraagprocedure bekend.

Financieel ■ INKOMSTEN EV ▶ € 1.449 HERKOMST MIDDELEN ▶ legaten, overige inkomsten, giften & schenkingen BOEKJAAR ▶ 2018 JAARVERSLAG OP WEBSITE ▶ ja.

Contact ■ BEREIKBAAR PER ▶ ☑ post ☑ e-mail ☑ telefoon CONTACTPERSOON ▶ Ir. J. van Donselaar POSTADRES ▶ Boulevard Bankert 230, 4382 AC Vlissingen EMAIL (ALGEMEEN) ▶ pvf@zeelandnet.nl.

987
Stichting Pieter Zeeman Fonds

Rubriek ■ ☑ onderwijs en onderzoek

Algemeen ■ WEBSITE ▶ www.pieterzeemanfonds.nl TYPERING ▶ vermogensfonds OPGERICHT ▶ 12-06-1905 RECHTSVORM ▶ stichting KVK ▶ 41210075 ANBI STATUS ▶ ja DIRECTIE ▶ geen directiegegevens bekend BESTUUR ▶ Prof.dr. A.J. Kox, voorzitter; mr. J.P. Penders, penningmeester; mr. J.P. Penders, secretaris; J.A.W. Croes; drs. H.J.A.H.G. Metselaars; prof.dr.ir. H.B. van Linden van den Heuvell.

Missie ■ DOELSTELLING ▶ De doelstelling van de stichting is het bevorderen van de beoefening van de wetenschapsgeschiedenis in Nederland in het algemeen, en de geschiedenis van de natuurkunde in Nederland in de tweede helft van de negentiende eeuw en de eerste helft van de twintigste eeuw in het bijzonder. STICHTER(S) ▶ Annie Zeeman HISTORIE ▶ De Stichting Pieter Zeeman-Fonds is voortgekomen uit de ontdekking van het archief van de natuurkundige en Nobelprijswinnaar Pieter Zeeman in het najaar van 1989. Dit verloren gewaande archief bevond zich in het woonhuis van Zeeman aan de Stadhouderskade in Amsterdam, waar het aan het licht kwam na het overlijden van Zeemans zoon Jan, die daar als enige telg van Pieter nog woonde. Erfgenaam van Jan was zijn zuster Annie, die het aanzienlijke bedrag van de erfenis doneerde aan de eind 1990 door haar opgerichte Stichting Pieter Zeeman-Fonds. Pieter Zeeman (1865-1943) is beroemd geworden door de ontdekking in 1896 van een verschijnsel dat later de naam Zeeman effect kreeg: de splitsing van spectraallijnen onder invloed van een magnetisch veld. De ontdekking leverde Zeeman in 1902 een Nobelprijs op, samen met de Leidse natuurkundige Hendrik Antoon Lorentz (1853-1928). BELEIDSPLAN OP WEBSITE ▶ ja.

Doelgroep ■ ALGEMEEN ▶ studenten SPECIFIEK ▶ Geen specifieke doelgroep ACTIVITEITEN ▶ ☑ Voortgaan met het mede-financieren van een promotieplaats aan de Universiteit; van Amsterdam; ☑ Het stimuleren, in behandeling nemen en zo mogelijk toekennen van subsidieaanvragen die vallen binnen de doelstellingen van de Stichting. ☑ De Stichting beheert twee prijzen: de 'Gouden Pieter', een jaarlijkse prijs van € 500 voor het beste profielwerkstuk natuurwetenschap aan de Pontes Pieter Zeeman school in Zierikzee (opvolger van de H.B.S. waar Zeeman zijn opleiding kreeg) en de Pieter Zeeman Scriptieprijs, een tweejaarlijkse prijs van € 2500 voor de beste natuurkundescriptie aan de Universiteit van Amsterdam. INTERVENTIENIVEAU ▶ Steun aan individuen (directe steun).

Werkgebied ■ ACTIERADIUS ▶ Nationaal LAND ▶ Nederland PLAATS ▶ Amsterdam.

Bestedingen ■ BUDGET ▶ niet openbaar ONDERSTEUNDE PROJECTEN P/J ▶ 5 SOORT BIJDRAGE ▶ giften overig BOVENGRENS ▶ geen ONDERGRENS ▶ geen.

Projecten ■ CRITERIA ▶ geen projectcriteria bekend DOORLOOPTIJD ▶ ☑ onbekend STATUS AANVRAGER ▶ ☑ geen beperkingen bekend VOORKEUR/UITSLUITING ▶ geen voorkeur of uitsluiting bekend.

Procedure ■ **OP AANVRAAG** ► onbekend **AANVRAAGPROCEDURE** ► Geen aanvraagprocedure bekend.

Financieel ■ **EIGEN VERMOGEN** ► € 79.436 **INKOMSTEN EV** ► € 5.053 **HERKOMST MIDDELEN** ► onbekend **BOEKJAAR** ► 2017 **JAARVERSLAG OP WEBSITE** ► ja.

Contact ■ **BEREIKBAAR PER** ► ☑ post ☑ e-mail ☒ telefoon **CONTACTPERSOON** ► geen contactpersoon bekend **POSTADRES** ► Beethovenstraat 44-3, 1077 JJ Amsterdam **EMAIL (ALGEMEEN)** ► info@pieterzeemanfonds.nl.

988 Pijlfonds

Rubriek ■ ☑ kunst en cultuur ☑ gezondheidszorg

Algemeen ■ **WEBSITE** ► www.cultuurfonds.nl **TYPERING** ► fonds op naam **BEHEERD DOOR** ► Prins Bernhard Cultuurfonds **DIRECTIE** ► zie > Prins Bernhard Cultuurfonds **BESTUUR** ► zie > Prins Bernhard Cultuurfonds

Missie ■ **DOELSTELLING** ► Gericht op de betekenis van psychiatrie in de kunsten in de breedste zin van het woord.

Werkgebied ■ **ACTIERADIUS** ► Nationaal **LAND** ► Nederland.

Projecten ■ **CRITERIA** ► geen projectcriteria bekend **DOORLOOPTIJD** ► ☑ korter dan 1 jaar **STATUS AANVRAGER** ► ☑ geen beperkingen bekend **VOORKEUR/UITSLUITING** ► geen voorkeur of uitsluiting bekend.

Procedure ■ **OP AANVRAAG** ► ja **AANVRAAGPROCEDURE** ► Dit 'fonds op naam' ressorteert onder het Prins Bernhard Cultuurfonds. Verzoeken aan fondsen op naam komen op één centraal punt binnen. Dit houdt in dat een subsidieaanvraag slechts eenmaal aan het Prins Bernhard Cultuurfonds hoeft te worden gezonden. Voor de verdere aanvraagprocedure: zie Prins Bernhard Cultuurfonds. **URL** ► www.cultuurfonds.nl/aanvragen

Contact ■ **BEREIKBAAR PER** ► ☑ post ☑ e-mail ☑ telefoon **CONTACTPERSOON** ► geen contactpersoon bekend **POSTADRES** ► Postbus 19750, 1000 GT Amsterdam **EMAIL (ALGEMEEN)** ► info@cultuurfonds.nl **TELEFOON (ALGEMEEN)** ► 020-5206130.

989 Piso-Kuperus Waterwerken Fonds

Rubriek ■ ☑ kunst en cultuur ☑ natuur, milieu en dieren

Algemeen ■ **WEBSITE** ► www.cultuurfonds.nl **TYPERING** ► fonds op naam **BEHEERD DOOR** ► Prins Bernhard Cultuurfonds **DIRECTIE** ► zie > Prins Bernhard Cultuurfonds **BESTUUR** ► zie > Prins Bernhard Cultuurfonds

Missie ■ **DOELSTELLING** ► Het financieel ondersteunen van projecten ten behoeve van de restauratie van monumentale waterwerken in Nederland.

Werkgebied ■ **ACTIERADIUS** ► Nationaal **LAND** ► Nederland.

Projecten ■ **CRITERIA** ► geen projectcriteria bekend **DOORLOOPTIJD** ► ☑ korter dan 1 jaar **STATUS AANVRAGER** ► ☑ geen beperkingen bekend **VOORKEUR/UITSLUITING** ► geen voorkeur of uitsluiting bekend.

Procedure ■ **OP AANVRAAG** ► ja **AANVRAAGPROCEDURE** ► Dit 'fonds op naam' ressorteert onder het Prins Bernhard Cultuurfonds. Verzoeken aan fondsen op naam komen op één centraal punt binnen. Dit houdt in dat een subsidieaanvraag slechts eenmaal aan het Prins Bernhard Cultuurfonds hoeft te worden gezonden. Voor de verdere aanvraagprocedure: zie Prins Bernhard Cultuurfonds. **URL** ► www.cultuurfonds.nl/aanvragen

Contact ■ **BEREIKBAAR PER** ► ☑ post ☑ e-mail ☑ telefoon **CONTACTPERSOON** ► geen contactpersoon bekend **POSTADRES** ► Postbus 19750, 1000 GT Amsterdam **EMAIL (ALGEMEEN)** ► info@cultuurfonds.nl **TELEFOON (ALGEMEEN)** ► 020-5206130.

990 Pius-Stichting

Rubriek ■ ☑ gezondheidszorg ☑ noodhulp ☑ maatschappij, welzijn en samenleving ☑ kerk en levensbeschouwing ☑ sport en recreatie

Algemeen ■ **WEBSITE** ► www.piusstichting.nl **TYPERING** ► vermogensfonds **OPGERICHT** ► 16-06-1871 **RECHTSVORM** ► stichting **KVK** ► 67861849 **ANBI STATUS** ► ja **DIRECTIE** ► geen directiegegevens bekend **BESTUUR** ► geen bestuursgegevens bekend.

Missie ■ **DOELSTELLING** ► De Pius-Stichting heeft ten doel het bevorderen van activiteiten op rooms-katholiek kerkelijk en maatschappelijk gebied in de meest ruime zin, in Alkmaar en omgeving, een en ander passend binnen het beleid van de bisschop van Haarlem. **HISTORIE** ► Ontstaan uit middelen die ter beschikking kwamen na de viering te Alkmaar in 1871 van het 25 jarig pontificaat van paus Pius IX. Oorspronkelijk bestemd voor de opvang en verpleging van Rooms Katholieke oude mannen. In jaren 70 van de twintigste eeuw bij bisschoppelijke goedkeuring gewijzigd in, samengevat, het financieel ondersteunen van activiteiten en projecten voor ouderen in het dekenaat Alkmaar. **BELEIDSPLAN OP WEBSITE** ► ja.

Doelgroep ■ **ALGEMEEN** ► ouderen, armen, gelovigen, dak- en thuislozen **SPECIFIEK** ► Mensen ouder dan 55 jaar in het werkgebied van het rooms katholiek dekenaat Alkmaar. Het bestuur heeft voor de periode 2019-2021 als speerpunt dementie van oudere mensen. **ACTIVITEITEN** ► De Pius-Stichting houdt zich feitelijk, sinds de oprichting, bezig met het financieel ondersteunen van projecten ter verbetering van de leefsituatie van en voorzieningen voor oudere mensen (vanaf 55 jaar) in het rooms-katholiek dekenaat Alkmaar. De stichting tracht haar doel te bereiken door het verlenen van ondersteuning, door het samenwerken met andere, gelijkgerichte organisaties, door vermogensopbouw- en beheer en door alle andere wettige middelen, welke voor het doel bevorderlijk kunnen zijn. **INTERVENTIENIVEAU** ► Steun aan lokale/provinciale maatschappelijke organisaties en structuren (incl. gemeenten etc.) die diensten verlenen aan individuen.

Werkgebied ■ **ACTIERADIUS** ► Regionaal **LAND** ► Nederland **REGIO** ►

Noord-Holland noord **PLAATS** ▶ Alkmaar, Texel, Hollandse Kroon, Schagen, Heerhugowaard, Langedijk, Bergen (NH), Koggenland, Opmeer, Medemblik, Hoorn, Drechterland, Stade Broec, Enkhuizen, Heiloo, Castricum.

Bestedingen ■ **BUDGET** ▶ niet openbaar **TOELICHTING** ▶ Het bestedingsbudget is gebaseerd op het jaarlijkse rendement op het belegd vermogen. **ONDERSTEUNDE PROJECTEN P/J** ▶ 51 **SOORT BIJDRAGE** ▶ giften garanties investeringen **BOVENGRENS** ▶ geen **ONDERGRENS** ▶ geen.

Projecten ■ **CRITERIA** ▶ Projecten die aansluiten op de doelstelling van de Pius-Stichting, namelijk te behoeve van voorzieningen voor, c.q. de leniging van de noden van, oudere mensen. **DOORLOOPTIJD** ▶ ☑ korter dan 1 jaar **STATUS AANVRAGER** ▶ ☑ stichting of vereniging (non-profit) ☑ kerkelijke instelling ☑ onderwijsinstelling **VOORKEUR/UITSLUITING** ▶ Criteria; ☑ Het project dient te passen bij het omschreven doel en beleid (projecten waar katholieke oudere mensen belang bij hebben, genieten de voorkeur). ☑ concreet en op redelijk korte termijn te realiseren. ☑ bij voorkeur een innovatief karakter te dragen en bij voorkeur moet er uitzicht zijn op structurele financiering casu quo inbedding in reguliere werkzaamheden. ☑ Verzoeken voor ondersteuning van projecten die reeds in een vergevorderd stadium van realisatie verkeren of reeds zijn afgerond, worden niet in behandeling genomen. ☑ Bij voorkeur wordt geen ondersteuning verstrekt in exploitatiekosten of personeelskosten. ☑ Projecten mogen geen politieke of commerciële doelstelling hebben. ☑ De kosten van een project moeten in overeenstemming zijn met de baten die oudere mensen van het project hebben.

Procedure ■ **OP AANVRAAG** ▶ ja **DOORLOOPTIJD** ▶ 1-3 maanden **AANVRAAGPROCEDURE** ▶ Voor het aanvragen van financiële ondersteuning dient u het digitale aanvraagformulier in te vullen. Aanvraagformulieren dienen volledig te zijn ingevuld en rechtsgeldig te zijn ondertekend namens de aanvragende rechtspersoon. Elke aanvraag wordt door het bestuur besproken en beoordeeld. Het bestuur vergadert 5 keer per jaar. Aanvragen moet veertien dagen voor de behandeldatum in het bezit van het secretariaat zijn. Na behandeling volgt dan binnen een week bericht, doorgaans naar het op de aanvraag opgegeven emailadres. **URL** ▶ www.piusstichting.nl/subsidie-aanvraag/

Financieel ■ **HERKOMST MIDDELEN** ▶ overige inkomsten, vermogen **BOEKJAAR** ▶ boekjaar onbekend.

Contact ■ **BEREIKBAAR PER** ▶ ☑ post ☑ e-mail ☒ telefoon **CONTACTPERSOON** ▶ geen contactpersoon bekend **POSTADRES** ▶ Postbus 1, 1700 AA Heerhugowaard **EMAIL (ALGEMEEN)** ▶ secretaris@piusstichting.nl.

991
PK Fonds

Rubriek ■ ☑ kunst en cultuur ☑ onderwijs en onderzoek

Algemeen ■ **WEBSITE** ▶ www.cultuurfonds.nl **TYPERING** ▶ fonds op naam **BEHEERD DOOR** ▶ Prins Bernhard Cultuurfonds **DIRECTIE** ▶ zie > Prins Bernhard Cultuurfonds **BESTUUR** ▶ zie > Prins Bernhard Cultuurfonds

Missie ■ **DOELSTELLING** ▶ Het financieel ondersteunen van beeldend kunstenaars voor het volgen van een vervolgopleiding in het buitenland.

Werkgebied ■ **ACTIERADIUS** ▶ Internationaal.

Projecten ■ **CRITERIA** ▶ geen projectcriteria bekend **DOORLOOPTIJD** ▶ ☑ langer dan 2 jaar **STATUS AANVRAGER** ▶ ☑ individuen/gezinnen **VOORKEUR/UITSLUITING** ▶ geen voorkeur of uitsluiting bekend.

Procedure ■ **OP AANVRAAG** ▶ ja **AANVRAAGPROCEDURE** ▶ Dit 'fonds op naam' ressorteert onder het Prins Bernhard Cultuurfonds. Verzoeken aan fondsen op naam komen op één centraal punt binnen. Dit houdt in dat een subsidieaanvraag slechts eenmaal aan het Prins Bernhard Cultuurfonds hoeft te worden gezonden. Voor de verdere aanvraagprocedure: zie Prins Bernhard Cultuurfonds. **URL** ▶ www.cultuurfonds.nl/aanvragen

Contact ■ **BEREIKBAAR PER** ▶ ☑ post ☑ e-mail ☑ telefoon **CONTACTPERSOON** ▶ geen contactpersoon bekend **POSTADRES** ▶ Postbus 19750, 1000 GT Amsterdam **EMAIL (ALGEMEEN)** ▶ info@cultuurfonds.nl **TELEFOON (ALGEMEEN)** ▶ 020-5206130.

992
Polak-van Weel Fonds

Rubriek ■ ☑ kunst en cultuur

Algemeen ■ **WEBSITE** ▶ www.cultuurfonds.nl **TYPERING** ▶ fonds op naam **BEHEERD DOOR** ▶ Prins Bernhard Cultuurfonds **DIRECTIE** ▶ zie > Prins Bernhard Cultuurfonds **BESTUUR** ▶ zie > Prins Bernhard Cultuurfonds

Missie ■ **DOELSTELLING** ▶ Het financieel ondersteunen van jonge violisten en pianisten door het verstrekken van beurzen, alsmede het financieel ondersteunen van hun uitvoeringen.

Werkgebied ■ **ACTIERADIUS** ▶ Nationaal, Internationaal **LAND** ▶ Nederland.

Projecten ■ **CRITERIA** ▶ geen projectcriteria bekend **DOORLOOPTIJD** ▶ ☑ korter dan 1 jaar **STATUS AANVRAGER** ▶ ☑ geen beperkingen bekend **VOORKEUR/UITSLUITING** ▶ geen voorkeur of uitsluiting bekend.

Procedure ■ **OP AANVRAAG** ▶ onbekend **AANVRAAGPROCEDURE** ▶ Dit 'fonds op naam' ressorteert onder het Prins Bernhard Cultuurfonds. Verzoeken aan fondsen op naam komen op één centraal punt binnen. Dit houdt in dat een subsidieaanvraag slechts eenmaal aan het Prins Bernhard Cultuurfonds hoeft te worden gezonden. Voor de verdere aanvraagprocedure: zie Prins Bernhard Cultuurfonds. **URL** ▶ www.cultuurfonds.nl/aanvragen

Contact ■ **BEREIKBAAR PER** ▶ ☑ post ☑ e-mail ☑ telefoon **CONTACTPERSOON** ▶ geen contactpersoon bekend **POSTADRES** ▶ Postbus 19750, 1000 GT Amsterdam **EMAIL (ALGEMEEN)** ▶ info@cultuurfonds.nl **TELEFOON (ALGEMEEN)** ▶ 020-5206130.

993
Popp-Snijders Bomenfonds

Rubriek ■ ☑ natuur, milieu en dieren

Algemeen ■ WEBSITE ► www.cultuurfonds.nl TYPERING ► fonds op naam BEHEERD DOOR ► Prins Bernhard Cultuurfonds DIRECTIE ► zie > Prins Bernhard Cultuurfonds BESTUUR ► zie > Prins Bernhard Cultuurfonds

Missie ■ DOELSTELLING ► Het financieel ondersteunen van projecten die het onderhoud en de instandhouding van monumentale of beeldbepalende bomen ten doel hebben, bij voorkeur in Zuid-Holland en meer speciaal in Leiden.

Werkgebied ■ ACTIERADIUS ► Nationaal LAND ► Nederland REGIO ► Zuid-Holland PLAATS ► Leiden.

Projecten ■ CRITERIA ► geen projectcriteria bekend DOORLOOPTIJD ► ☑ korter dan 1 jaar STATUS AANVRAGER ► ☑ geen beperkingen bekend VOORKEUR/UITSLUITING ► Voorkeur gaat uit naar Zuid-Holland en meer speciaal in Leiden.

Procedure ■ OP AANVRAAG ► ja AANVRAAGPROCEDURE ► Dit 'fonds op naam' ressorteert onder het Prins Bernhard Cultuurfonds. Verzoeken aan fondsen op naam komen op één centraal punt binnen. Dit houdt in dat een subsidieaanvraag slechts eenmaal aan het Prins Bernhard Cultuurfonds hoeft te worden gezonden. Voor de verdere aanvraagprocedure: zie Prins Bernhard Cultuurfonds. URL ► www.cultuurfonds.nl/aanvragen

Contact ■ BEREIKBAAR PER ► ☑ post ☑ e-mail ☑ telefoon CONTACTPERSOON ► geen contactpersoon bekend POSTADRES ► Postbus 19750, 1000 GT Amsterdam EMAIL (ALGEMEEN) ► info@cultuurfonds.nl TELEFOON (ALGEMEEN) ► 020-5206130.

994
Pos Karemaker Fonds

Rubriek ■ ☑ kunst en cultuur ☑ onderwijs en onderzoek ☑ natuur, milieu en dieren

Algemeen ■ WEBSITE ► www.cultuurfonds.nl TYPERING ► fonds op naam BEHEERD DOOR ► Prins Bernhard Cultuurfonds DIRECTIE ► zie > Prins Bernhard Cultuurfonds BESTUUR ► zie > Prins Bernhard Cultuurfonds

Missie ■ DOELSTELLING ► Het verlenen van financiële bijdragen ter stimulering van talentvolle jonge mensen voor een vervolgopleiding op het terrein van klassieke muziek – bij voorkeur vocalisten, pianisten of gitaristen, voor jonge musici voor de aanschaf van een instrument op het juiste niveau of voor een vervolgopleiding op het terrein van instrumentenbouw of op het gebied van restauraties in brede zin.

Werkgebied ■ ACTIERADIUS ► Nationaal, Internationaal LAND ► Nederland.

Projecten ■ CRITERIA ► geen projectcriteria bekend DOORLOOPTIJD ► ☑ korter dan 1 jaar STATUS AANVRAGER ► ☑ geen beperkingen bekend VOORKEUR/UITSLUITING ► Voorkeur gaat uit naar vocalisten, pianisten of gitaristen.

Procedure ■ OP AANVRAAG ► ja AANVRAAGPROCEDURE ► Dit 'fonds op naam' ressorteert onder het Prins Bernhard Cultuurfonds. Verzoeken aan fondsen op naam komen op één centraal punt binnen. Dit houdt in dat een subsidieaanvraag slechts eenmaal aan het Prins Bernhard Cultuurfonds hoeft te worden gezonden. Voor de verdere aanvraagprocedure: zie Prins Bernhard Cultuurfonds. URL ► www.cultuurfonds.nl/aanvragen

Contact ■ BEREIKBAAR PER ► ☑ post ☑ e-mail ☑ telefoon CONTACTPERSOON ► geen contactpersoon bekend POSTADRES ► Postbus 19750, 1000 GT Amsterdam EMAIL (ALGEMEEN) ► info@cultuurfonds.nl TELEFOON (ALGEMEEN) ► 020-5206130.

995
De Pré-Theunissen Stichting

Rubriek ■ ☑ noodhulp ☑ maatschappij, welzijn en samenleving

Algemeen ■ WEBSITE ► www.pre-theunissen.nl TYPERING ► hybride fonds OPGERICHT ► 02-02-1900 RECHTSVORM ► stichting KVK ► 41179365 ANBI STATUS ► nee DIRECTIE ► geen directiegegevens bekend BESTUUR ► Drs. V.F. Keulen, voorzitter; mw. S. Rijnders-van Ommen, penningmeester; mw. S. Rijnders-van Ommen, secretaris; mr. H.A. Haije.

Missie ■ DOELSTELLING ► De Stichting heeft als doel het bevorderen van maatschappelijke zelfstandigheid van ongehuwde, meerderjarige personen van het vrouwelijk geslacht. In feite wordt financiële hulp geboden bij echte nood. STICHTER(S) ► Mevrouw Johanna de Pré-Theunissen, weduwe van Marinus N. de Pré HISTORIE ► Marinus Nicolaas de Pré en Johanna Theunissen leerden elkaar kennen doordat Johanna een betrekking als dienstbode had bij de familie De Pré aan de Keizersgracht 45 te Amsterdam. Op 14 mei 1880 traden zij in het huwelijk. Vanaf die tijd verbleven zijn 's zomers op Zwaanwijck in Nigtevecht, dat Marinus in 1879 had gekocht. Vanaf 1883 namen zij een nichtje van Johanna in huis op. Zij heette Johanna Alberdina Nooder en was geboren in 1879. Zwaanwijck werd ingrijpend verbouwd of mogelijk zelfs geheel opnieuw opgetrokken. Van maart 1893 tot maart 1897. Dit nieuwe huis heeft Marinus de Pré echter niet meer meegemaakt. Hij overleed - 63 jaar oud - op 22 oktober 1892, na het drinken van verontreinigd water. Hij liet zijn echtgenote een flink vermogen na. Op 23 december 1899 overleed ook mevrouw Johanna de Pré-Theunissen. Een beroerte werd haar fataal. Zij was slechts 49 jaar oud. Bij testament had zij bepaald dat de nalatenschap moest worden beheerd in een stichting die tot doel had alleenstaande Nederlands Hervormde vrouwen van boven de 45 te huisvesten. Dat is ook gebeurd door het oprichten van de 'De Pré-Theunissen Stichting'. Zwaanwijck heeft tot 1970 deze functie vervuld. Zwaanwijck werd echter ook een zware financiële last. Het onderhoud was bijzonder kostbaar. Ten slotte werd het rond 1970 verkocht en is de stichting overgestapt op een andere vorm van maatschappelijke hulpverlening. De doelgroep woont zelfstandig of in een verzorgingshuis, maar ontvangt een financiële bijdrage ten behoeve van huisvesting of ter bevordering van maatschappelijke zelfstandigheid in de brede zin des woords. Ook is kerkelijke binding geen vereiste meer.

Doelgroep ■ ALGEMEEN ▶ vrouwen, gelovigen, armen SPECIFIEK ▶ Alleenstaande vrouwen boven de 45 jaar die moeite hebben maatschappelijke zelfstandigheid te bereiken of te bewaren. ACTIVITEITEN ▶ Geen specifieke activiteiten. INTERVENTIENIVEAU ▶ Steun aan individuen (directe steun).

Werkgebied ■ ACTIERADIUS ▶ Nationaal LAND ▶ Nederland.

Bestedingen ■ BUDGET ▶ niet openbaar SOORT BIJDRAGE ▶ giften leningen BOVENGRENS ▶ geen ONDERGRENS ▶ geen.

Projecten ■ CRITERIA ▶ Het huisvesten van de doelgroep en bijdragen in de kosten waarmee die personen tot maatschappelijke zelfstandigheid kunnen worden gebracht. DOORLOOPTIJD ▶ ☑ korter dan 1 jaar STATUS AANVRAGER ▶ ☑ kerkelijke instelling ☑ hulpverleners ☑ individuen/gezinnen VOORKEUR/UITSLUITING ▶ Uitgesloten zijn gehuwde vrouwen, vrouwen die minderjarig zijn en vrouwen die de naam Voorwijk dragen. Bij voorkeur dienen zij lid te zijn van enig reformatorisch kerkgenootschap.

Procedure ■ OP AANVRAAG ▶ ja DOORLOOPTIJD ▶ 1-3 maanden AANVRAAGPROCEDURE ▶ Aanvragen voor hulp kunnen schriftelijk worden ingediend door de plaatselijke diaconie of predikant bij de secretaris-penningmeester. Een toelichting is noodzakelijk. URL ▶ www.pretheunissen.nl/aanvraag.asp

Financieel ■ HERKOMST MIDDELEN ▶ vermogen.

Contact ■ BEREIKBAAR PER ▶ ☑ post ☑ e-mail ☒ telefoon CONTACTPERSOON ▶ Mw. S. Rijnders-van Ommen POSTADRES ▶ Zweerslaan 8, 3723 HP Bilthoven EMAIL (ALGEMEEN) ▶ sonjarijnders@zonnet.nl.

996
Stichting Prins Bernhard Cultuurfonds

Rubriek ■ ☑ kunst en cultuur ☑ natuur, milieu en dieren ☑ onderwijs en onderzoek

Algemeen ■ WEBSITE ▶ www.cultuurfonds.nl TYPERING ▶ hybride fonds OPGERICHT ▶ 10-08-1940 RECHTSVORM ▶ stichting KVK ▶ 41197850 ANBI STATUS ▶ ja, cultuur DIRECTIE ▶ mw. A. Esmeijer BESTUUR ▶ Mw.prof.dr.P.L. Meurs, voorzitter; ir. A.P. Creyghton, vice-voorzitter; mw.mr. N. Idsinga; drs. L. Meijaard; mw.drs. M.H.M. Schoenmakers; mw.drs. J.A. Timmer; F. Tabarki; mw.drs. J.W.N. Verberne.

Missie ■ DOELSTELLING ▶ De Stichting Prins Bernhard Cultuurfonds stelt zich ten doel zonder winstoogmerk: ☑ cultuur, natuur en wetenschap in nationaal (binnen het Koninkrijk der Nederlanden) en internationaal verband te bevorderen; ☑ het mecenaat te bevorderen en te faciliteren, ten behoeve van cultuur, natuur en wetenschap, alsmede van aanverwante filantropische werkterreinen, en al hetgeen met vorenstaande verband houdt of daartoe bevorderlijk kan zijn, alles in de ruimste zin van het woord. STICHTER(S) ▶ Z.K.H. Prins Bernhard HISTORIE ▶ Het Prins Bernhard Cultuurfonds werd in 1940 in Londen opgericht om geld in te zamelen voor de aankoop van oorlogsmaterieel voor de geallieerden. Na de oorlog kreeg het fonds een andere doelstelling: de bevordering van de geestelijke weerbaarheid door middel van culturele zelfwerkzaamheid. In de jaren tachtig kwam daar natuurbehoud bij en sinds 2015 bevorderen wij behalve cultuur, natuur en wetenschap ook het mecenaat, gericht op deze en aanverwante terreinen. BELEIDSPLAN OP WEBSITE ▶ ja.

Doelgroep ■ SPECIFIEK ▶ Bijzondere projecten en personen in acht disciplines: beeldende kunst, geschiedenis & letteren, monumentenzorg, muziek, natuur, theater, dans & film, wetenschap, buurtcultuur. ACTIVITEITEN ▶ De stichting tracht haar doel te bereiken door: ☑ middelen te besteden aan en beschikbaar te stellen voor activiteiten binnen de genoemde werkterreinen; ☑ het (doen) geven van voorlichting over de eigen activiteiten en over het belang van mecenaat en filantropie in het algemeen. Het Cultuurfonds ondersteunt bijzondere projecten en personen in acht disciplines: beeldende kunst, geschiedenis & letteren, monumentenzorg, muziek, natuur, theater, dans & film, wetenschap, buurtcultuur. Het Prins Bernhard Cultuurfonds reikt daarnaast elk jaar meerdere prijzen, onderscheidingen, beurzen en stipendia uit. Het Prins Bernhard Cultuurfonds heeft in elke provincie een afdeling. Zij behandelen en beoordelen de aanvragen van projecten met een overwegend provinciaal belang. Elke afdeling heeft een eigen bestuur dat zelfstandig beslist over de financiële bijdragen aan projecten. INTERVENTIENIVEAU ▶ Steun aan individuen (directe steun).; Steun aan lokale/provinciale maatschappelijke organisaties en structuren (incl. gemeenten etc.) die diensten verlenen aan individuen.

Werkgebied ■ ACTIERADIUS ▶ Nationaal, Internationaal LAND ▶ Nederland.

Bestedingen ■ BUDGET ▶ € 35.000.000 ONDERSTEUNDE PROJECTEN P/J ▶ 4150 SOORT BIJDRAGE ▶ giften leningen overig studiebeurzen BOVENGRENS ▶ geen ONDERGRENS ▶ geen.

Projecten ■ CRITERIA ▶ Het Cultuurfonds gaat consistent na of bij projecten sprake is van: ☑ een aantoonbaar publieke en niet primair particuliere behoefte; ☑ een kwalitatief goede en inhoudelijk waardevolle projectopzet; ☑ een onmiskenbare meerwaarde ten opzichte van bestaand aanbod; ☑ een uitzonderlijk project in relatie tot de reguliere activiteiten van de; initiatiefnemer; ☑ een zelfwerkzame initiatiefnemer, blijkens eigen investeringen, fondsenwerving e.d. ☑ bijzondere kosten die de initiatiefnemer zelf niet kan dragen; of anderszins financieren.Voor sommige type aanvragen heeft de stichting bijdrageregelingen opgesteld met bijbehorende richtlijnen. Deze zijn te vinden op de website. DOORLOOPTIJD ▶ ☑ korter dan 1 jaar STATUS AANVRAGER ▶ ☑ geen beperkingen bekend VOORKEUR/UITSLUITING ▶ Het fonds neemt om inhoudelijke, financiële en procedurele redenen; geen verzoeken in behandeling voor: ☑ projecten met een politiek, religieus of overwegend sociaal-maatschappelijk doel; ☑ activiteiten met een fondsenwervend oogmerk; ☑ prijzen, prijsuitreikingen e.d. van andere organisaties; ☑ exploitatiekosten, reguliere investeringen e.d. ☑ initiatieven waarvoor het fonds alle (of het merendeel van de) kosten zou moeten; dragen; ☑ projecten zonder wezenlijk tekort (afgaand op begroting en dekkingsplan); ☑ projecten die reeds (goeddeels) zijn gerealiseerd op het moment van beoordeling.

Procedure ■ **OP AANVRAAG** ▶ ja **AANVRAAGPROCEDURE** ▶ Heeft uw project een regionaal karakter en is het voornamelijk bedoeld voor inwoners van een gemeente of provincie? Doe dan een aanvraag bij één van de provinciale afdelingen. Zij hebben soms aanvullende richtlijnen of mogelijkheden. Is het project bedoeld voor een breed publiek uit meerdere provincies of afkomstig uit het hele land, doe dan de aanvraag bij het landelijk bureau. Er zijn een aantal landelijke fondsen en stipendia met aparte richtlijnen, inzendtermijnen en aanvraagprocedures, zie website. Er zijn verschillende data waarop u een aanvraag kunt indienen, voor alle data zie website. Voldoet uw project aan de richtlijnen en inzenddata, dan kunt u starten met de online aanvraag. **URL** ▶ www.cultuurfonds.nl/aanvragen

Financieel ■ **EIGEN VERMOGEN** ▶ € 329.000.000 **INKOMSTEN EV** ▶ € 33.620.000 **INKOMSTEN OV** ▶ € 40.368.737 **HERKOMST MIDDELEN** ▶ giften & schenkingen, legaten, loterijen, bedrijven, overige inkomsten, vermogen, inkomsten uit vermogen, inkomsten uit bedrijven **BOEKJAAR** ▶ 2019 **JAARVERSLAG OP WEBSITE** ▶ ja.

Contact ■ **BEREIKBAAR PER** ▶ ☑ post ☑ e-mail ☑ telefoon **CONTACTPERSOON** ▶ geen contactpersoon bekend **POSTADRES** ▶ Postbus 19750, 1000 GT Amsterdam **EMAIL (ALGEMEEN)** ▶ info@cultuurfonds.nl **TELEFOON (ALGEMEEN)** ▶ 020-5206130.

997

Prins Bernhard Cultuurfonds Caribisch Gebied

Rubriek ■ ☑ kunst en cultuur ☑ natuur, milieu en dieren ☑ onderwijs en onderzoek

Algemeen ■ **WEBSITE** ▶ www.pbccaribbean.com **TYPERING** ▶ vermogensfonds **OPGERICHT** ▶ 07-08-1953 **RECHTSVORM** ▶ stichting **KVK** ▶ 41197850 **ANBI STATUS** ▶ ja **DIRECTIE** ▶ geen directiegegevens bekend **BESTUUR** ▶ H.T. Lam, voorzitter; mw. V.L.M. Richards, penningmeester; drs. J.A. De Freitas, MBA, LLM, secretaris; mw. J.L.A. Berkel; mw. L.B. Croes; E.M. Erasmus; mw. C.H. Gladpootjes, Msc.; R. Heronimo; L.J. Janga; mw.dr. C.B. Joseph; ir. R. Kock; mw. O.B. Lewis-Nieuw; mr. M.F. Murray; mw. A.A. Peterson; mw. A.C. van Romondt.

Missie ■ **DOELSTELLING** ▶ De Stichting Prins Bernhard Cultuurfonds Caribisch Gebied heeft ten doel activiteiten op het gebied van geschiedenis & letteren, beeldende kunst, podiumkunsten (muziek, dans, theater), kunst- en cultuureducatie, natuurbehoud en monumentenzorg in het Nederlands Caribisch gebied te bevorderen, alsmede het uitdragen van de cultuur van de individuele eilanden behorende tot het Nederlands Caribisch gebied. Daarbij wordt voorrang gegeven aan activiteiten waarbij zelfwerkzaamheid een belangrijke rol vervult. De Stichting tracht dit doel te bereiken door het verlenen van financiële steun aan personen en aan organisaties. **STICHTER(S)** ▶ Z.K.H. Prins Bernhard **HISTORIE** ▶ Op 5 november 1946 werd het Prins Bernhard Fonds opnieuw opgericht, ditmaal op Nederlands grondgebied. Behalve de zetel veranderde ook de doelstelling van het fonds, dat zich voortaan zou toeleggen op de culturele wederopbouw van het naoorlogse Nederland, met speciale aandacht voor de versterking van de geestelijke weerbaarheid en de zelfredzaamheid van het volk op het gebied van wetenschap, kunst en cultuur. Het idee om ook een Nederlands Antilliaans fonds op te richten ontstond toen dr. H. Hermans, hoofd van de Antilliaanse Regeringsvoorlichtingsdienst, bij een bezoek aan Nederland in contact kwam met het Prins Bernhard Fonds. De oprichtingsakte van het Prins Bernhard Fonds Nederlandse Antillen werd op 7 augustus 1953 ondertekend. Hieronder volgt een fragment uit de rede van de Prins tijdens de oprichting.

Doelgroep ■ **SPECIFIEK** ▶ Subsidies teneinde de cultuur en natuur op alle zes eilanden. **ACTIVITEITEN** ▶ In het Caribisch gebied is het Prins Bernhard Cultuurfonds is actief op de volgende 6 werkterreinen: ☑ Podiumkunsten ☑ Beeldende kunst ☑ Monumentenzorg ☑ Geschiedenis & letteren ☑ Natuurbehoud ☑ Kunst- en Cultuureducatie. **INTERVENTIENIVEAU** ▶ Steun aan individuen (directe steun).; Steun aan lokale/provinciale maatschappelijke organisaties en structuren (incl. gemeenten etc.) die diensten verlenen aan individuen.

Werkgebied ■ **ACTIERADIUS** ▶ Internationaal **LAND** ▶ Curaçao, St. Maarten, St. Eustatius, Aruba, Saba, Bonaire.

Bestedingen ■ **BUDGET** ▶ € 1.000.000 **TOELICHTING** ▶ Bedragen in Nederlands Antilliaanse guldens. **ONDERSTEUNDE PROJECTEN P/J** ▶ 133 **SOORT BIJDRAGE** ▶ giften leningen **BOVENGRENS** ▶ geen **ONDERGRENS** ▶ geen.

Projecten ■ **CRITERIA** ▶ Financiële ondersteuning is mogelijk voor: ☑ Concrete projecten en activiteiten die voor de aanvrager in het kader van zijn activiteiten inhoudelijk bijzonder zijn en die het Cultuurfonds als kwalitatief goed en inhoudelijk waardevol beoordeelt; ☑ Projecten die gericht zijn op een breed publiek; ☑ Het Cultuurfonds ondersteunt ook projecten die de cultuur van de Nederlands Caribische eilanden uitdraagt in het buitenland, maar het gaat daarbij vooral om het behoud of de beschrijving van het daaruit voortvloeiende cultureel erfgoed ter plaatse; ☑ er sprake is van een aantoonbaar tekort. Voor een aantal specifieke type projecten zijn uitgebreidere richtlijnen. Deze richtlijnen zijn terug te vinden op de website. **DOORLOOPTIJD** ▶ ☑ onbekend **STATUS AANVRAGER** ▶ ☑ stichting of vereniging (non-profit) ☑ beurzen ☑ kerkelijke instelling ☑ onderwijsinstelling **VOORKEUR/UITSLUITING** ▶ Niet voor een bijdrage in aanmerking komen: ☑ Projecten van instellingen die structureel door een overheid worden gefinancierd, tenzij sprake is van een ook voor de instelling zelf uitzonderlijk project, en de desbetreffende instelling of organisatie aantoonbaar uit de eigen omzet, via de structurele overheidssteun of via structurele sponsoring hiervoor geen eigen middelen kan vrijmaken exploitatiekosten (met uitzondering van start en overbruggingssubsidies); ☑ Fondsvorming, vermogensopbouw, prijzengeld voor prijsuitreikingen door derden; ☑ Jaarlijks georganiseerde projecten die reeds drie maal door het Cultuurfonds zijn ondersteund, tenzij er sprake is van een uitzonderlijk onderdeel van een project waarvoor de financiële ondersteuning wordt gevraagd; ☑ Projecten die tijdens het indienen van de aanvraag of tijdens de behandeling daarvan al geheel of gedeeltelijk zijn gerealiseerd; ☑ Projecten met een uitgesproken politiek karakter of projecten die gericht zijn op het uitdragen van een religieuze overtuiging; ☑ Nieuwbouw en renovatie van gebouwen.

Procedure ■ OP AANVRAAG ► ja DOORLOOPTIJD ► 6-12 maanden AANVRAAGPROCEDURE ► Alle aanvragen gaan tegenwoordig via het 'my PBCCG' online portal van het Prins Bernhard Cultuurfonds Caribisch Gebied waar subsidieaanvragers en ontvangers hun projecten kunnen indienen en beheren, en communiceren met het fonds. Het dagelijks bestuur behandeld aanvragen tot Nafl. 10.000. De vergaderdata zijn doorgaans iedere vierde (4e) dinsdag van de maand, met een kleine afwijking in de maand augustus. In de; maanden juli en december zijn er geen bestuursvergaderingen. Voor behandeling van een aanvraag in een Dagelijks Bestuur(DB) vergadering, dient de vooraanvraag vier (4) weken van tevoren via het aanvraagportaal te zijn ingediend. URL ► www.pbccaribbean.com/subsidie/aanvragen

Financieel ■ EIGEN VERMOGEN ► € 928.136 HERKOMST MIDDELEN ► giften & schenkingen, legaten, loterijen BOEKJAAR ► 2018 JAARVERSLAG OP WEBSITE ► ja.

Contact ■ BEREIKBAAR PER ► ☑ post ☑ e-mail ☑ telefoon CONTACTPERSOON ► Mw. M. Sloot POSTADRES ► Postbus 4673, Curaçao, Curaçao EMAIL (ALGEMEEN) ► info@pbccaribbean.com TELEFOON (ALGEMEEN) ► +5999-7671584.

998

Prins Bernhard Cultuurfonds Drenthe

Rubriek ■ ☑ kunst en cultuur ☑ natuur, milieu en dieren ☑ onderwijs en onderzoek

Algemeen ■ WEBSITE ► www.cultuurfonds.nl/provinciale-afdelingen/drenthe TYPERING ► vermogensfonds RECHTSVORM ► stichting KVK ► 41197850 ANBI STATUS ► ja DIRECTIE ► geen directiegegevens bekend BESTUUR ► www.cultuurfonds.nl/afdelingen.

Missie ■ DOELSTELLING ► Het Prins Bernhard Cultuurfonds Drenthe stelt zich ten doel activiteiten te bevorderen op het gebied van cultuur en natuurbehoud in Nederland. Het Cultuurfonds is op de volgende terreinen werkzaam: beeldende kunst, geschiedenis & letteren, monumentenzorg, muziek, natuur, theater, dans & film, wetenschap, buurtcultuur.

Doelgroep ■ SPECIFIEK ► Projecten in Drenthe op het gebied van beeldende kunst, monumentenzorg, geschiedenis & letteren, muziek, theater, dans & film, natuur, wetenschap of buurtcultuur. ACTIVITEITEN ► De afdeling Drenthe heeft een tweetal prijzen; ☑ Drentse Anjer: Met de Drentse Anjer wil het Cultuurfonds waardering uitspreken voor culturele organisatoren die een bijdrage leveren of een belangrijke impuls geven aan het culturele klimaat van Drenthe. De Drentse Anjer wordt vanaf 2018 elk jaar uitgereikt en bestaat uit een bedrag van € 5.000; ☑ Groene Anjer: Met de Groene Anjer wil het Cultuurfonds waardering uitspreken voor vrijwilligers die zich inzetten voor natuur, landschap en biodiversiteit in Drenthe. De Groene Anjer wordt vanaf 2020 tweejaarlijks uitgereikt en bestaat uit een bedrag van € 3.000. INTERVENTIENIVEAU ► Steun aan individuen (directe steun).; Steun aan lokale/provinciale maatschappelijke organisaties en structuren (incl. gemeenten etc.) die diensten verlenen aan individuen.

Werkgebied ■ ACTIERADIUS ► Regionaal LAND ► Nederland REGIO ► Drenthe.

Bestedingen ■ BUDGET ► niet openbaar SOORT BIJDRAGE ► giften BOVENGRENS ► geen ONDERGRENS ► geen.

Projecten ■ CRITERIA ► Voor projecten in Drenthe kunnen stichtingen en verenigingen een financiële bijdrage aanvragen voor beeldende kunst, monumentenzorg, geschiedenis & letteren, muziek, theater, dans & en film, natuur, wetenschap of buurtcultuur. Bekijk de algemene richtlijnen van het Prins Bernhard Cultuurfonds om te zien of het project in aanmerking komt; ☑ Naast algemene aanvragen is een maandelijkse versnelde procedure voor aankopen en activiteiten van amateurkunstverenigingen; ☑ De specifieke criteria om aanspraak te maken op de prijzen staan op de website. DOORLOOPTIJD ► ☑ onbekend STATUS AANVRAGER ► ☑ geen beperkingen bekend VOORKEUR/UITSLUITING ► Vanuit de algemene voorwaarden volgt dat het fonds om inhoudelijke, financiële en procedurele redenen; geen verzoeken in behandeling neemt voor: ☑ projecten met een politiek, religieus of overwegend sociaal-maatschappelijk doel; ☑ activiteiten met een fondsenwervend oogmerk; ☑ prijzen, prijsuitreikingen e.d. van andere organisaties; ☑ exploitatiekosten, reguliere investeringen e.d. ☑ initiatieven waarvoor het fonds alle (of het merendeel van de) kosten zou moeten; dragen; ☑ projecten zonder wezenlijk tekort (afgaand op begroting en dekkingsplan); ☑ projecten die reeds (goeddeels) zijn gerealiseerd op het moment van beoordeling.

Procedure ■ OP AANVRAAG ► ja DOORLOOPTIJD ► 3-6 maanden AANVRAAGPROCEDURE ► Wilt u een aanvraag doen bij het Cultuurfonds Drenthe? Kijk dan eerst of uw project voldoet aan de richtlijnen van de afdeling Drenthe en wat de inzendtermijnen zijn. Daarna kunt u online uw aanvraag doen. Aanvragen voor publicaties hebben een aanvullend calculatieformulier. Dit stuurt u mee met uw online aanvraag. URL ► www.cultuurfonds.nl/aanvragen-drenthe

Financieel ■ HERKOMST MIDDELEN ► onbekend BOEKJAAR ► boekjaar onbekend.

Contact ■ BEREIKBAAR PER ► ☑ post ☑ e-mail ☑ telefoon CONTACTPERSOON ► Mw. A. Brinks POSTADRES ► Postbus 122, 9400 AC Assen EMAIL (ALGEMEEN) ► drenthe@cultuurfonds.nl TELEFOON (ALGEMEEN) ► 0592-365346.

999

Prins Bernhard Cultuurfonds Flevoland

Rubriek ■ ☑ kunst en cultuur ☑ natuur, milieu en dieren

Algemeen ■ WEBSITE ► www.cultuurfonds.nl/provinciale-afdelingen/flevoland **TYPERING** ▶ vermogensfonds **RECHTSVORM** ▶ stichting **KVK** ▶ 41197850 **ANBI STATUS** ▶ ja **DIRECTIE** ▶ geen directiegegevens bekend **BESTUUR** ▶ www.cultuurfonds.nl/afdelingen.

Missie ■ **DOELSTELLING** ▶ Het Prins Bernhard Cultuurfonds Flevoland stelt zich ten doel activiteiten te bevorderen op het gebied van cultuur en natuurbehoud in Nederland. Het Cultuurfonds is op de volgende terreinen werkzaam: beeldende kunst, geschiedenis & letteren, monumentenzorg, muziek, natuur, theater, dans & film, wetenschap, buurtcultuur.

Doelgroep ■ **SPECIFIEK** ▶ Projecten in Flevoland op het gebied van beeldende kunst, monumentenzorg, geschiedenis & letteren, muziek, theater, dans & film, natuur, wetenschap of buurtcultuur. **ACTIVITEITEN** ▶ De stichting heeft een prijs ingesteld: ☑ Lelyprijs: Voor de Lelyprijs komen personen of organisaties in aanmerking die zich onderscheiden op het gebied van de cultuur of natuur in Flevoland. De prijs is een kunstwerk van Siemen Bolhuis en een bedrag van 5.000 euro dat kan worden aangewend binnen de organisatie van de prijswinnaar. **INTERVENTIENIVEAU** ▶ Steun aan individuen (directe steun).; Steun aan lokale/provinciale maatschappelijke organisaties en structuren (incl. gemeenten etc.) die diensten verlenen aan individuen.

Werkgebied ■ **ACTIERADIUS** ▶ Regionaal **LAND** ▶ Nederland **REGIO** ▶ Flevoland.

Bestedingen ■ **BUDGET** ▶ niet openbaar **SOORT BIJDRAGE** ▶ giften **BOVENGRENS** ▶ geen **ONDERGRENS** ▶ geen.

Projecten ■ **CRITERIA** ▶ Voor projecten in Flevoland kunnen stichtingen en verenigingen een financiële bijdrage aanvragen voor beeldende kunst, monumentenzorg, geschiedenis & letteren, muziek, theater, dans & en film, natuur, wetenschap of buurtcultuur. Bekijk de algemene richtlijnen van het Prins Bernhard Cultuurfonds om te zien of het project in aanmerking komt. Er zijn ook nog enkele aanvullende richtlijnen van het Cultuurfonds Flevoland. **DOORLOOPTIJD** ▶ ☑ onbekend **STATUS AANVRAGER** ▶ ☑ geen beperkingen bekend **VOORKEUR/UITSLUITING** ▶ Vanuit de algemene voorwaarden volgt dat het fonds om inhoudelijke, financiële en procedurele redenen; geen verzoeken in behandeling neemt voor: ☑ projecten met een politiek, religieus of overwegend sociaal-maatschappelijk doel; ☑ activiteiten met een fondsenwervend oogmerk; ☑ prijzen, prijsuitreikingen e.d. van andere organisaties; ☑ exploitatiekosten, reguliere investeringen e.d. ☑ initiatieven waarvoor het fonds alle (of het merendeel van de) kosten zou moeten; dragen; ☑ projecten zonder wezenlijk tekort (afgaand op begroting en dekkingsplan); ☑ projecten die reeds (goeddeels) zijn gerealiseerd op het moment van beoordeling.

Procedure ■ **OP AANVRAAG** ▶ ja **DOORLOOPTIJD** ▶ 3-6 maanden **AANVRAAGPROCEDURE** ▶ Wilt u een aanvraag doen bij het Cultuurfonds Flevoland? Kijk dan eerst of uw project voldoet aan de richtlijnen van afdeling Flevoland en wat de inzendtermijnen zijn. Daarna kunt u online aanvragen. Aanvragen voor publicaties hebben een aanvullend calculatieformulier. Dit stuurt u mee met uw online aanvraag. **URL** ▶ www.cultuurfonds.nl/aanvragen-flevoland

Financieel ■ **HERKOMST MIDDELEN** ▶ onbekend **BOEKJAAR** ▶ boekjaar onbekend.

Contact ■ **BEREIKBAAR PER** ▶ ☑ post ☑ e-mail ☑ telefoon **CONTACTPERSOON** ▶ Mw. A. ter Beek-van Spronsen **POSTADRES** ▶ Postbus 55, 8200 AB Lelystad **EMAIL (ALGEMEEN)** ▶ flevoland@cultuurfonds.nl **TELEFOON (ALGEMEEN)** ▶ 0320-265245.

1000

Prins Bernhard Cultuurfonds Fryslân

Rubriek ■ ☑ kunst en cultuur ☑ natuur, milieu en dieren ☑ onderwijs en onderzoek

Algemeen ■ **WEBSITE** ▶ www.cultuurfonds.nl/provinciale-afdelingen/friesland **TYPERING** ▶ vermogensfonds **RECHTSVORM** ▶ stichting **KVK** ▶ 41197850 **ANBI STATUS** ▶ ja **DIRECTIE** ▶ geen directiegegevens bekend **BESTUUR** ▶ www.cultuurfonds.nl/afdelingen.

Missie ■ **DOELSTELLING** ▶ Het Prins Bernhard Cultuurfonds Fryslân stelt zich ten doel activiteiten te bevorderen op het gebied van cultuur en natuurbehoud in Nederland. Het Cultuurfonds is op de volgende terreinen werkzaam: beeldende kunst; geschiedenis & letteren; monumentenzorg; muziek; natuurbehoud; theater; beurzen.

Doelgroep ■ **SPECIFIEK** ▶ Projecten in Friesland op het gebied van beeldende kunst, monumentenzorg, geschiedenis & letteren, muziek, theater, dans & film, natuur, wetenschap of buurtcultuur. **ACTIVITEITEN** ▶ Er is een prijs door de stichting ingesteld: ☑ Friese Anjer: Het Friese fonds eert jaarlijks een persoon, vereniging of instelling die zich heeft ingezet voor de Friese cultuur of die het Cultuurfonds een stimulans wil geven. De prijs bestaat uit een speld en een bedrag van € 5.000. **INTERVENTIENIVEAU** ▶ Steun aan individuen (directe steun).; Steun aan lokale/provinciale maatschappelijke organisaties en structuren (incl. gemeenten etc.) die diensten verlenen aan individuen.

Werkgebied ■ **ACTIERADIUS** ▶ Regionaal **LAND** ▶ Nederland **REGIO** ▶ Friesland.

Bestedingen ■ **BUDGET** ▶ niet openbaar **SOORT BIJDRAGE** ▶ giften **BOVENGRENS** ▶ geen **ONDERGRENS** ▶ geen.

Projecten ■ **CRITERIA** ▶ Voor projecten in Friesland kunnen stichtingen en verenigingen een financiële bijdrage aanvragen voor beeldende kunst, monumentenzorg, geschiedenis & letteren, muziek, theater, dans & en film, natuur, wetenschap of buurtcultuur. Bekijk de richtlijnen van het Prins Bernhard Cultuurfonds om te zien of het project in aanmerking komt. Daarnaast gelden aanvullende richtlijnen voor verschillende soorten projecten. **DOORLOOPTIJD** ▶ ☑ onbekend **STATUS AANVRAGER** ▶ ☑ geen beperkingen bekend **VOORKEUR/UITSLUITING** ▶ Vanuit de algemene voorwaarden volgt dat het fonds om inhoudelijke, financiële en procedurele redenen; geen verzoeken in behandeling neemt voor: ☑ projecten met een politiek, religieus of overwegend sociaal-maatschappelijk doel; ☑ activiteiten met een fondsenwervend oogmerk; ☑ prijzen, prijsuitreikingen e.d. van andere organisaties; ☑ exploitatiekosten, reguliere investeringen e.d. ☑ initiatieven waarvoor het fonds alle (of het merendeel van de) kosten zou moeten; dragen; ☑ projecten zonder wezenlijk tekort (afgaand op begroting en dekkingsplan); ☑ projecten die reeds (goeddeels) zijn gerealiseerd op het moment van beoordeling.

Procedure ■ OP AANVRAAG ▶ ja DOORLOOPTIJD ▶ 3-6 maanden AANVRAAGPROCEDURE ▶ Wilt u een aanvraag doen bij de afdeling Fryslân? Kijk dan eerst of uw project voldoet aan de richtlijnen van afdeling Fryslân en wat de inzendtermijnen zijn. Daarna kunt u online aanvragen. Aanvragen voor publicaties hebben een aanvullend calculatieformulier. Dit stuurt u mee met uw online aanvraag. URL ▶ www.cultuurfonds.nl/aanvragen-fryslan

Financieel ■ HERKOMST MIDDELEN ▶ onbekend BOEKJAAR ▶ boekjaar onbekend.

Contact ■ BEREIKBAAR PER ▶ ☑ post ☑ e-mail ☑ telefoon CONTACTPERSOON ▶ Mw. M.H.L. Sutman Meijer POSTADRES ▶ Postbus 20120, 8900 MH Leeuwarden EMAIL (ALGEMEEN) ▶ friesland@cultuurfonds.nl TELEFOON (ALGEMEEN) ▶ 058-2925609.

1001
Prins Bernhard Cultuurfonds Gelderland

Rubriek ■ ☑ kunst en cultuur ☑ natuur, milieu en dieren ☑ onderwijs en onderzoek

Algemeen ■ WEBSITE ▶ www.cultuurfonds.nl/provinciale-afdelingen/gelderland TYPERING ▶ vermogensfonds RECHTSVORM ▶ stichting KVK ▶ 41197850 ANBI STATUS ▶ ja DIRECTIE ▶ geen directiegegevens bekend BESTUUR ▶ www.cultuurfonds.nl/afdelingen.

Missie ■ DOELSTELLING ▶ Het Prins Bernhard Cultuurfonds Gelderland stelt zich ten doel activiteiten te bevorderen op het gebied van cultuur en natuurbehoud in Nederland. Het Cultuurfonds is op de volgende terreinen werkzaam: beeldende kunst; geschiedenis & letteren; monumentenzorg; muziek; natuurbehoud; theater; beurzen.

Doelgroep ■ SPECIFIEK ▶ Projecten in Gelderland op het gebied van beeldende kunst, monumentenzorg, geschiedenis & letteren, muziek, theater, dans & film, natuur, wetenschap of buurtcultuur. ACTIVITEITEN ▶ De stichting heeft een tweetal prijzen ingesteld: ☑ De Gelderse Bokaal: Deze onderscheiding gaat in de oneven jaren naar iemand die zich heeft ingezet voor cultuur of natuur in Gelderland. De prijs bestaat uit een geldbedrag van € 5.000 - te besteden aan een project binnen een van de werkterreinen van het Cultuurfonds - en een speciaal voor de winnaar ontworpen Gelderse Bokaal. Daarnaast zijn er nog twee prijzen van elk €1.000; ☑ De Gelderse Pauwenveer: De Gelderse Pauwenveer gaat in de even jaren naar een in Gelderland gevestigde instelling op het gebied van cultuur of natuur. De winnaar ontvangt €25.000 om te besteden aan een doel op het werkterrein waarop de organisatie actief is en een kunstwerk van Niels van Bunningen. De andere twee genomineerden ontvangen ieder €5.000 onder dezelfde voorwaarden. INTERVENTIENIVEAU ▶ Steun aan individuen (directe steun).; Steun aan lokale/provinciale maatschappelijke organisaties en structuren (incl. gemeenten etc.) die diensten verlenen aan individuen.

Werkgebied ■ ACTIERADIUS ▶ Regionaal LAND ▶ Nederland REGIO ▶ Gelderland.

Bestedingen ■ BUDGET ▶ niet openbaar SOORT BIJDRAGE ▶ giften BOVENGRENS ▶ geen ONDERGRENS ▶ geen.

Projecten ■ CRITERIA ▶ Voor projecten in Gelderland kunnen stichtingen en verenigingen een financiële bijdrage aanvragen voor beeldende kunst, monumentenzorg, geschiedenis & letteren, muziek, theater, dans & en film, natuur, wetenschap of buurtcultuur. Bekijk de algemene richtlijnen van het Prins Bernhard Cultuurfonds om te zien of het project in aanmerking komt. Er zijn ook nog enkele aanvullende richtlijnen van het Cultuurfonds Gelderland. DOORLOOPTIJD ▶ ☑ onbekend STATUS AANVRAGER ▶ ☑ geen beperkingen bekend VOORKEUR/UITSLUITING ▶ Vanuit de algemene voorwaarden volgt dat het fonds om inhoudelijke, financiële en procedurele redenen; geen verzoeken in behandeling neemt voor: ☑ projecten met een politiek, religieus of overwegend sociaal-maatschappelijk doel; ☑ activiteiten met een fondsenwervend oogmerk; ☑ prijzen, prijsuitreikingen e.d. van andere organisaties; ☑ exploitatiekosten, reguliere investeringen e.d. ☑ initiatieven waarvoor het fonds alle (of het merendeel van de) kosten zou moeten; dragen; ☑ projecten zonder wezenlijk tekort (afgaand op begroting en dekkingsplan); ☑ projecten die reeds (goeddeels) zijn gerealiseerd op het moment van beoordeling.

Procedure ■ OP AANVRAAG ▶ ja DOORLOOPTIJD ▶ 3-6 maanden AANVRAAGPROCEDURE ▶ Wilt u een aanvraag doen bij het Cultuurfonds Gelderland? Kijk dan eerst of uw project voldoet aan de richtlijnen van afdeling Gelderland, wat de inzendtermijnen zijn. Daarna kunt u online aanvragen. Aanvragen voor publicaties hebben een aanvullend calculatieformulier. Dit stuurt u mee met uw online aanvraag. URL ▶ www.cultuurfonds.nl/aanvragen-gelderland

Financieel ■ HERKOMST MIDDELEN ▶ onbekend BOEKJAAR ▶ boekjaar onbekend.

Contact ■ BEREIKBAAR PER ▶ ☑ post ☑ e-mail ☑ telefoon CONTACTPERSOON ▶ Mw. W. Kuit POSTADRES ▶ Postbus 9090, 6800 GX Arnhem EMAIL (ALGEMEEN) ▶ gelderland@cultuurfonds.nl TELEFOON (ALGEMEEN) ▶ 026-3598635.

1002
Prins Bernhard Cultuurfonds Groningen

Rubriek ■ ☑ kunst en cultuur ☑ natuur, milieu en dieren ☑ onderwijs en onderzoek

Algemeen ■ WEBSITE ▶ www.cultuurfonds.nl/provinciale-afdelingen/groningen TYPERING ▶ vermogensfonds RECHTSVORM ▶ stichting KVK ▶ 41197850 ANBI STATUS ▶ ja DIRECTIE ▶ geen directiegegevens bekend BESTUUR ▶ www.cultuurfonds.nl/afdelingen.

Missie ■ DOELSTELLING ▶ Het Prins Bernhard Cultuurfonds Groningen stelt zich ten doel activiteiten te bevorderen op het gebied van cultuur en natuurbehoud in Nederland. Het Cultuurfonds is op de volgende terreinen werkzaam: beeldende kunst; geschiedenis & letteren; monumentenzorg; muziek; natuurbehoud; theater; beurzen.

Doelgroep ■ **SPECIFIEK** ▶ Projecten in Groningen op het gebied van beeldende kunst, monumentenzorg, geschiedenis & letteren, muziek, theater, dans & film, natuur, wetenschap of buurtcultuur. **ACTIVITEITEN** ▶ De stichting heeft een prijs ingesteld: ☑ Groninger Cultuurprijs voor Amateurkunst: De Groninger Cultuurprijs voor Amateurkunst wordt aan een amateurkunstenaar of vereniging uitgereikt die een uitzonderlijke prestatie heeft geleverd in het afgelopen jaar. De prijs bestaat uit een geldbedrag van 5000 euro. De winnaar is een jaar lang ambassadeur voor kunst en cultuur in Groningen. Onze definitie van amateurkunst is dat deze persoon of instelling zich niet beroepsmatig bezighoudt met kunst en cultuur. **INTERVENTIENIVEAU** ▶ Steun aan individuen (directe steun).; Steun aan lokale/provinciale maatschappelijke organisaties en structuren (incl. gemeenten etc.) die diensten verlenen aan individuen.

Werkgebied ■ **ACTIERADIUS** ▶ Regionaal **LAND** ▶ Nederland **REGIO** ▶ Groningen.

Bestedingen ■ **BUDGET** ▶ niet openbaar **SOORT BIJDRAGE** ▶ giften **BOVENGRENS** ▶ geen **ONDERGRENS** ▶ geen.

Projecten ■ **CRITERIA** ▶ Voor projecten in Groningen kunnen stichtingen en verenigingen een financiële bijdrage aanvragen voor beeldende kunst, monumentenzorg, geschiedenis & letteren, muziek, theater, dans & en film, natuur, wetenschap of buurtcultuur. Bekijk de algemene richtlijnen van het Prins Bernhard Cultuurfonds om te zien of het project in aanmerking komt. Daarnaast gelden aanvullende richtlijnen van het Cultuurfonds Groningen. **DOORLOOPTIJD** ▶ ☑ onbekend **STATUS AANVRAGER** ▶ ☑ geen beperkingen bekend **VOORKEUR/UITSLUITING** ▶ Vanuit de algemene voorwaarden volgt dat het fonds om inhoudelijke, financiële en procedurele redenen; geen verzoeken in behandeling neemt voor: ☑ projecten met een politiek, religieus of overwegend sociaal-maatschappelijk doel; ☑ activiteiten met een fondsenwervend oogmerk; ☑ prijzen, prijsuitreikingen e.d. van andere organisaties; ☑ exploitatiekosten, reguliere investeringen e.d. ☑ initiatieven waarvoor het fonds alle (of het merendeel van de) kosten zou moeten; dragen; ☑ projecten zonder wezenlijk tekort (afgaand op begroting en dekkingsplan); ☑ projecten die reeds (goeddeels) zijn gerealiseerd op het moment van beoordeling.

Procedure ■ **OP AANVRAAG** ▶ ja **DOORLOOPTIJD** ▶ 3-6 maanden **AANVRAAGPROCEDURE** ▶ Wilt u een aanvraag doen bij de afdeling Groningen? Kijk dan eerst of uw project voldoet aan de richtlijnen van afdeling Groningen en wat de inzendtermijnen zijn. Daarna kunt u online aanvragen. Aanvragen voor publicaties hebben een aanvullend calculatieformulier. Dit stuurt u mee met uw online aanvraag. **URL** ▶ www.cultuurfonds.nl/aanvragen-groningen

Financieel ■ **HERKOMST MIDDELEN** ▶ onbekend **BOEKJAAR** ▶ boekjaar onbekend.

Contact ■ **BEREIKBAAR PER** ▶ ☑ post ☑ e-mail ☑ telefoon **CONTACTPERSOON** ▶ Mw. M. Harmsen **POSTADRES** ▶ Postbus 610, 9700 AP Groningen **EMAIL (ALGEMEEN)** ▶ groningen@cultuurfonds.nl **TELEFOON (ALGEMEEN)** ▶ 050-3164936; 050—3164175.

1003
Prins Bernhard Cultuurfonds Limburg

Rubriek ■ ☑ kunst en cultuur ☑ natuur, milieu en dieren ☑ onderwijs en onderzoek

Algemeen ■ **WEBSITE** ▶ www.cultuurfonds.nl/provinciale-afdelingen/limburg **TYPERING** ▶ vermogensfonds **RECHTSVORM** ▶ stichting **KVK** ▶ 41197850 **ANBI STATUS** ▶ ja **DIRECTIE** ▶ geen directiegegevens bekend **BESTUUR** ▶ www.cultuurfonds.nl/afdelingen.

Missie ■ **DOELSTELLING** ▶ Het Prins Bernhard Cultuurfonds Limburg stelt zich ten doel activiteiten te bevorderen op het gebied van cultuur en natuurbehoud in Nederland. Het Cultuurfonds is op de volgende terreinen werkzaam: beeldende kunst; geschiedenis & letteren; monumentenzorg; muziek; natuurbehoud; theater; beurzen.

Doelgroep ■ **SPECIFIEK** ▶ Projecten in Limburg op het gebied van beeldende kunst, monumentenzorg, geschiedenis & letteren, muziek, theater, dans & film, natuur, wetenschap of buurtcultuur. **ACTIVITEITEN** ▶ De stichting heeft een prijs ingesteld: ☑ Inspiratieprijs: Deze prijs gaat ieder jaar een persoon of organisatie met een bijzondere staat van dienst op het gebied van letteren, virtual art, e-culture, beeldende kunst, muziek, theater, dans, geschiedenis, natuurbehoud of monumentenzorg. De prijs bestaat uit € 10.000 en een glasobject van de kunstenares Ruth Houkes. **INTERVENTIENIVEAU** ▶ Steun aan individuen (directe steun).; Steun aan lokale/provinciale maatschappelijke organisaties en structuren (incl. gemeenten etc.) die diensten verlenen aan individuen.

Werkgebied ■ **ACTIERADIUS** ▶ Regionaal **LAND** ▶ Nederland **REGIO** ▶ Limburg.

Bestedingen ■ **BUDGET** ▶ niet openbaar **SOORT BIJDRAGE** ▶ giften **BOVENGRENS** ▶ geen **ONDERGRENS** ▶ geen.

Projecten ■ **CRITERIA** ▶ Voor projecten in Limburg kunnen stichtingen en verenigingen een financiële bijdrage aanvragen voor beeldende kunst, monumentenzorg, geschiedenis & letteren, muziek, theater, dans & en film, natuur, wetenschap of buurtcultuur. Bekijk de algemene richtlijnen van het Prins Bernhard Cultuurfonds om te zien of het project in aanmerking komt. Daarnaast gelden aanvullende richtlijnen. **DOORLOOPTIJD** ▶ ☑ onbekend **STATUS AANVRAGER** ▶ ☑ geen beperkingen bekend **VOORKEUR/UITSLUITING** ▶ Vanuit de algemene voorwaarden volgt dat het fonds om inhoudelijke, financiële en procedurele redenen; geen verzoeken in behandeling neemt voor: ☑ projecten met een politiek, religieus of overwegend sociaal-maatschappelijk doel; ☑ activiteiten met een fondsenwervend oogmerk; ☑ prijzen, prijsuitreikingen e.d. van andere organisaties; ☑ exploitatiekosten, reguliere investeringen e.d. ☑ initiatieven waarvoor het fonds alle (of het merendeel van de) kosten zou moeten; dragen; ☑ projecten zonder wezenlijk tekort (afgaand op begroting en dekkingsplan); ☑ projecten die reeds (goeddeels) zijn gerealiseerd op het moment van beoordeling.

Procedure ■ **OP AANVRAAG** ▶ ja **DOORLOOPTIJD** ▶ 3-6 maanden **AANVRAAGPROCEDURE** ▶ Wilt u een aanvraag doen bij de afdeling Limburg?

Kijk dan eerst of uw project voldoet aan de richtlijnen van afdeling Limburg en wat de inzendtermijnen zijn. Daarna kunt u online aanvragen. Aanvragen voor publicaties hebben een aanvullend calculatieformulier. Dit stuurt u mee met uw online aanvraag. **URL** ▶ www.cultuurfonds.nl/aanvragen-limburg

Financieel ■ **HERKOMST MIDDELEN** ▶ onbekend **BOEKJAAR** ▶ boekjaar onbekend.

Contact ■ **BEREIKBAAR PER** ▶ ☑ post ☑ e-mail ☑ telefoon **CONTACTPERSOON** ▶ Mw. M.H.F.L. van Eijs **POSTADRES** ▶ Postbus 5700, 6202 MA Maastricht **EMAIL (ALGEMEEN)** ▶ limburg@cultuurfonds.nl **TELEFOON (ALGEMEEN)** ▶ 043-3897004.

1004

Prins Bernhard Cultuurfonds Noord-Brabant

Rubriek ■ ☑ kunst en cultuur ☑ natuur, milieu en dieren

Algemeen ■ **WEBSITE** ▶ www.cultuurfonds.nl/provinciale-afdelingen/noord-brabant **TYPERING** ▶ vermogensfonds **RECHTSVORM** ▶ stichting **KVK** ▶ 41197850 **ANBI STATUS** ▶ ja **DIRECTIE** ▶ geen directiegegevens bekend **BESTUUR** ▶ www.cultuurfonds.nl/afdelingen.

Missie ■ **DOELSTELLING** ▶ Het Prins Bernhard Cultuurfonds Noord-Brabant stelt zich ten doel activiteiten te bevorderen op het gebied van cultuur en natuurbehoud in Nederland. Het Cultuurfonds is op de volgende terreinen werkzaam: beeldende kunst; geschiedenis & letteren; monumentenzorg; muziek; natuurbehoud; theater; beurzen.

Doelgroep ■ **SPECIFIEK** ▶ Projecten in Noord-Brabant op het gebied van beeldende kunst, monumentenzorg, geschiedenis & letteren, muziek, theater, dans & film, natuur, wetenschap of buurtcultuur. **ACTIVITEITEN** ▶ De stichting heeft de volgende prijzen ingesteld: ☑ Cultuurprijs: Het Prins Bernhard Cultuurfonds Noord-Brabant reikt jaarlijks de Cultuurprijs uit aan een persoon of organisatie voor bijzondere prestaties en verdiensten voor de cultuur en/of natuur in Noord-Brabant. De toekenning van de prijs brengt de professionaliteit van de laureaat en de hoge opvatting van het kunstenaarschap tot uitdrukking. Aan de Cultuurprijs is een bedrag van €10.000,- verbonden; ☑ Designprijs: Iedere twee jaar reikt het Cultuurfonds Noord-Brabant de Designprijs uit, beurtelings aan een gearriveerd ontwerper en aan een aankomend talent. De prijs wordt uitgereikt tijdens de Dutch Design Week in Eindhoven. Aan de Designprijs is een bedrag van € 10.000 verbonden; ☑ Brabant Bokaal: De Brabant Bokaal is een eerbetoon aan personen die zich als vrijwilliger op meer dan bijzondere wijze inzetten voor de Brabantse cultuur en natuur. Jaarlijks worden maximaal drie personen met de Brabant Bokaal onderscheiden. De bokaal en de bijpassende gouden draagspeld zijn ontworpen en gemaakt door de jonge talentvolle Brabantse kunstenaar Eelco Veenman. **INTERVENTIENIVEAU** ▶ Steun aan individuen (directe steun).; Steun aan lokale/provinciale maatschappelijke organisaties en structuren (incl. gemeenten etc.) die diensten verlenen aan individuen.

Werkgebied ■ **ACTIERADIUS** ▶ Regionaal **LAND** ▶ Nederland **REGIO** ▶ Noord-Brabant.

Bestedingen ■ **BUDGET** ▶ niet openbaar **SOORT BIJDRAGE** ▶ giften **BOVENGRENS** ▶ geen **ONDERGRENS** ▶ geen.

Projecten ■ **CRITERIA** ▶ Voor projecten in Noord-Brabant kunnen stichtingen en verenigingen een financiële bijdrage aanvragen voor beeldende kunst, monumentenzorg, geschiedenis & letteren, muziek, theater, dans & en film, natuur, wetenschap of buurtcultuur. Bekijk de algemene richtlijnen van het Prins Bernhard Cultuurfonds om te zien of het project in aanmerking komt. Daarnaast gelden voor Noord-Brabant aanvullende richtlijnen. De buurtfondsen kennen een eigen procedure en aanvraagformulier. **DOORLOOPTIJD** ▶ ☑ onbekend **STATUS AANVRAGER** ▶ ☑ geen beperkingen bekend **VOORKEUR/UITSLUITING** ▶ Vanuit de algemene voorwaarden volgt dat het fonds om inhoudelijke, financiële en procedurele redenen; geen verzoeken in behandeling neemt voor: ☑ projecten met een politiek, religieus of overwegend sociaal-maatschappelijk doel; ☑ activiteiten met een fondsenwervend oogmerk; ☑ prijzen, prijsuitreikingen e.d. van andere organisaties; ☑ exploitatiekosten, reguliere investeringen e.d. ☑ initiatieven waarvoor het fonds alle (of het merendeel van de) kosten zou moeten; dragen; ☑ projecten zonder wezenlijk tekort (afgaand op begroting en dekkingsplan); ☑ projecten die reeds (goeddeels) zijn gerealiseerd op het moment van beoordeling.

Procedure ■ **OP AANVRAAG** ▶ ja **DOORLOOPTIJD** ▶ 3-6 maanden **AANVRAAGPROCEDURE** ▶ Wilt u een aanvraag doen bij het Cultuurfonds Noord-Brabant? Kijk dan eerst of uw project voldoet aan de richtlijnen van afdeling Noord-Brabant en wat de inzendtermijnen zijn. Daarna kunt u online aanvragen. Aanvragen voor publicaties hebben een aanvullend calculatieformulier. Dit stuurt u mee met uw online aanvraag. **URL** ▶ www.cultuurfonds.nl/aanvragen-noord-brabant

Financieel ■ **HERKOMST MIDDELEN** ▶ onbekend **BOEKJAAR** ▶ boekjaar onbekend.

Contact ■ **BEREIKBAAR PER** ▶ ☑ post ☑ e-mail ☑ telefoon **CONTACTPERSOON** ▶ Mw. M. Slippens-Boeijen **POSTADRES** ▶ Postbus 90151, 5200 MC Den Bosch **EMAIL (ALGEMEEN)** ▶ noordbrabant@cultuurfonds.nl **TELEFOON (ALGEMEEN)** ▶ 073-6812209.

1005

Prins Bernhard Cultuurfonds Noord-Holland

Rubriek ■ ☑ kunst en cultuur ☑ natuur, milieu en dieren ☑ onderwijs en onderzoek

Algemeen ■ **WEBSITE** ▶ www.cultuurfonds.nl/provinciale-afdelingen/noord-holland **TYPERING** ▶ vermogensfonds **RECHTSVORM** ▶ stichting **KVK** ▶ 41197850 **ANBI STATUS** ▶ ja **DIRECTIE** ▶ geen directiegegevens bekend **BESTUUR** ▶ www.cultuurfonds.nl/afdelingen.

Missie ■ DOELSTELLING ▶ Het Prins Bernhard Cultuurfonds Noord-Holland stelt zich ten doel activiteiten te bevorderen op het gebied van cultuur en natuurbehoud in Nederland. Het Cultuurfonds is op de volgende terreinen werkzaam: beeldende kunst; geschiedenis & letteren; monumentenzorg; muziek; natuurbehoud; theater; beurzen.

Doelgroep ■ SPECIFIEK ▶ Projecten in Noord-Holland op het gebied van beeldende kunst, monumentenzorg, geschiedenis & letteren, muziek, theater, dans & film, natuur, wetenschap of buurtcultuur. ACTIVITEITEN ▶ De stichting heeft een prijs ingesteld: ☑ Culturele Prijs Noord-Holland: De prijs wordt jaarlijks uitgereikt aan een persoon, groep of instelling die zich bijzonder verdienstelijk heeft gemaakt op het gebied van cultuur, amateurkunst of natuurbehoud. Aan de prijs is € 10.000 verbonden en een kunstwerk. INTERVENTIENIVEAU ▶ Steun aan individuen (directe steun).; Steun aan lokale/provinciale maatschappelijke organisaties en structuren (incl. gemeenten etc.) die diensten verlenen aan individuen.

Werkgebied ■ ACTIERADIUS ▶ Regionaal LAND ▶ Nederland REGIO ▶ Noord-Holland.

Bestedingen ■ BUDGET ▶ niet openbaar SOORT BIJDRAGE ▶ giften BOVENGRENS ▶ geen ONDERGRENS ▶ geen.

Projecten ■ CRITERIA ▶ Voor projecten in Noord-Holland kunnen stichtingen en verenigingen een financiële bijdrage aanvragen voor beeldende kunst, monumentenzorg, geschiedenis & letteren, muziek, theater, dans & en film, natuur, wetenschap of buurtcultuur. Bekijk de algemene richtlijnen van het Prins Bernhard Cultuurfonds om te zien of het project in aanmerking komt. Daarnaast gelden aanvullende richtlijnen, aangezien het budget niet toereikend is om alles te honoreren. DOORLOOPTIJD ▶ ☑ onbekend STATUS AANVRAGER ▶ ☑ geen beperkingen bekend VOORKEUR/UITSLUITING ▶ Vanuit de algemene voorwaarden volgt dat het fonds om inhoudelijke, financiële en procedurele redenen; geen verzoeken in behandeling neemt voor: ☑ projecten met een politiek, religieus of overwegend sociaal-maatschappelijk doel; ☑ activiteiten met een fondsenwervend oogmerk; ☑ prijzen, prijsuitreikingen e.d. van andere organisaties; ☑ exploitatiekosten, reguliere investeringen e.d. ☑ initiatieven waarvoor het fonds alle (of het merendeel van de) kosten zou moeten; dragen; ☑ projecten zonder wezenlijk tekort (afgaand op begroting en dekkingsplan); ☑ projecten die reeds (goeddeels) zijn gerealiseerd op het moment van beoordeling.

Procedure ■ OP AANVRAAG ▶ ja DOORLOOPTIJD ▶ 3-6 maanden AANVRAAGPROCEDURE ▶ Wilt u een aanvraag doen bij het Cultuurfonds Noord-Holland? Kijk dan eerst of uw project voldoet aan de richtlijnen van afdeling Noord-Holland en wat de inzendtermijnen zijn. Daarna kunt u online aanvragen. Aanvragen voor publicaties hebben een aanvullend calculatieformulier. Dit stuurt u mee met uw online aanvraag. URL ▶ www.cultuurfonds.nl/aanvragen-noord-holland

Financieel ■ HERKOMST MIDDELEN ▶ onbekend BOEKJAAR ▶ boekjaar onbekend.

Contact ■ BEREIKBAAR PER ▶ ☑ post ☑ e-mail ☑ telefoon CONTACTPERSOON ▶ Mw. H. Sweerts POSTADRES ▶ Postbus 123, 2000 MD Haarlem EMAIL (ALGEMEEN) ▶ noordholland@cultuurfonds.nl TELEFOON (ALGEMEEN) ▶ 023-5144667.

1006

Prins Bernhard Cultuurfonds Overijssel

Rubriek ■ ☑ kunst en cultuur ☑ natuur, milieu en dieren

Algemeen ■ WEBSITE ▶ www.cultuurfonds.nl/provinciale-afdelingen/overijssel TYPERING ▶ vermogensfonds RECHTSVORM ▶ stichting KVK ▶ 41197850 ANBI STATUS ▶ ja DIRECTIE ▶ geen directiegegevens bekend BESTUUR ▶ www.cultuurfonds.nl/afdelingen.

Missie ■ DOELSTELLING ▶ Het Prins Bernhard Cultuurfonds Overijssel stelt zich ten doel activiteiten te bevorderen op het gebied van cultuur en natuurbehoud in Nederland. Het Cultuurfonds is op de volgende terreinen werkzaam: beeldende kunst; geschiedenis & letteren; monumentenzorg; muziek; natuurbehoud; theater; beurzen.

Doelgroep ■ SPECIFIEK ▶ Projecten in Overijssel op het gebied van beeldende kunst, monumentenzorg, geschiedenis & letteren, muziek, theater, dans & film, natuur, wetenschap of buurtcultuur. ACTIVITEITEN ▶ De stichting heeft enkele prijzen ingesteld: ☑ De Cultuurprijs, de Talentprijs en de Oeuvreprijs: De Cultuurprijs en de Talentprijs worden jaarlijks uitgereikt door het Cultuurfonds Overijssel, in samenwerking met RTV Oost, De Stentor en De Twentsche Courant Tubantia, onder de gezamenlijke vlag van uitgaansplatform OverUIT. De Oeuvreprijs wordt uitgereikt wanneer daar een bijzondere aanleiding toe is. INTERVENTIENIVEAU ▶ Steun aan individuen (directe steun).; Steun aan lokale/provinciale maatschappelijke organisaties en structuren (incl. gemeenten etc.) die diensten verlenen aan individuen.

Werkgebied ■ ACTIERADIUS ▶ Regionaal LAND ▶ Nederland REGIO ▶ Overijssel.

Bestedingen ■ BUDGET ▶ niet openbaar SOORT BIJDRAGE ▶ giften BOVENGRENS ▶ geen ONDERGRENS ▶ geen.

Projecten ■ CRITERIA ▶ Voor projecten in Overijssel kunnen stichtingen en verenigingen een financiële bijdrage aanvragen voor beeldende kunst, monumentenzorg, geschiedenis & letteren, muziek, theater, dans & en film, natuur, wetenschap of buurtcultuur. Bekijk de algemene richtlijnen van het Prins Bernhard Cultuurfonds om te zien of het project in aanmerking komt. Er zijn ook nog enkele aanvullende richtlijnen van het Cultuurfonds Overijssel. DOORLOOPTIJD ▶ ☑ onbekend STATUS AANVRAGER ▶ ☑ geen beperkingen bekend VOORKEUR/UITSLUITING ▶ Vanuit de algemene voorwaarden volgt dat het fonds om inhoudelijke, financiële en procedurele redenen; geen verzoeken in behandeling neemt voor: ☑ projecten met een politiek, religieus of overwegend sociaal-maatschappelijk doel; ☑ activiteiten met een fondsenwervend oogmerk; ☑ prijzen, prijsuitreikingen e.d. van andere organisaties; ☑ exploitatiekosten, reguliere investeringen e.d. ☑ initiatieven waarvoor het fonds alle (of het merendeel van de) kosten zou moeten; dragen; ☑ projecten zonder wezenlijk tekort (afgaand op begroting en dekkingsplan); ☑ projecten die reeds (goeddeels) zijn gerealiseerd op het moment van beoordeling.

Procedure ■ OP AANVRAAG ▶ ja DOORLOOPTIJD ▶ 3-6 maanden AANVRAAGPROCEDURE ▶ Wilt u een aanvraag doen bij Cultuurfonds Overijssel? Kijk dan eerst of het project voldoet aan de richtlijnen en wat de inzendtermijnen zijn. Daarna kunt u online aanvragen. Aanvragen voor publicaties hebben een aanvullend calculatieformulier. Dit stuurt u mee met uw online aanvraag. **URL** ▶ www.cultuurfonds.nl/aanvragen-overijssel

Financieel ■ **HERKOMST MIDDELEN** ▶ onbekend **BOEKJAAR** ▶ boekjaar onbekend.

Contact ■ **BEREIKBAAR PER** ▶ ☑ post ☑ e-mail ☑ telefoon **CONTACTPERSOON** ▶ Mw. I. Bruggeman **POSTADRES** ▶ Postbus 10078, 8000 GB Zwolle **EMAIL (ALGEMEEN)** ▶ overijssel@cultuurfonds.nl **TELEFOON (ALGEMEEN)** ▶ 038-4999339.

1007
Prins Bernhard Cultuurfonds Utrecht

Rubriek ■ ☑ kunst en cultuur ☑ natuur, milieu en dieren ☑ onderwijs en onderzoek

Algemeen ■ **WEBSITE** ▶ www.cultuurfonds.nl/provinciale-afdelingen/utrecht **TYPERING** ▶ vermogensfonds **RECHTSVORM** ▶ stichting **KVK** ▶ 41197850 **ANBI STATUS** ▶ ja **DIRECTIE** ▶ geen directiegegevens bekend **BESTUUR** ▶ www.cultuurfonds.nl/afdelingen.

Missie ■ **DOELSTELLING** ▶ Het Prins Bernhard Cultuurfonds Utrecht stelt zich ten doel activiteiten te bevorderen op het gebied van cultuur en natuurbehoud in Nederland. Het Cultuurfonds is op de volgende terreinen werkzaam: beeldende kunst; geschiedenis & letteren; monumentenzorg; muziek; natuurbehoud; theater; beurzen.

Doelgroep ■ **SPECIFIEK** ▶ Projecten in Utrecht op het gebied van beeldende kunst, monumentenzorg, geschiedenis & letteren, muziek, theater, dans & film, natuur, wetenschap of buurtcultuur. **ACTIVITEITEN** ▶ Geen specifieke activiteiten bekend **INTERVENTIENIVEAU** ▶ Steun aan individuen (directe steun).; Steun aan lokale/provinciale maatschappelijke organisaties en structuren (incl. gemeenten etc.) die diensten verlenen aan individuen.

Werkgebied ■ **ACTIERADIUS** ▶ Regionaal **LAND** ▶ Nederland **REGIO** ▶ Utrecht.

Bestedingen ■ **BUDGET** ▶ niet openbaar **SOORT BIJDRAGE** ▶ giften **BOVENGRENS** ▶ geen **ONDERGRENS** ▶ geen.

Projecten ■ **CRITERIA** ▶ Voor projecten in Utrecht kunnen stichtingen en verenigingen een financiële bijdrage aanvragen voor beeldende kunst, monumentenzorg, geschiedenis & letteren, muziek, theater, dans & en film, natuur, wetenschap of buurtcultuur. Bekijk de algemene richtlijnen van het Prins Bernhard Cultuurfonds om te zien of het project in aanmerking komt. Daarnaast gelden aanvullende richtlijnen voor afdeling Utrecht. Cultuurfonds Houten en Cultuurfonds Stichtse Vecht hanteren specifieke richtlijnen. **DOORLOOPTIJD** ▶ ☑ onbekend **STATUS AANVRAGER** ▶ ☑ geen beperkingen bekend **VOORKEUR/UITSLUITING** ▶ Vanuit de algemene voorwaarden volgt dat het fonds om inhoudelijke, financiële en procedurele redenen; geen verzoeken in behandeling neemt voor: ☑ projecten met een politiek, religieus of overwegend sociaal-maatschappelijk doel; ☑ activiteiten met een fondsenwervend oogmerk; ☑ prijzen, prijsuitreikingen e.d. van andere organisaties; ☑ exploitatiekosten, reguliere investeringen e.d. ☑ initiatieven waarvoor het fonds alle (of het merendeel van de) kosten zou moeten; dragen; ☑ projecten zonder wezenlijk tekort (afgaand op begroting en dekkingsplan); ☑ projecten die reeds (goeddeels) zijn gerealiseerd op het moment van beoordeling.

Procedure ■ **OP AANVRAAG** ▶ ja **DOORLOOPTIJD** ▶ 3-6 maanden **AANVRAAGPROCEDURE** ▶ Wilt u een aanvraag doen bij Cultuurfonds Utrecht? Kijk dan eerst of het project voldoet aan de richtlijnen en wat de inzendtermijnen zijn. Daarna kunt u online aanvragen. Aanvragen voor publicaties hebben een aanvullend calculatieformulier. Dit stuurt u mee met uw online aanvraag. **URL** ▶ www.cultuurfonds.nl/aanvragen-utrecht

Financieel ■ **HERKOMST MIDDELEN** ▶ onbekend **BOEKJAAR** ▶ boekjaar onbekend.

Contact ■ **BEREIKBAAR PER** ▶ ☑ post ☑ e-mail ☑ telefoon **CONTACTPERSOON** ▶ J. Lok **POSTADRES** ▶ Postbus 80300, 3508 TH Utrecht **EMAIL (ALGEMEEN)** ▶ utrecht@cultuurfonds.nl **TELEFOON (ALGEMEEN)** ▶ 030-2583991.

1008
Prins Bernhard Cultuurfonds Zeeland

Rubriek ■ ☑ kunst en cultuur ☑ natuur, milieu en dieren

Algemeen ■ **WEBSITE** ▶ www.cultuurfonds.nl/provinciale-afdelingen/zeeland **TYPERING** ▶ vermogensfonds **RECHTSVORM** ▶ stichting **KVK** ▶ 41197850 **ANBI STATUS** ▶ ja **DIRECTIE** ▶ geen directiegegevens bekend **BESTUUR** ▶ www.cultuurfonds.nl/afdelingen.

Missie ■ **DOELSTELLING** ▶ Het Prins Bernhard Cultuurfonds Zeeland stelt zich ten doel activiteiten te bevorderen op het gebied van cultuur en natuurbehoud in Nederland. Het Cultuurfonds is op de volgende terreinen werkzaam: beeldende kunst; geschiedenis & letteren; monumentenzorg; muziek; natuurbehoud; theater; beurzen.

Doelgroep ■ **SPECIFIEK** ▶ Projecten in Zeeland op het gebied van beeldende kunst, monumentenzorg, geschiedenis & letteren, muziek, theater, dans & film, natuur, wetenschap of buurtcultuur. **ACTIVITEITEN** ▶ De stichting heeft een tweetal prijzen ingesteld: ☑ Stimuleringsprijs: Deze Stimuleringsprijs, waar € 10.000 aan verbonden is, is bedoeld voor (met name jonge) vrijwilligers of amateurs, die individueel of in georganiseerd verband een project willen uitvoeren dat uitstijgt boven hun reguliere activiteiten. De prijs wordt jaarlijks toegekend aan projectvoorstellen op het gebied van literatuur, beeldende kunst, audiovisuele kunst, muziek en muziektheater, dans, theater, cultuur- en natuurbehoud; ☑ De Goessche Diep Fondsprijs: De Goessche Diep Fondsprijs van € 2.500 wordt toegekend als blijk van waardering voor excellent werk of een opvallend initiatief van een persoon of instelling op het gebied van cultuur, natuur en wetenschap in Zeeland. **INTERVENTIENIVEAU** ▶ Steun aan individuen (directe steun).; Steun aan lokale/provinciale maatschappelijke organisaties en structuren (incl. gemeenten etc.) die diensten verlenen aan individuen.

Werkgebied ■ **ACTIERADIUS** ▶ Regionaal **LAND** ▶ Nederland **REGIO** ▶ Zeeland.

Bestedingen ■ **BUDGET** ▶ niet openbaar **SOORT BIJDRAGE** ▶ giften **BOVENGRENS** ▶ geen **ONDERGRENS** ▶ geen.

Projecten ■ **CRITERIA** ▶ Voor projecten in Zeeland kunnen stichtingen en verenigingen een financiële bijdrage aanvragen voor beeldende kunst, monumentenzorg, geschiedenis & letteren, muziek, theater, dans & en film, natuur, wetenschap of buurtcultuur. Bekijk de algemene richtlijnen van het Prins Bernhard Cultuurfonds om te zien of het project in aanmerking komt. Daarnaast gelden aanvullende richtlijnen van het Cultuurfonds Zeeland. **DOORLOOPTIJD** ▶ ☑ onbekend **STATUS AANVRAGER** ▶ ☑ geen beperkingen bekend **VOORKEUR/UITSLUITING** ▶ Vanuit de algemene voorwaarden volgt dat het fonds om inhoudelijke, financiële en procedurele redenen; geen verzoeken in behandeling neemt voor: ☑ projecten met een politiek, religieus of overwegend sociaal-maatschappelijk doel; ☑ activiteiten met een fondsenwervend oogmerk; ☑ prijzen, prijsuitreikingen e.d. van andere organisaties; ☑ exploitatiekosten, reguliere investeringen e.d. ☑ initiatieven waarvoor het fonds alle (of het merendeel van de) kosten zou moeten; dragen; ☑ projecten zonder wezenlijk tekort (afgaand op begroting en dekkingsplan); ☑ projecten die reeds (goeddeels) zijn gerealiseerd op het moment van beoordeling.

Procedure ■ **OP AANVRAAG** ▶ ja **DOORLOOPTIJD** ▶ 3-6 maanden **AANVRAAGPROCEDURE** ▶ Wilt u een aanvraag doen bij Cultuurfonds Zeeland? Kijk dan eerst of het project voldoet aan de richtlijnen en wat de inzendtermijnen zijn. Daarna kunt u online aanvragen. Aanvragen voor publicaties hebben een aanvullend calculatieformulier. Dit stuurt u mee met uw online aanvraag. **URL** ▶ www.cultuurfonds.nl/aanvragen-zeeland

Financieel ■ **HERKOMST MIDDELEN** ▶ onbekend **BOEKJAAR** ▶ boekjaar onbekend.

Contact ■ **BEREIKBAAR PER** ▶ ☑ post ☑ e-mail ☑ telefoon **CONTACTPERSOON** ▶ Mw. drs. A.H.C. Keijzer **POSTADRES** ▶ Postbus 8004, 4330 EA Middelburg **EMAIL (ALGEMEEN)** ▶ zeeland@cultuurfonds.nl **TELEFOON (ALGEMEEN)** ▶ 06-52752943.

1009

Prins Bernhard Cultuurfonds Zuid-Holland

Rubriek ■ ☑ kunst en cultuur ☑ natuur, milieu en dieren

Algemeen ■ **WEBSITE** ▶ www.cultuurfonds.nl/provinciale-afdelingen/zuid-holland **TYPERING** ▶ vermogensfonds **RECHTSVORM** ▶ stichting **KVK** ▶ 41197850 **ANBI STATUS** ▶ ja **DIRECTIE** ▶ geen directiegegevens bekend **BESTUUR** ▶ www.cultuurfonds.nl/afdelingen.

Missie ■ **DOELSTELLING** ▶ Het Prins Bernhard Cultuurfonds Zuid-Holland stelt zich ten doel activiteiten te bevorderen op het gebied van cultuur en natuurbehoud in Nederland. Het Cultuurfonds is op de volgende terreinen werkzaam: beeldende kunst; geschiedenis & letteren; monumentenzorg; muziek; natuurbehoud; theater; beurzen.

Doelgroep ■ **SPECIFIEK** ▶ Projecten in Zuid-Holland op het gebied van beeldende kunst, monumentenzorg, geschiedenis & letteren, muziek, theater, dans & film, natuur, wetenschap of buurtcultuur. **ACTIVITEITEN** ▶ De stichting heeft een prijs ingesteld: ☑ Cultuurprijs Zuid-Holland: De Cultuurprijs Zuid-Holland wordt tweejaarlijks uitgereikt aan een in Zuid-Holland gevestigde of daar werkzame laureaat, die excelleert in een van de kunst- of ontwerpdisciplines, erfgoed of natuur. De laureaat ontvangt een trofee en een geldbedrag van € 15.000. **INTERVENTIENIVEAU** ▶ Steun aan individuen (directe steun); Steun aan lokale/provinciale maatschappelijke organisaties en structuren (incl. gemeenten etc.) die diensten verlenen aan individuen.

Werkgebied ■ **ACTIERADIUS** ▶ Regionaal **LAND** ▶ Nederland **REGIO** ▶ Zuid-Holland.

Bestedingen ■ **BUDGET** ▶ niet openbaar **SOORT BIJDRAGE** ▶ giften **BOVENGRENS** ▶ geen **ONDERGRENS** ▶ geen.

Projecten ■ **CRITERIA** ▶ Voor projecten in Zuid-Holland kunnen stichtingen en verenigingen een financiële bijdrage aanvragen voor beeldende kunst, monumentenzorg, geschiedenis & letteren, muziek, theater, dans & en film, natuur, wetenschap of buurtcultuur. Bekijk de algemene richtlijnen van het Prins Bernhard Cultuurfonds om te zien of het project in aanmerking komt. Daarnaast gelden er in Zuid-Holland een aantal aanvullende richtlijnen. Voor kleinere projecten is er een snelloket. Voor crowdfunctiesacties is er het platform voordekunst. Zie website. **DOORLOOPTIJD** ▶ ☑ onbekend **STATUS AANVRAGER** ▶ ☑ geen beperkingen bekend **VOORKEUR/UITSLUITING** ▶ Vanuit de algemene voorwaarden volgt dat het fonds om inhoudelijke, financiële en procedurele redenen; geen verzoeken in behandeling neemt voor: ☑ projecten met een politiek, religieus of overwegend sociaal-maatschappelijk doel; ☑ activiteiten met een fondsenwervend oogmerk; ☑ prijzen, prijsuitreikingen e.d. van andere organisaties; ☑ exploitatiekosten, reguliere investeringen e.d. ☑ initiatieven waarvoor het fonds alle (of het merendeel van de) kosten zou moeten; dragen; ☑ projecten zonder wezenlijk tekort (afgaand op begroting en dekkingsplan); ☑ projecten die reeds (goeddeels) zijn gerealiseerd op het moment van beoordeling.

Procedure ■ **OP AANVRAAG** ▶ ja **DOORLOOPTIJD** ▶ 3-6 maanden **AANVRAAGPROCEDURE** ▶ Wilt u een aanvraag doen bij Cultuurfonds Zuid-Holland? Kijk dan eerst of het project voldoet aan de richtlijnen en wat de inzendtermijnen zijn. Daarna kunt u online aanvragen. Aanvragen voor publicaties hebben een aanvullend calculatieformulier. Dit stuurt u mee met uw online aanvraag. **URL** ▶ www.cultuurfonds.nl/aanvragen-zuid-holland

Financieel ■ **HERKOMST MIDDELEN** ▶ onbekend **BOEKJAAR** ▶ boekjaar onbekend.

Contact ■ **BEREIKBAAR PER** ▶ ☑ post ☑ e-mail ☑ telefoon **CONTACTPERSOON** ▶ geen contactpersoon bekend **POSTADRES** ▶ Postbus 90602, 2509 LP Den Haag **EMAIL (ALGEMEEN)** ▶ zuidholland@cultuurfonds.nl **TELEFOON (ALGEMEEN)** ▶ 070-4417709; 070-4417568; 070-4416799.

1010
Stichting Prins Bernhard Natuurfonds

Rubriek ■ ☑ natuur, milieu en dieren

Algemeen ■ WEBSITE ▶ www.pbnf.nl TYPERING ▶ vermogensfonds OPGERICHT ▶ 19-02-1994 RECHTSVORM ▶ stichting KVK ▶ 41190195 ANBI STATUS ▶ ja DIRECTIE ▶ mw. MSc. A. Alexandre BESTUUR ▶ H.R.H. Prins Constantijn der Nederlanden, voorzitter; mw. M. 't Hooft-Bolle, penningmeester; dr.ir. G.M. van den Top, secretaris; A. Stapel.

Missie ■ DOELSTELLING ▶ Het PBNF ondersteunt kleine, bij voorkeur lokale initiatieven wereldwijd voor het behoud van bedreigde soorten (flora en fauna), of initiatieven die op andere manieren het behoud en verstandig gebruik van de natuur en onze natuurlijke hulpbronnen bevorderen. Daarnaast stimuleert het Fonds innovatie en samenwerking binnen de natuurbeschermingssector, door zichzelf en anderen uit te dagen out-of-the-box te denken en meningen, gedachten en ervaringen uit te wisselen. STICHTER(S) ▶ Prins Bernhard der Nederlanden HISTORIE ▶ Z.K.H. Prins Bernhard was de president van het Wereld Natuur Fonds sinds haar oprichting in 1961. Hij bekleedde deze functie tot 1976, maar bleef actief op het gebied van internationaal natuurbehoud. In 1994 richtte hij zijn eigen fonds op met als missie het ondersteunen van kleine, bij voorkeur lokale, initiatieven betreffende het behoud en de omgang met natuur en de natuurlijke bronnen.

Doelgroep ■ ALGEMEEN ▶ dieren SPECIFIEK ▶ Uitstervende flora en fauna. ACTIVITEITEN ▶ Het PBNF richt zich vooral maar niet alleen op: ☑ materiële noden ten behoeve van het natuurbeheer (transport en communicatie, doch geen hekken); ☑ activiteiten ter vergroting van het draagvlak voor de bescherming van de natuur, kortweg educatie; ☑ vernieuwende vormen van natuurbeheer. INTERVENTIENIVEAU ▶ Steun aan lokale/provinciale maatschappelijke organisaties en structuren (incl. gemeenten etc.) die diensten verlenen aan individuen.

Werkgebied ■ ACTIERADIUS ▶ Internationaal LAND ▶ Afrika, Latijns-Amerika.

Bestedingen ■ BUDGET ▶ niet openbaar SOORT BIJDRAGE ▶ giften BOVENGRENS ▶ € 20.000 ONDERGRENS ▶ geen.

Projecten ■ CRITERIA ▶ Het Fonds richt zich primair op werkzaamheden van organisaties in de focusgebieden van het Fonds: Afrika, Azië en Latijns-Amerika. Organisaties uit andere regio's kunnen in aanmerking komen voor ondersteuning als er een substantieel element is van samenwerking met en versterking van lokale partnerorganisaties; ☑ De stichting stelt prioriteiten aan de hand van de "Rode Lijst" van The International Union for Conservation of Nature (IUCN); ☑ betrokkenheid belanghebbenden (stakeholders); ☑ lokale bevolking wordt betrokken; ☑ Innovatief project/aanpak; ☑ (Economische) duurzaamheid van het project; ☑ lokale capaciteit/faciliteit opbouw. DOORLOOPTIJD ▶ ☑ onbekend STATUS AANVRAGER ▶ ☑ stichting of vereniging (non-profit) VOORKEUR/UITSLUITING ▶ Het PBNF heeft de voorkeur voor projecten die zich richten op kwetsbare of bedreigde soorten, projecten en organisaties die kleiner in omvang zijn. Het fonds sluit uit: ☑ individuen; ☑ aanvragen van andere fondsen; ☑ het betalen van reguliere salarissen; ☑ het financieren van wapens; ☑ ondersteuning van een normale kostenbegroting; ☑ jaarlijks terugkerende aanvragen; ☑ het financieren van zuiver wetenschappelijk onderzoek (wel beheerondersteunend onderzoek); ☑ stageopdrachten van bv. studenten; ☑ seminars; ☑ reizen. ☑ projecten die zich richten op te algemene of wereldwijde kwesties zoals klimaatverandering, ontbossing, ondervoeding, armoede e.d.

Procedure ■ OP AANVRAAG ▶ ja DOORLOOPTIJD ▶ 3-6 maanden AANVRAAGPROCEDURE ▶ Aanvragen dienen digitaal te worden ingediend. Er is een format (verplichte elementen en lengte antwoorden) beschikbaar om te helpen bij de aanvraag. Het is mogelijk om de aanvraag tussentijds op te slaan. De deadline staat vermeld op de website. In juni volgt de beslissing URL ▶ www.pbnf.nl/grantseekers/

Financieel ■ HERKOMST MIDDELEN ▶ vermogen BOEKJAAR ▶ boekjaar onbekend.

Contact ■ BEREIKBAAR PER ▶ ☑ post ☑ e-mail ☒ telefoon CONTACTPERSOON ▶ geen contactpersoon bekend POSTADRES ▶ Kraanspoor 24, 1033 SE Amsterdam EMAIL (ALGEMEEN) ▶ nature@pbnf.nl.

1011
Stichting Prins Hendrik Fonds

Rubriek ■ ☑ noodhulp ☑ onderwijs en onderzoek

Algemeen ■ WEBSITE ▶ www.prinshendrikfonds.nl TYPERING ▶ vermogensfonds OPGERICHT ▶ 21-12-1910 RECHTSVORM ▶ stichting KVK ▶ 41199303 ANBI STATUS ▶ ja DIRECTIE ▶ geen directiegegevens bekend BESTUUR ▶ H. Pijper, voorzitter; K. Zuidema, penningmeester; W. Buwalda, secretaris.

Missie ■ DOELSTELLING ▶ Het PHF faciliteert en ondersteunt financieel organisaties op het gebied van vrijwillige eerstehulpverlening en calamiteitenbestrijding. STICHTER(S) ▶ Prins Hendrik HISTORIE ▶ Het Prins Hendrikfonds werd opgericht bij Koninklijk Besluit van 13 juni 1910. De doelstellingen waren het verlenen van materiële hulp bij zware rampen, het belonen van moedig, zelfopofferend gedrag. Vanuit het Fonds kunnen bijdragen worden toegekend aan projecten die zijn gericht op het voorkomen van rampen, c.q. de voorbereiding op een goede rampenbestrijding. Informatie kan worden aangevraagd bij Het Oranje Kruis. BELEIDSPLAN OP WEBSITE ▶ ja.

Doelgroep ■ SPECIFIEK ▶ Organisaties die actief zijn op het gebied van eerstehulpverlening en calamiteitenbestrijding. ACTIVITEITEN ▶ De afgelopen jaren werd ondersteuning geboden aan vijf verschillende thema's: ☑ Ondersteuning van bijzondere projecten; ☑ Het opleiden van EHBO instructeurs; ☑ Het opleiden van LOTUS instructeurs; ☑ Lesmateriaal voor jeugd EHBO; ☑ Subsidies en stipendia voor reddingsbrigades. INTERVENTIENIVEAU ▶ Steun aan lokale/provinciale maatschappelijke organisaties en structuren (incl. gemeenten etc.) die diensten verlenen aan individuen.

Werkgebied ■ ACTIERADIUS ▶ Nationaal LAND ▶ Nederland.

Bestedingen ■ BUDGET ▶ niet openbaar ONDERSTEUNDE PROJECTEN P/J ▶ 20 SOORT BIJDRAGE ▶ overig BOVENGRENS ▶ geen ONDERGRENS ▶ geen.

Projecten ■ CRITERIA ▶ Om budgettaire redenen is besloten om de uitkeringen grotendeels te beperken tot het uitkeren van stipendia voor de opleiding van instructeurs EHBO en instructeurs LOTUS. De specifieke criteria voor beide regelingen zijn te vinden op de website. Bij hoge uitzondering is het mogelijk om andere projecten binnen de doelstelling te verwezenlijken: Criteria hiervoor zijn: ☑ Het project heeft betrekking op vrijwillige (eerste)hulpverlening; ☑ Het moet een eigen project zijn van een of meerdere organisaties; ☑ Het project moet nog uitgevoerd worden; ☑ De aanvraag gaat vergezeld van een begroting van de kosten; ☑ Binding met calamiteiten en hulpverlening; ☑ Het project is van plaats en tijd beperkt; ☑ De activiteit behoort tot het takenpakket van de organisatie; ☑ De aanvraag is ondubbelzinnig en compleet. DOORLOOPTIJD ▶ ☑ korter dan 1 jaar STATUS AANVRAGER ▶ ☑ stichting of vereniging (non-profit) VOORKEUR/UITSLUITING ▶ De stichting geeft geen subsidie wanneer: ☑ projecten vallen onder overheidsverantwoording; ☑ er redelijke alternatieven beschikbaar zijn; ☑ De subsidie een structureel karakter heeft; ☑ het kosten in relatie tot werkruimte betreft; ☑ het secretariaatskosten betreft; ☑ het reis- en verblijfkosten betreft; ☑ het opstellen van evaluatierapporten betreft; ☑ het juridische kosten betreft.

Procedure ■ OP AANVRAAG ▶ ja DOORLOOPTIJD ▶ 1-3 maanden AANVRAAGPROCEDURE ▶ De aanvragen dienen volgens het regelement van toepassing (LOTUS, EHBO, overig) worden ingediend. De volgende documenten die nodig zijn, bevinden zich op de website en dienen volledig ingevuld ingediend te worden: ☑ stipendium instructeur LOTUS/EHBO; ☑ Studieovereenkomst stipendium instructeur LOTUS/EHBO URL ▶ www.prinshendrikfonds.nl/subsidie-aanvraag-indienen/

Financieel ■ EIGEN VERMOGEN ▶ € 868.729 HERKOMST MIDDELEN ▶ vermogen, giften & schenkingen, overige inkomsten, legaten BOEKJAAR ▶ 2018.

Contact ■ BEREIKBAAR PER ▶ ☑ post ☑ e-mail ☑ telefoon CONTACTPERSOON ▶ geen contactpersoon bekend POSTADRES ▶ Ary van der Spuyweg 15, 2585 JA Den Haag EMAIL (ALGEMEEN) ▶ secretaris@prinshendrikfonds.nl TELEFOON (ALGEMEEN) ▶ 06-12132421.

1012
Prinsenhaven Fonds

Rubriek ■ ☑ kunst en cultuur

Algemeen ■ WEBSITE ▶ www.cultuurfonds.nl TYPERING ▶ fonds op naam BEHEERD DOOR ▶ Prins Bernhard Cultuurfonds DIRECTIE ▶ zie > Prins Bernhard Cultuurfonds BESTUUR ▶ zie > Prins Bernhard Cultuurfonds

Missie ■ DOELSTELLING ▶ Het financieel ondersteunen van projecten op het gebied van de muziek in Nederland.

Werkgebied ■ ACTIERADIUS ▶ Nationaal LAND ▶ Nederland.

Projecten ■ CRITERIA ▶ geen projectcriteria bekend DOORLOOPTIJD ▶ ☑ korter dan 1 jaar STATUS AANVRAGER ▶ ☑ geen beperkingen bekend VOORKEUR/UITSLUITING ▶ geen voorkeur of uitsluiting bekend.

Procedure ■ OP AANVRAAG ▶ ja AANVRAAGPROCEDURE ▶ Dit 'fonds op naam' ressorteert onder het Prins Bernhard Cultuurfonds. Verzoeken aan fondsen op naam komen op één centraal punt binnen. Dit houdt in dat een subsidieaanvraag slechts eenmaal aan het Prins Bernhard Cultuurfonds hoeft te worden gezonden. Voor de verdere aanvraagprocedure: zie Prins Bernhard Cultuurfonds. URL ▶ www.cultuurfonds.nl/aanvragen

Contact ■ BEREIKBAAR PER ▶ ☑ post ☑ e-mail ☑ telefoon CONTACTPERSOON ▶ geen contactpersoon bekend POSTADRES ▶ Postbus 19750, 1000 GT Amsterdam EMAIL (ALGEMEEN) ▶ info@cultuurfonds.nl TELEFOON (ALGEMEEN) ▶ 020-5206130.

1013
Stichting Pro Juventute Amsterdam

Rubriek ■ ☑ maatschappij, welzijn en samenleving ☑ gezondheidszorg

Algemeen ■ WEBSITE ▶ www.projuventute-amsterdam.nl TYPERING ▶ vermogensfonds OPGERICHT ▶ 12-03-1969 RECHTSVORM ▶ stichting KVK ▶ 41200313 ANBI STATUS ▶ ja DIRECTIE ▶ geen directiegegevens bekend BESTUUR ▶ Mw. D.J. de Ruyter, voorzitter; S. Bon, penningmeester; mw. R.F. Bogaard-Beekman, secretaris; mw. J.G.M. de Bruijn; mw. M. de Nijs; E.F. Steketee.

Missie ■ DOELSTELLING ▶ De stichting heeft tot doel het verlenen van financiële steun en ondersteuning in andere vorm aan instellingen die werkzaam zijn op het terrein van of werkzaamheden verrichten ten behoeve van de jeugdzorg. Op grond van de historie van de stichting, die als steunstichting verbonden was aan stichting Pro Juventute Amsterdam en statutaire bepalingen is er in het bijzonder band met Stichting Bureau Jeugdzorg Agglomeratie Amsterdam. HISTORIE ▶ Stichting Pro Juventute Amsterdam is opgericht op 12 maart 1969. Onder de Latijnse naam 'Pro Juventute' - in het Nederlands 'Voor de jeugd' - kende Nederland in de vorige eeuw tal van instellingen op het terrein van de jeugdhulpverlening en jeugdbescherming. In Amsterdam was Pro Juventute ook actief, voornamelijk op het gebied van jeugdbescherming. Deze is in de jaren '90 in Amsterdam met andere instellingen gefuseerd tot Bureau Jeugdzorg Amsterdam, later Bureau Jeugdzorg Agglomeratie Amsterdam. BELEIDSPLAN OP WEBSITE ▶ ja.

Doelgroep ■ ALGEMEEN ▶ jongeren, kinderen SPECIFIEK ▶ Organisaties en onderzoekers die actief zijn op het gebied van de jeugdzorg en jeugdbescherming. ACTIVITEITEN ▶ Stichting Pro Juventute Amsterdam verleent financiële ondersteuning aan organisaties die actief zijn op het gebied van de jeugdzorg en jeugdbescherming en ondersteunt onderzoek dat beoogt bij te dragen aan de verbetering van de zorg aan kinderen, jongeren en ouders alsmede de organisatie daarvan. In 2019 werden er twee onderzoeken afgerond:; ☑ Systeemgerichte aanpak van delictgedrag. Ervaringen met Intensief Systeemgericht Casemanagement bij gezinnen met een jeugdreclasseringsmaatregel bij Jeugdbescherming Regio Amsterdam' geschreven door onderzoekers van Jeugdbescherming Regio Amsterdam; ☑ Spoedplaatsingen in Jeugdzorgplus (Jeugdbescherming en de Koppeling). **INTERVENTIENIVEAU** ▶ Steun aan lokale/provinciale maatschappelijke organisaties en structuren (incl. gemeenten etc.) die diensten verlenen aan individuen.

Werkgebied ■ **ACTIERADIUS** ▶ Nationaal **LAND** ▶ Nederland.

Bestedingen ■ **BUDGET** ▶ € 100.000 **TOELICHTING** ▶ De stichting Pro Juventute Amsterdam besteedt het jaarlijkse rendement van haar kapitaal aan de ondersteuning van (onderzoeks)projecten die een bijdrage leveren aan de bevordering van het welbevinden van kinderen en jeugdigen in Amsterdam en omgeving, die in hun ontwikkeling bedreigd worden. Het grootste gedeelte daarvan komt ten goede aan projecten van Jeugdbescherming Regio Amsterdam. **ONDERSTEUNDE PROJECTEN P/J** ▶ 9 **SOORT BIJDRAGE** ▶ subsidies **BOVENGRENS** ▶ € 50.000 **ONDERGRENS** ▶ € 10.000.

Projecten ■ **CRITERIA** ▶ (onderzoeks)project dat een duidelijke bijdrage levert aan het voorkomen of verminderen van problemen van kinderen en jongeren, die opgroeien in de regio Amsterdam. De projecten kunnen betrekking hebben op; ☑ bevordering van het handelen van professionals,; ☑ de verbetering van omgevingsfactoren; ☑ jeugdbescherming; ☑ jeugdzorg; ☑ preventie door nuldelijns organisaties. De projecten kunnen uitgevoerd worden door instellingen voor (jeugd)hulpverlening, (jeugd)zorg, kennisinstellingen zoals hogescholen of universiteiten, not for profit particuliere onderzoeks- of hulpverleningsorganisaties en 'grass-root' organisaties. Alleen die projecten worden gesubsidieerd die niet zonder de steun van de stichting uitgevoerd kunnen worden. Echter, projecten dienen te leiden tot praktijken die (op termijn) geen extra financiële ondersteuning vereisen. De nieuwe praktijken dienen m.a.w. ook financieel duurzaam te zijn. Tevens wordt verwacht dat in de projecten aandacht besteed wordt aan (onderzoek naar) de effectiviteit van de praktijken die worden ontwikkeld en/of uitgevoerd. **DOORLOOPTIJD** ▶ ☑ onbekend **STATUS AANVRAGER** ▶ ☑ stichting of vereniging (non-profit) ☑ hulpverleners ☑ onderwijsinstelling ☑ kerkelijke instelling **VOORKEUR/UITSLUITING** ▶ Donaties zijn bestemd voor incidentele projecten en niet voor structurele ondersteuning van een instelling.

Procedure ■ **OP AANVRAAG** ▶ ja **AANVRAAGPROCEDURE** ▶ Een projectvoorstel wordt als een Word document of als pdf bestand ingediend bij het secretariaat van de stichting per e-mail. Het voorstel moet uit alle hier onderstaande onderdelen bestaan: ☑ Beknopte beschrijving van de organisatie die subsidie aanvraagt (max. 150 woorden); ☑ Aanleiding voor de subsidieaanvraag met toelichting waarom subsidie noodzakelijk is (max. 200 woorden); ☑ Doelstelling en/of vraagstelling van het project met toelichting (max 300 woorden); ☑ Beoogde resultaten (max 300 woorden); ☑ Werkwijze, bestaande uit de volgende onderdelen (in totaal max 750 woorden): de manier waarop methodiek/interventie/initiatief wordt uitgevoerd, en de manier waarop het succes daarvan wordt onderzocht en geëvalueerd; ☑ Mogelijkheden van verspreiding van resultaten (max 200 woorden); ☑ Beschrijving van wijze waarop het project het welbevinden van kinderen/jongeren bevordert (legitimering van het project) (max 200 woorden); ☑ Begroting gespecificeerd naar personele en materiële lasten. **URL** ▶ https://www.projuventute-amsterdam.nl/alles-over-subsidies-pro-juven

Financieel ■ **EIGEN VERMOGEN** ▶ € 6.519.104 **INKOMSTEN EV** ▶ € -.288.725 **INKOMSTEN OV** ▶ € 318 **HERKOMST MIDDELEN** ▶ vermogen, overige inkomsten **BOEKJAAR** ▶ 2018 **JAARVERSLAG OP WEBSITE** ▶ ja.

Contact ■ **BEREIKBAAR PER** ▶ ☑ post ☑ e-mail ☒ telefoon **CONTACTPERSOON** ▶ geen contactpersoon bekend **POSTADRES** ▶ Overschiestraat 57, 1062 HN Amsterdam **EMAIL (ALGEMEEN)** ▶ managementassistenten@jeugdbescherming.nl.

1014

Pro Juventute Steunstichting 's-Gravenhage

Rubriek ■ ☑ maatschappij, welzijn en samenleving

Algemeen ■ **WEBSITE** ▶ www.projuventute-denhaag.nl **TYPERING** ▶ vermogensfonds **OPGERICHT** ▶ 24-12-1954 **RECHTSVORM** ▶ stichting **KVK** ▶ 41151184 **ANBI STATUS** ▶ ja **DIRECTIE** ▶ geen directiegegevens bekend **BESTUUR** ▶ Mr. H.A.G. Nijman, voorzitter; mw.mr. T.N. van Rijn, penningmeester; mw.mr. J. Bouwhuis, secretaris; mw. E.I. van Sloten-van de Munt; mw.mr. C.E. Dettmeijer-Vermeulen; mw.drs. W.Ch.P. Steuteknuël; dr. F.J. de Wuffel.

Missie ■ **DOELSTELLING** ▶ De stichting heeft ten doel het verlenen van steun aan de rechtsopvolgers van de stichting, welke voorheen was genaamd 'Stichting Pro Juventute 's-Gravenhage' te 's-Gravenhage, en/of aan andere instellingen voor jeugdzorgverlening in het arrondissement 's-Gravenhage. Bij verzochte steun voor activiteiten die de grenzen van het arrondissement 's-Gravenhage geheel of gedeeltelijk overschrijden, moet de aanvrager van de steun in het arrondissement 's-Gravenhage zijn gevestigd en dient de steun in en/of ten behoeve van genoemd gebied te worden besteed. De stichting tracht dit doel onder meer te bereiken door het verstrekken van giften en voorschotten. **HISTORIE** ▶ De Pro Juventute Steunstichting 's-Gravenhage is oorspronkelijk de steunstichting die vast verbonden was aan de Stichting Pro Juventute 's-Gravenhage, later genaamd: Stichting Pro Juventute Den Haag/De Drieslag Leiden. Donaties en legaten ten behoeve van deze voogdij-instelling werden door de steunstichting beheerd. Omstreeks 1993 heeft het ministerie van Justitie als beleid aanvaard dat in ieder arrondissement slechts één voogdij-instelling als zodanig zou worden erkend. Deze ene instelling zou daardoor als enige in aanmerking komen om door de (kinder)rechter als toezichthouder op daarvoor in aanmerking komende jeugdigen te worden benoemd. Dit beleid heeft geleid tot een fusie van de drie Haagse voogdij-instellingen, waaronder Pro Juventute Den Haag/de Drieslag Leiden.

Deze gefuseerde instelling is verder gegaan als Stichting Jeugdzorg Den Haag en heet nu Stichting Bureaus Jeugdzorg Haaglanden/Zuid-Holland. De Pro Juventute Steunstichting is zelfstandig voortgegaan. Voor haar zijn de Bureaus Jeugdzorg nog in zoverre belangrijk dat deze als rechtsopvolger van de Stichting Pro Juventute 's-Gravenhage in haar doelstelling voorop worden gesteld voor het ontvangen van steun. Maar hier is aan toegevoegd dat ook andere instellingen voor jeugdzorgverlening in het arrondissement 's-Gravenhage daarvoor in aanmerking kunnen komen. **BELEIDSPLAN OP WEBSITE** ► ja.

Doelgroep ■ **ALGEMEEN** ► jongeren, kinderen **SPECIFIEK** ► Geen specifieke doelgroep **ACTIVITEITEN** ► Geen specifieke activiteiten bekend **INTERVENTIENIVEAU** ► Steun aan lokale/provinciale maatschappelijke organisaties en structuren (incl. gemeenten etc.) die diensten verlenen aan individuen.

Werkgebied ■ **ACTIERADIUS** ► Lokaal **LAND** ► Nederland **REGIO** ► Zuid-Holland **PLAATS** ► s-Gravenhage.

Bestedingen ■ **BUDGET** ► niet openbaar **ONDERSTEUNDE PROJECTEN P/J** ► 13 **SOORT BIJDRAGE** ► giften **BOVENGRENS** ► geen **ONDERGRENS** ► geen.

Projecten ■ **CRITERIA** ► Het project is in overeenstemming met de doelstelling van de Pro Juventute Steunstichting 's-Gravenhage. **DOORLOOPTIJD** ► ☑ onbekend **STATUS AANVRAGER** ► ☑ stichting of vereniging (non-profit) **VOORKEUR/UITSLUITING** ► geen voorkeur of uitsluiting bekend.

Procedure ■ **OP AANVRAAG** ► ja **DOORLOOPTIJD** ► 3-6 maanden **AANVRAAGPROCEDURE** ► Aanvragen voor financiële bijdragen dienen in briefvorm in de Nederlandse taal te worden gezonden naar de Pro Juventute Steunstichting 's-Gravenhage. Een aanvraag kan kort zijn, mits duidelijk blijkt waarvoor een financiële bijdrage wordt gevraagd. Tevens moet blijken dat deze in overeenstemming is met de doelstelling van de Stichting. Benodigdheden die bijgeleverd dienen te worden: ☑ begroting; ☑ dekkingsplan; ☑ opgave van lopende subsidieaanvragen bij overheidsinstellingen en andere fondsen. Na afloop van het project dient verantwoording te worden gegeven over het verloop van het project en de besteding van de subsidie. Verenigingen en stichtingen wordt verzocht de volgende zaken mee te sturen: ☑ de statuten; ☑ een recent uittreksel uit het handelsregister van de Kamer van Koophandel,; ☑ vermelding van de activiteiten van de vereniging/stichting,; ☑ het aantal leden of deelnemers; ☑ voor welke activiteit of aanschaf een bijdrage wordt gevraagd. Men dient er rekening mee te houden dat een beslissing van het bestuur niet altijd binnen vier maanden na ontvangst van de aanvraag kan worden verwacht. Over een eventuele reden van afwijzing wordt summier informatie verstrekt. Iedere aanvrager ontvangt zo snel mogelijk schriftelijk bericht nadat de aanvraag in het bestuur is besproken. **URL** ► www.projuventute-denhaag.nl/aanvragen

Financieel ■ **EIGEN VERMOGEN** ► € 2.546.967 **INKOMSTEN EV** ► € 37.964 **HERKOMST MIDDELEN** ► giften & schenkingen, legaten, vermogen, overige inkomsten, bedrijven **BOEKJAAR** ► 2018 **JAARVERSLAG OP WEBSITE** ► ja.

Contact ■ **BEREIKBAAR PER** ► ☑ post ☑ e-mail ☒ telefoon **CONTACTPERSOON** ► Mw. mr. J. Bouwhuis **POSTADRES** ► Postbus 1006, 8001 BA Zwolle **EMAIL (ALGEMEEN)** ► info@projuventute-denhaag.nl.

1015
Stichting Pro Natura

Rubriek ■ ☑ onderwijs en onderzoek ☑ natuur, milieu en dieren

Algemeen ■ **WEBSITE** ► www.kennisbankfilantropie.nl/anbi/pro-natura **TYPERING** ► hybride fonds **RECHTSVORM** ► stichting **KVK** ► 41050662 **ANBI STATUS** ► ja **DIRECTIE** ► geen directiegegevens bekend **BESTUUR** ► Mw. A.D. Thurkow-Haartmans, voorzitter; prof.dr.ir. R.A.A. Oldeman, secretaris; mw.drs. J.C. de Bruijn.

Missie ■ **DOELSTELLING** ► Steunen, bevorderen en begeleiden van instellingen en personen op gebied van natuurbeheer, ecologie en leefmilieu, zowel in als buiten Nederland met nadruk op wetenschappelijk onderzoek op die terreinen.

Doelgroep ■ **ALGEMEEN** ► studenten **SPECIFIEK** ► Geen specifieke doelgroep **ACTIVITEITEN** ► Als kleine stichting zoekt deze niet actief naar organisaties/personen die voor steun in aanmerking komen. Veelal worden jonge wetenschappers gesteund voor hun onderzoek b.v. ten behoeve van hun promotie of afstudeerproject. Deze worden dikwijls voorgesteld door personen uit de universitaire wereld. Ook bekende en minder bekende organisaties op het gebied van natuurbehoud ontvangen wel giften, gevraagd of ongevraagd. **INTERVENTIENIVEAU** ► Onbekend.

Werkgebied ■ **ACTIERADIUS** ► Nationaal **LAND** ► Nederland.

Bestedingen ■ **BUDGET** ► niet openbaar **SOORT BIJDRAGE** ► giften **BOVENGRENS** ► geen **ONDERGRENS** ► geen.

Projecten ■ **CRITERIA** ► Veelal wordt financiële steun verleend aan wetenschappers voor o.a. onderzoek voor promoties en ander natuurwetenschappelijk onderzoek. Daarnaast wordt er steun gegeven aan natuurbeschermingsorganisaties. **DOORLOOPTIJD** ► ☑ onbekend **STATUS AANVRAGER** ► ☑ geen beperkingen bekend **VOORKEUR/UITSLUITING** ► geen voorkeur of uitsluiting bekend.

Procedure ■ **OP AANVRAAG** ► onbekend **AANVRAAGPROCEDURE** ► Geen aanvraagprocedure bekend.

Financieel ■ **HERKOMST MIDDELEN** ► giften & schenkingen **BOEKJAAR** ► 2012 **JAARVERSLAG OP WEBSITE** ► ja.

Contact ■ **BEREIKBAAR PER** ► ☑ post ☑ e-mail ☑ telefoon **CONTACTPERSOON** ► geen contactpersoon bekend **POSTADRES** ► Binnenweg 44, 6955 AZ Ellecom **EMAIL (ALGEMEEN)** ► thurkow-hartmans@planet.nl **TELEFOON (ALGEMEEN)** ► 0313-421940.

1016
Prof. Th. Hart de Ruyter Fonds

Rubriek ■ ☑ gezondheidszorg ☑ onderwijs en onderzoek

Algemeen ■ **WEBSITE** ► https://wijzijnmind.nl/over-mind/fondsen-op-naam/prof-dr-th-hart-de-ruyter-fonds **TYPERING** ► fonds op naam **BEHEERD DOOR** ► Stichting MIND **DIRECTIE** ► zie > Stichting MIND **BESTUUR** ► zie > Stichting MIND

Missie ■ **DOELSTELLING** ► Het doel van het fonds is om vooral het perspectief van (zeer) jonge kinderen met een psychiatrische stoornis te verbeteren. **HISTORIE** ► Het Hart de Ruyter Fonds is vernoemd naar prof. dr. Th. Hart de Ruyter, de eerste hoogleraar Kinderpsychiatrie in Nederland. Hij was van 1952 tot 1973 verbonden aan de Rijksuniversiteit Groningen. In 2001 overleed hij. Het vermogen van het fonds is beschikbaar gesteld door Stichting Therapeutische Gezinsverpleging Noord Nederland (TGVNN). Deze stichting is in 1961 opgericht en bood tot 1997 therapeutische gezinsverpleging aan in Noord Nederland. Als gevolg van de wet op de Jeugdzorg is toen de uitvoering van de therapeutische pleegzorg overgenomen door andere organisaties, meestal de reguliere pleegzorg. De stichting heeft zich daarna omgevormd tot een fonds waaruit veelal kleine projecten werden ondersteund. Vanaf oktober 2012 is het prof. dr. Th. Hart de Ruyter Fonds een Fonds op Naam binnen het Fonds Psychische Gezondheid (nu MIND). **BELEIDSPLAN OP WEBSITE** ► ja.

Werkgebied ■ **ACTIERADIUS** ► Nationaal **LAND** ► Nederland.

Projecten ■ **CRITERIA** ► ☑ Vernieuwende projecten die de grenzen weten te doorbreken tussen jeugdzorg, onderwijs, jeugdgezondheidszorg en de kinder- en jeugdpsychiatrie worden vanuit dit fonds gefinancierd; ☑ projecten die gericht zijn op deskundigheidsbevordering en methodiekontwikkeling; ☑ projecten met betrekking tot onderzoek en een betere behandeling van kinderen met hechtingsstoornissen en een geschiedenis van trauma. **DOORLOOPTIJD** ► ☑ onbekend **STATUS AANVRAGER** ► ☑ geen beperkingen bekend **VOORKEUR/UITSLUITING** ► Het prof. dr. Th. Hart de Ruyter Fonds beperkt zich tot Nederland. Projecten in Suriname en de Nederlandse Antillen worden echter niet uitgesloten, mits deze opgezet en ondersteund worden door de kinder- en jeugdpsychiatrie vanuit Nederland.

Procedure ■ **OP AANVRAAG** ► ja **AANVRAAGPROCEDURE** ► U kunt voor het prof. dr. Th. Hart de Ruyter Fonds geen aparte aanvraag indienen. Een subsidieaanvraag moet binnen het beleid en de programma's van MIND passen. **URL** ► https://wijzijnmind.nl/over-mind/subsidie-aanvragen

Contact ■ **BEREIKBAAR PER** ► ☑ post ☑ e-mail ☑ telefoon **CONTACTPERSOON** ► geen contactpersoon bekend **POSTADRES** ► Stationsplein 125, 3818 LE Amersfoort **EMAIL (ALGEMEEN)** ► info@wijzijnmind.nl **TELEFOON (ALGEMEEN)** ► 030-3032303.

1017
Prof.dr. F.E.J. Kruseman Aretz Fonds

Rubriek ■ ☑ onderwijs en onderzoek ☑ kunst en cultuur

Algemeen ■ **WEBSITE** ► www.cultuurfonds.nl **TYPERING** ► fonds op naam **BEHEERD DOOR** ► Prins Bernhard Cultuurfonds **DIRECTIE** ► zie > Prins Bernhard Cultuurfonds **BESTUUR** ► zie > Prins Bernhard Cultuurfonds

Missie ■ **DOELSTELLING** ► Het financieel ondersteunen van projecten op het gebied van de geschiedenis van de techniek, in het bijzonder op het terrein van de ontwikkeling van de informatica en de bijbehorende apparatuur.

Werkgebied ■ **ACTIERADIUS** ► Nationaal **LAND** ► Nederland.

Projecten ■ **CRITERIA** ► geen projectcriteria bekend **DOORLOOPTIJD** ► ☑ korter dan 1 jaar **STATUS AANVRAGER** ► ☑ geen beperkingen bekend **VOORKEUR/UITSLUITING** ► geen voorkeur of uitsluiting bekend.

Procedure ■ **OP AANVRAAG** ► ja **AANVRAAGPROCEDURE** ► Dit 'fonds op naam' ressorteert onder het Prins Bernhard Cultuurfonds. Verzoeken aan fondsen op naam komen op één centraal punt binnen. Dit houdt in dat een subsidieaanvraag slechts eenmaal aan het Prins Bernhard Cultuurfonds hoeft te worden gezonden. Voor de verdere aanvraagprocedure: zie Prins Bernhard Cultuurfonds. **URL** ► www.cultuurfonds.nl/aanvragen

Contact ■ **BEREIKBAAR PER** ► ☑ post ☑ e-mail ☑ telefoon **CONTACTPERSOON** ► geen contactpersoon bekend **POSTADRES** ► Postbus 19750, 1000 GT Amsterdam **EMAIL (ALGEMEEN)** ► info@cultuurfonds.nl **TELEFOON (ALGEMEEN)** ► 020-5206130.

1018
Stichting Projectenfonds Atlantis

Rubriek ■ ☑ economische ontwikkeling en microkrediet ☑ maatschappij, welzijn en samenleving ☑ onderwijs en onderzoek

Algemeen ■ **WEBSITE** ► www.sites.google.com/view/projectenfondsatlantis **TYPERING** ► vermogensfonds **OPGERICHT** ► 15-01-2008 **RECHTSVORM** ► stichting **KVK** ► 17218873 **ANBI STATUS** ► ja **DIRECTIE** ► geen directiegegevens bekend **BESTUUR** ► W. Kersten, voorzitter; L. Elshout, penningmeester; W. van Sprang, secretaris; C. van den Ekart.

Missie ■ **DOELSTELLING** ► De Stichting heeft als doel de duurzame ontwikkeling van de maatschappij te bevorderen, waarbij mens- en milieuvriendelijk handelen centraal staat. Specifieke terreinen waarop de Stichting zich gaat richten zijn: Onderwijs, Gezondheid en Economische Ontwikkeling. Vanuit de optiek dat de zwaksten het hardst ondersteuning nodig hebben zal de Stichting bij haar activiteiten een special oog hebben voor de kansarme mensen en bevolkingsgroepen in achterstandssituaties. De stichting wil zich niet binden aan specifieke regionale grenzen, een goed project – dat voldoet aan de bovengeschetste criteria - in een ver land verdient evenveel kans als een gelijkwaardig project in onze eigen provincie.

Doelgroep ■ **ALGEMEEN** ► armen, dak- en thuislozen **SPECIFIEK** ► Kansarme mensen of groepen in een achterstandssituatie. **ACTIVITEITEN** ► Geen specifieke activiteiten bekend **INTERVENTIENIVEAU** ► Steun aan lokale/provinciale maatschappelijke organisaties en structuren (incl. gemeenten etc.) die diensten verlenen aan individuen.

Werkgebied ■ ACTIERADIUS ▶ Internationaal, Nationaal LAND ▶ Tanzania, Nederland, Kenia, Mali.

Bestedingen ■ BUDGET ▶ niet openbaar SOORT BIJDRAGE ▶ giften BOVENGRENS ▶ geen ONDERGRENS ▶ geen.

Projecten ■ CRITERIA ▶ De stichting kent een financiële bijdrage aan projecten toe op basis van de volgende criteria: ☑ voor en door kansarme mensen en/of bevolkingsgroepen in een achterstandssituatie; ☑ gericht op het bevorderen van zelfredzaamheid; ☑ een duurzame investering in mensen (beroepsopleiding, arbeidsvoorziening) of middelen (productiemiddelen voor energie en/of voedselvoorziening); ☑ het leveren van een structurele bijdrage aan doelmatigheid en doeltreffendheid van een ontwikkeling; ☑ er dienen ook andere financiers te zijn; ☑ er dient sprake te zijn van een betrouwbare organisatie; ☑ de voortgang van het project, zowel in procesgang als in het bereiken van de doelstellingen, dient verifieerbaar te zijn middels onder andere (jaar)verslagen. DOORLOOPTIJD ▶ ☑ korter dan 1 jaar STATUS AANVRAGER ▶ ☑ stichting of vereniging (non-profit) ☑ individuen/gezinnen VOORKEUR/UITSLUITING ▶ geen voorkeur of uitsluiting bekend.

Procedure ■ OP AANVRAAG ▶ ja DOORLOOPTIJD ▶ 3-6 maanden AANVRAAGPROCEDURE ▶ Er zijn twee stappen voor het doen van de aanvraag: A. Via projectenfondsatlantis@gmail.com stuurt u in (in pdf-formaat): ☑ een projectplan,; ☑ een financiële begroting; ☑ concrete vraag: voor welk specifiek domein vraagt u een bijdrage aan, hoe hoog is het bedrag dat u aanvraagt; B. Via de site stuurt u het aanvullende vragenformulier in. Stichting Atlantis vergadert drie keer per jaar. Om voor behandeling in aanmerking te komen moet uw aanvraag 4 weken voor de vergadering compleet ingediend zijn. URL ▶ www.sites.google.com/view/projectenfondsatlantis/voorwaarden-aanvraag

Financieel ■ EIGEN VERMOGEN ▶ € 70.990.,34 INKOMSTEN EV ▶ € 20.735 HERKOMST MIDDELEN ▶ vermogen BOEKJAAR ▶ 2017 JAARVERSLAG OP WEBSITE ▶ ja.

Contact ■ BEREIKBAAR PER ▶ ☒ post ☑ e-mail ☒ telefoon CONTACTPERSOON ▶ W. Kersten POSTADRES ▶ Geen postadres bekend EMAIL (ALGEMEEN) ▶ projectenfondsatlantis@gmail.com.

1019
Stichting Projectstimuleringsfonds Wan'atti

Rubriek ■ ☑ maatschappij, welzijn en samenleving ☑ kunst en cultuur

Algemeen ■ WEBSITE ▶ www.kennisbankfilantropie.nl/anbi/projectstimuleringsfonds-wanatti TYPERING ▶ vermogensfonds OPGERICHT ▶ 10-08-1973 RECHTSVORM ▶ stichting KVK ▶ 41047363 ANBI STATUS ▶ nee DIRECTIE ▶ geen directiegegevens bekend BESTUUR ▶ geen bestuursgegevens bekend.

Missie ■ DOELSTELLING ▶ Het medefinancieren van activiteiten die zich richten op scholing, werkgelegenheid en culturele identiteitsbeleving van Surinamers in Gelderland.

Doelgroep ■ SPECIFIEK ▶ Surinamers in Gelderland. ACTIVITEITEN ▶ Geen specifieke activiteiten bekend INTERVENTIENIVEAU ▶ Steun aan individuen (directe steun).

Werkgebied ■ ACTIERADIUS ▶ Regionaal LAND ▶ Nederland REGIO ▶ Gelderland.

Bestedingen ■ BUDGET ▶ niet openbaar SOORT BIJDRAGE ▶ giften BOVENGRENS ▶ geen ONDERGRENS ▶ geen.

Projecten ■ CRITERIA ▶ geen projectcriteria bekend DOORLOOPTIJD ▶ ☑ korter dan 1 jaar STATUS AANVRAGER ▶ ☑ stichting of vereniging (non-profit) ☑ individuen/gezinnen VOORKEUR/UITSLUITING ▶ Er wordt geen structurele subsidie verstrekt.

Procedure ■ OP AANVRAAG ▶ onbekend AANVRAAGPROCEDURE ▶ Aanvragen kunnen schriftelijk of per mail worden ingediend.

Financieel ■ HERKOMST MIDDELEN ▶ vermogen.

Contact ■ BEREIKBAAR PER ▶ ☑ post ☑ e-mail ☑ telefoon CONTACTPERSOON ▶ geen contactpersoon bekend POSTADRES ▶ Hindeloopenstraat 8, 6835 KZ Arnhem EMAIL (ALGEMEEN) ▶ wanatti@gmail.com TELEFOON (ALGEMEEN) ▶ 026-3232628.

1020
Pronk Visser Fonds

Rubriek ■ ☑ onderwijs en onderzoek

Algemeen ■ WEBSITE ▶ www.cultuurfonds.nl TYPERING ▶ fonds op naam BEHEERD DOOR ▶ Prins Bernhard Cultuurfonds DIRECTIE ▶ zie > Prins Bernhard Cultuurfonds BESTUUR ▶ zie > Prins Bernhard Cultuurfonds

Missie ■ DOELSTELLING ▶ Het financieel ondersteunen van projecten op het terrein van genealogie en heraldiek in Nederland.

Werkgebied ■ ACTIERADIUS ▶ Nationaal LAND ▶ Nederland.

Projecten ■ CRITERIA ▶ geen projectcriteria bekend DOORLOOPTIJD ▶ ☑ korter dan 1 jaar STATUS AANVRAGER ▶ ☑ geen beperkingen bekend VOORKEUR/UITSLUITING ▶ geen voorkeur of uitsluiting bekend.

Procedure ■ OP AANVRAAG ▶ ja AANVRAAGPROCEDURE ▶ Dit 'fonds op naam' ressorteert onder het Prins Bernhard Cultuurfonds. Verzoeken aan fondsen op naam komen op één centraal punt binnen. Dit houdt in dat een subsidieaanvraag slechts eenmaal aan het Prins Bernhard Cultuurfonds hoeft te worden gezonden. Voor de verdere aanvraagprocedure: zie Prins Bernhard Cultuurfonds. URL ▶ www.cultuurfonds.nl/aanvragen

Contact ■ BEREIKBAAR PER ▶ ☑ post ☑ e-mail ☑ telefoon CONTACTPERSOON ▶ geen contactpersoon bekend POSTADRES ▶ Postbus 19750, 1000 GT Amsterdam EMAIL (ALGEMEEN) ▶ info@cultuurfonds.nl TELEFOON (ALGEMEEN) ▶ 020-5206130.

1021
Stichting Protestants Steunfonds

Rubriek ■ ☑ gezondheidszorg ☑ maatschappij, welzijn en samenleving

Algemeen ■ WEBSITE ▶ www.protestantssteunfonds.stichtingenregister.nl TYPERING ▶ vermogensfonds OPGERICHT ▶ 12-09-1974 RECHTSVORM ▶ stichting KVK ▶ 41150924 ANBI STATUS ▶ ja DIRECTIE ▶ geen directiegegevens bekend BESTUUR ▶ P.J. Verhage, voorzitter; E. Smits, penningmeester; mw. E. Mastenbroek-Silver, secretaris; mw. E.C. Top-Gerritsma; mw. A. van Sintmaartensdijk.

Missie ■ DOELSTELLING ▶ De stichting heeft ten doel vanuit de protestants christelijke visie de maatschappelijke en geestelijke gezondheidszorg in de meest ruime zin wereldwijd te ondersteunen en te ontwikkelen. HISTORIE ▶ De Stichting Protestants Steunfonds is de rechtstreekse rechtsopvolger van het OGK, het Oranje-Groene Kruis. Reeds omstreeks 1900 werd door het OGK gezondheidszorg verstrekt in de sociaal zwakke wijken. Door de jaren heen leidde dit tot de oprichting van een reeks van poliklinieken, het opzetten van wijkverpleging, de inrichting van een bemiddelingsbureau voor gezinshulp voor zieken en bejaarden, dagopvang voor bleekneusjes later uitgegroeid tot een kraaminrichting en nog veel meer. Na de invoering van de AWBZ in 1980 werden in een aantal jaren steeds meer activiteiten van het OGK onder de werkingssfeer van de AWBZ geplaatst en veranderde het karakter van het OGK steeds meer van een uitvoerend orgaan naar een steunverlenend orgaan. In 1974 is het OGK omgevormd tot de Stichting Protestants Steunfonds 's-Gravenhage en nog weer later tot alleen de Stichting Protestants Steunfonds. BELEIDSPLAN OP WEBSITE ▶ ja.

Doelgroep ■ SPECIFIEK ▶ Geen specifieke doelgroep ACTIVITEITEN ▶ Bij de te verlenen hulp kan onderscheid gemaakt worden in: ☑ Project hulp: Project hulp is de meest voorkomende hulp die door het Steunfonds wordt verstrekt; ☑ Oprichting c.q. in stand houdingskosten: Dit zijn kosten die het financieren van de aanschaf van duurzame productiemiddelen betreffen waardoor instellingen beter zijn toegerust op de uitvoering van hun werk naar de toekomst. INTERVENTIENIVEAU ▶ Steun op niveau van maatschappij zelf (beleidsbeïnvloeding, etc.).; Steun aan lokale/provinciale maatschappelijke organisaties en structuren (incl. gemeenten etc.) die diensten verlenen aan individuen.

Werkgebied ■ ACTIERADIUS ▶ Internationaal LAND ▶ Wereldwijd.

Bestedingen ■ BUDGET ▶ niet openbaar TOELICHTING ▶ In beginsel moet een stamkapitaal in stand worden gehouden. Het bestuur kiest voor een stamkapitaal van tenminste 2 miljoen euro. ONDERSTEUNDE PROJECTEN P/J ▶ 50 SOORT BIJDRAGE ▶ giften BOVENGRENS ▶ geen ONDERGRENS ▶ geen.

Projecten ■ CRITERIA ▶ geen projectcriteria bekend DOORLOOPTIJD ▶ ☑ onbekend STATUS AANVRAGER ▶ ☑ stichting of vereniging (non-profit) ☑ kerkelijke instelling ☑ onderwijsinstelling VOORKEUR/UITSLUITING ▶ ☑ Structurele hulp: Structurele hulp wordt in principe niet verstrekt. Uitzondering hierop vormt een nadrukkelijk genomen bestuursbesluit waarbij in zijn uitwerking toch gedurende meerdere jaren achtereen aan dezelfde instelling of voor hetzelfde doel geld beschikbaar wordt gesteld. Als voorbeeld kan worden genoemd de jaarlijkse bijdrage aan het lichtjesproject van de Stichting Vrienden van het Sophia; ☑ Exploitatiekosten: Aanvragen voor het afdekken van exploitatiekosten komen in principe niet in aanmerking voor een bijdrage. Alleen indien sprake is van een tijdelijk tekort met uitzicht op een gezonde financiële situatie zou hulp overwogen kunnen worden.

Procedure ■ OP AANVRAAG ▶ onbekend AANVRAAGPROCEDURE ▶ Geen aanvraagprocedure bekend.

Financieel ■ EIGEN VERMOGEN ▶ € 2.000.000 INKOMSTEN EV ▶ € 253.510 HERKOMST MIDDELEN ▶ vermogen, legaten, giften & schenkingen BOEKJAAR ▶ 2019.

Contact ■ BEREIKBAAR PER ▶ ☑ post ☒ e-mail ☒ telefoon CONTACTPERSOON ▶ geen contactpersoon bekend POSTADRES ▶ Ivoorhorst 267, 2592 TK Den Haag.

1022
Vereeniging tot Oprichting van Instandhouding van het Protestantsch Weduwen- en Wezenfonds

Rubriek ■ ☑ maatschappij, welzijn en samenleving

Algemeen ■ WEBSITE ▶ www.weduwenenwezenfonds.nl TYPERING ▶ vermogensfonds RECHTSVORM ▶ vereniging KVK ▶ 40530304 ANBI STATUS ▶ nee DIRECTIE ▶ geen directiegegevens bekend BESTUUR ▶ G.A. Diepenhorst, penningmeester; mw.mr. A. Verbeek, secretaris; mw. A.E.A. Boterman; mw.mr. B.E.E. van Sytzama, (voorzitter Raad van Toezicht); mw. B.P. Geesink (Raad van Toezicht); ds. J.H. Röselaars (Raad van Toezicht); E. Gülcher (Raad van Toezicht).

Missie ■ DOELSTELLING ▶ Het Weduwen en Wezenfonds heeft zich ten doel gesteld financiële ondersteuning te bieden aan mensen met een budgettaire achterstand in onze samenleving. De vereniging biedt incidentele financiële ondersteuning aan: ☑ alleenstaande, in Amsterdam woonachtige ouders met kinderen, mits die kinderen bezig zijn met een opleiding voor minimaal een startkwalificatie, ☑ alleenstaande ouderen, ouder dan 65 jaar, mits woonachtig in Amsterdam ☑ alleenstaande kinderen jonger dan 23 jaar, mits woonachtig in Amsterdam. Ook aanvragen voor alleenstaande, zelfstandig wonende mensen met een psychische beperking kunnen ingediend worden. HISTORIE ▶ Opgericht in 1874 door zeven heren die krachtens geloof en met een sterk gevoel van verantwoordelijkheid voor in zorgen verkerende medemensen zich het lot van in het bijzonder weduwen met jonge kinderen hebben aangetrokken. Door het verschaffen van 'gezonde' woningen en andere hulpmiddelen hebben zij getracht de lasten van deze moeders te verlichten en de toekomst van de kinderen te verbeteren. Het kapitaal van de vereniging bestond (destijds) uit de gelden door de oprichters bijeengebracht en uit die welke later door giften ineens, door erfstellingen of legaten werden verkregen. **BELEIDSPLAN OP WEBSITE** ▶ ja.

Doelgroep ■ **ALGEMEEN** ▶ jongeren, armen, ouderen, kinderen, zieken **SPECIFIEK** ▶ In de regio Amsterdam wonende eenoudergezinnen, alleenstaande minderjarigen of alleenstaande ouderen met financiële problemen. **ACTIVITEITEN** ▶ Geen specifieke activiteiten bekend **INTERVENTIENIVEAU** ▶ Steun aan lokale/provinciale maatschappelijke organisaties en structuren (incl. gemeenten etc.) die diensten verlenen aan individuen.

Werkgebied ■ **ACTIERADIUS** ▶ Regionaal **LAND** ▶ Nederland **REGIO** ▶ Noord-Holland **PLAATS** ▶ Amsterdam.

Bestedingen ■ **BUDGET** ▶ niet openbaar **ONDERSTEUNDE PROJECTEN P/J** ▶ 124 **SOORT BIJDRAGE** ▶ giften overig **BOVENGRENS** ▶ geen **ONDERGRENS** ▶ geen.

Projecten ■ **CRITERIA** ▶ ☑ Binnen werkgebied en doelgroep die zich op of onder de armoedegrens bevindt ☑ Aanvragers zijn vertegenwoordigers van welzijnsorganisaties, hulpverleningsinstanties en kerken, waarvan de statuten en jaarcijfers openbaar zijn en eenvoudig te vinden (op de website van de betreffende organisatie); ☑ éénoudergezinnen (d.w.z. alleenstaande ouders met minderjarige kinderen); ☑ alleenstaande minderjarigen; ☑ alleenstaande ouderen (55+; ☑ éénmalige ondersteuning. **DOORLOOPTIJD** ▶ ☑ korter dan 1 jaar **STATUS AANVRAGER** ▶ ☑ hulpverleners **VOORKEUR/UITSLUITING** ▶ Geen voorkeur/uitsluiting bekend.

Procedure ■ **OP AANVRAAG** ▶ ja **DOORLOOPTIJD** ▶ 1-3 maanden **AANVRAAGPROCEDURE** ▶ Het aanvraagformulier (De huidige versie is 1.0) is beschikbaar als een PDF-document. De aanvraag dient geprint te worden, met de pen te worden ingevuld en na te zijn ingescand vervolgens per mail opgestuurd te worden aan aanvragen@weduwenenwezenfonds.nl. Het formulier bevat drie pagina's. Pagina 3 is een bijlage waarop de gegevens over inkomsten en uitgaven moeten worden ingevuld. **URL** ▶ www.weduwenenwezenfonds.nl/aanvraagformulier/

Financieel ■ **EIGEN VERMOGEN** ▶ € 794.940 **INKOMSTEN EV** ▶ € 11.626 **INKOMSTEN OV** ▶ € 1.225 **HERKOMST MIDDELEN** ▶ vermogen, overige inkomsten **BOEKJAAR** ▶ 2018 **JAARVERSLAG OP WEBSITE** ▶ ja.

Contact ■ **BEREIKBAAR PER** ▶ ☑ post ☑ e-mail ☒ telefoon **CONTACTPERSOON** ▶ Mw. A. Verbeek **POSTADRES** ▶ Sturmankade 354, 1019 WE Amsterdam **EMAIL (ALGEMEEN)** ▶ info@weduwenenwezenfonds.nl.

1023
Pruikenburg Fonds

Rubriek ■ ☑ kunst en cultuur ☑ maatschappij, welzijn en samenleving ☑ natuur, milieu en dieren

Algemeen ■ **WEBSITE** ▶ www.fundatiesobbe.nl/fundaties/pruikenburg-fonds **TYPERING** ▶ fonds op naam **BEHEERD DOOR** ▶ Fundatie Van den Santheuvel, Sobbe **DIRECTIE** ▶ zie > Fundatie Van den Santheuvel, Sobbe **BESTUUR** ▶ zie > Fundatie Van den Santheuvel, Sobbe

Missie ■ **DOELSTELLING** ▶ Het Pruikenburg Fonds ondersteunt: ☑ wetenschappelijke uitgaven op historisch of kunsthistorisch gebied; ☑ historisch of kunsthistorisch onderzoek; ☑ restauratie van cultuurhistorische monumenten; ☑ instandhouding van kunsthistorische voorwerpen. Vanuit het Pruikenburg Fonds zijn onder meer giften toegekend aan de conservering en restauratie van een aantal schilderijen in het Amsterdam Museum, de presentatie van de Beuningkamer in het Rijksmuseum en de vervaardiging van het boek Van Grachtenhuis tot villa in het groen. **STICHTER(S)** ▶ Jhr.mr. G.C. Sij **HISTORIE** ▶ Het Pruikenburg Fonds is in 1995 opgericht door jhr.mr. G.C. Six, voormalig curator van de Fundatie. Volgens zijn wens is het fonds toegevoegd aan de door het curatorium bestuurde fondsen, toen hij geen deel meer uit kon maken van het bestuur. Hiermee is er een fonds bijgekomen, dat zich uitsluitend op het (kunst)historische terrein en de zorg voor cultuurhistorische monumenten richt. Met ingang van juni 2011 is het beheer van Stichting Pruikenburg Fonds overgegaan naar het curatorium van de Fundatie Van den Santheuvel, Sobbe. **BELEIDSPLAN OP WEBSITE** ▶ ja.

Werkgebied ■ **ACTIERADIUS** ▶ Nationaal **LAND** ▶ Nederland.

Projecten ■ **CRITERIA** ▶ Projecten op het gebied van kunst(historie) worden door de Fundatie veelal zelf uitgenodigd om een aanvraag te doen. **DOORLOOPTIJD** ▶ ☑ onbekend **STATUS AANVRAGER** ▶ ☑ geen beperkingen bekend **VOORKEUR/UITSLUITING** ▶ Er worden géén giften gedaan aan onder andere: ☑ Organisaties die hun bestuurders boven de balkenendenorm belonen; ☑ Aanbouw- en verbouwprojecten; ☑ Acties en korte campagnes; ☑ Congressen, symposia; ☑ Dorpshuizen, buurtcentra, multifunctionele centra; ☑ Evenementen en festivals (zoals op het gebied van kunst of sport, ook niet voor gehandicapten); ☑ Festiviteiten; ☑ Films, documentaires; ☑ Individuele noden; ☑ Kinderdagverblijven, peuterspeelzalen; ☑ Koepelorganisaties voor gehandicapten, tenzij t.b.v. activering en participatie; ☑ Milieubescherming, dieren(opvang); ☑ Omroepen; ☑ Orgelrestauratie; ☑ Politieke doelen; ☑ Projecten in het buitenland, buitenlandse organisaties; ☑ Reguliere kunst, voorstellingen, (amateur)muziekprojecten; ☑ Restauratie van (kerk)gebouwen; ☑ Scouting; ☑ Sport zonder sociaal en/of participatiedoel; ☑ Wetenschappelijk (dus ook medisch) onderzoek, studie of studiebeurzen.

Procedure ■ **OP AANVRAAG** ▶ ja **AANVRAAGPROCEDURE** ▶ Als uw project voldoet aan de algemene criteria en doelstellingen van de stichting, kunt u uitsluitend via de website (via computer) uw aanvraag voor een bijdrage volledig digitaal indienen. De aanvraagprocedure is opgebouwd uit de volgende onderdelen: ☑ Contactgegevens; ☑ Algemene informatie; ☑ Project waarvoor u een aanvraag doet; ☑ Financiële gegevens van het project; ☑ Bijlagen; ☑ Optioneel; tussentijds opslaan van de aanvraag is mogelijk. U krijgt dan via e-mail een inlogcode waarmee u op een later moment verder kunt gaan met de aanvraag. Nadat de aanvraag is ingediend, wordt over uw aanvraag meestal binnen twee maanden een besluit genomen door het curatorium. De vergaderdata zijn terug te vinden op de website. Over het besluit ontvangt u binnen twee weken na een curatorenvergadering bericht. Soms wordt een aanvraag in onderzoek gehouden.

De afhandeling ervan kan dan enkele maanden langer duren. Besluiten van het curatorium worden niet in heroverweging genomen. **URL** ▶ https://www.fundatiesobbe.nl/4-aanvraagprocedure/

Contact ■ **BEREIKBAAR PER** ▶ ☑ post ☑ e-mail ☑ telefoon **CONTACTPERSOON** ▶ Mw. drs. E.M.L. den Braber **POSTADRES** ▶ Herengracht 524 A, 1017 CC Amsterdam **EMAIL (ALGEMEEN)** ▶ info@fundatiesobbe.nl **TELEFOON (ALGEMEEN)** ▶ 020-6233246.

1024 Publicatie- en Documentairefonds Zeeland

Rubriek ■ ☑ kunst en cultuur

Algemeen ■ **WEBSITE** ▶ www.cultuurfonds.nl **TYPERING** ▶ fonds op naam **BEHEERD DOOR** ▶ Prins Bernhard Cultuurfonds **DIRECTIE** ▶ zie > Prins Bernhard Cultuurfonds **BESTUUR** ▶ zie > Prins Bernhard Cultuurfonds

Missie ■ **DOELSTELLING** ▶ Het financieel ondersteunen van documentaires die een duidelijk afgebakend thema behandelen in relatie tot de geschiedenis van Zeeland. Aanvragen worden behandeld door het Prins Bernhard Cultuurfonds Zeeland.

Werkgebied ■ **ACTIERADIUS** ▶ Nationaal **LAND** ▶ Nederland **REGIO** ▶ Zeeland.

Projecten ■ **CRITERIA** ▶ geen projectcriteria bekend **DOORLOOPTIJD** ▶ ☑ korter dan 1 jaar **STATUS AANVRAGER** ▶ ☑ geen beperkingen bekend **VOORKEUR/UITSLUITING** ▶ geen voorkeur of uitsluiting bekend.

Procedure ■ **OP AANVRAAG** ▶ ja **AANVRAAGPROCEDURE** ▶ Dit 'fonds op naam' ressorteert onder het Prins Bernhard Cultuurfonds. Verzoeken aan fondsen op naam komen op één centraal punt binnen. Dit houdt in dat een subsidieaanvraag slechts eenmaal aan het Prins Bernhard Cultuurfonds hoeft te worden gezonden. Voor de verdere aanvraagprocedure: zie Prins Bernhard Cultuurfonds. **URL** ▶ www.cultuurfonds.nl/aanvragen

Contact ■ **BEREIKBAAR PER** ▶ ☑ post ☑ e-mail ☑ telefoon **CONTACTPERSOON** ▶ geen contactpersoon bekend **POSTADRES** ▶ Postbus 19750, 1000 GT Amsterdam **EMAIL (ALGEMEEN)** ▶ info@cultuurfonds.nl **TELEFOON (ALGEMEEN)** ▶ 020-5206130.

1025 Stichting Punto Arte

Rubriek ■ ☑ kunst en cultuur

Algemeen ■ **WEBSITE** ▶ www.puntoarte.nl **TYPERING** ▶ hybride fonds **OPGERICHT** ▶ 21-05-2015 **RECHTSVORM** ▶ stichting **KVK** ▶ 63353008 **ANBI STATUS** ▶ ja & cultuur **DIRECTIE** ▶ mw. J. Elsenburg **BESTUUR** ▶ F.M.J. Blaha, voorzitter; F.C.M. Tilman; F.H. van den Engel.

Missie ■ **DOELSTELLING** ▶ Punto Arte bevordert (inter)nationale (multidisciplinaire) podiumkunstproducties en verbindingen daarvan met maatschappelijke - en educatieve thema's en activiteiten. **HISTORIE** ▶ Punto Arte is in mei 2015 opgericht. Punto Arte verbindt kunstenaars en organisaties die op een innovatieve manier vorm geven aan producties van podiumkunsten voor een breed publiek. Rijke tradities in muziek, theater, opera, dans en andere kunsten vormen de basis en bron van inspiratie voor de hedendaagse uitvoeringen, die dichtbij het publiek staan. Punto Arte biedt kunstenaars en organisaties een plek om gedeelde ambities gestalte te geven en te realiseren. De uitvoeringen en presentaties van Punto Arte dragen bij aan een brede waardering van de erfenis van de (uitvoerende) kunst, kwaliteit van leven en samenhang in onze samenleving. **BELEIDSPLAN OP WEBSITE** ▶ ja.

Doelgroep ■ **SPECIFIEK** ▶ Voorstellingen: 20+ bezoekers van podiumkunsten. Educatie: 14-18 jarige scholieren. **ACTIVITEITEN** ▶ Punto Arte initieert, organiseert, produceert en faciliteert (inter)nationale producties. Cultureel ondernemerschap, samenwerking en coproducties met andere organisaties staan hoog in het vaandel. Verschillende projecten vragen om een verschillende aanpak bij de realisering van de ambities. Daarom treedt Punto Arte op in verschillende rollen; ☑ Producerend: de stichting is (co)producent van culturele projecten en evenementen; ☑ Organiserend: de stichting (co)organiseert culturele evenementen waarbij podiumkunstgezelschappen en/of artiesten van andere kunstdisciplines worden uitgenodigd om op te treden; ☑ Faciliterend: de stichting faciliteert als co(partner) de organisatie, productie en marketing van voorstellingen en randprogrammeringen van podiumkunstgezelschappen en organisatoren. **INTERVENTIENIVEAU** ▶ Steun aan lokale/provinciale maatschappelijke organisaties en structuren (incl. gemeenten etc.) die diensten verlenen aan individuen.

Werkgebied ■ **ACTIERADIUS** ▶ Internationaal, Nationaal **LAND** ▶ Wereldwijd.

Bestedingen ■ **BUDGET** ▶ niet openbaar **BOVENGRENS** ▶ geen **ONDERGRENS** ▶ geen.

Projecten ■ **CRITERIA** ▶ Bij de vaststelling van de activiteiten zijn de volgende criteria belangrijk voor Punto Arte: ☑ Aansprekende en spraakmakende podiumkunstproducties,; ☑ artistieke verkenningen over de grenzen van gebaande paden; ☑ kwaliteit; ☑ gedrevenheid,. **DOORLOOPTIJD** ▶ ☑ onbekend **STATUS AANVRAGER** ▶ ☑ geen beperkingen bekend **VOORKEUR/UITSLUITING** ▶ geen voorkeur of uitsluiting bekend.

Procedure ■ **OP AANVRAAG** ▶ onbekend **AANVRAAGPROCEDURE** ▶ Geen aanvraagprocedure bekend.

Financieel ■ **INKOMSTEN EV** ▶ € 552 **INKOMSTEN OV** ▶ € 170.192 **HERKOMST MIDDELEN** ▶ onbekend **BOEKJAAR** ▶ 2018 **JAARVERSLAG OP WEBSITE** ▶ ja.

Contact ■ **BEREIKBAAR PER** ▶ ☑ post ☑ e-mail ☑ telefoon **CONTACTPERSOON** ▶ geen contactpersoon bekend **POSTADRES** ▶ Grensstraat 27-1, 1091 SW Amsterdam **EMAIL (ALGEMEEN)** ▶ jeannette@puntoarte.nl **TELEFOON (ALGEMEEN)** ▶ +31620427322.

1026
Stichting De Putter Naarden-Vesting

Rubriek ■ ☑ gezondheidszorg ☑ maatschappij, welzijn en samenleving ☑ onderwijs en onderzoek

Algemeen ■ WEBSITE ▶ www.kennisbankfilantropie.nl/anbi/de-putter-naarden TYPERING ▶ vermogensfonds OPGERICHT ▶ 23-12-1985 RECHTSVORM ▶ stichting KVK ▶ 41154149 ANBI STATUS ▶ ja DIRECTIE ▶ geen directiegegevens bekend BESTUUR ▶ H.H. Nauta, voorzitter; R.H. Wentrup, penningmeester; mw. A.A.M. Vles-Rosenmöller, secretaris; dr. E.J.P. de Koning; mw. L. Vehmeijer-Barge.

Missie ■ DOELSTELLING ▶ Het verlenen van financiële steun aan personen en instellingen. Bij het verlenen van deze hulp laat het bestuur zich in sterke mate leiden door de zorg voor de noden van de mens. Bij instellingen die onderzoek doen, zal in het bijzonder aandacht besteed worden aan diabetes mellitus.

Doelgroep ■ ALGEMEEN ▶ zieken, armen SPECIFIEK ▶ Mensen met noden en onderzoek naar diabetes mellitus. ACTIVITEITEN ▶ Geen specifieke activiteiten bekend INTERVENTIENIVEAU ▶ Steun aan lokale/provinciale maatschappelijke organisaties en structuren (incl. gemeenten etc.) die diensten verlenen aan individuen.; Steun aan individuen (directe steun).

Werkgebied ■ ACTIERADIUS ▶ Nationaal LAND ▶ Nederland.

Bestedingen ■ BUDGET ▶ niet openbaar SOORT BIJDRAGE ▶ giften BOVENGRENS ▶ geen ONDERGRENS ▶ geen.

Projecten ■ CRITERIA ▶ geen projectcriteria bekend DOORLOOPTIJD ▶ ☑ korter dan 1 jaar STATUS AANVRAGER ▶ ☑ stichting of vereniging (non-profit) ☑ hulpverleners ☑ individuen/gezinnen VOORKEUR/UITSLUITING ▶ Geen voorkeur/uitsluiting bekend.

Procedure ■ OP AANVRAAG ▶ onbekend AANVRAAGPROCEDURE ▶ geen aanvraagprocedure bekend.

Financieel ■ HERKOMST MIDDELEN ▶ vermogen.

Contact ■ BEREIKBAAR PER ▶ ☑ post ☒ e-mail ☑ telefoon CONTACTPERSOON ▶ R.H. Wentrup POSTADRES ▶ Pastoorstraat 5, 1411 SC Naarden-Vesting TELEFOON (ALGEMEEN) ▶ 035-6933596.

1027
Stichting R. Roelofs-Dijkslag

Rubriek ■ ☑ maatschappij, welzijn en samenleving ☑ kunst en cultuur ☑ onderwijs en onderzoek

Algemeen ■ WEBSITE ▶ www.kennisbankfilantropie.nl/anbi/roelofs-dijkslag TYPERING ▶ vermogensfonds OPGERICHT ▶ 12-07-2007 RECHTSVORM ▶ stichting KVK ▶ 41244617 ANBI STATUS ▶ ja DIRECTIE ▶ geen directiegegevens bekend BESTUUR ▶ A. Kooi, voorzitter; J. Prummel, penningmeester; mw. H. Dijkhof.

Missie ■ DOELSTELLING ▶ Het initiëren van activiteiten voor personen en/of instellingen, die woonachtig of gevestigd zijn in de gemeente Raalte: ☑ Deze activiteiten dienen zich af te spelen op historisch, educatief, sociaal cultureel of wetenschappelijk gebied; ☑ en/of al hetgeen daarmee rechtstreeks of zijdelings verband houdt of daartoe bevorderlijk kan zijn, alles in de ruimste zin genomen. BELEIDSPLAN OP WEBSITE ▶ ja.

Doelgroep ■ SPECIFIEK ▶ Activiteiten in Raalte op historisch, educatief, sociaal cultureel of wetenschappelijk gebied. ACTIVITEITEN ▶ Geen specifieke activiteiten bekend INTERVENTIENIVEAU ▶ Steun aan lokale/provinciale maatschappelijke organisaties en structuren (incl. gemeenten etc.) die diensten verlenen aan individuen.

Werkgebied ■ ACTIERADIUS ▶ Lokaal LAND ▶ Nederland REGIO ▶ Overijssel PLAATS ▶ Raalte.

Bestedingen ■ BUDGET ▶ niet openbaar ONDERSTEUNDE PROJECTEN P/J ▶ 10 SOORT BIJDRAGE ▶ giften BOVENGRENS ▶ geen ONDERGRENS ▶ geen.

Projecten ■ CRITERIA ▶ De toekenning dient in principe een eenmalig karakter te hebben waarbij een maximum van drie aanloopjaren wordt gehanteerd. DOORLOOPTIJD ▶ ☑ onbekend STATUS AANVRAGER ▶ ☑ geen beperkingen bekend VOORKEUR/UITSLUITING ▶ Verzoeken om (structurele) financiële ondersteuning in een jaarlijkse exploitatie worden afgewezen.

Procedure ■ OP AANVRAAG ▶ ja AANVRAAGPROCEDURE ▶ De Stichting vergadert gemiddeld eens per twee maanden. In deze vergaderingen worden de aanvragen om financiële ondersteuning behandeld en toegelicht. De aanvragen kunnen het gehele jaar worden ingediend. De toekenning dan wel de afwijzing wordt schriftelijk vastgelegd in de notulen en de aanvragers worden van het bestuursbesluit op de hoogte gebracht.

Financieel ■ EIGEN VERMOGEN ▶ € 440.862 INKOMSTEN EV ▶ € 635 HERKOMST MIDDELEN ▶ giften & schenkingen, legaten, vermogen, overige inkomsten BOEKJAAR ▶ 2018 JAARVERSLAG OP WEBSITE ▶ ja.

Contact ■ BEREIKBAAR PER ▶ ☑ post ☑ e-mail ☑ telefoon CONTACTPERSOON ▶ geen contactpersoon bekend POSTADRES ▶ Larixplein 7, 8102 JL Raalte EMAIL (ALGEMEEN) ▶ abekooi51@gmail.com TELEFOON (ALGEMEEN) ▶ 0572-355191.

1028
R.O. van Gennep Fonds

Rubriek ■ ☑ kunst en cultuur ☑ onderwijs en onderzoek

Algemeen ■ WEBSITE ▶ www.cultuurfonds.nl TYPERING ▶ fonds op naam BEHEERD DOOR ▶ Prins Bernhard Cultuurfonds DIRECTIE ▶ zie Prins Bernhard Cultuurfonds BESTUUR ▶ zie Prins Bernhard Cultuurfonds

Missie ■ DOELSTELLING ▶ Het ondersteunen van in druk verschijnende Nederlandse literaire tijdschriften, en andere publicaties in de Nederlandse taal (inclusief fotoboeken) met betrekking op maatschappelijke en culturele ontwikkelingen.

Werkgebied ■ ACTIERADIUS ▶ Nationaal LAND ▶ Nederland.

Projecten ■ CRITERIA ▶ geen projectcriteria bekend DOORLOOPTIJD ▶ ☑ korter dan 1 jaar STATUS AANVRAGER ▶ ☑ geen beperkingen bekend VOORKEUR/UITSLUITING ▶ geen voorkeur of uitsluiting bekend.

Procedure ■ OP AANVRAAG ▶ ja AANVRAAGPROCEDURE ▶ Dit 'fonds op naam' ressorteert onder het Prins Bernhard Cultuurfonds. Verzoeken aan fondsen op naam komen op één centraal punt binnen. Dit houdt in dat een subsidieaanvraag slechts eenmaal aan het Prins Bernhard Cultuurfonds hoeft te worden gezonden. Voor de verdere aanvraagprocedure: zie Prins Bernhard Cultuurfonds. URL ▶ www.cultuurfonds.nl/aanvragen

Contact ■ BEREIKBAAR PER ▶ ☑ post ☑ e-mail ☑ telefoon CONTACTPERSOON ▶ geen contactpersoon bekend POSTADRES ▶ Postbus 19750, 1000 GT Amsterdam EMAIL (ALGEMEEN) ▶ info@cultuurfonds.nl TELEFOON (ALGEMEEN) ▶ 020-5206130.

1029 Stichting Rabobank Foundation

Rubriek ■ ☑ economische ontwikkeling en microkrediet ☑ voedsel en voedselveiligheid ☑ maatschappij, welzijn en samenleving ☑ sport en recreatie ☑ vluchtelingenhulp

Algemeen ■ WEBSITE ▶ www.rabobankfoundation.nl TYPERING ▶ vermogensfonds BEHEERD DOOR ▶ Rabobank OPGERICHT ▶ 31-12-1973 RECHTSVORM ▶ stichting KVK ▶ 41199142 ANBI STATUS ▶ ja DIRECTIE ▶ P. Mol BESTUUR ▶ Mw. A.M. Wijnen, voorzitter; B.J. Marttin; B. Hidding; D. Duijzer.

Missie ■ DOELSTELLING ▶ De Rabobank Foundation biedt zowel in het buitenland als in Nederland (kans)arme mensen in groepsverband een duurzaam toekomstperspectief, door te investeren in de zelfredzaamheid. STICHTER(S) ▶ Lokale Rabobanken HISTORIE ▶ De fusie van de Coöperatieve Centrale Raiffeisen Bank en de Coöperatieve Centrale Boerenleenbank tot Rabobank, was de aanleiding voor het oprichten van de Rabobank Foundation. Beide coöperatieve banken beschikten vóór de fusie al over eigen stichtingen voor maatschappelijke ondersteuning. De Stichting 150 jaar Raiffeisen gaf steun aan kredietcoöperaties in arme landen en ondersteunde in eigen land projecten voor geestelijk en lichamelijk gehandicapten. De Stichting Ontwikkelingshulp door Boerenleenbanken steunde projecten in plattelandsgebieden waar Nederlandse emigranten woonden, of waar missionarisveldwerkers actief waren. 31 december 1973 fuseerden beide stichtingen tot Stichting Steun Rabobanken. Doel was het uitdragen van de coöperatieve doelstelling van de Rabobankorganisatie door projecten te steunen in eigen land en in ontwikkelingslanden. In 2002 veranderde de naam in Rabobank Foundation.

Doelgroep ■ ALGEMEEN ▶ armen, dak- en thuislozen, gehandicapten, inheemse volken, zieken SPECIFIEK ▶ Kansarme mensen in Nederland en buitenland (voornamelijk kleine boeren in ontwikkelingslanden). ACTIVITEITEN ▶ De doelstelling (toekomstperspectief) creëren we door inzet van onze financiële middelen, de Rabo-expertise en ons netwerk. In Nederland heeft Rabobank Foundation programma's ontwikkeld op het gebied van sociaal ondernemen en passend werk, financiële zelfredzaamheid, kinderen mee laten doen en sport. Elk programma heeft een duidelijke focus en doelgroep. Binnen deze programma's werken ze samen met een select aantal projectpartners. Rabobank Foundation investeert in de zelfredzaamheid van organisaties in Afrika, Azië en Latijns Amerika. Dat stelt deze organisaties beter in staat om hun doel te bereiken: kleinschalige boeren toegang bieden tot financiering, spaarmogelijkheden, kennis en nieuwe markten. INTERVENTIENIVEAU ▶ Steun aan lokale/provinciale maatschappelijke organisaties en structuren (incl. gemeenten etc.) die diensten verlenen aan individuen.

Werkgebied ■ ACTIERADIUS ▶ Internationaal LAND ▶ Cambodja, Filippijnen, India, Indonesië, Laos, Sri Lanka, Vietnam, Mexico, Nicaragua, Bolivia, Brazilië, Colombia, Ecuador, Peru, Nederland, Ethiopië, Ghana, Ivoorkust, Kenia, Oeganda, Rwanda, Senegal, Tanzania.

Bestedingen ■ BUDGET ▶ € 15.650.323 ONDERSTEUNDE PROJECTEN P/J ▶ 369 SOORT BIJDRAGE ▶ giften leningen garanties overig BOVENGRENS ▶ geen ONDERGRENS ▶ geen.

Projecten ■ CRITERIA ▶ Geen projectomschrijving bekend. DOORLOOPTIJD ▶ ☑ korter dan 1 jaar STATUS AANVRAGER ▶ ☑ stichting of vereniging (non-profit) ☑ overig VOORKEUR/UITSLUITING ▶ Geen voorkeur/uitsluiting bekend.

Procedure ■ OP AANVRAAG ▶ ja AANVRAAGPROCEDURE ▶ Voor een programma binnen Nederland kan contact worden opgenomen met rabobankfoundationbinnenland@rabobank.nl. Er wordt dan een online aanvraagformulier toegestuurd. URL ▶ www.rabobank.com/nl/about-rabobank/in-society/rabobank-foundation/netherlands/apply/index.html

Financieel ■ EIGEN VERMOGEN ▶ € 7.200.000 INKOMSTEN OV ▶ € 13.600.000 HERKOMST MIDDELEN ▶ moederorganisatie (bijdragen) BOEKJAAR ▶ 2018 JAARVERSLAG OP WEBSITE ▶ ja.

Contact ■ BEREIKBAAR PER ▶ ☑ post ☑ e-mail ☑ telefoon CONTACTPERSOON ▶ geen contactpersoon bekend POSTADRES ▶ Postbus 17100, UC 079, 3500 HG Utrecht EMAIL (ALGEMEEN) ▶ rabobankfoundation@rabobank.nl TELEFOON (ALGEMEEN) ▶ 030-2162333.

1030 Raphaëlle-Anne Kok-Merlino Fonds

Rubriek ■ ☑ kunst en cultuur ☑ onderwijs en onderzoek

Algemeen ■ WEBSITE ▶ www.cultuurfonds.nl TYPERING ▶ fonds op naam BEHEERD DOOR ▶ Prins Bernhard Cultuurfonds DIRECTIE ▶ zie > Prins Bernhard Cultuurfonds BESTUUR ▶ zie > Prins Bernhard Cultuurfonds

Missie ■ DOELSTELLING ▶ Het financieel ondersteunen van wetenschappelijk talent, waarbij de voorkeur uitgaat naar talenten op het gebied van de mediterrane archeologie. HISTORIE ▶ Het Raphaëlle-Anne Kok-Merlino Fonds is ingesteld ter nagedachtenis aan Raphaëlle-Anne (1980 2017). Zij had een enorme passie voor (wetenschappelijke) archeologie en in het bijzonder voor Basilicata en Puglia.

Werkgebied ■ ACTIERADIUS ▶ Nationaal, Internationaal LAND ▶ Nederland.

Projecten ■ CRITERIA ▶ geen projectcriteria bekend DOORLOOPTIJD ▶ ☑ korter dan 1 jaar STATUS AANVRAGER ▶ ☑ geen beperkingen bekend VOORKEUR/UITSLUITING ▶ Voorkeur gaat uit naar talenten op het gebied van de (mediterrane) archeologie.

Procedure ■ OP AANVRAAG ▶ ja AANVRAAGPROCEDURE ▶ Dit 'fonds op naam' ressorteert onder het Prins Bernhard Cultuurfonds. Verzoeken aan fondsen op naam komen op één centraal punt binnen. Dit houdt in dat een subsidieaanvraag slechts eenmaal aan het Prins Bernhard Cultuurfonds hoeft te worden gezonden. Voor de verdere aanvraagprocedure: zie Prins Bernhard Cultuurfonds. URL ▶ www.cultuurfonds.nl/aanvragen

Contact ■ BEREIKBAAR PER ▶ ☑ post ☑ e-mail ☑ telefoon CONTACTPERSOON ▶ geen contactpersoon bekend POSTADRES ▶ Postbus 19750, 1000 GT Amsterdam EMAIL (ALGEMEEN) ▶ info@cultuurfonds.nl TELEFOON (ALGEMEEN) ▶ 020-5206130.

1031
Stichting Rauwerda-Westra Fonds

Rubriek ■ ☑ maatschappij, welzijn en samenleving ☑ onderwijs en onderzoek

Algemeen ■ WEBSITE ▶ www.rauwerdawestrafonds.nl TYPERING ▶ vermogensfonds RECHTSVORM ▶ stichting KVK ▶ 01173329 ANBI STATUS ▶ ja DIRECTIE ▶ geen directiegegevens bekend BESTUUR ▶ A. Bouwman, voorzitter; mw. E. van 't Wout, penningmeester; mw. M.J.W. IJedema, secretaris.

Missie ■ DOELSTELLING ▶ De stichting heeft tot doel het verlenen van toelagen uit (de opbrengst van) het kapitaal van de stichting aan begaafde, doch minvermogende jongeren, die de Friese taal spreken, bij voorkeur uit de gemeente Tytsjerksteradiel of naaste omgeving, teneinde hen in de gelegenheid te stellen te studeren. STICHTER(S) ▶ Pieter Edzo Rauwerda HISTORIE ▶ De stichting Rauwerda Westra Fonds is opgericht bij testament van de heer Pieter Edzo Rauwerda, in leven arts te Groningen. Deze arts heeft landelijke bekendheid gekregen door als eerste huisarts in Nederland in de openbaarheid te treden met het verstrekken van methadon aan drugsverslaafden. Hij heeft een groot deel van zijn vermogen moeten steken in het voeren van processen aangaande de rechtmatigheid van deze methadonverstrekking. Hij is na vele jaren procederen door de Hoge Raad in het gelijk gesteld. Uiteindelijk heeft hij het restant van zijn vermogen aan deze studieleen nagelaten. Hij heeft Tytserksteradiel gekozen als vestigingsplaats voor deze naar hem vernoemde stichting, omdat zijn (voor)ouders afkomstig zijn uit deze gemeente. Pieter Edzo Rauwerda is in 2009 overleden.

Doelgroep ■ ALGEMEEN ▶ studenten, armen SPECIFIEK ▶ Aankomende studenten jonger dan 27 jaar. ACTIVITEITEN ▶ De stichting tracht dit doel te bereiken door het onplooien, stimuleren en coördineren van activiteiten die het doel kunnen bevorderen en/of door samenwerking met instellingen en organisaties, die op soortgelijk gebied als dat van de stichting werkzaam zijn. Het bestuur bepaalt wie voor een toelage in aanmerking komen, hoe groot de toelage zal zijn en hoe lang een toelage wordt verstrekt. INTERVENTIENIVEAU ▶ Steun aan individuen (directe steun).

Werkgebied ■ ACTIERADIUS ▶ Lokaal, Regionaal LAND ▶ Nederland REGIO ▶ Friesland PLAATS ▶ Tytsjerksteradiel.

Bestedingen ■ BUDGET ▶ niet openbaar ONDERSTEUNDE PROJECTEN P/J ▶ 7 SOORT BIJDRAGE ▶ studiebeurzen BOVENGRENS ▶ € 1.500 ONDERGRENS ▶ geen.

Projecten ■ CRITERIA ▶ Voorwaarden; ☑ studie (MBO, HBO of WO); ☑ voldoende studieresultaten overleggen over het laatste jaar; ☑ verklaring de Friese taal machtig te zijn; ☑ jonger dan 27 jaar; ☑ De toelage bedraagt maximaal € 1.500,00 per keer; ☑ Om voor de toelage in aanmerking te komen mag het inkomen en vermogen niet meer bedragen dan 125% van de geldende norm uit de Participatiewet. Als aanvrager thuiswonend is geldt hiervoor het gezamenlijke netto gezinsinkomen (exclusief vakantietoeslag). Als aanvrager (zelfstandig) uitwonend én 18 jaar of ouder geldt het gezamenlijk inkomen van aanvrager en van zijn/haar partner (exclusief vakantietoeslag); ☑ De toelage wordt niet later verstrekt dan uiterlijk twee maanden na het begin van het schooljaar en niet eerder dan dat daadwerkelijk een begin met de studie is gemaakt; ☑ De toelage kan maximaal vier keer aan één persoon worden verstrekt. DOORLOOPTIJD ▶ ☑ onbekend STATUS AANVRAGER ▶ ☑ geen beperkingen bekend VOORKEUR/UITSLUITING ▶ geen voorkeur of uitsluiting bekend.

Procedure ■ OP AANVRAAG ▶ ja AANVRAAGPROCEDURE ▶ Aanvragen voor een bijdrage van het leen kunnen worden ingediend bij de gemeente Tytsjerksteradiel en bij de scholen Liudger en Singelland in Burgum. U kunt vanaf de website het aanvraagformulier downloaden en per post opsturen. Het formulier moet vóór 1 mei worden opgestuurd naar het postadres Begeleidende documenten zijn: ☑ motivatie voor de te volgen studie/opleiding; ☑ redenen waarom de aanvrager denkt voor een bijdrage in aanmerking te komen, met bewijsstukken; betreffende het inkomen en vermogen van aanvrager en/of partner/ouders/verzorgers; ☑ kopie inschrijvingsbewijs onderwijsinstelling; ☑ kopie studieresultaten afgelopen studiejaar; ☑ getekende verklaring dat aanvrager de Friese taal spreekt; ☑ verklaring omtrent eventuele aanvragen andere (studie)tegemoetkomingen; Over de besluiten van het bestuur kan niet worden gecorrespondeerd en indienen van bezwaar is niet mogelijk. URL ▶ www.rauwerdawestrafonds.nl/voorwaarden/

Financieel ■ EIGEN VERMOGEN ▶ € 146.200 HERKOMST MIDDELEN ▶ vermogen BOEKJAAR ▶ 2018 JAARVERSLAG OP WEBSITE ▶ ja.

Contact ■ BEREIKBAAR PER ▶ ☑ post ☒ e-mail ☒ telefoon CONTACTPERSOON ▶ Mw. M.J.W. IJedema POSTADRES ▶ Postbus 3, 9250 AA Burgum.

1032
Stichting Reade Foundation

Rubriek ■ ☑ gezondheidszorg ☑ onderwijs en onderzoek
Algemeen ■ WEBSITE ▶ https://www.reade-foundation.nl OPGERICHT ▶ 27-06-2018 RECHTSVORM ▶ stichting KVK ▶ 72083522 ANBI STATUS ▶ ja DIRECTIE ▶ mw. J.M. Cleton BESTUUR ▶ Mw. V.J. Boenk, voorzitter; mw. F.M.J. Lopez Cardozo, penningmeester; mw. K.W. Hoorn; dr. W.J. Willems; dr. B.A.C. Dijkmans; H.E. van Wieringen.
Missie ■ DOELSTELLING ▶ Reade Foundation heeft ten doel de behartiging van de belangen van de te Amsterdam gevestigde Stichting Reade alsmede haar patiënten, voor zover het betreft voorzieningen, activiteiten, projecten en evenementen die niet kunnen worden bekostigd uit het reguliere budget. STICHTER(S) ▶ Stichting Vrienden van Reade, Duyvensz Nagel Stichting en Dr. Jan van Breemen Stichting HISTORIE ▶ Reade Foundation is opgericht op 27 juni 2018 en ontstaan uit een fusie van drie stichtingen binnen Reade: Stichting Vrienden van Reade, Duyvensz Nagel Stichting en Dr. Jan van Breemen Stichting. Drie stichtingen die zich inzetten voor het realiseren van projecten en activiteiten ten behoeve van de cliënten van Reade. Projecten die niet uit het reguliere zorgbudget gefinancierd konden worden. Met de oprichting van Reade Foundation is er één stichting met één bestuur en verwachten wij veel efficiënter en effectiever te kunnen werken. De Duyvensz-Nagel stichting en Stichting Dr. Jan van Breemen zijn ondergebracht als twee fondsen op naam binnen de Stichting Reade Foundation, genaamd het DNS Revalidatiefonds en het Dr. Jan van Breemen Reumafonds. BELEIDSPLAN OP WEBSITE ▶ ja.
Doelgroep ■ ALGEMEEN ▶ zieken SPECIFIEK ▶ Revalidanten, reumapatiënten en onderzoek op het gebied van reumatologie en revalidatie. ACTIVITEITEN ▶ Reade Foundation maakt projecten mogelijk die simpelweg niet betaald kunnen worden uit het beschikbare zorgbudget van Reade Revalidatie / Reumatologie. De Reade Foundation werft donateurs en bijdragen van fondsen en bedrijven. De behaalde opbrengsten worden volledig gebruikt om onze projecten te realiseren. Reade Foundation ondersteunt initiatieven op het gebied van participatie, innovatie, gastvrijheid en educatie. Ook wetenschappelijk onderzoek wordt ondersteund om de zorg continu te kunnen verbeteren. Dit levert professionals van Reade nog meer kennis op bij het bepalen wat de beste behandeling is voor de cliënt. De jaarlijkse Reade Foundation Grant (€25.000,-) heeft als doel een extra stimulans te bieden voor zowel individuele ontplooiing als ten goede komend aan de Amsterdamse/Nederlandse behandeling van reuma en revalidatie patiënten. Kandidaten die in aanmerking komen zijn of gepromoveerd of bezig met een promotie. Alternerend wordt de Grant uitgereikt aan een revalidatie- of reumatologieonderzoeker. Beoordeling van de aanmeldingen geschiedt door een externe jury. INTERVENTIENIVEAU ▶ Steun aan lokale/provinciale maatschappelijke organisaties en structuren (incl. gemeenten etc.) die diensten verlenen aan individuen.
Werkgebied ■ ACTIERADIUS ▶ Nationaal LAND ▶ Nederland.
Bestedingen ■ BUDGET ▶ € 128.000 ONDERSTEUNDE PROJECTEN P/J ▶ 23 SOORT BIJDRAGE ▶ onbekend BOVENGRENS ▶ geen ONDERGRENS ▶ geen.
Projecten ■ CRITERIA ▶ Initiatieven op het gebied van participatie, innovatie, gastvrijheid en educatie met betrekking tot revalidanten en reumapatiënten. Ook wetenschappelijk onderzoek wordt ondersteund om de zorg continu te kunnen verbeteren. DOORLOOPTIJD ▶ ☑ onbekend STATUS AANVRAGER ▶ ☑ geen beperkingen bekend VOORKEUR/UITSLUITING ▶ Geen voorkeur/uitsluiting bekend.
Procedure ■ OP AANVRAAG ▶ onbekend AANVRAAGPROCEDURE ▶ geen aanvraagprocedure bekend.
Financieel ■ EIGEN VERMOGEN ▶ € 2.756.072 INKOMSTEN EV ▶ € 5.366.970 INKOMSTEN OV ▶ € 135.396 HERKOMST MIDDELEN ▶ bedrijven, vermogen, giften & schenkingen, inkomsten uit loterijen, legaten, overige inkomsten BOEKJAAR ▶ 2019 JAARVERSLAG OP WEBSITE ▶ ja.
Contact ■ BEREIKBAAR PER ▶ ☑ post ☑ e-mail ☑ telefoon CONTACTPERSOON ▶ Mw. J.M. Cleton POSTADRES ▶ Postbus 58271, 1040 HG Amsterdam EMAIL (ALGEMEEN) ▶ readefoundation@reade.nl TELEFOON (ALGEMEEN) ▶ 020-2421393.

1033
Stichting Rebekka Grunwald Wagenaar

Rubriek ■ ☑ kerk en levensbeschouwing
Algemeen ■ WEBSITE ▶ www.kennisbankfilantropie.nl/anbi/rebekka-grunwald-wagenaar TYPERING ▶ vermogensfonds OPGERICHT ▶ 06-09-2005 RECHTSVORM ▶ stichting KVK ▶ 08139158 ANBI STATUS ▶ ja DIRECTIE ▶ n.v.t. BESTUUR ▶ R. Noach, voorzitter; H. van Zuiden, penningmeester; S.W. Knoop, secretaris.
Missie ■ DOELSTELLING ▶ Het financieel ondersteunen van Joodse instellingen in de ruimste zin des woords, in het bijzonder in de Stedendriehoek, althans in die regio van het Nederlands Israëlitisch Kerkgenootschap, waarin de Stedendriehoek dan is gelegen en voorts al hetgeen met een en ander rechtstreeks of zijdelings verband houdt of daartoe bevorderlijk kan zijn, alles in de ruimste zin des woords. STICHTER(S) ▶ Rebekka Grunwald Wagenaar HISTORIE ▶ Nadat de naamgeefster was overleden en de ANBI-status was gegeven heeft de Stichting overeenkomstig de doelstelling een aantal Joodse instellingen ondersteund.
Doelgroep ■ SPECIFIEK ▶ Joodse instellingen. ACTIVITEITEN ▶ Geen specifieke activiteiten bekend INTERVENTIENIVEAU ▶ Steun aan lokale/provinciale maatschappelijke organisaties en structuren (incl. gemeenten etc.) die diensten verlenen aan individuen.
Werkgebied ■ ACTIERADIUS ▶ Nationaal, Regionaal LAND ▶ Nederland REGIO ▶ Stedendriehoek.
Bestedingen ■ BUDGET ▶ niet openbaar SOORT BIJDRAGE ▶ giften BOVENGRENS ▶ geen ONDERGRENS ▶ geen.
Projecten ■ CRITERIA ▶ geen projectcriteria bekend DOORLOOPTIJD ▶ ☑ onbekend STATUS AANVRAGER ▶ ☑ stichting of vereniging (non-pro-

fit) ☑ kerkelijke instelling ☑ onderwijsinstelling **VOORKEUR/UITSLUITING** ▶ geen voorkeur of uitsluiting bekend.

Procedure ■ **OP AANVRAAG** ▶ onbekend **AANVRAAGPROCEDURE** ▶ geen aanvraagprocedure bekend.

Financieel ■ **HERKOMST MIDDELEN** ▶ vermogen, legaten **BOEKJAAR** ▶ boekjaar onbekend.

Contact ■ **BEREIKBAAR PER** ▶ ☑ post ☑ e-mail ☑ telefoon **CONTACTPERSOON** ▶ R. Noach **POSTADRES** ▶ Lochemseweg 40, 7231 PH Warnsveld **EMAIL (ALGEMEEN)** ▶ stichtingrgw@gmail.com **TELEFOON (ALGEMEEN)** ▶ 0575-432334.

1034
Regato Fonds

Rubriek ■ ☑ kunst en cultuur ☑ natuur, milieu en dieren ☑ onderwijs en onderzoek

Algemeen ■ **WEBSITE** ▶ www.cultuurfonds.nl **TYPERING** ▶ fonds op naam **BEHEERD DOOR** ▶ Prins Bernhard Cultuurfonds **DIRECTIE** ▶ zie > Prins Bernhard Cultuurfonds **BESTUUR** ▶ zie > Prins Bernhard Cultuurfonds

Missie ■ **DOELSTELLING** ▶ Het creëren en ondersteunen van projecten op het terrein van de archeologie, inclusief de oudheid, van Portugal en haar culturele gemeenschap; daarnaast het creëren en ondersteunen van projecten op het terrein van monumentenzorg en natuurbehoud in zowel Nederland als Portugal met een voorkeur voor Portugal.

Werkgebied ■ **ACTIERADIUS** ▶ Nationaal, Internationaal **LAND** ▶ Nederland, Portugal.

Projecten ■ **CRITERIA** ▶ geen projectcriteria bekend **DOORLOOPTIJD** ▶ ☑ onbekend **STATUS AANVRAGER** ▶ ☑ geen beperkingen bekend **VOORKEUR/UITSLUITING** ▶ Voorkeur gaat uit naar projecten in Portugal.

Procedure ■ **OP AANVRAAG** ▶ ja **AANVRAAGPROCEDURE** ▶ Dit 'fonds op naam' ressorteert onder het Prins Bernhard Cultuurfonds. Verzoeken aan fondsen op naam komen op één centraal punt binnen. Dit houdt in dat een subsidieaanvraag slechts eenmaal aan het Prins Bernhard Cultuurfonds hoeft te worden gezonden. Voor de verdere aanvraagprocedure: zie Prins Bernhard Cultuurfonds. **URL** ▶ www.cultuurfonds.nl/aanvragen

Contact ■ **BEREIKBAAR PER** ▶ ☑ post ☑ e-mail ☑ telefoon **CONTACTPERSOON** ▶ geen contactpersoon bekend **POSTADRES** ▶ Postbus 19750, 1000 GT Amsterdam **EMAIL (ALGEMEEN)** ▶ info@cultuurfonds.nl **TELEFOON (ALGEMEEN)** ▶ 020-5206130.

1035
Stichting Regina van Geuns Fonds

Rubriek ■ ☑ gezondheidszorg ☑ maatschappij, welzijn en samenleving

Algemeen ■ **WEBSITE** ▶ www.fundatiesobbe.nl/fundaties/regina-van-geuns-fonds **TYPERING** ▶ fonds op naam **BEHEERD DOOR** ▶ Fundatie Van den Santheuvel, Sobbe **DIRECTIE** ▶ zie > Fundatie Van den Santheuvel, Sobbe **BESTUUR** ▶ zie > Fundatie Van den Santheuvel, Sobbe

Missie ■ **DOELSTELLING** ▶ Uit het Regina van Geuns Fonds worden uitkeringen op het gebied van gehandicapten- en gezondheidszorg gedaan. **STICHTER(S)** ▶ Regina van Geuns (1848-1928) **HISTORIE** ▶ Regina van Geuns was een alleenstaande, dove dame, die in 1923 het Regina van Geuns Fonds oprichtte, met als doel; 'de ondersteuning van leden van het vrouwelijk en mannelijk geslacht, die door lichaamsgebreken in behoeftige omstandigheden verkeeren, echter onder bepaling, dat nimmer verpleegsters of verplegers en oud-verpleegsters of verplegers in aanmerking zullen komen om eenigerlei ondersteuning te ontvangen'. Het fonds werd in 1929 bij de Fundatie Van den Santheuvel, Sobbe ondergebracht. **BELEIDSPLAN OP WEBSITE** ▶ ja.

Werkgebied ■ **ACTIERADIUS** ▶ Nationaal **LAND** ▶ Nederland.

Projecten ■ **CRITERIA** ▶ Het Regina van Geunsfonds verstrekt binnen bepaalde voorwaarden giften (op projectbasis) aan instellingen ten behoeve van mensen met een lichamelijke beperking. **DOORLOOPTIJD** ▶ ☑ onbekend **STATUS AANVRAGER** ▶ ☑ geen beperkingen bekend **VOORKEUR/UITSLUITING** ▶ Er worden géén giften gedaan aan onder andere: ☑ Organisaties die hun bestuurders boven de balkenendenorm belonen; ☑ Aanbouw- en verbouwprojecten; ☑ Acties en korte campagnes; ☑ Congressen, symposia; ☑ Dorpshuizen, buurtcentra, multifunctionele centra; ☑ Evenementen en festivals (zoals op het gebied van kunst of sport, ook niet voor gehandicapten); ☑ Festiviteiten; ☑ Films, documentaires; ☑ Individuele noden; ☑ Kinderdagverblijven, peuterspeelzalen; ☑ Koepelorganisaties voor gehandicapten, tenzij t.b.v. activering en participatie; ☑ Milieubescherming, dieren(opvang); ☑ Omroepen; ☑ Orgelrestauratie; ☑ Politieke doelen; ☑ Projecten in het buitenland, buitenlandse organisaties; ☑ Reguliere kunst, voorstellingen, (amateur)muziekprojecten; ☑ Restauratie van (kerk)gebouwen; ☑ Scouting; ☑ Sport zonder sociaal en/of participatiedoel; ☑ Wetenschappelijk (dus ook medisch) onderzoek, studie of studiebeurzen.

Procedure ■ **OP AANVRAAG** ▶ ja **AANVRAAGPROCEDURE** ▶ Als uw project voldoet aan de algemene criteria en doelstellingen van de stichting, kunt u uitsluitend via de website (via computer) uw aanvraag voor een bijdrage volledig digitaal indienen. De aanvraagprocedure is opgebouwd uit de volgende onderdelen: ☑ Contactgegevens; ☑ Algemene informatie; ☑ Project waarvoor u een aanvraag doet; ☑ Financiële gegevens van het project; ☑ Bijlagen; ☑ Optioneel; tussentijds opslaan van de aanvraag is mogelijk. U krijgt dan via e-mail een inlogcode waarmee u op een later moment verder kunt gaan met de aanvraag. Nadat de aanvraag is ingediend, wordt over uw aanvraag meestal binnen twee maanden een besluit genomen door het curatorium. De vergaderdata zijn terug te vinden op de website. Over het besluit ontvangt u binnen twee weken na een curatorenvergadering bericht. Soms wordt een aanvraag in onderzoek gehouden. De afhandeling ervan kan dan enkele maanden langer duren. Besluiten van het curatorium worden niet in heroverweging genomen. **URL** ▶ https://www.fundatiesobbe.nl/4-aanvraagprocedure/

Contact ■ **BEREIKBAAR PER** ▶ ☑ post ☑ e-mail ☑ telefoon **CONTACTPERSOON** ▶ Mw. drs. E.M.L. den Braber **POSTADRES** ▶ Herengracht 524 A, 1017 CC Amsterdam **EMAIL (ALGEMEEN)** ▶ info@fundatiesobbe.nl **TELEFOON (ALGEMEEN)** ▶ 020-6233246.

1036
Stichting Reginafonds

Rubriek ■ ☑ maatschappij, welzijn en samenleving ☑ kunst en cultuur ☑ economische ontwikkeling en microkrediet ☑ mensenrechten, vrede en veiligheid ☑ natuur, milieu en dieren ☑ noodhulp

Algemeen ■ **WEBSITE** ▶ www.haella.nl/stichting-reginafonds **TYPERING** ▶ vermogensfonds **OPGERICHT** ▶ 12-09-1974 **RECHTSVORM** ▶ stichting **KVK** ▶ 32067535 **ANBI STATUS** ▶ ja **DIRECTIE** ▶ geen directiegegevens bekend **BESTUUR** ▶ Mw. N. Los, voorzitter; mw. M. Slewe, penningmeester; mw. M.C. Gambon, secretaris.

Missie ■ **DOELSTELLING** ▶ De Stichting Regina Fonds heeft ten doel steun te verlenen aan projecten die gericht zijn op vrede, mensenrechten, milieu, kleinschalige ontwikkelingsprojecten en ontwikkelingseducatie en mensen in achterstandssituaties. Daarnaast verleent het Reginafonds steun aan kunst en cultuur, met name aan jong beeldende kunstenaars en musici, bijzondere projecten op het gebied van hedendaagse muziek, architectuur en beeldende kunst en haar instellingen. **HISTORIE** ▶ Jaren geleden ontmoetten de oprichters van de Stichting Regina Fonds Marian van den Steenhoven, die enthousiast vertelde over de Haëlla Stichting en dat deed bij hen het verlangen ontstaan ook een stichting op te richten. In 1998 konden zij dit realiseren in het Regina Fonds, en begon ook de samenwerking met de Haëlla Stichting. **BELEIDSPLAN OP WEBSITE** ▶ ja.

Doelgroep ■ **ALGEMEEN** ▶ armen, dak- en thuislozen **SPECIFIEK** ▶ Geen specifieke doelgroep **ACTIVITEITEN** ▶ De samenwerking met de Haëlla Stichting uit zich doordat van het jaarlijks te besteden budget circa 70% aan door de Haëlla Stichting aangedragen doelen wordt besteed. 30% wordt rechtstreeks door het Regina Fonds toegewezen, waaronder met name aanvragen op het gebied van kunst en cultuur. **INTERVENTIENIVEAU** ▶ Steun op niveau van maatschappij zelf (beleidsbeïnvloeding, etc.).; Steun aan lokale/provinciale maatschappelijke organisaties en structuren (incl. gemeenten etc.) die diensten verlenen aan individuen.

Werkgebied ■ **ACTIERADIUS** ▶ Internationaal **LAND** ▶ Wereldwijd.

Bestedingen ■ **BUDGET** ▶ niet openbaar **ONDERSTEUNDE PROJECTEN P/J** ▶ 15 **SOORT BIJDRAGE** ▶ giften **BOVENGRENS** ▶ € 2.500 **ONDERGRENS** ▶ geen.

Projecten ■ **CRITERIA** ▶ ☑ Uw plan is gericht op een groep mensen - en niet voor de verbetering van het leven van slechts één persoon; ☑ Uw plan gaat over een onderwerp dat belangrijk is voor de Haëlla Stichting. Zie het kopje 'Onze thema's'; ☑ U voert uw idee samen met anderen uit. Dit kan als stichting of vereniging, maar ook als initiatiefgroep (een groep mensen van minstens 5 personen); ☑ Vrijwilligers spelen een grote rol in het project; ☑ Er is een Nederlands of Engels sprekende contactpersoon die telefonisch bereikbaar is. **DOORLOOPTIJD** ▶ ☑ onbekend **STATUS AANVRAGER** ▶ ☑ stichting of vereniging (non-profit) ☑ kerkelijke instelling ☑ onderwijsinstelling **VOORKEUR/UITSLUITING** ▶ Uitsluiting: ☑ Individuen; ☑ maatschappelijk werk; ☑ reguliere onderwijsinstellingen; ☑ gezondheids- en gehandicaptenzorg in Nederland; ☑ woningbouworganisaties; ☑ steden- en scholenverbanden. ☑ stichtingen die een groot aantal personeelsleden in dienst hebben; ☑ scholieren uitwisselingen; ☑ vakantiekampen; ☑ studentencongressen; ☑ studiebeurzen; ☑ stages in binnen- of buitenland en proefschriften voor Nederlandse studenten; ☑ zuiver wetenschappelijk onderzoek; ☑ uitgave van boeken en periodieken; ☑ sport en recreatie; ☑ culturele uitwisselingen; ☑ bouwactiviteiten; ☑ (renovatie van) kerkgebouwen; ☑ noodhulp bij rampen; ☑ projecten met als hoofddoel materiële belangen van de beperkte groep van leden; ☑ jubileumvieringen.

Procedure ■ **OP AANVRAAG** ▶ ja **DOORLOOPTIJD** ▶ binnen 4 maanden; 1-3 maanden; 1-3 maanden; 1-3 maanden **AANVRAAGPROCEDURE** ▶ Aanvragen kunnen alléén digitaal via de website. Aanvragen kunnen het hele jaar door gedaan worden. Er wordt per aanvraag (bij honorering) éénmaal per jaar uitbetaald. Wij proberen om zo snel mogelijk na verzending van uw aanvraag contact met u op te nemen om aanvullende vragen te stellen. Doorgaans doen we dit binnen een maand. De beslissing van het bestuur volgt later, doorgaans binnen 3 maanden nadat u uw aanvraag heeft ingediend. **URL** ▶ www.haella.nl/aanvraagprocedure

Financieel ■ **EIGEN VERMOGEN** ▶ € 1.283.865 **INKOMSTEN EV** ▶ € 19.663 **HERKOMST MIDDELEN** ▶ vermogen **BOEKJAAR** ▶ 2019 **JAARVERSLAG OP WEBSITE** ▶ ja.

Contact ■ **BEREIKBAAR PER** ▶ ☑ post ☑ e-mail ☑ telefoon **CONTACTPERSOON** ▶ geen contactpersoon bekend **POSTADRES** ▶ Jan van Nassaustraat 102, 2596 BW Den Haag **EMAIL (ALGEMEEN)** ▶ info@haella.nl **TELEFOON (ALGEMEEN)** ▶ 070-3249929.

1037
Regulus Fonds

Rubriek ■ ☑ kunst en cultuur ☑ natuur, milieu en dieren ☑ onderwijs en onderzoek

Algemeen ■ **WEBSITE** ▶ www.cultuurfonds.nl **TYPERING** ▶ fonds op naam **BEHEERD DOOR** ▶ Prins Bernhard Cultuurfonds **DIRECTIE** ▶ zie > Prins Bernhard Cultuurfonds **BESTUUR** ▶ zie > Prins Bernhard Cultuurfonds

Missie ■ **DOELSTELLING** ▶ Het financieel ondersteunen van educatieve projecten op het gebied van natuurbehoud en publicaties op het gehele werkterrein van het Prins Bernhard Cultuurfonds.

Werkgebied ■ **ACTIERADIUS** ▶ Nationaal **LAND** ▶ Nederland.

Projecten ■ **CRITERIA** ▶ geen projectcriteria bekend **DOORLOOPTIJD** ▶ ☑ korter dan 1 jaar **STATUS AANVRAGER** ▶ ☑ geen beperkingen bekend **VOORKEUR/UITSLUITING** ▶ geen voorkeur of uitsluiting bekend.

Procedure ■ **OP AANVRAAG** ▶ ja **AANVRAAGPROCEDURE** ▶ Dit 'fonds op naam' ressorteert onder het Prins Bernhard Cultuurfonds. Verzoeken aan fondsen op naam komen op één centraal punt binnen. Dit houdt in dat een subsidieaanvraag slechts eenmaal aan het Prins Bernhard Cultuurfonds hoeft te worden gezonden. Voor de verdere aanvraagprocedure: zie Prins Bernhard Cultuurfonds. **URL** ► www.cultuurfonds.nl/aanvragen

Contact ■ **BEREIKBAAR PER** ► ☑ post ☑ e-mail ☑ telefoon **CONTACTPERSOON** ► geen contactpersoon bekend **POSTADRES** ► Postbus 19750, 1000 GT Amsterdam **EMAIL (ALGEMEEN)** ► info@cultuurfonds.nl **TELEFOON (ALGEMEEN)** ► 020-5206130.

1038
Reiman-de Bas Fonds

Rubriek ■ ☑ onderwijs en onderzoek

Algemeen ■ **WEBSITE** ► www.cultuurfonds.nl **TYPERING** ► fonds op naam **BEHEERD DOOR** ► Prins Bernhard Cultuurfonds **DIRECTIE** ► zie > Prins Bernhard Cultuurfonds **BESTUUR** ► zie > Prins Bernhard Cultuurfonds

Missie ■ **DOELSTELLING** ► Het financieel ondersteunen van afgestudeerden voor vervolgonderzoek in het buitenland op het terrein van de alfa-studies, met een voorkeur voor (kunst)geschiedenis, de archeologie, de museologie en de filosofie.

Werkgebied ■ **ACTIERADIUS** ► Internationaal.

Projecten ■ **CRITERIA** ► geen projectcriteria bekend **DOORLOOPTIJD** ► ☑ korter dan 1 jaar **STATUS AANVRAGER** ► ☑ geen beperkingen bekend **VOORKEUR/UITSLUITING** ► Voorkeur gaat uit naar de terreinen (kunst)geschiedenis, de archeologie, de museologie en de filosofie.

Procedure ■ **OP AANVRAAG** ► ja **AANVRAAGPROCEDURE** ► Dit 'fonds op naam' ressorteert onder het Prins Bernhard Cultuurfonds. Verzoeken aan fondsen op naam komen op één centraal punt binnen. Dit houdt in dat een subsidieaanvraag slechts eenmaal aan het Prins Bernhard Cultuurfonds hoeft te worden gezonden. Voor de verdere aanvraagprocedure: zie Prins Bernhard Cultuurfonds. **URL** ► www.cultuurfonds.nl/aanvragen

Contact ■ **BEREIKBAAR PER** ► ☑ post ☑ e-mail ☑ telefoon **CONTACTPERSOON** ► geen contactpersoon bekend **POSTADRES** ► Postbus 19750, 1000 GT Amsterdam **EMAIL (ALGEMEEN)** ► info@cultuurfonds.nl **TELEFOON (ALGEMEEN)** ► 020-5206130.

1039
Reinbert de Leeuw Fonds

Rubriek ■ ☑ kunst en cultuur

Algemeen ■ **WEBSITE** ► www.cultuurfonds.nl **TYPERING** ► fonds op naam **BEHEERD DOOR** ► Prins Bernhard Cultuurfonds **DIRECTIE** ► zie > Prins Bernhard Cultuurfonds **BESTUUR** ► zie > Prins Bernhard Cultuurfonds

Missie ■ **DOELSTELLING** ► Het financieel ondersteunen van bijzondere producties op het terrein van de hedendaagse gecomponeerde muziek. De voorkeur gaat uit naar aanvragen van in de hedendaagse muziek gespecialiseerde ensembles die voor de uitvoering van (relatief) nieuw werk een extra investering moeten doen, en die, zoveel mogelijk in samenspraak met de componist, bijdragen aan de opbouw van nieuw repertoire.

Werkgebied ■ **ACTIERADIUS** ► Nationaal **LAND** ► Nederland.

Projecten ■ **CRITERIA** ► geen projectcriteria bekend **DOORLOOPTIJD** ► ☑ korter dan 1 jaar **STATUS AANVRAGER** ► ☑ geen beperkingen bekend **VOORKEUR/UITSLUITING** ► De voorkeur gaat uit naar aanvragen van in de hedendaagse muziek gespecialiseerde ensembles die voor de uitvoering van (relatief) nieuw werk een extra investering moeten doen, en die, zoveel mogelijk in samenspraak met de componist, bijdragen aan de opbouw van nieuw repertoire.

Procedure ■ **OP AANVRAAG** ► ja **AANVRAAGPROCEDURE** ► Dit 'fonds op naam' ressorteert onder het Prins Bernhard Cultuurfonds. Verzoeken aan fondsen op naam komen op één centraal punt binnen. Dit houdt in dat een subsidieaanvraag slechts eenmaal aan het Prins Bernhard Cultuurfonds hoeft te worden gezonden. Voor de verdere aanvraagprocedure: zie Prins Bernhard Cultuurfonds. **URL** ► www.cultuurfonds.nl/aanvragen

Contact ■ **BEREIKBAAR PER** ► ☑ post ☑ e-mail ☑ telefoon **CONTACTPERSOON** ► geen contactpersoon bekend **POSTADRES** ► Postbus 19750, 1000 GT Amsterdam **EMAIL (ALGEMEEN)** ► info@cultuurfonds.nl **TELEFOON (ALGEMEEN)** ► 020-5206130.

1040
Stichting Reint Laan Fonds

Rubriek ■ ☑ kunst en cultuur ☑ onderwijs en onderzoek

Algemeen ■ **WEBSITE** ► http://archief.zaanstad.nl/over-ons/reint-laan-fonds **TYPERING** ► vermogensfonds **OPGERICHT** ► 01-04-1979 **RECHTSVORM** ► stichting **KVK** ► 34224509 **ANBI STATUS** ► nee **DIRECTIE** ► geen directiegegevens bekend **BESTUUR** ► J. van der Werf, voorzitter; J. Brinkhuijsen, penningmeester; R. Lengers, secretaris; mw. C. van Sijl.

Missie ■ **DOELSTELLING** ► Het ondersteunen van publicaties over de cultuur en/of geschiedenis van de; Zaanstreek en haar bewoners. Dat is de doelstelling van de Stichting Reint Laan; Fonds. Deze ondersteuning biedt het fonds door subsidiëring van publicaties; (gedrukt, audiovisueel of digitaal). **STICHTER(S)** ► Reint Laan, oud-burgemeester van Zaanstad (1914-1993) **HISTORIE** ► Het fonds is genoemd naar Reint Laan, die bij zijn afscheid als burgemeester van Zaanstad in 1979 het geldbedrag van zijn afscheidscadeau in het fonds stortte. Het fonds was oorspronkelijk een gemeentelijk fonds en is sinds 2005 geprivatiseerd.

Doelgroep ■ **SPECIFIEK** ► Geïnteresseerden in de geschiedenis van de Zaanstreek. **ACTIVITEITEN** ► Het Reint Laan Fonds hanteert twee categorieën: ☑ Onderzoek; De eerste categorie is bedoeld voor uitgaven waarvan de inhoud betrekking heeft op de cultuur en/of geschiedenis van de Zaanstreek. Deze moeten kennis toevoegen aan hetgeen al eerder over de Zaanstreek werd gepubliceerd. Voorwaarde is, dat aan de inhoud van de publicatie een gedegen (cultuur)historisch onderzoek ten grondslag ligt. ☑ Publieks- en/of educatieve uitgaven; De tweede categorie betreft historische of culturele publicaties die van belang zijn voor de Zaanstreek. Het accent bij deze uitgaven ligt bij de toegankelijkheid voor een breed publiek. **INTERVENTIENIVEAU** ▶ Steun aan individuen (directe steun).

Werkgebied ■ **ACTIERADIUS** ▶ Regionaal **LAND** ▶ Nederland **REGIO** ▶ Zaanstreek.

Bestedingen ■ **BUDGET** ▶ niet openbaar **SOORT BIJDRAGE** ▶ giften garanties **BOVENGRENS** ▶ geen **ONDERGRENS** ▶ geen.

Projecten ■ **CRITERIA** ▶ ☑ Er moet voldoende zorg aan de uitvoering zijn besteed; ☑ De aanvrager moet zo veel mogelijk zélf voor financiële dekking hebben gezorgd; ☑ De aanvrager moet bij het verzoek om subsidie een begroting en dekkingsplan indienen; ☑ Bij honorering van het subsidieverzoek moet het Reint Laan Fonds als subsidiënt in de uitgave worden vermeld en twee exemplaren van de uitgave ontvangen. Een van deze exemplaren is bestemd voor de bibliotheek van het Gemeentearchief Zaanstad. **DOORLOOPTIJD** ▶ ☑ korter dan 1 jaar **STATUS AANVRAGER** ▶ ☑ stichting of vereniging (non-profit) **VOORKEUR/UITSLUITING** ▶ geen voorkeur of uitsluiting bekend.

Procedure ■ **OP AANVRAAG** ▶ ja **DOORLOOPTIJD** ▶ 3-6 maanden **AANVRAAGPROCEDURE** ▶ Aanvragen kunnen uitsluitend schriftelijk worden ingediend. De schriftelijke aanvraag dient mede te bestaan uit relevante achtergrondinformatie over de aanvrager en (indien dat niet dezelfde is) de samensteller van de publicatie. Voor beoordeling van het verzoek dient de aanvraag te bevatten; ☑ een begroting; ☑ een dekkingsplan; ☑ een inhoudsopgave van de uitgave (een opsomming); ☑ een korte beschrijving van de inhoud; ☑ voorbeelden van tekst, beeld en/of geluid. Subsidieverzoeken worden ingediend bij het secretariaat van het fonds (het Gemeentearchief Zaanstad). De vergaderfrequentie is gemiddeld eenmaal per 4 maanden. De beslissing over het subsidieverzoek wordt schriftelijk meegedeeld.

Financieel ■ **HERKOMST MIDDELEN** ▶ vermogen, overige inkomsten.

Contact ■ **BEREIKBAAR PER** ▶ ☑ post ☑ e-mail ☑ telefoon **CONTACTPERSOON** ▶ R.P.J. Lengers **POSTADRES** ▶ Postbus 2000, 1500 GA Zaandam **EMAIL (ALGEMEEN)** ▶ gemeentearchief@zaanstad.nl **TELEFOON (ALGEMEEN)** ▶ 14075.

1041
René H. van Bokkum Fonds

Rubriek ■ ☑ gezondheidszorg ☑ kunst en cultuur ☑ maatschappij, welzijn en samenleving

Algemeen ■ **WEBSITE** ▶ www.cultuurfonds.nl **TYPERING** ▶ fonds op naam **BEHEERD DOOR** ▶ Prins Bernhard Cultuurfonds **DIRECTIE** ▶ zie > Prins Bernhard Cultuurfonds **BESTUUR** ▶ zie > Prins Bernhard Cultuurfonds

Missie ■ **DOELSTELLING** ▶ Het financieel ondersteunen van projecten op het werkterrein van het Prins Bernhard Cultuurfonds ten behoeve van of door mensen met een lichamelijke of verstandelijke beperking.

Werkgebied ■ **ACTIERADIUS** ▶ Nationaal **LAND** ▶ Nederland.

Projecten ■ **CRITERIA** ▶ geen projectcriteria bekend **DOORLOOPTIJD** ▶ ☑ korter dan 1 jaar **STATUS AANVRAGER** ▶ ☑ geen beperkingen bekend **VOORKEUR/UITSLUITING** ▶ geen voorkeur of uitsluiting bekend.

Procedure ■ **OP AANVRAAG** ▶ ja **AANVRAAGPROCEDURE** ▶ Dit 'fonds op naam' ressorteert onder het Prins Bernhard Cultuurfonds. Verzoeken aan fondsen op naam komen op één centraal punt binnen. Dit houdt in dat een subsidieaanvraag slechts eenmaal aan het Prins Bernhard Cultuurfonds hoeft te worden gezonden. Voor de verdere aanvraagprocedure: zie Prins Bernhard Cultuurfonds. **URL** ▶ www.cultuurfonds.nl/aanvragen

Contact ■ **BEREIKBAAR PER** ▶ ☑ post ☑ e-mail ☑ telefoon **CONTACTPERSOON** ▶ geen contactpersoon bekend **POSTADRES** ▶ Postbus 19750, 1000 GT Amsterdam **EMAIL (ALGEMEEN)** ▶ info@cultuurfonds.nl **TELEFOON (ALGEMEEN)** ▶ 020-5206130.

1042
Rens-Holle Stichting

Rubriek ■ ☑ maatschappij, welzijn en samenleving ☑ kunst en cultuur ☑ natuur, milieu en dieren

Algemeen ■ **WEBSITE** ▶ www.kennisbankfilantropie.nl/anbi/rens-holle **TYPERING** ▶ vermogensfonds **OPGERICHT** ▶ 26-06-1930 **RECHTSVORM** ▶ stichting **KVK** ▶ 41203067 **ANBI STATUS** ▶ ja **DIRECTIE** ▶ geen directiegegevens bekend **BESTUUR** ▶ H.I. van Tongeren, voorzitter; J.C. Beijlevelt, penningmeester; J.C. Beijlevelt, secretaris.

Missie ■ **DOELSTELLING** ▶ De Stichting beoogt duurzame culturele en maatschappelijk relevante initiatieven te ondersteunen. Dit zal veelal betekenen dat financiële steun wordt verleend aan Nederlandse instellingen, die naar het oordeel van het bestuur van de Stichting werkzaam zijn in het algemeen belang en/of op het gebied van cultuur en natuur, duurzaamheid, idealisme en niet-commerciële initiatieven. **HISTORIE** ▶ Opgericht in 1930 als Stichting met een sociaal oogmerk voor behoeftigen binnen de familie van de beide oprichters in brede zin, is in 1983 het werkveld van de Stichting opengebroken. Sedertdien richt de Stichting zich op het ondersteunen van initiatieven, in eerste instantie (tot 2000) van afgestudeerden van Nederlandse universiteiten en hogescholen, en gedurende het laatste decennium van instellingen, werkzaam in Nederland. **BELEIDSPLAN OP WEBSITE** ▶ ja.

Doelgroep ■ **SPECIFIEK** ▶ Geen specifieke doelgroep **ACTIVITEITEN** ▶ Om de doelstelling te realiseren oriënteert het bestuur van de Stichting zich in het relevante maatschappelijke veld binnen Nederland om zodoende projecten die ondersteuning behoeven voor eventuele financiële ondersteuning voor te kunnen dragen. Het inmiddels opgebouwde netwerk in de culturele, muzikale en artistieke wereld wordt daartoe benut. Er is geen sprake van een generieke oproep naar buiten om bestemmingen bij het bestuur van de Stichting aan te melden. Over de schenkingen of leningen die de Stichting verstrekt is geen schenkingsrecht verschuldigd. **INTERVENTIENIVEAU** ► Steun op niveau van maatschappij zelf (beleidsbeïnvloeding, etc.).; Steun aan lokale/provinciale maatschappelijke organisaties en structuren (incl. gemeenten etc.) die diensten verlenen aan individuen.

Werkgebied ■ **ACTIERADIUS** ► Nationaal **LAND** ► Nederland.

Bestedingen ■ **BUDGET** ► € 100.000 **SOORT BIJDRAGE** ► giften leningen investeringen **BOVENGRENS** ► geen **ONDERGRENS** ► geen.

Projecten ■ **CRITERIA** ► geen projectcriteria bekend **DOORLOOPTIJD** ► ☑ onbekend **STATUS AANVRAGER** ► ☑ stichting of vereniging (non-profit) ☑ kerkelijke instelling ☑ onderwijsinstelling **VOORKEUR/UITSLUITING** ► De voorkeur gaat uit naar investeren in dergelijke (niet-commerciële) initiatieven in plaats van het leveren van een exploitatiebijdrage. Er wordt geen particulier of individueel belang van natuurlijke personen gediend.

Procedure ■ **OP AANVRAAG** ► onbekend **AANVRAAGPROCEDURE** ► Geen aanvraagprocedure bekend.

Financieel ■ **INKOMSTEN EV** ► € 8.662 **HERKOMST MIDDELEN** ► vermogen, giften & schenkingen **BOEKJAAR** ► 2019 **JAARVERSLAG OP WEBSITE** ► ja.

Contact ■ **BEREIKBAAR PER** ► ☑ post ☑ e-mail ☒ telefoon **CONTACTPERSOON** ► geen contactpersoon bekend **POSTADRES** ► Van Beethovenlaan 54, 2912 VL Nieuwerkerk aan den IJssel gem. Zuidplas **EMAIL (ALGEMEEN)** ► rens.holle.stichting@gmail.com.

1043
Stichting Restauratiefonds Havezathe Windesheim

Rubriek ■ ☑ kunst en cultuur ☑ natuur, milieu en dieren

Algemeen ■ **WEBSITE** ► www.luchtenbelt.nl/index.php?id=anbi-stichting **TYPERING** ► vermogensfonds **OPGERICHT** ► 20-12-2007 **RECHTSVORM** ► stichting **KVK** ► 08167125 **ANBI STATUS** ► ja **DIRECTIE** ► geen directiegegevens bekend **BESTUUR** ► E.J. van der Stege, voorzitter; J.R. baron de Vos van Steenwijk, penningmeester; G.J. Hoogendoorn, secretaris.

Missie ■ **DOELSTELLING** ► Het verstrekken van financiële bijdragen ten behoeve van de herbouw en de instandhouding van de Havezathe Windesheim te Zwolle, alsmede het verstrekken van bijdragen ten behoeve van de herbouw-, restauratie en/ of instandhouding van andere historische buitenplaatsen in de provincie Overijssel en het verrichten van alle verdere handelingen, die met het vorenstaande inde ruimste zin verband houden of daartoe bevordelijk kunnen zijn. **STICHTER(S)** ► J.A. baron de Vos van Steenwijk **HISTORIE** ► De Stichting Restauratiefonds Havezathe Windesheim is opgericht op 20 december 2007 door J.A. baron de Vos van Steenwijk. **BELEIDSPLAN OP WEBSITE** ► ja.

Doelgroep ■ **SPECIFIEK** ► Herbouw-, restauratie en/ of instandhouding van historische buitenplaatsen in de provincie Overijssel. **ACTIVITEITEN** ► Medio 2011 is het hoofdlijnenplan van de historische Buitenplaats Windesheim door het bestuur vastgesteld, als uitgangspunt voor de ontwikkeling van de Havezathe in de komende jaren. Als gevolg hiervan, kon de Stichting thans desgewenst gericht deelprojecten uit het hoofdlijnenplan (mede) financieren. Gefinancierde deelprojecten tot op heden zijn een voetgangersbrug en een wandelpad. **INTERVENTIENIVEAU** ► Onbekend.

Werkgebied ■ **ACTIERADIUS** ► Regionaal, Lokaal **LAND** ► Nederland **REGIO** ► Overijssel **PLAATS** ► Zwolle.

Bestedingen ■ **BUDGET** ► niet openbaar **SOORT BIJDRAGE** ► giften **BOVENGRENS** ► geen **ONDERGRENS** ► geen.

Projecten ■ **CRITERIA** ► geen projectcriteria bekend **DOORLOOPTIJD** ► ☑ onbekend **STATUS AANVRAGER** ► ☑ geen beperkingen bekend **VOORKEUR/UITSLUITING** ► geen voorkeur of uitsluiting bekend.

Procedure ■ **OP AANVRAAG** ► onbekend **AANVRAAGPROCEDURE** ► Geen aanvraagprocedure bekend.

Financieel ■ **EIGEN VERMOGEN** ► € 563.766 **HERKOMST MIDDELEN** ► vermogen, giften & schenkingen **BOEKJAAR** ► 2018 **JAARVERSLAG OP WEBSITE** ► ja.

Contact ■ **BEREIKBAAR PER** ► ☑ post ☑ e-mail ☑ telefoon **CONTACTPERSOON** ► geen contactpersoon bekend **POSTADRES** ► Windesheimerweg 2, 8015 PR Zwolle **EMAIL (ALGEMEEN)** ► info@luchtenbelt.nl **TELEFOON (ALGEMEEN)** ► 0529497015.

1044
Stichting Reuma Nederland

Rubriek ■ ☑ gezondheidszorg ☑ maatschappij, welzijn en samenleving ☑ onderwijs en onderzoek

Algemeen ■ **WEBSITE** ► www.reumanederland.nl **TYPERING** ► hybride fonds **OPGERICHT** ► 26-10-1926 **RECHTSVORM** ► stichting **KVK** ► 40408531 **ANBI STATUS** ► ja **DIRECTIE** ► J.W.G. Förch **BESTUUR** ► Mw.mr. G.H. Faber, voorzitter; prof.dr. M. van Houdenhoven; prof.dr. F. Koning; drs. K.B. Tewarie RA; mw.dr. H.H. Kuper.

Missie ■ **DOELSTELLING** ► De Stichting ReumaNederland, kortweg ReumaNederland, stelt zich ten doel de bestrijding van reuma en de gevolgen daarvan in Nederland. Daarbij is ReumaNederland primair gericht op alle reumapatiënten samen, respectievelijk op categorieën van reumapatiënten, en niet zozeer op individuele reumapatiënten. **HISTORIE** ► Het Reumafonds heet vanaf 1 juli 2018 ReumaNederland. Het Reumafonds is na 91 jaar uitgegroeid tot meer dan een organisatie die baanbrekend wetenschappelijk reumaonderzoek in binnen- en buitenland financiert. De nieuwe naam ReumaNederland past bij de koers die een aantal jaren geleden is ingezet om naast gezondheidsfonds ook de patiëntenorganisatie voor ruim 2 miljoen mensen met reuma in Nederland te zijn. **BELEIDSPLAN OP WEBSITE** ► ja.

Doelgroep ■ **ALGEMEEN** ► zieken, gehandicapten **SPECIFIEK** ► Mensen met reuma, onderzoekers, vrijwilligers (onder meer voor de collecte) en donateurs. **ACTIVITEITEN** ► Het doel is om een volwaardig en beter leven met reuma sneller dichterbij te brengen. Dat willen ze doen door: ☑ het behartigen van de belangen van mensen met; reuma; ☑ de bestrijding van reuma en de gevolgen van; reuma; ☑ het financieren van wetenschappelijk; reumaonderzoek. **INTERVENTIENIVEAU** ▶ Steun aan individuen (directe steun).; Steun op niveau van maatschappij zelf (beleidsbeïnvloeding, etc.).

Werkgebied ■ **ACTIERADIUS** ▶ Nationaal **LAND** ▶ Nederland.

Bestedingen ■ **BUDGET** ▶ niet openbaar **ONDERSTEUNDE PROJECTEN P/J** ▶ 38 **SOORT BIJDRAGE** ▶ giften **BOVENGRENS** ▶ geen **ONDERGRENS** ▶ geen.

Projecten ■ **CRITERIA** ▶ Er zijn verschillende type aanvragen waarbij verschillende projectcriteria van toepassing zijn. Zie hiervoor de website. **DOORLOOPTIJD** ▶ ☑ 1 - 2 jaar ☑ korter dan 1 jaar **STATUS AANVRAGER** ▶ ☑ overig **VOORKEUR/UITSLUITING** ▶ Voorkeuren/uitsluitingen zijn afhankelijk van het type aanvraag dat ingediend wordt.

Procedure ■ **OP AANVRAAG** ▶ ja **AANVRAAGPROCEDURE** ▶ De aanvraagprocedure is verschillend voor het type aanvraag. De formulieren en voorwaarden zijn terug te vinden op de website. **URL** ▶ https://reumanederland.nl/onderzoek/projectaanvraag/

Financieel ■ **EIGEN VERMOGEN** ▶ € 15.131.000 **INKOMSTEN EV** ▶ € 3.406.000 **INKOMSTEN OV** ▶ € 15.089.000 **HERKOMST MIDDELEN** ▶ loterijen, vermogen, legaten, giften & schenkingen, overige inkomsten, bedrijven **BOEKJAAR** ▶ 2019 **JAARVERSLAG OP WEBSITE** ▶ ja.

Contact ■ **BEREIKBAAR PER** ▶ ☑ post ☑ e-mail ☑ telefoon **CONTACTPERSOON** ▶ geen contactpersoon bekend **POSTADRES** ▶ Postbus 59091, 1040 KB Amsterdam **EMAIL (ALGEMEEN)** ▶ info@reumanederland.nl **TELEFOON (ALGEMEEN)** ▶ 020-5896464.

1045

Ribbink-van den Hoek Familie Stichting

Rubriek ■ ☑ gezondheidszorg ☑ maatschappij, welzijn en samenleving ☑ kunst en cultuur ☑ economische ontwikkeling en microkrediet ☑ mensenrechten, vrede en veiligheid ☑ onderwijs en onderzoek ☑ natuur, milieu en dieren ☑ noodhulp ☑ kerk en levensbeschouwing

Algemeen ■ **WEBSITE** ▶ www.rihofoundation.com **TYPERING** ▶ vermogensfonds **OPGERICHT** ▶ 19-12-2006 **RECHTSVORM** ▶ stichting **KVK** ▶ 34262157 **ANBI STATUS** ▶ ja **DIRECTIE** ▶ geen directiegegevens bekend **BESTUUR** ▶ Mr. G.A. Ribbink, voorzitter; E.P. Brummer; mw. F. Oberman-Resius.

Missie ■ **DOELSTELLING** ▶ De stichting heeft ten doel: het ondersteunen van culturele instellingen, wetenschappelijke instellingen en andere algemeen nut beogende charitatieve of levensbeschouwelijke instellingen en voorts al hetgeen met een en ander rechtstreeks of zijdelings verband houdt of daartoe bevorderlijk kan zijn, alles in de ruimste zin van het woord. De stichting kan ook natuurlijke personen en/of rechtspersonen ondersteunen als die daarvoor naar het oordeel van het bestuur in aanmerking komen. **STICHTER(S)** ▶ Nienke van den Hoek en Alexander Ribbink **HISTORIE** ▶ De Ribbink Van den Hoek Familie Stichting is een vermogensfonds opgericht op 19 december 2006 door Nienke van den Hoek en Alexander Ribbink. Het totale vermogen bestaat uit vijf jaarlijkse schenkingen vanaf 2007 van 2,9 miljoen euro voor een totaal van 14,5 miljoen euro. Het vermogen en de opbrengsten worden gebruikt voor donaties aan projecten op een breed maatschappelijk terrein, met daarbij een focus op projecten in ontwikkelingslanden. De intentie is om het vermogen van de stichting zo lang als het bestuur dat wenselijk acht, in stand te houden. **BELEIDSPLAN OP WEBSITE** ▶ ja.

Doelgroep ■ **ALGEMEEN** ▶ armen, vrouwen, kinderen, dak- en thuislozen **SPECIFIEK** ▶ Geen specifieke doelgroep **ACTIVITEITEN** ▶ Er is gekozen om projecten te steunen met de volgende hoofddoelstelling: Informed Citizens, Milieu/Klimaat en Vluchtelingen (immigratie/integratie). Binnen milieu/klimaat, in combinatie met vluchtelingen, zal worden geprobeerd in te zetten op één of twee grote thema's om impact te bereiken. Onder de nevendoelstelling vallen alle overige projecten. Dit zijn aanvragen van culturele en maatschappelijke organisaties die onder andere uit het netwerk van bestuursleden en toehoorders komen. **INTERVENTIENIVEAU** ▶ Steun op niveau van maatschappij zelf (beleidsbeïnvloeding, etc.).; Steun aan lokale/provinciale maatschappelijke organisaties en structuren (incl. gemeenten etc.) die diensten verlenen aan individuen.

Werkgebied ■ **ACTIERADIUS** ▶ Internationaal **LAND** ▶ Wereldwijd.

Bestedingen ■ **BUDGET** ▶ € 400.000 **TOELICHTING** ▶ Bij benadering is 80% bestemd voor projecten uit de hoofddoelstelling. De overige 20% van de uitgaven komt ten goede aan overige projecten. **ONDERSTEUNDE PROJECTEN P/J** ▶ 34 **SOORT BIJDRAGE** ▶ giften **BOVENGRENS** ▶ geen **ONDERGRENS** ▶ geen.

Projecten ■ **CRITERIA** ▶ Bij het selecteren van organisaties en projecten is er gekeken naar: ☑ de ervaring en professionaliteit van de organisatie; ☑ de mogelijkheid om het project meerjarig te steunen). **DOORLOOPTIJD** ▶ ☑ onbekend **STATUS AANVRAGER** ▶ ☑ geen beperkingen bekend **VOORKEUR/UITSLUITING** ▶ Voor projecten uit de nevendoelstelling geldt: Er is een voorkeur voor projecten die nog net 'het laatste duwtje nodig hebben', maar ook reguliere initiatieven en noodhulp projecten kunnen gesteund worden. Ook is er ruimte voor medische projecten.

Procedure ■ **OP AANVRAAG** ▶ ja **DOORLOOPTIJD** ▶ geen doorlooptijd bekend; 6-12 maanden; 6-12 maanden **AANVRAAGPROCEDURE** ▶ De Ribbink-van den Hoek Familie Stichting neemt geen aanvragen in behandeling, maar zoekt zelf actief naar projecten. Aanvragen dienen uit netwerk van bestuurders en toehoorders te komen. De volgende stukken dienen in het dossier aanwezig te zijn: ☑ beschrijving van de aanvraag met begroting en dekkingsplan; ☑ jaarrekening van de stichting/aanvrager; ☑ kopie van de statuten; ☑ uittreksel van de Kamer van Koophandel, niet ouder dan een jaar. Het bestuur vergadert tweemaal per jaar.

Financieel ■ **EIGEN VERMOGEN** ▶ € 9.950.000 **HERKOMST MIDDELEN** ▶ giften & schenkingen, legaten, vermogen **BOEKJAAR** ▶ 2018 **JAARVERSLAG OP WEBSITE** ▶ ja.

Contact ■ **BEREIKBAAR PER** ▶ ☒ post ☑ e-mail ☑ telefoon **CONTACTPERSOON** ▶ geen contactpersoon bekend **POSTADRES** ▶ Geen postadres bekend **EMAIL (ALGEMEEN)** ▶ stichtingriho@gmail.com **TELEFOON (ALGEMEEN)** ▶ 06-25167539.

1046
Ridderlijke Duitse Orde, Balije van Utrecht

Rubriek ■ ☑ gezondheidszorg ☑ noodhulp ☑ kunst en cultuur ☑ maatschappij, welzijn en samenleving ☑ kerk en levensbeschouwing

Algemeen ■ WEBSITE ▶ www.rdo.nl TYPERING ▶ vermogensfonds OPGERICHT ▶ 1231 RECHTSVORM ▶ vereniging KVK ▶ 40478069 ANBI STATUS ▶ ja DIRECTIE ▶ geen directiegegevens bekend BESTUUR ▶ J.R. baron de Vos van Steenwijk, voorzitter; drs. J.S.A. van Montauban van Swijndregt, secretaris; ds. B.F. baron van Verschuer; mr. A.S. baron de Vos van Steenwijk; mr. R.W. van Snouckaert van Schauburg; mr. Ph.W. baron van Verschuer.

Missie ■ DOELSTELLING ▶ ☑ Het verlenen van hulp aan zieken en gewonden en anderszins hulpbehoevenden; ☑ Het voorkomen en verzachten van menselijke nood; ☑ Het conserveren en beheren van het waardevolle historische erfgoed; ☑ Het uitdragen, ondersteunen en versterken van het reformatorisch gedachtengoed. STICHTER(S) ▶ Ridderlijke Duitsche Orde, Balije van Utrecht HISTORIE ▶ De RDO Balije van Utrecht is de in 1231 gestichte Nederlandse tak van de Ridderlijke Duitsche Orde. Zieken- en armenzorg werd vanaf de middeleeuwen verleend vanuit de door de Orde gestichte commanderijen. Voortbouwend op de oorspronkelijke doelstelling groeit de RDO door de eeuwen heen tot een charitatief fonds, dat financiële ondersteuning biedt aan mensen met een geestelijke en/of lichamelijke beperking, langdurig zieken, dak- en thuislozen, zwerfjongeren en verslaafden. BELEIDSPLAN OP WEBSITE ▶ ja.

Doelgroep ■ ALGEMEEN ▶ armen, gehandicapten, zieken, dak- en thuislozen SPECIFIEK ▶ Personen die door ziekte en/of handicap in financiële problemen zijn geraakt en sociale projecten ten behoeve van gehandicapten, zwerfjongeren, dak- en thuislozen, ex-gedetineerden, verslaafden, etc. ACTIVITEITEN ▶ Het fonds zet zich vanuit een protestants christelijke visie in voor de volgende doelgroepen en projecten: ☑ individuele hulpverlening aan personen die door ziekte en/of handicap in financiële problemen zijn geraakt; ☑ sociale projecten ten behoeve van gehandicapten, zwerfjongeren, dak- en thuislozen, ex-gedetineerden, verslaafden, etc; ☑ preventie - projecten die sociale participatie van personen uit deze doelgroepen bevorderen. In vroegere tijden bestonden er nauwe contacten met enkele gebieden in Oost-Europa. Het betreft hier Kaliningrad, Letland, Estland en Noord-Polen, waar ook nog projecten ondersteund worden. INTERVENTIENIVEAU ▶ Steun aan lokale/provinciale maatschappelijke organisaties en structuren (incl. gemeenten etc.) die diensten verlenen aan individuen.; Steun aan individuen (directe steun).

Werkgebied ■ ACTIERADIUS ▶ Lokaal, Internationaal LAND ▶ Nederland, Kalingrad, Letland, Estland, Polen PLAATS ▶ Dinkelland, Doesburg, Giessenlanden, Heerenveen, Katwijk, Leiden, Midden-Delfland, Middelburg, Rheden, Rhenen, Krimpenerwaard, Tiel, Tynaarlo, Utrecht.

Bestedingen ■ BUDGET ▶ € 1.200.000 SOORT BIJDRAGE ▶ giften leningen garanties investeringen BOVENGRENS ▶ geen ONDERGRENS ▶ geen.

Projecten ■ CRITERIA ▶ Voor de criteria per aandachtsgebied, zie website. DOORLOOPTIJD ▶ ☑ langer dan 2 jaar STATUS AANVRAGER ▶ ☑ stichting of vereniging (non-profit) ☑ kerkelijke instelling ☑ hulpverleners ☑ onderwijsinstelling VOORKEUR/UITSLUITING ▶ Per aandachtsgebied verschillen de voorkeuren en uitsluitingen.

Procedure ■ OP AANVRAAG ▶ ja DOORLOOPTIJD ▶ 1-3 maanden AANVRAAGPROCEDURE ▶ De aanvraag gaat bij voorkeur digitaal. Wanneer dit niet mogelijk is, kan de aanvraag per post ingediend worden. Op de website staan de verschillende aanvraagformulieren voor de verschillende aandachtsgebieden. Bij een individuele aanvraag dient een hulpverlener de aanvraag in te sturen. URL ▶ https://rdo.nl/het-fonds/

Financieel ■ INKOMSTEN EV ▶ € 1.851.074 HERKOMST MIDDELEN ▶ vermogen BOEKJAAR ▶ 2018 JAARVERSLAG OP WEBSITE ▶ ja.

Contact ■ BEREIKBAAR PER ▶ ☑ post ☑ e-mail ☑ telefoon CONTACTPERSOON ▶ geen contactpersoon bekend POSTADRES ▶ Springweg 25, 3511 VJ Utrecht EMAIL (ALGEMEEN) ▶ info@rdo.nl TELEFOON (ALGEMEEN) ▶ 030-2313276.

1047
Rik van Dam Fonds

Rubriek ■ ☑ kunst en cultuur

Algemeen ■ WEBSITE ▶ www.cultuurfonds.nl TYPERING ▶ fonds op naam BEHEERD DOOR ▶ Prins Bernhard Cultuurfonds DIRECTIE ▶ zie > Prins Bernhard Cultuurfonds BESTUUR ▶ zie > Prins Bernhard Cultuurfonds

Missie ■ DOELSTELLING ▶ Het bevorderen van figuratieve (portret)kunst in Nederland.

Werkgebied ■ ACTIERADIUS ▶ Nationaal LAND ▶ Nederland.

Projecten ■ CRITERIA ▶ geen projectcriteria bekend DOORLOOPTIJD ▶ ☑ korter dan 1 jaar STATUS AANVRAGER ▶ ☑ geen beperkingen bekend VOORKEUR/UITSLUITING ▶ geen voorkeur of uitsluiting bekend.

Procedure ■ OP AANVRAAG ▶ ja AANVRAAGPROCEDURE ▶ Dit 'fonds op naam' ressorteert onder het Prins Bernhard Cultuurfonds. Verzoeken aan fondsen op naam komen op één centraal punt binnen. Dit houdt in dat een subsidieaanvraag slechts eenmaal aan het Prins Bernhard Cultuurfonds hoeft te worden gezonden. Voor de verdere aanvraagprocedure: zie Prins Bernhard Cultuurfonds. URL ▶ www.cultuurfonds.nl/aanvragen

Contact ■ BEREIKBAAR PER ▶ ☑ post ☑ e-mail ☑ telefoon CONTACTPERSOON ▶ geen contactpersoon bekend POSTADRES ▶ Postbus 19750, 1000 GT Amsterdam EMAIL (ALGEMEEN) ▶ info@cultuurfonds.nl TELEFOON (ALGEMEEN) ▶ 020-5206130.

1048
Riki Stichting

Rubriek ■ ☑ maatschappij, welzijn en samenleving

Algemeen ■ WEBSITE ▶ www.rikistichting.nl TYPERING ▶ vermogensfonds **OPGERICHT** ▶ 1998 **RECHTSVORM** ▶ stichting **KVK** ▶ 34108694 **ANBI STATUS** ▶ ja **DIRECTIE** ▶ geen directiegegevens bekend **BESTUUR** ▶ Mw. M.C.M. Strating-Schulte Fischedick, voorzitter; mw. I.E. Strating, penningmeester; mw. I.E. Strating, secretaris; M.A. van Bel.

Missie ■ **DOELSTELLING** ▶ Het beleid van de Riki Stichting richt zich met name op het opzetten, organiseren en/of financieren van projecten en organisaties in Nederland die tot doel hebben het welbevinden van kwetsbare groepen te verbeteren. **STICHTER(S)** ▶ Adriaan (Ad) Strating **HISTORIE** ▶ De Riki Stichting is in 1998 op particulier initiatief opgericht. Adriaan (Ad) Strating (3 maart 1937-27 december 2012) is de founder van de Riki Stichting. De stichting is vernoemd naar zijn moeder, Henderika Strating-Spijkerman, koosnaam Riki. Haar levenshouding - blij, zorgzaam en met een groot hart voor de medemens - heeft Ad Strating geinspireerd tot het oprichten van de Riki Stichting.

Doelgroep ■ **ALGEMEEN** ▶ ouderen **SPECIFIEK** ▶ Geen specifieke doelgroep **ACTIVITEITEN** ▶ De werkzaamheden van de Riki Stichting kenmerken zich in het algemeen door een langdurige samenwerking met partners, een lokale schaal en de kracht van herhaling. Door de activiteiten te concentreren rondom een geografisch klein gebied en met en voor dezelfde mensen verbinden ze zich aan een groep mensen. Zo versterken ze de invloed van hun activiteiten. Ze stimuleren lokale initiatieven die de sociale cohesie verhogen. Het speerpunt is sinds 2005 het verbeteren van het welbevinden van ouderen. De stichting werkt hierbij voor een aantal jaren samen met circa 50 verzorgingshuizen, 50 Zonnebloemafdelingen en 50 basisscholen door heel Nederland. **INTERVENTIENIVEAU** ▶ Steun aan lokale/provinciale maatschappelijke organisaties en structuren (incl. gemeenten etc.) die diensten verlenen aan individuen.; Steun op niveau van maatschappij zelf (beleidsbeïnvloeding, etc.).

Werkgebied ■ **ACTIERADIUS** ▶ Nationaal **LAND** ▶ Nederland.

Bestedingen ■ **BUDGET** ▶ niet openbaar **SOORT BIJDRAGE** ▶ giften **BOVENGRENS** ▶ geen **ONDERGRENS** ▶ geen.

Projecten ■ **CRITERIA** ▶ geen projectcriteria bekend **DOORLOOPTIJD** ▶ ☑ onbekend **STATUS AANVRAGER** ▶ ☑ onderwijsinstelling ☑ kerkelijke instelling ☑ stichting of vereniging (non-profit) **VOORKEUR/UITSLUITING** ▶ De Riki Stichting ondersteunt alleen instellingen en organisaties, geen particulieren.

Procedure ■ **OP AANVRAAG** ▶ ja **DOORLOOPTIJD** ▶ geen doorlooptijd bekend; 1-3 maanden; korter dan een maand **AANVRAAGPROCEDURE** ▶ Een verzoek kan worden ingediend via de e-mail. Binnen 4 weken volgt een reactie.

Financieel ■ **INKOMSTEN EV** ▶ € 2.614.140 **HERKOMST MIDDELEN** ▶ vermogen **BOEKJAAR** ▶ 2019.

Contact ■ **BEREIKBAAR PER** ▶ ☑ post ☑ e-mail ☑ telefoon **CONTACTPERSOON** ▶ geen contactpersoon bekend **POSTADRES** ▶ Dorpsstraat 21, 1191 BH Ouderkerk aan de Amstel **EMAIL (ALGEMEEN)** ▶ mail@rikistichting.nl **TELEFOON (ALGEMEEN)** ▶ 020-3454456.

1049

Rimrammers Fonds

Rubriek ■ ☑ kunst en cultuur

Algemeen ■ **WEBSITE** ▶ www.cultuurfonds.nl **TYPERING** ▶ fonds op naam **BEHEERD DOOR** ▶ Prins Bernhard Cultuurfonds **DIRECTIE** ▶ zie > Prins Bernhard Cultuurfonds **BESTUUR** ▶ zie > Prins Bernhard Cultuurfonds

Missie ■ **DOELSTELLING** ▶ Het financieel ondersteunen van projecten op het gebied van amateurmuziek in Zuidoost Drenthe, projecten van het Veenkoloniaal Museum in Veendam en projecten van Stichting Groninger Kerken en van Stichting Het Drentse Landschap. Aanvragen worden behandeld door het Prins Bernhard Cultuurfonds Drenthe en Groningen.

Werkgebied ■ **ACTIERADIUS** ▶ Regionaal **LAND** ▶ Nederland **REGIO** ▶ Drenthe, Groningen.

Projecten ■ **CRITERIA** ▶ geen projectcriteria bekend **DOORLOOPTIJD** ▶ ☑ korter dan 1 jaar **STATUS AANVRAGER** ▶ ☑ geen beperkingen bekend **VOORKEUR/UITSLUITING** ▶ geen voorkeur of uitsluiting bekend.

Procedure ■ **OP AANVRAAG** ▶ ja **AANVRAAGPROCEDURE** ▶ Dit 'fonds op naam' ressorteert onder het Prins Bernhard Cultuurfonds. Verzoeken aan fondsen op naam komen op één centraal punt binnen. Dit houdt in dat een subsidieaanvraag slechts eenmaal aan het Prins Bernhard Cultuurfonds hoeft te worden gezonden. Voor de verdere aanvraagprocedure: zie Prins Bernhard Cultuurfonds. **URL** ▶ www.cultuurfonds.nl/aanvragen

Contact ■ **BEREIKBAAR PER** ▶ ☑ post ☑ e-mail ☑ telefoon **CONTACTPERSOON** ▶ geen contactpersoon bekend **POSTADRES** ▶ Postbus 19750, 1000 GT Amsterdam **EMAIL (ALGEMEEN)** ▶ info@cultuurfonds.nl **TELEFOON (ALGEMEEN)** ▶ 020-5206130.

1050

Stichting Ritsema van Eck Fonds

Rubriek ■ ☑ onderwijs en onderzoek

Algemeen ■ **WEBSITE** ▶ https://stichting.moment.online/stichting-ritsema-van-eck-fonds **TYPERING** ▶ vermogensfonds **OPGERICHT** ▶ 09-12-1998 **RECHTSVORM** ▶ stichting **KVK** ▶ 24289466 **ANBI STATUS** ▶ ja **DIRECTIE** ▶ J.J. Visser **BESTUUR** ▶ J. Hollander, voorzitter; W. van Veen; mw. A.A. van der Graaf-Bijl.

Missie ■ **DOELSTELLING** ▶ Het Fonds heeft ten doel het verlenen van financiële en andere steun aan jongeren - individueel of in groepsverband - die hebben bewezen op het terrein van wetenschap of cultuur over bijzondere talenten te beschikken die zij door het ontbreken van die steun niet optimaal kunnen ontwikkelen. **HISTORIE** ▶ Stichting Ritsema van Eck Fonds ('het Fonds') is in 1998 opgericht om financiële steun te verlenen aan jongeren die over - veel bewezen of aantoonbare – uitzonderlijke talent(en) beschikken die zij zonder deze financiële steun niet optimaal hadden kunnen ontwikkelen. Het betreft hier dan talent(en) in de kunst of de wetenschap. **BELEIDSPLAN OP WEBSITE** ► ja.

Doelgroep ■ **ALGEMEEN** ► jongeren, studenten **SPECIFIEK** ► Jongeren tussen 12 en 30 jaar die bijzonder getalenteerd zijn op het gebied van wetenschap of cultuur (individueel of in groepsverband). **ACTIVITEITEN** ► In 2017 heeft de stichting donaties verstrekt ten behoeve van: ☑ Bijzondere kunstenaarsprojecten; ☑ Laureatenconcerten; ☑ Financiering instrument t.b.v. jong talent; ☑ Ondersteuning individuele jongeren met bijzonder talent op het gebied van kunst en/of wetenschap via diverse opleidingen; ☑ Bijdrage rente cello. **INTERVENTIENIVEAU** ► Steun aan individuen (directe steun).

Werkgebied ■ **ACTIERADIUS** ► Nationaal **LAND** ► Nederland.

Bestedingen ■ **BUDGET** ► € 125.000 **SOORT BIJDRAGE** ► onbekend **BOVENGRENS** ► € 25.000 **ONDERGRENS** ► € 1.000.

Projecten ■ **CRITERIA** ► De volgende zaken worden ondersteund door de stichting:: ☑ Laureatenconcerten; ☑ Pianostudies; ☑ Ondersteuning individuele jongeren met bijzonder talent op het gebied van kunst en/of; Wetenschap via diverse opleidingen; ☑ Bijdrage aankoop cello inclusief strijkstok. Daarbij geldt dat: ☑ Aanvragers dienen in Nederland te wonen of te komen wonen; ☑ Ouders of verzorgers (voor jongeren tot 21 jaar) moeten de financiële ondersteuning niet zelf kunnen bieden; ☑ Reguliere financiële beurzen gaan vóór bijdragen van het Fonds. **DOORLOOPTIJD** ► ☑ onbekend **STATUS AANVRAGER** ► ☑ individuen/gezinnen **VOORKEUR/UITSLUITING** ► geen voorkeur of uitsluiting bekend.

Procedure ■ **OP AANVRAAG** ► ja **AANVRAAGPROCEDURE** ► Een aanvraag moet schriftelijk worden ingediend waarbij van de bewezen of aantoonbare talenten moet blijken. De aanvraag moet vergezeld gaan van voldoende financiële informatie om de aanvraag te kunnen beoordelen

Financieel ■ **EIGEN VERMOGEN** ► € 2.165 **INKOMSTEN OV** ► € 158.403 **HERKOMST MIDDELEN** ► overige inkomsten, legaten, giften & schenkingen, vermogen **BOEKJAAR** ► 2018 **JAARVERSLAG OP WEBSITE** ► ja.

Contact ■ **BEREIKBAAR PER** ► ☑ post ☑ e-mail ☑ telefoon **CONTACTPERSOON** ► geen contactpersoon bekend **POSTADRES** ► Nieuwe Haven 155B, 3117 AA Schiedam **EMAIL (ALGEMEEN)** ► fonds@rvef.nl **TELEFOON (ALGEMEEN)** ► 010-4265477.

1051 Stichting Ritske Boelema Gasthuis

Rubriek ■ ☑ gezondheidszorg ☑ kunst en cultuur ☑ maatschappij, welzijn en samenleving

Algemeen ■ **WEBSITE** ► www.ritskeboelemagasthuis.nl **TYPERING** ► vermogensfonds **OPGERICHT** ► 1547 **RECHTSVORM** ► stichting **KVK** ► 41000849 **ANBI STATUS** ► ja **DIRECTIE** ► geen directiegegevens bekend **BESTUUR** ► Mr. T.K. Hoogslag, voorzitter; dr.ir. J.H.M. van Eijndhoven, penningmeester; drs. S. van der Zwaag, secretaris; ir. K.J. Borren; mr. R.E.J. Veldhuyzen van Zanten; mr. M.H.A. Perquin; drs. B. Looper.

Missie ■ **DOELSTELLING** ► De stichting heeft overeenkomstig haar statuten tot doel ten eerste het behartigen van de belangen van ouderen, in het bijzonder door het verschaffen van huisvesting en daarnaast het verstrekken van financiële bijdragen aan projecten van historische en culturele aard en projecten van maatschappelijke zorg binnen de provincie Fryslân of daaraan gerelateerd. **STICHTER(S)** ► Ritske Boelema **HISTORIE** ► De Stichting komt voort uit het Zoete Naam Jezus Gilde en dankt zijn naam aan Ritske Boelema, die in 1547 een gasthuis voor arme ongehuwde vrouwen aan het Gilde schonk. De Stichting heeft sinds 1580 een gemengd Protestante - RK signatuur. **BELEIDSPLAN OP WEBSITE** ► ja.

Doelgroep ■ **ALGEMEEN** ► ouderen, armen **SPECIFIEK** ► Geen specifieke doelgroep **ACTIVITEITEN** ► De Stichting Ritske Boelema Gasthuis te Leeuwarden behartigt al meer dan 500 jaar de belangen van ouderen, in het bijzonder door het verschaffen van huisvesting. Nu dat primaire doel grotendeels door de overheid en door (zorg)instellingen wordt vervuld, richt het zich op het verstrekken van financiële bijdragen aan projecten van historische en culturele aard en projecten van maatschappelijke zorg binnen de provincie Friesland, of daaraan gerelateerd. **INTERVENTIENIVEAU** ► Steun aan lokale/provinciale maatschappelijke organisaties en structuren (incl. gemeenten etc.) die diensten verlenen aan individuen.

Werkgebied ■ **ACTIERADIUS** ► Regionaal **LAND** ► Nederland **REGIO** ► Friesland.

Bestedingen ■ **BUDGET** ► € 80.000 **ONDERSTEUNDE PROJECTEN P/J** ► 63 **SOORT BIJDRAGE** ► giften garanties **BOVENGRENS** ► geen **ONDERGRENS** ► geen.

Projecten ■ **CRITERIA** ► Bij de beoordeling van de in behandeling genomen aanvragen wordt er in het bijzonder (in positieve zin) op gelet of de activiteit of het project: ☑ innovatief en creatief van karakter is; ☑ rechtstreeks ten goede komt aan de doelgroep; ☑ in een startfase verkeert; ☑ concreet is; ☑ een aanwijsbaar en meetbaar effect heeft; ☑ in tijd beperkt is; ☑ maatschappelijk vernieuwend is; ☑ een ruime mate van zelfwerkzaamheid kent; ☑ Er zal aantoonbaar sprake moeten zijn van – indien mogelijk - een naar verhouding redelijke 'eigen inbreng' door de aanvrager; ☑ De aanvraag dient bij inwilliging te leiden tot een meer dan marginale oplossing van het tekort; ☑ In beginsel zal van een instelling of organisatie slechts één subsidieaanvraag per kalenderjaar in behandeling worden genomen. **DOORLOOPTIJD** ► ☑ korter dan 1 jaar **STATUS AANVRAGER** ► ☑ stichting of vereniging (non-profit) ☑ kerkelijke instelling ☑ onderwijsinstelling ☑ overig **VOORKEUR/UITSLUITING** ► De Stichting beperkt zich bij haar activiteiten tot projecten in Friesland. De toewijzing van een subsidie wordt in beginsel belemmerd als: ☑ het investering in onroerend goed betreft; ☑ het betrekking heeft op een (semi-)overheidsproject; ☑ als een tegemoetkoming in de exploitatiekosten wordt gevraagd of (semi-); permanente steun wordt verzocht; ☑ als het een overwegend commercieel karakter heeft; ☑ als het via een derde verloopt; een getrapte aanvraag; ☑ als het betrekking heeft op een privé-persoon; ☑ als het project reeds is aangevangen of op zeer korte tijd zal aanvangen.

Procedure ■ OP AANVRAAG ► ja DOORLOOPTIJD ► 1-3 maanden AANVRAAGPROCEDURE ► Een aanvraag wordt via het elektronisch subsidie aanvraagformulier ingediend bij de secretaris. In elk geval is in de aanvraag kort omschreven om welk project het gaat. Bijgevoegd dient in elk geval te zijn: ☑ een projectbeschrijving; ☑ een concrete projectbegroting; ☑ een gedetailleerd dekkingsplan voor dit project waaruit ook de eigen inbreng blijkt,; ☑ een lijst van andere voor dit project aangeschreven fondsen met de resultaten,; ☑ een uittreksel van de Kamer van Koophandel. Een aanvraag dient tijdig te worden ingediend. Daarbij moet in aanmerking worden genomen dat de voogden slechts eenmaal per kwartaal over de aanvragen vergaderen. Aanvragen die kort voor een vergadering bij de secretaris binnenkomen, worden pas in behandeling genomen op de daarop volgende vergadering. Binnen zes weken na de vergadering van voogden waarin een besluit is gevallen, ontvangt de aanvrager schriftelijk bericht. Het kan zijn dat er om aanvullende informatie zal worden gevraagd om tot een beslissing te komen. De voogden trachten een afwijzing zo goed als mogelijk te motiveren. Discussie over een afgewezen aanvraag wordt niet gevoerd. URL ► www.ritskeboelemagasthuis.nl/index.php/procedure-en-subsidievoorwaarden/subsidie-aanvraagformulier

Financieel ■ EIGEN VERMOGEN ► € 5.627.000 INKOMSTEN EV ► € 238.000 HERKOMST MIDDELEN ► vermogen, overige inkomsten, legaten, giften & schenkingen BOEKJAAR ► 2019 JAARVERSLAG OP WEBSITE ► ja.

Contact ■ BEREIKBAAR PER ► ☑ post ☑ e-mail ☑ telefoon CONTACTPERSOON ► Drs. S. van der Zwaag POSTADRES ► Tweebaksmarkt 5, 8911 KW Leeuwarden EMAIL (ALGEMEEN) ► info@ritskeboelemagasthuis.nl TELEFOON (ALGEMEEN) ► 06-50121891.

1052

Stichting Rivierenland Fonds

Rubriek ■ ☑ gezondheidszorg ☑ sport en recreatie ☑ kunst en cultuur ☑ natuur, milieu en dieren

Algemeen ■ WEBSITE ► www.rivierenlandfonds.nl TYPERING ► vermogensfonds OPGERICHT ► 18-07-1991 RECHTSVORM ► stichting KVK ► 41120888 ANBI STATUS ► ja DIRECTIE ► geen directiegegevens bekend BESTUUR ► R.G. Degenaar, voorzitter; G. Kool, penningmeester; mw. G.H. Valen-van Tuyl, secretaris; J. van Diggelen; mw. D. Garstman-Slob; M.P.E.V. Könings; M. Kuzee; J. Tromp.

Missie ■ DOELSTELLING ► Het Rivierenlandfonds ondersteunt maatschappelijke activiteiten op het snijvlak van kunst en cultuur, sport en recreatie, educatie, gezondheid en zorg en natuur en milieu. Het Rivierenlandfonds hecht grote waarde aan initiatieven met vrijwilligers, die de samenleving op lokaal of regionaal niveau zelf ontwikkelt en die de samenleving versterken. HISTORIE ► De band van het Rivierenlandfonds met de regio heeft een historische achtergrond. De spaarbank in Gorinchem ontstond in 1826, op initiatief van de Maatschappij tot Nut van 't Algemeen. Tot 1990 was de spaarbank een stichting zonder winstoogmerk. Na de overname door SNS Bank Nederland werd, om de sociale idealen van de oprichters levend te houden, in 1991 het SNS Rivierenlandfonds opgericht. BELEIDSPLAN OP WEBSITE ► ja.

Doelgroep ■ SPECIFIEK ► Geen specifieke doelgroep ACTIVITEITEN ► Geen specifieke activiteiten bekend INTERVENTIENIVEAU ► Steun aan lokale/provinciale maatschappelijke organisaties en structuren (incl. gemeenten etc.) die diensten verlenen aan individuen.; Steun op niveau van maatschappij zelf (beleidsbeïnvloeding, etc.).

Werkgebied ■ ACTIERADIUS ► Lokaal LAND ► Nederland REGIO ► Zuid-Holland, Gelderland PLAATS ► Almkerk, Arkel, Asperen, Boven-Hardinxveld, Buurtschap Oosterwijk, Cabauw, Dalem, Geldermalsen, Giessenburg, Gorinchem, Groot-Ammers, Hardinxveld-Giessendam, Heukelum, Hoogblokland, Hoornaar, Kedichem, Langerak, Leerbroek, Leerdam, Lopik, Meerkerk, Meteren, Nieuwland, Nieuwendijk, Nieuwpoort, Noordeloos, Schelluinen, Schoonhoven, Schoonrewoerd, Sleeuwijk, Spijk, Vuren.

Bestedingen ■ BUDGET ► € 150.000 SOORT BIJDRAGE ► giften subsidies BOVENGRENS ► geen ONDERGRENS ► geen.

Projecten ■ CRITERIA ► ☑ Betreft de aanvraag een project, dan moet dat project in de voorbereidende fase verkeren; ☑ Projecten moeten een sociaal-maatschappelijk of ideëel karakter hebben en moeten concreet zijn gericht op kunst en cultuur, gezondheid en zorg, sport en recreatie, educatie, of natuur en milieu. Zij moeten ten goede komen aan de bevolking in het werkgebied van het Rivierenlandfonds; ☑ De aanvragende instelling moet onvoldoende vermogen hebben om het project zelf te financieren; ☑ één keer per kalenderjaar een verzoek; ☑ Eigen inbreng en/of bijdragen van anderen zijn doorgaans een vereiste. DOORLOOPTIJD ► ☑ onbekend STATUS AANVRAGER ► ☑ stichting of vereniging (non-profit) VOORKEUR/UITSLUITING ► Projecten die niet in aanmerking komen zijn: ☑ projecten met een internationaal karakter; ☑ projecten van overheden; ☑ projecten van instellingen met overwegend commerciële, politieke of religieuze doelstellingen. ☑ project dat al geheel of gedeeltelijk is gerealiseerd.

Procedure ■ OP AANVRAAG ► ja DOORLOOPTIJD ► geen doorlooptijd bekend; 1-3 maanden; 1-3 maanden AANVRAAGPROCEDURE ► Met behulp van het aanvraagformulier kunt u een aanvraag indienen. Deze is te vinden op de website. Dit aanvraagformulier (met bijlagen) bij voorkeur per e-mail versturen. Indien u per post wenst in te sturen, kunt u het postadres gebruiken. Het bestuur komt zes tot acht keer per jaar bijeen. Het bestuur streeft ernaar alle aanvragen binnen veertien dagen na de besluitvormende vergadering af te wikkelen. Er is geen mogelijkheid tot beroep.

Financieel ■ EIGEN VERMOGEN ► € 5.000.000 INKOMSTEN EV ► € 210.000 HERKOMST MIDDELEN ► vermogen, inkomsten uit vermogen BOEKJAAR ► 2018 JAARVERSLAG OP WEBSITE ► ja.

Contact ■ BEREIKBAAR PER ► ☑ post ☑ e-mail ☒ telefoon CONTACTPERSOON ► geen contactpersoon bekend POSTADRES ► Postbus 3099, 4200 EB Gorinchem EMAIL (ALGEMEEN) ► info@rivierenlandfonds.nl.

1053
Robert Persman Fonds

Rubriek ■ ☑ natuur, milieu en dieren

Algemeen ■ **WEBSITE** ▶ www.cultuurfonds.nl **TYPERING** ▶ fonds op naam **BEHEERD DOOR** ▶ Prins Bernhard Cultuurfonds **DIRECTIE** ▶ zie > Prins Bernhard Cultuurfonds **BESTUUR** ▶ zie > Prins Bernhard Cultuurfonds

Missie ■ **DOELSTELLING** ▶ Het financieel ondersteunen van projecten ter bevordering van de natuurontwikkeling in Nederland.

Werkgebied ■ **ACTIERADIUS** ▶ Nationaal **LAND** ▶ Nederland.

Projecten ■ **CRITERIA** ▶ geen projectcriteria bekend **DOORLOOPTIJD** ▶ ☑ korter dan 1 jaar **STATUS AANVRAGER** ▶ ☑ geen beperkingen bekend **VOORKEUR/UITSLUITING** ▶ geen voorkeur of uitsluiting bekend.

Procedure ■ **OP AANVRAAG** ▶ ja **AANVRAAGPROCEDURE** ▶ Dit 'fonds op naam' ressorteert onder het Prins Bernhard Cultuurfonds. Verzoeken aan fondsen op naam komen op één centraal punt binnen. Dit houdt in dat een subsidieaanvraag slechts eenmaal aan het Prins Bernhard Cultuurfonds hoeft te worden gezonden. Voor de verdere aanvraagprocedure: zie Prins Bernhard Cultuurfonds. **URL** ▶ www.cultuurfonds.nl/aanvragen

Contact ■ **BEREIKBAAR PER** ▶ ☑ post ☑ e-mail ☑ telefoon **CONTACTPERSOON** ▶ geen contactpersoon bekend **POSTADRES** ▶ Postbus 19750, 1000 GT Amsterdam **EMAIL (ALGEMEEN)** ▶ info@cultuurfonds.nl **TELEFOON (ALGEMEEN)** ▶ 020-5206130.

1054
Robert Storms Foundation

Rubriek ■ ☑ onderwijs en onderzoek

Algemeen ■ **WEBSITE** ▶ http://public.atscholen.nl/de_organisatie/robertstormsfoundation/paginas/default.aspx **TYPERING** ▶ vermogensfonds **BEHEERD DOOR** ▶ Verenigde Scholen J.A. Alberdingk Thijm **RECHTSVORM** ▶ stichting **KVK** ▶ 41194730 **ANBI STATUS** ▶ ja **DIRECTIE** ▶ mr.drs. Th.W.C. Brok **BESTUUR** ▶ Drs. J.C.M. de la Parra, voorzitter; dr. G.E. Linthorst; mw. A. Blommers-Biezeno; A.M. Gijsen; drs. A.W.J. Griffioen; drs. E.J. Hennis.

Missie ■ **DOELSTELLING** ▶ Stimuleren van jongeren met internationale ambities die tevens een ambassadeursrol kunnen vervullen voor de school en organisatie. **STICHTER(S)** ▶ Alberdingk Thijm Scholen **HISTORIE** ▶ Alberdingk Thijm Scholen heeft een fonds opgezet ter herinnering aan wijlen Robert Storms (1938 - 2001). Robert Storms was een educatieve pionier die in 1989 het eerste tweetalige programma in Nederland opende bij de internationale afdeling van het Alberdingk Thijm College. Tot op heden is Alberdingk Thijm Scholen in de voorhoede gebleven van nieuwe ontwikkelingen op het gebied van tweetaligheid en internationalisering. Daarom biedt de Robert Storms Foundation financiële steun aan gemotiveerde studenten met studieplannen in het buitenland.

Doelgroep ■ **ALGEMEEN** ▶ jongeren, studenten **SPECIFIEK** ▶ Studenten van ATC, Laar & Berg en IS Hilversum in havo 4, vwo 5 of IB DP-1. **ACTIVITEITEN** ▶ Alle studenten van ATC, Laar & Berg en IS Hilversum in havo 4, vwo 5 of IB DP-1 komen in aanmerking voor financiële ondersteuning bij hun reisplannen in het buitenland. De Robert Storms Foundation biedt verschillende mogelijkheden: Gap Year South Africa, Exchange year with AFS, en Student Projects. **INTERVENTIENIVEAU** ▶ Steun aan individuen (directe steun).

Werkgebied ■ **ACTIERADIUS** ▶ Regionaal **LAND** ▶ Nederland **REGIO** ▶ 't Gooi **PLAATS** ▶ Hilversum, Blaricum, Eemnes, Laren, Almere.

Bestedingen ■ **BUDGET** ▶ niet openbaar **SOORT BIJDRAGE** ▶ studiebeurzen **BOVENGRENS** ▶ geen **ONDERGRENS** ▶ geen.

Projecten ■ **CRITERIA** ▶ Initiatieven die tweetaligheid en internationalisering bevorderen onder leerlingen van de AT-scholen. Ook onderzoek naar tweetaligheid bij 4-19 jarigen door oud-leerlingen komt hiervoor in aanmerking. **DOORLOOPTIJD** ▶ ☑ korter dan 1 jaar **STATUS AANVRAGER** ▶ ☑ onderwijsinstelling ☑ overig **VOORKEUR/UITSLUITING** ▶ Aanvraag gaat gepaard met een projectvoorstel waaruit financiële behoefte blijkt.

Procedure ■ **OP AANVRAAG** ▶ ja **DOORLOOPTIJD** ▶ 1-3 maanden; geen doorlooptijd bekend; geen doorlooptijd bekend **AANVRAAGPROCEDURE** ▶ Als u subsidie wilt aanvragen bij de Robert Storms Foundation, neem dan contact op met het hoofd van u school en/of neem contact op met Marlies Eijsink (m.eijsink@atscholen.nl) of Johan Peereboom (j.peereboom@atscholen.nl) voor meer informatie.

Financieel ■ **HERKOMST MIDDELEN** ▶ onbekend **BOEKJAAR** ▶ boekjaar onbekend.

Contact ■ **BEREIKBAAR PER** ▶ ☑ post ☑ e-mail ☑ telefoon **CONTACTPERSOON** ▶ Mw. M. Eijsink of J. Peereboom **POSTADRES** ▶ Postbus 700, 1200 AS Hilversum **EMAIL (ALGEMEEN)** ▶ bestuur@atscholen.nl **TELEFOON (ALGEMEEN)** ▶ 035-6254477 **TELEFOON (AANVRAGEN)** ▶ 035-6254477.

1055
Rodi de Valk Fonds

Rubriek ■ ☑ kunst en cultuur

Algemeen ■ **WEBSITE** ▶ www.cultuurfonds.nl **TYPERING** ▶ fonds op naam **BEHEERD DOOR** ▶ Prins Bernhard Cultuurfonds **DIRECTIE** ▶ zie Prins Bernhard Cultuurfonds **BESTUUR** ▶ zie Prins Bernhard Cultuurfonds

Missie ■ **DOELSTELLING** ▶ Projecten gericht op de bevordering en ontwikkeling van hoogbegaafd muzikaal talent.

Werkgebied ■ **ACTIERADIUS** ▶ Nationaal **LAND** ▶ Nederland.

Projecten ■ **CRITERIA** ▶ geen projectcriteria bekend **DOORLOOPTIJD** ▶ ☑ korter dan 1 jaar **STATUS AANVRAGER** ▶ ☑ geen beperkingen bekend **VOORKEUR/UITSLUITING** ▶ geen voorkeur of uitsluiting bekend.

Procedure ■ **OP AANVRAAG** ▶ ja **AANVRAAGPROCEDURE** ▶ Dit 'fonds op naam' ressorteert onder het Prins Bernhard Cultuurfonds. Verzoeken aan fondsen op naam komen op één centraal punt binnen. Dit houdt in dat een subsidieaanvraag slechts eenmaal aan het Prins Bernhard Cultuurfonds hoeft te worden gezonden. Voor de verdere aanvraag-

procedure: zie Prins Bernhard Cultuurfonds. **URL** ▶ www.cultuurfonds.nl/aanvragen

Contact ■ **BEREIKBAAR PER** ▶ ☑ post ☑ e-mail ☑ telefoon **CONTACTPERSOON** ▶ geen contactpersoon bekend **POSTADRES** ▶ Postbus 19750, 1000 GT Amsterdam **EMAIL (ALGEMEEN)** ▶ info@cultuurfonds.nl **TELEFOON (ALGEMEEN)** ▶ 020-5206130.

1056

Stichting Roelof Steinvoorte

Rubriek ■ ☑ maatschappij, welzijn en samenleving

Algemeen ■ **WEBSITE** ▶ https://www.stichtingroelofsteinvoorte.nl **TYPERING** ▶ vermogensfonds **OPGERICHT** ▶ 04-02-1993 **RECHTSVORM** ▶ stichting **KVK** ▶ 01086335 **ANBI STATUS** ▶ ja **DIRECTIE** ▶ geen directiegegevens bekend **BESTUUR** ▶ Ir. J.G.C. Vegter, voorzitter; A.H. Schumacher, penningmeester; mw.drs. H. van Gelder, secretaris; drs. H.J. Tromp.

Missie ■ **DOELSTELLING** ▶ De Stichting heeft ten doel de bevordering van het leefklimaat in de stad Leeuwarden ten behoeve van ouderen en voorts al hetgene in de ruimste zin met één en ander verband houdt, daartoe behorend en/of bevorderlijk kan zijn. **HISTORIE** ▶ Stichting Roelof Steinvoorte is bij testament van de heer R. Steinvoorte per 4 februari 1993 in het leven geroepen. De Stichting draagt zorg voor het in stand houden en waar mogelijk verbeteren van het onroerend goed zodanig dat de huuropbrengsten over de jaren zo hoog mogelijk zijn en de doelstelling van de Stichting maximaal kan worden nageleefd. **BELEIDSPLAN OP WEBSITE** ▶ ja.

Doelgroep ■ **ALGEMEEN** ▶ ouderen **SPECIFIEK** ▶ Geen specifieke doelgroep **ACTIVITEITEN** ▶ De activiteiten van het bestuur bestaan uit: ☑ het beheer van de panden uit de erfenis van de heer Steinvoorte en de exploitatie daarvan. Uit de opbrengsten van de verhuur (na aftrek van onderhoudskosten) wordt de doelstelling gerealiseerd, te weten; ☑ het ondersteunen van initiatieven om het welzijn van ouderen in de stad Leeuwarden te bevorderen. Het bestuur ontplooit zelf geen activiteiten daartoe, maar ondersteunt initiatieven van derden die daartoe een aanvraag bij de Stichting doen. **INTERVENTIENIVEAU** ▶ Steun aan individuen (directe steun).; Steun aan lokale/provinciale maatschappelijke organisaties en structuren (incl. gemeenten etc.) die diensten verlenen aan individuen.

Werkgebied ■ **ACTIERADIUS** ▶ Lokaal **LAND** ▶ Nederland **PLAATS** ▶ Leeuwarden.

Bestedingen ■ **BUDGET** ▶ niet openbaar **ONDERSTEUNDE PROJECTEN P/J** ▶ 13 **SOORT BIJDRAGE** ▶ onbekend **BOVENGRENS** ▶ geen **ONDERGRENS** ▶ geen.

Projecten ■ **CRITERIA** ▶ geen projectcriteria bekend **DOORLOOPTIJD** ▶ ☑ onbekend **STATUS AANVRAGER** ▶ ☑ geen beperkingen bekend **VOORKEUR/UITSLUITING** ▶ De Stichting ondersteunt geen aanvragen die: ☑ gedaan worden ten behoeve van individuele personen; ☑ ook uit het eigen vermogen van de aanvrager betaald kunnen worden; ☑ politiek, religieus of commercieel van aard zijn; ☑ bouwkundig van aard zijn; ☑ gedaan worden ter dekking van algemene, exploitatie- of overheadkosten; ☑ meerjarige toezeggingen betreffen. Een aanvraag voor een meerjarig project mag wel jaarlijks herhaald worden; projecten betreffen die al beëindigd zijn.

Procedure ■ **OP AANVRAAG** ▶ ja **AANVRAAGPROCEDURE** ▶ Aanvragen kunnen schriftelijk of per email gedaan worden en dienen te bestaan uit een omschrijving van de activiteit met daarbij een begroting en een dekkingsplan. Ook ontvangt de Stichting graag een overzicht van eventuele andere partijen die om financiële steun zijn gevraagd.

Financieel ■ **EIGEN VERMOGEN** ▶ € 3.200.659 **INKOMSTEN EV** ▶ € 248.531 **HERKOMST MIDDELEN** ▶ vermogen **BOEKJAAR** ▶ 2019 **JAARVERSLAG OP WEBSITE** ▶ ja.

Contact ■ **BEREIKBAAR PER** ▶ ☑ post ☑ e-mail ☒ telefoon **CONTACTPERSOON** ▶ geen contactpersoon bekend **POSTADRES** ▶ Postbus 580, 8901 BJ Leeuwarden **EMAIL (ALGEMEEN)** ▶ info@stichtingroelofstein voorte.nl.

1057

Stichting Mr. Roelse Fonds v/h Revakopa

Rubriek ■ ☑ gezondheidszorg ☑ maatschappij, welzijn en samenleving

Algemeen ■ **WEBSITE** ▶ www.roelsefonds.nl **TYPERING** ▶ vermogensfonds **OPGERICHT** ▶ 24-06-1977 **RECHTSVORM** ▶ stichting **KVK** ▶ 41192145 **ANBI STATUS** ▶ ja **DIRECTIE** ▶ P.J.J. Meijs **BESTUUR** ▶ M.J.M. Petit, voorzitter; mw. P.M.L. Ykema; R.M. Engbers; E.J. Mulder; mw. C. Koning.

Missie ■ **DOELSTELLING** ▶ Het mr. Roelsefonds wil de kwaliteit van leven verbeteren van mensen die langdurig en intensief gebruik maken van zorg. Dit wordt in praktijk gebracht door financiële ondersteuning te bieden aan innovatieve projecten van zorgorganisaties in de regio Gooi- en Vechtstreek. Een belangrijke voorwaarde voor het beschikbaar stellen van subsidie is dat het project niet vanuit een reguliere financieringsstroom kan of moet worden gefinancierd. **HISTORIE** ▶ Het mr. Roelsefonds is ontstaan vanuit stichting De Stolpe in Hilversum. De Stolpe was in de jaren 80 een stichting met een aantal verzorgingstehuizen in de regio Gooi- en Vechtstreek. Mede door overname van veelal noodlijdende tehuizen groeide de stichting ook buiten de regio in Nederland.

Doelgroep ■ **ALGEMEEN** ▶ zieken **SPECIFIEK** ▶ Projecten van zorgorganisaties voor mensen met een langdurige en intensieve zorgbehoefte. **ACTIVITEITEN** ▶ Het fonds wil haar missie realiseren door projecten te financieren voor organisaties die werkzaam zijn in de regio Gooi- en Vechtstreek en die actief zijn in de zorg- en dienstverlening voor mensen met een langdurige en intensieve zorgbehoefte. Enkele projecten uit 2019: ☑ continuatie/voortgang onderzoeksproject 'ODE' voortvloeiend uit de call 'aandacht voor dementie'; ☑ Strategisch partnership HilverZorg; ☑ Voorbereidingen mr. Roelse Challenge. **INTERVENTIENIVEAU** ▶ Steun aan lokale/provinciale maatschappelijke organisaties en structuren (incl. gemeenten etc.) die diensten verlenen aan individuen.

Werkgebied ■ ACTIERADIUS ▶ Regionaal LAND ▶ Nederland REGIO ▶ Gooi en Vechtstreek.

Bestedingen ■ BUDGET ▶ € 400.000 ONDERSTEUNDE PROJECTEN P/J ▶ 20 SOORT BIJDRAGE ▶ giften subsidies BOVENGRENS ▶ geen ONDERGRENS ▶ geen.

Projecten ■ CRITERIA ▶ Het ingediende project is gericht op: ☑ versterking van het cliëntenperspectief in de zorg- en dienstverlening; ☑ product- en procesinnovaties; ☑ extra investering in medewerkers; ☑ een aantoonbare meerwaarde op en komt cliënten en/of personeel direct ten goede. Deze meerwaarde betreft altijd een verbetering van de kwaliteit van de directe zorg en dienstverlening en/of van de directe bedrijfsvoering van de zorg en dienstverlening; ☑ financieel duurzaam project (voortzetting na aflopen financiering). DOORLOOPTIJD ▶ ☑ onbekend STATUS AANVRAGER ▶ ☑ stichting of vereniging (non-profit) VOORKEUR/UITSLUITING ▶ Het fonds is regiogebonden, alleen organisaties die werkzaam zijn in de regio Gooi- en Vechtstreek kunnen in aanmerking komen voor subsidie. Projecten gericht op sociaal en/of technologische innovatie in de langdurige zorg krijgen daarbij de voorkeur. De aanvragende organisatie dient bij voorkeur een eigen (financiële) bijdrage aan het project te doen. Het mr. Roelsefonds stelt geen subsidie beschikbaar voor projecten met een expliciet politiek of religieus karakter of projecten die al gestart of uitgevoerd zijn.

Procedure ■ OP AANVRAAG ▶ ja AANVRAAGPROCEDURE ▶ Een aanvraag kan uitsluitend digitaal worden ingediend. Vul het aanvraagformulier volledig in en zorg daarbij voor de volgende bijlagen; ☑ een projectplan, opgesteld conform onze richtlijnen; ☑ een gespecificeerde begroting van het project waarvoor subsidie wordt gevraagd, zo mogelijk aangevuld met offertes; ☑ het dekkingsplan: een overzicht van de beoogde dekking van de kosten; ☑ het meest recente financieel jaarverslag; ☑ relevante documentatie over uw organisatie/activiteiten; ☑ een overzicht van de fondsen/instellingen waar eveneens een subsidieaanvraag voor het project is ingediend. Stuur de aanvraag tijdig in per e-mail, de sluitingsdatum voor de jaarlijkse open aanvraagronde is op 1 maart. URL ▶ www.roelsefonds.nl/subsidieaanvragen/een-aanvraag-indienen/

Financieel ■ EIGEN VERMOGEN ▶ € 20.088.487 INKOMSTEN EV ▶ € 2.717.229 HERKOMST MIDDELEN ▶ legaten, vermogen, inkomsten uit vermogen BOEKJAAR ▶ 2019 JAARVERSLAG OP WEBSITE ▶ ja.

Contact ■ BEREIKBAAR PER ▶ ☑ post ☑ e-mail ☒ telefoon CONTACTPERSOON ▶ geen contactpersoon bekend POSTADRES ▶ Vrouwkensvaartsestraat 14, 5165 NP Waspik EMAIL (ALGEMEEN) ▶ info@roelsefonds.nl.

1058
Stichting Roest Crollius Fonds

Rubriek ■ ☑ maatschappij, welzijn en samenleving ☑ kunst en cultuur ☑ sport en recreatie

Algemeen ■ WEBSITE ▶ www.roestcrolliusfonds.nl TYPERING ▶ vermogensfonds OPGERICHT ▶ 25-08-2006 RECHTSVORM ▶ stichting KVK ▶ 30217941 ANBI STATUS ▶ ja DIRECTIE ▶ geen directiegegevens bekend BESTUUR ▶ N. van Dam, voorzitter; H. Kusters, penningmeester; M. Versteeg, secretaris; C. Meijer; R. Drolsbach.

Missie ■ DOELSTELLING ▶ Het doel van het RCF is het stimuleren en financieel ondersteunen van initiatieven en activiteiten, met als oogmerk het structureel versterken van de maatschappelijke samenhang in brede zin en de omgevingskwaliteit van de IJsselsteinse gemeenschap en het verrichten van alle verdere handelingen, die met het vorenstaande in de ruimste zin verband houden of daartoe bevorderlijk kunnen zijn. HISTORIE ▶ In 2006 is de Stichting Roest Crollius Fonds (RCF) als goededoelenfonds opgericht. Het startvermogen werd verkregen door een donatie van de Stichting CAI IJsselstein (SCAIJ). In de statuten van de SCAIJ was bepaald dat bij eventuele verkoop van de kabelonderneming de opbrengst ten goede moest komen aan de IJsselsteinse gemeenschap. Zo ontstond het idee een 'goede doelen' stichting op te richten, het Roest Crollius Fonds, genoemd naar Maarten Roest Crollius, burgemeester van IJsselstein van 1980 tot 1991. Bij de liquidatie van de SCAIJ is haar vermogen geschonken aan het RCF. Mr. Maarten Roest Crollius was van 1980 tot 1991 burgemeester van IJsselstein. Hij was bijzonder geliefd en heeft altijd grote betrokkenheid gehad bij de IJsselsteinse gemeenschap. BELEIDSPLAN OP WEBSITE ▶ ja.

Doelgroep ■ SPECIFIEK ▶ Geen specifieke doelgroep ACTIVITEITEN ▶ Het RCF bereikt haar doel door uitkeringen te doen aan personen en instellingen die daarvoor in aanmerking komen. De donaties worden gedaan uit de vruchten c.q. opbrengsten van het eigen vermogen van het RCF. Teneinde het RCF in staat te stellen haar doelstelling optimaal en duurzaam te kunnen nastreven, dienen deze opbrengsten een duurzaam karakter te hebben. INTERVENTIENIVEAU ▶ Steun aan lokale/provinciale maatschappelijke organisaties en structuren (incl. gemeenten etc.) die diensten verlenen aan individuen.; Steun aan individuen (directe steun).

Werkgebied ■ ACTIERADIUS ▶ Lokaal LAND ▶ Nederland REGIO ▶ Utrecht PLAATS ▶ IJsselstein.

Bestedingen ■ BUDGET ▶ niet openbaar TOELICHTING ▶ Het Donatiepercentage bedraagt 2% ONDERSTEUNDE PROJECTEN P/J ▶ 28 SOORT BIJDRAGE ▶ giften BOVENGRENS ▶ geen ONDERGRENS ▶ geen.

Projecten ■ CRITERIA ▶ ; ☑ Donaties worden in beginsel verstrekt voor investeringen in materiele zaken (gebruiksgoederen) die nodig zijn voor het starten of voortzetten van het initiatief/de activiteit van de aanvrager; ☑ Initiatieven moeten bijdragen aan de maatschappelijke samenhang in brede zin en/of de omgevingskwaliteit van de IJsselsteinse gemeenschap; ☑ Initiatieven kunnen zowel bestaand als nieuw zijn; ☑ De Aanvrager heeft onvoldoende vrije geldmiddelen beschikbaar om het Object volledig zelf te financieren; ☑ De investering is nodig om het initiatief/de activiteit van de grond te laten komen, voort te zetten of te verbeteren; ☑ Onder omgevingskwaliteit wordt verstaan: de aankleding/inrichting van de openbare ruimte en/of natuur- of cultuurhistorische waarden; ☑ Het project dient een structurele versterking te zijn binnen de doelstelling. **DOORLOOPTIJD** ▶ ☑ onbekend **STATUS AANVRAGER** ▶ ☑ geen beperkingen bekend **VOORKEUR/UITSLUITING** ▶ Geen bijdrage voor: ☑ verbruiksgoederen; ☑ ondernemingsactiviteiten; ☑ activiteiten met winstoogmerk; ☑ projecten onder de wettelijke (financiële) verantwoordelijkheid van de overheid. ☑ het subsidiëren dan wel financieren van initiatieven en/of activiteiten en/of objecten van derden.

Procedure ■ **OP AANVRAAG** ▶ ja **DOORLOOPTIJD** ▶ 1-3 maanden **AANVRAAGPROCEDURE** ▶ Het Roest Crollius Fonds wijst zes maal per jaar donaties toe. Om zoveel mogelijk verschillende initiatieven te steunen en zo een breed mogelijk publiek te bereiken, worden sommige van de aangevraagde donaties slechts voor een deel toegewezen. Alle aanvragers ontvangen schriftelijk bericht. Aanvragen moeten worden ingediend via het aanvraagformulier op de website. De termijn voor het indienen van aanvragen loopt bij de Januarironde van 1 oktober tot en met 30 november, bij de Maartronde van 1 december tot en met 31 januari, bij de Meironde van 1 februari tot en met 31 maart, bij de Julironde van 1 april tot en met 31 mei, bij de Septemberronde van 1 juni tot en met 31 juli en bij de Novemberronde van 1 augustus tot en met 30 september. Voor meer informatie of vragen over de procedure kunt u contact opnemen met de voorzitter van het bestuur van het Roest Crollius Fonds. Bij de aanvraag dienen de volgende gegevens te worden gevoegd: ☑ een gemotiveerde begroting/bestedingsplan van de investering waarin u laat zien waaraan de donatie gaat worden besteed. ☑ uw meest recente jaarcijfers (balans en resultatenrekening). **URL** ▶ www.roestcrolliusfonds.nl/donatie-aanvragen/

Financieel ■ **INKOMSTEN EV** ▶ € 773.082 **HERKOMST MIDDELEN** ▶ vermogen **BOEKJAAR** ▶ 2019 **JAARVERSLAG OP WEBSITE** ▶ ja.

Contact ■ **BEREIKBAAR PER** ▶ ☑ post ☑ e-mail ☑ telefoon **CONTACTPERSOON** ▶ N. van Dam **POSTADRES** ▶ Leeuwenburg 29, 3401 HV IJsselstein **EMAIL (ALGEMEEN)** ▶ nicovandam@roestcrolliusfonds.nl **TELEFOON (ALGEMEEN)** ▶ 030-6886061.

1059

Stichting Roggekamp Peitsch Fonds

Rubriek ■ ☑ maatschappij, welzijn en samenleving ☑ sport en recreatie ☑ onderwijs en onderzoek ☑ kunst en cultuur

Algemeen ■ **WEBSITE** ▶ www.rpfonds.nl **TYPERING** ▶ hybride fonds **OPGERICHT** ▶ 01-01-2009 **RECHTSVORM** ▶ stichting **KVK** ▶ 08208153 **ANBI STATUS** ▶ nee **DIRECTIE** ▶ geen directiegegevens bekend **BESTUUR** ▶ O. Snel, voorzitter; E. Willems, penningmeester; mw.mr. J.H. Olthof, secretaris; mw. T. Verdoold; mw. M. Mogendorff; mw. E. Meijerink; mw. H. ter Doest.

Missie ■ **DOELSTELLING** ▶ Het ondersteunen van activiteiten die het belang van jeugdigen, die in de gemeente Almelo wonen of verblijven, ten goede komt, waaronder activiteiten op het gebied van onderwijs, vorming, opvang, sport, spel en (overige) vrijetijdsbesteding. **HISTORIE** ▶ Deze stichting is ontstaan uit een samengaan van de voormalige stichtingen De Roggekamp en het Peitsch Fonds in 2009. De Roggekamp werd in 1987 opgericht na de verkoop van het vormingscentrum De Roggekamp aan de Ootmarsumsestraat. De opbrengst van de verkoop ging naar de stichting. Het Peitsch Fonds werd in 1983 opgericht. Zij kreeg de opbrengst van de verkoop van het uit 1854 daterende weeshuis van de NH kerk aan de Wierdensestraat.

Doelgroep ■ **ALGEMEEN** ▶ jongeren, kinderen **SPECIFIEK** ▶ Kinderen en jongeren tot 18 jaar van de gemeente Almelo. **ACTIVITEITEN** ▶ Geen specifieke activiteiten bekend **INTERVENTIENIVEAU** ▶ Steun aan lokale/provinciale maatschappelijke organisaties en structuren (incl. gemeenten etc.) die diensten verlenen aan individuen.

Werkgebied ■ **ACTIERADIUS** ▶ Lokaal **LAND** ▶ Nederland **REGIO** ▶ Overijssel **PLAATS** ▶ Almelo.

Bestedingen ■ **BUDGET** ▶ niet openbaar **SOORT BIJDRAGE** ▶ giften garanties **BOVENGRENS** ▶ geen **ONDERGRENS** ▶ geen.

Projecten ■ **CRITERIA** ▶ geen projectcriteria bekend **DOORLOOPTIJD** ▶ ☑ korter dan 1 jaar **STATUS AANVRAGER** ▶ ☑ stichting of vereniging (non-profit) **VOORKEUR/UITSLUITING** ▶ In beginsel alleen voor Almelose activiteiten.

Procedure ■ **OP AANVRAAG** ▶ ja **DOORLOOPTIJD** ▶ 1-3 maanden **AANVRAAGPROCEDURE** ▶ Via een online aanvraagformulier. Over het besluit van het bestuur krijgt u bericht via de mail. Vergaderdata zijn op de website te vinden. **URL** ▶ www.rpfonds.nl/aanvraagformulier/

Financieel ■ **HERKOMST MIDDELEN** ▶ vermogen, giften & schenkingen, legaten, overige inkomsten.

Contact ■ **BEREIKBAAR PER** ▶ ☑ post ☑ e-mail ☑ telefoon **CONTACTPERSOON** ▶ geen contactpersoon bekend **POSTADRES** ▶ Aadorpsweg 25, 7641 EJ Wierden **EMAIL (ALGEMEEN)** ▶ info@rpfonds.nl **TELEFOON (ALGEMEEN)** ▶ 0546-832727.

1060

Stichting Rolstoelvervoer Haaksbergen

Rubriek ■ ☑ gezondheidszorg

Algemeen ■ **WEBSITE** ▶ www.kennisbankfilantropie.nl/anbi/rolstoelvervoer-haaksbergen **TYPERING** ▶ hybride fonds **RECHTSVORM** ▶ stichting **KVK** ▶ 08173296 **ANBI STATUS** ▶ ja **DIRECTIE** ▶ geen directiegegevens bekend **BESTUUR** ▶ R.G. Remmelts, voorzitter; E.M. Lammers, secretaris.

Missie ■ **DOELSTELLING** ▶ Rolstoelvervoer mogelijk maken voor mensen met lichamelijke en/of geestelijke beperkingen.

Doelgroep ■ **ALGEMEEN** ▶ gehandicapten, zieken **SPECIFIEK** ▶ Geen specifieke doelgroep **ACTIVITEITEN** ▶ Geen specifieke activiteiten bekend **INTERVENTIENIVEAU** ▶ Steun aan individuen (directe steun).

Werkgebied ■ **ACTIERADIUS** ▶ Lokaal **LAND** ▶ Nederland.

Bestedingen ■ **BUDGET** ▶ niet openbaar **SOORT BIJDRAGE** ▶ overig **BOVENGRENS** ▶ geen **ONDERGRENS** ▶ geen.

Projecten ■ **CRITERIA** ▶ geen projectcriteria bekend **DOORLOOPTIJD** ▶

☑ onbekend **STATUS AANVRAGER** ▶ ☑ geen beperkingen bekend **VOORKEUR/UITSLUITING** ▶ geen voorkeur of uitsluiting bekend.
Procedure ■ **OP AANVRAAG** ▶ onbekend **AANVRAAGPROCEDURE** ▶ Geen aanvraagprocedure bekend.
Financieel ■ **EIGEN VERMOGEN** ▶ € 12.000 **HERKOMST MIDDELEN** ▶ onbekend **BOEKJAAR** ▶ 2016 **JAARVERSLAG OP WEBSITE** ▶ ja.
Contact ■ **BEREIKBAAR PER** ▶ ☑ post ☑ e-mail ☑ telefoon **CONTACTPERSOON** ▶ E.M. Lammers **POSTADRES** ▶ Kemperstraat 6, 7482 XT Haaksbergen **EMAIL (ALGEMEEN)** ▶ e.m.lammers@kpnmail.nl **TELEFOON (ALGEMEEN)** ▶ 053-5740294.

1061
Romke Kalma Fonds

Rubriek ■ ☑ kunst en cultuur ☑ onderwijs en onderzoek
Algemeen ■ **WEBSITE** ▶ www.cultuurfonds.nl **TYPERING** ▶ fonds op naam **BEHEERD DOOR** ▶ Prins Bernhard Cultuurfonds **DIRECTIE** ▶ zie Prins Bernhard Cultuurfonds **BESTUUR** ▶ zie Prins Bernhard Cultuurfonds
Missie ■ **DOELSTELLING** ▶ Het financieel ondersteunen van jonge afgestudeerde musici voor een vervolgopleiding in het buitenland, bij voorkeur op het terrein van de klassieke zang.
Werkgebied ■ **ACTIERADIUS** ▶ Internationaal.
Projecten ■ **CRITERIA** ▶ geen projectcriteria bekend **DOORLOOPTIJD** ▶ ☑ korter dan 1 jaar **STATUS AANVRAGER** ▶ ☑ geen beperkingen bekend **VOORKEUR/UITSLUITING** ▶ Voorkeur gaat uit naar klassieke zang.
Procedure ■ **OP AANVRAAG** ▶ ja **AANVRAAGPROCEDURE** ▶ Dit 'fonds op naam' ressorteert onder het Prins Bernhard Cultuurfonds. Verzoeken aan fondsen op naam komen op één centraal punt binnen. Dit houdt in dat een subsidieaanvraag slechts eenmaal aan het Prins Bernhard Cultuurfonds hoeft te worden gezonden. Voor de verdere aanvraagprocedure: zie Prins Bernhard Cultuurfonds. **URL** ▶ www.cultuurfonds.nl/aanvragen
Contact ■ **BEREIKBAAR PER** ▶ ☑ post ☑ e-mail ☑ telefoon **CONTACTPERSOON** ▶ geen contactpersoon bekend **POSTADRES** ▶ Postbus 19750, 1000 GT Amsterdam **EMAIL (ALGEMEEN)** ▶ info@cultuurfonds.nl **TELEFOON (ALGEMEEN)** ▶ 020-5206130.

1062
Stichting Rooms Katholiek Steunfonds van Enschede

Rubriek ■ ☑ maatschappij, welzijn en samenleving ☑ noodhulp
Algemeen ■ **WEBSITE** ▶ www.kennisbankfilantropie.nl/anbi/rooms-katholiek-steunfonds-van-enschede **TYPERING** ▶ vermogensfonds **RECHTSVORM** ▶ stichting **KVK** ▶ 41028263 **ANBI STATUS** ▶ ja **DIRECTIE** ▶ geen directiegegevens bekend **BESTUUR** ▶ Mw. A.M. Meijer-de Jong, voorzitter; A.M.L. Hesselink, penningmeester; mw. G.J.M. Nijhuis-van Rossum, secretaris; mw. M.G.A. Everink-Breider; mw. E.H. Elstak; R.A. van der Horst.
Missie ■ **DOELSTELLING** ▶ Armoedebestrijding en hulpverlening aan zij die dat nodig hebben. Dit alles met inachtneming van de geest van de Rooms Katholieke Kerk.
Doelgroep ■ **ALGEMEEN** ▶ armen, dak- en thuislozen, zieken **SPECIFIEK** ▶ Geen specifieke doelgroep **ACTIVITEITEN** ▶ Het bestuur heeft aan de doelstelling invulling gegeven in het afgelopen jaar door in een zestal vergaderingen de binnengekomen aanvragen te behandelen en naar bevind van zaken daarin voorzieningen te treffen dan wel een bijdrage te verstrekken. Daarnaast was er telefonisch dan wel via e-mail contact bij dringende situaties. **INTERVENTIENIVEAU** ▶ Steun aan individuen (directe steun).; Steun aan lokale/provinciale maatschappelijke organisaties en structuren (incl. gemeenten etc.) die diensten verlenen aan individuen.
Werkgebied ■ **ACTIERADIUS** ▶ Nationaal **LAND** ▶ Nederland.
Bestedingen ■ **BUDGET** ▶ niet openbaar **ONDERSTEUNDE PROJECTEN P/J** ▶ 14 **SOORT BIJDRAGE** ▶ giften leningen **BOVENGRENS** ▶ geen **ONDERGRENS** ▶ geen.
Projecten ■ **CRITERIA** ▶ geen projectcriteria bekend **DOORLOOPTIJD** ▶ ☑ onbekend **STATUS AANVRAGER** ▶ ☑ geen beperkingen bekend **VOORKEUR/UITSLUITING** ▶ geen voorkeur of uitsluiting bekend.
Procedure ■ **OP AANVRAAG** ▶ onbekend **AANVRAAGPROCEDURE** ▶ geen aanvraagprocedure bekend.
Financieel ■ **EIGEN VERMOGEN** ▶ € 446.635 **INKOMSTEN EV** ▶ € 6.845 **HERKOMST MIDDELEN** ▶ vermogen **BOEKJAAR** ▶ 2019 **JAARVERSLAG OP WEBSITE** ▶ ja.
Contact ■ **BEREIKBAAR PER** ▶ ☑ post ☑ e-mail ☑ telefoon **CONTACTPERSOON** ▶ geen contactpersoon bekend **POSTADRES** ▶ Jac Roggeveenstraat 44, 7534 CE Enschede **EMAIL (ALGEMEEN)** ▶ rksteunfonds enschede@outlook.com **TELEFOON (ALGEMEEN)** ▶ 053-4618089.

1063
Rooms-Katholieke Stichting tot Hulpverlening aan Jeugd in Nood

Rubriek ■ ☑ maatschappij, welzijn en samenleving
Algemeen ■ **WEBSITE** ▶ www.steunfondsjeugdzorg.nl **TYPERING** ▶ vermogensfonds **RECHTSVORM** ▶ stichting **KVK** ▶ 41103122 **ANBI STATUS** ▶ ja **DIRECTIE** ▶ geen directiegegevens bekend **BESTUUR** ▶ M.E. van Zutphen, voorzitter; K.V. Westerdijk, penningmeester; M. van Eijkern; R. Schipper; E. Wijnsma.
Missie ■ **DOELSTELLING** ▶ Stichting Steunfonds Jeugdzorg Noord-Holland geeft financiële bijdragen aan organisaties op het gebied van jeugdzorg en kerkelijk jeugd- en jongerenwerk in Noord-Holland. **STICHTER(S)** ▶ Vereniging van diverse diaconieën van kerken in Kennemerland **HISTORIE** ▶ De huidige 'Stichting Steunfonds Jeugdzorg Noord-Holland' is de voortzetting van de 'Hervormde Stichting Steunfonds Kinderzorg Noord-Holland', die in 1980 werd opgericht en gevestigd is in Haarlem. De oorsprong van deze stichting ligt in

een oprichting van een vereniging van diverse met elkaar werkende diaconieën van kerken in Kennemerland, onder de naam 'De Vereniging Kinderzorg Noord-Holland'. De Vereniging verzorgde en oefende voogdij uit over kerkelijke wezen. **BELEIDSPLAN OP WEBSITE** ▶ ja.

Doelgroep ■ **ALGEMEEN** ▶ jongeren, kinderen, gelovigen **SPECIFIEK** ▶ Jongeren tot 23 jaar in Noord-Holland, die begeleid worden door een professionele zorginstelling. **ACTIVITEITEN** ▶ Stichting Steunfonds Jeugdzorg Noord-Holland geeft financiële bijdragen aan organisaties die werken op het gebied van de jeugdzorg in Noord-Holland. Alleen kerkelijk jeugdwerk kan ook een aanvraag doen, zonder dat er sprake is van de component jeugdzorg. Het vermogen van de stichting is namelijk ontstaan door de kerken in Haarlem. De stichting tracht haar doel te bereiken door het bijeenbrengen van gelden, een goed beheer van het in de stichting gebrachte vermogen en het verschaffen van financiële middelen aan instellingen, werkzaam op het gebied van het jeugdwelzijnswerk. **INTERVENTIENIVEAU** ▶ Steun aan individuen (directe steun).

Werkgebied ■ **ACTIERADIUS** ▶ Regionaal **LAND** ▶ Nederland **REGIO** ▶ Noord-Holland, West-Brabant.

Bestedingen ■ **BUDGET** ▶ niet openbaar **ONDERSTEUNDE PROJECTEN P/J** ▶ 20 **SOORT BIJDRAGE** ▶ giften **BOVENGRENS** ▶ geen **ONDERGRENS** ▶ geen.

Projecten ■ **CRITERIA** ▶ Het gaat om financiele steun aan jongeren tot 23 jaar, waarbij van het van belang is dat; ☑ overheidssteun onvoldoende is (gebleken); ☑ deze steun dringend noodzakelijk is; ☑ deze steun ten goede komt aan de betreffende jongere en hen die deze hulp nodig hebben; ☑ Bij het niet verlenen van deze is er sprake van een bedreiging in de ontwikkeling van de betreffende jongere. Voor kerkelijke aanvragen geldt dat er niet noodzakelijk sprake behoeft te zijn van een zorgcomponent en een bedreigde ontwikkeling. **DOORLOOPTIJD** ▶ ☑ korter dan 1 jaar **STATUS AANVRAGER** ▶ ☑ stichting of vereniging (non-profit) ☑ kerkelijke instelling **VOORKEUR/UITSLUITING** ▶ Alleen aanvragen van rechtspersonen. Tekorten achteraf worden niet gefinancierd. Er wordt geen steun verleend t.b.v. gebouwen en/of personele voorzieningen.

Procedure ■ **OP AANVRAAG** ▶ ja **DOORLOOPTIJD** ▶ 1-3 maanden; 3-6 maanden; 3-6 maanden; 1-3 maanden; korter dan een maand **AANVRAAGPROCEDURE** ▶ De aanvraag wordt bij voorkeur ingediend door het invullen van het digitale aanvraagformulier op de website. Daarnaast kan een aanvraag per e-mail ingediend worden. Aanvragen t/m € 750 kunnen worden het hele jaar door in behandeling genomen. Aanvragen boven dat bedrag alleen in een bestuursvergadering. Het bestuur van St. Steunfonds Jeugdzorg Noord-Holland vergadert drie keer per jaar. Het kan dus enige tijd duren voordat u antwoord krijgt op uw aanvraag. **URL** ▶ www.steunfondsjeugdzorg.nl/pg-21645-7-77760/pagina/aanvragen.html

Financieel ■ **EIGEN VERMOGEN** ▶ € 3.405.222 **INKOMSTEN EV** ▶ € 36.524 **HERKOMST MIDDELEN** ▶ vermogen, giften & schenkingen **BOEKJAAR** ▶ 2018 **JAARVERSLAG OP WEBSITE** ▶ ja.

Contact ■ **BEREIKBAAR PER** ▶ ☑ post ☑ e-mail ☒ telefoon **CONTACTPERSOON** ▶ geen contactpersoon bekend **POSTADRES** ▶ Bavinkhof 4, 1023 NN Amsterdam **EMAIL (ALGEMEEN)** ▶ info@steunfondsjeugdzorg.nl.

1064

Stichting het Roomsch Catholijk Maagdenhuis

Rubriek ■ ☑ maatschappij, welzijn en samenleving ☑ noodhulp

Algemeen ■ **WEBSITE** ▶ www.maagdenhuis.nl **TYPERING** ▶ vermogensfonds **RECHTSVORM** ▶ stichting **KVK** ▶ 41199688 **ANBI STATUS** ▶ ja **DIRECTIE** ▶ ir. T.J.M. de Jong **BESTUUR** ▶ Jhr.ir. T.W.M. van Meeuwen, voorzitter; mr.drs. E. Chr. Verbeek, penningmeester; jhr.drs. I.S. van Lidth de Jeude, secretaris; R. Piera.

Missie ■ **DOELSTELLING** ▶ De kernactiviteit van Het Maagdenhuis is maatschappelijke projecten te ondersteunen door een financiële bijdrage en/of door advies en begeleiding, in het bijzonder projecten voor jongeren en ouderen. **STICHTER(S)** ▶ Maria Laurens Spiegel en Aeltje Piters Foppens **HISTORIE** ▶ In 1570 trokken twee Amsterdamse dames, Maria Laurens Spiegel en Aeltje Piters Foppens, zich het lot aan van de vele ouderloze meisjes die in die tijd onverzorgd langs de weg gingen. Dit was het begin van, na het Burgerweeshuis, het tweede weeshuis van Amsterdam, dat onder de naam R.C. Maagdenhuis tot 1953 als zodanig heeft gewerkt. Het hoofdgebouw lag aan het Spui, met elders een aparte afdeling voor ouderen onder de naam Elisabethgesticht. Sinds 1970 treedt de Stichting alleen nog als fonds op. **BELEIDSPLAN OP WEBSITE** ▶ ja.

Doelgroep ■ **ALGEMEEN** ▶ jongeren, kinderen, ouderen, dak- en thuislozen, armen, gehandicapten, zieken, vluchtelingen **SPECIFIEK** ▶ Geen specifieke doelgroep **ACTIVITEITEN** ▶ ☑ De steun wordt gerealiseerd door financiële subsidies, waar mogelijk in samenwerking met andere fondsen, het geven van adviezen, bestuurlijke ondersteuning, of door het beschikbaar stellen van accommodatie; ☑ In bijzondere gevallen, waar de maatschappelijke nood zulks vraagt: samen met andere organisaties mede initiëren van, en zonodig tijdelijk participeren in nieuwe projecten, vooral als daarmee een verdergaande en projectoverstijgende ontwikkeling op gang kan worden gebracht; ☑ De doorgaans kleinschalige steun wordt verleend aan organisaties en geschiedt op incidentele en tijdelijke basis, maar kan onder voorwaarden, meerjarig zijn. Projecten waarbij de stichting zelf het initiatief heeft genomen zijn: ☑ Landelijk Stimuleringsnetwerk Thuisadministratie (LSTA): Mensen die hun post niet meer openen en het overzicht over hun financiën verliezen, verliezen ook hun zelfredzaamheid en zelfstandigheid; ☑ WoonSaem: Oudere migranten – een snel groeiende groep in Nederland – hebben niet alleen last van gebruikelijke beperkingen als gevolg van hun leeftijd, maar kampen vaak ook met andere problemen: een laag inkomen, een slechte woonsituatie en sociaal isolement als gevolg van de taalbarrière; ☑ Alliantie Kind in Gezin: In Nederland groeien jaarlijks tienduizenden uithuisgeplaatste kinderen op buiten hun gezin van herkomst; ☑ Expertisenetwerk Levensvragen en Ouderen: Het Expertisenetwerk Levensvragen en Ouderen biedt ondersteuning bij het omgaan met levensvragen van ouderen in zorg en welzijn. **INTERVENTIENIVEAU ▶** Steun aan lokale/provinciale maatschappelijke organisaties en structuren (incl. gemeenten etc.) die diensten verlenen aan individuen.

Werkgebied ■ ACTIERADIUS ▶ Internationaal, Nationaal **LAND ▶** Togo, Marokko, Suriname, Nederland, Senegal, Nederlandse Antillen.

Bestedingen ■ BUDGET ▶ € 1.169.875 **TOELICHTING ▶** Het Maagdenhuis besteedt 50% van de middelen binnen en 50% buiten Nederland. **ONDERSTEUNDE PROJECTEN P/J ▶** 290 **SOORT BIJDRAGE ▶** giften garanties overig **BOVENGRENS ▶** geen **ONDERGRENS ▶** geen.

Projecten ■ CRITERIA ▶ De projectcriteria verschillen per land, want er zijn verschillende aandachtsgebieden gekozen; ☑ Togo voornamelijk projecten op het gebied van landbouw, schoon water, scholing, ouderen, opvang kinderen/ weeshuizen en ontmoeting; ☑ Senegal voornamelijk projecten op het gebied van landbouw, schoon water, scholing, ouderen, opvang kinderen/ weeshuizen en ontmoeting; ☑ Marokko: nadruk van projecten ligt vooralsnog op ouderenzorg, kinderen met een beperking en onderwijsondersteuning aan meisjes uit rurale gebieden; ☑ Suriname: Het stimuleren van ontwikkelingskansen voor kinderen en jongeren uit het binnenland; Ontwikkeling van ouderenzorg, gericht op zelfstandig thuis kunnen blijven wonen van ouderen. Verder ook projecten ten behoeve van arme gezinnen, pleegzorg, vroegtijdig schoolverlaters, tienermoeders en gehandicapte kinderen en jongeren; ☑ Nederland: Vluchtelingen, Traumaverwerking en Gezondheid; Vluchtelingen en Educatie; Initiatieven van Jongeren; Ouderen 'netwerken onder de radar'. **DOORLOOPTIJD ▶** ☑ korter dan 1 jaar **STATUS AANVRAGER ▶** ☑ stichting of vereniging (non-profit) ☑ kerkelijke instelling ☑ onderwijsinstelling **VOORKEUR/UITSLUITING ▶** ☑ Met voorrang worden projecten gesteund, die direct voorzien in de behoefte van deze doelgroepen en hen helpen uiteindelijk beter voor zichzelf te kunnen zorgen. ☑ Activiteiten van zorg- en onderwijsinstellingen die behoren tot het reguliere bedrijfsproces komen niet in aanmerking voor een bijdrage. ☑ Speelpleinen, vakanties, individuele nood, medische zorg en natuur/milieu projecten vallen tevens niet binnen de gestelde doelen voor giften uit het fonds. ☑ Projecten binnen de gebieden kunst, cultuur, sport en vrije tijd komen niet in aanmerking voor een gift, tenzij het gaat om een methodische inzet die ten goede komt van de doelgroep.

Procedure ■ OP AANVRAAG ▶ ja **DOORLOOPTIJD ▶** 1-3 maanden **AANVRAAGPROCEDURE ▶** Een aanvraag voor een project in Marokko,Togo, Senegal of Suriname gaat via de medewerker, die bij het land betrokken is (zie website). Voor projecten in Nederland kan door het invullen van de quick scan op de website gekeken worden of de aanvraag past binnen het beleid. Daarna kunt u een aanvraag indienen. Na de quick scan kunt u direct beginnen met het invullen van het aanvraagformulier. Bij het aanvraagformulier dient een aantal stukken te worden gevoegd (geupload). ☑ Projectplan, projectbegroting en dekkingsplan; ☑ Statuten; ☑ Uittreksel Kamer van Koophandel (ondertekend en niet ouder dan een jaar); ☑ Inhoudelijk jaarverslag van uw organisatie; ☑ Jaarrekening van het afgelopen jaar (balans en resultatenrekening) Het is aan te raden die vooraf digitaal beschikbaar te hebben. Na voltooiing van uw digitale aanvraag, ontvangt u via uw e-mail een kopie van het ingevulde formulier. De doorlooptijd van een aanvraag kan variëren van 4 weken tot 4 maanden. **URL ▶** www.maagdenhuis.nl/over/de-aanvraag

Financieel ■ EIGEN VERMOGEN ▶ € 53.430.123 **INKOMSTEN EV ▶** € 1.155.994 **INKOMSTEN OV ▶** € 95.762 **HERKOMST MIDDELEN ▶** vermogen **BOEKJAAR ▶** 2019 **JAARVERSLAG OP WEBSITE ▶** ja.

Contact ■ BEREIKBAAR PER ▶ ☑ post ☑ e-mail ☑ telefoon **CONTACTPERSOON ▶** geen contactpersoon bekend **POSTADRES ▶** Herengracht 220, 1016 BT Amsterdam **EMAIL (ALGEMEEN) ▶** info@maagdenhuis.nl **TELEFOON (ALGEMEEN) ▶** 020-6243903.

1065

Stichting Roomsch Catholyk Oude Armenkantoor

Rubriek ■ ☑ gezondheidszorg ☑ noodhulp ☑ kunst en cultuur ☑ maatschappij, welzijn en samenleving

Algemeen ■ WEBSITE ▶ www.rcoak.nl **TYPERING ▶** vermogensfonds **RECHTSVORM ▶** stichting **KVK ▶** 41200091 **ANBI STATUS ▶** ja **DIRECTIE ▶** mw. drs. F.M. de Pater **BESTUUR ▶** Mr. D.C. van Wassenaer, voorzitter; mw.mr. C.A. van Jansen Verplanke, penningmeester; prof.mr. J.S. Kortmann; mw.mr.drs. T.S.M. van Schie; mw.prof.dr.mr. B.A.M. The.

Missie ■ DOELSTELLING ▶ Stichting RCOAK (Roomsch Catholijk Oude Armen Kantoor) is een Amsterdams charitatief vermogensfonds gevestigd in een van de twee hofjes van Stichting RCOAK, 'Liefde is het Fondament', aan de Keizersgracht te Amsterdam. Wij ondersteunen uit de opbrengst van ons vermogen in heel Nederland inclusief het Caribisch gebied van het Koninkrijk initiatieven en projecten die de kwaliteit van leven van ouderen bevorderen. Uitsluitend binnen Amsterdam ondersteunen we daarnaast projecten gericht op armoede bestrijding voor andere kwetsbare groepen, ongeacht leeftijd. **HISTORIE ▶** Stichting RCOAK (Roomsch Catholijk Oude Armen Kantoor) is een Amsterdams charitatief vermogensfonds, gevestigd in hofje 'Liefde is het Fondament' aan de Keizersgracht te Amsterdam. Zij kent een rijke geschiedenis van meer dan 400 jaar. Hiermee behoort de Stichting tot één van de oudste charitatieve vermogensfondsen in Nederland. Toen de protestanten het vanaf 1578 in Amsterdam voor het zeggen kregen, waren de katholieken voor het belijden van hun religie, gedwongen ondergronds te gaan. Zij bleven echter hun weeskinderen, armen en ouderen ondersteunen vanuit het Roomsch Catholijk Oude Armen Kantoor, of Comptoir zoals het toen genoemd werd. Omstreeks 1610 moet het Roomsch Catholijk Oude Armen Kantoor al een hechte organisatie zijn geweest. RCOAK, inmiddels een stichting, geeft vandaag de dag de oude caritas modern gestalte en ondersteunt uit de opbrengst van haar kapitaal initiatieven die de kwaliteit van leven van ouderen en andere kwetsbare groepen bevorderen.

Doelgroep ■ ALGEMEEN ▶ armen, dak- en thuislozen, ouderen **SPECIFIEK ▶** Geen specifieke doelgroep **ACTIVITEITEN ▶** Het donatieprogramma is gericht op projecten voor ouderen in de Nederlandse samenleving. Stichting RCOAK kent een brede oriëntatie op ouderen en ondersteunt projecten in de volgende categorieën: ☑ Cultuurparticipatie; ☑ Gezond leven; ☑ Gezelligheid en ontmoeting; ☑ Intergenerationele benadering; ☑ Ondersteuning dagelijks leven; ☑ Ouderen voor ouderen ☑ Palliatieve zorg; ☑ Sociale zorg; ☑ Vakantie en uitstapjes; ☑ Diversen; ☑ Woonomgeving ☑ Zingeving. **INTERVENTIENIVEAU** ▶ Steun aan lokale/provinciale maatschappelijke organisaties en structuren (incl. gemeenten etc.) die diensten verlenen aan individuen.

Werkgebied ■ **ACTIERADIUS** ▶ Lokaal, Nationaal **LAND** ▶ Nederland en Caribisch Nederland **PLAATS** ▶ Amsterdam.

Bestedingen ■ **BUDGET** ▶ € 2.600.000 **ONDERSTEUNDE PROJECTEN P/J** ▶ 338 **SOORT BIJDRAGE** ▶ giften leningen **BOVENGRENS** ▶ geen **ONDERGRENS** ▶ geen.

Projecten ■ **CRITERIA** ▶ Uw project kan in aanmerking komen voor financiering door Stichting RCOAK als het gericht is op: ☑ het vergroten van het levensplezier van ouderen (minimaal 65+) in Nederland; ☑ armoedebestrijding en ondersteuning van kwetsbare groepen van alle leeftijden in Amsterdam. Het project dient te voldoen aan de volgende voorwaarden: ☑ Er wordt door uzelf en/of andere subsidieverstrekkers/fondsen bijgedragen aan de financiering. ☑ Het gaat om een éénmalige bijdrage; ☑ Het project bevindt zich in de startfase. **DOORLOOPTIJD** ▶ ☑ korter dan 1 jaar **STATUS AANVRAGER** ▶ ☑ stichting of vereniging (non-profit) ☑ overig **VOORKEUR/UITSLUITING** ▶ Er is een voorkeur voor projecten die innovatief zijn en in beperkte tijd worden uitgevoerd. Er wordt geen donatie verstrekt voor een project dat: ☑ tot taak van de overheid of kerk kan worden gerekend; ☑ een politiek karakter heeft; ☑ commerciële (neven)doelen heeft; ☑ gericht is op wetenschappelijk onderzoek; ☑ als belangrijkste resultaat een publicatie of symposium/congres heeft; ☑ in strijd is met de christelijke levensbeschouwelijke beginselen.

Procedure ■ **OP AANVRAAG** ▶ ja **DOORLOOPTIJD** ▶ 1-3 maanden **AANVRAAGPROCEDURE** ▶ Toets zelf uw project op de criteria en voorwaarden. Vraag een quick scan aan. Na een positieve beoordeling van de quick scan door RCOAK ontvangt binnen u binnen vier werkdagen inloggegevens waarmee u de definitieve aanvraag indient. De quick scan kunt u op de website invullen. Met de verstrekte inloggegevens kunt u uw aanvraag completeren. U dient de bijlagen te uploaden en o.a. uw IBAN-nummer in te vullen. De bijlagen bestaan uit: ☑ een zo beknopt en kernachtig mogelijk opgesteld projectplan; ☑ de projectbegroting en het dekkingsplan; ☑ een recent uittreksel van de Kamer van Koophandel; ☑ de laatste jaarrekening; ☑ statuten. **URL** ▶ www.rcoak.nl/#aanvragen

Financieel ■ **EIGEN VERMOGEN** ▶ € 107.091.852 **INKOMSTEN EV** ▶ € 12.480.257 **INKOMSTEN OV** ▶ € 354.839 **HERKOMST MIDDELEN** ▶ overige inkomsten, inkomsten uit vermogen, vermogen **BOEKJAAR** ▶ 2019 **JAARVERSLAG OP WEBSITE** ▶ ja.

Contact ■ **BEREIKBAAR PER** ▶ ☑ post ☑ e-mail ☑ telefoon **CONTACTPERSOON** ▶ Mw. drs. F.M. de Pater **POSTADRES** ▶ Keizersgracht 334, 1016 EZ Amsterdam **EMAIL (ALGEMEEN)** ▶ postbus@rcoak.nl **TELEFOON (ALGEMEEN)** ▶ 020-6232288 **TELEFOON (AANVRAGEN)** ▶ 020-6232288.

1066
Stichting Roosevelt Academy Fonds

Rubriek ■ ☑ onderwijs en onderzoek

Algemeen ■ **WEBSITE** ▶ https://www.ucr.nl/about-ucr/more/anbi **TYPERING** ▶ vermogensfonds **OPGERICHT** ▶ 17-06-2008 **RECHTSVORM** ▶ stichting **KVK** ▶ 20142270 **ANBI STATUS** ▶ ja **DIRECTIE** ▶ geen directiegegevens bekend **BESTUUR** ▶ Ir. G.A.R. van Harten, voorzitter; prof.dr. E.K.V. de Lembre, penningmeester; drs. S.M.P. Jongepier.

Missie ■ **DOELSTELLING** ▶ Het fonds voornaamste doel is het verzamelen en coördineren van hulpmiddelen om het University College Roosevelt (Middelburg, Zeeland) financieel te ondersteunen en de subsidiëring zo lang mogelijk te continueren. **BELEIDSPLAN OP WEBSITE** ▶ ja.

Doelgroep ■ **ALGEMEEN** ▶ studenten **SPECIFIEK** ▶ Geen specifieke doelgroep **ACTIVITEITEN** ▶ Geen specifieke activiteiten bekend **INTERVENTIENIVEAU** ▶ Steun aan lokale/provinciale maatschappelijke organisaties en structuren (incl. gemeenten etc.) die diensten verlenen aan individuen.

Werkgebied ■ **ACTIERADIUS** ▶ Lokaal **LAND** ▶ Nederland **REGIO** ▶ Zeeland **PLAATS** ▶ Middelburg.

Bestedingen ■ **BUDGET** ▶ € 200.000 **SOORT BIJDRAGE** ▶ onbekend **BOVENGRENS** ▶ geen **ONDERGRENS** ▶ geen.

Projecten ■ **CRITERIA** ▶ geen projectcriteria bekend **DOORLOOPTIJD** ▶ ☑ onbekend **STATUS AANVRAGER** ▶ ☑ overig **VOORKEUR/UITSLUITING** ▶ geen voorkeur of uitsluiting bekend.

Procedure ■ **OP AANVRAAG** ▶ onbekend **AANVRAAGPROCEDURE** ▶ Geen aanvraagprocedure bekend.

Financieel ■ **EIGEN VERMOGEN** ▶ € 6.244.000 **INKOMSTEN EV** ▶ € 293.000 **HERKOMST MIDDELEN** ▶ onbekend **BOEKJAAR** ▶ 2019 **JAARVERSLAG OP WEBSITE** ▶ ja.

Contact ■ **BEREIKBAAR PER** ▶ ☑ post ☑ e-mail ☑ telefoon **CONTACTPERSOON** ▶ geen contactpersoon bekend **POSTADRES** ▶ Postbus 94, 4330 AB Middelburg **EMAIL (ALGEMEEN)** ▶ info@ucr.nl **TELEFOON (ALGEMEEN)** ▶ +31-0-118-655500.

1067
Röpcke-Wynia Fonds

Rubriek ■ ☑ natuur, milieu en dieren

Algemeen ■ **WEBSITE** ▶ www.cultuurfonds.nl **TYPERING** ▶ fonds op naam **BEHEERD DOOR** ▶ Prins Bernhard Cultuurfonds **DIRECTIE** ▶ zie > Prins Bernhard Cultuurfonds **BESTUUR** ▶ zie > Prins Bernhard Cultuurfonds

Missie ■ **DOELSTELLING** ▶ Het verlenen van financiële bijdragen aan het natuurbehoud in Nederland, waaronder het veiligstellen van bestaande of toekomstige natuurterreinen.

Werkgebied ■ **ACTIERADIUS** ▶ Nationaal **LAND** ▶ Nederland.

Projecten ■ **CRITERIA** ▶ geen projectcriteria bekend **DOORLOOPTIJD** ▶

☑ onbekend **STATUS AANVRAGER** ▶ ☑ geen beperkingen bekend **VOORKEUR/UITSLUITING** ▶ geen voorkeur of uitsluiting bekend.

Procedure ■ **OP AANVRAAG** ▶ ja **AANVRAAGPROCEDURE** ▶ Dit 'fonds op naam' ressorteert onder het Prins Bernhard Cultuurfonds. Verzoeken aan fondsen op naam komen op één centraal punt binnen. Dit houdt in dat een subsidieaanvraag slechts eenmaal aan het Prins Bernhard Cultuurfonds hoeft te worden gezonden. Voor de verdere aanvraagprocedure: zie Prins Bernhard Cultuurfonds. **URL** ▶ www.cultuurfonds.nl/aanvragen

Contact ■ **BEREIKBAAR PER** ▶ ☑ post ☑ e-mail ☑ telefoon **CONTACTPERSOON** ▶ geen contactpersoon bekend **POSTADRES** ▶ Postbus 19750, 1000 GT Amsterdam **EMAIL (ALGEMEEN)** ▶ info@cultuurfonds.nl **TELEFOON (ALGEMEEN)** ▶ 020-5206130.

1068
Stichting Rotarkids

Rubriek ■ ☑ maatschappij, welzijn en samenleving

Algemeen ■ **WEBSITE** ▶ www.rotarkids.nl **TYPERING** ▶ vermogensfonds **OPGERICHT** ▶ 21-11-1992 **RECHTSVORM** ▶ stichting **KVK** ▶ 41212133 **ANBI STATUS** ▶ ja **DIRECTIE** ▶ geen directiegegevens bekend **BESTUUR** ▶ Mw. A. Struik, voorzitter; G.J. Ros, penningmeester; mw. T. Elsenaar-Tijsze, secretaris; mw. H. Deinum; W. Steusel; mw. P. Utlu.

Missie ■ **DOELSTELLING** ▶ De stichting stelt zich ten doel het verkrijgen en beheren van fondsen om kansarme kinderen uit de regio Amsterdam, die in hun ontwikkeling door sociale of fysieke omstandigheden worden belemmerd of in een achterstandssituatie verkeren, door middel van financiële steun gekoppeld aan inhoudelijke begeleiding, betere (op individuele kinderen afgestemde) ontplooiingsmogelijkheden te bieden. **STICHTER(S)** ▶ Rotaryclub Amsterdam-Sloterdijk **HISTORIE** ▶ In 1992 werd door de Rotaryclub Amsterdam-Sloterdijk de Stichting Steunfonds Zwerfkinderen opgericht. Meer dan een half miljoen gulden werd besteed aan projecten ten behoeve van scholing en opleiding van deze dak- en thuisloze kinderen. In de loop van de jaren bleek dat er een grote behoefte was aan het geven van meer persoonlijke steun aan kinderen die op de een of andere manier in de problemen waren geraakt. Daarom is het bestuur in 1999 tot een bredere doelstelling gekomen: het steunen van kansarme kinderen, waarbij de dak- en thuisloze kinderen niet worden vergeten. Het fonds werd omgedoopt in het Rotarkids Fonds. Omdat de afgelopen jaren het aantal aanvragen verveelvoudigde is besloten de doelstelling aan te scherpen en het werkgebied van het fonds te beperken tot Amsterdam en omstreken. In 2011 is de stichting samengevoegd met de in bredere Amsterdamse Rotary-kring functionerende Coördinatie Commissie Jeugdcommissarissen Amsterdam (CCJA).

Doelgroep ■ **ALGEMEEN** ▶ armen, jongeren, kinderen, dak- en thuislozen **SPECIFIEK** ▶ Projecten die bestemd zijn voor kansarme kinderen/jongeren tot 25 jaar uit Amsterdam en omgeving. **ACTIVITEITEN** ▶ De stichting was betrokken bij de oprichting van de stichting Leergeld Amsterdam. De stichting organiseert activiteiten voor de Rotaryclubs met als doel fondswerving. **INTERVENTIENIVEAU** ▶ Steun aan lokale/provinciale maatschappelijke organisaties en structuren (incl. gemeenten etc.) die diensten verlenen aan individuen.

Werkgebied ■ **ACTIERADIUS** ▶ Lokaal, Regionaal **LAND** ▶ Nederland **PLAATS** ▶ Amsterdam.

Bestedingen ■ **BUDGET** ▶ niet openbaar **ONDERSTEUNDE PROJECTEN P/J** ▶ 12 **SOORT BIJDRAGE** ▶ giften overig **BOVENGRENS** ▶ geen **ONDERGRENS** ▶ geen.

Projecten ■ **CRITERIA** ▶ De projecten worden beoordeeld aan de hand van onder andere de volgende criteria: ☑ Projecten die bestemd zijn voor kansarme kinderen/jongeren tot 25 jaar uit Amsterdam en omgeving; ☑ Projecten die stimulerend zijn voor de ontwikkeling, sociaal, cultureel, sportief, mentaal of fysiek; ☑ Projecten die een duidelijk resultaat laten zien en veel kinderen/jongeren bereiken; ☑ Projecten waar Rotarkids het verschil kan maken. **DOORLOOPTIJD** ▶ ☑ korter dan 1 jaar **STATUS AANVRAGER** ▶ ☑ stichting of vereniging (non-profit) ☑ kerkelijke instelling ☑ onderwijsinstelling ☑ overig **VOORKEUR/UITSLUITING** ▶ ☑ Bij voorkeur tastbare zaken die voor een groep kansarme kinderen/jongeren zijn; ☑ Voorkeur gaat uit naar projecten met weinig tot geen overheadkosten zoals personeel, en projecten die door vrijwilligers worden gedragen. Niet in aanmerking komen: ☑ exploitatiedoeleinden; ☑ kosten van reizen, seminars en verbouwingen; ☑ individuele bijdragen.

Procedure ■ **OP AANVRAAG** ▶ ja **DOORLOOPTIJD** ▶ 3-6 maanden **AANVRAAGPROCEDURE** ▶ Uitsluitend schriftelijk per email. Graag de aanvraag zo volledig mogelijk opstellen: ☑ Achtergrond en doel van de stichting/vereniging; ☑ Bestuur van de stichting/vereniging; ☑ Projectomschrijving; ☑ Wat, wanneer, wie, hoe, waar; ☑ Aantal kinderen/jongeren dat bereikt wordt; ☑ Waarvoor wordt de (financieel) bijdrage specifiek gebruikt; ☑ Wat is motivatie/reden van het verzoek voor de (financiële) bijdrage; ☑ Projectbegroting; ☑ Projectaanvragen van meer dan € 2.000 graag een KvK uittreksel meesturen en de statuten van de stichting of vereniging. De aanvraag wordt eerst binnen het bestuur en daarna in de Rotarkids Platformvergadering beoordeeld. In verband met de lage vergaderfrequentie een aanvraag indienen minimaal 3 maanden voor de project startdatum. **URL** ▶ http://rotarkids.nl/projectaanvraag/

Financieel ■ **EIGEN VERMOGEN** ▶ € 15.947 **INKOMSTEN OV** ▶ € 17.792 **HERKOMST MIDDELEN** ▶ loterijen, overige inkomsten, leden (bijdragen), giften & schenkingen **BOEKJAAR** ▶ 2018 **JAARVERSLAG OP WEBSITE** ▶ ja.

Contact ■ **BEREIKBAAR PER** ▶ ☑ post ☑ e-mail ☑ telefoon **CONTACTPERSOON** ▶ Mw. A. Struik **POSTADRES** ▶ Keizersgracht 36A, 1015 CR Amsterdam **EMAIL (ALGEMEEN)** ▶ rotarkids@gmail.com **TELEFOON (ALGEMEEN)** ▶ 06-24233725.

1069
Stichting Rotterdam

Rubriek ■ ☑ maatschappij, welzijn en samenleving ☑ kerk en levensbeschouwing

Algemeen ■ WEBSITE ▶ www.stichtingrotterdam.nl TYPERING ▶ vermogensfonds OPGERICHT ▶ 29-11-1955 RECHTSVORM ▶ stichting KVK ▶ 41126304 ANBI STATUS ▶ ja DIRECTIE ▶ geen directiegegevens bekend BESTUUR ▶ Drs. R.J. Rijnbende, voorzitter; W.P. de Pater RA, penningmeester; prof.dr. H. Noordegraaf, secretaris; mw. M. Bonda; mw.drs. E. van Weelden; drs. H.J. van Weelden; mw.drs. M.A. Grant.

Missie ■ DOELSTELLING ▶ 'De stichting heeft ten doel het verlenen van financiële steun aan kerken en instellingen op protestants-christelijke grondslag die activiteiten op diaconaal terrein verrichten, en al hetgeen met vorenstaande verband houdt of daartoe bevorderlijk kan zijn, alles in de ruimste zin van het woord.' STICHTER(S) ▶ Drs. H.J. Bonda HISTORIE ▶ In 1954 richt de ondernemer Drs.H.J. Bonda de holding Industriële Beleggingsmaatschappij Bonda-Rotterdam op. In het jaar erna volgt de Stichting Rotterdam, waarin de helft van de aandelen van de beleggingsmaatschappij wordt ondergebracht. De overtuiging van waaruit het fonds werkt, is zijn uitspraak. Wij moeten als christenen streven naar recht ten behoeve van de naaste. Elk mens moet zijn uiterste krachten inspannen om ongerechtigheidte voorkomen en zijn door God gegeven opdracht te vervullen. BELEIDSPLAN OP WEBSITE ▶ ja.

Doelgroep ■ ALGEMEEN ▶ gelovigen, dak- en thuislozen, armen, vluchtelingen, zieken SPECIFIEK ▶ Protestants-christelijke organisaties die een bijdrage leveren aan het oplossen van sociale problemen. ACTIVITEITEN ▶ Stichting Rotterdam is een stimuleringsfonds. ☑ Stichting Rotterdam verstrekt financiële steun aan protestants-christelijke organisaties voor activiteiten of projecten die een bijdrage leveren aan de oplossing van sociale problemen; ☑ De bijzondere leerstoel Diaconaat bij de Protestantse Theologische Universiteit is per 1 september 2007 ingesteld. De Stichting Rotterdam bekostigt de leerstoel en op 1 september 2019 werd Thijs Tromp benoemd tot bijzonder hoogleraar die de leerstoel bekleedde; ☑ Jaarlijkse diaconale lezing. De lezing werd verzorgd door Thijs Tromp en had de titel: 'Sociale uitsluiting is een belangrijke bedreiging voor het gevoel van waardigheid bij kwetsbare mensen in de samenleving. Niet meetellen zet 'van betekenis zijn' onder druk.' Inclusie kan een antwoord zijn, maar hoe werkt het? En wat kunnen diakenen betekenen voor inclusie?'. INTERVENTIENIVEAU ▶ Steun aan lokale/provinciale maatschappelijke organisaties en structuren (incl. gemeenten etc.) die diensten verlenen aan individuen.

Werkgebied ■ ACTIERADIUS ▶ Nationaal, Internationaal LAND ▶ Nederland, Wereldwijd.

Bestedingen ■ BUDGET ▶ € 1.275.000 ONDERSTEUNDE PROJECTEN P/J ▶ 70 SOORT BIJDRAGE ▶ giften leningen garanties BOVENGRENS ▶ geen ONDERGRENS ▶ geen.

Projecten ■ CRITERIA ▶ Ze concentreert haar steun op diaconale activiteiten van een beperkt aantal organisaties, op een beperkt aantal terreinen en verstrekt in Nederland uitsluitend financiële steun aan; ☑ Diaconaal werk voor met name vluchtelingen, (ex-)gedetineerden, dak- en thuislozen en verslaafden (in grote steden in Nederland). ☑ Migrantenkerken; ☑ Inloophuizen en vergelijkbare initiatieven; ☑ Culturele activiteiten (waarbij cultuur het instrument is ten behoeve van sociale inclusie). Alleen uitvoerende, hulpverlenende activiteiten vanuit een protestants Christelijke organisatie, of nadrukkelijk in de uitvoering gesteund door protestants Christelijke organisaties, waarbij vrijwilligers een belangrijke rol spelen, zullen worden gesteund. Daarbij is het van belang dat de activiteiten waar mogelijk innovatieve elementen bevatten en te allen tijde 'social inclusion' bevorderen. DOORLOOPTIJD ▶ ☑ korter dan 1 jaar STATUS AANVRAGER ▶ ☑ stichting of vereniging (non-profit) ☑ kerkelijke instelling VOORKEUR/UITSLUITING ▶ Nadrukkelijk uitgesloten van financiële steun door stichting Rotterdam (in binnen- en buitenland) zijn: aankoop, restauratie, verbouw of nieuwbouw van onroerende en roerende goederen; festiviteiten, deelname aan en/of organiseren van symposia, congressen, conferenties en dergelijke; uitgave van boeken, bouw van websites of de productie van films en dergelijke; (wetenschappelijk) onderzoek, reeds gestarte projecten.

Procedure ■ OP AANVRAAG ▶ ja DOORLOOPTIJD ▶ 3-6 maanden AANVRAAGPROCEDURE ▶ Aanvragen op papier en verzonden per gewone post worden niet in behandeling genomen; De aanvraag - inclusief begeleidende brief ('cover letter') - dient in PDF formaat; naar postbus@stichtingrotterdam.nl te worden verzonden. In de begeleidende brief verzoeken wij u beknopt het navolgende weer te geven; ☑ de organisatie en haar totale begroting; ☑ korte projectbeschrijving,; ☑ beschrijving van het beoogde resultaat,; ☑ het totaal benodigde bedrag van de aanvraag (activiteit/project), alsmede het aan Stichting; Rotterdam gevraagde bedrag (indien van toepassing),; ☑ de contactgegevens van de contactpersoon en een verklaring dat u akkoord gaat met de opslag; van de verstrekte gegevens door stichting Rotterdam (als voorgeschreven door de Algemene; Verordening Gegevensbescherming. ☑ een plan van aanpak en een investerings- en/of exploitatiebegroting. ☑ dekkingsplan; ☑ Wij verzoeken u aanvragen separaat in te sturen en niet te combineren met rapportages en/of betaalverzoeken/opvragingen. ☑ een kopie uittreksel Kamer van Koophandel (niet ouder dan 1 jaar) (kopie / PDF); ☑ een kopie van de statuten (kopie / PDF); ☑ een kopie van het meest recente jaarverslag en/of de jaarrekening (kopie / PDF)*; ☑ tevens graag kopie van de ANBI rangschikking zoals door de Belastingdienst verstrekt (kopie / PDF), URL ▶ www.stichtingrotterdam.nl/nl/aanvraag/

Financieel ■ INKOMSTEN EV ▶ € 7.754.545 INKOMSTEN OV ▶ € 200.000 HERKOMST MIDDELEN ▶ vermogen, overige inkomsten, giften & schenkingen BOEKJAAR ▶ 2019 JAARVERSLAG OP WEBSITE ▶ ja.

Contact ■ BEREIKBAAR PER ▶ ☑ post ☑ e-mail ☑ telefoon CONTACTPERSOON ▶ T.A.W. van Stokkom POSTADRES ▶ Postbus 255, 3300 AG Dordrecht EMAIL (ALGEMEEN) ▶ tom.vanstokkom@stichtingrotterdam.nl TELEFOON (ALGEMEEN) ▶ 078-6352222.

1070

Stichting Rotterdams Hulpfonds voor het Onderwijs

Rubriek ■ ☑ onderwijs en onderzoek

Algemeen ■ WEBSITE ▶ www.rotterdamsefondsen.nl/fonds/52/stichting-rotterdams-hulpfonds-voor-het-onderwijs **TYPERING** ▶ vermogensfonds **OPGERICHT** ▶ 28-12-1984 **RECHTSVORM** ▶ stichting **KVK** ▶ 41128809 **ANBI STATUS** ▶ ja **DIRECTIE** ▶ geen directiegegevens bekend **BESTUUR** ▶ P.J.N. Lakens, secretaris.

Missie ■ **DOELSTELLING** ▶ De Stichting Rotterdams Hulpfonds voor het Onderwijs (RHO) heeft tot doel het ondersteunen en/of bevorderen van het onderwijs, in het bijzonder van het (voorbereidend) beroepsonderwijs in de regio Rotterdam en omstreken.

Doelgroep ■ **SPECIFIEK** ▶ (Beroeps)onderwijs in de regio Rotterdam en omstreken. **ACTIVITEITEN** ▶ De stichting verstrekte subsidies aan:; ☑ Excelsior 4 All; ☑ Stichting Doenk; ☑ Schreuder College; ☑ Stichting SER; ☑ Matheus school; ☑ Rotterdamse confituur; ☑ Hildegardis school; ☑ Albeda college; ☑ Hofplein Theate. **INTERVENTIENIVEAU** ▶ Steun aan lokale/provinciale maatschappelijke organisaties en structuren (incl. gemeenten etc.) die diensten verlenen aan individuen.

Werkgebied ■ **ACTIERADIUS** ▶ Lokaal **LAND** ▶ Nederland **REGIO** ▶ Zuid-Holland **PLAATS** ▶ Rotterdam.

Bestedingen ■ **BUDGET** ▶ niet openbaar **ONDERSTEUNDE PROJECTEN P/J** ▶ 9 **SOORT BIJDRAGE** ▶ giften subsidies **BOVENGRENS** ▶ € 25.000 **ONDERGRENS** ▶ geen.

Projecten ■ **CRITERIA** ▶ RHO ondersteunt in het bijzonder investeringsuitgaven, die wenselijk of noodzakelijk zijn en die niet op een andere manier kunnen of behoren te worden gefinancierd. Dat dient aannemelijk te worden gemaakt. **DOORLOOPTIJD** ▶ ☑ onbekend **STATUS AANVRAGER** ▶ ☑ onderwijsinstelling ☑ stichting of vereniging (non-profit) **VOORKEUR/UITSLUITING** ▶ Op historische gronden krijgen aanvragen van bepaalde instellingen voorrang. Personeelsuitgaven worden in beginsel nimmer gesubsidieerd. Individuele steun wordt niet verleend.

Procedure ■ **OP AANVRAAG** ▶ onbekend **AANVRAAGPROCEDURE** ▶ Geen aanvraagprocedure bekend.

Financieel ■ **INKOMSTEN EV** ▶ € 282.015 **HERKOMST MIDDELEN** ▶ vermogen **BOEKJAAR** ▶ 2019 **JAARVERSLAG OP WEBSITE** ▶ ja.

Contact ■ **BEREIKBAAR PER** ▶ ☑ post ☑ e-mail ☒ telefoon **CONTACTPERSOON** ▶ P.J.N. Lakens **POSTADRES** ▶ Mookhoek 90, 3293 AG Mookhoek **EMAIL (ALGEMEEN)** ▶ paullakens01@gmail.com.

1071

Stichting Rotterdams Kinderrevalidatie Fonds Adriaanstichting

Rubriek ■ ☑ gezondheidszorg ☑ sport en recreatie ☑ onderwijs en onderzoek

Algemeen ■ **WEBSITE** ▶ www.kinderfondsadriaan.nl **TYPERING** ▶ vermogensfonds **OPGERICHT** ▶ 12-12-1961 **RECHTSVORM** ▶ stichting **KVK** ▶ 41127074 **ANBI STATUS** ▶ ja **DIRECTIE** ▶ geen directiegegevens bekend **BESTUUR** ▶ Dr. M.P. Bergen, voorzitter; drs. C.A.C.M. Vehmeijer, penningmeester; mw. C.W.J. Palsgraaf-van der Sar, secretaris; dr. R.M.Y. Barge; mr. D.B. Zieren; mw.dr. J.E.M. Hartman; S. Berdenis van Berlekom MBA; drs. B.J. Sibbles.

Missie ■ **DOELSTELLING** ▶ De stichting heeft ten doel de ontwikkeling en stimulering van de revalidatie van en de zorg voor lichamelijk gehandicapten, kinderen en eventueel ook volwassenen, in Rotterdam en regio zulks indien en voor zover de kosten daaraan verbonden niet op een andere wijze, bijvoorbeeld door verzekering of subsidie, gedekt zijn, alsmede het verrichten van alle verdere handelingen die met het vorenstaande in de ruimste zin verband houden of daartoe bevorderlijk kunnen zijn. **STICHTER(S)** ▶ De Adriaanstichting **HISTORIE** ▶ Stichting Rotterdams Kinderrevalidatie Fonds Adriaanstichting (KFA) is in 1961 opgericht door de Adriaanstichting. De Adriaanstichting was sinds 1912 de instelling waar kinderen met lichamelijke beperkingen werden behandeld en begeleid op weg naar een volwaardig en zelfstandig leven. De Adriaanstichting is in 1993 gefuseerd met de toen opgerichte stichting voor de revalidatie van volwassenen. De revalidatie van kinderen en volwassenen vindt nu plaats onder de naam Rijndam Revalidatie, de rechtsopvolger van de Adriaanstichting. **BELEIDSPLAN OP WEBSITE** ▶ ja.

Doelgroep ■ **ALGEMEEN** ▶ gehandicapten, jongeren, kinderen **SPECIFIEK** ▶ Primaire Revalidatieprojecten, gehandicaptenorganisaties, sport- en andere verenigingen voor gehandicapten, scholen voor speciaal onderwijs (gericht op lichamelijk gehandicapten) onderzoeksprojecten op deze terreinen e.d. **ACTIVITEITEN** ▶ KFA stelt binnen het kader van haar doelstelling middelen beschikbaar voor wetenschappelijk onderzoek, zorgvernieuwing en overige aanvragen; ☑ wetenschappelijk onderzoek dat ten dienste staat van de verbetering van zorg en behandeling en zoekt aansluiting op regionale en voor de regio relevante landelijke onderzoekslijnen; ☑ instellingen en organisaties om te komen tot vernieuwing van zorg en behandeling. Het betreft kansrijke regionale of voor de regio relevante projecten, die geen of onvoldoende reguliere financiering kennen; ☑ overige aanvragen van instellingen en organisaties binnen het kader van de statuten. Hieronder vallen activiteiten en voorzieningen op het gebied van wonen, werken, sport en recreatie, educatie en vrijwilligerswerk. Jaarlijks stelt het bestuur vóór 1 juli de verdeelsleutel vast voor het daarop volgende kalenderjaar voor de totale bestedingsruimte over de voornoemde drie terreinen. De stichting werkt samen met JKF-kinderfonds en Rijndam revalidatie te Rotterdam. **INTERVENTIENIVEAU** ▶ Steun aan lokale/provinciale maatschappelijke organisaties en structuren (incl. gemeenten etc.) die diensten verlenen aan individuen.

Werkgebied ■ **ACTIERADIUS** ▶ Regionaal **LAND** ▶ Nederland **PLAATS** ▶ Rotterdam.

Bestedingen ■ **BUDGET** ▶ € 240.000 **SOORT BIJDRAGE** ▶ giften garanties **BOVENGRENS** ▶ geen **ONDERGRENS** ▶ geen.

Projecten ■ **CRITERIA** ▶ geen projectcriteria bekend **DOORLOOPTIJD** ▶ ☑ korter dan 1 jaar **STATUS AANVRAGER** ▶ ☑ stichting of vereniging (non-profit) ☑ onderwijsinstelling **VOORKEUR/UITSLUITING** ▶ Per aanvraag wordt bezien of deze onder de statutaire doelstelling valt. Exploitatietekorten worden niet gesubsidieerd. Het fonds behandelt geen subsidie-aanvragen van individuele personen.

Procedure ■ **OP AANVRAAG** ► ja **DOORLOOPTIJD** ► 3-6 maanden **AANVRAAGPROCEDURE** ► Via de digitale aanvraagformulieren kunt u een aanvraag doen. Na ontvangst van de aanvraag ontvangt de aanvrager hiervan een bevestiging. Betreft dit een reguliere aanvraag en voldoet deze aan de gestelde criteria, dan staat in de bevestiging tevens vermeld wanneer de aanvraag ter besluitvorming aan het bestuur wordt voorgelegd. Aanvragen op het gebied van wetenschappelijk onderzoek en zorgvernieuwing worden ter beoordeling voorgelegd aan de Adviescommissie Projecten van JKF KinderFonds. Na ontvangst van dit advies, wordt de aanvraag ter besluitvorming voorgelegd aan het bestuur van KFA. Het bestuur komt vier keer per jaar bijeen. Bij de besluitvorming let het bestuur op de eigen beschikbare middelen en de gestelde prioriteiten binnen de doelstelling van het fonds. De aanvrager wordt per brief op de hoogte gebracht van het besluit van het bestuur. In deze brief worden ook de verdere procedurele voorwaarden kenbaar gemaakt. **URL** ► www.kinderfondsadriaan.nl/subsidie/

Financieel ■ **EIGEN VERMOGEN** ► € 7.023.240 **HERKOMST MIDDELEN** ► vermogen, legaten, loterijen, giften & schenkingen **BOEKJAAR** ► 2018 **JAARVERSLAG OP WEBSITE** ► ja.

Contact ■ **BEREIKBAAR PER** ► ☑ post ☑ e-mail ☑ telefoon **CONTACTPERSOON** ► Mw. C.W.J. Palsgraaf-van der Sar **POSTADRES** ► Postbus 23181, 3001 KD Rotterdam **EMAIL (ALGEMEEN)** ► kfa@rijndam.nl **TELEFOON (ALGEMEEN)** ► 010-2412412.

1072

Rotterdamse Stichting Blindenbelangen

Rubriek ■ ☑ gezondheidszorg ☑ kunst en cultuur ☑ maatschappij, welzijn en samenleving ☑ sport en recreatie ☑ onderwijs en onderzoek

Algemeen ■ **WEBSITE** ► www.rotterdamsefondsen.nl/fondsen/rotterdamse-stichting-blindenbelangen **TYPERING** ► vermogensfonds **BEHEERD DOOR** ► Vereniging Rotterdamse Fondsen **RECHTSVORM** ► stichting **KVK** ► 40341635 **ANBI STATUS** ► ja **DIRECTIE** ► geen directiegegevens bekend **BESTUUR** ► Mw. Th.M. Bruijn-Mook, voorzitter; P.B. Kodde, penningmeester; mr. H.E.M. Vrolijk, secretaris; G. Porro; M.E. Meijerink; prof.dr. J.C. van Meurs; prof.dr. J.R. Vingerling.

Missie ■ **DOELSTELLING** ► ☑ De Stichting stelt zich ten doel de bevordering van het materiële, sociale en culturele welzijn van blinden en van de te Rotterdam en omstreken wonende blinden in het bijzonder, ongeacht hun godsdienst of hun opvatting dienaangaande. ☑ In dit verband worden onder 'blinden' mede worden begrepen: slechtzienden, visueel gehandicapten en anderszins gehandicapten die in hun leesfunctie beperkt zijn.

Doelgroep ■ **ALGEMEEN** ► gehandicapten **SPECIFIEK** ► Slechtzienden, visueel gehandicapten en anderszins gehandicapten die in hun leesfunctie beperkt zijn. **ACTIVITEITEN** ► ☑ De Stichting streeft haar doel na onder meer door het verlenen van financiële steun aan instellingen met een soortgelijk of verwant doel, waaronder zorginstellingen en instellingen die wetenschappelijk onderzoek verrichten op het gebied van oogheelkunde of oog zorg. **INTERVENTIENIVEAU** ► Steun aan lokale/provinciale maatschappelijke organisaties en structuren (incl. gemeenten etc.) die diensten verlenen aan individuen.

Werkgebied ■ **ACTIERADIUS** ► Nationaal, Internationaal **LAND** ► Nederland **REGIO** ► Zuid-Holland **PLAATS** ► Rotterdam.

Bestedingen ■ **BUDGET** ► niet openbaar **TOELICHTING** ► Er wordt naar gestreefd dat jaarlijks ongeveer 50% van de uitgaven van de stichting betrekking hebben op medische onderzoeksprojecten **ONDERSTEUNDE PROJECTEN P/J** ► 80 **SOORT BIJDRAGE** ► giften **BOVENGRENS** ► € 100.000 **ONDERGRENS** ► € 1.000.

Projecten ■ **CRITERIA** ► ☑ Bij de subsidieverlening ten behoeve van medisch onderzoek wordt de nadruk gelegd op Nederland, in het bijzonder op Rotterdam en omgeving; ☑ Buitenlandse projecten worden bij voorkeur gesubsidieerd via internationaal werkende, gespecialiseerde organisaties die in staat te zijn dergelijke projecten adequaat te beoordelen en op de uitvoering van die projecten toezicht te houden; ☑ Meerjarige subsidie zal in beginsel voor een periode van niet meer dan drie jaar worden verleend; ☑ Slechts bij zeer hoge uitzondering zal subsidie worden verstrekt aan individuen. **DOORLOOPTIJD** ► ☑ korter dan 1 jaar ☑ langer dan 2 jaar ☑ 1 - 2 jaar **STATUS AANVRAGER** ► ☑ stichting of vereniging (non-profit) ☑ onderwijsinstelling ☑ kerkelijke instelling **VOORKEUR/UITSLUITING** ► In beginsel wordt geen subsidie verleend ter dekking van kosten voor personeel in vaste dienst; arbeidskosten komen slechts voor subsidie in aanmerking als het gaat om binnen projecten tijdelijk aangesteld personeel.

Procedure ■ **OP AANVRAAG** ► ja **DOORLOOPTIJD** ► 1-3 maanden **AANVRAAGPROCEDURE** ► Per post en per e-mail. Iedere aanvrage dient mede te omvatten een begroting van het desbetreffende project/plan; deze begroting dient specifiek te zijn, er wordt geen subsidie verleend op een open begroting. Subsidieaanvragen dienen in beginsel ondersteund te worden door deskundigen.

Financieel ■ **INKOMSTEN EV** ► € 5.137.750 **INKOMSTEN OV** ► € 5.500 **HERKOMST MIDDELEN** ► vermogen, giften & schenkingen, legaten, overige inkomsten **BOEKJAAR** ► 2019.

Contact ■ **BEREIKBAAR PER** ► ☑ post ☑ e-mail ☑ telefoon **CONTACTPERSOON** ► geen contactpersoon bekend **POSTADRES** ► Schiekade 77, 3033 BE Rotterdam **EMAIL (ALGEMEEN)** ► secretariaat@rotterdamseblindenbelangen.nl **TELEFOON (ALGEMEEN)** ► 010-4677029.

1073

Stichting Rouppe van der Voort fonds

Rubriek ■ ☑ kerk en levensbeschouwing

Algemeen ■ **WEBSITE** ► www.rouppevandervoortfonds.nl **TYPERING** ► vermogensfonds **OPGERICHT** ► 22-12-2011 **RECHTSVORM** ► stichting **KVK** ► 54207061 **ANBI STATUS** ► ja **DIRECTIE** ► geen directiegegevens bekend **BESTUUR** ► J.H.G.N. Kuin, voorzitter; H.C.M Kroon, penningmeester; mw. H.M. Lulofs-van Rijnberk, secretaris.

Missie ■ DOELSTELLING ► De stichting stelt zich ten doel om de uit de nalatenschap van mevrouw Maria Catharina Stephania Rouppe van der Voort-Grijpma verkregen gelden aan te wenden voor de instandhouding van de bij de Parochie H. Martinus te Groningen in gebruik zijnde St. Jozefkerk en pastorie en de daarin aanwezige archieven, alsmede het verrichten van al hetgeen daartoe behoort of daarvoor in de ruimste zin bevorderlijk kan zijn. BELEIDSPLAN OP WEBSITE ► ja.
Doelgroep ■ ALGEMEEN ► gelovigen SPECIFIEK ► Geen specifieke doelgroep ACTIVITEITEN ► De stichting tracht dit doel onder meer te bereiken door het creëren van een fonds, waarin het ondergebrachte kapitaal een langdurige bron van inkomsten vormt en waarvan het kapitaal op een zodanige manier wordt belegd dat uit de contante revenuen daarvan, niet zijnde vermogenswinsten, de doelstelling te realiseren. INTERVENTIENIVEAU ► N.v.t.
Werkgebied ■ ACTIERADIUS ► Lokaal LAND ► Nederland REGIO ► Groningen PLAATS ► Groningen.
Bestedingen ■ BUDGET ► niet openbaar SOORT BIJDRAGE ► giften subsidies BOVENGRENS ► geen ONDERGRENS ► geen.
Projecten ■ CRITERIA ► geen projectcriteria bekend DOORLOOPTIJD ► ☑ onbekend STATUS AANVRAGER ► ☑ geen beperkingen bekend VOORKEUR/UITSLUITING ► geen voorkeur of uitsluiting bekend.
Procedure ■ OP AANVRAAG ► onbekend AANVRAAGPROCEDURE ► Geen aanvraagprocedure bekend.
Financieel ■ INKOMSTEN EV ► € 11.687 HERKOMST MIDDELEN ► vermogen BOEKJAAR ► 2018 JAARVERSLAG OP WEBSITE ► ja.
Contact ■ BEREIKBAAR PER ► ☑ post ☑ e-mail ☑ telefoon CONTACTPERSOON ► Mw. H.M. Lulofs-van Rijnberk POSTADRES ► Ubbo Emmiussingel 79, 9711 BG Groningen EMAIL (ALGEMEEN) ► info@rouppevandervoortfonds.nl TELEFOON (ALGEMEEN) ► 0504065888.

1074
Stichting Royal Talens Foundation

Rubriek ■ ☑ kunst en cultuur ☑ maatschappij, welzijn en samenleving
Algemeen ■ WEBSITE ► www.royaltalensfoundation.org TYPERING ► goededoelenorganisatie OPGERICHT ► 2015 RECHTSVORM ► stichting KVK ► 30150660 ANBI STATUS ► ja DIRECTIE ► geen directiegegevens bekend BESTUUR ► R. Benning, voorzitter; M. Wessel, penningmeester; H. Kruis.
Missie ■ DOELSTELLING ► De overtuiging van de stichting is dat creatieve expressie essentieel is voor de ontwikkeling van ieder mens en dus voor een betere wereld. Daarom wil de Royal Talens Foundation mensen wereldwijd helpen zich creatief te uiten door middel van kleur. Inspiratie, Educatie en Creatie zijn hierbij onze pijlers. HISTORIE ► Stichting Royal Talens Foundation is gesticht met de steun van Koninklijke Talens. In 1999 richtte Koninklijke Talens 'Talens Palet' op, een non-profit initiatief gericht op het stimuleren van amateurschilders en -tekenaars middels het organiseren van een landelijke wedstrijd. Na verschillende succesvolle edities van deze wedstrijd en meer dan 8000 deelnemers, besloot Koninklijke Talens de missie van haar non profit te verbreden en richtte de Royal Talens Foundation op. BELEIDSPLAN OP WEBSITE ► ja.
Doelgroep ■ ALGEMEEN ► kinderen, jongeren, ouderen SPECIFIEK ► Creative young 2-18 jaar, creative adult 18+ en kwetsbare groepen uit de samenleving van alle leeftijden. ACTIVITEITEN ► De doelstelling wordt nagestreeft door: ☑ Samenwerking en partnerschappen: De Royal Talens Foundation werkt nauw samen met Paint a Future, een organisatie die kansarme kinderen een beter toekomstperspectief biedt met behulp van kunst.Foundation Nuestros Pequenos Hermanos (NPH) is een andere samenwerkingspartner. Deze organisatie helpt kinderen in Latijns Amerika hun trauma te verwerken middels creatieve therapie. ☑ Donatie van producten. INTERVENTIENIVEAU ► Steun aan lokale/provinciale maatschappelijke organisaties en structuren (incl. gemeenten etc.) die diensten verlenen aan individuen.
Werkgebied ■ ACTIERADIUS ► Internationaal, Nationaal LAND ► Nederland, Zimbabwe, Suriname, Oeganda.
Bestedingen ■ BUDGET ► niet openbaar ONDERSTEUNDE PROJECTEN P/J ► 18 SOORT BIJDRAGE ► giften overig BOVENGRENS ► geen ONDERGRENS ► geen.
Projecten ■ CRITERIA ► Kernwaarden en selectiecriteria voor initiatieven: ☑ Ondernemend: keuze voor initiatiefrijke en slagvaardige projecten; ☑ Vakmanschap: projecten worden gekenmerkt door gedegen aanpak en kennis van zaken; ☑ Duurzaam: lange termijn relaties en verantwoordelijkheid voor huidige en toekomstige generaties; ☑ Het project stimuleert uiting van creativiteit en de ontwikkeling van vaardigheden voor creativiteit; ☑ teken en schildermaterialen of producten zijn nodig; ☑ Project waar getekend en geschilderd wordt; ☑ Project houdt verband met educatie; The project(plan) has clear objectives and results, a clearly defined target group and a detailed and realistic budget. DOORLOOPTIJD ► ☑ onbekend STATUS AANVRAGER ► ☑ stichting of vereniging (non-profit) VOORKEUR/UITSLUITING ► De Royal Talens Foundation doneert geen producten wanneer: ☑ deze producten als prijzen of goodiebags bij wedstrijden of tentoonstellingen worden ingezet. ☑ de organisator een politiek of religieus doel heeft.
Procedure ■ OP AANVRAAG ► ja DOORLOOPTIJD ► korter dan een maand AANVRAAGPROCEDURE ► Er is een aanvraagformulier te vinden op de website. Deze dient samen met het projectplan per mail opgestuurd te worden. Een aanvraag kan tot vier weken duren. URL ► https://www.royaltalensfoundation.org/apply-for-a-donation/
Financieel ■ EIGEN VERMOGEN ► € 311.439 INKOMSTEN EV ► € 26.202 INKOMSTEN OV ► € 100.000 HERKOMST MIDDELEN ► moederorganisatie (bijdragen) BOEKJAAR ► 2018 JAARVERSLAG OP WEBSITE ► ja.
Contact ■ BEREIKBAAR PER ► ☑ post ☑ e-mail ☒ telefoon CONTACTPERSOON ► geen contactpersoon bekend POSTADRES ► Sophialaan 46, 7311 PD Apeldoorn EMAIL (ALGEMEEN) ► info@royaltalensfundation.org.

1075
Stichting RR

Rubriek ■ ☑ maatschappij, welzijn en samenleving

Algemeen ■ **WEBSITE** ▶ www.rrfoundation.nl **TYPERING** ▶ vermogensfonds **OPGERICHT** ▶ 19-11-2010 **RECHTSVORM** ▶ stichting **KVK** ▶ 51436205 **ANBI STATUS** ▶ ja **DIRECTIE** ▶ geen directiegegevens bekend **BESTUUR** ▶ Mw. R.R. de Groot, voorzitter; mw. R.R. de Groot, penningmeester; mw. A. Talen-Nijlboer, secretaris; G. Vellinga.

Missie ■ **DOELSTELLING** ▶ Mogelijk te maken vermogen zodanig te beleggen, dat onder leiding van betrokken bestuurders optimaal geschonken kan worden aan goede doelen. Het streven is erop gericht, dat schenkingen besteed worden aan concrete doelen, waarbij een passende controle op de besteding door de verstrekkende instelling mogelijk is. Het is dus niet de bedoeling dat schenkingen plaats vinden ten gunste van het algemeen beheer. **HISTORIE** ▶ RR Foundation (stichting RR) is opgericht 19 november 2010.

Doelgroep ■ **ALGEMEEN** ▶ vluchtelingen, kinderen, ouderen, jongeren, zieken **SPECIFIEK** ▶ Geen specifieke doelgroep **ACTIVITEITEN** ▶ Schenkingen aan ANBI instellingen (90%) en (locale) sociaal culturele instellingen (10%). **INTERVENTIENIVEAU** ▶ Steun aan lokale/provinciale maatschappelijke organisaties en structuren (incl. gemeenten etc.) die diensten verlenen aan individuen.; Steun op niveau van maatschappij zelf (beleidsbeïnvloeding, etc.).

Werkgebied ■ **ACTIERADIUS** ▶ Regionaal **LAND** ▶ Nederland **REGIO** ▶ Friesland, Groningen, Drente, Kop van Overijssel.

Bestedingen ■ **BUDGET** ▶ niet openbaar **TOELICHTING** ▶ ☑ Schenkingen aan ANBI instellingen (minimaal 90%); ☑ Schenkingen aan (locale) sociaal culturele instellingen (10%) **SOORT BIJDRAGE** ▶ giften **BOVENGRENS** ▶ geen **ONDERGRENS** ▶ geen.

Projecten ■ **CRITERIA** ▶ Ter overweging worden de volgende zaken meegenomen: ☑ ANBI status,; ☑ de controleerbaarheid van de schenkingen; ☑ de locatie een belangrijke rol spelen; ☑ concrete doelen met passende controle op de besteding door de verstrekkende instelling. **DOORLOOPTIJD** ▶ ☑ onbekend **STATUS AANVRAGER** ▶ ☑ overig ☑ stichting of vereniging (non-profit) **VOORKEUR/UITSLUITING** ▶ De voorkeur gaat uit naar, dat de locatie van de ontvangst in Friesland,(in het bijzonder Súdwest-Fryslân), Groningen, Drenthe en de zogenaamde Kop van Overijssel gelegen is. ☑ Geen meerjarige verplichtingen (tenzij sociaal culturele doelen met bedragen onder 1000 euro); ☑ Geen schenkingen ten gunste van het algemeen beheer.

Procedure ■ **OP AANVRAAG** ▶ onbekend **AANVRAAGPROCEDURE** ▶ Geen aanvraagprocedure bekend.

Financieel ■ **EIGEN VERMOGEN** ▶ € 332.622 **INKOMSTEN EV** ▶ € 518 **INKOMSTEN OV** ▶ € 47.100 **HERKOMST MIDDELEN** ▶ giften & schenkingen, vermogen **BOEKJAAR** ▶ 2019 **JAARVERSLAG OP WEBSITE** ▶ ja.

Contact ■ **BEREIKBAAR PER** ▶ ☑ post ☑ e-mail ☑ telefoon **CONTACTPERSOON** ▶ geen contactpersoon bekend **POSTADRES** ▶ Geeuwkade 12-12, 8061 ER Sneek **EMAIL (ALGEMEEN)** ▶ info@rrfoundation.nl **TELEFOON (ALGEMEEN)** ▶ 0515-424343.

1076
Ruarus Bloemkolk Fonds

Rubriek ■ ☑ kunst en cultuur

Algemeen ■ **WEBSITE** ▶ www.cultuurfonds.nl **TYPERING** ▶ fonds op naam **BEHEERD DOOR** ▶ Prins Bernhard Cultuurfonds **DIRECTIE** ▶ zie > Prins Bernhard Cultuurfonds **BESTUUR** ▶ zie > Prins Bernhard Cultuurfonds

Missie ■ **DOELSTELLING** ▶ Het financieel ondersteunen van jonge musici voor de aanschaf van een passend instrument.

Werkgebied ■ **ACTIERADIUS** ▶ Nationaal **LAND** ▶ Nederland.

Projecten ■ **CRITERIA** ▶ geen projectcriteria bekend **DOORLOOPTIJD** ▶ ☑ korter dan 1 jaar **STATUS AANVRAGER** ▶ ☑ geen beperkingen bekend **VOORKEUR/UITSLUITING** ▶ geen voorkeur of uitsluiting bekend.

Procedure ■ **OP AANVRAAG** ▶ ja **AANVRAAGPROCEDURE** ▶ Dit 'fonds op naam' ressorteert onder het Prins Bernhard Cultuurfonds. Verzoeken aan fondsen op naam komen op één centraal punt binnen. Dit houdt in dat een subsidieaanvraag slechts eenmaal aan het Prins Bernhard Cultuurfonds hoeft te worden gezonden. Voor de verdere aanvraagprocedure: zie Prins Bernhard Cultuurfonds. **URL** ▶ www.cultuurfonds.nl/aanvragen

Contact ■ **BEREIKBAAR PER** ▶ ☑ post ☑ e-mail ☑ telefoon **CONTACTPERSOON** ▶ geen contactpersoon bekend **POSTADRES** ▶ Postbus 19750, 1000 GT Amsterdam **EMAIL (ALGEMEEN)** ▶ info@cultuurfonds.nl **TELEFOON (ALGEMEEN)** ▶ 020-5206130.

1077
Rudolf Escher Componisten Fonds

Rubriek ■ ☑ kunst en cultuur ☑ onderwijs en onderzoek

Algemeen ■ **WEBSITE** ▶ www.cultuurfonds.nl **TYPERING** ▶ fonds op naam **BEHEERD DOOR** ▶ Prins Bernhard Cultuurfonds **DIRECTIE** ▶ zie > Prins Bernhard Cultuurfonds **BESTUUR** ▶ zie > Prins Bernhard Cultuur fonds

Missie ■ **DOELSTELLING** ▶ Het financieel ondersteunen van jonge componisten voor het volgen van een studie of masterclass in het buitenland of in Nederland, het financieel ondersteunen van projecten waarbij het werk van jonge (Nederlandse) componisten wordt uitgevoerd en het financieel ondersteunen van concerten waarbij werken van Rudolf Escher worden uitgevoerd.

Werkgebied ■ **ACTIERADIUS** ▶ Nationaal, Internationaal **LAND** ▶ Nederland.

Projecten ■ **CRITERIA** ▶ geen projectcriteria bekend **DOORLOOPTIJD** ▶ ☑ korter dan 1 jaar **STATUS AANVRAGER** ▶ ☑ geen beperkingen bekend **VOORKEUR/UITSLUITING** ▶ geen voorkeur of uitsluiting bekend.

Procedure ■ **OP AANVRAAG** ▶ ja **AANVRAAGPROCEDURE** ▶ Dit 'fonds op naam' ressorteert onder het Prins Bernhard Cultuurfonds. Verzoeken aan fondsen op naam komen op één centraal punt binnen. Dit houdt in dat een subsidieaanvraag slechts eenmaal aan het Prins Bernhard

Cultuurfonds hoeft te worden gezonden. Voor de verdere aanvraagprocedure: zie Prins Bernhard Cultuurfonds. **URL** ► www.cultuurfonds.nl/aanvragen

Contact ■ **BEREIKBAAR PER** ► ☑ post ☑ e-mail ☑ telefoon **CONTACTPERSOON** ► geen contactpersoon bekend **POSTADRES** ► Postbus 19750, 1000 GT Amsterdam **EMAIL (ALGEMEEN)** ► info@cultuurfonds.nl **TELEFOON (ALGEMEEN)** ► 020-5206130.

1078

Rudolph en Barbara Hoppenbrouwers Fonds

Rubriek ■ ☑ onderwijs en onderzoek ☑ kunst en cultuur ☑ gezondheidszorg

Algemeen ■ **WEBSITE** ► www.cultuurfonds.nl **TYPERING** ► fonds op naam **BEHEERD DOOR** ► Prins Bernhard Cultuurfonds **DIRECTIE** ► zie Prins Bernhard Cultuurfonds **BESTUUR** ► zie Prins Bernhard Cultuurfonds

Missie ■ **DOELSTELLING** ► Het financieel ondersteunen van getalenteerde afgestudeerden voor vervolgstudie of -onderzoek in het buitenland op het gebied van de oogheelkunde. Het financieel ondersteunen van projecten op het gebied van kunst en cultuur die beogen gevolgen van blindheid of slechtziendheid op te heffen of te verminderen, waaronder begrepen het beschikbaar stellen van gelden ten behoeve van de blindenbibliotheek.

Werkgebied ■ **ACTIERADIUS** ► Nationaal, Internationaal **LAND** ► Nederland.

Projecten ■ **CRITERIA** ► geen projectcriteria bekend **DOORLOOPTIJD** ► ☑ korter dan 1 jaar **STATUS AANVRAGER** ► ☑ geen beperkingen bekend **VOORKEUR/UITSLUITING** ► geen voorkeur of uitsluiting bekend.

Procedure ■ **OP AANVRAAG** ► ja **AANVRAAGPROCEDURE** ► Dit 'fonds op naam' ressorteert onder het Prins Bernhard Cultuurfonds. Verzoeken aan fondsen op naam komen op één centraal punt binnen. Dit houdt in dat een subsidieaanvraag slechts eenmaal aan het Prins Bernhard Cultuurfonds hoeft te worden gezonden. Voor de verdere aanvraagprocedure: zie Prins Bernhard Cultuurfonds. **URL** ► www.cultuurfonds.nl/aanvragen

Contact ■ **BEREIKBAAR PER** ► ☑ post ☑ e-mail ☑ telefoon **CONTACTPERSOON** ► geen contactpersoon bekend **POSTADRES** ► Postbus 19750, 1000 GT Amsterdam **EMAIL (ALGEMEEN)** ► info@cultuurfonds.nl **TELEFOON (ALGEMEEN)** ► 020-5206130.

1079

Stichting Ruinen 1865

Rubriek ■ ☑ maatschappij, welzijn en samenleving ☑ kunst en cultuur ☑ onderwijs en onderzoek

Algemeen ■ **WEBSITE** ► www.transparante-anbi.nl/product/stichting-ruinen-1865/1749 **TYPERING** ► vermogensfonds **OPGERICHT** ► 12-12-1991 **RECHTSVORM** ► stichting **KVK** ► 41019586 **ANBI STATUS** ► ja **DIRECTIE** ► geen directiegegevens bekend **BESTUUR** ► W. Rumph, voorzitter; J.M. van den Berg, penningmeester; J.M. van den Berg, secretaris; R. Krikken; J. Heeling.

Missie ■ **DOELSTELLING** ► St. Ruinen 1865 is een stichting die als doel heeft het verlenen van geldelijke bijdragen aan organisaties en rechtspersonen die zich bezig houden met het welzijn van de inwoners van Ruinen, Ruinerwold, Pesse en Echten in de gemeente De Wolden. De leden van het bestuur komen uit de gemeente De Wolden. **BELEIDSPLAN OP WEBSITE** ► ja.

Doelgroep ■ **SPECIFIEK** ► Inwoners van Ruinen, Ruinerwold, Pesse en Echten in de gemeente De Wolden. **ACTIVITEITEN** ► De stichting geeft gevraagd en ongevraagd giften aan organisaties die het doel hebben zich in te zetten voor de leefbaarheid van de vier genoemde plaatsen. De organisatie moeten gericht zijn op educatieve, sociale en culturele activiteiten. **INTERVENTIENIVEAU** ► Steun aan individuen (directe steun).; Steun aan lokale/provinciale maatschappelijke organisaties en structuren (incl. gemeenten etc.) die diensten verlenen aan individuen.

Werkgebied ■ **ACTIERADIUS** ► Lokaal **LAND** ► Nederland **REGIO** ► Drenthe **PLAATS** ► Ruinen e.o.

Bestedingen ■ **BUDGET** ► niet openbaar **ONDERSTEUNDE PROJECTEN P/J** ► 18 **SOORT BIJDRAGE** ► giften **BOVENGRENS** ► geen **ONDERGRENS** ► geen.

Projecten ■ **CRITERIA** ► geen projectcriteria bekend **DOORLOOPTIJD** ► ☑ onbekend **STATUS AANVRAGER** ► ☑ stichting of vereniging (non-profit) ☑ bedrijf **VOORKEUR/UITSLUITING** ► geen voorkeur of uitsluiting bekend.

Procedure ■ **OP AANVRAAG** ► ja **AANVRAAGPROCEDURE** ► Geen aanvraagprocedure bekend.

Financieel ■ **EIGEN VERMOGEN** ► € 576.792 **INKOMSTEN EV** ► € 118.049 **HERKOMST MIDDELEN** ► inkomsten uit vermogen, vermogen **BOEKJAAR** ► 2019 **JAARVERSLAG OP WEBSITE** ► ja.

Contact ■ **BEREIKBAAR PER** ► ☑ post ☑ e-mail ☒ telefoon **CONTACTPERSOON** ► geen contactpersoon bekend **POSTADRES** ► Hoge Kamp 21, 7963 AW Ruinen **EMAIL (ALGEMEEN)** ► st.ruinen1865@kpnmail.nl.

1080

Russell-ter Brugge fonds

Rubriek ■ ☑ gezondheidszorg ☑ natuur, milieu en dieren

Algemeen ■ **WEBSITE** ► www.arsdonandi.nl/de-fondsen **TYPERING** ► fonds op naam **BEHEERD DOOR** ► Ars Donandi **DIRECTIE** ► zie > Ars Donandi **BESTUUR** ► zie > Ars Donandi

Missie ■ **DOELSTELLING** ► Het doel van het fonds is steun te verlenen aan instellingen van algemeen maatschappelijk belang, gevestigd en werkzaam in Nederland, die zich met hun activiteiten richten op drie terreinen: ☑ gehandicapte kinderen ☑ blinden en doven ☑ natuurbescherming. **STICHTER(S)** ► Berendine Gerridina Antonia ter Brugge **HISTORIE** ► Het Russell-ter Brugge fonds is in 2009 opgericht door de overdracht van doelstellingen, beleid en vermogen van de

Russell-ter Brugge Stichting aan Ars Donandi. De stichting werd bij testament opgericht door mevrouw Berendine Gerridina Antonia Russell-ter Brugge (1895-1981).

Werkgebied ■ **ACTIERADIUS** ▶ Nationaal **LAND** ▶ Nederland.

Projecten ■ **CRITERIA** ▶ geen projectcriteria bekend **DOORLOOPTIJD** ▶ ☑ onbekend **STATUS AANVRAGER** ▶ ☑ stichting of vereniging (non-profit) **VOORKEUR/UITSLUITING** ▶ Geen donatie wordt verstrekt aan: ☑ (ver-)bouwprojecten; ☑ restauratieprojecten; ☑ inrichtingsprojecten; ☑ aankoop van huisvesting; ☑ exploitatie; ☑ buitenlandse organisaties; ☑ buitenlandse projecten; ☑ politieke organisaties en -doelen.

Procedure ■ **OP AANVRAAG** ▶ ja **AANVRAAGPROCEDURE** ▶ Aanvragen dienen via de website van Ars Donandi te worden ingediend. Om snel erachter te komen of u in aanmerking komt, kunt u een quickscan doen. Aanvragen dienen tenminste zes maanden voor aanvang van het project te worden ingediend. Het bestuur van Ars Donandi vergadert vier keer per jaar, in maart, juni, september en december. Uiterlijk drie weken na de bestuursvergadering wordt het besluit medegedeeld. **URL** ▶ www.arsdonandi.nl/donatie-aanvragen/

Contact ■ **BEREIKBAAR PER** ▶ ☑ post ☑ e-mail ☑ telefoon **CONTACTPERSOON** ▶ geen contactpersoon bekend **POSTADRES** ▶ Postbus 3727, 1001 AM Amsterdam **EMAIL (ALGEMEEN)** ▶ info@arsdonandi.nl **TELEFOON (ALGEMEEN)** ▶ 0205276416.

1081
Stichting Rust en Vreugd

Rubriek ■ ☑ maatschappij, welzijn en samenleving ☑ kunst en cultuur ☑ natuur, milieu en dieren ☑ onderwijs en onderzoek

Algemeen ■ **WEBSITE** ▶ https://www.vanommerenpark.nl/vakanties/anbi-status **TYPERING** ▶ vermogensfonds **OPGERICHT** ▶ 30-09-1910 **RECHTSVORM** ▶ stichting **KVK** ▶ 41149389 **ANBI STATUS** ▶ ja **DIRECTIE** ▶ geen directiegegevens bekend **BESTUUR** ▶ H. Huyssen van Kattendijke, voorzitter; J.F.C. Blankvoort, penningmeester; L.H.K.C. Asch van Wijck, secretaris.

Missie ■ **DOELSTELLING** ▶ De stichting heeft ten doel: ☑ De instandhouding en bevordering van de landschappelijke en natuur- en cultuurhistorische waarden van het landgoed Rust en Vreugd te Wassenaar; ☑ de verkrijging van gronden en opstallen grenzend aan- of liggende nabij gemeld landgoed; ☑ de verstrekking van bijdragen aan minder draagkrachtige personen, bij voorkeur in de kosten van vakanties; ☑ de verlening van steun op het gebied van natuurbehoud en natuureducatie te Wassenaar en aan charitatieve, wetenschappelijk of het algemeen nut beogende instellingen; alles in de ruimste zin des woords en in welke vorm ook. **STICHTER(S)** ▶ Gesticht door het echtpaar Van Ommeren **HISTORIE** ▶ De Stichting Rust en Vreugd werd in 1910 opgericht door het echtpaar Van Ommeren - de Voogt. Destijds had de stichting tot doel om onbemiddelde dames uit te nodigen op het landgoed Rust en Vreugd als de persoonlijke gasten van de heer en mevrouw Van Ommeren. De Stichting Rust en Vreugd is gevestigd in Wassenaar en is verbonden met andere stichtingen die de nalatenschap van de heer en mevrouw Van Ommeren – de Voogt beheren **BELEIDSPLAN OP WEBSITE** ▶ ja.

Doelgroep ■ **ALGEMEEN** ▶ armen, kinderen **SPECIFIEK** ▶ Geen specifieke doelgroep **ACTIVITEITEN** ▶ Geen specifieke activiteiten bekend **INTERVENTIENIVEAU** ▶ Steun aan lokale/provinciale maatschappelijke organisaties en structuren (incl. gemeenten etc.) die diensten verlenen aan individuen.; Steun aan individuen (directe steun).

Werkgebied ■ **ACTIERADIUS** ▶ Lokaal **LAND** ▶ Nederland **REGIO** ▶ Zuid-Holland **PLAATS** ▶ Rotterdam, Den Haag, Leiden, Wassenaar.

Bestedingen ■ **BUDGET** ▶ niet openbaar **SOORT BIJDRAGE** ▶ giften subsidies **BOVENGRENS** ▶ geen **ONDERGRENS** ▶ geen.

Projecten ■ **CRITERIA** ▶ Op grond van de volgende criteria beslist het bestuur van de stichting over eventuele honorering van een aanvraag: ☑ begunstigden van uw organisatie zijn minder draagkrachtig en maken buiten hun toedoen een (zeer) moeilijke periode door; ☑ het betreft personen die Nederlands staatsburger zijn en/of in Nederland wonen; ☑ de omvang van de giften is kleinschalig. **DOORLOOPTIJD** ▶ ☑ onbekend **STATUS AANVRAGER** ▶ ☑ stichting of vereniging (non-profit) ☑ hulpverleners **VOORKEUR/UITSLUITING** ▶ De voorkeur gaat uit naar instanties in de regio Rotterdam / Den Haag / Leiden. ☑ het doel van de vakantie is niet van kerkelijke aard; ☑ de betreffende personen vallen niet in de categorie verslaafden.

Procedure ■ **OP AANVRAAG** ▶ ja **AANVRAAGPROCEDURE** ▶ Bent u een instantie wiens doelstelling het is om vakanties te verzorgen voor mensen die het hard nodig hebben en het zelf niet kunnen betalen? Zou een vakantie een omslag kunnen betekenen voor uw cliënten om er weer tegenaan te kunnen? Stichting Rust en Vreugd helpt instellingen met bijdragen om deze mensen even te laten ontsnappen uit een moeilijke periode in hun leven. U kunt, uitsluitend als rechtspersoon, een aanvraag indienen door middel van het formulier op de website. U kunt slechts aanvragen doen voor een groep begunstigden en niet voor een specifiek individu/gezin. U dient de volgende documenten mee te sturen: ☑ Projectplan; ☑ Projectbegroting; ☑ Jaarrekening; ☑ uittreksel KvK; Over een eventuele afwijzing van een aanvraag wordt niet gecorrespondeer **URL** ▶ www.vanommerenpark.nl/vakanties/aanmelden/

Financieel ■ **EIGEN VERMOGEN** ▶ € 7.926.000 **INKOMSTEN EV** ▶ € 336.000 **INKOMSTEN OV** ▶ € 9.200 **HERKOMST MIDDELEN** ▶ vermogen, overige inkomsten, giften & schenkingen **BOEKJAAR** ▶ 2019 **JAARVERSLAG OP WEBSITE** ▶ ja.

Contact ■ **BEREIKBAAR PER** ▶ ☑ post ☑ e-mail ☑ telefoon **CONTACTPERSOON** ▶ geen contactpersoon bekend **POSTADRES** ▶ Van Ommerenpark 200, 2243 EX Wassenaar **EMAIL (ALGEMEEN)** ▶ avanleeuwen@vanommerenpark.nl **TELEFOON (ALGEMEEN)** ▶ 0705124500.

1082
Stichting Rustenburgh

Rubriek ■ ☑ kunst en cultuur ☑ maatschappij, welzijn en samenleving

Algemeen ■ WEBSITE ► www.kennisbankfilantropie.nl/anbi/rustenburgh TYPERING ► vermogensfonds RECHTSVORM ► stichting KVK ► 41056099 ANBI STATUS ► ja DIRECTIE ► geen directiegegevens bekend BESTUUR ► A.P. de Witt, voorzitter; J.A.S. Cremers, penningmeester; R.A. van Driel, secretaris; J. den Hertog; W.G. Jansen.

Missie ■ DOELSTELLING ► De Stichting heeft tot doel het verlenen van steun aan het Verenigingsleven alsmede aan stichtingen in het dorp Beek, gemeente Ubbergen, in de ruimste zin des woords, mits zij een ANBI beschikking kunnen overleggen. HISTORIE ► De stichting heeft een aantal jaren het dorpshuis in Beek geëxploiteerd. Die exploitatie is gestopt in de jaren 90 en toen heeft, na een bestuurswisseling, het bestuur het beleid, dat reeds door haar voorgangers was geformuleerd, opnieuw vastgesteld en in 2005 is daarmee met de uitvoering begonnen. BELEIDSPLAN OP WEBSITE ► ja.

Doelgroep ■ SPECIFIEK ► Verenigingen en stichtingen in het dorp Beek, gemeente Berg en Dal. ACTIVITEITEN ► Geen specifieke activiteiten bekend INTERVENTIENIVEAU ► Steun aan lokale/provinciale maatschappelijke organisaties en structuren (incl. gemeenten etc.) die diensten verlenen aan individuen.

Werkgebied ■ ACTIERADIUS ► Lokaal LAND ► Nederland PLAATS ► Beek, Berg en Dal.

Bestedingen ■ BUDGET ► niet openbaar SOORT BIJDRAGE ► giften BOVENGRENS ► geen ONDERGRENS ► geen.

Projecten ■ CRITERIA ► geen projectcriteria bekend DOORLOOPTIJD ► ☑ onbekend STATUS AANVRAGER ► ☑ stichting of vereniging (non-profit) VOORKEUR/UITSLUITING ► geen voorkeur of uitsluiting bekend.

Procedure ■ OP AANVRAAG ► ja DOORLOOPTIJD ► 6-12 maanden AANVRAAGPROCEDURE ► In het voorjaar wordt via het plaatselijke blad kenbaar gemaakt, dat er wederom een bedrag te verdelen valt en dat men zich kan melden daarvoor. Het bestuur bekijkt vervolgens de aanvragen, vooral of ze voldoen aan de gestelde voorwaarden (rechtspersoon, activiteit in Beek enz.). Dan wordt het ontvangen rentebedrag verdeeld over de daarvoor in aanmerking komende aanvragers en uitgekeerd.

Financieel ■ EIGEN VERMOGEN ► € 48.700 HERKOMST MIDDELEN ► vermogen BOEKJAAR ► 2016 JAARVERSLAG OP WEBSITE ► ja.

Contact ■ BEREIKBAAR PER ► ☑ post ☑ e-mail ☑ telefoon CONTACTPERSOON ► geen contactpersoon bekend POSTADRES ► Sprongstraat 14, 6573 BP Beek-Ubbergen EMAIL (ALGEMEEN) ► r.driel1@upcmail.nl TELEFOON (ALGEMEEN) ► 024-6841123.

1083

De 's-Gravenhaagse Bijbelstichting

Rubriek ■ ☑ kerk en levensbeschouwing

Algemeen ■ WEBSITE ► https://www.kennisbankfilantropie.nl/anbi/s-gravenhaagse-bijbelstichting TYPERING ► vermogensfonds RECHTSVORM ► stichting KVK ► 40408630 ANBI STATUS ► nee DIRECTIE ► geen directiegegevens bekend BESTUUR ► Mw.ds. M.A. Bezemer, voorzitter; mw. J. van Voorthuizen, penningmeester; mw. J. Meerburg-van der Torren, secretaris.

Missie ■ DOELSTELLING ► Het verbreiden van de kennis van de Heilige Schrift en het bevorderen van het godsdienstig leven in protestants-christelijke zin, met name door te bewerkstelligen dat de Bijbel, als het woord van God, de centrale plaats in het gemeenschaps- en persoonlijk leven moge verkrijgen en behouden.

Doelgroep ■ ALGEMEEN ► gelovigen SPECIFIEK ► Projecten gericht op het bevorderen van de kennis van het Heilige Schrift en het godsdienstige leven, o.a. via bijbelverspreiding. ACTIVITEITEN ► Het fonds heeft als doel het verspreiden van het woord van God in de vorm van de Bijbel met een speciale focus op Den Haag en omgeving. INTERVENTIENIVEAU ► Steun aan lokale/provinciale maatschappelijke organisaties en structuren (incl. gemeenten etc.) die diensten verlenen aan individuen.

Werkgebied ■ ACTIERADIUS ► Lokaal, Regionaal, Internationaal LAND ► Nederland REGIO ► Zuid-Holland PLAATS ► Den Haag.

Bestedingen ■ BUDGET ► niet openbaar SOORT BIJDRAGE ► onbekend BOVENGRENS ► geen ONDERGRENS ► geen.

Projecten ■ CRITERIA ► geen projectcriteria bekend DOORLOOPTIJD ► ☑ onbekend STATUS AANVRAGER ► ☑ stichting of vereniging (non-profit) ☑ kerkelijke instelling VOORKEUR/UITSLUITING ► Gericht op 's-Gravenhage en omgeving.

Procedure ■ OP AANVRAAG ► onbekend DOORLOOPTIJD ► 1-3 maanden AANVRAAGPROCEDURE ► geen aanvraagprocedure bekend.

Financieel ■ HERKOMST MIDDELEN ► onbekend BOEKJAAR ► boekjaar onbekend.

Contact ■ BEREIKBAAR PER ► ☑ post ☒ e-mail ☒ telefoon CONTACTPERSOON ► geen contactpersoon bekend POSTADRES ► Duinvoetlaan 4, 2243 GL Wassenaar.

1084

Dr. Saal van Zwanenberg Stichting

Rubriek ■ ☑ onderwijs en onderzoek

Algemeen ■ WEBSITE ► www.khmw.nl/fondsen TYPERING ► vermogensfonds BEHEERD DOOR ► Koninklijke Hollandsche Maatschappij der Wetenschappen OPGERICHT ► 17-04-1964 RECHTSVORM ► stichting KVK ► 41080910 ANBI STATUS ► ja DIRECTIE ► geen directiegegevens bekend BESTUUR ► Mw.prof.dr. L.J. Gunning-Schepers, voorzitter; mr. R.J. graaf Schimmelpenninck, penningmeester; prof.dr. A.P. IJzerman, secretaris; prof.dr. R.B. Andeweg; mw.drs. A.P.H.M. Hovius MBA; jhr.drs. R.M.M. van Rijckevorsel; jhr.mr. A.A. Röell.

Missie ■ DOELSTELLING ► In de loop van 2014 is de Dr. Saal van Zwanenberg Stichting bestuurlijk ondergebracht bij de KHMW. Deze stichting heeft door de jaren heen het wetenschappelijk onderzoek naar nieuwe geneesmiddelen gestimuleerd door middel van het uitloven van prijzen en het verlenen van stipendia aan wetenschappers en studenten. STICHTER(S) ► N.V. Koninklijke Zwanenberg-Organon (thans

MSD) **HISTORIE** ▶ De stichting is opgericht door de toenmalige N.V. Koninklijke Zwanenberg-Organon te Oss, ter gelegenheid van de 75e verjaardag van Dr. Saal van Zwanenberg op 21 april 1964. De grote verdienste van dr. Van Zwanenberg is de oprichting, in 1923, van de N.V. Organon, met als eerste doel insuline uit de alvleesklier van slachtdieren te winnen om daarmee suikerpatiënten te behandelen. Saal van Zwanenberg was van 1921 tot eind 1962 president-directeur van het door zijn vader en oom opgerichte gelijknamige vleesverwerkende bedrijf in Oss. Organon is in een hoekje van die vleesfabriek begonnen. In 1923 kwam Saal van Zwanenberg via zijn adviseur Jacques van Oss in contact met prof. dr. Ernst Laqueur, hoogleraar farmacologie aan de Universiteit van Amsterdam. Zoals Saal van Zwanenberg oog had voor de winning van stoffen als insuline uit slachtafval, zo zag prof. Laqueur in de ideeën van Van Zwanenberg kansen om de resultaten van wetenschappelijk onderzoek te ontwikkelen en te produceren.

Doelgroep ■ **ALGEMEEN** ▶ studenten **SPECIFIEK** ▶ Nederlanders of buitenlanders die hun onderzoek hebben uitgevoerd aan Nederlandse instellingen van onderwijs en/of onderzoek. **ACTIVITEITEN** ▶ Onder de Koninklijke Hollandsche Maatschappij der Wetenschappen worden twee soorten prijzen toegekend: Dr. Saal van Zwanenberg Ereprijs en Dr. Saal van Zwanenberg Onderzoeksprijzen. De prestigieuze Dr. Saal van Zwanenberg Ereprijs wordt eenmaal in de twee jaar uitgereikt als oeuvreprijs voor een wetenschapper die zich verdienstelijk heeft gemaakt op het gebied van onderzoek dat direct of indirect heeft geleid tot de ontwikkeling van nieuwe geneesmiddelen of de processen die daar rondom plaatsvinden. De prijs bedraagt €25.000,- en wordt al vanaf 1964 uitgereikt. Vanuit de Dr. Saal van Zwanenberg Stichting worden onderzoeksprijzen voor masterstudenten beschikbaar gesteld, op het terrein van de farmaceutische en/of medische wetenschappen waarbij het geneesmiddel centraal staat. **INTERVENTIENIVEAU** ▶ Steun aan individuen (directe steun).

Werkgebied ■ **ACTIERADIUS** ▶ Nationaal, Internationaal **LAND** ▶ Wereldwijd.

Bestedingen ■ **BUDGET** ▶ niet openbaar **SOORT BIJDRAGE** ▶ overig **BOVENGRENS** ▶ geen **ONDERGRENS** ▶ geen.

Projecten ■ **CRITERIA** ▶ De onderzoeksprijzen zijn bedoeld als aanmoedigingsprijzen voor studenten van wie het onderzoeksverslag door hun begeleider(s) is goedgekeurd. Voordrachten kunnen uitsluitend door bij de studie en/of examinering van de kandidaten betrokken docenten worden gedaan. Elk van de drie prijzen (ter waarde van resp. €3.000,-, €2.000,- en €1.000,-) wordt toegekend voor een onderzoeksverslag geschreven in het kader van een opleiding aan een Nederlandse universiteit. **DOORLOOPTIJD** ▶ ☑ onbekend **STATUS AANVRAGER** ▶ ☑ overig ☑ onderwijsinstelling **VOORKEUR/UITSLUITING** ▶ geen voorkeur of uitsluiting bekend.

Procedure ■ **OP AANVRAAG** ▶ nee **AANVRAAGPROCEDURE** ▶ Voordrachten, gericht aan de secretaris van de Dr. Saal van Zwanenberg Stichting, Prof. dr. A.P. IJzerman, dienen digitaal te worden ingediend bij de Koninklijke Hollandsche Maatschappij der Wetenschappen waar het secretariaat van de Dr. Saal van Zwanenberg Stichting is ondergebracht: secretaris@khmw.nl. De voordracht moet bevatten: ☑ een omschrijving van het verrichte onderzoek en het wetenschappelijk perspectief dat door; het onderzoek wordt geboden; ☑ de naam en een curriculum vitae van de persoon die het onderzoek heeft verricht, waaronder; geboortedatum en datum van afstuderen; ☑ een digitale versie van het voorgedragen onderzoeksverslag; ☑ zoveel verdere informatie als van belang kan zijn voor de toekenning van de prijs. De beoordeling gebeurt door een commissie van deskundigen benoemd door het bestuur van de Hollandsche Maatschappij. **URL** ▶ https://khmw.nl/dr-saal-van-zwanenberg-prijs/

Financieel ■ **EIGEN VERMOGEN** ▶ € 919.821 **INKOMSTEN EV** ▶ € 39.763 **HERKOMST MIDDELEN** ▶ vermogen **BOEKJAAR** ▶ 2019 **JAARVERSLAG OP WEBSITE** ▶ ja.

Contact ■ **BEREIKBAAR PER** ▶ ☑ post ☑ e-mail ☑ telefoon **CONTACTPERSOON** ▶ geen contactpersoon bekend **POSTADRES** ▶ Spaarne 17, 2011 CD Haarlem **EMAIL (ALGEMEEN)** ▶ secretaris@khmw.nl **TELEFOON (ALGEMEEN)** ▶ 023-5321773.

1085 Stichting Salomons Hulpfonds

Rubriek ■ ☑ maatschappij, welzijn en samenleving

Algemeen ■ **WEBSITE** ▶ www.kennisbankfilantropie.nl/anbi/salomons-hulpfonds **TYPERING** ▶ vermogensfonds **RECHTSVORM** ▶ stichting **KVK** ▶ 41188141 **ANBI STATUS** ▶ ja **DIRECTIE** ▶ geen directiegegevens bekend **BESTUUR** ▶ D. de Boer, voorzitter; mw. J. van Veen, penningmeester; R.W. Dijkstra, secretaris; P.H. Merckens; E. van Deuveren.

Missie ■ **DOELSTELLING** ▶ De stichting heeft ten doel: ☑ het bestemmen van gelden voor doeleinden welke gericht zijn op gebrekkige en hulpbehoevende mensen en/of het verschaffen van financiële hulp aan instellingen met een dergelijk doel; ☑ het verrichten van alle handelingen, die met het vorenstaande in de ruimste zin verband houden of daartoe bevorderlijk zijn. **BELEIDSPLAN OP WEBSITE** ▶ ja.

Doelgroep ■ **ALGEMEEN** ▶ armen, gehandicapten, zieken, dak- en thuislozen **SPECIFIEK** ▶ Gebrekkige en hulpbehoevende mensen en instellingen en personen die zich op gebrekkige en hulpbehoevende mensen richten. **ACTIVITEITEN** ▶ De stichting heeft in 2007/2008 besloten om te streven naar een opheffing van de stichting omstreeks 2018. Dit betekent dat jaarlijks ruim 10% van het toenmalige vermogen beschikbaar is voor de doelstelling van de stichting. De bestedingen zijn de laatste jaren enigszins achtergebleven bij genoemde 10%. Een opheffing van de stichting wordt thans voorzien in 2020/2021. **INTERVENTIENIVEAU** ▶ Steun aan individuen (directe steun).; Steun aan lokale/provinciale maatschappelijke organisaties en structuren (incl. gemeenten etc.) die diensten verlenen aan individuen.

Werkgebied ■ **ACTIERADIUS** ▶ Nationaal **LAND** ▶ Nederland.

Bestedingen ■ **BUDGET** ▶ niet openbaar **SOORT BIJDRAGE** ▶ giften **BOVENGRENS** ▶ geen **ONDERGRENS** ▶ geen.

Projecten ■ **CRITERIA** ▶ geen projectcriteria bekend **DOORLOOPTIJD** ▶

☑ onbekend **STATUS AANVRAGER** ▶ ☑ geen beperkingen bekend **VOORKEUR/UITSLUITING** ▶ geen voorkeur of uitsluiting bekend.

Procedure ■ **OP AANVRAAG** ▶ onbekend **AANVRAAGPROCEDURE** ▶ Geen aanvraagprocedure bekend.

Financieel ■ **EIGEN VERMOGEN** ▶ € 58.617.,28 **INKOMSTEN EV** ▶ € 51 **HERKOMST MIDDELEN** ▶ giften & schenkingen, legaten **BOEKJAAR** ▶ 2019 **JAARVERSLAG OP WEBSITE** ▶ ja.

Contact ■ **BEREIKBAAR PER** ▶ ☑ post ☑ e-mail ☒ telefoon **CONTACTPERSOON** ▶ R.W. Dijkstra **POSTADRES** ▶ Burg. Tutein Noltheniuslaan 5, 7316 BD Apeldoorn **EMAIL (ALGEMEEN)** ▶ dijkstra.roel@gmail.com.

1086
Stichting Samenwerkende Steunfondsen Verstandelijk Gehandicapten Rijnmond

Rubriek ■ ☑ gezondheidszorg ☑ maatschappij, welzijn en samenleving

Algemeen ■ **WEBSITE** ▶ www.steunfondsenvg.nl **TYPERING** ▶ hybride fonds **OPGERICHT** ▶ 18-01-1958 **RECHTSVORM** ▶ stichting **KVK** ▶ 41125606 **ANBI STATUS** ▶ ja **DIRECTIE** ▶ geen directiegegevens bekend **BESTUUR** ▶ Mr. J.C. Moree, voorzitter; W. de Waard, penningmeester; mr. M.J. Goedhart, secretaris; mr. E.W. Groenveld; T. Demper; drs. A. Kooijman.

Missie ■ **DOELSTELLING** ▶ De stichting stelt zich, vanuit haar Protestants Christelijke levensovertuiging, ten doel: het verlenen van materiële en immateriële steun aan en ten behoeve van die personen, instellingen en scholen die zich bezighouden met de zorg voor verstandelijk gehandicapten in de regio Rijnmond, voor zover bedoelde steun niet of ontoereikend op de voor die personen en instellingen gebruikelijk wijze via geëigende kanalen te verwerven is, het steunen van nieuwe initiatieven en het verstrekken van adviezen, al dan niet in vorenbedoelde regio. **HISTORIE** ▶ De Stichting Steunfonds Verstandelijk Gehandicapten Rijnmond is vanaf juli 2002, samen met de Stichting A. Slob en de Stichting Chrizona overgegaan in de Stichting Samenwerkende Steunfondsen Verstandelijk Gehandicapten Rijnmond. **BELEIDSPLAN OP WEBSITE** ▶ ja.

Doelgroep ■ **ALGEMEEN** ▶ gehandicapten **SPECIFIEK** ▶ Personen, instellingen en scholen die zich bezig houden met de zorg voor verstandelijk gehandicapten in de regio Rijmond. **ACTIVITEITEN** ▶ Geen specifieke activiteiten bekend **INTERVENTIENIVEAU** ▶ Steun aan lokale/provinciale maatschappelijke organisaties en structuren (incl. gemeenten etc.) die diensten verlenen aan individuen.; Steun aan individuen (directe steun).

Werkgebied ■ **ACTIERADIUS** ▶ Lokaal, Regionaal **LAND** ▶ Nederland **REGIO** ▶ Rijnmond, Rotterdam **PLAATS** ▶ Albrandswaard, Binnenmaas, Cromstrijen, Korendijk, Oud Beijerland, Strijen, Barendrecht, Bernisse, Brielle, Capelle aan den IJssel, Hellevoetsluis, Krimpen aan den IJssel, Lansingerland, Maassluis, Ridderkerk, Rotterdam, Schiedam, Spijkenisse, Vlaardingen, Westvoorne.

Bestedingen ■ **BUDGET** ▶ € 40.000 **SOORT BIJDRAGE** ▶ giften **BOVENGRENS** ▶ geen **ONDERGRENS** ▶ geen.

Projecten ■ **CRITERIA** ▶ Het werkgebied van de Stichting bestaat uit Stadsregio Rotterdam en de daarin niet genoemde gemeenten in de Hoekse Waard. Aanvragen voor steun aan projecten buiten de regio kunnen uitsluitend worden gehonoreerd indien een substantieel deel van de doelgroep woont, naar school gaat, werkt of een dagbesteding heeft in het werkgebied van de stichting. **DOORLOOPTIJD** ▶ ☑ korter dan 1 jaar **STATUS AANVRAGER** ▶ ☑ geen beperkingen bekend **VOORKEUR/UITSLUITING** ▶ Aanvragen die betrekking hebben op de jaarlijkse exploitatie of de exploitatie van projecten, kunnen niet in behandeling genomen worden. Aanvragen waarvoor subsidies of vergoedingen uit de AWBZ of PGB verkregen kunnen worden, alsmede aanvragen ten behoeve van nieuwbouw, verbouw of ter dekking van begrotingstekorten komen niet in aanmerking voor een donatie.

Procedure ■ **OP AANVRAAG** ▶ ja **DOORLOOPTIJD** ▶ 1-3 maanden **AANVRAAGPROCEDURE** ▶ Aanvragen dienen digitaal via info@sssvgr.nl en in een papieren versie verzonden te worden naar het secretariaat. Bij de aanvraag dient te worden ingesloten een werkplan en een gemotiveerde verklaring dat elders geen of onvoldoende steun of subsidie kan worden verkregen, alsmede een opgave bij welke instanties steun is aangevraagd dan wel door welke instanties een subsidie reeds is toewezen. Een werkplan omvat: ☑ Een omschrijving van de voorgenomen activiteiten of acties (aard, doel en noodzaak),; ☑ een kostenraming,; ☑ kopieën van aangevraagde offertes; ☑ tijdschema. Het is mogelijk dat het bestuur om aanvullende gegevens vraagt. De aanvraag dient te worden ondertekend door: ☑ de particuliere aanvrager dan wel, indien van toepassing, diens wettelijke vertegenwoordiger; ☑ instellingen c.q. rechtspersonen: door het bestuur c.q de directie; ☑ scholen: het bevoegd gezag. Volledige aanvragen zullen in de eerstvolgende bestuursvergadering van de stichting worden behandeld, met dien verstande dat een voldoende gemotiveerde spoedeisende aanvraag eerder in behandeling kan worden genomen. Het bestuursbesluit zal schriftelijk aan de aanvrager worden medegedeeld. **URL** ▶ www.steunfondsenvg.nl/

Financieel ■ **EIGEN VERMOGEN** ▶ € 2.370.000 **HERKOMST MIDDELEN** ▶ vermogen **BOEKJAAR** ▶ 2019.

Contact ■ **BEREIKBAAR PER** ▶ ☑ post ☑ e-mail ☒ telefoon **CONTACTPERSOON** ▶ Mr. M.J. Goedhart **POSTADRES** ▶ Heemraadssingel 157, 3022 CE Rotterdam **EMAIL (ALGEMEEN)** ▶ info@sssvgr.nl.

1087
Stichting Samenwerking Sociale Fondsen (SSSF)

Rubriek ■ ☑ noodhulp ☑ maatschappij, welzijn en samenleving ☑ vluchtelingenhulp

Algemeen ■ **WEBSITE** ▶ https://socialefondsendenhaag.nl **TYPERING** ▶ hybride fonds **OPGERICHT** ▶ 10-05-1972 **RECHTSVORM** ▶ stichting **KVK** ▶ 41153983 **ANBI STATUS** ▶ ja **DIRECTIE** ▶ mw. S.F.S Zwartkruis **BESTUUR**

► A.H. Kool, voorzitter; G.B. Loef, penningmeester; C.D. Rosenberg Polak, secretaris; mw.mr.drs. H.M. van der Gaag-Halbertsma; J. van der Hulst; mw. J.K. van Veelen; mw. S. Okçuoglu; H. Maagdenberg; mw. K. Pabbruwe; mw. L.E.B.M. van Kerkhof; F. Jawahierkhan; S. Berk; H. Hooikaas

.

Missie ■ DOELSTELLING ► Sociale Fondsen Den Haag (SFDH) stelt zich ten doel het verlenen van hulp aan in een bijzondere noodsituatie verkerende Haagse ingezetenen, indien in die hulp niet op andere wijze kan worden voorzien. De hulp wordt alleen verleend indien zij een; bijdrage kan vormen tot een zich beter zelfstandig handhaven in de maatschappij; dan wel ter voorkoming van een verder afglijden op het maatschappelijk vlak. STICHTER(S) ► De Sociale Raad 's-Gravenhage HISTORIE ► De Stichting Samenwerking Sociale Fondsen in Den Haag (verder Stichting SSF te noemen) is opgericht op 10 mei 1972 en komt voort uit de Commissie tot Bevordering van Samenwerking die in 1917 werd ingesteld door de toenmalige Armenraad te 's-Gravenhage om het fondsenwerk zo veel mogelijk te coördineren. Hiermee werd zo veel als mogelijk voorkomen dat: hulpverleners voor een hulpaanvraag meerdere fondsen behoefden aan te schrijven en dat 'armlastige' Hagenaars systematisch fondsen aanspraken (fondsenshoppen). Stichting Samenwerking Sociale Fondsen (SSSF) heeft in 2017 haar werknaam gewijzigd in; Sociale Fondsen Den Haag.

Doelgroep ■ ALGEMEEN ► armen, dak- en thuislozen, vluchtelingen, zieken SPECIFIEK ► Haagse ingezetenen die door omstandigheden in een noodsituatie zijn geraakt en die geen beroep (meer) kunnen doen op wettelijke voorzieningen. ACTIVITEITEN ► ☑ Het bijeenbrengen van financiële middelen uit; plaatselijke en landelijke, kerkelijke en particuliere sociaal-charitatieve fondsen; ☑ Het beheren van door de Gemeente Den Haag en derden beschikbaar gestelde middelen ten behoeve van Haagse ingezetenen, zoals het Suppletiefonds, Haags Noodfonds Vluchtelingen,; Haags Jongeren Talentenfonds, Knipkaartfonds; Tienermoeders, Haags Emancipatie Studiefonds,; Madurodam Leuk Leren fonds, CB&I-fonds, voorziening Bijzondere Schuldensituaties en het ProHaFofonds t.b.v. 'Ja voor een Kans'; ☑ Het doen van uitkeringen volgens gestelde richtlijnen. INTERVENTIENIVEAU ► Steun aan individuen (directe steun).

Werkgebied ■ ACTIERADIUS ► Lokaal LAND ► Nederland PLAATS ► Den Haag.

Bestedingen ■ BUDGET ► niet openbaar ONDERSTEUNDE PROJECTEN P/J ► 2705 SOORT BIJDRAGE ► giften leningen BOVENGRENS ► geen ONDERGRENS ► geen.

Projecten ■ CRITERIA ► ☑ Hulpverlener doet namens de Haagse burger in financiële nood een aanvraag; ☑ alle andere opties zijn bekeken en afgewezen; ☑ er is gebruik gemaakt van alle voorliggende voorzieningen. De hulp valt in één van de volgende categorieën: ☑ woninginrichting; ☑ huishoudelijke apparatuur; ☑ kleding; ☑ levensonderhoud (éénmalig, dus niet structureel); ☑ medische kosten (geen alternatieve geneeswijzen); ☑ aanvragen identiteitsbewijs; ☑ fiets; ☑ bril op sterkte (geen leesbrillen). DOORLOOPTIJD ► ☑ korter dan 1 jaar STATUS AANVRAGER ► ☑ hulpverleners VOORKEUR/UITSLUITING ► Geen periodieke steun voor levensonderhoud en vervoer. Grote terughoudendheid voor bijdrage aan reizen naar het buitenland, adoptie, kosten van niet-erkende medische behandelingen en studie in het buitenland of aan niet-erkende instellingen. SFDH voorziet niet in een gift van een reeds betaalde rekening of een openstaande rekening waarvan het produkt of de dienst reeds geleverd of uitgevoerd is.

Procedure ■ OP AANVRAAG ► ja DOORLOOPTIJD ► korter dan 1 maand; korter dan een maand; korter dan een maand AANVRAAGPROCEDURE ► de aanvraagprocedure (uit te voeren door hulpverlener) bestaat uit: ☑ de Quick scan. ☑ Vul het digitale Aanvraagformulier in en stuur de sociale rapportage en evt. andere benodigde bijlagen in het digitale aanvraagformulier mee. Let op: Een nog niet volledig ingevuld formulier kunt u tussentijds opslaan en later weer openen met een wachtwoord. De benodigde bijlagen zijn: ☑ bij iedere aanvraag de bankafschriften van alle (spaar)rekeningen van de afgelopen 2 maanden; ☑ eventueel schuldenoverzicht; ☑ indien van toepassing een begroting/offerte van het gevraagde; ☑ ander noodzakelijke brieven of bewijzen om de aanvraag te verduidelijken. ☑ De sociale rapportage. Indien een gift wordt toegekend, dan wordt er uitbetaald aan de aanvragende instelling of aan de leverancier. Niet rechtstreeks aan de cliënt. Als er sprake is van bewindvoering, kunnen we de gift op de beheerrekening van de cliënt storten. In gevallen van nood kan er binnen 48 uur een beslissing zijn genomen. De commissie besluit één keer per maand over suppletie aanvragen. URL ► https://socialefondsendenhaag.nl/aanvragen

Financieel ■ EIGEN VERMOGEN ► € 743.904 INKOMSTEN OV ► € 788.809 HERKOMST MIDDELEN ► vermogen, overige inkomsten BOEKJAAR ► 2018 JAARVERSLAG OP WEBSITE ► ja.

Contact ■ BEREIKBAAR PER ► ☑ post ☑ e-mail ☑ telefoon CONTACTPERSOON ► geen contactpersoon bekend POSTADRES ► Koninginnegracht 15, 2514 AB Den Haag EMAIL (ALGEMEEN) ► info@socialefondsendenhaag.nl TELEFOON (ALGEMEEN) ► 070-7113906.

1088

Stichting Samenwerking Tot Nut van Het Algemeen (SSN)

Rubriek ■ ☑ maatschappij, welzijn en samenleving ☑ sport en recreatie ☑ kunst en cultuur ☑ onderwijs en onderzoek

Algemeen ■ WEBSITE ► www.ssn-alblasserdam.nl TYPERING ► vermogensfonds OPGERICHT ► 31-12-1991 RECHTSVORM ► stichting KVK ► 41120967 ANBI STATUS ► ja DIRECTIE ► geen directiegegevens bekend BESTUUR ► Mw. I. Bouter, voorzitter; J. Versluis, penningmeester; J. Versluis, secretaris; mw. E. van Essen; H. Borsje; W. de Gruijter; J. Slob; P. Versluis; mw. T. Stout.

Missie ■ DOELSTELLING ► Het doel van de Stichting Samenwerking tot nut van het Algemeen (SSN) is het bevorderen van culturele, sociale, educatieve, charitatieve, ideële activiteiten en activiteiten op het gebied van sport, mits in het werkgebied van de vroegere Nutsspaarbank, alsmede het doen van uitkeringen met een ideële of sociale strekking, alles in de ruimste zin van het woord. Als tegenprestatie verlangt de stichting promotionele activiteiten ten behoeve van de naamsbekendheid en het imago van de SNS Bank. **HISTORIE** ▶ In 1991 fuseerde de Werkmaatschappij Rivierenland tot de Stichting Spaarbank Rivierenland. Naar aanleiding van deze fusie is, op 31 december 1991, de stichting Samenwerking tot Nut van het algemeen opgericht. De financiële middelen van dit fonds zijn verkregen uit het vermogen van de oorspronkelijke Nutsspaarbank Alblasserdam. De Stichting Spaarbank Rivierenland trad in 1993 toe tot de SNS als 'SNS Bank Rivierenland N.V.' **BELEIDSPLAN OP WEBSITE** ▶ ja.

Doelgroep ■ **SPECIFIEK** ▶ Culturele, sociale, educatieve, charitatieve, ideële activiteiten en activiteiten op het gebied van sport. **ACTIVITEITEN** ▶ De stichting is ontstaan uit de vroegere Nutsspaarbank te Alblasserdam. Het werkgebied van de stichting omvat het werkgebied van de vroegere Nutsspaarbank Alblasserdam, nl. de dorpen Alblasserdam, Nieuw-Lekkerland, Oud-Alblas, Kinderdijk en Streefkerk. Vormen van ondersteuning; ☑ Regionaal/lokaal belangrijke, periodiek terugkerende evenementen met veel belangstelling van de plaatselijke en regionale media; ☑ Sport en ontspanning; ☑ 'Sociale' sponsoring'. Incidentele posten waarbij het motief humanitair/sociaal is; ☑ Overige sponsorvormen. Alle genoemde vormen kunnen zowel incidenteel als een meerjarig karakter hebben. **INTERVENTIENIVEAU** ▶ Steun aan individuen (directe steun).; Steun aan lokale/provinciale maatschappelijke organisaties en structuren (incl. gemeenten etc.) die diensten verlenen aan individuen.

Werkgebied ■ **ACTIERADIUS** ▶ Lokaal **LAND** ▶ Nederland **REGIO** ▶ Zuid-Holland **PLAATS** ▶ Alblasserdam, Nieuw-Lekkerland, Oud-Alblas, Kinderdijk, Streefkerk.

Bestedingen ■ **BUDGET** ▶ niet openbaar **SOORT BIJDRAGE** ▶ onbekend **BOVENGRENS** ▶ geen **ONDERGRENS** ▶ geen.

Projecten ■ **CRITERIA** ▶ De stichting Samenwerking tot nut van het Algemeen wil steun bieden aan; ☑ culturele, sociale, educatieve, charitatieve en ideële activiteiten; ☑ activiteiten op het gebied van sport; mits die gericht zijn op verbetering van de samenleving in de omgeving van Alblasserdam. Aanvragen voor projecten worden onderscheiden in: ☑ Incidentele aanvragen (bv. voor de aanschaf van een AED, sponsoring van een concert of skeelerwedstrijd, bouw of verbouw clubhuis, etc.); ☑ Meerjarige contracten (bv. sponsoring sportclubs, opleiding muziekjeugd, etc.). Zie voor de criteria de website. **DOORLOOPTIJD** ▶ ☑ onbekend **STATUS AANVRAGER** ▶ ☑ stichting of vereniging (non-profit) **VOORKEUR/UITSLUITING** ▶ ☑ Geen aanvragen voor projecten die deels of geheel gerealiseerd zijn. ☑ Aanvragen voor projecten buiten het werkgebied van de stichting worden niet in behandeling genomen. ☑ Het project of de instelling mag geen politiek of commercieel doel hebben. ☑ De aanvraag mag geen betrekking hebben op dekking van de normale exploitatie en/of overheadkosten. ☑ Aanvragen voor financiële ondersteuning ten behoeve van een individu worden in principe niet in behandeling genomen.

Procedure ■ **OP AANVRAAG** ▶ ja **DOORLOOPTIJD** ▶ 1-3 maanden **AANVRAAGPROCEDURE** ▶ Een aanvraag voor financiële steun bestaat uit de volgende onderdelen: ☑ Aanvraagformulier; deze is te downloaden op de website; ☑ Uitgebreide beschrijving van de te organiseren activiteit; ☑ Overzicht van de instellingen bij wie eveneens een aanvraag voor een bijdrage is of wordt ingediend; ☑ De naam van de contactpersoon met telefoonnummer en e-mailadres. Voor vragen over de wijze van het indienen van een aanvraag kunt u contact opnemen met de secretaris van de Stichting (secretaris@ssn-alblasserdam.nl). Het bestuur van de stichting komt in de regel een maal per 6 weken bijeen. Complete aanvragen worden in de bestuursvergadering besproken. Een aanvraag dient uiterlijk twee weken voor de geplande bestuursvergaderingen van SSN binnen te zijn. De data van de bestuursvergaderingen kunt u vinden onder de Homepagina. De aanvragende instelling wordt zo spoedig mogelijk door de secretaris van SSN schriftelijk op de hoogte gebracht van het besluit dat door het bestuur is genomen en de eventuele voorwaarden welke aan de ondersteuning worden verbonden. **URL** ▶ www.ssn-alblasserdam.nl/procedure.html

Financieel ■ **HERKOMST MIDDELEN** ▶ onbekend **BOEKJAAR** ▶ boekjaar onbekend.

Contact ■ **BEREIKBAAR PER** ▶ ☑ post ☑ e-mail ☒ telefoon **CONTACTPERSOON** ▶ J. Versluis **POSTADRES** ▶ Koningin Wilhelminaweg 43, 2951 XE Alblasserdam **EMAIL (ALGEMEEN)** ▶ info@ssn-alblasserdam.nl.

1089

De Sandia Stichting

Rubriek ■ ☑ maatschappij, welzijn en samenleving ☑ onderwijs en onderzoek

Algemeen ■ **WEBSITE** ▶ www.sandiastichting.nl **TYPERING** ▶ vermogensfonds **OPGERICHT** ▶ 08-06-2007 **RECHTSVORM** ▶ stichting **KVK** ▶ 17207798 **ANBI STATUS** ▶ ja **DIRECTIE** ▶ geen directiegegevens bekend **BESTUUR** ▶ Mw. C. van der Zeeuw-de Boer, voorzitter; H. van der Zeeuw, penningmeester; mw. M. Pauli-Bierhof; H. van der Putt.

Missie ■ **DOELSTELLING** ▶ De Sandia Stichting heeft als doel het ondersteunen van jeugdige personen en/of gezinnen, op het gebied van opvoeding, opleiding en vorming. Hieronder is begrepen het financieel ondersteunen van instellingen, stichtingen of andere rechtspersonen, in binnen- of buitenland, die een doel hebben dat soortgelijk is aan het doel van onze stichting. De Sandia Stichting is een stichting die de ontwikkeling van het kind centraal stelt in haar omgeving hem of haar mogelijkheden te verschaffen tot ontplooiing, in het bijzonder daar waar omstandigheden dit bemoeilijken. **STICHTER(S)** ▶ Hein en Cecilia van der Zeeuw-de Boer **HISTORIE** ▶ De Sandia Stichting is op 8 juni 2007 in Eindhoven opgericht. **BELEIDSPLAN OP WEBSITE** ▶ ja.

Doelgroep ■ **ALGEMEEN** ▶ jongeren, kinderen **SPECIFIEK** ▶ Kinderen en jongeren tot 18/19 jaar die ondersteuning nodig hebben op het gebied van opvoeding, onderwijs, opleiding en vorming. **ACTIVITEITEN**

► De Nederlandse maatschappij staat ervoor mensen van alle leeftijden, culturen en capaciteiten gelijke kansen te bieden. Kinderen van ouders met weinig geld hebben vaak niet de kans om aan vormende activiteiten deel te nemen en lopen gevaar in een fuik te belanden van nietsdoen en verveling. De stichting wil deze jongeren een kans geven. In 2018 heeft de Sandia Stichting 6 projecten gefinancierd: 3 individuele financiële ondersteuningen en 3 collectief programma's betreffende financiering van kindervakantie en schoolwerkweken. **INTERVENTIENIVEAU** ► Steun aan individuen (directe steun).

Werkgebied ■ **ACTIERADIUS** ► Nationaal, Internationaal **LAND** ► Wereldwijd.

Bestedingen ■ **BUDGET** ► niet openbaar **SOORT BIJDRAGE** ► giften **BOVENGRENS** ► geen **ONDERGRENS** ► geen.

Projecten ■ **CRITERIA** ► De stichting neemt alleen aanvragen in behandeling die door scholen, instellingen, stichtingen en andere organisaties met een professionele staf worden ingediend, die vanuit een professioneel perspectief het beroep op Sandia kunnen beargumenteren. **DOORLOOPTIJD** ► ☑ korter dan 1 jaar **STATUS AANVRAGER** ► ☑ stichting of vereniging (non-profit) ☑ hulpverleners ☑ onderwijsinstelling **VOORKEUR/UITSLUITING** ► Financiële tegemoetkomingen worden nimmer rechtstreeks aan betrokken individuen of ouders uitgekeerd maar altijd aan betrokken instanties of leverancier.

Procedure ■ **OP AANVRAAG** ► ja **DOORLOOPTIJD** ► 1-3 maanden; 3-6 maanden; 3-6 maanden **AANVRAAGPROCEDURE** ► Aanvragen kunnen het hele jaar door gedaan worden. Deze worden in het bestuur besproken en het besluit of de aanvraag wordt gehonoreerd en onder welke voorwaarden wordt zo spoedig mogelijk gecommuniceerd. Het bestuur komt enkele malen per jaar bijeen. Gedurende het lopende jaar voert het bestuur overleg per email of telefoon indien een aanvraag niet kan wachten. Alle aanvragen worden beantwoord, bij afwijzing wordt de reden van afwijzing gemotiveerd.

Financieel ■ **EIGEN VERMOGEN** ► € 8.745 **INKOMSTEN OV** ► € 6.000 **HERKOMST MIDDELEN** ► vermogen, giften & schenkingen **BOEKJAAR** ► 2018.

Contact ■ **BEREIKBAAR PER** ► ☒ post ☑ e-mail ☒ telefoon **CONTACTPERSOON** ► geen contactpersoon bekend **POSTADRES** ► Geen postadres bekend **EMAIL (ALGEMEEN)** ► sandiastichting@planet.nl.

1090
Sayers Fonds

Rubriek ■ ☑ gezondheidszorg ☑ kunst en cultuur ☑ natuur, milieu en dieren

Algemeen ■ **WEBSITE** ► www.cultuurfonds.nl **TYPERING** ► fonds op naam **BEHEERD DOOR** ► Prins Bernhard Cultuurfonds **DIRECTIE** ► zie Prins Bernhard Cultuurfonds **BESTUUR** ► zie Prins Bernhard Cultuurfonds

Missie ■ **DOELSTELLING** ► Het financieel ondersteunen van projecten op het terrein van de kunst, met name klassieke muziek, projecten op het terrein van de instandhouding van Nederlandse fauna en het ondersteunen van talent op het gebied van geneeskunde.

Werkgebied ■ **ACTIERADIUS** ► Nationaal **LAND** ► Nederland.

Projecten ■ **CRITERIA** ► geen projectcriteria bekend **DOORLOOPTIJD** ► ☑ onbekend **STATUS AANVRAGER** ► ☑ geen beperkingen bekend **VOORKEUR/UITSLUITING** ► geen voorkeur of uitsluiting bekend.

Procedure ■ **OP AANVRAAG** ► ja **AANVRAAGPROCEDURE** ► Dit 'fonds op naam' ressorteert onder het Prins Bernhard Cultuurfonds. Verzoeken aan fondsen op naam komen op één centraal punt binnen. Dit houdt in dat een subsidieaanvraag slechts eenmaal aan het Prins Bernhard Cultuurfonds hoeft te worden gezonden. Voor de verdere aanvraagprocedure: zie Prins Bernhard Cultuurfonds. **URL** ► www.cultuurfonds.nl/aanvragen

Contact ■ **BEREIKBAAR PER** ► ☑ post ☑ e-mail ☑ telefoon **CONTACTPERSOON** ► geen contactpersoon bekend **POSTADRES** ► Postbus 19750, 1000 GT Amsterdam **EMAIL (ALGEMEEN)** ► info@cultuurfonds.nl **TELEFOON (ALGEMEEN)** ► 020-5206130.

1091
Stichting SBB Fonds

Rubriek ■ ☑ gezondheidszorg ☑ kunst en cultuur ☑ maatschappij, welzijn en samenleving ☑ natuur, milieu en dieren ☑ sport en recreatie

Algemeen ■ **WEBSITE** ► www.sbbfonds.nl **TYPERING** ► vermogensfonds **OPGERICHT** ► 01-06-1987 **RECHTSVORM** ► stichting **KVK** ► 30153805 **ANBI STATUS** ► ja **DIRECTIE** ► geen directiegegevens bekend **BESTUUR** ► G.J. van Schaik, voorzitter; F.E.J. van den Bosch, penningmeester; M.J. Bode, secretaris; J.P.A. van den Bergh; M.N.J. van Kralingen.

Missie ■ **DOELSTELLING** ► Het SBB fonds steunt jaarlijks vele maatschappelijke initiatieven op het gebied van kunst, cultuur, gezondheid, natuur, milieu, sport en recreatie. **STICHTER(S)** ► De Spaarbank voor Breukelen en Omstreken **HISTORIE** ► De Spaarbank voor Breukelen en Omstreken werd opgericht 25 juli 1846 als zuivere spaarbank gesticht door particulieren in volledige onafhankelijkheid van derden. In bijna 150 jaar ontwikkelde deze vereniging zich tot een gewaardeerde instelling voor spaarders geleid door bestuurders zonder geldelijke vergoeding. Op 1 juni 1992 werd, onder druk van regelgeving, de bankactiviteit verkocht aan de VSB groep (later FORTIS). Het verkregen kapitaal werd belegd en het rendement wordt verstrekt als donaties op een breed maatschappelijk terrein in het werkgebied van de spaarbank. Indachtig de oorspronkelijke doelstelling vloeien de gelden weer terug naar de samenleving. **BELEIDSPLAN OP WEBSITE** ► ja.

Doelgroep ■ **SPECIFIEK** ► Projecten van algemeen maatschappelijk belang met een ideële of sociale strekking op het gebied van: ☑ Kunst en cultuur; ☑ Gezondheid; ☑ Natuur en milieu; ☑ Sport en recreatie; ☑ Sociaal-maatschappelijk/ideëel. **ACTIVITEITEN** ► De stichting bewerkstelligt de doelstelling door het doneren van geld voor de uitvoering van projecten en het verstrekken van garanties. **INTERVENTIENIVEAU** ► Steun aan lokale/provinciale maatschappelijke organisaties en structuren (incl. gemeenten etc.) die diensten verlenen aan individuen.

Werkgebied ■ ACTIERADIUS ▶ Lokaal LAND ▶ Nederland REGIO ▶ Breukelen.

Bestedingen ■ BUDGET ▶ € 25.000 TOELICHTING ▶ Doorgaans kleinschalige projecten c.q. een onderdeel daarvan. SOORT BIJDRAGE ▶ giften garanties investeringen BOVENGRENS ▶ geen ONDERGRENS ▶ geen.

Projecten ■ CRITERIA ▶ ☑ projecten zijn concreet, benoembaar en afgebakend; ☑ projecten vallen binnen het werkgebied van de voormalige Spaarbank Breukelen; ☑ projecten gaan uit van de kernbegrippen participatie en ontplooiing; ☑ De aanvrager moet aantonen niet zelf te beschikken over (voldoende) middelen om het desbetreffende project te kunnen realiseren; ☑ De steun heeft nimmer een permanent karakter en steun wordt in principe gegeven aan projecten met een looptijd van maximaal één jaar. DOORLOOPTIJD ▶ ☑ korter dan 1 jaar STATUS AANVRAGER ▶ ☑ geen beperkingen bekend VOORKEUR/UITSLUITING ▶ ☑ Aan overheden, overheidsinstellingen of structureel geheel of vrijwel geheel door de overheid gesubsidieerde instellingen wordt in principe geen steun verleend; ☑ aan commerciële instellingen wordt geen steun gegeven, tenzij in het kader van een bijzonder project. ☑ Aanvragen voor financiële steun aan een individueel belang worden niet gehonoreerd. ☑ Exploitatietekorten, salariskosten, kosten van levensonderhoud en kosten verbonden aan normale activiteiten van een organisatie zijn in principe van steun uitgesloten.

Procedure ■ OP AANVRAAG ▶ ja DOORLOOPTIJD ▶ 3-6 maanden AANVRAAGPROCEDURE ▶ Alle aanvragen moeten ruim van te voren schriftelijk en voldoende gedocumenteerd worden ingediend teneinde goede besluitvorming te kunnen waarborgen. Hierbij dient gebruikt te worden gemaakt van het door het fonds vastgesteld aanvraagformulier (te vinden op de website). Afhankelijk van de omvang van het project omvat de aanvraag in principe het volgende: ☑ een uitgebreide projectbeschrijving; ☑ een overzichtelijke begroting van het project; ☑ een dekkingsplan van het project; ☑ de statuten; ☑ een uittreksel uit het handelsregister van de Kamer van Koophandel; ☑ laatst vastgestelde begroting en jaarrekening c.q. jaarverslag; ☑ een overzicht van instellingen waar eveneens een aanvraag voor een bijdrage is ingediend; ☑ de naam van één of meer contactpersonen met telefoonnummer (overdag); ☑ indien van toepassing kopie offerte. URL ▶ www.sbbfonds.nl/donatiebeleid/

Financieel ■ INKOMSTEN EV ▶ € 52.025 HERKOMST MIDDELEN ▶ vermogen BOEKJAAR ▶ 2018 JAARVERSLAG OP WEBSITE ▶ ja.

Contact ■ BEREIKBAAR PER ▶ ☑ post ☑ e-mail ☑ telefoon CONTACTPERSOON ▶ M.J. Bode POSTADRES ▶ Postbus 88, 3620 AB Breukelen EMAIL (ALGEMEEN) ▶ sbbfonds@hetnet.nl TELEFOON (ALGEMEEN) ▶ 0346-264872 TELEFOON (AANVRAGEN) ▶ 0346264872.

1092
Stichting SBNL Natuurfonds

Rubriek ■ ☑ natuur, milieu en dieren

Algemeen ■ WEBSITE ▶ www.sbnlnatuurfonds.nl TYPERING ▶ hybride fonds OPGERICHT ▶ 09-02-1981 RECHTSVORM ▶ stichting KVK ▶ 41150030 ANBI STATUS ▶ ja DIRECTIE ▶ W. Schimmelpenninck van der Oije BESTUUR ▶ Ing. F. Nijpjes, voorzitter; K. van der Wal, penningmeester; G. van den Brink, secretaris; A. Schimmelpenninck; J. Ruijsink; E. van Bouwdijk Bastiaanse; M. van Dam.

Missie ■ DOELSTELLING ▶ De natuur en het landelijk gebied in Nederland zijn prachtig en kennen een unieke verscheidenheid. Juist dankzij particulieren en agrariërs die, allemaal op hun eigen manier maar met dezelfde passie, zorgen voor het beheer ervan. Deze groep beheerders, verantwoordelijk voor ruim een kwart van alle natuur en een nog veel groter deel van het landelijk gebied, wil SBNL Natuurfonds ondersteunen en stimuleren. SBNL Natuurfonds heeft de ambitie om, naar het voorbeeld van haar bestaande fondsen, in iedere provincie een fonds in te richten zodat ook toekomstige generaties kunnen genieten van ons mooie landschap. Dit willen zij doen in nauwe samenwerking met gelijkgestemde organisaties. HISTORIE ▶ SBNL, destijds voluit Stichting Beheer Natuur en Leefmilieu, is in 1981 opgericht als tegenhanger van de bestaande natuurorganisaties. De initiatiefnemers vonden dat particulieren net zo goed in staat zijn om natuur in te richten en te beheren als natuurorganisaties. Daarnaast vonden zij dat de mens duidelijk een rol kan spelen in het beheer, mits dat wijs en met het oog voor de natuur gebeurt (wise use). Daarbij was met name de jacht als beheer een belangrijk onderwerp. Aanvankelijk wilden de oprichters op eigen terreinen laten zien dat een particuliere organisatie natuur optimaal kan beheren. Vandaar dat SBNL over eigen terreinen beschikt. Dat streven is later los gelaten, omdat particulieren in het hele land uitstekend kunnen laten zien hoe zij natuur beheren. Geleidelijk is SBNL uitgegroeid tot een erkende natuurorganisatie met een eigen visie, die alom erkenning krijgt. Onder meer van de overheid, die sinds de eeuwwisseling particuliere natuur op gelijkwaardige wijze in haar beleid heeft opgenomen. In 1998 is de naam veranderd in Stichting Beheer Natuur en Landelijk gebied. Vanaf 14 juli 2017 is de naam van de stichting veranderd in: SBNL Natuurfonds. Deze naam sluit beter aan bij de nieuwe weg die de organisatie in is geslagen. BELEIDSPLAN OP WEBSITE ▶ ja.

Doelgroep ■ SPECIFIEK ▶ Geen specifieke doelgroep ACTIVITEITEN ▶ SBNL Natuurfonds is een landelijke natuurorganisatie die haar fondsen inzet voor voor natuur, landschap en erfgoed dat door particulieren en agrariërs wordt beheerd. Ze bieden financiële ondersteuning, zorgen voor promotie en stimuleren onderzoek. Als particuliere stichting wordt de Stichting gesteund door donateurs en vrijwilligers. SBNL heeft enkele fondsen in beheer. SBNL zoekt actief naar samenwerking met gelijkgezinde organisaties om de versnippering van belangen te voorkomen. We werken samen met o.a. de Federatie Particulier Grondbezit, de Jagersvereniging en LTO Nederland. Samen vertegenwoordigen wij ca. 350.000 hectare natuur en landschap. Daarnaast blijft SBNL Natuurfonds samenwerking zoeken met de agrarische natuurverenigingen (ANV's). De ANV's op hun beurt ontvangen graag de promotionele steun van SBNL Natuurfonds en van door haar beheerde fondsen. INTERVENTIENIVEAU ▶ N.v.t.

Werkgebied ■ ACTIERADIUS ▶ Nationaal LAND ▶ Nederland.

Bestedingen ■ **BUDGET** ▶ niet openbaar **SOORT BIJDRAGE** ▶ overig giften **BOVENGRENS** ▶ geen **ONDERGRENS** ▶ geen.
Projecten ■ **CRITERIA** ▶ N.v.t. **STATUS AANVRAGER** ▶ ☑ geen beperkingen bekend **VOORKEUR/UITSLUITING** ▶ N.v.t.
Procedure ■ **OP AANVRAAG** ▶ nee **AANVRAAGPROCEDURE** ▶ SBNL Natuurfonds manifesteert zich nadrukkelijk als fondsbeheerder.
Financieel ■ **EIGEN VERMOGEN** ▶ € 8.691.247 **INKOMSTEN OV** ▶ € 333.000 **HERKOMST MIDDELEN** ▶ giften & schenkingen, vermogen, overige inkomsten, legaten **BOEKJAAR** ▶ 2019 **JAARVERSLAG OP WEBSITE** ▶ ja.
Contact ■ **BEREIKBAAR PER** ▶ ☑ post ☑ e-mail ☑ telefoon **CONTACTPERSOON** ▶ geen contactpersoon bekend **POSTADRES** ▶ Maarsbergseweg 53 a, 3956 KV Leersum **EMAIL (ALGEMEEN)** ▶ sbnl@sbnlnatuurfonds.nl **TELEFOON (ALGEMEEN)** ▶ 0318-578357.

1093
Scato Gockinga Fonds

Rubriek ■ ☑ kunst en cultuur
Algemeen ■ **WEBSITE** ▶ www.cultuurfonds.nl **TYPERING** ▶ fonds op naam **BEHEERD DOOR** ▶ Prins Bernhard Cultuurfonds **DIRECTIE** ▶ zie > Prins Bernhard Cultuurfonds **BESTUUR** ▶ zie > Prins Bernhard Cultuurfonds
Missie ■ **DOELSTELLING** ▶ Het financieel ondersteunen van projecten op het gebied van de podiumkunsten, met een voorkeur voor het terrein van toneel en kostuums.
Werkgebied ■ **ACTIERADIUS** ▶ Nationaal **LAND** ▶ Nederland.
Projecten ■ **CRITERIA** ▶ geen projectcriteria bekend **DOORLOOPTIJD** ▶ ☑ korter dan 1 jaar **STATUS AANVRAGER** ▶ ☑ geen beperkingen bekend **VOORKEUR/UITSLUITING** ▶ Voorkeur gaat uit naar het terrein van toneel en kostuums.
Procedure ■ **OP AANVRAAG** ▶ ja **AANVRAAGPROCEDURE** ▶ Dit 'fonds op naam' ressorteert onder het Prins Bernhard Cultuurfonds. Verzoeken aan fondsen op naam komen op één centraal punt binnen. Dit houdt in dat een subsidieaanvraag slechts eenmaal aan het Prins Bernhard Cultuurfonds hoeft te worden gezonden. Voor de verdere aanvraagprocedure: zie Prins Bernhard Cultuurfonds. **URL** ▶ www.cultuurfonds.nl/aanvragen
Contact ■ **BEREIKBAAR PER** ▶ ☑ post ☑ e-mail ☑ telefoon **CONTACTPERSOON** ▶ geen contactpersoon bekend **POSTADRES** ▶ Postbus 19750, 1000 GT Amsterdam **EMAIL (ALGEMEEN)** ▶ info@cultuurfonds.nl **TELEFOON (ALGEMEEN)** ▶ 020-5206130.

1094
Schalie-Stichting

Rubriek ■ ☑ maatschappij, welzijn en samenleving ☑ gezondheidszorg ☑ noodhulp ☑ kerk en levensbeschouwing
Algemeen ■ **WEBSITE** ▶ www.kennisbankfilantropie.nl/anbi/schalie-stichting **TYPERING** ▶ vermogensfonds **RECHTSVORM** ▶ stichting **KVK** ▶ 41165235 **ANBI STATUS** ▶ ja **DIRECTIE** ▶ geen directiegegevens bekend **BESTUUR** ▶ D. Leeflang, voorzitter; W.J. Leeflang, penningmeester; E.F. Leeflang; mw. P.L. Leeflang.
Missie ■ **DOELSTELLING** ▶ Het steunen van Verenigingen, Stichtingen en Fondsen die het algemeen belang bevorderen, zoals de gezondheidszorg, vluchtelingen, zending, blinden, hulpbehoeftigen, enz. **BELEIDSPLAN OP WEBSITE** ▶ ja.
Doelgroep ■ **ALGEMEEN** ▶ vluchtelingen, armen, dak- en thuislozen, zieken, gehandicapten **SPECIFIEK** ▶ Hulpbehoeftigen. **ACTIVITEITEN** ▶ Geen specifieke activiteiten bekend **INTERVENTIENIVEAU** ▶ Steun aan lokale/provinciale maatschappelijke organisaties en structuren (incl. gemeenten etc.) die diensten verlenen aan individuen.
Werkgebied ■ **ACTIERADIUS** ▶ Nationaal **LAND** ▶ Nederland.
Bestedingen ■ **BUDGET** ▶ niet openbaar **SOORT BIJDRAGE** ▶ giften **BOVENGRENS** ▶ geen **ONDERGRENS** ▶ geen.
Projecten ■ **CRITERIA** ▶ In pricipe wordt gestreefd naar een meerjarige ondersteuning. Hiervan kan worden afgeweken in bijzondere gevallen waarbij gedacht moeten worden aan acties n.a.v. rampen en andere eenmalige evenementen. **DOORLOOPTIJD** ▶ ☑ onbekend **STATUS AANVRAGER** ▶ ☑ stichting of vereniging (non-profit) **VOORKEUR/UITSLUITING** ▶ geen voorkeur of uitsluiting bekend.
Procedure ■ **OP AANVRAAG** ▶ onbekend **AANVRAAGPROCEDURE** ▶ geen aanvraagprocedure bekend.
Financieel ■ **INKOMSTEN EV** ▶ € 102.006 **HERKOMST MIDDELEN** ▶ vermogen **BOEKJAAR** ▶ 2019 **JAARVERSLAG OP WEBSITE** ▶ ja.
Contact ■ **BEREIKBAAR PER** ▶ ☑ post ☒ e-mail ☒ telefoon **CONTACTPERSOON** ▶ geen contactpersoon bekend **POSTADRES** ▶ Bromelia 1, 3247 DE Dirksland.

1095
Stichting van der Schalkfonds

Rubriek ■ ☑ kerk en levensbeschouwing ☑ maatschappij, welzijn en samenleving
Algemeen ■ **WEBSITE** ▶ www.transparante-anbi.nl/product/stichting-van-der-schalkfonds/3626 **TYPERING** ▶ vermogensfonds **OPGERICHT** ▶ 10-08-1998 **RECHTSVORM** ▶ stichting **KVK** ▶ 24286758 **ANBI STATUS** ▶ ja **DIRECTIE** ▶ geen directiegegevens bekend **BESTUUR** ▶ K. Visser, voorzitter; D. van den Eijkel, penningmeester; C.P. Huurman, secretaris; C. Visser; W.B. van Til; mw. F.R. Luesink.
Missie ■ **DOELSTELLING** ▶ Het bieden van financiële ondersteuning aan instellingen die zich bezighouden met kerkelijk en maatschappelijk werk voor zeevarenden.
Doelgroep ■ **SPECIFIEK** ▶ Instellingen die zich bezighouden met kerkelijk en maatschappelijk werk voor zeevarenden. **ACTIVITEITEN** ▶ Geen specifieke activiteiten bekend **INTERVENTIENIVEAU** ▶ Steun aan lokale/provinciale maatschappelijke organisaties en structuren (incl. gemeenten etc.) die diensten verlenen aan individuen.

Werkgebied ■ ACTIERADIUS ► Nationaal LAND ► Nederland.
Bestedingen ■ BUDGET ► niet openbaar SOORT BIJDRAGE ► giften subsidies BOVENGRENS ► geen ONDERGRENS ► geen.
Projecten ■ CRITERIA ► geen projectcriteria bekend DOORLOOPTIJD ► ☑ onbekend STATUS AANVRAGER ► ☑ geen beperkingen bekend VOORKEUR/UITSLUITING ► geen voorkeur of uitsluiting bekend.
Procedure ■ OP AANVRAAG ► onbekend AANVRAAGPROCEDURE ► Geen aanvraagprocedure bekend.
Financieel ■ EIGEN VERMOGEN ► € 518.034 INKOMSTEN EV ► € 15.993 HERKOMST MIDDELEN ► vermogen, legaten BOEKJAAR ► 2018 JAARVERSLAG OP WEBSITE ► ja.
Contact ■ BEREIKBAAR PER ► ☑ post ☑ e-mail ☑ telefoon CONTACTPERSOON ► geen contactpersoon bekend POSTADRES ► de Vlashoeck 125, 2661 LZ Bergschenhoek EMAIL (ALGEMEEN) ► dirk@liefdevangemeren.nl TELEFOON (ALGEMEEN) ► 0786812233.

1096
Scheltema-Breet Natuurfonds

Rubriek ■ ☑ natuur, milieu en dieren
Algemeen ■ WEBSITE ► www.cultuurfonds.nl TYPERING ► fonds op naam BEHEERD DOOR ► Prins Bernhard Cultuurfonds DIRECTIE ► zie Prins Bernhard Cultuurfonds BESTUUR ► zie Prins Bernhard Cultuurfonds
Missie ■ DOELSTELLING ► Het financieel ondersteunen van projecten op het gebied van natuurbehoud in Nederland.
Werkgebied ■ ACTIERADIUS ► Nationaal LAND ► Nederland.
Projecten ■ CRITERIA ► geen projectcriteria bekend DOORLOOPTIJD ► ☑ korter dan 1 jaar STATUS AANVRAGER ► ☑ geen beperkingen bekend VOORKEUR/UITSLUITING ► geen voorkeur of uitsluiting bekend.
Procedure ■ OP AANVRAAG ► ja AANVRAAGPROCEDURE ► Dit 'fonds op naam' ressorteert onder het Prins Bernhard Cultuurfonds. Verzoeken aan fondsen op naam komen op één centraal punt binnen. Dit houdt in dat een subsidieaanvraag slechts eenmaal aan het Prins Bernhard Cultuurfonds hoeft te worden gezonden. Voor de verdere aanvraagprocedure: zie Prins Bernhard Cultuurfonds. URL ► www.cultuurfonds.nl/aanvragen
Contact ■ BEREIKBAAR PER ► ☑ post ☑ e-mail ☑ telefoon CONTACTPERSOON ► geen contactpersoon bekend POSTADRES ► Postbus 19750, 1000 GT Amsterdam EMAIL (ALGEMEEN) ► info@cultuurfonds.nl TELEFOON (ALGEMEEN) ► 020-5206130.

1097
Stichting Schiefbaan Hovius

Rubriek ■ ☑ maatschappij, welzijn en samenleving
Algemeen ■ WEBSITE ► www.schiefbaanhovius.nl TYPERING ► vermogensfonds OPGERICHT ► 10-02-1988 RECHTSVORM ► stichting KVK ► 41155098 ANBI STATUS ► ja DIRECTIE ► geen directiegegevens bekend BESTUUR ► W.J. Stolte, voorzitter; V.J.F. Kleyweg, penningmeester; mw. M. Schrijver, secretaris; mw. A. Overhoff; mw. A. Haneveld; mw. M. Veninga; K. Klein.
Missie ■ DOELSTELLING ► 'Het Fonds heeft ten doel directe of indirecte hulpverlening aan jongeren, die in geestelijke en/of lichamelijke nood verkeren, een en ander in de ruimste zin genomen. Het Fonds zal hierbij bijzondere aandacht schenken aan samenwerking met katholieke instellingen op dit terrein.' STICHTER(S) ► Weduwe M.E.L. Schiefbaan-Hovius HISTORIE ► De ontstaansgeschiedenis van het Fonds Schiefbaan Hovius brengt ons ruim 150 jaar terug naar vier Haagse pastoors die in 1843 het initiatief namen tot oprichting van het Fonds Liefdadigheid voor Roomsch Katholieken teneinde 'te voorzien in de behoeften van arme en verwaarloosde kinderen, die met geen armenkas verzorgd werden'. De notaris die hen daarbij financieel hielp en bij wie in maart 1844 de acte werd gepasseerd heette C.J. Schiefbaan. Later heeft zijn weduwe, mevrouw Schiefbaan-Hovius, geld ter beschikking gesteld om tot een eigen gesticht te komen. Dit was het begin van de opvang van duizenden wezen en halfwezen in wat later instituut Groenestein aan de Loosduinseweg is gaan heten. Per 1967 is Groenestein samen met Jeugdhuis Don Bosco opgegaan in de stichting Katholieke Kinderhuizen 's Gravenhage. Het Fonds van Liefdadigheid heeft de opbrengsten van de verkoop van Groenestein bestemd voor 'verplegen, opvoeden en onderwijzen van bij voorkeur RK kinderen in wier opvoeding om een of andere reden niet genoegzaam wordt voorzien, een en ander in de ruimste zin genomen'. Het Fonds van Liefdadigheid is in 1967 opgeheven en overgaan in de Stichting Schiefbaan Hovius ofwel Fonds Schiefbaan Hovius (FSH) geheten. BELEIDSPLAN OP WEBSITE ► ja.
Doelgroep ■ ALGEMEEN ► jongeren, kinderen, vluchtelingen, armen, dak- en thuislozen SPECIFIEK ► Kinderen van wie de ouders niet de mogelijkheid hebben om te bieden wat nodig is voor een onbezorgde jeugd en een kansrijke toekomst in Den Haag en omliggende gemeenten. ACTIVITEITEN ► De omschrijving van de statutaire doelstelling is van algemene aard. Het Fondsbestuur spreekt jaarlijks meer concrete aandachtsgebieden af, die als criterium worden gebruikt bij de beoordeling van aanvragen. Huidge aandachtsgebieden: ☑ Kinderen en tieners: probleemgezinnen, achterstandswijken, onbezorgd spelen en opgroeien, thuis en in de buurt, vrije tijd en vakanties (o.a. via Jeugdvakantieloket), sport, cultuur, onderwijs en leerplicht, en financiële steun op aanvraag van ouders (via Stichting Samenwerkende Sociale Fondsen); ☑ Tieners: omgaan met geld, leerplicht en beroepskeuze, huiswerkbegeleiding, extra aandacht voor achterblijvers en voor talenten; ☑ Jongeren: werkloze jongeren, zwervers en daklozen, schuldproblematiek, eigen projecten van jongeren. ☑ Actualiteit: kinderen van vluchtelingen en jongeren onder de vluchtelingen. INTERVENTIENIVEAU ► Steun aan lokale/provinciale maatschappelijke organisaties en structuren (incl. gemeenten etc.) die diensten verlenen aan individuen.
Werkgebied ■ ACTIERADIUS ► Lokaal, Nationaal LAND ► Nederland REGIO ► Den Haag PLAATS ► Den Haag, Zoetermeer, Leidschendam/Voorburg, Rijswijk, Pijnacker, Nootdorp, Wassenaar.

Bestedingen ■ **BUDGET** ▶ niet openbaar **SOORT BIJDRAGE** ▶ giften **BOVENGRENS** ▶ geen **ONDERGRENS** ▶ geen.

Projecten ■ **CRITERIA** ▶ Financiële steun kan worden verleend aan organisaties en instellingen, die initiatieven ondernemen t.b.v. de doelgroep op de preferente aandachtsgebieden, er van uitgaande, dat die steun redelijkerwijs niet kan worden verwacht van de ouders of van wettelijke verzekeringen of voorzieningen die worden getroffen door de centrale overheid of de gemeente. In de geest van de oprichters en de statutaire doelstelling, richt het Fonds zich op kinderen en jongeren. Mede gelet op de leeftijdsnorm in wettelijke regelingen en voorliggende voorzieningen is de max. leeftijd 24 jaar (in uitzonderingsgevallen 27, leeftijdsgrens in de Participatiewet). **DOORLOOPTIJD** ▶ ☑ korter dan 1 jaar **STATUS AANVRAGER** ▶ ☑ stichting of vereniging (non-profit) ☑ hulpverleners ☑ overig **VOORKEUR/UITSLUITING** ▶ Alleen in de omgeving van Den Haag en omliggende gemeenten.

Procedure ■ **OP AANVRAAG** ▶ ja **DOORLOOPTIJD** ▶ geen doorlooptijd bekend; 3-6 maanden; 3-6 maanden; 1-3 maanden **AANVRAAGPROCEDURE** ▶ Het aanvraagformulier is te downloaden via de website. Deze dient volledig ingevuld te worden en te worden verstuurd per e-mail. Daarnaast ook als bijlagen: ☑ laatste jaarverslag,; ☑ een uittreksel KvK; ☑ een projectbeschrijving inclusief begroting en dekkingsplan (max 5-A4). Het bestuur van het FSH vergadert vier keer per jaar. Over het besluit van het bestuur kan niet worden gecorrespondeerd. **URL** ▶ www.schiefbaanhovius.nl/aanvraag-subsidie.html

Financieel ■ **EIGEN VERMOGEN** ▶ € 4.254.942 **INKOMSTEN EV** ▶ € 124.301 **HERKOMST MIDDELEN** ▶ vermogen **BOEKJAAR** ▶ 2018 **JAARVERSLAG OP WEBSITE** ▶ ja.

Contact ■ **BEREIKBAAR PER** ▶ ☑ post ☑ e-mail ☒ telefoon **CONTACTPERSOON** ▶ geen contactpersoon bekend **POSTADRES** ▶ Prof. P.S. Gerbrandyweg 11, 2584 CA Den Haag **EMAIL (ALGEMEEN)** ▶ secretaris@schiefbaanhovius.nl.

1098

Stichting van Schulden naar Kansen

Rubriek ■ ☑ maatschappij, welzijn en samenleving ☑ economische ontwikkeling en microkrediet

Algemeen ■ **WEBSITE** ▶ www.vanschuldennaarkansen.nl **TYPERING** ▶ vermogensfonds **BEHEERD DOOR** ▶ Delta Lloyd **OPGERICHT** ▶ 10-01-2008 **RECHTSVORM** ▶ stichting **KVK** ▶ 34291840 **ANBI STATUS** ▶ ja **DIRECTIE** ▶ geen directiegegevens bekend **BESTUUR** ▶ Mw. R.F. Hudig, voorzitter; P.P. Boon, penningmeester; mw. R.F. Hudig, secretaris; mw. A.M. de Peuter; M. Schut; M. Hoogewegen.

Missie ■ **DOELSTELLING** ▶ Het doel van de stichting is primair het bevorderen van de (financiële) zelfredzaamheid van sociaal kwetsbare groepen in de samenleving alsmede het ondersteunen van maatschappelijke en culturele projecten op andere terreinen. De stichting probeert haar doelstellingen onder meer te bereiken door: ☑ educatie en voorlichting; ☑ donaties en sponsoring; ☑ het aangaan van duurzame samenwerkingsverbanden met maatschappelijke organisaties; ☑ het faciliteren van vrijwilligerswerk door medewerkers van Nationale-Nederlanden ten behoeve van maatschappelijke projecten; zowel individueel als in teamverband, alsmede het verrichten van al hetgeen wat met het vorenstaande verband houdt of daartoe bevorderlijk kan zijn, alles in de ruimste zin van het woord. **STICHTER(S)** ▶ Delta Lloyd en Marie-Louise Voors **HISTORIE** ▶ Stichting van Schulden naar Kansen ('de Stichting') startte in 2008 onder de naam Delta Lloyd Foundation als een initiatief van Delta Lloyd NV om financiële zelfredzaamheid in Nederland te bevorderen. Na de samenvoeging van Delta Lloyd met de Nederlandse activiteiten van NN Group (Nationale-Nederlanden) gaat de Stichting vanaf 1 mei 2018 verder onder een nieuwe naam, namelijk: Stichting van Schulden naar Kansen. Hierbij is de ambitie van de Stichting ongewijzigd gebleven. Via het gelijknamige programma van Schulden naar Kansen bevordert de Stichting de financiële zelfredzaamheid van kwetsbare groepen in de samenleving. **BELEIDSPLAN OP WEBSITE** ▶ ja.

Doelgroep ■ **ALGEMEEN** ▶ armen **SPECIFIEK** ▶ Projecten die zich richten op mensen met schulden, of die een groot risico daarop hebben, en die leven in armoede. **ACTIVITEITEN** ▶ Stichting van Schulden naar Kansen maakt zich sinds 2008 sterk voor het stimuleren van financiële zelfredzaamheid in Nederland. De projecten en initiatieven die de stichting steunt of zelf opzet, bieden kennis en kansen voor kwetsbare groepen in de samenleving. De stichting richt zich in eerste instantie op het versterken van de financiële aspecten van zelfredzaamheid: ☑ Orde en overzicht in de eigen administratie; ☑ Kennis en begrip van basale financiële zaken; ☑ Inkomen genereren; ☑ Uitgaven beheersen: gedrag, kennis en vaardigheden. **INTERVENTIENIVEAU** ▶ Steun aan lokale/provinciale maatschappelijke organisaties en structuren (incl. gemeenten etc.) die diensten verlenen aan individuen.

Werkgebied ■ **ACTIERADIUS** ▶ Lokaal **LAND** ▶ Nederland **PLAATS** ▶ Amsterdam, Arnhem, Rotterdam, Zwolle.

Bestedingen ■ **BUDGET** ▶ niet openbaar **BOVENGRENS** ▶ geen **ONDERGRENS** ▶ geen.

Projecten ■ **CRITERIA** ▶ Projecten dienen te voldoen aan 7 belangrijke voorwaarden: ☑ Met uw project richt u zich op mensen met schulden, of die een groot risico daarop hebben, en die leven in armoede. ☑ Deelnemers aan uw project wonen in 1 van de 12 wijken (4 steden) waar het programma zich op richt. ☑ Met uw project draagt u bij aan de ontwikkeling van 1 of meerdere van de financiële zelfredzaamheidselementen van de deelnemers. ☑ De kwaliteit van uw project en de projectorganisatie is goed. ☑ U bent bereid om met uw project deel te nemen aan onderzoek door de Hogeschool van Amsterdam naar de effectiviteit van de interventie. ☑ U bent bereid om in de komende jaren groei te realiseren in aantal deelnemers, zodat het aantal te bereiken huishoudens groeit. ☑ U hebt de ambitie om u met uw project tot de einddatum van het programma Van schulden naar kansen (31 december 2020) aan het programma te verbinden. **DOORLOOPTIJD** ▶ ☑ onbekend **STATUS AANVRAGER** ▶ ☑ geen beperkingen bekend **VOORKEUR/UITSLUITING** ▶ Deelnemers dienen te wonen in: ☑ Amsterdam, wijken: Nieuw West, Zuidoost, Noord; ☑ Arnhem, wijken: Malburgen, Presikhaaf, Klarendal; ☑ Rotterdam, wijken: Feijenoord, Delfshaven, Charlois; ☑ Zwolle, wijken: Assendorp, Holtenbroek, Diezerpoort.

Procedure ■ **OP AANVRAAG** ▶ nee **AANVRAAGPROCEDURE** ▶ Op dit moment neemt Stichting van Schulden naar Kansen geen nieuwe financieringsaanvragen in overweging. **URL** ▶ www.vanschuldennaarkansen.nl/onze-voorwaarden/

Financieel ■ **EIGEN VERMOGEN** ▶ € 1.239.834 **INKOMSTEN OV** ▶ € 1.994.807 **HERKOMST MIDDELEN** ▶ moederorganisatie (bijdragen), overige inkomsten, giften & schenkingen **BOEKJAAR** ▶ 2019 **JAARVERSLAG OP WEBSITE** ▶ ja.

Contact ■ **BEREIKBAAR PER** ▶ ☑ post ☑ e-mail ☒ telefoon **CONTACTPERSOON** ▶ Mw. S. Hamelink **POSTADRES** ▶ Schenkkade 65, 2595 AS Den Haag Locatiecode HP G06.005 **EMAIL (ALGEMEEN)** ▶ vanschuldennaarkansen@nn-group.com.

1099
Schumacher-Kramer Stichting

Rubriek ■ ☑ maatschappij, welzijn en samenleving ☑ voedsel en voedselveiligheid ☑ gezondheidszorg ☑ onderwijs en onderzoek

Algemeen ■ **WEBSITE** ▶ www.skf.nl **TYPERING** ▶ vermogensfonds **OPGERICHT** ▶ 1987 **RECHTSVORM** ▶ stichting **KVK** ▶ 41204989 **ANBI STATUS** ▶ ja **DIRECTIE** ▶ geen directiegegevens bekend **BESTUUR** ▶ Mw. T.I. van Bommel-Scheffer, voorzitter; mr. E.O. Spier, penningmeester; drs. F. Poen, secretaris; mr. E.IJ. Spier.

Missie ■ **DOELSTELLING** ▶ Het bevorderen van research op medisch gebied, zomede geneeskundige- en sociaal-medische zorg. De stichting wil in brede zin een bijdragen leveren aan welzijn en gezondheid van de meest kwetsbare mensen, onder andere door financiering van medische voorzieningen, sanitaire – en drinkwatervoorzieningen en wetenschappelijk onderzoek. **STICHTER(S)** ▶ Willem Schumacher.

Doelgroep ■ **ALGEMEEN** ▶ zieken, armen **SPECIFIEK** ▶ Mensen die het sociaal medisch gebied willen bevorderen ten behoeve van de meest kwetsbaren. **ACTIVITEITEN** ▶ Het verlenen van financiële steun voor de volgende projectthema's; ☑ Medisch Research; Speciaal inbegrepen aan kanker gerelateerde onderzoeksprojecten (in Nederland). -; Medisch – Gezondheidszorg; Het bevorderen van research op medisch gebied, zomede geneeskundige- en sociaal-medische zorg (in Ontwikkelingslanden); ☑ WASH; Projecten met betrekking tot sanitaire- en drinkwatervoorzieningen ('potten en putten') (in Ontwikkelingslanden; ☑ Exploitatie; Exploitatiekosten ten behoeve van voorzieningen in gezondheidszorg, één en ander zowel klein- als grootschalig, doch in principe niet zijnde 'bricks & mortar'. (in Ontwikkelingslanden); ☑ Educatie – Voedsel; Exploitatiekosten ten behoeve van voorzieningen op het gebied van educatie en voedsel. (in Ontwikkelingslanden). **INTERVENTIENIVEAU** ▶ Steun aan lokale/provinciale maatschappelijke organisaties en structuren (incl. gemeenten etc.) die diensten verlenen aan individuen.

Werkgebied ■ **ACTIERADIUS** ▶ Nationaal, Internationaal **LAND** ▶ Nederland, Ontwikkelingslanden.

Bestedingen ■ **BUDGET** ▶ niet openbaar **SOORT BIJDRAGE** ▶ giften investeringen subsidies **BOVENGRENS** ▶ geen **ONDERGRENS** ▶ geen.

Projecten ■ **CRITERIA** ▶ selectiecriteria: ☑ Aansluiting met de doelstellingen en projectthema's: ☑ Financiële overwegingen: begroting, financieel duurzaam, andere financiers en/of plannen daarvoor; ☑ Leiderschap: in hoeverre is er voldoende leiderschap om het plan daadwerkelijk een succes te maken?; ☑ Vliegwiel: in hoeverre kan SKF met haar (financiële) bijdrage iets in beweging zetten dat zonder onze ondersteuning niet van de grond zou komen?; Impact: hoe beoordelen we de verwachte impact van het initiatief en onze investering (zonder in de valkuil van de meetbaarheids-illusie te vallen); }. **DOORLOOPTIJD** ▶ ☑ onbekend **STATUS AANVRAGER** ▶ ☑ geen beperkingen bekend **VOORKEUR/UITSLUITING** ▶ geen voorkeur of uitsluiting bekend.

Procedure ■ **OP AANVRAAG** ▶ ja **AANVRAAGPROCEDURE** ▶ Geen aanvraagprocedure bekend. Selectiecriteria en contactgegevens zijn bekend. **URL** ▶ www.skf.nl

Financieel ■ **INKOMSTEN EV** ▶ € -1.129.426 **HERKOMST MIDDELEN** ▶ legaten, vermogen **BOEKJAAR** ▶ 2019 **JAARVERSLAG OP WEBSITE** ▶ ja.

Contact ■ **BEREIKBAAR PER** ▶ ☑ post ☑ e-mail ☒ telefoon **CONTACTPERSOON** ▶ geen contactpersoon bekend **POSTADRES** ▶ Postbus 53258, 1007 RG Amsterdam **EMAIL (ALGEMEEN)** ▶ foundation@skf.nl .

1100
Stichting Schürmann Krant

Rubriek ■ ☑ maatschappij, welzijn en samenleving ☑ kunst en cultuur

Algemeen ■ **WEBSITE** ▶ www.stichtingschurmann-krant.nl **TYPERING** ▶ vermogensfonds **RECHTSVORM** ▶ stichting **KVK** ▶ 41216261 **ANBI STATUS** ▶ ja **DIRECTIE** ▶ geen directiegegevens bekend **BESTUUR** ▶ Mr. C.J.J.M. van Gool, voorzitter; InsingerGilissen Philanthropy Trust Estates B.V., penningmeester.

Missie ■ **DOELSTELLING** ▶ De Stichting heeft ten doel het verlenen van financiële steun aan Joodse artistiek begaafde jongeren en Joodse oorlogsslachtoffers. **BELEIDSPLAN OP WEBSITE** ▶ ja.

Doelgroep ■ **ALGEMEEN** ▶ jongeren, gelovigen, ouderen **SPECIFIEK** ▶ Joodse artistiek begaafde jongeren en Joodse oorlogsslachtoffers. **ACTIVITEITEN** ▶ De Stichting stelt zich ten doel om naast de nog doorlopende uitkering aan oorlogsslachtoffers de financiële ondersteuning van artistiek begaafde jongeren meer kracht bij te zetten. Deze laatste doelstelling wordt actiever onder de aandacht gebracht door bestaande contacten en netwerk te attenderen op de Stichting alsmede bezoeken te brengen aan potentiële 'ambassadeurs' voor deze Stichting. **INTERVENTIENIVEAU** ▶ Steun aan individuen (directe steun).

Werkgebied ■ ACTIERADIUS ▶ Nationaal LAND ▶ Nederland PLAATS ▶ Amsterdam.

Bestedingen ■ BUDGET ▶ niet openbaar SOORT BIJDRAGE ▶ giften BOVENGRENS ▶ geen ONDERGRENS ▶ geen.

Projecten ■ CRITERIA ▶ geen projectcriteria bekend DOORLOOPTIJD ▶ ☑ onbekend STATUS AANVRAGER ▶ ☑ geen beperkingen bekend VOORKEUR/UITSLUITING ▶ geen voorkeur of uitsluiting bekend.

Procedure ■ OP AANVRAAG ▶ onbekend AANVRAAGPROCEDURE ▶ geen aanvraagprocedure bekend.

Financieel ■ INKOMSTEN EV ▶ € 21.417 HERKOMST MIDDELEN ▶ onbekend BOEKJAAR ▶ 2019 JAARVERSLAG OP WEBSITE ▶ ja.

Contact ■ BEREIKBAAR PER ▶ ☑ post ☒ e-mail ☒ telefoon CONTACTPERSOON ▶ geen contactpersoon bekend POSTADRES ▶ Herengracht 537, 1017 BV Amsterdam.

1101

Schuurman Schimmel-van Outeren Stichting

Rubriek ■ ☑ onderwijs en onderzoek

Algemeen ■ WEBSITE ▶ www.schuurmanschimmelvanouterenstichting.nl TYPERING ▶ vermogensfonds OPGERICHT ▶ 17-10-1883 RECHTSVORM ▶ stichting KVK ▶ 41223283 ANBI STATUS ▶ ja DIRECTIE ▶ geen directiegegevens bekend BESTUUR ▶ Mr. T. W. van Grafhorst, voorzitter; mw.drs. M. M. G. Pubben, secretaris; prof.dr. R. Benner; drs. M. ter Braak; mr. J.A. van den Berg; prof.dr. E.A. de Jong; prof.dr. F. C. de Ruiter; Mw. Prof. Dr. C. G. Santing, Prof. Dr. R. C. J. Zwinkels.

Missie ■ DOELSTELLING ▶ De stichting heeft ten doel verdienstelijke jonge mensen met een goed verstand, die door minder gunstige omstandigheden daartoe niet in de gelegenheid zijn, in staat te stellen hun studie op het gebied van wetenschap en kunst te beginnen, voort te zetten of te voltooien. STICHTER(S) ▶ Mevrouw H.G. Gerdessen-van Outeren HISTORIE ▶ De Stichting werd in Haarlem op 17 oktober 1883 opgericht door mevrouw H.G. van Outeren, weduwe van H.F. Schuurman Schimmel, arts. Zij verwezenlijkte met het stichten van het studiefonds het ideaal van haar overleden echtgenoot. In het begin schonk het bestuur beurzen aan scholieren van het lager, middelbaar en gymnasiaal onderwijs in Haarlem en aan studenten muziek. Zodra de stand van de rekening het toeliet, stelde het bestuur ook gelden beschikbaar aan universitaire studenten. Studenten geneeskunde, wis- en natuurkunde, polytechniek en zij die hoger militair onderwijs volgden, genoten de voorkeur. Later kwamen ook universitaire studenten van andere studierichtingen en studenten die hoger kunstonderwijs volgden in aanmerking. In de eerste honderd jaar van haar bestaan heeft de Stichting circa 860 jonge mensen financieel gesteund. Na 125 jaar zijn doelstellingen en werkwijze niet wezenlijk veranderd. Tegenwoordig schenkt de Stichting jaarlijks enkele honderden studenten een beurs.

Doelgroep ■ ALGEMEEN ▶ studenten SPECIFIEK ▶ Universitaire en HBO (Kunsten) studenten. ACTIVITEITEN ▶ De stichting stelt financiële middelen beschikbaar in de vorm van beurzen ten behoeve van studies in Nederland, stages en bij hoge uitzondering studies in het buitenland. De stichting behandelt ook de aanvragen voor de toekenning van beurzen die zijn ontvangen door de Stichting De Korinthiërs. Op verzoek van de Koninklijke Hollandsche Maatschappij der Wetenschappen selecteert de stichting universitaire studenten die een verzoek hebben ingediend tot financiële ondersteuning voor een studie of stage in het buitenland. INTERVENTIENIVEAU ▶ Steun aan individuen (directe steun).

Werkgebied ■ ACTIERADIUS ▶ Nationaal, Internationaal LAND ▶ Nederland PLAATS ▶ Haarlem.

Bestedingen ■ BUDGET ▶ € 262.805 TOELICHTING ▶ Jaarlijks wordt op basis van verwachte vijfjaars rendement, inflatie en het vermogen een bedrag vastgesteld dat aan het vermogen wordt onttrokken. De te verwachten kosten worden van dit bedrag afgehaald, waardoor het overgebleven bedrag als bestedingbudget voor de doelstelling kan worden besteed. ONDERSTEUNDE PROJECTEN P/J ▶ 125 SOORT BIJDRAGE ▶ studiebeurzen BOVENGRENS ▶ € 4.000 ONDERGRENS ▶ geen.

Projecten ■ CRITERIA ▶ Voor de projectcriteria voor een studiebeurs in Nederland of een beurs stage/wetenschappelijk onderzoek in het buitenland, zie website: www.schuurmanschimmelvanouterenstichting.nl/criteria.html. DOORLOOPTIJD ▶ ☑ korter dan 1 jaar STATUS AANVRAGER ▶ ☑ individuen/gezinnen VOORKEUR/UITSLUITING ▶ Wat de stichting niet steunt m.b.t. studiebeurs in Nederland: ☑ Voorbereidende opleidingen, pre-masters; ☑ Het eerste studiejaar; ☑ Theologie opleidingen; ☑ Promoties; ☑ Aanschaf pc's, laptops, muziekinstrumenten enz. Wat de stichting niet steunt m.b.t. beurs in het buitenland: ☑ Uitwisselingen; ☑ Excursies, congresbezoeken, summercourses enz. ☑ Studies in het buitenland in principe niet, uitgezonderd voor zeer getalenteerde studenten die een studie (gaan) volgen die niet in Nederland voorhanden is. In dit geval kunt u contact opnemen met het bureau.

Procedure ■ OP AANVRAAG ▶ ja DOORLOOPTIJD ▶ 1-3 maanden AANVRAAGPROCEDURE ▶ Aanvragen via de website d.m.v. het downloaden, invullen en ondertekenen van het aanvraagformulier. Voeg tevens een pasfoto toe op het formulier en de gevraagde bijlagen. De aanvragen kunnen alleen via de post worden ingediend. U dient dit formulier te printen en te versturen naar het postadres. Het bestuur vergadert 8 maal per jaar, niet in de maanden juli en augustus. De aanvraag voor een beurs stage/wetenschappelijk onderzoek in het buitenland moet uiterlijk drie maanden voor vertrek ingediend worden. URL ▶ www.schuurmanschimmelvanouterenstichting.nl/aanvragen.html

Financieel ■ HERKOMST MIDDELEN ▶ vermogen BOEKJAAR ▶ 2017 JAARVERSLAG OP WEBSITE ▶ ja.

Contact ■ BEREIKBAAR PER ▶ ☑ post ☑ e-mail ☑ telefoon CONTACTPERSOON ▶ Mw. B.E.M. Elders POSTADRES ▶ Kennemerplein 13C, 2011 MH Haarlem EMAIL (ALGEMEEN) ▶ info@ssvos.nl TELEFOON (ALGEMEEN) ▶ 023-5317531.

1102
Stichting Seacrest

Rubriek ■ ☑ maatschappij, welzijn en samenleving ☑ sport en recreatie ☑ onderwijs en onderzoek
Algemeen ■ WEBSITE ▶ www.kennisbankfilantropie.nl/anbi/seacrest TYPERING ▶ vermogensfonds OPGERICHT ▶ 26-11-1996 RECHTSVORM ▶ stichting KVK ▶ 41195007 ANBI STATUS ▶ ja DIRECTIE ▶ geen directiegegevens bekend BESTUUR ▶ Mw. T.A.M. Roelofs, voorzitter; mw. A.J. Hilberdink-Briggeman, penningmeester; mw. S.M. Steinert, secretaris.
Missie ■ DOELSTELLING ▶ De Stichting heeft ten doel gesteld om in Nederland financiële ondersteuning te bieden aan activiteiten en projecten die vooral gericht zijn op de educatie en het welzijn van kinderen en jonge volwassenen die door geld gebrek dreigen tussen de wal en het schip te vallen. De Stichting heeft tevens ten doel het financieel ondersteunen van projecten en individuen zodat meer mensen met een handicap kunnen watersporten. De Stichting hoopt door middel van een financiële ondersteuning jongeren, wonend in Nederland, een kans te geven zich verder te ontwikkelen en daardoor een verbetering van de kwaliteit van hun leven te realiseren. De Stichting wil door middel van een financiële ondersteuning mensen met een handicap kansen geven om de watersport te kunnen beoefenen. BELEIDSPLAN OP WEBSITE ▶ ja.
Doelgroep ■ ALGEMEEN ▶ jongeren, gehandicapten SPECIFIEK ▶ Geen specifieke doelgroep ACTIVITEITEN ▶ De Stichting hoopt door middel van een financiële ondersteuning jongeren, wonend in Nederland, een kans te geven zich verder te ontwikkelen en daardoor een verbetering van de kwaliteit van hun leven te realiseren. De Stichting wil door middel van een financiële ondersteuning mensen met een handicap kansen geven om de watersport te kunnen beoefenen. INTERVENTIENIVEAU ▶ Steun aan individuen (directe steun).; Steun aan lokale/provinciale maatschappelijke organisaties en structuren (incl. gemeenten etc.) die diensten verlenen aan individuen.
Werkgebied ■ ACTIERADIUS ▶ Nationaal LAND ▶ Nederland.
Bestedingen ■ BUDGET ▶ € 10.000 ONDERSTEUNDE PROJECTEN P/J ▶ 14 SOORT BIJDRAGE ▶ giften subsidies BOVENGRENS ▶ € 2.500 ONDERGRENS ▶ geen.
Projecten ■ CRITERIA ▶ De Stichting heeft ten doel om aanvragen in 3 categorieën te honoreren: ☑ algemene ontwikkeling,; ☑ sociale en emotionele ontwikkeling; ☑ opleiding. Criteria: ☑ De aanvraag moet voldoen aan de richtlijnen van de doelstellingen 'ondersteuning; jongeren' en 'ondersteuning watersport voor mensen met een handicap'; ☑ Er kan geen beroep gedaan worden op de voorliggende voorzieningen of andere; (grotere/bekende) charitatieve instellingen; ☑ De (pleeg)ouders zijn zelf absoluut financieel niet in staat zijn om de kosten van de; hulp te betalen. DOORLOOPTIJD ▶ ☑ onbekend STATUS AANVRAGER ▶ ☑ geen beperkingen bekend VOORKEUR/UITSLUITING ▶ geen voorkeur of uitsluiting bekend.
Procedure ■ OP AANVRAAG ▶ ja AANVRAAGPROCEDURE ▶ Alle aanvragen worden aan het volledige bestuur voorgelegd.
Financieel ■ EIGEN VERMOGEN ▶ € 25.929 HERKOMST MIDDELEN ▶ inkomsten uit vermogen, vermogen BOEKJAAR ▶ 2019 JAARVERSLAG OP WEBSITE ▶ ja.
Contact ■ BEREIKBAAR PER ▶ ☑ post ☑ e-mail ☑ telefoon CONTACTPERSOON ▶ geen contactpersoon bekend POSTADRES ▶ Herengracht 8, 1398 AD Muiden EMAIL (ALGEMEEN) ▶ stichting@seacrest.nl TELEFOON (ALGEMEEN) ▶ 0653109004.

1103
Stichting SFO

Rubriek ■ ☑ gezondheidszorg ☑ maatschappij, welzijn en samenleving ☑ sport en recreatie
Algemeen ■ WEBSITE ▶ www.stichtingsfo.nl TYPERING ▶ vermogensfonds OPGERICHT ▶ 17-08-1987 RECHTSVORM ▶ stichting KVK ▶ 41154952 ANBI STATUS ▶ ja DIRECTIE ▶ geen directiegegevens bekend BESTUUR ▶ J.P. Wouterse, penningmeester; mw. J.G.W.M. van den Berg, secretaris; drs. J.G.I.M. Reijrink; mr. Th.A.J. Verster; A.J.J. Welling; ing. J. Schlieker; Ing. J. Jannink.
Missie ■ DOELSTELLING ▶ De Stichting heeft als doel het verstrekken van financiële bijdragen, op een zodanige wijze dat de financiële verstrekkingen van de overheid door deze bijdragen niet worden verminderd, aan instellingen ter bevordering van de leefomstandigheden van mensen met een geestelijke handicap*, zulks met eensterke voorkeur voor de Stichting Huize Vincentius te Udenhout. * In plaats van de statutaire terminologie 'geestelijke handicap' wordt in de huidige uitingen steeds 'verstandelijke beperking' gebruikt. STICHTER(S) ▶ Frans Willem Boelie Ommering HISTORIE ▶ Frans Willem (Boelie) Ommering (1916-2000) heeft de Stichting in 1994 opgericht en zijn vermogen hierin ondergebracht. Statutair is bepaald dat 'de Stichting ten doel heeft het verstrekken van financiële bijdragen, op een zodanige wijze dat de financiële verstrekkingen van de overheid door deze bijdragen niet worden verminderd, aan instellingen ter bevordering van de leefomstandigheden van mensen met een verstandelijke beperking, zulks met een sterke voorkeur voor de Stichting Huize Vincentius te Udenhout'. BELEIDSPLAN OP WEBSITE ▶ ja.
Doelgroep ■ ALGEMEEN ▶ gehandicapten SPECIFIEK ▶ Mensen met een verstandelijke beperking. ACTIVITEITEN ▶ De Stichting bereikt haar doelstellingen middels de volgende activiteiten: ☑ Het toekennen van financiële donaties op aanvragen door derden, te weten stichtingen, ANBI's en overige organisaties (niet zijnde particulieren), voor bijdragen aan activiteiten die de leefomstandigheden van mensen met een verstandelijke beperking bevorderen; ☑ Het toekennen van bijdragen aan vastgoedprojecten, geïnitieerd door andere (ANBI) fondsen, ten behoeve van mensen met een verstandelijke handicap; ☑ Het financieren van al dan niet door de stichting zelf geïnitieerde projecten voor verbetering van de leefomstandigheden van mensen met een verstandelijke beperking, met medefinanciering door en in samenwerking met derden deskundigen en welke projecten binnen een te definiëren periode door de eigen organisatie en/of overheid

worden beheerd (zgn. missie gerelateerde investeringen). **INTERVENTIENIVEAU** ▶ Steun aan lokale/provinciale maatschappelijke organisaties en structuren (incl. gemeenten etc.) die diensten verlenen aan individuen.

Werkgebied ■ **ACTIERADIUS** ▶ Nationaal **LAND** ▶ Nederland.

Bestedingen ■ **BUDGET** ▶ € 1.200.000 **ONDERSTEUNDE PROJECTEN P/J** ▶ 36 **SOORT BIJDRAGE** ▶ giften overig leningen **BOVENGRENS** ▶ geen **ONDERGRENS** ▶ geen.

Projecten ■ **CRITERIA** ▶ Het project moet personen met een verstandelijke beperking dienen. Bij een verstandelijke beperking dienen beperkingen te bestaan in zowel het verstandelijk functioneren als het adaptief functioneren in conceptuele, sociale en praktische domeinen. Er moet voldaan worden aan drie criteria; ☑ beperkingen in intellectuele functies; ☑ beperkingen in adaptief functioneren; ☑ de intellectuele en adaptieve beperking is ontstaan tijdens de ontwikkelingsperiode. **DOORLOOPTIJD** ▶ ☑ onbekend **STATUS AANVRAGER** ▶ ☑ geen beperkingen bekend ☑ stichting of vereniging (non-profit) **VOORKEUR/UITSLUITING** ▶ geen voorkeur of uitsluiting bekend.

Procedure ■ **OP AANVRAAG** ▶ ja **AANVRAAGPROCEDURE** ▶ Via het online aanvraagformulier. Vergeet niet bij uw aanvraag de volgende bijlagen mee te sturen: ☑ een recent uittreksel van de Kamer van Koophandel; ☑ statuten; ☑ een projectplan met begroting en eventueel exploitatieoverzicht; ☑ jaarverslag met jaarcijfers. **URL** ▶ www.stichtingsfo.nl/wat-kunnen-we-voor-u-doen

Financieel ■ **EIGEN VERMOGEN** ▶ € 82.103.230 **INKOMSTEN EV** ▶ € 1.190.150 **HERKOMST MIDDELEN** ▶ inkomsten uit vermogen, vermogen **BOEKJAAR** ▶ 2018 **JAARVERSLAG OP WEBSITE** ▶ ja.

Contact ■ **BEREIKBAAR PER** ▶ ☑ post ☑ e-mail ☒ telefoon **CONTACTPERSOON** ▶ geen contactpersoon bekend **POSTADRES** ▶ Postbus 3415, 5203 DK 's-Hertogenbosch **EMAIL (ALGEMEEN)** ▶ info@stichtingsfo.nl.

1104
Stichting Siebolt Foundation

Rubriek ■ ☑ maatschappij, welzijn en samenleving ☑ sport en recreatie ☑ kunst en cultuur ☑ onderwijs en onderzoek ☑ noodhulp

Algemeen ■ **WEBSITE** ▶ www.stichtingsiebolt.nl **TYPERING** ▶ vermogensfonds **OPGERICHT** ▶ 28-04-2009 **RECHTSVORM** ▶ stichting **KVK** ▶ 01151614 **ANBI STATUS** ▶ ja **DIRECTIE** ▶ geen directiegegevens bekend **BESTUUR** ▶ J.S. Zeinstra, voorzitter; J.F.A.M. Folkers, penningmeester; mw. M. Neijenhuis-Frietema, secretaris.

Missie ■ **DOELSTELLING** ▶ De Stichting Siebolt Foundation heeft ten doel: ☑ het (mede) organiseren, bevorderen en ondersteunen van maatschappelijk relevante evenementen, projecten, culturele uitingen, sport en spel en gebeurtenissen in Friesland; ☑ Het bevorderen en ondersteunen van innovatieve food en agri projecten; ☑ het bewaren van historisch erfgoed in Friesland. Of Fries historisch erfgoed elders. **STICHTER(S)** ▶ Jan S. Zeinstra **HISTORIE** ▶ De Stichting Siebolt Foundation is op 28 april 2009 opgericht door de heer Jan S. Zeinstra. De naam van de Stichting Siebolt is gebaseerd op een oude familienaam. **BELEIDSPLAN OP WEBSITE** ▶ ja.

Doelgroep ■ **SPECIFIEK** ▶ Maatschappelijk relevante evenementen, historisch erfgoed, culturele, sport- en spel en agronutrische projecten. **ACTIVITEITEN** ▶ Geen specifieke activiteiten bekend **INTERVENTIENIVEAU** ▶ Steun aan individuen (directe steun).; Steun aan lokale/provinciale maatschappelijke organisaties en structuren (incl. gemeenten etc.) die diensten verlenen aan individuen.

Werkgebied ■ **ACTIERADIUS** ▶ Internationaal **LAND** ▶ Wereldwijd.

Bestedingen ■ **BUDGET** ▶ niet openbaar **ONDERSTEUNDE PROJECTEN P/J** ▶ 40 **SOORT BIJDRAGE** ▶ onbekend **BOVENGRENS** ▶ geen **ONDERGRENS** ▶ geen.

Projecten ■ **CRITERIA** ▶ geen projectcriteria bekend **DOORLOOPTIJD** ▶ ☑ onbekend **STATUS AANVRAGER** ▶ ☑ geen beperkingen bekend **VOORKEUR/UITSLUITING** ▶ geen voorkeur of uitsluiting bekend.

Procedure ■ **OP AANVRAAG** ▶ ja **AANVRAAGPROCEDURE** ▶ Er dient schriftelijk een aanvraag bij Stichting Siebolt te worden ingediend. Het bestuur beoordeelt de aanvraag, toetsing aan de statuten. De Stichting laat de aanvrager schriftelijk weten of zij de aanvraag honoreert of afwijst. Met opgaaf van reden. Er bestaat geen mogelijkheid tot beroep. De Stichting geeft duidelijk aan wat de maximale omvang van de gift is. De aanvraag dient te worden voorzien van; ☑ omschrijving van het project; ☑ omschrijving van de aanvrager; ☑ financieel verslag van de aanvrager; ☑ begroting/kostenoverzicht van het project. **URL** ▶ www.stichtingsiebolt.nl/aanvraag

Financieel ■ **EIGEN VERMOGEN** ▶ € 448.643 **INKOMSTEN EV** ▶ € 33.829 **INKOMSTEN OV** ▶ € 7.774 **HERKOMST MIDDELEN** ▶ vermogen, giften & schenkingen, overige inkomsten, inkomsten uit vermogen **BOEKJAAR** ▶ 2018 **JAARVERSLAG OP WEBSITE** ▶ ja.

Contact ■ **BEREIKBAAR PER** ▶ ☑ post ☑ e-mail ☑ telefoon **CONTACTPERSOON** ▶ geen contactpersoon bekend **POSTADRES** ▶ Willemskade 28a, 8911 BB Leeuwarden **EMAIL (ALGEMEEN)** ▶ info@stichtingsiebolt.nl **TELEFOON (ALGEMEEN)** ▶ 058-2131221.

1105
Stichting Simons W.B. Fonds

Rubriek ■ ☑ kunst en cultuur

Algemeen ■ **WEBSITE** ▶ www.kennisbankfilantropie.nl/anbi/simons-wb-fonds **TYPERING** ▶ vermogensfonds **OPGERICHT** ▶ 22-10-1930 **RECHTSVORM** ▶ stichting **KVK** ▶ 41199810 **ANBI STATUS** ▶ ja **DIRECTIE** ▶ geen directiegegevens bekend **BESTUUR** ▶ J.B.I.M. Kat, voorzitter; E.A.P. Engels, penningmeester; K.A.G.M. van Gulik, secretaris; P. de Rooij; P. Gerards; A.J. Heinen.

Missie ■ **DOELSTELLING** ▶ Het doel van de stichting is de bevordering van de culturele arbeid van ☑ de NV Maatschappij tot Verspreiding van Goede en Goedkope Lectuur en ☑ van de vereniging W.B.Vereniging.

Doelgroep ■ **SPECIFIEK** ▶ Geen specifieke doelgroep **ACTIVITEITEN** ▶ Het spreiden en het stimuleren van de cultuur door middel van het in standhouden van het boek als de cultuurdrager bij uitstek, alsmede elke andere vorm die teksten en cultuur kan ondersteunen. **INTERVENTIENIVEAU** ▶ Onbekend.

Werkgebied ■ **ACTIERADIUS** ▶ Nationaal **LAND** ▶ Nederland.

Bestedingen ■ **BUDGET** ▶ niet openbaar **SOORT BIJDRAGE** ▶ giften **BOVENGRENS** ▶ geen **ONDERGRENS** ▶ geen.

Projecten ■ **CRITERIA** ▶ geen projectcriteria bekend **DOORLOOPTIJD** ▶ ☑ korter dan 1 jaar **STATUS AANVRAGER** ▶ ☑ stichting of vereniging (non-profit) **VOORKEUR/UITSLUITING** ▶ geen voorkeur of uitsluiting bekend.

Procedure ■ **OP AANVRAAG** ▶ onbekend **AANVRAAGPROCEDURE** ▶ Geen aanvraagprocedure bekend.

Financieel ■ **HERKOMST MIDDELEN** ▶ vermogen.

Contact ■ **BEREIKBAAR PER** ▶ ☑ post ☑ e-mail ☑ telefoon **CONTACTPERSOON** ▶ J.B.I.M. Kat **POSTADRES** ▶ Linnaeuslaan 17, 2012 PN Haarlem **EMAIL (ALGEMEEN)** ▶ kat031@zonnet.nl **TELEFOON (ALGEMEEN)** ▶ 023-5475898.

1106
Stichting Sinnige Fonds

Rubriek ■ ☑ maatschappij, welzijn en samenleving ☑ gezondheidszorg

Algemeen ■ **WEBSITE** ▶ www.sinnigefonds.nl **TYPERING** ▶ vermogensfonds **OPGERICHT** ▶ 01-03-1913 **RECHTSVORM** ▶ stichting **KVK** ▶ 40023255 **ANBI STATUS** ▶ ja **DIRECTIE** ▶ geen directiegegevens bekend **BESTUUR** ▶ R. Vos, voorzitter; K. van Dijken, penningmeester; mw. P. Groeneveld, secretaris; J. Sinnige; T. Bosma.

Missie ■ **DOELSTELLING** ▶ De doelstelling is het bevorderen van het welzijn van mensen met een verstandelijke beperking in de provincie Groningen. De Stichting wil dit doel vooral bereiken door activiteiten of projecten te stimuleren die: ☑ de integratie van mensen met een verstandelijke beperking bevorderen, of; ☑ op een andere manier bijdragen aan het krijgen van een waardevolle plek van deze mensen in de samenleving. **HISTORIE** ▶ Stichting Sinnige Fonds bestaat sinds 2009. Zij komt voort uit de Vereniging Zwakzinnigenzorg Groningen, opgericht in 1913. In het begin van de 20e eeuw betaalde de overheid niet voor wonen met zorg en dagbesteding voor mensen met een verstandelijke beperking. Gegoede burgers uit de samenleving namen het initiatief om hiervoor te zorgen. Zo ontstond ook de Vereniging Zwakzinnigenzorg. Zij beheerde huizen en werkplaatsen voor mensen die dat nodig hadden. Bestuursleden met hart voor de zaak legden daarmee het fundament voor de zorg in de provincie Groningen. De Stichting Sinnige Fonds is vernoemd naar Henk Sinnige, een belangrijk adviseur van het bestuur van deze vereniging en zeer actief in de Groninger zorg voor mensen met een verstandelijke beperking in de tweede helft van de 20e eeuw.

Doelgroep ■ **ALGEMEEN** ▶ gehandicapten **SPECIFIEK** ▶ Verstandelijk beperkten en gehandicapten. **ACTIVITEITEN** ▶ Geen specifieke activiteiten bekend **INTERVENTIENIVEAU** ▶ Steun aan lokale/provinciale maatschappelijke organisaties en structuren (incl. gemeenten etc.) die diensten verlenen aan individuen.; Steun aan individuen (directe steun).

Werkgebied ■ **ACTIERADIUS** ▶ Regionaal **LAND** ▶ Nederland **REGIO** ▶ Groningen.

Bestedingen ■ **BUDGET** ▶ niet openbaar **ONDERSTEUNDE PROJECTEN P/J** ▶ 12 **SOORT BIJDRAGE** ▶ subsidies **BOVENGRENS** ▶ geen **ONDERGRENS** ▶ geen.

Projecten ■ **CRITERIA** ▶ ☑ De activiteit of voorziening waarvoor subsidie wordt gevraagd, komt ten goede aan mensen met een verstandelijke beperking die wonen in de provincie Groningen; ☑ De activiteit of voorziening bevordert de integratie van mensen met een verstandelijke beperking, of draagt op een andere manier bij aan het krijgen van een waardevolle plek van deze mensen in de samenleving. Voorbeelden van activiteiten en voorzieningen waaraan subsidie kan worden verleend zijn: een sport- of culturele activiteit; inrichting van een kleinschalige woonvoorziening (ouderinitiatief); materiaal voor een dagactiviteit. **DOORLOOPTIJD** ▶ ☑ onbekend **STATUS AANVRAGER** ▶ ☑ overig **VOORKEUR/UITSLUITING** ▶ Alleen aan rechtspersonen wordt subsidie toegekend. Bijzondere belangstelling gaat uit naar activiteiten met een vernieuwend karakter. Er worden uit het fonds geen structurele subsidies verleend noch exploitatiesubsidies.

Procedure ■ **OP AANVRAAG** ▶ ja **AANVRAAGPROCEDURE** ▶ Voor het aanvragen van een subsidie kunt u gebruik maken van een formulier, dat u aantreft op het hoofdmenu van de website. U kunt uw aanvraag ook per brief doen, met daarin in ieder geval de volgende gegevens; ☑ aard en doel van de activiteit of voorziening; ☑ onderbouwing/motivatie mbt integratie de integratie van mensen met een verstandelijke beperking ☑ duur van de activiteit; ☑ een gespecificeerde begroting van uitgaven en inkomsten, hierbij moet ook aangegeven worden of tegelijkertijd ook bij andere organisaties, instanties of overheden subsidie wordt/is aangevraagd, en zo ja, voor welk bedrag. Dit dient u te sturen naar het postadres of per e-mail. U ontvangt een ontvangstbevestiging waarin we u ook vertellen binnen welke termijn u een reactie op uw aanvraag kunt verwachten. **URL** ▶ https://sinnigefonds.nl/aanvraagformulier/

Financieel ■ **EIGEN VERMOGEN** ▶ € 2.150.038 **INKOMSTEN EV** ▶ € 44.944 **HERKOMST MIDDELEN** ▶ inkomsten uit vermogen, vermogen **BOEKJAAR** ▶ 2019 **JAARVERSLAG OP WEBSITE** ▶ ja.

Contact ■ **BEREIKBAAR PER** ▶ ☑ post ☑ e-mail ☒ telefoon **CONTACTPERSOON** ▶ geen contactpersoon bekend **POSTADRES** ▶ Kraneweg 99A, 9718 JM Groningen **EMAIL (ALGEMEEN)** ▶ info@sinnigefonds.nl.

1107
Stichting Sint Anna Aalmoeshuis

Rubriek ■ ☑ kunst en cultuur ☑ maatschappij, welzijn en samenleving

Algemeen ■ **WEBSITE** ▶ www.kennisbankfilantropie.nl/anbi/sint-anna-aalmoeshuis **TYPERING** ▶ hybride fonds **OPGERICHT** ▶ 15-05-1979 **RECHTSVORM** ▶ stichting **KVK** ▶ 41165687 **ANBI STATUS** ▶ ja **DIRECTIE** ▶ geen directiegegevens bekend **BESTUUR** ▶ Dr. L. Tilanus, voorzitter; drs. R. Daalmeijer, penningmeester; mw.drs. C.J. Donner, secretaris; dr. J.C. Voorthuis.

Missie ■ **DOELSTELLING** ▶ ☑ Het cultureel erfgoed bestaande uit het complex Sint Anna Aalmoeshuis te Leiden, met inbegrip van de roerende goederen der Stichting Sint Anna Aalmoeshuis, zo goed mogelijk toegankelijk te houden, te beheren en te exploiteren; ☑ Het verstrekken van huisvesting, bij voorkeur aan vrouwelijke inwoners van de stad Leiden. **BELEIDSPLAN OP WEBSITE** ▶ ja.

Doelgroep ■ **ALGEMEEN** ▶ vrouwen **SPECIFIEK** ▶ Vrouwen (boven 40 jaar) bij voorkeur uit Leiden. **ACTIVITEITEN** ▶ De stichting tracht haar doel te bereiken door: ☑ Het in eigendom behouden en beheren van het Sint Anna Aalmoeshuis, alsmede de bijbehorende kapel; ☑ Het verhuren van woonheden (9 stuks); ☑ Het samenwerken met instellingen en organisaties op het gebied van de volkshuisvesting en de monumentenzorg. **INTERVENTIENIVEAU** ▶ Steun aan lokale/provinciale maatschappelijke organisaties en structuren (incl. gemeenten etc.) die diensten verlenen aan individuen.; Steun aan individuen (directe steun).

Werkgebied ■ **ACTIERADIUS** ▶ Lokaal **LAND** ▶ Nederland **PLAATS** ▶ Leiden.

Bestedingen ■ **BUDGET** ▶ niet openbaar **SOORT BIJDRAGE** ▶ overig **BOVENGRENS** ▶ geen **ONDERGRENS** ▶ geen.

Projecten ■ **CRITERIA** ▶ geen projectcriteria bekend **DOORLOOPTIJD** ▶ ☑ onbekend **STATUS AANVRAGER** ▶ ☑ geen beperkingen bekend **VOORKEUR/UITSLUITING** ▶ Voorkeur voor vrouwen boven 40 uit Leiden.

Procedure ■ **OP AANVRAAG** ▶ nee **AANVRAAGPROCEDURE** ▶ geen aanvraagprocedure bekend.

Financieel ■ **EIGEN VERMOGEN** ▶ € 108.597 **INKOMSTEN EV** ▶ € 52.079 **INKOMSTEN OV** ▶ € 12.146 **HERKOMST MIDDELEN** ▶ onbekend **BOEKJAAR** ▶ 2019 **JAARVERSLAG OP WEBSITE** ▶ ja.

Contact ■ **BEREIKBAAR PER** ▶ ☑ post ☑ e-mail ☑ telefoon **CONTACTPERSOON** ▶ geen contactpersoon bekend **POSTADRES** ▶ Hommelveld 10, 2318 VB Leiden **EMAIL (ALGEMEEN)** ▶ athabasca.cd@planet.nl **TELEFOON (ALGEMEEN)** ▶ 071-5234080.

1108
Sint Clemens Stichting

Rubriek ■ ☑ maatschappij, welzijn en samenleving

Algemeen ■ **WEBSITE** ▶ www.sintclemensstichting.nl **TYPERING** ▶ vermogensfonds **RECHTSVORM** ▶ stichting **KVK** ▶ 41076568 **ANBI STATUS** ▶ ja **DIRECTIE** ▶ geen directiegegevens bekend **BESTUUR** ▶ Mr. M.P.P.F. Groutars, voorzitter; mr. G. Been, penningmeester; mw.mr. R.J.V.M. Batta, secretaris; mw.mr. R.J.V.M. Batta; prof.dr. F.J.M. Feron; mr. E.J. Mondria.

Missie ■ **DOELSTELLING** ▶ Het door middel van financiële ondersteuning bevorderen en stimuleren van activiteiten op het gebied van het welzijn ten behoeve van jeugdigen tot drieëntwintig jaar in de regio Zuid Limburg, in het bijzonder kwetsbare jongeren en hun omgeving en voorts al hetgeen met een en ander rechtstreeks of zijdelings verband houdt of daartoe bevorderlijk kan zijn, alles in de ruimste zin des woords. **BELEIDSPLAN OP WEBSITE** ▶ ja.

Doelgroep ■ **ALGEMEEN** ▶ jongeren, kinderen **SPECIFIEK** ▶ Jeugdigen tot de leeftijd van 23 jaar, in het bijzonder de kwetsbare jeugdigen. **ACTIVITEITEN** ▶ De werkzaamheden van de Sint Clemens Stichting bestaan enerzijds uit het uitvoering geven aan haar doelstelling en anderzijds het zorgvuldig beheren van het vermogen van de Sint Clemens Stichting. Daartoe pleegt het bestuur (of een daartoe gemandateerde delegatie van het bestuur) periodiek overleg met de financiële instelling(en) waar het vermogen van de Sint Clemens Stichting is ondergebracht. **INTERVENTIENIVEAU** ▶ Steun aan individuen (directe steun).; Steun aan lokale/provinciale maatschappelijke organisaties en structuren (incl. gemeenten etc.) die diensten verlenen aan individuen.

Werkgebied ■ **ACTIERADIUS** ▶ Regionaal **LAND** ▶ Nederland **REGIO** ▶ Zuid-Limburg.

Bestedingen ■ **BUDGET** ▶ € 185.000 **ONDERSTEUNDE PROJECTEN P/J** ▶ 7 **SOORT BIJDRAGE** ▶ giften **BOVENGRENS** ▶ geen **ONDERGRENS** ▶ geen.

Projecten ■ **CRITERIA** ▶ Een aanvraag voor het verstrekken van een financiële ondersteuning wordt niet alleen op de aspecten van de doelstelling getoetst. Tevens wordt bezien of voor de gevraagde ondersteuning niet elders een voorziening, die kan voorzien in het gevraagde, bestaat. Bovendien wordt beoordeeld of de vrager van de financiële ondersteuning niet zelf (financieel) in staat is om in de gevraagde ondersteuning te voorzien. Aan het verstrekken van een financiële ondersteuning kunnen voorwaarden gesteld worden. **DOORLOOPTIJD** ▶ ☑ onbekend **STATUS AANVRAGER** ▶ ☑ geen beperkingen bekend **VOORKEUR/UITSLUITING** ▶ geen voorkeur of uitsluiting bekend.

Procedure ■ **OP AANVRAAG** ▶ ja **AANVRAAGPROCEDURE** ▶ Een (digitaal)aanvraagformulier (in 'Word') voor het verkrijgen van een bijdrage is op te vragen via het postadres van de Sint Clemens Stichting. Aanvragen kunnen zowel digitaal als via de gewone post ingediend worden. Het besluit van het bestuur van de Sint Clemens Stichting rondom de aanvraag van subsidie wordt schriftelijk medegedeeld aan de aanvrager. Het bestuur komt minimaal twee maal per jaar in vergadering bijeen. **URL** ▶ https://www.sintclemensstichting.nl/subsidie-aanvragen/bijdrage-aanvragen

Financieel ■ **INKOMSTEN EV** ▶ € 272.527 **HERKOMST MIDDELEN** ▶ vermogen **BOEKJAAR** ▶ 2018 **JAARVERSLAG OP WEBSITE** ▶ ja.

Contact ■ **BEREIKBAAR PER** ▶ ☑ post ☑ e-mail ☒ telefoon **CONTACTPERSOON** ▶ geen contactpersoon bekend **POSTADRES** ▶ Avenue Céramique 140, 6221 KV Maastricht **EMAIL (ALGEMEEN)** ▶ info@sintclemensstichting.nl.

1109
Stichting Sint Geertruidsleen

Rubriek ■ ☑ maatschappij, welzijn en samenleving ☑ onderwijs en onderzoek

Algemeen ■ WEBSITE ▶ www.sintgeertruidsleen.nl TYPERING ▶ vermogensfonds OPGERICHT ▶ 01-04-1990 RECHTSVORM ▶ stichting KVK ▶ 41003843 ANBI STATUS ▶ nee DIRECTIE ▶ geen directiegegevens bekend BESTUUR ▶ geen bestuursgegevens bekend.

Missie ■ DOELSTELLING ▶ Jonge mensen, bloedverwanten van de stichter van het leen, in staat te stellen wetenschappelijk onderwijs of voorbereidend wetenschappelijk onderwijs te genieten voor het behalen van een graad aan een universiteit of hogeschool of het verwerven van de titel van proponent. Zijn er geen bloedverwanten van de stichter die in aanmerking komen voor een tegemoetkoming in hun studiekosten, dan kunnen ook niet-familieleden voor een tegemoetkoming in aanmerking komen voor dezelfde studies. Het volgen van een studie christelijke theologie is een pré. STICHTER(S) ▶ Pastoor Goffa Attama HISTORIE ▶ Het Sint Geertruidsleen is een van oorsprong een familieleen wat gesticht is in 1508 door pastoor Goffa Attama. Zijn doel was om hiermee te bereiken dat familieleden konden studeren voor priester. Door de jaren heen is er heel wat veranderd in de uitvoering, maar wat nog steeds overeind staat is, dat heden ten dage nog steeds mensen kunnen studeren met behulp van financiële steun van de stichting.

Doelgroep ■ ALGEMEEN ▶ studenten, jongeren, gelovigen SPECIFIEK ▶ Studenten uit binnen- en buitenland. ACTIVITEITEN ▶ Geen specifieke activiteiten bekend INTERVENTIENIVEAU ▶ Steun aan individuen (directe steun).

Werkgebied ■ ACTIERADIUS ▶ Nationaal LAND ▶ Nederland.

Bestedingen ■ BUDGET ▶ niet openbaar SOORT BIJDRAGE ▶ giften studiebeurzen BOVENGRENS ▶ € 2.500 ONDERGRENS ▶ geen.

Projecten ■ CRITERIA ▶ ☑ Het inkomen van de ouders cq de verzorgers mag niet meer bedragen dan €. 37.500,-; ☑ De opleiding moet plaatsvinden aan een universitaire of een daaraan gelieerde instelling (dus geen middelbaar onderwijs); ☑ Buitenland stages en studies worden per geval beoordeeld, maar kennen geen prioriteit in de doelgroep. DOORLOOPTIJD ▶ ☑ 1 - 2 jaar STATUS AANVRAGER ▶ ☑ individuen/gezinnen VOORKEUR/UITSLUITING ▶ De pensies worden 'begeven' met voorrang aan familieleden van heer Goffa. Ook heeft een theologie opleiding voorkeur.

Procedure ■ OP AANVRAAG ▶ ja DOORLOOPTIJD ▶ 6-12 maanden AANVRAAGPROCEDURE ▶ Een aanvraag dient te worden ingediend door middel van een sollicitatieformulier. Dit kunt u downloaden onderaan de website. Het ingevulde sollicitatieformulier moet met de gevraagde papieren en eventuele toelichting, opgestuurd worden voor 30 juni naar het secretariaat. De pensies worden achteraf in vier delen uitgekeerd. Voor het eerst op 31 oktober en daarna op 31 januari, 30 april en 31 juli. Indien aan alle voorwaarden wordt voldaan, hoef je niets terug te betalen. URL ▶ www.sintgeertruidsleen.nl/voorwaarden/

Financieel ■ HERKOMST MIDDELEN ▶ bedrijven.

Contact ■ BEREIKBAAR PER ▶ ☑ post ☑ e-mail ☑ telefoon CONTACTPERSOON ▶ geen contactpersoon bekend POSTADRES ▶ Kompas 17, 8502 BD Joure EMAIL (ALGEMEEN) ▶ info@sintgeertruidsleen.nl TELEFOON (ALGEMEEN) ▶ 0513-411525.

1110
Sint Laurensfonds

Rubriek ■ ☑ gezondheidszorg ☑ maatschappij, welzijn en samenleving ☑ kerk en levensbeschouwing

Algemeen ■ WEBSITE ▶ www.sintlaurensfonds.nl TYPERING ▶ vermogensfonds OPGERICHT ▶ 1651 RECHTSVORM ▶ kerkelijke instelling KVK ▶ 30269644 ANBI STATUS ▶ ja DIRECTIE ▶ geen directiegegevens bekend BESTUUR ▶ M.M.H. Gadron BC, voorzitter; drs. A.A.J.J. van Wersch, penningmeester; mw. B.G.M.A. van Os M HRM, secretaris; mw.mr. C.B.F.M. Westerhuis; mw.drs. A.L. Gerritsen; mr. B.R.I.M. Gerner MBA; mw.mr. I.M.H. de Groen; dr. W.F.M. Vonk; drs. P.A.W. Lamers.

Missie ■ DOELSTELLING ▶ SLF heeft ten doel het behartigen van de materiële en geestelijke zorg voor hulpbehoevende bejaarden, kinderen en anderen, in het bijzonder in de regio Rotterdam, zomede het subsidiëren of anderszins stimuleren van en steun verlenen aan rechtspersonen werkzaam op het gebied van charitas, maatschappelijke dienstverlening en gezondheidszorg en die niet handelen in strijd met de katholieke beginselen, in het bijzonder die rechtspersonen in de regio Rotterdam waarvan het doel in de ruimste zin gericht is op de zorg voor hulpbehoevende bejaarden, kinderen en anderen, waaronder op de eerste plaats rechtspersonen welke geacht moeten worden uit de instelling te zijn voortgekomen of daaruit in de toekomst mochten voortkomen, zomede al hetgeen daarmee verband houdt of daaraan bevorderlijk kan zijn, alles in de ruimste zin. STICHTER(S) ▶ Jan Block HISTORIE ▶ Al 365 jaar steunt Sint Laurensfonds de meest kwetsbare groepen in Rotterdam, onder wie armen, wezen en ouderen. Het begon in 1651 onder de naam 'Gemeene Armen-Borse'. 'De Gemeene Armen Borse was van en voor arme katholieken in Rotterdam.' In 1857 wijzigde de naam in het R.K. Parochiaal Armbestuur van Rotterdam. Na een ingrijpende reorganisatie in 1894 richtte het Armbestuur zich uitsluitend nog op de exploitatie van weeshuizen, oude-armenhuizen en armenscholen. Na de Tweede Wereldoorlog veranderde er veel op het terrein van de armenzorg, het katholiek onderwijs en de jeugd- en ouderenzorg. De overheid nam in financiële zin steeds meer zorgtaken over. Dit was in 1966 aanleiding voor het oprichten van het Sint Laurensinstituut als voortzetting van het Armbestuur. Zo kon de (financiële) erfenis van de katholieke charitas in Rotterdam in de toekomst ten dienste blijven staan van de noden van de (katholieke) medemens. In 2009 besloot het bestuur de naam Sint Laurensinstituut te wijzigen in Sint Laurensfonds. BELEIDSPLAN OP WEBSITE ▶ ja.

Doelgroep ■ ALGEMEEN ▶ armen, ouderen, kinderen, jongeren SPECIFIEK ▶ Inwoners van Rotterdam en directe omgeving met een focus op kinderen, jongeren en ouderen. ACTIVITEITEN ▶ Sint Laurensfonds ondersteunt nieuwe en lopende projecten die voorzien in maatschappelijke behoeften. Het richt zich proactief op wijken in Rotterdam met hoge achterstandsindicaties en staat open voor aanvragen uit andere wijken van Rotterdam en de directe omgeving van Rotterdam. Voor de komende jaren heeft het algemeen bestuur besloten een sterke focus te leggen op kinderen die opgroeien in armoede. **INTERVENTIENIVEAU** ▶ Steun aan lokale/provinciale maatschappelijke organisaties en structuren (incl. gemeenten etc.) die diensten verlenen aan individuen.

Werkgebied ■ **ACTIERADIUS** ▶ Lokaal **LAND** ▶ Nederland **PLAATS** ▶ Rotterdam e.o.

Bestedingen ■ **BUDGET** ▶ € 4.500.000 **TOELICHTING** ▶ Het vermogen is belegd in effecten en in onroerende zaken, voornamelijk landerijen. Het bestuur; van het fonds streeft ernaar jaarlijks een zodanig bedrag uit te keren aan projecten dat het vermogen, rekening houdend met eventuele inflatie in stand blijft. Het bestuur heeft voor het jaar 2019 een bedrag van € 2, 5 miljoen beschikbaar gesteld voor bijdragen aan projecten, gelijkelijk verdeeld over de beide hiervoor genoemde doelgroepen. In de begroting voor 2019 is tevens een bedrag van € 2 miljoen opgenomen voor het Programma Armoedebestrijding kinderen in Rotterdam. **ONDERSTEUNDE PROJECTEN P/J** ▶ 260 **SOORT BIJDRAGE** ▶ giften leningen garanties **BOVENGRENS** ▶ geen **ONDERGRENS** ▶ geen.

Projecten ■ **CRITERIA** ▶ ☑ aanvragen worden ingediend door rechtspersonen zonder winstoogmerk (stichting, vereniging en kerkelijke instelling); ☑ op deze rechtspersoon is toezicht vanuit een bestuur, dat uit minimaal 3 personen bestaat die geen onderlinge verwantschap hebben; ☑ de aanvraag betreft een concreet project of programma; ☑ het project past binnen de aandachtsgebieden die het fonds voor het lopende jaar heeft vastgesteld; ☑ het project heeft betrekking op de doelgroepen woonachtig in Rotterdam (en directe omgeving); ☑ het project heeft betrekking op een groep en niet op een individueel persoon; ☑ het project is vraaggericht en niet aanbodgestuurd; ☑ een aanvraag wordt ruim voor aanvang van het project ingediend. **DOORLOOPTIJD** ▶ ☑ onbekend **STATUS AANVRAGER** ▶ ☑ stichting of vereniging (non-profit) ☑ kerkelijke instelling ☑ onderwijsinstelling **VOORKEUR/UITSLUITING** ▶ Geen projecten die een direct doel hebben richting: ☑ arbeidstoeleiding; ☑ cultuureducatie en -participatie; ☑ evangelisatie; ☑ gezondheidszorg; ☑ sportprestatie; ☑ wetenschap en onderzoek. Aanvragen voor deze projecten worden dan ook niet in behandeling genomen.

Procedure ■ **OP AANVRAAG** ▶ ja **DOORLOOPTIJD** ▶ 1-3 maanden **AANVRAAGPROCEDURE** ▶ Een aanvraag kan uitsluitend via het digitale aanvraagformulier op onze website worden ingediend. De eerste fase behelst de quick scan. Bij een positieve uitslag kan het aanvraagformulier worden ingevuld (waarvoor de aanmaak/het hebben van een account nodig is). Na ontvangst van de complete aanvraag wordt deze getoetst aan onze criteria. Vervolgens volgt een inhoudelijke beoordeling en een besluit door het bestuur.Aanvragen tot en met € 5.000 worden binnen zes weken behandeld. Aanvragen tot en met € 50.000 worden in de commissie jeugdigen of de commissie ouderen besproken. Beide commissies vergaderen elk kwartaal (in februari, mei, september en november). Aanvragen boven de € 50.000 worden voorgelegd aan zowel de betreffende commissie en het algemeen bestuur. Het algemeen bestuur komt vier keer per jaar bijeen (in maart, juni, oktober en december). Schriftelijk of per mail wordt de aanvrager op de hoogte gebracht over de afwijzing of toekenning van de aanvraag. Bij een positief besluit ontvang je een toekenningsbrief. Dit exemplaar dient te worden ondertekend en geretourneerd. Het tekenen van de toekenningsbrief geeft blijk van akkoord met onze algemene voorwaarden. **URL** ▶ www.sintlaurensfonds.nl/werkwijze/

Financieel ■ **INKOMSTEN EV** ▶ € -3.691.212 **HERKOMST MIDDELEN** ▶ vermogen, legaten **BOEKJAAR** ▶ 2015 **JAARVERSLAG OP WEBSITE** ▶ ja.

Contact ■ **BEREIKBAAR PER** ▶ ☑ post ☑ e-mail ☑ telefoon **CONTACTPERSOON** ▶ geen contactpersoon bekend **POSTADRES** ▶ Mathenesserlaan 305B, 3021 HK Rotterdam **EMAIL (ALGEMEEN)** ▶ info@sintlaurensfonds.nl **TELEFOON (ALGEMEEN)** ▶ 010-4182833.

1111
Sint Martinus Stichting

Rubriek ■ ☑ kerk en levensbeschouwing

Algemeen ■ **WEBSITE** ▶ https://fondseninnederland.nl/fonds/sint-martinus-stichting **TYPERING** ▶ vermogensfonds **RECHTSVORM** ▶ stichting **KVK** ▶ 34107875 **ANBI STATUS** ▶ ja **DIRECTIE** ▶ geen directiegegevens bekend **BESTUUR** ▶ Mw. A.M.M. Derreumaux, voorzitter; L.P. van der Kroft, penningmeester; mw. S. Hettema, secretaris.

Missie ■ **DOELSTELLING** ▶ De Stichting heeft als doelstelling de ondersteuning, instandhouding en uitbreiding van de Katholieke Kerkgemeenschappen en de beoefening van de religieuze wetenschappen en voorts al hetgeen daartoe dienstig of bevorderlijk kan zijn, alles in de ruimste zin van het woord. **HISTORIE** ▶ De Sint Martinus Stiching kent haar oorsprong in een eenmalige schenking door een Franse religieuze orde. **BELEIDSPLAN OP WEBSITE** ▶ ja.

Doelgroep ■ **ALGEMEEN** ▶ gelovigen **SPECIFIEK** ▶ Organisaties of instellingen die een bijdrage leveren aan de doelstelling. **ACTIVITEITEN** ▶ Geen specifieke activiteiten bekend **INTERVENTIENIVEAU** ▶ Steun aan lokale/provinciale maatschappelijke organisaties en structuren (incl. gemeenten etc.) die diensten verlenen aan individuen.

Werkgebied ■ **ACTIERADIUS** ▶ Nationaal, Internationaal **LAND** ▶ Wereldwijd, Frankrijk.

Bestedingen ■ **BUDGET** ▶ niet openbaar **ONDERSTEUNDE PROJECTEN P/J** ▶ 8 **SOORT BIJDRAGE** ▶ onbekend **BOVENGRENS** ▶ geen **ONDERGRENS** ▶ geen.

Projecten ■ **CRITERIA** ▶ De Stichting keert giften uit aan organisaties of instellingen die een bijdrage leveren aan de doelstelling. Deze giften zijn niet regiogebonden maar concentreren zich door de oorsprong van het ingebrachte kapitaal veelal op Franse initiatieven. **DOORLOOPTIJD** ▶ ☑ onbekend **STATUS AANVRAGER** ▶ ☑ stichting of vereniging (non-profit) ☑ kerkelijke instelling ☑ onderwijsinstelling **VOORKEUR/UITSLUITING** ▶ geen voorkeur of uitsluiting bekend.

Procedure ■ OP AANVRAAG ► onbekend AANVRAAGPROCEDURE ► geen aanvraagprocedure bekend.

Financieel ■ EIGEN VERMOGEN ► € 2.564.688 HERKOMST MIDDELEN ► vermogen BOEKJAAR ► 2018 JAARVERSLAG OP WEBSITE ► ja.

Contact ■ BEREIKBAAR PER ► ☑ post ☒ e-mail ☒ telefoon CONTACTPERSOON ► geen contactpersoon bekend POSTADRES ► Stadionweg 210 hs, 1077 TE Amsterdam.

1112

Stichting Sint Nicolaas Gasthuis

Rubriek ■ ☑ kunst en cultuur ☑ onderwijs en onderzoek ☑ maatschappij, welzijn en samenleving

Algemeen ■ WEBSITE ► www.sintnicolaasgasthuis.nl TYPERING ► vermogensfonds OPGERICHT ► 01-01-1956 RECHTSVORM ► stichting KVK ► 41151854 ANBI STATUS ► ja DIRECTIE ► geen directiegegevens bekend BESTUUR ► Jhr.mr. J.P. de Savornin Lohman, voorzitter; drs. W.P. baron van Lawick van Pabst MBA, penningmeester; mr. D.M. de Knijff, secretaris; jhr. C.C. de Gevers Deynoot.

Missie ■ DOELSTELLING ► De stichting heeft ten doel bij te dragen aan het algemeen nut door middel van het verlenen van financiële steun aan in Nederland gevestigde instellingen die een sociaal dan wel charitatief belang behartigen, als ook aan instellingen en individuen actief op het vlak van cultuur, wetenschap en educatie. De stichting heeft niet het oogmerk winst te maken. HISTORIE ► De stichting vindt haar oorsprong in het oude Sint Nicolaas Gasthuis, dat al in de 14e eeuw werd gesticht door hertog Aelbrecht van Beijeren voor armenzorg in het toenmalige Den Haag. Later betrof dit meer in het bijzonder de zorg voor vrouwelijke bejaarden. In 1967, na meer dan 600 jaar zorg en liefdadigheid te hebben verleend, hield het Gasthuis aan de Amsterdamse Veerkade op te bestaan. De verzorgende taak werd overgedragen aan de Stichting Aelbrecht van Beijeren. In hetzelfde jaar werd de Stichting Sint Nicolaas Gasthuis in het leven geroepen om de fondsen te beheren die resteerden na de liquidatie van het gasthuis. BELEIDSPLAN OP WEBSITE ► ja.

Doelgroep ■ ALGEMEEN ► jongeren, ouderen, gehandicapten, armen SPECIFIEK ► Geen specifieke doelgroep ACTIVITEITEN ► Aanvragen worden ingedeeld in twee categorieën: ☑ Sociaal: jongeren, ouderen, gehandicapten, kansarmen; ☑ Cultureel: muziek, theater, musea, erfgoed en educatief. INTERVENTIENIVEAU ► Steun aan individuen (directe steun).; Steun aan lokale/provinciale maatschappelijke organisaties en structuren (incl. gemeenten etc.) die diensten verlenen aan individuen.

Werkgebied ■ ACTIERADIUS ► Regionaal LAND ► Nederland REGIO ► Noord-Holland, Zuid-Holland.

Bestedingen ■ BUDGET ► niet openbaar TOELICHTING ► Het College van Regenten streeft bij de toekenning van donaties naar een verhouding van 2/3 deel sociale doelen (gehandicapten, kansarmen, ouderen, jongeren) en 1/3 deel culturele en educatieve doelen (muziek, theater, musea, erfgoed) ONDERSTEUNDE PROJECTEN P/J ► 53 SOORT BIJDRAGE ► giften subsidies BOVENGRENS ► geen ONDERGRENS ► geen.

Projecten ■ CRITERIA ► geen projectcriteria bekend DOORLOOPTIJD ► ☑ onbekend STATUS AANVRAGER ► ☑ geen beperkingen bekend VOORKEUR/UITSLUITING ► ☑ In het licht van de historie van het Gasthuis krijgen aanvragen uit de Haagse regio voorrang krijgen. ☑ Donaties worden bij voorkeur gegeven ten behoeve van projecten die hun haalbaarheid en nut al hebben bewezen. ☑ Het College draagt voorts bij voorkeur bij aan projecten waarvan het; door sponsoring te financieren deel minder is dan de helft van de totale kosten. ☑ Financiële ondersteuning wordt in de regel niet verstrekt voor het aflossen van schulden of om structurele tekorten op een exploitatierekening te financieren.

Procedure ■ OP AANVRAAG ► ja DOORLOOPTIJD ► geen doorlooptijd bekend; 3-6 maanden; 3-6 maanden AANVRAAGPROCEDURE ► Aanvragen kunnen alleen via het daartoe bestemde aanvraagformulier worden ingediend. Deze is te downloaden op de website. Een volledig ingevuld en ondertekend aanvraagformulier dient te worden verzonden aan ccgeversdeynoot@gmail.com. De jaarlijkse vergaderdata zijn in maart, juni, september en december. Aanvragen die uiterlijk twee weken voor deze vergaderingen zijn ingediend, worden in die vergadering behandeld. URL ► www.sintnicolaasgasthuis.nl/beleid/

Financieel ■ INKOMSTEN EV ► € 76.303 HERKOMST MIDDELEN ► giften & schenkingen, vermogen BOEKJAAR ► 2018 JAARVERSLAG OP WEBSITE ► ja.

Contact ■ BEREIKBAAR PER ► ☑ post ☑ e-mail ☑ telefoon CONTACTPERSOON ► geen contactpersoon bekend POSTADRES ► Storm van 's-Gravesandeweg 17, 2242 JA Wassenaar EMAIL (ALGEMEEN) ► ccgevers deynoot@gmail.com TELEFOON (ALGEMEEN) ► 070-5119047 TELEFOON (AANVRAGEN) ► 06-31792880.

1113

Stichting Sint Nicolai Broederschap

Rubriek ■ ☑ noodhulp ☑ maatschappij, welzijn en samenleving

Algemeen ■ WEBSITE ► www.nicolaibroederschap.nl TYPERING ► vermogensfonds OPGERICHT ► 1351 RECHTSVORM ► stichting KVK ► 41047044 ANBI STATUS ► ja DIRECTIE ► mr. M. Schellingerhout BESTUUR ► Jhr.dr. E.W. van Valkenburg, voorzitter; drs. E. Alberda van Ekenstein, penningmeester; jhr.drs.F.W.A. Hooft Graafland, secretaris; dr. J.C. Bierens de Haan; F.J.A. baron van Verschuer; jhr.dr. D. Laman Trip; mr. D.J. van Dijk; drs. R.M. van Hasselt.

Missie ■ DOELSTELLING ► Het verlenen van steun aan bewoners in het werkgebied, ter voorkoming van armoede of ter bevordering van elementaire maatschappelijke ontplooiing. Daarnaast verleent de stichting geldelijke steun aan nuttige instellingen van liefdadigheid of met sociale doeleinden die naar het oordeel van het bestuur voor ondersteuning in aanmerking komen. STICHTER(S) ► Sint Nicolai Broederschap HISTORIE ► De Stichting werd in 1351 opgericht door burgerinitiatief nadat Arnhem zwaar was getroffen door de pestepidemie. Als doelstelling gold toen al: 'welstand en welzijn van de bewoners van de stad bevorderen en armoede voorkomen'. De Sint Nicolai Broederschap in ruim zes en een halve eeuw uitgegroeid tot een moderne particuliere liefdadigheidsinstelling op het gebied van de sociaal-maatschappelijke zorg, voortbouwend op een rijke en eeuwenoude geschiedenis, wiens werk onverminderd van belang blijft voor de Arnhemse samenleving. **BELEIDSPLAN OP WEBSITE** ► ja.

Doelgroep ■ **ALGEMEEN** ► armen, ouderen **SPECIFIEK** ► Mensen in financiële nood en instellingen die zich inzetten voor mensen in financiële nood. **ACTIVITEITEN** ► De Stichting Sint Nicolai Broederschap ondersteunt personen en groepen, die in moeilijke maatschappelijke omstandigheden verkeren. De steun is meestal financiële of van materiële aard (geen contant geld). De steun kan zowel individueel als aan projecten worden verleend. Te denken valt aan woninginrichting, witgoed, en vervoersvoorzieningen. Ook organisaties en instellingen die zich bezighouden met maatschappelijke noden worden financieel gesteund. **INTERVENTIENIVEAU** ► Steun aan individuen (directe steun).; Steun aan lokale/provinciale maatschappelijke organisaties en structuren (incl. gemeenten etc.) die diensten verlenen aan individuen.

Werkgebied ■ **ACTIERADIUS** ► Lokaal **LAND** ► Nederland **PLAATS** ► Arnhem, Duiven, Westervoort, Renkum, Rheden, Rozendaal, Huissen.

Bestedingen ■ **BUDGET** ► € 660.000 **TOELICHTING** ► Het beleid is er op gericht om jaarlijks de gerealiseerde inkomsten –nadat de genoemde beheeren bestuurskosten hieruit zijn voldaan– geheel of nagenoeg geheel te besteden in het kader van; de doelstelling. In het perspectief van de laatste 10 jaar gezien, betekent dit dat het vermogen; tenminste een dusdanige omvang moet hebben dat er gemiddeld € ruim 960.000,– per jaar aan; inkomsten moeten kunnen worden gegenereerd, opdat er gemiddeld ruim € 660.000,– aan giften kunnen worden verstrekt, waarvan ongeveer 2/3e gedeelte rechtstreeks aan individuele; particulieren en ongeveer 1/3e; gedeelte aan organisaties en instellingen. **ONDERSTEUNDE PROJECTEN P/J** ► 280 **SOORT BIJDRAGE** ► giften **BOVENGRENS** ► geen **ONDERGRENS** ► geen.

Projecten ■ **CRITERIA** ► Voor een aanvraag gelden twee voorwaarden: ☑ De aanvrager woont in het werkgebied; ☑ Financiële hulp aan de aanvrager is door de volgende voorziening(en), voor zover van toepassing schriftelijk afgewezen: Bijzondere Bijstand, afdeling schuldhulpverlening van de gemeente, Stadsbank, Wet maatschappelijke ondersteuning, zorgverzekering. Let op: de bijzondere bijstandsvoorwaarde geldt niet voor ouderen boven de 65 jaar. **DOORLOOPTIJD** ► ☑ 1 - 2 jaar **STATUS AANVRAGER** ► ☑ geen beperkingen bekend **VOORKEUR/UITSLUITING** ► Alleen inwoners van de gemeenten Arnhem, Duiven, Westervoort, Renkum, Rheden, Rozendaal en de voormalige gemeente Huissen gebruik kunnen maken van het fonds.Vanwege de grote hoeveelheid aanvragen die wij al geruime tijd ontvangen, geldt bovendien de voorwaarde dat een particulier die al een keer hulp heeft ontvangen, 18-24 maanden moet wachten voordat een nieuwe aanvraag kan worden ingediend.

Procedure ■ **OP AANVRAAG** ► ja **DOORLOOPTIJD** ► 1-3 maanden **AANVRAAGPROCEDURE** ► Voor aanvragen neemt u contact op voor overleg tijdens het telefonisch spreekuur, op werkdagen van 9.00 -10.00 uur. Na dit telefonische consult krijgt u een aanvraagformulier toegestuurd. Instellingen in het werkgebied kunnen voor een aanvraag direct contact met het fonds opnemen. Na de aanvraag te hebben ontvangen en u voldoet aan de voorwaarden, maakt het fonds een afspraak voor een huisbezoek. Na ontvangst van een complete aanvraag wordt ernaar gestreeft binnen zeven weken over de aanvragen te berichten. Bestuursleden komen acht keer per jaar bijeen om aanvragen te beoordelen. Na een vergadering wordt u zo snel mogelijk schriftelijk op de hoogte gesteld. **URL** ► www.nicolaibroederschap.nl/aanvraag.htm

Financieel ■ **INKOMSTEN EV** ► € 1.074.941 **HERKOMST MIDDELEN** ► vermogen, legaten, giften & schenkingen, inkomsten uit vermogen **BOEKJAAR** ► 2019 **JAARVERSLAG OP WEBSITE** ► ja.

Contact ■ **BEREIKBAAR PER** ► ☑ post ☑ e-mail ☑ telefoon **CONTACTPERSOON** ► geen contactpersoon bekend **POSTADRES** ► Jansbinnensingel 22, 6811 AK Arnhem **EMAIL (ALGEMEEN)** ► info@nicolaibroederschap.nl **TELEFOON (ALGEMEEN)** ► 026-4425192.

1114

Stichting Interkerkelijk Oriëntatie Centrum (SIOC)

Rubriek ■ ☑ maatschappij, welzijn en samenleving ☑ kerk en levensbeschouwing ☑ sport en recreatie

Algemeen ■ **WEBSITE** ► www.protestantsefondsen.nl/schenken/fonds-op-naam **TYPERING** ► fonds op naam **BEHEERD DOOR** ► Maatschappij van Welstand **DIRECTIE** ► zie > Maatschappij van Welstand **BESTUUR** ► zie > Maatschappij van Welstand **BESTUUR** ► Dr. E.J. Janse de Jonge, voorzitter; mw.ds. J.E. Scheenstra; mw.drs. A.G.J. van den Nieuwboer; Ing. T.P. Koekkoek; dr. H.J. van Wijnen.

Missie ■ **DOELSTELLING** ► De stichting stelt zich ten doel het ondersteunen van initiatieven in relatie tot de Protestants Christelijke Kerken, met name op het terrein van de gemeenschapsvorming en van kerk en recreatie. **STICHTER(S)** ► Maatschappij van Welstand **HISTORIE** ► De vereniging Maatschappij van Welstand beheert een aantal protestantse vermogensfondsen. Met ingang van 6 november 2017 heeft de Maatschappij van Welstand een nieuwe website voor het aanvragen van subsidies. Deze categorieën vervangen de aanvragen bij de Maatschappij van Welstand en de daaronder vallende fondsen: Fonds Bianchi, Fonds Cor van der Craats, Fonds De Haaf, Fonds SIOC en Fonds Jacob van Heusden. ProtestantseFondsen.nl is de subsidie-aanvraagwebsite van de Maatschappij van Welstand. SIOC is voortgekomen uit initiatieven, op landelijk niveau, van de Nederlandse Hervormde Kerk op het gebied van Kerk en Recreatie.

Werkgebied ■ **ACTIERADIUS** ► Nationaal **LAND** ► Nederland.

Projecten ■ **CRITERIA** ► ProtestantseFondsen.nl steunt: ☑ Projecten die zich richten op het versterken, vernieuwen of opbouwen van kerkelijke gemeenschappen. U kunt hierbij denken aan renovatie en/of restauratie van kerkgebouwen die in gebruik zijn voor de eredienst, of het meefinancieren van door de Protestantse Kerk in Nederland begeleide pioniersplekken. Het is voor kerken en kerkelijke organisaties ook mogelijk een lening aan te vragen. ☑ Kerkelijke en diaconale projecten die gericht zijn op sociale zorg, gemeenschapsvorming en recreatie met zorg. Voorbeelden hiervan zijn opvang voor dak- en thuislozen, wijk- en buurtwerk, culturele activiteiten en vakanties voor mensen die niet zelfstandig op vakantie kunnen. ☑ Hulpverlening aan cliënten van organisaties voor maatschappelijk werk. U kunt aanvullende steun vragen voor uw cliënten die leven op of onder het bestaansminimum. Het kan bijvoorbeeld gaan om de aanschaf van aangepaste vervoersmiddelen of vergoeding van medische kosten die niet verzekerd zijn. **DOORLOOPTIJD** ► ☑ korter dan 1 jaar **STATUS AANVRAGER** ► ☑ stichting of vereniging (non-profit) ☑ kerkelijke instelling **VOORKEUR/UITSLUITING** ► Een SIOC-bijdrage aan een project is in principe aanvullend, dus niet de enige of voornaamste financieringsbron. De bijdragen zijn niet bedoeld als structurele of permanente financiële ondersteuning. Ze zijn bedoeld om initiatieven van de grond te krijgen of om vernieuwend werk mogelijk te maken.

Procedure ■ **OP AANVRAAG** ► ja **AANVRAAGPROCEDURE** ► Uw subsidieaanvraag kunt u indienen via de nieuwe website. Na de selectie van de bij uw project passende subsidie, komt u in het aanvraagportaal. Daar maakt u een account aan. Alle informatie en communicatie over uw subsidieaanvraag verloopt daarna via dit aanvraagportaal. **URL** ► www.protestantsefondsen.nl/aanvragen/

Contact ■ **BEREIKBAAR PER** ► ☑ post ☑ e-mail ☑ telefoon **CONTACTPERSOON** ► geen contactpersoon bekend **POSTADRES** ► Postbus 655, 3800 AR Amersfoort **EMAIL (ALGEMEEN)** ► sioc@welstand.nl **TELEFOON (ALGEMEEN)** ► 033-4671015.

1115
Stichting Sjors Hoens

Rubriek ■ ☑ gezondheidszorg

Algemeen ■ **WEBSITE** ► www.kennisbankfilantropie.nl/anbi/sjors-hoens **TYPERING** ► vermogensfonds **OPGERICHT** ► 28-08-2008 **RECHTSVORM** ► stichting **KVK** ► 14105360 **ANBI STATUS** ► ja **DIRECTIE** ► geen directiegegevens bekend **BESTUUR** ► J.A.J. Hoens, voorzitter; H.G.M. Salemink, penningmeester; J.E.M. Hoens, secretaris.

Missie ■ **DOELSTELLING** ► De Stichting Sjors Hoens heeft zich ten doel gesteld; ☑ zorg en andere faciliteiten te organiseren in de regio Zuid-Limburg en Midden-Limburg voor verstandelijk gehandicapten, indien deze niet uit andere middelen kunnen putten; ☑ het verrichten van alle verdere handelingen die met vorenstaande verband houden of daartoe bevorderlijk kunnen zijn.

Doelgroep ■ **ALGEMEEN** ► gehandicapten **SPECIFIEK** ► Verstandelijk gehandicapten. **ACTIVITEITEN** ► Geen specifieke activiteiten bekend **INTERVENTIENIVEAU** ► Onbekend.

Werkgebied ■ **ACTIERADIUS** ► Regionaal **LAND** ► Nederland **REGIO** ► Midden-Limburg, Zuid-Limburg.

Bestedingen ■ **BUDGET** ► niet openbaar **SOORT BIJDRAGE** ► onbekend **BOVENGRENS** ► geen **ONDERGRENS** ► geen.

Projecten ■ **CRITERIA** ► geen projectcriteria bekend **DOORLOOPTIJD** ► ☑ onbekend **STATUS AANVRAGER** ► ☑ geen beperkingen bekend **VOORKEUR/UITSLUITING** ► geen voorkeur of uitsluiting bekend.

Procedure ■ **OP AANVRAAG** ► onbekend **AANVRAAGPROCEDURE** ► Geen aanvraagprocedure bekend.

Financieel ■ **EIGEN VERMOGEN** ► € 38.523 **HERKOMST MIDDELEN** ► onbekend **BOEKJAAR** ► 2016 **JAARVERSLAG OP WEBSITE** ► ja.

Contact ■ **BEREIKBAAR PER** ► ☑ post ☑ e-mail ☑ telefoon **CONTACTPERSOON** ► geen contactpersoon bekend **POSTADRES** ► Brouwerstraat 4, 6151 BK Munstergeleen **EMAIL (ALGEMEEN)** ► joephoens@fanatics.nl **TELEFOON (ALGEMEEN)** ► 0646241632.

1116
Slingenberg Heymeijer Fonds

Rubriek ■ ☑ kunst en cultuur

Algemeen ■ **WEBSITE** ► www.cultuurfonds.nl **TYPERING** ► fonds op naam **BEHEERD DOOR** ► Prins Bernhard Cultuurfonds **DIRECTIE** ► zie > Prins Bernhard Cultuurfonds **BESTUUR** ► zie > Prins Bernhard Cultuurfonds

Missie ■ **DOELSTELLING** ► Het financieel ondersteunen van restauraties van monumenten (bij voorkeur Rijksmonumenten) in Amsterdam en omgeving, of monumenten in de omgeving van Amsterdam die een (in)directe relatiegeschiedenis met Amsterdamse panden hebben.

Werkgebied ■ **ACTIERADIUS** ► Lokaal **LAND** ► Nederland **REGIO** ► Noord-Holland **PLAATS** ► Amsterdam e.o.

Projecten ■ **CRITERIA** ► geen projectcriteria bekend **DOORLOOPTIJD** ► ☑ korter dan 1 jaar **STATUS AANVRAGER** ► ☑ geen beperkingen bekend **VOORKEUR/UITSLUITING** ► Voorkeur gaat uit naar Rijksmonumenten.

Procedure ■ **OP AANVRAAG** ► ja **AANVRAAGPROCEDURE** ► Dit 'fonds op naam' ressorteert onder het Prins Bernhard Cultuurfonds. Verzoeken aan fondsen op naam komen op één centraal punt binnen. Dit houdt in dat een subsidieaanvraag slechts eenmaal aan het Prins Bernhard Cultuurfonds hoeft te worden gezonden. Voor de verdere aanvraagprocedure: zie Prins Bernhard Cultuurfonds. **URL** ► www.cultuurfonds.nl/aanvragen

Contact ■ **BEREIKBAAR PER** ► ☑ post ☑ e-mail ☑ telefoon **CONTACTPERSOON** ► geen contactpersoon bekend **POSTADRES** ► Postbus 19750, 1000 GT Amsterdam **EMAIL (ALGEMEEN)** ► info@cultuurfonds.nl **TELEFOON (ALGEMEEN)** ► 020-5206130.

1117
Slingsby van Hoven Fonds

Rubriek ■ ☑ kunst en cultuur ☑ natuur, milieu en dieren

Algemeen ■ **WEBSITE** ► www.cultuurfonds.nl **TYPERING** ► fonds op

naam **BEHEERD DOOR** ▶ Prins Bernhard Cultuurfonds **DIRECTIE** ▶ zie > Prins Bernhard Cultuurfonds **BESTUUR** ▶ zie > Prins Bernhard Cultuurfonds

Missie ■ **DOELSTELLING** ▶ Het financieel ondersteunen van projecten op het gebied van educatie, cultuur en natuurbehoud in Vught en omgeving. Aanvragen worden behandeld door het Prins Bernhard Cultuurfonds Noord-Brabant.

Werkgebied ■ **ACTIERADIUS** ▶ Lokaal **LAND** ▶ Nederland **REGIO** ▶ Noord-Brabant **PLAATS** ▶ Vught e.o.

Projecten ■ **CRITERIA** ▶ geen projectcriteria bekend **DOORLOOPTIJD** ▶ ☑ korter dan 1 jaar **STATUS AANVRAGER** ▶ ☑ geen beperkingen bekend **VOORKEUR/UITSLUITING** ▶ geen voorkeur of uitsluiting bekend.

Procedure ■ **OP AANVRAAG** ▶ ja **AANVRAAGPROCEDURE** ▶ Dit 'fonds op naam' ressorteert onder het Prins Bernhard Cultuurfonds. Verzoeken aan fondsen op naam komen op één centraal punt binnen. Dit houdt in dat een subsidieaanvraag slechts eenmaal aan het Prins Bernhard Cultuurfonds hoeft te worden gezonden. Voor de verdere aanvraagprocedure: zie Prins Bernhard Cultuurfonds. **URL** ▶ www.cultuurfonds.nl/aanvragen

Contact ■ **BEREIKBAAR PER** ▶ ☑ post ☑ e-mail ☑ telefoon **CONTACTPERSOON** ▶ geen contactpersoon bekend **POSTADRES** ▶ Postbus 19750, 1000 GT Amsterdam **EMAIL (ALGEMEEN)** ▶ info@cultuurfonds.nl **TELEFOON (ALGEMEEN)** ▶ 020-5206130.

1118
Stichting Sipman-Budding

Rubriek ■ ☑ gezondheidszorg ☑ maatschappij, welzijn en samenleving ☑ sport en recreatie ☑ onderwijs en onderzoek

Algemeen ■ **WEBSITE** ▶ www.stichting-sipman-budding.nl **TYPERING** ▶ vermogensfonds **OPGERICHT** ▶ 24-08-1972 **RECHTSVORM** ▶ stichting **KVK** ▶ 41047610 **ANBI STATUS** ▶ ja **DIRECTIE** ▶ geen directiegegevens bekend **BESTUUR** ▶ Mr. J.M.M.M. Stevens, voorzitter; G.Th. Mom, penningmeester; G.Th. Mom, secretaris; W.H. Breunissen; drs. K. de Leeuw; J. Deij; E. Mom.

Missie ■ **DOELSTELLING** ▶ De doelstelling is; ☑ de dienstverlening aan lichamelijk en/of geestelijk gehandicapte kinderen van alle gezindten die hulp nodig hebben onder meer voor wat betreft hun ontwikkeling, ontspanning, medische verzorging, revalidatie of anderszins en alles wat daarmee in de ruimste zin in betrekking staat; ☑ het bevorderen van kankerbestrijding. **BELEIDSPLAN OP WEBSITE** ▶ ja.

Doelgroep ■ **ALGEMEEN** ▶ gehandicapten, kinderen, zieken **SPECIFIEK** ▶ Lichamelijk en/of geestelijk gehandicapte kinderen van alle gezindten en het bevorderen van kankerbestrijding. **ACTIVITEITEN** ▶ De doelstelling wordt nagestreefd door middel van het doneren van gelden aan instellingen die de noodzakelijke hulp organiseren en/of verlenen. **INTERVENTIENIVEAU** ▶ Steun aan individuen (directe steun).; Steun aan lokale/provinciale maatschappelijke organisaties en structuren (incl. gemeenten etc.) die diensten verlenen aan individuen.

Werkgebied ■ **ACTIERADIUS** ▶ Nationaal **LAND** ▶ Nederland.

Bestedingen ■ **BUDGET** ▶ niet openbaar **SOORT BIJDRAGE** ▶ giften **BOVENGRENS** ▶ geen **ONDERGRENS** ▶ geen.

Projecten ■ **CRITERIA** ▶ geen projectcriteria bekend **DOORLOOPTIJD** ▶ ☑ onbekend **STATUS AANVRAGER** ▶ ☑ geen beperkingen bekend **VOORKEUR/UITSLUITING** ▶ geen voorkeur of uitsluiting bekend.

Procedure ■ **OP AANVRAAG** ▶ onbekend **AANVRAAGPROCEDURE** ▶ Geen aanvraagprocedure bekend.

Financieel ■ **EIGEN VERMOGEN** ▶ € 3.849.821 **INKOMSTEN EV** ▶ € 69.499 **HERKOMST MIDDELEN** ▶ inkomsten uit vermogen, vermogen **BOEKJAAR** ▶ 2018 **JAARVERSLAG OP WEBSITE** ▶ ja.

Contact ■ **BEREIKBAAR PER** ▶ ☑ post ☒ e-mail ☒ telefoon **CONTACTPERSOON** ▶ geen contactpersoon bekend **POSTADRES** ▶ Van Oldenbarneveltstraat 4F, 6662 AT Elst Gld.

1119
Fonds Sluyterman van Loo

Rubriek ■ ☑ gezondheidszorg ☑ maatschappij, welzijn en samenleving

Algemeen ■ **WEBSITE** ▶ www.fondssluytermanvanloo.nl **TYPERING** ▶ vermogensfonds **OPGERICHT** ▶ 01-01-1916 **RECHTSVORM** ▶ stichting **KVK** ▶ 41222196 **ANBI STATUS** ▶ ja **DIRECTIE** ▶ mr. K.W. Sluyterman van Loo **BESTUUR** ▶ Mw.mr. E.H. Swaab, voorzitter; drs. A.J.M. Sibbing, penningmeester; mr. K.W. Sluyterman van Loo, secretaris; mw.dr. E.J. van Wijngaarden; mw. M.E.H. Busch MA; drs. H. Christophersen; ir. W. Koelewijn MBA.

Missie ■ **DOELSTELLING** ▶ Fonds Sluyterman van Loo - ouderenprojecten bevordert de kwaliteit van leven van ouderen in Nederland en in het Caribisch deel van het Koninkrijk. **STICHTER(S)** ▶ Frederica Henrietta Sluyterman, Anna Hermina Sluyterman en Paulina Abigaël Sluyterman **HISTORIE** ▶ Op 11 oktober 1916 overleed, 81 jaar oud, Frederica Henrietta Sluyterman van Loo. Zij was de langstlevende van drie ongehuwde zusters, die opgegroeid waren op de buitenplaats Akerendam in Beverwijk. In die tijd waren er geen pensioenvoorzieningen. Alleenstaande vrouwen hielden met hard werken het hoofd boven water, maar hun salaris gaf nauwelijks ruimte om voor de oude dag te sparen. Frederica's testament beschreef wat haar en haar zusters Anna Hermina en Paulina Abigaël voor ogen stond, hun ouderlijk huis na hun dood bestemmen voor deze kwetsbare, alleenstaande vrouwen. Zo ontstond Stichting Sluyterman van Loo. Deze had als statutaire doelstelling de huisvesting en verpleging van ongehuwde oudere vrouwen van protestantse huize, die een werkzaam leven achter de rug hebben. Het ontbrak het fonds echter aan de financiële middelen om tot invulling van deze doelstelling over te gaan. Een neef van de oprichtsters en de voorzitter vanaf het eerste uur, Ir W.L. Sluyterman van Loo, liet na zijn dood in 1946 zijn vermogen aan het fonds na. Nu kon Akerendam gerestaureerd worden en aangepast voor bewoning door oudere dames en een directrice. Zij kwamen in 1947 naar Akerendam. **BELEIDSPLAN OP WEBSITE** ▶ ja.

Doelgroep ■ **ALGEMEEN** ▶ ouderen **SPECIFIEK** ▶ Kwetsbare ouderen.

ACTIVITEITEN ▶ Het fonds ondersteunt initiatieven en projecten die zich richten op het versterken van zelfredzaamheid, behoud van autonomie en waardigheid, bevorderen van zingeving, stimuleren van positieve beeldvorming. Het fonds bevordert de ontwikkeling van innovatieve huisvestingprojecten voor kwetsbare ouderen. **INTERVENTIENIVEAU** ▶ Steun aan lokale/provinciale maatschappelijke organisaties en structuren (incl. gemeenten etc.) die diensten verlenen aan individuen.

Werkgebied ■ **ACTIERADIUS** ▶ Nationaal, Internationaal **LAND** ▶ Nederland, Caribisch deel van het Koninkrijk.

Bestedingen ■ **BUDGET** ▶ € 2.000.000 **ONDERSTEUNDE PROJECTEN P/J** ▶ 255 **SOORT BIJDRAGE** ▶ giften garanties leningen **BOVENGRENS** ▶ geen **ONDERGRENS** ▶ geen.

Projecten ■ **CRITERIA** ▶ Fonds Sluyterman van Loo subsidieert projecten die; ☑ primair gericht zijn op het welzijn van kwetsbare ouderen in Nederland en het Caribisch deel van het Koninkrij Daarbij wordt in de volgende kernbegrippen gedacht: zingeving, waardigheid, autonomie en welbevinden ☑ in tijd beperkt zijn, dan wel kans maken op vervolgfinanciering al of niet door derden; ☑ tijdens de behandeling van de aanvraag nog niet zijn gestart. **DOORLOOPTIJD** ▶ ☑ korter dan 1 jaar **STATUS AANVRAGER** ▶ ☑ stichting of vereniging (non-profit) **VOORKEUR/UITSLUITING** ▶ Voor subsidie komen niet in aanmerking: ☑ natuurlijke personen; ☑ overheidsinstellingen; ☑ projecten met een commercieel karakter; ☑ verzoeken om individuele steun; ☑ wetenschappelijk onderzoek; ☑ bijdragen ten behoeve van fondsenwerving; fondsvorming; vermogensopbouw; ☑ (vervangings)investeringen in onroerend goed (aankoop, verbouw, tuinaanleg); ☑ inrichtingskosten (meubilair, aankleding, beweegtoestellen, biljarts, computers/tablets, kookvoorzieningen, onderdelen van een belevingstuin); ☑ projecten die in het buitenland worden uitgevoerd; ☑ projecten die redelijkerwijs onder zorgverzekeraars of overheidsfinanciering vallen; ☑ projecten die reeds zijn gestart ten tijde van het indienen van de aanvraag; ☑ congressen en symposia, tenzij e.e.a. voortvloeit uit een door Fonds Sluyterman van Loo gefinancierd project (aparte aanvraag indienen); ☑ jubileum en/of openingsactiviteit; ☑ productie van (documentaire) films; ☑ publicaties; ☑ deskundigheidsbevordering van betaalde medewerkers; ☑ kosten gericht op ledenwerving; ☑ vervoersmiddelen, bijvoorbeeld aanschaf van (rolstoel)bus, duo-fiets.

Procedure ■ **OP AANVRAAG** ▶ ja **DOORLOOPTIJD** ▶ 3-6 maanden **AANVRAAGPROCEDURE** ▶ Aanvragen kunnen het gehele jaar door worden ingediend. Zij worden in volgorde van binnenkomst behandeld. Wanneer u denkt dat uw project in aanmerking komt voor een bijdrage (zie criteria & uitsluiting) kunt u bij een quickscan doorlopen. In deze quickscan beantwoordt u een aantal vragen, waarmee u kunt vaststellen of uw project binnen de criteria van Fonds Sluyterman van Loo valt. Op grond van een positieve uitkomst van de quickscan schat het fonds in dat er een kans is dat uw project voor financiering in aanmerking komt. U wordt dan aan het einde van de quickscan uitgenodigd zich te registreren en uw aanvraag in te dienen. In de aanvraagprocedure staat beschreven welke stukken wij daarvoor nodig hebben. Het streven om aanvragen te behandelen is binnen acht tot tien weken. Dit geldt voor aanvragen tot 17.500 euro. Aanvragen boven dit bedrag worden behandeld door het College van Regenten, dat vier keer per jaar vergadert. Indienen kan tot uiterlijk zes weken voorafgaand aan de vergaderdata (te vinden op de website). **URL** ▶ www.fondssluytermanvanloo.nl/aanvragen/reguliere-aanvraag/

Financieel ■ **EIGEN VERMOGEN** ▶ € 73.687.551 **INKOMSTEN EV** ▶ € 1.415.183 **INKOMSTEN OV** ▶ € 1.079.689 **HERKOMST MIDDELEN** ▶ vermogen **BOEKJAAR** ▶ 2019 **JAARVERSLAG OP WEBSITE** ▶ ja.

Contact ■ **BEREIKBAAR PER** ▶ ☑ post ☑ e-mail ☑ telefoon **CONTACTPERSOON** ▶ geen contactpersoon bekend **POSTADRES** ▶ Velserweg 20, 1942 LD Beverwijk **EMAIL (ALGEMEEN)** ▶ info@fondssluytermanvanloo.nl **TELEFOON (ALGEMEEN)** ▶ 0251-260650.

1120

Smid-Bijl Fonds

Rubriek ■ ☑ kunst en cultuur

Algemeen ■ **WEBSITE** ▶ www.cultuurfonds.nl **TYPERING** ▶ fonds op naam **BEHEERD DOOR** ▶ Prins Bernhard Cultuurfonds **DIRECTIE** ▶ zie > Prins Bernhard Cultuurfonds **BESTUUR** ▶ zie > Prins Bernhard Cultuurfonds

Missie ■ **DOELSTELLING** ▶ Het financieel ondersteunen van projecten op het gebied van de monumentenzorg in de provincie Groningen, met uitzondering van kerkgebouwen.

Werkgebied ■ **ACTIERADIUS** ▶ Regionaal **LAND** ▶ Nederland **REGIO** ▶ Groningen.

Projecten ■ **CRITERIA** ▶ geen projectcriteria bekend **DOORLOOPTIJD** ▶ ☑ korter dan 1 jaar **STATUS AANVRAGER** ▶ ☑ geen beperkingen bekend **VOORKEUR/UITSLUITING** ▶ Met uitzondering van kerkgebouwen.

Procedure ■ **OP AANVRAAG** ▶ ja **AANVRAAGPROCEDURE** ▶ Dit 'fonds op naam' ressorteert onder het Prins Bernhard Cultuurfonds. Verzoeken aan fondsen op naam komen op één centraal punt binnen. Dit houdt in dat een subsidieaanvraag slechts eenmaal aan het Prins Bernhard Cultuurfonds hoeft te worden gezonden. Voor de verdere aanvraagprocedure: zie Prins Bernhard Cultuurfonds. **URL** ▶ www.cultuurfonds.nl/aanvragen

Contact ■ **BEREIKBAAR PER** ▶ ☑ post ☑ e-mail ☑ telefoon **CONTACTPERSOON** ▶ geen contactpersoon bekend **POSTADRES** ▶ Postbus 19750, 1000 GT Amsterdam **EMAIL (ALGEMEEN)** ▶ info@cultuurfonds.nl **TELEFOON (ALGEMEEN)** ▶ 020-5206130.

1121

Stichting Sneek 1818

Rubriek ■ ☑ gezondheidszorg ☑ kunst en cultuur ☑ maatschappij, welzijn en samenleving ☑ kerk en levensbeschouwing ☑ sport en recreatie

Algemeen ■ **WEBSITE** ▶ www.stichtingsneek1818.nl **TYPERING** ▶ vermogensfonds OPGERICHT ▶ 05-07-1993 RECHTSVORM ▶ stichting KVK ▶ 41004594 ANBI STATUS ▶ ja DIRECTIE ▶ geen directiegegevens bekend BESTUUR ▶ J.N. Kuipers, voorzitter; J.W. Boonstra, penningmeester; mw. M.R. Baarda-Kuiper, secretaris; mw. E.M. Baljet; T. Jonker.

Missie ■ DOELSTELLING ▶ Het bevorderen van culturele, sociale, educatieve en charitatieve en andere activiteiten van ideële aard in het werkgebied van de voormalige Stichting de Bondsspaarbank van 1818, gevestigd te Sneek, alsmede het doen van uitkeringen met een ideële of sociale strekking, alles in de ruimste zin des woords.

Doelgroep ■ SPECIFIEK ▶ Projecten in Sneek en IJlst en omstreken. ACTIVITEITEN ▶ Vanuit de opvatting dat een evenwichtige samenleving wordt bevorderd door deelname van velen aan het maatschappelijk leven ligt de nadruk van de steun op initiatieven die gekenmerkt kunnen worden door begrippen als participatie, ontplooiing en educatie. Aandachtsgebieden: kunst en cultuur, gezondheid en zorg, sport en recreatie (zowel actief als passief), natuur en milieu, sociaal maatschappelijk/ideëel en restauratie (cultureel erfgoed). INTERVENTIENIVEAU ▶ Steun aan lokale/provinciale maatschappelijke organisaties en structuren (incl. gemeenten etc.) die diensten verlenen aan individuen.

Werkgebied ■ ACTIERADIUS ▶ Lokaal LAND ▶ Nederland REGIO ▶ Friesland PLAATS ▶ Sneek, Wymbritseradiel, IJlst.

Bestedingen ■ BUDGET ▶ niet openbaar ONDERSTEUNDE PROJECTEN P/J ▶ 19 SOORT BIJDRAGE ▶ overig giften BOVENGRENS ▶ geen ONDERGRENS ▶ geen.

Projecten ■ CRITERIA ▶ Stichting Sneek 1818 stelt middelen beschikbaar voor projecten met een culturele, sociale, educatieve, charitatieve en andere activiteiten van ideële aard, die plaats vinden in de voormalige gemeenten Sneek en Wymbritseradiel. DOORLOOPTIJD ▶ ☑ korter dan 1 jaar STATUS AANVRAGER ▶ ☑ onderwijsinstelling ☑ stichting of vereniging (non-profit) ☑ overig VOORKEUR/UITSLUITING ▶ Stichting Sneek 1818 geeft géén steun aan: ☑ individuen; ☑ projecten met een commerciële, politieke of religieuze doelstelling; ☑ projecten die reeds in een vergevorderd stadium verkeren; ☑ sporten die gevaar voor letsel opleveren; ☑ sponsoring voor professionele sport; ☑ instellingen die een aanvraag indienen ter dekking van exploitatie- en/of; ☑ overheadkosten; ☑ overheden en/of overheidsinstellingen; ☑ instellingen die uitsluitend een niet-projectgebonden aanvraag indienen; ☑ instellingen die over een substantieel eigen vermogen beschikken; ☑ instellingen, gevestigd buiten het werkgebied van onze stichting.

Procedure ■ OP AANVRAAG ▶ ja DOORLOOPTIJD ▶ 1-3 maanden AANVRAAGPROCEDURE ▶ Om een bijdrage aan te vragen, dient u het online formulier in te vullen en te verzenden. Alleen juist ingevulde formulieren, met de benodigde bijlage(n), worden in behandeling genomen. Aanvragen tot 14 dagen voor de vergadermomenten worden in behandeling genomen. U krijgt een ontvangstbevestiging per email. De Stichting vergadert doorgaans vier keer per jaar. URL ▶ www.stichtingsneek1818.nl/aanvragen.php

Financieel ■ EIGEN VERMOGEN ▶ € 477.121 INKOMSTEN EV ▶ € 200 HERKOMST MIDDELEN ▶ vermogen BOEKJAAR ▶ 2018 JAARVERSLAG OP WEBSITE ▶ ja.

Contact ■ BEREIKBAAR PER ▶ ☑ post ☒ e-mail ☒ telefoon CONTACTPERSOON ▶ geen contactpersoon bekend POSTADRES ▶ Slenk 75, 8604 ZB Sneek.

1122
Snickers-de Bruijn Stichting

Rubriek ■ ☑ gezondheidszorg ☑ maatschappij, welzijn en samenleving ☑ onderwijs en onderzoek

Algemeen ■ WEBSITE ▶ www.snickers-debruijn.nl TYPERING ▶ vermogensfonds OPGERICHT ▶ 10-07-1936 RECHTSVORM ▶ stichting KVK ▶ 41125278 ANBI STATUS ▶ ja DIRECTIE ▶ geen directiegegevens bekend BESTUUR ▶ Mw. B.M. Karstel, voorzitter; drs. P.L.M. Pex, penningmeester; drs. S. Boomman, secretaris; mw.mr. C.M.E. van der Koeven; H.A.J. van Asseldonk.

Missie ■ DOELSTELLING ▶ Het steunen en bevorderen van educatieve, charitatieve en medische instellingen en objecten ten behoeve van jeugdige personen, dan wel het steunen van jeugdige natuurlijke personen, eveneens om redenen van educatieve, charitatieve en medische aard, alsmede al hetgeen hiermee direct of indirect verband houdt. STICHTER(S) ▶ Mevrouw Maria Anna Jeanette de Bruijn HISTORIE ▶ De Snickers - de Bruijn Stichting is opgericht op 10 juli 1936 door mevrouw Maria Anna Jeannette Snickers – de Bruijn en na haar overlijden in 1938 door middel van haar nalatenschap feitelijk van start gegaan. Zij heeft indertijd laten vastleggen dat het door haar nagelaten vermogen zou worden aangewend ten behoeve van 'het Rotterdamsche bewaarschoolonderwijs'. BELEIDSPLAN OP WEBSITE ▶ ja.

Doelgroep ■ ALGEMEEN ▶ jongeren, kinderen, gelovigen SPECIFIEK ▶ (bij voorkeur Rooms-Kartholieke) jeugd. ACTIVITEITEN ▶ De Snickers – de Bruijn Stichting steunt sinds jaren een groot aantal projecten in zowel Nederland als in het buitenland. Het betreft zowel éénmalige financiële steun voor investeringen in projecten en faciliteiten van uiteenlopende aard als financiële ondersteuning van meer structurele aard door middel van periodieke (gedeeltelijke) dekking van exploitatielasten. De Snickers – de Bruijn Stichting financiert bij voorkeur rechtstreeks zonder tussenkomst van andere organisaties en alleen daar waar een goede controle op de projectorganisatie en de projectfinanciering is gegarandeerd. INTERVENTIENIVEAU ▶ Steun aan lokale/provinciale maatschappelijke organisaties en structuren (incl. gemeenten etc.) die diensten verlenen aan individuen.; Steun aan individuen (directe steun).

Werkgebied ■ ACTIERADIUS ▶ Nationaal, Internationaal LAND ▶ Wereldwijd, Nederland.

Bestedingen ■ BUDGET ▶ niet openbaar ONDERSTEUNDE PROJECTEN P/J ▶ 46 SOORT BIJDRAGE ▶ giften BOVENGRENS ▶ geen ONDERGRENS ▶ geen.

Projecten ■ CRITERIA ▶ Bij de beoordeling van de projecten wordt gelet op de realiseerbaarheid daarvan en met name op de solide financiering. Het bestuur geeft er de voorkeur aan om bij grotere projecten een bijdrage te verstrekken aan een zichtbaar en zo mogelijk tastbaar onderdeel daarvan. **DOORLOOPTIJD** ▶ ☑ korter dan 1 jaar **STATUS AANVRAGER** ▶ ☑ geen beperkingen bekend **VOORKEUR/UITSLUITING** ▶ ☑ De personen, instellingen en objecten dienen bij voorkeur de Rooms Katholieke grondslag als uitgangspunt te hebben. ☑ Voorkeur heeft het bestuur voor projecten waarvan de aard zichtbaar, tastbaar en beheersbaar is en direct ten goede komt aan de betreffende jeugdige personen. ☑ Leermiddelen, inrichting, boeken hebben prioriteit. Vakantiekampen behoren tot jaarlijks terugkerende projecten. ☑ Binnen Nederland hebben Rotterdamse projecten de prioriteit. ☑ Kosten van overhead, bouw en salarissen worden slechts bij hoge uitzondering gesubsidieerd.

Procedure ■ **OP AANVRAAG** ▶ ja **AANVRAAGPROCEDURE** ▶ Het bestuur vergadert minimaal 4 keer per jaar over de voorgelegde projectaanvragen. U wordt verzocht via het aanvraagformulier op de website de gevraagde informatie over uw project uiteen te zetten. Benodigde documenten voor de aanvraag: ☑ een projectplan (met o.a. een projectomschrijving, het gevraagde bedrag, de omvang van de doelgroep, andere aangeschreven fondsen); ☑ De begroting (van het project); ☑ De statuten (indien van toepassing); ☑ De laatste jaarrekening c.q. het laatst opgemaakte financiële overzicht; ☑ Overige relevante informatie (optioneel); Op basis hiervan ontvangt u na een beoordeling van uw project door het bestuur het bericht over de toekenning van een bijdrage dan wel dat uw project niet door ons zal worden gehonoreerd. **URL** ▶ www.snickers-debruijn.nl/aanvraag.html

Financieel ■ **INKOMSTEN EV** ▶ € 120.872 **HERKOMST MIDDELEN** ▶ vermogen **BOEKJAAR** ▶ 2018 **JAARVERSLAG OP WEBSITE** ▶ ja.

Contact ■ **BEREIKBAAR PER** ▶ ☑ post ☑ e-mail ☒ telefoon **CONTACTPERSOON** ▶ geen contactpersoon bekend **POSTADRES** ▶ Maurice van Kleefstraat 5, 3069 RZ Rotterdam **EMAIL (ALGEMEEN)** ▶ info@snickers-debruijn.nl.

1123
Stichting SNS Fonds Grijpskerk

Rubriek ■ ☑ sport en recreatie ☑ natuur, milieu en dieren ☑ kunst en cultuur ☑ onderwijs en onderzoek ☑ maatschappij, welzijn en samenleving

Algemeen ■ **WEBSITE** ▶ www.snsfondsgrijpskerk.nl **TYPERING** ▶ vermogensfonds **OPGERICHT** ▶ 01-01-1999 **RECHTSVORM** ▶ stichting **KVK** ▶ 02067051 **ANBI STATUS** ▶ ja **DIRECTIE** ▶ geen directiegegevens bekend **BESTUUR** ▶ T. Veenstra, voorzitter; H. Leenders, penningmeester; H. Leenders, secretaris; J.K. Kloppenburg; mw. T. Smit; mw. W. van Gosliga, vice-voorzitter.

Missie ■ **DOELSTELLING** ▶ Het SNS Fonds biedt steun aan maatschappelijke initiatieven 'dicht bij huis'. **HISTORIE** ▶ Stichting SNS Fonds Grijpskerk is in 1999 bij de fusie van de Bondsspaarbank te Grijpskerk en de SNS Bank ontstaan. Aanvankelijk was de stichting gelieerd aan de SNS Bank, maar is inmiddels een geheel zelfstandige stichting geworden. De stichting heeft haar vermogen gekregen vanuit het Eigen Vermogen van de toenmalige Bondsspaarbank Noord en West Groningen N.V. (voorheen Bondsspaarbank Westerkwartier).

Doelgroep ■ **SPECIFIEK** ▶ Maatschappelijke initiatieven 'dicht bij huis'. **ACTIVITEITEN** ▶ Het SNS Fonds steunt verenigingen en stichtingen in het voormalige werkgebied van de bank, de plaatsen Grijpskerk, Kommerzijl, Niezijl, Pieterzijl, Visvliet, Munnekezijl en Lauwerzijl (daar waar het vermogen ook is opgebouwd). Zij stelt middelen beschikbaar voor projecten die gericht zijn op verbetering van de samenleving en wel specifiek de samenleving in de voornoemde plaatsen. Zij is er voor projecten met een sociale, culturele of ideële strekking. **INTERVENTIENIVEAU** ▶ Steun aan lokale/provinciale maatschappelijke organisaties en structuren (incl. gemeenten etc.) die diensten verlenen aan individuen.

Werkgebied ■ **ACTIERADIUS** ▶ Lokaal **LAND** ▶ Nederland **REGIO** ▶ Groningen **PLAATS** ▶ Grijpskerk, Kommerzijl, Niezijl, Pieterzijl, Visvliet, Munnekezijl, Lauwerzijl.

Bestedingen ■ **BUDGET** ▶ niet openbaar **SOORT BIJDRAGE** ▶ onbekend **BOVENGRENS** ▶ geen **ONDERGRENS** ▶ geen.

Projecten ■ **CRITERIA** ▶ Projecten met een sociaal maatschappelijk of ideëel karakter, dan wel concreet gericht op kunst, cultuur (inclusief onderhoud van nationaal erfgoed), sport, educatie of milieu kunnen met hun aanvraag bij het Fonds terecht; ☑ de aanvrager moet ingeschreven zijn bij de Kamer van Koophandel; ☑ door middel van een begroting moet de aanvrager aantonen dat het project niet uit eigen middelen gefinancierd kan worden; ☑ Projecten in een voorbereidende fase,. **DOORLOOPTIJD** ▶ ☑ onbekend **STATUS AANVRAGER** ▶ ☑ geen beperkingen bekend **VOORKEUR/UITSLUITING** ▶ Niet in aanmerking komen: ☑ Projecten met een internationaal karakter; ☑ projecten van overheden en (overheids-)instellingen; ☑ projecten met overwegend commerciële, politieke of religieuze doelstellingen. ☑ projecten van instellingen die beschikken over vermogens of andere fondsen; ☑ aanvragen voor jaarlijkse exploitatie tekorten; ☑ aanvragen inzake instandhouding van een vereniging of stichting.

Procedure ■ **OP AANVRAAG** ▶ ja **AANVRAAGPROCEDURE** ▶ Indien u van mening bent dat uw project of initiatief aan alle genoemde criteria voldoet, is het zaak uw aanvraag aan de Stichting op te sturen. U doet dat met het door de Stichting op de website geplaatste contact formulier. Na ontvangst van dat contact (aanvraagformulier) kan het bestuur van het Fonds beoordelen of uw aanvraag een redelijke kans van slagen heeft. Is dit het geval dan zal de secretaris penningmeester van het Fonds via de website contact met u opnemen en u uitnodigen een complete aanvraag in te dienen. Bij de uitnodiging zit ook uitleg welke documentatie u bij uw definitieve aanvraag moet voegen. **URL** ▶ https://snsfondsgrijpskerk.nl/contacteer-ons/indicatieve-aanvraag/

Financieel ■ **HERKOMST MIDDELEN** ▶ onbekend **BOEKJAAR** ▶ boekjaar onbekend.

Contact ■ **BEREIKBAAR PER** ▶ ☑ post ☑ e-mail ☑ telefoon **CONTACTPERSOON** ▶ geen contactpersoon bekend **POSTADRES** ▶ Wad 9, 9843 DA Grijpskerk **EMAIL (ALGEMEEN)** ▶ secretaris@snsfondsgrijpskerk.nl **TELEFOON (ALGEMEEN)** ▶ 0594-213815.

1124
Stichting SNS Fonds Middelstum

Rubriek ■ ☑ maatschappij, welzijn en samenleving ☑ sport en recreatie ☑ kunst en cultuur ☑ onderwijs en onderzoek

Algemeen ■ WEBSITE ▶ www.snsfondsmiddelstum.nl TYPERING ▶ vermogensfonds OPGERICHT ▶ 15-07-1999 RECHTSVORM ▶ stichting KVK ▶ 02067047 ANBI STATUS ▶ ja DIRECTIE ▶ geen directiegegevens bekend BESTUUR ▶ G. Wieringa, voorzitter; G. van der Wal, penningmeester; mw. N. Gerritsen, secretaris; H. Medema; K. Linstra.

Missie ■ DOELSTELLING ▶ Het SNS Fonds Middelstum wil financiële steun bieden aan maatschappelijke initiatieven 'dicht bij huis'. BELEIDSPLAN OP WEBSITE ▶ ja.

Doelgroep ■ SPECIFIEK ▶ Geen specifieke doelgroep ACTIVITEITEN ▶ Het fonds stelt financiële middelen beschikbaar voor projecten met een sociaal, maatschappelijk of ideëel karakter en is in het algemeen gericht op een verbetering van de leefbaarheid en de samenleving van Middelstum en haar werkgebied, te weten de dorpen Huizinge, Toornwerd, Westerwijtwerd, Kantens, Rottum en Stitswerd. INTERVENTIENIVEAU ▶ Steun aan lokale/provinciale maatschappelijke organisaties en structuren (incl. gemeenten etc.) die diensten verlenen aan individuen.

Werkgebied ■ ACTIERADIUS ▶ Lokaal LAND ▶ Nederland REGIO ▶ Groningen PLAATS ▶ Middelstum, Huizinge, Westerwijtwerd, Toornwerd, Kantens, Stitswerd, Rottum.

Bestedingen ■ BUDGET ▶ € 60.000 ONDERSTEUNDE PROJECTEN P/J ▶ 30 SOORT BIJDRAGE ▶ subsidies BOVENGRENS ▶ geen ONDERGRENS ▶ geen.

Projecten ■ CRITERIA ▶ ☑ de activiteiten en of initiatieven komen ten gunste van de bevolking van Middelstum en haar werkgebied; ☑ de aanvrager moet ingeschreven staan bij de kamer van koophandel; ☑ een aanvraag is altijd projectgebonden; ☑ concrete projecten die nog in een voorbereidende fase verkeren; ☑ projecten moeten een sociaal, maatschappelijk of ideëel karakter hebben; ☑ aanvrager moet zelf onvoldoende middelen hebben om het project te kunnen financieren. DOORLOOPTIJD ▶ ☑ onbekend STATUS AANVRAGER ▶ ☑ stichting of vereniging (non-profit) ☑ bedrijf VOORKEUR/UITSLUITING ▶ In de volgende gevallen wordt de aanvraag niet in behandeling genomen: ☑ De aanvraag is niet gericht op de samenleving van Middelstum en haar werkgebied; ☑ de aanvraag is gericht op een financiële ondersteuning van een individu; ☑ de aanvraag heeft direct of indirect betrekking op een commercieel, politiek of religieus doel; ☑ de aanvraag houdt verband met "de normale activiteiten" van een organisatie, zoals exploitatie, onderhoud en beheer; ☑ de aanvraag heeft een internationaal karakter; ☑ de aanvraag komt direct of indirect van een overheidsinstelling; ☑ de aanvrager beschikt over voldoende vermogen of eigen financiële middelen om het project zelf te kunnen financieren of wordt in voldoende mate gesteund door andere fondsen. ☑ Het project is gedeeltelijk of geheel gerealiseerd.

Procedure ■ OP AANVRAAG ▶ ja DOORLOOPTIJD ▶ 1-3 maanden AANVRAAGPROCEDURE ▶ Een aanvraag voor financiële steun bestaat uit de volgende onderdelen: ☑ Aanvraagformulier; deze is op de website te downloaden (PDF of Word); ☑ Uitgebreide projectbeschrijving met dekkingsplan; ☑ Overzicht van de instellingen bij wie eveneens een aanvraag voor een bijdrage is of wordt ingediend; ☑ Statuten en recent uittreksel van de inschrijving van de aanvragende instelling bij de Kamer van Koophandel, indien de aanvraag hoger is dan 2500 euro danwel wanneer de aanvragende instelling niet bekend is bij de stichting; ☑ Financieel jaarverslag van het laatste afgesloten boekjaar, alsmede de begroting voor het daarop volgend boekjaar; ☑ De naam van minimaal twee contactpersonen met telefoonnummer(s) en zo mogelijk emailadres(sen). De aanvraag kan zowel per e-mail of post worden verstuurd. De secretaris zal de ontvangst schriftelijk bevestigen en daarbij meedelen of de informatievoorziening compleet is. In dat geval zal tevens het toegewezen projectnummer worden vermeld. Het bestuur komt in de regel aan het eind van iedere oneven maand bijeen. De eerstvolgende vergadering staat vermeld op de startpagina van deze website. Complete aanvragen welke het fonds tenminste 10 dagen vóór een bestuursvergadering hebben bereikt kunnen nog in de voorbereiding worden meegenomen. Tegen een besluit staat geen bezwaar- of beroepsmogelijkheid open URL ▶ www.snsfondsmiddelstum.nl/aanvragen/

Financieel ■ HERKOMST MIDDELEN ▶ vermogen, legaten, giften & schenkingen, overige inkomsten BOEKJAAR ▶ 2017 JAARVERSLAG OP WEBSITE ▶ ja.

Contact ■ BEREIKBAAR PER ▶ ☑ post ☑ e-mail ☑ telefoon CONTACTPERSOON ▶ Mw. N. Gerritsen POSTADRES ▶ Postbus 58, 9990 AB Middelstum EMAIL (ALGEMEEN) ▶ info@snsfondsmiddelstum.nl TELEFOON (ALGEMEEN) ▶ 0595-552530.

1125
Stichting Sociaal Fonds Vaillantplein

Rubriek ■ ☑ maatschappij, welzijn en samenleving

Algemeen ■ WEBSITE ▶ www.kennisbankfilantropie.nl/anbi/sociaalfonds-vaillantplein TYPERING ▶ vermogensfonds OPGERICHT ▶ 13-08-2009 RECHTSVORM ▶ stichting KVK ▶ 27351129 ANBI STATUS ▶ ja DIRECTIE ▶ J.G. Poort BESTUUR ▶ H.J. Werkhoven, voorzitter; P. van der Slot; M.C.H.J. Zaadhof.

Missie ■ DOELSTELLING ▶ De stichting stelt zich ten doel: zwakkeren binnen de maatschappij financieel te ondersteunen door het verstrekken van gelden indien deze mensen in een bijzondere noodsituatie verkeren. Hierbij gaat het om de zwakkeren binnen de Haagse regio, die geen beroep (meer) kunnen doen op wettelijke voorzieningen.

Doelgroep ■ SPECIFIEK ▶ Zwakkeren binnen de Haagse regio. ACTIVITEITEN ▶ Het financieel ondersteunen van zwakkeren binnen de regio Haaglanden d.m.v. het creëren van volwaardige werkgelegenheid voor langdurig werklozen en het faciliteren van cursussen ten behoeve van de zelfredzaamheid. INTERVENTIENIVEAU ▶ Onbekend.

Werkgebied ■ ACTIERADIUS ▶ Regionaal LAND ▶ Nederland REGIO ▶ Haaglanden.
Bestedingen ■ BUDGET ▶ niet openbaar SOORT BIJDRAGE ▶ giften BOVENGRENS ▶ geen ONDERGRENS ▶ geen.
Projecten ■ CRITERIA ▶ geen projectcriteria bekend DOORLOOPTIJD ▶ ☑ onbekend STATUS AANVRAGER ▶ ☑ geen beperkingen bekend VOORKEUR/UITSLUITING ▶ geen voorkeur of uitsluiting bekend.
Procedure ■ OP AANVRAAG ▶ onbekend AANVRAAGPROCEDURE ▶ geen aanvraagprocedure bekend.
Financieel ■ EIGEN VERMOGEN ▶ € 76.000 HERKOMST MIDDELEN ▶ giften & schenkingen, legaten, bedrijven, overige inkomsten JAARVERSLAG OP WEBSITE ▶ ja.
Contact ■ BEREIKBAAR PER ▶ ☑ post ☑ e-mail ☑ telefoon CONTACTPERSOON ▶ geen contactpersoon bekend POSTADRES ▶ Vaillantplein 4, 2526 HX Den Haag EMAIL (ALGEMEEN) ▶ info@haagswerkbedrijf.nl TELEFOON (ALGEMEEN) ▶ 070-4452818.

1126

Stichting Sociaal/Medische Hulpverlening aan Oost-Europa (SMHO)

Rubriek ■ ☑ maatschappij, welzijn en samenleving ☑ gezondheidszorg ☑ economische ontwikkeling en microkrediet
Algemeen ■ WEBSITE ▶ www.smho.nl TYPERING ▶ hybride fonds OPGERICHT ▶ 27-09-1989 RECHTSVORM ▶ stichting KVK ▶ 41077922 ANBI STATUS ▶ ja DIRECTIE ▶ geen directiegegevens bekend BESTUUR ▶ R.M. Boer, voorzitter; J.J.M. Nelissen, penningmeester; F.M.M. Rings, secretaris; F.P.A.M. Bemelmans; J.G.G. Besseling; J.J.M. Ackermans; C. Schoffeleers; P.A.E. Vanoppen; Paul Schoffeleers.
Missie ■ DOELSTELLING ▶ Doelstelling van de stichting is het inkopen en/of verzamelen van goederen op sociaal als ook medisch gebied, ten behoeve van landen van het voormalige Oostblok alsmede landen waar soortgelijke hulp nodig is, en wordt gevraagd. Tevens financiert zij projecten op sociaal / medisch gebied in deze landen. HISTORIE ▶ De stichting SMHO werd, als opvolgster van de sinds 1985 functionerende werkgroep Polen, opgericht op 27 september 1989 te Meerssen. De stichting begon vanaf 1996 met het landelijk inzamelen van kleding die werd doorverkocht aan sorteercentra. Hierdoor kwam meer geld ter beschikking en kon de hulp een meer structureel karakter krijgen en werden vele projecten gefinancierd in de landen van Oost-Europa. BELEIDSPLAN OP WEBSITE ▶ ja.
Doelgroep ■ SPECIFIEK ▶ Structurele hulp in Oost-Europa. ACTIVITEITEN ▶ SMHO focust haar hulp op aandachtsvelden. Aandachtsvelden voor de periode tot 2022 zijn de gezondheidszorg, ouderenzorg, jeugd en thuis en daklozen. Grote projecten die SMHO steunt krijgen bezoek van een SMHO-delegatie. Daarin controleren ze lopende projecten en coachen ze mensen om het beste te maken van die projecten. Het SMHO-bestuur formuleert ruim voor het einde van het jaar de concrete plannen en begroting voor het daaropvolgende kalenderjaar. SMHO focust op in tijd afgebakende projecten, die niet beroepsmatig gecoördineerd worden, en zichtbare, meetbare resultaten opleveren. SMHO houdt de vinger aan de pols en kijkt of er gaande het project bijstellingen in de scope nodig zijn; ☑ SMHO gaat actief op zoek naar nieuwe inkomstenbronnen, bijvoorbeeld via sponsoring, giften of subsidies; ☑ samenwerking met andere stichtingen/goede doelen: Stichting Fundatia Proiecte Limburg-Romania; Stichting Allerarmsten van Polen te Gronsveld; Stichting Noodlijdenden Minsk Belarus te Meerssen; Stichting GAM CARE Houthalen; Stichting Bruggen voor Vriendschap Landgraaf; Stichting Samen Delen Landgraaf; Stichting Griet Verachtert. INTERVENTIENIVEAU ▶ Onbekend.
Werkgebied ■ ACTIERADIUS ▶ Internationaal LAND ▶ Oost-Europa.
Bestedingen ■ BUDGET ▶ niet openbaar SOORT BIJDRAGE ▶ overig BOVENGRENS ▶ geen ONDERGRENS ▶ geen.
Projecten ■ CRITERIA ▶ ☑ De aanvraag dient te allen tijde een zuiver sociaal en/of medisch karakter te hebben; ☑ Daar waar sprake is van bouwwerken (die eigendom zijn van de overheid), is een eerste vereiste dat 50 procent van de materiaalkosten door diezelfde overheid wordt gedragen alvorens SMHO participeert in het project. Bedoelde participatie heeft betrekking op het bouwwerk zelf en is uiteraard niet van toepassing op interne zaken zoals centrale verwarming, keukens enzovoorts. ☑ Jaarlijks worden de lopende projecten bezocht ter controle, bijvoorbeeld op naleving van het juiste gebruik van de ter beschikking gestelde financiën. ☑ Er wordt alleen geld beschikbaar gesteld voor materialen waarvan altijd een aantoonbare rekening of offerte overlegd kan worden. ☑ Controle op de uitvoering van projecten gebeurt steeds door SMHO zelf, vanaf de start tot en met de realisatie. DOORLOOPTIJD ▶ ☑ onbekend STATUS AANVRAGER ▶ ☑ geen beperkingen bekend VOORKEUR/UITSLUITING ▶ ☑ Er worden geen financiën ter beschikking gesteld voor arbeidsuren.
Procedure ■ OP AANVRAAG ▶ ja AANVRAAGPROCEDURE ▶ Geen aanvraagprocedure bekend. Er kan contact gelegd worden met het bestuur URL ▶ https://smho.nl/projecten/
Financieel ■ EIGEN VERMOGEN ▶ € 181.309 INKOMSTEN OV ▶ € 188.669 HERKOMST MIDDELEN ▶ vermogen, giften & schenkingen, overige inkomsten BOEKJAAR ▶ 2018 JAARVERSLAG OP WEBSITE ▶ ja.
Contact ■ BEREIKBAAR PER ▶ ☑ post ☑ e-mail ☑ telefoon CONTACTPERSOON ▶ R.M. Boer POSTADRES ▶ Postbus 160, 6230 AD Meerssen EMAIL (ALGEMEEN) ▶ roelof.m.boer@gmail.com TELEFOON (ALGEMEEN) ▶ 043-3645626.

1127

Stichting Solidarodam

Rubriek ■ ☑ maatschappij, welzijn en samenleving ☑ kunst en cultuur ☑ economische ontwikkeling en microkrediet
Algemeen ■ WEBSITE ▶ www.rotterdamsefondsen.nl/fonds/78/stichting-solidarodam TYPERING ▶ vermogensfonds OPGERICHT ▶ 24-03-1949 RECHTSVORM ▶ stichting KVK ▶ 41126521 ANBI STATUS ▶ ja

DIRECTIE ► geen directiegegevens bekend **BESTUUR** ► P.M.M. Daeter, voorzitter; P.M.M. Daeter, penningmeester; B.J. Hansler, secretaris.

Missie ■ **DOELSTELLING** ► De stichting heeft ten doel het verlenen van financiële bijdragen aan instelling of daarmee verbonden initiatieven of activiteitengroepen die projecten of programma's uitvoeren op het gebied van sociaal-cultureel werk, vormings- en ontwikkelingswerk en maatschappelijke dienstverlening en voorts al hetgeen met een en ander rechtstreeks of zijdelings verband houdt of daartoe bevorderlijk kan zijn, alles in de ruimste zin van het woord. Onder het bevorderen van de mogelijkheden wordt ten deze verstaan het ter beschikking stellen van financiële en/of materiële steun aan instellingen en organisaties die activiteiten ontplooien op genoemde terreinen onder andere in de gemeente Rotterdam. **BELEIDSPLAN OP WEBSITE** ► ja.

Doelgroep ■ **SPECIFIEK** ► Geen specifieke doelgroep **ACTIVITEITEN** ► Geen specifieke activiteiten bekend **INTERVENTIENIVEAU** ► Steun aan lokale/provinciale maatschappelijke organisaties en structuren (incl. gemeenten etc.) die diensten verlenen aan individuen.

Werkgebied ■ **ACTIERADIUS** ► Regionaal **LAND** ► Nederland **REGIO** ► Zuid-Holland **PLAATS** ► Rotterdam.

Bestedingen ■ **BUDGET** ► niet openbaar **ONDERSTEUNDE PROJECTEN P/J** ► 52 **SOORT BIJDRAGE** ► giften **BOVENGRENS** ► € 8.000 **ONDERGRENS** ► geen.

Projecten ■ **CRITERIA** ► Projecten of programma's uitvoeren op het gebied van sociaal-cultureelwerk, vormings- en ontwikkelingswerk en maatschappelijke dienstverlening. **DOORLOOPTIJD** ► ☑ onbekend **STATUS AANVRAGER** ► ☑ stichting of vereniging (non-profit) **VOORKEUR/UITSLUITING** ► Voorkeur gaat uit naar projecten/programma's waaraan bij de uitvoering door de doelgroep actief wordt deelgenomen. Uitgesloten worden activiteiten die voornamelijk betrekking hebben op festivals of festiviteiten.

Procedure ■ **OP AANVRAAG** ► ja **AANVRAAGPROCEDURE** ► Aanvragen kunnen niet via e-mail worden ingediend. Toetsing op basis van; ☑ de doelstelling van de aanvrager ☑ de actuele financiële mogelijkheden van Solidarodam, de aard van de activiteit/het project waarvoor een bijdrage wordt aangevraagd,; ☑ de werkwijze van de betreffende instelling; ☑ het dekkingsplan voor de kosten van activiteit/het project.

Financieel ■ **INKOMSTEN EV** ► € 32.959 **INKOMSTEN OV** ► € 6.000 **HERKOMST MIDDELEN** ► vermogen **BOEKJAAR** ► 2019 **JAARVERSLAG OP WEBSITE** ► ja.

Contact ■ **BEREIKBAAR PER** ► ☑ post ☑ e-mail ☑ telefoon **CONTACTPERSOON** ► B.J. Hansler **POSTADRES** ► Begoniaveld 21, 2914 PB Nieuwerkerk aan den IJssel **EMAIL (ALGEMEEN)** ► solidarodam@ziggo.nl **TELEFOON (ALGEMEEN)** ► 0180318650.

1128
Stichting Somadoro

Rubriek ■ ☑ maatschappij, welzijn en samenleving ☑ kerk en levensbeschouwing ☑ kunst en cultuur ☑ onderwijs en onderzoek

Algemeen ■ **WEBSITE** ► www.kennisbankfilantropie.nl/anbi/somadoro **TYPERING** ► vermogensfonds **OPGERICHT** ► 10-12-1993 **RECHTSVORM** ► stichting **KVK** ► 41098077 **ANBI STATUS** ► ja **DIRECTIE** ► geen directiegegevens bekend **BESTUUR** ► P.J.M. Roorda, voorzitter; mw. M.M.E. Roorda, secretaris; R.W.L. Van Hal.

Missie ■ **DOELSTELLING** ► Het doen van uitkeringen ter begunstiging van levensbeschouwelijke, kerkelijke, sociale, charitatieve, culturele, folkloristische, wetenschappelijke en andere doeleinden van algemeen maatschappelijk belang.

Doelgroep ■ **SPECIFIEK** ► Geen specifieke doelgroep **ACTIVITEITEN** ► Stichting Somadoro heeft conform de doelstelling in 2019 uitkeringen gedaan aan diverse verschillende maatschappelijke (ANBI) instellingen o.a. op het gebied van blinden- en slechtziendenzorg (Oogvereniging, Stichting Passend Lezen), mens en maatschappij (o.a. Stichting Thomas More) en kerkelijke instellingen. **INTERVENTIENIVEAU** ► Onbekend.

Werkgebied ■ **ACTIERADIUS** ► Nationaal **LAND** ► Nederland.

Bestedingen ■ **BUDGET** ► niet openbaar **SOORT BIJDRAGE** ► giften **BOVENGRENS** ► geen **ONDERGRENS** ► geen.

Projecten ■ **CRITERIA** ► geen projectcriteria bekend **DOORLOOPTIJD** ► ☑ onbekend **STATUS AANVRAGER** ► ☑ geen beperkingen bekend **VOORKEUR/UITSLUITING** ► geen voorkeur of uitsluiting bekend.

Procedure ■ **OP AANVRAAG** ► onbekend **AANVRAAGPROCEDURE** ► geen aanvraagprocedure bekend.

Financieel ■ **EIGEN VERMOGEN** ► € 1.322 **INKOMSTEN OV** ► € 3.300 **HERKOMST MIDDELEN** ► giften & schenkingen **BOEKJAAR** ► 2019 **JAARVERSLAG OP WEBSITE** ► ja.

Contact ■ **BEREIKBAAR PER** ► ☑ post ☑ e-mail ☑ telefoon **CONTACTPERSOON** ► geen contactpersoon bekend **POSTADRES** ► Houtrustweg 413, 2583 LL Den Haag **EMAIL (ALGEMEEN)** ► somadoro1@gmail.com **TELEFOON (ALGEMEEN)** ► 06-46330098.

1129
Sonate Fonds

Rubriek ■ ☑ kunst en cultuur ☑ onderwijs en onderzoek

Algemeen ■ **WEBSITE** ► www.cultuurfonds.nl **TYPERING** ► fonds op naam **BEHEERD DOOR** ► Prins Bernhard Cultuurfonds **DIRECTIE** ► zie > Prins Bernhard Cultuurfonds **BESTUUR** ► zie > Prins Bernhard Cultuurfonds

Missie ■ **DOELSTELLING** ► Het financieel ondersteunen van projecten op het terrein van de klassieke muziek en het financieel ondersteunen van talentvolle musici voor het volgen van een aanvullende studie in binnen- of buitenland.

Werkgebied ■ **ACTIERADIUS** ► Nationaal, Internationaal **LAND** ► Nederland.

Projecten ■ **CRITERIA** ► geen projectcriteria bekend **DOORLOOPTIJD** ► ☑ korter dan 1 jaar **STATUS AANVRAGER** ► ☑ geen beperkingen bekend **VOORKEUR/UITSLUITING** ► geen voorkeur of uitsluiting bekend.

Procedure ■ **OP AANVRAAG** ► ja **AANVRAAGPROCEDURE** ► Dit 'fonds op

naam' ressorteert onder het Prins Bernhard Cultuurfonds. Verzoeken aan fondsen op naam komen op één centraal punt binnen. Dit houdt in dat een subsidieaanvraag slechts eenmaal aan het Prins Bernhard Cultuurfonds hoeft te worden gezonden. Voor de verdere aanvraagprocedure: zie Prins Bernhard Cultuurfonds. **URL** ▶ www.cultuurfonds.nl/aanvragen

Contact ■ **BEREIKBAAR PER** ▶ ☑ post ☑ e-mail ☑ telefoon **CONTACTPERSOON** ▶ geen contactpersoon bekend **POSTADRES** ▶ Postbus 19750, 1000 GT Amsterdam **EMAIL (ALGEMEEN)** ▶ info@cultuurfonds.nl **TELEFOON (ALGEMEEN)** ▶ 020-5206130.

1130
Stichting Sophia Kinderziekenhuis Fonds

Rubriek ■ ☑ gezondheidszorg ☑ onderwijs en onderzoek

Algemeen ■ **WEBSITE** ▶ www.vriendensophia.nl **TYPERING** ▶ hybride fonds **OPGERICHT** ▶ 01-01-1973 **RECHTSVORM** ▶ stichting **KVK** ▶ 41126788 **ANBI STATUS** ▶ ja **DIRECTIE** ▶ geen directiegegevens bekend **BESTUUR** ▶ J.B. van Marwijk Kooy, voorzitter; T. de Rooij, penningmeester; mw. F. de Jong Schouwenburg-de Bruin, secretaris; mw. A. Sanderse; mw. E.P.G. Verschure.

Missie ■ **DOELSTELLING** ▶ Stichting Sophia Kinderziekenhuis Fonds heeft ten doel: ☑ De bevordering van het medisch wetenschappelijk onderzoek ten dienste van de kindergeneeskunde in het algemeen en meer in het bijzonder in het Erasmus MC -Sophia Kinderziekenhuis te Rotterdam (hierna Erasmus MC - Sophia); ☑ De ondersteuning van de zorg voor en de behartiging van de belangen van het zieke kind in het algemeen en meer in het bijzonder de ondersteuning van het patiëntenwelzijn in het Erasmus MC - Sophia en; ☑ al hetgeen dat tot het voorgaande bevordelijk kan zijn. **STICHTER(S)** ▶ L. van Stolk **HISTORIE** ▶ Het fonds is ontstaan uit het Sophia kinderziekenhuis. Vroeger werden zieke kinderen hetzelfde behandelt als volwassenen. Sophia heeft zich sinds 1863 juist op kinderen gericht. Fondsenwerving heeft altijd al een belangrijke rol gespeeld in het Sophia en dat doet het nu nog steeds. De Stichting Vrienden van het Sophia (de Vrienden of Stichting Vrienden) en de Stichting Sophia Kinderziekenhuis Fonds (Sophia Fonds) vormen samen de Sophia Stichtingen. **BELEIDSPLAN OP WEBSITE** ▶ ja.

Doelgroep ■ **ALGEMEEN** ▶ zieke kinderen, jongeren, kinderen, zieken **SPECIFIEK** ▶ Patiënten van het Erasmus MC Sophia. **ACTIVITEITEN** ▶ De stichting tracht de doelstellingen te bereiken door haar vermogen op een verstandige op de lange termijn gerichte wijze te beheren door het uikeren van de opbrenst van haar vermogen en andere gelden aan genoemde activiteiten. Er zijn drie themas's: ☑ wetenschappelijk onderzoek; ☑ welzijnsprojecten; ☑ maatschappelijke zorg. **INTERVENTIENIVEAU** ▶ Steun aan individuen (directe steun).

Werkgebied ■ **ACTIERADIUS** ▶ Regionaal **LAND** ▶ Nederland **REGIO** ▶ Rijnmond.

Bestedingen ■ **BUDGET** ▶ niet openbaar **ONDERSTEUNDE PROJECTEN P/J** ▶ 8 **SOORT BIJDRAGE** ▶ giften garanties overig **BOVENGRENS** ▶ geen **ONDERGRENS** ▶ geen.

Projecten ■ **CRITERIA** ▶ ; ☑ onderzoek op het gebied van Kindergeneeskunde, Kinderchirurgie en Kinder- en Jeugdpsychiatrie/psychologie. Het gaat om 4-8 nieuwe meerjarige projecten per jaar waarbij tientallen wetenschappers samenwerken aan een betere behandeling van ziekten bij kinderen; ☑ patiëntenzorgprojecten in en rondom het Erasmus MC – Sophia Kinderziekenhuis; zorginnoverende projecten en activiteiten, alsmede projecten die gericht zijn op het welzijn van de patiënten en veraangenamen van het verblijf. **DOORLOOPTIJD** ▶ ☑ korter dan 1 jaar ☑ 1 - 2 jaar ☑ langer dan 2 jaar **STATUS AANVRAGER** ▶ ☑ stichting of vereniging (non-profit) ☑ hulpverleners ☑ individuen/gezinnen **VOORKEUR/UITSLUITING** ▶ ; ☑ De stichting beperkt zich in haar activiteiten in het algemeen tot de regio Rotterdam. ☑ Projecten die gericht zijn op groepen van kinderen afkomstig uit Rotterdam en omstreken of kinderen die in het Sophia kinderziekenhuis zijn of worden verpleegd, hebben de voorkeur. ☑ Stichtingen of dergelijke collectieve rechtspersonen hebben als aanvrager de voorkeur boven particulieren. ☑ Projecten waarbij jonge onderzoekers een belangrijke uitvoerende rol krijgen, en die voldoen aan de vereiste kwaliteit, hebben de voorkeur.

Procedure ■ **OP AANVRAAG** ▶ onbekend **AANVRAAGPROCEDURE** ▶ Medewerkers van de medische afdelingen in het Erasmus MC-Sophia Kinderziekenhuis kunnen wetenschappelijke projecten indienen bij Stichting Sophia Kinderziekenhuis Fonds via het Project Portal. Een internationale Wetenschappelijke Adviesraad (WAR) beoordeelt deze projecten. De 20 best beoordeelde projecten, geven in de loop van November tijdens een tweedaagse sessie in het Erasmus MC-Sophia Kinderziekenhuis een presentatie aan de WAR waarbij op bepaalde criteria wordt beoordeeld. De WAR kijkt zowel naar de kwaliteit van het onderzoek als naar die van de onderzoeker. Na afloop van de tweedaagse sessie brengt de WAR een advies uit aan het bestuur van de Sophia Stichtingen over welke voorstellen zij het beste vinden en waarom. Het bestuur beslist vervolgens welke onderzoeksvoorstellen voor subsidiëring in aanmerking komen. **URL** ▶ www.vriendensophia.nl/selectieprocedure-projecten/

Financieel ■ **EIGEN VERMOGEN** ▶ € 29.124.061 **INKOMSTEN EV** ▶ € 3.770.217 **INKOMSTEN OV** ▶ € 4.055.636 **HERKOMST MIDDELEN** ▶ vermogen, legaten, overige inkomsten **BOEKJAAR** ▶ 2019 **JAARVERSLAG OP WEBSITE** ▶ ja.

Contact ■ **BEREIKBAAR PER** ▶ ☑ post ☑ e-mail ☑ telefoon **CONTACTPERSOON** ▶ geen contactpersoon bekend **POSTADRES** ▶ Wytemaweg 80, 3015 CN Rotterdam **EMAIL (ALGEMEEN)** ▶ info@vriendensophia.nl **TELEFOON (ALGEMEEN)** ▶ 010-7036750/010-7036079.

1131
Stichting SPZ

Rubriek ■ ☑ maatschappij, welzijn en samenleving

Algemeen ■ **WEBSITE** ▶ www.stichtingspz.nl **TYPERING** ▶ vermogensfonds **OPGERICHT** ► 26-03-2009 **RECHTSVORM** ► stichting **KVK** ► 34333234 **ANBI STATUS** ► ja **DIRECTIE** ► geen directiegegevens bekend **BESTUUR** ► Mw. J. van Veen, voorzitter; K. van Beveren, penningmeester; P. Menkveld, secretaris; B. Hammer; mw. E. Jongerius; L. Middelhoff.

Missie ■ **DOELSTELLING** ► De stichting heeft ten doel de behartiging van het algemeen belang als: ☑ Het bevorderen van sociaal-pedagogische zorg aan mensen met een beperking ten gevolge van een verstandelijke handicap; ☑ Het verrichten van alle verdere handelingen, die met het vorenstaande in de ruimste zin verband houden of daartoe bevorderlijk kunnen zijn. **BELEIDSPLAN OP WEBSITE** ► ja.

Doelgroep ■ **ALGEMEEN** ► gehandicapten **SPECIFIEK** ► Mensen met een verstandelijke handicap. **ACTIVITEITEN** ► SPZ steunt mensen met een verstandelijke handicap. SPZ verwezenlijkt de doelstelling door het verlenen van financiële steun aan - en het bevorderen van samenwerking tussen- instellingen die werkzaam zijn op het gebied van sociaal-pedagogische zorg aan mensen met een verstandelijke beperking. Ook met het verrichten van onderzoek op het gebied van sociaal pedagogische zorg aan mensen met een verstandelijke beperking tracht de stichting de doelstelling te bewerkstelligen. SPZ wil projecten ondersteunen die inzetten op het verder helpen van mensen met een verstandelijke handicap, in het bijzonder projecten die vernieuwend en overdraagbaar zijn; ☑ Prijsuitreiking Thema Pier de Boer-prijs. In 2019 heeft de Vraagapp van LFB en 3 Times Impact de prijs gewonnen. De prijs wordt elke twee jaar uitgereikt; ☑ De stichting participeert in de Leerstoel Disability Studies (DSiN) en heeft; dat gedaan rondom het Kennisplein gehandicaptensector. **INTERVENTIENIVEAU** ► Steun aan individuen (directe steun).; Steun aan lokale/provinciale maatschappelijke organisaties en structuren (incl. gemeenten etc.) die diensten verlenen aan individuen.

Werkgebied ■ **ACTIERADIUS** ► Nationaal **LAND** ► Nederland.

Bestedingen ■ **BUDGET** ► € 150.000 **ONDERSTEUNDE PROJECTEN P/J** ► 14 **SOORT BIJDRAGE** ► giften subsidies **BOVENGRENS** ► geen **ONDERGRENS** ► geen.

Projecten ■ **CRITERIA** ► Projectaanvragen dienen gericht te zijn op een van de volgende doelgroepen of onderwerpen; ☑ belangenbehartigers, ouders, zelforganisaties, beleid en onderzoek; ☑ wonen, dagverblijven en (gezondheids)zorg, ontspanning; ☑ scholing, opleiding, buitenschoolse opvang van kinderen; ☑ begeleiding naar arbeid van (jong)volwassenen, arbeid en arbeidsproblemen. **DOORLOOPTIJD** ► ☑ onbekend **STATUS AANVRAGER** ► ☑ geen beperkingen bekend **VOORKEUR/UITSLUITING** ► ☑ voorkeur voor projecten die mensen met een verstandelijke beperking verder helpen in een bepaalde fase van hun leven. ☑ niet mogelijk dat SPZ aanvragen honoreert die betrekking hebben op tegemoedkoming in materiele kosten te denken valt aan meubilair, voertuigen, tuinaanleg, etc., en initiatieven die in het buitenland plaatsvinden.

Procedure ■ **OP AANVRAAG** ► ja **AANVRAAGPROCEDURE** ► Met het online aanvraagformulier kunt u bij SPZ een aanvraag indienen voor een financiële bijdrage. U wordt verzocht het formulier volledig ingevuld bij voorkeur per email te sturen. Aanvullende documenten: ☑ Dekkingsplan; ☑ Motivatieformulier Pier de Boer-prijs (indien het project in aanmerking wil komen voor de prijs); ☑ Financieel jaarverslag (Bij aanvragen hoger dan € 10.000,-); Uw subsidieaanvraag dient uiterlijk twee weken voor aanvang van haar bestuursvergadering door SPZ ontvangen te zijn. Een overzicht van de vergaderdata vindt u onder OVER SPZ op de website. **URL** ► https://www.stichtingspz.nl/subsidieaanvragen/aanvraagformulier/

Financieel ■ **EIGEN VERMOGEN** ► € 4.405.987 **INKOMSTEN EV** ► € 390.163 **HERKOMST MIDDELEN** ► onbekend **BOEKJAAR** ► 2019 **JAARVERSLAG OP WEBSITE** ► ja.

Contact ■ **BEREIKBAAR PER** ► ☑ post ☑ e-mail ☑ telefoon **CONTACTPERSOON** ► geen contactpersoon bekend **POSTADRES** ► Postbus 85271, 3508 AG Utrecht **EMAIL (ALGEMEEN)** ► info@stichtingspz.nl **TELEFOON (ALGEMEEN)** ► 0626294372.

1132
Stichting St. Jansplaats

Rubriek ■ ☑ gezondheidszorg ☑ maatschappij, welzijn en samenleving ☑ kerk en levensbeschouwing

Algemeen ■ **WEBSITE** ► www.sintjansplaats.nl **TYPERING** ► vermogensfonds **RECHTSVORM** ► stichting **KVK** ► 41126760 **ANBI STATUS** ► ja **DIRECTIE** ► geen directiegegevens bekend **BESTUUR** ► geen bestuursgegevens bekend.

Missie ■ **DOELSTELLING** ► Het verlenen van steun, aan behoeftige leden van de Oud-Katholieke Gemeente van de H.H. Petrus en Paulus, genaamd 'Het Paradijs', te Rotterdam, aan behoeftigen daarbuiten, en aan Oud-Katholieke en humanitaire doelen. **HISTORIE** ► In 1638 nam de Rotterdamse kapelaan Bernardus Hoogewerff (geb.1613) het initiatief tot het stichten van een (filiaal)kapel, naast zijn oudere parochie en werkkring De Oppert (opgericht in 1573). De nieuwe kapel, aan de Delftsevaart, stond aanvankelijk ten dienste van de klopjes, de katholieke vrouwen die, zonder tot een orde te zijn toegetreden, de gelofte van zuiverheid hadden afgelegd. Het pand heette 'Het Paradijs' en behoorde oorspronkelijk tot de boedel van Hoogewerff's vader. **BELEIDSPLAN OP WEBSITE** ► ja.

Doelgroep ■ **ALGEMEEN** ► gelovigen, dak- en thuislozen, armen, zieken **SPECIFIEK** ► Geen specifieke doelgroep **ACTIVITEITEN** ► Stichting St. Jansplaats is een vermogensfonds en zij tracht haar doelstelling te bereiken: ☑ door uitkeringen en ondersteuningen te doen; ☑ door het beschikbaar stellen van middelen voor het verlenen van bijstand en ondersteuning resp. het lenigen van financiële nood van individuele personen of groepen uit de Oud-Katholieke parochie in Rotterdam; ☑ door het in samenwerking met andere Rotterdamse fondsen beschikbaar stellen van middelen voor het verlenen van bijstand en ondersteuning resp. het lenigen van financiële nood van individuele personen of groepen van personen in Rotterdam en omgeving; ☑ door het beschikbaar stellen van middelen voor projectmatige noden van de Oud-Katholieke Kerk van Nederland, onder andere door deelname in het fonds Oud-Katholieke Diaconale Ondersteuning; ☑ door het beschikbaar stellen van middelen voor humanitaire doelen. **INTERVENTIENIVEAU** ▶ Steun aan lokale/provinciale maatschappelijke organisaties en structuren (incl. gemeenten etc.) die diensten verlenen aan individuen.; Steun aan individuen (directe steun).

Werkgebied ■ **ACTIERADIUS** ▶ Regionaal **LAND** ▶ Nederland **REGIO** ▶ Rotterdam.

Bestedingen ■ **BUDGET** ▶ niet openbaar **SOORT BIJDRAGE** ▶ giften overig **BOVENGRENS** ▶ geen **ONDERGRENS** ▶ geen.

Projecten ■ **CRITERIA** ▶ geen projectcriteria bekend **DOORLOOPTIJD** ▶ ☑ onbekend **STATUS AANVRAGER** ▶ ☑ kerkelijke instelling ☑ stichting of vereniging (non-profit) ☑ hulpverleners **VOORKEUR/UITSLUITING** ▶ geen voorkeur of uitsluiting bekend.

Procedure ■ **OP AANVRAAG** ▶ ja **DOORLOOPTIJD** ▶ 1-3 maanden **AANVRAAGPROCEDURE** ▶ Als u een beroep wilt doen op steun, stuur dan uw aanvraag naar het secretariaat. De aanvraag dient in ieder geval de volgende informatie te bevatten: ☑ omschrijving van activiteiten en doelstelling van uw organisatie; ☑ duidelijke omschrijving van de hulpvraag of van het project; ☑ overzichtelijke omschrijving en onderbouwing van het gevraagde bedrag; ☑ overzicht van andere financieringsbronnen en/of de namen van de fondsen en instellingen waaraan dezelfde hulpvraag is of wordt gericht; ☑ omschrijving van de nieuwe situatie of de continuïteit en/of de afloop van het project na de verstrekking van de hulp; ☑ handtekening van de aanvrager resp. de leidinggevende van de aanvragende organisatie. Binnen twee weken na ontvangst van de aanvraag ontvangt u een bevestiging van ontvangst. Binnen twee maanden na ontvangst (afhankelijk van de vergaderdata van het bestuur) krijgt u bericht of de aanvraag is toegekend. **URL** ▶ www.sintjansplaats.nl/?q=node/4

Financieel ■ **INKOMSTEN EV** ▶ € 476.000 **HERKOMST MIDDELEN** ▶ onbekend **BOEKJAAR** ▶ 2019 **JAARVERSLAG OP WEBSITE** ▶ ja.

Contact ■ **BEREIKBAAR PER** ▶ ☑ post ☑ e-mail ☒ telefoon **CONTACTPERSOON** ▶ Mw. drs. M.R. Hallebeek **POSTADRES** ▶ Fruinplantsoen 8, 3571 PN Utrecht **EMAIL (ALGEMEEN)** ▶ secretariaat@sintjansplaats.nl.

1133
Staargaard-Van Oostrom Meyjes Fonds

Rubriek ■ ☑ natuur, milieu en dieren ☑ kunst en cultuur

Algemeen ■ **WEBSITE** ▶ www.cultuurfonds.nl **TYPERING** ▶ fonds op naam **BEHEERD DOOR** ▶ Prins Bernhard Cultuurfonds **DIRECTIE** ▶ zie Prins Bernhard Cultuurfonds **BESTUUR** ▶ zie Prins Bernhard Cultuurfonds

Missie ■ **DOELSTELLING** ▶ Het financieel ondersteunen van projecten die gericht zijn op het behoud van natuur en landschap, (water)molens, flora en fauna in de provincie Overijssel en het financieel ondersteunen van verenigingen en stichtingen in die provincie die zich inzetten voor het behoud van de cultuur en interesse voor de klassieke muziek.

Werkgebied ■ **ACTIERADIUS** ▶ Regionaal **LAND** ▶ Nederland **REGIO** ▶ Overijssel.

Projecten ■ **CRITERIA** ▶ geen projectcriteria bekend **DOORLOOPTIJD** ▶ ☑ korter dan 1 jaar **STATUS AANVRAGER** ▶ ☑ geen beperkingen bekend **VOORKEUR/UITSLUITING** ▶ geen voorkeur of uitsluiting bekend.

Procedure ■ **OP AANVRAAG** ▶ ja **AANVRAAGPROCEDURE** ▶ Dit 'fonds op naam' ressorteert onder het Prins Bernhard Cultuurfonds. Verzoeken aan fondsen op naam komen op één centraal punt binnen. Dit houdt in dat een subsidieaanvraag slechts eenmaal aan het Prins Bernhard Cultuurfonds hoeft te worden gezonden. Voor de verdere aanvraagprocedure: zie Prins Bernhard Cultuurfonds. **URL** ▶ www.cultuurfonds.nl/aanvragen

Contact ■ **BEREIKBAAR PER** ▶ ☑ post ☑ e-mail ☑ telefoon **CONTACTPERSOON** ▶ geen contactpersoon bekend **POSTADRES** ▶ Postbus 19750, 1000 GT Amsterdam **EMAIL (ALGEMEEN)** ▶ info@cultuurfonds.nl **TELEFOON (ALGEMEEN)** ▶ 020-5206130.

1134
Stadsfonds Almelo

Rubriek ■ ☑ kunst en cultuur

Algemeen ■ **WEBSITE** ▶ www.cultuurfonds.nl **TYPERING** ▶ fonds op naam **BEHEERD DOOR** ▶ Prins Bernhard Cultuurfonds **DIRECTIE** ▶ zie > Prins Bernhard Cultuurfonds **BESTUUR** ▶ zie > Prins Bernhard Cultuurfonds

Missie ■ **DOELSTELLING** ▶ Stimuleren en ondersteunen van culturele activiteiten en initiatieven in de stad Almelo. Aanvragen worden behandeld door het Prins Bernhard Cultuurfonds Overijssel.

Werkgebied ■ **ACTIERADIUS** ▶ Lokaal **LAND** ▶ Nederland **REGIO** ▶ Overijssel **PLAATS** ▶ Almelo.

Projecten ■ **CRITERIA** ▶ geen projectcriteria bekend **DOORLOOPTIJD** ▶ ☑ korter dan 1 jaar **STATUS AANVRAGER** ▶ ☑ geen beperkingen bekend **VOORKEUR/UITSLUITING** ▶ geen voorkeur of uitsluiting bekend.

Procedure ■ **OP AANVRAAG** ▶ onbekend **AANVRAAGPROCEDURE** ▶ Dit 'fonds op naam' ressorteert onder het Prins Bernhard Cultuurfonds. Verzoeken aan fondsen op naam komen op één centraal punt binnen. Dit houdt in dat een subsidieaanvraag slechts eenmaal aan het Prins Bernhard Cultuurfonds hoeft te worden gezonden. Voor de verdere aanvraagprocedure: zie Prins Bernhard Cultuurfonds. **URL** ▶ www.cultuurfonds.nl/aanvragen

Contact ■ **BEREIKBAAR PER** ▶ ☑ post ☑ e-mail ☑ telefoon **CONTACTPERSOON** ▶ geen contactpersoon bekend **POSTADRES** ▶ Postbus 19750, 1000 GT Amsterdam **EMAIL (ALGEMEEN)** ▶ info@cultuurfonds.nl **TELEFOON (ALGEMEEN)** ▶ 020-5206130.

1135
Stichting Stadshart Vermogensfonds

Rubriek ■ ☑ kerk en levensbeschouwing ☑ maatschappij, welzijn en samenleving

Algemeen ■ WEBSITE ► www.stadshartkerk.nl/stichting-stadshart-vermogensfonds-shvf TYPERING ► vermogensfonds OPGERICHT ► 19-12-2013 RECHTSVORM ► stichting KVK ► 59517166 ANBI STATUS ► ja DIRECTIE ► geen directiegegevens bekend BESTUUR ► D. Slot, voorzitter; W.J.M. Vreugdenhil, penningmeester; mw. M. Rietveld-van Wingerden, secretaris; R.H. Joosse.

Missie ■ DOELSTELLING ► De Stichting heeft als doel om missionair en diaconaal bewustzijn van leden van de Stadshartkerk en mensen die zich met deze gemeente verbonden voelen te bevorderen. HISTORIE ► Sinds 1 januari 2014 bestaat er een Stichting Stadshart Vermogensfonds (SHVF). Het fonds is ontstaan uit een nalatenschap (vastgoed). Overeenkomstig de wens van de schenker is bepaald dat de jaarlijkse huuropbrengsten ten goede zullen komen aan projecten van de Stadshartkerk en haar partners. BELEIDSPLAN OP WEBSITE ► ja.

Doelgroep ■ SPECIFIEK ► Inwoners in en rondom de gemeente van Amstelveen. ACTIVITEITEN ► Met de doelstelling subsidieert de stichting vooral kleinschalige initiatieven die in of rond deze gemeente (Stadshartkerk) ontstaan. INTERVENTIENIVEAU ► Steun aan individuen (directe steun).

Werkgebied ■ ACTIERADIUS ► Lokaal LAND ► Nederland REGIO ► Noord-Holland PLAATS ► Amstelveen.

Bestedingen ■ BUDGET ► niet openbaar ONDERSTEUNDE PROJECTEN P/J ► 6 SOORT BIJDRAGE ► giften overig BOVENGRENS ► € 5.000 ONDERGRENS ► € 500.

Projecten ■ CRITERIA ► ☑ Een aanvraag kan worden gedaan door een persoon die lid is van Stadshartkerk Amstelveen of die zich met deze gemeente en haar doelstellingen verbonden voelt (het laatste motiveren); ☑ Een aanvraag heeft betrekking op een project met een duidelijk missionair of diaconaal karakter. Dat karakter dient kort en goed te worden omschreven; ☑ Een project met een missionair karakter moet voldoen aan een duidelijke projectbegroting, de periode waarin de activiteiten plaatsvinden en de beoogde doelstellingen. Projecten moeten een zelfstandig onderdeel van de activiteiten van een gemeente vormen; ☑ onvoldoende andere fondsen (bijvoorbeeld vanuit de WMO) beschikbaar zijn voor het project (motivatie) DOORLOOPTIJD ► ☑ onbekend STATUS AANVRAGER ► ☑ geen beperkingen bekend VOORKEUR/UITSLUITING ► Reguliere kerkelijke activiteiten komen niet voor projectsteun in aanmerking.

Procedure ■ OP AANVRAAG ► ja DOORLOOPTIJD ► geen doorlooptijd bekend; 1-3 maanden; 1-3 maanden; korter dan een maand AANVRAAGPROCEDURE ► Aanvragen kunnen het hele jaar door worden ingediend bij de secretaris van de Stichting, mevrouw Marjoke Rietveld-van Wingerden. Na ontvangstbevestiging beslist het bestuur binnen zes weken. Afwijzingen worden door het bestuur schriftelijk gemotiveerd. Daarover kan niet worden gecorrespondeerd. URL ► www.stadshartkerk.nl/stichting-stadshart-vermogensfonds-shvf/

Financieel ■ EIGEN VERMOGEN ► € 506.847 INKOMSTEN EV ► € 42.031 INKOMSTEN OV ► € 10.000 HERKOMST MIDDELEN ► giften & schenkingen, vermogen, legaten BOEKJAAR ► 2018 JAARVERSLAG OP WEBSITE ► ja.

Contact ■ BEREIKBAAR PER ► ☑ post ☑ e-mail ☒ telefoon CONTACTPERSOON ► Mw. M. Rietveld-van Wingerden POSTADRES ► Postbus 126, 1180 AM Amstelveen EMAIL (ALGEMEEN) ► m.rietveld-van.wingerden@vu.nl.

1136
Stichting START Foundation

Rubriek ■ ☑ maatschappij, welzijn en samenleving ☑ economische ontwikkeling en microkrediet

Algemeen ■ WEBSITE ► www.startfoundation.nl TYPERING ► vermogensfonds OPGERICHT ► 02-12-1997 RECHTSVORM ► stichting KVK ► 29048805 ANBI STATUS ► ja DIRECTIE ► J. Verhoeven BESTUUR ► S. Depla, voorzitter; mw. A. van Gaal; mw. A. Westerlaken; R. van Tilburg; R. Steenkuijl.

Missie ■ DOELSTELLING ► De stichting stelt zich ten doel om werk te creëren, te behouden en toegankelijk te maken voor achtergestelde bevolkingsgroepen, die geen of nauwelijks toegang hebben tot de arbeidsmarkt. Dat doel is bereikt als in ieder bedrijf en organisatie het personeel divers is samengesteld en wanneer alle groepen die in de samenleving voorkomen daar ook aan bod kunnen komen en duurzaam een eigen inkomen kunnen verdienen. HISTORIE ► Stichting Start Foundation is opgericht in 1998. Het is ontstaan vanuit het uitzendbureau Start. Het uitzendbureau Start was opgericht om werkloosheid aan te pakken door middel van flexibele arbeidscontracten. De oprichters vertegenwoordigden werkgevers, vakbonden en de overheid. Stichting Start foundation kreeg zowel het geld als de idealen mee, want Uitzendbureau Start werd aan een commerciële partij verkocht en de opbrengst daarvan kwam bij de Foundation terecht.

Doelgroep ■ SPECIFIEK ► Mensen, die om verschillende redenen onvoldoende in staat zijn om zelfstandig een baan te vinden. Focusgroepen: laagopgeleide ouderen en ex-gedetineerden. ACTIVITEITEN ► De stichting heeft aantal speerpunten gekozen waar ze zich de komende jaren op richten. De speerpunten zijn onder te verdelen in programma's en focusgroepen; ☑ Open Hiring®; Het aannemen van medewerkers zonder 'werving en selectie' om iedereen die het werk aankan, een kans te bieden; ☑ De parallelle arbeidsmarkt; Werk dat nu buiten de normen van onze betaalde arbeidsmarkt valt, organiseren we in een parallel systeem waarmee we mensen perspectief geven; ☑ Focusgroepen; ☑ Laagopgeleide ouderen; De arbeidsmarkt staat strak van de spanning, maar laagopgeleide ouderen profiteren hier niet of nauwelijks van. 55-plussers zijn daardoor vaker langdurig werkloos. De weg terug naar betaald werk vinden ze slechts moeizaam; ☑ Mensen met een detentieverleden; Voor mensen met een detentieverleden is het extra moeilijk om een baan te vinden. Zonder werk is het risico op recidive groot. Vaak hebben deze mensen aanvullende problemen op sociaal gebied, bij huisvesting, schulden of met hun gezondheid; ☑ Overige impactvolle initiatieven. INTERVENTIENIVEAU ► Steun aan lokale/provinciale maatschappelijke organisaties en structuren (incl. gemeenten etc.) die diensten verlenen aan individuen.

Werkgebied ■ ACTIERADIUS ► Nationaal LAND ► Nederland.

Bestedingen ■ BUDGET ► niet openbaar ONDERSTEUNDE PROJECTEN P/J ► 25 SOORT BIJDRAGE ► giften subsidies BOVENGRENS ► geen ONDERGRENS ► geen.

Projecten ■ CRITERIA ► Kenmerkend voor de werkwijze en de projecten: ☑ Innovatief. ☑ Proactief. ☑ Samenwerking; ☑ Opschalen; ☑ Onbegrensd; ☑ Activistisch; ☑ Onafhankelijk. DOORLOOPTIJD ► ☑ onbekend STATUS AANVRAGER ► ☑ geen beperkingen bekend VOORKEUR/UITSLUITING ► Geen voorkeur/uitsluiting bekend.

Procedure ■ OP AANVRAAG ► nee AANVRAAGPROCEDURE ► Als u een idee of plan wilt voorleggen aan Start Foundation, dan bent u van harte welkom, maar houd rekening met het volgende; Start Foundation is een proactieve maatschappelijk investeerder, die eigen initiatieven ontplooit om haar missie en doelen te bereiken. Uiteraard staat onze deur altijd open voor goede ideeën en plannen die banen opleveren voor mensen met een kwetsbare arbeidsmarktpositie. Alleen als uw idee of plan aansluit bij onze eigen plannen, zal het in behandeling worden genomen. Houd er rekening mee dat insturen van uw idee of plan slechts een prille start is van de procedure. Mochten we belangstelling hebben voor uw idee of plan, dan zullen we meer informatie opvragen of een gesprek aangaan. Indien u al beschikt over een project- of bedrijfsplan, stuur dit dan als bijlage via het formulier mee. U ontvangt in de regel binnen vier weken een bericht via e-mail.

Financieel ■ EIGEN VERMOGEN ► € 131.000.000 HERKOMST MIDDELEN ► inkomsten uit bedrijven, vermogen BOEKJAAR ► 2017 JAARVERSLAG OP WEBSITE ► ja.

Contact ■ BEREIKBAAR PER ► ☑ post ☑ e-mail ☑ telefoon CONTACTPERSOON ► geen contactpersoon bekend POSTADRES ► Klokgebouw 188, 7e etage, 5617 AB Eindhoven EMAIL (ALGEMEEN) ► info@startfoundation.nl TELEFOON (ALGEMEEN) ► 04024618501; whatsapp tel: +31651391326.

1137
Stempels Fonds

Rubriek ■ ☑ kunst en cultuur

Algemeen ■ WEBSITE ► www.cultuurfonds.nl TYPERING ► fonds op naam BEHEERD DOOR ► Prins Bernhard Cultuurfonds DIRECTIE ► zie > Prins Bernhard Cultuurfonds BESTUUR ► zie > Prins Bernhard Cultuurfonds

Missie ■ DOELSTELLING ► Het financieel ondersteunen van projecten op het werkterrein van het Prins Bernhard Cultuurfonds met een voorkeur voor geschiedenis en letteren.

Werkgebied ■ ACTIERADIUS ► Nationaal LAND ► Nederland.

Projecten ■ CRITERIA ► geen projectcriteria bekend DOORLOOPTIJD ► ☑ korter dan 1 jaar STATUS AANVRAGER ► ☑ geen beperkingen bekend VOORKEUR/UITSLUITING ► Voorkeur gaat uit naar projecten op de terreinen geschiedenis en letteren.

Procedure ■ OP AANVRAAG ► ja AANVRAAGPROCEDURE ► Dit 'fonds op naam' ressorteert onder het Prins Bernhard Cultuurfonds. Verzoeken aan fondsen op naam komen op één centraal punt binnen. Dit houdt in dat een subsidieaanvraag slechts eenmaal aan het Prins Bernhard Cultuurfonds hoeft te worden gezonden. Voor de verdere aanvraagprocedure: zie Prins Bernhard Cultuurfonds. URL ► www.cultuurfonds.nl/aanvragen

Contact ■ BEREIKBAAR PER ► ☑ post ☑ e-mail ☑ telefoon CONTACTPERSOON ► geen contactpersoon bekend POSTADRES ► Postbus 19750, 1000 GT Amsterdam EMAIL (ALGEMEEN) ► info@cultuurfonds.nl TELEFOON (ALGEMEEN) ► 020-5206130.

1138
Sternsdorff ter Maten Fonds

Rubriek ■ ☑ kunst en cultuur ☑ onderwijs en onderzoek

Algemeen ■ WEBSITE ► www.cultuurfonds.nl TYPERING ► fonds op naam BEHEERD DOOR ► Prins Bernhard Cultuurfonds DIRECTIE ► zie > Prins Bernhard Cultuurfonds BESTUUR ► zie > Prins Bernhard Cultuurfonds

Missie ■ DOELSTELLING ► Het financieel ondersteunen van jong talent op het terrein van de beeldende kunst.

Werkgebied ■ ACTIERADIUS ► Nationaal LAND ► Nederland.

Projecten ■ CRITERIA ► geen projectcriteria bekend DOORLOOPTIJD ► ☑ korter dan 1 jaar STATUS AANVRAGER ► ☑ geen beperkingen bekend VOORKEUR/UITSLUITING ► geen voorkeur of uitsluiting bekend.

Procedure ■ OP AANVRAAG ► ja AANVRAAGPROCEDURE ► Dit 'fonds op naam' ressorteert onder het Prins Bernhard Cultuurfonds. Verzoeken aan fondsen op naam komen op één centraal punt binnen. Dit houdt in dat een subsidieaanvraag slechts eenmaal aan het Prins Bernhard Cultuurfonds hoeft te worden gezonden. Voor de verdere aanvraagprocedure: zie Prins Bernhard Cultuurfonds. URL ► www.cultuurfonds.nl/aanvragen

Contact ■ BEREIKBAAR PER ► ☑ post ☑ e-mail ☑ telefoon CONTACTPERSOON ► geen contactpersoon bekend POSTADRES ► Postbus 19750, 1000 GT Amsterdam EMAIL (ALGEMEEN) ► info@cultuurfonds.nl TELEFOON (ALGEMEEN) ► 020-5206130.

1139
Stichting tot Steun van de Stichting De Jeugd- & Gezinsbeschermers

Rubriek ■ ☑ gezondheidszorg ☑ maatschappij, welzijn en samenleving

Algemeen ■ WEBSITE ► www.dejeugdengezinsbeschermers.nl TYPERING ► vermogensfonds BEHEERD DOOR ► Stichting Partners voor Jeugd RECHTSVORM ► stichting KVK ► 41192340 ANBI STATUS ► ja DIRECTIE ► mw. J. Adema BESTUUR ► Drs. E.P.J. Heijdelberg, voorzitter; P. van Uchelen.

Missie ■ DOELSTELLING ▶ Het verlenen van steun aan de te Haarlem gevestigde stichting De Jeugd- & Gezinsbeschermers, en voorts al hetgeen met een en ander rechtstreeks of zijdelings verband houdt of daartoe bevorderlijk kan zijn, alles in de ruimste zin des woords. HISTORIE ▶ De Jeugd-& Gezinsbeschermers zijn onderdeel van Partners voor Jeugd. Dit is een samenwerkingsverband van organisaties die actief zijn in de (preventieve) jeugdbescherming en jeugdreclassering. Met elkaar bieden we een stevige basis voor onze professionals die iedere dag bezig zijn met het beschermen van kwetsbare jeugdigen en het ondersteunen van hen en hun ouders. Zodat elk kind veilig op kan groeien en zich kansrijk kan ontwikkelen.

Doelgroep ■ ALGEMEEN ▶ jongeren, kinderen SPECIFIEK ▶ Geen specifieke doelgroep ACTIVITEITEN ▶ De Jeugd- & Gezinsbeschermers staat voor de bescherming van kwetsbare jeugdigen en het zodanig versterken van hun eigen kracht en die van hun gezinnen dat zij zich blijvend (verder) kunnen ontwikkelen tot gezonde en evenwichtige volwassenen die volwaardig deelnemen aan de samenleving. INTERVENTIENIVEAU ▶ Steun aan lokale/provinciale maatschappelijke organisaties en structuren (incl. gemeenten etc.) die diensten verlenen aan individuen.; Steun aan individuen (directe steun).

Werkgebied ■ ACTIERADIUS ▶ Regionaal LAND ▶ Nederland REGIO ▶ Noord-Holland PLAATS ▶ Alkmaar, Aalsmeer, Amsterdam, Amstelveen, Beemster, Bergen NH, Beverwijk, Blaricum/Eemnes, Bloemendaal, Castricum, Den Helder, Diemen, Drechterland, Edam-Volendam, Enkhuizen, Gooise Meren, Haarlem, Haarlemmermeer, Haarlemmerliede en Spaarnwoude, Heemskerk, Heemstede, Heerhugowaard, Heiloo, Hilversum, Hollands Kroon, Hoorn, Huizen, Koggenland, Landsmeer, Langedijk, Laren, Medemblik, Oostzaan, Ouder-Amstel, Opmeer, Purmerend, Schagen, Stede Broec, Texel, Uitgeest, Uithoorn, Velsen, Weesp, Waterland, Wijdemeren, Wormerland, Zaanstad, Zandvoort.

Bestedingen ■ BUDGET ▶ niet openbaar SOORT BIJDRAGE ▶ overig BOVENGRENS ▶ geen ONDERGRENS ▶ geen.

Projecten ■ CRITERIA ▶ geen projectcriteria bekend DOORLOOPTIJD ▶ ☑ korter dan 1 jaar STATUS AANVRAGER ▶ ☑ overig ☑ hulpverleners VOORKEUR/UITSLUITING ▶ Alleen Stichting De Jeugd- & Gezinsbeschermers kan aanvragen indienen, geen individuele personen of organisaties.

Procedure ■ OP AANVRAAG ▶ onbekend AANVRAAGPROCEDURE ▶ Geen aanvraagprocedure bekend.

Financieel ■ EIGEN VERMOGEN ▶ € 3.700.000 HERKOMST MIDDELEN ▶ vermogen, legaten BOEKJAAR ▶ 2016 JAARVERSLAG OP WEBSITE ▶ ja.

Contact ■ BEREIKBAAR PER ▶ ☑ post ☑ e-mail ☑ telefoon CONTACTPERSOON ▶ geen contactpersoon bekend POSTADRES ▶ Postbus 12685, 1100 AR Amsterdam EMAIL (ALGEMEEN) ▶ info@dejeugdengezinsbeschermers.nl TELEFOON (ALGEMEEN) ▶ 088-7778000.

1140
Stichting Steunfonds DISK

Rubriek ■ ☑ maatschappij, welzijn en samenleving

Algemeen ■ WEBSITE ▶ www.steunfondsdisk.nl TYPERING ▶ vermogensfonds OPGERICHT ▶ 1988 RECHTSVORM ▶ stichting KVK ▶ 41208628 ANBI STATUS ▶ ja DIRECTIE ▶ geen directiegegevens bekend BESTUUR ▶ Mw. Pl. Robbers-van Berkel, voorzitter; A.C.S.M. Borst, penningmeester; H.J.G.M. Crijns, secretaris; M.C.G.M. Brouwer; H. Noordegraaf; A.J.M. van den Hoogen.

Missie ■ DOELSTELLING ▶ ☑ Het stimuleren of het ondersteunen van bestaande of nieuwe initiatieven rond arbeid, economie en sociale kwestie door samenwerkingsverbanden van diaconie, caritas, kerk en samenleving binnen het kader van de ontwikkelde of zich ontwikkelende traditie van het christelijk en katholieke sociale denken; ☑ het bedrijfs- en arbeidspastoraat landelijk, internationaal, regionaal en plaatselijk in de ruimste zin van het woord te stimuleren en hetzij direct, hetzij indirect financieel te ondersteunen, zoals haar bestuur wenselijk acht. HISTORIE ▶ In de jaren tachtig is er al flink gediscussieerd over de financiële toezeggingen van kerken inzake de directiefuncties van Landelijk bureau DISK. Ook het plaatselijke arbeidspastoraat (R.-K., protestants of oecumenisch) worstelt met de vraag of er voldoende inkomsten beschikbaar zijn om de salarissen te financieren. Voor de activiteiten is extra geld nodig. Om al die redenen heeft het bestuur van Landelijk bureau DISK in 1989 de Stichting Steunfonds DISK opgericht, met als belangrijkste doelstelling het ondersteunen van het arbeidspastoraat, plaatselijk, landelijk en internationaal. BELEIDSPLAN OP WEBSITE ▶ ja.

Doelgroep ■ SPECIFIEK ▶ Bestaande of nieuwe initiatieven rond arbeid, economie en sociale kwestie. ACTIVITEITEN ▶ De stichting tracht haar doel onder meer te verwezenlijken door het honoreren van subsidieverzoeken door personen of groepen personen of rechtspersonen die overeenkomen met de doelstelling en het verkregen subsidie willen gebruiken voor activiteiten of initiatieven die beantwoorden aan de doelstelling. INTERVENTIENIVEAU ▶ Steun op niveau van maatschappij zelf (beleidsbeïnvloeding, etc.).; Steun aan lokale/provinciale maatschappelijke organisaties en structuren (incl. gemeenten etc.) die diensten verlenen aan individuen.; Steun aan individuen (directe steun).

Werkgebied ■ ACTIERADIUS ▶ Nationaal LAND ▶ Nederland.

Bestedingen ■ BUDGET ▶ € 30.000 ONDERSTEUNDE PROJECTEN P/J ▶ 8 SOORT BIJDRAGE ▶ giften overig BOVENGRENS ▶ geen ONDERGRENS ▶ geen.

Projecten ■ CRITERIA ▶ Projecten dienen: ☑ op tenminste één van de beleidsgebieden van Steunfonds DISK actief te zijn: arbeid, economie en sociale kwestie door samenwerkingsverbanden van diaconie, caritas, kerk en samenleving binnen het kader van de ontwikkelde of zich ontwikkelende traditie van het christelijk en katholieke sociale denken; ☑ concrete activiteiten, pilotprojecten, die iets opbouwen onder verschillende doelgroepen, en praktisch werken tussen mensen bevorderen; ☑ te werken met de kernwoorden uit de doelstelling van het Steunfonds DISK: de levensbeschouwelijke waarde of achtergrond is belangrijk; ☑ actief uit te dragen dat er iets gedaan kan worden: anders denken, bevorderen van bewustwording, morele vorming, verandering van gedrag; ☑ bij te dragen aan preventie en zorg op basis van een waardengerichte benadering; ☑ de herkomst van de subsidie bekend te maken; ☑ te worden aangevraagd op basis van een projectvoorstel met bijgevoegde begroting. **DOORLOOPTIJD** ▶ ☑ onbekend **STATUS AANVRAGER** ▶ ☑ geen beperkingen bekend **VOORKEUR/UITSLUITING** ▶ Een project of initiatief kan maximaal een keer een subsidie ontvangen en de periode van een project kan maximaal drie kalenderjaren insluiten. Niet toegekend worden aanvragen: ☑ ter dekking van structurele kosten; ☑ ten behoeve van personeel of louter personele lasten; ☑ inzake het vereffenen van oude schulden; ☑ als bekostiging van algemene conferenties.

Procedure ■ **OP AANVRAAG** ▶ ja **AANVRAAGPROCEDURE** ▶ Maak een korte brief waarin u als indiener zich voorstelt, het project omschrijft, en aangeeft hoeveel subsidie gevraagd wordt. Deze dient vergezeld te worden met het aanvraagformulier die te downloaden is via de website. Gevraagde gegevens onder andere: ☑ omschrijving van het project of de activiteit,; ☑ doelgroepen,; ☑ geplande activiteiten,; ☑ beoogde resultaten,; ☑ samenvatting; ☑ begroting. Indien de aanvrager een rechtspersoon is dan; ☑ informatie over het bestuur; ☑ het nummer Kamer van Koophandel. Het Steunfonds DISK ontvangt uw brief met bijlagen bij voorkeur per e-mail. Het bestuur vergadert twee keer per jaar en neemt in de tussentijd ook besluiten na onderling schriftelijk overleg. **URL** ▶ www.steunfondsdisk.nl/subsidie-aanvragen/

Financieel ■ **EIGEN VERMOGEN** ▶ € 234.691 **INKOMSTEN OV** ▶ € 858 **HERKOMST MIDDELEN** ▶ vermogen, giften & schenkingen **BOEKJAAR** ▶ 2019 **JAARVERSLAG OP WEBSITE** ▶ ja.

Contact ■ **BEREIKBAAR PER** ▶ ☑ post ☑ e-mail ☒ telefoon **CONTACTPERSOON** ▶ geen contactpersoon bekend **POSTADRES** ▶ Emmaplein 15, 5211 VZ 's-Hertogenbosch **EMAIL (ALGEMEEN)** ▶ info@steunfonds disk.nl.

1141
Stichting Steunfonds Duurzaamheid

Rubriek ■ ☑ maatschappij, welzijn en samenleving ☑ economische ontwikkeling en microkrediet

Algemeen ■ **WEBSITE** ▶ www.steunfondsduurzaamheid.nl **TYPERING** ▶ vermogensfonds **OPGERICHT** ▶ **RECHTSVORM** ▶ stichting **ANBI STATUS** ▶ nee **DIRECTIE** ▶ geen directiegegevens bekend **BESTUUR** ▶ Mw. S. Janssen, voorzitter; J. Molenaar, penningmeester; mw. M. Hermus, secretaris; W. Raaphorst; mw. M. Theus.

Missie ■ **DOELSTELLING** ▶ Stichting Steunfonds Duurzaamheid heeft als doelstelling het bevorderen van een duurzame samenleving. De stichting richt zich onder meer op initiatieven en projecten op het gebied van circulaire economie en educatie.

Doelgroep ■ **SPECIFIEK** ▶ Geen specifieke doelgroep **INTERVENTIENIVEAU** ▶

Werkgebied ■ **ACTIERADIUS** ▶ Regionaal **LAND** ▶ Nederland **REGIO** ▶ Zuid-Oost Brabant.

Bestedingen ■ **BUDGET** ▶ niet openbaar **SOORT BIJDRAGE** ▶ giften leningen garanties **BOVENGRENS** ▶ € 15.000 **ONDERGRENS** ▶ geen.

Projecten ■ **CRITERIA** ▶ Stichting Steunfonds Duurzaamheid steunt projecten en initiatieven die uitgaan van verantwoord ondernemen. Educatie was en is voor de Stichting belangrijk. De Stichting wil duurzaamheid en een circulaire economie bevorderen. **DOORLOOPTIJD** ▶ ☑ korter dan 1 jaar **STATUS AANVRAGER** ▶ ☑ geen beperkingen bekend **VOORKEUR/UITSLUITING** ▶ Er is altijd sprake van een éénmalige ondersteuning van projecten en initiatieven, niet van exploitatiesubsidie.

Procedure ■ **OP AANVRAAG** ▶ ja **AANVRAAGPROCEDURE** ▶ Steunaanvragen kunnen per e-mail worden ingezonden. Bij het projectvoorstel dient duidelijk aangegeven te worden: ☑ De concrete doelstelling. Wat men wil bereiken. ☑ Wanneer het project succesvol is; ☑ Een totaal begroting; ☑ Wat de bijdrage is van de diverse betrokken partijen (financieel/inkind); ☑ Wat de belangrijkste projectrisico's zijn; ☑ Welke bijdrage gevraagd wordt van de Stichting Steunfonds Duurzaamheid; Van de aanvragers zal gevraagd worden hun voorstel ook mondeling aan het bestuur toe te lichten.

Financieel ■ **HERKOMST MIDDELEN** ▶ overige inkomsten.

Contact ■ **BEREIKBAAR PER** ▶ ☒ post ☑ e-mail ☒ telefoon **CONTACTPERSOON** ▶ geen contactpersoon bekend **POSTADRES** ▶ Geen postadres bekend **EMAIL (ALGEMEEN)** ▶ info@steunfondsduurzaamheid.nl.

1142
Stichting Steunfonds Jeugdbescherming te Rotterdam

Rubriek ■ ☑ maatschappij, welzijn en samenleving ☑ onderwijs en onderzoek ☑ sport en recreatie

Algemeen ■ **WEBSITE** ▶ https://www.rotterdamsefondsen.nl/fondsen/stichting-steunfonds-jeugdbescherming-rotterdam **TYPERING** ▶ vermogensfonds **OPGERICHT** ▶ 24-12-1953 **RECHTSVORM** ▶ stichting **KVK** ▶ 41125220 **ANBI STATUS** ▶ nee **DIRECTIE** ▶ geen directiegegevens bekend **BESTUUR** ▶ Mw.mr. M.E. Loorbach-van Driel, voorzitter; A.G. van Bochove RA, penningmeester; mw.mr. W.A. van der Stroom-Willemse, secretaris; mw.drs. T. Drenthe; mr. G.E. van der Pols.

Missie ■ **DOELSTELLING** ▶ De stichting heeft ten doel het verlenen van steun aan organisaties werkzaam op het gebied van de jeugdbescherming en jeugdhulpverlening te Rotterdam en directe omgeving. **STICHTER(S)** ▶ Pro Juventute te Rotterdam **HISTORIE** ▶ De stichting is bij akte van 24 december 1953 opgericht als Fonds tot instandhouding van de Vereniging Pro Juventute.

Doelgroep ■ **ALGEMEEN** ▶ jongeren, kinderen **SPECIFIEK** ▶ Organisaties op het gebied van jeugdbescherming en jeugdhulpverlening in Rotterdam en directe omgeving. **ACTIVITEITEN** ▶ De stichting Steunfonds Jeugdbescherming Rotterdam ondersteunt organisaties door financieel bij te dragen aan projecten als: jeugdzorg, jeugdwelzijn, maatschappelijke opvang van jongeren, sport en recreatie, onderwijs en onderzoek. **INTERVENTIENIVEAU** ► Steun aan lokale/provinciale maatschappelijke organisaties en structuren (incl. gemeenten etc.) die diensten verlenen aan individuen.

Werkgebied ■ **ACTIERADIUS** ► Lokaal **LAND** ► Nederland **REGIO** ► Zuid-Holland **PLAATS** ► Rotterdam.

Bestedingen ■ **BUDGET** ► € 100.000 **TOELICHTING** ► Het beleid is rond de 4% van het vermogen jaarlijks te doneren **ONDERSTEUNDE PROJECTEN P/J** ► 25 **SOORT BIJDRAGE** ► giften **BOVENGRENS** ► € 10.000 **ONDERGRENS** ► geen.

Projecten ■ **CRITERIA** ► geen projectcriteria bekend **DOORLOOPTIJD** ► ☑ korter dan 1 jaar **STATUS AANVRAGER** ► ☑ stichting of vereniging (non-profit) ☑ kerkelijke instelling ☑ onderwijsinstelling ☑ bedrijf **VOORKEUR/UITSLUITING** ► geen voorkeur of uitsluiting bekend.

Procedure ■ **OP AANVRAAG** ► ja **AANVRAAGPROCEDURE** ► Geen aanvraagprocedure bekend.

Financieel ■ **EIGEN VERMOGEN** ► € 2.826.548 **INKOMSTEN EV** ► € 65.888 **HERKOMST MIDDELEN** ► vermogen **BOEKJAAR** ► 2018 **JAARVERSLAG OP WEBSITE** ► ja.

Contact ■ **BEREIKBAAR PER** ► ☑ post ☑ e-mail ☑ telefoon **CONTACTPERSOON** ► Mr. W.A. van der Stroom-Willemsen **POSTADRES** ► Westersingel 84, 3015 LC Rotterdam **EMAIL (ALGEMEEN)** ► wendy.vanderstroom@smeetsgijbels.com **TELEFOON (ALGEMEEN)** ► 088-2535503; 010-2666665.

1143

Stichting Steunfonds Jeugdzorg Noord-Holland

Rubriek ■ ☑ maatschappij, welzijn en samenleving

Algemeen ■ **WEBSITE** ► www.steunfondsjeugdzorg.nl **TYPERING** ► vermogensfonds **RECHTSVORM** ► stichting **KVK** ► 41223138 **ANBI STATUS** ► ja **DIRECTIE** ► geen directiegegevens bekend **BESTUUR** ► M.E. van Zutphen, voorzitter; mw. K.V. Westerdijk, penningmeester; E. Wijnsma; M. van Eijkern; R. Schipper.

Missie ■ **DOELSTELLING** ► De Stichting stelt zich ten doel het stimuleren van jeugdwelzijnswerk, genomen in de ruimste zin van het woord in de provincie Noord-Holland. **HISTORIE** ► De huidige 'Stichting Steunfonds Jeugdzorg Noord-Holland' is de voortzetting van de 'Hervormde Stichting Steunfonds Kinderzorg Noord-Holland', die in 1980 werd opgericht en gevestigd is in Haarlem. De oorsprong van deze stichting ligt in een oprichting van een vereniging van diverse met elkaar werkende diaconieën van kerken in Kennemerland, onder de naam 'De Vereniging Kinderzorg Noord-Holland'. De Vereniging verzorgde en oefende voogdij uit over kerkelijke wezen. Er was dus een band vanuit het Steunfonds met diverse kerken rondom Haarlem. In de jaren 80 werd deze band steeds losser en kwam de ondersteuning voor het jeugdwelzijnswerk via de Provinciale Diaconie van de Hervormde Kerk in Noord-Holland. In Haarlem kwamen er ook veranderingen en werd de Stichting Welzijn Jongeren en het Jongerenadvies Buro opgericht. Dit werd uiteindelijk omgevormd tot Stichting Jeugdzorg Kennemerland en valt nu onder Bureau Jeugdzorg Noord-Holland. In de jaren 90 ontstond het Protestants Dienstencentrum Noord-Holland vanuit de Protestantse Kerk in Nederland. Hier was een werkgroep met diverse mensen vanuit het kerkelijke jeugd- en jongerenwerk, die het bestuur van het Steunfonds adviseerde bij de kerkelijke aanvragen, die gericht waren aan het Steunfonds. Inmiddels is het Protestants Dienstencentrum Noord-Holland opgeheven, door reorganisatie. **BELEIDSPLAN OP WEBSITE** ► ja.

Doelgroep ■ **ALGEMEEN** ► jongeren, kinderen **SPECIFIEK** ► Jongeren tot 23 jaar in Noord-Holland, die begeleid worden door een professionele zorginstelling. **ACTIVITEITEN** ► De stichting tracht haar doel te bereiken door het bijeenbrengen van gelden, een goed beheer van het in de stichting gebrachte vermogen en het verschaffen van financiele middelen aan instellingen, werkzaam op het gebied van het jeugdwelzijnswerk. Het fonds heeft geld beschikbaar voor kosten die buiten de dagelijkse verzorging vallen. Te denken valt aan zwemles, studiemiddelen, fietsen, jeugdkamp, inrichtingskosten slaap-studeerkamer, culturele en sportieve activiteiten etc. **INTERVENTIENIVEAU** ► Steun aan lokale/provinciale maatschappelijke organisaties en structuren (incl. gemeenten etc.) die diensten verlenen aan individuen.

Werkgebied ■ **ACTIERADIUS** ► Regionaal **LAND** ► Nederland **REGIO** ► Noord-Holland.

Bestedingen ■ **BUDGET** ► € 100.000 **ONDERSTEUNDE PROJECTEN P/J** ► 16 **SOORT BIJDRAGE** ► giften **BOVENGRENS** ► geen **ONDERGRENS** ► geen.

Projecten ■ **CRITERIA** ► Het gaat om financiële steun aan jongeren tot 23 jaar, waarbij van het van belang is dat; ☑ overheidssteun onvoldoende is (gebleken); ☑ deze steun dringend noodzakelijk is; ☑ deze steun ten goede komt aan de betreffende jongere en hen die deze hulp nodig hebben; ☑ bij het niet verlenen van deze is er sprake van een bedreiging in de ontwikkeling van de betreffende jongere. Voor kerkelijke aanvragen geldt dat er niet noodzakelijk sprake behoeft te zijn van een zorgcomponent en een bedreigde ontwikkeling. **DOORLOOPTIJD** ► ☑ korter dan 1 jaar **STATUS AANVRAGER** ► ☑ kerkelijke instelling ☑ onderwijsinstelling ☑ stichting of vereniging (non-profit) ☑ hulpverleners **VOORKEUR/UITSLUITING** ► ☑ Tekorten achteraf worden niet gefinancierd; ☑ Het fonds besteedt geen geld aan gebouwen en/of personele lasten.

Procedure ■ **OP AANVRAAG** ► ja **DOORLOOPTIJD** ► geen doorlooptijd bekend; 3-6 maanden; 3-6 maanden **AANVRAAGPROCEDURE** ► De aanvraag wordt bij voorkeur ingediend door het invullen van het digitale aanvraagformulier op de website. Daarnaast kan een aanvraag per e-mail ingediend worden. De aanvraag dient concreet omschreven te zijn en te voorzien zijn van een gespecificeerde begroting, bewijs van onvoldoende beschikbaar overheidssteun en elders ingediende aanvragen (en eventueel met antwoord). Indien aanvullende info wordt gevraagd moet deze info binnen een termijn van 4 weken aan de Stichting verstrekt worden. Anders wordt de aanvraag niet in behandeling genomen. Aanvragen t/m € 750 kunnen worden het hele jaar door in behandeling genomen. Aanvragen boven dat bedrag alleen in een bestuursvergadering. Het bestuur van St. Steunfonds

Jeugdzorg Noord-Holland vergadert drie keer per jaar. Het kan dus enige tijd duren voordat u antwoord krijgt op uw aanvraag. **URL** ► www.steunfondsjeugdzorg.nl/pg-21645-7-77760/pagina/aanvragen.html

Financieel ■ **EIGEN VERMOGEN** ► € 3.564.433 **INKOMSTEN EV** ► € 288.579 **HERKOMST MIDDELEN** ► vermogen, giften & schenkingen, legaten **BOEKJAAR** ► 2019 **JAARVERSLAG OP WEBSITE** ► ja.

Contact ■ **BEREIKBAAR PER** ► ☑ post ☑ e-mail ☒ telefoon **CONTACTPERSOON** ► geen contactpersoon bekend **POSTADRES** ► Bavinkhof 4, 1023 NN **EMAIL (ALGEMEEN)** ► info@steunfondsjeugdzorg.nl.

1144

Stichting Steunfonds Jeugdzorg Overijssel

Rubriek ■ ☑ maatschappij, welzijn en samenleving

Algemeen ■ **WEBSITE** ► www.steunfondsjeugdzorgoverijssel.nl **TYPERING** ► vermogensfonds **OPGERICHT** ► 2002 **RECHTSVORM** ► stichting **KVK** ► 05071053 **ANBI STATUS** ► ja **DIRECTIE** ► geen directiegegevens bekend **BESTUUR** ► J. Krist, voorzitter; G. Brinkman, penningmeester; mw. M. Visser, secretaris.

Missie ■ **DOELSTELLING** ► Het verlenen van financiële steun alsmede van niet-financiële steun aan natuurlijke en/of rechtspersonen voor preventie, ondersteuning, hulp en zorg door professionals en/of op advies van professionals uit de jeugdsector aan of ten behoeve van kinderen tot de leeftijd van achttien jaar en/of hun ouders of verzorgers in de provincie Overijssel bij opgroei- en opvoedingsproblemen, psychische problemen, stoornissen en andere omstandigheden waardoor zij niet mee kunnen doen met dingen die bij hun leven horen om normaal te kunnen opgroeien in de tegenwoordige samenleving en het verrichten van al wat hiermee verband houdt of daartoe bevorderlijk kan zijn. **HISTORIE** ► Stichting Steunfonds Jeugdzorg Overijssel ontstond in 2002 uit een fusie van de Knuttelstichting, de Stichting Jeugd en Gezin Twente Beheer en de Stichting tot Steun Jeugdzorg Zwolle. De stichting staat los van gemeente of provincie en heeft ook geen band met organisaties in de Jeugdzorg. **BELEIDSPLAN OP WEBSITE** ► ja.

Doelgroep ■ **ALGEMEEN** ► jongeren, kinderen **SPECIFIEK** ► Kinderen tot de leeftijd van 18 jaar en/of hun ouders of verzorgers in de provincie Overijssel bij opgroei- en opvoedingsproblemen, psychische problemen, stoornissen en andere omstandigheden. **ACTIVITEITEN** ► Het bestuur deed in 2018 enkele toewijzingen. Toegewezen zijn bijvoorbeeld aanvragen voor het bouwen van een tuinhuis voor de; pleegkinderen, de aanschaf van een baby-uitzet, een rots en water training, kleding,; een individuele bokstraining, een abonnement op fitness, sportuitrusting, inrichting kamer pleegkind, lessen trekkerrijbewijs, vakantiekamp, DNA onderzoek vader. **INTERVENTIENIVEAU** ► Steun aan familie en omgeving van individuen.; Steun aan individuen (directe steun).

Werkgebied ■ **ACTIERADIUS** ► Regionaal **LAND** ► Nederland **REGIO** ► Overijssel.

Bestedingen ■ **BUDGET** ► niet openbaar **ONDERSTEUNDE PROJECTEN P/J** ► 28 **SOORT BIJDRAGE** ► giften overig **BOVENGRENS** ► geen **ONDERGRENS** ► geen.

Projecten ■ **CRITERIA** ► De belangrijkste criteria voor het verstrekken van een financiële bijdrage zijn; ☑ De aanvraag moet betrekking hebben op financiële steun voor kinderen en jongeren of ten behoeve van kinderen en jongeren ☑ De aanvraag is bedoeld voor financiële steun die (ook) ten goede komt aan het werkgebied Provincie Overijssel; ☑ Het moet bij de aanvraag gaan om een activiteit of anderszins waarvoor de overheid geen of onvoldoende (financiële) middelen beschikbaar stelt. **DOORLOOPTIJD** ► ☑ korter dan 1 jaar **STATUS AANVRAGER** ► ☑ individuen/gezinnen ☑ stichting of vereniging (non-profit) ☑ hulpverleners **VOORKEUR/UITSLUITING** ► ☑ De voorkeur van Stichting Steunfonds Jeugdzorg Overijssel gaat uit naar eenmalige financiële bijdragen en/of aanvragen waar de aanvrager een deel van de kosten zelf of anderszins financiert. ☑ Aanvragen voor het bouwen en/of vergaand verbouwen van woningen en structurele aanvragen zoals bijvoorbeeld salarissen, komen niet in aanmerking voor een financiële bijdrage. ☑ Projecten die starten of gestart zijn voordat het bestuur van de stichting een besluit over de aanvraag heeft genomen, komen niet voor een financiële bijdrage in aanmerking. ☑ Aanvragen voor een financiële bijdrage voor andere zaken waar voor de kosten al zijn gemaakt, komen ook niet voor een financiële bijdrage in aanmerking.

Procedure ■ **OP AANVRAAG** ► ja **AANVRAAGPROCEDURE** ► Aanvragen kunnen het gehele jaar door worden ingezonden aan het bestuur van de stichting. De aanvraag is voorzien van: ☑ het aanvraagformulier☑ een plan; ☑ een casusschets; ☑ een begroting; Besluitvorming door het bestuur van de stichting over aanvragen voor een financiële bijdrage tot en met €5.000,- vindt plaats op een reguliere vergadering van het bestuur. Uiterlijk twee maanden na indiening van de aanvraag wordt de aanvrager schriftelijk geïnformeerd over toekenning of afwijzing van de aanvraag. Besluitvorming door het bestuur van de stichting over aanvragen voor een financiële bijdrage boven € 5.000,- vindt tweemaal per jaar plaats. Het bestuur van de stichting informeert de aanvrager over de termijn van besluitvorming. Bij een afwijzing is geen beroep mogelijk. De aanvrager kan het bestuur van de stichting een schriftelijke reactie vragen over de eventuele afwijzing. **URL** ► www.steunfondsjeugdzorgoverijssel.nl/zo-werkt-het

Financieel ■ **EIGEN VERMOGEN** ► € 2.459.792 **HERKOMST MIDDELEN** ► vermogen, overige inkomsten **BOEKJAAR** ► 2018 **JAARVERSLAG OP WEBSITE** ► ja.

Contact ■ **BEREIKBAAR PER** ► ☑ post ☑ e-mail ☑ telefoon **CONTACTPERSOON** ► Secretaresse Stichting Steunfonds **POSTADRES** ► Gedeputeerdenlaan 16, 8016 AZ Zwolle **EMAIL (ALGEMEEN)** ► info@steunfonds jeugdzorgoverijssel.nl **TELEFOON (ALGEMEEN)** ► 088-8567800 **TELEFOON (AANVRAGEN)** ► 038-8514806.

1145
Stichting Steunfonds Maria Dommer

Rubriek ■ ☑ gezondheidszorg ☑ maatschappij, welzijn en samenleving

Algemeen ■ WEBSITE ▶ www.stichtingsteunfondsmariadommer.nl TYPERING ▶ vermogensfonds OPGERICHT ▶ 29-05-1981 RECHTSVORM ▶ stichting KVK ▶ 41179892 ANBI STATUS ▶ ja DIRECTIE ▶ geen directiegegevens bekend BESTUUR ▶ J.A. Vreeken, penningmeester; M.H.P. Fermin, secretaris.

Missie ■ DOELSTELLING ▶ Het behartigen van de belangen van ouderen in Maarssen en omgeving en het faciliteren door middel van financiële (deel-) ondersteuning om hun wensen op materieel en geestelijk gebied mede te kunnen verwezenlijken. STICHTER(S) ▶ Bestuursleden van het woon-zorgcomplex Stichting Maria Dommer.

Doelgroep ■ ALGEMEEN ▶ ouderen SPECIFIEK ▶ Ouderen in Maarssen en directe omgeving. ACTIVITEITEN ▶ Geen specifieke activiteiten bekend INTERVENTIENIVEAU ▶ Steun aan lokale/provinciale maatschappelijke organisaties en structuren (incl. gemeenten etc.) die diensten verlenen aan individuen.

Werkgebied ■ ACTIERADIUS ▶ Lokaal LAND ▶ Nederland PLAATS ▶ Maarssen (Stichtse Vecht).

Bestedingen ■ BUDGET ▶ niet openbaar ONDERSTEUNDE PROJECTEN P/J ▶ 0 SOORT BIJDRAGE ▶ giften overig BOVENGRENS ▶ geen ONDERGRENS ▶ geen.

Projecten ■ CRITERIA ▶ Uitgangspunt bij het verlenen van een financiële bijdrage is dat het een incidentele ondersteuning is. Vernieuwende initiatieven ten behoeve van ouderen kan bij het toewijzen een doorslaggevend criterium zijn. DOORLOOPTIJD ▶ ☑ korter dan 1 jaar STATUS AANVRAGER ▶ ☑ stichting of vereniging (non-profit) ☑ kerkelijke instelling ☑ hulpverleners VOORKEUR/UITSLUITING ▶ geen voorkeur of uitsluiting bekend.

Procedure ■ OP AANVRAAG ▶ onbekend DOORLOOPTIJD ▶ 1-3 maanden AANVRAAGPROCEDURE ▶ Geen aanvraagprocedure bekend

Financieel ■ EIGEN VERMOGEN ▶ € 1.231.750 INKOMSTEN EV ▶ € 198.760 HERKOMST MIDDELEN ▶ vermogen, legaten BOEKJAAR ▶ 2019 JAARVERSLAG OP WEBSITE ▶ ja.

Contact ■ BEREIKBAAR PER ▶ ☑ post ☑ e-mail ☑ telefoon CONTACTPERSOON ▶ J.C.G.D. Kiemel POSTADRES ▶ Postbus 33, 6200AA Maastricht EMAIL (ALGEMEEN) ▶ jcgdkiemel@gmail.com TELEFOON (ALGEMEEN) ▶ 06-55345334.

1146
Stichting Steunfonds Sandberg van Leuvenum

Rubriek ■ ☑ natuur, milieu en dieren

Algemeen ■ WEBSITE ▶ www.kennisbankfilantropie.nl/anbi/steunfonds-sandberg-van-leuvenum TYPERING ▶ vermogensfonds OPGERICHT ▶ 19-06-2002 RECHTSVORM ▶ stichting KVK ▶ 08107825 ANBI STATUS ▶ ja DIRECTIE ▶ geen directiegegevens bekend BESTUUR ▶ Jhr. G.J. Sandberg, voorzitter; mr. G.A.L.R. Diepenhorst, penningmeester; mr. G.A.L.R. Diepenhorst, secretaris; F.F. Baron van Hogendorp; mr. P.W. Baron van Verschuer.

Missie ■ DOELSTELLING ▶ ☑ Het verlenen van financiële steun aan Stichting Sandberg van Leuvenum te Ermelo; ☑ het verlenen van financiële steun aan levensbeschouwelijke, charitatieve, culturele, wetenschappelijke en het algemeen nut beogende instellingen; ☑ een bijdrage leveren aan het lenigen van financiële en materiële nood in binnen- en buitenland; ☑ het verrichten van alle verdere werkzaamheden, die met het vorenstaande in de ruimste zin verband houden of daartoe bevorderlijk kunnen zijn. BELEIDSPLAN OP WEBSITE ▶ ja.

Doelgroep ■ SPECIFIEK ▶ Steun verlenen aan NSW-opengestelde Landgoederen. ACTIVITEITEN ▶ Het ondersteunen van de Stichting Sandberg van Leuvenum (ANBI) is het primaire doel van de Stichting. Voor grotere projecten binnen de Stichting Sandberg van Leuvenum, zoals de meerjaren restauratieplannen van Huize Leuvenum en Villa de Bannink, kunnen binnen de Stichting reserves opgebouwd worden. Uit deze voorzieningen zullen dan bedragen geschonken worden of (renteloos) uitgeleend worden aan de Stichting Sandberg van Leuvenum om de projecten door deze landgoed stichting te realiseren. Ook zullen er reserves opgebouwd worden in de Stichting om de Stichting Sandberg van Leuvenum financieel in staat te stellen nieuwe landbouw gronden te verwerven ten einde de zittende pachters voldoende agrarische gronden te bieden om hun bedrijf in stand te houden. Deze schaalvergroting van de agrarische bedrijven is noodzakelijk om een gezonde bedrijfsvoering te kunnen realiseren en zo de continuïteit van de bedrijven en de Stichting te waarborgen. INTERVENTIENIVEAU ▶ Steun aan lokale/provinciale maatschappelijke organisaties en structuren (incl. gemeenten etc.) die diensten verlenen aan individuen.

Werkgebied ■ ACTIERADIUS ▶ Lokaal, Regionaal, Internationaal LAND ▶ Nederland, Wereldwijd REGIO ▶ Salland, Veluwe.

Bestedingen ■ BUDGET ▶ niet openbaar SOORT BIJDRAGE ▶ giften BOVENGRENS ▶ geen ONDERGRENS ▶ geen.

Projecten ■ CRITERIA ▶ geen projectcriteria bekend DOORLOOPTIJD ▶ ☑ korter dan 1 jaar STATUS AANVRAGER ▶ ☑ onderwijsinstelling ☑ kerkelijke instelling ☑ stichting of vereniging (non-profit) VOORKEUR/UITSLUITING ▶ geen voorkeur of uitsluiting bekend.

Procedure ■ OP AANVRAAG ▶ onbekend AANVRAAGPROCEDURE ▶ Geen aanvraagprocedure bekend.

Financieel ■ EIGEN VERMOGEN ▶ € 19.380.647 INKOMSTEN EV ▶ € 2.539.702 INKOMSTEN OV ▶ € 6.300 HERKOMST MIDDELEN ▶ vermogen, legaten BOEKJAAR ▶ 2019 JAARVERSLAG OP WEBSITE ▶ ja.

Contact ■ BEREIKBAAR PER ▶ ☑ post ☑ e-mail ☑ telefoon CONTACTPERSOON ▶ Mr. G.A.L.R. Diepenhorst POSTADRES ▶ Dammerweg 10, 1383 HT Weesp EMAIL (ALGEMEEN) ▶ steunfonds.sandberg.leuvenum@gmail.com TELEFOON (ALGEMEEN) ▶ 0294-252137.

1147
Steunfonds Stavoren

Rubriek ☑ kunst en cultuur

Algemeen WEBSITE ▶ www.cultuurfonds.nl TYPERING ▶ fonds op naam BEHEERD DOOR ▶ Prins Bernhard Cultuurfonds DIRECTIE ▶ zie > Prins Bernhard Cultuurfonds BESTUUR ▶ zie > Prins Bernhard Cultuurfonds

Missie DOELSTELLING ▶ Dit fonds ondersteunt financieel de cultuur van de Hanzestad Stavoren en de aangrenzende woonkernen. Aanvragen worden behandeld door het Prins Bernhard Cultuurfonds Friesland.

Werkgebied ACTIERADIUS ▶ Regionaal, Lokaal LAND ▶ Nederland REGIO ▶ Friesland PLAATS ▶ Stavoren.

Projecten CRITERIA ▶ geen projectcriteria bekend DOORLOOPTIJD ▶ ☑ korter dan 1 jaar STATUS AANVRAGER ▶ ☑ geen beperkingen bekend VOORKEUR/UITSLUITING ▶ Voorkeur gaat uit naar de Hanzestad Stavoren.

Procedure OP AANVRAAG ▶ ja AANVRAAGPROCEDURE ▶ Dit 'fonds op naam' ressorteert onder het Prins Bernhard Cultuurfonds. Verzoeken aan fondsen op naam komen op één centraal punt binnen. Dit houdt in dat een subsidieaanvraag slechts eenmaal aan het Prins Bernhard Cultuurfonds hoeft te worden gezonden. Voor de verdere aanvraagprocedure: zie Prins Bernhard Cultuurfonds. URL ▶ www.cultuurfonds.nl/aanvragen

Contact BEREIKBAAR PER ▶ ☑ post ☑ e-mail ☑ telefoon CONTACTPERSOON ▶ geen contactpersoon bekend POSTADRES ▶ Postbus 19750, 1000 GT Amsterdam EMAIL (ALGEMEEN) ▶ info@cultuurfonds.nl TELEFOON (ALGEMEEN) ▶ 020-5206130.

1148
Stichting Steunfonds voor het Buurt- en Klubhuiswerk in Nijmegen e.o.

Rubriek ☑ kunst en cultuur ☑ maatschappij, welzijn en samenleving ☑ vluchtelingenhulp

Algemeen WEBSITE ▶ www.stichtingsteunfonds.nl TYPERING ▶ vermogensfonds OPGERICHT ▶ 21-10-1958 RECHTSVORM ▶ stichting KVK ▶ 41055434 ANBI STATUS ▶ nee DIRECTIE ▶ geen directiegegevens bekend BESTUUR ▶ Mw. L. van der Aalst-Wolken, voorzitter; E.P.J. van Tienen, penningmeester; mw. J.A.M. de Moor-Nijenhuis, secretaris; mw. O. Jansen.

Missie DOELSTELLING ▶ De stichting heeft ten doel het verlenen van financiële hulp aan initiatieven en activiteiten op het gebied van sociaal-culturele en maatschappelijke vorming in de regio Nijmegen. STICHTER(S) ▶ Mevrouw C.W.A. Schneider-Kros HISTORIE ▶ Mevrouw C.W.A. Schneider-Kros, die op 16 juli 1956 overlijdt, heeft tot enige erfgename van haar nalatenschap de R.K. Stichting Volksjeugdzorg Don Bosco aangewezen. Deze Stichting richtte vervolgens ten behoeve van het beheer van de nalatenschap het Steunfonds op.

Doelgroep ALGEMEEN ▶ armen, dak- en thuislozen, gehandicapten, jongeren, kinderen, ouderen, vluchtelingen SPECIFIEK ▶ Geen specifieke doelgroep ACTIVITEITEN ▶ Het fonds richt zijn activiteiten op Nijmegen en omgeving en organiseert jaarlijks een subsidieronde. Ook stelt het fonds sinds 2016 jaarlijks De Don Bosco-prijs ter beschikking. Deze prijs wordt toegekend aan het project dat van de voorafgaande subsidieronde het beste de doelstellingen van het fonds, realiseert. Financiële steun kan o.m. verleend worden aan: ☑ op participatie gerichte activiteiten in wijk of buurt; ☑ activiteiten gericht op multiculturele integratie; ☑ activiteiten in het kader van jongerenwerk; ☑ initiatieven gericht op de participatie van ouderen; ☑ activiteiten gericht op zelfhulporganisatie rond bepaalde handicaps of problemen. INTERVENTIENIVEAU ▶ Steun aan lokale/provinciale maatschappelijke organisaties en structuren (incl. gemeenten etc.) die diensten verlenen aan individuen.

Werkgebied ACTIERADIUS ▶ Lokaal LAND ▶ Nederland PLAATS ▶ Nijmegen.

Bestedingen BUDGET ▶ niet openbaar SOORT BIJDRAGE ▶ giften garanties BOVENGRENS ▶ € 2.300 ONDERGRENS ▶ € 125.

Projecten CRITERIA ▶ Financiële steun kan verleend worden voor initiatieven en activiteiten van groepen, die erop gericht zijn om via zelforganisatie, verbetering aan te brengen in hun leefomstandigheden, c.q. hun leefomgeving. In het algemeen is het Steunfonds erop gericht, juist die initiatieven en activiteiten te ondersteunen, die zonder deze steun niet of moeilijk van de grond zouden komen. DOORLOOPTIJD ▶ ☑ korter dan 1 jaar STATUS AANVRAGER ▶ ☑ stichting of vereniging (non-profit) ☑ onderwijsinstelling ☑ overig VOORKEUR/UITSLUITING ▶ Het steunfonds verstrekt slechts subsidies aan groepen.

Procedure OP AANVRAAG ▶ ja DOORLOOPTIJD ▶ 1-3 maanden AANVRAAGPROCEDURE ▶ Een aanvraag voor subsidie dient schriftelijk of per email te worden gedaan, met gebruikmaking van het aanvraagformulier. Jaarlijks worden in de maand april potentiële belanghebbenden in de regio Nijmegen door het Steunfonds geïnformeerd over de mogelijkheid tot het aanvragen van een subsidie. Deze informatie geschiedt middels berichtgeving aan op dit terrein bekende groeperingen c.q. organisaties en door andere algemeen gerichte vormen van publiciteit. Aanvragen voor subsidie kunnen dan tot uiterlijk 31 mei ingediend worden. In de maand juni worden de ingediende aanvragen door het bestuur van het Steunfonds aan de voorwaarden getoetst en vindt er een voorlopige keuze van te subsidiëren projecten plaats. Het secretariaat van het Steunfonds kan gedurende deze periode bij de aanvragers om nadere informatie en verduidelijking vragen. In de eerste week van juli bepaalt het bestuur zijn eindoordeel en ontvangen alle indieners van een aanvraag bericht of al dan niet subsidie is toegekend. URL ▶ www.stichtingsteunfonds.nl/subsidie.html

Financieel HERKOMST MIDDELEN ▶ vermogen, legaten.

Contact BEREIKBAAR PER ▶ ☑ post ☑ e-mail ☒ telefoon CONTACTPERSOON ▶ Mw. J.A.M. de Moor-Nijenhuis POSTADRES ▶ Lindestraat 2,

6566 ZV Millingen aan de Rijn **EMAIL (ALGEMEEN)** ► info@stichtingsteunfonds.nl.

1149 Stichting Steunfondsen voor de Stichting voor Educatie en Beroepsonderwijs

Rubriek ■ ☑ onderwijs en onderzoek

Algemeen ■ **WEBSITE** ► www.kennisbankfilantropie.nl/anbi/steunfondsen-voor-de-stichting-voor-educatie-en-beroepsonderwijs **TYPERING** ► vermogensfonds **OPGERICHT** ► 30-06-1997 **RECHTSVORM** ► stichting **KVK** ► 41227418 **ANBI STATUS** ► ja **DIRECTIE** ► geen directiegegevens bekend **BESTUUR** ► C.J.M. Hienkens, voorzitter; J.E. Snijders, secretaris; J.A.M. Schellart.

Missie ■ **DOELSTELLING** ► De Stichting heeft ten doel: de ondersteuning van de activiteiten van de te Haarlem gevestigde Stichting voor Educatie en Beroepsonderwijs, en voorts al hetgeen met een en ander rechtstreeks of zijdelings verband houdt of daartoe bevorderlijk kan zijn, alles in de ruimste zijn des woords.

Doelgroep ■ **ALGEMEEN** ► jongeren, kinderen, studenten **SPECIFIEK** ► Geen specifieke doelgroep **ACTIVITEITEN** ► Geen specifieke activiteiten bekend **INTERVENTIENIVEAU** ► Steun aan lokale/provinciale maatschappelijke organisaties en structuren (incl. gemeenten etc.) die diensten verlenen aan individuen.; Steun aan individuen (directe steun).

Werkgebied ■ **ACTIERADIUS** ► Lokaal **LAND** ► Nederland **REGIO** ► Noord-Holland **PLAATS** ► Haarlem.

Bestedingen ■ **BUDGET** ► niet openbaar **SOORT BIJDRAGE** ► onbekend **BOVENGRENS** ► geen **ONDERGRENS** ► geen.

Projecten ■ **CRITERIA** ► geen projectcriteria bekend **DOORLOOPTIJD** ► ☑ onbekend **STATUS AANVRAGER** ► ☑ geen beperkingen bekend **VOORKEUR/UITSLUITING** ► geen voorkeur of uitsluiting bekend.

Procedure ■ **OP AANVRAAG** ► onbekend **AANVRAAGPROCEDURE** ► Geen aanvraagprocedure bekend.

Financieel ■ **EIGEN VERMOGEN** ► € 6.616.186 **INKOMSTEN EV** ► € 112.410 **HERKOMST MIDDELEN** ► onbekend **JAARVERSLAG OP WEBSITE** ► ja.

Contact ■ **BEREIKBAAR PER** ► ☑ post ☒ e-mail ☑ telefoon **CONTACTPERSOON** ► geen contactpersoon bekend **POSTADRES** ► Postbus 2110, 2002 CC Haarlem **TELEFOON (ALGEMEEN)** ► 0235302000.

1150 Stichting Steunvermogen van GGZ Delfland

Rubriek ■ ☑ gezondheidszorg

Algemeen ■ **WEBSITE** ► https://www.ggz-delfland.nl/over-ons/organisatie/stichting-steunvermogen-van-ggz-delfland **TYPERING** ► vermogensfonds **RECHTSVORM** ► stichting **KVK** ► 41146703 **ANBI STATUS** ► ja **DIRECTIE** ► geen directiegegevens bekend **BESTUUR** ► H.P.S. Baks, voorzitter; D. van Starkenburg; G.H.F. Boekhoff; mw. A. Jasper-van Nellen; mw. Z.D. Woldhuis.

Missie ■ **DOELSTELLING** ► De Stichting is werkzaam in het kader van het algemeen belang en heeft primair ten doel het werven van geldmiddelen ter verlening van financiële steun aan GGZ Delfland ten behoeve van activiteiten waarvoor elders geen financiële middelen gevonden kunnen worden, en al hetgeen vorenstaande verband houdt of daartoe bevorderlijk kan zijn, alles in de ruimste zin van het woord. **BELEIDSPLAN OP WEBSITE** ► ja.

Doelgroep ■ **ALGEMEEN** ► ouderen, zieken, inheemse volken **SPECIFIEK** ► De organisatie GGZ Delfland met het museum Historisch Joris en de medewerkers van GGZ Delfland. **ACTIVITEITEN** ► De doelstelling wordt gerealiseerd door concrete projecten zoals een wetenschappelijk onderzoek, het museum Historisch Joris of een uitwisselingsprogramma, financieel te ondersteunen; ☑ Het gaat om onderzoek door medewerkers van GGZ Delfland dat direct betrekking heeft op de praktijk van de patiëntenzorg; ☑ De Stichting ondersteunt het museum in bijdragen aan onderhoud en conservering van de collectie; ☑ Er loopt een uitwisselingsprogramma op het gebied van psychiatrie met China. Kennis over behandeling, maar ook over de toepassing van ICT wordt gedeeld middels werkbezoeken en sessies via internet. **INTERVENTIENIVEAU** ► Steun aan lokale/provinciale maatschappelijke organisaties en structuren (incl. gemeenten etc.) die diensten verlenen aan individuen.

Werkgebied ■ **ACTIERADIUS** ► Lokaal, Internationaal **LAND** ► Nederland **REGIO** ► Zuid-Holland **PLAATS** ► Delft.

Bestedingen ■ **BUDGET** ► niet openbaar **SOORT BIJDRAGE** ► giften **BOVENGRENS** ► geen **ONDERGRENS** ► geen.

Projecten ■ **CRITERIA** ► ☑ Financiële steun wordt per onderwerp afgewogen; ☑ Er dienen geen voorliggende voorzieningen (zoals subsidies, fondsen) te zijn. **DOORLOOPTIJD** ► ☑ onbekend **STATUS AANVRAGER** ► ☑ geen beperkingen bekend **VOORKEUR/UITSLUITING** ► geen voorkeur of uitsluiting bekend.

Procedure ■ **OP AANVRAAG** ► ja **AANVRAAGPROCEDURE** ► Voor verzoeken voor wetenschappelijk onderzoek heeft GGZ Delfland een procedure. Aanvragen worden altijd eerst getoetst door de commissie wetenschappelijk onderzoek die een advies geeft aan de bestuurder. De bestuurder van GGZ Delfland doet een voorstel aan het bestuur van de Stichting Steunvermogen, wanneer aan de voorwaarden wordt voldaan. De stichting beslist vervolgens daarover. Andere vragen, zoals een uitwisselingsprogramma of ondersteuning van Historisch Joris, worden getoetst door het directieteam en de bestuurder. De bestuurder legt een voorstel voor aan het bestuur van de Stichting Steunvermogen, wanneer aan de voorwaarden wordt voldaan. De stichting beslist daar vervolgens over.

Financieel ■ **EIGEN VERMOGEN** ► € 2.681.164 **INKOMSTEN EV** ► € 339.868 **HERKOMST MIDDELEN** ► overige inkomsten, legaten, giften & schenkingen **BOEKJAAR** ► 2019 **JAARVERSLAG OP WEBSITE** ► ja.

Contact ■ BEREIKBAAR PER ► ☑ post ☑ e-mail ☑ telefoon CONTACTPERSOON ► geen contactpersoon bekend POSTADRES ► Sint Jorisweg 2, 2612 GA Delft EMAIL (ALGEMEEN) ► info@ggz-delfland.nl TELEFOON (ALGEMEEN) ► 015-2607607.

1151
Stichting 1443

Rubriek ■ ☑ kerk en levensbeschouwing

Algemeen ■ WEBSITE ► www.stichting1443.nl TYPERING ► vermogensfonds OPGERICHT ► 13-12-1903 RECHTSVORM ► stichting KVK ► 41066602 ANBI STATUS ► ja DIRECTIE ► geen directiegegevens bekend BESTUUR ► Mw. M.J.D. Donders-de Leest, voorzitter; P.C.A. Einig, penningmeester; mw. M. Kaiser-Koonen, secretaris; R.N. Merkx, vicevoorzitter; mw. S.M. van den Heuvel-Grever; mw. A. Heezen-Vriesen; P. Bastings.

Missie ■ DOELSTELLING ► Stichting 1443 heeft ten doel vanuit haar historische binding met de Rooms-Katholieke kerk en de stad Roermond ten behoeve van de bevolking van de Roermondse regio activiteiten te ontplooien of te ondersteunen strekkende tot behoud of ontwikkeling van het geestelijk leven binnen de RK Kerk, de oecumene en de dialoog met andere religies. HISTORIE ► De cijfers van Stichting 1443 staan voor het oprichtingsjaar van een oorspronkelijke studiebeurzenstichting. De aanzet daartoe kwam van Johannes de Lovanio (overleden in 1438) die daar in zijn testament op had aangedrongen. Deze Roermondenaar, doctor in de rechten, was geestelijke en onder meer kanunnik van de Domkerk in Keulen. Dat verklaart waarom hij juist theologiestudenten via een beurzenstichting wilde steunen. Er was nog een Roermondenaar die via een eigen stichting hetzelfde doel nastreefde: Peregrinus Vogels (1575-1649). Deze stichtingen, die in 1979 werden samengevoegd, hebben zeer lang een sluimerend bestaan geleid maar zijn op 31 december 1999 nieuw leven ingeblazen.

Doelgroep ■ ALGEMEEN ► ouderen, studenten, gelovigen SPECIFIEK ► Priesterstudenten uit de regio Roermond. ACTIVITEITEN ► De stichting richt zich behalve op haar historische opdracht m.b.t. ondersteuning van priesterstudenten meer in brede zin op de bevordering van spiritualiteit en verdieping. Veel mensen proberen daarin een weg te vinden vanuit de traditie maar ook vanuit meer persoonlijk ingevulde kaders. De stichting 1443 kent daarnaast elk jaar een prijs toe aan een of meerdere personen die zich onderscheiden door hun inspirerende voorbeeldwerking en hun geestkracht en levenskracht; mensen die anderen tot steun en bemoediging zijn, die hun werk vaak in stilte doen, die gewaardeerd worden zonder ooit om waardering te vragen. Het kan ook iemand zijn - woonachtig of werkzaam in Roermond - die zich inzet voor een specifiek project binnen de doelstelling van de Stichting 1443. De prijs bestaat uit een erespeld, een oorkonde en een bedrag van 500 euro. INTERVENTIENIVEAU ► Steun aan individuen (directe steun).; Steun aan lokale/provinciale maatschappelijke organisaties en structuren (incl. gemeenten etc.) die diensten verlenen aan individuen.

Werkgebied ■ ACTIERADIUS ► Nationaal, Regionaal LAND ► Nederland PLAATS ► Roermond.

Bestedingen ■ BUDGET ► niet openbaar SOORT BIJDRAGE ► giften studiebeurzen overig BOVENGRENS ► geen ONDERGRENS ► geen.

Projecten ■ CRITERIA ► Het doel van de studiebeurs is het ondersteunen van de ontwikkeling van het christelijke geloof door studie en scholing. De studiebeurs wordt toegekend aan natuurlijke personen die: ☑ studeren voor het priesterschap; ☑ studeren voor predikant; ☑ studeren voor het permanent diaconaal; ☑ studeren voor pastoraal werk; ☑ ontwikkelen en verdiepen van het christelijke geloof of de dialoog met andere religies. De eisen voor aanvragers die in aanmerking willen komen voor de studiebeurs: ☑ voldoen aan een van de voorgaande criteria; ☑ aanvragers hebben een binding met de stad Roermond en omgeving; ☑ de aanvraag is voor kosten die niet uit andere bronnen gefinancierd kunnen worden. DOORLOOPTIJD ► ☑ onbekend STATUS AANVRAGER ► ☑ geen beperkingen bekend VOORKEUR/UITSLUITING ► geen voorkeur of uitsluiting bekend.

Procedure ■ OP AANVRAAG ► ja AANVRAAGPROCEDURE ► Indien u in aanmerking wilt komen voor een studiebeurs dient u schriftelijk voor 1 juni van het lopende jaar een verzoek daartoe in te dienen bij de secretaris van de stichting. Verzoeken die na de datum van 1 juni binnen komen zullen pas in de beoordeling van het daaropvolgende kalenderjaar meegenomen worden. De voorgedragen personen voor de jaarprijs kunnen, met een korte motivering, worden aangemeld bij de vice-voorzitter van Stichting 1443, pastoor-deken R. Merkx, Abdijhof 1, 6041 HG Roermond, tel. 339465, e-mail: rnmerkx@hetnet.nl.

Financieel ■ EIGEN VERMOGEN ► € 69.397 INKOMSTEN EV ► € 2.352 HERKOMST MIDDELEN ► vermogen, legaten, giften & schenkingen, overige inkomsten BOEKJAAR ► 2019 JAARVERSLAG OP WEBSITE ► ja.

Contact ■ BEREIKBAAR PER ► ☑ post ☑ e-mail ☒ telefoon CONTACTPERSOON ► geen contactpersoon bekend POSTADRES ► Postbus 900, 6040 AX Roermond EMAIL (ALGEMEEN) ► info@stichting1443.nl.

1152
Stichting de heer Th. M. den Brinker en mevrouw J.F. den Brinker-Vissers

Rubriek ■ ☑ noodhulp ☑ vluchtelingenhulp

Algemeen ■ WEBSITE ► www.stichtingdenbrinker.nl TYPERING ► vermogensfonds OPGERICHT ► 05-06-2001 RECHTSVORM ► stichting KVK ► 17136544 ANBI STATUS ► ja DIRECTIE ► geen directiegegevens bekend BESTUUR ► H.P.H. Dijkers, voorzitter; A.F.G. Weel, penningmeester; mw. G. Leusink-Kolkman, secretaris; G. Hoenders; mw. I. Vermont.

Missie ■ DOELSTELLING ► Aan instellingen en/of instanties met een menslievend of liefdadig doel, financiële ondersteuning te bieden om het lot van mensen in nood te verbeteren of krachtens hun doelstelling daartoe bevorderlijk bezig te zijn –alles in de ruimste zin des woords. STICHTER(S) ► Mevrouw J.F. den Brinker - Vissers HISTORIE ►

Mw. J.F.den Brinker – Vissers kwam in 1946 als 26-jarige in dienst van de heer Th.den Brinker als gezelschapsdame voor zijn hulpbehoevende echtgenote J.M.Th. den Brinker-Menting. Het echtpaar was kinderloos. Mevrouw den Brinker-Menting overleed op 16 april 1950 en het was het niet gepast bij de weduwnaar te blijven wonen. De 30 jaar oudere, vermogende Th.M.den Brinker en mejuffrouw Vissers mochten en waardeerden elkaar. Door beide partijen werd een huwelijk als geschikte oplossing gezien en zij trouwden op 19 juni 1950. Zij was toen 29 jaar. De heer Th.den Brinker overleed op 18 december 1960. Mw. J.F.den Brinker – Vissers had plezier in het verzorgen van de tuin en beschouwde het verstandig beheer van het vermogen dat zij erfde, als een verplichting aan haar echtgenoot. Beseffend dat ook na haar overlijden het vermogen beheerd moest worden in de geest van haar en haar man, heeft ze op bijna 80-jarige leeftijd een Stichting in het leven geroepen. Vanaf 5 juni 2001 ontvangt de Stichting tijdens haar leven elk jaar een bedrag en zou na haar overlijden het vermogen erven. De baten uit het beheer zouden ten goede moeten komen aan medische doeleinden om mensen en m.n. kinderen te helpen én ernstige ziekten te bestrijden. Ook de Dierenbescherming wilde ze vernoemd hebben. **BELEIDSPLAN OP WEBSITE** ► ja.

Doelgroep ■ **ALGEMEEN** ► kinderen, dieren, zieken, gehandicapten, jongeren, ouderen **SPECIFIEK** ► Instellingen en/of instanties met een menslievend of liefdadig doel. **ACTIVITEITEN** ► Geen specifieke activiteiten bekend **INTERVENTIENIVEAU** ► Steun aan lokale/provinciale maatschappelijke organisaties en structuren (incl. gemeenten etc.) die diensten verlenen aan individuen.

Werkgebied ■ **ACTIERADIUS** ► Nationaal, Internationaal **LAND** ► Wereldwijd.

Bestedingen ■ **BUDGET** ► niet openbaar **ONDERSTEUNDE PROJECTEN P/J** ► 19 **SOORT BIJDRAGE** ► giften **BOVENGRENS** ► geen **ONDERGRENS** ► geen.

Projecten ■ **CRITERIA** ► Doelen, die passen bij de doelstellingen van de Stichting, waarbij ook gedacht kan worden aan: ☑ deelprojecten van grote organisaties, die actiematig zijn en zichzelf moeten bekostigen; ☑ onderzoekstrajecten, waarvan resultaten pas op langere termijn zichtbaar worden; ☑ doelen die eenmalig zijn en buiten de normale exploitatie vallen; ☑ uitzonderingen zijn mogelijk indien de doelstelling gewaarborgd blijft. **DOORLOOPTIJD** ► ☑ korter dan 1 jaar **STATUS AANVRAGER** ► ☑ stichting of vereniging (non-profit) ☑ kerkelijke instelling ☑ onderwijsinstelling **VOORKEUR/UITSLUITING** ► Geen donatie aan natuurlijke personen of rechtspersonen met winstoogmerk.

Procedure ■ **OP AANVRAAG** ► ja **AANVRAAGPROCEDURE** ► Stichting Den Brinker vergadert tweemaal per jaar (april en oktober). In deze vergadering behandelt het bestuur donatie-aanvragen. Indien u denkt in aanmerking te kunnen komen voor een donatie, kunt u vóór 15 maart (april vergadering) of 15 september (oktober vergadering) uw donatieverzoek bij de stichting indienen. De stichting ontvangt uw donatieverzoek bij voorkeur per email. Voorwaarden voor de aanvraag zijn: ☑ De aanvraag wordt gedaan door daartoe gerechtigde personen; ☑ voldoende inhoudelijke motivatie, tevens waarom de externe aanvraag wordt gedaan; ☑ goede financiële onderbouwing (b.v. begroting, offertes o.i.d.); ☑ inzicht hoe het te financieren onderwerp past bij de organisatie; ☑ toezegging van inzicht in voortgang en verantwoording bij afronding; ☑ mogelijkheid tot doneren na afronding. **URL** ► www.stichtingdenbrinker.nl/aanvragen/

Financieel ■ **EIGEN VERMOGEN** ► € 5.516.449 **INKOMSTEN EV** ► € 109.090 **HERKOMST MIDDELEN** ► vermogen **BOEKJAAR** ► 2018 **JAARVERSLAG OP WEBSITE** ► ja.

Contact ■ **BEREIKBAAR PER** ► ☑ post ☑ e-mail ☒ telefoon **CONTACTPERSOON** ► Mw. G. Leusink-Kolkman **POSTADRES** ► Brugakker 6218, 3704 RE Zeist **EMAIL (ALGEMEEN)** ► info@stichtingdenbrinker.nl.

1153
Stichting fonds Timmermans

Rubriek ■ ☑ maatschappij, welzijn en samenleving

Algemeen ■ **WEBSITE** ► www.transparante-anbi.nl/product/stichting-fonds-timmermans/2138 **TYPERING** ► vermogensfonds **RECHTSVORM** ► stichting **KVK** ► 18057509 **ANBI STATUS** ► ja **DIRECTIE** ► geen directiegegevens bekend **BESTUUR** ► Mw. M.J. Timmermans, voorzitter; A.T. Reijnders, penningmeester; P.A.C. Houtman, secretaris.

Missie ■ **DOELSTELLING** ► Het financieel ondersteunen/helpen van mensen in nood en het financieel steunen en mogelijk maken van opleiding van jonge mensen die zonder die steun zouden blijven steken op een niveau dat duidelijk ligt beneden hun intellectuele of artistieke mogelijkheden. **BELEIDSPLAN OP WEBSITE** ► ja.

Doelgroep ■ **ALGEMEEN** ► armen, jongeren, studenten, gehandicapten **SPECIFIEK** ► Geen specifieke doelgroep **ACTIVITEITEN** ► In 2019 werden een drietal donaties verricht aan: ☑ Donatie Rijvereniging de Hazelaar ten behoeve van gehandicapte kinderen; ☑ Stichting Leergeld Den Bosch voor kinderen van ouders met een inkomen rond het bestaansminimum; ☑ Stichting Maatschappelijke Activiteiten Nuwenhuys brengt kinderen met en zonder beperking met elkaar in contact. Taal- en spraakontwikkeling. Ontwikkeling expressieve vaardigheden. Ontwikkeling van creatief vermogen en sociale vaardigheden. **INTERVENTIENIVEAU** ► Steun aan individuen (directe steun).

Werkgebied ■ **ACTIERADIUS** ► Nationaal **LAND** ► Nederland.

Bestedingen ■ **BUDGET** ► niet openbaar **ONDERSTEUNDE PROJECTEN P/J** ► 3 **SOORT BIJDRAGE** ► giften **BOVENGRENS** ► geen **ONDERGRENS** ► geen.

Projecten ■ **CRITERIA** ► geen projectcriteria bekend **DOORLOOPTIJD** ► ☑ onbekend **STATUS AANVRAGER** ► ☑ geen beperkingen bekend **VOORKEUR/UITSLUITING** ► geen voorkeur of uitsluiting bekend.

Procedure ■ **OP AANVRAAG** ► onbekend **AANVRAAGPROCEDURE** ► Geen aanvraagprocedure bekend.

Financieel ■ **EIGEN VERMOGEN** ► € 41.061 **INKOMSTEN EV** ► € 15 **HERKOMST MIDDELEN** ► vermogen **BOEKJAAR** ► 2019 **JAARVERSLAG OP WEBSITE** ► ja.

Contact ■ **BEREIKBAAR PER** ► ☒ op geen enkele wijze bereikbaar **CONTACTPERSOON** ► geen contactpersoon bekend **POSTADRES** ► Geen postadres bekend.

1154
Stichting HandicapNederland

Rubriek ■ ☑ maatschappij, welzijn en samenleving ☑ gezondheidszorg

Algemeen ■ WEBSITE ▶ www.handicap.nl TYPERING ▶ hybride fonds RECHTSVORM ▶ stichting KVK ▶ 52854841 ANBI STATUS ▶ ja DIRECTIE ▶ mw. D. Schutgens BESTUUR ▶ J.L. Sebel, voorzitter; mw. J.M.J.C. Westerbeek-Huitink, vice-voorzitter; mw. W. Gorissen-van Heusden; J.H. Eissen; mw. C.M.W. Reusken; C.M. van Gestel.

Missie ■ DOELSTELLING ▶ De organisatie heeft als doelstelling het bevorderen van het functioneren in de samenleving en/of verbetering van kwaliteit van leven van mensen met een handicap en het zich inzetten ter voorkoming dat mensen met een beperking tussen wal en schip vallen. Haar ambitie is een maatschappelijk ondernemende organisatie te zijn die op basis van eigen financiële kracht jaarlijks projecten initieert en/of financiert zodat mensen met een beperking op een hen passende en innovatieve manier meer gelijkwaardig en op meer (onderdelen van de) levensterreinen kunnen meedoen in de samenleving. HISTORIE ▶ HandicapNL is ontstaan uit een samengang van Fonds verstandelijk gehandicapten en het Revalidatiefonds. Onder de vlag van HandicapNL bundelen deze beide fondsen hun krachten en vechten ze samen verder aan een maatschappij waarin mensen uit deze groepen net als iedereen gelijke kansen en rechten heeft. BELEIDSPLAN OP WEBSITE ▶ ja.

Doelgroep ■ ALGEMEEN ▶ gehandicapten SPECIFIEK ▶ Mensen met een lichamelijke en/of verstandelijke beperking en hun naasten. ACTIVITEITEN ▶ Jaarlijks wordt de nationale collecte georganiseerd. Daarnaast wordt binnen de wettelijke mogelijkheden via andere wervingsmethoden geldmiddelen bijeen gebracht. De verzamelde middelen worden ter beschikking gesteld aan personen of organisaties die de belangen van mensen met een verstandelijke handicap en/of hun ouders behartigen of activiteiten ontwikkelen ten behoeve van hen. HandicapNL heeft vier programma's ingericht waar de speerpunten 'heft in eigen handen' en 'eerlijke kansen' samenkomen. De programma's: ☑ Sterker staan; ☑ Families ondersteunen; ☑ Sociaal netwerk bouwen; ☑ Samenleving betrekken. INTERVENTIENIVEAU ▶ Steun aan familie en omgeving van individuen.; Steun aan individuen (directe steun).

Werkgebied ■ ACTIERADIUS ▶ Nationaal LAND ▶ Nederland.

Bestedingen ■ BUDGET ▶ niet openbaar ONDERSTEUNDE PROJECTEN P/J ▶ 244 SOORT BIJDRAGE ▶ giften garanties BOVENGRENS ▶ geen ONDERGRENS ▶ geen.

Projecten ■ CRITERIA ▶ ; ☑ De Stichting draagt alleen bij aan initiatieven en projecten zonder winstoogmerk.☑ Het project wordt ingediend door een stichting, vereniging, universiteit of hogeschool; ☑ Het project is bestemd voor een doelgroep met een verstandelijke -, lichamelijke -, zintuiglijke beperking, niet aangeboren hersenletsel of autisme. Tot de doelgroep wordt ook familie gerekend: ouders of broertjes/zusjes van een kind met een beperking, de partner of gezinsleden van iemand met een beperking, of andere nauw betrokkenen. ☑ Het project moet ten goede komen aan meerdere personen (dus niet aan één individu). DOORLOOPTIJD ▶ ☑ onbekend STATUS AANVRAGER ▶ ☑ stichting of vereniging (non-profit) VOORKEUR/UITSLUITING ▶ Aanvragen die we niet in behandeling nemen zijn aanvragen; ☑ die onvoldoende aansluiten bij een van onze programma's. ☑ voor projecten die buiten Nederland georganiseerd worden en/of plaatsvinden. ☑ voor activiteiten die betrekking hebben op één individu. ☑ ingediend door organisaties met een bestuur dat uit minder dan drie leden bestaat of niet onafhankelijk is. ☑ ingediend door een grote zorginstelling voor materialen en vervoersmiddelen. ☑ voor algemene nieuwbouw-verbouwprojecten. ☑ voor kosten voor structurele exploitatie of niet-projectgebonden salaris of kantoorbenodigdheden. ☑ voor materialen die tot de gewone inventaris behoren, zoals werkkleding of een paard voor een manege. ☑ voor projecten behorende tot de reguliere werkzaamheden van een organisatie komen tevens niet in aanmerking. ☑ ingediend door organisaties die zelf over voldoende financiële middelen beschikken. ☑ ingediend door organisaties die onvoldoende hun stabiliteit kunnen aantonen. ☑ voor wetenschappelijk onderzoek. ☑ voor kosten die al gemaakt zijn wanneer het project al is gestart (financiering achteraf). ☑ die worden ingediend door een partij die het project niet zelf uitvoert, of substantieel fondsenwervende organisaties.

Procedure ■ OP AANVRAAG ▶ ja DOORLOOPTIJD ▶ 3-6 maanden AANVRAAGPROCEDURE ▶ Na een quickscan kunnen aanvragen worden ingediend door middel een aanvraagformulier. Er zijn twee typen (a./b.) projecten met beiden een andere procedure: a. ☑ Je dient een aanvraag in voor een kleinschalig en/of lokaal project door middel van het 'aanvraagformulier kleine lokale projecten'. Hiervoor kun je het aanvraagformulier gebruiken die te vinden is op de website, je hoeft geen vooraanvraag in te dienen. Wel dien je de volgende documenten aan te leveren: ☑ Digitaal gewaarmerkt uittreksel Kamer van Koophandel (ondertekening KvK, niet ouder 3 maanden); ☑ Jaarrekening (met balans); ☑ Eigen begroting; ☑ Eigen dekkingsplan; ☑ Statuten; Vraag bij een kleinschalig en/of lokaal projecten minimaal 2 maanden voor aanvang financiering bij ons aan. Stuur het aanvraagformulier naar bestedingen@handicap.nl. b. ☑ Bij een grootschalig en landelijk project kun je ons je idee laten zien in een vooraanvraag: In de vooraanvraag schets je het project of initiatief in ongeveer 2 a 3 a-4tjes. Dit doe je op basis van de volgende vragen; ☑ Wie is de doelgroep(en) (leeftijd, aard van beperking(en)?; ☑ Op welk probleem richt het project zich en wat is de urgentie?; ☑ Welke activiteiten ga je met dit project uitvoeren?; ☑ Wat is de startdatum van het project?; ☑ Welk bedrag is in totaal nodig voor het project?; ☑ Welk bedrag wil je bij ons fonds aanvragen?;. Je kunt je vooraanvraag mailen naar bestedingen@handicap.nl. Binnen 1 à 2 weken hoor je onze reactie. Als we verder in gesprek gaan kijken we intensiever hoe het project aansluit bij onze richtlijnen. We adviseren om bij een groot, landelijk project minimaal 4 maanden voor de start een aanvraag in te dienen. URL ▶ https://handicap.nl/projectaanvraag/aanvraag-indienen/

Financieel ■ EIGEN VERMOGEN ▶ € 1.937.149 INKOMSTEN EV ▶

€ 378.538 **INKOMSTEN OV** ▶ € 5.884.140 **HERKOMST MIDDELEN** ▶ giften & schenkingen, overige inkomsten, legaten, vermogen **BOEKJAAR** ▶ 2019 **JAARVERSLAG OP WEBSITE** ▶ ja.

Contact ■ **BEREIKBAAR PER** ▶ ☑ post ☑ e-mail ☑ telefoon **CONTACTPERSOON** ▶ geen contactpersoon bekend **POSTADRES** ▶ Postbus 16, 3980 CA Bunnik **EMAIL (ALGEMEEN)** ▶ service@handicap.nl **TELEFOON (ALGEMEEN)** ▶ 030-2363777.

1155 Stichting Wilde Ganzen/IKON

Rubriek ■ ☑ gezondheidszorg ☑ vluchtelingenhulp ☑ maatschappij, welzijn en samenleving ☑ sport en recreatie ☑ onderwijs en onderzoek ☑ voedsel en voedselveiligheid ☑ economische ontwikkeling en microkrediet

Algemeen ■ **WEBSITE** ▶ www.wildeganzen.nl **TYPERING** ▶ hybride fonds **OPGERICHT** ▶ 1957 **RECHTSVORM** ▶ stichting **KVK** ▶ 41192276 **ANBI STATUS** ▶ ja **DIRECTIE** ▶ K. de Jong **BESTUUR** ▶ Mr. H.J.E. Bruins Slot, voorzitter; R. Vermaas; J.L. Sebel; mw.mr.drs. A.T. van Koningsveld – van der Wal; mw.dr. M.C.M. Senten MBA; mw.drs. P. Eenhoorn.

Missie ■ **DOELSTELLING** ▶ Wilde Ganzen bestrijdt armoede wereldwijd. Door middel van een financiële bijdrage, kennis en expertise stimuleert de stichting projecten en sociale ondernemingen die voortkomen uit gezamenlijk initiatief van bevlogen Nederlanders en mensen die in armoede leven. Ook versterken ze de kracht van mensen die in arme omstandigheden leven om in eigen land fondsen en middelen te mobiliseren. Voor een directe én een structurele verbetering van hun situatie en een kansrijke toekomst. **HISTORIE** ▶ Voor de oprichting van Wilde Ganzen gaan we ruim vijftig jaar terug in de tijd. Het was in 1953 toen tijdens een dienst in de Domkerk een kerkganger vroeg wat de kerk eigenlijk aan de armoede in India deed. Het bestuur van het Interkerkelijk Overleg inzake Radioaangelegenheden (IKOR) bezon zich op haar diaconale taak en kwam tot de conclusie dat zij hulp moest bieden. In 1957 richt IKOR de 'Commissie Wilde Ganzen' op. Eerste inzameling; In datzelfde jaar is de eerste Ganzenvlucht op de radio met als doel geld inzamelen voor de slachtoffers van een aardbeving in Turkije. Opbrengst: 167 gulden. In 1972 wordt Wilde Ganzen een aparte organisatie: Stichting Wilde Ganzen/IKOR. Kort daarna verschijnt de eerste Ganzenvlucht in de huidige vorm op televisie. In 1976 gaat IKOR samen met het Convent van Kerken en gaat verder onder de naam Interkerkelijke Omroep Nederland (IKON). Meer hulp; Het gaat goed met Wilde Ganzen: de opbrengsten van inzamelingsacties stijgen elk jaar, zodat wij steeds meer projecten kunnen steunen. Begin jaren negentig introduceert Wilde Ganzen de zogenaamde vermeerderingsacties. Wie in Nederland zelf geld inzamelt voor een goedgekeurd project, krijgt van Wilde Ganzen een flink bedrag extra. In 2007 viert Wilde Ganzen haar 50 jarig jubileum. Sinds 2008 kunnen Particuliere Initiatieven ook een trainingsprogramma volgen, zodat de slagingskans van een project nog groter wordt. Want dat is waar het allemaal om draait: het doelgericht helpen van mensen in ontwikkelingslanden een beter bestaan op te bouwen. Nu en in de toekomst. **BELEIDSPLAN OP WEBSITE** ▶ ja.

Doelgroep ■ **ALGEMEEN** ▶ armen, kinderen, vrouwen, gehandicapten **SPECIFIEK** ▶ Mensen die in armoede leven. Voor de doelgroepen mensen/kinderen met een beperking en vrouwen/meisjes heeft Wilde Ganzen specifieke aandacht. **ACTIVITEITEN** ▶ Wilde Ganzen stuurt zelf geen mensen naar ontwikkelingslanden, maar steunt kleinschalige projecten. Ze onderscheiden zich doordat zij uitsluitend ontwikkelingsprojecten financieren die door Particuliere Initiatieven in Nederland worden ondersteund. Wilde Ganzen hecht veel waarde aan de rol van de organisatie in het ontwikkelingsland. Zij is verantwoordelijk voor de uitvoering en duurzaamheid van het project. Wilde Ganzen vraagt de buitenlandse partner om zelf de aanvraag in te dienen en houdt met de partner contact over de projectuitvoering en de rapportage. Natuurlijk doen ze dat in goed overleg met het Particuliere Initiatief in Nederland. Wilde Ganzen heeft programma's ontwikkeld die voortkomen uit de projecten die zij steunen. Deze komen tegemoet aan de behoeftes van Particuliere Initiatieven en/of lokale organisaties. ☑ Change the Game; ☑ Frame, Voice, Report!. **INTERVENTIENIVEAU** ▶ Steun op niveau van maatschappij zelf (beleidsbeïnvloeding, etc.).; Steun aan lokale/provinciale maatschappelijke organisaties en structuren (incl. gemeenten etc.) die diensten verlenen aan individuen.

Werkgebied ■ **ACTIERADIUS** ▶ Nationaal, Internationaal **LAND** ▶ Wereldwijd.

Bestedingen ■ **BUDGET** ▶ niet openbaar **TOELICHTING** ▶ Als een project past, wordt 50% premie gegeven boven op de fondsen die zelf geworven zijn. **ONDERSTEUNDE PROJECTEN P/J** ▶ 384 **SOORT BIJDRAGE** ▶ subsidies overig giften **BOVENGRENS** ▶ € 300.000 **ONDERGRENS** ▶ € 5.000.

Projecten ■ **CRITERIA** ▶ Er is een Nederlandse organisatie (ook wel Particulier Ontwikkelingsinitiatief/POI) en een organisatie in het land waar het project wordt uitgevoerd (de Lokale partnerorganisatie). Beiden organisaties dienen aan bepaalde voorwaarden te voldoen (zie algemene voorwaarden op de site), ☑ het project vindt plaats in een DAC-land; ☑ het is een investering ter versterking van de LPO of/en ter economische verzelfstandiging; van mensen die in armoede leven; ☑ het project draagt direct of indirect bij aan de Sustainable Development Goals (SDGs) van de Verenigde Naties; ☑ aansluitend op thema's a.Onderwijs en training; b. Gezondheid; c. Water en sanitatie; d. Zorg en welzijn; e. Werkgelegenheid en inkomen; f. Voedselzekerheid g. overige. **DOORLOOPTIJD** ▶ ☑ onbekend ☑ korter dan 1 jaar **STATUS AANVRAGER** ▶ ☑ geen beperkingen bekend **VOORKEUR/UITSLUITING** ▶ Voorkeur voor projecten waar vrouwen, kinderen en mensen met een beperking baat bij hebben. Uitgesloten worden: ☑ Lopende (terugkerende) kosten die het gebruik van de investeringen van het project met zich mee brengen; ☑ individuele hulp; ☑ noodhulp; ☑ projecten die discrimineren naar kleur, geslacht, ras, religie, seksuele geaardheid of politieke overtuiging; ☑ een bijdrage aan religieuze activiteiten, zoals de bouw en renovatie van gebouwen voor de beoefening van een religie, evangelisatie, of de verspreiding van religieuze geschriften. ☑ transportkosten uit Nederland (tenzij het product regionaal niet verkrijgbaar is).

Procedure ■ OP AANVRAAG ▶ ja DOORLOOPTIJD ▶ geen doorlooptijd bekend; 1-3 maanden; 1-3 maanden AANVRAAGPROCEDURE ▶ Als u wilt weten of uw project in aanmerking komt, kunt u gebruik maken van de Quickscan op de website. Wanneer het project in aanmerking komt, dan kan het worden aangemeld. De servicedesk neemt zo snel mogelijk contact op. Als het project aan onze voorwaarden voldoet en voldoende aansluit bij ons beleid, volgt er een kennismaking. Daarna kun je samen met je lokale partner de projectaanvraag indienen. Na zes weken ontvangen jullie bericht of de aanvraag is geaccepteerd. De samenwerking wordt uiteindelijk contractueel vastgelegd door alle drie de partijen (Wilde ganzen, Particulier Ontwikkelingsinitiatief/POI en de Lokale partnerorganisatie) URL ▶ www.wildeganzen.nl/start-een-project

Financieel ■ EIGEN VERMOGEN ▶ € 12.063.698 INKOMSTEN EV ▶ € 1.015.009 INKOMSTEN OV ▶ € 20.225.000 HERKOMST MIDDELEN ▶ overige inkomsten, giften & schenkingen, legaten, bedrijven BOEKJAAR ▶ 2019 JAARVERSLAG OP WEBSITE ▶ ja.

Contact ■ BEREIKBAAR PER ▶ ☑ post ☑ e-mail ☑ telefoon CONTACTPERSOON ▶ geen contactpersoon bekend POSTADRES ▶ Piet Mondriaanlaan 14, 3812 GV Amersfoort EMAIL (ALGEMEEN) ▶ info@wildeganzen.nl TELEFOON (ALGEMEEN) ▶ +310-332045555.

1156

Nationale Stichting Stijgbeugel

Rubriek ■ ☑ sport en recreatie ☑ gezondheidszorg ☑ maatschappij, welzijn en samenleving

Algemeen ■ WEBSITE ▶ www.kennisbankfilantropie.nl/anbi/nationale-stichting-stijgbeugel TYPERING ▶ vermogensfonds OPGERICHT ▶ 05-09-1977 RECHTSVORM ▶ stichting KVK ▶ 41177505 ANBI STATUS ▶ nee DIRECTIE ▶ geen directiegegevens bekend BESTUUR ▶ J.L. Stratenus, voorzitter; P.A. Broekhuijse, penningmeester; mw. G. Broekhuijse-van Rijn, secretaris.

Missie ■ DOELSTELLING ▶ De stichting stelt zich ten doel de integratie tussen gehandicapte en niet-gehandicapte mensen in de recreatieve sector te bevorderen door middel van financiële steun voor bouwkundige aanpassingen aan recreatieve accommodaties.

Doelgroep ■ ALGEMEEN ▶ gehandicapten SPECIFIEK ▶ Ondernemingen en organisaties in de recreatieve sector voor het toegankelijk, bereikbaar en bruikbaar maken van hun accommodaties. ACTIVITEITEN ▶ Het verstrekken van subsidies of renteloze leningen voor bouwkundige aanpassingen van o.a. vakantie-accommodaties ten behoeve van mensen met een handicap. INTERVENTIENIVEAU ▶ Steun aan lokale/provinciale maatschappelijke organisaties en structuren (incl. gemeenten etc.) die diensten verlenen aan individuen.

Werkgebied ■ ACTIERADIUS ▶ Nationaal LAND ▶ Nederland.

Bestedingen ■ BUDGET ▶ niet openbaar SOORT BIJDRAGE ▶ giften BOVENGRENS ▶ geen ONDERGRENS ▶ geen.

Projecten ■ CRITERIA ▶ Geen projectomschrijving bekend. DOORLOOPTIJD ▶ ☑ onbekend STATUS AANVRAGER ▶ ☑ geen beperkingen bekend VOORKEUR/UITSLUITING ▶ Geen voorkeur/uitsluiting bekend.

Procedure ■ OP AANVRAAG ▶ onbekend DOORLOOPTIJD ▶ 1-3 maanden; geen doorlooptijd bekend AANVRAAGPROCEDURE ▶ Geen aanvraagprocedure bekend.

Financieel ■ HERKOMST MIDDELEN ▶ vermogen, legaten.

Contact ■ BEREIKBAAR PER ▶ ☑ post ☑ e-mail ☑ telefoon CONTACTPERSOON ▶ Mw. G. Broekhuijse-van Rijn POSTADRES ▶ Steenplaat 2, 1274 EK Huizen EMAIL (ALGEMEEN) ▶ stijgbeugel@kpnmail.nl TELEFOON (ALGEMEEN) ▶ 035-6242469.

1157

Stichting Stimuleringsfonds Alternatieven voor Proefdieren (Willy van Heumenfonds)

Rubriek ■ ☑ natuur, milieu en dieren ☑ natuur, milieu en dieren

Algemeen ■ WEBSITE ▶ www.proefdierenalt.nl TYPERING ▶ vermogensfonds RECHTSVORM ▶ stichting KVK ▶ 09173654 ANBI STATUS ▶ ja DIRECTIE ▶ geen directiegegevens bekend BESTUUR ▶ Prof.dr. B.C.J. Hamel, voorzitter; mr. J.J.M. ten Berge, penningmeester; mw.dr. E. van Oort, secretaris.

Missie ■ DOELSTELLING ▶ De stichting heeft ten doel: ☑ In het bijzonder te bevorderen dat het gebruik van proefdieren voor medische doeleinden wordt beperkt tot de werkelijk noodzakelijke proefnemingen; ☑ In het algemeen de bevordering van het welzijn van dieren. HISTORIE ▶ De stichting draagt de naam: Stichting 'Stimuleringsfonds Alternatieven voor Proefdieren'. De verkorte naam van de stichting luidt: Willy van Heumenfonds. BELEIDSPLAN OP WEBSITE ▶ ja.

Doelgroep ■ ALGEMEEN ▶ dieren SPECIFIEK ▶ Terugdringing van het gebruik van proefdieren. ACTIVITEITEN ▶ ☑ Het bestuur beheert het stamvermogen van de stichting; ☑ Het bestuur beoordeelt aanvragen van promovendi voor tegemoetkomingen in de drukkosten van proefschriften; ☑ uitreiking Willy van Heumenprijs: eenmaal per twee jaar wordt aan een persoon of organisatie die zich in de afgelopen periode in Nederland bijzonder verdienstelijk heeft gemaakt op dit terrein een stipendium van ten minste 15.000 euro toe te kennen, door die persoon of organisatie naar eigen inzicht te besteden aan het welzijn van dieren (de Willy van Heumenprijs). Het stichtingsbestuur heeft besloten om bij de toekenning van de Willy van Heumenprijs nauw samen te werken met het programmateam van het programma 'Meer Kennis met Minder Dieren' (MKMD) van ZonMw, de Nederlandse organisatie voor gezondheidsonderzoek en zorginnovatie. Voor het toekennen van de prijs zal eenmaal in de twee jaren door het programmateam worden nagegaan of en zo ja welk(e) project(en) van 'Meer Kennis met Minder Dieren' daarvoor in aanmerking komt/komen. Hiertoe zal door het team vóór 1 april van elk oneven jaar bij het stichtingsbestuur een voordracht worden ingediend. Het bestuur van de stichting zal de voordacht vervolgens voorleggen aan haar Raad van Advies. Ook projecten buiten het programma 'Meer Kennis met Minder Dieren' kunnen voor toekenning van de prijs in aanmerking komen. Nominaties daarvoor kunnen worden worden ingediend bij het MKMD-programmateam. De Raad van Advies beoordeelt vervolgens alle genomineerde projecten op hun wetenschappelijke en maatschappelijke relevantie in het kader van de doelstelling van de stichting en doet op basis daarvan een voordracht aan het bestuur voor de toekenning van de prijs. **INTERVENTIENIVEAU** ▶ Steun aan individuen (directe steun).

Werkgebied ■ **ACTIERADIUS** ▶ Nationaal **LAND** ▶ Nederland.

Bestedingen ■ **BUDGET** ▶ niet openbaar **SOORT BIJDRAGE** ▶ overig **BOVENGRENS** ▶ geen **ONDERGRENS** ▶ geen.

Projecten ■ **CRITERIA** ▶ ☑ "Willy van Heumenprijs" aan persoenen die een aanzienlijke bijdrage hebben geleverd om het gebruik van proefdieren te vervangen, te verminderen of te verfijnen,; ☑ promovendi die in hun promotieonderzoek de terugdringing van het gebruik van proefdieren als doel centraal hebben gesteld of tot een onderzoeksresultaat zijn gekomen dat significant bijdraagt aan die terugdringing, en die een en ander in hun proefschrift duidelijk zichtbaar maken, een tegemoetkoming in de drukkosten van hun proefschrift verleend (maximaal € 500 per publicatie en het totale budget van € 3.000 per jaar). Daarbij wordt als voorwaarde gesteld dat in het proefschrift wordt vermeld dat de stichting aan de drukkosten heeft bijgedragen. Verzoeken om een financiële bijdrage dienen daarom tijdig te worden ingediend, bij voorkeur onder gelijktijdige indiening van de samenvatting van het proefschrift. Verzoeken zullen uitsluitend worden gehonoreerd nadat de leescommissie het manuscript van het proefschrift heeft goedgekeurd. **DOORLOOPTIJD** ▶ ☑ korter dan 1 jaar **STATUS AANVRAGER** ▶ ☑ geen beperkingen bekend **VOORKEUR/UITSLUITING** ▶ geen voorkeur of uitsluiting bekend.

Procedure ■ **OP AANVRAAG** ▶ ja **AANVRAAGPROCEDURE** ▶ Neem voor vragen per e-mail contact op met de stichting. Geen procedure bekend.

Financieel ■ **INKOMSTEN EV** ▶ € 12.481 **HERKOMST MIDDELEN** ▶ giften & schenkingen, legaten, overige inkomsten **BOEKJAAR** ▶ 2019 **JAARVERSLAG OP WEBSITE** ▶ ja.

Contact ■ **BEREIKBAAR PER** ▶ ☒ post ☑ e-mail ☒ telefoon **CONTACTPERSOON** ▶ geen contactpersoon bekend **POSTADRES** ▶ Geen postadres bekend **EMAIL (ALGEMEEN)** ▶ info@proefdierenalt.nl.

1158

Stichting Stimuleringsfonds Creatieve Industrie

Rubriek ■ ☑ kunst en cultuur ☑ onderwijs en onderzoek

Algemeen ■ **WEBSITE** ▶ www.stimuleringsfonds.nl **TYPERING** ▶ vermogensfonds **OPGERICHT** ▶ 01-07-1993 **RECHTSVORM** ▶ stichting **KVK** ▶ 41133717 **ANBI STATUS** ▶ nee **DIRECTIE** ▶ S. Groeneveld **BESTUUR** ▶ Mw. Y. Tümer, voorzitter; mw. F. den Boer; T. Frantzen; mw. N. Holwijn; J. van de Vijver.

Missie ■ **DOELSTELLING** ▶ De stichting heeft ten doel: de kwaliteit van de disciplines architectuur, vormgeving, e-cultuur te bevorderen en vanuit een culturele invalshoek hun maatschappelijke en economische meerwaarde te vergroten, zowel in Nederland als in het buitenland. **STICHTER(S)** ▶ Ministers van Welzijn, Volksgezondheid en Cultuur en Volkshuisvesting, Ruimtelijke Ordening en Milieubeheer **BELEIDSPLAN OP WEBSITE** ▶ ja.

Doelgroep ■ **SPECIFIEK** ▶ Onderzoek, ontwerp, implementatie, productie, reflectie en debat in de verschillende fasen in de ontwikkeling van architectuur, vormgeving en digitale cultuur. **ACTIVITEITEN** ▶ De stichting tracht de doelstelling onder meer te bereiken door het verschaffen van financiële middelen en andere ondersteuning voor activiteiten, die gericht zijn op het bereiken van het doel van de stichting. Verder zal de stichting alle andere wettige activiteiten ondernemen die aan deze doelen dienstbaar zijn. **INTERVENTIENIVEAU** ▶ Steun aan lokale/provinciale maatschappelijke organisaties en structuren (incl. gemeenten etc.) die diensten verlenen aan individuen.; Steun aan individuen (directe steun).

Werkgebied ■ **ACTIERADIUS** ▶ Nationaal **LAND** ▶ Nederland.

Bestedingen ■ **BUDGET** ▶ € 14.298.608 **ONDERSTEUNDE PROJECTEN P/J** ▶ 752 **SOORT BIJDRAGE** ▶ overig subsidies **BOVENGRENS** ▶ geen **ONDERGRENS** ▶ geen.

Projecten ■ **CRITERIA** ▶ Er zijn verschillende aanvullende criteria welke op de website te vinden zijn. Hieronder de algemene criteria. ☑ Het Stimuleringsfonds hanteert bij het verlenen van subsidies de volgende doelstellingen: a bevorderen van experimenten en crossovers; b stimuleren van onderzoek, analyse en reflectie; c bevorderen van talentontwikkeling en artistieke kwaliteit; d bevorderen van maatschappelijk engagement en publieksactiviteiten; e versterken van de internationale positie van de ontwerpsectoren; f bevorderen van de professionalisering van de ontwerppraktijk en voorbeeldig; opdrachtgeverschap; ☑ de aanvrager moet staan ingeschreven in het Handelsregister bij de Kamer van; Koophandel, dan wel een vergelijkbare buitenlandse organisatie; ☑ er sprake is van een begrotingstekort; ☑ de behoefte aan een subsidie, naar het oordeel van het bestuur, is aangetoond; ☑ het resultaat publiek wordt gemaakt; ☑ de aanvrager niet toerekenbaar tekortgeschoten is in de nakoming van de subsidieverplichtingen van een door de stiching eerder gesubsidieerd project; ☑ de aanvrager kan aannemelijk maken dat het verkrijgen van de subsidie leidt tot realisatie van het project. **DOORLOOPTIJD** ▶ ☑ 1 - 2 jaar **STATUS AANVRAGER** ▶ ☑ stichting of vereniging (non-profit) ☑ bedrijf **VOORKEUR/UITSLUITING** ▶ Subsidies worden niet verleend aan: ☑ instellingen die een structurele subsidierelatie hebben met de rijksoverheid; ☑ projecten waarbij geen sprake is van een Nederlands belang; ☑ projecten die een reprise of een herdruk betreffen; ☑ seriële productie; ☑ projecten die plaatsvinden in het kader van studie of opleiding; ☑ projecten waarbij geen sprake is van een redelijke cofinanciering ten opzichte; van de opzet van het project. ☑ onderwijsprogramma's en aanverwante activiteiten van onderwijsinstellingen; ☑ instellingen voor hbo en aan universiteiten; ☑ projecten met een looptijd langer dan 24 maanden, tenzij daar expliciete; toestemming voor is gegeven; ☑ studiereizen; ☑ educatie; ☑ exploitatietekorten; ☑ arbeidskosten voor medewerkers van rijks-, provinciale en gemeentelijke; instellingen; ☑ het verwerven van eigendommen; ☑ reguliere bouw- en restauratiekosten; ☑ inrichtings-, restauratie- en verbouwingsplannen; ☑ activiteiten die de reguliere bedrijfsactiviteiten niet overstijgen.

Procedure ■ **OP AANVRAAG** ► ja **DOORLOOPTIJD** ► 1-3 maanden **AANVRAAGPROCEDURE** ► Om een subsidieaanvraag te doen, gaat u naar de online aanvraagomgeving en maakt u een nieuwe aanvraag aan. Vul het aanvraagformulier volledig in en dien dit in voor de sluitingsdatum. Hiernaast stuurt u de volgende bestanden mee: ☑ een projectplan,; ☑ een CV,; ☑ begroting; ☑ planning van het project; ☑ een presentatieplan,; ☑ een representatieve afbeelding voor communicatiedoeleinden van het Stimuleringsfonds,; ☑ een uittreksel (niet ouder dan 12 maanden) uit het handelsregister van de Kamer van Koophandel, of een vergelijkbare buitenlandse organisatie,; ☑ een jaarrekening indien van toepassing,; ☑ statuten indien van toepassing. Daarnaast kunt u optioneel aan de aanvraag de volgende bestanden toevoegen: een aanbiedingsbrief, beeldmateriaal, intentieverklaringen. Lees voorafgaand aan een aanvraag de informatie van de desbetreffende deelregeling goed door. U vindt hier ook de sluitingsdata van de subsidierondes. Het Stimuleringsfonds Creatieve Industrie hanteert een behandeltermijn van 10 weken, ingaande vanaf de sluitingsdatum van de deelregeling. Na deze 10 weken krijgt u per e-mail het bericht dat de uitslag van uw aanvraag in het online aanvraagsysteem klaarstaat. Houdt u er rekening mee dat uw project niet eerder mag beginnen dan dat u de uitslag heeft ontvangen. Het is mogelijk om te corresponderen over een afwijzing. **URL** ► www.stimuleringsfonds.nl/subsidies

Financieel ■ **EIGEN VERMOGEN** ► € 1.047.301 **INKOMSTEN OV** ► € 17.619.298 **HERKOMST MIDDELEN** ► overige inkomsten, giften & schenkingen **BOEKJAAR** ► 2019 **JAARVERSLAG OP WEBSITE** ► ja.

Contact ■ **BEREIKBAAR PER** ► ☑ post ☑ e-mail ☑ telefoon **CONTACTPERSOON** ► geen contactpersoon bekend **POSTADRES** ► Postbus 29066, 3001 GB Rotterdam **EMAIL (ALGEMEEN)** ► info@stimuleringsfonds.nl **TELEFOON (ALGEMEEN)** ► 010-4361600.

1159

Stichting Stimuleringsfonds Rouw

Rubriek ■ ☑ maatschappij, welzijn en samenleving ☑ onderwijs en onderzoek

Algemeen ■ **WEBSITE** ► www.stimuleringsfondsrouw.nl **TYPERING** ► hybride fonds **OPGERICHT** ► 01-01-2010 **RECHTSVORM** ► stichting **KVK** ► 41207576 **ANBI STATUS** ► ja **DIRECTIE** ► geen directiegegevens bekend **BESTUUR** ► K.D. Bruintjes, voorzitter; G.W. de Vries, penningmeester; mw. E.C.L. Muller, secretaris; mw. M.J.M. Fiddelaers-Jaspers; mw. G.S. van Leeuwen; S.C. van Oord.

Missie ■ **DOELSTELLING** ► Stichting Stimuleringsfonds Rouw heeft als doel: ☑ bijdragen te leveren om nabestaanden zowel met normaal verlopende rouw als met (dreigende) gecompliceerde rouw te steunen; ☑ Het stimuleren van aandacht voor rouw en het stimuleren van kennisontwikkeling rondom rouw, alles in de ruimste zin des woords. **HISTORIE** ► De Stichting Stimuleringsfonds Rouw is opgericht op 1 januari 2010. Het steunfonds komt voort uit de Landelijke Stichting Rouwbegeleiding. Het Landelijk Dienstencentrum LSR is vanaf 2009 een zelfstandige onderneming en aanspreekpunt voor rouwvragen en activiteiten op het gebied van rouw. **BELEIDSPLAN OP WEBSITE** ► ja.

Doelgroep ■ **SPECIFIEK** ► Alle initiatieven die zich richten op nabestaanden met normaal verlopende rouw als met (dreigende) gecompliceerde rouw. **ACTIVITEITEN** ► De Stichting tracht haar doel te bereiken door onder meer: ☑ het steunen van innovatieve initiatieven die rouw onder de aandacht brengen van een groter publiek; ☑ het bevorderen van projecten en activiteiten die het doel ondersteunen; ☑ het doen verzorgen van publicaties ten behoeven van het doel; ☑ het stimuleren van innovatief wetenschappelijk onderzoek. Enkele activiteiten zijn: ☑ Leerstoel bijzonder hoogleraar 'Behandeling complexe rouw'; ☑ Bijdrage aan diverse promotieonderzoeken naar rouw; ☑ Ontwikkeling screeningsinstrumenten voor gecompliceerde rouw bij kinderen en jeugdigen; ☑ Bijdrage voor het schrijven van een handleiding voor hulpverleners om na zelfdoding in gesprek te gaan met achtergebleven gezinsleden. **INTERVENTIENIVEAU** ► Steun aan lokale/provinciale maatschappelijke organisaties en structuren (incl. gemeenten etc.) die diensten verlenen aan individuen.; Steun aan individuen (directe steun).

Werkgebied ■ **ACTIERADIUS** ► Nationaal **LAND** ► Nederland.

Bestedingen ■ **BUDGET** ► € 25.000 **ONDERSTEUNDE PROJECTEN P/J** ► 6 **SOORT BIJDRAGE** ► giften **BOVENGRENS** ► € 10.000 **ONDERGRENS** ► geen.

Projecten ■ **CRITERIA** ► Aanvragen worden beoordeeld op de volgende criteria: ☑ Meerwaarde - De aanvraag onderscheidt zich in inhoud, opzet en uitvoering door het innovatieve, uitzonderlijke of voorbeeldstellende karakter van het project. Projecten met een duidelijk profiel die iets toevoegen aan de bestaande activiteiten op rouwgebied; ☑ Publieksbenadering - De aanvraag geeft blijk van een doordachte en realistische publieksbenadering. De aanvraag omvat een effectief communicatieplan. Het gaat hierbij niet noodzakelijk om het bereiken van veel publiek. Wel om een weloverwogen publieksbenadering die aangeeft hoe een project naar het publiek vertaald zal worden. ☑ Relaties met de samenleving - Qua onderwerp, inhoud of uitvoering moet een aanvraag impact hebben op de samenleving en bijdragen aan een grotere belangstelling voor rouw. **DOORLOOPTIJD** ► ☑ korter dan 1 jaar **STATUS AANVRAGER** ► ☑ stichting of vereniging (non-profit) ☑ individuen/gezinnen **VOORKEUR/UITSLUITING** ► In aanmerking voor ondersteuning komen natuurlijke personen en/of rechtspersonen zonder winstoogmerk.

Procedure ■ **OP AANVRAAG** ► ja **DOORLOOPTIJD** ► 3-6 maanden **AAN-**

VRAAGPROCEDURE ▶ De aanvragen worden twee keer per jaar door het bestuur beoordeeld in april en september. Aanvragen dienen ingediend te worden voor 1 april óf voor 1 september. Mededelingen over het al dan niet toekennen van een subsidieaanvraag worden gedaan binnen een maand na de betreffende bestuursvergadering. Over een eenmaal genomen besluit wordt niet gecorrespondeerd. Op de website is het aanvraagformulier te downloaden. Dit formulier dient geheel ingevuld te worden per post toegestuurd worden voorzien van andere documenten. ☑ Aanbiedingsbrief (als inleiding); ☑ Projectplan: inhoud van uw project (motivatie, aanleiding, planning etc.); ☑ Projectbegroting inclusief eventuele btw; ☑ Dekkingsplan van het project, inclusief eventuele btw. ☑ Financieel jaarverslag (indien beschikbaar); ☑ Uittreksel register Kamer van Koophandel (niet ouder dan 1 jaar) (indien ingeschreven); ☑ Geldende statuten van uw organisatie (indien er sprake is van een organisatie); ☑ Relevante documentatie van uw organisatie en haar activiteiten (indien er sprake is van een organisatie) **URL** ▶ www.stimuleringsfondsrouw.nl/procedure.html

Financieel ■ **EIGEN VERMOGEN** ▶ € 325.367 **INKOMSTEN EV** ▶ € 47.098 **HERKOMST MIDDELEN** ▶ vermogen, overige inkomsten, legaten, giften & schenkingen **BOEKJAAR** ▶ 2019 **JAARVERSLAG OP WEBSITE** ▶ ja.

Contact ■ **BEREIKBAAR PER** ▶ ☑ post ☑ e-mail ☒ telefoon **CONTACTPERSOON** ▶ Mw. E.C.L. Muller **POSTADRES** ▶ Mauritsstraat 26, 3583 HP Utrecht **EMAIL (ALGEMEEN)** ▶ secretariaat@stimuleringsfondsrouw.nl.

1160
Stichting Stoffels-Hornstra

Rubriek ■ ☑ onderwijs en onderzoek ☑ gezondheidszorg

Algemeen ■ **WEBSITE** ▶ www.stoffels-hornstra.nl **TYPERING** ▶ vermogensfonds **OPGERICHT** ▶ 11-12-1996 **RECHTSVORM** ▶ stichting **KVK** ▶ 41098645 **ANBI STATUS** ▶ ja **DIRECTIE** ▶ geen directiegegevens bekend **BESTUUR** ▶ J. Stoffels, voorzitter; P. van Duinen, penningmeester; mw. H. v.d. Haar, secretaris; mw. M.C.A. Tappel.

Missie ■ **DOELSTELLING** ▶ De Stichting heeft ten doel de stimulering van kanker-, hart-, hersen- en oogonderzoek. Tevens het geven van bijdragen aan speciale projecten in de eerstelijns- en transmuraal onderzoek. **STICHTER(S)** ▶ Mevrouw A.A. Stoffels-Hornstra **HISTORIE** ▶ De Stichting Stoffels-Hornstra is opgericht op 11 december 1996 door mevrouw A.A. Stoffels-Hornstra. Het vermogen van de Stichting is ontstaan uit schenkingen uit het privé vermogen van de oprichtster. De Stichting zal de netto opbrengsten van dit vermogen en het vermogen zelf gebruiken om begunstigingen te doen in het kader van de statutaire doelstelling. In de statuten is bepaald dat de stichting een duur zal hebben van 25 jaar na het overlijden van oprichtster. Zij is overleden op 12 februari 2005. In februari 2030 zal de Stichting derhalve worden ontbonden. **BELEIDSPLAN OP WEBSITE** ▶ ja.

Doelgroep ■ **ALGEMEEN** ▶ zieken, gehandicapten **SPECIFIEK** ▶ Kanker-, hart-, hersen- en oogonderzoek. **ACTIVITEITEN** ▶ De Stichting tracht haar doel onder meer te verwezenlijken door het gelijkelijk doneren van de netto jaarlijkse revenuen van het kapitaal van de stichting aan instellingen die het genoemde onderzoek stimuleren en wel aan de stichtingen: ☑ Stichting Koningin Wilhelmina Fonds; ☑ Nederlandse Hartstichting; ☑ Hersenstichting Nederland; ☑ Stichting Wetenschappelijk Onderzoek Oogziekenhuis Rotterdam. Daarnaast beoogt de Stichting rechtstreeks kleinschalig en innovatief onderzoek op de bovengenoemde terreinen te stimuleren en subsidiëren. Hiervoor komen 1e lijns- en transmuraal onderzoek in aanmerking, die aantoonbaar relevant zijn voor de praktijk. Kleinschalige pilots als vooronderzoek voor een grotere studie vallen hier ook onder. **INTERVENTIENIVEAU** ▶ Steun aan lokale/provinciale maatschappelijke organisaties en structuren (incl. gemeenten etc.) die diensten verlenen aan individuen.

Werkgebied ■ **ACTIERADIUS** ▶ Nationaal **LAND** ▶ Nederland.

Bestedingen ■ **BUDGET** ▶ € 200.000 **TOELICHTING** ▶ De Stichting subsidieert maximaal 70% van de totale projectbegroting. De resterende projectkosten worden door eigen financiële bijdrage van de aanvragende organisatie opgebracht of m.b.v. andere financieringsbronnen. **ONDERSTEUNDE PROJECTEN P/J** ▶ 5 **SOORT BIJDRAGE** ▶ subsidies **BOVENGRENS** ▶ geen **ONDERGRENS** ▶ geen.

Projecten ■ **CRITERIA** ▶ ☑ relevantie en kwaliteit van het onderzoek; ☑ kleinschaligheid van het onderzoek en innovatief karakter; ☑ de deskundigheid van de uitvoerder en de mate en vorm van begeleiding van het onderzoek; ☑ in de beschrijving van de opzet van de studie, dienen monitoring, voortgangsbewaking en evaluatie te worden beschreven; ☑ bij de opzet van de studie dient te worden beschreven wie er voordeel van de uitkomsten heeft; ☑ een communicatieplan, waarin kennisoverdracht en de implementatie van de resultaten wordt aangegeven. **DOORLOOPTIJD** ▶ ☑ korter dan 1 jaar **STATUS AANVRAGER** ▶ ☑ stichting of vereniging (non-profit) **VOORKEUR/UITSLUITING** ▶ ☑ de aanvrager van een subsidie dient zijn onderzoek plaats te laten vinden binnen een adequate onderzoeksstructuur, bijvoorbeeld deel uitmakend van een Universitaire disciplinegroep Huisartsgeneeskunde; ☑ de aanvrager draagt de verantwoordelijkheid voor het project; ☑ de subsidiegelden worden uitgekeerd aan een instelling die als rechtsvorm een Stichting heeft en kwalificeert als ANBI instelling; ☑ de subsidie is bedoeld als een tegemoetkoming in de salariskosten van de onderzoeker. Deze wordt per projectjaar vastgesteld. Als aanvulling is een tegemoetkoming in de kosten van verbruiksgoederen mogelijk; ☑ aanvragen die bedoeld zijn als (gedeeltelijke) financiering van grootschalig onderzoek komen niet in aanmerking.

Procedure ■ **OP AANVRAAG** ▶ ja **AANVRAAGPROCEDURE** ▶ Aanvragen kunnen worden ingediend door middel van een volledig ingevuld subsidie aanvraagformulier die via de website te downloaden is. Selectie vindt plaats door de wetenschappelijke commissie van de stichting op grond van de criteria en voorwaarden. De wetenschappelijke commissie adviseert het bestuur over het toekennen van een subsidie. Het bestuur neemt vervolgens een beslissing. Er zijn jaarlijks 2 periodes waarin aanvragen kunnen worden ingediend. Deze sluiten op 15 maart en 15 september. Een beslissing over een aanvraag, voorgestelde aanpassingen of een gewenste herziene aanvraag, vinden medio mei en november plaats. Iedere aanvraag moet vergezeld gaan van een korte samenvatting van maximaal 250 worden in 'lekentaal'. **URL** ► www.stoffels-hornstra.nl/index.php/aanvraagprocedure

Financieel ■ **INKOMSTEN EV** ► € 9.963 **HERKOMST MIDDELEN** ► legaten, giften & schenkingen, vermogen **BOEKJAAR** ► 2019 **JAARVERSLAG OP WEBSITE** ► ja.

Contact ■ **BEREIKBAAR PER** ► ☑ post ☒ e-mail ☒ telefoon **CONTACTPERSOON** ► geen contactpersoon bekend **POSTADRES** ► Burg. Gautiersingel 57, 7742 GA Coevorden.

1161
Stichting Stokroos

Rubriek ■ ☑ kunst en cultuur

Algemeen ■ **WEBSITE** ► www.stokroos.nl **TYPERING** ► vermogensfonds **OPGERICHT** ► 30-06-1992 **RECHTSVORM** ► stichting **KVK** ► 41157415 **ANBI STATUS** ► ja **DIRECTIE** ► dr. J.A. Vrieler **BESTUUR** ► Mr. R.A. Gallas, voorzitter; mr. S.J. Bogaars, penningmeester; mr. J.H.M. Deiters, secretaris; mw. A.A. Musters; mw. E. van Nuenen; mw. C.D. Nahar; J.G. Robertus.

Missie ■ **DOELSTELLING** ► De stichting heeft ten doel de (financiële) ondersteuning en sponsoring van kunst- en cultuuruitingen, in het bijzonder beeldende kunst en design, alles in de ruimste zin van het woord. **STICHTER(S)** ► De heer drs. P.A.H.M. Deiters **HISTORIE** ► Stichting Stokroos is op 30 juni 1992 opgericht door de heer drs. P.A.H.M. Deiters (1952-2017). Zijn liefde voor mensen, natuur en kunst inspireerde hem om bij te dragen aan een betere wereld. Zijn initiatief om via de stichting beeldend kunstenaars en ontwerpers te steunen in hun ontwikkeling en bij projecten is voorbeeldig. Betrokkenheid, bescheidenheid en visie kenmerkten hem. Begin 2005 is Stichting Stokroos gestart met het uitvoeren van haar doel, de (financiële) ondersteuning en sponsoring van kunst- en cultuuruitingen, in het bijzonder beeldende kunst en design. **BELEIDSPLAN OP WEBSITE** ► ja.

Doelgroep ■ **SPECIFIEK** ► Professioneel beeldend kunstenaars, vormgevers/ontwerpers. en culturele instellingen. **ACTIVITEITEN** ► Stichting Stokroos streeft naar een samenleving waarin beeldend kunstenaars, vormgevers en ontwerpers een prominente rol spelen. De Stichting wil de ontwikkeling van deze doelgroep faciliteren en een springplank zijn voor veelbelovend talent. De belangstelling gaat uit naar projecten waarbij traditie en vernieuwing een verrassend samenspel aangaan. Daarnaast wil de Stichting samenwerkingsverbanden tussen makers, culturele instellingen of vertegenwoordigers uit andere sectoren steunen en initiëren. De Stichting ondersteunt en stimuleert zowel de artistieke als de zakelijke ontplooiing van deze makers. Zij doen dit onder meer door het toekennen van subsidies en stipendia en het mogelijk maken van ontwikkelingstrajecten. Daarnaast fungeren zij als een toegankelijk platform waar volop kennisuitwisseling kan plaatsvinden. **INTERVENTIENIVEAU** ► Steun aan individuen (directe steun).

Werkgebied ■ **ACTIERADIUS** ► Nationaal **LAND** ► Nederland.

Bestedingen ■ **BUDGET** ► € 4.675.00 **ONDERSTEUNDE PROJECTEN P/J** ► 135 **SOORT BIJDRAGE** ► garanties subsidies overig studiebeurzen **BOVENGRENS** ► € 2.500 **ONDERGRENS** ► € 1.000.

Projecten ■ **CRITERIA** ► Stichting Stokroos steunt kunstenaars, ontwerpers en culturele initiatieven financieel en door coaching. Aanvragen waarin kwaliteit, concept, en ambacht centraal staan hebben belangstelling. Inhoudelijke criteria die wij hanteren bij een aanvraag zijn: ☑ professionaliteit,; ☑ (afgeronde) beroepsopleiding,; ☑ artistieke kwaliteit van het werk tot dusver,; ☑ (vernieuwende) kwaliteit van het artistieke concept van het plan,; ☑ publieksbereik; ☑ de deugdelijkheid van de financiële onderbouwing van het plan; ☑ het getoonde cultureel ondernemerschap; ☑ projecten die een belangrijke of nieuwe artistiek-inhoudelijke ontwikkeling mogelijk maken bij de maker,; ☑ projecten die hem/haar in staat stellen te exposeren op een platform dat naar verwachting een wezenlijke impuls aan diens zichtbaarheid en loopbaan geeft. **DOORLOOPTIJD** ► ☑ korter dan 1 jaar **STATUS AANVRAGER** ► ☑ individuen/gezinnen ☑ stichting of vereniging (non-profit) **VOORKEUR/UITSLUITING** ► U kunt slechts 1 aanvraag per jaar (12 maanden) indienen. Aanvragen die niet in behandeling worden genomen zijn: ☑ reeds aangevangen of voltooide projecten; ☑ projecten tijdens de opleiding; ☑ artist-in-residence programma; ☑ reis- en verblijfkosten; ☑ projecten als dans, theater, muziek en film; ☑ publicaties, monografieën en oeuvre catalogi met uitzondering van het kunstenaarsboek.

Procedure ■ **OP AANVRAAG** ► ja **DOORLOOPTIJD** ► 3-6 maanden; 1-3 maanden; 1-3 maanden **AANVRAAGPROCEDURE** ► Er zijn aanvraagformulieren voor financiële ondersteuning en voor coaching. Alleen online ingediende aanvragen worden in behandeling genomen. In principe ontvangt u per e-mail een automatische ontvangstbevestiging van uw aanvraag. Het wordt u echter aangeraden om na het versturen van uw aanvraag een e-mail aan ons te zenden zodat wij kunnen controleren of uw aanvraag daadwerkelijk is aangekomen. U kunt het formulier niet tussentijds opslaan. De behandeltermijn van uw aanvraag bedraagt in de regel ongeveer zes weken na het verstrijken van de deadline. Correspondentie over de uitslag van de procedure geschiedt schriftelijk; bezwaar tegen de genomen beslissing is niet mogelijk. De vergaderdata waarop het bestuur beslissingen neemt over de ingediende aanvragen voor de productie van nieuw werk en coaching zijn terug te vinden op de website. **URL** ► https://www.stokroos.nl/aanvragen

Financieel ■ **HERKOMST MIDDELEN** ► vermogen, overige inkomsten, giften & schenkingen, legaten **BOEKJAAR** ► 2018 **JAARVERSLAG OP WEBSITE** ► ja.

Contact ■ **BEREIKBAAR PER** ► ☑ post ☑ e-mail ☑ telefoon **CONTACTPERSOON** ► geen contactpersoon bekend **POSTADRES** ► Maliesingel 28-1, 3581 BH Utrecht **EMAIL (ALGEMEEN)** ► mail@stokroos.nl **TELEFOON (ALGEMEEN)** ► 06-41004305.

1162
Straver Fonds

Rubriek ■ ☑ kunst en cultuur ☑ onderwijs en onderzoek
Algemeen ■ WEBSITE ▶ www.cultuurfonds.nl TYPERING ▶ fonds op naam BEHEERD DOOR ▶ Prins Bernhard Cultuurfonds DIRECTIE ▶ zie Prins Bernhard Cultuurfonds BESTUUR ▶ zie Prins Bernhard Cultuurfonds
Missie ■ DOELSTELLING ▶ Het financieel ondersteunen van projecten op het gebied van de schilder- en beeldhouwkunst, met een voorkeur voor de 20e en 21e eeuw, en van vervolgopleidingen van kunstenaars op dit gebied.
Werkgebied ■ ACTIERADIUS ▶ Nationaal LAND ▶ Nederland.
Projecten ■ CRITERIA ▶ geen projectcriteria bekend DOORLOOPTIJD ▶ ☑ korter dan 1 jaar STATUS AANVRAGER ▶ ☑ geen beperkingen bekend VOORKEUR/UITSLUITING ▶ Voorkeur gaat uit naar projecten over de 20e en 21e eeuw.
Procedure ■ OP AANVRAAG ▶ ja AANVRAAGPROCEDURE ▶ Dit 'fonds op naam' ressorteert onder het Prins Bernhard Cultuurfonds. Verzoeken aan fondsen op naam komen op één centraal punt binnen. Dit houdt in dat een subsidieaanvraag slechts eenmaal aan het Prins Bernhard Cultuurfonds hoeft te worden gezonden. Voor de verdere aanvraagprocedure: zie Prins Bernhard Cultuurfonds. URL ▶ www.cultuurfonds.nl/aanvragen
Contact ■ BEREIKBAAR PER ▶ ☑ post ☑ e-mail ☑ telefoon CONTACTPERSOON ▶ geen contactpersoon bekend POSTADRES ▶ Postbus 19750, 1000 GT Amsterdam EMAIL (ALGEMEEN) ▶ info@cultuurfonds.nl TELEFOON (ALGEMEEN) ▶ 020-5206130.

1163
Stichting Streekfonds Texel

Rubriek ■ ☑ natuur, milieu en dieren ☑ kunst en cultuur
Algemeen ■ WEBSITE ▶ www.kennisbankfilantropie.nl/anbi/streekfonds-texel TYPERING ▶ vermogensfonds OPGERICHT ▶ 17-12-2010 RECHTSVORM ▶ stichting KVK ▶ 53129032 ANBI STATUS ▶ ja DIRECTIE ▶ geen directiegegevens bekend BESTUUR ▶ F.W. Evers, voorzitter; H. Ghijsels, penningmeester; mw. F. Giskes, secretaris; K.J. Provoost; mw. A. Roessen; P. Siebinga; J. Heijkoop; W. van Gelder.
Missie ■ DOELSTELLING ▶ De Hoge Berg is sinds 1968 landschapsreservaat. Daardoor gelden beperkingen, die het boeren lastiger maakt hun bedrijf uit te oefenen. De Hoge Berg heeft namelijk bijzondere cultuurhistorisch kenmerken, zoals kleinschalige verkaveling, tuunwallen en kolken en boeten. Het landschap is verbonden met de wijze van boeren. Voor deze beperkingen was geen compensatie mogelijk. De Streekrekening (= Streekfonds) Texel/De Hoge Berg wil vergoedingen voor landschapsbeheer betalen. STICHTER(S) ▶ Staatsbosbeheer, Natuurmonumenten en LTO HISTORIE ▶ Staatsbosbeheer, Natuurmonumenten en LTO hebben ongeveer tien jaar geleden gezamenlijk bij gemeente en provincie aandacht gevraagd voor het feit dat een duurzame instandhouding van het Hoge Berggebied bedreigd wordt doordat de agrarische ondernemingen in het gebied moeite hebben om tot een gezonde exploitatie te komen. Dit heeft geleid tot de oprichting van het Streekfonds Texel in 2010 met een belangrijke financiële bijdrage van de Provincie Noord-Holland. Vanuit het streekfonds worden bijdragen aan boeren op de Hoge Berg verstrekt om in het belang van het landschap schapenhouderij in het gebied mogelijk te houden. Door de lage rentestand is het budget hiervoor beperkt.
Doelgroep ■ SPECIFIEK ▶ Boeren op de Hoge Berg. ACTIVITEITEN ▶ Betrokken partijen: Gemeente Texel; LTO Noord; Vereniging Natuurmonumenten; Staatsbosbeheer; Agrarische natuurvereniging De Lieuw (uitvoerende partij); Provincie Noord-Holland samengewerkt; Nationaal Groenfonds; Rabobank Kop van Noord-Holland. INTERVENTIENIVEAU ▶ Steun aan lokale/provinciale maatschappelijke organisaties en structuren (incl. gemeenten etc.) die diensten verlenen aan individuen.
Werkgebied ■ ACTIERADIUS ▶ Regionaal LAND ▶ Nederland REGIO ▶ Texel.
Bestedingen ■ BUDGET ▶ niet openbaar SOORT BIJDRAGE ▶ onbekend BOVENGRENS ▶ geen ONDERGRENS ▶ geen.
Projecten ■ CRITERIA ▶ geen projectcriteria bekend DOORLOOPTIJD ▶ ☑ onbekend STATUS AANVRAGER ▶ ☑ geen beperkingen bekend VOORKEUR/UITSLUITING ▶ geen voorkeur of uitsluiting bekend.
Procedure ■ OP AANVRAAG ▶ onbekend AANVRAAGPROCEDURE ▶ geen aanvraagprocedure bekend.
Financieel ■ HERKOMST MIDDELEN ▶ onbekend BOEKJAAR ▶ boekjaar onbekend.
Contact ■ BEREIKBAAR PER ▶ ☑ post ☒ e-mail ☑ telefoon CONTACTPERSOON ▶ geen contactpersoon bekend POSTADRES ▶ Emmalaan 15, 1791 AT Den Burg TELEFOON (ALGEMEEN) ▶ 0222-632216.

1164
Stichting Struan Foundation

Rubriek ■ ☑ maatschappij, welzijn en samenleving ☑ natuur, milieu en dieren ☑ gezondheidszorg ☑ kunst en cultuur ☑ onderwijs en onderzoek
Algemeen ■ WEBSITE ▶ www.struan.nl TYPERING ▶ vermogensfonds OPGERICHT ▶ 2008 RECHTSVORM ▶ stichting KVK ▶ 09175378 ANBI STATUS ▶ ja DIRECTIE ▶ geen directiegegevens bekend BESTUUR ▶ J. Veldhuizen, voorzitter; R. Koster, penningmeester; mw. A. Koster-Wieringa, secretaris; mw. M. Veldhuizen-Heule, secretaris; T. Vink.
Missie ■ DOELSTELLING ▶ De opbrengsten van het Fonds worden gebruikt om organisaties en projecten te steunen die normaal gesproken niet in aanmerking komen voor overheidsfinanciering en die bijdragen aan een wereld waarin mensen in sociale cohesie met elkaar en hun omgeving leven. HISTORIE ▶ De Struan Foundation werd in 2008 opgericht en geactiveerd door de donatie van een familiefonds. BELEIDSPLAN OP WEBSITE ▶ ja.
Doelgroep ■ ALGEMEEN ▶ kinderen, vrouwen, inheemse volken,

armen **SPECIFIEK** ► Geen specifieke doelgroep **ACTIVITEITEN** ► De missie komt tot uiting in 4 strategische programma's; ☑ Sociale ontwikkeling: onderwijs en opleiding die tot onafhankelijkheid leiden; ☑ Kunst, muziek en cultuur; ☑ Duurzame omgeving; ☑ Medisch onderzoek en gezondheidszorg. **INTERVENTIENIVEAU** ► Steun aan lokale/provinciale maatschappelijke organisaties en structuren (incl. gemeenten etc.) die diensten verlenen aan individuen.

Werkgebied ■ **ACTIERADIUS** ► Internationaal **LAND** ► Wereldwijd.

Bestedingen ■ **BUDGET** ► niet openbaar **SOORT BIJDRAGE** ► subsidies **BOVENGRENS** ► geen **ONDERGRENS** ► geen.

Projecten ■ **CRITERIA** ► Projecten kunnen vallen in één van de volgende themas: ☑ Sociale ontwikkeling:educatie en training leidend tot zelfstandigheid; ☑ kunst muziek en cultuur; ☑ duurzaamheid en milieu; ☑ medisch onderzoek, gezondheid en zorg. Andere voorwaarden: ☑ geen subsidies van de overheid; ☑ continuïteit en duurzaamheid van het project is goed omschreven; ☑ verdienmodel is uitgewerkt en verwerkt in het programma en budget; ☑ jaarverslag en begroting van het jaar voorafgaand aan het project. **DOORLOOPTIJD** ► ☑ onbekend **STATUS AANVRAGER** ► ☑ stichting of vereniging (non-profit) **VOORKEUR/UITSLUITING** ► geen voorkeur of uitsluiting bekend.

Procedure ■ **OP AANVRAAG** ► ja **AANVRAAGPROCEDURE** ► Online aanvraagformulier waarbij onder meer naar de volgende gegevens wordt gevraagd: ☑ contactgegevens; ☑ uittreksel van KvK; ☑ projectgegevens (locatie, doel, begroting); ☑ motivatiebrief; ☑ Eventueel ANBI gegevens **URL** ► https://struan.nl/contact-struan-foundation/

Financieel ■ **INKOMSTEN EV** ► € 63.195 **HERKOMST MIDDELEN** ► onbekend **BOEKJAAR** ► 2019 **JAARVERSLAG OP WEBSITE** ► ja.

Contact ■ **BEREIKBAAR PER** ► ☑ post ☑ e-mail ☒ telefoon **CONTACTPERSOON** ► geen contactpersoon bekend **POSTADRES** ► Diepenbrocklaan 33, 6815 AH Arnhem **EMAIL (ALGEMEEN)** ► info@struan.nl.

1165

Stichting Studiefonds Anthony Hallet

Rubriek ■ ☑ kerk en levensbeschouwing ☑ onderwijs en onderzoek

Algemeen ■ **WEBSITE** ► https://hallet.nl **TYPERING** ► vermogensfonds **RECHTSVORM** ► stichting **KVK** ► 41166808 **ANBI STATUS** ► ja **DIRECTIE** ► geen directiegegevens bekend **BESTUUR** ► G. Verkerk, voorzitter; mw. F. Pennink-de Blocq van Kuffeler, penningmeester; N.F. Cambier van Nooten, secretaris.

Missie ■ **DOELSTELLING** ► Het financieel ondersteunen van de studie van theologen die zich aan Protestants Theologische Universiteit vestiging Groningen voorbereiden op het ambt van predikant. **STICHTER(S)** ► Anthony Hallet **HISTORIE** ► De stichting is voortgekomen uit een testamentaire beschikking van Anthony Hallet, overleden te Utrecht in 1612. **BELEIDSPLAN OP WEBSITE** ► ja.

Doelgroep ■ **ALGEMEEN** ► studenten **SPECIFIEK** ► Studenten theologie aan de Protestant Theologische faculteit van de Universiteit Groningen. **ACTIVITEITEN** ► Geen specifieke activiteiten bekend **INTERVENTIENIVEAU** ► Steun aan individuen (directe steun).

Werkgebied ■ **ACTIERADIUS** ► Lokaal **LAND** ► Nederland **PLAATS** ► Groningen.

Bestedingen ■ **BUDGET** ► niet openbaar **ONDERSTEUNDE PROJECTEN P/J** ► 5 **SOORT BIJDRAGE** ► studiebeurzen **BOVENGRENS** ► geen **ONDERGRENS** ► geen.

Projecten ■ **CRITERIA** ► ☑ student theologie aan de Protestants Theologische Universiteit vestiging Groningen; ☑ ingeschreven in het Kerkelijk Album van de Protestantse Kerk Nederland (PKN); ☑ motivatie; ☑ financiele onderbouwing aanvraag. **DOORLOOPTIJD** ► ☑ langer dan 2 jaar **STATUS AANVRAGER** ► ☑ individuen/gezinnen **VOORKEUR/UITSLUITING** ► Beurzen worden alleen toegekend aan studenten theologie aan die de opleiding Gemeentepredikant of Predikant Geestelijk Verzorger, aan de PThU in Groningen volgen.

Procedure ■ **OP AANVRAAG** ► ja **DOORLOOPTIJD** ► 6-12 maanden **AANVRAAGPROCEDURE** ► De aanvraag moet jaarlijks vóór 15 januari worden ingediend bij de beurzenbeheerder. Bij de aanvraag moet worden aangegeven waarvoor men de gewenste toelage wil aanwenden.

Financieel ■ **EIGEN VERMOGEN** ► € 55.447 **INKOMSTEN EV** ► € 2.001 **HERKOMST MIDDELEN** ► vermogen, legaten **BOEKJAAR** ► 2018 **JAARVERSLAG OP WEBSITE** ► ja.

Contact ■ **BEREIKBAAR PER** ► ☑ post ☑ e-mail ☑ telefoon **CONTACTPERSOON** ► Prof.dr. H.P. de Roest **POSTADRES** ► Fac. Godgeleerdheid, Postbus 11069, 9700 CB Groningen **EMAIL (ALGEMEEN)** ► www.pthu.nl **TELEFOON (ALGEMEEN)** ► 088-83371807.

1166

Studiefonds Frenkel-Serphos

Rubriek ■ ☑ onderwijs en onderzoek

Algemeen ■ **WEBSITE** ► https://studerendemoeders.nl/studiefondsen **TYPERING** ► vermogensfonds **RECHTSVORM** ► stichting **KVK** ► 41127006 **ANBI STATUS** ► nee **DIRECTIE** ► geen directiegegevens bekend **BESTUUR** ► Mw. M.H. Groenenboom, voorzitter; M.H. Mogendorf, penningmeester; mw. M. Glaser-Vis, secretaris; mw. E.D. Zegwaard.

Missie ■ **DOELSTELLING** ► De stichting heeft ten doel studenten met een Joodse levensbeschouwing, daar waar noodzakelijk financieel te ondersteunen in de vorm van een lening, die na beëindiging van de studie dient te worden terugbetaald om zoveel mogelijk kandidaten nadien behulpzaam te kunnen zijn. **STICHTER(S)** ► Leon Frenkel en Rogy Serphos **HISTORIE** ► De Familie Frenkel was ondergedoken in hun eigen bedrijfspand aan de Heemraadsingel in Rotterdam. Hun dochtertjes die op enig moment tijdens WOII speelden op de begane grondvloer werden door de bezetter opgepakt en naar één van de vele concentratiekampen afgevoerd en daar vermoord. Zij hebben hun ouders niet verraden en zo hebben die de oorlog overleefd. Dat hebben de ouders nadien echter niet kunnen verwerken. Zij hebben na de oorlog al hun bezittingen verkocht en het daaruit verkregen kapitaal in de stichting ingebracht.

Doelgroep ■ ALGEMEEN ▶ gelovigen, studenten SPECIFIEK ▶ Joodse studenten in Nederland en Israël. ACTIVITEITEN ▶ Geen specifieke activiteiten bekend INTERVENTIENIVEAU ▶ Steun aan individuen (directe steun).

Werkgebied ■ ACTIERADIUS ▶ Nationaal, Internationaal LAND ▶ Israël, Nederland.

Bestedingen ■ BUDGET ▶ niet openbaar SOORT BIJDRAGE ▶ leningen overig BOVENGRENS ▶ geen ONDERGRENS ▶ geen.

Projecten ■ CRITERIA ▶ geen projectcriteria bekend DOORLOOPTIJD ▶ ☑ korter dan 1 jaar STATUS AANVRAGER ▶ ☑ individuen/gezinnen VOORKEUR/UITSLUITING ▶ Alleen voor (Nederlandse) jongeren van joodse afkomst.

Procedure ■ OP AANVRAAG ▶ ja DOORLOOPTIJD ▶ 1-3 maanden AANVRAAGPROCEDURE ▶ Uitsluitend schriftelijk via Joods Maatschappelijk Werk (JMW), t.a.v. Commissie van 5, De Lairessestraat 145-147, 1075 HJ Amsterdam. Aanvraag tenminste 6 maanden van tevoren indienen.

Financieel ■ HERKOMST MIDDELEN ▶ vermogen.

Contact ■ BEREIKBAAR PER ▶ ☑ post ☑ e-mail ☑ telefoon CONTACTPERSOON ▶ Mw. M. Glaser-Vis POSTADRES ▶ Graaf Janlaan 15, 1181 EC Amstelveen EMAIL (ALGEMEEN) ▶ jmw.amsterdam@joodswelzijn.nl TELEFOON (ALGEMEEN) ▶ 020-5776577.

1167

Stichting Studiefonds KETEL 1

Rubriek ■ ☑ onderwijs en onderzoek

Algemeen ■ WEBSITE ▶ www.studiefondsketel1.nl TYPERING ▶ vermogensfonds OPGERICHT ▶ 20-11-1995 RECHTSVORM ▶ stichting KVK ▶ 41159463 ANBI STATUS ▶ ja DIRECTIE ▶ geen directiegegevens bekend BESTUUR ▶ C.H.J. Nolet, voorzitter; mr. P.J. Weterings, penningmeester; W.A.C. van Oppen, secretaris; W.R.J. Idema; W. Kriek; B.P.G. Nolet.

Missie ■ DOELSTELLING ▶ Het verlenen van beurzen en stipendia, al dan niet in de vorm van een garantiesubsidie, voor wetenschappelijk onderzoek al dan niet gevolgd door een doctoraal scriptie of leidende tot een wetenschappelijke publicatie, binnen de disciplines Geneeskunde, Rechten, Geschiedenis en Bedrijfskunde. STICHTER(S) ▶ Nolet Distilleerderij i.s.m. Leidse jaarclub Ketel 1 HISTORIE ▶ Studiefonds KETEL 1 is een initiatief van de Leidse jaarclub KETEL 1 (LSV Minerva, 1980). Het fonds is op 20 oktober 1995 opgericht ter gelegenheid van het derde lustrum. Naast de Jaarclub KETEL 1 draagt ook de Nolet Distillery anno 1691 bij aan het Fonds. BELEIDSPLAN OP WEBSITE ▶ ja.

Doelgroep ■ ALGEMEEN ▶ studenten SPECIFIEK ▶ Studenten en onderzoekers binnen de disciplines geneeskunde, rechten, geschiedenis en bedrijfskunde. ACTIVITEITEN ▶ De ontwikkelingen rond het coronavirus maken het toekennen van beurzen dit jaar onmogelijk. Het overgrote deel van de aanvragen betreft immers een reis en/of verblijf in het buitenland, en daarvan zal gedurende een langere periode geen sprake kunnen zijn. Besloten is een bijdrage te leveren aan het onderzoek naar een coronavaccin door prof. dr. Eric Snijder aan de Universiteit Leiden. INTERVENTIENIVEAU ▶ Steun aan individuen (directe steun).

Werkgebied ■ ACTIERADIUS ▶ Nationaal LAND ▶ Nederland.

Bestedingen ■ BUDGET ▶ niet openbaar TOELICHTING ▶ De Stichting beoogt niet haar vermogen in stand te houden, en zal, in het voorkomende geval, interen op haar vermogen als sprake is van meerdere (excellente) kwalificerende; applicanten. ONDERSTEUNDE PROJECTEN P/J ▶ 1 SOORT BIJDRAGE ▶ studiebeurzen BOVENGRENS ▶ geen ONDERGRENS ▶ geen.

Projecten ■ CRITERIA ▶ Voorwaarde voor toekenning van een beurs is dat het studie- of onderzoeksproject plaatsvindt aan een universiteit die is aangesloten bij de LERU of deel uitmaakt van de Ivy-League. Voor de studierichting Geneeskunde gelden nog twee aanvullende voorwaarden: ☑ ten eerste dient het om een promotie-onderzoek te gaan; ☑ ten tweede dient het om fundamenteel (geen toegepast) onderzoek te gaan. DOORLOOPTIJD ▶ ☑ korter dan 1 jaar STATUS AANVRAGER ▶ ☑ individuen/gezinnen VOORKEUR/UITSLUITING ▶ Alleen de studierichtingen: Geneeskunde, Rechten, Geschiedenis en Bedrijfskunde. Aanvragen voor vergoeding van drukkosten voor proefschriften en dergelijke worden niet in behandeling genomen. Indien de aanvraag wordt gehonoreerd, verplicht de kandidaat zich tot schriftelijke verslaglegging over het project.

Procedure ■ OP AANVRAAG ▶ ja DOORLOOPTIJD ▶ 6-12 maanden AANVRAAGPROCEDURE ▶ Aanvragen kunnen jaarlijks vanaf 1 oktober tot 31 januari schriftelijk ingediend worden, bij voorkeur per email. Zie ook de webpagina. Het bestuur behoudt zich het recht voor aanvragen die buiten de doelstelling of de aangegeven activiteiten en/of prioriteiten vallen niet te beantwoorden. Het streven is om uiterlijk medio april de toegekende beurzen bekend te maken. Alleen de applicanten van wie de aanvraag is toegewezen krijgen persoonlijk bericht; hun namen worden op de website gepubliceerd. URL ▶ www.studiefondsketel1.nl/aanvraagformulier.html

Financieel ■ EIGEN VERMOGEN ▶ € 144.255 HERKOMST MIDDELEN ▶ vermogen, giften & schenkingen BOEKJAAR ▶ 2016 JAARVERSLAG OP WEBSITE ▶ ja.

Contact ■ BEREIKBAAR PER ▶ ☑ post ☑ e-mail ☒ telefoon CONTACTPERSOON ▶ geen contactpersoon bekend POSTADRES ▶ Postbus 11118, 2301 EC Leiden EMAIL (ALGEMEEN) ▶ info@studiefondsketel1.nl.

1168

Stichting Studiefonds Louisabeth Natter

Rubriek ■ ☑ kerk en levensbeschouwing ☑ onderwijs en onderzoek

Algemeen ■ WEBSITE ▶ www.kennisbankfilantropie.nl/anbi/studiefonds-louisabeth-natter TYPERING ▶ vermogensfonds RECHTSVORM ▶

stichting **KVK** ▶ 41152508 **ANBI STATUS** ▶ nee **DIRECTIE** ▶ geen directiegegevens bekend **BESTUUR** ▶ W. de Frel, voorzitter; R.H. Erentreich.
Missie ■ **DOELSTELLING** ▶ De stichting heeft ten doel de opleiding tot predikant in de Nederlandse hervormde kerk ook mogelijk te maken voor financieel zwakkere personen. **HISTORIE** ▶ Door wijlen mej. L. Natter, in 1824 te 's-Gravenhage overleden, is bij testamentaire beschikking bepaald, dat de renten van haar nalatenschap zullen worden besteed ten bate van de 'opleiding tot het predikambt in de Nederlandse Hervormde Kerk van minvermogende jongelingen'.
Doelgroep ■ **ALGEMEEN** ▶ studenten, jongeren, armen **SPECIFIEK** ▶ Financieel zwakkere personen die een opleiding tot predikant willen volgen. **ACTIVITEITEN** ▶ Zij tracht dit doel te bereiken door het verstrekken van toelagen aan hen die, financieel zwak zijnde, toch de studie voor de opleiding tot predikant in de Nederlands Hervormde Kerk wensen te volgen. **INTERVENTIENIVEAU** ▶ Steun aan individuen (directe steun).
Werkgebied ■ **ACTIERADIUS** ▶ Nationaal **LAND** ▶ Nederland.
Bestedingen ■ **BUDGET** ▶ niet openbaar **SOORT BIJDRAGE** ▶ giften studiebeurzen **BOVENGRENS** ▶ geen **ONDERGRENS** ▶ geen.
Projecten ■ **CRITERIA** ▶ geen projectcriteria bekend **DOORLOOPTIJD** ▶ ☑ onbekend **STATUS AANVRAGER** ▶ ☑ individuen/gezinnen **VOORKEUR/UITSLUITING** ▶ Geen voorkeur/uitsluiting bekend.
Procedure ■ **OP AANVRAAG** ▶ ja **DOORLOOPTIJD** ▶ 6-12 maanden **AANVRAAGPROCEDURE** ▶ geen aanvraagprocedure bekend.
Financieel ■ **HERKOMST MIDDELEN** ▶ onbekend.
Contact ■ **BEREIKBAAR PER** ▶ ☑ post ☒ e-mail ☑ telefoon **CONTACTPERSOON** ▶ geen contactpersoon bekend **POSTADRES** ▶ Postbus 8504, 3503 RM Utrecht **TELEFOON (ALGEMEEN)** ▶ 030-8801615.

1169

Stichting Studiefonds ROC van Twente

Rubriek ■ ☑ onderwijs en onderzoek
Algemeen ■ **WEBSITE** ▶ https://www.rocvantwente.nl/over-ons/ons-roc/anbi.html **TYPERING** ▶ vermogensfonds **OPGERICHT** ▶ 02-05-2006 **RECHTSVORM** ▶ stichting **KVK** ▶ 41027760 **ANBI STATUS** ▶ ja **DIRECTIE** ▶ geen directiegegevens bekend **BESTUUR** ▶ H.J. Wibbens, voorzitter; B. Korbeld, penningmeester; mr. K. Davids, secretaris; F.G.C.M. Tillemans.
Missie ■ **DOELSTELLING** ▶ De stichting heeft als belangrijkste doelstelling het verstrekken van financiële, hetzij materiële bijdragen in de studiekosten aan studenten en deelnemers van het ROC van Twente, die door omstandigheden niet (meer) over de middelen beschikken om hun studie aan het ROC op een goede wijze voort te zetten of af te ronden en de benodigde middelen niet via een andere reguliere weg kunnen verkrijgen. **BELEIDSPLAN OP WEBSITE** ▶ ja.
Doelgroep ■ **ALGEMEEN** ▶ studenten **SPECIFIEK** ▶ Studenten aan het ROC van Twente. **ACTIVITEITEN** ▶ Het Studiefonds is een zelfstandige stichting, die nauw samenwerkt met ROC van Twente. Het Studiefonds helpt studenten van ROC van Twente die in financiële nood zitten en onvoldoende middelen hebben om de opleiding voort te kunnen zetten of af te kunnen ronden. **INTERVENTIENIVEAU** ▶ Steun aan individuen (directe steun).
Werkgebied ■ **ACTIERADIUS** ▶ Lokaal **LAND** ▶ Nederland **REGIO** ▶ Twente **PLAATS** ▶ Hengelo.
Bestedingen ■ **BUDGET** ▶ € 1.000 **ONDERSTEUNDE PROJECTEN P/J** ▶ 3 **SOORT BIJDRAGE** ▶ giften studiebeurzen **BOVENGRENS** ▶ geen **ONDERGRENS** ▶ geen.
Projecten ■ **CRITERIA** ▶ Het Studiefonds kan alleen helpen als de overheid, je eigen sociale netwerk, de gemeente waarin je woont, fondsen of DUO (studiefinanciering) geen bijdrage kunnen leveren. **DOORLOOPTIJD** ▶ ☑ onbekend **STATUS AANVRAGER** ▶ ☑ individuen/gezinnen **VOORKEUR/UITSLUITING** ▶ geen voorkeur of uitsluiting bekend.
Procedure ■ **OP AANVRAAG** ▶ onbekend **AANVRAAGPROCEDURE** ▶ Geen aanvraagprocedure bekend.
Financieel ■ **INKOMSTEN OV** ▶ € 150 **HERKOMST MIDDELEN** ▶ giften & schenkingen, legaten, vermogen **BOEKJAAR** ▶ 2018 **JAARVERSLAG OP WEBSITE** ▶ ja.
Contact ■ **BEREIKBAAR PER** ▶ ☑ post ☑ e-mail ☒ telefoon **CONTACTPERSOON** ▶ geen contactpersoon bekend **POSTADRES** ▶ Postbus 636, 7550 AP Hengelo **EMAIL (ALGEMEEN)** ▶ studiefonds@rocvantwente.nl.

1170

Suzanne Hovinga Stichting

Rubriek ■ ☑ kunst en cultuur ☑ onderwijs en onderzoek ☑ natuur, milieu en dieren
Algemeen ■ **WEBSITE** ▶ www.suzannehovingastichting.nl **TYPERING** ▶ vermogensfonds **OPGERICHT** ▶ 14-06-1994 **RECHTSVORM** ▶ stichting **KVK** ▶ 41186897 **ANBI STATUS** ▶ ja **DIRECTIE** ▶ geen directiegegevens bekend **BESTUUR** ▶ S.K. Dijkstra, voorzitter; S. den Hertog, penningmeester; mw. E.J.H. Krekels, secretaris; mw. L.H. Spanjersberg-Heitman; mw. K.D. Denzer; J. Ariaans; mw. C.E.G. van der Velde.
Missie ■ **DOELSTELLING** ▶ De Stichting heeft ten doel; ☑ De bevordering van de studie Biofarmaceutische Wetenschappen (Universiteit Leiden) en Medische Biologie/Biomedische Wetenschappen (Universiteit Utrecht); ☑ De bevordering van activiteiten op het gebied van literatuur, klassieke muziek en beeldende kunst, in het bijzonder voor jongeren; ☑ De bevordering van activiteiten op het gebied van de milieubescherming en de natuurbescherming. **STICHTER(S)** ▶ A. Hovinga en mw. E.H. Hovinga-Hulshoff **HISTORIE** ▶ De stichting is door de ouders van Suzanne Hovinga in 1994 opgericht om de activiteiten te realiseren op gebieden waarin Suzanne, als ze was blijven leven, actief zou zijn geweest. Op deze manier wordt er iets van de mogelijkheden die Suzanne in zich had, toch, zij het op een andere manier, gerealiseerd en de herinnering aan haar levend gehouden. **BELEIDSPLAN OP WEBSITE** ▶ ja.
Doelgroep ■ **ALGEMEEN** ▶ jongeren, studenten **SPECIFIEK** ▶ Geen specifieke doelgroep **ACTIVITEITEN** ▶ De stichting beoogt haar doelstellingen te bereiken door het aan de stichting toevertrouwde vermogen in

te zetten op de drie aandachtsgebieden; ☑ Het toekennen van prijzen aan belangwekkende scripties, proefschriften of andere wetenschappelijke activiteiten op het gebied van de Biofarmaceutische Wetenschappen (Universiteit Leiden) en de Medische Biologie/Biomedische Wetenschappen (Universiteit Utrecht), met uitzondering van reis- en studiebeurzen; ☑ Het mede-financieren van activiteiten, welke de deelname van in het bijzonder jongeren op het gebied van literatuur, klassieke muziek, en beeldende kunst bevorderen; ☑ Het (mede-) financieren van activiteiten op het gebied van natuur- en milieubescherming. **INTERVENTIENIVEAU** ▶ Steun aan individuen (directe steun).

Werkgebied ■ **ACTIERADIUS** ▶ Nationaal, Lokaal **LAND** ▶ Nederland **REGIO** ▶ Zuid-Holland, Utrecht **PLAATS** ▶ Leiden, Utrecht.

Bestedingen ■ **BUDGET** ▶ niet openbaar **ONDERSTEUNDE PROJECTEN P/J** ▶ 21 **SOORT BIJDRAGE** ▶ giften overig **BOVENGRENS** ▶ geen **ONDERGRENS** ▶ geen.

Projecten ■ **CRITERIA** ▶ ☑ Het eerste beoordelingscriterium is of het project past binnen de wetenschap / natuur en milieu / cultuur doelstelling van de stichting ☑ Projecten en activiteiten voor natuur en milieu en cultuur moeten binnen Nederland plaatsvinden; ☑ project moet ten tijden van de beoordeling nog niet zijn begonnen. **DOORLOOPTIJD** ▶ ☑ korter dan 1 jaar **STATUS AANVRAGER** ▶ ☑ geen beperkingen bekend **VOORKEUR/UITSLUITING** ▶ ; ☑ de voorkeur uitgaat naar kleinschalige projecten met een maximale begroting van €25.000,-; ☑ Wanneer tussen projecten van gelijke kwaliteit moet worden gekozen wordt de voorkeur gegeven aan projecten van niet-confessionele organisaties. ☑ Vervolgens wordt de voorkeur gegeven aan projecten met de hoogste kwaliteit, rekening houdend met een zekere spreiding over de onderscheiden aandachtsgebieden. ☑ (Individuele) studie- en reisbeurzen vallen niet binnen de doelstelling.

Procedure ■ **OP AANVRAAG** ▶ ja **DOORLOOPTIJD** ▶ 1-3 maanden **AANVRAAGPROCEDURE** ▶ Het aanvragen van een bijdrage start met het invullen en verzenden van het aanvraagformulier. U kunt hiervoor de checklist gebruiken. Binnen 2 weken verneemt u of de door u aangeleverde gegevens aanleiding geven u uit te nodig en om meer informatie toe te sturen. Als u geen uitnodiging ontvangt betekent dit dat uw aanvraag niet verder in behandeling wordt genomen. Het bestuur beslist op variabele data in mei en in november of de aanvraag binnen de doelstelling van de stichting valt en welk bedrag wordt toegekend. Voor de mei-vergadering dienen derhalve uiterlijk 1 mei aanvragen ingediend te worden voor activiteiten die niet eerder starten dan 1 juni. Voor de november-vergadering dienen uiterlijk 1 november aanvragen ingediend te worden voor activiteiten die niet eerder starten dan 1 december. Binnen 14 dagen na de bestuursvergadering krijgt de aanvrager bericht of het verzoek is gehonoreerd, welk bedrag is toegekend en hoe het bedrag is geoormerkt. Over niet-gehonoreerde aanvragen is geen correspondentie mogelijk. **URL** ▶ www.suzannehovingastichting.nl/aanvraagprocedure/aanvraag

Financieel ■ **EIGEN VERMOGEN** ▶ € 120.471 **INKOMSTEN EV** ▶ € 69.114 **INKOMSTEN OV** ▶ € 575 **HERKOMST MIDDELEN** ▶ vermogen, giften & schenkingen, overige inkomsten **BOEKJAAR** ▶ 2018 **JAARVERSLAG OP WEBSITE** ▶ ja.

Contact ■ **BEREIKBAAR PER** ▶ ☑ post ☑ e-mail ☒ telefoon **CONTACTPERSOON** ▶ geen contactpersoon bekend **POSTADRES** ▶ Ank van der Moerstraat 18, 2331 HS Leiden **EMAIL (ALGEMEEN)** ▶ info@suzannehovingastichting.nl.

1171
Sweelinck Fonds

Rubriek ■ ☑ kunst en cultuur ☑ onderwijs en onderzoek

Algemeen ■ **WEBSITE** ▶ www.cultuurfonds.nl **TYPERING** ▶ fonds op naam **BEHEERD DOOR** ▶ Prins Bernhard Cultuurfonds **DIRECTIE** ▶ zie > Prins Bernhard Cultuurfonds **BESTUUR** ▶ zie > Prins Bernhard Cultuurfonds

Missie ■ **DOELSTELLING** ▶ Het financieel ondersteunen van studenten van het conservatorium van Amsterdam.

Werkgebied ■ **ACTIERADIUS** ▶ Lokaal **LAND** ▶ Nederland **REGIO** ▶ Noord-Holland **PLAATS** ▶ Amsterdam.

Projecten ■ **CRITERIA** ▶ geen projectcriteria bekend **DOORLOOPTIJD** ▶ ☑ korter dan 1 jaar **STATUS AANVRAGER** ▶ ☑ geen beperkingen bekend **VOORKEUR/UITSLUITING** ▶ geen voorkeur of uitsluiting bekend.

Procedure ■ **OP AANVRAAG** ▶ onbekend **AANVRAAGPROCEDURE** ▶ Dit 'fonds op naam' ressorteert onder het Prins Bernhard Cultuurfonds. Verzoeken aan fondsen op naam komen op één centraal punt binnen. Dit houdt in dat een subsidieaanvraag slechts eenmaal aan het Prins Bernhard Cultuurfonds hoeft te worden gezonden. Voor de verdere aanvraagprocedure: zie Prins Bernhard Cultuurfonds. **URL** ▶ www.cultuurfonds.nl/aanvragen

Contact ■ **BEREIKBAAR PER** ▶ ☑ post ☑ e-mail ☑ telefoon **CONTACTPERSOON** ▶ geen contactpersoon bekend **POSTADRES** ▶ Postbus 19750, 1000 GT Amsterdam **EMAIL (ALGEMEEN)** ▶ info@cultuurfonds.nl **TELEFOON (ALGEMEEN)** ▶ 020-5206130.

1172
Stichting Sybren Jochems Looijenga Fonds

Rubriek ■ ☑ gezondheidszorg ☑ maatschappij, welzijn en samenleving ☑ kerk en levensbeschouwing ☑ noodhulp

Algemeen ■ **WEBSITE** ▶ leeuwarden.protestantsekerk.net/anbistichtingsjlooijengafonds **TYPERING** ▶ vermogensfonds **OPGERICHT** ▶ 04-08-1986 **RECHTSVORM** ▶ stichting **KVK** ▶ 41002708 **ANBI STATUS** ▶ ja **DIRECTIE** ▶ geen directiegegevens bekend **BESTUUR** ▶ J. de Haan, voorzitter; S. Swart, penningmeester; mw. W. Hoekstra, secretaris; P. Rozenga; H. Brinkman; mw. W. Timmermans; H. Okkema.

Missie ■ **DOELSTELLING** ▶ Het beheren van de erfenissen, vermogenswaarden en fondsen, welke door de Kerkenraad Algemene Zaken van de Gereformeerde Kerk van Leeuwarden aan de stichting zijn overgedragen en welke door anderen aan de stichting worden nagelaten casu quo worden overgedragen en door haar aanvaard worden. De revenuen van de belegde gelden worden jaarlijks uitgekeerd aan de in het beleidsplan genoemde kleinschalige projecten. **STICHTER(S)** ► Gereformeerde Kerk van Leeuwarden **HISTORIE** ► Het Sijbren Jochems Looijenga Fonds is in 1986 opgericht nadat de heer S.J. Looijenga zijn vermogen naliet aan de zendende Gereformeerde Kerk van Leeuwarden onder de voorwaarde dat de netto-opbrengst (rente) aangewend wordt voor zendingswerk. Het begrip zending heeft zich de afgelopen decennia ontwikkeld in de richting van het helpen van mensen in nood met woord en daad, daarbij gestalte gevend aan Gods liefde voor deze wereld. **BELEIDSPLAN OP WEBSITE** ► ja.

Doelgroep ■ **ALGEMEEN** ► armen, gelovigen, zieken, inheemse volken, kinderen, ouderen **SPECIFIEK** ► Inzet van de middelen aan christelijke instellingen in de derde wereld. **ACTIVITEITEN** ► Het stimuleren van vrijwilligers om zich beschikbaar te stellen om de doelstellingen van het fonds te bereiken. In 2018 heeft het fonds aan 21 projecten een bijdrage verstrekt. bedragen varieerden van € 50,- tot € 500,-. **INTERVENTIENIVEAU** ► Steun aan individuen (directe steun).; Steun aan lokale/provinciale maatschappelijke organisaties en structuren (incl. gemeenten etc.) die diensten verlenen aan individuen.

Werkgebied ■ **ACTIERADIUS** ► Internationaal **LAND** ► Afrika, Azië, Oost, Zuid-Amerika.

Bestedingen ■ **BUDGET** ► niet openbaar **TOELICHTING** ► Is afhankelijk van het rendement op de beleggingen van het fonds. **ONDERSTEUNDE PROJECTEN P/J** ► 21 **SOORT BIJDRAGE** ► giften **BOVENGRENS** ► € 500 **ONDERGRENS** ► € 50.

Projecten ■ **CRITERIA** ► De Stichting ondersteunt kleinschalige projecten in Afrika, Azië en Zuid-Amerika. Het betreft vrijwilligerswerk in de derde wereld verricht door jongeren vanuit een christelijke levensovertuiging. De projecten variëren van hulp bij opbouwwerkzaamheden tot opvang van weeskinderen of kinderen van ouders met aids. **DOORLOOPTIJD** ► ☑ korter dan 1 jaar **STATUS AANVRAGER** ► ☑ stichting of vereniging (non-profit) ☑ hulpverleners ☑ individuen/gezinnen **VOORKEUR/UITSLUITING** ► geen voorkeur of uitsluiting bekend.

Procedure ■ **OP AANVRAAG** ► ja **DOORLOOPTIJD** ► 1-3 maanden **AANVRAAGPROCEDURE** ► Aanvragen dienen schriftelijk te worden ingediend bij het secretariaat. De aanvraag moet een duidelijke omschrijving van het project vermelden.

Financieel ■ **EIGEN VERMOGEN** ► € 242.700 **INKOMSTEN EV** ► € -9.072.,73 **HERKOMST MIDDELEN** ► vermogen, legaten, giften & schenkingen **BOEKJAAR** ► 2018.

Contact ■ **BEREIKBAAR PER** ► ☑ post ☑ e-mail ☒ telefoon **CONTACTPERSOON** ► geen contactpersoon bekend **POSTADRES** ► Ikeleane 4, 9051 SB Stiens **EMAIL (ALGEMEEN)** ► looijengafonds@gmail.com.

1173
Sybren Polet Stichting

Rubriek ■ ☑ kunst en cultuur

Algemeen ■ **WEBSITE** ► www.sybrenpolet.nl/spstichting.htm **TYPERING** ► vermogensfonds **OPGERICHT** ► 29-10-2010 **RECHTSVORM** ► stichting **KVK** ► 51374161 **ANBI STATUS** ► ja **DIRECTIE** ► geen directiegegevens bekend **BESTUUR** ► J.A.H. van der Grinten, voorzitter; P.W.C. Happel, penningmeester; A.J. van Boven, secretaris.

Missie ■ **DOELSTELLING** ► De Sybren Polet Stichting, opgericht in 2010, stelt zich ten doel de bevordering van de Nederlandstalige literatuur door het stimuleren van onconventionele, experimentele, innoverende poëzie, proza, essay en toneel. **BELEIDSPLAN OP WEBSITE** ► ja.

Doelgroep ■ **SPECIFIEK** ► (literaire) instelling, uitgeverij of tijdschrift en auteurs. **ACTIVITEITEN** ► Om haar doel te bereiken kent de stichting incidenteel de Lokienprijs toe aan een (literaire) instelling, uitgeverij of tijdschrift. Daarnaast heeft de stichting een driejaarlijkse literaire prijs in het leven geroepen voor de auteur van de beste onconventionele, experimentele, innoverende literatuur en/of essayistiek. De komende jaren zal de Lokienprijs incidenteel worden toegekend. Deze prijs bedraagt € 5000,-. Met ingang van kalenderjaar 2018 zal de driejaarlijkse literaire prijs worden uitgereikt. **INTERVENTIENIVEAU** ► Steun aan lokale/provinciale maatschappelijke organisaties en structuren (incl. gemeenten etc.) die diensten verlenen aan individuen.; Steun aan individuen (directe steun).

Werkgebied ■ **ACTIERADIUS** ► Nationaal **LAND** ► Nederland.

Bestedingen ■ **BUDGET** ► niet openbaar **SOORT BIJDRAGE** ► overig **BOVENGRENS** ► geen **ONDERGRENS** ► geen.

Projecten ■ **CRITERIA** ► De stichting heeft een jury ingesteld om de prijzen toe te kennen. De vaste jury, bestaande uit 3 personen, wordt ten behoeve van de toekenning van de driejaarlijkse literaire prijs telkens tijdelijk uitgebreid met 2 personen. De uitreiking van de driejaarlijkse literaire prijs zal publiekelijk plaatsvinden. **DOORLOOPTIJD** ► ☑ korter dan 1 jaar **STATUS AANVRAGER** ► ☑ geen beperkingen bekend **VOORKEUR/UITSLUITING** ► geen voorkeur of uitsluiting bekend.

Procedure ■ **OP AANVRAAG** ► onbekend **AANVRAAGPROCEDURE** ► Geen aanvraagprocedure bekend.

Financieel ■ **INKOMSTEN EV** ► € 1.758 **HERKOMST MIDDELEN** ► vermogen **BOEKJAAR** ► 2016 **JAARVERSLAG OP WEBSITE** ► ja.

Contact ■ **BEREIKBAAR PER** ► ☑ post ☑ e-mail ☒ telefoon **CONTACTPERSOON** ► geen contactpersoon bekend **POSTADRES** ► Johan de Wittstraat 29, 2334 AM Leiden **EMAIL (ALGEMEEN)** ► poletstichting@gmail.com.

1174
Sylvia Brinkman Fonds

Rubriek ■ ☑ kunst en cultuur ☑ onderwijs en onderzoek

Algemeen ■ **WEBSITE** ► www.cultuurfonds.nl **TYPERING** ► fonds op naam **BEHEERD DOOR** ► Prins Bernhard Cultuurfonds **DIRECTIE** ► zie > Prins Bernhard Cultuurfonds **BESTUUR** ► zie > Prins Bernhard Cultuurfonds

Missie ■ **DOELSTELLING** ► Het financieel ondersteunen van talent voor een vervolgopleiding in Italië, op het gebied van cultuur, taal, (kunst)geschiedenis en muziek.

Werkgebied ■ **ACTIERADIUS** ► Internationaal **LAND** ► Italië.

Projecten ■ CRITERIA ▶ geen projectcriteria bekend DOORLOOPTIJD ▶ ☑ korter dan 1 jaar STATUS AANVRAGER ▶ ☑ geen beperkingen bekend VOORKEUR/UITSLUITING ▶ geen voorkeur of uitsluiting bekend.

Procedure ■ OP AANVRAAG ▶ ja AANVRAAGPROCEDURE ▶ Dit 'fonds op naam' ressorteert onder het Prins Bernhard Cultuurfonds. Verzoeken aan fondsen op naam komen op één centraal punt binnen. Dit houdt in dat een subsidieaanvraag slechts eenmaal aan het Prins Bernhard Cultuurfonds hoeft te worden gezonden. Voor de verdere aanvraagprocedure: zie Prins Bernhard Cultuurfonds. URL ▶ www.cultuurfonds.nl/aanvragen

Contact ■ BEREIKBAAR PER ▶ ☑ post ☑ e-mail ☑ telefoon CONTACTPERSOON ▶ geen contactpersoon bekend POSTADRES ▶ Postbus 19750, 1000 GT Amsterdam EMAIL (ALGEMEEN) ▶ info@cultuurfonds.nl TELEFOON (ALGEMEEN) ▶ 020-5206130.

1175
Sylvia Wilhelmina Stichting

Rubriek ■ ☑ maatschappij, welzijn en samenleving ☑ gezondheidszorg

Algemeen ■ WEBSITE ▶ https://www.kennisbankfilantropie.nl/anbi/sylvia-wilhelmina-stichting TYPERING ▶ vermogensfonds OPGERICHT ▶ 01-11-1993 RECHTSVORM ▶ stichting KVK ▶ 41133945 ANBI STATUS ▶ ja DIRECTIE ▶ geen directiegegevens bekend BESTUUR ▶ D. Juch, voorzitter; H. Treure, penningmeester; mw. C.W. Bierman, secretaris; R.P. Kroes; mw. C.M.E. Russel-van der Hoeven.

Missie ■ DOELSTELLING ▶ Het verlenen van steun aan culturele, maatschappelijke en wetenschappelijke instellingen en het bevorderen van volksgezondheid en/of maatschappelijk werk. STICHTER(S) ▶ Mw. S.W. Ruys.

Doelgroep ■ SPECIFIEK ▶ Personen en instellingen die daarvoor naar het oordeel van het bestuur in aanmerking komen. ACTIVITEITEN ▶ Geen specifieke activiteiten bekend INTERVENTIENIVEAU ▶ Steun aan lokale/provinciale maatschappelijke organisaties en structuren (incl. gemeenten etc.) die diensten verlenen aan individuen.; Steun aan individuen (directe steun).

Werkgebied ■ ACTIERADIUS ▶ Nationaal LAND ▶ Nederland.

Bestedingen ■ BUDGET ▶ niet openbaar SOORT BIJDRAGE ▶ onbekend BOVENGRENS ▶ geen ONDERGRENS ▶ geen.

Projecten ■ CRITERIA ▶ Gezien de brede statutaire doelstelling van de Stichting kunnen donaties worden toegekend over een breed terrein van goede doelen. DOORLOOPTIJD ▶ ☑ onbekend STATUS AANVRAGER ▶ ☑ geen beperkingen bekend VOORKEUR/UITSLUITING ▶ Ingevolge de wensen van de oprichtster wordt bij het toekennen van donaties de nadruk gelegd op het geestelijk en lichamelijk gehandicapte kind.

Procedure ■ OP AANVRAAG ▶ onbekend AANVRAAGPROCEDURE ▶ geen aanvraagprocedure bekend

Financieel ■ HERKOMST MIDDELEN ▶ onbekend BOEKJAAR ▶ boekjaar onbekend.

Contact ■ BEREIKBAAR PER ▶ ☑ post ☒ e-mail ☒ telefoon CONTACTPERSOON ▶ geen contactpersoon bekend POSTADRES ▶ Postbus 8720, 3009 AS Rotterdam.

1176
Stichting 't Hofje van Gerrit de Koker

Rubriek ■ ☑ kerk en levensbeschouwing ☑ maatschappij, welzijn en samenleving

Algemeen ■ WEBSITE ▶ www.gerritdekoker.nl TYPERING ▶ vermogensfonds OPGERICHT ▶ 04-07-1797 RECHTSVORM ▶ stichting KVK ▶ 41125442 ANBI STATUS ▶ ja DIRECTIE ▶ L. Koopmans BESTUUR ▶ Ir. B.T.A. Westerouen van Meeteren, voorzitter; mw. E.T.H. van Wijngaarden-Raben; drs.ing. W.G.F. Wassink.

Missie ■ DOELSTELLING ▶ De Stichting heeft tot doel het bevorderen en in stand houden van huisvestingsvoorzieningen en additionele voorzieningen voor ouderen van Christelijke Huize in de regio Rijnmond. STICHTER(S) ▶ Gerrit de Koker HISTORIE ▶ Op 04 juli 1797 bij testamentaire beschikking opgericht voor strijksters, werksters en naaisters die een nijver en deugdzaam leven hebben geleid en hiervoor huisvesting biedt middels een hofje.

Doelgroep ■ ALGEMEEN ▶ gelovigen, ouderen SPECIFIEK ▶ Ouderen van Christelijke Huize in de regio Rijnmond. ACTIVITEITEN ▶ In het kader van de doelstelling kan de stichting zich verbinden voor schulden van derden en kan zij optreden als bestuurder of als lid van andere rechtspersonen. INTERVENTIENIVEAU ▶ Steun aan lokale/provinciale maatschappelijke organisaties en structuren (incl. gemeenten etc.) die diensten verlenen aan individuen.

Werkgebied ■ ACTIERADIUS ▶ Regionaal LAND ▶ Nederland REGIO ▶ Rotterdam PLAATS ▶ Rijnmond.

Bestedingen ■ BUDGET ▶ niet openbaar TOELICHTING ▶ Jaarlijks wordt een maximaal bedrag aan schenkingen vastgesteld. Gestreefd wordt naar het in stand houden van het vermogen hetwelk wordt vastgelegd in een 10-jaarsoverzicht. ONDERSTEUNDE PROJECTEN P/J ▶ 8 SOORT BIJDRAGE ▶ giften BOVENGRENS ▶ geen ONDERGRENS ▶ geen.

Projecten ■ CRITERIA ▶ Ter bevordering van activiteiten ouderen. DOORLOOPTIJD ▶ ☑ korter dan 1 jaar STATUS AANVRAGER ▶ ☑ stichting of vereniging (non-profit) ☑ kerkelijke instelling ☑ hulpverleners VOORKEUR/UITSLUITING ▶ geen voorkeur of uitsluiting bekend.

Procedure ■ OP AANVRAAG ▶ ja DOORLOOPTIJD ▶ 1-3 maanden AANVRAAGPROCEDURE ▶ Verzoeken hiertoe kunnen worden ingediend bij de administrateur welke vervolgens in de eerstkomende Regentenvergadering worden besproken. Deze vergadering vindt tweemaal per jaar plaats tenzij een extra gewenst is.

Financieel ■ EIGEN VERMOGEN ▶ € 1.990.637 INKOMSTEN EV ▶ € 292.045 HERKOMST MIDDELEN ▶ vermogen BOEKJAAR ▶ 2015 JAARVERSLAG OP WEBSITE ▶ ja.

Contact ■ BEREIKBAAR PER ▶ ☑ post ☑ e-mail ☑ telefoon CONTACTPERSOON ▶ geen contactpersoon bekend POSTADRES ▶ Hermonlaan 57,

3061 BH Rotterdam **EMAIL (ALGEMEEN)** ► gerrit@gerritdekoker.nl **TELEFOON (ALGEMEEN)** ► 0647886795.

1177
Stichting 'T Onvermoede Talent

Rubriek ■ ☑ kunst en cultuur

Algemeen ■ **WEBSITE** ► www.kennisbankfilantropie.nl/anbi/stichting-tot **TYPERING** ► vermogensfonds **OPGERICHT** ► 02-05-2012 **RECHTSVORM** ► stichting **KVK** ► 55232140 **ANBI STATUS** ► ja **DIRECTIE** ► geen directiegegevens bekend **BESTUUR** ► Mw. K.H. Bais, voorzitter; mw. M.J. Paula, penningmeester; J.A.G. Bartelsman, secretaris.

Missie ■ **DOELSTELLING** ► De stichting heeft als doel het bevorderen en verbinden van kunst en samenleving.

Doelgroep ■ **SPECIFIEK** ► Vriendenkringen op het gebied van cultuur, fanclubs en overige kunstbevordering. **ACTIVITEITEN** ► Geen specifieke activiteiten bekend **INTERVENTIENIVEAU** ► Steun aan lokale/provinciale maatschappelijke organisaties en structuren (incl. gemeenten etc.) die diensten verlenen aan individuen.

Werkgebied ■ **ACTIERADIUS** ► Nationaal **LAND** ► Nederland.

Bestedingen ■ **BUDGET** ► niet openbaar **SOORT BIJDRAGE** ► overig **BOVENGRENS** ► geen **ONDERGRENS** ► geen.

Projecten ■ **CRITERIA** ► geen projectcriteria bekend **DOORLOOPTIJD** ► ☑ onbekend **STATUS AANVRAGER** ► ☑ geen beperkingen bekend **VOORKEUR/UITSLUITING** ► geen voorkeur of uitsluiting bekend.

Procedure ■ **OP AANVRAAG** ► onbekend **AANVRAAGPROCEDURE** ► Geen aanvraagprocedure bekend.

Financieel ■ **HERKOMST MIDDELEN** ► onbekend **BOEKJAAR** ► boekjaar onbekend.

Contact ■ **BEREIKBAAR PER** ► ☑ post ☑ e-mail ☑ telefoon **CONTACTPERSOON** ► geen contactpersoon bekend **POSTADRES** ► Tweede Jan van der Heijdenstraat 26 H, 1073 VJ Amsterdam **EMAIL (ALGEMEEN)** ► totstichting@gmail.com **TELEFOON (ALGEMEEN)** ► 020-6757525.

1178
T-Fonds

Rubriek ■ ☑ gezondheidszorg ☑ maatschappij, welzijn en samenleving

Algemeen ■ **WEBSITE** ► www.tfonds.org **TYPERING** ► vermogensfonds **BEHEERD DOOR** ► Stichting Benevolentia **OPGERICHT** ► 01-01-1949 **RECHTSVORM** ► stichting **KVK** ► 41201241 **ANBI STATUS** ► ja **DIRECTIE** ► geen directiegegevens bekend **BESTUUR** ► D. Slot; mw. H. Mulders; mw. A. Luyt.

Missie ■ **DOELSTELLING** ► Het T-Fonds beoogt het welzijn en kwaliteit van leven van mensen met een chronische ziekte of beperking te verbeteren. Het T-Fonds geeft financiële ondersteuning aan mensen met een chronische ziekte of beperking die in een moeilijke financiële situatie verkeren en zelf niet de aanpassing of inrichting van de woning of een passende vervoersoplossing kunnen bekostigen, ook niet na het gebruikmaken van voorliggende voorzieningen. **HISTORIE** ► Het T-Fonds werd in 1949 in Amsterdam opgericht door ondernemers uit de familie Brenninkmeijer, eigenaren van modeketen C&A. Het fonds heette vroeger het Terlingenfonds. Het is genoemd naar de heer Rudolf Henricus Terlingen (1885-1969), een bouwkundige die het T-Fonds de eerste twintig jaar heeft geleid. Na de Tweede Wereldoorlog, tijdens de wederopbouw, wilde de familie arme woningeigenaren helpen om hun gezinnen een fatsoenlijk dak boven het hoofd te bieden. Ze vielen in deze periode buiten de subsidies van de overheid en konden een financieel steuntje in de rug goed gebruiken. Het T-Fonds bood huiseigenaren ondersteuning bij de verbetering van hun woning. Later, toen de overheid meer ging bijdragen aan renovaties en stadsherstel, richtte het T-Fonds zich op nieuwbouw en werden de zogeheten Terlingenwoningen ontworpen. Het fonds droeg ook bij aan de kosten van de bouw van deze woningen. Vanaf de jaren zeventig kreeg het fonds een groeiend aantal aanvragen voor de financiering van aanpassingen aan huizen en vervoermiddelen voor mensen met een beperking.

Doelgroep ■ **ALGEMEEN** ► gehandicapten, zieken **SPECIFIEK** ► Geen specifieke doelgroep **ACTIVITEITEN** ► Enkele voorbeelden van bijdragen: ☑ Aangepast vervoer: een rolstoelbus waarmee de ouders zelf voor vervoer kunnen zorgen, een aangepaste fiets om ook sociaal actief te kunnen blijven; ☑ Woningaanpassing: een keuken waarin je zelfstandig kunt koken, een aanbouw die zelfstandigheid teruggeeft; ☑ Woninginrichting: een nieuwe laminaatvloer voor een veilig huis, meubels voor een nieuwe start in het leven; ☑ Overige: een sportrolstoel om op hoog niveau te kunnen sporten, een hond als helper en maatje. **INTERVENTIENIVEAU** ► Steun aan individuen (directe steun).

Werkgebied ■ **ACTIERADIUS** ► Nationaal **LAND** ► Nederland.

Bestedingen ■ **BUDGET** ► niet openbaar **ONDERSTEUNDE PROJECTEN P/J** ► 294 **SOORT BIJDRAGE** ► giften **BOVENGRENS** ► geen **ONDERGRENS** ► geen.

Projecten ■ **CRITERIA** ► T-Fonds hanteert de volgende criteria voor een aanvraag; ☑ aanvraag door verwijzer; ☑ Client heeft een aangetoonde beperking; ☑ De aanvraag is voor hulp in materiële zin; ☑ Er is geen voorliggende voorziening; ☑ De aanvraag biedt een duurzame oplossing; ☑ De aanvraag draagt bij aan mobiliteit/ verhoging levenskwaliteit; Cliënt beschikt over onvoldoende financiële middelen om de voorziening te financieren; -. **DOORLOOPTIJD** ► ☑ korter dan 1 jaar **STATUS AANVRAGER** ► ☑ hulpverleners **VOORKEUR/UITSLUITING** ► Er zijn vier categorieën waarbij het T-Fonds ondersteuning kan bieden. Deze vindt u onder Activiteiten op de website. Indien het T-Fonds een toezegging doet, kan er in de komende vijf jaar geen beroep meer worden gedaan op het fonds.

Procedure ■ **OP AANVRAAG** ► ja **DOORLOOPTIJD** ► 1-3 maanden **AANVRAAGPROCEDURE** ► T-Fonds kan alleen aanvragen via een verwijzer in behandeling nemen. Ze nemen aanvragen in behandeling die digitaal worden ingediend door een verwijzer via de link op de website. De aanvraagprocedure neemt vier tot zes weken in beslag. Na besluitvorming ontvangen de cliënt en de verwijzer een brief waarin het besluit wordt medegedeeld. Een eventuele schenking wordt uitgekeerd aan de verwijzer. Directe betaling aan de cliënt of aan de leverancier is niet mogelijk. **URL** ► www.tfonds.org/login-voor-verwijzers/

Financieel ■ **HERKOMST MIDDELEN** ► vermogen **BOEKJAAR** ► boekjaar onbekend **JAARVERSLAG OP WEBSITE** ► ja.

Contact ■ **BEREIKBAAR PER** ► ☑ post ☑ e-mail ☑ telefoon **CONTACTPERSOON** ► geen contactpersoon bekend **POSTADRES** ► Postbus 7848, 1008 AA Amsterdam **EMAIL (ALGEMEEN)** ► info@tfonds.org **TELEFOON (ALGEMEEN)** ► 020-6213621.

1179
Stichting Tabita

Rubriek ■ ☑ kerk en levensbeschouwing

Algemeen ■ **WEBSITE** ► www.kennisbankfilantropie.nl/anbi/tabita **TYPERING** ► vermogensfonds **OPGERICHT** ► 28-12-2000 **RECHTSVORM** ► stichting **KVK** ► 32083777 **ANBI STATUS** ► ja **DIRECTIE** ► geen directiegegevens bekend **BESTUUR** ► G. Bonnema, voorzitter; F.G. Rhijnsburger, penningmeester; L.J. Elkerbout, secretaris.

Missie ■ **DOELSTELLING** ► De stichting heeft ten doel het verbreiden van het Bijbelse evangelie. Het bevorderen van zending, evangelisatie, onderwijs en sociale projecten in binnen- en buitenland, door het financieel, moreel en materieel ondersteunen van; zendingsorganisaties en -werkers.

Doelgroep ■ **ALGEMEEN** ► gelovigen **SPECIFIEK** ► Geen specifieke doelgroep **ACTIVITEITEN** ► Het verbreiden van de Bijbelse evangelie vindt plaats door middel van geldelijke ondersteuningsbedragen, giften of bijdragen. In incidentele gevallen, slechts die waarin de ondersteuning om redenen van veiligheid, infrastructuur of afstand tot het thuisland niet via de organisatie zelf kan plaatsvinden, worden de zendingswerkers (in het werkveld) rechtstreeks in financieel en materieel opzicht ondersteund. In 2019 werden onder andere de volgende projecten gesteund: ☑ Alpha Nederland; Uitbreiding doelgroepen om targets te halen; ☑ Centrum voor Pastorale Counseling: Digitalisering lesmateriaal om breder te kunnen gebruiken; ☑ Mediar Lepra zending; opleiding 15 jongeren Leprosy Mission Trust Faizabad India; ☑ St. Nieuwe Generatie Brasil. Ten behoeve van het Brandweer project en de brandveiligheid van de vakschool; ☑ Suriname project Samen op de Bres; uitbreiding opleidingsmogelijkheden; ☑ TWR Litouwen. Kinderprogramma en toegroeien naar selfsupporting. **INTERVENTIENIVEAU** ► Steun aan lokale/provinciale maatschappelijke organisaties en structuren (incl. gemeenten etc.) die diensten verlenen aan individuen.

Werkgebied ■ **ACTIERADIUS** ► Nationaal **LAND** ► Nederland.

Bestedingen ■ **BUDGET** ► niet openbaar **ONDERSTEUNDE PROJECTEN P/J** ► 56 **SOORT BIJDRAGE** ► giften **BOVENGRENS** ► geen **ONDERGRENS** ► geen.

Projecten ■ **CRITERIA** ► geen projectcriteria bekend **DOORLOOPTIJD** ► ☑ onbekend **STATUS AANVRAGER** ► ☑ stichting of vereniging (non-profit) ☑ kerkelijke instelling ☑ onderwijsinstelling **VOORKEUR/UITSLUITING** ► geen voorkeur of uitsluiting bekend.

Procedure ■ **OP AANVRAAG** ► onbekend **AANVRAAGPROCEDURE** ► Geen aanvraagprocedure bekend.

Financieel ■ **EIGEN VERMOGEN** ► € 2.848.164 **INKOMSTEN OV** ► € 10.000 **HERKOMST MIDDELEN** ► vermogen, giften & schenkingen, legaten **BOEKJAAR** ► 2019 **JAARVERSLAG OP WEBSITE** ► ja.

Contact ■ **BEREIKBAAR PER** ► ☑ post ☑ e-mail ☑ telefoon **CONTACTPERSOON** ► geen contactpersoon bekend **POSTADRES** ► Veenmos 5, 3904 JV Veenendaal **EMAIL (ALGEMEEN)** ► gengbonnema@ziggo.nl **TELEFOON (ALGEMEEN)** ► 0318555718.

1180
Stichting Talent Support

Rubriek ■ ☑ maatschappij, welzijn en samenleving ☑ onderwijs en onderzoek

Algemeen ■ **WEBSITE** ► www.talentsupport.net **TYPERING** ► vermogensfonds **OPGERICHT** ► 15-12-1997 **RECHTSVORM** ► stichting **KVK** ► 31050307 **ANBI STATUS** ► ja **DIRECTIE** ► geen directiegegevens bekend **BESTUUR** ► Mw. H.C.M.M. Geerts-Nolet, voorzitter; F. Rost van Tonningen, penningmeester; mw. H.C.M.M. Geerts-Nolet, secretaris; mw. A.M. Graafmans.

Missie ■ **DOELSTELLING** ► Het doel van de Stichting is het bieden van financiële ondersteuning bij studie en opleiding aan mensen die een verandering in hun levensloop willen aanbrengen, die daar zeer gepassioneerd over zijn, ouder dan dertig jaar en geen eigen middelen hebben om dit te betalen. **STICHTER(S)** ► Angela en Leendert van Driel en Hennie Gieskes **HISTORIE** ► Talent Support, opgericht op 15 december 1997, is een kleine stichting, vanuit particulier initiatief opgezet met een ideële doelstelling. Talent Support ondersteunt mensen die hun kwaliteiten, hun talenten, verder willen ontwikkelen. Passie en doorzettingsvermogen zijn hierbij de sleutelwoorden.

Doelgroep ■ **ALGEMEEN** ► armen, studenten **SPECIFIEK** ► Ouder dan 30 jaar. **ACTIVITEITEN** ► 'Wederkerigheid', deze gedachte is gebaseerd op een traditie waarin de meest getalenteerde uit een gezin gesteund wordt door de hele familie om zijn talenten te ontplooien. Op zijn of haar beurt heeft deze persoon dan de verplichting om later, indien mogelijk, de familie te ondersteunen. Talent Support vindt het belangrijk dat kandidaten deze gedachte ondersteunen. Zoals de stichting u ondersteunt om uw wensen te verwezenlijken, zo vind u het vanzelfsprekend dat u dat ook voor anderen mogelijk maakt wanneer u daartoe in de gelegenheid bent. In het geval van Talent Support wordt dit bereikt door het terugbetalen van de renteloze leningen. Terugbetaling gebeurt altijd in overleg en naar draagkracht. **INTERVENTIENIVEAU** ► Steun aan individuen (directe steun).

Werkgebied ■ **ACTIERADIUS** ► Nationaal **LAND** ► Nederland.

Bestedingen ■ **BUDGET** ► € 25.000 **ONDERSTEUNDE PROJECTEN P/J** ► 8 **SOORT BIJDRAGE** ► leningen **BOVENGRENS** ► € 5.000 **ONDERGRENS** ► geen.

Projecten ■ CRITERIA ▶ Talent Support wil financiële ondersteuning bieden bij studie en opleiding aan mensen die: ☑ ouder zijn dan dertig jaar; ☑ blijk geven van passie, gedrevenheid en doorzettingsvermogen, hetgeen blijkt uit de levensloop; ☑ verandering in hun levensloop willen aanbrengen; ☑ geen andere mogelijkheid hebben om dit te betalen. In uitzonderlijke gevallen kunnen mensen jonger dan dertig in aanmerking komen wanneer ze een bijzondere studiewens hebben. Eventueel meerdere jaren steun mogelijk. DOORLOOPTIJD ▶ ☑ korter dan 1 jaar ☑ 1 - 2 jaar ☑ langer dan 2 jaar STATUS AANVRAGER ▶ ☑ individuen/gezinnen VOORKEUR/UITSLUITING ▶ Niet bedoeld voor; ☑ reguliere studenten onder de 30 jaar; ☑ reguliere vervolg trajecten of 2e fase studenten; ☑ stages; ☑ buitenlandse studenten die tijdelijk in Nederland zijn.

Procedure ■ OP AANVRAAG ▶ ja DOORLOOPTIJD ▶ 1-3 maanden AANVRAAGPROCEDURE ▶ Aanmelding alleen via formulier op de website, gevolgd door een mondelinge fase indien wordt voldaan aan de selectiecriteria. Aanvragen dienen 4 weken van te voren ingediend te zijn. De aanvraag dient vergezeld te gaan van: ☑ een brief waarin de kandidaat zijn/haar aanvraag motiveert; ☑ duidelijke begroting; ☑ een uitgebreid CV. De kandidaat krijgt binnen twee weken bericht over de uitslag. Wanneer het bestuur positief beslist heeft wordt er een contract opgemaakt. URL ▶ www.talentsupport.net/aanvragen/

Financieel ■ EIGEN VERMOGEN ▶ € 359.469 INKOMSTEN OV ▶ € 15.000 HERKOMST MIDDELEN ▶ vermogen BOEKJAAR ▶ 2018 JAARVERSLAG OP WEBSITE ▶ ja.

Contact ■ BEREIKBAAR PER ▶ ☑ post ☑ e-mail ☒ telefoon CONTACTPERSOON ▶ Mw. H.C.M.M. Geerts-Nolet POSTADRES ▶ Keizersgracht 708, 1017 EW Amsterdam EMAIL (ALGEMEEN) ▶ info@talentsupport.net.

1181
Stichting Talud

Rubriek ■ ☑ maatschappij, welzijn en samenleving ☑ onderwijs en onderzoek

Algemeen ■ WEBSITE ▶ www.talud.org TYPERING ▶ vermogensfonds OPGERICHT ▶ 13-09-2010 RECHTSVORM ▶ stichting KVK ▶ 50802291 ANBI STATUS ▶ ja DIRECTIE ▶ geen directiegegevens bekend BESTUUR ▶ Mw. C. van de Grijspaarde, voorzitter; P. Bossers, penningmeester; P. Bossers, secretaris; mw. S. Blaauboer.

Missie ■ DOELSTELLING ▶ Het tot stand brengen van een verandering over hoe wordt gedacht over opvoeding, onderwijs en de ontwikkeling van jongeren. Dit doen zij door het ondersteunen en faciliteren van projecten, initiatieven en onderzoeken gericht op (kwetsbare) kinderen en jongeren van 0 tot 23 jaar. BELEIDSPLAN OP WEBSITE ▶ ja.

Doelgroep ■ ALGEMEEN ▶ kinderen, jongeren SPECIFIEK ▶ (Kwetsbare) kinderen en jongeren van 0 tot 23 jaar. ACTIVITEITEN ▶ Een paar initiatieven, projecten, bedrijven en organisaties waarin Talud investeert of aan doneert; ☑ Stichting Emergo; ☑ Respect Education Foundation; ☑ De Bildung Acedemie; ☑ Cross your borders; ☑ de Gelukskoffer; ☑ Designathon Works. INTERVENTIENIVEAU ▶ Steun aan lokale/provinciale maatschappelijke organisaties en structuren (incl. gemeenten etc.) die diensten verlenen aan individuen.; Steun op niveau van maatschappij zelf (beleidsbeïnvloeding, etc.).

Werkgebied ■ ACTIERADIUS ▶ Internationaal LAND ▶ Wereldwijd.

Bestedingen ■ BUDGET ▶ € 220.000 TOELICHTING ▶ Vanuit de begroting volgt dat de stichting een budget van 220.000 heeft voor nader te bepalen donaties. SOORT BIJDRAGE ▶ giften leningen BOVENGRENS ▶ geen ONDERGRENS ▶ geen.

Projecten ■ CRITERIA ▶ ☑ Het project richt zich op het bevorderen van zelfredzaamheid en de ontwikkeling van kinderen. "Ontwikkeling" wordt hierbij op een holistische wijze benaderd waarbij het gaat om de samenkomst van het hoofd, de handen en het hart; ☑ Het project definieert een kind tussen de 0 en 23 jaar; ☑ Het project is kleinschalig wat wil zeggen dat kwaliteit boven kwantiteit gaat; ☑ Het project richt zich met name op educatie en heeft daarbij oog voor het belang van het integrale karakter van een project; ☑ Het project stimuleert de betrokkenheid van docenten en ouders bij de ontwikkeling van het kind; ☑ het project is bereid om een directe, betrokken maar ook transparante samenwerking aan te gaan met Stichting Talud. - Het project en de initiatiefnemer hebben een soortgelijke 'DNA' als Stichting Talud. Datwil zeggen dat zij op dezelfde wijze kijken naar het belang van sociaal-emotionele en creatieve componenten in het onderwijs; ☑ De initiatiefnemer, en het team binnen de organisatie, staan open om met andere samenwerkingspartners samen te komen om zo een grotere impact te creëren. DOORLOOPTIJD ▶ ☑ onbekend STATUS AANVRAGER ▶ ☑ geen beperkingen bekend VOORKEUR/UITSLUITING ▶ Geen noodhulp.

Procedure ■ OP AANVRAAG ▶ onbekend AANVRAAGPROCEDURE ▶ Het team komt in contact met projecten via de website of via haar netwerk. Stichting Talud start een samenwerkingsverband door middel van een persoonlijke kennismaking met de initiatiefnemer en/of een bestuurslid van de organisatie. Hierna wordt een afspraak ingepland waarbij het team gaat kijken bij één van de onderwijsprojecten, om een beter beeld te verkrijgen van de activiteiten die deze organisatie verricht. Als de activiteiten van de organisatie passen bij Stichting Talud en alle aangeleverde documenten, waaronder het jaarplan en de begroting, geen onduidelijkheden bevatten, wordt tijdens de bestuursvergadering het initiatief aan het bestuur gepresenteerd. Zij besluiten of het initiatief een financiële ondersteuning zal ontvangen. Het project zal de voortgang en de financiën ieder kwartaal rapporteren aan het team van Stichting Talud.

Financieel ■ INKOMSTEN EV ▶ € -.283.242 HERKOMST MIDDELEN ▶ vermogen, inkomsten uit vermogen BOEKJAAR ▶ 2018 JAARVERSLAG OP WEBSITE ▶ ja.

Contact ■ BEREIKBAAR PER ▶ ☑ post ☑ e-mail ☒ telefoon CONTACTPERSOON ▶ Mw. M. Gerth POSTADRES ▶ Strawinskylaan 653, 1077 XX Amsterdam EMAIL (ALGEMEEN) ▶ info@talud.org.

1182
Stichting TBI Fundatie

Rubriek ■ ☑ kunst en cultuur ☑ onderwijs en onderzoek
Algemeen ■ WEBSITE ▶ www.anbi.nl/publicatieverplichting/stichting-tbi-fundatie TYPERING ▶ vermogensfonds RECHTSVORM ▶ stichting KVK ▶ 30234505 ANBI STATUS ▶ ja DIRECTIE ▶ geen directiegegevens bekend BESTUUR ▶ Ir. G.J. Woudenberg, voorzitter; mw. A. Mosman-Sluiter; J.E. de Vries; prof.dr. C.A. de Kam; ir. D.A. Sperling.
Missie ■ DOELSTELLING ▶ Het doel van de stichting is het ondersteunen en bevorderen van activiteiten op cultureel, wetenschappelijk, educatief en sociaal gebied. Het subsidiebeleid is gericht op het verstrekken van bijdragen in de kosten van restauratie van (oude) rijksmonumenten met een publieke bestemming. BELEIDSPLAN OP WEBSITE ▶ ja.
Doelgroep ■ SPECIFIEK ▶ Activiteiten op cultureel, wetenschappelijk, educatief en sociaal gebied. ACTIVITEITEN ▶ De stichting beoogt de doelstelling te bereiken met financiële bijdragen aan personen, organisaties of instellingen die op dat gebied actief zijn. Het gaat voornamelijk om financiële steun voor de restauratie van oude rijksmonumenten met een publieke bestemming. Ook kunnen er bijdragen worden verstrekt aan speciale projecten in het technisch onderwijs. INTERVENTIENIVEAU ▶ Steun aan lokale/provinciale maatschappelijke organisaties en structuren (incl. gemeenten etc.) die diensten verlenen aan individuen.; Steun op niveau van maatschappij zelf (beleidsbeïnvloeding, etc.).
Werkgebied ■ ACTIERADIUS ▶ Nationaal LAND ▶ Nederland.
Bestedingen ■ BUDGET ▶ niet openbaar ONDERSTEUNDE PROJECTEN P/J ▶ 31 SOORT BIJDRAGE ▶ subsidies BOVENGRENS ▶ geen ONDERGRENS ▶ geen.
Projecten ■ CRITERIA ▶ De subsidieverstrekking gaat steeds vergezeld van de wens van de stichting dat bij de restauratiewerkzaamheden waar mogelijk ook leerlingen worden ingeschakeld. Het is van belang dat specifieke kennis en vaardigheden, die bij restauratiewerkzaamheden komen kijken, niet verloren gaan en werkendeweg op de volgende generatie worden overgedragen. DOORLOOPTIJD ▶ ☑ onbekend STATUS AANVRAGER ▶ ☑ overig ☑ stichting of vereniging (non-profit) ☑ onderwijsinstelling ☑ kerkelijke instelling VOORKEUR/UITSLUITING ▶ Aanvragen van particuliere eigenaren worden – gelet op de eis van publieke bestemming – niet gehonoreerd.
Procedure ■ OP AANVRAAG ▶ onbekend AANVRAAGPROCEDURE ▶ geen aanvraagprocedure bekend.
Financieel ■ INKOMSTEN OV ▶ € 1.191.700 HERKOMST MIDDELEN ▶ giften & schenkingen, vermogen BOEKJAAR ▶ 2019 JAARVERSLAG OP WEBSITE ▶ ja.
Contact ■ BEREIKBAAR PER ▶ ☑ post ☑ e-mail ☑ telefoon CONTACTPERSOON ▶ geen contactpersoon bekend POSTADRES ▶ Mr. La Grostraat 27, 5324 AJ Ammerzoden EMAIL (ALGEMEEN) ▶ info@stichtingtbifundatie.nl TELEFOON (ALGEMEEN) ▶ 073-5949601.

1183
Techniek in Bedrijf Fonds

Rubriek ■ ☑ kunst en cultuur
Algemeen ■ WEBSITE ▶ www.cultuurfonds.nl TYPERING ▶ fonds op naam BEHEERD DOOR ▶ Prins Bernhard Cultuurfonds DIRECTIE ▶ zie > Prins Bernhard Cultuurfonds BESTUUR ▶ zie > Prins Bernhard Cultuurfonds
Missie ■ DOELSTELLING ▶ Het financieel ondersteunen van projecten op het gebied van industrieel erfgoed waarbij de aandacht uitgaat naar de technische component.
Werkgebied ■ ACTIERADIUS ▶ Nationaal LAND ▶ Nederland.
Projecten ■ CRITERIA ▶ geen projectcriteria bekend DOORLOOPTIJD ▶ ☑ korter dan 1 jaar STATUS AANVRAGER ▶ ☑ geen beperkingen bekend VOORKEUR/UITSLUITING ▶ geen voorkeur of uitsluiting bekend.
Procedure ■ OP AANVRAAG ▶ ja AANVRAAGPROCEDURE ▶ Dit 'fonds op naam' ressorteert onder het Prins Bernhard Cultuurfonds. Verzoeken aan fondsen op naam komen op één centraal punt binnen. Dit houdt in dat een subsidieaanvraag slechts eenmaal aan het Prins Bernhard Cultuurfonds hoeft te worden gezonden. Voor de verdere aanvraagprocedure: zie Prins Bernhard Cultuurfonds. URL ▶ www.cultuurfonds.nl/aanvragen
Contact ■ BEREIKBAAR PER ▶ ☑ post ☑ e-mail ☑ telefoon CONTACTPERSOON ▶ geen contactpersoon bekend POSTADRES ▶ Postbus 19750, 1000 GT Amsterdam EMAIL (ALGEMEEN) ▶ info@cultuurfonds.nl TELEFOON (ALGEMEEN) ▶ 020-5206130.

1184
Ted Schutten Fonds

Rubriek ■ ☑ kunst en cultuur
Algemeen ■ WEBSITE ▶ www.cultuurfonds.nl TYPERING ▶ fonds op naam BEHEERD DOOR ▶ Prins Bernhard Cultuurfonds DIRECTIE ▶ zie > Prins Bernhard Cultuurfonds BESTUUR ▶ zie > Prins Bernhard Cultuurfonds
Missie ■ DOELSTELLING ▶ Het financieel ondersteunen van projecten in Rotterdam, Schiedam, Vlaardingen en Delft op het gebied van restauratie, renovatie en inrichting van gebouwd industrieel erfgoed (sinds 1850) en van gebouwen uit de periode van het Nieuwe Bouwen (sinds 1920) en de Wederopbouw (tot 1965).
Werkgebied ■ ACTIERADIUS ▶ Lokaal LAND ▶ Nederland REGIO ▶ Zuid-Holland PLAATS ▶ Rotterdam, Schiedam, Vlaardingen, Delft.
Projecten ■ CRITERIA ▶ geen projectcriteria bekend DOORLOOPTIJD ▶ ☑ korter dan 1 jaar STATUS AANVRAGER ▶ ☑ geen beperkingen bekend VOORKEUR/UITSLUITING ▶ geen voorkeur of uitsluiting bekend.
Procedure ■ OP AANVRAAG ▶ ja AANVRAAGPROCEDURE ▶ Dit 'fonds op naam' ressorteert onder het Prins Bernhard Cultuurfonds. Verzoeken aan fondsen op naam komen op één centraal punt binnen. Dit houdt in dat een subsidieaanvraag slechts eenmaal aan het Prins Bernhard Cultuurfonds hoeft te worden gezonden. Voor de verdere aanvraag-

procedure: zie Prins Bernhard Cultuurfonds. **URL** ▶ www.cultuurfonds.nl/aanvragen

Contact ■ **BEREIKBAAR PER** ▶ ☑ post ☑ e-mail ☑ telefoon **CONTACTPERSOON** ▶ geen contactpersoon bekend **POSTADRES** ▶ Postbus 19750, 1000 GT Amsterdam **EMAIL (ALGEMEEN)** ▶ info@cultuurfonds.nl **TELEFOON (ALGEMEEN)** ▶ 020-5206130.

1185

Stichting Teknophilos

Rubriek ■ ☑ noodhulp ☑ maatschappij, welzijn en samenleving

Algemeen ■ **WEBSITE** ▶ www.teknophilos.nl **TYPERING** ▶ hybride fonds **OPGERICHT** ▶ 08-07-1953 **RECHTSVORM** ▶ stichting **KVK** ▶ 41199555 **ANBI STATUS** ▶ ja **DIRECTIE** ▶ geen directiegegevens bekend **BESTUUR** ▶ L. Houterman, voorzitter; T.K. Bast, penningmeester; E.G. de Haan, secretaris; R. Kars; N.C. Jansen; H. Hesselman; A.V.M. Oldenburg; J. Teeuw; T.T. La Lau.

Missie ■ **DOELSTELLING** ▶ De stichting heeft ten doel het verlenen van financiële, materiële en immateriële bijstand aan: ☑ gehandicapte kinderen in de meest ruime betekenis van het woord en aan diegenen die hen vertegenwoordigen en steunen in de regio Amsterdam; ☑ alle andere, individuele, natuurlijke personen en instellingen die naar het oordeel van het bestuur voor hulp van de stichting in aanmerking komen, met als doelstelling hulp aan kinderen en jeugd in nood met name in de regio Amsterdam. **STICHTER(S)** ▶ De Vrijmetselaarsloge Concordia Vincit Animos (C.V.A.) **HISTORIE** ▶ Teknophilos is als initiatief van Loge Concordia Vincit Animos in 1953 opgericht. Van begin af aan had het onderwijs aan jonge gehandicapten (o.a. blinde en dove kinderen)speciale aandacht van Teknophilos. Een van de andere vroegste initiatieven was de hulp aan een pas opgerichte groep gehandicapte padvinders. Dit resulteerde onder meer in de bouw en instandhouding van hun clubgebouw De Teil in het Amsterdamse Bos. **BELEIDSPLAN OP WEBSITE** ▶ ja.

Doelgroep ■ **ALGEMEEN** ▶ gehandicapten, jongeren, kinderen, armen **SPECIFIEK** ▶ (Gehandicapte) jongeren in nood in de regio Amsterdam en omstreken. **ACTIVITEITEN** ▶ Het verrichten/voeren van acties (informatie verschaffing e.d.) teneinde geld in te zamelen t.b.v. bovengenoemde doelstelling. Het geven van audio-visuele presentaties om de stichting landelijk meer bekendheid te geven, om andere vrijmetselaarsloges hier te lande te stimuleren een soortgelijke stichting in het leven te roepen, waardoor hulpverlening buiten de regio Amsterdam zowel materieel als immaterieel, makkelijker doorgegeven kan worden naar andere regionale vrijmetselaarsloges. **INTERVENTIENIVEAU** ▶ Steun aan lokale/provinciale maatschappelijke organisaties en structuren (incl. gemeenten etc.) die diensten verlenen aan individuen.; Steun aan familie en omgeving van individuen.; Steun aan individuen (directe steun).

Werkgebied ■ **ACTIERADIUS** ▶ Regionaal **LAND** ▶ Nederland **PLAATS** ▶ Amsterdam.

Bestedingen ■ **BUDGET** ▶ niet openbaar **ONDERSTEUNDE PROJECTEN P/J** ▶ Nietbekendgemaakt **SOORT BIJDRAGE** ▶ giften overig **BOVENGRENS** ▶ geen **ONDERGRENS** ▶ geen.

Projecten ■ **CRITERIA** ▶ Teknophilos geeft niet alleen financiële hulp, maar ook materiële hulp (het doorgeven van gebruikte artikelen) en immateriële hulp (adviezen/doorverwijzingen). Teknophilos richt zich met name op kleinschalige en vaak individuele aanvragen. Aanvragen die bij de officiële instanties of grotere steunverleners vaak "buiten de boot vallen". **DOORLOOPTIJD** ▶ ☑ korter dan 1 jaar **STATUS AANVRAGER** ▶ ☑ hulpverleners ☑ individuen/gezinnen ☑ stichting of vereniging (non-profit) **VOORKEUR/UITSLUITING** ▶ Teknophilos wil niet dat de middelen in een schuldenlast verdwijnen of dat er andere zaken mee worden bekostigd. Daarom krijgen niet de aanvragers het geld, maar betaalt de facturen rechtstreeks aan de leveranciers. Geen bijdragen worden geleverd aan studiefinancieringen, aangepast vervoer, vakantiereizen en schuldsanering.

Procedure ■ **OP AANVRAAG** ▶ ja **DOORLOOPTIJD** ▶ 1-3 maanden **AANVRAAGPROCEDURE** ▶ Online in te vullen digitaal formulier, inclusief bijlagen. Indien de aanvraag niet past binnen de doelstelling van de stichting zal worden geprobeerd de aanvrager op een andere manier te ondersteunen,bijvoorbeeld door hen in contact te brengen met 'reguliere' of grotere stichtingen. **URL** ▶ https://teknophilos.nl/aanvraag/

Financieel ■ **HERKOMST MIDDELEN** ▶ legaten, overige inkomsten, bedrijven, giften & schenkingen **BOEKJAAR** ▶ boekjaar onbekend.

Contact ■ **BEREIKBAAR PER** ▶ ☑ post ☑ e-mail ☒ telefoon **CONTACTPERSOON** ▶ geen contactpersoon bekend **POSTADRES** ▶ Vondelstraat 39-41, 1054 GJ Amsterdam **EMAIL (ALGEMEEN)** ▶ info@teknophilos.nl.

1186

Stichting Tempo-Team Foundation

Rubriek ■ ☑ maatschappij, welzijn en samenleving ☑ economische ontwikkeling en microkrediet

Algemeen ■ **WEBSITE** ▶ www.tempo-team.nl/over-tempo-team/mvo **TYPERING** ▶ vermogensfonds **RECHTSVORM** ▶ stichting **KVK** ▶ 51691973 **ANBI STATUS** ▶ ja **DIRECTIE** ▶ geen directiegegevens bekend **BESTUUR** ▶ geen bestuursgegevens bekend.

Missie ■ **DOELSTELLING** ▶ Het hoofddoel is verschil te maken door binnen vijf jaar 500 kandidaten uit de gekozen doelgroepen door middel van impactprojecten een kans te geven op werk en hun eigen talent te ontwikkelen. Die projecten staan niet op zich maar zorgen voor een sneeuwbaleffect. De Stichting wil eenieder met een doordacht en werkbaar plan steunen en aantoonbaar laten slagen. De Stichting steunt verschillende maatschappelijke initiatieven: ☑ Oranje Fonds - Kansen voor Jongeren; ☑ De Nederlandse Uitdaging; ☑ Voluntary Service Overseas. **STICHTER(S)** ▶ Tempo Team **HISTORIE** ▶ De Tempo-Team Foundation is een zelfstandige stichting, geïnitieerd door Tempo-Team en gericht op het stimuleren van arbeidsparticipatie en sociale innovatie. Met impactprojecten gericht op het naar werk helpen van mensen met een afstand tot de arbeidsmarkt draagt de Foundation bij aan de maatschappij.

Doelgroep ■ **ALGEMEEN** ► jongeren, ouderen, vrouwen **SPECIFIEK** ► Jongeren tussen de 18 en 23 jaar die dreigen uit te vallen van het mbo (of al uitgevallen zijn). **ACTIVITEITEN** ► De Tempo-Team Foundation staat midden in de samenleving en zet zich in voor mensen met een achterstand tot de arbeidsmarkt. Tempo-Team Foundation staat voor een stimulerende en praktische bijdrage aan de vergroting van de arbeidsparticipatie van jongeren, ouderen, vrouwen en migranten. De stichting gaat voor échte kansen, voor projecten met een duurzame impact. Kandidaten moeten die kansen op structureel werk ook pakken. Talentontwikkeling, breed en diep, is hoognodig om de Nederlandse arbeidsmarkt vitaal te houden. Tempo-Team helpt mee met het programma Kansen voor Jongeren van het Oranje Fonds. Het doel van dit programma is om jongeren te helpen een startkwalificatie te halen - ook al zijn ze gestopt met school. Zo'n twintig medewerkers van Tempo-Team helpen hier aan mee, bijvoorbeeld door het geven van sollicitatietrainingen of het houden van wekelijkse coachingsgesprekken. Daarnaast de steunt Foundation Work4Women: het allereerste uitzendbureau voor vrouwen en... vrouwen. Een initiatief van Margriet en Tempo-Team. Het doel? Meer kansen voor werkzoekenden vrouwen. **INTERVENTIENIVEAU** ► Steun aan individuen (directe steun).

Werkgebied ■ **ACTIERADIUS** ► Nationaal **LAND** ► Nederland.

Bestedingen ■ **BUDGET** ► niet openbaar **ONDERSTEUNDE PROJECTEN P/J** ► 3 **BOVENGRENS** ► geen **ONDERGRENS** ► geen.

Projecten ■ **CRITERIA** ► Tempo-Team steunt de Foundation met een jaarlijkse financiele bijdrage voor projecten die bijdragen aan arbeidsparticipatie en sociale innovatie. Tempo-Team gaat verder en wil via de Foundation ook andere spelers, bijvoorbeeld opdrachtgevers, stimuleren om financieel bij te dragen. **DOORLOOPTIJD** ► ☑ onbekend **STATUS AANVRAGER** ► ☑ geen beperkingen bekend **VOORKEUR/UITSLUITING** ► geen voorkeur of uitsluiting bekend.

Procedure ■ **OP AANVRAAG** ► onbekend **AANVRAAGPROCEDURE** ► geen aanvraagprocedure bekend.

Financieel ■ **HERKOMST MIDDELEN** ► moederorganisatie (bijdragen), inkomsten uit bedrijven **BOEKJAAR** ► boekjaar onbekend.

Contact ■ **BEREIKBAAR PER** ► ☑ post ☒ e-mail ☒ telefoon **CONTACTPERSOON** ► geen contactpersoon bekend **POSTADRES** ► Diemermere 15, 1112 TB Diemen.

1187

Stichting Ten Brinke Foundation

Rubriek ■ ☑ maatschappij, welzijn en samenleving

Algemeen ■ **WEBSITE** ► www.kennisbankfilantropie.nl/anbi/tenbrinke foundation **TYPERING** ► vermogensfonds **OPGERICHT** ► 08-12-2011 **RECHTSVORM** ► stichting **KVK** ► 54111803 **ANBI STATUS** ► ja **DIRECTIE** ► geen directiegegevens bekend **BESTUUR** ► A. Ten Brinke, voorzitter; R.A.M. Willemsen, penningmeester; mw. E.G. Nienhaus, secretaris.

Missie ■ **DOELSTELLING** ► Doel van de stichting: door actieve ondersteuning de leefomstandigheden van mensen in de armste landen van de wereld duurzaam verbeteren, doelgericht en op; de lange termijn. **HISTORIE** ► Sinds enige jaren is de Ten Brinke Groep nauw betrokken bij verschillende projecten in Afrika en vanaf 2011 ook in Nepal. In de tussentijd is hiervoor een eigen stichting opgericht, namelijk de Ten Brinke Foundation. De Ten Brinke Foundation is een nonprofit organisatie van de Ten Brinke Groep en opereert volledig zelfstandig. **BELEIDSPLAN OP WEBSITE** ► ja.

Doelgroep ■ **ALGEMEEN** ► algemeen, armen **SPECIFIEK** ► Kansarme mensen in ontwikkelingslanden. **ACTIVITEITEN** ► Voor de Ten Brinke Group betekent sociale betrokkenheid 'mensen helpen zichzelf te helpen', d.w.z. financiële steun verlenen voor de bouw van opleidingscentra, het; opzetten en ontwikkelen van eigen farmprojecten, het verstrekken van microkredieten om mensen in staat te stellen in hun eigen levensonderhoud te voorzien - zodat ze uiteindelijk zelfvoorzienend kunnen worden. Stichting Ten Brinke Foundation is betrokken bij 20 projecten (afgerond of nog lopend) in 10 landen. **INTERVENTIENIVEAU** ► Steun aan individuen (directe steun).; Steun op niveau van maatschappij zelf (beleidsbeïnvloeding, etc.).

Werkgebied ■ **ACTIERADIUS** ► Internationaal **LAND** ► Tanzania, Liberia, Gambia, Sri Lanka, Niger, Ghana, Malawi, Burundi, Mozambique, Nepal.

Bestedingen ■ **BUDGET** ► niet openbaar **SOORT BIJDRAGE** ► giften investeringen **BOVENGRENS** ► geen **ONDERGRENS** ► geen.

Projecten ■ **CRITERIA** ► geen projectcriteria bekend **DOORLOOPTIJD** ► ☑ onbekend **STATUS AANVRAGER** ► ☑ geen beperkingen bekend **VOORKEUR/UITSLUITING** ► Geen voorkeur/uitsluiting bekend.

Procedure ■ **OP AANVRAAG** ► onbekend **AANVRAAGPROCEDURE** ► Geen aanvraagprocedure bekend.

Financieel ■ **EIGEN VERMOGEN** ► € 9.313 **INKOMSTEN OV** ► € 95.743 **HERKOMST MIDDELEN** ► giften & schenkingen **BOEKJAAR** ► 2019 **JAARVERSLAG OP WEBSITE** ► ja.

Contact ■ **BEREIKBAAR PER** ► ☑ post ☑ e-mail ☑ telefoon **CONTACTPERSOON** ► geen contactpersoon bekend **POSTADRES** ► Postbus 36, 7050 AA Varsseveld **EMAIL (ALGEMEEN)** ► tbfoundation@tenbricke.com **TELEFOON (ALGEMEEN)** ► +31315881111.

1188

Stichting The Ten Cate Human Help Foundation

Rubriek ■ ☑ maatschappij, welzijn en samenleving

Algemeen ■ **WEBSITE** ► www.tencatehumanhelp.nl **TYPERING** ► vermogensfonds **RECHTSVORM** ► stichting **KVK** ► 08201366 **ANBI STATUS** ► ja **DIRECTIE** ► geen directiegegevens bekend **BESTUUR** ► Drs. C.B.D.M. ten Cate, voorzitter; R.J.M Hartman, penningmeester; mw. G.A.H Jansen-Bijvank, secretaris.

Missie ■ DOELSTELLING ▶ De stichting heeft ten doel het verlenen van financiële ondersteuning aan minder- en onvermogende particulieren woonachtig in Twente, in het bijzonder in de gemeente Enschede. BELEIDSPLAN OP WEBSITE ▶ ja.

Doelgroep ■ ALGEMEEN ▶ armen SPECIFIEK ▶ Minder- en onvermogende particulieren woonachtig in Twente en Algemeen Nut Beoogde Instelling. ACTIVITEITEN ▶ Het bestuur van de stichting en de partijen die de giften aan de stichting hebben gedaan, wensen dat meerjarige ondersteuning wordt verleend aan organisaties en op individuele partijen. Hierbij geldt als voorwaarde dat deze organisaties eveneens aangemerkt dienen te zijn als Algemeen Nut Beoogde Instelling. INTERVENTIENIVEAU ▶ Steun aan individuen (directe steun).

Werkgebied ■ ACTIERADIUS ▶ Regionaal, Lokaal LAND ▶ Nederland REGIO ▶ Twente PLAATS ▶ Enschede.

Bestedingen ■ BUDGET ▶ niet openbaar SOORT BIJDRAGE ▶ giften BOVENGRENS ▶ geen ONDERGRENS ▶ geen.

Projecten ■ CRITERIA ▶ geen projectcriteria bekend DOORLOOPTIJD ▶ ☑ onbekend STATUS AANVRAGER ▶ ☑ stichting of vereniging (non-profit) VOORKEUR/UITSLUITING ▶ Het bestuur van de stichting en de partijen die de giften aan de stichting hebben gedaan, wensen dat meerjarige ondersteuning wordt verleend aan organisaties en op individuele partijen. Hierbij geldt als voorwaarde dat deze organisaties eveneens aangemerkt dienen te zijn als Algemeen Nut Beoogde Instelling.

Procedure ■ OP AANVRAAG ▶ onbekend AANVRAAGPROCEDURE ▶ Geen aanvraagprocedure bekend.

Financieel ■ EIGEN VERMOGEN ▶ € 1.697.349 HERKOMST MIDDELEN ▶ vermogen, giften & schenkingen, legaten BOEKJAAR ▶ 2018 JAARVERSLAG OP WEBSITE ▶ ja.

Contact ■ BEREIKBAAR PER ▶ ☑ post ☑ e-mail ☒ telefoon CONTACTPERSOON ▶ geen contactpersoon bekend POSTADRES ▶ Postbus 6314, 7503 GL Enschede EMAIL (ALGEMEEN) ▶ tencatehumanhelp@gmail.com.

1189
Ten Hagen Fonds

Rubriek ■ ☑ kunst en cultuur ☑ natuur, milieu en dieren

Algemeen ■ WEBSITE ▶ www.cultuurfonds.nl TYPERING ▶ fonds op naam BEHEERD DOOR ▶ Prins Bernhard Cultuurfonds DIRECTIE ▶ zie > Prins Bernhard Cultuurfonds BESTUUR ▶ zie > Prins Bernhard Cultuurfonds

Missie ■ DOELSTELLING ▶ Het financieel ondersteunen van projecten/publicaties op het —gebied van cultuur en natuurbehoud in Nederland, met een voorkeur voor projecten op het gebied van architectuur, landschap, klassieke muziek, beeldende kunst, moderne (politieke) geschiedenis.

Werkgebied ■ ACTIERADIUS ▶ Nationaal LAND ▶ Nederland.

Projecten ■ CRITERIA ▶ geen projectcriteria bekend DOORLOOPTIJD ▶ ☑ korter dan 1 jaar STATUS AANVRAGER ▶ ☑ geen beperkingen bekend VOORKEUR/UITSLUITING ▶ Voorkeur gaat uit naar projecten op het gebied van architectuur, landschap, klassieke muziek, beeldende kunst, moderne (politieke) geschiedenis.

Procedure ■ OP AANVRAAG ▶ ja AANVRAAGPROCEDURE ▶ Dit 'fonds op naam' ressorteert onder het Prins Bernhard Cultuurfonds. Verzoeken aan fondsen op naam komen op één centraal punt binnen. Dit houdt in dat een subsidieaanvraag slechts eenmaal aan het Prins Bernhard Cultuurfonds hoeft te worden gezonden. Voor de verdere aanvraagprocedure: zie Prins Bernhard Cultuurfonds. URL ▶ www.cultuurfonds.nl/aanvragen

Contact ■ BEREIKBAAR PER ▶ ☑ post ☑ e-mail ☑ telefoon CONTACTPERSOON ▶ geen contactpersoon bekend POSTADRES ▶ Postbus 19750, 1000 GT Amsterdam EMAIL (ALGEMEEN) ▶ info@cultuurfonds.nl TELEFOON (ALGEMEEN) ▶ 020-5206130.

1190
Ter Meulen Fonds

Rubriek ■ ☑ onderwijs en onderzoek

Algemeen ■ WEBSITE ▶ www.knaw.nl/termeulen TYPERING ▶ vermogensfonds BEHEERD DOOR ▶ Koninklijke Nederlandse Akademie van Wetenschappen OPGERICHT ▶ 01-07-1983 RECHTSVORM ▶ stichting KVK ▶ 54667089 ANBI STATUS ▶ ja DIRECTIE ▶ geen directiegegevens bekend BESTUUR ▶ Prof.dr. ing. R.A.M. Fouchier, voorzitter; prof.dr. J.P. Mackenbach.

Missie ■ DOELSTELLING ▶ Het bevorderen van onderzoek en overige activiteiten gekoppeld aan kindergeneeskunde. Jonge veelbelovende onderzoekers op het terrein van de kindergeneeskunde of hieraan verwant vakgebied, komen in aanmerking voor KNAW Ter Meulen beurs. De beurzen zijn bedoeld voor een wetenschappelijk onderzoeksproject in het buitenland of een werkbezoek aan een buitenlandse instelling vanuit een Nederlandse instelling. STICHTER(S) ▶ H.C.E. ter Meulen HISTORIE ▶ De Ter Meulen beurs is vernoemd naar kinderarts H.C.E. ter Meulen. Zijn nalatenschap vormt het vermogen van het Ter Meulen Fonds. Het fonds is ingesteld in 1982 en maakt deel uit van het KNAW Fonds Medische Wetenschappen. BELEIDSPLAN OP WEBSITE ▶ ja.

Doelgroep ■ SPECIFIEK ▶ Promovendi of onderzoekers die maximaal vier jaar geleden zijn gepromoveerd op het terrein van de kindergeneeskunde of hieraan verwant vakgebied. ACTIVITEITEN ▶ Het Ter Meulen Fonds bevordert medisch, biochemisch en biologisch onderzoek dat een bijdrage levert aan de kindergeneeskunde. Het fonds stelt stipendia en subsidies voor werkbezoeken beschikbaar voor personen die vanuit een Nederlandse universiteit of instelling wetenschappelijk onderzoek willen uitvoeren in het buitenland. INTERVENTIENIVEAU ▶ Steun aan individuen (directe steun).

Werkgebied ■ ACTIERADIUS ▶ Internationaal LAND ▶ Nederland.

Bestedingen ■ BUDGET ▶ niet openbaar SOORT BIJDRAGE ▶ giften studiebeurzen BOVENGRENS ▶ geen ONDERGRENS ▶ geen.

Projecten ■ CRITERIA ▶ Aanvragen kunnen worden gedaan voor een onderzoeksproject of werkbezoek in het buitenland dat een vernieuwende bijdrage levert aan de kindergeneeskunde of hieraan verwant vakgebied in Nederland. De periode voor een buitenlands wetenschappelijk onderzoek of werkbezoek bedraagt minimaal 1 maand en maximaal 12 maanden aaneengesloten. **DOORLOOPTIJD** ▶ ☑ korter dan 1 jaar **STATUS AANVRAGER** ▶ ☑ individuen/gezinnen ☑ overig **VOORKEUR/UITSLUITING** ▶ Reiskosten voor de heen- en terugreis, accommodatiekosten in het buitenland en een vergoeding voor kosten levensonderhoud komen onder voorwaarden voor een financiële bijdrage in aanmerking.

Procedure ■ **OP AANVRAAG** ▶ ja **DOORLOOPTIJD** ▶ 1-3 maanden **AANVRAAGPROCEDURE** ▶ Geen aanvraagprocedure bekend.

Financieel ■ **HERKOMST MIDDELEN** ▶ legaten, giften & schenkingen.

Contact ■ **BEREIKBAAR PER** ▶ ☑ post ☑ e-mail ☑ telefoon **CONTACTPERSOON** ▶ Mw. R. Basaur **POSTADRES** ▶ Postbus 19121, 1000 GC Amsterdam **EMAIL (ALGEMEEN)** ▶ knaw@knaw.nl **TELEFOON (ALGEMEEN)** ▶ 020-5510700.

1191

De Algemene Nederlandse Vrouwenvereniging Tesselschade-Arbeid Adelt

Rubriek ■ ☑ mensenrechten, vrede en veiligheid ☑ onderwijs en onderzoek ☑ maatschappij, welzijn en samenleving ☑ economische ontwikkeling en microkrediet

Algemeen ■ **WEBSITE** ▶ www.tesselschade-arbeidadelt.nl **TYPERING** ▶ vermogensfonds **OPGERICHT** ▶ 1871 **RECHTSVORM** ▶ vereniging **KVK** ▶ 40532237 **ANBI STATUS** ▶ ja **DIRECTIE** ▶ geen directiegegevens bekend **BESTUUR** ▶ Mw. D. Rookmaker, voorzitter; W.L. Asjes-Tydedman MSc, penningmeester; mw. I. Wagenaar, secretaris; mw. D.H. Jeene-Rothuizen; mw. A.R. v.d. Elst; mw. S. v.d. Meer; mw. A. Termeulen.

Missie ■ **DOELSTELLING** ▶ TAA stelt zich ten doel vrouwen behulpzaam te zijn bij hun streven economisch en financieel zelfstandig te zijn of te blijven. Dit doet TAA door: ☑ vrouwen een bijdrage te geven in opleidings- en studiekosten en hen in staat te stellen een vak- of beroepsopleiding te volgen; ☑ vrouwen mogelijkheden te bieden tot het vervaardigen van handgemaakte artikelen die door TAA zonder winstoogmerk en voor haar risico verkocht worden; ☑ giften te verstrekken aan (oud-)handwerksters indien zij die extra ondersteuning behoeven; ☑ TAA stelt zich voorts ten doel te bevorderen dat handwerktechnieken worden bewaard. **STICHTER(S)** ▶ Betsy Perk (1833-1906) **HISTORIE** ▶ Op 17 oktober 1871 richtte Betsy Perk (1833-1906) de Algemeen Nederlandsche Vrouwenvereeniging 'Arbeid Adelt' op. Het doel ervan was voor die tijd revolutionair. Betsy wilde vrouwen uit de midden- en hogere klassen de gelegenheid geven om voor geld te werken. Destijds werd een zogeheten 'beschaafde vrouw' geacht haar leven te besteden aan een echtgenoot en het moederschap. Trouwde zij niet, dan wachtte haar andere zorgtaken of een eeuwigheid vol lief pianospelen. Maar in 'Arbeid Adelt' roerden zich conservatievere krachten. Na felle discussies splitste zich 'Tesselschade' af, waar beschaafde vrouwen handwerk konden verkopen zonder hun naam bekend te maken. Jeltje de Bosch Kemper was vele jaren voorzitster van 'Tesselschade'. In de decennia na het ontstaan werkten beide verenigingen voort op het ingeslagen pad. Steeds meer vrouwen deden een beroep op de hun bemiddeling. Dat aantal steeg, toen de verenigingen 'subsidies' verleenden aan vrouwen die een opleiding wilden volgen. **BELEIDSPLAN OP WEBSITE** ▶ ja.

Doelgroep ■ **ALGEMEEN** ▶ vrouwen **SPECIFIEK** ▶ Geen specifieke doelgroep **ACTIVITEITEN** ▶ De Stichting kent drie fondsen: ☑ Betsy Perk-Opleidingsfonds (BPO); ☑ Zegers Veeckenfonds (ZVF); ☑ Fonds Behoud Oude Handwerktechnieken. **INTERVENTIENIVEAU** ▶ Steun aan individuen (directe steun).

Werkgebied ■ **ACTIERADIUS** ▶ Nationaal **LAND** ▶ Nederland.

Bestedingen ■ **BUDGET** ▶ € 145.000 **SOORT BIJDRAGE** ▶ giften overig **BOVENGRENS** ▶ geen **ONDERGRENS** ▶ geen.

Projecten ■ **CRITERIA** ▶ N.v.t. **DOORLOOPTIJD** ▶ ☑ onbekend **STATUS AANVRAGER** ▶ ☑ geen beperkingen bekend **VOORKEUR/UITSLUITING** ▶ Uitsluitend voor vrouwen.

Procedure ■ **OP AANVRAAG** ▶ nee

Financieel ■ **EIGEN VERMOGEN** ▶ € 2.246.203 **HERKOMST MIDDELEN** ▶ vermogen, overige inkomsten, giften & schenkingen, leden (bijdragen) **BOEKJAAR** ▶ 2018 **JAARVERSLAG OP WEBSITE** ▶ ja.

Contact ■ **BEREIKBAAR PER** ▶ ☑ post ☑ e-mail ☒ telefoon **CONTACTPERSOON** ▶ geen contactpersoon bekend **POSTADRES** ▶ Van de Cloostermarke 7, 8016 KN Zwolle **EMAIL (ALGEMEEN)** ▶ bestuur@tesselschade-arbeidadelt.nl.

1192

Stichting Thank god

Rubriek ■ ☑ noodhulp ☑ maatschappij, welzijn en samenleving ☑ kerk en levensbeschouwing

Algemeen ■ **WEBSITE** ▶ www.stichtingthankgod.org **TYPERING** ▶ hybride fonds **OPGERICHT** ▶ 07-06-2010 **RECHTSVORM** ▶ stichting **KVK** ▶ 50133411 **ANBI STATUS** ▶ ja **DIRECTIE** ▶ geen directiegegevens bekend **BESTUUR** ▶ A.H. Groen, voorzitter; L. van Garderen, penningmeester; J. Groen, secretaris; O.E. Bronsveld.

Missie ■ **DOELSTELLING** ▶ De Stichting stelt zich tot doel: ☑ het steunen van algemeen belang door het helpen van mensen in nood, al dan niet door de tussenkomst van kerken en/of andere instellingen; ☑ het financieel steunen van kerken en algemeen nut beogende instellingen. **HISTORIE** ▶ Stichting Thank God is opgericht op d.d. 7 juni 2010 **BELEIDSPLAN OP WEBSITE** ▶ ja.

Doelgroep ■ **ALGEMEEN** ▶ armen, zieken, vluchtelingen **SPECIFIEK** ▶ Kerken, hulporganisaties (algemeen nut beogende instellingen) en mensen in nood. **ACTIVITEITEN** ▶ De Stichting tracht haar doel te bereiken door het doen van: ☑ giften aan kerken; ☑ giften aan hulpor ganisaties; ☑ giften aan mensen in nood; ☑ het geven van microkredieten aan mensen in nood. **INTERVENTIENIVEAU** ▶ Steun aan lokale/provinciale maatschappelijke organisaties en structuren (incl. gemeenten etc.) die diensten verlenen aan individuen.

Werkgebied ■ ACTIERADIUS ▶ Nationaal LAND ▶ Nederland.

Bestedingen ■ BUDGET ▶ niet openbaar ONDERSTEUNDE PROJECTEN P/J ▶ 50 SOORT BIJDRAGE ▶ giften leningen BOVENGRENS ▶ geen ONDERGRENS ▶ geen.

Projecten ■ CRITERIA ▶ geen projectcriteria bekend DOORLOOPTIJD ▶ ☑ onbekend STATUS AANVRAGER ▶ ☑ stichting of vereniging (non-profit) ☑ kerkelijke instelling VOORKEUR/UITSLUITING ▶ geen voorkeur of uitsluiting bekend.

Procedure ■ OP AANVRAAG ▶ onbekend AANVRAAGPROCEDURE ▶ Geen aanvraagprocedure bekend. De allocatie van de bestedingen wordt door het Bestuur jaarlijks bepaald. In de regel overlegt het Bestuur hiertoe twee keer per jaar.

Financieel ■ EIGEN VERMOGEN ▶ € 5.329 INKOMSTEN OV ▶ € 75.000 HERKOMST MIDDELEN ▶ giften & schenkingen, legaten, bedrijven, overige inkomsten BOEKJAAR ▶ 2019 JAARVERSLAG OP WEBSITE ▶ ja.

Contact ■ BEREIKBAAR PER ▶ ☑ post ☒ e-mail ☑ telefoon CONTACTPERSOON ▶ geen contactpersoon bekend POSTADRES ▶ Albertus Perkstraat 40, 1217 NT Hilversum TELEFOON (ALGEMEEN) ▶ 035-6285191 TELEFOON (AANVRAGEN) ▶ 035-6839060.

1193
Stichting THB Fonds

Rubriek ■ ☑ kerk en levensbeschouwing ☑ maatschappij, welzijn en samenleving ☑ kunst en cultuur ☑ onderwijs en onderzoek

Algemeen ■ WEBSITE ▶ www.transparante-anbi.nl/product/stichting-thb-fonds/2355 TYPERING ▶ vermogensfonds OPGERICHT ▶ 26-10-2007 RECHTSVORM ▶ stichting KVK ▶ 08165811 ANBI STATUS ▶ ja DIRECTIE ▶ geen directiegegevens bekend BESTUUR ▶ Mw. A.G. ter Hoeven-Brandt, voorzitter; J. Bloodshoofd, penningmeester; H. Dijkstra, secretaris.

Missie ■ DOELSTELLING ▶ Het doen van schenkingen aan kerkelijke, levensbeschouwelijke, charitatieve, culturele, wetenschappelijke of het algemeen nut beogende instellingen alsmede aan natuurlijke personen, een en ander voor zover dergelijke uitkeringen een ideële of sociale strekking hebben.

Doelgroep ■ SPECIFIEK ▶ Geen specifieke doelgroep ACTIVITEITEN ▶ Geen specifieke activiteiten bekend INTERVENTIENIVEAU ▶ Steun aan lokale/provinciale maatschappelijke organisaties en structuren (incl. gemeenten etc.) die diensten verlenen aan individuen.; Steun op niveau van maatschappij zelf (beleidsbeïnvloeding, etc.).

Werkgebied ■ ACTIERADIUS ▶ Nationaal LAND ▶ Nederland.

Bestedingen ■ BUDGET ▶ niet openbaar ONDERSTEUNDE PROJECTEN P/J ▶ 10 SOORT BIJDRAGE ▶ giften BOVENGRENS ▶ geen ONDERGRENS ▶ geen.

Projecten ■ CRITERIA ▶ geen projectcriteria bekend DOORLOOPTIJD ▶ ☑ onbekend STATUS AANVRAGER ▶ ☑ geen beperkingen bekend VOORKEUR/UITSLUITING ▶ geen voorkeur of uitsluiting bekend.

Procedure ■ OP AANVRAAG ▶ onbekend AANVRAAGPROCEDURE ▶ Geen aanvraagprocedure bekend.

Financieel ■ EIGEN VERMOGEN ▶ € 57.446 INKOMSTEN EV ▶ € 6 INKOMSTEN OV ▶ € 100.00 HERKOMST MIDDELEN ▶ giften & schenkingen, vermogen BOEKJAAR ▶ 2019 JAARVERSLAG OP WEBSITE ▶ ja.

Contact ■ BEREIKBAAR PER ▶ ☑ post ☒ e-mail ☒ telefoon CONTACTPERSOON ▶ geen contactpersoon bekend POSTADRES ▶ Vonderlaan 27, 7313 AG Apeldoorn.

1194
Stichting The Event Foundation

Rubriek ■ ☑ maatschappij, welzijn en samenleving ☑ mensenrechten, vrede en veiligheid ☑ kunst en cultuur ☑ gezondheidszorg ☑ natuur, milieu en dieren ☑ onderwijs en onderzoek

Algemeen ■ WEBSITE ▶ www.eventfoundation.nl TYPERING ▶ hybride fonds OPGERICHT ▶ 09-05-2006 RECHTSVORM ▶ stichting KVK ▶ 34247981 ANBI STATUS ▶ ja DIRECTIE ▶ geen directiegegevens bekend BESTUUR ▶ A.C.A. Cocu, voorzitter; J.A.L.M. Korver, penningmeester; J.A.L.M. Korver, secretaris; mw. A. A. Knijnenberg, lid raad van toezicht; M. van den Munckhof, lid raad van toezicht.

Missie ■ DOELSTELLING ▶ De stichting heeft ten doel het werven van leden, donateurs en fondsen ten behoeve van maatschappelijke doelen op het gebied van natuur, milieu, gezondheid, cultuur ontwikkelingshulp, mensenrechten en andere publieke doeleinden middels het organiseren van evenementen en acties. STICHTER(S) ▶ Emolife HISTORIE ▶ De stichting is opgezet door Emolife om op onafhankelijke wijze mede de filosofie van Emolife waar te maken. De Stichting EMO is op 9 mei 2006 opgericht. Op 3 juni 2014 is de naam van de stichting gewijzigd in Stichting The Event Foundation. Emolife en Stichting The Event Foundation hebben in een Memorandum van Overeenstemming de onderlinge verhouding vastgelegd: Emolife is garantstaande sponsor van de stichting en levert in natura service en support, bestaande uit onder meer financiële administratie, secretariaat, huisvesting en communicatie. Jaarlijks wordt de hoogte van de natura sponsoring gerapporteerd aan bestuur en RVT.

Doelgroep ■ SPECIFIEK ▶ Geen specifieke doelgroep ACTIVITEITEN ▶ Om de doelstelling te bereiken financiert de stichting onder andere: ☑ baanbrekend onderzoek naar genezing van levensbedreigende ziekten; ☑ perspectiefvol onderzoek naar verbetering van kwaliteit van leven van kinderen en volwassenen die lijden aan chronische en levensbedreigende ziekten; ☑ activiteiten die kinderen en volwassenen helpen bij het dragelijker maken van hun ziekten; ☑ activiteiten die aantoonbaar mensen uit achterstandssituaties helpen; ☑ activiteiten die wezenlijk de gezondheidszorg verbeteren in ontwikkelingslanden. INTERVENTIENIVEAU ▶ Steun aan lokale/provinciale maatschappelijke organisaties en structuren (incl. gemeenten etc.) die diensten verlenen aan individuen.

Werkgebied ■ ACTIERADIUS ▶ Nationaal LAND ▶ Nederland.
Bestedingen ■ BUDGET ▶ niet openbaar SOORT BIJDRAGE ▶ overig BOVENGRENS ▶ geen ONDERGRENS ▶ geen.
Projecten ■ CRITERIA ▶ geen projectcriteria bekend DOORLOOPTIJD ▶ ☑ onbekend STATUS AANVRAGER ▶ ☑ geen beperkingen bekend VOORKEUR/UITSLUITING ▶ geen voorkeur of uitsluiting bekend.
Procedure ■ OP AANVRAAG ▶ nee AANVRAAGPROCEDURE ▶ Geen aanvraagprocedure bekend.
Financieel ■ EIGEN VERMOGEN ▶ € 20.320 INKOMSTEN EV ▶ € 343 INKOMSTEN OV ▶ € 6.603.924 HERKOMST MIDDELEN ▶ moederorganisatie (bijdragen), giften & schenkingen, overige inkomsten, leden (bijdragen), legaten BOEKJAAR ▶ 2019 JAARVERSLAG OP WEBSITE ▶ ja.
Contact ■ BEREIKBAAR PER ▶ ☑ post ☒ e-mail ☒ telefoon CONTACTPERSOON ▶ geen contactpersoon bekend POSTADRES ▶ NDSM-plein 36, 1033 WB Amsterdam.

1195
Stichting Theia

Rubriek ■ ☑ gezondheidszorg ☑ maatschappij, welzijn en samenleving
Algemeen ■ WEBSITE ▶ https://www.zilverenkruis.nl/zorgaanbieders/innovatie/theia TYPERING ▶ vermogensfonds OPGERICHT ▶ 26-09-1984 RECHTSVORM ▶ stichting KVK ▶ 41128676 ANBI STATUS ▶ ja DIRECTIE ▶ geen directiegegevens bekend BESTUUR ▶ Mr. F.K. Buijn, voorzitter; dr. A.C. van der Ham; prof.dr. H.A.P. Pols; mw. A. de Vet; mr.drs. P.P. Witte.
Missie ■ DOELSTELLING ▶ ☑ Het verstrekken van geldelijke en andere ondersteuning aan instellingen en ondernemingen die in de regio Rijnmond werkzaam zijn op het gebied van de volksgezondheid voor zover daarmee ook de belangen van verzekerden van de te Utrecht gevestigde Zilveren Kruis Zorgverzekeringen N.V gediend zijn; ☑ Al hetgeen dienstbaar kan zijn aan de bevordering van de volksgezondheid in de regio Rijnmond; ☑ Al datgene wat met het vorenstaande in verband staat of daartoe bevorderlijk kan zijn, alles in de meest ruime zin van het woord. HISTORIE ▶ Stichting Theia is in 1984 opgericht. Het vermogen van de stichting is afkomstig van de gelden van de aanvullende verzekering van het voormalige ziekenfonds in de regio Rijnmond. Het vermogen is in een stichting ondergebracht om projecten op het gebied van gezondheidszorg in de regio Rijnmond te financieren. Het Ziekenfonds Rotterdam is begin jaren negentig gefuseerd met Ziekenfonds Spaarneland en de particuliere verzekeraar Zilveren Kruis. Omdat het vermogen is opgebouwd uit premies van verzekerden van Ziekenfonds Rotterdam, dienen de te financieren projecten als regel ten goede te komen aan de belangen van de verzekerden in de regio Rijnmond van Zilveren Kruis Zorgverzekeringen N.V. Deze N.V. voert de Zorgverzekeringswet uit en maakt deel uit van Achmea. BELEIDSPLAN OP WEBSITE ▶ ja.
Doelgroep ■ ALGEMEEN ▶ zieken SPECIFIEK ▶ Geen specifieke doelgroep ACTIVITEITEN ▶ In 2019 werden de volgende projecten ondersteund; ☑ Cyberpoli pediatrische trombose: De website www.cyberpoli.nl is een interactieve internetpolikliniek en ontmoetingsplaats voor kinderen en jongeren met een; aandoening of beperking. De site richt zich nu ook op de pediatrische trombose; ☑ Het Sophia Kinderhersencentrum van het Erasmus MC-Sophia Kinderziekenhuis; ☑ HAPPY-IBD screen: De afdelingen Kindergeneeskunde-Maag-Darm-Leverziekten; en Kinder- en Jeugdpsychiatrie van Erasmus MC-Sophia Kinderziekenhuis wil een screeningsmethode valideren en implementeren om psychologische klachten van kinderen met IBD vroeg te detecteren; ☑ BedtimeStories in Charley Toorop: Verborgen Schatten is een door BedtimeStories ontwikkelde methodiek om kwetsbare ouderen te activeren, waarbij de Nederlandse literatuur centraal staat; ☑ Vervoer&MEER: Het doel van dit project is om de stagnatie van de uitstroom van de patiëntengroep vanaf de SEH op verantwoorde wijze te reduceren, om te voorkomen dat onterecht gebruik wordt gemaakt van ambulancevervoer,; de wachttijden op passend vervoer te verkorten en de brug te maken naar vervolgzorg. INTERVENTIENIVEAU ▶ Steun aan lokale/provinciale maatschappelijke organisaties en structuren (incl. gemeenten etc.) die diensten verlenen aan individuen.
Werkgebied ■ ACTIERADIUS ▶ Regionaal LAND ▶ Nederland REGIO ▶ Rijnmond.
Bestedingen ■ BUDGET ▶ niet openbaar ONDERSTEUNDE PROJECTEN P/J ▶ 5 SOORT BIJDRAGE ▶ giften overig BOVENGRENS ▶ geen ONDERGRENS ▶ geen.
Projecten ■ CRITERIA ▶ Stichting Theia ondersteunt projecten die de gezondheidszorg in de regio Rijnmond versterken. Dat is het allereerste uitgangspunt om voor financiële steun in aanmerking te komen. De overige criteria zijn: ☑ Het project levert gezondheidswinst voor verzekerden in de regio Rijnmond; ☑ Het project kent een aantoonbaar draagvlak relevante (individuele) zorgverleners; ☑ Het project is innovatief (baanbrekend en vernieuwend) en levert meetbare en aantoonbare verhoging van de kwaliteit op (volgens de gangbare definitie van de zorgsector); ☑ Het project levert op termijn een aantoonbare relevante bijdrage aan het verlagen van de zorgkosten; ☑ Het project kan niet, of niet voldoende, gefinancierd worden uit reguliere middelen; ☑ Er is sprake van cofinanciering en/of een eigen bijdrage; ☑ De gevraagde investering is in evenwicht met de beoogde baten; ☑ De gevraagde investering is beperkt in vergelijking met de baten en na afloop van het project moet het redelijkerwijs betaald kunnen worden uit reguliere financieringsbronnen; ☑ Er moet sprake zijn van kennisdeling met andere zorgverleners zodat het initiatief - om niet - breder kan worden geïmplementeerd; ☑ Het project kent een éénmalig karakter en bestrijkt een periode van maximaal drie jaar. DOORLOOPTIJD ▶ ☑ onbekend STATUS AANVRAGER ▶ ☑ stichting of vereniging (non-profit) ☑ kerkelijke instelling ☑ onderwijsinstelling VOORKEUR/UITSLUITING ▶ Stichting Theia ondersteunt geen: ☑ Zuiver wetenschappelijk onderzoek; ☑ Medisch onderzoek dat zich in een "dierexperimenteel" stadium bevindt; ☑ Activiteiten die tot de exploitatie van een instelling horen, waaronder overhead; ☑ Een inrichtings- of bouwproject; ☑ Activiteiten die kunnen worden gefinancierd uit reguliere geldstromen zoals Wet langdurige zorg, Wet maatschap-

pelijke ondersteuning of Zorgverzekeringswet; ☑ Project dat al is gestart of waarvoor al met de aanvraag overlappende financieringstoezeggingen zijn gedaan; ☑ (in beginsel) Sponsoring van éénmalige activiteiten.

Procedure ■ **OP AANVRAAG** ▶ ja **DOORLOOPTIJD** ▶ geen doorlooptijd bekend; 1-3 maanden; 1-3 maanden **AANVRAAGPROCEDURE** ▶ Voordat een projectaanvraag wordt ingediend, wordt de aanvrager geadviseerd de Quickscan te gebruiken. De aanvrager vult een aanvraagformulier (te vinden op de website) in. Het aanvraagformulier dient vergezeld te gaan van een projectplan en een gedetailleerde begroting met dekkingsplan volgens een; vastgesteld format (te vinden op de website). De aanvrager is verantwoordelijk voor de volledigheid van de aanvraag. Het projectplan is in de Nederlandse taal opgesteld. Het aanvraagformulier dient volledig ingevuld en rechtsgeldig ondertekend te worden om vervolgens met de andere documenten per e-mail te worden opgestuurd naar het secretariaat. Zij controleert de aanvraag op volledigheid, haalbaarheid en helderheid. Een groep van interne deskundigen toetsen vervolgens het projectvoorstel op de criteria. Deze groep brengt een advies uit aan het bestuur. Mochten er in deze fase aanvullende vragen en/of opmerkingen over de aanvraag zijn, dan wordt contact met de aanvrager opgenomen. De aanvrager kan dan aanvullende informatie verstrekken die meegenomen wordt naar het bestuur.De aanvraag en het opgestelde advies worden besproken in de bestuursvergadering van Stichting Theia. Terugkoppeling van de besluitvorming aan de aanvrager geschiedt schriftelijk; door het secretariaat. Het bestuur kan besluiten om vragen over de aanvraag aan de aanvrager te stellen ter nadere toelichting. Het bestuur vergadert éénmaal per kwartaal. **URL** ▶ https://www.zilverenkruis.nl/zorgaanbieders/innovatie/theia

Financieel ■ **EIGEN VERMOGEN** ▶ € 17.640.000 **INKOMSTEN EV** ▶ € 2.153.000 **HERKOMST MIDDELEN** ▶ vermogen **BOEKJAAR** ▶ 2019 **JAARVERSLAG OP WEBSITE** ▶ ja.

Contact ■ **BEREIKBAAR PER** ▶ ☑ post ☑ e-mail ☑ telefoon **CONTACTPERSOON** ▶ Mw. M. Boekestijn **POSTADRES** ▶ Postbus 444, 2300 AK Leiden **EMAIL (ALGEMEEN)** ▶ marjan.boekestijn@zilverenkruis.nl **TELEFOON (ALGEMEEN)** ▶ 071-3670287 **TELEFOON (AANVRAGEN)** ▶ 071-3670287.

1196

Themafonds digitalisering erfgoedcollecties Zuid-Holland

Rubriek ■ ☑ kunst en cultuur

Algemeen ■ **WEBSITE** ▶ www.cultuurfonds.nl **TYPERING** ▶ fonds op naam **BEHEERD DOOR** ▶ Prins Bernhard Cultuurfonds **DIRECTIE** ▶ zie > Prins Bernhard Cultuurfonds **BESTUUR** ▶ zie > Prins Bernhard Cultuurfonds

Missie ■ **DOELSTELLING** ▶ Financieel ondersteunen van Zuid-Hollandse culturele instellingen bij het digitaal openstellen van hun collecties. Doel is nieuwe verbindingen aan te gaan met doelgroepen die normaal gesproken wat verder van deze instellingen af staan. Aanvragen worden behandeld door het Prins Bernhard Cultuurfonds Zuid-Holland.

Werkgebied ■ **ACTIERADIUS** ▶ Nationaal **LAND** ▶ Nederland **REGIO** ▶ Zuid-Holland.

Projecten ■ **CRITERIA** ▶ geen projectcriteria bekend **DOORLOOPTIJD** ▶ ☑ korter dan 1 jaar **STATUS AANVRAGER** ▶ ☑ geen beperkingen bekend **VOORKEUR/UITSLUITING** ▶ geen voorkeur of uitsluiting bekend.

Procedure ■ **OP AANVRAAG** ▶ ja **AANVRAAGPROCEDURE** ▶ Dit 'fonds op naam' ressorteert onder het Prins Bernhard Cultuurfonds. Verzoeken aan fondsen op naam komen op één centraal punt binnen. Dit houdt in dat een subsidieaanvraag slechts eenmaal aan het Prins Bernhard Cultuurfonds hoeft te worden gezonden. Voor de verdere aanvraagprocedure: zie Prins Bernhard Cultuurfonds. **URL** ▶ www.cultuurfonds.nl/aanvragen

Contact ■ **BEREIKBAAR PER** ▶ ☑ post ☑ e-mail ☑ telefoon **CONTACTPERSOON** ▶ geen contactpersoon bekend **POSTADRES** ▶ Postbus 19750, 1000 GT Amsterdam **EMAIL (ALGEMEEN)** ▶ info@cultuurfonds.nl **TELEFOON (ALGEMEEN)** ▶ 020-5206130.

1197

Themafonds Erfgoedvrijwilligers

Rubriek ■ ☑ kunst en cultuur

Algemeen ■ **WEBSITE** ▶ www.cultuurfonds.nl **TYPERING** ▶ fonds op naam **BEHEERD DOOR** ▶ Prins Bernhard Cultuurfonds **DIRECTIE** ▶ zie > Prins Bernhard Cultuurfonds **BESTUUR** ▶ zie > Prins Bernhard Cultuurfonds

Missie ■ **DOELSTELLING** ▶ Het financieel ondersteunen van initiatieven en projecten gericht op het stimuleren van vrijwilligerswerk in de erfgoedsector.

Werkgebied ■ **ACTIERADIUS** ▶ Nationaal **LAND** ▶ Nederland.

Projecten ■ **CRITERIA** ▶ geen projectcriteria bekend **DOORLOOPTIJD** ▶ ☑ korter dan 1 jaar **STATUS AANVRAGER** ▶ ☑ geen beperkingen bekend **VOORKEUR/UITSLUITING** ▶ geen voorkeur of uitsluiting bekend.

Procedure ■ **OP AANVRAAG** ▶ ja **AANVRAAGPROCEDURE** ▶ Dit 'fonds op naam' ressorteert onder het Prins Bernhard Cultuurfonds. Verzoeken aan fondsen op naam komen op één centraal punt binnen. Dit houdt in dat een subsidieaanvraag slechts eenmaal aan het Prins Bernhard Cultuurfonds hoeft te worden gezonden. Voor de verdere aanvraagprocedure: zie Prins Bernhard Cultuurfonds. **URL** ▶ www.cultuurfonds.nl/aanvragen

Contact ■ **BEREIKBAAR PER** ▶ ☑ post ☑ e-mail ☑ telefoon **CONTACTPERSOON** ▶ geen contactpersoon bekend **POSTADRES** ▶ Postbus 19750, 1000 GT Amsterdam **EMAIL (ALGEMEEN)** ▶ info@cultuurfonds.nl **TELEFOON (ALGEMEEN)** ▶ 020-5206130.

1198
Themafonds groenblauwe schoolpleinen Zuid-Holland

Rubriek ■ ☑ onderwijs en onderzoek ☑ natuur, milieu en dieren

Algemeen ■ **WEBSITE** ▶ www.cultuurfonds.nl **TYPERING** ▶ fonds op naam **BEHEERD DOOR** ▶ Prins Bernhard Cultuurfonds **DIRECTIE** ▶ zie > Prins Bernhard Cultuurfonds **BESTUUR** ▶ zie > Prins Bernhard Cultuurfonds

Missie ■ **DOELSTELLING** ▶ Voor de inrichting van groenblauwe schoolpleinen voor scholen in het basisonderwijs. Aanvragen worden behandeld door het Prins Bernhard Cultuurfonds Zuid-Holland.

Werkgebied ■ **ACTIERADIUS** ▶ Regionaal **LAND** ▶ Nederland **REGIO** ▶ Zuid-Holland.

Projecten ■ **CRITERIA** ▶ ☑ Er is sprake van een inzichtelijk inrichtingsplan met voorstellen voor wateropvang (klimaatbestendig) en vergroening (biodiversiteit); ☑ Er wordt bij de inrichting gebruik gemaakt van duurzame en natuurlijke materialen; ☑ Er wordt bij de inrichting gebruik gemaakt van inheems plantmateriaal; ☑ Er is een koppeling gemaakt tussen de inrichting van het schoolplein en het lesprogramma; ☑ Er is sprake van een inzichtelijk onderhoud- en beheerplan voor de komende 5 jaar; ☑ Er is sprake van samenwerking met de leerlingen, de ouders en de buurt; ☑ Er is een inzichtelijke begroting ingediend met een (realistisch) dekkingsplan; ☑ Het schoolplein is buiten schooltijden (gedeeltelijk) openbaar toegankelijk; ☑ Er is toestemming van de grondeigenaar; ☑ Het groenblauwe schoolplein wordt minimaal 5 jaar gebruikt ofwel de school is 5 jaar gehuisvest op die locatie; ☑ Het project is binnen 24 maanden na de toekenning afgerond. **DOORLOOPTIJD** ▶ ☑ korter dan 1 jaar **STATUS AANVRAGER** ▶ ☑ geen beperkingen bekend **VOORKEUR/UITSLUITING** ▶ geen voorkeur of uitsluiting bekend.

Procedure ■ **OP AANVRAAG** ▶ ja **AANVRAAGPROCEDURE** ▶ Dit 'fonds op naam' ressorteert onder het Prins Bernhard Cultuurfonds. Verzoeken aan fondsen op naam komen op één centraal punt binnen. Dit houdt in dat een subsidieaanvraag slechts eenmaal aan het Prins Bernhard Cultuurfonds hoeft te worden gezonden. Voor de verdere aanvraagprocedure: zie Prins Bernhard Cultuurfonds. **URL** ▶ www.cultuurfonds.nl/aanvragen

Contact ■ **BEREIKBAAR PER** ▶ ☑ post ☑ e-mail ☑ telefoon **CONTACTPERSOON** ▶ geen contactpersoon bekend **POSTADRES** ▶ Postbus 19750, 1000 GT Amsterdam **EMAIL (ALGEMEEN)** ▶ info@cultuurfonds.nl **TELEFOON (ALGEMEEN)** ▶ 020-5206130.

1199
Themafonds Kastelen en historische Buitenplaatsen

Rubriek ■ ☑ kunst en cultuur

Algemeen ■ **WEBSITE** ▶ www.cultuurfonds.nl **TYPERING** ▶ fonds op naam **BEHEERD DOOR** ▶ Prins Bernhard Cultuurfonds **DIRECTIE** ▶ zie > Prins Bernhard Cultuurfonds **BESTUUR** ▶ zie > Prins Bernhard Cultuurfonds

Missie ■ **DOELSTELLING** ▶ Het financieel ondersteunen van projecten en restauraties van publiekstoegankelijke kastelen en buitenplaatsen.

Werkgebied ■ **ACTIERADIUS** ▶ Nationaal **LAND** ▶ Nederland.

Projecten ■ **CRITERIA** ▶ geen projectcriteria bekend **DOORLOOPTIJD** ▶ ☑ korter dan 1 jaar **STATUS AANVRAGER** ▶ ☑ geen beperkingen bekend **VOORKEUR/UITSLUITING** ▶ geen voorkeur of uitsluiting bekend.

Procedure ■ **OP AANVRAAG** ▶ ja **AANVRAAGPROCEDURE** ▶ Dit 'fonds op naam' ressorteert onder het Prins Bernhard Cultuurfonds. Verzoeken aan fondsen op naam komen op één centraal punt binnen. Dit houdt in dat een subsidieaanvraag slechts eenmaal aan het Prins Bernhard Cultuurfonds hoeft te worden gezonden. Voor de verdere aanvraagprocedure: zie Prins Bernhard Cultuurfonds. **URL** ▶ www.cultuurfonds.nl/aanvragen

Contact ■ **BEREIKBAAR PER** ▶ ☑ post ☑ e-mail ☑ telefoon **CONTACTPERSOON** ▶ geen contactpersoon bekend **POSTADRES** ▶ Postbus 19750, 1000 GT Amsterdam **EMAIL (ALGEMEEN)** ▶ info@cultuurfonds.nl **TELEFOON (ALGEMEEN)** ▶ 020-5206130.

1200
Themafonds Surinaams Erfgoed

Rubriek ■ ☑ kunst en cultuur

Algemeen ■ **WEBSITE** ▶ www.cultuurfonds.nl **TYPERING** ▶ fonds op naam **BEHEERD DOOR** ▶ Prins Bernhard Cultuurfonds **DIRECTIE** ▶ zie > Prins Bernhard Cultuurfonds **BESTUUR** ▶ zie > Prins Bernhard Cultuurfonds

Missie ■ **DOELSTELLING** ▶ Het financieel ondersteunen van behoud en restauratie van gebouwd erfgoed in Suriname. **HISTORIE** ▶ Suriname kent veel bedreigde monumentale panden die in slechte staat verkeren. Financiële steun is hard nodig om panden aan te kopen en te restaureren. Door de slechte economische omstandigheden is de hulp van het Surinaamse bedrijfsleven en particulieren beperkt. Stadsherstel Amsterdam, Stadsherstel Suriname en het Cultuurfonds verbinden zich sinds 2018 daarom met dit speciale fonds om het herstel van gebouwd Surinaams erfgoed te gaan ondersteunen.

Werkgebied ■ **ACTIERADIUS** ▶ Internationaal **LAND** ▶ Suriname.

Projecten ■ **CRITERIA** ▶ geen projectcriteria bekend **DOORLOOPTIJD** ▶ ☑ korter dan 1 jaar **STATUS AANVRAGER** ▶ ☑ geen beperkingen bekend **VOORKEUR/UITSLUITING** ▶ geen voorkeur of uitsluiting bekend.

Procedure ■ **OP AANVRAAG** ▶ ja **AANVRAAGPROCEDURE** ▶ Dit 'fonds op naam' ressorteert onder het Prins Bernhard Cultuurfonds. Verzoeken aan fondsen op naam komen op één centraal punt binnen. Dit houdt in dat een subsidieaanvraag slechts eenmaal aan het Prins Bernhard Cultuurfonds hoeft te worden gezonden. Voor de verdere aanvraagprocedure: zie Prins Bernhard Cultuurfonds. **URL** ▶ www.cultuurfonds.nl/aanvragen

Contact ■ BEREIKBAAR PER ▶ ☑ post ☑ e-mail ☑ telefoon CONTACTPERSOON ▶ geen contactpersoon bekend POSTADRES ▶ Postbus 19750, 1000 GT Amsterdam EMAIL (ALGEMEEN) ▶ info@cultuurfonds.nl TELEFOON (ALGEMEEN) ▶ 020-5206130.

1201
Theo Quené Fonds

Rubriek ■ ☑ kunst en cultuur ☑ onderwijs en onderzoek

Algemeen ■ WEBSITE ▶ www.cultuurfonds.nl TYPERING ▶ fonds op naam BEHEERD DOOR ▶ Prins Bernhard Cultuurfonds DIRECTIE ▶ zie Prins Bernhard Cultuurfonds BESTUUR ▶ zie Prins Bernhard Cultuurfonds

Missie ■ DOELSTELLING ▶ Het financieel ondersteunen van projecten die het bevorderen van de kennis over en het gebruik van de Nederlandse taal tot doel hebben.

Werkgebied ■ ACTIERADIUS ▶ Nationaal LAND ▶ Nederland.

Projecten ■ CRITERIA ▶ geen projectcriteria bekend DOORLOOPTIJD ▶ ☑ korter dan 1 jaar STATUS AANVRAGER ▶ ☑ geen beperkingen bekend VOORKEUR/UITSLUITING ▶ geen voorkeur of uitsluiting bekend.

Procedure ■ OP AANVRAAG ▶ ja AANVRAAGPROCEDURE ▶ Dit 'fonds op naam' ressorteert onder het Prins Bernhard Cultuurfonds. Verzoeken aan fondsen op naam komen op één centraal punt binnen. Dit houdt in dat een subsidieaanvraag slechts eenmaal aan het Prins Bernhard Cultuurfonds hoeft te worden gezonden. Voor de verdere aanvraagprocedure: zie Prins Bernhard Cultuurfonds. URL ▶ www.cultuurfonds.nl/aanvragen

Contact ■ BEREIKBAAR PER ▶ ☑ post ☑ e-mail ☑ telefoon CONTACTPERSOON ▶ geen contactpersoon bekend POSTADRES ▶ Postbus 19750, 1000 GT Amsterdam EMAIL (ALGEMEEN) ▶ info@cultuurfonds.nl TELEFOON (ALGEMEEN) ▶ 020-5206130.

1202
Theo Schoemaker Fonds

Rubriek ■ ☑ kunst en cultuur ☑ onderwijs en onderzoek

Algemeen ■ WEBSITE ▶ www.cultuurfonds.nl TYPERING ▶ fonds op naam BEHEERD DOOR ▶ Prins Bernhard Cultuurfonds DIRECTIE ▶ zie > Prins Bernhard Cultuurfonds BESTUUR ▶ zie > Prins Bernhard Cultuurfonds

Missie ■ DOELSTELLING ▶ Het financieel ondersteunen van jong talent voor een vervolgopleiding op het terrein van hedendaagse beeldende kunst in brede zin. Het financieel ondersteunen van projecten door/ten behoeve van jong beeldend kunsttalent.

Werkgebied ■ ACTIERADIUS ▶ Nationaal, Internationaal LAND ▶ Nederland.

Projecten ■ CRITERIA ▶ geen projectcriteria bekend DOORLOOPTIJD ▶ ☑ korter dan 1 jaar STATUS AANVRAGER ▶ ☑ stichting of vereniging (non-profit) ☑ individuen/gezinnen VOORKEUR/UITSLUITING ▶ geen voorkeur of uitsluiting bekend.

Procedure ■ OP AANVRAAG ▶ ja AANVRAAGPROCEDURE ▶ Dit 'fonds op naam' ressorteert onder het Prins Bernhard Cultuurfonds. Verzoeken aan fondsen op naam komen op één centraal punt binnen. Dit houdt in dat een subsidieaanvraag slechts eenmaal aan het Prins Bernhard Cultuurfonds hoeft te worden gezonden. Voor de verdere aanvraagprocedure: zie Prins Bernhard Cultuurfonds. URL ▶ www.cultuurfonds.nl/aanvragen

Contact ■ BEREIKBAAR PER ▶ ☑ post ☑ e-mail ☑ telefoon CONTACTPERSOON ▶ geen contactpersoon bekend POSTADRES ▶ Postbus 19750, 1000 GT Amsterdam EMAIL (ALGEMEEN) ▶ info@cultuurfonds.nl TELEFOON (ALGEMEEN) ▶ 020-5206130.

1203
Stichting Theodora Boasson

Rubriek ■ ☑ maatschappij, welzijn en samenleving ☑ sport en recreatie ☑ onderwijs en onderzoek ☑ kunst en cultuur

Algemeen ■ WEBSITE ▶ https://fondseninnederland.nl/fonds/stichting-theodora-boasson TYPERING ▶ vermogensfonds OPGERICHT ▶ 01-03-2001 RECHTSVORM ▶ stichting KVK ▶ 27256065 ANBI STATUS ▶ ja DIRECTIE ▶ geen directiegegevens bekend BESTUUR ▶ Mw.mr. E.A.L. van Emden, voorzitter; mw. M.N. Tijhuis, penningmeester; mw.drs. D.C. Bloemkolk, secretaris.

Missie ■ DOELSTELLING ▶ Het financieel steunen van medisch onderzoek, sociaal culturele activiteiten voor kinderen benevens sociaal maatschappelijke dienstverlening. Hiertoe zullen in ieder geval behoren de navolgende stichtingen: de Nederlandse Hartstichting, de KWF Kankerbestrijding en de stichting Plan Nederland. STICHTER(S) ▶ Mevrouw Theodora Boasson HISTORIE ▶ Mevrouw Theodora Boasson heeft bij testament bepaald dat een belangrijk deel van haar vermogen moest gaan naar een nog op te richten stichting Theodora Boasson. BELEIDSPLAN OP WEBSITE ▶ ja.

Doelgroep ■ ALGEMEEN ▶ gehandicapten, jongeren, kinderen, zieken, armen, dak- en thuislozen SPECIFIEK ▶ Kinderen in Nederland met lichamelijke, geestelijke of sociale problemen. ACTIVITEITEN ▶ Het geven van financiële bijdragen voor projecten op het gebied van recreatieve doeleinden voor kinderen in Nederland met lichamelijke, geestelijke of sociale problemen. De stichting wil door haar bijdragen een project of een activiteit mogelijk maken, die anders niet gerealiseerd kan worden. Zij richt zich daarbij op kinderen met een achterstand, bijvoorbeeld kinderen die (chronisch) ziek zijn, opgroeien in armoedige omstandigheden of die een geestelijke beperking hebben. Bijdragen van de stichting zijn bedoeld voor activiteiten die rechtstreeks aan deze kinderen ten goede komen. INTERVENTIENIVEAU ▶ Steun aan lokale/provinciale maatschappelijke organisaties en structuren (incl. gemeenten etc.) die diensten verlenen aan individuen.

Werkgebied ■ ACTIERADIUS ▶ Nationaal LAND ▶ Nederland.

Bestedingen ■ BUDGET ▶ € 280.000 TOELICHTING ▶ Van het budget zal gaan: 55% naar de Nederlandse Hartstichting, de KWF Kankerbestrijding en Plan Nederland; 45% naar overige doelen met een maximum van € 10.000 per gift. **ONDERSTEUNDE PROJECTEN P/J** ► 27 **SOORT BIJDRAGE** ► giften **BOVENGRENS** ► € 10.000 **ONDERGRENS** ► geen.

Projecten ■ **CRITERIA** ► ☑ projecten met recreatieve doeleinden voor kinderen in NL met lichamelijke, geestelijke of sociale problemen; ☑ Aanvragers dienen rechtspersonen te zijn. **DOORLOOPTIJD** ► ☑ korter dan 1 jaar **STATUS AANVRAGER** ► ☑ stichting of vereniging (non-profit) ☑ kerkelijke instelling ☑ hulpverleners ☑ onderwijsinstelling **VOORKEUR/UITSLUITING** ► Geen bijdragen worden gegeven aan individuele aanvragers.

Procedure ■ **OP AANVRAAG** ► ja **DOORLOOPTIJD** ► 1-3 maanden **AANVRAAGPROCEDURE** ► De stichting Theodora Boasson neemt alleen aanvragen in behandeling als deze volledig gedocumenteerd zijn. De voor de beoordeling benodigde documentatie is beschreven in het bij het secretariaat van de stichting te verkrijgen aanvraagformulier.

Financieel ■ **EIGEN VERMOGEN** ► € 1.300.538 **INKOMSTEN EV** ► € 142.694 **HERKOMST MIDDELEN** ► vermogen, overige inkomsten, legaten **BOEKJAAR** ► 2019 **JAARVERSLAG OP WEBSITE** ► ja.

Contact ■ **BEREIKBAAR PER** ► ☑ post ☑ e-mail ☒ telefoon **CONTACTPERSOON** ► geen contactpersoon bekend **POSTADRES** ► Postbus 300, 2501 CH Den Haag **EMAIL (ALGEMEEN)** ► theodoraboasson@gmail.com.

1204

Stichting Thom Hoofwijk Fonds

Rubriek ■ ☑ maatschappij, welzijn en samenleving ☑ noodhulp

Algemeen ■ **WEBSITE** ► www.thomhoofwijkfonds.nl **TYPERING** ► vermogensfonds **OPGERICHT** ► 2011 **RECHTSVORM** ► stichting **KVK** ► 53755324 **ANBI STATUS** ► ja **DIRECTIE** ► geen directiegegevens bekend **BESTUUR** ► Mw. A. Vriessen, voorzitter; mw. T. Elshof, penningmeester; mw. G. Pennarts, secretaris; mw. H. Hoofwijk.

Missie ■ **DOELSTELLING** ► Het doel van de stichting is het voorzien in de individuele noden van mensen die een tekort hebben in de eerste levensbehoeften (voedsel, kleding, huisvesting), waarin niet tijdig op andere wijze is te voorzien. Tevens het bijdragen aan kansen voor mensen om uit de schulden te raken en mensen die in problemen zijn gekomen te helpen weer een menswaardig bestaan op te bouwen. **STICHTER(S)** ► Maatschappelijk Platform Roermond **HISTORIE** ► De stichting is in 2011 opgericht op instigatie van het Maatschappelijk Platform Roermond in het kader van de bestrijding van armoede en sociale uitsluiting en is geënt op de werkwijze van het al jaren bestaande Mr Dekkers Fonds in Tilburg. De stichting draagt de naam van Thom Hoofwijk, ereburger van Roermond, die tijdens zijn leven steeds en vasthoudend is opgekomen voor de zwakkeren in de Roermondse samenleving en daarbuiten. Met dit fonds houden wordt zijn nagedachtenis in ere gehouden. **BELEIDSPLAN OP WEBSITE** ► ja.

Doelgroep ■ **ALGEMEEN** ► armen, jongeren **SPECIFIEK** ► Inwoners van Roermond in nood. **ACTIVITEITEN** ► Met de beperkte middelen van het fonds kan niet alle hulp gegeven worden die soms nodig is. Geen grote schulden saneren bijvoorbeeld. Het fonds probeert hulp te geven die helpt. Denk aan het laatste deel van een – anders langdurend- schuldprobleem. Door te helpen voorkomen dat iemand op straat gezet wordt. Door jonge mensen die tussen wal en schip van alle regelingen vallen de kans te geven een nieuwe start te maken. Of door er voor te zorgen dat instanties een zetje krijgen om actief hun aandeel in een sociaal probleem te nemen. **INTERVENTIENIVEAU** ► Steun aan individuen (directe steun).

Werkgebied ■ **ACTIERADIUS** ► Lokaal **LAND** ► Nederland **PLAATS** ► Roermond.

Bestedingen ■ **BUDGET** ► niet openbaar **ONDERSTEUNDE PROJECTEN P/J** ► 27 **SOORT BIJDRAGE** ► giften **BOVENGRENS** ► € 500 **ONDERGRENS** ► geen.

Projecten ■ **CRITERIA** ► ☑ aanvullende, eenmalige bijdragen uit voor individuele noden, waarin niet op een andere manier wordt voorzien en die met een bijdrage uit het Fonds snel en effectief kunnen worden gelenigd; ☑ Bijdragen worden meestal uitgekeerd onder de voorwaarde dat de desbetreffende hulpverleningsinstantie een plan heeft gemaakt dat een uitweg biedt uit de noodsituatie; ☑ waarbij –zonodig- in deskundige begeleiding wordt voorzien; ☑ De maximum bijdrage voor individuele hulp is € 500,-. Bij hoge uitzondering kan het meer zijn; ☑ Het toegekende bedrag wordt uitgekeerd aan de aanvragende instantie, die op besteding conform aanvraag toezicht houdt. . **DOORLOOPTIJD** ► ☑ onbekend **STATUS AANVRAGER** ► ☑ hulpverleners **VOORKEUR/UITSLUITING** ► Alleen inwoners van Roermond komen voor een bijdrage in aanmerking. Niet in aanmerking voor een bijdrage komen aanvragen: ☑ die niet via een erkende hulpverleningsinstantie binnenkomen; ☑ wanneer een beroep kan worden gedaan op overheidsregelingen, zoals de bijzondere bijstand; ☑ wanneer er zodanige inkomsten blijken te zijn dat de gevraagde voorziening daaruit bekostigd kan worden. ☑ de schuld zo hoog is dat een bijdrage nauwelijks iets oplost; ☑ er geen hulp bij schuldsanering en/of budgetbegeleiding wordt geboden; ☑ de aanvraag afkomstig is uit het buitenland; ☑ voor illegale vluchtelingen. ☑ reis- en/of studiekosten in Nederland of daarbuiten; ☑ deelname aan sport en/of vrije tijdsbesteding; ☑ verhuiskosten bij een overgang van een instelling naar een begeleide woonvorm binnen de instelling; ☑ therapiekosten; ☑ aangepaste vervoermiddelen; ☑ woningaanpassingen; ☑ het betalen van boetes.

Procedure ■ **OP AANVRAAG** ► ja **DOORLOOPTIJD** ► 1-3 maanden **AANVRAAGPROCEDURE** ► Aanvragen voor individuele hulp moeten worden ingediend via een erkende hulpverleningsinstantie die de urgentie van de aanvraag kan bevestigen. Deze instantie beschrijft in een brief of mail de situatie en omstandigheden van de betrokkene(n), vult het aanvraagformulier in en voegt het bij de brief (formulieren op te vragen per email of te downloaden via de website). Na ontvangst van de brief met daarbij het ingevulde aanvraagformulier ontvangt u schriftelijk de beslissing. Het streven van het bestuur is om een aanvraag binnen 14 dagen af te handelen **URL** ► www.thomhoofwijkfonds.nl/Aanvr&bijdrag.html

Financieel ■ **EIGEN VERMOGEN** ► € 9.887 **INKOMSTEN OV** ► € 150 **HERKOMST MIDDELEN** ► vermogen, giften & schenkingen, legaten, overige inkomsten **BOEKJAAR** ► 2019 **JAARVERSLAG OP WEBSITE** ► ja.

Contact ■ **BEREIKBAAR PER** ► ☒ post ☑ e-mail ☑ telefoon **CONTACTPERSOON** ► geen contactpersoon bekend **POSTADRES** ► Geen postadres bekend **EMAIL (ALGEMEEN)** ► thomhoofwijkfonds@gmail.com **TELEFOON (ALGEMEEN)** ► 0475-331973.

1205

Stichting Thomas van Villanova

Rubriek ■ ☑ gezondheidszorg ☑ maatschappij, welzijn en samenleving ☑ onderwijs en onderzoek ☑ noodhulp

Algemeen ■ **WEBSITE** ► www.thomasvanvillanova.nl **TYPERING** ► vermogensfonds **OPGERICHT** ► 08-01-1946 **RECHTSVORM** ► stichting **KVK** ► 41087628 **ANBI STATUS** ► ja **DIRECTIE** ► geen directiegegevens bekend **BESTUUR** ► Drs. P.L.B.A. van Geel, voorzitter; mw.drs. M.P.M. Jonkman-Ockhuizen, penningmeester; mr. V.H.M. Wibaut, secretaris; mw. V.M.V Durinck-Lourens; mw.drs. A.J. van Mierlo.

Missie ■ **DOELSTELLING** ► Stichting Thomas van Villanova stelt zich ten doel instellingen te steunen, onder door het bestuur van de stichting te stellen voorwaarden, die aan personen van alle leeftijden en alle gezindten geestelijke en stoffelijke verzorging, opleiding en arbeidstoeleiding verlenen, die zo nodig gepaard gaat met een medische, sociaal psychologische en/of pedagogische begeleiding. **STICHTER(S)** ► Goof Mijnsbergen. **HISTORIE** ► De Augustijner pater Goof Mijnsbergen had vanaf vrij snel na de oprichting in 1946 tot en met 1981 de leiding over Stichting Thomas van Villanova. Een kundig en daadkrachtig bestuur steunde hem. Tot 1977 was de heer Wim van Doorne de voorzitter. In die tijd groeide de stichting uit tot een instelling met afzonderlijke tehuizen voor opvang van dakloze mannen (1946), dakloze vrouwen met en zonder kinderen (1957), een zogenaamd halfweghuis voor opvang en begeleiding van ex-psychiatrische patiënten en ex-gedetineerden (1969) en een kinderdagverblijf voor kinderen met een sociale indicatie (1978 nieuwbouw). Bestuurslid Willy Volker (1957 t/m 1963) van Volker Centrale Verwarming B.V. overleed kinderloos en liet twee bloeiende bedrijven na aan de stichting. Hiermee werd de basis gelegd voor het latere vermogen van de stichting. Van 1977 tot en met 2012 was de heer Wim van Elk de voorzitter van het bestuur. In die periode zijn de bedrijven verkocht, zodat het vermogen geheel uit liquide middelen bestaat. Het rendement van het vermogen wenden we aan om onze doelstellingen te realiseren, onder voorzitterschap van de heer Pieter van Geel. **BELEIDSPLAN OP WEBSITE** ► ja.

Doelgroep ■ **ALGEMEEN** ► dak- en thuislozen, gehandicapten, armen, kinderen, jongeren **SPECIFIEK** ► De focus ligt op kwetsbaren in de samenleving, en armoede bestrijding, met als; aandachtsgebied dak- en thuislozen en kansarme jeugd. Maar kwetsbaren in de; samenleving omvat een grotere groep, zo zou je bijvoorbeeld de uitgeprocedeerde; asielzoekers ook kunnen kwalificeren als dak- en thuislozen. **ACTIVITEITEN** ► Geen specifieke activiteiten bekend **INTERVENTIENIVEAU** ► Steun aan lokale/provinciale maatschappelijke organisaties en structuren (incl. gemeenten etc.) die diensten verlenen aan individuen.

Werkgebied ■ **ACTIERADIUS** ► Internationaal **LAND** ► Nederlandse Antillen, Nederland **REGIO** ► Zuid-Oost Brabant.

Bestedingen ■ **BUDGET** ► € 500.000 **ONDERSTEUNDE PROJECTEN P/J** ► 184 **SOORT BIJDRAGE** ► giften leningen **BOVENGRENS** ► geen **ONDERGRENS** ► geen.

Projecten ■ **CRITERIA** ► Het hoofdbestanddeel van de donaties bestaat uit projecten op het gebied van; ☑ maatschappelijke opvang; ☑ educatie, opvang en preventie van kansarme jeugd; ☑ bestrijding van armoede. U kunt ook een aanvraag indienen voor ondersteuning van projecten met een breder sociaal-maatschappelijk karakter, waarbij het een pre is als het project gericht is op het voorkomen van uitsluiting van kansarme groepen. De projecten vinden in principe plaats in de regio Zuidoost-Brabant en bij hoge uitzondering elders. Hulpverleners van organisaties die zich bezighouden met Maatschappelijk werk en Woonbegeleiding kunnen een aanvraag voor individuele noodhulp indienen. **DOORLOOPTIJD** ► ☑ onbekend **STATUS AANVRAGER** ► ☑ hulpverleners ☑ stichting of vereniging (non-profit) ☑ kerkelijke instelling ☑ onderwijsinstelling **VOORKEUR/UITSLUITING** ► Donatie is bestemd voor investeringskosten en bij hoge uitzondering voor exploitatiekosten in de opstartfase van een project, waarbij een maximum geldt van drie jaar. De Stichting steunt het liefst nieuwe en vernieuwende initiatieven die een duurzaam verschil maken voor groepen jongeren en/of volwassenen. ☑ Het project mag in principe nog niet gestart zijn. ☑ Er is sprake van een aantoonbare financiële noodzaak voor de aanvraag. ☑ Er is sprake van een breed financieel draagvlak en de doorgang van een project of activiteit is niet geheel afhankelijk van onze ondersteuning. ☑ Een organisatie of rechtspersoon kan maximaal drie maal (eenmaal per jaar) een aanvraag indienen voor ondersteuning van eenzelfde soort project.

Procedure ■ **OP AANVRAAG** ► ja **DOORLOOPTIJD** ► 1-3 maanden **AANVRAAGPROCEDURE** ► De organisatie, stichting of vereniging of de rechtspersoon die het project initieert stuurt een officieel schriftelijk verzoek (bij voorkeur per e-mail) naar het secretariaat van Stichting Thomas van Villanova. Dit verzoek moet in ieder geval de volgende informatie bevatten: ☑ een duidelijke omschrijving van het project; ☑ het plan van aanpak/projectplan; ☑ kostenbegroting en dekkingsplan; ☑ een overzicht van andere fondsen die benaderd worden; ☑ een uittreksel van de Kamer van Koophandel; ☑ een kopie van de geldende statuten; ☑ de meest recente jaarrekening. Het bestuur vergadert vijf maal per jaar, de gemiddelde behandeltijd van een aanvraag is twee tot drie maanden. Voor individuele hulp (Sociaal Fonds), zie de website. Over het algemeen krijgt de hulpverlenende organisatie die de aanvraag indient voor de cliënt binnen 1 week uitsluitsel **URL** ► https://thomasvanvillanova.nl/aanvragen/

Financieel ■ **INKOMSTEN EV** ► € 199.396 **HERKOMST MIDDELEN** ► inkomsten uit vermogen, vermogen **BOEKJAAR** ► 2018 **JAARVERSLAG OP WEBSITE** ► ja.

Contact ■ BEREIKBAAR PER ► ☑ post ☑ e-mail ☑ telefoon CONTACTPERSOON ► Mr. V.H.M. Wibaut POSTADRES ► Postbus 6091, 5700 ET Helmond EMAIL (ALGEMEEN) ► info@thomasvanvillanova.nl TELEFOON (ALGEMEEN) ► 0492520845.

1206
Stichting Thomasfonds

Rubriek ■ ☑ onderwijs en onderzoek ☑ kerk en levensbeschouwing
Algemeen ■ WEBSITE ► www.kennisbankfilantropie.nl/anbi/thomasfonds TYPERING ► hybride fonds RECHTSVORM ► stichting KVK ► 41180176 ANBI STATUS ► ja DIRECTIE ► geen directiegegevens bekend BESTUUR ► Dr. F.J. Vermeulen, penningmeester; dr. F.J. Vermeulen, secretaris; mgr.dr. J.H.J. van den Hende; prof.dr. H.J.M. Schoot; drs. J.G.J.M. Wennink.
Missie ■ DOELSTELLING ► De Stichting Thomasfonds heeft tot doel de theologische en wijsgerige wetenschap te bevorderen, in het bijzonder door het verlenen van financiële steun aan onderzoekingen omtrent persoon en werk van Thomas van Aquino, diens bronnen en invloed op de latere theologie. HISTORIE ► De Stichting dankt haar naam aan Thomas van Aquino. Dit was een Italiaanse filosoof en theoloog, die tot de scholastici gerekend wordt. Hij is de meest invloedrijke systematische denker op theologisch en wijsgerig gebied uit de middeleeuwen. BELEIDSPLAN OP WEBSITE ► ja.
Doelgroep ■ SPECIFIEK ► Geen specifieke doelgroep ACTIVITEITEN ► Het Thomasfonds draagt bij aan initiatieven vanuit de leerstoel verbonden aan de Theologische Faculteit van Tilburg University en activiteiten rond de leerstoel zoals internationale congressen, studiedagen, promotietrajecten en het uitbrengen van (on-line) publicaties.Het Thomasfonds gaat door op de ingeslagen weg met het ondersteunen van initiatieven ten behoeve van de bestudering van het werk van Thomas van Aquino. INTERVENTIENIVEAU ► Onbekend.
Werkgebied ■ ACTIERADIUS ► Nationaal LAND ► Nederland.
Bestedingen ■ BUDGET ► niet openbaar SOORT BIJDRAGE ► overig BOVENGRENS ► geen ONDERGRENS ► geen.
Projecten ■ CRITERIA ► Het ondersteunen van initiatieven ten behoeve van de bestudering van het werk van Thomas van Aquino. DOORLOOPTIJD ► ☑ onbekend STATUS AANVRAGER ► ☑ geen beperkingen bekend VOORKEUR/UITSLUITING ► geen voorkeur of uitsluiting bekend.
Procedure ■ OP AANVRAAG ► ja AANVRAAGPROCEDURE ► Aanvragen kunnen doorlopend worden ingediend en zullen twee maal per jaar in behandeling genomen worden.
Financieel ■ EIGEN VERMOGEN ► € 35.343 INKOMSTEN EV ► € 72 INKOMSTEN OV ► € 1.368 HERKOMST MIDDELEN ► overige inkomsten BOEKJAAR ► 2018 JAARVERSLAG OP WEBSITE ► ja.
Contact ■ BEREIKBAAR PER ► ☑ post ☑ e-mail ☑ telefoon CONTACTPERSOON ► geen contactpersoon bekend POSTADRES ► Roerdomp 11, 3403 ZP IJsselstein EMAIL (ALGEMEEN) ► f.vermeulen@bisdomrotterdam.nl TELEFOON (ALGEMEEN) ► 06-30160142.

1207
Threes Orri Fonds

Rubriek ■ ☑ kunst en cultuur ☑ onderwijs en onderzoek
Algemeen ■ WEBSITE ► www.cultuurfonds.nl TYPERING ► fonds op naam BEHEERD DOOR ► Prins Bernhard Cultuurfonds DIRECTIE ► zie Prins Bernhard Cultuurfonds BESTUUR ► zie Prins Bernhard Cultuurfonds
Missie ■ DOELSTELLING ► Het financieel ondersteunen van jonge zangers voor een vervolgopleiding.
Werkgebied ■ ACTIERADIUS ► Nationaal, Internationaal LAND ► Nederland.
Projecten ■ CRITERIA ► geen projectcriteria bekend DOORLOOPTIJD ► ☑ korter dan 1 jaar STATUS AANVRAGER ► ☑ geen beperkingen bekend VOORKEUR/UITSLUITING ► geen voorkeur of uitsluiting bekend.
Procedure ■ OP AANVRAAG ► ja AANVRAAGPROCEDURE ► Dit 'fonds op naam' ressorteert onder het Prins Bernhard Cultuurfonds. Verzoeken aan fondsen op naam komen op één centraal punt binnen. Dit houdt in dat een subsidieaanvraag slechts eenmaal aan het Prins Bernhard Cultuurfonds hoeft te worden gezonden. Voor de verdere aanvraagprocedure: zie Prins Bernhard Cultuurfonds. URL ► www.cultuurfonds.nl/aanvragen
Contact ■ BEREIKBAAR PER ► ☑ post ☑ e-mail ☑ telefoon CONTACTPERSOON ► geen contactpersoon bekend POSTADRES ► Postbus 19750, 1000 GT Amsterdam EMAIL (ALGEMEEN) ► info@cultuurfonds.nl TELEFOON (ALGEMEEN) ► 020-5206130.

1208
Stichting Thurkow Fonds

Rubriek ■ ☑ kerk en levensbeschouwing ☑ maatschappij, welzijn en samenleving ☑ kunst en cultuur ☑ onderwijs en onderzoek
Algemeen ■ WEBSITE ► www.stichtingthurkowfonds.nl TYPERING ► vermogensfonds OPGERICHT ► 27-04-1926 RECHTSVORM ► stichting KVK ► 41149326 ANBI STATUS ► ja DIRECTIE ► geen directiegegevens bekend BESTUUR ► Jhr. R.J.M. de Beaufort, voorzitter; Jhr. R.J.M. de Beaufort, penningmeester; jhr.ir. H.C. van der Wyck, secretaris; jhr. W.F. Clifford Kocq van Breugel; drs. A.L. Thurkow; mw. Jkvr. M.H. van der Wyck.
Missie ■ DOELSTELLING ► De stichting heeft uitsluitend ten doel het uitoefenen van weldadigheid, in hoofdzaak door het geven van bijdragen aan binnen het Rijk gevestigde kerkelijke, charitatieve, culturele, wetenschappelijke of het algemeen nut beogende instellingen. BELEIDSPLAN OP WEBSITE ► ja.
Doelgroep ■ SPECIFIEK ► Geen specifieke doelgroep ACTIVITEITEN ► Geen specifieke activiteiten bekend INTERVENTIENIVEAU ► Steun aan lokale/provinciale maatschappelijke organisaties en structuren (incl. gemeenten etc.) die diensten verlenen aan individuen.
Werkgebied ■ ACTIERADIUS ► Nationaal LAND ► Nederland.
Bestedingen ■ BUDGET ► niet openbaar TOELICHTING ► Het vermogen dient zodanig te worden beheerd, dat het vermogen welvaartvast in

stand blijft en er daarnaast een redelijke vooruitzicht is op inkomsten die voor de doelbesteding kunnen worden aangewend. **SOORT BIJDRAGE** ► giften **BOVENGRENS** ► geen **ONDERGRENS** ► geen.

Projecten ■ **CRITERIA** ► De te ondersteunen doelen dienen te passen binnen de doelomschrijving van de Stichting. **DOORLOOPTIJD** ► ☑ onbekend **STATUS AANVRAGER** ► ☑ kerkelijke instelling ☑ onderwijsinstelling ☑ stichting of vereniging (non-profit) **VOORKEUR/UITSLUITING** ► geen voorkeur of uitsluiting bekend.

Procedure ■ **OP AANVRAAG** ► onbekend **AANVRAAGPROCEDURE** ► Geen aanvraagprocedure bekend.

Financieel ■ **INKOMSTEN EV** ► € 361.301 **HERKOMST MIDDELEN** ► vermogen **BOEKJAAR** ► 2019 **JAARVERSLAG OP WEBSITE** ► ja.

Contact ■ **BEREIKBAAR PER** ► ☑ post ☒ e-mail ☒ telefoon **CONTACTPERSOON** ► geen contactpersoon bekend **POSTADRES** ► Van Eijdenplantsoen 5, 3755 SL Eemnes.

1209
Tienkamp-Kuijten Fonds

Rubriek ■ ☑ kunst en cultuur

Algemeen ■ **WEBSITE** ► www.cultuurfonds.nl **TYPERING** ► fonds op naam **BEHEERD DOOR** ► Prins Bernhard Cultuurfonds **DIRECTIE** ► zie Prins Bernhard Cultuurfonds **BESTUUR** ► zie Prins Bernhard Cultuurfonds

Missie ■ **DOELSTELLING** ► Het financieel ondersteunen van projecten in Noord-Brabant met betrekking tot pijporgels en van kleinschalige concerten en/of exposities op monumentale locaties. Aanvragen worden behandeld door het Prins Bernhard Cultuurfonds Noord-Brabant.

Werkgebied ■ **ACTIERADIUS** ► Regionaal **LAND** ► Nederland **REGIO** ► Noord-Brabant.

Projecten ■ **CRITERIA** ► geen projectcriteria bekend **DOORLOOPTIJD** ► ☑ korter dan 1 jaar **STATUS AANVRAGER** ► ☑ geen beperkingen bekend **VOORKEUR/UITSLUITING** ► geen voorkeur of uitsluiting bekend.

Procedure ■ **OP AANVRAAG** ► ja **AANVRAAGPROCEDURE** ► Dit 'fonds op naam' ressorteert onder het Prins Bernhard Cultuurfonds. Verzoeken aan fondsen op naam komen op één centraal punt binnen. Dit houdt in dat een subsidieaanvraag slechts eenmaal aan het Prins Bernhard Cultuurfonds hoeft te worden gezonden. Voor de verdere aanvraagprocedure: zie Prins Bernhard Cultuurfonds. **URL** ► www.cultuurfonds.nl/aanvragen

Contact ■ **BEREIKBAAR PER** ► ☑ post ☑ e-mail ☑ telefoon **CONTACTPERSOON** ► geen contactpersoon bekend **POSTADRES** ► Postbus 19750, 1000 GT Amsterdam **EMAIL (ALGEMEEN)** ► info@cultuurfonds.nl **TELEFOON (ALGEMEEN)** ► 020-5206130.

1210
Tijl Fonds

Rubriek ■ ☑ kunst en cultuur

Algemeen ■ **WEBSITE** ► www.cultuurfonds.nl **TYPERING** ► fonds op naam **BEHEERD DOOR** ► Prins Bernhard Cultuurfonds **DIRECTIE** ► zie Prins Bernhard Cultuurfonds **BESTUUR** ► zie Prins Bernhard Cultuurfonds

Missie ■ **DOELSTELLING** ► Het financieel ondersteunen van vrouwelijke beeldend kunstenaars vanaf 35 jaar.

Werkgebied ■ **ACTIERADIUS** ► Nationaal **LAND** ► Nederland.

Projecten ■ **CRITERIA** ► geen projectcriteria bekend **DOORLOOPTIJD** ► ☑ korter dan 1 jaar **STATUS AANVRAGER** ► ☑ geen beperkingen bekend **VOORKEUR/UITSLUITING** ► Enkel voor vrouwen vanaf 35 jaar.

Procedure ■ **OP AANVRAAG** ► ja **AANVRAAGPROCEDURE** ► Dit 'fonds op naam' ressorteert onder het Prins Bernhard Cultuurfonds. Verzoeken aan fondsen op naam komen op één centraal punt binnen. Dit houdt in dat een subsidieaanvraag slechts eenmaal aan het Prins Bernhard Cultuurfonds hoeft te worden gezonden. Voor de verdere aanvraagprocedure: zie Prins Bernhard Cultuurfonds. **URL** ► www.cultuurfonds.nl/aanvragen

Contact ■ **BEREIKBAAR PER** ► ☑ post ☑ e-mail ☑ telefoon **CONTACTPERSOON** ► geen contactpersoon bekend **POSTADRES** ► Postbus 19750, 1000 GT Amsterdam **EMAIL (ALGEMEEN)** ► info@cultuurfonds.nl **TELEFOON (ALGEMEEN)** ► 020-5206130.

1211
Stichting Tilly en Albert Waaijer Fonds

Rubriek ■ ☑ maatschappij, welzijn en samenleving ☑ onderwijs en onderzoek ☑ noodhulp

Algemeen ■ **WEBSITE** ► www.stawf.nl **TYPERING** ► vermogensfonds **OPGERICHT** ► 12-12-1995 **RECHTSVORM** ► stichting **KVK** ► 41159524 **ANBI STATUS** ► ja **DIRECTIE** ► geen directiegegevens bekend **BESTUUR** ► H. van Bussel, voorzitter; R. Dekker, penningmeester; N. Olsthoorn, secretaris; E. Janszen; B. Gerretsen.

Missie ■ **DOELSTELLING** ► De Stichting Tilly en Albert Waaijer Fonds stelt zich ten doel het verlenen van geldelijke ondersteuning aan: ☑ instellingen die uitsluitend of nagenoeg uitsluitend een algemeen maatschappelijk belang beogen; ☑ personen die een opleiding voor een beroep willen volgen (of volgen) en niet (meer) in staat zijn deze te bekostigen en tevens in hun levensonderhoud te voorzien en; ☑ personen die in behoeftige omstandigheden verkeren. **BELEIDSPLAN OP WEBSITE** ► ja.

Doelgroep ■ **SPECIFIEK** ► (Instellingen die steun geven aan) personen die in behoeftige omstandigheden verkeren. Personen die een opleiding voor een beroep willen volgen (of volgen) en niet (meer) in staat zijn deze te bekostigen en tevens in hun levensonderhoud te voorzien. **ACTIVITEITEN** ► De activiteiten van het Fonds bestaan uit het beoordelen en beantwoorden van de vele aanvragen voor financiële steun en het geven van financiële bijdragen aan de projecten en/of de instellingen waarvan het bestuur de aanvragen heeft gehonoreerd, alsmede in het bezoeken van diverse projecten waaraan steun is verleend. **INTERVENTIENIVEAU** ► Onbekend.

Werkgebied ■ **ACTIERADIUS** ► Nationaal **LAND** ► Nederland.

Bestedingen ■ BUDGET ► niet openbaar SOORT BIJDRAGE ► giften BOVENGRENS ► geen ONDERGRENS ► geen.

Projecten ■ CRITERIA ► geen projectcriteria bekend DOORLOOPTIJD ► ☑ onbekend STATUS AANVRAGER ► ☑ geen beperkingen bekend VOORKEUR/UITSLUITING ► geen voorkeur of uitsluiting bekend.

Procedure ■ OP AANVRAAG ► onbekend AANVRAAGPROCEDURE ► Geen aanvraagprocedure bekend.

Financieel ■ HERKOMST MIDDELEN ► vermogen BOEKJAAR ► 2018 JAARVERSLAG OP WEBSITE ► ja.

Contact ■ BEREIKBAAR PER ► ☑ post ☑ e-mail ☒ telefoon CONTACTPERSOON ► geen contactpersoon bekend POSTADRES ► Lange Kleiweg 100, 2288 GR Rijswijk EMAIL (ALGEMEEN) ► stichtingwaaijerfonds@gmail.com.

1212
Stichting Tiny en Anny van Doorne Fonds

Rubriek ■ ☑ kerk en levensbeschouwing ☑ maatschappij, welzijn en samenleving ☑ onderwijs en onderzoek ☑ kunst en cultuur

Algemeen ■ WEBSITE ► www.stg-tiny-en-anny-van-doorne.nl TYPERING ► vermogensfonds OPGERICHT ► 14-12-1999 RECHTSVORM ► stichting KVK ► 17119519 ANBI STATUS ► ja DIRECTIE ► geen directiegegevens bekend BESTUUR ► F.H.J. Boons, voorzitter; J.C.A. de Rooij, penningmeester; J.C.A. de Rooij, secretaris; J.J.A. Hohmann; H.J.M.M. van Doorne.

Missie ■ DOELSTELLING ► Het verlenen van financiële steun aan kerkelijke, levensbeschouwelijke, charitatieve, culturele, wetenschappelijke of het algemeen nut beogende instellingen. STICHTER(S) ► J.W.Th. van Doorne en mevrouw M.P.M. van Doorne HISTORIE ► Stichting Tiny en Anny van Doorne Fonds is opgericht op 14 december 1999 door mevrouw J.W.Th. van Doorne en mevrouw M.P.M. van Doorne. BELEIDSPLAN OP WEBSITE ► ja.

Doelgroep ■ SPECIFIEK ► Kerkelijke, levensbeschouwelijke, charitatieve, culturele, wetenschappelijke of het algemeen nut beogende instellingen. ACTIVITEITEN ► Geen specifieke activiteiten bekend INTERVENTIENIVEAU ► Steun aan lokale/provinciale maatschappelijke organisaties en structuren (incl. gemeenten etc.) die diensten verlenen aan individuen.

Werkgebied ■ ACTIERADIUS ► Nationaal LAND ► Nederland.

Bestedingen ■ BUDGET ► niet openbaar TOELICHTING ► Het bestuur streeft naar een uiteindelijk niveau van jaarlijkse uitkeringen van minimaal € 1 mln. (op basis van het prijspeil per 1 januari 2008) SOORT BIJDRAGE ► giften BOVENGRENS ► geen ONDERGRENS ► geen.

Projecten ■ CRITERIA ► geen projectcriteria bekend DOORLOOPTIJD ► ☑ onbekend STATUS AANVRAGER ► ☑ stichting of vereniging (non-profit) ☑ overig ☑ kerkelijke instelling ☑ onderwijsinstelling VOORKEUR/UITSLUITING ► geen voorkeur of uitsluiting bekend.

Procedure ■ OP AANVRAAG ► onbekend AANVRAAGPROCEDURE ► Geen aanvraagprocedure bekend.

Financieel ■ INKOMSTEN EV ► € 958.594.,84 INKOMSTEN OV ► € 974.238.,00 HERKOMST MIDDELEN ► giften & schenkingen, overige inkomsten, legaten, vermogen BOEKJAAR ► 2015 JAARVERSLAG OP WEBSITE ► ja.

Contact ■ BEREIKBAAR PER ► ☑ post ☒ e-mail ☒ telefoon CONTACTPERSOON ► geen contactpersoon bekend POSTADRES ► Postbus 79, 5600 AB Eindhoven.

1213
Stichting Tjallinga Weeshuis

Rubriek ■ ☑ maatschappij, welzijn en samenleving ☑ onderwijs en onderzoek

Algemeen ■ WEBSITE ► https://fondseninnederland.nl/fonds/stichting-tjallinga-weeshuis TYPERING ► vermogensfonds OPGERICHT ► 02-04-1541 RECHTSVORM ► stichting KVK ► 41000935 ANBI STATUS ► ja DIRECTIE ► geen directiegegevens bekend BESTUUR ► Mr. B.W. Hopperus Buma, voorzitter; ir. A.W. Langhout; dr, A.P.C.C. Hopperus Buma.

Missie ■ DOELSTELLING ► Doel van de stichting is het verlenen van financiële steun ten behoeve van de zorg voor het welzijn van jongeren, waarbij speciaal aandacht zal worden besteed aan opvoeding en opleiding, een en ander in de ruimste zin van het woord. STICHTER(S) ► Vrouwe Kinsck van Ropta en haar echtgenoot Sjoerd van Andla.

Doelgroep ■ ALGEMEEN ► kinderen, armen, jongeren SPECIFIEK ► Geen specifieke doelgroep ACTIVITEITEN ► Geen specifieke activiteiten bekend INTERVENTIENIVEAU ► Steun aan lokale/provinciale maatschappelijke organisaties en structuren (incl. gemeenten etc.) die diensten verlenen aan individuen.

Werkgebied ■ ACTIERADIUS ► Internationaal LAND ► Wereldwijd.

Bestedingen ■ BUDGET ► niet openbaar SOORT BIJDRAGE ► giften BOVENGRENS ► geen ONDERGRENS ► geen.

Projecten ■ CRITERIA ► Het Tjallinga Weeshuis steunt projecten die tot doel hebben het leven te verbeteren van jongeren die het maatschappelijk en/of economisch moeilijk hebben. DOORLOOPTIJD ► ☑ onbekend STATUS AANVRAGER ► ☑ geen beperkingen bekend VOORKEUR/UITSLUITING ► Voorkeur gaat uit naar projecten over opvoeding, opleiding en studie.

Procedure ■ OP AANVRAAG ► onbekend AANVRAAGPROCEDURE ► geen aanvraagprocedure bekend.

Financieel ■ HERKOMST MIDDELEN ► vermogen JAARVERSLAG OP WEBSITE ► ja.

Contact ■ BEREIKBAAR PER ► ☑ post ☑ e-mail ☑ telefoon CONTACTPERSOON ► geen contactpersoon bekend POSTADRES ► Thorbeckeplein 18, 3818 JL Amersfoort EMAIL (ALGEMEEN) ► tjallinga.da@gmail.com TELEFOON (ALGEMEEN) ► 0613986937.

1214
Tjerk Jan Buchter Fonds

Rubriek ■ ☑ kunst en cultuur

Algemeen ■ WEBSITE ▶ www.cultuurfonds.nl TYPERING ▶ fonds op naam BEHEERD DOOR ▶ Prins Bernhard Cultuurfonds DIRECTIE ▶ zie > Prins Bernhard Cultuurfonds BESTUUR ▶ zie > Prins Bernhard Cultuurfonds

Missie ■ DOELSTELLING ▶ Het financieel ondersteunen van projecten op het gebied van Aziatische kunst met een voorkeur voor de traditionele Japanse prentkunst.

Werkgebied ■ ACTIERADIUS ▶ Nationaal LAND ▶ Nederland.

Projecten ■ CRITERIA ▶ geen projectcriteria bekend DOORLOOPTIJD ▶ ☑ korter dan 1 jaar STATUS AANVRAGER ▶ ☑ geen beperkingen bekend VOORKEUR/UITSLUITING ▶ Voorkeur gaat uit naar de traditionele Japanse prentkunst.

Procedure ■ OP AANVRAAG ▶ ja AANVRAAGPROCEDURE ▶ Dit 'fonds op naam' ressorteert onder het Prins Bernhard Cultuurfonds. Verzoeken aan fondsen op naam komen op één centraal punt binnen. Dit houdt in dat een subsidieaanvraag slechts eenmaal aan het Prins Bernhard Cultuurfonds hoeft te worden gezonden. Voor de verdere aanvraagprocedure: zie Prins Bernhard Cultuurfonds. URL ▶ www.cultuurfonds.nl/aanvragen

Contact ■ BEREIKBAAR PER ▶ ☑ post ☑ e-mail ☑ telefoon CONTACTPERSOON ▶ geen contactpersoon bekend POSTADRES ▶ Postbus 19750, 1000 GT Amsterdam EMAIL (ALGEMEEN) ▶ info@cultuurfonds.nl TELEFOON (ALGEMEEN) ▶ 020-5206130.

1215
Tom en Ellie Ringelbergfonds

Rubriek ■ ☑ onderwijs en onderzoek ☑ natuur, milieu en dieren ☑ kunst en cultuur

Algemeen ■ WEBSITE ▶ www.cultuurfonds.nl TYPERING ▶ fonds op naam BEHEERD DOOR ▶ Prins Bernhard Cultuurfonds DIRECTIE ▶ zie > Prins Bernhard Cultuurfonds BESTUUR ▶ zie > Prins Bernhard Cultuurfonds

Missie ■ DOELSTELLING ▶ Het financieel ondersteunen van projecten op het gebied van onderwijs en kunst-, cultuur- en natuur educatie ten behoeve van het primair onderwijs (basisscholen) in Den Haag en Leidschendam-Voorburg. Aanvragen worden behandeld door het Prins Bernhard Cultuurfonds Zuid-Holland.

Werkgebied ■ ACTIERADIUS ▶ Lokaal LAND ▶ Nederland REGIO ▶ Zuid-Holland PLAATS ▶ Den Haag, Leidschendam-Voorburg.

Projecten ■ CRITERIA ▶ geen projectcriteria bekend DOORLOOPTIJD ▶ ☑ korter dan 1 jaar STATUS AANVRAGER ▶ ☑ geen beperkingen bekend VOORKEUR/UITSLUITING ▶ geen voorkeur of uitsluiting bekend.

Procedure ■ OP AANVRAAG ▶ ja AANVRAAGPROCEDURE ▶ Dit 'fonds op naam' ressorteert onder het Prins Bernhard Cultuurfonds. Verzoeken aan fondsen op naam komen op één centraal punt binnen. Dit houdt in dat een subsidieaanvraag slechts eenmaal aan het Prins Bernhard Cultuurfonds hoeft te worden gezonden. Voor de verdere aanvraagprocedure: zie Prins Bernhard Cultuurfonds. URL ▶ www.cultuurfonds.nl/aanvragen

Contact ■ BEREIKBAAR PER ▶ ☑ post ☑ e-mail ☑ telefoon CONTACTPERSOON ▶ geen contactpersoon bekend POSTADRES ▶ Postbus 19750, 1000 GT Amsterdam EMAIL (ALGEMEEN) ▶ info@cultuurfonds.nl TELEFOON (ALGEMEEN) ▶ 020-5206130.

1216
Toon Ebben/Olga Verrijn Stuart Stichting

Rubriek ■ ☑ maatschappij, welzijn en samenleving ☑ kerk en levensbeschouwing ☑ kunst en cultuur ☑ sport en recreatie ☑ onderwijs en onderzoek

Algemeen ■ WEBSITE ▶ www.toonebbenolgaverrijnstuartstichting.nl TYPERING ▶ vermogensfonds RECHTSVORM ▶ stichting KVK ▶ 34270677 ANBI STATUS ▶ ja DIRECTIE ▶ geen directiegegevens bekend BESTUUR ▶ Mw. A. Verwelius-van Halteren, voorzitter; M. van den Heuvel, penningmeester; E. Hordijk, secretaris.

Missie ■ DOELSTELLING ▶ ☑ Het doen van uitkeringen aan kerkelijke, levensbeschouwelijke, charitatieve, culturele, wetenschappelijke instellingen, aan de paardensport en algemeen nut beogende instellingen, zoals bedoeld in artikel 6:33 Wet Inkomstenbelasting 2001 en eventueel nader door de belastingdienst te stellen voorwaarden; ☑ Het verkrijgen van, (her)beleggen in, verlenen van opties op en het vervreemden van vermogenswaarden met het oog op het doen van eerder genoemde uitkeringen. BELEIDSPLAN OP WEBSITE ▶ ja.

Doelgroep ■ SPECIFIEK ▶ Geen specifieke doelgroep ACTIVITEITEN ▶ Geen specifieke activiteiten bekend INTERVENTIENIVEAU ▶ Steun aan lokale/provinciale maatschappelijke organisaties en structuren (incl. gemeenten etc.) die diensten verlenen aan individuen.

Werkgebied ■ ACTIERADIUS ▶ Nationaal LAND ▶ Nederland.

Bestedingen ■ BUDGET ▶ niet openbaar SOORT BIJDRAGE ▶ giften BOVENGRENS ▶ geen ONDERGRENS ▶ geen.

Projecten ■ CRITERIA ▶ geen projectcriteria bekend DOORLOOPTIJD ▶ ☑ onbekend STATUS AANVRAGER ▶ ☑ stichting of vereniging (non-profit) ☑ kerkelijke instelling ☑ onderwijsinstelling ☑ overig VOORKEUR/UITSLUITING ▶ geen voorkeur of uitsluiting bekend.

Procedure ■ OP AANVRAAG ▶ onbekend AANVRAAGPROCEDURE ▶ Geen aanvraagprocedure bekend.

Financieel ■ INKOMSTEN EV ▶ € 131.237 HERKOMST MIDDELEN ▶ giften & schenkingen, vermogen BOEKJAAR ▶ 2019 JAARVERSLAG OP WEBSITE ▶ ja.

Contact ■ BEREIKBAAR PER ▶ ☑ post ☒ e-mail ☑ telefoon CONTACTPERSOON ▶ geen contactpersoon bekend POSTADRES ▶ Energieweg 2, 1271 ED Huizen TELEFOON (ALGEMEEN) ▶ 035-5284000.

1217

Tosca Trampoli Fonds

Rubriek ■ ☑ kunst en cultuur

Algemeen ■ WEBSITE ▶ www.cultuurfonds.nl TYPERING ▶ fonds op naam BEHEERD DOOR ▶ Prins Bernhard Cultuurfonds DIRECTIE ▶ zie Prins Bernhard Cultuurfonds BESTUUR ▶ zie Prins Bernhard Cultuurfonds

Missie ■ DOELSTELLING ▶ Het financieel ondersteunen van bijzondere (educatieve) projecten en van talent op het gebied van moderne en klassieke dans en beeldende kunst.

Werkgebied ■ ACTIERADIUS ▶ Nationaal LAND ▶ Nederland.

Projecten ■ CRITERIA ▶ geen projectcriteria bekend DOORLOOPTIJD ▶ ☑ korter dan 1 jaar STATUS AANVRAGER ▶ ☑ geen beperkingen bekend VOORKEUR/UITSLUITING ▶ geen voorkeur of uitsluiting bekend.

Procedure ■ OP AANVRAAG ▶ ja AANVRAAGPROCEDURE ▶ Dit 'fonds op naam' ressorteert onder het Prins Bernhard Cultuurfonds. Verzoeken aan fondsen op naam komen op één centraal punt binnen. Dit houdt in dat een subsidieaanvraag slechts eenmaal aan het Prins Bernhard Cultuurfonds hoeft te worden gezonden. Voor de verdere aanvraagprocedure: zie Prins Bernhard Cultuurfonds. URL ▶ www.cultuurfonds.nl/aanvragen

Contact ■ BEREIKBAAR PER ▶ ☑ post ☑ e-mail ☑ telefoon CONTACTPERSOON ▶ geen contactpersoon bekend POSTADRES ▶ Postbus 19750, 1000 GT Amsterdam EMAIL (ALGEMEEN) ▶ info@cultuurfonds.nl TELEFOON (ALGEMEEN) ▶ 020-5206130.

1218

Tot Plaatselijk Nut

Rubriek ■ ☑ kunst en cultuur ☑ natuur, milieu en dieren ☑ maatschappij, welzijn en samenleving

Algemeen ■ WEBSITE ▶ www.kennisbankfilantropie.nl/anbi/tot-plaatselijk-nut TYPERING ▶ vermogensfonds OPGERICHT ▶ 01-01-1841 RECHTSVORM ▶ stichting KVK ▶ 40617427 ANBI STATUS ▶ ja DIRECTIE ▶ geen directiegegevens bekend BESTUUR ▶ M.W. Fluri, voorzitter; C.J.A. Könst, penningmeester; B. Veenis, secretaris; J.W. Meurs; drs. D. Grondman.

Missie ■ DOELSTELLING ▶ De vereniging heeft ten doel werkzaam te zijn in het algemeen belang van de Zaanstreek als haar werkgebied, gevormd door de huidige gemeenten Zaanstad, Oostzaan en Wormerland, en van dat van haar inwoners. STICHTER(S) ▶ Blaupot ten Cate HISTORIE ▶ De vereniging „Tot Plaatselijk Nut' is in 1841 in Zaandam opgericht door de Zaandamse dominee Blaupot ten Cate. BELEIDSPLAN OP WEBSITE ▶ ja.

Doelgroep ■ ALGEMEEN ▶ algemeen SPECIFIEK ▶ Inwoners van de Zaanstreek. ACTIVITEITEN ▶ Zij tracht haar doel onder meer te bereiken door het financieel of op andere wijze ondersteunen van instellingen of natuurlijke personen, die activiteiten binnen de doelstelling uitoefenen, onverschillig of deze zich op economisch, cultureel, historisch, educatief, ecologisch of enig ander maatschappelijk gebied bewegen. INTERVENTIENIVEAU ▶ Steun aan individuen (directe steun).; Steun aan lokale/provinciale maatschappelijke organisaties en structuren (incl. gemeenten etc.) die diensten verlenen aan individuen.

Werkgebied ■ ACTIERADIUS ▶ Regionaal LAND ▶ Nederland REGIO ▶ Zaanstreek.

Bestedingen ■ BUDGET ▶ € 5.000 SOORT BIJDRAGE ▶ onbekend BOVENGRENS ▶ geen ONDERGRENS ▶ geen.

Projecten ■ CRITERIA ▶ geen projectcriteria bekend DOORLOOPTIJD ▶ ☑ onbekend STATUS AANVRAGER ▶ ☑ geen beperkingen bekend VOORKEUR/UITSLUITING ▶ geen voorkeur of uitsluiting bekend.

Procedure ■ OP AANVRAAG ▶ onbekend AANVRAAGPROCEDURE ▶ Geen aanvraagprocedure bekend.

Financieel ■ EIGEN VERMOGEN ▶ € 134.063 INKOMSTEN EV ▶ € 117 INKOMSTEN OV ▶ € 25 HERKOMST MIDDELEN ▶ onbekend BOEKJAAR ▶ 2018 JAARVERSLAG OP WEBSITE ▶ ja.

Contact ■ BEREIKBAAR PER ▶ ☑ post ☒ e-mail ☑ telefoon CONTACTPERSOON ▶ geen contactpersoon bekend POSTADRES ▶ Czaar Peterstraat 1, 1506 SK Zaandam TELEFOON (ALGEMEEN) ▶ 0756312929.

1219

Vereniging Trein 8.28 H.IJ.S.M.

Rubriek ■ ☑ maatschappij, welzijn en samenleving ☑ noodhulp

Algemeen ■ WEBSITE ▶ https://fondseninnederland.nl/fonds/vereniging-trein-828-hijsm TYPERING ▶ vermogensfonds OPGERICHT ▶ 01-10-1903 RECHTSVORM ▶ vereniging KVK ▶ 40531607 ANBI STATUS ▶ ja DIRECTIE ▶ geen directiegegevens bekend BESTUUR ▶ H.P.R. de Kiewit, voorzitter; R.J.M. Winkenius, penningmeester; mw. J.C. Brouwer, secretaris; mw. M. Edmondts; P.J. Ronner; B. Schipper; J. Maas.

Missie ■ DOELSTELLING ▶ De doelstelling van de vereniging is steun te verlenen aan kinderen en jongeren tot 21 jaar in een maatschappelijke of medische achterstandsituatie, ongeacht geloof, ras, of politieke gezindheid, in Nederland, Europa en ontwikkelingslanden. STICHTER(S) ▶ J.L. Cohen, inspecteur van een levensverzekeringsmaatschappij, en een aantal medereizigers in de exprestrein Amsterdam-Parijs van de H.IJ.S.M. (Hollandsche IJzeren Spoorweg Maatschappij) HISTORIE ▶ De Vereniging Trein 8.28 vindt zijn oorsprong in het initiatief van enkele zakenlieden - die in 1903 dagelijks de reis van Amsterdam naar Rotterdam maakten met de trein van 8.28 uur van de Hollandsche IJzeren Spoorweg Maatschappij - om geld in te zamelen teneinde achterstandskinderen (in die tijd meestal lichamelijk in zeer slechte conditie, vaak pre-tuberculose) enige tijd in een gezonde omgeving te kunnen laten doorbrengen. Daartoe werden enkele tehuizen opgericht die jarenlang goede diensten hebben bewezen, totdat dat in 1974 niet meer nodig bleek. De verkoop van deze tehuizen resulteerde in een kapitaal, waarvan de rendementen tot op de dag van heden worden besteed aan individuele, schrijnende gevallen of projecten ten bate van achterstandsjeugd in binnen- en buitenland. Toen de financiële positie van de Vereniging verder verslechterde, werd op voorstel van de toenmalige penningmeester van de vereniging, J.E. Joëls besloten om het vermogen te gebruiken voor schenkingen aan kleinschalige projecten voor 'het kind in nood'. **BELEIDSPLAN OP WEBSITE** ► ja.

Doelgroep ■ **ALGEMEEN** ► jongeren, kinderen, zieken, gehandicapten, armen, dak- en thuislozen **SPECIFIEK** ► Kinderen en jongeren tot 21 jaar in een maatschappelijke of medische achterstandsituatie. **ACTIVITEITEN** ► Het beschikbaar stellen van middelen ter bevordering van statutaire doelstelling aan jeugdige personen en instellingen in binnen- en buitenland. Voor toewijzing komen in aanmerking: ☑ projecten op het gebied van gezondheidszorg en zorg voor gehandicapten; ☑ pleegoudergezinnen; ☑ onderwijsactiviteiten; ☑ (school)kampactiviteiten; ☑ individuele vakanties van kinderen met ernstige problemen; ☑ kinderopvangactiviteiten; ☑ verbouw- en inrichtingskosten voor zorgbehoevende jongeren; ☑ aanvullende financiële steun, daar waar de overheid in wettelijke zin niet of niet voldoende voorziet. **INTERVENTIENIVEAU** ► Steun aan lokale/provinciale maatschappelijke organisaties en structuren (incl. gemeenten etc.) die diensten verlenen aan individuen.; Steun aan individuen (directe steun).

Werkgebied ■ **ACTIERADIUS** ► Nationaal, Internationaal **LAND** ► Wereldwijd.

Bestedingen ■ **BUDGET** ► € 150.000 **TOELICHTING** ► Er wordt naar gestreefd 50% van de beschikbare gelden te besteden aan projecten in het buitenland en 50 % aan projecten in Nederland. **ONDERSTEUNDE PROJECTEN P/J** ► 79 **SOORT BIJDRAGE** ► giften garanties **BOVENGRENS** ► geen **ONDERGRENS** ► geen.

Projecten ■ **CRITERIA** ► ☑ projecten op het gebied van gezondheidszorg en zorg voor gehandicapten; ☑ pleegoudergezinnen; ☑ onderwijsactiviteiten; ☑ (school)kampactiviteiten; ☑ individuele vakanties van kinderen met ernstige problemen; ☑ kinderopvangactiviteiten; ☑ verbouw- en inrichtingskosten voor zorgbehoevende jongeren; ☑ aanvullende financiële steun, daar waar de overheid in wettelijke zin niet of niet voldoende voorziet. **DOORLOOPTIJD** ► ☑ korter dan 1 jaar **STATUS AANVRAGER** ► ☑ geen beperkingen bekend **VOORKEUR/UITSLUITING** ► De Vereniging geeft de voorkeur aan direct gerichte kleinschalige hulp in Nederland, Europa, maar ook daarbuiten, in Afrika, Latijns-Amerika en Azië.

Procedure ■ **OP AANVRAAG** ► ja **AANVRAAGPROCEDURE** ► Correspondentie uitsluitend per e-mail.

Financieel ■ **HERKOMST MIDDELEN** ► vermogen **BOEKJAAR** ► 2018 **JAARVERSLAG OP WEBSITE** ► ja.

Contact ■ **BEREIKBAAR PER** ► ☒ post ☑ e-mail ☒ telefoon **CONTACTPERSOON** ► geen contactpersoon bekend **POSTADRES** ► Geen postadres bekend **EMAIL (ALGEMEEN)** ► trein-8.28@hotmail.com.

1220
Stichting 't Trekpaert

Rubriek ■ ☑ maatschappij, welzijn en samenleving ☑ gezondheidszorg ☑ natuur, milieu en dieren ☑ kunst en cultuur

Algemeen ■ **WEBSITE** ► www.valuepartners.nl/anbitp **TYPERING** ► vermogensfonds **OPGERICHT** ► 10-03-2010 **RECHTSVORM** ► stichting **KVK** ► 14489487 **ANBI STATUS** ► ja **DIRECTIE** ► geen directiegegevens bekend **BESTUUR** ► T. Hooghiemstra, voorzitter; T. Bartelse, penningmeester; mw. E.N. Val-Holthausen, secretaris.

Missie ■ **DOELSTELLING** ► Stichting 't Trekpaert heeft ten doel: het verlenen van steun aan instellingen met de status Algemeen Nut Beogende Instelling (ANBI) en voort al hetgeen met een en ander rechtstreeks of zijdeling verband houdt of daartoe bevorderlijk kan zijn. Voor zover instellingen in het buitenland zijn, zal een vergelijkbare status verlangd worden, dan wel wordt de financiële steun verleend via Nederlandse Instellingen met een ANBI-status. Het beleid zal door het Bestuur jaarlijks worden geëvalueerd. **BELEIDSPLAN OP WEBSITE** ► ja.

Doelgroep ■ **SPECIFIEK** ► Instellingen met de status Algemeen Nut Beogende Instelling (ANBI) of buitenlandse instellingen met een vergelijkbare status. **ACTIVITEITEN** ► Geen specifieke activiteiten bekend **INTERVENTIENIVEAU** ► Steun aan lokale/provinciale maatschappelijke organisaties en structuren (incl. gemeenten etc.) die diensten verlenen aan individuen.

Werkgebied ■ **ACTIERADIUS** ► Internationaal **LAND** ► Wereldwijd.

Bestedingen ■ **BUDGET** ► niet openbaar **SOORT BIJDRAGE** ► giften **BOVENGRENS** ► geen **ONDERGRENS** ► geen.

Projecten ■ **CRITERIA** ► geen projectcriteria bekend **DOORLOOPTIJD** ► ☑ onbekend **STATUS AANVRAGER** ► ☑ geen beperkingen bekend **VOORKEUR/UITSLUITING** ► geen voorkeur of uitsluiting bekend.

Procedure ■ **OP AANVRAAG** ► onbekend **AANVRAAGPROCEDURE** ► Alleen Leden van BC 't Stockpaert, hun partners en bekende goede doelen kunnen voordrachten voor donaties aan het bestuur doen voor besluitvorming.

Financieel ■ **EIGEN VERMOGEN** ► € 915.183 **INKOMSTEN OV** ► € 2.904.522 **HERKOMST MIDDELEN** ► inkomsten uit vermogen, giften & schenkingen, leden (bijdragen) **BOEKJAAR** ► 2018 **JAARVERSLAG OP WEBSITE** ► ja.

Contact ■ **BEREIKBAAR PER** ► ☑ post ☒ e-mail ☒ telefoon **CONTACTPERSOON** ► geen contactpersoon bekend **POSTADRES** ► Dorpsstraat 26, 2841 BJ Moordrecht.

1221
Stichting Trinapolis

Rubriek ■ ☑ maatschappij, welzijn en samenleving

Algemeen ■ **WEBSITE** ► https://www.kennisbankfilantropie.nl/anbi/trinapolis **TYPERING** ► vermogensfonds **OPGERICHT** ► 01-09-1999 **RECHTSVORM** ► stichting **KVK** ► 27183003 **ANBI STATUS** ► nee **DIRECTIE** ► geen directiegegevens bekend **BESTUUR** ► Mw. L.M. Gualthérie van Weezel-d'Hollosy, voorzitter; mr. B.H. Croon, penningmeester; mw. V.B. Gualthérie van Weezel, secretaris; mw. M.Th.A. Terwindt.

Missie ■ **DOELSTELLING** ► De doelstelling van Stichting Trinapolis is tweeledig: ☑ het steunen van humanitaire projecten in Litouwen, zodanig dat zij op zowel financieel, als maatschappelijk gebied goed kunnen functioneren; ☑ het bij andere fondsen onder de aandacht brengen van aanvragen uit Litouwen die de stichting financieel niet kan helpen. **STICHTER(S)** ▶ Mevrouw L.M. Gualthérie van Weezel-d'Hollosy.

Doelgroep ■ **ALGEMEEN** ▶ gehandicapten, armen, dak- en thuislozen, kinderen **SPECIFIEK** ▶ Inwoners van Litouwen. **ACTIVITEITEN** ▶ Steun aan: ☑ een school, alwaar lichamelijk gehandicapte en gezonde kinderen elkaar leren accepteren; ☑ opvang van zwerfkinderen; ☑ gaarkeukens; ☑ hospice. **INTERVENTIENIVEAU** ▶ Onbekend.

Werkgebied ■ **ACTIERADIUS** ▶ Nationaal **LAND** ▶ Litouwen.

Bestedingen ■ **BUDGET** ▶ niet openbaar **SOORT BIJDRAGE** ▶ giften **BOVENGRENS** ▶ geen **ONDERGRENS** ▶ geen.

Projecten ■ **CRITERIA** ▶ geen projectcriteria bekend **DOORLOOPTIJD** ▶ ☑ korter dan 1 jaar **STATUS AANVRAGER** ▶ ☑ overig **VOORKEUR/UITSLUITING** ▶ geen voorkeur of uitsluiting bekend.

Procedure ■ **OP AANVRAAG** ▶ onbekend **AANVRAAGPROCEDURE** ▶ geen aanvraagprocedure bekend.

Financieel ■ **HERKOMST MIDDELEN** ▶ onbekend.

Contact ■ **BEREIKBAAR PER** ▶ ☑ post ☑ e-mail ☑ telefoon **CONTACTPERSOON** ▶ geen contactpersoon bekend **POSTADRES** ▶ Van Stolkweg 9C, 2585 JL Den Haag **EMAIL (ALGEMEEN)** ▶ gualtherievweezel@uni-one.nl **TELEFOON (ALGEMEEN)** ▶ 070-3501908.

1222

Stichting Triodos Foundation

Rubriek ■ ☑ voedsel en voedselveiligheid ☑ kunst en cultuur ☑ maatschappij, welzijn en samenleving ☑ natuur, milieu en dieren ☑ mensenrechten, vrede en veiligheid ☑ gezondheidszorg

Algemeen ■ **WEBSITE** ▶ www.triodosfoundation.nl **TYPERING** ▶ hybride fonds **OPGERICHT** ▶ 26-02-1971 **RECHTSVORM** ▶ stichting **KVK** ▶ 41149512 **ANBI STATUS** ▶ ja **DIRECTIE** ▶ L. ten Siethoff **BESTUUR** ▶ Mw. M. van Golstein Brouwers, voorzitter; M. Bierman, penningmeester; M. Bierman, secretaris; mw. A. van Beuningen-Wickel; mw. F. Gongriep; K. Jansen.

Missie ■ **DOELSTELLING** ▶ De stichting heeft ten doel initiatieven te bevorderen en te nemen die een aanzet willen geven tot maatschappelijke vernieuwing of bijdragen aan een meer bewuste omgang met geld. Daarbij geldt als uitgangspunt dat ieder mens zich in vrijheid dient te kunnen ontwikkelen, gelijke rechten heeft en verantwoordelijk is voor de gevolgen van zijn economisch handelen voor de medemens en de aarde. Alles in de ruimste zin van het woord. **STICHTER(S)** ▶ Adriaan Deking Dura, Dieter Brüll, Lex Bos en Rudolf Mees **HISTORIE** ▶ Stichting Triodos Foundation bevordert sinds 1971 een bewuste omgang met geld en stimuleert vernieuwende ontwikkelingen. Sinds de oprichting van Triodos Bank in 1980 beperkt de Stichting zich hoofdzakelijk tot het faciliteren van schenkgeld. Het ondersteunen van projecten wordt mogelijk gemaakt door de eigen schenkers in de vorm van vele grote en kleine schenkingen. Ook de vestigingen van Triodos Bank N.V. in België, het Verenigd Koninkrijk en Spanje hebben een vergelijkbare stichting. In totaal heeft de stichting 109 grotere en kleinere fondsen onder beheer.

Doelgroep ■ **SPECIFIEK** ▶ Projecten met als werkgebied natuur en milieu, mens en maatschappij of internationale samenleving. **ACTIVITEITEN** ▶ Stichting Triodos Foundation steunt waardevolle en vernieuwende initiatieven die bijdragen aan de ontwikkeling van een duurzame samenleving. Stichting Triodos Foundation onderscheidt drie werkgebieden: ☑ gezondheid & ontwikkeling; ☑ bodem & diversiteit; ☑ gelijke kansen. Vernieuwing, gericht op een duurzame samenleving, is de bindende factor. Met gerichte schenkingen en fondsen op naam, steunt Stichting Triodos Foundation ook projecten op het gebied van cultuur, gezondheid, dierenwelzijn en natuureducatie. **INTERVENTIENIVEAU** ▶ Steun op niveau van maatschappij zelf (beleidsbeïnvloeding, etc.).

Werkgebied ■ **ACTIERADIUS** ▶ Nationaal, Internationaal **LAND** ▶ Wereldwijd.

Bestedingen ■ **BUDGET** ▶ niet openbaar **ONDERSTEUNDE PROJECTEN P/J** ▶ 230 **SOORT BIJDRAGE** ▶ giften **BOVENGRENS** ▶ € 20.000 **ONDERGRENS** ▶ € 1.000.

Projecten ■ **CRITERIA** ▶ Erg belangrijk dat het initiatief: ☑ het initiatief inspirerend en vernieuwend is; ☑ het initiatief activiteiten ontplooit die schaalbaar zijn; ☑ het initiatief veel mensen bereikt en een brede impact heeft; ☑ u als initiatiefnemer een goed netwerk heeft en voldoende steun heeft verzameld; ☑ minstens twee andere organisaties deelnemen aan de financiering; ☑ er een goed doordacht projectplan en dekkingsplan zijn; ☑ er een budget is waar wij met gemiddeld €5.000-€10.000 een verschil in kunnen maken. Belangrijk: ☑ de initiatiefnemers bewust en op een verantwoorde manier met geld omgaan; ☑ project gericht op een duurzame samenleving; ☑ initiatiefnemers werken op een professioneel niveau; ☑ formuleren van realistische plannen en concrete resultaten; ☑ beschikken over een onafhankelijk bestuur of adequaat toezicht. **DOORLOOPTIJD** ▶ ☑ onbekend **STATUS AANVRAGER** ▶ ☑ stichting of vereniging (non-profit) ☑ onderwijsinstelling ☑ overig **VOORKEUR/UITSLUITING** ▶ De stichting ervaar het als een minpunt als: ☑ er essentiële informatie ontbreekt; ☑ er relatief hoge kosten zijn voor specifieke posten; ☑ de begroting > €300.000; ☑ het initiatief ook in aanmerking komt voor steun uit grote fondsen; ☑ het initiatief alleen lokaal impact maakt; ☑ het initiatief een publicatie, film, seminar, congres of festival betreft. De stichting ervaar het als een sterk minpunt als: ☑ de werkzaamheden vallen binnen de taak van de (lokale) overheid; ☑ de projectorganisatie/initiatiefnemers zelf als fondsenwervende organisatie of vermogensfonds opereren; ☑ de initiatiefnemers nu of in de toekomst commerciële activiteiten willen ontplooien (Hier vallen ook commerciële klanten van Triodos Bank onder); ☑ het project zich richt op verwerving of onderhoud van onroerend goed; ☑ het project gericht is op ondersteuning van individuen of individuele activiteiten; ☑ het project is opgezet in het kader van een studie of leertraject, denk aan studiekosten, studentenonderzoek of studentencompetities.

Procedure ■ OP AANVRAAG ► ja DOORLOOPTIJD ► 1-3 maanden AANVRAAGPROCEDURE ► Aanvragen worden op volgorde van binnenkomst behandeld. U dient het project eerst aan ons pitchen. Een pitch kan alleen per e-mail worden ingediend. De e-mail kan worden gericht aan Paula Zijp, de projectcoördinator. De pitch bestaat uit de volgende zaken: ☑ Projecttitel; ☑ Samenvatting (max 300 woorden); ☑ Budget: ☑ Gegevens van de organisatie: ☑ Gegevens contactpersoon: Op de website staat ook een formulier, indien u liever met een vast format werkt. Ook kunt u daar toelichting vinden op de verschillende onderdelen van de pitch. Wij proberen u binnen drie weken na ontvangst van de pitch een antwoord te sturen. Als wij aanknopingspunten zien zullen wij u uitnodigen om een volledige aanvraag bij ons in te dienen. Wij zullen u informeren over de informatie die nodig is in aanvulling op de pitch. Binnen vier tot acht weken kunt u een inhoudelijke reactie op de aanvraag verwachten. Ook als wij uw project niet kunnen ondersteunen, krijgt u een reactie van ons. Het kan zijn dat we u in deze fase uitnodigen om langs te komen voor een persoonlijk gesprek. URL ► www.triodosfoundation.nl/doe-een-aanvraag

Financieel ■ EIGEN VERMOGEN ► € 9.913.359 INKOMSTEN EV ► € 21.284 INKOMSTEN OV ► € 1.381.279 HERKOMST MIDDELEN ► vermogen, legaten, overige inkomsten, giften & schenkingen BOEKJAAR ► 2019 JAARVERSLAG OP WEBSITE ► ja.

Contact ■ BEREIKBAAR PER ► ☑ post ☑ e-mail ☑ telefoon CONTACTPERSOON ► Mw. P. Zijp POSTADRES ► Hoofdstraat 10, 3972 LA Driebergen-Rijsenburg EMAIL (ALGEMEEN) ► triodos.foundation@triodos.nl TELEFOON (ALGEMEEN) ► 030-6936535.

1223

Trombosestichting Nederland

Rubriek ■ ☑ onderwijs en onderzoek ☑ gezondheidszorg

Algemeen ■ WEBSITE ► www.trombosestichting.nl TYPERING ► hybride fonds OPGERICHT ► 1974 RECHTSVORM ► stichting KVK ► 41150933 ANBI STATUS ► ja DIRECTIE ► mw. dr. C. van Egmond BESTUUR ► Drs. A.A. Bouvy, voorzitter; mw. D.E.J. Vree-van Dam, secretaris; R. Meenink; prof.dr. J.C.M. Meijers; mr. F. Volders; dr. V.E.A. Gerdes.

Missie ■ DOELSTELLING ► De Trombosestichting Nederland financiert het wetenschappelijk onderzoek op het gebied van trombose, geeft voorlichting over deze aandoening (in het bijzonder aan degenen die met trombose in aanraking komen) en financiert postacademisch onderwijs op dit gebied. HISTORIE ► De Trombosestichting Nederland is in 1974 opgericht. BELEIDSPLAN OP WEBSITE ► ja.

Doelgroep ■ ALGEMEEN ► studenten, vrouwen, zieken, jongeren, ouderen SPECIFIEK ► - Patiënten onder antistollingsbehandeling; - artsen en onderzoekers;. ACTIVITEITEN ► ☑ Het verlenen van subsidies aan onderzoekers op het gebied van trombose; ☑ het verwerven van fondsen; ☑ het kritisch begeleiden van gesubsidieerd onderzoek; ☑ het vervaardigen van voorlichtingsmateriaal; ☑ het doen geven van cursussen aan onderzoekers; ☑ alle overige middelen die bevorderlijk kunnen zijn voor het beoogde doel. INTERVENTIENIVEAU ► Steun aan individuen (directe steun).; Steun aan individuen via maatschappelijk werk organisaties of directe steun (studiebeurzen).

Werkgebied ■ ACTIERADIUS ► Nationaal LAND ► Nederland.

Bestedingen ■ BUDGET ► niet openbaar TOELICHTING ► De Trombosestichting Nederland neemt uitsluitend aanvragen in behandeling tot een maximumbedrag van € 250.000,– en een maximumduur van 4 jaar. ONDERSTEUNDE PROJECTEN P/J ► 4 SOORT BIJDRAGE ► subsidies overig BOVENGRENS ► € 250.000 ONDERGRENS ► geen.

Projecten ■ CRITERIA ► Onderzoeksprojecten moeten betrekking hebben op één of meer problemen gerelateerd aan oorzaken, preventie en bestrijding van trombose. DOORLOOPTIJD ► ☑ onbekend STATUS AANVRAGER ► ☑ individuen/gezinnen ☑ overig VOORKEUR/UITSLUITING ► ☑ De projectleider dient ruime ervaring in het wetenschappelijk onderzoek te hebben; ☑ De onderzoeker(s) c.q. het instituut waar het onderzoek plaatsvindt moet, indien het voorgestelde onderzoek dat noodzakelijk maakt, de beschikking hebben over laboratoriumruimte, alsmede apparatuur die, naar de maatstaf van de in Nederland heersende opvatting, tot de uitrusting en het bestand van een laboratorium behoren.

Procedure ■ OP AANVRAAG ► ja AANVRAAGPROCEDURE ► Voor deelname aan de jaarlijkse subsidieronde van de Trombosestichting Nederland is het invullen van het vooraanmeldingsformulier (te vinden op de website verplicht. De aanvraag dient per e-mail (onderzoek@trombosestichting.nl) verstuurd te worden. De beschikbare ruimte op het; vooraanmeldingsformulier mag niet overschreden danwel uitgebreid worden. Iedere vooraanmelding wordt beoordeeld en van rank voorzien door de leden van de Wetenschappelijke Adviesraad. De best-scorende projecten worden; uitgenodigd om een uitgebreide projectaanvraag te schrijven. Ook hier geldt dat de beschikbare ruimte van het formulier niet mag worden aangepast c.q. mag worden overschreden. De projectaanvraag beoordeeld door twee externe referenten. Het commentaar van de externe referenten wordt daarna naar de projectleider gestuurd. Na; een hoor- en wederhoorprocedure geven de externe referenten een definitief (inhoudelijk; en cijfermatig) oordeel. Aansluitend worden de aanvragen met hoor en wederhoor en het definitieve cijfer in een vergadering van de Wetenschappelijke Adviesraad besproken, op grond waarvan de Raad; van Toezicht en het bestuur van de Trombosestichting Nederland wordt geadviseerd of een; aanvraag al dan niet, en zo ja met welke prioriteit, kan worden gehonoreerd. De projectleider wordt schriftelijk op de hoogte gesteld van het besluit. De voorwaarden en benodigde documenten zijn terug te vinden op de website. URL ► www.trombosestichting.nl/nieuws/onderzoek/subsidie-voor-trombose-onderzoek/

Financieel ■ EIGEN VERMOGEN ► € 1.338.058 INKOMSTEN OV ► € 3.005.638 HERKOMST MIDDELEN ► giften & schenkingen, legaten, overige inkomsten, bedrijven, loterijen BOEKJAAR ► 2018 JAARVERSLAG OP WEBSITE ► ja.

Contact ■ BEREIKBAAR PER ► ☑ post ☑ e-mail ☑ telefoon CONTACTPERSOON ► geen contactpersoon bekend POSTADRES ► Postbus 100, 2250

AC Voorschoten **EMAIL (ALGEMEEN)** ▶ tsn@trombosestichting.nl **TELEFOON (ALGEMEEN)** ▶ 071-5617717 **TELEFOON (AANVRAGEN)** ▶ 071-5617717.

1224

Stichting TSC Fonds

Rubriek ■ ☑ gezondheidszorg ☑ maatschappij, welzijn en samenleving ☑ onderwijs en onderzoek

Algemeen ■ **WEBSITE** ▶ www.tscfonds.nl **TYPERING** ▶ vermogensfonds **OPGERICHT** ▶ 29-12-1999 **RECHTSVORM** ▶ stichting **KVK** ▶ 14064389 **ANBI STATUS** ▶ ja **DIRECTIE** ▶ geen directiegegevens bekend **BESTUUR** ▶ Mr. J. Russell, voorzitter; R. Hulstein, penningmeester; mr. A. Smits, secretaris; mw.mr. S. Bienfait; mw. I. Tol; mw.drs. H. Hulshof.

Missie ■ **DOELSTELLING** ▶ 'De stichting heeft ten doel financiële ondersteuning te verlenen voor wetenschappelijk onderzoek met betrekking tot de ziekte Tubereuze Sclerose Complex alsmede, nadat voormeld onderzoek is afgerond, met betrekking tot medisch onderzoek in het algemeen.' **STICHTER(S)** ▶ Ouders van Michelle, een meisje met de aandoening Tubereuze Sclerose Complex (TSC) **HISTORIE** ▶ De stichting is eind 1999 opgericht om een structurele financiële ondersteuning van het Wetenschappelijk onderzoek naar Tubereuze Sclerose Complex (TSC) te organiseren. Stichting Michelle heeft een naamswijziging ondergaan en heet nu Stichting TSC Fonds. Gekozen is voor deze naamswijziging om daarmee de zichtbaarheid en vindbaarheid van het fonds te verbeteren en daarmee voor iedereen helder te maken dat de aandoening TSC (Tubereuze Sclerose Complex) binnen het fonds centraal staat. De naamswijziging in Stichting TSC Fonds is doorgevoerd bij notariële akte op 10 oktober 2017 **BELEIDSPLAN OP WEBSITE** ▶ ja.

Doelgroep ■ **ALGEMEEN** ▶ zieken **SPECIFIEK** ▶ Patiënten, familie en betrokkenen, onderzoekers en wetenschappers, mogelijke belanghebbenden van onderzoek naar andere ziekten. **ACTIVITEITEN** ▶ De stichting tracht dit doel onder meer te verwezenlijken door de financiële ondersteuning van: ☑ wetenschappelijk onderzoek; ☑ congressen en workshops; ☑ het geven van voorlichting; ☑ Het werven van financiële middelen en het financieel steunen van wetenschappelijk onderzoek naar de aandoening Tubereuze Sclerose Complex (TSC) en al hetgeen verder ter bereiking van het doel bevorderlijk kan zijn. **INTERVENTIENIVEAU** ▶ Steun aan lokale/provinciale maatschappelijke organisaties en structuren (incl. gemeenten etc.) die diensten verlenen aan individuen.

Werkgebied ■ **ACTIERADIUS** ▶ Nationaal **LAND** ▶ Nederland.

Bestedingen ■ **BUDGET** ▶ € 62.000 **TOELICHTING** ▶ Als vuistregel kan jaarlijks 3 % van het totale vermogen worden uitgekeerd. De stichting streeft ernaar om jaarlijks minimaal € 60.000 euro aan subsidies te verlenen. **ONDERSTEUNDE PROJECTEN P/J** ▶ 4 **SOORT BIJDRAGE** ▶ giften **BOVENGRENS** ▶ geen **ONDERGRENS** ▶ geen.

Projecten ■ **CRITERIA** ▶ Het onderzoek is gericht op de ziekte Tubereuze Sclerose Complex (TSC). Algemene doelstellingen zijn het stimuleren van onderzoek naar: ☑ de oorzaak van TSC; ☑ de diagnostiek van TSC; ☑ de behandeling van TSC. Het onderzoek kan zowel fundamenteel als klinisch zijn. Multidisciplinaire samenwerking, multicenter samenwerking, en/of translationeel onderzoek worden toegejuicht. **DOORLOOPTIJD** ▶ ☑ korter dan 1 jaar **STATUS AANVRAGER** ▶ ☑ overig **VOORKEUR/UITSLUITING** ▶ geen voorkeur of uitsluiting bekend.

Procedure ■ **OP AANVRAAG** ▶ ja **DOORLOOPTIJD** ▶ 6-12 maanden **AANVRAAGPROCEDURE** ▶ Via de website worden de voorwaarden en de inzenddatum bekend gemaakt via een 'Call for Proposal'. Onderzoeksvoorstellen worden ingediend volgens een vast format (zie website) en dienen per e-mail als Word- of PDF document gestuurd te worden naar de secretaris van Stichting TSC Fonds Marice Relyveld, via secretaris@tscfonds.nl, cc voorzitter@tscfonds.nl. **URL** ▶ www.tscfonds.nl/nieuws/

Financieel ■ **EIGEN VERMOGEN** ▶ € 2.003.596 **INKOMSTEN EV** ▶ € 256.201 **INKOMSTEN OV** ▶ € 2.830 **HERKOMST MIDDELEN** ▶ vermogen, giften & schenkingen **BOEKJAAR** ▶ 2019 **JAARVERSLAG OP WEBSITE** ▶ ja.

Contact ■ **BEREIKBAAR PER** ▶ ☑ post ☑ e-mail ☑ telefoon **CONTACTPERSOON** ▶ Mr. M. Relyveld **POSTADRES** ▶ Reguliersgracht 72, 1017 LV Amsterdam **EMAIL (ALGEMEEN)** ▶ info@tscfonds.nl **TELEFOON (ALGEMEEN)** ▶ +310-651301024.

1225

Stichting TUI Care

Rubriek ■ ☑ kunst en cultuur ☑ maatschappij, welzijn en samenleving ☑ natuur, milieu en dieren ☑ economische ontwikkeling en microkrediet ☑ onderwijs en onderzoek

Algemeen ■ **WEBSITE** ▶ www.tuicarefoundation.com/nl **TYPERING** ▶ hybride fonds **OPGERICHT** ▶ 2011 **RECHTSVORM** ▶ stichting **KVK** ▶ 53633865 **ANBI STATUS** ▶ ja **DIRECTIE** ▶ A. Panczuk **BESTUUR** ▶ T. Ellerbeck, voorzitter; F.J.P. Oostdam, penningmeester; prof. N.W. Visser, secretaris; mw. D.G. Wöhrl; mw. H. Caron.

Missie ■ **DOELSTELLING** ▶ Het ondersteunen van samenwerkingen en projecten die betere mogelijkheden bieden voor jongeren en bijdragen aan de ontwikkeling van vakantiebestemmingen. **STICHTER(S)** ▶ TUI **HISTORIE** ▶ TUI Care Foundation is opgericht door TUI, wereldwijd marktleider in de toerisme sector. TUI Care Foundation is gevestigd in het hart van Europa, Nederland. De stichting richt zich op de positieve effecten van het toerisme en bouwt zo aan blijvende vooruitgang. **BELEIDSPLAN OP WEBSITE** ▶ ja.

Doelgroep ■ **ALGEMEEN** ▶ dieren, inheemse volken, jongeren, kinderen, studenten, vrouwen **SPECIFIEK** ▶ Lokale belanghebbenden op vakantiebestemmingen. **ACTIVITEITEN** ▶ TUI Care Foundation verwezenlijkt haar doelstelling door projecten van derden te steunen die zich richten op mens, dier en natuur op de vakantiebestemmingen. TUI Care Foundation doet dit door: ☑ het steunen van projecten van derden of het initiëren van eigen projecten op vakantiebestemmingen; ☑ het samenwerken met maatschappelijke partners in het werkveld van duurzame ontwikkeling; ☑ het creëren van betrokkenheid van lokale belanghebbenden bij de duurzame ontwikkeling van de vakantiebestemming; ☑ het vergroten van kennis over en de betrokkenheid van de Nederlandse vakantieganger bij duurzaam toerisme. **INTERVENTIENIVEAU** ▶ Steun aan lokale/provinciale maatschappelijke organisaties en structuren (incl. gemeenten etc.) die diensten verlenen aan individuen.; Steun op niveau van maatschappij zelf (beleidsbeïnvloeding, etc.).

Werkgebied ■ **ACTIERADIUS** ▶ Internationaal **LAND** ▶ Wereldwijd.

Bestedingen ■ **BUDGET** ▶ niet openbaar **SOORT BIJDRAGE** ▶ giften **BOVENGRENS** ▶ geen **ONDERGRENS** ▶ geen.

Projecten ■ **CRITERIA** ▶ ☑ het project heeft een duidelijk raakvlak met de duurzame ontwikkeling van vakantiebestemmingen of jeugd & educatie; ☑ het project richt zich op jeugd & educatie, op natuur, milieu & dierenwelzijn en/of op lokale werkgelegenheid & economie in bestemmingen; ☑ het project vindt plaats in een vakantiebestemming; ☑ De stichting werkt alleen samen met geregistreerde rechtspersonen; ☑ projecten worden uitgevoerd door lokaal geregistreerde organisaties of door eigen kantoren in het vakantieland met een actief bestuur. **DOORLOOPTIJD** ▶ ☑ onbekend **STATUS AANVRAGER** ▶ ☑ bedrijf ☑ kerkelijke instelling ☑ onderwijsinstelling ☑ stichting of vereniging (non-profit) ☑ hulpverleners ☑ overig **VOORKEUR/UITSLUITING** ▶ Geen steun voor: ☑ Individuele hulp; ☑ Organisatie met politieke of religieuze doelstelling; ☑ Wetenschappelijk onderzoek dat geen onderdeel is van een grotere projectaanvraag; ☑ Investeringen in verblijfsaccommodaties die niet eigendom zijn van de lokale gemeenschap; ☑ Noodhulp.

Procedure ■ **OP AANVRAAG** ▶ ja **AANVRAAGPROCEDURE** ▶ Via de website dient eerst een quickscan te worden gedaan om te bepalen of een project voldoet aan de basisvoorwaarden. Vervolgens kan een aanvraag worden ingediend via een online aanvraagformulier. De stichting neemt zelf contact op voor informatie over de beoordeling. **URL** ▶ www.tuicarefoundation.com/nl/kom-in-actie/dien-een-project-in

Financieel ■ **EIGEN VERMOGEN** ▶ € 3.184.033 **INKOMSTEN OV** ▶ € 5.178.132 **HERKOMST MIDDELEN** ▶ moederorganisatie (bijdragen), giften & schenkingen **BOEKJAAR** ▶ 2019 **JAARVERSLAG OP WEBSITE** ▶ ja.

Contact ■ **BEREIKBAAR PER** ▶ ☑ post ☑ e-mail ☑ telefoon **CONTACTPERSOON** ▶ geen contactpersoon bekend **POSTADRES** ▶ Volmerlaan 3, 2288 GC Rijswijk **EMAIL (ALGEMEEN)** ▶ info@tuicarefoundation.com **TELEFOON (ALGEMEEN)** ▶ 070-3266801.

1226
Stiching Turbulent

Rubriek ■ ☑ gezondheidszorg ☑ maatschappij, welzijn en samenleving ☑ natuur, milieu en dieren ☑ onderwijs en onderzoek ☑ noodhulp

Algemeen ■ **WEBSITE** ▶ www.kennisbankfilantropie.nl/anbi/turbulent **TYPERING** ▶ vermogensfonds **OPGERICHT** ▶ 12-12-2013 **RECHTSVORM** ▶ stichting **KVK** ▶ 59436832 **ANBI STATUS** ▶ ja **DIRECTIE** ▶ geen directiegegevens bekend **BESTUUR** ▶ T.J.G. van Lent, voorzitter; J.T.A. van Lent, penningmeester; mw. C. Padmos-Broomans, secretaris; A. Borstelaar; F.M.G. Brandts; mw. J.J.M. van Eijndhoven.

Missie ■ **DOELSTELLING** ▶ De stichting wil, door financiële giften en andere baten en het verwerven en aanwenden van in- en externe kennis, ervaring, tijd en netwerken van bestuursleden en donateurs van de stichting, vooral projecten bevorderen en/of ondersteunen: ☑ die duurzaam bijdragen aan een beter leven en een grotere zelfredzaamheid voor kansarme kinderen, gehandicapten en zieken en hun naasten in binnen- en buitenland; ☑ die duurzaam bijdragen aan een goede leefbaarheid, natuur en welzijn in het gebied van De Kaag en omgeving in het algemeen en van daaruit mede ten behoeve van kansarme groepen in het bijzonder; ☑ die duurzaam bijdragen aan een groter welzijn, zingeving en inspiratie van mensen, waardoor zij op hun beurt kunnen bijdragen aan de verbetering van hun directe omgeving of elders. **BELEIDSPLAN OP WEBSITE** ▶ ja.

Doelgroep ■ **ALGEMEEN** ▶ armen, dieren, zieken, gehandicapten, kinderen **SPECIFIEK** ▶ Geen specifieke doelgroep **ACTIVITEITEN** ▶ Stichting Turbulent dient het algemeen belang. De stichting streeft niet naar het behartigen van individuele belangen. De stichting steunt het algemeen belang door het verlenen van materiële steun aan mensen in nood en aan bedreigde dieren en natuur, het bieden van steun op het gebied van gezondheidszorg, voeding, onderwijs, water, hygiëne, natuur, milieu, en landschap, het ondersteunen en bevorderen van kunst, cultuur en welzijn in het algemeen. **INTERVENTIENIVEAU** ▶ Steun op niveau van maatschappij zelf (beleidsbeïnvloeding, etc.).; Steun aan lokale/provinciale maatschappelijke organisaties en structuren (incl. gemeenten etc.) die diensten verlenen aan individuen.

Werkgebied ■ **ACTIERADIUS** ▶ Internationaal **LAND** ▶ Wereldwijd.

Bestedingen ■ **BUDGET** ▶ niet openbaar **ONDERSTEUNDE PROJECTEN P/J** ▶ 6 **SOORT BIJDRAGE** ▶ giften **BOVENGRENS** ▶ geen **ONDERGRENS** ▶ geen.

Projecten ■ **CRITERIA** ▶ geen projectcriteria bekend **DOORLOOPTIJD** ▶ ☑ onbekend **STATUS AANVRAGER** ▶ ☑ geen beperkingen bekend **VOORKEUR/UITSLUITING** ▶ geen voorkeur of uitsluiting bekend.

Procedure ■ **OP AANVRAAG** ▶ onbekend **AANVRAAGPROCEDURE** ▶ Geen aanvraagprocedure bekend.

Financieel ■ **INKOMSTEN EV** ▶ € 98 **INKOMSTEN OV** ▶ € 380.000 **HERKOMST MIDDELEN** ▶ giften & schenkingen, vermogen **BOEKJAAR** ▶ 2018 **JAARVERSLAG OP WEBSITE** ▶ ja.

Contact ■ **BEREIKBAAR PER** ▶ ☑ post ☑ e-mail ☑ telefoon **CONTACTPERSOON** ▶ geen contactpersoon bekend **POSTADRES** ▶ Heereweg 223, 2161 BG Lisse **EMAIL (ALGEMEEN)** ▶ mail@stichtingturbulent.nl **TELEFOON (ALGEMEEN)** ▶ 0252420022.

1227
Stichting Tuti Boni Houben-Aberson

Rubriek ■ ☑ maatschappij, welzijn en samenleving

Algemeen ■ **WEBSITE** ▶ www.transparante-anbi.nl/product/embed/

1919 **TYPERING** ▶ vermogensfonds **OPGERICHT** ▶ 2008 **RECHTSVORM** ▶ stichting **KVK** ▶ 34295890 **ANBI STATUS** ▶ ja **DIRECTIE** ▶ geen directiegegevens bekend **BESTUUR** ▶ Mw. I.F. Houben-Aberson, voorzitter; mw. R.J.J. Houben, penningmeester; mw. R.J.J. Houben, secretaris; mw. T.M.E Houben; S.A. Houben.

Missie ■ **DOELSTELLING** ▶ Bij oprichting in 2008 heeft de Stichting als doelstelling meegekregen om - met uitsluiting van winstoogmerk - maatschappelijk relevante projecten te ondersteunen of te financieren zowel binnen als buiten Nederland. **BELEIDSPLAN OP WEBSITE** ▶ ja.

Doelgroep ■ **ALGEMEEN** ▶ armen, kinderen, jongeren, zieken, studenten, dak- en thuislozen, inheemse volken **SPECIFIEK** ▶ Geen specifieke doelgroep **ACTIVITEITEN** ▶ De werkzaamheden van de Stichting zijn erop gericht om zonder noemenswaardige overhead en met zo min mogelijk bureaucratie zo direct mogelijk hulp te verschaffen. **INTERVENTIENIVEAU** ▶ Steun aan lokale/provinciale maatschappelijke organisaties en structuren (incl. gemeenten etc.) die diensten verlenen aan individuen.

Werkgebied ■ **ACTIERADIUS** ▶ Internationaal **LAND** ▶ Wereldwijd.

Bestedingen ■ **BUDGET** ▶ niet openbaar **SOORT BIJDRAGE** ▶ giften studiebeurzen overig **BOVENGRENS** ▶ geen **ONDERGRENS** ▶ geen.

Projecten ■ **CRITERIA** ▶ Projecten moeten persoonsgericht zijn, kinderen en hun educatie/gezondheid hebben de voorkeur, het liefst kleine organisaties, duurzame hulp wordt geprefereerd boven rampenhulp, en de ontvangende instelling moet duidelijk hulpbehoevend zijn. Bij voorkeur geldt er een persoonlijke betrokkenheid van een van de bestuursleden bij het project. **DOORLOOPTIJD** ▶ ☑ onbekend **STATUS AANVRAGER** ▶ ☑ geen beperkingen bekend **VOORKEUR/UITSLUITING** ▶ Elke activiteit welke commercieel risico voor de stichting met zich meebrengt wordt buitengesloten.

Procedure ■ **OP AANVRAAG** ▶ nee **AANVRAAGPROCEDURE** ▶ Project ondersteuningsbesluiten worden met algemene stemmen genomen en per e-mail voorbereid. Het bestuur komt eenmaal per jaar bijeen om gang van zaken te bespreken, en om het beleid aan te passen indien gewenst. Het besteden van de Tuti Boni gelden vindt plaats onder de volgende afspraken: binnen de financiële doelstelling om het donatie vermogen intact te laten, kunnen alle bestuursleden en/of adviseurs van de Stichting projecten aandragen. Introductie van het project geschiedt middels korte presentatie, concreet voorstel, foto's en opsomming sterkte en zwakte punten. Iedereen in het bestuur heeft recht om kritische vragen te stellen. Goedkeuring alleen bij algemeen besluit. Voortgang en controle is verantwoordelijkheid van indiener. Er wordt jaarlijks terugkoppeling gegeven door indiener van voortgang, liefst met foto's.

Financieel ■ **EIGEN VERMOGEN** ▶ € 625.000 **INKOMSTEN EV** ▶ € 36.000 **HERKOMST MIDDELEN** ▶ vermogen **BOEKJAAR** ▶ 2016 **JAARVERSLAG OP WEBSITE** ▶ ja.

Contact ■ **BEREIKBAAR PER** ▶ ☑ post ☑ e-mail ☑ telefoon **CONTACTPERSOON** ▶ geen contactpersoon bekend **POSTADRES** ▶ Zuider Stationsweg 16, 2061 HE Bloemendaal **EMAIL (ALGEMEEN)** ▶ philip@houben.cc **TELEFOON (ALGEMEEN)** ▶ 023-5273561.

1228

Stichting Tuyt-van Riemsdijk Fonds

Rubriek ■ ☑ kerk en levensbeschouwing ☑ maatschappij, welzijn en samenleving ☑ sport en recreatie ☑ kunst en cultuur ☑ onderwijs en onderzoek

Algemeen ■ **WEBSITE** ▶ www.kennisbankfilantropie.nl/anbi/tuyt-van-riemsdijk **TYPERING** ▶ vermogensfonds **OPGERICHT** ▶ 21-12-1988 **RECHTSVORM** ▶ stichting **KVK** ▶ 41091186 **ANBI STATUS** ▶ ja **DIRECTIE** ▶ geen directiegegevens bekend **BESTUUR** ▶ Mw. A.H.E.M. Tuyt-van Riemsdijk, voorzitter; mw. L.M.L. Tuijt; H. Hijzen; J.J, Tuijt.

Missie ■ **DOELSTELLING** ▶ Het verlenen van financiële steun ☑ aan personen die daaraan behoefte hebben en daarvoor naar het oordeel van het bestuur overeenkomstig de staturen in aanmerking komen; ☑ voor alle doeleinden op charitatief, religieus, educatief, recreatief en cultureel gebied of op gebieden van algemeen maatschappelijk belang. **HISTORIE** ▶ De familie Tuyt-van Riemsdijk heeft de behoefte om een deel van haar financiële middelen in te zetten voor meerdere goede doelen. De Stichting Tuyt-van Riemsdijk fonds is de organisatie de in deze behoefte voorziet.

Doelgroep ■ **ALGEMEEN** ▶ algemeen **SPECIFIEK** ▶ Geen specifieke doelgroep **ACTIVITEITEN** ▶ Overeenkomstig de doelstellingen van het fonds zijn er in 2018 schenkingen gedaan aan instellingen op charitatief, religieus, educatief en cultureel gebied. **INTERVENTIENIVEAU** ▶ Steun aan individuen (directe steun).; Steun op niveau van maatschappij zelf (beleidsbeïnvloeding, etc.).

Werkgebied ■ **ACTIERADIUS** ▶ Nationaal **LAND** ▶ Nederland.

Bestedingen ■ **BUDGET** ▶ niet openbaar **SOORT BIJDRAGE** ▶ giften **BOVENGRENS** ▶ geen **ONDERGRENS** ▶ geen.

Projecten ■ **CRITERIA** ▶ geen projectcriteria bekend **DOORLOOPTIJD** ▶ ☑ onbekend **STATUS AANVRAGER** ▶ ☑ geen beperkingen bekend **VOORKEUR/UITSLUITING** ▶ geen voorkeur of uitsluiting bekend.

Procedure ■ **OP AANVRAAG** ▶ onbekend **AANVRAAGPROCEDURE** ▶ Geen aanvraagprocedure bekend.

Financieel ■ **EIGEN VERMOGEN** ▶ € 11.230 **INKOMSTEN OV** ▶ € 10.000 **HERKOMST MIDDELEN** ▶ vermogen, giften & schenkingen **BOEKJAAR** ▶ 2018 **JAARVERSLAG OP WEBSITE** ▶ ja.

Contact ■ **BEREIKBAAR PER** ▶ ☑ post ☑ e-mail ☑ telefoon **CONTACTPERSOON** ▶ geen contactpersoon bekend **POSTADRES** ▶ Hoge Duinlaan 21, 5582 KE Waalre **EMAIL (ALGEMEEN)** ▶ antuyt@ilcmail.nl **TELEFOON (ALGEMEEN)** ▶ 0402217347.

1229

Stichting Universiteitsfonds Delft

Rubriek ■ ☑ onderwijs en onderzoek

Algemeen ■ **WEBSITE** ▶ www.tudelft.nl/universiteitsfonds **TYPERING** ▶ vermogensfonds **OPGERICHT** ▶ 30-06-1925 **RECHTSVORM** ▶ stichting

KVK ▶ 41145319 ANBI STATUS ▶ ja DIRECTIE ▶ mw. E. Esveld BESTUUR ▶ Ir. M.H. Wisbrun, voorzitter; ir. J.A. Dekker, penningmeester; ir. J.A. Dekker, secretaris; prof.dr.ir. T.H.J.J. van der Hagen; ir. T.J.G. baron Collot d'Escury; ir. N. Maas; ir. M.A. Antal; ir. P.J. Heijboer; mw. D. Zandstra; prof. dr. ir. L.J. van Vliet; ir. S. Koster; mw.ir. D. te Gussinklo Ohmann.

Missie ■ DOELSTELLING ▶ De Stichting Universiteitsfonds Delft heeft als doel de bevordering van de technische wetenschappen en het technisch-wetenschappelijk onderwijs in het algemeen. De Stichting tracht dit doel te bereiken het verlenen van: ☑ subsidies voor activiteiten van studieverenigingen; ☑ subsidies voor het uitnodigen van internationaal prominente gastdocenten; ☑ algemene subsidies, in de vorm van een bijdrage in de kosten van een voordracht, een posterpresentatie, de voorbereiding van een promotie en (bij hoge uitzondering) afstudeer- en afstudeerstageprojecten. STICHTER(S) ▶ Technische Hoogeschool Delft HISTORIE ▶ Het Universiteitsfonds Delft werd op 30 juni 1925 opgericht als stichting 'Delftsch Hogeschoolfonds'. In die tijd was er nauwelijks openbare ondersteuning beschikbaar voor modernisering. Het UfD wijdde een belangrijk deel van zijn ondersteuning toe aan onderwijs en onderzoek.

Doelgroep ■ ALGEMEEN ▶ studenten SPECIFIEK ▶ (Individuele) studenten en studieverenigingen aan de TU Delft. ACTIVITEITEN ▶ Er kan subsidie aangevraagd worden voor: ☑ Deelname aan internationale en innovatieve competities; ☑ Studeren in het buitenland (aanvraag via Central International Office); ☑ Afstudeerstage of werk van de Masteropleiding in het buitenland*; ☑ Algemene subsidie in de vorm van een bijdrage in de kosten bij een voordracht of een posterpresentatie, zoals afstudeerwerk op een congres *; ☑ Verenigingsactiviteiten en studiereizen (deze subsidie is bedoeld voor faculteitsgebonden studieverenigingen. Subverenigingen en disputen mogen alleen een aanvraag doen na overleg met de studievereniging); ☑ Activiteiten die gedeeltelijk aansluiten bij het Universiteitsfonds en verbonden zijn aan de TU Delft, zoals; Gezelligheidsverenigingen, Sportverenigingen. Culturele verenigingen, Godsdienstige verenigingen en Politieke verenigingen. * = Kan alleen worden aangevraagd door Masterstudenten. Voorwaarde is dat de afstudeerder en de universiteit en/of opleiding ook financieel bijdragen. INTERVENTIENIVEAU ▶ Steun aan individuen (directe steun).

Werkgebied ■ ACTIERADIUS ▶ Lokaal LAND ▶ Nederland PLAATS ▶ Delft.

Bestedingen ■ BUDGET ▶ niet openbaar SOORT BIJDRAGE ▶ studiebeurzen overig subsidies BOVENGRENS ▶ geen ONDERGRENS ▶ geen.

Projecten ■ CRITERIA ▶ Projectcriteria zijn afhankelijk van de status van de aanvrager. TU Delft studenten kunnen grants aanvragen via het FAST programma en voor alumni is er de Marina van Dammebeurs. Op de website wordt verdere informatie verschaft. DOORLOOPTIJD ▶ ☑ onbekend STATUS AANVRAGER ▶ ☑ stichting of vereniging (non-profit) ☑ individuen/gezinnen VOORKEUR/UITSLUITING ▶ Geen voorkeur/uitsluiting bekend.

Procedure ■ OP AANVRAAG ▶ ja DOORLOOPTIJD ▶ 3-6 maanden AANVRAAGPROCEDURE ▶ Afhankelijk van de aanvraag. Er zijn verschillende beurzen waarvoor een aanvraag ingediend kan worden. Meer informatie is te vinden op de website. URL ▶ https://www.tudelft.nl/universiteitsfonds/grants-aanvragen/

Financieel ■ EIGEN VERMOGEN ▶ € 4.526.892 INKOMSTEN OV ▶ € 824.102 HERKOMST MIDDELEN ▶ overige inkomsten BOEKJAAR ▶ 2018 JAARVERSLAG OP WEBSITE ▶ ja.

Contact ■ BEREIKBAAR PER ▶ ☑ post ☑ e-mail ☑ telefoon CONTACTPERSOON ▶ Library TU Delft, Gebouw 21, kamer 2.58 POSTADRES ▶ Prometheusplein 1; Gebouw 21, kamer 2.58, 2628 ZC Delft EMAIL (ALGEMEEN) ▶ ufonds@tudelft.nl TELEFOON (ALGEMEEN) ▶ 015-2786409.

1230

Stichting Universiteitsfonds Limburg/SWOL

Rubriek ■ ☑ onderwijs en onderzoek

Algemeen ■ WEBSITE ▶ www.ufl-swol.nl TYPERING ▶ hybride fonds RECHTSVORM ▶ stichting KVK ▶ 41077679 ANBI STATUS ▶ ja DIRECTIE ▶ mw. B. Janssen-Kuipers BESTUUR ▶ Drs. Th.J.F.M. Bovens, voorzitter; drs. R.E.J. Pluymakers, penningmeester; mw.mr. N. Niessen, secretaris; prof.dr. M. Paul, vice-voorzitter; drs. E. Joosten; dr. R.M.M.J. Bauer; mw. A. Galama; drs. M. de Jong; J. Klerken; Mr. J-W. Neggers; mw. Mr. A. Penn-te Strake; T. Schok; mw, Dr. M. Schreinemacher; Prof. dr. N. de Vries.

Missie ■ DOELSTELLING ▶ Het Universiteitsfonds Limburg/SWOL heeft als doel de Universiteit Maastricht te ondersteunen in haar wetenschappelijk onderzoek en onderwijs. Wetenschap, is een onmisbare bouwsteen voor een betere toekomst voor de volgende generaties. Het fonds zet zich in voor een goede relatie met en wederzijds vruchtbare contacten tussen de universiteit en haar omgeving. In het kader van deze doelstellingen richt het fonds zich op de verdere uitbouw van de UM, op het verkrijgen van financiële middelen bij bedrijven, overheden, fondsen en particulieren en op het stimuleren van internationale activiteiten van studenten en wetenschappers. Het fonds bevordert de contacten tussen de universiteit en haar alumni, het bedrijfsleven en relevante maatschappelijke organisaties. HISTORIE ▶ Het Universiteitsfonds Limburg is ontstaan in 1965 met de oprichting van de Stichting Wetenschappelijk Onderwijs Limburg (SWOL). Deze stichting had een startkapitaal van slechts 250 gulden. Na de mijnsluitingen in de jaren zestig heeft de regio Zuid-Limburg grote behoefte aan nieuwe impulsen. De oprichting van de achtste medische faculteit in Nederland is een uitgelezen kans om zowel een impuls aan de regio te geven als door het wetenschappelijk onderwijs in Limburg naar een hoger niveau te tillen. Door de inzet van SWOL wordt de nieuwe medische faculteit naar Maastricht gehaald en beginnen in 1974 de eerste studenten aan hun studie Geneeskunde. Daarmee begint de opbouw van de huidige Universiteit Maastricht (UM) die in 2016 haar 40ste levensjaar viert met een groots jubileum. BELEIDSPLAN OP WEBSITE ▶ ja.

Doelgroep ■ ALGEMEEN ▶ studenten SPECIFIEK ▶ Wetenschappelijke projecten en studenten activiteiten. **ACTIVITEITEN** ▶ ☑ Het stimuleren van de verdere uitbouw van de Universiteit Maastricht op basis van voorstellen die door de Universiteit Maastricht en/of door het fonds zelf zijn ontwikkeld; ☑ Het verwerven van middelen bij het bedrijfsleven, overheden, fondsen en particulieren op basis van voorstellen die door de Universiteit Maastricht en/of door het fonds zelf zijn ontwikkeld; ☑ Het stimuleren van (internationale) activiteiten van studenten en medewerkers van de Universiteit Maastricht op het terrein van wetenschappelijk onderwijs en onderzoek, door middel van het ter beschikking stellen van subsidies; ☑ Het bevorderen van de contacten tussen de Universiteit Maastricht en het bedrijfsleven en relevante maatschappelijke organisaties; ☑ Het bevorderen van de contacten tussen de Universiteit Maastricht en haar alumni; ☑ Alle andere wettige middelen die voor het doel van de stichting dienstig kunnen zijn. **INTERVENTIENIVEAU** ▶ Steun aan individuen (directe steun).

Werkgebied ■ **ACTIERADIUS** ▶ Lokaal, Regionaal **LAND** ▶ Nederland **PLAATS** ▶ Maastricht.

Bestedingen ■ **BUDGET** ▶ niet openbaar **ONDERSTEUNDE PROJECTEN P/J** ▶ 62 **SOORT BIJDRAGE** ▶ subsidies studiebeurzen garanties **BOVENGRENS** ▶ geen **ONDERGRENS** ▶ geen.

Projecten ■ **CRITERIA** ▶ Het Universiteitsfonds Limburg verstrekt subsidies om wetenschappelijk onderzoek en onderwijs van de UM te bevorderen, internationale samenwerking te stimuleren en de relatie van de UM met haar omgeving te intensiveren.In het kader van deze doelstellingen verstrekt het fonds subsidies voor zowel wetenschappelijke projecten als studentactiviteiten. Bij deze verschillende projecten zijn verschillende criteria van toepassing. Deze criteria zijn terug te vinden op de website. **DOORLOOPTIJD** ▶ ☑ onbekend **STATUS AANVRAGER** ▶ ☑ geen beperkingen bekend **VOORKEUR/UITSLUITING** ▶ Voorkeur/uitsluitingscriteria lopen uiteen gezien de verschillende soorten projecten die door het fonds worden ondersteund. Deze zijn te vinden op de website.

Procedure ■ **OP AANVRAAG** ▶ ja **AANVRAAGPROCEDURE** ▶ Aanvraagprocedure is afhankelijk van het type aanvraag dat gedaan wordt. Op de website zijn de verschillende procedures toegelicht **URL** ▶ www.ufl-swol.nl/aanvragen/

Financieel ■ **EIGEN VERMOGEN** ▶ € 8.065.368 **HERKOMST MIDDELEN** ▶ vermogen, giften & schenkingen, overige inkomsten, bedrijven **BOEKJAAR** ▶ 2019 **JAARVERSLAG OP WEBSITE** ▶ ja.

Contact ■ **BEREIKBAAR PER** ▶ ☒ post ☑ e-mail ☑ telefoon **CONTACTPERSOON** ▶ geen contactpersoon bekend **POSTADRES** ▶ Geen postadres bekend **EMAIL (ALGEMEEN)** ▶ bouwien.janssen@maastrichtuniversity.nl **TELEFOON (ALGEMEEN)** ▶ +310-433882765.

1231
Stichting Universiteitsfonds Twente

Rubriek ■ ☑ gezondheidszorg ☑ onderwijs en onderzoek

Algemeen ■ **WEBSITE** ▶ www.utwente.nl/ufonds **TYPERING** ▶ hybride fonds **OPGERICHT** ▶ 17-12-1948 **RECHTSVORM** ▶ stichting **KVK** ▶ 41027119 **ANBI STATUS** ▶ ja **DIRECTIE** ▶ drs. M.L.G. Essers **BESTUUR** ▶ Mw.drs. W.M. van Ingen, voorzitter; E.D.H. de Lange MBE, penningmeester; mw.ir. I.M. de Beer, secretaris; G.J. Klein Wolterink; mr. V. van der Chijs.

Missie ■ **DOELSTELLING** ▶ De Stichting Universiteitsfonds Twente werft en beheert fondsen met als statutair doel: 'De daadwerkelijke steunverlening aan de Universiteit Twente'. De rode draad door de jaren heen is: investeren waar nodig. **HISTORIE** ▶ De Stichting Universiteitsfonds Twente dateert terug tot het jaar 1948 waarin ondernemers en overheden zich verenigden om gezamenlijk te lobbyen om de komst van een hogeschool in Noord-Oost Nederland te realiseren. Ook na oprichting van de Technische Hogeschool Twente in 1961 bleef de stichting de universiteit en haar academische gemeenschap ondersteunen. **BELEIDSPLAN OP WEBSITE** ▶ ja.

Doelgroep ■ **ALGEMEEN** ▶ studenten **SPECIFIEK** ▶ Studenten en studentenorganisaties, onderzoekers en vakgroepen van de Universiteit Twente. **ACTIVITEITEN** ▶ De wijze waarop het fonds deze doelen probeert na te streven vormt altijd een afspiegeling van de behoeften van de UT en is dus niet in beton gegoten. Daarbij neemt het fonds verschillende rollen aan:; ☑ Aanjager van nieuwe ontwikkelingen; ☑ Aanjager van de academische gemeenschap; ☑ Aanjager van excellentie; ☑ Aanjager van contacten tussen externe stakeholders en universiteit. Op dit moment kan concreet gedacht worden aan o.a. de (mede) financiering van: ☑ Bijzondere leerstoelen; ☑ Studiereizen; ☑ Wetenschappelijke congressen en -symposia; ☑ Studiebeurzen; ☑ Excellentie-prijzen; ☑ Sport-, cultuur- en gezelligheidsactiviteiten; ☑ Studieverenigingen- en alumni-activiteiten. Jaarlijks reikt het Universiteitsfonds twee prijzen en vijf beurzen uit: Professor De Winterprijs, Van den Kroonenbergprijs, Marina van Dammebeurs, Professor De Winterbeurs, Peter Riezebosbeurs, De Breed Kreiken Innovatiebeurs, Kipaji Scholarship. Meer informatie hierover is te vinden op de website. **INTERVENTIENIVEAU** ▶ Steun aan individuen (directe steun).

Werkgebied ■ **ACTIERADIUS** ▶ Nationaal **LAND** ▶ Nederland **REGIO** ▶ Twente.

Bestedingen ■ **BUDGET** ▶ niet openbaar **SOORT BIJDRAGE** ▶ garanties subsidies studiebeurzen giften investeringen **BOVENGRENS** ▶ geen **ONDERGRENS** ▶ geen.

Projecten ■ **CRITERIA** ▶ Onderstaande is van toepassing op algemene financiële ondersteuning. Voor de prijzen en specifieke beurzen wordt er verwezen naar de website ("Prijzen en beurzen"). Een activiteit maakt kans op een subsidie als u de volgende stellingen overwegend kunt bevestigen: ☑ de activiteit wordt georganiseerd door óf voor UT-studenten of UT-medewerkers; ☑ de activiteit is nieuw of bijzonder; ☑ lopende kosten of te voorziene uitgaven subsidieert het UF niet. Dat betekent: in principe geen dies, maar wel lustra; geen vervanging van een bestaande voorziening, wel een belangrijke verbetering ervan. Let op de formulering 'in principe': als een diesactiviteit heel bijzonder is, zou deze weer wel binnen de criteria kunnen vallen; ☑ de activiteit komt ten goede aan een groep UT-studenten dan wel aan een internationale groep wetenschappers van redelijke omvang. Voor zeer bijzondere individuele prestaties kan hierop een uitzondering worden gemaakt; ☑ de organiserende vereniging en/of de deelnemers aan de activiteit leveren ook een financiële bijdrage. Het bestuur let erop of die eigen bijdrage in verhouding staat tot de gevraagde bijdrage van het Universiteitsfonds. Daarnaast stelt het Universiteitsfonds het op prijs als u laat zien dat u moeite heeft gedaan ook elders gelden te verwerven. **DOORLOOPTIJD** ▶ ☑ korter dan 1 jaar **STATUS AANVRAGER** ▶ ☑ onderwijsinstelling ☑ individuen/gezinnen ☑ overig ☑ stichting of vereniging (non-profit) **VOORKEUR/UITSLUITING** ▶ Onderstaande is van toepassing op algemene financiële ondersteuning. Voor prijzen en specifieke beurzen wordt er verwezen naar de website ('Prijzen en beurzen'). Aanvragen die niet voor subsidie in aanmerking komen zijn: ☑ aanvragen die niet passen binnen de doelstellingen van de Stichting; ☑ niet georganiseerd zijn door óf voor UT-studenten of UT-medewerker; ☑ niet het belang van de UT-gemeenschap dienen; ☑ commercieel zijn (uit zijn op financieel gewin); ☑ betrekking hebben op het financieren van een proefschrift. Deelnemende studenten kunnen, als de activiteit aan een opleiding of faculteit is gebonden, geen studiepunten verdienen met deelname.

Procedure ■ **OP AANVRAAG** ▶ ja **DOORLOOPTIJD** ▶ 3-6 maanden **AANVRAAGPROCEDURE** ▶ Voor het aanvragen van financiële ondersteuning dient u het online formulier in te vullen. Wanneer het formulier bij ons binnen is, zal er zo spoedig mogelijk contact opgenomen worden. De Commissie Algemene Middelen (CAM) van het Universiteitsfonds Twente bepaalt welke verzoeken worden gehonoreerd. De aanvraag moet op de uiterste inleverdatum (twee weken voor de vergadering) uiterlijk om 12.00u ingediend zijn. Uw aanvraag wordt dan op de eerstvolgende vergadering door de CAM behandeld. De aanvraag bestaat uit vier onderdelen: ☑ Aanvraagformulier (digitaal in te vullen); ☑ Begeleidende brief (Pdf-format) Zakelijk uitleg over redenen aanvraag, voldoen aan voorwaarden name wat nieuw of bijzonder is en het belang voor de Universiteit Twente of haar studentengemeenschap. ☑ Programma (Pdf-format) Het programma plus een korte inhoudelijke toelichting en de manier van promotie. ☑ Begroting (Pdf-format) De begroting bevat een helder overzicht van verwachte inkomsten en uitgaven met, waar nodig, een toelichting. **URL** ▶ www.utwente.nl/nl/ufonds/aanvraag-financiele-ondersteuning/

Financieel ■ **EIGEN VERMOGEN** ▶ € 1.695.310 **INKOMSTEN EV** ▶ € -3.015 **INKOMSTEN OV** ▶ € 250.242 **HERKOMST MIDDELEN** ▶ vermogen, bedrijven, giften & schenkingen, overige inkomsten, legaten **BOEKJAAR** ▶ 2018 **JAARVERSLAG OP WEBSITE** ▶ ja.

Contact ■ **BEREIKBAAR PER** ▶ ☑ post ☑ e-mail ☑ telefoon **CONTACTPERSOON** ▶ Drs. M. Essers, directeur **POSTADRES** ▶ Postbus 217, 7500 AE Enschede **EMAIL (ALGEMEEN)** ▶ universiteitsfonds@utwente.nl **TELEFOON (ALGEMEEN)** ▶ 053-4893993.

1232
Stichting Universiteitsfonds Wageningen

Rubriek ■ ☑ economische ontwikkeling en microkrediet ☑ voedsel en voedselveiligheid ☑ maatschappij, welzijn en samenleving ☑ natuur, milieu en dieren ☑ onderwijs en onderzoek

Algemeen ■ **WEBSITE** ▶ www.wur.nl/nl/donateurs/meer-informatie/over-university-fund-wageningen.htm **TYPERING** ▶ hybride fonds **OPGERICHT** ▶ 01-06-1951 **RECHTSVORM** ▶ stichting **KVK** ▶ 41047850 **ANBI STATUS** ▶ ja **DIRECTIE** ▶ mw. D.H. de Vreeze **BESTUUR** ▶ Ir. J.K. Mak, voorzitter; ir. J. van Berlo, penningmeester; mw.prof.dr.ir. L.O. Fresco; prof.dr.ir. W. Hendriks; dr.ir. H. Swinkels; ir. R. van der Giessen.

Missie ■ **DOELSTELLING** ▶ University Fund Wageningen dient het algemeen belang en heeft geen winstoogmerk. Donaties aan het universiteitsfonds hebben als doel de groei en bloei van Wageningen University & Research te bevorderen. Het fonds wil dit doen door: ☑ bij te dragen aan een grotere naamsbekendheid van de universiteit; ☑ internationale studentenactiviteiten te stimuleren; ☑ contacten tussen internationale en Nederlandse studenten te stimuleren; ☑ excellentie te belonen; ☑ aandacht te vestigen op het belang van de kwaliteit van onderwijs en onderzoek aan WUR; ☑ bij te dragen aan de wetenschappelijke verbreding en vernieuwing van de universiteit. **HISTORIE** ▶ Sinds 1951 draagt University Fund Wageningen (UFW) bij aan activiteiten die een verschil maken voor de studenten en voor Wageningen University & Research (WUR). UFW verbindt mensen, ideeën en fondsen om bij te dragen aan de groei en bloei van de universiteit. Daarom investeert het fonds in versterking van de contacten tussen WUR en haar alumni, het bedrijfsleven en relevante maatschappelijke organisaties. **BELEIDSPLAN OP WEBSITE** ▶ ja.

Doelgroep ■ **ALGEMEEN** ▶ studenten **SPECIFIEK** ▶ Studenten aan Wageningen University en potentiële studenten uit kansarme landen. **ACTIVITEITEN** ▶ ☑ Het faciliteren van kennis en talentontwikkeling in het Wageningse domein; ☑ Het ontwikkelen en aanbieden van een levendig netwerk van alumnirelaties en betrokkenen in het Wageningse domein; ☑ Het bieden van steun - in tijd en geld - aan activiteiten van WUR en activiteiten die ondersteunen aan de missie van WUR. **INTERVENTIENIVEAU** ▶ Steun aan individuen (directe steun).

Werkgebied ■ **ACTIERADIUS** ▶ Internationaal, Nationaal **LAND** ▶ Wereldwijd.

Bestedingen ■ **BUDGET** ▶ € 1.158.500 **SOORT BIJDRAGE** ▶ studiebeurzen leningen overig subsidies **BOVENGRENS** ▶ geen **ONDERGRENS** ▶ geen.

Projecten ■ **CRITERIA** ▶ Binnen University Fund Wageningen (UFW) bestaan verschillende fondsen op naam die studenten en jonge onderzoekers aan Wageningen University & Research steunen. De meeste fondsen steunen activiteiten op een bepaald vakgebied met (reis)beurzen of gedeeltelijke studiebeurzen. Bij elk van deze zijn er specifieke criteria. Deze zijn te vinden op de website. **DOORLOOPTIJD** ▶ ☑ onbekend **STATUS AANVRAGER** ▶ ☑ geen beperkingen bekend **VOORKEUR/UITSLUITING** ▶ Voorkeuren en/of uitsluitingen lopen door de verscheidenheid aan fondsen/beurzen/prijzen sterk uiteen. Op de website zijn deze terug te vinden.

Procedure ■ **OP AANVRAAG** ▶ ja **AANVRAAGPROCEDURE** ▶ Binnen het University Fund Wageningen bestaan verschillende fondsen op naam die studenten en jonge onderzoekers aan Wageningen University steunen. De meeste fondsen steunen activiteiten op een bepaald vakgebied door middel van (reis)beurzen of gedeeltelijke studiebeurzen. **URL** ▶ www.wur.nl/nl/Donateurs/Meer-informatie/Voor-aanvragers.htm

Financieel ■ **EIGEN VERMOGEN** ▶ € 3.209.754 **HERKOMST MIDDELEN** ▶ giften & schenkingen, overige inkomsten **BOEKJAAR** ▶ 2018 **JAARVERSLAG OP WEBSITE** ▶ ja.

Contact ■ **BEREIKBAAR PER** ▶ ☑ post ☑ e-mail ☑ telefoon **CONTACTPERSOON** ▶ Mw. D.H. de Vreeze **POSTADRES** ▶ Postbus 9101 - Bodenummer 75, 6700 HB Wageningen **EMAIL (ALGEMEEN)** ▶ ufw@wur.nl **TELEFOON (ALGEMEEN)** ▶ 0317-484054 **TELEFOON (AANVRAGEN)** ▶ +31317481499.

1233

Stichting Urgente Noden Delft en omgeving

Rubriek ■ ☑ noodhulp ☑ maatschappij, welzijn en samenleving

Algemeen ■ **WEBSITE** ▶ www.urgentenodendelft.nl **TYPERING** ▶ hybride fonds **OPGERICHT** ▶ 28-09-2008 **RECHTSVORM** ▶ stichting **KVK** ▶ 27327015 **ANBI STATUS** ▶ ja **DIRECTIE** ▶ geen directiegegevens bekend **BESTUUR** ▶ Mw. L.J. van der Hoek, voorzitter; G.J. Rosier, penningmeester; J.W.H. Sixma baron van Heemstra; mw. D.S. Nieuwpoort; mw. I. Weijts; H.R. Diemers; mw. N. Wijnveen.

Missie ■ **DOELSTELLING** ▶ De Stichting heeft ten doel: ☑ Het voorzien in materiële noden van personen of groepen van personen, met name daar waar niet of niet tijdig wordt voorzien door wettelijke regelingen. En voorts al hetgeen te doen hetgeen daarmee rechtstreeks of zijdelings verband houdt of daartoe bevorderlijk kan zijn, alles in de ruimste zin des woords; ☑ De Stichting tracht haar doel onder meer te verwezenlijken door het werven van fondsen zowel bij private als publiekrechtelijke (rechts)personen, organisaties of instellingen en het bieden van een coördinerend platform voor iedere (rechts)persoon die bij de dienst/hulpverlening aan de doelgroep van de stichting is betrokken. **HISTORIE** ▶ De Stichting Urgente Noden Delft en omgeving (SUN Delft e.o.) is een regionaal noodhulpbureau, opgericht op 29 september 2008. Op basis van publiekprivate samenwerking wordt door geldgevende fondsen, geregistreerde hulpverlenende instellingen, de lokale overheid en maatschappelijke organisaties samengewerkt voor de leniging van individuele noden. SUN Delft e.o. is aangesloten bij de Stichting Urgente Noden Nederland (SUNN), een landelijke initiatief voor het samenwerken bij urgente noden van burgers. **BELEIDSPLAN OP WEBSITE** ▶ ja.

Doelgroep ■ **ALGEMEEN** ▶ armen, zieken **SPECIFIEK** ▶ Inwoners van Delft en omgeving, die in een urgente financiële noodsituatie verkeren en niet (meer) in aanmerking komen voor een zogenaamde voorliggende voorziening zoals de Wet Werk en Bijstand. **ACTIVITEITEN** ▶ Het verlenen van financiële hulp met betrekking tot de kosten van woninginrichting, zoals de aankoop van duurzame gebruiksgoederen, (wasmachine, koelkast, vloerbedekking etc) voor de aankoop van kleding, kosten activiteiten kinderen en het opknappen van de woning. Voor zover hulp voor levensonderhoud wordt verstrekt zal dit altijd voor slechts een beperkte periode zijn; in de regel niet meer dan voor één maand. Ook giften met betrekking tot nijpende schuldenproblematiek zijn mogelijk, zij het dat duidelijk moet zijn dat hiervoor niet binnen de reguliere schuldhulpverlening in kan worden voorzien. **INTERVENTIENIVEAU** ▶ Steun aan individuen (directe steun).

Werkgebied ■ **ACTIERADIUS** ▶ Regionaal **LAND** ▶ Nederland **REGIO** ▶ Zuid-Holland **PLAATS** ▶ Delft, Pijnacker-Nootdorp, Midden-Delfland, Lansingerland.

Bestedingen ■ **BUDGET** ▶ niet openbaar **TOELICHTING** ▶ De stichting streeft ernaar een weerstandsvermogen te vormen ter grootte van 25% van de gemiddelde omvang van jaarlijks aangegane dan wel aan te gane verplichtingen. **ONDERSTEUNDE PROJECTEN P/J** ▶ 73 **SOORT BIJDRAGE** ▶ giften **BOVENGRENS** ▶ geen **ONDERGRENS** ▶ geen.

Projecten ■ **CRITERIA** ▶ ; ☑ Aanvragen kunnen worden ingediend in urgente noodsituaties, wanneer (wettelijke) voorzieningen niet of niet voldoende beschikbaar zijn; ☑ Aanvragen kunnen ook worden ingediend in samenhang met aanvragen elders; ☑ Aanvragen kunnen worden ingediend voor bijvoorbeeld: Huishoudelijke apparaten; Levensonderhoud; Meubel/stoffering/verhuiskosten; Overige kosten/schulden; Woonkostenschuld; Ziekte en verzorging/schuld; Kleding/bed/linnen; Fiets/vervoer; Waterschuld; ☑ Een bijdrage heeft altijd een incidenteel karakter en maakt deel uit van een hulpverleningstraject dat erop gericht is blijvende vooruitgang te boeken. **DOORLOOPTIJD** ▶ ☑ korter dan 1 jaar **STATUS AANVRAGER** ▶ ☑ hulpverleners **VOORKEUR/UITSLUITING** ▶ Giften voor schuldsanering, studiefinanciering, periodieke kosten en reiskosten zijn niet mogelijk. Een bijdrage in de kosten van levensonderhoud kan worden verstrekt indien cliënt tijdelijk niet in staat is de dagelijkse levensbehoeften (boodschappen etc.) te betalen.

Procedure ■ **OP AANVRAAG** ▶ ja **DOORLOOPTIJD** ▶ korter dan 1 maand **AANVRAAGPROCEDURE** ▶ Het formulier kan uitsluitend ingevuld en ondertekend worden door een hulpverlener van een professionele hulpverlenende organisatie. De aanvraag dient ook voor akkoord te worden ondertekend door de leidinggevende van de aanvrager en de cliënt. Het volledig ingevulde en ondertekende aanvraagformulier dient vergezeld te zijn van een sociale rapportage. Deze rapportage moet weergegeven worden op briefpapier van de hulpverlenende organisatie. De rapportage moet de volgende elementen bevatten: ☑ Een korte schets van de sociale omstandigheden van de belanghebbende; ☑ Een omschrijving van de probleemsituatie en ontstaanswijze; ☑ Verrichte acties door de hulpverlener(s) en de belanghebbende(n) om (een deel van) de problemen te voorkomen of op te lossen (beroep op wettelijke regelingen/schuldbemiddeling etc); ☑ Resterende problemen resteren en hun gevolgen; ☑ Op welke wijze getracht zal worden soortgelijke situaties in de toekomst te voorkomen; ☑ De concrete vraagstelling aan de SUN, uitgedrukt in geld en/of goederen. Bij twijfels of nood dan is er een mogelijkheid om hierover telefonisch of per mail te overleggen. SUN Delft e.o streeft ernaar de aanvragen binnen een week af te handelen en sneller als de nood erg hoog is URL ► www.urgentenodendelft.nl/aanvragen/

Financieel ■ EIGEN VERMOGEN ► € 84.992 INKOMSTEN OV ► € 16.104 HERKOMST MIDDELEN ► giften & schenkingen, vermogen, legaten BOEKJAAR ► 2019 JAARVERSLAG OP WEBSITE ► ja.

Contact ■ BEREIKBAAR PER ► ☑ post ☑ e-mail ☑ telefoon CONTACTPERSOON ► geen contactpersoon bekend POSTADRES ► Stationsplein 1, 2611 BV Delft EMAIL (ALGEMEEN) ► info@urgentenodendelft.nl TELEFOON (ALGEMEEN) ► 06-22573983.

1234

Stichting Urgente Noden Friesland

Rubriek ■ ☑ noodhulp ☑ maatschappij, welzijn en samenleving

Algemeen ■ WEBSITE ► www.sunfriesland.nl TYPERING ► hybride fonds OPGERICHT ► 06-02-2010 RECHTSVORM ► stichting KVK ► 01174634 ANBI STATUS ► ja DIRECTIE ► mw. E. Bijlsma BESTUUR ► Mw. H. Janssen, voorzitter; J.F.A.M. Folkers, penningmeester; P Otter, secretaris; J. Lunshof; B. Bezoen; G. Hemmes; mw. M. Haveman; G. van Leeuwen.

Missie ■ DOELSTELLING ► SUN lenigt materiële noden van personen of groepen van personen, met name in die gevallen waarin bestaande wettelijke regelingen daarin niet, niet afdoende of niet tijdig voorzien, alsmede het verrichten van alle verdere handelingen, die met voren-staande in de ruimste zin verband houden of daartoe bevorderlijk kunnen zijn. STICHTER(S) ► Rimmer Mulder, Ger Jaarsma, Andries Ekhart, Kees van Anken, Bert Bezoen HISTORIE ► De Stichting Urgente Noden Friesland, kortweg SUN Friesland, is op 6 februari 2010 opgericht als noodhulpbureau voor inwoners van Friesland. SUN is ontstaan door samenwerking tussen gemeenten, particuliere fondsen, hulp- en dienstverlenende organisaties, maatschappelijke organisaties, kerken en de provincie Fryslân. BELEIDSPLAN OP WEBSITE ► ja.

Doelgroep ■ ALGEMEEN ► armen, zieken SPECIFIEK ► Inwoners van Friesland, die in een urgente financiële noodsituatie verkeren en niet (meer) of niet tijdig in aanmerking komen voor een voorliggende voorziening. ACTIVITEITEN ► SUN Friesland werft bij landelijke en Friese fondsen voor een eigen giftenbudget. Hiermee kan snel ingesprongen worden op urgente noodsituaties. Kerntaak is het verstrekken van giften op aanvragen van hulpverleners voor hun cliënten. Ook is SUN Friesland in voorkomende gevallen intermediair naar fondsen voor individuele aanvragen bij die fondsen. INTERVENTIENIVEAU ► Steun aan individuen (directe steun).

Werkgebied ■ ACTIERADIUS ► Regionaal LAND ► Nederland REGIO ► Friesland PLAATS ► Achtkarspelen, Ameland, Dantumadiel, de Fryske Marren, Harlingen, Heerenveen, Terschelling, Smallingerland, Leeuwarden, Waadhoeke, Ooststellingwerf, Opsterland, Schiermonnikoog, Súdwest Fryslân, Noardeast-Fryslan, Tytsjerksteradie.

Bestedingen ■ BUDGET ► € 400.000 ONDERSTEUNDE PROJECTEN P/J ► 596 SOORT BIJDRAGE ► giften leningen garanties BOVENGRENS ► geen ONDERGRENS ► geen.

Projecten ■ CRITERIA ► ; ☑ binnen het werkgebied (gespecificeerd bij plaatsen; ☑ Aanvragen kunnen worden ingediend in urgente noodsituaties; ☑ (wettelijke) voorzieningen zijn niet meer, niet tijdig of niet voldoende beschikbaar; ☑ Een bijdrage heeft altijd een incidenteel karakter; ☑ medewerkers van hulp- en dienstverlenende organisaties voor hun cliënten; ☑ Voorbeelden zijn: de aankoop van duurzame gebruiksgoederen zoals wasmachine of koelkast; woninginrichting bijvoorbeeld vloerbedekking, tafel en stoelen, bed en matras; kosten van levensonderhoud; identiteitspapieren; kleding; legeskosten; het opknappen van de woning. DOORLOOPTIJD ► ☑ korter dan 1 jaar STATUS AANVRAGER ► ☑ hulpverleners VOORKEUR/UITSLUITING ► Geen voorkeur/uitsluiting bekend.

Procedure ■ OP AANVRAAG ► ja DOORLOOPTIJD ► korter dan 1 maand AANVRAAGPROCEDURE ► Er is een digitale quickscan beschikbaar om te kijken of de aanvraag voldoet aan de voorwaarden. Een aanvraag kan worden ingediend door de begeleidende hulpverlener met behulp van het digitale aanvraagformulier. Benodigde gegevens: ☑ De personalia van de cliënt,; ☑ overzicht van inkomsten en uitgaven,; ☑ de financiële hulpvraag; ☑ een motiverende toelichting op brief papier van de aanvragende organisatie. Zo mogelijk worden de volgende aanvullende documenten digitaal bijgevoegd: ☑ Maandoverzicht van in- en uitgaven; ☑ bankafschrift afgelopen maand met saldo; ☑ inkomensbewijs; ☑ Schuldenoverzicht; ☑ Indien van toepassing, een offerte of begroting van hetgeen waarvoor de gift bestemd is. Er volgt een bericht van de bureaucoördinator. Het streven is een beoordeling te geven binnen een week en in gevallen van spoed binnen 24 uur. URL ► https://sunfriesland.nl/aanvragen

Financieel ■ EIGEN VERMOGEN ► € 98.042 INKOMSTEN OV ► € 81.875 HERKOMST MIDDELEN ► overige inkomsten, bedrijven, giften & schenkingen BOEKJAAR ► 2019 JAARVERSLAG OP WEBSITE ► ja.

Contact ■ BEREIKBAAR PER ► ☑ post ☑ e-mail ☑ telefoon CONTACTPERSOON ► geen contactpersoon bekend POSTADRES ► Oostergoweg 1D, 8911 MA Leeuwarden EMAIL (ALGEMEEN) ► info@sunfriesland.nl TELEFOON (ALGEMEEN) ► 06-83609304 TELEFOON (AANVRAGEN) ► 06-83609304.

1235

Stichting Urgente Noden Groningen en Drenthe

Rubriek ■ ☑ noodhulp ☑ maatschappij, welzijn en samenleving

Algemeen ■ WEBSITE ► www.sungroningendrenthe.nl TYPERING ► hybride fonds OPGERICHT ► 07-06-2012 RECHTSVORM ► stichting KVK ► 55472095 ANBI STATUS ► ja DIRECTIE ► mw. P. Yntema BESTUUR ► Mw. E. Pastoor-Meuleman, voorzitter; J.F. de Jong, penningmeester; E. Ottens, secretaris; mw. A. Aaldering; mw. T. Dolstra; mw. G. Haak; F. van der Heide sr; A. de Vos van Steenwijk.

Missie ■ DOELSTELLING ▶ SUN Groningen en Drenthe verleent financiële hulp aan mensen die in dringende financiële nood verkeren en die geen aanspraak kunnen maken op een wettelijke voorziening. HISTORIE ▶ De stichting is in 2012 van start gegaan voor de inwoners van de gemeente Groningen. Vanaf 2016 is het werkgebied van SUN Groningen verruimd naar de provincie Drenthe. De reden is dat veel hulpverlenende organisaties in de provincie Groningen ook daar actief zijn.

Doelgroep ■ ALGEMEEN ▶ armen, zieken SPECIFIEK ▶ Inwoners van de provincie Groningen die in een urgente financiële noodsituatie verkeren en niet (meer) of niet tijdig in aanmerking komen voor een voorliggende voorziening. ACTIVITEITEN ▶ SUN Groningen en Drenthe tracht het doel ondermeer te verwezenlijken door het werven van fondsen zowel bij private als publiekrechtelijke rechtspersonen, organisaties of instellingen en het bieden van een coördinerend platform voor ieder (rechts)persoon die bij de hulpverlening aan de doelgroep van de stichting is betrokken. INTERVENTIENIVEAU ▶ Steun aan individuen (directe steun).

Werkgebied ■ ACTIERADIUS ▶ Regionaal LAND ▶ Nederland REGIO ▶ Groningen, Drenthe.

Bestedingen ■ BUDGET ▶ niet openbaar ONDERSTEUNDE PROJECTEN P/J ▶ 404 SOORT BIJDRAGE ▶ giften BOVENGRENS ▶ geen ONDERGRENS ▶ geen.

Projecten ■ CRITERIA ▶ ; ☑ Aanvragen kunnen worden ingediend in urgente noodsituaties, wanneer (wettelijke) voorzieningen niet of niet voldoende beschikbaar zijn; ☑ Een bijdrage heeft altijd een incidenteel karakter. Er zijn verschillende categorieën waarvoor steun beschikbaar is: woninginrichting/stoffering; legitimatiebewijs; levensonderhoud; gas/licht en borg; overig; huishoudelijke apparatuur; huurwoning; tandartskosten; vervoer; gezinshereniging; studie. DOORLOOPTIJD ▶ ☑ korter dan 1 jaar STATUS AANVRAGER ▶ ☑ hulpverleners VOORKEUR/UITSLUITING ▶ ☑ SUN is terughoudend in het verstrekken van een gift voor schulden, medische behandeling en reiskosten. Deelnemende gemeenten: Appingedam; Bedum; de Marne; de Wolden; Eemsmond; Groningen; Grootegast; Haren; Leek; Loppersum; Midden-Groningen; Noordenveld; Oldambt; Pekela; Stadskanaal; Ten Boer; Tynaarlo; Winsum; Zuidhorn.

Procedure ■ OP AANVRAAG ▶ ja DOORLOOPTIJD ▶ korter dan 1 maand AANVRAAGPROCEDURE ▶ Hulpverleners (aangesloten middels convenant) kunnen via de site een aanvraagformulier downloaden en sturen naar SUN Groningen. De aanvraag dient ook voor akkoord worden ondertekend door de leidinggevende van de hulpverlener en de cliënt. Documenten die meegestuurd dienen te worden zijn: ☑ bankafschriften afgelopen 2 maanden; ☑ kopie verblijfsdocument/legitimatiebewijs (paspoort, ID-kaart, rijbewijs); ☑ kopie inkomensbewijs; ☑ overzicht van de schulden (naam schuldeiser, bedrag schuld, hoogte aflossing); ☑ overzicht van de reeds benaderde fondsen met de bijbehorende resultaten. SUN beoordeelt het verzoek om een gift en stort, bij toekenning, de gift op rekening van de hulp/dienstverlenende organisatie. SUN streeft ernaar de aanvragen binnen een week af te handelen en sneller als de nood erg hoog is. Er is geen beroep mogelijk. URL ▶ www.sungroningen-drenthe.nl/aanvragen/

Financieel ■ EIGEN VERMOGEN ▶ € 111.682 INKOMSTEN OV ▶ € 151.137 HERKOMST MIDDELEN ▶ overige inkomsten, bedrijven, giften & schenkingen, legaten BOEKJAAR ▶ 2019 JAARVERSLAG OP WEBSITE ▶ ja.

Contact ■ BEREIKBAAR PER ▶ ☑ post ☑ e-mail ☑ telefoon CONTACTPERSOON ▶ geen contactpersoon bekend POSTADRES ▶ Harm Buiterplein 1, 9723 ZR Groningen EMAIL (ALGEMEEN) ▶ sun@groningen.nl TELEFOON (ALGEMEEN) ▶ 050-3675006.

1236
Stichting Utopa Foundation

Rubriek ■ ☑ kunst en cultuur ☑ onderwijs en onderzoek ☑ natuur, milieu en dieren

Algemeen ■ WEBSITE ▶ www.utopa.nl TYPERING ▶ vermogensfonds OPGERICHT ▶ 10-11-2010 RECHTSVORM ▶ stichting KVK ▶ 41167790 ANBI STATUS ▶ ja DIRECTIE ▶ geen directiegegevens bekend BESTUUR ▶ A. van Strien, voorzitter; C. Scholten, penningmeester; L. Dijkman, vice-voorzitter; mw. S. de Munck; H. de Loor; P. Roessel.

Missie ■ DOELSTELLING ▶ Het actualiseren en stimuleren van creatieve talenten van mensen, daar waar de aanleg van enkelingen, om welke reden dan ook, geen kans krijgt. De samenleving legt zwaar de nadruk op bepaalde waarden, maar plaatst daardoor andere in de schaduw. De stichting stelt zich ten doel een bijdrage te leveren aan het compenseren van deze onevenwichtigheden. Omdat de waarden die de samenleving benadrukt aan periodieke veranderingen onderhevig zijn, actualiseert de stichting haar aandachtsgebieden voortdurend. HISTORIE ▶ Stichting Utopa ontleent haar naam aan de Topa-Groep. Een groep ondernemingen die werkzaam is op het gebied van transportverpakken, met accenten op handel, productie, technologie, onderzoek en nascholing. De stichting werd in 1988 opgericht en bezit vanaf dat jaar alle aandelen van de Topa-Groep. De inkomsten van de stichting bestaan onder andere uit de dividenden die de stichting op dit aandelenbezit ontvangt.

Doelgroep ■ ALGEMEEN ▶ kinderen, jongeren, armen, gehandicapten SPECIFIEK ▶ Geen specifieke doelgroep ACTIVITEITEN ▶ Stichting Utopa ontwikkelt onder meer de volgende activiteiten: ☑ Het faciliteren van de activiteiten van de Stichting Utopa-Weeshuis, Stichting Het Orgelpark en Stichting Het Depot; ☑ Het verstrekken van financiële bijdragen aan derden: dit kunnen stichtingen, ANBI organisaties en/of andere (rechts)personen zijn die een aanvraag indienen voor financiële ondersteuning voor projecten welke een sociaal-maatschappelijke karakter hebben en gerelateerd zijn aan de aandachtsgebieden door het bestuur vastgesteld worden; ☑ Werkzaamheden ten diensten van de hierboven genoemde stichtingen betreffende financiën, personeel, communicatie, verzekeringen, onderhoud en lange termijn planning. In 2019 verrichtte de stichting: ☑ Het financieren van diverse projecten van derden op het gebied van: cultuur, onderwijs, educatie, sociaal-maatschappelijk en natuur; ☑ Start van het project de Idealenfabriek in Amsterdam, Wageningen en Leiden. **INTERVENTIENIVEAU** ► Steun aan lokale/provinciale maatschappelijke organisaties en structuren (incl. gemeenten etc.) die diensten verlenen aan individuen.

Werkgebied ■ **ACTIERADIUS** ► Nationaal **LAND** ► Nederland.

Bestedingen ■ **BUDGET** ► niet openbaar **SOORT BIJDRAGE** ► giften **BOVENGRENS** ► geen **ONDERGRENS** ► geen.

Projecten ■ **CRITERIA** ► Als stelregel geldt dat bestaande en daarvoor in aanmerking komende instanties en fondsen eerst dienen te zijn benaderd. **DOORLOOPTIJD** ► ☑ onbekend **STATUS AANVRAGER** ► ☑ geen beperkingen bekend **VOORKEUR/UITSLUITING** ► Projecten met een uitgesproken politiek, commercieel of religieus karakter vallen buiten het ondersteuningsgebied, evenals projecten die buiten Nederland ontplooid worden. De stichting verleent in principe geen exploitatiesubsidies en delgt geen tekorten in een exploitatie.

Procedure ■ **OP AANVRAAG** ► ja **AANVRAAGPROCEDURE** ► Aanvragen voor projectondersteuning dienen schriftelijk te worden ingediend, voorzien van (indien van toepassing) een afschrift statuten, een uittreksel uit het handelsregister van de Kamer van Koophandel en de meest recente financiële gegevens.

Financieel ■ **EIGEN VERMOGEN** ► € 1.553.272 **INKOMSTEN OV** ► € 5.102.477 **HERKOMST MIDDELEN** ► vermogen, bedrijven, giften & schenkingen **BOEKJAAR** ► 2019 **JAARVERSLAG OP WEBSITE** ► ja.

Contact ■ **BEREIKBAAR PER** ► ☑ post ☑ e-mail ☑ telefoon **CONTACTPERSOON** ► geen contactpersoon bekend **POSTADRES** ► Hooglandse Kerkgracht 17a, 2312 HS Leiden **EMAIL (ALGEMEEN)** ► stichting@utopa.nl **TELEFOON (ALGEMEEN)** ► 0715164848.

1237
Utrechts Universiteitsfonds

Rubriek ■ ☑ onderwijs en onderzoek

Algemeen ■ **WEBSITE** ► https://www.uu.nl/organisatie/doneren/over-het-fonds **TYPERING** ► vermogensfonds **RECHTSVORM** ► stichting **KVK** ► 40476441 **ANBI STATUS** ► ja **DIRECTIE** ► mw. drs. F.F. Hanraets **BESTUUR** ► Mr. L.J. Hijmans van den Bergh, voorzitter; mw.mr. T.L. Nagel, penningmeester; drs. P. Stamsnijder; drs. H.S. Miedema MBA; mw.prof.dr. J. van Dijck; prof.dr. A. Pijpers.

Missie ■ **DOELSTELLING** ► Het Utrechts Universiteitsfonds wil bijdragen aan de groei en bloei van de Universiteit Utrecht op het gebied van onderwijs, onderzoek en het universitaire leefklimaat. **STICHTER(S)** ► Alumni RUU **HISTORIE** ► Het Utrechts Universiteitsfonds is in 1886 opgericht door alumni, destijd nog 'oud-kweekelingen' genoemd. Doel was, en is nog steeds, het bevorderen van het academisch leefklimaat aan de Universiteit Utrecht.

Doelgroep ■ **ALGEMEEN** ► studenten **SPECIFIEK** ► Alumni, studenten, studentenorganisaties en onderzoekers van de Universiteit Utrecht. **ACTIVITEITEN** ► ☑ Fondsenwerving en Alumnicommunicatie; ☑ Instelling fondsen op naam; ☑ Instelling van bijzondere leerstoelen; ☑ Subsidieverstrekking aan universitaire projecten; ☑ studenten- en alumniactiviteiten. **INTERVENTIENIVEAU** ► Steun aan individuen (directe steun).

Werkgebied ■ **ACTIERADIUS** ► Nationaal, Regionaal **LAND** ► Nederland **REGIO** ► Utrecht **PLAATS** ► Utrecht.

Bestedingen ■ **BUDGET** ► niet openbaar **SOORT BIJDRAGE** ► garanties subsidies **BOVENGRENS** ► geen **ONDERGRENS** ► geen.

Projecten ■ **CRITERIA** ► ☑ De subsidieaanvrager (zowel individu als studentenorganisatie) dient Vriend te zijn van het Utrechts Universiteitsfonds; ☑ De aanvrager dient een aan de Universiteit Utrecht (UU) gelieerde studentenorganisatie te zijn of een UU-student; ☑ De aanvraag dient binnen één van de subsidiabele categorieën te vallen. Bekijk hiervoor de categorieën bij individuele student of studentenorganisatie op de website; ☑ De activiteit moet, met uitzondering van een studie-, muziek- en sportreis, in Utrecht plaatsvinden; ☑ Een project dient meerdere inkomstenbronnen te hebben. Voor specifieke voorwaarden kunt u de website raadplegen (voor individuele studenten, studentenorganisaties). Tevens kunt u hier de voorwaarden vinden voor subsidies voor alumni(activiteiten). **DOORLOOPTIJD** ► ☑ 1 - 2 jaar **STATUS AANVRAGER** ► ☑ individuen/gezinnen ☑ overig ☑ stichting of vereniging (non-profit) **VOORKEUR/UITSLUITING** ► Subsidies worden niet verleend voor het volgen van stages, promoties, onderzoek of studie in het buitenland, zomerscholen en/of cursussen, tenzij specifiek opgenomen als doelbesteding van een fonds op naam. Geen: weekendjes weg, diners, opzichzelfstaande borrels (zonder inhoudelijke component), muzikale projecten van niet-muziekverenigingen en sportevenementen van niet-sportverenigingen.

Procedure ■ **OP AANVRAAG** ► ja **DOORLOOPTIJD** ► 1-3 maanden **AANVRAAGPROCEDURE** ► Aanvragen dienen online via het portaal en uiterlijk 8 weken voor aanvang van de activiteit te worden ingediend. **URL** ► www.uu.nl/organisatie/alumni/utrechts-universiteitsfonds/subsidies-voor-studenten/subsidie-aanvragen

Financieel ■ **HERKOMST MIDDELEN** ► moederorganisatie (bijdragen) **BOEKJAAR** ► 2019 **JAARVERSLAG OP WEBSITE** ► ja.

Contact ■ **BEREIKBAAR PER** ► ☑ post ☑ e-mail ☑ telefoon **CONTACTPERSOON** ► geen contactpersoon bekend **POSTADRES** ► Postbus 80125, 3508 TC Utrecht **EMAIL (ALGEMEEN)** ► ufonds@uu.nl **TELEFOON (ALGEMEEN)** ► 030-2538025.

1238
Uyttenboogaart-Eliasen Stichting tot Bevordering der Entomologische Wetenschap

Rubriek ■ ☑ natuur, milieu en dieren ☑ onderwijs en onderzoek

Algemeen ■ **WEBSITE** ► www.ue-stichting.nl **TYPERING** ► hybride fonds **OPGERICHT** ► 25-02-1937 **RECHTSVORM** ► stichting **KVK** ► 41198395 **ANBI STATUS** ► ja **DIRECTIE** ► geen directiegegevens bekend **BESTUUR** ► Drs. P. Koomen, voorzitter; dr. P. Oosterbroek, penningmeester; Sj. Tiemersma, secretaris; dr. J.A.J. Breeuwer; O. Franken MSc; mw.drs. M.J. van Straten; A. Krediet PhD; dr. O.J. Vorst; Dr. M. Liefting; Drs. A. Weiss.

Missie ■ DOELSTELLING ▶ Het bevorderen van de entomologische wetenschap in Nederland. De stichting tracht dit doel te bereiken door subsidie te verstrekken ten behoeve van activiteiten op het gebied van de entomologie in Nederland. STICHTER(S) ▶ Dr. D.L. Uyttenboogaart en E.D. Uyttenboogaart-Eliasen HISTORIE ▶ De belangstelling van Uyttenboogaart voor insekten begon al in 1884 in de eerste klas van de HBS in Tiel, waar hij, in de traditie van Heimans en Thijsse, door zijn leraar natuurlijke historie werd aangemoedigd het veld in te gaan, te observeren, te verzamelen en te prepareren. Na zijn middelbare schooltijd moest hij een echt vak kiezen in plaats van biologie of een andere tak van natuurwetenschap, en zo ging Uyttenboogaart rechten studeren. Na zijn academische studie werd Uyttenboogaart gemeente-ambtenaar te Amsterdam, maar al spoedig kwam hij in het bedrijfsleven terecht. Na zijn werk in het bedrijfsleven, ging hij zich vanaf 1928 geheel aan allerlei aspecten van de entomologie wijden: taxonomie, biologie, en toegepaste entomologie. Zijn primaire studie-groep werd gevormd door de kevers, met name de Curculionidae (snuitkevers), en zijn meest geliefde exploratie-gebied bestond uit de Canarische Eilanden. Op latere leeftijd besloot het echtpaar zijn nalatenschap zorgvuldig en ten gunste van de entomologie te regelen. Daartoe werd door hen in 1937 een stichting opgericht, met het doel dat deze later de door hen voorziene zorgen van de entomologie in Nederland financieel zou kunnen verlichten. BELEIDSPLAN OP WEBSITE ▶ ja.

Doelgroep ■ ALGEMEEN ▶ dieren, studenten SPECIFIEK ▶ (Onderzoeks) projecten waarmee de kennis van de Entomologie in Nederland wordt bevorderd. ACTIVITEITEN ▶ Subsidie wordt o.m. verleend voor het doen van onderzoek, het afleggen van werkbezoeken, het bijwonen van congressen en symposia, het ondersteunen van de uitgave van publicaties en het gebruik van apparatuur benodigd voor entomologisch onderzoek. Daarnaast is de UES eveneens actief door het: ☑ Instellen of doen voortbestaan van een speciale leerstoel aan een Nederlandse universiteit; ☑ Onderhouden en verrijken van de bibliotheek van de Nederlandse Entomologische Vereniging; ☑ Geven van subsidies voor het onderhoud en huisvesting van openbare verzamelingen op Entomologisch gebied; ☑ Toekennen van prijzen op Entomologische gebied (Uyttenboogaart-Eliasen prijs (€ 2.500), UE-Stimuleringsprijs (€ 1.250) en de Master Thesis prijs (€ 500). INTERVENTIENIVEAU ▶ Steun aan individuen (directe steun).

Werkgebied ■ ACTIERADIUS ▶ Nationaal LAND ▶ Zuid-Afrika, Pakistan, Vietnam, Suriname, Australië, Nieuw-Zeeland, Nederland, Mozambique, Namibië.

Bestedingen ■ BUDGET ▶ niet openbaar ONDERSTEUNDE PROJECTEN P/J ▶ 32 SOORT BIJDRAGE ▶ giften overig BOVENGRENS ▶ geen ONDERGRENS ▶ geen.

Projecten ■ CRITERIA ▶ Een project gericht op de bevordering van de Entomologie kan betreffen: een research project, verzamelreis, studiereis, publicatie of het bijwonen van een congres c.q. symposium. Voor de specifieke richtlijnen van verschillende activiteiten kunt u de website raadplegen. DOORLOOPTIJD ▶ ☑ korter dan 1 jaar STATUS AANVRAGER ▶ ☑ individuen/gezinnen ☑ overig VOORKEUR/UITSLUITING ▶ Projecten die al zijn begonnen of reeds zijn afgelopen komen niet meer voor subsidie in aanmerking. Entomologische activiteiten in het kader van BSc of MSc studies, komen niet voor subsidie in aanmerking. Voor studiebeurzen worden geen middelen ter beschikking gesteld.Bij wijze van uitzondering wordt, onder bijzondere voorwaarden, aan BSc of MSc studenten toegestaan subsidie voor bezoek van een congres/symposium aan te vragen, mits een presentatie wordt gegeven. Personele kosten worden in het algemeen niet gesubsidieerd.

Procedure ■ OP AANVRAAG ▶ ja DOORLOOPTIJD ▶ 3-6 maanden AANVRAAGPROCEDURE ▶ Alle aanvragen voor subsidie dienen te worden ingediend door middel van het aanvraagformulier dat via de website kan worden gedownload. Op andere wijze ingediende aanvragen worden niet in behandeling genomen. De subsidieaanvraag (op een ingevuld aanvraag formulier) wordt digitaal (als WORD-bestand of – bij voorkeur- als PDF document) gestuurd naar het secretariaat van de UES. Bij een subsidieaanvraag hoort een volledige begroting voor het bedrag van de aanvraag. De totale kosten van de activiteit dienen onderdeel uit te maken van deze begroting. Indien van toepassing dienen ook de inkomsten van de activiteit vermeld te worden, inclusief bijdragen van derden en eigen bijdragen van de aanvrager. Aanvragen bij andere instellingen voor de activiteit dienen, met het beoogde of behaalde resultaat, te worden gemeld. Subsidieaanvragen kunnen ieder moment van het jaar worden ingestuurd, maar bij voorkeur kort voor één van de sluitingsdatums, 15 april en 15 november, voor behandeling in de mei- resp. decembervergadering. Aanvragen ingediend ná de sluitingsdatum kunnen, indien nog van toepassing, voor een volgende vergadering worden ingediend. URL ▶ www.ue-stichting.nl/index.php/subsidiewijzer/subsidieaanvraag-formulier

Financieel ■ INKOMSTEN EV ▶ € 102.433 HERKOMST MIDDELEN ▶ vermogen BOEKJAAR ▶ 2018 JAARVERSLAG OP WEBSITE ▶ ja.

Contact ■ BEREIKBAAR PER ▶ ☑ post ☑ e-mail ☑ telefoon CONTACTPERSOON ▶ J. van der Bijl POSTADRES ▶ Nassauplein 9, 2011 PG Haarlem EMAIL (ALGEMEEN) ▶ uestichting@gmail.com TELEFOON (ALGEMEEN) ▶ 06-19012190.

1239

Stichting Vacansoleil Foundation

Rubriek ■ ☑ sport en recreatie ☑ maatschappij, welzijn en samenleving

Algemeen ■ WEBSITE ▶ www.vacansoleil.nl/over-vacansoleil/vacansoleil-foundation TYPERING ▶ corporate foundation OPGERICHT ▶ 2011 RECHTSVORM ▶ stichting KVK ▶ 55505775 ANBI STATUS ▶ nee DIRECTIE ▶ geen directiegegevens bekend BESTUUR ▶ geen bestuursgegevens bekend.

Missie ■ DOELSTELLING ▶ Steun aan mensen die in minder fortuinlijke omstandigheden leven. STICHTER(S) ▶ Vacansoleil HISTORIE ▶ De stichting is in het leven geroepen door de directie van Vacansoleil. Daar kwamen op regelmatige basis ondersteuningsaanvragen binnen om mensen, die in minder fortuinlijke omstandigheden leven, bijvoorbeeld een fijne vakantie aan te kunnen bieden. Er was echter nog geen duidelijke structuur met betrekking tot de aanvragen en de honorering ervan, en daarom is in 2011 de Vacansoleil Foundation opgericht; een stichting die onafhankelijk van Vacansoleil en met een eigen bedrijfsplan en begroting zal opereren.

Doelgroep ■ ALGEMEEN ▶ armen, gehandicapten, ouderen, kinderen SPECIFIEK ▶ Geen specifieke doelgroep ACTIVITEITEN ▶ De aandachtsgebieden waaraan de stichting haar middelen wil besteden liggen op het gebied van: ☑ particulier: in groepsverband of een initiatief met een MVO karakter; ☑ kamperen: milieu, auto. Hier valt te denken aan ondersteuning van programma's op het gebied van energiebesparingen CO2 uitstoot. ☑ Sport, ontspanning, gezondheid: Hier komen initiatieven op als het sponsoren van verenigingen, opzetten van sportprogramma's etc. ☑ Europa: Vanwege de internationale activiteiten van Vacansoleil beschouwt de stichting de Europese landen waar Vacansoleil kantoren heeft c.q. campings aanbiedt tot haar werkgebied. De Vacansoleil Foundation ondersteunt met diensten of goederen, niet met geldbedragen. Denk hierbij aan een vakantie (buiten hoogseizoen) voor diegenen die zich door omstandigheden geen vakantie kunnen veroorloven. INTERVENTIENIVEAU ▶ Steun aan lokale/provinciale maatschappelijke organisaties en structuren (incl. gemeenten etc.) die diensten verlenen aan individuen.; Steun aan individuen (directe steun).

Werkgebied ■ ACTIERADIUS ▶ Internationaal, Nationaal LAND ▶ Europa.

Bestedingen ■ BUDGET ▶ niet openbaar SOORT BIJDRAGE ▶ overig BOVENGRENS ▶ geen ONDERGRENS ▶ geen.

Projecten ■ CRITERIA ▶ geen projectcriteria bekend DOORLOOPTIJD ▶ ☑ onbekend STATUS AANVRAGER ▶ ☑ geen beperkingen bekend VOORKEUR/UITSLUITING ▶ geen voorkeur of uitsluiting bekend.

Procedure ■ OP AANVRAAG ▶ onbekend AANVRAAGPROCEDURE ▶ De Stichting kan zich voorstellen dat u vragen of opmerkingen heeft voor de Foundation, of meer informatie wenst over de projecten. Hiervoor kunt u contact opnemen via foundation@vacansoleil.com.

Financieel ■ HERKOMST MIDDELEN ▶ moederorganisatie (bijdragen), bedrijven, overige inkomsten BOEKJAAR ▶ boekjaar onbekend.

Contact ■ BEREIKBAAR PER ▶ ☑ post ☑ e-mail ☒ telefoon CONTACTPERSOON ▶ Mw. S. van der Vlist POSTADRES ▶ Marinus van Meelweg 16, 5657 EN Eindhoven EMAIL (ALGEMEEN) ▶ foundation@vacansoleil.com.

1240
Vader Bos Fonds

Rubriek ■ ☑ kunst en cultuur

Algemeen ■ WEBSITE ▶ www.cultuurfonds.nl TYPERING ▶ fonds op naam BEHEERD DOOR ▶ Prins Bernhard Cultuurfonds DIRECTIE ▶ zie > Prins Bernhard Cultuurfonds BESTUUR ▶ zie > Prins Bernhard Cultuurfonds

Missie ■ DOELSTELLING ▶ Het financieel ondersteunen van (educatieve) projecten op het terrein van de klassieke (ensemble-) muziek, alsmede projecten waar jonge talentvolle musici bij betrokken zijn.

Werkgebied ■ ACTIERADIUS ▶ Nationaal LAND ▶ Nederland.

Projecten ■ CRITERIA ▶ geen projectcriteria bekend DOORLOOPTIJD ▶ ☑ korter dan 1 jaar STATUS AANVRAGER ▶ ☑ geen beperkingen bekend VOORKEUR/UITSLUITING ▶ geen voorkeur of uitsluiting bekend.

Procedure ■ OP AANVRAAG ▶ ja AANVRAAGPROCEDURE ▶ Dit 'fonds op naam' ressorteert onder het Prins Bernhard Cultuurfonds. Verzoeken aan fondsen op naam komen op één centraal punt binnen. Dit houdt in dat een subsidieaanvraag slechts eenmaal aan het Prins Bernhard Cultuurfonds hoeft te worden gezonden. Voor de verdere aanvraagprocedure: zie Prins Bernhard Cultuurfonds. URL ▶ www.cultuurfonds.nl/aanvragen

Contact ■ BEREIKBAAR PER ▶ ☑ post ☑ e-mail ☑ telefoon CONTACTPERSOON ▶ geen contactpersoon bekend POSTADRES ▶ Postbus 19750, 1000 GT Amsterdam EMAIL (ALGEMEEN) ▶ info@cultuurfonds.nl TELEFOON (ALGEMEEN) ▶ 020-5206130.

1241
Stichting Vaderlandsch Fonds ter Aanmoediging van 's Lands Zeedienst

Rubriek ■ ☑ maatschappij, welzijn en samenleving ☑ kunst en cultuur ☑ onderwijs en onderzoek

Algemeen ■ WEBSITE ▶ www.vaderlandschfonds.nl TYPERING ▶ vermogensfonds OPGERICHT ▶ 01-01-1781 RECHTSVORM ▶ stichting KVK ▶ 41198261 ANBI STATUS ▶ ja DIRECTIE ▶ geen directiegegevens bekend BESTUUR ▶ R.A. Boogaard, voorzitter; mw.drs. A.N. Schneemann-de Haas, secretaris; A.M.G. van der Laan; dr. E.M. Jacobs; prof.ir. H.H. Hopman; F. Laumans; mw.dr. A.M. C. van Dissel; M.T. Tegelberg CDR b.d.

Missie ■ DOELSTELLING ▶ De Stichting heeft als doel het bevorderen van de belangen van de Nederlandse vaart, de belangstelling voor de vaart en de zorg voor diegenen die daarbij zijn betrokken (geweest), een en ander in de meest ruime zin van het woord. HISTORIE ▶ Het Vaderlandsch Fonds ter Aanmoediging van 's-Lands Zeedienst is opgericht in 1781 in reactie op de Slag bij Doggersbank. Het doel was slachtoffers van de zeeslag te ondersteunen en een nieuwe generatie zeelieden op te leiden.

Doelgroep ■ SPECIFIEK ▶ Maritiem-cultuurhistorische projecten en het maritiem onderwijs in Nederland. ACTIVITEITEN ▶ Stichting Vaderlandsch Fonds ter Aanmoediging van 's-Lands Zeedienst wil activiteiten ondersteunen die de onderstaande maritiem gerelateerde zaken bevorderen: ☑ de belangstelling voor het nautische-technische beroep; ☑ het maritiem onderwijs en/of aanverwante activiteiten als zeekadetten en scouting; ☑ vernieuwingen en innovaties in het maritiem-technisch onderwijs; ☑ innovaties in de maritieme techniek; ☑ maritiem historisch onderzoek; ☑ belangstelling voor de maritieme historie; ☑ toegankelijk maken van historisch bronnenmateriaal; ☑ publicaties op het gebied van de maritieme geschiedenis. **INTERVENTIENIVEAU** ▶ Steun aan individuen (directe steun).; Steun aan lokale/provinciale maatschappelijke organisaties en structuren (incl. gemeenten etc.) die diensten verlenen aan individuen.

Werkgebied ■ **ACTIERADIUS** ▶ Nationaal **LAND** ▶ Nederland.

Bestedingen ■ **BUDGET** ▶ € 200.000 **TOELICHTING** ▶ De stichting streeft ernaar om 2% van het belegd vermogen aan subsidies toe te kennen, waarbij ongeveer 1/3 bestemd is voor de portefeuille maritieme historie en 2/3 voor de portefeuille onderwijs. **ONDERSTEUNDE PROJECTEN P/J** ▶ 26 **SOORT BIJDRAGE** ▶ giften **BOVENGRENS** ▶ geen **ONDERGRENS** ▶ geen.

Projecten ■ **CRITERIA** ▶ Het Fonds heeft met betrekking tot eerdergenoemde activiteiten uitsluitend een initiërende en faciliterende rol. In principe worden er slechts subsidies verstrekt voor het starten en/of realiseren van in tijd en omvang afgebakende projecten. **DOORLOOPTIJD** ▶ ☑ onbekend **STATUS AANVRAGER** ▶ ☑ individuen/gezinnen ☑ bedrijf ☑ stichting of vereniging (non-profit) **VOORKEUR/UITSLUITING** ▶ Er worden geen subsidies verstrekt voor het in stand houden van of de exploitatie van projecten. Evenmin wordt er subsidie verleend als bijdrage voor bouw en/of restauratie van historische schepen.

Procedure ■ **OP AANVRAAG** ▶ ja **AANVRAAGPROCEDURE** ▶ Om in aanmerking te komen voor een subsidie vult u het online aanvraagformulier zo compleet mogelijk in. Eventuele bijlagen kunt u uitsluitend als PDF bijvoegen (upload). Betreft de aanvraag een subsidie voor een publicatie dan gelieve het calculatieformulier voor uitgevers downloaden van de website en als bijlage meesturen. Uw aanvraag wordt door het secretariaat beoordeeld op volledigheid en relevantie. Indien de aanvraag niet volledig is, wordt deze in principe niet in behandeling genomen en krijgt u daarvan bericht. Uiteraard kunt u de aanvraag alsnog aangevuld opnieuw indienen. Indien een aanvraag niet past binnen de doelstellingen van de Stichting wordt deze niet in behandeling genomen en ontvangt u daarvan per omgaande bericht. Aanvragen die in behandeling worden genomen, worden voorgelegd aan het bestuur van het Vaderlandsch Fonds ter Aanmoediging van 's-Lands Zeedienst. Na de vergadering ontvangt u per omgaande bericht over de besluitvorming en voorwaarden waaraan voldaan moet worden indien de besluitvorming positief is. De vergaderdata en sluitingsdata voor het insturen van aanvragen staan vermeld op de website. **URL** ▶ www.vaderlandschfonds.nl/SUBSIDIEaanvraag

Financieel ■ **EIGEN VERMOGEN** ▶ € 16.860.000 **INKOMSTEN EV** ▶ € 2.220.000 **INKOMSTEN OV** ▶ € 20.000 **HERKOMST MIDDELEN** ▶ vermogen **BOEKJAAR** ▶ 2019 **JAARVERSLAG OP WEBSITE** ▶ ja.

Contact ■ **BEREIKBAAR PER** ▶ ☑ post ☑ e-mail ☑ telefoon **CONTACTPERSOON** ▶ Mw. drs. A.N. Schneemann-de Haas **POSTADRES** ▶ Schippersgracht 9, 1011 TS Amsterdam **EMAIL (ALGEMEEN)** ▶ secretariaat@vaderlandschfonds.nl **TELEFOON (ALGEMEEN)** ▶ 020-6247699; 06-22609502.

1242
Stichting Vakantiefonds voor Blinden en Slechtzienden Brabant

Rubriek ■ ☑ sport en recreatie

Algemeen ■ **WEBSITE** ▶ www.blindenfonds.nl/vakantiefondsbrabant **TYPERING** ▶ vermogensfonds **OPGERICHT** ▶ 02-07-1981 **RECHTSVORM** ▶ stichting **KVK** ▶ 41081786 **ANBI STATUS** ▶ ja **DIRECTIE** ▶ geen directiegegevens bekend **BESTUUR** ▶ E.C.J. van Peppen, voorzitter; J.A.H. Bechtold, penningmeester; mw. A. Koper-Griek, secretaris; M.P. Rijk; mw. M.S.A. Meulen; A.J.M. Spruijt.

Missie ■ **DOELSTELLING** ▶ De stichting Vakantiefonds voor blinden en slechtzienden streeft er naar om voor de mensen die behoren tot deze doelgroep, het financiëel mede mogelijk te maken om zelf op vakantie te gaan. **STICHTER(S)** ▶ Blizo Werkgemeenschap **HISTORIE** ▶ Het vakantiefonds voor blinden en slechtzienden is een fonds dat door Blizo Werkgemeenschap ter gelegenheid van haar gouden jubileum in 1981 is aangeboden aan de visueel gehandicapten in Noord-Brabant. **BELEIDSPLAN OP WEBSITE** ▶ ja.

Doelgroep ■ **ALGEMEEN** ▶ gehandicapten **SPECIFIEK** ▶ Blinden of slechtzienden in de regio Brabant. **ACTIVITEITEN** ▶ De stichting levert een geldelijke bijdrage in de extra kosten voor begeleiding. **INTERVENTIENIVEAU** ▶ Steun aan individuen (directe steun).

Werkgebied ■ **ACTIERADIUS** ▶ Nationaal **LAND** ▶ Nederland **REGIO** ▶ Noord-Brabant.

Bestedingen ■ **BUDGET** ▶ niet openbaar **TOELICHTING** ▶ De bijdrage hangt af van het inkomen van de aanvrager en de hoogte van de begeleidingskosten **ONDERSTEUNDE PROJECTEN P/J** ▶ 14 **SOORT BIJDRAGE** ▶ giften **BOVENGRENS** ▶ € 250 **ONDERGRENS** ▶ geen.

Projecten ■ **CRITERIA** ▶ ☑ het moet hier gaan om een bij voorkeur individuele vakantie. Ook voor deelnemers aan een groepsvakantie bestaat de mogelijkheid een beroep te doen op het fonds. Wel is het dan noodzakelijk dat elke visueel gehandicapte die aan die vakantie deelneemt een aanvraagformulier instuurt; ☑ het inkomen mag niet hoger zijn dan €1000 netto per maand; ☑ het aanvraagformulier dient volledig en naar waarheid ingevuld en voorzien van een handtekening teruggestuurd te worden naar het adres wat vermeld staat bovenaan het aanvraagformulier; ☑ men kan slechts eenmaal per jaar een beroep doen op het fonds. **DOORLOOPTIJD** ▶ ☑ onbekend **STATUS AANVRAGER** ▶ ☑ individuen/gezinnen **VOORKEUR/UITSLUITING** ▶ geen voorkeur of uitsluiting bekend.

Procedure ■ **OP AANVRAAG** ▶ onbekend **AANVRAAGPROCEDURE** ▶ Op de website downloadt u het aanvraagformulier dat u ingevuld en ondertekend terugstuurt naar het postadres. Het aanvraagformulier is ook schriftelijk, per e-mail of telefonisch opvraagbaar. U ontvangt dan per omgaande een aanvraagformulier. **URL** ► www.blindenfonds.nl/vakantiefondsbrabant

Financieel ■ **INKOMSTEN EV** ► € 1.873.,92 **HERKOMST MIDDELEN** ► vermogen, moederorganisatie (bijdragen) **BOEKJAAR** ► 2018 **JAARVERSLAG OP WEBSITE** ► ja.

Contact ■ **BEREIKBAAR PER** ► ☑ post ☑ e-mail ☑ telefoon **CONTACTPERSOON** ► geen contactpersoon bekend **POSTADRES** ► Borgharensingel 14, 5043 Tilburg **EMAIL (ALGEMEEN)** ► vakantiefondsbrabant@gmail.com **TELEFOON (ALGEMEEN)** ► 013-5701438; 06-12949774.

1243
Van Beek-Donner Stichting

Rubriek ■ ☑ onderwijs en onderzoek

Algemeen ■ **WEBSITE** ► www.vanbeek-donnerstichting.nl **TYPERING** ► vermogensfonds (moederorganisatie) **OPGERICHT** ► 27-08-1940 **RECHTSVORM** ► stichting **KVK** ► 41126249 **ANBI STATUS** ► ja **DIRECTIE** ► geen directiegegevens bekend **BESTUUR** ► Mw.mr. M. van den Hoogen, voorzitter; R. Post, penningmeester; mw.mr. S. Groen, secretaris; mw. R. Kraaij; S. de Jong; mw. A. Mol.

Missie ■ **DOELSTELLING** ► De Stichting helpt meisjes en vrouwen die in Rotterdam wonen, werken of studeren bij het voltooien van een opleiding zodat zij economisch zelfstandig kunnen worden. De Stichting steunt ook projecten die een bijdrage leveren aan de ontplooiing en het economisch zelfstandig worden van meisjes en vrouwen in Rotterdam. **STICHTER(S)** ► Grada Nicoline van Beek-Donner **HISTORIE** ► De oprichtster van de stichting, mevrouw Grada van Beek – Donner had in 1948 een helder doel voor ogen: woningen voor alleenstaande vrouwen. In die tijd een groot probleem. De stichting biedt financiële steun aan vrouwen die geen beroep kunnen doen op de overheid of hun familie en toch een studie willen beginnen, afmaken of verdiepen. Het doel is dat deze meisjes en vrouwen aan het eind van hun studie een goede startpositie hebben om economisch zelfstandig te worden. **BELEIDSPLAN OP WEBSITE** ► ja.

Doelgroep ■ **ALGEMEEN** ► vrouwen, studenten **SPECIFIEK** ► Vrouwen die in Rotterdam studeren, werken of wonen, of anderszins een relatie met Rotterdam hebben. **ACTIVITEITEN** ► De stichting biedt Rotterdamse vrouwen financiële steun voor hun persoonlijke ontwikkeling en studie zodat ze een kans hebben financieel onafhankelijk te worden. Daarnaast ondersteunt de stichting projecten die de positie van vrouwen in Rotterdam versterken. Jaarlijks faciliteert de stichting het Grada van Beek-Donner podium op De Dag van de Romantische Muziek, in het Park en Rotterdam. Jaarlijks geeft de stichting 4 Grada van Beek – Donner beurzen aan studenten van het Piet Zwart Instituut en Codarts. **INTERVENTIENIVEAU** ► Steun aan individuen (directe steun).

Werkgebied ■ **ACTIERADIUS** ► Lokaal **LAND** ► Nederland **REGIO** ► Groot-Rijnmond **PLAATS** ► Rotterdam.

Bestedingen ■ **BUDGET** ► niet openbaar **ONDERSTEUNDE PROJECTEN P/J** ► **SOORT BIJDRAGE** ► giften leningen overig studiebeurzen **BOVENGRENS** ► geen **ONDERGRENS** ► geen.

Projecten ■ **CRITERIA** ► ☑ Alleen vrouwen die in Rotterdam studeren, werken of wonen, of anderszins een relatie met Rotterdam hebben, kunnen een aanvraag doen ☑ Voorop staat dat de opleiding werkelijk uitzicht geeft op werk/financiële zelfstandigheid; ☑ aanvrager heeft geen recht op een lening, een uitkering of aanspraak kunnen maken op een andere voorliggende voorziening. individuen moeten 4 keer per jaar een rapportage per e-mail indienen. **DOORLOOPTIJD** ► ☑ korter dan 1 jaar **STATUS AANVRAGER** ► ☑ individuen/gezinnen ☑ onderwijsinstelling **VOORKEUR/UITSLUITING** ► ☑ Het fonds helpt vooral wanneer men door financiële tegenslagen dreigt de studie niet te kunnen afmaken. ☑ Minder kans lopen aanvragen die voor het eerste studiejaar zijn. ☑ Eigen inkomsten, inzet van gelden van ouders, of eerdere verdiensten, of bijdrage van andere fondsen helpen allemaal om steun van het fonds te krijgen. Geen steun wordt verleend indien een project gesubsidieerd wordt van overheidswege. Geen bijdragen worden verleend in reguliere exploitatiekosten.

Procedure ■ **OP AANVRAAG** ► ja **DOORLOOPTIJD** ► 1-3 maanden **AANVRAAGPROCEDURE** ► Via de is site is het mogelijk een financiële bijdrage te vragen voor een studie of project. De aanvraag gaat via een digitaal systeem. De eerste stap naar een aanvraag is het maken van een account. Soms zal het bestuur u uitnodigen voor een gesprek. Tijdens het gesprek zal uw voorbereiding en uw motivatie voor de studie besproken worden. Het bestuur vergadert 6 keer per jaar. In de week na de vergadering krijgt u bericht of uw aanvraag is toegewezen of afgewezen en waarom. **URL** ► https://www.vanbeek-donnerstichting.nl/nl/aanvraag/

Financieel ■ **INKOMSTEN EV** ► € 1.242.699 **HERKOMST MIDDELEN** ► vermogen **BOEKJAAR** ► 2019 **JAARVERSLAG OP WEBSITE** ► ja.

Contact ■ **BEREIKBAAR PER** ► ☑ post ☑ e-mail ☑ telefoon **CONTACTPERSOON** ► geen contactpersoon bekend **POSTADRES** ► Schiekade 75, 3033 BD Rotterdam **EMAIL (ALGEMEEN)** ► secretariaat@vanbeekdonner.nl **TELEFOON (ALGEMEEN)** ► 010-4665812.

1244
Van Berkel Fonds

Rubriek ■ ☑ kunst en cultuur ☑ onderwijs en onderzoek

Algemeen ■ **WEBSITE** ► www.cultuurfonds.nl **TYPERING** ► fonds op naam **BEHEERD DOOR** ► Prins Bernhard Cultuurfonds **DIRECTIE** ► zie Prins Bernhard Cultuurfonds **BESTUUR** ► zie Prins Bernhard Cultuurfonds

Missie ■ **DOELSTELLING** ► Het financieel ondersteunen van afgestudeerde (opera)zangers voor vervolgopleidingen en cursussen in binnen- en buitenland.

Werkgebied ■ **ACTIERADIUS** ► Nationaal, Internationaal **LAND** ► Nederland.

Projecten ■ **CRITERIA** ► geen projectcriteria bekend **DOORLOOPTIJD** ► ☑ korter dan 1 jaar **STATUS AANVRAGER** ► ☑ geen beperkingen bekend **VOORKEUR/UITSLUITING** ► geen voorkeur of uitsluiting bekend.

Procedure ■ **OP AANVRAAG** ► ja **AANVRAAGPROCEDURE** ► Dit 'fonds op naam' ressorteert onder het Prins Bernhard Cultuurfonds. Verzoeken aan fondsen op naam komen op één centraal punt binnen. Dit houdt in dat een subsidieaanvraag slechts eenmaal aan het Prins Bernhard Cultuurfonds hoeft te worden gezonden. Voor de verdere aanvraagprocedure: zie Prins Bernhard Cultuurfonds. **URL** ► www.cultuurfonds.nl/aanvragen

Contact ■ **BEREIKBAAR PER** ► ☑ post ☑ e-mail ☑ telefoon **CONTACTPERSOON** ► geen contactpersoon bekend **POSTADRES** ► Postbus 19750, 1000 GT Amsterdam **EMAIL (ALGEMEEN)** ► info@cultuurfonds.nl **TELEFOON (ALGEMEEN)** ► 020-5206130.

1245
Stichting Van Beuningen/Peterich-fonds

Rubriek ■ ☑ kunst en cultuur ☑ onderwijs en onderzoek

Algemeen ■ **WEBSITE** ► www.rotterdamsefondsen.nl/fonds/130/stichting-van-beuningen-peterisch-fonds **TYPERING** ► vermogensfonds **OPGERICHT** ► 18-12-1959 **RECHTSVORM** ► stichting **KVK** ► 24311037 **ANBI STATUS** ► ja **DIRECTIE** ► geen directiegegevens bekend **BESTUUR** ► geen bestuursgegevens bekend.

Missie ■ **DOELSTELLING** ► Het ondersteunen van Nederlandstalige poëzie en van beeldende kunst van Nederlandse kunstenaars. Daarnaast heeft de stichting van haar oprichter de opdracht gekregen om de Stichting Museum Boijmans Van Beuningen te ondersteunen bij specifieke aankopen voor het Museum Boijmans Van Beuningen en om bij te dragen aan de 'exacte wetenschappen'. **STICHTER(S)** ► Peter Paul Peterich **HISTORIE** ► Stichting Van Beuningen/Peterich-fonds is ontstaan uit de nalatenschap van Peter Paul Peterich en is opgericht bij zijn overlijden in 2000.

Doelgroep ■ **SPECIFIEK** ► Mensen werkzaam in de thema's:; - Poëzie; - Beeldende kunst; - Exacte wetenschap. **ACTIVITEITEN** ► Geen specifieke activiteiten bekend **INTERVENTIENIVEAU** ► Steun aan lokale/provinciale maatschappelijke organisaties en structuren (incl. gemeenten etc.) die diensten verlenen aan individuen.

Werkgebied ■ **ACTIERADIUS** ► Nationaal **LAND** ► Nederland.

Bestedingen ■ **BUDGET** ► niet openbaar **SOORT BIJDRAGE** ► giften subsidies **BOVENGRENS** ► geen **ONDERGRENS** ► geen.

Projecten ■ **CRITERIA** ► De uitkeringen hebben betrekking op de volgende thema's: ☑ Poëzie; ☑ Beeldende kunst; ☑ Exacte wetenschap. **DOORLOOPTIJD** ► ☑ onbekend **STATUS AANVRAGER** ► ☑ geen beperkingen bekend **VOORKEUR/UITSLUITING** ► geen voorkeur of uitsluiting bekend.

Procedure ■ **OP AANVRAAG** ► onbekend **AANVRAAGPROCEDURE** ► Geen aanvraagprocedure bekend.

Financieel ■ **INKOMSTEN EV** ► € 138.237 **HERKOMST MIDDELEN** ► giften & schenkingen, legaten, vermogen, overige inkomsten **BOEKJAAR** ► 2019 **JAARVERSLAG OP WEBSITE** ► ja.

Contact ■ **BEREIKBAAR PER** ► ☒ op geen enkele wijze bereikbaar **CONTACTPERSOON** ► geen contactpersoon bekend **POSTADRES** ► Geen postadres bekend.

1246
Van Cappellen Stichting

Rubriek ■ ☑ kunst en cultuur ☑ maatschappij, welzijn en samenleving ☑ kerk en levensbeschouwing

Algemeen ■ **WEBSITE** ► www.rotterdamsefondsen.nl/fonds/58/van-cappellen-stichting **TYPERING** ► vermogensfonds **BEHEERD DOOR** ► Vereniging Rotterdamse Fondsen **RECHTSVORM** ► stichting **KVK** ► 41125431 **ANBI STATUS** ► ja **DIRECTIE** ► geen directiegegevens bekend **BESTUUR** ► Mr. S.W. de Stigter, voorzitter; A.E. Kolff, penningmeester; A.E. Kolff, secretaris; prof.dr. A.R. Thurik; drs. J.H.A.A. Prins.

Missie ■ **DOELSTELLING** ► De stichting heeft ten doel de behartiging en het ondersteunen van sociale, culturele en algemene belangen van de inwoners in de gemeenten Capelle aan den IJssel, Nieuwerkerk aan den IJssel en Krimpen aan den IJssel en voorts al hetgeen in de ruimste zin metéén en ander verband houdt, daartoe behoort en/of daartoe bevorderlijk kan zijn. **STICHTER(S)** ► Mevrouw Nolen-van Cappellen en haar echtgenoot de heer Nolen **HISTORIE** ► Opgericht bij leven in 1892 om bij overlijden (in 1895) een ouderenhuis te stichten. **BELEIDSPLAN OP WEBSITE** ► ja.

Doelgroep ■ **ALGEMEEN** ► ouderen **SPECIFIEK** ► Sociaal maatschappelijk en Cultureel gericht op inwoners van Capelle aan den IJssel, Krimpen aan den IJssel en Nieuwerkerk aan den IJssel. **ACTIVITEITEN** ► De hoofdcategorieën qua jaarlijkse bestedingen zijn projecten in relatie tot: ☑ Kunst en Cultuur in Capelle aan den IJssel; ☑ Kunst en Cultuur in Rotterdam; ☑ Maatschappelijke projecten; ☑ Ouderenzorg; ☑ Werk; ☑ Jeugd; ☑ Onderwijs; ☑ Diversen. Naast de doelstelling draagt de stichting zorg om de verzameling kunstvoorwerpen in de regentenkamer van het Van Cappellenhuis (het voormalige stichtingsgebouw) op waardige wijze te bewaren en te onderhouden. Naast de reguliere aanvragen ondersteunt de stichting een jaarlijks door haar georganiseerd Passieconcert in de Dorpskerk te Capelle aan den IJssel. Verder is de stichting nauw betrokken bij het discussie platform 'Themater' een discussie platform voor bedrijven en inwoners, dat driemaal per jaar georganiseerd wordt. **INTERVENTIENIVEAU** ► Steun aan lokale/provinciale maatschappelijke organisaties en structuren (incl. gemeenten etc.) die diensten verlenen aan individuen.

Werkgebied ■ **ACTIERADIUS** ► Lokaal **LAND** ► Nederland **REGIO** ► Zuid-Holland **PLAATS** ► Capelle aan den IJssel, Krimpen aan den IJssel, Nieuwerkerk aan den IJssel.

Bestedingen ■ **BUDGET** ► € 500.000 **ONDERSTEUNDE PROJECTEN P/J** ► 85 **SOORT BIJDRAGE** ► giften leningen **BOVENGRENS** ► geen **ONDERGRENS** ► geen.

Projecten ■ **CRITERIA** ► ☑ De aanvrager dient een rechtspersoon te zijn; ☑ De subsidie moet bij voorkeur een wezenlijk verschil maken voor het tot stand komen van het project; ☑ Bij de beoordeling wordt tevens gekeken of het project voor de inwoners uit de eerder genoemde gemeenten goed bereikbaar is (bijv. wanneer Rotterdam de plaats van het te subsidiëren project is). **DOORLOOPTIJD** ▶ ☑ 1 - 2 jaar **STATUS AANVRAGER** ▶ ☑ stichting of vereniging (non-profit) ☑ kerkelijke instelling **VOORKEUR/UITSLUITING** ▶ Projecten in de Gemeente Rotterdam worden selectief ondersteund, mits deze van belang zijn voor de inwoners genoemd onder de doelstelling. ☑ In beginsel worden geen bijdragen gegeven voor afstudeerprojecten, proefschriften, congressen e.d. Commerciële of zakelijke projecten worden niet gesubsidieerd.

Procedure ■ **OP AANVRAAG** ▶ ja **DOORLOOPTIJD** ▶ 1-3 maanden **AANVRAAGPROCEDURE** ▶ Graag uw aanvraag indienen per email en per post. Inclusief de aanvraagbrief, de beknopte bijlagen, een korte samenvatting van het project, de begroting, het dekkingsplan en een uittreksel van de Kamer van Koophandel van uw organisatie. Vermelding van overige fondsen waarbij projectaanvraag werd ingediend, wordt op prijs gesteld.

Financieel ■ **INKOMSTEN EV** ▶ € 515.000 **INKOMSTEN OV** ▶ € 15.000 **HERKOMST MIDDELEN** ▶ vermogen, legaten **BOEKJAAR** ▶ 2019 **JAARVERSLAG OP WEBSITE** ▶ ja.

Contact ■ **BEREIKBAAR PER** ▶ ☑ post ☑ e-mail ☑ telefoon **CONTACTPERSOON** ▶ A.E. Kolff **POSTADRES** ▶ Hoflaan 49, 3062 JB Rotterdam **EMAIL (ALGEMEEN)** ▶ t.kolff@xs4all.nl **TELEFOON (ALGEMEEN)** ▶ 010-4149595.

1247

Van Coeverden Adriani Stichting

Rubriek ■ ☑ onderwijs en onderzoek

Algemeen ■ **WEBSITE** ▶ www.kennisbankfilantropie.nl/anbi/van-coeverden-adriani-stichting **TYPERING** ▶ vermogensfonds **OPGERICHT** ▶ 21-01-1911 **RECHTSVORM** ▶ stichting **KVK** ▶ 41201510 **ANBI STATUS** ▶ nee **DIRECTIE** ▶ geen directiegegevens bekend **BESTUUR** ▶ Prof.dr. D.Th. Kuijper, voorzitter; drs. R. Verdam, penningmeester; mr. J.H. Dondorp, secretaris.

Missie ■ **DOELSTELLING** ▶ De stichting heeft ten doel de bevordering van het bijzonder hoger- en voorbereidend hogeronderwijs in christelijke geest, meer bepaald op gereformeerde grondslag. **STICHTER(S)** ▶ Ds. van Coeverden Adriani.

Doelgroep ■ **ALGEMEEN** ▶ gelovigen, studenten **SPECIFIEK** ▶ Vrije Universiteit Amsterdam. **ACTIVITEITEN** ▶ De Van Coeverden Adriani Stichting verleent subsidie aan (uitsluitend) de Vrije Universiteit en beurzen aan gepromoveerden aan de Vrije Universiteit. **INTERVENTIENIVEAU** ▶ Steun aan lokale/provinciale maatschappelijke organisaties en structuren (incl. gemeenten etc.) die diensten verlenen aan individuen.

Werkgebied ■ **ACTIERADIUS** ▶ Lokaal **LAND** ▶ Nederland **PLAATS** ▶ Amsterdam.

Bestedingen ■ **BUDGET** ▶ niet openbaar **SOORT BIJDRAGE** ▶ giften studiebeurzen **BOVENGRENS** ▶ geen **ONDERGRENS** ▶ geen.

Projecten ■ **CRITERIA** ▶ ☑ De aanvraag betreft een project of activiteit "bij" VU en/of VUmc. Er dient een duidelijke relatie te zijn met de instellingen en hun werk. Het is echter niet noodzakelijk dat de activiteit op de campus plaatsvindt. Voor de VCAS subsidies geldt als aanvullend criterium dat het een activiteit dient te betreffen van de instellingen VU of VUmc; ☑ Er is een relatie met de grondslag van VUvereniging (en/of het gedachtegoed van VCAS). Aanvragen die op geen enkele wijze met de grondslag van VUvereniging (of het gedachtegoed van VCAS) in verband kunnen worden gebracht, worden afgewezen. **DOORLOOPTIJD** ▶ ☑ korter dan 1 jaar **STATUS AANVRAGER** ▶ ☑ stichting of vereniging (non-profit) ☑ onderwijsinstelling ☑ individuen/gezinnen **VOORKEUR/UITSLUITING** ▶ De Van Coevorden Adriani Stichting verleent subsidie aan (uitsluitend) de Vrije Universiteit en beurzen aan gepromoveerden aan de Vrije Universiteit.

Procedure ■ **OP AANVRAAG** ▶ ja **DOORLOOPTIJD** ▶ 1-3 maanden **AANVRAAGPROCEDURE** ▶ VUvereniging subsidieert projecten die een relatie hebben met de doelstellingen van de vereniging en die ten goede komen aan VU en VUmc. Ten behoeve van het beoordelen van subsidieaanvragen is een subsidieregeling vastgesteld. De Van Coeverden Adriani Strichting (VCAS) heeft zich bij deze subsidieregeling aangesloten. Indien u een subsidie wenst aan te vragen bij VUvereniging / VCAS, kunt u daarvoor gebruik maken van het format subsidieaanvraag op de website. **URL** ▶ www.vuvereniging.nl/nl/wij-steunen/aanvragen-verantwoorden/index.aspx

Financieel ■ **HERKOMST MIDDELEN** ▶ vermogen.

Contact ■ **BEREIKBAAR PER** ▶ ☑ post ☑ e-mail ☑ telefoon **CONTACTPERSOON** ▶ Mw. A. Bibo MA **POSTADRES** ▶ Noorderkade 20, 8356 DD Blokzijl **EMAIL (ALGEMEEN)** ▶ vereniging@vu.nl **TELEFOON (ALGEMEEN)** ▶ 0205985340.

1248

Van Cuijck Fonds

Rubriek ■ ☑ kunst en cultuur

Algemeen ■ **WEBSITE** ▶ www.cultuurfonds.nl **TYPERING** ▶ fonds op naam **BEHEERD DOOR** ▶ Prins Bernhard Cultuurfonds **DIRECTIE** ▶ zie Prins Bernhard Cultuurfonds **BESTUUR** ▶ zie Prins Bernhard Cultuurfonds

Missie ■ **DOELSTELLING** ▶ Het financieel ondersteunen van projecten op het gebied van de monumentenzorg in de provincies Friesland en Groningen.

Werkgebied ■ **ACTIERADIUS** ▶ Regionaal **LAND** ▶ Nederland **REGIO** ▶ Friesland, Groningen.

Projecten ■ **CRITERIA** ▶ geen projectcriteria bekend **DOORLOOPTIJD** ▶ ☑ korter dan 1 jaar **STATUS AANVRAGER** ▶ ☑ geen beperkingen bekend **VOORKEUR/UITSLUITING** ▶ geen voorkeur of uitsluiting bekend.

Procedure ■ **OP AANVRAAG** ▶ ja **AANVRAAGPROCEDURE** ▶ Dit 'fonds op naam' ressorteert onder het Prins Bernhard Cultuurfonds. Verzoeken aan fondsen op naam komen op één centraal punt binnen. Dit houdt in dat een subsidieaanvraag slechts eenmaal aan het Prins Bernhard Cultuurfonds hoeft te worden gezonden. Voor de verdere aanvraagprocedure: zie Prins Bernhard Cultuurfonds. **URL** ▶ www.cultuurfonds.nl/aanvragen

Contact ■ **BEREIKBAAR PER** ► ☑ post ☑ e-mail ☑ telefoon **CONTACTPERSOON** ► geen contactpersoon bekend **POSTADRES** ► Postbus 19750, 1000 GT Amsterdam **EMAIL (ALGEMEEN)** ► info@cultuurfonds.nl **TELEFOON (ALGEMEEN)** ► 020-5206130.

1249
Van Dam - Van Os Stichting

Rubriek ■ ☑ gezondheidszorg

Algemeen ■ **WEBSITE** ► www.vandamvanos.nl **TYPERING** ► vermogensfonds **OPGERICHT** ► 08-05-1970 **RECHTSVORM** ► stichting **KVK** ► 41177003 **ANBI STATUS** ► ja **DIRECTIE** ► geen directiegegevens bekend **BESTUUR** ► H. de Cock, voorzitter; M. Blom, penningmeester; L. de Planque, secretaris.

Missie ■ **DOELSTELLING** ► Het steunen en stimuleren van in Nederland werkzame charitatieve instellingen, speciaal die instellingen, welke zonder het oogmerk om winst te behalen werkzaam zijn op het gebied van de ziekte bestrijding en de volksgezondheid in Nederland, ter vrije keuze van het bestuur.

Doelgroep ■ **ALGEMEEN** ► zieken **SPECIFIEK** ► Werkzame charitatieve instellingen op het gebied van de ziekte bestrijding en de volksgezondheid in Nederland. **ACTIVITEITEN** ► In het jaar 2018 heeft de Stichting aan 30 instellingen een donatie verstrekt en geen éénmalige giften. **INTERVENTIENIVEAU** ► Steun aan lokale/provinciale maatschappelijke organisaties en structuren (incl. gemeenten etc.) die diensten verlenen aan individuen.

Werkgebied ■ **ACTIERADIUS** ► Nationaal **LAND** ► Nederland, .

Bestedingen ■ **BUDGET** ► niet openbaar **SOORT BIJDRAGE** ► giften **BOVENGRENS** ► geen **ONDERGRENS** ► geen.

Projecten ■ **CRITERIA** ► geen projectcriteria bekend **DOORLOOPTIJD** ► ☑ langer dan 2 jaar ☑ korter dan 1 jaar **STATUS AANVRAGER** ► ☑ stichting of vereniging (non-profit) **VOORKEUR/UITSLUITING** ► geen voorkeur of uitsluiting bekend.

Procedure ■ **OP AANVRAAG** ► onbekend **AANVRAAGPROCEDURE** ► Geen aanvraagprocedure bekend.

Financieel ■ **INKOMSTEN EV** ► € 112.730 **HERKOMST MIDDELEN** ► vermogen **BOEKJAAR** ► 2018.

Contact ■ **BEREIKBAAR PER** ► ☒ post ☑ e-mail ☒ telefoon **CONTACTPERSOON** ► geen contactpersoon bekend **POSTADRES** ► Geen postadres bekend **EMAIL (ALGEMEEN)** ► info@vandamvanos.nl.

1250
Stichting Van de Sande

Rubriek ■ ☑ maatschappij, welzijn en samenleving ☑ kunst en cultuur

Algemeen ■ **WEBSITE** ► www.stichtingvandesande.nl **TYPERING** ► vermogensfonds **OPGERICHT** ► 16-02-2000 **RECHTSVORM** ► stichting **KVK** ► 22045334 **ANBI STATUS** ► ja **DIRECTIE** ► geen directiegegevens bekend **BESTUUR** ► D.H. Coenraad, voorzitter; F.K. Hulsbergen, penningmeester; mw. M.C. Waverijn, secretaris; P.G. van Druenen; M.H.A.M. Oonk; K.F.H. Schorer.

Missie ■ **DOELSTELLING** ► ☑ het bevorderen van het maatschappelijke en culturele welzijn van de inwoners van de gemeente Vlissingen en omstreken; ☑ het verrichten van alle verdere handelingen, die met het vorenstaande in de ruimste zin verband houden of daartoe bevorderlijk kunnen zijn, mits deze het algemeen belang dienen; ☑ Het bevorderen van de bekendheid en de toegankelijkheid van de Van de Sande – boekencollecties. **STICHTER(S)** ► Meneer J.M.H. van de Sande en mevrouw B.S. van de Sande-Swart **HISTORIE** ► De Stichting van de Sande is op 16 februari 2000 opgericht door de heer drs. J.M.H. van de Sande, overleden in 2001 en mevrouw B.S. van de Sande – Swart, overleden in 2010. **BELEIDSPLAN OP WEBSITE** ► ja.

Doelgroep ■ **SPECIFIEK** ► Inwoners van de gemeente Vlissingen en omstreken. **ACTIVITEITEN** ► De stichting tracht haar doel onder meer te verwezenlijken door het ontplooien van activiteiten en het verstrekken van subsidies, bijdragen en leningen, mits het algemeen nut daarmee gediend is, alsmede het geven van voorlichting. In het afgelopen jaar heeft de Stichting van de Sande subsidies verleend aan een aantal instellingen en organisaties welke activiteiten ontplooien op cultureel en maatschappelijk gebied, zoals: ☑ Film by the Sea; ☑ Koninklijke Harmonie Ons Genoegen Vlissingen; ☑ Koninklijke Zeeuwsch Genootschap; ☑ Let's Talk Zeeland; ☑ Stichting Den Gouden Phoenix; ☑ Stichting Frans Naerebout Cultureel; ☑ Stichting Leergeld Walcheren; ☑ Stichting Mae Uku; ☑ Stichting Onafhankelijk Toneel Het Ei; ☑ Stichting Scratch Messiah Zeeland; ☑ Stichting Vier het Leven; ☑ Universiteit Leiden; ☑ Zeeuws Maritiem MuZEEum; ☑ Zeeuwse Documentaire Stichting; ☑ Zeeva. De Stichting heeft daarnaast goede contacten met de Universiteitsbibliotheek in Leiden. Jaarlijks steunen zij 2 Fellowships. **INTERVENTIENIVEAU** ► Steun aan individuen (directe steun).; Steun aan lokale/provinciale maatschappelijke organisaties en structuren (incl. gemeenten etc.) die diensten verlenen aan individuen.

Werkgebied ■ **ACTIERADIUS** ► Lokaal **LAND** ► Nederland **REGIO** ► Zeeland **PLAATS** ► Vlissingen.

Bestedingen ■ **BUDGET** ► niet openbaar **ONDERSTEUNDE PROJECTEN P/J** ► 17 **SOORT BIJDRAGE** ► giften subsidies leningen **BOVENGRENS** ► geen **ONDERGRENS** ► geen.

Projecten ■ **CRITERIA** ► geen projectcriteria bekend **DOORLOOPTIJD** ► ☑ onbekend **STATUS AANVRAGER** ► ☑ geen beperkingen bekend **VOORKEUR/UITSLUITING** ► geen voorkeur of uitsluiting bekend.

Procedure ■ **OP AANVRAAG** ► ja **DOORLOOPTIJD** ► 1-3 maanden **AANVRAAGPROCEDURE** ► De procedure voor het aanvragen van een bijdrage start met het aanvragen en invullen van een aanvraagformulier. Dit formulier kunt u opvragen bij de secretaris van de stichting. U kunt het formulier ook downloaden of online invullen. Nadat u het formulier volledig hebt ingevuld en ondertekend, stuurt u het naar de secretaris. Ook de gevraagde bijlagen, bij voorkeur in PDF-formaat, moeten worden meegestuurd. ☑ Motivatie; ☑ Statuten; ☑ Recente inschrijving KvK; ☑ Begroting lopend jaar; ☑ Begroting/dekkingsplan voor het aangevraagde doel; In de eerstvolgende vergadering wordt uw aanvraag in behandeling genomen. Het bestuur beslist of de aanvraag binnen de doelstelling van de stichting valt en welk bedrag wordt toegekend. Ongeveer veertien dagen na de bestuursvergadering krijgt de aanvrager bericht of het verzoek is gehonoreerd en welk bedrag is toegekend. **URL** ► www.stichtingvandesande.nl/contact/

Financieel ■ **EIGEN VERMOGEN** ► € 1.617.106 **INKOMSTEN EV** ► € 17.634 **HERKOMST MIDDELEN** ► vermogen, legaten **BOEKJAAR** ► 2019 **JAARVERSLAG OP WEBSITE** ► ja.

Contact ■ **BEREIKBAAR PER** ► ☑ post ☑ e-mail ☑ telefoon **CONTACTPERSOON** ► geen contactpersoon bekend **POSTADRES** ► Bastion 25, 4461 ZW Goes **EMAIL (ALGEMEEN)** ► info@stichtingvandesande.nl **TELEFOON (ALGEMEEN)** ► 0113211676.

1251
Stichting Van de Velde Publicatiefonds

Rubriek ■ ☑ kunst en cultuur

Algemeen ■ **WEBSITE** ► www.veldepublicatiefonds.nl **TYPERING** ► vermogensfonds **OPGERICHT** ► 01-01-2002 **RECHTSVORM** ► stichting **KVK** ► 22050711 **ANBI STATUS** ► ja **DIRECTIE** ► geen directiegegevens bekend **BESTUUR** ► K. Scherphuis, voorzitter; mw.mr. J. Zandee-Dingemanse, penningmeester; mr. G. Herwig, secretaris; E.J.A. Fagg; F. van de Velde, adviseur.

Missie ■ **DOELSTELLING** ► Het bevorderen van het cultuurhistorische besef op Walcheren en van de stad Vlissingen in het bijzonder, in de vorm van publicaties, in de breedste zin van de betekenis. **STICHTER(S)** ► Frans van de Velde **HISTORIE** ► Het Van de Velde Publicatiefonds is in 2002 opgericht door Frans van de Velde die tot 1997 als laatste telg van zijn familie verbonden was aan het courantenbedrijf PZC. Het fonds is ontstaan uit de uitoefening van het uitgeversvak door vier generaties François van de Velde in Vlissingen. **BELEIDSPLAN OP WEBSITE** ► ja.

Doelgroep ■ **SPECIFIEK** ► Publicaties die bijdragen aan het cultuurhistorisch besef op Walcheren. **ACTIVITEITEN** ► De stichting tracht het doel te verwezenlijken door het stimuleren van het tot stand komen van publicaties, in de breedste zin van de betekenis, met een cultuurhistorische waarde, alsmede het financieel bijdragen aan het tot stand komen van die publicaties uit onder meer daartoe door de familie Van de Velde beschikbaar gestelde middelen. **INTERVENTIENIVEAU** ► N.v.t.

Werkgebied ■ **ACTIERADIUS** ► Lokaal, Regionaal **LAND** ► Nederland **REGIO** ► Walcheren **PLAATS** ► Vlissingen.

Bestedingen ■ **BUDGET** ► niet openbaar **ONDERSTEUNDE PROJECTEN P/J** ► 6 **SOORT BIJDRAGE** ► giften **BOVENGRENS** ► geen **ONDERGRENS** ► geen.

Projecten ■ **CRITERIA** ► ☑ Publicaties kunnen onder meer zijn: boeken, brochures, informatieborden, digitale informatiedragers als cd's, cd-roms, of dvd's, websites, radio- of televisiedocumentaires en films; ☑ De publicatie moet een duidelijke band hebben met het eiland Walcheren en de stad Vlissingen in het bijzonder; ☑ De publicatie bezit duidelijke cultuurhistorische kenmerken; ☑ Het onderwerp moet een breed publiek aanspreken en mag dus niet (te) specialistisch zijn. **DOORLOOPTIJD** ► ☑ onbekend **STATUS AANVRAGER** ► ☑ geen beperkingen bekend **VOORKEUR/UITSLUITING** ► Om de kansen op een goed en verantwoord verkoopproces zo groot mogelijk te maken geeft de stichting er de voorkeur aan dat er een professionele uitgever is aangewezen om de aanvraag te publiceren. Indien in eigen beheer wordt uitgegeven en het drukwerk betreft stelt het bestuur een invulformulier beschikbaar, waarin alle kostenelementen zijn opgenomen.

Procedure ■ **OP AANVRAAG** ► ja **AANVRAAGPROCEDURE** ► Een aanvraag wordt het liefst per e-mail of schriftelijk ingediend bij het secretariaat van de stichting. De aanvraag omvat ten minste: ☑ de naam- en adresgegevens van de aanvrager of de aanvragende rechtspersoon; ☑ de opzet van de publicatie; ☑ een motivering; ☑ eventuele gegevens van de professionele uitgever of producent, die zich tot uitgave of productie bereid heeft verklaard; ☑ een begroting; ☑ een tijdpad; ☑ voor welk bedrag een bijdrage aan het begrote tekort wordt gevraagd. De aanvrager ontvangt een ontvangstbevestiging per e-mail. Hierin wordt tevens aangegeven wanneer de aanvraag wordt behandeld. Indien het bestuur dit voor zijn oordeelsvorming nodig acht, kan het om nadere informatie verzoeken en desgewenst de aanvrager uitnodigen de aanvraag mondeling toe te lichten. **URL** ► www.veldepublicatiefonds.nl/doelstelling/criteria.html

Financieel ■ **INKOMSTEN EV** ► € 25.521 **HERKOMST MIDDELEN** ► onbekend **BOEKJAAR** ► 2018 **JAARVERSLAG OP WEBSITE** ► ja.

Contact ■ **BEREIKBAAR PER** ► ☑ post ☑ e-mail ☒ telefoon **CONTACTPERSOON** ► geen contactpersoon bekend **POSTADRES** ► Postbus 358, 4380 AJ Vlissingen **EMAIL (ALGEMEEN)** ► veldepubf@gmail.com.

1252
Van den Berch van Heemstede Stichting

Rubriek ■ ☑ maatschappij, welzijn en samenleving ☑ kunst en cultuur ☑ sport en recreatie ☑ onderwijs en onderzoek

Algemeen ■ **WEBSITE** ► www.berchvanheemstede.nl **TYPERING** ► vermogensfonds **OPGERICHT** ► 14-10-1959 **RECHTSVORM** ► stichting **KVK** ► 41151359 **ANBI STATUS** ► ja **DIRECTIE** ► geen directiegegevens bekend **BESTUUR** ► Mr. P.W. Waldeck, voorzitter; mr. I.H.J.M. van Waesberghe, penningmeester; drs. H. Pabbruwe, secretaris; prof.dr. J.L. Blussé van Oud-Alblas; mw. E. Flores d'Arcais; prof.dr. S.J.C. Hemels; mw.drs. H.D.A.W. van Notten; drs. J.K. Wesseling.

Missie ■ **DOELSTELLING** ► De stichting heeft tot doel financiële steun te verlenen aan in Nederland gevestigde instellingen of organisaties die een algemeen maatschappelijk belang beogen. **STICHTER(S)** ► Jonkheer Isaac Laurens Van den Berch van Heemstede **HISTORIE** ► In 1959 richtte Jonkheer Isaac L. van den Berch van Heemstede deze Stichting op met Z.K.H. Prins Bernhard der Nederlanden als eerste voorzitter van het stichtingsbestuur. **BELEIDSPLAN OP WEBSITE** ► ja.

Doelgroep ■ **ALGEMEEN** ► studenten **SPECIFIEK** ► Instellingen of organisaties die een algemeen maatschappelijk belang beogen. In de praktijk richt de stichting zich op de gebieden: - cultuur; - wetenschap; - studentenorganisaties. **ACTIVITEITEN** ► De Stichting wil graag met een bescheiden bijdrage een betekenisvolle rol spelen bij de realisatie van projecten. Gezien de beperkte middelen draagt de Stichting in de praktijk vooral bij aan projecten op de gebieden: ☑ cultuur (met name klassieke muziek met bijzondere aandacht voor 'young professionals'); ☑ wetenschap; ☑ initiatieven van studentenorganisaties. **INTERVENTIENIVEAU** ► Steun aan lokale/provinciale maatschappelijke organisaties en structuren (incl. gemeenten etc.) die diensten verlenen aan individuen.

Werkgebied ■ **ACTIERADIUS** ► Nationaal **LAND** ► Nederland.

Bestedingen ■ **BUDGET** ► € 85.000 **ONDERSTEUNDE PROJECTEN P/J** ► 20 **SOORT BIJDRAGE** ► giften **BOVENGRENS** ► geen **ONDERGRENS** ► geen.

Projecten ■ **CRITERIA** ► ☑ Alleen in Nederland gevestigde instellingen en organisaties kunnen voorstellen indienen; ☑ De Stichting subsidieert alleen aanvragen van een rechtspersoon. **DOORLOOPTIJD** ► ☑ korter dan 1 jaar ☑ langer dan 2 jaar **STATUS AANVRAGER** ► ☑ stichting of vereniging (non-profit) ☑ onderwijsinstelling **VOORKEUR/UITSLUITING** ► De voorkeur gaat uit naar nieuwe initiatieven. De stichting verstrekt géén subsidies aan: ☑ personen; ☑ projecten met een voornamelijk commercieel karakter; ☑ projecten met een politieke of religieuze signatuur; ☑ projecten in de sector zorg en welzijn; ☑ projecten van overwegend lokaal of regionaal belang; ☑ exploitatiekosten; ☑ (ver)bouw en restauratie van gebouwen; ☑ projecten in het buitenland.

Procedure ■ **OP AANVRAAG** ► ja **DOORLOOPTIJD** ► 3-6 maanden **AANVRAAGPROCEDURE** ► U vraagt een bijdrage aan via het aanvraagformulier. Dit digitale formulier stuurt u uitsluitend per e-mail in. Bijlagen kunnen per post of per e-mail worden verzonden. Als uw mail is ontvangen sturen wij u daarvan een bevestiging. Aanvragen voor projecten die binnen drie maanden na ontvangst van het aanvraagformulier starten worden niet in behandeling genomen. Wanneer het bestuur uw aanvraag in behandeling neemt krijgt u na circa vier maanden uitsluitsel. De behandeling van een aanvraag duurt in het algemeen vier maanden. **URL** ► www.berchvanheemstede.nl/aanvraag/

Financieel ■ **EIGEN VERMOGEN** ► € 3.680.240 **INKOMSTEN EV** ► € 10.217 **HERKOMST MIDDELEN** ► vermogen **BOEKJAAR** ► 2018 **JAARVERSLAG OP WEBSITE** ► ja.

Contact ■ **BEREIKBAAR PER** ► ☑ post ☑ e-mail ☑ telefoon **CONTACTPERSOON** ► Mw. mr. T.A. Reeling Brouwer **POSTADRES** ► Riviervismarkt 4, 2513 AM Den Haag **EMAIL (ALGEMEEN)** ► info@berchvanheemstede.nl **TELEFOON (ALGEMEEN)** ► 070-3641141.

1253

Van den Blink-De Hart-Emanuel Stichting

Rubriek ■ ☑ kerk en levensbeschouwing ☑ onderwijs en onderzoek

Algemeen ■ **WEBSITE** ► www.nik.nl/dit-is-het-nik/anbi-2-2 **TYPERING** ► vermogensfonds **BEHEERD DOOR** ► Nederlands-Israëlitisch Kerkgenootschap Groep **OPGERICHT** ► 05-11-1963 **RECHTSVORM** ► stichting **KVK** ► 41198283 **ANBI STATUS** ► nee **DIRECTIE** ► geen directiegegevens bekend **BESTUUR** ► R.E. Vis, penningmeester; R.E. Vis, secretaris.

Missie ■ **DOELSTELLING** ► Het bevorderen van de kennis van het vertalen uit het Hebreeuws in het Nederlands, opdat zowel in de synagoge als in school en thuis de betekenis van het Hebreeuws begrijpelijk zijn. **STICHTER(S)** ► Maartje Emanuel-de Hart en Abraham Levie Emanuel **HISTORIE** ► Van den Blink-De Hart-Emanuel Stichting is lid van de NIK Groep. **BELEIDSPLAN OP WEBSITE** ► ja.

Doelgroep ■ **ALGEMEEN** ► gelovigen **SPECIFIEK** ► Bevorderen van de kennis van het Hebreeuws. **ACTIVITEITEN** ► ☑ Ondersteuning verlenen aan het realiseren van projecten op het terrein van de verspreiding van het Hebreeuws; ☑ Voor zover daartoe bij derden interesse en financiële draagkracht is, optreden als organisatie die een project realiseert op het terrein van de verspreiding van het Hebreeuws; ☑ Binnen het bestuur beleid voeren van interne beheersing van doelstelling en financiële middelen. Publicatie boek 'Hoi ik lees Ivriet' en verschillende herdrukken van dit boek. **INTERVENTIENIVEAU** ► Steun op niveau van maatschappij zelf (beleidsbeïnvloeding, etc.).

Werkgebied ■ **ACTIERADIUS** ► Nationaal **LAND** ► Nederland.

Bestedingen ■ **BUDGET** ► niet openbaar **SOORT BIJDRAGE** ► giften **BOVENGRENS** ► geen **ONDERGRENS** ► geen.

Projecten ■ **CRITERIA** ► geen projectcriteria bekend **DOORLOOPTIJD** ► ☑ korter dan 1 jaar **STATUS AANVRAGER** ► ☑ geen beperkingen bekend **VOORKEUR/UITSLUITING** ► Geen voorkeur/uitsluiting bekend.

Procedure ■ **OP AANVRAAG** ► onbekend **DOORLOOPTIJD** ► 1-3 maanden; geen doorlooptijd bekend; geen doorlooptijd bekend **AANVRAAGPROCEDURE** ► geen aanvraagprocedure bekend.

Financieel ■ **EIGEN VERMOGEN** ► € 57.893 **HERKOMST MIDDELEN** ► vermogen **BOEKJAAR** ► 2017 **JAARVERSLAG OP WEBSITE** ► ja.

Contact ■ **BEREIKBAAR PER** ► ☑ post ☑ e-mail ☒ telefoon **CONTACTPERSOON** ► geen contactpersoon bekend **POSTADRES** ► Postbus 7967, 1008 AD Amsterdam **EMAIL (ALGEMEEN)** ► info@nik.nl.

1254

Stichting Van den Broek Lohman Fonds Nunspeet

Rubriek ■ ☑ gezondheidszorg ☑ kunst en cultuur ☑ maatschappij, welzijn en samenleving ☑ natuur, milieu en dieren ☑ sport en recreatie ☑ onderwijs en onderzoek

Algemeen ■ **WEBSITE** ► www.vandenbroeklohmanfonds.nl **TYPERING** ► vermogensfonds **OPGERICHT** ► 13-12-2000 **RECHTSVORM** ► stichting **KVK** ► 08093867 **ANBI STATUS** ► ja **DIRECTIE** ► geen directiegegevens bekend **BESTUUR** ► J. Slothouber, voorzitter; K.A. Schipper, penningmeester; mw. T.E. Kwant-Vegter, secretaris; C.B. van Wendel de Joode.

Missie ■ **DOELSTELLING** ► De Stichting heeft als doel het verlenen van financiële steun aan culturele, sportieve en sociale activiteiten voor of van inwoners van de gemeente Nunspeet (inclusief Elspeet, Hulshorst en Vierhouten). Financiële steun kan verstrekt worden aan zowel individuele aanvragers als verenigingen en stichtingen. **STICHTER(S)** ► Mevrouw C.M. van den Broek **HISTORIE** ► De Stichting Van den Broek Lohman Fonds Nunspeet werd op 13 december 2000 opgericht door mevrouw Catharina Margaretha van den Broek (1924-2006) uit Bloemendaal. De Stichting kreeg de naam van haar ouders, de heer Wilhelm van den Broek (1890-1974) en mevrouw Dirkje Gepka Lohman (1893-1965). De laatste was de pleegdochter van de heer François Adriaan Molijn (1853-1912) en mevrouw Diderica Cornelia de Groot (1854-1925) die in 1895 te Nunspeet de N.V. Maatschappij 'De Veluwe' stichtten. Deze maatschappij exploiteerde o.a. een verffabriek, die in de loop der jaren vooral als 'De Veluvine' bekend werd. Het echtpaar Molijn-de Groot werkte vanuit het principe van het co-partnership waarbij de werknemers van het bedrijf mede-eigenaar konden worden. De inzet van de heer en mevrouw Molijn was, zowel op economisch als op sociaal-cultureel terrein, van grote betekenis voor het dorp Nunspeet en zijn inwoners. Mevrouw C.M. van den Broek beoogde door middel van het Van den Broek Lohman Fonds Nunspeet het welzijn van de bewoners van Nunspeet te bevorderen en daarmee te handelen in de geest van haar grootouders en haar ouders.

Doelgroep ■ **SPECIFIEK** ► Inwoners van de gemeente Nunspeet (Nunspeet, Elspeet, Hulshorst en Vierhouten). **ACTIVITEITEN** ► Geen specifieke activiteiten bekend **INTERVENTIENIVEAU** ► Steun aan lokale/provinciale maatschappelijke organisaties en structuren (incl. gemeenten etc.) die diensten verlenen aan individuen.; Steun aan individuen (directe steun).

Werkgebied ■ **ACTIERADIUS** ► Lokaal **LAND** ► Nederland **REGIO** ► Veluwe **PLAATS** ► Nunspeet.

Bestedingen ■ **BUDGET** ► niet openbaar **ONDERSTEUNDE PROJECTEN P/J** ► 25 **SOORT BIJDRAGE** ► giften overig **BOVENGRENS** ► geen **ONDERGRENS** ► geen.

Projecten ■ **CRITERIA** ► Alleen aan culturele, sportieve en sociale activiteiten voor of van inwoners van de gemeente Nunspeet (Nunspeet, Elspeet, Hulshorst en Vierhouten). **DOORLOOPTIJD** ► ☑ korter dan 1 jaar **STATUS AANVRAGER** ► ☑ geen beperkingen bekend **VOORKEUR/UITSLUITING** ► Er wordt geen subsidie verleent aan projecten die al hebben plaatsgevonden. Ook projecten met een politieke of religieuze strekking komen niet in aanmerking. De Stichting geeft enige prioriteit aan activiteiten voor of van jonge mensen.

Procedure ■ **OP AANVRAAG** ► ja **DOORLOOPTIJD** ► 1-3 maanden **AANVRAAGPROCEDURE** ► Verzoeken om financiële steun kunnen, gedurende het hele jaar, uitsluitend met gebruikmaking van het aanvraagformulier (te vinden op de website), bij het bestuur van het Fonds ingediend worden. U stuurt het aanvraagformulier, volledig ingevuld en van de vereiste bijlagen voorzien, naar het postadres of per e-mail. Het bestuur beoordeelt eens in de zes tot acht weken de binnengekomen aanvragen. **URL** ► www.vandenbroeklohmanfonds.nl/aanvragen

Financieel ■ **INKOMSTEN EV** ► € 414.928 **HERKOMST MIDDELEN** ► vermogen **BOEKJAAR** ► 2019 **JAARVERSLAG OP WEBSITE** ► ja.

Contact ■ **BEREIKBAAR PER** ► ☑ post ☑ e-mail ☒ telefoon **CONTACTPERSOON** ► geen contactpersoon bekend **POSTADRES** ► Postbus 68, 8070 AB Nunspeet **EMAIL (ALGEMEEN)** ► bestuur@vandenbroeklohmanfonds.nl.

1255
Stichting Familie Van der Borch van en tot Verwolde

Rubriek ■ ☑ kunst en cultuur

Algemeen ■ **WEBSITE** ► http://stichting.vanderborch.nl **TYPERING** ► vermogensfonds **OPGERICHT** ► 23-07-1981 **RECHTSVORM** ► stichting **KVK** ► 41039201 **ANBI STATUS** ► ja **DIRECTIE** ► geen directiegegevens bekend **BESTUUR** ► R. Baron van der Borch tot Verwolde, voorzitter; F.W. Baron van der Borch van Verwolde, penningmeester; P.L.P. Baron van der Borch van Verwolde, secretaris; R. Croll; mw. J. Perryck; mw. S.J. Barones van der Borch van Verwolde.

Missie ■ **DOELSTELLING** ► Het bewaren, beheren en in stand houden van familiezaken met een cultuurhistorische waarde, behorende tot of afkomstig van de familie van der Borch, hun nazaten en aangehuwden zoals onder meer familieportretten, zilveren en andere voorwerpen, archief en dergelijke. **HISTORIE** ► Van der Borch (ook: Van der Borch genaamd van Rouwenoort, Van der Borch van Verwolde, Van der Borch tot Verwolde en: Van der Borch tot Verwolde van Vorden) is een Nederlands, van oorsprong oud-adellijk geslacht uit Lippe, waarvan leden sinds 1814 behoren tot de Nederlandse adel. **BELEIDSPLAN OP WEBSITE** ► ja.

Doelgroep ■ **SPECIFIEK** ► Begunstigers/familieleden van der Borch. **ACTIVITEITEN** ► De Stichting tracht de doelstelling te bereiken: ☑ door het als zakelijk of persoonlijk gerechtigde verkrijgen van familiezaken in de ruimste zin des woords; ☑ door het in bruikleen afstaan van vorenbedoelde familiezaken onder meer aan in Nederland gevestigde musea welke toegankelijk zijn voor het publiek, speciaal in het Huis Verwolde te Laren (Gld), nu in erfpacht gegeven aan de Stichting Vrienden der Gelderse Kastelen alwaar de daar geplaatste familiezaken dienen ter inrichting van het Huis Verwolde; ☑ door het houden van regelmatige controle op de in bruikleen gegeven zaken en het zonodig doen uitvoeren van restauratie en/of reparatie daarvan; ☑ door het toepassen van alle andere middelen die voor het doel dienstbaar zijn, waaronder begrepen samenwerking met andere daarvoor in aanmerking komende organisaties, instellingen en overheidsinstanties. De Stichting tracht dit te bereiken door het verwerven van familiezaken uit giften of door aankoop. Het vermogen van de Stichting wordt gevormd door bedoelde familiezaken, incidentele giften en erfstellingen en door jaarlijkse bijdragen van begunstigers die over het algemeen familieleden zijn. **INTERVENTIENIVEAU** ► Steun aan familie en omgeving van individuen.

Werkgebied ■ **ACTIERADIUS** ► Nationaal **LAND** ► Nederland.

Bestedingen ■ **BUDGET** ► niet openbaar **SOORT BIJDRAGE** ► onbekend **BOVENGRENS** ► geen **ONDERGRENS** ► geen.

Projecten ■ **CRITERIA** ► geen projectcriteria bekend **DOORLOOPTIJD** ►

☑ onbekend **STATUS AANVRAGER** ▶ ☑ geen beperkingen bekend **VOORKEUR/UITSLUITING** ▶ geen voorkeur of uitsluiting bekend.
Procedure ■ **OP AANVRAAG** ▶ onbekend **AANVRAAGPROCEDURE** ▶ geen aanvraagprocedure bekend.
Financieel ■ **EIGEN VERMOGEN** ▶ € 21.682 **HERKOMST MIDDELEN** ▶ vermogen **BOEKJAAR** ▶ 2019.
Contact ■ **BEREIKBAAR PER** ▶ ☑ post ☑ e-mail ☑ telefoon **CONTACTPERSOON** ▶ P.L.P. Baron van der Borch van Verwolde **POSTADRES** ▶ P.J. Troelstralaan 2, 3818 KT Amersfoort **EMAIL (ALGEMEEN)** ▶ secretaris@vanderborch.nl **TELEFOON (ALGEMEEN)** ▶ 06-10975935.

1256
Van der Jagt Zwolsman Fonds

Rubriek ■ ☑ kunst en cultuur ☑ onderwijs en onderzoek
Algemeen ■ **WEBSITE** ▶ www.cultuurfonds.nl **TYPERING** ▶ fonds op naam **BEHEERD DOOR** ▶ Prins Bernhard Cultuurfonds **DIRECTIE** ▶ zie > Prins Bernhard Cultuurfonds **BESTUUR** ▶ zie > Prins Bernhard Cultuurfonds
Missie ■ **DOELSTELLING** ▶ Het financieel ondersteunen van jonge talentvolle kunstenaars en wetenschappers en projecten voor jongeren ter stimulering van de culturele, creatieve ontwikkeling.
Werkgebied ■ **ACTIERADIUS** ▶ Nationaal, Internationaal **LAND** ▶ Nederland.
Projecten ■ **CRITERIA** ▶ geen projectcriteria bekend **DOORLOOPTIJD** ▶ ☑ korter dan 1 jaar **STATUS AANVRAGER** ▶ ☑ stichting of vereniging (non-profit) ☑ individuen/gezinnen **VOORKEUR/UITSLUITING** ▶ geen voorkeur of uitsluiting bekend.
Procedure ■ **OP AANVRAAG** ▶ ja **AANVRAAGPROCEDURE** ▶ Dit 'fonds op naam' ressorteert onder het Prins Bernhard Cultuurfonds. Verzoeken aan fondsen op naam komen op één centraal punt binnen. Dit houdt in dat een subsidieaanvraag slechts eenmaal aan het Prins Bernhard Cultuurfonds hoeft te worden gezonden. Voor de verdere aanvraagprocedure: zie Prins Bernhard Cultuurfonds. **URL** ▶ www.cultuurfonds.nl/aanvragen
Contact ■ **BEREIKBAAR PER** ▶ ☑ post ☑ e-mail ☑ telefoon **CONTACTPERSOON** ▶ geen contactpersoon bekend **POSTADRES** ▶ Postbus 19750, 1000 GT Amsterdam **EMAIL (ALGEMEEN)** ▶ info@cultuurfonds.nl **TELEFOON (ALGEMEEN)** ▶ 020-5206130.

1257
Stichting Van der Koppel-van den Heuvel

Rubriek ■ ☑ maatschappij, welzijn en samenleving ☑ sport en recreatie
Algemeen ■ **WEBSITE** ▶ www.stichtingvanderkoppelvandenheuvel.nl **TYPERING** ▶ vermogensfonds **OPGERICHT** ▶ 16-08-1994 **RECHTSVORM** ▶ stichting **KVK** ▶ 41060465 **ANBI STATUS** ▶ ja **DIRECTIE** ▶ geen directiegegevens bekend **BESTUUR** ▶ S Stoop, voorzitter; A.G. van de Geijn, penningmeester; A.G. van de Geijn, secretaris; mw. J.J. Mol-van Ommeren; A.W.H.M. Jansen; F.G. van de Geijn.
Missie ■ **DOELSTELLING** ▶ Het doel van de stichting is met de revenuen van haar kapitaal de behartiging van de recreatie van bejaarden in de leeftijdsklasse van 65 jaar en ouder, wonende in de dorpsgemeenschappen Heesselt, Varik, Ophemert en Zennewijnen (hiervan uitdrukkelijk uitgezonderd die gedeelten die zijn of worden aangewezen voor stadsuitbreiding van de gemeente Tiel), alsmede van bejaarden die, wonende alsvoren, na het bereiken van de 65-jarige leeftijd, worden opgenomen of verhuizen naar een bejaardentehuis of verpleeginrichting in de regio. **HISTORIE** ▶ De stichting is opgericht op 16 augustus 1994.
Doelgroep ■ **ALGEMEEN** ▶ ouderen **SPECIFIEK** ▶ 65 jaar en ouder. **ACTIVITEITEN** ▶; ☑ Een bloemetje op ieders verjaardag; ☑ Een bijdrage per deelnemer aan de bejaardenreis van Ophemert en Varik; ☑ Een bijdrage aan de bejaarden sociëteiten van Ophemert en Varik; ☑ Een attentie bij jubilea (50, en 60 jarig huwelijk); ☑ Eenmaal per jaar een feest - ontmoetingsmiddag; ☑ Een kerstpakket, één per echtpaar of alleenstaande; ☑ Sinds 2004 in november / december een concert in de kerk van Ophemert. **INTERVENTIENIVEAU** ▶ Steun aan individuen (directe steun).; Steun aan lokale/provinciale maatschappelijke organisaties en structuren (incl. gemeenten etc.) die diensten verlenen aan individuen.
Werkgebied ■ **ACTIERADIUS** ▶ Regionaal **LAND** ▶ Nederland **PLAATS** ▶ Tiel, Heesselt, Varik, Ophemert, Zennewijnen.
Bestedingen ■ **BUDGET** ▶ niet openbaar **SOORT BIJDRAGE** ▶ giften overig **BOVENGRENS** ▶ geen **ONDERGRENS** ▶ geen.
Projecten ■ **CRITERIA** ▶ geen projectcriteria bekend **DOORLOOPTIJD** ▶ ☑ onbekend **STATUS AANVRAGER** ▶ ☑ geen beperkingen bekend **VOORKEUR/UITSLUITING** ▶ geen voorkeur of uitsluiting bekend.
Procedure ■ **OP AANVRAAG** ▶ onbekend **AANVRAAGPROCEDURE** ▶ Geen aanvraagprocedure bekend.
Financieel ■ **EIGEN VERMOGEN** ▶ € 745.888 **INKOMSTEN EV** ▶ € 28.336 **HERKOMST MIDDELEN** ▶ onbekend **BOEKJAAR** ▶ 2019 **JAARVERSLAG OP WEBSITE** ▶ ja.
Contact ■ **BEREIKBAAR PER** ▶ ☑ post ☒ e-mail ☒ telefoon **CONTACTPERSOON** ▶ geen contactpersoon bekend **POSTADRES** ▶ Kerkstaat 49, 4064 EA Varik.

1258
Van der Lee-van Groeningen Fonds

Rubriek ■ ☑ kunst en cultuur ☑ onderwijs en onderzoek
Algemeen ■ **WEBSITE** ▶ www.cultuurfonds.nl **TYPERING** ▶ fonds op naam **BEHEERD DOOR** ▶ Prins Bernhard Cultuurfonds **DIRECTIE** ▶ zie > Prins Bernhard Cultuurfonds **BESTUUR** ▶ zie > Prins Bernhard Cultuurfonds

Missie ■ DOELSTELLING ▶ Het financieel ondersteunen van de ontwikkeling van (jong) talent op het gebied van alle vormen van cultuur en wetenschap.

Werkgebied ■ ACTIERADIUS ▶ Nationaal, Internationaal LAND ▶ Nederland.

Projecten ■ CRITERIA ▶ geen projectcriteria bekend DOORLOOPTIJD ▶ ☑ onbekend STATUS AANVRAGER ▶ ☑ individuen/gezinnen VOORKEUR/UITSLUITING ▶ geen voorkeur of uitsluiting bekend.

Procedure ■ OP AANVRAAG ▶ ja AANVRAAGPROCEDURE ▶ Dit 'fonds op naam' ressorteert onder het Prins Bernhard Cultuurfonds. Verzoeken aan fondsen op naam komen op één centraal punt binnen. Dit houdt in dat een subsidieaanvraag slechts eenmaal aan het Prins Bernhard Cultuurfonds hoeft te worden gezonden. Voor de verdere aanvraagprocedure: zie Prins Bernhard Cultuurfonds. URL ▶ www.cultuurfonds.nl/aanvragen

Contact ■ BEREIKBAAR PER ▶ ☑ post ☑ e-mail ☑ telefoon CONTACTPERSOON ▶ geen contactpersoon bekend POSTADRES ▶ Postbus 19750, 1000 GT Amsterdam EMAIL (ALGEMEEN) ▶ info@cultuurfonds.nl TELEFOON (ALGEMEEN) ▶ 020-5206130.

1259
Van der Mandele-Stichting

Rubriek ■ ☑ kunst en cultuur ☑ maatschappij, welzijn en samenleving ☑ natuur, milieu en dieren

Algemeen ■ WEBSITE ▶ www.vandermandele.org TYPERING ▶ vermogensfonds OPGERICHT ▶ 01-11-1936 RECHTSVORM ▶ stichting KVK ▶ 41126005 ANBI STATUS ▶ ja DIRECTIE ▶ geen directiegegevens bekend BESTUUR ▶ Drs. K.G. van der Mandele, voorzitter; drs. J.T. van Nederveen, penningmeester; mw. C.H. van Nederveen, secretaris; drs. J.P. van der Mandele; mr.dr. L.M. van der Mandele; mw. W. Gillis-Burleson; mr. W.E. Merens; drs. B.A. Verheij; drs. M.M. Heering.

Missie ■ DOELSTELLING ▶ Verlenen van steun op maatschappelijk en sociaal gebied in de provincie Zuid-Holland, met een zekere voorkeur voor de steden Delft, Dordrecht, Leiden en Rotterdam. Het begrip 'steun op sociaal gebied' wordt zo ruim mogelijk genomen. Voorop moge echter gesteld worden de esthetische verzorging van de stad, landschap en het behoud van de architectonische schoonheid in de provincie. Daarnaast biedt de Stichting steun aan instellingen die bevordering van geestelijke en lichamelijke ontwikkeling en verzorging van materiële noden ten doel hebben. STICHTER(S) ▶ Meneer K.P. van der Mandele, H.S.M. van der Mandele-van Bosse HISTORIE ▶ De Van der Mandele Stichting is in 1936 opgericht door Mr. K.P. van der Mandele en zijn echtgenote H.S.M van der Mandele - Van Bosse. Van der Mandele (1880-1975) was een van de drijvende krachten achter de ontwikkeling van Rotterdam in de 20e eeuw. Naast het voorzitterschap van de Kamer van Koophandel en Fabrieken voor Rotterdam (1938-1960) bekleedde hij diverse andere functies en commissariaten. Hij was medeoprichter van de Nederlandse Economische Hogeschool, de voorloper van de Eramus Universiteit Rotterdam, en zette zich sterk in voor talloze projecten met een sociale achtergrond, zoals Tuindorp Vreewijk. BELEIDSPLAN OP WEBSITE ▶ ja.

Doelgroep ■ ALGEMEEN ▶ gehandicapten, zieken, armen SPECIFIEK ▶ Instellingen die gevestigd en actief zijn in de provincie Zuid-Holland met een zekere voorkeur voor de steden Delft, Dordrecht, Leiden en Rotterdam. ACTIVITEITEN ▶ Geen specifieke activiteiten bekend INTERVENTIENIVEAU ▶ Steun aan lokale/provinciale maatschappelijke organisaties en structuren (incl. gemeenten etc.) die diensten verlenen aan individuen.

Werkgebied ■ ACTIERADIUS ▶ Regionaal, Lokaal LAND ▶ Nederland REGIO ▶ Zuid-Holland PLAATS ▶ Delft, Dordrecht, Leiden, Rotterdam.

Bestedingen ■ BUDGET ▶ € 350.000 TOELICHTING ▶ De stichting keert 3, 5% van het gewenste kernvermogen uit. Waarbij de stichting 35-40% besteedt aan projecten in de categorie Stad en Lande, 25-35% in de categorie Cultuur en 25-35% in de categorie Maatschappelijk Werk. Incidenteel worden ook grotere giften toegekend voor projecten zoals de restauratie van historische panden, vestiging van gedenktekens en aankopen zoals kunstwerken. SOORT BIJDRAGE ▶ giften BOVENGRENS ▶ € 2.000 ONDERGRENS ▶ € 500.

Projecten ■ CRITERIA ▶ De Stichting verleent financiële steun aan instellingen die op maatschappelijk, sociaal en cultureel gebied een positieve bijdrage leveren aan de samenleving. DOORLOOPTIJD ▶ ☑ korter dan 1 jaar STATUS AANVRAGER ▶ ☑ stichting of vereniging (non-profit) ☑ bedrijf VOORKEUR/UITSLUITING ▶ De Stichting richt zich uitsluitend op instellingen die gevestigd en actief zijn in de provincie Zuid-Holland met een zekere voorkeur voor de steden Delft, Dordrecht, Leiden en Rotterdam. De Stichting verstrekt in beginsel uitsluitend eenmalige giften, dus geen periodieke subsidies, geen giften om een activiteit binnen een reeds bestaande serie (bijvoorbeeld jaarlijks concert) te steunen en geen giften om exploitatietekorten van bestaande projecten te dekken.

Procedure ■ OP AANVRAAG ▶ ja DOORLOOPTIJD ▶ 3-6 maanden AANVRAAGPROCEDURE ▶ De Stichting stelt het op prijs uw aanvragen per post én per e-mail (één exemplaar) te ontvangen. Aanvragen dienen te worden verstuurd naar het aangegeven postadres en e-mailadres. NB: Aanvragen per telefoon zullen niet behandeld worden. Er worden ontvangstbevestigingen gestuurd. Het Curatorium van de Stichting vergadert twee keer per jaar om binnengekomen aanvragen te beoordelen. Deze vergaderingen vinden plaats rond 1 mei en 1 november van ieder jaar. Aanvragen dienen een maand tevoren de vergadering (vóór 1 april of vóór 1 oktober) door de Stichting ontvangen te worden. Aanvragen ter ondersteuning van concerten, optredens, etc. dienen uiterlijk 9 maanden voor aanvang ingediend te worden. Aanvragen dienen de volgende informatie te bevatten: ☑ Een omschrijving van het te financieren project; ☑ hoe de bijdrage aan het project bijdraagt. ☑ Het gevraagde bedrag. ☑ Begroting van het (volledige) project. ☑ Overzicht van overige aangeschreven fondsen. ☑ Indien gebruik is gemaakt van een fondsenwervende instelling, nadere gegevens. ☑ Overzicht van eerdere aanvragen aan de Stichting. ☑ Contactgegevens van de aanvragende instelling; ☑ IBAN van de aanvragende instelling. ☑ Uittreksel van Kamer van Koophandel. ☑ Een (financieel) jaarverslag van het afgelopen jaar. ☑ Lijst van Bestuursleden en (indien relevant) leden van het Comité van Aanbeveling. **URL** ▶ www.vandermandelestichting.org/aanvraagprocedure.html

Financieel ■ **INKOMSTEN EV** ▶ € 1.645.349 **HERKOMST MIDDELEN** ▶ vermogen **BOEKJAAR** ▶ 2019 **JAARVERSLAG OP WEBSITE** ▶ ja.

Contact ■ **BEREIKBAAR PER** ▶ ☑ post ☑ e-mail ☑ telefoon **CONTACTPERSOON** ▶ Mw. I. van Meggelen **POSTADRES** ▶ Schiekade 77, 3033 BE Rotterdam **EMAIL (ALGEMEEN)** ▶ secretariaat@vandermandele.org **TELEFOON (ALGEMEEN)** ▶ 010-4665812.

1260

Stichting Het van der Padt fonds

Rubriek ■ ☑ maatschappij, welzijn en samenleving ☑ kunst en cultuur ☑ kerk en levensbeschouwing ☑ onderwijs en onderzoek

Algemeen ■ **WEBSITE** ▶ www.sites.google.com/site/padtfonds/home **TYPERING** ▶ vermogensfonds **RECHTSVORM** ▶ stichting **KVK** ▶ 41093171 **ANBI STATUS** ▶ ja **DIRECTIE** ▶ geen directiegegevens bekend **BESTUUR** ▶ Mw. M.P.E. van der Padt-Struiksma, voorzitter; mw. W.G.M. Hillebrand, penningmeester; mw. E.S. van Drongelen, secretaris.

Missie ■ **DOELSTELLING** ▶ De Stichting heeft ten doel het verlenen van steun aan kerkgenootschappen, culturele, maatschappelijke en wetenschappelijke instellingen ondermeer in het bijzonder door het verlenen van subsidies en ondersteunen van instellingen die op deze gebieden werkzaam zijn en voorts al hetgeen met een en ander rechtstreeks of zijdelings verband houdt of daartoe bevorderlijk kan zijn, alles in de ruimste zin des woords. **HISTORIE** ▶ De inkomsten van de stichting bestaan uitsluitend uit een jaarlijkse notarieel vastgelegde gift door de familie van der Padt. **BELEIDSPLAN OP WEBSITE** ▶ ja.

Doelgroep ■ **ALGEMEEN** ▶ gelovigen **SPECIFIEK** ▶ Kerkgenootschappen, culturele, maatschappelijke en wetenschappelijke instellingen. **ACTIVITEITEN** ▶ De Stichting tracht haar doel te verwezenlijken door het verlenen van financiële steun aan personen en instellingen, die daarvoor naar het oordeel van het bestuur in aanmerking komen. **INTERVENTIENIVEAU** ▶ Steun aan lokale/provinciale maatschappelijke organisaties en structuren (incl. gemeenten etc.) die diensten verlenen aan individuen.

Werkgebied ■ **ACTIERADIUS** ▶ Nationaal, Internationaal **LAND** ▶ Nederland, Wereldwijd.

Bestedingen ■ **BUDGET** ▶ niet openbaar **ONDERSTEUNDE PROJECTEN P/J** ▶ 49 **SOORT BIJDRAGE** ▶ subsidies giften **BOVENGRENS** ▶ geen **ONDERGRENS** ▶ geen.

Projecten ■ **CRITERIA** ▶ geen projectcriteria bekend **DOORLOOPTIJD** ▶ ☑ onbekend **STATUS AANVRAGER** ▶ ☑ geen beperkingen bekend **VOORKEUR/UITSLUITING** ▶ De stichting zal in beginsel geen financiële hulp verlenen ten einde exploitatietekorten te dekken. Periodieke uitkeringen kunnen voor ten hoogste een periode van drie jaar worden toegekend.

Procedure ■ **OP AANVRAAG** ▶ onbekend **AANVRAAGPROCEDURE** ▶ Het bestuur vergadert minimaal twee maal per jaar. Dan worden de doelen vastgesteld waaraan de stichting giften geeft.

Financieel ■ **EIGEN VERMOGEN** ▶ € 20.009 **HERKOMST MIDDELEN** ▶ overige inkomsten **BOEKJAAR** ▶ 2019 **JAARVERSLAG OP WEBSITE** ▶ ja.

Contact ■ **BEREIKBAAR PER** ▶ ☑ post ☑ e-mail ☒ telefoon **CONTACTPERSOON** ▶ Mw. M.P.E. van der Padt **POSTADRES** ▶ Athoslaan 46, 6213CD Maastricht **EMAIL (ALGEMEEN)** ▶ vanderpadtfonds@gmail.com.

1261

Stichting Van der Poel Sharity Fund

Rubriek ■ ☑ onderwijs en onderzoek

Algemeen ■ **WEBSITE** ▶ www.poelfund.nl **TYPERING** ▶ vermogensfonds **OPGERICHT** ▶ 01-10-2004 **RECHTSVORM** ▶ stichting **KVK** ▶ 17170146 **ANBI STATUS** ▶ ja **DIRECTIE** ▶ geen directiegegevens bekend **BESTUUR** ▶ A.P.M. van der Poel, voorzitter; W.E. Hendriksen, penningmeester; mw. L.A.C.J. Verweij, secretaris; mw. G.C.M. Keizer.

Missie ■ **DOELSTELLING** ▶ Het verschaffen van financiële ondersteuning aan goede doelen in de meest algemene zin des woords. Van der Poel Sharity Fund gelooft dat mensen zichzelf ontwikkelen, in plaats van ontwikkeld te worden. Het fonds streeft ernaar om 'een hengel aan te geven' door middel van het aanbieden van opleidingsmogelijkheden of ondersteunende middelen. **STICHTER(S)** ▶ Ir. A.P.M. van der Poel en zijn vrouw M.C. van der Poel-Boekema **HISTORIE** ▶ Het Van der Poel Sharity Fund is op 1 oktober 2004 opgericht door ir. A.P.M. van der Poel en zijn vrouw M.C. van der Poel-Boekema. **BELEIDSPLAN OP WEBSITE** ▶ ja.

Doelgroep ■ **ALGEMEEN** ▶ ouderen, kinderen, jongeren, armen **SPECIFIEK** ▶ Geen specifieke doelgroep **ACTIVITEITEN** ▶ Gezien de brede doelstelling van de Stichting heeft het bestuur in het huishoudelijk reglement vastgelegd dat het met enige regelmaat een nadere precisering zal maken van het soort goede doelen en landen waar speciale aandacht aan wordt geschonken. De voorkeur gaat daarbij uit naar de financiële ondersteuning van projecten welke tot doel hebben het bevorderen van de zelfredzaamheid van kansarmen, kinderen zowel als ouderen. Het bestuur heeft besloten om vanaf 2014 meer te focussen op sponsoring van beroepsopleidingen, en projecten die in het verlengde daarvan liggen, zodat educatie een daadwerkelijke brug kan vormen naar levensonderhoud. **INTERVENTIENIVEAU** ▶ Steun op niveau van maatschappij zelf (beleidsbeïnvloeding, etc.).; Steun aan lokale/provinciale maatschappelijke organisaties en structuren (incl. gemeenten etc.) die diensten verlenen aan individuen.

Werkgebied ■ **ACTIERADIUS** ▶ Internationaal, Nationaal **LAND** ▶ Wereldwijd, Georgië, India, Indonesië, Ecuador, Nederland.

Bestedingen ■ **BUDGET** ▶ € 40.000 **ONDERSTEUNDE PROJECTEN P/J** ▶ 50 **SOORT BIJDRAGE** ▶ onbekend **BOVENGRENS** ▶ geen **ONDERGRENS** ▶ geen.

Projecten ■ **CRITERIA** ▶ ☑ Educatieve projecten, met meetbare resultaten; ☑ Projecten die een significante en blijvende verandering bevorderen; ☑ Projecten die faciliteiten of apparatuur ter ondersteuning van de doelstelling aanbieden; ☑ De projecten dienen verder een gelimiteerde doorlooptijd te hebben met een afgebakend karakter. **DOORLOOPTIJD** ▶ ☑ 1 - 2 jaar ☑ langer dan 2 jaar **STATUS AANVRAGER** ▶ ☑ geen beperkingen bekend **VOORKEUR/UITSLUITING** ▶ De Stichting werkt daartoe bij voorkeur samen met Stichtingen, NGO's, kerkelijke of charitatieve instellingen die lokale kennis hebben, de uitvoering coördineren en erop toe zien dat de gelden besteed worden waarvoor ze bedoeld zijn. De voorkeur gaat daarbij uit naar de financiële ondersteuning van projecten welke tot doel hebben het bevorderen van de zelfredzaamheid van kansarmen, kinderen zowel als ouderen. Het Van der Poel Sharity Fund zal geen initiatieven ondersteunen die buiten de doelstelling of de geografische reikwijdte van de Stichting liggen. Typische voorbeelden zijn: bedrijfskosten; algemene overheadkosten; campagnes; conferenties; leningen.

Procedure ■ **OP AANVRAAG** ▶ onbekend **AANVRAAGPROCEDURE** ▶ In elk van de landen waar de Stichting wil opereren, worden een of meer organisaties geïdentificeerd waar mee samengewerkt kan worden. Die organisaties worden vervolgens uitgenodigd om project voorstellen te doen, waaruit de Stichting dan een (of meer) keuze(n) maakt.

Financieel ■ **HERKOMST MIDDELEN** ▶ onbekend **BOEKJAAR** ▶ boekjaar onbekend.

Contact ■ **BEREIKBAAR PER** ▶ ☑ post ☑ e-mail ☒ telefoon **CONTACTPERSOON** ▶ geen contactpersoon bekend **POSTADRES** ▶ Johan de Wittlaan 27a, 5631 AP Eindhoven **EMAIL (ALGEMEEN)** ▶ info@poelfund.nl.

1262
Stichting van der Toorn

Rubriek ■ ☑ kerk en levensbeschouwing ☑ gezondheidszorg ☑ maatschappij, welzijn en samenleving ☑ kunst en cultuur

Algemeen ■ **WEBSITE** ▶ www.stichtingvandertoorn.nl **TYPERING** ▶ zuiver vermogensfonds **OPGERICHT** ▶ 15-05-1997 **RECHTSVORM** ▶ stichting **KVK** ▶ 41160325 **ANBI STATUS** ▶ ja **DIRECTIE** ▶ geen directiegegevens bekend **BESTUUR** ▶ J.A. Nagtegaal, voorzitter; C. Lammens, penningmeester; J. Baas, secretaris; O. van Brussel; C.J. Nauta.

Missie ■ **DOELSTELLING** ▶ ☑ Het verlenen van financiële steun aan verenigingen en instellingen op maatschappelijk, cultureel en kerkelijk terrein, die zich inzetten voor de medemens; ☑ het verrichten van alle verdere handelingen, die met het vorenstaande in de ruimste zin verband houden of daartoe bevorderlijk zijn. **BELEIDSPLAN OP WEBSITE** ▶ ja.

Doelgroep ■ **ALGEMEEN** ▶ zieken, gehandicapten, ouderen, armen **SPECIFIEK** ▶ Op Nederlandse instellingen en organisaties, die zich bezig houden met de zorg en begeleiding van gehandicapten en minderbedeelden, ligt de focus. **ACTIVITEITEN** ▶ Geen specifieke activiteiten bekend **INTERVENTIENIVEAU** ▶ Steun aan lokale/provinciale maatschappelijke organisaties en structuren (incl. gemeenten etc.) die diensten verlenen aan individuen.

Werkgebied ■ **ACTIERADIUS** ▶ Nationaal **LAND** ▶ Nederland.

Bestedingen ■ **BUDGET** ▶ niet openbaar **SOORT BIJDRAGE** ▶ giften **BOVENGRENS** ▶ geen **ONDERGRENS** ▶ geen.

Projecten ■ **CRITERIA** ▶ De Stichting honoreert alleen aanvragen met een projectmatig karakter. Bij de toekenning wordt tevens de mate van vrijwilligersinbreng in hoge mate in ogenschouw genomen. **DOORLOOPTIJD** ▶ ☑ onbekend **STATUS AANVRAGER** ▶ ☑ stichting of vereniging (non-profit) ☑ onderwijsinstelling ☑ kerkelijke instelling **VOORKEUR/UITSLUITING** ▶ Persoonlijke aanvragen worden niet in behandeling genomen. Er worden geen exploitatie subsidies verstrekt.

Procedure ■ **OP AANVRAAG** ▶ onbekend **AANVRAAGPROCEDURE** ▶ Er is een aanvraagformulier op de website. Onder andere de volgende documenten/gegevens worden gevraagd: ☑ inschrijving/uitrekstel KvK; ☑ contactgegevens; ☑ ANBI-status; ☑ financiële gegevens aanvrager; ☑ project informatie **URL** ▶ https://www.stichtingvandertoorn.nl/Toorn/wordpress/aanvraag/

Financieel ■ **INKOMSTEN EV** ▶ € 125.000 **HERKOMST MIDDELEN** ▶ vermogen, giften & schenkingen, legaten **BOEKJAAR** ▶ 2019 **JAARVERSLAG OP WEBSITE** ▶ ja.

Contact ■ **BEREIKBAAR PER** ▶ ☑ post ☒ e-mail ☒ telefoon **CONTACTPERSOON** ▶ geen contactpersoon bekend **POSTADRES** ▶ Postbus 186, 2400 AD Alphen aan den Rijn.

1263
Stichting van der Voort van Zijp

Rubriek ■ ☑ maatschappij, welzijn en samenleving ☑ natuur, milieu en dieren

Algemeen ■ **WEBSITE** ▶ www.vandervoortvanzijp.nl **TYPERING** ▶ vermogensfonds **OPGERICHT** ▶ 03-08-1993 **RECHTSVORM** ▶ stichting **KVK** ▶ 41226253 **ANBI STATUS** ▶ ja **DIRECTIE** ▶ geen directiegegevens bekend **BESTUUR** ▶ H.P.S. Snijder, voorzitter; M.C. Snijder, penningmeester; mw. C.W. Fiolet, secretaris; mw. M. van Harreveld.

Missie ■ **DOELSTELLING** ▶ De Stichting van der Voort van Zijp stelt zich ten doel: ☑ het doen van uitkeringen aan instellingen met een humanitaire doelstelling, en aan instellingen die zich ten doel stellen de bescherming en het welzijn van dieren te behartigen; ☑ het verlenen van steun aan projecten ter bescherming, redden en noodleniging bij dieren in het algemeen, met speciale aandacht voor honden en vogels. Binnen deze doelstellingen valt al hetgeen direct of indirect met het vorenstaande verband houdt of daaraan dienstbaar kan zijn, alles in de meest ruime zin des woords. **STICHTER(S)** ▶ Mevrouw A.J.M. (Antoinette) van der Voort van Zijp **HISTORIE** ▶ De Stichting van ver Voort van Zijp is opgericht in 1993 en vloeit voort uit een erflating van mevrouw A.J.M. (Antoinette) van der Voort van Zijp. Antoinette van der Voort van Zijp is geboren op 3 oktober 1904. Ze werkte als gynaecologe in Haarlem. Ze was een vrouw met een enorm gevoel voor de medemens en dieren in nood. Mede door haar werk als gynaecologe heeft zij vaak vreugde kunnen brengen in de wereld en velen tot steun kunnen zijn in moeilijke tijden. Wanneer zij bijvoorbeeld bevallingen deed bij mensen thuis die het niet breed hadden dan hielp ze waar ze kon. Men kon altijd een beroep op haar doen. Ook dieren droeg zij zij een warm hart toe. Haar katten hadden een prachtig leven en zo ook de katten uit de buurt. Dieren in nood konden eveneens altijd op haar aandacht rekenen. Haar taak voor mens en dier heeft zij met blijdschap en dankbaarheid vervuld tot haar einde. Antoinette van der Voort van Zijp overleed op 7 juni 2000.

Doelgroep ■ **ALGEMEEN** ▶ dieren, armen, vluchtelingen **SPECIFIEK** ▶ Minder bedeelde mensen en dieren; met name honden en vogels. **ACTIVITEITEN** ▶ Op basis van haar doelstellingen verricht de Stichting schenkingen aan instellingen die:; ☑ beperkt steun ontvangen; ☑ werken op basis van een charitatieve grondslag; ☑ tot doel hebben noden te lenigen van mensen en/of dieren. De Stichting kan ook schenkingen verrichten ten behoeve van individuele projecten welke voldoen aan de genoemde voorwaarden. **INTERVENTIENIVEAU** ▶ Steun aan lokale/provinciale maatschappelijke organisaties en structuren (incl. gemeenten etc.) die diensten verlenen aan individuen.

Werkgebied ■ **ACTIERADIUS** ▶ Nationaal, Internationaal **LAND** ▶ Nederland.

Bestedingen ■ **BUDGET** ▶ niet openbaar **SOORT BIJDRAGE** ▶ giften **BOVENGRENS** ▶ geen **ONDERGRENS** ▶ geen.

Projecten ■ **CRITERIA** ▶ Geen aanvullende projectcriteria bekend. **DOORLOOPTIJD** ▶ ☑ onbekend **STATUS AANVRAGER** ▶ ☑ stichting of vereniging (non-profit) ☑ kerkelijke instelling ☑ onderwijsinstelling **VOORKEUR/UITSLUITING** ▶ Projecten en/of instellingen die een structurele/duurzame oplossing of verbetering beogen, genieten de voorkeur.

Procedure ■ **OP AANVRAAG** ▶ ja **DOORLOOPTIJD** ▶ 3-6 maanden **AANVRAAGPROCEDURE** ▶ Aanvragen dienen schriftelijk per post gestuurd te worden. Aanvragen per email kunnen niet in behandeling worden genomen. Aanvragen kunnen elk kalenderjaar tot 1 juli worden ingediend. Aanvragen die ná 1 juli worden ontvangen, kunnen niet voor behandeling in aanmerking komen in datzelfde jaar. Aanvraag dient het volgende te bevatten: ☑ omschrijving van het doel; ☑ weergave dan de activiteiten; ☑ gedetailleerde beschrijving van de financiële behoefte; ☑ contactgegevens. In geval dat de aanvraag betrekking heeft op een project, dan dienen ook nog de volgende gegevens te worden verstrekt: ☑ Een nauwkeurige beschrijving van het project. ☑ Een zo gedetailleerd mogelijk budget. Indien het bestuur aan uw aanvraag wil voldoen, zal zij hierover met u in contact treden. Indien de aanvraag wordt gehonoreerd,is het streven om de schenking vóór het eind van het jaar over te maken **URL** ▶ www.vandervoortvanzijp.nl/contact.php

Financieel ■ **INKOMSTEN EV** ▶ € 266.220 **HERKOMST MIDDELEN** ▶ vermogen **BOEKJAAR** ▶ 2019.

Contact ■ **BEREIKBAAR PER** ▶ ☑ post ☑ e-mail ☒ telefoon **CONTACTPERSOON** ▶ Mw. C.W. Fiolet **POSTADRES** ▶ Postbus 462, 2300 AL Leiden **EMAIL (ALGEMEEN)** ▶ vandervoortvanzijp@gmail.com.

1264

Van der Vossen-Delbrück Fonds

Rubriek ■ ☑ kunst en cultuur ☑ onderwijs en onderzoek

Algemeen ■ **WEBSITE** ▶ www.cultuurfonds.nl **TYPERING** ▶ fonds op naam **BEHEERD DOOR** ▶ Prins Bernhard Cultuurfonds **DIRECTIE** ▶ zie > Prins Bernhard Cultuurfonds **BESTUUR** ▶ zie > Prins Bernhard Cultuurfonds

Missie ■ **DOELSTELLING** ▶ Het financieel ondersteunen van publicaties en activiteiten op het terrein van de beeldende kunst en kunstnijverheid, met uitzondering van installaties, film en video.

Werkgebied ■ **ACTIERADIUS** ▶ Nationaal, Internationaal **LAND** ▶ Nederland.

Projecten ■ **CRITERIA** ▶ geen projectcriteria bekend **DOORLOOPTIJD** ▶ ☑ korter dan 1 jaar **STATUS AANVRAGER** ▶ ☑ geen beperkingen bekend **VOORKEUR/UITSLUITING** ▶ Met uitzondering van installaties, film en video.

Procedure ■ **OP AANVRAAG** ▶ ja **AANVRAAGPROCEDURE** ▶ Dit 'fonds op naam' ressorteert onder het Prins Bernhard Cultuurfonds. Verzoeken aan fondsen op naam komen op één centraal punt binnen. Dit houdt in dat een subsidieaanvraag slechts eenmaal aan het Prins Bernhard Cultuurfonds hoeft te worden gezonden. Voor de verdere aanvraagprocedure: zie Prins Bernhard Cultuurfonds. **URL** ▶ www.cultuurfonds.nl/aanvragen

Contact ■ **BEREIKBAAR PER** ▶ ☑ post ☑ e-mail ☑ telefoon **CONTACTPERSOON** ▶ geen contactpersoon bekend **POSTADRES** ▶ Postbus 19750, 1000 GT Amsterdam **EMAIL (ALGEMEEN)** ▶ info@cultuurfonds.nl **TELEFOON (ALGEMEEN)** ▶ 020-5206130.

1265

Stichting Van der Weele-Schipper Fonds

Rubriek ■ ☑ kunst en cultuur

Algemeen ■ **WEBSITE** ▶ www.kennisbankfilantropie.nl/anbi/van-der-weele-schipper-fonds **TYPERING** ▶ vermogensfonds **RECHTSVORM** ▶ stichting **KVK** ▶ 41100573 **ANBI STATUS** ▶ ja **DIRECTIE** ▶ geen directiegegevens bekend **BESTUUR** ▶ Drs. S.J. van der Goot, voorzitter; ing. M.C. van der Giessen, penningmeester; R.F. Ebskamp MA, secretaris; ir.drs. G. Moeyes; drs. F.R. Loomeijer.

Missie ■ **DOELSTELLING** ▶ De bevordering van een meer volledig en duidelijk historisch beeld van de Nederlandse scheepvaart, scheepsbouw en scheepsmachinebouw vanaf begin negentiende eeuw, in het bijzonder t.a.v. de technische ontwikkeling en de praktische uitvoering. **STICHTER(S)** ▶ Cornelis van der Weele, Ellina Johanna van der Weele-Schipper **HISTORIE** ▶ Scheepsbouwer Kees van der Weele en zijn vrouw Elly Schipper besloten in 1994 een fonds te stichten dat de kennis van de scheepsbouw, scheepvaart en scheepstechniek zou moeten bevorderen, speciaal voor de periode na de vervanging van hout door ijzer en staal en van het zeil door mechanische voortstuwing. Na de dood van beiden, eind 2004, werd dat fonds voortgezet onder voorzitterschap van generatiegenoot en collega binnen het Verolme concern, Arij Rijke. Nu kijken scheepsbouwers doorgaans vooral vooruit. Wat geweest is boeit hen niet. Maar Van der Weele en Rijke waren de spreekwoordelijke uitzondering op deze regel. Het verleden van hun vak, met name de enorme technische ontwikkelingen sinds het einde van de negentiende eeuw, boeide hen hun hele leven al. **BELEIDSPLAN OP WEBSITE** ► ja.

Doelgroep ■ **SPECIFIEK** ► Projecten op het gebied van de Nederlandse scheepvaart. **ACTIVITEITEN** ► Het geven van financiële steun aan welomschreven en goed gefundeerde projecten, die kunnen bijdragen aan de completering van het historische beeld van, en het levend houden van de herinnering, aan de Nederlandse scheepvaart, scheepsbouw, en scheepsmachinebouw, in het bijzonder de Koopvaardij, vanaf de tijd dat bij de bouw van schepen ijzer in belangrijke mate toegepast ging worden en mechanische voortstuwing een rol ging spelen. **INTERVENTIENIVEAU** ► Steun aan lokale/provinciale maatschappelijke organisaties en structuren (incl. gemeenten etc.) die diensten verlenen aan individuen.

Werkgebied ■ **ACTIERADIUS** ► Nationaal **LAND** ► Nederland.

Bestedingen ■ **BUDGET** ► € 50.000 **SOORT BIJDRAGE** ► giften **BOVENGRENS** ► geen **ONDERGRENS** ► geen.

Projecten ■ **CRITERIA** ► geen projectcriteria bekend **DOORLOOPTIJD** ► ☑ korter dan 1 jaar **STATUS AANVRAGER** ► ☑ stichting of vereniging (non-profit) ☑ individuen/gezinnen ☑ overig **VOORKEUR/UITSLUITING** ► geen voorkeur of uitsluiting bekend.

Procedure ■ **OP AANVRAAG** ► ja **DOORLOOPTIJD** ► 1-3 maanden **AANVRAAGPROCEDURE** ► Omschrijving project schriftelijk in te dienen bij secretaris.

Financieel ■ **EIGEN VERMOGEN** ► € 308.000 **INKOMSTEN EV** ► € 6.000 **INKOMSTEN OV** ► € 30.000 **HERKOMST MIDDELEN** ► vermogen, legaten, overige inkomsten **BOEKJAAR** ► 2018 **JAARVERSLAG OP WEBSITE** ► ja.

Contact ■ **BEREIKBAAR PER** ► ☑ post ☑ e-mail ☑ telefoon **CONTACTPERSOON** ► R.F. Ebskamp **POSTADRES** ► Hugo de Vriesstraat 68, 2313 RK Leiden **EMAIL (ALGEMEEN)** ► vanderweeleschipperfonds@gmail.com **TELEFOON (ALGEMEEN)** ► 06-44780460.

1266

Van Deventer Maas Stichting

Rubriek ■ ☑ onderwijs en onderzoek

Algemeen ■ **WEBSITE** ► http://vandeventermaas.or.id **TYPERING** ► vermogensfonds **OPGERICHT** ► 1947 **RECHTSVORM** ► stichting **KVK** ► 41150714 **ANBI STATUS** ► ja **DIRECTIE** ► geen directiegegevens bekend **BESTUUR** ► Mw. U. Jansen, voorzitter; L.M. ten Siethoff, penningmeester; J. Passchier, secretaris; mw. B. van Hulst Berit; B.W. White; T. Schut, vice-voorzitter; M. Baumeister; mw. S. Naafs.

Missie ■ **DOELSTELLING** ► Het doel van de stichting is het bevorderen van het geestelijke intellectuele en materiele welzijn van de Indonesische bevolking met daarbij bijzondere aandacht voor met name onderwijs; tevens zal de maatschappelijke, geestelijke en culturele ontwikkeling van Indonesische meisjes en vrouwen, en al hetgeen hiermee in de ruime zin genomen verband houdt, worden bevorderd. **STICHTER(S)** ► De heer mr. Conrad Theodoor van Deventer en mevrouw Elisabeth Maria Louise Maas **HISTORIE** ► De Van Deventer-Maas Sichting heeft haar bestaan te danken aan de heer mr. Conrad (Coen) Theodoor van Deventer (1857-1915) en zijn echtgenote, mevrouw Elisabeth (Betsy) Maria Louise Maas (1857-1942). Mede geïnspireerd door hun ervaringen tijdens hun verblijf in de kolonie, zou het echtaar zich de rest van hun levens inzetten voor de verbetering van de positie en leefomstandigheden van de mensen in het toenmalig Nederlands-Indië. **BELEIDSPLAN OP WEBSITE** ► ja.

Doelgroep ■ **ALGEMEEN** ► studenten, vrouwen, jongeren **SPECIFIEK** ► Indonesische meisjes en vrouwen, jonge Indonesische studenten. **ACTIVITEITEN** ► Sinds januari 2018 zijn de werkzaamheden en het toezicht daarop in Indonesië worden overgenomen door een nieuw opgerichte stichting (Yayasan Van Deventer-Maas Indonesia) in Indonesië. De Van Deventer-Maas Stichting in Nederland fungeert als adviseur van de Stichting. De stichting in indonesië wordt ondersteunt en gesubsidieert door de Van Deventer Maas Stichting. aanvragen lopen via de (Yayasan Van Deventer-Maas Indonesia. **INTERVENTIENIVEAU** ► Steun aan individuen (directe steun).

Werkgebied ■ **ACTIERADIUS** ► Internationaal **LAND** ► Indonesië.

Bestedingen ■ **BUDGET** ► niet openbaar **SOORT BIJDRAGE** ► studiebeurzen **BOVENGRENS** ► geen **ONDERGRENS** ► geen.

Projecten ■ **CRITERIA** ► Geen projectcriteria bekend gemaakt. **DOORLOOPTIJD** ► ☑ 1 - 2 jaar **STATUS AANVRAGER** ► ☑ geen beperkingen bekend **VOORKEUR/UITSLUITING** ► geen voorkeur of uitsluiting bekend.

Procedure ■ **OP AANVRAAG** ► ja **AANVRAAGPROCEDURE** ► geen aanvraagprocedure bekend. Werkzaamheden zijn overgedragen aan andere stichting. aanvragen lopen via de (Yayasan Van Deventer-Maas Indonesia **URL** ► www.vandeventermaas.or.id/ers/

Financieel ■ **EIGEN VERMOGEN** ► € 16.905.211 **HERKOMST MIDDELEN** ► vermogen, legaten **BOEKJAAR** ► 2018 **JAARVERSLAG OP WEBSITE** ► ja.

Contact ■ **BEREIKBAAR PER** ► ☑ post ☑ e-mail ☑ telefoon **CONTACTPERSOON** ► geen contactpersoon bekend **POSTADRES** ► Van Merlenstraat 120, 2518 TJ Den Haag **EMAIL (ALGEMEEN)** ► vdms.board@gmail.com **TELEFOON (ALGEMEEN)** ► 070-3609997.

1267

Van Eck-Vollgraff Fonds

Rubriek ■ ☑ kunst en cultuur ☑ onderwijs en onderzoek

Algemeen ■ **WEBSITE** ► www.cultuurfonds.nl **TYPERING** ► fonds op naam **BEHEERD DOOR** ► Prins Bernhard Cultuurfonds **DIRECTIE** ► zie >

Prins Bernhard Cultuurfonds **BESTUUR** ► zie > Prins Bernhard Cultuurfonds

Missie ■ **DOELSTELLING** ► Het financieel ondersteunen van pas afgestudeerde, getalenteerde musici en beeldend kunstenaars voor vervolgstudie of -onderzoek in het buitenland.

Werkgebied ■ **ACTIERADIUS** ► Nationaal, Internationaal **LAND** ► Nederland.

Projecten ■ **CRITERIA** ► geen projectcriteria bekend **DOORLOOPTIJD** ► ☑ korter dan 1 jaar **STATUS AANVRAGER** ► ☑ geen beperkingen bekend **VOORKEUR/UITSLUITING** ► geen voorkeur of uitsluiting bekend.

Procedure ■ **OP AANVRAAG** ► ja **AANVRAAGPROCEDURE** ► Dit 'fonds op naam' ressorteert onder het Prins Bernhard Cultuurfonds. Verzoeken aan fondsen op naam komen op één centraal punt binnen. Dit houdt in dat een subsidieaanvraag slechts eenmaal aan het Prins Bernhard Cultuurfonds hoeft te worden gezonden. Voor de verdere aanvraagprocedure: zie Prins Bernhard Cultuurfonds. **URL** ► www.cultuurfonds.nl/aanvragen

Contact ■ **BEREIKBAAR PER** ► ☑ post ☑ e-mail ☑ telefoon **CONTACTPERSOON** ► geen contactpersoon bekend **POSTADRES** ► Postbus 19750, 1000 GT Amsterdam **EMAIL (ALGEMEEN)** ► info@cultuurfonds.nl **TELEFOON (ALGEMEEN)** ► 020-5206130.

1268
Van Enter-Westerman Holstijn Fonds

Rubriek ■ ☑ kunst en cultuur ☑ natuur, milieu en dieren

Algemeen ■ **WEBSITE** ► www.cultuurfonds.nl **TYPERING** ► fonds op naam **BEHEERD DOOR** ► Prins Bernhard Cultuurfonds **DIRECTIE** ► zie > Prins Bernhard Cultuurfonds **BESTUUR** ► zie > Prins Bernhard Cultuurfonds

Missie ■ **DOELSTELLING** ► Het financieel ondersteunen van projecten op het gebied van cultuur en natuurbehoud in Nederland.

Werkgebied ■ **ACTIERADIUS** ► Nationaal **LAND** ► Nederland.

Projecten ■ **CRITERIA** ► geen projectcriteria bekend **DOORLOOPTIJD** ► ☑ korter dan 1 jaar **STATUS AANVRAGER** ► ☑ geen beperkingen bekend **VOORKEUR/UITSLUITING** ► geen voorkeur of uitsluiting bekend.

Procedure ■ **OP AANVRAAG** ► ja **AANVRAAGPROCEDURE** ► Dit 'fonds op naam' ressorteert onder het Prins Bernhard Cultuurfonds. Verzoeken aan fondsen op naam komen op één centraal punt binnen. Dit houdt in dat een subsidieaanvraag slechts eenmaal aan het Prins Bernhard Cultuurfonds hoeft te worden gezonden. Voor de verdere aanvraagprocedure: zie Prins Bernhard Cultuurfonds. **URL** ► www.cultuurfonds.nl/aanvragen

Contact ■ **BEREIKBAAR PER** ► ☑ post ☑ e-mail ☑ telefoon **CONTACTPERSOON** ► geen contactpersoon bekend **POSTADRES** ► Postbus 19750, 1000 GT Amsterdam **EMAIL (ALGEMEEN)** ► info@cultuurfonds.nl **TELEFOON (ALGEMEEN)** ► 020-5206130.

1269
Van Heek Boekelo Fonds

Rubriek ■ ☑ kunst en cultuur ☑ natuur, milieu en dieren

Algemeen ■ **WEBSITE** ► www.cultuurfonds.nl **TYPERING** ► fonds op naam **BEHEERD DOOR** ► Prins Bernhard Cultuurfonds **DIRECTIE** ► zie > Prins Bernhard Cultuurfonds **BESTUUR** ► zie > Prins Bernhard Cultuurfonds

Missie ■ **DOELSTELLING** ► Het financieel ondersteunen van projecten die betrokken zijn bij culturele, historische en landschappeljike situaties en initiatieven in en rondom Boekelo, Usselo, Twekkelo in Overijssel. Aanvragen worden behandeld door het Prins Bernhard Cultuurfonds Overijssel.

Werkgebied ■ **ACTIERADIUS** ► Regionaal, Lokaal **LAND** ► Nederland **REGIO** ► Overijssel **PLAATS** ► Boekelo, Usselo, Twekkelo.

Projecten ■ **CRITERIA** ► geen projectcriteria bekend **DOORLOOPTIJD** ► ☑ korter dan 1 jaar **STATUS AANVRAGER** ► ☑ geen beperkingen bekend **VOORKEUR/UITSLUITING** ► geen voorkeur of uitsluiting bekend.

Procedure ■ **OP AANVRAAG** ► ja **AANVRAAGPROCEDURE** ► Dit 'fonds op naam' ressorteert onder het Prins Bernhard Cultuurfonds. Verzoeken aan fondsen op naam komen op één centraal punt binnen. Dit houdt in dat een subsidieaanvraag slechts eenmaal aan het Prins Bernhard Cultuurfonds hoeft te worden gezonden. Voor de verdere aanvraagprocedure: zie Prins Bernhard Cultuurfonds. **URL** ► www.cultuurfonds.nl/aanvragen

Contact ■ **BEREIKBAAR PER** ► ☑ post ☑ e-mail ☑ telefoon **CONTACTPERSOON** ► geen contactpersoon bekend **POSTADRES** ► Postbus 19750, 1000 GT Amsterdam **EMAIL (ALGEMEEN)** ► info@cultuurfonds.nl **TELEFOON (ALGEMEEN)** ► 020-5206130.

1270
Stichting Van Helden Tucker

Rubriek ■ ☑ maatschappij, welzijn en samenleving ☑ kunst en cultuur ☑ onderwijs en onderzoek ☑ economische ontwikkeling en microkrediet

Algemeen ■ **WEBSITE** ► www.stichtingvanheldentucker.nl **TYPERING** ► vermogensfonds **OPGERICHT** ► 12-01-1966 **RECHTSVORM** ► stichting **KVK** ► 41127576 **ANBI STATUS** ► nee **DIRECTIE** ► geen directiegegevens bekend **BESTUUR** ► geen bestuursgegevens bekend.

Missie ■ **DOELSTELLING** ► De Stichting Van Helden Tucker is een klein fonds dat initiatieven ondersteunt op sociaal, cultureel en educatief gebied ten behoeve van mensen uit kansarme groepen of mensen in financieel minder draagkrachtige situaties waar ook ter wereld met uitzondering van Nederland.

Doelgroep ■ **ALGEMEEN** ► armen **SPECIFIEK** ► Mensen uit kansarme groepen of mensen in financieel minder draagkrachtige situaties. **ACTIVITEITEN** ► De afgelopen jaren zijn onder andere de volgende projecten in aanmerking gekomen voor een financiële ondersteuning door de Stichting Van Helden Tucker: ☑ Studiebeurzen voor studenten in Kenia en Tanzania; ☑ Woongemeenschap voor mensen met een (verstandelijke) beperking (Nicaragua); ☑ Schoon drinkwater in Guinee-Bissau en Ghana; ☑ Aanleg irrigatiekanalen om de rijstproductie te verhogen (Cambodja); ☑ Fokken van varkens voor vrouwen om een eigen inkomen te genereren (Congo); ☑ Kweken van bamboe om boeren in eigen onderhoud te leren voorzien (Ghana); ☑ Renovatie van een revalidatiecentrum voor meervoudig gehandicapten (Roemenië); ☑ Onderwijsproject op het platteland (Cambodja); ☑ Onderwijsproject (India). **INTERVENTIENIVEAU** ► Steun aan lokale/provinciale maatschappelijke organisaties en structuren (incl. gemeenten etc.) die diensten verlenen aan individuen.

Werkgebied ■ **ACTIERADIUS** ► Internationaal **LAND** ► Wereldwijd.

Bestedingen ■ **BUDGET** ► niet openbaar **SOORT BIJDRAGE** ► giften studiebeurzen overig **BOVENGRENS** ► € 5.000 **ONDERGRENS** ► geen.

Projecten ■ **CRITERIA** ► ☑ Het project speelt zich af buiten Nederland; ☑ alleen projecten die via het aanvraagformulier zijn ingediend, kunnen behandeld worden; ☑ aanvrager moet een in Nederland gevestigde rechtspersoon c.q. stichting zijn en bij voorkeur een ANBI-status hebben; ☑ het project dient erop gericht te zijn dat de doelgroep op termijn financieel in eigen onderhoud kan voorzien; ☑ het door de stichting Van Helden Tucker beschikbare geld komt rechtstreeks ten goede aan het welzijn, de kennis of vaardigheden van de doelgroep; ☑ de aanvragende stichting dient uit vrijwilligers te bestaan die geen vergoeding krijgen; ☑ met de aanvraag moet een duidelijke begroting worden meegestuurd, waarbij de begroting van het project in verhouding moet staan tot de draagkracht van de aanvragende stichting. **DOORLOOPTIJD** ► ☑ onbekend **STATUS AANVRAGER** ► ☑ stichting of vereniging (non-profit) **VOORKEUR/UITSLUITING** ► De voorkeur gaat uit naar projecten die kleinschalig zijn en die de gezondheid en/of de ontwikkeling van de plaatselijke bevolking bevorderen. Het kan hierbij zowel om kinderen gaan als om volwassenen. Niet gesubsidieerd worden: overheadkosten, bouwkosten, reiskosten.

Procedure ■ **OP AANVRAAG** ► ja **DOORLOOPTIJD** ► 1-3 maanden **AANVRAAGPROCEDURE** ► Een aanvraag kan uitsluitend digitaal via het aanvraagformulier vóór 1 januari, 1 april, 1 juli of 1 oktober worden ingediend. Met de digitale aanvraag via het aanvraagformulier kunnen aanvullende stukken worden meegestuurd. Indien noodzakelijk kunt u deze ook – uitsluitend na overleg – per post aan verzenden. Na ontvangst van de aanvraag, wordt deze in de eerstvolgende bestuursvergadering behandeld. Deze vergaderingen worden viermaal per jaar gehouden. In het algemeen ontvangt u dan ook binnen drie maanden na ontvangst van uw aanvraag bericht van het bestuur of deze al dan niet gehonoreerd wordt. Over de beslissing is geen correspondentie mogelijk. **URL** ► www.stichtingvanheldentucker.nl/aanvraagformulier/

Financieel ■ **HERKOMST MIDDELEN** ► overige inkomsten.

Contact ■ **BEREIKBAAR PER** ► ☑ post ☑ e-mail ☒ telefoon **CONTACTPERSOON** ► geen contactpersoon bekend **POSTADRES** ► Postbus 51, 4840 AB Prinsenbeek **EMAIL (ALGEMEEN)** ► info@stichtingvanheldentucker.nl.

1271

De Van Heumen-de Sitter Stichting

Rubriek ■ ☑ gezondheidszorg ☑ maatschappij, welzijn en samenleving

Algemeen ■ **WEBSITE** ► www.vanheumendesitter.nl **TYPERING** ► vermogensfonds **OPGERICHT** ► 15-04-1931 **RECHTSVORM** ► stichting **KVK** ► 41059252 **ANBI STATUS** ► ja **DIRECTIE** ► geen directiegegevens bekend **BESTUUR** ► R.W.Ch. de Sitter, voorzitter; F.A. van; A. Schreuders; mw. M.J. Rietveld; K.F. Leenhouts.

Missie ■ **DOELSTELLING** ► De stichting heeft ten doel, uit haar jaarlijks inkomen, giften beschikbaar te stellen voor personen met de Nederlandse nationaliteit, die problemen ondervinden ten gevolge van medisch en/of sociale beperkingen of door andere door het bestuur van de stichting te beoordelen redenen. **STICHTER(S)** ► Meneer H.J.A. van Heumen **HISTORIE** ► Hermanus Johannes Antonius van Heumen - notaris en advocaat - werd in 1846 in Delft geboren. In 1877 verhuisde hij naar Tiel. Hij trouwde in 1881 met Wilhelmina Petronella de Sitter. Ze kwam uit een vermogende familie. Haar vader was notaris en burgemeester van Groningen. Haar moeder was barones Rengers. Het echtpaar Van Heumen - de Sitter bleef kinderloos. Notaris Van Heumen zat in 1927 vijftig jaar in het vak. Hij was toen 81 jaar en de oudste notaris van Nederland. Ter gelegenheid van dit jubileum heeft hij schenkingen gedaan aan verschillende kerken en liefdadige instellingen. Hij overleed in 1931 en een jaar later overleed zijn echtgenote. Een deel van het vermogen werd bij testament nagelaten aan familie, de huisknecht en de huishoudster. Het 'echte' vermogen bestond uit grond, obligaties en aandelen en was bedoeld voor de Van Heumen - de Sitter Stichting met als doelstelling steun bieden aan Nederlands hervormde personen van goed zedelijk gedrag die door ouderdom, ziekte of een handicap behoeftig geworden zijn. **BELEIDSPLAN OP WEBSITE** ► ja.

Doelgroep ■ **ALGEMEEN** ► zieken, gehandicapten, gelovigen **SPECIFIEK** ► Individuele personen die problemen ondervinden ten gevolge van medische en/of sociale beperkingen. **ACTIVITEITEN** ► Het verstrekken van persoonsgerichte giften aan de hierboven omschreven doelgroep, in de vorm van een eenmalige financiele bijdrage. **INTERVENTIENIVEAU** ► Steun aan individuen (directe steun).

Werkgebied ■ **ACTIERADIUS** ► Nationaal **LAND** ► Nederland.

Bestedingen ■ **BUDGET** ► niet openbaar **ONDERSTEUNDE PROJECTEN P/J** ► 266 **SOORT BIJDRAGE** ► giften **BOVENGRENS** ► geen **ONDERGRENS** ► geen.

Projecten ■ **CRITERIA** ► De belangrijkste voorwaarden met betrekking tot de persoon zijn het hebben van een Nederlandse nationaliteit, protestantse achtergrond en goed zedelijk gedrag. Overige criteria zijn: ☑ Het betreft kosten die een directe relatie met de problematiek hebben en waarvoor geen beroep op een voorliggende voorziening kan worden gedaan; ☑ Een bijdrage is alleen mogelijk om een doelmatige oplossing te realiseren; ☑ Het gaat om een eenmalige verstrekking; ☑ De hoogte van het bedrag wordt per situatie bepaald;

☑ Er wordt rekening gehouden met de financiële omstandigheden (vermogen/inkomen); ☑ De bijdrage wordt in principe overgemaakt naar de instantie die het verzoek indient. **DOORLOOPTIJD** ▶ ☑ korter dan 1 jaar **STATUS AANVRAGER** ▶ ☑ hulpverleners **VOORKEUR/UITSLUITING** ▶ Geen bijdrage ten behoeve van inkomensondersteuning, schulden, studiedoeleinden.

Procedure ■ **OP AANVRAAG** ▶ ja **DOORLOOPTIJD** ▶ 1-3 maanden **AANVRAAGPROCEDURE** ▶ Het verzoek wordt ingediend op het hiervoor bestemde aanvraagformulier. Bij de aanvraag is een toelichting van een professionele hulpverlener gevoegd. Deze deskundige (geestelijk verzorger, arts, consulent, maatschappelijk werker, ergotherapeut enz.) onderbouwt de psychische, sociale en/of medische situatie en de noodzaak van gevraagde kosten. Alleen aanvragen die zijn voorzien van relevante bewijsstukken worden in behandeling genomen. De stichting streeft ernaar om binnen 6 weken na ontvangst van de aanvraag een beslissing te nemen. De hulpverlener wordt schriftelijk geïnformeerd over de beslissing. Mevrouw H. de Zoete is het contactpersoon bij eventuele vragen over de aanvragen. **URL** ▶ www.vanheumendesitter.nl/aanvraagprocedure

Financieel ■ **INKOMSTEN EV** ▶ € 303.380 **INKOMSTEN OV** ▶ € 4.283 **HERKOMST MIDDELEN** ▶ vermogen **BOEKJAAR** ▶ 2019 **JAARVERSLAG OP WEBSITE** ▶ ja.

Contact ■ **BEREIKBAAR PER** ▶ ☑ post ☑ e-mail ☑ telefoon **CONTACTPERSOON** ▶ P.A.J.H. Kindt **POSTADRES** ▶ Postbus 1475, 3430 BL Nieuwegein **EMAIL (ALGEMEEN)** ▶ info@vanheumendesitter.nl **TELEFOON (ALGEMEEN)** ▶ 030-2311377 **TELEFOON (AANVRAGEN)** ▶ 06-23109738(maandag).

1272
Van Hoorn-Koster Fonds

Rubriek ■ ☑ kunst en cultuur

Algemeen ■ **WEBSITE** ▶ www.cultuurfonds.nl **TYPERING** ▶ fonds op naam **BEHEERD DOOR** ▶ Prins Bernhard Cultuurfonds **DIRECTIE** ▶ zie Prins Bernhard Cultuurfonds **BESTUUR** ▶ zie Prins Bernhard Cultuurfonds

Missie ■ **DOELSTELLING** ▶ Het financieel ondersteunen van (audiovisuele) publicaties op het terrein van archeologie en geschiedenis die de provincie Utrecht betreffen. Aanvragen worden behandeld door het Prins Bernhard Cultuurfonds Utrecht.

Werkgebied ■ **ACTIERADIUS** ▶ Regionaal **LAND** ▶ Nederland **REGIO** ▶ Utrecht.

Projecten ■ **CRITERIA** ▶ geen projectcriteria bekend **DOORLOOPTIJD** ▶ ☑ korter dan 1 jaar **STATUS AANVRAGER** ▶ ☑ geen beperkingen bekend **VOORKEUR/UITSLUITING** ▶ geen voorkeur of uitsluiting bekend.

Procedure ■ **OP AANVRAAG** ▶ ja **AANVRAAGPROCEDURE** ▶ Dit 'fonds op naam' ressorteert onder het Prins Bernhard Cultuurfonds. Verzoeken aan fondsen op naam komen op één centraal punt binnen. Dit houdt in dat een subsidieaanvraag slechts eenmaal aan het Prins Bernhard Cultuurfonds hoeft te worden gezonden. Voor de verdere aanvraagprocedure: zie Prins Bernhard Cultuurfonds. **URL** ▶ www.cultuurfonds.nl/aanvragen

Contact ■ **BEREIKBAAR PER** ▶ ☑ post ☑ e-mail ☑ telefoon **CONTACTPERSOON** ▶ geen contactpersoon bekend **POSTADRES** ▶ Postbus 19750, 1000 GT Amsterdam **EMAIL (ALGEMEEN)** ▶ info@cultuurfonds.nl **TELEFOON (ALGEMEEN)** ▶ 020-5206130.

1273
Stichting Van Kampen Wassenaar

Rubriek ■ ☑ gezondheidszorg ☑ maatschappij, welzijn en samenleving ☑ kunst en cultuur ☑ onderwijs en onderzoek

Algemeen ■ **WEBSITE** ▶ www.kennisbankfilantropie.nl/anbi/van-kampen-wassenaar **TYPERING** ▶ vermogensfonds **OPGERICHT** ▶ 10-11-2005 **RECHTSVORM** ▶ stichting **KVK** ▶ 34237059 **ANBI STATUS** ▶ ja **DIRECTIE** ▶ geen directiegegevens bekend **BESTUUR** ▶ G. van Kampen, voorzitter; J. Linnekamp, penningmeester; V.F.W. Ophoff, secretaris; mw. M. Wassenaar.

Missie ■ **DOELSTELLING** ▶ Stichting van Kampen-Wassenaar heeft als doel het doen van uitkeringen en/of het verlenen van bijstand aan instellingen die actief zijn op maatschappelijk gebied op humanitaire en/of culturele grondslag dan wel aan instellingen die zich bezig houden met onderwijs en gezondheidszorg.

Doelgroep ■ **SPECIFIEK** ▶ Instellingen actief op algemeen maatschappelijk gebied op humanitaire en/of culturele grondslag, en onderwijs en gezondheid. **ACTIVITEITEN** ▶ De Stichting ondersteunt de genoemde doelen direct of via andere Algemeen Nut Beogende Instellingen. **INTERVENTIENIVEAU** ▶ Steun aan lokale/provinciale maatschappelijke organisaties en structuren (incl. gemeenten etc.) die diensten verlenen aan individuen.

Werkgebied ■ **ACTIERADIUS** ▶ Nationaal **LAND** ▶ Nederland.

Bestedingen ■ **BUDGET** ▶ niet openbaar **ONDERSTEUNDE PROJECTEN P/J** ▶ 18 **SOORT BIJDRAGE** ▶ giften **BOVENGRENS** ▶ geen **ONDERGRENS** ▶ geen.

Projecten ■ **CRITERIA** ▶ geen projectcriteria bekend **DOORLOOPTIJD** ▶ ☑ onbekend **STATUS AANVRAGER** ▶ ☑ stichting of vereniging (non-profit) **VOORKEUR/UITSLUITING** ▶ geen voorkeur of uitsluiting bekend.

Procedure ■ **OP AANVRAAG** ▶ onbekend **AANVRAAGPROCEDURE** ▶ Geen aanvraagprocedure bekend.

Financieel ■ **EIGEN VERMOGEN** ▶ € 160.936 **INKOMSTEN EV** ▶ € 1.420 **HERKOMST MIDDELEN** ▶ onbekend **JAARVERSLAG OP WEBSITE** ▶ ja.

Contact ■ **BEREIKBAAR PER** ▶ ☑ post ☑ e-mail ☒ telefoon **CONTACTPERSOON** ▶ geen contactpersoon bekend **POSTADRES** ▶ Keizer Karelweg 476, 1181 RL Amstelveen **EMAIL (ALGEMEEN)** ▶ vkampen@casema.nl.

1274
Van Lange Fonds

Rubriek ■ ☑ kunst en cultuur ☑ natuur, milieu en dieren

Algemeen ■ **WEBSITE** ▶ www.cultuurfonds.nl **TYPERING** ▶ fonds op

naam **BEHEERD DOOR** ► Prins Bernhard Cultuurfonds **DIRECTIE** ► zie > Prins Bernhard Cultuurfonds **BESTUUR** ► zie > Prins Bernhard Cultuurfonds

Missie ■ **DOELSTELLING** ► Het financieel ondersteunen van projecten op het gebied van cultuur en natuurbehoud in Nederland.

Werkgebied ■ **ACTIERADIUS** ► Nationaal **LAND** ► Nederland.

Projecten ■ **CRITERIA** ► geen projectcriteria bekend **DOORLOOPTIJD** ► ☑ korter dan 1 jaar **STATUS AANVRAGER** ► ☑ geen beperkingen bekend **VOORKEUR/UITSLUITING** ► geen voorkeur of uitsluiting bekend.

Procedure ■ **OP AANVRAAG** ► ja **AANVRAAGPROCEDURE** ► Dit 'fonds op naam' ressorteert onder het Prins Bernhard Cultuurfonds. Verzoeken aan fondsen op naam komen op één centraal punt binnen. Dit houdt in dat een subsidieaanvraag slechts eenmaal aan het Prins Bernhard Cultuurfonds hoeft te worden gezonden. Voor de verdere aanvraagprocedure: zie Prins Bernhard Cultuurfonds. **URL** ► www.cultuurfonds.nl/aanvragen

Contact ■ **BEREIKBAAR PER** ► ☑ post ☑ e-mail ☑ telefoon **CONTACTPERSOON** ► geen contactpersoon bekend **POSTADRES** ► Postbus 19750, 1000 GT Amsterdam **EMAIL (ALGEMEEN)** ► info@cultuurfonds.nl **TELEFOON (ALGEMEEN)** ► 020-5206130.

1275

Stichting Van Leer Group Foundation

Rubriek ■ ☑ maatschappij, welzijn en samenleving

Algemeen ■ **WEBSITE** ► https://vanleergroup.org **TYPERING** ► vermogensfonds **OPGERICHT** ► 20-12-1979 **RECHTSVORM** ► stichting **KVK** ► 41200588 **ANBI STATUS** ► ja **DIRECTIE** ► M. Feigelson **BESTUUR** ► Mw. J. Tammenoms Bakker, voorzitter; W. Borgdorff; N. Kleiterp; R. Swaak; Y. Ariav; E. Lindeleijer; S. Worthington; mw. J.Neuberger

.

Missie ■ **DOELSTELLING** ► ☑ Het werkzaam zijn ten behoeve van kinderen tot acht jaar die in hun ontwikkeling belemmerd worden door sociale en/of culturele omstandigheden; ☑ Bij te dragen aan het ontwikkelen en het versterken van een Joods, democratisch en nationaal tehuis in Israel; ☑ Het bevorderen van de continuïteit en het behoud van de zelfstandigheid van de Van Leer Entiteit. **STICHTER(S)** ► Oscar van Leer (1914-1996) **HISTORIE** ► Ondernemer Bernard van Leer was de oprichter van een groot internationaal verpakkingsbedrijf. Diep geraakt door de verwoestingen van de Tweede Wereldoorlog, besloot hij te investeren in maatschappelijke verbeteringen. In 1949 startte hij de Foundation om zich daarmee te richten op een verscheidenheid aan filantropische activiteiten. Na het overlijden van Bernard in 1958 nam zijn zoon Oscar zowel het verpakkingsbedrijf als de Foundation over. Bernards zoon Oscar besloot halverwege de jaren zestig de Foundation te richten op jonge kinderen.

Doelgroep ■ **ALGEMEEN** ► armen, kinderen **SPECIFIEK** ► Achterstandskinderen. **ACTIVITEITEN** ► Ondersteunen van de stichtingen: ☑ Van Leer Jerusalem Institute; ☑ Jerusalem Film Center; ☑ Bernard van Leer Foundation. **INTERVENTIENIVEAU** ► Steun aan lokale/provinciale maatschappelijke organisaties en structuren (incl. gemeenten etc.) die diensten verlenen aan individuen.

Werkgebied ■ **ACTIERADIUS** ► Nationaal, Internationaal **LAND** ► Nederland, Israël.

Bestedingen ■ **BUDGET** ► niet openbaar **SOORT BIJDRAGE** ► giften **BOVENGRENS** ► geen **ONDERGRENS** ► geen.

Projecten ■ **CRITERIA** ► geen projectcriteria bekend **DOORLOOPTIJD** ► ☑ korter dan 1 jaar **STATUS AANVRAGER** ► ☑ stichting of vereniging (non-profit) **VOORKEUR/UITSLUITING** ► De stichting doneert enkel aan de Bernard van Leer Foundation, het Van Leer Jerusalem Instituut en het Jerusalem Film Center.

Procedure ■ **OP AANVRAAG** ► nee

Financieel ■ **EIGEN VERMOGEN** ► € 719.809.000 **INKOMSTEN EV** ► € 84.838.000 **HERKOMST MIDDELEN** ► vermogen, bedrijven **BOEKJAAR** ► 2019 **JAARVERSLAG OP WEBSITE** ► ja.

Contact ■ **BEREIKBAAR PER** ► ☑ post ☑ e-mail ☑ telefoon **CONTACTPERSOON** ► geen contactpersoon bekend **POSTADRES** ► Postbus 82334, 2508 EH Den Haag **EMAIL (ALGEMEEN)** ► mail@vanleergroup.org **TELEFOON (ALGEMEEN)** ► +310-703312216.

1276

Van Leeuwen Van Lignac Stichting

Rubriek ■ ☑ maatschappij, welzijn en samenleving ☑ gezondheidszorg

Algemeen ■ **WEBSITE** ► www.volkskracht.nl/stichtingen/van-leeuwen-van-lignac-stichting **TYPERING** ► vermogensfonds **BEHEERD DOOR** ► Stichting Bevordering van Volkskracht **OPGERICHT** ► 19-05-1995 **RECHTSVORM** ► stichting **KVK** ► 41126873 **ANBI STATUS** ► ja **DIRECTIE** ► geen directiegegevens bekend **BESTUUR** ► geen bestuursgegevens bekend.

Missie ■ **DOELSTELLING** ► De doelstelling van de stichting is om het geestelijke en lichamelijke welzijn van de Rotterdamse bevolking te bevorderen. De stichting steunt in het bijzonder eenzame ouderen, ouderen in bejaardenhuizen of ziekeninrichtingen en jonge kinderen in verzorgingsinrichtingen of ziekeninrichtingen. **STICHTER(S)** ► Abraham van Leeuwen **HISTORIE** ► Van Leeuwen Van Lignac Stichting werd op 19 mei 1995 opgericht door Abraham van Leeuwen. Hij werd in 1918 in Rotterdam geboren. Door hard werken en creatief ondernemen slaagde hij erin een aantal succesvolle bedrijven op te bouwen, waaronder het Nederlands Talen Instituut en Lekturama. Bij zijn overlijden in 2001 ging een deel van zijn aanzienlijke vermogen over naar de Van Leeuwen Van Lignac Stichting. **BELEIDSPLAN OP WEBSITE** ► ja.

Doelgroep ■ **ALGEMEEN** ► ouderen, gehandicapten, zieken, jongeren, kinderen **SPECIFIEK** ► Eenzame ouderen, ouderen in bejaardentehuizen of ziekeninrichtingen, jonge kinderen in verzorgingsinrichtingen of ziekeninrichtingen in de gemeente Rotterdam. **ACTIVITEITEN** ► Geen specifieke activiteiten bekend **INTERVENTIENIVEAU** ► Steun aan lokale/provinciale maatschappelijke organisaties en structuren (incl. gemeenten etc.) die diensten verlenen aan individuen.; Steun aan individuen (directe steun).

Werkgebied ■ ACTIERADIUS ▶ Lokaal LAND ▶ Nederland REGIO ▶ Zuid-Holland PLAATS ▶ Rotterdam.

Bestedingen ■ BUDGET ▶ € 1.500.000 ONDERSTEUNDE PROJECTEN P/J ▶ 106 BOVENGRENS ▶ geen ONDERGRENS ▶ geen.

Projecten ■ CRITERIA ▶ geen projectcriteria bekend DOORLOOPTIJD ▶ ☑ onbekend STATUS AANVRAGER ▶ ☑ stichting of vereniging (non-profit) VOORKEUR/UITSLUITING ▶ Gegeven de doelstelling, verleent de stichting geen financiële bijdragen aan commerciële organisaties, kerkelijke instellingen en evenmin ten behoeve van studiebeurzen, proefschriften of schuldsaneringen. Voorkeur gaat uit naar projecten gericht op ouderen en kinderen. Aanvragen van individuen worden niet gehonoreerd. De stichting betracht strikte onzijdigheid op godsdienstig en politiek gebied.

Procedure ■ OP AANVRAAG ▶ ja DOORLOOPTIJD ▶ 1-3 maanden AANVRAAGPROCEDURE ▶ U kunt het formulier online invullen en versturen of u kunt het aanvraagformulier (PDF) downloaden, uitprinten, invullen, ondertekenen en samen met de verplichte bijlagen per e-mail toezenden aan het secretariaat. De aanvraag dient minimaal drie maanden van tevoren ingediend te worden. U ontvangt u altijd een ontvangstbevestiging. De behandeling van een verzoek duurt meestal één tot drie maanden. Zodra het bestuur een besluit heeft genomen, ontvangt u hierover schriftelijk bericht. URL ▶ www.volkskracht.nl/Stichtingen/Van-Leeuwen-Van-Lignac-Stichting/Aanvraagformulier

Financieel ■ INKOMSTEN OV ▶ € 1.125.911 HERKOMST MIDDELEN ▶ onbekend BOEKJAAR ▶ 2019 JAARVERSLAG OP WEBSITE ▶ ja.

Contact ■ BEREIKBAAR PER ▶ ☑ post ☑ e-mail ☑ telefoon CONTACTPERSOON ▶ geen contactpersoon bekend POSTADRES ▶ Postbus 1110, 3000 BC Rotterdam EMAIL (ALGEMEEN) ▶ secretariaat@volkskracht.nl TELEFOON (ALGEMEEN) ▶ 010-2240223.

1277
Van Leusen-Harder Fonds

Rubriek ■ ☑ kunst en cultuur

Algemeen ■ WEBSITE ▶ www.cultuurfonds.nl TYPERING ▶ fonds op naam BEHEERD DOOR ▶ Prins Bernhard Cultuurfonds DIRECTIE ▶ zie Prins Bernhard Cultuurfonds BESTUUR ▶ zie Prins Bernhard Cultuurfonds

Missie ■ DOELSTELLING ▶ Het financieel ondersteunen van projecten ten behoeve van de instandhouding van monumenten in Deventer en omgeving en al hetgeen daarmee verband kan houden.

Werkgebied ■ ACTIERADIUS ▶ Lokaal LAND ▶ Nederland REGIO ▶ Overijssel PLAATS ▶ Deventer e.o.

Projecten ■ CRITERIA ▶ geen projectcriteria bekend DOORLOOPTIJD ▶ ☑ korter dan 1 jaar STATUS AANVRAGER ▶ ☑ geen beperkingen bekend VOORKEUR/UITSLUITING ▶ geen voorkeur of uitsluiting bekend.

Procedure ■ OP AANVRAAG ▶ ja AANVRAAGPROCEDURE ▶ Dit 'fonds op naam' ressorteert onder het Prins Bernhard Cultuurfonds. Verzoeken aan fondsen op naam komen op één centraal punt binnen. Dit houdt in dat een subsidieaanvraag slechts eenmaal aan het Prins Bernhard Cultuurfonds hoeft te worden gezonden. Voor de verdere aanvraagprocedure: zie Prins Bernhard Cultuurfonds. URL ▶ www.cultuurfonds.nl/aanvragen

Contact ■ BEREIKBAAR PER ▶ ☑ post ☑ e-mail ☑ telefoon CONTACTPERSOON ▶ geen contactpersoon bekend POSTADRES ▶ Postbus 19750, 1000 GT Amsterdam EMAIL (ALGEMEEN) ▶ info@cultuurfonds.nl TELEFOON (ALGEMEEN) ▶ 020-5206130.

1278
Van Maarseveen Fonds

Rubriek ■ ☑ kunst en cultuur ☑ kerk en levensbeschouwing ☑ onderwijs en onderzoek

Algemeen ■ WEBSITE ▶ www.cultuurfonds.nl TYPERING ▶ fonds op naam BEHEERD DOOR ▶ Prins Bernhard Cultuurfonds DIRECTIE ▶ zie Prins Bernhard Cultuurfonds BESTUUR ▶ zie Prins Bernhard Cultuurfonds

Missie ■ DOELSTELLING ▶ Het financieel ondersteunen van onderzoek en publicaties op het gebied van de relatie tussen levensbeschouwing en cultuur in Nederland.

Werkgebied ■ ACTIERADIUS ▶ Nationaal LAND ▶ Nederland.

Projecten ■ CRITERIA ▶ geen projectcriteria bekend DOORLOOPTIJD ▶ ☑ korter dan 1 jaar STATUS AANVRAGER ▶ ☑ geen beperkingen bekend VOORKEUR/UITSLUITING ▶ geen voorkeur of uitsluiting bekend.

Procedure ■ OP AANVRAAG ▶ ja AANVRAAGPROCEDURE ▶ Dit 'fonds op naam' ressorteert onder het Prins Bernhard Cultuurfonds. Verzoeken aan fondsen op naam komen op één centraal punt binnen. Dit houdt in dat een subsidieaanvraag slechts eenmaal aan het Prins Bernhard Cultuurfonds hoeft te worden gezonden. Voor de verdere aanvraagprocedure: zie Prins Bernhard Cultuurfonds. URL ▶ www.cultuurfonds.nl/aanvragen

Contact ■ BEREIKBAAR PER ▶ ☑ post ☑ e-mail ☑ telefoon CONTACTPERSOON ▶ geen contactpersoon bekend POSTADRES ▶ Postbus 19750, 1000 GT Amsterdam EMAIL (ALGEMEEN) ▶ info@cultuurfonds.nl TELEFOON (ALGEMEEN) ▶ 020-5206130.

1279
Van Meeuwen Kan Fonds

Rubriek ■ ☑ kunst en cultuur

Algemeen ■ WEBSITE ▶ www.cultuurfonds.nl TYPERING ▶ fonds op naam BEHEERD DOOR ▶ Prins Bernhard Cultuurfonds DIRECTIE ▶ zie Prins Bernhard Cultuurfonds BESTUUR ▶ zie Prins Bernhard Cultuurfonds

Missie ■ DOELSTELLING ▶ Het financieel ondersteunen van projecten op het terrein van kunst en cultuur waarbij educatie en professionele ontwikkeling de voorkeur hebben.

Werkgebied ■ ACTIERADIUS ▶ Nationaal LAND ▶ Nederland.

Projecten ■ CRITERIA ▶ geen projectcriteria bekend DOORLOOPTIJD ▶

☑ korter dan 1 jaar **STATUS AANVRAGER** ► ☑ geen beperkingen bekend **VOORKEUR/UITSLUITING** ► Voorkeur gaat uit naar projecten gericht op educatie en professionele ontwikkeling.

Procedure ■ **OP AANVRAAG** ► ja **AANVRAAGPROCEDURE** ► Dit 'fonds op naam' ressorteert onder het Prins Bernhard Cultuurfonds. Verzoeken aan fondsen op naam komen op één centraal punt binnen. Dit houdt in dat een subsidieaanvraag slechts eenmaal aan het Prins Bernhard Cultuurfonds hoeft te worden gezonden. Voor de verdere aanvraagprocedure: zie Prins Bernhard Cultuurfonds. **URL** ► www.cultuurfonds.nl/aanvragen

Contact ■ **BEREIKBAAR PER** ► ☑ post ☑ e-mail ☑ telefoon **CONTACTPERSOON** ► geen contactpersoon bekend **POSTADRES** ► Postbus 19750, 1000 GT Amsterdam **EMAIL (ALGEMEEN)** ► info@cultuurfonds.nl **TELEFOON (ALGEMEEN)** ► 020-5206130.

1280

Van Nieuwpoort van Wolferen Fonds

Rubriek ■ ☑ kunst en cultuur

Algemeen ■ **WEBSITE** ► www.cultuurfonds.nl **TYPERING** ► fonds op naam **BEHEERD DOOR** ► Prins Bernhard Cultuurfonds **DIRECTIE** ► zie > Prins Bernhard Cultuurfonds **BESTUUR** ► zie > Prins Bernhard Cultuurfonds

Missie ■ **DOELSTELLING** ► Het financieel ondersteunen van (educatieve) projecten voor jongeren op het terrein van de dans, met een voorkeur voor klassiek ballet en werelddans.

Werkgebied ■ **ACTIERADIUS** ► Nationaal **LAND** ► Nederland.

Projecten ■ **CRITERIA** ► geen projectcriteria bekend **DOORLOOPTIJD** ► ☑ korter dan 1 jaar **STATUS AANVRAGER** ► ☑ geen beperkingen bekend **VOORKEUR/UITSLUITING** ► Voorkeur gaat uit naar klassiek ballet en werelddans.

Procedure ■ **OP AANVRAAG** ► ja **AANVRAAGPROCEDURE** ► Dit 'fonds op naam' ressorteert onder het Prins Bernhard Cultuurfonds. Verzoeken aan fondsen op naam komen op één centraal punt binnen. Dit houdt in dat een subsidieaanvraag slechts eenmaal aan het Prins Bernhard Cultuurfonds hoeft te worden gezonden. Voor de verdere aanvraagprocedure: zie Prins Bernhard Cultuurfonds. **URL** ► www.cultuurfonds.nl/aanvragen

Contact ■ **BEREIKBAAR PER** ► ☑ post ☑ e-mail ☑ telefoon **CONTACTPERSOON** ► geen contactpersoon bekend **POSTADRES** ► Postbus 19750, 1000 GT Amsterdam **EMAIL (ALGEMEEN)** ► info@cultuurfonds.nl **TELEFOON (ALGEMEEN)** ► 020-5206130.

1281

Van Proosdij-Beckers Fonds

Rubriek ■ ☑ kunst en cultuur

Algemeen ■ **WEBSITE** ► www.cultuurfonds.nl **TYPERING** ► fonds op naam **BEHEERD DOOR** ► Prins Bernhard Cultuurfonds **DIRECTIE** ► zie > Prins Bernhard Cultuurfonds **BESTUUR** ► zie > Prins Bernhard Cultuurfonds

Missie ■ **DOELSTELLING** ► Het verlenen van beurzen aan bij voorkeur jonge vrouwelijke acteurs, beeldend kunstenaars of musici.

Werkgebied ■ **ACTIERADIUS** ► Nationaal **LAND** ► Nederland.

Projecten ■ **CRITERIA** ► geen projectcriteria bekend **DOORLOOPTIJD** ► ☑ korter dan 1 jaar **STATUS AANVRAGER** ► ☑ geen beperkingen bekend **VOORKEUR/UITSLUITING** ► geen voorkeur of uitsluiting bekend.

Procedure ■ **OP AANVRAAG** ► ja **AANVRAAGPROCEDURE** ► Dit 'fonds op naam' ressorteert onder het Prins Bernhard Cultuurfonds. Verzoeken aan fondsen op naam komen op één centraal punt binnen. Dit houdt in dat een subsidieaanvraag slechts eenmaal aan het Prins Bernhard Cultuurfonds hoeft te worden gezonden. Voor de verdere aanvraagprocedure: zie Prins Bernhard Cultuurfonds. **URL** ► www.cultuurfonds.nl/aanvragen

Contact ■ **BEREIKBAAR PER** ► ☑ post ☑ e-mail ☑ telefoon **CONTACTPERSOON** ► geen contactpersoon bekend **POSTADRES** ► Postbus 19750, 1000 GT Amsterdam **EMAIL (ALGEMEEN)** ► info@cultuurfonds.nl **TELEFOON (ALGEMEEN)** ► 020-5206130.

1282

Van Raalten van Klaveren Fonds

Rubriek ■ ☑ kunst en cultuur ☑ onderwijs en onderzoek

Algemeen ■ **WEBSITE** ► www.cultuurfonds.nl **TYPERING** ► fonds op naam **BEHEERD DOOR** ► Prins Bernhard Cultuurfonds **DIRECTIE** ► zie > Prins Bernhard Cultuurfonds **BESTUUR** ► zie > Prins Bernhard Cultuurfonds

Missie ■ **DOELSTELLING** ► Het financieel ondersteunen van talentvolle musici voor het volgen van een aanvullende studie in Nederland of in het buitenland of voor de aanschaf van een instrument van het juiste niveau.

Werkgebied ■ **ACTIERADIUS** ► Nationaal, Internationaal **LAND** ► Nederland.

Projecten ■ **CRITERIA** ► geen projectcriteria bekend **DOORLOOPTIJD** ► ☑ korter dan 1 jaar **STATUS AANVRAGER** ► ☑ geen beperkingen bekend **VOORKEUR/UITSLUITING** ► geen voorkeur of uitsluiting bekend.

Procedure ■ **OP AANVRAAG** ► ja **AANVRAAGPROCEDURE** ► Dit 'fonds op naam' ressorteert onder het Prins Bernhard Cultuurfonds. Verzoeken aan fondsen op naam komen op één centraal punt binnen. Dit houdt in dat een subsidieaanvraag slechts eenmaal aan het Prins Bernhard Cultuurfonds hoeft te worden gezonden. Voor de verdere aanvraagprocedure: zie Prins Bernhard Cultuurfonds. **URL** ► www.cultuurfonds.nl/aanvragen

Contact ■ **BEREIKBAAR PER** ► ☑ post ☑ e-mail ☑ telefoon **CONTACTPERSOON** ► geen contactpersoon bekend **POSTADRES** ► Postbus 19750, 1000 GT Amsterdam **EMAIL (ALGEMEEN)** ► info@cultuurfonds.nl **TELEFOON (ALGEMEEN)** ► 020-5206130.

1283
Stichting A.L.H.J. van Ravesteyn Fonds

Rubriek ■ ☑ gezondheidszorg ☑ kunst en cultuur ☑ maatschappij, welzijn en samenleving ☑ noodhulp

Algemeen ■ WEBSITE ▶ www.vanravesteynfonds.nl TYPERING ▶ vermogensfonds OPGERICHT ▶ 21-07-2003 RECHTSVORM ▶ stichting KVK ▶ 27262710 ANBI STATUS ▶ ja DIRECTIE ▶ geen directiegegevens bekend BESTUUR ▶ Mw. M.A. Span, voorzitter; A. van Vliet, penningmeester; mw. J.I.M. Polders-Rensen, secretaris; L. Jousma; B. Tiggelman.

Missie ■ DOELSTELLING ▶ Het doel van het VRF is: ☑ het ondersteunen van mensen die dat nodig hebben. De behoefte aan ondersteuning kan nodig zijn op grond van een medische of sociale indicatie; ☑ maatschappelijke en culturele activiteiten bevorderen. Dit betreft alleen de activiteiten waar de gemeente niet (voldoende) aan bijdraagt. STICHTER(S) ▶ De heer A.L.H.J. van Ravesteijn en de gemeente Leidschendam-Voorburg HISTORIE ▶ De heer van Ravesteijn, geboren in Rotterdam in 1900 was jarenlang eigenaar van de scheeps- en jachtwerf Van Ravesteyn in het voormalige Veur, later Leidschendam. Op grond van zijn testament van 6 juli 1973 bleek de gemeente, na overlijden van zijn echtgenote in 2001, erfgenaam te zijn van zijn vermogen. De middelen moesten afgezonderd van het gemeentelijk vermogen worden beheerd. De gemeente richtte daartoe de Stichting op met het doel het vermogen te beheren en uit de opbrengst giften te doen. BELEIDSPLAN OP WEBSITE ▶ ja.

Doelgroep ■ ALGEMEEN ▶ armen, vrouwen, mannen SPECIFIEK ▶ Personen binnen de stadsdelen Leidschendam en Stompwijk van de gemeente Leidschendam-Voorburg. ACTIVITEITEN ▶ Binnen aanvragen van cultureel-maatschappelijke organisaties wordt het accent gelegd op activiteiten ten behoeve van jeugd en jongeren met een achterstand. Het bestuur werkt aan duurzame relaties met intermediaire organisaties en cultureel-maatschappelijke organisatie, dat kan resulteren in meerjarige financiële afspraken. INTERVENTIENIVEAU ▶ Steun aan individuen (directe steun).

Werkgebied ■ ACTIERADIUS ▶ Lokaal LAND ▶ Nederland PLAATS ▶ Leidschendam, Stompwijk.

Bestedingen ■ BUDGET ▶ € 60.000 ONDERSTEUNDE PROJECTEN P/J ▶ 59 SOORT BIJDRAGE ▶ giften BOVENGRENS ▶ geen ONDERGRENS ▶ geen.

Projecten ■ CRITERIA ▶ ☑ Particuliere aanvragers die tenminste 1 jaar woonachtig zijn in het werkgebied kunnen voor een bijdrage op sociale of medische indicatie in aanmerking komen; ☑ Een individuele bijdrage kan alleen worden aangevraagd als geen beroep gedaan kan worden op financiële bijdragen van de overheid; ☑ Aanvragen voor maatschappelijke, charitatieve en culturele activiteiten; dit betreft alleen de activiteiten waar de gemeente niet (voldoende) aan bijdraagt; ☑ Organisaties moeten afkomstig zijn uit Leidschendam of Stompwijk; voor organisaties buiten dit gebied geldt dat een aantoonbaar belang voor de inwoners van Leidschendam of Stompwijk aanwezig moet zijn. DOORLOOPTIJD ▶ ☑ korter dan 1 jaar STATUS AANVRAGER ▶ ☑ geen beperkingen bekend VOORKEUR/UITSLUITING ▶ Uitsluitend werkzaam in Leidschendam en Stompwijk. Er wordt niet bijgedragen in exploitatiekosten. Bij het toekennen van donaties gaat de voorkeur uit naar bestedingen met een duurzaam karakter. Festivals en andere louter feestelijke gebeurtenissen krijgen een lagere prioriteit. Aanvragen ten gunste van jeugd en jongeren kunnen op een positieve insteek rekenen.

Procedure ■ OP AANVRAAG ▶ ja DOORLOOPTIJD ▶ 1-3 maanden AANVRAAGPROCEDURE ▶ Via de website kunt u het aanvraagformulier als Word-document of PDF-document downloaden. Het Word-document kan digitaal worden ingevuld en dan als Word- en/of PDF-document worden opgeslagen. Indien u niet over Word beschikt, dan kunt u het PDF-document afdrukken en invullen. U kunt de aanvraag desgewenst per post of per e-mail verzenden. Aanvragen voor individuele noden kunnen zowel door hulpverleningssorganisaties als de persoon zelf gedaan worden. Verplichte bijlagen bij de aanvraag: ☑ Beschrijving project; ☑ Begroting project; ☑ Laatste jaarrekening; ☑ Uittreksel Kamer van Koophandel. Voor individuele noden: ☑ volledig ingevuld aanvraagformulier; ☑ vermeld (a) of andere instanties al hebben bijgedragen of (b) als bij andere instanties ook een bijdrage is gevraagd, inclusief het bedrag; ☑ vraag bij voorkeur om een concreet bedrag; ☑ voeg een kopie toe van een identificatiebewijs van degene voor wie de aanvraag is bedoeld. URL ▶ www.vanravesteynfonds.nl/#donatieaanvraag

Financieel ■ EIGEN VERMOGEN ▶ € 3.100.000 INKOMSTEN EV ▶ € 226.631 HERKOMST MIDDELEN ▶ vermogen, legaten BOEKJAAR ▶ 2019 JAARVERSLAG OP WEBSITE ▶ ja.

Contact ■ BEREIKBAAR PER ▶ ☑ post ☑ e-mail ☑ telefoon CONTACTPERSOON ▶ geen contactpersoon bekend POSTADRES ▶ Postbus 1007, 2260 BA Leidschendam EMAIL (ALGEMEEN) ▶ info@vanravesteynfonds.nl TELEFOON (ALGEMEEN) ▶ 06-21256529.

1284
Stichting Van Riemsdijk-Philips Fonds

Rubriek ■ ☑ kerk en levensbeschouwing ☑ maatschappij, welzijn en samenleving ☑ sport en recreatie ☑ kunst en cultuur ☑ onderwijs en onderzoek

Algemeen ■ WEBSITE ▶ www.kennisbankfilantropie.nl/anbi/van-riemsdijk-philips TYPERING ▶ vermogensfonds OPGERICHT ▶ 31-12-1956 RECHTSVORM ▶ stichting KVK ▶ 41088757 ANBI STATUS ▶ ja DIRECTIE ▶ geen directiegegevens bekend BESTUUR ▶ Mw. A.H.E.M. Tuyt-van Riemsdijk, voorzitter; mw. M. van Dissel-van Riemsdijk; H. Hijzen; F. Philips.

Missie ■ DOELSTELLING ▶ Het verlenen van financiële steun: ☑ aan personen die daaraan behoefte hebben en daarvoor naar het oordeel van het bestuur in aanmerking komen zoals: a. voor studiedoeleinden; b. voor medische behandeling, operatiekosten, ziektekosten en begrafeniskosten; c. bij bedreigde bestaansmogelijkheden; d. voor kosten bij emigratie; e. voor het zich inkopen in bejaardenhuizen en soortgelijke instellingen; ☑ aan alle doeleinden op charitatief, religieus, educatief, recreatief en cultureel gebied en op andere gebieden van algemeen maatschappelijk belang. **STICHTER(S)** ▶ Jonkheer en mevrouw van Riemsdijk-Philips **BELEIDSPLAN OP WEBSITE** ▶ ja.

Doelgroep ■ **ALGEMEEN** ▶ armen **SPECIFIEK** ▶ Geen specifieke doelgroep **ACTIVITEITEN** ▶ Geen specifieke activiteiten bekend **INTERVENTIENIVEAU** ▶ Steun aan lokale/provinciale maatschappelijke organisaties en structuren (incl. gemeenten etc.) die diensten verlenen aan individuen.; Steun aan individuen (directe steun).

Werkgebied ■ **ACTIERADIUS** ▶ Nationaal **LAND** ▶ Nederland.

Bestedingen ■ **BUDGET** ▶ niet openbaar **SOORT BIJDRAGE** ▶ giften **BOVENGRENS** ▶ geen **ONDERGRENS** ▶ geen.

Projecten ■ **CRITERIA** ▶ geen projectcriteria bekend **DOORLOOPTIJD** ▶ ☑ onbekend **STATUS AANVRAGER** ▶ ☑ geen beperkingen bekend **VOORKEUR/UITSLUITING** ▶ geen voorkeur of uitsluiting bekend.

Procedure ■ **OP AANVRAAG** ▶ onbekend **AANVRAAGPROCEDURE** ▶ Geen aanvraagprocedure bekend.

Financieel ■ **EIGEN VERMOGEN** ▶ € 118.789 **INKOMSTEN EV** ▶ € 650 **HERKOMST MIDDELEN** ▶ vermogen, legaten, giften & schenkingen, overige inkomsten **BOEKJAAR** ▶ 2018 **JAARVERSLAG OP WEBSITE** ▶ ja.

Contact ■ **BEREIKBAAR PER** ▶ ☑ post ☑ e-mail ☑ telefoon **CONTACTPERSOON** ▶ geen contactpersoon bekend **POSTADRES** ▶ Hoge Duinlaan 21, 5582 KE Waalre **EMAIL (ALGEMEEN)** ▶ antuyt@ilcmail.nl **TELEFOON (ALGEMEEN)** ▶ 0402217347.

1285
Van Stee Stichting

Rubriek ■ ☑ maatschappij, welzijn en samenleving ☑ kunst en cultuur

Algemeen ■ **WEBSITE** ▶ www.vansteestichting.nl **TYPERING** ▶ vermogensfonds **OPGERICHT** ▶ 01-06-1980 **RECHTSVORM** ▶ stichting **KVK** ▶ 41159722 **ANBI STATUS** ▶ ja **DIRECTIE** ▶ geen directiegegevens bekend **BESTUUR** ▶ H. van Noppen, voorzitter; R. Hessing, penningmeester; mw. V. Meelker, secretaris; mw. A. Moreira.

Missie ■ **DOELSTELLING** ▶ Het geven van financiële ondersteuning aan stichtingen en verenigingen die in de gemeente Leidschendam-Voorburg hun werkterrein hebben. De Stichting ondersteunt projecten op sociaal, cultureel en maatschappelijk gebied. **HISTORIE** ▶ Mgr. Wilhelmus van Stee was in het begin van de vorige eeuw een markante figuur in Voorburg. Niet alleen op grond van het feit dat hij pastoor was van de Parochie van de H. Martinus aan het Oosteinde, maar vooral door zijn activiteiten voor de Voorburgse gemeenschap. Zo was hij de oprichter van het ziekenhuis Antoniushove en de voetbalvereniging Wilhelmus. In 1903 richtte hij een plaatselijke bank op: de Coöperatieve Boerenleenbank Voorburg. De stichting, die is voortgekomen uit bovengenoemde bank, heeft vanwege de zorg en belangstelling voor de Voorburgse bevolking die Mgr. van Stee had, diens naam willen doen voortleven. In 1980 is de Bondsspaarbank Voorburg gefuseerd met de Nutsspaarbank Den Haag (nu de ABN Amro bank). Destijds is een deel van de reserves – gedurende meer dan 75 jaar bijeengebracht door de Voorburgse bevolking – achtergebleven in de Van Stee Stichting. Deze reserves, momenteel ca. € 140.000,-, zijn op een solide manier belegd en van de opbrengst van die belegging worden schenkingen gedaan.

Doelgroep ■ **SPECIFIEK** ▶ Stichtingen en verenigingen in de gemeente Leidschendam-Voorburg. **ACTIVITEITEN** ▶ Geen specifieke activiteiten bekend **INTERVENTIENIVEAU** ▶ Steun aan lokale/provinciale maatschappelijke organisaties en structuren (incl. gemeenten etc.) die diensten verlenen aan individuen.

Werkgebied ■ **ACTIERADIUS** ▶ Lokaal **LAND** ▶ Nederland **REGIO** ▶ Zuid-Holland **PLAATS** ▶ Leidschendam-Voorburg.

Bestedingen ■ **BUDGET** ▶ € 4.000 **SOORT BIJDRAGE** ▶ giften **BOVENGRENS** ▶ € 750 **ONDERGRENS** ▶ € 250.

Projecten ■ **CRITERIA** ▶ ☑ éénmalige projecten; ☑ altijd een eigen bijdrage van de betreffende stichting of vereniging. **DOORLOOPTIJD** ▶ ☑ onbekend **STATUS AANVRAGER** ▶ ☑ geen beperkingen bekend **VOORKEUR/UITSLUITING** ▶ ☑ bij voorkeur een gift die "het verschil maakt"; ☑ Voorkeur voor projecten met een laagdrempelig karakter; ☑ Geen commerciële doelen.

Procedure ■ **OP AANVRAAG** ▶ ja **AANVRAAGPROCEDURE** ▶ Uw aanvraag voor financiële ondersteuning kunt u doen door de onderstaande informatie toe te sturen per email: ☑ een plan; ☑ een begroting; ☑ een dekkingsplan; ☑ de meest recente jaarrekening van uw vereniging of stichting; ☑ een kopie van de statuten van de vereniging of stichting; ☑ de inschrijving Kamer van Koophandel; kopie uittreksel, niet ouder dan 2 jaar. De Stichting neemt uw aanvraag dan in behandeling en zullen u informeren over de voortgang. **URL** ▶ vansteestichting.nl/hoe-aanvragen

Financieel ■ **EIGEN VERMOGEN** ▶ € 136.760 **HERKOMST MIDDELEN** ▶ vermogen, giften & schenkingen, legaten **BOEKJAAR** ▶ 2019 **JAARVERSLAG OP WEBSITE** ▶ ja.

Contact ■ **BEREIKBAAR PER** ▶ ☒ post ☑ e-mail ☑ telefoon **CONTACTPERSOON** ▶ Mw. V. Meelker **POSTADRES** ▶ Geen postadres bekend **EMAIL (ALGEMEEN)** ▶ vansteestichting@gmail.com **TELEFOON (ALGEMEEN)** ▶ 06-53589325.

1286
Stichting van Tarel Bruins Fonds

Rubriek ■ ☑ gezondheidszorg ☑ natuur, milieu en dieren ☑ maatschappij, welzijn en samenleving

Algemeen ■ **WEBSITE** ▶ www.transparante-anbi.nl/product/embed/2478 **TYPERING** ▶ vermogensfonds **OPGERICHT** ▶ 10-08-1989 **RECHTSVORM** ▶ stichting **KVK** ▶ 41051215 **ANBI STATUS** ▶ ja **DIRECTIE** ▶ geen directiegegevens bekend **BESTUUR** ▶ K.J.H. Bruins, voorzitter; mr. J. Kuipers, penningmeester; mr. J. Kuipers, secretaris; mr. F.R.M. Naber; mr. B.J.A.M. Peek.

Missie ■ DOELSTELLING ▶ De stichting heeft ten doel de jaarlijkse opbrengsten van haar vermogen uit te keren aan: ☑ Stichting Kon. Wilhelmina Fonds voor de Nederlandse Kankerbestrijding; ☑ Stichting ReumaNederland; ☑ Stichting Het Geldersch Landschap; ☑ Stichting het Landschap Overijssel. BELEIDSPLAN OP WEBSITE ▶ ja.

Doelgroep ■ ALGEMEEN ▶ zieken SPECIFIEK ▶ Geen specifieke doelgroep ACTIVITEITEN ▶ Geen specifieke activiteiten bekend INTERVENTIENIVEAU ▶ Steun aan lokale/provinciale maatschappelijke organisaties en structuren (incl. gemeenten etc.) die diensten verlenen aan individuen.

Werkgebied ■ ACTIERADIUS ▶ Nationaal LAND ▶ Nederland.

Bestedingen ■ BUDGET ▶ niet openbaar TOELICHTING ▶ De inkomsten worden gelijkmatig verdeeld over de stichtingen. SOORT BIJDRAGE ▶ giften BOVENGRENS ▶ geen ONDERGRENS ▶ geen.

Projecten ■ CRITERIA ▶ geen projectcriteria bekend DOORLOOPTIJD ▶ ☑ onbekend STATUS AANVRAGER ▶ ☑ geen beperkingen bekend VOORKEUR/UITSLUITING ▶ geen voorkeur of uitsluiting bekend.

Procedure ■ OP AANVRAAG ▶ onbekend AANVRAAGPROCEDURE ▶ Geen aanvraagprocedure bekend.

Financieel ■ INKOMSTEN EV ▶ € 72.922 HERKOMST MIDDELEN ▶ vermogen BOEKJAAR ▶ 2018 JAARVERSLAG OP WEBSITE ▶ ja.

Contact ■ BEREIKBAAR PER ▶ ☑ post ☑ e-mail ☑ telefoon CONTACTPERSOON ▶ geen contactpersoon bekend POSTADRES ▶ Vestdijklaan 350, 9721 VZ Groningen EMAIL (ALGEMEEN) ▶ j.kuipers@kuipers2.nl TELEFOON (ALGEMEEN) ▶ 050-5272727.

1287

Stichting Van Teijens Fundatie

Rubriek ■ ☑ gezondheidszorg ☑ noodhulp ☑ gezondheidszorg ☑ noodhulp ☑ kunst en cultuur ☑ maatschappij, welzijn en samenleving ☑ natuur, milieu en dieren ☑ kerk en levensbeschouwing ☑ sport en recreatie ☑ onderwijs en onderzoek

Algemeen ■ WEBSITE ▶ www.vanteyensfundatie.nl TYPERING ▶ vermogensfonds OPGERICHT ▶ 19-10-1940 RECHTSVORM ▶ stichting KVK ▶ 41000899 ANBI STATUS ▶ ja DIRECTIE ▶ geen directiegegevens bekend BESTUUR ▶ Mw. R. Blaak, voorzitter; P.U. Hoekstra, penningmeester; P.U. Hoekstra, secretaris; H. Hoen; mw. M.J. Dijkstra; mw. H.M. van der Mei; mw. R. ter Steege; N. Veltman; A.B. Elbert.

Missie ■ DOELSTELLING ▶ ☑ Het steunen van algemeen nut beogende organisaties en instellingen (al dan niet met een formele 'ANBI'-status) werkzaam op kerkelijk, sociaal, maatschappelijk en medisch gebied, ten dienste van de verzorging, huisvesting gezondheidszorg, welzijn en andere levensbehoeften van inwoners van de huidige gemeente Opsterland en naaste omgeving; ☑ Het steunen algemeen nut beogende organisaties en instellingen die de gelegenheid bieden aan in de huidige gemeente Opsterland en naaste omgeving woonachtige jongeren en van uitkeringen afhankelijke ouderen, om door middel van het volgen van een (vervolg)opleiding, studie of (her) scholing, zich een zelfstandige plaats in de maatschappij te verwerven, respectievelijk het steunen van daarvoor in aanmerking komende personen rechtstreeks; ☑ De instandhouding van 'het Fundatiehuis' als monumentaal gebouw, bij voorkeur door verhuur aan een organisatie of instelling, werkzaam ten dienste van het hiervoor genoemde; indien dat niet mogelijk blijkt te zijn kan de instandhouding ook worden gewaarborgd door commerciële verhuur aan een commerciële marktpartij; ☑ De zorg voor de instandhouding en het onderhoud in goede staat van de familiegraven van de oprichters van de stichting op het kerkhof te Beetsterzwaag. STICHTER(S) ▶ Wijlen Etta Arnolda van Teijens, in leven landeigenaarse te Beetsterzwaag en wijlen Oeno van Teijens, in leven landeigenaar te Beetsterzwaag HISTORIE ▶ Hoewel de familie Van Teijens in 1866 met het overlijden van Oeno van Teijens is uitgestorven, is deze familie niet vergeten. Daar hebben zij zelf voor gezorgd. De stichting van de Van Teijens Fundatie in 1858, door Etta Arnolda en Oeno van Teijens, houdt de naam van deze familie in ere en herinnering in trad na het overlijden van Oeno van Teijens in werking. Een deel van het van Teijensvermogen is belegd in de stichting Van Teijens Fundatie. In 1929 besloten de regenten het huis met nog 5 kamers uit te breiden, zodat er in totaal 11 vrouwen een plaatsje in de Fundatie konden krijgen. Na de invoering van de AOW en de komst van moderne bejaardentehuizen liep de vraag naar een kamer in de Fundatie terug en ook werd er in het dorp een beetje op de bewoonsters neergekeken. Er is toch een einde gekomen aan het gasthuis. In 2002 woonden er nog twee dames in de Fundatie. Zij hebben in dat jaar een goed plekje gekregen en er is een andere bestemming gevonden voor het gebouw. Er is nu de groepspraktijk van de huisartsen in gevestigd en deze huurt het gebouw van de stichting. et oorspronkelijke doel was om arme oude vrouwen een onbezorgde oude dag te geven. Omdat dit nu door de overheid wordt geregeld, hebben de regenten gezocht naar een nieuw doel, dat in de geest dicht bij het oude ligt. BELEIDSPLAN OP WEBSITE ▶ ja.

Doelgroep ■ ALGEMEEN ▶ armen, gelovigen, jongeren, ouderen, zieken SPECIFIEK ▶ Inwoners van de huidige gemeente Opsterland en naaste omgeving. ACTIVITEITEN ▶ Het geld dat binnenkomt wordt gegeven aan organisaties en instellingen die werkzaam zijn op kerkelijk, sociaal, maatschappelijk en medisch gebied en die in Beetsterzwaag en naaste omgeving gevestigd zijn. Ook kan er geld beschikbaar worden gesteld aan organisaties die zich bezig houden met de opleiding, studie of scholing van jongeren. In het algemeen kan gezegd worden dat er in het bijzonder aandacht is voor het ouderen- en jongerenwerk. INTERVENTIENIVEAU ▶ Steun aan lokale/provinciale maatschappelijke organisaties en structuren (incl. gemeenten etc.) die diensten verlenen aan individuen.; Steun aan individuen (directe steun).

Werkgebied ■ ACTIERADIUS ▶ Lokaal LAND ▶ Nederland REGIO ▶ Friesland PLAATS ▶ Opsterland e.o.

Bestedingen ■ BUDGET ▶ € 238.000 ONDERSTEUNDE PROJECTEN P/J ▶ 86 SOORT BIJDRAGE ▶ giften leningen garanties BOVENGRENS ▶ geen ONDERGRENS ▶ geen.

Projecten ■ CRITERIA ▶ ☑ uw organisatie is gevestigd in de gemeente

Opsterland of naaste omgeving; ☑ uw organisatie is werkzaam op kerkelijk, sociaal, maatschappelijk of medisch gebied; ☑ uw instelling is werkzaam ten dienste van verzorging, huisvesting, gezondheidszorg, welzijn of andere levensbehoeften; ☑ het project is eenmalig en in de tijd begrensd; ☑ voor het project is of wordt een projectbeschrijving, een realisatieplan en een begroting opgesteld; ☑ u kunt uw begroting voor het project niet geheel sluitend krijgen. **DOORLOOPTIJD** ► ☑ korter dan 1 jaar **STATUS AANVRAGER** ► ☑ stichting of vereniging (non-profit) ☑ kerkelijke instelling ☑ hulpverleners ☑ onderwijsinstelling ☑ overig **VOORKEUR/UITSLUITING** ► Op grond van de statuten verleent de Stichting Van Teijens Fundatie uitsluitend steun aan maatschappelijke organisaties (verenigingen of stichtingen).

Procedure ■ **OP AANVRAAG** ► ja **DOORLOOPTIJD** ► 1-3 maanden **AANVRAAGPROCEDURE** ► Op de aangegeven pagina vindt u een knop, waarmee u de aanvraag kunt starten. De dan geopende web-applicatie leidt u door de te beantwoorden vragen. Mocht de online aanvraag niet lukken dan kunt u via de mail de hulp van de administrateur inroepen. U wordt verzocht: ☑ de projectbeschrijving; ☑ het realisatieplan; ☑ de laatst vastgestelde jaarrekening; ☑ de meest recente begroting; ☑ een (recent) uittreksel van uw inschrijving bij de Kamer van Koophandel; met uw aanvraag mee te sturen. Aanvragen dienen tenminste 2 weken voor een vergadering te zijn ontvangen. **URL** ► www.vanteyensfundatie.nl/page/view/14/aanvraag-om-een-bijdrage

Financieel ■ **INKOMSTEN EV** ► € 471.494 **HERKOMST MIDDELEN** ► vermogen, legaten, overige inkomsten **BOEKJAAR** ► 2019 **JAARVERSLAG OP WEBSITE** ► ja.

Contact ■ **BEREIKBAAR PER** ► ☑ post ☑ e-mail ☒ telefoon **CONTACTPERSOON** ► geen contactpersoon bekend **POSTADRES** ► Postbus 58, 9244 ZW Beetsterzwaag **EMAIL (ALGEMEEN)** ► info@vanteyensfundatie.nl.

1288

Van Weemen Schoppen Fonds

Rubriek ■ ☑ kunst en cultuur ☑ onderwijs en onderzoek

Algemeen ■ **WEBSITE** ► www.cultuurfonds.nl **TYPERING** ► fonds op naam **BEHEERD DOOR** ► Prins Bernhard Cultuurfonds **DIRECTIE** ► zie > Prins Bernhard Cultuurfonds **BESTUUR** ► zie > Prins Bernhard Cultuurfonds

Missie ■ **DOELSTELLING** ► Het financieel ondersteunen van jonge, professionele musici, in het bijzonder zangers en koordirigenten, en kleine ensembles, met een voorkeur voor pianotrio's, voor het volgen van een (aanvullende) studie in binnen- of buitenland en van masterclasses.

Werkgebied ■ **ACTIERADIUS** ► Nationaal, Internationaal **LAND** ► Nederland.

Projecten ■ **CRITERIA** ► geen projectcriteria bekend **DOORLOOPTIJD** ► ☑ korter dan 1 jaar **STATUS AANVRAGER** ► ☑ geen beperkingen bekend **VOORKEUR/UITSLUITING** ► geen voorkeur of uitsluiting bekend.

Procedure ■ **OP AANVRAAG** ► ja **AANVRAAGPROCEDURE** ► Dit 'fonds op naam' ressorteert onder het Prins Bernhard Cultuurfonds. Verzoeken aan fondsen op naam komen op één centraal punt binnen. Dit houdt in dat een subsidieaanvraag slechts eenmaal aan het Prins Bernhard Cultuurfonds hoeft te worden gezonden. Voor de verdere aanvraagprocedure: zie Prins Bernhard Cultuurfonds. **URL** ► www.cultuurfonds.nl/aanvragen

Contact ■ **BEREIKBAAR PER** ► ☑ post ☑ e-mail ☑ telefoon **CONTACTPERSOON** ► geen contactpersoon bekend **POSTADRES** ► Postbus 19750, 1000 GT Amsterdam **EMAIL (ALGEMEEN)** ► info@cultuurfonds.nl **TELEFOON (ALGEMEEN)** ► 020-5206130.

1289

Stichting VandenEnde Foundation

Rubriek ■ ☑ kunst en cultuur ☑ onderwijs en onderzoek

Algemeen ■ **WEBSITE** ► www.vdef.nl **TYPERING** ► vermogensfonds (moederorganisatie) **OPGERICHT** ► 18-01-2001 **RECHTSVORM** ► stichting **KVK** ► 34202836 **ANBI STATUS** ► ja **DIRECTIE** ► mw. M. Halbesma **BESTUUR** ► J.A. van den Ende, voorzitter; R.F. van Nouhuijs, penningmeester; mw. J.M. van den Ende-Klijberg, vice-voorzitter; drs. F.M. Klijberg; mw. M. Spier; C.J.M. Maas; mw. S. Laseur.

Missie ■ **DOELSTELLING** ► Het verlenen van financiële hulp dan wel anderszins het verlenen van steun aan: ☑ instellingen en projecten die de bevordering van kunst en/of wetenschap (mede) beogen, daaronder begrepen, doch niet beperkt tot, die op het gebied van podiumkunsten en andere kunstvormen; ☑ personen die zich bewegen op het gebied van kunst en/of wetenschap. Daarnaast het mede in het algemeen belang en te algemenen nutte verwerven, verbouwen, instandhouden en (doen) exploiteren van een theatercomplex, gelegen aan de Marnixstraat te Amsterdam (DeLaMar Theater), waarin culturele activiteiten zullen plaatsvinden, in het bijzonder activiteiten op het gebied van podiumkunst. **STICHTER(S)** ► Joop en Janine van den Ende **HISTORIE** ► De verkoop van het televisieproductiebedrijf Endemol, in het jaar 2000, maakte het voor Joop en Janine van den Ende mogelijk de langgekoesterde wens te realiseren om talentvolle jonge en gevestigde kunstenaars ontplooiingskansen te geven door hen financieel te ondersteunen. Met dat doel werd de VandenEnde Foundation op 18 januari 2001 opgericht. **BELEIDSPLAN OP WEBSITE** ► ja.

Doelgroep ■ **ALGEMEEN** ► jongeren, kinderen, studenten **SPECIFIEK** ► Jonge kunsttalenten en professionele kunstinstellingen. **ACTIVITEITEN** ► De VandenEnde Foundation geeft voornamelijk ondersteuning aan natuurlijke personen, in de vorm van studie- en werkbeurzen voor studie aan erkende beroepsopleidingen. Ook worden professionele kunstinstellingen ondersteund voor activiteiten op het terrein van cultureel ondernemerschap. Voorts is de VandenEnde Foundation initiatiefnemer en verantwoordelijk voor het DeLaMar Theater in Amsterdam. Ook is de VandenEnde Foundation initiatiefnemer en een van de vier partners in het Blockbusterfonds. De VandenEnde Foundation richt zich op de professionele podiumkunsten, te weten theater en muziek, en op audiovisuele media (film en televisie). de Foundation heeft geïnvesteerd in de kennisontwikkeling van en overdracht hiervan aan nieuwe generaties cultureel ondernemers. Daartoe financierde de stichting een tweetal academische leerstoelen. De stichting reikt de Andre van Duin comedy prijs uit aan personen van wie het komisch talent onderscheidend is en verwant is aan de kenmerkende stijl van André van Duin. **INTERVENTIENIVEAU** ▶ Steun aan lokale/provinciale maatschappelijke organisaties en structuren (incl. gemeenten etc.) die diensten verlenen aan individuen.; Steun aan individuen (directe steun).

Werkgebied ■ **ACTIERADIUS** ▶ Nationaal **LAND** ▶ Nederland.

Bestedingen ■ **BUDGET** ▶ niet openbaar **ONDERSTEUNDE PROJECTEN P/J** ▶ 50 **SOORT BIJDRAGE** ▶ studiebeurzen giften leningen **BOVENGRENS** ▶ geen **ONDERGRENS** ▶ geen.

Projecten ■ **CRITERIA** ▶ ☑ Een studiebeurs wordt voor slechts een jaar toegekend; voor een eventuele vervolgbeurs moet opnieuw een aanvraag worden ingediend; ☑ Als een aanvrager op het moment van de aanvraag minderjarig is, moet de aanvraag namens hem/haar te worden gedaan door een ouder of verzorger van de aanvrager; ☑ De aanvrager heeft de Nederlandse nationaliteit (of de nationaliteit van een andere lidstaat van de Europese Unie, van een staat behorend tot de Europese Economische Ruimte of van Zwitserland) en staat tenminste drie jaar voorafgaand aan de aanvraag in het Nederlandse bevolkingsregister ingeschreven als inwoner van Nederland; ☑ Alleen in zeer uitzonderlijke gevallen kan – na voorafgaand besluit van de VandenEnde Foundation – van deze voorwaarde worden afgeweken; ☑ Voor de specifieke voorwaarden van de studiebeurzen (muziek, theater, dans, en film & televisie), zie de website. **DOORLOOPTIJD** ▶ ☑ korter dan 1 jaar **STATUS AANVRAGER** ▶ ☑ stichting of vereniging (non-profit) ☑ individuen/gezinnen **VOORKEUR/UITSLUITING** ▶ De stichting neemt alleen aanvragen voor studiebeurzen in behandeling. Voor overige projecten kunnen geen aanvragen worden ingediend. Voor de beperkingen per studiebeurs, zie website.

Procedure ■ **OP AANVRAAG** ▶ ja **DOORLOOPTIJD** ▶ 1-3 maanden **AANVRAAGPROCEDURE** ▶ Een aanvraag indienen kan uitsluitend door het online aanvraagformulier in te vullen. De staf van de VandenEnde Foundation maakt een voorselectie, waar nodig in overleg met adviseurs. Na beoordeling van de aanvraag op de formele criteria en inhoudelijke aspecten en de opleidingsresultaten van de aanvrager, kan kandidaten gevraagd worden om auditie te doen voor een commissie van professionele adviseurs. Wanneer een aanvraag geheel of gedeeltelijk wordt gehonoreerd, ontvangt de aanvrager kort na het besluit hierover schriftelijk bericht. Daarbij zal gevraagd worden nadere informatie te verstrekken. Tegen een besluit van het bestuur van de VandenEnde Foundation kan door de aanvrager of andere belanghebbenden geen bezwaar of beroep worden aangetekend. Over bestuursbesluiten wordt niet gecorrespondeerd. **URL** ▶ https://vdef.nl/aanvragen/aanvraagprocedure/

Financieel ■ **EIGEN VERMOGEN** ▶ € 28.110.560 **INKOMSTEN EV** ▶ € 1.992.000 **INKOMSTEN OV** ▶ € 6.200.000 **HERKOMST MIDDELEN** ▶ vermogen, giften & schenkingen, overige inkomsten, inkomsten uit vermogen **BOEKJAAR** ▶ 2019 **JAARVERSLAG OP WEBSITE** ▶ ja.

Contact ■ **BEREIKBAAR PER** ▶ ☑ post ☑ e-mail ☑ telefoon **CONTACTPERSOON** ▶ Mw. M. Halbesma **POSTADRES** ▶ Postbus 75461, 1070 AL Amsterdam **EMAIL (ALGEMEEN)** ▶ info@vdef.nl **TELEFOON (ALGEMEEN)** ▶ 020-5745075.

1290

Stichting Vattenfall Foundation Nederland

Rubriek ■ ☑ maatschappij, welzijn en samenleving

Algemeen ■ **WEBSITE** ▶ https://group.vattenfall.com/nl/wie-we-zijn/vattenfall-foundation-nederland **TYPERING** ▶ vermogensfonds **OPGERICHT** ▶ 22-06-2009 **RECHTSVORM** ▶ stichting **KVK** ▶ 34344772 **ANBI STATUS** ▶ ja **DIRECTIE** ▶ geen directiegegevens bekend **BESTUUR** ▶ Van.

Missie ■ **DOELSTELLING** ▶ De stichting Vattenfall Foundation Nederland heeft ten doel: ☑ het tegemoet komen aan de vraag naar gekwalificeerde vrijwilligers voor maatschappelijk relevante projecten; ☑ het bevorderen van maatschappelijke betrokkenheid van medewerkers van Vattenfall. Ook Vattenfall Foundation Nederland vindt het belangrijk bij te dragen aan de Sustainable Development Goals (SDG's) van de VN. Met de specifieke thema's en doelgroepen waarop de Foundation zich richt, willen we bijdragen aan de volgende SDG's: ☑ SDG 1 Geen armoede; ☑ SDG 4 Kwaliteitsonderwijs; ☑ SDG 10 Ongelijkheid verminderen; ☑ SDG 11 Duurzame steden en gemeenschappen. **STICHTER(S)** ▶ Nuon **HISTORIE** ▶ Nuon vond het erg belangrijk dat haar medewerkers hun maatschappelijke betrokkenheid vergroten en zich ook op een andere manier ontwikkelen dan in hun dagelijks werk. Op 22 juni 2009 is de Stichting Nuon Energy Foundation opgericht en op 7 oktober 2019 is de naam gewijzigd in Stichting Vattenfall Foundation Nederland. **BELEIDSPLAN OP WEBSITE** ▶ ja.

Doelgroep ■ **SPECIFIEK** ▶ Medewerkers Nuon en aan Nuon gelieerde bedrijven. **ACTIVITEITEN** ▶ De stichting beoogt haar doel te bereiken door: ☑ Het stimuleren van de bereidheid van medewerkers van Vattenfall voor maatschappelijk relevante projecten, het ondersteunen en begeleiden van de betreffende medewerkers van Vattenfall en het creëren van een platform waar vraag en aanbod voor dergelijke projecten samenkomen; ☑ de inzet van persoonlijke competenties van medewerkers van Vattenfall; ☑ het ondersteunen van projecten die via het platform van de stichting tot stand zijn gekomen; ☑ het actief verzamelen, uitwisselen en overbrengen van kennis en informatie op het gebied van inzet voor de samenleving in brede zin, en al hetgeen met vorenstaande verband houdt of daartoe bevorderlijk kan zijn, alles in de ruimste zin van het woord. **INTERVENTIENIVEAU** ▶ Steun aan lokale/provinciale maatschappelijke organisaties en structuren (incl. gemeenten etc.) die diensten verlenen aan individuen.

Werkgebied ■ **ACTIERADIUS** ▶ Nationaal **LAND** ▶ Nederland.

Bestedingen ■ BUDGET ► niet openbaar ONDERSTEUNDE PROJECTEN P/J ► 15 SOORT BIJDRAGE ► giften BOVENGRENS ► geen ONDERGRENS ► geen.

Projecten ■ CRITERIA ► geen projectcriteria bekend DOORLOOPTIJD ► ☑ onbekend STATUS AANVRAGER ► ☑ individuen/gezinnen ☑ bedrijf VOORKEUR/UITSLUITING ► geen voorkeur of uitsluiting bekend.

Procedure ■ OP AANVRAAG ► onbekend AANVRAAGPROCEDURE ► geen aanvraag procedure bekend.

Financieel ■ EIGEN VERMOGEN ► € 534.419 INKOMSTEN OV ► € 180.000 HERKOMST MIDDELEN ► moederorganisatie (bijdragen) BOEKJAAR ► 2018 JAARVERSLAG OP WEBSITE ► ja.

Contact ■ BEREIKBAAR PER ► ☑ post ☑ e-mail ☑ telefoon CONTACTPERSOON ► geen contactpersoon bekend POSTADRES ► Postbus 41920, 1009 DC Amsterdam EMAIL (ALGEMEEN) ► foundation@vattenfall.com TELEFOON (ALGEMEEN) ► +310-437630899.

1291
Stichting Vay

Rubriek ■ ☑ noodhulp ☑ maatschappij, welzijn en samenleving ☑ gezondheidszorg

Algemeen ■ WEBSITE ► https://www.stichtingvay.nl TYPERING ► vermogensfonds RECHTSVORM ► stichting KVK ► 27334836 ANBI STATUS ► ja DIRECTIE ► geen directiegegevens bekend BESTUUR ► Mw.mr. M.J. Moesker, voorzitter; M.L.M. Scholtes, penningmeester; R.H.M. Hienkens, secretaris.

Missie ■ DOELSTELLING ► De stichting heeft als doel het bevorderen en nastreven van het algemeen belang, en meer in het bijzonder het éénmalig materieel ondersteunen van hulpbehoevenden in de provincie Groningen en de gemeente Amsterdam, in de ruimste zin van het woord, ten einde de welstand van de samenleving tot een hoger niveau te brengen. BELEIDSPLAN OP WEBSITE ► ja.

Doelgroep ■ ALGEMEEN ► armen, gehandicapten, zieken, jongeren, ouderen SPECIFIEK ► Minder vermogenden in o.a. de categorieën: alleenstaande moeders in de bijstand, chronisch zieken, ouderen, laag geschoolde jongeren, werklozen, analfabeten. ACTIVITEITEN ► Stichting VAY biedt directe sociale ondersteuning aan deze mensen die niet in staat zijn zichzelf te helpen. INTERVENTIENIVEAU ► Steun aan individuen (directe steun).

Werkgebied ■ ACTIERADIUS ► Regionaal, Lokaal LAND ► Nederland REGIO ► Amsterdam, Groningen.

Bestedingen ■ BUDGET ► niet openbaar SOORT BIJDRAGE ► giften leningen BOVENGRENS ► geen ONDERGRENS ► geen.

Projecten ■ CRITERIA ► ☑ de aanvragende hulpverleners zijn verbonden aan een welzijnsinstelling; ☑ de kosten moeten echt noodzakelijk zijn; ☑ er moet sprake zijn van schrijnende situatie en bijstands- of minimum inkomen; ☑ hoe zit het met (eigen) inzicht en verantwoordelijkheid; ☑ is er beroep mogelijk of gedaan op andere voorliggende voorziening, bijv. bijzondere bijstand, WMO, ziektekostenverzekering; ☑ is er bij (huur)schulden een structureel schuldentraject ingezet, zoals budgetbeheer of WSNP; ☑ is de aanvraag besproken in een teamoverleg. DOORLOOPTIJD ► ☑ korter dan 1 jaar STATUS AANVRAGER ► ☑ hulpverleners VOORKEUR/UITSLUITING ► Een aanvraag kan niet door de cliënt zelf worden ingediend.

Procedure ■ OP AANVRAAG ► ja AANVRAAGPROCEDURE ► Stichting VAY werkt samen met intermediairs uit de zorgbranche zoals sociaal werkers. Zij kunnen een verzoek tot hulp indienen bij VAY. In de brief worden de redenen van de aanvraag en de sociale omstandigheden beschreven. Het verzoek wordt schriftelijk met handtekening van hulpverlener ingediend op origineel briefpapier van de instelling. Aanvragen provincie Groningen: Postbus 54, 9990 AB Middelstum; e-mail: info.groningen@stichtingvay.nl. Aanvragen gemeente Amsterdam: Postbus 121, 2501 CC Den Haag; e-mail info@stichtingvay.nl. URL ► www.stichtingvay.nl/werk.php?WEBYEP_DI=8

Financieel ■ EIGEN VERMOGEN ► € 7.227 INKOMSTEN OV ► € 11.100 HERKOMST MIDDELEN ► giften & schenkingen, legaten, vermogen BOEKJAAR ► 2019 JAARVERSLAG OP WEBSITE ► ja.

Contact ■ BEREIKBAAR PER ► ☑ post ☑ e-mail ☒ telefoon CONTACTPERSOON ► geen contactpersoon bekend POSTADRES ► Postbus 121, 2501 CC Den Haag EMAIL (ALGEMEEN) ► info@stichtingvay.nl.

1292
Stichting Vebego Foundation

Rubriek ■ ☑ gezondheidszorg ☑ economische ontwikkeling en microkrediet ☑ maatschappij, welzijn en samenleving ☑ onderwijs en onderzoek

Algemeen ■ WEBSITE ► www.vebegofoundation.nl TYPERING ► corporate foundation BEHEERD DOOR ► Vebego International BV OPGERICHT ► 25-10-2005 RECHTSVORM ► stichting KVK ► 14086849 ANBI STATUS ► nee DIRECTIE ► mw. A.I.H. van Waning BESTUUR ► Mw. S.M. Goedmakers, voorzitter; F. van den Boomen, penningmeester; mw. R. Brouwer; M. Möller; T. Goedmakers sr.

Missie ■ DOELSTELLING ► De stichting initieert, organiseert en faciliteert maatschappelijke projecten in binnen- en buitenland. De missie is werken aan een betere toekomst voor kinderen en jongeren tot 25 jaar. STICHTER(S) ► Familie Goedmakers - eigenaren van Vebego International BV De heer Ton Goedmakers en De heer Ronald Goedmakers HISTORIE ► Geen historie bekend.

Doelgroep ■ ALGEMEEN ► jongeren, kinderen, inheemse volken, armen SPECIFIEK ► Kinderen en jongeren tot 25 jaar. ACTIVITEITEN ► Met projecten rondom de thema's werk, zorg en onderwijs werkt de Stichting aan het verwezenlijken van de missie. Daadwerkelijk bouwen van projecten zoals verzorgingshuis en huis voor gehandicapte vrouwen in Sri Lanka, huizen, klaslokalen en keukens in Zuid Afrika, trainingscentrum voor straat meiden in Ghana. En ziekenhuispreventieprogramma & bouw afvaldepot in Marokko. Eigen project gestart SchoonPlein. Met deelnemers op bouwreis naar de projecten in het buitenland, inzet vrijwilligers. Met het partner- en ambassadeursnetwerk werkt de stichting ook dagelijks aan het realiseren van maatschappelijke impact middels verschillende programma's en projecten. **INTERVENTIENIVEAU** ► Steun aan lokale/provinciale maatschappelijke organisaties en structuren (incl. gemeenten etc.) die diensten verlenen aan individuen.; Steun aan familie en omgeving van individuen.

Werkgebied ■ **ACTIERADIUS** ► Nationaal, Internationaal **LAND** ► Zuid-Afrika, Sri Lanka, Nederland, Ghana, Marokko.

Bestedingen ■ **BUDGET** ► niet openbaar **TOELICHTING** ► Vebego Foundation keert uit afhankelijk van het aandelen percentage van het bedrijf dat onderdeel is van Vebego Holding. **ONDERSTEUNDE PROJECTEN P/J** ► nietopenbaar **SOORT BIJDRAGE** ► giften investeringen **BOVENGRENS** ► geen **ONDERGRENS** ► geen.

Projecten ■ **CRITERIA** ► De organisatie "Vebego International" dient betrokken te zijn (Werknemers van het bedrijf zelf of van joint ventures). **DOORLOOPTIJD** ► ☑ langer dan 2 jaar **STATUS AANVRAGER** ► ☑ geen beperkingen bekend **VOORKEUR/UITSLUITING** ► Geen voorkeur/uitlsuiting bekend.

Procedure ■ **OP AANVRAAG** ► ja **DOORLOOPTIJD** ► 6-12 maanden **AANVRAAGPROCEDURE** ► Donatie- en projectverzoeken kunnen het gehele jaar worden ingediend. Een aanvraag indienen kan via het aanmeldingsformulier op de site. Je wordt in contact gebracht met de Vebego Foundation Coördinator van jouw bedrijf en samen vul je dan de volledige aanvraag in. Na het indienen van de aanvraag krijg je binnen vier weken antwoord of je project past binnen de richtlijnen. **URL** ► www.vebegofoundation.nl/mijn-project/aanvraagformulier/

Financieel ■ **HERKOMST MIDDELEN** ► moederorganisatie (bijdragen).

Contact ■ **BEREIKBAAR PER** ► ☑ post ☑ e-mail ☑ telefoon **CONTACTPERSOON** ► Mw. R. van der **POSTADRES** ► Postbus 23092, 6367 ZH Voerendaal **EMAIL (ALGEMEEN)** ► info@vebegofoundation.com **TELEFOON (ALGEMEEN)** ► +31613842241/+310-455628333.

1293
Veerkamp-van Beek Fonds

Rubriek ■ ☑ kunst en cultuur ☑ natuur, milieu en dieren

Algemeen ■ **WEBSITE** ► www.cultuurfonds.nl **TYPERING** ► fonds op naam **BEHEERD DOOR** ► Prins Bernhard Cultuurfonds **DIRECTIE** ► zie Prins Bernhard Cultuurfonds **BESTUUR** ► zie Prins Bernhard Cultuurfonds

Missie ■ **DOELSTELLING** ► Het financieel ondersteunen van projecten op het terrein van geschiedenis, met een voorkeur voor genealogie, en op de terreinen van monumentenzorg en natuurbehoud.

Werkgebied ■ **ACTIERADIUS** ► Nationaal **LAND** ► Nederland.

Projecten ■ **CRITERIA** ► geen projectcriteria bekend **DOORLOOPTIJD** ► ☑ korter dan 1 jaar **STATUS AANVRAGER** ► ☑ geen beperkingen bekend **VOORKEUR/UITSLUITING** ► Voorkeur gaat uit naar projecten op het terrein van genealogie.

Procedure ■ **OP AANVRAAG** ► ja **AANVRAAGPROCEDURE** ► Dit 'fonds op naam' ressorteert onder het Prins Bernhard Cultuurfonds. Verzoeken aan fondsen op naam komen op één centraal punt binnen. Dit houdt in dat een subsidieaanvraag slechts eenmaal aan het Prins Bernhard Cultuurfonds hoeft te worden gezonden. Voor de verdere aanvraagprocedure: zie Prins Bernhard Cultuurfonds. **URL** ► www.cultuurfonds.nl/aanvragen

Contact ■ **BEREIKBAAR PER** ► ☑ post ☑ e-mail ☑ telefoon **CONTACTPERSOON** ► geen contactpersoon bekend **POSTADRES** ► Postbus 19750, 1000 GT Amsterdam **EMAIL (ALGEMEEN)** ► info@cultuurfonds.nl **TELEFOON (ALGEMEEN)** ► 020-5206130.

1294
Stichting tot Verbetering van het Lot der Blinden

Rubriek ■ ☑ maatschappij, welzijn en samenleving ☑ onderwijs en onderzoek ☑ gezondheidszorg

Algemeen ■ **WEBSITE** ► www.hetlot.eu **TYPERING** ► vermogensfonds **OPGERICHT** ► 05-02-1988 **RECHTSVORM** ► stichting **KVK** ► 41207376 **ANBI STATUS** ► ja **DIRECTIE** ► geen directiegegevens bekend **BESTUUR** ► S.J. Vegter, voorzitter; J.J. Swart, penningmeester; J.A. Welling, secretaris; E.G.C. van den Broek; A.F.J.A. van der Sommen.

Missie ■ **DOELSTELLING** ► De stichting heeft ten doel de verbetering van het lot der visueel gehandicapten, zowel kinderen als volwassenen, onverschillig van welke gezindte, alles in de ruimste zin des woords. **HISTORIE** ► De geschiedenis van Het Lot gaat terug tot 1878. In dat jaar werd de Vereniging tot Verbetering van het Lot der Blinden in Nederland en zijne Koloniën opgericht. Voordien fungeerde een afdeling Nederland der Internationale Vereniging tot Verbetering van het lot der Blinden. De Vereniging had vele lokale afdelingen; Amsterdam. Arnhem, Groningen en andere steden. Als gevolg van het ontbreken van leden werd in februari 1988 de vereniging omgezet in de Stichting tot Verbetering van het Lot der Blinden. **BELEIDSPLAN OP WEBSITE** ► ja.

Doelgroep ■ **ALGEMEEN** ► gehandicapten **SPECIFIEK** ► Visueel gehandicapten. **ACTIVITEITEN** ► Om de doelstelling te realiseren, zal gestreefd worden naar samenwerking met alle; daarvoor in aanmerking komende instituten en instellingen. Stichting 't Lot ondersteunt projecten in vier categorieën, te weten: ☑ Aanvragen vanuit ontwikkelingslanden ten behoeve van individuele personen of groepen van personen die slechtziend of blind zijn; ☑ Wetenschappelijk onderzoek uitgevoerd door Nederlandse universiteiten gericht op preventie of behandeling van slechtziendheid of blindheid; ☑ Aanvragen ten behoeve van gezamenlijke activiteiten van mensen die slechtziend of blind, waaraan extra uitgaven verbonden; ☑ Aanvragen van individuele personen die slechtziend of blind zijn en als gevolg daarvan in bijzondere omstandigheden terecht gekomen zijn. In 2018 waren de projecten met name gericht op Afrika en op; wetenschappelijk onderzoek, waaronder een vierjarig promotietraject bij Radboud UMC. Daarnaast is The International Council for Education of People with Visual Impairment (ICEVI) gesteund voor het organiseren van congressen en conferenties. **INTERVENTIENIVEAU** ► Steun aan individuen (directe steun).; Steun aan lokale/provinciale maatschappelijke organisaties en structuren (incl. gemeenten etc.) die diensten verlenen aan individuen.

Werkgebied ■ ACTIERADIUS ▶ Internationaal LAND ▶ Wereldwijd.
Bestedingen ■ BUDGET ▶ € 117.350 SOORT BIJDRAGE ▶ giften BOVENGRENS ▶ geen ONDERGRENS ▶ geen.
Projecten ■ CRITERIA ▶ ☑ Het project moet betrekking hebben op het welzijn van mensen met een visuele; beperking dan wel op slechtziendheid en blindheid in het algemeen; ☑ Uit de aanvraag moet duidelijk zijn dat reguliere financiering niet mogelijk is; ☑ Projectondersteuning is altijd aanvullend. De projectaanvrager dienst zelf ook een bijdrage te leveren; ☑ Zijn door de projectaanvrager ook aanvragen elders gedaan in verband met de grootte van het project dan wordt een eventuele toekenning pas beschikbaar geteld als de volledige projectkosten gedekt zijn. DOORLOOPTIJD ▶ ☑ onbekend STATUS AANVRAGER ▶ ☑ geen beperkingen bekend VOORKEUR/UITSLUITING ▶ Aanvragen voor structurele financiering worden niet toegekend. Een projecttoekenning kan wel meerdere jaren gelden.
Procedure ■ OP AANVRAAG ▶ ja AANVRAAGPROCEDURE ▶ Aanvragen kunnen gericht worden aan de secretaris (wellingja@yahoo.com). Voor grotere projecten kan gebruik gemaakt worden van de aanvraagformulieren op de website. URL ▶ https://hetlot.eu/projecten/
Financieel ■ EIGEN VERMOGEN ▶ € 5.160.959 HERKOMST MIDDELEN ▶ vermogen, giften & schenkingen, legaten BOEKJAAR ▶ 2018 JAARVERSLAG OP WEBSITE ▶ ja.
Contact ■ BEREIKBAAR PER ▶ ☑ post ☑ e-mail ☒ telefoon CONTACTPERSOON ▶ geen contactpersoon bekend POSTADRES ▶ Diependaalsedrift 32, 1213 CR Hilversum EMAIL (ALGEMEEN) ▶ mail@hetlot.eu.

1295

Verburg Charity Foundation

Rubriek ■ ☑ maatschappij, welzijn en samenleving ☑ economische ontwikkeling en microkrediet ☑ gezondheidszorg ☑ natuur, milieu en dieren ☑ voedsel en voedselveiligheid
Algemeen ■ WEBSITE ▶ www.verburgcharity.com TYPERING ▶ vermogensfonds BEHEERD DOOR ▶ De Vries en Verburg Groep OPGERICHT ▶ 06-04-2004 RECHTSVORM ▶ stichting KVK ▶ 24360868 ANBI STATUS ▶ ja DIRECTIE ▶ geen directiegegevens bekend BESTUUR ▶ G. van den Akker, voorzitter; T. van der Spek, penningmeester; F. Noomen, secretaris; B. van Houwelingen; M. Voorsluijs.
Missie ■ DOELSTELLING ▶ De stichting heeft ten doel; ☑ op te optreden als algemeen nut beogende instelling; ☑ het initiëren, stimuleren en uitvoeren van projecten, met name op het gebied van gezondheidszorg, onderwijs en middelen van bestaan, en het beschikbaar stellen van de daarvoor benodigde financiële middelen,; ☑ het steunen en/of uitvoeren van sociaal maatschappelijke projecten gericht op een duurzame ontwikkeling van de betrokken personen in een ontwikkelingsland; ☑ het steunen en/of uitvoeren van activiteiten gericht op het overdragen van kennis aan de doelgroep, zodat zij met de verworven kennis zelf activiteiten kunnen verrichten, om te voorzien in eigen levensbehoeften; ☑ het initiëren en ondersteunen van activiteiten gericht op de bestrijding van kinderarmoede; ☑ het initiëren en ondersteunen van activiteiten gericht op de overdracht van kennis op het gebied van HIV/AIDS en andere ziekten en de bestrijding ervan; ☑ het doen van uitkeringen aan kerkelijke, levensbeschouwelijke, charitatieve, wetenschappelijke instellingen of algemeen nut beogende instellingen in binnen- en buitenland; ☑ het verrichten van alle verdere handelingen, die met het vorenstaande in de ruimste zin verband houden, of daartoe bevorderlijk kunnen zijn. - het initie. HISTORIE ▶ Verburg Charity Foundation is een aan De Vries en Verburg Groep gelieerde ANBI, die met name richt op de realisatie van huisvesting ten behoeve van gezondheidszorg, onderwijs en ondernemerschap. Daarnaast heeft Verburg Charity Foundation altijd oog voor ad hoc projecten waarbij de (urgente) humanitaire hulpverlening op korte termijn plaats moet vinden. De foundation wil met haar projecten een bijdrage leveren aan de realisatie van de Duurzame Ontwikkelingsdoelen 2016 – 2030 van de Verenigde Naties. BELEIDSPLAN OP WEBSITE ▶ ja.
Doelgroep ■ ALGEMEEN ▶ armen, inheemse volken SPECIFIEK ▶ Geen specifieke doelgroep ACTIVITEITEN ▶ Verburg Charity Foundation wil invulling geven aan het maatschappelijk verantwoord en betrokken ondernemen van De Vries en Verburg. Dit wil zij doen door een bijdrage te leveren aan de bestrijding van armoede in de wereld en het bevorderen van duurzame ontwikkeling in derdewereldlanden door het initiëren en steunen van projecten op het gebied van huisvesting ten behoeve van gezondheidszorg, onderwijs en ondernemerschap. INTERVENTIENIVEAU ▶ Steun aan lokale/provinciale maatschappelijke organisaties en structuren (incl. gemeenten etc.) die diensten verlenen aan individuen.; Steun op niveau van maatschappij zelf (beleidsbeïnvloeding, etc.).
Werkgebied ■ ACTIERADIUS ▶ Internationaal LAND ▶ Namibië, Malawi, Mozambique.
Bestedingen ■ BUDGET ▶ € 270.000 SOORT BIJDRAGE ▶ giften BOVENGRENS ▶ geen ONDERGRENS ▶ geen.
Projecten ■ CRITERIA ▶ Bij de selectie, uitvoering en realisatie van de projecten worden door de stichting de duurzame ontwikkelingsdoelen van de Verenigde Naties nagestreefd. Hierbij is aandacht voor de volgende kernwaarden: ☑ Mensen – Toegang tot gezondheidszorg en onderwijs voor iedereen (ook vrouwen en meisjes); ☑ Waardigheid – Einde aan armoede en tegengaan van ongelijkheid; ☑ Welvaart – Sterke economieën waar eenieder aan deelneemt; ☑ Gerechtigheid – Veilige en vredige samenlevingen met sterke instituten; ☑ Samenwerken – Versterken van mondiale solidariteit en duurzame ontwikkeling; ☑ Planeet – Beschermen van ecosystemen voor alle samenlevingen en toekomstige generaties. DOORLOOPTIJD ▶ ☑ onbekend STATUS AANVRAGER ▶ ☑ geen beperkingen bekend VOORKEUR/UITSLUITING ▶ geen voorkeur of uitsluiting bekend.
Procedure ■ OP AANVRAAG ▶ onbekend AANVRAAGPROCEDURE ▶ Geen aanvraagprocedure bekend.
Financieel ■ EIGEN VERMOGEN ▶ € 261.982 INKOMSTEN EV ▶ € 7.213 INKOMSTEN OV ▶ € 639.314 HERKOMST MIDDELEN ▶ moederorganisatie (bijdragen), giften & schenkingen, bedrijven, legaten, vermogen BOEKJAAR ▶ 2019 JAARVERSLAG OP WEBSITE ▶ ja.

Contact ■ BEREIKBAAR PER ▶ ☑ post ☑ e-mail ☑ telefoon CONTACTPERSOON ▶ J. Verburg POSTADRES ▶ Postbus 59, 2820 AB Stolwijk EMAIL (ALGEMEEN) ▶ info@verburgcharity.com TELEFOON (ALGEMEEN) ▶ 0182-348394.

1296
Stichting Verdieping en Activering

Rubriek ■ ☑ kerk en levensbeschouwing

Algemeen ■ WEBSITE ▶ www.kennisbankfilantropie.nl/anbi/verdieping-en-activering TYPERING ▶ vermogensfonds OPGERICHT ▶ 10-06-1959 RECHTSVORM ▶ stichting KVK ▶ 41192581 ANBI STATUS ▶ ja DIRECTIE ▶ geen directiegegevens bekend BESTUUR ▶ J.W. Verwijs, voorzitter; mw. M. van Schaik, penningmeester; J.W. Smedema, secretaris; G.P. Jol; J. Jansen.

Missie ■ DOELSTELLING ▶ De opbouw en uitbreiding van Christus' Gemeente te bevorderen. BELEIDSPLAN OP WEBSITE ▶ ja.

Doelgroep ■ ALGEMEEN ▶ gelovigen SPECIFIEK ▶ Zendingswerkers en -organisaties. ACTIVITEITEN ▶ De Stichting tracht haar doelstelling et bereiken door het bevorderen van zending, evangelisatie, onderwijs en sociale projecten in binnen- en buitenland, door het financieel, moreel en materieel ondersteunen van zendingswerkers en –organisaties. INTERVENTIENIVEAU ▶ Steun aan lokale/provinciale maatschappelijke organisaties en structuren (incl. gemeenten etc.) die diensten verlenen aan individuen.; Steun aan individuen (directe steun).

Werkgebied ■ ACTIERADIUS ▶ Internationaal LAND ▶ Wereldwijd.

Bestedingen ■ BUDGET ▶ € 100.000 SOORT BIJDRAGE ▶ giften BOVENGRENS ▶ geen ONDERGRENS ▶ geen.

Projecten ■ CRITERIA ▶ geen projectcriteria bekend DOORLOOPTIJD ▶ ☑ onbekend STATUS AANVRAGER ▶ ☑ geen beperkingen bekend VOORKEUR/UITSLUITING ▶ geen voorkeur of uitsluiting bekend.

Procedure ■ OP AANVRAAG ▶ onbekend AANVRAAGPROCEDURE ▶ Geen aanvraagprocedure bekend.

Financieel ■ HERKOMST MIDDELEN ▶ vermogen BOEKJAAR ▶ 2017 JAARVERSLAG OP WEBSITE ▶ ja.

Contact ■ BEREIKBAAR PER ▶ ☑ post ☑ e-mail ☑ telefoon CONTACTPERSOON ▶ geen contactpersoon bekend POSTADRES ▶ Nijkerkerweg 34, 3853 NW Ermelo EMAIL (ALGEMEEN) ▶ acc.knt.verwijs@chello.nl TELEFOON (ALGEMEEN) ▶ 0356284741.

1297
Vereeniging de Prins Hendrik Stichting

Rubriek ■ ☑ maatschappij, welzijn en samenleving ☑ kunst en cultuur

Algemeen ■ WEBSITE ▶ www.deprinshendrikstichting.nl TYPERING ▶ vermogensfonds OPGERICHT ▶ 22-03-1874 RECHTSVORM ▶ stichting KVK ▶ 40635027 ANBI STATUS ▶ ja DIRECTIE ▶ geen directiegegevens bekend BESTUUR ▶ J.H. Lammerts, voorzitter; M. Huyveneers, penningmeester; J.M. Kool, secretaris; J. Moes.

Missie ■ DOELSTELLING ▶ De Vereniging, vertegenwoordigt door het College van Regenten (Bestuur), draagt bij aan doelen die verband houden met de Nederlandse zee- en binnenvaart, met in het bijzonder projecten die bijdragen aan het welzijn van oud zeelieden, binnenvaartschippers en hun partners. STICHTER(S) ▶ Prins Hendrik HISTORIE ▶ In de 19e eeuw had Egmond aan Zee te kampen met een groot aantal cholera- en typhusepidemieën. Bij een dergelijke ziektegolf in 1871 stierven met name veel jonge vissers. Besloten werd een gesticht voor ouden van dagen van alle gezindten op te richten met name gericht op oude zeelieden. Prins Hendrik, broer van Koning Willem III, legde de eerste steen en gaf zijn naam aan het tehuis. 'De Zeevaarder' was zijn bijnaam gezien zijn uitstekende carrière en reputatie als marineman. De functie als tehuis speciaal voor oud zeelieden en hun echtgenoten behield de Prins Hendrik Stichting tot het begin van deze eeuw. Toen verdween dat categorale karakter en het huis werd steeds meer een algemeen tehuis voor ouderen. Dat leidde er toe dat de vereniging in 2005 het tehuis overdroeg aan de gelijknamige stichting. Het na de overdracht overblijvende vermogen vormt de basis voor de uitvoering van de doelstelling van de vereniging.

Doelgroep ■ ALGEMEEN ▶ jongeren, dak- en thuislozen, ouderen SPECIFIEK ▶ Activiteiten die verband houden met de Nederlandse zee- en binnenvaart. ACTIVITEITEN ▶ Meer in het bijzonder wordt gedacht aan het stimuleren en steunen van activiteiten die er op gericht zijn jongeren nader met de verschillende facetten van de maritieme wereld in contact te brengen, waarbij gedacht kan worden aan: ☑ instituties als zeekadetten en zeeverkenners; ☑ maritieme opleidingen; ☑ contacten tussen (basis)scholen en de koopvaardij; ☑ jeugdreizen aan boord van zeegaande opleidingsschepen; ☑ watersportactiviteiten t.b.v. jongeren; ☑ stimuleren en steunen van (zwerf)jongeren om een maritieme opleiding te volgen. Ook het steunen van maritiem historische projecten en publicaties worden als te subsidiëren projecten van belang geacht net als projecten die bijdragen tot het welzijn van bejaarde zee en binnenvaarders en hun echtgenoten passen binnen de oorspronkelijke doelstellingen. INTERVENTIENIVEAU ▶ Steun aan individuen (directe steun).; Steun aan lokale/provinciale maatschappelijke organisaties en structuren (incl. gemeenten etc.) die diensten verlenen aan individuen.

Werkgebied ■ ACTIERADIUS ▶ Nationaal LAND ▶ Nederland.

Bestedingen ■ BUDGET ▶ niet openbaar SOORT BIJDRAGE ▶ giften BOVENGRENS ▶ geen ONDERGRENS ▶ geen.

Projecten ■ CRITERIA ▶ De Vereeniging de Prins Hendrik Stichting ondersteunt activiteiten welke verband houden met de Nederlandse zee- en binnenvaart. Meer in het bijzonder zijn dit aanvragen voor: ☑ Oud -zeelieden en hun partners; ☑ Educatie; ☑ Maritieme historie. DOORLOOPTIJD ▶ ☑ onbekend STATUS AANVRAGER ▶ ☑ geen beperkingen bekend VOORKEUR/UITSLUITING ▶ De stichting subsidieert geen individuele projecten en of projecten die op andere wijze door verzekering en of overheidsvoorzieningen worden vergoed. Voor publicaties wordt slechts zelden subsidie verleend.

Procedure ■ OP AANVRAAG ▶ ja AANVRAAGPROCEDURE ▶ U vult het online aanvraagformulier zo compleet mogelijk in. Bijlagen kunt u uitsluitend als PDF bijvoegen. Aanvragen die in behandeling worden genomen, worden voorgelegd aan het bestuur van Vereeniging de Prins Hendrik Stichting. Na de vergadering ontvangt u per omgaande bericht over de besluitvorming en de voorwaarden waaraan voldaan moet worden indien de besluitvorming positief is. Betreft de aanvraag een subsidie voor een publicatie dan gelieve het calculatieformulier voor uitgevers hier down te loaden en ingevuld, als bijlage via het aanvraagformulier mee te sturen. De sluitingsdata voor het insturen van aanvragen zijn te vinden op de website. URL ▶ www.deprinshendrikstichting.nl/Subsidieaanvraag

Financieel ■ EIGEN VERMOGEN ▶ € 5.835.000 INKOMSTEN EV ▶ € 785.185 HERKOMST MIDDELEN ▶ vermogen BOEKJAAR ▶ 2019 JAARVERSLAG OP WEBSITE ▶ ja.

Contact ■ BEREIKBAAR PER ▶ ☑ post ☑ e-mail ☑ telefoon CONTACTPERSOON ▶ Mw. A.N. Schneemann-de Haas POSTADRES ▶ Schippersgracht 9, 1011 TS Amsterdam EMAIL (ALGEMEEN) ▶ secretariaat@deprinshendrikstichting.nl TELEFOON (ALGEMEEN) ▶ 0206247699.

1298

Vereniging Rembrandt

Rubriek ■ ☑ kunst en cultuur

Algemeen ■ WEBSITE ▶ www.verenigingrembrandt.nl TYPERING ▶ hybride fonds OPGERICHT ▶ 1883 RECHTSVORM ▶ vereniging KVK ▶ 40531186 ANBI STATUS ▶ ja DIRECTIE ▶ mw. F.M. Bijl de Vroe-Verloop BESTUUR ▶ Drs. A.A. Fock, voorzitter; dr. R.R. Kuijten, penningmeester; drs. W. Weijland, vice-voorzitter; mr. C.A. de Zeeuw; mw. drs, G.M.E. Knol; mw.mr.drs. T.S.M. van Schie; drs. T.D.W. Dibbits; drs. P.J. Schoon; A.Ph.J. de Haseth Möller; mw.dr. H.H. Pijzel-Dommisse; mr. J.J.J. van Lanschot; drs. R.C.J.J. Priem; drs. G.C.M. Luijten; drs. B Cornelis.

Missie ■ DOELSTELLING ▶ Het behouden van kunstschatten voor Nederland, het verrijken van en opkomen voor het Nederlands openbaar kunstbezit, het daartoe vergroten van de publieke belangstelling voor en het verhogen van de kennis van roerend cultureel erfgoed, in het bijzonder in Nederlandse openbare collecties. HISTORIE ▶ De geschiedenis van de Vereniging Rembrandt begint met de veiling van de collectie tekeningen van Jacob de Vos in 1883. Een groep Amsterdamse kunstliefhebbers vreest dat nu alweer Nederlandse topkunst het land gaat verlaten. Gezamenlijk slagen zij erin een kleine 500 bladen voor Nederland te behouden, waaronder tekeningen van Rembrandt. Dit is het begin van een collectief mecenaat dat de naam 'Vereniging Rembrandt' krijgt. BELEIDSPLAN OP WEBSITE ▶ ja.

Doelgroep ■ SPECIFIEK ▶ Nederlandse musea en onderzoekers op het gebied van kunstcollecties tot circa 35 jaar. ACTIVITEITEN ▶ De Vereniging Rembrandt streeft de doelstelling na door: ☑ haar stem te laten horen als de ontwikkelingen daarom vragen; ☑ musea te helpen ambitieuze aankopen te verwezenlijken; ☑ een zo breed mogelijk publiek bewust te maken van de rijkdom van ons openbaar kunstbezit; ☑ verdieping te bieden en verhalen te vertellen over onze gezamenlijke kunstcollecties; ☑ onderzoek in musea te steunen om kennis over de collecties up-to-date te houden; ☑ bij te dragen aan restauraties van werken in Nederlandse openbare collecties zodat iedereen daar weer van kan genieten. Dit alles met dank aan de betrokkenheid en vrijgevigheid van onze leden en in; goede samenwerking met de musea. INTERVENTIENIVEAU ▶ N.v.t.

Werkgebied ■ ACTIERADIUS ▶ Nationaal LAND ▶ Nederland.

Bestedingen ■ BUDGET ▶ niet openbaar TOELICHTING ▶ De Vereniging Rembrandt ondersteunt musea voor maximaal 50% van het aankoopbedrag. Een onderzoeksbeurs bedraagt maximaal € 20.000 (€ 10.000 voor het Van der Klaauw Fonds en € 2.500 voor Claudine de With Beurs). ONDERSTEUNDE PROJECTEN P/J ▶ 66 SOORT BIJDRAGE ▶ giften beurzen BOVENGRENS ▶ geen ONDERGRENS ▶ geen.

Projecten ■ CRITERIA ▶ Het belangrijkste criterium voor financiële ondersteuning van een kunstaankoop door een museum is de waarde van de beoogde aankoop voor het Nederlands openbaar kunstbezit. Het gaat in de eerste plaats om de kunsthistorische waarde van het kunstwerk, maar ook de historische waarde, de documentaire waarde of icoonwaarde spelen een rol bij de afweging tot steunverlening. Daarnaast worden uiteraard prijs, conditie en herkomst meegewogen. Musea kunnen ook bij de Vereniging Rembrandt terecht voor financiële ondersteuning van collectie gerelateerd onderzoek en restauratie. DOORLOOPTIJD ▶ ☑ onbekend STATUS AANVRAGER ▶ ☑ overig VOORKEUR/UITSLUITING ▶ Voorkeur steun aan kunstaankopen voor Nederlandse musea en onderzoeksbeurzen. Geen steun voor de financiering van nog te vervaardigen kunstwerken of tentoonstellingen.

Procedure ■ OP AANVRAAG ▶ ja DOORLOOPTIJD ▶ 1-3 maanden AANVRAAGPROCEDURE ▶ Musea die een aanvraag tot steunverlening overwegen worden verzocht telefonisch contact op te nemen met mevrouw Bijl de Vroe. Nadat dit eerste contact heeft plaatsgevonden zal het aanvraag formulier worden opgestuurd. Behandeling van een aanvraag vindt in de regel plaats in de eerstvolgende vergadering van het bestuur, mits een aanvraag ten minste drie weken voor de vergaderdatum is ingediend. Het bestuur vergadert vijf keer per jaar over aanvragen. Nederlandse musea of promovendi die gebruik willen maken van een onderzoeksbeurs kunnen tevens een aanvraag indienen bij de Vereniging Rembrandt. Daarin beschrijven zij onder andere het onderzoeksproject en het beoogde resultaat. De aanvraag wordt in behandeling genomen door de beoordelingscommissie onderzoeksbeurzen. Het bestuur van de Vereniging Rembrandt besluit op basis van het advies van deze commissie over de toekenning. Er zijn twee aanvraagrondes voor de studiebeurzen per jaar: 1 april en 1 oktober. Musea die een aanvraag willen doen, worden verzocht van te voren contact op te nemen met de secretaris onderzoeksbeurzen, Gerdien Wuestman (wuestman@verenigingrembrandt.nl). URL ▶ www.verenigingrembrandt.nl/nl/voor-musea

Financieel ■ EIGEN VERMOGEN ▶ € 51.698.711 INKOMSTEN EV ▶ € 6.226.274 INKOMSTEN OV ▶ € 6.752.334 HERKOMST MIDDELEN ▶ vermogen, legaten, loterijen, giften & schenkingen, leden (bijdragen), inkomsten uit vermogen **BOEKJAAR** ▶ 2019 **JAARVERSLAG OP WEBSITE** ▶ ja.

Contact ■ BEREIKBAAR PER ▶ ☑ post ☑ e-mail ☑ telefoon **CONTACTPERSOON** ▶ Mw. F.M. Bijl de Vroe-Verloop **POSTADRES** ▶ Denneweg 124, 2514 CL 's-Gravenhage **EMAIL (ALGEMEEN)** ▶ bureau@verenigingrembrandt.nl **TELEFOON (ALGEMEEN)** ▶ 070-4271720.

1299 Vereniging Rotterdamse Fondsen

Rubriek ■ ☑ maatschappij, welzijn en samenleving ☑ noodhulp ☑ gezondheidszorg ☑ kerk en levensbeschouwing ☑ kunst en cultuur ☑ natuur, milieu en dieren ☑ onderwijs en onderzoek ☑ sport en recreatie

Algemeen ■ WEBSITE ▶ www.rotterdamsefondsen.nl **TYPERING** ▶ vermogensfonds **OPGERICHT** ▶ 28-12-2011 **RECHTSVORM** ▶ vereniging **KVK** ▶ 54289750 **ANBI STATUS** ▶ ja **DIRECTIE** ▶ geen directiegegevens bekend **BESTUUR** ▶ Mw. J.F. Nauta, voorzitter; J.H. van Dorp, penningmeester; mw. M.E.M. Driessen, secretaris; mw. C.H. Schmit Jongbloed; H.B. Verkade; mw. A. Wissink; R.J. Boot.

Missie ■ DOELSTELLING ▶ De Vereniging Rotterdamse Fondsen is opgericht om de samenwerking tussen de vermogensfondsen in de stadsregio Rotterdam te bevorderen. Het beoogde doel is het vergroten van de effectiviteit, zodat er meer middelen beschikbaar komen voor projecten in de Rotterdamse samenleving. Bij de Vereniging Rotterdamse Fondsen zijn ongeveer zestig vermogensfondsen aangesloten. **HISTORIE** ▶ Op 28 december 2011 is opgericht de Vereniging Rotterdamse Fondsen (VRF). Het doel van de vereniging, zoals in de statuten verwoord is: 'door samenwerking de maatschappelijke relevantie te vergroten van particuliere vermogensfondsen die werkzaam zijn ten behoeve van de stadsregio Rotterdam'.

Doelgroep ■ SPECIFIEK ▶ Geen specifieke doelgroep **ACTIVITEITEN** ▶ De doelen van de VRF voor 2019 zijn: ☑ het bevorderen van de samenwerking tussen de Rotterdamse fondsen; ☑ het organiseren van clusterbijeenkomsten en een algemene ledenvergadering; ☑ het goed laten blijven functioneren van het webportal; ☑ het bevorderen van een algemeen aanvraagformulier op de website; ☑ het uitbreiden van de communicatie over de VRF en het webportal; ☑ het overleggen over en eventueel bepalen van standpunten met de leden over voorstellen van de FIN. **INTERVENTIENIVEAU** ▶ N.v.t.

Werkgebied ■ ACTIERADIUS ▶ Regionaal **LAND** ▶ Nederland **REGIO** ▶ Rotterdam.

Bestedingen ■ BUDGET ▶ niet openbaar **SOORT BIJDRAGE** ▶ onbekend **BOVENGRENS** ▶ geen **ONDERGRENS** ▶ geen.

Projecten ■ CRITERIA ▶ geen projectcriteria bekend **DOORLOOPTIJD** ▶ ☑ onbekend **STATUS AANVRAGER** ▶ ☑ geen beperkingen bekend **VOORKEUR/UITSLUITING** ▶ geen voorkeur of uitsluiting bekend.

Procedure ■ OP AANVRAAG ▶ nee **AANVRAAGPROCEDURE** ▶ De fondsenzoeker op de website is een initiatief van de Vereniging Rotterdamse Fondsen. De vereniging neemt zelf geen aanvragen in behandeling. Aanvragen dient u rechtstreeks bij de individuele fondsen in te dienen.

Financieel ■ HERKOMST MIDDELEN ▶ onbekend **BOEKJAAR** ▶ 2018 **JAARVERSLAG OP WEBSITE** ▶ ja.

Contact ■ BEREIKBAAR PER ▶ ☒ post ☑ e-mail ☒ telefoon **CONTACTPERSOON** ▶ Mw. M.E.M Driessen **POSTADRES** ▶ Geen postadres bekend **EMAIL (ALGEMEEN)** ▶ info@rotterdamsefondsen.nl.

1300 Vergeet-mij-niet Fonds

Rubriek ■ ☑ kunst en cultuur

Algemeen ■ WEBSITE ▶ www.cultuurfonds.nl **TYPERING** ▶ fonds op naam **BEHEERD DOOR** ▶ Prins Bernhard Cultuurfonds **DIRECTIE** ▶ zie > Prins Bernhard Cultuurfonds **BESTUUR** ▶ zie > Prins Bernhard Cultuurfonds

Missie ■ DOELSTELLING ▶ Het financieel ondersteunen van cultuur in de provincies Drenthe en Groningen. Aanvragen worden behandeld door het Prins Bernhard Cultuurfonds Drenthe of Groningen.

Werkgebied ■ ACTIERADIUS ▶ Nationaal **LAND** ▶ Nederland **REGIO** ▶ Drente, Groningen.

Projecten ■ CRITERIA ▶ geen projectcriteria bekend **DOORLOOPTIJD** ▶ ☑ korter dan 1 jaar **STATUS AANVRAGER** ▶ ☑ geen beperkingen bekend **VOORKEUR/UITSLUITING** ▶ geen voorkeur of uitsluiting bekend.

Procedure ■ OP AANVRAAG ▶ ja **AANVRAAGPROCEDURE** ▶ Dit 'fonds op naam' ressorteert onder het Prins Bernhard Cultuurfonds. Verzoeken aan fondsen op naam komen op één centraal punt binnen. Dit houdt in dat een subsidieaanvraag slechts eenmaal aan het Prins Bernhard Cultuurfonds hoeft te worden gezonden. Voor de verdere aanvraagprocedure: zie Prins Bernhard Cultuurfonds. **URL** ▶ www.cultuurfonds.nl/aanvragen

Contact ■ BEREIKBAAR PER ▶ ☑ post ☑ e-mail ☑ telefoon **CONTACTPERSOON** ▶ geen contactpersoon bekend **POSTADRES** ▶ Postbus 19750, 1000 GT Amsterdam **EMAIL (ALGEMEEN)** ▶ info@cultuurfonds.nl **TELEFOON (ALGEMEEN)** ▶ 020-5206130.

1301 Stichting voor Vergeten Groepen

Rubriek ■ ☑ noodhulp ☑ maatschappij, welzijn en samenleving

Algemeen ■ WEBSITE ▶ www.kennisbankfilantropie.nl/anbi/stichting-voor-vergeten-groepen **TYPERING** ▶ vermogensfonds **OPGERICHT** ▶ 17-08-1969 **RECHTSVORM** ▶ stichting **KVK** ▶ 41205011 **ANBI STATUS** ▶ ja **DIRECTIE** ▶ geen directiegegevens bekend **BESTUUR** ▶ Ir. C.J. Visser, voorzitter; H.W.E. van Hövell tot Westerflier, penningmeester; mw. C.I.E.M. Niermans-von Heyden, secretaris; mw. C.B. Vriezen-van der Flier; C. de Pee.

Missie ■ DOELSTELLING ► Het doel van de Stichting is, als verwoord in de Statuten, het verlenen van steun aan personen behorende tot de vergeten groepen in Nederland. In de uitleg, die sinds 1968 wordt gevolgd, gaat het om behoeftige personen, die in hun vraag om noodzakelijke voorzieningen door de overheid niet of slechts ten dele worden ondersteund. STICHTER(S) ► Mevrouw Adriana Margaretha Kramers HISTORIE ► Mevrouw Adriana Margaretha Kramers heeft bij haar overlijden een legaat nagelaten met het doel deze stichting op te richten. BELEIDSPLAN OP WEBSITE ► ja.

Doelgroep ■ ALGEMEEN ► armen, gehandicapten, zieken SPECIFIEK ► Mensen die waar het overheidsvoorzieningen betreft tussen wal en schip raken. ACTIVITEITEN ► Tot de vergeten groepen behoren zowel lichamelijk als geestelijk gehandicapten, die voor de voor hen zo noodzakelijke voorzieningen geen beroep kunnen doen op de daarvoor bestaande overheidsregelingen, dan wel daarvoor een afwijzing hebben gekregen. In beginsel kan iedereen ongeacht ras, geslacht of religie, die tot deze groep behoort individueel worden gesteund op voorwaarde, dat zijn of haar aanvraag via een hulporganisatie wordt ingediend. INTERVENTIENIVEAU ► Steun aan individuen (directe steun).; Steun aan familie en omgeving van individuen.

Werkgebied ■ ACTIERADIUS ► Nationaal LAND ► Nederland.

Bestedingen ■ BUDGET ► niet openbaar ONDERSTEUNDE PROJECTEN P/J ► 95 SOORT BIJDRAGE ► giften overig BOVENGRENS ► geen ONDERGRENS ► geen.

Projecten ■ CRITERIA ► geen projectcriteria bekend DOORLOOPTIJD ► ☑ korter dan 1 jaar STATUS AANVRAGER ► ☑ stichting of vereniging (non-profit) ☑ hulpverleners ☑ overig VOORKEUR/UITSLUITING ► Aanvragen die niet in behandeling genomen worden: ☑ individuele aanvragen zonder tussenkomst van een hulporganisatie (particulieren); ☑ aanvragen voor structurele steun; ☑ aanvragen voor schuldensanering; ☑ aankopen kunnen niet worden gedaan vóór indiening van de aanvraag; ☑ aanvragen voor projectfinanciering.

Procedure ■ OP AANVRAAG ► ja DOORLOOPTIJD ► 1-3 maanden; geen doorlooptijd bekend; geen doorlooptijd bekend AANVRAAGPROCEDURE ► Aanvragen per email of brief alleen via instanties zoals MEE, ziekenhuizen, revalidatie-instellingen etc. Na eventueel extra informatie passeren de aanvragen, voorzien van advies alle leden van het Bestuur. Bij unanimiteit of meerderheid van stemmen volgt automatisch goedkeuring. Zo niet, dan volgt nadere discussie. Voor het geval er op korte termijn een uitspraak over een ingediende aanvraag van ten hoogste 500 euro wordt gevraagd is een versnelde procedure ingesteld.Deze houdt in, dat dan door twee bestuursleden een beslissing genomen kan; worden

Financieel ■ HERKOMST MIDDELEN ► vermogen, overige inkomsten.

Contact ■ BEREIKBAAR PER ► ☑ post ☑ e-mail ☑ telefoon CONTACTPERSOON ► Ir. C.J. Visser POSTADRES ► Hoefijzerlaan 14, 3981 GM Bunnik EMAIL (ALGEMEEN) ► contact@vergetengroepen.nl TELEFOON (ALGEMEEN) ► 030-6562721.

1302
Stichting Vermeer 14

Rubriek ■ ☑ gezondheidszorg ☑ kunst en cultuur ☑ onderwijs en onderzoek ☑ natuur, milieu en dieren ☑ maatschappij, welzijn en samenleving ☑ sport en recreatie

Algemeen ■ WEBSITE ► www.stichtingvermeer14.nl TYPERING ► vermogensfonds OPGERICHT ► 02-03-1997 RECHTSVORM ► stichting KVK ► 41217462 ANBI STATUS ► ja DIRECTIE ► geen directiegegevens bekend BESTUUR ► P.E. van Heekeren, voorzitter; A. Schoemaker, secretaris; D. Koster.

Missie ■ DOELSTELLING ► De stichting heeft als doel: ☑ Het verlenen van (financiële) steun op maatschappelijk terrein, meer in het bijzonder op het gebied van gezondheidszorg, natuurbehoud, onderwijs, scholing, cultuur alsmede op sociaal gebied. Daarnaast kan er financiële steun worden verleend aan wetenschappelijke en sport bevorderende instellingen of andere projecten ter algemeen nut; ☑ Het optreden als beheerder van instellingen met een charitatief, cultureel, wetenschappelijk of het algemeen nut beogende doelstelling. Indachtig dit in de statuten geformuleerde kader heeft het bestuur dit nader verbijzonderd in het ondersteunen van baanbrekend wetenschappelijk onderzoek gericht op jeugd en jongeren. Ook wordt er gedoneerd aan maatschappelijke projecten met eveneens jeugd en jongeren als vertrekpunt. HISTORIE ► Stichting Vermeer 14 is een voorzetting van de in 1997 opgerichte Stichting Optimix. BELEIDSPLAN OP WEBSITE ► ja.

Doelgroep ■ ALGEMEEN ► jongeren, kinderen SPECIFIEK ► Geen specifieke doelgroep ACTIVITEITEN ► Geen specifieke activiteiten bekend INTERVENTIENIVEAU ► Onbekend.

Werkgebied ■ ACTIERADIUS ► Nationaal LAND ► Nederland.

Bestedingen ■ BUDGET ► niet openbaar ONDERSTEUNDE PROJECTEN P/J ► 11 SOORT BIJDRAGE ► giften BOVENGRENS ► geen ONDERGRENS ► geen.

Projecten ■ CRITERIA ► geen projectcriteria bekend DOORLOOPTIJD ► ☑ onbekend STATUS AANVRAGER ► ☑ geen beperkingen bekend VOORKEUR/UITSLUITING ► De stichting schenkt bij voorkeur aan kansrijke, en ook, risicovolle(re) binnenlandse projecten die in de opstartfase zitten en dientengevolge moeilijk aan financiële middelen kunnen komen.

Procedure ■ OP AANVRAAG ► onbekend AANVRAAGPROCEDURE ► geen aanvraagprocedure bekend.

Financieel ■ EIGEN VERMOGEN ► € 2.250.000 INKOMSTEN EV ► € 162.503 INKOMSTEN OV ► € 10.525 HERKOMST MIDDELEN ► vermogen, giften & schenkingen BOEKJAAR ► 2016 JAARVERSLAG OP WEBSITE ► ja.

Contact ■ BEREIKBAAR PER ► ☑ post ☑ e-mail ☑ telefoon CONTACTPERSOON ► geen contactpersoon bekend POSTADRES ► Johannes Vermeerstraat 14, 1071 DR Amsterdam EMAIL (ALGEMEEN) ► info@stichtingvermeer14.nl TELEFOON (ALGEMEEN) ► 020-5703030.

1303
Vermeulen/Brauckman Stichting

Rubriek ■ ☑ kunst en cultuur ☑ kerk en levensbeschouwing
Algemeen ■ WEBSITE ▶ www.vermeulenbrauckman.nl TYPERING ▶ vermogensfonds OPGERICHT ▶ 11-11-1994 RECHTSVORM ▶ stichting KVK ▶ 41214391 ANBI STATUS ▶ ja DIRECTIE ▶ geen directiegegevens bekend BESTUUR ▶ Prof.dr. M.E. Brinkman, voorzitter; drs. B.A. Endedijk, penningmeester; drs. B.A. Endedijk, secretaris; drs. S. Akkerman; mw.dr. D. Berendsen; drs. W. Kemp; drs. T. Mikkers; mw.dr. C.S.H. Rijken; ir. D.E.J. Vermeulen; mw.dr. G.C. de Vries; dr. O.K. Zijlstra.
Missie ■ DOELSTELLING ▶ Het bevorderen en financieel ondersteunen van initiatieven van personen en instellingen gericht op de ontsluiting van de bijbel in het Nederlandse taalgebied. STICHTER(S) ▶ J.W. Vermeulen, S.J. Vermeulen-Brauckman HISTORIE ▶ Na een langdurig verblijf in het buitenland ging het echtpaar Vermeulen-Brauckman zich midden jaren 90 weer ging oriënteren op Nederland. Zij vonden een land waar de verhalen van de Bijbel uit de Nederlandse cultuur verdwenen leken. Hadden ze voor hun vertrek met een Bijbelcitaat snel wederzijds begrip en contact, nu vonden ze vooral een niet begrijpende blik. Dat verlies aan betekenis en cultuurdragend vermogen van Bijbelse verhalen en begrippen vonden ze een pijnlijk moment in de hernieuwde kennismaking met Nederland. Zij speelden op dat moment al met de gedachte om een fonds met een cultureel maatschappelijk doel op te richten. Een artikel van drs. Coen Boerma in Hervormd Nederland bracht beide zaken bij elkaar: het idee werd geboren om een Stichting in het leven te roepen met het doel om de verhalen van de Bijbel binnen het Nederlandse taalgebied te ontsluiten via culturele projecten. Via Coen Boerma en anderen was in korte tijd een initiatiefgroep bij elkaar gevonden die in de vroege lente van 1994 bij elkaar kwam het oprichten van de Stichting voor te bereiden. BELEIDSPLAN OP WEBSITE ▶ ja.
Doelgroep ■ ALGEMEEN ▶ gelovigen SPECIFIEK ▶ Geen specifieke doelgroep ACTIVITEITEN ▶ Verschillende activiteiten worden door de Stichting gesubsidieerd, zoals (toneel)voorstellingen, muziekuitvoeringen, audiovisuele producties. Naast het subsidiëren van vernieuwende projecten die in overeenstemming zijn met haar doelstelling, organiseert de Vermeulen Brauckman Stichting jaarlijks een prijs op het gebied van poëzie, muziek of kunst. INTERVENTIENIVEAU ▶ Steun op niveau van maatschappij zelf (beleidsbeïnvloeding, etc.).
Werkgebied ■ ACTIERADIUS ▶ Nationaal LAND ▶ Nederland.
Bestedingen ■ BUDGET ▶ niet openbaar ONDERSTEUNDE PROJECTEN P/J ▶ 18 SOORT BIJDRAGE ▶ giften garanties BOVENGRENS ▶ geen ONDERGRENS ▶ geen.
Projecten ■ CRITERIA ▶ Het is voor de Vermeulen Brauckman Stichting van groot belang dat de Nederlandse Bijbeltekst ook werkelijk aan bod komt in het project, bij voorkeur niet verpakt in te veel eigen taal of beelden. Daarnaast is het van belang dat de tekst van de Bijbel op een nieuwe, verrassende wijze naar voren wordt gebracht. De Vermeulen Brauckman Stichting steunt graag projecten met een grote reikwijdte en een brede uitstraling, maar wil ook een helpende hand bieden aan nieuwe, nog voor groei vatbare initiatieven. DOORLOOPTIJD ▶ ☑ onbekend STATUS AANVRAGER ▶ ☑ geen beperkingen bekend VOORKEUR/UITSLUITING ▶ De Vermeulen Brauckman Stichting subsidieert geen boeken of uitgaves waar uitgevers bij betrokken zijn. Geen project die beogen te evangeliseren of te verkondigen.
Procedure ■ OP AANVRAAG ▶ ja DOORLOOPTIJD ▶ 1-3 maanden AANVRAAGPROCEDURE ▶ Het aanvraagformulier is beschikbaar wanneer de quick-scan goed wordt doorlopen. Uitsluitend digitaal aanvragen m.b.v. het speciale formulier, dat te downloaden is via de website. Het aanvraagformulier dient u te versturen per e-mail. Het bestuur vergadert vier maal per jaar. Reactie binnen 3 maanden. URL ▶ www.vermeulenbrauckman.nl/aanvragen
Financieel ■ EIGEN VERMOGEN ▶ € 2.698.741 HERKOMST MIDDELEN ▶ vermogen BOEKJAAR ▶ 2018 JAARVERSLAG OP WEBSITE ▶ ja.
Contact ■ BEREIKBAAR PER ▶ ☑ post ☑ e-mail ☒ telefoon CONTACTPERSOON ▶ geen contactpersoon bekend POSTADRES ▶ De Havik 15, 3972 XT Driebergen-Rijsenburg EMAIL (ALGEMEEN) ▶ info@vermeulen-brauckman.nl.

1304
Stichting de Verre Bergen

Rubriek ■ ☑ maatschappij, welzijn en samenleving ☑ onderwijs en onderzoek ☑ kunst en cultuur ☑ vluchtelingenhulp
Algemeen ■ WEBSITE ▶ www.deverrebergen.nl TYPERING ▶ vermogensfonds OPGERICHT ▶ 03-01-2011 RECHTSVORM ▶ stichting KVK ▶ 51727366 ANBI STATUS ▶ ja DIRECTIE ▶ geen directiegegevens bekend BESTUUR ▶ M. van der Vorm, voorzitter; C.O. van der Vorm, penningmeester; F.D. Rosendaal, secretaris; P. Kalma.
Missie ■ DOELSTELLING ▶ Stichting De Verre Bergen stelt zich volgens haar statuten primair ten doel '- het ontwikkelen van initiatieven, activiteiten en projecten op het terrein van de bevordering van de maatschappelijke en economische ontwikkeling en het welzijn van de inwoners van Rotterdam, alsook op andere terreinen zoals kunst, cultuur, media, onderwijs wetenschap en ontwikkelingshulp; ☑ het (laten) verrichten van wetenschappelijk onderzoek; ☑ het verrichten van al hetgeen met het vorenstaande in de ruimste zin verband houdt, of daartoe bevorderlijk kan zijn'. De statutaire doelstelling van de Stichting wordt in de praktijk nagestreefd door het zelfstandig of in samenwerking met derden bedenken, ontwikkelen, uitvoeren en beoordelen van programma's, die tot doel hebben maatschappelijke problemen in Rotterdam op een innovatieve manier aan te pakken. HISTORIE ▶ Stichting De Verre Bergen werd opgericht op 3 januari 2011 en heeft de ANBI-status (Algemeen Nut Beogende Instelling). BELEIDSPLAN OP WEBSITE ▶ ja.
Doelgroep ■ SPECIFIEK ▶ Initiatieven, activiteiten en projecten op het terrein van de bevordering van de maatschappelijke en economische ontwikkeling en het welzijn van de inwoners van Rotterdam.alsook op andere terreinen zoals kunst, cultuur, media, onderwijs weten-

schap en ontwikkelingshulp. **ACTIVITEITEN** ▶ De Stichting bedenkt en ontwikkelt ideeën voor mogelijke programma's, voert deze uit en tracht de resultaten van programma's te meten. Of het bestuur besluit een programma te starten, wordt met name bepaald door het te verwachten resultaat, dat voor een bepaalde doelgroep kan worden bereikt en de wijze waarop dat resultaat meetbaar kan worden gemaakt. Lopende programma's waarbij de stichting betrokken is: ☑ Moeders van Rotterdam, dat ziet op de begeleiding van kwetsbare vrouwen en hun kind(eren), van zes maanden voor de geboorte tot tweeëneenhalf jaar daarna; ☑ Stichting Nieuw Thuis Rotterdam, dat zich richt op het helpen van Syrische statushouders in Rotterdam met hun integratie in de Nederlandse samenleving. Door de effectiviteit van deze programma's (wetenschappelijk) te onderzoeken, hoopt de Stichting tevens bij te dragen aan de kennis van de onderliggende problematieken en daar waar mogelijk meer zicht te krijgen op structurele oplossingen. **INTERVENTIENIVEAU** ▶ Steun aan individuen (directe steun).; Steun aan lokale/provinciale maatschappelijke organisaties en structuren (incl. gemeenten etc.) die diensten verlenen aan individuen.

Werkgebied ■ **ACTIERADIUS** ▶ Lokaal **LAND** ▶ Nederland **REGIO** ▶ Zuid-Holland **PLAATS** ▶ Rotterdam.

Bestedingen ■ **BUDGET** ▶ niet openbaar **ONDERSTEUNDE PROJECTEN P/J** ▶ 15 **SOORT BIJDRAGE** ▶ giften subsidies **BOVENGRENS** ▶ geen **ONDERGRENS** ▶ geen.

Projecten ■ **CRITERIA** ▶ De Stichting beperkt zich niet tot enkele specifieke aandachtsgebieden en daarbij staat ieder programma in principe op zichzelf. Toch kunnen wij terugkijkend vaststellen dat een aanzienlijk deel van onze programma's zich richt op (1) het helpen van kwetsbare groepen in de samenleving en (2) het verbeteren van ontwikkelings- en onderwijskansen. **DOORLOOPTIJD** ▶ ☑ onbekend **STATUS AANVRAGER** ▶ ☑ geen beperkingen bekend **VOORKEUR/UITSLUITING** ▶ geen voorkeur of uitsluiting bekend.

Procedure ■ **OP AANVRAAG** ▶ nee **AANVRAAGPROCEDURE** ▶ Stichting De Verre Bergen neemt geen ongevraagde aanvragen in behandeling. We benaderen zelf Rotterdammers die met een goed idee de stad beter en sterker willen maken.

Financieel ■ **INKOMSTEN EV** ▶ € 35.372.045 **HERKOMST MIDDELEN** ▶ inkomsten uit vermogen, vermogen, giften & schenkingen **BOEKJAAR** ▶ 2019 **JAARVERSLAG OP WEBSITE** ▶ ja.

Contact ■ **BEREIKBAAR PER** ▶ ☑ post ☑ e-mail ☑ telefoon **CONTACTPERSOON** ▶ geen contactpersoon bekend **POSTADRES** ▶ Parklaan 22, 3016 BB Rotterdam **EMAIL (ALGEMEEN)** ▶ info@sdvb.com **TELEFOON (ALGEMEEN)** ▶ 0102092000.

1305

Vertaalslagenfonds

Rubriek ■ ☑ kunst en cultuur ☑ onderwijs en onderzoek

Algemeen ■ **WEBSITE** ▶ www.cultuurfonds.nl **TYPERING** ▶ fonds op naam **BEHEERD DOOR** ▶ Prins Bernhard Cultuurfonds **DIRECTIE** ▶ zie Prins Bernhard Cultuurfonds **BESTUUR** ▶ zie Prins Bernhard Cultuurfonds

Missie ■ **DOELSTELLING** ▶ Het financieel ondersteunen van projecten en instellingen die talentontwikkeling van vertalers vanuit een vreemde taal naar het Nederlands bevorderen en het ondersteunen van vertaaltalent in brede zin. Deze ondersteuning kan worden gegeven in de vorm van reis- werk- en studiebeurzen en een bijdrage in de kosten voor het uitgeven van de vertaalde werken.

Werkgebied ■ **ACTIERADIUS** ▶ Nationaal **LAND** ▶ Nederland.

Projecten ■ **CRITERIA** ▶ geen projectcriteria bekend **DOORLOOPTIJD** ▶ ☑ korter dan 1 jaar **STATUS AANVRAGER** ▶ ☑ geen beperkingen bekend **VOORKEUR/UITSLUITING** ▶ geen voorkeur of uitsluiting bekend.

Procedure ■ **OP AANVRAAG** ▶ ja **AANVRAAGPROCEDURE** ▶ Dit 'fonds op naam' ressorteert onder het Prins Bernhard Cultuurfonds. Verzoeken aan fondsen op naam komen op één centraal punt binnen. Dit houdt in dat een subsidieaanvraag slechts eenmaal aan het Prins Bernhard Cultuurfonds hoeft te worden gezonden. Voor de verdere aanvraagprocedure: zie Prins Bernhard Cultuurfonds. **URL** ▶ www.cultuurfonds.nl/aanvragen

Contact ■ **BEREIKBAAR PER** ▶ ☑ post ☑ e-mail ☑ telefoon **CONTACTPERSOON** ▶ geen contactpersoon bekend **POSTADRES** ▶ Postbus 19750, 1000 GT Amsterdam **EMAIL (ALGEMEEN)** ▶ info@cultuurfonds.nl **TELEFOON (ALGEMEEN)** ▶ 020-5206130.

1306

Stichting Verzameling van Wijngaarden-Boot

Rubriek ■ ☑ kunst en cultuur

Algemeen ■ **WEBSITE** ▶ www.rotterdamsefondsen.nl/fonds/55/stichting-verzameling-van-wijngaarden-boot **TYPERING** ▶ vermogensfonds **OPGERICHT** ▶ 12-02-1931 **RECHTSVORM** ▶ stichting **KVK** ▶ 41127670 **ANBI STATUS** ▶ ja **DIRECTIE** ▶ geen directiegegevens bekend **BESTUUR** ▶ M.J. Kreeft, voorzitter; R.J. Boot, penningmeester; R.J. Boot, secretaris; E. Japikse.

Missie ■ **DOELSTELLING** ▶ De Stichting Verzameling van Wijngaarden-Boot stimuleert de culturele uitstraling van de stad Rotterdam door subsidiëring en co-financiering van culturele projecten en uitvoeringen. **STICHTER(S)** ▶ Mr. van Wijngaarden **HISTORIE** ▶ De Stichting Verzameling van Wijngaarden-Boot is in 1931 opgericht door mr. Van Wijngaarden, notaris te Rotterdam, en zijn vrouw. Het echtpaar is kinderloos gebleven en na hun overlijden is de erfenis gebruikt om een museum in hun woonhuis te onderhouden. In de meidagen van 1940 werd het museum verwoest. Sinds 1984 worden de inkomsten uit het kapitaal van de stichting aangewend voor het vergroten en stimuleren van het kunst- en culturele leven in de gemeente Rotterdam.

Doelgroep ■ **SPECIFIEK** ▶ Projecten ten behoeve van de gemeente Rotterdam. **ACTIVITEITEN** ▶ Geen specifieke activiteiten bekend **INTERVENTIENIVEAU** ▶ Steun aan lokale/provinciale maatschappelijke organisaties en structuren (incl. gemeenten etc.) die diensten verlenen aan individuen.

Werkgebied ■ ACTIERADIUS ► Lokaal LAND ► Nederland REGIO ► Zuid-Holland PLAATS ► Rotterdam.
Bestedingen ■ BUDGET ► niet openbaar SOORT BIJDRAGE ► giften BOVENGRENS ► € 15.000 ONDERGRENS ► € 500.
Projecten ■ CRITERIA ► ☑ Projecten in de stad Rotterdam; ☑ projecten met een duidelijk en herkenbaar cultureel karakter. DOORLOOPTIJD ► ☑ onbekend STATUS AANVRAGER ► ☑ kerkelijke instelling ☑ onderwijsinstelling ☑ stichting of vereniging (non-profit) VOORKEUR/UITSLUITING ► ☑ bij voorkeur een uitstraling buiten de gemeentegrenzen. ☑ Vanuit de statuten van de stichting is er extra aandacht voor muziek en uitingen van de Franse cultuur.
Procedure ■ OP AANVRAAG ► ja AANVRAAGPROCEDURE ► Aanvragen kunnen alleen via e-mail worden ingediend. Medio januari, medio mei en medio oktober zijn de beslismomenten. Uiterlijk de 1ste van deze maanden moeten de aanvragen ontvangen zijn om in behandeling genomen te worden.
Financieel ■ EIGEN VERMOGEN ► € 3.391.411 INKOMSTEN EV ► € 65.777 HERKOMST MIDDELEN ► vermogen, overige inkomsten, inkomsten uit vermogen BOEKJAAR ► 2018 JAARVERSLAG OP WEBSITE ► ja.
Contact ■ BEREIKBAAR PER ► ☑ post ☑ e-mail ☑ telefoon CONTACTPERSOON ► R. Boot POSTADRES ► Hugo de Grootstraat 94, 2518 EG Den Haag EMAIL (ALGEMEEN) ► stichtingvwb@live.nl TELEFOON (ALGEMEEN) ► 0610414820.

1307
Stichting Victoriefonds Alkmaar

Rubriek ■ ☑ maatschappij, welzijn en samenleving ☑ kunst en cultuur ☑ sport en recreatie
Algemeen ■ WEBSITE ► www.victoriefonds.nl TYPERING ► vermogensfonds OPGERICHT ► 06-09-2004 RECHTSVORM ► stichting KVK ► 37113962 ANBI STATUS ► ja DIRECTIE ► geen directiegegevens bekend BESTUUR ► G.J. Rooker, voorzitter; J.H. Veltkamp, penningmeester; mw. C.C.H. Fasel, secretaris; P.M. Bruinooge; J.C.M. Cox; mw. E.C.W. Wagener-van der Poel.
Missie ■ DOELSTELLING ► De stichting heeft als doel gelden ter beschikking te stellen ten gunste van het lokale algemene nut: maatschappelijke doelen en projecten ten gunste van de woon- en werkomgeving binnen de gemeente Alkmaar. HISTORIE ► Het Victoriefonds is opgericht op 6 september 2004, met als doel het welzijn van de inwoners van de gemeente Alkmaar te bevorderen. Aanvankelijk heeft het fonds een sluimerend bestaan geleid. De belangrijkste reden hiervan was dat het fonds er niet in slaagde voldoende (geld)middelen te verwerven van waaruit initiatieven en projecten van en voor inwoners van Alkmaar ondersteund konden worden. Hierin kwam verandering toen in oktober 2014 gelden beschikbaar kwamen vanuit de Stichting C.A.I. Alkmaar. Het gaat hier om een substantieel bedrag (zie jaarverslag) van waaruit onze stichting thans actief initiatieven en projecten ondersteunt die het welzijn van de inwoners van de gemeente Alkmaar bevorderen. BELEIDSPLAN OP WEBSITE ► ja.
Doelgroep ■ SPECIFIEK ► Inwoners van gemeente Alkmaar. ACTIVITEITEN ► Het fonds streeft er naar om nu, en in de toekomst, het sociale leef- en werkklimaat in Alkmaar te bevorderen. Ze doet dit door initiatieven en projecten van de inwoners van Alkmaar te ondersteunen door middel van een financiële bijdrage. INTERVENTIENIVEAU ► Steun aan lokale/provinciale maatschappelijke organisaties en structuren (incl. gemeenten etc.) die diensten verlenen aan individuen.
Werkgebied ■ ACTIERADIUS ► Lokaal LAND ► Nederland REGIO ► Noord-Holland PLAATS ► Alkmaar.
Bestedingen ■ BUDGET ► niet openbaar ONDERSTEUNDE PROJECTEN P/J ► 75-100 SOORT BIJDRAGE ► giften BOVENGRENS ► € 50.000 ONDERGRENS ► € 500.
Projecten ■ CRITERIA ► ☑ De activiteit/het project komt ten gunste van de inwoners van de gemeente Alkmaar, is niet-commercieel en gericht op een van de volgende terreinen: cultuur, welzijn, cultureel erfgoed, sport, duurzaamheid; ☑ De gevraagde donatie is maximaal 50% van de (project)begroting; ☑ Er is sprake van meerdere sponsoren; ☑ De aanvraag dient ruim voor aanvang van de activiteit/het project te worden gedaan (uiterlijk 2 maanden vooraf); ☑ Er is een maatschappelijke meerwaarde van het project; ☑ Het project biedt vernieuwing en originaliteit; ☑ Het project toont relevantie voor- en draagvlak binnen de samenleving. DOORLOOPTIJD ► ☑ korter dan 1 jaar STATUS AANVRAGER ► ☑ stichting of vereniging (non-profit) VOORKEUR/UITSLUITING ► De stichting steunt geen: ☑ projecten waarvoor meer dan 50% van de vereiste financiering wordt aangevraagd; ☑ Projecten waarvan de financiering een overheidstaak is; ☑ projecten zonder duidelijk begin of einde; ☑ exploitatiekosten (waaronder reguliere personeelskosten en verbouwing of (her)inrichting (tenzij een en ander aantoonbaar maatschappelijke meerwaarde heeft); ☑ projecten of evenementen die buiten de grenzen van de gemeente Alkmaar plaatsvinden; ☑ projecten die al gestart zijn of die binnen twee maanden voor aanvang worden aangevraagd; ☑ projecten die worden uitgevoerd om met de opbrengst een goed doel te steunen; ☑ projecten in Alkmaar met een duidelijk regionaal of nationaal karakter; ☑ projecten met een religieuze of politieke doelstelling; ☑ niet-publieksprogramma's van evenementen/activiteiten; ☑ herhalingsaanvragen; het fonds biedt geen structurele ondersteuning.
Procedure ■ OP AANVRAAG ► ja DOORLOOPTIJD ► 1-3 maanden AANVRAAGPROCEDURE ► Door middel van de quickscan kunt u erachter komen of uw project voldoet aan de diverse criteria. Vervolgens kunt u uw aanvraag digitaal indienen. Uiterlijk twee maanden voor de start van de activiteit dient de aanvraag te zijn ingediend. Mocht het om enige reden niet lukken om de benodigde documenten te uploaden, dan kunt u deze per e-mail verzenden. ☑ Uittreksel KvK (niet ouder dan een jaar); ☑ Statuten; ☑ Projectplan indien de aanvraag > € 5.000,-; ☑ Begroting; ☑ Meest recente jaarrekening; Aanvragen tot en met € 10.000 worden binnen een maand behandeld, aanvragen daarboven met een maximum van €50.000 binnen twee maanden. URL ► www.victoriefonds.nl/project-indienen/

Financieel ■ EIGEN VERMOGEN ▶ € 3.136.450 INKOMSTEN EV ▶ € 177.902 HERKOMST MIDDELEN ▶ giften & schenkingen, legaten, overige inkomsten, vermogen BOEKJAAR ▶ 2019 JAARVERSLAG OP WEBSITE ▶ ja.

Contact ■ BEREIKBAAR PER ▶ ☑ post ☑ e-mail ☑ telefoon CONTACTPERSOON ▶ geen contactpersoon bekend POSTADRES ▶ Steijnstraat 72, 1814 DD Alkmaar EMAIL (ALGEMEEN) ▶ info@victoriefonds.nl TELEFOON (ALGEMEEN) ▶ 06-17951761.

1308
Vigo-brug Fonds

Rubriek ■ ☑ kunst en cultuur

Algemeen ■ WEBSITE ▶ www.cultuurfonds.nl TYPERING ▶ fonds op naam BEHEERD DOOR ▶ Prins Bernhard Cultuurfonds DIRECTIE ▶ zie Prins Bernhard Cultuurfonds BESTUUR ▶ zie Prins Bernhard Cultuurfonds

Missie ■ DOELSTELLING ▶ Het financieel ondersteunen van talenten en projecten op het gebied van beeldende kunst, waarbij de voorkeur uitgaat naar de ondersteuning van talent dat zich aan de Rijksakademie verbindt en projecten in de vier noordelijke provincies.

Werkgebied ■ ACTIERADIUS ▶ Nationaal, Regionaal LAND ▶ Nederland REGIO ▶ Groningen, Friesland, Drenthe, Noord-Holland.

Projecten ■ CRITERIA ▶ geen projectcriteria bekend DOORLOOPTIJD ▶ ☑ korter dan 1 jaar STATUS AANVRAGER ▶ ☑ geen beperkingen bekend VOORKEUR/UITSLUITING ▶ Voorkeur gaat uit naar de ondersteuning van talent dat zich aan de Rijksakademie verbindt en projecten in de vier noordelijke provincies.

Procedure ■ OP AANVRAAG ▶ ja AANVRAAGPROCEDURE ▶ Dit 'fonds op naam' ressorteert onder het Prins Bernhard Cultuurfonds. Verzoeken aan fondsen op naam komen op één centraal punt binnen. Dit houdt in dat een subsidieaanvraag slechts eenmaal aan het Prins Bernhard Cultuurfonds hoeft te worden gezonden. Voor de verdere aanvraagprocedure: zie Prins Bernhard Cultuurfonds. URL ▶ www.cultuurfonds.nl/aanvragen

Contact ■ BEREIKBAAR PER ▶ ☑ post ☑ e-mail ☑ telefoon CONTACTPERSOON ▶ geen contactpersoon bekend POSTADRES ▶ Postbus 19750, 1000 GT Amsterdam EMAIL (ALGEMEEN) ▶ info@cultuurfonds.nl TELEFOON (ALGEMEEN) ▶ 020-5206130.

1309
Stichting Virtutis Opus

Rubriek ■ ☑ kerk en levensbeschouwing ☑ gezondheidszorg ☑ kunst en cultuur ☑ onderwijs en onderzoek

Algemeen ■ WEBSITE ▶ www.anbiportal.nl/web/svo TYPERING ▶ vermogensfonds OPGERICHT ▶ 23-12-2008 RECHTSVORM ▶ stichting KVK ▶ 34320549 ANBI STATUS ▶ ja DIRECTIE ▶ geen directiegegevens bekend BESTUUR ▶ J.C.M. Hovers, voorzitter; W.A. Beijer, penningmeester; W.A. Beijer, secretaris; F.J.D. Goldschmeding.

Missie ■ DOELSTELLING ▶ De Stichting heeft ten doel het doen van uitkeringen, in de vorm van donatie, subsidie of anderszins aan instellingen en projecten, zowel in binnen- als buitenland, die zich richten op culturele, educatieve en/of wetenschappelijke, levensbeschouwelijke of medische doeleinden. BELEIDSPLAN OP WEBSITE ▶ ja.

Doelgroep ■ SPECIFIEK ▶ Geen specifieke doelgroep ACTIVITEITEN ▶ De activiteiten van de Stichting bestaan uit het selecteren van binnen- en buitenlandse instellingen en projecten en het verstrekken van donaties en subsidies hieraan. INTERVENTIENIVEAU ▶ Steun aan individuen (directe steun).; Steun op niveau van maatschappij zelf (beleidsbeïnvloeding, etc.).

Werkgebied ■ ACTIERADIUS ▶ Internationaal LAND ▶ Wereldwijd.

Bestedingen ■ BUDGET ▶ niet openbaar SOORT BIJDRAGE ▶ giften garanties subsidies BOVENGRENS ▶ geen ONDERGRENS ▶ geen.

Projecten ■ CRITERIA ▶ geen projectcriteria bekend DOORLOOPTIJD ▶ ☑ onbekend STATUS AANVRAGER ▶ ☑ geen beperkingen bekend VOORKEUR/UITSLUITING ▶ geen voorkeur of uitsluiting bekend.

Procedure ■ OP AANVRAAG ▶ onbekend AANVRAAGPROCEDURE ▶ In de aanvraag dient het volgende te staan: ☑ informatie over het doel, respectievelijk de doelstellingen van het; project; ☑ informatie over de wijze waarop het doel, respectievelijk de; doelstellingen worden nageleefd door het project; ☑ begroting waarmee het doel van de uitkering kan worden verantwoord; ☑ de financiële situatie van het project; ☑ informatie over de wijze waarop het project zich laat adviseren bij de aanwending van het vermogen; ☑ informatie over de tijdsduur van het project.

Financieel ■ INKOMSTEN EV ▶ € 1.420.851 INKOMSTEN OV ▶ € 4.600.000 HERKOMST MIDDELEN ▶ giften & schenkingen, vermogen, legaten, overige inkomsten BOEKJAAR ▶ 2019 JAARVERSLAG OP WEBSITE ▶ ja.

Contact ■ BEREIKBAAR PER ▶ ☒ post ☑ e-mail ☒ telefoon CONTACTPERSOON ▶ geen contactpersoon bekend POSTADRES ▶ Geen postadres bekend EMAIL (ALGEMEEN) ▶ info@stichtingvirtutisopus.nl.

1310
Vitus Stichting

Rubriek ■ ☑ maatschappij, welzijn en samenleving

Algemeen ■ WEBSITE ▶ www.vitusstichting.nl TYPERING ▶ vermogensfonds OPGERICHT ▶ 31-12-1962 RECHTSVORM ▶ stichting KVK ▶ 41000543 ANBI STATUS ▶ ja DIRECTIE ▶ geen directiegegevens bekend BESTUUR ▶ Drs. K.J.P. de Jong, voorzitter; mw. A. van der Hoek, penningmeester; dr. A. de Kamps, secretaris; mw.mr. M. Rauwerda; mr. F.J. Streppel; R. van der Velde.

Missie ■ DOELSTELLING ▶ De Vitus Stichting kan eenmalige of kortlopende financiële steun verlenen aan personen, gezinnen, gemeenschappen en zorginstellingen. Het bestuur beslist over de aanvragen op grond van gangbare maatschappelijke opvattingen over algemeen nut, over wat verstandig en rechtvaardig is. HISTORIE ▶ De gelden van de Vitus Stichting zijn tussen 1887 en 1962 bijeengebracht door de Zusters Franciscanessen van het Sint Bonifatius Hospitaal in Leeuwarden. Bovendien schonken dankbare patiënten soms geld. Ook waren er mensen die het fonds in hun testament opnamen. In 1962 hebben de zusters voor het beheer van die gelden de Sint Vitus Stichting opgericht. Het Sint Bonifatius Hospitaal veranderde van naam. Aan de rooms-katholieke signatuur kwam een einde. En toen de drie Leeuwarder ziekenhuizen in 1992 fuseerden tot het Medisch Centrum Leeuwarden, ging de huidige stichting zelfstandig verder, nu als Vitus Stichting, zonder Sint. Aan het begin van de 21e eeuw is de Vitus Stichting geheel onafhankelijk. Sinds 2008 is de Vitus Stichting door de overheid erkend als charitatieve instelling en in het bezit van het zogenaamde ANBI-keurmerk. **BELEIDSPLAN OP WEBSITE** ▶ ja.

Doelgroep ■ **ALGEMEEN** ▶ armen, dak- en thuislozen, gehandicapten, vluchtelingen, zieken, gelovigen **SPECIFIEK** ▶ Steunbehoevende personen, gezinnen en instellingen in, of verbonden met, Friesland. **ACTIVITEITEN** ▶ Geen specifieke activiteiten bekend **INTERVENTIENIVEAU** ▶ Steun aan lokale/provinciale maatschappelijke organisaties en structuren (incl. gemeenten etc.) die diensten verlenen aan individuen.; Steun aan familie en omgeving van individuen.; Steun aan individuen (directe steun).

Werkgebied ■ **ACTIERADIUS** ▶ Internationaal, Regionaal **LAND** ▶ Nederland **REGIO** ▶ Friesland.

Bestedingen ■ **BUDGET** ▶ niet openbaar **ONDERSTEUNDE PROJECTEN P/J** ▶ 86 **SOORT BIJDRAGE** ▶ giften **BOVENGRENS** ▶ € 2.000 **ONDERGRENS** ▶ geen.

Projecten ■ **CRITERIA** ▶ Vitus heeft een donatiebeleid opgesteld met normen en regels waaraan aanvragen worden getoetst. Deze normen en regels zijn gebaseerd op de uitgangspunten van de Stichting en op gangbare maatschappelijke opvattingen over algemeen nut, over wat verstandig en rechtvaardig is. Dit is beleid is te vinden op de website. **DOORLOOPTIJD** ▶ ☑ korter dan 1 jaar **STATUS AANVRAGER** ▶ ☑ stichting of vereniging (non-profit) ☑ kerkelijke instelling ☑ hulpverleners **VOORKEUR/UITSLUITING** ▶ Financiële steun voor personen en gezinnen kan alleen worden aangevraagd door een zgn. raadspersoon: een huisarts, een pastor, een hulp- of zorgverlener die een professioneel contact onderhoudt met degene(n) voor wie de steun bedoeld is. Maatschappelijke instellingen en levensbeschouwelijke gemeenschappen kunnen wel zelf aanvragen indienen. Grote nationale of internationale, fondsenwervende organisaties (Rode Kruis, Unicef, etc.) komen niet in aanmerking voor een donatie van Vitus. Vitus heeft in beginsel geen budget voor donaties aan bouwkundige zaken, onderhoud en nieuwbouw, ook niet voor kerken. Vitus stelt geen bijdrage beschikbaar voor aanschaf en/of herstel van (kerk)orgels, kunstvoorwerpen, en dergelijke. Vitus werkt in principe niet mee aan schuldsaneringsprojecten. Vitus doneert bij voorkeur rechtstreeks aan steunbehoevende personen en organisaties. Vitus geeft in beginsel eenmalige of kortlopende donaties.

Procedure ■ **OP AANVRAAG** ▶ ja **AANVRAAGPROCEDURE** ▶ Het aanvragen van een bijdrage kan door online een formulier in te vullen. Indien gevraagd wordt documenten op te sturen, dan krijgt u daarvoor de gelegenheid na het invullen en versturen van het aanvraagformulier. Het bestuur van de Vitus Stichting zal de ontvangst van iedere aanvraag bevestigen. De aanvrager krijgt bovendien te horen hoe de verdere afhandeling zal verlopen. Wanneer een aanvraag wordt afgewezen, krijgt de aanvrager de reden van de afwijzing te horen. Vitus Stichting accepteert ook het Aanvraagformulier Individuele noden, zoals dat door RDO Balije van Utrecht geüniformeerd is. U kunt informatie vragen of overleg plegen met Vitus via e-mail of via post. **URL** ▶ www.vitusstichting.nl/bijdrage.php

Financieel ■ **EIGEN VERMOGEN** ▶ € 4.370.125 **HERKOMST MIDDELEN** ▶ vermogen **BOEKJAAR** ▶ 2018 **JAARVERSLAG OP WEBSITE** ▶ ja.

Contact ■ **BEREIKBAAR PER** ▶ ☒ post ☑ e-mail ☒ telefoon **CONTACTPERSOON** ▶ geen contactpersoon bekend **POSTADRES** ▶ Geen postadres bekend **EMAIL (ALGEMEEN)** ▶ info@vitusstichting.nl.

1311
Stichting Vivace

Rubriek ■ ☑ economische ontwikkeling en microkrediet ☑ kunst en cultuur ☑ natuur, milieu en dieren ☑ noodhulp ☑ onderwijs en onderzoek ☑ voedsel en voedselveiligheid

Algemeen ■ **WEBSITE** ▶ https://stichtingvivace.nl **TYPERING** ▶ vermogensfonds **OPGERICHT** ▶ 08-12-2014 **RECHTSVORM** ▶ stichting **KVK** ▶ 854617176 **ANBI STATUS** ▶ ja **DIRECTIE** ▶ geen directiegegevens bekend **BESTUUR** ▶ C. Hoogwegt, voorzitter; B. Steggerda, penningmeester; M. Steggerda, secretaris; D. Baarspul.

Missie ■ **DOELSTELLING** ▶ Stichting Vivace heeft ten doel het algemeen belang te dienen door: Het ontwikkelen en/of ondersteunen van initiatieven, activiteiten en projecten op het terrein van de bevordering van de zelfredzaamheid van mensen in het algemeen en ondernemers in het bijzonder, alsook op andere terreinen zoals kunst en cultuur, sport, natuur, landbouw en voedselvoorziening, gezondheid, nood- en ontwikkelingshulp, politiek, mensenrechten, onderwijs en het welzijn van minderjarige kinderen. Het ondersteunen van orkesten, koren en musici alsmede het verkrijgen en houden van muziekinstrumenten, teneinde die muziekinstrumenten ter beschikking te stellen aan orkesten, koren en musici. **BELEIDSPLAN OP WEBSITE** ▶ ja.

Doelgroep ■ **SPECIFIEK** ▶ Wij ondersteunen geschikte programma's in de volgende thema's: * Onderwijs; * Kunst & Cultuur in Nederland; * Biodiversiteit in water; * Family Farming in Africa; * Noodhulp. **ACTIVITEITEN** ▶ Ieder jaar worden binnen de vaste thema's geschikte projecten gezocht, waarbij het bestuur zowel aanvragen in behandeling neemt indien aantoonbaar voldaan wordt aan de criteria zoals op onze website omschreven, alsmede zelf actief op zoek gaat in binnen- en buitenland. **INTERVENTIENIVEAU** ▶ Steun aan lokale/provinciale maatschappelijke organisaties en structuren (incl. gemeenten etc.) die diensten verlenen aan individuen.

Werkgebied ■ **ACTIERADIUS** ▶ Nationaal, Internationaal **LAND** ▶ Afrika, Nederland.

Bestedingen ■ **BUDGET** ▶ € 200.000 **SOORT BIJDRAGE** ▶ giften investeringen leningen **BOVENGRENS** ▶ geen **ONDERGRENS** ▶ geen.

Projecten ■ **CRITERIA** ▶ De aanvraag moet een concreet projectplan omvatten met een heldere doelstelling en planning. Het project valt binnen de vier thema's (onderwijs, kunst & cultuur in Nederland, biodiversiteit in het water, family farming in Afrika). Het project heeft aansluiting bij vaste kernwaarden van de stichting: ☑ Aantoonbare professionaliteit en transparantie; ☑ Aantoonbare rapportage ten aanzien van impact en resultaten; ☑ Aantoonbare aandacht voor zelfredzaamheid voor zover van toepassing. **DOORLOOPTIJD** ▶ ☑ 1 - 2 jaar ☑ langer dan 2 jaar **STATUS AANVRAGER** ▶ ☑ geen beperkingen bekend **VOORKEUR/UITSLUITING** ▶ Zie website.

Procedure ■ **OP AANVRAAG** ▶ ja **AANVRAAGPROCEDURE** ▶ De aanvraag zal in behandeling worden genomen wanneer wordt voldaan aan de criteria. De stichting zal met u contact opnemen om de reactie nader toe te lichten. Hiertoe dient u uw contactgegevens duidelijk in de aanvraag te vermelden. **URL** ▶ https://stichtingvivace.nl/aanvraag/

Financieel ■ **EIGEN VERMOGEN** ▶ € 595.176 **HERKOMST MIDDELEN** ▶ giften & schenkingen **BOEKJAAR** ▶ 2019 **JAARVERSLAG OP WEBSITE** ▶ ja.

Contact ■ **BEREIKBAAR PER** ▶ ☑ post ☑ e-mail ☑ telefoon **CONTACTPERSOON** ▶ geen contactpersoon bekend **POSTADRES** ▶ Postbus 131, 6560 AC Groesbeek **EMAIL (ALGEMEEN)** ▶ secretariaat@stichtingvivace.nl **TELEFOON (ALGEMEEN)** ▶ 024-3995525 **TELEFOON (AANVRAGEN)** ▶ 024-3995525.

1312
VLR Stichting

Rubriek ■ ☑ kerk en levensbeschouwing ☑ sport en recreatie ☑ kunst en cultuur ☑ natuur, milieu en dieren ☑ economische ontwikkeling en microkrediet ☑ noodhulp ☑ maatschappij, welzijn en samenleving

Algemeen ■ **WEBSITE** ▶ www.vlrs.nl **TYPERING** ▶ vermogensfonds **OPGERICHT** ▶ 03-06-1986 **RECHTSVORM** ▶ stichting **KVK** ▶ 41119110 **ANBI STATUS** ▶ ja **DIRECTIE** ▶ geen directiegegevens bekend **BESTUUR** ▶ A.J. Wentzel, voorzitter; J.C.Th. Rietberg, penningmeester; J.C.Th. Rietberg, secretaris; J.H.A. Zeegers.

Missie ■ **DOELSTELLING** ▶ De VLRS stelt zich ten doel het doen van uitkeringen aan instellingen werkzaam op charitatief, sociaal, cultureel en godsdienstig gebied. Met haar doelstelling beoogt de instelling het algemeen belang te dienen. Op dit moment worden aan vier verschillende soorten doelen financiële bijdragen gegeven: ☑ Kerkelijke instellingen; ☑ Hulp aan kinderen in nood in derdewereldlanden; ☑ Erkende cultuur, sport en natuur goede doelen; ☑ Regionaal gebonden goede doelen. **HISTORIE** ▶ De VLR Stichting is opgericht op 3 juni 1986. **BELEIDSPLAN OP WEBSITE** ▶ ja.

Doelgroep ■ **ALGEMEEN** ▶ gelovigen, armen, kinderen **SPECIFIEK** ▶ Kerkelijke instellingen; kinderen in nood in derdewereldlanden; erkende cultuur, sport en natuur goede doelen; regionaal gebonden goede doelen. **ACTIVITEITEN** ▶ De doeluitgaven in 2018 (concept) bedroegen € 122.428 waarvan circa 34% aan kerkelijke instellingen, 19% aan hulp aan kinderen in nood in derdewereldlanden, 45% aan goede doelen en erkende instellingen met betrekking tot cultuur, sport en natuur en 2% aan de regionale goede doelen. **INTERVENTIENIVEAU** ▶ Steun aan individuen (directe steun).; Steun aan lokale/provinciale maatschappelijke organisaties en structuren (incl. gemeenten etc.) die diensten verlenen aan individuen.

Werkgebied ■ **ACTIERADIUS** ▶ Internationaal, Regionaal, Nationaal **LAND** ▶ Wereldwijd, Nederland **REGIO** ▶ Rotterdam.

Bestedingen ■ **BUDGET** ▶ niet openbaar **SOORT BIJDRAGE** ▶ giften **BOVENGRENS** ▶ geen **ONDERGRENS** ▶ geen.

Projecten ■ **CRITERIA** ▶ geen projectcriteria bekend **DOORLOOPTIJD** ▶ ☑ onbekend **STATUS AANVRAGER** ▶ ☑ stichting of vereniging (non-profit) **VOORKEUR/UITSLUITING** ▶ geen voorkeur of uitsluiting bekend.

Procedure ■ **OP AANVRAAG** ▶ onbekend **AANVRAAGPROCEDURE** ▶ Geen aanvraagprocedure bekend.

Financieel ■ **HERKOMST MIDDELEN** ▶ vermogen, giften & schenkingen, inkomsten uit vermogen **BOEKJAAR** ▶ 2018 **JAARVERSLAG OP WEBSITE** ▶ ja.

Contact ■ **BEREIKBAAR PER** ▶ ☒ post ☑ e-mail ☒ telefoon **CONTACTPERSOON** ▶ geen contactpersoon bekend **POSTADRES** ▶ Geen postadres bekend **EMAIL (ALGEMEEN)** ▶ info@vlrs.nl.

1313
Stichting Vodafone Netherlands Foundation

Rubriek ■ ☑ maatschappij, welzijn en samenleving

Algemeen ■ **WEBSITE** ▶ www.vodafoneziggo.nl/181/vodafone-foundation **TYPERING** ▶ vermogensfonds **OPGERICHT** ▶ 02-09-2002 **RECHTSVORM** ▶ stichting **KVK** ▶ 14074420 **ANBI STATUS** ▶ ja **DIRECTIE** ▶ geen directiegegevens bekend **BESTUUR** ▶ Mw. L. Meijer, voorzitter; A. de Zeeuw, penningmeester; mw. S. Rafiq.

Missie ■ **DOELSTELLING** ▶ De wereldwijde missie is 'Connecting for Good': het benutten de kracht van Vodafone's communicatietechnologie om een verschil te maken in de wereld. Er is een netwerk van 27 lokale Vodafone foundations. Door dit unieke netwerk van stichtingen kan er ingespeeld worden op specifieke maatschappelijke behoeften op het gebied van gezondheid, onderwijs en rampenbestrijding van de landen waarin Vodafone actief is. De Stichting Vodafone Netherlands Foundation ('Vodafone Nederland Foundation') zet sinds 2002 mobiele technologie in om het leven van mensen in een kwetsbare positie te verbeteren. Wanneer kwetsbare groepen digitale vaardigheden ontwikkelen en toegang tot digitale oplossingen hebben, kan de sociaal economische ongelijkheid afnemen en de kans op sociale uitsluiting verkleind worden. Dat doen we via onze onderwijsprogramma's en door digitale oplossingen toegankelijk te maken. Jaarlijks willen we 200.000 mensen bereiken met onze programma's. **HISTORIE** ▶ De stichting Vodafone Netherlands Foundation is in 2002 opgericht om op onafhankelijke wijze invulling te geven aan ondersteuning van sociaal-maatschappelijke projecten. De Vodafone Foundation zet sinds 2002 mobiele technologie in om het leven van mensen in een kwetsbare positie te verbeteren. **BELEIDSPLAN OP WEBSITE** ► ja.

Doelgroep ■ **ALGEMEEN** ► jongeren, kinderen, armen, ouderen, zieken, gehandicapten **SPECIFIEK** ► Kwetsbare groepen in de samenleving. **ACTIVITEITEN** ► Jaarlijks willen we 200.000 mensen bereiken met onze programma's. Er zijn drie speerpunten: ☑ Digital Life skills: ontwikkelen van digitale vaardigheden voor jong en oud om kansen te vergroten, zoals Online Masters, Experience Days en Welkom Online; ☑ Digital solutions 4 Good: beschikbaar stellen van technologische oplossingen om sociale participatie te bevorderen zoals Bondgenoten en Instant Network; ☑ Social sponsorships: samenwerkingen met stichtingen die zich met name richten op sociale participatie zoals JINC. De Stichting heeft Partnerships met: ☑ JINC; ☑ ECP / Samen Digiwijzer; ☑ Techniekpact; ☑ Stichting Kind en Ziekenhuis; ☑ Raad van Kinderen; ☑ Schuldeiserscoalitie. De stichting doet donaties aan: ☑ Cruyff Foundation; ☑ Fonds gehandicaptensport; ☑ Emma at Work; ☑ Meldpunt Kinderporno; ☑ Jostiband. **INTERVENTIENIVEAU** ► Steun aan lokale/provinciale maatschappelijke organisaties en structuren (incl. gemeenten etc.) die diensten verlenen aan individuen.

Werkgebied ■ **ACTIERADIUS** ► Nationaal **LAND** ► Nederland.

Bestedingen ■ **BUDGET** ► niet openbaar **TOELICHTING** ► Gefinancierd door VodafoneZiggo (VodafoneZiggo Group Holding BV) en Vodafone (Vodafone Group Plc). **SOORT BIJDRAGE** ► giften overig **BOVENGRENS** ► geen **ONDERGRENS** ► geen.

Projecten ■ **CRITERIA** ► geen projectcriteria bekend **DOORLOOPTIJD** ► ☑ onbekend **STATUS AANVRAGER** ► ☑ geen beperkingen bekend **VOORKEUR/UITSLUITING** ► geen voorkeur of uitsluiting bekend.

Procedure ■ **OP AANVRAAG** ► onbekend **AANVRAAGPROCEDURE** ► Geen aanvraagprocedure bekend.

Financieel ■ **INKOMSTEN OV** ► € 847.515 **HERKOMST MIDDELEN** ► moederorganisatie (bijdragen), giften & schenkingen **BOEKJAAR** ► 2019 **JAARVERSLAG OP WEBSITE** ► ja.

Contact ■ **BEREIKBAAR PER** ► ☑ post ☒ e-mail ☒ telefoon **CONTACTPERSOON** ► geen contactpersoon bekend **POSTADRES** ► Postbus 1500, 6201 BM Maastricht.

1314
Stichting Voeten in de Aarde

Rubriek ■ ☑ economische ontwikkeling en microkrediet ☑ kunst en cultuur ☑ mensenrechten, vrede en veiligheid ☑ natuur, milieu en dieren ☑ vluchtelingenhulp ☑ maatschappij, welzijn en samenleving

Algemeen ■ **WEBSITE** ► www.voetenindeaarde.nl **TYPERING** ► vermogensfonds **OPGERICHT** ► 26-11-1997 **RECHTSVORM** ► stichting **KVK** ► 30145827 **ANBI STATUS** ► ja **DIRECTIE** ► geen directiegegevens bekend **BESTUUR** ► G. van Dam, voorzitter; J.P. Zijdenbos, penningmeester; mw. T. Reijn, secretaris; R. Kieft; mw. K. Folkertsma.

Missie ■ **DOELSTELLING** ► Voeten in de Aarde wil de wereld veranderen door het (financieel) ondersteunen van initiatieven gericht op: ☑ rechtvaardige verdeling van geld, kennis en macht; ☑ behoud en verbetering van het milieu; ☑ naleving van de mensenrechten; ☑ respectvol omgaan van mensen met elkaar en hun omgeving. **STICHTER(S)** ► G. van Dam, R. Kieft, mw. B.I. Reijn, J.P. Zijdenbos en mw. K. Folkertsma **HISTORIE** ► De bestuurders van het fonds hebben het initiatief genomen om een maatschappijverandering te bevorderen met name gericht op de onder de doelstelling vermelde terreinen. **BELEIDSPLAN OP WEBSITE** ► ja.

Doelgroep ■ **ALGEMEEN** ► jongeren, ouderen, kinderen, inheemse volken, vluchtelingen, armen, zieken **SPECIFIEK** ► Geen specifieke doelgroep **ACTIVITEITEN** ► Geen specifieke activiteiten bekend **INTERVENTIENIVEAU** ► Steun op niveau van maatschappij zelf (beleidsbeïnvloeding, etc.).; Steun aan lokale/provinciale maatschappelijke organisaties en structuren (incl. gemeenten etc.) die diensten verlenen aan individuen.

Werkgebied ■ **ACTIERADIUS** ► Nationaal, Internationaal **LAND** ► Wereldwijd.

Bestedingen ■ **BUDGET** ► € 20.000 **ONDERSTEUNDE PROJECTEN P/J** ► 17 **SOORT BIJDRAGE** ► giften leningen garanties **BOVENGRENS** ► € 50.000 **ONDERGRENS** ► geen.

Projecten ■ **CRITERIA** ► geen projectcriteria bekend **DOORLOOPTIJD** ► ☑ korter dan 1 jaar **STATUS AANVRAGER** ► ☑ stichting of vereniging (non-profit) ☑ bedrijf ☑ onderwijsinstelling ☑ overig **VOORKEUR/UITSLUITING** ► Voeten in de Aarde heeft een voorkeur voor: ☑ kleinschalige, originele, inspirerende en op korte termijn uitvoerbare activiteiten; ☑ directe contacten en korte lijnen met betrokkenen ter plaatse; ☑ initiatieven gericht op zelfwerkzaamheid en zelfredzaamheid en financiële onafhankelijkheid van de betrokkenen; ☑ aanvragen voor projecten op humanistische grondslag verdienen de voorkeur boven projecten vanuit een specifiek geloof of gericht op mensen met een specifieke geloofsovertuiging. ☑ een uitgesproken voorkeur voor projecten waarbij duidelijk sprake is van eigen initiatief en inbreng van de doelgroep.

Procedure ■ **OP AANVRAAG** ► ja **AANVRAAGPROCEDURE** ► Aanvragen voor ondersteuning van projecten kunnen worden ingediend door de vragenlijst in te vullen en op te sturen. Op basis hiervan wordt een eerste selectie gemaakt. De aanvraag, van niet meer dan 1.000 woorden, dient per email te worden verstuurd. Bijlagen worden nadrukkelijk niet gewaardeerd. Op de website staat de opkomende sluitingsdatum voor het insturen van de aanvragen **URL** ► www.voetenindeaarde.nl/aanvragen.html

Financieel ■ **EIGEN VERMOGEN** ► € 843 **INKOMSTEN OV** ► € 22.400 **HERKOMST MIDDELEN** ► vermogen, giften & schenkingen **BOEKJAAR** ► 2019 **JAARVERSLAG OP WEBSITE** ► ja.

Contact ■ **BEREIKBAAR PER** ► ☑ post ☑ e-mail ☒ telefoon **CONTACTPERSOON** ► geen contactpersoon bekend **POSTADRES** ► Weerdsingel Oostzijde 28, 3514 AB Utrecht **EMAIL (ALGEMEEN)** ► info@voetenindeaarde.nl.

1315
Stichting Vogelgezang Foundation

Rubriek ■ ☑ onderwijs en onderzoek ☑ kerk en levensbeschouwing ☑ natuur, milieu en dieren ☑ kunst en cultuur ☑ economische ontwikkeling en microkrediet

Algemeen ■ WEBSITE ► vogelgezangfoundation.com TYPERING ► vermogensfonds OPGERICHT ► 20-01-2005 RECHTSVORM ► stichting KVK ► 28104270 ANBI STATUS ► ja DIRECTIE ► geen directiegegevens bekend BESTUUR ► Mw. C.C. Pot-Mees, voorzitter; W.H.M. Pot, penningmeester; J.H. Wolkers, secretaris; E.L.H.M. van de Loo; E.K. Greup.

Missie ■ DOELSTELLING ► ☑ De Vogelgezang Foundation gelooft erin dat goede scholing en kans op karaktervorming op een jonge leeftijd het leven van kinderen compleet kan veranderen, ongeacht hun achtergrond en situatie. De Vogelgezang Foundation wil zoveel mogelijk kinderen en jongeren deze kans geven. ☑ De Vogelgezang Foundation is gepassioneerd over het Christelijke geloof en wil het werk en doelen die gebaseerd zijn op christelijke waarden of deze waarden verspreiden, steunen. ☑ De Vogelgezang Foundation ondersteunt culturele initiatieven (met een sterke nadruk op het Nederlands erfgoed) en cultuur behoud. BELEIDSPLAN OP WEBSITE ► ja.

Doelgroep ■ ALGEMEEN ► kinderen, jongeren SPECIFIEK ► Kinderen en jongeren wereldwijd en Nederlandse cultuur. ACTIVITEITEN ► Geen specifieke activiteiten bekend INTERVENTIENIVEAU ► Steun aan lokale/provinciale maatschappelijke organisaties en structuren (incl. gemeenten etc.) die diensten verlenen aan individuen.

Werkgebied ■ ACTIERADIUS ► Internationaal LAND ► Wereldwijd.

Bestedingen ■ BUDGET ► niet openbaar TOELICHTING ► De stichting hanteert een beleggingsstrategie waarbij gestreefd wordt naar een jaarlijks rendement van 6-8%. Een percentage van 3% wordt bestemd voor inflatiecorrectie en daarmee is tot 5% beschikbaar voor de doelstelling SOORT BIJDRAGE ► giften investeringen BOVENGRENS ► geen ONDERGRENS ► geen.

Projecten ■ CRITERIA ► Er waren in 2019 de volgende projectcategorieën: ☑ Leiden; ☑ Eetstoornissen; ☑ Christelijke vorming; ☑ Cultureel erfgoed en cultuurbehoud; ☑ Educatie en kinderwelzijn; ☑ overige. DOORLOOPTIJD ► ☑ onbekend STATUS AANVRAGER ► ☑ geen beperkingen bekend VOORKEUR/UITSLUITING ► geen voorkeur of uitsluiting bekend.

Procedure ■ OP AANVRAAG ► onbekend AANVRAAGPROCEDURE ► Geen aanvraagprocedure bekend.

Financieel ■ INKOMSTEN EV ► € 12.102.670 HERKOMST MIDDELEN ► vermogen BOEKJAAR ► 2019 JAARVERSLAG OP WEBSITE ► ja.

Contact ■ BEREIKBAAR PER ► ☑ post ☒ e-mail ☒ telefoon CONTACTPERSOON ► geen contactpersoon bekend POSTADRES ► Eisenhowerlaan 124, 2517 KM 's-Gravenhage.

1316
Stichting Völckerfonds

Rubriek ■ ☑ maatschappij, welzijn en samenleving ☑ sport en recreatie

Algemeen ■ WEBSITE ► www.kennisbankfilantropie.nl/anbi/volckerfonds-zoelen TYPERING ► vermogensfonds OPGERICHT ► 21-10-1981 RECHTSVORM ► stichting KVK ► 41059652 ANBI STATUS ► nee DIRECTIE ► geen directiegegevens bekend BESTUUR ► Burgemeester van Buren, voorzitter; diaken van Zoelen, penningmeester; predikant van Zoelen, secretaris.

Missie ■ DOELSTELLING ► Ondersteunen van het verenigingsleven te Zoelen. STICHTER(S) ► Johan Adolph Völcker.

Doelgroep ■ SPECIFIEK ► Zoelse verenigingen. ACTIVITEITEN ► Geen specifieke activiteiten bekend INTERVENTIENIVEAU ► Steun aan lokale/provinciale maatschappelijke organisaties en structuren (incl. gemeenten etc.) die diensten verlenen aan individuen.

Werkgebied ■ ACTIERADIUS ► Lokaal LAND ► Nederland REGIO ► Buren PLAATS ► Zoelen.

Bestedingen ■ BUDGET ► niet openbaar SOORT BIJDRAGE ► onbekend BOVENGRENS ► geen ONDERGRENS ► geen.

Projecten ■ CRITERIA ► geen projectcriteria bekend DOORLOOPTIJD ► ☑ korter dan 1 jaar STATUS AANVRAGER ► ☑ stichting of vereniging (non-profit) VOORKEUR/UITSLUITING ► Alleen Zoelse verenigingen komen in aanmerking voor subsidie.

Procedure ■ OP AANVRAAG ► onbekend AANVRAAGPROCEDURE ► Geen aanvraagprocedure bekend.

Financieel ■ HERKOMST MIDDELEN ► onbekend.

Contact ■ BEREIKBAAR PER ► ☑ post ☒ e-mail ☑ telefoon CONTACTPERSOON ► geen contactpersoon bekend POSTADRES ► Kerkstraat 4, 4011 EM Zoelen TELEFOON (ALGEMEEN) ► 0344-681543.

1317
Stichting Volksbond Rotterdam

Rubriek ■ ☑ maatschappij, welzijn en samenleving ☑ onderwijs en onderzoek

Algemeen ■ WEBSITE ► www.volksbondrotterdam.nl TYPERING ► vermogensfonds OPGERICHT ► 1974 RECHTSVORM ► stichting KVK ► 41128068 ANBI STATUS ► ja DIRECTIE ► geen directiegegevens bekend BESTUUR ► Ir. J. Schop, voorzitter; mw. G.J. de Ruiter RA, penningmeester; ir. D. Schriek, secretaris; mr. J.C. Belder; drs. W. Briët; prof.dr. W. v.d. Brink.

Missie ■ DOELSTELLING ► De Volksbond Rotterdam (SVR) heeft als statutair doel: ☑ het bestrijden van het misbruik van verslavende dranken, middelen en preparaten; ☑ het ondersteunen en uitvoeren van projecten, die de aandacht vestigen op de schaduwzijden van maatschappelijke ontwikkelingen in de breedste zin des woords en; ☑ het bevorderen van wetenschappelijk onderzoek terzake. HISTORIE ► SVR is een zelfstandig vermogensfonds, gevestigd te Rotterdam. Sinds 1974 ontwikkelt, begeleidt en financiert zij innovatieve initiatieven gericht op het bestrijden van misbruik van verslavende middelen en gedragingen. SVR focust daarbij met name op schaduwzijden van maatschappelijke ontwikkelingen op die gebieden. Zij is houder van een tweetal leerstoelen, t.w. aan de Erasmus Universiteit Rotterdam op het gebied van sociaal-epidemiologisch verslavingsonderzoek en aan de Universiteit van Amsterdam op het gebied van verslavingsgenetica. SVR werkt landelijk en is mede-oprichter van het Instituut voor leefwijzen en verslaving (IVO) te Rotterdam. De SVR is van oorsprong voortgekomen uit de in 1875 opgerichte Koninklijke Algemene Vereniging Volksbond tegen Drankmisbruik. **BELEIDSPLAN OP WEBSITE** ▶ ja.

Doelgroep ■ **SPECIFIEK** ▶ Onderzoekers en projecten op het gebied van gedragsverslaving en verslavingsgenetica. **ACTIVITEITEN** ▶ Vanuit de doelstelling richt SVR zich op een breed en zich nog steeds verbredend terrein van kennisvermeerdering op het gebied van middelen- en gedragsverslaving en de genetische aspecten ervan. SVR tracht haar doelstelling te bereiken in samenwerking met andere initiatiefnemers en belangstellenden op deze terreinen. De SVR initieert en ondersteunt derhalve innovatieve projecten op het terrein van de verslavingsproblematiek in brede zin en de maatschappelijke discussie over de sociale implicaties hiervan. Zij is de houder van de Leerstoel Verslavingsonderzoek aan de Erasmus Universiteit Rotterdam en van de Leerstoel Verslavingsgenetica aan de Universiteit van Amsterdam. **INTERVENTIENIVEAU** ▶ Steun aan lokale/provinciale maatschappelijke organisaties en structuren (incl. gemeenten etc.) die diensten verlenen aan individuen.; Steun aan individuen (directe steun).

Werkgebied ■ **ACTIERADIUS** ▶ Lokaal **LAND** ▶ Nederland **PLAATS** ▶ Rotterdam.

Bestedingen ■ **BUDGET** ▶ niet openbaar **ONDERSTEUNDE PROJECTEN P/J** ▶ 6 **SOORT BIJDRAGE** ▶ giften overig **BOVENGRENS** ▶ geen **ONDERGRENS** ▶ geen.

Projecten ■ **CRITERIA** ▶ SVR toetst de projecten, waaraan zij ondersteuning geeft, door te bezien: ☑ of zij passen binnen deze doelstelling; ☑ of zij innovatief zijn; ☑ of er geen reguliere financiering mogelijk is; ☑ of er medefinanciers zijn. **DOORLOOPTIJD** ▶ ☑ onbekend **STATUS AANVRAGER** ▶ ☑ geen beperkingen bekend **VOORKEUR/UITSLUITING** ▶ Verzoeken om structurele bijdragen worden in principe uitgesloten van steun.

Procedure ■ **OP AANVRAAG** ▶ ja **DOORLOOPTIJD** ▶ geen doorlooptijd bekend; 1-3 maanden; 1-3 maanden **AANVRAAGPROCEDURE** ▶ Aanvragers dienen hun verzoek om een financiële bijdrage te doen door middel van een projectplan, waarin doelen, activiteiten, het te verwachten resultaat en de begroting zijn opgenomen. Het rapport van gefinancierde projecten wordt aan het bestuur voorgelegd. Met de aanvrager wordt overlegd over de mogelijkheden van cofinanciering. Het bestuur van de SVR vergadert vier tot zes keer per jaar en beoordeelt in de vergadering de ingekomen subsidieaanvragen. De secretaris heeft als taak op te treden als aanspreekpunt voor de subsidieaanvragende organisatie.

Financieel ■ **INKOMSTEN EV** ▶ € 780.603 **HERKOMST MIDDELEN** ▶ vermogen, giften & schenkingen, legaten, overige inkomsten **BOEKJAAR** ▶ 2019 **JAARVERSLAG OP WEBSITE** ▶ ja.

Contact ■ **BEREIKBAAR PER** ▶ ☑ post ☑ e-mail ☒ telefoon **CONTACTPERSOON** ▶ Ir. D. Schriek **POSTADRES** ▶ Kempenaar 1, 2991PG Barendrecht **EMAIL (ALGEMEEN)** ▶ info@volksbondrotterdam.nl.

1318
Stichting Volle Zon

Rubriek ■ ☑ maatschappij, welzijn en samenleving ☑ onderwijs en onderzoek ☑ economische ontwikkeling en microkrediet ☑ gezondheidszorg

Algemeen ■ **WEBSITE** ▶ www.kennisbankfilantropie.nl/anbi/volle-zon **TYPERING** ▶ vermogensfonds **OPGERICHT** ▶ 20-08-2014 **RECHTSVORM** ▶ stichting **KVK** ▶ 61288799 **ANBI STATUS** ▶ ja **DIRECTIE** ▶ geen directiegegevens bekend **BESTUUR** ▶ K.J. de Poel, voorzitter; M.L. Vaillaud, penningmeester; mw. P.V.G. Marchal, secretaris.

Missie ■ **DOELSTELLING** ▶ ☑ Ondersteunen van educatie en vaardigheden training voor kinderen en jongeren in ontwikkelingslanden. ☑ Helpen van mensen met autisme om te zorgen dat zij voldoening uit het leven halen. **BELEIDSPLAN OP WEBSITE** ▶ ja.

Doelgroep ■ **ALGEMEEN** ▶ jongeren, kinderen **SPECIFIEK** ▶ Kinderen en jongeren in ontwikkelingslanden en mensen met autisme. **ACTIVITEITEN** ▶ Geen specifieke activiteiten bekend **INTERVENTIENIVEAU** ▶ Steun op niveau van maatschappij zelf (beleidsbeïnvloeding, etc.).; Steun aan individuen (directe steun).

Werkgebied ■ **ACTIERADIUS** ▶ Internationaal **LAND** ▶ Wereldwijd.

Bestedingen ■ **BUDGET** ▶ € 34.902 **TOELICHTING** ▶ Bedragen zijn in dollars. De verdeling is 80%-20%, waarbij 80% gaat naar projecten omtrent educatie en scholing. Projecten met betrekking tot autisme ontvangen 20%. **SOORT BIJDRAGE** ▶ giften **BOVENGRENS** ▶ geen **ONDERGRENS** ▶ geen.

Projecten ■ **CRITERIA** ▶ geen projectcriteria bekend **DOORLOOPTIJD** ▶ ☑ onbekend **STATUS AANVRAGER** ▶ ☑ geen beperkingen bekend **VOORKEUR/UITSLUITING** ▶ geen voorkeur of uitsluiting bekend.

Procedure ■ **OP AANVRAAG** ▶ nee **AANVRAAGPROCEDURE** ▶ De stichting zoekt zelf actief naar partners die dezelfde idealen hebben en dezelfde doelen nastreven. Potentiële partners worden uitgenodigd om een aanvraag in te dienen. **URL** ▶ www.kennisbankfilantropie.nl/anbi/volle-zon

Financieel ■ **HERKOMST MIDDELEN** ▶ vermogen **BOEKJAAR** ▶ 2019 **JAARVERSLAG OP WEBSITE** ▶ ja.

Contact ■ **BEREIKBAAR PER** ▶ ☑ post ☑ e-mail ☑ telefoon **CONTACTPERSOON** ▶ geen contactpersoon bekend **POSTADRES** ▶ Daniel Stalperstraat 97-3, 1072 XD Amsterdam **EMAIL (ALGEMEEN)** ▶ kj.depoel@quicknet.nl **TELEFOON (ALGEMEEN)** ▶ 0651478309.

1319
Stichting voorheen C.A.I. Nunspeet

Rubriek ■ ☑ kerk en levensbeschouwing ☑ maatschappij, welzijn en samenleving ☑ kunst en cultuur

Algemeen ■ WEBSITE ▶ www.kennisbankfilantropie.nl/anbi/voorheen-cai-nunspeet TYPERING ▶ vermogensfonds OPGERICHT ▶ 10-06-1978 RECHTSVORM ▶ stichting KVK ▶ 41035114 ANBI STATUS ▶ ja DIRECTIE ▶ geen directiegegevens bekend BESTUUR ▶ G. Berends, voorzitter; R. Mulder, penningmeester; R. Mulder, secretaris; A. Dijkgraaf; mw. A. Pluijm.

Missie ■ DOELSTELLING ▶ Het inzamelen van middelen en het verlenen van geestelijke en stoffelijke steun aan binnen het Koninkrijk der Nederlanden gevestigde charitatieve, culturele of kerkelijke instellingen of instellingen van algemeen maatschappelijk belang, die deze steun behoeven of die zich de bestrijding van bepaalde noden op geestelijk of stoffelijk terrein tot taak stellen en voorts al hetgeen met een en ander rechtstreeks of zijdelings verband houdt alles in de ruimste zin van het woord. HISTORIE ▶ Een groot deel van het vermogen is ontstaan uit de verkoop van de CAI installatie in de gemeente Nunspeet. BELEIDSPLAN OP WEBSITE ▶ ja.

Doelgroep ■ SPECIFIEK ▶ Binnen het Koninkrijk der Nederlanden gevestigde charitatieve, culturele of kerkelijke instellingen of instellingen van algemeen maatschappelijk belang. ACTIVITEITEN ▶ Geen specifieke activiteiten bekend INTERVENTIENIVEAU ▶ Steun aan lokale/provinciale maatschappelijke organisaties en structuren (incl. gemeenten etc.) die diensten verlenen aan individuen.

Werkgebied ■ ACTIERADIUS ▶ Nationaal, Regionaal LAND ▶ Nederland PLAATS ▶ Nunspeet.

Bestedingen ■ BUDGET ▶ niet openbaar SOORT BIJDRAGE ▶ giften BOVENGRENS ▶ geen ONDERGRENS ▶ geen.

Projecten ■ CRITERIA ▶ geen projectcriteria bekend DOORLOOPTIJD ▶ ☑ onbekend STATUS AANVRAGER ▶ ☑ geen beperkingen bekend VOORKEUR/UITSLUITING ▶ Voorkeur voor projecten te Nunspeet gezien de herkomst van het vermogen.

Procedure ■ OP AANVRAAG ▶ ja AANVRAAGPROCEDURE ▶ Geen aanvraagprocedure bekend.

Financieel ■ INKOMSTEN EV ▶ € 21 HERKOMST MIDDELEN ▶ vermogen BOEKJAAR ▶ 2019 JAARVERSLAG OP WEBSITE ▶ ja.

Contact ■ BEREIKBAAR PER ▶ ☑ post ☑ e-mail ☑ telefoon CONTACTPERSOON ▶ geen contactpersoon bekend POSTADRES ▶ Naaldhof 2, 8071 AW Nunspeet EMAIL (ALGEMEEN) ▶ r.mulder15@chello.nl TELEFOON (ALGEMEEN) ▶ 0341-257858.

1320
Stichting het voormalig Roomsch Armen-Weeshuis

Rubriek ■ ☑ maatschappij, welzijn en samenleving ☑ noodhulp

Algemeen ■ WEBSITE ▶ www.vraw.nl TYPERING ▶ vermogensfonds OPGERICHT ▶ 1980 RECHTSVORM ▶ stichting KVK ▶ 41082857 ANBI STATUS ▶ ja DIRECTIE ▶ geen directiegegevens bekend BESTUUR ▶ Mw.mr. C.F.E. van Olden-Smit, voorzitter; ir. H.W.G. Cox, penningmeester; mw. F.M.M. van Waveren, secretaris; mw.drs. S.M.C. Geraerts-van Houten MSc; mr. A.F.E.M. van Groenendael.

Missie ■ DOELSTELLING ▶ Het Voormalig Roomsch Armen-Weeshuis is zoals de naam al doet vermoeden een voortzetting van het weeshuis dat vanaf 1779 tot het midden van de twintigste eeuw actief is geweest in 's-Hertogenbosch. Vanuit die achtergrond worden door de stichting projecten ondersteund die zich richten op de verzorging, opvoeding, opleiding en opvang van met name jongeren. HISTORIE ▶ Eind achttiende eeuw werden in veel steden in de Republiek katholieke weeshuizen opgericht. In 1774 waagde een comité van vooraanstaande Bossche katholieken een nieuwe poging. Als motief gaven zij op dat er veel armen in de stad waren, vooral katholieken. Een goede opvoeding van wezen zou bijdragen aan de armoedebestrijding. Zij kregen toestemming voor de oprichting van een Roomsch Armen-Weeshuis. In werkelijkheid was het meer een burger- dan een armenweeshuis. Er werden alleen kinderen van Bossche ouders opgenomen; vondelingen en verlaten kinderen kwamen niet in aanmerking. BELEIDSPLAN OP WEBSITE ▶ ja.

Doelgroep ■ ALGEMEEN ▶ armen, dak- en thuislozen, kinderen, jongeren SPECIFIEK ▶ Jeugdigen in groepen of georganiseerd verband die zich in een achterstandsituatie bevinden. ACTIVITEITEN ▶ Geen specifieke activiteiten bekend INTERVENTIENIVEAU ▶ Steun aan lokale/provinciale maatschappelijke organisaties en structuren (incl. gemeenten etc.) die diensten verlenen aan individuen.

Werkgebied ■ ACTIERADIUS ▶ Regionaal LAND ▶ Nederland REGIO ▶ 's-Hertogenbosch.

Bestedingen ■ BUDGET ▶ niet openbaar ONDERSTEUNDE PROJECTEN P/J ▶ 6 SOORT BIJDRAGE ▶ giften BOVENGRENS ▶ geen ONDERGRENS ▶ geen.

Projecten ■ CRITERIA ▶ ☑ Het project moet zich richten op meerdere personen en zich bevinden in de nabije omgeving van 's-Hertogenbosch. De buitengrenzen van het gebied worden bepaald door Zaltbommel, Rosmalen, Boxtel en Vlijmen; ☑ Aanvragen kunnen alleen worden gedaan door een organisatie met een ANBI status (Algemeen Nut Beogende Instelling). DOORLOOPTIJD ▶ ☑ onbekend STATUS AANVRAGER ▶ ☑ stichting of vereniging (non-profit) VOORKEUR/UITSLUITING ▶ Geen voorkeur/uitsluiting bekend.

Procedure ■ OP AANVRAAG ▶ ja DOORLOOPTIJD ▶ 3-6 maanden AANVRAAGPROCEDURE ▶ Een aanvraag kan worden gedaan door gebruik te maken van het aanvraagformulier. Dit formulier met bijlagen kunt u mailen naar info@vraw.nl. Bij het formulier dienen ook de volgende documenten te worden aangeleverd: ☑ Statuten (alleen bij eerste aanvraag); ☑ Uittreksel KvK (alleen bij eerst aanvraag); ☑ Begroting plus toelichting; ☑ Dekkingsplan; ☑ ANBI-status. Indien een bijdrage is toegezegd dient u gebruik te maken van het invulformulier uitkering bijdrage. Het bestuur vergadert drie maal per jaar, in april, juni en oktober. Aanvragen die voor het begin van de genoemde maanden zijn ingediend, worden in de desbetreffende vergadering behandeld. **URL** ▶ www.vraw.nl/donatiebeleid/aanvraag/

Financieel ■ **INKOMSTEN EV** ▶ € 29.000 **HERKOMST MIDDELEN** ▶ vermogen **BOEKJAAR** ▶ 2017 **JAARVERSLAG OP WEBSITE** ▶ ja.

Contact ■ **BEREIKBAAR PER** ▶ ☑ post ☑ e-mail ☒ telefoon **CONTACTPERSOON** ▶ geen contactpersoon bekend **POSTADRES** ▶ De van der Schuerenlaan 5, 5261 GB Vught **EMAIL (ALGEMEEN)** ▶ info@vraw.nl.

1321
Stichting Voortzetting Werk Bram Bernard

Rubriek ■ ☑ onderwijs en onderzoek ☑ economische ontwikkeling en microkrediet ☑ maatschappij, welzijn en samenleving

Algemeen ■ **WEBSITE** ▶ www.kennisbankfilantropie.nl/anbi/voortzetting-werk-bram-bernard **TYPERING** ▶ vermogensfonds **OPGERICHT** ▶ 24-02-2000 **RECHTSVORM** ▶ stichting **KVK** ▶ 27187485 **ANBI STATUS** ▶ ja **DIRECTIE** ▶ geen directiegegevens bekend **BESTUUR** ▶ A.J. Jutte, voorzitter; A.J. Jutte, penningmeester; mw. M. Ross-Alingh Prins; M. de Borst; mw. N.J. de Borst-Bernard; mw. E.T.H. Gerritsen-Kastein.

Missie ■ **DOELSTELLING** ▶ Het ondersteunen van de yayasan Pa van der Steur, gevestigd te Jakarta, Indonesia, door het beheren van fondsen, het doen van geldelijke uitkeringen, en in het algemeen wat wettelijk geoorloofd is en bevorderlijk kan zijn voor de verwezenlijking van dat doel en al hetgeen in de ruimste zin daarmee verband houdt. **HISTORIE** ▶ Bedoelde yayasan is een stichting naar Indonesisch recht op christelijke grondslag dat een tehuis voor ondermeer verweesde kinderen exploiteert, alsmede enkele scholen. Het is de voortzetting van het Oranje Nassau Gesticht van Johannes van der Steur uit de jaren 1895-1950. Bram Bernard heeft de yayasan geleid van 1957 tot 2001. **BELEIDSPLAN OP WEBSITE** ▶ ja.

Doelgroep ■ **ALGEMEEN** ▶ kinderen, dak- en thuislozen, armen **SPECIFIEK** ▶ De yayasan Pa van der Steur. De yayasan Pa van der Steur is een stichting naar Indonesisch recht op christelijke grondslag, dat in Jakarta en Bekasi een tehuis beheert voor verweesde en ontheemde kinderen, en kinderen voor wie de ouders niet kunnen zorgen. Tevens exploiteert de yayasan een kleuterschool, een lagere school en een lagere middelbare school. **ACTIVITEITEN** ▶ In het algemeen bestaat die besteding uit: ☑ een bijdrage aan het jaarlijkse operationele tekort van de yayasan; ☑ een bijdrage aan bijzondere projecten, zoals nieuwbouw, renovaties, groot onderhoud, schoolbenodigdheden. In 2019 ging de bijdrage uit naar de afkoop van het pensioen van het personeel, het renoveren van het dak en exploitatie tekorten. **INTERVENTIENIVEAU** ▶ Steun aan lokale/provinciale maatschappelijke organisaties en structuren (incl. gemeenten etc.) die diensten verlenen aan individuen.

Werkgebied ■ **ACTIERADIUS** ▶ Internationaal **LAND** ▶ Indonesië **PLAATS** ▶ Jakarta.

Bestedingen ■ **BUDGET** ▶ niet openbaar **ONDERSTEUNDE PROJECTEN P/J** ▶ 3 **SOORT BIJDRAGE** ▶ giften **BOVENGRENS** ▶ geen **ONDERGRENS** ▶ geen.

Projecten ■ **CRITERIA** ▶ geen projectcriteria bekend **DOORLOOPTIJD** ▶ ☑ onbekend **STATUS AANVRAGER** ▶ ☑ geen beperkingen bekend **VOORKEUR/UITSLUITING** ▶ geen voorkeur of uitsluiting bekend.

Procedure ■ **OP AANVRAAG** ▶ onbekend **AANVRAAGPROCEDURE** ▶ Geen aanvraagprocedure bekend.

Financieel ■ **INKOMSTEN EV** ▶ € 24.270 **HERKOMST MIDDELEN** ▶ vermogen **BOEKJAAR** ▶ 2019 **JAARVERSLAG OP WEBSITE** ▶ ja.

Contact ■ **BEREIKBAAR PER** ▶ ☑ post ☑ e-mail ☑ telefoon **CONTACTPERSOON** ▶ geen contactpersoon bekend **POSTADRES** ▶ Saturnus 10, 2353 WK Leiderdorp **EMAIL (ALGEMEEN)** ▶ jupro@hetnet.nl **TELEFOON (ALGEMEEN)** ▶ 071-5899822.

1322
Stichting Voorzorg Utrecht

Rubriek ■ ☑ gezondheidszorg ☑ maatschappij, welzijn en samenleving

Algemeen ■ **WEBSITE** ▶ www.voorzorg-utrecht.nl **TYPERING** ▶ vermogensfonds **OPGERICHT** ▶ 27-01-1938 **RECHTSVORM** ▶ stichting **KVK** ▶ 41179041 **ANBI STATUS** ▶ ja **DIRECTIE** ▶ geen directiegegevens bekend **BESTUUR** ▶ Mw.drs. G.M. Siegerink, voorzitter; drs. B. Osseman, penningmeester; mw. A. van Schaik-van Dijk, secretaris; dr. J.D. Banga; mw.drs. I.P. de Boer; drs. IJ. Stoutenbeek; drs. G.J. van der Vlist; mw. J. Huijgen.

Missie ■ **DOELSTELLING** ▶ De stichting heeft tot doel het bevorderen van de gezondheidszorg in algemene zin. **STICHTER(S)** ▶ De heer Dr. J.W.Th. Lichtenbelt **HISTORIE** ▶ De Stichting Voorzorg Utrecht (SVU) is een uit 1938 stammend fonds, dat zich aanvankelijk richtte op 'het verschaffen van genees- en/of heelkundige behandeling en verpleging in ziekenhuizen aan hen, die zich daartoe aanmelden'. Op 27 januari 1938 werd de Stichting Utrechtsch Ziekenhuisverplegingsfonds opgericht door wijlen de heer Dr. J.W.Th. Lichtenbelt, internist. Het was een regeling voor hen die zich niet in een ziekenfonds konden verzekeren tegen kosten van ziekenhuisopname en behandeling. Op 1 juli 1971 werden de verzekerden overgenomen door de VGCN wat inhield dat de stichting per die datum ophield als zelfstandig werkende verzekeringsinstelling en werd zij tussenpersoon voor de VGCN. In 1981 kwam het Zilveren Kruis bij VGCN en per 1 januari 1995 werden alle verzekerden in het bestand van het Zilveren Kruis opgenomen en ter compensatie betaalde het Zilveren Kruis een afkoopsom. Op 15 november 1994 werd de stichting een charitatief fonds en werd naam van de stichting gewijzigd in Stichting Voorzorg Utrecht. **BELEIDSPLAN OP WEBSITE** ▶ ja.

Doelgroep ■ **ALGEMEEN** ▶ gehandicapten, zieken **SPECIFIEK** ▶ Projecten in de gezondheidszorg die een breed patiëntenbelang dienen. **ACTIVITEITEN** ▶ De stichting tracht haar doel te verwezenlijken door het verlenen van subsidie aan instellingen of natuurlijke personen, die zich inzetten ten behoeve van de gezondheidszorg. De stichting reikt de weerkerende innovatieprijs en de stimulansprijs jeugdzorg uit met als belangrijk doel het stimuleren van projecten en met als bijvangst het vergroten van de naamsbekendheid van de stichting. **INTERVENTIENIVEAU** ▶ Steun aan familie en omgeving van individuen.; Steun aan individuen (directe steun).

Werkgebied ■ **ACTIERADIUS** ▶ Lokaal, Regionaal **LAND** ▶ Nederland **REGIO** ▶ Utrecht, 't Gooi.

Bestedingen ■ **BUDGET** ▶ € 150.000 **ONDERSTEUNDE PROJECTEN P/J** ▶ 25 **SOORT BIJDRAGE** ▶ giften garanties overig **BOVENGRENS** ▶ € 10.000 **ONDERGRENS** ▶ € 500.

Projecten ■ **CRITERIA** ▶ De SVU verleent subsidies voor (innoverende) projecten, die instellingen of natuurlijke personen ten behoeve van de gezondheidszorg opzetten. **DOORLOOPTIJD** ▶ ☑ korter dan 1 jaar **STATUS AANVRAGER** ▶ ☑ stichting of vereniging (non-profit) ☑ hulpverleners ☑ overig **VOORKEUR/UITSLUITING** ▶ Initiatieven in de regio Utrecht (provincie Utrecht en het Gooi) krijgen voorrang bij de subsidietoekenning. De voorkeur gaat uit naar doelen die het belang van patiënten zo breed mogelijk dienen en met name geen structureel karakter dragen. De SVU subsidieert geen: ☑ projecten die uit het instellingsbudget behoren te worden bekostigd (opleidingen personeel); ☑ projecten waarbij de stichting zou moeten bijdragen aan de dekking van exploitatie- of overheadkosten; ☑ individuele steunaanvragen; ☑ wetenschappelijk onderzoek; ☑ buitenlandse projecten; ☑ projecten die ten tijde van het bestuursbesluit (de sluitingsdata zijn 1 april en 1 oktober; de bestuursvergaderingen vinden plaats in de maanden mei en november) reeds in een vergevorderd stadium van uitvoering verkeren. ☑ Ten behoeve van zogenaamde steun- of vriendenstichtingen zelf worden geen subsidies verleend.

Procedure ■ **OP AANVRAAG** ▶ ja **DOORLOOPTIJD** ▶ 3-6 maanden **AANVRAAGPROCEDURE** ▶ De aanvraag voor subsidie van een project dient digitaal, per mail of schriftelijk bij de SVU te worden ingediend en te worden mede-ondertekend door een rechtsgeldige vertegenwoordiger van de instelling (bijvoorbeeld directielid / lid Raad van Bestuur). De aanvraag bestaat onder meer uit: ☑ Doel en aard van het project; ☑ Een gespecificeerde projectbegroting; ☑ motivatie van de aanvraag bij de SVU; ☑ overzicht andere aangeschreven stichtingen en eventueel hoogte van toezeggingen. ☑ Twee ondersteunende referentiebrieven (gewenst). Het bestuur van de SVU beslist twee maal per jaar, en wel na 1 april en 1 oktober, over toekenning van subsidies. Een bestuursbesluit wordt in de tweede helft van de maanden mei en november schriftelijk ter kennis gebracht van de aanvrager. Tegen de beslissing van het bestuur is geen beroep mogelijk **URL** ▶ www.voorzorg-utrecht.nl/index.php/aanvraag

Financieel ■ **HERKOMST MIDDELEN** ▶ vermogen **BOEKJAAR** ▶ 2019 **JAARVERSLAG OP WEBSITE** ▶ ja.

Contact ■ **BEREIKBAAR PER** ▶ ☑ post ☑ e-mail ☒ telefoon **CONTACTPERSOON** ▶ geen contactpersoon bekend **POSTADRES** ▶ Stationsweg 6b, 3862 CG Nijkerk **EMAIL (ALGEMEEN)** ▶ bestuur@voorzorg-utrecht.nl.

1323
Stichting Vos Fonds

Rubriek ■ ☑ maatschappij, welzijn en samenleving

Algemeen ■ **WEBSITE** ▶ www.stichtingvosfonds.nl **TYPERING** ▶ goededoelenorganisatie **RECHTSVORM** ▶ stichting **KVK** ▶ 37146971 **ANBI STATUS** ▶ ja **DIRECTIE** ▶ geen directiegegevens bekend **BESTUUR** ▶ D.J.W. Vos, voorzitter; J. Schuijt, penningmeester; R.P.J van der Meer, secretaris.

Missie ■ **DOELSTELLING** ▶ Stichting Vos Fonds zet zich in om financiële ondersteuning te bieden aan instellingen als bedoeld in artikel 6.33 van de Wet Inkomstenbelasting 2005 juncto artikel 32 lid 1 ten derde van de successiewet 1956, dan wel de artikelen die daarvoor naar aard en strekking in de plaats komen. **HISTORIE** ▶ Stichting Vos Fonds bestaat uit vrijwilligers, die deze stichting tot donateur maken van verschillende instellingen. **BELEIDSPLAN OP WEBSITE** ▶ ja.

Doelgroep ■ **SPECIFIEK** ▶ Charitatieve instellingen. **ACTIVITEITEN** ▶ Stichting Vos Fonds steunt projecten door middel van financiële steun. De projecten worden gevolgd en geëvalueerd tijdens de bestuursvergaderingen. Door de stichting gesteunde instellingen: ☑ Hart voor Kinderen; ☑ Hour of Power; ☑ Reumafonds; ☑ Unicef; ☑ Artsen zonder grenzen; ☑ etc. **INTERVENTIENIVEAU** ▶ Steun aan lokale/provinciale maatschappelijke organisaties en structuren (incl. gemeenten etc.) die diensten verlenen aan individuen.

Werkgebied ■ **ACTIERADIUS** ▶ Nationaal **LAND** ▶ Nederland.

Bestedingen ■ **BUDGET** ▶ niet openbaar **SOORT BIJDRAGE** ▶ giften **BOVENGRENS** ▶ geen **ONDERGRENS** ▶ geen.

Projecten ■ **CRITERIA** ▶ Projecten die een goed doel nastreven. De voor ondersteuning in aanmerking komende instellingen moeten met hun statutaire doelstelling en feitelijke werkzaamheden een algemeen belang dienen. **DOORLOOPTIJD** ▶ ☑ onbekend **STATUS AANVRAGER** ▶ ☑ stichting of vereniging (non-profit) **VOORKEUR/UITSLUITING** ▶ geen voorkeur of uitsluiting bekend.

Procedure ■ **OP AANVRAAG** ▶ onbekend **AANVRAAGPROCEDURE** ▶ Geen aanvraagprocedure bekend.

Financieel ■ **INKOMSTEN EV** ▶ € 18 **INKOMSTEN OV** ▶ € 30.000 **HERKOMST MIDDELEN** ▶ onbekend **BOEKJAAR** ▶ 2018 **JAARVERSLAG OP WEBSITE** ▶ ja.

Contact ■ **BEREIKBAAR PER** ▶ ☑ post ☒ e-mail ☒ telefoon **CONTACTPERSOON** ▶ geen contactpersoon bekend **POSTADRES** ▶ Van Reenenpark 44, 1861 EL Bergen NH.

1324
Stichting Nationaal Fonds voor Vrede, Vrijheid en Veteranenzorg

Rubriek ■ ☑ kunst en cultuur ☑ mensenrechten, vrede en veiligheid

Algemeen ■ **WEBSITE** ▶ www.vfonds.nl **TYPERING** ▶ hybride fonds **OPGERICHT** ▶ 25-05-1970 **RECHTSVORM** ▶ stichting **KVK** ▶ 41150499 **ANBI**

STATUS ► ja DIRECTIE ► mw. drs. L.G. Mattaar BESTUUR ► Vadm b.d. M.J.M. Borsboom, voorzitter; mw.drs. L.G. Mattaar, secretaris; mr. J.C.G.M. Bakker.

Missie ■ DOELSTELLING ► Het fonds richt zich op financiële ondersteuning van drie maatschappelijke deelgebieden: ☑ erkenning voor- en waardering van veteranen en andere geüniformeerden (in overheidsdienst); ☑ het levend houden van de herinnering aan oorlog, vredesmissies, het herinneren, herdenken en gedenken van slachtoffers van conflicten en het vieren van de vrijheid. Dit alles met het oog op; ☑ de instandhouding van vrede, democratie, rechtsstaat en stimuleren van de internationale rechtsorde. STICHTER(S) ► W.Ch.J.M. (Bib) van Lanschot RMWO HISTORIE ► Twee Nederlandse militairen, die gezamenlijk revalideren nadat ze in 1940 oorlogsletsel hebben opgelopen, richten kort na de bevrijding een belangenorganisatie voor gewonde dienstplichtigen op: de Bond van Nederlandse Militaire Oorlogs- en Dienstslachtoffers [BNMO]. In 1970 richt voorzitter Bib van Lanschot van de BNMO, samen met anderen, de Giroloterij op; de eerste Nederlandse loterij voor goede doelen. Later verandert de naam Giroloterij in BankGiro Loterij. Volgens een verdeelsleutel ontvangt de voorloper van het huidige vfonds – de Stichting Fondsenwerving Militaire Oorlogs- en Dienstslachtoffers – bijna 13% van de opbrengsten. SFMO werd opgericht om de middelen uit de loterij te verdelen onder de BNMO en andere veteranenorganisaties. Sinds het voorjaar van 2007 opereert de SFMO onder de naam vfonds. BELEIDSPLAN OP WEBSITE ► ja.

Doelgroep ■ ALGEMEEN ► militairen SPECIFIEK ► Oorlogs- en dienstslachtoffers alsmede slachtoffers van geweld. ACTIVITEITEN ► Het verlenen van financiële steun aan instellingen die hulp bieden en/of actief zijn op het terrein van: ☑ veteranenzorg; ☑ begrip creëren voor veteranen en oorlogsgetroffenen; ☑ herdenken van oorlog en vieren van vrijheid; ☑ actuele lessen uit het verleden via educatieve projecten en oorlogs- en verzetsmusea; ☑ stimuleren van betrokkenheid bij democratie en rechtsstaat; ☑ aandacht voor Nederlandse betrokkenheid bij de Internationale rechtsorde. INTERVENTIENIVEAU ► Steun op niveau van maatschappij zelf (beleidsbeïnvloeding, etc.).; Steun aan lokale/provinciale maatschappelijke organisaties en structuren (incl. gemeenten etc.) die diensten verlenen aan individuen.

Werkgebied ■ ACTIERADIUS ► Nationaal LAND ► Nederland.

Bestedingen ■ BUDGET ► € 16.000.000 TOELICHTING ► Budget is afgestemd op te verwachte ontvangsten uit loterijen en beleggingsresultaten. ONDERSTEUNDE PROJECTEN P/J ► 375 SOORT BIJDRAGE ► leningen investeringen BOVENGRENS ► geen ONDERGRENS ► geen.

Projecten ■ CRITERIA ► ☑ Het project voldoet aan ten minste één van de werkvelden van het vfonds; ☑ Het project richt zich op een duidelijk omschreven doelgroep of doelgroepen; ☑ Er is aantoonbaar draagvlak voor het project. Dat kan blijken uit samenwerkingsverbanden in de uitvoering of uit brede financiële ondersteuning; ☑ Het project is publicitair interessant en biedt mogelijkheden om het vfonds onder de aandacht te brengen; ☑ Het project kent een deugdelijke begroting, een realistisch dekkingsplan en een reële verhouding tussen kosten en beoogd bereik. DOORLOOPTIJD ► ☑ korter dan 1 jaar STATUS AANVRAGER ► ☑ stichting of vereniging (non-profit) VOORKEUR/UITSLUITING ► Het vfonds verleent alleen steun aan rechtspersonen, dus niet aan individuen, noch aan instellingen en projecten met een commercieel oogmerk.

Procedure ■ OP AANVRAAG ► ja DOORLOOPTIJD ► 1-3 maanden AANVRAAGPROCEDURE ► Via de quickscan kunt u kijken of u aanmerking zou kunnen komen voor een subsidie. Bij een positieve uitkomst gaat u automatisch door naar het digitale aanvraagformulier. U kunt niet rechtstreeks naar het aanvraagformulier, de quickscan is altijd het startpunt. Benodigde gegevens zijn onder andere: ☑ Het uittreksel van de Kamer van Koophandel; ☑ Een uitgewerkt projectplan. ☑ Een bijbehorend communicatieplan; ☑ Een gespecificeerde begroting en dekkingsplan (format op website); ☑ De statuten van uw organisatie; Bij aanvragen vanaf 100.000 euro vraagt het vfonds nog extra: ☑ Recent activiteitenplan en/of jaarverslag van de organisatie; ☑ Recente balans en resultatenrekening en de begroting van het lopende jaar; De beoordeling van de aanvragen geschiedt vijf keer per jaar. Voor vragen over het aanvragen van uw project of het invullen van de aanvraagformulieren kunt u contact opnemen via aanvragen@vfonds.nl. URL ► https://vfonds.nl/projecten/aanvragen/

Financieel ■ EIGEN VERMOGEN ► € 24.780.207 INKOMSTEN OV ► € 15.501.305 HERKOMST MIDDELEN ► vermogen, legaten, loterijen, overige inkomsten, giften & schenkingen BOEKJAAR ► 2019 JAARVERSLAG OP WEBSITE ► ja.

Contact ■ BEREIKBAAR PER ► ☑ post ☑ e-mail ☑ telefoon CONTACTPERSOON ► geen contactpersoon bekend POSTADRES ► Lucasbolwerk 10, 3512 EH Utrecht EMAIL (ALGEMEEN) ► info@vfonds.nl TELEFOON (ALGEMEEN) ► 030-2006833.

1325
Stichting Vredenburgh

Rubriek ■ ☑ maatschappij, welzijn en samenleving

Algemeen ■ WEBSITE ► www.maagdenhuis.nl/over/geschiedenis/stichting-vredenburgh-en-theresia-spijkerstichting TYPERING ► vermogensfonds OPGERICHT ► 1829 RECHTSVORM ► stichting KVK ► 41199132 ANBI STATUS ► ja DIRECTIE ► geen directiegegevens bekend BESTUUR ► Mw.drs. A.S. de Sitter, voorzitter; drs. W.K.B. Koning, penningmeester; jhr.drs. I.S. van Lidth de Jeude, secretaris; drs. N.A.M. Perquin.

Missie ■ DOELSTELLING ► Het verlenen van steun aan projecten voor weinig draagkrachtige ouderen in de Metropoolregio Amsterdam (stadsregio Amsterdam aangevuld met de gemeenten uit 't Gooi, Flevoland en Kennemerland). STICHTER(S) ► Mejuffrouw A.H.Th. Spijker HISTORIE ► In 1829 nam de Amsterdamse Mejuffrouw Theresia Spijker vier arme vrouwen bij zich in huis. Hieruit is in 1836 de oprichting voortgekomen van de stichting het Roomsch-Catholijke Burger Oudevrouwenhuis Vredenburgh, gevestigd aan de Oudezijds Voorburgwal. Het werk van deze stichting is in 1977 voortgezet aan de Postjeskade onder de naam Nieuw Vredenburgh. De oude stichting Vredenburgh treedt sindsdien op als fonds. Vanaf begin 2009 is er een samenwerkingsverband met Theresia Spijkerstichting aangegaan. Nieuwe aanvragen voor giften worden in samenspraak beoordeeld. Vanaf boekjaar 2016 worden nieuwe giften naar rato verdeeld onder de Theresia Spijkerstichting en Stichting Vredenburgh. Op 10 december 2018 zijn Stichting Vredenburgh, Theresia Spijkerstichting en Stichting; Het R.C. Maagdenhuis overeengekomen een Fonds op Naam in te stellen bij Stichting Het R.C. Maagdenhuis onder de naam Theresia Spijker Fonds en met elkaar samen te werken voor het beheer en de instandhouding van dit Fonds.Maagdenhuis. **BELEIDSPLAN OP WEBSITE** ► ja.

Doelgroep ■ **ALGEMEEN** ► ouderen **SPECIFIEK** ► Weinig draagkrachtige ouderen in de Metropoolregio Amsterdam. **ACTIVITEITEN** ► Financiële steun aan instellingen voor initiatieven die bij voorkeur nieuwe ontwikkelingen beogen en kleinschalig zijn opgezet, waarbij duurzaamheid voorop staat. Zelfstandig dan wel in samenwerking met andere instellingen. **INTERVENTIENIVEAU** ► Steun aan lokale/provinciale maatschappelijke organisaties en structuren (incl. gemeenten etc.) die diensten verlenen aan individuen.

Werkgebied ■ **ACTIERADIUS** ► Lokaal, Regionaal **LAND** ► Nederland **REGIO** ► 't Gooi, Flevoland, Kennemerland **PLAATS** ► Amsterdam.

Bestedingen ■ **BUDGET** ► niet openbaar **ONDERSTEUNDE PROJECTEN P/J** ► 6 **SOORT BIJDRAGE** ► giften leningen garanties **BOVENGRENS** ► geen **ONDERGRENS** ► geen.

Projecten ■ **CRITERIA** ► Projecten die werkzaam zijn binnen de ouderenzorg. **DOORLOOPTIJD** ► ☑ korter dan 1 jaar **STATUS AANVRAGER** ► ☑ stichting of vereniging (non-profit) ☑ overig **VOORKEUR/UITSLUITING** ► Projecten die vernieuwend zijn en kleinschalig zijn opgesteld dienen de voorkeur. Specifiek duurzame projecten ten behoeve van oudere migranten. Geen individuele noden en geen exploitatiekosten.

Procedure ■ **OP AANVRAAG** ► ja **DOORLOOPTIJD** ► 3-6 maanden **AANVRAAGPROCEDURE** ► Schriftelijk met een beschrijving van doel, begroting en achtergrondinformatie.

Financieel ■ **EIGEN VERMOGEN** ► € 14.961 **HERKOMST MIDDELEN** ► vermogen **BOEKJAAR** ► 2019 **JAARVERSLAG OP WEBSITE** ► ja.

Contact ■ **BEREIKBAAR PER** ► ☑ post ☑ e-mail ☑ telefoon **CONTACTPERSOON** ► geen contactpersoon bekend **POSTADRES** ► Herengracht 220, 1016 BT Amsterdam **EMAIL (ALGEMEEN)** ► info@maagdenhuis.nl **TELEFOON (ALGEMEEN)** ► 020-6243903.

1326

Stichting Vreugd voor Gehandicapte Jeugd

Rubriek ■ ☑ maatschappij, welzijn en samenleving ☑ gezondheidszorg

Algemeen ■ **WEBSITE** ► www.kennisbankfilantropie.nl/anbi/vreugd-voor-gehandicapte-jeugd **TYPERING** ► vermogensfonds **OPGERICHT** ► 05-03-1956 **RECHTSVORM** ► stichting **KVK** ► 41151751 **ANBI STATUS** ► nee **DIRECTIE** ► geen directiegegevens bekend **BESTUUR** ► A.C. Roozendaal, voorzitter; J.G. de Leest, secretaris.

Missie ■ **DOELSTELLING** ► De stichting heeft ten doel het bevorderen van de belangen van het lichamelijk en/of geestelijk gehandicapte kind en voorts al hetgeen hiermede rechtstreeks of zijdelings verband houdt of daartoe bevorderlijk kan zijn, alles in de ruimste zin des woords.

Doelgroep ■ **ALGEMEEN** ► gehandicapten, jongeren, kinderen **SPECIFIEK** ► Gehandicapte kinderen woonachting in Den Haag. **ACTIVITEITEN** ► De stichting tracht haar doel onder meer te verwezenlijken door materiële bijstand te verlenen aan of ten behoeve van voormelde kinderen woonachtig in 's-Gravenhage en omgeving, hetzij rechtstreeks, hetzij door middel van instellingen, die een soortgelijk doel beogen of mede beogen. **INTERVENTIENIVEAU** ► Steun aan lokale/provinciale maatschappelijke organisaties en structuren (incl. gemeenten etc.) die diensten verlenen aan individuen.; Steun aan individuen (directe steun).

Werkgebied ■ **ACTIERADIUS** ► Lokaal, Regionaal **LAND** ► Nederland **PLAATS** ► Den Haag.

Bestedingen ■ **BUDGET** ► niet openbaar **SOORT BIJDRAGE** ► giften **BOVENGRENS** ► geen **ONDERGRENS** ► geen.

Projecten ■ **CRITERIA** ► geen projectcriteria bekend **DOORLOOPTIJD** ► ☑ korter dan 1 jaar **STATUS AANVRAGER** ► ☑ hulpverleners ☑ individuen/gezinnen **VOORKEUR/UITSLUITING** ► geen voorkeur of uitsluiting bekend.

Procedure ■ **OP AANVRAAG** ► onbekend **DOORLOOPTIJD** ► 1-3 maanden **AANVRAAGPROCEDURE** ► Geen aanvraagprocedure bekend.

Financieel ■ **HERKOMST MIDDELEN** ► vermogen.

Contact ■ **BEREIKBAAR PER** ► ☑ post ☒ e-mail ☒ telefoon **CONTACTPERSOON** ► geen contactpersoon bekend **POSTADRES** ► 2e Sweelinckstraat 131, 2517 GW 's-Gravenhage.

1327

Stichting Vrienden Integrale Oncologische Zorg

Rubriek ■ ☑ gezondheidszorg ☑ onderwijs en onderzoek

Algemeen ■ **WEBSITE** ► www.kennisbankfilantropie.nl/anbi/vrienden-integrale-oncologische-zorg **TYPERING** ► vermogensfonds **OPGERICHT** ► 07-03-1984 **RECHTSVORM** ► stichting **KVK** ► 41203505 **ANBI STATUS** ► ja **DIRECTIE** ► geen directiegegevens bekend **BESTUUR** ► Mw. A.G. Koppejan-Rensenbrink, voorzitter; J.R. van den Berg van Saparoea, penningmeester; mw. W. Heijbroek-de Clercq, secretaris; dr. E.F.M. Posthuma; mw. L.V. van de Poll-Franse.

Missie ■ **DOELSTELLING** ► De stichting heeft ten doel het ondersteunen van activiteiten ter bevordering van de kwaliteit van de integrale oncologische zorg. **HISTORIE** ► VIOZ is een voortzetting van een aantal regionaal opererende stichtingen die alle ten doel hadden het ondersteunen van activiteiten ter bevordering van de kwaliteit van de integrale oncologische zorg. Deze stichtingen zijn door middel van een juridische fusie per 25 september 2014 opgegaan in VIOZ. In 2016 heeft de stichting Ondersteuning Regionale Kankerzorg Zuid het vermogen overgedragen aan VIOZ. **BELEIDSPLAN OP WEBSITE** ▶ ja.

Doelgroep ■ **ALGEMEEN** ▶ zieken **SPECIFIEK** ▶ Activiteiten op het gebied van de oncologie. **ACTIVITEITEN** ▶ VIOZ verricht de volgende werkzaamheden en activiteiten om haar doelstelling te bereiken: ☑ het financieren van wetenschappelijke en educatieve activiteiten; en ☑ het financieel ondersteunen van projecten, gericht op verbetering van de kwaliteit van de integrale oncologische zorg. In 2019 werden de volgende projecten gesteund: ☑ Bijdrage aan Hogeschool Utrecht, UMCU en IKNL inzake het project operatie bij slokdarmkanker, Fit aan de start; ☑ Bijdrage aan Antonius Ziekenhuis en IKNL inzake het project AGE, Anesthesiologische Geriatrische Evaluatie; ☑ Bijdrage aan St. AYA voor het project Match app; ☑ Bijdrage aan Maxima Medisch Centrum inzake voedingsinterventies bij AML-sondevoeding, parenterale voeding of geen van beide; ☑ Bijdrage aan BVN voor het project nieuwe patiënteninformatie over borstreconstructie. **INTERVENTIENIVEAU** ▶ Steun aan lokale/provinciale maatschappelijke organisaties en structuren (incl. gemeenten etc.) die diensten verlenen aan individuen.

Werkgebied ■ **ACTIERADIUS** ▶ Nationaal **LAND** ▶ Nederland.

Bestedingen ■ **BUDGET** ▶ niet openbaar **ONDERSTEUNDE PROJECTEN P/J** ▶ 5 **SOORT BIJDRAGE** ▶ subsidies **BOVENGRENS** ▶ geen **ONDERGRENS** ▶ geen.

Projecten ■ **CRITERIA** ▶ geen projectcriteria bekend **DOORLOOPTIJD** ▶ ☑ onbekend **STATUS AANVRAGER** ▶ ☑ geen beperkingen bekend **VOORKEUR/UITSLUITING** ▶ geen voorkeur of uitsluiting bekend.

Procedure ■ **OP AANVRAAG** ▶ onbekend **AANVRAAGPROCEDURE** ▶ Geen aanvraagprocedure bekend.

Financieel ■ **EIGEN VERMOGEN** ▶ € 3.840.023 **INKOMSTEN EV** ▶ € 1.245 **INKOMSTEN OV** ▶ € 10.504 **HERKOMST MIDDELEN** ▶ vermogen, giften & schenkingen, legaten, overige inkomsten **BOEKJAAR** ▶ 2019 **JAARVERSLAG OP WEBSITE** ▶ ja.

Contact ■ **BEREIKBAAR PER** ▶ ☑ post ☑ e-mail ☑ telefoon **CONTACTPERSOON** ▶ geen contactpersoon bekend **POSTADRES** ▶ Postbus 19079, 3501 DB Utrecht **EMAIL (ALGEMEEN)** ▶ i.derksen@iknl.nl **TELEFOON (ALGEMEEN)** ▶ 0882346692.

1328
Stichting Vrienden SIG

Rubriek ■ ☑ maatschappij, welzijn en samenleving ☑ onderwijs en onderzoek ☑ gezondheidszorg

Algemeen ■ **WEBSITE** ▶ www.hetanbiregister.nl/stichting/stichting-vrienden-sig **TYPERING** ▶ vermogensfonds **OPGERICHT** ▶ 06-11-1980 **RECHTSVORM** ▶ stichting **KVK** ▶ 41231385 **ANBI STATUS** ▶ ja **DIRECTIE** ▶ geen directiegegevens bekend **BESTUUR** ▶ Mw. H.J.C.M. Jacobse, voorzitter; M.J. Fortuin, penningmeester; mw. J.A. Verhulst, secretaris.

Missie ■ **DOELSTELLING** ▶ Op directe of indirecte wijze de levensomstandigheden, in de ruimste zin des woords, van mensen met een beperking te behartigen en te verruimen, mede door daarbij mogelijkheden te bieden die door het eigen financieel niveau van deze mensen en door overheidsbijdragen niet geboden en niet gebruikt kunnen worden. **BELEIDSPLAN OP WEBSITE** ▶ ja.

Doelgroep ■ **ALGEMEEN** ▶ gehandicapten **SPECIFIEK** ▶ Geen specifieke doelgroep **ACTIVITEITEN** ▶ De stichting ondersteunt voor zover de overheidsbijdragen niet beschikbaar of ontoereikend zijn en/of wanneer de financiële mogelijkheden van betrokkenen onvoldoende zijn om zaken zelf te realiseren. Steun geschiedt zowel in de vorm van financiële schenking als via garantstelling. **INTERVENTIENIVEAU** ▶ Steun aan lokale/provinciale maatschappelijke organisaties en structuren (incl. gemeenten etc.) die diensten verlenen aan individuen.; Steun aan individuen (directe steun).

Werkgebied ■ **ACTIERADIUS** ▶ Nationaal **LAND** ▶ Nederland.

Bestedingen ■ **BUDGET** ▶ niet openbaar **SOORT BIJDRAGE** ▶ garanties giften **BOVENGRENS** ▶ geen **ONDERGRENS** ▶ geen.

Projecten ■ **CRITERIA** ▶ geen projectcriteria bekend **DOORLOOPTIJD** ▶ ☑ onbekend **STATUS AANVRAGER** ▶ ☑ geen beperkingen bekend **VOORKEUR/UITSLUITING** ▶ geen voorkeur of uitsluiting bekend.

Procedure ■ **OP AANVRAAG** ▶ ja **AANVRAAGPROCEDURE** ▶ In de meeste gevallen besluit de stichting tot een bijdrage nadat daartoe een aanvraag is ontvangen; indien nodig geacht zal de stichting zelf een voorstel tot ondersteuning doen.

Financieel ■ **EIGEN VERMOGEN** ▶ € 2.450.000 **INKOMSTEN EV** ▶ € 78.000 **INKOMSTEN OV** ▶ € 3.400 **HERKOMST MIDDELEN** ▶ legaten, giften & schenkingen, vermogen **BOEKJAAR** ▶ 2015 **JAARVERSLAG OP WEBSITE** ▶ ja.

Contact ■ **BEREIKBAAR PER** ▶ ☑ post ☑ e-mail ☑ telefoon **CONTACTPERSOON** ▶ geen contactpersoon bekend **POSTADRES** ▶ Postbus 101, 1940 AC Beverwijk **EMAIL (ALGEMEEN)** ▶ info@sig.nu **TELEFOON (ALGEMEEN)** ▶ 0251-257857.

1329
Stichting Vrienden van Bertilla

Rubriek ■ ☑ gezondheidszorg ☑ maatschappij, welzijn en samenleving

Algemeen ■ **WEBSITE** ▶ www.kennisbankfilantropie.nl/anbi/vrienden-van-bertilla **TYPERING** ▶ vermogensfonds **OPGERICHT** ▶ 22-06-1981 **RECHTSVORM** ▶ stichting **KVK** ▶ 41001685 **ANBI STATUS** ▶ ja **DIRECTIE** ▶ geen directiegegevens bekend **BESTUUR** ▶ Mw. J.C.A. Bleckman-Palstra, voorzitter; C.J. Vellinga, penningmeester; mw. A.R. Roelfsema-Koning, secretaris.

Missie ■ **DOELSTELLING** ▶ Het aanwenden van haar middelen om het verblijf van de in het verpleeghuis van Stichting ZuidOostZorg, locatie Bertilla, Burgemeester Wuiteweg 140 te Drachten, verpleegden gedurende de periode van verpleging te veraangenamen, zulks - voor zover de kosten niet uit de exploitatie van het verpleeghuis kunnen worden bestreden, en het verrichten van al wat hiermee verband houdt of daartoe bevorderlijk kan zijn. **BELEIDSPLAN OP WEBSITE** ▶ ja.

Doelgroep ■ **ALGEMEEN** ▶ ouderen **SPECIFIEK** ▶ De bewoners die verblijven in het verpleeghuis van Stichting ZuidOostZorg, locatie Bertilla. **ACTIVITEITEN** ▶ Een lijst van activiteiten zijn; ☑ meerdere malen per jaar bezoek van de 'Visite Clowns'; ☑ diverse optredens van 'Diva Dichtbij'; ☑ initiatief 'Doe een wens'; ☑ diverse muzikale optredens; ☑ diverse uitstapjes; ☑ Sinterklaas surprises; ☑ traktaties. **INTERVENTIENIVEAU** ▶ Steun aan individuen (directe steun).

Werkgebied ■ **ACTIERADIUS** ▶ Lokaal **LAND** ▶ Nederland **REGIO** ▶ Friesland **PLAATS** ▶ Drachten.

Bestedingen ■ **BUDGET** ▶ niet openbaar **SOORT BIJDRAGE** ▶ giften **BOVENGRENS** ▶ geen **ONDERGRENS** ▶ geen.

Projecten ■ **CRITERIA** ▶ geen projectcriteria bekend **DOORLOOPTIJD** ▶ ☑ onbekend **STATUS AANVRAGER** ▶ ☑ geen beperkingen bekend **VOORKEUR/UITSLUITING** ▶ geen voorkeur of uitsluiting bekend.

Procedure ■ **OP AANVRAAG** ▶ nee **AANVRAAGPROCEDURE** ▶ Het bestuur krijgt van de werkgroep van de Stichting Vrienden van Bertilla een verzoek van uit te voeren activiteiten voor het komende jaar met daarbij gevoegd een begroting voor de bewoners van NeiBertilla.

Financieel ■ **EIGEN VERMOGEN** ▶ € 590.329 **INKOMSTEN EV** ▶ € 114 **INKOMSTEN OV** ▶ € 5.431 **HERKOMST MIDDELEN** ▶ legaten, giften & schenkingen, vermogen **BOEKJAAR** ▶ 2018 **JAARVERSLAG OP WEBSITE** ▶ ja.

Contact ■ **BEREIKBAAR PER** ▶ ☑ post ☑ e-mail ☑ telefoon **CONTACTPERSOON** ▶ geen contactpersoon bekend **POSTADRES** ▶ Burgemeester Wuiteweg 140, 9203 KP Drachten **EMAIL (ALGEMEEN)** ▶ ron.roelfsema@icloud.com **TELEFOON (ALGEMEEN)** ▶ 0512-544699.

1330

Stichting Vrienden van de Anne Frank Stichting

Rubriek ■ ☑ onderwijs en onderzoek

Algemeen ■ **WEBSITE** ▶ www.kennisbankfilantropie.nl/anbi/vrienden-van-de-anne-frank-stichting **TYPERING** ▶ hybride fonds **RECHTSVORM** ▶ stichting **KVK** ▶ 41215527 **ANBI STATUS** ▶ ja **DIRECTIE** ▶ geen directiegegevens bekend **BESTUUR** ▶ D.M. Ogilvie, voorzitter; P.W. Doop, penningmeester; mw. T.A. Maas-de Brouwer, secretaris.

Missie ■ **DOELSTELLING** ▶ Het ondersteunen en het verlenen van diensten aan de te Amsterdam gevestigde stichting Anne Frank Stichting en voorts al hetgeen met een en ander rechtstreeks of zijdelings verband houdt of daartoe bevorderlijk kan zijn, alles in de ruimste zin des woords. **BELEIDSPLAN OP WEBSITE** ▶ ja.

Doelgroep ■ **SPECIFIEK** ▶ Anne Frank Stichting en de Stichting Behuizing Anne Frank Stichting. **ACTIVITEITEN** ▶ Het beleid is er op gericht vermogen te verwerven en te beheren dat ter beschikking gesteld kan worden aan de Anne Frank Stichting of de Stichting Behuizing Anne Frank Stichting, die nastreeft de huisvesting van de Anne Frank Stichting te ondersteunen. Het vermogen is bestemd voor ondersteuning van de Anne Frank Stichting in geval van calamiteiten (continuiteitsreserve ten bate van de Anne Frank Stichting, groot €18 mln.) of voor bijzondere projecten of bestedingen die de eigen reguliere bestedingsruimte van de Anne Frank Stichting of de Stichting Behuizing Anne Frank te boven gaan. Voor het richtbedrag van de continuïteitsreserve wordt de norm gehanteerd van (bij benadering) tweemaal de jaarlijkse vaste kosten van de werkorganisatie van de Anne Frank Stichting. **INTERVENTIENIVEAU** ▶ N.v.t.

Werkgebied ■ **ACTIERADIUS** ▶ Lokaal **LAND** ▶ Nederland **PLAATS** ▶ Amsterdam.

Bestedingen ■ **BUDGET** ▶ € 1.000.000 **SOORT BIJDRAGE** ▶ leningen giften **BOVENGRENS** ▶ geen **ONDERGRENS** ▶ geen.

Projecten ■ **CRITERIA** ▶ geen projectcriteria bekend **DOORLOOPTIJD** ▶ ☑ onbekend **STATUS AANVRAGER** ▶ ☑ geen beperkingen bekend **VOORKEUR/UITSLUITING** ▶ geen voorkeur of uitsluiting bekend.

Procedure ■ **OP AANVRAAG** ▶ nee **AANVRAAGPROCEDURE** ▶ geen aanvraagprocedure bekend.

Financieel ■ **INKOMSTEN EV** ▶ € 3.096.785 **INKOMSTEN OV** ▶ € 88.289 **HERKOMST MIDDELEN** ▶ giften & schenkingen, legaten, vermogen **BOEKJAAR** ▶ 2019.

Contact ■ **BEREIKBAAR PER** ▶ ☑ post ☑ e-mail ☑ telefoon **CONTACTPERSOON** ▶ geen contactpersoon bekend **POSTADRES** ▶ Postbus 730, 1000 AS Amsterdam **EMAIL (ALGEMEEN)** ▶ info@annefrank.nl **TELEFOON (ALGEMEEN)** ▶ 020-5567100.

1331

Stichting Vrienden van De Uitdaging

Rubriek ■ ☑ kerk en levensbeschouwing ☑ maatschappij, welzijn en samenleving

Algemeen ■ **WEBSITE** ▶ www.kennisbankfilantropie.nl/anbi/vrienden-van-de-uitdaging **TYPERING** ▶ vermogensfonds **OPGERICHT** ▶ 15-11-1978 **RECHTSVORM** ▶ stichting **KVK** ▶ 41141197 **ANBI STATUS** ▶ ja **DIRECTIE** ▶ geen directiegegevens bekend **BESTUUR** ▶ H. Vliem, voorzitter; W.V.F.M. Le Comte, penningmeester; M.L. de Bruijne, secretaris; J.K. Visser.

Missie ■ **DOELSTELLING** ▶ Het bevorderen van de geestelijke volksgezondheid en het maatschappelijk welzijn in geheel Nederland, doch in het bijzonder de provincie Zuid-Holland. **BELEIDSPLAN OP WEBSITE** ▶ ja.

Doelgroep ■ **ALGEMEEN** ▶ jongeren, zieken, gehandicapten **SPECIFIEK** ▶ Geen specifieke doelgroep **ACTIVITEITEN** ▶ Ook in 2019 had de stichting het karakter hebben vaneen charitatief vermogensfonds, dat niet actief fondsen werft. De stichting heeft financiële steun verleend aan projecten die tot doel hebben het bevorderen van de geestelijke volksgezondheid en het maatschappelijk welzijn van jongeren in de provincie Zuid-Holland. Er zijn een subsidies toegekend aan Stichting Timon voor het; perspectiefhuis in Vlaardingen en aan de Nico Adriaans stichting voor het; project de studieknip. **INTERVENTIENIVEAU** ▶ Steun aan lokale/provinciale maatschappelijke organisaties en structuren (incl. gemeenten etc.) die diensten verlenen aan individuen.

Werkgebied ■ **ACTIERADIUS** ▶ Regionaal, Nationaal **LAND** ▶ Nederland **REGIO** ▶ Zuid-Holland.

Bestedingen ■ **BUDGET** ► niet openbaar **ONDERSTEUNDE PROJECTEN P/J** ► 2 **SOORT BIJDRAGE** ► subsidies **BOVENGRENS** ► geen **ONDERGRENS** ► geen.

Projecten ■ **CRITERIA** ► ☑ projecten in lijn met de doelstelling; ☑ voorstellen moeten worden ingediend door instellingen die aangemerkt zijn als een ANBI. **DOORLOOPTIJD** ► ☑ onbekend **STATUS AANVRAGER** ► ☑ stichting of vereniging (non-profit) **VOORKEUR/UITSLUITING** ► Voorkeur voor projecten uit de Provincie Zuid-Holland.

Procedure ■ **OP AANVRAAG** ► onbekend **AANVRAAGPROCEDURE** ► Geen aanvraagprocedure bekend.

Financieel ■ **EIGEN VERMOGEN** ► € 98.288 **INKOMSTEN OV** ► € 8.543 **HERKOMST MIDDELEN** ► vermogen, overige inkomsten, giften & schenkingen **BOEKJAAR** ► 2017 **JAARVERSLAG OP WEBSITE** ► ja.

Contact ■ **BEREIKBAAR PER** ► ☑ post ☑ e-mail ☑ telefoon **CONTACTPERSOON** ► W.V.F.M. Le Comte **POSTADRES** ► Zwarte Sternhof 5, 2623 MC Delft **EMAIL (ALGEMEEN)** ► will@le-comte.net **TELEFOON (ALGEMEEN)** ► 015-2560060.

1332

Stichting Vrienden van Hergerborch

Rubriek ■ ☑ maatschappij, welzijn en samenleving ☑ gezondheidszorg

Algemeen ■ **WEBSITE** ► www.kennisbankfilantropie.nl/anbi/vrienden-van-hergerborch **TYPERING** ► hybride fonds **OPGERICHT** ► 22-09-1998 **RECHTSVORM** ► stichting **KVK** ► 27174557 **ANBI STATUS** ► ja **DIRECTIE** ► geen directiegegevens bekend **BESTUUR** ► W.A. de Gier, voorzitter; W.A. de Gier, penningmeester; M.D. Sinke, secretaris; M. Bezemer; H. Groeneveld; mw. G.A.J. Meijburg-Sixma; P. Schipperus.

Missie ■ **DOELSTELLING** ► De Stichting Vrienden van Hergerborch verleent in de praktijk financiële steun aan het Woonzorgcentrum Hergerborch te Berkel en Rodenrijs. In het bijzonder worden die activiteiten ondersteund, waarvan de kosten niet of niet voldoende kunnen worden bestreden uit algemene sociale subsidies en/of op andere wijze. **BELEIDSPLAN OP WEBSITE** ► ja.

Doelgroep ■ **SPECIFIEK** ► Woonzorgcentrum Hergerborch te Berkel en Rodenrijs. **ACTIVITEITEN** ► Geen specifieke activiteiten bekend **INTERVENTIENIVEAU** ► Steun aan individuen (directe steun).

Werkgebied ■ **ACTIERADIUS** ► Lokaal **LAND** ► Nederland **PLAATS** ► Berkel en Rodenrijs.

Bestedingen ■ **BUDGET** ► € 5.000 **SOORT BIJDRAGE** ► onbekend **BOVENGRENS** ► geen **ONDERGRENS** ► geen.

Projecten ■ **CRITERIA** ► geen projectcriteria bekend **DOORLOOPTIJD** ► ☑ onbekend **STATUS AANVRAGER** ► ☑ geen beperkingen bekend **VOORKEUR/UITSLUITING** ► geen voorkeur of uitsluiting bekend.

Procedure ■ **OP AANVRAAG** ► onbekend **AANVRAAGPROCEDURE** ► geen aanvraagprocedure bekend.

Financieel ■ **HERKOMST MIDDELEN** ► vermogen, giften & schenkingen, legaten **BOEKJAAR** ► boekjaar onbekend.

Contact ■ **BEREIKBAAR PER** ► ☑ post ☑ e-mail ☑ telefoon **CONTACTPERSOON** ► geen contactpersoon bekend **POSTADRES** ► Offenbachplantsoen 6, 2651 TX Berkel en Rodenrijs **EMAIL (ALGEMEEN)** ► mdsinke@upcmail.nl **TELEFOON (ALGEMEEN)** ► 010-5114324.

1333

Stichting Vrienden van Hervormd Centrum Pennemes

Rubriek ■ ☑ maatschappij, welzijn en samenleving ☑ gezondheidszorg ☑ sport en recreatie

Algemeen ■ **WEBSITE** ► www.pennemes.nl/pennemes/onze-organisatie/vrienden-van-pennemes **TYPERING** ► hybride fonds **RECHTSVORM** ► stichting **KVK** ► 35030169 **ANBI STATUS** ► ja **DIRECTIE** ► geen directiegegevens bekend **BESTUUR** ► M. de Ridder, voorzitter; L van WIjngaarden, penningmeester; mw. J. Kolkman, secretaris; mw. J.M. van Anen; mw. L. Lineman; mw. T. van Wijngaarden; mw. C. Wijngaarden.

Missie ■ **DOELSTELLING** ► De stichting heeft ten doel werkzaam te zijn ten dienste van de bewoners van het door de Stichting Hervormd Centrum geëxploiteerde verzorgingstehuis en de bewoners van de bij dit tehuis behorende aanleunwoningen, en voorts al hetgeen met een en ander rechtstreeks of zijdelings verband houdt of daartoe bevorderlijk kan zijn, alles in de ruimste zin des woords. **HISTORIE** ► Stichting Vrienden van Pennemes ondersteunt het zorgcentrum Pennemes bij het zo aangenaam mogelijk maken van het leefklimaat van de bewoners. De naam Pennemes, de naam van het huis, het adres en de recreatiezaal is afkomstig van een zekere Jacob Baltusz Pennemes. Bij zijn overlijden op 9 april 1792 te Hamburg vermaakt hij zijn vermogen, door de handel verkregen, aan het Diaconiehuis der Ned. Hervormde Gemeente van Oost-Zaandam: 'K wil dat: (sprak d'Edele Ziel Grootmoedig bij 's Mans Sterven:) Het Godhuis 't Oostzaandam, mijn Aardsche Schat zal erven. Hieraan verbonden was de wens/opdracht om de weduwe, de wees, de armen te helpen.

Doelgroep ■ **ALGEMEEN** ► zieken, ouderen **SPECIFIEK** ► Pennemes en individuele bewoners van Pennemes. **ACTIVITEITEN** ► De stichting tracht haar doel onder meer te bereiken door het verwerven van financiële middelen, welke beschikbaar worden gesteld ter bestrijding van de kosten die met de doelstelling verband houden. **INTERVENTIENIVEAU** ► Steun aan lokale/provinciale maatschappelijke organisaties en structuren (incl. gemeenten etc.) die diensten verlenen aan individuen.; Steun aan individuen (directe steun).

Werkgebied ■ **ACTIERADIUS** ► Nationaal **LAND** ► Nederland.

Bestedingen ■ **BUDGET** ► niet openbaar **BOVENGRENS** ► geen **ONDERGRENS** ► geen.

Projecten ■ **CRITERIA** ► geen projectcriteria bekend **DOORLOOPTIJD** ► ☑ onbekend **STATUS AANVRAGER** ► ☑ geen beperkingen bekend **VOORKEUR/UITSLUITING** ► geen voorkeur of uitsluiting bekend.

Procedure ■ OP AANVRAAG ► onbekend AANVRAAGPROCEDURE ► Geen aanvraagprocedure bekend.

Financieel ■ EIGEN VERMOGEN ► € 79.645 INKOMSTEN EV ► € 320 INKOMSTEN OV ► € 7.177 HERKOMST MIDDELEN ► overige inkomsten, vermogen, giften & schenkingen, legaten, leden (bijdragen) BOEKJAAR ► 2018 JAARVERSLAG OP WEBSITE ► ja.

Contact ■ BEREIKBAAR PER ► ☑ post ☑ e-mail ☑ telefoon CONTACTPERSOON ► geen contactpersoon bekend POSTADRES ► Pennemes 7, 1502 WV Zaandam EMAIL (ALGEMEEN) ► info@pennemes.nl TELEFOON (ALGEMEEN) ► 075-6504110.

1334

Stichting Vrienden van Interakt Contour Groep

Rubriek ■ ☑ gezondheidszorg ☑ maatschappij, welzijn en samenleving

Algemeen ■ WEBSITE ► www.interaktcontour.nl/over-ons/vriendenvan TYPERING ► vermogensfonds OPGERICHT ► 10-03-2005 RECHTSVORM ► stichting KVK ► 08133421 ANBI STATUS ► ja DIRECTIE ► geen directiegegevens bekend BESTUUR ► A. Fransen, voorzitter; O.P. Middelkoop, penningmeester; C.H. de Groot, secretaris; E. Feijen; D.T. Slijkhuis.

Missie ■ DOELSTELLING ► De doelstelling van de stichting is: ☑ het financieel steunen van InteraktContour, het financieel ondersteunen van projecten van de stichting, alsmede projecten van individuele cliënten van deze stichting welke niet op een andere wijze kunnen worden gefinancierd; ☑ het verwerven en beheren van fondsen; ☑ het verrichten van al hetgeen daarmee verband houdt of daartoe bevorderlijk kan zijn, alles in de meest uitgebreide zin genomen. BELEIDSPLAN OP WEBSITE ► ja.

Doelgroep ■ ALGEMEEN ► zieken, gehandicapten SPECIFIEK ► Mensen en naasten die problemen hebben als gevolg van hersenletsel, lichamelijke beperking of chronische ziekte. ACTIVITEITEN ► De stichting draagt op verschillende manieren bij in de voorzieningen. Enkele voorbeelden zijn: ☑ Braintrainers; ☑ Wanddecoratie (woon)locatie; ☑ (Duo-) fietsen; ☑ Inventaris voor (woon)locaties; ☑ iPads voor training van mensen met afasie; ☑ Individuele aanvragen voor hulp o.a. elektrische fiets. INTERVENTIENIVEAU ► Steun aan individuen (directe steun).; Steun aan familie en omgeving van individuen.

Werkgebied ■ ACTIERADIUS ► Nationaal LAND ► Nederland.

Bestedingen ■ BUDGET ► niet openbaar ONDERSTEUNDE PROJECTEN P/J ► 9 SOORT BIJDRAGE ► giften BOVENGRENS ► geen ONDERGRENS ► geen.

Projecten ■ CRITERIA ► geen projectcriteria bekend DOORLOOPTIJD ► ☑ onbekend STATUS AANVRAGER ► ☑ hulpverleners ☑ individuen/gezinnen VOORKEUR/UITSLUITING ► Aanvragen aangaande structurele exploitatiekosten worden niet in behandeling genomen.

Procedure ■ OP AANVRAAG ► onbekend AANVRAAGPROCEDURE ► Iedere medewerker en cliënt mag een aanvraag indienen voor een financiële bijdrage ter bekostiging van een project. Een aanvraag voor een financiële bijdrage van Stichting Vrienden van Interakt Contour Groep kan ingediend worden per post of e-mail.

Financieel ■ HERKOMST MIDDELEN ► giften & schenkingen, overige inkomsten, vermogen, legaten BOEKJAAR ► 2018 JAARVERSLAG OP WEBSITE ► ja.

Contact ■ BEREIKBAAR PER ► ☑ post ☑ e-mail ☑ telefoon CONTACTPERSOON ► C.H. de Groot POSTADRES ► Smithstraat 16, 8071 KW Nunspeet EMAIL (ALGEMEEN) ► vriendeninteraktcontour@outlook.com TELEFOON (ALGEMEEN) ► 0341251608.

1335

Stichting Vrienden van Onbeperkt Lezen

Rubriek ■ ☑ maatschappij, welzijn en samenleving ☑ kunst en cultuur

Algemeen ■ WEBSITE ► https://www.onbeperktlezen.nl/over-ons/organisatie/steunstichtingen TYPERING ► vermogensfonds OPGERICHT ► 10-08-1994 RECHTSVORM ► stichting KVK ► 41158652 ANBI STATUS ► ja DIRECTIE ► mw. M.M.C.M Oudshoorn-van Egmond BESTUUR ► C. Verkleij, voorzitter; mw. M.A.A. de Graaf, penningmeester; mw. M.J. Allin, secretaris; mw. S. Meeuwissen; M.C.W Janssen.

Missie ■ DOELSTELLING ► ☑ Het bevorderen van de lectuur- en informatievoorziening voor blinden en slechtzienden en andere bij het lezen gehandicapten, in de eerste plaats door het steunen van Vereniging Onbeperkt Lezen te Den Haag of daarvoor in de plaats tredende of vergelijkbare instellingen, in de tweede plaats door het werven van donateurs en het maken van propaganda. ☑ Het verrichten van alle verdere handelingen die met het vorenstaande in de ruimste zin verband houden of daartoe bevorderlijk kunnen zijn. STICHTER(S) ► Gualtherus Johannes Kolff HISTORIE ► In 1887 besluit de blinde Hagenaar Gualtherus Johannes Kolff tot de oprichting van de Nederlandse Braillebibliotheek, de naam zal later worden omgedoopt in 'Nederlandse Blindenbibliotheek'. In 1825 had Louis Braille het naar hemzelf vernoemde voelbare puntenschrift gepresenteerd dat in 1878 internationaal werd erkend en gestandaardiseerd. In 1894 werd de bibliotheek een Vereniging. Tot die tijd was de NBB een particuliere stichting en eigendom van de familie Kolff BELEIDSPLAN OP WEBSITE ► ja.

Doelgroep ■ ALGEMEEN ► gehandicapten SPECIFIEK ► Blinden en slechtzienden en andere bij het lezen gehandicapten. ACTIVITEITEN ► De Vereniging Onbeperkt Lezen behartigt de belangen van mensen die graag willen lezen en hiervoor zijn aangewezen op aangepaste leesvormen. Zij doen dit door: ☑ het bevorderen van een goed aanbod en voldoende keuze in aangepaste lectuur (in braille, gesproken vorm, grote letter enz.); ☑ het ondersteunen van activiteiten en initiatieven van onze leden op het gebied van lezen in de aangepaste leesvormen of de promotie hiervan; ☑ het geven van advies en informatie. Het vermogen van Stichting Vrienden dient door het beleggingsbeleid een dusdanig resultaat te genereren (bestaande uit rente, dividend en koersresultaat) dat het (financiële) voortbestaan van Vereniging Onbeperkt Lezen (opgericht in 1894) wederom over een lange reeks van jaren is gewaarborgd. **INTERVENTIENIVEAU** ▶ Steun aan lokale/provinciale maatschappelijke organisaties en structuren (incl. gemeenten etc.) die diensten verlenen aan individuen.

Werkgebied ■ **ACTIERADIUS** ▶ Nationaal **LAND** ▶ Nederland.

Bestedingen ■ **BUDGET** ▶ € 375.000 **TOELICHTING** ▶ De meerjarenbegroting 2017-2020 van Vereniging Onbeperkt Lezen geeft aan dat voor de instandhouding van de activiteiten jaarlijks een bedrag van EUR 350.000 à EUR 400.000 benodigd is. **SOORT BIJDRAGE** ▶ investeringen subsidies **BOVENGRENS** ▶ geen **ONDERGRENS** ▶ geen.

Projecten ■ **CRITERIA** ▶ geen projectcriteria bekend **DOORLOOPTIJD** ▶ ☑ onbekend **STATUS AANVRAGER** ▶ ☑ geen beperkingen bekend **VOORKEUR/UITSLUITING** ▶ geen voorkeur of uitsluiting bekend.

Procedure ■ **OP AANVRAAG** ▶ onbekend **AANVRAAGPROCEDURE** ▶ Geen aanvraagprocedure bekend.

Financieel ■ **EIGEN VERMOGEN** ▶ € 487.000 **HERKOMST MIDDELEN** ▶ vermogen, leden (bijdragen) **BOEKJAAR** ▶ 2017 **JAARVERSLAG OP WEBSITE** ▶ ja.

Contact ■ **BEREIKBAAR PER** ▶ ☑ post ☑ e-mail ☑ telefoon **CONTACTPERSOON** ▶ geen contactpersoon bekend **POSTADRES** ▶ Koningin Emmakade 198, 2518 JP Den Haag **EMAIL (ALGEMEEN)** ▶ info@onbeperkt lezen.nl **TELEFOON (ALGEMEEN)** ▶ 0702629294.

1336

Stichting Vrienden van Regina Pacis

Rubriek ■ ☑ gezondheidszorg ☑ maatschappij, welzijn en samenleving ☑ sport en recreatie

Algemeen ■ **WEBSITE** ▶ www.kennisbankfilantropie.nl/anbi/regina-pacis **TYPERING** ▶ hybride fonds **OPGERICHT** ▶ 09-08-1985 **RECHTSVORM** ▶ stichting **KVK** ▶ 41049299 **ANBI STATUS** ▶ ja **DIRECTIE** ▶ geen directiegegevens bekend **BESTUUR** ▶ K.J. Claus, voorzitter; M.H.M. Boerboom, penningmeester; M.H.M. Boerboom, secretaris; R. Hagedoorn.

Missie ■ **DOELSTELLING** ▶ Het doel van de stichting is het bevorderen van een leefklimaat, waardoor het leven van de cliënten van de locatie Regina Pacis, van de Stichting Attent wonen welzijn zorg, zinvoller en aangenamer wordt gemaakt, in het bijzonder wat hun ontspanning en recreatie betreft, en voorts al hetgeen daarmee rechtstreeks of zijdelings verband houdt of daartoe bevorderlijk kan zijn, alles in de ruimste zin van het woord. **BELEIDSPLAN OP WEBSITE** ▶ ja.

Doelgroep ■ **ALGEMEEN** ▶ zieken, ouderen **SPECIFIEK** ▶ Bewoners van verpleeghuis Regina Pacis. **ACTIVITEITEN** ▶ Gevraagd en ongevraagd financiële ondersteuning verlenen aan activiteiten die tot doel hebben het bevorderen van het leefklimaat van de bewoners van Verpleeghuis Regina Pacis. In het bijzonder wat hun ontspanning en recreatie betreft. Voorbeelden zijn activiteiten waar artiesten optreden, feestjes en kerstmarkten. **INTERVENTIENIVEAU** ▶ Steun aan individuen (directe steun).

Werkgebied ■ **ACTIERADIUS** ▶ Lokaal **LAND** ▶ Nederland **PLAATS** ▶ Arnhem.

Bestedingen ■ **BUDGET** ▶ niet openbaar **ONDERSTEUNDE PROJECTEN P/J** ▶ 5 **SOORT BIJDRAGE** ▶ giften **BOVENGRENS** ▶ geen **ONDERGRENS** ▶ geen.

Projecten ■ **CRITERIA** ▶ geen projectcriteria bekend **DOORLOOPTIJD** ▶ ☑ onbekend **STATUS AANVRAGER** ▶ ☑ geen beperkingen bekend **VOORKEUR/UITSLUITING** ▶ geen voorkeur of uitsluiting bekend.

Procedure ■ **OP AANVRAAG** ▶ onbekend **AANVRAAGPROCEDURE** ▶ geen aanvraagprocedure bekend.

Financieel ■ **EIGEN VERMOGEN** ▶ € 369.242 **INKOMSTEN EV** ▶ € 5.852 **INKOMSTEN OV** ▶ € 717 **HERKOMST MIDDELEN** ▶ vermogen, legaten, overige inkomsten, giften & schenkingen **BOEKJAAR** ▶ 2019 **JAARVERSLAG OP WEBSITE** ▶ ja.

Contact ■ **BEREIKBAAR PER** ▶ ☑ post ☑ e-mail ☑ telefoon **CONTACTPERSOON** ▶ M.H.M. Boerboom **POSTADRES** ▶ De Els 20, 6942 TK Didam **EMAIL (ALGEMEEN)** ▶ martienboerboom@hotmail.com **TELEFOON (ALGEMEEN)** ▶ 0316-228183.

1337

Stichting de Vrijzinnige Fondsen

Rubriek ■ ☑ kunst en cultuur ☑ kerk en levensbeschouwing

Algemeen ■ **WEBSITE** ▶ www.devrijzinnigefondsen.nl **TYPERING** ▶ vermogensfonds **OPGERICHT** ▶ 09-06-1956 **RECHTSVORM** ▶ stichting **KVK** ▶ 41192061 **ANBI STATUS** ▶ ja **DIRECTIE** ▶ geen directiegegevens bekend **BESTUUR** ▶ Mw.mr. J.G. Bilijam, voorzitter; drs. P. Wouters, penningmeester; drs. J.J. Marinus, secretaris; mw.drs. E.L. Lenselink.

Missie ■ **DOELSTELLING** ▶ De Vrijzinnige Fondsen ondersteunt projecten, activiteiten, initiatieven en publicaties die een relatie hebben met het vrijzinnig protestantisme. Kenmerkend hiervoor is een ondogmatische wijze van geloven in de protestante traditie, een vrije omgang met de bijbel, een persoonlijke invulling geven aan geloven, niet alleen een open houding naar de eigen (geloofs)cultuur maar ook naar andere geloven en anders gelovigen met de nadruk op humaniteit, tolerantie en geloofsvrijheid. **HISTORIE** ▶ In 2016 is de stichting De Vrijzinnige Fondsen opgericht. Deze nieuwe stichting is ontstaan uit een fusie van vier bestaande stichtingen: het Nicolette Bruining Fonds, het Fonds Iets voor Niets, het VCJC-Fonds en het Spelberg-Stokmans Fonds. De vier fondsen werkten al nauw samen. Deze samenwerking krijgt nu ook financieel en juridisch een vaste vorm. Daardoor is een meer slagvaardige, meer efficiënte en vooral meer eigentijdse organisatie ontstaan. **BELEIDSPLAN OP WEBSITE** ▶ ja.

Doelgroep ■ **ALGEMEEN** ▶ gelovigen **SPECIFIEK** ▶ Projecten op sociaal, cultureel en religieus gebied in relatie met het vrijzinnig protestantisme. **ACTIVITEITEN** ▶ De Vrijzinnige Fondsen ondersteunt projecten, activiteiten, initiatieven en publicaties die een relatie hebben met het vrijzinnig protestantisme, bijvoorbeeld in de vorm van subsidie of het verstrekken van een lening. Daarnaast ondersteunt de Vrijzinnige Fondsen activiteiten die ondernomen worden door vroegere leden van de Vrijzinnig Christelijke Jeugdcentrale, de Vrijzinnig Christelijke Studentenbond of vroegere leiding van de kampen en reizen van de Stichting Kamp- en Reiswerk (voor de) Vrijzinnig Christelijke Jeugdcentrale die beogen het gezamenlijk verleden onder hen in stand te houden. **INTERVENTIENIVEAU** ► Steun op niveau van maatschappij zelf (beleidsbeïnvloeding, etc.).

Werkgebied ■ **ACTIERADIUS** ► Nationaal **LAND** ► Nederland.

Bestedingen ■ **BUDGET** ► niet openbaar **SOORT BIJDRAGE** ► leningen subsidies overig **BOVENGRENS** ► geen **ONDERGRENS** ► geen.

Projecten ■ **CRITERIA** ► Vanuit de doelstellingen van de Vrijzinnige Fondsen worden de volgende richtlijnen gehanteerd bij de beoordeling van de aanvragen ten behoeve van activiteiten: ☑ Heeft de aanvraag voldoende relatie met het vrijzinnig protestantisme? ☑ Heeft de aanvraag een landelijke, regionale of plaatselijke uitstraling? ☑ Betreft het een projectsubsidie? ☑ Welke activiteit(en) maken onderdeel uit van het project? **DOORLOOPTIJD** ► ☑ korter dan 1 jaar **STATUS AANVRAGER** ► ☑ geen beperkingen bekend **VOORKEUR/UITSLUITING** ► Aanvragen die niet voor subsidie in aanmerking komen, ook al vallen ze onder de doelstellingen, de volgenden: ☑ Projecten die geen relatie hebben met het vrijzinnig protestantisme. ☑ Projecten waarvoor een instellingssubsidie wordt gevraagd. ☑ Exploitatiekosten. ☑ Verbouwingen van (kerk)gebouwen. ☑ Restauraties (van orgels).

Procedure ■ **OP AANVRAAG** ► ja **DOORLOOPTIJD** ► 1-3 maanden **AANVRAAGPROCEDURE** ► In de aanvraag moeten in ieder geval de volgende punten aan de orde komen: ☑ de gegevens van de aanvrager (persoon of organisatie met contactpersoon); ☑ de (statutaire) doelstelling van de aanvrager (in geval van rechtspersoon); ☑ een beknopte maar inhoudelijk afdoende beschrijving van de activiteit (waaruit in ieder geval valt op te maken; ☑ wat de relatie is met het vrijzinnig protestantisme); ☑ de doelgroep waar de activiteit zich op richt/van de activiteit; ☑ een begroting en financieel dekkingsplan; ☑ de hoogte van het bedrag van de aanvraag; ☑ de namen van eventueel ook benaderde andere fondsen/instanties. ; De aanvraag ontvangen wij bij voorkeur per e-mail (met bijlagen) of eventueel per post. Het bestuur vergadert een aantal keer per jaar over de aanvragen. U ontvangt een bevestiging van ontvangst van de aanvraag. Het bestuur streeft er naar om binnen twee weken na de vergaderdatum een inhoudelijk reactie te geven. De vergaderdata worden op de website gepubliceerd. **URL** ► www.devrijzinnigefondsen.nl/aanvraag.html

Financieel ■ **INKOMSTEN EV** ► € 130.090 **INKOMSTEN OV** ► € 600 **HERKOMST MIDDELEN** ► vermogen, giften & schenkingen, legaten **BOEKJAAR** ► 2019 **JAARVERSLAG OP WEBSITE** ► ja.

Contact ■ **BEREIKBAAR PER** ► ☑ post ☑ e-mail ☒ telefoon **CONTACTPERSOON** ► Mw. mr. J.G. Bilijam **POSTADRES** ► Nieuwegracht 27A, 3512 LC Utrecht **EMAIL (ALGEMEEN)** ► info@devrijzinnigefondsen.nl.

1338
Vromen-Gravelijn Stichting

Rubriek ■ ☑ gezondheidszorg ☑ noodhulp ☑ maatschappij, welzijn en samenleving

Algemeen ■ **WEBSITE** ► www.vromen-gravelijn.nl **TYPERING** ► vermogensfonds **OPGERICHT** ► 27-08-1964 **RECHTSVORM** ► stichting **KVK** ► 41053463 **ANBI STATUS** ► nee **DIRECTIE** ► geen directiegegevens bekend **BESTUUR** ► M. Boumans, voorzitter; W. Schuurman, penningmeester; W. Pasman, secretaris; W.A. Bot; mw. M. Tankink.

Missie ■ **DOELSTELLING** ► Het verstrekken van financiële steun aan particulieren woonachtig in de Gemeente Doetinchem, die in behoeftige omstandigheden verkeren of dreigen te geraken en voorts al wat hiermee rechtstreeks of zijdelings verband houdt of daartoe bevorderlijk kan zijn, alles in de ruimste zin van het woord. **STICHTER(S)** ► Abraham Vromen (1906-1971) en zijn echtgenote Cornelia Gravelijn (1902-1979). **HISTORIE** ► Een bericht in de Graafschapbode van 28 augustus 1964 maakt melding van de oprichting van de Stichting Vromen-Gravelijn. 'Het trof ons, of liever gezegd mijn vrouw, dat er nog zoveel armoede wordt geleden.' Aldus de heer Abraham Vromen Jr. ter gelegenheid van zijn veertigjarig zakenjubileum samen met zijn echtgenote Cornelia Gravelijn, waarmee hij in 1936 was getrouwd. Beiden waren geen Doetinchemmers van geboorte; hij was in Zutphen geboren en zij in Zeeland. Voor zijn werk kwamen beiden naar Doetinchem. Hij was o.a. directeur van de papierfabriek in Doetinchem. Het echtpaar schonk f 150.000,- aan de nieuwe stichting.

Doelgroep ■ **ALGEMEEN** ► armen **SPECIFIEK** ► Inwoners van de gemeente Doetinchem. **ACTIVITEITEN** ► Het verstrekken van (geldelijke) steun aan hen (uitsluitend woonachtig in de gemeente Doetinchem), die elders niet meer geholpen kunnen worden en tot de minima in onze samenleving behoren. **INTERVENTIENIVEAU** ► Steun aan individuen (directe steun).

Werkgebied ■ **ACTIERADIUS** ► Lokaal **LAND** ► Nederland **PLAATS** ► Doetinchem.

Bestedingen ■ **BUDGET** ► € 6.500 **SOORT BIJDRAGE** ► giften **BOVENGRENS** ► geen **ONDERGRENS** ► geen.

Projecten ■ **CRITERIA** ► ☑ de aanvrager is woonachtig in de gemeente Doetinchem; ☑ het inkomen van aanvrager is lager dan 120% van de bijstandsnorm; ☑ de financiële hulp betreft een noodzakelijke, eenmalige financiële uitgave voor het zelfstandig kunnen (blijven) voeren van een huishouding, bijvoorbeeld een wasmachine of koelkast; ☑ de aanvrager heeft zelf niet de financiële middelen om zo'n financiële uitgave te doen; ☑ de aanvrager heeft geen recht of aanspraak op andere financiële middelen uit hoofde van andere regelingen of voorzieningen; ☑ de aanvraag om individuele financiële hulp moet ingediend of ondersteund worden door een buurtcoach of erkende hulpverlener in de gemeente Doetinchem. **DOORLOOPTIJD** ► ☑ onbekend **STATUS AANVRAGER** ► ☑ stichting of vereniging (non-profit) ☑ kerkelijke instelling ☑ hulpverleners ☑ individuen/gezinnen **VOORKEUR/UITSLUITING** ► Alleen voor inwoners of instellingen binnen de gemeente Doetinchem.

Procedure ■ OP AANVRAAG ▶ ja DOORLOOPTIJD ▶ 1-3 maanden AANVRAAGPROCEDURE ▶ Via het online aanvraagformulier op de website. Om daarvoor in aanmerking te komen dient u te voldoen aan de criteria die de Stichting Vromen-Gravelijn hanteert. In ieder geval krijgt u bericht wat het bestuur besloten heeft. Betaling geschiedt direct aan leverancier of hulpervelener, bij toekenning. URL ▶ www.vromen-gravelijn.nl/?page_id=81

Financieel ■ EIGEN VERMOGEN ▶ € 212.092 INKOMSTEN OV ▶ € 11.771 HERKOMST MIDDELEN ▶ vermogen, giften & schenkingen BOEKJAAR ▶ 2019 JAARVERSLAG OP WEBSITE ▶ ja.

Contact ■ BEREIKBAAR PER ▶ ☑ post ☒ e-mail ☒ telefoon CONTACTPERSOON ▶ H. Veenekamp POSTADRES ▶ Raadhuisstraat 2, 7001 EW Doetinchem.

1339

Stichting Vrouwe Groenevelt's Liefdegesticht

Rubriek ■ ☑ maatschappij, welzijn en samenleving

Algemeen ■ WEBSITE ▶ www.hofvrouwegroenevelt.nl TYPERING ▶ vermogensfonds OPGERICHT ▶ 19-09-1980 RECHTSVORM ▶ stichting KVK ▶ 41126551 ANBI STATUS ▶ ja DIRECTIE ▶ geen directiegegevens bekend BESTUUR ▶ F.H. van Beek, voorzitter; F.H. van Beek, penningmeester; mr. F.W. Oldenburg, secretaris; mr. D.F. Richters; mr. L.J. Mees.

Missie ■ DOELSTELLING ▶ Het doel van VGL is het doen van uitkeringen ter ondersteuning van de financiering van woonruimte aan bejaarde vrouwen, hetzij ongehuwde vrouwen, hetzij weduwen, deze woonruimte zich bevindende in met name het hofje geheten 'Vrouwe Groenevelt's Liefdegesticht' gelegen aan de Vijverhofstraat 69 te Rotterdam. STICHTER(S) ▶ Mevrouw Geertruida Groenevelt HISTORIE ▶ De stichting is ontstaan door het overlijden van Mevrouw Geertruida Groenevelt dd. 30 januari 1808. Mevrouw heeft bij leven in haar testament bepaald dat een legaat zal worden aangewend voor pieuze of nuttige gebruiken, waarmee zij een stichting voor bejaarden, ongehuwde vrouwen bedoelde. BELEIDSPLAN OP WEBSITE ▶ ja.

Doelgroep ■ ALGEMEEN ▶ ouderen, vrouwen SPECIFIEK ▶ Bewoonsters van de Hof en aan hospices. ACTIVITEITEN ▶ VGL besteedt een gedeelte van de verkregen inkomsten conform de doelstelling hoofdzakelijk aan de volgende projecten: ☑ Op maandelijkse basis aan bewoonsters van de Hof die een dergelijke ondersteuning behoeven ter financiering van hun woonruimte; ☑ Een aantal keren per jaar aan het onderhoud van gebouwen en tuin, onderdeel uitmakend van de Hof; ☑ Jaarlijks aan hospices, voornamelijk gelegen te Rotterdam, ter instandhouding van gebouwen en tuinen, voorzover zulks in overeenstemming kan worden geacht met de doelstelling van VGL, zoals bijvoorbeeld aan het hospice De Vier Vogels te Rotterdam; ☑ Op andere wijze, zoals aan Stichting Ouderenhuisvesting Rotterdam, mits zulks in overeenstemming met de doelstelling van VGL kan worden beschouwd. INTERVENTIENIVEAU ▶ Steun aan lokale/provinciale maatschappelijke organisaties en structuren (incl. gemeenten etc.) die diensten verlenen aan individuen.; Steun aan individuen (directe steun).

Werkgebied ■ ACTIERADIUS ▶ Lokaal LAND ▶ Nederland PLAATS ▶ Rotterdam.

Bestedingen ■ BUDGET ▶ niet openbaar SOORT BIJDRAGE ▶ giften BOVENGRENS ▶ geen ONDERGRENS ▶ geen.

Projecten ■ CRITERIA ▶ geen projectcriteria bekend DOORLOOPTIJD ▶ ☑ onbekend STATUS AANVRAGER ▶ ☑ geen beperkingen bekend VOORKEUR/UITSLUITING ▶ geen voorkeur of uitsluiting bekend.

Procedure ■ OP AANVRAAG ▶ onbekend AANVRAAGPROCEDURE ▶ Geen aanvraagprocedure bekend. Contact via contactformulier website, e-mailadressen (fhvbeek@telfort.nl; liefdegesticht@kpnplanet.nl)

Financieel ■ EIGEN VERMOGEN ▶ € 460.000 INKOMSTEN EV ▶ € 47.870 HERKOMST MIDDELEN ▶ vermogen, giften & schenkingen, legaten, bedrijven, overige inkomsten BOEKJAAR ▶ 2016 JAARVERSLAG OP WEBSITE ▶ ja.

Contact ■ BEREIKBAAR PER ▶ ☑ post ☑ e-mail ☑ telefoon CONTACTPERSOON ▶ F.H. van Beek POSTADRES ▶ Kerkeinde 26, 4254LD Sleeuwijk EMAIL (ALGEMEEN) ▶ liefdegesticht@kpnplanet.nl TELEFOON (ALGEMEEN) ▶ 010-4667216.

1340

Stichting VSB Fonds Woerden

Rubriek ■ ☑ gezondheidszorg ☑ kunst en cultuur ☑ maatschappij, welzijn en samenleving ☑ natuur, milieu en dieren ☑ sport en recreatie ☑ onderwijs en onderzoek

Algemeen ■ WEBSITE ▶ www.vsbfondswoerden.nl TYPERING ▶ vermogensfonds OPGERICHT ▶ 29-12-1992 RECHTSVORM ▶ stichting KVK ▶ 41172422 ANBI STATUS ▶ ja DIRECTIE ▶ G. Blonk BESTUUR ▶ J.A. Avis, voorzitter; mw. A.W.M. Koot, vice-voorzitter; F.A.J. van der Heijden; mw. D.B.J. Topper; Th. W. Eewold.

Missie ■ DOELSTELLING ▶ Het doel van de stichting is - zonder winstoogmerk - een bijdrage te leveren in haar werkgebied aan het behoud en het verbeteren van een leefbare samenleving met het oog op een duurzame toekomst, alles in de ruimste zin des woords. STICHTER(S) ▶ Stichting Nutsspaarbank Woerden HISTORIE ▶ De ontstaansgeschiedenis van het VSB Fonds Woerden gaat terug naar het jaar 1871. In dat jaar nam de lokale vereniging 'Nut van 't Algemeen' het initiatief om de Stichting Nutsspaarbank Woerden op te richten en konden de Woerdenaren sparen bij een echte bank. De filosofie achter de toenmalige spaarbank was eenvoudig: leer de burger voor zichzelf zorgen en maak hem minder kwetsbaar. De spaarbank ontwikkelde zich in een snel tempo en werd een financiële instelling die tot een van de grootste van Woerden mag worden gerekend. Zij opereerde, geheel zelfstandig onder de namen: Nutspaarbank, Spaarbank Woerden, VSB Bank Woerden en uiteindelijk Fortis Bank Woerden. In 1992 sluit de Spaarbank Woerden zich als naamloze vennootschap aan bij de VSB Groep N.V. Na een naamswijziging is de Stichting VSB Fonds Woerden e.o. een feit. **BELEIDSPLAN OP WEBSITE** ► ja.

Doelgroep ■ **SPECIFIEK** ► Instellingen, verenigingen en stichtingen actief op de genoemde gebieden. **ACTIVITEITEN** ► Het uitgavenbeleid van het VSB Fonds Woerden richt zich op het doen van uitkeringen van algemeen maatschappelijk belang en aan projecten met een ideële of sociale strekking. De stichting ondersteunt instellingen, verenigingen en stichtingen, die zich bezighouden op de volgende gebieden: ☑ Kunst en cultuur; ☑ Sport en recreatie; ☑ Sociaal maatschappelijk; ☑ Educatie; ☑ Natuur en milieu; ☑ Gezondheid. **INTERVENTIENIVEAU** ► Steun aan lokale/provinciale maatschappelijke organisaties en structuren (incl. gemeenten etc.) die diensten verlenen aan individuen.

Werkgebied ■ **ACTIERADIUS** ► Lokaal **LAND** ► Nederland **REGIO** ► Utrecht **PLAATS** ► Woerden.

Bestedingen ■ **BUDGET** ► niet openbaar **ONDERSTEUNDE PROJECTEN P/J** ► 100 **SOORT BIJDRAGE** ► giften overig garanties **BOVENGRENS** ► geen **ONDERGRENS** ► geen.

Projecten ■ **CRITERIA** ► ☑ concrete en afgebakende projecten,; ☑ Projecten hebben een raakvlak met de samenleving in de Gemeente Woerden en georganiseerd worden door stichtingen of verenigingen; ☑ De steun heeft nimmer een permanent karakter; ☑ Bij de beoordeling van de projecten spelen de kernbegrippen participatie en ontplooiing een belangrijke rol,; ☑ Een eigen bijdrage en co-financiering door andere partijen zijn doorgaans voorwaarden. **DOORLOOPTIJD** ► ☑ korter dan 1 jaar **STATUS AANVRAGER** ► ☑ stichting of vereniging (non-profit) ☑ onderwijsinstelling **VOORKEUR/UITSLUITING** ► De stichting steunt geen: ☑ instellingen met een winstoogmerk; ☑ instellingen en projecten met een uitgesproken commercieel, politiek of religieus karakter; ☑ instellingen die een aanvraag indienen ter dekking van exploitatiekosten of; overheadkosten; ☑ instellingen die een niet projectgebonden aanvraag insturen; ☑ instellingen die over voldoende eigen vermogen beschikken om een project zelf te kunnen financieren; ☑ projecten die reeds zijn gestart; ☑ projecten die buiten de Gemeente Woerden plaatsvinden; ☑ projecten van individuele aanvragers; ☑ projecten die niet passen binnen het beleid van Stichting VSB Fonds Woerden (bijvoorbeeld jubilea of feesten).

Procedure ■ **OP AANVRAAG** ► ja **DOORLOOPTIJD** ► 1-3 maanden **AANVRAAGPROCEDURE** ► U kunt uw aanvraag voor een donatie het gehele jaar indienen. Houd er wel rekening mee dat de stichting uw aanvraag minimaal 10 weken voor aanvang van het project volledig ontvangen moet hebben. Bovendien moet u uw aanvraag uiterlijk twee weken vóór de vergadering van het bestuur indienen. Zie de website voor de vergaderdata. U kunt uw aanvraag uitsluitend online aanleveren via het online aanvraagformulier. De aanvraag bestaat uit: ☑ een aanvraagformulier; ☑ statuten van de aanvragende instelling; ☑ een recent uittreksel inschrijving Kamer van Koophandel (niet ouder dan drie maanden); ☑ laatst verschenen jaarrekening en jaarverslag; ☑ een projectbeschrijving, inclusief tijdsplanning; ☑ een overzicht van instellingen waar eveneens een aanvraag voor een bijdrage is ingediend; ☑ een begroting en dekkingsplan; ☑ gegevens van contactpersonen (overdag bereikbaar); ☑ een beknopte historie van de organisatie; ☑ relevante informatie over de organisatie en activiteiten **URL** ► https://www.vsbfondswoerden.nl/pg-31185-7-103847/pagina/donatie_aanvragen_dekstop.html

Financieel ■ **INKOMSTEN EV** ► € 1.226.000 **HERKOMST MIDDELEN** ► vermogen **BOEKJAAR** ► 2019 **JAARVERSLAG OP WEBSITE** ► ja.

Contact ■ **BEREIKBAAR PER** ► ☑ post ☑ e-mail ☑ telefoon **CONTACTPERSOON** ► G. Blonk **POSTADRES** ► Pompmolenlaan 13, 3447 GK Woerden **EMAIL (ALGEMEEN)** ► info@vsbfondswoerden.nl **TELEFOON (ALGEMEEN)** ► 06-53104625.

1341
Stichting VSBfonds

Rubriek ■ ☑ kunst en cultuur ☑ maatschappij, welzijn en samenleving ☑ onderwijs en onderzoek

Algemeen ■ **WEBSITE** ► www.vsbfonds.nl **TYPERING** ► vermogensfonds **OPGERICHT** ► 1990 **RECHTSVORM** ► stichting **KVK** ► 41179944 **ANBI STATUS** ► ja **DIRECTIE** ► B.B. Schneiders **BESTUUR** ► Mw.drs. J. Klijnsma, voorzitter; drs. C.J. Beuving; mw.drs. M.E.R. van Elst; mr. H.H. Idzerda; drs. J.W.M. van der Knaap; mw.dr. J.J. Sylvester; drs. W. Weijland.

Missie ■ **DOELSTELLING** ► VSBfonds draagt bij aan de kwaliteit van de Nederlandse samenleving door projecten te ondersteunen met geld, kennis en netwerken. Het beoogt daarbij de individuele ontwikkeling van mensen en hun betrokkenheid bij de samenleving te vergroten. Het fonds wil bijdragen aan de zelfredzaamheid en samenredzaamheid in ons land. Door sociale en culturele projecten te steunen en door studiebeurzen te verstrekken die actief burgerschap versterken. Zodat iedereen zijn of haar plek vindt en krijgt in onze diverse samenleving en kan groeien, leren en leven met én dankzij elkaar. Vandaar het motto van het fonds: 'Iedereen doet mee'. **HISTORIE** ► In 1990 is VSBfonds in zijn huidige vorm ontstaan. Maar de geschiedenis van het fonds gaat ruim 200 jaar terug in de tijd. In 1784 stichten zes sociaal bevlogen burgers 'de Maatschappij tot Nut van 't Algemeen'. Vanuit het motto 'kennis is de weg naar persoonlijke en maatschappelijke ontwikkeling' organiseert 'het Nut' in eerste instantie prijsvragen over onderwijskundige en opvoedkundige kwesties. Later volgen onder andere Nutsleeszalen, Nutsscholen, Nutsbibliotheken en vanaf 1817 de Nutsspaarbanken. In de loop der jaren verenigt een groot aantal spaarbanken zich tot de Verenigde Spaarbank, na een naamswijziging VSB Bank. Het eigendom van VSB Bank is in handen van de Stichting VSB. In 1990 fuseert de VSB Groep N.V. met AMEV. Later dat jaar gaat deze fusieorganisatie samen met de Belgische AG Groep. Hieruit ontstaat een nieuw concern, Fortis. Stichting VSB is dan grootaandeelhouder in (het toenmalige) Fortis en wijzigt haar naam in Stichting VSBfonds.

Doelgroep ■ **SPECIFIEK** ► Initiatieven die bijdragen aan een samenleving waarin iedereen actief meedoet, zich betrokken voelt en de kans heeft persoonlijk en maatschappelijk te groeien. **ACTIVITEITEN** ► Het fonds is actief op drie gebieden: Mens & Maatschappij, Kunst &

Cultuur en Beurzen voor studenten die in het buitenland verder willen studeren of onderzoek doen. VSBfonds brengt haar missie in de praktijk door bij het toekennen van donaties de volgende algemene doelstellingen na te streven. ☑ Ontmoeten: bevorderen dat mensen elkaar ontmoeten, zodat ze elkaar leren kennen, begrijpen, respecteren en inspireren; ☑ Participeren: VSBfonds wil bevorderen dat een ieder kan deelnemen aan het sociale en economische leven onder condities die het welbevinden en individuele potenties stimuleren, zodat niemand wordt uitgesloten; ☑ Bewustzijn; bevorderen dat mensen inzicht krijgen in de cultuurhistorische context van zichzelf en anderen om daarmee zichzelf en anderen beter te begrijpen en met anderen samen te leven; ☑ Inspireren: VSBfonds wil bevorderen dat het innerlijk leven van een zo groot mogelijke groep mensen wordt verrijkt en de verbeeldingskracht gevoed, opdat mensen daarmee vreugde ervaren en de inspiratie vinden om zichzelf verder te ontwikkelen en een bijdrage te leveren aan de samenleving. **INTERVENTIENIVEAU** ▶ Steun aan lokale/provinciale maatschappelijke organisaties en structuren (incl. gemeenten etc.) die diensten verlenen aan individuen.

Werkgebied ■ **ACTIERADIUS** ▶ Nationaal **LAND** ▶ Nederland.

Bestedingen ■ **BUDGET** ▶ € 26.900.000 **TOELICHTING** ▶ VSBfonds ontvangt elk jaar een uitkering van Stichting VSB Vermogensfonds. **ONDERSTEUNDE PROJECTEN P/J** ▶ 1293 **SOORT BIJDRAGE** ▶ giften studiebeurzen **BOVENGRENS** ▶ geen **ONDERGRENS** ▶ geen.

Projecten ■ **CRITERIA** ▶ De stichting biedt verschillende projecten op de gebieden: kunst & cultuur, mens & maatschappij en studiebeurzen. Voor de projectcriteria per gebied, zie website. **DOORLOOPTIJD** ▶ ☑ korter dan 1 jaar ☑ 1 - 2 jaar ☑ langer dan 2 jaar **STATUS AANVRAGER** ▶ ☑ stichting of vereniging (non-profit) **VOORKEUR/UITSLUITING** ▶ Het VSBfonds verleent geen steun aan: ☑ projecten die tijdens de aanvraag of behandeling reeds geheel of gedeeltelijk zijn gerealiseerd; ☑ projectonderdelen als exploitatietekorten, niet-projectgebonden salariskosten, kosten van levensonderhoud en verbonden aan de normale activiteiten van een organisatie; ☑ projecten met een internationaal karakter; ☑ individuen en particuliere vermogensfondsen; ☑ overheden, overheidsinstellingen of structureel geheel of vrijwel geheel door een overheid gesubsidieerde instellingen, evenmin als commerciële instellingen; ☑ activiteiten of projecten met een uitgesproken politiek of religieus karakter.

Procedure ■ **OP AANVRAAG** ▶ ja **AANVRAAGPROCEDURE** ▶ Aanvragen kunt u alleen indienen via het online aanvraagformulier op de verschillende webpagina's van de verschillende aandachtsgebieden. U kunt een quickscan op de website doen om te controleren of uw project of studie/onderzoek aan de criteria voldoet. Om te kunnen aanvragen moet u zich eerst registeren of, als u dit al heeft gedaan, inloggen op uw account. Vanuit uw account kunt u een (nieuwe) aanvraag doen en de status van lopende aanvragen volgen. U kunt een aanvraag het hele jaar door indienen. Wel moet de aanvraag vier maanden voor de start van het project door de stichting zijn ontvangen. U krijgt binnen enkele weken bericht. **URL** ▶ www.vsbfonds.nl/over-vsbfonds/donatie-aanvragen

Financieel ■ **EIGEN VERMOGEN** ▶ € 6.219.000 **INKOMSTEN EV** ▶ € 1.000 **INKOMSTEN OV** ▶ € 30.651.000 **HERKOMST MIDDELEN** ▶ vermogen, giften & schenkingen **BOEKJAAR** ▶ 2018 **JAARVERSLAG OP WEBSITE** ▶ ja.

Contact ■ **BEREIKBAAR PER** ▶ ☑ post ☑ e-mail ☑ telefoon **CONTACTPERSOON** ▶ geen contactpersoon bekend **POSTADRES** ▶ Postbus 16, 3500 AA Utrecht **EMAIL (ALGEMEEN)** ▶ info@vsbfonds.nl **TELEFOON (ALGEMEEN)** ▶ 030-2303300.

1342
Stichting De Vullerfonds voor Studiekosten

Rubriek ■ ☑ onderwijs en onderzoek

Algemeen ■ **WEBSITE** ▶ www.devullerfonds.nl **TYPERING** ▶ vermogensfonds **OPGERICHT** ▶ 1883 **RECHTSVORM** ▶ stichting **KVK** ▶ 41038299 **ANBI STATUS** ▶ nee **DIRECTIE** ▶ geen directiegegevens bekend **BESTUUR** ▶ F.J. Spekreijse, voorzitter; mw.drs. E.H. Willeumier-Noordhoff, penningmeester; P. Kraan, secretaris; F. Berends.

Missie ■ **DOELSTELLING** ▶ Het fonds heeft als doelstelling: ☑ Personen tegemoet komen in de kosten van hun studie aan een instelling van universitair, hoger-, middelbaar- of beroepsonderwijs; ☑ Het jaarlijks verstrekken van een aanmoedigingsprijs aan twee personen, bij voorkeur één man en één vrouw, ongeacht de leeftijd, die erg goed hebben gepresteerd op hun studiegebied. **STICHTER(S)** ▶ Dhr. J.A. de Vuller **HISTORIE** ▶ Het 'De Vullerfonds' is in 1883 opgericht door dhr. J.A. de Vuller, voormalig burgemeester van Gorssel.

Doelgroep ■ **ALGEMEEN** ▶ studenten **SPECIFIEK** ▶ Geen specifieke doelgroep **ACTIVITEITEN** ▶ Jaarlijks worden twee onderwijsinstellingen in het werkgebied van het fonds geselecteerd om een voordracht te doen welke student(en) voor de aanmoedigingsprijs in aanmerking kunnen komen. In 2018 is de anmoedigingsprijs verstrekt aan een leerling van het Staring College te Lochem en een leerling van het; ROC te Zutphen. **INTERVENTIENIVEAU** ▶ Steun aan individuen (directe steun).

Werkgebied ■ **ACTIERADIUS** ▶ Nationaal **LAND** ▶ Nederland **PLAATS** ▶ Lochem, Zutphen.

Bestedingen ■ **BUDGET** ▶ niet openbaar **ONDERSTEUNDE PROJECTEN P/J** ▶ 3 **SOORT BIJDRAGE** ▶ leningen studiebeurzen **BOVENGRENS** ▶ geen **ONDERGRENS** ▶ geen.

Projecten ■ **CRITERIA** ▶ Een studie duurt vaak meerdere jaren. Voor de vervolgjaren moeten er na de eerste aanvraag opnieuw aanvragen worden ingediend. Voor de aanmoedigingsprijs wordt jaarlijks bericht gestuurd aan alle onderwijsinstellingen in het werkgebied. Daarin wordt gevraagd om namen van degene(n) die in hun studie een erg goede prestatie hebben geleverd. De criteria hiervoor zijn: ☑ Erg goed presteren; ☑ Er moet een buitengewone inspanning geleverd zijn; ☑ Het eigen belang overstijgend; ☑ De leeftijd is niet van belang. **DOORLOOPTIJD** ▶ ☑ langer dan 2 jaar **STATUS AANVRAGER** ▶ ☑ individuen/gezinnen **VOORKEUR/UITSLUITING** ▶ ☑ Voorkeur gaat uit naar jongeren en voor degenen die wonen of geboren zijn in de gemeente Lochem of Zutphen. ☑ Er moet, als de studie is afgerond, in principe het gedeelte dat als renteloze lening is gegeven terugbetaald worden.

Procedure ■ OP AANVRAAG ▶ ja DOORLOOPTIJD ▶ 1-3 maanden AANVRAAGPROCEDURE ▶ Als er een aanvraag wordt ingediend, moet dat gebeuren door middel van het aanvraagformulier dat u op de website kunt downloaden. Als u voor het eerst een aanvraag indient moet u daarbij bewijzen voegen die op het aanvraagformulier zijn vermeld. De aanvraag moet worden gestuurd naar het secretariaat. Van deze aanvraag ontvangt de aanvrager een bevestiging en een lijstje met de namen en adressen van de bestuursleden van het fonds. De aanvrager moet daarna contact opnemen met een bestuurslid naar keuze. Dit bestuurslid betrekt na overleg met de aanvrager een tweede bestuurslid erbij. Gezamenlijk brengen beide bestuursleden in de bestuursvergadering van juli verslag uit van hun bevindingen. Daarna neemt het bestuur in deze vergadering een beslissing over de aanvraag. Na de beslissing van het bestuur wordt er bericht gestuurd naar de aanvrager wat de beslissing is. URL ▶ www.devullerfonds.nl/aanvragen/aanvraagformulier/

Financieel ■ HERKOMST MIDDELEN ▶ vermogen, inkomsten uit vermogen.

Contact ■ BEREIKBAAR PER ▶ ☑ post ☑ e-mail ☑ telefoon CONTACTPERSOON ▶ O. Huizinga POSTADRES ▶ Postbus 17, 7240 AA Lochem EMAIL (ALGEMEEN) ▶ o.huizenga@lochem.nl TELEFOON (ALGEMEEN) ▶ 057-3289347.

1343
Stichting W.G. van der Boor's Ondersteuningsfonds

Rubriek ■ ☑ maatschappij, welzijn en samenleving ☑ noodhulp

Algemeen ■ WEBSITE ▶ www.kennisbankfilantropie.nl/anbi/wg-van-der-boors-ondersteuningsfonds TYPERING ▶ vermogensfonds OPGERICHT ▶ 10-07-1920 RECHTSVORM ▶ stichting KVK ▶ 41150127 ANBI STATUS ▶ nee DIRECTIE ▶ geen directiegegevens bekend BESTUUR ▶ Mr. K.G.W. van Oven, voorzitter; mr. F. van Gelein Vitringa.

Missie ■ DOELSTELLING ▶ Verlenen van financiële steun aan bij voorkeur inwoners van 's-Gravenhage en omstreken, die buiten hun schuld in moeilijkheden zijn gekomen, zodanig dat zij niet meer in een eenvoudige wijze van leven kunnen voorzien. STICHTER(S) ▶ Willem Gerbrand van der Boor.

Doelgroep ■ ALGEMEEN ▶ armen SPECIFIEK ▶ Inwoners van Den Haag e.o. ACTIVITEITEN ▶ Geen specifieke activiteiten bekend INTERVENTIENIVEAU ▶ Steun aan lokale/provinciale maatschappelijke organisaties en structuren (incl. gemeenten etc.) die diensten verlenen aan individuen.

Werkgebied ■ ACTIERADIUS ▶ Lokaal, Regionaal LAND ▶ Nederland PLAATS ▶ Den Haag.

Bestedingen ■ BUDGET ▶ niet openbaar SOORT BIJDRAGE ▶ giften BOVENGRENS ▶ geen ONDERGRENS ▶ geen.

Projecten ■ CRITERIA ▶ geen projectcriteria bekend DOORLOOPTIJD ▶ ☑ korter dan 1 jaar STATUS AANVRAGER ▶ ☑ hulpverleners VOORKEUR/UITSLUITING ▶ Geen voorkeur/uitsluiting bekend.

Procedure ■ OP AANVRAAG ▶ onbekend DOORLOOPTIJD ▶ 1-3 maanden AANVRAAGPROCEDURE ▶ geen aanvraagprocedure bekend.

Financieel ■ HERKOMST MIDDELEN ▶ vermogen.

Contact ■ BEREIKBAAR PER ▶ ☑ post ☒ e-mail ☒ telefoon CONTACTPERSOON ▶ geen contactpersoon bekend POSTADRES ▶ Postbus 97790, 2509 GD Den Haag.

1344
W.J.O. de Vries fonds

Rubriek ■ ☑ maatschappij, welzijn en samenleving ☑ kunst en cultuur ☑ vluchtelingenhulp

Algemeen ■ WEBSITE ▶ www.arsdonandi.nl/de-fondsen TYPERING ▶ fonds op naam BEHEERD DOOR ▶ Ars Donandi DIRECTIE ▶ zie > Ars Donandi BESTUUR ▶ zie > Ars Donandi

Missie ■ DOELSTELLING ▶ Het doel van het fonds is het verlenen van steun aan rechtspersonen, die een algemeen maatschappelijke belang in Nederland beogen. STICHTER(S) ▶ Willem Johan Oscar de Vries HISTORIE ▶ Het W.J.O. de Vries fonds is in 2007 opgericht door het overdragen van de doelstellingen, het beleid en het vermogen van Stichting W.J.O. de Vries-fonds. Deze stichting is voortgekomen uit de nalatenschap van de heer Willem Johan Oscar de Vries, geboren te Amsterdam op 12 januari 1888. De stichting is in 1969 van start gegaan en steunt sinds die tijd projecten en instellingen binnen het kader van de ruime doelstelling. De oprichter was werkzaam als sherryhandelaar in Amsterdam, en was de zoon van een ongehuwde moeder. Dit laatste zou een verklaring kunnen zijn voor de in zijn testament geuitte wens om projecten voor vrouwenopvang te ondersteunen.

Werkgebied ■ ACTIERADIUS ▶ Nationaal, Lokaal LAND ▶ Nederland REGIO ▶ Noord-Holland PLAATS ▶ Amsterdam e.o.

Projecten ■ CRITERIA ▶ geen projectcriteria bekend DOORLOOPTIJD ▶ ☑ onbekend STATUS AANVRAGER ▶ ☑ stichting of vereniging (non-profit) VOORKEUR/UITSLUITING ▶ De voorkeur gaat hierbij uit naar projecten in de regio Amsterdam. De voorkeur gaat uit naar projecten gericht op: ☑ versterking van de sociale structuur van gemeenschappen; ☑ sociale zorg en welzijn voor hen die tussen wal en schip vallen; ☑ cultuurbehoud en restauratie. Het beleidsprogramma betreft sinds 2009 alleen orgelrestauratieprojecten; ☑ cultureel maatschappelijke projecten gericht op de sociale cohesie en op de zwakkeren in de samenleving, met name via projecten die zich richten op uitvoerende kunst. Géén donatie wordt verstrekt aan: ☑ (ver-)bouwprojecten en restauratieprojecten; ☑ inrichtingsprojecten; ☑ aankoop van huisvesting; ☑ exploitatie; ☑ buitenlandse organisaties en buitenlandse projecten; ☑ politieke organisaties- en doelen.

Procedure ■ OP AANVRAAG ▶ ja AANVRAAGPROCEDURE ▶ Om snel erachter te komen of u in aanmerking komt, kunt u een quickscan doen.

Een aanvraag dient u in via het digitale aanvraagformulier op de site. Als u de aanvraag volledig heeft ingevuld en verzonden ontvangt u een ontvangstbevestiging. Aanvragers mogen eens in de twee jaar een aanvraag indienen.Het bestuur van Ars Donandi vergadert vier keer per jaar, in maart, juni, september en december. Uiterlijk 3 weken na de bestuursvergadering ontvangt u een schriftelijke toekenning of afwijzing. **URL** ▶ www.arsdonandi.nl/donatie-aanvragen/

Contact ■ **BEREIKBAAR PER** ▶ ☑ post ☑ e-mail ☑ telefoon **CONTACTPERSOON** ▶ geen contactpersoon bekend **POSTADRES** ▶ Postbus 3727, 1001 AM Amsterdam **EMAIL (ALGEMEEN)** ▶ info@arsdonandi.nl **TELEFOON (ALGEMEEN)** ▶ 020-5215632 **TELEFOON (AANVRAGEN)** ▶ 020-5215628.

1345

Stichting Wadwerd

Rubriek ■ ☑ maatschappij, welzijn en samenleving ☑ kunst en cultuur ☑ sport en recreatie

Algemeen ■ **WEBSITE** ▶ https://www.kennisbankfilantropie.nl/anbi/wadwerd **TYPERING** ▶ vermogensfonds **RECHTSVORM** ▶ stichting **KVK** ▶ 01123201 **ANBI STATUS** ▶ ja **DIRECTIE** ▶ geen directiegegevens bekend **BESTUUR** ▶ geen bestuursgegevens bekend.

Missie ■ **DOELSTELLING** ▶ Geen doelstelling bekend.

Doelgroep ■ **SPECIFIEK** ▶ Inwoners van Usquert en omgeving. **ACTIVITEITEN** ▶ Het geven van financiële ondersteuning, het schenken van goederen en het geven van advies aan verenigingen en instellingen. **INTERVENTIENIVEAU** ▶ Steun aan lokale/provinciale maatschappelijke organisaties en structuren (incl. gemeenten etc.) die diensten verlenen aan individuen.

Werkgebied ■ **ACTIERADIUS** ▶ Nationaal **LAND** ▶ Nederland.

Bestedingen ■ **BUDGET** ▶ niet openbaar **SOORT BIJDRAGE** ▶ onbekend **BOVENGRENS** ▶ geen **ONDERGRENS** ▶ geen.

Projecten ■ **CRITERIA** ▶ geen projectcriteria bekend **DOORLOOPTIJD** ▶ ☑ onbekend **STATUS AANVRAGER** ▶ ☑ geen beperkingen bekend **VOORKEUR/UITSLUITING** ▶ Geen voorkeur/uitsluiting bekend.

Procedure ■ **OP AANVRAAG** ▶ onbekend **AANVRAAGPROCEDURE** ▶ Geen aanvraagprocedure bekend.

Financieel ■ **HERKOMST MIDDELEN** ▶ onbekend.

Contact ■ **BEREIKBAAR PER** ▶ ☑ post ☒ e-mail ☑ telefoon **CONTACTPERSOON** ▶ geen contactpersoon bekend **POSTADRES** ▶ Wadwerderweg 6, 9988 SX Usquert **TELEFOON (ALGEMEEN)** ▶ 0595423822.

1346

Wanda van de Riet Fonds

Rubriek ■ ☑ kunst en cultuur ☑ onderwijs en onderzoek

Algemeen ■ **WEBSITE** ▶ www.cultuurfonds.nl **TYPERING** ▶ fonds op naam **BEHEERD DOOR** ▶ Prins Bernhard Cultuurfonds **DIRECTIE** ▶ zie > Prins Bernhard Cultuurfonds **BESTUUR** ▶ zie > Prins Bernhard Cultuurfonds

Missie ■ **DOELSTELLING** ▶ Het financieel ondersteunen van getalenteerde afgestudeerde dansers of zangers op het gebied van opera of operette voor een vervolgopleiding in het buitenland.

Werkgebied ■ **ACTIERADIUS** ▶ Internationaal.

Projecten ■ **CRITERIA** ▶ geen projectcriteria bekend **DOORLOOPTIJD** ▶ ☑ korter dan 1 jaar **STATUS AANVRAGER** ▶ ☑ geen beperkingen bekend **VOORKEUR/UITSLUITING** ▶ geen voorkeur of uitsluiting bekend.

Procedure ■ **OP AANVRAAG** ▶ ja **AANVRAAGPROCEDURE** ▶ Dit 'fonds op naam' ressorteert onder het Prins Bernhard Cultuurfonds. Verzoeken aan fondsen op naam komen op één centraal punt binnen. Dit houdt in dat een subsidieaanvraag slechts eenmaal aan het Prins Bernhard Cultuurfonds hoeft te worden gezonden. Voor de verdere aanvraagprocedure: zie Prins Bernhard Cultuurfonds. **URL** ▶ www.cultuurfonds.nl/aanvragen

Contact ■ **BEREIKBAAR PER** ▶ ☑ post ☑ e-mail ☑ telefoon **CONTACTPERSOON** ▶ geen contactpersoon bekend **POSTADRES** ▶ Postbus 19750, 1000 GT Amsterdam **EMAIL (ALGEMEEN)** ▶ info@cultuurfonds.nl **TELEFOON (ALGEMEEN)** ▶ 020-5206130.

1347

Stichting Wassenaarse Hulpverlening

Rubriek ■ ☑ maatschappij, welzijn en samenleving

Algemeen ■ **WEBSITE** ▶ https://www.csanbiportaal.nl/foundation/stichting-wassenaarse-hulpverlening **TYPERING** ▶ vermogensfonds **OPGERICHT** ▶ 17-04-1995 **RECHTSVORM** ▶ stichting **KVK** ▶ 41159123 **ANBI STATUS** ▶ nee **DIRECTIE** ▶ geen directiegegevens bekend **BESTUUR** ▶ Drs. J.Th. Hoekema, voorzitter; mr. R.W. baron Snouckaert van Schauburg, penningmeester; P.S.M. Buschman, secretaris.

Missie ■ **DOELSTELLING** ▶ De Stichting heeft ten doel: het lenigen van nood onder ingezetenen van Wassenaar, daar, waar de Algemene Bijstandswet of andere regelingen van het Rijk, de provincie of de gemeente geen toepassing vinden, en voorts al hetgeen met een en ander rechtstreeks of zijdelings verband houdt of daartoe bevorderlijk kan zijn. **STICHTER(S)** ▶ Prins Frederik der Nederlanden **HISTORIE** ▶ De statuten van de Stichting melden dat volgens het schrijven op 11 oktober 1881 van de Hofmaarschalk van Prins Frederik der Nederlanden, door de erfgenamen van de prins aan de Burgemeester van Wassenaar een bedrag van NLG2.000 is geschonken. Dit was bestemd voor de 'algemene armen der gemeente Wassenaar'. Teneinde deze schenking bestemming te geven werd in datzelfde jaar de Wassenaarse Spijskokerij in het leven geroepen met als doel gedurende de wintermaanden tegen kostprijs spijzen ter beschikking te stellen van behoeftige ingezetenen. Later werd als gevolg van gewijzigde maatschappelijke verhoudingen in plaats van de Wassenaarse Spijskokerij de Wassenaarse Instelling tot Hulpverlening in Bijzondere Gevallen in het leven geroepen met als doel het lenigen van nood onder ingezetenen van Wassenaar in bijzondere gevallen. Later zijn de maatschappelijke verhoudingen wederom zodanig veranderd dat naar een nieuwe rechtsvorm en formulering van de doelstelling is overgegaan, waarbij aansluiting is gezocht aan hetgeen de erfgenamen van de prins bedoeld hebben. En hierdoor is de Stichting Wassenaarse Hulpverlening op 7 april 1995 in het leven geroepen. **BELEIDSPLAN OP WEBSITE** ▶ ja.

Doelgroep ■ **ALGEMEEN** ▶ armen **SPECIFIEK** ▶ Inwoners van Wassenaar. **ACTIVITEITEN** ▶ Binnen deze statutaire bepalingen tracht de Stichting Wassenaarse Hulpverlening haar doelen in de praktijk voornamelijk te realiseren door het geven van herkenbare bijdragen aan doelen met een specifiek karakter. In de praktijk komt dit veelal neer op het schenken van goederen in natura waar behoefte aan is bij armlastige inwoners van Wassenaar en sociale wetgeving niet of niet geheel van toepassing is. Het bestuur prefereert dit boven giften die slechts als marginale bijdrage in een grotere geldstroom vallen. **INTERVENTIENIVEAU** ▶ Steun aan individuen (directe steun).

Werkgebied ■ **ACTIERADIUS** ▶ Lokaal **LAND** ▶ Nederland **PLAATS** ▶ Wassenaar.

Bestedingen ■ **BUDGET** ▶ € 7.000 **SOORT BIJDRAGE** ▶ giften **BOVENGRENS** ▶ geen **ONDERGRENS** ▶ geen.

Projecten ■ **CRITERIA** ▶ ☑ Noden; ☑ voorliggende voorzieningen zijn niet of onvoldoende toereikend. **DOORLOOPTIJD** ▶ ☑ korter dan 1 jaar **STATUS AANVRAGER** ▶ ☑ individuen/gezinnen **VOORKEUR/UITSLUITING** ▶ Geen voorkeur/uitsluiting bekend.

Procedure ■ **OP AANVRAAG** ▶ onbekend **DOORLOOPTIJD** ▶ 1-3 maanden **AANVRAAGPROCEDURE** ▶ geen aanvraagprocedure bekend.

Financieel ■ **EIGEN VERMOGEN** ▶ € 146.270 **INKOMSTEN EV** ▶ € 8.195 **HERKOMST MIDDELEN** ▶ vermogen **BOEKJAAR** ▶ 2019 **JAARVERSLAG OP WEBSITE** ▶ ja.

Contact ■ **BEREIKBAAR PER** ▶ ☑ post ☑ e-mail ☑ telefoon **CONTACTPERSOON** ▶ geen contactpersoon bekend **POSTADRES** ▶ Postbus 16710, 2500 BS Den Haag **EMAIL (ALGEMEEN)** ▶ info@capitalsupport.nl **TELEFOON (ALGEMEEN)** ▶ 070-7112300.

1348

Wassenbergh-Clarijs-Fontein Stichting

Rubriek ■ ☑ kunst en cultuur

Algemeen ■ **WEBSITE** ▶ www.stichtingwcf.nl **TYPERING** ▶ vermogensfonds **OPGERICHT** ▶ 22-07-1985 **RECHTSVORM** ▶ stichting **KVK** ▶ 41244625 **ANBI STATUS** ▶ ja **DIRECTIE** ▶ geen directiegegevens bekend **BESTUUR** ▶ Mw.drs. X.Y. Wassenbergh, voorzitter; J. van der Heide, penningmeester; mr. A.J. Algra, secretaris; drs. H.P. ter Avest; mw. M.K. Pragt; K. Callens; A. Warmenhoven.

Missie ■ **DOELSTELLING** ▶ ☑ Het verlenen van financiële steun bij aankoop, conservering of restauratie van museumstukken ten behoeve van bij de Museumfederatie Fryslân aangesloten leden; ☑ Het voor expositie in bruikleen geven van kunst en antiek aan musea in Fryslân; ☑ Het onderhoud en de restauratie of conservering van voorwerpen die eigendom zijn van de stichting; ☑ Het verlenen van financiële steun aan initiatieven dan wel activiteiten welke van belang zijn voor het in standhouden of bevorderen van het culturele erfgoed in Fryslân, zulks ter beoordeling van het bestuur. ☑ Daarnaast: subsidieaanvragen uit de stad Harlingen met betrekking tot culturele, sociale dan wel maatschappelijke noden, zullen breder in aanmerking kunnen komen voor honorering. **STICHTER(S)** ▶ Dr. A. Wassenbergh, drs. P.C. Wassenbergh-Clarijs, mr. F. Fontein, mw. L.H. Fontein-Wassenbergh, mw. drs. M. Fontein **HISTORIE** ▶ De Wassenbergh-Clarijs-Fonteinstichting, kortweg de WCF-stichting, is een van de fondsen op het gebied van kunst en cultuur. Zij houden zich bezig met een zeer specifiek werkterrein: behoud en beheer. De naamgevers van het fonds bestemden hun nalatenschap voor het behoud van Fries cultuurgoed indien het zich in een voor het publiek toegankelijke verzameling bevindt, d.w.z. in beginsel bij een lid van de Museumfederatie Fryslân. **BELEIDSPLAN OP WEBSITE** ▶ ja.

Doelgroep ■ **SPECIFIEK** ▶ Bij de Museumfederatie Fryslân aangesloten leden en initiatieven dan wel activiteiten welke van belang zijn voor het in standhouden of bevorderen van het culturele erfgoed in Fryslân. **ACTIVITEITEN** ▶ Geen specifieke activiteiten bekend **INTERVENTIENIVEAU** ▶ N.v.t.

Werkgebied ■ **ACTIERADIUS** ▶ Regionaal, Lokaal **LAND** ▶ Nederland **REGIO** ▶ Friesland **PLAATS** ▶ Harlingen.

Bestedingen ■ **BUDGET** ▶ niet openbaar **SOORT BIJDRAGE** ▶ giften subsidies **BOVENGRENS** ▶ geen **ONDERGRENS** ▶ geen.

Projecten ■ **CRITERIA** ▶ De stichting verleent subsidies bij conservering van museale objecten, de zogenaamde actieve conservering, maar ook voor passieve conservering. Het moet gaan om een project dat nog moet beginnen. Bij restauratieprojecten wordt gedacht aan restauraties van museumobjecten. **DOORLOOPTIJD** ▶ ☑ korter dan 1 jaar **STATUS AANVRAGER** ▶ ☑ stichting of vereniging (non-profit) **VOORKEUR/UITSLUITING** ▶ Bouwkundige restauraties en conserveringsprojecten worden niet financieel ondersteund. Lopende projecten worden niet gesubsidieerd.

Procedure ■ **OP AANVRAAG** ▶ ja **DOORLOOPTIJD** ▶ 3-6 maanden **AANVRAAGPROCEDURE** ▶ De vergaderfrequentie is drie keer per jaar (meestal in maart/april, juli/augustus en november/december). Op de website worden de vergaderdata en inzendtermijnen bekend gemaakt. De aanvraag dient specifiek te zijn en toegespitst te zijn op het onderdeel conservering of restauratie. Offertes dienen bijgevoegd te worden bij bij grote projecten (boven de € 10.000,-) worden twee of meer offertes verlangd. **URL** ▶ www.stichtingwcf.nl/subsidie-formulier/

Financieel ■ **EIGEN VERMOGEN** ▶ € 5.102.713 **HERKOMST MIDDELEN** ▶ vermogen, legaten, overige inkomsten **BOEKJAAR** ▶ 2018 **JAARVERSLAG OP WEBSITE** ▶ ja.

Contact ■ **BEREIKBAAR PER** ▶ ☑ post ☑ e-mail ☒ telefoon **CONTACTPERSOON** ▶ geen contactpersoon bekend **POSTADRES** ▶ Achter de Hoven 270, 8933 CX Leeuwarden **EMAIL (ALGEMEEN)** ▶ wcfstichting@gmail.com.

1349
Wassink-Hesp Fonds

Rubriek ■ ☑ gezondheidszorg ☑ onderwijs en onderzoek
Algemeen ■ WEBSITE ▶ www.cultuurfonds.nl TYPERING ▶ fonds op naam BEHEERD DOOR ▶ Prins Bernhard Cultuurfonds DIRECTIE ▶ zie > Prins Bernhard Cultuurfonds BESTUUR ▶ zie > Prins Bernhard Cultuurfonds
Missie ■ DOELSTELLING ▶ Het financieel ondersteunen van getalenteerde afgestudeerde vrouwen voor een vervolgstudie of -onderzoek in het buitenland, bij voorkeur op het terrein van de geneeskunde/bètawetenschappen.
Werkgebied ■ ACTIERADIUS ▶ Internationaal.
Projecten ■ CRITERIA ▶ geen projectcriteria bekend DOORLOOPTIJD ▶ ☑ korter dan 1 jaar STATUS AANVRAGER ▶ ☑ geen beperkingen bekend VOORKEUR/UITSLUITING ▶ Enkel voor vrouwen. Voorkeur gaat uit naar het terrein van de geneeskunde/bètawetenschappen.
Procedure ■ OP AANVRAAG ▶ ja AANVRAAGPROCEDURE ▶ Dit 'fonds op naam' ressorteert onder het Prins Bernhard Cultuurfonds. Verzoeken aan fondsen op naam komen op één centraal punt binnen. Dit houdt in dat een subsidieaanvraag slechts eenmaal aan het Prins Bernhard Cultuurfonds hoeft te worden gezonden. Voor de verdere aanvraagprocedure: zie Prins Bernhard Cultuurfonds. URL ▶ www.cultuurfonds.nl/aanvragen
Contact ■ BEREIKBAAR PER ▶ ☑ post ☑ e-mail ☑ telefoon CONTACTPERSOON ▶ geen contactpersoon bekend POSTADRES ▶ Postbus 19750, 1000 GT Amsterdam EMAIL (ALGEMEEN) ▶ info@cultuurfonds.nl TELEFOON (ALGEMEEN) ▶ 020-5206130.

1350
Waterlelie Fonds

Rubriek ■ ☑ kunst en cultuur ☑ natuur, milieu en dieren
Algemeen ■ WEBSITE ▶ www.cultuurfonds.nl TYPERING ▶ fonds op naam BEHEERD DOOR ▶ Prins Bernhard Cultuurfonds DIRECTIE ▶ zie > Prins Bernhard Cultuurfonds BESTUUR ▶ zie > Prins Bernhard Cultuurfonds
Missie ■ DOELSTELLING ▶ Het financieel ondersteunen van projecten en talenten op het terrein van cultuur en natuur, waarbij de voorkeur uitgaat naar muziek, theater en beeldende kunst in brede zin.
Werkgebied ■ ACTIERADIUS ▶ Nationaal LAND ▶ Nederland.
Projecten ■ CRITERIA ▶ geen projectcriteria bekend DOORLOOPTIJD ▶ ☑ korter dan 1 jaar STATUS AANVRAGER ▶ ☑ geen beperkingen bekend VOORKEUR/UITSLUITING ▶ Voorkeur gaat uit naar muziek, theater en beeldende kunst.
Procedure ■ OP AANVRAAG ▶ ja AANVRAAGPROCEDURE ▶ Dit 'fonds op naam' ressorteert onder het Prins Bernhard Cultuurfonds. Verzoeken aan fondsen op naam komen op één centraal punt binnen. Dit houdt in dat een subsidieaanvraag slechts eenmaal aan het Prins Bernhard Cultuurfonds hoeft te worden gezonden. Voor de verdere aanvraagprocedure: zie Prins Bernhard Cultuurfonds. URL ▶ www.cultuurfonds.nl/aanvragen
Contact ■ BEREIKBAAR PER ▶ ☑ post ☑ e-mail ☑ telefoon CONTACTPERSOON ▶ geen contactpersoon bekend POSTADRES ▶ Postbus 19750, 1000 GT Amsterdam EMAIL (ALGEMEEN) ▶ info@cultuurfonds.nl TELEFOON (ALGEMEEN) ▶ 020-5206130.

1351
Watermerk Fonds

Rubriek ■ ☑ kunst en cultuur
Algemeen ■ WEBSITE ▶ www.cultuurfonds.nl TYPERING ▶ fonds op naam BEHEERD DOOR ▶ Prins Bernhard Cultuurfonds DIRECTIE ▶ zie > Prins Bernhard Cultuurfonds BESTUUR ▶ zie > Prins Bernhard Cultuurfonds
Missie ■ DOELSTELLING ▶ Het financieel ondersteunen van projecten en talent op het gebied van papierrestauratie waarbij de voorkeur uitgaat naar de ondersteuning van archieven.
Werkgebied ■ ACTIERADIUS ▶ Nationaal LAND ▶ Nederland.
Projecten ■ CRITERIA ▶ geen projectcriteria bekend DOORLOOPTIJD ▶ ☑ korter dan 1 jaar STATUS AANVRAGER ▶ ☑ geen beperkingen bekend VOORKEUR/UITSLUITING ▶ Voorkeur gaat uit naar de ondersteuning van archieven.
Procedure ■ OP AANVRAAG ▶ ja AANVRAAGPROCEDURE ▶ Dit 'fonds op naam' ressorteert onder het Prins Bernhard Cultuurfonds. Verzoeken aan fondsen op naam komen op één centraal punt binnen. Dit houdt in dat een subsidieaanvraag slechts eenmaal aan het Prins Bernhard Cultuurfonds hoeft te worden gezonden. Voor de verdere aanvraagprocedure: zie Prins Bernhard Cultuurfonds. URL ▶ www.cultuurfonds.nl/aanvragen
Contact ■ BEREIKBAAR PER ▶ ☑ post ☑ e-mail ☑ telefoon CONTACTPERSOON ▶ geen contactpersoon bekend POSTADRES ▶ Postbus 19750, 1000 GT Amsterdam EMAIL (ALGEMEEN) ▶ info@cultuurfonds.nl TELEFOON (ALGEMEEN) ▶ 020-5206130.

1352
Stichting Weeshuis der Doopsgezinden

Rubriek ■ ☑ gezondheidszorg ☑ noodhulp ☑ maatschappij, welzijn en samenleving ☑ mensenrechten, vrede en veiligheid
Algemeen ■ WEBSITE ▶ www.weeshuisdoopsgezinden.nl TYPERING ▶ vermogensfonds OPGERICHT ▶ 1634 RECHTSVORM ▶ stichting KVK ▶ 41222428 ANBI STATUS ▶ ja DIRECTIE ▶ geen directiegegevens bekend BESTUUR ▶ Mr. E.H. Huisman, voorzitter; mw. J.H.M. Mateyo-Folmer, penningmeester; mr. P.N. van Prang, secretaris; L. Koopmans; mw.mr. S.J. Lantinga; mw. S.L. Vriends.
Missie ■ DOELSTELLING ▶ ☑ Het zonder winstoogmerk stimuleren van jeugd- en jongerenwerk in de regio Kennemerland, elders in Neder-

land en daarbuiten, waarbij het gaat om activiteiten op uiteenlopende gebieden ten behoeve van jeugd en jongeren in achterstandssituaties; ☑ het eventueel in beperkte mate verlenen van geldelijke steun aan bejaardenzorg in de regio Kennemerland; ☑ het verrichten van alle verdere handelingen, die met het vorenstaande verband houden of daartoe bevorderlijk kunnen zijn. Speciale aandacht zal worden gegeven aan activiteiten van of voor jeugd en jongeren in doopsgezinde organisaties. **STICHTER(S)** ► Nicolaes Billaerts en Tanneken van Pilcken **HISTORIE** ► De Stichting Weeshuis der Doopsgezinden is een vermogensfonds dat voortkomt uit het oorspronkelijke weeshuis dat van 1634 tot 1962 dienst deed. Na het vertrek van de laatste weeskinderen werd besloten de middelen te blijven inzetten voor jeugdigen en jongeren in achterstandsituaties, zowel in Nederland als daarbuiten. Tegenwoordig steunt de stichting wezen en jongeren in het algemeen, waarvoor publieke regelingen geen of onvoldoende ruimte bieden.

Doelgroep ■ **ALGEMEEN** ► jongeren, kinderen, armen, gehandicapten, ouderen, inheemse volken **SPECIFIEK** ► Achtergestelde jeugdigen, jongeren en ouderen, waarbij de focus ligt op jeudigen en jongeren, namelijk:De gezonde jeugd tot 21 jaar en gehandicapte jeugd tot 30 jaar. **ACTIVITEITEN** ► Het Weeshuis streeft ernaar om ca. 2/3 van haar giften te verstrekken voor projecten binnen Nederland en 1/3 voor projecten in het buitenland. Een deel van de donaties wordt verstrekt binnen samenwerkingsverbanden met partners die actief zijn op thema's die het Weeshuis belangrijk vindt. Die worden actief door het Weeshuis benaderd om te onderzoeken welke samenwerkingsmogelijkheden bestaan. In 2018 waren er partnerschappen met: ☑ het UAF; ☑; Gevangenenzorg Nederland; ☑ SOS Kinderdorpen, VSO Nederland; ☑ Karuna Foundation. Het andere deel van onze donaties wordt verstrekt aan projectaanvragen die via onze website worden ingediend. Beleidsterreinen van de stichting zijn: ☑ Doopsgezind; ☑ Gevangenenzorg; ☑ Gezondheidszorg; ☑ Kinderrechten; ☑ Noodhulp; ☑ Onderwijs & werkervaring; ☑ Pleegzorg; ☑ Vluchtelingen; ☑ Voorzieningen; ☑ Wezenzorg. **INTERVENTIENIVEAU** ► Steun aan lokale/provinciale maatschappelijke organisaties en structuren (incl. gemeenten etc.) die diensten verlenen aan individuen.

Werkgebied ■ **ACTIERADIUS** ► Regionaal, Nationaal, Internationaal **LAND** ► Nederland, Wereldwijd **REGIO** ► Kennemerland **PLAATS** ► Haarlem.

Bestedingen ■ **BUDGET** ► € 2.500.000 **ONDERSTEUNDE PROJECTEN P/J** ► 193 **SOORT BIJDRAGE** ► giften **BOVENGRENS** ► geen **ONDERGRENS** ► geen.

Projecten ■ **CRITERIA** ► ☑ Aanvragen kunnen worden ingediend als het gaat om projecten gericht op jeugdigen in een achterstandssituatie; ☑ Aanvragen voor vakantiekampen kunnen worden ingediend van 1 januari tot 15 mei van ieder jaar; ☑ Aanvragen van vriendenstichtingen kunnen alleen in behandeling worden genomen wanneer bij de aanvraag inzage wordt geboden in de financiële positie van zowel de vriendenstichting als van de organisatie waarvoor wordt geworven; ☑ Voor aanvragen ten behoeve van het buitenland gelden aanvullende criteria, zie de website. **DOORLOOPTIJD** ► ☑ korter dan 1 jaar ☑ 1 - 2 jaar **STATUS AANVRAGER** ► ☑ stichting of vereniging (nonprofit) **VOORKEUR/UITSLUITING** ► Voorkeur; ☑ Projecten met een doopsgezinde achtergrond hebben een zekere voorrang, maar dit speelt slechts een beperkte rol. Niet in aanmerking komen; ☑ Aanvragen die worden ingediend door natuurlijke personen (een aanvragende partij dient een rechtspersoon te zijn); ☑ Ondersteuning van individuen; ☑ Muziekverenigingen, films, documentaires, festivals; ☑ Sportverenigingen; ☑ School- en speelpleinen; ☑ Speeltuinen; ☑ Projecten met een commercieel karakter; ☑ Exploitatiekosten; ☑ Nieuwbouw van jeugdcentra: Voor de inrichting van de jeugdcentra kan een aanvraag worden gedaan op het moment dat de financiële dekking voor de nieuwbouw aangetoond kan worden; ☑ Projecten waarvoor een beroep op een wettelijke voorziening of zorgverzekering kan worden gedaan; ☑ Kleinschalige woonvormen voor jeugd met een beperking. Alleen in uitzonderlijke gevallen waar sprake is van aantoonbare achterstand kan het bestuur een aanvraag in overweging nemen.

Procedure ■ **OP AANVRAAG** ► ja **DOORLOOPTIJD** ► 1-3 maanden **AANVRAAGPROCEDURE** ► Aanvragen kunt u online indienen via het portaal op de website. Daar kunt u een eigen account aanmaken. U kunt er voor kiezen om in eerste instantie een projectidee in te dienen als u niet zeker weet of uw project binnen de doelstellingen valt. Bij een positieve beoordeling van het idee wordt u gevraagd een volledige aanvraag te doen. Een beslissing is aan het bestuur. Het bestuur van de stichting vergadert ca. acht keer per jaar, waardoor de behandeling van een aanvraag meestal niet meer dan drie maanden in beslag neemt. **URL** ► www.weeshuisdoopsgezinden.nl/aanvragen

Financieel ■ **INKOMSTEN EV** ► € 1.415.212 **HERKOMST MIDDELEN** ► vermogen **BOEKJAAR** ► 2018 **JAARVERSLAG OP WEBSITE** ► ja.

Contact ■ **BEREIKBAAR PER** ► ☑ post ☑ e-mail ☑ telefoon **CONTACTPERSOON** ► geen contactpersoon bekend **POSTADRES** ► Baan 29, 2012 DC Haarlem **EMAIL (ALGEMEEN)** ► info@weeshuisdoopsgezinden.nl **TELEFOON (ALGEMEEN)** ► 023-5535985.

1353

Stichting Weeshuis te Nijkerk

Rubriek ■ ☑ gezondheidszorg ☑ maatschappij, welzijn en samenleving ☑ onderwijs en onderzoek

Algemeen ■ **WEBSITE** ► https://www.weeshuisnijkerk.nl **TYPERING** ► vermogensfonds **OPGERICHT** ► 16-06-1639 **RECHTSVORM** ► stichting **KVK** ► 41035233 **ANBI STATUS** ► ja **DIRECTIE** ► geen directiegegevens bekend **BESTUUR** ► H. Luigjes, voorzitter; D.C. van den Castel, penningmeester; C.H. van Baak, secretaris; J.J. van Daalen; drs. E. van Veldhuizen; H. Verheij; mr. J.J. de Bruin.

Missie ■ **DOELSTELLING** ► Het zonder winstoogmerk beschikbaar stellen van gelden voor (wees-)kinderen en jongeren in de Gemeente Nijkerk en in de regio Nijkerk, alsook voor (wees-)kinderen en jongeren in achterstandssituaties in Nederland of elders in de wereld. Een en ander om te bevorderen dat vorengenoemde (wees-)kinderen en jongeren de kans krijgen op te groeien in een veilige woon- en leefomgeving en zich te ontwikkelen en te ontplooien om een volwaardige plaats in de samenleving te verwerven dan wel te behouden. **HISTORIE** ▶ De eerste schenking voor een weeshuis in Nijkerk wordt gedaan in 1636 door Wouter van Hennekeler en zijn vrouw Elisabeth Schouten. Zij willen kinderen steunen die door de pest als wees achterblijven. Meer mensen volgen dit voorbeeld en in 1637 kan het Sint Catharinaklooster worden aangekocht. De regenten houden een aantal ruimtes van het klooster voor eigen gebruik, andere delen worden verhuurd of verkocht. **BELEIDSPLAN OP WEBSITE** ▶ ja.

Doelgroep ■ **ALGEMEEN** ▶ kinderen, armen, dak- en thuislozen **SPECIFIEK** ▶ Weeskinderen in de omgeving Nijkerk. **ACTIVITEITEN** ▶ Van het jaarlijkse exploitatiesaldo wordt 60% gereserveerd voor giften. De overige 40% is nodig voor het in stand houden van het stamvermogen en het onderhoud van het Weeshuis te Nijkerk en overige verhuurde panden. De giften worden gedaan passend binnen de doelstelling. **INTERVENTIENIVEAU** ▶ Steun aan individuen (directe steun).

Werkgebied ■ **ACTIERADIUS** ▶ Lokaal, Internationaal, Nationaal **LAND** ▶ Nederland, Wereldwijd **REGIO** ▶ Gelderland **PLAATS** ▶ Nijkerk.

Bestedingen ■ **BUDGET** ▶ niet openbaar **TOELICHTING** ▶ Van het jaarlijkse exploitatiesaldo wordt 60% gereserveerd voor giften. **ONDERSTEUNDE PROJECTEN P/J** ▶ 34 **SOORT BIJDRAGE** ▶ giften **BOVENGRENS** ▶ geen **ONDERGRENS** ▶ geen.

Projecten ■ **CRITERIA** ▶ ☑ Het project moet gericht zijn op kinderen in een achterstandsituatie; ☑ het project moet kleinschalig zijn en concrete, meetbare resultaten opleveren; ☑ de aanvraag moet een duidelijke omschrijving omvatten van: het doel, de doelgroep, de activiteiten met de verwachte resultaten, de planning en de financiën (begroting, dekkingsplan en het bedrag dat wordt gevraagd aan de Stichting Weeshuis te Nijkerk); ☑ de initiatiefnemer van het project moet zelf een actieve bijdrage leveren bij de opzet en uitvoering, in geld, materiaal en/of arbeid; ☑ het project moet aantoonbaar zijn ingebed in de lokale gemeenschap. **DOORLOOPTIJD** ▶ ☑ onbekend **STATUS AANVRAGER** ▶ ☑ stichting of vereniging (non-profit) ☑ kerkelijke instelling ☑ onderwijsinstelling ☑ hulpverleners **VOORKEUR/UITSLUITING** ▶ geen voorkeur of uitsluiting bekend.

Procedure ■ **OP AANVRAAG** ▶ ja **AANVRAAGPROCEDURE** ▶ Voor de aanvraag van een donatie kunt u het aanvraagformulier downloaden en ingevuld en ondertekend per e-mail terugsturen, inclusief: ☑ een digitale versie van het uittreksel uit het handelsregister; ☑ het huidige beleids- en/of activiteitenplan; ☑ het meest recente financiële jaarverslag. Toezending van deze documenten is voor het bestuur voorwaarde om de aanvraag in behandeling te nemen. **URL** ▶ https://www.weeshuisnijkerk.nl/aanvraag/aanvraag-donatie

Financieel ■ **INKOMSTEN EV** ▶ € 287.572 **HERKOMST MIDDELEN** ▶ legaten, leden (bijdragen), giften & schenkingen, vermogen, inkomsten uit vermogen **BOEKJAAR** ▶ 2018 **JAARVERSLAG OP WEBSITE** ▶ ja.

Contact ■ **BEREIKBAAR PER** ▶ ☒ post ☑ e-mail ☒ telefoon **CONTACTPERSOON** ▶ C.H. van Baak **POSTADRES** ▶ Geen postadres bekend **EMAIL (ALGEMEEN)** ▶ weeshuisnijkerk@gmail.com.

1354
Stichting Weille Ogier

Rubriek ■ ☑ kunst en cultuur ☑ onderwijs en onderzoek

Algemeen ■ **WEBSITE** ▶ https://stichting.moment.online/stichting-de-weille-ogier **TYPERING** ▶ vermogensfonds **RECHTSVORM** ▶ stichting **KVK** ▶ 41018354 **ANBI STATUS** ▶ ja **DIRECTIE** ▶ geen directiegegevens bekend **BESTUUR** ▶ Mw. K. de Weille, voorzitter; L. de Weille, penningmeester; mw. S. Stomps.

Missie ■ **DOELSTELLING** ▶ ☑ Verlenen van financiële steun aan jonge kunstenaars en wetenschappers ter bevordering van hun artistieke of wetenschappelijke prestaties; ☑ verlenen van financiële steun ten behoeve van projecten met historische en/of artistieke waarde. **BELEIDSPLAN OP WEBSITE** ▶ ja.

Doelgroep ■ **ALGEMEEN** ▶ jongeren **SPECIFIEK** ▶ Jonge kunstenaars en wetenschappers, projecten met historische en/of artistieke waarde. **ACTIVITEITEN** ▶ In periode 2015-2018 is steun gegeven aan het Prinses Christina Concours, het Nederlandse Vioolconcours, en het Concertgebouw. De stichting cultiveert lange-termijn relaties met deze instellingen. **INTERVENTIENIVEAU** ▶ Steun aan lokale/provinciale maatschappelijke organisaties en structuren (incl. gemeenten etc.) die diensten verlenen aan individuen.

Werkgebied ■ **ACTIERADIUS** ▶ Nationaal **LAND** ▶ Nederland.

Bestedingen ■ **BUDGET** ▶ niet openbaar **SOORT BIJDRAGE** ▶ onbekend **BOVENGRENS** ▶ geen **ONDERGRENS** ▶ geen.

Projecten ■ **CRITERIA** ▶ geen projectcriteria bekend **DOORLOOPTIJD** ▶ ☑ onbekend **STATUS AANVRAGER** ▶ ☑ geen beperkingen bekend **VOORKEUR/UITSLUITING** ▶ geen voorkeur of uitsluiting bekend.

Procedure ■ **OP AANVRAAG** ▶ onbekend **AANVRAAGPROCEDURE** ▶ geen aanvraagprocedure bekend.

Financieel ■ **INKOMSTEN EV** ▶ € -65.556 **HERKOMST MIDDELEN** ▶ vermogen, inkomsten uit vermogen **BOEKJAAR** ▶ 2018 **JAARVERSLAG OP WEBSITE** ▶ ja.

Contact ■ **BEREIKBAAR PER** ▶ ☑ post ☑ e-mail ☒ telefoon **CONTACTPERSOON** ▶ geen contactpersoon bekend **POSTADRES** ▶ Paterswoldseweg 804, 9728 BM Groningen **EMAIL (ALGEMEEN)** ▶ stichtingdeweilleogier@gmail.com.

1355
Stichting Wel, to do

Rubriek ■ ☑ onderwijs en onderzoek

Algemeen ■ **TYPERING** ▶ vermogensfonds **RECHTSVORM** ▶ stichting **KVK** ▶ 27331430 **ANBI STATUS** ▶ ja **DIRECTIE** ▶ geen directiegegevens bekend **BESTUUR** ▶ M.R.J. Pieterson, voorzitter; mw. D. Trommel, penningmeester; mw. C. van der Drift, secretaris.

Missie ■ **DOELSTELLING** ▶ Het geven van duurzame humanitaire ondersteuning op het gebied van educatie, bij voorkeur gericht op vrouwen.

Doelgroep ■ **ALGEMEEN** ▶ vrouwen, studenten **SPECIFIEK** ▶ Geen specifieke doelgroep **ACTIVITEITEN** ► Geen specifieke activiteiten bekend **INTERVENTIENIVEAU** ► Onbekend.

Werkgebied ■ **ACTIERADIUS** ► Nationaal **LAND** ► Nederland.

Bestedingen ■ **BUDGET** ► niet openbaar **SOORT BIJDRAGE** ► overig **BOVENGRENS** ► geen **ONDERGRENS** ► geen.

Projecten ■ **CRITERIA** ► geen projectcriteria bekend **DOORLOOPTIJD** ► ☑ onbekend **STATUS AANVRAGER** ► ☑ geen beperkingen bekend **VOORKEUR/UITSLUITING** ► geen voorkeur of uitsluiting bekend.

Procedure ■ **OP AANVRAAG** ► onbekend **AANVRAAGPROCEDURE** ► Geen aanvraagprocedure bekend.

Financieel ■ **HERKOMST MIDDELEN** ► onbekend.

Contact ■ **BEREIKBAAR PER** ► ☑ post ☑ e-mail ☑ telefoon **CONTACTPERSOON** ► geen contactpersoon bekend **POSTADRES** ► Mijnbouwstraat 52, 2628 RX Delft **EMAIL (ALGEMEEN)** ► stichtingweltodo@gmail.com **TELEFOON (ALGEMEEN)** ► 071-5230224.

1356
Welcker Fonds

Rubriek ■ ☑ kunst en cultuur ☑ natuur, milieu en dieren

Algemeen ■ **WEBSITE** ► www.cultuurfonds.nl **TYPERING** ► fonds op naam **BEHEERD DOOR** ► Prins Bernhard Cultuurfonds **DIRECTIE** ► zie Prins Bernhard Cultuurfonds **BESTUUR** ► zie Prins Bernhard Cultuurfonds

Missie ■ **DOELSTELLING** ► Het financieel ondersteunen van projecten op het gebied van cultuur en natuurbehoud in Nederland met een voorkeur voor projecten met betrekking tot het doopsgezinde erfgoed.

Werkgebied ■ **ACTIERADIUS** ► Nationaal **LAND** ► Nederland.

Projecten ■ **CRITERIA** ► geen projectcriteria bekend **DOORLOOPTIJD** ► ☑ korter dan 1 jaar **STATUS AANVRAGER** ► ☑ geen beperkingen bekend **VOORKEUR/UITSLUITING** ► Voorkeur gaat uit naar projecten met betrekking tot het doopsgezinde erfgoed.

Procedure ■ **OP AANVRAAG** ► ja **AANVRAAGPROCEDURE** ► Dit 'fonds op naam' ressorteert onder het Prins Bernhard Cultuurfonds. Verzoeken aan fondsen op naam komen op één centraal punt binnen. Dit houdt in dat een subsidieaanvraag slechts eenmaal aan het Prins Bernhard Cultuurfonds hoeft te worden gezonden. Voor de verdere aanvraagprocedure: zie Prins Bernhard Cultuurfonds. **URL** ► www.cultuurfonds.nl/aanvragen

Contact ■ **BEREIKBAAR PER** ► ☑ post ☑ e-mail ☑ telefoon **CONTACTPERSOON** ► geen contactpersoon bekend **POSTADRES** ► Postbus 19750, 1000 GT Amsterdam **EMAIL (ALGEMEEN)** ► info@cultuurfonds.nl **TELEFOON (ALGEMEEN)** ► 020-5206130.

1357
Weldadige Stichting van Heutz

Rubriek ■ ☑ gezondheidszorg ☑ maatschappij, welzijn en samenleving ☑ sport en recreatie ☑ kunst en cultuur ☑ onderwijs en onderzoek

Algemeen ■ **WEBSITE** ► www.heutzvenlo.nl **TYPERING** ► vermogensfonds **OPGERICHT** ► 11-08-1877 **RECHTSVORM** ► stichting **KVK** ► 41062517 **ANBI STATUS** ► ja **DIRECTIE** ► geen directiegegevens bekend **BESTUUR** ► Drs. J.H.F. Pasch, voorzitter; drs. P.M.H-J. Tjen; drs. B.G.H.M Franssen; H.P.M Faassen; mr. G.H. Beusker.

Missie ■ **DOELSTELLING** ► De stichting stelt zich ten doel haar inkomsten naar het inzicht van het bestuur te besteden aan geldelijke steun, hetzij rechtstreeks, hetzij indirect ter verhoging van de levensvreugde in de ruimste zin des woords van behoeftige zieken en van gebrekkigen in de gemeente Venlo. Daarnaast kan de stichting geldelijke steun verlenen aan maatschappelijke en sociaal-culturele doelstellingen en activiteiten binnen de gemeente Venlo. **HISTORIE** ► In 1878 krijgt Venlo er met de Heutz-stichting een instelling bij die helpt met het bestrijden van armoede. Voor de gemeente is dat geen kerntaak en het stadsbestuur speelt verzoeken om ondersteuning dan ook steevast door aan de charitatieve instellingen. Venlo subsidieert De Godshuizen en het RK Armenfonds, maar de Weldadige Stichting van Heutz ontvangt geen subsidies en werkt zonder enige bijdragen. **BELEIDSPLAN OP WEBSITE** ► ja.

Doelgroep ■ **ALGEMEEN** ► armen, gehandicapten, zieken **SPECIFIEK** ► Behoeftige zieken en gebrekkigen in de gemeente Venlo, alsmede maatschappelijke en sociaal-culturele doelstellingen en activiteiten. **ACTIVITEITEN** ► Behoeftige zieken en gebrekkigen in de gemeente Venlo, alsmede maatschappelijke en sociaal-culturele doelstellingen en activiteiten worden financieel ondersteund middels een, doorgaans eenmalige, donatie. Donaties zijn verstrekt aan o.a. gehandicaptenverenigingen, Hospice Venlo, verslavingsopvang, jeugdzorg, kinderkampen diverse scholen, culturele verenigingen en evenementen, allochtone vrouwenbewegingen, kledingbank, voedselbank, zieke triduüms, reumapatiëntenvereniging en aan veel zieke en/of arme personen/gezinnen. **INTERVENTIENIVEAU** ► Steun aan lokale/provinciale maatschappelijke organisaties en structuren (incl. gemeenten etc.) die diensten verlenen aan individuen.

Werkgebied ■ **ACTIERADIUS** ► Lokaal **LAND** ► Nederland **REGIO** ► Noord-Limburg **PLAATS** ► Venlo.

Bestedingen ■ **BUDGET** ► niet openbaar **SOORT BIJDRAGE** ► giften **BOVENGRENS** ► geen **ONDERGRENS** ► geen.

Projecten ■ **CRITERIA** ► Hulpbehoevenden worden eerst ondersteund indien de reguliere hulpverleners daartoe geen mogelijkheden meer hebben. **DOORLOOPTIJD** ► ☑ onbekend **STATUS AANVRAGER** ► ☑ geen beperkingen bekend **VOORKEUR/UITSLUITING** ► geen voorkeur of uitsluiting bekend.

Procedure ■ **OP AANVRAAG** ► ja **DOORLOOPTIJD** ► 1-3 maanden **AANVRAAGPROCEDURE** ► Hulpaanvragen die uiterlijk in de derde week voorafgaande aan de vergaderdatum zijn ingediend, worden in de eerstvolgende bestuursvergadering behandeld. Er wordt vier keer in het jaar vergaderd. U kunt hulp aanvragen als particulier maar ook als vereniging of instelling. Zie hiervoor de aanvraagformulieren op de website. **URL** ► www.heutzvenlo.nl/featured/aanvragen-hulpverlening/

Financieel ■ **INKOMSTEN EV** ► € 496.118 **HERKOMST MIDDELEN** ► vermogen, overige inkomsten, inkomsten uit vermogen **BOEKJAAR** ▶ 2018 **JAARVERSLAG OP WEBSITE** ▶ ja.

Contact ■ **BEREIKBAAR PER** ▶ ☑ post ☑ e-mail ☑ telefoon **CONTACTPERSOON** ▶ geen contactpersoon bekend **POSTADRES** ▶ Postbus 3167, 5930 AD Tegelen **EMAIL (ALGEMEEN)** ▶ secretariaat@heutzvenlo.nl **TELEFOON (ALGEMEEN)** ▶ 06-11218167.

1358

Vereeniging tot Weldadigheid van den Allerheiligsten Verlosser

Rubriek ■ ☑ maatschappij, welzijn en samenleving ☑ kerk en levensbeschouwing ☑ onderwijs en onderzoek

Algemeen ■ **WEBSITE** ▶ www.vtw-amsterdam.nl **TYPERING** ▶ vermogensfonds **OPGERICHT** ▶ 19-11-1841 **RECHTSVORM** ▶ vereniging **KVK** ▶ 40531888 **ANBI STATUS** ▶ ja **DIRECTIE** ▶ geen directiegegevens bekend **BESTUUR** ▶ Dr. R.J.A.M. van der Hulst, voorzitter; mr. W.A. Smeenk, penningmeester; mw.mr. M.A.J. Bak-Cremers, secretaris; M. Boeser, RA RV; mw.drs. A.M. Schilder.

Missie ■ **DOELSTELLING** ▶ Het doel van de Vereeniging is het beoefenen van de weldadigheid, het bevorderen van het maatschappelijk welzijn en van het onderwijs, in het bijzonder het onderwijs op katholieke grondslag, een en ander bij voorkeur in Nederland, in het bijzonder in Amsterdam. De doelgroep 'jeugd' staat daarbij zeer centraal. **STICHTER(S)** ▶ Pater Arnold Frentrop sj. en de huisarts Joannes Wilhelmus Cramer **HISTORIE** ▶ De Vereeniging is opgericht in 1841 met als doel te voorzien in (leniging van behoefte aan) scholing en onderwijs op R.K. grondslag voor minder draag-krachtigen in Amsterdam. De grootste betekenis van de Vereeniging ligt op het terrein van het kleuter- en lager onderwijs voor katholieke meisjes in Amsterdam. In de eerste honderd jaar van haar bestaan stichtte de Vereeniging 25 (basis-)scholen. Sinds +/- 1960 bestaat de Vereeniging als een bescheiden vermogensfonds met als belangrijkste doelstelling het ondersteunen van projecten op het gebied van jeugd en educatie. **BELEIDSPLAN OP WEBSITE** ▶ ja.

Doelgroep ■ **ALGEMEEN** ▶ gelovigen, jongeren, kinderen, armen **SPECIFIEK** ▶ Educatieve projecten voor jongeren (vooral die in achterstandssituatie). **ACTIVITEITEN** ▶ De Vereeniging tracht haar doel onder meer te bereiken door, ter bevordering van het maatschappelijk, geldelijke steun te verlenen en deel te nemen aan projecten en activiteiten gericht op de leniging van sociale noden en door het ondersteunen van activiteiten op het gebied van onderwijs. Focus: ☑ het ondersteunen van projecten waarbij jeugdigen in achterstandsituaties aanvullende trainingen en/of onderwijs genieten, in Amsterdam; ☑ levensbeschouwelijke/katholieke projecten gericht op jongeren (zoals catechese-projecten, katholiek jongerenwerk etcetera) in Amsterdam. Een samenwerking met het bisdom Haarlem-Amsterdam werd met name gerealiseerd door een donatie toe te kennen aan het Jongerenpastoraat. **INTERVENTIENIVEAU** ▶ Steun aan lokale/provinciale maatschappelijke organisaties en structuren (incl. gemeenten etc.) die diensten verlenen aan individuen.

Werkgebied ■ **ACTIERADIUS** ▶ Lokaal, Nationaal, Regionaal **LAND** ▶ Nederland **REGIO** ▶ Amsterdam **PLAATS** ▶ Amsterdam.

Bestedingen ■ **BUDGET** ▶ € 100.000 **ONDERSTEUNDE PROJECTEN P/J** ▶ 11 **SOORT BIJDRAGE** ▶ giften **BOVENGRENS** ▶ geen **ONDERGRENS** ▶ geen.

Projecten ■ **CRITERIA** ▶ ; ☑ Aanvragen dienen betrekking te hebben op projecten die gericht zijn op het welzijn van jeugd, educatie en scholing, in het bijzonder voor kinderen in achterstandsituaties. De levensbeschouwelijke/katholieke achtergrond en uitstraling van het project is weliswaar geen voorwaarde, maar wordt wel in de beoordeling betrokken; ☑ De aanvragende/ontvangende instantie is een rechtspersoon; ☑ Een eigen bijdrage en/of co-financiering door andere partijen kan wenselijk zijn. **DOORLOOPTIJD** ▶ ☑ 1 - 2 jaar **STATUS AANVRAGER** ▶ ☑ stichting of vereniging (non-profit) ☑ kerkelijke instelling ☑ onderwijsinstelling **VOORKEUR/UITSLUITING** ▶ VTW is terughoudend in het financieren van exploitatiekosten zoals salarissen. Voor subsidie komen niet in aanmerking: ☑ natuurlijke personen en verzoeken om individuele steun (ook geen studiebeurzen of –toelagen); ☑ overheidsinstellingen en projecten die redelijkerwijs onder overheidsfinanciering vallen; ☑ projecten met een commercieel karakter; ☑ projecten met een politiek karakter; ☑ bijdragen t.b.v. fondsvorming; ☑ serviceclubs komen niet voor een donatie in aanmerking.

Procedure ■ **OP AANVRAAG** ▶ ja **DOORLOOPTIJD** ▶ 1-3 maanden; 3-6 maanden; 3-6 maanden; 1-3 maanden **AANVRAAGPROCEDURE** ▶ Het aanvragen van een donatie verloopt uitsluitend via de website. Eerst dient de quick scan ingevuld te worden. Alleen als u al bekend bent bij ons én u al een keer eerder subsidie hebt ontvangen, mag u de quickscan overslaan en direct de uitgebreide aanvraag indienen.Binnen drie weken krijgt de aanvrager een bericht over de quick scan. Indien de quick scan positief uitvalt, dan kan de aanvrager de officiële aanvraag digitaal indienen. De volgende gegevens moet de aanvrager verzamelen en bij de stichting aanleveren voor een aanvraag: ☑ Projectomschrijving met doelstelling, doelgroep. ☑ Een begroting: inclusief specificatie van de projectkosten. ☑ Een financieringsplan: wijze van financiering inclusief vermelding in hoeverre andere fondsen en/of instanties hierbij zijn betrokken. ☑ Voorgenomen wijze van rapportage en verantwoording: inclusief de wijze waarop het realiseren van de doelstelling wordt geëvalueerd. ☑ Indien beschikbaar, een recent (financieel en/of inhoudelijk) jaarverslag. ☑ Statuten en bestuurssamenstelling. Een verzoek voor een donatie kan per mail met bijlagen worden ingediend en toegelicht. Het bestuur neemt besluiten over de aanvragen in zijn bestuursvergaderingen, ongeveer eenmaal in de drie maanden. Zodra het bestuur een besluit genomen heeft, wordt de aanvrager per e-mail in kennis gesteld van het besluit. Op een beslissing is geen beroep mogelijk. **URL** ▶ www.vtw-amsterdam.nl/aanvraag/procedure/

Financieel ■ **EIGEN VERMOGEN** ▶ € 4.486.900 **INKOMSTEN EV** ▶ € 86.599 **HERKOMST MIDDELEN** ▶ vermogen **BOEKJAAR** ▶ 2018 **JAARVERSLAG OP WEBSITE** ▶ ja.

Contact ■ **BEREIKBAAR PER** ► ☑ post ☑ e-mail ☒ telefoon **CONTACTPERSOON** ► geen contactpersoon bekend **POSTADRES** ► Herengracht 220, 1016 BT Amsterdam **EMAIL (ALGEMEEN)** ► info@vtw-amsterdam.nl.

1359

Stichting Wellerdieck-de Goede Fonds

Rubriek ■ ☑ gezondheidszorg ☑ onderwijs en onderzoek

Algemeen ■ **WEBSITE** ► www.wellerdieck.wordpress.com **TYPERING** ► vermogensfonds **OPGERICHT** ► 28-10-2009 **RECHTSVORM** ► stichting **KVK** ► 50235753 **ANBI STATUS** ► ja **DIRECTIE** ► geen directiegegevens bekend **BESTUUR** ► Prof.dr. J.J.M. Marx, voorzitter; E.P. Hvalsbråten RA, penningmeester; mw.mr. K.A. Hüpler-Hebben , secretaris.

Missie ■ **DOELSTELLING** ► Het doen van uitkeringen aan rechtspersonen die zijn gerangschikt als algemeen nut beogende instelling, bij voorkeur in de medische sector, en voorts al hetgeen met één en ander rechtstreeks of zijdelings verband houdt of daartoe bevorderlijk kan zijn, alles in de ruimste zin des woords. **HISTORIE** ► Stichting Wellerdieck- De Goede Fonds is vernoemd naar een tweetal personen, te weten de heer D. Wellerdieck en mevrouw J.A. de Goede. De heer Wellerdieck was gehuwd met één van de zussen van mevrouw De Goede, te weten mevrouw E.G. de Goede. Met een aantal groentewinkels in Utrecht onder de naam Welba, voortvloeisel van de verkoop van deur tot deur van groenten en fruit, heeft de heer Wellerdieck de basis gelegd voor de exploitatie van enig onroerend goed, eveneens in Utrecht. Enige tijd na het overlijden van zijn vrouw in 1980 is de heer Wellerdieck ernstig ziek geworden, waarna mevrouw De Goede- een ervaren verpleegster, onder meer werkzaam geweest in het Rode Kruis ziekenhuis te Den Haag en het Academisch Ziekenhuis Utrecht – de zorg voor hem op zich heeft genomen. Bij het overlijden van de heer Wellerdieck op 3 januari 1984 heeft mevrouw De Goede een deel van zijn vermogen geërfd, met dien verstande dat dit vermogen ten goede diende te komen aan instellingen van algemeen maatschappelijk belang. Aldus heeft mevrouw De Goede haar testament opgesteld. Mede vanuit haar leven in dienst van de verzorging van patiënten heeft mevrouw De Goede daarin bepaald, dat de medische richting daarbij haar voorkeur had. Al tijdens haar leven heeft mevrouw De Goede haar voorkeur richting gegeven door herhaalde donaties t.b.v. onderzoek binnen de Interne Geneeskunde in het UMC Utrecht. Mevrouw De Goede is overleden op 28 oktober 2009, waarbij conform het testament de Stichting is opgericht. **BELEIDSPLAN OP WEBSITE** ► ja.

Doelgroep ■ **SPECIFIEK** ► Instellingen/wetenschappers in de medische sector. **ACTIVITEITEN** ► Geen specifieke activiteiten bekend **INTERVENTIENIVEAU** ► Steun aan lokale/provinciale maatschappelijke organisaties en structuren (incl. gemeenten etc.) die diensten verlenen aan individuen.

Werkgebied ■ **ACTIERADIUS** ► Nationaal **LAND** ► Nederland.

Bestedingen ■ **BUDGET** ► niet openbaar **SOORT BIJDRAGE** ► giften **BOVENGRENS** ► geen **ONDERGRENS** ► geen.

Projecten ■ **CRITERIA** ► geen projectcriteria bekend **DOORLOOPTIJD** ► ☑ onbekend **STATUS AANVRAGER** ► ☑ stichting of vereniging (non-profit) **VOORKEUR/UITSLUITING** ► geen voorkeur of uitsluiting bekend.

Procedure ■ **OP AANVRAAG** ► nee **AANVRAAGPROCEDURE** ► Ten behoeve van het realiseren van de doelstelling van de Stichting worden wetenschappers uitgenodigd onderzoeksvoorstellen voor te leggen aan het bestuur van de Stichting. Voor zover een onderzoek naar de mening van het bestuur in aanmerking komt voor sponsoring worden de betreffende wetenschappers uitgenodigd om hun onderzoeksvoorstel nader toe te lichten waarna het bestuur een sponsorbijdrage kan toekennen. De voorwaarden waaronder zulks geschiedt, wordt steeds bij afzonderlijke overeenkomst vastgelegd. Toekenning van bedragen geschiedt overigens niet aan een of meer natuurlijke personen maar steeds aan een rechtspersoon.

Financieel ■ **EIGEN VERMOGEN** ► € 73.000 **HERKOMST MIDDELEN** ► giften & schenkingen, legaten, overige inkomsten, vermogen **BOEKJAAR** ► 2017 **JAARVERSLAG OP WEBSITE** ► ja.

Contact ■ **BEREIKBAAR PER** ► ☑ post ☒ e-mail ☑ telefoon **CONTACTPERSOON** ► Mw. mr. K.A. Hüpler-Hebben **POSTADRES** ► Breeveldsingel 10, 3055 PK Rotterdam **TELEFOON (ALGEMEEN)** ► 030-2345051.

1360

Stichting Welzijn Senioren

Rubriek ■ ☑ maatschappij, welzijn en samenleving ☑ gezondheidszorg

Algemeen ■ **WEBSITE** ► https://stichtingwelzijnsenioren.nl **TYPERING** ► vermogensfonds **OPGERICHT** ► 01-01-1968 **RECHTSVORM** ► stichting **KVK** ► 41192135 **ANBI STATUS** ► nee **DIRECTIE** ► geen directiegegevens bekend **BESTUUR** ► Th. Kok, voorzitter; H.P. Schipper, secretaris.

Missie ■ **DOELSTELLING** ► Het doel van de Stichting Welzijn Senioren, ook wel Stichting Vierkerkenhuis (SWS) is het bevorderen van het welbevinden van senioren vanaf 55 jaar. **HISTORIE** ► In 1969 werd door 4 kleine kerkgenootschappen de Stichting Het Vierkerkenhuis opgericht. De stichting had ten doel om huizen te bouwen in het belang van personen boven de 65 jaar, die rust, verzorging en/of verpleging behoefden uit de gemeente Hilversum maar die in principe nog in staat waren zelfstandig te kunnen funktioneren. Op initiatief van het Stichtingsbestuur werd in 1977 gestart met de bouw van 121 bejaardenflats in Hilversum Noord. In 1985 werd gestart met de bouw van 56 identieke flats. De bouw verliep volgens plan en de eerste bewoners konden er in 1986 hun intrek nemen. In 2000 werden de appartementen van de Stichting Het Vierkerkenhuis verkocht aan Atrium. Op de plek van het Vierkerkenhuis staat nu het woondienstencentrum Lopes-Dias. Na de verkoop in 2001 heeft het bestuur van de Stichting van de opbrengst van de verkoop een fonds in het leven geroepen en in 2014 werd de naam van de stichting veranderd in de Stichting Welzijn Senioren. Sindsdien beheert de Stichting het vermogen, waarvan de renteopbrengsten beschikbaar zijn voor realisatie van de statutaire doelstelling: de behartiging van het welzijn van senioren.

Doelgroep ■ ALGEMEEN ► ouderen SPECIFIEK ► Ouderen vanaf 55 jaar uit Midden Nederland en met name ouderen wonende in verzorgings- en verpleeghuizen, hospices en andere woonvormen. ACTIVITEITEN ► Het moet daarbij gaan om materiële steun aan projecten die zijn gericht op versterking van de fysieke gesteldheid of sociale status van senioren. De Stichting Welzijn Senioren staat open en bevordert samenwerking met instanties, instellingen en organisaties die op het terrein van welzijn voor senioren werkzaam zijn. De stichting heeft een project gestart om verborgen armoede te bestrijden. INTERVENTIENIVEAU ► Steun aan lokale/provinciale maatschappelijke organisaties en structuren (incl. gemeenten etc.) die diensten verlenen aan individuen.

Werkgebied ■ ACTIERADIUS ► Nationaal LAND ► Nederland REGIO ► Midden-Nederland.

Bestedingen ■ BUDGET ► niet openbaar SOORT BIJDRAGE ► overig BOVENGRENS ► geen ONDERGRENS ► geen.

Projecten ■ CRITERIA ► ; ☑ materiële steun aan projecten; ☑ het algemeen belang dienen, gericht op versterking van de fysieke gesteldheid dan wel verbetering van de sociale status, die tot een meer menswaardig bestaan kunnen leiden; ☑ Alleen kosten die direct aan het project gerelateerd zijn komen voor subsidie in aanmerking. Met betrekking tot het project verborgen armoede kunnen derden een oudere die leeft in verborgen armoede aanmelden voor ondersteuning. DOORLOOPTIJD ► ☑ korter dan 1 jaar STATUS AANVRAGER ► ☑ geen beperkingen bekend VOORKEUR/UITSLUITING ► geen voorkeur of uitsluiting bekend.

Procedure ■ OP AANVRAAG ► ja DOORLOOPTIJD ► 1-3 maanden AANVRAAGPROCEDURE ► Er is een online aanvraagformulier te vinden op de website voor subsidie aanvragen. De beargumenteerde aanvraag dient zo mogelijk vergezeld van het laatste financiële jaaroverzicht, statuten en inschrijving Kamer van Koophandel. Voor het project verborgen armoede is er ook een online formulier welke door een derde dient te worden ingevuld. URL ► https://stichtingwelzijnsenioren.nl/aanvragen/

Financieel ■ HERKOMST MIDDELEN ► vermogen BOEKJAAR ► boekjaar onbekend.

Contact ■ BEREIKBAAR PER ► ☑ post ☑ e-mail ☑ telefoon CONTACTPERSOON ► geen contactpersoon bekend POSTADRES ► Hermelijnlaan 1, 1216 EB Hilversum EMAIL (ALGEMEEN) ► bestuur@stichtingwelzijnsenioren.nl TELEFOON (ALGEMEEN) ► 0653183576.

1361

Stichting Welzijn Zeevarenden Rotterdam

Rubriek ■ ☑ maatschappij, welzijn en samenleving ☑ sport en recreatie ☑ kunst en cultuur

Algemeen ■ WEBSITE ► www.welzijnzeevarenden.nl TYPERING ► vermogensfonds OPGERICHT ► 18-02-1981 RECHTSVORM ► stichting KVK ► 41127378 ANBI STATUS ► ja DIRECTIE ► geen directiegegevens bekend BESTUUR ► A.C. Boer, voorzitter; F.H. Wijnstok, penningmeester; M. Beijneveld, secretaris.

Missie ■ DOELSTELLING ► De stichting heeft ten doel het welzijn van zeevarenden in het Rotterdamse havengebied en omgeving te bevorderen of ten dienste te laten zijn en voorts al hetgeen in de ruimste zin met één en ander verband houdt, daartoe behoort en/of daartoe bevorderlijk kan zijn. HISTORIE ► Op 18 februari 1981 werd de Stichting Zeemanshuis Rotterdam opgericht. Op 1 januari 2016 werd de Stichting Welzijn Zeevarenden Rotterdam opgericht. De Stichting Welzijn Zeevarenden Rotterdam (voorheen Stichting Zeemanshuis Rotterdam) is een sociaal maatschappelijke welzijnsorganisatie ten behoeve van zeevarenden die zich in de haven van Rotterdam bevinden. De Stichting Welzijn Zeevarenden Rotterdam streeft naar samenwerking met alle partijen betrokken bij het zeemanswelzijnswerk in het Rotterdamse havengebied, alsmede met het Port Welfare Committee (P.W.C.). BELEIDSPLAN OP WEBSITE ► ja.

Doelgroep ■ ALGEMEEN ► armen SPECIFIEK ► Zeelieden. ACTIVITEITEN ► De stichting tracht haar doel onder meer te bereiken door: ☑ financiële steun te verlenen; ☑ contacten te onderhouden met maritiem gerelateerde organisaties en instituten; ☑ werving en beheer van financiële middelen. INTERVENTIENIVEAU ► Steun aan lokale/provinciale maatschappelijke organisaties en structuren (incl. gemeenten etc.) die diensten verlenen aan individuen.; Steun aan individuen (directe steun).

Werkgebied ■ ACTIERADIUS ► Lokaal LAND ► Nederland REGIO ► Zuid-Holland PLAATS ► Rotterdam.

Bestedingen ■ BUDGET ► € 250.000 ONDERSTEUNDE PROJECTEN P/J ► 8 SOORT BIJDRAGE ► giften subsidies BOVENGRENS ► geen ONDERGRENS ► geen.

Projecten ■ CRITERIA ► geen projectcriteria bekend DOORLOOPTIJD ► ☑ onbekend STATUS AANVRAGER ► ☑ geen beperkingen bekend VOORKEUR/UITSLUITING ► geen voorkeur of uitsluiting bekend.

Procedure ■ OP AANVRAAG ► ja AANVRAAGPROCEDURE ► Indien u in aanmerking wenst te komen voor een bijdrage/subsidie/donatie van Stichting Welzijn Zeevarenden Rotterdam, dan stuurt u ons een uitvoerige brief vergezeld van een ingevuld aanvraagformulier. Het aanvraagformulier is te vinden op de website. Volledig ingevuld versturen met alle bijgevoegde documenten per post of per e-mail. URL ► www.welzijnzeevarenden.nl/donaties/

Financieel ■ HERKOMST MIDDELEN ► vermogen, legaten, giften & schenkingen, overige inkomsten BOEKJAAR ► 2019 JAARVERSLAG OP WEBSITE ► ja.

Contact ■ BEREIKBAAR PER ► ☑ post ☑ e-mail ☑ telefoon CONTACTPERSOON ► A.C. Boer POSTADRES ► Willemskade 13 , 3016 DK Rotterdam EMAIL (ALGEMEEN) ► info@welzijnzeevarenden.nl TELEFOON (ALGEMEEN) ► 010–4119262.

1362
Welzijns-Stichting Gaastmeer Friesland

Rubriek ■ ☑ maatschappij, welzijn en samenleving
Algemeen ■ WEBSITE ▶ www.kennisbankfilantropie.nl/anbi/welzijns-stichting-gaastmeer-friesland TYPERING ▶ vermogensfonds OPGERICHT ▶ 18-04-1962 RECHTSVORM ▶ stichting KVK ▶ 41001045 ANBI STATUS ▶ nee DIRECTIE ▶ geen directiegegevens bekend BESTUUR ▶ W. van Berkum, voorzitter; R. Zeilstra, penningmeester; mw. A. Hoogterp, secretaris; J.M. Postma; S. Wijma.
Missie ■ DOELSTELLING ▶ Het bevorderen van het welzijn van de plaatselijke samenleving in het perspectief van regionale ontwikkeling.
Doelgroep ■ SPECIFIEK ▶ Geen specifieke doelgroep ACTIVITEITEN ▶ Geen specifieke activiteiten bekend INTERVENTIENIVEAU ▶ Steun aan lokale/provinciale maatschappelijke organisaties en structuren (incl. gemeenten etc.) die diensten verlenen aan individuen.
Werkgebied ■ ACTIERADIUS ▶ Regionaal LAND ▶ Nederland REGIO ▶ Friesland PLAATS ▶ Gaastmeer.
Bestedingen ■ BUDGET ▶ niet openbaar SOORT BIJDRAGE ▶ onbekend BOVENGRENS ▶ geen ONDERGRENS ▶ geen.
Projecten ■ CRITERIA ▶ geen projectcriteria bekend DOORLOOPTIJD ▶ ☑ onbekend STATUS AANVRAGER ▶ ☑ geen beperkingen bekend VOORKEUR/UITSLUITING ▶ geen voorkeur of uitsluiting bekend.
Procedure ■ OP AANVRAAG ▶ onbekend AANVRAAGPROCEDURE ▶ Geen aanvraagprocedure bekend.
Financieel ■ HERKOMST MIDDELEN ▶ onbekend.
Contact ■ BEREIKBAAR PER ▶ ☑ post ☑ e-mail ☑ telefoon CONTACTPERSOON ▶ geen contactpersoon bekend POSTADRES ▶ J.J. Hofstrjitte 3, 8611 JT Gaastmeer EMAIL (ALGEMEEN) ▶ r.zeilstra@hetnet.nl TELEFOON (ALGEMEEN) ▶ 035-6911514.

1363
Stichting tot Werkverschaffing aan Hulpbehoevende Blinden

Rubriek ■ ☑ maatschappij, welzijn en samenleving ☑ gezondheidszorg
Algemeen ■ WEBSITE ▶ www.blinden-penning.nl TYPERING ▶ vermogensfonds OPGERICHT ▶ 28-02-1980 RECHTSVORM ▶ stichting KVK ▶ 41200675 ANBI STATUS ▶ ja DIRECTIE ▶ mw. I. Schwalbach BESTUUR ▶ Ir. A. Meerstadt, voorzitter; drs. E. Schölvinck, penningmeester; mw.mr. M. van der Goes-Doeksen,, secretaris; mr. S. Molenaar; mw. M. Marinkovic.
Missie ■ DOELSTELLING ▶ Het verschaffen van hulp aan, en de verzorging van lichamelijk gehandicapten, in de meest ruime zin, doch meer in het bijzonder van blinden en visueel gehandicapten, ter voorziening in hun geestelijke, lichamelijke en materiële belangen. HISTORIE ▶ Stichting Blinden-Penning werd in 1865 opgericht als werkplaats ten behoeve van blinden en slechtzienden. Tegenwoordig organiseert Blinden-Penning recreatieve activiteiten voor volwassenen met een visuele beperking in haar activiteitencentrum in Amsterdam. Daarnaast is Blinden-Penning één van de fondsen voor blinden en slechtzienden in Nederland BELEIDSPLAN OP WEBSITE ▶ ja.
Doelgroep ■ ALGEMEEN ▶ gehandicapten SPECIFIEK ▶ Blinden of slechtzienden. ACTIVITEITEN ▶ De stichting vervult haar doelstelling door haar kapitaal te beleggen en door de daarmee verkregen beleggingsopbrengsten in beginsel te gebruiken voor het verlenen van subsidie aan de Stichting Blinden-Penning. INTERVENTIENIVEAU ▶ Steun aan lokale/provinciale maatschappelijke organisaties en structuren (incl. gemeenten etc.) die diensten verlenen aan individuen.
Werkgebied ■ ACTIERADIUS ▶ Nationaal LAND ▶ Nederland.
Bestedingen ■ BUDGET ▶ niet openbaar SOORT BIJDRAGE ▶ giften BOVENGRENS ▶ geen ONDERGRENS ▶ geen.
Projecten ■ CRITERIA ▶ geen projectcriteria bekend DOORLOOPTIJD ▶ ☑ onbekend STATUS AANVRAGER ▶ ☑ geen beperkingen bekend VOORKEUR/UITSLUITING ▶ geen voorkeur of uitsluiting bekend.
Procedure ■ OP AANVRAAG ▶ nee
Financieel ■ EIGEN VERMOGEN ▶ € 10.492.218 INKOMSTEN EV ▶ € 1.381.725 HERKOMST MIDDELEN ▶ vermogen BOEKJAAR ▶ 2019 JAARVERSLAG OP WEBSITE ▶ ja.
Contact ■ BEREIKBAAR PER ▶ ☑ post ☑ e-mail ☑ telefoon CONTACTPERSOON ▶ geen contactpersoon bekend POSTADRES ▶ Baron G.A. Tindalplein 1, 1019 TW Amsterdam EMAIL (ALGEMEEN) ▶ info@blinden-penning.nl TELEFOON (ALGEMEEN) ▶ 0204703644.

1364
Wessel Zwartsenberg Fonds

Rubriek ■ ☑ kunst en cultuur ☑ kerk en levensbeschouwing
Algemeen ■ WEBSITE ▶ www.cultuurfonds.nl TYPERING ▶ fonds op naam BEHEERD DOOR ▶ Prins Bernhard Cultuurfonds DIRECTIE ▶ zie > Prins Bernhard Cultuurfonds BESTUUR ▶ zie > Prins Bernhard Cultuurfonds
Missie ■ DOELSTELLING ▶ Het financieel ondersteunen van initiatieven die de relatie tussen hedendaagse (na de Tweede Wereldoorlog) beeldende kunsten en christelijke religie ten doel hebben.
Werkgebied ■ ACTIERADIUS ▶ Nationaal LAND ▶ Nederland.
Projecten ■ CRITERIA ▶ geen projectcriteria bekend DOORLOOPTIJD ▶ ☑ korter dan 1 jaar STATUS AANVRAGER ▶ ☑ geen beperkingen bekend VOORKEUR/UITSLUITING ▶ geen voorkeur of uitsluiting bekend.
Procedure ■ OP AANVRAAG ▶ ja AANVRAAGPROCEDURE ▶ Dit 'fonds op naam' ressorteert onder het Prins Bernhard Cultuurfonds. Verzoeken aan fondsen op naam komen op één centraal punt binnen. Dit houdt in dat een subsidieaanvraag slechts eenmaal aan het Prins Bernhard Cultuurfonds hoeft te worden gezonden. Voor de verdere aanvraagprocedure: zie Prins Bernhard Cultuurfonds. URL ▶ www.cultuurfonds.nl/aanvragen

Contact ■ BEREIKBAAR PER ▶ ☑ post ☑ e-mail ☑ telefoon CONTACTPERSOON ▶ geen contactpersoon bekend POSTADRES ▶ Postbus 19750, 1000 GT Amsterdam EMAIL (ALGEMEEN) ▶ info@cultuurfonds.nl TELEFOON (ALGEMEEN) ▶ 020-5206130.

1365 Stichting Wesselings-van Breemen

Rubriek ■ ☑ maatschappij, welzijn en samenleving ☑ kunst en cultuur ☑ gezondheidszorg

Algemeen ■ WEBSITE ▶ www.swvb.nl TYPERING ▶ vermogensfonds OPGERICHT ▶ 1968 RECHTSVORM ▶ stichting KVK ▶ 41155743 ANBI STATUS ▶ ja DIRECTIE ▶ geen directiegegevens bekend BESTUUR ▶ J.H. van der Kolk, voorzitter; E. Roenhorst, penningmeester; B. Gildenmacher, secretaris; mw. I. van Bergenhenegouwen; A. Drenth.

Missie ■ DOELSTELLING ▶ De stichting heeft ten doel het verlenen van hulp en bijstand op cultureel, sociaal en medisch terrein, in bepaalde gevallen, in de gemeente Deventer. Bedoelde hulp en bijstand, voorzover van financiële aard, dient te worden verleend in die bepaalde gevallen waarin de overheidsbijstand naar het oordeel van het bestuur tekort schiet. STICHTER(S) ▶ Het echtpaar Wesselings- van Breemen HISTORIE ▶ Het echtpaar Wesselings- van Breemen had van oudsher een bijzondere band met Deventer. Om ook na hun dood iets voor de stad te blijven betekenen, richtten zij in 1968 de Stichting Wesselings- van Breemen op. De stichting verleent hulp en bijstand op cultureel en sociaal terrein, in geval overheidsbijstand tekortschiet. Het werkgebied betreft de gemeente Deventer incl. haar omliggende dorpen. In 1989 is de stichting overgedragen aan de gemeente Deventer. Zij is verantwoordelijk voor de financiële administratie en het secretariaat. Het bestuur en de gemeente krijgen geen vergoeding voor hun inzet. De stichting heeft daardoor nagenoeg geen kosten en investeert de gehele bijdrage. BELEIDSPLAN OP WEBSITE ▶ ja.

Doelgroep ■ SPECIFIEK ▶ Maatschappelijke doelen gericht op Deventer. ACTIVITEITEN ▶ Voorbeelden maatschappelijke doelen: ☑ sportclubs, verenigingen en vieringen; ☑ culturele en sociale activiteiten in het onderwijs; ☑ muziek en zang, aankoop muziekinstrumenten en kooruitvoeringen; ☑ boeken, stad en streekgerelateerd; ☑ culturele thema's, kunstprojecten, restauraties en theatervoorstellingen. INTERVENTIENIVEAU ▶ Steun aan lokale/provinciale maatschappelijke organisaties en structuren (incl. gemeenten etc.) die diensten verlenen aan individuen.

Werkgebied ■ ACTIERADIUS ▶ Lokaal LAND ▶ Nederland REGIO ▶ Gelderland PLAATS ▶ Deventer.

Bestedingen ■ BUDGET ▶ € 35.000 ONDERSTEUNDE PROJECTEN P/J ▶ 30 SOORT BIJDRAGE ▶ giften BOVENGRENS ▶ € 1.000 ONDERGRENS ▶ geen.

Projecten ■ CRITERIA ▶ ☑ De aanvrager is een rechtspersoon, geen particulier; ☑ De aanvraag bevat een expliciete motivatie waaruit duidelijk wordt wat de meerwaarde voor Deventer is; ☑ De stichting is alleen behulpzaam is als geen andere voor de hand liggende voorziening beschikbaar is. DOORLOOPTIJD ▶ ☑ onbekend STATUS AANVRAGER ▶ ☑ stichting of vereniging (non-profit) ☑ kerkelijke instelling ☑ onderwijsinstelling ☑ bedrijf VOORKEUR/UITSLUITING ▶ ☑ De voorkeur gaat uit naar aanwijsbare projecten die binnen een jaar tot uitvoering komen. ☑ De nadruk van de ondersteuning ligt in de inhoudelijke sfeer. Pas in tweede instantie draagt de stichting bij aan technische faciliteiten of administratieve ondersteuning. ☑ Het bestuur kent bij voorkeur bedragen toe die wezenlijk bijdragen aan het uitvoeren van de aanvraag. ☑ Kleine organisaties hebben de voorkeur boven grote; ☑ Uitgesloten voor bijdragen zijn: Uniforme kleding voor gezelschappen; Reis- en verblijfkosten; Onderwijs, sport en zorg. Medische en maatschappelijke dienstverlening komen niet voor bijdragen in aanmerking. Instellingen die op die gebieden werkzaam zijn, kunnen wel een aanvraag indienen in de (culturele, sociale of medische) sfeer van de doelstelling van de stichting.

Procedure ■ OP AANVRAAG ▶ ja DOORLOOPTIJD ▶ 3-6 maanden AANVRAAGPROCEDURE ▶ Aanvragers dienen hun verzoek (online) voor een bijdrage ieder jaar uiterlijk vóór 1 maart, 1 juni, 1 september of 1 november in bij de ambtelijk secretaris van de stichting. De aanvragende instantie voorziet de aanvraag van de juiste naam, adres, e-mail en het IBAN-nummer. De secretaris te allen tijde bereid per aanvraag aanvullende informatie te geven en vooroverleg te plegen. In geval van twijfel is dit vooroverleg aan te bevelen. Bij ieder verzoek hoort een volledig ingevuld aanvraagformulier, dat deel uitmaakt van deze richtlijnen. Het formulier kan ook afzonderlijk digitaal of op papier bij het secretariaat van de stichting worden aangevraagd. Ieder verzoek bevat een sluitende begroting, inclusief dekkingsplan. Bij voorgenomen investeringen wordt een offerte van een leverancier toegevoegd. Het bestuur neemt in maart, juni en november een beslissing op alle aanvragen. URL ▶ www.swvb.nl/aanvragen/

Financieel ■ EIGEN VERMOGEN ▶ € 738.551 INKOMSTEN EV ▶ € 110.732 HERKOMST MIDDELEN ▶ vermogen, legaten, giften & schenkingen BOEKJAAR ▶ 2019 JAARVERSLAG OP WEBSITE ▶ ja.

Contact ■ BEREIKBAAR PER ▶ ☑ post ☑ e-mail ☒ telefoon CONTACTPERSOON ▶ geen contactpersoon bekend POSTADRES ▶ Grote Kerkhof 1, 7411 CA Deventer EMAIL (ALGEMEEN) ▶ info@swvb.nl.

1366 Westenberg-Sorgdrager Fonds

Rubriek ■ ☑ kunst en cultuur

Algemeen ■ WEBSITE ▶ www.cultuurfonds.nl TYPERING ▶ fonds op naam BEHEERD DOOR ▶ Prins Bernhard Cultuurfonds DIRECTIE ▶ zie > Prins Bernhard Cultuurfonds BESTUUR ▶ zie > Prins Bernhard Cultuurfonds

Missie ■ DOELSTELLING ▶ Het financieel ondersteunen van projecten die jonge klassieke musici een podium bieden in Noord-Holland (uitgezonderd het Gooi en het stedelijk gebied Amsterdam), met voorkeur voor initiatieven rond de kerk van Valkkoog. Aanvragen worden behandeld door het Prins Bernhard Cultuurfonds Noord-Holland.

Werkgebied ■ ACTIERADIUS ► Regionaal, Lokaal LAND ► Nederland REGIO ► Noord-Holland PLAATS ► Valkkoog.

Projecten ■ CRITERIA ► geen projectcriteria bekend DOORLOOPTIJD ► ☑ korter dan 1 jaar STATUS AANVRAGER ► ☑ geen beperkingen bekend VOORKEUR/UITSLUITING ► Met uitzondering van het Gooi en het stedelijk gebied Amsterdam.

Procedure ■ OP AANVRAAG ► ja AANVRAAGPROCEDURE ► Dit 'fonds op naam' ressorteert onder het Prins Bernhard Cultuurfonds. Verzoeken aan fondsen op naam komen op één centraal punt binnen. Dit houdt in dat een subsidieaanvraag slechts eenmaal aan het Prins Bernhard Cultuurfonds hoeft te worden gezonden. Voor de verdere aanvraagprocedure: zie Prins Bernhard Cultuurfonds. URL ► www.cultuurfonds.nl/aanvragen

Contact ■ BEREIKBAAR PER ► ☑ post ☑ e-mail ☑ telefoon CONTACTPERSOON ► geen contactpersoon bekend POSTADRES ► Postbus 19750, 1000 GT Amsterdam EMAIL (ALGEMEEN) ► info@cultuurfonds.nl TELEFOON (ALGEMEEN) ► 020-5206130.

1367

Stichting Westfriesland Fonds

Rubriek ■ ☑ gezondheidszorg ☑ kunst en cultuur ☑ maatschappij, welzijn en samenleving ☑ natuur, milieu en dieren ☑ sport en recreatie ☑ onderwijs en onderzoek

Algemeen ■ WEBSITE ► www.westfrieslandfonds.nl TYPERING ► vermogensfonds OPGERICHT ► 27-10-1995 RECHTSVORM ► stichting KVK ► 41234542 ANBI STATUS ► ja DIRECTIE ► geen directiegegevens bekend BESTUUR ► J.B.M. Stijvers, voorzitter; J.C. Snijder, penningmeester; T.P. van den Berg, secretaris; N.P.A. Hoogendijk; drs. K. de Vries.

Missie ■ DOELSTELLING ► Het verlenen van financiële steun aan projecten met een sociaal, cultureel en maatschappelijke karakter in regio West-Friesland. HISTORIE ► De Stichting Westfriesland Fonds is voortgekomen uit de voormalige Spaarbank Westfriesland en bestaat sinds 27 oktober 1995. Het fonds functioneert geheel zelfstandig en onder eigen vlag. Op 27 oktober 1995 sloot de Stichting Spaarbank Westfriesland zich aan bij de VSB Groep N.V. die toen deel uitmaakte van het Internationale bank- en verzekeringsconcern Fortis. Als gevolg daarvan kwam de Stichting Spaarbank Westfriesland in het bezit van een aanzienlijk kapitaal. Besloten werd om een belangrijk gedeelte van de jaarlijkse opbrengst van dit kapitaal ten goede te laten komen aan de samenleving in het werkgebied van de Spaarbank Westfriesland en daarvoor een fonds op te richten met de naam VSB Fonds Westfriesland. Om de zelfstandige positie van het fonds te benadrukken en naamsverwarring met andere fondsen te voorkomen, heeft het bestuur op 1 januari 2008 besloten het fonds van een nieuwe naam te voorzien. VSB Fonds Westfriesland wordt Westfriesland Fonds. BELEIDSPLAN OP WEBSITE ► ja.

Doelgroep ■ SPECIFIEK ► Inwoners van West-Friesland. ACTIVITEITEN ► Het Westfriesland Fonds steunt initiatieven op een breed maatschappelijk terrein voor onder andere: ☑ sportverenigingen; ☑ dorps- en buurthuizen; ☑ scoutinggroepen; ☑ koren; ☑ muziekverenigingen; ☑ verenigingen voor natuurbehoud; ☑ muziekfestivals; ☑ toneelverenigingen; ☑ concertuitvoeringen; ☑ EHBO verenigingen; ☑ milieu werkgroepen; ☑ musea; ☑ jongeren- en jeugdcentra; ☑ foto- en filmclubs; ☑ theaterproducties; ☑ speeltuinverenigingen; ☑ kinderboerderijen; ☑ culturele centra; ☑ historische verenigingen; ☑ dansgroepen; ☑ reddingsbrigades; en vele andere mogelijkheden. INTERVENTIENIVEAU ► Steun aan lokale/provinciale maatschappelijke organisaties en structuren (incl. gemeenten etc.) die diensten verlenen aan individuen.

Werkgebied ■ ACTIERADIUS ► Regionaal LAND ► Nederland REGIO ► West-Friesland PLAATS ► Enkhuizen, Bovenkarspel, Grootebroek, Lutjebroek, Hoogkarspel, Westwoud, Andijk, Twisk, Hoogwoud, Winkel.

Bestedingen ■ BUDGET ► niet openbaar SOORT BIJDRAGE ► giften BOVENGRENS ► geen ONDERGRENS ► geen.

Projecten ■ CRITERIA ► ☑ projecten die voortkomen uit, of hoofdzakelijk plaatsvinden in, de plaatsen waar voorheen een Spaarbank Westfriesland was gevestigd; ☑ duidelijke projecten in de voorbereidende fase. DOORLOOPTIJD ► ☑ korter dan 1 jaar STATUS AANVRAGER ► ☑ stichting of vereniging (non-profit) ☑ onderwijsinstelling ☑ kerkelijke instelling VOORKEUR/UITSLUITING ► Het Westfriesland Fonds geeft in principe geen steun aan: ☑ individuen; ☑ projecten die reeds een aanvang hebben genomen, of waarvoor al opdracht tot uitvoering is gegeven; ☑ buitenlandse projecten; ☑ projecten die hoofdzakelijk buiten het werkgebied plaatsvinden; ☑ instellingen die over voldoende eigen vermogen beschikken om een project zelf te financieren; ☑ instellingen en projecten met een uitgesproken commerciële, politieke of religieuze doelstelling; ☑ projecten ter dekking van exploitatie- of overheadkosten; ☑ projecten die alleen betrekking hebben op het (ver)bouwen van opstallen, dus onroerend goed.

Procedure ■ OP AANVRAAG ► ja DOORLOOPTIJD ► 1-3 maanden AANVRAAGPROCEDURE ► Aanvragen voor financiële steun kunnen uitsluitend worden ingediend via het aanvraagformulier van het Westfriesland Fonds, die u op de website kunt invullen, uitprinten en daarna ondertekend toezenden. Gelijktijdig met het ingevulde aanvraagformulier dient u de volgende informatie mee te sturen: ☑ een volledige beschrijving van het project waarvoor steun wordt gevraagd; ☑ algemene informatie/documentatie over uw organisatie en activiteiten; ☑ de begroting van de kosten van het project en eventuele offertes; ☑ het meest recente financieel jaarverslag (balans en resultatenrekening); ☑ recent uittreksel uit het handelsregister van de Kamer van Koophandel; ☑ actuele statuten; Aanvragen dienen minimaal acht weken voor aanvang van het project te worden gestuurd naar het postadres. Voorts moet de aanvrager aantonen niet zelf te (kunnen) beschikken over (voldoende) middelen om het project te financieren. De behandeltermijn bedraagt in de regel circa twee maanden. URL ► www.westfrieslandfonds.nl/aanvraag/formulier/

Financieel ■ HERKOMST MIDDELEN ► vermogen.

Contact ■ BEREIKBAAR PER ► ☑ post ☑ e-mail ☑ telefoon CONTACTPERSOON ► geen contactpersoon bekend POSTADRES ► Molenweg 5, 1601 SR Enkhuizen EMAIL (ALGEMEEN) ► info@westfrieslandfonds.nl TELEFOON (ALGEMEEN) ► 0228-323357.

1368
Stichting Wetenschappelijk Radio-fonds Veder

Rubriek ■ ☑ onderwijs en onderzoek
Algemeen ■ WEBSITE ► www.vederfonds.org TYPERING ► vermogensfonds OPGERICHT ► 04-08-1927 RECHTSVORM ► stichting KVK ► 57518335 ANBI STATUS ► nee DIRECTIE ► geen directiegegevens bekend BESTUUR ► Mw. F. Kosters, voorzitter; H. Boudewijns, secretaris; prof. ir. A. van Ardenne; dr.J. Groote; prof.dr.ir. M.J. Bentum; ing. F.M. Boekhorst; dr. ir, P.T. de Boer; mw. Prof.dr.ir. S.M. Heemstra de Groot; Prof.dr.ir. A.H.M van Roermund; Prof.dr. A. Yarovoy.
Missie ■ DOELSTELLING ► De stichting heeft uitsluitend ten doel de bevordering van de ontwikkeling van de wetenschap en techniek op het gebied van radio-telegrafie, radio-telefonie en radio-televisie en al zodanige wetenschappen en technieken, welke in de toekomst uit of naast deze bovengenoemde wetenschappen en technieken mochten voortkomen of ontstaan, doch alleen voor zover zij direct of indirect met bovengenoemde wetenschappen en technieken verband houden, alles in de ruimste zin. STICHTER(S) ► Anton Veder HISTORIE ► Anton Veder richtte op 4 augustus 1927 het Wetenschappelijk Radiofonds Veder op. Zelf was de heer Veder geen wetenschapper doch een fervent radioamateur te Rotterdam. Anton Veder was in het bezit van zeer goede en voor die tijd geavanceerde zendapparatuur. Zo goed zelfs, dat hij gedurende de eerste wereldoorlog als militair in zijn eigen huis werd ingekwartierd, zodat hij met behulp van zijn eigen apparatuur zorg kon dragen voor diverse belangrijke radioverbindingen. Gedurende die periode stonden er mariniers op wacht bij huize Veder te Rotterdam.
Doelgroep ■ SPECIFIEK ► Onderzoekers of rechtspersonen die onderzoek doen naar Radio-telegrafie, radio-telefonie en radio-televisie. ACTIVITEITEN ► Zij tracht de doelstelling uitsluitend op de navolgende wijzen te bereiken; ☑ door jaarlijks uit de rente van het kapitaal der stichting één prijs uit te reiken aan die man of vrouw, tot de Nederlandse nationaliteit behorende, die naar het oordeel van het stichtingsbestuur, door een uitvinding of werkwijze en in het algemeen door werkzaamheid op het omschreven gebied, het meeste bijgedragen heeft tot de bereiking van het gemelde doel der stichting, (waarbij) ingeval van gelijkwaardig geachte prestaties (.) meer dan één prijs kan worden verleend; ☑ eventueel kan een beloning worden toegekend aan hem of haar, die belangrijk werk heeft verricht op het vermelde gebied; ☑ in bijzondere gevallen door het financieel steunen van mannen of vrouwen, tot de Nederlandse nationaliteit behorende of van Nederlandse rechtspersonen voor proefnemingen, onderzoekingen of werkzaamheden op het bedoelde gebied, waarvan een voor de wetenschap of de praktijk belangrijk resultaat redelijkerwijs verwacht kan worden, met uitdrukkelijke uitsluiting van studie- of soortgelijke toelagen. INTERVENTIENIVEAU ► Steun aan individuen (directe steun).
Werkgebied ■ ACTIERADIUS ► Nationaal LAND ► Nederland.
Bestedingen ■ BUDGET ► niet openbaar SOORT BIJDRAGE ► overig BOVENGRENS ► geen ONDERGRENS ► geen.
Projecten ■ CRITERIA ► geen projectcriteria bekend DOORLOOPTIJD ► ☑ onbekend STATUS AANVRAGER ► ☑ individuen/gezinnen VOORKEUR/UITSLUITING ► geen voorkeur of uitsluiting bekend.
Procedure ■ OP AANVRAAG ► onbekend AANVRAAGPROCEDURE ► Geen aanvraagprocedure bekend.
Financieel ■ HERKOMST MIDDELEN ► overige inkomsten, vermogen.
Contact ■ BEREIKBAAR PER ► ☒ post ☑ e-mail ☒ telefoon CONTACTPERSOON ► H. Boudewijns POSTADRES ► Geen postadres bekend EMAIL (ALGEMEEN) ► secretaris@vederfonds.org.

1369
Fonds Wiggers van Kerchem

Rubriek ■ ☑ maatschappij, welzijn en samenleving ☑ gezondheidszorg ☑ vluchtelingenhulp
Algemeen ■ WEBSITE ► www.fundatiesobbe.nl/fundaties/fonds-wiggers-kerchem TYPERING ► fonds op naam BEHEERD DOOR ► Fundatie Van den Santheuvel, Sobbe DIRECTIE ► zie > Fundatie Van den Santheuvel, Sobbe BESTUUR ► zie > Fundatie Van den Santheuvel, Sobbe
Missie ■ DOELSTELLING ► Het Fonds Wiggers van Kerchem verstrekt binnen bepaalde voorwaarden giften (op projectbasis) aan de volgende doelen: ☑ instellingen op het gebied van jeugdzorg; ☑ instellingen op het gebied van gezondheidszorg; ☑ instellingen die integratie bevorderen; ☑ instellingen die zich inzetten voor mensen met een beperking; ☑ instellingen voor maatschappelijk werk; ☑ instellingen op het gebied van ouderenzorg; ☑ instellingen met projecten voor vluchtelingen in Nederland, ☑ opvanghuizen voor o.a. verslaafden, GGZ-cliënten, jongeren en vrouwen; ☑ groepsvakanties voor o.a. jongeren en kinderen in achterstandsituaties, ouderen en mensen met een beperking; ☑ projecten op het gebied van werkgelegenheid en toeleiding naar werk. STICHTER(S) ► Johanna Catharina Isabella Wiggers van Kerchem HISTORIE ► Johanna Catharina Isabella Wiggers van Kerchem (1884-1973) was een alleenstaande dame die het grootste gedeelte van haar leven in het buitenland doorbracht. Na haar dood liet ze de Fundatie haar vermogen na. BELEIDSPLAN OP WEBSITE ► ja.
Werkgebied ■ ACTIERADIUS ► Nationaal LAND ► Nederland.
Projecten ■ CRITERIA ► geen projectcriteria bekend DOORLOOPTIJD ► ☑ onbekend STATUS AANVRAGER ► ☑ stichting of vereniging (non-profit) ☑ overig VOORKEUR/UITSLUITING ► Er worden géén giften gedaan aan onder andere: ☑ Organisaties die hun bestuurders boven de balkenendenorm belonen; ☑ Aanbouw- en verbouwprojecten; ☑ Acties en korte campagnes; ☑ Congressen, symposia; ☑ Dorpshuizen, buurt-

centra, multifunctionele centra; ☑ Evenementen en festivals (zoals op het gebied van kunst of sport, ook niet voor gehandicapten); ☑ Festiviteiten; ☑ Films, documentaires; ☑ Individuele noden; ☑ Kinderdagverblijven, peuterspeelzalen; ☑ Koepelorganisaties voor gehandicapten, tenzij t.b.v. activering en participatie; ☑ Milieubescherming, dieren(opvang); ☑ Omroepen; ☑ Orgelrestauratie; ☑ Politieke doelen; ☑ Projecten in het buitenland, buitenlandse organisaties; ☑ Reguliere kunst, voorstellingen, (amateur)muziekprojecten; ☑ Restauratie van (kerk)gebouwen; ☑ Scouting; ☑ Sport zonder sociaal en/of participatiedoel; ☑ Wetenschappelijk (dus ook medisch) onderzoek, studie of studiebeurzen.

Procedure ■ OP AANVRAAG ► ja AANVRAAGPROCEDURE ► Als uw project voldoet aan de algemene criteria en doelstellingen van de stichting, kunt u uitsluitend via de website (via computer) uw aanvraag voor een bijdrage volledig digitaal indienen. De aanvraagprocedure is opgebouwd uit de volgende onderdelen: ☑ Contactgegevens; ☑ Algemene informatie; ☑ Project waarvoor u een aanvraag doet; ☑ Financiële gegevens van het project; ☑ Bijlagen; ☑ Optioneel; tussentijds opslaan van de aanvraag is mogelijk. U krijgt dan via e-mail een inlogcode waarmee u op een later moment verder kunt gaan met de aanvraag. Nadat de aanvraag is ingediend, wordt over uw aanvraag meestal binnen twee maanden een besluit genomen door het curatorium. De vergaderdata zijn terug te vinden op de website. Over het besluit ontvangt u binnen twee weken na een curatorenvergadering bericht. Soms wordt een aanvraag in onderzoek gehouden. De afhandeling ervan kan dan enkele maanden langer duren. Besluiten van het curatorium worden niet in heroverweging genomen. URL ► https://www.fundatiesobbe.nl/4-aanvraagprocedure/

Contact ■ BEREIKBAAR PER ► ☑ post ☑ e-mail ☑ telefoon CONTACTPERSOON ► Mw. drs. E.M.L. den Braber POSTADRES ► Herengracht 524 A, 1017 CC Amsterdam EMAIL (ALGEMEEN) ► info@fundatiesobbe.nl TELEFOON (ALGEMEEN) ► 020-6233246.

1370
Wijdeveld-Polée Fonds

Rubriek ■ ☑ kunst en cultuur

Algemeen ■ WEBSITE ► www.cultuurfonds.nl TYPERING ► fonds op naam BEHEERD DOOR ► Prins Bernhard Cultuurfonds DIRECTIE ► zie Prins Bernhard Cultuurfonds BESTUUR ► zie Prins Bernhard Cultuurfonds

Missie ■ DOELSTELLING ► Het financieel ondersteunen van professionele uitvoerende cellisten onder de 35 jaar voor het volgen van een aanvullende studie in binnen- / of buitenland als vervolg op de voltooide muziekopleiding in Nederland en voor het volgen van meestercursussen of voor de aanschaf van een muziekinstrument. Bij onvoldoende aanvragen op dit terrein, aan bijzondere projecten op het gebied van cellomuziek.

Werkgebied ■ ACTIERADIUS ► Nationaal, Internationaal LAND ► Nederland.

Projecten ■ CRITERIA ► geen projectcriteria bekend DOORLOOPTIJD ► ☑ korter dan 1 jaar STATUS AANVRAGER ► ☑ geen beperkingen bekend VOORKEUR/UITSLUITING ► geen voorkeur of uitsluiting bekend.

Procedure ■ OP AANVRAAG ► ja AANVRAAGPROCEDURE ► Dit 'fonds op naam' ressorteert onder het Prins Bernhard Cultuurfonds. Verzoeken aan fondsen op naam komen op één centraal punt binnen. Dit houdt in dat een subsidieaanvraag slechts eenmaal aan het Prins Bernhard Cultuurfonds hoeft te worden gezonden. Voor de verdere aanvraagprocedure: zie Prins Bernhard Cultuurfonds. URL ► www.cultuurfonds.nl/aanvragen

Contact ■ BEREIKBAAR PER ► ☑ post ☑ e-mail ☑ telefoon CONTACTPERSOON ► geen contactpersoon bekend POSTADRES ► Postbus 19750, 1000 GT Amsterdam EMAIL (ALGEMEEN) ► info@cultuurfonds.nl TELEFOON (ALGEMEEN) ► 020-5206130.

1371
Wijnand Goppel Fonds

Rubriek ■ ☑ kunst en cultuur ☑ onderwijs en onderzoek

Algemeen ■ WEBSITE ► www.cultuurfonds.nl TYPERING ► fonds op naam BEHEERD DOOR ► Prins Bernhard Cultuurfonds DIRECTIE ► zie Prins Bernhard Cultuurfonds BESTUUR ► zie Prins Bernhard Cultuurfonds

Missie ■ DOELSTELLING ► Het financieel ondersteunen van projecten op het gebied van restauratie van monumenten en voorwerpen van kunst en nijverheid. Het financieel ondersteunen van talentvolle jonge mensen voor vervolgonderwijs of -onderzoek in het buitenland, op het terrein waar wetenschap en ambacht elkaar raken, zoals restauraties.

Werkgebied ■ ACTIERADIUS ► Nationaal, Internationaal LAND ► Nederland.

Projecten ■ CRITERIA ► geen projectcriteria bekend DOORLOOPTIJD ► ☑ korter dan 1 jaar STATUS AANVRAGER ► ☑ geen beperkingen bekend VOORKEUR/UITSLUITING ► geen voorkeur of uitsluiting bekend.

Procedure ■ OP AANVRAAG ► ja AANVRAAGPROCEDURE ► Dit 'fonds op naam' ressorteert onder het Prins Bernhard Cultuurfonds. Verzoeken aan fondsen op naam komen op één centraal punt binnen. Dit houdt in dat een subsidieaanvraag slechts eenmaal aan het Prins Bernhard Cultuurfonds hoeft te worden gezonden. Voor de verdere aanvraagprocedure: zie Prins Bernhard Cultuurfonds. URL ► www.cultuurfonds.nl/aanvragen

Contact ■ BEREIKBAAR PER ► ☑ post ☑ e-mail ☑ telefoon CONTACTPERSOON ► geen contactpersoon bekend POSTADRES ► Postbus 19750, 1000 GT Amsterdam EMAIL (ALGEMEEN) ► info@cultuurfonds.nl TELEFOON (ALGEMEEN) ► 020-5206130.

1372
Stichting Wilco 't Hartrijk

Rubriek ■ ☑ kerk en levensbeschouwing

Algemeen ■ WEBSITE ► www.kennisbankfilantropie.nl/anbi/stichting-wilco-thartrijk **TYPERING** ▶ vermogensfonds **OPGERICHT** ▶ 24-01-2002 **RECHTSVORM** ▶ stichting **KVK** ▶ 17142915 **ANBI STATUS** ▶ ja **DIRECTIE** ▶ geen directiegegevens bekend **BESTUUR** ▶ C. 't Hart, voorzitter; mw. J.C. Compagner-van Gilst, secretaris; H. van Loon; mw. W.J. 't Hart-Rijksen; G.W. Wiggers.

Missie ■ **DOELSTELLING** ▶ De stichting Wilco 't Hartrijk heeft ten doel: ☑ Het bevorderen van de verkondiging van het Evangelie van onze Heer Jezus Christus; ☑ De ondersteuning van christelijke verenigingen en christelijke hulpdiensten; ☑ Het verrichten van alle verdere handelingen, die met het bovenstaande in de ruimste zin verband houden of daartoe bevorderlijk kunnen zijn. **BELEIDSPLAN OP WEBSITE** ▶ ja.

Doelgroep ■ **ALGEMEEN** ▶ gelovigen **SPECIFIEK** ▶ Christelijke instellingen en organisaties. **ACTIVITEITEN** ▶ Christelijke instellingen en organisaties die dezelfde doelstelling nastreven als de stichting ontvangen een financiële bijdrage. **INTERVENTIENIVEAU** ▶ Steun aan lokale/provinciale maatschappelijke organisaties en structuren (incl. gemeenten etc.) die diensten verlenen aan individuen.

Werkgebied ■ **ACTIERADIUS** ▶ Nationaal **LAND** ▶ Nederland.

Bestedingen ■ **BUDGET** ▶ niet openbaar **ONDERSTEUNDE PROJECTEN P/J** ▶ 47 **SOORT BIJDRAGE** ▶ overig **BOVENGRENS** ▶ geen **ONDERGRENS** ▶ geen.

Projecten ■ **CRITERIA** ▶ geen projectcriteria bekend **DOORLOOPTIJD** ▶ ☑ onbekend **STATUS AANVRAGER** ▶ ☑ kerkelijke instelling ☑ stichting of vereniging (non-profit) **VOORKEUR/UITSLUITING** ▶ geen voorkeur of uitsluiting bekend.

Procedure ■ **OP AANVRAAG** ▶ onbekend **AANVRAAGPROCEDURE** ▶ Geen aanvraagprocedure bekend.

Financieel ■ **EIGEN VERMOGEN** ▶ € 295.120 **INKOMSTEN EV** ▶ € 4.149 **INKOMSTEN OV** ▶ € 3.000 **HERKOMST MIDDELEN** ▶ vermogen **BOEKJAAR** ▶ 2018 **JAARVERSLAG OP WEBSITE** ▶ ja.

Contact ■ **BEREIKBAAR PER** ▶ ☑ post ☑ e-mail ☑ telefoon **CONTACTPERSOON** ▶ geen contactpersoon bekend **POSTADRES** ▶ Urkhovenseweg 154, 5641 KK Eindhoven **EMAIL (ALGEMEEN)** ▶ miepthart@gmail.com **TELEFOON (ALGEMEEN)** ▶ 040-2813166.

1373
Stichting Wildervank Fonds

Rubriek ■ ☑ kunst en cultuur ☑ sport en recreatie ☑ onderwijs en onderzoek ☑ maatschappij, welzijn en samenleving ☑ gezondheidszorg

Algemeen ■ **WEBSITE** ▶ www.stichtingwildervankfonds.nl **TYPERING** ▶ vermogensfonds **OPGERICHT** ▶ 29-12-1995 **RECHTSVORM** ▶ stichting **KVK** ▶ 41015465 **ANBI STATUS** ▶ ja **DIRECTIE** ▶ geen directiegegevens bekend **BESTUUR** ▶ H. Hendriks, voorzitter; A.A. de Boer, penningmeester; A. Broekema, secretaris; H.C.I. Spelde; E.C. Edens; L.G. van der Ploeg; J. van der Velde.

Missie ■ **DOELSTELLING** ▶ De Stichting heeft ten doel het bevorderen van culturele, sociale, educatieve en charitatieve activiteiten op het gebied van de sport en andere activiteiten van ideële aard, alsmede het doen van uitkeringen met een ideële of sociale strekking gericht op de regio Wildervank, Veendam, Stadskanaal, Beilen en Bellingwolde, alles in de ruimste zin des woords. **STICHTER(S)** ▶ Wildervank van de Maatschappij tot Nut van het Algemeen **HISTORIE** ▶ De Maatschappij tot Nut van het Algemeen nam het initiatief 'om de spaarzin te bevorderen als onderdeel van het proces om het geestelijk leven van de gewone burger te verhogen'. In 1817 werd hiertoe de eerste spaarbank opgericht en er volgden nog vele andere, die later bijna allemaal de stichtingsvorm meekregen. Immers, het behalen van winst was geen doel op zich en reserves werden opgebouwd om het voortbestaan van de spaarbank te waarborgen. Op 30 juli 1844 werd in Wildervank door het departement Wildervank van de Maatschappij tot Nut van het Algemeen een Nutsspaarbank opgericht. Het ging goed met de bank. Na de Tweede Wereldoorlog werd de bank een stichting. De bank breidde middels filialen uit naar Stadskanaal, Beilen en Veendam en werd in 1973 een Bondsspaarbank. In 1980 volgde een fusie met de spaarbank van Bellingwolde. De Bondsspaarbank Wildervank fuseerde in 1995 met de SNS Bank. Hierdoor werd de structuur gewijzigd, waarbij alle activiteiten van de bank werden overgenomen door de SNS Bank. Naar aanleiding van deze fusie is het SNS Fonds Wildervank opgericht. De financiële middelen van dit fonds zijn verkregen uit het vermogen van de oorspronkelijke Bondsspaarbank. In 2013 werd een naamswijziging doorgevoerd. Vanaf 17 oktober werd de nieuwe naam Stichting Wildervank Fonds. **BELEIDSPLAN OP WEBSITE** ▶ ja.

Doelgroep ■ **SPECIFIEK** ▶ Organisaties die met hun activiteiten het bevorderen van culturele, sociale, educatieve en het charitatieve als doel hebben in de regio. **ACTIVITEITEN** ▶ Vanuit de opvatting dat een evenwichtige samenleving wordt bevorderd door deelname van velen aan het maatschappelijk leven ligt de nadruk van de steun op initiatieven die gekenmerkt kunnen worden door begrippen als participatie, ontplooiing en educatie. Aandachtsgebieden: ☑ kunst en cultuur; ☑ gezondheid; ☑ sport en recreatie (zowel actief als passief); ☑ natuur en milieu; ☑ sociaal maatschappelijk; ☑ onderwijs. **INTERVENTIENIVEAU** ▶ Steun aan lokale/provinciale maatschappelijke organisaties en structuren (incl. gemeenten etc.) die diensten verlenen aan individuen.

Werkgebied ■ **ACTIERADIUS** ▶ Lokaal **LAND** ▶ Nederland **REGIO** ▶ Groningen, Drenthe **PLAATS** ▶ Wildervank, Veendam, Beilen, Bellingwolde, Stadskanaal.

Bestedingen ■ **BUDGET** ▶ niet openbaar **SOORT BIJDRAGE** ▶ giften **BOVENGRENS** ▶ geen **ONDERGRENS** ▶ geen.

Projecten ■ **CRITERIA** ▶ ☑ projectgebonden zijn; ☑ er moet aanwijsbaar sprake zijn van onvoldoende vermogen; ☑ initiatieven zich richten op het werkgebied; ☑ een looptijd hebben van maximaal vier jaar; ☑ projecten van algemeen belang voor de regio; ☑ projecten dienen hoofdzakelijk te worden uitgevoerd door betrokken vrijwilligers. **DOORLOOPTIJD** ▶ ☑ maximaal 4 jaar **STATUS AANVRAGER** ▶ ☑ stichting of vereniging (non-profit) ☑ overig **VOORKEUR/UITSLUITING** ▶ Het fonds geeft in principe geen steun aan: ☑ individuen; ☑ instellingen en projecten met een overwegend commerciële, politieke of religieuze doelstelling; ☑ projecten die reeds in een vergevorderd stadium verkeren; ☑ instellingen die een aanvraag indienen ter dekking van exploitatie- en/of overheadkosten; ☑ overheden of overheidsinstellingen; ☑ instellingen die uitsluitend een niet-projectgebonden aanvraag indienen; ☑ instellingen die over een substantieel eigen vermogen beschikken; ☑ instellingen, gevestigd buiten de genoemde regio's, tenzij het een instelling betreft met een bovenregionaal project dienstig aan een of meer van de vier genoemde regio's.

Procedure ■ OP AANVRAAG ▶ ja DOORLOOPTIJD ▶ korter dan 1 maand; korter dan een maand; korter dan een maand; korter dan een maand AANVRAAGPROCEDURE ▶ Verzoeken om financiële steun dienen schriftelijk te worden ingediend; de aanvragen worden door de secretaris in chronologisch volgorde vastgelegd. Het fonds kent geen gestandaardiseerde aanvraagformulieren. Iedere aanvraag dient opgebouwd te zijn uit ten minste de volgende elementen: ☑ gegevens van de aanvragende instelling; ☑ indien aanwezig: statuten en inschrijving Kamer van Koophandel; ☑ indien aanwezig: de meest recente jaarrekeningen en jaarverslagen; ☑ een uitgebreide projectbeschrijving; ☑ een begroting alsmede een overzicht van de instellingen waar eveneens een aanvraag voor een bijdrage is ingediend; ☑ een opgave van reeds toegezegde bedragen en namen van de betrokken personen en instellingen; ☑ de naam van een of meer contactpersonen. Het proces van besluitvorming inzake de eventuele toewijzing neemt niet meer dan een maand in beslag. URL ▶ www.stichtingwildervankfonds.nl/procedure.php

Financieel ■ INKOMSTEN EV ▶ € 311.394 HERKOMST MIDDELEN ▶ overige inkomsten, vermogen BOEKJAAR ▶ 2019 JAARVERSLAG OP WEBSITE ▶ ja.

Contact ■ BEREIKBAAR PER ▶ ☑ post ☒ e-mail ☒ telefoon CONTACTPERSOON ▶ A. Broekema POSTADRES ▶ Postbus 2018, 9640 CA Veendam.

1374

Stichting Wilhelmina Emilia Jansen Fonds

Rubriek ■ ☑ kunst en cultuur ☑ onderwijs en onderzoek

Algemeen ■ WEBSITE ▶ www.wejansenfonds.eu TYPERING ▶ vermogensfonds OPGERICHT ▶ 1999 RECHTSVORM ▶ stichting KVK ▶ 32072799 ANBI STATUS ▶ ja DIRECTIE ▶ geen directiegegevens bekend BESTUUR ▶ Mw. E. van Eeghen, voorzitter; H. Recourt, penningmeester; M. Veltman, secretaris; K. ter Horst; S. Scheijen; mw. K. Assoian.

Missie ■ DOELSTELLING ▶ Het Wilhelmina E. Jansen Fonds heeft ten doel de versterking van de culturele betrekkingen tussen enerzijds Nederland en anderzijds Rusland in het algemeen en Sint-Petersburg in het bijzonder. De stichting tracht dit doel te bereiken door het stimuleren van mensen en ideeën die bijdragen aan de uitwisseling tussen de culturen. STICHTER(S) ▶ Een kleinzoon van Wilhelmina E. Jansen HISTORIE ▶ Het Wilhelmina E. Jansen Fonds werd in 1999 opgericht door een kleinzoon van Wilhelmina E. Jansen, die in 1871 in Sint-Petersburg werd geboren. Zij kwam voort uit een Vriezenveens geslacht dat vanaf de tweede helft van de 18e eeuw in Sint-Petersburg aan de beroemde Nevski Prospekt handel dreef in linnen, maatkleding, tabak, cacao en chocolade. Tsaar Peter de Grote wenste van Sint-Petersburg voor Rusland het venster naar het westen te maken en stelde de stad open voor buitenlanders van allerhande beroepen en achtergronden. Tijdens zijn twee reizen in West Europa had de tsaar uitgebreid de Nederlandse republiek aangedaan en de grondslag gelegd voor de eeuwenlange relatie tussen Nederland en Sint-Petersburg. Na de revolutie van 1917 verlieten buitenlandse handelaren Rusland in groten getale en werd ook de firma Jansen noodgedwongen beëindigd. BELEIDSPLAN OP WEBSITE ▶ ja.

Doelgroep ■ SPECIFIEK ▶ Geen specifieke doelgroep ACTIVITEITEN ▶ Sinds de oprichting van het Wilhelmina E. Jansen Fonds heeft zij aan vele projecten een bijdrage mogen verlenen. Deze projecten betreffen muziek, fotografie & beeldend kunst, cultureel erfgoed, film, dans & toneel, wetenschap, publicaties & literatuur en overige. INTERVENTIENIVEAU ▶ Onbekend.

Werkgebied ■ ACTIERADIUS ▶ Nationaal, Internationaal LAND ▶ Nederland, Rusland PLAATS ▶ St. Petersburg.

Bestedingen ■ BUDGET ▶ niet openbaar SOORT BIJDRAGE ▶ giften BOVENGRENS ▶ geen ONDERGRENS ▶ geen.

Projecten ■ CRITERIA ▶ Het bestuur hanteert geen strikte criteria voor toekenning; ☑ In ieder geval dienen projecten, binnen de doelstelling van het fonds, bij te dragen aan de uitwisseling tussen de landen op het gebied van beeldende kunsten, podiumkunsten, literatuur of in bijzondere gevallen de wetenschappen; ☑ Instandhouding van Nederlands cultureel erfgoed in Rusland komt eveneens voor bijdragen in aanmerking; ☑ Belangrijk criterium voor het bestuur is of ook andere instellingen of individuen financieel bijdragen aan het project; ☑ het bestuur kijkt naar aspecten als uitstraling, vernieuwing, voorbeeldfunctie, educatie, en dergelijke; ☑ Alleen professionele projecten komen in aanmerking. DOORLOOPTIJD ▶ ☑ onbekend STATUS AANVRAGER ▶ ☑ geen beperkingen bekend VOORKEUR/UITSLUITING ▶ ☑ Projecten in Rusland of van Russische kunstenaars de voorkeur. ☑ in beginsel geen projecten van studenten; ☑ er worden geen structurele subsidies verstrekt. ☑ Projecten die bij indiening reeds zijn gestart of afgerond, worden in beginsel niet in behandeling genomen.

Procedure ■ OP AANVRAAG ▶ ja DOORLOOPTIJD ▶ 1-4 maanden; 3-6 maanden; 3-6 maanden AANVRAAGPROCEDURE ▶ Aanvragen kunnen bij het secretariaat worden ingediend en dienen te bestaan uit een heldere en bondige omschrijving van inhoud en doelstelling van het project en informatie over de aanvrager of aanvragende instantie. Het bestuur hanteert geen standaard aanvraagformulier. Voorts dient een aanvraag te zijn voorzien van een exacte begroting en een dekkingsplan dat inzicht geeft in eventuele andere financieringsbronnen en toezeggingen. Na binnenkomst van de aanvraag krijgt u een ontvangstbevestiging waarin de datum van de behandeling staat vermeld. Aanvragen worden binnen vier maanden na ontvangst behandeld. Hou vooral rekening met een ruime afhandelingstermijn van een aanvraag. Het bestuur beoordeelt aanvragen drie keer per kalenderjaar, begin maart, begin juli en begin november. URL ▶ www.wejansenfonds.eu/aanvragen

Financieel ■ HERKOMST MIDDELEN ► onbekend BOEKJAAR ► 2018 JAARVERSLAG OP WEBSITE ► ja.

Contact ■ BEREIKBAAR PER ► ☑ post ☑ e-mail ☑ telefoon CONTACTPERSOON ► geen contactpersoon bekend POSTADRES ► Postbus 9, 8180 AA Heerde EMAIL (ALGEMEEN) ► secretariaat@wejansenfonds.eu TELEFOON (ALGEMEEN) ► +31653127459.

1375

Wilhelmus Frijling Stichting

Rubriek ■ ☑ noodhulp ☑ maatschappij, welzijn en samenleving

Algemeen ■ WEBSITE ► www.kennisbankfilantropie.nl/anbi/wilhelmus-frijling-stichting TYPERING ► hybride fonds BEHEERD DOOR ► n.v.t. OPGERICHT ► 22-04-2010 RECHTSVORM ► stichting KVK ► 50116940 ANBI STATUS ► ja DIRECTIE ► geen directiegegevens bekend BESTUUR ► H.S.W.M. Kroes, voorzitter; mw. G.A. Frijling, penningmeester; mw. G.A. Frijling, secretaris; R.J.G. Jacobs.

Missie ■ DOELSTELLING ► ☑ Het bieden van financiële hulp aan natuurlijke personen en rechtspersonen die in financiële nood verkeren, waarbij sprake is van schrijnende situaties of die zonder financiële hulp bepaalde activiteiten en/of behoeften niet kunnen realiseren. Het dient daarbij te gaan om (rechts)personen die woonachtig of gevestigd zijn in de gemeente Dalfsen. ☑ Het financieel ondersteunen van activiteiten op het gebied van welzijn en zorgverlening en andere activiteiten van ideële aard en/of het financieel ondersteunen van organisaties die zulke activiteiten ondernemen. Voorts al hetgeen dat met één en ander rechtstreeks of zijdelings verband houdt of daartoe bevorderlijk kan zijn, alles in de ruimste zin des woords. STICHTER(S) ► Hans Frijling te Dalfsen BELEIDSPLAN OP WEBSITE ► ja.

Doelgroep ■ SPECIFIEK ► (Rechts-)personen in Dalfsen die in financiële nood verkeren. ACTIVITEITEN ► Geen specifieke activiteiten bekend INTERVENTIENIVEAU ► Steun aan lokale/provinciale maatschappelijke organisaties en structuren (incl. gemeenten etc.) die diensten verlenen aan individuen.; Steun aan individuen (directe steun).

Werkgebied ■ ACTIERADIUS ► Lokaal LAND ► Nederland PLAATS ► Dalfsen.

Bestedingen ■ BUDGET ► € 25.000 ONDERSTEUNDE PROJECTEN P/J ► 28 SOORT BIJDRAGE ► giften leningen overig BOVENGRENS ► geen ONDERGRENS ► geen.

Projecten ■ CRITERIA ► In financiële nood verkerende natuurlijke personen en rechtspersonen, waarbij sprake is van schrijnende situaties of die zonder financiële hulp bepaalde activiteiten en/of behoeften niet kunnen realiseren. DOORLOOPTIJD ► ☑ onbekend STATUS AANVRAGER ► ☑ geen beperkingen bekend VOORKEUR/UITSLUITING ► Sportverenigingen, verenigingen, bedrijven of andere rechtspersonen die een structureel financieel tekort hebben komen niet in aanmerking.

Procedure ■ OP AANVRAAG ► ja DOORLOOPTIJD ► korter dan 1 maand; 1-3 maanden; 1-3 maanden AANVRAAGPROCEDURE ► Afhankelijk van een (nood)situatie kunnen aanvragen per post, e-mail, persoonlijk of telefonisch worden gedaan. Dat kan ook door derden voor een betrokkene worden gedaan, zoals door een kerk, maatschappelijk werk, een arts of andere hulpverlener. Het bestuur vergadert tenminste vier keer per jaar. De aanvragen zullen op volgorde van binnenkosmt worden behandeld.

Financieel ■ EIGEN VERMOGEN ► € 39.018 INKOMSTEN OV ► € 25.000 HERKOMST MIDDELEN ► vermogen, legaten, overige inkomsten, giften & schenkingen BOEKJAAR ► 2019 JAARVERSLAG OP WEBSITE ► ja.

Contact ■ BEREIKBAAR PER ► ☑ post ☑ e-mail ☑ telefoon CONTACTPERSOON ► Mw. G.A. Frijling POSTADRES ► Molendijk 1, 7721 AB Dalfsen EMAIL (ALGEMEEN) ► alita.frijling@planet.nl TELEFOON (ALGEMEEN) ► 0529-434313.

1376

Stichting Will en Rita Jaeger Fonds

Rubriek ■ ☑ kerk en levensbeschouwing ☑ maatschappij, welzijn en samenleving ☑ kunst en cultuur ☑ onderwijs en onderzoek

Algemeen ■ WEBSITE ► www.kennisbankfilantropie.nl/anbi/will-en-rita-jaeger-fonds TYPERING ► vermogensfonds OPGERICHT ► 29-12-1994 RECHTSVORM ► stichting KVK ► 41158923 ANBI STATUS ► ja DIRECTIE ► geen directiegegevens bekend BESTUUR ► M.P. Bongard, voorzitter; J. Krant, penningmeester; mw. L.M. Paktor-Jäger, secretaris.

Missie ■ DOELSTELLING ► De stichting heeft ten doel het bevorderen van werkzaamheden, activiteiten en projecten op vrijzinnig en niet fundamentalistisch-religieuse en levensbeschouwelijk gebied, en/of op charitatief, wetenschappelijk of het algemeen nut beogend gebied, een en ander in de ruimste zin des woords. HISTORIE ► Het vermogen van de stichting is afkomstig van de naamgevers, de heer en mevrouw Jäger-Teixeira de Mattos. Geregeld zijn er, na het overlijden van de heer Jäger, waarbij een aanzienlijk legaat aan de Stichting werd nagelaten - fondsen aan toegevoegd, direct of indirect van de familie afkomstig. BELEIDSPLAN OP WEBSITE ► ja.

Doelgroep ■ SPECIFIEK ► Culturele en/of educatieve instellingen en wetenschappelijke projecten. ACTIVITEITEN ► De Stichting heeft besloten om in de geest van haar oprichters zich meer te gaan richten op ondersteuning van culturele en/of educatieve instellingen en wetenschappelijke projecten, nu de overheid zich daaruit hoe langer hoe meer terugtrekt. INTERVENTIENIVEAU ► Steun aan lokale/provinciale maatschappelijke organisaties en structuren (incl. gemeenten etc.) die diensten verlenen aan individuen.

Werkgebied ■ ACTIERADIUS ► Internationaal LAND ► Wereldwijd.

Bestedingen ■ BUDGET ► niet openbaar ONDERSTEUNDE PROJECTEN P/J ► 19 SOORT BIJDRAGE ► giften BOVENGRENS ► geen ONDERGRENS ► geen.

Projecten ■ CRITERIA ► geen projectcriteria bekend DOORLOOPTIJD ► ☑ onbekend STATUS AANVRAGER ► ☑ stichting of vereniging (non-profit) ☑ kerkelijke instelling ☑ onderwijsinstelling VOORKEUR/UITSLUITING ► geen voorkeur of uitsluiting bekend.

Procedure ■ **OP AANVRAAG** ▶ onbekend **AANVRAAGPROCEDURE** ▶ De Stichting staat open voor nieuwe aanvragende organisaties, maar er wordt pas tot een beoordeling van een aanvraag overgegaan indien er voldoende informatie aanwezig is over de kwaliteit van de organisatie en van het eventuele project. Daarbij zijn persoonlijke contacten, jaarverslagen en informatie via het internet van groot belang.
Financieel ■ **INKOMSTEN EV** ▶ € 1.044.719 **INKOMSTEN OV** ▶ € 75.000 **HERKOMST MIDDELEN** ▶ vermogen, legaten, giften & schenkingen **BOEKJAAR** ▶ 2019 **JAARVERSLAG OP WEBSITE** ▶ ja.
Contact ■ **BEREIKBAAR PER** ▶ ☑ post ☑ e-mail ☑ telefoon **CONTACTPERSOON** ▶ Mw. L.M. Paktor-Jäger **POSTADRES** ▶ Overijsselweg 1, 1081 HT Amsterdam **EMAIL (ALGEMEEN)** ▶ louise@paktor.com **TELEFOON (ALGEMEEN)** ▶ 0206423445.

1377
Mr. Willem Bakhuys Roozeboomstichting

Rubriek ■ ☑ gezondheidszorg ☑ onderwijs en onderzoek
Algemeen ■ **WEBSITE** ▶ www.kennisbankfilantropie.nl/anbi/mrwillem-bakhuys-roozeboomstichting **TYPERING** ▶ vermogensfonds **OPGERICHT** ▶ 15-02-1998 **RECHTSVORM** ▶ stichting **KVK** ▶ 41207404 **ANBI STATUS** ▶ ja **DIRECTIE** ▶ geen directiegegevens bekend **BESTUUR** ▶ J.W. Bakhuys Roozeboom, voorzitter; D.Q.C. Hoen, penningmeester; mw. E.F.M. von Saher, secretaris; E.L.E. Rost Onnes; mw. P.Ch. Dekker; C.J.J. Westermann.
Missie ■ **DOELSTELLING** ▶ De stichting heeft ten doel de bestrijding van de tuberculose en andere longaandoeningen in de ruimste zin, zowel in Nederland als daarbuiten. **BELEIDSPLAN OP WEBSITE** ▶ ja.
Doelgroep ■ **ALGEMEEN** ▶ zieken **SPECIFIEK** ▶ Projecten op het gebied van tuberculose en andere longaandoeningen. **ACTIVITEITEN** ▶ Geen specifieke activiteiten bekend **INTERVENTIENIVEAU** ▶ Steun op niveau van maatschappij zelf (beleidsbeïnvloeding, etc.).; Steun aan lokale/provinciale maatschappelijke organisaties en structuren (incl. gemeenten etc.) die diensten verlenen aan individuen.
Werkgebied ■ **ACTIERADIUS** ▶ Internationaal **LAND** ▶ Wereldwijd.
Bestedingen ■ **BUDGET** ▶ niet openbaar **ONDERSTEUNDE PROJECTEN P/J** ▶ 7 **SOORT BIJDRAGE** ▶ giften **BOVENGRENS** ▶ geen **ONDERGRENS** ▶ geen.
Projecten ■ **CRITERIA** ▶ Uitsluitend subsidieverzoeken gericht op de bestrijding van tuberculose en andere longaandoeningen zullen door het bestuur in behandeling worden genomen. **DOORLOOPTIJD** ▶ ☑ onbekend **STATUS AANVRAGER** ▶ ☑ stichting of vereniging (non-profit) ☑ overig ☑ hulpverleners **VOORKEUR/UITSLUITING** ▶ Alle subsidieverzoeken dienen ingediend te worden door in Nederland gevestigde artsen, ziekenhuizen en/of andere medische organisaties. Het bestuur heeft de discretionaire bevoegdheid om in speciale gevallen hiervan af te wijken.
Procedure ■ **OP AANVRAAG** ▶ ja **DOORLOOPTIJD** ▶ geen doorlooptijd bekend; 3-6 maanden; 3-6 maanden; 1-3 maanden **AANVRAAGPROCEDURE** ▶ De subsidieverzoeken zullen uitsluitend in een bestuursvergadering, waarin tenminste de helft van de bestuursleden waaronder 1 lid/arts aanwezig is, worden besproken. Het bestuur houdt tweemaal per jaar een bestuursvergadering, halverwege en aan het eind van elk kalenderjaar. Een toekenning van een subsidieverzoek of afwijzing, vergezeld van een motivatie, wordt zo snel mogelijk na de vergadering schriftelijk meegedeeld. Als het bestuur het verzoek heeft aangehouden, dan zal zo snel mogelijk schriftelijk meegedeeld worden welke aanvullende informatie gewenst is om het verzoek weloverwogen te kunnen beoordelen. Een subsidieverzoek dient aan de volgende minimum vereisten te voldoen: ☑ een duidelijke en zo concreet mogelijke beschrijving van het doel voor de aanwending van de gevraagde subsidie; ☑ een begroting.
Financieel ■ **EIGEN VERMOGEN** ▶ € 7.480.132 **HERKOMST MIDDELEN** ▶ vermogen, giften & schenkingen **BOEKJAAR** ▶ 2018 **JAARVERSLAG OP WEBSITE** ▶ ja.
Contact ■ **BEREIKBAAR PER** ▶ ☑ post ☑ e-mail ☑ telefoon **CONTACTPERSOON** ▶ geen contactpersoon bekend **POSTADRES** ▶ Van Breestraat 114, 1071 ZV Amsterdam **EMAIL (ALGEMEEN)** ▶ bakhuys.r.st@gmail.com **TELEFOON (ALGEMEEN)** ▶ 0610271825.

1378
Willem en Roos Derks Fonds

Rubriek ■ ☑ kunst en cultuur ☑ onderwijs en onderzoek
Algemeen ■ **WEBSITE** ▶ www.cultuurfonds.nl **TYPERING** ▶ fonds op naam **BEHEERD DOOR** ▶ Prins Bernhard Cultuurfonds **DIRECTIE** ▶ zie > Prins Bernhard Cultuurfonds **BESTUUR** ▶ zie > Prins Bernhard Cultuurfonds
Missie ■ **DOELSTELLING** ▶ Het financieel ondersteunen van beurzen voor talent op het gebied van de beeldende kunst, met een voorkeur voor schilderkunst, die een vervolgopleiding willen doen in het buitenland. Daarnaast het mogelijk maken van projecten op het gebied van de kunsten in Friesland.
Werkgebied ■ **ACTIERADIUS** ▶ Regionaal, Internationaal **LAND** ▶ Nederland **REGIO** ▶ Friesland.
Projecten ■ **CRITERIA** ▶ geen projectcriteria bekend **DOORLOOPTIJD** ▶ ☑ korter dan 1 jaar **STATUS AANVRAGER** ▶ ☑ geen beperkingen bekend **VOORKEUR/UITSLUITING** ▶ Voorkeur gaat uit naar talent op het gebied van de schilderkunst.
Procedure ■ **OP AANVRAAG** ▶ ja **AANVRAAGPROCEDURE** ▶ Dit 'fonds op naam' ressorteert onder het Prins Bernhard Cultuurfonds. Verzoeken aan fondsen op naam komen op één centraal punt binnen. Dit houdt in dat een subsidieaanvraag slechts eenmaal aan het Prins Bernhard Cultuurfonds hoeft te worden gezonden. Voor de verdere aanvraagprocedure: zie Prins Bernhard Cultuurfonds. **URL** ▶ www.cultuurfonds.nl/aanvragen
Contact ■ **BEREIKBAAR PER** ▶ ☑ post ☑ e-mail ☑ telefoon **CONTACTPERSOON** ▶ geen contactpersoon bekend **POSTADRES** ▶ Postbus 19750, 1000 GT Amsterdam **EMAIL (ALGEMEEN)** ▶ info@cultuurfonds.nl **TELEFOON (ALGEMEEN)** ▶ 020-5206130.

1379
Willem F. Duisenberg Fellowship Stichting

Rubriek ■ ☑ onderwijs en onderzoek

Algemeen ■ WEBSITE ▶ www.nias.knaw.nl/fellowships/co-sponsored-fellowships/willem-f-duisenberg-fellowship TYPERING ▶ vermogensfonds OPGERICHT ▶ 2007 RECHTSVORM ▶ stichting KVK ▶ 27300471 ANBI STATUS ▶ ja DIRECTIE ▶ geen directiegegevens bekend BESTUUR ▶ Prof. V. Halberstadt, voorzitter; prof.dr. J.W. Duyvendak, penningmeester.

Missie ■ DOELSTELLING ▶ Uitnodigingsbeurzen voor onderzoekers uit binnen- en buitenland die een uitstekende staat hebben op het gebied van toegepaste monetaire economie, macro-economie of overheidsfinanciën. HISTORIE ▶ De Stichting Willem F. Duisenberg Fellowship is opgericht in 2007 ter ere van Willem F. Duisenberg en bouwt voort op het Jelle Zijstra Fellowship-programma. De stichting wordt gesponsord door de Nederlandsche Bank, het Ministerie van Financiën en nog enkele grote financiele instellingen: het ING groep, Rabobank Nederland, ABN-AMRO en Aegon.

Doelgroep ■ SPECIFIEK ▶ Onderzoekers uit binnen- en buitenland werkzaam op het gebied van toegepaste monetaire economie, macro-economie of overheidsfinanciën. ACTIVITEITEN ▶ Onderzoekers doen hun onderzoeksproject als lid van de academische gemeenschap van de NIAS en hebben de gelegenheid om te ontmoeten met Nederlandse academici, beleidsmakers en bankiers. Deze residentiële beurs omvat accommodatie, onderzoeksfaciliteiten en een maandelijkse stipendia van € 10.000. In 2014 en 2016 is de Willem F. Duisenberg Fellowship-prijs uitgereikt aan jonge wetenschappers uit binnen- en buitenland die buitengewone creativiteit hebben getoond, veel hebben bereikt in toegepast beleidsonderzoek en potentieel hebben voor belangrijke toekomstige ontwikkelingen. De prijs bestond uit € 15.000, een gedenkpenning en de mogelijkheid om een eendaagse workshop te organiseren bij NIAS. INTERVENTIENIVEAU ▶ Steun aan individuen (directe steun).

Werkgebied ■ ACTIERADIUS ▶ Nationaal, Internationaal LAND ▶ Nederland.

Bestedingen ■ BUDGET ▶ niet openbaar SOORT BIJDRAGE ▶ beurzen BOVENGRENS ▶ geen ONDERGRENS ▶ geen.

Projecten ■ CRITERIA ▶ geen projectcriteria bekend DOORLOOPTIJD ▶ ☑ onbekend STATUS AANVRAGER ▶ ☑ beurzen VOORKEUR/UITSLUITING ▶ geen voorkeur of uitsluiting bekend.

Procedure ■ OP AANVRAAG ▶ onbekend AANVRAAGPROCEDURE ▶ De oproep om aanvragen in te dienen zijn in het winter/voorjaar (januari-maart). Aanvragen dienen online te worden ingediend. Alleen volledige aanvragen die voldoen aan de toelatingscriteria zullen in aanmerking worden genomen. U wordt per e-mail op de hoogte gebracht als uw aanvraag niet aan deze criteria voldoet en / of als de ingediende documenten onvolledig zijn of niet de gevraagde informatie bevatten. URL ▶ www.nias.knaw.nl/fellowships/how-apply

Financieel ■ HERKOMST MIDDELEN ▶ bedrijven BOEKJAAR ▶ boekjaar onbekend.

Contact ■ BEREIKBAAR PER ▶ ☑ post ☑ e-mail ☑ telefoon CONTACTPERSOON ▶ geen contactpersoon bekend POSTADRES ▶ Postbus 10855, 1011 EW Amsterdam EMAIL (ALGEMEEN) ▶ info@nias.knaw.nl TELEFOON (ALGEMEEN) ▶ 020-2246700.

1380
Willem Fontein Fonds

Rubriek ■ ☑ kunst en cultuur

Algemeen ■ WEBSITE ▶ www.cultuurfonds.nl TYPERING ▶ fonds op naam BEHEERD DOOR ▶ Prins Bernhard Cultuurfonds DIRECTIE ▶ zie > Prins Bernhard Cultuurfonds BESTUUR ▶ zie > Prins Bernhard Cultuurfonds

Missie ■ DOELSTELLING ▶ Het financieel ondersteunen van de restauratie van antieke of oude roerende zaken in openbaar bezit, met een voorkeur voor klokken (uurwerken).

Werkgebied ■ ACTIERADIUS ▶ Nationaal LAND ▶ Nederland.

Projecten ■ CRITERIA ▶ geen projectcriteria bekend DOORLOOPTIJD ▶ ☑ korter dan 1 jaar STATUS AANVRAGER ▶ ☑ geen beperkingen bekend VOORKEUR/UITSLUITING ▶ Voorkeur gaat uit naar klokken (uurwerken).

Procedure ■ OP AANVRAAG ▶ ja AANVRAAGPROCEDURE ▶ Dit 'fonds op naam' ressorteert onder het Prins Bernhard Cultuurfonds. Verzoeken aan fondsen op naam komen op één centraal punt binnen. Dit houdt in dat een subsidieaanvraag slechts eenmaal aan het Prins Bernhard Cultuurfonds hoeft te worden gezonden. Voor de verdere aanvraagprocedure: zie Prins Bernhard Cultuurfonds. URL ▶ www.cultuurfonds.nl/aanvragen

Contact ■ BEREIKBAAR PER ▶ ☑ post ☑ e-mail ☑ telefoon CONTACTPERSOON ▶ geen contactpersoon bekend POSTADRES ▶ Postbus 19750, 1000 GT Amsterdam EMAIL (ALGEMEEN) ▶ info@cultuurfonds.nl TELEFOON (ALGEMEEN) ▶ 020-5206130.

1381
Willem Gehrels Muziek Fonds

Rubriek ■ ☑ kunst en cultuur

Algemeen ■ WEBSITE ▶ www.cultuurfonds.nl TYPERING ▶ fonds op naam BEHEERD DOOR ▶ Prins Bernhard Cultuurfonds DIRECTIE ▶ zie > Prins Bernhard Cultuurfonds BESTUUR ▶ zie > Prins Bernhard Cultuurfonds

Missie ■ DOELSTELLING ▶ Het financieel ondersteunen van projecten voor muziekbeoefening door sociaal-economisch kwetsbare groepen mensen, alsmede het financieel ondersteunen van niet-reguliere educatieve (muziek)projecten.

Werkgebied ■ ACTIERADIUS ▶ Nationaal LAND ▶ Nederland.

Projecten ■ CRITERIA ▶ geen projectcriteria bekend DOORLOOPTIJD ▶ ☑ korter dan 1 jaar STATUS AANVRAGER ▶ ☑ geen beperkingen bekend VOORKEUR/UITSLUITING ▶ geen voorkeur of uitsluiting bekend.

Procedure ■ OP AANVRAAG ► ja AANVRAAGPROCEDURE ► Dit 'fonds op naam' ressorteert onder het Prins Bernhard Cultuurfonds. Verzoeken aan fondsen op naam komen op één centraal punt binnen. Dit houdt in dat een subsidieaanvraag slechts eenmaal aan het Prins Bernhard Cultuurfonds hoeft te worden gezonden. Voor de verdere aanvraagprocedure: zie Prins Bernhard Cultuurfonds. URL ► www.cultuurfonds.nl/aanvragen

Contact ■ BEREIKBAAR PER ► ☑ post ☑ e-mail ☑ telefoon CONTACTPERSOON ► geen contactpersoon bekend POSTADRES ► Postbus 19750, 1000 GT Amsterdam EMAIL (ALGEMEEN) ► info@cultuurfonds.nl TELEFOON (ALGEMEEN) ► 020-5206130.

1382
Stichting Willem Greeve Fonds

Rubriek ■ ☑ kunst en cultuur

Algemeen ■ WEBSITE ► https://www.hattem.nl/onderwerpen/vrije_tijd_en_cultuur/stichting_willem_greeve TYPERING ► vermogensfonds OPGERICHT ► 08-05-1978 RECHTSVORM ► stichting KVK ► 41038361 ANBI STATUS ► ja DIRECTIE ► geen directiegegevens bekend BESTUUR ► J.W. Wiggers, voorzitter; W.J. van der Veen, penningmeester; mw. K. van Piekeren, secretaris; mw. H. Harmeijer; H.J. Wagtelenberg; E.P.J. Kort; mw. G.J.T. Guldenaar; J.H. Havinga.

Missie ■ DOELSTELLING ► De stichting heeft als doelstelling om het culturele leven te bevorderen en activiteiten op dit gebied in de gemeente Hattem te stimuleren. HISTORIE ► De Stichting Willem Greeve Fonds is opgericht bij besluit van de gemeenteraad van Hattem van 8 mei 1978. Willem Greeve was in de jaren zeventig van de vorige eeuw woonachtig in Hattem. Hij was begaan met het culturele leven in Hattem. Hij overleed op 30 januari 1978. Bij legaat liet hij via de gemeente Hattem aan de bevolking van Hattem een bedrag na van NLG 200.000. BELEIDSPLAN OP WEBSITE ► ja.

Doelgroep ■ SPECIFIEK ► Rechtspersonen die ten doel hebben de bevordering van het culturele leven en activiteiten in de gemeente Hattem. ACTIVITEITEN ► ☑ het verstrekken van bijdragen in de kosten die amateurverenigingen in Hattem maken bij het organiseren van culturele activiteiten in Hattem; ☑ Daarnaast organiseert de stichting met zeer grote tussenpozen in Hattem een; zogenaamde Willem Greeve avond, waar alle betrokken verenigingen van zich kunnen laten horen. Sinds de oprichting in 1978 zijn drie 'Willem Greeve avonden'; georganiseerd. INTERVENTIENIVEAU ► Steun aan lokale/provinciale maatschappelijke organisaties en structuren (incl. gemeenten etc.) die diensten verlenen aan individuen.

Werkgebied ■ ACTIERADIUS ► Lokaal LAND ► Nederland PLAATS ► Hattem.

Bestedingen ■ BUDGET ► € 4.000 TOELICHTING ► Indien er sprake is van een bijzondere aangelegenheid, zoals een jubileum ter gelegenheid van het 10, 20, 30 jarig bestaan (etc.) van een vereniging, geldt in plaats van het maximale bijdrage van €750,– een maximale bijdrage van € 900,-. De maximale bijdrage voor een gezamenlijke activiteit, zoals een muziekvereniging, bedraagt € 2.500,-. ONDERSTEUNDE PROJECTEN P/J ► 10 SOORT BIJDRAGE ► giften garanties BOVENGRENS ► € 750 ONDERGRENS ► geen.

Projecten ■ CRITERIA ► ☑ er moet sprake zijn van rechtspersoonlijkheid bezittend lichaam dat ten doel heeft de bevordering van het culturele leven en het stimuleren van activiteiten op dit gebied in Hattem; ☑ de leden van het betreffende lichaam dienen actief deel te nemen aan de uitvoering; ☑ de leden verzorgen het grootste deel van de uitvoering zelf; ☑ de betreffende activiteit dient in Hattem plaats te vinden; ☑ men dient de zetel binnen de gemeente Hattem te hebben; ☑ men dient te beschikken over een naar het oordeel van het bestuur van het Willem Greeve Fonds deugdelijke organisatievorm; ☑ men dient naar het oordeel van het bestuur van het Willem Greeve Fonds, voldoende activiteiten te ontplooien; ☑ indien de aanvrager een vereniging of stichting is met niet-Hattemse leden, dient minimaal de helft van die leden in Hattem woonachtig te zijn; ☑ In het programma van de betreffende activiteit dient te worden vermeld dat de betreffende activiteit (mede) mogelijk is gemaakt door een bijdrage van de Stichting Willem Greeve Fonds. DOORLOOPTIJD ► ☑ onbekend STATUS AANVRAGER ► ☑ stichting of vereniging (non-profit) ☑ onderwijsinstelling ☑ kerkelijke instelling VOORKEUR/UITSLUITING ► De kosten voor de volgende posten komen niet in aanmerking: ☑ bladmuziek; ☑ drukwerk; ☑ bloemen; ☑aankleding van zaal en/of podium; ☑ attenties; ☑ consumpties; ☑ cd-opnames; ☑ secretariaatskosten; ☑ projecten die commercieel doel nastreven.

Procedure ■ OP AANVRAAG ► ja DOORLOOPTIJD ► geen doorlooptijd bekend; 6-12 maanden; 6-12 maanden AANVRAAGPROCEDURE ► Het schriftelijke verzoek dient minimaal een maand voordat de uitvoering zal plaatsvinden, ingediend te zijn bij de secretariaat. Bij dit verzoek dient een begroting van de inkomsten en uitgaven te worden bijgevoegd. Indien het bestuur tot toekenning heeft besloten, wordt de aanvrager hiervan schriftelijk op de hoogte gesteld. Zo spoedig mogelijk na afloop van de uitvoering, doch uiterlijk binnen drie maanden, dient een financieel overzicht met bewijsstukken te worden ingediend. Pas daarna wordt tot uitbetaling overgegaan. Het bestuur vergadert 1 keer per jaar. Wanneer nodig wordt een extra vergadering gepland.

Financieel ■ EIGEN VERMOGEN ► € 221.999 INKOMSTEN EV ► € 12.436 HERKOMST MIDDELEN ► legaten BOEKJAAR ► 2018 JAARVERSLAG OP WEBSITE ► ja.

Contact ■ BEREIKBAAR PER ► ☑ post ☑ e-mail ☑ telefoon CONTACTPERSOON ► Mw. K. van Piekeren POSTADRES ► Postbus 93, 8050 AB Hattem EMAIL (ALGEMEEN) ► bestuurssecretariaat@hattem.nl TELEFOON (ALGEMEEN) ► 038-4431690 TELEFOON (AANVRAGEN) ► 038-4431691.

1383
Stichting Willem Kloos Fonds

Rubriek ■ ☑ kunst en cultuur

Algemeen ■ WEBSITE ▶ www.anbi.federatiecultuur.nl/organisatie/overig/stichting-willem-kloosfonds TYPERING ▶ vermogensfonds OPGERICHT ▶ 23-10-1919 RECHTSVORM ▶ stichting KVK ▶ 41150941 ANBI STATUS ▶ ja DIRECTIE ▶ geen directiegegevens bekend BESTUUR ▶ Mw. L. Frerichs, voorzitter; F. den Blijker, penningmeester; A.J.M. Meinderts, secretaris; R. van Dijk; J. Huiskes; mw. C. Wildlund.

Missie ■ DOELSTELLING ▶ Het doel der Stichting is de Nederlandse Letterkunde te bevorderen door het verlenen van financiële steun, hetzij aan Nederlandse letterkundige auteurs of hun nagelaten betrekkingen, hetzij aan instellingen of ondernemingen die ten bate strekken van de Nederlandse letterkunde of van hare beoefenaars. STICHTER(S) ▶ Dr. P.C. Boutens, mr. H.L. De Beaufort HISTORIE ▶ De Stichting is genoemd naar de dichter Willem Kloos, die in 1938 in Den Haag overleed.

Doelgroep ■ SPECIFIEK ▶ Letterkundigen en hun nabestaanden. ACTIVITEITEN ▶ Het verlenen van financiële steun aan Nederlandse letterkundigen of hun nagelaten betrekkingen en, voorzover de middelen dat dan nog toelaten, aan instellingen of ondernemingen die ten bate strekken van de Nederlandse letterkunde. Het fonds verleent ook financiële steun aan de instandhouding van graven van letterkundigen. De afgelopen jaren zijn de activiteiten van het Willem Kloos-fonds beperkt gebleven tot het verstrekken van (structurele) subsidies aan weduwen van schrijvers, of auteurs die in financiële problemen verkeren. INTERVENTIENIVEAU ▶ Steun aan familie en omgeving van individuen.; Steun aan individuen (directe steun).

Werkgebied ■ ACTIERADIUS ▶ Nationaal LAND ▶ Nederland.

Bestedingen ■ BUDGET ▶ € 36.000 ONDERSTEUNDE PROJECTEN P/J ▶ 13 SOORT BIJDRAGE ▶ giften subsidies BOVENGRENS ▶ € 3.000 ONDERGRENS ▶ geen.

Projecten ■ CRITERIA ▶ geen projectcriteria bekend DOORLOOPTIJD ▶ ☑ langer dan 2 jaar STATUS AANVRAGER ▶ ☑ geen beperkingen bekend VOORKEUR/UITSLUITING ▶ Alleen aanvragen tot een bedrag van € 3.000,- worden in behandeling genomen.

Procedure ■ OP AANVRAAG ▶ ja AANVRAAGPROCEDURE ▶ Schriftelijk. Het bestuur vergadert tweemaal per jaar, in februari en juni.

Financieel ■ EIGEN VERMOGEN ▶ € 584.725 INKOMSTEN EV ▶ € 8.358 HERKOMST MIDDELEN ▶ legaten, overige inkomsten BOEKJAAR ▶ 2018 JAARVERSLAG OP WEBSITE ▶ ja.

Contact ■ BEREIKBAAR PER ▶ ☑ post ☑ e-mail ☑ telefoon CONTACTPERSOON ▶ geen contactpersoon bekend POSTADRES ▶ Postbus 90515, 2509 LM Den Haag EMAIL (ALGEMEEN) ▶ info@letterkundigmuseum.nl TELEFOON (ALGEMEEN) ▶ 070-3339666.

1384
Willem Meindert De Hoop Stichting

Rubriek ■ ☑ gezondheidszorg ☑ economische ontwikkeling en microkrediet ☑ gezondheidszorg ☑ economische ontwikkeling en microkrediet ☑ kunst en cultuur ☑ maatschappij, welzijn en samenleving ☑ kerk en levensbeschouwing ☑ onderwijs en onderzoek ☑ noodhulp

Algemeen ■ WEBSITE ▶ www.wmdehoopstichting.nl TYPERING ▶ vermogensfonds OPGERICHT ▶ 26-02-1972 RECHTSVORM ▶ stichting KVK ▶ 41192139 ANBI STATUS ▶ ja DIRECTIE ▶ geen directiegegevens bekend BESTUUR ▶ J.J. de Mol van Otterloo, voorzitter; O.C.J. den Boer, penningmeester; mw. T. Hoetjer, secretaris; M.A. van den Dorpel; M.R. van Schooten.

Missie ■ DOELSTELLING ▶ De stichting heeft op basis van de christelijke levensbeschouwing van de naamgever ten doel het vreedzaam samenleven en/of het fysieke en geestelijke welzijn van de mens te bevorderen. STICHTER(S) ▶ J. de Hoop HISTORIE ▶ De Willen Meindert de Hoop Stichting is in 1977 bij leven opgericht door de Heer Jan de Hoop. De naamgeving is geschied uit waardering en ter nagedachtenis aan de vader van de oprichter de Heer Willem Meindert de Hoop, geboren op 13 augustus 1892 en overleden op 11 juni 1964, in leven kaashandelaar te Uithoorn, in welke plaats hij vele bestuursfuncties bekleedde op sociaal, cultureel en kerkelijk gebied. Door het overlijden van de Heer Jan de Hoop op 21 november 2005 en ingevolge zijn laatste wilsbeschikking zijn extra financiële middelen aan de Stichting toegekomen. BELEIDSPLAN OP WEBSITE ▶ ja.

Doelgroep ■ SPECIFIEK ▶ Projecten die het vreedzaam samenleven en/of het fysieke en geestelijke welzijn van de mens te bevorderen. ACTIVITEITEN ▶ De stichting tracht haar doelstelling te bereiken door: ☑ het op z'n minst eenmaal per jaar toekennen van donaties, en/of; ☑ het van tijd tot tijd toekennen van de 'Willem Meindert de Hoop' prijs, en/of; ☑ het verlenen van steun in elke andere vorm en op elke andere wijze, die naar het oordeel van het bestuur nuttig wordt geacht. Hierbij kan onder meer gedacht worden aan (groepen van) personen, instellingen en/of rechtspersonen: ☑ Die activiteiten verrichten of verricht hebben ter bevordering van het vreedzaam samenleven; ☑ Een uitvinding hebben gedaan of een belangrijke vooruitgang hebben verwezenlijkt of een bijdrage daartoe hebben geleverd, op medisch of ander gebied, die de bevolking van de wereld of bepaalde gemeenschappen ten goede zijn gekomen of zullen komen; ☑ Een bijdrage hebben geleverd op religieus gebied waardoor de mensen elkaar beter hebben leren begrijpen, of; ☑ Een bijdrage hebben geleverd tot het lenigen van nood, ontstaan ten gevolge van een catastrofale toestand, waar ook ter wereld, of; ☑ Een bijdrage hebben geleverd op cultureel, maatschappelijk en wetenschappelijk terrein; ☑ De toegekende gelden worden aangewend ten gunste van het doel, waarvoor de persoon of instelling zich bijzonder verdienstelijk heeft gemaakt. INTERVENTIENIVEAU ▶ Steun op niveau van maatschappij zelf (beleidsbeïnvloeding, etc.).

Werkgebied ■ ACTIERADIUS ► Internationaal LAND ► Wereldwijd.
Bestedingen ■ BUDGET ► niet openbaar ONDERSTEUNDE PROJECTEN P/J ► 101 SOORT BIJDRAGE ► subsidies BOVENGRENS ► geen ONDERGRENS ► geen.
Projecten ■ CRITERIA ► ☑ het project moet concreet zijn met een duidelijke indicatie waar de bijdrage van de De Hoop Stichting aan wordt gealloceerd; ☑ de bijdrage moet rechtstreeks ten goede komen aan het welzijn van de doelgroep; ☑ solide financiële onderbouwing; ☑ co-financiering en openheid bijdrage overige financiers; ☑ duurzaamheid; ☑ er moet sprake zijn van een aantoonbare behoefte bij en impact voor de doelgroep; ☑ De doelstellingen van de aanvragen dienen te vallen in de categorieën: a. Ontwikkelingshulp; b.Gezondheidszorg; c.Kerk en levensbeschouwing; d. Onderwijs en onderzoek; e. Kunst en cultuur. DOORLOOPTIJD ► ☑ onbekend STATUS AANVRAGER ► ☑ hulpverleners ☑ onderwijsinstelling ☑ kerkelijke instelling ☑ stichting of vereniging (non-profit) VOORKEUR/UITSLUITING ► Aanvragen van organisaties met een ANBI status hebben de voorkeur. Niet in aanmerking komen: ☑ individuele hulpvragen; ☑ festivals en evenementen; ☑ bouwkosten voor projecten in Nederland; ☑ aanvragen van buitenlandse organisaties (niet in Nederland gevestigd); ☑ projecten waar maar 1 financier voor benaderd wordt.
Procedure ■ OP AANVRAAG ► ja DOORLOOPTIJD ► 1-3 maanden AANVRAAGPROCEDURE ► Uitsluitend via het aanvraagformulier op de website. Alleen digitaal ingediende aanvragen via dit formulier worden in behandeling genomen. De volgende bijlagen dienen via dit formulier te worden geüpload: ☑ projectplan; ☑ begroting met dekkingsplan; Het bestuur vergadert 3 tot 5 keer per jaar. URL ► www.wmdehoopstichting.nl/aanvragen
Financieel ■ EIGEN VERMOGEN ► € 3.015.960 HERKOMST MIDDELEN ► vermogen, overige inkomsten BOEKJAAR ► 2018 JAARVERSLAG OP WEBSITE ► ja.
Contact ■ BEREIKBAAR PER ► ☑ post ☑ e-mail ☑ telefoon CONTACTPERSOON ► Mw. T. Hoetjer POSTADRES ► Okeghemstraat 25 3hg-L, 1075 PK Amsterdam EMAIL (ALGEMEEN) ► info@wmdehoopstichting.nl TELEFOON (ALGEMEEN) ► +31653512446.

1385
Willem van Wolmerum Fonds

Rubriek ■ ☑ kunst en cultuur ☑ natuur, milieu en dieren ☑ onderwijs en onderzoek
Algemeen ■ WEBSITE ► www.cultuurfonds.nl TYPERING ► fonds op naam BEHEERD DOOR ► Prins Bernhard Cultuurfonds DIRECTIE ► zie > Prins Bernhard Cultuurfonds BESTUUR ► zie > Prins Bernhard Cultuurfonds
Missie ■ DOELSTELLING ► Het financieel ondersteunen van projecten die de geschiedenis en de documentatie van de veeteelt in Nederland in brede zin tot doel hebben.
Werkgebied ■ ACTIERADIUS ► Nationaal LAND ► Nederland.
Projecten ■ CRITERIA ► geen projectcriteria bekend DOORLOOPTIJD ► ☑ korter dan 1 jaar STATUS AANVRAGER ► ☑ geen beperkingen bekend VOORKEUR/UITSLUITING ► geen voorkeur of uitsluiting bekend.
Procedure ■ OP AANVRAAG ► ja AANVRAAGPROCEDURE ► Dit 'fonds op naam' ressorteert onder het Prins Bernhard Cultuurfonds. Verzoeken aan fondsen op naam komen op één centraal punt binnen. Dit houdt in dat een subsidieaanvraag slechts eenmaal aan het Prins Bernhard Cultuurfonds hoeft te worden gezonden. Voor de verdere aanvraagprocedure: zie Prins Bernhard Cultuurfonds. URL ► www.cultuurfonds.nl/aanvragen
Contact ■ BEREIKBAAR PER ► ☑ post ☑ e-mail ☑ telefoon CONTACTPERSOON ► geen contactpersoon bekend POSTADRES ► Postbus 19750, 1000 GT Amsterdam EMAIL (ALGEMEEN) ► info@cultuurfonds.nl TELEFOON (ALGEMEEN) ► 020-5206130.

1386
Stichting Willem Willink

Rubriek ■ ☑ kunst en cultuur ☑ onderwijs en onderzoek ☑ maatschappij, welzijn en samenleving
Algemeen ■ WEBSITE ► www.willemwillinkstichting.nl TYPERING ► vermogensfonds OPGERICHT ► 17-02-1920 RECHTSVORM ► stichting KVK ► 41028224 ANBI STATUS ► nee DIRECTIE ► geen directiegegevens bekend BESTUUR ► Mw. L. Hassink, voorzitter; R. Denekamp, penningmeester; P. Westerveld, secretaris; D. Steinmeijer.
Missie ■ DOELSTELLING ► De Willem Willink Stichting heeft tot doel de bevordering van het algemeen sociaal-cultureel werk in Hengelo en directe omgeving. De kernwoorden: educatie, techniek, geschiedenis, jeugd en cultuur zijn belangrijke aspecten voor toekenning van een bijdrage. STICHTER(S) ► Willem Willink HISTORIE ► In 1920 werd door Willem Willink, oud-directeur van Heemaf een stichting in het leven geroepen met als doel de welzijn van de beambten van Heemaf. In 1957 werd door de heer Langeler, hoofd vertegenwoordiger van Heemaf in Zuid-Afrika een fonds opgericht om studerende kinderen van Heemaf medewerkers in de vorm van een renteloze lening financieel te ondersteunen. Beide heren zorgden voor een eerste financiering van stichting en fonds. Gedurende een aantal jaren werd door medewerkers vooral van het Langelerfonds gebruikt gemaakt. Maar door de veranderingen en studietoelage mogelijkheden in de jaren 70 en 80 verdween de belangstelling voor het fonds. Om diverse redenen werd besloten het Langelerfonds op te laten gaan in de Willem Willink stichting en alleen die naam nog te voeren. De stichting gaf in de loop der jaren een aantal subsidies, de grootste was voor de verhuizing van het HEIM van de Bornsestraat naar de Wilhelminaschool aan de Industriestraat. Maar ook de gedwongen verhuizing van de Holec tennisclub werd mede dankzij de stichting gerealiseerd. De gepensioneerden contacten van de Heemaf ontvangen nu nog elk jaar een subsidie voor hun activiteiten bij het HEIM en hun jaarlijkse uitstapje.

Doelgroep ■ SPECIFIEK ▶ Initiatieven in Hengelo en directe omgeving. ACTIVITEITEN ▶ Geen specifieke activiteiten bekend INTERVENTIENIVEAU ▶ Steun aan lokale/provinciale maatschappelijke organisaties en structuren (incl. gemeenten etc.) die diensten verlenen aan individuen.

Werkgebied ■ ACTIERADIUS ▶ Lokaal LAND ▶ Nederland REGIO ▶ Overijssel PLAATS ▶ Hengelo e.o.

Bestedingen ■ BUDGET ▶ niet openbaar SOORT BIJDRAGE ▶ giften overig BOVENGRENS ▶ geen ONDERGRENS ▶ geen.

Projecten ■ CRITERIA ▶ De kernwoorden: educatie, techniek, geschiedenis, jeugd en cultuur zijn belangrijke aspecten voor toekenning van een bijdrage. DOORLOOPTIJD ▶ ☑ onbekend STATUS AANVRAGER ▶ ☑ geen beperkingen bekend VOORKEUR/UITSLUITING ▶ geen voorkeur of uitsluiting bekend.

Procedure ■ OP AANVRAAG ▶ ja DOORLOOPTIJD ▶ 1-3 maanden AANVRAAGPROCEDURE ▶ Aanvragen dienen per e-mail ingediend te worden. Elke aanvraag wordt door het bestuur beoordeeld. Voor de aanvraag wordt u verzocht gebruik te maken van het standaard aanvraagformulier. Dit aanvraagformulier is een Word document en mag als checklist gebruikt worden. Aanvraag gelieve in PDF-format versturen. Het bestuur vergadert 4 keer per jaar. Aanvragen dienen minimaal 2 weken voor de maand waarin vergaderd wordt binnen te zijn. Over het resultaat van de aanvraag is geen correspondentie achteraf mogelijk. URL ▶ www.willemwillinkstichting.nl/aanvragen/

Financieel ■ HERKOMST MIDDELEN ▶ onbekend.

Contact ■ BEREIKBAAR PER ▶ ☒ post ☑ e-mail ☒ telefoon CONTACTPERSOON ▶ geen contactpersoon bekend POSTADRES ▶ Geen postadres bekend EMAIL (ALGEMEEN) ▶ secretariaat@willemwillinkstichting.nl.

1387
Stichting Willemien Cohen

Rubriek ■ ☑ gezondheidszorg ☑ maatschappij, welzijn en samenleving

Algemeen ■ WEBSITE ▶ www.kennisbankfilantropie.nl/anbi/willemien-cohen TYPERING ▶ vermogensfonds OPGERICHT ▶ 17-05-2000 RECHTSVORM ▶ stichting KVK ▶ 34134576 ANBI STATUS ▶ ja DIRECTIE ▶ geen directiegegevens bekend BESTUUR ▶ R. Belle, voorzitter; drs. B.M. de Jonge van Ellemeet, penningmeester; mw. J.M. Bos, secretaris; mw.dr. E. Bleiker; mw.dr. C.H. Smorenburg.

Missie ■ DOELSTELLING ▶ De Stichting Willemien Cohen heeft primair tot doel het subsidiëren en ondersteunen van het Gasthuis NKI/AvL. Als secundaire doelstelling heeft de Stichting het subsidiëren en ondersteunen van instellingen, die zich bezighouden met het bevorderen van het welzijn van kankerpatiënten en hun naasten. STICHTER(S) ▶ Stichting Gast-Huis Antoni van Leeuwenhoek Ziekenhuis te Amsterdam HISTORIE ▶ De Amsterdamse Stichting Willemien Cohen is in 2000 opgericht met middelen uit de nalatenschap van mevrouw Willemen Cohen. Het doel bij oprichting was financiële ondersteuning van het Gast-Huis, Antoni van Leeuwenhoek ziekenhuis. Daarnaast heeft de stichting tot doel het financieel ondersteunen van instanties die zich bezig houden met het bevorderen van het welzijn van kankerpatiënten. BELEIDSPLAN OP WEBSITE ▶ ja.

Doelgroep ■ ALGEMEEN ▶ zieken SPECIFIEK ▶ Kankerpatiënten en hun naasten. ACTIVITEITEN ▶ De secundaire doelstelling wordt vooral vorm gegeven door de koepel van inloophuizen, IPSO, financieel te ondersteunen voor het geven van opleidingen aan medewerkers van de inloophuizen. INTERVENTIENIVEAU ▶ Steun aan lokale/provinciale maatschappelijke organisaties en structuren (incl. gemeenten etc.) die diensten verlenen aan individuen.; Steun aan familie en omgeving van individuen.

Werkgebied ■ ACTIERADIUS ▶ Lokaal, Regionaal, Nationaal LAND ▶ Nederland.

Bestedingen ■ BUDGET ▶ niet openbaar TOELICHTING ▶ 2/3 van het budget is bedoeld voor het Gast-Huis. Het andere deel is bedoeld voor instellingen, projecten en/of initiatieven die gericht zijn op de psychosociale zorg van kankerpatiënten. SOORT BIJDRAGE ▶ giften subsidies BOVENGRENS ▶ geen ONDERGRENS ▶ geen.

Projecten ■ CRITERIA ▶ Instellingen, projecten en/of initiatieven die gericht zijn op de psychosociale zorg van kankerpatiënten. In principe verstrekt de stichting alleen dan subsidies aan instellingen e.d. indien sprake is van een substantiële bijdrage van derden. DOORLOOPTIJD ▶ ☑ korter dan 1 jaar STATUS AANVRAGER ▶ ☑ stichting of vereniging (non-profit) ☑ kerkelijke instelling ☑ onderwijsinstelling VOORKEUR/UITSLUITING ▶ Bij voorkeur worden bijdragen en subsidies verstrekt, die een eenmalig, duidelijk gericht karakter dragen. In het algemeen zullen daarom aanvragen voor budgettaire ondersteuning geen gehoor vinden. Voorkeur verdienen psychosociale initiatieven waarbij de inzet van vrijwilligers een grote rol speelt. Uitgesloten zijn bijdragen aan medicinaal handelen of wetenschappelijk onderzoek. Aanvragen voor individuele ondersteuning worden in principe niet gehonoreerd. De; stichting zal geen middelen ter beschikking stellen die louter dienen ter dekking van exploitatietekorten.

Procedure ■ OP AANVRAAG ▶ ja DOORLOOPTIJD ▶ 3-6 maanden AANVRAAGPROCEDURE ▶ Aanvragen moeten schriftelijk worden ingediend op het postadres of per e-mail en moet de volgende gegevens bevatten: ☑ De bestemming van de gelden moet duidelijk worden omschreven. ☑ Er dient een begroting te zijn opgesteld. ☑ Aangeven op welke wijze de bestemming van de gelden zal worden verantwoord. ☑ Aanvragen door instellingen, stichtingen of verenigingen dienen vergezeld te gaan van de meest recente financiële gegevens, zoals een jaarrekening en voor zover toepasselijk een kopie van een recent uittreksel van de Kamer van Koophandel.

Financieel ■ EIGEN VERMOGEN ▶ € 3.078.480 HERKOMST MIDDELEN ▶ vermogen BOEKJAAR ▶ 2018 JAARVERSLAG OP WEBSITE ▶ ja.

Contact ■ BEREIKBAAR PER ▶ ☑ post ☑ e-mail ☒ telefoon CONTACTPERSOON ▶ geen contactpersoon bekend POSTADRES ▶ Plesmanlaan 123, 1066 CX Amsterdam EMAIL (ALGEMEEN) ▶ willemiencohen@gmail.com.

1388
Stichting Willems-Koop Fonds

Rubriek ■ ☑ gezondheidszorg ☑ maatschappij, welzijn en samenleving ☑ kunst en cultuur ☑ natuur, milieu en dieren ☑ onderwijs en onderzoek ☑ economische ontwikkeling en microkrediet ☑ noodhulp

Algemeen ■ WEBSITE ► www.willems-koopfonds.nl TYPERING ► vermogensfonds OPGERICHT ► 07-12-1999 RECHTSVORM ► stichting KVK ► 39071455 ANBI STATUS ► ja DIRECTIE ► geen directiegegevens bekend BESTUUR ► R. Foppen, voorzitter; O. Munters, penningmeester; N. Sturkenboom, secretaris; T. van Rijsewijk; P. Boerma.

Missie ■ DOELSTELLING ► De stichting heeft ondermeer ten doel: ☑ het lenigen van menselijke nood in de ruimste zin des woords, zowel in financiële als in andere zin, waar ook ter wereld en ongeacht ras, nationaliteit, geloof en/of geslacht; ☑ het bevorderen van maatschappij vernieuwende initiatieven, in het bijzonder op de volgende gebieden: onderwijs, cultuur, sociale zorg, duurzame samenlevingsvormen, milieu- en natuurbehoud, mensvriendelijk en milieubewust bouwen, wonen en werken; ☑ al hetgeen met het vorenstaande verband houdt en/of daartoe bevorderlijk kan zijn, alles in de ruimste zin des woords. STICHTER(S) ► Hans Willems en Joyce Willems-Koop HISTORIE ► Stichting Willems-Koop is opgericht in 2004 door Hans Willems en Joyce Willems-Koop die een deel van de winst uit hun bedrijf Wilsor graag een maatschappelijke bestemming wilden geven. Vele jaren daarna en ook nu nog hebben zij jaarlijks en als enige donateur een schenking aan de stichting gedaan. Daarmee is het vermogen gevormd waarmee sinds 2007 schenkingen worden gedaan aan goede doelen in binnen- en buitenland. Zij vonden een aantal terzake kundige bestuursleden die hun terzijde staan bij het selecteren van de goede doelen waaraan een schenking wordt gedaan. Hans en Joyce zijn in 2016 en 2017 uit het bestuur getreden. Hun schoondochter Natalie Sturkenboom is in 2016 toegetreden tot het bestuur. BELEIDSPLAN OP WEBSITE ► ja.

Doelgroep ■ SPECIFIEK ► Geen specifieke doelgroep ACTIVITEITEN ► De stichting tracht de doelstelling onder meer te bereiken door zowel nationaal als internationaal, al datgene te doen of te laten verrichten wat naar het oordeel van haar bestuur noodzakelijk, nuttig en/of gewenst is. INTERVENTIENIVEAU ► Steun aan individuen (directe steun).; Steun aan lokale/provinciale maatschappelijke organisaties en structuren (incl. gemeenten etc.) die diensten verlenen aan individuen.; Steun op niveau van maatschappij zelf (beleidsbeïnvloeding, etc.).

Werkgebied ■ ACTIERADIUS ► Internationaal LAND ► Wereldwijd.

Bestedingen ■ BUDGET ► € 35.000 ONDERSTEUNDE PROJECTEN P/J ► 31 SOORT BIJDRAGE ► giften BOVENGRENS ► geen ONDERGRENS ► geen.

Projecten ■ CRITERIA ► Bij projecten in het buitenland is voor ons een belangrijk criterium dat er een Nederlandse contactpersoon is die het project regelmatig bezoekt, begeleidt en verslag uitbrengt. DOORLOOPTIJD ► ☑ onbekend STATUS AANVRAGER ► ☑ stichting of vereniging (non-profit) VOORKEUR/UITSLUITING ► geen voorkeur of uitsluiting bekend.

Procedure ■ OP AANVRAAG ► onbekend AANVRAAGPROCEDURE ► Geen aanvraagprocedure bekend.

Financieel ■ INKOMSTEN EV ► € 36 INKOMSTEN OV ► € 19.900 HERKOMST MIDDELEN ► giften & schenkingen, vermogen BOEKJAAR ► 2019 JAARVERSLAG OP WEBSITE ► ja.

Contact ■ BEREIKBAAR PER ► ☒ post ☑ e-mail ☒ telefoon CONTACTPERSOON ► geen contactpersoon bekend POSTADRES ► Geen postadres bekend EMAIL (ALGEMEEN) ► secretariaat@willems-koopfonds.nl.

1389
Stichting Willy Schols

Rubriek ■ ☑ gezondheidszorg ☑ onderwijs en onderzoek

Algemeen ■ WEBSITE ► www.scholsfoundations.nl TYPERING ► vermogensfonds OPGERICHT ► 19-05-2000 RECHTSVORM ► stichting KVK ► 09113455 ANBI STATUS ► ja DIRECTIE ► geen directiegegevens bekend BESTUUR ► K. Schols, voorzitter; F. Maas, penningmeester; J. Venema, secretaris; mw. A. Schols.

Missie ■ DOELSTELLING ► De stichting heeft tot doel: ☑ in het algemeen hulpverlening in wat voor opzicht dan ook aan kinderen respectievelijk jongeren, ☑ in het bijzonder hulpverlening aan kinderen respectievelijk jongeren met gehoor-, gezichts-, ademhalings- en taalproblemen in de ruimste zin des woords, ☑ waar ook ter wereld, en ongeacht geloof, ras, huidskleur en nationaliteit een mogelijkheid te bieden een leefbare en betere toekomst op te bouwen en zelfstandig in het bestaan te voorzien, ☑ al hetgeen te doen wat met een en ander rechtstreeks of zijdelings verband houdt of daartoe bevorderlijk kan zijn, alles in de ruimste zin des woords. HISTORIE ► De Stichting Willy Schols ondersteunt projecten in Mua (Malawi), in Butuan (Filippijnen) en Samu (Indonesië). De projecten zijn gericht op kansarmen in de samenleving. De hulp bestaat uit het faciliteren en ondersteunen van studenten, die normaliter niet aan het onderwijs zouden kunnen deelnemen. De stichting ondersteunt ook jonge studenten t.b.v. het vervolg- en beroepsonderwijs om daarmee hun zelfredzaamheid op langere termijn te vergroten. De stichting werkt samen met het Schols Helsperfonds om daarmee in Malawi dove kinderen van onderwijsfaciliteiten te voorzien. BELEIDSPLAN OP WEBSITE ► ja.

Doelgroep ■ ALGEMEEN ► kinderen, armen SPECIFIEK ► Kansarme kinderen in Malawi, Bali, Indonesië, Filippijnen en Vietnam waarbij er extra aandacht is voor kinderen respectievelijk jongeren met gehoor-, gezichts-, ademhalings- en taalproblemen in de ruimste zin des woord. ACTIVITEITEN ► De stichting tracht haar doel te verwezenlijken: ☑ door het verlenen van individuele financiële steun en financiële steun aan personen en organisaties waar ook ter wereld voor de realisering en instandhouding van activiteiten en projecten overeenkomstig de doelstellingen; ☑ door het bieden, bevorderen en uitbreiden van scholings- en opleidingsmogelijkheden van deskundigen; ☑ door het beschikbaar stellen/ verwerven van schoolgebouwen, schoollokalen, les- en onderwijsmateriaal en het verzorgen van huisvesting; ☑ door het ontwikkelen van eigen activiteiten en projecten overeenkomstig de doelstelling van de stichting. De Stichting Willy Schols ondersteunt momenteel projecten in Mua (Malawi), in Butuan (Filippijnen) en Samu (Indonesië). In de afgelopen jaren is een samenwerkingsverband opgebouwd met de Hoge School Fontys en de Hogeschool Arnhem Nijmegen (Han-pabo). Deze samenwerking bevordert het uitzenden van leerlingen en vrijwilligers naar de genoemde projecten. Ook andere vrijwilligers kunnen worden uitgezonden. **INTERVENTIENIVEAU** ▶ Steun aan individuen (directe steun).; Steun op niveau van maatschappij zelf (beleidsbeïnvloeding, etc.).

Werkgebied ■ **ACTIERADIUS** ▶ Internationaal **LAND** ▶ Malawi, Indonesië, Filippijnen, Vietnam.

Bestedingen ■ **BUDGET** ▶ niet openbaar **SOORT BIJDRAGE** ▶ giften **BOVENGRENS** ▶ geen **ONDERGRENS** ▶ geen.

Projecten ■ **CRITERIA** ▶ geen projectcriteria bekend **DOORLOOPTIJD** ▶ ☑ onbekend **STATUS AANVRAGER** ▶ ☑ geen beperkingen bekend **VOORKEUR/UITSLUITING** ▶ geen voorkeur of uitsluiting bekend.

Procedure ■ **OP AANVRAAG** ▶ onbekend **AANVRAAGPROCEDURE** ▶ Geen aanvraagprocedure bekend.

Financieel ■ **EIGEN VERMOGEN** ▶ € 14.209 **INKOMSTEN EV** ▶ € 90.211 **INKOMSTEN OV** ▶ € 30.645 **HERKOMST MIDDELEN** ▶ giften & schenkingen, vermogen, inkomsten uit vermogen **BOEKJAAR** ▶ 2019 **JAARVERSLAG OP WEBSITE** ▶ ja.

Contact ■ **BEREIKBAAR PER** ▶ ☑ post ☑ e-mail ☑ telefoon **CONTACTPERSOON** ▶ K. Schols **POSTADRES** ▶ Landfortallee 2, 6921 JS Duiven **EMAIL (ALGEMEEN)** ▶ mail@schols-foundations.com **TELEFOON (ALGEMEEN)** ▶ 0316281224.

1390
Wim Bary Fonds

Rubriek ■ ☑ kunst en cultuur

Algemeen ■ **WEBSITE** ▶ www.cultuurfonds.nl **TYPERING** ▶ fonds op naam **BEHEERD DOOR** ▶ Prins Bernhard Cultuurfonds **DIRECTIE** ▶ zie > Prins Bernhard Cultuurfonds **BESTUUR** ▶ zie > Prins Bernhard Cultuurfonds

Missie ■ **DOELSTELLING** ▶ Het financieel ondersteunen van, bij voorkeur jonge, scheppende of uitvoerende kunstenaars uit de theater- en muziekwereld.

Werkgebied ■ **ACTIERADIUS** ▶ Nationaal **LAND** ▶ Nederland.

Projecten ■ **CRITERIA** ▶ geen projectcriteria bekend **DOORLOOPTIJD** ▶ ☑ korter dan 1 jaar **STATUS AANVRAGER** ▶ ☑ geen beperkingen bekend **VOORKEUR/UITSLUITING** ▶ geen voorkeur of uitsluiting bekend.

Procedure ■ **OP AANVRAAG** ▶ ja **AANVRAAGPROCEDURE** ▶ Dit 'fonds op naam' ressorteert onder het Prins Bernhard Cultuurfonds. Verzoeken aan fondsen op naam komen op één centraal punt binnen. Dit houdt in dat een subsidieaanvraag slechts eenmaal aan het Prins Bernhard Cultuurfonds hoeft te worden gezonden. Voor de verdere aanvraagprocedure: zie Prins Bernhard Cultuurfonds. **URL** ▶ www.cultuurfonds.nl/aanvragen

Contact ■ **BEREIKBAAR PER** ▶ ☑ post ☑ e-mail ☑ telefoon **CONTACTPERSOON** ▶ geen contactpersoon bekend **POSTADRES** ▶ Postbus 19750, 1000 GT Amsterdam **EMAIL (ALGEMEEN)** ▶ info@cultuurfonds.nl **TELEFOON (ALGEMEEN)** ▶ 020-5206130.

1391
Wim en Nini H. Fonds

Rubriek ■ ☑ kunst en cultuur ☑ onderwijs en onderzoek

Algemeen ■ **WEBSITE** ▶ www.cultuurfonds.nl **TYPERING** ▶ fonds op naam **BEHEERD DOOR** ▶ Prins Bernhard Cultuurfonds **DIRECTIE** ▶ zie > Prins Bernhard Cultuurfonds **BESTUUR** ▶ zie > Prins Bernhard Cultuurfonds

Missie ■ **DOELSTELLING** ▶ Het financieel ondersteunen van publicaties/onderzoek door (amateur)historici op het gebied van de stads-, streek- en kerkgeschiedenis, genealogie en archeologie.

Werkgebied ■ **ACTIERADIUS** ▶ Nationaal **LAND** ▶ Nederland.

Projecten ■ **CRITERIA** ▶ geen projectcriteria bekend **DOORLOOPTIJD** ▶ ☑ korter dan 1 jaar **STATUS AANVRAGER** ▶ ☑ geen beperkingen bekend **VOORKEUR/UITSLUITING** ▶ geen voorkeur of uitsluiting bekend.

Procedure ■ **OP AANVRAAG** ▶ ja **AANVRAAGPROCEDURE** ▶ Dit 'fonds op naam' ressorteert onder het Prins Bernhard Cultuurfonds. Verzoeken aan fondsen op naam komen op één centraal punt binnen. Dit houdt in dat een subsidieaanvraag slechts eenmaal aan het Prins Bernhard Cultuurfonds hoeft te worden gezonden. Voor de verdere aanvraagprocedure: zie Prins Bernhard Cultuurfonds. **URL** ▶ www.cultuurfonds.nl/aanvragen

Contact ■ **BEREIKBAAR PER** ▶ ☑ post ☑ e-mail ☑ telefoon **CONTACTPERSOON** ▶ geen contactpersoon bekend **POSTADRES** ▶ Postbus 19750, 1000 GT Amsterdam **EMAIL (ALGEMEEN)** ▶ info@cultuurfonds.nl **TELEFOON (ALGEMEEN)** ▶ 020-5206130.

1392
Wim Huijskens en Johanna Boon Fonds

Rubriek ■ ☑ kunst en cultuur ☑ natuur, milieu en dieren

Algemeen ■ **WEBSITE** ▶ www.cultuurfonds.nl **TYPERING** ▶ fonds op naam **BEHEERD DOOR** ▶ Prins Bernhard Cultuurfonds **DIRECTIE** ▶ zie Prins Bernhard Cultuurfonds **BESTUUR** ▶ zie Prins Bernhard Cultuurfonds

Missie ■ **DOELSTELLING** ▶ Het financieel ondersteunen van talenten op het gebied van de beeldende kunst.

Werkgebied ■ **ACTIERADIUS** ▶ Nationaal **LAND** ▶ Nederland.

Projecten ■ **CRITERIA** ▶ geen projectcriteria bekend **DOORLOOPTIJD** ▶ ☑ korter dan 1 jaar **STATUS AANVRAGER** ▶ ☑ geen beperkingen bekend **VOORKEUR/UITSLUITING** ▶ geen voorkeur of uitsluiting bekend.

Procedure ■ **OP AANVRAAG** ▶ ja **AANVRAAGPROCEDURE** ▶ Dit 'fonds op naam' ressorteert onder het Prins Bernhard Cultuurfonds. Verzoeken aan fondsen op naam komen op één centraal punt binnen. Dit houdt

in dat een subsidieaanvraag slechts eenmaal aan het Prins Bernhard Cultuurfonds hoeft te worden gezonden. Voor de verdere aanvraagprocedure: zie Prins Bernhard Cultuurfonds. **URL** ▶ www.cultuurfonds.nl/aanvragen

Contact ■ **BEREIKBAAR PER** ▶ ☑ post ☑ e-mail ☑ telefoon **CONTACTPERSOON** ▶ geen contactpersoon bekend **POSTADRES** ▶ Postbus 19750, 1000 GT Amsterdam **EMAIL (ALGEMEEN)** ▶ info@cultuurfonds.nl **TELEFOON (ALGEMEEN)** ▶ 020-5206130.

1393

Stichting Wim Tijhaar Educatiefonds voor hoop en toekomstkansen

Rubriek ■ ☑ gezondheidszorg ☑ economische ontwikkeling en microkrediet ☑ noodhulp ☑ maatschappij, welzijn en samenleving ☑ vluchtelingenhulp ☑ onderwijs en onderzoek

Algemeen ■ **WEBSITE** ▶ www.wimtijhaareducatiefonds.nl **TYPERING** ▶ vermogensfonds **OPGERICHT** ▶ 14-12-2005 **RECHTSVORM** ▶ stichting **KVK** ▶ 34239733 **ANBI STATUS** ▶ ja **DIRECTIE** ▶ geen directiegegevens bekend **BESTUUR** ▶ Mr.drs. W.A. Tijhaar, voorzitter; mr.drs. W.A. Tijhaar, penningmeester; C.D. Kooter, secretaris; drs. C.A.M. de Mey; W. Haar; mw. J Tijhaar-Rozeboom,.

Missie ■ **DOELSTELLING** ▶ ☑ Het bevorderen van de integratie in Nederland door het geven van scholing via het zogenaamde tweede kans onderwijs; ☑ Het bevorderen van de scholing van kinderen of jeugdigen tot een leeftijd van twintig jaar in Afrika, Azië of Zuid-Amerika; ☑ Het bevorderen van de ontwikkeling en scholing en hulp aan vrouwen met kinderen in Afrika, Azië of Zuid-Amerika. **STICHTER(S)** ▶ Wim en Tineke Tijhaar **HISTORIE** ▶ Als uitvloeisel van een leven in het teken van studie voor beroeps- en toekomstkansen hebben Wim en Tineke Tijhaar in overleg met hun kinderen het 'Wim Tijhaar Educatiefonds voor hoop en toekomstkansen' opgericht. **BELEIDSPLAN OP WEBSITE** ▶ ja.

Doelgroep ■ **ALGEMEEN** ▶ vrouwen, kinderen, inheemse volken, jongeren **SPECIFIEK** ▶ Allochtonen in Nederland; jeugdigen en vrouwen met kinderen in Afrika, Azië of Zuid-Amerika. **ACTIVITEITEN** ▶ Activiteiten in 2019 ☑ Tijhaar Community School Nkondo – Uganda (TCSN); ☑ uitbreidingsprogramma Tijhaar Community School Nkondo (TCSN). donaties aan projecten; ☑ St. Diba Deventer; ☑ St. Ayni Potosi Bolivia; ☑ St. Street Child; ☑ Straatkinderen India; ☑ St. De Toekomstzaaiers; ☑ St. World Servants; ☑ Africa Family Foundation; ☑ St. Mamita Alice; ☑ St. Raja; ☑ St. Samen Succes; ☑ IMC Weekendschool. **INTERVENTIENIVEAU** ▶ Steun aan lokale/provinciale maatschappelijke organisaties en structuren (incl. gemeenten etc.) die diensten verlenen aan individuen.

Werkgebied ■ **ACTIERADIUS** ▶ Internationaal **LAND** ▶ Tanzania, Indonesië, Mongolië, Nepal, Peru, Afrika, Nederland, Azië, Zuid-Amerika, Oeganda.

Bestedingen ■ **BUDGET** ▶ niet openbaar **TOELICHTING** ▶ Uit het vermogen van de stichting wordt jaarlijks een bedrag van minimaal vijf procent (5%) van het Fonds, doch nooit minder dan in totaal vijftigduizend euro (€ 50.000, 00) per jaar, ter beschikking gesteld voor concrete kleinschalige, eenmalige projecten van educatieve aard. **SOORT BIJDRAGE** ▶ giften subsidies **BOVENGRENS** ▶ € 5.000 **ONDERGRENS** ▶ geen.

Projecten ■ **CRITERIA** ▶ De projecten dienen betrekking te hebben op: ☑ scholing in het zogenaamde tweedekansonderwijs of onderwijs aan minder kansrijke personen in de Nederlandse samenleving; ☑ scholing van kinderen of jeugdigen tot een leeftijd van twintig jaar in Afrika, Azië of Zuid-Amerika; ☑ ontwikkeling/scholing/hulp van/aan vrouwen met kinderen, in Afrika, Azië of Zuid Amerika; ☑ projecten die rechtstreeks of zijdelings verband houden met de doelstellingen van het Wim Tijhaar Educatiefonds voor hoop en toekomstkansen. De leidende beginselen voor beoordeling van projecten: ☑ de voorgenomen bestedingen zodanige scholingsbehoeften dekken om aan kinderen/jeugdigen hoop en toekomstkansen te geven, dan wel; ☑ betrekking hebben op "empowerment of women" en; ☑ de controle/monitoring-mogelijkheden betreffende de correcte en concrete besteding ter plaatse. **DOORLOOPTIJD** ▶ ☑ 1 - 2 jaar ☑ korter dan 1 jaar **STATUS AANVRAGER** ▶ ☑ geen beperkingen bekend **VOORKEUR/UITSLUITING** ▶ geen voorkeur of uitsluiting bekend.

Procedure ■ **OP AANVRAAG** ▶ ja **DOORLOOPTIJD** ▶ geen doorlooptijd bekend; 1-3 maanden; 1-3 maanden **AANVRAAGPROCEDURE** ▶ Elk kalenderjaar kunnen voor 31 december projecten worden voorgedragen bij de secretaris van de stichting. De voordracht van een project gaat vergezeld van een (in de Nederlandse of Engelse taal gestelde) beschrijving van het project, het doel en het concrete tijdpad van de mogelijke realisering van deze doelstellingen en een zo gedetailleerd mogelijke begroting. Het bestuur beslist voor 31 maart van het daarop volgende kalenderjaar over de toewijzing van gelden aan de ingediende projecten.

Financieel ■ **EIGEN VERMOGEN** ▶ € 889.177 **INKOMSTEN EV** ▶ € 25.584 **INKOMSTEN OV** ▶ € 51.775 **HERKOMST MIDDELEN** ▶ onbekend **BOEKJAAR** ▶ 2019 **JAARVERSLAG OP WEBSITE** ▶ ja.

Contact ■ **BEREIKBAAR PER** ▶ ☑ post ☑ e-mail ☑ telefoon **CONTACTPERSOON** ▶ C.D. Kooter **POSTADRES** ▶ Ransuil 14, 1191 SR Ouderkerk aan de Amstel **EMAIL (ALGEMEEN)** ▶ info@wimtijhaareducatiefonds.nl **TELEFOON (ALGEMEEN)** ▶ 020-4963269.

1394

Wim van Kooten Fonds

Rubriek ■ ☑ kunst en cultuur

Algemeen ■ **WEBSITE** ▶ www.cultuurfonds.nl **TYPERING** ▶ fonds op naam **BEHEERD DOOR** ▶ Prins Bernhard Cultuurfonds **DIRECTIE** ▶ zie > Prins Bernhard Cultuurfonds **BESTUUR** ▶ zie > Prins Bernhard Cultuurfonds

Missie ■ **DOELSTELLING** ▶ Het financieel ondersteunen van publicaties op het terrein van geschiedenis met een voorkeur voor biografieën of projecten op het terrein van de klassieke vocale muziek.

Werkgebied ■ ACTIERADIUS ▶ Nationaal LAND ▶ Nederland.

Projecten ■ CRITERIA ▶ geen projectcriteria bekend DOORLOOPTIJD ▶ ☑ korter dan 1 jaar STATUS AANVRAGER ▶ ☑ geen beperkingen bekend VOORKEUR/UITSLUITING ▶ Voorkeur gaat uit naar biografieën.

Procedure ■ OP AANVRAAG ▶ ja AANVRAAGPROCEDURE ▶ Dit 'fonds op naam' ressorteert onder het Prins Bernhard Cultuurfonds. Verzoeken aan fondsen op naam komen op één centraal punt binnen. Dit houdt in dat een subsidieaanvraag slechts eenmaal aan het Prins Bernhard Cultuurfonds hoeft te worden gezonden. Voor de verdere aanvraagprocedure: zie Prins Bernhard Cultuurfonds. URL ▶ www.cultuurfonds.nl/aanvragen

Contact ■ BEREIKBAAR PER ▶ ☑ post ☑ e-mail ☑ telefoon CONTACTPERSOON ▶ geen contactpersoon bekend POSTADRES ▶ Postbus 19750, 1000 GT Amsterdam EMAIL (ALGEMEEN) ▶ info@cultuurfonds.nl TELEFOON (ALGEMEEN) ▶ 020-5206130.

1395
Wimmen Fonds

Rubriek ■ ☑ kunst en cultuur ☑ natuur, milieu en dieren

Algemeen ■ WEBSITE ▶ www.cultuurfonds.nl TYPERING ▶ fonds op naam BEHEERD DOOR ▶ Prins Bernhard Cultuurfonds DIRECTIE ▶ zie > Prins Bernhard Cultuurfonds BESTUUR ▶ zie > Prins Bernhard Cultuurfonds

Missie ■ DOELSTELLING ▶ Het financieel ondersteunen van (educatieve) projecten op het gebied van cultuur en natuurbehoud, waarbij duurzaamheid en innovatie een belangrijke rol spelen, en ook talent dat zich op duurzaamheid en innovatie richt.

Werkgebied ■ ACTIERADIUS ▶ Nationaal, Internationaal LAND ▶ Nederland.

Projecten ■ CRITERIA ▶ geen projectcriteria bekend DOORLOOPTIJD ▶ ☑ korter dan 1 jaar STATUS AANVRAGER ▶ ☑ geen beperkingen bekend VOORKEUR/UITSLUITING ▶ geen voorkeur of uitsluiting bekend.

Procedure ■ OP AANVRAAG ▶ ja AANVRAAGPROCEDURE ▶ Dit 'fonds op naam' ressorteert onder het Prins Bernhard Cultuurfonds. Verzoeken aan fondsen op naam komen op één centraal punt binnen. Dit houdt in dat een subsidieaanvraag slechts eenmaal aan het Prins Bernhard Cultuurfonds hoeft te worden gezonden. Voor de verdere aanvraagprocedure: zie Prins Bernhard Cultuurfonds. URL ▶ www.cultuurfonds.nl/aanvragen

Contact ■ BEREIKBAAR PER ▶ ☑ post ☑ e-mail ☑ telefoon CONTACTPERSOON ▶ geen contactpersoon bekend POSTADRES ▶ Postbus 19750, 1000 GT Amsterdam EMAIL (ALGEMEEN) ▶ info@cultuurfonds.nl TELEFOON (ALGEMEEN) ▶ 020-5206130.

1396
Stichting Wings Hendrik Ido Ambacht

Rubriek ■ ☑ maatschappij, welzijn en samenleving ☑ noodhulp ☑ gezondheidszorg

Algemeen ■ WEBSITE ▶ www.stichtingwings.nl TYPERING ▶ vermogensfonds OPGERICHT ▶ 2006 RECHTSVORM ▶ stichting KVK ▶ 24404174 ANBI STATUS ▶ ja DIRECTIE ▶ geen directiegegevens bekend BESTUUR ▶ S.B.A. van Wingerden, voorzitter; H. Stolk, penningmeester; D.J. van het Zelfde, secretaris.

Missie ■ DOELSTELLING ▶ Stichting Wings stelt zich in het bijzonder ten doel organisaties en privé personen te ondersteunen, ten behoeve van projecten en/of noden die betrekking hebben op kinderen, minder bedeelden en gehandicapten. STICHTER(S) ▶ De familie Van Wingerden HISTORIE ▶ De Stichting Wings Hendrik-ido-Ambacht (Stichting Wings) is opgericht in 2006 en is een initiatief van de familie Van Wingerden, woonachtig in Hendrik-Ido-Ambacht. BELEIDSPLAN OP WEBSITE ▶ ja.

Doelgroep ■ ALGEMEEN ▶ kinderen, armen, gehandicapten, ouderen, zieken, vluchtelingen SPECIFIEK ▶ In de regio Hendrik-Ido-Ambacht en Drechtsteden woonachtige of gevestigde personen en organisaties, met een accent op projecten voor kinderen en maatschappelijk kwetsbare (groepen van) personen, zoals gezinnen of personen met een inkomen op bijstandsniveau, alleenstaande en vereenzaamde ouderen, ontheemden, alsmede uit (tijdelijk) gehandicapten en (chronisch) zieken. ACTIVITEITEN ▶ De stichting tracht haar doel te verwezenlijken door het in de ruimste zin faciliteren, ondersteunen en adviseren, alsmede door het doen van giften in geld of natura, alsmede door het ter beschikking stellen van tijdelijk zorg en welzijn onroerendgoed. Verstrekken van leningen en andere vormen van financiering. INTERVENTIENIVEAU ▶ Steun aan individuen (directe steun).; Steun aan lokale/provinciale maatschappelijke organisaties en structuren (incl. gemeenten etc.) die diensten verlenen aan individuen.

Werkgebied ■ ACTIERADIUS ▶ Regionaal, Lokaal LAND ▶ Nederland REGIO ▶ Drechtsteden PLAATS ▶ Hendrik-Ido-Ambacht.

Bestedingen ■ BUDGET ▶ niet openbaar SOORT BIJDRAGE ▶ giften overig leningen BOVENGRENS ▶ geen ONDERGRENS ▶ geen.

Projecten ■ CRITERIA ▶ De partijen waarmee samenwerking wordt nagestreefd, voldoen bij voorkeur aan de volgende criteria: ☑ ANBI of SSBI status, kerkelijke of welzijnszorginstelling in de omgeving Hendrik-Ido-Ambacht en de Drechtsteden; ☑ Continuïteit. Degelijke en al langer bestaande organisaties die niet (te) afhankelijk zijn van één persoon; ☑ Deelt de doelstellingen van Stichting Wings; ☑ Moet vooral in staat zijn en bereid zijn om de operationele afhandeling van charitatieve projecten te verzorgen of te laten verzorgen, want stichting Wings treedt vooral op als locatieverschaffer of donateur; ☑ concrete specificatie van de geformuleerde donatie- of projectaanvragen; ☑ heldere realistische en concreet meetbare project- of donatiedoelen; ☑ initiatiefnemers/organisatie moeten beschikken over bewezen kwaliteiten en moeten van onbesproken gedrag zijn; ☑ Voldoende schaalgrootte en kansen op een structureel en meetbaar effect van donatie of het project; ☑ deugdelijke controle en rapportage gedurende het project en na afloop. **DOORLOOPTIJD** ▶ ☑ onbekend **STATUS AANVRAGER** ▶ ☑ stichting of vereniging (non-profit) ☑ kerkelijke instelling ☑ overig **VOORKEUR/UITSLUITING** ▶ Projecten met een lokaal verzorgend karakter genieten de voorkeur.

Procedure ■ **OP AANVRAAG** ▶ ja **AANVRAAGPROCEDURE** ▶ Aanvragen dienen digitaal te worden ingediend met de volgende informatie: ☑ een korte maximaal 2 bladige samenvatting van de projectaanvraag; ☑ personalia; ☑ statuten; ☑ KvK; ☑ begroting; ☑ referenties; ☑ eventuele overige financiers met toegezegde bedragen,; ☑ controlemomenten en controlemethode; ☑ methode van resultaatmeting

Financieel ■ **INKOMSTEN EV** ▶ € 42.752 **INKOMSTEN OV** ▶ € 7.800 **HERKOMST MIDDELEN** ▶ vermogen, giften & schenkingen **BOEKJAAR** ▶ 2019 **JAARVERSLAG OP WEBSITE** ▶ ja.

Contact ■ **BEREIKBAAR PER** ▶ ☑ post ☑ e-mail ☒ telefoon **CONTACTPERSOON** ▶ geen contactpersoon bekend **POSTADRES** ▶ De Veldoven 13, 3342 GR Hendrik-Ido-Ambacht **EMAIL (ALGEMEEN)** ▶ info@stemargroep.nl.

1397

De Winter-Heijnsius Stichting

Rubriek ■ ☑ maatschappij, welzijn en samenleving ☑ kunst en cultuur ☑ noodhulp ☑ gezondheidszorg

Algemeen ■ **WEBSITE** ▶ www.dewinterheijnsius.nl **TYPERING** ▶ vermogensfonds **OPGERICHT** ▶ 25-01-1896 **RECHTSVORM** ▶ stichting **KVK** ▶ 41180928 **ANBI STATUS** ▶ ja **DIRECTIE** ▶ geen directiegegevens bekend **BESTUUR** ▶ Mw.mr. J.T. Roelofs, voorzitter; drs. M. Kortbeek, penningmeester; mw.dr. A.M. de Ranitz, secretaris; mr. F.A. de Gelder; mw.mr. S.A.M. de Wijkerslooth-Lhoëst; mw.drs. M.M. Wijnen; mr. J.H.C. van Zanen.

Missie ■ **DOELSTELLING** ▶ De stichting ondersteunt goede doelen in de stad Utrecht of directe omgeving, in het bijzonder gerichte projecten en activiteiten waarmee een maatschappelijk nuttig doel wordt gediend. **STICHTER(S)** ▶ Christiaan de Winter (1809-1900) **HISTORIE** ▶ Op 25 januari 1896 richtte Christiaan de Winter (1809-1900) de De Winter-Heijnsius-Stichting op. In deze stichting bracht hij een gedeelte van zijn vermogen in met de bedoeling om met de vruchten daarvan halfjaarlijkse uitkeringen te doen aan gezinshoofden, als tegemoetkoming in de huurprijs van hun huurwoningen. Voorwaarde was dat deze personen lidmaat waren van de Nederlandse Hervormde Kerk. De stichting werd vernoemd naar hemzelf en zijn overleden echtgenote Geertruida Francisca Heijnsius (1805-1887). Het echtpaar had geen kinderen en in zijn testament van 1897 benoemde De Winter de stichting tot zijn enige erfgenaam. De statutenwijziging van 1989 zorgde ervoor dat de doelstelling werd verruimd naar ondersteuning van natuurlijke personen én rechtspersonen zonder winstoogmerk.

Doelgroep ■ **ALGEMEEN** ▶ jongeren, ouderen **SPECIFIEK** ▶ Goede doelen in Utrecht. **ACTIVITEITEN** ▶ De stichting verleent in praktijk relatief kleine eenmalige bijdragen aan projecten op het gebied van ouderen- en jongerenzorg, noodhulp en op het gebied van het renoveren en conserveren van woningen en gebouwen met een sociaal-culturele bestemming. **INTERVENTIENIVEAU** ▶ Steun aan lokale/provinciale maatschappelijke organisaties en structuren (incl. gemeenten etc.) die diensten verlenen aan individuen.; Steun aan individuen (directe steun).

Werkgebied ■ **ACTIERADIUS** ▶ Lokaal **LAND** ▶ Nederland **PLAATS** ▶ Utrecht e.o.

Bestedingen ■ **BUDGET** ▶ € 40.000 **ONDERSTEUNDE PROJECTEN P/J** ▶ 24 **SOORT BIJDRAGE** ▶ giften **BOVENGRENS** ▶ € 5.000 **ONDERGRENS** ▶ € 1.500.

Projecten ■ **CRITERIA** ▶ Eenmalig kleine projecten op het gebied van: ☑ ouderen- en jongerenzorg; ☑ noodhulp en; ☑ het renoveren en conserveren van woningen en gebouwen met een sociaal-culturele bestemming. **DOORLOOPTIJD** ▶ ☑ korter dan 1 jaar **STATUS AANVRAGER** ▶ ☑ stichting of vereniging (non-profit) **VOORKEUR/UITSLUITING** ▶ Géén exploitatiekosten. De stichting draagt niet bij aan projecten die vóór of binnen één maand na de vergaderdag zijn gestart of uitgevoerd. Een project moet binnen zes maanden starten en volgens planning worden uitgevoerd.

Procedure ■ **OP AANVRAAG** ▶ ja **AANVRAAGPROCEDURE** ▶ De aanvraag dient met behulp van het aanvraagformulier (te downloaden via de website) en bijlagen (in pdf) te worden verstuurd per e-mail. Het bestuur vergadert tweemaal per jaar, in april en november. Aanvragen die voor 15 maart of 15 oktober zijn ingediend, kunnen in de eerstvolgende vergadering aan de orde komen. U richt een aanvraag aan het bestuur van de stichting en stuurt deze met bijlagen per email. Na de bestuursvergadering ontvangt u zo spoedig mogelijk bericht. **URL** ▶ www.dewinterheijnsius.nl/Aanvraag/

Financieel ■ **EIGEN VERMOGEN** ▶ € 1.695.752 **INKOMSTEN EV** ▶ € 242.042 **HERKOMST MIDDELEN** ▶ legaten **BOEKJAAR** ▶ 2019 **JAARVERSLAG OP WEBSITE** ▶ ja.

Contact ■ **BEREIKBAAR PER** ▶ ☑ post ☑ e-mail ☒ telefoon **CONTACTPERSOON** ▶ geen contactpersoon bekend **POSTADRES** ▶ Prins Hendriklaan 72, 3584 ER UTRECHT **EMAIL (ALGEMEEN)** ▶ info@dewinterheijnsius.nl.

1398

Stichting WKZ-Fonds

Rubriek ■ ☑ gezondheidszorg ☑ onderwijs en onderzoek

Algemeen ■ **WEBSITE** ▶ www.kennisbankfilantropie.nl/anbi/wkz-fonds **TYPERING** ▶ vermogensfonds **OPGERICHT** ▶ 29-04-1993 **RECHTSVORM** ▶ stichting **KVK** ▶ 41186118 **ANBI STATUS** ▶ ja **DIRECTIE** ▶ geen directiegegevens bekend **BESTUUR** ▶ Dr.ir. P.C.J. Leijh, voorzitter; O.C. Rip, penningmeester; O.C. Rip, secretaris; prof.dr. E.E.S. Nieuwenhuis; dr. F. Groenendaa.

Missie ■ **DOELSTELLING** ▶ Het behartigen van de belangen van de geneeskunde van het kind in het algemeen en van die van het Wilhelmina Kinderziekenhuis, deel uitmakend van het Universitair Medisch Centrum Utrecht, in het bijzonder. **HISTORIE** ▶ De stichting WKZ-fonds is op 29 april 1993 opgericht en behartigt de belangen van de geneeskunde van het kind in het algemeen en van die van het Wilhelmina Kinderziekenhuis, deel uitmakend van het Universitair Medisch Centrum Utrecht, in het bijzonder. De stichting biedt financiële ondersteuning bij wetenschappelijk onderzoek, onderwijsprojecten van bijzonder karakter, innoverende activiteiten voor de patiëntenzorg en andere projecten in het belang van het Wilhelmina Kinderziekenhuis. **BELEIDSPLAN OP WEBSITE** ▶ ja.

Doelgroep ■ **ALGEMEEN** ▶ kinderen, zieken **SPECIFIEK** ▶ Onderzoekers/artsen dan wel recent gepromoveerden. **ACTIVITEITEN** ▶ Het doel wordt gerealiseerd door het ten behoeve van het Wilhelmina Kinderziekenhuis bevorderen en financieel steunen van: ☑ wetenschappelijk onderzoek ten behoeve van het zieke kind; ☑ onderwijsprojecten van bijzonder karakter ten behoeve van of in het kader van de geneeskunde van het kind; ☑ innoverende activiteiten ten behoeve van de patiëntenzorg; ☑ andere projecten in het belang van het Wilhelmina Kinderziekenhuis, deel uitmakend van het Universitair Medisch Centrum Utrecht. **INTERVENTIENIVEAU** ▶ Steun aan lokale/provinciale maatschappelijke organisaties en structuren (incl. gemeenten etc.) die diensten verlenen aan individuen.; Steun aan individuen (directe steun).

Werkgebied ■ **ACTIERADIUS** ▶ Nationaal **LAND** ▶ Nederland **PLAATS** ▶ Utrecht.

Bestedingen ■ **BUDGET** ▶ niet openbaar **ONDERSTEUNDE PROJECTEN P/J** ▶ 24 **SOORT BIJDRAGE** ▶ subsidies **BOVENGRENS** ▶ € 150.000 **ONDERGRENS** ▶ geen.

Projecten ■ **CRITERIA** ▶ Het WKZ-fonds financiert nieuwe onderzoeken/onderzoekslijnen van recent aangestelde onderzoekers/artsen dan wel recent gepromoveerden. Deze kunnen, binnen een termijn van zes jaar na hun aanstelling of PhD, maximaal twee keer een onderzoeksvoorstel indienen. Het onderzoek moet goed passen binnen de strategie van het UMC Utrecht. Ook moet het de basis vormen voor toekomstig onderzoek in deze lijn en als basis dienen voor later te verwerven externe financiering. Een nieuw onderzoeksproject wordt financieel ondersteund voor een totaal bedrag van maximaal €150.000 voor een periode van twee tot drie jaar. Voor een aio-traject van vier jaar kan een tweede projectaanvraag worden ingediend, indien andere (externe) financiering nog niet succesvol is geweest. Voor research naar de ziekte Cystic Fibrosis (CF)/mucoviscoidosis en coeliakie is het Fonds P.J. v.d. Brink van waaruit geput kan worden. Een project kan alleen aanvangen na goedkeuring van de Medische Ethische Toetsings- Commissie van het UMCU. **DOORLOOPTIJD** ▶ ☑ langer dan 2 jaar **STATUS AANVRAGER** ▶ ☑ geen beperkingen bekend **VOORKEUR/UITSLUITING** ▶ geen voorkeur of uitsluiting bekend.

Procedure ■ **OP AANVRAAG** ▶ ja **DOORLOOPTIJD** ▶ 6-12 maanden **AANVRAAGPROCEDURE** ▶ De deadline voor het insturen van een onderzoeksvoorstel door de aanvragers is 1 oktober. De aanvragen dienen voorzien te zijn van een handtekening van de voorzitter of de manager onderzoek van de divisie alsook van de manager bedrijfsvoering van de divisie. De wetenschappelijke commissie van het WKZ-fonds beoordeelt jaarlijks de nieuwe projectvoorstellen op kwaliteit en geeft daarna een ranking. Slechts de tien aanvragen met de hoogste ranking worden uitgestuurd voor extern review. De externe reviewers wordt vervolgens gevraagd hun beoordeling in te sturen voor 1 februari. Daarna worden de beoordelingen van de externe reviewers doorgestuurd aan de commissieleden, de voorzitter, de adviseur en de aanvragers. De aanvragers kunnen dan schriftelijk reageren op de beoordeling van de externe reviewers. In het vervolgtraject wordt de tien kandidaten gevraagd een mondelinge presentatie te geven in de commissie vergadering van februari. Per kandidaat is er tijd voor 5 minuten presentatie en 10; minuten discussie. Er volgt een definitief advies voor ranking n.a.v. de presentatie en de discussie met de kandidaat. Dit advies wordt voorgelegd aan het bestuur van het WKZ-fonds. Het bestuur maakt de toekenning eind maart/ begin april bekend. Het bestuur kijkt daarbij naar de kwaliteit van de onderzoeken en de; beschikbare middelen.

Financieel ■ **EIGEN VERMOGEN** ▶ € 24.410.000 **INKOMSTEN EV** ▶ € 3.056.112 **HERKOMST MIDDELEN** ▶ vermogen, legaten **BOEKJAAR** ▶ 2019 **JAARVERSLAG OP WEBSITE** ▶ ja.

Contact ■ **BEREIKBAAR PER** ▶ ☑ post ☑ e-mail ☑ telefoon **CONTACTPERSOON** ▶ geen contactpersoon bekend **POSTADRES** ▶ Postbus 85500, fac 6.08 , 3508 GA Utrecht **EMAIL (ALGEMEEN)** ▶ m.bloemendaal-3@umcutrecht.nl **TELEFOON (ALGEMEEN)** ▶ 088-7559738.

1399
Stichting WOZfonds

Rubriek ■ ☑ maatschappij, welzijn en samenleving

Algemeen ■ **WEBSITE** ▶ www.wozfonds.nl **TYPERING** ▶ vermogensfonds **OPGERICHT** ▶ 19-01-2006 **RECHTSVORM** ▶ stichting **KVK** ▶ 28109611 **ANBI STATUS** ▶ nee **DIRECTIE** ▶ geen directiegegevens bekend **BESTUUR** ▶ J. Oliver, voorzitter; E. van den Eshof, penningmeester; G. de Pater-Bouman, secretaris; A. van Houten-Smit; mw. J. Hendriks- Onderwater; T. Dupuis, vice-voorzitter.

Missie ■ **DOELSTELLING** ▶ De stichting WOZfonds heeft als doel: ☑ het ondersteunen van projecten die leiden tot verbetering van het woon- en leefklimaat van een of meerdere buurten of wijken in de gemeente Leiden waarvan de bevolking voor tenminste twee/derde wordt gevormd door huurders van de woningbouwcorporaties Portaal, Ons Doel of De Sleutels; ☑ het subsidiëren van boekuitgaven, symposia, culturele evenementen en bekostigen van prijsvragen, zulks voor zover deze activiteiten bedoeld zijn om de participatie en belangstelling van bewoners voor hun buurt of wijk te bevorderen; ☑ het verrichten van alle verdere handelingen, die met vorenstaande in de ruimste zin verband houden of daartoe bevorderlijk kunnen zijn. **HISTORIE** ▶ Drie huurdersorganisaties hebben in 2006 de Stichting WOZfonds in Leiden opgericht. Het bestuur van de stichting beheert in dit fonds het geld dat veel Leidse huurders teveel hebben betaald aan onroerende-zaakbelasting volgens de wet Waardering Onroerende Zaken (WOZ). De huurdersorganisaties die behoren bij de woningcorporaties De Sleutels, Ons Doel en Portaal-Leiden hebben besloten, om deze huurdersdelen van de teveel betaalde belasting in een fonds te beheren. Via het fonds komt het geld weer terug bij de huurders in de vorm van activiteiten, voorzieningen of verbeteringen in de eigen woonomgeving.

Doelgroep ■ SPECIFIEK ▶ Plannen en projecten in de buurten met woningen van De Sleutels van Zijl en Vliet, Ons Doel of Portaal Leiden. ACTIVITEITEN ▶ Geen specifieke activiteiten bekend INTERVENTIENIVEAU ▶ Steun aan lokale/provinciale maatschappelijke organisaties en structuren (incl. gemeenten etc.) die diensten verlenen aan individuen.

Werkgebied ■ ACTIERADIUS ▶ Lokaal LAND ▶ Nederland REGIO ▶ Zuid-Holland PLAATS ▶ Leiden.

Bestedingen ■ BUDGET ▶ € 100.000 ONDERSTEUNDE PROJECTEN P/J ▶ 40 SOORT BIJDRAGE ▶ giften BOVENGRENS ▶ € 25.000 ONDERGRENS ▶ € 100.

Projecten ■ CRITERIA ▶ Het geld uit het fonds is exclusief bestemd voor de uitvoering van plannen en projecten in de Leidse buurten/wijken met woningen van De Sleutels, Ons Doel en Portaal; ☑ Bij ingediende projecten dient bij de voorbereiding en/of uitvoering sprake te zijn van zelfwerkzaamheid van de bewoners; ☑ Projecten leiden aannemelijkerwijs tot verbetering van het woon - en leefklimaat van één of meerdere buurten of wijken,. DOORLOOPTIJD ▶ ☑ 1 - 2 jaar STATUS AANVRAGER ▶ ☑ geen beperkingen bekend VOORKEUR/UITSLUITING ▶ Projecten die bijdragen aan de participatie en belangstelling van bewoners voor hun eigen buurt of wijk en het versterken van de sociale cohesie op buurt - en wijknivo en de integratie van bevolkingsgroepen verdienen de voorkeur. Niet in aanmerking komen: ☑ projecten die niet in Leiden plaatsvinden; ☑ projecten die reeds zijn afgerond; ☑ aanvragen die korter dan een maand voor de uitvoering van een project zijn ingediend; ☑ aanvragen waaraan men al is begonnen (dien uw aanvraag dus tijdig in); ☑ aanvragen voor permanente, structurele steun; ☑ bijdragen in de reguliere exploitatiekosten, bijvoorbeeld bij gebouwen; ☑ projecten met een commercieel, politiek, of religieus karakter.

Procedure ■ OP AANVRAAG ▶ ja DOORLOOPTIJD ▶ 1-3 maanden; 3-6 maanden; 3-6 maanden AANVRAAGPROCEDURE ▶ Aanvragen voor subsidie kunnen het gehele jaar worden ingediend en worden aan het eind van elk kwartaal beoordeeld. Aanvragers dienen gebruik te maken van het aanvraagformulier. Aanvraag-formulieren van privaatrechtelijke instellingen en organisaties, dienen te zijn ondertekend door een daarvoor bevoegd persoon. Aanvragers ontvangen binnen 3 weken een ontvangstbevestiging van hun aanvraag en worden daarbij geïnformeerd over de wijze van behandeling van hun aanvraag. De aanvraag wordt onderbouwd met een projectplan en een begroting. De aanvraag gaat vergezeld van een beschrijving van de wijze waarop de verspreiding en de implementatie van de resultaten van het project zal plaatsvinden. De begroting geeft inzicht in de baten en lasten van het project. De begroting is voorzien van een postgewijze toelichting. In het reglement van het WOZ fonds zijn nadere richtlijnen opgenomen voor het opzetten van de begroting. Aanvragen tot subsidieverlening dienen in ieder geval vergezeld te gaan van de volgende; informatie, die nodig is voor de beslissing op die aanvraag: ☑ een gemotiveerd projectplan, waarin de aard en de omvang van de voorgenomen activiteit wordt omschreven; ☑ een verslaggeving van de realisering van het voorgaande gehonoreerde projectplan. URL ▶ www.wozfonds.nl/aanvraag.html

Financieel ■ EIGEN VERMOGEN ▶ € 461.900 HERKOMST MIDDELEN ▶ vermogen BOEKJAAR ▶ 2017 JAARVERSLAG OP WEBSITE ▶ ja.

Contact ■ BEREIKBAAR PER ▶ ☑ post ☑ e-mail ☒ telefoon CONTACTPERSOON ▶ geen contactpersoon bekend POSTADRES ▶ Uiterstegracht 105, 2312 TB Leiden EMAIL (ALGEMEEN) ▶ info@wozfonds.nl.

1400
Het X-Y Actiefonds

Rubriek ■ ☑ economische ontwikkeling en microkrediet ☑ vluchtelingenhulp ☑ maatschappij, welzijn en samenleving ☑ natuur, milieu en dieren ☑ voedsel en voedselveiligheid ☑ mensenrechten, vrede en veiligheid

Algemeen ■ WEBSITE ▶ www.hetactiefonds.nl TYPERING ▶ hybride fonds OPGERICHT ▶ 1968 RECHTSVORM ▶ stichting KVK ▶ 41149277 ANBI STATUS ▶ ja DIRECTIE ▶ geen directiegegevens bekend BESTUUR ▶ Mw. H.S. Kertokarijo, voorzitter; mw. W. van Leeuwen, penningmeester; L. Cheuk, secretaris; mw. M. Boekkooi; I. Verburg; I Schrauwen.

Missie ■ DOELSTELLING ▶ De stichting stelt zich ten doel sociale bewegingen die strijden voor een eerlijke, rechtvaardige en schone wereld te ondersteunen en daarnaast de ontwikkelingssamenwerking in de ruimste zin des woords te bevorderen en de daarvoor vereiste mentaliteitsverandering op gang te brengen. HISTORIE ▶ Het X-Y Actiefonds is opgericht in 1968 en is een particulier fonds dat sociale bewegingen wereldwijd ondersteunt. Het fonds is ontstaan uit een brede maatschappelijke beweging die zich inzet voor een eerlijke verdeling van welvaart wereldwijd. In 2018 viert Het X-Y Actiefonds haar 50 jarig jubileum. Reden genoeg om met een nieuwe huisstijl verder te gaan. Vanaf heden gaan wij voor een beeldtaal waaruit spreekt wat wij doen: activisten ondersteunen in het realiseren van radicale maatschappelijke verandering. Ook de naam van de organisatie krijgt een update. De naam XminY – hét actiefonds wordt ingeruild voor de naam Het X-Y Actiefonds. Deze nieuwe naam toont beter wat de organisatie nu doet, wat zij voor ogen heeft en hoe zij dit wil bewerkstelligen. De transitie van een organisatie gebaseerd op belastingen en ontwikkelingssamenwerking tot een onafhankelijk actiefonds die sociale bewegingen over de hele wereld ondersteunt krijgt hierin uitdrukking.

Doelgroep ■ ALGEMEEN ▶ armen, dak- en thuislozen, inheemse volken, studenten, vluchtelingen, vrouwen SPECIFIEK ▶ Groepen, organisaties of sociale bewegingen die strijden voor een eerlijke, rechtvaardige en schone wereld. ACTIVITEITEN ▶ De stichting tracht haar doel te bereiken door: ☑ het in ontvangst nemen, het beheer en besteding van gelden, ten behoeve van de beschreven doelstelling geschonken door particulieren, instellingen en alle nadere wettig verkregen inkomsten; ☑ het lokaal en internationaal ontplooien van activiteiten om sociale bewegingen in hun strijd te ondersteunen; ☑ het geven van voorlichting en het voeren van actie gericht op mentaliteitsverandering ten aanzien van ontwikkelingssamenwerking; ☑ het uitoefenen van druk op instanties en groeperingen om een meer rechtvaardige ontwikkelingssamenwerking te bewerkstelligen. **INTERVENTIENIVEAU** ▶ Onbekend.

Werkgebied ■ **ACTIERADIUS** ▶ Internationaal **LAND** ▶ Wereldwijd.

Bestedingen ■ **BUDGET** ▶ € 136.000 **TOELICHTING** ▶ Bijdrage max € 3000 en voor West-Europa max € 2000 **ONDERSTEUNDE PROJECTEN P/J** ▶ 131 **SOORT BIJDRAGE** ▶ overig **BOVENGRENS** ▶ € 3.000 **ONDERGRENS** ▶ geen.

Projecten ■ **CRITERIA** ▶ Op de website staan de aanvullende criteria per werelddeel. De algemene criteria zijn: ☑ Het X-Y Actiefonds steunt enkel groepen, organisaties of sociale bewegingen die strijden voor een eerlijke, rechtvaardige en schone wereld. ☑ Het X-Y Actiefonds steunt enkel projecten die mobiliserend en inspirerend werken naar personen en organisaties. ☑ Het X-Y Actiefonds steunt enkel projecten die het niveau van individuele of etnische belangenbehartiging overstijgen. ☑ Het X-Y Actiefonds steunt uitsluitend projecten waarvan de totale begroting kleiner is dan € 20.000,-. **DOORLOOPTIJD** ▶ ☑ onbekend **STATUS AANVRAGER** ▶ ☑ geen beperkingen bekend **VOORKEUR/UITSLUITING** ▶ ☑ Het X-Y Actiefonds steunt bij voorkeur demonstraties, blokkades, bezettingen, directe acties, opstanden, revoluties en andere creatieve confronterende acties; ☑ Het X-Y Actiefonds steunt bij voorkeur grassroot organisaties. ☑ Het X-Y Actiefonds steunt bij voorkeur politiek gevoelige projecten die moeilijk elders financierbaar zijn. ☑ Het X-Y Actiefonds steunt bij voorkeur projecten die actiegericht zijn. ☑ Het X-Y Actiefonds steunt bij voorkeur projecten die passen in een lange termijn strategie. ☑ Het X-Y Actiefonds steunt geen structurele kosten zoals loon- en huurkosten. ☑ Het X-Y Actiefonds steunt geen conferenties, seminars, debatten of andere bijeenkomsten, tenzij het een sterk activistisch handelingsperspectief bevat. ☑ Het X-Y Actiefonds steunt geen juridische procedures, tenzij ze onderdeel zijn van een bredere en tevens actiegerichte campagne. ☑ Het X-Y Actiefonds steunt geen politieke partijen. ☑ Het X-Y Actiefonds steunt geen groepen die andere progressieve bewegingen uitsluiten. ☑ Het X-Y Actiefonds steunt geen projecten specifiek voor gehandicapten en/of kinderen. ☑ Het X-Y Actiefonds steunt geen humanitaire en gezondheidszorgprojecten. ☑ Het X-Y Actiefonds steunt geen noodhulp. ☑ Het X-Y Actiefonds steunt geen culturele of educatieve projecten die enkel gericht zijn op bewustwording (awareness). ☑ Het X-Y Actiefonds steunt geen micro-kredieten of andere projecten die gericht zijn op het genereren van een inkomen. ☑ Het X-Y Actiefonds steunt geen projecten via intermediaire organisaties. Wij willen direct samenwerken met de gesteunde groep zonder een extra bureaucratische laag.

Procedure ■ **OP AANVRAAG** ▶ ja **AANVRAAGPROCEDURE** ▶ Aanvragen dienen online te worden ingediend met het daartoe bestemde aanvraagformulier. Wilt u snel en op korte termijn inspelen met een actie of reageren op onverwachte politieke of maatschappelijke ontwikkelingen? Als het aangevraagde bedrag maximaal € 250 is, behandelt het fonds de aanvraag als spoedaanvraag. Ze kunnen dan binnen enkele dagen besluiten over uw aanvraag. **URL** ▶ www.hetactiefonds.nl/aanvraag/

Financieel ■ **EIGEN VERMOGEN** ▶ € 92.696 **INKOMSTEN OV** ▶ € 311.376 **HERKOMST MIDDELEN** ▶ giften & schenkingen, legaten, overige inkomsten **BOEKJAAR** ▶ 2019 **JAARVERSLAG OP WEBSITE** ▶ ja.

Contact ■ **BEREIKBAAR PER** ▶ ☑ post ☑ e-mail ☑ telefoon **CONTACTPERSOON** ▶ geen contactpersoon bekend **POSTADRES** ▶ Lombokstraat 40, 1094 AL Amsterdam **EMAIL (ALGEMEEN)** ▶ info@hetactiefonds.nl **TELEFOON (ALGEMEEN)** ▶ 020-6279661.

1401

Stichting Yeb Jurjen Zeinstra Jzn

Rubriek ■ ☑ kerk en levensbeschouwing

Algemeen ■ **WEBSITE** ▶ www.kennisbankfilantropie.nl/anbi/yeb-jurjen-zeinstra-jzn **TYPERING** ▶ vermogensfonds **OPGERICHT** ▶ 06-11-2002 **RECHTSVORM** ▶ stichting **KVK** ▶ 55685110 **ANBI STATUS** ▶ ja **DIRECTIE** ▶ geen directiegegevens bekend **BESTUUR** ▶ A.H. Zeinstra, voorzitter; J.M. Kamsma, penningmeester; F.E. Prins, secretaris; R. Rauwerda; W.A. Röben.

Missie ■ **DOELSTELLING** ▶ Het onderhoud van de Rooms Katholieke Begraafplaats te Leeuwarden in het algemeen en de familiegraven van de familie Zeinstra en hun vier kinderen in het bijzonder, alsmede de ondersteuning en instandhouding van de Rooms Katholieke Kerk in de provincie Friesland en de door de kerk verrichte werkzaamheden. **HISTORIE** ▶ Op 2 juli 2002 heeft IJeb Jurjen Zeinstra bij testament ten overstaan van notaris mr. Pieter Arjen van Dijk te Leeuwarden de Stichting IJeb Jurjen Zeinstra Jzn. in het leven geroepen en deze stichting als enig erfgenaam van zijn nalatenschap aangewezen. Als eerste bestuurders van de stichting zijn bij testament benoemd, Reimer Rauwerda te Leeuwarden en Anno Zeinstra te Lelystad, die tevens bij testament als executeurs zijn benoemd en deze benoeming hebben aanvaard. De heer Zeinstra is overleden te Leeuwarden op 2 juli 2012. De executeurs hebben per die datum het beheer over de nalatenschap op zich genomen en de nodige activiteiten ondernomen de uitvaart en de begrafenis te regelen, de huurwoning te ontruimen en de lopende financiële zaken af te wikkelen. Per 1 januari 2013 bestaat de nalatenschap uit een beleggingsportefeuille en banksaldi bij de Rabo Bank, ING bank en de Friesland Bank. **BELEIDSPLAN OP WEBSITE** ▶ ja.

Doelgroep ■ **ALGEMEEN** ▶ gelovigen **SPECIFIEK** ▶ Rooms katholieken. **ACTIVITEITEN** ▶ ☑ Instandhouden en onderhoud van de twee Zeinstra graven op Rooms Katholieke Begraafplaats 'de Vitushof' te Leeuwarden voor tenminste 50 jaren; ☑ Instandhouden en onderhoud van de Rooms Katholieke Begraafplaats: 'de Vitushof' en het waarborgen van de continuïteit door de uitbreiding van de begraafplaats mogelijk te maken door een substantiële financiële bijdrage alsmede te kunnen bijdragen in toekomstige (grote) investeringen; ☑ De Rooms Katholieke Kerk in de provincie Friesland ondersteunen in situaties waarvoor redelijkerwijs geen financiële mogelijkheden zijn. Dit zullen bij voorkeur initiatieven zijn waar het Friese karakter van de activiteit of doel mede een rol speelt. **INTERVENTIENIVEAU** ▶ Steun aan lokale/provinciale maatschappelijke organisaties en structuren (incl. gemeenten etc.) die diensten verlenen aan individuen.

Werkgebied ■ **ACTIERADIUS** ▶ Regionaal **LAND** ▶ Nederland **REGIO** ▶ Friesland **PLAATS** ▶ Leeuwarden.

Bestedingen ■ **BUDGET** ▶ niet openbaar **SOORT BIJDRAGE** ▶ onbekend **BOVENGRENS** ▶ geen **ONDERGRENS** ▶ geen.

Projecten ■ **CRITERIA** ▶ geen projectcriteria bekend **DOORLOOPTIJD** ▶ ☑ onbekend **STATUS AANVRAGER** ▶ ☑ kerkelijke instelling **VOORKEUR/UITSLUITING** ▶ geen voorkeur of uitsluiting bekend.

Procedure ■ **OP AANVRAAG** ▶ onbekend **AANVRAAGPROCEDURE** ▶ Geen aanvraagprocedure bekend.

Financieel ■ **EIGEN VERMOGEN** ▶ € 125.500 **HERKOMST MIDDELEN** ▶ onbekend **BOEKJAAR** ▶ 2018 **JAARVERSLAG OP WEBSITE** ▶ ja.

Contact ■ **BEREIKBAAR PER** ▶ ☑ post ☑ e-mail ☑ telefoon **CONTACTPERSOON** ▶ geen contactpersoon bekend **POSTADRES** ▶ Mr. P.J. Troelstraweg 129, 8919 AA Leeuwarden **EMAIL (ALGEMEEN)** ▶ prinsminnema@chello.nl **TELEFOON (ALGEMEEN)** ▶ 058-2666786.

1402
Stichting Young and Free Foundation

Rubriek ■ ☑ kerk en levensbeschouwing ☑ onderwijs en onderzoek ☑ economische ontwikkeling en microkrediet ☑ maatschappij, welzijn en samenleving

Algemeen ■ **WEBSITE** ▶ www.kennisbankfilantropie.nl/anbi/young-and-free-foundation **TYPERING** ▶ vermogensfonds **OPGERICHT** ▶ 2013 **RECHTSVORM** ▶ stichting **KVK** ▶ 59309865 **ANBI STATUS** ▶ ja **DIRECTIE** ▶ geen directiegegevens bekend **BESTUUR** ▶ Mw. D.J. de Groot-Van Dommelen, voorzitter; R. de Groot, penningmeester; R. de Groot, secretaris.

Missie ■ **DOELSTELLING** ▶ De Young and Free foundation heeft als doel om kinderen, tieners en jong volwassenen te ondersteunen om een menswaardig bestaan op te bouwen met een beter toekomst perspectief. **STICHTER(S)** ▶ Rob en Danielle de Groot **HISTORIE** ▶ Young & Free Foundation is een charitatieve instelling opgericht in 2013. De stichting staat voor medemenselijkheid en het leggen van verbindingen tussen mensen en generaties. Dit doen zij vanuit christelijke normen en waarden. **BELEIDSPLAN OP WEBSITE** ▶ ja.

Doelgroep ■ **ALGEMEEN** ▶ studenten, dak- en thuislozen, gelovigen, jongeren, kinderen, armen **SPECIFIEK** ▶ Baby's, kinderen, tieners en jong volwassenen tot ca. 27 jaar wereldwijd die zich in een vicieuze cirkel van armoede bevinden. Ook christelijke organisaties. **ACTIVITEITEN** ▶ De stichting bereikt haar doelstelling door het financieel en in natura ondersteunen van projecten, organisaties en christelijke instellingen die zich richten op de zelfredzaamheid van kansarme jongeren, zowel in binnen- als buitenland. De stichting concentreert zich met name op jongeren die als 'change agents' hun directe omgeving inspireren tot verandering en daardoor een grotere invloed hebben in de samenleving. De stichting richt zich in natura en door financiële ondersteuning op projecten en organisaties met de volgende thema's: ☑ Mensenrechten en met name rechten van kinderen en jongeren; ☑ Educatie en geestelijke vorming; ☑ De duurzaamheid van de natuurlijke omgeving van de volgende generatie; ☑ Gezondheidszorg en medische hulp; ☑ Sociale, culturele en kunstvorming en vooruitgang. Methodiek volgens drie pijlers: De stichting steunt projecten en organisaties onder de drie volgende pijlers: ☑ Meerjarige structurele donaties aan een aantal organisaties waarvan de doelstellingen en christelijke waarden nauw samenhangen met die van de stichting; ☑ Incidentele donaties aan organisaties die zich richten op het verwezenlijken van de doelstelling van de stichting; ☑ Donaties waarbij nieuwe methoden en kansen worden gecreëerd die kunnen bijdragen aan het effectiever en efficiënter oplossen van de problematiek waarmee jongeren kampen. **INTERVENTIENIVEAU** ▶ Steun aan lokale/provinciale maatschappelijke organisaties en structuren (incl. gemeenten etc.) die diensten verlenen aan individuen.

Werkgebied ■ **ACTIERADIUS** ▶ Internationaal **LAND** ▶ Wereldwijd.

Bestedingen ■ **BUDGET** ▶ € 20.000 **TOELICHTING** ▶ Pijler 1 Meerjarige structurele donaties: 33 %. Pijler 2 Losse donaties: 33%; Pijler 3 'Ruimte om te experimenteren', donaties: 25%. Organisatiekosten 8% **SOORT BIJDRAGE** ▶ leningen investeringen giften overig **BOVENGRENS** ▶ geen **ONDERGRENS** ▶ geen.

Projecten ■ **CRITERIA** ▶ Initiatieven die in aanmerking komen voor donaties moeten voldoen aan de volgende criteria: ☑ Is er vertrouwen in de organisatie en de aanpak?; ☑ Delen de organisaties onze waarden en onze missie?; ☑ Gaat het hier om het bieden van een beter toekomstperspectief aan kinderen en/of jongeren?; ☑ Kunnen de jongeren uitgroeien tot een voorbeeld voor de gemeenschap?. **DOORLOOPTIJD** ▶ ☑ onbekend **STATUS AANVRAGER** ▶ ☑ geen beperkingen bekend **VOORKEUR/UITSLUITING** ▶ geen voorkeur of uitsluiting bekend.

Procedure ■ **OP AANVRAAG** ▶ onbekend **AANVRAAGPROCEDURE** ▶ Geen aanvraagprocedure bekend. Ze selecteren projecten proactief.

Financieel ■ **INKOMSTEN EV** ▶ € 18.434 **HERKOMST MIDDELEN** ▶ vermogen **BOEKJAAR** ▶ 2019 **JAARVERSLAG OP WEBSITE** ▶ ja.

Contact ■ **BEREIKBAAR PER** ▶ ☑ post ☑ e-mail ☑ telefoon **CONTACTPERSOON** ▶ geen contactpersoon bekend **POSTADRES** ▶ Jan van Goyenkade 28-II, 1075 HS Amsterdam **EMAIL (ALGEMEEN)** ▶ youngandfreefoundation@gmail.com **TELEFOON (ALGEMEEN)** ▶ 020-2213405.

1403
Stichting Zabawas

Rubriek ■ ☑ gezondheidszorg ☑ sport en recreatie ☑ kunst en cultuur ☑ natuur, milieu en dieren ☑ onderwijs en onderzoek

Algemeen ■ WEBSITE ▶ www.zabawas.nl TYPERING ▶ vermogensfonds OPGERICHT ▶ 23-01-2004 RECHTSVORM ▶ stichting KVK ▶ 27265116 ANBI STATUS ▶ ja DIRECTIE ▶ R.S. van Eijck BESTUUR ▶ J.P.F.M. Funnekotter, voorzitter; drs. A.C. van Meer, penningmeester; mr. P.E. Driessen, secretaris; mw. E. Patijn; S.M. Allegro; mw. M.H. Besselink; mw. F.M. Hameetman.

Missie ■ DOELSTELLING ▶ De Stichting kan geldelijke steun verlenen aan personen en/of instellingen die een algemeen belang beogen op het gebied van Cultuur, Natuur, Geneeskunde, Sport en Educatie. Het is de bedoeling dat verstrekte donaties de Nederlandse samenleving ten goede komen. STICHTER(S) ▶ De heer C.J. Zanen en mevrouw C.C. Zanen-Bakker HISTORIE ▶ Stichting Zabawas werd opgericht op 23 januari 2004 door de heer C.J. Zanen. De heer Zanen was bij leven directeur en later (gedelegeerd) commissaris van het gerenommeerde Nederlandse baggerbedrijf Zanen Verstoep, dat in 1988 overging in handen van Koninklijke Boskalis Westminster NV. De heer Zanen heeft samen met zijn echtgenote mevrouw C.C. Zanen-Bakker bepaald dat hun vermogen bij overlijden ten goede zou komen aan de door hem opgerichte Stichting Zabawas. De stichting is een zogenaamde familiestichting; een niet collecterende stichting die uitkeringen doet uit een gedoneerd familievermogen. Het bestuur bestaat nog steeds voor een gedeelte uit leden die indertijd door de heer Zanen zelf zijn aangezocht. BELEIDSPLAN OP WEBSITE ▶ ja.

Doelgroep ■ ALGEMEEN ▶ gehandicapten, kinderen, jongeren SPECIFIEK ▶ Personen en/of instellingen die een algemeen belang beogen op het gebied van Cultuur, Natuur, Geneeskunde, Sport en Educatie. ACTIVITEITEN ▶ De stichting tracht haar doel onder meer te bereiken door het, met in achtneming van een door het bestuur vastgesteld beleidsplan, verstrekken van periodiek dan wel incidenteel door het bestuur van de stichting vast te stellen uitkeringen aan personen en/of instellingen behorende tot de hiervoor genoemde sectoren. Deze personen en instellingen dienen in principe werkzaam en gevestigd te zijn binnen het Koninkrijk der Nederlanden. INTERVENTIENIVEAU ▶ Steun aan individuen (directe steun).; Steun aan lokale/provinciale maatschappelijke organisaties en structuren (incl. gemeenten etc.) die diensten verlenen aan individuen.

Werkgebied ■ ACTIERADIUS ▶ Nationaal LAND ▶ Nederland.

Bestedingen ■ BUDGET ▶ € 1.892.773 ONDERSTEUNDE PROJECTEN P/J ▶ 185 SOORT BIJDRAGE ▶ giften BOVENGRENS ▶ geen ONDERGRENS ▶ geen.

Projecten ■ CRITERIA ▶ geen projectcriteria bekend DOORLOOPTIJD ▶ ☑ onbekend STATUS AANVRAGER ▶ ☑ geen beperkingen bekend VOORKEUR/UITSLUITING ▶ geen voorkeur of uitsluiting bekend.

Procedure ■ OP AANVRAAG ▶ ja AANVRAAGPROCEDURE ▶ Voor het ontvangen van een aanvraagformulier dient u eerst een pre-aanvraag doen. Een verzoek tot een aanvraagformulier kan worden gedaan als die vragen zijn ingevuld. Vervolgens krijgt u een inlogcode. Deze kunt u gebruiken om de aanvraag online in te dienen. Acht keer per jaar komt het bestuur bijeen. URL ▶ www.zabawas.nl/aanvraag

Financieel ■ INKOMSTEN EV ▶ € 661.144 HERKOMST MIDDELEN ▶ vermogen, overige inkomsten, giften & schenkingen BOEKJAAR ▶ 2019 JAARVERSLAG OP WEBSITE ▶ ja.

Contact ■ BEREIKBAAR PER ▶ ☑ post ☑ e-mail ☑ telefoon CONTACTPERSOON ▶ geen contactpersoon bekend POSTADRES ▶ Postbus 16710, 2500 BS Den Haag EMAIL (ALGEMEEN) ▶ aanvraag@zabawas.nl TELEFOON (ALGEMEEN) ▶ 088-1301510.

1404
Zanen-Bakker Fonds

Rubriek ■ ☑ kunst en cultuur ☑ natuur, milieu en dieren

Algemeen ■ WEBSITE ▶ www.cultuurfonds.nl TYPERING ▶ fonds op naam BEHEERD DOOR ▶ Prins Bernhard Cultuurfonds DIRECTIE ▶ zie > Prins Bernhard Cultuurfonds BESTUUR ▶ zie > Prins Bernhard Cultuurfonds

Missie ■ DOELSTELLING ▶ Het financieel ondersteunen van projecten op het gebied van de cultuur en het natuurbehoud in Nederland.

Werkgebied ■ ACTIERADIUS ▶ Nationaal LAND ▶ Nederland.

Projecten ■ CRITERIA ▶ geen projectcriteria bekend DOORLOOPTIJD ▶ ☑ korter dan 1 jaar STATUS AANVRAGER ▶ ☑ geen beperkingen bekend VOORKEUR/UITSLUITING ▶ geen voorkeur of uitsluiting bekend.

Procedure ■ OP AANVRAAG ▶ ja AANVRAAGPROCEDURE ▶ Dit 'fonds op naam' ressorteert onder het Prins Bernhard Cultuurfonds. Verzoeken aan fondsen op naam komen op één centraal punt binnen. Dit houdt in dat een subsidieaanvraag slechts eenmaal aan het Prins Bernhard Cultuurfonds hoeft te worden gezonden. Voor de verdere aanvraagprocedure: zie Prins Bernhard Cultuurfonds. URL ▶ www.cultuurfonds.nl/aanvragen

Contact ■ BEREIKBAAR PER ▶ ☑ post ☑ e-mail ☑ telefoon CONTACTPERSOON ▶ geen contactpersoon bekend POSTADRES ▶ Postbus 19750, 1000 GT Amsterdam EMAIL (ALGEMEEN) ▶ info@cultuurfonds.nl TELEFOON (ALGEMEEN) ▶ 020-5206130.

1405
Stichting Het Zedelijk Ligchaam Charitas

Rubriek ■ ☑ kerk en levensbeschouwing

Algemeen ■ WEBSITE ▶ www.kennisbankfilantropie.nl/anbi/zedelijk-ligchaam-charitas TYPERING ▶ vermogensfonds OPGERICHT ▶ 21-1-1852 RECHTSVORM ▶ stichting KVK ▶ 41201476 ANBI STATUS ▶ ja DIRECTIE ▶ geen directiegegevens bekend BESTUUR ▶ F.G. Bauduin, voorzitter; mw. S.E.B. Kingma, penningmeester; P.J.F.M. Le Cat, secretaris; G.A.J. ter Linden; mw. H.E. van Eeghen; M.K.J. van Ogtrop; R. Koster; mw. J. Weinberg; M.K.J. van Ogtrop; mw. F. E.Elatik.

Missie ■ DOELSTELLING ▶ Het doen van geldelijke uitkeringen aan schoolgaande en studerende jongeren in het algemeen en meer in het bijzonder aan schoolgaande en studerende jongeren die een in Nederland erkende godsdienst belijden. De werkzaamheden van de stichting zullen zich in hoofdzaak tot de Gemeente Amsterdam en haar regio beperken. **HISTORIE** ► Op 21 januari 1852 werd in Amsterdam het zedelijk ligchaam Charitas opgericht. Een stuk of veertig sociaal voelende notabelen (onder wie de bekende arts en projectontwikkelaar Samuel Sarphati) ondertekenden een plechtige oorkonde. 'Zedelijk lichaam' was in de 19de eeuw nog een gebruikelijke term voor wat we nu een stichting noemen. Maar Charitas hanteert nog altijd graag de oude term, die de idealistische doelstelling weerspiegelt. In de statuten, die op 2 februari 1852 officieel bij de notaris werden gedeponeerd, werd in artikel 3 als doel geformuleerd: 'weldadigheid te oefenen zonder uitsluiting en zonder bevoorregting van de belijders van eenige erkende godsdienst'. Daar werd aan toegevoegd dat Charitas 'nimmer de bereiking van het liefdadig doel der Instelling aan eene te ver gedrevene zucht tot kapitalisatie (mocht) opofferen'. En artikel 2 bepaalde: 'De zetel van dit zedelijk ligchaam is gevestigd te Amsterdam, tot welke stad zich in den regel ook zijne werkzaamheden bepalen.' Het stichtingsbestuur moest 'altoos voor een derde bestaan uit belijders van de katholijke godsdienst, voor een derde uit beleijders van eene der andere Christelijke gezindheden, en voor een derde uit belijders de Israëlitische godsdienst'. Dat was voor die tijd een opmerkelijk voorschrift. **BELEIDSPLAN OP WEBSITE** ► ja.

Doelgroep ■ **ALGEMEEN** ► studenten, gelovigen **SPECIFIEK** ► Schoolgaande en studerende jongeren. **ACTIVITEITEN** ► In 2018 zijn 8 beurzen uitgekeerd waardoor 32 kinderen, ondersteuning hebben gekregen bij aanschaf van schoolboeken en andere benodigdheden alsmede hebben kunnen participeren in schoolactiviteiten, muzieklessen en tennislessen. Deze activiteiten waren zonder de betreffende financiële ondersteuning onmogelijk geweest. **INTERVENTIENIVEAU** ► Steun aan lokale/provinciale maatschappelijke organisaties en structuren (incl. gemeenten etc.) die diensten verlenen aan individuen.

Werkgebied ■ **ACTIERADIUS** ► Regionaal **LAND** ► Nederland **REGIO** ► Amsterdam.

Bestedingen ■ **BUDGET** ► € 16.000 **ONDERSTEUNDE PROJECTEN P/J** ► 8 **SOORT BIJDRAGE** ► giften beurzen **BOVENGRENS** ► geen **ONDERGRENS** ► geen.

Projecten ■ **CRITERIA** ► geen projectcriteria bekend **DOORLOOPTIJD** ► ☑ onbekend **STATUS AANVRAGER** ► ☑ kerkelijke instelling ☑ stichting of vereniging (non-profit) **VOORKEUR/UITSLUITING** ► geen voorkeur of uitsluiting bekend.

Procedure ■ **OP AANVRAAG** ► onbekend **AANVRAAGPROCEDURE** ► Geen aanvraagprocedure bekend. De verzoeken zijn afkomstig van de diverse geledingen binnen het stichtingsbestuur. Aan de hand van de beschikbare gelden en de urgentie van de verzoeken worden vervolgens de donaties voor het komende jaar toegekend. Het bestuur vergadert 1 maal per jaar.

Financieel ■ **INKOMSTEN EV** ► € 10.193 **HERKOMST MIDDELEN** ► onbekend **BOEKJAAR** ► 2018 **JAARVERSLAG OP WEBSITE** ► ja.

Contact ■ **BEREIKBAAR PER** ► ☑ post ☑ e-mail ☑ telefoon **CONTACTPERSOON** ► geen contactpersoon bekend **POSTADRES** ► Bikbergerweg 20, 1272 PM Huizen **EMAIL (ALGEMEEN)** ► sandra.kingma@mac.com **TELEFOON (ALGEMEEN)** ► 035-6468476.

1406
Stichting Zeehospitium Zonneveld

Rubriek ■ ☑ gezondheidszorg ☑ maatschappij, welzijn en samenleving ☑ onderwijs en onderzoek ☑ sport en recreatie

Algemeen ■ **WEBSITE** ► www.zeehospitium-zonneveld.nl **TYPERING** ► vermogensfonds **OPGERICHT** ► 21-06-1929 **RECHTSVORM** ► stichting **KVK** ► 41113069 **ANBI STATUS** ► ja **DIRECTIE** ► geen directiegegevens bekend **BESTUUR** ► S. Andriessen, voorzitter; F.W. Oudshoorn, penningmeester; F.E. te Winkel, secretaris; P.P.J. den Boer; R.A. van der Valk; D. Kruis.

Missie ■ **DOELSTELLING** ► De doelstelling van de Stichting Zeehospitium Zonneveld is; ☑ het bevorderen van de zorg voor- en de financiële ondersteuning van jeugdige gehandicapten in de provincie Zeeland, zonder onderscheid van gezindte, onder meer op het gebied van medische en overige verzorging, opvoeding, onderwijs, revalidatie en integratie in de maatschappij, ontspanning en uitstapjes zulks ter bevordering van hun welzijn; ☑ het verstrekken van advies aan- en het (financieel) ondersteunen, waaronder vermogensbeheer, van andere algemeen nut beogende instellingen die werkzaam zijn ten behoeve van jeugdige lichamelijk gehandicapten in de provincie Zeeland; ☑ het ter beschikking stellen van management, hetzij direct hetzij indirect, aan andere algemeen nut beogende instellingen die werkzaam zijn ten behoeve van jeugdige lichamelijk gehandicapten in de provincie Zeeland. **STICHTER(S)** ► Mejuffrouw Lize van den Broecke **HISTORIE** ► In 1909 stichtte mejuffrouw Lize van den Broecke in de duinen bij Oostkapelle een inrichting voor 'bleekneusjes', zeeluchtbehoevende kinderen tussen 3 en 12 jaar. Vaak hadden de kinderen een beginnende tuberculose. Lize van den Broecke was schatrijk en schonk de inrichting, later genaamd 'Zeehospitium Zonneveld', de grond voor de bouw en een aanzienlijk vermogen. In de loop der tijd is niet alleen veel geld bijeengebracht ten behoeve van het Zeehospitium, maar ook in twee met Zonneveld verbonden stichtingen: de Stichting Vrijbedfonds en de Cornelia Huibrecht Stichting. De eerste stichting is bedoeld voor financiële ondersteuning van lichamelijk gehandicapte kinderen in Zeeland, die de kosten van medische behandeling en verpleging niet goed kunnen betalen en het bevorderen van hun welzijn. De tweede stichting ondersteunt zulke kinderen bij 'leuke dingen': uitjes, cursussen, lessen, speciale computers, sportbeoefening, woningaanpassingen, allemaal zaken waardoor zulke kinderen het in de maatschappij wat beter krijgen. De oorspronkelijke stichting Zonneveld steunt voornamelijk de mytyl/tytylschool voor lichamelijk gehandicapte kinderen in Goes. **BELEIDSPLAN OP WEBSITE** ► ja.

Doelgroep ■ **ALGEMEEN** ► gehandicapten, jongeren, kinderen, zieken **SPECIFIEK** ► Jeugdige lichamelijk gehandicapten in Zeeland. **ACTIVITEITEN** ► Geen specifieke activiteiten bekend **INTERVENTIENIVEAU** ► Steun aan lokale/provinciale maatschappelijke organisaties en structuren (incl. gemeenten etc.) die diensten verlenen aan individuen.

Werkgebied ■ **ACTIERADIUS** ► Regionaal **LAND** ► Nederland **REGIO** ► Zeeland.

Bestedingen ■ BUDGET ▶ niet openbaar SOORT BIJDRAGE ▶ giften BOVENGRENS ▶ geen ONDERGRENS ▶ geen.
Projecten ■ CRITERIA ▶ geen projectcriteria bekend DOORLOOPTIJD ▶ ☑ onbekend STATUS AANVRAGER ▶ ☑ geen beperkingen bekend VOORKEUR/UITSLUITING ▶ geen voorkeur of uitsluiting bekend.
Procedure ■ OP AANVRAAG ▶ ja AANVRAAGPROCEDURE ▶ Ouders of verzorgers van Zeeuwse lichamelijk gehandicapte jongeren en natuurlijk ook de jongeren zelf kunnen een verzoek doen voor financiële ondersteuning. Er is geen standaardprocedure en geen aanvraagformulier. Het is voldoende om een e-mail of een brief te sturen, waarin de situatie uiteengezet wordt. Graag ook naam, adres, leeftijd, telefoonnummer en e-mail adres vermelden. Een van de bestuursleden zal dan contact opnemen om de aanvraag te bespreken. Ook clubs voor gehandicapten kunnen een verzoek voor financiële steun doen, met vermelding van het doel en het aantal erbij betrokken lichamelijk gehandicapte jongeren. In zo'n geval is het toezenden van gegevens over de club nuttig. Ook hier wordt contact opgenomen. URL ▶ www.zeehospitium-zonneveld.nl/contact/
Financieel ■ EIGEN VERMOGEN ▶ € 2.443.373 INKOMSTEN EV ▶ € 366.212 HERKOMST MIDDELEN ▶ vermogen BOEKJAAR ▶ 2019 JAARVERSLAG OP WEBSITE ▶ ja.
Contact ■ BEREIKBAAR PER ▶ ☑ post ☑ e-mail ☒ telefoon CONTACTPERSOON ▶ geen contactpersoon bekend POSTADRES ▶ Frans den Hollenderlaan 12, 4461 HN Goes EMAIL (ALGEMEEN) ▶ secr.zeehospitium .zonneveld@gmail.com.

1407
Zijfers-de Jong Fonds

Rubriek ■ ☑ kunst en cultuur ☑ onderwijs en onderzoek
Algemeen ■ WEBSITE ▶ www.cultuurfonds.nl TYPERING ▶ fonds op naam BEHEERD DOOR ▶ Prins Bernhard Cultuurfonds DIRECTIE ▶ zie Prins Bernhard Cultuurfonds BESTUUR ▶ zie Prins Bernhard Cultuurfonds
Missie ■ DOELSTELLING ▶ Het financieel ondersteunen van projecten op het gebied van muziek tot het jaar 1750 alsmede het verlenen van studiebeurzen op dat gebied. Het (laten) organiseren en programmeren van barokconcerten en barokfestivals. Het stimuleren en (laten) verrichten van wetenschappelijk onderzoek op het gebied van barokmuziek.
Werkgebied ■ ACTIERADIUS ▶ Nationaal LAND ▶ Nederland.
Projecten ■ CRITERIA ▶ geen projectcriteria bekend DOORLOOPTIJD ▶ ☑ korter dan 1 jaar STATUS AANVRAGER ▶ ☑ geen beperkingen bekend VOORKEUR/UITSLUITING ▶ geen voorkeur of uitsluiting bekend.
Procedure ■ OP AANVRAAG ▶ ja AANVRAAGPROCEDURE ▶ Dit 'fonds op naam' ressorteert onder het Prins Bernhard Cultuurfonds. Verzoeken aan fondsen op naam komen op één centraal punt binnen. Dit houdt in dat een subsidieaanvraag slechts eenmaal aan het Prins Bernhard Cultuurfonds hoeft te worden gezonden. Voor de verdere aanvraagprocedure: zie Prins Bernhard Cultuurfonds. URL ▶ www.cultuurfonds.nl/aanvragen
Contact ■ BEREIKBAAR PER ▶ ☑ post ☑ e-mail ☑ telefoon CONTACTPERSOON ▶ geen contactpersoon bekend POSTADRES ▶ Postbus 19750, 1000 GT Amsterdam EMAIL (ALGEMEEN) ▶ info@cultuurfonds.nl TELEFOON (ALGEMEEN) ▶ 020-5206130.

1408
Stichting Zonnegloren

Rubriek ■ ☑ gezondheidszorg ☑ sport en recreatie ☑ maatschappij, welzijn en samenleving
Algemeen ■ WEBSITE ▶ www.zonnegloren.nl TYPERING ▶ vermogensfonds OPGERICHT ▶ 03-03-1987 RECHTSVORM ▶ stichting KVK ▶ 41189298 ANBI STATUS ▶ ja DIRECTIE ▶ geen directiegegevens bekend BESTUUR ▶ Mw. J.J.M. van der Horst-van de Schepop, voorzitter; C.J.H. Reinders, penningmeester; I.M. Zweers, secretaris; A.J.M. Reijns.
Missie ■ DOELSTELLING ▶ Het bevorderen van de gezondheidszorg in de regio Eemland, in de ruimste zin van het woord. HISTORIE ▶ In de buitengewone ledenvergadering van 'Zonnegloren', Christelijke Vereniging tot Stichting en Beheer van Ziekeninrichtingen, gevestigd te Utrecht, d.d. 11 februari 1987 is besloten tot de oprichting van de Stichting Zonnegloren te Soest. BELEIDSPLAN OP WEBSITE ▶ ja.
Doelgroep ■ ALGEMEEN ▶ gehandicapten, zieken, ouderen, kinderen SPECIFIEK ▶ Gezondheidszorg in de meest brede zin des woords. ACTIVITEITEN ▶ Geen specifieke activiteiten bekend INTERVENTIENIVEAU ▶ Steun aan lokale/provinciale maatschappelijke organisaties en structuren (incl. gemeenten etc.) die diensten verlenen aan individuen.
Werkgebied ■ ACTIERADIUS ▶ Regionaal LAND ▶ Nederland REGIO ▶ Eemland PLAATS ▶ Amersfoort, Baarn, Bunschoten, Eemnes, Leusden, Soest, Woudenberg).
Bestedingen ■ BUDGET ▶ niet openbaar SOORT BIJDRAGE ▶ overig giften BOVENGRENS ▶ geen ONDERGRENS ▶ geen.
Projecten ■ CRITERIA ▶ ☑ Een financiële bijdrage door Stichting Zonnegloren bedraagt bij voorkeur ± 50% van de kosten van uw initiatief of project. In een enkel geval kan hiervan worden afgeweken; ☑ De bijdrage is in principe éénmalig en niet bedoeld om de exploitatiebegroting sluitend te krijgen; ☑ Alleen duidelijk af te bakenen doelen en projecten komen in aanmerking; ☑ De aanvraag wordt ingediend namens een organisatie, stichting of vereniging, zoals een welzijns- of ouderenorganisatie, zorginstelling, sportvereniging voedselbank, hospice of EHBO-vereniging. DOORLOOPTIJD ▶ ☑ korter dan 1 jaar STATUS AANVRAGER ▶ ☑ stichting of vereniging (non-profit) ☑ kerkelijke instelling ☑ onderwijsinstelling ☑ overig VOORKEUR/UITSLUITING ▶ De stichting ondersteunt geen: ☑ projecten waarvoor de verantwoordelijkheid ligt bij andere partijen, zoals de rijksoverheid of de gemeente; ☑ aanvragen van individuele personen; ☑ medische praktijkruimtes; ☑ cultuur; ☑ deelname aan (buitenlandse) sporttoernooien (m.u.v. G-sporters).
Procedure ■ OP AANVRAAG ▶ ja DOORLOOPTIJD ▶ 1-3 maanden AANVRAAGPROCEDURE ▶ Wanneer u voldoet aan de uitgangspunten op de website kunt u zich registreren en een aanvraag indienen. URL ▶ www.zonnegloren.nl/geldaanvraag

Financieel ■ INKOMSTEN EV ▶ € 47.726 HERKOMST MIDDELEN ▶ vermogen BOEKJAAR ▶ 2019 JAARVERSLAG OP WEBSITE ▶ ja.
Contact ■ BEREIKBAAR PER ▶ ☑ post ☑ e-mail ☒ telefoon CONTACTPERSOON ▶ C.J.H. Reinders POSTADRES ▶ Postbus 422, 3760 AK Soest EMAIL (ALGEMEEN) ▶ info@zonnegloren.nl.

1409
Stichting Zonnewende

Rubriek ■ ☑ maatschappij, welzijn en samenleving ☑ sport en recreatie
Algemeen ■ WEBSITE ▶ https://www.stichtingzonnewende.org TYPERING ▶ vermogensfonds OPGERICHT ▶ 25-01-1965 RECHTSVORM ▶ stichting KVK ▶ 41198174 ANBI STATUS ▶ ja DIRECTIE ▶ geen directiegegevens bekend BESTUUR ▶ Drs. P.D. Eenshuistra, voorzitter; InsingerGilissen Philanthropy Trusts Estates B.V, penningmeester; mw. C.A. Visscher, secretaris; P. Erdhuizen; mw. A.M. Riemersma.
Missie ■ DOELSTELLING ▶ Stichting Zonnewende is een fonds dat een bijdrage verstrekt in de kosten van vakantie en recreatie aan kinderen tot en met 17 jaar met een lichamelijke en/of verstandelijke beperking alsmede aan de gezinnen waartoe zij behoren. Het gaat om gezinnen die van lage of minimale inkomsten rond moeten komen. STICHTER(S) ▶ Mejuffrouw L.M. de Vries HISTORIE ▶ Stichting Zonnewende is een vermogensfonds dat de nalatenschap van mevrouw L.M. de Vries beheert. De stichting is opgericht op 25 januari 1965.
Doelgroep ■ ALGEMEEN ▶ gehandicapten, jongeren, kinderen, armen SPECIFIEK ▶ Kinderen tot en met 17 jaar met een lichamelijke en/of verstandelijke beperking of de gezinnen waartoe zij behoren. ACTIVITEITEN ▶ Geen specifieke activiteiten bekend INTERVENTIENIVEAU ▶ Steun aan individuen (directe steun).; Steun aan familie en omgeving van individuen.
Werkgebied ■ ACTIERADIUS ▶ Nationaal LAND ▶ Nederland.
Bestedingen ■ BUDGET ▶ niet openbaar SOORT BIJDRAGE ▶ giften BOVENGRENS ▶ geen ONDERGRENS ▶ geen.
Projecten ■ CRITERIA ▶ Het gaat om gezinnen die van lage of minimale inkomsten moeten rondkomen. DOORLOOPTIJD ▶ ☑ korter dan 1 jaar STATUS AANVRAGER ▶ ☑ stichting of vereniging (non-profit) ☑ individuen/gezinnen ☑ overig VOORKEUR/UITSLUITING ▶ Geen bijdragen aan gehandicapten van 18 jaar en ouder. Geen bijdrage wordt geleverd in de kosten van het organiseren van groepsvakanties voor gehandicapten en vakanties naar het buitenland. Aanvragen voor vakanties buiten Nederland komen niet voor steun in aanmerking.
Procedure ■ OP AANVRAAG ▶ ja DOORLOOPTIJD ▶ 1-3 maanden AANVRAAGPROCEDURE ▶ Aanvragen kunnen schriftelijk, telefonisch of per e-mail worden ingediend bij de secretaris mw. C.A. Visscher, waarna een aanvraagformulier wordt verstrekt. Op basis van een volledig ingevuld formulier wordt een aanvraag door het bestuur in behandeling genomen. Eens in de twee maanden komt het bestuur bijeen. URL ▶ https://www.stichtingzonnewende.org/form/aanvraagformulier-bijdrage-vakan
Financieel ■ HERKOMST MIDDELEN ▶ vermogen, giften & schenkingen.
Contact ■ BEREIKBAAR PER ▶ ☑ post ☑ e-mail ☑ telefoon CONTACTPERSOON ▶ Mw. C.A. Visscher POSTADRES ▶ De Vleet 5, 1484 EV Graft EMAIL (ALGEMEEN) ▶ zonnewende@quicknet.nl TELEFOON (ALGEMEEN) ▶ 0299-673423.

1410
Stichting Zonnige Jeugd

Rubriek ■ ☑ noodhulp ☑ maatschappij, welzijn en samenleving ☑ mensenrechten, vrede en veiligheid ☑ onderwijs en onderzoek ☑ sport en recreatie
Algemeen ■ WEBSITE ▶ www.zonnigejeugd.nl TYPERING ▶ vermogensfonds OPGERICHT ▶ 18-02-1946 RECHTSVORM ▶ stichting KVK ▶ 41200025 ANBI STATUS ▶ ja DIRECTIE ▶ geen directiegegevens bekend BESTUUR ▶ A.J. van den Beld, voorzitter; W. de Beaufort, penningmeester; S. Hannema, secretaris; mw. A. van der Pol; mw. L. Heerze.
Missie ■ DOELSTELLING ▶ Stichting Zonnige Jeugd wil indachtig de wens van haar oprichtster een bijdrage blijven leveren aan een samenleving waarin kinderen zonder belemmeringen hun talenten maximaal kunnen ontplooien. Kernwaarden daarbij zijn: ☑ Flexibel of Open, Wij kunnen en willen ons aanpassen aan externe omstandigheden en nieuwe inzichten; ☑ Echte aandacht; ☑ Positief/Zonnig; ☑ Kind centraal. STICHTER(S) ▶ Mevrouw A.D.M. van Heemskerck van Beest-van der Hage HISTORIE ▶ In 1946 richtte Mevrouw A.D.M. van Heemskerck van Beest-van der Hagen de Stichting op met het doel om kinderopvangtehuizen in Amsterdam en andere instellingen op het gebied van jeugdzorg financieel te ondersteunen. De middelen daartoe verkreeg zij uit de door haar in diezelfde periode op het oude Schiphol gestarte souvenirwinkel, waarvan de aandelen werden gehouden door de Stichting. Deze winkel breidde zij uit tot een bloeiende handelsonderneming met maar liefst vijf vestigingen op het nieuwe Schiphol. In 1998 verkocht Stichting Zonnige Jeugd het bedrijf. Sindsdien ondersteunt de Stichting met een jaarlijks vast te stellen bedrag van de opbrengst van het vermogen diverse jeugdinstellingen. BELEIDSPLAN OP WEBSITE ▶ ja.
Doelgroep ■ ALGEMEEN ▶ jongeren, kinderen, armen SPECIFIEK ▶ Kinderen van 4 tot 18 jaar (lagere en middelbare school), die belemmerd worden in het ontwikkelen van hun talenten. ACTIVITEITEN ▶ De stichting ontvouwt de activiteiten aan de hand van de volgende rollen: ☑ Voortouw nemen: in het samen met andere vermogensfondsen selecteren of ontwikkelen van projecten en programma's vanuit het perspectief van het kind en daarbij te streven naar maximale synergie; ☑ Als Verbinder proactief organisaties steunen, informeren en samenbrengen rondom de wereld van het kind; a. Weten wat er gedaan wordt en door wie; b. Elkaar vinden en ervaringen delen; c.Samenwerking opzoeken; ☑ Financierder: grotere of kleine initiatieven ondersteunen met donaties of andere vormen van financiering zolang zij passen binnen missie, visie en doelstellingen. INTERVENTIENIVEAU ▶ Steun aan lokale/provinciale maatschappelijke organisaties en

structuren (incl. gemeenten etc.) die diensten verlenen aan individuen.

Werkgebied ■ ACTIERADIUS ▶ Nationaal, Internationaal LAND ▶ Nederland, Suriname, Caribisch Gebied van het Koninkrijk.

Bestedingen ■ BUDGET ▶ € 650.000 TOELICHTING ▶ De hoogte van het jaarlijkse totale giftenbedrag blijft, conform het vastgestelde bestedingsbeleid, beweegt zich tussen de ca. € 650.000 en € 750.000, zonder dat sprake is van een trend. ONDERSTEUNDE PROJECTEN P/J ▶ 159 SOORT BIJDRAGE ▶ giften leningen investeringen BOVENGRENS ▶ € 25.000 ONDERGRENS ▶ € 500.

Projecten ■ CRITERIA ▶ Voor kinderen in de leeftijd van vier tot achttien jaar ondersteunt de Stichting projecten op het gebied van pleegzorg, onderwijs en vorming gericht op het ontwikkelen van talenten in de ruimste zin des woord. Thans richten wij ons ook op projecten, die het verminderen van schooluitval en mishandeling beogen. Bij de beoordeling van de aanvragen weegt zwaar of hulp in het reguliere circuit dan wel andere hulp al dan niet beschikbaar is. Waar mogelijk stimuleert de Stichting de sociale interactie tussen kansarme en niet kansarme kinderen. Voorsts besteedt de Stichting jaarlijks een vooraf vastgesteld bedrag aan vakantiekampen voor kinderen in een achterstand situatie. DOORLOOPTIJD ▶ ☑ onbekend STATUS AANVRAGER ▶ ☑ stichting of vereniging (non-profit) ☑ onderwijsinstelling VOORKEUR/UITSLUITING ▶ De Stichting neemt geen aanvragen in behandeling op het gebied van ondersteuning van: ☑ exploitatiekosten van instellingen; ☑ nieuwbouw van jeugdcentra (na realisatie van nieuwbouw kan een aanvraag voor de inrichting worden gedaan); ☑ inrichting van speeltuinen en schoolpleinen; ☑ scouting; ☑ muziek- en sportverenigingen; ☑ musicals en toneelvoorstellingen; ☑ films en documentaires; ☑ festivals en onderzoekkosten.

Procedure ■ OP AANVRAAG ▶ ja DOORLOOPTIJD ▶ 1-3 maanden; geen doorlooptijd bekend; geen doorlooptijd bekend AANVRAAGPROCEDURE ▶ Aanvragen worden alleen in behandeling genomen als zij zijn ingediend met het daartoe bestemde aanvraagformulier (terug te vinden op de website). Aanvragen voor vakantiekampen kunnen van 1 januari tot 15 mei worden ingediend. URL ▶ www.zonnigejeugd.nl/aanvraag

Financieel ■ INKOMSTEN EV ▶ € 442.718 HERKOMST MIDDELEN ▶ vermogen BOEKJAAR ▶ 2018 JAARVERSLAG OP WEBSITE ▶ ja.

Contact ■ BEREIKBAAR PER ▶ ☑ post ☑ e-mail ☑ telefoon CONTACTPERSOON ▶ Mw. E. van Rijn POSTADRES ▶ Postbus 344, 2000 AH Haarlem EMAIL (ALGEMEEN) ▶ stichting@zonnigejeugd.nl TELEFOON (ALGEMEEN) ▶ 023-5535995.

1411
Stichting Zorg en Bijstand

Rubriek ■ ☑ maatschappij, welzijn en samenleving ☑ noodhulp

Algemeen ■ WEBSITE ▶ www.zorgenbijstand.nl TYPERING ▶ hybride fonds OPGERICHT ▶ 13-02-1891 RECHTSVORM ▶ stichting KVK ▶ 40407397 ANBI STATUS ▶ ja DIRECTIE ▶ geen directiegegevens bekend BESTUUR ▶ Jhr.mr. J.L.R.A. Huydecoper, voorzitter; J.A.M. Blom RA, penningmeester; mr. W.H. van Gent-Buikema, secretaris; mw.mr. J.L. Atzori-Prins; mw.drs. A. Lunsingh-Scheurleer; mw.ir. L.C.Q.M. Lingren-Smits van Oyen.

Missie ■ DOELSTELLING ▶ De stichting verleent gerichte, eenmalige hulp, vooral aan kinderen die in de knel raken en achterstanden dreigen op te lopen. Maar ook in acute nood ('broodnood') wordt bijgesprongen. De stichting biedt via een eigen maatschappelijk werker jaarlijks concrete hulp aan honderden Hagenaars met een besteedbaar inkomen op of onder bijstandsniveau, die door omstandigheden buiten hun schuld in een crisissituatie zijn geraakt. HISTORIE ▶ De Vereniging Zorg en Bijstand is opgericht op 13 februari 1891. Tegen betaling kon men lid worden van de Vereniging Zorg en Bijstand en dit geld werd besteed aan giften. Den Haag was in districten onderverdeeld en er waren ongeveer 100 huisbezoeksters die de gezinnen thuis bezochten. Naarmate de overheid via allerlei wetten sociale voorzieningen instelde, leek de rol van de Vereniging Zorg en Bijstand in belang af te nemen. Mensen ouder dan 65 jaar kregen een uitkering in het kader van de algemene ouderdomswet en er kwam bijvoorbeeld een uitkering in het kader van de algemene bijstandswet. Toch bleek dat er nog steeds mensen waren die tussen wal en schip vielen. Ook degenen die meer dan vijf jaar een bijstandsuitkering ontvingen, merkten dat het leven op het niveau van een minimuminkomen hen ging opbreken als er grote dingen als bijvoorbeeld een wasmachine, koelkast of meubels moesten worden vervangen. De Vereniging bleef haar ondersteuning bieden en in januari 2000 werd de Vereniging Zorg en Bijstand omgezet in Stichting Zorg en Bijstand. BELEIDSPLAN OP WEBSITE ▶ ja.

Doelgroep ■ ALGEMEEN ▶ kinderen, armen SPECIFIEK ▶ Cliënten woonachtig in Den Haag of randgemeenten. ACTIVITEITEN ▶ Geen specifieke activiteiten bekend INTERVENTIENIVEAU ▶ Steun aan individuen (directe steun).

Werkgebied ■ ACTIERADIUS ▶ Lokaal, Regionaal LAND ▶ Nederland REGIO ▶ Zuid-Holland PLAATS ▶ Den Haag e.o.

Bestedingen ■ BUDGET ▶ € 153.000 SOORT BIJDRAGE ▶ giften overig BOVENGRENS ▶ geen ONDERGRENS ▶ geen.

Projecten ■ CRITERIA ▶ Hulpaanvragen worden niet eerder toegewezen dan na zorgvuldige afweging door een multidisciplinaire beoordelingscomité onder leiding van de maatschappelijk werker. DOORLOOPTIJD ▶ ☑ korter dan 1 jaar STATUS AANVRAGER ▶ ☑ hulpverleners VOORKEUR/UITSLUITING ▶ Stichting Zorg en Bijstand neemt alleen aanvragen in behandeling van cliënten woonachtig in Den Haag en randgemeenten. De aanvraag moet worden gedaan via een doorverwijzing van hulpverlenende instanties, bijv. algemeen maatschappelijk werk, gezinscoach, ziekenhuismaatschappelijk werk.

Procedure ■ OP AANVRAAG ▶ ja DOORLOOPTIJD ▶ korter dan 1 maand; 1-3 maanden; 1-3 maanden AANVRAAGPROCEDURE ▶ Hulpverlenende instanties, dienen de aanvraag aan te leveren. Aanvraagformulier bevindt zich op de website Indien meer zicht op de thuissituatie noodzakelijk is, wordt een huisbezoek afgelegd of wordt een afspraak gemaakt op het kantoor van de stichting. De maatschappelijk werker neemt zo nodig contact op met andere instanties, die zich eveneens met het probleem van de cliënt bezighouden. Alle ingewonnen informatie wordt vertrouwelijk behandeld. Als alle gegevens compleet zijn maakt de maatschappelijk werker een rapport en komt tot een advies. In een beoordelingsvergadering worden de aanvragen vertrouwelijk besproken en zorgvuldig afgewogen waarna een besluit wordt genomen. Het comité komt elke drie weken bijeen, urgente gevallen kunnen binnen een week geholpen worden. Na besluitvorming over de aanvraag neemt de maatschappelijk werker de nodige acties in overleg met de hulpverlener van de cliënt. **URL ▶** www.zorgenbijstand.nl/index.php/procedure-aanvraag

Financieel ■ INKOMSTEN EV ▶ € 28.991 **INKOMSTEN OV ▶** € 191.250 **HERKOMST MIDDELEN ▶** vermogen, legaten, overige inkomsten, giften & schenkingen, inkomsten uit vermogen **BOEKJAAR ▶** 2018 **JAARVERSLAG OP WEBSITE ▶** ja.

Contact ■ BEREIKBAAR PER ▶ ☑ post ☑ e-mail ☑ telefoon **CONTACTPERSOON ▶** geen contactpersoon bekend **POSTADRES ▶** Jacob van der Doesstraat 84, 2518 XR 's-Gravenhage **EMAIL (ALGEMEEN) ▶** info@zorgenbijstand.nl **TELEFOON (ALGEMEEN) ▶** 070-3454531.

1412

Stichting Zorgsaam voor Jeugd

Rubriek ■ ☑ maatschappij, welzijn en samenleving

Algemeen ■ WEBSITE ▶ www.zorgsaamvoorjeugd.nl **TYPERING ▶** vermogensfonds **OPGERICHT ▶** 08-06-2005 **RECHTSVORM ▶** stichting **KVK ▶** 18079259 **ANBI STATUS ▶** ja **DIRECTIE ▶** geen directiegegevens bekend **BESTUUR ▶** F. Bonants, voorzitter; L. Koppers, penningmeester; J. van Boxtel, secretaris; mw. S. Wuisman; mw. N. Knip; J. van Eijck; mw. S. Wuisman.

Missie ■ DOELSTELLING ▶ De opbrengsten uit vermogen worden aangewend om de volgende hoofddoelen te verwezenlijken: ☑ hulp geven aan jeugd en jongeren tot 18 jaar in de knel in de regio Midden-Brabant; ☑ innovatieve projecten op het gebied van jeugdzorg in Midden-Brabant stimuleren; ☑ aanvragen van Sterk Huis of van Jeugdbescherming Midden-Brabant financieel ondersteunen. ZorgSaam Voor Jeugd komt in beeld waar vergoedingen vanuit reguliere wet- en regelgeving stoppen. **HISTORIE ▶** Drie onafhankelijke stichtingen stonden aan de wieg van ZorgSaam voor Jeugd: De stichting Kinderzorg, opgericht op 10 mei 1957, die was gelieerd aan Kleuterheil en Godelieve in Goirle; het Mr. Jan van de Mortelfonds, opgericht op 13 februari 1960, dat banden had met het voogdijinternaat Huize Nazareth te Tilburg; de stichting Vrienden van het Kindertehuis Maria Goretti, opgericht op 15 maart 1979, die het kinderhuis Maria Goretti te Tilburg ondersteunde. Sinds eind jaren 80 hadden de drie stichtingen regelmatig contact met elkaar en waren er gezamenlijke vergaderingen. Sinds de oprichting van Kompaan op 30 december 1995 is gestreefd naar een fusie van de drie stichtingen, die geëffectueerd werd op 19 mei 1999, onder de naam ZorgSaam. Op 8 juni 2005 is door samenvoeging van de stichting ZorgSaam en de stichting ter ondersteuning van de Jeugdhulpverlening, de stichting ZorgSaam voor Jeugd ontstaan. **BELEIDSPLAN OP WEBSITE ▶** ja.

Doelgroep ■ ALGEMEEN ▶ armen, jongeren, kinderen, gehandicapten **SPECIFIEK ▶** Jeugd en jongeren tot 18 jaar in de regio Midden-Brabant die in de knel zitten. **ACTIVITEITEN ▶** ☑ Stichting HandiCAP: therapeutisch paardrijden voor kinderen met een beperking; ☑ Kinderdagverblijf 't Dijkje: aanschaf interactieve vloer voor ernstig meervoudig gehandicapten; ☑ Stichting Weekje Weg: vakantie voor kansarme eenoudergezinnen in de gemeente Tilburg; ☑ Sterk Huis: inrichting kinderkamers. **INTERVENTIENIVEAU ▶** Steun aan lokale/provinciale maatschappelijke organisaties en structuren (incl. gemeenten etc.) die diensten verlenen aan individuen.; Steun aan familie en omgeving van individuen.; Steun aan individuen (directe steun).

Werkgebied ■ ACTIERADIUS ▶ Regionaal **LAND ▶** Nederland **REGIO ▶** Midden-Brabant.

Bestedingen ■ BUDGET ▶ niet openbaar **ONDERSTEUNDE PROJECTEN P/J ▶** 19 **SOORT BIJDRAGE ▶** giften garanties overig **BOVENGRENS ▶** geen **ONDERGRENS ▶** geen.

Projecten ■ CRITERIA ▶ De ondersteuning kan zich richten op nieuwe vormen van begeleiding van jeugdigen, maar ook rechtstreeks op de leefsituatie van jeugdigen en hun ouders of verzorgers. **DOORLOOPTIJD ▶** ☑ onbekend **STATUS AANVRAGER ▶** ☑ hulpverleners ☑ overig ☑ stichting of vereniging (non-profit) **VOORKEUR/UITSLUITING ▶** Hulpvragen kunnen van verzorgers of begeleiders van jeugdigen komen of vanuit instanties. Bijzondere aandacht schenken zij aan initiatieven van stichting Sterk Huis en van Jeugdbescherming Midden-Brabant.

Procedure ■ OP AANVRAAG ▶ ja **DOORLOOPTIJD ▶** 1-3 maanden **AANVRAAGPROCEDURE ▶** Een subsidieaanvraag kan schriftelijke per post opgestuurd worden, met: ☑ een omschrijving van activiteiten en doelstelling van de organisatie; ☑ duidelijke projectomschrijving; ☑ beknopte, overzichtelijke kostenraming; ☑ overzicht van andere financieringsbronnen; ☑ eventuele continuïteit na afloop van het project; ☑ handtekening ter goedkeuring van een leidinggevende van de organisatie. Aanvragen dienen uiterlijk een week voor de vergaderdatum in ons bezit te zijn (zie vergaderdata website). Binnen twee weken na ontvangst van de aanvraag ontvangt u een bevestiging van ontvangst. Binnen twee maanden na ontvangst krijgt u bericht of de aanvraag is toegekend. **URL ▶** www.zorgsaamvoorjeugd.nl/?page_id=65

Financieel ■ EIGEN VERMOGEN ▶ € 2.082.723 **INKOMSTEN EV ▶** € 228.402 **INKOMSTEN OV ▶** € 5.150 **HERKOMST MIDDELEN ▶** giften & schenkingen, legaten, vermogen **BOEKJAAR ▶** 2019 **JAARVERSLAG OP WEBSITE ▶** ja.

Contact ■ BEREIKBAAR PER ▶ ☑ post ☑ e-mail ☑ telefoon **CONTACTPERSOON ▶** geen contactpersoon bekend **POSTADRES ▶** Postbus 10139, 5000 JC Tilburg **EMAIL (ALGEMEEN) ▶** info@zorgsaamvoorjeugd.nl **TELEFOON (ALGEMEEN) ▶** 013-7511199.

1413
ZuGo Fonds

Rubriek ■ ☑ kunst en cultuur

Algemeen ■ WEBSITE ▶ www.cultuurfonds.nl TYPERING ▶ fonds op naam BEHEERD DOOR ▶ Prins Bernhard Cultuurfonds DIRECTIE ▶ zie > Prins Bernhard Cultuurfonds BESTUUR ▶ zie > Prins Bernhard Cultuurfonds

Missie ■ DOELSTELLING ▶ Het financieel ondersteunen van culturele projecten in de provincies Gelderland en Overijssel, met een voorkeur voor Zutphen. Aanvragen worden behandeld door het Prins Bernhard Cultuurfonds Gelderland en Overijssel.

Werkgebied ■ ACTIERADIUS ▶ Nationaal LAND ▶ Nederland REGIO ▶ Gelderland, Overijssel PLAATS ▶ Zutphen.

Projecten ■ CRITERIA ▶ geen projectcriteria bekend DOORLOOPTIJD ▶ ☑ korter dan 1 jaar STATUS AANVRAGER ▶ ☑ geen beperkingen bekend VOORKEUR/UITSLUITING ▶ geen voorkeur of uitsluiting bekend.

Procedure ■ OP AANVRAAG ▶ ja AANVRAAGPROCEDURE ▶ Dit 'fonds op naam' ressorteert onder het Prins Bernhard Cultuurfonds. Verzoeken aan fondsen op naam komen op één centraal punt binnen. Dit houdt in dat een subsidieaanvraag slechts eenmaal aan het Prins Bernhard Cultuurfonds hoeft te worden gezonden. Voor de verdere aanvraagprocedure: zie Prins Bernhard Cultuurfonds. URL ▶ www.cultuurfonds.nl/aanvragen

Contact ■ BEREIKBAAR PER ▶ ☑ post ☑ e-mail ☑ telefoon CONTACTPERSOON ▶ geen contactpersoon bekend POSTADRES ▶ Postbus 19750, 1000 GT Amsterdam EMAIL (ALGEMEEN) ▶ info@cultuurfonds.nl TELEFOON (ALGEMEEN) ▶ 020-5206130.

1414
Zusjes Nieuwbeerta Fonds

Rubriek ■ ☑ kunst en cultuur

Algemeen ■ WEBSITE ▶ www.cultuurfonds.nl TYPERING ▶ fonds op naam BEHEERD DOOR ▶ Prins Bernhard Cultuurfonds DIRECTIE ▶ zie > Prins Bernhard Cultuurfonds BESTUUR ▶ zie > Prins Bernhard Cultuurfonds

Missie ■ DOELSTELLING ▶ Het financieel ondersteunen van jong talent tot vijfendertig jaar op het gebied van klassieke muziek, dans, arthousefilms en documentaires.

Werkgebied ■ ACTIERADIUS ▶ Nationaal, Internationaal LAND ▶ Nederland.

Projecten ■ CRITERIA ▶ geen projectcriteria bekend DOORLOOPTIJD ▶ ☑ korter dan 1 jaar STATUS AANVRAGER ▶ ☑ geen beperkingen bekend VOORKEUR/UITSLUITING ▶ geen voorkeur of uitsluiting bekend.

Procedure ■ OP AANVRAAG ▶ ja AANVRAAGPROCEDURE ▶ Dit 'fonds op naam' ressorteert onder het Prins Bernhard Cultuurfonds. Verzoeken aan fondsen op naam komen op één centraal punt binnen. Dit houdt in dat een subsidieaanvraag slechts eenmaal aan het Prins Bernhard Cultuurfonds hoeft te worden gezonden. Voor de verdere aanvraagprocedure: zie Prins Bernhard Cultuurfonds. URL ▶ www.cultuurfonds.nl/aanvragen

Contact ■ BEREIKBAAR PER ▶ ☑ post ☑ e-mail ☑ telefoon CONTACTPERSOON ▶ geen contactpersoon bekend POSTADRES ▶ Postbus 19750, 1000 GT Amsterdam EMAIL (ALGEMEEN) ▶ info@cultuurfonds.nl TELEFOON (ALGEMEEN) ▶ 020-5206130.

1415
Stichting Zuster Visser Fonds

Rubriek ■ ☑ maatschappij, welzijn en samenleving

Algemeen ■ WEBSITE ▶ www.zustervisserfonds.nl TYPERING ▶ vermogensfonds OPGERICHT ▶ 29-03-1905 RECHTSVORM ▶ stichting KVK ▶ 41141569 ANBI STATUS ▶ ja DIRECTIE ▶ geen directiegegevens bekend BESTUUR ▶ J.C. Tuk, voorzitter; J. van den Bor, penningmeester; J.C. Tuk, secretaris; A. Abbink-Kleyburg; G. Stroeve.

Missie ■ DOELSTELLING ▶ Het Zuster Visser Fonds heeft ten doel het verrichten van handelingen strekkende tot het verlenen van geldelijke steun aan rechtspersonen voor doeleinden, welke, in de ruimste zin, vallen onder het begrip 'maatschappelijk werk', zowel ter voorziening in maatschappelijke behoeften als ter bevordering van wetenschap en geestelijke en sociale zorg. HISTORIE ▶ Het vermogen van het Fonds betreft in feite de 'erfenis/nalatenschap' van de zelfstandige vereniging het 'Groene Kruis Oostvoorne-Tinte'. Deze vereniging werd door particulier initiatief vanuit de bevolking van de voormalige gemeente Oostvoorne in 1915 opgericht met als doel op het terrein van de gezondheidszorg diverse activiteiten te ontwikkelen. Wijkverpleging, het consultatiebureau voor zuigelingen en uitleen van verpleegartikelen zijn daarin kernbegrippen. Nadat in de loop der jaren het wijkgebouw op enkele plaatsen in Oostvoorne gevestigd was geweest besloot het bestuur in 1950 alle activiteiten over te brengen naar het nieuwgebouwde wijkgebouw aan de Stationsweg nrs. 55 en 57. et ingang van 1968 werd de Algemene Wet Bijzondere Ziektekosten van kracht en werd de functie van het Groene Kruisgebouw en de kruiswerkactiviteit overgebracht naar het 'Kruiswerk Zuid-Hollandse Eilanden', gevestigd te Spijkenisse. De eigendommen van de oude vereniging het 'Groene Kruis Oostvoorne-Tinte' werden ondergebracht in stichting 'Voormalig Kruisgebouw Oostvoorne'. n 2001 besloot het bestuur van de Stichting 'Voormalig Kruisgebouw Oostvoorne' om het inmiddels ca. 50 jaar oude gebouw aan de Stationsweg 55/57 te verkopen. De naam en doelstelling Stichting wordt 16 juli 2002 gewijzigd in 'Stichting Zuster Visserfonds', dit om in die naam dankbaarheid en waardering te tonen voor de verdiensten van vele wijkverpleegsters, die gedurende ca. 1/2 eeuw, dikwijls onder moeilijke omstandigheden, hun werkzaamheden moesten verrichten. Eén van hen was mevrouw Josephina C.W. Visser. Zij trad in 1931 als wijkzuster in dienst van de vereniging 'Het Groene Kruis Oostvoorne-Tinte' en heeft gedurende 24 jaar in die functie dienst gedaan. BELEIDSPLAN OP WEBSITE ▶ ja.

Doelgroep ■ ALGEMEEN ▶ jongeren, ouderen, kinderen SPECIFIEK ▶ Charitatieve, culturele, wetenschappelijke en in het algemeen nut beogende instellingen en instellingen die steun aan jeugd en ouderen ten doel hebben. ACTIVITEITEN ▶ Het verlenen van geldelijke bijdragen aan rechtspersonen, welke uitsluitend of nagenoeg uitsluitend, het algemeen nut beogen. Het werkgebied van de Stichting is in hoofdzaak gemeente Westvoorne en omliggende gemeenten. INTERVENTIENIVEAU ▶ Steun aan lokale/provinciale maatschappelijke organisaties en structuren (incl. gemeenten etc.) die diensten verlenen aan individuen.

Werkgebied ■ ACTIERADIUS ▶ Lokaal, Regionaal LAND ▶ Nederland REGIO ▶ Voorne PLAATS ▶ Westvoorne e.o.

Bestedingen ■ BUDGET ▶ niet openbaar ONDERSTEUNDE PROJECTEN P/J ▶ `6 BOVENGRENS ▶ geen ONDERGRENS ▶ geen.

Projecten ■ CRITERIA ▶ ☑ Het betreft een instelling die rechtspersoonlijkheid bezit; ☑ Er is een aantoonbaar financieel tekort; ☑ Het betreft een eenmalige schenking. DOORLOOPTIJD ▶ ☑ korter dan 1 jaar STATUS AANVRAGER ▶ ☑ stichting of vereniging (non-profit) ☑ kerkelijke instelling ☑ onderwijsinstelling VOORKEUR/UITSLUITING ▶ Projecten van blijvende aard genieten de voorkeur boven tijdelijke projecten. Het fonds verleent geen bijdragen in exploitatiekosten of aan een commerciële activiteit.

Procedure ■ OP AANVRAAG ▶ ja AANVRAAGPROCEDURE ▶ Primair door het invullen van een aanvraagformulier dat via de website kan worden gedownload. Ook kan het aanvraagformulier digitaal ingevuld en verstuurd worden, waarbij de bijlagen separaat per post verzonden moeten worden naar het secretariaat. De benodigde bijlagen zijn: ☑ De statuten; ☑ Een uittreksel van de inschrijving bij de Kamer van Koophandel; ☑ Het meest recente activiteitenplan en/of jaarverslag; ☑ De meest recente balans- en resultatenrekening; ☑ De begroting van het lopende jaar; ☑ Een projectplan, waarvoor u de aanvraag indient, inclusief een gespecificeerde opgave van de kosten en/of offertes en het financieringsplan; Besluitvorming vindt plaats in een bestuursvergadering, die een vastgesteld aantal maal per jaar wordt gehouden. Over een donatiebesluit wordt door het bestuur géén nadere correspondentie gevoerd anders dan de bevestiging van het besluit aan de aanvrager. Er kan tegen een besluit op geen enkele manier bezwaar worden gemaakt of beroep worden aangetekend. URL ▶ www.zustervisserfonds.nl/online-formulier/

Financieel ■ EIGEN VERMOGEN ▶ € 990.907 INKOMSTEN EV ▶ € 8.000 HERKOMST MIDDELEN ▶ legaten BOEKJAAR ▶ 2019 JAARVERSLAG OP WEBSITE ▶ ja.

Contact ■ BEREIKBAAR PER ▶ ☑ post ☑ e-mail ☒ telefoon CONTACTPERSOON ▶ geen contactpersoon bekend POSTADRES ▶ Kamperfoelielaan 21, 3233 CG Oostvoorne EMAIL (ALGEMEEN) ▶ info@zustervisser fonds.nl.

1416
Zwerver Broersma Fonds

Rubriek ■ ☑ kunst en cultuur

Algemeen ■ WEBSITE ▶ www.cultuurfonds.nl TYPERING ▶ fonds op naam BEHEERD DOOR ▶ Prins Bernhard Cultuurfonds DIRECTIE ▶ zie > Prins Bernhard Cultuurfonds BESTUUR ▶ zie > Prins Bernhard Cultuurfonds

Missie ■ DOELSTELLING ▶ Het financieel ondersteunen van de restauratie van onroerende monumenten in de provincie Friesland.

Werkgebied ■ ACTIERADIUS ▶ Regionaal LAND ▶ Nederland REGIO ▶ Friesland.

Projecten ■ CRITERIA ▶ geen projectcriteria bekend DOORLOOPTIJD ▶ ☑ korter dan 1 jaar STATUS AANVRAGER ▶ ☑ geen beperkingen bekend VOORKEUR/UITSLUITING ▶ geen voorkeur of uitsluiting bekend.

Procedure ■ OP AANVRAAG ▶ ja AANVRAAGPROCEDURE ▶ Dit 'fonds op naam' ressorteert onder het Prins Bernhard Cultuurfonds. Verzoeken aan fondsen op naam komen op één centraal punt binnen. Dit houdt in dat een subsidieaanvraag slechts eenmaal aan het Prins Bernhard Cultuurfonds hoeft te worden gezonden. Voor de verdere aanvraagprocedure: zie Prins Bernhard Cultuurfonds. URL ▶ www.cultuurfonds.nl/aanvragen

Contact ■ BEREIKBAAR PER ▶ ☑ post ☑ e-mail ☑ telefoon CONTACTPERSOON ▶ geen contactpersoon bekend POSTADRES ▶ Postbus 19750, 1000 GT Amsterdam EMAIL (ALGEMEEN) ▶ info@cultuurfonds.nl TELEFOON (ALGEMEEN) ▶ 020-5206130.

REGISTERS

Rubrieksindeling

Economische ontwikkeling en microkrediet

Gezondheidszorg

Kerk en levensbeschouwing

Kunst en cultuur

Maatschappij, welzijn en samenleving

Mensenrechten, vrede en veiligheid

Natuur, milieu en dieren

Noodhulp

Onderwijs en onderzoek

Sport en recreatie

Vluchtelingenhulp

Voedsel en voedselveiligheid

Alfabetisch register

Trefwoordenregister

1374, 1376, 1379, 1398, 1407, 1415

Geografisch register

COLOFON

FondsenBoek 2021 is een uitgave van Uitgeversmaatschappij Walburg Pers

Omslagontwerp: Prezns, Marco Bolsenbroek, Zutphen

Uitgeversmaatschappij Walburg Pers
Nieuwe Prinsengracht 89
1018 VR Amsterdam
Telefoon: 020-4200050
Email: verkoop@walburgpers.nl
Website: www.walburgpers.nl

ISBN 9789462494947
NUR 530